2026년 | 제 23 판

행정법강의

박균성

박영사

제23판 머리말

이번 개정에서는 2025년 1월 20일 간행된 제22판 이후의 이론 및 판례의 발전, 법령의 개정과 기출문제 등을 모두 반영하였다.

행정법령이나 행정법이론 및 판례는 사회통념상 타당하면서도 미래지향적인 객관적인 행정법질서를 형성하는 것이어야 한다. 행정법학과 행정법이론은 행정법학자의 철학 및 방법론에 따라 형성되는 것이라는 점에서는 '주관적'일 수밖에 없지만, 입법, 판례 및 행정실무의 기초가 되므로 행정법학자의 개인적이고 주관적인 법학과 이론이어서는 안 되며 타당한 연구방법론에 따라 공동체의 바람직한 객관적인 법질서를 형성하고자 하는 '객관적'인 행정법학과 이론이어야 한다. 해석론뿐만 아니라 입법론도 그러하여야 한다. 물론 현재의 객관적인 행정법질서를 서술하면서도 행정법의 발전을 위한 합리적인 비판과 대안 제시도 있어야 한다.

마지막으로 편집을 담당해 준 장유나 차장님, 개정작업을 지원해 준 안상준 대표님, 박세기 부장님 등 박영사 관계자 여러분에게 깊이 감사드린다.

2025년 12월 26일
저자 씀

머리말

2002년 2월 행정법론(상) 초판을 발간하고, 2003년 1월 행정법론(하) 초판을 발간한 이후 두 권을 합하여 달라는 독자들의 요구가 적지 않았다. 그러나, 일에도 순서가 있는 법이다. 행정법론(상)과 행정법론(하)가 행정법 교과서로서 그리고 행정법 전문서적으로서 자리를 잡는 것이 우선이었다. 또한, 행정법론(상)과 행정법론(하)의 단순한 통합은 의미가 없는 것이다. 이러한 연유로 본 서의 출판에 1년 반의 시간이 걸렸다.

법과목 중에서 행정법은 어려운 과목 중의 하나로 인식되어 있다. 그 이유는 행정법의 이론과 법제도가 정립되어 있지 못하고 끊임없는 발전도상에 있다는 점에 기인하기도 하지만, 행정법문제가 생소하다는 데에도 있다. 그리하여 행정법이론을 판례 및 사례와 연결하여 설명함으로써 독자의 이해를 돕고 응용능력을 제고하는 데 도움이 되도록 하였다.

행정법을 공부함에 있어서는 단편적인 공부가 되어서는 안 되며 체계적인 공부가 되어야 한다. 행정법은 크게 행정법총칙, 행정조직법 및 행정작용법 총론, 행정구제법, 개별행정법으로 구성되어 있는데, 이들 행정법 구성부분 상호간을 연결하는 체계적인 서술을 하여 행정법의 체계적인 이해에 도움이 되게 하였다.

최근의 판례 및 주민투표법, 공공기관의 정보공개에 관한 법률 등 법령의 제정·개정, 최근 학계의 동향 및 행정소송법 개정논의를 반영하여 업데이트된 행정법 교과서가 되도록 하였다.

마지막으로 사례형과 논술형 문제의 답안작성방법을 부록으로 첨부하였다. 주관식 답안작성방법을 모르는 독자에게 조금이나마 도움이 되기를 기대한다.

하느님의 은총에 감사드린다. 색인작업을 해 준 한국법제연구원 함태성 박사, 박사과정의 김현희 원생 및 나채준 조교에게 감사한다. 끝으로 박영사 안종만 회장님과 홍석태 님 등 편집부 여러분에게 깊이 감사드린다.

2004년 8월 5일
寓居에서
著 者 씀

목 차

제 1 편 행정법 서설

제 1 장 행정법의 기초적 이해

제 2 장 행정법의 법원(法源)

제 3 장 행정법관계(공법관계)와 사법관계

제 4 장 기간의 계산 등

제 2 편 일반 행정작용법

제 1 장 행정입법

제 3 장 행정행위

제 4 장 공법상 계약

제 5 장 행정상 사실행위

제 6 장 행정지도

제 7 장 행정조사

제 8 장 행정의 실효성 확보수단

제 9 장 행정절차

제 2 장 행정상 손해배상(국가배상)

제 3 장 행정상 손실보상

제 7 장 행정구제수단으로서의 헌법소송

제 8 장 대체적 분쟁해결수단

제 4 편 행정조직법

제 1 장 행정조직법 개설

제 2 장 행정기관

제 3 장 행정청의 권한

제 5 편 지방자치법

제 1 장 지방자치법 총설

제 6 편 공무원법

제 1 장 공무원법 총설

제 2 장 공무원관계의 변동

제 7 편 공적 시설법

제 1 장 공 물 법

제 2 장 영조물법

제 3 장 공기업법

제 8 편 공용부담법

제 1 장 공용부담법 총설

제 2 장 인적 공용부담

제 3 장 물적 공용부담

제 9 편 개별 행정작용법

제 1 장 개별 행정작용법의 체계

제 6 장 조세행정법

제1편

행정법 서설

行 政 法 序 說

제 1 편 행정법 서설

제1장

행정법의 기초적 이해

제 1 절　행정법의 의의

행정법이란 행정에 관한 '공법(公法)'이다. 행정에 관한 사법(私法)은 행정법이 아니다.

I. 행정법의 규율대상이 되는 행정

행정법의 규율대상이 되는 행정은 공행정(공익목적을 가진 행정)이다. 사행정(행정주체의 사경제적 작용)은 행정법의 규율대상이 아니다.

1. 조직적 의미 · 형식적 의미 · 권력분립적 의미 · 실질적 의미의 행정

조직적(組織的) 의미의 행정이란 국가행정조직 전체를 지칭한다.

형식적(形式的) 의미의 행정이란 행정기관에 의하여 행하여지는 모든 활동을 말한다.

권력분립적 의미의 행정은 헌법상 국가권력의 분립에 의해 행정부(행정기관)에 부여된 작용을 말한다. 헌법 제66조 제4항의 행정은 권력분립적 의미의 행정을 말한다.

실질적(實質的) 의미의 행정이란 행정은 어떠한 성질을 가지는 국가작용인가를 기준으로 하여 입법(立法) 및 사법(司法)과 비교하여 정의내린 것이다.

2. 실질적 의미의 행정과 행정의 특징

통설인 양태설(결과실현설)에 의하면 행정이란 "법 아래서 법의 규율을 받으면서 국가목적의 적극적 실현을 위하여 행하여지는 전체로서 통일성을 가진 적극적·형성적 국가활동"이라고 정의될 수 있다. 행정기본법에 따르면 행정은 공공의 이익을 위하여 적극적으로 추진되어야 한다(제4조 제1항).

행정의 중요한 특징은 다음과 같다: 행정은 i) 공익실현을 목적으로 한다(사적 활동과 구별). ii) 적극적이고 형성적인 활동이다(사법(司法)과 구별). iii) 구체적인 효과를 가져오는 활동이다(입법과 구별). iv) 상하의 계층체에 의해 행하여지는 통일성을 가진 활동이다(사법(司法)과 구별). v) 다양한 행위형식에 의해 행하여진다. vi) 행정은 사법(司法)과 같이 법을 집행하는 작용이지만 사법은 병렬적이고 독립된 기관복합체에 의해 수행되는 국가작용임에 반하여 행정은 상명하복(上命下服)의 기관계층체에 의해 행하여지는 국가작용이다.

3. 형식적 의미의 행정, 권력분립적 의미의 행정과 실질적 의미의 행정의 관계

행정부는 실질적 의미의 행정을 주로 담당하면서도 예외적으로 실질적 의미의 입법(법률안의 작성·제출, 행정입법[1])과 실질적 의미의 사법 엄밀히 말하면 준사법작용(행정심판재결, 재정법상의 통고처분, 수사와 기소)도 담당한다.

오늘날 행정입법과 행정심판의 재결은 권력분립의 관점에서는 행정작용으로 보고, 행위의 성질의 관점에서는 행정입법은 행정작용이면서 입법작용의 성질도 갖고, 행정심판은 행정작용이면서 준사법작용의 성질을 함께 갖는 것으로 보는 견해가 유력해지고 있다.

Ⅱ. 공법(公法)으로서의 행정법

행정법은 행정에 관한 공법이다. 행정에 관한 법이 모두 행정법은 아니며 행정에 관한 공법만이 행정법이다. 행정에 관한 사법(私法)은 행정법이 아니다.

대륙법계는 공법(행정법)과 사법을 성질이 다른 법으로 본다. 대륙법계국가에서 행정법과 민법은 일반법과 특별법의 관계에 있지 않다. 즉, 민법은 행정법의 일반법이 아니다. 영미법계는 공법과 사법을 구별하지 않는 보통법체계이다. 보통법은 행정법의 일반법이다. 우리나라의 행정법은 대륙법(특히 독일법)의 영향을 받아 행정에 특유한 공법으로서의 성격을 갖고 있지만, 행정소송은 영·미국가에서와 같이 통상의 사법재판소에 의해 행하여진다. 즉, 행정사건의 1심 관할법원은 행정법원이지만, 행정법원은 사법(司法)법원으로부터 독립된 법원이 아니고, 사법법원인 특별법원이다. 그리고 행정법원이 설치되지 않은 경우에는 일반 사법법원(1심은 지방법원 본원 합의부, 항소심은 고등법원, 상고심은 대법원)의 관할에 속한다. 다만, 행정소송은 대륙법계국가에서와 같이 민사소송과는 다른 특수한 소송절차를 정하는 행정소송법 및 행정소송규칙에 의해 규율된다. 따라서 우리나라의 행정법은 기본적으로 대륙법계에 속하지만 행정재판제도에 있어서는 영미법계의 제도를 일부 수용하고 있다고 말할 수 있다.

제 2 절 행정법의 분류(分類)

Ⅰ. 일반행정법과 특별행정법(개별행정법)

일반행정법(一般行政法)은 모든 행정분야에 공통적으로 적용되는 법규와 법원칙 전체를 말한다.

---

1) 행정입법의 성질에 관하여 종래 입법작용으로 보았으나 오늘날에는 법률의 제정만을 입법작용으로 보고, 행정입법작용은 입법행위의 특질을 갖지만, 기본적으로는 집행작용(행정작용)으로 보는 견해가 유력하다.

특별행정법(特別行政法)은 개별행정법이라고도 하는데, 특별행정분야에 적용되는 행정법을 지칭한다. 예를 들면, 지방자치법, 공물법, 경찰행정법, 경제행정법, 환경행정법, 도시계획법, 건축법, 도로법, 교육법 등을 들 수 있다.

Ⅱ. 행정조직법, 행정작용법, 행정구제법

행정조직법(行政組織法)은 행정주체의 내부조직에 관한 법을 말한다. 달리 말하면 행정조직법은 행정기관의 조직과 행정기관 상호간의 관계 및 행정기관의 권한을 규율하는 법을 말한다.

행정작용법(行政作用法)은 행정작용(행정주체의 국민에 대한 대외적인 활동)을 규율하는 법을 말한다.

행정구제법(行政救濟法)은 행정권에 의해 가해진 권익침해에 대한 구제를 규율하는 법이다. 국가배상법, 손실보상에 관한 법(공익사업을 위한 토지 등의 취득 및 보상에 관한 법률 등), 행정심판법, 행정소송법, 헌법소원에 관한 법(헌법재판소법)이 이에 속한다.

제 3 절 행정법의 특수성

행정법의 특수성(特殊性)이라 함은 통상 사인 상호간의 관계를 규율하는 사법(私法)에 대한 특수성을 말한다.

Ⅰ. 형성중의 법

사법인 민법은 법체계가 로마법 이래 이미 확립되어 있지만 행정법은 그 법체계가 아직 확립되어 있지 못하고 형성중(形成中)에 있다.

Ⅱ. 공익목적성

행정법은 사법과 달리 기본적으로 공익의 보호를 목적으로 한다. 그렇지만 행정법이 사익의 보호를 도외시하는 것은 아니며 사익의 보호 내지 침해도 고려하여야 한다. 행정법령중에는 공익의 보호만을 목적으로 하는 법령이 있는 반면에 제1차적으로 공익의 보호를 목적으로 하면서도 부수적으로 사익의 보호도 함께 보호목적으로 하는 법령이 있다. 그리고, 공익이 당연히 사익보다 우월한 것은 아니고, 행정이 추구하는 공익과 그로 인하여 침해되는 사익은 상호 조정되어야 하며 이익형량을 통해 비례관계가 유지되어야 한다. 따라서, 행정법은 공익 상호간 또는 공익과 사익 상호간을 규율하는 법이라고 할 수 있다.

Ⅲ. 행정주체의 우월성

행정법관계에서 행정주체는 사인에 대하여 일반적으로 우월한 지위를 갖는다. 행정주체의 우월성은 선험적이나 절대적으로 인정되는 것은 아니며 실정제도상, 그리고 공익상 필요한 한도 내에서 인정되는 것이다. 행정주체는 일반적으로는 사인에 대하여 우월한 지위를 갖지만, 개별적인 경우에 있어서는 예를 들면 비권력적 공행정작용에서처럼 사인과 대등한 지위를 갖는 경우도 있다.

Ⅳ. 행정법규정의 강행법규성

행정법규정은 공익목적을 갖는 규정이므로 원칙상 강행규정(당사자의 의사와 관계없이 적용되어야 하는 규정)이다. 그러나, 예외적으로 임의규정(그것을 위반하여도 그것만으로 위법이 되지 않는 규정, 훈시규정)으로 규정되어 있는 경우(@ 행정처리기간 등)도 있다.

제 4 절 행정법과 공익

Ⅰ. 공익의 개념

공익은 공동체(국가 또는 지방자치단체) 구성원 전체의 이익을 의미한다. 공익은 공동체의 이익이지만, 공동체 자체의 재산상 이익은 공익이 될 수 없다. 즉, 국가 또는 지방자치단체의 단순한 재정상(재산상) 이익은 원칙상 공익이 아니다. 그러나, 국가 등의 재정건전성은 공익이다.

Ⅱ. 공익의 법적 의의

1. 행정법의 이념적 기초

① 공익은 행정법의 특수성(일방적 조치권, 공정력, 공권 및 공의무의 특수성, 공법상 계약의 특수성 등)과 주요 개념(공권력, 공물)의 기초가 된다.

② 공익은 행정작용의 정당화사유가 된다.

③ 법치행정의 원칙상 국민의 기본권 및 권익의 제한은 법률의 근거가 있어야 하지만, 공익이 그 궁극적 근거이다. 기본권 제한사유인 국가안전보장, 질서유지 및 공공복리는 공익이 구체화된 개념이다. 수용의 정당화사유가 되는 공공필요는 공익과 비례성을 의미한다.

2. 공익의 법적 효과

행정법에서 공익은 이념적 기능만 갖는 것은 아니며 일정한 법적 효과를 갖는 개념이다.

① 공익은 공법관계와 사법관계의 구별기준 중의 하나이다.

② 공익은 행정통제의 기능을 한다. 행정권은 공익을 추구하여야 하며 사익을 추구하거나 실질적 관련이 없는 다른 공익목적을 추구하면 권한남용이 된다. 특별한 규정이 없는 경우에도 행정권은 공익목적을 위해 활동하여야 한다.

③ 공익은 평등원칙의 예외사유이다. 공익상 필요한 경우에는 다른 법적 규율이 가능하다. 공익상 필요한 경우에는 재량준칙과 다른 결정을 할 수 있다.

④ 비례원칙의 적용에서는 공익이 이익형량의 요소가 된다. 공익 상호간 및 공익과 사익 상호간, 사익 상호간에 이익이 적절히 조정되어야 한다.

⑤ 권익 제한에는 법률의 근거가 있어야 하지만, 공익은 일정한 경우에 보충적으로 명문의 법규정이 없는 경우에도 권익 제한의 직접적 근거가 된다. 즉, 판례는 공익상 필요만으로 행정행위의 철회가 가능하고, 재량행위에서 공익을 이유로 특허 등 수익적 행위를 거부할 수 있다고 본다.

⑥ 공익은 공법상 계약에 대한 특수한 법적 규율의 근거가 된다.

제 5 절 공법과 사법의 구별

Ⅰ. 구별의 의의

공법과 사법의 구별(區別)은 선험적인 것은 아니며 각 국가의 실정법제도상의 구별이다.

공법과 사법의 구별은 규율대상의 차이로부터 나온다. 사법의 규율대상이 되는 사인 상호간의 관계는 대등한 관계이며 각 개인에게 자율권이 인정된다. 사적 자치(私的 自治)의 원칙이 사법의 기본원칙이 되며 사법은 사인 상호간의 관계를 규율한다. 공법의 규율대상이 되는 행정주체와 사인과의 관계는 행정주체에게 우월적인 지위(공권력(公權力))가 주어지는 기본적으로 불대등한 관계이고 공익과 사익간의 관계를 규율한다.

Ⅱ. 구별의 실익

공법과 사법의 구별에는 어떠한 실익(實益)이 있는가.[2)]

1. 실체법상 구별실익

① 공법과 사법의 구별은 국가의 법체계를 세우기 위하여 필요하다. 특히 일정한 사항에 대하여 입법할 때 공법적 규율을 할 것인가 사법적 규율을 할 것인가를 정하여야 한다.

② 법의 해석에 있어서 공법과 사법의 구별이 필요하다. 어떠한 법규정을 적용할 때 그 법규정이 공법규정이라면 공법원리에 맞게 해석하여야 한다. 이에 반하여 적용할 법규정이 사법규정이라면 사법원리에 따라 해석하게 된다.

2. 소송법상 구별실익

소송형식을 정하기 위하여 공법과 사법의 구별이 필요하다. 공법상 분쟁은 행정소송의 대상이 되고 사법상 분쟁은 민사소송의 대상이 된다.

---

2) 일반적으로 공법과 사법의 구별과 공법관계와 사법관계의 구별을 함께 논하고 있는데 양문제는 상호 매우 밀접한 관계(공법관계는 기본적으로 공법에 의해 규율되는 법관계이며 사법관계는 사법에 의해 규율되는 법관계이다)를 가지면서도 상호 구별되어야 하는 문제이다. 마찬가지로 공법과 사법 상호간의 구별의 실익과 공법관계와 사법관계의 구별의 실익은 상호 관련이 있지만 일단 구별되어야 한다.

Ⅲ. 구별의 기준: 복수기준설

공법과 사법의 구별기준으로 후술하는 이익설, 종속설(권력설) 및 귀속설(신주체설)이 있지만(후술 공법관계와 사법관계의 구별기준 참조), 각 학설은 후술하는 바와 같이 공법과 사법의 구별에 관하여 완벽한 이론이 되지 못한다.

공법과 사법의 구별은 위의 세 이론을 종합적으로 고려하여 개별적으로 문제의 법이 공법인지 사법인지를 판단하여야 한다(복수기준설).

개별법률 전체가 공법이거나 사법인 경우도 있지만 경우에 따라서는 하나의 법률에 공법규정과 사법규정이 병존하는 경우도 있다. 학설은 국가배상법을 공법으로 보지만, 실무는 국가배상법을 사법(私法)으로 본다.

제 6 절 행정에 대한 사법(私法)의 적용

행정은 공법만에 의해 규율되는 것은 아니다. 행정에 대하여 사법이 적용될 경우도 적지 않다.

Ⅰ. 국고관계에 대한 사법규정의 적용

같은 성질의 법률관계에는 같은 성질의 법이 적용된다는 원칙에 따라 행정주체가 사인과 같은 지위에서 활동할 때(예 재산권의 주체로서 활동할 때, 사경제적 작용을 하는 경우)에는 사법만이 적용되고 그와 관련하여 제기되는 분쟁은 민사소송의 관할에 속한다. 어떠한 행위가 사법상 행위이고 어떠한 법률관계가 사법관계(국고관계)인지는 후술하기로 한다.

Ⅱ. 행정법관계에 대한 사법규정의 적용

행정법관계(공법관계)는 행정법(공법)에 의해 규율되는 것이 원칙이지만 행정법(공법)의 흠결이 있는 경우에 그 흠결을 메우기 위하여 사법이 적용될 수 있다.

행정법관계에 대한 사법규정(私法規定)의 적용은 두 기준에 의해 행해진다. 적용대상이 되는 법관계의 성질(권력관계인지 비권력관계인지)과 적용할 사법규정의 성질(일반법원리적 규정인가 아닌가 등)이 그것이다.

1. 일반법원리적 규정인 사법규정

사법규정 중에서 모든 법에 공통적으로 적용될 수 있는 법의 일반원칙과 모든 법에 공통적으로 적용될 수 있는 사법상의 기술적인 법규정(예 기간계산에 관한 규정)을 일반법원리적 규정(一般法原理的 規定)이라 하는데, 일반법원리적 규정은 공법관계에도 적용될 수 있다.

다만, 사법상의 일반법원리적 규정이 사법적 색채를 띠고 있는 경우에는 사법적 색채를 제거하고 필요한 경우 공법원리적 요소를 가미하여 그 규정을 공법관계에 유추적용하여야 할 것이다.

일반법원리적 규정은 비권력관계뿐만 아니라 권력관계에도 직접적용 또는 유추적용될 수 있다.

사법규정 중에서 일반법원리적 규정이라고 볼 수 있는 것은 다음과 같다: 신의성실의 원칙, 권리남용금지의 원칙, 의사표시, 대리, 부관, 무효, 취소, 기간, 시효, 불법행위, 사무관리, 부당이득에 관한 규정, 계약에 관한 일부규정 등.

2. 일반법원리적 규정 이외의 사법규정

일반법원리적 규정이 아닌 사법규정(사익 상호간 이익조절적 규정, 사적 자치의 원칙에 따른 규정)은 권력관계에는 직접적용 또는 유추적용될 수 없다고 보는 것이 일반적 견해이다. 일반법원리적 규정이 아닌 사법규정은 대등한 당사자 사이의 자유로운 의사를 전제로 하고 사익 상호간의 이익의 조절을 목적으로 하는 반면에 권력관계는 행정주체의 우월성이 인정되고, 사익과 공익이 대립되는 관계이므로 권력관계는 그러한 사법규정의 규율대상이 될 수 없다.

그러나, 비권력적 공법관계인 관리관계[3]에 있어서는 공익목적을 달성하기 위하여 특수한 공법적 규율이 행하여져야 하는 경우를 제외하고는 널리 사법규정이 직접적용 또는 유추적용될 수 있다.

Ⅲ. 행정사법분야

행정은 일정한 필요에 따라 공행정을 사법형식에 의해 수행하는 경우가 있다. 이것을 '공행정의 사적 관리' 또는 '사법형식에 의한 공행정'이라 하고 행정사법(行政私法)이라고도 한다. 즉, 활동의 실질은 공행정작용이지만 형식은 사법형식인 경우를 말한다. 예를 들면, 공기업행정 중 전기공급관계는 공행정관계이지만 사법관계(행정사법관계)이다. 다만, 수도공급관계는 공법관계이다.

사법형식에 의한 공행정은 사법형식에 의해 수행되므로 원칙상 사법에 의해 규율된다. 그러나 그 실질은 공익을 추구하는 공행정작용을 수행하는 것이므로 기본권 보장 등 최소한의 공공성을 확보하기 위하여 예외적으로 공법원리의 구속을 받는다. 사법형식에 의한 공행정에 적용되는 공법원리에는 평등의 원칙, 비례의 원칙, 행정계속성의 원칙, 기본권 보장의무 등이 있다. 사법형식에 의한 공행정에서 제기되는 분쟁은 민사법원의 관할에 속한다(자세한 것은 후술 행정사법관계 참조).

3) 관리관계라 함은 행정주체가 사인과 대등한 관계에서 공행정을 수행함에 있어서(공익목적을 달성하기 위하여 사업을 수행하거나 재산을 관리함에 있어서) 국민과 맺는 관계를 말한다(자세한 것은 후술).

제2장

행정법의 법원(法源)

제 1 절 법원(法源)의 의의

법원이란 법의 존재형식을 말한다. 행정법의 법원의 문제는 행정법이 어떠한 형식의 법규범으로 이루어져 있는가에 관한 문제이다.

제 2 절 행정법상 법원의 특징

Ⅰ. 행정법의 성문법주의

법치행정의 원칙의 내용이 되는 법률유보의 원칙 내지는 법률의 법규창조력의 원칙에 비추어 볼 때 행정법은 성문법(成文法)임을 원칙으로 한다.

Ⅱ. 법전의 불비 및 행정에 관한 기본법과 일반법

행정법의 규율대상인 행정은 매우 복잡하고 다양하기 때문에 행정에 관한 단일법전(法典)을 만드는 것이 매우 어렵다. 그리하여 행정법에는 법전이 존재하지 않는다. 행정법은 수많은 성문법령과 불문법원으로 구성된다. 그러나, 행정기본법, 행정법총칙, 일반행정작용법의 성격을 갖는 행정기본법과 행정절차에 관한 일반법인 행정절차법이 제정되어 있다.

행정기본법은 행정법의 일반원칙 등 행정법 총칙을 명문화하고, 행정에 관한 공통사항을 정하고 있다. 따라서, 행정기본법은 행정법총칙과 일반행정작용법의 성격을 갖는다. 즉, 행정에 관하여 다른 법률에 특별한 규정이 있는 경우를 제외하고는 행정기본법에서 정하는 바에 따른다(제5조 제1항). 또한, 행정기본법은 기본법으로서의 성격을 갖는다. 즉, 행정에 관한 다른 법률을 제정하거나 개정하는 경우에는 이 법의 목적과 원칙, 기준 및 취지에 부합되도록 노력하여야 한다(제5조 제2항). 다만, 행정기본법은 완결된 법은 아니다. 행정기본법이 완결된 행정법총칙, 일반행정작용법, 행정기본법이 되기 위해서는 보완해야 할 사항이 적지 않다.

그리고 행정을 규율하는 법령 중에는 특정 분야에 관한 일반법으로서의 성격을 갖는 법령이 적지 않다: 정부조직법, 행정절차법, 민원처리에 관한 법률, 행정조사기본법, 행정대집행법, 국세징수법, 인신보호법, 질서위반행위규제법, 공공기관의 정보공개에 관한 법률, 개인정보보호법, 지방자치법, 국가배상법, 공익사업을 위한 토지 등의 취득 및 보상에 관한 법률, 행정심판법, 행정소송법, 국가공무원법, 국가재정법, 국유재산법, 지방재정법, 공유재산 및 물품관리법, 도시 및 주거환경정비법, 경찰관직무집행법, 국토의 계획 및 이용에 관한 법률, 건축법, 부동산 가격공시에 관한 법률, 국세기본법 등이 그것이다.

제 3 절 성문법원(成文法源)

I. 헌 법

행정법의 기본적인 사항이 헌법에 의해 정해지고 헌법은 최고의 효력을 갖는 점에서 헌법은 행정법의 중요한 법원이 된다.

1. 행정법의 기본적인 사항의 규율

① 행정조직의 기본원칙이 헌법에 규정되어 있다(헌법 제4장 등).

② 기본권규정 등 헌법규정은 행정권을 포함하여 국가권력을 직접 구속한다. 행정권이 헌법규정을 위반하면 그 행정권 행사는 위법한 행위가 된다.

③ 헌법은 지방자치제도를 보장하고 지방자치의 기본원칙을 정하고 있다.

④ 헌법은 법규명령의 근거와 한계규정을 두고 있다. 위임명령과 집행명령의 근거가 두어져 있고(헌법 제75조, 제95조), 헌법 제75조는 포괄적 위임을 금지하고 있다.

⑤ 헌법의 일부규정으로부터 행정법의 일반원칙이 도출될 수 있고, 도출된 행정법의 일반원칙은 행정법의 중요한 법원이다.

⑥ 기본권은 일정한 경우 보충적으로 행정법상 개인적 공권으로 인정된다.

2. 헌법의 효력

헌법은 국내법질서에서 최고의 효력을 갖는 법원이다. 헌법에 위반되는 여타의 법규범은 위헌이고 위헌통제의 대상이 된다. 법규범의 위헌통제는 법률에 대하여는 헌법재판소가 담당하고 명령·규칙·처분에 대하여는 일반법원에서 담당한다(헌법 제107조). 헌법재판소는 명령에 대한 헌법소원을 통하여 명령의 위헌성을 통제할 수 있다.

3. 헌법과 행정법의 관계

실질적 법치주의를 취하고 헌법재판제도가 인정되어 헌법의 법적 구속력이 강화되고 있는 오늘날의 헌법하에서 행정법은 '구체화된 헌법'이라는 명제가 타당하다. 행정법은 헌법에서 제시된 국가운영의 기본원칙을 구체화하고 실현하여야 한다.

그러나, 행정법은 기술성을 갖는 법이므로 그 한도 내에서는 헌법의 변화에 크게 영향을 받지 않는 면도 있다는 것을 부인하여서는 안 될 것이다. 또한, 행정법은 헌법의 기계적인 집행법은 아니다. 법률로 헌법을 구체화함에 있어서 입법자는 폭넓은 재량권(입법재량권)을 갖고 있다.

Ⅱ. 국제법규

1. 국제법규의 국내법원성

헌법 제6조 제1항은 "헌법에 의하여 체결·공포된 조약과 일반적으로 승인된 국제법규(國際法規)는 국내법과 동일한 효력을 갖는다"라고 규정하고 있는데, 이는 국제법규가 별도의 입법조치 없이 일반적으로 국내법으로 수용된다는 것을 의미한다.

2. 국제법규의 법단계상의 효력 [2010 사시 사례]

헌법 제60조에 의해 국회의 동의를 받은 조약은 법률과 같은 효력이 있고, 국회의 동의를 받지 않은 조약은 명령과 같은 효력이 있다. 법률의 효력을 갖는 조약에 위반한 명령은 무효라는 것이 일반적 견해이며 판례도 이러한 입장을 취하고 있다.

[판례] 학교급식을 위해 국내 우수농산물을 사용하는 자에게 식재료나 구입비의 일부를 지원하는 것 등을 내용으로 하는 지방자치단체의 조례안이 '1994년 관세 및 무역에 관한 일반협정'(General Agreement on Tariffs and Trade 1994)에 위반되어 그 효력이 없다고 한 사례(대판 2005. 9. 9, 2004추10[전라북도학교급식조례재의결무효확인] [급식조례사건]).

3. 국제법규의 행정법관계에 대한 예외적 직접적용가능성(직접 효력 여부)

국제법규는 본래 국가간의 관계를 규율하는 것을 직접적인 목적으로 하는 것이므로 원칙상 국내에서 행정권 행사(행정법관계)에 직접 법적 구속력(효력)을 갖지 못한다. 국제법규는 통상 별도의 국내입법조치를 통하여 행정법관계에 대해 직접 구속력(효력)을 갖게 된다.

[판례 1] 반덤핑부과처분이 WTO협정에 위반된다는 이유만으로 사인이 직접 국내 법원에 그 처분의 취소를 구할 수 없다고 한 사례(대판 2009. 1. 30, 2008두17936〈반덤핑관세부과처분취소〉). 〈해설〉 WTO 협정의 행정주체와 사인의 법률관계에 대한 직접적용가능성을 부인한 판례이다.

[판례 2] '서비스 무역에 관한 일반협정(General Agreement on Trade in Services, GATS)' 및 '한-유럽연합 자유무역협정(Free Trade Agreement)'(이 사건 각 협정)은 국가와 국가 사이의 권리·의무관계를 설정하는 국제협정으로서, 그 내용 및 성질에 비추어 이와 관련한 법적 분쟁은 협정에서 정한 바에 따라 국가간 분쟁해결기구에서 해결하는 것이 원칙이고, 특별한 사정이 없는 한 사인에 대하여는 협정의 직접 효력이 미치지 아니한다. 따라서 이 사건 각 협정의 개별 조항 위반을 주장하여 사인이 직접 국내 법원에 해당 국가의 정부를 상대로 그 처분의 취소를 구하는 소를 제기하거나 협정위반을 처분(대형마트의 영업제한처분)의 독립된 취소사유로 주장하는 것은 허용되지 아니한다(대법원 2009. 1. 30. 선고 2008두17936 판결 참조)(대판 전원합의체 2015. 11. 19, 2015두295[영업시간제한등처분취소] [대형마트 영업규제 사건]). 〈해설〉 그렇지만, 대형마트의 영업제한

에 관한 조례의 이 사건 협정 위반은 조례의 무효사유가 된다. 또한, 대형마트 영업제한에 관한 초기 조례는 대형마트의 영업제한처분을 기속행위로 규정하여 대형마트 영업제한처분을 재량행위로 정한 유통산업발전법 제12조의2에 위반되었지만, 그 후 조례는 영업제한처분을 재량행위로 규정하여 문제를 해결하였다.

그러나, 예외적으로 국제법규가 국내에서 행정법관계에 직접 적용될 수 있는 성질을 갖는 경우에는 국내에서 행정법관계에 직접적인 법적 구속력을 갖는다. 예를 들면, 관세에 관한 협정, 난민의 지위에 관한 협약, 비자면제협정이 그 예이다. 이 경우 행정작용이 그러한 조약에 위반한 경우 그 행정작용은 위법한 것이 된다.

Ⅲ. 법 률

법률(法律)이란 헌법에서 정해진 절차에 따라 국회에서 제정된 법규범이다. 이는 형식적 의미의 법률개념이다.

기본적이거나 중요한 사항은 법률로 정하여야 하고(중요사항유보설, 의회유보설), 국민의 기본권의 제한은 법률로 하여야 한다(헌법 제37조 제2항). 행정권에 포괄적인 위임을 해서는 안 된다(헌법 제75조). 이러한 점에 비추어 법률은 행정법의 기본적 법원이 된다.

Ⅳ. 명 령

명령(命令)(법규명령)이란 행정권에 의해 정립되는 법을 말한다. 명령은 헌법에서 인정한 것으로 긴급명령과 긴급재정·경제명령(헌법 제76조), 대통령령(헌법 제75조), 총리령과 부령(헌법 제95조), 중앙선거관리위원회규칙(헌법 제114조), 국회규칙(헌법 제64조), 대법원규칙(헌법 제108조), 헌법재판소규칙(헌법 제113조)이 있다.

법규명령 중에는 법령보충적 행정규칙(상위법령에 근거하여 제정되는 행정규칙으로서 법규명령의 효력을 갖는 것)도 있다.

그러나, 행정규칙은 행정조직의 내부규범일뿐 법이 아니므로 엄격한 의미에서의 행정법의 법원이 아니다.

Ⅴ. 자치법규

자치법규(自治法規)란 자치단체의 기관이 제정하는 자치에 관한 법규범을 말한다.

지방자치단체의 자치법규에는 지방의회가 제정하는 조례와 지방자치단체의 집행기관이 제정하는 규칙이 있다. 규칙에는 일반사무의 집행기관이 제정하는 규칙(지방자치법 제23조)과 교육집행기관이 제정하는 교육규칙이 있다.

도시 및 주거환경정비법에 의한 주택재개발 정비사업조합의 정관은 해당 조합의 조직, 기관, 활동, 조합원의 권리의무관계 등 단체법적 법률관계를 규율하는 것으로서 공법인인 조합과 조합원에 대하여 구속력을 가지는 자치법규로서 원칙적으로 조합 외부의 제3자를 보호하거나 제3자를 위한 규정이라고 볼 것은 아니다(대판 2019. 10. 31, 2017다282438).

제 4 절 불문법원(不文法源)

제 1 항 관 습 법

Ⅰ. 의의와 성립

관습법(慣習法)이란 사회의 거듭된 관행으로 생성한 사회생활규범이 사회의 법적 확신과 인식에 의하여 법적 규범으로 승인·강행되기에 이른 것을 말한다(대판 전원합의체 2005. 7. 21, 2002다1178, 법적 확신설(法的 確信說)).

Ⅱ. 인정범위와 효력

관습법은 성문법 및 법의 일반원칙이 존재하지 않거나 불완전한 경우에 보충적으로만 인정된다. 그리고 관습법이 성립된 경우에도 그와 모순되는 법이 제정된 경우에는 그 관습법은 효력을 상실하게 된다.

[판례] [1] **관습법의 효력:** 관습법은 법원(法源)으로서 법령에 저촉되지 아니하는 한 법칙으로서의 효력이 있는 것이다. [2] **관습법이 법적 규범으로서의 효력을 상실하게 되는 경우:** 사회의 거듭된 관행으로 생성된 사회생활규범이 관습법으로 승인되었다고 하더라도 사회 구성원들이 그러한 관행의 법적 구속력에 대하여 확신을 갖지 않게 되었다거나, 사회를 지배하는 기본적 이념이나 사회질서의 변화로 인하여 그러한 관습법을 적용하여야 할 시점에 있어서의 전체 법질서에 부합하지 않게 되었다면 그러한 관습법은 법적 규범으로서의 효력이 부정될 수밖에 없다(대판 전원합의체 2005. 7. 21, 2002다1178).

Ⅲ. 종 류

행정법상 관습법에는 행정선례법과 민중적 관습법이 있다.

행정선례(관행)가 관계당사자의 법적 확신에 의해 인정되는 경우 관습법(행정선례법)으로서 법적 구속력을 갖는다. 관계당사자의 법적 확신을 얻지 못한 행정관행은 관습법으로서의 법적 구속력을 갖지 못하지만, 자기구속력이 인정되는 경우가 있다. 또한, 법률로 관행의 법적 구속력을 인정하고 있는 경우가 있다(행정절차법 제4조 제2항).

행정절차법 제4조(신의성실 및 신뢰보호) ② 행정청은 법령등의 해석 또는 행정청의 관행이 일반적으로 국민들에게 받아들여진 때에는 공익 또는 제3자의 정당한 이익을 현저히 해할 우려가 있는 경우를 제외하고는 새로운 해석 또는 관행에 의하여 소급하여 불리하게 처리하여서는 아니된다.

민중적 관습법(民衆的 慣習法)은 민중 사이의 오랜 기간의 관행에 의해 성립되는 관습법을 말한다. 그 예로는 관습상 어업권, 관습상 하천수사용권(河川水使用權) 및 지하수사용권을 들 수 있다.

제 2 항 판 례

대륙법계 국가에서 처럼 우리나라에서는 영미법계 국가에서와 달리 선례(先例)가 법상 구속력을 갖지 않는다. 법원은 기존의 판례를 변경할 수 있다. 하급법원도 이론상 상급법원의 판결에 구속되지 않는다.

그러나, 실제에 있어서 판례(判例)는 사실상 구속력을 갖는다. 그 이유는 법원 특히 대법원은 법적 안정성을 위하여 판례를 잘 변경하지 않는 경향이 있고, 하급심이 상급심의 판결을 따르지 않는 경우 하급심의 판결이 상급심에서 파기될 가능성이 높으므로 하급심은 상급심의 판결을 존중하는 경향이 있기 때문이다.

제 3 항 행정법상 일반 법원칙

Ⅰ. 의 의

행정법상 일반 법원칙이란 현행 행정법질서의 기초를 이룬다고 생각되는 일반 법원칙을 의미한다. 이에는 법치행정의 원칙, 평등의 원칙, 행정의 자기구속의 원칙, 비례의 원칙, 신뢰보호의 원칙, 적법절차의 원칙, 신의성실의 원칙, 권리·권한남용금지의 원칙, 부당결부금지의 원칙 등이 있다.

법의 흠결이 있는 경우 행정법상 일반 법원칙은 중요한 법원이 된다.

행정법상 일반 법원칙은 헌법이나 행정기본법 등 법률에 규정되어 있다고 하더라도 이들 규정은 불문법인 행정법상 일반 법원칙을 선언한 것에 불과하다고 보아야 한다.

행정법상 일반 법원칙 중 헌법으로부터 도출되는 일반 법원칙은 행정기본법에 규정되어 있다고 하더라도 헌법적 효력을 갖는다.

적극행정의 원칙, 행정계속성의 원칙, 보충성의 원칙 등은 행정의 일반 원칙(원리)이지만 법원칙이 아니므로 행정법의 법원이 아니다.

Ⅱ. 법치행정의 원칙

1. 법치행정의 원칙의 의의

법치행정(法治行政)의 원칙(법에 따른 행정의 원칙)이란 행정권도 법에 따라서 행하여져야 하며(법의 지배), 만일 행정권에 의하여 국민의 권익이 침해된 경우에는 이의 구제를 위한 제도가 보장되어야 한다는 것(행정통제제도 내지 행정구제제도의 확립)을 의미한다.

행정기본법 제8조는 법률우위의 원칙과 법률유보의 원칙을 선언하고 있다. 즉, 행정작용은 법률에 위반되어서는 아니 되며(법률우위의 원칙), 국민의 권리를 제한하거나 의무를 부과하는 경우와 그 밖에 국민생활에 중요한 영향을 미치는 경우에는 법률에 근거하여야 한다(법률유보의 원칙).

2. 법치행정의 원칙의 내용

(1) 법률의 법규창조력

법률(法律)의 법규창조력(法規創造力)이란 국가작용 중 법규(국민의 권리의무에 관한 새로운 규율)를 정립하는 입법은 모두 의회[1]가 행하여야 한다는 원칙을 말한다. 헌법 제40조는 '입법권은 국회에 속한다'고 규정함으로써 국회입법의 원칙을 선언하고 있다. 위임명령이 기술적인 견지에서 인정되고 있지만, 입법의 명령에의 위임은 구체적으로 범위를 정하여 행해져야만 하고, 즉 포괄적 위임은 인정되지 않고 있으므로(헌법 제75조), 현행법에서 '법률의 법규창조력'은 관철되고 있다고 평가할 수 있다.

(2) 법우위의 원칙

1) 의　　의

법우위의 원칙이란 법은 행정에 우월한 것이며 행정이 법에 위반하여서는 안 된다는 원칙이다.

법우위(優位)의 원칙은 다음의 두 가지 의미를 갖는다.

① 행정은 법을 위반하여서는 안 된다. 법적 행위뿐만 아니라 사실행위도 법에 위반하여서는 안 된다. 행정은 법률뿐만 아니라 헌법, 법률, 명령, 자치법규, 법의 일반원칙 등 모든 법을 위반하여서는 안 된다. 행정기관의 개별적 행위는 하급기관의 법규명령에도 종속된다.

② 법의 우위는 법률의 행정입법에 대한 우위를 포함한다. 법규명령이 법률에 위반되는 경우 위법한 명령으로 법원 및 헌법재판소에 의한 직접·간접적 통제의 대상이 된다.

2) 위반의 법적 효과

행정작용이 법우위의 원칙을 위반하면 위법한 행정작용이 되는데, 위법한 행정작용의 효력은 행정의 행위형식(예 행정행위, 법규명령, 공법상 계약, 사실행위)에 따라 다르다. 즉, 행정행위의 경우 그 위법이 중대하고도 명백하면 무효인 행정행위가 되고, 그 위법이 중대하고 명백하지 않은 경우에는 취소할 수 있는 행정행위가 된다. 위법한 법규명령은 후술하는 법규명령의 하자론에 따른 효력을 갖는다. 위법한 공법상 계약은 원칙상 무효이다. 위법한 사실행위에는 공정력이 인정되지 않는다.

위법한 행정작용으로 손해가 발생한 경우 손해배상이 인정될 수 있다.

---

1) 의회는 국민에 의해 직접 선출되는 국민대표기관으로서 민주적 정당성이 가장 크게 인정되는 국가기관이다. 그리고 의회에서의 결정과정에서는 민주성과 공개성이 보장되고 있다.

(3) 법률유보의 원칙

[문제] 행정기관은 환경산업에 대한 보조금의 지급에 관한 법률규정이 없는 경우에도 보조금을 지급할 수 있는가.

1) 의　　의

법률유보(法律留保)의 원칙은 행정권의 발동에는 법적 근거가 있어야 한다는 것을 의미한다. 법률유보의 원칙은 인권보장 및 민주행정의 실현에 그 의의가 있다.

2) 내　　용

법률유보의 원칙이 적용되는 경우 행정상 필요하다는 사실만으로 행정권은 행사될 수 없고, 법적 근거가 있어야 행정권 행사가 가능하다.

[판례 1] 구 여객자동차운수사업법(2007. 7. 13. 법률 제8511호로 개정되기 전의 것) 제76조 제1항 제15호, 같은 법 시행령 제29조에는 관할관청은 개인택시운송사업자의 운전면허가 취소된 때에 그의 개인택시운송사업면허를 취소할 수 있도록 규정되어 있을 뿐 그에게 운전면허 취소사유가 있다는 사유만으로 개인택시운송사업면허를 취소할 수 있도록 하는 규정은 없으므로, 관할관청으로서는 비록 개인택시운송사업자에게 운전면허 취소사유가 있다 하더라도 그로 인하여 운전면허 취소처분이 이루어지지 않은 이상 개인택시운송사업면허를 취소할 수는 없다(대판 2008. 5. 15, 2007두26001[개인택시운송사업면허취소처분 등]: 개인택시운송사업자가 음주운전을 하다가 사망한 경우 그 망인에 대하여 음주운전을 이유로 운전면허 취소처분을 하는 것은 불가능하고, 음주운전은 운전면허의 취소사유에 불과할 뿐 개인택시운송사업면허의 취소사유가 될 수는 없으므로, 음주운전을 이유로 한 개인택시운송사업면허의 취소처분은 위법하다고 한 사례).
[판례 2] 법률의 시행령은 모법인 법률에 의하여 위임받은 사항이나 법률이 규정한 범위 내에서 법률을 현실적으로 집행하는 데 필요한 세부적인 사항만을 규정할 수 있을 뿐, 법률에 의한 위임이 없는 한 법률이 규정한 개인의 권리·의무에 관한 내용을 변경·보충하거나 법률에 규정되지 아니한 새로운 내용을 규정할 수는 없다(대판 전원합의체 2020. 9. 3, 2016두32992).

법률유보의 원칙에서 요구되는 법적 근거는 **작용법적 근거**를 말한다(대판 2005. 2. 17, 2003두14765). 조직법적 근거(조직법상 권한)는 모든 행정권 행사에 있어서 당연히 요구된다. 행정권 행사의 근거가 되는 법(근거규범, 작용법상 권한규범)은 원칙상 법률이지만, 법률에 근거한 명령일 수도 있다(헌재 2005. 2. 24, 2003헌마289).

법률유보의 원칙상 행정권 행사에 요구되는 작용법적 근거는 원칙상 개별적 근거를 말하는데, 예외적으로 포괄적 근거도 가능하다(예 경찰권의 발동 등).

3) 적용범위: 중요사항유보설(본질사항유보설)

법우위의 원칙은 행정의 모든 분야에서 적용되지만 법률유보의 원칙에 있어서는 법률유보의 원칙이 적용되는 행정의 범위가 문제된다. 어떠한 행정권의 행사에는 법적 근거가 요구되고, 어떠한 행정권의 행사는 법적 근거가 없어도 가능한지가 문제된다.

행정유보의 원칙의 적용범위에 관한 학설로 침해유보설, 전부유보설, 급부행정유보설, 권력행정유보설, 중요사항유보설 등이 있는데, 행정기본법은 중요사항유보설을 취하고 있다. 즉, 행정작용은 국민생활에 중요한 영향을 미치는 경우에는 법률에 근거하여야 한다(행정기본법 제8조).

가. 의 의 중요사항유보설(重要事項留保說)은 공동체나 시민에게 중요한(본질적인) 행정권의 조치는 침해행정뿐만 아니라 급부행정에 있어서도 법률의 근거를 요하고, 그 중요성의 정도에 비례하여 구체적인(강도 있는) 규율을 하여야 한다는 견해이다. 즉, 중요사항유보설에 의하면 법률유보의 범위와 강도에 여러 단계가 존재한다. 매우 중요한 사항에 대하여는 모든 사항이 법률로만 정하여져야 하고 보다 덜 중요한 사항은 그에 비례하여 행정입법권에게도 입법권이 수권될 수 있고, 중요하지 않은 사항은 법률의 근거를 요하지 않게 된다.

중요사항유보설은 독일의 연방헌법재판소의 판례에 의해 채택된 이론인데 우리나라 헌법재판소도 이를 채택하고 있다.

나. 의회유보 의회유보론은 "국가공동체와 그 구성원에게 기본적이고도 중요한 의미를 갖는 영역, 특히 국민의 기본권 실현과 관련된 영역에 있어서는 국민의 대표자인 입법자가 그 본질적 사항에 대해서 스스로 결정하여야 한다"(헌재 1999. 5. 27, 98헌바70)는 이론인데, 중요사항유보설은 의회유보론을 포함한다.

예를 들면, 자격이나 신분 등을 취득 또는 부여할 수 없거나 인가, 허가, 지정, 승인, 영업등록, 신고 수리 등(이하 "인허가"라 한다)을 필요로 하는 영업 또는 사업 등을 할 수 없는 사유(이하 "결격사유"라 한다)는 법률로 정한다(행정기본법 제16조 제1항).

[판례 1] 오늘날의 법률유보원칙은 단순히 행정작용이 법률에 근거를 두기만 하면 충분한 것이 아니라, 국가공동체와 그 구성원에게 기본적이고도 중요한 의미를 갖는 영역, 특히 국민의 기본권 실현에 관련된 영역에 있어서는 행정에 맡길 것이 아니고 국민의 대표자인 입법자 스스로 그 본질적 사항에 대하여 결정하여야 한다는 요구, 즉 의회유보원칙까지 내포하는 것으로 이해되고 있다. 여기서 어떠한 사안이 국회가 형식적 법률로 스스로 규정하여야 하는 본질적 사항에 해당되는지는, 구체적 사례에서 관련된 이익 내지 가치의 중요성, 규제 또는 침해의 정도와 방법 등을 고려하여 개별적으로 결정하여야 하지만, 규율대상이 국민의 기본권과 관련한 중요성을 가질수록 그리고 그에 관한 공개적 토론의 필요성 또는 상충하는 이익 사이의 조정 필요성이 클수록, 그것이 국회의 법률에 의하여 직접 규율될 필요성은 더 증대된다. 따라서 국민의 권리·의무에 관한 기본적이고 본질적인 사항은 국회가 정하여야 하고, 헌법상 보장된 국민의 자유나 권리를 제한할 때에는 적어도 그 제한의 본질적인 사항에 관하여 국회가 법률로써 스스로 규율하여야 한다(대판 전원합의체 2020. 9. 3, 2016두32992[법외노조통보처분취소]).

[판례 2] 텔레비전방송수신료는 대다수 국민의 재산권 보장의 측면이나 한국방송공사에게 보장된 방송자유의 측면에서 국민의 기본권실현에 관련된 영역에 속하고, 수신료금액의 결정은 납부의무자의 범위 등과 함께 수신료에 관한 본질적인 중요한 사항이므로 국회가 스스로 행하여야 하는 사항에 속하는 것임에도 불구하고 한국방송공사법 제36조 제1항에서 국회의 결정이나 관여를 배제한 채 한국방송공사로 하여금 수신료금액을 결정해서 문화관광부장관의 승인을 얻도록 한 것은 법률유보원칙에 위반된다(헌재 전원재판부 1999. 5. 27, 98헌바70〈KBS 수신료사건〉). 〈해설〉 현행 방송법 제65조는 수신료의 결정에 관하여 "수신료의 금액은 한국방송공사 이사회가 심의·의결한 후 방송통신위원회를 거쳐 국회의 승인을 얻어 확정"하는 것으로 규정하고 있다.

[판례 3] 도시환경정비사업시행인가 신청시 요구되는 토지등소유자의 동의정족수를 정하는 것은 국민의 권리와 의무의 형성에 관한 기본적이고 본질적인 사항으로 법률유보 내지 의회유보의 원칙이 지켜져야 할 영역이다. 따라서 사업시행인가 신청에 필요한 동의정족수를 자치규약에 정하도록 한 이 사건 동의요건조항(구 도시 및 주거환경정비법 제28조 제5항)은 법률유보 내지 의회유보원칙에 위배된다(헌재 2012. 4. 24. 2010헌바1). 〈해설〉 이 결정에 따라 입법자는 2009. 2. 6. 도시정비법 제28조 제7항을 신설하여 도시환경정비사업을 토지등소유자가 시행하고자 하는 경우 사업시행인가 신청 전에 얻어야 하는 토지등소유자의 동의정족수를 법률에 명문으로 규정하였다.

[판례 4] 탄소중립기본법 제8조 제1항에서 2031년부터 2049년까지의 온실가스 감축목표에 관하여 대강의 정량적 수준도 규정하지 않은 것은 의회유보원칙을 포함하는 법률유보원칙을 위반한 것이다(헌재 2024. 8. 29. 2020헌마389등).

4) 행정유형별 고찰

법률유보의 범위와 밀도는 행위형식과 행정유형별(행정분야별)로 개별적으로 검토되어야 한다.

가. 침해행정 침해행정(侵害行政)은 법률의 유보가 필요하다. 헌법 제37조 제2항도 국민의 기본권에 대한 제한은 법률로 하도록 하고 있다. 또한, 침해행정에서 법률유보의 강도는 다른 행정분야에서 보다 높아야 하며 침해행정의 중요사항이 예측가능하도록 침해의 대상, 내용, 범위 등이 법률에 명확하게 규정되어야 한다. 다만, 경찰행정에서는 개괄적 수권이 가능한 것인가가 문제된다.

나. 급부행정 사회보장행정 등 급부행정(給付行政) 중 중요한 사항은 법률의 근거가 있어야 한다. 다만, 침해행정에서 보다는 법률유보의 강도(밀도)가 낮을 수 있다. 즉, 포괄적 근거도 가능한 경우가 있다.

다. 비권력행정 비권력행정(非權力行政)에 있어 상대방의 동의가 있는 경우에는 법률의 근거를 요하지 않는다. 판례와 통설은 공법상 계약과 행정지도는 법률의 근거가 없어도 가능하다고 본다.

다만, 비권력행정 중 국민에게 침익적 영향을 가하는 행위 등 중요한 행위(예 개인정보의 수집행위, 사실상 규제적 성질을 갖는 행정지도)는 침익적 영향을 받는 국민의 동의가 없는 한 법률의 근거를 요한다고 보아야 한다.

라. 법규명령의 제 · 개정 법규명령이나 법규명령의 효력을 갖는 행정규칙(법령보충적 행정규칙)의 제정·개정에는 법령의 수권이 있어야 한다.

또한, 법률의 명령에 대한 수권(授權)은 일반적이거나 포괄적이어서는 안 되며 구체적이어야 한다. 다만, 자치조례에 대한 수권은 자치조례의 성질에 비추어 어느 정도 일반적·포괄적일 수 있다.

마. 행정조직법정주의 행정조직 중 기본적인 사항은 법률의 근거가 있어야 한다. 특히 행정기관의 성립 및 권한에 관한 사항은 국민의 권익에 중대한 영향을 미치므로 법률로 정하여야 한다(행정조직법정주의).

5) 위반의 법적 효과

법률유보의 원칙에 반하는 행정권 행사는 무권한의 하자(위법)가 있는 행위가 된다. 그 법적 효과는 행위형식(예 법규명령, 행정행위, 사실행위)에 따라 다르다.

[문제의 해결] 법률유보의 원칙에 관한 문제이다. 보조금의 지급에는 법률의 근거가 있어야 한다는 견해와 예산의 근거만 있으면 가능하다는 견해 등이 대립한다(행정법연습 제1장 제1절 1 및 자금지원행정 참조).

(4) 행정통제제도(행정구제제도)의 확립

위법·부당한 공권력 행사에 의해 국민의 권익이 침해된 경우에는 이 침해된 국민의 권익을 구제해 주는 제도가 보장되어야만 법치행정의 원칙이 실질적으로 실현된다고 말할 수 있다. 행정구제제도는 행정에 대한 통제를 수반하므로 행정구제제도는 행정에 대한 통제제도로서의 성격도 갖는다.

3. 법치행정의 원칙의 한계

오늘날에도 일정한 행정활동에는 법치행정의 원칙이 적용되지 않는다. 통치행위와 내부행위가 그러하다.

(1) 통치행위

1) 통치행위의 의의

통치행위(統治行爲)는 정치적 성격이 강하기 때문에 법에 의해 규율되거나 사법심사의 대상이 되는 것이 적당하지 않은 행위를 말한다.

2) 통치행위의 근거

통치행위의 이론적 근거로는 권력분립설, 사법자제설, 재량행위설 등이 있다.

판례는 통치행위를 인정하고 있는데, 대법원과 헌법재판소는 통치행위의 인정근거에 관하여 다소 다른 입장을 취하고 있다. 헌법재판소는 사법자제설을 취하면서도 국민의 기본권 침해와 직접 관련되는 경우에는 헌법재판소의 심판대상이 된다고 본다(헌재 2004. 4. 29, 2003헌마814; 1996. 2. 29, 93헌마186). 대법원은 기본적으로 사법자제설을 취하면서도 권력분립설에 입각하기도 한다(대판 2004. 3. 26, 2003도7878; 2010. 12. 16, 2010도5986).

3) 통치행위의 예

가. 통치행위 인정례

[판례] 대통령의 비상계엄선포(대판 1964. 7. 21, 64초4), 이라크파병결정(헌재 2004. 4. 29, 2003헌마814[일반사병이라크파병위헌확인]), 사면(헌재 2000. 6. 1, 97헌바74), 남북정상회담의 개최(대판 2004. 3. 26, 2003도7878〈대북송금사건〉).

나. 통치행위 부정례

[판례] 남북정상회담 개최과정에서의 현대상선의 대북자금송금행위(대판 2004. 3. 26, 2003도7878〈대북송금사건〉), 대통령의 서훈취소행위(대판 2015. 4. 23, 2012두26920[독립유공자서훈취소처분의취소]).

4) 통치행위의 법적 효과

통치행위는 사법심사의 대상이 되지 않는다. 따라서, 통치행위에 대한 소송은 각하된다. 다만, 통치행위가 국민의 기본권 침해와 직접 관련되는 경우에는 헌법소원의 대상이 된다.

[판례 1] 대통령의 긴급재정·경제명령은 통치행위에 속하지만 통치행위를 포함하여 모든 국가작용은 그것이 국민의 기본권 침해와 직접 관련되는 경우에는 헌법소원의 대상이 된다(헌재 1996. 2. 29, 93헌마186).
[판례 2] 개성공단 전면중단 조치가 고도의 정치적 결단을 요하는 문제이기는 하나, 조치 결과 개성공단 투자기업인 청구인들에게 기본권 제한이 발생하였고, 국민의 기본권 제한과 직접 관련된 공권력의 행사는 고도의 정치적 고려가 필요한 행위라도 헌법과 법률에 따라 결정하고 집행하도록 견제하는 것이 헌법재판소 본연의 임무이므로, 그 한도에서 헌법소원심판의 대상이 될 수 있다(헌재 2022. 1. 27, 2016헌마364).

국가배상소송은 행위 자체를 다투는 것이 아니므로 통치행위라 하더라도 국가배상청구소송은 가능하다는 견해(김남진, 15면)도 있고, 국가배상을 인정하기 위하여는 통치행위의 위법성을 판단하여야 하므로 통치행위는 국가배상소송의 대상도 되지 않는다고 보는 것이 타당하다는 견해도 있다. 그런데, 판례는 통치행위로 인정되는 긴급조치의 발령 및 집행으로 인한 손해에 대한 국가배상책임을 인정하였다(대판 전원합의체 2022. 8. 30, 2018다212610 등).

5) 통치행위의 한계

가. 손실보상의 인정 손실보상을 위해서는 적법한 재산권의 제한이 요구되는데, 통치행위의 경우 적법·위법 여부를 판단할 수 없으므로 통치행위로 인한 손실에 대해 손실보상이 인정될 수 없다고 보는 견해가 있다. 그러나, 통치행위의 경우에는 제도상 위법성 판단이 인정되지 않는 것으로 되어 있어 통치행위는 제도상 적법한 행위와 같이 통용되므로 통치행위로 인한 특별한 손실에 대하여도 손실보상을 해 주는 것이 이론상 타당하다.

나. 가분행위(可分行爲)의 이론 통치행위로부터 분리될 수 있는 행정작용은 사법심사의 대상이 된다.

예를 들면, 외국대사관을 짓기 위한 건축허가신청에 대한 건축허가 또는 건축허가의 거부는 국제관계로부터 분리될 수 있는 행정작용이다.

[판례] 남북정상회담의 개최는 통치행위이지만, 남북정상회담의 개최과정에서 북한측에 사업권의 대가 명목으로 송금한 행위 자체는 헌법상 법치국가의 원리와 법 앞에 평등원칙 등에 비추어 볼 때 사법심사의 대상이 된다(대판 2004. 3. 26, 2003도7878).

(2) 내부행위

전통적으로 내부행위(內部行爲)는 사법심사의 대상이 되지 않는다고 보고 있다. 오늘날에도 이 원칙에는 변함이 없다. 다만, 오늘날에는 내부행위에 대하여도 협의 등 절차적 통제가 가하여지는 경우가 있고, 또한 이 경우에 있어서 절차상의 하자가 그 내부행위를 전제로 하여 취해지는 종국적 처분의 하자로 되어 사법심사의 대상이 되는 경우가 있다.

또한 종래 내부행위로 보았던 것을 처분으로 보는 경우가 점점 늘고 있다. 특별권력관계 내에서의 행위, 공시지가의 결정, 지목 변경 등의 경우가 그러하다.

Ⅲ. 평등원칙 [2005 행시 사례(자기구속의 법리), 2014 변시 사례]

1. 의 의

평등(平等)의 원칙은 불합리한 차별을 하여서는 안 된다는 원칙이다. 따라서 합리적인 이유가 있어서 다르게 취급하는 것은 평등원칙의 위반이 아니다. 오히려 합리적인 이유가 있는 경우에는 다르게 취급하는 것이 평등의 원칙에 합치된다. 평등의 원칙은 '같은 것은 같게, 다른 것은 다르게'로 요약될 수 있다.

2. 근거와 성질

평등원칙은 헌법 제11조로부터 도출되는 불문법원칙으로 보는 것이 타당하다.

3. 효 력

평등원칙은 헌법적 효력을 갖는다. 평등원칙에 반하는 행정권 행사는 위법하고, 평등원칙에 반하는 법률은 위헌이다.

4. 내 용

행정청[2]은 합리적 이유 없이 국민을 차별하여서는 아니 된다(행정기본법 제9조).

어떠한 행정조치가 평등의 원칙에 반하는 것인가는 차별취급에 합리적인 이유가 있는가의 여부에 달려 있다.

[판례 1] 평등권의 침해 여부에 대한 심사는 그 심사기준에 따라 자의금지원칙에 의한 심사와 비례의 원칙에 의한 심사로 크게 나누어 볼 수 있다(헌재 전원재판부 2006. 2. 23, 2004헌마675·981·1022(병합)).

[판례 2] 행정청의 행정행위가 합리적 이유 없는 차별대우에 해당하여 헌법상 평등원칙을 위반했는지 판단하는 방법: [1] 행정청의 행정행위가 합리적 이유 없는 차별대우에 해당하여 헌법상 평등원칙을 위반하였는지를 확정하기 위해서는 먼저 행위의 근거가 된 법규의 의미와 목적을 통해 행정청이 본질적으로 같은 것을 다르게 대우했는지, 즉 다른 대우를 받아 비교되는 두 집단 사이에 본질적인 동일성이 존재하는지를 확정해야 한다. 다음으로 그러한 차별대우가 확인되면 비례의 원칙에 따라 행위의 정당성 여부를 심사하여 헌법상 평등원칙을 위반하였는지를 판단해야 한다. [2] 국민건강보험공단이 직장가입자와 사실상 혼인관계에 있는 사람, 즉 이성 동반자와 달리 동성 동반자인 甲을 피부양자로 인정하지 않고 위 처분((직장가입자를 지역가입자로 변경하는 처분)을 한 것은 합리적 이유 없이 甲에게 불이익을 주어 그를 사실상 혼인관계에 있는 사람과 차별하는 것으로 헌법상 평등원칙을 위반하여 위법하다고 한 사례(반대의견 있음)(대판 전원합의체 2024. 7. 18, 2023두36800[보험료부과처분취소]).

---

2) 행정기본법에서 "행정청"이란 다음 각 목의 자를 말한다. 가. 행정에 관한 의사를 결정하여 표시하는 국가 또는 지방자치단체의 기관, 나. 그 밖에 법령등에 따라 행정에 관한 의사를 결정하여 표시하는 권한을 가지고 있거나 그 권한을 위임 또는 위탁받은 공공단체 또는 그 기관이나 사인(私人)(행정기본법 제2조 제2호).

① 합리적 이유없이 동일한 사항을 다르게 취급하는 것은 자의적인 것으로서 평등원칙에 위반된다(자의금지원칙에 의한 심사).

[판례 1] 원고가 당직 근무 대기중 약 25분간 같은 근무조원 3명과 함께 시민 과장실에서 심심풀이로 돈을 걸지않고 점수따기 화투놀이를 한 사실이 국가공무원법 제78조 1, 3호 규정의 징계사유에 해당한다 할지라도 당직 근무시간이 아닌 그 대기중에 불과 약 25분간 심심풀이로 한 것이고 또 돈을 걸지 아니하고 점수따기를 한데 불과하며 원고와 함께 화투놀이를 한 3명(지방공무원)은 부산시 소청심사위원회에서 견책에 처하기로 의결된 사실이 인정되는 점 등 제반 사정을 고려하면 피고가 원고에 대한 징계처분으로 파면을 택한 것은 당직근무 대기자의 실정이나 공평의 원칙상 그 재량의 범위를 벗어난 위법한 것이다(대판 1972. 12. 26, 72누194[행정처분취소, 파면처분취소]).

[판례 2] 같은 정도의 비위를 저지른 자들 사이에 있어서도 그 직무의 특성 등에 비추어, 개전의 정이 있는지 여부에 따라 징계의 종류의 선택과 양정에 있어서 차별적으로 취급하는 것은, 사안의 성질에 따른 합리적 차별로서 이를 자의적 취급이라고 할 수 없는 것이어서 평등원칙 내지 형평에 반하지 아니한다(대판 1999. 8. 20, 99두2611[파면처분취소 등]).

② 상대방의 사정이 다른 경우에는 다르게 취급하는 것이 정당화될 수 있지만 비례성을 결여한 과도한 차별취급은 합리적인 차별이 아니므로 평등의 원칙에 반한다(비례원칙에 의한 심사).

[판례] 이 사건 조항(국가기관이 채용시험에서 국가유공자의 가족에게 10%의 가산점을 부여하는 규정)은 일반 응시자들의 공직취임의 기회를 차별하는 것이며, 이러한 기본권 행사에 있어서의 차별은 차별목적과 수단 간에 비례성을 갖추어야만 헌법적으로 정당화될 수 있다. 이 사건 조항으로 인한 공무담임권의 차별효과는 앞서 본 바와 같이 심각한 반면, 국가유공자 가족들에 대하여 아무런 인원제한도 없이 매 시험마다 10%의 높은 가산점을 부여해야만 할 필요성은 긴요한 것이라고 보기 어렵고, 입법목적을 감안하더라도 일반 응시자들의 공무담임권에 대한 차별효과가 지나친 것이다. 이 사건 조항의 차별로 인한 불평등 효과는 입법목적과 그 달성수단 간의 비례성을 현저히 초과하는 것이므로, 이 사건 조항은 청구인들과 같은 일반 공직시험 응시자들의 평등권을 침해한다. 이 사건 조항(국가기관이 채용시험에서 국가유공자의 가족에게 10%의 가산점을 부여하는 규정)의 위헌성은 국가유공자 등과 그 가족에 대한 가산점제도 자체가 입법정책상 전혀 허용될 수 없다는 것이 아니고, 그 차별의 효과가 지나치다는 것에 기인한다(헌재 전원재판부 2006. 2. 23, 2004헌마675·981·1022(병합)).

③ 헌법 제11조 제1항의 평등은 형식적 의미의 평등이 아니라 실질적 의미의 평등을 의미한다.

[판례] 국립대학교 총장인 피고가 제칠일안식일예수재림교(이하 '재림교') 신자인 원고의 면접일시를 재림교의 안식일인 토요일 오전으로 지정하자, 원고가 토요일 일몰 후(토요일 오후 마지막순번)에 면접에 응시할 수 있게 해달라는 취지의 이의신청을 하였으나 피고가 이를 거부하였고, 원고가 면접에 응시하지 않아 피고가 원고에 대하여 불합격처분을 하자, 원고가 피고를 상대로 이의신청거부처분과 불합격처분의 취소를 구한 사안에서 1) 입학전형이의신청거부처분 취소청구 부분에 관하여는 불합격처분에 흡수되어 이를 다툴 소의 이익이 없다(피고가 전남대 법전원 입학생을 선발하는 과정에서 면접일정을 지정하고, 그 면접일정에 대한 변경 신청을 거부하는 등의 행위는 모두 전남대 법전원 입학생 선발이라는 종국적 처분에 이르기 위한 단계적인 행위이고, 전남대 법전원 입학시험에 대한 불합격처분이 이루어졌다면, 피고가 이를 위해 앞서 하였던 단계적 행위는 그 종국적인 불합격처분에 흡수되므로 이 사건에서도 이 사건 불합격처분만이 쟁송의 대상이 되고 이 사건 거부행위를 별도로 다툴 소의 이익이 없다)고 판단하고, 2) 불합격처분 취소청구 부분에 관하여는 헌법 제11조 제1항의 평등은 형식적 의미의 평등이 아니라 실질적 의미의 평등을 의미하고, 비례의 원칙에 비추어 전남대학교 법학전문대학원 입시 과정에서 재림교 신자들이 종교적 신념을 이유로 결과적으로 불이

익을 받게 되는 경우, 이를 해소하기 위한 조치가 공익이나 제3자의 이익을 다소 제한한다고 하더라도, 그 제한의 정도가 재림교 신자들이 받는 불이익에 비해 현저히 적다고 인정되므로 헌법이 보장하는 실질적 평등을 실현할 의무와 책무를 부담하는 피고(국립대학교 총장)로서는 재림교 신자들의 신청에 따라 그들이 받는 불이익을 해소하기 위한 적극적인 조치를 취할 의무가 있고, 이러한 적극적 조치(예, 면접시간의 변경 등)없이 한 이 사건 불합격처분이 평등원칙을 위반하여 위법하다고 판단한 사례(대판 2024. 4. 4, 2022두56661[입학전형이의신청거부처분 및 불합격처분 취소의 소]).

5. 한 계

불법 앞의 평등 요구는 인정되지 않는다.

6. 적 용 례

(1) 재량권 통제원칙

평등원칙은 모든 공권력 행사를 통제하는 법원칙인데, 특히 재량권을 통제하는 원칙이다. 행정청이 재량권을 행사함에 있어 甲에게 어떤 처분을 한 경우에 그 자체로는 재량권의 일탈 또는 남용인 위법이 아니라고 하더라도 이미 행해진 동종 사안에서의 제3자에 대한 처분과 비교하여 불합리하게 불리한 처분에 해당하는 경우에는 평등원칙에 반하는 위법한 재량권 행사가 된다.

(2) 재량준칙과 평등원칙

재량준칙(재량권 행사의 기준을 정한 행정규칙)은 행정규칙으로서 직접 대외적인 구속력을 갖지는 않지만 평등원칙을 매개로 하여 간접적인 대외적 효력을 갖는다고 보는 것이 다수의 견해이다. 그러나, 평등원칙은 다른 것은 다르게 취급하여야 하는 것을 의미하므로 특별한 사정이 있는 경우에는 재량준칙을 적용하지 않을 수 있고, 오히려 특별한 사정이 있음에도 그것을 고려하지 않고 재량준칙을 그대로 적용하였다면 그 재량권 행사는 위법하게 된다(후술 재량준칙의 대외적 구속력 참조).

Ⅳ. 행정의 자기구속의 원칙 [2005 행시 사례, 2011 입시 약술]

1. 의 의

행정의 자기구속의 원칙이란 행정관행이 성립된 경우 행정청은 특별한 사정이 없는 한 같은 사안에서 행정관행과 같은 결정을 하여야 한다는 원칙을 말한다.

2. 근 거

행정의 자기구속의 원칙의 근거에 대하여는 신뢰보호의 원칙 및 평등원칙에서 구하는 견해(대판 2009. 12. 24, 2009두7967)와 평등의 원칙에서 구하는 견해로 나누어져 있다.

3. 적용영역

이 원칙은 기속영역에서는 인정할 수 없고(이견 있음), 재량이 인정되는 영역에서만 적용될 수 있다. 기속행위의 관행이 위법한 경우 적법성 원칙에 반하여 자기구속의 법리가 적용될 수 없고 기속행위의 관행이 적법한 경우는 적법성 원칙상 관행과 같이 행정권이 행사되는 것이다.

행정의 자기구속의 원칙은 특히 재량준칙에서 중요한 의의를 갖는다. 행정의 자기구속의 법리는 본래 법규성이 없는 재량준칙을 구속력있는 규범으로 전환시키는 전환규범으로서의 역할을 수행한다.

4. 적용요건

① 행정관행이 존재하여야 한다. 그런데, **재량준칙이 존재하는 경우** 행정의 자기구속의 원칙을 적용함에 있어서 행정선례가 필요한가에 대하여는 선례필요설(先例必要說)과 선례불필요설(先例不必要說)의 대립이 있다.

> **선례불필요설**은 재량준칙이 존재하는 경우 재량준칙 자체만으로 '미리 정해진 행정관행(선취된 행정관행 또는 예기관행)'이 성립되는 것으로 보고, 자기구속의 법리를 인정한다.
>
> 이에 대하여 **선례필요설**은 재량준칙이 존재하는 경우에 1회의 선례만으로 자기구속의 법리가 인정될 수도 있다는 견해도 있지만, 대체로 선례가 되풀이 되어 행정관행이 성립된 경우에 한하여 인정된다고 본다.

판례는 재량준칙이 공표된 것만으로는 자기구속의 원칙이 적용될 수 없고, **재량준칙이 되풀이 시행되어 행정관행이 성립한 경우** 자기구속의 원칙이 적용될 수 있다고 본다(대판 2009. 12. 24, 2009두7967).

재량준칙이 존재하지 않는 경우에 자기구속의 원칙이 적용되기 위하여는 선례로서 행정관행이 존재하여야 한다. 재량준칙이 없는 경우에는 재량준칙이 있는 경우보다 되풀이 시행된 횟수가 더 많아야 할 것이다.

② 행정관행과 동일한 사안이어야 한다.

5. 효력 및 한계

판례는 자기구속의 원칙이 인정되는 경우 행정관행과 다른 처분은 **특별한 사정이 없는 한** 위법하다고 본다. 그런데 특별한 사정이 무엇인지에 관하여는 자세한 설명이 없다.

특별한 사정의 의미에 관하여 사정변경 등으로 행정관행과 다른 처분을 하여야 할 공익상 필요가 큰 경우를 말한다고 보는 견해가 있지만, 다음과 같이 보다 강한 자기구속력을 인정하여야 한다는 견해가 타당하다. 새로운 사정변경이 없는 경우 공익상의 이유만으로 행정관행과 다른 처분을 하는 것은 원칙상 자기구속의 원칙에 반한다. 다만, 재량준칙을 개정하는 등 행정관행과 다른 처분의 가능성을 미리 예고하고 시차를 두어 공익상 행정관행과 다른 처분을 하는 것은 가능하다고 보아야 할 것이다. 그리고, **새로운 사정변경이 있는 경우**에는 행정관행과 다른 처분을 할 공익상 필요가 심히 큰 경우에 한하여 행정관행과 다른 처분을 하는 것이 가능하다고 보아야 할 것이다.

어느 견해를 취하든지, 자기구속력이 인정된 재량준칙은 통상의 재량준칙보다 강한 구속력을 갖는다고 할 수 있다.

[판례] [1] 상급행정기관이 하급행정기관에 대하여 업무처리지침이나 법령의 해석적용에 관한 기준을 정하여 발하는 이른바 '행정규칙이나 내부지침'은 일반적으로 행정조직 내부에서만 효력을 가질 뿐 대외적인 구속력을 갖는 것은 아니므로 행정처분이 그에 위반하였다고 하여 그러한 사정만으로 곧바로 위법하게 되는 것은 아니다. 다만, 재량권 행사의 준칙인 행정규칙이 그 정한 바에 따라 되풀이 시행되어 행정관행이 이루어지게 되면 평등의 원칙이나 신뢰보호의 원칙에 따라 행정기관은 그 상대방에 대한 관계에서 그 규칙에 따라야 할 자기구속을 받게 되므로, 이러한 경우에는 특별한 사정이 없는 한 그를 위반하는 처분은 평등의 원칙이나 신뢰보호의 원칙에 위배되어 재량권을 일탈·남용한 위법한 처분이 된다. [2] 시장이 농림수산식품부에 의하여 공표된 '2008년도 농림사업시행지침서'에 명시되지 않은 '시·군별 건조저장시설 개소당 논 면적' 기준(재량준칙)을 충족하지 못하였다는 이유로 신규 건조저장시설 사업자 인정신청을 반려한 사안에서, 위 지침이 되풀이 시행되어 행정관행이 이루어졌다거나 그 공표만으로 신청인이 보호가치 있는 신뢰를 갖게 되었다고 볼 수 없고, 쌀 시장 개방화에 대비한 경쟁력 강화 등 우월한 공익상 요청에 따라 위 지침상의 요건 외에 '시·군별 건조저장시설 개소당 논 면적 1,000ha 이상' 요건을 추가할 만한 특별한 사정을 인정할 수 있어, 그 처분이 행정의 자기구속의 원칙 및 행정규칙에 관련된 신뢰보호의 원칙에 위배되거나 재량권을 일탈·남용한 위법이 없다고 한 사례(대판 2009. 12. 24, 2009두7967[신규건조저장시설사업자인정신청반려처분취소]). 〈해설〉 1) 재량준칙의 공표만으로 예기된 자기구속을 위반한 것으로 본 원심을 파기한 판결이다. 판례는 재량준칙이 되풀이 시행되어 행정관행이 이루어진 경우에 자기구속의 원칙이 인정된다고 보았다 2) 판례는 재량준칙의 공표만으로는 신청인이 보호가치 있는 신뢰를 갖게 되었다고 볼 수 없다(신뢰보호의 원칙 위반으로 위법하다고 볼 수 없다)고 하였다(후술 신뢰보호 참조). 3) 판례는 재량준칙이 있지만 행정관행이 성립되지 않은 경우 특별한 공익상의 필요가 있을 때에는 재량기준을 추가하여 신청에 대한 거부처분을 할 수 있다고 하였다(후술 재량준칙 참조).

불법에 있어서 평등대우는 인정될 수 없으므로, 행정관행이 위법한 경우에는 명문의 규정이 없는 한 행정청은 자기구속을 당하지 않는다. 관행이 위법한 경우에는 신뢰보호의 원칙의 적용 여부가 문제될 수 있을 뿐이다.

[판례] [1] 평등의 원칙은 본질적으로 같은 것을 자의적으로 다르게 취급함을 금지하는 것이고, 위법한 행정처분이 수차례에 걸쳐 반복적으로 행하여졌다 하더라도 그러한 처분이 위법한 것인 때에는 행정청에 대하여 자기구속력을 갖게 된다고 할 수 없다. [2] 날짜가 기재되지 아니한 동의서들을 효력이 없는 것으로 간주한 선례가 있다 하더라도 피고가 참가인 정비조합설립추진위원회에 대하여 승인심사를 할 때에도 그러한 기준을 따라야 할 의무가 없는 점 등에 비추어, 피고가 평등의 원칙이나 신뢰보호의 원칙 또는 자기구속의 원칙 등에 위배하고 재량권을 일탈 남용하여 자의적으로 이 사건 승인처분을 하였다고 볼 수 없다고 한 사례(대판 2009. 6. 25, 2008두13132). 〈해설〉 판례는 날짜가 기재되지 않은 동의서를 효력이 없는 것으로 간주한 선례는 위법하므로 자기구속력이 없는 것으로 보고 있다. 다만, 이 경우 상대방에게 귀책사유가 없는 경우에는 신뢰보호의 원칙의 적용이 고려될 수 있다.

자기구속의 원칙은 헌법적 효력을 갖는다. 자기구속의 원칙에 반하는 법령이나 행정권 행사는 위헌·위법한 것이 된다.

V. 비례의 원칙 [2001 사시 약술, 2013 행시(일반), 2014 변시 사례]

1. 의 의

비례(比例)의 원칙이란 과잉조치금지의 원칙이라고도 하는데, 행정작용에 있어서 행정목적과 행정수단 사이에는 합리적인 비례관계가 있어야 한다는 원칙을 말한다.

2. 내 용

(광의의) 비례원칙은 다음과 같은 세부원칙을 포함한다: 적합성의 원칙, 필요성의 원칙(최소침해의 원칙), 협의의 비례원칙(상당성의 원칙). 즉, 모든 행정작용은 다음 각 호의 원칙에 따라야 한다: 1. 행정목적을 달성하는 데 유효하고 적절할 것(적합성의 원칙), 2. 행정목적을 달성하는 데 필요한 최소한도에 그칠 것(필요성의 원칙), 3. 행정작용으로 인한 국민의 이익 침해가 그 행정작용이 의도하는 공익보다 크지 아니할 것(상당성의 원칙)(행정기본법 제10조).

헌법재판소와 같이 목적의 정당성을 비례원칙의 한 내용으로 보는 견해도 있지만, 목적의 정당성은 목적과 수단 간의 이익형량의 문제가 아니므로 이 견해는 타당하지 않다. 목적의 정당성의 원칙은 일반법원칙상 당연히 인정되는 독자적 법원칙이라고 보는 것이 타당하다. **목적의 정당성**이라 함은 좁은 의미로는 공권력 행사 목적의 합법성 및 합목적성(공익성)을 말하고, 넓은 의미로는 이와 함께 공권력 행사권한과의 관련성을 포함한다.

(1) 적합성의 원칙

적합성(適合性)의 원칙이란 행정은 추구하는 행정목적의 달성에 적합한(적절한) 수단을 선택하여야 한다는 원칙을 말한다.

(2) 필요성의 원칙(최소침해의 원칙)

필요성(必要性)의 원칙(최소침해(最小侵害)의 원칙)이란 행정목적 달성에 적합한 수단이 여러 가지인 경우에 국민의 권리를 최소한으로 침해하는 수단을 선택하여야 한다는 원칙이다.

예를 들면, 어떤 건물에 붕괴위험이 있는 경우 적절한 보수로 붕괴위험을 막을 수 있음에도 철거라는 수단을 선택하여 철거명령을 내린 경우 그 철거명령은 필요성의 원칙에 반하는 위법한 명령이다.

[판례] 원주시장이 2021. 7. 22.경 코로나바이러스감염증-19(이하 '코로나19'라고 한다)의 확산을 우려하여 '사회적 거리두기 개편 3단계 격상 행정명령'(원주시 공고 제2021-2159호, 이하 '이 사건 행정명령'이라고 한다)을 통해 2021. 7. 23.부터 2021. 8. 1.까지 '1인 시위 외 집회 금지'를 공고한 것은 원주시장은 방역활동에 따라 축적된 경험과 정보에 따라 단계별 수칙을 세분하여 집회의 장소, 시간, 규모, 방법 등을 적절히 제한하거나 참여자 간 간격 유지, 구호 제창 금지, 취식 금지 등 코로나19 확산 예방을 위한 구체적인 조건을 부과하는 방식으로 집회의 자유를 덜 제한하는 방안을 모색할 수 있었다고 보이므로 이 사건 행정명령이 그러한 충분한 고려 없이 개별적·구체적 사정에 대한 어떠한 예외도 두지 않은 채 원주시 전역에서의 모든 집회를 전면적으로 금지한 것으로서 침해의 최소성을 갖춘 것으로 보기 어렵다고 한 사례(대판 2024. 12. 12, 2022도17089).

(3) 협의의 비례원칙(법익 균형성의 원칙, 상당성의 원칙, 이익형량의 원칙)

협의(狹義)의 비례원칙(상당성(相當性)의 원칙)이란 행정조치를 취함에 따른 불이익이 그것에 의해 달성되는 이익보다 큰 경우에는 그 행정조치를 취해서는 안 된다는 원칙을 말한다.

협의의 비례원칙을 적용함에 따른 이익형량에 있어서 행정조치로 인하여 달성되는 공익과 사익을 한쪽으로 하고 그로 인하여 침해되는 공익(예 환경상 이익)과 사익을 다른 한쪽으로 하여 이익형량을 하여야 할 것이다.

이익형량이 상당한 정도로 균형을 잃은 경우에 재량처분이 위법(違法)하게 된다.

[판례] 행정청이 운전면허취소의 재량권을 갖는 경우에도 그 재량권은 면허취소처분의 공익목적뿐만 아니라 공익침해의 정도와 그 취소처분으로 인하여 개인이 입게 될 불이익을 비교교량하여 … 비례의 원칙 … 에 어긋나지 않게끔 행사되어야 할 한계를 지니고 있고 이 한계를 벗어난 처분은 위법하다고 볼 수밖에 없다(대판 1985. 11. 12, 85누303[운전면허취소처분의 취소사건]). 행정판례에 따르면 음주운전으로 인한 운전면허 취소처분의 재량권 일탈·남용 여부를 판단할 때, 운전면허의 취소로 입게 될 당사자의 불이익보다 음주운전으로 인한 교통사고를 방지하여야 하는 일반예방적 측면이 더욱 강조되어야 한다(대판 2019. 1. 17, 2017두59949).

협의의 비례의 원칙상 재량처분시 이익형량을 하여야 하고, 이익형량의 전제로서 관련 이익에 대한 조사를 하여야 한다. 그리고, 후술하는 바와 같이 재량권 행사시 관련 이익을 조사하지 않고, 고려하지 않은 것은 재량권의 불행사로서 재량권의 일탈·남용(위법)사유가 된다.

3. 근거 및 효력

비례원칙은 헌법상의 기본권 보장규정, 헌법 제37조 제2항 및 법치국가원칙으로부터 도출되는 법원칙이다. 그러므로, 비례의 원칙은 평등의 원칙과 마찬가지로 헌법적 효력을 가진다.

비례의 원칙에 반하는 행정권 행사는 위법하다. 비례의 원칙에 반하는 법령은 위헌·무효가 된다.

[판례] 헌법재판소는 입법자가 임의적(재량적) 규정으로도 법의 목적을 실현할 수 있음에도 여객운송사업자가 지입제 경영을 한 경우 구체적 사안의 개별성과 특수성(해당 사업체의 규모, 지입차량의 비율, 지입의 경위 등)을 전혀 고려하지 않고 그 사업면허를 필요적으로(기속적으로) 취소하도록 한 여객자동차운송사업법 제76조 제1항 단서 중 제8호 부분이 비례의 원칙의 요소인 '피해최소성의 원칙' 및 '법익균형성의 원칙'에 반한다고 결정하였다(헌재 전원재판부 2000. 6. 1, 99헌가11·12(병합)[여객자동차운수사업법 제76조 제1항 단서 중 제8호 부분 위헌제청]).

법령의 비례원칙 위반의 판단시점은 직접적 통제의 경우에는 판단시를 기준으로 하여야 하고, 간접적 통제의 경우에는 처분시를 기준으로 하여야 한다.

4. 적 용 례

비례의 원칙은 모든 행정분야 및 모든 행정권 행사에 적용된다. 특히 재량권 행사의 한계, 부관의 한계, 경찰권 발동의 한계, 급부행정의 한계가 된다. 비례의 원칙의 파생원칙으로는 수익적 행정행위의 취소·철회의 제한법리(이익형량의 원칙), 형량명령이론, 과잉급부금지의 원칙 등이 있다.

비례의 원칙은 주로 재량행위의 통제법리이며 기속행위의 경우에는 기속행위의 근거가 된 법령에 대한 비례성 통제를 통하여 간접적으로 행해진다.

Ⅵ. 신뢰보호의 원칙 [1993·1999 사시 사례, 2002 행시 약술]

[문제] 1. 확약의 법리, 실권의 법리 등 신뢰보호의 원칙의 파생법리와 신뢰보호의 원칙은 어떠한 관계에 있는가.
2. 담당과장이 확약 또는 신뢰를 주는 언동을 할 수 있는가.
3. 법령의 해석에 대한 질의에 대한 회신 및 민원상담에 대한 회신을 행정권 행사에 대한 신뢰를 주는 공적 견해표명이라고 볼 수 있는가.

1. 의 의

행정법상의 **신뢰보호(信賴保護)의 원칙**이라 함은 행정기관의 어떠한 언동(言動, 말 또는 행동)에 대해 국민이 신뢰를 갖고 행위를 한 경우 그 국민의 신뢰가 보호가치 있는 경우에 그 신뢰를 보호하여 주어야 한다는 원칙을 말한다.

2. 근 거

신뢰보호의 법적 근거로 신의성실의 원칙을 드는 경우도 있지만(신의칙설) 법치국가의 한 내용인 법적 안정성을 드는 것(법적 안정성설)이 일반적 견해이다.

행정기본법은 불문법인 신뢰보호의 원칙을 행정법의 일반원칙의 하나로 선언하고 있다. 즉, 행정청은 공익 또는 제3자의 이익을 현저히 해칠 우려가 있는 경우를 제외하고는 행정에 대한 국민의 정당하고 합리적인 신뢰를 보호하여야 한다(제12조 제1항). **행정절차법**은 "행정청은 법령등의 해석 또는 행정청의 관행이 일반적으로 국민들에게 받아들여졌을 때에는 공익 또는 제3자의 정당한 이익을 현저히 해칠 우려가 있는 경우를 제외하고는 새로운 해석 또는 관행에 따라 소급하여 불리하게 처리하여서는 아니 된다."고 규정하고 있다(제4조 제2항).

3. 적 용 례

신뢰보호의 원칙이 적용되는 경우로는 수익적 행정행위의 취소 또는 철회의 제한, 실권의 법리, 확약의 법적 근거, 행정계획에 있어서 계획보장청구권, 행정의 자기구속의 법리, 신뢰보호의 원칙에 반하는 처분의 취소, 신뢰보호의 원칙 위반을 이유로 한 국가배상청구 등이 있다.

실권의 법리, 확약의 법리 등 신뢰보호의 원칙의 파생법리는 신뢰보호의 원칙에 우선하여 적용된다.

[실권의 법리]

1) 의 의   실권(失權)의 법리(法理)라 함은 행정청에게 취소권, 철회권, 영업정지권 등 권리의 행사의 기회(가능성)가 있음에도 불구하고 행정청이 장기간에 걸쳐 그의 권리를 행사하지 아니하였기 때문에 상대방인 국민이 행정청이 그의 권리를 행사하지 아니할 것으로 신뢰할 만한 정당한 사유가 있게 되는 경우에는 그 권리를 행사할 수 없다는 법리를 말한다. 실효의 법리라고도 한다.

실권의 법리는 신뢰보호원칙의 파생법리이다.

2) 근 거   행정기본법은 실권(실효)의 법리를 행정법의 일반원칙의 하나로 선언하고 있다. 즉, 행정청은 권한 행사의 기회가 있음에도 불구하고 장기간 권한을 행사하지 아니하여 국민이 그 권한이 행사되지 아니할 것으로 믿을 만한 정당한 사유가 있는 경우에는 그 권한을 행사해서는 아니 된다. 다만, 공익 또는 제3자의 이익을 현저히 해칠 우려가 있는 경우는 예외로 한다(제12조 제2항). 실권의 법리는 행정기본법 제23조의 제재처분의 제척기간과 중첩하여 적용될 수 있다.

3) 요 건   실권의 법리가 적용되기 위하여는 i) 행정청이 취소사유나 철회사유 등을 앎으로써 권리행사 가능성이 있었어야 한다. 예를 들면, 법규 위반행위로 형사처벌을 받았지만 행정적 제재가 오랜 기간 행해지지 않은 경우에 교통법규 위반행위에 대한 운전면허의 취소 또는 정지와 같이 법규 위반행위를 단속한 행정기관과 제재처분행정기관이 동일한 행정조직체(경찰청)에 속하는 경우에는 이 요건을 충족한 것으로 볼 수 있지만, 법규 위반행위(예 감정평가사의 허위감정)를 단속한 행정기관(예 경찰 또는 검찰)과 제재처분(예 자격취소, 업무정지 등)행정기관(예 국토교통부장관)이 다르고, 법규 위반행위를 단속한 행정기관이 제재처분행정기관에게 그 위반사실을 통지하지 않은 경우 통상 이 요건을 충족하지 않은 것으로 보아야 한다.

ii) 행정권 행사가 가능함에도 불구하고 행정청이 장기간 권리행사를 하지 않았어야 한다. iii) 상대방인 국민이 행정청이 이제는 권리를 행사하지 않을 것으로 신뢰하였고 그에 정당한 사유가 있어야 한다. iv) 공익 또는 제3자의 이익을 현저히 해칠 우려가 있는 경우가 아니어야 한다.

4) 효 력   실권의 법리의 적용요건에 해당하는 경우 행정청이 갖고 있는 취소권, 철회권, 영업정지권 등 제재권은 소멸되고, 실권의 법리에 위반한 제재처분은 위법하다. 실권의 법리는 신뢰보호의 원칙에 대한 특별법리이다. 실권의 법리를 신뢰보호의 원칙 보다 우선 적용하고, 사안이 실권의 법리의 적용요건에 해당하지 않는 경우 신뢰보호의 원칙의 적용 여부를 검토하는 것이 타당하다.

[판례] [1] 소론 실권 또는 실효의 법리는 법의 일반원리인 신의성실의 원칙에 바탕을 둔 파생원칙인 것이므로 공법관계 가운데 관리관계는 물론이고 권력관계에도 적용되어야 함을 배제할 수는 없다 하겠으나 그것은 본래 권리행사의 기회가 있음에도 불구하고 권리자가 장기간에 걸쳐 그의 권리를 행사하지 아니하였기 때문에 의무자인 상대방은 이미 그의 권리를 행사하지 아니할 것으로 믿을 만한 정당한 사유가 있게 되거나 행사하지 아니할 것으로 추인케 할 경우에 새삼스럽게 그 권리를 행사하는 것이 신의성실의 원칙에 반하는 결과가 될 때 그 권리행사를 허용하지 않는 것을 의미하는 것이다. [2] 원고가 행정서사(현행 행정사)업허가를 받은 때로부터 20년이 다 되어 피고가 결격사유를 이유로(애초에 자격요건에 해당하지 않는 데 착오로 위와 같은 허가처분을 하였었다는 이유로) 허가를 취소(강학상 취소)한 것인데 피고가 취소사유를 알고서도 그렇게 장기간 취소권을 행사하지 않은 것이 아니고 1985. 9. 중순에 비로소 위 취소사유를 알고 그에 관한 법적 처리방안에 관하여 다각도로 연구검토가 행해지고 있었던 것이므로 상대방인 원고에게 취소권을 행사하지 않을 것이란 신뢰를 심어 준 것으로 볼 수 없으므로 피고의 처분이 실권의 법리에 저촉된 것이라고 볼 수 없다. [3] 허가 등과 같이 상대방에게 이익을 주는 행정행위에 있어서는 취소원인이 존재한다는 이유만으로 취소할

수는 없고 취소하여야 할 공익상의 필요와 취소로 인하여 당사자가 입을 불이익을 비교 교량하여 취소여부를 결정하여야 하나 이 사건에서 행정서사의 허가를 받을 자격이 없는 원고가 행정청의 착오로 그 허가를 받았다가 그 후 그것이 드러나 허가취소됨으로써 입게 되는 불이익보다는 자격없는 자에게 나간 허가를 취소하여 공정한 법 집행을 함으로써 법 질서를 유지시켜야 할 공익상의 필요가 더 크다 할 것이다(대판 1988. 4. 27, 87누915[행정서사허가취소처분취소]). 〈평석〉 판례는 이 사건에서 실권의 법리의 적용요건이 충족되지 않은 것으로 보고, 취소 또는 철회 제한의 법리인 이익형량의 원칙을 적용하고 있다. 그러나, 신뢰보호의 이익을 보다 적극적으로 고려하고 있지 않은 문제가 있다.

4. 적용요건

신뢰보호의 원칙이 적용되기 위하여는 다음과 같은 요건이 충족되어야 한다.

[판례 1] 일반적으로 행정상의 법률관계에 있어서 행정청의 행위에 대하여 신뢰보호의 원칙이 적용되기 위하여는, 첫째 행정청이 개인에 대하여 신뢰의 대상이 되는 공적인 견해표명을 하여야 하고, 둘째 행정청의 견해표명이 정당하다고 신뢰한 데에 대하여 그 개인에게 귀책사유가 없어야 하며, 셋째 그 개인이 그 견해표명을 신뢰하고 이에 상응하는 어떠한 행위를 하였어야 하고, 넷째 행정청이 그 견해표명에 반하는 처분을 함으로써 그 견해표명을 신뢰한 개인의 이익이 침해되는 결과가 초래되어야 하며, 마지막으로 위 견해표명에 따른 행정처분을 할 경우 이로 인하여 공익 또는 제3자의 정당한 이익을 현저히 해할 우려가 있는 경우가 아니어야 한다(대판 2002. 11. 8, 2001두1512[건축선위반건축물시정지시취소]). 〈해설〉 이익형량을 신뢰보호의 소극적 적용요건으로 판시한 사례이다.

[판례 2] **신뢰보호의 원칙의 적용 요건:** 일반적으로 행정상의 법률관계에 있어서 행정청의 행위에 대하여 신뢰보호의 원칙이 적용되기 위하여는, 첫째 행정청이 개인에 대하여 신뢰의 대상이 되는 공적인 견해표명을 하여야 하고, 둘째 행정청의 견해표명이 정당하다고 신뢰한 데에 대하여 그 개인에게 귀책사유가 없어야 하며, 셋째 그 개인이 그 견해표명을 신뢰하고 이에 기초하여 어떠한 행위를 하였어야 하고, 넷째 행정청이 위 견해표명에 반하는 처분을 함으로써 그 견해표명을 신뢰한 개인의 이익이 침해되는 결과가 초래되어야 하는바, 어떠한 행정처분이 이러한 요건을 충족하는 때에는 공익 또는 제3자의 정당한 이익을 현저히 해할 우려가 있는 경우가 아닌 한 신뢰보호의 원칙에 반하는 행위로서 위법하다(대법원 1999. 3. 9. 선고 98두19070 판결, 대법원 2006. 6. 9. 선고 2004두46 판결 등 참조)(대판 2024. 3. 12, 2022두60011). 〈해설〉 신뢰보호의 원칙의 적용요건(신뢰보호의 원칙에 반하는지 여부)과 이익형량(비례원칙 위반 여부)을 구별하여 판시한 사례이다. 이 판례가 보다 타당하다.

(1) 행정권의 행사에 관하여 신뢰를 주는 선행조치 [2022 행시]

행정권의 행사에 관하여 상대방인 국민에게 신뢰를 주는 선행조치(언동(言動), 공적 견해표명)가 있어야 한다.

i) 선행조치(언동)는 적극적 언동뿐만 아니라 소극적 언동일 수도 있다.

적극적 언동의 예로는 주택단지를 건설할 것이라는 것을 알리며 공중목욕탕의 건축을 권고하는 것을 들 수 있고, 소극적 언동의 예로는 장기간 행정처분(조세부과, 법규 위반에 대한 제재조치)을 내리지 않는 경우를 들 수 있다.

[판례] **위반행위 후 3년 동안 제재처분(운전면허취소처분)을 하지 않은 경우를 소극적 언동으로 본 사례:** 위반행위(운전면허정지기간중의 운전행위)를 하다가 적발되어 당시 형사처벌(벌금)을 받았으나 피고로부터는 아무런 행정조치가 없어 안심하고 계속 운전업무(영업용택시)에 종사하여 왔음을 엿볼 수 있는바, 피고가 원고의 판시 위반행위가 있은 이후 장기간에 걸쳐 아무런 행정조치를 취하지 않은 채 방치하고 있다가 3년여가 지나서 이를 이유로 행정제재를 하면서 가장 무거운 운전면허를 취소하는 행정처분을 하였은즉 이는 원고가 그간 별다른 행정조치가 없을 것이라고 믿은 신뢰의 이익과 그 법적 안정성을 빼앗는 것이 되어 매우 가혹할 뿐만 아니라 비록 그 위반행위가 운전면허취소사유에 해당한다 할지라도 그와 같은 공익상의 목적만으로는 위 운전사가 입게 될 불이익에 견줄바 못된다 할 것이다(대판 1987. 9. 8, 87누373). 〈해설〉 이 사례에서 판례는 신뢰보호의 원칙을 적용하였지만, 위반행위(운전면허정지기간중의 운전행위)를 단속한 것도 경찰기관이고, 운전면허취소처분을 하는 것도 경찰기관이므로 행정청이 철회사유를 알 수 있었고, 철회권 행사의 가능성도 있었다고 볼 수 있으므로 실권의 법리의 기타 요건이 충족되는 경우 실권의 법리를 적용하는 것이 타당하다.

일단 행정처분이 행해지면 처분의 존속에 대한 신뢰가 형성된다.

[판례] 선행처분인 여수경찰서장의 면허정지처분은 비록 그와 같은 처분이 도로교통법시행규칙 제53조 제1항 [별표 16]에서 정한 행정처분기준에 위배하여 이루어진 것이라 하더라도 그와 같은 사실만으로 곧바로 당해 처분이 위법하게 되는 것은 아닐 뿐더러, 원고로서는 그 면허정지처분이 효력을 발생함으로써 그 처분의 존속에 대한 신뢰가 이미 형성되었다 할 것이고 또한 그와 같은 처분의 존속이 현저히 공익에 반한다고는 보이지 아니하므로, 동일한 사유에 관하여 보다 무거운 면허취소처분을 하기 위하여 이미 행하여진 가벼운 면허정지처분을 취소하는 것은 선행처분에 대한 당사자의 신뢰 및 법적 안정성을 크게 저해하는 것이 되어 허용될 수 없다 할 것이다(대판 2000. 2. 25, 99두10520[자동차운전면허취소처분취소]: 운전면허 취소사유에 해당하는 음주운전을 적발한 경찰관의 소속 경찰서장이 사무착오로 위반자에게 운전면허정지처분을 한 상태에서 위반자의 주소지 관할 지방경찰청장이 위반자에게 운전면허취소처분을 한 것은 선행처분에 대한 당사자의 신뢰 및 법적 안정성을 저해하는 것으로서 허용될 수 없다고 한 사례).

ii) 행정권의 언동은 신뢰의 대상이 되는 행정권의 행사에 관한 언동이어야 한다. 구체적인 행정권의 행사와 무관하게 단순히 법령의 해석에 대한 질의에 대하여 회신해 주는 것(그러나 구체적인 사안과 관련된 법령의 질의회신은 그러하지 아니하다) 등 일반적·추상적 견해표명은 구체적인 행정권 행사에 관해 신뢰보호원칙의 적용대상이 아니다. 행정청의 견해표명이 신뢰보호의 원칙을 주장하는 구체적인 행정권 행사에 대한 국민의 신뢰와 관련되어 있지 않은 일반적·추상적 견해표명이거나 견해표명에 대해 국민이 갖는 신뢰와 다른 행정권 행사의 가능성이 있으면 구체적인 행정권 행사에 대한 신뢰를 주는 견해표명으로 볼 수 없다.

〈신뢰를 주는 공적 견해표명을 긍정한 사례〉

[판례 1] 취득세 등이 면제되는 구 지방세법(2005. 1. 5. 법률 제7332호로 개정되기 전의 것) 제288조 제2항에 정한 '기술진흥단체'인지 여부에 관한 질의에 대하여 건설교통부장관과 내무부장관이 비과세 의견으로 회신한 경우, 공적인 견해표명에 해당한다고 한 사례(대판 2008. 6. 12, 2008두1115[취득세등부과처분취소]).

[판례 2] 위 토지거래계약의 허가과정에서 이 사건 토지형질변경이 가능하다는 피고측의 견해표명은 원고의 요청에 의하여 우연히 피고의 소속 담당공무원이 은혜적으로 행정청의 단순한 정보제공 내지는 일반적인 법률상담 차원에서 이루어진 것이라고 보이기보다는, 이 사건 토지의 형질변경이 가능하다는 공적 견해표명을 한 것이라고 볼 여지가 많다(대판 1997. 9. 12, 96누18380[토지형질변경행위불허가처분취소]).

[판례 3] 행정청이 공신력 있는 주민등록번호와 이에 따른 주민등록증을 부여한 행위는 甲과 乙(법적으로 혼인한 상태가 아닌 대한민국 국적인 부와 중화인민공화국 국적인 모 사이에 출생한 자)에게 대한민국 국적을 취득하였다는 공적인 견해를 표명한 것이라고 한 사례(대판 2024. 3. 12, 2022두60011).

〈신뢰를 주는 공적 견해표명을 부정한 사례〉

[판례 1] 폐기물관리법령에 의한 폐기물처리업 사업계획에 대한 적정통보와 국토이용관리법령에 의한 국토이용계획변경은 각기 그 제도적 취지와 결정단계에서 고려해야 할 사항들이 다르므로, 폐기물처리업 사업계획에 대하여 적정통보를 한 것만으로 그 사업부지 토지에 대한 국토이용계획(현행 도시관리계획)변경신청을 승인하여 주겠다는 취지의 공적인 견해표명을 한 것으로 볼 수 없다(대판 2005. 4. 28, 2004두8828[국토이용계획변경승인거부처분취소]).

[판례 2] 당초 정구장 시설을 설치한다는 도시계획결정을 하였다가 정구장 대신 청소년 수련시설을 설치한다는 도시계획 변경결정 및 지적승인을 한 경우, 당초의 도시계획결정만으로는 도시계획사업의 시행자 지정을 받게 된다는 공적인 견해를 표명하였다고 할 수 없으므로 그 후의 도시계획 변경결정 및 지적승인이 도시계획사업의 시행자로 지정받을 것을 예상하고 정구장 설계비용 등을 지출한 자의 신뢰이익을 침해한 것으로 볼 수 없다(대판 2000. 11. 10, 2000두727[행정처분취소]).

[판례 3] [1] 행정청이 지구단위계획을 수립하면서 그 권장용도를 판매·위락·숙박시설로 결정하여 고시한 행위를 당해 지구 내에서는 공익과 무관하게 언제든지 숙박시설에 대한 건축허가가 가능하리라는 공적 견해를 표명한 것이라고 평가할 수는 없다. [2] 학생들의 교육환경과 인근 주민들의 주거환경 보호라는 공익이 숙박시설 건축허가신청을 반려한 처분으로 그 신청인이 잃게 되는 이익의 침해를 정당화할 수 있을 정도로 크므로, 위 반려처분이 신뢰보호의 원칙에 위배되지 않는다(대판 2005. 11. 25, 2004두6822, 6839, 6846).

[판례 4] 관할 교육지원청 교육장이 교육환경평가승인신청에 대한 보완요청서에서 '휴양 콘도미니엄업이 교육환경법 제9조 제27호에 따른 금지행위 및 시설로 규정되어 있지 않다'는 의견을 밝힌 것은 교육장이 최종적으로 교육환경평가를 승인해 주겠다는 취지의 공적 견해를 표명한 것이라고 볼 수 없다(대판 2020. 4. 29, 2019두52799).

[판례 5] 정책의 주무 부처인 중앙행정기관이 그 소관 사항에 대하여 입안한 법령안은 법제처 심사 등의 절차를 거쳐 공포함으로써 확정되므로, 법령이 확정되기 이전에는 법적 효과가 발생할 수 없다. 따라서 입법예고를 통해 법령안의 내용을 국민에게 예고한 것만으로 국가가 이해관계자들에게 법령안에 관련된 사항을 약속하거나 신뢰를 부여하였다고 볼 수 없다(대판 2018. 6. 15, 2017다249769).

iii) 행정청의 공적 견해표명이 있었는지의 여부를 판단하는 데 있어 반드시 행정조직상의 형식적인 권한분장에 구애될 것은 아니다. 처분청 자신의 공적인 견해표명이 있어야 하는 것은 아니며 경우에 따라서는 보조기관인 담당공무원(예 담당과장)의 공적인 견해표명도 신뢰의 대상이 될 수 있다.

[판례] **행정청의 공적인 견해표명의 판단 기준:** 행정청의 공적인 견해표명이 있었는지의 여부를 판단함에 있어서는 반드시 행정조직상의 형식적인 권한분배에 구애될 것은 아니고 담당자의 조직상의 지위와 임무, 당해 언동을 하게 된 구체적인 경위 및 그에 대한 상대방의 신뢰가능성에 비추어 실질에 의해 판단하여야 한다(대판 1997. 9. 12, 96누18380; 2024. 3. 12, 2022두60011).

iv) 행정청의 공적 견해표명은 특정 개인에 대한 것일 필요는 없으므로 법규명령, 행정규칙 또는 행정계획에 대한 신뢰도 보호하여야 한다. 법률에 대한 신뢰도 신뢰보호의 대상이 된다(대판 2016. 11. 9, 2014두3228).

[판례] 재건축조합에서 일단 내부 규범이 정립되면 조합원들은 특별한 사정이 없는 한 그것이 존속하리라는 신뢰를 가지게 되므로, 내부 규범 변경을 통해 달성하려는 이익이 종전 내부 규범의 존속을 신뢰한 조합원들의 이익보다 우월해야 한다(대판 2020. 6. 25, 2018두34732).

신의성실의 원칙이 적용되기 위하여는 특정 개인에 대한 공적인 견해표명이어야 하지만, 신뢰보호의 원칙의 경우에는 그러하지 아니하다.

[판례 1] 고등훈련기 양산참여권의 포기대가와 관련하여 국내에서 세금이 면제될 수 있도록 협조를 구하는 국방부장관의 질의에 대하여 답변한 재정경제부장관의 검토의견은, 외국법인의 국내원천소득에 대한 재정경제부장관의 일반론적인 견해표명에 불과하므로 그에 대하여 (조세법상) 신의성실의 원칙이 적용된다고 할 수 없다고 한 사례(대판 2010. 4. 29, 2007두19447,19454).
[판례 2] 판례는 재량준칙의 공표만으로는 신청인이 보호가치 있는 신뢰를 갖게 되었다고 볼 수 없다고 하였다(전술 대판 2009. 12. 24, 2009두7967). 〈해설〉 재량준칙의 공표만으로는 강한 신뢰가 형성되었다고 볼 수 없다는 취지로 이해하는 것이 타당하다. 전술한 바와 같이 재량준칙에 대한 신뢰도 보호대상이 된다고 보아야 한다.

v) 행정청이 상대방에게 장차 어떤 처분을 하겠다고 확약 또는 공적인 의사표명을 하였다고 하더라도, 그 자체에서 상대방으로 하여금 언제까지 처분의 발령을 신청하도록 유효기간을 두었는데도 그 기간 내에 상대방의 신청이 없었다거나 확약 또는 공적인 의사표명이 있은 후에 사실적·법률적 상태가 변경되었다면, 그와 같은 확약 또는 공적인 의사표명은 행정청의 별다른 의사표시를 기다리지 않고 실효된다(대판 1996. 8. 20, 95누10877).

[판례] [1] 행정청이 공적인 견해를 표명한 후 사정이 변경됨에 따라 그 견해표명에 반하는 처분을 한 경우, 신뢰보호의 원칙에 위반되는지 여부(원칙적 소극): 신뢰보호의 원칙은 행정청이 공적인 견해를 표명할 당시의 사정이 그대로 유지됨을 전제로 적용되는 것이 원칙이므로, 사후에 그와 같은 사정이 변경된 경우에는 그 공적 견해가 더 이상 개인에게 신뢰의 대상이 된다고 보기 어려운 만큼, 특별한 사정이 없는 한 행정청이 그 견해표명에 반하는 처분을 하더라도 신뢰보호의 원칙에 위반된다고 할 수 없다. [2] 재건축조합 내부 규범을 변경하는 총회결의가 신뢰보호의 원칙에 위반되는지 판단하는 방법: 한편 재건축조합에서 일단 내부 규범이 정립되면 조합원들은 특별한 사정이 없는 한 그것이 존속하리라는 신뢰를 가지게 되므로, 내부 규범 변경을 통해 달성하려는 이익이 종전 내부 규범의 존속을 신뢰한 조합원들의 이익보다 우월해야 한다. 조합 내부 규범을 변경하는 총회결의가 신뢰보호의 원칙에 위반되는지를 판단하기 위해서는, 종전 내부 규범의 내용을 변경하여야 할 객관적 사정과 필요가 존재하는지, 그로써 조합이 달성하려는 이익은 어떠한 것인지, 내부 규범의 변경에 따라 조합원들이 침해받은 이익은 어느 정도의 보호가치가 있으며 침해 정도는 어떠한지, 조합이 종전 내부 규범의 존속에 대한 조합원들의 신뢰 침해를 최소화하기 위하여 어떤 노력을 기울였는지 등과 같은 여러 사정을 종합적으로 비교·형량해야 한다. [3] 1) 피고 조합이 종전에 표명한 의사에 반하는 총회결의나 정관 변경을 하고 이를 기초로 이 사건 관리처분계획을 수립한 것이 신뢰보호의 원칙에 위반되어 하자가 있다고 보기 위해서는, 종전 의사표명 당시의 사정이 처분 당시까지 변경된 바 없음에도 행정청이 합리적 이유 없이 종전 표명 의사와 다른 처분을 하여 상대방의 법률상 이익을 중대하게 침해한 경우여야 한다. 2) 그런데, 피고 조합이 추진위원회가 약속한 내용에 반하는 총회결의를 하고 종전 정관을 변경하여 이 사건 관리처분계획을 한 것은, 의사표명 당시 확정지분제를 전제로 하였다가 추진과정에서 사업추진방식이 도급제로 변경되었고, 그로 인해 종전 의사표명대로 관리처분계획을 수립하는 것이 일반 조합원들의 이해관계에도 막대한 영향을 끼치게 되는 사정변경을 기초로 한 것으로 합리성이 있고, 종전의 의사표명에 반하는 총회결의나 정관 변경에 의해

침해되는 상가 조합원들의 이익이 법률상 관철될 수 있는 중대한 것이라고 할 수 없다고 보아, 이 사건 2015. 12. 27.자 및 2016. 1. 14.자 조합원 총회결의(이 사건 약정 및 그에 따른 종전 정관을 변경)를 기초로 한 이 사건 2016. 1. 20.자 관리처분계획(이 사건 약정에 반하는 내용의 관리처분계획)이 신뢰보호의 원칙에 위반되지 않는다고 판단한 사례(대판 2020. 6. 25, 2018두34732[관리처분계획인가처분취소]). 〈해설〉 아파트재건축에서 상가 조합원들이 신뢰이익의 침해를 주장한 사건이다.

(2) 귀책사유 없는 신뢰

i) 선행조치에 대한 신뢰 상대방(상대방, 수임인 등)의 신뢰에 귀책사유(책임 있는 사유)가 있어서는 안 된다.

ii) 신뢰보호의 원칙에서 귀책사유라 함은 상대방 등 관계자가 행정청의 견해표명에 하자가 있음을 알았거나 중대한 과실로 알지 못한 경우 등을 의미한다. 법규 위반에 대한 제재처분에 관한 명확한 법령규정이 있는 경우 이 규정을 잘 알 수 있었던 자는 귀책사유가 있으나, 이 규정을 잘 알 수 없었던 자에게는 귀책사유를 인정할 수 없다.

iii) 귀책사유의 유무는 상대방과 그로부터 신청행위를 위임받은 수임인 등 관계자 모두를 기준으로 판단하여야 한다(대판 2002. 11. 8, 2001두1512). 관계자에는 상대방(예 건축주)및 그로부터 신청행위를 위임받은 수임인(예 건축설계를 위임받은 건축사)등이 포함된다.

iv) 귀책사유가 없는 한 위법한 행정조치에 대한 신뢰도 보호된다.

〈신뢰한 것에 귀책사유가 있다고 한 사례〉

[판례 1] [1] 귀책사유라 함은 행정청의 견해표명의 하자가 상대방 등 관계자의 사실은폐나 기타 사위의 방법에 의한 신청행위 등 부정행위에 기인한 것이거나 그러한 부정행위가 없다고 하더라도 하자가 있음을 알았거나 중대한 과실로 알지 못한 경우 등을 의미한다고 해석함이 상당하고, 귀책사유의 유무는 상대방과 그로부터 신청행위를 위임받은 수임인 등 관계자 모두를 기준으로 판단하여야 한다. [2] 건축주와 그로부터 건축설계를 위임받은 건축사가 상세계획지침에 의한 건축한계선의 제한이 있다는 사실을 간과한 채 건축설계를 하고 이를 토대로 건축물의 신축 및 증축허가를 받은 경우, 그 신축 및 증축허가가 정당하다고 신뢰한 데에 귀책사유가 있다고 한 사례. [3] 건축주가 건축허가 내용대로 공사를 상당한 정도로 진행하였는데, 나중에 건축법이나 도시계획법에 위반되는 하자가 발견되었다는 이유로 그 일부분의 철거를 명한 사안이서 이 일부철거가 가능하기 위하여는 그 건축허가를 기초로 하여 형성된 사실관계 및 법률관계를 고려하여 건축주가 입게 될 불이익과 건축행정이나 도시계획행정상의 공익, 제3자의 이익, 건축법이나 도시계획법 위반의 정도를 비교·교량하여 건축주의 이익을 희생시켜도 부득이하다고 인정되는 경우라야 한다(대판 2002. 11. 8, 2001두1512[건축선위반건축물시정지시취소]).

[판례 2] 교통사고가 일어난 지 1년 10개월이 지난 뒤 그 교통사고를 일으킨 택시에 대하여 운송사업면허를 취소하였더라도 … 택시운송사업자로서는 자동차운수사업법의 내용을 잘 알고 있어 교통사고를 낸 택시에 대하여 운송사업면허가 취소될 가능성을 예상할 수도 있었을 터이니, 자신이 별다른 행정조치가 없을 것으로 믿고 있었다 하여 바로 신뢰의 이익을 주장할 수는 없다(대판 1989. 6. 27, 88누6283).

〈신뢰한 것에 귀책사유가 없다고 한 사례〉

[판례] 대한민국 국적의 부와 중국 국적의 모 사이의 혼외자로 출생한 원고들이 국적법 제2조에 따라 출생에 의한 국적을 취득할 수 없는데도, 행정청의 과실로 원고들이 대한민국 국민임을 전제로 주민등록번호가 부여되고 주민등록증이 발급되었는데, 원고들이 성인이 된 이후 피고에게 국적보유판정 신청을 하자 피고

가 원고들이 대한민국 국적 보유자가 아니라는 이유로 국적비보유 판정을 하였고, 이에 원고들이 피고를 상대로 그 판정의 취소를 구한 사안에서 대법원은, ① 원고들이 대한민국 국적을 취득하였다는 공적 견해표명(즉, 주민등록번호와 이에 따른 주민등록증을 부여한 행위)이 계속 유지되었고, ② 공적 견해표명을 신뢰한 원고들의 행위가 있었으며, ③ 이 사건 판정으로 인해 침해되는 원고들의 이익이 크고, ④ 행정청이 원고들의 부모에 대하여 원고들에 대한 국적취득절차를 밟아야 한다는 점을 안내하였는데도 원고들의 부모가 원고들의 대한민국 국적 취득을 신뢰하여 그 절차를 진행하지 않은 과실이 있으나, 원고들 스스로는 자신들이 대한민국 국적을 취득하였다고 신뢰한 데에 귀책사유(고의 또는 중대한 과실)가 있었다고 보기 어렵고, 원고들의 신뢰에 반하여 이루어진 이 사건 판정은 신뢰보호의 원칙에 위배된다고 한 사례(대판 2024. 3. 12, 2022두60011[국적비보유판정 취소의 소]). 〈해설〉 원심은, 원고들의 출생신고에 따라 원고들에게 주민등록번호가 부여되고, 가족관계등록부가 작성되었다고 하더라도 그 후 원고들에 대한 가족관계등록부가 말소되고, 원고들 부의 가족관계등록부에 원고들의 국적이 중국으로 기재되었으며, 출입국관리 행정청이 원고들의 부모에게 원고들에 대한 국적 취득 절차를 안내한 이상, 원고들이 대한민국 국적을 취득하였다는 행정청의 견해표명이 있었다고 하더라도, 그 견해표명이 철회되었거나 그 견해표명이 정당하다고 신뢰한 원고들의 부모에게 귀책사유가 있다는 이유로 이 사건 판정이 신뢰보호의 원칙에 반하지 않는다고 판단하였다.

(3) 신뢰에 입각한 사인의 조치

상대방인 국민이 행정기관의 선행조치(언동)에 대한 신뢰에 입각하여 어떠한 조치(예 자본투하, 업무수행 등)를 취하였어야 한다.

(4) 신뢰에 반하는 행정권 행사

행정기관이 상대방의 신뢰를 저버리는 행정권행사를 하였고 그로 인하여 상대방의 권익이 침해되어야 한다.

(5) 인과관계

신뢰를 주는 선행조치와 개인의 조치 또는 권익의 침해 사이에 인과관계(因果關係)가 있어야 한다.

(6) 신뢰보호 이익과 공익(합법성원칙 포함) 사이의 이익형량

종래 판례는 공적 견해표명에 따른 행정권의 행사가 '공익 또는 제3자의 정당한 이익을 현저히 해할 우려가 있는 경우가 아니어야 한다는 것'을 신뢰보호의 원칙이 적용되기 위한 소극적 요건으로 보고 있으나(대판 2008. 1. 17, 2006두10931 등), 최근 판례(대판 2024. 3. 12, 2022두60011)에서와 같이 이를 신뢰보호의 원칙의 적용요건으로 보지 않고, 신뢰보호원칙의 적용의 한계, 즉 신뢰보호의 원칙의 적용에 있어서의 신뢰보호 이익과 공익사이의 이익형량(신뢰보호의 원칙과 합법성원칙이 충돌하는 경우 신뢰보호 이익과 공익사이의 이익형량 포함)의 문제로 보는 것이 타당하다.

1) 신뢰보호의 원칙과 합법성의 원칙의 충돌과 이익형량

신뢰보호의 원칙과 합법성의 원칙이 충돌하는 경우가 있다. 이 경우에 어떠한 해결이 타당한가에 관하여 법적합성우위설과 동위설이 대립하고 있다.

가. 법적합성우위설 법적합성우위설(法適合性優位說)은 행정의 합법성의 원칙이 행정의 법적 안정성의 원칙 및 그로부터 도출되는 신뢰보호의 원칙보다 우월하다고 보는 견해이다.

나. 동위설(이익형량설) 동위설(同位說)은 법적합성의 원칙과 신뢰보호의 원칙은 다 같이 법치국가원리의 내용을 이루는 것이므로 동일한 효력을 갖는다고 보는 견해이다.

다. 결 어 동위설이 타당하다. 동위설에 의하는 경우 합법성의 원칙과 신뢰보호의 원칙이 충돌하는 경우에는 합법성의 원칙에 따른 처분을 통하여 달성하는 공익과 상대방의 신뢰가 침해됨으로써 발생되는 불이익을 이익형량하여 결정하여야 한다.

2) 신뢰보호의 이익과 공익 사이의 이익형량

신뢰보호의 이익과 공익이 충돌하는 경우가 있는데 이는 통상 신뢰보호의 원칙에 반하는 재량처분에서 그러하다.

신뢰보호의 이익과 공익 또는 제3자의 이익이 상호 충돌하는 경우에는 이들 상호간에 이익형량을 하여야 한다(대판 2002. 11. 8, 2001두1512[건축선위반건축물시정지시취소]).

[판례] [1] 종교법인이 도시계획구역 내 생산녹지로 답인 토지에 대하여 종교회관 건립을 이용목적으로 하는 토지거래계약의 허가를 받으면서 담당공무원이 관련 법규상 허용된다 하여 이를 신뢰하고 건축준비를 하였으나 그 후 당해 지방자치단체장이 다른 사유를 들어 토지형질변경허가신청을 불허가 한 것이 신뢰보호원칙에 반한다. [2] 비록 지방자치단체장이 당해 토지형질변경허가를 하였다가 이를 취소·철회하는 것은 아니라 하더라도 지방자치단체장이 토지형질변경이 가능하다는 공적 견해표명을 함으로써 이를 신뢰하게 된 당해 종교법인에 대하여는 그 신뢰를 보호하여야 한다는 점에서 형질변경허가 후 이를 취소·철회하는 경우를 유추·준용하여 그 형질변경허가의 취소·철회에 상당하는 당해 처분으로써 지방자치단체장이 달성하려는 공익, 즉 당해 토지에 대하여 그 형질변경을 불허하고 이를 우량농지로 보전하려는 공익과 위 형질변경이 가능하리라고 신뢰한 종교법인이 입게 될 불이익을 상호 비교·교량하여 만약 전자가 후자보다 더 큰 것이 아니라면 당해 처분은 비례의 원칙에 위반되는 것으로 재량권을 남용한 위법한 처분이라고 봄이 상당하다(대판 1997. 9. 12, 96누18380[토지형질변경행위불허가처분취소]).

[문제의 해결] 1. 확약의 법리, 실권의 법리 등 신뢰보호의 원칙의 파생법리는 신뢰보호의 원칙의 특별법리이다. 따라서 이들 파생법리를 인정할 수 있는 경우 우선 이들 법리의 성립 및 그 효력을 논하여야 한다. 이들 법리를 적용할 수 있는 경우 이들 법리가 적용되고, 이들 특별법리가 적용될 수 없는 경우에는 이차적으로 신뢰보호의 원칙의 적용이 검토될 수 있다. 사정변경으로 확약의 구속력이 배제되는 경우에도 신뢰보호의 이익을 주장할 수 있다.

2. 확약은 처분권자가 하여야 한다. 담당과장이 한 확약은 위법·무효이지만, 경우에 따라서 행정청의 신뢰를 주는 언동으로 인정될 수 있다. 경우에 따라서 담당과장은 일정한 공권력 행사에 대한 신뢰를 주는 언동을 할 수 있다. 신뢰를 주는 언동이 있었는지의 여부를 판단함에 있어서는 반드시 행정조직상의 형식적 권한분배에 구애될 것은 아니다.

3. 단순한 법령해석 질의회신 및 민원상담회신은 신뢰를 주는 공적 견해표명이 아니지만, 법령해석질의회신 및 민원상담회신이 실질에 있어 일정한 행정권 행사에 대한 공적 견해표명이라고 볼 수 있는 경우에는 행정청의 신뢰를 주는 공적 견해표명이 있었다고 보아야 한다.

Ⅶ. 적법절차의 원칙

적법절차(適法節次)의 원칙이란 개인의 권익을 제한하는 모든 국가작용은 적법절차(due process)에 따라 행하여져야 한다는 원칙이다.

적법절차의 원칙은 절차상의 적법성뿐만 아니라 법률의 구체적 내용도 합리성과 정당성을 갖춘 실체적인 적법성이 있어야 한다는 것을 포함한다(헌재 1992. 12. 24, 92헌가8).

헌법 제12조 제1항에서 규정하고 있는 적법절차의 원칙은 형사소송절차에 국한되지 아니하고 모든 국가작용 전반에 대하여 적용된다(헌재 1992. 12. 24, 92헌가8 결정 등; 대판 2014. 6. 26, 2012두911). 행정절차법에 규정이 없는 경우에도 행정권 행사가 적정한 절차에 따라 행해지지 아니한 경우에는 그 행정권 행사는 적법절차의 원칙 위반으로 위헌·위법이다(대판 전원합의체 2012. 10. 18, 2010두12347[증여세부과처분취소]).

적법절차의 원칙은 헌법원칙이다. 따라서 적법절차에 반하는 법률은 위헌이다.

Ⅷ. 신의성실의 원칙

1. 의 의

신의성실(信義誠實)의 원칙은 모든 사람은 공동체의 일원으로서 상대방의 신뢰를 헛되이 하지 않도록 성의 있게 행동하여야 한다는 원칙이다. 신의성실의 원칙이나 권리남용금지의 원칙은 민법만의 법원칙은 아니며 행정법을 포함한 모든 법의 일반 법원칙이다.

행정기본법은 불문법인 신의성실의 원칙을 행정법의 일반 법원칙의 하나로 선언하고 있다. 다만, **성실의무의 원칙**으로 명칭을 달리하여 규정하고 있다. 즉, 행정청은 법령등에 따른 의무를 성실히 수행하여야 한다(행정기본법 제11조 제1항). **행정절차법**은 행정청은 직무를 수행할 때 신의(信義)에 따라 성실히 하여야 한다고 규정하고 있다(제4조 제1항).

2. 적용요건

[판례] 신의성실의 원칙에 위배된다는 이유로 그 권리의 행사를 부정하기 위하여는 상대방에게 신의를 주었다거나 객관적으로 보아 상대방이 그러한 신의를 가짐이 정당한 상태에 이르러야 하고, 이와 같은 상대방의 신의에 반하여 권리를 행사하는 것이 정의 관념에 비추어 용인될 수 없는 정도의 상태에 이르러야 하고, 일반 행정법률관계에서 관청의 행위에 대하여 신의칙이 적용되기 위해서는 합법성의 원칙을 희생하여서라도 처분의 상대방의 신뢰를 보호함이 정의의 관념에 부합하는 것으로 인정되는 특별한 사정이 있을 경우에 한하여 예외적으로 적용된다(대판 2004. 7. 22, 2002두11233[개발부담금부과처분취소]).

3. 적 용 례

(1) 공권력 행사의 신의성실의 원칙 위반

신의성실의 원칙은 당사자간에 계약 등 구체적인 관계가 있을 때에만 적용되는 것으로 보는 것이 일반적 견해이다. 따라서 그러한 관계를 전제로 하지 않는 행정작용(예 행정규칙 또는 행정계획 등)에는 적용될 수 없다.

행정청이 심히 부당하게 처분을 늦추고, 그 사이에 허가기준을 엄격하게 변경하는 법령개정을 하고 개정된 법령에 근거하여 거부처분을 하는 것은 신의성실의 원칙에 반한다(대판 1984. 5. 22, 84누77).

행정법상 신청을 할 수 없게 한 장애사유를 행정청이 만든 경우에 행정청이 원인이 된 장애사유를 근거로 그러한 신청을 인정하지 않는 것은 신의성실의 원칙에 반하여 허용될 수 없다(대판 2019. 1. 31, 2016두52019 등).

[판례] 관할관청이 위법한 직업능력개발훈련과정 인정제한처분을 하여 사업주로 하여금 제때 훈련과정 인정신청을 할 수 없도록 하였음에도, 인정제한처분에 대한 취소판결 확정 후 사업주가 인정제한 기간 내에 실제로 실시하였던 훈련에 관하여 비용지원신청을 한 경우에, 관할관청이 단지 해당 훈련과정에 관하여 사전에 훈련과정 인정을 받지 않았다는 이유만을 들어 훈련비용 지원을 거부하는 것은 위법한 직업능력개발훈련과정 인정제한처분을 함으로써 사업주로 하여금 제때 훈련과정 인정신청을 할 수 없게 한 장애사유를 만든 행정청이 사업주에 대하여 사전에 훈련과정 인정신청을 하지 않았음을 탓하는 것과 다름없으므로 신의성실의 원칙에 반하여 허용될 수 없다(대판 2019. 1. 31, 2016두52019).

다음의 예도 신의성실의 원칙이 직접 적용되는 예가 될 수 있다.

예를 들면, 갑이 건축법령상의 요건에 맞게 4층의 연립주택을 건축하려고 건축허가를 신청한 경우에 인근주민이 반대하는 민원을 제기하였고, 행정기관이 갑에게 민원을 제기한 인근주민과 협의하여 인근주민의 당해 건축에 대한 동의를 받을 것을 권고하며 건축허가를 보류하였고, 이에 따라 갑이 오랜 기간 동안 성의를 다하여 인근주민과 협의를 하였으나 협의에 이르지 못하였고, 그러던 중 건축관계법령이 바뀌어 3층 이하의 연립주택만 지을 수 있게 됨에 따라 행정기관이 처분시의 법령을 적용하여야 한다는 원칙에 따라 건축허가거부처분을 내린 경우에 그 건축허가거부처분은 신의성실의 원칙에 반하는 처분이라고 보아야 한다.

(2) 소멸시효 주장의 신의칙 위반

[판례] 근로복지공단의 요양불승인처분에 대한 취소소송을 제기하여 승소확정판결을 받은 근로자가 요양으로 인하여 취업하지 못한 기간의 휴업급여를 청구한 경우, 근로복지공단의 요양불승인처분의 적법 여부는 사실상 근로자의 휴업급여청구권 발생의 전제가 된다고 볼 수 있는 점 등에 비추어, 근로자가 요양불승인에 대한 취소소송의 판결확정시까지 근로복지공단에 휴업급여를 청구하지 않았던 것은 이를 행사할 수 없는 사실상의 장애사유가 있었기 때문이라고 보아야 하므로, 근로복지공단의 그 휴업급여청구권에 대한 소멸시효 항변은 신의성실의 원칙에 반하여 허용될 수 없다(대판 전원합의체 2008. 9. 18, 2007두2173[휴업급여부지급처분취소]). 〈해설〉 이 판례와 배치되는 종전의 판례를 변경한 전원합의체판결이다. 휴업급여청구에 대한 거부는 처분이다.

국가배상청구권의 소멸시효 주장에 관하여는 후술(국가배상) 참조.

(3) 행정 상대방의 행위에 대한 신의칙 적용

[판례] 피징계자가 징계처분에 중대하고 명백한 흠이 있음을 알면서도 퇴직시에 지급되는 퇴직금 등 급여를 지급받으면서 그 징계처분에 대하여 위 흠을 들어 항고하였다가 곧 취하하고 그 후 5년 이상이나 그 징계처분의 효력을 일체 다투지 아니하다가 위 비위사실에 대한 공소시효가 완성되어 더이상 형사소추를 당할 우려가 없게 되자 새삼 위 흠을 들어 그 징계처분의 무효확인을 구하는 소를 제기하기에 이르렀고 한편 징계권자로서도 그후 오랜 기간동안 피징계자의 퇴직을 전제로 승진·보직 등 인사를 단행하여 신분관계를 설정하였다면 피징계자가 이제와서 위 흠을 내세워 그 징계처분의 무효확인을 구하는 것은 신의칙에 반한다(대판 1989. 12. 12, 88누8869).

4. 신의성실의 원칙과 적법성 원칙의 충돌과 이익형량

법령에 따른 처분이 신의성실의 원칙에 반하는 경우 위법한 처분이 되는가 하는 것은 구체적인 사안에서의 신의성실의 원칙의 보호가치와 적법성의 원칙의 보호가치를 비교형량하여 판단하여야 할 것이다.

판례는 합법성의 원칙을 우선에 두고, 예외적으로 신의성실의 원칙이 적용되는 것으로 보고 있다.

[판례] 일반 행정법률관계에서 관청의 행위에 대하여 신의칙이 적용되기 위해서는 합법성의 원칙을 희생하여서라도 처분의 상대방의 신뢰를 보호함이 정의의 관념에 부합하는 것으로 인정되는 특별한 사정이 있을 경우에 한하여 예외적으로 적용된다(대판 2004. 7. 22, 2002두11233[개발부담금부과처분취소]).

Ⅸ. 권한남용금지의 원칙

1. 의　　의

행정법상 권한의 남용이란 행정기관의 권한을 법상 정해진 공익 목적에 반하여 행사하는 것을 말한다. 권한남용금지의 원칙은 법치국가원리 내지 법치주의에 기초한 것이다(대판 2016. 12. 15, 2016두47659). 권한남용금지의 원칙은 행정의 목적 및 행정권한을 행사한 행정공무원의 내심의 의도까지 통제하는 원칙이다.

행정기본법은 불문법인 권한남용금지의 원칙을 행정법의 일반 법원칙의 하나로 선언하고 있다. 즉, 행정청은 행정권한을 남용하거나 그 권한의 범위를 넘어서는 아니 된다(행정기본법 제11조 제2항).

2. 내　　용

행정권을 본연의 목적이 아니라 부정한 목적(사적 목적, 정치적 목적, 전혀 다른 공익목적 등)으로 행사한 경우 외형적으로 행정권한의 범위내의 행사라도 권한남용이 된다.

[판례] [1] 모든 국가기관과 공무원은 헌법과 법률에 의하여 부여된 권한을 행사함에 있어 그 권한을 남용해서는 안 된다는 원칙은 법치국가원리 내지 법치주의에 기초한 것이다. [2] 세무조사가 과세자료의 수집 또는 신고내용의 정확성 검증이라는 본연의 목적이 아니라 부정한 목적을 위하여 행하여진 것이라면 이는 세무조사에 중대한 위법사유가 있는 경우에 해당하고 이러한 세무조사에 의하여 수집된 과세자료를 기초로 한 과세처분 역시 위법하다. [3] 민사분쟁의 일방당사자로부터 부탁을 받은 국세청 공무원이 세무조사를 통하여 반대당사자를 압박하려는 목적으로 타인 명의로 직접 탈세제보를 하고, 이후 진행된 세무조사 과정에서도 지속적으로 개입한 결과 수집된 과세자료를 기초로 이루어진 과세처분의 적법성이 문제된 사안에서, 이러한 세무조사는 세무공무원이 개인적 이익을 위하여 권한을 남용한 전형적인 사례에 해당하여 위법하므로, 이에 기하여 이루어진 과세처분 역시 위법하다고 본 사례(대판 2016. 12. 15, 2016두47659).

① 행정법상의 권한이 사적(개인적) 목적으로 행사된 경우에 권한의 남용이 됨은 명백하다. 예를 들면, 공무원이 영업허가의 취소권을 허가취소의 대상이 되는 영업자와 경쟁관계에 있고 본인이 잘 알고 있는 다른 영업자의 이익을 위하여 행사한 것은 권한의 남용이 된다.

② 행정권을 정치적 목적으로 행사하는 것도 권한남용에 해당한다.

③ 행정기관의 권한이 법상 정해진 목적과 전혀 다른 공익목적을 위하여 행사된 경우에 그것은 권한의 남용에 해당한다. 그러나, 행정기관 상호간에는 서로 협력할 의무가 있으므로 행정청의 권한과 실체적 관련(실질적 관련)이 있는 공익목적을 실현하기 위하여 행사되는 한에서는 권한의 남용에 해당하지 않는다.

X. 부당결부금지의 원칙 [1999 행시 사례, 2007 입시 약술, 2017 행시]

[문제] 1. 주택사업계획승인처분을 하면서 진입도로를 개설 또는 확장하여 기부채납하도록 하는 부관이 적법한지를 논하시오.
2. 병역의무 불이행을 이유로 인·허가를 거부하거나 인·허가를 취소 또는 정지하는 것이 적법한지를 논하시오.

1. 의 의

부당결부금지(不當結付禁止)의 원칙이라 함은 행정기관이 행정권을 행사함에 있어서 그것과 실질적인(실제적인) 관련이 없는 의무를 부과하거나 권익을 제한(급부의 배제 포함)해서는 안 된다는 원칙을 말한다.

행정기본법은 불문법인 부당결부금지의 원칙을 행정법의 일반 법원칙의 하나로 선언하고 있다. 즉, 행정청은 행정작용을 할 때 상대방에게 해당 행정작용과 실질적인 관련이 없는 의무를 부과해서는 아니 된다(행정기본법 제13조). 행정기본법은 실질적 관련이 없는 '의무'의 부과만을 금지하는 것으로 규정하고 있지만, 실질적 관련이 없는 권익의 제한(반대급부의 배제 포함(예 관허사업허가의 거부, 보조금지급의 거부, 수도나 전기공급의 거부, 관련없는 운전면허의 취소)도 부당결부금지의 원칙상 금지된다고 보아야 한다.

[판례] 부당결부금지 원칙의 의미: 부당결부금지의 원칙이란 행정주체가 행정작용을 함에 있어서 상대방에게 이와 실질적인 관련이 없는 의무를 부과하거나 그 이행을 강제하여서는 아니 된다는 원칙을 말한다(대판 2009. 2. 12, 2005다65500: 고속국도 관리청이 고속도로 부지와 접도구역에 송유관 매설을 허가하면서 상대방과 체결한 협약에 따라 송유관 시설을 이전하게 될 경우 그 비용을 상대방에게 부담하도록 한 부관이 부당결부금지의 원칙에 반하지 않는다고 한 사례).

부당결부금지의 원칙은 실질적 관련이 없는 것에 대한 행정권 행사를 통제하는 점에서는 권한남용금지의 원칙과 동일하다. 그러나, 부당결부금지의 원칙은 행정권 행사의 객관적 관련성을 통제하는 반면에 권한남용금지의 원칙은 행정청의 주관적 의사(부정목적, 남용의사)를 통제하는 점에서 차이가 있다. 그리고 부당결부금지의 원칙은 행정기관의 법령상 규정된 권한 범위밖의 권한행사를 실질적 관련성의 한도내로 통제하는 반면에, 권한남용금지의 원칙은 외형적으로 법령상 규정된 권한 범위내이지만 부정한 행정목적(의사)으로 행사하는 것을 통제한다.

2. 내 용

행정권의 행사와 그에 결부된 반대급부나 의무 사이에 목적과 원인에서 실질적 관련성이 있어야 하며 실질적 관련성이 없는 경우에 당해 행정권 행사는 부당결부금지의 원칙에 반한다. 보다 구체적으로 말하면 행정권 행사(수익적 행정행위)가 반대급부(부관)의 원인이 되어야 하고(원인적 관련성(예 주택건설사업계획승인시 조건으로 환경피해방지 조치의무를 부과하는 것)), 반대급부(부관)가 행정권 행사(수익적 행정행위)의 목적과 실질적 관련(목적적 관련성(예 승용차 음주운전으로 인한 운전면허취소시 보통면허뿐만 아니라 대형면허도 취소하는 것))이 있어야 한다.

3. 적 용 례

부당결부금지의 원칙은 처분, 공법상 계약, 부관 등 모든 행정작용에 적용된다.

(1) 기부채납의무의 부담

수익적 행정행위, 특히 주택사업계획승인처분을 행하면서 일정한 토지 또는 시설의 기부채납[3] 의무를 부담으로 부과하는 것이 부당결부금지의 원칙에 반하는 것인지가 문제된다.

주택사업계획을 승인하면서 입주민이 주로 이용하는 진입도로의 개설 또는 확장, 해당 아파트 공원조성(원인적, 목적적 관련성), 학교부지의 조성과 함께 그의 기부 또는 학교용지부담금의 지급을 개발사업자에게

3) 기부채납이라 함은 재산을 국가나 지방자치단체에 기부(무상으로 증여)하여 국가나 지방자치단체가 그 소유권을 취득하는 것을 말한다.

의무지우는 것(원인적 관련성)은 당해 토지 또는 시설이 대규모주택사업으로 필요하게 된 것이고, 당해 공공시설은 당해 주택사업계획의 승인에 따라 건설된 주택에 입주한 자가 주로 이용하는 시설이므로 주된 이용자가 이들 시설을 부담하는 것이 타당하다. 그러나, 주택건설사업과 실질적 관련이 없는 토지(예 시립도서관부지, 주택건설사업으로 초래된 지방도 확장을 위한 부지)를 기부채납하라는 부관은 부당결부금지의 원칙에 반하여 위법하다.

[판례] 지방자치단체장이 사업자에게 주택사업계획승인을 하면서 그 주택사업과는 아무런 관련이 없는 토지를 기부채납하도록 하는 부관을 주택사업계획승인에 붙인 경우, 그 부관은 부당결부금지의 원칙에 위반되어 위법하지만, 지방자치단체장이 승인한 사업자의 주택사업계획은 상당히 큰 규모의 사업임에 반하여, 사업자가 기부채납한 토지 가액은 그 100분의 1 상당의 금액에 불과한 데다가, 사업자가 그 동안 그 부관에 대하여 아무런 이의를 제기하지 아니하다가 지방자치단체장이 업무착오로 기부채납한 토지에 대하여 보상협조요청서를 보내자 그 때서야 비로소 부관의 하자를 들고 나온 사정에 비추어 볼 때 부관의 하자가 중대하고 명백하여 당연무효라고는 볼 수 없다(대판 1997. 3. 11, 96다49650[소유권이전등기말소] 〈토지기부채납사건〉).

(2) 관허사업의 제한

행정법규의 위반에 대하여 관허사업을 제한(거부)하는 것이 부당결부금지의 원칙에 반하는 것인지가 문제된다. 이 경우에는 행정법규 위반과 당해 관허사업의 제한 사이에 실질적 관련이 있는지 여부가 그 판단기준이 된다(후술 행정의 새로운 실효성 확보수단 참조).

(3) 기타 적용례

[판례 1] 이륜자동차로서 제2종 소형면허를 가진 사람만이 운전할 수 있는 오토바이는 제1종 대형면허나 보통면허를 가지고서도 이를 운전할 수 없는 것이어서 이와 같은 이륜자동차의 운전은 제1종 대형면허나 보통면허와는 아무런 관련이 없는 것이므로 이륜자동차를 음주운전한 사유만 가지고서는 제1종 대형면허나 보통면허의 취소나 정지를 할 수 없다(대판 1992. 9. 22, 91누8289).
[판례 2] 한 사람이 여러 종류의 자동차운전면허를 취득하는 경우뿐 아니라, 이를 취소 또는 정지하는 경우에 있어서도 서로 별개의 것으로 취급하는 것이 원칙이고, 제1종 대형면허를 가진 사람만이 운전할 수 있는 대형승합자동차는 제1종 보통면허를 가지고 운전할 수 없는 것이기는 하지만, 자동차운전면허는 그 성질이 대인적 면허일 뿐만 아니라, 도로교통법시행규칙 제26조 [별표 13의6]에 의하면, 제1종 대형면허 소지자는 제1종 보통면허 소지자가 운전할 수 있는 차량을 모두 운전할 수 있는 것으로 규정하고 있어, 제1종 대형면허의 취소에는 당연히 제1종 보통면허소지자가 운전할 수 있는 차량의 운전까지 금지하는 취지가 포함된 것이어서 이들 차량의 운전면허는 서로 관련된 것이라고 할 것이므로, 제1종 대형면허로 운전할 수 있는 차량을 운전면허정지기간 중에 운전한 경우에는 이와 관련된 제1종 보통면허까지 취소할 수 있다(대판 2005. 3. 11, 2004두12452).
[판례 3] [1] 행정처분과 부관 사이에 실제적 관련성이 있다고 볼 수 없는 경우(골프장 사업계획에 붙여진 기부금 지급의 부담) 공무원이 위와 같은 공법상의 제한을 회피할 목적으로 행정처분의 상대방과 사이에 사법상 계약(지방자치단체가 골프장사업계획승인과 관련하여 사업자로부터 기부금을 지급받기로 한 증여계약)을 체결하는 형식을 취하였다면 이는 법치행정의 원리에 반하는 것으로서 위법하다. [2] 이 사건 사업계획승인 자체는 위법·부당한 것이 아니었고 또 그 기부금을 원고가 수행하는 공익적 사업에 사용할 목적이었으며 사용 방법과 절차를 미리 원고의 내부 규정으로 정해 놓았다거나, 당시 피고의 대표이사가 골프장 개발에 따른 막대한 이익을 기대하고 이 사건 증여계약에 응하였다는 등의 원심이 인정한 사정들을 감안한다 하더라도 달리 볼 수는 없다(대판 2009. 12. 10, 2007다63966[약정금]: 지방자치단체가 골프장사업계획승인과 관련하여

사업자로부터 기부금을 지급받기로 한 증여계약은, 공무수행과 결부된 금전적 대가로서 그 조건이나 동기가 사회질서에 반하므로 민법 제103조에 의해 무효라고 본 사례).

[판례 4] [1] 구 문화재보호법 제34조, 제75조에 의한 문화재 현상변경허가는 행정청의 재량행위에 해당하고, 관계 법령에 명시적인 금지규정이 없는 한 법령상 근거가 없더라도 행정목적을 달성하기 위하여 부관을 붙일 수 있으나, 부관의 내용은 적법하고 이행이 가능하여야 하며 비례원칙 및 평등원칙, 부당결부금지 원칙에 위반되지 않고, 행정처분의 본질적 효력을 해하지 아니하는 한도 내의 것이어야 한다. [2] 부산광역시 중구청장이 '갑 회사가 영도대교 부재 및 관련 자료를 전시할 수 있는 전시관을 건립할 것' 등의 부관(이하 '이 사건 부관'이라 한다)을 붙여 현상변경허가에 대해 변경허가처분을 한 사안에서, 이 사건 부관은, 부산광역시가 부담하여야 할 문화재 보존경비를 갑 회사에 추가로 부담시킨 것으로 합리적인 이유 없이 갑 회사의 재산권을 침해하는 것인 점, 실질적인 의미에서 본체가 되는 행정행위인 건축허가처분과 관련성이 없는 전시관 건립의무를 사후에 부과한 것으로 사후부관금지 및 부당결부금지 원칙에 반하는 것인 점, 갑 회사의 부담이 점차 증가하게 된 제반 사정에 비추어 비례원칙 및 평등원칙에 위배되는 것인 점을 고려하면, 이는 재량권을 일탈·남용하여 위법하다고 한 사례(부산고등법원 2011. 10. 28. 선고 2010누6380 판결[시지정문화재허가사항변경허가중전시관건립및비용부담부분취소]). 〈해설〉 이 사건 부관은 현상변경허가 변경처분에 붙여졌으나 실질적으로는 기존의 건축허가처분에 붙여진 것으로 보았다. 원심판결(고등법원판결)은 대법원에서 심리불속행으로 상고가 기각되어 확정되었다(대법원 2012. 3. 15. 선고 2011두28448 판결).

4. 근거 및 효력

부당결부금지의 원칙은 어디로부터 도출되며 어떠한 법적 효력을 갖는가.

(1) 헌법적 효력설

부당결부금지의 원칙은 법치국가의 원리와 자의금지의 원칙으로부터 도출된다고 보면서 부당결부금지의 원칙은 헌법적 효력을 갖는다는 견해이며 다수견해이다.

(2) 법률적 효력설

부당결부금지의 원칙은 법치국가의 원칙과 무관하지 않지만 부당결부금지의 원칙의 직접적 근거는 권한법정주의 및 권한남용금지의 원칙에 있다고 보는 것이 타당하므로 부당결부금지의 원칙은 법률적 효력을 갖는 법원칙으로 보는 견해이다. 이 견해가 타당하다.

(3) 효력론의 실익

부당결부금지의 원칙의 효력의 문제는 법률에서 행정권의 행사에 있어서 반대급부와 결부시킬 수 있는 것으로 명문으로 규정한 경우에 논할 실익이 있다. 즉, ① 부당결부금지의 원칙이 법률적 효력을 가지는 원칙이라면 법률에서 정한 반대급부가 행정권 행사와 실질적 관련이 없다고 여겨지는 경우, 따라서 이론상 부당결부금지의 원칙에 반하는 경우에도 당해 법률에 근거한 행정권 행사는 적법하다고 보아야 한다. 다만, 결부된 반대급부가 전혀 공익목적에 기여하지 않는 경우에는 그러한 사항을 정하는 법률규정은 비례원칙 위반으로 위헌이라고 보아야 한다. ② 만약 부당결부금지의 원칙이 헌법적 효력을 갖는 원칙이라면 부당결부금지의 원칙에 반하는 행정권 행사는 법률에 근거한 것이라도 위법한 것이 된다(관허사업의 제한 참조).

5. 위반의 효과

부당결부금지의 원칙에 반하는 행정권 행사는 위법한데, 무효인가, 취소할 수 있는 행위인가는 중대명백설에 따른다.

행정권의 행사와 결부된 반대급부 사이에 실질적 관련성이 있는지 여부에 대하여 다툼의 여지가 있는 경우에는 당해 행정권 행사가 위법한지 여부가 명백하지 않으므로 당해 행정권 행사는 취소할 수 있는 행위에 불과한 것으로 보아야 할 것이다. 이에 반하여 행정권 행사와 아무런 관련이 없는 급부를 명하는 경우에는 당해 행정권 행사는 무효라고 보아야 할 것이다.

"주택사업계획승인에 붙여진 그 주택사업과는 아무런 관련이 없는 토지를 기부채납하도록 하는 부관을 위법하지만 당연무효라고 볼 수 없다"라고 한 대법원 판례가 있는데(대판 1997. 3. 11, 96다49650[소유권이전등기말소]), 이는 중대명백설에 비추어 타당하지 않다. 중대명백설에 의하면 무효라고 보아야 할 것이다.

행정권 행사에 반대급부를 결부시키는 경우에는 부당결부금지의 원칙 위반뿐만 아니라 많은 경우에 비례의 원칙 위반도 문제된다.

[문제의 해결] 1. 주택건설사업계획승인처분에 붙여진 진입도로 개설 또는 확장 후 기부채납하라는 부관은 부당결부금지의 원칙에는 반하지 않고, 비례의 원칙에 반하지 않는 한 적법하다(행정법연습 제1장 제2절 3 참조).

2. 병역법 제76조 제2항에 따르면 국가 또는 지방자치단체의 장은 제1항 각 호의 병역의무 불이행에 해당하는 사람에 대하여는 각종 관허업(官許業)의 특허·허가·인가·면허·등록 또는 지정 등(이하 이 조에서 "특허등"이라 한다)을 하여서는 아니 되며, 이미 이를 받은 사람에 대하여는 취소하여야 한다. 병역의무 불이행과 인허가의 거부 또는 인허가 등의 취소 또는 정지 사이에 실제적 관련성이 있는지에 관하여 견해의 대립이 있는데, 실질적 관련성이 없다는 견해가 타당하다. 이 경우 부당결부금지의 원칙이 법률적 효력을 가진다는 견해에 따르면 병역의무 불이행을 이유로 한 인·허가 거부 또는 인·허가 취소는 부당결부금지의 원칙에 반하지만 적법하다. 다만, 비례의 원칙 위반 여부는 문제될 수 있다. 부당결부금지의 원칙이 헌법적 효력을 갖는다는 견해에 서면 병역법 제76조 제2항은 위헌 무효이고, 병역의무 불이행을 이유로 한 인·허가 거부 또는 인·허가 취소는 부당결부금지의 원칙에 반하고, 위헌인 법률에 근거한 처분이므로 위법하다.

XI. 공익(목적)의 원칙

공익의 원칙(공익목적의 원칙)이라 함은 행정권은 공익목적을 위해 행사되어야 한다는 원칙이다(대판 2015. 1. 29, 2014두40616). 행정권을 공익목적이 아닌 목적(사적 목적, 정치적 목적)으로 행사하면 권한남용에 해당하여 그것만으로 위법하다. 또한, 재량권 행사에 있어서는 공익의 실현을 고려하여야 하고, 이익형량에서 관련 공익을 고려하여야 한다. 다만, 공익을 목적으로 하면서 관련되는 사익을 부수적으로 고려하고 조정하는 것은 가능하다.

XII. 자기책임의 원칙(책임주의원칙)

1. 의 의

자기책임의 원칙이라 함은 누구든지 자기에게 책임이 있는 경우에 한하여 책임을 지며 불가항력이나 전혀 무관한 제3자의 행위로 인한 것에 대해서는 책임을 지지 않는다는 원칙이다. 자기책임의 원칙은 책임주의 또는 책임주의원칙이라고도 한다.

자기책임원리는 법치주의에 당연히 내재하는 원리이다.

[판례] 헌법 제10조가 정하고 있는 행복추구권에서 파생되는 자기결정권 내지 일반적 행동자유권은 이성적이고 책임감 있는 사람의 자기 운명에 대한 결정·선택을 존중하되 그에 대한 책임은 스스로 부담함을 전제로 한다. 자기책임원리는 이와 같이 자기결정권의 한계논리로서 책임부담의 근거로 기능하는 동시에 자기가 결정하지 않은 것이나 결정할 수 없는 것에 대하여는 책임을 지지 않고 책임부담의 범위도 스스로 결정한 결과 내지 그와 상관관계가 있는 부분에 국한됨을 의미하는 책임의 한정원리로 기능한다. 이러한 자기책임원리는 인간의 자유와 유책성, 그리고 인간의 존엄성을 진지하게 반영한 원리로 민사법이나 형사법에 국한된 원리라기보다는 근대법의 기본이념으로서 법치주의에 당연히 내재하는 원리로 볼 것이다(헌재 2013. 5. 30, 2011헌바360등; 2015. 3. 26, 2012헌바381등).

책임의 원칙 또는 책임주의는 행정법상 처분에도 적용된다는 것이 판례의 입장이다.

[판례 1] 제재를 함에 있어 위반행위의 경중이 전혀 고려되지 않게 되면 책임의 원칙에 부합하지 않게 된다(대판 전원합의체 2019. 2. 21, 2014두12697[부당이득금부과처분취소등])

[판례 2] 선불식 할부거래 회사가 위와 같이 '결격사유에 해당하게 된 경우'에도 책임주의원칙에 비추어 결격사유의 발생을 회피하는 것을 당사자에게 기대하기 어려운 사정이 있거나 법령상 의무 위반을 비난할 수 없는 정당한 사유가 있는 경우까지 등록취소처분을 할 수 있는 것은 아니라고 보아야 한다(대판 2017. 4. 26, 2016두46175).

[판례 3] 이 사건 법률조항에 의한 입찰참가자격의 제한은 스스로 결정하지 않은 것이나 결정할 수 없는 것에 대하여 책임과 위험부담을 지우는 것이라고 할 수 없어 자기책임의 원칙에 반하지 않는다(서울고등법원 2015. 8. 18. 선고 2014누61639 판결[입찰참가자격제한처분취소]).

2. 내용 및 효력

자기책임의 원리에 따르면 누구든지 자기가 결정하지 않은 것이나 결정할 수 없는 것에 대하여는 책임을 지지 않고, 책임부담의 범위도 스스로 결정한 결과 내지 그와 상관관계가 있는 부분에 국한된다. 자기책임이 없는데 책임을 지우는 것은 자기책임의 원리 및 법치주의에 반한다. 불가항력이나 전혀 관련없는 제3자에 의한 침해에 대해 책임지도록 하는 것은 불가능을 요구하는 것으로서 법의 일반원리에 반한다.

그리고, 모든 책임에는 책임자에게 책임사유(귀책사유)가 있어야 한다. 책임사유에는 인과관계와 협의의 귀책사유(고의 또는 과실 또는 위법행위)가 있다. 결과에 대한 책임으로 규정되어 있는 경우에는 결과에 대한 책임자의 원인이 되는 행위 또는 최소한 결과에 대한 일정한 정도의 기여가 있는 경우에 한하여 책임을 지도록 하는 것이 책임의 원리에 합치한다.

행정책임에서 인과관계와 협의의 귀책사유의 의미는 책임의 종류에 따라 다르다. 사법상 책임은 원칙상 고의 또는 과실이라는 주관적 귀책사유를 요구하지만, 공익을 위한 책임인 행정책임은 공익과 개인책임의 이익형량에 따라 사법상 책임보다는 엄격하고 객관화된 귀책사유가 요구된다. 공익에 대한 영향이 중대할수록, 그리고 공익보장을 위해 행정 상대방의 법준수와 역할이 중요할수록 그에 비례하여 엄격책임(귀책사유의 완화와 책임범위의 확대)을 지워야 한다. 그리고 예외적이기는 하지만, 공익상 필요가 매우 큰 경우에는 법령에 근거하여 결과책임도 인정될 수 있다. 경찰책임에서의 귀책사유는 행위책임이나 상태책임이 있는 자로서 위험에 직접적인 원인을 제공한 것을 의미한다. 폐기물관리법은 폐기물처리업자에 의해 불법으로 버려진 사업장폐기물에 대한 사업장폐기물배출자의 처리책임에 사업장폐기물배출자의 귀책사유를 요구하고 있다. 제재처분의 경우 대법원 판례에 따르면 제재처분에는 법위반자의 고의·과실을 요하지 않지만, 법령에서 의무위반만으로 제재처분(영업정지, 과징금 등)을 과할 수 있는 것으로 규정하고 있는 경우에도 의무위반을 탓할 수 없는 정당한 사유가 있는 경우에는 제재처분을 할 수 없다. 종업원의 범죄행위에 대해 선임·감독상의 과실이 없는 사업주도 처벌하도록 규정하고 있는 양벌규정은 법치국가의 원리 및 죄형법정주의로부터 도출되는 형벌에 관한 책임주의원칙에 반하므로 위헌이다(헌재 2010. 7. 29, 2009헌가14).

행정책임은 법률유보의 원칙상 법률의 근거가 있어야 한다. 책임사유 및 책임의 범위가 법률로 정해져야 하는데, 책임사유는 인과관계와 협의의 귀책사유를 엄격하게 구분하지 않고 책임사유로 통합하여 규정하는 것도 가능하다.

제 4 항 조 리

조리(條理)란 사회 일반의 정의감에서 마땅히 그러하여야 할 것이라고 인정되는 것을 말한다. 조리는 '도리(道理)', 서양의 관념으로는 '정의 또는 형평'과 동의어라고 할 수 있다.

① 조리는 법해석의 기본원리가 된다. 법령은 가능한 한 조리에 맞도록 해석하여야 한다.

② 조리는 법의 흠결이 있는 경우에 최종적이고 보충적인 법원이 된다. 법원(法院)은 적용할 법이 없다는 이유로 재판을 거부할 수 없고 이 경우에는 조리에 따라 재판하여야 한다. 판례는 조리에 기초하여 행정기관의 안전관리의무를 인정하고 있다(후술 국가배상 참조).

제 5 절 법원(法源)의 단계구조(段階構造)

Ⅰ. 법원의 상호 관계

행정법에 관한 법규정들은 상하의 효력을 갖는 여러 단계로 나누어져 하나의 체계적이고 통일적인 법질서를 이루고 있다.

우선 행정법의 법원(法源)은 다음과 같은 상하의 관계에 있다. 가장 상위의 효력을 갖는 법으로부터 가장 하위의 효력을 갖는 법원의 순서로 열거하면 다음과 같다: 헌법 및 헌법적 효력을 갖는 법의 일반원칙 — 법률, 국회의 승인을 받은 긴급명령 및 법률적 효력을 갖는 법의 일반원칙 — 명령(대통령령-총리령 또는 부령) — 자치법규.

명령은 제정권자의 우열에 따라 다음과 같이 상위법과 하위법의 효력관계에 있다: 대통령령 — 총리령 또는 부령(총리령과 부령은 상하의 관계에 있지 않다). 자치법규는 다음과 같이 상위법과 하위법의 관계에 있다: 광역자치단체의 자치법규(조례-규칙) — 기초자치단체의 자치법규(조례-규칙)(지방자치법 제24조). 동일단계의 자치단체의 조례와 규칙 사이에는 지방의회가 제정하는 조례가 지방자치단체의 장이 제정하는 규칙보다 상위법이다.

동일한 효력을 갖는 법 상호간에 모순이 있는 경우에는 특별법우선(特別法優先)의 원칙과 신법우선(新法優先)의 원칙에 의해 특별법이 일반법보다, 신법이 구법보다 우선한다. 또한, 특별법우선의 원칙이 신법우선의 원칙보다 우월하므로 구법인 특별법이 신법인 일반법보다 우선한다.

Ⅱ. 위헌·위법인 법령의 효력과 통제

상위법에 위반되는 하위법규정은 위법한 법규정이 된다.

하위법령은 그 규정이 상위법령의 규정에 명백히 저촉되어 무효인 경우를 제외하고는 관련 법령의 내용과 입법 취지 및 연혁 등을 종합적으로 살펴서 그 의미를 상위법령에 합치되는 것으로 해석하여야 한다(대판 2012. 10. 25, 2010두3527 등 참조). 이를 **상위법령합치적 법령해석**이라 한다. 즉, 하위 법령의 규정이 상위 법령의 규정에 저촉되는지 여부가 명백하지 않고 하위법령의 의미를 상위법령에 합치되는 것으로 해석하는 것이 가능한 경우에는 하위법령이 상위법령에 위반된다는 이유로 쉽게 무효를 선언할 것은 아니다(대판 2016. 12. 15, 2014두44502; 2020. 3. 26, 2017두41351).

상위법령(예 법률)이 그보다 상위의 법(예 헌법)에 반하여 위법한 경우에는 하위법(예 명령이나 자치법규)은 최상위의 법에 위반하지 않는 한 위법한 법이 되지 않는다.

위법한 법규정의 효력은 어떠한가. 위헌 또는 위법인 법규정은 "무효"라는 표현을 쓰는 경우가 많은데, 그러한 표현의 사용에 대하여는 이견도 있고, 그 무효의 의미와 내용에 관하여는 견해가 대립하고 있으며 아래에서 보는 바와 같이 실정법령 및 판례에 의하면 위헌 또는 위법인 법령의 효력은 그 법령의 종류에 따라 동일하지 않고 다양하다.

① 헌법에 위반되는 법률은 법원의 위헌법률심판의 제청에 따라 헌법재판소에 의한 위헌법률심사(違憲法律審査)의 대상이 된다. 헌법재판소의 결정에 의해 위헌판결이 나면 그 법률은 장래에 향하여 효력을 상실한다. 국회의 승인을 받은 긴급명령은 법률과 같은 효력을 가지므로 법률에 준해서 헌법재판소의 위헌법률심사의 대상이 된다. ② 헌법 및 상위법령에 위반하는 명령 또는 자치법규는 구체적인 사건에서 재판의 전제가 된 경우에 법원의 심사의 대상이 된다. 위헌 또는 위법이 확인된 명령 또는 자치법규는 당연히 효력을 상실하는 것이 아니며 당해 사건에 한하여 적용이 배제된다. ③ 처분적 명령이 무효확인소송의 대상이 되어 무효확인된 경우에는 처음부터 효력이 없었던 것으로 확인된다. 다만, 명령의 처분성을 넓게 보는 경우 당

해 처분적 명령에 근거하여 무효확인판결 전에 행해진 처분에 대하여도 소급효가 미치는지에 대하여는 논란의 여지가 있다. ④ 명령에 대한 헌법소원이 인용된 경우 당해 명령의 효력은 결정의 유형(단순위법결정, 불합치결정, 한정위법결정, 한정합법결정)에 따라 다르다. ⑤ 상위법령에 반하는 조례안은 일정한 요건하에 지방자치법상의 기관소송(무효확인소송)의 대상이 된다.

Ⅲ. 행정기관의 법령심사권 및 적용배제권

행정기관의 법령심사권 및 적용배제권에 대하여는 행정의 법에의 종속과 실질적 법치주의의 원칙의 조화라는 차원에서 명령의 위법성이 명백한 경우에 한하여 행정기관이 그 적용을 배제할 수 있는 견해가 타당하다. 특히 명령의 위헌 또는 위법이 대법원에 의해 최종적으로 확인된 경우에는 그 위법이 명백하므로 행정기관은 그 명령을 더 이상 적용하여서는 안 된다고 보아야 한다. 또한, 중대한 공익 또는 기본권 보장의 필요가 있는 반면에 명령의 위법성이 명백하고 당해 명령의 개정을 기다릴 시간적 여유가 없는 경우에는 그 위법한 명령의 적용을 배제하여야 할 의무가 있다고 보아야 한다.

[판례] 행정청이 행정처분 단계에서 당해 처분의 근거가 되는 법률이 위헌이라고 판단하여 그 적용을 거부하는 것은 권력분립의 원칙상 허용될 수 없다(헌재 2008. 4. 24, 2004헌바44).

제 6 절 행정법의 집행과 행정법의 해석

행정법의 집행은 구체적인 행정문제에 일반적 추상적인 행정법을 적용하는 과정이다. 이는 삼단논법의 방식에 의한다. 행정문제를 조사하여 사실관계를 확정하고, 적용할 행정법을 선택하여 일반적이고 추상적인 행정법을 해석하고, 구체적인 행정문제를 행정법에 포섭하는 방식 달리 말하면 행정법을 구체적인 행정문제에 적용하는 방식에 의한다.

일반법보다 특별법을 우선 적용하고, 특별법에 규정이 없는 사항에 대해서는 일반법을 적용한다.

법령에 따라 처분을 하려면 처분요건의 충족이 사실로 인정되어야 한다. 처분요건충족사실은 관련서류만으로 인정되는 경우도 있고, 관련서류만으로 인정되지 못하는 경우에는 관련서류와 함께 사실조사를 통해 인정되어야 한다. 처분사실의 존재는 단순한 가능성만으로는 안되고 최소한 개연성(다만, 제재처분의 경우 고도의 개연성)이 인정되어야 한다. 사실조사는 행정조사기본법 등 행정조사에 관한 법령(예 세무조사에 관한 국세기본법 등)에 따라야 한다. 후술하는 바와 같이 행정조사가 위법하면 그에 따른 처분도 원칙상 위법하다는 것이 판례의 입장이다. 처분 후 처분요건 충족 여부가 재판에서 다투어지는 경우에 원칙상 처분요건 충족사실에 대한 증명책임은 처분청이 진다. 처분의 예외가 되는 사유 등 처분의 장애가 되는 사실(사유)의 인정은 원칙상 원고인 처분의 상대방이 진다. 판결에서는 행정에서 보다 엄격한 입증(민사·행정소송에서는 고도의 개연성의 입증(통상인이라면 의심을 품지 않을 정도의 입증), 형사소송에서는 합리적 의심의 여지가 없을 정도의 입증)이 행해지므로 행정기관은 특별한 사정(고도로 전문적인 사실의 인정 등)이 없는 한 확정판결에 의해 인정된 사실을 따라야 한다.

행정법의 해석은 행정법규정의 문언이나 문구의 의미를 명확히 하는 해석(문언해석 내지 문리해석)을 기본으로 하면서도 행정법의 입법목적에 합치하도록 해석(목적론적 해석)하도록 노력하여야 하고, 상하 또는 동일 법규정 상호간에 모순없이 체계적이고 논리적으로 해석(체계적·논리적 해석)하여야 한다. 그리고 최종적으로 행정법의 종국목적인 공익의 실현 및 이익 상호간의 적절한 이익의 조정을 고려하여야 한다.

[판례 1] **법률 해석의 방법**: 법해석의 목표는 어디까지나 법적 안정성을 저해하지 않는 범위 내에서 구체적 타당성을 찾는 데 두어야 한다. 그러기 위해서는 가능한 한 법률에 사용된 문언의 통상적인 의미에 충실하게 해석하는 것을 우선으로 하여야 하고, 다만 문언의 통상적 의미를 벗어나지 아니하는 범위 내에서는 법률의 입법 취지와 목적, 제·개정 연혁, 법질서 전체와의 조화, 다른 법령과의 관계 등을 고려하는 체계적·논리적 해석방법을 추가적으로 활용할 수 있다(대판 2017. 12. 22, 2014다223025).

[판례 2] '침익적 행정처분 근거 규정 엄격해석의 원칙'이란 단순히 행정실무상의 필요나 입법정책적 필요만을 이유로 문언의 가능한 범위를 벗어나 처분상대방에게 불리한 방향으로 확장해석하거나 유추해석해서는 아니 된다는 것이지(대판 2016. 11. 24, 2014두47686 등 참조), 처분상대방에게 불리한 내용의 법령해석은 일체 허용되지 않는다는 취지가 아니다. 문언의 가능한 범위 내라면 체계적 해석과 목적론적 해석은 허용된다(대판 2018. 11. 29, 2018두48601 등 참조).

누구든지 법령등의 내용에 의문이 있으면 법령을 소관하는 중앙행정기관의 장(이하 "법령소관기관"이라 한다)과 자치법규를 소관하는 지방자치단체의 장에게 법령해석을 요청할 수 있다(행정기본법 제40조 제1항). 법령 소관 행정기관의 법령해석을 유권해석이라 한다.

법령소관기관이나 법령소관기관의 해석에 이의가 있는 자는 대통령령으로 정하는 바에 따라 법령해석업무를 전문으로 하는 기관(민사·상사·형사, 행정소송, 국가배상 관계 법령 및 법무부 소관 법령과 다른 법령의 벌칙조항에 대한 해석인 경우에는 법무부, 그 밖의 모든 행정 관계 법령의 해석인 경우에는 법제처(법제업무운영규정 제29조 제1항))에 법령해석을 요청할 수 있다(행정기본법 제40조 제3항).

그 밖에 법령해석에 관한 사항은 법제업무규정(대통령령) 제26조 이하에서 규정하고 있다.

제 7 절 행정법규정의 흠결과 보충

I. 개 설

행정법의 규율대상은 매우 다양하고 복잡하여 이를 규율하는 개별법규정이 없는 경우가 적지 않다. 또한, 행정법에 있어서는 행정법총칙이 존재하지 않는다. 그리하여 행정법관계에서는 적용할 행정법규정이 없는 경우가 적지 않다.

그런데, 적용할 법규정이 없다는 이유로 재판을 거부할 수는 없다. 법의 흠결이 있는 경우 해석을 통하여 법을 보충하여야 한다.

Ⅱ. 행정법규정의 유추적용

성문의 행정법규정의 흠결이 있는 경우에는 우선 유사한 행정법규정(공법규정)을 유추적용하여야 한다(대판 1987. 7. 21, 84누126; 2019. 10. 31, 2016두50907). 유추적용이라 함은 적용할 법령이 없는 경우에 유사한 법령규정을 적용하는 것을 말한다.

유추적용을 위해서는 법적 규율이 없는 사안과 법적 규율이 있는 사안 사이에 공통점 또는 유사점이 있어야 할 뿐만 아니라, 법규범의 체계, 입법 의도와 목적 등에 비추어 유추적용이 정당하다고 평가되는 경우이어야 한다(대판 전원합의체 2021. 7. 22, 2019다277812; 대판 2023. 8. 18, 2021다294889: 택지개발사업의 시행을 위하여 수용한 토지의 환매권 발생 요건에 관하여 정한 구 택지개발촉진법 제13조 제1항이 택지개발사업의 시행을 위하여 협의취득한 토지의 환매권 발생 요건에 관하여도 유추적용되는 것이 타당하다고 한 사례).

법령상 제외사항이 입법자가 의도한 것인 경우 달리 말하면 법적 규율이 없는 사항이 법적 규율의 대상에서 제외하고자 하는 것이 입법상 명확한 경우에는 유추적용이 인정되지 않는다. 또한, 의도된 입법의 불비(입법자가 조리에 따른 학설 및 판례에 맡긴 경우. 예, 국가배상에서 공무원의 피해자에 대한 개인배상책임)에는 유추적용이 아니라 조리(학설 및 판례)에 의해 해결하여야 한다.

Ⅲ. 헌법규정 및 법의 일반원칙의 적용

유추적용할 행정법규정이 없는 경우에는 헌법규정 및 법의 일반원칙을 적용할 수 있다.

Ⅳ. 사법규정의 적용

행정법관계를 규율할 어떠한 공법도 존재하지 않는 경우에는 사법규정을 직접 적용 또는 유추적용할 수 있다. 이에 관하여는 전술하였다.

Ⅴ. 조리의 적용

조리는 최종적인 법원이다. 행정법관계에 적용할 어떠한 공법이나 사법도 없는 경우 조리를 적용한다. 법원은 적용할 법이 없다는 이유로 재판을 거부할 수 없고, 이 경우에는 조리에 따라 재판하여야 한다.

제3장

행정법관계(공법관계)와 사법관계

제 1 절 행정법관계의 의의 및 공법관계와 사법관계의 구별

Ⅰ. 행정법관계의 의의

행정활동을 기초로 하여 맺어지는 법률관계를 행정상 법률관계라고 말한다. 행정상 성립되는 법률관계에는 행정주체와 국민간에 맺어지는 법률관계와 행정주체와 공무원간에 맺어지는 법률관계, 행정주체 상호간에 맺어지는 법률관계가 있다. 법률관계(法律關係)란 법주체 상호간의 권리의무관계를 말한다.

행정법관계는 행정상 법률관계 중 공법이 적용되는 법률관계를 말한다. 행정법관계는 공법관계와 동의어로 사용된다.

Ⅱ. 공법관계(공법행위)와 사법관계(사법행위)의 구별

[문제] 1. 시립무용단원채용계약에 관한 소송은 공법상 당사자소송인가 민사소송인가.
2. 행정재산의 목적외 사용허가의 거부에 대하여는 취소소송을 제기할 수 있는가.
3. 부당이득반환청구소송(조세과오납금환급청구소송)은 공법상 당사자소송으로 제기하여야 하는가, 민사소송으로 제기하여야 하는가.

공법관계와 사법관계의 구별의 문제는 공법행위와 사법행위의 구별의 문제와 같은 실익과 기준을 가지므로 공법관계와 사법관계의 구별의 실익과 기준에 관한 논의는 공법행위와 사법행위의 구별에도 그대로 적용될 수 있다.

1. 공법관계와 사법관계의 구별실익

(1) 적용법규 및 적용법원리의 결정

우선 적용할 법규정과 적용할 법원리를 결정하기 위하여 문제의 법률관계가 공법관계(권력관계 또는 관리관계)인지 사법관계인지 구별할 필요가 있다.

행정상 법률관계가 사법관계(국고관계)로 판정된 경우에는 사법규정 및 사법원리가 적용된다. 다만, 행정사법관계에는 일부 공법원리가 적용된다.

공법관계를 적용대상으로 하는 법은 공법이 되며 공법원리에 맞게 해석되어야 한다. 공법관계에 적용할 법규정이 존재하지 않는 경우에는 우선 공법규정을 유추적용하여야 한다. 유추적용할 공법규정도 없는 경우에는 권력관계에 대하여는 공법원리에 맞게 민법상의 일반법원리적 규정을 유추적용하고, 관리관계에 대하여는 사법이 널리 적용되지만, 공익의 보호를 위하여 필요한 한도 내에서는 사법규정을 수정하여 적용하여야 한다.

(2) 소송형식 및 소송절차의 결정

① 공법관계에 관한 소송은 행정소송으로 제기하여야 하고 사법관계에 관한 소송은 민사소송으로 제기하여야 한다. 처분에 대하여는 항고소송을 제기하고, 공법상 법률관계에 관한 분쟁에 있어서는 공법상 당사자소송을 제기하여야 한다.

민사소송의 관할법원은 1심이 지방법원 또는 지방법원지원 또는 시군법원이고 2심이 고등법원이고 3심이 대법원이다. 행정소송의 관할법원은 1심이 행정법원이 있는 서울에서는 행정법원이고 행정법원이 없는 지역에서는 지방법원 합의부이고, 2심이 고등법원이고 3심이 대법원이다.

② 행정소송절차는 민사소송절차와 다른 특별한 소송절차이다.

2. 공법관계와 사법관계의 구별기준

공법관계(공법행위)와 사법관계(사법행위)의 구별은 기본적으로 관련법규정과 법률관계(행위)의 성질을 고려하여 결정하여야 한다.

(1) 제1차적 기준: 관련법규정

우선 문제의 법률관계를 규율하는 관련법규정이 제1차적 기준이 된다.

관련법규가 문제의 법률관계가 공법관계라는 것을 전제로 하고 있는 법규정인 경우에는 그 법률관계는 공법관계이다. 공법에 의해 규율되는 법률관계는 공법관계이다.

법령에서 행정상 강제집행을 인정하고 있는 경우 그 대상이 되는 의무는 공법상 의무로 추정된다. 그러나, 행정의 편의를 위하여 사법상의 금전급부의무의 불이행에 대하여 국세징수법 중 체납처분에 관한 규정을 준용하는 경우가 있는데(@ 국유재산법 제38조에 의한 잡종재산의 대부료의 징수), 이 경우에는 당해 사법상 의무는 법에 의해 행정상 강제징수의 대상이 되는 것으로 규정되어 있다고 하더라도 여전히 사법상 의무이며 공법상 의무가 되지 않는다(대판 1993. 12. 21, 93누13735). 그러나, 체납처분행위는 공법행위이고, 특별한 사정이 없는 한 민사소송의 방법으로 대부료 등의 지급을 구하는 것은 허용되지 아니한다(대판 2014. 9. 4, 2014다203588[건물인도등]).

또한 법적 분쟁에 대하여 행정상 쟁송을 제기하도록 규정하고 있는 경우에 그 규율대상이 되고 있는 행위 또는 권리는 공법행위 또는 공권이라고 추정된다.

어떤 법률관계(행정작용)가 사법형식에 의해 규율되고 있는 것이 명백한 경우에 그 법률관계(행정작용)는 사법관계(사법행위)가 된다.

(2) 제2차적 기준: 법률관계(또는 행위)의 성질

관련법규에 의해 공법관계(공법행위)와 사법관계(사법행위)가 명확하게 구별되지 못하는 경우가 있는데 이 경우에는 관련법규정과 함께 법률관계(또는 행위)의 성질을 기준으로 공법관계와 사법관계를 구별하여야 한다.

법률관계의 성질을 기준으로 한 공법관계와 사법관계의 구별에 관하여 권력설, 이익설 및 귀속설이 대립되고 있다.

1) 권력설(종속설, 복종설)

권력설(權力說)은 행정주체에게 우월적 지위가 주어지는 지배복종관계인 법률관계는 공법관계로 보고, 양 당사자가 대등한 법률관계는 사법관계로 본다.

행정주체가 당사자가 되는 권력관계(권력행위)는 공법관계(공법행위)라는 점에서 그 의의가 있다. 그러나, 이 견해는 오늘날 비권력적인 공법관계(행정법관계)가 널리 인정되고 있는 점에서 문제가 있다. 사법관계에도 예외적이기는 하지만 지배복종관계(예 친자관계)가 있다.

2) 이 익 설

이익설(利益說)은 공익의 보호와 관계가 있는 법률관계를 공법관계로 보고 사익에 관한 법률관계를 사법관계로 본다. 공법관계는 권력관계이든 비권력관계이든 모두 공익의 보호와 관련이 있고, 사법관계는 사익에 관한 법률관계인 점에서 이익설은 공법관계와 사법관계의 일반적인 구별기준이 된다는 점에서 그 의의가 있다.

그러나, 공익과 사익의 구별이 상대적이고, 공법관계는 공익의 보호와 함께 사익의 보호와 관련이 있고, 사법관계도 공익과 관련이 있는 경우가 있다는 점에서 이익설의 한계가 있다. 행정사법관계는 공익과 밀접한 관련이 있지만 기본적으로 사법관계이다.

3) 귀속설(신주체설)

귀속설(歸屬說)은 공권력의 담당자의 지위를 갖는 자에게만 권리 또는 의무를 귀속시키는 법률관계가 공법관계이고, 누구에게나 권리 또는 의무를 귀속시키는 법률관계가 사법관계라고 본다. 여기에서 **공권력**은 공행정주체 일반에 부여되는 우월적 지위를 의미하며 일방적인 명령강제권을 의미하는 것은 아니다.[1]

귀속설은 권력관계와 비권력관계를 포함하여 공법관계 일반과 사법관계의 통일적인 구별기준이 된다는 점에 그 의의가 있다.

그러나, 귀속설의 문제점은 구체적인 법률관계에서 행정주체가 공권력주체로서의 지위를 가지는지 그렇지 않은지가 불분명한 경우가 있다는 점 및 공권력의 담당자의 지위는 공법관계를 전제로 해서 인정되는 것이므로 논리순환의 모순에 빠져있다는 점이다.

---

1) 귀속설은 법주체설과 종속설의 발전된 이론이라고 볼 수도 있다.

4) 결어: 복수기준설(종합설)

가. 복수기준설의 타당성 공법관계과 사법관계의 구별기준으로 제시된 이익설, 종속설 및 귀속설은 모두 중요한 구별기준을 제시하고 있지만 공법관계과 사법관계의 구별에 관한 완벽한 이론이 되지 못한다. 따라서, 위의 세 이론을 종합적으로 고려하여 문제의 법률관계(행위)가 공법관계(공법행위)인지 사법관계(사법행위)인지를 개별적으로 판단하여야 한다. 이를 복수기준설(複數基準說)이라 한다.

복수기준설은 일관성 있는 법이론이 되지 못하는 문제점을 갖고 있지만 공법관계과 사법관계의 구별에 관한 이론 중 가장 현실적인 이론이다.

나. 복수기준설의 적용

① 우선 관계법규에 비추어 행정주체에게 우월한 법적 지위를 부여하고 있는 경우에 그 법률관계(행위)는 공법관계(공법행위)인 권력관계(권력행위)일 가능성이 많다. 또한, 문제의 공법관계(공법행위)가 권력관계(권력행위)인가 비권력관계(비권력적 공법행위)인가를 구별할 필요가 있는 경우(예 행정행위와 공법상 계약의 구별)가 있는데, 이 경우에 권력설은 중요한 기준이 된다.

② 그리고, 이익설이 보충적인 기준이 될 수 있다. 즉, 공익의 보호가 고려되고 있는 것은 당해 법률관계를 공법관계로 해석하는 데 유리하게 작용한다. 행정주체에게 우월한 법적 지위를 인정하고 있지 않는 경우에도 그 법률관계(행위)의 공공성이 강한 경우에는 공법관계(공법행위)인 관리관계(비권력적 공행정작용)로 된다.

③ 그러나, 그 법률관계(행위)에 공공성이 인정되는 경우에도 그것을 규율하는 법이 명백한 사법규정이라고 판단되는 경우에는 사법형식에 의한 법률관계(또는 행정작용)로 되어 기본적으로 사법관계(사법행위)가 된다(행정사법관계(行政私法關係)).

④ 법률관계(행정작용)에 공공성이 없는 경우에는 그 법률관계(행정작용)는 사법관계(사법행위)가 된다. 문제의 법률관계가 사법관계와 유사하며 사법관계와 다르게 규율할 필요가 없으면 사법관계이다.

> **[판례]** 국가를 당사자로 하는 계약에 관한 법률 제9조 제3항의 입찰보증금의 국고귀속조치와 같이 외관상 행정권의 일방적 조치라고 보여지는 경우에도 실질에 있어서 행정주체가 사법상의 재산권의 관리주체로서 행위하는 경우에는 그 행위는 사법행위에 속한다(대판 1983. 12. 27, 81누366[입찰참가자격정지처분취소]).

⑤ 공법적 행위에 의해 사법적 효과를 발생시키는 경우도 있고(예 토지수용의 경우 토지소유권 변동의 효과를 가져오고, 간접적 효과이기는 하지만 공법상 행위로 인하여 발생하는 국가배상청구권은 판례에 의하면 사권이다), 사법관계가 공법적 행위의 대상이 되는 경우도 있다(예 잡종재산의 대부료 납부의무는 사법상 의무로 볼 수 있는데 행정상 강제징수의 대상이 된다).

다. 지표(指標)의 종합적 고려에 의한 구별 관련법규정 및 문제의 법률관계(또는 행위)의 성질에 의해 당해 법률관계(또는 행위)가 공법관계(또는 공법행위)인지 아니면 사법관계(또는 사법행위)인지 명확하지 않을 때, 달리 말하면 문제의 법률관계(또는 행위)가 공법관계(또는 공법행위)와 사법관계(또는 사법행위)의 한계선상에 있을 때에는 관련법규정 및 문제의 법률관계(또는 행위)의 성질 중

문제의 법률 관계(또는 행위)를 공법관계(또는 공법행위)로 보아야 할 지표들과 문제의 법률관계(또는 행위)를 사법관계(또는 사법행위)로 보아야 할 지표들을 종합적으로 고려하여 개별적으로 판단하여야 한다.

공법관계와 사법관계의 구별에 관한 판례는 다음과 같다.

(가) 국유재산의 매매 또는 사용 국유 또는 공유의 잡종재산(일반재산)의 매각이나 대부는 행정처분이 아니며 그 계약은 사법상 계약이다.

[판례] 국유잡종재산 대부행위의 법적 성질(=사법상 계약) 및 그 대부료 납부고지의 법적 성질(=사법상 이행청구): 국유재산법 제31조, 제32조 제3항, 산림법 제75조 제1항의 규정 등에 의하여 국유잡종재산에 관한 관리 처분의 권한을 위임받은 기관이 국유잡종재산을 대부하는 행위는 국가가 사경제 주체로서 상대방과 대등한 위치에서 행하는 사법상의 계약이고, 행정청이 공권력의 주체로서 상대방의 의사 여하에 불구하고 일방적으로 행하는 행정처분이라고 볼 수 없으며, 국유잡종재산에 관한 대부료의 납부고지 역시 사법상의 이행청구에 해당하고, 이를 행정처분이라고 할 수 없다. 국유재산법 제38조, 제25조의 규정에 의하여 국세징수법의 체납처분에 관한 규정을 준용하여 대부료를 징수할 수 있다고 하더라도 이로 인하여 대부계약의 성질이 달라지는 것은 아니라 할 것이다(대판 2000. 2. 11, 99다61675[부당이득금]).

그러나, 국유 또는 공유재산(잡종재산(일반재산) 포함)의 무단점유에 대한 변상금부과처분은 행정처분이다.

[판례] 국유재산법 제51조 제1항은 국유재산의 무단점유자에 대하여는 대부 또는 사용, 수익허가 등을 받은 경우에 납부하여야 할 대부료 또는 사용료 상당액 외에도 그 징벌적 의미에서 국가측이 일방적으로 그 2할 상당액을 추가하여 변상금을 징수토록 하고 있으며 동조 제2항은 변상금의 체납시 국세징수법에 의하여 강제징수토록 하고 있는 점 등에 비추어 보면 국유재산의 관리청이 그 무단점유자에 대하여 하는 변상금부과처분은 순전히 사경제 주체로서 행하는 사법상의 법률행위라 할 수 없고 이는 관리청이 공권력을 가진 우월적 지위에서 행한 것으로서 행정소송의 대상이 되는 행정처분이라고 보아야 한다(대판 1988. 2. 23, 87누1046, 1047[국유재산변상금부과처분취소]).

국유 또는 공유재산인 행정재산의 사용허가는 행정행위(특허)이다. 그 행정재산이 기부채납받은 재산이라 하여도 그에 대한 (무상)사용·수익허가의 법적 성질은 행정처분이다(대판 2001. 6. 15, 99두509). 그러나, 무상사용허가를 받은 행정재산을 전대하는 행위는 원칙상 사법상의 임대차에 해당한다(대판 2004. 1. 15, 2001다12638).

[판례 1] 공유재산의 관리청이 행정재산의 사용·수익에 대한 허가는 순전히 사경제주체로서 행하는 사법상의 행위가 아니라 관리청이 공권력을 가진 우월적 지위에서 행하는 행정처분으로서 특정인에게 행정재산을 사용할 수 있는 권리를 설정하여 주는 강학상 특허에 해당한다(대판 1998. 2. 27, 97누1105[공유재산대부신청반려처분무효확인]).

[판례 2] 한국공항공단이 정부로부터 무상사용허가를 받은 행정재산을 구 한국공항공단법(2002. 1. 4. 법률 제6607호로 폐지) 제17조에서 정한 바에 따라 전대하는 경우에 미리 그 계획을 작성하여 건설교통부장관에게 제출하고 승인을 얻어야 하는 등 일부 공법적 규율을 받고 있다고 하더라도, 한국공항공단이 그 행정재산의 관리청으로부터 국유재산관리사무의 위임을 받거나 국유재산관리의 위탁을 받지 않은 이상, 한국공항공단이

무상사용허가를 받은 행정재산에 대하여 하는 전대행위는 통상의 사인간의 임대차와 다를 바가 없고, 그 임대차계약이 임차인의 사용승인신청과 임대인의 사용승인의 형식으로 이루어졌다고 하여 달리 볼 것은 아니다(대판 2004. 1. 15, 2001다12638).

(나) 공법상 계약과 사법상 계약 판례는 서울시 시립무용단원의 위촉계약을 공법상 계약으로 보았고(대판 1995. 12. 22, 95누4636), 토지보상법령상 협의취득계약을 사법상 계약으로 보았다(대판 2012. 2. 23, 2010다91206).

(다) 입찰관련 행위 ① 판례는 입찰계약(조달계약)을 사법상 계약으로 보고, 입찰보증금의 국고귀속조치를 사법상 행위로 본다.

[판례] 구 예산회계법(현 국가를 당사자로 하는 계약에 관한 법률)에 따라 체결되는 계약은 사법상의 계약이라고 할 것이고 동법 제70조의5의 입찰보증금은 낙찰자의 계약체결의무이행의 확보를 목적으로 하여 그 불이행시에 이를 국고에 귀속시켜 국가의 손해를 전보하는 사법상의 손해배상 예정으로서의 성질을 갖는 것이라고 할 것이므로 입찰보증금의 국고귀속조치는 국가가 사법상의 재산권의 주체로서 행위하는 것이지 공권력을 행사하는 것이거나 공권력작용과 일체성을 가진 것이 아니라 할 것이므로 이에 관한 분쟁은 행정소송이 아닌 민사소송의 대상이 될 수밖에 없다고 할 것이다(대판 1983. 12. 27, 81누366[입찰참가자격정지처분취소]).

② 법령에 근거한 행정기관(예 조달청장) 등의 입찰참가자격정지는 처분이다(대판 1983. 12. 27, 81누366). 이에 반하여 계약(공법상 계약 또는 사법상 계약)에 근거한 입찰참가자격제한은 처분이 아니고, 계약상의 의사표시(공법상 의사표시 또는 사법상 의사표시)이다.

Ⅲ. 개별적 구별

공법관계와 사법관계의 구별은 법률관계 전체에 대해 개괄적으로 하는 것이 아니라 개별적인 법률관계마다 개별적으로 행하여진다. 그 이유는 오늘날 하나의 개괄적인 법률관계에 있어서 공법관계와 사법관계가 혼재되어 있는 경우가 적지 않기 때문이다.

Ⅳ. 2단계설

행정상 법률관계가 경우에 따라서는(예 보조금 지급관계) 기본적 결정과 구체화 결정(발전적 결정)으로 단계적으로 형성되는 것으로 보면서 기본적 결정(예 보조금 지급결정)은 공법행위이고, 기본적 결정의 구체화 결정(발전적 결정)(예 보조금 지급계약)은 사법행위로 보는 견해가 있는데, 이를 2단계설이라 한다. 보조금지급계약을 공법상 계약으로 보는 견해도 있다.

일반적으로 2단계설은 2단계가 공법관계와 사법관계로 형성되는 경우만을 의미하는 것으로 보고 있는데, 성질이 다른 2개의 공법관계로 형성되는 경우(예 행정행위인 우선협상대상자의 결정과 공법상 계약인 민자유치계약)도 2단계의 행정결정으로 보는 견해도 있다.

제 2 절 행정상 법률관계의 종류

행정상 법률관계는 공법관계와 사법관계로 구분되고 공법관계는 다시 권력관계와 관리관계(비권력적 공행정관계)로 구분된다. 사법관계에는 엄격한 의미의 사법관계인 국고관계와 사법관계이지만 일부 공법적 규율을 받는 행정사법관계(사법형식에 의한 공행정관계)가 있다.

Ⅰ. 공법관계

공법이 적용되는 법률관계를 공법관계(公法關係)라 한다. 공법관계는 권력관계와 관리관계(비권력적 공행정관계)로 구별된다.

1. 권력관계

권력관계(權力關係)라 함은 공권력주체로서의 행정주체가 우월적인 지위에서 국민에 대하여 일방적인 조치(법률행위 또는 사실행위)를 취하는 관계를 말한다.

권력관계의 예로는 권력적 법률행위인 행정행위와 권력적 사실행위인 행정강제가 있다.

권력관계는 사인 상호간의 관계와는 그 성질이 크게 다른 관계이므로 사법과는 다른 공법원리에 의해 규율된다.

2. 관리관계(비권력적 공행정관계)

관리관계(管理關係)라 함은 행정주체가 사인과 대등한 관계에서 공행정을 수행함에 있어서(공익목적을 달성하기 위하여 사업을 수행하거나 재산을 관리함에 있어서) 국민과 맺는 관계를 말한다.

관리관계의 예로는 공법상 계약관계 등을 들 수 있다.

관리관계는 비권력관계라는 점에서 권력관계와 구별되고 사법관계와 유사하나 사법관계와 달리 공익성이 강하기 때문에 공익목적을 달성하기 위하여 필요한 한도에서는 특수한 공법적 규율이 행하여지는 관계이다. 그 이외에는 관리관계는 사법에 의해 규율된다.

3. 권력관계와 관리관계의 구별 실익

권력관계와 관리관계를 구별하는 이유는 상호 성질이 다르고(전자는 권력관계이고 후자는 비권력관계이므로) 그에 따라 적용되는 공법원리에도 차이가 있기 때문이다.

① 권력관계에는 공정력, 확정력(불가변력과 불가쟁력) 및 강제력 등 행정주체에게 법률상 우월한 힘이 인정되지만, 관리관계는 비권력관계이므로 이러한 효력이 인정되지 않는다.

② 권력관계와 관리관계는 다같이 공법관계이므로 법률에 의한 행정의 원칙의 적용을 받지만, 권력관계는 관리관계와 비교하여 보다 엄격한 법적 규율을 받는다. 권력작용에는 원칙상 법률유보의

원칙이 적용되지만, 관리관계에는 법률유보의 원칙이 적용되는 경우도 있겠지만 일정한 경우에는 법률유보의 원칙이 적용되지 않는다. 즉, 공법상 계약과 행정지도에는 법률의 근거를 요하지 않는다. 관리관계에 법률유보의 원칙이 적용되는 경우에도 권력관계에서보다는 그 적용이 완화될 수 있다.

③ 권력관계와 관리관계를 규율하는 법과 법원리는 상이하며, 전술한 바와 같이 사법규정의 적용에 있어서도 차이가 있다.

④ 권력행위를 다투는 소송은 항고소송이지만, 비권력적 공행정작용(예 공법상 계약)을 다투거나 관리관계에 관한 소송은 원칙상 공법상 당사자소송으로 제기된다.

Ⅱ. 사법관계

사법관계(私法關係)란 행정주체가 사인과 같은 지위에서 국민과 맺는 관계를 말한다. 사법관계는 국고관계와 행정사법관계로 구분된다.

1. 국고관계

국고관계(國庫關係)란 행정주체가 일반 사인과 같은 지위에서(사법상의 재산권의 주체로서) 사법상의 행위를 함에 있어 사인과 맺는 관계를 말한다.

그 예로는 행정에 필요한 물품의 구매계약, 청사·도로·교량의 건설도급계약,[2] 국유재산(잡종재산)의 매각, 수표의 발행, 금전차입을 들 수 있다. 판례는 조달계약을 사법상 계약으로 보지만, 조달계약을 그 공익성에 비추어 공법상 계약으로 보아야 한다는 견해와 행정사법으로 보아야 한다는 견해가 있다.

국고관계는 전적으로 사법에 의해 규율된다는 것이 통설의 입장이다.

행정주체의 국고관계에서의 활동에 대하여는 국가를 당사자로 하는 계약에 관한 법률, 국유재산법, 공유재산 및 물품관리법 등에서 특수한 규율을 하고 있는 경우가 있는데 이들 특수한 규정은 공법규정이 아니라 사법규정이다.

2. 행정사법관계

(1) 의의와 필요성

행정사법관계(行政私法關係)라 함은 행정주체가 사법형식에 의해 공행정(공적 임무)을 수행함에 있어서 국민과 맺는 법률관계를 말한다.

전통적으로 공행정은 공법적 수단에 의해 수행되는 것이 원칙이었으나 오늘날 행정주체가 공법규정하에서의 여러 가지 부담과 제약에서 벗어나 사적 부문의 자율성과 창의성에 기초하여 공행정을 효율적으로 수행할 수 있도록 하기 위하여 일정한 경우에 행정주체를 공법적 제약으로부터 해방하여 공행정을 사법형식에 의해 수행하도록 하고 있다.

---

2) 사기업에게 도로를 건설하여 관리하도록 위탁하는 계약(민자유치계약)은 행정을 위탁하는 계약이므로 공법상 계약으로 보아야 한다.

(2) 행정사법관계의 인정 및 그 범위와 한계

행정사법관계는 법률에 의해 인정될 수 있다. 그리고, 행정사법관계를 인정하는 법률이 존재하지 않는 경우에도 행정청은 공행정을 수행함에 있어서 법령의 한계 내에서 공법형식과 사법형식을 선택할 수 있는 권한을 갖는다.

> 사법형식에 의한 행정이 행해질 수 있는 대표적인 영역은 급부행정(철도사업, 시영버스사업, 전기, 가스 등 공급사업, 우편사업, 하수도관리사업, 쓰레기처리사업)과 자금지원행정(보조금의 지급, 융자)이다. 다만, 현행법상 수도료 부과징수와 이에 따른 수도료의 납부관계는 공법상 권리의무관계로 규정되어 있다(대판 1977. 2. 22, 76다2517).

경찰, 조세 등 고권적 행정과 공익성이 강하게 요구되는 행정은 사법형식에 의한 관리가 인정될 수 없다고 보아야 한다.

(3) 행정사법관계의 법적 규율

행정사법관계를 규율하는 법을 행정사법(行政私法)이라 한다. 행정사법관계는 공법형식의 제약에서 벗어나 사법형식에 의해 규율되는 법률관계이므로 기본적으로 사법관계이며 사법에 의해 규율된다. 그러나, 행정주체가 수행하는 작용의 실질은 공행정이므로 공행정의 공공성을 최소한으로 보장하고, 국민의 기본권을 보장하기 위하여 행정사법관계에는 해석상 일정한 공법원리(公法原理)가 적용된다고 본다.

사법형식에 의한 공행정에 적용되는 공법원리에는 평등의 원칙, 비례의 원칙, 공역무(공행정) 계속성의 원칙, 행정권의 기본권 보장의무 등이 있다.

(4) 권리구제

행정사법관계는 기본적으로 사법관계이므로 행정사법관계에 관한 법적 분쟁은 민사소송의 대상이 된다.

제 3 절 행정법관계의 당사자(행정주체와 행정객체)

제 1 항 행정주체와 행정기관

Ⅰ. 의 의

행정주체(行政主體)라 함은 행정을 행하는 법주체(法主體)를 말한다. 행정주체에는 국가, 지방자치단체, 공공조합, 영조물법인, 공법상 재단, 공무수탁사인이 있다.

행정을 실제로 행하는 것은 공무수탁사인에 있어서의 일정한 경우를 제외하고는 행정주체가 아니라 행정주체의 기관이다. 그러나 이들 기관의 행위의 법적 효과는 법인격체인 행정주체에게 귀속된다.

행정기관의 예로는 대통령, 국무총리, 장관, 차관, 차관보, 국장, 담당관, 과장, 계장 등이 있는데 이들 행정기관은 상이한 법적 지위를 갖는 여러 종류의 행정기관(예 행정청, 보조기관, 보좌기관, 지원기관 등)으로 분류될 수 있다. 이 중에서 **행정청**이 행정법에서 가장 중요한 행정기관이다. 그것은 국민과의 관계에서 행정권의 행사는 원칙상 행정청의 지위를 갖는 행정기관의 결정에 의해 그의 이름으로 행해지기 때문이다. 국가에 있어서는 통상 장관, 청장과 특별지방행정기관의 장이 행정청이 되고 지방자치단체에 있어서는 지방자치단체의 장이 행정청이 된다.

Ⅱ. 행정주체의 종류

1. 국　　가

국가행정의 주체는 국가가 된다. 국가는 법인격을 가진 법인으로서 행정법관계의 법주체가 된다.

그런데 국가행정의 일부가 지방자치단체, 공공단체, 사인에게 위임 또는 위탁되어 행하여지는 경우도 있다. 이 경우에도 국가행정으로서의 실질은 그대로 유지한다. 그러나, 그 행정의 법적 효과는 경우에 따라 국가에 귀속되기도 하고 수임자에게 귀속되기도 한다.

예를 들면, 지방자치단체에 대한 위임 중 단체위임의 경우 그 법적 효과는 지방자치단체에게 귀속되나 기관위임의 경우에는 국가에 귀속된다. 사인에 대한 위탁(광의)의 경우에 협의의 위탁의 경우에는 그 법적 효과가 사인에게 귀속되고, 대행이나 보조위탁의 경우에는 위임자인 국가 등에 귀속된다.

2. 지방자치단체

지방자치단체(地方自治團體)라 함은 국가의 영토 내에서 일정한 지역 및 그 지역의 주민으로 구성되며 그 지역 내에서 일정한 통치권을 행사하는 법인격을 갖는 공공단체를 말한다.

지방자치단체도 넓은 의미에서는 공공단체에 포함되나 협의의 공공단체와 달리 일정한 지역과 주민을 갖고 있다는 점과 일반적인 행정을 담당한다는 점에서 국가와 유사하며 타 공공단체와 구별된다. 타 공공단체(협의의 공공단체)는 특정한 사업수행만을 담당한다.

지방자치단체에는 **보통지방자치단체**(서울특별시, 광역시, 도, 시, 군, 자치구)와 **특별지방자치단체**(지방자치단체조합 등)가 있다. 보통지방자치단체는 광역자치단체(서울특별시, 광역시, 도)와 기초자치단체(시, 군, 자치구)로 구별된다.

지방자치단체는 지방자치단체에 고유한 고유사무와 국가로부터 위임받은 위임사무를 수행한다. **고유사무와 단체위임사무**는 **지방자치단체의 사무**가 되므로 지방자치단체의 행정기관의 활동의 법적 효과는 법주체인 지방자치단체에 귀속된다. **기관위임사무**는 지방자치단체 자체가 아니라 지방자치단체의 행정기관(특히 지방자치단체의 장)에게 위임된 사무로 그 사무는 지방자치단체의 사무가 아니라 **국가사무 또는 위임기관이 속한 지방자치단체의 사무**이다. 그리고, 기관위임사무를 수행하는 지방자치단체의 장은 국가기관위임사무의 경우 국가기관의 지위를 가지고, 시·도지사로부터 기관위임을 받은 경우에는 해당 시·도 기관으로서의 지위를 갖는다. 따라서 그 기관위임사무의 수행의 법적 효과는 그 기관위임사무의 행정주체인 국가 또는 지방자치단체에 귀속된다. 따라서, 지방자치단체의 사무와 기관위임사무를 구별하여야 한다.

3. 협의의 공공단체

협의의 공공단체(公共團體)라 함은 특정한 국가목적을 위하여 설립된 법인격이 부여된 단체를 말한다. 공공단체에는 공공조합, 영조물법인, 공법상 재단이 있다. 협의의 공공단체에 지방자치단체를 포함하여 광의의 공공단체라 한다. 공공단체는 공법상의 법인(공법인)이다. 공법인이라 함은 공익목적사업을 위해 공법에 따라 설립된 법인을 말한다. 국가와 지방자치단체 이외의 공법인을 모두 협의의 공공단체로 보는 견해도 있지만, 공법인 중 존립목적인 사업을 공행정작용의 형식으로 수행하지 않고 전적으로 사법작용의 형식으로 수행하는 공법인은 공공단체가 아니라고 보아야 한다.

공공단체는 특정한 행정목적을 수행함에 있어서 필요한 한도 내에서 행정주체의 지위에 서게 되며 그 자체가 행정청이 되고 항고소송의 피고가 된다. 공공단체는 법정의 고유한 행정사무뿐만 아니라 행정기관이 임의로 위탁한 행정사무도 수행한다. 공공단체는 공행정사무뿐만 아니라 사법상 사무도 수행한다.

판례는 대한변호사협회를 공법인으로 보고, 변호사등록을 공행정사무로 본다.

[판례 1] 대한변호사협회는 변호사와 지방변호사회의 지도·감독에 관한 사무를 처리하기 위하여 변호사법에 의하여 설립된 공법인으로서, 변호사등록은 피고 대한변호사협회가 변호사법에 의하여 국가로부터 위탁받아 수행하는 공행정사무에 해당한다(헌재 2019. 11. 28, 2017헌마759; 대판 2021. 1. 28, 2019다260197).
[판례 2] [1] 일반 사인인 증권회사를 회원으로 설립된 한국증권거래소는 민법상 사단법인에 준하는 것이다. [2] 한국증권거래소의 상장폐지결정 및 상장폐지확정결정은 사법상의 계약관계를 해소하려는 피청구인의 일방적인 의사표시라고 봄이 상당하다고 할 것이고, 따라서, 피청구인의 청구인회사에 대한 이 사건 상장폐지확정결정은 헌법소원의 대상이 되는 공권력의 행사에 해당하지 아니한다(헌재 2005. 2. 24, 2004헌마442).

(1) 공공조합

공공조합(公共組合)이라 함은 법정의 자격을 가진 조합원으로 구성된 공법상의 사단법인이다. 공공조합에는 농지개량조합, 토지구획정리조합, 상공회의소, 의료보험조합, 재개발조합, 재건축조합 등이 있다.

(2) 영조물법인

영조물법인(營造物法人)이라 함은 행정법상의 영조물에 독립된 법인격이 부여된 것을 말한다. 영조물이라 함은 특정한 행정목적에 제공된 인적·물적 종합시설을 말한다.

영조물에는 국립도서관, 국공립학교, 한국은행 등이 있다. 그런데 이 중에서 한국은행 및 국립서울대학교는 독립된 법인격이 부여되어 있으므로 영조물법인이며 행정주체이다.

(3) 공법상 재단

공법상 재단(公法上 財團)이라 함은 국가나 지방자치단체가 공공 목적을 위하여 출연한 재산을 관리하기 위하여 설립된 공법상의 재단법인을 말한다. 그 예로는 한국연구재단, 총포·화약안전기술협회가 있다.

4. 공무수탁사인

(1) 의 의

공무수탁사인(公務受託私人)이란 공행정사무를 위탁받아 자신의 이름으로 처리하는 권한을 갖고 있는 행정주체인 사인을 말한다. 공무수탁사인은 처분을 함에 있어서는 행정주체이면서 동시에 행정청의 지위를 갖는다.

이에 대하여 공무수탁사인의 법적 지위에 관하여 행정주체가 아니라 행정기관에 불과하다고 보는 견해도 있다.

공무수탁사인은 자연인일 수도 있고 사법인 또는 법인격 없는 단체일 수도 있다.

사인이 공행정사무를 수행하는 경우에도 행정기관의 보조인에 불과한 경우나 행정을 대행하는 것에 불과한 경우에는 행정주체가 아니므로 공무수탁사인이 아니다. 행정을 대행하는 사인도 공무수탁사인으로 보는 견해도 있다.

행정보조인의 예로는 아르바이트로 우편업무를 수행하는 사인을 들 수 있다. 행정대행의 예는 차량등록의 대행, 자동차 검사의 대행을 들 수 있다. 실정법상 대행중에는 강학상 위탁인 경우도 있고, 강학상 대행인 경우도 있다.

공무수탁사인, 공무대행사인, 행정보조자를 통칭하여 **공무수행사인**이라 한다.

공적 임무의 실현을 위한 공의무를 부담하는 사인을 **공의무부담사인**이라 하는데, 공의무부담사인은 행정권을 수탁받아 행사하는 것이 아닌 점에서 공무수탁사인이 아니다. 공의무부담사인의 예로는 원천징수의무자, 석유비축의무자 등이 있다.

[판례] 원천징수의무자가 비록 과세관청과 같은 행정청이더라도 그의 원천징수행위는 법령에서 규정된 징수 및 납부의무를 이행하기 위한 것에 불과한 것이지, 공권력의 행사로서의 행정처분을 한 경우에 해당되지 아니한다(대판 1990. 3. 22, 89누4789[기타소득세 등 부과처분무효확인]).

(2) 공무수탁사인의 예

공무수탁사인의 예로는 사립대학이 교육법에 의해 학위를 수여하는 경우, 사선(私船)의 선장 또는 해원(海員)이 일정한 경찰사무를 행하는 경우, 민간철도회사의 직원이 철도경찰사무를 수행하는 경우, 민영교도소, 공증인, 사인이 별정우체국의 지정을 받아 체신업무를 경영하는 경우, 사인이 산림 감시 또는 수렵 감시업무를 수행하는 경우, 사인이 사업시행자로서 토지를 수용하고 이주대책을 수립하는 경우가 있다.

(3) 공무수탁의 법적 근거 및 법형식

공무의 사인에 대한 위탁에 있어서는 권한이 이전되므로 법률에 근거가 있어야 한다.

정부조직법 제6조 제3항, 지방자치법 제104조 제3항, 행정권한의 위임 및 위탁에 관한 규정 제11조는 국민의 권리의무와 직접 관련되지 않은 사무만을 민간위탁할 수 있는 것으로 규정하고 있는데, 민간위탁의 직접적 근거법규정이 될 수 있는지에 대해 견해가 대립한다.

사인은 여러 방식에 의해 공무를 수탁받을 수 있다. 법률, 계약, 행정행위가 그것이다. 공무위탁계약은 국가적 공권을 부여하므로 그 법적 성질을 공법상 계약으로 보아야 한다. 공무를 위탁하는 행정행위는 통상 공무수행권을 사인에게 부여하므로 특허라고 보아야 한다.

(4) 공무를 위탁한 행정주체와의 관계

공무위탁자는 공무수탁자에 대하여 감독권을 갖는다. 공무수탁사인과 공무를 위탁한 행정주체와는 특별행정법관계의 한 유형인 특별감독관계에 있게 된다.

(5) 공무수탁자의 공무수행과 권리구제

[문제] 공무수탁사인이 한 행위로 인하여 권익침해를 당한 자는 어떠한 구제를 받을 수 있는가.

1) 항고소송

공무수탁자가 일방적 처분을 할 수 있는 경우가 있다. 이 경우 그 처분의 위법을 다투는 항고소송의 제기는 처분청인 공무수탁자를 상대방으로(피고로) 제기하여야 한다(행정소송법 제2조 제2항).

2) 당사자소송 또는 민사소송

공무수탁자가 계약이라는 법형식을 사용하는 경우에 그 계약은 공법상 계약인 경우도 있고, 사법계약인 경우도 있다. 공법상 계약에 관한 분쟁은 당사자소송의 대상이 되고 사법계약에 관한 분쟁은 민사소송의 대상이 된다.

3) 손해배상

공무수탁사인의 불법행위로 손해가 발생한 경우 공무수탁사인을 행정주체로 보는 견해에 의하면 공무수탁사인이 배상주체가 되고, 공무수탁사인을 행정주체가 아니라 행정청으로 보는 견해에 의하면 위탁기관이 속한 국가 또는 지방자치단체가 배상주체가 된다(자세한 것은 후술 국가배상 참조).

4) 손실보상

공무수탁사인의 적법한 공권력 행사에 의해 특별한 손해를 받은 자는 공무수탁사인에게 손실보상을 청구할 수 있다.

[문제의 해결] 공무수탁사인의 행위가 사법행위인 경우에는 민사상 불법행위책임 또는 채무불이행책임을 민사소송으로 청구할 수 있다. 공무수탁사인의 행위가 처분인 경우 항고소송으로 다툴 수 있고, 공법상 계약인 경우에는 당사자소송으로 다툴 수 있다. 위법한 공행정작용으로 인한 손해에 대하여는 국가배상청구설과 민법상 불법행위청구설이 대립된다. 적법한 공권력 행사로 특별한 손해를 입은 자는 손실보상을 청구할 수 있다.

제 2 항 행정객체

행정의 상대방을 행정객체(行政客體)라 한다. 행정객체에는 사인, 공공단체와 지방자치단체가 있다. 공공단체는 행정주체임과 동시에 국가나 다른 공공단체에 대한 관계에서 행정객체가 될 수 있다. 지방자치단체는 국가에 대한 관계에서 행정객체가 될 수 있다. 국가에 대한 수도료의 부과에서와 같이 국가도 예외적이지만 행정객체가 될 수 있다.

제 4 절 행정법관계의 특질

행정법관계에 대하여는 사법관계에서와는 다른 여러 특질(特質)이 인정되고 있다. 그 주된 이유는 공익목적을 달성하기 위하여 행정주체에게 일정한 우월적인 지위가 부여되어야 한다는 데 있다.

행정법관계에서는 행정주체에게 여러 구체적인 특권이 인정되고 있다. 행정주체에게 일방적으로 법질서에 변경을 가져올 수 있는 우월적 지위가 인정된다. 그리고 권력적 행위인 행정행위에 공정력, 존속력(확정력) 및 강제력이라는 우월한 효력이 인정되고 있다. 이러한 행정권의 특권은 권력관계에 대하여 인정되는 것이다.

이 밖에도 행정법관계에 있어서의 권리 또는 의무에 사법상의 그것과는 다른 특수성이 인정되고 있고, 권리구제수단의 특수성이 인정되고 있는데 이들 특수성은 권력관계뿐만 아니라 비권력관계에도 인정된다.

공권력주체로서의 행정주체에게는 특권만이 부여되는 것은 아니다. 공권력주체로서의 행정주체에게는 특별한 부담이 가하여진다. 법에 의한 엄격한 기속과 엄격한 국가배상책임이 인정되고 있다.

제 1 항 행정주체의 특권

I. 일방적 조치권

행정주체에게 '행정결정'에 의해 일방적으로 법질서에 변경을 가할 수 있는 권한이 주어지는 경우가 있다. 즉 행정결정에 의해 사인에게 권리가 창설되기도 하고 의무가 부과되기도 한다. 또한 공익상 필요한 경우에 행정주체는 행정행위의 철회에 의해 이미 발생된 권리를 상실시키거나 의무를 소멸시킬 수 있다.

또한 행정주체는 일방적으로 국민의 자유와 재산에 물리력을 행사할 수 있는 권한이 부여된다. 일방적 조치권은 법률유보의 원칙에 비추어 원칙상 법률의 근거가 있어야 한다.

전염병환자를 물리력에 의해 강제격리하거나 화재진압에 장애가 되는 물건을 일방적으로 파괴하는 것을 그 예로 들 수 있다.

공법상 계약의 경우에는 행정주체에게 공익상 필요한 경우에 계약을 철회하거나 계약내용을 일방적으로 변경할 수 있는 권한이 부여되기도 한다.

Ⅱ. 행정행위의 공정력과 구성요건적 효력

1. 공정력과 구성요건적 효력의 구별

전통적 견해에 의하면 공정력(公定力)이라 함은 일단 행정행위가 행하여지면 비록 행정행위에 하자(또는 흠)가 있다 하더라도(위법 또는 부당하더라도) 그 흠이 중대하고 명백하여 무효로 되는 경우를 제외하고는 권한 있는 기관(취소권 있는 행정기관 또는 수소법원(受訴法院))에 의해 취소되기 전까지는 상대방 및 이해관계인뿐만 아니라 다른 행정청 및 법원에 대하여 일단 유효한 것으로 통용되는 힘을 말한다고 정의하고 있다. 즉, 전통적 견해는 공정력을 행정행위의 상대방 및 이해관계인뿐만 아니라 타 국가기관에도 미치는 효력이라고 보고 있다.

[판례] 행정행위의 공정력이란 행정행위가 위법하더라도 취소되지 않는 한 유효한 것으로 통용되는 효력을 의미한다(대판 1994. 4. 12, 93누21088[토지형질변경허가반려처분취소]).

그런데, 최근의 유력한 견해는 공정력과 구성요건적 효력을 구분한다.

공정력과 구성요건적 효력을 구별하는 견해(구별긍정설)는 효력의 상대방의 차이에 따라 공정력과 구성요건적 효력을 구분하고 있다. 즉, 공정력은 행정행위의 상대방 또는 이해관계인에 대한 구속력이고, 구성요건적 효력(構成要件的 效力)은 제3의 국가기관에 대한 구속력(예 교육공무원임용시 법무부장관의 귀화허가의 교육장관에 대한 구속력)이라고 보고 있다.

이와 같이 공정력과 구성요건적 효력을 구분하는 논거는 공정력과 구성요건적 효력은 다음 대비표에서와 같이 그 효력의 내용과 범위 및 이론적·법적 근거를 달리한다는 점에서 찾고 있다.

	공 정 력	구성요건적 효력
내 용	행정행위가 무효가 아닌 한 상대방 또는 이해관계인은 행정행위가 권한 있는 기관(처분청, 행정심판위원회 또는 수소법원)에 의해 취소되기까지는 그의 효력을 부인할 수 없는 힘	무효가 아닌 행정행위가 존재하는 이상 비록 흠(하자)이 있는 행정행위일지라도, 모든 국가기관(지방자치단체기관을 포함한 행정기관 및 법원 등)은 그의 존재, 유효성 및 내용을 존중하며, 스스로의 판단의 기초 내지는 구성요건으로 삼아야 하는 구속력
범 위	상대방 또는 이해관계인에 대한 구속력	모든 국가기관(지방자치단체기관을 포함한 행정기관 및 법원 등)에 대한 구속력

이론적 근거	행정의 안정성과 실효성 확보	권한과 직무 또는 관할을 달리하는 국가기관은 상호 타 기관의 권한을 존중하며 침해해서는 안 된다(국가기관간 권한존중의 원칙)
실정법상의 근 거	행정소송법상의 취소소송에 관한 규정, 직권취소에 관한 규정, 처분의 쟁송기간을 제한하는 규정, 처분의 집행정지제도	행정권과 사법권의 분립규정, 행정기관 상호간의 사무분장 규정

생각건대, 공정력과 구성요건적 효력을 구별할 실익은 없지만, 상호 그 실질이 다른 것이므로 학문상 양자를 구별하는 것이 타당하다.

2. 공정력(행정행위의 잠정적 통용력)

(1) 개 념

공정력이라 함은 일단 행정행위가 행하여지면 비록 행정행위에 하자(또는 흠)가 있다 하더라도(위법 또는 부당하더라도) 그 흠이 중대하고 명백하여 무효로 되는 경우를 제외하고는 권한 있는 기관(취소권 있는 행정기관 또는 수소법원)에 의해 취소되기 전까지는 상대방 및 이해관계인에 대하여 일단 유효한 것으로 통용되는 힘을 말한다. 공정력은 행정행위의 적법성을 추정하는 효력은 아니다.

예를 들면, 위법한 금전부과처분에 근거하여 금전을 납부한 경우 행정처분이 취소되거나 당연무효가 아닌 이상 공정력이 인정되므로 그 위법한 금전부과처분은 효력이 있고, 납부한 금전은 법률상 원인 없는 이득(부당이득)이라고 할 수 없다.

[판례 1] 행정행위의 공정력의 의의: 행정처분이 아무리 위법하다고 하여도 그 하자가 중대하고 명백하여 당연무효라고 보아야 할 사유가 있는 경우를 제외하고는 아무도 그 하자를 이유로 무단히 그 효과를 부정하지 못하는 것으로, 이러한 행정행위의 공정력은 판결의 기판력과 같은 효력은 아니지만 그 공정력의 객관적 범위에 속하는 행정행위의 하자가 취소사유에 불과한 때에는 그 처분이 취소되지 않는 한 처분의 효력을 부정하여 그로 인한 이득을 법률상 원인 없는 이득이라고 말할 수 없는 것이다(대판 1994. 11. 11, 94다28000[부당이득금]: 조세의 과오납이 부당이득이 되기 위하여는 납세 또는 조세의 징수가 실체법적으로나 절차법적으로 전혀 법률상의 근거가 없거나 과세처분의 하자가 중대하고 명백하여 당연무효이어야 하고, 과세처분의 하자가 단지 취소할 수 있는 정도에 불과할 때에는 과세관청이 이를 스스로 취소하거나 항고소송절차에 의하여 취소되지 않는 한 그로 인한 조세의 납부가 부당이득이 된다고 할 수 없다고 한 사례).

[판례 2] [1] 요양기관의 요양급여비용 수령의 법률상 원인에 해당하는 요양급여비용 지급결정이 취소되지 않았다면, 요양급여비용 지급결정이 당연무효라는 등의 특별한 사정이 없는 한 그 결정에 따라 지급된 요양급여비용이 법률상 원인 없는 이득이라고 할 수 없고, 국민건강보험공단의 요양기관에 대한 요양급여비용 상당 부당이득반환청구권도 성립하지 않는다. [2] 의사소견서 발급비용청구권 역시 요양급여비용청구권과 마찬가지로 공단의 지급결정에 의하여 구체적인 권리가 발생한다고 보아야 한다. 따라서 앞서 본 요양급여비용과 관련한 법리는 공단이 부당이득을 원인으로 의사소견서 발급비용의 반환을 구하는 경우에도 그대로 적용된다(대판 2023. 10. 12, 2022다276697).

(2) 근 거

1) 이론적 근거

오늘날에는 행정정책설(또는 법적 안정성설)이 통설로 되어 있다. 즉, 공정력은 행정의 원활한 수행, 행정법관계의 안정성(행정의 안정성과 행정행위의 상대방이나 제3자의 신뢰보호)을 보장하기 위하여 필요하다.

2) 실정법적 근거

행정기본법 제15조는 공정력을 명확하게 규정하고 있다. 즉, 처분은 권한이 있는 기관이 취소 또는 철회하거나 기간의 경과 등으로 소멸되기 전까지는 유효한 것으로 통용된다. 다만, 무효인 처분은 처음부터 그 효력이 발생하지 아니한다(행정기본법 제15조).

(3) 공정력의 한계

1) 행정행위 이외의 행정작용

공정력은 행정행위 등 처분에 대해 인정되는 효력이다. 즉, 전통적 견해에 의하면 공정력은 강학상 행정행위에 대해 인정되는 효력이지만, 행정쟁송법 및 판례가 쟁송법적 처분 개념을 취하는 현재 공정력은 행정쟁송법상 처분에 대해 발생한다고 보는 것이 타당하다. 행정기본법 제15조도 행정쟁송법상 처분에 대해 공정력이 인정되는 것으로 규정하고 있다. 이론상 사실행위의 경우에는 직접 법적 효과를 발생시키지 않으므로 법적 행위인 행정행위에 한하여 공정력을 인정하는 것이 논리적이라는 것이 전통적 견해이지만, 권력적 사실행위의 경우에도 국민의 권익에 강제력이라는 효력을 미치고 이를 전제로 후속적인 공권력 조치가 행해지는 경우가 있으므로 그 강제력(사실행위)의 취소, 유효와 무효 여부를 논할 필요가 있다.

2) 무효 또는 부존재인 행정행위

행정행위가 무효(無效) 또는 부존재(不存在)인 경우에는 공정력이 인정되지 않는다는 것이 일반적 견해이다.

(4) 공정력과 입증책임

오늘날 공정력은 행위의 적법성을 추정시키는 효력이 아니라 행정행위의 위법 또는 적법 여부와 관계 없이 취소될 때까지 행위를 잠정적으로 통용시키는 힘에 불과하다고 보므로 공정력은 입증책임의 분배와는 관련이 없다고 보는 것이 일반적인 견해이다.

3. 구성요건적 효력

(1) 개 념

구성요건적 효력(構成要件的 效力)이란 행정행위가 존재하는 이상 비록 흠(하자)이 있는 행정행위일지라도 무효가 아닌 한 제3의 국가기관은 법률에 특별한 규정이 없는 한 그 행정행위의 존재 및 내용을 존중하며, 스스로의 판단의 기초 내지는 구성요건으로 삼아야 하는 구속력을 말한다.

예를 들면, 법무부장관이 甲에게 귀화허가를 해 준 경우 동 귀화허가는 무효가 아닌 한 모든 국가기관을 구속하므로 각부장관은 甲을 국민으로 보고 처분 등을 하여야 한다.

(2) 근 거

구성요건적 효력을 직접 인정하는 법규정은 없다. 그러나 국가기관 상호간의 권한분배에서 그 근거를 찾을 수 있다. 즉, 국가는 법인체로서 통일된 의사를 가져야 하므로 국가기관은 특별한 규정이 없는 한 상호간에 타 기관의 권한 및 그 권한의 행사를 존중하여야 한다. 다만, 법률에 의해 권한이 부여된 경우에는 그 한도 내에서 구성요건적 효력이 배제된다.

(3) 구성요건적 효력의 범위와 한계

행정행위가 무효인 경우에는 구성요건적 효력이 미치지 않는다.

구성요건적 효력은 법원에 대하여도 미치지만 구성요건적 효력이 법원에 미치는 범위는 법원의 재판관할권(裁判管轄權)의 문제와 밀접한 관계를 갖는다. 구성요건적 효력은 취소소송의 수소법원에는 미치지 않는다. 문제는 구성요건적 효력이 민사소송이나 형사소송을 담당하는 법원에 미치는가 미친다면 어느 범위에서 미치는가 하는 것이다.

(4) 구성요건적 효력과 선결문제 [2002 사시, 1999 행시, 2025 변시]

1) 민사소송에서의 선결문제와 구성요건적 효력
- 가. 행정행위의 효력을 부인하는 것이 선결문제인 경우
- 나. 행정행위의 무효를 확인하는 것이 선결문제인 경우
- 다. 행정행위의 위법성을 확인하는 것이 선결문제인 경우
  - (가) 부 정 설
  - (나) 긍 정 설
  - (다) 절충설(예외적 부정설)
  - (라) 판례(긍정설)
  - (마) 결 어

2) 형사소송에서의 선결문제와 구성요건적 효력
- 가. 행정행위의 효력을 부인하는 것이 선결문제인 경우
  - (가) 부 정 설
  - (나) 긍 정 설
  - (다) 결 어
- 나. 행정행위의 위법성을 확인하는 것이 선결문제인 경우
- 다. 행정행위의 무효를 확인하는 것이 선결문제인 경우

> [문제] 영업허가가 취소되었음에도 영업을 계속하여 무허가영업을 한 것으로 기소되어 형사재판이 진행되고 있는 경우에 형사법원은 어떠한 판결을 내려야 하는가.

구성요건적 효력이 민사소송이나 형사소송에서의 선결문제에 미치는가 하는 문제가 제기된다. 보다 구체적으로 말하면 행정행위의 위법 여부, 효력 유무 또는 효력 부인이 민사소송이나 형사소송에서 선결문제로 되는 경우에 구성요건적 효력 때문에 민사소송이나 형사소송의 수소법원이 당해 선결문제를 심리·판단할 수 없게 되는가 하는 문제이다. 선결문제(先決問題)란 소송에서 본안판단을 함에 있어서 그 해결이 필수적으로 전제가 되는 법문제를 말한다.

1) 민사소송에서의 선결문제와 구성요건적 효력 [2015 사시]

구성요건적 효력은 행정행위의 적법성이 아니라 효력에 미치므로 행정행위의 효력을 부인하는 것이 선결문제인 경우와 행정행위의 위법성을 확인하는 것이 선결문제인 경우를 구분하여야 한다.

민사소송에서의 선결문제와 구성요건적 효력에 관한 논의는 당사자소송에도 그대로 타당하다. 왜냐하면 구성요건적 효력은 취소권이 있는 국가기관(처분청, 재결청, 취소소송의 수소법원) 이외의 국가기관에 대한 구속력이기 때문에 당사자소송의 수소법원에도 미치기 때문이다.

가. 행정행위의 효력을 부인하는 것이 선결문제인 경우(부당이득반환청구소송의 경우) [2014 행시 사례, 2018, 2025 변시] 행정행위의 효력을 상실시키는(부인하는) 것이 민사소송에서 선결문제가 된 경우에 민사법원은 위법한 행정행위의 효력을 상실시킬 수 없다. 공정력과 구성요건적 효력을 구분하지 않는 종래의 통설은 이것이 공정력에 반하기 때문이라고 하고, 공정력과 구성요건적 효력을 구별하는 견해는 구성요건적 효력에 반하기 때문이라고 한다.

예를 들면, 국민이 조세부과처분의 위법을 이유로 이미 납부한 세금의 반환을 청구하는 소송(이 소송을 과오납금환급소송(過誤納金還給訴訟)이라고 하는데 그 성질은 부당이득반환청구소송(不當利得返還請求訴訟)이다)을 제기한 경우에 당해 민사법원은 조세부과처분이 무효가 아닌 한 스스로 조세부과처분을 취소하고 납부된 세금의 반환을 명할 수 없다. 조세부과처분의 취소가 본안문제(납부한 세금이 부당이득인지의 문제)에 대해 선결문제이며 조세부과처분이 취소되지 않는 한 이미 납부한 세금은, 위법하지만 유효한 조세부과처분에 따라 납부된 것이므로, 부당이득이 되지 않는다.

나. 행정행위의 무효를 확인하는 것이 선결문제인 경우(부당이득반환청구소송(예 조세과오납환급청구소송)의 경우)

구성요건적 효력은 행정행위가 무효인 경우에는 인정되지 않는다. 누구든지 행정행위의 무효를 주장할 수 있고, 어느 법원도 행정행위의 무효를 확인할 수 있다.

행정소송법 제11조도 처분 등의 효력 유무 또는 존재 여부가 민사소송의 선결문제인 경우 민사법원이 이를 심판할 수 있다고 하고 있다.

[판례 1] 국세 등의 부과 및 징수처분 등과 같은 행정처분이 당연무효임을 전제로 하여 민사소송을 제기한 때에는 그 행정처분의 당연무효인지의 여부가 선결문제이므로, 법원은 이를 심사하여 그 행정처분의 하자가 중대하고 명백하여 당연무효라고 인정될 경우에는 이를 전제로 하여 판단할 수 있으나, 그 하자가 단순한 취소사유에 그칠 때에는 법원은 그 효력을 부인할 수 없다 할 것이다(대판 1973. 7. 10, 70다1439).

[판례 2] [1] 민사소송에 있어서 어느 행정처분의 당연무효 여부가 선결문제로 되는 때에는 이를 판단하여 당연무효임을 전제로 판결할 수 있고 반드시 행정소송 등의 절차에 의하여 그 취소나 무효확인을 받아야 하는 것은 아니다. [2] 도시환경정비사업의 관리처분계획 인가의 고시가 있은 후 그 시행자인 조합이 종전 토지 또는 건축물의 소유자 등 권리자에게 소유 또는 점유하고 있는 부동산의 인도를 청구하자 그 권리자가 조합설립결의와 관리처분계획에 대한 결의에 중대하고 명백한 하자가 있어 그 각 결의가 무효이므로 위 청구에 응할 수 없다고 주장한 사안에서, 조합설립결의나 관리처분계획에 대한 결의가 당연무효라는 권리자의 주장속에는 조합설립 인가처분이나 관리처분계획에 당연무효사유가 있다는 주장도 포함되어 있으므로 이를 심리하여 권리자 주장의 당부를 판단하여야 함에도, 단지 권리자가 항고소송의 방법으로 조합설립인가처분이나 관리처분계획에 대한 취소 또는 무효 확인을 받지 않았다는 이유만으로 그 주장을 배척한 원심판결에 심리미진 등의 위법이 있다고 한 사례(대판 1972. 10. 10, 71다2279 등 참조)(대판 2010. 4. 8, 2009다90092[건물인도]).

다. 행정행위의 위법성을 확인하는 것이 선결문제인 경우(국가배상청구소송의 경우) [2010 사시, 2020 행시]

행정행위의 효력을 상실시키는 것이 아니라 행정행위의 위법성을 확인하는 것이 민사소송에서 선결문제가 된 경우에 민사법원은 행정행위의 위법을 확인할 수 있는지에 관하여 견해가 대립되고 있다.

예를 들면, 영업허가의 취소에 의해 손해를 입은 자가 국가배상을 청구한 경우에 영업허가의 취소가 위법한지의 여부가 국가배상청구소송에서 선결문제가 된다. 왜냐하면 가해행위(손해를 발생시킨 행위)의 위법이 국가배상의 요건 중의 하나이기 때문이다. 국가배상책임을 인정하기 위하여는 영업허가의 취소의 위법만을 인정하면 되는 것이지 영업허가의 취소를 취소할 필요는 없다.

(가) 부 정 설 이 견해는 민사법원이 선결문제로서 행정행위의 위법성을 확인할 수 없다는 견해이다. 그 논거는 다음과 같다. 행정행위의 위법성의 판단은 취소소송의 본질적 내용이므로 취소소송의 수소법원이 아닌 법원은 행정행위의 위법성을 인정할 수 없다(이상규, 408면).

(나) 긍 정 설 이 견해는 민사법원이 선결문제로서 행정행위의 위법성을 확인할 수 있다는 견해이다. 그 논거는 다음과 같다. 구성요건적 효력은 행정행위의 적법성을 추정하는 효력은 아니며 행정행위의 적법 또는 위법을 묻지 않고 잠정적으로 행정행위를 유효한 것으로 보는 힘이므로 행정행위의 효력 자체를 상실시키는 것이 아니라 행정행위의 위법성을 확인하는 데 그치는 것은 구성요건적 효력에 반하는 것이 아니다.

(다) 절충설(예외적 부정설) 이 견해는 위법한 행정행위로 인한 손해에 대한 국가배상청구가 인정되어도 당해 행정행위의 목적이 방해되지 않는 경우에는 국가배상청구를 인정할 수 있지만, 국가배상청구를 인정하면 당해 행정행위의 목적이 방해를 받는 경우(예 금전납부의무를 지우는 행정행위) 달리 말하면 실질적으로 행정행위의 효력을 부인하는 것과 같은 결과를 가져오는 경우에는 국가배상청구를 인정할 수 없다는 견해이다.

(라) 판례(긍정설) 판례는 민사법원이 행정행위의 위법 여부를 판단할 수 있는 것으로 보고 있다.

[판례] 미리 그 행정처분의 취소판결이 있어야만, 그 행정처분의 위법임을 이유로 한 손해배상청구를 할 수 있는 것은 아니다(대판 1972. 4. 28, 72다337[손해배상]).

(마) 결 어 행정행위의 위법성만을 확인하는 것은 구성요건적 효력에 반하는 것이 아니므로 긍정설이 타당하다.

2) 형사소송에서의 선결문제와 구성요건적 효력 [2016 변시, 2021 행시]

형사소송에서도 행정행위의 효력을 부인하는 것이 선결문제인 경우와 행정행위의 위법성을 확인하는 것이 선결문제인 경우를 구분하여야 한다.

일반적 견해는 형사소송에서도 민사소송에서와 동일한 논거에 입각하여 동일한 해결을 하고 있다. 그러나 일부 견해는 형사소송의 특수성을 들어 공정력(또는 구성요건적 효력)은 형사재판에 미치지 않는다고 보고 있다.

가. 행정행위의 효력을 부인하는 것이 선결문제인 경우

(가) 부 정 설 행정행위의 효력을 부인하는 것이 형사소송에서 선결문제가 된 경우(영업허가가 취소되었음에도 영업을 계속한 자에 대하여 무허가영업을 한 죄로 기소한 경우에 영업허가의 취소처분의 효력을 부인하여야 무허가영업(無許可營業)이 되지 않으므로 영업허가의 취소처분의 효력을 부인하는 것이 선결문제가 되는 경우),[3] 형사법원이 행정행위의 하자를 심사하여 행정행위의 효력을 부인하는 것은 민사소송에서처럼 공정력(또는 구성요건적 효력)에 반하므로 인정될 수 없다고 보는 것이 다수의 견해이다.

판례도 이 견해를 취하고 있다.

> **[판례 1]** 대법원은 연령미달의 결격자인 피고인이 소외인(자신의 형)의 이름으로 운전면허시험에 응시하여 합격함으로써 교부받은 운전면허를 가지고 운전한 것에 대해 무면허운전으로 기소된 사건에서 당해 운전면허는 당연무효가 아니고 취소되지 않는 한 유효하므로 무면허운전행위에 해당하지 않는다고 판시하였다(대판 1982. 6. 8, 80도2646[도로교통법 위반]).
> **[판례 2]** 하자 있는 수입승인에 기초하여 수입면허를 받고 물품을 통관한 경우 당해 수입면허가 당연무효가 아닌 이상 무면허수입죄가 성립되지 않는다고 한 사례(대판 1989. 3. 28, 89도149[특정범죄가중처벌법등에관한법률 위반]).

이 견해에 의하면 허가취소처분 후 영업을 하면 무허가영업이 되고, 형사법원이 허가취소처분의 효력을 부인할 수 없으므로 형사법원은 당해 허가취소처분이 위법하더라도 유죄판결을 내려야 한다. 만일 형사법원이 판결을 내리기 전에 당해 허가취소처분이 취소소송에서 취소되면 그 허가취소처분은 소급하여 효력을 상실하여 허가취소처분 후의 영업행위는 무허가행위가 아닌 것이 되므로 형사법원은 무죄를 선고하여야 한다.

> **[판례 1]** 영업허가취소처분이 행정쟁송절차에 의하여 취소된 경우와 무허가영업: 영업의 금지를 명한 영업허가취소처분 자체가 나중에 행정쟁송절차에 의하여 취소되었다면 그 영업허가취소처분은 그 처분시에 소급하여 효력을 잃게 되며, 그 영업허가취소처분에 복종할 의무가 원래부터 없었음이 확정되었다고 봄이 타당하고, 영업허가취소처분이 장래에 향하여서만 효력을 잃게 된다고 볼 것은 아니므로 그 영업허가취소처분 이후의 영업행위를 무허가영업이라고 볼 수는 없다(대판 1993. 6. 25, 93도277[식품위생법위반]).
> **[판례 2]** **운전면허취소처분을 받은 후 자동차를 운전하였으나 위 취소처분이 행정쟁송절차에 의하여 취소된 경우, 무면허운전의 성립 여부(소극)**: 피고인이 행정청으로부터 자동차 운전면허취소처분을 받았으나 나중에 그 행정처분 자체가 행정쟁송절차에 의하여 취소되었다면, 위 운전면허취소처분은 그 처분시에 소급하여 효력을 잃게 되고, 피고인은 위 운전면허취소처분에 복종할 의무가 원래부터 없었음이 후에 확정되었다고 봄이 타당할 것이고, 행정행위에 공정력의 효력이 인정된다고 하여 행정소송에 의하여 적법하게 취소된 운전면허취소처분이 단지 장래에 향하여서만 효력을 잃게 된다고 볼 수는 없다(대판 1999. 2. 5, 98도4239[도로교통법위반]).
> **[판례 3]** 피고인 갑이 어업면허를 받아 피고인 을과 동업계약을 맺고 피고인 을의 비용으로 어장시설을 복구 또는 증설하여 어류를 양식하던 중 어업면허가 취소되었으나 피고인 갑이 행정소송을 제기하여 면허취소처분의 효력정지가처분결정을 받은 후 면허취소처분을 취소하는 판결이 확정되었다면, 피고인들 간의 거래는 어업권의 임대가 아니며 면허취소 후 판결로 그 처분이 취소되기까지 사이에 어장을 그대로 유지한 행위를 무면허 어업행위라고 보아서 처벌할 수는 없다(대판 1991. 5. 14, 91도627[수산업법위반]). 〈해설〉 판례는 유죄(有罪, 무면허영업으로 인한 죄)의 판결이 선고되기 전에 그 행정행위(면허취소처분)가 하자 있는 행정행위로서 취소되었다면 그 행정행위는 처분시에 소급하여 효력을 잃게 되므로 범죄가 성립되지 않는다고 본 것이다.

3) 이 사례에서 위법한 행정행위에 따르지 않았다고 하여 처벌하는 것은 타당하지 않다는 입장에서 행정행위의 적법 또는 위법 여부가 선결문제가 된다고 보는 견해도 있다.

[판례 4] 판례는 그 위법한 행정행위(조세부과처분)의 취소가 유죄판결(조세포탈죄)확정 후에 이루어진 경우에 형사소송법 제420조 제5호 소정의 재심사유에 해당한다고 보았다(대판 1985. 10. 22, 83도2933; 2015. 10. 29, 2013도14716).

허가의 취소나 철회를 실질적으로 금지하명으로 보고, 따라서 행정행위의 위법성을 확인하는 것이 선결문제인 경우로 보며 형사법원이 허가의 취소나 철회의 위법성을 확인하여 허가가 취소 또는 철회되었음에도 영업을 한 자에 대하여 무죄판결을 할 수 있다고 보는 견해도 있다.

영업정지기간 중 영업은 허가를 받지 아니하고 한 영업이 아니다.

[판례] 구 담배사업법(2014. 1. 21. 법률 제12269호로 개정되기 전의 것. 이하 '구 담배사업법'이라 한다) 제12조 제2항, 제16조 제1항, 제17조 제1항 제4호, 제2항, 제27조의3 제1호의 내용과 형식, 문언상 의미 등과 함께 형벌법규의 확장해석을 금지하는 죄형법정주의의 일반원칙 등에 비추어 보면, 구 담배사업법 제27조의3 제1호의 적용대상이 되는 '소매인 지정을 받지 아니한 자'는 처음부터 소매인 지정을 받지 않거나 소매인 지정을 받았으나 이후 소매인 지정이 취소되어 소매인 자격을 상실한 자만을 의미하는 것으로 보아야 하고, 영업정지처분을 받았으나 아직 적법하게 소매인 지정이 취소되지 않은 자는 여기에 해당하지 않는다(대판 2015. 1. 15, 2010도15213[담배사업법위반]).

(나) 긍 정 설 이 견해는 형사소송에서는 피고인의 인권보장이 고려되어야 하고 신속한 재판을 받을 권리가 보장되어야 한다는 **형사소송의 특수성**(신속한 재판, 인권보장 등)을 이유로 형사재판에는 공정력(또는 구성요건적 효력)이 미치지 않는다고 보는 견해이다(박윤흔, 131면).

(다) 결 어 명문의 규정이 없는 한 신속한 재판, 인권보장 등을 위하여 형사법원이 위법한 행정행위의 효력을 부인하고 범죄의 성립을 부인할 수 있는 것으로 보는 **긍정설**이 타당하다.

[판례] 운전면허 취소처분을 받은 사람이 자동차를 운전하였으나 운전면허 취소처분의 원인이 된 교통사고 또는 법규 위반에 대하여 범죄사실의 증명이 없는때에 해당한다는 이유로 무죄판결이 확정된 경우, 취소처분이 취소되지 않았더라도 도로교통법에 규정된 무면허운전의 죄로 처벌할 수 있는지 여부(소극): [1] 자동차 운전면허가 취소된 사람이 그 처분의 원인이 된 교통사고 또는 법규 위반에 대하여 혐의없음 등으로 불기소처분을 받거나 무죄의 확정판결을 받은 경우 지방경찰청장은 구 도로교통법 시행규칙 제91조 제1항 [별표 28] 1. 마.항 본문에 따라 즉시 그 취소처분을 취소하고, 같은 규칙 제93조 제6항에 따라 도로교통공단에 그 내용을 통보하여야 하며, 도로교통공단도 즉시 취소당시의 정기적성검사기간, 운전면허증 갱신기간을 유효기간으로하는 운전면허증을 새로이 발급하여야 한다. [2] 그리고 행정청의 자동차 운전면허 취소처분이 직권으로 또는 행정쟁송절차에 의하여 취소되면, 운전면허 취소처분은 그 처분 시에 소급하여 효력을 잃고 운전면허 취소처분에 복종할 의무가 원래부터 없었음이 확정되므로, 운전면허 취소처분을 받은 사람이 운전면허 취소처분이 취소되기 전에 자동차를 운전한 행위는 도로교통법에 규정된 무면허운전의 죄에 해당하지 아니한다. [3] 위와 같은 관련 규정 및 법리, 헌법 제12조가 정한 적법절차의 원리, 형벌의 보충성원칙을 고려하면, 자동차 운전면허 취소처분을 받은 사람이 자동차를 운전하였으나 운전면허 취소처분의 원인이 된 교통사고 또는 법규 위반에 대하여 범죄사실의 증명이 없는 때에 해당한다는 이유로 무죄판결이 확정된 경우에는 그 취소처분(운전면허 취소처분)이 취소되지 않았더라도 도로교통법에 규정된 무면허운전의 죄로 처벌할 수는 없다고 보아야 한다. [4] 피고인은 '이 사건 음주운전'을 이유로 이 사건 취소처분을 받았음에도 2018. 11. 1. 20:20경 도로에서 자동차를 운전하다가 경찰관에게 적발되었다(이하 '이 사건 무면허운전'이라 한다). 검사는 2018. 9. 18. 피고인을 이 사건 음주운전을 이유로 도로교통법 위반(음주운전)으로 기소하고, 2018. 11. 21. 재차 피고인을 이 사건 무면허운전을 이유로 도로교통법 위반(무면허운전)으로 기소하였다. 제1심은 위

두 사건을 병합하여 심리한 후 이 사건 공소사실 중 도로교통법 위반(음주운전) 부분에 대하여는 범죄의 증명이 부족하다는 이유로 무죄로 판단하고, 나머지 도로교통법 위반(무면허운전) 부분에 대하여는 유죄로 판단하였다. 원심은 제1심판결을 그대로 유지하였다. 피고인은 원심판결 중 도로교통법 위반(무면허운전) 부분에 대하여 상고를 제기하였으나, 검사는 상고를 제기하지 않아 원심판결 중 도로교통법 위반(음주운전) 부분은 무죄가 확정되었다. 그러므로, 앞서 살펴본 법리에 따라 운전면허 취소처분이 취소되지 않았더라도 피고인을 도로교통법 위반(무면허운전)죄로 처벌할 수는 없다(대판 2021. 9. 16, 2019도11826).

나. 행정행위의 위법성을 확인하는 것이 선결문제인 경우 행정행위의 위법성을 확인하는 것이 선결문제인 경우(시설개선명령에 따르지 않은 것을 이유로 기소된 경우에 철거명령 등 시설개선명령의 위법성 여부가 선결문제가 된다) 민사소송에서와 동일하게 행정행위의 위법성을 확인하는 것은 행정행위의 효력을 부인하는 것은 아니므로 공정력(또는 구성요건적 효력)에 반하지 않는다고 보는 것이 일반적 견해이다.

[판례 1] 도시계획법 제78조 제1항에 정한 처분이나 조치명령에 위반한 자에 대한 동법 제92조의 위반죄는 동 처분이나 조치가 위법한 경우에는 성립될 수 없다(대판 1992. 8. 18, 90도1709[도시계획법위반]).

[판례 2] [1] 개발제한구역의 지정 및 관리에 관한 특별조치법(이하 '개발제한구역법'이라 한다) 제30조 제1항에 의하여 행정청으로부터 시정명령을 받은 자가 이를 위반한 경우, 그로 인하여 개발제한구역법 제32조 제2호에 정한 처벌을 하기 위하여는 시정명령이 적법한 것이라야 하고, 시정명령이 당연무효가 아니더라도 위법한 것으로 인정되는 한 개발제한구역법 제32조 제2호 위반죄가 성립될 수 없다. [2] 관할관청이 침해적 행정처분인 시정명령을 하면서 적법한 사전통지를 하거나 의견제출 기회를 부여하지 않았고 이를 정당화할 사유도 없어 시정명령은 절차적 하자가 있어 위법하므로, 피고인 乙에 대하여 같은 법 제32조 제2호 위반죄가 성립하지 않는다고 한 사례(대판 2017. 9. 21, 2017도7321).

[판례 3] 시장 등이 한 자동차관리법상 운행정지명령을 위반하여 자동차를 운행하였다는 이유로 같은 법 제82조 제2호의2에 따른 처벌을 하기 위해서는 그 운행정지명령이 적법한 것이어야 하고, 그 운행정지명령이 당연무효는 아니더라도 위법한 처분으로 인정된다면 같은 법 제82조 제2호의2 위반죄는 성립할 수 없다(대판 2023. 4. 27, 2020도17883).

[판례 4] 「감염병의 예방 및 관리에 관한 법률」(이하 '감염병예방법'이라고 한다) 제49조 제1항에 따른 예방조치 행정명령의 상대방이 이를 위반한 경우, 그로 인하여 감염병예방법 제80조 제7호에 정한 처벌을 하기 위해서는 그 행정명령이 적법해야 하고, 행정명령이 당연무효가 아니라 하더라도 그것이 위법한 처분으로 인정되는 한 감염병예방법 제80조 제7호 위반죄가 성립될 수 없다(대판 2024. 12. 12, 2022도17089).

행정행위의 위법 여부가 범죄구성요건(犯罪構成要件)의 문제로 되는 경우, 즉 위법한 명령에 따르지 않은 경우에는 범죄가 성립하지 않는다고 보는 경우에는 행정행위의 효력의 부인이 아니라 행정행위의 위법성을 확인하는 것이 형사소송의 선결문제가 된다. 행정기관의 하명(예 시정명령, 철거명령 등)의 위반죄의 경우에는 명문의 규정이 없는 경우(통상 법률은 하명위반죄의 경우 하명의 적법성을 구성요건으로 명시하고 있지 않다)에도 당해 하명이 적법할 것이 범죄구성요건이 된다고 보는 것이 일반적 견해이다. 왜냐하면, 통상 하명처분 위반죄의 보호법익은 당해 하명을 통해 보호하고자 하는 법익이 보호법익이고, 하명의 이행 자체가 보호법익이 아니며(최계영, 행정처분과 형벌, 261면) 위법한 명령에 따르지 않았다고 하여 처벌하는 것은 법치주의의 원칙 및 기본권 보장규정을 위반하는 것이기 때문이다.

다. 행정행위의 무효를 확인하는 것이 선결문제인 경우 구성요건적 효력은 행정행위가 무효인 경우에는 인정되지 않으므로 형사법원은 행정행위의 무효를 확인하여 무죄를 선고할 수 있다.

[판례] 소론 법조에 정한 체납범은 정당한 과세에 대하여서만 성립되는 것이고, 과세가 당연히 무효한 경우에 있어서는 체납의 대상이 없어 체납범 성립의 여지가 없다고 볼 것이니, 원심이 같은 취지에서 당연무효의 설시 과세를 설시 체납의 대상에서 제외한 판단은 옳고, 이와는 반대의 견해에서 그러한 과세처분이라고 하더라도 국세심사청구법 제10조에 의한 구제를 못 받은 한 체납범의 대상이 되는 과세로 인정하여야 될 것이라는 취의로 원판결 판단을 비위하는 논지는 채용할 길이 없다(대판 1971. 5. 31, 71도742[조세범처벌법위반]).

[문제의 해결] 영업허가취소가 취소되거나 그 효력이 부인되지 않는 한 무허가 영업을 한 것이 된다. 따라서, 형사소송에서 행정행위의 효력을 부인하는 것이 선결문제가 된 사례이다. 구성요건적 효력이 형사법원에도 미치고 형사법원이 영업허가 취소행위의 효력을 부인할 수 없다고 보는 다수견해 및 판례에의하면 유죄판결을 내려야 하고, 인권보장을 위하여 형사법원이 위법한 행정행위의 효력을 부인할 수 있다고 보는 견해에 의하면 무죄판결을 내려야 한다(행정법연습 제2장 제3절 9 참조).

4. 공정력과 행정행위의 기타 효력과의 관계

(1) 공정력과 집행력

공정력과 집행력(執行力)은 구별되지만 밀접한 관계가 있다.

집행력은 공정력을 전제로 하여 인정된다. 행정행위는 위법하지만 취소되지 않는 한 유효하므로 그에 기초하여 집행력이 인정된다.

행정행위(처분)의 공정력을 인정하면 행정소송법상 집행부정지원칙을 채택하여야 한다는 견해가 있을 수 있다. 그러나, 공정력은 행정작용법 및 행정실체법상 효력으로서 소송법상 효력인 집행정지효와는 다른 효력이고, 독일에서와 같이 권리구제의 실효성을 위해 집행정지원칙을 채택하더라도 행정의 실효성을 위해 상당한 정도로 집행부정지를 인정할 수밖에 없고, 효력정지가 아니라 절차의 속행이나 처분의 집행의 정지만 되는 경우도 있으므로(행정소송법 제23조 제2항 단서) 집행정지원칙을 채택하는 것이 공정력과 배치되지 않고, 공정력을 인정하면 반드시 집행부정지원칙을 채택하여야 하는 것은 아니다. 집행정지원칙이나 집행부정지원칙은 입법정책의 문제이고, 집행정지와 집행부정지는 집행정지를 통한 권리구제의 실효성 보장과 계쟁처분의 집행을 통한 행정목적의 달성(계쟁처분의 실효성 보장)을 조화시키는 정도로 인정되는 것이 타당하다.

(2) 공정력과 불가쟁력

공정력과 불가쟁력(不可爭力)은 별개의 효력이다. 그러나 공정력은 불복제기기간이 경과하여 행정행위의 불가쟁력이 발생한 경우에는 잠정적인 통용력에서 영구적인 통용력으로 전화된다. 불가쟁력이 발생한 행정행위에 대하여는 위법하더라도 더 이상 다투지 못하고 그 행정행위는 직권취소 또는 철회되지 않는 한 공정력에 의해 유효한 행위로 계속 통용되는 것이다.

Ⅲ. 구 속 력

1. 의　　의

행정행위의 구속력이라 함은 유효한 행정행위의 내용상 구속력을 말한다. 행정행위는 효력이 있는 한 처분청 및 관계 행정청 그리고 상대방 및 이해관계인에 대하여 미친다. 무효인 행정행위는 구속력이 없다.

구속력은 공정력과 다르다. 공정력은 위법하더라도 무효가 아닌 한 유효한 행위로 하는 효력이고, 구속력은 적법한 행위 그리고 위법한 행위에서는 공정력을 전제로 **유효한 행정행위의 내용상의 구속력**이다.

행정행위가 철회되거나 취소되거나 실효되면 행정행위는 효력과 구속력을 상실한다.

2. 종류 및 한계

행정행위의 구속력은 그 상대방에 따라 자기구속력, 구성요건적 효력, 규준력(선행행위의 후행행위에 대한 구속력)으로 나뉜다.

(1) 자기구속력

행정행위가 내용에 따라 처분행정청을 구속하는 힘을 **자기구속력**이라 한다. 처분청은 **자신이 한 행정행위의 내용에 구속**되며 그 내용과 모순되는 결정을 하여서는 안 된다는 효력이다. 자기구속력은 자박력(自縛力)이라고도 한다.

부분허가의 자기구속력에 관하여는 이견이 없지만, 사전결정이 자기구속력을 갖는지에 관하여는 후술하는 바와 같이 긍정설과 부정설이 대립하고 있다. 긍정설에서도 자기구속력의 정도에 관하여 견해의 대립이 있다. 잠정적 행정행위는 자기구속력을 갖지 않는다(단계적 행정결정 참조).

(2) 구성요건적 효력

구성요건적 효력은 행정행위가 관계 행정청 및 법원 등 국가기관을 구속하는 효력이다. 이에 관하여는 전술한 바와 같다. 구성요건적 효력은 위법하더라도 무효가 아닌 한 효력을 부인할 수 없게 하는 효력과 그 내용에 따라 **관계 행정청 및 법원**을 구속하는 효력이다.

(3) 규 준 력

선행행정행위를 전제로 후행행정행위가 행해지는 경우에 선행행정행위(예 철거명령)가 후행행정행위(예 대집행)에 미치는 구속력을 규준력(規準力)이라 한다(하자의 승계 참조).

Ⅳ. 존속력(또는 확정력)

행정행위가 일단 행하여진 경우에는 그 행정행위에 기초하여 법률관계가 계속 형성되므로 그 행정행위의 효력을 가능한 한 존속시키는 것이 **법적 안정성**을 위하여 필요하다. 그리하여 하자 있는 행정행위라도 일정한 경우(불복제기기간의 경과 또는 특수한 성질의 행정행위)에는 행정행위에 취소될 수 없는 힘이 부여되는데 이것을 **존속력**(또는 확정력)이라 한다. 존속력에는 불가쟁력과 불가변력이 있다.

1. 불가쟁력(형식적 확정력)

(1) 의 의

불가쟁력(不可爭力)이란 하자 있는 행정행위라 할지라도 그에 대한 불복기간(행정불복제기기간 또는 출소기간(出訴期間))이 경과하거나 쟁송절차가 종료된 경우에는 더 이상 그 행정행위의 효력을 다툴 수 없게 하는 효력을 말한다. 불가쟁력은 형식적 확정력 또는 절차적 확정력이라고도 한다.

이와 같은 불가쟁력을 인정하는 것은 행정행위의 효력을 신속히 확정하여 행정법관계의 안정성을 확보하기 위한 것이다.

(2) 효 력

위법한 행정행위를 다투고자 하는 자는 법상 정해진 단기의 불복기간 내에 행정심판 또는 행정소송을 제기하여야 하며 그러하지 않으면 더 이상 다툴 수 없게 된다. 만일 불복기간이 넘어 행정심판이나 행정소송을 제기하면 부적법으로 각하된다.

행정행위의 불가쟁력은 행정행위의 상대방이나 이해관계인이 행정행위의 효력을 더 이상 다투지 못하는 효력이다. 따라서 취소권을 가진 행정청(처분행정청 또는 상급감독청)이 직권으로 불가쟁력이 발생한 행정행위를 취소 또는 철회하는 것은 가능하다. 또한 국가배상청구소송은 처분의 효력을 다투는 것이 아니므로 불가쟁력이 발생한 행정행위로 손해를 입은 국민은 국가배상청구를 할 수 있다(대판 1979. 4. 10, 79다262).

무효인 행정행위에 대해 무효확인소송을 제기할 수 있는 기간이 제한되고 있지 않으므로 무효인 행정행위에는 불가쟁력이 발생하지 않는다.

[판례] 행정처분이나 행정심판 재결이 불복기간의 경과로 확정될 경우 그 확정력의 의미: 일반적으로 행정처분이나 행정심판 재결이 불복기간의 경과로 확정될 경우 그 확정력은, 처분으로 법률상 이익을 침해받은 자가 당해 처분이나 재결의 효력을 더 이상 다툴 수 없다는 의미일 뿐, 더 나아가 판결과 같은 기판력이 인정되는 것은 아니어서 그 처분의 기초가 된 사실관계나 법률적 판단이 확정되고 당사자들이나 법원이 이에 기속되어 모순되는 주장이나 판단을 할 수 없게 되는 것은 아니다(대판 2008. 7. 24, 2006두20808[산재보험료부과처분취소등]: 피재해자에게 이루어진 요양승인처분이 불복기간의 경과로 확정되었다 하더라도 사업주는 피재해자가 재해 발생 당시 자신의 근로자가 아니라는 사정을 들어 보험급여액징수처분의 위법성을 주장할 수 있다고 한 사례; 대판 2019. 10. 17, 2018두104). 〈해설〉 불가쟁력으로 처분의 기초가 된 사실관계나 법률적 판단이 확정되는 것은 아니다.

(3) 불가쟁력의 예외: 재심사청구

불가쟁력은 일정한 불복기간이 지난 후에는 더 이상 다툴 수 없게 함으로써 행정법관계의 조속한 안정을 확보할 수 있지만, 개인의 권리구제가 크게 희생되는 문제가 있다. 더욱이 확정판결의 경우에도 일정한 경우에 재심이 인정되는데 일정한 불복기간 내에 불복을 제기하지 않았다고 하여 행정처분에 대한 재심사의 기회를 전혀 주지 않는 것은 타당하지 않다. 이러한 이유로 행정기본법 제37조는 불가쟁력이 발생한 처분에 대한 재심사청구를 인정하고 있다.

그런데, 행정기본법은 광의의 재심사청구를 규정하고 있다. 광의의 재심사는 불가쟁력이 발생한 처분에 대한 취소 신청뿐만 아니라 철회의 신청에 따른 재심사를 의미한다. 광의의 재심사는 불가쟁력이 발생한 처분에 대해 인정되는 행정절차의 재개로서 일종의 불복절차이다. 행정기본법은 철회형재심사(제1호(처분의 근거가 된 사실관계 또는 법률관계가 추후에 당사자에게 유리하게 바뀐 경우)의 재심사)와 취소형재심사(제2호(당사자에게 유리한 결정을 가져다주었을 새로운 증거가 있는 경우) 및 제3호(민사소송법 제451조에 따른 재심사유에 준하는 사유가 발생한 경우 등 대통령령으로 정하는 경우)의 재심사)를 인정하고 있다. 광의의 재심사 중 처분의 위법 또는 부당을 다투는 취소형재심사만을 엄격한 의미의 재심사로 보는 것이 타당하다. 철회형재심사는 적법한 행위를 대상으로 하므로 불복절차가 아니라 새로운 처분절차(철회·변경처분절차)에 해당한다. 취소형 재심사청구(엄격한 의미의 재심사청구)는 처분시에 존재하던 위법 또는 부당사유를 이유로 하는 것이고, 그에 따른 취소는 강학상 직권취소·변경에 해당하는데, 철회형재심사는 적법한 처분 후의 후발적 사정을 이유로 하는 재심사로 그에 따른 철회·변경은 학문상 철회·변경에 해당한다.

그리고, 행정기본법에 따르면 행정청의 제18조에 따른 취소와 제19조에 따른 철회는 처분의 재심사에 의하여 영향을 받지 아니한다(제37조 제6항). 따라서, 행정청은 처분의 재심사와 별도로 직권취소 또는 직권철회를 할 수 있고, 민원인은 처분의 재심사와 별도로 직권취소 또는 철회를 신청할 수 있다. 취소 또는 철회의 신청을 받은 행정청은 법령상 또는 조리상 신청권에 따른 신청인 경우에는 그 신청에 응답할 의무를 진다.

판례는 원칙상 불가쟁력이 발생한 행정행위의 취소 또는 철회신청권을 인정하지 않지만, 예외적으로 조리상 취소 또는 철회신청권을 인정하고 있다.

[판례 1] 제소기간이 도과하여 불가쟁력이 생긴 행정처분에 대하여 국민에게 그 변경을 구할 신청권이 있는지 여부(원칙적 소극): 제소기간이 이미 도과하여 불가쟁력이 생긴 행정처분에 대하여는 개별 법규에서 그 변경을 요구할 신청권을 규정하고 있거나 관계 법령의 해석상 그러한 신청권이 인정될 수 있는 등 특별한 사정이 없는 한 국민에게 그 행정처분의 변경을 구할 신청권이 있다 할 수 없다(대판 2007. 4. 26, 2005두11104[주택건설사업계획승인처분일부무효등]).

[판례 2] 조리상 처분의 취소·철회신청권을 인정한 사례(행정구제편 거부행위의 처분성 참조).

재심사신청에 따른 취소·철회와 일반 직권취소·철회는 다음과 같이 구별된다. 재심사청구는 명문의 근거가 필요한 불복절차의 일종이고 재심사청구를 전제로 하는데, 일반 직권취소·철회는 직권 또는 신청에 따라 행해지고, 불복절차가 아니며 명시적인 근거를 요하지 않는다.

2. 불가변력(실질적 확정력)

(1) 의 의

불가변력(不可變力)이라 함은 행정행위를 한 행정청이 당해 행정행위를 직권으로 취소 또는 변경할 수 없게 하는 힘을 말한다. 불가변력을 실질적 확정력 또는 실체적 존속력이라고도 부른다. 불가변력은 행정행위의 성질상 인정되는 효력이다.

행정행위의 불가변력은 당해 행정행위에 대하여서만 인정되는 것이고, 동종의 행정행위라 하더라도 그 대상을 달리할 때에는 이를 인정할 수 없다(대판 1974. 12. 10, 73누129).

(2) 근　거

불가변력은 법령에 명문의 규정이 없는 경우에도 행정행위의 성질에 비추어 인정되는 효력이다.

(3) 인정범위

1) 준사법적 행정행위 등

준사법적(準司法的) 행정행위(예 행정심판의 재결)에 불가변력을 인정하는 것이 일반적 견해이다. **준사법적 행정행위**에는 소송법상의 확정력에 준하는 불가변력(절대적 불가변력)이 인정된다.

토지수용재결은 행정심판의 재결이 아니라 원행정행위이지만 사법절차에 준하는 절차에 따라 행해지므로 불가변력을 인정할 필요가 있다.

판례는 과세처분에 관한 이의신청절차도 행정심판절차는 아니지만, 불복절차라는 점 등을 근거로 **이의신청에 따른 직권취소**에도 특별한 사정이 없는 한 번복할 수 없는 효력(불가변력)을 인정하고 있다(대판 2010. 9. 30, 2009두1020).

2) 확인행위

확인행위(예 국가시험합격자결정 또는 당선인결정 등)는 쟁송절차를 거쳐 행해지지는 않지만 다툼이 있는 사실 또는 법률관계에 대하여 공적 권위를 가지고 확인하는 행위이므로 성질상 처분청이 스스로 변경할 수 없고, 다만 중대한 공익상 필요가 있거나, 상대방에게 귀책사유가 있는 경우 예외적으로 취소할 수 있는 **상대적 불가변력**이 발생하는 것으로 보는 것이 다수견해이지만, 취소권이 제한되는 경우로 보는 것이 타당하다.

(4) 효　력

행정청은 불가변력이 있는 행정행위를 직권으로 취소 또는 철회할 수 없다.

불가변력이 있는 행정행위에 대하여도 그 상대방 또는 이해관계인은 행정불복기간 내에 행정쟁송수단을 통하여 당해 행정행위의 효력을 다툴 수 있다.

Ⅴ. 강 제 력

행정결정의 실효성을 확보하기 위하여 행정결정에 강제력(强制力)이라는 우월한 힘이 인정된다. 강제력에는 자력집행력과 제재력이 있다.

1. 자력집행력

자력집행력(自力執行力)이란 행정법상의 의무를 이행하지 아니할 경우에 행정청이 직접 실력을 행사하여 자력으로 그 의무의 이행을 실현시킬 수 있는 힘을 말한다.

사법관계에서 의무의 이행을 강제하기 위하여는 채권자의 자력에 의해 의무를 이행시키는 것은 인정되지 않고, 우선 법원의 이행판결을 받아 그것을 집행권원으로 하여 국가의 집행기관(집행법원 및 집행관)에 의해 강제집행을 하게 된다. 그러나, 국민의 행정법상의 의무불이행에 대하여는 법원에 소송을 제기하여 의무의 존재를 확인받을 필요도 없고 국가의 집행기관을 통하지 않고도 자력으로 의무의 이행을 강제할 수 있도록 되어 있다.

물론 자력집행력이 인정되기 위하여는 **법률의 근거가 있어야 한다.**

행정대집행법은 대체적 작위의무에 대한 행정상 강제집행의 일반적인 근거법이 되고 국세징수법은 국세납부의무에 대한 강제징수의 근거법이지만 지방세법 등 법률에서 공법상 금전급부의무의 강제징수에 준용하도록 하고 있으므로 그 한도 내에서 국세징수법은 공법상 금전급부의무의 일반적 근거법이 되고 있다. 그 이외에도 행정상 강제집행을 정하는 개별법이 존재한다.

2. 제 재 력

행정행위의 상대방이 행정행위에 의해 부과된 의무를 위반하는 경우에는 그에 대한 제재(制裁)로서 행정벌(행정형벌 또는 행정질서벌)이 과해지는 경우가 많다. 물론 행정벌이 과하여지기 위하여는 명시적인 법률의 근거가 있어야 한다.

제 2 항 공권과 공의무의 특수성

Ⅰ. 개 설

공법상의 권리 또는 의무는 공익의 실현을 위하여 인정되는 것이므로 공법상의 권리 또는 의무에는 사익만을 위하여 인정되는 사법상의 권리 또는 의무와는 다른 특수성이 인정된다.

① 공법상의 권리는 동시에 의무의 성격을 띠는 상대적 성질을 가진다.

② 공권과 공의무는 이전성과 포기성이 제한되는 경우가 있다. 예를 들면, 공무원연금청구권이나 생활보호를 받을 권리는 양도가 금지된다.

그러나, 공권 중에서도 경제적 가치를 주된 대상으로 하는 것은 사권과 같이 이전성이 인정되는 경우가 있다. 즉, 공무원 봉급청구권은 2분의 1 이하의 한도 내에서 압류의 대상이 된다.

공권의 포기와 불행사는 구별하여야 하며 공권의 포기가 인정되지 않는 경우에도 공권의 불행사는 허용된다.

일신전속적인 공의무는 그 포기와 이전이 제한된다.

③ 공권에는 특별한 보호가 행하여지고, 공의무에는 특별한 강제가 가하여진다.

Ⅱ. 공권과 공의무의 승계

사인이 지는 공의무의 승계가 가능한지는 공의무가 일신전속적인가 아니면 대체성이 있는가에 좌우된다. **일신전속적인 공의무는** 이전과 승계가 인정되지 않는다. **대체적 공의무는** 원칙상 승계가 가능하다. 다만, 대체적 공의무가 공익성이 강한 경우(예 유해폐기물의 처리의무)에는 승계는 되지만 본래의 공의무를 지는 자도 여전히 공의무를 지는 것으로 보아야 한다.

대물적 하명(예 철거 명령)에 의해 부과된 공의무(예 위법건축물의 철거의무)는 승계에 관한 합의나 법률의 근거 없이도 물건의 승계인에게 자동적으로 승계되지만(대물적 행정행위의 효과의 승계 참조), 대인적 하명에 의해 부과된 공의무는 명문의 규정이 없는 한 이전되지 않는다. 이에 대하여 공의무의 승계는 승계인에게 침익적인 효과를 발생시키므로 법률유보의 원칙상 대물적 하명에 의해 부과된 공의무의 경우에도 법률의 근거가 필요하다는 견해가 있다.

[판례] [1] **구 산림법령상 채석허가를 받은 자가 사망한 경우, 상속인이 그 지위를 승계하는지 여부(적극)**: 채석허가는 수허가자에 대하여 일반적·상대적 금지를 해제하여 줌으로써 채석행위를 자유롭게 할 수 있는 자유를 회복시켜 주는 것일 뿐 권리를 설정하는 것이 아니라 하더라도, 대물적 허가의 성질을 아울러 가지고 있는 점 등을 감안하여 보면, 수허가자가 사망한 경우 특별한 사정이 없는 한 수허가자의 상속인이 수허가자로서의 지위를 승계한다고 봄이 상당하다. [2] **산림을 무단형질변경한 자가 사망한 경우, 당해 토지의 소유권 또는 점유권을 승계한 상속인이 그 복구의무를 부담하는지 여부(적극)**: 구 산림법(2001. 5. 24. 법률 제6477호로 개정되기 전의 것) 제90조 제11항, 제12항이 산림의 형질변경허가를 받지 아니하거나 신고를 하지 아니하고 산림을 형질변경한 자에 대한 원상회복명령에 따른 복구의무는 타인이 대신하여 행할 수 있는 의무로서 일신전속적인 성질을 가진 것으로 보기 어려운 점 등에 비추어 보면, 산림을 무단형질변경한 자가 사망한 경우 당해 토지의 소유권 또는 점유권을 승계한 상속인은 그 복구의무를 부담한다고 봄이 상당하고, 따라서 관할 행정청은 그 상속인에 대하여 복구명령을 할 수 있다고 보아야 한다(대판 2005. 8. 19, 2003두9817·9824(병합) [형질변경지복구명령취소]).

제 3 항 권리구제수단의 특수성

행정권의 행사에 의해 국민의 권리가 침해된 경우에는 사권(私權)의 구제수단과는 다른 특별한 구제수단이 인정되고 있다. 그 주된 이유는 권리침해가 우월한 지위에 있는 공권력주체에 의해 행하여졌다는 점과 국민의 권리구제와 함께 공익의 보장도 고려하여야 한다는 데 있다.

Ⅰ. 행정상 손해전보

행정상 손해전보(行政上 損害塡補)라 함은 공권력 행사로 야기된 손해를 전보하여 주는 제도를 말한다. 현행 행정상 손해전보제도는 위법한 공권력 행사로 인하여 발생된 손해를 국가나 지방자치단체가 배상하도록 하는 국가배상(행정상 손해배상)과 적법한 공권력 행사로 인하여 발생한 손실을 보상하여 주는 행정상 손실보상으로 나누어진다.

국가배상책임에는 손해의 원인이 되는 행위가 우월한 공권력 행사라는 점 등 사법상의 불법행위책임과는 다른 점이 있기 때문에 사법상의 불법행위책임과는 다르게 규율되고 있다. 즉, 국가배상법은 민법상의 불법행위책임(민법 제750조, 제756조), 공작물 등의 점유자 또는 소유자의 책임(민법 제758조)과 다른 특수성을 국가배상책임에 인정하고 있다.

행정상 손실보상은 사법에서는 찾아볼 수 없는 행정법에 고유한 제도이다. 그 이유는 사법관계에서는 일방당사자가 강제로 타방의 재산권을 적법하게 침해하는 것이 인정되지 않기 때문이다.

Ⅱ. 행정쟁송

행정상 쟁송제도에는 행정심판, 행정소송, 헌법소원이 있다. 행정심판과 행정소송은 전통적인 구제제도이다. 그리고, 현행 헌법은 공권력 행사에 의해 국민의 기본권이 침해된 경우에 그 침해된 기본권의 구제를 위해 전통적인 구제제도의 보충적인 구제제도인 헌법소원을 인정하고 있다.

행정심판은 사법분야에서는 볼 수 없는 구제제도이고, 행정소송법은 행정사건의 특수성에 비추어 민사소송에 대한 여러 가지 특례(출소기간의 제한, 집행부정지의 원칙, 사정판결 등)를 규정하고 있다.

제 5 절 공 권

제 1 항 공권의 의의와 종류

공권(公權)이란 공법관계에서 직접 자기를 위하여 일정한 이익을 주장할 수 있는 법률상의 힘을 말한다.

공권에는 국가적 공권과 개인적 공권이 있다. 행정법에서 통상 공권이라 함은 개인적 공권을 말한다.

국가적 공권이라 함은 행정주체가 우월한 의사의 주체로서 행정객체에 대하여 가지는 권리를 말한다. 그 권리의 목적을 기준으로 할 때 조직권, 경찰권, 행정계획권, 공용부담특권, 공기업특권, 조세권, 전매권, 재정권으로 나누어지고, 권리의 내용을 기준으로 명령권, 강제권, 형성권, 공법상의 물권으로 나누어진다. 국가적 공권은 권한의 성격이 강하다.

개인적 공권이라 함은 개인이 행정주체에 대하여 가지는 공권을 말한다.

제 2 항 개인적 공권

Ⅰ. 개인적 공권의 의의

개인적 공권(個人的 公權)이란 개인이 직접 자기의 이익을 위하여 행정주체에게 일정한 행위를 할 것을 요구할 수 있는 공법에 의해 주어진 법적인 힘이다. 개인적 공권에 대응하여 행정권에게는 일정한 작위 또는 부작위의 의무가 부과된다.

Ⅱ. 개인적 공권의 성립요건(공권의 3요소론에서 공권의 2요소론으로)

종래에는 개인적 공권(이하 공권이라 한다)의 성립요소로 강행법규(強行法規)에 의한 행정권에 대한 의무의 부과(강행법규성), 법규의 사익보호성(私益保護性), 청구권능부여성(請求權能附與性)을 들었다. 청구권능의 부여는 구체적으로 말하면 재판을 통한 이익의 실현을 의미한다.

그런데, 오늘날에는 헌법상 재판을 받을 권리가 보장되고 실정법(행정소송법)상 개괄적으로 권리구제제도가 보장되고 있으므로 공권의 성립요소 중 청구권능의 부여는 별도의 성립요소로 보지 않게 되었다.[4)]

---

4) 이는 공권의 성립에 청구권능이 필요 없다는 것을 의미하는 것은 아니며 특별히 요구되지 않는다는 것을 의미한다.

오늘날 공권이 성립하기 위하여는 두 요건(강행법규성과 사익보호성)이 갖추어져야 한다: ① 강행법규(공법)에 의해 행정주체에게 일정한 행위(작위 또는 부작위)를 하여야 할 의무가 부과되고 있어야 한다(강행법규성). 행정주체의 의무에는 기속행위에서의 특정행위를 할 의무뿐만 아니라 재량행위에서의 하자 없이 행정권을 행사할 의무도 포함된다. 즉, 재량행위에서도 공권이 성립될 수 있다. ② 그 법규가 공익의 보호와 함께 사익의 보호를 목적으로 하고 있어야 한다(사익보호성). 일반적으로 공법법규는 공익의 보호를 제1차적 목적으로 한다. 그런데 공법법규가 공익의 보호와 함께 사익의 보호를 목적으로 하는 경우가 있고 이 경우에만 공권이 성립하게 된다.

그런데, 최근 개인의 사익뿐만 아니라 단체(공익단체 포함)의 존립목적이 되는 이익(공익단체의 존립근거(목적)인 공익 포함)도 공권의 성립요건인 개인적 이익에 포함되는 것으로 보아야 한다는 견해가 유력하게 제기되고 있다. 이 견해에 따르면 공권의 성립요건으로서의 보호이익은 '사익'이 아니라 사익 보다 넓은 개념인 '개인적 이익(개별적 이익)'으로 보아야 한다. 또한 개인적 이익은 개인의 재산적 이익뿐만 아니라 개인의 인격적 이익, 평온한 생활이익(공익으로서의 평온한 생활이익이 아니라 개인적 이익(사익)으로서의 평온한 생활이익)도 포함되는 것으로 보아야 한다는 견해도 있다. 다만, 공익으로서의 평온한 생활이익이 법령에 의해 보호됨으로써 개인이 평온한 생활을 누리는 것은 반사적 이익이다. 평온한 생활이익을 공익으로서 보호할 것인지 아니면 공익뿐만 아니라 개인적 이익(사익)으로도 보호할 것인지는 입법자의 의사에 따른다(이혜진, 민주주의 발전과 주관적 공권의 확대 경향 – 일본의 '평온생활권'을 글감으로 하여 – , 공법연구 제51집 제3호, 2023.2, 79면 이하 참조).

Ⅲ. 공권, 법적 이익 및 반사적 이익의 구별

1. 공권과 법적 이익

종래에는 공권(公權)과 법적 이익(法的 利益)을 구별하였다. 법에 의해 보호된 이익이라도 재판을 통한 이익의 실현이 보장되지 않는 경우(청구권능이 부여되지 않은 경우)가 있었고 이 경우는 법적 이익(법상 보호된 이익)이지만 권리는 아니라고 보았다.

그러나, 앞에서 보았듯이 오늘날 공권의 성립에 별도의 청구권능의 부여는 요구되지 않게 되었고 공법에 의한 사익의 보호만으로 공권이 성립되는 것으로 되었으므로 공권과 법적 이익의 구별은 없어졌고 법적 이익은 공권에 포섭되었다.

2. 공권(법적 이익)과 반사적 이익의 구별

공권과 반사적 이익은 구별하여야 한다. 반사적 이익(反射的 利益)이란 공법이 공익을 위하여 행정주체나 그 객체에게 어떠한 작위 또는 부작위의 의무를 부과하거나 또는 행정주체가 어떠한 공공시설을 운영함으로써 결과적으로 개인이 반사적으로 받게 되는 이익을 말한다.

예컨대, 의료법에서 의사에게 환자를 진료할 의무를 부과함으로써 일반인이 반사적으로 진료를 받게 되는 이익이 그 예이다.

(1) 공권과 반사적 이익의 구별실익

1) 법에 의한 보호 여부

반사적 이익은 법에 의해 직접 보호된 이익이 아니므로 그 이익이 침해되어도 재판을 통하여 구제되지 않는다. 공권(법적 이익)은 법에 의해 보호되는 이익이므로 공권이 침해된 자는 재판을 통하여 권익의 구제를 청구할 수 있다.

2) 원고적격

공권이 침해된 자는 행정소송에서 원고적격(소송을 제기할 자격)이 인정되지만, 반사적 이익이 침해된 자는 원고적격이 인정되지 않는다. 다만, 위와 같은 결론은 원고적격에 관하여 통설 및 판례의 견해인 '법적 이익구제설'을 취하는 견해에 입각할 때 타당하다.

원고적격에 관하여 '소송상 구제할 가치 있는 이익설'을 취하는 견해에 따르면 실체법상의 문제인 법적 이익의 범위의 문제와 소송법적 문제인 원고적격의 문제는 다른 차원의 문제이다. 소송상 구제할 가치 있는 이익설에 의하면 법적 이익이 침해된 경우에는 당연히 원고적격이 인정되고, 법적 이익이 아닌 사실상 이익이 침해된 경우에도 소송상 구제할 가치가 있다고 판단되는 경우에는 원고적격이 인정되게 된다.

3) 국가배상에서의 손해의 발생

국가배상에서 단순한 반사적 이익이 침해된 경우 손해가 발생하였다고 할 수 없다.

(2) 공권과 반사적 이익의 구별기준

공권과 반사적 이익의 구별기준은 처분의 근거 및 관계법규의 목적이다. 근거 내지 관계법규가 공익의 보호와 함께 사익(개인의 이익)의 보호도 그 목적으로 하고 있다고 해석되는 경우에 공권이 성립된다.

근거법규란 공익목적을 위하여 행정주체에게 일정한 작위 또는 부작위를 발생시키는 실정법규를 말한다. 근거법규는 처분의 근거법규를 말한다. 다만, 근거법규는 광의로는 처분의 직접적인 근거법규뿐만 아니라 환경영향평가를 규정하는 환경영향평가법과 같은 관계법규도 포함한다.[5)]

근거법규 내지 관계법규에 의해 보호되는 이익은 개인적 이익이어야 한다. 법에 의해 보호되는 공익은 법적 이익(공권)이 아니다.

예를 들면, 이웃의 채광을 보호하는 건축법의 규정은 주거환경의 보호라는 공익목적과 함께 인근주민의 채광(採光)의 이익을 아울러 보호하는 것을 목적으로 하고 있다고 해석되는데 이 경우 인근주민의 채광의 이익은 공권이다. 이에 반하여 건축물의 색채의 규제는 미관의 보호라는 공익목적만을 갖는 규정이므로 건축물의 색채의 규제에 따라 주민이 향유하는 미관의 이익은 반사적 이익이다.

---

5) 판례는 환경영향평가를 규정하는 자연공원법령 및 환경영향평가법령은 환경영향평가 대상사업에 해당하는 국립공원 집단시설지구개발사업에 관한 기본설계승인 및 공원사업 시행허가처분의 근거법률이 된다고 판시하고 있다(대판 1998. 4. 24, 97누3286; 1998. 9. 22, 97누19571).

제 3 항 공권(법적 이익)의 확대

공권의 확대는 여러 측면에서 행하여졌다. 반사적 이익의 보호이익화, 기본권의 공권화, 적극적 청구권, 무하자재량행사청구권 및 절차적 참가권의 인정이 그것이다.

I. 반사적 이익의 보호이익(공권)화

종래 반사적 이익으로 여겨졌던 것이 법적 이익으로 인정되고 있는 경향이 있다. 그러나, 법적 이익과 반사적 이익의 구별기준이 변경된 것은 아니다. 구별기준은 여전히 근거법규 내지 관계법규의 목적이다.

다만, 근거법규 내지 관계법규의 해석에 있어서 근거법규 내지 관계법규가 공익의 보호뿐만 아니라 개인의 이익을 또한 보호하고 있다는 것을 널리 인정하는 것에 의해 반사적 이익이 공권으로 발전되고 있는 것이다.

반사적 이익의 보호이익화는 주로 행정처분에 대하여 이해관계 있는 제3자의 이익(인근주민의 이익 및 경업자의 이익)이 반사적 이익에서 법적 이익으로 발전됨에 따라 이루어지고 있다. 종래 행정처분의 상대방이 아닌 제3자가 갖는 이익은 반사적 이익에 불과하다고 보는 경우가 많았으나 오늘날에는 법적 이익으로 보는 경향이 있다.

1. 인근주민의 이익

건축, 개발 등을 제한하는 행정법규가 공익뿐만 아니라 인근주민의 이익도 보호하고 있다고 여겨지는 경우에 그로 인하여 당해 인근주민이 받는 이익은 법적 이익이다. 이에 반하여 개발 등을 제한하는 행정법규가 공익만의 보호를 목적으로 하고, 이로 인하여 인근주민이 사실상 이익을 보는 경우 당해 인근주민의 이익은 반사적 이익에 불과하다.

(1) 법적 이익을 긍정한 사례

[판례] 자동차 LPG 충전소설치허가의 요건을 정하는 규정이 공익뿐만 아니라 인근주민의 이익도 보호하고 있다고 본 사례(대판 1983. 7. 12, 83누59[엘.피.지.자동차충전소설치허가처분취소]), 환경영향평가에 관한 자연공원법령 및 환경영향평가법령의 규정들의 취지가 환경공익을 보호하려는 데 그치지 않고 환경영향평가 대상지역 안의 주민들이 수인한도를 넘는 환경침해를 받지 아니하고 쾌적한 환경에서 생활할 수 있는 개별적 이익을 보호하는 데 있다고 본 사례(대판 1998. 4. 24, 97누3286; 1998. 9. 22, 97누19571[발전소건설사업승인처분취소])가 있다.

(2) 법적 이익을 부정한 사례

[판례] 상수원보호구역 설정의 근거가 되는 수도법 제5조 제1항 및 동 시행령 제7조 제1항이 보호하고자 하는 것은 상수원의 확보와 수질보전일 뿐이고, 그 상수원에서 급수를 받고 있는 지역주민들이 가지는 상수원

의 오염을 막아 양질의 급수를 받을 이익은 직접적이고 구체적으로는 보호하고 있지 않음이 명백하여 위 지역주민들이 가지는 이익은 상수원의 확보와 수질보호라는 공공의 이익이 달성됨에 따라 반사적으로 얻게 되는 이익에 불과하므로 지역주민들에 불과한 원고들에게는 위 상수원보호구역변경처분의 취소를 구할 법률상의 이익이 없다(대판 1995. 9. 26, 94누14544[상수원보호구역변경처분 등 취소]). 〈해설〉 그런데, 상수원보호구역 설정 및 해제의 근거가 되는 수도법규정이 상수원의 수질보호와 함께 물이용자의 개인적 이익도 직접 보호하는 것을 목적으로 하고 있다고 볼 수도 있고, 현재와 같이 '한강수계 상수원수질개선 및 주민지원 등에 관한 법률' 및 동법 시행령 제19조에 따라 수도사업자가 물이용부담금을 납부하고(이 물이용부담금은 수도요금에 전가될 것이다) 이 재원으로 상수원보호구역에 재정지원을 하고 있는 점 등을 아울러 고려하면 상수원보호구역을 규율하는 수도법규정으로 인하여 수돗물 이용자가 받는 이익은 법적 이익이라고 볼 수도 있다.

2. 경업자(競業者)의 이익

영업을 규제하는 법령으로 인하여 경쟁관계에 있는 영업자(경업자)가 받는 이익이 법적 이익인지 반사적 이익인지가 문제된다. 영업을 규제하는 법령이 공익뿐만 아니라 경쟁관계에 있는 영업자의 영업상 이익도 아울러 직접 보호하고 있는 경우에 당해 경쟁관계에 있는 영업자의 영업상 이익은 법적 이익이고, 영업을 규제하는 법령이 공익의 보호만을 목적으로 하고 이로 인하여 경쟁관계에 있는 영업자가 반사적으로 이익을 얻는 경우에는 당해 경쟁관계에 있는 영업자의 영업상 이익은 반사적 이익이다.

(1) 법적 이익을 긍정한 사례

판례는 일반적으로 특허로 받는 영업자의 이익은 법률상 이익으로 본다.

[판례] 대법원은 직행버스 정류장설치를 제한하는 법규정으로 인하여 기존 시내버스 또는 시외버스 운송업자가 받는 이익, 선박운송사업의 제한으로 기존 선박운송업자가 받는 이익을 법적 이익으로 보았다(자세한 것은 행정구제법 원고적격 참조).

판례는 예외적이기는 하지만 허가로 받는 영업자의 이익을 법률상 이익으로 본 경우가 있다.

[판례] 대법원은 주유소 거리제한으로 인하여 기존업자가 받는 이익은 법적으로 보호된 이익이라고 보았다(자세한 것은 행정구제법 원고적격 참조).

(2) 법적 이익을 부정한 사례

판례는 허가로 받는 영업자의 이익은 원칙상 반사적 이익 내지는 사실상 이익에 불과한 것으로 본다.

[판례] 대법원은 석탄수급에 관한 임시조치법 소정의 석탄가공업허가로 받는 영업자의 이익을 반사적 이익으로 보았다(자세한 것은 행정구제법 원고적격 참조).

Ⅱ. 공권과 기본권

행정법상 공권은 법적으로 주장할 수 있는 구체적 권리이다. 헌법상의 기본권도 그것이 구체적인 내용을 갖고 있어 법률에 의해 구체화되지 않아도 직접 적용될 수 있는 경우에는 보충적으로 재판상 주장될 수 있는 공권으로 보아야 할 것이다. 자유권, 평등권과 재산권이 그 예이다.

생존권은 원칙상 추상적 권리로서 행정법상 주관적 공권이 아니지만 적극적 공권력 행사에 의해 생존권이 침해된 경우에 그 침해를 배제하기 위하여 당해 공권력 행사의 취소를 청구함에 있어서 또는 최소한도의 보장을 적극적으로 청구함에 있어서는 구체적 권리성을 갖는 것으로 보아야 하며, 이 경우에 국민은 개인적 공권의 주체가 된다고 보아야 한다.

[판례 1] 국세청장의 지정행위(납세병마개 제조자지정행위)의 근거규범인 이 사건 조항들이 단지 공익만을 추구할 뿐 청구인 개인의 이익을 보호하려는 것이 아니라는 이유로 청구인(지정행위의 상대방이 아닌 제3자)에게 취소소송을 제기할 법률상 이익을 부정한다고 하더라도, 국세청장의 지정행위는 행정청이 병마개 제조업자들 사이에 특혜에 따른 차별을 통하여 사경제 주체간의 경쟁조건에 영향을 미치고 이로써 기업의 경쟁의 자유를 제한하는 것임이 명백한 경우에는 국세청장의 지정행위로 말미암아 기업의 경쟁의 자유를 제한받게 된 자들은 적어도 보충적으로 기본권에 의한 보호가 필요하다. 따라서 일반법규에서 경쟁자를 보호하는 규정을 별도로 두고 있지 않은 경우에도 기본권인 경쟁의 자유가 바로 행정청의 지정행위의 취소를 구할 법률상의 이익이 된다 할 것이다(헌재 1998. 4. 30, 97헌마141[특별소비세법시행령 제37조 제3항 등 위헌확인]).

[판례 2] 환경영향평가 대상지역 밖에 거주하는 주민에게 헌법상의 환경권 또는 환경정책기본법에 근거하여 공유수면매립면허처분과 농지개량사업 시행인가처분의 무효확인을 구할 원고적격이 없다고 한 사례: 헌법 제35조 제1항에서 정하고 있는 환경권에 관한 규정만으로는 그 권리의 주체·대상·내용·행사방법 등이 구체적으로 정립되어 있다고 볼 수 없고, 환경정책기본법 제6조도 그 규정 내용 등에 비추어 국민에게 구체적인 권리를 부여한 것으로 볼 수 없다는 이유로, 환경영향평가 대상지역 밖에 거주하는 주민에게 헌법상의 환경권 또는 환경정책기본법에 근거하여 공유수면매립면허처분과 농지개량사업 시행인가처분의 무효확인을 구할 원고적격이 없다고 한 사례(대판 전원합의체 2006. 3. 16, 2006두330[소위 새만금판결]).

[판례 3] 사회적 기본권의 예외적 구체적 권리성(개인적 공권성): 인간다운 생활을 할 권리로부터는 인간의 존엄에 상응하는 생활에 필요한 "최소한의 물질적인 생활"의 유지에 필요한 급부를 요구할 수 있는 구체적인 권리가 상황에 따라서는 직접 도출될 수 있다고 할 수는 있어도, 동 기본권이 직접 그 이상의 급부를 내용으로 하는 구체적인 권리를 발생케 한다고는 볼 수 없다고 할 것이다. 이러한 구체적 권리는 국가가 재정형편 등 여러 가지 상황들을 종합적으로 감안하여 법률을 통하여 구체화할 때에 비로소 인정되는 법률적 권리라고 할 것이다(헌재 전원재판부 1995. 7. 21, 93헌가14[국가유공자예우 등에 관한 법률 제9조 본문위헌제청]).

Ⅲ. 무하자재량행사청구권

1. 의　　의	6. 무하자재량행사청구권의 내용
2. 법적 성질	7. 재량권의 영(零)으로의 수축
(1) 형식적 권리	(1) 의　　의
(2) 실체적 권리	(2) 판단기준
(3) 무하자재량행사청구권과 신청권	(3) 효　　과
3. 무하자재량행사청구권의 독자성 인정 여부	8. 무하자재량행사청구권의 실현수단
4. 무하자재량행사청구권의 인정범위	9. 무하자재량행사청구권과 원고적격의 관계
5. 무하자재량행사청구권의 성립요건	

1. 의 의

무하자재량행사청구권(無瑕疵裁量行使請求權)이라 함은 행정청에게 재량권이 부여된 경우에 행정청에 대하여 재량권을 흠 없이 행사하여 줄 것을 청구할 수 있는 권리를 말한다.

행정청에게 재량권이 인정되는 경우에는 행정청이 처분을 함에 있어서 재량권의 한계를 준수하여 줄 것을 청구할 수밖에 없고, 어떤 특정한 행위를 하여 줄 것을 청구하는 권리가 개인에게 주어질 수 없다.

2. 법적 성질

(1) 형식적 권리

무하자재량행사청구권은 특정한 내용의 처분을 하여 줄 것을 청구하는 권리가 아니고 재량권을 흠 없이 행사하여 어떠한 처분을 하여 줄 것을 청구하는 권리인 점에서 형식적 권리라고 할 수 있다.

(2) 실체적 권리

무하자재량행사청구권은 자신의 권익을 위하여 일정한 행정결정을 청구하는 권리이므로 실체적 권리로 보는 것이 타당하다.

(3) 무하자재량행사청구권과 신청권

무하자재량행사청구권이 응답신청권으로 전이되었다는 견해도 있지만, 무하자재량행사청구권과 신청권은 다음과 같이 구분되어야 한다. ① 권리의 성격: 일반적으로 청구권은 신청권과 구별되어야 한다. 청구권은 실체적 권리인 반면에 신청권은 절차적 권리의 성격이 강하다. 무하자재량행사청구권은 청구권으로서 주관적 공권이지만, 신청권은 그러하지 아니하다. ② 권리의 내용: 청구권에 대응하여 행정청은 처분의무(특정처분의무 또는 일정처분의무)를 지지만, 신청권에 대응하여 행정청은 응답의무를 진다. 청구권에는 신청권이 당연히 포함된다. 무하자재량행사청구권은 하자없는 재량행사를 신청하는 권리가 포함되어 있지만, 신청권에는 청구권이 포함되지 않는다. ③ 행정소송상 구별: 신청권은 행정소송법상 부작위 및 거부행위의 요소가 된다. 따라서 신청권이 없는 경우에 신청에 대한 부작위나 거부는 항고소송의 대상이 되지 않는다(이견 있음).

3. 무하자재량행사청구권의 독자성 인정 여부

무하자재량행사청구권을 독자적 권리로 인정할 필요가 있는가에 관하여 그 권리의 독자적인 존재 의의를 부정하는 견해와 긍정하는 견해가 있다.

판례는 검사임용거부처분 취소청구사건에서 무하자재량행사청구권이라는 용어를 명시적으로 사용하고 있지는 않지만 무하자재량행사청구권의 개념(재량권의 일탈이나 남용이 없는 적법한 응답을 요구할 권리)을 인정하였다(대판 1991. 2. 12 , 90누5825[검사임용거부처분취소]). 그러나, 아직 무하자재량행사청구권은 판례상 보편적으로 사용되는 개념은 아니다.

[판례] **검사임용거부처분을 항고소송의 대상으로 본 사례**: 검사의 임용에 있어서 임용권자가 임용 여부에 관하여 어떠한 내용의 응답을 할 것인지는 임용권자의 자유재량에 속하므로 일단 임용거부라는 응답을 한 이상 설사 그 응답내용이 부당하다고 하여도 사법심사의 대상으로 삼을 수 없는 것이 원칙이나, 적어도 재량권의 한계 일탈이나 남용이 없는 위법하지 않은 응답을 할 의무가 임용권자에게 있고 이에 대응하여 임용신청

자로서도 재량권의 한계 일탈이나 남용이 없는 적법한 응답을 요구할 권리가 있다고 할 것이며, 이러한 응답신청권에 기하여 재량권 남용의 위법한 거부처분에 대하여는 항고소송으로서 그 취소를 구할 수 있다고 보아야 하므로 임용신청자가 임용거부처분이 재량권을 남용한 위법한 처분이라고 주장하면서 그 취소를 구하는 경우에는 법원은 재량권남용 여부를 심리하여 본안에 관한 판단으로서 청구의 인용 여부를 가려야 한다(대판 1991. 2. 12, 90누5825[검사임용거부처분취소]). 〈해설〉 위의 판례가 무하자재량행사청구권을 독자적 권리로 인정하였다고 해석하는 견해도 있지만, 위의 판례는 기본적으로 재량행위인 검사임용의 경우에 임용신청자에게 조리상 응답신청권을 인정한 판례이며 무하자재량행사청구권의 개념을 인정하고 검사임용거부의 처분성 인정논거의 하나로 들고 있지만, 위의 판례가 무하자재량행사청구권을 독자적 권리로 인정하였다고 해석하는 것은 타당하지 않다. 무하자재량행사청구권이라는 개념의 인정과 무하자재량행사청구권의 독자성 인정은 별개의 문제이다. 또한, 판례가 무하자재량행사청구권과 응답신청권을 동일한 것으로 본 것은 타당하지 않다. 전술한 바와 같이 무하자재량행사청구권과 신청권은 구별되는 개념이다. 이 판례에 대하여는 검사임용신청권은 헌법(제7조, 제25조), 사법시험법, 국가공무원법(제26조, 제33조) 및 검찰청법(제34조) 등 법령으로부터 도출되는 것이지 조리상 인정될 것은 아니라는 비판도 있다.

무하자재량행사청구권은 재량행위에 대한 항고소송에서 원고적격을 인정하기 위하여는 그 실익이 없으나, 재량행위에서도 공권이 인정될 수 있다는 것과 인정되는 권리가 어떠한 권리인지를 설명하여 줄 수 있고, 의무이행심판이나 의무이행소송에서 적법재량행사를 명하는 재결이나 판결의 실체법적 근거가 된다는 점에서 그 인정실익이 있다. 따라서 긍정설이 타당하다.

4. 무하자재량행사청구권의 인정범위

무하자재량행사청구권은 재량권이 인정되는 모든 행정권의 행사에 인정된다. 수익적 행정행위뿐만 아니라 부담적 행정행위에도 인정된다. 무하자재량행사청구권은 행정기관이 선택재량을 가지는 경우뿐만 아니라 결정재량만을 가지는 경우에도 인정된다. 또한 행정기관이 선택재량과 함께 결정재량을 가지는 경우도 인정된다.

5. 무하자재량행사청구권의 성립요건

무하자재량행사청구권도 공권이므로 무하자재량행사청구권이 인정되기 위하여는 공권의 성립요건이 충족되어야 한다. 즉, ① 행정청에게 강행법규에 의해 재량권을 행사하여 어떠한 처분을 하여야 할 의무가 부과되어야 한다(처분의무). 행정청의 처분의무는 법령상 인정될 수 있을 뿐만 아니라 조리상 인정될 수도 있다.[6] 여기에서의 행정청의 처분의무는 특정한 내용의 처분의무가 아니라 하자 없이 재량권을 행사하여 어떠한 처분을 하여야 할 의무이다. ② 재량권을 부여하는 법규가 공익뿐만 아니라 개인의 이익을 보호하는 것을 목적으로 하여야 한다(사익보호성).

6. 무하자재량행사청구권의 내용

무하자재량행사청구권이 인정되는 경우는 행정청에게 그의 재량권을 올바르게 행사하여 처분할 의무가 있고 이에 대응하여 개인은 재량권의 올바른 행사에 의한 처분을 받을 권리를 갖게 된다.

6) 검사의 임용권자는 조리상 검사임용신청자에게 임용 여부의 응답을 해 줄 의무가 있고, 검사임용신청자는 그 임용신청에 대하여 임용 여부의 응답을 받을 권리가 있다(대판 1991. 2. 12, 90누5825).

7. 재량권의 영(零)으로의 수축

(1) 의　　의

재량권의 영으로의 수축이라 함은 일정한 예외적인 경우에 재량권이 있는 행정청에게 선택의 여지가 없어지고 특정한 내용의 처분을 하여야 할 의무가 생기는 것을 말한다.

(2) 판단기준

일반적으로 다음과 같은 경우에 재량권이 영으로 수축된다고 본다: ① 사람의 생명, 신체 및 재산 등 중요한 법익에 급박하고 현저한(중대한) 위험이 존재하고(예 공장으로부터 배출기준을 초과하는 유해한 폐수가 하천으로 배출되어 食水로 사용하는 인근의 지하수를 오염시키고 있는 경우), ② 그러한 위험이 행정권의 발동(예 시정명령 또는 조업중지명령)에 의해 제거될 수 있는 것으로 판단되며, ③ 피해자의 개인적인 노력으로는 권익침해의 방지가 충분하게 이루어질 수 없다고 인정되는 경우가 그러하다.

(3) 효　　과

재량권이 영으로 수축하는 경우 행정청은 특정한 내용의 처분을 하여야 할 의무를 진다.

재량권이 영으로 수축하는 경우에는 무하자재량행사청구권은 특정한 내용의 처분을 하여 줄 것을 청구할 수 있는 행정행위발급청구권 또는 행정개입청구권으로 전환된다.

8. 무하자재량행사청구권의 실현수단

재량권이 부담적 행정행위(예 제재처분, 허가의 취소나 정지처분)에 있어서 인정되고 그 경우에 재량권의 행사가 재량권의 한계를 넘은 경우(선택재량의 하자)에 당사자는 처분의 취소를 구하는 취소심판 또는 취소소송을 제기하여 무하자재량행사청구권을 실현할 수 있다.

재량권이 수익적 행정행위에 있어서 인정되는 경우에 수익적 행정행위의 신청(예 공직임용의 신청, 특허의 신청)에 대하여 **거부**를 함에 있어서 재량권이 남용된 경우(결정재량의 하자)에 당사자는 **의무이행심판 또는** 거부처분에 대하여 **취소소송**을 제기하여 무하자재량행사청구권을 실현할 수 있다. 거부처분에 대한 구제수단으로는 의무이행소송이 보다 직접적인 구제수단이지만 현행법상 인정되고 있지 않다.

재량권이 수익적 행정행위에 있어서 인정되는 경우에 수익적 행정행위의 신청에 대하여 행정기관이 그 신청을 방치하므로 **부작위**가 성립하는 경우에 당사자는 **의무이행심판이나 부작위위법확인소송**을 제기할 수 있다. 이 경우의 구제수단으로는 **의무이행소송이 보다 직접적인 구제수단이지만 현행법상 인정되고 있지 않다.**

재량권이 수익적 행위에 있어서 인정되는 경우에 수익적 행정행위의 신청에 대하여 행정기관이 일부 인용의 수익적 처분을 내린 경우 이를 거부처분으로 보고 취소소송을 제기하여 무하자재량행사청구권을 실현할 수 있다.

행정권 발동의 청구에 대해 행정청이 당해 행정권을 발동하지 않은 경우의 쟁송수단은 재량행위인 수익적 행정행위를 청구한 경우와 같다.

행정소송법 개정에 따라 의무이행소송이 도입되면 무하자재량행사청구권에 대응하여 적법재량행사명령판결이 가능하게 된다.

9. 무하자재량행사청구권과 원고적격의 관계

무하자재량행사청구권은 재량법규가 사익을 보호하는 경우에 인정되는 실체적 권리이므로 무하자재량행사청구권이 인정되는 경우에는 원고적격이 인정된다.

원고적격을 인정하기 위해 무하자재량행사청구권이라는 개념이 반드시 필요한 것은 아니다. 원고적격론에 따라 재량처분의 근거법규가 사익을 보호하는 경우 원고적격이 인정되는 것이다.

Ⅳ. 행정권발동청구권

행정권발동청구권은 자신의 권익을 위하여 행정권의 적극적 발동을 청구할 수 있는 권리이다. **광의의 행정개입청구권**이라고도 한다. 행정권발동청구권은 자신에 대하여 행정권의 발동을 청구하도록 요구하는 권리(행정행위발급청구권)와 제 3 자에 대한 행정권의 발동을 청구하는 권리(협의의 행정개입청구권)로 나눌 수 있다.

1. 행정행위발급청구권

(1) 개 념

행정행위발급청구권(行政行爲發給請求權)이라 함은 개인이 자기의 권익을 위하여 자기에 대하여 특정한 내용의 행정권을 발동하여 줄 것을 청구할 수 있는 권리를 말한다.

(2) 성립요건

행정행위발급청구권이 인정되기 위하여는 ① 강행법규가 행정청에게 일정한 행위를 하여야 할 의무를 부과하고 있고(**강행법규성, 발급의무**), ② 그러한 법규가 공익의 보호뿐만 아니라 개인(個人)의 이익도 보호하는 것을 목적으로 하고 있어야 한다(**사익보호성**).

(3) 인정범위

행정행위발급청구권은 원칙적으로 기속행위에 인정되고 재량행위에는 원칙상 인정되지 않는다.

다만, 재량행위의 경우에도 재량권이 영으로 수축되는 경우에는 행정청에게 특정 행정행위를 할 의무가 생기므로 행정행위발급청구권이 인정된다.

(4) 실현수단

행정행위발급청구권이 침해된 경우라는 것은 그 권리를 갖는 개인이 행정청에게 특정 내용의 행정권 행사를 하여 줄 것을 청구했음에도 행정청이 거부하거나 방치(부작위)한 경우를 말한다. 이 경우에 권리자는 의무이행심판을 제기한 후 다음과 같은 행정소송을 제기하거나 아니면 의무이행심판을 제기함이 없이 직접 다음과 같은 행정소송을 제기할 수 있다. 행정소송수단으로는 거부처분에 대하여는 거부처분의 취소소송을 제기하고, 부작위에 대하여는 부작위위법확인소송을 제기한다. 취소소송이나 부작위위법확인소송에서 인용판결이 났음에도 행정청이 청구된 행정권의 행사를 계속하지 않는 경우에는 간접강제제도에 의해 그 판결의 이행이 강제된다(행정소송법 제34조, 제38조 제 2 항).

2. 협의의 행정개입청구권 [1995 사시 사례, 2011 입시 사례, 2013 사시 사례, 2014 행시 사례]

[문제] 공장으로부터 배출기준을 초과하는 유해한 폐수가 하천으로 배출되어 식수로 사용되고 있는 인근 지하수를 오염시키고 있는 경우에 지하수를 이용하는 인근주민은 공장사업자에게 공해배출의 금지를 명하도록 행정청에게 청구할 수 있는가.

(1) 개 념 (2) 성립요건 1) 행정청의 개입의무의 존재 2) 사익보호성	(3) 인정범위 (4) 실현수단 1) 행정쟁송 2) 국가배상

(1) 개 념

협의의 행정개입청구권(行政介入請求權)이라 함은 행정권의 발동으로 이익을 받는 제3자(예 인근주민)가 행정청에게 그 상대방(예 기업)에 대한 행정권의 발동(예 유해한 폐수를 배출하는 기업에 대한 조업중지명령)을 청구할 수 있는 권리를 말한다.

(2) 성립요건

행정개입청구권이 인정되기 위하여는 ① 행정청에게 개입의무(행정권의 발동의무)가 있어야 하고(강행법규성 및 개입의무), ② 행정권의 발동에 관한 법규가 공익뿐만 아니라 제3자(행정개입청구자)의 사익을 보호하고 있어야 한다(사익보호성).

1) 행정청의 개입의무(행정권의 발동의무)의 존재

행정권의 발동 여부는 원칙상 행정청의 재량에 속한다. 왜냐하면, 행정권 발동의 대상이 되는 행정 현실이 매우 다양하며 행정수단이 제약되어 있기 때문이다. 그러나, 법에서 행정권의 발동 여부에 관하여 행정권의 재량을 인정하지 않고 있는 경우가 있고, 법에서 행정권의 발동에 관하여 행정청에게 재량권을 부여하고 있는 경우에도 당해 **재량권이 영으로 수축하는 경우와 이익형량상 개입의무가 인정되는 경우**에는 행정청에게 개입의무가 존재한다.

[개입의무를 긍정한 사례] 경찰관직무집행법 제5조는 경찰관은 인명 또는 신체에 위해를 미치거나 재산에 중대한 손해를 끼칠 우려가 있는 위험한 사태가 있을 때에는 그 각 호의 조치를 취할 수 있다고 규정하여 형식상 경찰관에게 재량에 의한 직무수행권한을 부여한 것처럼 되어 있으나, 경찰관에게 그러한 권한을 부여한 취지와 목적에 비추어 볼 때 구체적인 사정에 따라 경찰관이 그 권한을 행사하여 필요한 조치를 취하지 아니하는 것이 현저하게 불합리하다고 인정되는 경우에는 그러한 권한의 불행사는 직무상의 의무를 위반한 것이 되어 위법하게 된다(대판 1998. 8. 25, 98다16890: 경찰관이 농민들의 시위를 진압하고 시위과정에 도로 상에 방치된 트랙터 1대에 대하여 이를 도로 밖으로 옮기거나 후방에 안전표지판을 설치하는 것과 같은 위험발생방지조치를 취하지 아니한 채 그대로 방치하고 철수하여 버린 결과, 야간에 그 도로를 진행하던 운전자가 위 방치된 트랙터를 피하려다가 다른 트랙터에 부딪혀 상해를 입은 사안에서 국가배상책임을 인정한 사례).

〈해설〉 이 사례는 개입청구의 거부나 부작위에 대해 직접 다툰 것이 아니라 국가배상사건이어서 개입청구권 문제가 직접 쟁점이 되지는 않았다. 따라서, 이 사례에서 행정기관에게 개입의무를 인정하였지만, 개입청구권을 인정할 것인지는 심판의 대상이 되지 않았다.

2) 사익보호성

오늘날 행정권의 발동을 규율하는 법규가 공익의 보호뿐만 아니라 개인의 이익도 보호하는 것을 목적으로 하고 있는 경우도 있고 이 경우에 개인이 받는 이익은 법적 이익이 된다.

(3) 인정범위

행정개입청구권은 이론적으로는 모든 행정영역에서 인정될 수 있다. 그런데, 행정개입청구권은 주로 행정개입을 청구하는 국민의 생명, 신체 및 재산을 보호하기 위하여 인정되는 것이기 때문에 경찰행정(질서행정)분야에서 주로 인정된다.

행정개입청구권은 기속행위의 경우에는 당연히 인정된다. 재량행위의 경우에는 무하자재량행사청구권이 인정되고 행정개입청구권은 원칙상 인정되지 않지만, 전술한 바와 같이 재량권이 영으로 수축하는 경우와 이익형량상 개입의무가 인정되는 경우에는 무하자재량행사청구권은 행정개입청구권으로 전화되어 행정개입청구권이 인정된다.

(4) 실현수단

1) 행정쟁송

현행 행정쟁송법상 행정권이 발동되지 않음으로써 침해된 제3자(행정권의 발동을 청구한 자)의 권익의 구제를 위한 쟁송수단이 마련되어 있다. 행정심판으로는 의무이행심판이 인정되고 있다. 행정개입청구권의 보장을 위한 가장 적절한 소송수단은 의무이행소송이지만 현행법상 인정되고 있지 않다. 그러나, 행정개입청구권은 거부처분의 취소소송 또는 부작위위법확인소송을 통하여 실현될 수 있다(행정소송법 제34조, 제38조 제2항).

2) 국가배상

행정권이 발동되지 않음으로써 손해를 입은 경우에는 항고쟁송의 제기와 별도로 국가배상을 청구할 수 있다.

권리침해가 이미 발생하여 항고쟁송의 제기로 구제될 수 있는 이익(소의 이익)이 존재하지 않는 경우에는 국가배상만이 가능하다.

예를 들면, 무장공비가 민가(民家)에 침입하여 주민과 격투가 벌어지고 있는 경우에 경찰력의 출동을 요청하였음에도 경찰력이 출동하지 않아 공비와 격투를 벌이던 주민이 사망하게 된 경우에는 국가배상청구만이 가능하다.

[문제의 해결] 인근주민에게 행정개입청구권이 있는가 하는 것이 문제된다. 인근주민의 이익은 법적 이익으로 보이고, 행정청의 공해배출금지명령은 원칙상 재량행위이나 사안에서 행정청의 재량권이 영으로 수축하는 것으로 보이므로 인근주민은 공해배출금지를 명하도록 행정청에게 청구할 수 있고, 행정청은 공해배출금지명령을 발할 의무가 있다(행정법연습 제1장 제3절 7 참조).

V. 절차적 공권

실체법상의 권리의 확장과 함께 절차법상의 권리가 확대되고 있다. 행정절차상 권리가 확대되고 있고, 소송법상 원고적격이 확대되고 있다.

1. 행정절차상 권리의 확대

적법절차의 원칙이 행정권에도 적용되는 법원칙으로 인정되고 있다. 그리고, 행정절차법이 1998년 1월 1일부터 시행되고 있다. 알 권리가 헌법상 기본권으로 인정되고 있고, 정보공개에 관한 법률(공공기관의 정보공개에 관한 법률)도 1998년 1월 1일부터 시행되고 있다.

법령상 이해관계인이 갖는 절차적 권리는 항고소송에서의 원고적격의 인정기준이 되는 법률상 이익이라고 보는 것이 판례의 입장이다.

2. 원고적격의 확대

반사적 이익의 보호이익화에 따라 행정소송상 원고적격(原告適格)이 확대되고 있다. 또한, 입법론으로는 단체소송이 도입되어야 한다.

절차적 공권의 확대에 관한 자세한 사항은 관련부분에서 후술하기로 한다.

제 6 절 특별행정법관계(종전의 특별권력관계)

[1999 사시 사례(공무원의 신분상 불이익처분),
2002 행시 사례(교도소 재소자의 이송조치)]

[문제] 해외연수대상자 선정에서 탈락한 공무원 甲은 이 선정거부에 대해 취소소송을 제기할 수 있는가?

I. 개 념

특별행정법관계(特別行政法關係)란 특별한 행정목적을 달성하기 위하여 특별권력기관과 특별한 신분을 가진 자와의 사이에 성립되는 특별한 법률관계를 말한다. 특별행정법관계는 행정주체와 일반 국민 사이에 성립되는 일반행정법관계에 대응하는 개념이다.

특별행정법관계의 예로는 군인의 군복무관계, 공무원의 근무관계, 교도소 재소관계, 국공립학교의 재학관계 등을 들 수 있다.

특별행정법관계는 특별권력관계(特別權力關係)라는 개념을 대체하는 개념으로 사용된다.

Ⅱ. 특별권력관계이론의 성립, 발전과 소멸(특별행정법관계이론의 등장)

1. 의　　의

특별권력관계란 특별한 행정목적을 달성하기 위하여 성립된 관계로서 특별권력주체에게 포괄적인 지배권이 부여되고 상대방인 특별한 신분에 있는 자는 이에 복종하여야 하는 관계를 말한다. 특별권력관계는 일반권력관계에 대응하는 개념이다.

2. 종래의 특별권력관계이론

특별권력관계이론이란 특별권력주체와 상대방은 행정목적의 달성상 필요하므로 국가와 일반 국민 사이의 관계보다는 밀접한 관계에 있다고 보고 나아가 특별권력관계의 상대방은 행정조직에 통합된 것으로 보았다. 따라서 특별권력관계는 행정의 내부관계로 보고 그 결과 법치주의가 적용되지 않는다고 보았다.

3. 오늘날의 특별권력관계이론

오늘날 독일에서도 특별권력관계이론을 부정하고 종래 특별권력관계라고 보았던 관계에도 법치주의가 원칙적으로 적용된다고 보는 견해가 많다. 그러나 한편으로는 아직도 특별권력관계이론을 지지하는 견해도 있다.

(1) 특별권력관계 긍정설(제한적 긍정설 또는 수정설)

오늘날 특별권력관계를 인정하는 견해도 법치주의의 적용을 완전히 배제하지는 않고, 원칙적으로 법치주의가 적용된다고 보면서 특별한 행정목적을 달성함에 필요한 한도 내에서 법치주의가 일부 제한되거나 완화되어 적용될 수 있다고 볼 뿐이다. 즉, ① 특별권력관계 내에서도 국민의 기본권을 제한하기 위하여는 법률에 근거를 요하고 다만, 특별권력주체가 특별한 행정목적을 효율적으로 달성할 수 있도록 그에 필요한 자유영역을 확보해 주기 위하여 개괄적인 수권도 가능하다고 본다. ② 또한, 특별권력주체는 법령의 범위 내에서 그 구성원과의 관계를 규율하는 법규명령의 성질을 갖는 규칙(특별명령)을 법률의 근거 없이도 자율적으로 정할 수 있다고 본다.[7] ③ 그리고, 특별권력관계 내에서 취해진 행위 중 기본관계(基本關係)에서의 행위는 사법심사의 대상이 되지만 경영수행관계(經營修行關係)에서의 행위는 사법심사의 대상이 되지 않는다고 한다.

---

7) 독일법에서 특별명령(Sonderverordnung)이란 학설에 의해 만들어진 개념인데 특별권력관계를 규율하기 위하여 집행기관에 의해 발령된 명령을 말한다. 특별명령은 단순한 행정규칙은 아니며 법규명령의 성격을 갖는다. 특별명령의 제정에 법률에 근거가 필요한지에 관하여 견해가 대립하고 있다.

(2) 특별권력관계 부정설

특별권력관계 부정설은 오늘날 법치국가하에서는 법치주의의 예외를 인정하는 특별권력관계 이론은 인정될 수 없다고 한다.

1) 특별행정법관계설

이 견해는 특별권력관계를 부인하고 그 관계를 특별행정법관계로 보는 견해인데, 특별행정법관계에서는 법치주의가 원칙상 적용된다고 본다. 즉, 법률유보의 원칙이 적용되고, 기본권 규정이 적용되고, 특별권력관계 내의 행위에 대하여도 사법심사가 원칙적으로 인정된다고 본다. 다만, 특별행정법관계에 대하여는 그 존재근거인 특별한 행정목적의 달성을 위하여 특별한 법적 규율이 행해질 수 있다고 본다.

2) 일반행정법관계설

이 견해는 특별권력관계를 부인하면서 그 관계를 일반행정법관계로 편입시키는 견해이다. 이 견해에 의하면 특별권력관계라고 보았던 관계에는 다소 폭넓은 재량권이 인정되기는 하겠지만 그 관계는 전적으로 일반행정법관계에 속하고 법치주의가 전적으로 타당하다고 본다.

(3) 결 어

법치주의를 배제 내지 제한하는 특별권력관계이론은 법치국가하에서는 인정될 수 없다. 다만, 특별한 행정목적을 달성하도록 하기 위하여 특별한 규율이 필요한 법관계가 존재한다. 따라서, 특별행정법관계설이 타당하다.

Ⅲ. 특별행정법관계의 성립

특별행정법관계는 다음과 같은 공법상의 특별한 성립원인에 의해 성립한다.

① 특별행정법관계가 법률의 규정에 근거하여 상대방의 동의 없이 성립하는 경우.

군입대(병역법 제4장), 수형자의 교도소 수감(형의 집행 및 수용자의 처우에 관한 법률 제1조, 제8조), 감염병 환자의 강제입원(감염병의 예방 및 관리에 관한 법률 제42조), 공공조합에의 강제가입(산림조합법 제3장, 도시 및 주거환경정비법 제19조) 등이 그 예이다.

② 특별행정법관계가 상대방의 동의에 근거하여 성립되는 경우. 상대방의 동의가 그의 자유로운 의사에 의한 경우(예 공무원의 임명, 국공립학교에의 입학, 국공립도서관의 이용)와 상대방의 동의가 법률에 의해 강제되는 경우(예 학령 아동의 초등학교에의 취학)가 있다.

Ⅳ. 특별행정법관계의 종류

특별행정법관계는 다음의 네 가지로 분류한다: 공법상의 근무관계(예 군복무관계, 국가공무원의 근무관계, 지방공무원의 근무관계), 공법상의 영조물이용관계(예 국공립학교에의 재학관계, 국공립도서관이용관계, 교도소 재소관계, 감염병환자의 국공립병원에의 입원관계), 공법상 특별감독관계(예 공공조합, 공무수탁자와 국가와의 특별감독관계),

공법상의 사단관계(예 공공조합과 그 조합원과의 관계)가 그것이다.

V. 특별행정법관계에 있어서의 특별권력

특별행정법관계에 있어서 특별한 행정목적을 달성하기 위하여 행정주체에게 일반권력관계에서와는 다른 특별한 권력 내지 권한이 법령에 의해 또는 법해석상 부여된다. 특별권력(特別權力)에는 포괄적 명령권, 징계권이 있다.

1. 명 령 권

특별권력의 주체에게는 행정목적을 효율적으로 달성할 수 있도록 하기 위하여 포괄적인 명령권이 부여된다. 명령권은 일반적·추상적 형식(예 공무원관계에서의 훈령 등 행정규칙, 영조물이용관계에서의 영조물규칙, 특별감독관계에서의 특허명령서, 공사단관계에서의 공공조합규약 등) 또는 개별적·구체적인 형식(예 직무명령, 상대방에 대한 명령 등)으로 발동된다.

2. 법규명령제정권

특별권력주체에게 고유한 법규명령제정권이 있는가에 관하여 견해의 대립이 있다.

(1) 긍 정 설

특별권력주체에게는 법규명령의 효력을 갖는 특별명령을 제정하는 권한이 있다는 견해이다.

특별명령(特別命令)은 단순한 행정규칙은 아니며 특히 특별권력주체와 상대방과의 관계를 규율하는 사항을 내용으로 하는 명령으로서 그 상대방의 권리와 의무를 규율하므로 실질에 있어서 법규명령의 성질을 갖는다. 특별명령은 관습법에 근거하여 제정될 수 있다는 견해와 특별권력주체에게 특별권력관계 내부에서 적용되는 법규를 제정함에 있어서 고유한 법규제정권이 있다고 보고 특별명령은 그 법규제정권에 근거하여 발령될 수 있다고 보는 견해가 있다.

(2) 부정설(수권설)

이 견해는 현행 헌법하에서 법치주의의 원칙(법률의 법규창조력의 원칙 내지 법률유보의 원칙)에 비추어 행정권에 고유한 법규명령제정권은 인정될 수 없다고 본다. 특별권력주체가 특별권력주체의 상대방의 권리와 의무를 정하는 법규사항을 정하기 위하여는 법령에 근거가 있어야 한다고 본다.

(3) 결　　어

오늘날 법치행정의 원칙상 행정권에게 고유한 법규제정권을 인정할 수 없으므로 부정설이 타당하다.

3. 징 계 권

특별권력주체는 내부의 질서를 유지하기 위하여 징계를 행할 수 있는 권한을 갖는다. 징계가 상대방의 법적 지위와 관계가 없을 때에는 법령에 근거가 없어도 가능하지만 상대방의 법적 지위에 영향을 미칠 때에는 법령에 근거가 있어야 한다.

특별권력주체의 징계에는 한계가 있다. 법령에 위반할 수 없으며 특별행정법관계의 성립목적을 달성하기 위하여 필요한 한도 내에서 행사되어야 한다.

Ⅵ. 특별행정법관계와 법치주의

특별권력관계를 부정하는 견해에 의하면 법치주의가 종전에 특별권력관계라고 보았던 관계에도 전적으로 적용되는 것으로 보아야 한다. 다만 특별권력관계를 부정하는 견해에도 그러한 관계에는 국가와 일반국민 사이의 관계인 일반행정법관계와는 다른 특별한 법적 규율이 행하여질 수 있다는 것을 인정하는 견해가 있고 이러한 견해는 통상 그러한 관계를 특별행정법관계로 본다. 또한 특별권력관계를 전적으로 부인하고 그 관계를 일반행정법관계로 보는 견해가 있다. 이에 대하여 수정된 형태의 특별권력관계의 존재를 인정하는 견해에 의하면 특별권력관계에서는 법치주의가 부분적으로 배제 또는 완화될 수 있다고 본다.

위와 같이 종전의 특별권력관계를 어떠한 성질의 관계로 보는가에 따라 그 관계에 대한 법치주의의 적용에 관하여 다른 견해를 취하게 된다. 이하에서는 법치주의의 적용을 법률유보의 원칙 및 사법심사로 나누어 살펴보기로 한다.

1. 법률유보의 원칙

(1) 수정설(제한적 긍정설)

수정설에 의하면 특별권력관계의 성립목적인 특별한 행정목적을 달성하기 위하여 필요한 한도 내에서는 법률의 근거 없이 기본권에 대한 제한도 가능하고, 특별권력관계내부에 적용되는 법규적 성질의 명령(학칙 등 특별명령)을 제정할 고유한 법규명령제정권을 갖는다고 본다. 또한 법률의 수권에 있어서도 개괄조항에 의한 수권(포괄적 수권)이 가능하다고 본다.

(2) 특별행정법관계설

특별행정법관계설에 의하면 법률유보의 원칙은 원칙상 그 관계에 적용된다. 즉, 국민의 권리를 제한하거나 의무를 부과하는 명령 또는 강제는 법률에 근거하여야 하고 법규사항을 정하는 특별명령은 법령에 근거가 있어야 제정될 수 있다.

다만, 특별한 행정목적을 효율적으로 달성할 수 있도록 하기 위하여 필요한 한도 내에서는 다소 포괄적인 수권도 가능하다.

(3) 일반행정법관계설

종전의 특별권력관계를 부정하고 일반행정법관계로 편입시키는 견해는 그 관계에 법률유보의 원칙이 일반행정법관계에서와 동일하게 적용된다고 본다. 즉, 행정권 행사에는 원칙상 개별적 수권이 있어야 한다고 본다.

(4) 판 례

판례는 특별행정법관계설에 입각하고 있는 것으로 보인다.

[판례 1] [1] 국방의 목적을 달성하기 위하여 상명하복의 체계적인 구조를 가지고 있는 군조직의 특수성을 감안할 때, 군인의 복무 기타 병영생활 및 정신전력 등과 밀접하게 관련되어 있는 부분은 행정부에 널리 독자적 재량을 인정할 수 있는 영역이라고 할 것이므로, 이와 같은 영역에 대하여 법률유보원칙을 철저하게 준수할 것을 요구하고, 그와 같은 요구를 따르지 못한 경우 헌법에 위반된다고 판단하는 것은 합리적인 것으로 보기 어렵다. [2] 군인사법 제47조의29(군인의 복무에 관하여는 이 법에 규정한 것을 제외하고는 따로 대통령령이 정하는 바에 의한다)는 헌법이 대통령에게 부여한 군통수권을 실질적으로 존중한다는 차원에서 군인의 복무에 관한 사항을 규율할 권한을 대통령령에 위임한 것이라 할 수 있고, 대통령령으로 규정될 내용 및 범위에 관한 기본적인 사항을 다소 광범위하게 위임하였다 하더라도 포괄위임금지원칙에 위배된다고 볼 수 없다. 따라서 이 사건 복무규율조항(군인은 불온유인물·도서·도화 기타 표현물을 제작·복사·소지·운반·전파 또는 취득하여서는 아니 되며, 이를 취득한 때에는 즉시 신고하여야 한다.)은 이와 같은 군인사법 조항의 위임에 의하여 제정된 정당한 위임의 범위 내의 규율이라 할 것이므로 법률유보원칙을 준수한 것이다. [3] 불온도서의 소지·전파 등을 금지하는 군인복무규율(1998. 12. 31. 대통령령 제5954호로 개정된 것) 제16조의2가 명확성원칙, 과잉금지원칙 및 법률유보원칙에 위배되지 않는다고 한 사례(헌재 2010. 10. 28, 2008헌마638 〈군인사법 제47조의2 위헌확인 등〉). 〈해설〉 특별권력관계 또는 특별행정법관계라는 용어를 사용하고 있지는 않다. 그러나, 군복무관계에도 법률유보의 원칙이 적용되지만, 군조직의 특수성을 감안하여 법률유보의 원칙을 완화하여 적용할 수 있다고 본 점에서 특별행정법관계설에 입각하고 있는 것으로 보인다.

[판례 2] [1] **육군3사관학교 사관생도의 경우 일반 국민보다 기본권이 더 제한될 수 있는지 여부(적극) 및 그 경우 기본권 제한의 한계:** 사관생도는 군 장교를 배출하기 위하여 국가가 모든 재정을 부담하는 특수교육기관인 육군3사관학교의 구성원으로서, 학교에 입학한 날에 육군 사관생도의 병적에 편입하고 준사관에 준하는 대우를 받는 특수한 신분관계에 있다(육군3사관학교 설치법 시행령 제3조). 따라서 그 존립 목적을 달성하기 위하여 필요한 한도 내에서 일반 국민보다 상대적으로 기본권이 더 제한될 수 있으나, 그러한 경우에도 법률유보원칙, 과잉금지원칙 등 기본권 제한의 헌법상 원칙들을 지켜야 한다. [2] 육군3사관학교 설치법 및 시행령, 그 위임에 따른 육군3사관학교 학칙 및 사관생도 행정예규 등에서 육군3사관학교의 설치 목적과 교육 목표를 달성하기 위하여 사관생도가 준수하여야 할 사항을 정하고 이를 위반한 행위에 대하여는 징계를 규정할 수 있고 이러한 규율은 가능한 한 존중되어야 한다. [3] 사관생도인 원고가 4회에 걸쳐 학교 밖에서 음주행위를 하였다는 이유로 퇴학처분을 당한 사안에서, 사관생도의 모든 사적 생활에서까지 예외 없이 금주의무를 이행할 것을 요구하는 것은 사관생도의 일반적 행동자유권은 물론 사생활의 비밀과 자유를 지나치게 제한한다고 판단하여, 사관생도 '음주 2회시 퇴학' 예규는 무효라고 판시하고, 원고에 대한 퇴학처분은 재량권을 일탈·남용한 위법한 처분이라고 한 사례(대판 2018. 8. 30, 2016두60591). 〈해설〉 이 사건 예규는 행정규칙의 형식인데, 법령의 위임을 받아 위임된 범위내에서 제정된 경우 법령보충적 행정규칙이고, 위임을 받지 않고 재량권에 근거하여 제정된 경우 재량준칙의 성질을 갖는다.

2. 사법심사의 범위와 한계

(1) 수정설(제한적 긍정설)

특별권력관계의 존재를 긍정하는 수정설은 특별권력관계를 기본관계와 경영수행관계로 구분하고 기본관계에서의 행위에 대하여는 사법심사가 허용되지만 경영수행관계에서의 행위에 대하여는 사법심사가 인정되지 않는다고 본다.

기본관계와 경영수행관계의 구분은 독일의 학자 Ule에 의해 행해진 것인데, 기본관계라 함은 특별권력관계 자체의 성립, 변경 및 소멸이나 그 밖의 특별권력주체의 상대방의 법적 지위의 본질적 사항에 관련된 법률관계(예 공무원의 임명, 면직, 정직, 국공립대학학생에 대한 퇴학, 정학 등)를 말하고, 경영수행관계라 함은 특별권력관계의 성립목적을 달성하기 위하여 필요한 내부적 질서유지와 관련된 법률관계(예 공무원연수, 훈계 등)를 말한다.

(2) 특별행정법관계설

특별권력관계를 부인하고 그 관계를 특별행정법관계로 보는 견해도 그 관계를 일반행정법관계로 보는 견해와 동일하게 문제의 행위가 처분인지에 따라 사법심사의 범위를 정한다.

그런데, 특별행정법관계 내에서의 행위가 외부적·법적 효과를 미치는 처분인가 아니면 순수하게 내부적인 행위로서 처분이 아닌가는 모호한 경우가 있다.

공무원관계를 예로 들면 공무원의 임명, 해임, 정직, 감봉 및 견책은 처분이다. 이에 반하여 공무원의 훈련이나 그 방법과 관련된 행위, 단순 경고 행위는 내부행위(內部行爲)로 처분이 아니다. 서면경고는 처분이라고 보아야 한다. 공무원의 승진 또는 승진에서의 탈락도 처분으로 보아야 한다. 공무원에 대한 전보명령이 처분인가에 대하여는 논란이 있다.

(3) 일반행정법관계설

종전의 특별권력관계를 부인하고 그 관계를 일반행정법관계로 보는 견해에 의하면 일반행정법관계와 동일하게 사법심사가 행하여진다. 즉, 상대방의 법적 지위에 영향을 미치는 행위는 '처분'이고 사법심사의 대상이 된다고 본다.

다만, 법령에 의해 특별권력기관에게 폭넓은 재량권이 주어지는 경우가 적지 않은데 이 경우에는 재량행위에 대한 사법심사의 문제가 될 뿐이다.

(4) 판 례

판례는 문제의 행위가 행정소송법상 처분인지에 따라 사법심사의 범위를 정한다. 특별권력관계내에서의 행위는 외부행위(예, 국공립학생에 대한 퇴학처분)가 아닌 한 내부행위(예, 공무원연수, 전보명령)이고, 내부행위는 원칙상 처분이 아니지만, 처분성을 가지는 경우(국민의 권익에 직접 영향을 미치는 경우)가 있고 이 경우 처분이 된다(후술 행정소송의 대상인 처분 참조).

[문제의 해결] 특별권력관계 긍정설에 의하면 해외연수대상자 선정은 경영수행관계를 규율하는 행위로서 내부행위로 보고 취소소송의 대상이 되지 않는 것으로 보게 될 것이다. 이에 대하여 특별권력관계부정설에 의하면 해외연수대상자 선정 및 그 거부는 내부행위로 공무원의 법적 지위와 관련이 없으므로 처분이 아니라고 보고 이에 대한 취소소송을 인정하지 않는 견해도 있을 수 있지만, 해외연수는 공무원의 능력개발을 위한 중요한 수단이며 해외연수시 지원금이 지급되므로 해외연수대상자 선정거부를 처분으로 보고 이에 대한 취소소송을 인정하는 것이 타당하다(조리상 해외연수대상자 선정신청권을 인정할 수 있으므로 해외연수대상자 선정거부를 거부행위로 볼 수 있다).

제 7 절 행정법관계의 변동(발생 · 변경 · 소멸)

제 1 항 법률요건

법률관계의 발생·변경·소멸의 원인이 되는 것을 법률요건이라 한다. 법률요건은 법률관계의 변동원인이다. 법률요건에는 행위, 사건 등이 있다.

행정법상의 법률관계는 행정주체의 공법행위 또는 사인의 공법행위 및 사건에 의해 발생·변경·소멸된다.

제 2 항 행정주체의 행위

행정주체의 공법행위는 매우 다양하다. 행정주체의 공법행위를 성질에 따라 유형화한 것이 행위형식인데, 행정입법, 행정행위, 공법상 계약, 사실행위 등이 이에 속한다. 이에 관하여는 후술한다.

법적 행위만이 법률관계에 변동을 가져오며 사실행위는 법률관계의 변동을 가져오지 않는다.

제 3 항 사인의 공법상 행위

Ⅰ. 개 념

사인의 공법상 행위란 私人이 공법상의 권리와 의무로서 하는 행위를 말한다. 사인의 공법행위는 사인의 공법상 행위 중 법률행위의 성질을 갖는 것만을 지칭하는 것이다.

Ⅱ. 사인의 공법상 행위의 종류

사인의 공법상 행위는 여러 기준에 의해 분류할 수 있다.

① 법적 행위인 경우도 있고, 사실행위인 경우도 있다. 사실행위의 예로는 행정감시행위, 쓰레기 분리배출행위 등이 있다. 법적 행위는 다시 다음과 같이 구분될 수 있다. 행위의 성질을 기준으로 단독행위(單獨行爲)(예 허가신청, 이의신청, 신청, 신고 등), 공법상 계약(契約)(예 사인 상호간의 토지수용에 관한 협의), 공법상 합동행위(合同行爲)(예 공공조합 설립행위)로 나누어진다.

② 행위의 효과를 기준으로 그 행위 자체로서 법률효과를 완결하는 **자기완결적(自己完結的) 공법행위**(예 자기완결적 신고, 사인 상호 간의 공법행위, 투표행위)와 행정주체의 어떠한 공법행위의 요건이 되는 데 그치고 그 자체로서 완결된 법률효과를 발생시키지 못하는 **행위요건적(行爲要件的) 공법행위**(예 신청행위, 동의, 승낙, 사직원의 제출)로 나눈다.

③ 행위의 기능상 행정에의 참여행위(예 의견진술행위, 공청회의 참여행위, 행정감시행위), 협력행위(예 납세신고, 임의적 공용부담 신청, 쓰레기분리배출행위, 행정지도에 대한 협력행위), 권리의 실현을 위하여 행하는 행위(예 신청행위)와 공법상 의무의 이행으로 행하여지는 행위(예 신고행위)가 있다.

Ⅲ. 사인의 공법행위

1. 개 념

사인(私人)의 공법행위(公法行爲)라 함은 공법적 효과의 발생을 목적으로 하는 사인의 법적 행위를 말한다.

2. 사인의 공법행위에 대한 적용법규

사인의 공법행위에 대한 일반법은 없다. 다만, 행정절차법은 처분의 신청절차, 신고(자기완결적 신고)절차에 대한 일반적 규정을 두고 있고, 행정기본법에서는 수리를 요하는 신고에 대한 일반적 규정을 두고 있다.

사인의 공법행위에 적용할 법규정이 없는 경우에는 민법상의 법원칙, 의사표시나 법률행위에 관한 규정을 원칙상 적용할 수 있다. 다만, 사인의 공법행위와 사법행위의 성질상의 차이가 있는 경우에는 그 한도 내에서 사법규정을 적용할 수 없거나 수정하여 적용하여야 한다.

(1) 의사능력과 행위능력

특별한 예외규정이 없는 한 민법의 의사능력(意思能力)에 관한 규정은 사인의 공법행위에도 적용된다. 즉, 행위 당시에 의사능력을 결여한 사인의 공법행위는 무효이다.

행위능력(行爲能力)에 관한 민법의 규정도 사인의 공법행위에 원칙상 적용된다고 본다. 다만, 민법의 행위능력 규정의 입법취지와 무관한 행정법관계에는 민법의 행위능력에 관한 규정이 적용되지 않을 수도 있다. 운전면허나 여권 발급의 신청처럼 재산상의 행위가 아닌 신분법상의 행위는 미성년자가 단독으로 할 수 있다. 또한, 재산상의 행위 중에도 미성년자 단독으로 할 수 있는 경우가 있다.

예를 들면, 납세신고는 재산상의 행위이지만 납세의무는 객관적으로 성립되며 상대방인 세무서장과의 사이에서는 거래의 관념이 법률상 존재하지 않기 때문에 법정대리인의 동의는 필요 없다고 볼 수 있다.

(2) 대 리

대리(代理)되는 사인의 공법행위가 사인의 인격적 개성과 밀접한 관련을 갖고 있는 경우(예 사직원의 제출·철회, 투표행위)에는 그 행위는 대리에 친하지 않는 행위로서 대리가 인정되지 않는다.

사인의 인격적 개성과 밀접한 관련이 없는 경우는 대리가 가능하며 이 경우에는 민법상의 대리에 관한 규정이 준용된다.

(3) 효력발생시기

사인의 공법행위는 민법에서처럼 원칙상 도달주의에 따라 효력이 발생한다. 다만, 예외적으로 명문의 규정에 의해 발신주의를 취하는 경우가 있다.

(4) 의사의 흠결 및 하자 있는 의사표시 [2022 행시, 2012 행시(일반행정)]

사인의 의사표시(意思表示)에 하자(瑕疵)가 있는 경우 원칙상 민법상의 법률행위에 관한 규정을 유추적용하여야 할 것이다.

예를 들면, 강요에 의해 의사능력이 상실된 상태에서 한 사직원의 제출은 무효이고, 강박에 의한 사직원(辭職願)의 제출은 민법 제110조 제1항에 따라 취소될 수 있다. 다만, 의원면직처분 전까지만 취소가 가능하다.

그러나, 행정법관계의 특수성에 비추어 민법의 규정을 적용하는 것이 적절하지 않은 경우도 있다. 즉, 행위의 단체적 성질 또는 정형적 성질이 강하게 요구되는 등 사인과의 거래와는 다른 특수성이 인정되는 경우에는 민법의 규정을 수정 또는 변경하여 적용하여야 한다.

예를 들면, **민법상 비진의 의사표시의 무효에 관한 규정**(민법 제107조 제1항 단서)은 그 **성질상** 영업재개신고나 사직(일괄사직)의 의사표시와 같은 **사인의 공법행위에 적용되지 않는다**(대판 1978. 7. 25, 76누276; 2001. 8. 24, 99두9971[면직무효확인 등]). 투표와 같은 합성행위(合成行爲)는 단체적 성질의 행위이므로 민법상 착오를 주장할 수 없다.

(5) 부 관

행정법관계의 안정성의 요구에 비추어 사인의 공법행위에는 사법행위에서와 달리 부관(附款)을 붙일 수 없다.

(6) 행위의 철회

사법관계에 있어서는 의사표시가 상대방에게 도달한 경우에는 그것을 철회(撤回)할 수 없다. 그러나, 사인의 공법상 행위는 명문으로 금지되거나 성질상 불가능한 경우가 아닌 한 그에 따른 행정행위가 행하여질 때까지 자유로이 철회하거나 보정할 수 있다(대판 2014. 7. 10, 2013두7025).

[판례 1] 사인의 공법상 행위는 명문으로 금지되거나 성질상 불가능한 경우가 아닌 한 그에 따른 행정행위가 행하여질 때까지 자유로이 철회하거나 보정할 수 있으므로 도시계획시설사업의 사업시행자 지정 처분이 행하여질 때까지 토지 소유자는 새로이 동의를 하거나 동의를 철회할 수 있다고 보아야 한다(대판 2014. 7. 10, 2013두7025[도시계획시설사업시행자지정및실시계획인가취소처분취소]).
[판례 2] 공무원에 의해 제출된 사직원은 그에 터잡은 의원면직처분이 있을 때까지는 철회될 수 있고, 일단 면직처분이 있고 난 이후에는 철회나 취소할 여지가 없다(대판 2001. 8. 24, 99두9971[면직무효확인 등]).

(7) 행위시법 적용의 원칙

특별한 규정이 없는 한 사인의 공법행위는 행위시의 법령에 따른다.

[판례] 신고사항이 아니었다가 2003년 시행령 개정으로 변경신고 사항이 된 경우, 2016년에 변경행위를 한 후 변경신고를 하지 않은 채 영업을 계속하면 처벌대상이 된다고 한 사례(대판 2022. 8. 25, 2020도12944).

3. 사인의 공법행위의 효과

사인의 공법행위 중 자기완결적 공법행위는 사인의 공법행위로 효력이 발생하고 행정청의 별도의 조치가 필요 없다. 그런데, 신청 등 일정한 행위요건적 공법행위에 대하여는 행정청에게 처리의무(응답의무 또는 신청에 따른 처분의무)가 부과된다.

4. 사인의 공법행위의 하자(瑕疵)의 효과 [2012 행시(일반행정)]

(1) 사인의 공법행위의 하자의 효력

사인의 공법행위의 하자의 효력도 원칙상 행정행위의 하자의 효력과 동일하게 중대명백설에 따른다고 보는 것이 타당하다. 다만, 다음의 경우에는 특별한 고찰을 요한다.

1) 의사표시의 하자의 효력

사인의 공법행위가 의사표시인 경우 원칙상 민법의 법률행위에 관한 규정이 유추적용된다. 그러나, 전술한 바와 같이 사인의 공법행위의 성질상 민법상 의사표시의 하자에 관한 규정을 유추적용할 수 없는 경우에는 그러하지 아니하다.

2) 신고의 하자의 효력

자기완결적 신고가 부적법한 경우에는 신고의 효력이 발생하지 않는다. 수리를 요하는 신고의 경우에는 중대명백설에 의하는 것이 타당하다.

(2) 행위요건적 공법행위의 하자의 행정행위에 대한 효력

사인의 공법행위의 흠은 그에 따라 행해진 행정행위의 효력에 어떠한 영향을 미치는가.

사인의 공법행위가 행정행위를 행하기 위한 단순한 동기인 경우에는 공법행위의 흠결은 행정행위의 효력에 아무런 영향을 미치지 않는다는 것이 일반적 견해이다.

사인의 공법행위가 행정행위의 전제요건인 경우(예 신청·동의 등)에는 세 견해가 대립한다.

1) 제 1 설

사인의 공법행위가 무효인 경우에 행정행위는 전제요건을 결하게 되어 무효라고 보고, 사인의 공법행위에 단순한 위법사유가 있는 때에는 행정행위는 원칙적으로 유효하다고 보는 견해이다. 이 견해가 다수설이다.

2) 제 2 설

이 견해는 사인의 공법행위(예 신청·동의 등)에 흠이 있는 때에는 그에 의한 행정행위는 원칙상 취소할 수 있는 행정행위라고 보아야 한다는 견해이다.

3) 제 3 설

신청이나 동의를 요하는 행정행위에서 신청이나 동의가 없거나 신청이나 동의가 무효인 행정행위는 전제요건을 결하는 행정행위이므로 원칙상 무효이다. 사인의 공법행위가 취소할 수 있는 행위인 경우에는 사인은 행정행위가 행해지기 전에는 언제든지 사인의 공법행위를 취소 또는 철회할 수 있고, 행정행위가 행해진 후에는 사인의 공법행위를 취소 또는 철회할 수 없고, 행정행위의 취소를 청구하여야 한다.

4) 판 례

판례의 입장은 명백하지는 않지만, 제3설을 취하고 있는 것으로 보인다.

[판례 1] 공무원의 사직 의사표시의 철회 또는 취소가 허용되는 시한(=의원면직처분시): 공무원이 한 사직 의사표시의 철회나 취소는 그에 터잡은 의원면직처분이 있을 때까지 할 수 있는 것이고, 일단 면직처분이 있고 난 이후에는 철회나 취소할 여지가 없다(대판 2001. 8. 24, 99두9971[면직무효확인등]).

[판례 2] 공무원이 감사기관이나 상급관청 등의 강박에 의하여 사직서를 제출한 경우, 그 강박의 정도와 당해 사직서에 터잡은 면직처분의 효력: 사직서의 제출이 감사기관이나 상급관청 등의 강박에 의한 경우에는 그 정도가 의사결정의 자유를 박탈할 정도에 이른 것이라면 그 의사표시가 무효로 될 것이고 그렇지 않고 의사결정의 자유를 제한하는 정도에 그친 경우라면 그 성질에 반하지 아니하는 한 의사표시에 관한 민법 제110조의 규정을 준용하여 그 효력을 따져보아야 할 것이나, 감사담당 직원이 당해 공무원에 대한 비리를 조사하는 과정에서 사직하지 아니하면 징계파면이 될 것이고 또한 그렇게 되면 퇴직금 지급상의 불이익을 당하게 될 것이라는 등의 강경한 태도를 취하였다고 할지라도 그 취지가 단지 비리에 따른 객관적 상황을 고지하면서 사직을 권고·종용한 것에 지나지 않고 위 공무원이 그 비리로 인하여 징계파면이 될 경우 퇴직금 지급상의 불이익을 당하게 될 것 등 여러 사정을 고려하여 사직서를 제출한 경우라면 그 의사결정이 의원면직처분의 효력에 영향을 미칠 하자가 있었다고는 볼 수 없다(대판 1997. 12. 12, 97누13962[의원면직처분취소]).

[판례 3] 본인의 진정한 의사에 의하여 작성되지 아니한 사직원에 의한 면직처분의 적법여부: 조사기관에 소환당하여 구타당하리라는 공포심에서 조사관의 요구를 거절치 못하고 작성교부한 사직서라면 이를 본인의 진정한 의사에 의하여 작성한 것이라 할 수 없으므로 그 사직원에 따른 면직처분은 위법이다(대판 1968. 3. 19, 67누164[면직처분취소]).

5) 결 어

사인의 공법행위의 하자로 인한 행정행위의 효력은 행정행위의 하자에 관한 일반이론에서와 같이 사인의 권리보호와 행정법관계의 안정의 보장이라는 두 요청을 조화하는 해결을 도모하여야 하므로 제3설이 타당하다.

5. 신 청

(1) 신청의 의의

신청(申請)이라 함은 사인이 행정청에 대하여 일정한 조치를 취하여 줄 것을 요구하는 의사표시를 말한다. 신청은 공법상 의사표시이다(대판 2018. 6. 15, 2017두49119).

행정절차법은 제17조에서 처분을 구하는 신청의 절차를 규정하고 있다.

(2) 신청의 요건

신청의 요건이란 신청이 적법하기 위하여 갖추어야 할 요건을 말한다. 신청의 대상인 처분

(예 허가, 등록)의 요건과는 구별하여야 한다.

신청이 적법하기 위하여는 신청인에게 신청권이 있어야 하며 신청이 법령상 요구되는 구비서류 등의 요건을 갖추어야 한다.

[판례] 공유수면에 대한 점용·사용허가를 신청하는 자가 위 설계도서 등을 첨부하지 아니한 채 허가신청서를 제출하였다면 공유수면관리청으로서는 특별한 사정이 없는 한 허가요건을 충족하지 못한 것으로 보아 거부처분을 할 수 있다. 〈해설〉 통상 구비서류 요건은 원칙상 신청요건인데, 설계도서 등을 첨부하지 아니한 것을 신청요건의 결여로 보지 않고 허가요건의 결여로 본 사례이다.

1) 신청권의 존재

신청권은 실정법령에 의해 주어질 수도 있고 조리상 인정될 수도 있다. 신청권은 행정청의 응답을 구하는 권리이며 신청된 대로의 처분을 구하는 권리는 아니다. 신청권은 실체법상의 적극적 청구권과는 구별되는 절차적 권리이다. 신청의 요건으로 신청권을 요구하지 않는 견해도 있다.

2) 신청요건

법령상 신청에 구비서류 등 일정한 요건을 요한다.

행정절차법은 행정청에 대하여 처분을 구하는 신청은 원칙상 문서(전자문서 포함)로 하도록 하고 있다(제17조 제1항, 제2항, 민원처리에 관한 법률 제8조). 다만, 기타민원은 구술 또는 전화로 할 수 있다(민원처리에 관한 법률 제8조 단서).

신청기간이 제척기간이고 강행규정인 경우 신청기간을 준수하지 못하였음을 이유로 한 거부처분은 적법하다(대판 전원합의체 2021. 3. 18, 2018두47264).

[판례] [1] 구 고용보험법 제70조 제2항에서 정한 육아휴직급여 신청기간은 추상적 권리의 행사에 관한 '제척기간'이라고 봄이 타당하다. [2] 육아휴직급여 신청기간을 정한 이 사건 조항(구 고용보험법 제70조 제2항(제1항에 따른 육아휴직 급여를 지급받으려는 사람은 육아휴직을 시작한 날 이후 1개월부터 육아휴직이 끝난 날 이후 12개월 이내에 신청하여야 한다. 다만, 해당 기간에 대통령령으로 정하는 사유로 육아휴직 급여를 신청할 수 없었던 사람은 그 사유가 끝난 후 30일 이내에 신청하여야 한다.)은 강행규정으로 훈시규정이라고 볼 수 없다(대판 전원합의체 2021. 3. 18, 2018두47264[육아휴직급여 부지급 등 처분 취소]). 〈해설〉 위와 같은 다수의견에 대하여, 이 사건 조항을 훈시규정으로 보아야 한다는 대법관 5인의 반대의견이 있다.

(3) 신청의 효과

1) 접수의무

행정청은 신청이 있는 때에는 다른 법령 등에 특별한 규정이 있는 경우를 제외하고는 그 접수를 보류 또는 거부하거나 부당하게 되돌려 보내서는 아니 된다(행정절차법 제17조 제4항). 따라서, 신청이 형식적(절차적) 요건을 갖추어 적법하면 이를 접수하여야 한다.

2) 보완조치의무

행정청은 신청에 구비서류의 미비 등 흠이 있는 경우에도 접수를 거부하여서는 안 되며 보완에 필요한 상당한 기간을 정하여 지체 없이 신청인에게 보완(補完)을 요구하여야 한다(행정절차법 제17조 제5항). 신청인이 제5항의 규정에 의한 기간 내에 보완을 하지 아니한 때에는 그 이유를 명시하여 접수된 신청을 되돌려 보낼 수 있다(제6항). 「민원 처리에 관한 법률」도 보완요구에 관한 규정을 두고 있다(제22조).

보완의 대상이 되는 흠은 보완이 가능한 경우이어야 함은 물론이고, 원칙상 그 내용 또한 형식적·절차적인 요건이다.

실질적인 요건에 대하여는 원칙상 보완 또는 보정요구를 하여야 하는 것은 아니지만(대판 2020. 7. 23, 2020두36007), 실질적인 요건에 관한 흠이 있는 경우라도 그것이 민원인의 단순한 착오나 일시적인 사정 등에 기인한 경우 등은 보완의 대상이 된다.

[판례 1] 행정절차법 제17조가 '구비서류의 미비 등 흠의 보완'과 '신청 내용의 보완'을 분명하게 구분하고 있는 점에 비추어 보면, 행정청으로 하여금 신청에 대하여 거부처분을 하기 전에 반드시 신청인에게 신청의 내용이나 처분의 실체적 발급요건에 관한 사항까지 보완할 기회를 부여하여야 할 의무를 정한 것은 아니라고 보아야 한다(대판 2020. 7. 23, 2020두36007). 〈해설〉 그러나, 원심은 다음과 같은 이유(피고는 이 사건 폐기물처리시설에서 발생할 것으로 예상되는 악취물질이 주민의 건강이나 주변 환경에 미치는 영향에 대한 과학적 조사 없이 원고에게 악취저감시설 등에 대한 보완 기회도 부여하지 않은 채 '악취로 인한 주민의 건강이나 주변 환경에 미치는 영향'이라는 포괄적·추상적인 사유만을 들어 이 사건 처분을 하였다.)로 이 사건 폐기물처리사업계획서 부적합 통보(이하 '이 사건 처분'이라고 한다)가 재량권을 일탈·남용하여 위법하다고 판단하였다. 그러나, 대법원은 위 판시와 함께 다음과 같은 이유에서 원심을 배척하였다. 1) 피고가 이 사건 처분에 앞서 원고에게 따로 보완 요구를 하지 않은 것은 원고가 악취방지시설을 설치·가동하더라도 이 사건 폐기물처리시설에서 발생하는 악취를 완전히 제거할 수 없다고 판단한 데 따른 것으로 보인다. 그러한 판단이 객관적으로 합리적이지 않다거나 명백한 사실오인에서 비롯되었다고 보이지 않으므로, 이 사건 처분이 보완 요구 없이 이루어졌다는 이유만으로 재량권의 범위를 벗어났다고 할 수는 없다. 2) 이 사건 처분서에는 이 사건 폐기물처리시설이 설치·운영될 경우 주변의 생활환경 등에 악영향을 미칠 것이라는 취지만 간략히 기재되어 있으나, 피고는 이 사건 소송 과정에서 판단 근거나 자료 등을 제시하여 구체적 불허가사유를 분명히 하였다.

[판례 2] [1] 보완의 대상이 되는 흠은 보완이 가능한 경우이어야 함은 물론이고, 그 내용 또한 형식적·절차적인 요건이어야 하나, 실질적인 요건에 관한 흠이 있는 경우라도 그것이 민원인의 단순한 착오나 일시적인 사정 등에 기한 경우 등은 보완의 대상이 된다. [2] 건축불허가처분을 하면서 그 사유의 하나로 소방시설과 관련된 소방서장의 건축부동의 의견(옥내소화전과 3층 피난기구가 누락되어 있고, 전력구 규모가 명시되지 않아 법정 소방시설의 검토가 불가능하다는 이유로 건축부동의함이라는 의견)을 들고 있으나 그 건축부동의 사유의 보완이 가능함에도 보완을 요구하지 아니한 채 곧바로 건축허가신청을 거부한 것은 재량권의 범위를 벗어난 것이다(대판 2004. 10. 15, 2003두6573[건축불허가처분취소]).

3) 처리의무(응답의무)

적법한 신청이 있는 경우에 행정청은 상당한 기간 내에 신청에 대하여 응답(可否간의 처분 등)을 하여야 한다. 여기에서의 응답의무(應答義務)는 신청된 내용대로 처분할 의무와는 구별되어야 한다.

처분을 구하는 신청행위에 대하여 행정기관은 신청에 따른 행정행위를 하거나 거부처분을 하여야 한다. 신청에 따른 행정청의 처분이 기속행위일 때뿐만 아니라 재량행위인 경우에도 행정청은 신청에 대한 응답의무를 진다.

신청을 받아들이는 처분에는 신청을 전부 받아들이는 처분과 일부 받아들이는 처분이 있다. 경우에 따라서는 신청을 일부 받아들이는 처분을 하여야 하는 경우도 있다.

[판례] 국가보훈처장은 국가유공자 및 그 유족 등의 등록신청을 받으면 국가유공자 또는 지원대상자 및 그 유족 등으로 인정할 수 있는 요건을 확인한 후 그 지위를 정하는 결정을 하여야 한다(구 국가유공자 등 예우 및 지원에 관한 법률(2011. 8. 4. 법률 제11029호로 개정되기 전의 것, 이하 '법'이라 한다) 제6조 참조). 따라서 처분청으로서는 국가유공자 등록신청에 대하여 단지 본인의 과실이 경합되어 있다는 등의 사유만이 문제가 된다면 등록신청 전체를 단순 배척할 것이 아니라 그 신청을 일부 받아들여 지원대상자로 등록하는 처분을 하여야 한다. 그럼에도 행정청이 등록신청을 전부 배척하는 단순 거부처분을 하였다면 이는 위법한 것이니 그 처분은 전부 취소될 수밖에 없다. 그런 점에서 자해행위로 인한 사망의 경우에 교육훈련 또는 직무수행과 사이에 상당인과관계가 인정되는 이상, 국가유공자에 해당하지 않는다고 하여 등록신청을 배척한 단순 거부처분은 그 자해행위를 하게 된 데에 불가피한 사유가 있었는지 여부 등과 상관없이 취소될 수밖에 없는 것이기는 하지만, 그렇다고 하여 그 처분의 취소가 곧바로 국가유공자로 인정되어야 한다는 것을 의미하는 것일 수는 없고, 불가피한 사유의 존부에 따라 국가유공자 또는 지원대상자로 인정될 수 있다는 것을 의미한다(대판 2013. 7. 11, 2013두2402[국가유공자유족등록거부처분취소]).

신청한 내용과 다른 내용으로 행정행위를 행하는 것, 즉 변경허가는 상대방이 이를 받아들이면 그대로 유효하고, 상대방이 받아들이지 않으면 그 변경허가를 거부처분으로 보고 거부처분취소소송 등을 제기하여야 한다.

상당한 기간이 지났음에도 응답하지 않으면 부작위가 된다.

신청기간이나 신청에 대한 처리기간이 정해진 경우 당해 기간규정이 강행규정인지 아니면 훈시규정인지가 문제되는데, 특별한 사정(명문의 규정 또는 제3자의 법적 이해관계 등)이 없는 한 훈시규정으로 보는 것이 타당하다. 처리기간을 넘긴 경우 당연히 부작위가 되는 것은 아니며 부작위의 요소인 '상당한 기간의 경과'의 판단에 있어 하나의 고려사유가 된다.

[판례] 경제자유무역법 제9조 제1항 본문의 실시계획을 작성하여 지식경제부장관의 승인을 얻어야 하는 시기에 관한 규정은 훈시규정에 해당한다(대판 2011. 2. 24, 2010두21464[부산·진해경제자유구역명지지구개발사업실시계획승인취소]).

(4) 신청내용의 보완 등

신청인은 처분이 있기 전에는 그 신청의 내용을 보완·변경하거나 취하(철회)할 수 있다. 다만, 다른 법령 등에 특별한 규정이 있거나 당해 신청의 성질상 보완·변경하거나 취하할 수 없는 경우(예 이해관계 있는 제3자가 있는 경우)에는 그러하지 아니하다(행정절차법 제17조 제 8 항). 이 경우의 신청의 보완은 신청의 하자를 전제로 하지 않으며 신청의 내용상의 보완을 의미한다. '그 신청의 성질상 보완·변경하거나 취하할 수 없는 경우'란 신청의 내용을 보완 또는 변경하는 것으로 인하여 제3자의 권익에 침해를 가져오는 경우 등을 말한다.

(5) 신청과 권리구제

신청에 대한 거부처분에 대하여는 의무이행심판이나 취소심판 또는 취소소송으로, 부작위에 대하여는 의무이행심판 또는 부작위위법확인소송으로 다툴 수 있다.

신청을 받은 날로부터 일정한 처리기간 이내에 인용 여부를 알리지 않은 때에는 그 처리기간이 지난 날의 다음날에 해당 인용처분(예 승인처분)이 이루어진 것으로 의제한다는 특별한 규정이 있는 경우에는 처리기간을 임의로 연장할 수 없고, 처리기간이 지난 날의 다음날에 해당 인용처분(예 승인처분)이 이루어진 것으로 의제된다.

> **[판례]** **원고가 피고에게 「중소기업창업 지원법」에 따라 사업계획 승인신청을 하였는데, 피고가 원고에게 「중소기업창업 지원법」 제33조 제3항에서 정한 처리기간 내에 처리기간 연장 통보를 한 다음, 연장된 처리기간 내에 한 승인불가처분을 다투는 사건** [1] 사업계획 승인신청 민원의 처리기간과 승인 의제에 관한 「중소기업창업법」(이하 '중소기업창업법'이라 한다) 제33조 제3항은 「민원 처리에 관한 법률」(이하 '민원처리법'이라 한다) 제3조 제1항에서 정한 '다른 법률에 특별한 규정이 있는 경우'에 해당한다고 보아야 한다. 따라서 사업계획승인 신청을 받은 시장 등은 민원처리법 시행령 제21조 제1항 본문에 따라 처리기간을 임의로 연장할 수 있는 재량이 없고, 사업계획승인 신청을 받은 날부터 20일 이내에 승인 여부를 알리지 않은 때에는 중소기업창업법 제33조 제3항에 따라 20일이 지난 날의 다음날에 해당 사업계획에 대한 승인처분이 이루어진 것으로 의제된다. [2] 원고가 피고에게 중소기업창업법에 따라 사업계획 승인신청을 하였는데, 피고는 사업계획승인 신청일로부터 20일의 처리기간 내에 처리기간 연장 통보를 한 다음, 연장된 기간 내에 승인불가처분을 하였음. 이에 대하여 원심은 원고의 사업계획승인 신청일로부터 20일의 처리기간이 지난 날의 다음날에 중소기업창업법 제33조 제3항에 따라 사업계획승인처분이 이루어진 효과가 발생하였으므로, 연장된 처리기간에 한 승인불가처분은 위법하다고 한 사례(대판 2021. 3. 11, 2020두42569[중소기업창업사업계획 승인불허가처분 취소]).

신청인은 접수거부와 부당하게 보완을 요구하는 신청서의 반려조치를 신청에 대한 거부처분으로 보고 항고소송을 제기할 수 있고, 그로 인하여 손해를 입은 경우에 국가배상을 청구할 수 있다.

적법한 신청에 대해 접수는 하였지만, 반려함이 없이 부당하게 보완명령을 한 경우 보완명령은 처분이 아니므로 당해 보완명령을 다툴 수는 없다. 다만, 신청인은 부작위위법확인소송을 제기하거나 보완명령이 실질적으로 거부처분에 해당하는 경우 거부처분취소소송을 제기할 수 있다.

6. 신 고 [2005 행시 약술(수리를 요하는 신고)]

[문제] 적법한 건축신고에 대해 행정청이 신고서를 반려하였음에도 건축을 강행하여 완성된 건축물은 위법건축물인가.

(1) 신고의 의의

신고(申告)라 함은 사인이 행정기관에게 일정한 사항을 알리는 것을 말한다.

협의(엄격한 의미)의 신고는 신고의무에 따른 신고를 말한다. 그런데, 법적으로 신고의무가 없는 신고도 있다. 소방시설 설치 및 관리에 관한 법률(약칭 소방시설법) 제55조 제1항에 따른 위반행위의 신고 등이 그에 해당한다.

(2) 신고의 종류 [2011 행시(재경직) 사례]

1) 자기완결적 신고와 수리(受理)를 요하는 신고 [2012 사시 사례]

행정기본법은 수리를 요하는 신고를 규정하고 있고, 행정절차법은 자기완결적 신고를 규정하고 있다.

행정기본법 제34조는 "법령등으로 정하는 바에 따라 행정청에 일정한 사항을 통지하여야 하는 신고로서 법률에 신고의 수리가 필요하다고 명시되어 있는 경우(행정기관의 내부 업무 처리 절차로서 수리를 규정한 경우는 제외한다)에는 행정청이 수리하여야 효력이 발생한다."고 규정하고 있다.

행정절차법 제40조 제1항은 "법령등에서 행정청에 일정한 사항을 통지함으로써 의무가 끝나는 신고를 규정한 경우 신고를 관장하는 행정청은 신고에 필요한 구비서류, 접수기관, 그 밖에 법령등에 따른 신고에 필요한 사항을 게시하거나 이에 대한 편람을 갖추어 두고 누구나 열람할 수 있도록 하여야 한다."고 규정하고, 동조 제2항에서 신고요건(1. 신고서의 기재사항에 흠이 없을 것, 2. 필요한 구비서류가 첨부되어 있을 것, 3. 그 밖에 법령등에 규정된 형식상의 요건에 적합할 것)을 갖춘 신고서가 접수기관에 도달된 때에 신고 의무가 이행된 것으로 본다고 규정하고 있다.

가. 자기완결적 신고

(가) 의 의 **자기완결적 신고**(自己完結的 申告)는 신고의 요건을 갖춘 신고만 하면 신고의무를 이행한 것이 되는 신고를 말한다. 자기완결적 신고는 자족적 신고, 자체완성적 공법행위로서의 신고 등으로도 불린다.

자기완결적 신고의 경우 적법한 신고(신고요건을 갖춘 신고)만 있으면 신고의무를 이행한 것이 되고 신고의 효과가 발생한다. 따라서, 적법한 신고만 있으면 행정청의 수리가 없더라도 신고의 대상이 되는 행위를 적법하게 할 수 있고, 과태료나 벌금의 부과 등 어떠한 불이익도 받지 않는다.

(나) 성질과 권리구제 자기완결적 신고의 수리는 단순한 접수행위로서 법적 효과를 발생시키지 않는 사실행위이다.

따라서, 자기완결적 신고의 수리행위나 수리거부행위는 원칙상 항고소송의 대상이 되는 처분이 아니다.

[판례] 구 체육시설의설치·이용에관한법률 제16조, 제34조, 같은법시행령 제16조의 규정을 종합하여 볼 때, 등록체육시설업에 대한 사업계획의 승인을 얻은 자는 규정된 기한 내에 사업시설의 착공계획서를 제출하고 그 수리 여부에 상관없이 설치공사에 착수하면 되는 것이지, 착공계획서가 수리되어야만 비로소 공사에 착수할 수 있다거나 그 밖에 착공계획서 제출 및 수리로 인하여 사업계획의 승인을 얻은 자에게 어떠한 권리를 설정하거나 의무를 부담케 하는 법률효과가 발생하는 것이 아니므로 행정청이 사업계획의 승인을 얻은 자의 착공계획서를 수리하고 이를 통보한 행위는 그 착공계획서 제출사실을 확인하는 행정행위에 불과하고 그를 항고소송이나 행정심판의 대상이 되는 행정처분으로 볼 수 없다(대판 2001. 5. 29, 99두10292).

다만, 자기완결적 신고 중 금지해제적 신고의 경우에 신고가 반려될 경우 당해 신고의 대상이 되는 행위를 하면 시정명령, 이행강제금, 벌금의 대상이 되는 등 신고인이 법적 불이익을 받을 위험이 있는 경우(예 착공신고)에는 그 위험을 제거할 수 있도록 하기 위하여 신고거부(반려)행위의 처분성을 인정할 필요가 있다. 판례도 이러한 입장을 취하고 있다.

[판례] 행정청의 착공신고 반려행위가 항고소송의 대상이 되는지 여부(적극): 구 건축법의 관련 규정에 따르면, 행정청은 착공신고의 경우에도 신고 없이 착공이 개시될 경우 건축주 등에 대하여 공사중지·철거·사용금지 등의 시정명령을 할 수 있고(제69조 제1항), 시정명령을 받고 이행하지 아니한 건축물에 대하여는 당해 건축물을 사용하여 행할 다른 법령에 의한 영업 기타 행위의 허가를 하지 않도록 요청할 수 있으며(제69조 제2항), 요청을 받은 자는 특별한 이유가 없는 한 이에 응하여야 하고(제69조 제3항), 나아가 행정청은 시정명령의 이행을 하지 아니한 건축주 등에 대하여는 이행강제금을 부과할 수 있으며(제69조의2 제1항 제1호), 또한 착공신고를 하지 아니한 자는 200만 원 이하의 벌금에 처해질 수 있다(제80조 제1호,제9조). 이와 같이 건축주 등으로서는 착공신고가 반려될 경우, 당해 건축물의 착공을 개시하면 시정명령, 이행강제금, 벌금의 대상이 되거나 당해 건축물을 사용하여 행할 행위의 허가가 거부될 우려가 있어 불안정한 지위에 놓이게 된다. 따라서 착공신고 반려행위가 이루어진 단계에서 당사자로 하여금 반려행위의 적법성을 다투어 법적 불안을 해소한 다음 건축행위에 나아가도록 함으로써 장차 있을지도 모르는 위험에서 미리 벗어날 수 있도록 길을 열어 주고, 위법한 건축물의 양산과 철거를 둘러싼 분쟁을 조기에 근본적으로 해결할 수 있게 하는 것이 법치행정의 원리에 부합한다. 그러므로 행정청의 착공신고 반려행위는 항고소송의 대상이 된다고 보는 것이 옳다(대판 2011. 6. 10, 2010두7321[착공신고서처리불가처분취소]).

금지해제적 신고의 반려(수리거부)는 금지하명으로서 행정소송법상 처분에 해당한다는 견해(김중권)도 있다.

나. 수리를 요하는 신고 [2009 행시(일반행정직), 2015 사시, 2017 사시]

(가) 의 의 수리(受理)를 요하는 신고는 신고가 수리되어야 신고의 효과가 발생하는

신고를 말한다. 수리를 요하는 신고는 행위요건적 신고, 행정요건적 공법행위로서의 신고, 수리행위가 있는 신고 등으로도 불린다. 수리를 요하는 신고는 규제완화를 위해 허가제를 신고제로 바꾸면서 허가와 자기완결적 신고 사이에 규제의 격차가 너무 큰 점에 착안하여 허가와 자기완결적 신고 사이에 위치하는 규제수단이 필요하다는 행정의 필요에서 탄생한 규제수단의 하나이다.

(나) 성질과 권리구제 ① 신고의 요건을 갖춘 신고가 있었다 하더라도 수리되지 않으면 신고가 되지 않은 것으로 보는 것이 다수설 및 판례의 입장이다.

수리를 요하는 신고의 경우에 수리는 행정행위인 수리행위이고, 수리거부는 거부처분에 해당하며 항고소송의 대상이 될 수 있다는 것이 일반적 견해이다.

② 수리를 요하는 신고를 실질적으로 허가라고 보는 견해, 수리를 요하는 신고를 실질적으로 등록이라고 보는 견해, 수리를 요하는 신고를 허가 및 등록과 구별되는 독자적 행위형식으로 보는 견해가 있다.

본래 등록(전형적 등록, 공시적 등록)은 등록사항을 공적 장부인 등록부에 등재하여 공시하는 행정행위(공증행위)의 성질을 갖는다. 전형적 등록(자동차등록, 정당등록 등)은 신청을 전제로 하는 점에서 신고와 구별되고, 항상 금지해제의 효과를 갖는 것은 아닌 점에서 허가와 구별된다. 그런데 실정법령상 전형적 등록과 신고는 명확히 구별되지 않고 있다. 예를 들면, 주민등록은 강학상 등록으로 보아야 하는데, 실정법령상 신고로 규정되어 있다. 등록은 기속행위인 점, 오늘날 신고의 경우에도 신고된 사항을 기재하여 공시하는 경우가 늘어나고 있는 점 등에서 신고와 전형적 등록은 접근해가고 있다. 실정법령상 등록이라는 명칭을 사용하는 경우 중 요건이 완화되었을 뿐 실질은 허가인 경우(예 석유판매업등록)가 많다. 이러한 등록을 **변형된 등록**(허가적 등록)이라 할 수 있는데, 변형된 등록은 허가 보다 요건이 완화되었을 뿐 실질은 허가라고 보아야 한다.

판례는 수리를 요하는 신고를 허가와 **구별**하고 있지만(후술 대판 2014. 4. 10, 2011두6998[노동조합설립신고반려처분취소]), 수리를 요하는 신고와 허가가 어떻게 구별되는지에 관하여는 아직 판례가 충분히 형성되어 있지 못하다. 대규모점포의 개설 등록을 이른바 '수리를 요하는 신고'로 본 판례가 있다(대판 전원합의체 2015. 11. 19, 2015두295[영업시간제한등처분취소]). 대규모점포의 개설등록은 '변형된 허가 내지 완화된 허가의 성질을 갖는 등록'인데, 수리를 요하는 신고로 본 것이다. 그런데, 이 판례는 해당 사건의 해결과 무관할 뿐만 아니라 논거의 제시도 없는 점, 수리를 요하는 신고와 허가(변형된 등록)를 구별하여야 하는 점에서 문제가 있다. 따라서 이 판례를 법원의 확립된 판례로 보기는 어렵다.

생각건대, 신고와 허가는 명확히 구별되는 것이고, 수리를 요하는 신고도 신고인 이상 허가와 구별하는 것이 타당하다. 입법자가 신고로 규정한 것을 허가와 유사한 것으로 보는 것은 입법자의 의사에 반하는 것이다. "수리를 요하는 신고"는 신고의 한 유형으로서 전형적 신고인 자기완결적 신고와 허가 또는 변형된 등록의 중간적인 규제수단으로 보는 것이 타당하다.

다음과 같이 수리를 요하는 신고를 허가와 구별하는 것이 타당하다.

① 신고제와 허가제는 구별되는 것이다. 신고는 수리행위가 아니라 신고행위에 중점이 있고, 허가는 신청행위가 아니라 허가에 중점이 있다. ② 수리를 요하는 신고는 신고의 성질에 비추어 신고요건을 충족하면 신고

의 대상이 되는 행위를 할 수 있는 것으로 보아야 하므로 그 수리행위는 예외 없이 기속행위로 보아야 한다(대판 2018. 10. 25, 2018두44302: 의료법이 병원의 개설은 허가제로 하고 의원의 개설은 신고제로 구분하여 규정한 취지는 신고 대상인 의원급 의료기관 개설의 경우 행정청이 법령에서 정하고 있는 요건 이외의 사유를 들어 신고 수리를 반려하는 것을 원칙적으로 배제하여야 한다는 것이라고 한 사례). 다만, 판례는 극히 예외적으로 납골당설치신고를 수리를 요하는 신고로 보면서도 기속(거부)재량행위로 보았는데(대법원 2010. 9. 9. 선고 2008두22631 판결), 신고제의 성격에 비추어 이 판례는 타당하지 않다고 생각한다. 이에 반하여 허가의 경우에는 후술하는 바와 같이 수리를 요하는 신고에서 보다 널리 기속재량(거부재량)이 인정되고 있고, 기속재량(거부재량)을 인정할 법리적 근거도 있다. ③ 허가의 경우 허가요건을 충족한 신청의 경우 허가가 거부되었음에도 허가의 대상이 되는 행위를 하는 것은 무허가영업으로 처벌되는 것에 이견이 없다. 수리를 요하는 신고의 경우 적법한 신고(신고요건을 충족한 신고)가 있으면 수리되지 않아도 신고의무를 이행한 것으로 보고, 신고의 대상이 되는 행위를 하여도 미신고 행위(영업)가 되는 것이 아니므로 처벌의 대상에서 제외되는 것으로 볼 수 있다는 견해가 있다. 후술하는 바와 같이 형사판결은 이러한 입장을 취하고 있는 것으로 보인다. ④ 수리를 요하는 신고의 절차는 허가절차와 달리 완화된 절차로 규정된다.

다. 자기완결적 신고와 수리를 요하는 신고의 구별

(가) 구별기준 ① **개별법률에서 수리를 요하는 신고를 명시한 경우**: 행정기본법 제34조에 따르면 자기완결적 신고와 수리를 요하는 신고의 구별기준은 **신고를 규정한 개별법령의 규정** 달리 말하면 **입법자의 의사**이다. 즉, 행정기본법에 따르면 '법률에 신고의 수리가 필요하다고 명시되어 있는 경우(행정기관의 내부 업무 처리 절차로서 수리를 규정한 경우는 제외한다)에 해당 신고'는 '수리를 요하는 신고'이고, 그러한 규정이 없는 신고는 자기완결적 신고이다. 다만, '행정기관의 내부 업무 처리 절차로서 수리를 규정한 경우'(예 「가족관계의 등록 등에 관한 법률」 제21조 출생·사망의 동 경우 신고 등)는 행정기본법 제34조의 수리를 요하는 신고로 보지 않는다.

「행정기본법」 제34조에 따라 수리를 요하는 신고를 규정하는 개별법률에서는 **'신고의 효력이 발생하기 위해 신고의 수리가 필요하다는 규정'**을 두어야 하는데, 문제는 '신고의 수리가 필요하다'는 규정을 어떠한 문언으로 표현하여 규정할 것인가 하는 것이다. 실제 개별법률에서는 문언상 '신고의 수리가 필요하다'고 규정되어 있지 않다. **법제처의 입장에 따르면** '신고의 수리가 필요하다고 명시된 경우'란 '신고의 수리가 필요하다'라는 문언을 의미하는 것이 아니라 **신고의 수리가 필요하다는 것을 인지할 수 있는 수준의 표현이면 족하다.** 예를 들면, 개별법률에서 '수리여부를 통지하여야 한다', '조건을 붙이거나 유효기간을 정하여 수리할 수 있다', '신고수리 전에'와 같은 문언으로 규정되어 있거나, 신고 수리 간주규정[8]을 두고 있는 경우에는 '신고의 수리가 필요하다'고 규정한 것으로 본다. 즉, 해당 신고를 수리를 요하는 신고로 본다(법제처, 행정기본법 해설서, 350면).

> 체육시설의 설치 · 이용에 관한 법률
>
> 제20조(체육시설업의 신고) ①제10조 제1항 제2호에 따른 체육시설업을 하려는 자는 제11조에 따른 시설을 갖추어 문화체육관광부령으로 정하는 바에 따라 특별자치시장·특별자치도지사·시장·군수 또는 구청장에게 신고하여야 한다.

8) 수리 간주규정이란, 법령에서 정한 처리기간 내에 신고수리 여부 또는 처리기간의 연장을 신고인에게 알리지 않으면 신고를 수리한 것으로 보는 것으로 규정하고 있는 규정을 말한다.

② (생략)

③ 특별자치시장·특별자치도지사·시장·군수 또는 구청장은 제1항에 따른 신고를 받은 경우에는 신고를 받은 날부터 7일 이내에, 제2항에 따른 변경신고를 받은 경우에는 변경신고를 받은 날부터 5일 이내에 신고수리 여부를 신고인에게 통지하여야 한다.

④ 특별자치시장·특별자치도지사·시장·군수 또는 구청장이 제3항에서 정한 기간 내에 신고수리 여부나 민원 처리 관련 법령에 따른 처리기간의 연장 여부를 신고인에게 통지하지 아니하면 그 기간이 끝난 날의 다음 날에 신고를 수리한 것으로 본다.

그러나, 이러한 문언상의 규정, 특히 '수리 여부를 통지하여야 한다'는 문언이 자기완결적 신고와 수리를 요하는 신고의 구별을 명확하게 하는 기준이 될 수 있는지 의문이 제기될 수 있다. 자기완결적 신고라 할지라도 금지해제적 신고의 경우 신고 상대방에게 수리 여부를 통지하는 것은 절차의 통지로 민원의 투명하고 신속한 처리와 일선 행정기관의 적극행정을 유도할 수 있다는 점에서 바람직하다. 그런데 수리 여부 통지를 자기완결적 신고와 수리를 요하는 신고의 구별기준으로 삼는다면 자기완결적 신고에 대해서는 수리(접수) 통지를 규정할 수 없게 된다는 모순이 발생한다. 따라서 '수리 통지 여부'나 '수리 간주규정'이 수리를 요하는 신고로 보는데 있어 고려사항은 될 수는 있지만 결정적인 근거가 되지는 못한다고 보는 것이 타당하다. 신고수리 여부 통지 규정 및 수리 간주 규정이 있는 경우는 수리를 요하는 신고로 추정는 것이 타당하다. 입법론으로는 자기완결적 신고의 경우에는 '신고하여야 하고, 적법한 신고만으로 신고의 효력이 발생한다'라고 규정하고, 수리를 요하는 신고를 규정하는 경우에는 '신고하여야 하고, 신고의 수리가 있어야 신고에 따른 효력이 발생한다.'라고 명시하는 것이 바람직하다.

종래 판례는 건축신고를 자기완결적 신고로 보는데, 2017.4.18. 건축법 제14조 제3항의 개정으로 수리 여부 통보규정이 두어졌으므로 건축신고는 수리를 요하는 신고가 되었다는 것이 법제처 실무의 입장이지만(법제처, 행정기본법 해설서 348면 각주 342 참조), 이러한 해석에는 전술한 바와 같이 문제가 없지 않다.

현재 판례는 일반 건축신고를 건축허용성 심사 등 실체적 심사가 가능한 수리를 요하는 신고로 본다(후술 참조).

② **개별법률에서 수리를 요하는 신고를 명시하지 못한 경우**: 입법의 착오나 결함에 의해 **수리를 요하는 신고로 규정하려는 입법의사가 애매한 경우에는 '신고 요건의 성질 및 신고요건에 대한 심사 방식 등'을 기준으로** 자기완결적 신고와 수리를 요하는 신고를 구별하여야 한다. 즉, 행정절차법 제40조 규정에 비추어 신고요건이 형식적 요건만인 신고는 원칙상 자기완결적 신고로 보아야 한다. 신고요건이 형식적 요건뿐만 아니라 실체적 요건을 포함하는 경우에는 실체적 요건의 충족 여부에 대한 심사(필요한 경우에는 실질적 심사)를 거쳐 수리 여부를 결정하여야 하므로 원칙상 수리를 요하는 신고로 보아야 한다. 다만, 신고의 대상이 되는 활동의 실질적 기준이 규정되어 있고 그 기준을 갖추지 않고 신고의 대상이 되는 활동을 하면 처벌하는 것으로 규정하고 있는 경우에도 해당 기준이 신고요건으로 규정되지 않고 사후규제사유로 규정되어 있어 형식적 요건만 신

고요건으로 규정된 것으로 볼 수 있는 경우에는 자기완결적 신고로 보아야 한다.

다음과 같은 경우는 **예외**에 속한다. i) 개별법상 신고요건에 실체적 요건이 포함된 경우에도 적법한 신고만으로 신고의 효력이 발생하는 것으로 규정되어 있는 경우에는 해당 신고를 자기완결적 신고로 보아야 한다.

ii) 신고의 수리가 있어야 구체적인 법적 효과가 발생하는 것으로 규정되어 있는 경우(예, 혼인신고 등)에는 (형식적 심사만 하는 것으로 규정되어 있더라도) 수리를 요하는 신고로 보아야 한다.

iii) 자기완결적 신고로 인허가가 의제되는 경우에는 **신고수리기관이 의제되는 인허가의 실질적인 요건을 심사하여야 하므로** 당해 신고는 수리를 요하는 신고로 되고 신고의 수리 및 수리거부는 처분이 된다고 보아야 할 것이다(대판 전원합의체 2011. 1. 20, 2010두14954).

iv) **판례는 영업양도 등의 신고(영업자지위승계신고)**를 영업의 종류에 따라 **허가영업의 양도·양수의 신고는 허가의 변경신청으로**, 등록영업의 양도·양수의 신고는 등록의 변경신청으로, 수리를 요하는 신고영업인 경우에는 수리를 요하는 신고의 변경신고(즉 수리를 요하는 신고)로, 자기완결적 신고영업인 경우에는 자기완결적 신고의 변경신고(즉 자기완결적 신고)로 본다. 이러한 판례의 견해를 지지하는 견해가 적지 않지만, 영업양도 등의 신고(영업자지위승계신고)는 신고로 규정한 입법자의 의사를 존중하여 신고(구별기준에 따라 수리를 요하는 신고 또는 자기완결적 신고)로 보는 것이 타당하다. 대물적 영업(사업)허가는 양도양수계약에 의해 이전되므로 **대물적 영업(사업)허가 양도양수 신고 및 사업자명의변경신고**는 특별한 사정(예 안전등의 이유로 대물적 허가의 요건을 행정청이 직접 확인할 필요가 있는 경우 등)이 없는 한 자기완결적신고(정보제공적 신고)로 입법되는 것이 타당하고(예 궤도운송법 제9조 참조), 입법의사가 명확하지 않을 때에는 **자기완결적신고(정보제공적 신고)로 보는 것이 타당하다.**

[판례] 액화석유가스충전사업 지위승계신고 수리행위가 행정처분에 해당하는지 여부(적극): 액화석유가스의 안전 및 사업관리법 제7조 제2항에 의한 사업양수에 의한 지위승계신고를 수리하는 허가관청의 행위는 단순히 양도, 양수자 사이에 발생한 사법상의 사업양도의 법률효과에 의하여 양수자가 사업을 승계하였다는 사실의 신고를 접수하는 행위에 그치는 것이 아니라 실질에 있어서 양도자의 사업허가를 취소함과 아울러 양수자에게 적법히 사업을 할 수 있는 법규상 권리를 설정하여 주는 행위로서 사업허가자의 변경이라는 법률효과를 발생시키는 행위이므로 허가관청이 법 제7조 제2항에 의한 사업양수에 의한 지위승계신고를 수리하는 행위는 행정처분에 해당한다(대판 1993. 6. 8, 91누11544[건축허가무효확인 등]; 2012. 12. 13, 2011두29144[유원시설업허가처분등취소]). 〈해설〉 판례는 허가사업양수에 의한 지위승계신고수리의 실질을 허가의 변경처분(양도인에 대한 허가의 취소와 양수인에 대한 허가의 부여)으로 보았다.

(나) 구별실익 ① **신고의 효력 발생시점:** 자기완결적 신고의 경우 적법한 신고가 있으면 신고(접수)시 신고의 효력이 발생한다. 수리를 요하는 신고의 경우 적법한 신고가 있더라도 수리행위가 있어야 신고의 효력이 발생한다. 그리하여 수리를 요하는 영업신고에 있어서 신고가 적법하더라도 수리행위가 없는 경우 해당 영업은 불법영업이 된다.

② **신고 수리 및 신고 접수거부의 처분성:** 수리를 요하는 신고의 수리는 행정행위이므로 행정절차법이나 행정쟁송법상 처분이다. 자기완결적 신고의 수리나 수리 거부는 단순한 사실행위(접수행위)에 불과하므로 원칙상 처분이 아니다. 다만, 자기완결적 신고의 수리나 수리 접수거부가 국민

의 권익에 직접 영향을 미치는 경우 즉 처분성을 갖는 경우에는 행정절차법이나 행정쟁송법상 처분이 된다. 전술한 바와 같이 판례는 금지해제적 자기완결적 신고로서 신고의 접수 거부로 신고인이 법적 불이익을 받을 우려가 있는 경우에는 해당 신고 접수거부의 처분성을 인정한다.

③ **신고의 수리가 거부된 경우 신고의무자의 처벌:** 자기완결적 신고의 경우 적법한 신고가 있으면 신고가 접수거부되더라도 신고시 신고의 효력이 발생하므로 신고의 대상이 되는 행위를 한 자는 처벌의 대상이 되지 않는다. 수리를 요하는 신고의 경우에 적법한 신고를 하였지만, 수리가 거부되었음에도 신고의 대상이 되는 영업 등 행위를 한 경우 처벌의 대상이 되는지가 문제된다. 이 경우 해당 영업 등 행위는 불법행위이므로 처벌의 대상이 된다는 견해(처벌긍정설)가 있다. 그러나, 통상 처벌실정법령상 '수리 없이'가 아니라 '신고를 하지 아니하고 영업을 한 자'를 처벌의 대상(구성요건)으로 규정하고 있으므로 **수리를 요하는 신고의 경우에도 적법한 신고를 하였다면** 수리가 거부된 경우에 신고의 대상이 되는 행위를 하였어도 처벌할 수 없다고 보는 것이 타당하다(처벌부정설).

체육시설의 설치 · 이용에 관한 법률

제38조(벌칙) ②다음 각 호의 어느 하나에 해당하는 자는 1년 이하의 징역 또는 1천만원 이하의 벌금에 처한다.

1. 제20조 제1항에 따른 신고를 하지 아니하고 체육시설업(문화체육관광부령으로 정하는 소규모 업종은 제외한다)의 영업을 한 자

2) 정보제공적 신고와 금지해제적 신고

행정청에게 행정의 대상이 되는 사실에 관한 정보를 제공하는 기능을 갖는 신고를 **정보제공적 신고**(사실파악형 신고)라고 한다. 정보제공적 신고의 대상은 금지된 행위가 아니라 본래 자유롭게 할 수 있는 행위이다. 따라서, 정보제공적 신고의 경우에는 신고 없이 행위를 하여도 신고 없이 한 행위 자체는 위법하지 않다. 따라서, 정보제공적 신고에서의 신고의무 위반에 대하여는 논리상 형벌이 아니라 과태료를 부과하여야 한다. 집회신고는 정보제공적 신고인데(대판 전원합의체 2012. 4. 19, 2010도6388[국가공무원법위반 · 집회및시위에관한법률위반]), 그 신고의무 위반에 대해 형벌을 과하는 것으로 규정되어 있다(집회 및 시위에 관한 법률 제21조). 정보제공적 신고는 항상 자기완결적 신고이다.

금지된 행위에 대해 그 금지를 해제하는 효력을 갖는 신고를 **규제적 신고** 내지 **금지해제적 신고**(신고유보부 금지)라고 한다. 금지해제적 신고의 대상은 법상 금지된 행위로서 신고에 의해 그 금지가 해제된다. 금지해제적 신고의 경우에는 신고 없이 한 행위는 법상 금지된 행위로서 위법한 행위가 되므로 행정형벌의 대상이 될 수 있으며 시정조치의 대상이 된다.

수리를 요하는 신고는 금지해제적 신고이다. 자기완결적 신고는 정보제공적 신고인 경우도 있고, 건축신고 등과 같이 금지해제적 신고인 경우도 있다. 금지해제적 신고로 해석되는 신고는 일응 정보제공적 신고로서의 성격을 포함한다고 볼 것이다.

(3) 신고요건과 신고요건의 심사

1) 자기완결적 신고의 요건

자기완결적 신고는 행정절차법 제40조 제2항의 신고요건을 갖추어야 한다. 자기완결적 신고의 요건은 원칙상 형식적 요건이다.

형식적 요건이라 함은 신고서, 첨부서류 등 신고서류만으로 확인되는 요건을 말한다. **실질적(실체적) 요건**이라 함은 안전 등 공익을 보장하기 위하여 요구되는 인적·물적 요건을 말한다. 신고요건 중 형식적 요건에 대한 심사는 신고서류만에 의한 **형식적 심사**를 행한다.

자기완결적 신고에서 행정청은 실체적 사유를 들어 신고 수리를 거부할 수 없다.

[판례 1] [1] 정보통신매체를 이용하여 원격평생교육을 불특정 다수인에게 학습비를 받고 실시하는 경우에는 이를 신고하여야 하나, 구 평생교육법(2007. 10. 17. 법률 제8640호로 개정되기 전의 것, 이하 '법'이라 한다) 제22조가 신고를 요하는 제2항과 신고를 요하지 않는 제1항에서 '학습비' 수수 외에 교육대상이나 방법 등 다른 요건을 달리 규정하고 있지 않을 뿐 아니라 제2항에서도 학습비 금액이나 수령 등에 관하여 아무런 제한을 하고 있지 않은 점에 비추어 볼 때, 행정청으로서는 신고서 기재사항에 흠결이 없고 정해진 서류가 구비된 때에는 이를 수리하여야 하고, 이러한 형식적 요건을 모두 갖추었음에도 신고대상이 된 교육이나 학습이 공익적 기준에 적합하지 않는다는 등 실체적 사유를 들어 신고수리를 거부할 수는 없다. [2] 전통민간요법인 침·뜸행위를 온라인을 통해 교육할 목적으로 인터넷 침·뜸 학습센터를 설립한 甲이 구 평생교육법(2007. 10. 17. 법률 제8640호로 개정되기 전의 것) 제22조 제2항 등에 따라 평생교육시설로 신고하였으나 관할 행정청이 교육내용이 의료법에 저촉될 우려가 있다는 등의 사유로 이를 반려하는 처분을 한 사안에서, 관할 행정청은 신고서 기재사항에 흠결이 없고 정해진 서류가 구비된 이상 신고를 수리하여야 하고 형식적 요건이 아닌 신고내용이 공익적 기준에 적합하지 않다는 등 실체적 사유를 들어 이를 거부할 수 없으므로, 형식적 심사범위에 속하지 않는 사항을 수리거부사유로 삼았다는 이유로, 위 처분은 위법하다고 한 사례(대판 2011. 7. 28, 2005두11784[원격평생교육신고서반려처분취소]).

[판례 2] 건축에 관한 허가·신고 및 변경에 관한 구 건축법 제16조 제1항, 구 건축법 시행령 제12조 제1항 제3호, 제4항, 구 건축법 시행규칙 제11조 제1항 제1호, 제3항의 문언 내용 및 체계 등과 아울러 관련 법리들을 종합하면, 건축허가를 받은 건축물의 양수인이 건축주 명의변경을 위하여 건축관계자 변경신고서에 첨부하여야 하는 구 건축법 시행규칙 제11조 제1항에서 정한 '권리관계의 변경사실을 증명할 수 있는 서류'란 건축할 대지가 아니라 허가대상 건축물에 관한 권리관계의 변경사실을 증명할 수 있는 서류를 의미하고, 그 서류를 첨부하였다면 이로써 구 건축법 시행규칙에 규정된 건축주 명의변경신고의 형식적 요건을 갖추었으며, 허가권자는 양수인에 대하여 구 건축법 시행규칙 제11조 제1항에서 정한 서류에 포함되지 아니하는 '건축할 대지의 소유 또는 사용에 관한 권리를 증명하는 서류'의 제출을 요구하거나, 양수인에게 이러한 권리가 없다는 실체적인 이유를 들어 신고의 수리를 거부하여서는 아니 된다(대판 2015. 10. 29, 2013두11475[건축관계자변경신고서반려처분취소]).

[판례 3] 허가대상 건축물의 양수인이 구 건축법 시행규칙에 규정되어 있는 형식적 요건을 갖추어 시장·군수 등 행정관청에 적법하게 건축주의 명의변경을 신고한 때에는 행정관청은 그 신고를 수리하여야지 실체적인 이유를 내세워 신고의 수리를 거부할 수는 없다(대판 2014. 10. 15, 2014두37658).

신고의 대상이 되는 활동의 실체적 기준(인적·물적 기준)이 규정되어 있고 그 기준을 갖추지 않고 신고의 대상이 되는 활동을 하면 처벌하는 것으로 규정하고 있는 경우에도 **해당 기준이 신고요건으로 규정되지 않고 사후규제사항으로 규정**되어 있어 형식적 요건만 신고요건으로 규정된 것으로 볼 수 있는 경우에는 자기완결적 신고로 보아야 한다. 그리고, 이 경우에는 해당 실체적 기준의 결여라는 사유를 이유로 신고의 수리를 거부할 수 없다.

2) 수리를 요하는 신고의 요건

수리를 요하는 신고는 형식적인 요건 이외에 일정한 실질적 요건을 신고의 요건으로 하고 있다.

예를 들면, 체육시설의 설치·이용에 관한 법률 제22조는 체육시설업의 신고에 일정한 시설기준(동법 제11조 제1항, 동법 시행규칙 제8조 별표4)을 갖출 것을 요건으로 하고 있다.

판례는 수리를 요하는 신고에서 행정청의 실질적 요건에 관한 심사는 해당법령에 정한 요건만에 한정되는 것이 아니라 관계되는 다른 법령에서 요구하는 실질적 요건도 대상으로 할 수 있고, 이를 충족시키지 못하면 그 신고는 수리할 수 없는 것으로 본다(대판 1993. 4. 27, 93누1374 등).

[판례 1] 건축법상 무허가건물에 대한 체육시설의 설치·이용에 관한 법률에 따른 골프연습장의 신고(대판 1993. 4. 27, 93누1374[체육시설업신고서반려처분취소]), 학교보건법 소정의 요건을 갖추지 아니한 체육시설업(당구장업)의 신고는 적법한 신고라고 할 수 없다(대판 1998. 4. 24, 97도3121).

[판례 2] 일괄심사 대상인 토지형질변경에 대한 심사 없이 이루어진 건축신고 수리처분의 적법 여부를 다투는 사건: [1] 국토계획법 제56조 제4항 제3호, 국토계획법 시행령 제53조 제3호 (다)목에 따라 개발행위허가를 받지 않아도 되는 경미한 토지형질변경[조성이 완료된 기존 대지에 건축물이나 그 밖의 공작물을 설치하기 위한 토지의 형질변경(절토 및 성토는 제외한다)]의 범위: 조성이 완료된 기존 대지에 건축물을 설치하기 위한 경우라 하더라도 절토나 성토를 한 결과 최종적으로 지반의 높이가 50㎝를 초과하여 변경되는 경우에는 비탈면 또는 절개면이 발생하는 등 그 토지의 외형이 실질적으로 변경되므로, 토지형질변경에 대한 별도의 개발행위허가를 받아야 할 것이고, 그 절토 및 성토가 단순히 건축물을 설치하기 위한 토지의 형질변경이라는 이유만으로 국토계획법 시행령 제53조 제3호 (다)목에 따라 개발행위허가를 받지 않아도 되는 경미한 행위라고 볼 수 없다. [2] 토지형질변경에 대한 심사 없이 이루어진 건축신고 수리처분이 위법하다고 볼 수 있는 경우: 건축물의 건축은 건축주가 그 부지를 적법하게 확보한 경우에만 허용될 수 있다. 여기에서 '부지 확보'란 건축주가 건축물을 건축할 토지의 소유권이나 그 밖의 사용권원을 확보하여야 한다는 점 외에도 해당 토지가 건축물의 건축에 적합한 상태로 적법하게 형질변경이 되어 있는 등 건축물의 건축이 허용되는 법적 성질을 지니고 있어야 한다는 점을 포함한다. 이에 수평면에 건축할 것으로 예정된 건물을 경사가 있는 토지 위에 건축하고자 건축신고를 하면서, 그 경사 있는 토지를 수평으로 만들기 위한 절토나 성토에 대한 토지형질변경허가를 받지 못한 경우에는 건축법에서 정한 '부지 확보' 요건을 완비하지 못한 것이 된다. 따라서 건축행정청이 추후 별도로 국토계획법상 개발행위(토지형질변경)허가를 받을 것을 명시적 조건으로 하거나 또는 묵시적인 전제로 하여 건축주에 대하여 건축법상 건축신고 수리처분을 한다면, 이는 가까운 장래에 '부지 확보' 요건을 갖출 것을 전제로 한 경우이므로 그 건축신고 수리처분이 위법하다고 볼 수는 없지만(대법원 2020. 7. 23. 선고 2019두31839 판결 참조), '부지 확보' 요건을 완비하지 못한 상태에서 건축신고 수리처분이 이루어졌음에도 그 처분 당시 건축주가 장래에도 토지형질변경허가를 받지 않거나 받지 못할 것이 명백하였다면, 그 건축신고 수리처분은 '부지 확보'라는 수리요건이 갖추어지지 않았음이 확정된 상태에서 이루어진 처분으로서 적법하다고 볼 수 없다. [3] 피고보조참가인이 최대 4m의 절토 및 최대 1,211mm의 성토를 하여 대지를 조성한 뒤 그 위에 우사를 건축하겠다는 건축신고를 하면서 토지형질변경에 관한 일괄심사(인허가의제) 신청을 하지 않았고, 이에 피고 행정청이 토지형질변경에 관한 심사 없이 피고보조참가인의 건축신고를 수리한 사안에서 위와 같은 절토 및 성토에 대하여는 건축신고와는 별도로 국토계획법상 토지형질변경 허가를 받아야 하고, 장래에 그와 같은 토지형질변경 허가가 예정되지 않은 채 건축신고 수리처분이 이루어진 것이라면 그 건축신고 수리처분 또한 위법하다고 볼 수 있다고 한 사례(대판 2023. 9. 21, 2022두31143[건축신고수리처분취소]).

〈해설〉 '부지 확보'가 건축신고의 실질적 요건인 경우에 '부지 확보' 요건을 완비하지 못한 상태에서 행해진 건축신고 수리처분의 위법 여부가 다투어진 사건이다. 그 건축신고 수리처분은 '부지 확보'라는 수리요건이 갖추어지지 않았음이 확정된 상태에서 이루어진 경우(예, 그 처분 당시 건축주가 장래에도 토지형질변경허가를 받지 않거나 받지 못할 것이 명백한 경우)에는 위법하다고 한 사례이다.

3) 신고요건의 심사

수리를 요하는 신고의 경우에는 요건에 대한 형식적 심사만을 거친다고 보는 견해(홍정선)도 있지만, 다수견해는 수리를 요하는 신고에서는 행정청이 실체적 요건(실질적 요건)에 대한 **실질적 심사**를 행할 수 있다고 본다. **판례**의 입장도 그러하다. 다만, 노동조합설립신고의 경우에는 허가제와 구별되는 신고제로서의 성격을 고려하여 우선 제출서류 등으로 형식적 심사를 행하고 그 요건에의 해당 여부가 문제된다고 볼 만한 객관적인 사정이 있는 경우에 한하여 실질적인 심사를 하는 것이 타당하다는 입장이다.

[판례] 행정관청이 노동조합으로 설립신고를 한 단체가 노동조합 및 노동관계조정법 제2조 제4호 각 목에 해당하는지 여부를 실질적으로 심사할 수 있는지 여부(적극) 및 실질적 심사의 기준: 노동조합 및 노동관계조정법(이하 '노동조합법'이라 한다)이 행정관청으로 하여금 설립신고를 한 단체에 대하여 같은 법 제2조 제4호 각 목에 해당하는지를 심사하도록 한 취지가 노동조합으로서의 실질적 요건을 갖추지 못한 노동조합의 난립을 방지함으로써 근로자의 자주적이고 민주적인 단결권 행사를 보장하려는 데 있는 점을 고려하면, 행정관청은 해당 단체가 노동조합법 제2조 제4호 각 목에 해당하는지 여부를 실질적으로 심사할 수 있다. 다만 행정관청에 광범위한 심사권한을 인정할 경우 행정관청의 심사가 자의적으로 이루어져 신고제가 사실상 허가제로 변질될 우려가 있는 점, 노동조합법은 설립신고 당시 제출하여야 할 서류로 설립신고서와 규약만을 정하고 있고(제10조 제1항), 행정관청으로 하여금 보완사유나 반려사유가 있는 경우를 제외하고는 설립신고서를 접수받은 때로부터 3일 이내에 신고증을 교부하도록 정한 점(제12조 제1항) 등을 고려하면, 행정관청은 일단 제출된 설립신고서와 규약의 내용을 기준으로 노동조합법 제2조 제4호 각 목의 해당 여부를 심사하되, 설립신고서를 접수할 당시 그 해당 여부가 문제된다고 볼 만한 객관적인 사정이 있는 경우에 한하여 설립신고서와 규약 내용 외의 사항에 대하여 실질적인 심사를 거쳐 반려 여부를 결정할 수 있다(대판 2014. 4. 10, 2011두6998[노동조합설립신고반려처분취소]).

형식적 심사라 함은 신고요건의 충족 여부를 신고서류만에 의해 행하는 것을 말하고, **실질적 심사**라 함은 신고요건의 충족 여부를 심사함에 있어 신고서류를 심사할 뿐만 아니라 필요한 경우 현장조사 등을 통해 실질적으로 행할 수 있는 심사를 말한다.

그리고, 주민들의 거주지 이동에 따른 **주민등록전입신고**에 대하여 행정청이 주민등록지와 전입자의 실제 거주지와 일치 여부(전입신고자가 30일 이상 생활의 근거로서 거주할 목적으로 거주지를 옮기는지 여부)를 심사하여 그 수리를 거부할 수 있으나 전입신고자가 거주의 목적 이외에 다른 이해관계에 관한 의도를 가지고 있는지 여부, 무허가건축물의 관리, 전입신고를 수리함으로써 당해 지방자치단체에 미치는 영향 등과 같은 사유는 주민등록법이 아닌 다른 법률에 의하여 규율되어야 하며, 주민등록전입신고의 수리 여부를 심사하는 단계에서는 고려 대상이 될 수 없다(대판 2009. 7. 9, 2008두19048).

[판례] [1] 주민등록지는 전입자의 실제 거주지와 일치하여야 한다. [2] 시장 등의 주민등록전입신고 수리 여부에 관한 심사의 범위와 대상: 주민들의 거주지 이동에 따른 주민등록전입신고에 대하여 행정청이 이를 심사하여 그 수리를 거부할 수 있으나 그러한 행위는 자칫 헌법상 보장된 국민의 거주·이전의 자유를 침해하는 결과를 초래할 수도 있으므로, 시장 등의 주민등록전입신고 수리 여부에 대한 심사는 주민등록법의 입법 목적의 범위 내에서 제한적으로 이루어져야 하는바, 그 전입신고자가 30일 이상 생활의 근거로서 거주할 목적으로 거주지를 옮기는지 여부가 심사 대상으로 되어야 한다. 따라서 전입신고자가 거주의 목적 이외에 다른 이해관계에 관한 의도를 가지고 있는지 여부, 무허가건축물의 관리, 전입신고를 수리함으로써 당해 지방자치단체에 미치는 영향 등과 같은 사유는 주민등록법이 아닌 다른 법률에 의하여 규율되어야 하며, 주민등록전입신고의 수리 여부를 심사하는 단계에서는 고려 대상이 될 수 없다(대판 2009. 7. 9, 2008두19048).

(4) 적법한 신고의 효력

적법한 신고란 신고요건을 갖춘 신고를 말한다.

신고의 효력에는 신고로서의 효력과 신고 및 수리에 따른 법적 효력으로 나누어 볼 수 있다. 신고로서의 효력은 신고의무의 이행을 말하고, 신고 및 수리에 따른 효력은 금지해제의 효과, 영업자의 지위의 취득 등을 말한다.

1) 자기완결적 신고의 효력

적법(適法)한 신고가 있으면 행정청의 수리 여부에 관계없이 신고서가 접수기관에 도달한 때에 신고의무가 이행된 것으로 보고(행정절차법 제40조 제2항), 신고의 효력도 발생한다. 따라서, 행정청이 신고서를 접수하지 않고 반려하여도 신고의무는 이행된 것으로 본다. 따라서, 적법한 신고가 있었지만 행정청이 수리를 하지 아니한 경우에 신고의 대상이 되는 행위를 하여도 행정벌의 대상이 되지 않는다.

[과거 판례] 신고대상인 건축물의 건축행위를 하고자 할 경우에는 그 관계 법령에 정해진 적법한 요건을 갖춘 (건축)신고만을 하면 그와 같은 건축행위를 할 수 있고, 행정청의 수리처분 등 별단의 조처를 기다릴 필요가 없다고 할 것이며, 또한 이와 같은 신고를 받은 행정청으로서는 그 신고가 같은 법 및 그 시행령 등 관계 법령에 신고만으로 건축할 수 있는 경우에 해당하는 여부 및 그 구비서류 등이 갖추어져 있는지 여부 등을 심사하여 그것이 법규정에 부합하는 이상 이를 수리하여야 하고, 같은 법 규정에 정하지 아니한 사유를 심사하여 이를 이유로 신고수리를 거부할 수는 없다(대판 1999. 4. 27, 97누6780).

금지해제적 자기완결적 신고의 경우 적법한 신고가 있으면 그것만으로 금지해제의 효과가 발생한다.

2) 수리를 요하는 신고의 효력

수리를 요하는 신고의 경우에는 행정청이 수리하여야 신고에 따른 효력이 발생한다(행정기본법 제34조).

[판례 1] 주민등록은 단순히 주민의 거주관계를 파악하고 인구의 동태를 명확히 하는 것 외에도, 주민등록에 따라 공법관계상의 여러 가지 법률상 효과가 발생하므로, 주민등록의 신고는 행정청에 도달하기만 하

면 신고로서의 효력이 발생하는 것이 아니라 행정청이 수리한 경우에 비로소 신고의 효력이 발생한다(대판 2009. 1. 30, 2006다17850[주민등록법상 전입신고]). 〈해설〉 다만 주민등록신고를 수리를 요하는 신고로 보는 것이 타당한지는 의문이다. 주민등록은 강학상 등록으로 보는 것이 타당하다.

[판례 2] 구 장사 등에 관한 법률(2007. 5. 25. 법률 제8489호로 전부 개정되기 전의 것, 이하 '구 장사법'이라 한다) 제14조 제1항, 구 장사 등에 관한 법률 시행규칙(2008. 5. 26. 보건복지가족부령 제15호로 전부 개정되기 전의 것) 제7조 제1항 [별지 제7호 서식]을 종합하면, 납골당설치 신고는 이른바 '수리를 요하는 신고'라 할 것이므로, 납골당설치 신고가 구 장사법 관련 규정의 모든 요건에 맞는 신고라 하더라도 신고인은 곧바로 납골당을 설치할 수는 없고, 이에 대한 행정청의 수리처분이 있어야만 신고한 대로 납골당을 설치할 수 있다. 한편 수리란 신고를 유효한 것으로 판단하고 법령에 의하여 처리할 의사로 이를 수령하는 수동적 행위이므로 수리행위에 신고필증 교부 등 행위가 꼭 필요한 것은 아니다(대판 2011. 9. 8, 2009두6766[납골당설치신고수리처분이행통지취소]).

[판례 3] 수산업법 제44조 소정의 어업의 신고는 행정청의 수리에 의하여 비로소 그 효과가 발생하는 이른바 '수리를 요하는 신고'라고 할 것이고, 따라서 설사 관할관청이 어업신고를 수리하면서 공유수면매립구역을 조업구역에서 제외한 것이 위법하다고 하더라도, 그 제외된 구역에 관하여 관할관청의 적법한 수리가 없었던 것이 분명한 이상 그 구역에 관하여는 같은 법 제44조 소정의 적법한 어업신고가 있는 것으로 볼 수 없다(대판 2000. 5. 26, 99다37382). 〈해설〉 이러한 판례의 입장을 취하면 수리를 요하는 신고에 있어서 신고에서 적법한 신고가 있음에도 불구하고 행정청의 수리행위가 없는 경우 신고의 대상이 되는 행위를 하면 행정형벌을 과할 수 있다는 결론에 이르는 것이 논리적이다. 다만, 이 사건은 형사처벌이 문제되지 않은 행정사건이다.

다만, **형사판례**는 명확하지는 않지만, 자기완결적 신고와 수리를 요하는 신고를 구별하지 않고, 적법한 신고가 있었던 경우에는 신고의무를 이행한 것으로 보고 무신고행위가 아니므로 수리가 거부되었어도 신고의 대상이 되는 행위한 것을 **형사처벌**할 수 없는 것으로 보는 경향이 있는 것으로 보인다.

[판례 1] 체육시설의설치 · 이용에관한법률상의 신고체육시설업에 있어서 신고의 법적 성질과 무신고 영업의 판단 기준: 체육시설의설치·이용에관한법률 제10조, 제11조, 제22조, 같은법시행규칙 제8조 및 제25조의 각 규정에 의하면, 체육시설업은 등록체육시설업과 신고체육시설업으로 나누어지고, 당구장업과 같은 신고체육시설업을 하고자 하는 자는 체육시설업의 종류별로 같은법시행규칙이 정하는 해당 시설을 갖추어 소정의 양식에 따라 신고서를 제출하는 방식으로 시·도지사에 신고하도록 규정하고 있으므로, 소정의 시설을 갖추지 못한 체육시설업의 신고는 부적법한 것으로 그 수리가 거부될 수밖에 없고 그러한 상태(부적법한 신고가 있었고, 수리가 거부된 상태)에서 신고체육시설업의 영업행위를 계속하는 것은 무신고 영업행위에 해당할 것이지만, 이에 반하여 적법한 요건을 갖춘 신고의 경우에는 행정청의 수리처분 등 별단의 조처를 기다릴 필요 없이 그 접수시에 신고로서의 효력이 발생하는 것이므로 그 수리가 거부되었다고 하여 무신고 영업이 되는 것은 아니다(대판 1998. 4. 24, 97도3121[체육시설의설치 · 이용에관한법률위반]). 〈해설〉 이 사건에서 판례는 적법한 신고를 하였으므로 무신고영업이 되는 것은 아니고 처벌할 수 없다고 하였다.

[판례 2] 행정관청으로서는 위 법령에서 규정하는 시설기준을 갖추어 축산물판매업 신고를 하는 경우 당연히 그 신고를 수리하여야 하고, 적법한 요건을 갖춘 신고의 경우에는 행정관청의 수리처분 등 별단의 조처를 기다릴 필요 없이 그 접수시에 신고로서의 효력이 발생하는 것이므로 그 수리가 거부되었다고 하여 미신고 영업이 되는 것은 아니라고 할 것이다. 따라서 피고시 담당공무원이 위 법령상의 시설기준이 아닌 사유(기존 영업자가 휴업신고만 하고 폐업신고를 하지 않았고, 같은 장소에 대하여 사업자를 달리하는 축산물판매업 중복신고는 허용되지 않는다는 사유)로 축산물판매업 신고 수리를 할 수 없다는 통보를 하고 미신고 영업으로 고발할 수 있다는 통지를 한 것은 위법한 직무집행이라고 할 것이다(대판 2010. 4. 29, 2009다97925[손해배상

(가)]). 〈해설〉 구 축산물가공처리법(2005. 3. 31. 법률 제7428호로 개정되기 전의 것)상의 축산물판매업 신고를 판례와 같이 자기완결적 신고로 보는 것은 타당하지 않고 수리를 요하는 신고라고 보아야 한다. 즉 구 축산물가공처리법상 축산물판매업의 시설기준으로 영업장 및 화장실의 시설기준이 정해져 있다. 구 축산물가공법 시행규칙 제35조는 축산물판매업의 신고서에 "영업장의 시설내역 및 배치도"를 제출하도록 규정하고 있고, 동조 별지 제23호 서식인 축산물판매업의 신고서식에는 현장조사 및 시설조사를 신고 처리절차의 한 단계로 규정하고 있다. 이러한 점에 비추어 보면 축산물판매업의 신고의 요건은 실질적 요건(시설기준)을 포함하고 있고, 현장조사 등 실질적 심사가 가능한 것으로 규정하고 있으므로(구 축산물가공처리법령을 대체하여 제정된 현행 축산물위생관리법령도 동일하게 규정하고 있다) 축산물판매업의 신고는 수리를 요하는 신고로 보는 것이 타당하다.

생각건대, 수리를 요하는 신고로 별도의 법적 효력이 발생하는 것으로 규정되어 있는 경우에는 수리를 요하는 신고에 따른 법적 효력은 적법한 신고만으로는 발생하지 않고 수리행위가 있어야 발생하는 것으로 보는 것이 타당하다. 그렇지만, 처벌과 관련하여서는 수리를 요하는 신고도 신고인 점, 실정법령에서 신고를 하지 않은 것에 대한 처벌을 통상 "신고를 하지 아니하고 신고의 대상이 되는 행위를 한 것"으로 규정하고 있는 점 등에 비추어 적법한 신고를 하였지만 수리가 거부된 경우에는 신고대상이 되는 행위를 하여도 처벌할 수 없다고 보는 것이 타당하다.

3) 수리의무

적법한 신고가 있는 경우 행정기관은 그 신고를 '수리'하여야 한다. 즉 신고의 수리는 **원칙상 기속행위**이다.

[판례] [1] 의료법이 병원의 개설은 허가제로 하고 의원의 개설은 신고제로 구분하여 규정한 취지는 신고 대상인 의원급 의료기관 개설의 경우 행정청이 법령에서 정하고 있는 요건 이외의 사유를 들어 신고 수리를 반려하는 것을 원칙적으로 배제하여야 한다는 것이다. [2] 원고가 법령에 정한 요건을 모두 갖추어 정신과의원 개설신고를 하였음에도, 피고(처분청)가 정신과의원 개설이 해당 건물의 구분소유자 등의 안전과 공동의 이익에 반하고, 건축물의 안전·기능·환경 및 공공복리 증진을 저해하며, 공공복리에 부적합한 재산권의 행사라는 등의 사유를 들어 이 사건 반려처분을 하였는데, 정신과의원 개설신고에 관한 법령상 요건에 해당하지 아니하는 위와 같은 사유만을 들어 그 개설신고의 수리를 거부한 이 사건 반려처분은 위법하다고 한 사례(대판 2018. 10. 25, 2018두44302).

다만, 사설봉안시설의 설치신고 수리(실무상 설치신고의무 이행사항통보), 건축신고 수리 등을 **기속재량(거부재량)행위**로 본 판례가 있다. 즉, 판례는 중대한 공익상 필요가 있는 경우에는 사설봉안시설설치신고의 수리 등을 거부할 수 있다고 본다.

[판례 1] 사설납골시설(현행법상 봉안시설)의 설치신고 수리 여부의 판단기준: 구 '장사 등에 관한 법률'(2007. 5. 25. 법률 제8489호로 전부 개정되기 전의 것)의 관계 규정들에 비추어 보면, 같은 법 제14조 제1항에 의한 사설납골시설의 설치신고는, 같은 법 제15조 각 호에 정한 사설납골시설설치 금지지역에 해당하지 않고 같은 법 제14조 제3항 및 같은 법 시행령(2008. 5. 26. 대통령령 제20791호로 전부 개정되기 전의 것) 제13조 제1항의 [별표 3]에 정한 설치기준에 부합하는 한, 수리하여야 하나, 보건위생상의 위해를 방지하거나 국토의 효율적 이용 및 공공복리의 증진 등 중대한 공익상 필요가 있는 경우에는 그 수리를 거부할 수 있

다고 보는 것이 타당하다(대판 2010. 9. 9, 2008두22631[납골당설치신고불가처분취소]). 〈해설〉 수리를 요하는 신고인 사설납골시설의 설치신고의 수리행위를 기속재량행위로 본 판례이다.

[판례 2] 숙박업을 하고자 하는 자가 법령이 정하는 시설과 설비를 갖추고 행정청에 신고를 하면, 행정청은 공중위생관리법령의 위 규정에 따라 원칙적으로 이를 수리하여야 한다. 행정청이 법령이 정한 요건 이외의 사유를 들어 수리를 거부하는 것은 위 법령의 목적에 비추어 이를 거부해야 할 중대한 공익상의 필요가 있다는 등 특별한 사정이 있는 경우에 한한다(대판 2017. 5. 30, 2017두34087[숙박업영업신고증교부의무 부작위위법확인]). 〈해설〉 숙박업 영업신고를 수리를 요하는 신고로 보고 기속재량행위로 본 사례이다.

[판례 3] **[인근주민의 통행로로 사용되고 있는 私소유 토지(사실상 도로)에 대한 건축신고 수리거부처분이 다투어진 사건]** [1] 건축허가권자는 건축신고가 건축법, 국토의 계획 및 이용에 관한 법률 등 관계법령에서 정하는 명시적인 제한에 배치되지 않는 경우에도 건축을 허용하지 않아야 할 중대한 공익상 필요가 있는 경우에는 건축신고의 수리를 거부할 수 있다(대법원 2012. 3. 15. 선고 2011두27322 판결, 대법원 2015. 9. 15. 선고 2014두15504 판결 등 참조). [2] 갑이 '사실상의 도로'로서 인근 주민들의 통행로로 이용되고 있는 토지를 매수한 다음 2층 규모의 주택을 신축하겠다는 내용의 건축신고서를 제출하였으나, 구청장이 '위 토지가 건축법상 도로에 해당하여 건축을 허용할 수 없다'는 사유로 건축신고수리 거부처분을 하자 갑이 처분에 대한 취소를 구하는 소송을 제기하였는데, 1심법원이 위 토지가 건축법상 도로에 해당하지 않는다는 이유로 갑의 청구를 인용하는 판결을 선고하자 구청장이 항소하여 '위 토지가 인근 주민들의 통행에 제공된 사실상의 도로인데, 주택을 건축하여 주민들의 통행을 막는 것은 사회공동체와 인근 주민들의 이익에 반하므로 갑의 주택 건축을 허용할 수 없다'는 주장을 추가한 사안에서, 당초 처분사유와 구청장이 원심에서 추가로 주장한 처분사유는 위 토지상의 사실상 도로의 법적 성질에 관한 평가를 다소 달리하는 것일 뿐, 모두 토지의 이용현황이 '도로'이므로 거기에 주택을 신축하는 것은 허용될 수 없다는 것이므로 기본적 사실관계의 동일성이 인정되고, 위 토지에 건물이 신축됨으로써 인근 주민들의 통행을 막지 않도록 하여야 할 중대한 공익상 필요가 인정되고 이러한 공익적 요청이 갑의 재산권 행사보다 훨씬 중요하므로, 구청장이 원심에서 추가한 처분사유는 정당하여 결과적으로 위 처분이 적법한 것으로 볼 여지가 있음에도 이와 달리 본 원심판단에 법리를 오해한 잘못이 있다고 한 사례(대판 2019. 10. 31, 2017두74320[건축신고반려처분취소]). 〈해설〉 건축신고의 수리거부에 기속재량을 인정한 점에 비추어 건축신고를 수리를 요하는 신고로 본 것으로 보인다.

악취방지법상의 악취배출시설 설치·운영신고를 **재량행위**로 본 판례가 있다.

[판례] **[악취방지법상의 악취배출시설 설치·운영신고의 법적 성질 등이 쟁점이 된 사건]** [1] 악취방지법상의 악취배출시설 설치·운영신고는 (대도시의 장 등 관할 행정청은 악취배출시설 설치·운영신고의 수리 여부를 (실질적으로) 심사할 권한이 있다고 봄이 타당하므로) 수리를 요하는 신고에 해당한다. [2] 인허가의제규정이 없으므로 대기환경보전법에 따른 대기오염물질배출시설 설치허가를 받았다고 하더라도 악취배출시설 설치·운영신고가 수리되어 그 효력이 발생한다고 볼 수 없다. 인·허가의제 제도는 관련 인·허가 행정청의 권한을 제한하거나 박탈하는 효과를 가진다는 점에서 법률 또는 법률의 위임에 따른 법규명령의 근거가 있어야 한다(대판 2022. 9. 7, 2020두40327). [3] 환경정책기본법과 악취방지법령의 입법취지, 내용과 체계에 비추어 보면, 악취방지법상의 악취배출시설 설치·운영신고의 수리 여부를 심사함에 있어 행정청은 사람의 건강이나 생활환경에 미치는 영향을 두루 검토하여 악취방지계획의 적정 여부를 판단할 수 있고, 이에 관해서는 행정청의 광범위한 재량권이 인정된다. 따라서 법원이 악취방지계획의 적정 여부 판단과 관련한 행정청의 재량권 일탈·남용 여부를 심사할 때에는 해당 지역 주민들의 생활환경 등 구체적 지역 상황, 상반되는 이익을 가진 이해관계자들 사이의 권익 균형과 환경권의 보호에 관한 각종 규정의 입법취지 등을 종합하여 신중하게 판단하여야 한다. 그리고 행정청의 재량적 판단은 그 내용이 현저히 합리적이지 않다거나 상반되는 이익이나 가치를 대비해 볼 때 형평이나 비례의 원칙에 뚜렷하게 배치되는 등의 사정이 없는 한 폭넓게 존중될 필요가 있다. [4] 원고가 피고에게 악취배출시설 설치·운영신고를 하였고, 이에 대하여 피고가 원고가 수립·제출한 악

취방지계획이 미흡하다는 등의 이유로 이를 반려한 사안에서, 원심은 악취배출시설 설치·운영신고가 자기완결적 신고에 해당함을 전제로 원고의 악취배출시설 설치·운영신고가 관련 법령에서 정한 형식적인 요건을 갖춘 이상 피고가 이를 수리하였는지 여부와 관계없이 그 신고가 피고에게 접수된 때에 효력이 발생하였다고 판단하였는데, 대법원은 악취방지법상의 악취배출시설 설치·운영신고는 수리는 요하는 신고에 해당하고, 원고가 대기환경보전법에 따른 대기오염물질배출시설 설치허가를 받았다고 하더라도 인허가의제규정이 없으므로 악취배출시설 설치·운영신고가 수리된 것으로 간주되지 아니하며, 피고가 원고의 악취배출시설 설치·운영신고를 반려한 것에 재량권 일탈·남용의 잘못도 없다고 보아 원심판결을 파기한 사례(대판 2022. 9. 7, 2020두40327).

4) 신고증명서(신고필증)의 교부

자기완결적 신고의 경우 신고증명서(신고필증)은 신고사실을 단순히 확인하는 것으로서 그 교부의 거부가 항고소송의 대상이 될 수 없다는 데 이견이 없다. 판례도 자기완결적 신고의 경우 신고증명서(신고필증)의 교부를 법적 효과를 발생시키지 않는 단순한 사실행위로 본다.

[판례 1] [1] **의원의 개설신고를 받은 행정관청이 그 수리를 거부할 수 있는지 여부(소극)**: 의료법 제30조 제3항에 의하면 의원, 치과의원, 한의원 또는 조산소의 개설은 단순한 신고사항으로만 규정하고 있고 또 그 신고의 수리여부를 심사, 결정할 수 있게 하는 별다른 규정도 두고 있지 아니하므로 의원의 개설신고를 받은 행정관청으로서는 별다른 심사, 결정없이 그 신고를 당연히 수리하여야 한다. [2] 의료법 시행규칙 제22조 제3항 소정의 **신고필증 교부의 효력**: 의료법 시행규칙 제22조 제3항에 의하면 의원개설 신고서를 수리한 행정관청이 소정의 신고필증을 교부하도록 되어있다 하여도 이는 신고사실의 확인행위로서 신고필증을 교부하도록 규정한 것에 불과하고 그와 같은 신고필증의 교부가 없다 하여 개설신고의 효력을 부정할 수 없다 할 것이다(대판 1985. 4. 23, 84도2953[의료법위반]).

[판례 2] **부가가치세법상 과세관청의 사업자등록 직권말소행위가 항고소송의 대상이 되는 행정처분인지 여부(소극)**: 부가가치세법상의 사업자등록은 … 단순한 사업사실의 신고로서 사업자가 소관 세무서장에서 소정의 사업자등록신청서를 제출함으로써 성립되는 것이고, 사업자등록증의 교부는 이와 같은 등록사실을 증명하는 증서의 교부행위에 불과한 것이며, … 사업자등록의 말소 또한 폐업사실의 기재일 뿐 그에 의하여 사업자로서의 지위에 변동을 가져오는 것이 아니라는 점에서 과세관청의 사업자등록 직권말소행위는 불복의 대상이 되는 행정처분으로 볼 수가 없다(대판 2000. 12. 22, 99두6903[사업자등록말소처분취소]).

수리를 요하는 신고의 경우에 신고필증을 신고수리를 증명하는 법적 행위로 보고, 신고필증 교부의 거부를 행정소송법상의 처분으로 보는 견해가 있지만, **판례**는 수리를 요하는 신고의 경우에도 신고필증의 교부는 신고의 필수요건도 아니고 행정소송법상의 처분도 아니라고 보고 있다. 신고사항 이행통지도 수리처분과 별도로 항고소송 대상이 되는 다른 처분으로 볼 수 없다(대판 2011. 9. 8, 2009두6766).

[판례] [1] **납골당설치 신고가 '수리를 요하는 신고'인지 여부(적극) 및 수리행위에 신고필증 교부 등 행위가 필요한지 여부(소극)**: 납골당설치 신고는 이른바 '수리를 요하는 신고'라 할 것이므로, 납골당설치 신고가 구 장사법 관련 규정의 모든 요건에 맞는 신고라 하더라도 신고인은 곧바로 납골당을 설치할 수는 없고, 이에 대한 행정청의 수리처분이 있어야만 신고한 대로 납골당을 설치할 수 있다. 한편 수리란 신고를 유효한 것으로 판단하고 법령에 의하여 처리할 의사로 이를 수령하는 수동적 행위이므로 수리행위에 신고필증 교부 등 행위가

꼭 필요한 것은 아니다. [2] 파주시장이 종교단체 납골당설치 신고를 한 갑 교회에, '구 장사 등에 관한 법률에 따라 필요한 시설을 설치하고 유골을 안전하게 보관할 수 있는 설비를 갖추어야 하며 관계 법령에 따른 허가 및 준수 사항을 이행하여야 한다'는 취지의 납골당설치 신고사항 이행통지를 한 사안에서, 파주시장이 갑 교회에 이행통지를 함으로써 납골당설치 신고수리를 하였다고 보는 것이 타당하고, 이를 수리처분과 별도로 항고소송 대상이 되는 다른 처분으로 볼 수 없다고 한 사례. [3] 납골당 설치장소에서 500m 내에 20호 이상의 인가가 밀집한 지역에 거주하는 주민들에게는 납골당이 누구에 의하여 설치되는지를 따질 필요 없이 납골당 설치에 대하여 환경 이익 침해 또는 침해 우려가 있는 것으로 사실상 추정되어 원고적격이 인정된다고 보는 것이 타당하다(대판 2011. 9. 8, 2009두6766[납골당설치신고수리처분이행통지취소]).

(5) 부적법한 신고의 효력

1) 부적법한 신고의 의의

신고가 신고의 요건을 충족하지 않는 경우에 신고는 **부적법**(不適法)**한 신고**가 된다.

판례에 따르면 개별법령상 신고요건을 충족한 신고라도 다른 법령에 의해 신고의 대상이 되는 행위가 금지된 경우 등에는 적법한 신고로 보지 않는다.

[판례 1] [1] 식품위생법에 따른 식품접객업의 영업신고 요건을 갖추었으나, 그 영업신고를 한 당해 건축물이 무허가 건물일 경우 영업신고가 적법하다고 할 수 없다. [2] 불법 건축물이라는 이유로 일반음식점 영업신고의 접수가 거부되었음에도 계속하여 일반음식점 영업행위를 한 피고인의 행위는, 식품위생법상 무신고 영업행위로서 정당행위 또는 적법행위에 대한 기대가능성이 없는 경우에 해당하지 아니한다고 한 사례(대판 2009. 4. 23, 2008도6829〈식품위생법위반〉).

[판례 2] [1] **비산먼지배출사업을 하고자 하는 사람이 구 대기환경보전법 등에 정한 형식적 요건을 모두 갖춘 사업신고서를 제출한 경우, 행정청이 취해야 할 조치 및 비산먼지배출사업을 하는 것 자체가 다른 법령에 의하여 허용되지 않을 때 행정청이 그 신고의 수리를 거부할 수 있는지 여부(적극)**: 구 대기환경보전법이나 그 시행규칙 등은 비산먼지배출사업을 단순한 신고사항으로 규정하고 있을 뿐 행정청으로 하여금 그 신고의 수리 여부를 심사, 결정할 수 있도록 규정하고 있지 않으므로, 행정청은 비산먼지배출사업 신고서가 구 대기환경보전법 제28조 제1항, 같은 법 시행규칙 제62조에서 정한 형식적 요건을 모두 갖춘 경우에는 특별한 사정이 없는 한 이를 수리하여야 하고, 만일 비산먼지배출사업을 하는 자가 비산먼지의 발생을 억제하기 위한 시설의 설치 또는 필요한 조치를 하지 않거나 그 시설이나 조치가 적합하지 않다고 인정하는 때에는 필요한 시설의 설치나 조치의 이행 또는 개선을 명하고, 위 명령을 이행하지 않는 경우에는 당해 사업의 중지 또는 시설 등의 사용중지나 사용제한을 명할 수 있을 뿐이다. 그러나 다른 법령에 의하여 비산먼지배출사업을 하는 것 자체가 허용되지 않는다면 설령 비산먼지배출사업이 구 대기환경보전법 제28조 제1항, 같은 법 시행규칙 제62조에서 정한 요건을 모두 갖추고 있다고 하더라도, 비산먼지배출사업을 하고자 하는 자가 적법한 신고를 할 수 없으므로 그 수리거부가 위법하게 되는 것은 아니다. 〈해설〉 판례는 형식적 요건을 모두 갖춘 경우에는 특별한 사정이 없는 한 이를 수리하여야 한다고 판시하고 있는 점에서 비산먼지배출사업 신고는 자기완결적 신고로 보았다고 할 수 있다. 다만, 동 신고는 금지해제적 신고이므로 비산먼지배출사업 신고 수리거부의 처분성을 인정하였다. [2] **국토의 계획 및 이용에 관한 법률상의 제2종지구단위계획구역 안에서 비산먼지발생사업을 하고자 하는 자가 구 대기환경보전법에 정한 요건을 모두 갖추어 비산먼지발생사업신고를 한 경우, 제2종지구단위계획이 수립될 당시 비산먼지발생사업을 예상하지 못하였다고 하여 그 신고를 거부할 수 있는지 여부(소극)**: 제2종지구단위계획구역 안에서 건축물의 건축이나 그 밖의 행위를 하는 경우 그 행위에 관하여 제2종지구단위계획에서 정하고 있으면 그 계획에 적합하게 하여야 하나, 그 계획에서 정하고 있지 않은 사항에 관하여는 다른 법령에 의하여 제한되지 않는 한 자유롭게 할 수 있으며, 이는 비산먼지발생사업의 경우에

도 마찬가지라 할 것이다. 따라서 제2종지구단위계획구역 안에서 비산먼지발생사업을 하고자 하는 자가 구 대기환경보전법 제28조 제1항과 같은 법 시행규칙 제62조 제1항이 정한 요건을 모두 갖추어 비산먼지발생사업 신고를 한 경우, 그 신고가 제2종지구단위계획에 저촉된다는 이유로 그 신고의 수리를 거부하기 위해서는 제2종지구단위계획에서 신고의 대상이 된 비산먼지발생사업을 제한하거나 금지하고 있어야 하고, 제2종지구단위계획이 수립될 당시 비산먼지발생사업을 예상하지 못하였다는 등의 사정만으로 비산먼지발생사업 신고를 거부할 수는 없다(대판 2008. 12. 24, 2007두17076[비산먼지발생사업변경신고불가처분취소]).

[판례 3] 골프연습장의 설치에 관하여 체육시설의설치·이용에관한법률이 건축법에 우선하여 배타적으로 적용되는 관계에 있다고는 해석되지 아니하므로 체육시설의설치·이용에관한법률에 따른 골프연습장의 신고요건을 갖춘 자라고 할지라도 그 골프연습장을 설치하려고 하는 건물이 건축법 소정의 허가를 받지 아니하여 건축법을 위배하여 건축된 무허가 건물이라면 적법한 신고를 할 수 없다(대판 1993. 4. 27, 93누1374).

[판례 4] [1] 학교보건법과 체육시설의설치이용에관한법률은 그 입법목적, 규정사항, 적용범위 등을 서로 달리 하고 있어서 당구장의 설치에 관하여 체육시설의설치·이용에관한법률이 학교보건법에 우선하여 배타적으로 적용되는 관계에 있다고는 해석되지 아니하므로 체육시설의설치·이용에관한법률에 따른 당구장업의 신고요건을 갖춘 자라 할지라도 학교보건법 제5조 소정의 학교환경 위생정화구역 내에서는 같은 법 제6조에 의한 별도 요건을 충족하지 아니하는 한 적법한 신고를 할 수 없다고 보아야 한다. [2] 당구장업소에 대한 체육시설업신고 거부처분 취소소송에서 같은 조건 하에 있는 다른 당구장업소에 대하여 체육시설업 신고가 수리된 적이 있다는 진술만 가지고 바로 취소소송의 대상인 거부처분이 재량권의 한계를 넘은 것이라는 주장으로 보기는 어렵다고 한 사례 〈해설〉 불법에 있어서 평등대우는 인정될 수 없다(대판 1991. 7. 12, 90누8350).

2) 신고요건의 보완

행정청은 요건을 갖추지 못한 신고서가 제출된 경우(부적법한 신고의 경우) 지체 없이 상당한 기간을 정하여 신고인에게 보완을 요구하여야 한다(행정절차법 제40조 제3항). 행정청은 신고인이 보완기간 내에 보완을 하지 아니한 때에는 그 이유를 명시하여 당해 신고서를 되돌려 보내야 한다(제4항).

수리를 요하는 신고에 있어서도 행정절차법 제40조 제3항과 제4항을 유추적용하여 신고의 형식적 요건을 갖추지 않은 경우에는 보완을 명하여야 하며 그럼에도 보완하지 않는 경우에 수리를 거부할 수 있다고 보아야 한다.

3) 부적법한 신고의 수리 및 그 효과

자기완결적 신고의 경우에는 부적법한 신고의 수리(접수)가 있었다고 하더라도 신고의 효력이 발생하지 않고, 신고의 대상이 되는 영업을 하면 무신고의 불법영업행위이다(대판 1998. 4. 24, 97도3121 참조).

수리를 요하는 신고의 경우 부적법한 신고가 수리되면 하자있는 수리행위가 된다. 수리행위가 무효인 경우에는 신고의 효과가 발생하지 않고, 신고후 영업을 하였다면 무신고로 한 불법영업이다. 그러나 그 수리행위가 취소할 수 있는 행위인 경우 공정력에 의해 수리행위가 효력을 가지므로 수리가 취소되기까지는 신고된 영업행위로서 불법영업이 아니다. 즉 부적법한 신고를 행정청이 수리한 경우 수리가 무효가 아닌 한 신고의 효과가 발생한다.

다만, 신고가 무효이면 신고수리행위도 당연 무효이다.

[판례 1] 구 유통산업발전법에 따른 대규모점포의 개설 등록 및 구 재래시장 및 상점가 육성을 위한 특별법(이하 '구 재래시장법'이라고 한다)에 따른 시장관리자 지정은 행정청이 그 실체적 요건에 관한 심사를 한 후 수리하여야 하는 이른바 '수리를 요하는 신고'로서 행정처분에 해당한다(대법원 2015. 11. 19. 선고 2015두295 전원합의체 판결, 대법원 2018. 7. 12. 선고 2017다291517, 291524 판결 등 참조). 그러므로 이러한 행정처분에 당연무효에 이를 정도의 중대하고도 명백한 하자가 존재하거나 그 처분이 적법한 절차에 의하여 취소되지 않는 한 구 유통산업발전법에 따른 대규모점포개설자의 지위 및 구 재래시장법에 따른 시장관리자의 지위는 공정력을 가진 행정처분에 의하여 유효하게 유지된다고 봄이 타당하다(대판 2019. 9. 10, 2019다208953).
[판례 2] [1] 노인장기요양보호법상 장기요양기관의 폐업신고와 노인의료복지시설의 폐지신고는 '수리를 필요로 하는 신고'에 해당한다. [2] 행정청이 그 신고를 수리하였다고 하더라도, 신고서 위조 등의 사유가 있어 신고행위 자체가 효력이 없다면 그 신고행위는 유효한 대상이 없는 것으로서, 수리행위 자체에 중대·명백한 하자가 있는지를 따질 것도 없이 당연히 무효이다(대판 2018. 6. 12, 2018두33593).
[판례 3] 사업양도·양수에 따른 허가관청의 지위승계신고의 수리는 적법한 사업의 양도·양수가 있었음을 전제로 하는 것이므로 그 수리대상인 사업양도·양수가 존재하지 아니하거나 무효인 때에는 수리를 하였다 하더라도 그 수리는 유효한 대상이 없는 것으로서 당연히 무효라 할 것이고, 사업의 양도행위가 무효라고 주장하는 양도자는 민사쟁송으로 양도·양수행위의 무효를 구함이 없이 막바로 허가관청을 상대로 하여 행정소송으로 위 신고수리처분의 무효확인을 구할 법률상 이익이 있다(대판 2005. 12. 23, 2005두3554).
[판례 4] 신고납부행위는 그 위법이 중대하고 명백하지 않으면 무효가 아니고, 중대하고 명백한 하자이면 당연무효가 된다(대판 2001. 8. 24, 2001다13075).

(6) 신고의무 위반의 효과

신고사항을 신고하지 아니하거나 신고하였더라도 신고요건을 충족하지 않은 부적법한 신고의 경우에는 신고의무를 이행하지 않은 것이 된다.

정보제공적 신고의 경우 신고 없이(또는 적법한 신고 없이) 행위를 하여도 원칙상 신고의 대상이 되는 행위 자체가 위법한 것은 아니고 통상 과태료의 부과대상이 된다. 신고유보부금지와 수리를 요하는 신고의 경우에는 신고 없이 행위를 한 경우 위법한 행위가 되며 통상 행정형벌의 부과대상이 되고 시정조치 및 관허사업의 제한의 대상이 되지만, 행정형벌의 행정질서벌화의 정책에 따라 과태료를 부과하는 경우도 있다.

[문제의 해결] 과거 판례와 같이 건축신고를 자기완결적 신고로 보며, 적법한 신고가 되었으므로 행정청이 신고서를 반려하여도 신고를 한 것이 된다. 따라서, 문제의 건축물은 위법한 건축물이 아니고, 현재 판례와 같이 건축신고를 수리를 요하는 신고로 보면 건축신고가 반려(거부)되었음에도 건축을 하면 건축신고가 적법한 경우 신고의무를 이행하였고, 따라서 신고의무 위반으로 처벌할 수 없다(건축신고가 부적법하면 신고의무를 이행하지 않은 것이 되어 처벌할 수 있다)고 볼 수 있지만, 그 건축물은 행정법상 위법건축물이 된다.

제 4 항 행정법상 사건

사람의 정신작용과는 관계가 없는 사실로서 법률요건이 되는 것이 사건이다. 행정법상 사건에는 출생, 사망, 시간의 경과, 물건의 점유, 일정한 장소에의 거주 등이 있다.

Ⅰ. 기간의 경과

행정상 법률관계가 일정한 기간의 경과에 의해 변동되는 경우가 있다. 예를 들면 허가의 존속기간이 경과하면 허가의 효력은 상실한다.

Ⅱ. 시 효

시효는 일정한 사실상태가 오랫동안 계속한 경우에 그 사실상태에 따라 권리관계를 형성(취득 또는 소멸)하는 법률요건이다. 시효에는 소멸시효와 취득시효가 있다.

민법의 시효에 관한 규정은 행정법관계에도 유추적용된다.

1. 소멸시효

소멸시효는 권리자가 그의 권리를 행사할 수 있음에도 불구하고 일정한 기간 동안 그 권리를 행사하지 않은 경우 그 권리를 소멸시키는 시효이다.

국가재정법은 금전의 급부를 목적으로 하는 국가의 권리 또는 국가에 대한 권리는 시효에 관하여 다른 법률에 규정이 없는 한 5년간 행사하지 아니할 때에는 시효로 인하여 소멸한다고 규정하고 있다(제96조 제1항, 제2항). 여기서 다른 법률의 규정이라 함은 5년의 소멸시효기간보다 짧은 기간의 소멸시효의 규정이 있는 경우를 가리키는 것으로, 이보다 긴 소멸시효를 규정하고 있는 것은 해당하지 않는다(대판 2001. 4. 24, 2000다57856). 공법상 금전채권뿐만 아니라 사법상 금전채권도 이 규정의 적용대상이 된다. 금전의 급부를 목적으로 하는 국가의 권리 및 국가에 대한 권리의 경우 소멸시효의 중단·정지 그 밖의 사항에 관하여 다른 법률의 규정이 없는 때에는 「민법」의 규정을 적용한다(제96조 제3항).

소멸시효기간이 지나면 당사자의 주장이 없더라도 권리가 당연히 소멸하지만, 권리를 소멸시키는 소멸시효 항변은 변론주의 원칙에 따라 당사자의 주장이 있어야만 법원의 판단대상이 된다(대판 2017. 3. 22, 2016다258124).

[판례] 소멸시효 완성 후에 한 조세부과처분의 효력(=당연무효): 조세에 관한 소멸시효가 완성되면 국가의 조세부과권과 납세의무자의 납세의무는 당연히 소멸한다 할 것이므로 소멸시효완성후에 부과된 부과처분은 납세의무 없는 자에 대하여 부과처분을 한 것으로서 그와 같은 하자는 중대하고 명백하여 그 처분의 효력은 당연무효이다(대판 1985. 5. 14, 83누655).

2. 취득시효

취득시효라 함은 어떤 사람이 권리자인 것과 같이 권리를 행사하고 있는 상태가 일정한 기간 동안 계속한 경우에 처음부터 그 사람이 권리자이었던 것으로 인정하는 제도이다.

판례는 민법상 취득시효규정이 공물에는 적용되지 않는다고 본다.

국가도 부동산 점유취득시효의 주체가 되며(민법 제245조 제1항), 이 조항은 헌법에 위반되지 아니한다(헌재 2015. 6. 25, 2014헌바404).

Ⅲ. 제척기간

제척기간이라 함은 일정한 권리에 관하여 법률이 정한 존속기간이다. 제척기간은 법률관계를 조속히 확정시키는 것을 목적으로 하는 제도이다.

제척기간이 소멸시효와 다른 점은 제척기간의 목적은 법률관계를 속히 확정하려는 데 있으므로 그 기간이 상대적으로 짧고, 중단제도가 없다는 점 등이다.

[판례] [1] 제척기간은 권리자로 하여금 권리를 신속하게 행사하도록 함으로써 그 권리를 중심으로 하는 법률관계를 조속하게 확정하려는 데에 그 제도의 취지가 있는 것으로서, 소멸시효가 일정한 기간의 경과와 권리의 불행사라는 사정에 의하여 그 효과가 발생하는 것과는 달리 관계 법령에 따라 정당한 사유가 인정되는 등 특별한 사정이 없는 한 그 기간의 경과 자체만으로 곧 권리 소멸의 효과를 발생시킨다. 따라서 추상적 권리행사에 관한 제척기간은 권리자의 권리행사 태만 여부를 고려하지 않으며, 또 당사자의 신청만으로 추상적 권리가 실현되므로 기간 진행의 중단·정지를 상정하기 어렵다. 이러한 점에서 제척기간은 소멸시효와 근본적인 차이가 있다. [2] 추상적 권리의 행사에 관해서는 제척기간을, 구체적 권리의 행사에 관해서는 소멸시효를 규정하는 경우가 많다(국세기본법 제26조의2, 제27조, 지방세기본법 제38조, 제39조, 질서위반행위규제법 제15조, 제19조 참조). 사회보장수급권의 경우에도 관계 법령에서 달리 규정하지 않은 이상, 수급권자의 관할 행정청에 대한 추상적 권리의 행사(급여 지급 신청)에 관한 기간은 제척기간으로, 관할 행정청의 지급결정이 있은 후 수급권자의 구체적 권리의 행사(청구, 당사자소송 제기)에 관한 기간은 소멸시효로 이해하는 것이 자연스럽다(「지뢰피해자 지원에 관한 특별법」제8조 제2항, 제16조 참조). 육아휴직급여에 관한 추상적 권리(신청권)의 행사에 관해서는 이 사건 조항에서 정한 신청기간(제척기간)이 적용되고, 신청에 따른 관할 직업안정기관의 장의 육아휴직급여지급결정(처분)이 있은 후 발생하는 구체적 권리(구체적인 수급청구권=공권)의 행사에 관해서는 그 결정의 통지를 받은 때부터 제107조 제1항에서 정한 3년의 소멸시효가 적용된다(대판 전원합의체 2021. 3. 18, 2018두47264).

제척기간의 예로는 제재처분의 제척기간, 과태료부과의 제척기간, 행정심판제기기간, 행정소송제기기간 등이 있다.

Ⅳ. 공법상 사무관리

사무관리라 함은 법률상 의무 없이 타인의 사무를 관리하는 행위를 말한다. 공법분야에서도 사무관리가 인정된다는 것이 일반적 견해이다.

사무관리의 예로는 시·군·구의 행려병자의 관리, 자연재해시 빈 상점의 물건의 처분 등이 있다. 그러나, 경찰관직무집행법상 보호조치 등 법령상 또는 조리상 보호조치의무에 근거한 행위는 사무관리가 아니다.

공법상 사무관리에는 특별한 규정이 없는 한 민법상 사무관리에 관한 규정이 준용된다. 공법상 사무관리를 행한 행정기관은 통지의무를 지고, 비용상환청구권을 갖는다.

> [판례] 압수물에 대한 환가처분 후 해당 압수물이 그 후의 형사절차에 의하여 몰수되지 아니한 경우, 그 환가처분의 법적 성질(=사무관리에 준하는 행위) 및 국가가 압수물 소유자에게 상환을 구할 수 있는 압수물에 대한 환가처분 비용의 범위(=압수물의 매각비용의 한도 내)(대판 2000. 1. 21, 97다58507[손해배상]).

사인(私人)이 의무 없이 국가의 사무를 처리한 경우 사인이 처리한 국가의 사무가 사인이 국가를 대신하여 처리할 수 있는 성질의 것으로서, 사무 처리의 긴급성 등 국가의 사무에 대한 사인의 개입이 정당화되는 경우에 한하여 사무관리가 성립하고, 사인은 그 범위 내에서 국가에 대하여 국가의 사무를 처리하면서 지출된 필요비 내지 유익비의 상환을 청구할 수 있다(대판 2014. 12. 11, 2012다15602〈용역비〉: 2007년 12월 7일 충남 태안 앞바다에서의 허베이 스피리트호 기름 유출사고로 인한 피해방지를 위해 원고(해양방제업체)가 해양경찰의 직접적인 지휘를 받아 보조로 방제작업을 한 사례. 해양경찰의 요청에 의해 방제작업을 한 경우에는 경찰비책임자에 대한 경찰권발동의 문제로 보고, 손실보상 또는 부당이득반환의 문제로 보는 것이 타당하다). 이 사건은 민사소송으로 처리되었는데, 공법상 사무관리의 문제이므로 공법상 당사자소송으로 처리하는 것이 타당하다.

V. 공법상 부당이득

1. 의의 및 법적 규율

부당이득이라 함은 법률상 원인 없이 타인의 재산 또는 노무로 인하여 이익을 얻고 이로 인하여 타인에게 손해를 가하는 것을 말한다. 부당이득은 이를 반환하여야 하는데(민법 제741조), 이를 **부당이득반환의 법리**라고 한다.

공법상 부당이득이라 함은 공법상 원인(예, 무효인 조세부과처분에 근거한 조세의 납부)에 의하여 발생한 부당이득을 말한다.

공법상 부당이득의 예로는 조세과오납 등이 있다. 처분이 무효 또는 소급 취소된 경우의 무자격자의 기초생활보장금의 수령 등이 있다. 행정주체가 사인의 토지를 무단으로 사용한 경우에는 민법상의 부당이득반환이 문제된다.

공법상 부당이득에 관하여 특별한 규정이 없는 경우에는 민법의 부당이득반환의 법리가 준용된다. 즉, 공법상 부당이득으로 손해를 입은 자는 부당이득반환청구권을 갖는다.

2. 공법상 부당이득반환청구권의 성질[2015 사시]

공법상 원인에 의한 부당이득반환청구권이 공권인지 사권인지가 권리구제수단과 관련하여 다투어진다. 부당이득반환청구권을 공권으로 보면 부당이득반환청구소송을 당사자소송을 제기하여야 하고, 사권으로 보면 부당이득반환청구소송을 민사소송으로 제기하여야 한다.

(1) 사 권 설

이 견해는 부당이득의 문제는 법률상 원인이 없는 경우에 생기고 또한 부당이득제도는 순수하게 경제적 견지에서 인정되는 이해조절적 제도이므로 공법상의 원인에 의한 부당이득반환청구권은 사권이라고 한다.

(2) 공 권 설

이 견해는 공법상 원인에 의한 부당이득반환은 공법상 원인에 의하여 발생한 결과를 조정하기 위한 것으로서 공법상 원인의 유무의 탐구와 밀접한 관계가 있으므로 공법상의 원인에 의한 부당이득반환청구권은 공권이라고 한다.

(3) 판 례

판례는 공법상 부당이득반환청구권을 사권으로 보고(사권설), 행정상대방이 행정청에 이미 납부한 돈이 민법상 부당이득에 해당한다고 주장하면서 그 반환을 청구하는 것은 민사소송절차를 따라야 한다고 한다(대판 2021. 12. 30, 2018다241458).

(4) 결 어

공법상 부당이득반환청구권은 공법상 원인에 의해 발생된 것이고 행정소송법 제3조 2호의 입법취지에 비추어 볼 때 공법상의 부당이득반환청구권을 공권으로 보고 이에 관한 소송은 공법상 당사자소송에 의하여야 한다고 보는 것이 타당하다.

제4장

기간의 계산 등

I. 기간의 계산

1. 행정에 관한 기간의 계산

행정에 관한 기간의 계산에 관하여는 법령(행정기본법 또는 다른 법령등)에 특별한 규정이 있는 경우를 제외하고는 「민법」을 준용한다(행정기본법 제6조 제1항). 민법에 따른 기간의 계산은 다음과 같다. 기간을 일, 주, 월 또는 연으로 정한 때에는 기간의 초일은 산입하지 아니한다. 그러나 그 기간이 오전 영시로부터 시작하는 때에는 그러하지 아니하다(민법 제157조). 기간을 일, 주, 월 또는 연으로 정한 때에는 기간말일의 종료로 기간이 만료한다(제159조). 기간의 말일이 토요일 또는 공휴일에 해당한 때에는 기간은 그 익일로 만료한다(제161조).

법령등 또는 처분에서 국민의 권익을 제한하거나 의무를 부과하는 경우 권익이 제한되거나(예 영업정지기간) 의무가 지속되는 기간(예 부작위 의무기간)의 계산은 민법과 달리 다음 각 호의 기준에 따른다. 다만, 다음 각 호의 기준에 따르는 것이 국민에게 불리한 경우에는 그러하지 아니하다. 1. 기간을 일, 주, 월 또는 연으로 정한 경우에는 기간의 첫날을 산입한다. 2. 기간의 말일이 토요일 또는 공휴일인 경우에도 기간은 그 날로 만료한다(행정기본법 제6조 제2항).

예를 들면, 행정심판 제기기간은 '국민의 권익을 제한하거나 의무를 부과하는 경우'가 아니므로 행정심판 제기기간의 계산에는 행정기본법 제6조 제2항이 아니라 행정기본법 제6조 제1항이 적용된다. 이에 반하여 공법상 의무의 지속기간(예 부작위 의무기간)은 법령등에 의한 것이든 처분(하명)에 의한 것이든 원칙상 행정기본법 제6조 제2항이 적용된다. 그리고, 행정기본법 제6조 제2항 제2호의 기준에 따르는 것이 국민에게 불리한 경우의 예로는 공법상 의무 이행기한(예 시정(개선)명령에 따른 시정(개선)의무 이행기한, 공법상 금전납부기한 등)을 들 수 있다. 그러나, 대기환경보전법령상 초과배출부과금 산정의 기초가 되는 개선기간 만료일(대기환경보전법 시행령 제25조 제1항 제2호)은 행정기본법 제6조 제2항 제2호의 기준에 따르는 것이 국민에게 불리한 경우에 해당하지 않는다.

민원의 처리기간을 5일 이하로 정한 경우에는 민원의 접수시각부터 "시간" 단위로 계산하되, 공휴일과 토요일은 산입(算入)하지 아니한다. 이 경우 1일은 8시간의 근무시간을 기준으로 한다(민원처리법 제19조 제1항). 민원의 처리기간을 6일 이상으로 정한 경우에는 "일" 단위로 계산하고 첫날을 산입하되, 공휴일과 토요일은 산입하지 아니한다(제2항). 민원의 처리기간을 주·월·연으로 정한 경우에는 첫날을 산입하되,「민법」제159조부터 제161조까지의 규정을 준용한다(제3항).

2. 법령등(훈령·예규·고시·지침 등을 포함) 시행일의 기간 계산

법령등(훈령·예규·고시·지침 등을 포함)의 시행일을 정하거나 계산할 때에는 다음 각 호의 기준에 따른다. 1. 법령등(훈령·예규·고시·지침 등을 포함)을 공포한 날(훈령·예규·고시·지침 등은 고시·공고 등의 방법으로 발령한 날을 말한다. 이하 이 조에서 같다)부터 시행하는 경우에는 공포한 날을 시행일로 한다. 2. 법령등(훈령·예규·고시·지침 등을 포함)을 공포한 날부터 일정 기간이 경과한 날부터 시행하는 경우 법령등(훈령·예규·고시·지침 등을 포함)을 공포한 날을 첫날에 산입하지 아니한다. 3. 법령등(훈령·예규·고시·지침 등을 포함)을 공포한 날부터 일정 기간이 경과한 날부터 시행하는 경우 그 기간의 말일이 토요일 또는 공휴일인 때에는 민법상의 원칙과 달리 그 말일로 기간이 만료한다(행정기본법 제7조).

법령 등의 공포일 또는 공고일은 해당 법령 등을 게재한 관보 또는 신문이 발행된 날로 한다(법령공포법 제12조).

Ⅱ. 행정에 관한 나이의 계산 및 표시

행정에 관한 나이는 다른 법령등에 특별한 규정이 있는 경우를 제외하고는 출생일을 산입하여 **만(滿) 나이**로 계산하고, 연수(年數)로 표시한다. 다만, 1세에 이르지 아니한 경우에는 월수로 표시할 수 있다(제7조의2).

Ⅲ. 수수료 및 사용료

행정청은 특정인을 위한 행정서비스를 제공받는 자에게 법령으로 정하는 바에 따라 **수수료**를 받을 수 있다(행정기본법 제35조 제1항). 수수료란 행정서비스에 대한 금전적 대가를 말한다. 텔레비전방송수신료는 공영방송사업이라는 특정한 공익사업의 소요경비를 충당하기 위한 것으로서 조세나 수수료가 아니라 특별부담금에 해당한다(헌재 1999. 5. 27, 98헌바70). 수수료부과행위는 행정행위로서 수수료를 부과하려면 법령에 근거를 두어야 한다.

행정청은 공공시설 및 재산 등의 이용 또는 사용에 대하여 사전에 공개된 금액이나 기준에 따라 **사용료**를 받을 수 있다(행정기본법 제35조 제2항). 사용료란 공공시설 또는 공공재산에 대한 사용의 금전적 대가를 말한다. 사용료는 사용료(예 행정재산 사용료), 이용료(예 자연휴양림 등의 이용료), 점용료(예 도로 점용료, 공유수면 점용료), 입장료(예 자연공원 입장료) 등 다양한 명칭으로 사용되고 있다. 사용료부과행위는 행정행위로서 사용료를 부과하려면 법령에 근거를 두어야 한다. 일반재산(잡종재산) 사용의 대가는 임대차계약으로 결정된다.

제1항 및 제2항에도 불구하고 지방자치단체의 경우에는 「지방자치법」(제153조, 제154조, 제156조)에 따른다(행정기본법 제35조 제3항).

제2편

일반 행정작용법

一 般 行 政 作 用 法

제 2 편 행정법 서설

제1장

행정입법

제 1 절 개 설

I. 의 의

광의의 행정입법이라 함은 행정기관이 일반적·추상적 규범을 정립하는 작용 또는 그에 따라 정립된 규범을 말한다. 행정입법은 실정법상의 개념이 아니라 학문상의 개념이다. 광의의 행정입법은 법규명령(法規命令)과 행정규칙(行政規則)을 포함한다. 그런데, 법률에 대응하여 사용되는 협의의 행정입법은 법규명령을 의미한다.

II. 법규명령과 행정규칙의 비교

1. 유 사 점

법규명령과 행정규칙은 다 같이 일반적·추상적 성질을 갖는 규범으로서 행정의 기준이 되는 규범이라는 점과 행정기관은 이 둘을 모두 준수하여야 할 법적 의무를 진다는 점에서 유사하다.

2. 상 이 점

법규명령과 행정규칙은 다음과 같이 상이하다.

(1) 법 규 성

법규명령은 행정주체와 국민간의 관계를 규율하는 법규범인 반면에 행정규칙은 행정조직내부에서 적용되기 위하여 제정된 규범으로서 법규범이 아니다. 그리하여 법규명령은 양면적(兩面的) 구속력을 갖는 법규인 반면에 행정규칙은 원칙상 행정기관만을 구속하는 일면적(一面的) 구속력만을 갖는다. 따라서 행정규칙은 법규가 아니라고 보는 것이 일반적 견해이다.

(2) 근　　거

법규명령의 제정에는 법적 근거가 필요하다. 위임명령의 제정에는 개별적인 법률의 근거가 필요하다. 집행명령에는 개별적인 법적 근거는 필요하지 않지만 헌법에서 포괄적인 근거를 두고 있다.

이에 반하여 행정규칙은 법규가 아니므로 행정규칙의 제정에는 법적 근거가 필요하지 않다. 행정규칙제정권은 상급기관의 감독권(훈령, 통첩의 경우) 또는 행정기관의 재량처분권(재량준칙의 경우)에 당연히 포함된다.

(3) 대외적 구속력

법규명령은 일반적으로 대외적 구속력을 갖는다. 따라서 법규명령에 반하는 행정권 행사는 위법하다.

이에 반하여 행정규칙은 그 자체로서는 행정기관만을 구속하며 원칙상 대외적 구속력을 갖지 않는다. 따라서 행정권 행사가 행정규칙을 위반한 경우에도 그 위반사실 자체에 의해 그 행정권 행사는 위법한 것으로 판단되지 않는다. 다만, 후술하는 바와 같이 오늘날 학설은 재량준칙 등 일부 행정규칙에는 대외적 구속력이 있는 것으로 인정하고 있다. 판례는 행정규칙의 대외적 구속력을 원칙상 인정하지 않고 있다.

(4) 형　　식

법규명령은 법규명령의 형식을 취하고 공포가 효력발생요건이다. 그러나, **행정규칙**은 그러하지 아니하며 공표도 의무적인 것이 아니다. 다만, 행정절차법 제20조 제1항에 의해 처분기준이 되는 행정규칙은 공표되어야 한다.

제 2 절　법규명령

I. 개　　념

법규명령(法規命令)이라 함은 행정권이 제정하는 법규를 말한다. 실무에서는 통상 명령(命令)이라는 용어를 사용한다. 법규명령은 행정권이 제정하는 법인 점에서 행정입법(行政立法)이라고도 부른다.

법규명령은 법규인 점에서 법규라고 볼 수 없는 행정규칙과 구별된다. 법규명령과 행정규칙의 구별에 대하여는 전술한 바와 같다.

법규명령과 행정소송법상의 처분과의 관계를 보면 법규명령은 일반적·추상적 규범이므로 원칙상 행정소송법상의 처분이 아니지만, 후술하는 바와 같이 처분적 명령은 행정소송법상의 처분에 해당한다.

Ⅱ. 법규명령의 근거

1. 헌법상 근거

헌법 제76조는 대통령의 긴급명령 및 긴급재정·경제명령의 근거를, 제75조는 대통령령(위임명령과 집행명령)의 근거를, 제95조는 총리령과 부령(위임명령과 집행명령)의 근거를, 제114조는 중앙선거관리위원회규칙의 근거를 규정하고 있다.

2. 법률에 의한 행정입법 형식의 인정 가능 여부 [2007 행시(일반행정) 사례]

감사원규칙은 헌법에 근거가 없고 감사원법에 근거하고 있다. 여기에서 헌법에 근거하지 않은 행정입법의 형식을 법률로 인정할 수 있는가 하는 문제가 제기된다.

(1) 부 정 설

부정설의 논거는 다음과 같다: 헌법원칙인 국회입법의 원칙에 대한 예외인 행정입법의 형식은 헌법에서 명시적으로 인정된 경우에만 한정적으로 인정해야 한다. 이 견해는 감사원규칙을 행정규칙에 불과한 것으로 본다.

(2) 긍 정 설

긍정설의 논거는 다음과 같다: 헌법에서 인정된 법규명령 제정권자는 한정적·열거적인 것이 아니고 예시적인 것이며 입법권자인 국회가 스스로 정한 한계 내에서 입법권을 행정기관에게 부여하는 것이므로 헌법(국회입법의 원칙)에 위반되는 것은 아니다. 감사원규칙을 법규명령으로 보고 그 효력을 인정하는 견해가 다수견해이다. 이 견해가 타당하다.

(3) 판 례

헌법재판소는 긍정설을 취하고 있다. 즉, 헌법재판소는 입법기관이 아닌 행정기관에게 법률 등으로 구체적인 범위를 정하여 위임한 사항에 관하여는 당해 행정기관에게 입법권한이 부여되고, 입법자가 규율의 형식도 선택할 수도 있고, 헌법이 인정하고 있는 위임입법의 형식도 예시적인 것으로 보고 있다.

[판례] 법률이 입법사항을 대통령령이나 부령이 아닌 고시와 같은 행정규칙의 형식으로 위임하는 것이 헌법 제40조, 제75조, 제95조 등과의 관계에서 허용되는지 여부(한정적극): 국회입법에 의한 수권이 입법기관이 아닌 행정기관에게 법률 등으로 구체적인 범위를 정하여 위임한 사항에 관하여는 당해 행정기관에게 법정립의 권한을 갖게 되고, 입법자가 규율의 형식도 선택할 수도 있다 할 것이므로, 헌법이 인정하고 있는 위임입법의 형식은 예시적인 것으로 보아야 할 것이고, 그것은 법률이 행정규칙에 위임하더라도 그 행정규칙은 위임된 사항만을 규율할 수 있으므로, 국회입법의 원칙과 상치되지도 않는다(헌재 전원재판부 2004. 10. 28, 99헌바91[금융산업의 구조개선에 관한 법률 제2조 제3호 가목 등 위헌소원]).

3. 법규적 성질을 갖는 행정규칙

법률 또는 명령에 근거하여 행정규칙의 형식으로 법규적 성질의 규범을 제정하는 것이 가능한가에 관하여는 후술하는 바와 같이 학설이 나뉘고 있다. 판례는 이러한 행정입법(예 법령보충적 행정규칙)의 가능성을 인정하고 있다.

4. 행정의 고유한 법규명령제정권(행정유보설)

명문의 법적 근거가 없는 법규명령이 가능한가. 행정유보설(行政留保說)을 지지하는 경우에 제한된 범위이기는 하지만 행정에 고유한 명령제정권을 인정하게 된다.

행정유보론은 일정한 행정영역(예 독립적인 행정조직체에서의 당해 조직체의 조직과 운영에 관한 사항, 특별권력관계에서의 특별권력주체와 상대방과의 관계)에서 법률의 수권이 없는 경우에도 행정권에게 독자적인 명령제정권을 인정한다.

독일에서 인정된 규범구체화행정규칙, 특별명령은 대외적인 법적 구속력을 갖는데 명시적인 위임 없이도 제정될 수 있다.

그러나, 현행 헌법상 법률 또는 상위명령의 근거가 없는 법규명령은 집행명령을 제외하고는 일체 인정될 수 없다고 보아야 한다.

Ⅲ. 법규명령의 종류

1. 법률과의 관계에 따른 분류

헌법적 효력을 가지는 계엄조치, 법률과 같은 효력을 갖는 긴급명령 및 긴급재정·경제명령, 법률보다 하위의 효력을 갖는 종속명령이 있다.

(1) 계엄조치

현행 헌법은 계엄선포시 헌법의 일부규정에 대한 변경을 가져올 수 있는 특별조치(特別措置)를 인정하고 있다(헌법 제77조 제2항). 특별조치는 법령의 형식에 의해 발해지지는 않지만 헌법 및 명령의 효력을 정지하거나 그에 대한 변경을 가져오므로 그 한도 내에서 실질에 있어서는 법규명령이라 할 수 있다.

(2) 긴급명령, 긴급재정·경제명령

긴급명령 및 긴급재정·경제명령은 헌법에 근거를 두는 법률과 같은 효력을 갖는 명령이다. 긴급명령은 헌법 제76조 제2항에 근거하며 긴급재정·경제명령은 헌법 제76조 제1항에 근거한다. 금융실명거래 및 비밀보장에 관한 긴급재정·경제명령은 긴급재정·경제명령의 예이다.

긴급명령이나 긴급재정·경제명령은 지체 없이 국회의 승인을 받아야 하며 승인을 얻지 못한 때에는 그 명령은 그때부터 효력을 상실한다.

(3) 종속명령 [2025 행시]

종속명령(從屬命令)이라 함은 법률보다 하위(下位)의 효력을 가지는 명령을 말한다. 종속명령은 새로운 법규사항(국민의 권리의무에 관한 사항)을 정하는지 여부에 따라 위임명령과 집행명령으로 구분된다.

위임명령(委任命令)이라 함은 법률 또는 상위명령의 위임에 의해 제정되는 명령으로서 새로운 법규사항을 정할 수 있다.

집행명령(執行命令)이라 함은 상위법령의 집행을 위하여 필요한 사항(신고서양식 등)을 법령의 위임 없이 직권으로 발하는 명령을 말한다. 집행명령에서는 새로운 법규사항을 정할 수 없다.

해석명령은 집행명령의 일종이라고 할 수 있다. 해석명령규정은 상위법령의 범위를 벗어나지 않은 경우 법적 효력이 있다(대판 2014. 8. 20, 2012두19526[중학교입학자격검정고시응시제한처분취소]). 다만, 해석규정이 위임의 한계를 벗어난 것으로 인정될 경우에는 무효이다(대판 전원합의체 2017. 4. 20, 2015두45700).

위임명령과 집행명령은 입법실제에 있어서 따로따로 제정되는 예는 거의 없으며 하나의 명령에 함께 제정되고 있다.

2. 제정권자에 따른 분류

대통령이 제정하는 명령을 대통령령(大統領令), 총리가 발하는 명령을 총리령(總理令), 행정각부의 장이 발하는 명령을 부령(部令)이라 한다. 입법실제에 있어서 대통령령에는 통상 시행령(施行令)이라는 이름을 붙이고 총리령과 부령에는 시행규칙(施行規則)이라는 이름을 붙인다. 예외적이기는 하지만, 대통령령 중에는 "규정(規程)"이라는 명칭을 붙인 것(예 보안업무규정)도 있고, 부령에 '규칙'이라는 명칭을 붙이는 경우(예 건강보험요양급여규칙)도 있다. 독립행정위원회가 제정하는 법규명령에는 "규칙"이라는 명칭을 붙인다(예 공정거래위원회규칙, 금융위원회규칙, 중앙노동위원회규칙).

행정 각부가 아닌 국무총리 소속의 독립기관(법제처 등)이나 행정 각부 소속의 독립기관(경찰청 등)은 독립하여 명령을 발할 수 없고 총리령이나 부령으로 발하여야 한다.

대통령령은 총리령 및 부령보다 우월한 효력을 갖는다.

총리령과 부령의 관계에 대하여는 총리령 우위설과 동위설(同位說)이 있다. 생각건대, 총리령과 부령은 통상 규율사항이 다르므로 상호 충돌할 염려는 없다. 따라서 상호간에 우열을 논할 필요가 없다. 총리령은 통상 국무총리 소속기관의 사무에 관하여 제정되고, 부령은 행정 각부의 사무에 관하여 정하여진다. 총리가 행정 각부의 장에게 명령의 제정을 위임할 권한도 없다. 그러나, 집행명령에 있어서는 총리는 행정 각부를 통할하는 지위에서 명령을 발할 수 있고, 이 경우에는 총리령은 부령이 제정하는 집행명령에 우월하다고 보아야 한다.

중앙선거관리위원회는 중앙선거관리위원회규칙을 발하고, 대법원은 대법원규칙을, 국회는 국회규칙을, 감사원은 감사원규칙을 발한다. 이들 명령은 대통령으로부터 독립되어 있는 기관이 발하는 법규명령이며 '규칙'이라는 이름을 붙인다.

자치법규(조례와 규칙)도 행정입법의 성질을 가지는 것으로 볼 수 있다. 다만, 조례는 주민의 대표기관의 지위를 갖는 지방의회에 의해 제정되는 점에서 국민의 대표기관인 국회에 의해 제정되는 법률에 준하는 성격을 아울러 갖는 것으로 보아야 할 것이다.

협의의 학칙(學則)(교육에 관한 기본규칙)의 법적 성질에 관하여는 행정규칙(재량준칙)으로 보는 견해, 특별명령으로 보는 견해, 법령보충적 행정규칙으로 보는 견해, 자치법규로 보는 견해, 사립학교의 학칙은 약관으로 보는 견해 등이 있으나, 헌법상 교육의 자주성과 대학의 자율성이 보장되고 있으므로(제31조 제4항) 학교를 자치조직으로 보는 것이 타당하고 따라서 학칙을 자치권에 근거한 자치법규로 보는 견해가 타당하다. 따라서, 학칙은 법령의 근거가 없는 경우에도 자율적 조직인 학교의 운영을 규율하기 위하여 제정이 가능하다. 다만, 고등교육법 제6조 및 초중등교육법 제8조는 학칙의 제정 근거를 두고 있다. 학칙은 자치법규이므로 학칙에 대한 포괄적 수권도 가능하다. 학칙의 양면적 법적 구속력을 인정한 판례가 있다(대판 1991. 11. 22, 91누2144[퇴학처분취소]).

3. 법형식에 따른 분류

법규명령의 형식을 취하는 명령을 형식적 의미의 법규명령이라 한다.

명령의 형식을 묻지 않고 그 실질이 법규명령의 성질을 가지고 있는 명령을 실질적 의미의 법규명령이라 한다.

Ⅳ. 법규명령의 한계 [2010 입시 사례]

1. 위임명령의 한계

위임명령(위임입법)의 한계는 법률의 명령에 대한 수권의 한계와 수권에 따른 위임명령 제정상의 한계로 나누어진다.

(1) 상위 법령의 위임

위임명령은 상위 법령의 위임(수권)이 있어야 한다.

(2) 수권의 한계

법률의 명령에 대한 입법권의 수권(授權)은 국회입법의 원칙이 기본적으로 유지될 수 있는 한도 내에서 인정되어야 한다. 수권의 한계는 다음과 같은 두 가지 내용을 포함한다.

① 법률의 명령에 대한 수권은 일반적이고 포괄적인 수권은 안 되며 구체적인 위임이어야 한다(헌법 제75조). 다만, 법률이 조례나 정관에 자치법적 사항을 위임하는 경우에는 헌법상의 포괄위임입법금지의 원칙이 원칙적으로 적용되지 않는다고 볼 것이다. 다만, 공법적 기관의 정관 규율사항이라도 그러한 정관의 제정주체가 사실상 행정부에 해당하거나, 기타 권력분립의 원칙에서 엄격한 위임입법의 한계가 준수될 필요가 있는 경우에는 헌법 제75조, 제95조의 포괄위임입법금지 원칙이 적용되어야 한다(헌재 2001. 4. 26, 2000헌마122).

구체적인 위임이 되려면 위임명령에 규정될 내용과 범위의 기본사항이 구체적으로 규정되어 있어서 누구라도 해당 법률이나 상위법령으로부터 위임명령에 규정될 내용의 대강을 예측할 수 있어야 한다(대판 2020. 2. 27, 2017두37215).

② 헌법에서 구체적이고 명시적으로 법률로 정하도록 한 사항과 본질적인 사항(의회유보사항)

은 법률로 정하여야 하며 명령에 위임하여서는 안 된다(의회유보론). 본질적인 사항은 명령에 대한 구체적 위임도 안 되며 법률로 정하여야 한다. 예를 들면, 병역복무기간(병역법 제18조 제2항)은 법률전속사항으로 보아야 할 것이다.

③ 수권의 한계를 넘는 법률은 위헌(違憲)인 법률이 된다. 수권법률이 헌법재판소의 위헌법률심판에서 위헌으로 결정된 경우에 당해 수권법률에 의해 제정된 명령은 위법한 명령이 되고 법원은 그 명령의 위법을 확정하고 그 명령을 당해 사건(예 취소소송사건)에 적용하지 않는다. 그리고, 수권의 한계를 넘는 수권에 근거하여 제정된 명령에 근거하여 내려진 처분은 통상 그 위법이 명백하지 않으므로 원칙상 취소할 수 있는 처분이다.

(3) 위임명령의 제정상 한계

상위 법령의 위임에 의해 위임명령이 제정될 때에도 다음과 같은 한계가 있다.

① 위임명령은 수권의 범위 내에서 제정되어야 한다. 수권의 범위를 일탈한 명령은 위법한 명령이 된다. 법규명령의 내용이 법률이 예정하고 있는 바를 구체적으로 명확하게 한 것으로 인정되면 법규명령은 무효로 되지 않는다(대판 전원합의체 2020. 6. 18, 2016두43411). 그러나, 수권 규정에서 사용하고 있는 용어의 의미를 넘어 그 범위를 확장하거나 축소하여 위임 내용을 구체화하는 단계를 벗어나 새로운 입법을 한 것으로 볼 수 있다면 위임의 한계를 넘은 것이다(대판 2018. 8. 30, 2017두56193). 어느 시행령 규정이 모법의 위임 범위를 벗어난 것인지를 판단할 때 중요한 기준 중 하나는 예측가능성이다(대판 2021. 7. 29, 2020두39655).

② 위임명령은 상위법령(예 헌법, 법률, 상위의 명령)에 위반하여서는 안 된다. 어느 시행령 규정이 모법에 저촉되는지가 명백하지 않은 경우에 모법에 합치된다는 해석(상위법령합치적 법령해석)도 가능한 경우라면 그 규정을 모법 위반으로 무효라고 선언해서는 안 된다(대판 2025. 1. 9, 2022두32382).

③ 재위임(再委任)의 문제: 법률에서 위임받은 사항을 전혀 규정하지 않고 재위임하는 것은 복위임금지 원칙에 반할 뿐 아니라 위임명령의 제정 형식에 관한 수권법의 내용을 변경하는 것이 되므로 허용되지 않으나 위임받은 사항에 관하여 대강을 정하고 그 중의 특정사항을 범위를 정하여 하위법령에 다시 위임하는 경우에는 재위임이 허용된다(대판 2006. 4. 14, 2004두14793; 2013. 3. 28, 2012도16383; 헌재 2002. 10. 31, 2001헌라1[강남구청과 대통령 간의 권한쟁의]). 이러한 법리는 조례가 지방자치법 제22조 단서에 따라 주민의 권리제한 또는 의무부과에 관한 사항을 법률로부터 위임받은 후, 이를 다시 지방자치단체장이 정하는 '규칙'이나 '고시' 등에 재위임하는 경우에도 마찬가지이다(대판 2015. 1. 15, 2013두14238). 그 재위임은 구체적으로 범위를 정한 개별적인 재위임이어야 한다(대판 2022. 4. 14, 2020추5169).

④ 시행령의 내용이 모법의 입법 취지와 관련 조항 전체를 유기적·체계적으로 살펴보아 모법의 해석상 가능한 것을 명시한 것에 지나지 아니하거나 모법 조항의 취지에 근거하여 이를 구체화하기 위한 것인 때에는 모법의 규율 범위를 벗어난 것으로 볼 수 없으므로 모법에 이에 관하여 직접 위임하는 규정을 두지 않았다고 하더라도 이를 무효라고 볼 수 없다(대판 2016. 12. 1, 2014두8650).

2. 집행명령의 한계

집행명령(執行命令)은 상위법령의 집행에 필요한 절차나 형식을 정하는 데 그쳐야 하며 새로운 법규사항을 정하여서는 안 된다.

집행명령은 새로운 법규사항을 규정하지 않으므로 법령의 수권 없이 제정될 수 있다.

V. 법규명령의 성립·효력·소멸

1. 법규명령의 성립요건

법규명령은 법규명령제정권자가 제정하여 법규명령의 형식으로 공포함으로써 성립한다.

(1) 제정권자

법규명령은 의회입법의 원칙에 대한 예외이므로 법규명령제정권자는 원칙상 헌법에 의해 인정되어야 한다. 헌법에서 인정된 법규명령제정권자는 대통령·총리·행정 각부의 장·중앙선거관리위원회 등이다.

감사원규칙에서처럼 법규명령제정권자가 헌법이 아닌 법률에 의해 인정될 수 있는가에 관하여 학설이 대립되고 있으나 전술한 바와 같이 긍정설이 타당하다.

(2) 형식 및 공포

법규명령의 형식을 취하고 관보에 공포(公布)되어야 성립한다. 다만, 법규명령으로 정하여야 할 사항을 행정규칙의 형식으로 정한 경우에 판례는 일정한 경우(예 법령보충적 행정규칙)에 공포가 없어도 법규명령의 효력을 가지는 것으로 보고 있다.

2. 법규명령의 효력요건

법규명령은 시행됨으로써 효력을 발생한다. 시행일이 정해진 경우에는 그날부터 효력을 발생하고, 시행일이 정하여지지 않은 경우에는 공포한 날로부터 20일을 경과함으로써 효력을 발생한다(헌법 제53조 제 7 항).

3. 법규명령의 적법요건과 위법한 명령의 효력

(1) 법규명령의 적법요건

① 위임명령은 상위법령의 수권이 있어야 제정될 수 있으며 수권의 범위 내에서 제정되어야 한다. 집행명령은 위임 없이 직권으로 제정될 수 있다.

② 근거가 되는 상위법령이 위법할 때에는 그에 근거한 명령도 위법하다.

③ 상위법령에 위반되는 명령은 위법하다.

④ 입법예고제 등 행정입법절차를 위반하여서는 안 된다.

(2) 위법한 법규명령의 효력

위법한 법규명령은 다음과 같은 효력을 갖는다.

① 성립요건을 결여하는 경우 법규명령 자체가 성립하지 아니하므로 누구도 구속되지 않는다. 효력요건을 결여한 경우에도 성립한 법규명령이 아직 효력을 발생하지 않았으므로 그 명령은 누구에 대하여도 구속력이 없다.

② 기존의 명령과 배치되는 동위의 명령 또는 상위의 법령이 제정된 경우에 기존의 명령은 폐지된 것이 되고 따라서 누구도 구속되지 않는다.

③ 동일한 사항에 대해 하위법이 상위법에 저촉되는 경우 전부가 무효가 아니라 저촉되는 한도내에서만 효력이 없다. 하위법이 상위법에 저촉되는 한도내에서는 상위법을 적용하여야 한다.

[판례] 국도가 아닌 도로의 점용료 산정기준에 관하여 대통령령이 정하는 범위에서 지방자치단체의 조례로 정하도록 규정한 구 도로법(2011. 4. 12. 법률 제10580호로 개정되기 전의 것, 이하 같다) 제41조 제2항 및 구 도로법 시행령(2012. 11. 27. 대통령령 제24205호로 개정되기 전의 것, 이하 같다) 제42조 제2항의 위임에 따라 국도 이외 도로의 점용료 산정기준을 정한 구 '서울특별시 양천구 도로점용허가 및 점용료 징수 조례'(2011. 12. 20. 조례 제1016호로 개정되기 전의 것, 이하 '구 양천구 조례'라 한다) 규정이 구 도로법 시행령이 개정되었음에도 그에 맞추어 개정되지 않은 채 유지되어 구 도로법 시행령과 불일치하게 된 사안에서, 구 도로법 제41조 제2항의 '대통령령으로 정하는 범위에서'라는 문언상 대통령령에서 정한 '점용료 산정기준'은 각 지방자치단체 조례가 규정할 수 있는 점용료의 상한을 뜻하는 것이므로, 구 양천구 조례 규정은 구 도로법 시행령이 정한 산정기준에 따른 점용료 상한의 범위 내에서 유효하고, 이를 벗어날 경우 그 상한이 적용된다는 취지에서 유효하다고 한 사례(대판 2013. 9. 27, 2012두15234[도로점용료부과처분취소]).

④ 상위 법령의 위임 없는 법규명령은 일반 국민에 대하여 구속력을 가지는 법규명령으로서의 효력은 없고(대판 전원합의체 2015. 6. 25, 2007두4995[노동조합설립신고서반려처분취소]), 행정조직 내에서 적용되는 행정명령의 성격을 지닐 뿐 국민에 대한 대외적 구속력은 없다(대판 2013. 9. 12, 2011두10584[부정당업자제재처분취소]; 대판 전원합의체 2015. 6. 23, 2012두2986). 위임의 한계를 벗어난 법규명령도 대외적 효력을 인정할 수 없다(대판 2017. 6. 15, 2016두52378). 어떤 법규명령이 위임의 근거가 없어 무효였더라도 사후에 법개정으로 위임의 근거가 부여되면 그 때부터는 유효한 법규명령이 된다. 그리고 위임에 의한 유효한 법규명령이 법개정으로 위임의 근거가 없어지게 되면 그 때부터 무효인 법규명령이 된다(대판 1995. 6. 30, 93추83[경상북도의회에서의증언·감정등에관한조례(안)무효확인청구의소]).

⑤ **그 이외에 법규명령이 위법한 경우**(특히 법규명령이 내용상 상위법령에 저촉되는 경우)에 법규명령의 효력에 관하여는 다음과 같이 견해가 대립된다.

법규명령의 하자론(瑕疵論)

1. 취소·무효 구별설

이 견해는 행정입법의 흠이 중대하고 명백한 경우에는 행정행위에서와 같이 당연히 무효가 된다고 보고, 흠이 중대하고 명백하지 않은 경우에는 일단 유효하며 헌법 제107조 제2항상의 통제제도에 의해 당해 법규명령에 근거한 처분을 다투는 소송에서 선결문제로서 다툴 수 있다고 본다(박윤흔, 223면).

2. 무 효 설

이 견해는 행정행위의 무효이론을 법규명령의 하자론에 도입하는 것에 반대하고 위법한 법규명령은 모든 경우에 무효라고 보아야 한다고 주장하면서 그의 근거를 법규명령에 대한 취소쟁송제도의 부존재에서 찾고 있다(김남진, 154면).

3. 상대적 무효설

이 견해는 위법한 행정입법을 '무효'라고 하면서도 위법확인이 된 경우에도 당해 사건에 한하여 적용되지 않을 뿐 당해 행정입법은 그대로 '유효'하다고 하고 있다(김동희, 143면).

4. 유 효 설

이 견해는 법규명령의 하자론은 행정행위의 하자론과 다르다고 본다. 법규명령은 법질서를 이루고 있으므로 법질서의 보호를 위하여(법의 공백을 막기 위하여) 위법한 법규명령도 폐지되거나 취소되기 전에는 특별한 규정이 없는 한 효력을 유지한다고 본다.

5. 판 례

판례는 위법한 법규명령을 무효로 보고 있다. 처분적 명령에 대한 항고소송도 무효확인소송으로 하는 것이 실무이다. 이에 반하여 법규명령의 효력을 갖는 행정규칙에 대한 항고소송은 통상 취소소송으로 하는 것이 실무이다.

그러나, 법규명령과 법규명령의 효력을 갖는 행정규칙은 그 규범력에 관한 한 실질적으로 동일한 것임에도 소송형식과 관련하여 양자를 달리 취급하는 것은 타당하지 않다. 또한, 위법한 법규명령을 무효라고 하면서 재판에서 선결문제로서 대법원에 의해 법규명령의 위법이 최종적으로 확인된 경우에도 일반적으로 효력을 상실하지 않고 당해 사건에 한하여 그 적용이 배제되는 것으로 보는 것은 논리적이지 못하다는 비판을 면할 수 없다. 판례가 말하는 법규명령의 무효는 행정행위의 무효와 다르다. 무효인 법규명령도 일응 효력을 갖고 존재한다.

6. 결어(유효설)

법의 공백을 막기 위하여 위법한 법규명령도 폐지되거나 항고소송에 의해 무효확인(취소)되기 전에는 효력을 유지한다고 보고, 처분적 명령에 대한 항고소송은 취소소송의 형식으로 제기하도록 하는 것이 타당하다.

⑥ 위법한 명령을 다투는 길은 법원에 의한 통제(항고소송, 부수적 통제)와 헌법소원에 의한 통제가 인정되고 있다. 헌법소원에 의해 위헌이 확인된 경우에는 당해 명령은 효력을 상실한다. 법원에 의해 선결문제에서 위헌 또는 위법이 확인된 경우에는 그 명령은 효력을 상실하는 것은 아니며 당해 사건에 한하여 적용되지 않고, 위법한 처분적 명령에 대한 무효확인소송(취소소송)에서 무효확인(취소)된 경우에는 애초부터 무효임이 확인된다(원칙상 소급적으로 효력을 상실한다).

⑦ 전술한 바와 같이 행정기관이 위법한 명령을 다툴 수 있는 길이 인정되고 있지 않으므로 행정기관은 명령의 위법성이 명백하지 않는 한 위법한 명령도 집행하여야 한다. 대법원에 의해 위법이 확인된 경우에는 이제는 그 위법이 명백하므로 행정기관은 그 명령을 집행해서는 안 된다. 대법원에 의해 위법이 확인되었음에도 그 후 당해 명령을 적용한 처분은 무효라고 보아야 한다.

4. 법규명령의 소멸

① 법규명령은 폐지(廢止)에 의해 소멸된다.

② 한시적(限時的) 명령의 경우 당해 명령에 붙여진 종기(終期)가 도래하면 소멸되고, 해제조건이 붙여진 명령은 해제조건의 성취로 소멸된다.

③ 근거법령의 효력이 상실되면 법규명령은 소멸한다.

④ 집행명령의 경우 상위법령이 폐지된 것이 아니라 단순히 개정됨에 그친 경우에는 그 개정법령과 성질상 모순·저촉되지 아니하고 개정된 상위법령의 시행에 필요한 사항을 규정하고 있는 이상 그 개정법령의 시행을 위한 집행명령이 제정·발효될 때까지는 그 효력을 유지한다(대판 1989. 9. 12, 88누6962[영업소설치신고수리]).

Ⅵ. 행정입법의 통제 [2007 행시(일반행정) 사례, 2005 입시 약술]

행정입법(법규명령)에 대한 통제에는 사전적 통제로서 절차적 통제가 있고, 통제기관에 따라 입법적 통제·행정적 통제·사법적 통제가 있다.

1. 절차적 통제

행정입법에 대한 절차적 통제에 관하여는 행정절차와 관련하여 후술하기로 한다.

2. 의회에 의한 통제

(1) 직접적 통제

의회에 의한 행정입법의 통제방법으로는 의회에의 제출절차와 의회의 동의 또는 승인권의 유보가 있다.

① 국회법 제98조의2는 **행정입법**(행정규칙 포함) **제출**, **위법통보**(행정규칙 제외) 및 **처리결과제출제도**를 규정하고 있다. 또한, 행정절차법은 대통령령에 대한 국회의 적절한 통제수단을 확보하기 위하여 행정청이 입법예고를 하는 경우에는 대통령령을 국회 소관 상임위원회에 제출하도록 규정하고 있다(제42조 제 2 항).

② 의회의 동의 또는 승인권의 유보라 함은 법규명령의 효력발생 전에 의회의 동의 또는 승인을 받도록 하거나 일단 성립되어 효력을 갖고 있는 법규명령의 효력을 사후적으로 소멸시키는 권한을 의회에 유보시키는 법규명령에 대한 통제방법을 말한다.

③ 의회는 법규명령과 내용상 저촉되는 법률을 제정하여 위법한 법규명령을 폐지시킬 수 있다.

(2) 간접적 통제

국회는 국정감사 또는 조사권·국무총리 등에 대한 질문권·국무총리 또는 국무위원의 해임건의권 및 대통령에 대한 탄핵소추권 등 행정권에 대한 국정감시권을 행사하여 위법한 법규명령을 간접적으로 통제할 수 있다.

3. 행정적 통제

(1) 상급행정청의 감독권에 의한 통제

상급행정청의 감독권의 대상에는 하급행정청의 행정입법권 행사도 포함된다. 상급행정청은 하급행정청의 행정입법권의 행사의 기준과 방향을 지시할 수 있고, 위법한 법규명령의 폐지를 명할 수 있다.

상급행정청이라도 하급행정청의 법규명령을 스스로 개정 또는 폐지할 수 없다. 다만, 상위명령에 의해 하위명령을 배제할 수 있다.

(2) 법제처의 심사

국무회의에 상정될 법령안, 조약안과 총리령안 및 부령안은 법제처의 심사를 받는다(정부조직법 제20조 제1항). 법제처의 법령심사는 법안의 문언·법령 상호간의 모순·상위법령에 대한 위반 여부에 미친다.

4. 사법적 통제 [2004 사시, 2006 행시 사례, 2014 변시 사례]

행정입법에 대한 사법적 통제라 함은 사법기관인 **법원 및 헌법재판소에 의한 통제**를 말한다. 행정입법에 대한 사법적 통제에 있어서는 사법적 통제의 주체·대상·요건 및 효력이 문제된다.

직접적 통제라 함은 행정입법 자체가 직접 소송의 대상이 되어 위법한 경우 그 효력을 상실시키는 제도를 말한다. 법규명령에 대한 헌법소원 및 항고소송은 직접적 통제에 속한다. 직접적 통제를 **추상적 규범통제**라고도 한다.

간접적 통제라 함은 행정입법 자체를 직접 소송의 대상으로 하는 것이 아니라 다른 구체적인 사건에 관한 재판에서 당해 행정입법의 위법 여부가 선결문제가 되는 경우 당해 행정입법의 위법 여부를 판단하는 제도이다. 간접적 통제는 **부수적 통제** 또는 **구체적 규범통제**라고도 한다.

[문제] 명령(또는 조례)에 의해 국민의 권익이 직접 침해된 경우에 구제방법을 논하시오.

(1) 법원에 의한 통제

1) 간접적 통제	㈎ 협 의 설
가. 의의와 근거	㈏ 중 간 설
나. 통제의 대상	㈐ 광 의 설
㈎ 명령·규칙	㈑ 판 례
㈏ 위헌·위법	㈒ 결 어
다. 통제의 요건	다. 소송형식 등
라. 통제의 주체	㈎ 취소소송·무효확인소송설
마. 통제의 효력	㈏ 무효확인소송설
2) 처분적 명령에 대한 항고소송(직접적 통제)	㈐ 판 례
가. 헌법적 근거	㈑ 결 어
나. 처분적 명령의 인정기준(처분성)	

법원에 의한 행정입법의 통제로는 간접적 규범통제와 항고소송에 의한 직접적 통제가 있다.

1) 간접적 통제(부수적 통제) [2010 행시(재경직) 사례]

가. 의의와 근거 간접적 통제라 함은 다른 구체적인 사건에 관한 재판에서 행정입법의 위법 여부가 선결문제가 되는 경우 당해 행정입법의 위법 여부를 통제하는 것을 말한다. 간접적

통제를 **부수적 통제** 또는 **구체적 규범통제**라고도 한다.

간접적 통제는 **헌법 제107조 제2항**에 근거한다. 헌법 제107조 제2항은 "명령·규칙 또는 처분이 헌법이나 법률에 위반되는 여부가 재판의 전제가 된 경우에는 대법원은 이를 최종적으로 심사할 권한을 가진다."라고 규정하고 있다.

나. 통제의 대상

(가) 명령 · 규칙 헌법은 **'명령·규칙'**이 헌법이나 법률에 위반되는 여부가 재판에서 전제가 된 경우에 법원에 의한 통제의 대상이 된다고 규정하고 있다(제107조 제2항).

여기에서 **'명령'**이란 법규명령을 의미한다. 위임명령과 집행명령 모두 통제의 대상이 된다. '명령·규칙' 중 **'규칙'**이란 중앙선거관리위원회규칙, 대법원규칙, 국회규칙과 같이 법규명령인 규칙을 의미한다. 헌법 제107조 제2항의 '명령'에는 자치법규인 조례와 규칙도 포함된다고 본다(대판 전원합의체 1995. 8. 22, 94누5694[관리처분계획인가처분취소]).

행정규칙 중 법규적 성질을 갖는 것(예 법령보충적 행정규칙)은 그 행정규칙의 위법 여부가 그에 근거한 처분의 위법 여부를 판단함에 있어서 전제문제가 되므로 헌법 제107조의 구체적 규범통제의 대상이 된다. 그러나, 법규적 효력이 없는 행정규칙은 헌법 제107조의 통제대상이 아니다(대판 1990. 2. 27, 88재누55[어업면허거부처분취소]).

긴급명령의 제정권자는 대통령이지만 국회의 승인을 받고, 그 효력에 있어서 법률적 효력을 가지므로 법률에 준하여 헌법재판소에 의한 위헌법률심사제도에 의해 통제되고, 헌법 제107조 제2항의 통제의 대상이 되지 않는다.

국회의 승인을 요하지 않는 유신 헌법상의 긴급조치에 관하여 **대법원**은 유신 헌법에 근거한 긴급조치는 국회의 승인을 받은 것이 아니므로 법률의 효력을 갖더라도 그 실질이 위헌법률심사의 대상이 되는 법률(국회 입법권의 행사)이 아니고, **긴급조치의 위헌 여부의 심사권은 최종적으로 대법원에 속한다**고 보았지만(대판 전원합의체 2010. 12. 26, 2010도5986), **헌법재판소**는 위헌법률심사의 대상이 되는 '법률'인지 여부는 그 제정 형식이나 명칭이 아니라 규범의 효력을 기준으로 판단하여야 한다고 보면서 법률과 동일한 효력을 가지는 유신 헌법상 긴급조치들의 위헌 여부 심사권한은 **헌법재판소에 전속한다**고 보았다(헌재 2013. 3. 21, 2010헌바132 등).

원칙상 명령 전부가 아니라 개별법규정이 통제의 대상이 된다.

법규정 중 일부만 위헌·위법인 경우 그 일부가 분리가능한 경우에는 그 일부만의 무효확인도 가능하다(대판 2012. 12. 20, 2011두30878).

[판례] 구 화물자동차법 시행령 제6조 제1항 [별표 1] 제12호 (가)목에 규정된 '2인 이하가 중상을 입은 때' 중 '1인이 중상을 입은 때' 부분은 모법인 구 화물자동차법 제19조 제1항 및 제2항의 위임범위를 벗어난 것으로서 무효라고 한 사례(대판 전원합의체 2012. 12. 20, 2011두30878[화물자동차운행정지처분취소]).

(나) 위헌 · 위법 행정입법이 헌법이나 법률에 위반한 경우나 상위의 법규명령에 위반한 경우 모두 법원에 의한 통제의 대상이 된다. 행정입법의 헌법 위반 여부도 법원의 통제의 대상이 된다.

다. 통제의 요건 행정입법은 그 위법 여부가 재판에서 전제문제(선결문제)로서 다투어지는 경우에 법원의 통제의 대상이 된다. 전제성이 인정되는 명령규정에 한정하지 않고, 명령 전체가 위법하다고 판단한 것은 위법하다(대판 2019. 6. 13, 2017두33985).

[판례] 법원이 구체적 규범통제를 통해 위헌·위법으로 선언할 심판대상은, 해당 규정의 전부가 불가분적으로 결합되어 있어 일부를 무효로 하는 경우 나머지 부분이 유지될 수 없는 결과를 가져오는 특별한 사정이 없는 한, 원칙적으로 해당 규정 중 재판의 전제성이 인정되는 조항에 한정된다(대판 2019. 6. 13, 2017두33985).

행정처분의 근거가 된 행정입법의 위법이 당사자에 의해 주장되지 않은 경우에도 법원은 직권으로 당해 행정입법의 위법 여부를 심사할 수 있다.

라. 통제의 주체 각급 법원이 통제하고, 대법원이 최종적인 심사권을 갖는다. 대법원이 최종적 심사권을 갖는다는 것은 대법원이 위헌·위법이라고 판단한 경우에는 당해 명령의 위헌 또는 위법이 확정되며 그 위헌 또는 위법이 명백하게 된다는 것을 의미한다. 따라서, 대법원에 의해 위헌·위법이 확정된 이후에 당해 명령을 적용하는 처분은 무효가 된다.

명령 또는 규칙이 헌법 또는 법률에 위반함을 인정하는 경우에는 대법관 전원의 2/3 이상의 합의체에서 심판하여야 한다(법원조직법 제7조 제1항).

마. 통제의 효력 행정입법이 위법하다는 판정이 난 경우에 그 판정의 효력은 무엇인가.

① 명령이 위법하다는 대법원의 판결이 있는 경우에 당해 명령은 효력을 상실하는 것으로 보는 견해도 있으나, 현재의 일반적인 견해는 당해 행정입법이 일반적으로 효력을 상실하는 것으로 보지 않고 **당해 사건에 한하여 적용되지 않는** 것으로 보고 있다(박윤흔, 229면). 즉, 위법하다는 판정이 난 행정입법도 당해 사건 외에는 폐지되기 전까지는 여전히 유효하다(김동희, 137~138면). 후자의 견해가 타당하다. **판례**도 명령이 위법하다는 판결이 난 경우 당해 사건에서만 적용이 배제되는 것으로 보고 있다(대판 1994. 4. 26, 93부32[위법여부심사청구]).

법원에 의해 명령이 위법으로 판정되어도 당해 명령은 효력을 상실하는 것은 아니라고 보는 이유는 위법한 명령이 직접 다투어진 것이 아니고, 명령의 효력이 상실되는 경우 법의 공백상태가 초래되고, 법률의 위헌판결에 대하여는 일반적 효력을 인정하는 명문의 법률규정이 있지만 명령에 대한 위헌·위법심사에 대하여는 이와 같은 규정이 없는 점에 있다.

② 위법인 법령에 근거한 행정처분은 중대명백설에 의할 때 통상 취소할 수 있는 처분으로 보아야 한다. 왜냐하면 처분근거법령의 위헌·위법은 통상 중대한 하자이나 명백하지 않기 때문이다. 그렇지만 행정기관이 **대법원**에 의해 위법으로 판정되었음에도 당해 명령을 적용하여 행정처분을 한 경우에는 그 행정처분은 이제는 당연히 무효인 행정처분이 된다고 보아야 한다.

[판례] 행정청이 위헌이거나 위법하여 무효인 시행령을 적용하여 한 행정처분이 당연무효로 되려면 그 규정이 행정처분의 중요한 부분에 관한 것이어서 결과적으로 그에 따른 행정처분의 중요한 부분에 하자가 있는 것으로 귀착되고, 또한 그 규정의 위헌성 또는 위법성이 객관적으로 명백하여 그에 따른 행정처분의 하자가 객관적으로 명백한 것으로 귀착되어야 하는바, 일반적으로 시행령이 헌법이나 법률에 위반된다는 사정은 그

시행령의 규정을 위헌 또는 위법하여 무효라고 선언한 대법원의 판결이 선고되지 아니한 상태에서는 그 시행령 규정의 위헌 내지 위법 여부가 해석상 다툼의 여지가 없을 정도로 명백하였다고 인정되지 아니하는 이상 객관적으로 명백한 것이라 할 수 없으므로, 이러한 시행령에 근거한 행정처분의 하자는 취소사유에 해당할 뿐 무효사유가 되지 아니한다(대판 2007. 6. 14, 2004두619[청소년유해매체물결정 및 고시처분무효확인]).

③ 법치주의의 원칙상 행정기관은 대법원에 의해 위법하다고 판정된 명령을 개정 또는 폐지하여야 할 의무를 진다고 보아야 한다.

행정소송법 제6조 제1항 및 제2항은 행정소송에 대한 대법원판결에 의하여 명령·규칙이 헌법 또는 법률에 위반된다는 것이 확정된 경우에는 대법원은 지체 없이 그 사유를 행정안전부장관에게 통보하여야 하고, 통보를 받은 행정안전부장관은 지체 없이 이를 관보에 게재하도록 하고 있다. 행정입법의 위법판정이 관보에 게재된 후에 당해 행정입법을 적용한 공무원에게는 위법한 명령을 적용한 것에 당연히 과실이 인정된다고 보아야 한다.

행정소송규칙 제2조는 대법원은 재판의 전제가 된 명령·규칙이 헌법 또는 법률에 위배된다는 것이 **법원의 판결(하급심의 명령·규칙심사도 포함)에 의하여 확정된 경우**에는 그 취지를 해당 명령·규칙의 소관 행정청에 통보하도록 하여 소관 행정청이 그 명령·규칙을 개정하는데 참고하도록 하고 있다.

2) 처분적 명령에 대한 항고소송(직접적 통제) [2004년 사시, 2019년 변시 사례]

행정입법은 일반적·추상적 규범이므로 원칙상 처분이 아니고 따라서 항고소송의 대상이 될 수 없다.

[판례] 법령의 처분성 원칙적 부정: 일반적·추상적인 법령 그 자체로서 국민의 구체적인 권리의무에 직접적인 변동을 초래하는 것이 아닌 것은 그 대상이 될 수 없으므로 구체적인 권리의무에 관한 분쟁을 떠나서 재무부령 자체의 무효확인을 구하는 청구는 행정소송의 대상이 아닌 사항에 대한 것으로서 부적법하다(대판 1987. 3. 24, 86누656[재무부령무효확인])

그러나, 명령(법령보충적 행정규칙 포함) 중 처분적 성질을 갖는 명령(**처분적 명령**)은 항고소송의 대상이 된다는 것이 판례 및 일반적 견해이다.

가. 헌법적 근거 항고소송의 헌법적 근거를 헌법 제107조 제2항에서 찾는 견해도 있으나, 사법권은 법원에 속한다고 규정하고 있는 헌법 제101조에서 찾는 것이 타당하다.

나. 처분적 명령의 인정기준(처분성) 처분적 명령의 인정기준 및 범위에 관하여 아래와 같이 견해가 대립한다.

(가) 협 의 설 이 견해는 명령이 별도의 집행행위 없이도 국민에 대하여 **직접적이고 구체적인 법적 효과를 미치는 경우**, 즉 국민의 권리의무에 직접 변동을 야기하는 경우에 한하여 처분적 명령으로 보는 견해이다.

(나) 중 간 설 이 견해는 **자동집행력을 갖는 법규명령**(별도의 집행행위의 매개 없이 직접 국민의 권리의무를 규율하는 명령)을 항고소송의 대상이 되는 처분적 명령으로 보는 견해이다. 국민의 권리의무에 직접 구체적인 변동을 야기하는 명령(**협의의 처분적 법규명령)뿐만 아니라** 일반적·추상

적 규범이지만 집행행위의 매개없이 직접 국민의 권리의무를 규율하는 명령(**집행적 법규명령)도** 항고소송의 대상이 되는 처분적 명령으로 본다. 집행적 법규명령의 예로 일정 영업장소에의 미성년자의 출입금지의무를 규정하고 있는 법규명령을 들 수 있다.

(다) 광 의 설　　이 견해는 별도의 집행행위 없이 직접 권리의무관계에 변동을 가져오는 명령을 포함하여 별도의 집행행위 없이 **국민의 권익에 직접 영향을 미치는(침해를 가하는) 명령**을 처분적 명령으로 보는 견해이다.

(라) 판　　례　　판례는 법규명령에 관한 한 원칙상 협의설을 취하고 있다. 즉, **명령**이 "그 자체로서 국민의 구체적인 권리의무에 직접적인 변동을 초래하는 것"인 경우에 한하여 항고소송의 대상이 된다고 본다.

그렇지만, 판례는 어떠한 **고시**가 일반적·추상적 성격을 가질 때에는 법규명령 또는 행정규칙에 해당할 것이지만, 다른 집행행위의 매개 없이 그 자체로서 직접 국민의 구체적인 권리의무나 법률관계를 규율하는 성격을 가질 때에는 행정처분에 해당한다고 본다(대판 2006. 9. 22, 2005두2506).

[판례 1] 행정소송의 대상이 될 수 있는 것은 구체적인 권리의무에 관한 분쟁이어야 하고 일반적·추상적인 법령 그 자체로서 국민의 구체적인 권리의무에 직접적인 변동을 초래하는 것이 아닌 것은 그 대상이 될 수 없으므로 구체적인 권리의무에 관한 분쟁을 떠나서 재무부령 자체의 무효확인을 구하는 청구는 행정소송의 대상이 아닌 사항에 대한 것으로서 부적법하다(대판 1987. 3. 24, 86누656 [재무부령무효확인]: 국유재산법 시행규칙(1980. 4. 29. 재무부령 제1432호) 제58조 제1항이 처분이 아니라고 한 사례).

[판례 2] 조례가 항고소송의 대상이 되는 행정처분에 해당되는 경우: 조례가 집행행위의 개입 없이도 그 자체로서 직접 국민의 구체적인 권리의무나 법적 이익에 영향을 미치는 등의 법률상 효과를 발생하는 경우 그 조례는 항고소송의 대상이 되는 행정처분에 해당한다(대판 1996. 9. 20, 95누8003[조례무효확인]: 두밀분교폐교조례의 처분성 인정).

[판례 3] 의료기관의 명칭표시판에 진료과목을 함께 표시하는 경우 글자 크기를 제한하고 있는 구 의료법 시행규칙 제31조가 그 자체로서 국민의 구체적인 권리의무나 법률관계에 직접적인 변동을 초래하지 아니하므로 항고소송의 대상이 되는 행정처분이라고 할 수 없다고 한 사례(대판 2007. 4. 12, 2005두15168[의료법시행규칙 제31조무효확인등]).

[판례 4] 고시가 항고소송의 대상이 되는 행정처분에 해당하기 위한 요건: 어떠한 고시가 일반적·추상적 성격을 가질 때에는 법규명령 또는 행정규칙에 해당할 것이지만, 다른 집행행위의 매개 없이 그 자체로서 직접 국민의 구체적인 권리의무나 법률관계를 규율하는 성격을 가질 때에는 항고소송의 대상이 되는 행정처분에 해당한다(대판 2003. 10. 9, 2003무23[집행정지]: 항정신병 치료제의 요양급여에 관한 보건복지부 고시가 다른 집행행위의 매개 없이 그 자체로서 제약회사, 요양기관, 환자 및 국민건강보험공단 사이의 법률관계를 직접 규율하는 성격을 가진다는 이유로 항고소송의 대상이 되는 행정처분에 해당한다고 한 사례; 대판 2006. 9. 22, 2005두2506[보험약가인하처분취소]: 보건복지부 고시인 약제급여·비급여목록 및 급여상한금액표(보건복지부 고시 제2002-46호로 개정된 것)는 다른 집행행위의 매개 없이 그 자체로서 국민건강보험가입자, 국민건강보험공단, 요양기관 등의 법률관계를 직접 규율하는 성격을 가지므로 항고소송의 대상이 되는 행정처분에 해당한다고 한 사례. 〈평석〉 이 판례의 해석에 있어 명령 등이 실질적으로 행정행위의 실질을 가질 때 처분으로 보는 것이 판례의 입장이라고 해석하는 견해가 있다. 그러나, 계쟁고시는 요양기관의 직접 구체적인 요양급여청구권의 변동을 가져오는 것은 아니며 기본적으로 국민건강보험공단에게 상한가 이상의 상환을 금지하고, 요양기관에게는 상한가 이상으로 요양급여를 청구할 수 없는 제한을 가하는 규정이다. 즉, 계쟁고시는 협의설에서 말하는 처분적 명령(법령보충적 고시)이라기보다는 중간설에서 말하는 자동집행적 명령에 가까

운 것으로 보는 것이 타당하다). 또한, 이 사건 고시는 개별적·구체적 규율의 성격을 가지므로 그 법적 성질이 행정입법(법령보충적 행정규칙)이 아니고 처분(일반처분)이라고 하면서 법규명령의 처분성의 문제로 보아서는 안된다고 보는 견해도 있다.

(마) 결　　어　　다음과 같은 이유로 **광의설**이 타당하다. 쟁송법상 처분개념설에 따라 기타의 공권력 행사에 있어서와 동일하게 명령의 처분성을 넓히는 것이 타당하다. 명령도 행정권의 공권력 행사이므로 명령으로 국민의 권익이 직접 구체적으로 침해된(직접 영향을 받은) 경우에는 행정소송을 통한 권리구제의 길을 열어주는 것이 타당하다.

판례가 항고소송의 대상인 처분 개념을 넓게 인정하면서도 법규명령의 처분성에 관하여는 처분개념을 좁게 보아 법률관계에 변동을 초래하는 경우에만 처분성을 인정하는 것은 논리의 일관성이 없다. 일반 행정작용의 처분 개념과 명령의 처분 개념을 달리 보는 것은 타당하지 않다.

다. 소송형식 등

(가) 취소소송 · 무효확인소송설　　처분적 명령에 대한 항고소송은 당해 명령의 위법이 무효인지 취소할 수 있는 위법인지에 따라 취소소송 또는 무효확인소송(통상 법규명령의 위법 여부는 명백하지 않으므로 취소소송)을 제기하여야 한다고 보아야 한다. 대법원 행정소송법개정안도 이러한 입장을 취하고 있다.

(나) 무효확인소송설　　위법한 법규명령은 무효이므로 처분적 명령에 대하여는 항상 무효확인소송을 제기하여야 한다고 본다.

(다) 판　　례　　실무상 법규의 형식을 취하고 있는 **명령과 조례에 대한 항고소송**은 **무효확인소송**으로 제기되고 있고, 법규명령의 성질을 갖는 행정규칙(**법령보충적 행정규칙**)**에 대한 항고소송은 취소소송의 형식**으로 제기되고 있다.

(라) 결　　어　　법규명령은 위법하더라도 법질서의 공백을 막기 위하여 효력을 유지하므로 항상 취소소송을 제기하여야 한다는 견해(취소소송설)가 타당하다. 다만, 법적 안정성의 보장을 위하여 처분적 명령의 취소판결의 소급효가 제한된다고 보아야 한다. 즉, 취소된 명령에 근거한 처분 중 불가쟁력이 발생한 처분의 효력에는 영향이 없다고 보아야 한다.

[판례] 조례무효확인소송의 피고적격(지방자치단체의 장): 조례에 대한 무효확인소송을 제기함에 있어서 피고적격이 있는 처분 등을 행한 행정청은, 행정주체인 지방자치단체 또는 지방자치단체의 내부적 의결기관으로서 지방자치단체의 의사를 외부에 표시할 권한이 없는 지방의회가 아니라, 지방자치단체의 집행기관으로서 조례로서의 효력을 발생시키는 공포권이 있는 지방자치단체의 장이다.

교육에 관한 조례 무효확인소송에 있어서 피고적격(교육감): 시·도의 교육·학예에 관한 사무의 집행기관은 시·도 교육감이고 시·도 교육감에게 지방교육에 관한 조례안의 공포권이 있다고 규정되어 있으므로, 교육에 관한 조례의 무효확인소송을 제기함에 있어서는 그 집행기관인 시·도 교육감을 피고로 하여야 한다(대판 1996. 9. 20, 95누8003[조례무효확인]).

(2) 헌법재판소에 의한 통제

1) 법규명령에 대한 헌법소원의 인정 여부

현행 헌법상 행정입법에 대한 헌법소원(헌법재판소법 제68조 제1항의 헌법소원)이 가능한지에 관하여 적극설과 소극설의 대립이 있다.

가. 소극설(부정설) 부정설의 논거는 다음과 같다.[1)]

① 현행 헌법, 즉 헌법 제107조 제1항과 제107조 제2항은 법률에 대한 위헌심판권은 헌법재판소에 부여하고, 명령·규칙에 대한 헌법심판권은 법원에 부여하고 대법원이 최종적으로 갖도록 하고 있으므로 행정입법에 대하여 헌법소원을 인정하는 것은 이와 같은 피통제규범을 기준으로 하여 정해진 헌법상의 관할권의 배분에 위반된다.

② 명령과 규칙이 국민의 권리를 직접 침해할 때에는 그 명령과 규칙에 대하여 행정소송을 제기할 수 있으므로 헌법소원의 보충성의 요건에 비추어 볼 때 헌법소원이 인정될 수 없다.

나. 적극설(긍정설) 긍정설의 논거는 다음과 같다.

① 명령·규칙에 대한 헌법소원은 헌법 제107조와는 무관한 것이므로 헌법소원의 일반원칙에 의해 별도의 집행행위 없이도 직접 기본권을 침해하는 명령·규칙에 대하여는 헌법소원이 인정될 수 있다.

② 헌법소원은 기존의 구제제도에 대한 보충적인 구제제도인데, 현행법상 명령·규칙 그 자체에 의하여 기본권이 직접 침해되었을 때 그 명령·규칙의 효력을 직접 다투는 구제제도가 없는 경우가 많다.

다. 판 례 헌법재판소는 긍정설을 취하고 있다. 헌법재판소는 자동집행력을 갖는 법규명령을 헌법소원의 대상으로 보고 있다.

[판례 1] 사법부에서 제정한 규칙(법무사법시행규칙)(현 법무사규칙)의 헌법소원의 대상성 인정: 헌법 제107조 제2항이 규정한 명령·규칙에 대한 대법원의 최종심사권이란 구체적인 소송사건에서 명령·규칙의 위헌여부가 재판의 전제가 되었을 경우 법률의 경우와는 달리 헌법재판소에 제청할 것 없이 대법원이 최종적으로 심사할 수 있다는 의미이며, 명령·규칙 그 자체에 의하여 직접 기본권이 침해되었음을 이유로 하여 헌법소원심판을 청구하는 것은 위 헌법규정과는 아무런 상관이 없는 문제이다. 따라서 입법부·행정부·사법부에서 제정한 규칙이 별도의 집행행위를 기다리지 않고 직접 기본권을 침해하는 것일 때에는 모두 헌법소원심판의 대상이 될 수 있는 것이다(헌재 1990. 10. 15, 89헌마178[법무사법 시행규칙에 대한 헌법소원]).

[판례 2] 당구장 경영자에게 당구장 출입문에 18세 미만자에 대한 출입금지표시를 하게 하는 이 사건 규정은 법령이 직접적으로 청구인에게 그러한 표시를 하여야 할 법적 의무를 부과하는 사례에 해당하는 경우로서, 그 표시에 의하여 18세 미만자에 대한 당구장 출입을 저지하는 사실상의 규제력을 가지게 되는 것이므로, 모든 당구장 경영자의 직업종사·직업수행의 자유가 제한되어 헌법상 보장되고 있는 직업선택의 자유가 침해된다(헌재 1993. 5. 13, 92헌마80[체육시설의 설치·이용에 관한 법률 시행규칙 제5조에 대한 헌법소원]). 〈해설〉 이 사건규정은 국민 개인의 구체적인 권리의무에 직접 변동을 초래하는 규정(행정행위적 성질의 규정)은 아니고, 집행행위의 매개없이 국민의 권익을 직접 규율하는 규정(자동집행적 법규명령)이다. 헌법재판소는 자동집행력을 갖는 법규명령(자동집행적 법규명령)을 헌법소원의 대상으로 보고 있다.

라. 결 어 다음과 같은 이유로 **긍정설**이 타당하다.

헌법소원제도의 기본권보장제도로서의 기능을 보장하기 위하여 명령·규칙에 대한 헌법소원을 인정하는 것이 타당하며 또한 이러한 해결이 헌법 제107조에 정면으로 배치되는 것은 아니다. 명

1) 법원행정처, "명령·규칙에 대한 위헌심판권," 헌법재판연구반 연구보고서, 1990.

령에 대한 헌법소원의 법적 근거는 헌법소원의 근거규정인 헌법 제111조 제1항 제5호와 헌법소원을 규율하는 헌법재판소법규정이다.

2) 행정입법에 대한 헌법소원의 요건

행정입법에 대한 헌법소원의 경우에도 일반적인 공권력 행사에 대한 헌법소원과 동일하게 헌법소원의 일반적 요건(권리침해의 직접성, 현재성 및 자기관련성의 요건과 보충성 요건)을 갖추어야 한다. 그런데, 행정입법에 대한 헌법소원의 경우에는 이들 요건 중 권리침해의 직접성과 보충성 요건의 충족 여부가 특히 논란이 될 수 있다.

보충성 요건상 대법원 판례에 의해 명령의 처분성이 인정된 경우 당해 명령에 대해 헌법소원이 인정될 수 없다.

명령의 처분성에 관하여 협의설을 취하는 경우에는 헌법소원이 인정될 여지가 더 크고, 광의설을 취하는 경우에도 헌법소원이 일절 부정되어야 하는 것은 아니다. 광의설에 의하면 법규명령의 처분성은 헌법소원의 요건인 기본권 침해의 직접성·구체성·현재성에 접근하겠지만, 헌법소원은 항고소송에 비해 객관소송적 성격이 보다 강한 점 등에 비추어 헌법소원의 요건인 기본권 침해의 직접성·구체성·현재성은 항고소송에서의 처분성보다 넓을 수 있으므로 법규명령이 처분이 아닌 경우에도 헌법소원의 요건을 충족하는 경우가 있을 수 있다.

헌법재판소는 법령이 집행행위의 매개없이 직접 기본권을 침해하고 있으면 널리 헌법소원을 인정하고 있다(헌재 1993. 5. 13. 92헌마80: 당구장 경영자인 청구인에게 당구장 출입문에 18세 미만자에 대한 출입금지 표시를 하게 하는 심판대상규정에 대한 헌법소원을 인정한 사례 등).

3) 헌법소원 제기기간

권리구제형 헌법소원의 심판은 그 사유가 있음을 안 날부터 90일 이내에, 그 사유가 있은 날부터 1년 이내에 청구하여야 한다. 다만, 다른 법률에 의한 구제절차를 거친 헌법소원의 심판은 그 최종결정을 통지받은 날로부터 30일 이내에 청구하여야 한다(헌법재판소법 제69조 제1항).

법령에 대한 헌법소원심판은 법령의 시행과 동시에 기본권의 침해를 받게 되는 경우에는 그 법령이 시행된 사실을 안 날부터 90일 이내에, 그 법령이 시행된 날부터 1년 이내에 청구하여야 하고, 법령이 시행된 후에 비로소 그 법령에 해당하는 사유가 발생하여 기본권의 침해를 받게 된 경우에는 그 사유가 발생하였음을 안 날부터 90일 이내에, 그 사유가 발생한 날부터 1년 이내에 청구하여야 한다(헌재 2007. 10. 4. 2006헌마648).

4) 헌법소원결정의 효력

헌법재판소법에 따르면 제68조 제1항에 따른 헌법소원을 인용할 때에는 헌법재판소는 기본권 침해의 원인이 된 공권력의 행사를 취소하거나 그 불행사가 위헌임을 확인할 수 있다(제75조 제3항). 그런데 헌법재판소는 법규명령에 대한 헌법소원에서 인용결정의 형식으로 통상 단순위헌결정을 내리는데, 이 경우 당해 행정입법은 장래에 향하여 효력을 상실하게 된다.

헌법소원의 인용결정은 모든 국가기관과 지방자치단체를 기속한다(헌법재판소법 제75조 제1항).

[문제의 해결] 명령(또는 조례)이 처분인 경우에는 취소소송(판례에 의하면 무효확인소송)을 제기하고, 명령(또는 조례)이 처분이 아닌 경우에는 헌법소원의 요건을 갖춘 경우 헌법소원의 대상이 된다. 명령에 대한 항고소송 또는 헌법소원 제기기간이 지난 경우에는 명령(또는 조례)에 근거한 처분을 다투

면서 명령(또는 조례)의 위법을 주장할 수 있다.

위법한 명령이 불법행위를 구성하는 경우 국가배상이 인정되고, 적법한 명령으로 특별한 희생이 발생한 경우 조정조치 또는 손실보상이 인정되어야 한다.

Ⅶ. 행정입법부작위

[문제] 행정입법부작위에 대한 권리구제수단을 개설하시오.

1. 의 의

행정입법부작위(行政立法不作爲)라 함은 행정권에게 명령을 제정·개정 또는 폐지할 법적 의무가 있음에도 합리적인 이유 없이 지체하여 명령을 제정·개정 또는 폐지하지 않는 것을 말한다.

2. 행정입법부작위의 요건

행정입법부작위가 인정되기 위하여는 ① 행정권에게 명령을 제정·개폐할 법적 의무가 있어야 하고, ② 상당한 기간이 지났음에도 불구하고, ③ 명령이 제정 또는 개폐되지 않았어야 한다. ④ 행정입법의무의 불이행에 정당한 이유가 없어야 한다.

(1) 명령제정·개폐의무

1) 시행명령제정의무

가. 인정근거　　현행법상 행정권의 시행명령제정의무를 규정하는 명시적인 법률규정은 없다. 그러나, **삼권분립의 원칙·법치행정의 원칙**을 당연한 전제로 하고 있는 헌법하에서 행정권의 시행명령제정·개정의무는 법적 의무로 보아야 할 것이다.

[판례 1] 삼권분립의 원칙, 법치행정의 원칙을 당연한 전제로 하고 있는 우리 헌법하에서 행정권의 행정입법 등 법집행의무는 헌법적 의무라고 보아야 한다. 왜냐하면 행정입법이나 처분의 개입 없이도 법률이 집행될 수 있거나 법률의 시행 여부나 시행시기까지 행정권에 위임된 경우는 별론으로 하고, 이 사건과 같이 치과전문의제도의 실시를 법률 및 대통령령이 규정하고 있고 그 실시를 위하여 시행규칙의 개정 등이 행해져야 함에도 불구하고 행정권이 법률의 시행에 필요한 행정입법을 하지 아니하는 경우에는 행정권에 의하여 입법권이 침해되는 결과가 되기 때문이다(헌재 1998. 7. 16, 96헌마246[전문의자격시험불실시 위헌확인 등]).
[판례 2] 입법부가 법률로써 행정부에게 특정한 사항을 위임했음에도 불구하고 행정부가 정당한 이유 없이 이를 이행하지 않는다면 권력분립의 원칙과 법치국가 내지 법치행정의 원칙에 위배되는 것으로서 위법함과 동시에 위헌적인 것이 된다(대판 2007. 11. 29, 2006다3561[임금] [군법무관 보수청구 사건]).

나. 인정요건　　주의할 것은 시행명령제정의무가 인정되기 위해서는 **시행명령의 제정이 법률집행의 전제조건이 되어야 한다.** 시행명령의 개입 없이 법률의 규정만으로 집행될 수 있는 경우에는 행정권에게 시행명령제정의무는 없다. 시행명령의 개입 없이 법률의 규정만으로 집행될 수 있는 경우라 함은 법률의 규정이 그 내용에 있어서 무조건적이고 충분하게 명확한 경우를 말한다.

[판례 1] [1] 행정입법의 부작위가 위헌·위법이라고 하기 위하여는 행정청에게 행정입법을 하여야 할 작위의무를 전제로 하는 것이고, 그 작위의무가 인정되기 위하여는 행정입법의 제정이 법률의 집행에 필수불가결한 것이어야 하는바, 만일 하위 행정입법의 제정 없이 상위 법령의 규정만으로도 집행이 이루어질 수 있는 경우라면 하위 행정입법을 제정하여야 할 작위의무는 인정되지 아니한다고 할 것이다(헌재 2005. 12. 22, 2004헌마66 등 참조). [2] 행정자치부장관이 별도의 규정을 제정하지 아니하더라도 사법시험령은 그 시험의 성적을 산출하여 합격자를 결정하는 데 지장이 없을 정도로 충분한 규정을 두고 있고 또한 실제로 그간 제2차시험 성적의 세부산출방법 등에 관한 하위규정 없이도 사법시험이 차질 없이 실시되어 왔다. 따라서 사법시험령 제15조 제8항이 행정자치부장관에게 제2차시험 성적을 포함하는 종합성적의 세부산출방법 기타 최종합격에 필요한 사항을 정하는 것을 위임하고 있을지라도 행정자치부장관에게 그와 같은 규정을 제정할 작위의무가 있다고 보기 어렵다 할 것이므로, 행정자치부장관이 이를 정하지 아니하고 원고에게 불합격처분을 하였다 하더라도, 그 처분이 행정입법부작위로 인하여 위헌 또는 위법하다고 할 수 없다(대판 2007. 1. 11, 2004두10432[사법시험제2차시험불합격처분취소]).

[판례 2] 건축제한지역을 지정고시하는 조례의 제정없이도 수권법령을 적용할 수 있다고 본 사례(대판 전원합의체 1999. 8. 19, 98두1857[건축허가신청서반려처분취소]). 〈해설〉 반면에 반대의견은 위임조례의 수권에 의해 구체적인 제한지역과 제한대상시설의 범위 등을 정하는 시장의 고시(법령보충적 고시)의 제정 없이는 수권법령을 적용할 수 없다고 보았다.

그러나, 입법부가 어떤 법률조항의 시행 여부나 시행 시기까지 행정권에 위임하여 재량권을 부여한 경우에는 행정권에게 행정입법의무가 있다고 볼 수 없다(헌재 1998. 7. 16, 96헌마246; 2023. 10. 26, 2020헌마93).

2) 위법한 명령의 개폐의무

법치주의의 원칙상 법규명령제정권자는 위헌·위법인 명령을 개폐할 의무가 있다고 보아야 한다. 행정기본법은 "정부는 권한 있는 기관에 의하여 위헌으로 결정되어 법령이 헌법에 위반되거나 법률에 위반되는 것이 명백한 경우 등 대통령령으로 정하는 경우에는 해당 법령을 개선하여야 한다."고 규정하고 있다(제39조 제1항). 법령의 위헌·위법이 명백한 대표적인 경우는 법령의 위헌·위법이 헌법재판소나 대법원에 의해 확인된 경우이다.

위법한 명령에 대한 개폐의무를 인정한 판례가 있다. 위법한 명령에 대한 개폐의무의 정당한 이유없는 불이행은 (진정)행정입법부작위로서 위법하다.

[판례] 구 장애인 · 노인 · 임산부 등의 편의증진 보장에 관한 법률 시행령(2022. 4. 27. 대통령령 제32607호로 개정되기 전의 것) 제3조 [별표 1] 제2호 (가)목의 (1)이 정한 편의시설 설치의무 대상시설의 범위(바닥면적 합계가 300제곱미터 이상 1천제곱미터 미만인 소매점)가 지나치게 좁아 ...... 그러한 규정은 법률이 보장하고자 한 장애인의 접근권을 침해하거나, 장애인의 접근권을 점진적으로 확대해 나아가고자 한 모법의 위임취지를 도외시한 것으로 평가될 수 있을 것이다(위법하다 할 것이다). 이러한 경우 행정청에는 장애인을 위한 편의시설 설치가 강제되는 대상시설을 확대하여 장애인의 접근권을 실질적으로 개선하는 형태로 해당 행정입법을 개정할 구체적인 의무가 발생한다고 할 것이고, 행정청이 정당한 이유 없이 그 개선입법의무를 이행하지 않는다면 그 행정입법 부작위는 위법하다고 할 것이다(대판 전원합의체 2024. 12. 19, 2022다289051). 〈해설〉 이러한 판시는 위법한 명령(부진정 행정입법부작위인 명령 포함)의 개폐의무를 인정한 것으로 볼 수 있다. 그리고, 법률의 위임에 따라 편의시설 설치의무 대상시설의 범위를 정한 위 시행령규정은 불충분 또는

불완전한 규정(입법)으로서 부진정행정입법부작위이다(즉 진정행정입법부작위가 아니다). 일반적으로 말하면 위법한 법령을 개폐하지 않는 것이 헌법이나 법령을 위반하는 경우 위법이다. 달리 말하면 위법한 법령을 개폐하지 않는 것이 헌법이나 법령을 위반하는 경우 개폐의무가 있는 것이고 그 의무를 상당한 기간 이행하지 않은 것은 위법이다.

(2) 상당한 기간의 경과

법률을 시행하는 명령을 제정하기 위하여는 행정권에게 상당한 기간이 필요하다. 시행명령제정권한을 갖는 행정기관은 시행명령제정에 필요한 '합리적인 기간'을 갖는다고 보아야 한다. 얼마간의 기간이 합리적인 기간인가는 법령의 시행을 위한 여건의 마련과 시행명령제정상의 어려움에 따라 각 경우마다 개별적으로 판단되어야 할 것이다.

[판례] 상위법령을 시행하기 위하여 하위법령을 제정하거나 필요한 조치를 함에 있어서는 상당한 기간을 필요로 하며 합리적인 기간 내의 지체를 위헌적인 부작위로 볼 수 없으나, 이 사건의 경우 현행 규정이 제정된 때(1976. 4. 15)로부터 이미 20년 이상이 경과되었음에도 아직 치과전문의제도의 실시를 위한 구체적 조치를 취하고 있지 아니하고 있으므로 합리적 기간 내의 지체라고 볼 수 없고, 법률의 시행에 반대하는 여론의 압력이나 이익단체의 반대와 같은 사유는 지체를 정당화하는 사유가 될 수 없다(헌재 1998. 7. 16, 96헌마246[전문의자격시험불실시 위헌확인 등]).

법률에서 시행일을 별도로 둔 취지가 법률의 집행을 위하여는 시행명령의 제정이나 법률의 집행을 위한 여건의 조성 등이 필요하고 이 를 위하여는 법률에서 정한 정도의 기간이 필요하다는 판단하에 시행일을 정한 경우에는 법률에서 정한 시행일을 구속력이 없는 것으로 보는 것이 타당할 것이다. 왜냐하면 입법자가 법률의 집행의 준비를 위하여 필요한 기간을 정확히 계산하여 정했다기보다는 필요한 대강의 기간을 정한 것으로 보는 것이 타당하기 때문이다.

다만, 법률상 정해진 시행일을 넘어 시행명령이 제정되지 않은 경우에는 시행명령제정 지체의 위법이 추정되고, 예외적으로 시행명령제정의 지체에 합리적인 이유가 있는 경우에 한하여 시행명령을 제정하지 않은 것이 위법이 되지 않는다고 보는 것이 타당하다. 시행명령 제정기간을 지난 지체사유의 정당성은 행정기관이 입증하여야 한다.

(3) 명령의 제정 또는 개폐가 없었을 것

위임법령의 시행을 위해 필요한 시행명령을 전혀 제정하지 않은 것은 행정입법부작위이다.

시행명령을 제정 또는 개정하였지만 그것이 불충분 또는 불완전하게 된 경우(부진정행정입법부작위)에는 행정입법의 부작위가 아니다. 예를 들면, 구 교통약자법 시행규칙 제6조 제3항 별표 1의2에서 휠체어를 이용하는 장애인을 위한 탑승설비만을 규정하고 휠체어를 탈 수 없고, 누워서 이동할 수밖에 없는 장애인을 위한 탑승설비에 관한 규정을 두지 않은 것은 부진정행정입법부작위로서 심판대상조항인 그 규정 자체의 위헌·위법 여부를 다투어야 한다(헌재 2023. 5. 25. 2019헌마1234 헌법소원심판사건: 심판대상조항이 표준휠체어를 이용할 수 있는 장애인과 표준휠체어를 이용할 수 없는 장애인을 합리적 이유없이 차별하여 평등권을 침해하여 위헌이라고 한 사례 참조).

[판례] [1] 국회가 법률로 행정청에 특정한 사항을 위임했음에도 불구하고 행정청이 (행정입법의무를) 정당한 이유 없이 이를 이행하지 않는다면 권력분립의 원칙과 법치국가 또는 법치행정의 원칙에 위배되는 것(행정입법부작위)으로서 위법함과 동시에 위헌적인 것이 되고, 이는 행정청이 법률에서 대통령령으로 정하도록 위임받은 사항을 전혀 입법하지 않은 경우는 물론 그 법률이 위임한 사항을 불충분하게 규정함으로써 법률이 위임한 행정입법의무를 제대로 이행하지 않은 경우(부진정행정입법부작위)도 마찬가지이다(대판 전원합의체 2024. 12. 19, 2022다289051).

그러나, 시행명령으로 제정될 입법사항이 여럿이 있고 이들이 상호 독립적인 경우에 시행명령이 제정되었지만 입법사항 중 일부는 빠뜨리고 있는 경우에는 그 입법사항에 관하여는 행정입법부작위에 해당한다.[2)]

(4) 행정입법의무의 불이행(지체)에 정당한 이유가 없을 것

행정입법의무의 불이행에 정당한 이유가 있다고 인정되는 경우에는 행정입법부작위가 성립하지 않는다.

[판례] 행정입법의무의 불이행에 정당한 이유가 있다고 인정되기 위해서는 그 위임 입법 자체가 헌법에 위반된다는 것이 누가 보아도 명백하거나, 위임 입법에 따른 행정입법의 제정이나 개정이 당시 실시되고 있는 전체적인 법질서 체계와 조화되지 아니하여 그 위임 입법에 따른 행정입법의무의 이행이 오히려 헌법질서를 파괴하는 결과를 가져옴이 명백할 정도는 되어야 한다(헌재 2004. 2. 26, 2001헌마718; 2023. 10. 26, 2020헌마93: '사용종속관계의 정도 등을 고려하여 대통령령으로 정하는 직종에 종사하는 특수형태근로종사자의 경우'에는 예외적으로 사업주가 산재보험료를 전액 부담하도록 하였지만 위 대통령령이 제정되지 않은 사안). 〈의견 1〉 입법부가 행정부에 시행령의 제정이나 개정을 위임하면서 제시하고 있는 기준이 일의적이지 않고 구체적인 시행시기나 그 내용에 대하여 행정부에 광범위한 재량을 부여한 경우에, 행정부가 법의 위임 기준에 따른 행정입법을 이행하려 노력하였으나 이를 이행하는 것이 헌법상의 평등원칙 위반 등의 문제를 야기할 수밖에 없어 행정입법을 지체하고 있다면, 이러한 경우 역시 행정부가 위임 입법에 따른 시행명령을 제정하지 못한 것에 정당한 이유가 있다고 할 것이다(헌재 2023. 10. 26, 2020헌마93 재판관 문형배, 재판관 김형두, 재판관 정정미의 기각 의견). 〈의견 2〉 위임규정에 따른 행정입법의 제정이 입법기술상 원천적으로 불가능한 경우 시행명령을 제정하지 못한 것에 정당한 이유가 있다고 할 것이지만, 이 사건 위임규정에 따른 행정입법의 제정이 입법기술상 원천적으로 불가능한 것은 아니라고 보아야 한다(헌재 2023. 10. 26, 2020헌마93 재판관 김기영, 재판관 이미선의 인용 의견).

3. 행정입법부작위에 대한 권리구제

행정입법부작위에 의하여 국민의 권익이 침해된 경우에 국민은 어떠한 법적 구제를 받을 수 있는가.

(1) 행정입법부작위에 대한 항고소송의 가능성

행정입법부작위가 부작위위법확인소송의 대상이 되는 행정소송법상의 "부작위"인가. 현행 행정소송법상의 부작위 개념(행정소송법 제2조 제1항 제2호)에 의할 때 행정입법부작위가 부작위위법확인소송의 대상이 된다고 보기 위하여 해결해야 할 가장 큰 문제는 부작위가 성립하기 위하여는 행정청에게 "처분을 하여야 할 법률상 의

2) 김지형, "입법부작위에 관한 헌법문제—독일연방헌법재판소 판례이론의 검토와 함께," 『판례월보』, 제260호, 13~15면.

무"가 있어야 한다는 점이다.

1) 부 정 설

판례는 다음과 같은 취지로 행정입법부작위는 성질상 부작위위법확인소송의 대상이 되지 않는다고 판시하고 있다.

[판례] 행정소송은 구체적인 사건에 대한 법률상 분쟁을 법에 의하여 해결함으로써 법적 안정을 기하자는 것이므로 부작위위법확인소송의 대상이 될 수 있는 것은 구체적 권리의무에 관한 분쟁이어야 하고 추상적인 법령에 관하여 제정의 여부 등은 그 자체로서 국민의 구체적인 권리의무에 직접적인 변동을 초래하는 것이 아니어서 행정소송의 대상이 될 수 없다(대판 1992. 5. 8, 91누11261[행정입법부작위처분 위법확인]: 안동댐 건설로 손실을 받은 주민들이 적정한 보상을 하여야 한다고 규정한 특정다목적댐법을 시행하는 시행령을 주민들의 입법청구에도 불구하고 제정하지 않아 손실을 보상받지 못하고 있다고 주장하면서 대통령령이 손실보상청구절차 및 방법을 정하지 아니한 것은 행정입법부작위처분에 해당하는 것으로 위법하다고 하면서 부작위위법확인소송을 제기한 사건이다).

2) 긍 정 설

이 견해는 시행명령제정신청에 대한 부작위로 직접 구체적으로 권익침해를 당한 경우 당해 행정입법부작위는 행정소송법상 부작위위법확인소송의 대상이 되는 부작위라고 보고 부작위위법확인소송이 제기될 수 있다고 본다.

3) 결 어

다음과 같은 이유에서 **긍정설**이 타당하다. 처분적 명령이 항고소송의 대상이 되므로 처분성이 있는 행정입법의 부작위도 부작위위법확인소송의 대상이 된다고 보아야 한다. 다만, 시행명령제정을 신청하고 행정권이 이를 거부 또는 보류한 경우에만 그 거부처분이나 부작위에 대하여 항고소송이 인정된다. 행정소송법상 부작위는 신청을 전제로 하여 상당한 기간 내에 일정한 처분을 하지 아니하는 것을 의미하는 것이기 때문이다.[3)]

(2) 부진정입법부작위에 대한 사법적 통제 등

부진정입법부작위는 입법부작위가 아니므로 그 자체가 항고소송이나 헌법소원의 대상이 될 수 없고, 불완전 법령의 위법 여부를 다투어야 한다.

[판례] "부진정입법부작위"를 대상으로, 즉 입법의 내용·범위·절차 등의 결함을 이유로 헌법소원을 제기하려면 이 경우에는 결함이 있는 당해 입법규정 그 자체를 대상으로 하여 그것이 평등의 원칙에 위배된다는 등 헌법위반을 내세워 적극적인 헌법소원을 제기하여야 하며, 이 경우에는 헌법재판소법 소정의 제소기간(청구기간)을 준수하여야 한다(헌재 1996. 10. 31, 94헌마108).

부진정입법부작위가 **입법재량의 일탈·남용**(수권의 범위 일탈, 상위법령에의 위반 등)**에 해당하면**

3) 행정소송법 제2조 제1항 제2호는 항고소송의 대상이 되는 부작위를 "행정청이 당사자의 신청에 대하여 상당한 기간 내에 일정한 처분을 하여야 할 법률상 의무가 있음에도 불구하고 이를 하지 아니하는 것"이라고 정의하고 있다.

그 한도내에서 위법·무효이고, 입법재량의 일탈·남용에 해당하지 않는 입법의 불비에 해당하는 경우에는 법령의 해석(확대해석, 엄격해석 등) 또는 유추적용을 통해 입법의 불비를 보충할 수 있다.

(3) 행정입법부작위에 대한 당사자소송의 가능성

항고소송의 대상이 되지 않는 행정작용에 대한 국민의 재판을 받을 권리를 보장하기 위하여 행정입법부작위에 대해 규범제정의 이행을 요구하거나 행정입법부작위가 위법하다는 확인을 구하는 당사자소송을 인정하여야 한다는 견해가 있다.[4] 이에 대하여는 규범제정과 같은 권력적 행위는 공법상 권리의무관계에 관한 소송인 당사자소송의 대상이 될 수 없다는 비판이 가능하다.

(4) 행정입법부작위에 대한 헌법소원의 가능성

행정입법에 대한 헌법소원을 긍정하는 견해에 의하면 시행명령을 제정할 법적 의무가 있는 경우에 명령제정의 거부나 입법부작위도 '공권력의 행사나 불행사'이므로 헌법소원의 요건을 충족하면 헌법소원의 대상이 된다(헌결 2004. 2. 26, 2001헌마718[입법부작위위헌확인]).

헌법소원의 대상이 되는 불행사란 공권력이 행사될 법적 의무가 있음에도 공권력이 행사되지 않는 것을 말하며 국민의 신청을 전제로 하지 않는다. 따라서, 시행명령제정의 지체가 지나친 경우에는 사전에 시행명령제정의 신청을 할 필요 없이 시행명령제정의 불행사에 대하여 헌법소원을 제기할 수 있다.

행정입법부작위에 대하여 부작위위법확인소송이 제기될 수 있다면 보충성의 원칙에 의해 헌법소원이 인정될 수 없다.

[판례 1] 입법부작위에 대한 행정소송의 적법 여부에 관하여 대법원은 "행정소송은 구체적 사건에 대한 법률상 분쟁을 법에 의하여 해결함으로써 법적 안정을 기하자는 것이므로 부작위위법확인소송의 대상이 될 수 있는 것은 구체적 권리의무에 관한 분쟁이어야 하고, 추상적인 법령에 관하여 제정의 여부 등은 그 자체로서 국민의 구체적인 권리의무에 직접적 변동을 초래하는 것이 아니어서 행정소송의 대상이 될 수 없다"고 판시하고 있으므로, 피청구인 보건복지부장관에 대한 청구 중 위 시행규칙에 대한 입법부작위 부분은 다른 구제절차가 없는 경우에 해당한다(헌재 1998. 7. 16, 96헌마246[전문의자격시험 불실시 위헌확인사건]).

[판례 2] 법률이 군법무관의 보수를 판사, 검사의 예에 의하도록 규정하면서 그 구체적 내용을 시행령에 위임하고 있다면, 이는 군법무관의 보수의 내용을 법률로써 일차적으로 형성한 것이고, 따라서 상당한 수준의 보수청구권이 인정되는 것이라 해석함이 상당하다. 그러므로 이 사건에서 대통령이 법률의 명시적 위임에도 불구하고 지금까지 해당 시행령을 제정하지 않아 그러한 보수청구권이 보장되지 않고 있다면 그러한 입법부작위는 정당한 이유 없이 청구인들의 재산권을 침해하는 것으로서 헌법에 위반된다(헌재 2004. 2. 26, 2001헌마718).

(5) 국가배상청구의 가능성

행정입법부작위로 인하여 손해가 발생한 경우에 과실이 인정되는 경우에는 국가배상청구가 가능하다.

---

4) 정남철, "행정입법부작위에 대한 사법적 통제: 당사자소송에 의한 규범제정요구소송의 실현가능성을 중심으로," 『저스티스』 통권 제110호, 2009. 4, 194~271면.

[판례] 구 군법무관임용법 제5조 제3항과 군법무관임용 등에 관한 법률 제6조가 군법무관의 보수의 구체적 내용을 시행령에 위임했음에도 불구하고 행정부가 정당한 이유 없이 시행령을 제정하지 않은 것은 군법무관의 보수청구권을 침해하는 불법행위에 해당한다(대판 2007. 11. 29, 2006다3561[임금] [군법무관 보수청구 사건]).

판례는 입법재량이 인정되는 행정입법부작위로 인한 손해배상도 재량권 행사에 따른 행정권한의 불행사로 인한 손해배상에서와 같은 기준에 따라 배상하여야 한다고 보고 있다(대판 전원합의체 2024. 12. 19, 2022다289051).

[판례] 법률이 행정청에 대하여 행정입법을 할 재량을 부여하였다 하더라도, 그 재량을 부여한 취지와 목적에 비추어 행정청이 행정입법의 권한을 행사하지 아니한 것이 현저하게 합리성을 잃어 사회적 타당성이 없는 경우에는 그 부작위가 객관적 정당성을 상실하였다고 볼 수 있고, 객관적 정당성을 상실하였다고 볼 수 있는 경우에는 특별한 사정이 없으면 국가배상법 제2조 제1항에서 정한 공무원의 과실도 인정된다(대판 전원합의체 2024. 12. 19, 2022다289051: 위법한 부진정 행정입법 부작위로 인해 장애인 접근권이 침해되었다고 주장하면서 국가배상으로 위자료를 청구한 사건). 〈해설〉 ① 이 사건 구 장애인·노인·임산부 등의 편의증진 보장에 관한 법률 시행령(2022. 4. 27. 대통령령 제32607호로 개정되기 전의 것) 제3조[5] [별표 1](편의시설 설치 대상시설(제3조 관련)) 제2호(공공건물 및 공중이용시설) (가)목(제1종 근린생활시설)의 (1)의 법적 성격은 부진정입법부작위의 규정, 즉 위법한 법령이다. ② 재량행위인 행정입법권의 불행사로 인한 국가배상의 문제이다. ③ 위법한 법령을 개폐하지 않는 것이 헌법이나 법령을 위반하는 경우 위법이다. 달리 말하면 위법한 법령을 개폐하지 않는 것이 헌법이나 법령을 위반하는 경우 개폐의무가 있는 것이고 그 의무를 상당한 기간 이행하지 않은 것은 위법이다. 다수의견은 구 장애인·노인·임산부 등의 편의증진 보장에 관한 법률 시행령 제3조 [별표 1] 제2호 (가)목의 (1)이 편의시설 설치의무 대상시설의 범위를 바닥면적 합계가 300제곱미터 이상 1천제곱미터 미만인 소매점)으로 지나치게 좁게 규정한 것은 위법이고, 이러한 경우 해당 행정입법을 개정할 구체적인 의무가 발생한다고 할 것이고, 행정청이 정당한 이유 없이 그 개선입법의무를 이행하지 않는다면 그 행정입법 부작위(진정행정입법부작위)는 위법하다고 할 것이라고 하였다. 이는 위법한 명령(부진정 행정입법부작위인 명령 포함)의 개폐의무를 인정한 것으로 볼 수 있다. ④ 다수의견은 국가배상책임이 인정되기 위해서는 공무원의 가해행위가 위법하고 과실이 있어야 한다고 보면서 그 위법은 상대적 위법설에 따른 위법(객관적 정당성의 결여), 그 과실은 공무원의 주관적 과실(객관적 주의의무 위반)로 보았다. 다만, 다수의견은 재량행위인 행정권의 불행사로 인한 국가배상에서와 같이 행정청이 재량권인 행정입법의 권한을 행사하지 아니한 것이 현저하게 합리성을 잃어 사회적 타당성이 없는 경우에는 그 부작위가 객관적 정당성을 상실하였다고 볼 수 있고, 객관적 정당성을 상실하였다고 볼 수 있는 경우에는 특별한 사정이 없으면 국가배상법 제2조 제1항에서 정한 공무원의 과실도 인정된다고 하였다. 이에 대하여 별개의견은 국가배상법상의 위법을 행위위법설에 따른 위법(작위 또는 부작위의 법 위반)으로 보고, 국가배상법상의 과실을 객관적 과실(즉 국가작용의 흠)로 보고 위법이면 과실이 있는 것으로 보아 위법만으로 국가배상책임을 인정하여야 한다고 보았다. ⑤ 다수의견은 현행 법제상 행정입법의무의 불이행에 대해서는 손쉬운 사법적 권리구제 수단이 마련되어 있지 않아(예, 행정입법의무 불이행에 대한 항고소송이나 당사자소송 불인정) 국가배상청구가 가장 유효하고 실질적으로 유일한 규범통제 수단이라고 보면서 국가배상사건에서 이 점도 아울러 참작하여야 한다고 하였다. ⑥ 판례는 행정입법부작위에 대한 헌법소원이나 항고소송에서의 행정입법부작위는 진정행정입법부작위에 한정하고, 부진정행정입법부작위는 위법한 명령에 대한 헌법소원 또는 무효확인소송의 대상으로 보지만, 국가배상청구에서는 부진정행정입법부작위 중 위법한 명령의 개폐의무가 문제되는 경우에도 진정행정입법부작위와 함께 동일한 기준(즉 행정입법권의 불행사가 현저하게 합리성을 잃어 사회적 타당성이 없는

5) 제3조(대상시설) 법 제7조 본문의 규정에 의하여 편의시설을 설치하여야 하는 대상시설은 별표 1과 같다.

지 여부, 즉 객관적 정당성을 상실하였는지 여부)에 따라 국가배상 여부를 판단하고 있다. 다만, 행정권의 불행사(특히 행정입법권의 불행사)로 인한 국가배상청구의 문제로 본다. 이 판결에서 위법한 명령의 개폐의무를 인정하고 있는데, 향후 행정입법부작위의 전제가 되는 행정입법의무에 기존의 시행명령제정의무뿐만 아니라 위법한 명령의 개폐의무도 포함시키고, 위법한 명령의 개폐의무의 불이행도 행정입법부작위로 보고 헌법소원 또는 부작위위법확인소송을 인정하여야 할 것이다. 헌법소원이나 부작위위법확인소송에서의 행정입법부작위와 국가배상에서의 행정입법부작위 개념을 일치시키기 위해서는 시행명령제정의무뿐만 아니라 위법한 명령에 대한 개폐의무를 일반적으로 인정하여야 할 것이다.

입법재량이 인정되지 않는 행정입법부작위(기속행정입법부작위)의 경우에는 행정입법부작위는 위법할뿐만 아니라 그것만으로 원칙상 과실이 인정된다. 예를 들면 시정명령제정의무가 인정되는데 정당한 사유없이 시정명령을 전혀 제정하지 않은 경우이다. 위의 군법무관사건은 위임법률이 군법무관에게 법관에 준하는 보수를 규정하도록 위임하였음에도 시행명령을 전혀 규정하지 않은 사례이다.

[문제의 해결] **행정입법부작위**라 함은 행정입법의무(시행명령제정의무 또는 위법한 명령의 개폐의무)가 있음에도 정당한 이유없이 행정입법을 하지 않는 것을 말한다. 부진정행정입법부작위(불충분하거나 불완전한 행정입법)는 원칙상 행정입법부작위가 아니다. **행정입법부작위에 대한 구제수단**으로는 행정소송, 헌법소원, 국가배상청구가 있다. **행정소송**으로는 부작위위법확인소송 또는 공법상 당사자소송을 생각할 수 있는데, 판례는 행정입법부작위를 행정소송법상의 부작위로 보지 않고 행정입법부작위확인소송에 대해 각하판결을 하고 있다. 행정입법의 이행을 구하거나 행정입법부작위가 위법하다는 확인을 구하는 당사자소송을 인정할 수 있다는 주장도 있지만, 현행 행정소송법상 당사자소송은 공법상 권리의무관계에 관한 소송으로 규정되어 있어 그러한 당사자소송은 인정될 수 없다는 비판이 있다. 해당 행정입법이 처분성을 갖는 경우 달리 말하면 행정입법부작위가 국민의 권리의무에 직접 영향을 미치면 행정입법부작위확인소송의 대상이 될 수 있다는 견해도 있다. 행정입법부작위가 헌법소원의 요건을 충족하는 경우에는 행정입법부작위에 대한 **헌법소원**이 가능하다. 이것이 헌법재판소의 입장이다. 행정입법부작위가 위법인 경우 국가배상책임의 요건을 충족하면 **국가배상책임**이 인정된다. **판례**는 행정입법부작위에 따른 국가배상청구를 행정권(행정입법권)의 불행사로 인한 국가배상청구의 문제로 보고, 행정입법권의 불행사가 현저하게 합리성을 잃어 사회적 타당성이 없는 경우에는 그 부작위가 객관적 정당성을 상실하였다고 볼 수 있고(즉 위법하다고 할 수 있고), 객관적 정당성을 상실하였다고 볼 수 있는 경우에는 특별한 사정이 없으면 국가배상법 제2조 제1항에서 정한 공무원의 과실도 인정된다고 한다. 이러한 판례의 입장은 상대적 위법성설에 따른 것인데, **행위위법설에 따르면** 행정입법부작위가 성립하면 해당 행정입법부작위가 정당한 이유가 없는 한 위법하고, 과실이 인정되는 경우 그로 인한 손해에 대해 국가배상책임이 인정된다. 다만, 국가배상법상의 과실을 객관적 개념, 즉 국가작용의 흠으로 보면 행정입법부작위가 위법하면 국가작용의 흠이 있고 과실도 인정된다.

그리고 **부진정행정입법부작위**의 경우, 즉 불충분하거나 불완전한 행정입법에 대한 권리구제수단으로는 해당 행정입법이 처분에 해당하는 경우에 무효확인소송을 제기할 수 있고, 해당 행정입법이 헌법소원의 요건을 충족하는 경우 헌법소원을 제기할 수 있다. 또한 해당 행정입법이 가해행위(즉 해당 행정입법으로 손해를 입은 경우)로서 국가배상책임의 요건을 충족하는 경우 국가배상이 가능하다.

제 3 절 행정규칙

Ⅰ. 행정규칙의 의의

행정규칙(行政規則)이라 함은 행정조직내부에서의 행정의 사무처리기준으로서 제정된 일반적·추상적 규범을 말한다. 실무에서의 훈령·통첩·예규·고시 등이 행정규칙에 해당한다.

Ⅱ. 행정규칙의 종류

1. 행정규칙의 규율대상 및 내용에 따른 분류

(1) 조직규칙

조직규칙(組織規則)이라 함은 행정조직 내부에서의 행정기관의 구성 및 권한배분 및 업무처리절차를 정하는 행정규칙을 의미한다. 예를 들면, 전결권을 정하는 직무대리규정은 조직규칙이다.

(2) 영조물규칙

영조물규칙(營造物規則)이라 함은 영조물의 관리청이 영조물의 조직·관리 및 사용을 규율하기 위하여 제정하는 규칙을 말한다. 영조물규칙은 영조물의 내부조직관계를 규율하는 경우도 있지만 영조물의 사용에 관한 부분은 대외적 관계에 영향을 미친다.

(3) 법령해석규칙

법령해석규칙(法令解釋規則)이라 함은 법령의 해석을 규정한 행정규칙을 말한다. 법령해석규칙은 법령집행기관의 법령해석의 어려움을 덜어 주고 통일적인 법적용을 도모하기 위하여 제정된다.

(4) 재량준칙

재량준칙(裁量準則)이라 함은 재량권 행사의 기준을 제시하는 행정규칙을 말한다.

(5) 법률대체적 규칙

법률대체적 규칙(法律代替的 規則)이라 함은 행정권 행사의 기준 및 방법에 관하여 법령에 의한 규율이 없는 영역에서 행정권 행사의 기준을 정하는 행정규칙을 말한다.

'행정권 행사의 기준 및 방법에 관하여 법령에 의한 규율이 없는 영역'이라 함은 법률유보의 원칙이 적용되지 않는 영역에서 법률이 전혀 없는 경우, 법률유보의 원칙이 적용되는 경우에도 행정권의 발동근거만 두고 있거나 지나치게 포괄적으로만 규정되어 있어서 행정권의 행사기준에 관하여 구체적인 기준을 두고 있지 않은 영역을 말한다. 이러한 영역은 급부행정이나 행정지도분야에서 많이 존재한다. 예를 들면, 법률이 특정분야에서 단지 보조금을 지급할 수 있다라고만 규정하고 있는 경우에 제정되는 보조금의 지급기준을 정하는 행정규칙은 법률대체적 규칙이다.

가이드라인은 법령대체적 행정규칙의 성질을 갖는 것으로 볼 수 있다. 가이드라인은 엄격한 의미의 행정규칙 보다는 정책지침의 성격이 강하고, 특별한 사정이 있는 경우에 다른 규율의 가능성을 행정규칙 보다 더 널리 열어놓고 있는 행정규범으로 볼 수 있다.

(6) 기술규칙

기술규칙이란 기술의 기준, 표준, 규격 등을 정한 기술규율을 말한다. 기술규칙 중 행정기관이 정한 것은, 고시의 형식으로 정해지는 경우가 많은데, 행정규칙의 성질을 갖는다. 기술규칙 중 법령(예 식품위생법 제7조)에 근거하여 제정되는 것(예 식품공전)은 법령보충적 행정규칙의 성질을 갖는다.

인공지능에서의 알고리즘이나 프로그램은 기술규칙에 준하는 것으로 볼 수 있다.

2. 법령상 및 실무상의 분류

행정규칙은 **실무상** 훈령, 예규, 고시, 규정, 규칙, 지시, 지침, 통첩 등의 명칭으로 제정된다. 행정규칙은 **법령상** "훈령·예규 등" 또는 "훈령·예규·고시"라는 명칭으로 표시된다(「훈령·예규 등의 발령 및 관리에 관한 규정」(대통령 훈령) 제2조).

(1) 훈 령

훈령(訓令)이라 함은 상급기관이 하급기관에 대하여 상당히 장기간에 걸쳐서 그 권한의 행사를 일반적으로 지시하기 위하여 발하는 명령을 말한다.

훈령 중 일반적·추상적 성질을 갖는 것만이 행정규칙이다.

(2) 예 규

예규(例規)라 함은 법규문서 이외의 문서로서 반복적 행정사무의 기준을 제시하는 것을 말한다.

(3) 고 시 [2022 변시]

고시라 함은 일정한 사항을 불특정 다수인에게 알리는 것을 말한다.

① 고시(告示)가 행정사무의 처리기준이 되는 일반적·추상적 규범의 성질을 갖는 경우 행정규칙이다. 이 **행정규칙인 고시**는 행정기관이 일정한 사항을 불특정 다수인에게 통지하는 방법인 고시와 구별되어야 한다.

> **[판례]** 고시 또는 공고의 법적 성질은 일률적으로 판단될 것이 아니라 고시에 담겨진 내용에 따라 구체적인 경우마다 달리 결정된다고 보아야 한다. 즉, 고시가 일반적·추상적 성격을 가질 때는 법규명령 또는 행정규칙에 해당하지만, 고시가 구체적인 규율의 성격을 갖는다면 행정처분에 해당한다. 이 사건 국세청고시는 특정 사업자를 납세병마개 제조자로 지정하였다는 행정처분의 내용을 모든 병마개 제조자에게 알리는 통지수단에 불과하므로, 청구인의 이 사건 국세청고시에 대한 헌법소원심판청구는 고시 그 자체가 아니라 고시의 실질적 내용을 이루는 국세청장의 위 납세병마개 제조자 지정처분에 대한 것으로 해석함이 타당하다(헌재 1998. 4. 30, 97헌마141[특별소비세법시행령 제37조 제3항 등 위헌확인]).

② 고시가 일반적·구체적 성질을 가질 때에는 **'일반처분'**에 해당하며 고시의 내용이 어떤 물건의 성질 또는 상태를 규율하는 내용을 담고 있을 때에는 물적 행정행위라고 보아야 한다(김남진, 192면).

[판례] 구 청소년보호법(2001. 5. 24. 법률 제6479호로 개정되기 전의 것)에 따른 청소년유해매체물 결정 및 고시처분은 당해 유해매체물의 소유자 등 특정인만을 대상으로 한 행정처분이 아니라 일반 불특정 다수인을 상대방으로 하여 일률적으로 표시의무, 포장의무, 청소년에 대한 판매·대여 등의 금지의무 등 각종 의무를 발생시키는 행정처분이다(대판 2007. 6. 14, 2004두619[청소년유해매체물결정 및 고시처분무효확인]).

③ 행정규칙인 고시가 법령의 수권에 의해 법령을 보충하는 사항을 정하는 경우(행정규제기본법 제4조 제2항)에는 **법령보충적 고시**로서 근거법령규정과 결합하여 대외적으로 구속력 있는 법규명령의 효력을 갖는다(대판 1999. 11. 26, 97누13474[부동산양도허가신청반려처분취소]). 법령보충적 고시는 법령(법규명령)이고, 행정규칙이 아니다.

Ⅲ. 행정규칙의 법적 성질 및 구속력 [2002 입시 약술]

행정규칙의 법적 성질의 문제라 함은 행정규칙이 법규인가 아니면 법규가 아닌가 또는 행정규칙은 준법규인가 하는 행정규칙의 법규성(法規性)의 문제를 말한다.

행정규칙의 구속력(拘束力)이란 행정규칙이 법적 구속력을 갖는가 하는 문제이다. 행정규칙의 법적 구속력에는 행정조직 내부에서의 구속력(대내적 구속력)과 행정행위의 상대방인 국민 또는 법원에 대한 구속력(대외적 구속력)이 있다.

[판례 1] 행정기관 내부의 업무처리지침이나 법령의 해석·적용 기준을 정한 행정규칙은 특별한 사정이 없는 한 대외적으로 국민이나 법원을 구속하는 효력이 없다. 처분이 행정규칙을 위반하였다고 해서 그러한 사정만으로 곧바로 위법하게 되는 것은 아니고, 처분이 행정규칙을 따른 것이라고 해서 적법성이 보장되는 것도 아니다. 처분이 적법한지는 행정규칙에 적합한지 여부가 아니라 상위법령의 규정과 입법 목적 등에 적합한지 여부에 따라 판단해야 한다(대판 2019. 7. 11, 2017두38874; 2021. 10. 14, 2021두39362).

[판례 2] [1] 행정기관이 소속 공무원이나 하급행정기관에 대하여 세부적인 업무처리절차나 법령의 해석·적용 기준을 정해 주는 '행정규칙'은 상위법령의 구체적 위임이 있지 않는 한 조직 내부에서만 효력을 가질 뿐 대외적으로 국민이나 법원을 구속하는 효력이 없다. [2] 행정규칙이 이를 정한 행정기관의 재량에 속하는 사항에 관한 것인 때에는 그 규정 내용이 객관적 합리성을 결여하였다는 등의 특별한 사정이 없는 한 법원은 이를 존중하는 것이 바람직하다. [3] 그러나 행정규칙의 내용이 상위법령이나 법의 일반원칙에 반하는 것이라면 법질서상 당연무효이고, 행정내부적 효력도 인정될 수 없다. 이러한 경우 법원은 해당 행정규칙이 법질서상 부존재하는 것으로 취급하여 행정기관이 한 조치의 당부를 상위법령의 규정과 입법 목적 등에 따라서 판단하여야 한다. [4] 한국수력원자력 주식회사가 조달하는 기자재, 용역 및 정비공사, 기기수리의 공급자에 대한 관리업무 절차를 규정함을 목적으로 제정·운용하고 있는 '공급자관리지침' 중 등록취소 및 그에 따른 일정 기간의 거래제한조치에 관한 규정들은 공공기관으로서 행정청에 해당하는 한국수력원자력 주식회사가 상위법령의 구체적 위임 없이 정한 것이어서 대외적 구속력이 없는 행정규칙이다(대판 2020. 5. 28, 2017두66541).

1. 행정규칙의 법적 성질과 법규개념

행정법에서 법규(法規)라는 개념은 협의로 사용될 때에는 행정주체와 국민의 권리의무에 관한 사항을 정하는 일반적·추상적인 구속력 있는 규범(실질설) 또는 법령의 형식으로 제정된 일반적·추상적 규범(형식설)을 말하며 광의로는 행정사무의 처리기준이 되는 일반적·추상적인 구속력 있는 규범을 말한다.

광의의 법규개념을 취하면 행정규칙을 법규라고 할 수 있다. 그러나, 협의의 법규개념을 취하면 행정규칙은 원칙상 법규라고 할 수 없다.

2. 행정규칙의 대내적 구속력(효력)

행정규칙은 원칙상 대내적 구속력이 있다. 행정규칙(특히 훈령)은 상급행정기관의 감독권에 근거하여 하급행정기관에 대하여 발해지는 것이므로 행정규칙은 하급행정기관에 대한 상급행정기관의 직무명령의 성격을 아울러 가지므로 하급행정기관은 공무원법상의 복종의무(예 국가 공무원법 제57조)에 따라 행정규칙을 준수할 법적 의무를 진다. 그리하여 하급행정기관이 행정규칙에 따르지 않고 처분을 한 것은 징계사유가 된다.

행정규칙은 동 행정규칙을 제정한 행정기관에 대하여는 대내적(對內的)으로 법적 구속력을 갖지 않는다.

3. 행정규칙의 외부적(대외적) 구속력과 법적 성질

행정규칙의 대외적인 법적 구속력이란 국민이 행정행위가 행정규칙에 위반하였다는 것을 이유로 행정행위의 위법을 주장할 수 있는가 하는 것과 행정규칙이 법원에 대하여 재판규범이 되는가 하는 문제이다. 행정규칙의 대외적 구속력을 인정하면 행정규칙을 위반한 행정작용은 그것만으로 위법하고, 행정규칙에 대외적 구속력을 인정하지 않으면 행정작용이 행정규칙에 위반하였다는 것만으로는 위법하게 되지 않는다.

판례는 원칙상 행정규칙의 대외적 구속력을 **부정**하지만(대판 2013. 5. 23, 2013두3207[유가보조금환수처분취소]), 행정규칙의 외부적 구속력 및 법적 성질은 행정규칙의 유형에 따라 다르다고 보는 것이 타당하므로 행정규칙의 유형별로 이 문제를 검토하기로 한다.

[판례] 행정처분이 법규성이 없는 내부지침 등의 규정에 위배된다고 하더라도 그 이유만으로 처분이 위법하게 되는 것은 아니고, 또 내부지침 등에서 정한 요건에 부합한다고 하여 반드시 그 처분이 적법한 것이라고 할 수도 없다. 처분의 적법 여부는 그러한 내부지침 등에서 정한 요건에 합치하는지 여부가 아니라 일반 국민에 대하여 구속력을 가지는 법률 등 법규성이 있는 관계 법령의 규정을 기준으로 판단하여야 한다(대판 2018. 6. 15, 2015두40248).

(1) 조직규칙

1) 긍 정 설

조직규칙(組織規則)에 대하여 외부적 구속력을 인정하는 견해이다.

2) 부 정 설

조직규칙은 내부적 구속력만 갖고 대외적으로는 구속력이 없는 것으로 보는 견해이다. 그 논거는 다음과 같다. ① 법령에 의해 정해진 조직내에서의 조직규칙이 정한 조직에 관한 사항은 순수한 내부적인 사항이다. ② 권한의 내부위임 또는 전결권한에 관한 조직규칙을 위반한 권한 행사가 위법으로 되는 것은 당해 조직규칙을 위반하여서가 아니라 권한없는 행위이기 때문이다.

3) 제한적 긍정설

행정기관의 권한에 관한 사항은 국민과도 무관하지 않으므로 조직규칙 중 권한에 관한 조직규칙을 위반하는 행정행위는 위법하다는 견해이다.

4) 판 례

[판례] **행정관청 내부의 사무처리규정에 불과한 전결규정(조직규칙임)에 위반하여 원래의 전결권자가 아닌 보조기관 등이 처분권자인 행정관청의 이름으로 행정처분을 한 경우 무효가 아니라고 한 사례**: 전결과 같은 행정권한의 내부위임은 법령상 처분권자인 행정관청이 내부적인 사무처리의 편의를 도모하기 위하여 그의 보조기관 또는 하급 행정관청으로 하여금 그의 권한을 사실상 행사하게 하는 것으로서 법률이 위임을 허용하지 않는 경우에도 인정되는 것이므로, 설사 행정관청 내부의 사무처리규정에 불과한 전결규정에 위반하여 원래의 전결권자 아닌 보조기관 등이 처분권자인 행정관청의 이름으로 행정처분을 하였다고 하더라도 그 처분이 권한 없는 자에 의하여 행하여진 무효의 처분이라고는 할 수 없다(대판 1998. 2. 27, 97누1105[공유재산 대부신청 반려처분 무효확인]). 〈해설〉 이 판례의 해석에 관하여 긍정설 및 제한적 긍정설에서는 판례가 조직규칙의 하나인 전결규정의 대외적 구속력을 인정하였다고 해석하나, 그러한 해석은 타당하지 않다. 전결규정에 반하여 한 처분이 위법한 것은 전결규정에 위반하여서가 아니라 권한없는 자의 처분이기 때문이라고 보아야 한다.

5) 결 어

부정설이 타당하다. 권한의 내부위임 또는 전결권한에 관한 조직규칙을 위반한 권한 행사가 위법으로 되는 것은 당해 조직규칙을 위반하여서가 아니라 권한없는 행위이기 때문이다. 다만, 조직규칙인 전결규정을 위반하였어도 처분청의 이름으로 처분을 한 경우에는 당해 위법은 중대·명백한 위법은 아니므로 취소할 수 있는 위법으로 보는 것이 타당하다.

(2) 영조물규칙[2007 행시(재경직 및 기타) 사례]

영조물규칙(예 교도소 규칙 등) 중에는 조직규칙인 것도 있고 재량준칙(영조물이용규칙의 경우)인 것도 있으며 학칙과 같이 법규명령(자치법규)인 것도 있다. 영조물이용규칙을 특별명령으로 보고 법규성을 인정하는 견해도 있다.

(3) 법령해석규칙

1) 원칙상 부정

법령해석규칙(法令解釋規則)은 대외적 구속력을 갖지 않는다. 법령을 해석하는 권한은 최종적으로 법원에 있으므로 행정기관의 법령해석이 법원을 구속할 수 없다. 또한 법령해석이란 법령의 의미를 명확히 하는 것일 뿐 새로운 사항을 정하는 것은 아니므로 법령해석규칙이 독자적인 행위규범이 되지 못한다.

행정권 행사의 위법 여부는 직접 법령의 규정에 비추어 판단되는 것이며 법령해석규칙이 기준이 되지 않는다. 법령해석규칙이 법령을 제대로 해석하고 있는 경우에도 해석규칙에 따라 행해진 처분이 적법하게 되는 것은 법령해석규칙에 따랐기 때문이 아니라 법령에 적합하기 때문이다.

2) 신뢰보호

문제는 법령해석규칙이 위법한 경우에 그 위법한 해석규칙에 의해 행정처분이 반복됨으로써 행정관행이 성립된 경우에 행정의 상대방은 위법한 해석규칙의 계속적인 적용을 주장할 수 있는가 하는 것이다.

① 행정규칙에 의한 해석이 일반적으로 국민들에게 받아들여진 때에는 행정절차법 제 4 조 제 2 항이 적용된다.

② 행정규칙에 의한 해석이 일반적으로 국민들에게 받아들여지지 아니한 경우에도 신뢰보호의 원칙의 적용요건에 해당하는 경우 신뢰보호의 원칙이 적용된다.

3) 예외적 판단여지의 인정

법령해석규칙이 불확정개념에 관한 것이고 그 불확정개념의 해석에 있어서 행정청에게 판단여지가 인정되는 경우(예 원자력 안전규칙)에는 당해 해석규칙은 명백히 불합리하지 않은 이상 존중되어야 한다.

[판례] 국민건강보험공단이 직장가입자의 피부양자로 등록되어 있는 동성동반자인 甲을 국민건강보험공단의 '자격관리 업무지침'(이하 '이 사건 지침'이라 한다)에서 직장가입자의 피부양자로 규정된 '사실상 혼인관계에 있는 사람'으로 해석 · 적용하지 않고 지역가입자로 변경하여 보험료를 부과하는 처분을 한 것에 대해 취소소송을 제기한 사건: [1] 행정청이 내부준칙을 제정하여 그에 따라 장기간 일정한 방향으로 행정행위를 함으로써 행정관행이 확립된 경우, 그러한 내부준칙이나 확립된 행정관행을 통한 행정행위에 대해서도 헌법상 평등원칙이 적용된다. 〈해설〉 재량준칙 및 그에 따른 처분이 평등원칙에 위반되는지를 검토할 수 있다. 그러나 해석규칙 및 그에 따른 처분이 평등원칙 위반인지를 논하는 것은 타당하지 않다. 이 경우에는 해석의 대상이 되고 처분의 근거가 된 법령이 평등원칙에 위반하는지를 검토해야 한다. 이러한 점에서 판례가 행정규칙이 재량준칙인지 해석규칙인지를 특정하지 않고, 계쟁처분이 재량처분인지 기속처분인지를 특정하지 않고 평등원칙을 적용할 수 있다고 한 것은 문제가 있다. [2] 갑이 동성인 을과 교제하다가 서로를 동반자로 삼아 함께 생활하기로 합의하고 동거하던 중 결혼식을 올린 뒤 국민건강보험공단에 건강보험 직장가입자인 을의 사실혼 배우자로 피부양자 자격취득 신고를 하여 피부양자 자격을 취득한 것으로 등록되었는데, 이 사실이 언론에 보도되자 국민건강보험공단이 갑을 피부양자로 등록한 것이 '착오 처리'였다며 갑의 피부양자 자격을 소급하여 상실시키고 지역가입자로 갑의 자격을 변경한 후 그동안의 지역가입자로서의 건강보험료 등을 납입할 것을 고지한 사안에서, 위 처분이 행정절차법 제21조(처분의 사전통지) 제1항과 헌법상 평등원칙을 위반하여 위법하다고 한 사례(대판 전원합의체 2024. 7. 18, 2023두36800[보험료부과처분취소]). 〈관련법령〉 국민건강보험법 제5조는 직장가입자의 "배우자"를 건강보험의 피부양자가 된다고 규정하고 있고(제2항 제1호), 피부양자 자격의 인정 기준 등은 보건복지부령으로 정한다고 규정하고 있다(제3항). 국민건강보험법 제5조 제3항의 위임을 받은 국민건강보험법 시행규칙 제2조 제1항 제1호[별표 1]은 피부양자 자격의 인정기준 중 부양요건을, 제2호[별표 1의2]는 소득 및 재산요건을 각각 정하고 있다. 건강보험의 보험자인 국민건강보험공단은 '자격관리 업무지침'(이하 '이 사건 지침'이라 한다)을 마련하여 '사실상 혼인관계에 있는 사람'도 배우자에 준하여 피부양자로 인정하고, 직장가입자와 그 배우자가 혼인의 의사로 부부공동생활을 유지하고 있음을 확인하는 내용의 인우보증서 제출만으로 사실상 혼인관계가 소명되는 것으로 정하고 있다. 〈참고사항〉 국민건강보험법 제5조 제3항이 피부양자 자격의 인정 기준 등은 보건복지부령으로 정한다고 규정하고 있고, 건강보험의 피부양자를 정하는 문제는 건강보험정책상의 문제이므로 보건복지부장관은 법률의 수권의 범위내에서 국민건강보험법 제5조 제2항 제1호(이하 '쟁점 규정'이라 한다)의 '배우자'의 구체적 인정기준을 정하는 점에서 행정입법재량을 갖는다. 그런데, 보건복지부령인 국민건강보험법 시행규칙 제2조 제1항 제1호[별표 1]은 피부양자 자격의 인정기준 중 부양요건 및 제2호[별표 1의2]는 소득 및 재산요건을 정하고 있을 뿐 '쟁

점 규정'인 '배우자'의 구체적 인정기준은 규정하지 않고 있다. 이러한 상황에서 볼 때 이 사건에서 적용법규정은 직장가입자의 "배우자"를 건강보험의 피부양자가 된다고 규정하고 있는 국민건강보험법 제5조 제2항 제1호이다. 달리 말하면 이 사건에서 동성 동반자인 갑이 국민건강보험법 제5조 제2항 제1호의 배우자에 해당하는지가 문제되고 있다. 그리고, 이 사건 지침 중 직장가입자와 그 배우자가 혼인의 의사로 부부공동생활을 유지하고 있음을 확인하는 내용의 인우보증서 제출만으로 사실상 혼인관계가 소명되는 것으로 정하고 있는 부분은 판례의 다수의견과 달리 피부양자인 배우자의 인정기준이 아니라 피부양자인 배우자라는 사실을 인정하는 방법을 정한 것으로 보는 것이 타당하다. 〈평석〉 ① 국민건강보험공단의 '자격관리 업무지침'(이하 '이 사건 지침'이라 한다) 중 '사실상 혼인관계에 있는 사람'도 배우자에 준하여 피부양자로 인정하는 규정은 행정규칙 중 해석규칙인가 아니면 재량준칙인가 ?

1) 해석규칙설: 이 견해의 논거는 다음과 같다: 국민건강보험법 제5조에서 정한 "배우자"라는 개념은 불확정개념이지만 사회통념상 일의적으로 해석할 수 있는 개념이고, 재량개념이나 판단여지가 인정될 성질의 개념이 아니다. 따라서, '이 사건 지침'에서 '사실상 혼인관계에 있는 사람'도 배우자에 준하여 피부양자로 인정하는 규정은 국민건강보험법 제5조에서 정한 "배우자"라는 개념을 해석한 것이다.

2) 재량준칙설: 이 견해의 논거는 다음과 같다: 국민건강보험법 제5조 제3항이 피부양자 자격의 인정 기준 등은 보건복지부령으로 정한다고 규정하고 있고, 국민건강보험상 피보험자의 구체적 범위 결정은 정책적 성격을 갖는다. 건강보험의 피부양자로 인정하는 문제와 민법 내지 가족법상 '배우자'의 범위를 해석·확정하는 문제는 다른 문제이다(판결에서 다수의견). 따라서, 피부양자인 "배우자"를 결정하는 것은 재량결정으로 보아야 한다. 그리고, '이 사건 지침' 중 '사실상 혼인관계에 있는 사람'도 배우자에 준하여 피부양자로 인정하는 규정은 재량결정의 기준을 정한 것이므로 재량준칙이다.

3) 판례: 판례는 명확하지는 않지만, 이 사건 지침을 해석규칙으로 보면서도 '이 사건 지침'과 그에 따른 처분에 평등원칙을 적용한 점에서 이 사건 지침의 재량준칙적 성격도 인정한 것으로 볼 수 있다.

4) 결어: 국민건강보험관리공단은 정책결정기관이 아니라 집행기관이므로 국민건강보험관리공단의 피부양자로서의 배우자의 해석에 판단여지 내지 재량(정책재량)을 인정하는 것은 타당하지 않다. 피부양자로서의 배우자의 구체적 인정기준을 정하는 권한은 보건복지부장관에게 있다. 그리고, 건강보험 피부양자의 구체적 범위를 정하는 문제는 중요한 입법사항으로 법령에서 정하여야 한다. 그런데, 현행 법령상 보건복지부령인 국민건강보험법 시행규칙 제2조 제1항 제1호[별표 1]은 '쟁점 규정'인 '배우자'의 구체적 인정기준은 규정하지 않고 있지 않으므로 이 시건에서 적용법규정은 직장가입자의 "배우자"를 건강보험의 피부양자가 된다고 규정하고 있는 국민건강보험법 제5조 제2항 제1호이다. 그런데, "배우자"라는 개념은 사회통념상 일의적으로 해석할 수 있는 개념이고, 재량개념이나 판단여지가 인정될 성질의 개념이 아니므로 이 사건에서 동성 동반자인 갑이 국민건강보험법 제5조 제2항 제1호의 배우자가 될 수 있는지에 관하여 재량이 인정될 수 없다. 따라서, 해석규칙설이 타당하다.

② '동성 동반자'를 '사실상 혼인관계에 있는 사람'과 달리 피부양자에서 제외하여 지역가입자로 분류하는 것이 합리적 근거 없는 자의적 차별인지 여부가 문제된다.

1) 자의적 차별설(판결에서 다수의견): 동성 동반자는 직장가입자와 단순히 동거하는 관계를 뛰어넘어 동거·부양·협조·정조의무를 바탕으로 부부공동생활에 준할 정도의 경제적 생활공동체를 형성하고 있다는 점에서 차이가 없는 점, 자격관리 업무지침에 따르면 '사실상 혼인관계에 있는 사람'의 경우 피부양자로 인정받기 위해서는 인우보증서를 제출해야 하는데, 동성 동반자도 이러한 내용의 인우보증서를 제출할 수 있다는 점에서 차이가 없는 점, 국민건강보험공단이 사실상 혼인관계에 있는 사람을 피부양자로 인정하는 이유는 그가 직장가입자의 동반자로서 경제적 생활공동체를 형성하였기 때문이지 이성 동반자이기 때문이 아닌 점 등에 비추어, 이러한 취급은 성적 지향을 이유로 본질적으로 동일한 집단을 차별하는 행위에 해당한다.

2) 합리적 차별설(판결에서 별개의견): 국민건강보험법상 '배우자'의 개념은 이성 간의 결합을 본질로 하는 '혼인'을 전제로 하고, '동성 동반자'는 이에 해당하지 않는다. 따라서, '동성 동반자'와 '사실상 혼인관계에 있는 사람'은 본질적으로 동일한 집단에 속한다고 볼 수 없고, 동성 동반자를 피부양자에서 제외하여 지역가입

자로 분류한 것을 합리적 근거 없는 자의적 차별이라고 하기 어렵다.

③ 판례는 국민건강보험공단의 '이 사건 지침' 및 그에 따른 처분에 평등원칙을 적용하였는데, 이러한 판례의 입장이 타당한가 ? 이 문제는 이 사건 지침이 재량준칙인지 아니면 해석규칙인지 그리고, 해석규칙에 판단여지 내지 재량이 인정될 수 있는지에 따라 결정된다.

만약 피부양자인 배우자의 구체적 범위를 결정할 재량권이 국민건강보험공단에 있다고 보면 이 사건 지침은 재량준칙이고, 이 사건 지침과 이에 따른 처분에 평등원칙을 적용할 수 있다.

이에 반하여 이 사건 지침을 해석규칙이라고 본다면 이 사건 지침과 이에 따른 처분에 평등원칙을 적용하는 것은 타당하지 않다. 왜냐하면 법우위의 원칙 및 법원의 최종적 법해석권에 비추어 해석규칙이 법규정에 합치하면(적법하면) 그에 따라야 하고, 해석규칙이 법규정에 합치하지 않으면(위법하면) 그에 따르지 않아야 하고, 불법앞의 평등은 인정되지 않기 때문이다. 다만, 위법한 해석규칙이나 그에 따른 관행에 대한 귀책사유 없는 신뢰는 보호하여야 한다. 다만, 법령해석이 고도로 전문적이거나 고도로 정책적인 경우 판단여지를 인정할 수 있다(판단여지도 재량으로 보면 재량을 인정할 수 있다). 따라서, '사실상 혼인관계에 있는 사람' 나아가 동성 동반자도 배우자에 준하여 피부양자로 인정하는 것이 고도로 전문적인 사항이거나 고도로 정책적인 사항이라면 그 행정해석에 판단여지(또는 재량)를 인정할 수 있고, 이 경우 담당행정기관의 그러한 해석기준이나 해석이 합리적이라면 존중하여야 한다(그 해석기준은 평등원칙을 매개로 간접적인 구속력을 갖는다). 따라서, 이 경우에는 평등원칙을 적용할 수 있다.

생각건대, 다음과 같은 이유에서 피부양자인 배우자의 구체적 범위를 결정할 재량권이 국민건강보험공단에 있다고 볼 수 없고, 따라서, 이 사건 지침은 해석규칙이고, 이 사건 지침과 이에 따른 처분에 평등원칙을 적용할 수 없다. 즉, 피부양자 자격의 인정 기준은 중요한 사항이고 법률에서도 피부양자 자격의 인정 기준을 보건복지부령으로 정하도록 수권하고 있으므로 피부양자인 배우자의 구체적 범위는 보건복지부장관이 정하여야 한다고 보아야 한다. 정책결정기관이 아니고 집행기관인 국민건강보험공단은 '사실상 혼인관계에 있는 사람' 나아가 동성 동반자도 배우자에 준하여 피부양자로 인정할 것인지를 결정함에 있어 재량권을 갖지 못하고, 법원은 국민건강보험공단의 국민건강보험법 제5조 제2항 제1호의 "배우자"의 해석규칙이나 그 적용에 판단여지를 인정하거나 재량을 인정하는 것은 타당하지 않다. 따라서, 해석규칙인 '이 사건 지침' 및 그에 따른 처분에 평등원칙을 적용한 것은 타당하지 않다.

④ 이 사건 처분의 위법 여부: 피부양자인 배우자의 구체적 범위를 결정할 재량권이 국민건강보험공단에 있다고 보면 이 사건 지침은 재량준칙이고 이 사건 지침은 평등원칙을 매개로 대외적인 구속력을 갖는다. 판례에 따르면 재량준칙이 합리적이라면 재량준칙을 존중하여야 한다. 따라서, 위의 합리적 차별설에 따르면 이 사건 처분은 적법하다. 자의적 차별설에 따르면, 동성 동반자를 피부양자인 '사실상 혼인관계에 있는 자'와 달리 취급하는 것은 합리적이 아니고, 이 사건 처분은 평등원칙에 위반하여 위법하다.

피부양자인 배우자의 구체적 범위를 결정할 재량권이 국민건강보험공단에 없다고 보면 '이 사건 지침'은 해석규칙이고, 이 사건 처분의 위법 여부는 국민건강보험법 제5조 제2항 제1호의 '배우자'에 '사실상 혼인관계에 있는 사람'뿐만 아니라 혼인의 의사로 부부공동생활을 유지하고 있는 동성 동반자도 포함되는 것으로 해석하는 것이 타당한지에 따라 결정된다. 합리적 차별설(판례의 별개의견)에 따르면 혼인의 의사로 부부공동생활을 유지하고 있는 동성 동반자는 국민건강보험법 제5조 제2항 제1호(이하 '쟁점 규정'이라 한다)의 '배우자'에 해당하지 않는 것으로 보는 것이 타당하므로 이 사건 처분은 적법하다. 이에 반하여 자의적 차별설(판례의 다수의견)에 따르면 헌법합치적 법률해석을 하여 국민건강보험법 제5조 제2항 제1호(이하 '쟁점 규정'이라 한다)의 '배우자'에 '사실상 혼인관계에 있는 사람'뿐만 아니라 혼인의 의사로 부부공동생활을 유지하고 있는 동성 동반자도 포함되는 것으로 해석하는 것이 타당하므로 이 사건 처분은 위법하다.

(4) 재량준칙

[문제] 재량준칙과 법규명령을 비교하시오.

1) 재량준칙의 의의

재량준칙(裁量準則)이라 함은 재량권 행사의 기준을 정하는 행정규칙을 말한다.

재량준칙은 행정권 행사의 기준을 정하는 일반적 성격의 규범인 점에서 법규명령과 유사하지만, 다음과 같이 법규명령과 구별된다. 즉, 재량준칙은 법규명령과 달리 행정권 행사의 일반적 기준 내지 방침을 제시할 뿐이며 그 자체로서는 국민에게 직접적인 법적 효과를 미치지 않는다. 재량준칙은 기본적으로 행정내부조치이다. 그리고, 법규명령의 경우에는 법규명령 자체에 명문의 규정이 없는 한 그 규정내용과 다른 결정을 할 수 없지만 재량준칙의 경우에는 구체적 사안의 특수성 또는 공익상의 필요에 의해 재량준칙에서 정해진 행정기준과 다른 결정을 할 수 있다.

2) 재량준칙의 기능

재량준칙은 국민에게 법적 안정성을 보장하고, 행정에 일관성을 보장하고, 재량권의 자의적인 행사를 방지하고, 행정권 행사의 편의성을 보장하기 위하여 사용된다. 또한 재량준칙은 재량권 행사의 기준을 국민에게 미리 알려주는 기능도 갖는다.

재량준칙은 상급행정기관으로부터 하급행정기관에 대해 발해지는 경우뿐만 아니라 재량권을 갖는 행정기관 자신이 자신의 재량권 행사를 미리 정하여 두기 위하여 정하는 경우도 있다.

3) 재량준칙의 근거

재량준칙의 제정에는 별도의 법적 근거를 요하지 않는다. 재량준칙은 행정기관의 자율권 및 처분권에 근거하여 자유롭게 제정될 수 있다. 즉, 상급행정기관이 하급행정기관에 발하는 재량준칙은 상급기관의 지휘감독권에 근거하여 발해지고, 처분청이 자신의 행정권 행사의 기준으로 제정하는 재량준칙은 그 근거가 당해 처분청의 처분권에 있다.

4) 재량준칙의 한계

재량준칙의 제정은 행정청에게 재량권이 인정되는 경우에만 가능하며 행정청이 기속권만을 갖는 경우에는 인정되지 않는다.

재량준칙의 내용은 적용법령이 추구하는 목적에 적합하여야 한다.

재량준칙은 구체적 사안의 특수성에 따른 고려를 배제하는 정도로 엄격하게 제정되어서는 안 된다. 달리 말하면 재량준칙이 행정청의 재량권을 기속권한으로 변경하여서는 안 된다.

재량준칙은 기존의 법질서에 새로운 사실을 추가하거나 기존의 법령에 위반하여서는 안 된다.

5) 재량준칙의 법적 효력과 성질 [2024 변시]

가. 재량준칙의 내부적 효력 공무원은 상급행정기관이 발한 재량준칙에 복종할 의무가 있고 이에 위반한 경우에는 징계 등의 제재를 받는다.

그런데, 재량준칙은 그 개념상 각 사안의 특수성을 개별적으로 심사하여 그 준칙과 다른 결정을 할 가능성을 유보하고 있다. 사안의 특수성에 대한 심사는 권한이며 의무이다.

재량준칙 제정권자는 재량준칙에 내부적으로 구속되지 않는다.

나. 외부적 효력과 성질 [2023 5급 공채]

(가) 부 정 설 전통적 견해는 재량준칙은 행정조직내부에서의 재량권 행사의 기준을 정한 행정규칙이므로 외부적 구속력이 없다고 본다.

(나) 간접적·대외적 구속력설(평등원칙설) 재량준칙은 평등원칙을 매개로 하여 간접적으로 대외적인 구속력을 갖는다고 보는 것이 다수의 견해이며 타당하다. 재량준칙은 그 자체가 직접 대외적 구속력을 갖는 것은 아니지만 특별한 사유 없이 특정한 자에게 그 재량준칙을 적용하지 않고 재량준칙의 내용과 다른 처분을 하는 것은 평등원칙에 반하여 위법한 처분이 된다.

재량준칙은 평등원칙을 매개로 하여 구속력을 갖는 것이므로 합리적인 이유가 있는 경우, 즉 특별한 사정이 있어서 재량준칙을 적용하지 않는 것이 타당하다고 여겨지는 경우에는 예외적으로 재량준칙을 적용하지 않아도 그러한 행정처분은 위법한 처분이 되지 않는다고 보아야 한다. 이러한 관점에서 재량준칙은 법규보다는 다소 완화된 구속력을 갖는다. 이러한 점을 고려하여 재량준칙의 법적 성질을 준법규(準法規)로 보는 것이 타당하다.

법규명령은 절대적 구속력을 갖는다. 즉, 법규명령 자체에서 예외를 인정하지 않는 한 법규명령은 절대적으로 구속력을 가지며 행정기관은 당해 법규명령에 예외를 인정하는 처분을 할 수 없다.

(다) 자기구속설 이 견해는 행정의 자기구속의 법리에 근거하여 재량준칙의 대외적 구속력을 인정하는 견해이다(전술 행정의 자기구속의 법리 참조). **판례**는 다음과 같이 일정한 요건을 충족하는 경우 행정의 자기구속의 원칙에 근거하여 재량준칙의 대외적 구속력을 인정하고 있다.

> **[판례]** 재량권행사의 준칙인 규칙이 그 정한 바에 따라 되풀이 시행되어 행정관행이 이룩되게 되면, 평등의 원칙이나 신뢰보호의 원칙에 따라 행정기관은 그 상대방에 대한 관계에서 그 규칙에 따라야 할 자기구속을 당하게 되고, 그러한 경우에는 대외적인 구속력을 가지게 된다 할 것이다(헌재 1990. 9. 3, 90헌마13[전라남도 교육위원회의 1990학년도 인사원칙(중등)에 대한 헌법소원]).

(라) 법 규 설 독일의 오센뷜 교수는 행정권에도 일정한 한도 내에서 고유한 법규제정권이 있다는 전제하에 재량준칙은 행정권이 독자적인 입법권에 근거하여 제정한 법규라고 보고 있다. 다만, 재량준칙은 신축적 구속력을 갖는다고 보면서 엄격한 구속력을 갖는 일반법규와 구별하고 있다.

(마) 판 례 대법원 판례는 원칙상 행정규칙에 대해 대외적 구속력을 인정하지 않지만, 재량준칙이 객관적으로 보아 합리적이 아니라거나 타당하지 않다고 볼 만한 특별한 사정이 없는 이상 행정청의 의사는 가능한 한 존중되어야 한다고 하고(대판 2013. 11. 14, 2011두28783[과징금감경결정취소청구]), 이러한 재량준칙에 따른 처분은 적법하다고 본다(대판 2011. 1. 27, 2010두23033[국제멸종위기종용도변경승인신청반려처분취소]). 또한 그러한 재량준칙을 따르지 않은 처분은 특별한 사정이 없는 한 재량권의 일탈·남용에 해당하는 위법한 처분으로 본다(대판 2010. 1. 28, 2009두19137). 이러한 판례의 태도는 평등원칙을 매개로 재량준칙의 간접적인 대외적 구속력을 인정하는 다수설의 견해와 유사하다.

[판례 1] [1] 도시계획법 제4조 제1항 제1호, 같은 법 시행령 제5조의2, 토지의 형질변경 등 행위허가기준 등에 관한 규칙 제5조의 규정의 형식이나 문언 등에 비추어 볼 때, 형질변경의 허가(현행 국토계획법상 개발허가)가 신청된 당해 토지의 합리적인 이용이나 도시계획사업에 지장이 될 우려가 있는지 여부와 공익상 또는 이해관계인의 보호를 위하여 부관을 붙일 필요의 유무나 그 내용 등을 판단함에 있어서 행정청에 재량의 여지가 있으므로 그에 관한 판단기준을 정하는 것 역시 행정청의 재량에 속하고, 그 설정된 기준(재량준칙)이 객관적으로 합리적이 아니라거나 타당하지 않다고 볼 만한 특별한 사정이 없는 이상 행정청의 의사는 가능한 한 존중되어야 할 것이다. [2] **서울특별시토지의 형질변경 등 행위허가사무취급요령의 법적 성질(=사무처리준칙) 및 위 취급요령에 근거한 기부채납 부관부 토지형질변경허가처분의 적법 여부(한정적극)**: 서울특별시토지의 형질변경 등 행위허가사무취급요령(1994. 5. 10. 서울특별시예규 제586호로 개정된 이후의 것) 법규로서의 효력이 없는 행정청 내부의 사무처리준칙에 불과하지만, 그 내용이 도로를 설치할 구체적이고 객관적인 필요에 관한 기준을 제시한 것으로서 합리적이고 타당한 규정으로 여겨지므로, 행정청이 이에 근거하여 토지형질변경허가처분을 함에 있어서 도로를 설치하여 그 시설 및 토지를 기부하도록 부관을 붙였다고 한다면, 그 내용이 이행가능하고 비례의 원칙 및 평등의 원칙에 적합함과 아울러 그 행정처분의 본질적 효력을 해하지 않는 한 적법한 행정처분이라고 할 것이고, 만일 토지형질변경의 허가를 신청한 당사자가 행정청이 제시한 도로의 기부채납에 관한 적법한 부관에 관하여 거부의 의사를 미리 명백히 밝힌 경우라면 그를 이유로 행정청이 부관부 허가처분에 나아가지 않고 곧바로 토지형질변경불허가처분을 하였다고 하더라도 그 처분은 적법하다(대판 1999. 2. 23, 98두17845[토지형질변경 불허가처분취소]).

[판례 2] 부과과징금 결정단계의 조정사유별 감경률 적용방식에 관하여 구체적인 규정이 없는 상태에서, 공정거래위원회가 과징금 부과처분을 하면서 적용한 기준(재량준칙)이 과징금제도와 감경제도의 입법 취지에 반하지 아니하고 불합리하거나 자의적이지 아니하며, 나아가 그러한 기준을 적용한 과징금 부과처분에 과징금 부과의 기초가 되는 사실을 오인하였거나 비례·평등원칙에 위배되는 등의 사유가 없다면, 그 과징금 부과처분에 재량권을 일탈·남용한 위법이 있다고 보기 어렵다(대판 2019. 7. 25, 2017두55077).

[판례 3] 판례는 특별한 공익상의 필요가 있을 때에는 재량기준을 추가하여 신청에 대한 거부처분을 할 수 있다고 하였다(전술 대판 2009. 12. 24, 2009두7967: 쌀 시장 개방화에 대비한 경쟁력 강화 등 우월한 공익상 요청에 따라 위 지침상의 요건 외에 '시·군별 건조저장시설 개소당 논 면적 1,000ha 이상' 요건을 추가할 만한 특별한 사정을 인정할 수 있어, 그 처분이 행정의 자기구속의 원칙 및 행정규칙에 관련된 신뢰보호의 원칙에 위배되거나 재량권을 일탈·남용한 위법이 없다고 한 사례).

[판례 4] 여객자동차 운수사업법에 의한 개인택시운송사업면허는 특정인에게 권리나 이익을 부여하는 행정행위로서 법령에 특별한 규정이 없는 한 재량행위이고, 그 면허를 위하여 정하여진 순위 내에서의 운전경력 인정방법의 기준설정 역시 행정청의 재량에 속한다 할 것이지만, 행정청이 면허발급 여부를 심사함에 있어서 이미 설정된 면허기준의 해석상 당해 신청이 면허발급의 우선순위에 해당함이 명백함에도 이를 제외시켜 면허거부처분을 하였다면 특별한 사정이 없는 한 그 거부처분은 재량권을 남용한 위법한 처분이 된다(대판 2010. 1. 28, 2009두19137[개인택시운송사업면허대상자제외처분취소]).

또한, **대법원 판례는 재량준칙이 되풀이 시행되어 행정관행이 성립한 경우 당해 재량준칙에 자기구속력을 인정한다.**

[판례] 상급행정기관이 하급행정기관에 대하여 업무처리지침이나 법령의 해석적용에 관한 기준을 정하여 발하는 이른바 '행정규칙이나 내부지침'은 일반적으로 행정조직 내부에서만 효력을 가질 뿐 대외적인 구속력을 갖는 것은 아니므로 행정처분이 그에 위반하였다고 하여 그러한 사정만으로 곧바로 위법하게 되는 것은 아니다. 다만, 재량권 행사의 준칙인 행정규칙이 그 정한 바에 따라 되풀이 시행되어 행정관행이 이루어지게 되면 평등의 원칙이나 신뢰보호의 원칙에 따라 행정기관은 그 상대방에 대한 관계에서 그 규칙에 따라야 할 자기구속을 받게 되므로, 이러한 경우에는 특별한 사정이 없는 한 그를 위반하는 처분은 평등의 원칙이나 신뢰보호의 원칙에 위배되어 재량권을 일탈·남용한 위법한 처분이 된다(대판 2009. 12. 24, 2009두7967[신규건조저장시설사업자인정신청반려처분취소]). 〈해설〉 전술 이 판결의 해설 참조.

또한, 설정된 기준이 그 자체로 객관적으로 합리적이지 않거나 타당하지 않음에도 행정청이 만연히 그에 따라 처분한 경우 또는 기준을 설정하였던 때와 처분 당시를 비교하여 수송 수요와 공급상황이 달라졌는지 등을 전혀 고려하지 않은 채 설정된 기준만을 기계적으로 적용함으로써 휴업을 허가할 것인지를 결정하기 위하여 마땅히 고려하여야 할 사항을 제대로 살피지 아니한 경우 등에까지 단지 행정청의 재량에 속하는 사항이라는 이유만으로 행정청의 의사를 존중하여야 하는 것은 아니며, 이러한 경우의 처분은 재량권을 남용하거나 그 범위를 일탈한 조치로서 위법하다(대판 2018. 2. 28, 2017두51501[여객자동차운송사업휴업허가신청거부처분취소등]).

(바) 결　　어　　　평등원칙을 매개로 하여 재량준칙의 간접적·대외적 구속력을 인정하는 견해가 타당하다. 재량준칙에 따른 처분은 재량준칙에 의해 설정된 기준이 객관적으로 타당하다고 보여지고 당해 재량준칙을 적용해서는 안 될 특별한 사정이 없는 한 위법하다고 할 수 없다. 또한, **공익상 필요 등 특별한 사정이 있는 경우에는** 재량준칙과 다른 처분을 하여도 위법하다고 할 수 없다.

단순한 재량준칙이나 재량준칙에 따른 행정관행이 성립된 경우 모두 특별한 사정이 있는 경우(합리적인 이유가 있는 경우) 재량준칙과 다른 처분이 가능하지만, **재량준칙에 따른 행정관행이 성립된 경우에는** 전술한 바와 같이 단순한 재량준칙보다 강한 법적 구속력인 자기구속력이 인정된다고 보아야 한다.

6) 재량준칙에 대한 재판적 통제 [2014 변시 사례]

재량준칙은 그 자체로서는 국민의 법적 지위에 직접적인 영향을 미치지 않는 행정내부조치에 불과하므로 재량준칙 자체는 취소소송의 대상이 되지 않는다. 다만, 예외적으로 재량준칙이라도 국민의 권익에 직접 영향을 미치는 경우에는 행정소송법상 처분이 되며 취소소송의 대상이 된다고 보는 것이 타당하다.

재량준칙에 대한 간접적 통제(부수적 통제)를 인정하지 않는 것이 일반적인 견해이지만, 재량준칙의 간접적·대외적 구속력을 인정하는 견해에 선다면 재판에서 전제문제로서 간접적으로 통제된다고 보아야 한다.

7) 법규명령형식의 재량준칙

재량권 행사의 기준이 법규명령의 형식으로 제정된 경우의 법적 성질 및 효력에 관하여는 후술하는 바와 같다.

> [문제의 해결] 재량준칙은 그 형식이 행정규칙으로서 행정규칙 제정절차에 따라 제정되는 반면에 법규명령은 법규명령의 형식과 절차로 제정된다. 재량준칙은 법령의 근거가 없이도 제정되지만 법규명령은 원칙상 법적 근거를 요한다. 재량준칙의 법적 구속력에 관하여는 견해의 대립이 있지만, 법규명령은 법적 구속력을 갖는다. 재량준칙의 구속력에 관하여 간접적·대외적 구속력설을 취하는 경우 특별한 사정이 있는 경우 재량준칙과 다른 처분을 할 수 있고 다른 처분을 하여야 하지만, 법규명령의 경우에는 명문의 규정이 없는 한 법규명령과 다른 처분은 인정되지 않는다.

(5) 법률대체적 규칙

법률대체적 규칙(法律代替的 規則)에 직접적 대외적 효력을 인정하는 견해가 있다.[6] 법률의 공백상태에서 행정권에게 잠정적으로 법률을 대신하는 법규를 제정하는 권한을 행정권에 인정하여야 한다고 주장한다. 그러나, 현행 헌법상 행정권에게 법규제정권을 부여하는 것은 문제가 있고, 필요한 법률이 존재하지 않는다는 것은 그 한도 내에서 행정권에게 재량권에 유사한 권한이 부여된 것으로 볼 수 있으므로 법률대체적 규칙을 재량준칙에 준하는 것으로 볼 수 있을 것이다.

법률대체적 행정규칙에 근거한 처분은 법률유보의 원칙 위반으로 위법한 처분이 될 수 있다.

(6) 행정규칙형식의 법규명령

후술하는 바와 같이 판례는 법령의 수권에 의해 법령을 보충하는 사항을 정하는 행정규칙을 법규명령과 같은 효력을 갖는 것으로 보고 있다. 또한, 집행명령으로 정하여야 할 사항을 행정규칙으로 정한 경우에도 법규명령과 같은 효력을 인정하고 있다.

(7) 행정규칙과 국가배상책임

① 행정규칙이 적법한 경우에 당해 행정규칙을 적용하지 않는 행정권의 행사에 의해 국민에게 손해가 가해진 경우에는 그 행정권 행사는 위법한 것이 되며 특별한 사유가 없는 한 공무원에게 과실이 있다고 인정될 수 있다.

> 예를 들면, 총기의 사용수칙이 정하여진 경우에 그에 위반하여 총기를 사용함으로써 상해를 입힌 경우에 가해경찰관에게 과실이 있다고 보아야 한다.

② 행정규칙이 위법하고 그에 따른 공권력 행사로 손해가 발생한 경우 행정규칙의 위법이 명백하지 않는 한 집행공무원의 과실을 인정할 수는 없지만, 위법한 행정규칙을 제정한 공무원의 과실을 검토할 수 있다.

---

6) 김향기, "행정규칙의 유형과 외부효과," 『월간고시』, 1994. 3, 77~78면.

Ⅳ. 행정규칙의 성립

1. 행정규칙의 근거

행정규칙의 제정에는 법령의 수권을 요하지 않는다. 행정권은 **감독권**에 근거하여 하급 행정기관에 대하여 행정규칙을 발할 수 있다. 재량권 행사자가 발하는 재량준칙은 **처분권**에 근거하여 발해진다.

2. 행정규칙의 공표

행정규칙의 일반적 공표의무를 정하는 법규정도 없고, 행정규칙의 공표가 행정규칙의 성립요건이나 효력요건도 아니다.

그런데, 새로 제정된 행정절차법 제20조는 행정청은 필요한 처분기준을 당해 처분의 성질에 비추어 될 수 있는 한 구체적으로 정하여 공표하도록 하고 있다. 실제에 있어서도 행정규칙은 법제처 법령정보센터 등에서 대부분 공개되고 있다. 다만, 정당한 사유가 있는 경우에 공개되지 않고 있는 경우가 있다.

3. 법규명령의 행정규칙으로의 전환

법규명령이 형식상 위법하여 효력이 없는 경우 행정규칙으로서의 실질을 갖추고 있으면 행정규칙으로서 효력을 갖는다(판례).

Ⅴ. 위법한 행정규칙의 효력

행정규칙의 내용이 상위법령이나 법의 일반원칙에 반하는 것이라면 법치국가원리에서 파생되는 법질서의 통일성과 모순금지 원칙에 따라 그것은 법질서상 **당연무효**이고, 행정내부적 효력도 인정될 수 없다. 이러한 경우 법원은 해당 행정규칙이 **법질서상 부존재**하는 것으로 취급하여 행정기관이 한 조치의 당부를 상위법령의 규정과 입법 목적 등에 따라서 판단하여야 한다(대판 2020. 5. 28, 2017두66541).

Ⅵ. 행정규칙의 시행일

행정규칙(훈령·예규·고시·지침 등)은 고시·공고 등의 방법으로 발령한 날부터 시행한다(행정기본법 제7조 제1호).

Ⅶ. 행정규칙의 통제

1. 행정적 통제

대통령훈령과 국무총리훈령은 법제처의 사전심사를 받아야 한다(법제업무운영규정 제23조). 중앙행정기관의 훈령이나 예규에 대해서는 대통령령인 법제업무운영규정에 의해 법제처의 사전검토제(제25조) 및 사후심사검토제(제25조의2)가 실시되고 있다.

2. 사법적 통제 [2007 행시(재경직 및 기타) 약술]

(1) 법원에 의한 통제

1) 항고소송의 대상

행정규칙에는 원칙상 대외적 효력이 인정되지 않으며 간접적·대외적 효력이 인정되는 경우에도 행정의 기준이 될 뿐 국민의 권리의무에 직접 구체적인 효과를 미치지 않기 때문에 행정규칙은 원칙상 행정소송법상의 처분에 해당하지 않고 따라서 항고소송의 대상이 되지 않는다. 다만, 직접적·대외적 구속력이 있는 행정규칙으로 인하여 직접적·구체적으로 국민의 권익이 침해된 경우에는 그 행정규칙은 처분이 되므로 항고소송의 대상이 된다.

[판례] 판례는 교육부장관의 내신성적산정지침을 행정조직 내부에서의 내부적 심사기준을 시달한 것에 불과하다고 보고 처분성을 부정하고 있다(대판 1994. 9. 10, 94두33[대학입시기본계획 철회처분 효력정지]).

2) 간접적 규범통제

행정규칙이 대외적 구속력을 갖지 않는 경우에는 행정처분의 위법 여부를 판단함에 있어서 행정규칙의 위법 여부가 전제문제가 되지 않으므로 법원에 의한 심판대상이 될 수 없을 것이다.

그러나, 반대견해도 있지만, 행정규칙이 대외적 구속력을 갖고 행정처분의 취소소송에서 행정규칙의 위법 여부가 전제문제가 되었을 때에는 법원에 의한 심판대상이 된다고 볼 수 있다.

법령에 반하는 위법한 행정규칙은 무효이므로 위법한 행정규칙을 위반한 것은 징계사유가 되지 않는다(대판 2020. 11. 26, 2020두42262).

[판례] 피고(법무부장관)는 원고들(공증인들)이 단지 '대부업자 등'이 쌍방대리 형태로 촉탁한 집행증서를 작성을 거절하지 않음으로써 「집행증서 작성사무 지침」 제4조를 위반하였다는 점을 징계사유로 삼아 원고들에 대하여 징계처분을 하였는데, 「집행증서 작성사무 지침」 제4조(행정규칙)가 무효이므로 징계사유가 인정되지 않는다고 판단한 사례(대판 2020. 11. 26, 2020두42262[과태료 부과처분 취소]).

(2) 헌법재판소에 의한 통제

행정규칙은 대외적인 행위가 아니라 행정조직 내부에서의 행위이므로 원칙상 헌법소원의 대상이 되는 공권력 행사가 아니다.

그러나, 행정규칙이 사실상 구속력을 갖고 있어 국민의 기본권을 현실적으로 침해하는 경우에는 헌법소원의 대상이 된다.

헌법재판소는 국립대학의 대학입학고사 주요 요강을 사실상의 준비행위 내지 사전안내로 보고 항고소송의 대상인 처분으로 보지 않으면서도 헌법소원의 대상이 되는 공권력 행사로 보고 있다.

[판례] 국립대학인 서울대학교의 "94학년도 대학입학고사 주요 요강"은 사실상의 준비행위 내지 사전안내로서 행정쟁송의 대상이 될 수 있는 행정처분이나 공권력의 행사는 될 수 없지만 그 내용이 국민의 기본권에 직접 영향을 끼치는 내용이고 앞으로 법령의 뒷받침에 의하여 그대로 실시될 것이 틀림없을 것으로 예상되어 그로 인하여 직접적으로 기본권 침해를 받게 되는 사람에게는 사실상의 규범작용으로 인한 위험성이 이미 현실적으로 발생하였다고 보아야 할 것이므로 이는 헌법소원의 대상이 되는 헌법재판소법 제68조 제1항 소정의 공권력의 행사에 해당된다고 할 것이며, 이 경우 헌법소원외에 달리 구제방법이 없다(헌재 전원재판부 1992. 10. 1, 92헌마68·76[1994학년도 신입생선발 입시안에 대한 헌법소원]). 〈해설〉 이에 대하여 입시요강을 확약으로 보는 견해, 행정계획으로 보는 견해, 행정규칙으로 보는 견해, 법령보충적 행정규칙으로 보는 견해가 있다.

그리고, 법규성 또는 대외적 구속력이 인정되는 행정규칙은 헌법소원의 대상이 되는 공권력 행사에 해당한다.

[판례] 행정규칙은 일반적으로 행정조직 내부에서만 효력을 가지는 것이나, 행정규칙이 법령의 규정에 의하여 행정관청에 법령의 구체적 내용을 보충할 권한을 부여한 경우나 재량권행사의 준칙인 규칙이 그 정한 바에 따라 되풀이 시행되어 행정관행이 이룩되게 되면, 평등의 원칙이나 신뢰보호의 원칙에 따라 행정기관은 그 상대방에 대한 관계에서 그 규칙에 따라야 할 자기구속을 당하게 되는 경우에는 대외적인 구속력을 가지게 되는바, 이러한 경우에는 헌법소원의 대상이 될 수도 있다(헌재 2001. 5. 31, 99헌마413[학교장초빙제실시학교선정기준위헌확인]: 경기도교육청의 1999. 6. 2.자「학교장·교사 초빙제 실시」는 학교장·교사 초빙제의 실시에 따른 구체적 시행을 위해 제정한 사무처리지침으로서 행정조직 내부에서만 효력을 가지는 행정상의 운영지침을 정한 것이어서, 국민이나 법원을 구속하는 효력이 없는 행정규칙에 해당하므로 헌법소원의 대상이 되지 않는다고 한 사례).

제 4 절 법규명령형식의 행정규칙과 법규적 성질(효력)을 갖는 행정규칙

I. 법규명령형식의 행정규칙 [1998, 2000, 2005, 2006, 2021 행시 사례]

1. 의 의	2) 형식설에서의 효력
2. 성질과 효력	(3) 판 례
(1) 성질(법규명령인가 행정규칙인가)	1) 부령의 형식으로 정해진 경우
1) 실질설(행정규칙설)	2) 대통령령의 형식으로 제정된 경우
2) 형식설(법규명령설)	가. 성질(법규명령)
3) 수권여부기준설	나. 효 력
(2) 효 력	(4) 결 론
1) 실질설에서의 효력	

[문제] 재량준칙이 법규명령의 형식으로 제정된 경우 다음 각각의 경우 법적 구속력을 갖는가.
1) 부령의 형식으로 제정된 경우
2) 대통령령의 형식으로 제정된 경우
3) 가중 및 감경규정이 없는 경우
4) 감경규정만 있는 경우
5) 가중 및 감경규정이 있는 경우
6) 법률에서 위임규정을 두고 있는 경우와 없는 경우

1. 의 의

법규명령의 형식을 취하고 있지만 그 내용이 행정규칙의 실질을 가지는 것을 '**법규명령형식(法規命令形式)의 행정규칙(行政規則)**'이라 한다.

법규명령형식의 행정규칙은 재량권 행사의 기준(재량준칙, 특히 제재적 처분의 기준)을 법규명령의 형식으로 제정한 경우가 보통이다.

2. 성질과 효력 [2015 입시 약술]

(1) 성질(법규명령인가 행정규칙인가)

법규명령형식의 행정규칙이 법규명령인가 행정규칙(재량준칙)인가에 관하여 견해가 대립되고 있다.

1) 실질설(행정규칙설)

이 견해는 당해 규범의 실질을 중시하여 행정기관 내부에서의 행정사무처리기준이 법규명령의 형식을 취하고 있다 하더라도 당해 규범을 행정규칙으로 보아야 한다고 보는 견해이다.

그 논거는 다음과 같다. ① 행정규칙의 실질을 갖는 행정입법이 법규명령의 형식을 취하고 있더라도 행정규칙으로서의 성질은 변하지 않는다고 보는 것이 타당하다(류지태·박종수, 217면). ② 이렇게 보는 것이 구체적으로 타당한 해결을 가능하게 해 준다.

2) 형식설(법규명령설)

이 견해는 규범의 형식을 중시하여 법규의 형식으로 제정된 이상 법규라고 보아야 한다고 보는 견해이다. 형식설이 다수설이다.

그 논거는 다음과 같다. ① 오늘날 법규개념은 형식적 개념으로 사용된다. 헌법이나 법률 등 법규범 중에는 구체성이 없는 일반적인 지침이나 법규가 아닌 사항을 정하는 규정이 적지 않은데 그러한 규정도 법규범이라고 보아야 한다. ② 법규형식은 매우 중요하고 엄숙한 행위형식이기 때문에 법규형식이 존중되어야 한다.

3) 수권여부기준설

상위법에서 법규명령의 형식에 의한 기준설정의 근거를 부여하고 있는 경우에 이에 근거한 기준설정은 위임입법에 해당하므로 법규명령으로 보아야 하고, 법령의 수권 없이 제정된 처분의 기준은 법령의 위임 없이 법규사항을 정할 수 없으므로 법규명령으로 볼 수 없고 행정규칙으로 보아야 한다는 견해이다.

(2) 효 력

1) 실질설에서의 효력

실질설에 의하면 법규명령형식의 행정규칙은 행정규칙(특히 재량준칙)으로서의 효력과 구속력을 가진다.

2) 형식설에서의 효력

형식설에 의하면 법규명령의 형식으로 된 처분의 기준은 법규명령으로서의 효력을 갖는다.

그런데, 형식설은 제재적 처분기준을 정하는 당해 법규명령의 대외적 구속력에 대하여는 엄격한 대외적 구속력을 갖는다는 견해 및 제재기준인 경우 최고한도로서의 구속력만을 갖는다는 견해로 나뉘고 있다.

가. 엄격한 대외적 구속력을 인정하는 견해의 문제점 형식설 중 제재적 처분기준을 정액 등으로 엄격히 정하는 법규명령이 기속규정임에도 엄격한 대외적 구속력을 갖는다는 견해에 의하면 법률의 수권 없이 법규사항인 재량권 행사의 기준을 법규명령의 형식으로 정한 것이므로 당해 법규명령은 상위 수권법령에 반하는 위법한 법규명령이 되고, 법률의 수권이 있는 경우에도 재량권 행사의 기준을 정하는 법규명령이 재량의 여지 없이 재량권 행사의 기준을 정하고 있는 경우(종래 통상 이렇게 정하고 있었다. 가장 대표적인 예는 음주운전에 대한 제재기준을 혈중 알콜농도에 따라 정하는 경우이다)에는 재량권 행사의 기준을 정하는 법규는 상위법령에서 재량행위로 규정한 사항을 기속행위로 규정하는 것이 되어 상위법령에 반하는 위법한 법규명령이 된다.

이러한 문제점 때문에 최근에는 법규명령의 형식으로 재량권 행사의 기준을 정하면서 특별한 사정을 고려하여 법규명령의 형식으로 정한 재량권 행사의 기준을 가중 또는 특히 감경할 수 있다는 예외규정을 두는 경우가 많다. 재량권 행사의 기준을 정하는 법규명령이 특별한 사정이 있는 경우 가중 또는 감경할 수 있다는 규정을 둔 경우에 당해 법규명령은 문제가 없으나, 감경규정만을 둔 경우 당해 법규명령은 가중규정을 두지 않은 한도 내에서는 재량행위로 규정한 수권법률에 위반된다고 보아야 한다고 보는 견해와 감경규정만 두어져도 법률에서 재량행위로 정한 취지와 수권의 취지에 반하지 않는다고 보는 견해가 있다.

그리고, 상위법령에서 재량행위로 정한 것을 법규명령형식의 행정규칙에서 기속행위로 규정하면, 당해 법규명령형식의 행정규칙은 위법하여 무효라고 보고, 당해 위법한 법규명령형식의 행정규칙에 따른 처분은 취소할 수 있는 처분이라고 보는 견해(김연태), 법규명령형식의 행정규칙이 수권법령인 상위법령규정과 "모순"되는 것이므로 재량행위로 규정한 수권법령규정을 직접 적용하여 처분의 위법 여부를 판단하여야 하는 것으로 보는 것이 타당하고, 재량권의 일탈·남용 여부의 문제가 된다는 견해(김동희)가 대립하고 있다. 생각건대, 재량권 행사의 기준을 정한 위법한 법규명령형식의 행정규칙은 상위법령과 모순되므로(상위법령에의 위반과 구별) 그 효력을 배제하고 그것을 재량준칙으로 보고 재량권의 일탈·남용 여부를 논하여야 한다.

나. 최고한도로서의 구속력만 인정하는 견해와 그 비판 법규명령형식의 행정규칙에 법규명령의 효력을 인정하면서도 법규명령형식의 행정규칙에 의해 정해진 제재기준은 최고한도를 정한 것이라고 보는 견해가 있다. 이 견해는 재량권 행사의 기준을 정하는 법규명령형식의 행정규칙에 절대적 구속력을 인정하면 당해 법규명령형식의 행정규칙은 제재처분을 재량행위로 규정하고 있는 수권법률에 위반하게 되므로 이 문제를 피할 수 있으면서도 제재처분을 재량행위로 규정한 수권법률의 입법취지에 따라 구체적 타당성이 있는 제재처분을 내리는 것이 가능하게 된다는 데 근거한다.

그러나, 명문의 규정이 없음에도 제재처분의 기준을 최고한도로 해석함으로써 해석의 한계를 넘는 문제가 있고, 사안에 따라서는 최고한도보다 더 중한 제재처분을 내려야 하는 것이 타당한 경우에도 그러한 가중처분을 하지 못하게 되어 이 한도 내에서는 상위법률에 반하여 구체적 타당성이 있는 행정을 막는 문제가 있다.

(3) 판 례

1) 부령의 형식으로 정해진 경우

가. 제재적 처분기준 등 재량권 행사의 기준을 정한 경우 판례는 부령의 형식(시행규칙)으로 정해진 제재적 처분(영업허가의 취소 또는 정지, 과징금 부과 등)기준은 그 규정의 성질과 내용이 행정청 내의 사무처리기준을 규정한 것에 불과하므로 행정규칙(재량준칙)의 성질을 가지며 대외적으로 국민이나 법원을 구속하는 것은 아니라고 본다(대판 1990. 1. 25, 89누3564; 1993. 6. 29, 93누5635; 1995. 3. 28, 94누6925; 1996. 4. 12, 95누10396; 1996. 9. 6, 96누914 등). 즉, **판례는 실질설을** 취하고 있다. 제재처분기준이 지방자치단체장의 규칙으로 정해진 경우에도 그러하다(대판 전원합의체 1995. 10. 17, 94누14148). 다만, 판례는 제재적 행정처분의 기준이 부령의 형식으로 규정되어 있는 경우 당해 제재처분기준을 존중하여야 한다고 본다(대판 2007. 9. 20, 2007두6946). 달리 말하면 부령형식으로 규정된 재량처분기준이 그 자체로 헌법 또는 법률에 합치되지 않거나 그 기준을 적용한 결과가 처분사유인 위반행위의 내용 및 관계 법령의 규정과 취지에 비추어 현저히 부당하다고 인정할 만한 합리적인 이유가 없는 한, 섣불리 그 기준에 따른 처분이 재량권의 범위를 일탈하였다거나 재량권을 남용한 것으로 판단해서는 안 된다(대판 2019. 9. 26, 2017두48406).

[판례 1] 같은 법 시행규칙(식품위생법 시행규칙) 제53조에 따른 별표 15의 행정처분기준은 행정기관 내부의 사무처리준칙을 규정한 것에 불과하기는 하지만 위 규칙 제53조 단서의 식품 등의 수급정책 및 국민보건

에 중대한 영향을 미치는 특별한 사유가 없는 한 행정청은 당해 위반사항에 대하여 위 처분기준에 따라 행정처분을 함이 보통이라 할 것이므로, 만일 행정청이 이러한 처분기준을 따르지 아니하고 특정한 개인에 대하여만 위 처분기준을 과도하게 초과하는 처분을 한 경우에는 일응 재량권의 한계를 일탈하였다고 볼 만한 여지가 충분하다(대판 1993. 6. 29, 93누5635[대중음식점 영업정지처분취소] 〈식품위생처분기준 사건〉: 영업허가 이전 1개월 이상 무허가 영업을 하였고 영업시간 위반이 2시간 이상이라 하더라도 위 행정처분기준에 의하면 1월의 영업정지사유에 해당하는데도 2월 15일의 영업정지처분을 한 것은 재량권 일탈 또는 남용에 해당한다고 한 사례). 〈해설〉 이 판례를 자기구속의 법리를 인정한 판례로 보는 견해가 있지만, 단지 특별한 사정이 없음에도 부령 형식의 재량준칙을 따르지 않고 보다 불리한 처분을 한 것을 평등원칙을 위반하여 재량권 행사가 위법하다고 한 판례로 보는 것이 타당하다.

[판례 2] 제재적 행정처분의 기준이 부령의 형식으로 규정되어 있는 경우, 그 기준에 따른 처분의 적법성에 관한 판단방법: 제재적 행정처분의 기준이 부령의 형식으로 규정되어 있더라도 그것은 행정청 내부의 사무처리준칙을 정한 것에 지나지 아니하여 대외적으로 국민이나 법원을 기속하는 효력이 없고, 당해 처분의 적법 여부는 위 처분기준만이 아니라 관계 법령의 규정내용과 취지에 따라 판단되어야 하므로, 위 처분기준에 적합하다 하여 곧바로 당해 처분이 적법한 것이라고 할 수는 없지만, 위 처분기준이 그 자체로 헌법 또는 법률에 합치되지 아니하거나 위 처분기준에 따른 제재적 행정처분이 그 처분사유가 된 위반행위의 내용 및 관계법령의 규정내용과 취지에 비추어 현저히 부당하다고 인정할 만한 합리적인 이유가 없는 한 섣불리 그 처분이 재량권의 범위를 일탈하였거나 재량권을 남용한 것이라고 판단해서는 안 된다(대판 2007. 9. 20, 2007두6946[과징금부과처분취소]: 약사의 의약품 개봉판매행위에 대하여 구 약사법(2007. 4. 11. 법률 제8365호로 전문 개정되기 전의 것) 제69조 제1항 제3호, 제3항, 같은 법 시행규칙(2005. 10. 7. 보건복지부령 제332호로 개정되기 전의 것) 제89조 [별표 6] '행정처분의 기준'에 따라 업무정지 15일의 처분을 사전통지하였다가, 그 후 같은 법 제71조의3 제1항, 제2항, 같은 법 시행령(2007. 6. 28. 대통령령 제20130호로 개정되기 전의 것) 제29조 [별표 1의2] '과징금 산정기준'에 따라 업무정지 15일에 갈음하는 과징금 부과처분을 한 것이 재량권의 범위를 일탈하거나 재량권을 남용한 것으로 보기 어렵다고 한 사례; 대판 2018. 5. 15, 2016두57984).

[판례 3] 구 식품위생법 시행규칙 제53조 [별표 15] 행정처분기준이 비록 행정청 내부의 사무처리 준칙을 정한 것에 지나지 아니하여 대외적으로 법원이나 국민을 기속하는 효력은 없지만, … 위 행정처분기준에서 정하고 있는 범위를 벗어나는 처분을 하기 위해서는 그 기준을 준수한 행정처분을 할 경우 공익상 필요와 상대방이 받게 되는 불이익 등과 사이에 현저한 불균형이 발생한다는 등의 특별한 사정이 있어야 한다(대판 2010. 4. 8, 2009두22997[영업정지처분취소]).

[판례 4] 공기업 · 준정부기관이 행하는 입찰참가자격 제한처분이 적법한지 판단하는 방법 및 입찰참가자격 제한처분에 관한 공기업 · 준정부기관 내부의 재량준칙에 반하는 행정처분이 위법하게 되는 경우: 공공기관의 운영에 관한 법률 제39조 제2항, 제3항에 따라 입찰참가자격 제한기준을 정하고 있는 구 공기업·준정부기관 계약사무규칙(2013. 11. 18. 기획재정부령 제375호로 개정되기 전의 것) 제15조 제2항, 국가를 당사자로 하는 계약에 관한 법률 시행규칙 제76조 제1항 [별표 2], 제3항 등은 비록 부령의 형식으로 되어 있으나 규정의 성질과 내용이 공기업·준정부기관(이하 '행정청'이라 한다)이 행하는 입찰참가자격 제한처분에 관한 행정청 내부의 재량준칙을 정한 것에 지나지 아니하여 대외적으로 국민이나 법원을 기속하는 효력이 없으므로, 입찰참가자격 제한처분이 적법한지 여부는 이러한 규칙에서 정한 기준에 적합한지 여부만에 따라 판단할 것이 아니라 공공기관의 운영에 관한 법률상 입찰참가자격 제한처분에 관한 규정과 그 취지에 적합한지 여부에 따라 판단하여야 한다. 다만 그 재량준칙이 정한 바에 따라 되풀이 시행되어 행정관행이 이루어지게 되면 평등의 원칙이나 신뢰보호의 원칙에 따라 행정청은 상대방에 대한 관계에서 그 규칙에 따라야 할 자기구속을 받게 되므로, 이러한 경우에는 특별한 사정이 없는 한 그에 반하는 처분은 평등의 원칙이나 신뢰보호의 원칙에 어긋나 재량권을 일탈·남용한 위법한 처분이 된다(대판 2014. 11. 27, 2013두18964[부정당업자제재처분취소]).

[판례 5] [1] 구 교육공무원 징계양정 규칙(교육부령) 제2조 제1항 [별표]의 징계양정 기준은 비례의 원칙에 어긋나거나 합리성을 갖추지 못하였다고 단정할 수 없다. [2] 따라서 징계권자가 구 징계양정 규칙 제2조

제1항 [별표]에 따른 징계양정 기준을 적용하여 한 이 사건 처분에 대하여 사회통념상 현저하게 타당성을 잃어 징계권자에게 맡겨진 재량권을 남용하였다고 섣불리 판단하여서는 아니 된다. [3] 초등학교 교감인 원고가 회식을 마치고 귀가하던 길에 여성인 택시운전기사를 강제추행하였음을 사유로 피고가 원고에게 해임처분을 내린 사안에서, 원심은 원고에 대한 해임처분이 재량권을 일탈·남용하여 위법하다고 보았으나 대법원은 위와 같은 법리를 토대로 위 해임처분이 재량권을 일탈·남용한 것으로 볼 수 없음을 이유로 원심판결을 파기환송한 사례(대판 2019. 12. 24, 2019두48684). 〈해설〉 구 교육공무원 징계양정 규칙 제2조 제1항 [별표]의 징계양정 기준은 형식은 교육부령이지만, 실질은 재량준칙으로서 판례에 따르면 행정규칙(재량준칙)의 성질을 갖는다고 보아야 한다.

나. 특허 등의 인가기준을 정한 경우 **판례**는 재량행위인 특허의 인가기준을 법령의 위임을 받아 부령으로 정한 경우 **법규명령**으로 보고 있다.

[판례] 시외버스운송사업의 사업계획변경 기준 등에 관한 구 여객자동차 운수사업법 시행규칙 제31조 제2항 제1호, 제2호, 제6호의 법적 성질(=법규명령): 구 여객자동차 운수사업법 시행규칙(2000. 8. 23. 건설교통부령 제259호로 개정되기 전의 것) 제31조 제2항 제1호, 제2호, 제6호는 구 여객자동차 운수사업법(2000. 1. 28. 법률 제6240호로 개정되기 전의 것) 제11조 제4항의 위임에 따라 시외버스운송사업의 사업계획변경에 관한 절차, 인가기준 등을 구체적으로 규정한 것으로서, 대외적인 구속력이 있는 법규명령이라고 할 것이고, 그것을 행정청 내부의 사무처리준칙을 규정한 행정규칙에 불과하다고 할 수는 없다(대판 2006. 6. 27, 2003두4355[시외버스운송사업계획 변경인가 처분취소]). 〈해설〉 이 판결에 대하여는 수권법령에서는 재량행위로 정한 것을 위임명령인 부령이 기속규정으로 정하고 있음에도 법적 구속력이 있는 법규명령으로 보아 문제가 있다는 비판이 가능하다. 이 판례에서 시외버스운송사업의 사업계획변경에 대한 인가는 재량행위라고 보아야 하므로 시외버스운송사업의 사업계획변경 기준은 재량권 행사의 기준으로 볼 수 있을 것이다. 이러한 비판에 대하여는 법률의 위임에 의해 부령으로 법규사항을 정하였으므로 법규명령(위임명령)으로 보아야 한다는 반론이 가능하다. 다만, 이 견해에 대하여는 당해 부령이 특허의 기준을 기속규정으로 규정한다면 특허를 재량행위로 규정한 수권법률에 반하게 되어 문제가 있다는 재비판이 가능하다.

2) 대통령령의 형식으로 제정된 경우

가. 성질(법규명령) 대법원은 제재처분의 기준이 대통령령의 형식(시행령)으로 정해진 경우 당해 기준을 법규명령으로 보고 있다(대판 1997. 12. 26, 97누15418; 2001. 3. 9, 99두5207).

대통령령의 형식으로 제정된 재량권 행사의 기준을 법규명령으로 보는 판례의 입장에 대하여는 이를 지지하는 견해와 이를 비판하는 견해가 있다.

(가) 위 판결을 지지하는 견해 이 판결을 지지하는 견해는 법률의 위임을 받아 제정된 점과 대통령령은 부령 등 다른 법규명령과 비교하여 보다 큰 권위를 가진다는 데 근거한다. 또한, 대통령령은 직접 국민으로부터 민주적 정당성을 가진다는 점이나 대통령령은 국무회의의 심의를 요하나 부령은 그렇지 않다는 등 제정절차상의 상이에도 근거한다.

(나) 위 판결에 대한 비판 ① 대통령령과 부령은 법규명령인 점에서는 같으며 양자 사이에 질적인 차이가 있는 것은 아니므로 재량권 행사의 기준이 대통령령의 형식(시행령)으로 제정된 경우에는 법규명령으로 보고 부령의 형식(시행규칙)으로 제정된 경우에는 행정규칙(재량준칙)으로 보는 것은 타당하지 않다는 비판이 가능하다. ② 법규명령형식의 행정규칙이 법률의 위임에 근거

하여 제정된 경우 부령과 대통령령 모두 법률의 위임에 따라 제정된 것인 점에서 동일하다. 이 견해가 타당하다.

나. 효 력 **판례는** 대통령령의 형식으로 정해진 제재처분의 기준을 법규명령으로 보면서 재량권 행사의 여지를 인정하기 위하여 제재처분기준(과징금 처분기준)을 **최고한도**(최고한도액)를 정한 것으로 보고 있다.

[판례] 구 청소년보호법 제49조 제1항, 제2항의 위임에 따른 같은법시행령 제40조 [별표 6]의 '위반행위의 종별에 따른 과징금처분기준'의 법적 성격(=법규명령) 및 그 과징금 수액의 의미(=최고한도액): 구 청소년보호법(1999. 2. 5. 법률 제5817호로 개정되기 전의 것) 제49조 제1항, 제 2 항에 따른 같은법 시행령(1999. 6. 30. 대통령령 제16461호로 개정되기 전의 것) 제40조 [별표 6]의 위반행위의 종별에 따른 과징금처분기준은 법규명령이기는 하나 모법의 위임규정의 내용과 취지 및 헌법상의 과잉금지의 원칙과 평등의 원칙 등에 비추어 같은 유형의 위반행위라 하더라도 그 규모나 기간·사회적 비난 정도·위반행위로 인하여 다른 법률에 의하여 처벌받은 다른 사정·행위자의 개인적 사정 및 위반행위로 얻은 불법이익의 규모 등 여러 요소를 종합적으로 고려하여 사안에 따라 적정한 과징금의 액수를 정하여야 할 것이므로 그 수액은 정액이 아니라 최고한도액이다(대판 2001. 3. 9, 99두5207[과징금부과처분취소]: 위반행위가 유흥업소에 청소년 2명을 고용한 것은 결코 가벼운 위반행위는 아니나 그 고용기간이 7일로 비교적 짧고 그로 인하여 얻은 이익이 실제 많지 아니하며, 원고는 동일한 위반행위로 인하여 식품위생법에 따른 15일간의 영업정지처분을 받은 점 등 제반 사정에 비추어 보면 상한액의 2배인 16,000,000원의 과징금을 부과한 이 사건 처분이 재량권의 한계를 일탈한 것으로 위법하다고 한 원심판단을 인정한 사례). 〈해설〉 이 판결은 대통령령의 형식으로 정해진 제재처분의 기준을 최고한도로 봄으로써 제재처분의 기준을 법규명령으로 봄으로써 야기되는 행정권 행사에 있어서의 구체적 타당성의 결여의 문제 및 당해 과징금부과처분을 재량행위로 규정하고 있는 상위법률에의 위반 문제를 해결하고자 하고 있다.

이 판결에 대하여는 대통령령의 형식으로 정해진 제재처분의 기준을 법규명령으로 보면서도 최고한도의 효력만 있다고 보는 것은 법령해석의 범위를 넘어 실질적으로 입법을 하는 것이라는 비판이 가능하다.

3) 위임을 받아 법규사항을 구체적으로 정한 경우

상위법령의 위임을 받아 재량권 행사의 기준이 아니라 재량권 행사의 기준이 되는 법규사항을 법규명령의 형식으로 구체적으로 정한 경우 법규명령이다.

[판례 1] 공정거래위원회가 입찰담합에 관한 과징금의 기본 산정기준이 되는 '계약금액'을 재량에 따라 결정할 수 있는지 여부(소극): 공정거래위원회는 독점규제 및 공정거래에 관한 법률(이하 '공정거래법'이라 한다)상 과징금 상한의 범위 내에서 과징금 부과 여부 및 과징금 액수를 정할 재량을 가지고 있다. 그러나 공정거래법 제22조는 공정거래위원회가 부당한 공동행위를 행한 사업자에 대하여 '대통령령이 정하는 매출액'에 100분의 10을 곱한 금액(매출액이 없는 경우 등에는 20억 원)을 초과하지 아니하는 한도 내에서 과징금을 부과할 수 있도록 정하고 있고, 그 위임에 따라 구 독점규제 및 공정거래에 관한 법률 시행령 제9조 제1항은 본문에서 "공정거래법 제22조에서 '대통령령이 정하는 매출액'이란 위반사업자가 위반기간 동안 일정한 거래분야에서 판매한 관련 상품이나 용역의 매출액 또는 이에 준하는 금액을 말한다."라고 정하면서, 그 단서에서 "다만 입찰담합 및 이와 유사한 행위인 경우에는 계약금액을 말한다."라고 정하고 있다. 따라서 입찰담합에 관한 과징금의 기본 산정기준이 되는 '계약금액'은 위와 같은 법령의 해석을 통하여 산정되는 것이지 공정거래위원회가 재량에 따라 결정할 수 있는 것이 아니다(대판 2020. 10. 29, 2019두37233). 〈해설〉 이 사건 구 독점규제 및 공정거래에 관한 법률 시행령 제9조 제1항은 법규명령형식의 행정규칙(재량준칙)이 아니라 법규명령이다.

[판례 2] 법률의 위임에 따라 시행령이 이행강제금액의 기준을 위반행위의 유형별로 구분하여 각각에 대한 부과비율을 특정하여 규정하고 있고, 그 규정의 문언상 부과처분의 금액에 관한 재량을 허용하는 내용으로 되어 있지도 않은 점 등 관련 규정의 체계와 형식 및 내용에 비추어 보면, 국토계획법 및 그 시행령이 정한 이행강제금의 부과기준은 단지 상한을 정한 것이 아니라, 위반행위의 유형별로 계산된 특정 금액을 규정한 것으로 보아야 하고, 따라서 행정청에 이와 다른 이행강제금액을 결정할 재량권은 없다(대판 2014. 12. 24, 2011두23580).

(4) 결　　론

결론적으로 말하면 법규명령의 형식으로 규정되어 있는 한 법규명령으로 보아야 한다(형식설). 그런데 형식설은 재량권 행사의 기준을 정하는 법규명령에서 특별한 사정이 있는 경우 가중 또는 감경할 수 있다는 규정을 둔 경우를 제외하고는 수권법령에서 재량행위로 정한 것을 기속규정으로 정하였다는 문제가 있다.

법규명령의 형식으로 재량권 행사의 기준을 정하는 경우에는 가중·감경규정을 두어 재량권 행사가 가능하도록 하여야 할 것이다.

행정법리에 따르면 재량권 행사의 기준은 행정규칙의 형식으로 제정하고, 판례는 재량준칙에 대해 평등원칙을 매개로 간접적인 대외적 구속력을 인정하는 것이 타당하다.

[문제의 해결] 1. 재량준칙이 부령 또는 대통령령의 형식으로 제정된 경우 형식설은 법적 구속력을 인정하고(지침적 효력만 인정하는 견해도 있다), 실질설은 재량준칙의 구속력의 문제로 본다. 판례는 부령의 형식으로 제정된 경우 법적 구속력을 인정하지 않고, 대통령령의 형식으로 제정된 경우 최고한도로서의 구속력을 인정한다.

2. 가중 및 감경규정이 있는 경우 법규명령형식의 행정규칙의 법적 구속력을 인정해도 아무런 문제가 없다. 그러나, 가중 및 감경규정이 전혀 없는 경우 법규명령형식의 행정규칙에 절대적 구속력을 인정하면 법률에서는 재량행위로 정한 것을 법규명령형식의 행정규칙에서는 기속행위로 규정하게 되어 당해 법규명령형식의 행정규칙은 법률에 반하게 된다. 감경규정만 둔 경우에는 논란의 여지가 있을 수 있다.

3. 법률에서 위임규정을 두고 있는 경우 그 위임에 근거하여 제정된 법규명령형식의 행정규칙을 위임명령으로 보고 법률에 위임규정이 없는 경우 행정규칙으로 보는 견해가 있다. 이 견해에 의하는 경우에도 통상 법률에서는 규율대상이 되는 행위를 재량행위로 규정하고 있으므로 그 위임에 근거하여 제정된 법규명령형식의 행정규칙이 규율대상이 되는 행위를 기속행위로 규율하면 위임의 한계를 벗어나 위법한 명령이 된다.

Ⅱ. 법규적 성질을 갖는 행정규칙

1. 의　　의	4. 독일법상 특별명령
2. 법령보충적 행정규칙	5. 집행명령의 성질을 갖는 행정규칙
3. 독일법상의 규범구체화행정규칙	

1. 의 의

판례는 일정한 경우에 행정규칙의 형식으로 제정되었지만 그 내용이 실질에 있어서 법규적 성질을 갖는 경우에 법규와 같은 효력을 인정하고 있다. 이에 따라 **'법규적 성질(효력)을 갖는 행정규칙(行政規則)'**이라는 개념이 탄생하였다. 이를 '행정규칙형식의 법규명령'이라고 부르는 견해도 있다.

2. 법령보충적 행정규칙 [2004, 2010,2023 행시, 2008 사시, 2015, 2019, 2022 변시]

(1) 의 의 (2) 인정 여부 1) 부정설(위헌무효설) 2) 긍 정 설 3) 판 례 4) 결어(긍정설)	(3) 법적 성질 (4) 법적 효력 (5) 법령보충적 행정규칙의 한계 (6) 법령보충적 행정규칙의 사법적 통제 1) 법원에 의한 통제 2) 헌법재판소에 의한 통제

(1) 의 의

법령보충적 행정규칙이라 함은 법령의 위임에 의해 법령을 보충하는 법규사항을 정하는 행정규칙을 말한다. 행정기본법은 법령보충적 행정규칙을 행정기본법상 '법령'의 하나로 규정하고 있다(제2조 제1호 가목의 3)).

판례는 법령보충적 행정규칙을 **수권법령과 결합하여** 대외적인 구속력이 있는 법규명령으로서의 효력을 갖는다고 본다(대판 1987. 9. 29, 86누484; 1992. 1. 21, 91누5334).

[판례 1] 행정규칙(법령보충적 행정규칙)의 법규성: 행정규칙은 일반적으로 행정조직 내부에서만 효력을 가질 뿐 대외적인 구속력을 갖는 것은 아니지만, 법령의 규정이 특정행정기관에게 그 법령내용의 구체적 사항을 정할 수 있는 권한을 부여하면서 그 권한행사의 절차나 방법을 특정하고 있지 아니한 관계로 수임행정기관이 행정규칙의 형식으로 그 법령의 내용이 될 사항을 구체적으로 정하고 있다면 그와 같은 행정규칙, 규정은 행정규칙이 갖는 일반적 효력으로서가 아니라, 행정기관에 법령의 구체적 내용을 보충할 권한을 부여한 법령규정의 효력에 의하여 그 내용을 보충하는 기능을 갖게 된다 할 것이므로 이와 같은 행정규칙, 규정은 당해 법령의 위임한계를 벗어나지 아니하는 한 그것들과 결합하여 대외적인 구속력이 있는 법규명령으로서의 효력을 갖게 된다(대판 1987. 9. 29, 86누484[양도소득세부과처분취소]: 소득세법 시행령의 위임을 받아 양도소득세의 실지거래가액이 적용될 부동산투기억제를 위하여 필요하다고 인정되는 거래의 유형을 열거지정한 국세청장의 훈령인 재산제세사무처리규정을 법규명령과 같은 구속력을 갖는 것으로 본 사례).

[판례 2] 택지개발업무처리지침의 법적 성격을 법령보충적 행정규칙으로 본 사례(대판 2008. 3. 27, 2006두3742, 3759(병합)[목욕장영업신고서처리불가처분취소 등]).

[판례 3] 법령의 규정이 특정 행정기관에 그 법령 내용의 구체적 사항을 정할 수 있는 권한을 부여하면서 그 권한 행사의 절차나 방법을 특정하고 있지 않아 수임행정기관이 행정규칙인 고시의 형식으로 그 법령의 내용이 될 사항을 구체적으로 정하고 있는 경우, 그 고시가 당해 법령의 위임 한계를 벗어나지 않는 한, 그와 결합하여 대외적으로 구속력이 있는 법규명령으로서 효력을 가진다(대판 2008. 4. 10, 2007두4841[건축불허가처분취소]: 산지관리법 제18조 제 1 항, 제 4 항, 같은법 시행령 제20조 제 4 항에 따라 산림청장이 정한 '산지전용허가기준의 세부검토기준에 관한 규정' 제 2 조 [별표 3] (바)목 가.의 규정이 법규명령으로서 효력을 가진다고 한 사례).

그러나, 법령의 위임을 받은 것(예 소득금액조정합계표 작성요령)이어도 행정적 편의를 도모하기 위한 절차적 규정인 경우에는 행정규칙의 성질을 가진다(대판 2003. 9. 5, 2001두403[법인세부과처분취소]). 또한, 위임근거인 법령이 예시적 규정에 불과한 이상, 그 위임에 따른 고시는 대외적으로 국민과 법원을 구속하는 효력이 있는 규범이라고 볼 수는 없고, 행정내부적으로 업무처리지침이나 법령의 해석·적용 기준을 정해주는 '행정규칙'이라고 보아야 한다고 한 사례도 있다(대판 2020. 12. 24, 2020두39297).

[판례 1] 산업재해보상보험법 시행령[별표 3] '업무상 질병에 대한 구체적인 인정 기준'은 '뇌혈관 질병 또는 심장 질병', '근골격계 질병'의 업무상 질병 인정 여부 결정에 필요한 사항은 고용노동부장관이 정하여 고시하도록 위임하고 있다[제1호 (다)목, 제2호 (마)목]. 위임근거인 산업재해보상보험법 시행령[별표 3] '업무상 질병에 대한 구체적인 인정 기준'이 예시적 규정에 불과한 이상, 그 위임에 따른 고용노동부 고시가 대외적으로 국민과 법원을 구속하는 효력이 있는 규범이라고 볼 수는 없고, 상급행정기관이자 감독기관인 고용노동부장관이 그 지도·감독 아래 있는 근로복지공단에 대하여 행정내부적으로 업무처리지침이나 법령의 해석·적용 기준을 정해주는 '행정규칙'이라고 보아야 한다(대판 2020. 12. 24, 2020두39297).
[판례 2] 건강보험심사평가원이 보건복지부 고시인 구 요양급여비용 심사·지급업무 처리기준(법령보충적 고시로 보임) 제4조 제1항 제4호에 근거하여 2008. 11. 27. 제정한 심사지침인 '방광내압 및 요누출압 측정시 검사방법'은 행정규칙에 불과하다. 따라서 그 기준에 부합하지 않는다고 하여 반드시 법령상 인정되는 적정한 요양급여에 해당하지 않는 것은 아니고, 다만 그 기준이 국민건강보험법령의 목적이나 취지에 비추어 객관적으로 합리성이 없다고 볼만한 특별한 사정이 없는 이상 이를 재판절차에서 요양급여의 적정성 여부를 판단하는 세부기준으로 참작할 수 있을 뿐이다(대판 2017. 7. 11, 2015두2864).

법령의 위임에 따라 행정규칙의 형식으로 재량권 행사의 기준을 정한 경우에도 당해 행정규칙은 재량준칙에 해당한다. 달리 말하면 법령의 위임이 있어도 재량권 행사의 기준을 정하는 형식상 '행정규칙'은 법령보충적 행정규칙이 아니라 행정규칙(재량준칙)이다(판례). [2024 변시]

[판례 1] 공정거래법령의 위임에 따라 조사방해를 과징금 가중사유로 규정한 「구 과징금부과 세부기준등에 관한 고시」 IV. 3. 나 (4)항을 재량준칙으로 본 사례(대판 2020. 11. 12, 2017두36212).
[판례 2] [1] 국토의 계획 및 이용에 관한 법률 시행령(이하 '국토계획법 시행령'이라 한다) 제56조 제1항 [별표 1의2] '개발행위허가기준'은 국토계획법 제58조 제3항의 위임에 따라 제정된 대외적으로 구속력 있는 법규명령에 해당한다. 그러나 국토계획법 시행령 제56조 제4항은 국토교통부장관이 제1항의 개발행위허가기준에 대한 '세부적인 검토기준'을 정할 수 있다고 규정하였을 뿐이므로, 그에 따라 국토교통부장관이 국토교통부 훈령으로 정한 '개발행위허가운영지침'은 국토계획법 시행령 제56조 제4항에 따라 정한 개발행위허가기준에 대한 세부적인 검토기준으로, 상급행정기관인 국토교통부장관이 소속 공무원이나 하급행정기관에 대하여 개발행위허가업무와 관련하여 국토계획법령에 규정된 개발행위허가기준의 해석·적용에 관한 세부 기준을 정하여 둔 행정규칙(재량준칙)에 불과하여 대외적 구속력이 없다. [2] 국토의 계획 및 이용에 관한 법률(이하 '국토계획법'이라 한다) 제56조 제1항에 따른 개발행위허가요건에 해당하는지 여부는 행정청의 재량판단의 영역에 속하므로, 그에 대한 사법심사는 행정청의 공익판단에 관한 재량의 여지를 감안하여 원칙적으로 재량권의 일탈이나 남용이 있는지 여부만을 대상으로 하고, 사실오인과 비례·평등의 원칙 위반 여부 등이 그 판단 기준이 된다. 또한 행정규칙이 이를 정한 행정기관의 재량에 속하는 사항에 관한 것(재량준칙 즉, 국토교통부장관이 국토교통부 훈령으로 정한 '개발행위허가운영지침')인 때에는 그 규정 내용이 객관적 합리성을 결여하였다는 등의 특별한 사정이 없는 한 법원은 이를 존중하는 것이 바람직하다(대판 2023. 2. 2, 2020두43722).

(2) 인정 여부

1) 부정설(위헌무효설)

이 견해는 법규적 성질을 갖는 법령보충적 행정규칙이라는 입법형식은 새로운 입법형식으로 국회입법의 원칙에 대한 예외인데, 그에 대하여 헌법에 규정이 없으므로 현행 헌법에 반한다는 이유로 그것을 부정한다(류지태·박종수, 석종현).

2) 긍 정 설

대부분의 학설은 다음과 같은 근거하에 그러한 행정규칙을 현행 헌법상 가능한 것으로 보고 있다. i) 법령의 위임을 받아 위임을 한 명령을 보충하는 구체적인 사항을 정하는 것이므로 국회입법의 원칙에 반하는 것으로 볼 것은 아니다. ii) 매우 전문적이거나 기술적인 사항 또는 빈번하게 개정되어야 하는 구체적인 사항에 대하여는 법규명령보다 탄력성이 있는 행정규칙의 형식으로 제정할 현실적인 필요도 있다. iii) 법규명령제정권이 없는 청장 등 행정기관의 장에게 제한적인 범위 내이지만 그 업무에 관하여 법규를 제정할 권한을 부여할 필요가 있다.

3) 판 례

판례는 긍정설을 취하고 있다. 대법원 판례는 명시적으로 법령보충적 행정규칙이 헌법상 인정될 수 있는지를 논하고 있지 않지만, 법령보충적 행정규칙에 대해 법규명령의 효력을 인정하므로 법령보충적 행정규칙이 헌법상 인정될 수 있는 것으로 보고 있다고 할 수 있고, 헌법재판소는 다음과 같이 명시적으로 법령보충적 행정규칙을 인정하고 있다.

[판례] 법률이 입법사항을 고시와 같은 행정규칙의 형식으로 위임하는 것이 허용되는지 여부(한정적극): 사회적 변화에 대응한 입법수요의 급증과 종래의 형식적 권력분립주의로는 현대사회에 대응할 수 없다는 기능적 권력분립론 등을 감안하여 헌법 제40조와 헌법 제75조, 제95조의 의미를 살펴보면, 의회가 구체적으로 범위를 정하여 위임한 사항에 관하여는 당해 행정기관이 법정립의 권한을 갖게 되고, 이 경우 입법자는 규율의 형식도 선택할 수 있다 할 것이므로, 헌법이 명시하고 있는 법규명령의 형식이 아닌 행정규칙에 위임하더라도 이는 국회입법의 원칙과 상치되지 않는다. 다만, 행정규칙은 법규명령과 같은 엄격한 제정 및 개정절차를 요하지 아니하므로, 기본권을 제한하는 내용에 대해서는 법규명령에 위임함이 바람직하고, 부득이 고시와 같은 형식으로 위임을 할 때에는 적어도 전문적·기술적 사항이나 경미한 사항으로서 업무의 성질상 위임이 불가피한 사항에 한정된다(헌재 2016. 2. 25, 2015헌바191).

4) 결어(긍정설)

법령보충적 행정규칙의 현실적 필요성이 있고, 법령의 수권을 받아 제정되는 것이며 독자적으로 법규명령의 효력을 갖는 것이 아니라 수권법령과 결합하여 법규명령의 효력을 갖는 것이므로 국회입법의 원칙에 반하는 것은 아니라고 볼 것이다.

(3) 법적 성질 [2008 행시(재경직) 약술]

법령보충적 행정규칙의 법적 성질에 대하여는 견해가 대립하고 있다. 규범구체화행정규칙으로 보는 견해, 법규명령으로 보는 견해, 행정규칙으로 보는 견해, 법규명령의 효력을 갖는 행정규칙으로 보는 견해가 있다. 이에 대하여 고시가 일반적·추상적 성격을 가질 때에는 법령보충적 행정규칙(고시)로 보고, 개별적·구체적 규율의 성격을 가질 때에는 법령보충적 행정규칙(고시)로 보지 않고 처분(일반처분)으로 보는 견해도 있다.

대법원 판례는 법령보충적 행정규칙을 행정규칙이지만 법규명령과 같은 효력을 갖는 것으로 본 경우도 있고,[7] 법규명령의 성질 또는 효력을 갖는 것으로 본 경우도 있다.[8]

이에 반하여 헌법재판소는 법령보충적 행정규칙도 행정규칙으로 보며 법령보충적 행정규칙은 그 자체로서 직접적 대외적 구속력을 갖는 것이 아니라 상위법령과 결합하여 상위법령의 일부가 됨으로써 대외적 구속력을 가질 뿐이라고 본다(헌재 2004. 10. 28, 99헌바91).

생각건대, 다음과 같은 이유에서 법규명령의 효력을 갖는 행정규칙설이 타당하다. 법규명령의 형식과 절차의 엄격성에 비추어 법규명령과 행정규칙은 형식에 따라 구분하는 것이 타당하다. 따라서, 법령보충적 행정규칙은 행정규칙이지만, 수권법령과 결합하여 법규명령의 효력을 갖는 것이다.

법령보충적 행정규칙은 법령의 명시적 수권이 있는 경우에만 인정되고, 고도로 전문적이고 기술적인 분야에 한정하여 인정되는 것이 아니므로 규범구체화행정규칙과 구별되어야 한다.

(4) 법적 효력

법령보충적 행정규칙은 수권법령규정과 결합하여 대외적으로 구속력이 있는 법규명령으로서의 효력을 가진다.

(5) 법령보충적 행정규칙의 한계

① 법령보충적 행정규칙은 법령의 수권에 근거하여야 하고, 그 수권은 포괄위임금지의 원칙상 구체적·개별적으로 한정된 사항에 대하여 행하여져야 한다.

행정규제기본법 제4조 제2항 단서는 "법령이 전문적·기술적 사항이나 경미한 사항으로서 업무의 성질상 위임이 불가피한 사항에 관하여 구체적으로 범위를 정하여 위임한 경우에는 고시등으로 정할 수 있다"라고 법령보충적 행정규칙(고시)의 일반적 근거와 한계를 규정하고 있다. 그 밖에도 개별법령이 법령보충적 행정규칙의 근거를 규정하는 경우가 있다.

[판례 1] 법률이 국민의 권리의무와 관련된 사항을 고시와 같은 행정규칙에 위임하는 경우 그 위헌성 판단방법: 행정규칙은 법규명령과 같은 엄격한 제정 및 개정절차를 요하지 아니하므로, 재산권 등과 같은 기본권을 제한하는 작용을 하는 법률이 입법위임을 할 때에는 "대통령령," "총리령," "부령" 등 법규명령에 위임함이 바람직하고, 금융감독위원회의 고시와 같은 형식으로 입법위임을 할 때에는 적어도 행정규제기본법 제4조 제2항 단서에서 정한 바와 같이 법령이 전문적·기술적 사항이나 경미한 사항으로서 업무의 성질상 위임이 불가피한 사항에 한정된다 할 것이고, 그러한 사항이라 하더라도 포괄위임금지의 원칙상 법률의 위임은 반드시 구체적·개별적으로 한정된 사항에 대하여 행하여져야 한다(헌재 2004. 10. 28, 99헌바91[금융산업의구조개선

---

7) 대판 1987. 9. 29, 86누484; 1993. 11. 23, 93도662 〈수입선다변화품목의 지정 등에 관한 상공부 고시 제91-21호〉.

8) 대판 2004. 5. 28, 2002두4716 〈산업자원부장관이 정한 산업자원부 고시 공장입지기준 제5조〉; 1989. 11. 14, 89누5676 〈소득세법 시행령 제170조 제4항 제2호에 의하여 투기거래를 규정한 재산제세조사사무처리규정〉; 1996. 4. 12, 95누7727 〈보건사회부장관이 정한 1994년도 노인복지사업지침의 법적 성질: 보건사회부장관이 정한 1994년도 노인복지사업지침〉.

에관한법 제2조 제3호 가목 등의 위헌소원]).

[판례 2] **'선정기준액'을 법규명령이 아닌 보건복지부장관 고시로 정하도록 위임하는 것이 허용되는지 여부(적극)**: '선정기준액'은 기초연금 수급자가 65세 이상인 사람 중 100분의 70 수준이 되도록 정해야 하는 것으로, 이는 전체 노인가구의 소득·재산 수준과 생활실태를 다양한 자료에 의해 파악한 다음 이를 통계화하여 분석하고 그밖에 물가상승률, 국가재정상황 등도 종합적으로 고려하여 전문적·기술적으로 판단할 수밖에 없는데 그러한 판단을 하려면 고도의 전문성이 필요하므로, 이러한 내용을 법규명령이 아닌 보건복지부 고시에 위임하는 것은 허용된다(헌재 2016. 2. 25, 2015헌바191).

[판례 3] 법령의 위임에 따라 정한 고시를 법령보충적 행정규칙으로 본 사례(대판 2021. 1. 14, 2020두38171: 「요양급여의 적용기준 및 방법에 관한 세부사항」(2008. 1. 24. 보건복지부 고시 제2008-5호)을 법령보충적 행정규칙으로 본 사례).

법령을 보충하는 행정규칙이 위임 없이 제정된 경우에는 단순한 행정규칙에 불과하며 법령보충적 행정규칙이라고 할 수 없다.

법령의 규정이 특정 행정기관에 그 법령 내용의 구체적 사항을 정할 수 있는 권한을 부여하면서 그 권한 행사의 절차나 방법을 특정하고 있지 아니한 관계(법령에서 법규사항 위임시 형식을 지정하지 않고 '장관이 따로 정한다'라고 규정한 경우)로 수임행정기관이 행정규칙의 형식으로 그 법령의 내용이 될 사항을 구체적으로 정하고 있다면 이와 같은 행정규칙은 해당 법령의 위임한계를 벗어나지 않는 한 그것들과 결합하여 대외적인 구속력이 있는 법규명령으로서의 효력을 가진다(대판 2019. 10. 17, 2014두3020, 3037). 그렇지만, 상위법령에서 세부사항 등을 시행규칙으로 정하도록 위임하였음에도 이를 고시 등 행정규칙으로 정한 경우, 대외적 구속력을 가지는 법규명령으로서 효력을 인정할 수 없다(대판 2012. 7. 5, 2010다72076).

[판례] 구 주택건설촉진법 제33조의6 제6항의 위임에 의하여 건설교통부장관의 '고시' 형식으로 되어 있는 '주택건설공사 감리비지급기준'이 이를 건설교통부령으로 정하도록 한 구 주택법이 시행된 이후에는 대외적인 구속력이 있는 법규명령으로서 효력을 가지지 못한다고 한 사례(대판 2012. 7. 5, 2010다72076).

② 법령보충적 행정규칙이 법령의 위임의 범위를 벗어난 경우 법규명령으로서의 대외적 구속력이 인정되지 않는다(대결 2006. 4. 28, 2003마715; 대판 2016. 8. 17, 2015두51132). 이 경우 당해 법령보충적 행정규칙은 위법한 법규명령의 효력을 갖는 것이 아니라 행정규칙에 불과한 것이 된다.

③ 법령보충적 행정규칙은 법규명령의 효력을 가지므로 예측가능성을 보장하기 위하여 최소한 공표되어야 하며 어떠한 방법이든지 공표되지 않은 법령보충적 행정규칙은 법규명령의 효력을 발생하지 않는 것으로 보아야 한다.

판례는 원칙상 법령보충적 행정규칙의 효력발생요건으로 공표를 요구하고 있지 않지만, 적당한 방법으로 이를 일반인 또는 관계인에게 표시 또는 통보함으로써 그 효력이 발생한다고 한 판례(형사판례)가 있다(대판 1993. 11. 23, 93도662[관세법위반]).

④ 판례는 법령의 근거없이 법령보충적 행정규칙에서 재위임하는 것도 가능한 것으로 본다.

[판례] 산업자원부 고시 공장입지기준 제5조 제2호의 위임에 따라 공장입지의 보다 세부적인 기준을 정한 김포시 고시 공장입지제한처리기준 제5조 제1항의 법적 성질(=법규명령): 산업자원부 고시 공장입지기준(1999. 12. 16. 산업자원부 고시 제1999-147호) 제5조는 산업자원부장관이 공업배치 및 공장설립에 관한 법률 제8조의 위임에 따라 공장입지의 기준을 구체적으로 정한 것으로서 법규명령으로서 효력을 가진다 할 것이고, 김포시 고시 공장입지제한처리기준(2000. 4. 10. 김포시 고시 제2000-28호) 제5조 제1항은 김포시장이 위 산업자원부 고시 공장입지기준 제5조 제2호의 위임에 따라 공장입지의 보다 세부적인 기준을 정한 것으로서 상위명령의 범위를 벗어나지 아니하므로 그와 결합하여 대외적으로 구속력이 있는 법규명령으로서 효력을 가진다(대판 2004. 5. 28, 2002두4716[공장업종변경승인신청 거부처분취소]).

(6) 법령보충적 행정규칙의 사법적 통제

법령보충적 행정규칙은 법규명령과 같이 직접적 통제(항고소송 또는 헌법소원)와 간접적 통제(부수적 통제)의 대상이 된다.

1) 법원에 의한 통제

법령보충적 행정규칙은 법규명령의 효력을 가지므로 법규명령과 같이 재판에서 전제가 된 경우에 법원이 간접적으로 통제하고, 처분성을 갖는 경우 직접 항고소송의 대상이 된다.

[판례] 어떠한 고시가 일반적·추상적 성격을 가질 때에는 법규명령 또는 행정규칙에 해당할 것이지만, 다른 집행행위의 매개 없이 그 자체로서 직접 국민의 구체적인 권리의무나 법률관계를 규율하는 성격을 가질 때에는 항고소송의 대상이 되는 행정처분에 해당한다(대결 2003. 10. 9, 2003무23[집행정지]: 항정신병 치료제의 요양급여 인정기준에 관한 보건복지부 고시가 다른 집행행위의 매개 없이 그 자체로서 제약회사, 요양기관, 환자 및 국민건강보험공단 사이의 법률관계를 직접 규율한다는 이유로 항고소송의 대상이 되는 행정처분에 해당한다고 한 사례; 대판 2006. 9. 22, 2005두2506[보험약가인하처분취소]: 보건복지부 고시인 약제급여·비급여목록 및 급여상한금액표(보건복지부 고시 제2002-46호로 개정된 것)는 다른 집행행위의 매개 없이 그 자체로서 국민건강보험가입자, 국민건강보험공단, 요양기관 등의 법률관계를 직접 규율하는 성격을 가지므로 항고소송의 대상이 되는 행정처분에 해당한다고 한 사례).

2) 헌법재판소에 의한 통제

법령보충적 행정규칙이 명백히 처분이 아니고(헌법소원의 보충성 원칙) 직접적·구체적으로 국민의 권익을 침해하는 경우에는 헌법소원의 대상이 된다.

[판례] 법령의 직접적인 위임에 따라 위임행정기관이 그 법령을 시행하는 데 필요한 구체적 사항을 정한 것이면, 그 제정형식은 비록 법규명령이 아닌 고시, 훈령, 예규 등과 같은 행정규칙이더라도 그것이 상위법령의 위임한계를 벗어나지 아니하는 한, 상위법령과 결합하여 대외적인 구속력을 갖는 법규명령으로서 기능하게 된다고 보아야 할 것인바, 청구인이 법령과 예규의 관계규정으로 말미암아 직접 기본권침해를 받았다면 이에 대하여 바로 헌법소원심판을 청구할 수 있다(헌재 1992. 6. 26, 91헌마25[공무원임용령 제35조의2 등에 대한 헌법소원]).

제2장

행정계획

Ⅰ. 개　설 [2010 행시(재경직) 약술]

행정계획(行政計劃)이라 함은 행정주체 또는 그 기관이 일정한 행정활동을 행함에 있어서 일정한 목표를 설정하고 그 목표를 달성하기 위하여 필요한 수단을 선정하고 그러한 수단들을 조정하고 종합화한 것을 말한다.

행정계획의 핵심적 요소는 일반 계획에서처럼 목표의 설정과 수단의 조정과 종합화이다.

행정계획의 예로는 도시관리계획, 경제개발계획, 환경계획 등을 들 수 있다. 전원개발사업계획, 주택개발사업계획 등 사인에 의해 작성·신청된 개발사업계획의 승인을 행정계획으로 보는 견해가 있으나, 공무수탁사인이 공익목적 달성을 위해 수립하는 계획은 행정계획이지만 공무수탁사인이 아닌 사인이 수립하는 개발계획은 사법상 사실행위로 보고, 승인 등 신청은 사인의 공법행위이며 행정청이 승인하는 개발계획승인은 행정행위라고 보는 것이 타당하다.

행정계획은 구체화된 행정정책인 점에 비추어 행정계획의 법리는 행정정책에 준용될 수 있다.

Ⅱ. 행정계획의 법적 성질 및 처분성 [2011 행시(재경직), 2025 변시]

행정계획의 법적 성질 및 처분성을 논하는 이유는 행정계획에 대해 적정한 규율을 하고, 행정계획이 행정절차법상 처분절차의 적용대상이 될 수 있는지, 행정소송법(행정심판법)상 항고소송(행정심판)의 대상이 될 수 있는지 여부 등을 판단하기 위해 필요하기 때문이다.

행정계획은 구체화된 행정정책인 점에 비추어 행정계획의 법리는 행정정책에 준용될 수 있다.

1. 법령형식의 행정계획

행정계획이 특정의 법령 형식에 의해 수립된 경우에 당해 행정계획은 그 법령 형식의 성질을 갖는다. 즉, 법률의 형식에 의해 수립되는 행정계획은 법률의 성질을 가지고, 법규명령의 형식에 의해 수립된 행정계획은 법규명령의 성질을 가지며 조례의 형식에 의해 수립되는 계획은 조례의 성질을 갖는다.

2. 법령의 형식을 취하지 않은 행정계획

행정계획이 특정의 행위형식을 취하지 않는 경우에 당해 행정계획은 어떠한 법적 성질을 갖는가 하는 것이 문제된다.

행정계획은 행정의 지침이 되는 점에서 행정규칙과 유사한 성질을 갖는다.

그러나, 행정계획은 다음과 같이 행정규칙과 구별된다. i) 행정계획은 행정규칙과 달리 규범의 형식과 성질을 갖지 않는다. ii) 행정규칙은 규범의 성질을 갖고 명확하게 규정되어 있으며 직무명령의 성격도 갖고 있어서 하급기관에 대해 내부적인 법적 구속력을 갖지만, 행정계획은 규범의 성질을 갖지 않고, 고도로 추상적으로 수립되어 있고 상황 변화에 따른 가변성을 전제로 하고 있으며 직무명령의 성격을 갖지 않는 것이므로 하급기관에 대해 내부적인 법적 구속력을 갖지 않는다. 행정계획은 통상 행정규칙에 비해 가변성과 불확정성이 높다고 할 수 있다. 다만, 행정계획 중에 구체적이고 명확하게 규정되어 있어 행정규칙에 준하는 성격을 갖는 경우에는 행정규칙에 준하는 내부적 구속력을 갖는 것으로 볼 수도 있다.

그리고, 도시관리계획과 같이 대외적 구속력을 갖는 **구속적 행정계획은 대외적인 법적 구속력을 갖는다.**

[판례] 이미 고시된 실시계획에 포함된 상세계획으로 관리되는 토지 위의 건물의 용도를 상세계획 승인권자의 변경승인 없이 임의로 판매시설에서 상세계획에 반하는 일반목욕장으로 변경한 사안에서, 그 영업신고를 수리하지 않고 영업소를 폐쇄한 처분은 적법하다고 한 사례(대판 2008. 3. 27, 2006두3742, 3759[목욕장영업신고서처리불가처분취소 · 영업소폐쇄명령처분취소]). 〈평석〉 실시계획에 포함된 상세계획은 대외적으로 구속력있는 계획이므로 이에 반하는 행위는 인정될 수 없다.

3. 행정계획의 처분성

행정계획이 항고소송의 대상이 되는 처분인지 아닌지가 문제된다.

행정쟁송법(행정절차법)상 처분은 국민의 권익(권리·의무)에 직접 구체적인 영향을 미치는 공권력 행사 또는 그 거부이므로 행정계획이 국민의 권익에 직접 구체적인 영향을 미치는지 여부를 기준으로 행정계획의 처분성을 판단하여야 한다.

국민의 권익에 아무런 영향을 미치지 않는 행정계획은 처분이라고 할 수 없다. 국민이나 행정기관에 대해 거의 구속력을 갖지 않거나, 행정기관에 대해 구속력을 갖지만 국민의 권익에 아무런 영향을 미치지 않는 행정계획도 처분으로 볼 수 없다. 또한, 법적 구속력이 있는 행정계획이라 하더라도 일반성과 추상성을 갖고 처분의 매개 없이는 국민의 권익에 직접 구체적인 영향을 미치지 않는 것은 처분이라고 할 수 없다. 그러나, 구속적 행정계획 또는 비구속적인 행정계획이라도 사실상 구속력을 갖는 것으로서 집행처분의 매개 없이 직접 국민의 권익에 구체적인 영향을 미치는 행정계획은 행정쟁송법상 처분으로 볼 수 있다.

4. 도시·군관리계획의 법적 성질 및 처분성 [2005 입시 사례]

도시관리계획(군관리계획)의 법적 성질 및 처분성에 관하여 다음과 같이 견해가 대립되고 있다.

(1) 입법행위설

도시관리계획은 도시계획행정의 기준이 되는 일반적·추상적인 성질의 것이고 도시관리계획 자체만으로는 특정 개인에게 어떤 구체적인 권리침해를 가져오는 것이 아니므로 행정계획은 처분이 아니며 입법행위(立法行爲)의 성질을 가진다는 견해이다.

이 견해에 의하면 도시관리계획이 위법한 경우에 직접 그 도시관리계획의 취소를 청구할 수는 없고, 그 위법한 도시관리계획에 따라 위법한 처분이 행하여져(예 건축허가가 거부되어) 국민의 권리가 침해된 때 당해 처분의 취소를 구하는 소송을 제기하여야 한다고 한다.[1)]

(2) 행정행위설

도시관리계획의 결정이 고시되면 도시관리계획구역 안의 토지나 건물소유자의 토지형질변경, 건축물의 신축·개축 또는 증축 등 권리행사가 일정한 제한을 받게 되는데, 이 점에 비추어 볼 때 당해 도시관리계획결정은 특정 개인의 권리 내지 법률상의 이익을 개별적이고 구체적으로 규제하는 효과를 가져오므로 행정청의 처분이라 할 수 있고, 따라서 항고소송의 대상이 된다(대판 1982. 3. 9, 80누105[도시계획변경처분취소]).

(3) 독자성설(獨自性說)

행정계획은 법규범도 아니고 행정행위도 아닌 독자적인 행위형식이지만 도시관리계획은 국민의 권익에 직접 구체적인 영향을 미치는 점에서 행정행위에 준하여 행정소송의 대상이 된다고 한다.

(4) 결 론

① 행정계획은 행정행위나 입법행위와도 다른 독자적인 성질을 갖는 독자적인 행위형식으로 보는 것이 행정계획의 성질에 비추어 타당하다.

행정계획은 행정목표와 그 행정목표를 달성하기 위한 행정활동의 기준을 제시하는 성격의 행위인 점에서 행정행위와는 다르다.

행정계획은 행정활동의 기준을 제시하는 점에서는 입법행위(법규명령 및 행정규칙)와 유사한 성격을 갖지만 다음과 같은 점에서 입법행위와 구별된다. 우선 행정계획은 다음과 같은 점에서 법규명령과 다르다. ① 행정계획은 행정목표와 그를 달성하기 위한 수단을 정하는 것을 기본적 내용으로 하는데 법규명령은 행정권 행사의 요건과 효과를 정하는 것을 기본적 내용으로 한다. ② 행정계획은 법규명령보다는 사정변경에 즉시 적응할 필요성이 있고 신축성을 가져야 하므로 법규명령의 형식으로 제정되어 있지 않는 경우가 많다. ③ 행정계획은 기본적으로 행정기관 자신의 활동규범이며 법규명령과 같이 국민의 권리와 의무를 정하는 것을 기본적인 내용으로 하지 않는다. 행정계획은 전술한 바와 같이 행정규칙과 다르다.

---

1) 도시관리계획이 행정처분의 기준이 된다는 점에서 입법행위의 성질을 가진 것으로 볼 수는 있겠지만 도시관리계획을 엄격한 의미의 법규명령이라고 보아서는 안 된다. 왜냐하면 행정계획은 법규명령의 형식을 취하지 않고 또한 법규명령의 제정절차에 따라 제정되지 않았기 때문이다.

② 행정계획이 항고소송의 대상이 되는지 여부를 논함에 있어서는 행정계획이 처분성을 갖는지 여부를 논하면 족하고 행정계획이 행정행위인지 입법행위인지까지 논할 필요는 없다.[2)]

③ 국토계획법 제30조 소정의 **도시관리계획(군관리계획) 결정**은 다음과 같은 이유에서 처분성을 갖는 것으로 보는 것이 타당하다. i) 도시관리계획이 결정되면 도시계획 관계법령의 규정에 따라 건축이 제한되는 등 국민의 권리의무에 직접 구체적인 영향을 미치기 때문이다. ii) 도시관리계획 자체의 처분성을 인정하여 직접 도시관리계획의 취소를 구할 수 있도록 하는 것이 국민의 권리를 조속히 구제해 주는 길이 된다.

Ⅲ. 행정계획과 법률유보

행정계획 중에서 국민의 권리의무에 법적 효과를 미치는 **구속적인 행정계획**은 법률의 근거가 있어야 한다.

비구속적 행정계획에 있어서는 중요사항유보설에 따라 공동체 및 국민의 이익에 중요한 영향을 미치는 것이면 법률의 유보가 있어야 하는 것으로 보아야 한다.

Ⅳ. 행정계획수립절차

「행정절차법」 제40조의4는 '행정청은 행정청이 수립하는 계획 중 국민의 권리·의무에 직접 영향을 미치는 계획을 수립하거나 변경·폐지할 때에는 관련된 여러 이익을 정당하게 형량하여야 한다.'고 규정하고 있다. 이 규정은 '국민의 권리·의무에 직접 영향을 미치는 계획' 즉 처분성이 있는 행정계획에는 **형량명령의 원칙**이 적용된다는 것을 선언한 규정으로 볼 수 있다. 형량명령은 비례원칙(이익형량의 원칙)뿐만 아니라 형량조사를 포함한다. 그런데, 비례의 원칙 내지 이익형량의 원칙은 처분에 한정하여 적용되지 않고, 모든 국가작용에 적용되는 헌법원칙이다. 그러므로 '국민의 권리·의무에 간접적으로 영향을 미치는 계획'을 포함하여 국민의 권리·의무에 직접 영향을 미치는 계획이 아닌 행정계획을 수립하거나 변경·폐지할 때에도 관련 이익 상호간에 갈등이 있는 경우에는 관련 이익을 정당하게 형량하여야 한다. 그리고, 이익형량의 전제로서 형량조사를 하여야 한다. 또한, 행정절차법에 따르면 국민생활에 매우 큰 영향을 주거나 많은 국민의 이해가 상충되는 행정계획은 예고하고 국민의 의견을 수렴하여야 한다(제46조, 제47조).

행정계획절차의 하자는 하자의 일반이론에 따라 무효사유·취소사유가 된다. 경미한 절차의 하자인 경우와 순수하게 행정 내부적인 절차위반은 취소사유가 되지 않는다.

---

2) 그러나, 학설은 대부분 도시계획의 법적 성질이 입법행위(법규명령)인가 행정행위인가를 논하고 있다. 그리고 도시계획의 취소소송의 대상성에 관한 고등법원의 판결이 당해 도시계획을 입법행위의 성질을 갖는 것으로 보았다고 해석하고, 대법원의 판결이 당해 도시계획을 행정행위로 보았다고 해석하고 있다. 그러나, 이러한 해석은 타당하지 않다. 상기 고등법원 판결이나 대법원의 판결은 당해 도시계획이 입법행위라든가 행정행위라고 판단한 바가 없고 단지 처분성 여부만을 판단하였을 뿐이다(김동희, 전게서, 162~163면 참조).

[판례] 판례 중에는 도시관리계획의 수립에 있어서 구 도시계획법 제16조 소정의 공청회를 열지 아니하고 한 도시계획결정은 무효사유는 아니고 취소사유가 된다는 판례(대판 1990. 1. 23, 87누947[토지수용재결처분취소 등])와 공고 및 공람절차에 하자가 있는 도시계획결정은 위법하다는 판례(대판 2000. 3. 23, 98두2768[도시계획결정취소])가 있다.

V. 계획재량과 통제

1. 계획재량의 개념

계획재량(計劃裁量)이라 함은 행정계획을 수립·변경함에 있어서 계획청에게 인정되는 재량을 말한다. 계획재량은 행정목표의 설정이나 행정목표를 효과적으로 달성할 수 있는 수단의 선택 및 조정에 있어서 인정된다.

판례는 개발제한구역지정처분을 그 입안·결정에 관하여 광범위한 형성의 자유를 가지는 계획재량처분으로 보고 있다(대판 1997. 6. 24, 96누1313[토지수용이의재결처분취소 등]).

2. 계획재량과 일반 행정재량의 구분

계획재량에는 일반적인 행정재량과 비교하여 행정청에게 폭넓은 재량권이 부여되고 있다는 것에 대하여 학설상 이론이 없다. 그런데, 계획재량이 일반의 행정재량과 질적으로 구별되는 것인지에 대하여는 견해가 대립되고 있다.

(1) 양자 사이의 질적인 차이를 인정하는 견해

다수의 견해는 양자는 질적으로 다른 것으로 보고 있다.

양자(兩者) 사이의 질적인 차이를 인정하는 견해의 논거는 다음과 같다.

① 양자는 재량의 내용이 다르다고 본다. 즉, 일반 행정재량의 수권규범은 행위요건과 효과부분으로 구성된 조건프로그램으로 되어 있고 일반 행정재량은 구체적인 사실과 결부되어 행정행위의 요건과 효과에 있어서 인정되는 반면에, 계획재량의 수권규범은 계획목표의 설정과 목표의 달성을 위한 수단과 절차를 규정하는 목적프로그램으로 되어 있고 계획재량은 목표의 설정과 수단의 선택에 있어서 인정된다.

그리하여 일반 행정재량의 경우에는 재량권이 상대적으로 좁게 인정되고 계획재량의 경우에는 그 재량권이 광범위하게 인정된다.

② 계획재량에는 형량명령이라는 특유한 재량하자이론이 존재한다.

(2) 양자 사이의 질적인 차이를 부정하는 견해

최근에 일부 견해는 양자는 질적인 면에서는 차이가 없고 양적인 면에서만 차이가 있을 뿐이라고 보고 있다.

① 양자에 있어서 재량이 인정되는 부분은 다르지만(일반 행정재량의 경우에 있어서는 행위요건 및 효과에 있어서 인정되고, 계획재량에 있어서는 목표설정과 수단의 선택에 있어서 인정되지만) 양자에 있어서 재량의 의미는 다같이 행정청에게 선택의 자유를 인정한다는 것이다. 따라서 양자 사이에 질적인 차이를 인정할 수는 없고 계획재량에 있어서 일반 행정재량에 비하여 재량권이 폭넓게 인정된다는 양적인 차이가 인정될 뿐이다.

② 계획재량의 하자이론으로 제시되는 형량명령은 비례원칙의 계획재량에 있어서의 적용이론일 뿐이다.

(3) 결 론

계획재량과 일반 행정재량 사이에는 위에서 본 바와 같이 일정한 차이가 존재하므로 계획재량을 별도로 논하는 것은 의미가 있다.

그러나 양자가 다같이 행정청에게 선택의 자유를 인정하는 것이므로 질적인 면에서 차이가 있다고 보는 것은 타당하지 않다(제3절).

3. 계획재량의 통제: 형량명령 [2009 사시 사례, 2004 행시 사례, 2007 입시 약술]

(1) 의 의

형량명령(衡量命令)이란 행정계획을 수립·변경함에 있어서 관련된 이익을 정당하게 형량하여야 한다는 원칙을 말한다. 형량명령은 비례원칙(이익형량의 원칙)뿐만 아니라 형량조사를 포함한다. 따라서 형량명령이론이 적용되는 경우는 비례의 원칙이 별도로 적용될 필요가 없다.

전술한 바와 같이 행정절차법에 따르면 행정청은 행정청이 수립하는 계획 중 국민의 권리·의무에 직접 영향을 미치는 계획을 수립하거나 변경·폐지할 때에는 관련된 여러 이익을 정당하게 형량하여야 한다(행정절차법 제40조의 4).

(2) 내 용

형량명령의 구체적인 내용은 다음과 같다.

① 행정계획과 관련된 이익을 형량하기 위하여 계획청은 우선 행정계획과 관련이 있는 이익을 조사하여야 한다.

② 계획청은 관련된 이익을 이익형량에 모두 포함시켜야 한다. 공익과 사익이 모두 포함되어야 한다. 이익형량은 공익 상호간, 공익과 사익 상호간 및 사익 상호간에 행하여진다.

법령에 의해 정해진 고려사항을 법정고려사항(法定考慮事項)이라 한다. 법령에서 고려하도록 규정한 이익뿐만 아니라 법령에 규정되지 않은 이익도 행정계획과 관련이 있으면 모두 고려되어야 한다.

③ 관련된 공익 및 사익의 가치를 제대로 평가하여야 한다. 달리 말하면 개개의 이익이 과소평가되거나 과대평가되어서는 안 된다.

④ 관련되는 이익의 형량은 개개의 이익의 객관적 가치에 비례하여 행하여져야 한다. 또한 목표를 달성할 수 있는 여러 안 중에서 공익과 사익에 대한 침해를 최소화할 수 있는 방안을 선택하여야 한다.

(3) 형량하자와 그 효과

① 행정계획결정이 형량명령의 내용에 반하는 경우에 형량하자(衡量瑕疵)가 있게 된다. 그중에서 i) 조사의무를 이행하지 않은 하자를 조사의 결함이라 한다. ii) 고려하여야 할 이익을 빠뜨리는 것을 형량의 흠결(또는 형량의 누락)이라 한다. iii) 관련된 공익 또는 사익의 가치를 잘못 평가한 경우는 평가의 과오라 한다. iv) 형량에 있어 비례성을 결한 것을 형량불비례(衡量不比例)라 한다.

② 형량하자의 효과는 다음과 같이 형량하자의 유형별로 논하는 것이 타당하다.

i) 행정계획의 수립 또는 변경에 있어서 이익형량을 전혀 하지 않은 경우(형량의 불행사) 행정계획은 위법하다. 즉, 행정계획과 관련이 있는 이익을 전혀 조사하지 않은 것(조사의 결함)은 위법하다. 조사가 미흡한 경우에는 형량의 결과에 영향을 미칠 정도의 미흡인 경우에 한하여 위법하다.

ii) 고려하여야 할 이익을 빠뜨린 형량의 흠결(형량의 누락)의 경우에는 형량결과에 영향을 미치지 않을 정도의 가치가 적은 이익이 형량에서 고려되지 않은 경우에는 행정계획은 위법하다고 볼 수 없을 것이다.

iii) 평가의 과오는 사소한 이익에 대한 가치평가상의 과오가 아닌 한 위법사유가 된다고 보아야 한다.

iv) 이익형량을 하였으나 이익형량이 균형을 잃은 경우(형량불비례)는 위법사유가 된다.

③ 형량하자 중 상기 i)(조사의 결함), ii)(형량의 흠결), iii)(평가의 과오)는 행정계획결정의 광의의 **절차상 하자**(형식상 하자)이므로 이를 이유로 취소판결이 나면 처분청은 다시 적법하게 형량하여 동일한 내용의 행정계획결정을 할 수 있지만, iv)(형량불비례)는 행정계획결정의 **내용상 하자**이므로 이를 이유로 취소판결이 나면 특별한 사정이 없는 한 동일한 내용의 행정계획결정을 할 수 없다. 다만, 경우에 따라서는 부관을 붙여 동일한 내용의 행정계획결정을 할 수는 있다.

[판례 1] 행정계획이라 함은 행정에 관한 전문적·기술적 판단을 기초로 하여 도시의 건설·정비·개량 등과 같은 특정한 행정목표를 달성하기 위하여 서로 관련되는 행정수단을 종합·조정함으로써 장래의 일정한 시점에 있어서 일정한 질서를 실현하기 위한 활동기준으로 설정된 것으로서, 관계 법령에는 추상적인 행정목표와 절차만이 규정되어 있을 뿐 행정계획의 내용에 관하여는 별다른 규정을 두고 있지 아니하므로 행정주체는 구체적인 행정계획을 입안·결정함에 있어서 비교적 광범위한 형성의 자유(계획재량권)를 가지는 것이지만, 행정주체가 가지는 이와 같은 형성의 자유는 무제한적인 것이 아니라 그 행정계획에 관련되는 자들의 이익을 공익과 사익 사이에서는 물론이고 공익 상호간과 사익 상호간에도 정당하게 비교교량하여야 한다는 제한이 있으므로, 행정주체가 행정계획을 입안·결정함에 있어서 이익형량을 전혀 행하지 아니하거나 이익형량의 고려 대상에 마땅히 포함시켜야 할 사항을 누락한 경우 또는 이익형량을 하였으나 정당성과 객관성이 결여된 경우에는 그 행정계획결정은 형량에 하자가 있어 위법하게 된다(대판 2007. 4. 12, 2005두1893[도시계획시설결정취소] [원지동추모공원 사건]). 〈평석〉 판례는 형량의 하자를 ① 이익형량을 전혀 행하지 아니한 경우(형량의 부존재)② 이익형량의 고려대상에 마땅히 포함시켜야 할 사항을 누락한 경우(형량의 누락), ③ 이익형량을 하였으나 정당성과 객관성이 결여된 경우(평가의 과오와 형량의 불비례)로 나누고 있다. 다만, 형량의 하자별로 위법의 판단기준을 달리 하여 개별화하지 못하고 있는 점은 미진한 점이다. 즉, 형량의 부존재는 당연히 위법사유가 된다고 본 것은 타당하다. 형량의 누락의 경우에는 중요한 이익고려사항의 누락만을 위법사유로 보는 것이 타당한데, 판례가 이 점을 분명히 하지 않은 점은 아쉬운 점이다. 또한, 평가의 과오와 형량의 불비례를 구분하지 않은 문제가 있다. 평가의 과오와 형량의 불비례의 경우에 판례는 "정당성과 객관성이 결여된 경우"에 위법사유가 된다고 하고 있다.

[판례 2] 갑 등이 자신들의 토지를 도시계획시설인 완충녹지에서 해제하여 달라는 신청을 하였으나 관할 구청장이 이를 거부하는 처분을 한 사안에서, 위 처분은 행정계획을 입안·결정하면서 이익형량을 전혀 하지 않았거나 이익형량의 정당성·객관성이 결여된 경우에 해당한다고 본 원심판단을 정당하다고 한 사례(대판 2012. 1. 12, 2010두5806[완충녹지지정의해제신청거부처분의취소]). 〈해설〉 이 사안에서 위 토지를 완충녹지로 유지해야 할 공익상 필요성이 소멸되었다고 보고, 위 처분은 갑 등의 재산권 행사를 과도하게 제한한 것이라고 하면서 이익형량의 정당성·객관성이 결여된 경우에 해당한다고 보았다.

[판례 3] [1] 이러한 형량하자의 법리는 산업입지법상 산업단지개발계획 변경권자가 산업단지 입주업체 등의 신청에 따라 산업단지개발계획을 변경할 것인지를 결정하는 경우에도 마찬가지로 적용된다. [2] 울산·미포 국가산업단지에 입주한 폐기물처리(소각)업체인 원고의 폐기물소각시설 증설을 위한 산업단지개발계획 변경신청을 피고가 거부한 것이 현저히 합리성을 결여하였거나 형평이나 비례의 원칙에 뚜렷하게 배치된다고 볼 수 없다고 판단한 사례(대판 2021. 7. 29, 2021두33593[산업단지개발계획변경신청 거부처분 취소청구의 소]).

Ⅵ. 행정계획과 신뢰보호(계획보장청구권)

1. 계획보장청구권의 의의

계획보장청구권(計劃保障請求權)이란 행정계획에 대한 관계국민의 신뢰를 보호하기 위하여 관계국민에 대하여 인정된 행정계획주체에 대한 권리를 총칭하는 개념이다. 계획보장청구권은 행정계획분야에 있어서의 신뢰보호의 원칙의 적용례라고 할 수 있다. 계획보장청구권에 포함되는 권리로는 계획존속청구권, 계획이행청구권, 경과조치청구권, 손해배상청구권 및 손실보상청구권이 들어지고 있다.

행정계획은 장래의 행정의 지침이 되며 행정의 방향을 제시하는 기능을 하기 때문에 국민은 행정계획을 신뢰하고 투자 등 여러 조치를 취하게 된다. 그리하여 행정계획의 변경 또는 폐지에 있어서 행정계획을 신뢰함으로써 받게 되는 불이익을 구제해 줄 필요가 있다. 이를 위하여 형성된 이론이 계획보장청구권이론이다.

그런데, 행정계획은 기존의 일정한 행정여건에 대한 분석과 장래의 행정여건의 변화에 대한 예측에 기초하여 수립되므로 행정계획에는 변경가능성이 내재되어 있다고 본다. 기존의 행정여건에 대한 분석이나 장래의 예측이 잘못된 경우에는 행정계획이 변경될 수 있는 것으로 보아야 한다. 따라서 계획보장청구권의 인정에는 큰 어려움이 있다.

일반적으로 말하면 **공익목적을 달성하기 위한 행정계획의 변경의 필요성과 관계국민의 신뢰보호의 가치를 조화시키는 해결을 하여야 할 것이다.**

2. 계획존속청구권

계획존속청구권(計劃存續請求權)이라 함은 계획의 변경 또는 폐지에 대하여 계획의 존속을 주장하는 권리를 말한다.

계획존속청구권이 인정되기 위하여는 청구자에게 공권이 인정되어야 하고, 행정청에게는 계획존속의무가 인정되어야 한다. ① **공권성**: 계획존속을 청구하는 자의 개인적 이익이 계획관계법령에 의해 보호되어야 한다. ② **계획존속의무**: 계획의 변경 또는 폐지로 인한 이익보다 상대방의 신뢰보호의 이익이 훨씬 커야 한다.

예를 들면, 지방자치단체의 특정 공장의 유치계획과 같이 주로 특정 개인에 대해서 효력을 미치는 행정계획의 경우에 계획존속청구권이 인정되는 경우가 있을 수 있다.

3. 계획준수청구권과 계획집행청구권

계획의 준수와 계획의 집행은 구별하여야 한다. 계획의 준수는 행정기관이 구속적 행정계획을 위반해서는 안 되는 것을 의미하며, 계획의 집행이란 행정기관이 계획의 목표를 달성하기 위하여 계획을 집행하는 것을 말한다.

(1) 계획준수청구권

계획준수청구권이라 함은 행정기관이 계획을 준수할 것을 청구할 수 있는 권리이다.

계획준수청구권이 인정되기 위하여는 계획준수를 청구하는 자의 개인적 이익이 계획법규에 의해 보호되고 있어야 하고(공권성), 행정청에게 계획을 준수할 의무가 있어야 한다(**계획준수의무**). 구속적 행정계획의 경우 행정청은 계획을 준수할 의무를 진다.

(2) 계획집행청구권

계획집행청구권이라 함은 행정기관에게 계획을 집행할 것을 청구할 수 있는 권리이다.

계획집행청구권이 인정되기 위하여는 계획의 집행을 청구하는 자의 개인적 이익이 계획법규에 의해 보호되고 있어야 하고(공권성), 행정기관에게 계획집행의무가 인정되어야 한다(**계획집행의무**). 행정기관에 의한 행정계획의 집행은 통상 행정기관의 재량권에 속하므로 행정기관에게 계획집행의무가 인정되기 위하여는 계획집행으로 인한 이익이 계획을 집행하지 않음으로 인하여 달성되는 공익보다 훨씬 커야 한다.

4. 경과조치청구권(적응조치청구권)

경과조치청구권(經過措置請求權)이라 함은 계획의 존속을 신뢰하여 조치를 취한 자가 행정계획의 변경 또는 폐지로 인하여 받게 될 불이익을 방지하기 위하여 행정청에 대하여 경과조치 또는 적응조치를 청구할 수 있는 권리를 말한다. 경과조치청구권은 계획의 변경으로 인한 공익의 실현과 계획의 존속에 대한 관계인의 신뢰이익 중 어느 하나만을 보호하지 않고 양자를 조화시키는 수단이 될 수 있는 장점을 갖고 있다.

경과조치청구권은 법률의 명시적인 근거가 없는 한 인정될 수 없다.

5. 손해배상청구권과 손실보상청구권

위법한 계획의 변경 또는 폐지로 인하여 가해진 손해에 대하여는 국가배상법에 근거하여 국가배상청구가 가능하다. 다만, 문제는 위법한 계획의 변경에 있어서 공무원의 과실을 입증하는 것이 쉽지 않다는 점이다.

적법한 계획의 변경 또는 폐지로 인하여 특별한 손실을 받은 경우에 손실보상을 청구할 수 있다. 그런데, 통상 계획의 변경 또는 폐지로 인한 손실에 대하여 손실보상청구권을 인정하는 법률의 규정이 두어지지 않고 있다. 이 경우는 보상규정이 없는 손실보상의 문제가 되고, 후술하는 바와 같이 헌법 제23조 제3항에 직접적 효력을 인정한다면 헌법 제23조 제3항을 유추적용하여 손실보상을 청구할 수 있다고 보아야 한다.

다만, 분리이론에 따르면 행정계획으로 인한 재산권의 제한이 재산권의 내용과 한계를 정하는 것인 경우(예 개발제한구역지정의 경우)에는 후술하는 바와 같이 특별한 희생에 해당하는 경우에도 손실보상 이외에 별도의 구제조치도 가능하다고 본다(손실보상 참조).

Ⅶ. 계획변경청구권 [2013, 2025 변시]

계획법규는 원칙상 공익의 보호를 목적으로 하는 것이며 사익의 보호를 목적으로 하지 않기 때문에 원칙상 계획변경청구권은 인정될 수 없다.

그러나, 예외적으로 법규상 또는 조리상 계획변경신청권이 인정되는 경우가 있고, 이 경우에는 행정계획변경청구권이 인정된다. 즉, 일정한 행정처분을 구하는 신청을 할 수 있는 법률상 지위에 있는 자의 국토이용계획변경신청을 거부하는 것이 실질적으로 당해 행정처분 자체를 거부하는 결과가 되는 경우(판례 1), 도시계획구역 내 토지 등을 소유하고 있는 주민이 도시계획입안권자에게 도시계획입안을 신청하는 경우(판례 2), 문화재보호구역 내의 토지소유자가 문화재보호구역의 지정해제를 신청하는 경우(판례 3) 등에는 그 신청인에게 조리상 행정계획변경을 신청할 권리가 인정된다(자세한 것은 후술 거부행위의 처분성 참조).

통상 행정계획의 변경은 행정청의 폭넓은 재량에 속하므로 이 경우 계획변경청구권은 무하자재량행사청구권의 성질을 갖는다.

Ⅷ. 행정계획과 권리구제제도

> [문제] 도지사 A는 상업지역이던 X의 토지를 주거지역으로 변경하는 내용을 포함하는 도시계획(현행법상 도시관리계획)변경결정을 하였다. 이와 같은 A의 도시계획(현행법상 도시관리계획)변경결정으로 지가가 현저히 하락하여 재산상의 큰 피해를 입은 X가 취할 수 있는 구제수단은? (사시 제40회(1998) 문제)

국민의 권리침해는 행정계획결정으로 발생될 수 있을 뿐만 아니라 행정계획의 폐지 또는 변경으로 인하여 발생될 수 있다.

1. 위법한 행정계획과 국가배상

이론상 위법한 행정계획의 수립·변경 또는 폐지로 인하여 손해를 받은 자는 국가배상을 청구할 수 있다.

2. 적법한 행정계획과 손실보상 등 권리구제

적법한 행정계획의 수립·변경 또는 폐지로 인하여 손실을 받은 경우에는 손실보상의 요건을 갖춘 경우에 손실보상을 청구할 수 있다. 특히 문제가 되는 것은 행정계획으로 인한 재산상의 손실이 보상을 요하지 않는 '재산권에 내재하는 사회적 제약'에 불과한지 아니면 보상을 요하는 '특별한 희생'인지를 판단하는 것이다. 특별한 희생의 판단기준은 손실보상과 관련하여 후술하기로 한다.

[판례] 도시계획시설의 지정으로 말미암아 당해 토지의 이용가능성이 배제되거나 또는 토지소유자가 토지를 종래 허용된 용도대로도 사용할 수 없기 때문에 이로 말미암아 현저한 재산적 손실이 발생하는 경우에는 원칙적으로 사회적 제약의 범위를 넘는 수용적 효과를 인정하여 국가나 지방자치단체는 이에 대한 보상을 하여야 한다(헌재 1999. 10. 21, 97헌바26).

행정계획으로 인한 손실이 특별한 희생에 해당하는 것이라 하더라도 관계법에 손실보상규정 등 권리구제에 관한 규정이 두어지지 않고 있는 것이 보통이다. 이 경우에는 분리이론을 따르면 헌법 제23조 제1항과 제2항의 재산권의 내용과 한계를 정하는 경우에는 입법자에 의한 조정조치를 통하여 구제를 받고, 분리이론을 따르면서도 헌법 제23조 제3항의 손실보상의 문제가 되는 경우와 경계이론을 따를 때에는 보상규정이 흠결된 경우에 있어서의 손실보상의 문제가 된다. 헌법 제23조 제3항에 직접 근거하여 손실보상을 청구할 수 있다고 보는 것이 타당하다. 이 문제에 대하여는 손실보상과 관련하여 후술하기로 한다.

3. 행정계획의 사법적 통제(취소소송과 헌법소원)

(1) 행정계획이 처분인 경우: 취소소송

행정계획에 대하여 취소소송이 인정되기 위하여는 우선 **행정계획의 처분성**이 인정되어야 한다. 앞에서 본 바와 같이 구속적 행정계획의 경우에 행정계획으로 인하여 국민의 권리에 직접적인 영향을 미친 경우에 한하여 처분성이 인정된다. 행정계획의 폐지 또는 변경의 경우에도 그러하다.

취소소송으로 권리구제가 되기 위하여는 행정계획이 위법하다고 판단되어야 한다. 그런데, 계획청에게 계획재량이라는 폭넓은 재량이 인정되므로 **행정계획의 위법성**을 인정하기가 쉽지 않을 것이다.

행정계획의 변경 또는 폐지의 경우에 있어서도 위법성을 인정함에 있어서 많은 어려움이 있다. 그것은 전술한 바와 같이 행정계획에 내재하는 변경가능성으로 인하여 행정계획은 필요한 경우에 변경 또는 폐지될 수 있고, 국민의 신뢰보호를 위하여 행정계획의 변경 또는 철회가 제한된다고 하지만 일반적으로 행정계획의 변경 또는 폐지로 달성되는 이익이 상대방의 신뢰이익보다 클 것이기 때문이다.

행정계획이 위법한 경우에도 행정계획이 성립되면 그에 따라 많은 법률관계가 형성되고 이 경우에는 행정계획의 취소로 인하여 침해되는 공익이 크게 되기 때문에 **사정판결**(事情判決)에 의해 행정계획이 취소되지 않을 가능성이 많다.

(2) 행정계획이 공권력 행사이지만 처분이 아닌 경우: 헌법소원

행정계획이 공권력 행사이지만 처분이 아닌 경우 헌법소원의 대상이 된다.

[헌재 결정례] 비구속적 행정계획안이나 행정지침이 예외적으로 헌법소원의 대상이 되는 공권력 행사에 해당될 수 있는 요건: 비구속적 행정계획안이나 행정지침이라도 국민의 기본권에 직접적으로 영향을 끼치고, 앞으로 법령의 뒷받침에 의하여 그대로 실시될 것이 틀림없을 것으로 예상될 수 있을 때에는, 공권력행위로서 예외적으로 헌법소원의 대상이 될 수 있다(헌재 2000. 6. 1, 99헌마538[개발제한구역제도개선방안 확정발표 위헌확인]: 건설교통부장관이 1999. 7. 22. 구역지정의 실효성이 적은 7개 중소도시권은 개발제한구역을 해제하고 구역지정이 필요한 7개 대도시권은 개발제한구역을 부분조정 하는 등의 내용을 담은 비구속적 행정계획안인 '개발제한구역제도개선방안'을 발표한 것이 공권력행사에 해당하지 않는다고 한 사례).

4. 사전적 구제

위에서 보았듯이 행정계획에 대한 사후적 구제에는 한계가 있다. 따라서 행정계획분야에서는 특히 행정절차에 의한 통제가 중요하다.

5. 행정계획의 미집행으로 인한 권익침해의 구제

(1) 개 설

사인의 토지가 도로, 공원, 학교 등 도시계획시설로 지정되면 토지소유자는 당해 토지가 매수될 때까지 시설예정부지의 가치를 상승시키거나 계획된 사업의 시행을 어렵게 하는 변경을 해서는 안 된다는 내용의 '변경금지의무'를 진다. 이 제한이 특별희생에 해당하는 경우 분리이론에 의하면 매수청구권이나 수용신청권의 부여, 지정의 해제, 손실보상 등 구제조치를 하여야 하고(경계이론에 의하면 손실보상을 해 주어야 하고), 재산권에 내재하는 사회적 제약인 경우에는 토지소유자는 이를 감수하여야 한다.

[판례] 도시계획시설부지가 나대지인 경우와 달리 지목이 대 이외인 토지인 경우는 도시계획시설결정에 의한 제한이 수인하여야 하는 사회적 제약의 범주에 속하는 것으로서 재산권에 대한 침해라고 할 수 없고, 이에 따라 지목이 대인 토지에 대하여 인정되는 매수청구권을 인정하지 않더라도 합리적 이유가 있으므로 평등원칙에 반하지 아니한다(헌재 전원재판부 1999. 10. 21, 97헌바26[도시계획법 제6조 위헌소원]).

그리고, 그 제한이 재산권에 내재하는 사회적 제약에 해당하는 경우에도 행정계획의 장기간의 미집행으로 토지소유자가 받은 재산권 제한이 특별희생의 정도에 이르러 수인한도를 넘는 경우 분리이론에 의하면 손실보상 등 구제조치를 취해야 하고, 경계이론에 의하면 손실보상을 하여야 한다. 헌법재판소는 분리이론에 따라 구제조치를 하여야 한다고 본다.

[판례] [1] 입법자는 도시계획사업도 가능하게 하면서 국민의 재산권 또한 존중하는 방향으로, 재산권의 사회적 제약이 보상을 요하는 수용적 효과로 전환되는 시점, 즉 보상의무가 발생하는 시점을 확정하여 보상규정을 두어야 한다. 토지재산권의 강화된 사회적 의무와 도시계획의 필요성이란 공익에 비추어 일정한 기간까지는 토지소유자가 도시계획시설결정의 집행지연으로 인한 재산권의 제한을 수인해야 하지만, 일정 기간이 지난 뒤에는 입법자가 보상규정의 제정을 통하여 과도한 부담에 대한 보상을 하도록 함으로써 도시계획시설결정에 관한 집행계획은 비로소 헌법상의 재산권 보장과 조화될 수 있다. [2] 입법자는 토지재산권의 제한

에 관한 전반적인 법체계, 외국의 입법례 등과 기타 현실적인 요소들을 종합적으로 참작하여 국민의 재산권과 도시계획사업을 통하여 달성하려는 공익 모두를 실현하기에 적정하다고 판단되는 기간을 정해야 한다. 그러나 어떠한 경우라도 토지의 사적 이용권이 배제된 상태에서 토지소유자로 하여금 10년 이상을 아무런 보상 없이 수인하도록 하는 것은 공익실현의 관점에서도 정당화될 수 없는 과도한 제한으로서 헌법상의 재산권 보장에 위배된다고 보아야 한다. [3] 도시계획시설로 지정된 토지가 나대지인 경우, 토지소유자는 더 이상 그 토지를 종래 허용된 용도(건축)대로 사용할 수 없게 됨으로써 토지의 매도가 사실상 거의 불가능하고 경제적으로 의미있는 이용가능성이 배제된다. 이러한 경우, 사업시행자에 의한 토지매수가 장기간 지체되어 토지소유자에게 토지를 계속 보유하도록 하는 것이 경제적인 관점에서 보아 더 이상 요구될 수 없다면, 입법자는 매수청구권이나 수용신청권의 부여, 지정의 해제, 금전적 보상 등 다양한 보상가능성을 통하여 재산권에 대한 가혹한 침해를 적절하게 보상하여야 한다(헌재 전원재판부 1999. 10. 21, 97헌바26[도시계획법 제6조 위헌소원]).

(2) 계획집행청구

계획집행청구권이 인정되는 경우 행정계획의 집행을 청구할 수 있고, 그 집행이 거부된 경우 거부처분취소소송을 제기할 수 있다.

(3) 손실보상 등

행정계획의 장기간의 미집행으로 토지소유자가 받은 재산권 제한이 수인한도를 넘는 경우 **분리이론**에 의하면 손실보상 등 구제조치를 입법하여야 하는데, 손실보상에 관한 입법이 없는 한 손실보상을 청구할 수 없고, **경계이론**에 의하면 보상규정이 없는 공용침해에 대한 권리구제의 문제가 된다.

(4) 매수청구권

행정계획의 장기간의 미집행으로 토지소유자가 받은 재산권 제한이 수인한도를 넘는 경우 **분리이론**에 의하면 매수청구권 보장 등 구제조치를 입법하여야 하는데, 매수청구에 관한 입법이 있어야 매수청구가 인정될 수 있고, **경계이론**에 의하면 매수청구권이 규정된 경우 매수청구가 보상이라고 보는 견해는 매수청구 이외에 보상은 인정되지 않고, 매수청구가 보상이 아니라고 보는 견해에 의하면 손실보상규정 없는 공용침해에 대한 권리구제의 문제가 된다.

(5) 도시시설계획의 취소변경청구

행정계획의 장기간의 미집행으로 토지소유자가 받은 재산권 제한이 수인한도를 넘는 경우 **분리이론**에 의하면 손실보상 등 구제조치를 취해야 하는데, 이러한 구제조치에 관한 법률규정이 없는 경우 도시계획시설계획에 관한 법률이 위헌이고 따라서 도시계획시설계획이 위법하므로 취소될 수 있다고 본다. 그런데, 헌법재판소는 일정한 경우 위헌인 법률조항을 입법개선시까지 잠정적으로 적용하는 것으로 하고 있다(헌재 전원재판부 1999. 10. 21, 97헌바26[도시계획법 제6조 위헌소원]).

경계이론에 의하면 위헌무효설을 취하는 경우 도시계획시설계획의 취소가 가능하다. 직접효력설, 보상입법부작위위헌설에 의하면 도시계획시설계획 그 자체는 적법하므로 취소될 수 없다.

(6) 장기 미집행도시계획시설결정의 실효제도

장기(예 20년) 미집행도시계획시설(예 도시공원)결정의 실효제도는 헌법상 재산권으로부터 당연히 도출되는 권리는 아니며(헌재 전원재판부 2005. 9. 29, 2002헌바84·89; 2003헌마678·943(병합)[도시계획법 부칙 제10조 제3항 위헌소원 등]) 법률의 근거가 필요하다.

(7) 도시·군계획시설결정의 해제 신청

도시·군계획시설결정의 고시일부터 10년 이내에 그 도시·군계획시설의 설치에 관한 도시·군계획시설사업이 시행되지 아니한 경우로서 제85조 제1항에 따른 단계별 집행계획상 해당 도시·군계획시설의 실효 시까지 집행계획이 없는 경우에는 토지소유자는 장기미집행 도시·군계획시설에 대하여 그 토지의 도시·군계획시설 해제를 위한 도시·군관리계획 입안 신청절차를 거친 후 대통령령으로 정하는 사항에 해당하는 경우 그 도시·군계획시설결정의 해제를 신청할 수 있다(국토의 계획 및 이용에 관한 법률 제48조의2).

(8) 장기미집행도시계획시설결정을 유사한 기능의 도시관리계획결정으로 변경한 경우

장기미집행도시계획시설결정(예 도시계획시설(공원))을 유사한 기능의 도시관리계획결정(예 도시자연공원구역지정처분)으로 변경한 경우 그 도시관리계획결정의 해제신청을 하고, 그 신청에 대한 거부처분의 취소를 구하는 소송을 제기할 수 있다.

[판례] **도시관리계획결정의 해제신청에 대한 거부처분 취소를 구하는 사건:** [1] 원고가 소유한 토지('이 사건 편입토지')는 1971. 8. 7. 도시계획시설(공원)로 결정·고시되었고, 피고는 위 도시공원결정의 효력이 상실되기 전에 이 사건 편입토지를 포함한 토지 일대를 고덕산산도시자연공원구역(이하 '이 사건 공원구역')으로 지정하는 내용의 도시관리계획(용도구역)결정을 고시하였고, 원고는 피고에게 편입토지에 대한 도시자연공원지정처분의 취소를 구하였으나, 피고는 이를 거부하였고, 이에 대해 원고가 도시관리계획결정의 해제신청에 대한 거부처분 취소를 구하는 사건에서 자연환경 보호 등을 목적으로 하는 도시관리계획결정은 식생이 양호한 수림의 훼손 등과 같이 장래 발생할 불확실한 상황과 파급효과에 대한 예측 등을 반영한 행정청의 재량적 판단으로서, 그 내용이 현저히 합리성을 결여하거나 형평이나 비례의 원칙에 뚜렷하게 반하는 등의 사정이 없는 한 폭넓게 존중해야 한다고 하면서 원고에게 재량권의 일탈·남용(형량의 하자)이 없다고 한 사례. [2] 이 사건 편입토지는 1971. 8. 7. 최초 도시계획시설(공원)로 지정된 이후 계속 지목에 따라 농경지로 이용된 것으로 보이고, 2017년경 이 사건 편입토지의 소유권을 취득한 원고 역시 계속하여 농경지로 사용하는 것이 가능하다. 만약 이 사건 편입토지를 종래의 용도로 사용할 수 없어 그 효용이 현저하게 감소되거나 사용·수익이 사실상 불가능한 경우 원고는 공원녹지법 제29조에 따른 매수청구권을 행사할 수 있다. 따라서 이 사건 공원구역의 지정이 원고의 사익을 과도하게 침해하였다고 단정할 수 없다고 한 사례(대판 2023. 11. 16, 2022두61816). 〈해설〉 계획재량과 형량하자가 쟁점이 되었고, 분리이론에 따른 수인한도를 넘는 과도한 재산권 제한 여부가 다투어졌다. 도시관리계획결정 해제신청권의 인정을 전제로 본안판결을 하였다.

[문제의 해결] 도시관리계획변경결정이 위법한 경우에는 취소소송과 국가배상청구소송을 제기할 수 있다. 취소소송에 있어서는 소송요건으로 도시관리계획변경결정의 처분성이 문제되는데, 학설은 대립하고 있고, 판례는 처분성을 인정하고 있다. X는 해당 지역에 거주하는 주민이므로 원고적격이 인정된다. X의 토지를 상업지역에서 주거지역으로 변경하는 내용의 도시관리계획변경결정의 위법성과 관련하여 계획재량의 하자, 즉 형량명령의 하자가 있는지가 문제되는데, 사례에서는 이를 판단할 자료가 없다. 국가배상책임의 요건이 충족된 경우 국가배상청구를 할 수 있다.

경계이론에 의하면 도시관리계획변경결정이 적법한 경우 손실보상을 청구할 수 있는데, 통상 지역지구의 변경으로 인한 손실은 재산권에 내재하는 사회적 제약이다. 지가의 하락은 통상 특별한 희생으로 보지 않지만, 지가가 현저히 하락한 경우 특별한 희생이라고 보는 견해가 있다. 도시관리계획변경으로 인한 손해가 특별희생에 해당하는 경우에는 경계이론에 의하면 보상규정이 흠결된 손실보상의 문제가 된다. 분리이론에 의하면 비례원칙의 문제가 된다.

제3장

행정행위

제 1 절　행정행위의 개념

Ⅰ. 행정행위의 개념요소

행정행위(行政行爲)라는 개념은 학문상의 필요에 의해 만들어진 개념이며 실정법에서나 실무상 사용되는 개념이 아니다. 실무상으로는 '처분', '행정처분'이라는 개념이 사용되고 있다.

통설에 의하면 **행정행위 개념**은 다음과 같이 정의된다: 행정청이 구체적인 사실에 대한 법집행으로서 행하는 외부에 대하여 직접적·구체적인 법적 효과를 발생시키는 권력적 단독행위인 공법행위이다. 이러한 행정행위 개념은 '**협의의** 행정행위(처분)' 개념이라 할 수 있는데, '**실체법상**(작용법상) 행정행위(처분)' 개념이라고도 할 수 있다. 행정쟁송(행정심판 및 행정소송)의 대상이 되는 처분을 '쟁송법상 처분'이라고 할 수 있는데, 후술하는 바와 같이 '쟁송법상 처분' 개념은 실체법상 처분(협의의 행정행위)을 포함하는 보다 넓은 개념이다. 달리 말하면 쟁송법상 처분을 '광의의 처분'이라 할 수 있다. 이에 대하여 실체법상 행정행위(처분)을 '**협의의 처분**'이라 할 수 있다.

행정행위라는 개념을 개념적 요소로 나누어 설명하면 다음과 같다.

① **행정청의 행위**이다. 행정청에는 엄격한 의미의 행정청(조직법상 의미의 행정청) 이외에 법령에 의하여 행정권을 위임 또는 위탁받은 행정기관, 공공단체 또는 사인이 포함된다. 이는 행정작용법상 의미의 행정청이다.

② **법적 행위**이다. 법적 행위란 외부에 대하여 직접 법적 효과를 발생시키는 행위를 말한다. 따라서 법적 효과를 발생시키지 않는 내부적 행위(예 직무명령)는 행정행위가 아니다. 행정행위는 사실행위가 아니다. 통치행위는 정치적 성격이 강한 행위로 법적으로 해결되는 것이 바람직하지 않은 행위이며 항고소송의 대상이 되는 행정행위는 아니다.

③ 구체적 사실에 관한 법적 행위이다. 달리 말하면 **구체적인 법적 효과**를 가져오는 행위이다. 법규명령은 법질서에 변경을 가져오는 법적 효과를 가져오므로 법적 행위이다. 법규명령은 원칙상 구체적인 법적 효과, 즉 국민의 권리의무관계에 직접 변경을 가져오지 않으므로 행정행위는 아니다. 그러나, 직접 국민의 구체적인 권리의무관계에 직접 변동을 가져오는 명령(법규명령의 처분성에 관한 협의설에서의 처분적 명령)도 있는데, 법령의 형식을 취하지 않고, 구체적 사실에 대한 법집행으로 행하는 일반조치는 일반처분(행정행위)이고, 구체적인 법적 효과를 가져오지만, 구체적 사실을 일률적으로 규율하기 위해 법령의 형식으로 정한 것은 일반처분이 아니라 처분적 명령이다.

불특정 다수를 상대방으로 하지만 구체적 사실을 규율하는 '일반처분'(예 통행금지, 집회금지, 입산금지)은 행정행위이다. 물건을 직접적인 규율대상으로 하며 이를 통하여 사람에 대해서는 간접적인 법적 효과를 미치는 행정행위인 '물적(物的) 행정행위'(예 주차금지구역의 지정 등)도 일반처분의 일종으로서 구체적인 법적 효과(그 구역에 주차를 하여서는 안 되는 의무가 생긴다)를 가져오므로 행정행위로 보아야 한다. 물적 행정행위의 직접적인 대상은 물건이지만 그를 통하여 사람에게도 구체적인 법적 효과를 발생시킨다.

④ 행정행위는 **권력적 단독행위**이다. 비권력적인 공법상 계약 및 공법상 합동행위는 행정행위가 아니다. 소극적 형태를 취하는 거부처분도 행정행위이다. 부작위도 행정행위로 보는 견해도 있으나 부작위를 행정행위와 구별하는 것이 타당하다.

⑤ **공법행위**이다. 사법행위(예 잡종재산의 매각결정)는 행정행위가 아니다.

행정행위는 묵시적(추단적)으로도 행해진다. 예를 들면, 경원관계에 있는 일부에 대한 승인처분은 나머지에 대해서는 묵시적(추단적) 불승인 처분이 된다.

Ⅱ. 행정행위의 특질

행정행위의 특질이라 함은 통상 사법상의 법률행위에 대한 특질을 말한다. 행정행위의 특질 중 가장 대표적인 것은 행정의사의 우월성이다. 이외에 행정행위의 특수성으로는 공정력, 구성요건적 효력, 구속력, 존속력(불가쟁력, 불가변력), 강제력(자력집행력, 제재력), 권리구제수단의 특수성이 있는데 이에 관하여는 전술하였다.

제 2 절 행정행위의 분류

행정행위는 여러 기준에 의해 다양하게 분류된다.

Ⅰ. 법률행위적 행정행위와 준법률행위적 행정행위의 구별

종래 통설은 행위자의 효과의사(效果意思)의 유무 내지 행정행위의 법적 효과의 발생원인에 따라 행정행위를 법률행위적 행정행위와 준법률행위적 행정행위로 구분하였다. 즉, **법률행위적 행정행위(法律行爲的 行政行爲)**는 행정행위의 효과의사를 구성요소로 하고 그 법적 효과가 그 효과의사의 내용에 따라 발생하는 행위이고, **준법률행위적 행정행위(準法律行爲的 行政行爲)**는 효과의사 이외의 정신작용을 구성요소로 하고 그 법적 효과가 행위자의 의사와는 무관하게 법규범에 의해 부여되는 행위이다.

그러나, 오늘날에는 법률행위적 행정행위와 준법률행위적 행정행위의 구별을 부정하는 견해가 유력해지고 있다. 그 이유는 법률에 의한 행정의 원리가 기본원리로 되어 있는 행정에 있어서 행정권 행사의 법적 효과는 어느 경우에나 기본적으로 법에 의해 인정되는 것이므로 법률행위적 행정행위와 준법률행위적 행정행위를 구별하는 것은 타당하지 않기 때문이다.

Ⅱ. 행정행위의 법적 효과의 내용에 따른 분류

법률행위적 행정행위는 법률효과의 내용에 따라 명령적 행위와 형성적 행위로 구분된다. 명령적 **행위**는 인간이 본래 가지는 자연적 자유를 규율하는 행위인 반면에 **형성적 행위**는 상대방에게 권리나 능력을 창설하는 행위라는 점에서 양자를 구분하고 있다.

명령적 행위는 본래 인간의 자유로운 행동에 대하여 작위 또는 부작위의 의무를 명하는 하명(下命), 인간의 본래 자유로운 활동에 대하여 공공질서의 유지를 위하여 미리 금지를 해 두고 일정한 요건을 갖춘 경우에 신청에 따라 그 금지를 해제하는 허가(許可)와 일정한 경우에 행위, 급부, 수인의 의무를 해제하는 면제(免除)로 구분된다.

형성적 행정행위로는 특허, 인가, 대리 등이 있다.

준법률행위적 행정행위는 법률효과의 내용에 따라 확인행위, 공증행위, 통지행위, 수리행위로 구분된다.

Ⅲ. 기속행위와 재량행위

행정행위는 법에 기속되는 정도에 따라 기속행위(羈束行爲)와 재량행위(裁量行爲)로 나누어진다. **기속행위**는 행정권 행사의 요건과 효과가 법에 일의적으로 규정되어 있어서 행정청은 법에 정해진 행위를 하여야 하는 의무를 지는 행위를 말한다. **재량행위**는 행위의 요건이나 효과의 선택에 관하여 법이 행정권에게 재량권을 인정한 경우에 행해지는 행정청의 행정행위를 말한다.

재량행위와 기속행위에 대하여는 후술하기로 한다.

Ⅳ. 침해적 행정행위, 수익적 행정행위, 이중효과적 행정행위(복효적 행정행위)

행정행위가 초래하는 이익 및 불이익 상황에 따라 행해지는 구분이다. 행정행위의 상대방의 권익을 침해하는(권익을 제한하거나 의무를 부과하는) **침해적 행정행위**(예 영업정지처분, 과징금부과처분), 행위의 상대방에게 이익을 부여하는 **수익적 행정행위**(예 보조금 지급처분) 및 하나의 행정행위가 이익과 불이익의 효과를 동시에 발생시키는 **이중효과적 행정행위**(二重效果的 行政行爲, 복효적 행정행위(複效的 行政行爲))(예 건축허가, 공해배출시설조업정지명령, 부담부 행정행위)가 있다.

불이익처분은 처분 상대방에게 불이익이 되는 처분인데, 침해적 행정행위뿐만 아니라 신청에 대한 거부처분을 포함한다. 침해적 처분 중 법위반사실에 대해 제재로서 과하는 처분을 **제재처분**이라 한다.

1. 수익적 행정행위와 침해적 행정행위의 구별실익

(1) 법에의 기속

침해적 행정행위는 국민의 권익을 침해하는 행위이므로 일반적으로 수익적 행정행위보다 엄격한 법적 기속을 받는다.

(2) 절차적 통제

상대방의 권익을 제한하거나 의무를 부과하는 행정행위는 사전에 통지를 하고 상대방의 의견진술을 들어야 한다(행정절차법 제21조, 제22조). 수익적 행정행위에 있어서는 행정청에게 사전행정절차를 거칠 의무가 없다.

(3) 취소 또는 철회

수익적 행정행위에 대하여는 쟁송취소를 제기할 소의 이익이 전혀 인정되지 않으므로 행정쟁송으로 다툴 수 없다. 부담적 행정행위에 대하여는 원칙상 소의 이익이 인정된다. 수익적 행정행위의 직권취소 또는 철회는 상대방의 신뢰보호의 원칙상 일정한 제한이 가해지지만, 침해적 행정행위의 취소 또는 철회는 이러한 제한이 없다.

(4) 구제수단

수익적 행정행위의 거부 또는 부작위에 대하여는 거부의 경우에는 거부처분 취소심판, 의무이행심판 또는 거부처분의 취소소송을 제기하고 부작위의 경우에는 의무이행심판 또는 부작위위법확인소송을 제기할 수 있다.

침해적 행정행위에 대하여는 취소심판 또는 취소소송을 제기할 수 있다.

2. 이중효과적 행정행위

이중효과적 행정행위(복효적 행정행위)는 하나의 행정행위가 이익과 불이익의 효과를 동시에 발생시키는 행정행위를 말한다. 이중효과적 행정행위는 **제3자효 행정행위**(상대방에게는 이익을 주고 제3자에게는 불이익을 주거나(예 건축허가) 상대방에게는 불이익을 주고 제3자에게는 이익을 주는(예 공해배출시설 조업중지명령) 행정행위)와 **혼합효 행정행위**(상대방에 대하여 동시에 수익적 효과와 침해적 효과를 발생하는 행정행위)(예 부담부 행정행위)를 포함한다.

V. 일방적 행정행위와 쌍방적 행정행위

행정행위의 성립에 상대방의 협력(신청 또는 동의)이 필요한지 여부에 따른 구별이다. 성립에 상대방의 어떠한 협력도 필요 없는 행정행위를 일방적 행정행위(또는 단독적 행정행위)라 하고, 상대방의 협력이 성립요건인 행정행위를 쌍방적 행정행위라고 한다. 쌍방적 행정행위(雙方的 行政行爲)는 허가, 특허 및 인가와 같이 상대방의 신청을 요하는 행정행위와 공무원의 임명행위와 같이 상대방의 동의를 요하는 행정행위가 있다.

쌍방적 행정행위는 공법상 계약과 다르다. 공법상 계약은 행정주체의 의사와 상대방인 국민의 의사의 합치에 의해 성립하는 비권력적 행위이지만 쌍방적 행정행위는 행정행위의 내용의 결정이 행정청에 의해 단독으로 행해지며 상대방인 국민과의 합의가 필요 없는 권력적 행위이다.

쌍방적 행정행위에 있어서 신청이나 동의가 없는 행정행위는 무효이다. 신청이나 동의가 있었으나 신청이나 동의에 하자가 있을 때에 행정행위가 무효인가 취소할 수 있는 행정행위인가에 대하여는 전술한 바와 같이 견해의 대립이 있다(사인의 공법행위 참조).

VI. 대인적 행정행위, 대물적 행정행위 및 혼합적 행정행위

행정행위의 대상에 대한 고려사항에 따른 구별이다. 이 구별의 실익은 행정행위의 효과의 이전성에 있다.

1. 대인적 행정행위

대인적 행정행위(對人的 行政行爲)(예 의사면허, 운전면허 등)는 행위의 상대방의 주관적 사정에 착안하여 행해지는 행정행위이며 그 효과는 일신전속적인 것이므로 제3자에게 승계되지 않는다.

2. 대물적 행정행위

(1) 의 의

대물적 행정행위(對物的 行政行爲)는 행위의 상대방의 주관적 사정을 고려하지 않고 행위의 대상인 물건이나 시설의 객관적 사정에 착안하여 행해지는 행정행위이다.

대물적 행정행위의 예로는 건축허가, 건축물사용승인, 차량검사합격처분, 문화재지정처분, 공중위생업소 폐쇄명령(대판 2001. 6. 29, 2001두1611), 채석허가(대판 2003. 7. 11, 2001두6289), 환지처분 등이 있다.

[판례 1] 건축허가는 대물적 성질을 갖는 것이어서 행정청으로서는 그 허가를 할 때에 건축주 또는 토지 소유자가 누구인지 등 인적 요소에 관하여는 형식적 심사만 한다(대판 2010. 5. 13, 2010두2296; 2017. 3. 15, 2014두41190). 〈해설〉 대물적 허가인 건축허가는 건축물의 양도에 따라 이전되고, 건축주명의변경신고는 자기완결적 신고(정보제공적 신고)로 보아야 한다.

[판례 2] 처분 상대방의 법위반행위를 이유로 한 업무정지처분은 대물적 처분이다(대판 2022. 1. 27, 2020두39365).

[판례 3] 요양기관이 속임수나 그 밖의 부당한 방법으로 보험자에게 요양급여비용을 부담하게 한 때에 국민건강보험법 제98조 제1항 제1호에 의해 받게 되는 요양기관 업무정지처분은 의료인 개인의 자격에 대한 제재가 아니라 요양기관의 업무 자체에 대한 것으로서 대물적 처분의 성격을 갖는다. 따라서, 폐업한 요양기관에서 발생한 위반행위를 이유로 그 요양기관의 개설자가 새로 개설한 요양기관에 대하여 업무정지처분을 할 수 없다(대판 2022. 1. 27, 2020두39365). 이러한 법리는 보건복지부 소속 공무원의 검사 또는 질문을 거부·방해 또는 기피한 경우에 국민건강보험법 제98조 제1항 제2호에 의해 받게 되는 요양기관 업무정지처분 및 의료급여법 제28조 제1항 제3호에 의해 받게 되는 의료급여기관 업무정지처분의 경우에도 마찬가지로 적용된다(대판 2022. 4. 28, 2022두30546).

(2) 대물적 행정행위의 효과의 귀속

대물적 행정행위는 물적 상태에 변동을 가져오며 물건의 소유자, 점유자 등 관계인에게 귀속하는 것이므로 처분의 상대방이 잘못된 경우에도 대물적 행정행위의 효과는 물건의 관계인에 대해 발생한다는 것이 판례의 입장이다.

[판례] 종전의 토지가 단독 또는 다른 토지들과 합동으로 환지되었다면 그 환지가 제자리 환지라 하더라도 환지처분이 대인적 처분이 아닌 대물적 처분의 성격을 가진 점에 비추어 종전 토지소유자는 환지에 대하여 단독 또는 공동으로 소유권을 취득한다 할 것이고 사업시행자가 종전 토지소유자가 아닌 타인을 환지받는 권리자로 지정하였다 하더라도 종전 토지소유자가 환지의 소유권을 취득하고 이를 행사함에 있어서는 아무런 영향이 없다(대판 1987. 2. 10, 86다카285).

(3) 행위의 효과의 승계

1) 수익적 행정행위의 경우

대물적 행정행위 중 수익적 행정행위인 경우에는 그 효과가 승계된다는 데 이견이 없다.

[판례] 건축허가는 대물적 허가의 성질을 가지는 것으로 그 허가의 효과는 허가대상 건축물에 대한 권리변동에 수반하여 이전되고, 별도의 승인처분에 의하여 이전되는 것이 아니며, 건축주 명의변경은 당초의 허가대장상 건축주 명의를 바꾸어 등재하는 것에 불과하므로 행정소송의 대상이 될 수 없다(대판 1979. 10. 30, 79누190[건축주명의변경승인처분취소]).

대물적 허가 또는 등록은 **명문의 규정이 없어도** 양도가 가능하다. 대물적 허가의 양도에 신고를 하도록 하는 경우도 있다.

2) 침해적 행정행위의 경우

침해적 행정행위(위법건축물 철거명령)인 경우에 그 효과가 명문의 규정이 없이도 제 3 자에게 승계되는지에 관하여 견해의 대립이 있다.

가. 제한적 부정설 이 견해는 침해적 행정행위인 대물적 행정행위에 대하여는 '행정목적의 신속한 실현의 목적'과 '사적 거래의 안전 및 선의의 양수인의 보호의 요청'을 조화시키는 해결을 하여야 하므로 승계인이 선의 무과실인 경우에는 명문의 규정이 없는 한 행위의 효과가 승계되지 않는 것으로 보아야 한다는 견해이다.

나. 긍 정 설 이 견해는 침해적 처분의 이유가 된 처분대상 물건의 객관적 사정(예 건축물의 위법상태)은 변함이 없기 때문에 행정청은 행정목적의 실현을 위하여 동일한 내용의 침해적 행정처분을 하지 않을 수 없는 것이고, 동일한 행정처분을 반복하는 번거로움을 피하는 것이 바람직하므로 침해적 행위의 경우에도 그 효과의 승계를 인정하는 것이 타당하다는 견해이다. **판례**는 긍정설을 취하고 있다.

다. 결 어 대물적 행정행위는 물적 사정에 기초하여 행해지며 행정행위의 무용한 반복을 피하는 것이 타당하므로 **긍정설**이 타당하다. 다만, 침해적 처분에 대한 불복제기기간의 경과에 있어서는 피승계인에 의한 쟁송제기기간의 경과는 승계인에게 미치지 않는다고 보는 것이 타당하고, 승계인이 처분이 있었던 것을 안 날로부터 불복기간 90일이 진행된다고 보는 것이 타당하다.

3. 혼합적 행정행위

혼합적 행정행위(混合的 行政行爲)(예 가스사업허가, 총포·도검·화약류판매업허가 등)는 행위의 상대방의 주관적 사정과 함께 행위의 대상인 물건이나 시설의 객관적 사정에 착안하여 행해지는 행정행위를 말한다.

혼합적 행정행위의 이전은 명문의 규정이 있는 경우에 한하여 인정되며 통상 행정청의 승인 또는 허가 등을 받도록 규정하고 있다. 혼합적 행정행위의 양도시에 승인 대신 신고만을 요하는 경우도 있다(신고 참조).

Ⅶ. 요식행위와 불요식행위

행정행위에 일정한 형식(서면 등)이 요구되는가에 따른 구별이다. 명문의 규정이 없는 한 행정행위는 구술로도 가능하다. 그런데, 행정절차법은 행정청의 처분은 다른 법령 등에 특별한 규정이 있는 경우를 제외하고는 문서(당사자 등의 동의가 있는 경우 전자문서도 가능)로 하도록 하고 있다. 요식행위(要式行爲)가 형식을 결여하면 형식의 하자가 있는 행정행위가 된다.

Ⅷ. 일반처분과 개별처분

행정행위의 상대방이 불특정 다수인인가 특정되어 있는가에 따른 구별이다.

1. 개별처분

개별처분은 행정행위의 상대방이 특정되어 있는 행정행위이다. 개별처분(個別處分)의 상대방은 1인인 것이 보통이지만 다수일 수도 있다.

2. 일반처분

(1) 의의와 성질

일반처분(一般處分)은 불특정 다수인을 상대방으로 하여 불특정 다수인에게 효과를 미치는 행정행위를 말한다. 예를 들면, 일정한 장소에 대한 출입을 금지하는 행정행위이다.

일반처분은 **법규명령과 구별**된다. 일반처분은 일반적이기는 하나 구체적인 법적 효과를 가져오는 행위인 점에서 일반적일 뿐만 아니라 추상적인 성격을 갖는 법규명령과 구별된다. 다만, 법규명령에도 예외적이기는 하지만 구체적인 법적 효과를 가져오는 명령이 있고 이는 처분적 명령이며 이 협의의 처분적 명령과 일반처분은 실질에 있어서는 동일하고, 형식에 의해서만 구별될 수 있다. 즉, 처분명령은 법규명령의 형식으로 제정되지만 일반처분은 그러하지 아니하다.

(2) 종 류

일반처분은 그 처분의 직접적 규율대상이 사람인가 물건인가에 따라 대인적 일반처분과 물적 행정행위로서의 일반처분으로 나누어진다.

1) 대인적 일반처분

대인적 일반처분이라 함은 일정한 기준에 의해 결정되는 불특정 다수인을 대상으로 하는 행정행위를 말한다.

일정장소에서의 집회금지처분, 코로나 예방을 위한 집합금지명령이나 통행금지처분은 대인적(對人的) 일반처분의 예이다.

2) 물적 행정행위로서의 일반처분

물적 행정행위는 행정행위의 직접적 규율대상이 물건이고, 사람에 대해서는 물건과의 관계를 통하여 간접적으로 규율하는 행정행위를 말한다.

공물의 공용개시행위, 교통표지판, 개별공시지가결정은 물적 행정행위(物的 行政行爲)의 예이다.

[판례] 지방경찰청장이 횡단보도를 설치하여 보행자 통행방법 등을 규제하는 것은 행정청이 특정사항에 대하여 부담을 명하는 행위이고, 이는 국민의 권리의무에 직접 관계가 있는 행위로서 행정처분이다(대판 2000. 10. 27, 98두8964).

(3) 일반처분에 대한 항고소송

일반처분은 행정행위이므로 일반처분에 의해 법률상 이익이 침해된 자는 항고소송을 제기할 수 있다.

일반처분의 취소는 원고에게는 일반처분을 소급적으로 취소시키는 효력을 갖는다.

문제는 일반처분의 쟁송취소의 소급효가 소송을 제기하지 않은 자에게도 미치는가하는 것인데, 이에 관하여 견해가 대립되고 있다(후술 취소판결의 효력 참조).

제 3 절 제3자효 행정행위

제3자효 행정행위(第3者效 行政行爲)는 상대방에게는 이익을 주고 제3자에게는 불이익을 주거나 상대방에게는 불이익을 주고 제3자에게는 이익을 주는 행정행위를 말한다. 이것이 협의의 이중효과적 행정행위이다.

제3자효 행정행위의 **예**로는 인근주민에게 불이익을 주는 건축허가와 기존업자에게 불이익을 주는 영업허가 및 제3자에게 이익을 주는 공해배출중지명령을 들 수 있다.

제3자효 행정행위에 있어서는 그의 성립, 존속 및 소멸에 관하여 서로 이해관계를 달리하는 두 당사자가 있게 되므로 이들 상호간의 서로 대립되는 이익의 형량이 요청된다. 그리하여 수익적 행정행위와 침해적 행정행위에 적용되는 행정법이론과는 다른 특수한 규율이 필요하다. 이러한 문제는 행정절차, 행정쟁송에 있어서의 원고적격, 소송참가, 재심청구, 집행정지 그리고 직권취소 및 철회 등에서 제기된다.

Ⅰ. 행정절차상의 문제

1. 불이익을 받은 제3자에 대한 통지

행정행위는 상대방에 대한 통지로서 성립하며 행정청은 원칙상 제3자인 이해관계인에 대한 통지의무를 지지 않는다. 다만, 개별법에서 통지의무를 부과하고 있는 경우가 있다(예 토지보상법상 사업인정시 통지의무).

2. 이해관계인인 제3자의 행정절차상의 참가

행정절차법은 상대방의 권리를 제한하거나 의무를 부과하는 처분에 한하여 “당사자 등”에 대한 처분의 사전통지와 의견청취의무를 정하고 있다(제21조 제1항, 제22조 제3항).

이해관계인인 제3자는 행정절차법에 따르면 행정청이 이해관계인인 제3자로 하여금 행정절차에 참가하도록 결정한 경우에 한하여 사전통지와 의견제출기회를 받는다. 행정청이 이해관계인인 제3자의 행정절차에의 참가를 인정하는 것은 직권으로 또는 신청에 따라 임의로 결정하게 된다(제2조 제4호).

행정절차법상 청문회나 공청회의 개최는 개별법령이나 행정절차법에서 인정하는 경우나 행정청이 필요하다고 인정하는 경우에 실시되며 이해관계인도 제2조 제4호에 따라 행정청이 참여를 인정한 자에 한하여 청문 또는 공청회에 참여할 수 있다.

3. 이해관계인의 동의

처분상대방에게 수익이 되지만 제3자에게는 불이익이 되는 처분의 경우 예외적으로 이해관계 있는 제3자의 동의를 처분의 요건으로 규정하는 경우가 있다.

도시 및 주거환경정비법 제16조 제1항 주택재개발사업 및 도시환경정비사업의 추진위원회가 조합을 설립하고자 하는 때에는 토지등소유자의 4분의 3 이상 및 토지면적의 2분의 1 이상의 토지소유자의 동의를 얻어 정관 및 국토교통부령이 정하는 서류를 첨부하여 시장·군수의 인가(특허)를 받아야 한다.

이해관계인의 동의를 처분요건으로 하는 명문의 규정이 없는 경우에는 재량행위의 경우에도 원칙상 이해관계인의 동의 없음을 처분사유로 할 수 없다(판례).

Ⅱ. 행정쟁송상의 문제

1. 원고적격

행정행위의 상대방에게는 이익이 되지만 제3자에게 불이익이 되는 경우에 앞에서 보았듯이 불이익을 받는 제3자(인근주민 또는 경쟁관계에 있는 기존업자)에게 항고소송의 원고적격이 인정되는 경우가 점차 늘고 있다. 이 경우에 제3자의 원고적격(原告適格)은 근거·관계법규의 해석에 의해 근거·관계법규가 공익과 함께 제3자의 개인적 이익도 아울러 보호하고 있다라고 해석되는 경우에 인정된다는 것은 전술한 바와 같다. 헌법상 기본권이 침해된 경우에도 원고적격이 인정될 수 있는지에 관하여는 학설이 대립되고 있다.

2. 제3자의 소송참가

제3자에 의해 항고소송이 제기된 경우에 제3자효 행정행위의 상대방은 소송참가를 할 수 있고(행정소송법 제16조), 책임 없는 사유로 소송에 참가하지 못함으로써 판결의 결과에 영향을 미칠 공격 방어방법을 제출하지 못한 때에는 확정된 종국판결에 대하여 재심을 청구할 수 있다(행정소송법 제31조 제1항).

3. 불복제기기간

행정심판이나 취소소송은 처분이 있음을 안 날로부터 90일 이내에 제기하여야 한다(행정심판법 제18조, 행정소송법 제20조). 처분이 있음을 알지 못한 경우에는 행정심판의 경우에는 처분이 있은 날로부터 180일 이내에 제기하여야 하며, 취소소송의 경우에는 1년을 경과하면 제기하지 못한다. 다만, 행정심판이나 행정소송이나 정당한 사유가 있는 때에는 그러하지 아니하다(행정심판법 제27조, 행정소송법 제20조).

현행법상 행정처분은 제3자에게 통지되지 않으므로 제3자는 특별한 사정이 없는 한 행정행위가 있음을 알았다고 할 수 없다. 또한 제3자가 행정처분이 있었음을 알지 못한 경우에는 행정불복을 제기할 수 없으므로 제3자가 행정처분이 있었음을 알지 못한 것은 정당한 사유에 해당한다.

제3자가 어떠한 방법에 의하든지 행정처분이 있었음을 안 경우에는 안 날로부터 90일 이내에 행정심판이나 행정소송을 제기하여야 한다.

4. 불이익을 받은 제3자의 가구제(假救濟)

제3자효 행정행위에 의해 법률상 이익을 침해받은 제3자(예 건축허가로 불이익을 받은 인근주민)는 취소소송을 제기한 경우 소송당사자로서 당연히 행정소송법 제23조에 근거하여 그가 다투는 행정행위의 집행정지(執行停止)를 신청할 수 있다.

Ⅲ. 제3자효 행정행위의 철회 또는 직권취소

제3자효 행정행위의 철회 또는 직권취소에 있어서는 일반 행정행위의 철회 또는 직권취소에서처럼 이익형량(利益衡量)의 원칙이 적용된다. 다만, 제3자효 행정행위에 있어서는 철회 또는 직권취소로 인하여 한쪽 당사자는 이익을 받고 다른 쪽 당사자는 불이익을 받으므로 이러한 상반되는 당사자의 이익도 이익형량에서 함께 고려되어야 한다.

제 4 절 재량권과 판단여지

Ⅰ. 재 량 권[2002년 입시 논술]

1. 재량권과 재량행위의 개념과 의의

재량권(裁量權)이란 행정기관이 행정권을 행사함에 있어서 둘 이상의 다른 내용의 결정 또는 행태 중에서 선택할 수 있는 권한을 말한다. 재량권은 구체적 타당성(합목적성)이 있는 행정을 위하여 입법자에 의해 행정권에 부여된다. 재량은 재량준칙을 정함에도 인정되고, 재량준칙을 적용하여 행하는 처분에도 인정된다.

재량권의 행사에 의해 행해지는 행정행위를 **재량행위(裁量行爲)**라고 한다.

재량권이 행정기관에게 부여되는 경우에 행정기관이 행정권을 행사함에 있어 어떠한 행정결정을 하거나 하지 않을 수 있는 권한을 갖는 경우와 둘 이상의 조치 중 선택을 할 수 있는 권한을 갖는 경우가 있다. 전자를 **결정재량권**이라 하고 후자를 **선택재량권**이라 한다. 또한 결정재량권과 선택재량권을 모두 갖는 경우가 있다.

예를 들면, 공무원이 직무상 과실로 잘못을 저지른 경우에 행정기관은 당해 공무원에 대하여 징계처분을 하는 결정과 당해 공무원의 과거의 성실한 직무수행, 당해 공무원의 건강상태 등과 같은 사정을 고려하여 징계처분을 하지 않는 결정 사이에 선택권을 갖고(결정재량), 행정기관이 징계처분을 하기로 결정한 경우에도 당해 공무원의 과실의 중대성을 고려하여 징계처분을 내림에 있어서 여러 종류의 징계처분의 종류 사이에 선택권을 갖는다(선택재량).

결정재량은 없고 선택재량만 있는 경우도 있다.

[판례 1] 구 건설기술관리법(현 건설기술진흥법) 제21조의4 제1항이 2001. 1. 16. 개정되면서 기존 제21조의4 제1항의 '부실벌점을 줄 수 있다.'가 '부실벌점을 주어야 한다.'로, 같은 조 제2항의 '불이익을 줄 수 있다.'가 '불이익을 주어야 한다.'로 개정되었다. …… 그러므로 건설기술 진흥법 제53조 제1항에서 규정한 벌점부과처분은 부과 여부에 관한 한 행정청의 재량이 인정되지 않는 기속행위이다(대판 2024. 4. 25, 2023두54242[벌점부과처분취소]). 〈해설〉 벌점부과를 처분으로 본 사례이기도 하다.

[판례 2] 사회복지사업법 제42조 제3항 단서 사유에 해당할 경우 행정청은 기속적으로 보조금환수처분을 하여야 하지만, 그 환수 범위를 재량으로 정할 수 있다(대판 2024. 6. 13, 2023두54112).

재량권은 행정행위에서만 인정되는 것은 아니며 사실행위, 행정입법행위 등 모든 행정작용에서 인정되는 것이며 재량행위라고 하여도 모든 부분이 재량인 것이 아니라 통상 재량권이 인정된 부분과 재량권이 인정되지 않고 법에 엄격히 기속된 부분이 혼재한다.

2. 자유재량행위와 기속재량행위의 구별 [2012 사시 사례]

(1) 구별 여부 및 개념

1) 긍 정 설

기속재량행위(거부재량행위)를 원칙상으로는 기속행위이지만 예외적으로 특별한 사정이 있는 경우 공익을 고려하여 거부할 수 있는 행위라고 하는 견해로서 행정에 대한 예측가능성과 공익의 보장을 조화시키기 위해 기속재량행위가 필요하다고 한다. 또한, 중대한 공익상의 필요에 따른 행정행위의 철회를 인정하는 한 중대한 공익을 이유로 한 허가등의 거부를 인정하는 것이 논리적이고 일관성있는 법적 해결이다.

2) 부 정 설

재량행위와 기속행위의 중간적인 행위는 인정될 수 없으므로 이론상 기속재량행위를 인정할 수 없다는 견해이다. 또한, 법률의 근거없이 중대한 공익상 필요로 허가 등을 거부하는 것은 법률유보의 원칙에 반한다고 본다.

3) 판 례

판례는 원칙상 기속행위이지만 예외적으로 중대한 공익을 이유로 인허가 또는 신고수리를 거부할 수 있는 행위(기속재량행위)를 인정하고 있는 것으로 보인다. 이러한 의미의 기속재량은 거부재량으로 불리기도 한다.

예를 들면, 개발행위허가를 의제하지 않거나 토지형질변경을 수반하지 않는 **일반 건축허가는 원칙상 거부재량**(기속재량행위)이라는 것이 판례의 입장이다. 즉, "건축허가신청이 건축법 등 관계 법령에서 정하는 어떠한 제한에 해당되지 않는 이상 같은 법령에서 정하는 건축허가를 하여야 하고, 중대한 공익상의 필요가 없음에도 불구하고 요건을 갖춘 자에 대한 허가를 관계법령에서 정하는 제한사유 이외의 사유를 들어 거부할 수는 없다."(대판 전원합의체 2012. 11. 22, 2010두22962).

판례는 구 약사법상 의약품제조업허가사항변경허가(대판 1985. 12. 10, 85누674), 채광계획인가(대판 1997. 6. 13, 96누12269; 2002. 10. 11, 2001두151), 불법전용산림신고지산림형질변경허가처분(대판 1998. 9. 25, 97누19564), 구 사설납골당설치허가(대판 1994. 9. 13, 94누3544), 납골당(현행법상 봉안당)설치신고(대판 2010. 9. 9, 2008두22631), 주유소등록(대판 1998. 9. 25, 98두7503), 건축허가(대판 2009. 9. 24, 2009두8946[건축허가거부처분취소]) 등을 재량행위의 일종인[1] 기속재량행위로 보았다.

[판례 1] 구 '장사 등에 관한 법률'(2007. 5. 25. 법률 제8489호로 전부 개정되기 전의 것)의 관계 규정들에 비추어 보면, 같은 법 제14조 제1항에 의한 사설납골시설의 설치신고는, 같은 법 제15조 각 호에 정한 사설납골시설설치 금지지역에 해당하지 않고 같은 법 제14조 제3항 및 같은 법 시행령(2008. 5. 26. 대통령령 제20791호로 전부 개정되기 전의 것) 제13조 제1항의 [별표 3]에 정한 설치기준에 부합하는 한, 수리하여야 하나, 보건위생상의 위해를 방지하거나 국토의 효율적 이용 및 공공복리의 증진 등 중대한 공익상 필요가 있는 경우에는 그 수리를 거부할 수 있다고 보는 것이 타당하다(대판 2010. 9. 9, 2008두22631).

[판례 2] 주유소등록신청을 받은 행정청은 주유소설치등록신청이 석유사업법, 같은 법 시행령, 혹은 위 시행령의 위임을 받은 시·지사의 고시 등 관계 법규에 정하는 제한에 배치되지 않고, 그 신청이 법정등록 요건에 합치되는 경우에는 특별한 사정이 없는 한 이를 수리하여야 하고, 관계 법령에서 정하는 제한사유 이외의 사유를 들어 등록을 거부할 수는 없는 것이나, 심사결과 관계 법령상의 제한 이외의 중대한 공익상 필요가 있는 경우에는 그 수리를 거부할 수 있다(대판 1998. 9. 25, 98두7503).

[판례 3] 건축허가신청이 시장이 수립하고 있는 도시·주거환경정비 기본계획에 배치될 가능성이 높다고 하여 바로 건축허가신청을 반려할 중대한 공익상의 필요가 있다고 보기 어렵다고 한 사례(대판 2009. 9. 24, 2009두8946[건축허가거부처분취소]).

4) 결 어

기속재량행위를 인정할 필요성은 있지만(긍정설), 기속재량행위는 국민의 예측가능성을 침해하므로 제한적으로 엄격히 인정하여야 할 것이다.

(2) 기속재량행위의 필요성 및 인정근거

1) 기속재량행위의 필요성

기속재량행위는 국민의 행정에 대한 예측가능성을 보장하기 위하여 원칙상 기속행위로 보면서

1) 이에 대하여 이러한 의미의 기속재량행위를 기속행위의 일종으로 보는 견해도 있다(김동희, 259면).

도 중대한 공익상 필요가 있는 경우 공익을 보호하기 위하여 예외적으로 재량으로 보는 것으로서 예측가능성과 공익의 보장 사이에 조화를 이루고자 하는 제도이다.

2) 기속재량행위의 인정근거

기속재량행위는 명문의 규정이 있는 경우뿐만 아니라 명문의 규정이 없더라도 관계법령의 해석을 통해 인정된다.

(3) 기속재량행위의 구별실익

판례에 의할 때 기속재량행위는 다음과 같이 기속행위 및 엄격한 의미의 재량행위와 구별된다.

① 기속재량행위의 경우에는 허가 등의 요건을 갖추면 원칙상 허가 등을 하여야 하고, 중대한 공익상 필요가 있는 경우에 한하여 예외적으로 허가 등을 거부할 수 있다. 이에 반하여 기속행위에 있어서는 허가 등의 요건을 충족하면 반드시 허가 등을 해 주어야 하고, 허가 등을 공익상 이유로 거부할 수는 없다. 재량행위의 경우에는 허가 등의 요건을 충족하더라도 이익형량의 결과 허가 등을 거부할 공익이 허가 등으로 인한 이익보다 큰 경우에는 허가 등의 거부가 가능하다. 따라서, 기속재량행위의 경우에는 허가 등을 거부할 중대한 공익상 필요가 있다는 것을 행정청이 입증하여야 하는 반면에 재량행위의 경우에는 재량권의 일탈·남용이 있다는 것을 원고가 입증하여야 한다.

② 기속재량행위의 경우에는 허가 등을 거부할 중대한 공익상 필요가 있는 경우에 허가의 거부가 적법하고, 허가 등을 거부할 중대한 공익상 필요가 없는 경우에는 허가의 거부가 위법하다. 이에 반하여 재량행위의 경우에는 허가 등으로 받는 신청자의 불이익이 공익 보다 심히 큰 경우에 한하여 위법하게 된다. 따라서, 재량행위의 경우에는 부당한 경우가 있지만, 기속재량의 경우에는 부당의 문제는 생기지 않는다.

기속재량행위에 있어서는 행정청은 허가 등을 거부하는 경우에는 정당한 사유를 제시하여야 하고 자의적으로 허가 등을 거부하여서는 안 된다(대판 1997. 6. 13, 96누12269). 처분청은 재량행위의 경우에는 재량고려사항만을 이유로 제시하면 된다.

③ 기속행위 내지 기속재량행위와 재량행위 내지 자유재량행위에 대한 사법심사방식에 차이가 있다. 전자의 경우 그 법규에 대한 원칙적인 기속성으로 인하여 법원은 행정청의 판단에 대해 전면적으로 심사가 가능하며 법원이 판단으로 행정청의 판단을 대체하게 된다(판단대체방식). 이에 반하여 재량행위에서의 법원의 심사범위는 재량권의 일탈 또는 남용에 제한된다(제한심사방식). 재량권의 한계 내에서의 행정청의 판단, 즉 합목적성 내지 공익성의 판단은 법원의 통제대상이 되지 않는다(대판 2001. 2. 9, 98두17593[건축물용도변경신청거부처분취소]).

④ 기속재량행위에서 통상 허가는 기속행위이고 거부가 예외적으로 재량행위인 것이므로 기속재량행위에 있어서는 명문의 규정이 없는 경우에는 원칙상 효과를 제한하는 부관을 붙일 수 없다(대판 1988. 4. 27, 87누1106; 1997. 6. 13, 96누12269).

(4) 기속재량행위의 구별기준

기속재량행위는 원칙상 기속행위이지만 중대한 공익상 필요에 따라 요건이 충족되어도 예외적으로 거부할 필요가 있는 경우에 인정된다.

(5) 기속재량에서 거부처분의 적법요건

판례는 기속재량행위에 있어서 거부처분의 적법요건으로 '허가 등을 거부할 중대한 공익상 필요가 있을 것'을 들고 있다.

3. 재량과 판단여지의 구분

판단여지를 재량과 구별하는 견해와 그 구별을 부인하고 모두 재량의 문제로 보는 견해가 대립하고 있다.

(1) 긍 정 설

판단여지와 재량을 구분하는 견해는 판단여지는 판단의 여지일 뿐 선택의 자유가 아니므로 판단여지는 선택의 자유를 의미하는 재량과 구분하여야 한다고 본다. 또한, 판단여지는 행위요건의 판단에서 예외적으로 인정되며 재량은 효과의 선택에서 인정된다고 한다.

(2) 부 정 설

이 견해는 재량과 판단여지를 구분하지 않고, 판단여지가 인정될 수 있는 경우도 재량이 인정되는 것으로 본다. 이 견해의 논거는 다음과 같다.

① 재량권 및 판단여지의 법적 효과로서의 법원에 의한 통제가능성이라는 측면에서 보면 양자의 구별 실익은 없다. 재량권과 판단여지 모두 그 범위 내에서 행사되는 한 법원의 통제대상이 되지 않는다. ② 법규정의 일체성에 따라 행위요건의 판단과 효과의 선택의 구분이 어렵다. ③ 재량권도 공익판단을 전제로 행사된다.

(3) 판 례

판례는 판단여지설의 논리를 일부 수용하면서도 재량권과 판단여지를 구분하지 않고, 판단여지가 인정될 수 있는 경우도 재량권이 인정되는 것으로 본다.

[판례 1] 중고등학교 교과서 검정에 관한 부적합판정처분의 위법 여부 판단기준: 법원이 위 검정에 관한 처분의 위법 여부를 심사함에 있어서는 문교부장관과 동일한 입장에 서서 어떠한 처분을 하여야 할 것인가를 판단하고 그것과 동 처분과를 비교하여 당부를 논하는 것은 불가하고, 문교부장관이 관계법령과 심사기준에 따라서 처분을 한 것이라면 그 처분은 유효한 것이고 그 처분이 현저히 부당하다거나 또는 재량권의 남용에 해당된다고 볼 수밖에 없는 특별한 사정이 있는 때가 아니면 동 처분을 취소할 수 없다(대판 1988. 11. 8, 86누618[2종 교사용지도서 1차심사결과 부적합판정처분취소]).

[판례 2] 공무원 임용을 위한 면접전형에서 임용신청자의 능력이나 적격성 등에 관한 판단이 면접위원의 자유재량에 속하는지 여부(적극): 공무원 임용을 위한 면접전형에서 임용신청자의 능력이나 적격성 등에 관한 판단은 면접위원의 고도의 교양과 학식, 경험에 기초한 자율적 판단에 의존하는 것으로서 오로지 면접위원의

자유재량에 속하고, 그와 같은 판단이 현저하게 재량권을 일탈·남용하지 않은 한 이를 위법하다고 할 수 없다(대판 2008. 12. 24, 2008두8970[지방직특별임용시험불합격처분취소]: 지방공무원특별임용시험 면접에 면접위원도 아닌 시장이 참여하여 응시자격요건과 무관한 질문을 하여 면접 결과에 영향을 미친 사안에서, 지방공무원임용령 제45조 제 3 항에서 규제하는 시험의 신뢰도에 대한 침해행위로서 위법하다고 한 사례).
[판례 3] 논술형시험인 사법시험 제2차시험의 채점위원이 하는 채점행위의 법적 성질(=재량행위): 논술형 시험에 대한 채점행위는 객관식 시험과 같은 일의적인 정답을 그 기준으로 하기보다는 덕망과 책임감 높은 평가자가 스스로 보유하고 있는 고도의 전문적 식견과 학식 등에 근거한 평가에 전적으로 의존할 것이 예정되어 있음을 그 본질적인 속성으로 하고 있는 사무이므로, 논술형으로 치르는 이 사건 시험에 있어 채점위원은 사법시험의 목적과 내용 등을 고려하여 법령이 정하는 범위 내에서 전문적인 지식에 근거하여 그 독자적 판단과 재량에 따라 답안을 채점할 수 있는 것이다(대판 2007. 1. 11, 2004두10432[사법시험제2차시험불합격처분취소]).
[판례 4] 국가중요건설사업지 또는 그 인접 지역의 광업권이나 광물의 채굴이 국가중요건설사업에 지장을 준다고 인정할 때에는 광업권의 취소 또는 그 지역에 있는 광구의 감소처분을 할 수 있는데(광업법 제34조 제2항), 광업권이나 광물의 채굴이 국가중요건설사업에 지장을 주는지 등은 …… 고도의 전문적인 판단사항으로서, 그에 관해서는 산업통상자원부장관에게 재량권이 부여되어 있다(대판 2023. 6. 29, 2022두59592).

판례는 요건 판단에도 재량을 인정한다.

[판례 1] 국토의 계획 및 이용에 관한 법률상 개발행위허가는 허가기준 및 금지요건이 불확정개념으로 규정된 부분이 많아 그 요건에 해당하는지 여부는 행정청의 재량판단의 영역에 속한다(대판 2021. 3. 25, 2020두51280).
[판례 2] 농지법 시행규칙 제4조의2[별표 1]은 '농작물의 경작 등에 적합한 흙'에 해당하는지에 관한 판단 기준을 구체적으로 정하지 아니한 채 불확정개념으로 규정하였으므로, 그에 대한 사법심사는 행정청의 공익판단에 관한 재량의 여지를 감안하여 법원이 독자적인 결론을 내리지 않고 해당 처분에 재량권 일탈·남용이 있는지 여부만을 심사하게 된다(대판 2020. 2. 6, 2019두43474[조치명령처분취소]).

(4) 결 어

재량과 판단여지는 그 개념, 필요성, 인정근거, 내용, 인정기준 및 범위 등에서 차이가 있으므로 양자를 구별하는 것이 타당하다.

상 이 점	재 량	판단여지
필 요 성	구체적으로 타당한 행정 보장	행정의 책임성·전문성 보장
인정근거	입법자의 수권	입법자의 수권(판단수권설), 법원에 의한 행정의 책임성·전문성의 존중
내 용	행정청의 선택의 자유	행정청의 판단의 여지
인정기준	법률규정, 행위의 성질 및 기본권 관련성, 공익관련성	고도의 전문적·기술적 판단 또는 고도의 정책적 판단
인정범위	효과의 선택	행위요건 중 일정한 불확정개념의 판단

또한, 판단여지의 경우에는 명문의 근거가 없는 한 효과를 제한하는 부관을 붙일 수 없지만, 재량행위의 경우에는 효과를 제한하는 부관을 붙일 수 있는 점에서 구별의 실익이 있다.

4. 재량행위와 기속행위의 구별

(1) 재량행위와 기속행위의 구별실익 1) 행정소송에 있어서의 구별실익 가. 법원의 통제 나. 사법심사방식 2) 부관과의 관계 3) 공권과의 관계	4) 요건 충족에 따른 효과의 부여 (2) 재량행위와 기속행위의 구별기준 1) 법률규정 및 입법취지 2) 법률규정이 불명확한 경우 3) 요건이 공백규정 또는 공익규정인 경우

(1) 재량행위와 기속행위의 구별실익

1) 행정소송에 있어서의 구별실익

가. 법원의 통제 재량행위와 기속행위는 법원에 의한 재판통제와 관련하여 구별의 실익이 있다. 재량행위는 재량권의 한계를 넘지 않는 한(재량권의 행사에 일탈 또는 남용이 없는 한) 재량을 그르친 경우에도 위법한 것이 되지 않고 부당한 행위가 되는 데 불과하므로 재량권의 한계를 넘지 않는 한 법원에 의해 통제되지 않는다.

이에 반하여 기속행위에 있어 행정권 행사에 잘못이 있는 경우에 위법한 행위가 되므로 기속행위에 대한 법원의 통제에는 그러한 제한이 없고, 전면적 통제가 행해진다.

나. 사법심사방식[2024 변시] 재량행위와 기속행위는 계쟁행위에 대한 사법심사방식에 구별실익이 있다. **기속행위**의 경우에 법원은 행정청의 판단과 결정 모두를 심사대상으로 하여 행정청의 판단이 법원의 판단과 다른 경우 법원의 판단을 행정청의 판단에 대체하여 행정청의 행위를 위법한 것으로 판단할 수 있다(**완전심사 및 판단대체방식**).

그러나, **재량행위**에 있어서는 행정청의 판단이 공익판단인 경우에는 재량권의 일탈·남용이 있거나 행정청의 판단이 심히 부당한 경우가 아닌 한 법원은 당해 행정청의 결정을 위법하다고 판단할 수 없다(**제한심사방식**). 판단여지에 있어서는 행정청의 판단이 심히 부당한 경우가 아니면 행정청의 판단은 존중되어야 한다.

판례도 기속행위 내지 기속재량행위와 재량행위 내지 자유재량행위에 대한 법원의 심사방식에 관하여 다음과 같이 판시하고 있다:

[판례] 건축물용도변경신청불허가처분을 재량권의 일탈 · 남용의 위법한 처분으로 단정하기 어렵다고 한 사례: 전자(기속행위)의 경우 그 법규에 대한 원칙적인 기속성으로 인하여 법원이 사실인정과 관련 법규의 해석·적용을 통하여 일정한 결론을 도출한 후 그 결론에 비추어 행정청이 한 판단의 적법 여부를 독자의 입장에서 판정하는 방식에 의하게 되나, 후자(재량행위)의 경우 행정청의 재량에 기한 공익판단의 여지를 감안하여 법원은 독자의 결론을 도출함이 없이 당해 행위에 재량권의 일탈·남용이 있는지 여부만을 심사하게 되고, 이러한 재량권의 일탈·남용 여부에 대한 심사는 사실오인, 비례·평등의 원칙 위배, 당해 행위의 목적 위반이나 동기의 부정 유무 등을 그 판단 대상으로 한다(대판 2001. 2. 9, 98두17593[건축물용도변경신청거부처분취소]; 2010. 9. 9, 2010다39413; 2020. 10. 15, 2019두45739).

2) 부관과의 관계

재량행위의 경우에는 재량권의 범위 내에서 법적 근거 없이도 행정행위의 법률효과를 일부 제한하거나 상대방에게 특별한 부담을 지우는 부관을 붙일 수 있지만, 기속행위의 경우에는 법상 요건이 충족되면 일정한 행위를 하여야 하므로 행위요건의 일부가 충족되지 않은 경우에 법령에 특별한 근거가 없는 한 그 요건의 충족을 조건으로 하는 부관만을 붙일 수 있을 뿐 행위의 효과를 제한하는 부관을 붙일 수 없는 점에서 기속행위와 재량행위를 구별할 실익이 있다.

기속행위인 등록 또는 허가가 등록요건 또는 허가요건을 충족하면 부관을 붙이지 않고 등록 또는 허가를 해 주어야 하지만, 다른 법령에 거부사유가 존재하는 경우 거부할 수 있고, 등록 또는 허가의 거부사유가 법령 또는 사실상태의 변경에 의해 장래에 발생할 것이 예상되는 경우 조건(해제조건)부로 등록 또는 허가를 할 수 있다.

> 음반·비디오물 및 게임물에 관한 법률 제27조의 규정에 의하여 시장·군수·구청장이 일반게임장업의 등록신청을 받은 경우, 등록신청을 받은 위 일반게임장업의 영업소 소재지가 학교신설예정지 인근으로 현재는 학교환경위생정화구역에 해당하지 아니하나 학교가 신설되면 학교환경위생정화구역에 해당하게 될 경우에는 학교개교시까지만 당해 등록이 유효하도록 하는 제한을 붙여 수리할 수 있음(2006년 4월 법제처 법령해석).

3) 공권과의 관계

기속행위뿐만 아니라 재량행위에서도 공권이 인정될 수 있지만, 재량행위와 기속행위에 있어 인정되는 공권의 내용에는 차이가 있다. 기속행위에 있어서는 행정청에 대하여 특정한 내용의 행위를 청구할 공권이 인정되지만, 재량행위에 있어서는 그러한 공권은 인정되지 않으며 무하자재량행사청구권이라는 공권이 인정된다.

4) 요건 충족에 따른 효과의 부여 [2008 사시 사례, 2018 행시]

행정청은 기속행위에 있어서는 요건이 충족되면 반드시 법에 정해진 효과를 부여하여야 하지만, 재량행위에 있어서는 요건이 충족되어도 공익과의 이익형량을 통하여 법에 정해진 효과를 부여하지 않을 수도 있다. 기속재량행위의 경우에는 거부처분을 할 중대한 공익상 필요가 없는 한 요건을 충족하면 신청에 따른 허가 등 처분을 하여야 한다.

[판례 1] 주택건설촉진법 제33조에 의한 주택건설사업계획의 승인은 상대방에게 권리나 이익을 부여하는 효과를 수반하는 이른바 수익적 행정처분으로서 법령에 행정처분의 요건에 관하여 일의적으로 규정되어 있지 아니한 이상 행정청의 재량행위에 속한다 할 것이고, 이러한 승인을 받으려는 주택건설사업계획이 관계 법령이 정하는 제한에 배치되는 경우는 물론이고 그러한 제한사유가 없는 경우에도 공익상 필요가 있으면 처분권자는 그 승인신청에 대하여 불허가 결정을 할 수 있다(대판 2005. 4. 15, 2004두10883[주택건설사업계획승인신청반려처분취소]).

[판례 2] 여기에서 말하는 '공익상 필요'에는 자연환경보전의 필요도 포함된다. 특히 산림의 훼손은 국토 및 자연의 유지와 수질 등 환경의 보전에 직접적으로 영향을 미치는 행위이므로, 법령이 규정하는 산림훼손 금지 또는 제한 지역에 해당하는 경우는 물론이고 금지 또는 제한 지역에 해당하지 않더라도 허가관청은 산림훼손허가신청 대상토지의 현상과 위치 및 주위의 상황 등을 고려하여 국토 및 자연의 유지와 환경의 보전 등

중대한 공익상 필요가 있다고 인정될 때에는 허가를 거부할 수 있고, 그 경우 법규에 명문의 근거가 없더라도 거부처분을 할 수 있다(대판 2007. 5. 10, 2005두13315[주택건설사업계획승인신청서반려처분취소]).
[판례 3] 건축허가권자가 관계 법령에서 정하는 이외의 사유를 들어 허가를 거부할 수 있는지 여부: 건축법 소정의 건축허가권자는 건축허가신청이 건축법, 도시계획법 등 관계 법규에서 정하는 어떠한 제한에 배치되지 않는 이상 당연히 같은 법조 소정의 건축허가를 하여야 하므로, 법률상의 근거 없이 그 신청이 관계 법규에서 정한 제한에 배치되는지의 여부에 대한 심사를 거부할 수 없고, 심사 결과 그 신청이 법정요건에 합치하는 경우에는 특별한 사정이 없는 한 이를 허가하여야 하며, 공익상 필요가 없음에도 불구하고 요건을 갖춘 자에 대한 허가를 관계 법령에서 정하는 제한사유 이외의 사유를 들어 거부할 수 없다(대판 1995. 6. 13, 94다56883). 〈해설〉 건축허가를 기속재량행위(거부재량행위)로 본 것으로 보인다.

또한, 경원관계에 있어 기속행위의 경우 선원주의(先願主義: 요건을 충족한 자가 여러 명인 경우 먼저 신청한 자에게 효과를 부여하여야 한다는 원칙)가 적용되지만(발명특허 등), 재량행위의 경우에는 선원주의가 적용되지 않고 가장 적정하게 공익을 실현할 수 있는 자에게 효과(특허 등)를 부여하고, 공익을 적절하게 실현할 자가 없는 경우에는 어느 누구에게도 효과를 부여하지 않을 수도 있다.

요건을 갖추지 못한 경우에는 기속행위뿐만 아니라 재량행위에서도 요건충족적 부관부 행정행위를 할 수 있는 경우를 제외하고는 거부처분을 하여야 한다.

[판례] 귀화신청인이 구 국적법 제5조 각호에서 정한 귀화요건을 갖추지 못한 경우 법무부장관은 귀화 허부에 관한 재량권을 행사할 여지 없이 귀화불허처분을 하여야 한다(대판 2018. 12. 13, 2016두31616).

(2) 재량행위와 기속행위의 구별기준

재량행위와 기속행위의 구별에 있어 **법률규정**이 일차적 기준이 된다. 왜냐하면 재량권은 입법권에 의해 행정기관에 부여되는 것이기 때문이다. 다만, 법률규정의 문리적 표현뿐만 아니라 관련 규정, 입법취지 및 입법목적을 아울러 고려하여야 한다.

법령의 규정이 명확하지 않은 경우 당해 법령의 규정과 함께 문제가 되는 행위의 성질, 기본권 관련성 및 공익관련성을 종합적으로 고려하여야 한다.

[판례 1] 어느 행정행위가 기속행위인지 재량행위인지 여부는 이를 일률적으로 규정지을 수 없고, 당해 처분의 근거가 된 규정의 형식이나 체제 또는 문언에 따라 개별적으로 판단하여야 한다(대판 1997. 12. 26, 97누15418; 2008. 5. 29, 2007두18321).
[판례 2] 행정행위가 그 재량성의 유무 및 범위와 관련하여 이른바 기속행위 내지 기속재량행위와 재량행위 내지 자유재량행위로 구분된다고 할 때, 그 구분은 당해 행위의 근거가 된 법규의 체재·형식과 그 문언, 당해 행위가 속하는 행정 분야의 주된 목적과 특성, 당해 행위 자체의 개별적 성질과 유형 등을 모두(종합적으로) 고려하여 판단하여야 한다(대판 2001. 2. 9, 98두17593[건축물용도변경신청거부처분취소]; 2020. 10. 15, 2019두45739).
[판례 3] [1] 법무부장관이 법률에서 정한 귀화요건을 갖춘 귀화신청인에게 귀화를 허가할 것인지 여부에 관하여 재량권을 가지는지 여부(적극): 국적법 제4조 제1항은 "외국인은 법무부장관의 귀화허가를 받아 대한민국의 국적을 취득할 수 있다"라고 규정하고, 그 제2항은 "법무부장관은 귀화요건을 갖추었는지를 심사한 후 그 요건을 갖춘 자에게만 귀화를 허가한다"라고 정하고 있다. 국적은 국민의 자격을 결정짓는 것이고, 이를 취득한 사람은 국가의 주권자가 되는 동시에 국가의 속인적 통치권의 대상이 되므로, 귀화허가는 외국인에게 대한

민국 국적을 부여함으로써 국민으로서의 법적 지위를 포괄적으로 설정하는 행위에 해당한다. 한편, 국적법 등 관계법령 어디에도 외국인에게 대한민국의 국적을 취득할 권리를 부여하였다고 볼 만한 규정이 없다. 이와 같은 귀화허가의 근거규정의 형식과 문언, 귀화허가의 내용과 특성 등을 고려해 보면, 법무부장관은 귀화신청인이 귀화요건을 갖추었다 하더라도 귀화를 허가할 것인지 여부에 관하여 재량권을 가진다고 보는 것이 타당하다. [2] 방문동거(F-1-4) 및 특례고용허가자(E-19) 체류자격, 방문취업(H-2) 체류자격, 기타(G-1) 체류자격으로 대한민국 내에서 계속하여 3년 이상 거주한 외국인의 간이귀화신청에 대하여 법무부장관이 방문취업 체류자격이나 기타 체류자격을 이용하여 귀화신청을 하는 것은 간이귀화요건을 갖춘 것으로 볼 수 없 다는 이유로 불허가처분을 한 사안에서, 방문취업 체류자격이나 기타 체류자격으로도 간이귀화의 국내거주요건을 갖출 수 있다는 이유만으로 위 귀화불허가 처분이 위법하다고 한 원심판단에 귀화허가의 법적 성질에 관한 법리를 오해하여 심리를 다하지 않은 위법이 있다고 한 사례(대판 2010. 10. 28, 2010두6496[귀화허가신청불허가처분취소]).

1) 법률규정 및 입법취지

법률에서 효과규정을 '(행정청은) …할 수 있다'라고 규정하고 있는 경우에는 원칙적으로 재량행위이고, '(행정청은) …하여야 한다'라고 규정하고 있는 경우에는 원칙적으로 기속행위이다.

법률에서 '… 한다'라고 규정하고 있는 경우에는 입법취지 및 입법목적 그리고 문제의 행위의 성질을 고려하여 해석을 통하여 문제의 행위가 재량행위인지 기속행위인지를 판단하여야 한다. 입법실무에 있어 재량행위로 하여야 할지 기속행위로 하여야 할지 애매한 경우에 '…한다'라는 표현을 사용한다.

법률의 문리적 표현은 절대적 기준이 되지 못한다. '(행정청은) …하여야 한다'라고 규정된 경우에도 예외적으로 재량행위로 해석하여야 할 경우가 극히 예외적이기는 하지만 있을 수 있고, '(행정청은) …할 수 있다'라고 규정되어 있는 경우에도 기속행위로 해석될 수 있는 경우(예 경찰허가)가 있다.

법률에서 영업활동을 하기 전에 허가를 받아야 한다는 규정을 둘 뿐 행정청의 허가에 있어서의 재량에 관하여는 아무런 규정을 두지 않은 경우(예 … 하고자 하는 자는 … 허가를 받아야 한다)에는 해석을 통하여 당해 허가가 재량행위인지 기속행위인지 판단하여야 한다.

2) 법률규정이 불명확한 경우

법률규정만으로 재량행위인지 기속행위인지 판단할 수 없는 경우에는 법률규정의 표현뿐만 아니라 입법목적 및 입법취지를 고려하고 아울러 다음과 같이 문제의 행위의 성질, 기본권관련성 및 공익관련성이 고려되어야 한다.

① 일반적으로 불법행위에 대한 제재조치는 재량행위에 친숙한 행위이다. 그러나 특별한 사회상황하에서 일정한 불법행위에 대하여 특별히 엄한 제재조치를 가하고자 하는 입법자의 결단이 선 경우에는 예외적으로 당해 제재조치를 기속행위로 규정할 수도 있을 것이다. 실제로 중대한 법규위반의 경우 취소하여야 하는 것으로 규정하고 있는 경우가 있다.

[판례] [1] 의료법 제64조 제1항에서 정하고 있는 의료기관 개설 허가의 취소와 (신고)의료기관 폐쇄명령은 의료법상 의무를 중대하게 위반한 의료기관에 대해서 의료업을 더 이상 영위할 수 없도록 하는 제재처분으로서, 실질적으로 동일한 법적 효과를 의도하고 있다. 다만 의료법 제33조 제4항에 따라 허가에 근거하여 개

설된 의료기관에 대해서는 개설 허가 취소처분의 형식으로 하고, 제33조 제3항과 제35조 제1항 본문에 따라 신고에 근거하여 개설된 의료기관에 대해서는 폐쇄명령의 형식으로 해야 한다. 의료기관이 의료법 제64조 제1항 제1호에서 제7호, 제9호의 사유에 해당하면 관할 행정청이 1년 이내의 의료업 정지처분과 개설 허가 취소처분(또는 폐쇄명령) 중에서 제재처분의 종류와 정도를 선택할 수 있는 재량을 가지지만, 의료기관이 이 사건 조항(의료법 제64조 제1항 제8호에 정한 의료기관 개설허가 취소사유)에 해당하면 관할 행정청은 반드시 해당 의료기관에 대하여 더 이상 의료업을 영위할 수 없도록 개설허가 취소처분(또는 폐쇄명령)을 하여야 할 뿐 선택재량을 가지지 못한다. [2] 법인이 의료기관을 개설한 경우 해당 의료기관에서 거짓으로 진료비를 청구하였다는 범죄사실로 법인의 대표자가 금고 이상의 형을 선고받고 그 형이 확정된 때에 진료비 거짓 청구가 이루어진 해당 의료기관의 개설허가 취소처분(또는 폐쇄명령)을 하여야 한다고 한 사례(대판 2021. 3. 11, 2019두57831[의료기관 개설허가취소처분 취소]).

② 새로이 권리를 설정하여 주는 특허는 재량행위로 해석될 가능성이 있는 반면에 인간이 본래 가지고 있는 자연적 자유의 회복을 내용으로 하는 허가는 기속행위로 해석될 가능성이 크다. 왜냐하면 허가의 요건이 충족된 경우에도 허가를 해 주지 않는 것은 신청자의 자연적 자유를 제한하는 결과가 되기 때문이다. 이에 반하여 특허에 있어서는 공익의 실현을 고려하여야 하므로 통상 재량행위로 보아야 한다. 허가의 경우도 환경보호, 문화재보호 등 이익을 형량하여야 하는 경우에는 그 한도 내에서 기속재량행위 또는 재량행위로 볼 수 있다.

[판례 1] 공유수면 관리 및 매립에 관한 법률에 따른 공유수면의 점용·사용허가는 특정인에게 공유수면 이용권이라는 독점적 권리를 설정하여 주는 처분으로서 처분 여부 및 내용의 결정은 원칙적으로 행정청의 재량에 속한다(대판 2017. 4. 28, 2017두30139).

[판례 2] 판례는 대기오염물질 총량관리사업장 설치의 허가 또는 변경허가를 강학상 특허로 보고 재량행위로 본 반면에 대기환경보전법상 배출시설 설치허가는 강학상 허가로 보면서 원칙상 기속행위이지만 중대한 공익상의 필요가 있을 때에는 허가를 거부할 수 있다고 하고 있는 점에 비추어 대기환경보전법상 배출시설 설치허가를 기속재량행위로 본 것으로 해석할 수 있다(대판 2013. 5. 9, 2012두22799[대기배출시설설치불허가처분등취소]).

[판례 3] 마을버스운송사업면허(특허)의 허용 여부는 사업구역의 교통수요, 노선결정, 운송업체의 수송능력, 공급능력 등에 관하여 기술적·전문적인 판단을 요하는 분야로서 이에 관한 행정처분은 운수행정을 통한 공익실현과 아울러 합목적성을 추구하기 위하여 보다 구체적 타당성에 적합한 기준에 의하여야 할 것이므로 그 범위 내에서는 법령이 특별히 규정한 바가 없으면 행정청의 재량에 속하는 것이라고 보아야 할 것이고, 또한 마을버스 한정면허시 확정되는 마을버스 노선을 정함에 있어서도 기존 일반노선버스의 노선과의 중복 허용 정도에 대한 판단도 행정청의 재량에 속한다(대판 2001. 1. 19, 99두3812[자동차운송사업한정면허처분취소]).

[판례 4] 구 주택건설촉진법(2003. 5. 29. 법률 제6916호 주택법으로 전문 개정되기 전의 것) 제33조에 의한 주택건설사업계획의 승인은 상대방에게 권리나 이익을 부여하는 효과를 수반하는 이른바 수익적 행정처분으로서 법령에 행정처분의 요건에 관하여 일의적으로 규정되어 있지 아니한 이상 행정청의 재량행위에 속하므로, 이러한 승인을 받으려는 주택건설사업계획이 관계 법령이 정하는 제한에 배치되는 경우는 물론이고 그러한 제한사유가 없는 경우에도 공익상 필요가 있으면 처분권자는 그 승인신청에 대하여 불허가 결정을 할 수 있으며, 여기에서 말하는 '공익상 필요'에는 자연환경보전의 필요도 포함된다(대판 2007. 5. 10, 2005두13315[주택건설사업계획 승인신청서반려처분취소]). 〈평석〉 판례에서 "상대방에게 권리나 이익을 부여하는 효과를 수반하는 수익적 행정처분"은 수익적 행정처분 일반을 말하는 것이 아니라 특허를 말하는 것으로 보아야 한다.

③ 자유권 등 국민의 중대한 기본권이 관련되는 경우에는 기속행위 쪽으로 해석하여야 한다.

[판례] 출입국관리법 제2조 제2의2호, 제76조의2 제1항, 난민의 지위에 관한 협약(이하 '난민 협약'이라 한다) 제1조, 난민의 지위에 관한 의정서 제1조의 규정을 종합하여 보면, 법무부장관은 인종, 종교, 국적, 특정 사회집단의 구성원 신분 또는 정치적 의견을 이유로 박해를 받을 충분한 근거 있는 공포로 인해 국적국의 보호를 받을 수 없거나 국적국의 보호를 원하지 않는 대한민국 안에 있는 외국인에 대하여 그 신청이 있는 경우 난민협약이 정하는 난민으로 인정하여야 한다(대판 2008. 7. 24, 2007두3930). 〈해설〉 관련 기본권의 중대성에 비추어 난민인정은 설권적 행위이지만 기속행위로 보는 것이 타당하다.

3) 요건이 공백규정 또는 공익규정인 경우

공익판단을 요건으로 하는 처분에는 행정청의 재량이 인정되는 것으로 보는 것이 타당하다. 법률에서 요건규정을 전혀 두고 있지 않는 경우에도 공익이라는 요건이 있는 것과 같다. 행정권은 공익목적을 위해서만 발동될 수 있기 때문이다. 공익의 판단은 행정권의 고유한 권한에 속하며 공익판단이 잘못된 경우 부당하지만 위법이라고 할 수는 없다.

그러나, 공익목적만이 요건으로 되어 있는 경우에도 관련규정 및 입법목적을 고려할 때 법개념인 행정의 중간목적이 특정될 수 있을 때에는 행정재량은 인정될 수 없다.

예를 들면, 경찰작용은 질서유지만을 목적으로 하여 행사된다. 따라서 경찰법규에서 공익목적만을 행위의 요건으로 규정하고 있는 경우에도 경찰권의 행사는 질서가 침해될 우려(개연성)가 있거나 침해된 경우(중대한 기본권(예 집회·시위의 자유, 표현의 자유)이 제한되는 경우에는 질서에 대한 명백한 위험)에 한하여 발동될 수 있고 질서의 침해 여부의 판단에는 재량이 인정될 수 없다. 경찰권의 발동에는 재량권이 인정된다.

[판례] 집회신고를 하지 아니하였다는 이유만으로 옥외집회 또는 시위를 헌법의 보호 범위를 벗어나 개최가 허용되지 않는 집회 내지 시위라고 단정할 수 없다. 따라서 집회 및 시위에 관한 법률(이하 '집시법'이라고 한다) 제20조 제1항 제2호가 미신고 옥외집회 또는 시위를 해산명령 대상으로 하면서 별도의 해산 요건을 정하고 있지 않더라도, 그 옥외집회 또는 시위로 인하여 타인의 법익이나 공공의 안녕질서에 대한 직접적인 위험이 명백하게 초래된 경우에 한하여 위 조항에 기하여 해산을 명할 수 있고, 이러한 요건을 갖춘 해산명령에 불응하는 경우에만 집시법 제24조 제5호에 의하여 처벌할 수 있다고 보아야 한다(대판 2012. 4. 19, 2010도6388).

4) 요건의 인정이나 효과의 선택에 있어서 이익형량이 예정되어 있는 경우

법령상 요건의 인정이나 효과의 선택에 있어서 이익형량이 예정되어 있는 경우(예 건축허가시 환경이익을 고려하도록 규정하고 있는 경우)에 행정기관에게 재량권이 인정되고 있는 것으로 해석될 수 있다.

[판례] [1] 가축분뇨의 관리 및 이용에 관한 법률(이하 '가축분뇨법'이라 한다)의 입법 목적, 가축분뇨법 제11조 제1항, 제2항, 가축분뇨의 관리 및 이용에 관한 법률 시행령 제7조 제1항, 제2항, 구 가축분뇨의 관리 및 이용에 관한 법률 시행규칙(2020. 2. 20. 환경부령 제849호로 개정되기 전의 것) 제5조 제1항 제4호의 체제·형식과 문언, 특히 가축분뇨법 제11조 제1항, 제2항에서 배출시설 설치허가와 변경허가의 기준을 따로 구체적으로 정하고 있지는 않은 사정 등을 종합하면, 다음과 같은 결론을 도출할 수 있다. 가축분뇨법에 따른 처리방법 변경허가는 허가권자의 재량행위에 해당한다. 허가권자는 변경허가 신청 내용이 가축분뇨법에서 정한 처리시설의 설치기준(제12조의2 제1항)과 정화시설의 방류수 수질기준(제13조)을 충족하는 경

우에도 반드시 이를 허가하여야 하는 것은 아니고, 자연과 주변 환경에 미칠 수 있는 영향 등을 고려하여 허가 여부를 결정할 수 있다. [2] '환경오염 발생 우려'와 같이 장래에 발생할 불확실한 상황과 파급효과에 대한 예측이 필요한 요건에 관한 허가권자의 재량적 판단은 그 내용이 현저히 합리성을 잃었다거나 상반되는 이익이나 가치를 대비해 볼 때 형평이나 비례의 원칙에 뚜렷하게 배치되는 등의 사정이 없는 한 폭넓게 존중하여야 한다. 또한 처분이 재량권을 일탈·남용하였다는 사정은 처분의 효력을 다투는 자가 주장·증명하여야 한다(대판 2021. 6. 30, 2021두35681).

5) 인허가요건이 아니라 인허가기준을 정하고 있는 경우

인허가요건이 아니라 인허가기준을 열거하여 정하고 있는 경우에는 그 인허가기준을 종합적으로 고려하여 이익형량을 거쳐 인허가를 하라는 것이므로 통상 그 해당 인허가(예 개발행위허가)는 재량행위로 볼 여지가 크다.

6) 인허가의제의 경우

주된 인허가가 기속행위라도 의제되는 인허가 중 일부가 재량행위이면 그 주된 인허가는 재량행위가 된다.

5. 재량권 행사의 문제

행정청은 재량이 있는 처분을 할 때에는 관련 이익을 정당하게 형량하여야 하며, 그 재량권의 범위를 넘어서는 아니 된다(행정기본법 제21조).

재량권이 인정된 취지는 행정의 대상이 되는 사실은 매우 다양하므로 구체적인 상황에 맞는 합목적적이고 구체적 타당성 있는 행정권의 행사가 가능하도록 하기 위한 것이다. 따라서 행정권은 재량권을 행사함에 있어서 구체적 사정을 고려하여 합목적적인 처분을 행하고 개개인에 대하여 구체적 타당성 있는 처분을 내려야 한다.

그런데, 재량준칙이라는 재량권 행사의 기준을 정하여 그 기준에 따라 재량권을 행사하도록 하는 경우에 특별한 이유 없이 재량준칙에 위반하여 상대방에게 불리한 처분을 내리면 그 처분은 평등원칙에 위반하는 결과가 되어 위법하게 된다. 다만, 재량준칙은 법규와 같은 절대적인 구속력은 갖지 않으며 특별한 사정이 있는 경우에는 예외적으로 재량준칙을 적용하지 않을 수 있다.

6. 재량권의 한계 [2010, 2013 행시(일반행정) 사례, 2016 변시, 2019 행시]

재량처분이 적법하기 위해서는 처분사유가 존재하고, 재량권의 일탈·남용이 없어야 한다.

행정청에 재량권이 부여된 경우에도 재량권은 무한정한 것은 아니며 일정한 법적 한계가 있다. 재량권이 이 법적 한계를 넘은 경우에는 그 재량권의 행사는 위법한 것이 된다. 재량권의 한계는 **재량권의 일탈 또는 남용**을 말한다.

재량권의 일탈(逸脫)이란 재량권의 외적 한계(즉, 법적·객관적 한계)를 벗어난 것을 말하고, **재량권의 남용(濫用)**이란 재량권의 내적 한계, 즉 재량권이 부여된 내재적 목적을 벗어난 것을 말한다.

다만, 판례는 재량권의 일탈과 재량권의 남용을 명확히 구분하지 않고 재량권의 행사에 '재량권의 일탈 또는 남용'이 없는지 여부를 판단한다. 또한 재량권의 한계가 재량권의 일탈에 속하는지 재량권의 남용에 속하는지를 판단할 실익도 없다. 어떠한 재량권의 한계이든지 위반하게 되면 그 재량권 행사는 위법하게 된다.

재량권의 한계를 넘은 재량권 행사에는 일의적으로 명확한 법규정의 위반, 사실오인, 평등원칙 위반, 자기구속의 원칙 위반, 비례원칙 위반, 절차 위반, 재량권의 불행사 또는 해태, 목적 위반 등이 있다.

[판례] 재량행위에 대한 사법심사는 행정청의 재량에 기초한 공익 판단의 여지를 감안하여 법원이 독자적인 결론을 내리지 않고 해당 처분에 재량권 일탈·남용이 있는지 여부만을 심사하게 되고, 사실오인과 비례·평등의 원칙 위반 여부 등이 그 판단기준이 된다(대법원 2020. 9. 3. 선고 2019두60899 판결 등 참조). 행정청이 행정행위를 함에 있어 이익형량을 전혀 하지 아니하거나 이익형량의 고려대상에 마땅히 포함시켜야 할 사항을 누락한 경우(재량권의 불행사 또는 해태) 또는 이익형량을 하였으나 정당성·객관성이 결여된 경우(이익형량의 하자) 그 행정행위는 재량권을 일탈·남용하여 위법하다고 할 수 있다(대법원 2020. 6. 11. 선고 2020두34384 판결 등 참조). 이러한 재량권 일탈·남용에 관해서는 그 행정행위의 효력을 다투는 사람이 증명책임을 진다(대법원 2019. 7. 4. 선고 2016두47567 판결 등 참조)(대판 2022. 9. 7, 2021두39096; 2024. 7. 11, 2021두47974).

(1) 법규정 위반

법령이 재량권을 부여함에 있어 직접 재량권의 일정한 한계를 정하는 경우가 있고 이 경우에 이 법령상의 한계를 넘는 재량처분은 위법하다.

예를 들면, 법이 행정법규 위반에 대하여 영업허가취소 또는 6개월 이내의 영업정지처분을 내릴 수 있는 것으로 재량권을 부여한 경우에 당사자의 법규 위반이 매우 중대한 것이라 하더라도 취소하면 적법할 수 있는 경우에도 1년의 영업정지처분을 내리는 것은 위법하다.

[판례 1] [1] **광업권 설정출원이 불허가된 경우, 그에 대한 쟁송기간이 경과하거나 쟁송수단을 다 거칠 때까지 그 출원이 가지는 순위확보적 효력이 존속하는지 여부(적극)**: 광업법 제17조 제1항 및 제21조 제1항, 제24조 본문의 각 규정에 의하면, 광업권은 당사자의 출원에 대한 관할관청의 허가에 의하여 설정되고, 동종광물에 대한 광업권 설정출원이 동일한 구역에 중복된 경우에는 원서의 도달일시가 먼저인 출원이 우선하며 동일한 구역에는 원칙적으로 2 이상의 광업권을 설정할 수 없도록 규정하고 있는바, 이러한 광업권 설정출원은 비록 그에 대하여 불허가처분이 행하여졌다고 할지라도 그 처분에 대한 쟁송제기기간이 경과하거나 쟁송수단을 다 거칠 때까지는 그 출원이 가지는 순위확보적 효력은 계속된다. [2] 어떤 광구에 관하여 소외 회사명의로 선출원이 있었음에도 그 구역의 광물채굴이 공익을 해한다는 이유로 불허가되었으나 여전히 동 출원의 효력이 존속하는 경우, 광업권 설정 후 출원자가 노력을 경주하여 당해 지역 일부가 공익사항에 의한 제한대상이 아닌 것을 발견해 내었다고 할지라도 동일한 석회석 광구에 대하여 소외 회사의 선출원이 유효하게 존속하는 이상 광업등록사무소장으로서는 선출원 우선의 규정에 따라 소외 회사에게 당해 광구에 대한 광업권 설정허가를 할 수밖에 없고 따라서 후출원자에게 그 허가를 할 수는 없다(대판 1997. 11. 28, 97누11089[광업권설정출원서반려처분취소등]).

[판례 2] 공무원징계령 제7조 제6항 제3호, 공무원징계령 시행규칙 제4조 제1항 제2호 및 경찰청 예규인 경찰공무원 징계양정 등에 관한 규칙 제9조 제1항 제2호의 규정상 경찰공무원에 대한 징계위원회의 심의과정에 감경사유에 해당하는 공적 사항이 제시되지 아니한 경우에는 그 징계양정이 결과적으로 적정한지와 상관없이 이는 관계 법령이 정한 징계절차를 지키지 아니한 것으로서 위법하다(대판 2012. 10. 11, 2012두13245[해임처분취소]).

절차법규정이 있는 경우에 그 절차법규정을 위반한 경우에는 절차의 위법이 있는 처분이 된다.

(2) 사실오인

사실의 존부에 대한 판단에는 재량권이 인정될 수 없으므로 사실을 오인하여 재량권을 행사한 경우(예 비위를 저지르지 않은 공무원을 비위를 저지른 것으로 오인하여 징계처분한 경우)에 그 처분은 위법하다(대판 2001. 7. 27, 99두2970[용화집단시설지구기본설계변경승인처분취소]).

[판례] [1] 행정청의 재량행위가 사실오인 등에 근거한 것이면 이는 재량권을 일탈·남용한 것으로서 위법하여 그 취소를 면치 못한다(대법원 2001. 7. 27. 선고 99두2970 판결 등 참조). 만약 행정청이 과거 상대방에게 한 특정한 처분으로 인하여 그에게 유리한 사실관계가 형성되었음을 인식하고 있었음에도 이를 반영하지 않은 채 재량권을 행사하였다면, 이는 행정청의 사실오인에 기초한 것으로서 재량권 일탈·남용에 해당하여 위법하다. [2] 행정청이 상대방에게 그와 같은 사실관계에 관한 자료의 제출을 요청하였으나 그가 이를 제대로 이행하지 않은 경우라고 하더라도, 그러한 사정으로 인하여 행정청이 사실오인을 일으켰다는 등의 특별한 사정이 없는 한, 마찬가지라고 할 것이다. [3] 행정청이 한 버스노선 변경명령에 따른 인가 운행거리 연장이 연료비 재정지원금 정산처분에 있어 상대방에게 유리함에도 이를 반영하지 않은 상태에서 한 정산처분이 재량권 일탈·남용에 해당한다고 한 사례(대판 2025. 3. 13, 2024두58692[표준연비연정산세부계획에 따른 정산처분취소 등 청구의 소]).

(3) 평등원칙 또는 자기구속의 원칙 위반

처분 자체만으로는 재량권의 범위를 넘지 않았지만 평등원칙에 위반되면 위법한 재량권 행사가 된다. 재량준칙이 정하여진 경우에 합리적 이유 없이 그 재량준칙을 따르지 않고 당사자에게 불리한 처분을 하면 그 처분은 평등원칙 위반으로 위법하다. 재량준칙이 정하여진 경우에도 재량준칙을 적용하는 것이 불합리한 특별한 사정이 있는 경우에는 재량준칙을 따르지 않을 수 있고, 재량준칙을 그대로 적용하여 당사자에게 불리한 처분을 하면 그 재량처분은 위법하다.

행정관행이 존재하는 경우에 행정관행과 다른 재량권 행사는 특별한 사정이 없는 한 자기구속의 원칙에 반한다(전술 자기구속의 원칙 참조).

(4) 비례원칙 위반

비례원칙은 모든 국가작용에 적용되는 헌법상의 법원칙이지만 특히 재량권 행사의 통제에 있어서 중요한 수단이 된다. 예를 들면, 일반적으로 제재처분은 법령에 의해 재량행위로 규정되어 있는데 위법한 행위를 이유로 제재처분을 가하는 경우 당해 제재처분의 목적과 제재처분 사이 또는 법 위반의 정도와 제재처분 사이에 현저히 비례관계를 잃은 경우에는 당해 제재처분은 비례의 원칙에 반하는 위법한 처분이 된다.

[판례 1] 징계사유에 해당하는 행위가 있더라도, 징계권자가 그에 대하여 징계처분을 할 것인지, 징계처분을 하면 어떠한 종류의 징계를 할 것인지는 징계권자의 재량에 맡겨져 있다고 할 것이나, 그 재량권의 행사가 징계권을 부여한 목적에 반하거나, 징계사유로 삼은 비행의 정도에 비하여 균형을 잃은 과중한 징계처분을 선택함으로써 비례의 원칙에 위반하거나 또는 합리적인 사유 없이 같은 정도의 비행에 대하여 일반적으로 적

용하여 온 기준과 어긋나게 공평을 잃은 징계처분을 선택함으로써 평등의 원칙에 위반한 경우에는, 그 징계처분은 재량권의 한계를 벗어난 것으로서 위법하고, 징계처분에 있어 재량권의 행사가 비례의 원칙을 위반하였는지 여부는, 징계사유로 인정된 비행의 내용과 정도, 그 경위 내지 동기, 그 비행이 당해 행정조직 및 국민에게 끼치는 영향의 정도, 행위자의 직위 및 수행직무의 내용, 평소의 소행과 직무성적, 징계처분으로 인한 불이익의 정도 등 여러 사정을 건전한 사회통념에 따라 종합적으로 판단하여 결정하여야 한다(대판 2001. 8. 24, 2000두7704[면직처분취소]).

[판례 2] 제재적 행정처분이 재량권의 범위를 일탈·남용하였는지 여부의 판단기준: 제재적 행정처분이 사회통념상 재량권의 범위를 일탈하였거나 남용하였는지 여부는 처분사유로 된 위반행위의 내용과 당해 처분행위에 의하여 달성하려는 공익목적 및 이에 따르는 제반 사정 등을 객관적으로 심리하여 공익침해의 정도와 그 처분으로 인하여 개인이 입게 될 불이익을 비교 교량하여 판단하여야 한다(대판 2001. 3. 9, 99두5207).

[판례 3] 헌법 제34조 제6항, 제36조 제3항에서 정한 국가의 기본권 보호의무와 구 감염병예방법, 재난안전법의 내용 및 취지 등에 비추어 보면, 행정청이 전문적인 위험예측에 관한 판단에 기초하여 감염병을 예방하기 위한 여러 종류의 조치 중에서 필요한 조치를 선택한 데에 비례의 원칙 위반 등 재량권 일탈·남용의 위법이 있는지를 판단할 때에는, 감염병의 특성과 확산 추이, 예방 백신이나 치료제의 개발 여부, 예방 조치를 통해 제한 또는 금지되는 행위로 인한 감염병의 전파가능성 등 객관적 사정을 기초로, 해당 예방 조치가 행정목적을 달성할 수 있는 효과적이고 적절한 수단인지(적합성의 원칙 위반 여부), 그러한 행정목적을 달성하는 데 해당 예방 조치보다 상대방의 권리나 이익이 덜 제한되도록 하는 합리적인 대안은 없는지(최소침해의 원칙 위반 여부), 행정청이 해당 예방 조치를 선택하면서 다양한 공익과 사익의 요소들을 고려했는지, 나아가 예방 조치를 통해 달성하려는 공익과 이에 따라 제한될 상대방의 권리나 이익이 정당하고 객관적으로 비교·형량 되었는지(이익형량의 원칙 위반 여부) 등을 종합적으로 고려해야 한다(대판 전원합의체 2024. 7. 18, 2022두43528).

판례에 따르면 수 개의 징계사유(또는 제재사유) 중 일부가 인정되지 않더라도 인정되는 다른 일부 징계사유(또는 제재사유)만으로도 당해 징계처분(또는 제재처분)의 타당성을 인정하기에 충분한 경우에는 그 징계처분(또는 제재처분)은 위법하지 아니하다(대판 2002. 9. 24, 2002두6620). 이에 대하여는 일부의 징계사유(또는 제재사유)가 인정되지 않아 징계처분(또는 제재처분)이 쟁송취소되면 보다 가벼운 징계처분(또는 제재처분)이 내려질 수도 있는 이익도 있고, 처분청의 재량권도 존중하여야 하므로 일부 징계사유(또는 제재사유)가 인정되지 않는 경우에는 취소판결을 하여야 한다는 비판적 견해가 있다.

[판례 1] 경찰공무원이 담당사건의 고소인으로부터 금품을 수수하고 향응과 양주를 제공받았으며 이를 은폐하기 위하여 고소인을 무고하는 범죄행위를 하였다는 사유로 해임처분을 받은 경우, 위 징계사유 중 금품수수사실이 인정되지 않더라도 나머지 징계사유만으로도 해임처분의 타당성이 인정되어 재량권의 범위를 일탈·남용한 것이 아니다(대판 2002. 9. 24, 2002두6620[해임처분취소]).

[판례 2] 이 사건 처분 사유 중 지입제 경영이라는 처분사유로써 이 사건 처분(일반택시운송사업면허취소처분)의 정당성이 인정되는 이상 다른 처분사유인 운송 미개시 부분이 원고에게 거듭 불이익을 주는 것이어서 위법하다고 하더라도 그것만으로 이 사건 처분이 위법하게 되는 것은 아니다(대판 2004. 3. 25, 2003두1264).

(5) 절차 위반

이해관계인의 의견진술 등 절차가 법률에 의해 명시적으로 규정된 경우에 그 절차를 거쳐야 하며 법률에 명시적인 규정이 없다 하더라도 헌법원칙인 적법절차의 원칙에 반하는 처분은 절차위반만으로 위법한 처분이 된다.

(6) 재량권의 불행사 또는 재량의 해태 [2023 변시]

부주의로 또는 재량행위를 기속행위로 오인하여 재량권을 행사하지 않거나 재량을 해태한 경우에 재량행위는 위법한 처분이 된다.

재량권의 불행사(不行使)란 재량권을 행사함에 있어 고려하여야 할 구체적 사정을 전혀 조사·고려하지 않은 경우를 말한다.

예를 들면, 행정법규를 위반한 영업에 대하여 영업허가를 취소 또는 정지할 수 있다고 규정되어 있는데 그러한 위반에 대하여는 영업허가를 취소하여야 하는 것으로 오인하고 법규 위반의 정도, 위반사유 및 상대방의 이해관계를 조사·고려함이 없이 영업허가를 취소한 경우 그 취소처분은 재량권을 불행사한 것으로 위법이 된다.

재량의 해태(懈怠)란 재량권을 행사함에 있어 고려하여야 하는 구체적 사정에 대한 고려를 하였지만 충분히 조사·고려하지 않은 경우를 말한다.

예를 들면, 재량권 행사시 고려하여야 하는 관계 이익(공익 및 사익)을 충분히 고려하지 않은 경우를 말한다.

재량권 불행사 및 해태는 그 자체로서 재량권의 일탈·남용에 해당한다(대판 2019. 7. 11, 2017두38874). **판례**에 따르면 행정청이 제재처분 양정을 하면서 공익과 사익의 형량을 전혀 하지 않았거나 이익형량의 고려대상에 마땅히 포함하여야 할 사항을 누락한 경우에는 해당 제재처분은 재량권을 일탈·남용한 것이라고 보아야 한다. 또한, 제재처분의 감경사유를 전혀 고려하지 않거나 그 사유에 해당하지 않는다고 오인한 나머지 감경하지 아니하였다면 해당 제재처분은 재량권을 일탈·남용한 위법한 처분이지만, 감경사유를 고려하고도 법령상 기준에 따라 감경없이 제재처분을 한 것만으로는 재량권의 일탈·남용이 되지 않는다.

[판례 1] 행정청이 제재처분 양정을 하면서 공익과 사익의 형량을 전혀 하지 않았거나 이익형량의 고려대상에 마땅히 포함하여야 할 사항을 누락한 경우 또는 이익형량을 하였으나 정당성·객관성이 결여된 경우에는 제재처분은 재량권을 일탈·남용한 것이라고 보아야 한다. 처분상대방에게 법령에서 정한 임의적 감경사유가 있는 경우에, 행정청이 감경사유까지 고려하고도 감경하지 않은 채 개별처분기준에서 정한 상한으로 처분을 한 경우에는 재량권을 일탈·남용하였다고 단정할 수는 없으나, 행정청이 감경사유를 전혀 고려하지 않았거나 감경사유에 해당하지 않는다고 오인하여 개별처분기준에서 정한 상한으로 처분을 한 경우에는 마땅히 고려대상에 포함하여야 할 사항을 누락하였거나 고려대상에 관한 사실을 오인한 경우에 해당하여 재량권을 일탈·남용한 것이라고 보아야 한다(대판 2020. 6. 25, 2019두52980).

[판례 2] [1] 행정청이 건설산업기본법 및 구 건설산업기본법 시행령(2016. 2. 11. 대통령령 제26979호로 개정되기 전의 것, 이하 '시행령'이라 한다) 규정에 따라 건설업자에 대하여 영업정지 처분을 할 때 건설업자에게 영업정지 기간의 감경에 관한 참작 사유가 존재하는 경우, 행정청이 그 사유까지 고려하고도 영업정지 기간을 감경하지 아니한 채 시행령 제80조 제1항 [별표 6] '2. 개별기준'이 정한 영업정지 기간대로 영업정지 처분을 한 때에는 이를 위법하다고 단정할 수 없으나, 위와 같은 사유가 있음에도 이를 전혀 고려하지 않거나 그 사유에 해당하지 않는다고 오인한 나머지 영업정지 기간을 감경하지 아니하였다면 영업정지 처분은 재량권을 일탈·남용한 위법한 처분이다. [2] 시행령 제80조 제1항 [별표 6]이 "위반행위의 정도, 동기 및 그 결과 등 다음 사유를 고려하여 제2호의 개별기준에 따른 영업정지 및 과징금의 2분의 1 범위에서 그 기간이나 금액을 가중하거나 감경할 수 있다."라고 하면서 열거하고 있는 개별적인 감경·가중 사유들은 같은 조 제2항이

감경·가중 기준으로 제시하고 있는 '위반행위의 동기·내용 및 횟수' 등을 반영한 것이고, 시행령 제80조의 취지가 [별표 6]에 따라 '위반행위의 정도·동기·결과' 등을 고려하여 감경을 한 후 이와 다르다고 보기 어려운 '위반행위의 동기·내용·횟수' 등의 사유로 다시 감경하도록 한 것이라고 해석되지 아니한다. 따라서, 시행령 제80조 제1항 [별표 6]은 제2항의 감경 기준인 '위반행위의 동기·내용 및 횟수'를 구체화하여 이에 해당하는 개별적인 감경 사유를 규정한 것이므로, [별표 6]에 따라 '위반행위의 동기·내용 및 횟수' 등이 고려되어 감경이 이루어진 이상 이에 해당하는 사정들에 대하여 같은 조 제2항에 따른 감경이 고려되지 않았다고 볼 수는 없다. 따라서 행정청이 '위반행위의 동기·내용 및 횟수'에 관한 참작 사유에 대하여 [별표 6]에 따른 감경만을 검토하여 영업정지의 기간을 정하였더라도 그 처분이 '감경 사유가 있음에도 이를 전혀 고려하지 않거나 감경 사유에 해당하지 않는다고 오인한 경우'로서 재량권을 일탈·남용한 경우에 해당한다고 볼 수 없다(대판 2016. 8. 29, 2014두45956[영업정지처분취소]).

[판례 3] '부동산 실권리자명의 등기에 관한 법률 시행령' 제3조의2 단서의 과징금 임의적 감경사유가 있음에도 이를 전혀 고려하지 않거나 감경사유에 해당하지 않는다고 오인하여 과징금을 감경하지 않은 경우, 그 과징금 부과처분은 재량권을 일탈·남용한 위법한 것이다(대판 2010. 7. 15, 2010두7031[과징금부과처분취소]).

[판례 4] 대법원은 여러 구청에서 대형마트의 영업제한을 동일하게 한 것은 구체적 사정을 조사하지 않는 등으로 재량권을 불행사하거나 해태하지 않은 것이 아니라 영업제한을 달리 정할 경우 영업을 하는 다른 대형마트를 이용할 것이므로 일률적으로 정할 수 밖에 없는 이유가 있다고 보았다. 이에 대하여 원심은 피고들이 이 사건 각 처분을 함에 있어서, 관련 공·사익의 이익형량을 전혀 하지 아니하거나 이익형량의 고려대상에 마땅히 포함시켜야 할 사항을 누락함으로써 재량권을 행사하지 않았거나 해태하였다고 하였다.

[판례 5] 행정청인 시·도지사가 여객자동차운송사업의 한정면허의 갱신 여부를 심사할 때 한정면허의 갱신을 신청한 자가 거부처분으로 입게 되는 불이익의 내용과 정도 등을 전혀 비교형량하지 아니하였거나 비교형량의 고려대상에 마땅히 포함시켜야 할 사항을 누락한 경우 또는 비교형량을 하였으나 정당성·객관성이 결여된 경우에는 한정면허의 갱신에 관한 거부처분은 재량권을 일탈·남용하여 위법하다(대판 2020. 6. 11, 2020두34384).

[판례 6] [1] 재외동포에 대한 사증발급은 행정청의 재량행위에 속한다. [2] 피고는 자신에게 주어진 재량권을 전혀 행사하지 않고 오로지 13년 7개월 전에 이 사건 입국금지결정이 있었다는 이유만으로 이 사건 사증발급 거부처분을 한 사안에서 피고는 관계법령상 부여된 재량권을 적법하게 행사했어야 했다(비례의 원칙에 반하는 것인지 판단했어야 했다)고 한 사례(대판 2019. 7. 11, 2017두38874).

[판례 7] 피고 경기도지사가 원고의 이 사건 한정면허 갱신 신청을 심사할 당시 각 노선에 대한 수요 증감의 폭과 추이, 원고가 해당 노선을 운영한 기간, 공익적 기여도, 그간 노선을 운행하면서 취한 이익의 정도 등을 종합적으로 고려하였어야 하는데도, 단순히 공항이용객의 증가, 운송여건의 개선, 한정면허 운송업체의 평균 수익률만을 들어 이 사건 한정면허 노선의 수요 불규칙성이 개선되었다고 보아 이 사건 한정면허의 갱신사유에 관하여 구체적으로 살펴보지도 않은 채 거부처분을 내린 것은 재량권을 일탈·남용한 것이라고 본 사례(대판 2020. 6. 11, 2020두34384).

재량권의 불행사와 재량의 해태는 이 하자를 이유로 처분이 취소된 후 행정청은 판결의 취지에 따라 재량권을 제대로 행사한 후 동일한 내용의 처분을 할 수도 있다는 점에서 내용상 하자가 아니라 **광의의 절차의 하자에 해당하는** 것이라고 할 수 있다. 따라서, '재량권 불행사의 하자'로 거부처분을 취소하는 판결이 확정되면, 피고 행정청은 취소판결의 취지에 따라 그 하자를 보완하여 원고의 신청에 대하여 다시 처분을 하여야 한다(행정소송법 제30조 제1항, 제2항).

(7) 목적 위반

행정권의 행사가 법률에서 정한 목적과 다르게 행사된 경우, 즉 **재량권**이 **남용**된 경우에 재량처분은 위법하게 된다. 재량권이 사적 목적 내지 불법한 동기에 의해 행사된 경우에 재량행위가 위법하게 된다는 데에 이견이 없다.

문제는 행정권이 법률에 의해 주어진 목적과 다른 공익목적으로 행사된 경우에 행정권의 행사가 위법인가이다. 행정권이 주어진 목적과 실체적 관련이 없는 전혀 다른 목적으로 행사된 경우에는 공익목적을 위하여 행사된 경우에도 재량권을 남용한 것으로 위법한 것으로 보아야 한다.

(8) 명백히 불합리한 재량권 행사

재량권의 행사가 명백히 불합리한 경우(사회통념상 현저하게 타당성을 잃은 경우)에 당해 재량권 행사는 위법하다고 보아야 한다.

(9) 전문적·기술적 판단 및 정책재량 등에 대한 신중한 통제 [2024 변시]

처분에 전문성·기술성·자율성·정책성 또는 강한 공익성 등이 있는 경우 재량권 일탈·남용의 인정을 신중히 하여야 한다는 것이 판례의 입장이다(대판 2019. 2. 28, 2017두71031: 문화재의 보존을 위한 사업인정 등 처분; 2019. 1. 10, 2017두43319: 민간공원조성계획 입안 제안을 받은 행정청이 제안의 수용 여부를 결정하는 데 필요한 심사기준 등을 정하고 그에 따라 우선협상자를 지정하는 것).

[판례] 공군비행장 인근에 '버스차고지 부지'를 조성하겠다는 개발행위허가 신청에 대하여, 처분청(지방자치단체의 장)이 구 군사기지 및 군사시설 보호법 및 동법 시행규칙에 따른 관할 부대장의 부동의 의견을 기초로 개발행위불허가처분을 하자, 그 불허가처분에 처분사유가 부존재하고 관할 부대장의 부동의 의견이 재량권 일탈·남용에 해당한다는 이유로 불허가처분의 취소를 구한 사건: [1] 구 군사기지 및 군사시설 보호법령의 관련규정을 종합하면, 협의 요청의 대상인 행위가 군사작전에 지장을 초래하거나 초래할 우려가 있는지, 그러한 지장이나 우려를 해소할 수 있는지, 항공등화의 명료한 인지를 방해하거나 항공등화로 오인될 우려가 있는지 등은 해당 부대의 임무, 작전계획, 군사기지 및 군사시설의 유형과 특성, 주변환경, 지역주민의 안전에 미치는 영향 등을 종합적으로 고려하여 행하는 고도의 전문적·군사적 판단 사항으로서, 그에 관해서는 국방부장관 또는 관할부대장 등에게 재량권이 부여되어 있다. [2] 행정청의 전문적인 정성적 평가 결과는 그 판단의 기초가 된 사실인정에 중대한 오류가 있거나 그 판단이 사회통념상 현저하게 타당성을 잃어 객관적으로 불합리하다는 등의 특별한 사정이 없는 한 법원이 그 당부를 심사하기에 적절하지 않으므로 가급적 존중되어야 하고, 여기에 재량권을 일탈·남용한 특별한 사정이 있다는 점은 증명책임분배의 일반원칙에 따라 이를 주장하는 자가 증명하여야 한다(대법원 2016. 1. 28. 선고 2013두21120 판결, 대법원 2018. 6. 15. 선고 2016두57564 판결 참조). [3] 행정청의 정성적 평가에 대한 재량권 일탈·남용의 판단기준과 그 증명책임에 관한 법리가 구 군사기지법 제13조, 동법 시행규칙 제7조에 따른 국방부장관 또는 관할 부대장의 협의 의견(동의 여부)에도 적용됨을 선언하고, 그 판단기준 및 증명책임에 관한 법리에 비추어 원심이 판시한 사정만으로 고도의 전문적·군사적 판단인 이 사건 관할 부대장의 부동의 의견을 사회통념상 현저하게 타당성을 잃어 재량권을 일탈·남용한 것이라고 단정할 수 없다고 판단하여, 관할 부대장의 부동의 의견이 비례의 원칙에 위반된다고 보고 관할부대장의 부동의 의견을 기초로 한 이 사건 처분이 위법하다고 판단한 원심을 파기한 사례(대판 2020. 7. 9, 2017두39785[개발행위불허가처분취소]).

또한, '환경오염 발생 우려'와 같이 장래에 발생할 불확실한 상황과 파급효과에 대한 예측이 필요한 요건에 관한 행정청의 재량적 판단은 그 내용이 합리성이 없거나 상반되는 이익과 가치를 대비해 볼 때 형평과 비례의 원칙에 뚜렷하게 배치되지 않는 한 폭넓게 존중되어야 한다(대판 2017.

3. 15, 2016두55490; 2018. 4. 12, 2017두71789; 2020. 7. 23, 2019두31839).

7. 재량권에 대한 통제

재량권의 행사에 대한 통제로는 입법적 통제, 행정적 통제와 사법적 통제가 있다.

(1) 입법적 통제

의회는 필요 이상으로 과도한 재량권이 행정권에게 주어지지 않도록 법률을 제정하여야 할 것이다. 가능한 한 구체적이고 명확하게 법규정을 제정하고, 직접 재량권의 한계를 법률로 정하는 등(예 영업정지기간의 상한을 정함) 필요 이상의 재량권이 부여되지 않도록 입법하여야 할 것이다.

(2) 행정적 통제

상급행정청은 하급행정청의 위법한 재량권 행사뿐만 아니라 부당한 재량권 행사에 대하여도 취소 또는 변경을 요구하는 등 통제를 가할 수 있다.

재량권 행사의 기준을 정하는 재량준칙은 재량권의 자의적인 행사를 막고 재량권이 공정하게 행사되도록 하는 기능도 갖는다.

이해관계인에게 의견진술의 기회를 부여하거나 행정처분에 이유를 제시하도록 하는 것은 행정청의 재량권 행사가 자의적으로 행사되는 것을 막고 보다 합리적으로 행사되도록 하는 기능도 갖는다.

(3) 사법적 통제

재량행위도 행정소송법상 처분으로서 항고소송의 대상이 되지만, 재량권의 행사가 한계를 넘지 않으면 재량행위는 위법한 행위가 되지 않고 법원에 의해 취소되지 않는다. 그러나 재량권의 한계를 넘어 위법하게 되는 재량처분은 취소소송에 의해 취소된다.

재량권의 한계를 넘지는 않았지만 재량권의 행사를 그르친 경우 당해 재량행위는 부당한 행위가 된다. 부당한 재량행위는 취소소송의 대상은 되지 않지만 행정심판에 의해 취소될 수 있다.

재량행위에 대하여 취소소송이 제기되어 재량권의 일탈·남용이 다투어지는 경우에 법원은 재량권의 일탈 또는 남용이 없는지 여부에 관하여 본안심사를 하여 재량권의 일탈 또는 남용이 있으면 취소판결을 내리고, 재량권의 일탈·남용이 없으면 각하판결을 하는 것이 아니라 기각판결을 한다.

재량권의 일탈 또는 남용으로 손해를 입은 국민은 국가배상을 청구할 수 있다. 다만, 이 경우에 공무원의 과실을 별도로 입증하여야 국가배상책임이 인정된다.

8. 재량축소

(1) 재량축소의 의의와 내용

이익형량의 원칙상 재량이 축소되는 경우가 있다. 예를 들면, 국민의 권익보호를 위해 결정재량은 없어지고, 선택재량만 남는 경우가 있을 수 있다. 또한, 선택재량만 있는 경우에도 국민의 권익 보호를 위해 법령상의 선택재량이 일부 축소되어 인정될 수 있다.

(2) 재량권의 영으로의 수축

전술한 바와 같이 일정한 경우에 재량권이 영(零)으로 수축하게 된다. 이 경우에 행정청은 재량권을 갖지 못하며 특정한 행위를 하여야 할 의무를 지게 되고, 재량행위에 있어서 국민이 가지는 권리인 무하자재량행사청구권은 행정행위발급청구권이나 행정개입청구권으로 전환된다.

[판례 1] 경찰권의 행사 여부는 원칙적으로 재량처분으로 인정되고 있으나, 목전의 상황이 매우 중대하고 긴박한 것이거나, 그로 인하여 국민의 중대한 법익이 침해될 우려가 있는 경우에는, 재량권이 영으로 수축하여 경찰권을 발동할 의무가 있다. 따라서 사람이 바다에서 조난을 당하여 인명이 경각에 달린 경우에 해양경찰관으로서는 그 직무상 즉시 출동하여 인명을 구조할 의무가 있다(헌재 2007. 10. 25, 2006헌마869).
[판례 2] 무장공비색출체포를 위한 대간첩작전을 수행하기 위하여 파출소 소장, 순경 및 육군장교 수명 등이 파출소에서 합동대기하고 있던 중 그로부터 불과 60~70미터 거리에서 약 15분간에 걸쳐 주민들이 무장간첩과 격투하던 주민 중 1인이 무장간첩의 발사권총탄에 맞아 사망하였다면 위 군경공무원들의 직무유기행위와 위 망인의 사망과의 사이에 인과관계가 있다고 봄이 상당하다(대판 1971. 4. 6, 71다124[손해배상]).

Ⅱ. 판단여지 [2004 행시 사례]

1. 불확정개념과 판단여지 [1996 입시 약술]

법률이 행위의 요건을 규정함에 있어서 개념상으로 명확한 확정개념을 사용하는 경우도 있지만 많은 경우에 불확정개념을 사용하고 있다.

불확정개념이란 그 개념 자체로서는 그 의미가 명확하지 않고 해석의 여지가 있는 개념을 말한다. '공공의 안녕과 질서', '중대한 사유', '식품의 안전', '환경의 보전' 등을 그 예로 들 수 있다.

판단여지라 함은 요건을 이루는 불확정개념의 해석·적용에 있어서 이론상 하나의 판단만이 가능한 것이지만, 둘 이상의 판단이 모두 적법한 판단으로 인정될 수 있는 가능성이 있는 것을 말한다.

불확정개념(不確定槪念)은 원칙상 법개념이라고 보고 따라서 법원에 의해 논리법칙 또는 경험법칙에 따라 그 개념이 일의적으로 해석될 수 있는 개념으로 본다. 따라서 행정기관이 불확정개념으로 된 행위의 요건을 판단함에 있어 재량권을 가질 수는 없다.

다만, **일정한 경우**에 행정기관이 불확정개념을 해석·적용함에 있어 둘 이상의 상이한 판단이 행해질 수 있는 경우 중 행정기관에게 **판단여지**가 **인정**되는 경우가 있다고 보고 행정기관에게 판단여지가 인정되는 경우에는 판단의 여지 내에서 이루어진 행정기관의 판단은 법원에 의한 통제의 대상이 되지 않는다고 본다. 법원은 행정기관이 판단의 여지 내에서 내린 결정을 수용하여야 한다. 이러한 주장을 하는 학설을 **판단여지설(判斷餘地說)**이라 한다.

2. 판단여지의 인정근거

판단여지의 인정근거인 판단여지설은 독일의 이론이 수용된 것인데 독일에서 판단여지의 인정근거는 다음과 같고 그것은 우리나라에서도 타당하다고 볼 수 있다.

① 독일의 다수설인 판단수권설에 의하면 행정청의 판단여지는 불확정개념의 속성·특성에서 도출되는 것이 아니라 입법자의 수권에 따른 판단수권이라고 한다(정하중, 192면). 입법권은 불확정 법개념을 사용하면서 행정에게 그 자신의 책임하에 결정을 내릴 것을 수권하는 것으로 해석할 수 있는 경우가 있고 이 경우에 내려진 행정결정은 제한적으로만 법원에 의해 사후적으로 통제된다고 보아야 한다.

② 불확정개념이 여러 상이한 가치판단을 허용한 것으로 해석될 경우 행정기관은 법원보다 전문성을 가지고 있고, 구체적인 행정문제에 책임을 지고 있으므로 법원은 행정기관의 전문성과 책임성을 존중하여 행정기관의 판단을 존중하여야 한다.

3. 판단여지의 인정범위

판단여지는 행정행위의 요건 중 일정한 불확정개념의 판단에서 인정된다.

판단여지는 불확정개념의 해석·적용 중 어디에서 인정되는가. 행위의 요건인 불확정개념을 해석·적용함에는 불확정개념을 해석하고, 사실을 조사·확인하고, 사실이 요건인 불확정개념에 포섭되는지를 판단하여야 한다.

① 우선 사실의 확인에 있어 원칙상 판단여지가 인정될 수 없으며 완전한 사법심사의 대상이 된다는 것이 일반적 견해이다. 다만, 고도로 기술적인 사실관계의 확인에 있어서는 극히 예외적으로 판단여지가 인정될 수 있을 것이다.

② 독일의 다수설인 판단수권설에서는 판단여지는 불확정개념의 해석이 아니라 그 포섭에서 인정된다고 본다(정하중, 192면). 그러나, 그 포섭에서 뿐만 아니라 불확정개념이 경험개념이 아니라 가치개념인 경우에는 그 해석에 있어서도 판단여지가 인정될 수 있다고 보는 것이 타당하다.

4. 인정기준

판단여지는 판단여지의 근거에 비추어 불확정개념의 적용에 관하여 객관적 기준(객관적인 경험법칙, 논리법칙 및 보편타당한 가치기준)이 결여되어 있어 법원의 판단으로 행정청의 신중한 판단을 대체하는 것이 타당하지 않은 경우, 즉 고도로 전문적이고 기술적인 판단이나 고도로 정책적인 판단에 속하는 불확정개념의 적용에 한하여 인정된다고 보는 것이 타당하다.

① 고도로 전문적이고 기술적인 판단을 요하는 경우(예 고도의 가치판단을 요하는 경우, 전문성이 갖추어진 위원회의 판단을 거친 경우 등)

[판례] [1] 불확정개념으로 규정되어 있는 의료법 제59조 제1항에서 정한 지도와 명령의 요건에 해당하는지, 나아가 요건에 해당하는 경우 행정청이 어떠한 종류와 내용의 지도나 명령을 할 것인지의 판단에 관해서는 행정청에 재량권이 부여되어 있다. 〈해설〉 고도의 전문적 판단을 요하는 경우 요건의 인정에 재량을 인정하고 있다. [2] 신의료기술의 안전성·유효성 평가나 신의료기술의 시술로 국민보건에 중대한 위해가 발생하거나 발생할 우려가 있는지에 관한 판단은 고도의 의료·보건상의 전문성을 요하므로, 이에 대하여 전문적인 판단을 하였다면, 판단의 기초가 된 사실인정에 중대한 오류가 있거나 판단이 객관적으로 불합리하거나 부당하다는 등의 특별한 사정이 없는 한 존중되어야 한다. 또한 행정청이 전문적인 판단에 기초하여 재량권의 행사로서 한 처분은 비례의 원칙을 위반하거나 사회통념상 현저하게 타당성을 잃는 등 재량권을 일탈하거나 남용한 것이 아닌 이상 위법하다고 볼 수 없다(대판 2016. 1. 28, 2013두21120[의료기술시행중단명령처분취소]).

② 고도로 정책적인 판단에 속하는 경우(예 외국인의 재류기간(在留期間)의 갱신을 적당하다고 인정할 만한 상당한 이유의 인정)

[판례] 지가공시 및 토지 등의 평가에 관한 법률 시행령 제18조 제1항, 제2항은 감정평가사시험의 합격기준으로 절대평가제 방식을 원칙으로 하되, 행정청이 감정평가사의 수급상 필요하다고 인정할 때에는 상대평가제 방식으로 할 수 있다고 규정하고 있으므로, 감정평가사시험을 실시함에 있어 어떠한 합격기준을 선택할 것인가는 시험실시기관인 행정청의 고유한 정책적인 판단에 맡겨진 것으로서 자유재량에 속한다(대판 1996. 9. 20, 96누6882[감정평가사시험불합격결정처분취소]).

③ 시험의 경우에서와 같이 다시 실시할 수 없다는 점도 판단여지 인정에 있어 고려사항이 된다. 시험분야에서 판단여지가 인정되는 근거는 보다 정확히 말하면 다음과 같다. i) 시험분야에서의 판단이 기술적이고, 전문적인 성격을 갖는 점, ii) 법원의 심사시에 시험 당일의 상황이 재현되기 어려운 점, iii) 실기시험의 경우 다른 응시자의 실기와의 비교가 필요한데 그 비교가 법원에 의해 행해질 수 없다는 점 등이 그것이다.

판례는 재량권과 판단여지를 구분하지 않고 판단여지가 인정될 수 있는 경우도 재량권이 있는 것으로 보고 있는데, 다음과 같은 경우에 판단여지를 인정하는 대신에 재량권을 인정하고 있다: ① 검정(檢定)을 신청한 중고등학교용 도서의 검정기준에의 적합 여부의 판단(대판 1988. 11. 8, 86누618), ② 시험분야에서의 결정(채점기준, 정답의 결정),[2] ③ 학교분야에서의 시험유사적 결정(학위수여 여부에 대한 결정)(대판 1976. 6. 8, 76누63).

[판례] 법령에 의하여 국가가 그 시행 및 관리를 담당하는 대학수학능력시험은 물론 각 대학별 입학전형에 있어서, 출제 및 배점, 정답의 결정, 채점이나 면접의 방식, 점수의 구체적인 산정방법 및 기준, 합격자의 선정 등은 원칙적으로 시험 시행자의 고유한 정책 판단 또는 전형절차 주관자의 자율적 판단에 맡겨진 것으로서 폭넓은 재량에 속하는 사항이며, 다만 그 방법이나 기준이 헌법이나 법률을 위반하거나 지나치게 합리성이 결여되고 객관적 정당성을 상실한 경우 또는 시험이나 입학전형의 목적, 관계 법령 등의 취지에 비추어 현저하게 불합리하거나 부당하여 재량권을 일탈 내지 남용하였다고 판단되는 경우에 한하여 이를 위법하다고 볼 것이다(대판 2007. 12. 13, 2005다66770[손해배상(기)] [수능 반올림 점수 사건]).

5. 인정영역

판단여지는 비대체적 결정의 영역(예 시험), 구속적 가치평가의 영역(예 전문위원회에 의한 청소년 유해도서의 판단, 보호대상문화재 해당 여부의 판단), 예측결정의 영역(예 환경상 위험의 예측 평가, 경제여건의 변화예측), 정책적 결정의 영역(예 외국인의 체류갱신 허가의 필요성 판단) 등에서 인정된다.

6. 판단여지의 법적 효과 및 한계

판단의 여지가 인정되는 범위 내에서 내려진 행정청의 판단은 법원에 의한 통제의 대상이 되지 않는다. 달리 말하면 판단의 여지가 인정되어 가능한 복수의 판단이 존재하는 경우 행정청이 그 중 하나를 신중하게 판단하여 선택한 경우에는 그 행정기관의 판단은 법원에 의해 배척될 수 없고 그 판단에 기초하여 내려진 행정행위는 위법한 처분이 되지 않는다.

---

2) 대판 1964. 6. 30, 62누194; 1962. 8. 30, 62누42; 2001. 4. 10, 99다33960 등.

[판례] **'건설공사를 계속하기 위한 고분발굴허가'=재량행위, 행정청의 전문적 · 기술적 판단 존중:** 건설공사를 계속하기 위한 발굴허가신청에 대하여 그 공사를 계속하기 위하여 부득이 발굴할 필요가 있는지의 여부를 결정하여 발굴을 허가하거나 이를 허가하지 아니함으로써 원형 그대로 매장되어 있는 상태를 유지하는 조치는 허가권자의 재량행위에 속한다.… 행정청이 매장문화재의 원형보존이라는 목표를 추구하기 위하여 문화재보호법 등 관계 법령이 정하는 바에 따라 내린 전문적·기술적 판단은 특별히 다른 사정이 없는 한 이를 최대한 존중하여야 한다(대판 2000. 10. 27, 99두264[유적발굴허가신청불허가처분취소]).

다만, 판단여지가 인정되는 경우에도 명확히 법을 위반하거나(예 판단기관의 위법한 구성, 법의 일반원칙, 절차규정 위반, 다른 법규정 위반) 사실의 인정을 잘못했거나 명백히 판단을 잘못한 것은 위법이 된다. 전문적·정책적 판단이 심히 부실하게 행해진 것도 위법사유가 된다고 보아야 한다.

[판례 1] **교과서검정의 위법성에 대한 판단기준:** 교과서검정이 고도의 학술상, 교육상의 전문적인 판단을 요한다는 특성에 비추어 보면, 교과용 도서를 검정함에 있어서 법령과 심사기준에 따라서 심사위원회의 심사를 거치고, 또 검정상 판단이 사실적 기초가 없다거나 사회통념상 현저히 부당하다는 등 현저히 재량권의 범위를 일탈한 것이 아닌 이상 그 검정을 위법하다고 할 수 없다(대판 1992. 4. 24, 91누6634[중학교2종교과서검정처분취소]).
[판례 2] **국립묘지 안장 대상자의 부적격 사유인 '국립묘지의 영예성 훼손 여부'에 관한 행정청의 판단의 위법 여부:** 국립묘지 안장 대상자의 부적격 사유인 '국립묘지의 영예성 훼손 여부'에 관한 행정청의 판단에 재량이 인정된다. 따라서 영예성 훼손 여부에 대한 심의위원회의 결정이 현저히 객관성을 결여하였다는 등의 특별한 사정이 없는 한 그 심의 결과는 존중함이 옳고, 영예성 훼손 여부의 판단에 이와 같이 재량의 여지가 인정되는 이상 그에 관한 기준을 정하는 것도 행정청의 재량에 속하는 것으로서 마찬가지로 존중되어야 한다(대판 2013. 12. 26, 2012두19571[국립묘지안장거부처분취소]).

판례에 따르면 '환경오염 발생 우려'와 같이 장래에 발생할 불확실한 상황과 파급효과에 대한 예측이 필요한 요건에 관한 행정청의 재량적 판단은 내용이 현저히 합리성을 결여하였다거나 상반되는 이익이나 가치를 대비해 볼 때 형평이나 비례의 원칙에 뚜렷하게 배치되는 등의 사정이 없는 한 폭넓게 존중될 필요가 있다.

[판례] 환경의 훼손이나 오염을 발생시킬 우려가 있는 개발행위에 대한 행정청의 허가와 관련하여 재량권의 일탈·남용 여부를 심사할 때에는, …… '환경오염 발생 우려', '자연환경·생활환경에 미치는 영향'과 같이 장래에 발생할 불확실한 상황과 파급효과에 대한 예측이 필요한 요건에 관한 행정청의 재량적 판단은 내용이 현저히 합리성을 결여하였다거나 상반되는 이익이나 가치를 대비해 볼 때 형평이나 비례의 원칙에 뚜렷하게 배치되는 등의 사정이 없는 한 폭넓게 존중될 필요가 있는 점 등을 함께 고려하여야 한다. 이 경우 행정청의 당초 예측이나 평가와 일부 다른 내용의 감정의견이 제시되었다는 등의 사정만으로 쉽게 행정청의 판단이 위법하다고 단정할 것은 아니다(대판 2017. 3. 15, 2016두55490; 2017. 10. 31, 2017두46783).

제 5 절 행정행위의 법적 효과의 내용

I. 법률행위적 행정행위

1. 명령적 행위

(1) 하 명 [2021 변시]

1) 개 념

하명(下命)이란 행정청이 국민에게 작위, 부작위, 급부 또는 수인의무를 명하는 행위를 말한다. 이 중 부작위의무를 명하는 행위를 금지라 한다.

법령규정 자체에 의해 직접 하명의 효과(구체적인 의무)가 발생하는 경우가 있는데, 그 법령규정을 **법규하명**이라 한다. 법규하명은 처분성을 가지므로 명령의 형식을 취하는 경우 항고소송의 대상이 되고, 법률의 형식을 취하는 경우(@ 이륜자동차에 대한 고속도로 등 통행금지를 명하는 도로교통법 제58조) 헌법소원의 대상이 된다(헌재 2007. 1. 17, 2005헌마1111, 2006헌마18). 법규하명은 엄밀한 의미의 하명(행정행위인 하명)이 아니다.

2) 하명의 효과

하명의 내용에 따라 상대방에게 일정한 공법상 의무가 발생한다. 작위하명(시정명령)에 의해서는 상대방에게 일정한 행위를 적극적으로 행하여야 할 의무(시정의무)가 생기고, 부작위하명(금지, 통행금지)에 의해서는 일정한 행위를 하지 않을 의무(통행하지 않을 의무)가 생기고, 급부하명(조세부과처분)에 의해서는 일정한 급부를 하여야 할 의무(조세납부의무)가 생기고, 수인하명(강제입원명령)에 의해서는 행정청에 의한 강제를 감수하고 이를 수인할 의무(강제입원을 수인할 의무)가 생긴다.

3) 하명 위반의 효과

하명에 의해 부과된 의무(위법건축물의 철거의무)를 이행하지 않는 자에 대해서는 행정상 강제집행이 행해지고, 하명에 의해 부과된 의무(미성년자에게 담배를 팔지 말아야 할 의무)를 위반한 때에는 행정벌이 과하여진다.

그러나 원칙상 하명에 위반하여 행해진 행위의 사법상의 효력이 부인되지는 않는다. 다만, 하명 위반에 대한 처벌만으로는 하명의 목적을 달성할 수 없을 때에는 법률이 처벌과 함께 행위 자체를 무효로 규정하는 경우가 있다.

4) 하명의 해제신청

[판례] 공사중지명령의 해제를 구하기 위한 요건: 공사중지명령에 대하여 그 명령의 상대방이 해제를 구하기 위해서는 명령의 내용 자체로 또는 성질상으로 명령 이후에 원인사유가 해소되었음이 인정되어야 한다(대판 2014. 11. 27, 2014두37665[공사중지명령해제신청거부처분취소등]).

(2) 허 가

1) 허가의 개념

허가(許可)라 함은 법령에 의한 자연적 자유에 대한 일반적인 상대적 금지(허가조건부 금지)를 일정한 요건을 갖춘 경우에 해제하여 일정한 행위를 적법하게 할 수 있게 하는 행정행위를 말한다.

영업허가, 건축허가, 어업허가, 주류판매업 면허, 기부금품모집허가, 운전면허, 은행업의 인가, 신탁업의 인가가 그 예이다.

허가는 **학문상의 개념**이다. 허가라는 개념은 실정법상으로도 사용되나 허가 이외에 면허, 인가, 승인 등의 용어가 실무상 사용되고 있다. 또한 실정법상 사용되는 허가라는 용어 중에는 학문상의 특허(예 광업허가) 또는 인가(예 토지거래허가)에 해당하는 것도 있다.

2) 허가의 법적 성질

가. 허가는 명령적 행위인가 형성적 행위인가

(가) 명령적 행위설 **종래의 통설**을 따르는 견해는 허가는 권리를 설정하여 주는 행위가 아니라 인간이 본래 가지고 있는 자연적 자유를 회복시켜 주는 것에 불과한 것으로 하명과 같이 자연적 자유를 대상으로 하는 행위이므로 형성적 행위가 아니라 하명과 함께 명령적 행위에 해당한다고 보고 있다.

(나) 형성적 행위설 **오늘날** 허가도 형성적 행위라고 보는 견해가 **유력**해지고 있다. 즉, 허가는 단순히 자연적 자유를 회복시켜 주는 데 그치는 것이 아니라 적법하게 일정한 행위를 할 수 있는 법적 지위를 창설하여 주는 형성적 행위라고 본다.

(다) 양면성설(병존설) 허가를 명령적 행위와 형성적 행위의 양면성을 갖는다고 본다. 즉, 허가는 금지를 해제해 준다는 점에서는 명령적 행위이나 경영할 수 있는 법적 지위를 창설해 준다는 점에서는 형성적 행위이다(홍정선, 215면).

(라) 판 례 판례는 허가를 **명령적 행위**로 본다.

[판례] 한의사 면허는 경찰금지를 해제하는 명령적 행위(강학상 허가)에 해당한다(대판 1998. 3. 10, 97누4289[한약조제시험무효확인]).

(마) 결 어 형성적 행위를 새로이 권리를 설정해 주는 행위에 한정할 이유는 없고, 허가는 허가를 받은 자라는 법적 지위를 형성해 주는 것이므로 **형성적 행위설**이 타당하다. 다만, 허가를 형성적 행위라고 보더라도 허가에서의 형성은 특허와 달리 새로운 권리를 창설하여 주는 것이 아니라 상대방이 본래 가지고 있었던 일정한 행위를 할 수 있는 자유를 회복시켜 주고 허가자의 지위를 부여하는 것을 내용으로 한다.

나. 기속행위인가 재량행위인가 ① 허가는 법령에 특별한 규정이 없는 한 **원칙상 기속행위**라고 보아야 한다. 그 이유는 허가는 인간의 자유권을 공익목적상 제한하고 일정한 요건을 충족시키는 경우에 회복시켜 주는 행위이므로 허가요건을 충족하였는데도 허가를 거부하는 것은 정당

한 사유 없이 헌법상 자유권을 제한하는 것이 되므로 허용되지 않는다고 보아야 하기 때문이다. 다만, 허가의 요건이 불확정개념으로 규정되어 있는 경우 중 행정청에게 판단여지가 인정될 수 있는 경우가 있다.

[판례 1] 식품위생법상 대중음식점영업허가는 성질상 일반적 금지에 대한 해제에 불과하므로 허가권자는 허가신청이 법에서 정한 요건을 구비한 때에는 허가하여야 하고 관계법규에서 정하는 제한사유 이외의 사유를 들어 허가신청을 거부할 수 없다(대판 1993. 5. 27, 93누2216[대중음식점영업허가거부처분취소]).
[판례 2] 기부금품모집허가의 법적 성질이 강학상의 허가라는 점을 고려하면, 기부금품 모집행위가 같은 법 제 4 조 제 2 항의 각 호의 사업에 해당하는 경우에는 특별한 사정이 없는 한 그 모집행위를 허가하여야 하는 것으로 풀이하여야 한다(대판 1999. 7. 23, 99두3690[기부금품모집허가불허처분취소]).

② 판례는 **건축허가 등 일정한 허가**를 원칙상 기속행위라고 보면서도 예외적으로 심히 중대한 공익상 필요가 있는 경우 거부할 수 있는 재량권(기속재량권)을 인정하고 있다. 즉, 그 허가를 **기속재량행위**로 보고 있다.

[판례] 건축허가권자가 관계 법령에서 정하는 제한사유 이외의 사유를 들어 그 허가신청을 거부할 수 있는지 여부(원칙적 소극): 건축허가권자는 건축허가신청이 건축법 등 관계 법규에서 정하는 어떠한 제한에 배치되지 않는 이상 당연히 같은 법조에서 정하는 건축허가를 하여야 하고, 중대한 공익상의 필요가 없음에도 불구하고, 요건을 갖춘 자에 대한 허가를 관계 법령에서 정하는 제한사유 이외의 사유를 들어 거부할 수는 없다(대판 2006. 11. 9, 2006두1227; 2009. 9. 24, 2009두8946: 건축허가신청이 시장이 수립하고 있는 도시·주거환경정비 기본계획에 배치될 가능성이 높다고 하여 바로 건축허가신청을 반려할 중대한 공익상의 필요가 있다고 보기 어렵다고 한 사례).

③ **법령**에서 일정한 경우에 허가를 재량행위로 규정하고 있는 경우가 있고, 그 경우에는 허가도 **재량행위**가 된다. [2010 행시(일반행정) 사례]

예를 들면, 건축법 제11조 제 4 항은 "허가권자는 위락시설 또는 숙박시설에 해당하는 건축물의 건축을 허가하는 경우 해당 대지에 건축하려는 건축물의 용도·규모 또는 형태가 주거환경이나 교육환경 등 주변환경을 고려할 때 부적합하다고 인정되는 경우에는 이 법이나 다른 법률에도 불구하고 건축위원회의 심의를 거쳐 건축허가를 하지 아니할 수 있다"라고 규정하고 있으므로 이 경우 건축허가는 재량행위이다. 이 건축법규정은 주거지역이나 학교 근처에 러브호텔 등이 들어서는 것을 막기 위하여 신설된 규정이다. 건축법 제18조는 건축허가를 제한할 수 있는 경우를 규정하고 있다.

④ **근거법령 내지 관계법령의 규정**에 비추어 허가시 중대한 공익(환경의 이익 등)의 고려가 필요하여 이익형량이 요구되는 경우 허가(㊀ 토지형질변경허가)는 **재량행위**라고 보아야 한다(판례).

[판례 1] 판례는 산림형질변경허가(대판 1997. 9. 12, 97누1228), 토지형질변경허가(대판 1999. 2. 23, 98두17845), 입목의 벌채·굴채허가(대판 2001. 11. 30, 2001두5866)를 재량행위로 해석하고 있다.
[판례 2] 산림훼손허가는 재량행위이며 그 거부처분에 법규상 명문의 근거가 필요하지 않다: 산림훼손행위는 국토의 유지와 환경의 보전에 직접적으로 영향을 미치는 행위이므로 법령이 규정하는 산림훼손 금지 또는 제한지역에 해당하는 경우는 물론 금지 또는 제한지역에 해당하지 않더라도 허가관청은 산림훼손허가신청 대

상토지의 현상과 위치 및 주위의 상황 등을 고려하여 국토 및 자연의 유지와 환경의 보전 등 중대한 공익상 필요가 있다고 인정될 때에는 허가를 거부할 수 있고, 그 경우 법규에 명문의 근거가 없더라도 거부처분을 할 수 있다(대판 1997. 9. 12, 97누1228; 2000. 7. 7, 99두66[산림형질변경허가기간연장신청반려처분취소]).

⑤ **인·허가의제에서 의제되는 인·허가가 재량행위인 경우**에는 주된 인·허가가 기속행위인 경우에도 그 한도 내에서 **재량행위**로 보아야 한다(인·허가의제 참조).

[판례 1] 국토의 계획 및 이용에 관한 법률(이하 '국토계획법'이라고 한다) 제56조에 따른 개발행위허가와 농지법 제34조에 따른 농지전용허가·협의는 금지요건·허가기준 등이 불확정개념으로 규정된 부분이 많아 그 요건·기준에 부합하는지의 판단에 관하여 행정청에 재량권이 부여되어 있으므로, 그 요건에 해당하는지 여부는 행정청의 재량판단의 영역에 속한다. 나아가 국토계획법이 정한 용도지역 안에서 토지의 형질변경행위·농지전용행위를 수반(의제)하는 건축허가는 건축법 제11조 제1항에 의한 건축허가와 위와 같은 개발행위허가 및 농지전용허가의 성질을 아울러 갖게 되므로 이 역시 재량행위에 해당한다(대판 2017. 10. 12, 2017두48956). 〈해설〉 판례는 일정한 경우(판단여지가 인정되는 경우) 요건판단에도 재량을 인정한다.
[판례 2] **채광계획인가로 공유수면 점용허가가 의제될 경우, 공유수면 점용불허사유로써 채광계획을 인가하지 아니할 수 있는지 여부(적극)**: 채광계획인가를 받으면 공유수면 점용허가를 받은 것으로 의제되고, 이 공유수면 점용허가는 공유수면 관리청이 공공 위해의 예방 경감과 공공복리의 증진에 기여함에 적당하다고 인정하는 경우에 그 자유재량에 의하여 허가 여부를 결정하여야 할 것이므로, 공유수면 점용허가를 필요로 하는 채광계획 인가신청에 대하여도, 공유수면 관리청이 재량적 판단에 의하여 공유수면 점용허가 여부를 결정할 수 있고, 그 결과 공유수면 점용을 허용하지 않기로 결정하였다면, 채광계획 인가관청은 이를 사유로 하여 채광계획을 인가하지 아니할 수 있는 것이다(대판 2002. 10. 11, 2001두151[채광계획불인가처분취소]).

⑥ 개발제한구역 안에서의 건축허가는 예외적 허가로서 원칙상 재량행위이다.

⑦ 기속행위인 허가가 재량행위인 허가를 포함하는 경우에는 그 한도 내에서 **재량행위**가 된다.

[판례 1] **국토의 계획 및 이용에 관한 법률에 의하여 지정된 도시지역 안에서 토지의 형질변경행위를 수반하는 건축허가의 법적 성질(=재량행위)**: 국토의 계획 및 이용에 관한 법률에서 정한 도시지역 안에서 토지의 형질변경행위를 수반하는 건축허가는 건축법 제8조 제1항의 규정에 의한 건축허가와 국토의 계획 및 이용에 관한 법률 제56조 제1항 제2호의 규정에 의한 토지의 형질변경허가의 성질을 아울러 갖는 것으로 보아야 할 것이고, 같은 법 제58조 제1항 제4호, 제3항, 같은 법 시행령 제56조 제1항 [별표 1] 제1호 (가)목 (3), (라)목 (1), (마)목 (1)의 각 규정을 종합하면, 같은 법 제56조 제1항 제2호의 규정에 의한 토지의 형질변경허가는 그 금지요건이 불확정개념으로 규정되어 있어 그 금지요건에 해당하는지 여부를 판단함에 있어서 행정청에게 재량권이 부여되어 있다고 할 것이므로, 같은 법에 의하여 지정된 도시지역 안에서 토지의 형질변경행위를 수반하는 건축허가는 결국 재량행위에 속한다(대판 2005. 7. 14, 2004두6181[건축허가신청반려처분취소]).
[판례 2] 국토의 계획 및 이용에 관한 법률이 정한 용도지역 안에서의 건축허가 요건에 해당하는지 여부는 행정청의 재량판단의 영역에 속한다고 한 사례: 건축법 제11조 제1항, 제5항 제3호, 국토의 계획 및 이용에 관한 법률(이하 '국토계획법'이라 한다) 제56조 제1항 제1호, 제2호, 제58조 제1항 제4호, 제3항, 국토의 계획 및 이용에 관한 법률 시행령 제56조 제1항 [별표 1의2] '개발행위허가기준' 제1호 (라)목 (2)를 종합하면, 국토계획법이 정한 용도지역 안에서의 건축허가는 건축법 제11조 제1항에 의한 건축허가와 국토계획법 제56조 제1항의 개발행위허가의 성질을 아울러 갖는데, 개발행위허가는 허가기준 및 금지요건이 불확정개념으로 규정된 부분이 많아 그 요건에 해당하는지 여부는 행정청의 재량판단의 영역에 속한다(대판 2017. 3. 15, 2016두55490). 〈해설〉 개발행위허가의 허가기준 및 금지요건이 불확정개념으로 규정되었다는 것만으로 그 요건 판단을 행정청의 재량판단의 영역에 속한다고 한 것은 문제가 있다.

⑧ 기속행위인 허가에 조건을 붙일 수 있는 것으로 규정하고 있는 경우에는 허가 여부는 기속행위이지만, 조건을 붙일지 여부 및 조건의 선택에 있어서는 재량이 인정된다.

3) 허가의 신청

신청을 전제로 하지 않는 허가도 있지만(예 통행금지의 해제), 통상 허가는 신청을 전제로 하여 주어진다.

4) 허가의 효과

가. 자유권의 회복 허가가 주어지면 금지가 해제되고 본래 가지고 있던 자유권이 회복된다. 그리하여 허가를 받은 자는 적법하게 일정한 행위(영업 또는 건축)를 할 수 있는 지위를 획득하게 된다.

나. 이익의 향유

① 허가를 받으면 상대방은 적법하게 허가의 대상이 된 일정한 행위를 할 수 있는 권리 내지 법률상 이익을 향유하게 된다. 따라서 정당한 사유 없이 철회를 당한 경우에는 취소소송을 통하여 철회의 취소를 청구할 수 있다.

② 일반적으로 말하면 **허가로 인하여 누리는 영업상 이익은 원칙상 반사적 이익**에 불과하다. 왜냐하면 허가제도를 설정하는 법규정은 공익의 달성(질서유지 등)을 목적으로 하고 있을 뿐 허가를 받은 자의 경제적인 영업상의 이익을 보호하고 있다고 볼 수 없기 때문이다.

판례도 허가로 인하여 누리는 영업상 이익은 원칙상 반사적 이익에 불과하다고 본다.

[판례] 한의사 면허는 경찰금지를 해제하는 명령적 행위(강학상 허가)에 해당하고, 한약조제시험을 통하여 약사에게 한약조제권을 인정함으로써 한의사들의 영업상 이익이 감소되었다고 하더라도 이러한 이익은 사실상의 이익에 불과하고 약사법이나 의료법 등의 법률에 의하여 보호되는 이익이라고는 볼 수 없으므로, 한의사들이 한약조제시험을 통하여 한약조제권을 인정받은 약사들에 대한 합격처분의 무효확인을 구하는 당해 소는 원고적격이 없는 자들이 제기한 소로서 부적법하다(대판 1998. 3. 10, 97누4289[한약조제시험무효확인]).

③ 다만, 허가요건규정이 공익뿐만 아니라 개인의 이익도 보호하고 있다고 해석되는 경우 허가로 인한 영업상 이익은 **법적 이익**이 된다.

예를 들면, 허가요건 중 **거리제한 또는 영업허가구역 규정이 두어지는 경우**에 이 거리제한 또는 영업허가구역 규정에 의해 기존업자가 독점적 이익을 누리고 있는 경우에 그 이익은 법률상 이익에 해당하는 것으로 인정될 수 있는 경우가 있다. 거리제한 또는 영업허가구역을 규정하는 법규정이 공익의 보호만을 목적으로 하고 있는 경우에 기존업자의 독점적 이익은 반사적 이익에 불과하고, 당해 규정이 공익의 보호와 함께 기존업자의 이익도 보호하고 있다라고 해석되는 경우에 기존업자가 거리제한 또는 영업허가구역 규정으로 인하여 받는 독점적 이익은 법률상 이익이다.

[판례] 갑이 적법한 약종상허가를 받아 허가지역(영업구역) 내에서 약종상영업을 경영하고 있음에도 불구하고 행정관청이 구 약사법시행규칙(1969. 8. 13. 보건사회부령 제344호)을 위배하여 같은 약종상인 을에게 을의 영업허가지역이 아닌 갑의 영업허가지역 내로 영업소를 이전하도록 허가하였다면 갑으로서는 이로 인하여 기존업자로서의 법률상 이익을 침해받았음이 분명하므로 갑에게는 행정관청의 영업소이전허가처분의 취소를 구할 법률상 이익이 있다(대판 1988. 6. 14, 87누873[영업장소이전허가처분취소]).

다. 다른 법률상의 제한 허가가 있으면 당해 허가의 대상이 된 행위에 대한 금지가 해제될 뿐 다른 법률에 의한 금지까지 해제되는 것은 아니다.

예를 들면, 공무원이 영업허가를 받아도 공무원법상의 금지는 여전히 행해진다.

5) 무허가행위의 효과

무허가행위(無許可行爲)는 위법한 행위가 되고 통상 법률에서 그에 대하여 행정형벌을 부과한다. 그러나, 당해 무허가행위의 사법상의 법적 효력이 부인되는 것은 아니다.

다만, 처벌만으로는 무허가행위를 막을 수 없다고 보여지는 경우에 법률에서 처벌 이외에 무허가행위를 무효로 규정하는 경우가 있다.

6) 예외적 승인(허가)[2013 사시, 2025 변시]

가. 의 의 **예외적 허가**란 "사회적으로 바람직하지 않은 일정 행위를 법령상 원칙적으로 금지하고 예외적인 경우에 이러한 금지를 해제하여 당해 행위를 적법하게 할 수 있게 하여 주는 행위를 말한다."

그 예로는 공익사업을 위한 토지 등의 취득 및 보상에 관한 법률 제9조상의 타인의 토지에의 출입허가, 교육환경법(구 학교보건법) 제9조 단서의 상대보호구역(구 학교환경위생정화구역) 내 금지해제조치, 개발제한구역 내의 건축허가나 용도변경(대판 2001. 2. 9, 98두17593[건축물용도변경신청거부처분취소]), 사행행위영업허가 등을 들 수 있다.

나. 허가와의 구별 예외적 허가는 허가와 **다음과 같이 구별**된다. 허가는 본래 자유로운 행위를 공공의 질서유지를 위하여 잠정적으로 금지하고 법상의 요건을 갖춘 경우에 그 금지를 해제하여 본래의 자유를 회복시켜 주는 행위, 즉 예방적 금지의 해제인 데 반하여 예외적 허가는 사회적으로 유해한 행위를 법에 의해 원칙적으로 금지하고 예외적으로 그 금지를 해제하는 행위, 즉 억제적 금지의 해제이다. 또한, 허가는 그 실질이 본래의 자유의 회복인 데 대하여 예외적 승인은 그 실질이 권리의 범위를 확대해 주는 것이다.

양자를 구별하는 **실익**은 ① 허가의 경우는 기속행위로 해석될 여지가 많지만 예외적 승인(허가)의 경우에는 재량행위로 해석될 여지가 많다는 것, ② 허가의 경우에는 거부사유의 존부에 관해서 국가가 입증책임을 지는 반면에 예외적 허가의 경우에는 해제사유에 대하여 신청인이 입증책임을 진다는 것 등이다.[3]

다. 법적 성질 예외적 허가(승인)의 법적 성질에 관하여 허가의 일종으로 보는 견해, 특허의 일종으로 보는 견해, 면제로 보는 견해, 독립된 법개념으로 보는 견해가 대립하고 있다. 특허는 새로운 권리를 설정해 주는 행위인 데 반하여 예외적 허가는 금지를 해제해 주는 것이다. 면제는 의무의 해제인 데 반하여 예외적 허가는 금지의 해제인 점에서 차이가 있다. 위에서 본 바와 같이 허가와도 구별된다. 따라서, 예외적 허가는 **독자적 유형의 행위**로 보는 것이 타당하다.

---

3) 김중권, 전게논문, 137면 이하.

예외적 허가는 사회적으로 바람직하지 않은 일정한 행위를 공익상 원칙적으로 금지하고 그 금지목적을 해하지 않는 한도 내에서 예외적으로 허가하는 것이고, 공익 보호의 필요가 크므로 **원칙상 재량행위**이다.

[판례 1] 구 학교보건법 제6조 제1항 단서의 규정에 의한 금지행위 해제 거부조치의 성질과 그것이 재량권 일탈·남용이 되기 위한 요건: 구 학교보건법(현 교육환경법) 제6조 제1항 단서의 규정에 의하여 시·도교육위원회교육감 또는 교육감이 지정하는 자가 학교환경위생정화구역(현 상대보호구역) 안에서의 금지행위 및 시설의 해제신청에 대하여 그 행위 및 시설이 학습과 학교보건에 나쁜 영향을 주지 않는 것인지의 여부를 결정하여 그 금지행위 및 시설을 해제하거나 계속하여 금지(해제거부)하는 조치는 시·도교육위원회교육감 또는 교육감이 지정하는 자의 재량행위에 속하는 것으로서, 그것이 재량권을 일탈·남용하여 위법하다고 하기 위하여는 그 행위 및 시설의 종류나 규모, 학교에서의 거리와 위치는 물론이고, 학교의 종류와 학생수, 학교주변의 환경, 그리고 위 행위 및 시설이 주변의 다른 행위나 시설 등과 합하여 학습과 학교보건위생 등에 미칠 영향 등의 사정과 그 행위나 시설이 금지됨으로 인하여 상대방이 입게 될 재산권 침해를 비롯한 불이익 등의 사정 등 여러 가지 사항들을 합리적으로 비교·교량하여 신중하게 판단하여야 한다(대판 1996. 10. 29, 96누8253[정화구역안에서의 금지행위해제심의신청에 대한 금지처분취소]: 경양식점과 중국음식점 등을 허가받아 경영하고 있는 건물에서 유흥주점 영업을 하기 위해 학교환경위생정화구역 안에서의 금지행위 및 시설의 해제신청을 한 데 대하여, 그 정화구역 안에서의 유흥주점 영업행위 금지처분이 재량권을 일탈·남용한 것이라고 단정하기 어렵다고 한 사례).

[판례 2] 초등학교로부터 약 100여 m 떨어진 곳에 저장용량 20t 규모의 액화석유가스(LPG) 충전소를 운영하기 위한 학교환경위생정화구역(현 상대보호구역) 내 금지시설해제신청을 교육청 교육장이 거부한 사안에서, 폭발 등의 사고가 발생할 경우 그 영향이 초등학교까지 미칠 것으로 보이는 점, 근처에 다른 가스충전소가 있어 이를 필요로 하는 주민들의 이익이 크게 침해받을 것으로 보이지 않는 점 등에 비추어, 위 처분이 재량권의 범위를 일탈하였거나 남용한 것으로 보기 어렵다고 한 사례(대판 2010. 3. 11, 2009두17643).

(3) 면 제

면제(免除)라 함은 법령에 의해 정해진 작위의무, 급부의무 또는 수인의무를 해제해 주는 행정행위를 말한다. 예를 들면, 예방접종면제를 들 수 있다.

2. 형성적 행위

(1) 특 허[1999 사시 사례]

1) 개 념

특허(特許)라 함은 상대방에게 직접 권리, 능력, 법적 지위, 포괄적 법률관계를 설정하는 행위를 말한다.

권리를 설정하는 행위의 예로는 특허기업의 특허(버스운송사업면허, 전기사업허가, 도시가스사업허가, 국제항공운송사업면허, 통신사업허가, 폐기물처리업허가 등), 광업허가(대판 2023. 6. 29, 2022두59592), 도로점용허가(도로의 일부에 대한 특별사용(배타적 사용)의 허가), 어업면허, 공유수면점용·사용허가 등을 들 수 있고, 능력을 설정하는 예로는 행정주체 또는 공법인으로서의 지위를 설립하거나 부여하는 행위(예 재건축정비조합설립인가), 공증인 인가·임명처분(대판 2019. 12. 13, 2018두41907)을 들 수 있고, 포괄적 법률관계를 설정하는 예로는 공무원임명, 귀화허가를 들 수 있다.

이 중에서 권리를 설정하는 행위를 **협의의 특허**라 한다.

특허란 **학문상의 개념**이다. 실정법에서는 허가(예 광업허가) 또는 면허(예 어업면허)라는 용어를 사용한다. 특허법상의 특허는 학문상의 특허가 아니고 준법률행위적 행정행위의 하나인 확인행위이다.

2) 특허의 성질

가. 형성적 행위 특허는 상대방에게 권리 등을 설정하여 주는 행위이므로 형성적 행위이다. 특허는 허가와 달리 상대방이 본래 가지고 있지 않았던 **권리 등을 새롭게 설정**하여 준다.

나. 원칙상 재량행위 특허는 상대방에게 권리나 이익을 새로이 설정하는 **형성적 행위**(설권행위)이고, 특허에 있어서는 **공익을 고려하여야 하므로** 원칙상 재량행위로 본다. 다만, 법령상 특허를 기속행위로 규정할 수도 있다. 또한, 특허의 요건규정이 불확정개념으로 규정되어 있는 경우가 많은데 그 중에서 판단여지가 인정되는 경우가 있다.

판례도 원칙상 특허를 재량행위로 본다. 다만, 난민인정 등과 같이 법령규정, 중대한 기본권 관련성 등을 고려하여 기속행위로 보아야 하는 경우도 있다.

[판례 1] 여객자동차운수사업법에 따른 개인택시운송사업면허는 특정인에게 권리나 이익을 부여하는 재량행위이다(대판 2002. 1. 22, 2001두8414[개인택시운송사업면허제외처분취소]).

[판례 2] 마을버스운송사업면허의 허용 여부는 … 운수행정을 통한 공익실현과 아울러 합목적성을 추구하기 위하여 보다 구체적 타당성에 적합한 기준에 의하여야 할 것이므로 그 범위 내에서는 법령이 특별히 규정한 바가 없으면 행정청의 재량에 속하는 것이라고 보아야 할 것이다(대판 2002. 6. 28, 2001두10028[여객자동차운수사업한정면허처분취소]).

[판례 3] 법무부장관이 법률에 정한 귀화요건을 갖춘 귀화신청인에게 귀화를 허가할 것인지 여부에 관하여 재량권을 가진다고 한 사례(대판 2010. 7. 15, 2009두19069[국적신청불허가처분취소]).

[판례 4] 구 출입국관리법 제2조 제3호, 제76조의2 제1항, 제3항, 제4항, 구 출입국관리법 시행령 제88조의2, 난민의 지위에 관한 협약 제1조, 난민의 지위에 관한 의정서 제1조의 문언, 체계와 입법 취지를 종합하면, 난민 인정에 관한 신청을 받은 행정청은 원칙적으로 법령이 정한 난민 요건에 해당하는지를 심사하여 난민 인정 여부를 결정할 수 있을 뿐이고, 법령이 정한 난민 요건과 무관한 다른 사유만을 들어 난민 인정을 거부할 수는 없다(대판 2017. 12. 5, 2016두42913[난민불인정결정취소]).

3) 특허의 신청

특허는 상대방의 신청을 요하는 행정행위이다.

4) 특허의 효과

특허는 상대방에게 새로운 권리, 능력 기타 법률상의 힘을 발생시킨다. 특허에 의해 창설되는 권리는 배타적 권리로서 공권(예 사업경영권)인 것이 보통이나 사권(예 광업권, 어업권)인 경우도 있다.

[판례 1] 광업법상 이미 광업권이 설정된 동일한 구역에 대하여 동일한 광물에 대한 광업권을 중복설정할 수 없고, 이종광물이라고 할지라도 광업권이 설정된 광물과 동일광상중에 부존하는 이종광물은 광업권설정에 있어서 동일광물로 보게 되므로 이러한 이종광물에 대하여는 기존광업권이 적법히 취소되거나 그 존속기간이 만료되지 않는 한 별도로 광업권을 설정할 수 없다(대판 1986. 2. 25, 85누712[광업권취소등처분취소]).

[판례 2] 지구별 어업협동조합 및 지구별 어업협동조합 내에 설립된 어촌계의 어장을 엄격히 구획하여 종래 인접한 각 조합이나 어촌계 상호간의 어장한계에 관한 분쟁이나 경업을 규제하므로써 각 조합이나 어촌계로 하여금 각자의 소속 어장을 배타적으로 점유 관리하게 하였음에 비추어 특별한 경우가 아니면 같은 업무구역 안에 중복된 어업면허는 당연무효이다(대판 1978. 4. 25, 78누42[어업면허무효확인]).

5) 특허와 허가의 구별

가. 구별 여부 허가와 특허를 구별하면서도 허가와 특허의 구별은 상대화하고 있고 양자는 **상호 접근**하는 경향이 있다고 보는 것(상대적 구별긍정설)이 통설이다. 이에 대하여 영업의 자유라는 관점에서는 허가와 특허를 구별할 필요가 없으므로 허가와 특허를 구별하지 않는 것이 타당하다는 견해(구별부정설)도 있다.

나. 구별 실익 ① **성질 및 효과:** 전통적 견해 및 판례에 따르면 허가는 명령적 행위이고, 특허는 형성적 행위(설권적 행위)이지만, 허가도 적법하게 일정한 행위를 할 수 있는 법적 지위를 부여하는 행위이므로 형성적 행위로 보는 것이 타당하다. 그렇다면 허가와 특허는 형성적 행위라는 점에서는 같다. 다만, 허가는 상대방에게 새로운 권리를 창설하는 것이 아니라 상대방이 본래 가지고 있었던 자유권을 회복시켜 주는 것인 점에서 상대방에게 새로운 권리를 창설해 주는 특허와 구별할 수 있다. ② **재량행위 여부:** 앞에서 자세히 서술한 바와 같이 허가는 원칙상 기속행위이고 특허는 원칙상 재량행위이다. 그러나, 재량행위인가 기속행위인가는 기본적으로 입법자에 의해 결정되는 것이므로 허가와 특허가 기속행위와 재량행위의 구별에 있어 결정적인 기준이 되는 것은 아니다. 전술한 바와 같이 허가가 재량행위인 경우도 있고, 특허가 기속행위인 경우도 있을 수 있다. ③ **영업상 이익의 성질:** 특허로 인한 영업상 이익은 통상 법적 이익이다. 허가로 인한 영업상 이익은 원칙상 반사적 이익이다. 그러나, 허가로 받는 이익이 법률상 이익인 경우(예 거리제한규정 또는 영업구역제한규정이 있는 경우)도 있다. 허가로 받는 이익이 반사적 이익인지 법적 이익인지는 기본적으로 허가의 근거 내지 관계법규의 입법목적에 의해 결정된다.

다. 허가와 특허(설권적 처분)의 구별기준 ① **허가 등의 대상:** 본래 인간의 자연적 자유에 속하는 것을 대상으로 하는 것은 허가이고, 인간의 자연적 자유에 속하지 않고, 공익성이 강한 사업(예 국민의 생활에 필수적인 재화와 서비스를 제공하는 사업)을 대상으로 하는 것은 특허이다. ② **요건 충족의 경우 처분기준:** 요건 충족의 경우 특별한 사정이 없는 한 신청에 따른 처분을 해주어야 하는 것은 허가이고, 요건을 충족하여도 공급과잉, 미래 환경의 변화 등 공익을 이유로 거부할 수 있는 것은 특허이다. ③ **효과:** 허가 등의 효과가 기본적으로 본래의 자연적 자유를 회복하여 주는 것이고, 허가 등으로 주어지는 영업상 이익이 반사적 이익에 불과한 것은 허가이고, 허가 등의 효과가 제한적일 수는 있지만 배타적인 경영권을 설정하여 주고, 이에 따라 허가 등으로 주어지는 영업상 이익이 법적 이익인 것은 특허이다.

(2) 인 가

1) 인가의 개념

인가(認可)라 함은 타인의 법률적 행위를 보충하여 그 법률적 효력을 완성시켜 주는 행정행위를 말한다. 이론상 인가는 법률적 행위의 효력을 인가라는 행정청의 결정에 의해 발생시킬 공익상 필요가 있는 경우에 인정된다.

예를 들면 협동조합의 임원의 선출에 관한 행정청의 인가가 그것이다. 협동조합의 임원은 조합원이 선출하는 것이지만 조합원의 선출행위만으로는 선출행위의 효력이 완성되지 못하고 행정청의 인가가 있어야 선출행위가 완벽하게 효력을 발생한다. 기본적 행위는 조합원의 선출행위이고 인가는 기본적 행위의 효력을 완성시키는 보충행위이다. 그 밖에 인가의 예로는 사립학교법인임원의 선임행위에 대한 승인, 토지거래허가(대판 전원합의체 1991. 12. 24, 90다12243), 자동차관리사업자단체인 조합 또는 협회 설립인가(대판 2015. 5. 29, 2013두635), 정비조합 정관변경 인가(대판 2014. 7. 10, 2013도11532), 정비조합조합장 명의변경인가(대판 2005. 10. 14, 2005두1046) 등이 있다. 판례는 주거환경정비법상의 정비조합(재건축조합, 재개발조합)설립인가처분을 특허의 성질을 갖는 것으로 본다(대판 2009. 9. 24, 2008다60568).

인가도 허가나 특허처럼 **학문상의 개념**이다. 실무상 인가라는 개념이 사용되기도 하나 승인, 허가(민법 제32조)나 인허라는 개념도 사용된다.

2) 인가의 성질

가. 형성적 행정행위 인가는 인가의 대상이 되는 기본행위의 효력을 완성시켜 주는 행위인 점에서 형성적 행정행위이다. 인가 중 사법상 법률행위에 대한 인가는 사법상 법률행위의 효력을 완성시켜주어 사법관계에 변경을 가져오므로 '사법관계 형성적 행정행위'라고도 한다.

나. 재량행위 여부 인가는 기속행위인 경우도 있지만, 재량행위인 경우도 적지 않다. 인가가 재량행위인 경우 부관을 붙일 수 있고, 기속행위인 경우에도 정지조건부부관을 붙일 수 있다.

[판례 1] 공익법인의 기본재산 처분허가에 부관을 붙인 경우 그 처분허가의 법률적 성질이 형성적 행정행위로서의 인가에 해당한다고 하여 조건으로서의 부관의 부과가 허용되지 아니한다고 볼 수는 없다(대판 2005. 9. 28, 2004다50044: 조건적 성격의 부관으로 봄이 상당하다고 할 것이므로 그에 따른 이행이 없는 이상 이 사건 처분허가는 효력이 없는 것으로 보아야 한다고 판단한 사례).
[판례 2] 사회복지법인의 정관변경허가를 재량행위로 보고, 부관을 붙일 수 있다고 한 사례(대판 2002. 9. 24, 2000두5661).
[판례 3] 자동차관리사업자단체인 조합 또는 협회 설립인가를 설립인가에 관하여 구체적인 기준이 정하여져 있지 않은 점 등에 비추어 재량행위로 본 사례(대판 2015. 5. 29, 2013두635).

3) 인가의 대상

인가의 대상이 되는 행위는 제3자의 행위이며 **법률적 행위**에 한한다. 인가의 대상이 되는 행위는 공법상 행위(예 정비조합의 사업시행계획결의)일 수도 있고 사법상 행위(예 비영리법인 설립, 사립학교 법인 이사의 선임행위)일 수도 있다.

4) 인가의 효과

인가가 행해져야 인가의 대상이 된 제3자의 법률적 행위가 법적 효력을 발생한다. **인가는** 기본행위가 효력을 발생하기 위한 **효력요건**이다.

무인가행위는 효력을 발생하지 않는다. 그러나, 허가와 달리 강제집행이나 처벌의 대상은 되지 않는다.

무인가행위는 특별한 규정이나 사정이 없는 한 **유동적 무효**(효력이 없지만 후에 인가가 있으면 효력이 발생하는 경우)의 상태에 있다.

[판례] 학교법인이 용도변경이나 의무부담을 내용으로 하는 계약을 체결한 경우 반드시 계약 전에 사립학교법 제28조 제1항에 따른 관할청의 허가를 받아야만 하는 것은 아니고 계약 후라도 관할청의 허가를 받으면 유효하게 될 수 있다. 그러나, 이러한 계약은 관할청의 불허가 처분이 있는 경우뿐만 아니라 당사자가 허가신청을 하지 않을 의사를 명백히 표시하거나 계약을 이행할 의사를 철회한 경우 또는 그 밖에 관할청의 허가를 받는 것이 사실상 불가능하게 된 경우 무효로 확정된다(대판 2022. 1. 27, 2019다289815). 〈해설〉 사립학교법 제28조 제1항에 따른 관할청의 허가는 학문상 인가이다. 확정적으로 무효가 되지 않은 관할청의 허가(인가)를 받지 않은 해당 계약은 유동적 무효의 상태에 있는 것이라고 할 수 있다.

5) 기본행위와 인가[2000 행시 약술]

가. 인가의 보충성 인가는 신청에 따라 기본행위(基本行爲)의 효력을 완성시켜 주는 **보충적 행위**이다. 따라서, ① 인가는 항상 상대방의 신청에 의해 행해지고, 인가의 대상이 되는 행위의 내용은 신청인이 결정하며 행정청은 인가를 할 것인지의 여부만을 결정한다. 인가의 대상이 되는 행위의 내용을 수정하여 인가하는 것(수정인가)은 인정되지 않는다. ② 인가의 대상이 되는 행위는 인가가 있어야 비로소 효력을 발생한다. 인가의 대상이 됨에도 인가를 받지 않은 행위(무인가행위)는 효력을 발생하지 않는다.

나. 기본행위의 하자 및 실효와 인가 인가는 기본행위의 효력을 완성시켜 주는 보충적 행위이므로 인가의 효력은 기본행위의 유무 및 하자에 의해 영향을 받는다.

① 기본행위가 성립하지 않거나 무효인 경우에 인가가 있어도 당해 인가는 무효가 된다.

② 유효한 기본적 행위를 대상으로 인가가 행해진 후에 기본적 행위가 취소되거나 실효(失效)된 경우에는 인가도 실효된다.

③ 기본행위에 취소원인이 있는 경우에는 기본행위가 취소되지 않는 한 인가의 효력에는 영향이 없다. 취소원인이 있는 기본행위는 인가가 있은 후에도 취소될 수 있고, 기본행위가 취소되면 인가도 실효된다.

④ 기본행위에 하자가 있는 경우에 그 기본행위의 하자를 다투어야 하며 기본행위의 하자를 이유로 인가처분의 취소 또는 무효확인을 소구할 법률상 이익(협의의 소의 이익)이 없다.

[판례 1] 구 도시 및 주거환경정비법에 기초하여 주택재개발정비사업조합이 수립한 사업시행계획은 관할 행정청의 인가·고시가 이루어지면 이해관계인들에게 구속력이 발생하는 독립된 행정처분에 해당하고, 관할 행정청의 사업시행계획 인가처분은 사업시행계획의 법률상 효력을 완성시키는 보충행위에 해당한다. 따라서 기본행위인 사업시행계획에는 하자가 없는데 보충행위인 인가처분에 고유한 하자가 있다면 그 인가처분의 무효확인이나 취소를 구하여야 할 것이지만, 인가처분에는 고유한 하자가 없는데 사업시행계획에 하자가 있다면 사업시행계획의 무효확인이나 취소를 구하여야 할 것이지 사업시행계획의 무효를 주장하면서 곧바로 그에 대한 인가처분의 무효확인이나 취소를 구하여서는 아니 된다(대판 2021. 2. 10, 2020두48031).

[판례 2] 조합이 사업시행계획을 재건축결의에서 결정된 내용과 달리 작성한 경우 이러한 하자는 기본행위인 사업시행계획 작성행위의 하자이고, 이에 대한 보충행위인 행정청의 인가처분이 그 근거조항인 구 도시 및 주거환경정비법 제28조의 적법요건을 갖추고 있는 이상은 그 인가처분 자체에 하자가 있는 것이라 할 수 없다(대판 2008. 1. 10, 2007두16691[주택재건축정비사업시행인가처분취소]). 〈해설〉 조합에 의한 정비사업시행 인가처분은 강학상 인가처분이다. 조합이 사업시행계획을 재건축결의에서 결정된 내용과 달리 작성한 경우 이러한 하자는 기본행위인 사업시행계획 작성행위의 하자이고, 인가처분 자체의 하자가 아니므로 인가처분취소소송에서 주장할 수 없다.

⑤ 인가는 기본행위의 하자를 치유하지 않는다.

다. 인가의 하자 기본행위가 적법유효하고 보충행위인 인가처분 자체에만 하자가 있다면 그 인가처분의 무효나 취소를 주장할 수 있다. 인가처분이 무효이거나 인가처분이 취소된 경우에는 기본행위는 무인가행위가 된다.

[판례] [1] 조합설립추진위원회의 설립승인신청을 받은 시장·군수가 승인신청서의 첨부서류에 의하여 토지등소유자의 2분의 1 이상의 동의가 있고 위원장을 포함한 5인 이상의 위원으로 추진위원회가 구성되어 있음을 확인한 경우, 그 추진위원회의 설립을 승인하여야 한다. [2] 조합설립추진위원회 운영규정의 작성이나 추진위원의 자격 및 선정방식은 그 추진위원회 설립승인의 요건이 아니다. [3] 행정청이 조합설립추진위원회의 설립승인 심사에서 위법한 행정처분을 한 선례가 있다고 하여 그러한 기준을 따라야 할 의무가 없는 점 등에 비추어, 평등의 원칙이나 신뢰보호의 원칙 또는 자기구속의 원칙 등에 위배되고 재량권을 일탈·남용하여 자의적으로 조합설립추진위원회 승인처분을 한 것으로 볼 수 없다고 한 사례(대판 2009. 6. 25, 2008두13132). 〈해설〉 정비조합설립승인처분은 강학상 특허이지만, 조합설립추진위원회승인처분은 강학상 인가처분이다. 토지등소유자의 2분의 1 이상의 동의는 조합설립추진위원회승인처분의 요건으로서 그 동의가 없는 것은 인가처분인 조합설립추진위원회승인처분에 고유한 하자이다.

(3) 공법상 대리행위

공법상 대리(公法上 代理)라 함은 제3자가 하여야 할 행위를 행정기관이 대신하여 행함으로써 제3자가 스스로 행한 것과 같은 효과를 발생시키는 행정행위를 말한다.

여기에서의 대리는 행정기관이 국민을 대리하는 것을 말하므로 행정조직 내부에서의 행정기관간의 권한의 대리와 구별되어야 한다.

대리행위의 예로는 체납처분절차에서의 압류재산의 공매처분, 감독청에 의한 공법인의 정관작성 또는 임원 임명, 토지수용위원회의 수용재결, 행려병자 또는 사자(死者)의 유류품처분 등을 들 수 있다.

3. 영업허가의 양도와 제재처분의 효과 및 제재사유의 승계 [2009 행시(일반행정) 사례]

영업허가(강학상 특허 포함)의 양도가 가능한지 여부 및 그 절차가 문제된다. 그리고, 영업허가가 양도되는 경우 양도자에 대한 제재처분의 효과 및 제재사유가 양수인에게도 승계되는지가 문제된다. 영업허가의 양도와 제재처분의 효과 및 제재사유의 승계의 법리는 영업신고의 경우에도 그대로 타당하다.

(1) 영업허가의 양도

1) 영업허가 양도의 가능성

영업허가 양도의 가능 여부는 양도의 대상이 되는 허가의 성질에 따라 다르다. 대물적 허가는 명문의 규정이 없는 경우에도 양도가 가능하다. 대인적 허가는 이론상 양도가 가능하지 않다. 혼합적 허가는 이론상 양도가 가능하나 법령의 근거를 요한다.

2) 영업허가의 양도절차

영업허가 양도의 경우 양도인과 양수인은 영업양도에 관한 사법상 계약을 체결한다.

영업허가 양도의 경우에는 통상 법령상 행정청의 인가를 받거나 영업양도양수를 신고하도록 규정하고 있다.

영업허가 양도의 인가나 신고수리는 행정절차법상 처분이므로 행정절차법의 적용대상이 된다.

사실상 영업이 양도·양수되었지만 아직 승계신고 및 그 수리처분이 있기 이전에는 여전히 종전의 영업자인 양도인이 영업허가자이고, 양수인은 영업허가자가 되지 못한다 할 것이어서 행정제재처분의 사유가 있는지 여부 및 그 사유가 있다고 하여 행하는 행정제재처분은 영업허가자인 양도인을 기준으로 판단하여 그 양도인에 대하여 행하여야 할 것이고, 한편 양도인이 그의 의사에 따라 양수인에게 영업을 양도하면서 양수인으로 하여금 영업을 하도록 허락하였다면 그 양수인의 영업 중 발생한 위반행위에 대한 행정적인 책임은 영업허가자인 양도인에게 귀속된다고 보아야 할 것이다(대판 1995. 2. 24, 94누9146: 양수인이 양도인으로부터 그 지분을 양수하고도 영업허가 명의를 양도인 앞으로 남겨 둔 채 단독으로 영업을 하던 중 일어난 위반행위 이외에 그 이전에 양도인이 주점에서 지정된 영업시간을 준수하지 아니하고 영업을 하던 중 적발된 적이 있었다면 위 위반행위로써 양도인은 2차로 위반한 셈이 된다고 한 사례).

[판례] [1] **주택건설사업이 양도되었으나 그 변경승인을 받기 이전에 행정청이 양수인에 대하여 양도인에 대한 사업계획승인을 취소하였다는 사실을 통지한 경우, 위 통지가 항고소송의 대상이 되는 행정처분인지 여부(소극)**: 주택건설촉진법 제33조 제1항, 구 같은법시행규칙(1996. 2. 13. 건설교통부령 제54호로 개정되기 전의 것) 제20조의 각 규정에 의한 주택건설사업계획에 있어서 사업주체변경의 승인은 그로 인하여 사업주체의 변경이라는 공법상의 효과가 발생하는 것이므로, 사실상 내지 사법상으로 주택건설사업 등이 양도·양수되었을지라도 아직 사업주체 변경승인을 받기 이전에는 그 사업계획의 피승인자는 여전히 종전의 사업주체인 양도인이고 양수인이 아니라 할 것이어서, 사업계획승인취소처분 등의 사유가 있는지의 여부와 취소사유가 있다고 하여 행하는 사업계획승인 취소처분은 피승인자인 양도인을 기준으로 판단하여 그 양도인에 대하여 행하여져야 할 것이므로 행정청이 주택건설사업의 양수인에 대하여 양도인에 대한 사업계획승인을 취소하였다는 사실을 통지한 것만으로는 양수인의 법률상 지위에 어떠한 변동을 일으키는 것은 아니므로 위 통지는 항고소송의 대상이 되는 행정처분이라고 할 수는 없다. [2] **주택건설사업의 양수인이 사업주체의 변경승인신청을 한 이후에 행정청이 양도인에 대하여 그 사업계획변경승인의 전제로 되는 사업계획승인을 취소하는 처분을 한 경우, 양수인은 위 처분의 취소를 구할 법률상의 이익을 가지는지 여부(적극)**: 주택건설촉진법 제33조 제1항, 구 같은법시행규칙(1996. 2. 13. 건설교통부령 제54호로 개정되기 전의 것) 제20조의 각 규정에 의하면 주택건설 사업주체의 변경승인신청은 양수인이 단독으로 할 수 있고 위 변경승인은 실질적으로 양수인에 대하여 종전에 승인된 사업계획과 동일한 사업계획을 새로이 승인해 주는 행위라 할 것이므로, 사업주체의 변경승인신

청이 된 이후에 행정청이 양도인에 대하여 그 사업계획변경승인의 전제로 되는 사업계획승인을 취소하는 처분을 하였다면 양수인은 그 처분 이전에 양도인으로부터 토지와 사업승인권을 사실상 양수받아 사업주체의 변경승인신청을 한 자로서 그(사업계획승인취소처분의) 취소를 구할 법률상의 이익을 가진다. [3] 주택건설사업의 양수인이 사업주체의 변경승인신청을 한 이후에 행정청이 양도인에 대한 사업계획승인을 취소하는 처분을 하면서 양수인에게 그 사실을 통지하고 변경승인신청서를 반려한 것에 대하여 양수인이 행정소송을 제기하면서 청구취지에 처분성이 결여된 위 통지를 소송의 대상으로 기재하였으나 청구원인에 비추어 볼 때 사업계획승인취소처분을 소송의 대상으로 삼았다고 봄이 합리적인 경우, 법원은 석명권을 행사하여 청구취지를 확정한 후 심리하여야 한다고 한 사례. [4] 주택건설사업의 양수인이 사업주체의 변경승인신청을 한 이후에 행정청이 양도인에 대한 사업계획승인을 취소하는 처분을 하면서 양수인에게 그 사실을 통지하고 변경승인신청서를 반려한 것에 대하여 양수인이 행정소송을 제기하면서 청구취지에 처분성이 결여된 위 통지를 소송의 대상으로 기재하였다가 청구원인에 비추어 볼 때 소송의 대상으로 삼았다고 봄이 합리적인 사업계획승인취소처분을 취소하는 것으로 청구취지를 바꾼 경우, 이는 청구취지의 정정에 해당하여 전심절차 및 제소기간을 준수한 것으로 보아야 한다고 한 사례(대판 2000. 9. 26, 99두646[주택건설사업계획승인취소처분취소]).

다만, 예외적으로 인허가, 등록 또는 신고 등의 행정법상 양도절차 없이 사법상 양도계약만으로 영업허가자의 지위와 그에 따른 권리의무의 승계가 이루어지는 경우도 있다(대판 2024. 2. 29, 2023다280778: 골프장 체육필수시설 인수인이 체육시설업 등록을 하지 않은 상태에서 담보신탁에 따른 공매로 그 체육필수시설이 다시 인수된 경우 골프장 회원권 지위의 승계가 인정된다고 한 사례).

3) 영업허가 양도의 효과

영업허가의 양도로 양수인은 양도인의 영업허가자의 법적 지위를 승계한다. 문제는 영업양도로 승계되는 양도인의 지위에 양도인의 위법행위로 인한 제재처분의 효과 또는 제재사유(허가취소 또는 정지사유)가 포함되는가 하는 것이다(후술 참조).

영업허가자의 지위가 승계되지 않는 경우(양도인의 영업허가의 취소와 양수인에 대한 새로운 영업허가를 하는 경우)에는 제재사유도 승계되지 않는다.

[판례] [1] 농어촌정비법령은 관광농원 개발사업의 사업시행자 명의가 변경되는 경우 새로운 사업시행자가 종전 사업시행자의 지위를 승계하는지 여부 등에 관하여는 명시적 규정을 두고 있지 않다. 이러한 지위 승계 관련 규정이 없는 이상 사업계획 변경승인의 의미를 사업권 양도·양수에 대한 '인가'로서의 성격을 가진다고 볼 수 없는 것이 원칙이다. [2] 이러한 관련 규정의 내용, 체계 및 취지에 비추어 볼 때, 종전 사업시행자가 농업인 등에 해당하지 않음에도 부정한 방법으로 사업계획승인을 받음으로써 그 승인에 대한 취소 사유가 있더라도, 행정청이 사업시행자 변경으로 인한 사업계획 변경승인 과정에서 변경되는 사업시행자가 농업인 등에 해당하는지 여부에 관하여 새로운 심사를 거쳤다면, 지위 승계 등에 관한 별도의 명문 규정이 없는 이상, 종전 사업시행자가 농업인 등이 아님에도 부정한 방법으로 사업계획승인을 취득하였다는 이유만을 들어 변경된 사업시행자에 대한 사업계획 변경승인을 취소할 수는 없다(대판 2018. 4. 24, 2017두73310). 〈해설〉 이 사안에서 사업시행자 변경으로 인한 사업계획 변경승인은 실질적으로 사업 양도인에 대한 사업계획승인 취소와 사업 양수인에 대한 새로운 사업계획승인을 의미한다.

(2) 영업허가의 양도와 제재처분의 효과의 승계

양도인의 위법행위로 양도인에게 이미 제재처분이 내려진 경우에 그 제재처분(예 허가취소, 영업정지처분 또는 과징금부과처분)

의 효과는 이미 양도인의 영업자의 지위에 포함된 것이고 물적 상태이므로 양수인에게 당연히 이전된다(대판 2003. 10. 23, 2003두8005). 영업허가가 취소되었거나 정지된 사실을 모르고 영업을 양수한 자는 명문의 규정이 없는 한 양도인에게 민사책임을 물을 수 있을 뿐 제재처분의 효과를 부인할 수 없다.

법규 위반에 대한 과징금부과처분의 경우 과징금납부의무의 양수인에 대한 승계를 공의무의 승계의 문제로 볼 수도 있는데, 과징금납부의무는 일신전속적인 의무가 아니고, 양도인의 지위에는 제재처분의 효과인 과징금납부의무가 포함되므로 영업양도시 과징금납부의무도 양수인에게 승계된다고 보는 것이 타당하다. 일신전속적 의무는 승계되지 않는다(대판 2006. 12. 8, 2006마470: 이행강제금 납부의무는 승계될 수 없는 일신전속적 성질의 것이라고 한 사례).

다만, 선의의 양수인에 대해 제재처분 효과의 승계를 부인하는 규정을 두는 경우가 있다.

[판례] 석유 및 석유대체연료 사업법 제8조에 따른 사업정지처분 효과의 승계 여부: 「석유 및 석유대체연료 사업법」(이하 '법'이라고 한다) 제10조 제5항에 의하여 석유판매업자의 지위 승계 및 처분 효과의 승계에 관하여 준용되는 법 제8조는 "제7조에 따라 석유정제업자의 지위가 승계되면 종전의 석유정제업자에 대한 제13조 제1항에 따른 사업정지처분(제14조에 따라 사업정지를 갈음하여 부과하는 과징금부과처분을 포함한다)의 효과는 새로운 석유정제업자에게 승계되며, 처분의 절차가 진행 중일 때에는 새로운 석유정제업자에 대하여 그 절차를 계속 진행할 수 있다. 다만, 새로운 석유정제업자(상속으로 승계받은 자는 제외한다)가 석유정제업을 승계할 때에 그 처분이나 위반의 사실을 알지 못하였음을 증명하는 경우에는 그러하지 아니하다."라고 규정하고 있다(이하 '이 사건 승계조항'이라고 한다). 이러한 제재사유 및 처분절차의 승계조항을 둔 취지는 제재적 처분 면탈을 위하여 석유정제업자 지위승계가 악용되는 것을 방지하기 위한 것이고, 승계인에게 위와 같은 선의에 대한 증명책임을 지운 취지 역시 마찬가지로 볼 수 있다. 즉 법 제8조 본문 규정에 의해 사업정지처분의 효과는 새로운 석유정제업자에게 승계되는 것이 원칙이고 단서 규정은 새로운 석유정제업자가 그 선의를 증명한 경우에만 예외적으로 적용될 수 있을 뿐이다. 따라서 승계인의 종전 처분 또는 위반 사실에 관한 선의를 인정함에 있어서는 신중하여야 한다(대판 2017. 9. 7, 2017두41085[사업정지처분 효과의 승계 여부 등 사건]).

(3) 영업허가의 양도와 제재사유의 승계[2016 행시 사례, 2017 사시]

1) 제재사유의 승계에 관한 명문의 규정이 있는 경우

명문의 규정으로 양도인의 위법행위로 인한 제재처분의 효과 또는 제재사유의 양수인에 대한 승계를 규정하는 경우 선의의 양수인의 면책에 관한 규정(예 석유사업법 제8조)을 두는 것이 타당하나, **명문의 규정이 없는 경우 선의의 양수인은 면책되지 않는다**고 해석하여야 한다. 다만, 선의의 양수인에게 제재사유를 승계시키는 것이 비례의 원칙에 위반할 소지가 있는 경우가 있을 수 있다. 그리고, 선의라는 입증책임은 양수인에 있다고 보아야 한다.

선의의 양수인에 대해서는 제재사유가 승계되지 않는다고 규정한 경우도 있다.

2) 제재사유의 승계에 관한 명문의 규정이 없는 경우

제재사유의 승계에 관한 명문의 규정이 없는 경우 **영업양도로 양도인의 위법행위로 인한 제**

재사유가 양수인에게도 승계되는지, 달리 말하면 행정청은 양도인의 위법행위를 이유로 양수인에 대하여 제재처분을 할 수 있는지가 문제되는데, 이에 관하여 견해가 나뉜다.

가. 긍 정 설 이 견해는 양도인의 법령위반사실을 이유로 양수인에게 제재처분을 할 수 있다는 견해이다. 그 논거는 다음과 같다. ① 영업허가의 양도로 양도인의 법적 지위는 양수인에게 승계되는데, 제재사유는 승계되는 양도인의 법적 지위에 포함된다. ② 제재사유의 승계를 부정하면 영업허가의 양도가 제재처분의 회피수단으로 악용될 수 있다. 따라서 양수인에 대한 제재처분을 통하여 법령위반의 방지라는 행정목적을 실현할 수 있도록 하여야 한다.

나. 부 정 설 이 견해는 양도인의 법령위반사실을 이유로 양수인에게 제재처분을 할 수 없다는 견해이다. 그 논거는 다음과 같다. ① 양도인의 법령위반으로 인한 제재사유는 인적 사유이므로 명문의 규정이 없는 한 양수인에게 이전될 수 없다. ② 양도인의 위법행위로 인한 제재는 경찰행정법상 행위책임에 속하는 문제이므로 양도인의 위법행위로 인한 제재사유는 명문의 규정이 없는 한 양수인에게 승계되지 않는다고 보아야 한다.

다. 절 충 설 이 견해는 허가의 이전가능성과 제재사유의 이전가능성은 별개의 문제라고 하면서 **제재사유가 설비 등 물적 사정에 관련되는 경우**에는 양수인에게 승계되지만, **제재사유가** 양도인의 자격상실이나 부정영업 등 **인적 사유인 경우**에는 원칙적으로 그 사유가 승계되지 않는다고 본다.

라. 판례(긍정설) 판례는 **긍정설**을 취하고 있다. 그 논거는 다음과 같다. ① 영업양도의 효과로 양수인에게 **승계되는 '양도인의 지위'**(석유정제업자의 지위)**에는 양도인의 위법행위로 인한 제재사유가 포함된다**(대판 1986. 7. 22, 86누203). 영업시설만 인수되는 등 영업허가자의 지위가 승계되지 않는 경우에는 명문의 규정이 없는 한 제재사유도 승계되지 않는다. 그런데, 판례는 **회사분할시 분할전회사에 대한 제재사유의 신설회사에 대한 승계의 경우 신설회사에 승계되는 것은 법령상 '회사의 권리와 의무'이고, 제재처분이 있기 전의 법위반행위사실**(제재사유)은 단순한 사실행위로 승계의 대상이 되는 의무가 아니므로 특별한 규정이 없는 한 **신설회사에 승계되지 않는다**고 보았고, 법 위반행위로 시정명령 및 그에 따른 벌점의 부과처분이 있는 경우(이 경우는 제재처분의 효과의 승계로 볼 수 있다)에는 **벌점의 부과는 신설회사(흡수합병회사)에 승계되는 공법상의 지위 내지 의무에 포함**된다고 보았다. 그러나, 판례가 회사분할시 분할전회사에 대한 제재사유가 특별한 규정이 없는 한 신설회사에 승계되지 않는다고 본 것에 대하여는 다음과 같은 **비판**이 가능하다. 회사분할시 사업이 포괄적으로 분할 승계되는 경우에는 승계되는 사업에 관한 제재처분의 효과뿐만 아니라 제재사유도 사업자의 지위에 포함되어 승계되는 것으로 보는 것이 타당하다. 즉, 제재사유는 판시와 같이 그 자체가 승계되는 '회사의 권리와 의무' 그 자체에는 포함되지 않을 수 있지만, 승계되는 사업(사업자의 지위)에는 포함되는 것으로 보아야 한다.

[판례 1] 석유판매업이 양도된 경우, 양도인의 귀책사유로 양수인에게 제재를 가할 수 있는지 여부(= 긍정): 구 석유사업법 제12조 제3항, 제9조 제1항, 제12조 제4항 등을 종합하면 석유판매업(주유소)허가(현행 석유사업법상 석유판매업등록)는 소위 대물적 허가의 성질을 갖는 것이어서 그 사업의 양도도 가능하고 이 경

우 양수인은 양도인의 지위를 승계하게 됨에 따라 양도인의 위 허가에 따른 권리의무가 양수인에게 이전되는 것이므로 만약 양도인에게 그 허가를 취소할 위법사유가 있다면 허가관청은 이를 이유로 양수인에게 응분의 제재조치를 취할 수 있다 할 것이고, 양수인이 그 양수후 허가관청으로부터 석유판매업허가를 다시 받았다 하더라도 이는 석유판매업의 양수도를 전제로 한 것이어서 이로써 양도인의 지위승계가 부정되는 것은 아니므로 양도인의 귀책사유는 양수인에게 그 효력이 미친다(대판 1986. 7. 22, 86누203).

[판례 2] '운송사업자로서의 지위'는 그 문언의 내용과 화물자동차 운송사업 허가처분의 성격 등을 종합하여 볼 때 운송사업 허가에 기인한 공법상 권리와 의무를 말하는 것으로, 이 사건 법률조항에서 정하고 있는 그 '지위의 승계'란 양도인의 공법상 권리와 의무뿐만 아니라 양도인의 의무위반행위에 따른 위법상태의 승계를 포함하는 것으로 해석될 수 있다. 특히 양도인이 사업을 양도하는 방법으로 제재적 처분을 면탈하는 것을 방지하고자 하는 이 사건 법률조항의 입법목적을 고려하면, 양도인의 의무위반으로 발생한 제재적 처분사유는 양수인의 선의·악의를 불문하고 양수인에게 모두 승계되는 것으로 충분히 파악할 수 있다(헌재 2019. 9. 26, 2017헌바397등). 〈해설〉 판례는 '운송사업자로서의 지위'와 '운송사업 허가에 기인한 공법상 권리와 의무'를 동의어로 보고 있는데, '운송사업자로서의 지위'는 '공법상의 권리의무'보다 넓은 개념으로 보는 것이 타당하다. 즉 제재사유 자체는 '공법상의 권리의무'는 아니지만, '사업자의 지위'에는 포함된다고 보아야 한다.

[판례 3] 회사분할의 경우, 분할 전 위반행위를 이유로 신설회사에 대하여 과징금을 부과하는 것이 허용되는지 여부(소극): 신설회사 또는 존속회사가 승계하는 것은 분할하는 회사의 권리와 의무라 할 것인바, 분할하는 회사의 분할 전 법 위반행위를 이유로 과징금이 부과되기 전까지는 단순한 사실행위만 존재할 뿐 그 과징금과 관련하여 분할하는 회사에게 승계의 대상이 되는 어떠한 의무가 있다고 할 수 없고, 특별한 규정이 없는 한 신설회사에 대하여 분할하는 회사의 분할 전 법 위반행위를 이유로 과징금을 부과하는 것은 허용되지 않는다(대판 2007. 11. 29, 2006두18928[시정조치등취소]). 〈해설〉 제재처분 전 제재사유의 승계가 문제된 사건이다.

[판례 4] 하도급거래 공정화에 관한 법률(이하 '하도급법'이라 한다) 위반을 이유로 시정명령 등과 그에 따른 벌점을 부과받은 갑 주식회사가 을 주식회사와 병 주식회사로 분할되었고, 정 주식회사가 갑 회사의 사업 부문 대부분이 이전된 을 회사를 흡수합병하자, 공정거래위원회가 정 회사에 대하여 갑 회사에 부과된 벌점이 정 회사에 승계되었음을 이유로 관계 행정기관의 장에게 입찰참가자격제한 및 영업정지를 요청하기로 결정한 사안에서, 하도급법에 따른 벌점 부과를 단순한 사실행위에 불과하다고만 볼 수는 없고, 공법상 지위 내지 의무·책임이 구체화된 경우라고 볼 여지가 큰 점 등을 고려하여 갑 회사에 부과된 벌점은 분할신설회사인 을 회사에 귀속된 후 이를 흡수합병한 정 회사에 승계되었다고 보는 것이 타당하다. 또한, 만약 하도급법 위반행위로 제재처분을 받은 회사가 그 제재처분에 부수되는 벌점이 누적됨에 따라 입찰참가자격제한 요청 등의 법적 요건까지 모두 충족하여 후속 처분이 임박하였음에도 회사분할을 하였다는 이유만으로 피고가 해당 사업 부문을 승계한 분할신설회사에 대하여 후속 처분을 할 수 없다고 한다면, 회사분할을 통하여 기존에 부과 받은 벌점 및 이에 따르는 후속 처분을 무력화할 여지가 있어 벌점 부과 제도의 실효성을 확보할 수 없게 된다(대판 2023. 4. 27, 2020두47892[입찰참가자격제한및영업정지요청결정취소청구의소]). 〈해설〉 제재처분(벌점부과처분) 후 제재처분의 효과의 승계가 문제된 사건이다.

② 양수인에 의한 양도인의 영업자의 지위의 승계에 관한 규정이 있는 경우 이 규정은 제재사유의 승계에 관한 근거규정으로 볼 수 있다(대판 2010. 4. 8, 2009두17018). 이러한 지위 승계 규정은 양도인이 해당 사업과 관련하여 관계 법령상 의무를 위반하여 제재사유가 발생한 후 사업을 양도하는 방법으로 제재처분을 면탈하는 것을 방지하려는 데에도 그 입법 목적이 있다(대판 2021. 7. 29, 2018두55968[유가보조금환수처분취소]). ③ 제재처분은 대물적 처분이므로 양도인의 지위를 승계한 자에 대하여 양도인이 위법행위를 하였다는 이유로 양수인에게 사업정지 등 제재처분을 취할 수 있다(대판 2003. 10. 23, 2003두8005). **제재처분이 대인적 처분인 경우**에는 지위승계후 발생한 제재사유(예 지위승계 후 발생한 유가보조금의 부정수급)에 한하여 양수인에게 제재처분(예 부정수급 유가보조금 환수처분)을 할 수 있다.

[판례 1] 석유사업법 제9조 제3항 및 그 시행령이 규정하는 석유판매업의 적극적 등록요건과 제9조 제4항, 제5조가 규정하는 소극적 결격사유 및 제9조 제4항, 제7조가 석유판매업자의 영업양도, 사망, 합병의 경우뿐만 아니라 경매 등의 절차에 따라 단순히 석유판매시설만의 인수가 이루어진 경우에도 석유판매업자의 지위승계를 (명문으로) 인정하고 있는 점을 종합하여 보면, 석유판매업 등록은 원칙적으로 대물적 허가의 성격을 갖고, 또 석유판매업자가 같은 법 제26조의 유사석유제품 판매금지를 위반함으로써 같은 법 제13조 제3항 제6호, 제1항 제11호에 따라 받게 되는 사업정지 등의 제재처분은 사업자 개인의 자격에 대한 제재가 아니라 사업의 전부나 일부에 대한 것으로서 대물적 처분의 성격을 갖고 있으므로, 위와 같은 지위승계(석유판매업자의 지위승계 등)에는 종전 석유판매업자가 유사석유제품을 판매함으로써 받게 되는 사업정지 등 제재처분(제재사유 포함)의 승계가 포함되어 그 지위를 승계한 자에 대하여 사업정지 등의 제재처분을 취할 수 있다고 보아야 하고, 같은 법 제14조 제1항 소정의 과징금은 해당 사업자에게 경제적 부담을 주어 행정상의 제재 및 감독의 효과를 달성함과 동시에 그 사업자와 거래관계에 있는 일반 국민의 불편을 해소시켜 준다는 취지에서 사업정지처분에 갈음하여 부과되는 것일 뿐이므로, 지위승계의 효과에 있어서 과징금부과처분을 사업정지처분과 달리 볼 이유가 없다(대판 2003. 10. 23, 2003두8005[과징금부과처분취소]).

[판례 2] 불법증차 관련 유가보조금 환수처분에 관한 사건 [1] **불법증차된 화물자동차를 양수한 화물자동차 운송사업자에 대하여 유가보조금 환수처분을 할 수 있는지 여부(적극):** 가. 구「화물자동차 운수사업법」(이하 '화물자동차법'이라고 한다) 제44조 제3항은 '거짓이나 부정한 방법'으로 제43조 제2항에 따라 보조금을 지급받은 '운송사업자등'에게는 보조금의 반환을 명하여야 한다고 규정하고 있다. 나. 유가보조금의 지급대상은 화물자동차법령에 따라 화물자동차 운송사업을 위하여 적법하게 허가받아 등록된 차량이어야 한다. 따라서 증차가 허용되는 특수용도형 화물자동차로 허가받은 차량을 변경허가를 받지 않은 채 대폐차수리통보서 등의 위·변조에 기한 허위 대폐차의 방법으로 증차가 허용되지 않는 일반형 화물자동차나 공급이 제한되는 다른 특수용도형 화물자동차로 변경한 이른바 '불법증차 차량'은 화물자동차법령에 따라 적법하게 허가받아 등록된 차량이라고 할 수 없어 유가보조금의 지급대상이 될 수 없다. 불법증차된 차량에 관하여 운송사업자등이 유가보조금을 청구하여 지급받은 경우 이는 '거짓이나 부정한 방법'으로 유가보조금을 지급받은 경우에 해당하여 화물자동차법 제44조 제3항에 따른 반환명령 대상에 해당한다(대법원 2009. 7. 23. 선고 2009두6087 판결, 2021. 7. 21.선고 2018두49789 판결 등 참조). 다. 한편 화물자동차법 제16조 제4항은 화물자동차 운송사업을 양수하고 신고를 마치면 양수인이 양도인의 '운송사업자로서의 지위'를 승계한다고 규정하고 있다. 이러한 지위 승계 규정은 양도인이 해당 사업과 관련하여 관계법령상 의무를 위반하여 제재사유가 발생한 후 사업을 양도하는 방법으로 제재처분을 면탈하는 것을 방지하려는 데에도 그 입법목적이 있다. 화물자동차법에서 '운송사업자'란 화물자동차법 제3조 제1항에 따라 화물자동차 운송사업 허가를 받은 자를 말하므로(제3조 제3항), '운송사업자로서의 지위'란 운송사업 허가에 기인한 공법상 권리와 의무를 의미하고, 그 '지위의 승계'란 양도인의 공법상 권리와 의무를 승계하고 이에 따라 양도인의 의무위반행위에 따른 위법상태(제재사유)의 승계도 포함하는 것이라고 보아야 한다. 불법증차를 실행한 운송사업자로부터 운송사업을 양수하고 화물자동차법 제16조 제1항에 따른 신고를 하여 화물자동차법 제16조 제4항에 따라 운송사업자의 지위를 승계한 경우에는 설령 양수인이 영업양도·양수 대상에 불법증차 차량이 포함되어 있는지를 구체적으로 알지 못하였다 할지라도, 양수인은 불법증차 차량이라는 물적 자산과 그에 대한 운송사업자로서의 책임까지 포괄적으로 승계한다(헌법재판소 2019. 9. 26. 선고 2017헌바397 등 결정 참조). 따라서 관할 행정청은 양수인의 선의·악의를 불문하고 양수인에 대하여 불법증차 차량에 관하여 지급된 유가보조금의 반환을 명할 수 있다. 〈해설〉 위의 판시는 불법증차 관련 유가보조금 환수처분을 제재처분으로 보고, 승계되는 '운송사업자로서의 지위'에 제재사유(양도인의 의무위반에 따른 위법상태)도 포함된다고 보고, 사업양도시 제재사유의 승계를 인정한 판시이다. [2] **위와 같은 유가보조금 환수처분이 가능할 경우 양수인의 책임범위:** 다만 그에 따른 양수인의 책임범위는 지위승계 후 발생한 유가보조금 부정수급액에 한정되고, 지위승계 전에 발생한 유가보조금 부정수급액에 대해서까지 양수인을 상대로 반환명령을 할 수는 없다. 유가보조금 반환명령은 '운송사업자등'이 유가보조금을 지급받을 요건을 충족하지 못함에도 유가보조금을 청구하여 부정수급하는 행위를 처분사유로 하는 '대인적 처분'으로서, '운송사업자'가 불법증차 차량이라는 물적 자산을 보유하고 있음을

이유로 한 운송사업 허가취소 등의 '대물적 제재처분'과는 구별되고, 양수인은 영업양도·양수 전에 벌어진 양도인의 불법증차 차량의 제공 및 유가보조금 부정수급이라는 결과 발생에 어떠한 책임이 있다고 볼 수 없기 때문이다(대판 2021. 7. 29, 2018두55968[유가보조금 환수처분 취소]). 〈관련 사실〉 원고들은 불법증차된 이 사건 각 차량에 관한 화물자동차 운송사업을 양도 또는 양수한 회사들이다. 피고는 원고들이 유가보조금을 부정수급하였다는 이유로, 원고 3(원고 2에게 불법증차 차량 양도)과 원고 4(원고 1에게 불법증차 차량 양도)에게는 차량 양도 전의 기간에 대한 유가보조금의 환수처분을 하고, 원고 1과 원고 2에게는 차량 양수 후의 기간에 대한 유가보조금의 환수처분을 하였다.

④ 지위승계의 효과에 있어서 (변형된) 과징금부과처분을 사업정지처분과 달리 볼 이유가 없다(대판 2003. 10. 23, 2003두8005).

⑤ 나아가 판례는 영업양도시 제재사유(예 취소사유(양도인의 운전면허 취소))가 현실적으로 발생하지 않았더라도 그 원인되는 사실이 이미 존재하였다면 양도양수 후 양도인에 대한 제재사유(예 양도양수후 발생한 운송사업면허 취소사유), (예 양도인의 운전면허 취소)로 양수인에게 제재처분(취소처분)을 할 수 있다고 본다(대판 2010. 4. 8, 2009두17018[개인택시운송사업면허취소처분취소]).

[판례] [1] 구 여객자동차 운수사업법(2007. 7. 13. 법률 제8511호로 개정되기 전의 것, 이하 '법'이라고 한다) 제15조 제4항에 의하면 개인택시 운송사업을 양수한 사람은 양도인의 운송사업자로서의 지위를 승계하는 것이므로, 관할관청은 개인택시 운송사업의 양도·양수에 대한 인가를 한 후에도 그 양도·양수 이전에 있었던 양도인에 대한 운송사업면허 취소사유를 들어 양수인의 사업면허를 취소할 수 있는 것이고(대판 1998. 6. 26, 96누18960 참조), 가사 양도·양수 당시에는 양도인에 대한 운송사업면허 취소사유가 현실적으로 발생하지 않은 경우라도 그 원인되는 사실이 이미 존재하였다면, 관할관청으로서는 그 후 발생한 운송사업면허 취소사유에 기하여 양수인의 사업면허를 취소할 수 있는 것이다. 즉, 이 사건 운송사업의 양도·양수 당시에는 운송사업면허 취소사유, 즉 소외인의 운전면허 취소사실이 현실적으로 발생하지 않았더라도 그 원인되는 소외인의 음주운전사실이 존재하였던 이상 원고는 그러한 소외인의 이 사건 운송사업면허상의 지위를 그대로 승계한 것이고, 그 후 소외인의 운전면허가 취소되었다면 피고는 원고에 대하여 이 사건 운송사업면허를 취소할 수 있다. [2] 관할관청이 개인택시 운송사업의 양도·양수에 대한 인가를 한 후 그 이전에 있었던 양도인의 음주운전 사실로 운전면허가 취소되자, 양도인의 운전면허 취소가 운송사업면허의 취소사유에 해당한다는 이유로 양수인의 운송사업면허를 취소하는 처분을 한 사안에서, 개인택시 운송사업자의 면허를 박탈함으로써 개인택시 운송사업의 질서를 확립하여야 할 공익상의 필요가 위 처분으로 양수인이 입게 될 불이익에 비해 가볍다고 볼 수 없어 관계 법령의 기준에 따른 위 처분에 재량을 일탈·남용한 위법이 없다고 판단한 사례. 〈참고사항〉 음주운전 자체가 아니라 음주운전으로 인한 운전면허의 취소가 개인택시운송사업면허의 취소사유이다(대판 2010. 4. 8, 2009두17018[개인택시운송사업면허취소처분취소]). 〈해설〉 제재사유의 원인사실만 존재한 경우도 승계가 가능하다고 한 사례.

마. 결어(판례 비판) 다음과 같은 이유에서 영업양도시 양수인에 승계되는 양도인의 지위에는 양도인의 위법행위로 인한 제재사유는 포함되지 않는다고 보는 **부정설**이 타당하다. ① 위법행위로 인한 제재사유는 항상 인적 사유이고, 경찰책임 중 행위책임의 문제이다. ② 제재사유는 양도인의 영업허가자의 지위에 포함되지 않으므로 양도인의 지위의 승계에 관한 규정만으로는 양도인의 위법행위로 인한 제재사유의 승계의 근거규정이 될 수 없다고 보는 것이 타당하다.

양도인이 제재를 피하기 위해 양수인과 공모하여 허위로 영업양도를 한 경우에는 영업양도계약 및 영업양도양수 신고수리는 무효이고, 실질적인 영업허가자는 양도인이므로 양도인에게 제재처분을 내리고, 허위의 양도가 아닌 경우 양수인이 제재사유를 알고 양수한 것은 공익에 반하는 것이므로 공익상 필요한 경우 행정청은 양도양수의 신고수리를 철회하고 양도인에게 재재처분을 내릴 수 있다.

긍정설을 취하는 경우(제재사유의 승계를 인정하는 경우) **책임주의의 원칙**(자기책임의 원칙)상 양수인에게 귀책사유가 없으면 양도인에 대한 제재사유를 이유로 양수인에게 제재처분을 할 수 없다고 보아야 한다. 양수인의 귀책사유를 고의 또는 과실로 보면 명문의 규정이 없더라도 양수인에게 고의 또는 과실이 없는 경우(선의·무과실인 경우) 양도인에 대한 제재사유를 이유로 양수인에게 제재처분을 할 수 없다고 보아야 한다.

제재사유의 승계를 인정하는 입장에 서는 경우 양도인의 위법행위를 이유로 제재처분을 내린 경우에는 재량행위인 제재처분의 위법(재량권의 일탈·남용) 여부를 논함에 있어서는 제재처분을 내릴 공익과 양수인의 이익 사이의 이익형량을 행하여야 한다. 특히 선의의(귀책사유없는) 양수인에 대한 제재사유의 승계 및 제재처분은 **비례의 원칙**에 반할 수 있다. 양수인이 선의·무과실인 경우 제재사유의 승계를 부정하는 것으로 규정하고 있는 경우가 있다. 2023 행정기본법 개정초안에 따르면 승계인이 해당 제재처분이나 그와 관련된 위반 사실을 알지 못하였음을 증명한 경우에는 제1항(제재처분등의 효과의 승계), 제2항(제재사유의 승계) 및 제3항(제재처분 이력의 승계)의 규정을 적용하지 아니한다(제5항).

Ⅱ. 준법률행위적 행정행위

1. 확인행위

(1) 의 의

확인행위(確認行爲)라 함은 특정한 사실 또는 법률관계의 존부 또는 정부(正否)에 관하여 의문이 있거나 다툼이 있는 경우에 행정청이 이를 공권적으로 확인하는 행위를 말한다.

당선인 결정, 장애등급결정, 도산등사실불인정, 국가유공자등록결정, 민주화운동관련자결정, 국가시험합격자의 결정, 교과서의 검정, 발명특허, 도로구역 또는 하천구역의 결정, 행정심판의 재결, 소득금액의 결정 등이 그 예이다.

당연퇴직의 통보, 국세환급거부결정 통보 등 기존의 다툼이 없이 명확한 법률관계를 단순히 확인하는 행위는 단순한 사실행위이며 행정행위인 확인행위와 구별하여야 한다.

[판례] 친일반민족행위자 재산의 국가귀속에 관한 특별법 제3조 제1항 본문, 제9조 규정들의 취지와 내용에 비추어 보면, 같은 법 제2조 제2호에 정한 친일재산은 친일반민족행위자재산조사위원회가 국가귀속결정을 하여야 비로소 국가의 소유로 되는 것이 아니라 특별법의 시행에 따라 그 취득·증여 등 원인행위시에 소급하여 당연히 국가의 소유로 되고, 위 위원회의 국가귀속결정은 당해 재산이 친일재산에 해당한다는 사실을 확인하는 이른바 준법률행위적 행정행위(확인행위)의 성격을 가진다(대판 2008. 11. 13, 2008두13491[친일재산국가귀속처분취소]).

(2) 성 질

확인행위는 사실 또는 법률관계를 확인하는 행위이므로 원칙상 행정청에게 재량권이 인정될 수 없고 따라서 기속행위이다. 다만, 판단여지가 인정될 수 있다(예 교과서의 검정).

[판례] 준공검사처분은 건축허가를 받아 건축한 건물이 건축허가사항대로 건축행정목적에 적합한가의 여부를 확인하고, 준공검사필증을 교부하여 줌으로써 허가받은 자로 하여금 건축한 건물을 사용, 수익할 수 있게 하는 법률효과를 발생시키는 것이므로 허가관청은 특단의 사정이 없는 한 건축허가내용대로 완공된 건축물의 준공을 거부할 수 없다(대판 1992. 4. 10, 91누5358).

(3) 효 과

확인행위는 사실 또는 법률관계의 존부 또는 정부를 공적으로 확인하는 효과를 갖는다. 확인행위에 의해 별도의 법적 효과(예 발명특허권의 취득)가 발생하는 경우가 있는데 이는 법률의 규정에 의한 효과이지 확인행위 자체의 효과는 아니다.

확인행위는 의문이 있거나 다툼이 있는 사실 또는 법률관계를 공권적으로 확인하는 행위로서 법원의 판결과 유사하므로 확인행위에는 **불가변력**이 발생한다고 보는 견해가 있다. 그러나, 전술한 바와 같이 이의신청의 재결이나 행정심판의 재결과 같은 준사법적 행위에만 불가변력이 발생하는 것으로 보고 그 이외의 확인행위는 취소권 또는 철회권이 제한되는 예로 보는 것이 타당하다.

2. 공증행위

(1) 의 의

공증행위(公證行爲)라 함은 특정의 사실 또는 법률관계의 존재를 공적으로 증명하는 행정행위를 말한다. 부동산등기, 선거인명부에의 등록, 광업원부에의 등록 등이 그 예이다.

[판례] **의료유사업자 자격증 갱신발급행위를 공증행위로 본 사례**(대판 1977. 5. 24, 76누295, 동지 판례: 대판 1979. 5. 22, 79누39); 특허청장의 상표사용권설정등록행위를 사인간의 법률관계의 존부를 공적으로 증명하는 준법률행위적 행정행위로 본 사례(대판 1991. 8. 13, 90누9414), 건설업면허증 및 건설업면허수첩의 재교부를 건설업의 면허를 받았다고 하는 특정사실에 대하여 형식적으로 그것을 증명하고 공적인 증거력을 부여하는 행정행위(강학상의 공증행위)로 본 사례(대판 1994. 10. 25, 93누21231[건설업면허취소처분취소]).

공증이 행정행위가 되기 위하여는 공증으로 일정한 법적 효과가 발생하여야 한다는 견해가 있으나 공적 증거력이 발생하면 된다고 본다. 다만, 당해 공증이 법령에 규정되어 있고, 당해 공증의 공적 증거력이 국민의 권리의무에 실질적인 영향력을 미쳐야 한다. 영업허가 후의 영업허가증의 교부는 영업허가를 받은 자의 법적 지위에 어떠한 영향도 미치지 않으므로 사실행위에 불과하다.

(2) 효 과

공증행위의 효력은 사실 또는 법률관계의 존재에 대하여 공적 증거력을 부여하는 것이다. 공증에 의한 공적 증거력은 반증(反證)에 의하지 아니하고는 번복될 수 없다. 반증이 있으면 공증행위의 취소 없이 공적 증거력이 번복된다.

공증행위에는 공적 증거력의 발생 이외에 법규정에 의해 일정한 법률효과가 부여되는 경우도 있다. 즉, 권리행사의 요건(예 선거인 명부에의 등록)이 되기도 하고 권리의 성립요건(예 부동산등기부에의 등기)이 되기도 한다.

3. 통지행위

통지행위(通知行爲)라 함은 특정인 또는 불특정 다수인에게 특정한 사실을 알리는 행정행위를 말한다. 통지행위는 그 자체가 일정한 법률효과를 발생시키는 행정행위이다.

통지행위는 **행정행위의 효력발생요건인 통지 또는 고지와 구별되어야 한다.** 단순한 사실의 통지(당연퇴직의 통보, 법률효과를 발생시키지 않는 경고)도 통지행위가 아니다.

통지행위의 예로는 특허출원의 공고, 귀화의 고시, 대집행의 계고, 납세의 독촉 등을 들 수 있다.

4. 수리행위

(1) 의 의

수리행위(受理行爲)라 함은 법상 행정청에게 수리의무가 있는 경우에 신고, 신청 등 타인의 행위를 행정청이 적법한 행위로서 받아들이는 행위를 말한다. 사직서의 수리, 행정심판청구서의 수리, 혼인신고서의 수리 등이 그 예이다.

수리행위는 행정청의 수리의무를 전제로 하여 행해지는 행정행위이다. 따라서 수리행위(예 수리를 요하는 신고에서의 수리)는 내부적 사실행위인 **단순한 접수행위(예 자기완결적 신고의 수리)와 구별되어야 한다.**

수리행위의 전제요건인 신고 또는 신청이 형식적 요건을 결한 경우에 행정청은 보정명령을 내리고 보정되지 않으면 수리를 거부할 수 있다. 이 경우 수리거부는 소극적 행정행위이다.

(2) 효 과

수리에 의한 법적 효과는 법률이 정하는 바에 의한다. 예를 들면, 혼인·출생신고에 의해 신분상 법적 지위에 변동이 일어난다.

제 6 절 행정행위의 부관

I. 부관의 개념

1. 개 관

행정행위의 부관(附款)이라 함은 행정청에 의해 주된 행정행위에 부가된 종된 규율이다. 행정행위의 부관은 학문상 개념이며 실정법에서는 오히려 '조건'으로 표시되고 있다.

부관의 기능이나 목적은 매우 다양하다. 부관은 행정행위의 효과를 제한하는 기능만을 갖는 것이 아니라 행정행위의 요건을 충족시키는 기능을 갖기도 하고, 부담은 행정행위의 효과를 제한하는 것이라기보다는 상대방에게 특별한 의무를 부과하는 부관이라고 보아야 한다.

부관은 주된 행정행위에 부가된 종된 규율로서 부종성(附從性)을 가지므로 명문의 규정이나 명문의 약정이 없는 한 주된 행정행위가 효력을 상실하면 부관도 효력을 상실한다.

2. 구별개념

행정행위의 부관은 다음과 같은 개념과 구별되어야 한다.

(1) 법정부관과의 구별

법령이 직접 행정행위의 조건, 기한 등을 정하는 경우가 있다. 이와 같이 법령의 규정에 의해 직접 부가된 부관을 법정부관(法定附款)이라 한다.

법정부관에는 행정행위의 부관에 대한 규율(부관의 한계 등)이 적용되지 않으므로 법정부관은 행정행위의 부관과 구별하여야 한다.

[판례] 임시이사를 선임하면서 그 임기를 '후임 정식이사가 선임될 때까지'로 기재한 것은 근거법률의 해석상 당연히 도출되는 사항을 주의적·확인적으로 기재한 이른바 '법정부관'일 뿐, 행정청의 의사에 따라 붙이는 본래 의미의 행정처분 부관이라고 볼 수 없다(대법원 1994. 3. 8. 선고 92누1728 판결 참조). 후임 정식이사가 선임되었다는 사유만으로 임시이사의 임기가 자동적으로 만료되어 임시이사의 지위가 상실되는 효과가 발생하지 않고, 관할 행정청이 후임 정식이사가 선임되었음을 이유로 임시이사를 해임하는 행정처분을 해야만 비로소 임시이사의 지위가 상실되는 효과가 발생한다(대판 2020. 10. 29, 2017다269152).

법정부관은 법령이므로 법정부관이 위법한 경우 법령에 대한 규범통제제도에 의해 통제된다. 법정부관이 처분성을 갖는 경우에는 항고소송의 대상이 된다.

예를 들면, 생수의 국내시판을 금지하는 법정부관(법규적 효력이 있는 고시)에 위반한 행위에 대해 과징금부과처분이 내려진 경우에 동 과징금부과처분취소소송에서 전제문제로서 그 법정부관의 위법성이 통제된다(대판 1994. 3. 8, 92누1728[과징금부과처분취소]). 다만, 생수국내시판금지규정이 부관(부담)의 성질을 갖는지 법률효과의 일부배제의 성질을 갖는지 다투어질 수 있다.

(2) 법률효과의 일부배제와의 구별

1) 법률효과의 일부배제의 의의

법률효과의 일부배제라 함은 법령이 행정행위에 부여하고 있는 일반적인 법률효과의 일부를 배제시키는 행정기관의 행위를 말한다.

법률효과의 일부배제의 예로 격일제 운행의 개인택시운송사업면허, 신체장애자의 운전면허신청에 대하여 오토매틱자동차만에 대한 운전면허, 영업구역을 설정한 영업허가를 들 수 있다.

2) 법률효과의 일부배제와 부관의 구별

법률효과의 일부배제와 부관이 다른 것인지에 관하여는 견해가 대립하고 있는데, 법률효과의 일부배제를 부관으로 보는 견해(부관설, 구별부정설)가 판례의 입장이다.

[판례] 행정행위의 부관은 부담의 경우를 제외하고는 독립하여 행정소송의 대상이 될 수 없는 것인바, 지방국토관리청장이 일부 공유수면매립지에 대하여 한 국가 또는 직할시 귀속처분은 매립준공인가를 함에 있어서 매립의 면허를 받은 자의 매립지에 대한 소유권취득을 규정한 공유수면매립법 제14조의 효과 일부를 배제하는 부관을 붙인 것이고, 이러한 행정행위의 부관은 위 법리와 같이 독립하여 행정소송 대상이 될 수 없다(대판 1993. 10. 8, 93누2032[공유수면매립공사준공인가처분취소]).

그러나, 법률효과의 일부배제는 행정행위의 효과를 제한하는 점에서는 부관과 같으나 행정행위의 효과의 일부를 배제함과 동시에 행정행위 자체의 일부분을 이루는 것이므로 행정행위에 부가된 것인 부관과 구별하는 것이 타당하다(구별설). 법률효과의 일부배제는 신청된 행정행위의 내용의 일부를 받아들이는 행정행위이므로 '일부허가'이며 동시에 행정행위의 내용의 일부를 거부하는 행위이므로 '일부거부행위'라고 볼 수 있다.

3) 법률의 근거

법률효과의 일부배제는 법률 자체가 인정하고 있는 법률효과의 일부를 행정기관이 배제하는 것이므로 법률에 근거가 있어야 한다.

(3) 수정부담(변경허가)과의 구별

수정부담(修正負擔)이라 함은 당사자가 신청한 내용과 다른 내용으로 행정행위를 행하는 것을 말한다.

예를 들면, 갑(甲)이 A국으로부터의 쇠고기 수입허가를 신청하였는데 허가기관이 B국으로부터의 쇠고기 수입허가를 부여하는 것을 말한다. 또한 갑(甲)이라는 진로로 집단시위행진을 할 것을 신청하였지만 진로를 변경하여 허가를 해 준 경우를 예로 들 수 있다.

수정부담은 신청된 내용의 행정행위를 부여하면서 그 법적 효과를 제한하는 것이 아니라 신청된 행정행위의 내용 자체를 변경하여 변경된 내용의 행정행위를 행하는 것이므로 부관과 구별되어야 한다. 따라서 수정부담이라는 용어는 혼동을 일으킬 수 있으므로 '변경허가'로 부르는 것이 타당하다.

수정부담에 있어 상대방이 수정된 내용의 행정행위를 받아들이지 않는 경우에는 수정부담을 거부처분으로 보고 거부처분에 대한 취소소송을 제기하면 되고, 상대방이 수정된 내용의 행정행위를 받아들이면 수정된 내용의 행정행위가 완전한 효력을 발생하게 된다.

Ⅱ. 부관의 종류 [2012 변시 사례]

1. 조　　건

조건(條件)이라 함은 행정행위의 효력의 발생 또는 소멸을 **장래의 불확실한 사실**에 의존시키는 부관을 말한다.

조건이 성취되어야 행정행위가 비로소 효력을 발생하는 조건을 정지조건(停止條件)이라 하고 행정행위가 일단 효력을 발생하고 조건이 성취되면 행정행위가 효력을 상실하는 조건을 해제조건(解除條件)이라 한다.

예를 들면, 일정한 기간 내에 공사에 착수할 것을 조건으로 하는 공유수면매립면허는 해제조건부면허로 보는 것이 타당하다.

2. 기　　한

(1) 의　　의

기한(期限)이라 함은 행정행위의 효력의 발생 또는 소멸을 **장래의 발생이 확실한 사실**에 의존시키는 부관을 말한다.

(2) 종　　류

기한이 도래함으로써 행정행위의 효력이 발생하는 기한을 **시기(始期)**라 하고, 기한이 도래함으로써 행정행위가 효력을 상실하는 기한을 **종기(終期)**라 한다. 기한 중 도래시점이 확정된 기한을 **확정기한(確定期限)**이라 하고, 도래시점이 확정되지 않은 기한을 **불확정기한(不確定期限)**이라 한다.

(3) 조건과 구별

기한이나 조건은 행정행위의 시간상의 효력범위를 정하는 점에서 같다. 그러나 기한은 사건의 발생이 확실하다는 점에서 사건의 발생 자체가 불확실한 조건과 구별된다.

허가 자체의 존속기간과 허가조건의 존속기간의 구별[2007 행시(일반행정) 사례]

허가 등 행정행위에 종기의 일종인 유효기간이 부가된 경우에 그 기한은 '행정행위 자체의 존속기간'인가 아니면 '허가조건의 존속기간'인가.

① 구별기준　　행정행위(예 영업허가)가 그 내용상 장기간에 걸쳐 계속될 것이 예상되는데 유효기간이 허가 또는 특허된 사업의 성질상 부당하게 단기로 정해진 경우에는 그 유효기간을 '허가조건의 존속기간'으로 보아야 하고(대판 1995. 11. 10, 94누11866[옥외광고물 등 표시허가연장거부처분취소]), 허가조건의 존속기간이 아닌 유효기간은 행정행위 자체의 존속기간이다.

[판례] 일반적으로 행정처분에 효력기간이 정하여져 있는 경우에는 그 기간의 경과로 그 행정처분의 효력은 상실되며, 다만 허가에 붙은 기한이 그 허가된 사업의 성질상 부당하게 짧은 경우에는 이를 그 허가 자체의 존속기간이 아니라 그 허가조건의 존속기간으로 보아 그 기한이 도래함으로써 그 조건의 개정을 고려한다는 뜻으로 해석할 수 있지만, 이와 같이 당초에 붙은 기한을 허가 자체의 존속기간이 아니라 허가조건의 존속기간으로 보더라도 그 후 당초의 기한이 상당 기간 연장되어 연장된 기간을 포함한 존속기간 전체를 기준으로 볼 경우 더 이상 허가된 사업의 성질상 부당하게 짧은 경우에 해당하지 않게 된 때에는 관계 법령의 규정에 따라 허가 여부의 재량권을 가진 행정청으로서는 그 때에도 허가조건의 개정만을 고려하여야 하는 것은 아니고 재량권의 행사로서 더 이상의 기간연장을 불허가할 수도 있는 것이며, 이로써 허가의 효력은 상실된다(대판 2004. 3. 25, 2003두12837[개발제한구역내행위허가(기간연장)신청불허가처분취소]).

② 허가조건의 존속기간의 효과　　허가조건의 존속기간의 경우 유효기간이 도과하기 전에 당사자의 갱신신청이 있는 경우에는 그 조건의 개정을 고려할 수 있으나 특별한 사정이 없는 한 행정행위의 유효기간을 갱신 내지 연장하여 주어야 한다.

갱신허가시 허가요건의 변경 등 사정변경이 있는 경우 신뢰보호이익과 공익(법률적합성원칙 등)을 비교형량하여야 한다.

허가조건의 존속기간 내에 적법한 갱신신청이 있었음에도 갱신가부의 결정이 없는 경우에는 유효기간이 지나도 주된 행정행위는 효력이 상실되지 않는다. 그러나, 갱신신청 없이 유효기간이 지나면 주된 행정행위는 효력이 상실되므로 갱신기간이 지나 신청한 경우에는 기간연장신청이 아니라 새로운 허가신청으로 보아야 한다(대판 1995. 11. 10, 94누11866; 2007. 10. 11, 2005두12404).

[판례 1] 종전의 허가가 기한의 도래로 실효한 이상 원고가 종전 허가의 유효기간이 지나서 신청한 이 사건 기간연장신청은 그에 대한 종전의 허가처분을 전제로 하여 단순히 그 유효기간을 연장하여 주는 행정처분을 구하는 것이라기 보다는 종전의 허가처분과는 별도의 새로운 허가를 내용으로 하는 행정처분을 구하는 것이라고 보아야 할 것이어서, 이러한 경우 허가권자는 이를 새로운 허가신청으로 보아 법의 관계 규정에 의하여 허가요건의 적합 여부를 새로이 판단하여 그 허가 여부를 결정하여야 할 것이다(대판 1995. 11. 10, 94누11866[옥외광고물 등 표시허가연장거부처분취소]: 서울 영등포구 양화동 성산대교 남쪽 88올림픽대로변에 가로 19.8m, 세로 9.9m의 지주이용 야립간판 3개에 관하여 설치기간을 1990. 10. 17.부터 1993. 10. 16.까지 3년으로 한 광고물표시허가를 받아 설치 이용하여 오다가 허가기간 3년이 지난 후인 1994. 1. 11. 피고에게 위 야립간판의 표시허가기간을 연장해 줄 것을 신청한 사례).

[판례 2] 어업에 관한 허가 또는 신고의 경우 유효기간이 지나면 당연히 효력이 소멸하는지 여부(적극) 및 이 경우 다시 어업허가를 받거나 신고를 하더라도 종전 허가나 신고의 효력 등이 계속되는지 여부(소극): 어업에 관한 허가 또는 신고의 경우에는 어업면허와 달리 유효기간연장제도가 마련되어 있지 아니하므로 그 유효기간이 경과하면 그 허가나 신고의 효력이 당연히 소멸하며, 재차 허가를 받거나 신고를 하더라도 허가나 신고의 기간만 갱신되어 종전의 어업허가나 신고의 효력 또는 성질이 계속된다고 볼 수 없고 새로운 허가 내지 신고로서의 효력이 발생한다고 할 것이다(대판 2011. 7. 28, 2011두5728).

③ 허가 자체의 존속기간의 효과 행정행위 자체의 존속기간인 경우에는 종기의 도래로 주된 행정행위는 당연히 효력을 상실한다. 또한 당사자는 기간연장에 있어 어떠한 기득권도 주장할 수 없다. 기간연장신청은 새로운 행정행위의 신청이다.

그러나, 행정청이 관계법령의 규정이나 또는 자체적인 판단에 따라 처분상대방에게 특정한 권리나 이익 또는 지위 등을 부여한 후 일정한 기간마다 심사하여 그 갱신 여부를 판단하는 이른바 '갱신제'를 채택하여 운용하는 경우에는, 처분상대방은 합리적인 기준에 의한 공정한 심사를 받아 그 기준에 부합되면 특별한 사정이 없는 한 갱신되리라는 기대를 가지고 갱신 여부에 관하여 합리적인 기준에 의한 공정한 심사를 요구할 권리를 가진다고 보아야 한다.

[판례] 피고가 '중국 단체관광객 유치 전담여행사' 지정과 관련하여 원고에 대한 2년의 갱신제 심사대상기간이 만료된 후 갱신심사 도중에 심사기준을 변경하여 변경된 심사기준에 따라 갱신 거부처분을 하여 다투어진 사안 [1] '갱신제'에서 사전에 공표된 심사기준을 심사대상기간 만료 후에 변경한 후 변경된 심사기준을 적용하여 갱신 거부처분을 하는 것이 허용되는지 여부(= 원칙적 소극): 행정청이 관계법령의 규정이나 또는 자체적인 판단에 따라 처분상대방에게 특정한 권리나 이익 또는 지위 등을 부여한 후 일정한 기간마다 심사하여 그 갱신 여부를 판단하는 이른바 '갱신제'를 채택하여 운용하는 경우에는, 처분상대방은 합리적인 기준에 의한 공정한 심사를 받아 그 기준에 부합되면 특별한 사정이 없는 한 갱신되리라는 기대를 가지고 갱신 여부에 관하여 합리적인 기준에 의한 공정한 심사를 요구할 권리를 가진다고 보아야 한다. 여기에서 '공정한 심사'란 갱신 여부가 행정청의 자의가 아니라 객관적이고 합리적인 기준에 의하여 심사되어야 할 뿐만 아니라, 처분상대방에게 사전에 심사기준과 방법의 예측가능성을 제공하고 사후에 갱신 여부 결정이 합리적인 기준에 의하여 공정하게 이루어졌는지를 검토할 수 있도록 심사기준이 사전에 마련되어 공표되어 있어야 함을 의미한다(대법원 2011. 1. 13. 선고 2010두1835 판결 등 참조). 사전에 공표한 심사기준 중 경미한 사항을 변경하거나 다소 불명확하고 추상적이었던 부분을 명확하게 하거나 구체화하는 정도를 뛰어넘어, 심사대상기간이 이미 경과하였거나 또는 상당부분 경과한 시점에서 처분상대방의 갱신 여부를 좌우할 정도로 (사전에 공표한 심사기준을) 중대하게 변경하는 것은 갱신제의 본질과 사전에 공표된 심사기준에 따라 공정한 심사가 이루어져야 한다는 요

청에 정면으로 위배되는 것이므로, 갱신제 자체를 폐지하거나 갱신상대방의 수를 종전보다 대폭 감축할 수밖에 없도록 만드는 중대한 공익상 필요가 인정되거나 관계 법령이 제·개정이 되었다는 등의 특별한 사정이 없는 한, 허용되지 않는다고 보아야 한다. [2] 피고(문화체육관광부장관)는 중국 정부에 추천할 '중국 단체관광객 유치 전담여행사'의 지정 및 관리 등을 시행하기 위하여 '중국 단체관광객 유치 전담여행사 업무 시행지침'을 제정하여, 2년에 1회 재심사를 통해 전담여행사 지위를 갱신하는 '전담여행사 갱신제'를 운용하고 있다. 피고는 원고에 대한 갱신제 심사대상기간(2014. 1.경 ~ 2015. 10.경)이 만료된 후인 2016. 3. 23.경 종전 처분기준의 각 평가영역·항목·지표 및 배점 등을 일부 변경하고, 변경된 처분기준을 미리 공표하지 않은 채 갱신심사에 적용하여, 원고에 대하여 전담여행사 갱신 거부처분을 하였다. 원심은 피고의 처분에 행정절차법 제20조 제1항을 위반하거나 재량권을 일탈·남용한 위법이 없다고 판단하였으나, 대법원은 피고가 사후적으로 변경된 처분기준에 따라 원고에 대한 전담여행사 갱신 거부를 결정한 것은, 전담여행사 갱신제 자체를 폐지하거나 갱신되는 전담여행사 업체수를 종전보다 현저하게 감축할 수밖에 없도록 만드는 중대한 공익상 필요가 인정되거나 관계 법령이 제·개정되었다는 등의 다른 특별한 사정이 없는 한, 처분기준 사전공표 제도의 입법취지에 반하고, 갱신제의 본질 및 적법절차원칙에서 도출되는 공정한 심사 요청에도 반하므로 위법하다고 판단하여 파기환송하였다(대판 2020. 12. 24, 2018두45633[중국전담여행사 지정취소처분 취소]).

④ 허가갱신의 효과 행정행위 자체의 존속기간이든 행정행위 조건의 존속기간이든 허가 등 행정행위의 갱신으로 갱신 전의 허가 등 행정행위는 동일성을 유지하면서 효력을 유지한다.

[판례] 유료직업 소개사업의 허가갱신은 허가취득자에게 종전의 지위를 계속 유지시키는 효과를 갖는 것에 불과하고 갱신 후에는 갱신 전의 법위반사항을 불문에 붙이는 효과를 발생하는 것이 아니므로 일단 갱신이 있은 후에도 갱신 전의 법위반사실을 근거로 허가를 취소할 수 있다(대판 1982. 7. 27, 81누174[영업허가취소처분취소]).

3. 부 담[2016 변시, 2017 행시]

(1) 의의와 법적 규율

부담(負擔)이라 함은 행정행위의 주된 내용에 부가하여 그 행정행위의 상대방에게 작위, 부작위, 급부, 수인 등의 의무를 부과하는 부관을 말한다. 부담은 다른 부관과 달리 그 자체가 행정행위이다. 따라서 부담만이 독립하여 항고소송의 대상이 될 수 있다.

부담은 행정청이 행정처분을 하면서 일방적으로 부가할 수도 있지만 부담을 부가하기 이전에 상대방과 협의하여 부담의 내용을 협약의 형식으로 미리 정한 다음 행정처분을 하면서 이를 부담으로 부가할 수도 있다(대판 2009. 2. 12, 2005다65500[약정금]). 협약으로 미리 정한 부담의 성질이 행정행위인지 아니면 공법상 계약인지 논란이 있다. 생각건대, 협약의 형식에 의한 부담은 공법상 계약인 협약과 협약을 준수하라는 부담이 결합된 혼합적 행위로 보는 것이 타당하다. 즉, 협약의 형식에 의한 부담은 부담의 내용을 공법상 계약의 성질을 갖는 협약으로 정하고 그 협약을 부담으로 붙인 것으로 보는 것이 타당할 것이다. 이에 대하여 협약은 공법상 계약의 성질을 갖지 않고 부담의 성질만 갖는 것으로 보는 견해도 있다.

부담에 의해 부과된 의무의 불이행이 있는 경우에 당해 의무의 불이행은 독립하여 강제집행의 대상이 된다. 부담에 의해 부과된 의무의 불이행으로 부담부행정행위가 당연히 효력을 상실하는 것은 아니며 당해 의무불이행은 부담부행정행위의 철회사유(대판 1989. 10. 24, 89누2431[토지형질변경허가 취소처분취소])가 될 뿐이며 철회시에는 철회의 일반이론에 따라 이익형량의 원칙이 적용된다.

그러나, 부담은 주된 행정행위에 부가된 부관이므로 부담의 효력은 주된 행정행위의 효력에 의존한다. 즉, 주된 행정행위가 효력을 상실하면 부담도 효력을 상실한다.

(2) 부담과 조건의 구별

1) 부담과 정지조건의 구별실익

① 부담부 행정행위(負擔附 行政行爲)는 부담의 이행을 필요로 함이 없이 즉시 효력을 발생하지만(예 진입도로 조건부 주택건설사업계획승인) 정지조건부 행정행위(停止條件附 行政行爲)는 조건이 성취되어야 비로소 효력이 발생한다(예 조건부학교설립인가). 그러나 실제에 있어서 어떠한 부관이 부담인지 아니면 정지조건인지 구별이 쉽지 않은 경우가 있다. 특히 정지조건이 관계인의 특정의 행위인 경우에 그러하다.

부관부 영업허가(또는 등록)의 경우에 당해 부관이 부담이라면 부담의 이행 없이 영업을 하여도 무허가영업이 아니지만, 당해 부관이 정지조건이라면 조건의 성취 없이 영업을 하면 무허가영업이 된다.

② 부담은 일정한 의무를 창설하고 그 의무의 불이행은 독립하여 강제집행의 대상이 된다. 그러나, 정지조건은 의무를 부과하지 않으며 조건이 성취되지 않았다고 하여 강제집행이 행해질 수 없으며 그러한 강제집행이 필요하지도 않다.

③ 부담은 부담만이 취소소송의 대상이 될 수 있지만 정지조건은 독립하여 취소소송의 대상이 되지 못하며 정지조건부 행정행위가 취소소송의 대상이 된다. 상대방은 정지조건부 행정행위를 대상으로 하여 정지조건만의 일부취소를 주장할 수 있다(판례는 부정).

2) 부담과 해제조건의 구별실익

해제조건(解除條件)의 경우에는 조건이 성취되면 행정행위의 효력이 당연히 소멸하게 되는데, 부담(負擔)의 경우에는 부담에 의해 부가된 의무의 불이행이 있는 경우에 행정행위가 당연히 효력을 상실하는 것이 아니며 행정행위의 철회사유가 될 뿐이다. 또한 부담은 부담만이 독립하여 취소소송의 대상이 되지만 해제조건은 그러하지 않다.

3) 부담과 조건의 판단기준

실제에 있어서 어떠한 부관이 부담인지 조건인지 그 판단은 용이하지 않다. 일응 다음과 같은 기준에 의해 판단하여야 할 것이다.

① 부관의 준수가 매우 중요하여 행정행위의 효력 자체를 그 조건에 의존시키는 것이 타당하다고 인정되는 경우에는 당해 부관은 조건으로 보아야 하고, 그렇지 않은 경우에는 부담으로 볼 수 있을 것이다.

② 부가된 부관의 주된 행정행위의 법률요건과의 관계가 고려되어야 한다. 부관이 주된 행정행위의 요건과 밀접하게 관련되어 있는 경우에는 조건으로 보아야 하고 그렇지 않은 경우에는 부담으로 보아야 할 것이다.[4)]

③ 부담과 조건의 구별이 모호한 경우에는 부담으로 추정함이 바람직하다. 그 이유는 부담이 조건보다 상대방에게 유리하기 때문이다.

[판례] 판례 중에는 행정청이 건축변경허가시 '대지 내 침범된 인근 건축물의 담장 부분을 철거하고 대지경계에 담장을 설치하라'는 내용의 부관을 붙인 것에 대하여 위 부관의 법적 성격이 단순한 부담인지, 해제조건이나 철회권의 유보인지 분명치 아니하다고 하면서 이를 독립하여 행정소송의 대상이 되는 부담으로 본 원심판결을 심리미진을 이유로 파기한 사례가 있다(대판 2000. 2. 11, 98누7527[건축허가부관취소]). 그리고 이 판결에서 대법원은 위 부관의 법적 성격을 판단함에 있어서는 위 부관의 필요성, 부관 부가시 행정청인 피고의 의사나 위와 같은 내용의 부관 불이행시 행정청이 취하여 온 행정관행 등이 어떠한 것인지 등을 더 심리하여야 한다고 보았다.

(3) 부담과 기한의 구별

기한은 그 도래에 의해 주된 행정행위의 효력을 발생시키거나 실효시키지만, 부담의 경우는 의무기한의 도래로 의무불이행이 되며 철회사유가 될 뿐이다. 부담과 기한의 구별이 애매한 경우에도 부담이 기한보다 상대방에게 유리하므로 부담으로 추정하는 것이 바람직하다.

[판례] 사도개설허가에서 정해진 공사기간 내에 사도로 준공검사를 받지 못한 경우, 이 공사기간을 사도개설허가 자체의 존속기간(유효기간)으로 볼 수 없고 부담이라는 이유로 사도개설허가가 당연히 실효되는 것은 아니라고 한 사례: 사도개설허가에는 본질적으로 사도를 개설하기 위한 토목공사 등 현실적인 도로개설공사가 따르기 마련이므로 허가를 하면서 공사기간을 특정하기도 하지만 사도개설허가는 사도를 개설할 수 있는 권한의 부여 자체에 주안점이 있는 것이지 공사기간의 제한에 주안점이 있는 것이 아닌 점 등에 비추어 보면 이 사건 제1처분에 명시된 공사기간은 변경된 허가권자인 보조참가인에 대하여 공사기간을 준수하여 공사를 마치도록 하는 의무를 부과하는 일종의 부담에 불과한 것이지, 사도개설허가 자체의 존속기간(즉, 유효기간)을 정한 것이라 볼 수 없고, 따라서 보조참가인이 이 사건 제1처분의 사도개설허가에서 정해진 공사기간 내에 사도로 준공검사를 받지 못하였다 하더라도, 이를 이유로 행정관청이 새로운 행정처분을 하는 것은 별론으로 하고, 사도개설허가가 당연히 실효되는 것은 아니다(대판 2004. 11. 25, 2004두7023[사도개설허가취소신청거부처분취소]).

4. 사후부담의 유보 또는 부담의 사후변경의 유보

사후부담(事後負擔)의 유보(留保)라 함은 행정행위를 발하면서 사후에 부담을 부가할 수 있는 권한을 유보하는 부관을 말한다.

사후부담의 유보는 다음과 같은 이유에 의해 인정된다. 행정행위시 소음 공해와 같이 당해 행정행위가 초래할 수 있는 일정한 결과를 정확하게 예측할 수 없는 경우가 있고 이 경우에 사후부담을 유보할 필요가 있다. 그리고 행정청은 행정행위 이후의 상황의 변화에 대응할 가능성을 확보할 필요가 있다.

부담의 사후변경의 유보라 함은 행정행위를 발하면서 이미 부가된 부담의 내용을 사후에 변경

4) 강현호, "건축변경허가와 부관,"『행정판례연구 V』, 2000, 100면.

할 수 있는 권한을 유보하는 부관을 말한다. 부담의 사후변경의 유보는 사후부담의 유보와 같은 이유에서 인정된다.

사후부담의 유보 및 부담의 사후변경의 유보에 있어서는 철회권의 유보에서처럼 상대방의 신뢰보호는 인정되지 않는다.

5. 철회권 또는 변경권의 유보[2016 행시]

[문제] "인근에 주택이 많이 들어서는 경우에는 학교환경위생정화구역(상대정화구역) 내에서의 甲의 유흥주점에 대한 금지해제조치를 취소한다"는 조건을 붙여 유흥주점허가를 해준 경우 위 조건의 성질과 효력을 논하시오.

(1) 의 의

철회권(변경권)의 유보(留保)라 함은 행정행위를 행함에 있어 일정한 경우에는 행정행위를 철회(변경)할 수 있음을 정한 부관을 말한다.

(2) 기 능

철회권의 유보는 행정행위의 상대방에게 철회의 가능성을 주지시킴으로써 공익목적에 대한 침해를 미연에 방지하고, 장래의 상황의 변화에 대비하여 철회의 가능성을 유보하여 두는 기능을 한다.

(3) 효 과

철회권이 유보되었고 철회권유보사유가 발생하였다고 하여 철회가 아무런 제한 없이 가능한 것은 아니다. **철회권이 유보된 경우에도 철회의 제한이론인 이익형량의 원칙이 적용된다.** 다만, 행정행위의 계속성에 대한 상대방의 신뢰는 유보된 철회사유에 관하여는 인정되지 않는다. 달리 말하면 **행정행위의 상대방은 당해 행정행위의 철회시 신뢰보호의 원칙을 원용할 수 없다.**

철회시 인정되어야 하는 신뢰보호에 근거한 손실보상도 철회권이 유보된 경우에는 원칙상 인정되지 않는다.

[판례] 행정청이 종교단체에 대하여 기본재산전환인가를 함에 있어 인가조건을 부가하고 그 불이행시 인가를 취소할 수 있도록 한 경우, 인가조건의 의미는 철회권을 유보한 것이라고 본 사례(대판 2003. 5. 30, 2003다6422). 〈평석〉 대법원은 원심이 강학상 철회인 기본재산전환인가의 취소를 강학상 취소로 본 것은 잘못이라고 보았다. 종교단체에 대한 기본재산전환인가는 재량행위로 보인다. 따라서, 법적 근거 없이도 효과를 제한하는 부관이 가능하다. 인가조건 중 의무를 부과하는 부분은 부담으로 보고, 인가조건 불이행 등의 경우 취소한다는 부분을 철회권유보로 보는 것이 타당하다.

[문제의 해결] 위 조건의 법적 성질은 철회권의 유보이다. 철회권 유보에 근거한 철회의 경우 이익형량을 하여야 하지만, 상대방의 신뢰는 보호의 대상이 되지 않으며 손실보상도 요하지 않는다(행정법연습 제2장 제3절 8 참조).

Ⅲ. 부관의 기능과 문제점

1. 부관의 순기능

부관은 행정청이 여러 행정목적을 달성함에 있어서 유용한 법적 수단이 된다. 부관의 기능은 부관의 종류에 따라 다양하다. 부관의 주된 기능만을 보면 다음과 같다.

① 부관은 **행정의 탄력성**을 보장하는 기능을 갖는다. 일정한 효과를 갖는 행정행위를 해 주거나 그러한 행정행위를 해 주지 않는 권한만을 행정기관이 갖는 경우에는 탄력적인 행정이 되지 못하고 행정이 경직되게 된다. 예를 들면, 허가의 요건을 충족하지 않은 신청이 있는 경우에 행정청은 그 허가를 거부할 수밖에 없다. 그러나 이 경우에 거부처분 대신 미비된 허가요건을 충족할 것을 부관(조건)으로 하여 허가를 내 줌으로써 무용하게 행정이 반복되는 것을 방지할 수 있고 신청인에게 신속한 행정을 제공할 수 있다.

② 부관은 **법의 불비를 보충**하고 행정에 있어 **형평성의 보장 내지 이해관계의 조절**에 기여할 수 있다. 예를 들면, 주택건설사업계획의 승인시에 공공시설의 기부채납을 부관(부담)으로 붙일 수 있다. 주택단지조성시 도로, 공원 등 공공시설은 주택단지조성자 내지는 주택단지입주자의 부담으로 하는 것이 형평의 원칙에 합당한데(주택단지조성자가 부담하지 않는다면 결국은 국가나 지방자치단체가 부담하게 되고 궁극적으로는 국민이나 주민이 부담하게 되어 부당한 결과가 된다), 선진외국에서와 달리 현행법에 이에 관한 규정이 불비되어 있다. 기부채납이라는 부관이 이러한 입법의 불비를 메우고 행정에 형평을 도모할 수 있다. 공유수면매립시 기성매립지를 연고자에게 분양하라는 부관은 관계자의 보호를 통하여 이해관계의 조절을 도모하고 있다.

현행 법령상 환경보호규정이 미비된 경우가 많다. 이 경우 개발에 관한 허가 등을 하면서 환경보호를 조건으로 붙일 수 있다.

③ 행정행위에 기한을 붙이는 것은 여러 기능을 갖는다. 행정행위로 인하여 상대방에게 특권이 부여되는 경우에는 기한은 특혜의 한계를 정하는 기능을 갖는다. 또한 기한은 장래의 상황변화에 준비하기 위하여 허가 등을 해 주면서 일정한 기간을 정하여 해 주고 그 기간이 지난 후 상황의 변화를 고려하여 허가기간의 연장 여부를 결정할 수 있다.

④ 철회권의 유보는 국민에 의한 행정법규 위반을 막기 위하여 경고하는 의미를 갖기도 하고 장래에 행정행위가 철회될 수 있다는 것을 예고함으로써 국민에게 행정에 대한 예측을 가능하게 해 주는 기능을 갖는다.

2. 부관의 문제점

부관은 위와 같은 순기능을 갖지만 부관에는 문제점도 없지 않다. 부관의 남용이 우려된다.

① 상대방인 국민에게 이익을 수여하는 것을 조건으로 행정목적과 무관한 의무를 부과할 수 있다. 예를 들면, 택지개발사업을 승인하면서 택지개발사업과 전혀 관계 없는 토지의 기부채납을 부담으로 붙이는 것을 들 수 있다.

② 또한 철회권의 유보나 사후부담의 유보를 행정목적 달성상 필요한 경우에 한하여 부가하여야 할 것인데, 막연히 만일을 위하여 철회권의 유보나 사후부담의 유보를 부가한다면 상대방인 국민의 법적 지위가 불안정하게 될 것이다.

Ⅳ. 부관의 한계

부관의 한계에는 부관의 가능성의 문제와 부관의 내용상 한계의 문제가 있다.

1. 부관의 가능성[2016 행시 사례]

부관의 가능성에 대하여는 일률적으로 말할 수 없다. 행정행위의 종류와 붙이고자 하는 부관의 종류에 따라 부관을 붙일 수 있는 가능성이 다르다.

(1) 준법률행위적 행정행위

종래의 통설은 부관을 '행정행위의 효과를 제한하기 위하여 주된 의사표시에 부과된 종된 의사표시'로 정의하면서 준법률행위적 행정행위에는 의사표시가 존재할 수 없으므로 부관을 붙일 수 없다고 보았다.

그러나 오늘날 준법률행위적 행정행위에도 법률의 규정에 의해 부관을 붙일 수 있게 되어 있는 경우도 있다. 다만, 준법률행위적 행정행위에 있어 법률의 근거가 없는 경우에는 부관을 붙일 수 없다. 확인적 행정행위는 다툼이 있는 사실 또는 법률관계를 공권적으로 확인하는 행위이므로 법률에서 종기 이외의 부관을 붙이도록 하는 것은 적당하지 않다.

(2) 귀화허가 등 신분설정행위

법률행위적 행정행위 중 귀화허가 또는 공무원의 임명행위와 같은 신분설정행위는 **부관에 친숙하지 않은 행정행위**이다. 왜냐하면 이러한 행위에 부관을 붙일 수 있다고 한다면 당사자의 법적 지위가 지나치게 불안정하게 되기 때문이다.

(3) 재량행위, 기속행위 및 기속재량(거부재량)행위

행정청은 처분에 재량이 있는 경우(재량행위)에는 개별법령에 근거가 없더라도 부관(조건, 기한, 부담, 철회권의 유보 등을 말한다)을 붙일 수 있다(행정기본법 제17조 제1항).

기속행위 및 기속재량행위(거부재량행위)에 있어서는 법률에 근거 없이 부관을 붙일 수 없지만, 기속행위 및 기속재량행위에 있어서도 법률에 부관을 붙일 수 있다는 명시적인 근거가 있는 경우에는 그 한도 내에서 부관을 붙일 수 있고(행정기본법 제17조 제2항, 대판 1995. 6. 13, 94다56883), 부관의 법적 근거가 없는 경우에도 요건을 충족하는 것을 정지조건으로 하는 부관(요건충족적 부관)은 붙일 수 있다.

[판례 1] [1] **기속행위나 기속적 재량행위에 붙인 부관의 효력**: 일반적으로 기속행위나 기속적 재량행위에는 부관을 붙일 수 없고 가사 부관을 붙였다 하더라도 무효이다. [2] 건축허가를 하면서 일정 토지를 기부채납하도록 하는 내용의 허가조건은 부관을 붙일 수 없는 기속행위 내지 기속적 재량행위인 건축허가에 붙인 부담이거나 또는 법령상 아무런 근거가 없는 부관이어서 무효이다(대판 1995. 6. 13, 94다56883).

[판례 2] **행정청이 수익적 행정처분을 하면서 부관으로 부담을 붙이는 방법**: 수익적 행정처분에 있어서는 법령에 특별한 근거규정이 없다고 하더라도 그 부관으로서 부담을 붙일 수 있다(대판 2009. 2. 12, 2005다65500). 〈평석〉 수익적 행정처분에는 항상 법적 근거 없이도 부담을 붙일 수 있는 것은 아니며 수익적 행정처분이 재량처분인 경우에 한하여 법적 근거 없이 부담 등 효과를 제한하는 부관을 붙일 수 있다. 이러한 점에서 판례는 문제가 있다.

[판례 3] 건축허가 시 보차혼용통로를 조성·제공하도록 한 것은 "도시설계지구 안에서는 도시의 기능 및 미관의 증진을 위하여 건축물을 도시설계에 적합하게 건축하여야 한다."고 규정한 구 건축법 제61조 제1항의 규정에 따른 것일 뿐이지 수익적 행정행위인 건축허가에 부가된 부관으로서 부담이라고 할 수는 없으므로, 보차혼용통로를 조성·제공하도록 한 것이 기속행위나 기속재량행위에 붙은 부관이어서 무효라고 볼 것은 아니다(대판 2012. 10. 11, 2011두8277).

(4) 사후부관 및 부관의 사후변경 [2013 행시(일반), 2016 변시]

행정청은 부관을 붙일 수 있는 처분이 다음 각 호의 어느 하나에 해당하는 경우에는 그 처분을 한 후에도 부관을 새로 붙이거나 종전의 부관을 변경할 수 있다. 1. 법률에 근거가 있는 경우, 2. 당사자의 동의가 있는 경우, 3. 사정이 변경되어 부관을 새로 붙이거나 종전의 부관을 변경하지 아니하면 해당 처분의 목적을 달성할 수 없다고 인정되는 경우(행정기본법 제17조 제3항).

[판례 1] [1] 부관은 면허 발급 당시에 붙이는 것뿐만 아니라 면허 발급 이후에 붙이는 것(사후부관)도 법률에 명문의 규정이 있거나 변경이 미리 유보되어 있는 경우 또는 상대방의 동의가 있는 경우 등에는 특별한 사정이 없는 한 허용된다. [2] 관할 행정청은 운송사업자에 대한 면허 발급 이후에도 운송사업자의 동의하에 여객자동차운송사업의 질서 확립을 위하여 운송사업자가 준수할 의무를 정하고 이를 위반할 경우 감차명령(감차 등이 따르는 사업계획변경명령)을 할 수 있다는 내용의 면허 조건을 붙일 수 있고, 운송사업자가 조건을 위반하였다면 여객자동차법 제85조 제1항 제38호에 따라 감차명령을 할 수 있으며, 감차명령은 행정소송법 제2조 제1항 제1호가 정한 처분으로서 항고소송의 대상이 된다(대판 2016. 11. 24, 2016두45028[감차처분취소]).

[판례 2] 부산광역시장은 1986. 5. 9. 피고에게 온천법 제5조 제1항 소정의 온천공 굴착허가처분을 함에 있어서, '동력장치 및 이용시설허가 이전에 온천공 및 동력장치 시설물 일체와 이 사건 토지 중 탕원중심(3m×3m) 및 관로주변(1.5m×1.5m)'을 기부채납하도록 부담을 부가하였다(위 관로주변 토지에 관한 기부채납의 범위를 위와 같이 1.5m×1.5m로 한 것은 온천공이 공로와 인접하여 굴착될 것을 전제로 한 것임). 그 후 부산광역시 급수과 소속 온천담당 공무원의 현지조사 결과 원고가 굴착한 온천공이 공로로부터 떨어져 있어 탕원으로부터 공공관로까지 송수관을 연결시키기 위하여는 관로의 길이를 20m로 연장시킬 수밖에 없게 되자 부산광역시장은 1986. 8. 5. 기부채납할 토지 중 관로 부분의 길이를 20m로 변경하는 조치를 피고를 통하여 원고에게 통보한 사례에서, 대법원은 부산광역시장이 행한 위 부담의 변경은, 온천공이 예상과는 달리 공로에서 멀리 떨어진 자리에 굴착되는 바람에 이 사건 굴착허가처분에 부가된 부담의 목적을 달성하기 위하여 어쩔 수 없이 필요한 범위 내에서 취하여진 적법한 조치라고 할 것이므로, 이러한 부담의 사후변경이 소론과 같이 무효이거나 존재하지 않다고 볼 수 없다(대판 1997. 5. 30, 97누2627).

2. 부관의 내용상 한계

부관은 다음 각 호의 요건에 적합하여야 한다. 1. 해당 처분의 목적에 위배되지 아니할 것, 2. 해당 처분과 실질적인 관련이 있을 것, 3. 해당 처분의 목적을 달성하기 위하여 필요한 최소한의 범위일 것(행정기본법 제17조 제4항).

부관을 붙일 수 있는 경우에도 부관은 내용상 다음과 같은 한계를 갖는다.

① 부관은 법령에 위반되어서는 안 된다.

② 부관은 주된 행정행위의 목적에 반하여서는 안 된다.

③ 부관은 주된 행정행위와 실질적(실제적) 관련성이 있어야 하며 그렇지 못한 것은 부당결부금지의 원칙에 반하여 위법한 부관이 된다.

예를 들면, 주택단지건설사업계획의 승인에 일정한 토지의 기부채납을 부담으로 붙인 경우에 부담인 기부채납의 대상이 주택단지 내의 도로 또는 진입도로인 경우와 공원부지인 경우에 당해 기부채납은 주된 행정행위인 주택단지건설사업계획과 실질적 관련이 있으므로 비례의 원칙 등에 반하지 않는 한 적법한 부담이지만, 기부채납의 대상이 된 토지가 주택단지의 건설과 전혀 관계가 없는 토지인 경우에는 당해 기부채납의 부담은 부당결부금지의 원칙에 반한다.

④ 부관은 평등원칙, 비례의 원칙 등 법의 일반원칙에 반하여서는 안 된다.

[판례 1] 65세대의 공동주택을 건설하려는 사업주체(지역주택조합)에게 구 주택건설촉진법 제33조에 의한 주택건설사업계획의 승인처분을 함에 있어 그 주택단지의 진입도로 부지의 소유권을 확보하여 진입도로 등 간선시설을 설치하고 그 부지 소유권 등을 기부채납하며 그 주택건설사업 시행에 따라 폐쇄되는 인근 주민들의 기존 통행로를 대체하는 통행로를 설치하고 그 부지 일부를 기부채납하도록 조건을 붙인 경우, 주택건설촉진법과 같은법 시행령 및 주택건설기준 등에 관한 규정 등 관련 법령의 관계규정에 의하면 그와 같은 조건을 붙였다 하여도 다른 특별한 사정이 없는 한 필요한 범위를 넘어 과중한 부담을 지우는 것으로서 형평의 원칙 등에 위배되는 위법한 부관이라 할 수 없다고 본 사례(대판 1997. 3. 14, 96누16698[사용검사신청반려처분취소]).

[판례 2] **형질변경허가시 행정청이 부과하는 기부채납 부관의 한계:** 형질변경허가시 행정청이 부과하는 공공시설의 기부채납의 부관은 그 토지의 일부에 공공시설을 확보하여 이를 관리할 국가 또는 지방자치단체에 무상으로 귀속시키는 점에서 사권침해의 면이 있지만, 토지형질변경으로 인하여 당해 토지의 이용가치가 증진되고 그 공공시설이 당해 토지의 편익에도 이바지할 것이므로, 당해 공공시설을 설치할 구체적이고 객관적인 필요가 있고 그 기부채납의 정도가 공익상 불가피한 범위와 형질변경의 이익범위 내에서 이루어지는 경우에는 재산권보장에 관한 헌법규정 제23조 제3항이나 형평의 원칙에 위배한 것이라고는 할 수 없고, 다만 그 부담내용이 주변토지와의 관계에서 형평의 이념에 반하거나, 기부채납의 대상이 된 공공시설의 규모가 도시기능의 유지 및 증진에 기여할 수 있는 도시계획시설기준에 관한 규칙(1979. 5. 21. 건설부령 제225호) 소정의 적정규모를 초과하였거나 또는 형질변경공사착수 전의 전체 토지가격에 그 공사비를 합산한 가격이 공사완료 후의 기부채납 부분을 제외한 나머지 토지의 가격을 초과하는 경우 등에는 위법을 면치 못한다(대판 1999. 2. 23, 98두17845[토지형질변경불허가처분취소]: 형질변경 허가신청을 한 토지 위에 폭 4m의 도로를 개설하여 기부채납하도록 사전 제시한 부관이 위법한지를 판단하기 위해서는 기부채납 도로 규모의 적정 여부를 고려하여야 한다고 한 사례).

⑤ 부관은 이행가능하여야 한다. 특히 요건충족적 부관의 경우 해당 요건의 충족이 가능하여야 한다.

[판례] **토지분할 조건부 건축허가의 취지 및 이에 관한 행정청의 재량 범위:** 토지분할 조건(해제조건)부 건축허가는, 건축허가 신청에 앞서 토지분할절차를 완료하도록 하는 대신, 건축허가 신청인의 편의를 위해 건축허가에 따라 우선 건축공사를 완료한 후 사용승인을 신청할 때까지 토지분할절차를 완료할 것을 허용하는 취지이다. 행정청이 객관적으로 처분상대방이 이행할 가능성이 없는 조건을 붙여 행정처분을 하는 것은 법치행정의 원칙상 허용될 수 없으므로, 건축행정청은 신청인의 건축계획상 하나의 대지로 삼으려고 하는 '하나 이상의 필지의 일부'가 관계법령상 토지분할이 가능한 경우인지를 심사하여 토지분할이 관계법령상 제한에 해당되어 명백히 불가능하다고 판단되는 경우에는 토지분할 조건부 건축허가를 거부하여야 한다. 다만, 예외적으로 토지분할이 재량행위인 개발행위허가의 대상이 되는 경우, 개발행위에 해당하는 토지분할을 허가할지에 관한 처분권한은 개발행위허가 행정청에 있고, 토지분할 허가 가능성에 관한 건축행정청의 판단이 개발행위허가 행정청의 판단과 다를 여지도 있으므로, 건축행정청은 자신의 심사 결과 토지분할에 대한 개발행위허가를 받기 어렵다고 판단되는 경우에는 개발행위허가 행정청의 전문적인 판단을 먼저 받아보라는 의미에서 건축허가 신청인이 먼저 토지분할절차를 거쳐야 한다는 이유로 토지분할 조건부 건축허가를 거부할 수는 있다. 그러나 이러한 사유가 아니라면 건축행정청은 건축허가신청이 건축법 등 관계법령에서 정하는 어떠한 제한에 해당되지 않는 이상 같은 법령에서 정하는 건축허가를 하여야 하고, 중대한 공익상의 필요가 없음에도 불구하고 요건을 갖춘 자에 대한 허가를 관계법령에서 정하는 제한사유 이외의 사유를 들어 거부할 수는 없다(대판 전원합의체 2012. 11. 22, 2010두22962 참조)(대판 2018. 6. 28, 2015두47737). 〈해설〉 토지분할 조건부 건축허가에서 토지분할 조건은 건축허가의 해제조건이다. 원고가 롯데마트 울산점 구내 주차장부지를

일부 분할하여 주유소를 신축하기 위한 건축허가를 신청하였는데, 피고 구청장은 주차장 내 사고위험 증가 및 교통혼잡 유발, 인근 교통체증 유발 및 그로 인한 교통사고 우려, 인근 주민 및 상인들의 집단민원 등을 이유로 거부처분을 하였다. 피고는, '토지분할 조건부 건축허가는 재량행위로 보아야 하고, 따라서 건축행정청에게 (중대하지 않은) 보통의 공익을 이유로도 거부처분을 할 수 있는 재량이 있다고 보아야 한다'는 취지로 주장하였으나 대법원은 토지분할 조건부 건축허가가 재량행위인 것은 맞지만, 피고가 주장하는 바와 같은 의미의 재량행위는 아니라고 판시하였다.

⑥ 주된 행정행위의 본질적 효력을 해하지 아니하는 한도의 것이어야 한다.

[판례] 기선선망어업의 허가를 하면서 운반선, 등선 등 부속선을 사용할 수 없도록 제한한 부관은 그 어업허가의 목적달성을 사실상 어렵게 하여 그 본질적 효력을 해하는 것이다(대판 1990. 4. 27, 89누6808[어업허가사항변경신청 불허가처분취소]).

⑦ 행정처분과 실제적 관련성이 없어 부관으로 붙일 수 없는 부담을 부당결부금지의 원칙, 비례의 원칙 등 공법상의 제한을 회피할 목적으로 사법상 계약의 형식으로 행정처분의 상대방에게 부과하는 것은 법치행정의 원리에 반하는 것으로서 위법하다(대판 2009. 12. 10, 2007다63966).

[판례] [1] **행정처분과 실제적 관련성이 없어 부관으로 붙일 수 없는 부담을 사법상 계약의 형식으로 행정처분의 상대방에게 부과할 수 있는지 여부(소극)**: 공무원이 인·허가 등 수익적 행정처분을 하면서 상대방에게 그 처분과 관련하여 이른바 부관으로서 부담을 붙일 수 있다 하더라도, 그러한 부담은 법치주의와 사유재산 존중, 조세법률주의 등 헌법의 기본원리에 비추어 비례의 원칙이나 부당결부의 원칙에 위반되지 않아야만 적법한 것인바, 행정처분과 부관 사이에 실제적 관련성이 있다고 볼 수 없는 경우 공무원이 위와 같은 공법상의 제한을 회피할 목적으로 행정처분의 상대방과 사이에 사법상 계약을 체결하는 형식을 취하였다면 이는 법치행정의 원리에 반하는 것으로서 위법하다. [2] 지방자치단체가 골프장사업계획승인과 관련하여 사업자로부터 기부금을 지급받기로 한 증여계약은, 공무수행과 결부된 금전적 대가로서 그 조건이나 동기가 사회질서에 반하므로 민법 제103조에 의해 무효라고 본 사례(대판 2009. 12. 10, 2007다63966[약정금]).

V. 위법한 부관과 권리구제

1. 위법한 부관의 효력

부관의 한계를 넘어 위법한 부관은 행정행위의 하자이론에 따라 무효이거나 취소할 수 있는 부관이 된다. 즉 부관의 위법이 중대하고 명백할 때에는 그 부관은 무효이며 그렇지 않은 때에는 취소할 수 있는 부관이 된다.

부관의 위법 여부는 부관부가처분시 법령을 기준으로 한다.

[판례] [1] 행정청이 수익적 행정처분을 하면서 부가한 부담의 위법 여부는 처분 당시 법령을 기준으로 판단하여야 하고, 부담이 처분 당시 법령을 기준으로 적법하다면 처분 후 부담의 전제가 된 주된 행정처분의 근거 법령이 개정됨으로써 행정청이 더 이상 부관을 붙일 수 없게 되었다 하더라도 곧바로 위법하게 되거나 그 효력이 소멸하게 되는 것은 아니다. 따라서 행정처분의 상대방이 수익적 행정처분을 얻기 위하여 행정청과 사

이에 행정처분에 부가할 부담에 관한 협약을 체결하고 행정청이 수익적 행정처분을 하면서 협약상의 의무를 부담으로 부가하였으나 부담의 전제가 된 주된 행정처분의 근거 법령이 개정됨으로써 행정청이 더 이상 부관을 붙일 수 없게 된 경우에도 곧바로 협약의 효력이 소멸하는 것은 아니다. [2] 고속국도 관리청이 고속도로 부지와 접도구역에 송유관 매설을 허가하면서 상대방과 체결한 협약에 따라 송유관 시설을 이전하게 될 경우 그 비용을 상대방에게 부담하도록 하였고, 그 후 도로법 시행규칙이 개정되어 접도구역에는 관리청의 허가 없이도 송유관을 매설할 수 있게 된 사안에서, 위 협약이 효력을 상실하지 않을 뿐만 아니라 위 협약에 포함된 부관이 부당결부금지의 원칙에도 반하지 않는다고 한 사례(대판 2009. 2. 12, 2005다65500).

2. 위법한 부관이 붙은 행정행위의 효력

부관이 무효인 경우 통설에 따르면 무효인 부관이 주된 행정행위의 본질적인 부분인 경우, 달리 말하면 부관을 붙이지 않았더라면 주된 행정행위를 하지 않았을 것이라고 판단되는 경우에는 주된 행정행위도 무효이다.

기속행위에 행정행위의 효과를 제한하는 부관이 법령에 근거 없이 붙여졌다면 그 부관은 무효이고 부관만이 무효가 된다. 왜냐하면 본래 기속행위에는 행정행위의 효과를 제한하는 부관을 붙일 수 없기 때문이다.

위법한 부관이 취소할 수 있는 부관인 경우 상대방은 후술하는 바와 같이 취소소송을 통하여 다툴 수 있는데 부관이 주된 행정행위와 분리될 수 있고 주된 행정행위의 본질적 부분이 아닌 경우에는 부관만이 취소될 수 있지만, 부관이 주된 행정행위와 분리될 수 없거나 주된 행정행위의 본질적인 부분을 이루는 경우에는 부관만의 취소는 인정되지 않는다(이견 있음).

[판례] 판례는 기부채납받은 공원시설의 사용·수익허가에서 그 허가기간은 행정행위의 본질적 요소에 해당한다고 볼 것이어서, 부관인 허가기간에 위법사유가 있다면 이로써 이 사건 허가 전부가 위법하게 된다고 보고 있다(대판 2001. 6. 15, 99두509[무상사용허가일부거부처분취소]).

3. 위법한 부관과 행정쟁송 [2011 사시 사례, 2013 행시(일반), 2012 변시 사례]

(1) 독립쟁송가능성과 쟁송형식
  1) 부담만의 독립쟁송가능성설(판례)
  2) 분리가능성기준설
  3) 전면긍정설
  4) 결어(전면긍정설)
(2) 독립취소가능성(독립무효확인가능성)
  1) 기속행위에 대한 부관의 독립취소가능성
  2) 재량행위에 대한 부관의 독립취소가능성
    가. 부 정 설
    나. 긍 정 설
    다. 제한적 긍정설
    라. 판 례
    마. 결 어

위법한 부관에 대한 행정쟁송과 관련하여 두 가지 문제(부관만의 독립쟁송가능성과 부관만의 독립취소가능성)가 제기된다. 부관만의 독립쟁송가능성은 소송요건의 문제이고, 부관만의 독립취소가능성은 본안의 문제이다.

첫 번째 문제는 위법한 부관만을 행정쟁송으로 다툴 수 있는가(위법한 부관만의 취소를 구하는 행정쟁송의 제기가 가능한 것인가)의 문제, 즉 **독립쟁송가능성(獨立爭訟可能性)의 문제**와 위법한 부관을 다투는 쟁송형식의 문제이다.

두 번째 문제는 부관만이 취소쟁송의 대상이 되거나 부관부행정행위 전체가 취소쟁송의 대상이 된 경우에 위법한 부관만의 취소 또는 무효확인이 가능한가 하는 문제이다. 이 문제를 **독립취소가능성(獨立取消可能性)** 또는 **독립무효확인가능성의 문제**라 한다.

(1) 독립쟁송가능성과 쟁송형식 [2008 행시(일반행정직) 사례]

1) 부담만의 독립쟁송가능성설(판례)

이 견해는 **부담**만은 독립하여 행정쟁송의 대상이 될 수 있지만, **부담 이외의 부관**에 있어서는 그것만의 취소를 구하는 소송(진정일부취소소송 및 부진정일부취소소송)은 인정할 수 없고, 부관부행정행위 전체의 취소를 청구할 수 있다고 본다(강구철). **판례**도 이 입장을 취하고 있다. 부담은 주된 행정행위로부터 분리될 수 있으며 그 자체가 독립된 행정행위이므로 주된 행정행위로부터 분리하여 쟁송의 대상이 될 수 있다(진정(眞正)일부취소소송 또는 부진정일부취소소송).

[판례 1] 행정행위의 부관 중 행정행위에 부수하여 그 상대방에게 일정한 의무를 부과하는 행정청의 의사표시인 부담이 그 자체만으로 행정쟁송의 대상이 될 수 있는지 여부(적극): 행정행위의 부관은 행정행위의 일반적인 효력이나 효과를 제한하기 위하여 의사표시의 주된 내용에 부가되는 종된 의사표시이지 그 자체로서 직접 법적 효과를 발생하는 독립된 처분이 아니므로 현행 행정쟁송제도 아래서는 부관 그 자체만을 독립된 쟁송의 대상으로 할 수 없는 것이 원칙이나 행정행위의 부관 중에서도 행정행위에 부수하여 그 행정행위의 상대방에게 일정한 의무를 부과하는 행정청의 의사표시인 부담의 경우에는 다른 부관과는 달리 행정행위의 불가분적인 요소가 아니고 그 존속이 본체인 행정행위의 존재를 전제로 하는 것일 뿐이므로 부담 그 자체로서 행정쟁송의 대상이 될 수 있다(대판 1992. 1. 21, 91누1264[수토대금부과처분취소]). 〈해설〉 판례는 부담은 항상 주된 행정행위의 불가분적 요소가 아니라고 하고 있는데, 부담이 주된 행정행위의 불가분적 요소인 경우도 있을 수 있다는 비판이 가능하다.

[판례 2] 공유수면매립준공인가처분의 취소소송에서 공유수면매립준공인가처분 중 매립지 일부에 대하여 한 국가 또는 지방자치단체에의 귀속처분은 매립준공인가를 함에 있어서 매립의 면허를 받은 자의 매립지에 대한 소유권취득을 규정한 공유수면매립법 제14조의 효과 일부를 배제하는 부관을 붙인 것이고, 이러한 행정행위의 부관은 독립하여 행정소송 대상이 될 수 없다(대판 1993. 10. 8, 93누2032[공유수면매립공사준공인가처분취소]).

판례는 부관(부담 제외)만의 취소를 구하는 소송에 대하여는 각하판결을 하여야 한다고 보며, 부관부행정행위 전체의 취소를 구하는 것만을 인정하고 있다.

[판례] [1] 행정행위의 부관은 부담인 경우를 제외하고는 독립하여 행정소송의 대상이 될 수 없는바, 기부채납받은 행정재산에 대한 사용·수익허가에서 공유재산의 관리청이 정한 사용·수익허가의 기간은 그 허가의 효력을 제한하기 위한 행정행위의 부관으로서 이러한 사용·수익허가의 기간에 대해서는 독립하여 행정소송을 제기할 수 없다. [2] 공유재산에 대한 40년간의 사용허가기간을 신청한 것에 대해 20년간 사용허가한 경우에 사용허가기간에 대해서는 독립하여 행정소송을 제기할 수 없다고 보고, 그 나머지 기간에 대한 신청을 받아들이지 않은 처분의 취소를 구하는 주위적 청구는 각하하는 것이 타당하고, 이 사건 사용허가처분 전부에 대한 취소소송은 가능하다. [3] 기부채납된 행정재산에 대한 사용·수익허가기간은 행정행위의 본질적 요소에 해당한다고 볼 것이어서, 부관인 허가기간에 위법사유가 있다면 이로써 이 사건 허가 전부가 위법하게 될 것이다(대판 2001. 6. 15, 99두509[무상사용허가일부거부처분취소]).

판례는 부담 이외의 부관에 있어서는 그 자체로서 독립하여 취소소송의 대상이 되지 않는다고 보는 이유를 명확히 밝히지 않는 경우가 많은데, 부담 이외의 부관은 주된 행정행위의 불가분적 요소이고 그 자체로서는 독립된 처분이 아니라는 것을 논거로 든 판례가 있다(대판 1992. 1. 21, 91누1264). 이렇게 판례가 부담 이외의 부관에 대해 독립쟁송가능성을 인정하지 않는 이유를 부담 이외의 부관의 불가분성에서 찾는다고 본다면, 판례는 분리가능성기준설을 취하고 있다고 할 수도 있다.

또한, 판례는 부관이 위법한 경우 신청인이 부관부행정행위의 변경을 청구하고, 행정청이 이를 거부한 경우 동 거부처분의 취소를 구하는 소송을 제기할 수 있는 것으로 본다.

[판례] 수산업법상 기선선망어업의 허가를 하면서 부속선을 사용할 수 없도록 제한한 부관은 위법하다. 그리고, 이 부관을 삭제하여 등선과 운반선을 사용할 수 있도록 하여 달라는 내용의 원고의 이 사건 어업허가사항변경신청을 불허가한 피고의 처분 역시 위법하다고 보아야 할 것이다(대판 1990. 4. 27, 89누6808[어업허가사항변경신청불허가처분취소]).

2) 분리가능성기준설

이 견해는 부관이 주된 행정행위로부터 분리가능한 것이면 독립하여 행정쟁송으로 다툴 수 있고, 부관이 분리가능한 것이 아니면 독립하여 행정쟁송으로 다툴 수 없다고 본다. 그 이유는 다음과 같다. 첫째, 독립가쟁성의 문제는 독립취소가능성의 전제문제로 보는 것이 타당하다. 둘째, 분리가능하지 않은 부관의 취소 또는 무효확인을 구하는 소송을 각하하여 소송을 조기에 종결할 수 있으므로 소송경제를 기할 수 있다.

이 견해에 의하면 분리가능한 부관은 부담의 경우에는 진정일부취소소송과 부진정일부취소소송이 가능하고, 부담 이외의 부관에 대하여는 부진정일부취소소송만이 가능하다고 본다(홍정선, 309면; 류지태·박종수, 275~276면).

3) 전면긍정설

이 견해는 부관의 분리가능성은 독립취소가능성의 문제, 즉 본안의 문제이며 쟁송의 허용성의 문제(소송요건의 문제)는 아니기 때문에 모든 부관은 독립하여 취소쟁송의 대상이 된다고 한다(정하중, 243~244면). 이 견해에 의하면 부담의 경우에는 진정일부취소소송과 부진정일부취소소송이 가능하고, 부담 이외의 부관에 대하여는 부진정일부취소소송만이 가능하다고 본다. 이에 대하여 부담을 포함하여 모든 부관은 행정행위와 일체를 이루고 있으므로 항상 부관부행정행위를 대상으로 일부취소를 구하여야 한다는 견해도 있다.

이에 대하여 부담을 포함하여 모든 종류의 부관은 그 자체는 독립한 행정소송법상 처분이므로 부관만을 대상으로 하는 취소소송은 일부취소소송이 아니라 전부취소소송이라는 견해(朴正勳)도 있다.

4) 결어(전면긍정설)

본안의 문제인 독립취소가능성과 소송요건의 문제인 독립쟁송가능성은 구분하는 것이 타당하고, 위법한 행정작용의 통제를 위해 가능한 한 쟁송가능성을 넓히는 것이 타당하므로 전면긍정설이 타당하다. 부관의 주된 행정행위로부터의 분리가능성은 독립취소가능성의 문제로 보아야 한다.

부담은 그 자체가 행정행위이므로 주된 행정행위로부터 분리하여 쟁송의 대상이 될 수 있다. 즉, 부담만을 대상으로 부담만의 취소를 구하는 소송(진정일부취소소송)이 가능하다. 또한 부담부행정행위를 대상으로 하면서 부담만의 취소를 구하는 소송(부진정일부취소소송)도 가능하다. 부담 이외의 부관은 그 자체가 독립된 행정행위가 아니기 때문에 행정쟁송의 대상인 '처분'이 될 수 없으므로 주된 행위로부터 분리하여 쟁송의 대상으로 할 수 없다. 따라서 부담 이외의 부관에 있어 부관만의 취소를 구하고자 하는 경우에는 부관부행정행위를 취소소송의 대상으로 하여 부관만의 일부취소를 구하여야 한다(부진정(不眞正)일부취소소송).

(2) 독립취소가능성(독립무효확인가능성)

부관만의 취소 또는 무효확인을 구하는 소송이 제기된 경우에 부관만의 취소 또는 무효확인이 가능한지, 가능하다면 어떠한 기준에 의해 가능한지가 문제된다.

독립취소가능성의 문제에 있어 주된 행정행위가 기속행위인가 재량행위인가에 따라 특별한 고찰을 필요로 한다.

1) 기속행위에 대한 부관의 독립취소가능성

기속행위는 법에 의해 행위의 요건과 효과가 일의적으로 명확하게 규정되어 있는 행위이므로 일정한 요건이 갖추어진 경우에 일정한 효과의 행정행위를 하여야 하는 행위이다. 따라서 기속행위에 있어 상대방의 신청이 행위의 요건을 충족함에도 법령의 명시적 근거 없이 행위의 효과를 제한하는 부관을 붙이는 것은 위법한 것이며 이 경우에 부관만을 취소할 수 있는 것은 당연하다.

2) 재량행위에 대한 부관의 독립취소가능성

가. 부 정 설 재량행위에 있어서는 부관만의 취소를 인정하는 것은 부관이 없는 행정행위를 강요하는 것이 되며 통상 재량행위에 있어서는 부관이 없었더라면 행정청은 행정행위를 하지 않았을 것이라고 해석되므로 부관만의 취소는 인정될 수 없다는 견해가 있다(김동희).

그러나, 이렇게 본다면 행정행위의 상대방은 부관부행정행위 전체의 취소를 구하든지 아니면 위법한 부관을 감수하여야 하는 결과가 된다. 이러한 견해는 행정청의 재량권만을 고려하고 상대방의 보호는 소홀히 하는 해결방식으로 문제가 있다. 재량행위의 경우에도 부관이 본질적인 부분이 아닌 경우가 있고, 이 경우에는 부관만의 취소가 가능하다고 보아야 한다.

나. 긍 정 설 모든 부관에 있어 부관이 위법한 경우에는 부관만의 취소가 가능하다고 보는 견해가 있다. 이 견해에 의하면 위법한 부관만이 취소되더라도 주된 행정행위가 적법한 경우 행정청은 주된 행정행위를 철회하거나 적법한 부관을 부가할 수 있다고 본다. 그리고, 행정청의 주된 행정행위의 직권취소 또는 철회는 신뢰보호의 원칙에 따라 제한될 수가 있다(정하중). 부관의 무효가 확인된 경우에는 원칙상 부관만이 무효가 되지만, 부관이 없었다면 주된 행정행위를 발하지 않았을 것이라고 인정되는 경우에는 부관부행정행위 전체가 무효가 된다고 본다(홍정선, 310면).

그러나, 이 견해에 의하면 당사자의 의사와 무관하게 주된 행정행위가 취소 또는 철회되거나 법적 근거 없이 부관의 사후부가가 인정되는 문제가 있다.

다. 제한적 긍정설 재량행위에 있어서도 부관의 독립취소가능성에 관한 일반이론에 따라 **부담 등 부관이 주된 행정행위의 본질적 부분인지**(행정청이 부관 없이는 당해 행정행위를 하지 않았을 것이라고 해석되는지) **여부에 따라** 재량행위에 대한 부관의 독립취소가능 여부를 판단하여야 한다. 다만 이 경우에 행정청이 부관 없이는 당해 행정행위를 하지 않았을 것이라는 판단은 행정청의 객관적 의사를 기준으로 행하여야 한다.[5] 이러한 해결은 부담에 있어서도 타당하다.

부관이 위법하나 주된 행정행위의 본질적인 부분인 경우에 기각판결을 하여야 하고, 부관이 본질적 부분이 아닌 경우에는 부관만의 취소 또는 무효확인을 하여야 한다고 본다.

라. 판 례 판례는 부관이 본질적인 부분인 경우 독립쟁송가능성 자체를 인정하지 않으므로 독립취소가능성의 문제는 제기되지 않는다. 판례에 의하면 독립쟁송가능성이 인정되는 경우(부담의 경우) 항상 독립취소가 가능하다.

마. 결 어 국민의 권익구제와 행정목적의 실현을 적절히 조절하는 **제한적 긍정설**이 타당하다. 부관이 본질적임에도 부관만의 취소를 인정하는 것은 행정청의 의사에 반하여 부관 없는 행정행위를 강요하는 것이 되므로 긍정설은 타당하지 않다. 긍정설은 취소 또는 무효판결 후 행정청이 직권으로 적법한 부관을 붙일 수 있다고 하지만, 이는 사후부관이므로 인정될 수 없다. 부관이 본질적 부분이 아닌 경우에는 부관만의 취소 또는 무효확인이 가능하고, 부관이 본질적 부분인 경우에는 기각판결을 하여야 한다. 부관이 본질적인 부분에 해당하여 기각판결이 나면 행정청에게 위법한 부관의 변경을 청구하고, 행정청이 이를 거부하면 거부처분 취소소송을 제기하여야 할 것이다.

전부취소를 구했는데, 부관이 본질적 부분이 아닌 경우에는 전부취소청구에는 부관만의 일부취소청구가 포함되어 있다고 볼 수 있으므로 부관만을 취소하는 판결이 가능하다.

4. 부담과 그 이행으로서의 사법상 법률행위

기부채납의 부담이 위법한 경우에 이 부담의 이행으로 행해진 사법상 법률행위(기부채납)의 효력이 어떻게 되는가에 대하여 견해가 대립하고 있다.

(1) 독 립 설

이 견해는 부담과 그 부담의 이행으로 인한 사법상 법률행위는 별개의 독립된 행위로 보고 원칙상 그 효력도 별개로 논해야 한다는 견해이다. 이것이 **판례**의 입장이다. 이 견해에 의하면 기부채납 부담이 무효이거나 취소되었더라도 기부채납계약(증여계약)이 있으면 기부채납은 부당이득이 되지 않는다.

[판례 1] 토지소유자가 토지형질변경행위허가에 붙은 기부채납의 부관에 따라 토지를 국가나 지방자치단체에 기부채납(증여)한 경우, 기부채납의 부관이 당연무효이거나 취소되지 아니한 이상 토지소유자는 위 부관

5) 김용섭, "행정행위의 부관에 관한 법리," 『행정법연구』, 제2호, 199면.

으로 인하여 증여계약의 중요부분에 착오가 있음을 이유로 증여계약을 취소할 수 없다(대판 1999. 5. 25, 98다53134).

[판례 2] [1] **무효인 건축허가조건을 유효한 것으로 믿고 토지를 증여하였더라도 이는 동기의 착오에 불과하여 그 소유권이전등기의 말소를 청구할 수 없다고 한 사례:** 이 사건 허가조건(부담)이 무효라고 하더라도 그 부관 및 본체인 건축허가 자체의 효력이 문제됨은 별론으로 하고, 허가신청대행자가 그 소유인 토지를 허가관청에게 기부채납함에 있어 위 허가조건(부관)은 증여의사표시를 하게 된 하나의 동기 내지 연유에 불과한 것이고, 위 허가신청대행자가 건축허가를 받은 토지의 일부를 반드시 허가관청에 기부채납하여야 한다는 법령상의 근거규정이 없음에도 불구하고 위 허가조건의 내용에 따라 위 토지를 기부채납하여야만 허가신청인들이 시공한 건축물의 준공검사가 나오는 것으로 믿고 증여계약을 체결하여 허가관청인 시 앞으로 위 토지에 관하여 소유권이전등기를 경료하여 주었다면 이는 일종의 동기의 착오로서 그 허가조건상의 하자가 허가신청대행자의 증여의사표시 자체에 직접 영향을 미치는 것은 아니므로, 이를 이유로 하여 위 시 명의의 소유권이전등기의 말소를 청구할 수는 없다고 한 사례. [2] 무효인 건축허가조건을 유효한 것으로 믿고 토지를 증여하였더라도 이는 동기의 착오에 불과하여 그 소유권이전등기의 말소를 청구할 수 없다고 한 사례(대판 1995. 6. 13, 94다56883).

[판례 3] [1] 행정처분에 붙은 부담인 부관이 제소기간의 도과로 확정되어 이미 불가쟁력이 생겼다면 그 하자가 중대하고 명백하여 당연 무효로 보아야 할 경우 외에는 누구나 그 효력을 부인할 수 없을 것이지만, 부담의 이행으로서 하게 된 사법상 매매 등의 법률행위는 부담을 붙인 행정처분과는 어디까지나 별개의 법률행위이므로 그 부담의 불가쟁력의 문제와는 별도로 법률행위가 사회질서 위반이나 강행규정에 위반되는지 여부 등을 따져보아 그 법률행위의 유효 여부를 판단하여야 한다. [2] 구 도시 및 주거환경정비법(2003. 5. 29. 법률 제6893호로 개정되기 전의 것) 제65조 제2항 후단 규정의 입법취지에 비추어 보면, 이는 민간 사업시행자에 의하여 새로 설치될 정비기반시설의 설치비용에 상당하는 범위 안에서 용도폐지될 정비기반시설의 무상양도를 강제하는 강행규정이므로, 위 규정을 위반하여 사업시행자와 국가 또는 지방자치단체 간에 체결된 매매계약 등은 무효이다(대판 2009. 6. 25, 2006다18174[채무부존재확인]).

[판례 4] [1] 행정처분과 부관 사이에 실제적 관련성이 있다고 볼 수 없는 경우 공무원이 위와 같은 공법상의 제한을 회피할 목적으로 행정처분의 상대방과 사이에 사법상 계약을 체결하는 형식을 취하였다면 이는 법치행정의 원리에 반하는 것으로서 위법하다. 〈해설〉 전술한 바와 같이 판례는 명백히 부당결부금지의 원칙에 위반한 부담의 효력도 취소할 수 있는 행위로 보지만, 원칙상 무효로 보는 것이 타당하다. [2] 지방자치단체가 골프장사업계획승인과 관련하여 사업자로부터 기부금을 지급받기로 한 증여계약은, 공무수행과 결부된 금전적 대가로서 그 조건이나 동기가 사회질서에 반하므로 민법 제103조에 의해 무효라고 본 사례(대판 2009. 12. 10, 2007다63966[약정금]). 〈해설〉 종속설에 의하면 행정처분과 실제적 관련이 없는 이 사건 부담을 무효라고 보면(사견에 의하면 이렇게 보는 것이 타당하다) 그에 따른 증여계약도 무효라고 보는 것이 타당하고, 행정처분과 실제적 관련이 없는 이 사건 부담을 취소할 수 있는 부담으로 보면, 그에 따른 증여계약은 당해 부담이 취소되지 않는 한 유효한 것으로 보아야 한다.

(2) 종속설(부당이득반환청구설)

이 견해는 부담의 이행으로 행한 사법상 법률행위는 부담과 별개가 아니라 부담의 이행행위에 불과하다고 보는 견해이다.

이 견해는 기부채납부담이 무효이거나 취소되면 기부채납은 법률상 원인없이 이루어진 것으로 부당이득이 된다고 본다. 기부채납부담이 단순위법인 경우에는 공정력에 기해 효력이 있으므로 기부채납은 부당이득이 되지 않는다(박정훈, "기부채납부담과 의사표시의 착오," 『행정법연구』, 제3호, 200면).

(3) 결 어

기부채납은 기부채납부담의 이행행위에 불과하므로 기부채납을 사법상 증여계약으로 보는 것은 타당하지 않으며 **부당이득반환청구설**이 타당하다.

제 7 절 행정행위의 성립요건, 효력발생요건, 적법요건, 유효요건

Ⅰ. 개 설

행정행위의 요건을 성립요건, 효력발생요건, 적법요건 및 유효요건으로 구분할 수 있다. 이러한 요건을 불비한 행정행위를 **흠 있는 행정행위**라고 한다. 행정행위에 흠이 있는 경우에 행정행위는 완전한 법적 효력을 발생할 수 없게 된다.

행정행위는 행정청의 의사가 내부적으로 성립되어 외부에 표시되어 상대방에게 도달됨으로써 성립되고 효력을 발생한다. 행정행위가 내부적으로 성립함에 있어 행정행위의 주체, 절차, 내용에 관한 적법요건을 충족시키지 못하는 경우가 있다. 또한 후술하는 바와 같이 행정행위의 주체에 관한 요건은 적법요건이 되기도 하고 성립요건이 되기도 한다. 행정행위가 외부에 표시되지 않으면 행정행위는 성립하지 않고, 행정행위가 표시됨에 있어 서면으로 할 것을 구술로 하게 되면 형식에 관한 적법요건을 결하게 된다. 표시된 행정행위가 상대방에 대하여 도달하지 않으면 행정행위는 상대방에 대하여 효력을 발생하지 않는다.

Ⅱ. 성립요건

행정행위의 **성립요건(成立要件)**이라 함은 행정행위가 성립하여 존재하기 위한 최소한의 요건을 말한다. 행정행위가 성립(존재)하기 위하여는 어떤 행정기관에 의해 행정의사가 내부적으로 결정되고(**내부적 성립**), 외부적으로 표시되어야 한다(**외부적 성립**). 이러한 행정행위의 성립요건을 결여하면 행정행위는 부존재하는 것이 되며 부존재확인청구소송의 대상이 된다.

행정행위는 통상 서명(전자이미지서명, 전자문서서명 및 행정전자서명을 포함한다)에 의한 결재권자의 결재가 있음으로써 내부적으로 성립한다(행정업무의 운영 및 혁신에 관한 규정(이하 '행정규정')이라 한다 제6조 제1항, 전자정부법 제17조 제1항, 동법 시행령 제8조).

[판례] 공문서(전자공문서 포함)는 결재권자가 서명등의 방법으로 결재함으로써 성립된다. 여기서 '결재'란 문서의 내용을 승인하여 문서로서 성립시킨다는 의사를 서명 등을 통해 외부에 표시하는 행위이다. 결재권자의 결재가 있었는지 여부는 결재권자가 서명을 하였는지뿐만 아니라 문서에 대한 결재권자의 지시 사항, 결재의 대상이 된 문서의 종류와 특성, 관련 법령의 규정 및 업무 절차 등을 종합적으로 고려하여야 한다(대판 2020. 12. 10, 2015도19296).

행정청의 의사의 외부에 대한 표시는 공식적인 것이어야 한다. 행정기관의 공무원에 의한 사적인 통지나 우연히 알게 된 것만으로 행정행위는 성립되지 않는다. 행정청의 내부적 의사결정의 사실이 신문에 보도된 것도 행정청의 의사가 외부에 표시된 것으로 볼 수 없다.

[판례 1] **행정처분의 성립요건 및 처분의 외부적 성립 여부를 판단하는 기준:** 일반적으로 행정처분이 주체·내용·절차와 형식이라는 내부적 성립요건과 외부에 대한 표시라는 외부적 성립요건을 모두 갖춘 경우에는 행정처분이 존재한다고 할 수 있다. 행정처분의 외부적 성립은 행정의사가 외부에 표시되어 행정청이 자유롭게 취소·철회할 수 없는 구속을 받게 되는 시점을 확정하는 의미를 가지므로, 어떠한 처분의 외부적 성립 여부는 행정청에 의해 행정의사가 공식적인 방법으로 외부에 표시되었는지를 기준으로 판단하여야 한다(대판 2017. 7. 11, 2016두35120; 2021. 12. 16, 2019두45944).
[판례 2] 이 사건 입국금지결정은 법무부장관의 의사가 공식적인 방법으로 외부에 표시된 것이 아니라 단지 그 정보를 내부전산망인 '출입국관리정보시스템'에 입력하여 관리한 것에 지나지 않으므로, 항고소송의 대상이 될 수 있는 '처분'에 해당하지 않는다(대판 2019. 7. 11, 2017두38874).

Ⅲ. 효력발생요건 [2022 행시]

1. 의 의

행정행위의 **효력발생요건(效力發生要件)**이라 함은 행정행위가 상대방에 대하여 효력을 발생하기 위한 요건을 말한다.

2. 상대방 있는 행정행위의 효력발생요건: 통지와 도달

상대방 있는 행정행위는 **상대방**에게 **통지**되어 **도달**되어야 효력을 발생한다.

[판례] [1] 상대방 있는 행정처분은 특별한 규정이 없는 한 의사표시에 관한 일반법리에 따라 상대방에게 고지되어야 효력이 발생하고, 상대방 있는 행정처분이 상대방에게 고지되지 아니한 경우에는 상대방이 다른 경로를 통해 행정처분의 내용을 알게 되었다 하더라도 행정처분의 효력이 발생한다고 볼 수 없다. [2] 피고가 인터넷 홈페이지에 원고에 대한 장해등급 결정 내용을 게시한 것만으로는 원고에게 행정절차법 제14조에서 정한 바에 따라 송달이 이루어졌다고 볼 수 없고, 원고가 그 홈페이지에 접속하여 결정 내용을 알게 되었다고 하더라도 마찬가지이다(대판 2019. 8. 9, 2019두38656).

특별한 규정이 없는 한 제3자에 대한 통지는 효력발생요건은 아니다. 개별법령에서 제3자에 대한 통지를 규정하고 있는 경우도 있는데(예를 들면, 토지보상법령상 사업인정시 토지소유자등에 대한 통지의무, 도시정비법령상 토지주택공사등에 대한 사업시행자지정시 토지등소유자에 대한 통지의무 등), 이 경우 제3자에 대한 통지가 처분의 효력발생요건인지 아니면 절차규정인지 논란이 있을 수 있으므로 이를 명문으로 명확하게 규정하는 것이 바람직하다.

[판례 1] **〈후속처분의 절차규정으로 본 사례〉** 건설부장관이 구 토지수용법 제16조의 규정에 따라 토지수용 사업승인을 한 후 그 뜻을 토지소유자 등에게 통지하지 아니하였다는 하자는 절차상 위법으로서 …… 재결의 취소를 구할 수 있는 사유가 될지언정 당연무효의 사유라고 할 수는 없다(대판 1993. 8. 13, 93누2148[토지수용재결처분취소등]).
[판례 2] **〈효력발생요건으로 본 사례〉** 구 조선하천령시행규칙 제21조는 하천령 제11조에 규정에 의한 하천구

역의 인정은 관리청이 이를 고시하고 관계인에게 통지하여야 한다고 규정하고 있으므로 …… 하천구역은 당해 구역에 관하여 위 시행규칙 제21조에 따른 관리청의 고시 및 통지에 의한 하천구역인정행위가 없는 이상 하천구역으로 되었다고는 할 수 없다 할 것이다(대판 1987. 7. 21, 84누126; 1994. 4. 29, 94다1982).

통지의 방식으로는 송달과 공고 또는 고시가 있다.

행정행위의 상대방이 특정되어 있는 행정행위의 상대방에 대한 통지는 원칙상 송달의 방법에 의한다(행정절차법 제14조 제1항).

통지의 상대방이 불특정다수인인 경우 개별법령에서, 행정행위의 상대방의 주소 또는 거소가 불분명하여 송달이 불가능하거나 심히 곤란한 경우 행정절차법 제14조 제4항에서 고시 또는 공고의 방법에 의해 통지하도록 규정하고 있다.

'도달'이라 함은 상대방이 알 수 있는 상태에 두어진 것을 말하고 상대방이 현실적으로 수령하여 알았을 것을 의미하지 않는다.

[판례 1] 행정처분의 효력발생요건으로서의 도달이란 상대방이 그 내용을 현실적으로 양지할 필요까지는 없고 다만 양지할 수 있는 상태에 놓여짐으로써 충분하다고 할 것인데, 갑의 처가 갑의 주소지에서 갑에 대한 정부인사발령통지를 수령하였다면 비록 그때 갑이 구치소에 수감중이었고 처분청 역시 그와 같은 사실을 알고 있었다거나 갑의 처가 위 통지서를 갑에게 전달하지 아니하고 폐기해 버렸더라도 갑의 처가 위 통지서를 수령한 때에 그 내용을 양지할 수 있는 상태에 있었다고 볼 것이다(대판 1989. 9. 26, 89누4963[파면처분무효확인]).

[판례 2] [1] 송달받을 사람의 동거인에게 송달할 서류가 교부되고 그 동거인이 사리를 분별할 지능이 있는 이상 송달받을 사람이 그 서류의 내용을 실제로 알지 못한 경우에도 송달의 효력은 있다. 이 경우 사리를 분별할 지능이 있다고 하려면, 사법제도 일반이나 소송행위의 효력까지 이해할 수 있는 능력이 있어야 한다고 할 수는 없을 것이지만 적어도 송달의 취지를 이해하고 그가 영수한 서류를 송달받을 사람에게 교부하는 것을 기대할 수 있는 정도의 능력은 있어야 한다. [2] 갑은 2002. 12. 30.생으로서 상고기록접수통지서를 영수할 당시 만 8세 1개월 남짓의 여자 어린이였는데, 그의 연령, 교육정도, 상고기록접수통지서가 가지는 소송법적 의미와 중요성 등에 비추어 볼 때, 그 소송서류를 송달하는 우편집배원이 갑에게 송달하는 서류의 중요성을 주지시키고 원고에게 이를 교부할 것을 당부하는 등 필요한 조치를 취하였다는 등의 특별한 사정이 없는 한, 그 정도 연령의 어린이 대부분이 이를 송달받을 사람에게 교부할 것으로 기대할 수는 없다고 보이므로 상고기록접수통지서 등을 수령한 갑에게 소송서류의 영수와 관련한 사리를 분별할 지능이 있다고 보기 어렵다고 보아, 상고기록접수통지서의 보충송달이 적법하지 않다고 본 사례(대판 2011. 10. 11, 2011재두148).

(1) 송달의 방법과 효력발생

송달은 우편, 교부 또는 정보통신망 이용 등의 방법으로 하되, 송달받을 자(대표자 또는 대리인을 포함한다. 이하 같다)의 주소·거소(居所)·영업소·사무소 또는 전자우편주소(이하 "주소등"이라 한다)로 한다. 다만, 송달받을 자가 동의하는 경우에는 그를 만나는 장소에서 송달할 수 있다(행정절차법 제14조 제1항).

1) 우편송달과 효력발생

처분서가 처분상대방의 주민등록상 주소지로 송달되어 처분의 상대방 또는 처분상대방의 사무원 등 또는 그 밖에 우편물 수령권한을 위임받은 사람이 수령하면 처분상대방이 알 수 있는 상태가 되었다고 할 것이다(대판 2017. 3. 9, 2016두60577).

우편의 송달을 입증하기 위하여는 등기우편의 방법에 의하여야 한다. 등기우편으로 서류를 송달받을 자의 주소지로 발송한 이상 특단의 사정이 없는 한 위 서류는 수령확인을 받은 날 또는 수령확인이 없는 경우 발송일로부터 수일 내 송달받을 자나 그의 가족 등에게 송달되었다고 봄이 상당하다 할 것이다(대판 1992. 3. 27, 91누3819; 1998. 2. 13, 97누8977).

[판례 1] 우편물이 등기취급의 방법으로 발송된 경우 그것이 도중에 유실되었거나 반송되었다는 등의 특별한 사정에 대한 반증이 없는 한 그 무렵 수취인에게 배달되었다고 추정할 수 있다(대판 2017. 3. 9, 2016두60577).

[판례 2] 판례는 통상우편의 방법에 의하여 발송된 위 결정통지서가 반송되지 않았다 하여도 이 사실만 가지고 발송일로부터 일정한 기간 내에 배달되었다고 추정할 만한 우편제도상이나 일반 실태상의 보장도 희박하다고 본다(대판 1979. 10. 10, 79누192).

등기로 취급하는 우편물은 수취인·동거인(동일 직장에서 근무하는 자를 포함한다) 또는 우편법 시행령 제43조 제1호(동일 건축물 또는 동일 구내의 수취인에게 배달할 우편물로서 그 건축물 또는 구내의 관리사무소, 접수처 또는 관리인) 및 제5호(수취인이 동일집배구에 거주하는 자를 대리수령인으로 지정하여 배달우편관서에 신고한 경우에는 그 대리수령인)의 규정에 의한 수령인으로부터 그 수령사실의 확인을 받고 배달하여야 한다(우편법 시행령 제42조 제3항).

[판례 1] 내용증명우편이나 등기우편과는 달리, 보통우편의 방법으로 발송되었다는 사실만으로는 그 우편물이 상당한 기간 내에 도달하였다고 추정할 수 없고, 송달의 효력을 주장하는 측에서 증거에 의하여 이를 입증하여야 한다(대판 2009. 12. 10, 2007두20140[공시지가확정처분취소]).

[판례 2] 등기우편으로 송달해야 하는 납세고지서를 수령인에게 직접 전달하지 않고 우편함에 넣어두는 방식으로 송달을 완료했다면 납세고지의 효력이 없다(행정법원 2018구단69205).

[판례 3] [1] 우편법에 따른 우편물의 배달과 상대방 있는 의사표시의 도달 여부: 우편법 제31조, 제34조, 같은법시행령 제42조, 제43조의 규정취지는 우편사업을 독점하고 있는 국가가 배달위탁을 받은 우편물의 배달방법을 구체적으로 명시하여 그 수탁업무의 한계를 명백히 한 것으로서 위 규정에 따라 우편물이 배달되면 (예 빌딩건물경비원에게 배달) 우편물이 정당하게 교부된 것으로 인정하여 국가의 배달업무를 다하였다는 것일 뿐 우편물의 송달로써 달성하려고 하는 법률효과까지 발생하게 하는 것은 아니므로 위 규정에 따라 우편물이 배달되었다고 하여 언제나 상대방 있는 의사표시의 통지가 상대방에게 도달하였다고 볼 수는 없다. [2] 집배원으로부터 우편물을 수령한 빌딩건물경비원이 원고나 그 동거인 또는 고용인에게 위 청문서를 전달하였다고 볼 수 없는 이상 청문서가 원고에게 적법하게 송달되었다고 볼 수 없다할 것이다. 원고가 청문서를 송달받지 못하여 청문절차에 불출석하였는데도 불응하는 것으로 보아 원고에게 의견진술기회를 주지 아니한 채 이루어진 이 사건 처분은 영업정지사유가 인정된다 하더라도 위법하다 할 것이다(대판 1991. 7. 9, 91누971; 1993. 11. 26, 93누17478).

상대방이 부당하게 등기취급 우편물의 수취를 거부함으로써 그 우편물의 내용을 알 수 있는 객관적 상태의 형성을 방해한 경우 발송인의 의사표시의 효력을 부정하는 것은 신의성실의 원칙에 반하므로 허용되지 않는다. 이러한 경우에는 수취 거부 시에 의사표시의 효력이 생긴 것으로 보아야 한다(대판 2020.8.20, 2019두34630).

2) 교부와 효력발생

교부에 의한 송달은 수령확인서를 받고 문서를 교부함으로써 하며, 송달하는 장소에서 송달받을 자를 만나지 못한 경우에는 그 사무원·피용자(被傭者) 또는 동거인으로서 사리를 분별할 지능이 있는 사람(이하 "사무원등"이라 한다)에게 문서를 교부할 수 있다(행정절차법 제14조 제2항). 다만, 문서를 송달받을 자 또는 그 사무원등이 정당한 사유 없이 송달받기를 거부하는 때에는 그 사실을 수령확인서에 적고, 문서를 송달할 장소에 놓아둘 수 있다(제14조 제2항 단서). 이른바 **유치송달**이 인정된다.

교부시 도달된 것으로 본다.

3) 전자적 통지와 효력발생

정보통신망을 이용한 송달은 송달받을 자가 **동의**하는 경우에만 한다. 이 경우 송달받을 자는 송달받을 전자우편주소 등을 지정하여야 한다(제14조 제3항).

행정절차법 제24조 제1항에 따르면 처분을 전자문서로 할 때에는 당사자등의 동의를 받거나 당사자가 전자문서로 처분을 신청한 경우이어야 하는데(행정절차법 제24조 제1항), 판례에 따르면 이를 위반한 경우 처분은 효력이 발생하지 않는다(대판 2024. 5. 9, 2023도3914).

(2) 고시 또는 공고와 효력발생

고시 또는 공고는 행정절차법상의 공고와 개별법령에 의한 고시 또는 공고가 있다.

1) 행정절차법상 공고(송달에 갈음하는 공고)

송달받을 자의 주소등을 통상적인 방법으로 확인할 수 없는 경우 또는 송달이 불가능한 경우에는 송달받을 자가 알기 쉽도록 관보, 공보, 게시판, 일간신문 중 하나 이상에 공고하고 인터넷에도 공고하여야 한다(제14조 제4항). 이 경우에는 다른 법령등에 특별한 규정이 있는 경우를 제외하고는 **공고일부터 14일이 지난 때**에 그 효력이 발생한다. 다만, 긴급히 시행하여야 할 특별한 사유가 있어 효력 발생 시기를 달리 정하여 공고한 경우에는 그에 따른다(제15조 제3항).

2) 개별법상 고시 또는 공고 등과 효력발생 [2022 행시]

개별법에서 고시 또는 공고를 행정행위의 통지방법으로 규정하고 있는 경우(예 공익사업을 위한 토지 등의 취득 및 보상에 관한 법률 제20조의 사업인정, 도시 및 주거환경정비법상의 관리처분계획의 인가 등)가 있다.

일반처분에 대한 통지는 명문의 규정이 없더라도 공고 또는 고시의 방법에 의할 수 있다고 보아야 한다.

이 경우 당해 공고 또는 고시의 효력발생일을 법령에서 명시적으로 규정하고 있는 경우(예 사업인정고시의 경우 고시된 날)에는 그에 의한다.

고시 또는 공고의 효력발생일에 관한 명시적인 규정이 없는 경우에는 「행정업무의 운영 및 혁신에 관한 규정」(이하 "행정규정"이라 한다)에 따라 공고문서는 그 문서에서 효력발생 시기를 구체적으로 밝히고 있지 않으면 그 고시 또는 공고 등이 있은 날부터 **5일이 경과한 때**에 효력이 발생한다(제6조 제3항). 공고문서는 고시·공고 등 행정기관이 일정한 사항을 일반에게 알리는 문서를 말한다(행정규정 제4조 제3호).

판례는 고시 또는 공고의 효력발생일에 관한 명문의 규정이 없는 경우에는 구 사무관리규정(현행 행정업무의 효율적 운영에 관한 규정)을 적용하여 당해 고시 또는 공고의 효력발생일을 고시 또는 공고가 있은 후 5일이 경과한 날로 보고 있다(대판 전원합의체 1995. 8. 22, 94누5694[관리처분계획인가처분취소]). 구 주택법 제16조에 따라 정하는 사업계획승인의 효력은 사업계획승인권자의 고시가 있은 후 5일이 경과한 날부터 발생한다(대판 2013. 3. 28, 2012다57231).

3. 상대방이 존재하지 않는 행정행위의 효력발생요건: 대외적 표시

상대방이 존재하지 않는 행정행위(예 망인에 대한 서훈취소)에 있어서는 처분권자의 의사에 따라 상당한 방법으로 대외적으로 표시됨으로써 행정행위로서 성립하여 효력이 발생한다(대판 2014. 9. 26, 2013두2518).

4. 효력발생요건의 하자

효력발생요건이 충족되지 않으면 해당 행정행위는 상대방에 대하여 효력을 발생하지 못한다.

[판례] 과세처분에 관한 납세고지서의 송달이 국세기본법 제8조 제1항의 규정에 위배되는 부적법한 것으로서 송달의 효력이 발생하지 아니하는 이상, 그 과세처분은 무효이다(대판 1995. 8. 22, 95누3909).

Ⅳ. 적법요건

행정행위가 행해짐에 있어 법에 의해 요구되는 요건을 **적법요건(適法要件)**이라 한다.

1. 주체에 관한 적법요건

행정행위는 당해 행정행위를 발할 수 있는 권한을 가진 자에 의해 행해져야 한다.

2. 절차에 관한 적법요건

행정행위를 행함에 있어 일정한 절차, 예를 들면 청문, 다른 기관과의 협의 등을 거칠 것이 요구되는 경우에는 그 절차를 거쳐야 한다.

3. 형식에 관한 적법요건

행정청이 처분을 하는 때에는 다른 법령 등에 특별한 규정이 있는 경우를 제외하고는 문서로 하여야 하며, 전자문서로 하는 경우에는 당사자 등의 동의가 있어야 한다. 다만, 신속을 요하거나 사안이 경미한 경우에는 구술 기타 방법으로 할 수 있으며 이 경우 당사자의 요청이 있는 때에는 지체 없이 처분에 관한 문서를 주어야 한다(행정절차법 제24조 제1항). 처분을 하는 문서에는 그 처분행정청 및 담당자의 소속·성명과 연락처(전화번호·모사전송번호·전자우편주소 등을 말한다)를 기재하여야 한다(제24조 제2항).

4. 내용에 관한 적법요건

행정행위는 그 내용에 있어 적법하여야 하며 법률상이나 사실상으로 실현가능하고 관계인이 인식할 수 있을 정도로 명확하여야 한다.

5. 적법요건을 결여한 행정행위의 효력

행정행위가 적법요건을 충족시키지 못한 경우에는 위법하다. 적법요건을 충족하지 못한 행정행위는 흠 있는 행정행위가 되며 흠 있는 행정행위의 효력은 후술하는 바와 같이 부존재, 무효 및 취소할 수 있지만 취소되기 전까지는 유효한 것으로 나누어진다.

Ⅴ. 유효요건

유효요건(有效要件)이라 함은 행정행위가 무효가 되지 않고 효력을 갖기 위한 요건을 말한다. 행정행위의 유효요건은 행정행위의 무효요건에 대립되는 것으로 행정행위의 위법이 중대하고 명백하지 않을 것이다. 행정행위는 위법하더라도 그 위법이 중대하고 명백하여 무효가 되지 않는 한 공정력에 의해 권한 있는 기관에 의해 취소되지 않는 한 유효하다.

제 8 절 행정행위의 하자(흠)와 그 효과

Ⅰ. 개 설

1. 행정행위의 하자(흠)의 개념

위법 또는 부당과 같이 행정행위의 효력의 발생을 방해하는 사정을 **행정행위의 하자(흠)**라 한다. **위법**(違法)이라 함은 법의 위반을 의미하며 **부당**(不當)이라 함은 법을 위반함이 없이 공익 또는 합목적성(合目的性) 판단을 잘못한 것(목적 위반)을 말한다. 행정기관이 재량권의 한계를 넘지 않는 한도 내에서 재량권의 행사를 그르친 행정행위가 부당한 행정행위가 된다.

위법한 행정행위는 행정심판이나 행정청의 직권에 의해 취소될 수 있을 뿐만 아니라 법원에 의해서도 취소될 수 있다. 그러나, 부당한 행정행위는 행정심판이나 행정청의 직권에 의해 취소될 수 있을 뿐 법원에 의해 취소될 수는 없다.

처분의 위법은 처분별로 판단된다. 위법사유는 문제가 된 처분의 위법사유이어야 한다. 원칙상 다른 처분의 위법사유는 처분의 위법사유가 되지 않는다. 다만, 하자의 승계가 인정되는 경우, 선행행위의 구속력의 예외가 인정되는 경우, 인허가가 의제되는 경우 등에는 그러하지 아니하다.

행정처분에 있어 수개의 처분사유 중 일부가 적법하지 않다고 하더라도 다른 처분사유로써 그 처분의 정당성이 인정되는 경우에는 그 처분을 위법하다고 할 수 없다(대판 1997. 5. 9, 96누1184; 2004. 3. 25, 2003두1264; 2013. 10. 24, 2013두963).

[판례] **[과징금 부과처분의 재량권 일탈 · 남용 여부가 문제된 사안] 과거 공정거래법 위반행위로 인한 시정조치가 위반행위 자체가 존재하지 않는다는 이유로 취소판결이 확정된 경우 그 과거 위반행위를 위반 횟수에 산입하여 위반횟수 가중을 한 과징금 부과처분이 재량권 일탈 · 남용으로 위법한지 여부(한정 소극):** [1] '개정 전 과징금 고시' Ⅳ. 2. 나. (2)항은 과거 시정조치의 횟수 산정시 시정조치의 무효 또는 취소판결이 확정된 건을 제외하도록 규정하고 있다. 공정거래위원회가 과징금 산정시 위반 횟수 가중의 근거로 삼은 위반행위에 대한 시정조치가 그 후 '위반행위 자체가 존재하지 않는다는 이유로 취소판결이 확정된 경우' 과징금 부과처분의 상대방은 결과적으로 처분 당시 객관적으로 존재하지 않는 위반행위로 인하여 과징금이 가중될 것이므로, 그 처분은 비례·평등원칙 및 책임주의 원칙에 위배될 여지가 있다. **다만,** 공정거래위원회는 공정거래법령상의 과징금 상한의 범위 내에서 과징금 부과 여부 및 과징금 액수를 정할 재량을 가지고 있다. 또한 재량준칙인 '개정 전 과징금 고시' Ⅳ. 2. 나. (1)항은 위반 횟수와 벌점 누산점수에 따른 과징금 가중비율의 상한만을 규정하고 있다. 따라서 법 위반행위 자체가 존재하지 않아 위반행위에 대한 시정조치에 대하여 취소판결이 확정된 경우에 위반 횟수 가중을 위한 횟수 산정에서 제외한다고 하더라도, **그 사유가 과징금 부과처분에 영향을 미치지 아니하여 처분의 정당성이 인정되는 경우에는 그 처분을 위법하다고 할 수 없다**(대법원 2010. 12. 9. 선고 2010두15674 판결 등 참조). [2] 법 위반행위 자체가 존재하지 않는다는 이유로 선행조치(시정조치)의 취소판결이 확정되어 피고가 과징금 부과처분시 원고의 위반 횟수 가중을 위한 횟수가 5회에서 4회로 감소하더라도, 피고가 과징금 고시에 따라 100분의 40 이내에서 산정기준을 가중할 수 있으므로 과징금 부과처분 당시 원고에 대하여 100분의 20 가중비율을 적용한 것이 현저히 과도한 가중비율을 적용하여 비례원칙에 위배된다고 보기 어렵고, 위반 횟수가 감소하더라도 원고의 벌점은 여전히 100분의 15의 가중비율을 적용한 다른 담합 참여회사보다 높으므로 원고에게 100분의 20의 가중비율을 적용한 것이 합리적인 이유가 없는 차별이라거나 현저히 과도한 가중비율이라고 볼 수 없다(대판 2019. 7. 25, 2017두55077). 〈해설〉 과징금 부과처분시 원고의 위반 횟수 가중을 위한 횟수(시정조치 횟수)가 5회이었는데, 과징금 부과처분에 대한 취소소송 변론 종결전에 과거 공정거래법 위반행위로 인한 시정조치를 그 위반행위 자체가 존재하지 않는다는 이유로 취소하는 판결이 확정된 사안이다.

문제가 된 처분 이전의 절차라 하더라도 해당 처분의 절차가 아닌 경우 그 이전 절차의 하자는 해당 처분의 하자가 아니다.

[판례] 예비타당성조사를 실시하지 아니한 하자는 원칙적으로 예산 자체의 하자일 뿐, 그로써 곧바로 이 사건 각 처분(하천공사시행계획)의 하자가 된다고 할 수 없다(대판 2015. 12. 10, 2011두32515[하천공사시행계획취소청구등]).

상급행정기관의 지시는 일반적으로 행정조직 내부에서만 효력을 가질 뿐 대외적으로 국민이나 법원을 구속하는 효력이 없다. 처분이 적법한지는 상급행정기관의 지시를 따른 것인지 여부가 아니라, 헌법과 법률, 대외적으로 구속력 있는 법령의 규정과 입법목적, 비례·평등원칙과 같은 법의 일반원칙에 적합한지 여부에 따라 판단해야 한다(대판 2019. 7. 11, 2017두38874).

2. 오기·오산 등 명백한 사실상의 착오

행정행위에 있어 오기(誤記)나 오산(誤算) 등은 행정행위가 완전한 효력을 발생하는데 장애가 되지 않으므로 행정행위의 흠과는 구별되어야 한다. 행정절차법 제25조는 처분에 오기·오산 기타 이에 준하는 명백한 잘못이 있는 때에는 행정청은 직권 또는 신청에 의하여 지체 없이 정정하고 이를 당사자에게 통지하도록 하고 있다.

3. 행정행위의 위법 여부의 판단시점

행정행위의 위법 여부는 원칙상 행정행위시의 법령 및 사실상태를 기준으로 판단한다(후술 행정소송 참조). 다만, 후술하는 바와 같이 일정한 예외가 있다.

4. 흠 있는 행정행위의 효과

위법 또는 부당한 처분은 권한이 있는 기관이 취소하거나 기간의 경과 등으로 소멸되기 전까지는 유효한 것으로 통용된다(공정력). 다만, 무효인 처분은 처음부터 그 효력이 발생하지 아니한다(행정기본법 제15조, 제18조 제1항).

5. 처분시 적용법령과 신뢰보호 등[2009 행시(재경 등) 사례, 2003 사시 사례, 2019 변시 사례]

[문제] 허가요건을 갖추어 허가를 신청한 후 허가요건을 정하는 법령이 개정되어 허가요건이 보다 엄격하게 됨으로써 개정된 허가요건에 따르면 허가를 해 줄 수 없는 경우에 행정청은 당해 허가를 거부하여야 하는가.

행정처분의 신청시와 처분시 사이에 법령이 변경된 경우 행정청은 신청시의 법령을 적용하여야 하는가, 처분시의 법령을 적용하여야 하는가 하는 것이 문제된다.

또한, 행정청이 일방적으로 행정처분을 하는 경우 처분 이전에 법령이 수차 변경된 경우 어느 시점의 법령을 적용하여야 하는 것인가가 문제된다. 특히 법규위반시와 제재처분시 사이에 법령이 변경된 경우에 문제된다.

(1) 처분시법 적용의 원칙과 신뢰보호

행정기관은 법치행정의 원칙 및 공익보호의 원칙에 비추어 처분시의 법을 적용하여 행정행위를 행하여야 하는 것이 원칙이다. 당사자[6]의 신청에 따른 처분도 법령등에 특별한 규정이 있거나 처분 당시의 법령등을 적용하기 곤란한 특별한 사정이 있는 경우를 제외하고는 처분 당시의 법령등에 따른다(**행정기본법 제14조** 제2항).

[판례 1] 행정처분의 위법 여부는 원칙상 행정처분이 있을 때의 법령과 사실 상태를 기준으로 판단하여야 하며, 법원은 행정처분 당시 행정청이 알고 있었던 자료뿐만 아니라 사실심 변론종결 당시까지 제출된 모든 자료를 종합하여 처분 당시 존재하였던 객관적 사실을 확정하고 그 사실에 기초하여 처분의 위법 여부를 판단할 수 있다(대판 2010. 1. 14, 2009두11843; 2019. 7. 25, 2017두55077 참조).
[판례 2] 항고소송에서 처분의 위법 여부는 특별한 사정이 없는 한 그 처분 당시를 기준으로 판단하여야 한다. 이는 신청에 따른 처분의 경우에도 마찬가지이다. 새로 개정된 법령의 경과규정에서 달리 정함이 없는 한, 처분 당시에 시행되는 개정 법령과 그에서 정한 기준에 의하여 신청에 따른 처분의 발급 여부를 결정하는 것이 원칙이고, 그러한 개정 법령의 적용과 관련하여서는 개정 전 법령의 존속에 대한 국민의 신뢰가 개정 법령의 적용에 관한 공익상의 요구보다 더 보호가치가 있다고 인정되는 경우에 그러한 국민의 신뢰를 보호하기 위하여 그 적용이 제한될 수 있는 여지가 있을 따름이다(대판 2020. 1. 16, 2019다264700).
[판례 3] 양도인이 최초 영업허가를 받을 당시에 '영업장 면적'이 허가(신고) 대상이 아니었더라도 영업자 지위승계신고 수리 시점을 기준으로 당시의 식품위생법령에 따른 인적·물적 요건을 갖추어야 하므로 양수인에게

6) 행정기본법에서 "당사자"란 처분의 상대방을 말한다(행정기본법 제2조 제3호).

'영업장 면적' 변경신고의무가 있으며, 영업양수 후 기존 건물을 철거하고 새 건물을 신축하여 이루어진 영업에 관해서는 '영업장 소재지'와 '영업장 면적' 변경신고의무가 있다고 한 사례(대판 2020. 3. 26, 2019두38830). 〈해설〉 양도인이 최초 1972년에 일반음식점 영업허가를 받았는데, 당시에는 '영업장 면적'이 허가사항이 아니었다. 그 후 일반음식점에 관한 식품위생법상 규제가 영업신고제로 변경되었고, 2003년에 (변경)신고사항에 '영업장 면적'을 포함하는 규정이 신설되었다. 원고는 2015년 양도인으로부터 건물과 영업 일체를 양수하고 영업자 지위승계 신고를 하였는데, 그 건물을 철거하고 새로운 건물을 지은 다음 일반음식점 영업을 하였다.

그런데, 개정 법령의 적용과 관련하여서는 개정 전 법령의 존속에 대한 국민의 신뢰가 개정 법령의 적용에 관한 공익상의 요구보다 더 보호가치가 있다고 인정되는 경우에 그러한 국민의 신뢰보호를 보호하기 위하여 그 적용이 제한될 수 있다. 달리 말하면 개정 전 법령의 존속에 대한 국민의 신뢰이익이 개정 법령의 적용에 의한 공익보다 더 큰 경우에는 개정법령을 적용한 처분은 위법하다.

[판례 1] 행정처분의 근거법령이 개정 시행된 경우, 개정된 법령 및 기준에 따른 처분의 적부(한정 적극): 행정처분은 그 근거 법령이 개정된 경우에도 경과 규정에서 달리 정함이 없는 한 처분 당시 시행되는 개정 법령과 그에서 정한 기준에 의하는 것이 원칙이고, 그 개정 법령이 기존의 사실 또는 법률관계를 적용대상으로 하면서 국민의 재산권과 관련하여 종전보다 불리한 법률효과를 규정하고 있는 경우에도 그러한 사실 또는 법률관계가 개정 법률이 시행되기 이전에 이미 완성 또는 종결된 것이 아니라면 이를 헌법상 금지되는 소급입법에 의한 재산권 침해라고 할 수는 없으며(부진정소급입법), 그러한 개정 법률의 적용과 관련하여서는 개정 전 법령의 존속에 대한 국민의 신뢰가 개정 법령의 적용에 관한 공익상의 요구보다 더 보호가치가 있다고 인정되는 경우에 그러한 국민의 신뢰보호를 보호하기 위하여 그 적용이 제한될 수 있는 여지가 있을 따름이다(대판 2020. 7. 23, 2019두31839).

[판례 2] 광업권자가 광업권을 취득하고 그에 대한 사업휴지인가를 받은 것은 모두 개정된 광업법시행령이 시행되기 이전이나 그 존속기간의 만료 및 연장신청은 개정된 광업법시행령 시행 이후인 경우, 위 광업권자의 광업권 존속기간 연장허가 신청에 대하여 개정 광업법시행령이 적용된다고 한 사례; 광업권자가 광업권을 취득하고 그에 대한 사업휴지인가를 받은 것은 모두 개정 광업법시행령(1994. 12. 8. 대통령령 제14424호로 개정된 시행령, 부칙(1994. 12. 8.) 제1항에 의하여 1995. 6. 8.부터 시행)이 시행되기 이전이기는 하나 그 존속기간의 만료는 개정 시행령 시행 이후인 1996. 4. 30.이고, 그 존속기간의 연장신청 역시 그 시행 이후인 1996. 1. 30.자로 이루어졌음이 분명하여 광업권의 존속기간 연장에 대하여 개정 시행령 규정을 적용하는 것이 이미 완성되거나 종결된 사실 또는 법률관계에 대하여 개정 시행령을 소급 적용하는 것이라고 할 수 없다(대판 2000. 3. 10, 97누13818[광업권존속기간연장허가거부처분등취소]). 〈해설〉 개정 광업법 시행령이 1995. 6. 8.자로 시행되기 이전에 광업권을 취득하고(존속기간의 만료는 개정 시행령 시행 이후인 1996. 4. 30.) 그에 대하여 사업휴지인가를 받은 원고가 개정 시행령 시행 이후인 1996. 1. 30. 당해 광업권에 관하여 사업휴지인가를 받은 바 있음을 사유로 하여 그 존속기간 연장허가 신청을 하였으나, 피고 산업자원부 광업등록사무소장이 개정 시행령 규정상 사업휴지인가는 광업권 존속기간 연장 불허의 예외사유에 해당하지 않는다는 이유로 같은 해 2월 1일자로 그 신청을 반려하자, 원고가 그 거부처분에 대하여 취소를 구한 사건이다. 개정 전 광업법시행령에 따르면 사업휴지인가는 광업권 존속기간 연장불허의 예외사유이었다. 이 사건은 법령 개정 후 신청이 행해진 사건이다. 이 사건에서 대법원은 개정 전 시행령 규정의 존속에 대한 신뢰가 개정 시행령 규정의 적용에 관한 공익상 요구(광물자원의 합리적인 개발의 촉진)보다 더 보호가치가 있는 것이라고 할 수 없다고 하였다.

[판례 3] [1] 행정청이 수익적 행정처분을 하면서 부가한 부담의 위법 여부는 처분 당시 법령을 기준으로 판단하여야 하고, 부담이 처분 당시 법령을 기준으로 적법하다면 처분 후 부담의 전제가 된 주된 행정처분의 근거 법령이 개정됨으로써 행정청이 더 이상 부관을 붙일 수 없게 되었다 하더라도 곧바로 위법하게 되거나 그

효력이 소멸하게 되는 것은 아니다. 따라서 행정처분의 상대방이 수익적 행정처분을 얻기 위하여 행정청과 사이에 행정처분에 부가할 부담에 관한 협약을 체결하고 행정청이 수익적 행정처분을 하면서 협약상의 의무를 부담으로 부가하였으나 부담의 전제가 된 주된 행정처분의 근거 법령이 개정됨으로써 행정청이 더 이상 부관을 붙일 수 없게 된 경우에도 곧바로 협약의 효력이 소멸하는 것은 아니다. [2] 고속국도 관리청이 고속도로 부지와 접도구역에 송유관 매설을 허가하면서 상대방과 체결한 협약에 따라 송유관 시설을 이전하게 될 경우 그 비용을 상대방에게 부담하도록 하였고, 그 후 도로법 시행규칙이 개정되어 접도구역에는 관리청의 허가 없이도 송유관을 매설할 수 있게 된 사안에서, 위 협약이 효력을 상실하지 않는다고 한 사례(대판 2009. 2. 12, 2005다65500[약정금]). 〈해설〉 부담이 처분 당시 법령을 기준으로 적법하였지만 처분 후 부담의 전제가 된 주된 행정처분의 근거 법령이 개정됨으로써 행정청이 더 이상 부관을 붙일 수 없게 된 것은 철회사유는 될 수 있다.

(2) 소급입법금지 및 소급적용금지 등

1) 소급입법의 금지 및 예외

소급입법(진정소급입법)은 헌법상 인정되지 않는 것이 원칙이다. 다만, "(1) 진정소급입법(과거에 완성된 사실 또는 법률관계를 규율대상으로 하는 입법)이라 하더라도 기존의 법을 변경하여야 할 공익적 필요는 심히 중대한 반면에 그 법적 지위에 대한 개인의 신뢰를 보호하여야 할 필요가 상대적으로 적어 개인의 신뢰이익을 관철하는 것이 객관적으로 정당화될 수 없는 경우에는 예외적으로 허용될 수 있다. (2) **진정소급입법이 허용되는 예외적인 경우로는** 일반적으로, 국민이 소급입법을 예상할 수 있었거나, 법적 상태가 불확실하고 혼란스러웠거나 하여 보호할 만한 신뢰의 이익이 적은 경우와 소급입법에 의한 당사자의 손실이 없거나 아주 경미한 경우, 그리고 신뢰보호의 요청에 우선하는 심히 중대한 공익상의 사유가 소급입법을 정당화하는 경우를 들 수 있다."(헌재 1996. 2. 16, 96헌가2; 1998. 9. 30, 97헌바38). 시혜적 소급입법도 가능하다(헌재 2002. 2. 28, 2000헌바69).

소급입법은 위헌이므로 소급입법을 적용하여 한 처분은 위헌인 법령에 근거한 처분으로서 위법하다.

[판례] [1] 소급입법은 새로운 입법을 이미 종료된 사실관계 또는 법률관계에 적용하도록 하는 진정소급입법과 현재 진행 중인 사실관계 또는 법률관계에 적용하도록 하는 부진정소급입법으로 나눌 수 있다. 이 중에서 기존의 법에 의하여 이미 형성된 개인의 법적 지위를 사후입법을 통하여 박탈하는 것을 내용으로 하는 진정소급입법은 개인의 신뢰보호와 법적 안정성을 내용으로 하는 법치국가원리에 의하여 허용되지 않는 것이 원칙이다. [2] 진정소급입법은 예외적으로 국민이 소급입법을 예상할 수 있었거나 신뢰보호의 요청에 우선하는 심히 중대한 공익상의 사유가 소급입법을 정당화하는 경우 등에만 허용될 수 있다(대법원 2012. 2. 23. 선고 2010두17557 판결 등 참조). 단지 법령의 개정이 미리 예정되어 있었다는 사유만으로 소급입법을 허용하는 것은 헌법 제13조 제2항의 소급입법금지원칙을 형해화시킬 수 있으므로 예외사유에 해당하는지 여부는 매우 엄격하게 판단하여야 한다. [3] 폐기물부담금의 부과요건사실은 '제조장 또는 보세구역에서 반출'이므로, 담배가 '제조장 또는 보세구역에서 반출되는 때'에 담배 제조업자의 폐기물부담금 납부의무가 성립한다. 이 사건에서는 원고가 이 사건 제1담배를 이 사건 제조공장에서 이 사건 임시창고로 옮긴 때가 아니라, 이 사건 임시창고에서 이 사건 각 물류센터로 옮긴 때 비로소 제조장에서 반출한 것으로 보아야한다. 이 사건 제2담배는 2015. 1. 1. 이후 제조장에서 반출된 것으로 볼 수 있어 개정법령에 따른 부담금을 부과할 수 있다. [4] 담배 제조업자는 2015. 1. 1.부터 2015. 2. 2.까지 제조장 또는 보세구역에서 반출한 담배에 대해서 각 반

출시점에 구 자원의 절약과 재활용촉진에 관한 법률 시행령에 따라 인상되기 전 요율의 폐기물부담금을 납부할 의무를 부담하고 있었는데, 자원의 절약과 재활용촉진에 관한 법률 시행령 부칙(2015. 2. 3.) 제2조로 인하여 위 기간 동안 제조장 또는 보세구역에서 반출한 담배에 대해서도 소급하여 2015. 2. 3. 대통령령 제26088호로 개정된 자원의 절약과 재활용촉진에 관한 법률 시행령 제11조 [별표 2] 제5호에 따른 인상된 요율의 폐기물부담금을 납부할 의무를 부담하게 되었다. 따라서 위 부칙규정은 이미 종결된 폐기물부담금의 부과요건사실(2015. 1. 1.부터 2015. 2. 2.까지 제조장 또는 보세구역에서의 반출)에 대해서까지 소급하여 위 개정규정을 적용하는 것으로서 헌법상 원칙적으로 금지되는 진정소급입법에 해당한다. 이 사건 부칙규정은 '예외적으로 허용되는 진정소급입법'에 해당한다고 보기도 어렵다. 따라서 이 사건 부칙규정 중 이 사건 개정규정을 2015. 1. 1.부터 2015. 2. 2.까지 제조장 또는 보세구역에서 반출된 담배에 대하여도 소급하여 적용하도록 정한 부분은 헌법에 위반되어 무효이다. 즉 정부가 2014. 9.경 '2015. 1. 1.부터 담뱃값을 2,500원에서 4,500원으로 인상하겠다'는 정책안을 발표하고 2015. 1. 1.부터 담배 한 갑당 부과되는 폐기물부담금의 요율을 7원에서 24.4원으로 인상하는 내용의 「자원의 절약과 재활용촉진에 관한 법률 시행령 일부개정령(안)」을 2014. 10. 29.에 입법예고함에 따라 그 취지대로 관련 법령이 개정될 것이 미리 예정되어 있었으며, 담뱃세를 구성하는 다른 조세와 부담금에 대해서는 2015. 1. 1.이 되기 전에 근거규정이 개정되기는 하였다. 그러나 원고가 기존 폐기물부담금을 인상하는 내용의 개정이 있을 것을 전혀 예상할 수 없었던 것은 아니더라도, 앞서 본 사정만으로 원고가 폐기물부담금을 인상하는 내용의 이 사건 개정규정이 이 사건 부칙규정을 통하여 2015. 1. 1.부터 제조장 또는 보세구역에서 반출된 담배에 대해서도 소급적용되어 추가적으로 폐기물부담금을 부담할 것까지 예상하였다고 단정하기는 어렵다. 그리고 이 사건에서 공익상의 사유가 진정소급입법으로 인한 원고의 신뢰와 법적 안정성 침해를 정당화할 만큼 심히 중대하거나 압도적이라고 보기 어렵다. 따라서 폐기물부담금의 경우 위 기간 중에 제조장 또는 보세구역에서 반출된 담배에 대해서는 이 사건 개정규정이 (소급)적용되어서는 아니 된다(대판 전원합의체 2024. 5. 23, 2021두35834[폐기물부담금부과처분취소청구등]).

2) 부진정소급입법과 신뢰보호의 원칙 위반

부진정소급입법(과거에 시작되었으나 아직 완성되지 아니하고 현재 진행중에 있는 사실관계 또는 법률관계를 적용대상으로 하는 입법)은 소급입법이 아니므로 원칙상 허용되지만, 신뢰보호의 원칙에 위반되면 위헌이다.

[판례 1] [1] **개정 법령이 기존의 사실 또는 법률관계를 적용대상으로 하면서 국민의 재산권과 관련하여 종전보다 불리한 법률효과를 규정하고 있는 경우 소급입법에 의한 재산권 침해인지 여부**: 행정처분은 그 근거 법령이 개정된 경우에도 경과규정에서 달리 정함이 없는 한 처분 당시 시행되는 개정 법령과 그에 정한 기준에 의하는 것이 원칙이고, 그 개정 법령이 기존의 사실 또는 법률관계를 적용대상으로 하면서 국민의 재산권과 관련하여 종전보다 불리한 법률효과를 규정하고 있는 경우에도 그러한 사실 또는 법률관계가 개정 법령이 시행되기 이전에 이미 완성 또는 종결된 것이 아니라면 이를 헌법상 금지되는 소급입법에 의한 재산권 침해라고 할 수는 없으며, 그러한 개정 법령의 적용과 관련하여서는 개정 전 법령의 존속에 대한 국민의 신뢰가 개정 법령의 적용에 관한 공익상의 요구보다 더 보호가치가 있다고 인정되는 경우에 그러한 국민의 신뢰를 보호하기 위하여 그 적용이 제한될 수 있는 여지가 있을 따름이다. 그리고 이러한 신뢰보호의 원칙 위배 여부를 판단하기 위해서는 한편으로는 침해받은 이익의 보호가치, 침해의 중한 정도, 신뢰가 손상된 정도, 신뢰침해의 방법 등과 다른 한편으로는 개정 법령을 통해 실현하고자 하는 공익적 목적을 종합적으로 비교·형량하여야 한다(대법원 2006. 11. 16. 선고 2003두12899 전원합의체 판결 등 참조). [2] 행정청이 약제에 대한 요양급여대상 삭제 처분의 근거 법령으로 삼은 구 국민건강보험 요양급여의 기준에 관한 규칙(2007. 7. 25. 보건복지부령 제408호로 개정되기 전의 것) 제13조 제4항 제6호가 헌법상 금지되는 소급입법에 해당한다고 볼 수 없고(부진정소급입법에 해당하고), 개정 전 법령의 존속에 대한 제약회사의 신뢰가 공익상의 요구와 비교·형량

하여 더 보호가치 있는 신뢰라고 할 수 없어 경과규정을 두지 않았다고 하여 신뢰보호의 원칙에 위배된다고 볼 수도 없고, 따라서 요양급여규칙에서 이 사건 조항에 대하여 개정 이후 2년이 지난 시점부터 적용하기로 하는 경과규정을 두지 않았다고 하여 이 사건 조항이 신뢰보호의 원칙에 위배된다고 할 수는 없다고 한 사례(대판 2009. 4. 23, 2008두8918[요양급여대상삭제처분취소]). 〈해설〉 부령인 국민건강보험 요양급여의 기준에 관한 규칙에 따라 '최근 2년간 보험급여 청구실적이 없는 약제에 대하여 요양급여대상에서 제외하는 보건복지부 고시인 '약제급여목록 및 급여상한금액표'는 행정소송의 대상이 되는 처분이다. 해당 고시를 법령보충적 행정규칙(고시)로 보는 견해가 다수견해이지만, 구체적 규율임을 이유로 행정입법으로 보지 않고 단순한 처분(일반처분)으로 보는 견해도 있다.

[판례 2] 법령의 개정시 입법자가 구 법령의 존속에 대한 당사자의 신뢰를 침해하여 신뢰보호 원칙을 위배하였는지 여부의 판단 기준 및 변리사 제1차 시험을 절대평가제에서 상대평가제로 환원하는 내용의 변리사법 시행령 개정조항을 즉시 시행하도록 정한 부칙 부분이 헌법에 위반되어 무효인지 여부(적극): [다수의견] (가) 법령의 개정에 있어서 구 법령의 존속에 대한 당사자의 신뢰가 합리적이고도 정당하며, 법령의 개정으로 야기되는 당사자의 손해가 극심하여 새로운 법령으로 달성하고자 하는 공익적 목적이 그러한 신뢰의 파괴를 정당화할 수 없다면, 입법자는 경과규정을 두는 등 당사자의 신뢰를 보호할 적절한 조치를 하여야 하며, 이와 같은 적절한 조치 없이 새 법령을 그대로 시행하거나 적용하는 것은 허용될 수 없는바, 이는 헌법의 기본원리인 법치주의 원리에서 도출되는 신뢰보호의 원칙에 위배되기 때문이다. 이러한 신뢰보호 원칙의 위배 여부를 판단하기 위하여는 한편으로는 침해받은 이익의 보호가치, 침해의 중한 정도, 신뢰가 손상된 정도, 신뢰침해의 방법 등과 다른 한편으로는 새 법령을 통해 실현하고자 하는 공익적 목적을 종합적으로 비교·형량하여야 한다. (나) 규제개혁위원회의 방침에 따라 변리사 등 전문자격사의 인원을 확대하기 위한 일환으로 변리사 제1, 2차 시험을 종전의 '상대평가제'에서 '절대평가제'로 전환하는 내용의 2002. 3. 25. 개정 전 구 변리사법 시행령(2002. 3. 25. 대통령령 제17551호로 개정되기 전의 것, 이하 '개정 전 시행령'이라 한다)이 절대평가제를 도입한 목적과 그 경위, 이전 수년간 상대평가제에 의하여 시행된 제1차 시험의 합격점수, 개정 전 시행령의 공포 후 유예기간, 그 후 제1차 시험을 '절대평가제'에서 '상대평가제'로 환원하는 내용의 2002. 3. 25. 대통령령 제17551호로 개정된 변리사법 시행령(이하 '개정 시행령'이라 한다)의 입법예고와 개정·공포 및 그에 따른 시험공고 등에 관한 일련의 사실관계에 비추어 보면, 합리적이고 정당한 신뢰에 기하여 절대평가제가 요구하는 합격기준에 맞추어 시험준비를 한 수험생들은 제1차 시험 실시를 불과 2개월밖에 남겨놓지 않은 시점에서 개정 시행령의 즉시 시행으로 합격기준이 변경됨으로 인하여 시험준비에 막대한 차질을 입게 되어 위 신뢰가 크게 손상되었고, 특히 절대평가제에 의한 합격기준인 매 과목 40점 및 전과목 평균 60점 이상을 득점하고도 불합격처분을 받은 수험생들의 신뢰이익은 그 침해된 정도가 극심하며, 그 반면 개정 시행령에 의하여 상대평가제를 도입함으로써 거둘 수 있는 공익적 목적은 개정 시행령을 즉시 시행하여 바로 임박해 있는 2002년의 변리사 제1차 시험에 적용하면서까지 이를 실현하여야 할 합리적인 이유가 있다고 보기 어려우므로, 결국 개정 시행령의 즉시 시행으로 인한 수험생들의 신뢰이익 침해는 개정 시행령의 즉시 시행에 의하여 달성하려는 공익적 목적을 고려하더라도 정당화될 수 없을 정도로 과도하다. 따라서 변리사 제1차 시험의 상대평가제를 규정한 개정 시행령 제4조 제1항을 2002년의 제1차 시험에 시행하는 것은 헌법상 신뢰보호의 원칙에 비추어 허용될 수 없으므로, 개정 시행령 부칙 중 제4조 제1항을 즉시 2002년의 변리사 제1차 시험에 대하여 시행하도록 그 시행시기를 정한 부분은 헌법에 위반되어 무효이다. (다) 새로운 법령에 의한 신뢰이익의 침해는 새로운 법령이 과거의 사실 또는 법률관계에 소급적용되는 경우에 한하여 문제되는 것은 아니고, 과거에 발생하였지만 완성되지 않고 진행중인 사실 또는 법률관계 등을 새로운 법령이 규율함으로써 종전에 시행되던 법령의 존속에 대한 신뢰이익을 침해하게 되는 경우에도 신뢰보호의 원칙이 적용될 수 있다(대판 전원합의체 2006. 11. 16, 2003두12899[불합격처분취소]).

[판례 3] 2012. 3. 21. 법률 제11406호로 개정된 독점규제 및 공정거래에 관한 법률이 시행(2012. 6. 22.)되기 이전에 위반행위가 종료되었더라도 시행 당시 구 독점규제 및 공정거래에 관한 법률 제49조 제4항의 처분시효가 경과하지 않은 사건에 대하여, 부칙(2012. 3. 21.) 제3조에 따라 구법보다 처분시효를 연장한 현행

법 제49조 제4항을 적용하는 것이 헌법상 법률불소급의 원칙에 반하는지 여부(소극) 및 이 경우 신뢰보호원칙에 따라 예외적으로 현행법 제49조 제4항의 적용이 제한되어야 하는지 여부(소극): 2012. 3. 21. 법률 제11406호로 개정되어 2012. 6. 22.부터 시행된 독점규제 및 공정거래에 관한 법률(2020. 5. 19. 법률 제17290호로 개정되어 2021. 5. 20.부터 시행되기 전의 것, 이하 '현행법'이라 한다) 제49조 제4항의 내용과 개정취지, 현행법 제49조 제4항의 개정 규정의 적용례를 규정한 현행법 부칙(2012. 3. 21.) 제3조(이하 '부칙조항'이라 한다)의 문언과 체계 등을 종합하면, 법 위반행위가 종료된 이후 공정거래위원회의 시정조치나 과징금 부과의 제재처분이 있기 전에 현행법 제49조 제4항이 구 독점규제 및 공정거래에 관한 법률(2012. 3. 21. 법률 제11406호로 개정되기 전의 것, 이하 '구법'이라 한다) 제49조 제4항의 처분시효를 연장하는 내용으로 개정된 경우, 현행법 시행 이후 공정거래위원회가 현행법 제49조 제1항 또는 제2항에 따라 '최초로 조사하는 사건'에 대해서는 현행법 시행(2012. 6. 22.) 당시 구법 제49조 제4항의 '위반행위가 종료한 날부터 5년'의 처분시효가 경과하지 않은 이상, 처분 당시의 법령인 현행법 제49조 제4항이 적용된다. 현행법이 시행된 이후 공정거래위원회가 최초로 조사를 개시하기 전에 구법 제49조 제4항이 정한 '위반행위가 종료한 날부터 5년'이 경과되는 경우에도, 현행법은 시행과 동시에 효력이 발생하고, 위 부칙조항이나 현행법 부칙에 위와 같은 경우에 구법 제49조 제4항을 적용한다는 별도의 경과규정은 없으므로, 마찬가지로 현행법 제49조 제4항이 적용된다. 이와 같이 현행법이 시행되기 이전에 위반행위가 종료되었더라도 그 시행 당시 구법 제49조 제4항의 처분시효가 경과하지 않은 사건에 대하여, 위 부칙조항에 따라 구법에 비하여 처분시효를 연장한 현행법 제49조 제4항을 적용하는 것은 현재 진행 중인 사실관계나 법률관계를 대상으로 하는 것으로서 부진정소급에 해당하고, 헌법상 법률불소급의 원칙에 반하지 않는다. 나아가 현행법 제49조 제4항의 개정 취지에 비추어 이를 적용할 공익상의 요구가 중대함에 비하여 구법에 따른 처분시효가 경과하지 않은 상태에서 아직 공정거래위원회의 조사가 개시되지 않았다는 사정만으로는 구법의 존속에 대한 신뢰를 보호할 가치가 크지 않으므로, 위와 같은 사건의 경우 신뢰보호원칙에 따라 예외적으로 현행법 제49조 제4항의 적용이 제한되어야 한다고도 볼 수 없다(대판 2020. 12. 24, 2018두58295).

3) 소급적용금지의 원칙 및 예외

새로운 법령등은 법령등에 특별한 규정이 있는 경우를 제외하고는 그 법령등의 효력 발생 전에 완성되거나 종결된 사실관계 또는 법률관계에 대해서는 적용되지 아니한다(행정기본법 제14조 제1항). 이 규정은 법령의 소급적용을 금지한 규정이다. 이 규정을 소급입법금지의 원칙을 규정을 한 것으로 보는 견해(법제처, 행정기본법 해설서, 154-155면)가 있는데, 엄밀히 말하면 소급입법금지의 원칙과 소급적용금지의 원칙은 다른 것이다. 그리고, 행정기본법은 기본적으로 입법을 규율하는 법이 아니라 행정을 규율하는 법이고, 행정기본법 제14조 제1항의 규정이 "입법"이 아니라 "적용"이라고 규정하고 있으므로 행정기본법 제14조 제1항은 소급입법금지가 아니라 소급적용금지를 규정한 것으로 해석하여야 한다.

[판례] [1] 법령은 일반적으로 장래 발생하는 법률관계를 규율하고자 제정되는 것이고 법령의 소급적용은 법치주의의 원리에 반하고 개인의 권리·자유에 부당한 침해를 가하며 법률생활의 안정을 위협하는 것이어서 이를 인정하지 않는 것이 원칙이다(법령불소급의 원칙). [2] 법령이 개정된 경우 개정 법령의 소급적용 여부와 소급적용의 범위는 입법자의 형성 재량에 맡겨진 사항이므로, 개정 법령의 입법자가 개정 법령을 소급적용하도록 특별한 규정을 두지 않은 이상 법원은 그 개정 전에 발생한 사항에 대하여는 개정 법령이 아니라 개정 전의 구 법령을 적용하는 것이 원칙이다(대판 2002. 12. 10, 2001두3228; 2021. 3. 11, 2020두49850[시설부담금청구의소]).

부진정소급적용은 엄밀한 의미에서 소급적용이 아니므로 가능하다.

부진정소급적용(不眞正遡及適用)이라 함은 사실 또는 법률관계가 개정법령이 시행되기 이전에 이미 완성되거나 종결되지 않고, 계속되고 있는 경우에 당해 법령개정 이전의 사실 또는 법률관계에 개정법령을 적용하는 것을 말한다. 부진정소급적용의 대표적인 예는 개정법령에 따른 양도소득세부과처분이다.

[판례] [1] **법령불소급원칙의 적용범위:** 법령불소급의 원칙은 법령의 효력발생 전에 완성된 요건 사실에 대하여 당해 법령을 적용할 수 없다는 의미일 뿐, 계속 중인 사실이나 그 이후에 발생한 요건 사실에 대한 법령적용까지를 제한하는 것은 아니다. [2] **공무원연금법에 의한 퇴직연금수급권의 성립요건과 내용:** 공무원연금법에 의한 퇴직연금수급권은 기초가 되는 퇴직이라는 급여의 사유가 발생함으로써 성립하지만, 내용은 급부의무자의 일회성 이행행위에 의하여 만족되는 것이 아니고 일정기간 계속적으로 이행기가 도래하는 계속적 급부를 목적으로 하는 것이다. [3] 공무원연금공단이 공무원으로 재직하다가 명예퇴직한 후 재직 중의 범죄사실로 징역형의 집행유예를 선고받고 확정된 甲에게 헌법재판소의 헌법불합치결정에 따라 개정된 공무원연금법(이하 '신법'이라 한다) 시행 직후 퇴직연금 급여제한처분을 하였고, 위 처분에 대한 취소소송 계속 중 다시 헌법재판소가 신법의 시행일 및 경과조치에 관한 부칙 규정에 대하여 위헌결정을 한 사안에서, 위 처분은 퇴직연금수급권의 기초가 되는 급여의 사유가 이미 발생한 후에 그 퇴직연금수급권을 대상으로 하지만, 이미 발생하여 이행기에 도달한 퇴직연금수급권의 내용을 변경함이 없이 장래 이행기가 도래하는 퇴직연금수급권의 내용만을 변경하는 것에 불과하여, 이미 완성 또는 종료된 과거 사실 또는 법률관계에 새로운 법률을 소급적으로 적용하여 과거를 법적으로 새로이 평가하는 것이 아니므로 소급입법에 의한 재산권 침해가 될 수 없고, 위 헌법불합치 결정에 따라 개선입법이 이루어질 것을 충분히 예상할 수 있으므로 개선입법 후 비로소 이행기가 도래하는 퇴직연금수급권에 대해서까지 급여제한처분이 없으리라는 신뢰가 합리적이고 정당한 것이라고 보기 어려워 甲의 신뢰보호를 위하여 신법의 적용을 제한할 여지가 없음에도, 신법 시행 전에 지급사유가 발생한 퇴직연금수급권에 관해서는 신법 시행 이후에 이행기가 도래하는 부분의 급여에 대하여도 지급을 제한할 수 없다고 보아 위 처분이 위법하다고 본 원심판결에 법리오해의 위법이 있다고 한 사례(대판 2014. 4. 24, 2013두26552[급여제한및환수처분취소]). 〈해설〉 개정된 공무원연금법을 적용하여 장래 이행기가 도래하는 퇴직연금수급권의 내용만을 변경하는 퇴직연금 급여제한처분은 소급적용이 아니라 부진정소급적용이라고 한 사례.

그리고, 행정기본법 제14조 제1항은 소급적용의 예외를 규정하고 있지 않은데, 종래의 판례는 특별한 사정이 있는 경우 예외적으로 법령의 소급적용을 허용하고 있다. 즉, 종래의 판례에 따르면 법령을 소급적용하더라도 일반 국민의 이해에 직접 관계가 없는 경우, 오히려 그 이익을 증진하는 경우, 불이익이나 고통을 제거하는 경우 등의 특별한 사정이 있는 경우에 한하여 예외적으로 법령의 소급적용이 허용될 여지가 있을 따름이다(대판 2005. 5. 13, 2004다8630; 2021. 3. 11, 2020두49850).

헌법불합치결정에 따른 개선입법이 소급적용되는 범위는 위헌결정에서 소급효가 인정되는 범위와 같으므로, 특별한 사정이 없는 한 헌법불합치결정 당시의 시점까지 소급되는 것이 원칙이다(대판 2024. 7. 25, 2023다316790).

(3) 처분시법 적용의 원칙의 예외

1) 경과규정

부진정소급입법의 경우에 국민의 기득권과 신뢰보호를 위하여 필요한 경우에 경과규정을 두는 등의 조치를 취하는 것이 바람직하다(입법론). 경과규정에서 신청시의 법령을 적용하도록 규정하는 경우가 있고, 이 경우에는 신청시의 법령을 적용하여 신청에 대한 처분을 하여야 한다. 만일 경과규정을 두는 등의 신뢰보호를 위한 조치 없이 개정법령을 적용하는 것이 헌법원칙인 신뢰보호의 원칙에 반하면 개정법령은 위헌이며 이에 근거한 처분은 위법하게 된다.

[판례] 법령의 개정에 있어서 구 법령의 존속에 대한 당사자의 신뢰가 합리적이고도 정당하며, 법령의 개정으로 야기되는 당사자의 손해가 극심하여 새로운 법령으로 달성하고자 하는 공익적 목적이 그러한 신뢰의 파괴를 정당화할 수 없다면, 입법자는 경과규정을 두는 등 당사자의 신뢰를 보호할 적절한 조치를 하여야 하며, 이와 같은 적절한 조치 없이 새 법령을 그대로 시행하거나 적용하는 것은 허용될 수 없다 할 것인바, 이는 앞서 본 바와 같이 헌법의 기본원리인 법치주의 원리에서 도출되는 신뢰보호의 원칙에 위배되기 때문이다. 이러한 신뢰보호 원칙의 위배 여부를 판단하기 위하여는 한편으로는 침해받은 이익의 보호가치, 침해의 중한 정도, 신뢰가 손상된 정도, 신뢰침해의 방법 등과 다른 한편으로는 새 법령을 통해 실현하고자 하는 공익적 목적을 종합적으로 비교·형량하여야 할 것이다(대판 전원합의체 2006. 11. 16, 2003두12899[변리사 1차 시험 불합격처분취소청구사건]: 종전의 법령에 의한 절대평가제가 요구하는 합격기준에 맞추어 시험준비를 하였는데, 제1차 시험 실시를 불과 2개월밖에 남겨놓지 않은 시점에서 제1차 시험을 상대평가제로 하는 개정 시행령 제4조 제1항을 2002년의 이 사건 시험에 시행하는 것은 헌법상 신뢰보호의 원칙에 비추어 허용될 수 없다 할 것이므로, 개정 시행령 부칙 중 제4조 제1항을 즉시 이 사건 시험에 대하여 시행하도록 그 시행시기를 정한 부분은 헌법에 위반되어 무효라고 한 사례). 〈해설〉 문제의 개정 시행령은 소급입법이 아니고, 부진정소급입법이다.

2) 신의성실의 원칙 위반시 개정 전 법령 적용

행정청이 심히 부당하게 처분을 늦추고, 그 사이에 허가기준을 변경한 경우와 같이 신의성실의 원칙에 반하는 경우에는 개정 전의 법령을 적용하여 처분하여야 한다(대판 1984. 5. 22, 84누77[엘·피·지충전소허가신청반려처분취소])(해석론).

[판례] [1] 특수임무수행자 보상에 관한 법률(이하 '특임자보상법'이라 한다) 제2조 및 개정 전 시행령 제2조, 제3조, 제4조 등의 규정들만으로는 바로 특임자보상법상의 보상금 등 지급대상자가 확정된다고 볼 수 없고, '특수임무수행자 보상심의위원회'의 심의·의결을 거쳐 특수임무수행자로 인정되어야만 비로소 보상금 등 지급대상자로 확정될 수 있다. 이러한 심의·의결에 의하여 특수임무수행자로 인정되기 전에는 특임자보상법에 의한 보상금수급권은 헌법이 보장하는 재산권이라고 할 수 없고, 심의·의결이 있기 전의 신청인의 지위는 보상금수급권 취득에 대한 기대이익을 가지고 있는 것에 불과하다. 따라서 2010. 10. 27. 대통령령 제22460호로 개정된 특수임무수행자 보상에 관한 법률 시행령 제4조 제1항 제2호(이하 '개정 시행령조항'이라 한다)가 시행령 개정 전에 이미 보상금을 신청한 자들의 이러한 기대이익을 보장하기 위한 경과규정을 두지 아니함으로써 보상금수급 요건을 엄격히 정한 개정 시행령조항이 그들에 대하여도 적용되게 하였다고 하더라도 헌법상 보장된 재산권을 소급입법에 의하여 박탈하는 것이라고 볼 수는 없다. [2] 보상금 신청 후 처분 전에 보상 기준과 대상에 관한 관계 법령의 규정이 개정된 경우 처분 당시에 시행되는 개정 법령에 정한 기준에 의하여 보상금지급 여부를 결정하는 것이 원칙이지만, 행정청이 신청을 수리하고도 정당한 이유 없이 처리를 지연하여 그 사이에 법령 및 보상 기준이 변경된 경우에는 변경된 법령 및 보상 기준에 따라서 한 처분은 위법하다. 여기에서 '정당한 이유 없이 처리를 지연하였는지'는 법정 처리기간이나 통상적인 처리기간을 기초로 당해 처분이 지연되게 된 구체적인 경위나 사정을 중심으로 살펴 판단하되, 개정 전 법령의 적용을 회피하려는 행정청의 동기나 의도가 있었는지, 처분지연을 쉽게 피할 가능성이 있었는지 등도 아울러 고려할 수 있다(대판 2014. 7. 24, 2012두23501[보상금청구기각처분취소]; 2023. 2. 2, 2020두43722).

3) 법률관계를 확인하는 처분

사건의 발생시 법령에 따라 이미 법률관계가 확정되고, 행정청이 이를 확인하는 처분(예 장애등급결정)을 하는 경우에는, 일정한 예외적인 경우를 제외하고는, **원칙상** 처분시의 법령을 적용하는 것이 아니라 **당해 법률관계의 확정시**(납세의무 성립시, 지급사유발생시(예 장애발생시))**의 법령**을 적용한다.

[판례 1] 산업재해보상보험법상 장해급여는 근로자가 업무상의 사유로 부상을 당하거나 질병에 걸려 치료를 종결한 후 신체 등에 장해가 있는 경우 그 지급 사유가 발생하고, 그때 근로자는 장해급여 지급청구권을 취득하므로, 장해급여 지급을 위한 장해등급 결정 역시 장해급여 지급청구권을 취득할 당시, 즉 그 지급 사유 발생 당시의 법령에 따르는 것이 원칙이다(대판 2007. 2. 22, 2004두12957[장해등급결정처분취소]: 개정된 산업재해보상보험법 시행령의 시행 전에 장해급여 지급청구권을 취득한 근로자의 외모의 흉터로 인한 장해등급을 결정함에 있어, 위 개정이 위헌적 요소를 없애려는 반성적 고려에서 이루어졌고 이를 통하여 근로자의 균등한 복지증진을 도모하고자 하는 데 그 취지가 있으며, 당해 근로자에 대한 장해등급 결정 전에 위 시행령의 시행일이 도래한 점 등에 비추어, 예외적으로 위 개정 시행령을 적용하여야 한다고 한 사례).

[판례 2] **국민연금법상 장애연금 지급을 위한 장애등급 결정 시와 장애연금의 변경지급을 위한 장애등급 변경결정 시 각 적용할 법령**: 국민연금법상 장애연금은 국민연금 가입 중에 생긴 질병이나 부상으로 완치된 후에도 신체상 또는 정신상의 장애가 있는 자에 대하여 그 장애가 계속되는 동안 장애 정도에 따라 지급되는 것으로서, 치료종결 후에도 신체 등에 장애가 있을 때 지급사유가 발생하고 그때 가입자는 장애연금 지급청구권을 취득한다. 따라서 장애연금 지급을 위한 장애등급 결정은 장애연금 지급청구권을 취득할 당시, 즉 치료종결 후 신체 등에 장애가 있게 된 당시의 법령에 따르는 것이 원칙이다. 나아가 이러한 법리는 기존의 장애등급이 변경되어 장애연금액을 변경하여 지급하는 경우에도 마찬가지이므로, 장애등급 변경결정 역시 변경사유 발생 당시, 즉 장애등급을 다시 평가하는 기준일인 '질병이나 부상이 완치되는 날'의 법령에 따르는 것이 원칙이다(대판 2014. 10. 15, 2012두15135[장애등급결정처분취소]).

[판례 3] 세금의 부과는 납세의무의 성립 시에 유효한 법령의 규정에 따라야 하고, 세법의 개정이 있을 경우에도 특별한 사정이 없는 한 개정 전후의 법령 중에서 납세의무가 성립될 당시의 법령을 적용하여야 한다(대판 2023. 11. 9, 2020두51181).

4) 법령 위반에 대한 제재처분 [2025 행시]

법령등을 위반한 행위의 성립과 이에 대한 제재처분(예를 들면, 인허가등 취소, 영업정지, 과징금부과처분 등)은 법령등에 특별한 규정이 있는 경우를 제외하고는 **법령등을 위반한 행위 당시의 법령등에 따른다. 다만,** 법령등을 위반한 행위 후 법령등의 변경에 의하여 그 행위가 법령등을 위반한 행위에 해당하지 아니하거나 제재처분 기준이 가벼워진 경우로서 해당 법령등에 특별한 규정이 없는 경우에는 변경된 법령등을 적용한다(행정기본법 제14조 제3항).

[판례 1] 과징금 부과에 적용할 법령이 개정된 경우에 각 위반행위(수급사업자들의 기술자료 유용행위) 종료시점의 개정 법령이 적용된다(대판 2022. 9. 16, 2020두47021).

[판례 2] 부정행위 당시에는 입찰참가자격 제한 처분의 법적 근거가 존재하지 않아 계쟁 입찰참가자격 제한처분이 위법하다고 한 사례(대판 2019. 2. 14, 2016두33292[부정당업자제재처분취소]).

[판례 3] 제약회사의 리베이트 제공이라는 위반행위에 대한 약제 상한금액 인하처분은 제재적 성격을 포함하고 있으므로 위반행위인 리베이트 제공 당시에 시행되던 법령에 따라 이루어져야 한다(대판 2022. 5. 13, 2019두49199, 49205[약제급여상한금액인하처분취소청구의소 · 약제급여상한금액인하처분취소청구의소]).

질서위반행위의 성립과 과태료 처분은 행위 시의 법률에 따르지만, 질서위반행위 후 법률이 변경되어 그 행위가 질서위반행위에 해당하지 아니하게 되거나 과태료가 변경되기 전의 법률보다 가볍게 된 때에는 법률에 특별한 규정이 없는 한 변경된 법률을 적용한다(질서위반행위규제법 제3조).

5) 불합격처분

시험에 따른 합격 또는 불합격처분은 **원칙상 시험일자의 법령**을 적용한다.

[판례] 헌법재판소의 헌법불합치결정에 따라 개정된 국가유공자 등 예우 및 지원에 관한 법률 제31조 제1항, 제2항 등의 적용시기인 2007. 7. 1. 전에 실시한 공립 중등학교 교사 임용후보자 선정 경쟁시험에서, 위 법률 등의 개정 규정을 소급 적용하지 않고 개정 전 규정에 따른 가산점 제도를 적용하여 한 불합격처분은 적법하다고 한 사례(대판 2009. 1. 15, 2008두15596[공립중등학교교사임용후보자선정경쟁시험불합격처분취소]).

6. 처분사유

처분사유라 함은 처분의 근거가 된 사실 및 법적 근거를 말한다.

처분사유(예 제재처분시 법위반사유, 징계처분시 징계사유)가 있는 경우에 한하여 행정처분이 가능하다. 처분사유는 원칙상 해당 처분의 사유에 한정되고, 직접 관련이 없는 사유는 원칙상 처분사유가 될 수 없지만, 선후의 처분관계에 있고 무용한 후행처분을 피할 필요가 있는 경우에는 직접 관련이 없는 사유라고 하더라도 후행처분의 거부사유를 근거로 선행처분을 거부할 수 있다(판례).

[판례] 풍황계측기 설치를 위한 공유수면 점용은 풍력발전사업허가를 얻기 위한 사전 조치이기는 하나, 풍황자원의 현황을 측정하기 위한 것일 뿐 그 자체가 풍력발전사업에 해당한다고 볼 수는 없다. 따라서 위와 같은 법령에 따라 풍황계측기 설치를 위한 공유수면 점용·사용허가 신청이 이루어진 경우 공유수면관리청으로서는 원칙적으로 허가대상행위인 '풍황계측기 설치'로 발생하는 해양환경·생태계·수산자원 및 자연경관에 미치는 영향이나 어업피해 등 관계 법령에서 정한 사항을 중심으로 허가 여부를 심사해야 하며, 이와 직접 관련이 없는 풍력발전사업에 관한 사항을 들어 신청을 거부할 수는 없다. 다만 풍력발전사업허가를 거부하여야 할 정도의 사유가 공유수면 점용·사용허가 신청 당시 이미 확인되고 그 사유가 장래 변동될 가능성이 지극히 낮거나, 공유수면 점용·사용허가 신청 당시에는 발생하지 않았더라도 풍력발전사업허가를 할 무렵에는 발생할 가능성이 지극히 높다는 등의 특별한 사정이 인정된다면, 공유수면 점용·사용허가를 신청한 사람이 이후 풍력발전사업허가를 신청하더라도 행정청으로서는 풍황계측기에 의한 풍황자원 측정 결과에 관계없이 그 신청을 불허할 수밖에 없게 될 것이어서 이러한 경우 풍황계측기 설치를 위한 공유수면 점용·사용허가 신청을 받아들이는 것은 오히려 무용한 절차에 불과하여 사회적 낭비만을 초래하기 때문에, 그러한 사유는 비록 풍황계측기 설치를 위한 공유수면 점용과는 직접 관련이 없는 것이라 하더라도 공유수면 점용·사용허가 신청을 거부하는 처분사유로 삼을 수 있다(대판 2024. 10. 25, 2024두41106[공유수면점용사용불허가처분취소]).

처분사유가 전혀 없는 행정처분은 무효이다. 처분사유 중 일부가 잘못인 경우 나머지 처분사유로 행정처분의 위법 여부를 판단하여야 한다.

처분사유가 되는 사실(처분사실)의 인정은 처분시 행정청이 행하는데, 입증서류, 행정조사, 실험, 감정, 법원의 판결 참조 등을 통해 행한다.

소송에서 처분사실의 인정은 법원이 행한다. 소송에서 처분사유의 입증책임은 행정청에게 있다. 그리고 그 입증의 정도는 합리적으로 수긍할만한 입증을 하여야 한다. 처분사실에 대해서는 고도의 개연성있는 증명을 하여야 한다.

[판례 1] 민사소송법 규정이 준용되는 행정소송에서 증명책임은 원칙적으로 민사소송 일반원칙에 따라 당사자 간에 분배되고, 항고소송의 경우에는 그 특성에 따라 처분의 적법성을 주장하는 피고에게 그 적법사유에 대한 증명책임이 있다. 피고가 주장하는 일정한 처분의 적법성에 관하여 합리적으로 수긍할 만한 증명이 있는 경우에는 그 처분은 정당하다고 볼 수 있고, 이와 상반되는 예외적인 사정에 대한 주장과 증명은 그 상대방인 원고에게 그 책임이 있다(대판 전원합의체 2012. 6. 18, 2010두27639; 대판 2016. 10. 27, 2015두42817; 2017. 7. 11, 2015두2864[과징금부과처분취소]).

[판례 2] 민사소송이나 행정소송에서 사실의 증명은 추호의 의혹도 없어야 한다는 자연과학적 증명이 아니고, 특별한 사정이 없는 한 경험칙에 비추어 모든 증거를 종합적으로 검토하여 볼 때 어떤 사실이 있었다는 점을 시인할 수 있는 고도의 개연성을 증명하는 것이면 충분하다(대판 2018. 4. 12, 2017두74702[교원소청심사위원회결정취소]).

다만, 행정청의 사실 인정 중 고도의 전문적이고 기술적인 사항에 관한 판단은 행정재량에 속하므로 판단의 기초가 된 사실인정에 중대한 오류가 있거나 판단이 객관적으로 불합리하거나 부당하다는 등의 특별한 사정이 없는 한 존중되어야 한다(판례).

[판례] **[행정청이 원고의 공장 내 폐수배출시설에서 배출허용기준을 초과하는 중금속이 검출되었다는 이유로 원고에게 과징금 등을 부과한 사안에서, 처분의 기초가 된 오염도 검사가 수질오염공정시험기준이 정한 시료채취 및 보존 방법을 위반하였음에도 그 오염도 검사를 기초로 처분사유를 인정할 수 있는지 문제된 사건]** [1] 배출허용기준을 초과하는 수질오염물질이 배출되었는지 여부: 행정청이 관계 법령이 정하는 바에 따라 고도의 전문적이고 기술적인 사항에 관하여 전문적인 판단을 하였다면, 판단의 기초가 된 사실인정에 중대한 오류가 있거나 판단이 객관적으로 불합리하거나 부당하다는 등의 특별한 사정이 없는 한 존중되어야 한다(대법원 2016. 1. 28. 선고 2013두21120 판결 참조). [2] 환경오염물질의 배출허용기준이 법령에 정량적으로 규정되어 있는 경우 행정청이 채취한 시료를 전문연구기관에 의뢰하여 배출허용기준을 초과한다는 검사결과를 회신 받아 제재처분을 한 경우, 이 역시 고도의 전문적이고 기술적인 사항에 관한 판단으로서 그 전제가 되는 실험결과의 신빙성을 의심할 만한 사정이 없는 한 존중되어야 함은 물론이다. [3] 수질오염물질을 측정함에 있어 시료채취의 방법, 오염물질 측정의 방법 등을 정한 이 사건 고시(구 「수질오염공정시험기준」(2019. 12. 24. 국립환경과학원고시 제2019-63호로 개정되기 전의 것, 이하 '이 사건 고시'라 한다)는 그 형식 및 내용에 비추어 행정기관 내부의 사무처리준칙에 불과하므로 일반 국민이나 법원을 구속하는 대외적 구속력은 없다. 따라서 시료채취의 방법 등이 이 사건 고시에서 정한 절차에 위반된다고 하여 그러한 사정만으로 곧바로 그에 기초하여 내려진 행정처분이 위법하다고 볼 수는 없고, 관계 법령의 규정 내용과 취지 등에 비추어 그 절차상 하자가 채취된 시료를 객관적인 자료로 활용할 수 없을 정도로 중대한지에 따라 판단되어야 한다(대법원 2021. 5. 7. 선고 2020두57042 판결 등 참조). 다만 이때에도 시료의 채취와 보존, 검사방법의 적법성 또는 적절성이 담보되어 시료를 객관적인 자료로 활용할 수 있고 그에 따른 실험결과를 믿을 수 있다는 사정은 행정청이 그 증명책임을 부담하는 것이 원칙이다. [4] 수질오염공정시험기준은 시료 채취 후 일정량의 질산을 첨가하여 시료를 보존하도록 규정하고 있으나, 이 사건에서 피고(=행정청)는 위 보존방법을 위반하였다. 대법원은 피고가 오염도검사 과정에서 수질오염공정시험기준이 정한 절차를 위반하였고 그 절차상 하자는 채취된 시료를 객관적인 자료로 활용할 수 없을 정도로 중대하다고 볼 여지가 충분하여 오염도검사의 신빙성이 충분히 증명되었다고 보기 어렵다고 판시한 사례(대판 2022. 9. 16, 2021두58912[조업정지처분취소]).
〈해설〉 판례는 위법상 행정조사에 기초하여 내려진 처분을 위법하다고 보는데, 이 사건 오염도 검사는 행정의

행위형식의 하나인 행정조사에 해당하지 않고, 과징금부과를 위한 사실인정절차에 해당한다. 그리고, 행정조사의 한 단계인 시료채취가 행정규칙에서 정한 절차를 위반하였더라도 채취된 시료를 객관적인 자료로 활용할 수 있고, 그에 따른 실험결과를 믿을 수 있으면 그에 기초하여 내려인 처분은 위법하지 않다고 한 판례이다.

Ⅱ. 행정행위의 부존재, 무효, 취소

1. 행정행위의 부존재

(1) 의의 및 범위

행정행위의 부존재(不存在)라 함은 행정행위라고 볼 수 있는 외관이 존재하지 않는 경우를 말한다.

행정행위가 성립요건을 충족하지 못한 경우 등에 있어서 행정행위의 부존재를 인정할 수 있다.

(2) 부존재와 무효의 구별

1) 구별실익

무효인 행정행위는 무효선언을 구하는 취소소송의 대상이 되지만 부존재의 경우에는 그러한 소송이 인정되지 않는 점 및 무효인 행정행위는 전환이 인정되지만 부존재인 행정행위는 전환이 인정될 수 없다는 점에서 양자를 구별할 실익이 있다.

다만, 현행 행정소송법이 무효확인소송과 부존재확인소송을 동일하게 규율하고 있고, 실체법적 측면에서 무효인 행정행위나 부존재인 행정행위나 다같이 실체법상 법적 효력이 발생하지 않는다는 점에서 그 구별의 실익은 크지 않다.

2) 구별기준

행정행위의 성립요건이 충족되지 못한 경우 및 행정행위의 외관을 갖추지 못한 경우 행정행위는 부존재이며 행정행위가 성립하여 행정행위의 외관은 갖추었으나 행정행위의 위법이 중대하고 명백하여 행정행위가 애초부터 효력을 발생하지 않는 경우가 무효이다.

2. 행정행위의 무효

행정행위의 무효라 함은 행정행위가 외관상 성립은 하였으나 그 하자의 중대함으로 인하여 행정행위가 애초부터 아무런 효력을 발생하지 않는 경우를 말한다. 행정행위가 무효인 경우에는 누구든지 그 효력을 부인할 수 있다.

행정행위의 일부에 무효사유인 하자가 있는 경우 무효부분이 본질적이거나(처분청이 무효부분이 없이는 행정행위를 발하지 않았을 경우) 불가분적인 경우에는 행정행위 전부가 무효가 되고, 무효부분이 본질적이지 않고 가분적인 경우 무효부분만이 무효가 된다.

3. 행정행위의 취소

행정행위의 취소라 함은 위법한 행정행위의 효력을 그 위법을 이유로 상실시키는 것을 말한다. 행정행위의 취소에는 쟁송취소와 직권취소가 있다. 쟁송취소는 행정심판에 따른 취소재결과 취소소송에 따른 취소판결이 있다. 직권취소는 처분청 또는 감독청이 취소하는 것을 말하며 행정행위의 성질을 갖는다.

4. 무효와 취소의 구별 [2002 행시 약술]

[문제] 소송상 무효를 주장할 필요성과 주장방식을 약술하시오.

(1) 무효와 취소의 구별실익

1) 행정행위의 효력

무효인 행정행위는 행정행위가 애초부터 효력을 발생하지 않는다. 무효인 행정행위에는 공정력, 불가쟁력이 인정되지 않는다.

취소할 수 있는 행정행위는 공정력이 인정되어 권한 있는 기관에 의해 취소되기 전까지는 유효하다. 취소할 수 있는 행정행위에 대하여 일정한 불복기간 내에 행정심판이나 행정소송을 제기하지 않으면 불가쟁력이 발생한다.

2) 행정쟁송에 있어서의 구별실익

현행 행정심판법이나 행정소송법은 무효인 행정행위와 취소할 수 있는 행정행위에 대한 항고쟁송의 방식을 달리 정하고 각각에 대하여 법적 규율을 달리 하고 있다.

가. 행정쟁송의 방식과의 관계 취소할 수 있는 행정행위의 경우에는 취소심판과 취소소송에 의해 취소를 구할 수 있고, 무효인 행정행위에 대하여는 무효확인심판과 무효확인소송에 의해 무효확인을 구할 수 있다.

무효인 행정행위에 대하여 취소소송 또는 무효선언을 구하는 취소소송을 제기할 수 있고, 이 경우 법원은 취소소송으로서의 소송요건이 충족된 경우 취소판결을 한다.

[판례] 판례는 무효선언을 구하는 취소소송을 인정하고 있다. 다만, 이 경우에도 소송의 형식이 취소소송이므로 취소소송의 제소요건(提訴要件)을 구비하여야 한다(대판 1984. 5. 29, 84누175[납세의무자지정처분무효확인]). 따라서, 만일 취소소송의 소제기기간이 경과한 경우에는 당해 소는 각하된다.

나. 행정불복제기기간과의 관계 취소쟁송은 단기(短期)의 제기기간 내에 제기되어야 하나, 무효확인쟁송을 제기함에는 그러한 제한을 받지 아니한다. 무효선언을 구하는 취소소송에는 행정불복제기기간이 적용된다는 것이 판례의 입장이다.

다. 행정심판전치주의와의 관계 행정심판전치주의는 취소소송(무효선언을 구하는 취소소송

포함)에는 적용되지만, 무효확인소송에는 적용되지 않는다.

라. 선결문제와의 관계 취소할 수 있는 행정행위(예 위법한 해임처분, 조세부과처분)는 공법상 당사자소송(예 공무원지위확인소송)이나 민사소송(예 조세과오납금환급소송)에서 선결문제(先決問題)로서 그 효력을 부인(예 해임처분의 취소, 조세부과처분의 취소 등)할 수 없지만, 무효인 행정행위는 당사자소송, 민사소송이나 형사소송에서 그 선결문제로서 무효를 확인할 수 있다.

마. 사정재결 및 사정판결과의 관계 취소할 수 있는 행정행위에 대하여서만 사정재결, 사정판결이 인정된다.

바. 간접강제와의 관계 현행 행정소송법상 거부처분의 취소판결에는 간접강제가 인정되고 있지만, 무효확인판결에는 인정되고 있지 않다(제38조 제1항). 이는 입법의 불비이다. 행정소송법 개정안은 무효확인판결에도 간접강제를 인정하는 것으로 하고 있다.

3) 하자의 치유와 전환과의 관계

통설에 의하면 하자의 치유는 취소할 수 있는 행정행위에 대하여만 인정된다. 하자의 전환은 무효인 행정행위에 대하여만 인정된다는 견해도 있고, 취소할 수 있는 행정행위에도 하자의 전환이 인정된다는 견해도 있다.

(2) 무효사유와 취소사유의 구별기준 [2003 행시 사례, 2004·2007 사시 사례]

통설·판례(대법원 판례)는 행정행위의 하자가 내용상 중대하고, 외관상 명백한 경우에 무효인 하자가 되고, 이 두 요건 중 하나라도 충족하지 않는 경우에는 취소사유로 보는 **중대명백설**(외관상 일견명백설)을 취하고 있다(대판 전원합의체 1995. 7. 11, 94누4615).

다만, **판례**는 원칙상 중대명백설을 취하면서도 구체적 상황의 고려의 여지를 남기고 있다.

[판례 1] 〈다수의견〉 하자 있는 행정처분이 당연무효가 되기 위하여는 그 하자가 법규의 중요한 부분을 위반한 중대한 것으로서 객관적으로 명백한 것이어야 하며 하자가 중대하고 명백한 것인지 여부를 판별함에 있어서는 그 법규의 목적, 의미, 기능 등을 목적론적으로 고찰함과 동시에 구체적 사안 자체의 특수성에 관하여도 합리적으로 고찰함을 요한다(**중대명백설**). 〈반대의견〉 행정행위의 무효사유를 판단하는 기준으로서의 명백성은 행정처분의 법적 안정성 확보를 통하여 행정의 원활한 수행을 도모하는 한편 그 행정처분을 유효한 것으로 믿은 제3자나 공공의 신뢰를 보호하여야 할 필요가 있는 경우에 보충적으로 요구되는 것으로서, 그와 같은 필요가 없거나 하자가 워낙 중대하여 그와 같은 필요에 비하여 처분 상대방의 권익을 구제하고 위법한 결과를 시정할 필요가 훨씬 더 큰 경우라면 그 하자가 명백하지 않더라도 그와 같이 중대한 하자를 가진 행정처분은 당연무효라고 보아야 한다(명백성보충요건설)(대판 전원합의체 1995. 7. 11, 94누4615[건설영업정지처분무효확인]).

[판례 2] 행정처분의 하자가 중대하고 명백한 것인가의 여부를 판별함에 있어서는 그 법규의 목적, 의미, 기능 등을 목적론적으로 고찰함과 동시에 구체적 사안의 특수성에 관하여도 합리적으로 고찰함을 요한다(대판 1993. 12. 7, 93누11432[공작물축조허가 등 반려처분취소]; 2006. 2. 24, 2005두5741).

이와 같은 통설·판례의 중대명백설에 대하여는 이 견해의 엄격성을 비판하며 무효사유를 보다 완화하려는 다음과 같은 비판적 견해가 제기되고 있다: **조사의무위반설**(공무원에게 위법성 조사의무를 부여하여 명백설을 완화하려는 견해), **명백성보충요건설**(하자의 중대성은 항상 무효요건이 되지만, 명백성은 행정의 법적 안정성이나 제3자의 신뢰보호의 요청이 있는 경우에만 요구하는 견해), **중대설**(중대성만 무효요건이고, 명백성은 무효요건이 아니라는 견해), **구체적 가치형량설**(중대명백성의 경직성을 비판하며 무효사유와 취소사유의 구별을 구체적인 경우마다 관계되는 구체적인 이익과 가치를 고려하여 결정하여야 한다는 견해).

헌법재판소는 원칙상 중대명백설을 취하지만, 예외적으로 권리구제의 필요성이 있고, 법적 안정성을 해치지 않는 경우에는 명백성을 요구하지 않고 중대성만으로 위헌인 법률에 근거한 처분의 무효를 인정하고 있다(후술 결정례(헌재 1994. 6. 30. 92헌바23) 참조).

(3) 무효와 취소의 구별의 어려움 등

전술한 바와 같이 무효와 취소가 구별되고 있으나 현실적으로 행정행위의 어떤 하자가 무효인 하자인지 취소사유인 하자인지 그 구별이 명백하지 않은 경우가 적지 않다.

① 실무상 적법한 취소소송이 제기된 경우에는 법원은 무효인 위법인지 취소할 수 있는 위법인지를 묻지 않고 위법하면 취소판결을 내린다(대판 1999. 4. 27, 97누6780[건축물철거대집행계고처분취소]).

② 당사자는 취소소송을 제기하면서 동시에 무효선언도 주장할 수 있는데, 판례는 무효선언을 취소소송의 형식으로 주장하는 경우에 출소기간 등의 취소소송의 요건을 갖추어야 한다고 본다.

③ 행정청은 무효인 행정행위가 유효인 행정행위라고 오해될 수 있으므로 그 무효임을 명백히 하기 위하여 그 무효인 행정행위를 직권으로 취소할 수 있다.

④ 취소소송이 제기되었으나 당해 취소소송이 부적법한 경우 무효확인소송으로 소를 변경할 수 있다. 취소의 청구에는 무효확인의 청구가 당연히 포함되어 있다고는 할 수 없다.

⑤ 무효확인소송이 제기되었으나 심리결과 취소할 수 있는 행정행위에 불과한 경우에 판례는 무효의 주장에는 취소의 주장이 포함된 것으로 보고(대판 1994. 12. 23, 94누477), 취소판결을 내릴 수 있다고 본다. 다만, 이 경우에 출소기간 등 취소소송의 소송요건을 갖추어야 한다.

⑥ 또한, 무효확인의 소를 주위적 청구로 하고, 취소청구의 소를 예비적으로 제기하거나, 추가적으로 병합할 수 있다(대판 2005. 12. 23, 2005두3554[채석허가수허가자변경신고수리처분취소]).

Ⅲ. 행정행위의 하자(위법사유)

행정행위의 하자에는 주체에 관한 하자, 절차에 관한 하자, 형식에 관한 하자 및 내용에 관한 하자가 있는데 전 3자를 광의의 '**형식상(절차상) 하자**'라 하고 후자는 '**내용상 하자**'라 한다.

형식상 하자와 내용상 하자를 구별하는 실익은 취소소송에서 행정행위가 형식상 하자로 인하여 취소된 경우에 행정청은 동일한 내용의 행정처분을 다시 내릴 수 있지만, 내용상 하자를 이유로 취소된 경우에 행정청은 원칙상 동일한 내용의 행정처분을 다시 내리지 못한다는 것인데, 이는 취소판결의 효력인 기속력 때문이다.

1. 주체에 관한 하자

행정행위는 정당한 권한을 가진 행정기관에 의해 그의 권한 내에서 정상적인 의사에 기하여 행하여져야 한다.

(1) 정당한 권한을 가진 행정기관이 아닌 자의 행위

① 공무원이 아닌 것이 명백한 사인이 공무원의 자격을 사칭하여 행정행위를 한 경우 당해 행정행위는 부존재가 된다.

② 결격사유로 인해 공무원으로서의 선임행위가 무효 또는 취소된 자가 공무원으로서 행한 행위 및 면직 후 또는 임기만료 후에 공무원으로서 행한 행위는 원칙적으로 무효이다.

다만, 상대방이 당해 행정기관이 정당한 권한을 가지고 있는 것으로 믿을 만한 상당한 이유가 있는 경우에는 상대방의 신뢰를 보호하기 위하여 당해 행정행위를 유효한 것으로 보아야 할 것이다(사실상 공무원 이론).

③ 합의제기관의 행위에 있어 적법한 소집이 없었거나, 의사 또는 의결정족수가 미달하였거나, 결격자가 참가한 경우 등 구성에 중대한 흠이 있는 합의제기관의 행위는 원칙적으로 무효이다.

④ 의결기관이나 승인기관 또는 동의기관의 의결이나 승인 또는 동의를 결한 경우, 의결기관 또는 동의기관인 위원회의 구성에 하자가 있는 경우에 있어서는 주체의 하자에 해당하며 원칙상 무효원인이다.

[판례] 구 폐기물처리시설 설치촉진 및 주변지역 지원 등에 관한 법률에 정한 입지선정위원회는 폐기물처리시설의 입지를 선정하는 의결기관이고, … 동 위원회가 그 구성방법 및 절차에 관한 같은 법 시행령의 규정에 위배하여 군수와 주민대표가 선정·추천한 전문가를 포함시키지 않은 채 임의로 구성되어 의결을 한 경우, 그에 터잡아 이루어진 폐기물처리시설 입지결정처분의 하자는 중대한 것이고 객관적으로도 명백하므로 무효사유에 해당한다고 한 사례(대판 2007. 4. 12, 2006두20150[폐기물처리시설설치승인처분무효확인 등]).

(2) 행정기관의 권한 외의 행위[2015 사시, 2015 입시]

무권한(無權限)의 행위는 원칙적으로 무효이다. 왜냐하면, 무권한은 중대한 하자이고, 행정권한법정주의에 의해 행정권한은 법령에 규정되어 있으므로 무권한의 하자는 원칙상 명백하기 때문이다. 다만, 무권한의 하자라도 중대·명백하지 않으면 취소할 수 있는 하자이다.

[판례 1] 운전면허에 대한 정지처분권한은 경찰청장으로부터 경찰서장에게 권한위임된 것이므로 음주운전자를 적발한 단속 경찰관으로서는 관할 경찰서장의 명의로 운전면허정지처분을 대행처리할 수 있을지는 몰라도 자신의 명의로 이를 할 수는 없다 할 것이므로, 단속 경찰관이 자신의 명의로 운전면허행정처분통지서를 작성·교부하여 행한 운전면허정지처분은 비록 그 처분의 내용·사유·근거"등이 기재된 서면을 교부하는 방식으로 행하여졌다고 하더라도 권한 없는 자에 의하여 행하여진 점에서 무효의 처분에 해당한다(대판 1997. 5. 16, 97누2313). 〈해설〉 운전면허 취소권한자는 시도경찰청장이다.

[판례 2] 행정청의 권한에는 사무의 성질 및 내용에 따르는 제약이 있고, 지역적·대인적으로 한계가 있으므로 이러한 권한의 범위를 넘어서는 권한유월의 행위는 무권한 행위로서 원칙적으로 무효라고 할 것이나, 행

정청의 공무원에 대한 의원면직처분은 공무원의 사직의사를 수리하는 소극적 행정행위에 불과하고, 당해 공무원의 사직의사를 확인하는 확인적 행정행위의 성격이 강하며 재량의 여지가 거의 없기 때문에 의원면직처분에서의 행정청의 권한유월 행위를 다른 일반적인 행정행위에서의 그것과 반드시 같이 보아야 할 것은 아니다(대판 2007. 7. 26, 2005두15748[면직처분무효확인]: 임면권자가 아닌 국가정보원장이 5급 이상의 국가정보원 직원에 대하여 한 의원면직처분이 당연무효가 아니라고 한 사례).

[판례 3] 교육인적자원부장관이 공립유치원 교사의 임용권을 당해 교육감에게 위임하였고, 교육감은 공립유치원 교사의 관내전보, 직위해제, 의원면직, 신규채용권한을 교육장에게 재위임하였을 뿐 직권면직 권한까지 재위임한 바는 없으므로 피고가 공립유치원 교사인 원고에 대하여 이 사건 직권면직처분을 한 것은 적법한 위임 없이 권한 없는 자가 행한 처분으로서 그 하자가 중대하다고 할 것이나, 객관적으로 명백하다고는 할 수 없어 당연무효는 아니고, 근로기준법 제30조 제2항은 교육공무원인 원고에게는 적용되지 아니하며, 이 사건 처분을 하면서 사전통지절차를 거치지 아니한 것은 취소사유에 불과하다(대판 2007. 9. 21, 2005두11937[직권면직처분무효확인등]).

[판례 4] 국세부과의 제척기간이 경과한 후에 이루어진 부과처분은 무효이다(대판 2019. 8. 30, 2016두62726).

[판례 5] 구 사회복지사업법(2011. 8. 4. 법률 제10997호로 개정되기 전의 것, 이하 같다)은 임시이사의 선임사유와 절차(제20조 제2항, 제3항)에 관해서만 정하고 있을 뿐 직무범위, 임기, 해임절차 등을 정하고 있지 않다. 그러나 관할 행정청은 임시이사를 선임할 권한을 가지고 있으므로, 임시이사 선임사유가 해소되거나 해당 임시이사로 하여금 업무를 계속하도록 하는 것이 적절하지 않다고 판단할 경우 언제든지 임시이사를 해임할 수 있다고 보아야 한다(대판 2020. 10. 29, 2017다269152).

(3) 행정기관의 의사에 결함이 있는 행위

1) 의사능력이 없는 행위

공무원의 심신상실중의 행위 또는 저항할 수 없을 정도의 물리적·정신적 강제로 인한 행정행위, 즉 의사능력이 없는 행정행위는 사법상 행정행위와 마찬가지로 무효이다.

2) 행위능력이 없는 자의 행위

미성년자, 피성년후견인 또는 피한정후견인과 같은 제한능력자의 행위는, 제한능력이 퇴직·정직 등의 사유가 될 수 있지만, 사법에서와 달리 신뢰보호의 견지에서 유효인 행위로 보아야 한다는 것이 통설이다.

3) 착오로 인한 행위

행정행위에 있어 착오(錯誤)는 거래안전, 신뢰보호의 관점에서 그 자체가 독립된 무효원인이나 취소원인이 되지 아니하며 착오에 의한 행정행위는 표시된 데로 효력을 발생한다는 것이 통설이다.

다만, 표시의 착오, 즉 오기(예 계고처분의 목적물을 '구로동 625의 2'를 '구로동 625의 3'으로 표시한 경우), 오산 등 이에 준하는 명백한 잘못이 있는 때에는 표시가 행정청의 의사와 다르게 된 경우에는 행정청은 직권 또는 당사자의 신청에 의하여 그 오류를 정정할 수 있다(행정절차법 제25조).

착오로 인한 행정행위의 내용 자체가 위법한 때에는 당해 행정행위는 무효와 취소의 구별기준에 따라 무효 또는 취소인 행정행위가 된다.

4) 사기·강박·증수뢰 등에 의한 행위

행정행위의 상대방의 사기, 강박 등으로 인하여 의사결정에 하자가 있는 행정행위 또는 증수뢰, 부정신고 기타 부정행위에 의한 행정행위는 다른 원인에 의해 무효가 되는 경우를 제외하고는 취소할 수 있는 행위에 불과하다.

2. 절차의 하자 [2003 입시 약술, 2024 행시]

절차의 하자란 행정행위가 행해지기 전에 거쳐야 하는 절차 중 하나를 거치지 않았거나 거쳤으나 절차상 하자가 있는 것을 말한다. 절차의 하자는 그 중요도에 따라 무효사유 또는 취소사유가 되며 경미한 하자는 효력에 영향을 미치지 않는다.

[판례 1] 민원사무를 처리하는 행정기관이 민원 1회방문 처리제를 시행하는 절차의 일환으로 민원사항의 심의·조정 등을 위한 민원조정위원회를 개최하면서 민원인에게 회의일정 등을 사전에 통지하지 아니하였다 하더라도, 이러한 사정만으로 곧바로 민원사항에 대한 행정기관의 장의 거부처분에 취소사유에 이를 정도의 흠이 존재한다고 보기는 어렵다. 다만 행정기관의 장의 거부처분이 재량행위인 경우에, 위와 같은 사전통지의 흠결로 민원인에게 의견진술의 기회를 주지 아니한 결과 민원조정위원회의 심의과정에서 고려대상에 마땅히 포함시켜야 할 사항을 누락하는 등 재량권의 불행사 또는 해태로 볼 수 있는 구체적 사정이 있다면, 거부처분은 재량권을 일탈·남용한 것으로서 위법하다(대판 2015. 8. 27, 2013두1560[건축신고반려처분취소]).

[판례 2] 개발행위허가에 관한 사무를 처리하는 행정기관의 장이 일정한 개발행위를 허가하는 경우에는 국토의 계획 및 이용에 관한 법률 제59조 제1항에 따라 도시계획위원회의 심의를 거쳐야 할 것이나, 개발행위허가의 신청 내용이 허가 기준에 맞지 않는다고 판단하여 개발행위허가신청을 불허가하였다면 이에 앞서 도시계획위원회의 심의를 거치지 않았다고 하여 이러한 사정만으로 곧바로 그 불허가처분에 취소사유에 이를 정도의 절차상 하자가 있다고 보기는 어렵다. 다만 행정기관의 장이 도시계획위원회의 심의를 거치지 아니한 결과 개발행위 불허가처분을 함에 있어 마땅히 고려하여야 할 사정을 참작하지 아니하였다면 그 불허가처분은 재량권을 일탈·남용한 것으로서 위법하다고 평가할 수 있을 것이다(대판 2015. 10. 29, 2012두28728[개발행위불허가처분취소]). 〈해설〉 마땅히 고려하여야 할 사정을 참작하지 아니한 것은 재량권의 불행사 내지 해태에 해당한다.

[판례 3] 화장장 및 묘지공원 부지에 대한 개발제한구역 해제 여부의 결정을 위하여 개최된 중앙도시계획위원회의 표결과정에서 표결권이 없는 광역교통실장이 참석하여 다른 표결권자(건설교통부차관) 대신 표결한 경우(건설교통부차관의 찬성표를 제외하더라도 참석위원 20명 중 찬성 17표, 반대 3표로 이 사건 부지에 대한 개발제한구역 해제안이 가결되는 데에는 아무런 영향이 없는 점, 중앙도시계획위원회의 심의를 거치도록 한 취지는 피고가 도시계획을 결정함에 있어서 도시계획에 관한 학식과 경험이 풍부한 자들로 구성된 위원회의 집합적 의견을 들어 이를 참고하라는 것일 뿐 중앙도시계획위원회의 심의결과에 기속되어 도시계획을 결정하여야 한다는 것은 아닌 점 등을 종합하면), 이러한 잘못이 있다 하여 건설교통부장관의 개발제한구역 해제결정까지 위법하다고 할 수 없다고 한 사례(대판 2007. 4. 12, 2005두2544[개발제한구역해제결정취소] [원지동 추모공원 사건]).

판례는 **원칙상** 절차의 하자를 중요한 하자로 보지 않으면서 **취소할 수 있는** 하자로 보지만, 환경영향평가절차나 과세전적부심사절차를 거치지 않은 하자는 원칙상 중대명백한 하자로 보고 당연무효로 본다.

[판례 1] [1] **구 환경영향평가법상 환경영향평가를 실시하여야 할 사업에 대하여 환경영향평가를 거치지 아니하였음에도 승인 등 처분을 한 경우, 그 처분의 하자가 행정처분의 당연무효사유에 해당하는지 여부(적극)**: 환경영향평가를 거쳐야 할 대상사업에 대하여 환경영향평가를 거치지 아니하였음에도 불구하고 승인 등 처분

이 이루어진다면, ... 이러한 행정처분의 하자는 법규의 중요한 부분을 위반한 중대한 것이고 객관적으로도 명백한 것이라고 하지 않을 수 없어, 이와 같은 행정처분은 당연무효이다. [2] **국방 · 군사시설 사업에 관한 법률 및 구 산림법에서 보전임지를 다른 용도로 이용하기 위한 사업에 대하여 승인 등 처분을 하기 전에 미리 산림청장과 협의를 하라고 규정한 의미 및 이러한 협의를 거치지 아니한 승인처분이 당연무효인지 여부(소극)**: 국방·군사시설 사업에 관한 법률 및 구 산림법에서 보전임지를 다른 용도로 이용하기 위한 사업에 대하여 승인 등 처분을 하기 전에 미리 산림청장과 협의를 하라고 규정한 의미는 그의 자문을 구하라는 것이지 그 의견을 따라 처분을 하라는 의미는 아니라 할 것이므로, 이러한 협의를 거치지 아니하였다고 하더라도 이는 당해 승인처분을 취소할 수 있는 원인이 되는 하자 정도에 불과하고 그 승인처분이 당연무효가 되는 하자에 해당하는 것은 아니라고 봄이 상당하다(대판 2006. 6. 30, 2005두14363[국방군사시설사업실시계획승인처분무효확인]).

[판례 2] 과세전적부심사 청구나 그에 대한 결정이 있기도 전에 과세처분을 하는 것은 그 절차상 하자가 중대하고도 명백하여 무효라고 한 사례(대판 2016. 12. 27, 2016두49228; 2020. 10. 29, 2017두51174; 2023. 11. 2, 2021두37748).

[판례 3] [공원조성계획 위반 여부가 문제된 사건] (1) 도시공원의 설치에 관한 도시관리계획과 공원조성계획의 관계: 도시공원 및 녹지 등에 관한 법률(이하 '공원녹지법'이라고 한다)상 공원조성계획은 공원의 구체적 조성에 관한 행정계획으로서 도시공원의 설치에 관한 도시관리계획이 결정되어 있음을 전제로 한다(대법원 2015. 12. 10. 선고 2013두14221 판결 참조). 특히 도시공원의 부지(공간적 범위)는 도시관리계획 단계에서 결정되는 것이고, 공원조성계획은 이를 전제로 도시공원의 내용과 시설 배치 등을 구체적으로 정하기 위한 것이다(공원녹지법 시행규칙 제8조 참조). (2) 도시관리계획을 집행하기 위한 후속 계획(예, 이 사건 공원조성계획)이나 처분에서 그 토지가 도시관리계획에 포함된 것처럼 표시되어 있는 경우가 있다. 이것은 실질적으로 도시관리계획결정을 변경하는 것에 해당하여 구 국토의 계획 및 이용에 관한 법률 제30조 제5항에서 정한 도시관리계획 변경절차를 거치지 않는 한 당연무효이다(대법원 2000. 3. 23. 선고 99두11851 판결 등 참조). (3) 원고들이 거주하는 아파트에 접한 임야가 공원조성계획상 도시공원부지에 포함된다는 이유로 그 임야에 대한 개발행위허가 및 건축허가처분의 취소를 구한 사안에서, 공원조성계획은 공원부지에서 위 임야를 제외한 도시관리계획결정에 어긋나 그 범위에서 효력이 없어 위 임야가 공원 부지에 포함되지 않으므로 위 각 처분이 공원조성계획에 어긋난다고 볼 수 없다(대판 2019. 7. 11, 2018두47783[개발행위 허가처분 등 취소의 소]).

[판례 4] [1] **구 환경정책기본법 시행령 제7조 [별표 2](현행 환경영향평가법[별표 4])의 개발사업 부지에 대하여 구 국토의 계획 및 이용에 관한 법률 제36조 제1항에서 규정한 세부용도지역이 지정되지 않은 경우, 그 사업부지에 대한 사전환경성검토 협의(현행 소규모 환경영향평가)를 할지 여부를 결정하는 절차**: 관계행정기관의 장은 그 개발사업 부지의 이용실태 및 특성, 장래의 토지이용방향 등에 대한 구체적 조사 및 이에 기초한 평가 작업을 거쳐 그 개발사업 부지가 구 국토의 계획 및 이용에 관한 법률 제36조 제1항 중 어떠한 세부용도지역의 개념 정의에 부합하는지 여부를 가린 다음 이를 토대로 사전환경성검토협의를 할지 여부를 결정하여야 한다. [2] 행정청이 사전환경성검토협의(현행 소규모환경영향평가)를 거쳐야 할 대상사업에 관하여 법의 해석을 잘못한 나머지 세부용도지역이 지정되지 않은 개발사업 부지에 대하여 사전환경성검토협의를 할지 여부를 결정하는 절차를 생략한 채 승인 등의 처분을 한 사안에서, 그 하자가 객관적으로 명백하다고 할 수 없다고 한 사례(대판 2009. 9. 24, 2009두2825[개발사업시행승인처분취소]). 〈해설〉 이 사건 개발사업부지는 구 국토계획이용법 제36조 제1항상의 관리지역으로서 그 면적이 6,478제곱미터인데, 세부용도지역이 보전관리지역, 생산관리지역 또는 계획관리지역 중 어디에 해당하는지 지정되어 있지 않았다. 그리하여 사전환경성검토(현행 소규모환경영향평가) 없이 개발사업승인처분이 내려졌던 것인데, 원심은 이 사건 개발사업부지를 보전관리지역에 해당한다고 보고 사전환경성검토대상이 된다고 보았고, 대법원은 이를 인정하였다. 구 환경정책기본법 제7조 [별표 2]상 관리지역의 경우 보전관리지역 5,000제곱미터, 생산관리지역 7,500제곱미터, 계획관리지역 10,000제곱미터 이상인 경우 사전환경성검토대상으로 규정되어 있었다.

(1) 법률상 필요한 상대방의 신청 또는 동의를 결여한 행위

상대방의 출원이나 신청 또는 상대방의 동의가 없이 행해진 행정행위는 **무효**로 보는 것이 타당하다.

(2) 필요한 공고 또는 통지를 결여한 행위

특허출원의 공고 없이 행한 행정행위, 수용할 토지세목의 공고 또는 통지 없이 행한 토지수용의 재결, 독촉절차를 거치지 아니한 조세체납처분과 같이 이해관계인들에게 권리주장, 이의신청 등 자기이익의 보호를 위해 필요한 공고 또는 통지를 결여한 행정행위는 **원칙상 무효**로 보는 것이 타당하다.

다만, 공고 또는 통지 그 자체를 결여한 것이 아니라 그 내용에 단순한 하자가 있을 뿐인 때에는 당연무효는 아닌 것으로 보는 것이 타당하다.

(3) 필요한 이해관계인의 참여 또는 협의를 결여한 행위

체납절차로서의 재산압류에 있어서 체납자 등의 참여와 같이 이해관계인을 보호하기 위하여 또는 이해관계인들 사이의 이해를 조정하기 위하여 행정행위를 행하기 전에 이해관계인의 참여 또는 이해관계인과의 협의를 요구하는 경우가 있는데, 이 경우에 그 절차를 결여한 행정행위는 원칙적으로 무효로 보는 것이 타당하다.

(4) 필요한 청문 또는 의견진술의 기회를 주지 아니한 행위 [2014 행시, 2015 사시]

법에 의해 요구되는 의견제출의 기회를 주지 않고 한 행정행위는 원칙상 취소할 수 있는 행정행위로, 청문의 기회를 주지 않은 행정행위는 무효로 보는 것이 타당하다. 그러나, **판례**는 청문절차를 결여한 것도 **취소사유**에 해당한다고 본다(대판 2004. 7. 8, 2002두8350[유희시설조성사업협약해지 및 사업시행자지정거부처분취소]).

(5) 다른 행정기관의 협력을 결여한 행위 [2011 행시(재경직) 사례]

판례는 구속력이 인정되지 아니하는 다른 행정기관의 협의나 자문을 거치지 않은 것은 통상 **취소원인**에 불과한 것으로 본다.

[판례 1] 판례는 건설교통부장관이 관계 중앙행정기관의 장과 협의(자문)를 거치지 아니하고 한 택지개발예정지구지정처분을 취소할 수 있는 행위에 불과한 것으로 보았다(대판 2000. 10. 13, 99두653[토지수용재결처분취소]).

[판례 2] 구 학교보건법(현 교육환경법)상 학교환경위생정화구역(현 상대보호구역)에서의 금지행위 및 시설의 해제 여부에 관한 행정처분을 함에 있어 학교환경위생정화위원회(현 지역교육환경보호위원회)의 심의절차를 누락한 것은 취소사유가 된다(대판 2007. 3. 15, 2006두15806[학교환경위생정화구역내금지행위 및 시설해제신청거부처분취소]).

[판례 3] 민간투자심의위원회는 스스로 민간제안사업의 민간투자사업 추진 여부나 사업시행자 지정 여부를 결정하는 것이 아니고 의사결정권자의 자문에 응하여 심의하는 기관에 불과하므로, 위와 같은 절차규정 위반(심의위원회에의 대리출석이나 서면심의는 원칙적으로 허용되지 않음에도 불구하고, 일부 위원이 대리출석을 하여 심의의결을 하였고, 서면의결을 하기도 함)은 이 사건 사업시행자지정처분을 무효로 할 만한 중대하고 명백한 하자라고 볼 수 없다(대판 2009. 4. 23, 2007두13159[도로구역결정처분취소]).

[판례 4] 교수위원들이 법학교육위원회 제15차 회의에 관여한 것은 소속대학에 대한 관계에서 제척규정인 법 제13조를 위반한 것이기는 하나, 법 제13조의 적용범위 등에 관하여 해석상 논의의 여지가 있고, 교수위원이 소속한 전남대학교의 경우 서울외권역 중 2순위의 평가점수를 받아 소속 교수위원이 배제된 상태에서

심의를 하였더라도 동일한 심의결과가 나왔을 것으로 보이는 점, 법학교육위원회는 피고의 심의기관에 해당할 뿐 의결기관의 지위를 가진다고 할 수는 없다는 점 등에 비추어, 그러한 위반은 이 사건 인가처분의 무효사유가 아니라 취소사유에 해당한다(대판 2009. 12. 10, 2009두8359[로스쿨예비인가처분취소]).

[판례 5] 국방·군사시설 사업에 관한 법률 및 구 산림법에서 보전임지를 다른 용도로 이용하기 위한 사업에 대하여 승인 등 처분을 하기 전에 미리 산림청장과 협의를 하라고 규정한 의미는 그의 자문을 구하라는 것이지 그 의견을 따라 처분을 하라는 의미는 아니라 할 것이므로, 이러한 협의를 거치지 아니하였다고 하더라도 이는 당해 승인처분을 취소할 수 있는 원인이 되는 하자 정도에 불과하고 그 승인처분이 당연무효가 되는 하자에 해당하는 것은 아니다(대판 2006. 6. 30, 2005두14363).

[판례 6] 구 택지개발촉진법 제3조에서 건설부장관이 택지개발예정지구를 지정함에 있어 미리 관계중앙행정기관의 장과 협의를 하라고 규정한 의미는 그의 자문을 구하라는 것이지 그 의견을 따라 처분을 하라는 의미는 아니라 할 것이므로 이러한 협의를 거치지 아니하였다고 하더라도 이는 위 지정처분을 취소할 수 있는 원인이 되는 하자 정도에 불과하고 위 지정처분이 당연무효가 되는 하자에 해당하는 것은 아니다(대판 2000. 10. 13, 99두653).

협의라 함은 행정업무가 둘 이상의 행정기관의 권한에 속하는 경우에 그 행정업무의 처리에 관하여 의견을 교환하는 것을 말한다. 협의가 법적 의무절차인 경우에 의견의 교환이 없거나 충분한 의견의 교환이 없는 경우에 협의절차에 하자가 있다고 할 수 있다. 협의의견은 실질상 동의의견인 경우를 제외하고는 자문의견으로서 법적 구속력이 없고, 이러한 협의절차의 하자는 원칙상 취소사유이다.

그러나, 실정법령에서 협의라는 용어를 사용하고 있는 경우에도 **동의**로 보아야 하는 경우(예 군부대장의 주변 건축에 대한 협의의견 등)도 있고, 이 경우 협의를 결여한 것은 무권한의 하자로 처분의 무효사유이다.

[판례 1] 문화재보호법의 입법목적과 문화재의 보존·관리 및 활용은 원형유지라는 문화재보호의 기본원칙 등에 비추어, 건설공사시 문화재보존의 영향 검토에 관한 문화재보호법 제74조 제2항 및 같은 법 시행령 제43조의2 제1항에서 정한 '문화재청장과 협의'가 '문화재청장의 동의'를 말한다고 한 사례(대판 2006. 3. 10, 2004추119[조례안재의결무효확인]).

[판례 2] 구 군사시설보호법(1993. 12. 27. 법률 제4617호로 전문 개정되기 전의 것) 제7조 제3호, 제6호, 제7호 등에 의하면, 관계 행정청이 군사시설보호구역 안에서 가옥 기타 축조물의 신축 또는 증축, 입목의 벌채 등을 허가하고자 할 때에는 미리 관할 부대장과 협의를 하도록 규정하고 있고, 구 군사시설보호법시행령(1994. 7. 20. 대통령령 제14329호로 전문 개정되기 전의 것) 제10조 제2항에 비추어 보면, 여기서 협의는 동의를 뜻한다 할 것이므로, 군사시설보호구역으로 지정된 토지는 군 당국의 동의가 없는 한 건축 또는 사용이 금지된다 할 것이다(대판 1995. 3. 10, 94누12739[취득세부과처분취소]).

[판례 3] 구 초·중등교육법 시행령 제91조의3 제5항에 따르면 교육감이 자사고 지정을 취소하는 경우에는 미리 교육부장관과 협의하여야 하는데, 여기에서 교육부장관과의 사전 협의는 특별한 사정이 없는 한 교육부장관의 적법한 사전 동의를 의미한다(대판 2018. 7. 12, 2014추33).

(6) 이유제시의무의 위반 [2015 사시]

법령이 이유를 제시하도록 하고 있는 경우에 이유를 전혀 제시하지 않은 행위는 원칙적으로 무효라고 보고, 이유제시가 불충분한 경우에는 원칙상 취소사유가 된다고 보는 것이 타당하다. 그러나, **판례**는 이유제시가 누락된 처분도 **취소대상**으로 보고 있다.

[판례] 세액산출근거가 기재되지 아니한 납세고지서에 의한 부과처분은 강행법규에 위반하여 취소대상이 된다 할 것이므로 이와 같은 하자는 납세의무자가 전심절차에서 이를 주장하지 아니하였거나, 그 후 부과된 세금을 자진납부하였다거나, 또는 조세채권의 소멸시효기간이 만료되었다 하여 치유되는 것이라고는 할 수 없다(대판 1985. 4. 9, 84누431).

(7) 기 타

처분이나 민원의 처리기간에 관한 규정은 훈시규정에 불과할 뿐 강행규정이라고 볼 수 없다. 행정청이 처리기간이 지나 처분을 하였더라도 이를 처분을 취소할 절차상 하자로 볼 수 없다(대판 2019. 12. 13, 2018두41907).

3. 형식에 관한 하자

법령상 문서, 기타의 형식(이유부기 등)이 요구되는 경우에 이에 따르지 않으면 당해 행정행위는 형식의 하자가 있는 행위가 된다. 형식의 하자의 효과는 일률적으로 말하기 어렵다.

통설은 형식의 결여가 형식을 요구하는 본질적 요청, 즉 기관과 행위의 내용을 명확히 증명함으로써 법률생활의 안정을 기하려는 요청을 완전히 저해하는 정도일 때에는 그 형식의 결여는 무효사유에 해당하고, 형식의 결여가 행위의 확실성에 본질적인 영향이 없고 단지 행위의 내용을 명백히 하는 것에 불과한 경우에는 그 형식의 결여는 취소사유에 해당한다고 한다. 경미한 형식의 결여는 경우에 따라서 행위의 효력에 영향을 미치지 않는다(김도창, 480면).

(1) 문서에 관한 하자

행정청이 처분을 할 때에는 다른 법령등에 특별한 규정이 있는 경우를 제외하고는 **문서**로 하여야 하며, 다음 각 호의 어느 하나에 해당하는 경우에는 **전자문서**로 할 수 있다. 1. 당사자등의 동의가 있는 경우, 2. 당사자가 전자문서로 처분을 신청한 경우(행정절차법 제24조 제1항). 제1항에도 불구하고 공공의 안전 또는 복리를 위하여 **긴급히 처분을 할 필요가 있거나 사안이 경미한 경우**에는 말, 전화, 휴대전화를 이용한 문자 전송, 팩스 또는 전자우편 등 **문서가 아닌 방법으로 처분을 할 수 있다.** 이 경우 당사자가 요청하면 지체 없이 처분에 관한 문서를 주어야 한다(제2항).

법령상 문서에 의하도록 하고 있는 행정행위를 문서에 의해 하지 아니 한 때(예 독촉장에 의하지 아니한 납세의 독촉)에 당해 행정행위는 **원칙상 무효**이다(대판 1970. 3. 24, 69도724). 다만, 문서 기재상의 결함은 당연히 무효사유가 되는 것은 아니다.

[하급심 판례] 구두로 영주 체류자격이 취소되었다고 통보하였을 뿐 체류자격 취소처분의 처분서를 교부하지 않고, 출국명령의 처분서만을 교부한 사안에서, 구두로 한 선행처분인 체류자격 취소처분은 행정절차법 제24조 제1항을 위반한 것으로서 하자가 중대·명백하여 당연무효에 해당하므로, 이를 기초로 이루어진 후행처분인 출국명령도 위법하다고 한 사례(대구지법 2024. 1. 10, 2023구단11356).

(2) 행정청의 서명날인을 결여한 행위

법률이 행정청의 서명날인(署名捺印)을 요구하고 있는 경우에 이를 결여한 행위는 원칙적으로 무효이다. **판례**는 내부위임을 받은 행정기관이 자신의 이름으로 행정처분을 한 경우 이를 권한의 하자로 보면서 무효인 하자로 보고 있지만(대판 1986. 12. 9, 86누569[석유판매업허가취소처분취소]), 이를 형식의 하자로 취소사유인 하자로 보는 것이 타당하다.

4. 내용에 관한 하자

행정행위가 완전한 효력을 발생하기 위하여는 행정행위의 내용이 법에 위반하지 아니하고 공익에 적합하여야 하며 실현불가능하지 않아야 하며 불명확하지 않아야 한다.

(1) 행정행위의 내용의 법에의 위반

행정행위의 내용은 법의 일반원칙 및 헌법을 포함하여 모든 법에 위반하여서는 안 되며 법에 위반하면 위법한 행정행위가 된다. 법에 위반한 행정행위는 무효와 취소의 구별기준에 따라 무효 또는 취소할 수 있는 행정행위가 된다.

[판례] [1] 일반적으로 과세대상이 되는 법률관계나 소득 또는 행위 등의 사실관계가 전혀 없는 사람에게 한 과세처분은 하자가 중대하고도 명백하다고 할 것이지만 과세대상이 되지 아니하는 어떤 법률관계나 사실관계에 대하여 이를 과세대상이 되는 것으로 오인할 만한 객관적인 사정이 있는 경우에 그것이 과세대상이 되는지의 여부가 사실관계를 정확히 조사하여야 비로소 밝혀질 수 있는 경우라면 하자가 중대한 경우라도 외관상 명백하다고 할 수 없어 그와 같이 과세요건 사실을 오인한 위법의 과세처분을 당연무효라고 볼 수 없다(대법원 2001. 6. 29. 선고 2000다17339 판결 등 참조). [2] 한편 과세관청이 조세를 부과하고자 할 때에는 해당 조세법규가 규정하는 조사방법에 따라 얻은 정확한 근거에 바탕을 두어 과세표준을 결정하고 세액을 산출하여야 하며, 이러한 조사방법 등을 완전히 무시하고 아무런 근거도 없이 막연한 방법으로 과세표준과 세액을 결정, 부과하였다면 이는 하자가 중대하고도 명백하여 당연무효라 하겠지만, 그와 같은 조사결정절차에 단순한 과세대상의 오인, 조사방법의 잘못된 선택, 세액산출의 잘못 등의 위법이 있음에 그치는 경우에는 취소사유로 될 뿐이다(대법원 1998. 6. 26. 선고 96누12634 판결 참조). [3] 이 사건 각 토지(지목이 '목장용지'인 토지)는 합산과세대상 토지에 해당하는 것으로 오인할 만한 객관적인 사정이 있고 그것이 분리과세대상 토지에 해당하는지 여부는 사실관계를 정확히 조사하여야 비로소 밝혀질 수 있는 경우에 해당하므로 이 사건 각 부과처분의 하자가 외관상 명백하다고 볼 수 없다고 보아, 이와 달리 이 사건 각 부과처분의 하자가 중대·명백하여 당연무효라고 본 원심을 파기·환송한 사례(대판 2024. 3. 12, 2021다224408).

처분을 하기 전에 처분사실과 처분사유를 특정하여야 한다.

처분사실과 처분사유가 특정되지 않으면 해당 처분은 그것만으로 위법하다. 판례에 따르면 처분의 대상이 되는 법위반사실이 구체적으로 명확하게 특정되지 않으면 해당 처분은 위법하다. 나아가 처분사유의 특정이 심히 불충분하여 처분이 불명확하면 무효이다. 사회통념상 행정행위의 내용이 행정행위의 상대방이 인식할 수 있을 정도로 충분히 명확하지 않은 경우 당해 행정행위는 위법하다(판례).

[판례 1] 대형할인매장이 납품업자들에게 각종 비용을 부담시킨 행위에 대한 공정거래위원회의 시정명령이 그 대상이 되는 행위의 내용을 구체적으로 명확하게 특정하지 않아 위법하다고 한 사례: 원고(주식회사 이랜드리테일)는 자기와 직매입 거래관계에 있는 납품업자들에 대하여, 매년 연말에 체결하는 납품계약(이하, '기본계약'이라 한다) 및 개별계약에 의하여 광고선전비 등 각종 명목의 비용을 납품대금에서 공제하거나 현금으로 수령해 온 사실(이하, 위와 같은 각종 명목의 비용 수령행위를 '비용부담행위'라고 한다), 피고(공정거래위원회)는 1998년도 및 1999년도 1~3월까지의 기간 동안 원고의 납품업자들에 대한 합계 27,869,051,000원 상당의 각종 비용부담행위가 법 제23조 제1항 제4호, 제2항, 법 시행령 제36조 제1항 [별표] 제6호 (나)목 및 (라)목에 해당된다는 이유로 비용부담행위 부분과 관련된 이 사건 시정명령을 하면서 그 의결서 이유 부분에서, 원고가 1998년도 및 1999년도 1~3월까지의 기간 동안 납품업자들에 대하여 원심판결의 [별지 3] 기재와 같은 각종 명목의 비용을 부담할 것을 사실상 강요하고 납품대금에서 이를 일방적으로 공제하거나 현금 또는 상품으로 수수하고 있다고 하면서 [별지 3]에 위 기간 동안 원고가 수령한 비용명목과 그 비용별 합계액만을 기재하고 있을 뿐 그 비용을 부담한 업체명, 비용부담의 시기, 업체별 비용부담 액수 등 구체적인 내용을 전혀 적시하고 있지 아니한 사실을 인정할 수 있으므로 비용부담행위에 관한 이 사건 시정명령은 그 대상이 되는 행위의 내용이 구체적으로 명확하게 특정되었다고 할 수 없고, 따라서 이 부분 시정명령은 위법하다고 할 것이다(대판 2007. 1. 12, 2004두7139[시정명령등취소청구]).

[판례 2] 주류도매업면허의 취소처분에 그 대상이 된 위반사실을 특정하지 아니하여 위법하다고 본 사례: 면허의 취소처분에는 그 근거가 되는 법령이나 취소권 유보의 부관 등을 명시하여야 함은 물론 처분을 받은 자가 어떠한 위반사실에 대하여 당해 처분이 있었는지를 알 수 있을 정도로 사실을 적시할 것을 요하며, 이와 같은 취소처분의 근거와 위반사실의 적시를 빠뜨린 하자는 피처분자가 처분 당시 그 취지를 알고 있었다거나 그후 알게 되었다 하여도 치유될 수 없다고 할 것인바, 세무서장인 피고가 주류도매업자인 원고에 대하여 한 이 사건 일반주류도매업면허취소통지에 "상기 주류도매장은 무면허 주류판매업자에게 주류를 판매하여 주세법 제11조 및 국세법사무처리규정 제26조에 의거 지정조건위반으로 주류판매면허를 취소합니다"라고만 되어 있어서 원고의 영업기간과 거래상대방 등에 비추어 원고가 어떠한 거래행위로 인하여 이 사건 처분을 받았는지 알 수 없게 되어 있다면 이 사건 면허취소처분은 위법하다(대판 1990. 9. 11, 90누1786).

여러 처분사유에 관하여 하나의 제재처분을 하였을 때 그중 일부가 인정되지 않는다고 하더라도 나머지 처분사유들만으로도 처분의 정당성이 인정되는 경우에는 그 처분을 위법하다고 보아 취소하여서는 아니 된다(대판 2020. 5. 14, 2019두63515).

법령의 규정에 관한 법리가 아직 명백하게 밝혀지지 않아 해석에 다툼의 여지가 있었을 경우 처분청이 그 규정을 잘못 해석하여 한 처분은 당연무효라고 할 수 없다(판례).

[판례 1] 행정청이 어느 법률관계나 사실관계에 대하여 어느 법률의 규정을 잘못 해석하여 행정처분을 한 경우, 그 하자가 중대하고 명백한지 여부를 판단하는 방법: 행정청이 어느 법률관계나 사실관계에 대하여 어느 법률의 규정을 적용하여 행정처분을 한 경우에 그 법률관계나 사실관계에 대하여는 그 법률의 규정을 적용할 수 없다는 법리가 명백히 밝혀져 그 해석에 다툼의 여지가 없음에도 불구하고 행정청이 위 규정을 적용하여 처분을 한 때에는 그 하자가 중대하고도 명백하다고 할 것이나, 그 법률관계나 사실관계에 대하여 그 법률의 규정을 적용할 수 없다는 법리가 명백히 밝혀지지 아니하여 그 해석에 다툼의 여지가 있는 때에는 행정관청이 이를 잘못 해석하여 행정처분을 하였더라도 이는 그 처분 요건사실을 오인한 것에 불과하여 그 하자가 명백하다고 할 수 없는 것이다(대판 2007. 5. 10, 2005다31828: 근거법령을 잘못 해석하여 부담금 부과대상이 아닌 원고에게 부담금을 부과한 것이 그 하자가 중대하나 명백하지 않다고 한 사례).

[판례 2] [1] 행정청이 법령 규정의 문언상 처분 요건의 의미가 분명함에도 합리적인 근거 없이 그 의미를 잘못 해석한 결과, 처분 요건이 충족되지 아니한 상태에서 해당 처분을 한 경우에는 법리가 명백히 밝혀지지 아

니하여 그 해석에 다툼의 여지가 있다고 볼 수는 없다(하자는 명백하다). [2] 피고가 이 사건 정비구역이 대부분 주택단지가 아닌 지역이고 주택단지는 아파트 1동에 불과하므로 공동주택인 아파트 1동을 주택단지로 구분하지 않고 전체적으로 단독주택 재건축사업으로 분류하여 구 도시정비법 제16조 제3항에 따라 동의요건을 갖추어야 한다고 해석할 여지도 있었지만, 피고가 해석한 바와 같이 전체 정비구역에 대하여 구 도시정비법 제16조 제3항만을 적용하더라도 토지면적의 3분의 2 이상의 면적요건을 충족하지 못한 사안에서, 피고가 구 도시정비법 제16조 제3항에 규정된 '토지면적의 3분의 2 이상의 토지소유자의 동의'라는 문언의 의미는 분명함에도 합리적인 근거 없이 그 의미를 잘못 해석한 결과, 처분 요건이 충족되지 아니한 상태에서 이 사건 조합설립인가처분을 하였고, 피고가 채택한 해석을 포함하여 다른 해석의 가능성을 고려하더라도 이 사건 조합설립인가 처분은 토지면적의 3분의 2 이상의 면적요건을 충족하지 못하였음이 분명하다고 보아 당연무효라고 판단한 사안(대판 2014. 5. 16, 2011두27094 [주택조합설립인가및주택조합총회결의무효확인등]).

[판례 3] [1] 법령 규정의 문언만으로는 처분 요건의 의미가 분명하지 아니하여 그 해석에 다툼의 여지가 있었더라도 해당 법령 규정의 위헌 여부 및 그 범위, 그 법령이 정한 처분 요건의 구체적 의미 등에 관하여 법원이나 헌법재판소의 분명한 판단이 있고, 행정청이 그러한 판단내용에 따라 법령 규정을 해석·적용하는 데에 아무런 법률상 장애가 없는데도 합리적 근거 없이 사법적 판단과 어긋나게 행정처분을 하였다면 그 하자는 객관적으로 명백하다. [2] 수익적 처분의 근거 법령이 특정한 유형의 사람에 대한 지급 등 수익처분의 근거를 마련하고 있지 않다는 점이 위헌이라는 이유로 헌법불합치 결정이 있더라도, 행정청은 그와 관련한 개선입법이 있기 전에는 해당 유형의 사람에게 구체적인 수익적 처분을 할 수는 없을 것이다. 그러나 이와 달리 법률상 정해진 처분 요건에 따라 부담금을 부과·징수하는 침익적 처분을 하는 경우에는, 어떠한 추가적 개선입법이 없더라도 행정청이 사법적 판단에 따라 위헌이라고 판명된 내용과 동일한 취지로 부담금 부과처분을 하여서는 안 된다는 점은 분명하다. 나아가 이러한 결론은 법질서의 통일성과 일관성을 확보하려는 법치주의의 당연한 귀결이므로, 행정청에 위헌적 내용의 법령을 계속 적용할 의무가 있다고 볼 수 없고, 행정청이 위와 같은 부담금 처분을 하지 않는 데에 어떠한 법률상 장애가 있다고 볼 수도 없다. [3] 헌법재판소가 구 학교용지 확보 등에 관한 특례법 제5조 제1항 단서 제5호 중 도시 및 주거환경정비법 제2조 제2호 나목의 규정에 따른 '주택재개발사업'에 관한 부분(이하 '이 사건 법률조항'이라 한다)에 대하여, "주택재개발사업으로 건설된 주택 가운데 현금청산의 대상이 되어 제3자에게 일반분양하는 가구(이하 '현금청산분'이라 한다)도 기존 소유자에게 귀속되어야 할 가구를 제3자에게 일반분양하는 것으로서 결과적으로 가구 수가 증가하지 않으므로 이에 대하여 부담금을 부과하는 것은 불합리하고, 따라서 현금청산분을 부담금 부과대상에서 제외하지 아니한 것은 평등원칙에 위배된다"는 이유로 헌법불합치결정(헌법재판소 2014. 4. 24. 선고 2013헌가28 결정)을 하였다. 이와 같이 이 사건 법률조항이 정한 처분 요건에 관하여 조합원분양분뿐만 아니라 현금청산분에 대하여도 부담금을 부과하여서는 아니 된다는 분명한 사법적 판단이 있었으므로, 행정청으로서는 이러한 판단에 따라 현금청산분에 대하여 부담금을 부과하여서는 아니 됨이 명백하고, 행정청이 위와 같은 부담금 처분을 하지 않는 데에 어떠한 법률상 장애가 있다고 볼 수도 없다고 보아, 이 사건 처분의 하자가 중대하고 명백하여 당연무효라고 판단한 사례(대판 2017. 12. 28, 2017두30122[학교용지부담금부과처분무효확인]).

[판례 4] 행정처분의 대상이 되지 아니하는 어떤 법률관계나 사실관계에 대하여 이를 처분의 대상이 되는 것으로 오인할 만한 객관적인 사정이 있는 경우로서 그것이 처분대상이 되는지의 여부가 그 사실관계를 정확히 조사하여야 비로소 밝혀질 수 있는 때에는 비록 이를 오인한 하자가 중대하다고 할지라도 외관상 명백하다고 할 수 없다(대판 2010. 9. 30, 2010두9358[신가동주택재개발정비사업조합설립추진위원회설립승인무효확인]: 피고가 한 주택재개발정비사업 조합설립추진위원회 설립승인처분이 정비구역의 지정·고시 이전에 정비예정구역에 의하여 확정된 토지등소유자의 과반수 동의를 얻어 구성된 추진위원회에 대하여 이루어진 것이라고 하더라도 그 하자가 중대하거나 명백하다고 할 수 없다고 판단한 원심을 수긍한 사례).

[판례 5] 공유수면 점·사용 허가 등을 받아 적법하게 사용하는 경우에는 사용료 부과처분을, 허가를 받지 않고 무단으로 사용하는 경우에는 변상금 부과처분을 하는 것이 적법하다. 그러나 적법한 사용이든 무단 사용이든 그 공유수면 점·사용으로 인한 대가를 부과할 수 있다는 점은 공통된 것이라 할 것이고, 적법한 사용

인지 무단 사용인지의 여부에 관한 판단은 사용관계에 관한 사실인정과 법적 판단을 수반하는 것으로 반드시 명료하다고 할 수 없으므로, 그러한 판단을 그르쳐 변상금 부과처분을 할 것을 사용료 부과처분을 하거나 반대로 사용료 부과처분을 할 것을 변상금 부과처분을 하였다 하여 그와 같은 부과처분의 하자를 중대한 하자라고 할 수는 없다(대판 2013. 4. 26, 2012두20663[채무부존재확인]).

[판례 6] 만일 국토계획법령이 정한 도시계획시설사업의 대상 토지의 소유와 동의 요건을 갖추지 못하였는데도 사업시행자로 지정하였다면, 이는 국토계획법령이 정한 법규의 중요한 부분을 위반한 것으로서 특별한 사정이 없는 한 그 하자가 중대하다고 보아야 한다. 이 사건 사업시행자 지정 처분에서 소유 요건을 충족하지 못한 하자는 중대할 뿐만 아니라 객관적으로 명백하다(대판 2017. 7. 11, 2016두35120[사업시행계획인가처분취소]).

(2) 위헌·위법인 법령에 근거한 처분의 효력 및 집행[2010 행시(재경직) 사례, 1999, 2006 행시 사례]

[문제] 과징금부과처분의 근거가 되는 법률이 위헌이라는 헌법재판소의 결정이 있는 경우 과징금부과처분을 받고 이를 다투지 않고 있는 자에 대하여 부과된 과징금을 강제징수할 수 있는가(강제징수의 근거규정에 대하여는 위헌결정이 내려지지 않았다).

1) 위헌·위법인 법령에 근거하여 발하여진 행정처분이 무효인지 취소할 수 있는 행정처분인지 여부[2017 변시 사례]

대법원은 무효와 취소의 구별에 관한 학설 중 중대명백설에 입각하여 위헌·위법인 법령에 근거하여 발하여진 행정처분은 **특별한 사정이 없는 한 취소할 수 있는 행위**에 불과하다고 보고 있다. 왜냐하면 일반적으로 법령이 위헌·위법인지는 헌법재판소의 위헌결정 또는 대법원의 위헌·위법판단이 있기 전에는 객관적으로 명백한 것이라고 할 수는 없기 때문이다(대판 1994. 10. 28, 93다41860[부당이득금반환] 등). '특별한 사정이 있는 경우'라 함은 법령의 위헌 또는 위법이 명백한 경우(대판 2022. 8. 31, 2019다298482: 긴급조치 제9호는 위헌·무효임이 명백하다고 한 사례)를 의미한다고 볼 것이다.

[판례 1] 행정청이 위헌이거나 위법하여 무효인 시행령을 적용하여 한 행정처분이 당연무효로 되려면 그 규정이 행정처분의 중요한 부분에 관한 것이어서 결과적으로 그에 따른 행정처분의 중요한 부분에 하자가 있는 것으로 귀착되고, 또한 그 규정의 위헌성 또는 위법성이 객관적으로 명백하여 그에 따른 행정처분의 하자가 객관적으로 명백한 것으로 귀착되어야 하는바, 일반적으로 시행령이 헌법이나 법률에 위반된다는 사정은 그 시행령의 규정을 위헌 또는 위법하여 무효라고 선언한 대법원의 판결이 선고되지 아니한 상태에서는 그 시행령 규정의 위헌 내지 위법 여부가 해석상 다툼의 여지가 없을 정도로 명백하였다고 인정되지 아니하는 이상 객관적으로 명백한 것이라 할 수 없으므로, 이러한 시행령에 근거한 행정처분의 하자는 취소사유에 해당할 뿐 무효사유가 되지 아니한다(대판 2007. 6. 14, 2004두619[청소년유해매체물결정 및 고시처분무효확인]).

[판례 2] **무효인 조례에 근거한 처분의 효력을 취소할 수 있는 처분으로 본 사례:** '가'항의 영업정지 등 처분에 관한 사무는 국가사무로서 지방자치단체의 장에게 위임된 이른바 기관위임사무에 해당하므로 시·도지사가 지방자치단체의 조례에 의하여 이를 구청장 등에게 재위임할 수는 없고 행정권한의 위임 및 위탁에 관한 규정 제4조에 의하여 위임기관의 장의 승인을 얻은 후 지방자치단체의 장이 제정한 규칙이 정하는 바에 따라 재위임하는 것만이 가능하다. 그런데, 이에 위반하여 국가사무인 건설영업정지처분에 관한 권한을 조례(서울특별시행정권한위임조례)로 정하였고, 따라서 서울특별시행정권한위임조례는 위법·무효이다. 그 후 구

청장이 위법·무효인 서울특별시행정권한위임조례의 규정에 근거하여 구청장이 건설업영업정지처분을 한 경우, 그 처분은 결과적으로 적법한 위임 없이 권한 없는 자에 의하여 행하여진 것과 마찬가지가 되어 그 하자가 중대하나, 지방자치단체의 사무에 관한 조례와 규칙은 조례가 보다 상위규범이라고 할 수 있고, 또한 헌법 제107조 제2항의 "규칙"에는 지방자치단체의 조례와 규칙이 모두 포함되는 등 이른바 규칙의 개념이 경우에 따라 상이하게 해석되는 점 등에 비추어 보면 위 처분의 위임과정의 하자가 객관적으로 명백한 것이라고 할 수 없으므로 이로 인한 하자는 결국 당연무효사유는 아니라고 봄이 상당하다(대판 1995. 7. 11, 94누4615[건설영업정지처분무효확인]). 이 판례에서 이러한 다수의견에 대하여 반대의견은 명백성보충요건설에 입각하여 당해 영업정지처분을 당연무효로 보았다.

[판례 3,4] 위헌결정된 국가보위입법회의법 부칙 제4항 후단의 규정에 의하여 이루어진 원고에 대한 1980. 11. 16.자 면직처분은 당연무효의 처분이라고 한 판례(대판 1993. 2. 26, 92누12247[재직기간합산승인처분취소])와 상위법령에 근거가 없어 무효인 국세청 훈령 20조 등에 근거한 주류판매업정지처분은 그 위법의 하자가 중대하고 명백하여 당연무효라고 한 판례(대판 1980. 12. 23, 79누382[주류판매업정지처분취소])가 있다.

[판례 5] [1] **교육감의 학교법인 임원취임의 승인취소권을 조례가 아닌 규칙에 의하여 교육장에게 권한위임할 수 있는지 여부(소극)**: 사립학교법 제4조 제1항, 제20조의2 제1항에 규정된 교육감의 학교법인 임원취임의 승인취소권은 교육감이 지방자치단체의 교육·학예에 관한 사무의 특별집행기관으로서 가지는 권한이고 정부조직법상의 국가행정기관의 일부로서 가지는 권한이라고 할 수 없으므로 … 조례에 의하여서만 교육장에게 권한위임이 가능하다 할 것이므로, 행정권한의 위임 및 위탁에 관한 규정 제4조에 근거하여 교육감의 학교법인 임원취임의 승인취소권을 교육장에게 위임함을 규정한 대전직할시교육감소관행정권한의위임에관한규칙 제6조 제4호는 조례로 정하여야 할 사항을 규칙으로 정한 것이어서 무효이다. 〈해설〉 사립학교법상 중·고등학교의 관할청은 교육감이고, 대학교의 관할청은 교육부장관이다. 판례는 사립학교인 중·고등학교 재단법인의 임원(이사 및 감사)취임승인처분 및 취소처분을 자치사무(교육·학예에 관한 사무)로 보았다. [2] **무효인 권한위임 규칙에 근거하여 행한 교육장의 임원취임의 승인취소처분이 당연무효가 아니라고 한 사례**: 위 [1]항의 규칙 제6조 제4호에 근거하여 한 교육장의 임원취임의 승인취소처분은 결과적으로 적법한 위임 없이 권한 없는 자에 의하여 행하여진 것과 마찬가지가 되어 그 하자가 중대하다 할 것이나, 현행법상 교육감은 지방자치단체의 교육·학예에 관한 사무의 특별집행기관임과 동시에 국가의 기관위임사무를 처리하는 범위 내에서 국가행정기관으로서의 지위를 아울러 가지고 지방자치단체의 사무와 기관위임사무를 함께 관장하고 있어 행위의 외관상 양자의 구분이 쉽지 아니하고, 사립학교법 제4조에는 사립학교를 설치·운영하는 학교법인 등에 대한 관할청으로서 교육부장관이 교육감과 함께 규정되어 있을 뿐만 아니라 학교법인 임원취임의 승인 및 그 취소권은 교육감의 관장사무를 규정한 지방교육자치에 관한 법률 제27조에 규정되어 있지 아니하고 사립학교법 제20조, 제20조의2에서 '관할청'의 권한으로 규정되어 있는 관계로 교육감의 학교법인 임원취임의 승인 및 그 취소권은 본래 교육부장관의 권한으로서 교육감에게 기관위임된 것으로 오인할 여지가 없지 아니하며, 또한 헌법 제107조 제2항의 '규칙'에는 지방자치단체의 조례와 규칙이 모두 포함되는 등 이른바 규칙의 개념이 경우에 따라 상이하게 해석되는 점 등에 비추어, 임원취임의 승인취소처분에 관한 권한위임 과정의 하자가 객관적으로 명백하다고 할 수는 없다고 보아 당연무효 사유는 아니라고 한 사례. [3] 행정소송에 있어서 처분청의 처분권한 유무는 직권조사사항이 아니다(대판 전원합의체 1997. 6. 19, 95누8669[임원취임승인취소처분등취소]).

또한, 어느 행정처분에 대하여 그 행정처분의 근거가 된 법률이 위헌이라는 이유로 무효확인청구의 소가 제기된 경우에는 다른 특별한 사정이 없는 한 법원으로서는 그 법률이 위헌인지 여부에 대하여는 판단할 필요 없이 그 무효확인청구를 기각하여야 한다(대판 1994. 10. 28, 92누9463).

이에 대하여 헌법재판소의 다수의견은 원칙상 취소할 수 있는 행위로 보지만 예외적으로 행정처분을 무효로 보더라도 법적 안정성을 크게 해치지 않는 반면에 그 하자가 중대하여 권리구제가 필요한 경우에는 위헌으로 선고된 법률에 근거한 처분을 무효로 볼 수 있다고 보고 있다.

[판례] 행정처분의 집행이 이미 종료되었고 그것이 번복될 경우 법적 안정성을 크게 해치게 되는 경우에는 후에 행정처분의 근거가 된 법규가 헌법재판소에서 위헌으로 선고된다고 하더라도 그 행정처분이 당연무효가 되지는 않음이 원칙이라고 할 것이나, 행정처분 자체의 효력이 쟁송기간 경과 후에도 존속중인 경우, 특히 그 처분이 위헌법률에 근거하여 내려진 것이고 그 행정처분의 목적달성을 위하여서는 후행(後行) 행정처분이 필요한데 후행 행정처분은 아직 이루어지지 않은 경우와 같이 그 행정처분을 무효로 하더라도 법적 안정성을 크게 해치지 않는 반면에 그 하자가 중대하여 그 구제가 필요한 경우에 대하여서는 그 예외를 인정하여 이를 당연무효사유로 보아서 쟁송기간 경과 후에라도 무효확인을 구할 수 있는 것이라고 봐야 할 것이다(헌재 1994. 6. 30, 92헌바23[구 국세기본법 제42조 제1항 단서에 대한 헌법소원]).

2) 불가쟁력(不可爭力)이 발생한 행정처분에 위헌결정의 소급효가 미치는지 여부[2018 변시]

헌법재판소의 위헌결정의 효력은 위헌제청을 한 '당해사건', '동종사건'과 '병행사건'뿐만 아니라, 위헌결정 이후 같은 이유로 제소된 '일반사건'에도 미친다.

[판례] 헌법재판소의 위헌결정의 소급효: 헌법재판소의 위헌결정의 효력은 위헌제청을 한 '당해사건', 위헌결정이 있기 전에 이와 동종의 위헌 여부에 관하여 헌법재판소에 위헌여부심판제청을 하였거나 법원에 위헌여부심판제청신청을 한 '동종사건'과 따로 위헌제청신청은 아니하였지만 당해 법률 또는 법률 조항이 재판의 전제가 되어 법원에 계속 중인 '병행사건'뿐만 아니라, 위헌결정 이후 같은 이유로 제소된 '일반사건'에도 미친다. 하지만 위헌결정의 효력이 미치는 범위가 무한정일 수는 없고, 다른 법리에 의하여 그 소급효를 제한하는 것까지 부정되는 것은 아니며, 법적 안정성의 유지나 당사자의 신뢰보호를 위하여 불가피한 경우에 위헌결정의 소급효를 제한하는 것은 오히려 법치주의의 원칙상 요청된다(대판 2017. 3. 9, 2015다233982).

이미 취소소송의 제기기간을 경과하여 확정력이 발생한 행정처분에는 위헌결정의 소급효가 미치지 않는다(대판 2002. 11. 8, 2001두3181[택지초과소유부담금부과처분무효확인]). 그리고, 위헌결정의 소급효가 인정된다고 해서 위헌인 법률에 근거한 행정처분이 당연무효가 된다고는 할 수 없다(대판 2021. 12. 30, 2018다241458). 그 결과 위헌인 법률에 근거한 조세부과처분에 따라 세금을 납부하였고, 당해 조세부과처분에 불가쟁력이 발생한 경우 이미 낸 세금의 반환청구가 인정되지 않는다.

3) 위헌인 법률에 근거한 처분의 집행력

문제는 위헌인 법률에 근거한 처분에 불가쟁력이 발생한 경우 집행력(執行力)을 부여할 수 있는가 하는 것이다.

가. 부 정 설 위헌인 법률에 근거한 처분에 의해 부과된 의무를 이행하지 않는 경우에 그 의무의 이행을 강제하는 것은 위헌결정의 기속력(법률의 위헌결정은 법원 기타 국가기관 및 지방자치단체를 구속한다)에 반한다고 보거나 위헌결정 이후 당해 법률에 근거한 처분을 집행하는 것은 위헌결정된 법률을 적용하는 것에 다름 아니고, 위헌 법률의 종국적 집행을 위해 국가가 추가적 행위를 하는 것은 용납되어서는 안 된다는 이유로[7] 처분의 강제집행은 가능하지 않다고 한다.

7) 남복현, "위헌법률에 기한 처분의 집행력 허용여부에 관한 검토," 『헌법실무연구(1권)』, 박영사, 2000, 449면.

나. 긍 정 설 위헌·위법결정의 효력은 불가쟁력이 발생한 처분에 대해서는 소급효가 없고 강제집행에는 위헌결정의 기속력이 미치지 않으며, 불가쟁력이 발생한 처분에 따른 강제집행은 유효한 처분에 따라 존재하는 적법한 의무의 강제집행이므로 당해 처분의 집행이 가능하다고 보는 견해이다. 처분의 근거법령이 위헌인 것이지 강제집행의 근거법령이 위헌인 것은 아니라고 한다.

다. 판 례 **판례**는 **부정설**을 취하고 있다. 위헌법률에 기한 행정처분의 집행(예 강제징수)이나 집행력을 유지하기 위한 행위(예 압류해제거부)는 위헌결정의 기속력에 위반되어 허용되지 않는다.

[판례 1] 위헌법률에 기한 행정처분의 집행이나 집행력을 유지하기 위한 행위는 위헌결정의 기속력에 위반되어 허용되지 않는다고 보아야 할 것인데, 그 규정 이외에는 체납부담금을 강제로 징수할 수 있는 다른 법률적 근거가 없으므로, 그 위헌결정 이전에 이미 부담금 부과처분과 압류처분 및 이에 기한 압류등기가 이루어지고 위의 각 처분이 확정되었다고 하여도, 위헌결정 이후에는 별도의 행정처분인 매각처분, 분배처분 등 후속 체납처분절차를 진행할 수 없는 것은 물론이고, 특별한 사정이 없는 한 기존의 압류등기나 교부청구만으로는 다른 사람에 의하여 개시된 경매절차에서 배당을 받을 수도 없다(대판 2002. 8. 23, 2001두2959[압류해제신청거부처분취소]).

[판례 2] 헌법재판소의 위헌결정 이후 위헌법률의 종국적인 실현을 위한 추가적인 행위가 허용되지 않는다: 택상법에 대한 위헌결정 이전에 부담금 등에 대한 수납 및 징수가 완료된 경우에는 법적 안정성의 측면에서 부득이 과거의 상태를 그대로 유지시켜 그 반환청구를 허용할 수 없다고 하더라도, 위헌결정 이후에는 국민의 권리구제의 측면에서 위헌법률의 적용상태를 그대로 방치하거나 위헌법률의 종국적인 실현을 위한 국가의 추가적인 행위를 용납하여서는 아니된다고 할 것이고(대판 2003. 9. 2, 2003다14348; 2002. 8. 23, 2002두4372 등 참조), 한편 부담금 물납의 대상이 부동산인 경우에는 이에 관한 소유권이전등기가 경료되어야 비로소 그 물납의 이행이 완결된다고 할 것이니, 결국 위 법률의 위헌결정 이후에는 부담금의 물납을 위한 소유권이전등기촉탁도 허용되지 않는다 할 것이다(대판 2005. 4. 15, 2004다58123[부당이득금]: 부담금의 물납허가처분 이행을 위한 등기촉탁이 택상법에 대한 위헌결정이 있는 날인 1999. 4. 29. 이루어진 것은 법률의 근거 없이 이루어진 것으로서 무효라고 본 사례).

처분(예 과세처분)의 근거가 되었던 법률규정에 대하여 위헌결정이 내려진 후 행한 처분의 집행행위(예 체납처분)는 **당연무효**이다(대판 전원합의체 2012. 2. 16, 2010두10907).

[판례] **[1] 과세처분 이후 조세 부과의 근거가 되었던 법률규정에 대하여 위헌결정이 내려진 경우, 그 조세채권의 집행을 위한 체납처분이 당연무효인지 여부(적극):** 구 헌법재판소법(2011. 4. 5. 법률 제10546호로 개정되기 전의 것) 제47조 제1항은 "법률의 위헌결정은 법원 기타 국가기관 및 지방자치단체를 기속한다"고 규정하고 있는데, 이러한 위헌결정의 기속력과 헌법을 최고규범으로 하는 법질서의 체계적 요청에 비추어 국가기관 및 지방자치단체는 위헌으로 선언된 법률규정에 근거하여 새로운 행정처분을 할 수 없음은 물론이고, 위헌결정 전에 이미 형성된 법률관계에 기한 후속처분이라도 그것이 새로운 위헌적 법률관계를 생성·확대하는 경우라면 이를 허용할 수 없다. 따라서 조세 부과의 근거가 되었던 법률규정이 위헌으로 선언된 경우, 비록 그에 기한 과세처분이 위헌결정 전에 이루어졌고, 과세처분에 대한 제소기간이 이미 경과하여 조세채권이 확정되었으며, 조세채권의 집행을 위한 체납처분의 근거규정 자체에 대하여는 따로 위헌결정이 내려진 바 없다고 하더라도, 위와 같은 위헌결정 이후에 조세채권의 집행을 위한 새로운 체납처분에 착수하거나 이를 속행하는 것은 더 이상 허용되지 않고, 나아가 이러한 위헌결정의 효력에 위배하여 이루어진 체납처분은 그 사유만으로 하자가 중대하고 객관적으로 명백하여 당연무효라고 보아야 한다. 〈해설〉 이에 대하여는 다음과 같은 반대견해가 제시되었다. 행정청이 어떠한 법률의 조항에 근거하여 행정처분을 한 후 헌법재판소가 그 조항을 위헌으로 결정하였다면 … 특별한 사정이 없는 한 그러한 하자는 행정처분의 취소사유일 뿐 당연무효 사유라고 할 수 없다.

과세처분과 압류처분은 별개의 행정처분이므로 선행처분인 과세처분이 당연무효인 경우를 제외하고는 과세처분의 하자를 이유로 후속 체납처분인 압류처분의 효력을 다툴 수 없다고 봄이 타당한 점, 압류처분 등 체납처분은 과세처분과는 별개의 행정처분으로서 과세처분 근거규정이 직접 적용되지 않고 체납처분 관련 규정이 적용될 뿐이므로, 과세처분 근거규정에 대한 위헌결정의 기속력은 체납처분과는 무관하고 이에 미치지 않는다고 보아야 한다는 점, 다수의견과 같이 유효한 과세처분에 대한 체납처분 절차의 진행을 금지하여 실질적으로 당해 과세처분의 효력을 부정하고 사실상 소멸시키는 데까지 위헌결정의 기속력 범위가 미친다고 새긴다면, 이는 기속력의 범위를 지나치게 확장하는 것이 되어 결과적으로 위헌결정의 소급효를 제한한 구 헌법재판소법(2011. 4. 5. 법률 제10546호로 개정되기 전의 것) 제47조 제2항 본문의 취지에 부합하지 않는다는 점 등에 비추어 보면, 선행처분에 해당하는 과세처분에 당연무효 사유가 없고, 과세처분에 따른 체납처분의 근거규정이 유효하게 존속하며, 외국의 일부 입법례와 같이 위헌법률의 집행력을 배제하는 명문의 규정이 없는 이상, 과세처분의 근거규정에 대한 헌법재판소의 위헌결정이 있었다는 이유만으로 체납처분이 위법하다고 보는 다수의견에는 찬성할 수 없다. [2] 갑 주식회사의 체납국세에 관하여, 과세관청이 갑 회사 최대주주와 생계를 함께 하는 직계비속 을을 구 국세기본법(1998. 12. 28. 법률 제5579호로 개정되기 전의 것) 제39조 제1항 제2호 (다)목의 제2차 납세의무자로 보아 을에게 과세처분을 하고 처분이 확정되었는데, 이후 위 규정에 대해 헌법재판소의 위헌결정이 있었으나 과세관청이 조세채권의 집행을 위해 을의 예금채권에 압류처분을 한 사안에서, 위헌결정 이후에는 위헌법률의 종국적인 집행을 위한 국가기관의 추가적인 행위를 용납하여서는 안 된다는 전제 하에 압류처분이 당연무효라고 본 원심판단의 결론이 정당하다고 한 사례(대판 전원합의체 2012. 2. 16, 2010두10907[압류등처분무효확인]). 〈해설〉 위헌인 법률에 근거한 취소할 수 있는 조세부과처분에 따라 행한 압류처분이 위헌결정의 기속력에 반하여 당연무효라고 본 점에 이 판결의 가장 큰 의의가 있다.

라. 결 어 다음과 같은 이유에서 **긍정설**이 타당하다. 처분의 근거법령의 위헌·위법결정의 구속력은 처분의 근거법령의 위헌·위법에만 미치는 것이며 강제집행의 근거규정에까지 미치지는 않는 것으로 보아야 한다. 따라서, 위헌·위법인 법령에 근거한 불가쟁력이 발생한 취소할 수 있는 처분의 집행력은 인정되는 것으로 보는 것이 타당하다.

(3) 행정행위의 내용의 공익에의 위반

행정행위의 내용이 공익에 반하는 경우 당해 행정행위는 **부당한 행정행위**가 된다. 부당한 행정행위는 법원에 의한 통제의 대상이 되지 않으며 행정심판의 대상이 될 뿐이다. 재량권이 재량권의 한계 내에서 행해졌지만 공익에 반하는 경우 당해 재량행위는 부당한 행위가 된다.

(4) 행정행위의 내용의 사실상 또는 법률상의 실현불가능

1) 사실상 실현불가능

행정행위의 내용이 사회통념에 비추어 기술상 또는 물리적으로 불가능하다고 판단되는 경우에 당해 행정행위는 위법이며 무효이다. 행정행위의 내용의 실현불가능이란 절대적인 경우뿐만 아니라 감당하기 어려운 과다한 비용을 요하는 경우와 같이 사회통념상 실현불가능한 경우까지 포함한다.

2) 법률상 실현불가능

국토계획법상 허용되지 않는 조건을 내용으로 하는 건축을 명하는 것과 같이 타 법에 의해 제한되고 있는 내용의 행위를 명하는 행정행위는 법률상 실현불가능한 행정행위이며 무효이다.

[판례] **납세자가 아닌 제3자의 재산을 대상으로 한 압류처분의 효력(=당연무효)**: 체납처분으로서 압류의 요건을 규정한 국세징수법 제24조 각 항의 규정을 보면 어느 경우에나 압류의 대상을 납세자의 재산에 국한하고 있으므로, 납세자가 아닌 제3자의 재산을 대상으로 한 압류처분은 그 처분의 내용이 법률상 실현될 수 없는 것이어서 당연무효이다(대판 2012. 4. 12, 2010두4612[예금채권압류처분에대한무효확인]).

선량한 풍속 기타 사회질서에 위반하는 사항을 내용으로 하는 행정행위의 효력에 관하여 무효라고 보는 견해와 취소원인으로 보는 견해가 있으나 사회질서의 위반 여부는 통상 명백한 것이 아니므로 취소원인에 불과하다고 보아야 한다.

(5) 내용의 불명확

사회통념상 행정행위의 내용이나 행정행위의 상대방이 인식할 수 있을 정도로 충분히 명확하지 않은 경우 당해 행정행위는 원칙상 무효이다. 예를 들면, 대집행의 대상을 특정하지 아니한 대집행의 계고는 무효이다.

Ⅳ. 하자의 승계 [1998, 2005, 2015, 2020, 2023 행시, 1997, 2000, 2015 사시, 2017 변시]

[문제] 1. 개별공시지가를 기초로 하여 부과된 양도소득세부과처분취소소송에서 개별공시지가의 위법을 주장할 수 있는가.
2. 면직처분취소소송에서 직위해제의 위법을 주장할 수 있는가.

선행행위의 위법을 이유로 후행행위의 위법을 주장하거나 후행행위를 취소할 수 있는지에 관하여 하자의 승계론과 선행행위의 후행행위에 대한 구속력론(이하 '구속력론'이라 한다)이 대립하고 있다.

1. 하자의 승계론

(1) 하자의 승계의 의의 및 인정필요성

하자의 승계란 원칙상 선행행위의 위법을 이유로 후행행위를 취소할 수는 없는 것이지만, 국민의 권리보호를 위해 일정한 요건하에서 선행행위의 위법이 후행행위에 승계되어 후행행위의 위법사유로 주장할 수 있고 후행행위를 취소할 수 있는 것을 말한다.

행정행위의 하자 또는 효력은 당해 행정행위별로 판단되는 것이 원칙이다. 따라서 행정행위의 상대방이나 이해관계인은 선행 행정행위의 위법을 후행 행정행위를 다투면서 주장할 수 없는 것이 원칙이다. 그러나 국민의 권리를 보호하기 위하여 하자의 승계를 인정할 필요가 있다. 그리하여 학설 및 판례는 일정한 경우에 선행 행정행위의 위법이 후행 행정행위에 승계된다고 본다.

(2) 하자의 승계의 전제조건

하자의 승계가 인정되기 위하여는 우선 다음의 전제조건을 충족하여야 한다.

① 선행행위와 후행행위가 모두 항고소송의 대상이 되는 처분이어야 한다. 선행행위가 처분이 아닌 경우 선행행위의 위법은 당연히 후행처분의 위법이 되는데, 이는 하자의 승계와 구별하여야 한다.

② 선행행위에 취소할 수 있는 위법이 있어야 한다. **선행행위가 무효인 경우에는 후행행위도 당연히 무효이므로 하자의 승계문제가 제기되지 않는다.**

[판례 1] 적법한 건축물에 대한 철거명령은 그 하자가 중대하고 명백하여 당연무효라고 할 것이고, 그 후행 행위인 건축물철거 대집행계고처분 역시 당연무효라고 할 것이다(대판 1999. 4. 27, 97누6780[건축물철거대집행계고처분취소]).

[판례 2] 선행 도시계획시설사업시행자 지정처분이 당연무효이어서, 그에 터잡은 실시계획인가처분도 당연무효라고 판단한 사례(같은 날 선고된 2015두35144 판결은 선행 사업시행자 지정처분이 당연무효이어서, 실시계획인가처분 및 수용재결까지도 당연무효라고 판단하였음)(대판 2017. 7. 11, 2016두35120).

③ 선행행위에 대해 불가쟁력이 발생하여야 한다. 왜냐하면, 선행행위에 대한 취소기간이 도과하지 않은 경우에는 선행행위를 다투어 권리구제를 받을 수 있기 때문이다.

④ 후행행위가 적법하여야 한다. 후행행위가 위법하면 후행행위의 위법을 다투어 권리구제를 받을 수 있기 때문에 하자의 승계를 인정할 필요가 없다.

(3) 하자의 승계의 인정기준 및 인정범위

[판례] 2개 이상의 행정처분이 연속적 또는 단계적으로 이루어지는 경우 선행처분과 후행처분이 서로 합하여 1개의 법률효과를 완성하는 때에는 선행처분에 하자가 있으면 그 하자는 후행처분에 승계된다. 이러한 경우에는 선행처분에 불가쟁력이 생겨 그 효력을 다툴 수 없게 되더라도 선행처분의 하자를 이유로 후행처분의 효력을 다툴 수 있다. 그러나 선행처분과 후행처분이 서로 독립하여 별개의 법률효과를 발생시키는 경우에는 선행처분에 불가쟁력이 생겨 그 효력을 다툴 수 없게 되면 선행처분의 하자가 중대하고 명백하여 선행처분이 당연무효인 경우를 제외하고는 특별한 사정이 없는 한 선행처분의 하자를 이유로 후행처분의 효력을 다툴 수 없는 것이 원칙이다. 다만 그 경우에도 선행처분의 불가쟁력이나 구속력이 그로 인하여 불이익을 입게 되는 자에게 수인한도를 넘는 가혹함을 가져오고, 그 결과가 당사자에게 예측가능한 것이 아니라면, 국민의 재판받을 권리를 보장하고 있는 헌법의 이념에 비추어 선행처분의 후행처분에 대한 구속력을 인정할 수 없다(대판 2019. 1. 31, 2017두40372).

1) 원 칙

2개 이상의 행정처분이 연속적 또는 단계적으로 이루어지는 경우 **선행처분과 후행처분이 서로 합하여 1개의 법률효과를 완성하는 때**에는 선행처분에 하자가 있으면 그 하자는 후행처분에 승계된다. 이러한 경우에는 선행처분에 불가쟁력이 생겨 그 효력을 다툴 수 없게 되더라도 선행처분의 하자를 이유로 후행처분의 효력을 다툴 수 있다. 그러나 **선행처분과 후행처분이 서로 독립하여 별개의 법률**

효과를 발생시키는 경우에는 선행처분에 불가쟁력이 생겨 그 효력을 다툴 수 없게 되면 선행처분의 하자가 중대하고 명백하여 선행처분이 당연무효인 경우를 제외하고는 특별한 사정이 없는 한 선행처분의 하자를 이유로 후행처분의 효력을 다툴 수 없는 것이 **원칙**이다(대판 2019. 1. 31, 2017두40372).

판례는 하명처분(예 철거명령, 부과처분)과 집행처분(예 대집행처분(계고, 통지, 비용납부명령), 징수처분(납세고지, 압류처분, 공매처분, 환가처분)) 사이에는 하자의 승계를 인정하지 않고 집행처분이나 징수처분 사이에는 하자의 승계를 인정하고 있다. 다만, 이행강제금은 시정명령 자체의 이행을 목적으로 하므로(달리 말하면 시정명령은 이행강제금의 기초가 되고, 이행강제금부과처분에 포섭되므로) 시정명령과 이행강제금부과처분 사이에서는 하자가 승계된다고 보아야 한다(이른바 '**선행처분의 후행처분에의 포섭이론**')(대판 2020. 12. 24, 2019두55675).

[판례 1] 구 택지개발촉진법(1999. 1. 25. 법률 제5688호로 개정되기 전의 것)에 의하면, 택지개발은 택지개발예정지구의 지정(제3조), 택지개발계획의 승인(제8조), 이에 기한 수용재결 등의 순서로 이루어지는바, 위 각 행위는 각각 단계적으로 별개의 법률효과가 발생되는 독립한 행정처분이어서 선행처분에 불가쟁력이 생겨 그 효력을 다툴 수 없게 된 경우에는 선행처분에 위법사유가 있다고 할지라도 그것이 당연무효의 사유가 아닌 한 선행처분의 하자가 후행처분에 승계되는 것은 아니라고 할 것이다(대판 2000. 10. 13, 99두653[토지수용재결처분취소]).

[판례 2] [1] **판례에서 승계를 인정한 예**로는 계고처분과 대집행영장발부통보처분 사이(대판 1996. 2. 9, 95누12507), 계고처분과 대집행비용납부명령 사이(대판 1993. 11. 9, 93누14271), 독촉처분과 가산금·중가산금징수처분 사이(대판 1986. 10. 28, 86누147), 표준공시지가결정과 수용재결(보상금 산정) 사이(대판 2008. 8. 21, 2007두13845[토지보상금]), 일정한 경우 개별공시지가와 과세처분 사이(대판 1994. 1. 25, 93누8542) 등이 있다. [2] **판례에서 하자의 승계를 인정하지 않은 예**로는 선행 과세처분과 후행 체납처분 사이(대판 1961. 10. 26, 4292행상73), 과세관청의 소득금액변동통지와 징수처분(납세고지) 사이(대판 2012. 1. 26, 2009두14439), 도시 및 주거환경정비법상 사업시행계획과 관리처분계획 사이(대판 2012. 8. 23, 2010두13463[관리처분계획취소]), 건물철거명령과 대집행계고처분 사이(대판 1998. 9. 8, 97누20502) 선행 직위해제처분과 후행 직권면직처분 사이(대판 1971. 9. 29, 71누96), 선행 변상판정과 후행 변상명령 사이(대판 1963. 7. 25, 63누65), 선행 사업인정과 후행 수용재결 사이(대판 1993. 6. 29, 91누2342),[10] 구 택지개발촉진법상 택지개발예정지구의 지정(제3조), 택지개발계획의 승인(제8조), 수용재결 사이(대판 2000. 10. 13, 99두653), 도시·군계획시설결정과 도시·군계획시설사업실시계획인가(대판 2017. 7. 18, 2016두49938), 도시계획결정과 수용재결처분 사이(대판 1990. 1. 23, 87누947), 도시계획사업의 실시계획인가고시와 수용재결처분 사이(대판 1991. 11. 26, 90누9971), 표준공시지가와 개별공시지가 사이(대판 1995. 3. 28, 94누12920), 일정한 경우 개별공시지가와 과세처분 사이(대판 1998. 3. 13, 96누6059) 등이 있다. 〈해설〉 공법상 의무를 부과하는 처분과 공법상 의무불이행에 대한 강제집행행위는 서로 독립하여 별개의 법적 효과를 발생시키는 행위로 본다.

[판례 3] [1] 재산세부과처분의 취소를 구하는 소송에서 표준지공시지가결정의 위법성을 다툴 수 있는지 여부(원칙적 소극): 표준지로 선정된 토지의 표준지공시지가를 다투기 위해서는 처분청인 국토교통부장관에게 이의를 신청하거나 국토교통부장관을 상대로 공시지가결정의 취소를 구하는 행정심판이나 행정소송을 제기해야 한다. 그러한 절차를 밟지 않은 채 토지 등에 관한 재산세 등 부과처분의 취소를 구하는 소송에서 표준지공시지가결정의 위법성을 다투는 것은 원칙적으로 허용되지 않는다(대법원 1995. 11. 10. 선고 93누16468 판결, 대법원 1997. 9. 26.선고 96누7649 판결 참조). [2] 표준지 소유자인 원고가 표준지 등에 관한 재산세부과처분의 취소를 구하면서 재산세 과세표준 산정의 기초가 되는 표준지공시지가의 위법성을 주장한 사안에서, 원심은 재산세부과처분 취소소송에서 선결문제인 표준지공시지가결정의 위법성을 다툴 수 있다고 보았으나, 이러한 원심의 판단이 선행 대법원 판례의 법리에 반한다는 이유로 파기환송한 사례(대판 2022. 5. 13, 2018두50147[재산세부과처분취소]).

[판례 4] [1] 원고(공인중개사)가 공인중개사법 제25조 제3항, 제4항의 규정을 위반하여 중개대상물 확인·설명서에 서명·날인하지 않았다는 이유로 한 선행처분인 업무정지처분은 그 처분사유가 인정되지 않아 위법하지만, 그와 같은 처분사유 부존재의 하자가 중대하고 명백하다고 볼 수는 없다. [2] 선행처분인 업무정지처분은 일정 기간 중개업무를 하지 못하도록 하는 처분인 반면, 후행처분인 이 사건 처분은 위와 같은 업무정지처분에 따른 업무정지기간 중에 중개업무를 하였다는 별개의 처분사유를 근거로 중개사무소의 개설등록을 취소하는 처분(후행처분)이다. 비록 이 사건 후행처분이 업무정지처분을 전제로 하지만, 양 처분은 그 내용과 효과를 달리하는 독립된 행정처분으로서, 서로 결합하여 1개의 법률효과를 완성하는 때에 해당한다고 볼 수 없다. [3] 원고는 업무정지기간 중에 중개업무를 하여서는 안 된다는 것을 인식하고 있었던 점, 원고가 불복기간 내에 업무정지처분의 취소를 구하는 행정심판이나 행정소송을 제기하는 데에 특별히 어려움이 있었다고 인정할 만한 사정 또한 엿보이지 않는 점 등의 사정에 비추어 보면, 업무정지처분의 불가쟁력이나 구속력이 원고에게 수인한도를 넘는 가혹함을 가져오고 그 결과가 예측가능하지 않았던 경우에 해당한다고 볼 수도 없다. 따라서 선행처분인 업무정지처분의 이 사건 처분(중개사무소의 개설등록을 취소하는 처분)에 대한 구속력이 인정된다. [4] 따라서, 원고는 선행처분이 당연무효가 아닌 이상 그 하자를 이유로 후행처분인 이 사건 처분의 효력을 다툴 수 없다. 즉, 업무정지처분의 하자가 이 사건 처분에 승계되지 않는다(대판 2019. 1. 31, 2017두40372[중개사무소의개설등록취소처분취소]). 〈해설〉 이 사건에서 중개대상물확인·설명서 사본에 개업공인중개사의 서명 및 날인이 없지만, 중개대상물확인·설명서 원본에는 개업공인중개사의 서명 및 날인이 있으므로 영업정지처분은 위법하지만, 중개대상물확인·설명서 사본에 개업공인중개사의 서명 및 날인이 없는 것도 영업정지처분사유가 된다고 해석할 여지도 있어 이 사건 영업정지처분이 당연무효는 아니라도 보았다. 그리고, 선행처분이 후행처분의 요건에 포섭되는 경우(예 사전결정의 경우, 이행강제금부과처분의 기초가 되는 시정명령 등)에는 선행처분의 위법은 후행처분의 위법이 된다고 보는 것이 타당하다(이른바 **'선행처분의 후행처분에의 포섭이론'**). 그런데, 이 사건에서 영업정지처분은 이 사건 등록취소처분의 요건에 포섭되는 사례가 아니라고 볼 수 있다. 다만, 이 사건에서 영업정처분은 이 사건 등록취소처분의 요건에 포섭되는 사례라고 볼 수 있는 여지가 있고, 만일 그렇게 본다면(영업정지처분이 적법할 것이 등록취소처분의 적법요건의 하나라고 볼 수 있다면) 영업정지처분의 위법은 등록취소처분의 위법사유가 되고, 이 사건 영업정지처분과 이 사건 등록취소처분은 서로 결합하여 1개의 법률효과를 완성하는 때에 해당한다고 보아야 한다.

생각건대, 하자의 승계가 인정되는 기준이 되는 '선·후의 행정행위가 결합하여 하나의 법적 효과를 달성시킨다'는 기준을 전술하는 판례와 같이 엄격하게 적용할 것은 아니다. 선행처분이 후행처분에 포함되는 경우, 선행처분이 중간처분의 성격을 갖고 후행처분이 최종적 처분의 성격을 갖는 경우에도 위 하자 승계의 기준에 해당한다고, 즉 '하나의 법적 효과를 달성시킨다'고 보는 것이 타당하다. 이러한 입장에 서면, 개별공시지가결정과 과세처분, 시정명령과 이행강제금의 부과, 철거명령과 대집행, 사전결정과 최종적 처분 사이에서는 하자가 승계된다고 보아야 한다. 이러한 관점에서 이행강제금부과처분은 시정명령 자체의 이행을 목적으로 하므로(이행강제금부과처분은 시정명령을 기초로 하여 이루어지므로) 판례가 시정명령과 이행강제금부과처분 사이에서는 하자가 승계된다고 본 것(대판 2018. 12. 27, 2018두57131; 2020. 12. 24, 2019두55675)은 타당하다.

2) 예 외 [2011 입시 사례]

예외적으로 선행 행정행위와 후행 행정행위가 서로 독립하여 별개의 법률효과를 목적으로 하

8) 그러나, 사업인정은 그 자체가 독립의 법적 효과를 발생하는 행정행위이지만, 수용이라는 궁극적 목적을 달성하기 위한 준비행위로 볼 수도 있는 것이므로 사업인정의 위법은 수용재결에 승계된다고 보는 것이 타당하다(박윤흔, 전게서, 435면).

는 경우(예 개별공시지가 결정과 양도소득세부과 처분)에도 선행 행정행위의 불가쟁력이나 구속력이 그로 인하여 불이익을 입게 되는 자에게 수인한도를 넘는 가혹함을 가져오며, 그 결과가 당사자에게 예측가능한 것이 아닌 경우에는 선행행위의 위법을 후행행위의 위법사유로 주장할 수 있다고 본다(판례).

[판례 1] [1] **선행처분과 후행처분이 서로 독립하여 별개의 효과를 목적으로 하는 경우에도 선행처분의 하자를 이유로 후행처분의 효력을 다툴 수 있는 경우:** 두 개 이상의 행정처분이 연속적으로 행하여지는 경우 선행처분과 후행처분이 서로 결합하여 1개의 법률효과를 완성하는 때에는 선행처분에 하자가 있으면 그 하자는 후행처분에 승계되므로 선행처분에 불가쟁력이 생겨 그 효력을 다툴 수 없게 된 경우에도 선행처분의 하자를 이유로 후행처분의 효력을 다툴 수 있는 반면 선행처분과 후행처분이 서로 독립하여 별개의 법률효과를 목적으로 하는 때에는 선행처분에 불가쟁력이 생겨 그 효력을 다툴 수 없게 된 경우에는 선행처분의 하자가 중대하 고 명백하여 당연무효인 경우를 제외하고는 선행처분의 하자를 이유로 후행처분의 효력을 다툴 수 없는 것이 원칙이나 선행처분과 후행처분이 서로 독립하여 별개의 효과를 목적으로 하는 경우에도 선행처분의 불가쟁력이나 구속력이 그로 인하여 불이익을 입게 되는 자에게 수인한도를 넘는 가혹함을 가져오며, 그 결과가 당사자에게 예측가능한 것이 아닌 경우에는 국민의 재판받을 권리를 보장하고 있는 헌법의 이념에 비추어 선행처분의 후행처분에 대한 구속력은 인정될 수 없다. [2] **과세처분 등 행정처분의 취소를 구하는 행정소송에서 선행처분인 개별공시지가결정의 위법을 독립된 위법사유로 주장할 수 있다:** 개별공시지가결정은 이를 기초로한 과세처분 등과는 별개의 독립된 처분으로서 서로 독립하여 별개의 법률효과를 목적으로 하는 것이나, 개별공시지가는 이를 토지소유자나 이해관계인에게 개별적으로 고지하도록 되어 있는 것이 아니어서 토지소유자 등이 개별공시지가결정 내용을 알고 있었다고 전제하기도 곤란할 뿐만 아니라 결정된 개별공시지가가 자신에게 유리하게 작용될 것인지 또는 불이익하게 작용될 것인지 여부를 쉽사리 예견할 수 있는 것도 아니며, 더욱이 장차 어떠한 과세처분 등 구체적인 불이익이 현실적으로 나타나게 되었을 경우에 비로소 권리구제의 길을 찾는 것이 우리 국민의 권리의식임을 감안하여 볼 때 토지소유자 등으로 하여금 결정된 개별공시지가를 기초로 하여 장차 과세처분 등이 이루어질 것에 대비하여 항상 토지의 가격을 주시하고 개별공시지가결정이 잘못된 경우 정해진 시정절차를 통하여 이를 시정하도록 요구하는 것은 부당하게 높은 주의의무를 지우는 것이라고 아니할 수 없고, 위법한 개별공시지가결정에 대하여 그 정해진 시정절차를 통하여 시정하도록 요구하지 아니하였다는 이유로 위법한 개별공시지가를 기초로 한 과세처분 등 후행 행정처분에서 개별공시지가결정의 위법을 주장할 수 없도록 하는 것은 수인한도를 넘는 불이익을 강요하는 것으로서 국민의 재산권과 재판받을 권리를 보장한 헌법의 이념에도 부합하는 것이 아니라고 할 것이므로, 개별공시지가결정에 위법이 있는 경우에는 그 자체를 행정소송의 대상이 되는 행정처분으로 보아 그 위법 여부를 다툴 수 있음은 물론 이를 기초로 한 과세처분 등 행정처분의 취소를 구하는 행정소송에서도 선행처분인 개별공시지가결정의 위법을 독립된 위법사유로 주장할 수 있다고 해석함이 타당하다(대판 1994. 1. 25, 93누8542[양도소득세 등 부과처분취소]).

[판례 2] **수용보상금의 증액을 구하는 소송에서 선행처분으로서 그 수용대상 토지가격 산정의 기초가 된 비교표준지공시지가결정의 위법을 독립한 사유로 주장할 수 있는지 여부(적극):** 표준지공시지가결정은 이를 기초로 한 수용재결 등과는 별개의 독립된 처분으로서 서로 독립하여 별개의 법률효과를 목적으로 하지만, 표준지공시지가는 이를 인근 토지의 소유자나 기타 이해관계인에게 개별적으로 고지하도록 되어 있는 것이 아니어서 인근 토지의 소유자 등이 표준지공시지가결정 내용을 알고 있었다고 전제하기가 곤란할 뿐만 아니라, 결정된 표준지공시지가가 공시될 당시 보상금 산정의 기준이 되는 표준지의 인근 토지를 함께 공시하는 것이 아니어서 인근 토지 소유자는 보상금 산정의 기준이 되는 표준지가 어느 토지인지를 알 수 없으므로, 인근 토지 소유자가 표준지의 공시지가가 확정되기 전에 이를 다투는 것은 불가능하다. 더욱이 장차 어떠한 수용재결 등 구체적인 불이익이 현실적으로 나타나게 되었을 경우에 비로소 권리구제의 길을 찾는 것이 우리 국민의 권리의식임을 감안하여 볼 때, 인근 토지소유자 등으로 하여금 결정된 표준지공시지가를 기초로 하여 장차 토지보상 등이 이루어질 것에 대비하여 항상 토지의 가격을 주시하고 표준지공시지가결정이 잘못된 경우

정해진 시정절차를 통하여 이를 시정하도록 요구하는 것은 부당하게 높은 주의의무를 지우는 것이고, 위법한 표준지공시지가결정에 대하여 그 정해진 시정절차를 통하여 시정하도록 요구하지 않았다는 이유로 위법한 표준지공시지가를 기초로 한 수용재결 등 후행 행정처분에서 표준지공시지가결정의 위법을 주장할 수 없도록 하는 것은 수인한도를 넘는 불이익을 강요하는 것으로서 국민의 재산권과 재판받을 권리를 보장한 헌법의 이념에도 부합하는 것이 아니다. 따라서 표준지공시지가결정이 위법한 경우에는 그 자체를 행정소송의 대상이 되는 행정처분으로 보아 그 위법 여부를 다툴 수 있음은 물론, 수용보상금의 증액을 구하는 소송에서도 선행처분으로서 그 수용대상 토지가격 산정의 기초가 된 비교표준지공시지가결정의 위법을 독립한 사유로 주장할 수 있다(대판 2008. 8. 21, 2007두13845[토지보상금]). 〈평석〉 이 판례는 보상금증액청구소송에서 표준공시지가의 위법을 독립한 사유로 주장할 수 있다는 내용의 판례이지만, 실질적으로는 표준공시지가의 하자의 후행처분인 토지수용재결에 대한 승계를 인정한 판례로 평가할 수 있다. 표준공시지가는 개별공시지가보다 더욱 예측가능성과 수인가능성이 없다는 점에 비추어 개별공시지가의 하자의 승계를 인정하면서 표준공시지가의 하자의 승계를 부정하는 것은 타당하지 않다.

이에 반하여 **수인가능성이나 예측가능성이 있는 경우**에는 선행행위의 위법을 후행행위의 위법사유로 주장할 수 없다.

[판례] 개별토지가격 결정에 대한 재조사 청구에 따른 감액조정에 대하여 더 이상 불복하지 아니한 경우, 이를 기초로 한 양도소득세 부과처분 취소소송에서 다시 개별토지가격 결정의 위법을 당해 과세처분의 위법사유로 주장할 수 없다고 한 사례: 원고가 이 사건 토지를 매도한 이후에 그 양도소득세 산정의 기초가 되는 1993년도 개별공시지가 결정에 대하여 한 재조사청구에 따른 조정결정을 통지받고서도 더 이상 다투지 아니한 경우까지 선행처분인 개별공시지가 결정의 불가쟁력이나 구속력이 수인한도를 넘는 가혹한 것이거나 예측불가능하다고 볼 수 없어, 위 개별공시지가 결정의 위법을 이 사건 과세처분의 위법사유로 주장할 수 없다(대판 1998. 3. 13, 96누6059[양도소득세부과처분취소]). 〈해설〉 현행법에서 개별공시지가결정 후 공시 전의 재조사청구는 의견제출의 성격을 갖고, 개별공시지가결정공시후의 재조사청구는 이의신청의 성질을 갖는다.

판례는 아래와 같이 선행행위가 행정행위가 아닌 쟁송법상 처분이고, 선행처분에서 행정절차가 보장되지 않은 경우(의견제출 등 방어권의 행사 및 행정쟁송절차에 대한 고지 등 불복의 기회를 주지 않은 것)를 독자적인 새로운 하자의 승계의 인정사유(유형)로 보고 있다. 즉, 판례 중에는 선행처분이 '**쟁송법적 처분**'(내용·형식·절차의 측면에서 단순히 조기의 권리구제를 가능하게 하기 위하여 행정소송법상 처분으로 인정되는 처분)인 경우로서 행정절차법에서 정한 처분절차를 준수하지 않아 선행처분 상대방에게 방어권행사 및 불복의 기회가 보장되지 않은 경우 하자의 승계를 인정한 반면, 선행처분의 상대방에게 방어권행사 및 불복의 기회가 보장된 경우에는 '**실체법적 처분**'으로 보고 선행처분의 위법을 후행처분에서 주장할 수 없다고 본 판례가 있다(대판 2020. 4. 3, 2019두61137).

[판례] 사업주가 근로복지공단의 사업종류 변경결정의 취소를 구하는 사건 [1] 근로복지공단이 사업주에 대하여 하는 '개별 사업장의 사업종류 변경결정'은 행정청이 행하는 구체적 사실에 관한 법집행으로서의 공권력의 행사인 '처분'에 해당한다고 보아야 한다. 근로복지공단의 사업종류 변경결정에 따라 국민건강보험공단이 사업주에 대하여 하는 각각의 산재보험료 부과처분도 항고소송의 대상인 처분에 해당한다. [2] 근로복지공단이 사업종류 변경결정을 하면서 개별 사업주에 대하여 사전통지 및 의견청취, 이유제시 및 불복방법 고지가 포함된 처분서를 작성하여 교부하는 등 실질적으로 행정절차법에서 정한 처분절차를 준수함으로써 사업주에게 방어권행사 및 불복의 기회가 보장된 경우에는, 그 사업종류 변경결정은 그 내용·형식·절차의 측

면에서 단순히 조기의 권리구제를 가능하게 하기 위하여 행정소송법상 처분으로 인정되는 소위 '쟁송법적 처분'이 아니라, 개별·구체적 사안에 대한 규율로서 외부에 대하여 직접적 법적 효과를 갖는 행정청의 의사표시인 소위 '실체법적 처분'에 해당하는 것으로 보아야 한다. 이 경우 사업주가 행정심판법 및 행정소송법에서 정한 기간 내에 불복하지 않아 불가쟁력이 발생한 때에는 그 사업종류 변경결정이 중대·명백한 하자가 있어 당연무효가 아닌 한, 사업주는 그 사업종류 변경결정에 기초하여 이루어진 각각의 산재보험료 부과처분에 대한 쟁송절차에서는 선행처분인 사업종류 변경결정의 위법성을 주장할 수 없다고 봄이 타당하다. … 근로복지공단이 사업종류 변경결정을 하면서 실질적으로 행정절차법에서 정한 처분절차를 준수하지 않아 사업주에게 방어권행사 및 불복의 기회가 보장되지 않은 경우에는 이를 항고소송의 대상인 처분으로 인정하는 것은 사업주에게 조기의 권리구제기회를 보장하기 위한 것일 뿐이므로, 이 경우에는 사업주가 사업종류 변경결정에 대해 제소기간 내에 취소소송을 제기하지 않았다고 하더라도 후행처분인 각각의 산재보험료 부과처분에 대한 쟁송절차에서 비로소 선행처분인 사업종류 변경결정의 위법성을 다투는 것이 허용되어야 한다. 〈해설〉 원심은 [1] 근로복지공단의 사업종류 변경결정만으로는 원고의 권리·의무에 직접적인 변동이나 불이익이 발생한다고 볼 수 없고, 사업종류 변경결정에 따라 국민건강보험공단이 추가보험료 부과처분을 함으로써 비로소 원고에게 현실적인 불이익이 발생하며, 원고는 국민건강보험공단을 상대로 이 사건 추가보험료 부과처분의 취소를 청구하는 것만으로도 충분한 권리구제를 받는 것이 가능하다는 등의 이유로, 근로복지공단의 사업종류 변경결정은 항고소송의 대상이 되는 행정처분에 해당하지 않는다고 판단하여 각하하고, [2] 근로복지공단의 사업종류 변경결정이 잘못이라고 보아 국민건강보험공단에 대한 추가보험료 부과처분은 취소하는 판결을 선고하였음. 대법원은, 근로복지공단의 사업종류 변경결정은 그 자체로 행정처분에 해당할 뿐만 아니라, 개별 사업장의 사업종류를 변경하고 산재보험료를 산정하는 판단작용을 하는 행정청은 근로복지공단이며, 국민건강보험공단은 근로복지공단으로부터 그 자료를 넘겨받아 단순히 사업주에 대해서 산재보험료를 납부고지하고 징수하는 역할만을 수행하므로 … 그 결정의 행위주체인 근로복지공단으로 하여금 소송당사자가 되어 방어를 하도록 하는 것이 합리적이라는 이유에서, 파기환송한 사례임(대판 2020. 4. 3, 2019두61137). 〈해설〉 실질적으로 행정절차법에서 정한 처분절차를 준수함으로써 사업주에게 방어권행사 및 불복의 기회가 보장된 경우인지 여부 및 항고소송의 대상인 처분으로 인정하는 것이 사업주에게 조기의 권리구제기회를 보장하기 위한 것일 뿐인지 여부에 따라 하자의 승계를 인정하는 것은 새로운 판례이나 그 타당성에 대해서는 논란의 여지가 있다. 생각건대, 위 판례는 다음과 같이 개념의 사용에 있어서 혼란을 주고 있고, 논리상 오류가 있는 문제가 있다. 1) '쟁송법상 처분'은 행정쟁송법상 개념으로서 행정심판법이나 행정소송법상 처분이 되는 모든 처분을 지칭하는 것으로 개념 정의하고, 실체법상 처분인 행정행위도 쟁송법상 처분에 포함되는 것으로 개념정의하는 것이 타당하다. 그런데, 판례에서와 같이 처분 중 행정절차의 보장 여부에 따라 그 보장이 되면 '실체법상 처분'으로 보고, 그 보장이 되지 않으면 '쟁송법상 처분'으로 보는 것은 '실체법상 처분'인 행정행위가 '쟁송법상 처분'이 아니라는 것이 되어 개념상 혼란을 초래하고, 절차법(행정절차법)과 실체법 및 소송법의 구분과 본질(독자성)을 무시하고 논리적 근거없이 직접 관련시키고 있는 문제가 있다. 2) '개별·구체적 사안에 대한 규율로서 외부에 대하여 직접적 법적 효과를 갖는 행정청의 의사표시'인 소위 '실체법상 처분' 즉 실체법상 '행정행위'인지는 실체법상 문제로서 행위 자체의 성질과 법적 효과를 기준으로 판단하여야 하고, 방어권 행사와 불복기회 등 행정절차의 보장 여부와는 무관한 것이다. 3) 행정절차의 준수 여부와 하자의 승계 여부는 각각 독자의 논리를 갖고 있는 별개의 문제이므로 행정절차의 미보장(준수)이 직접 하자의 승계사유가 된다고 보는 것은 논리상 타당하지 않고, 문제를 지나치게 복잡하게 만든다. 행정절차의 보장 여부 중 행정절차의 미보장을 하자의 승계사유로 보는 것에 찬성하는 견해(최계영, 하자의 승계와 쟁송법적 처분, 행정판례연구, 2022.6, 92면)가 있지만, 이에 찬동할 수 없다. 행정절차의 준수 여부, 특히 행정쟁송절차의 고지 여부는 종래 판례가 인정하는 하자의 승계의 예외적 인정 기준인 '예측가능성과 수인가능성 없음'의 판단에 있어 하나의 고려사항으로만 보는 것이 타당하다. 4) 행정절차의 미보장(준수)이 직접 하자의 승계사유가 된다고 보는 것은 법적 안정성에 비해 국민의 권리를 과도하게 보호하는 것(하자의 승계를 과도하게 인정하는 것)이고, 절차의 하자를 실체상 하자보다 더 강한 효과을 인정하는 결과를 가져오는 점(선행행위의 위법사유일뿐만 아니라 후행행위의 위법사유가 되는 점)에서도 부당하다. 5) 행정절차(방어권 행사 및 불복 기회)가 보장된 경우에도 종래의 판례에 따라 하자의 승계를 인정하지 않는 것(선행처분의 후행처분에 대항 구속력을 인정하는 것)이 후행행위에 대한 쟁송제기자의 '수인가능성과 예측가능성'을 침해하게 되는 경우에는 하자의 승계를 인정해야 한다.

그러나, '선행처분이 실체법상 행정행위가 아니고, 선행처분의 처분성에 대한 쟁송제기자의 인식가능성이 낮아 쟁송제기자가 후행처분에 대한 쟁송에서 선행행위의 하자를 다투고자 하여 선행처분에 대해 쟁송을 제기하지 않아 선행처분에 대해 불가쟁력이 발생한 것으로 볼 수 있는 경우로서 종래의 판례에 따라 선행행위의 후행행위에 대한 구속력의 인정이나 선행행위의 하자의 후행행위에 대한 승계의 불인정이 후행행위에 대한 쟁송에서 선행행위의 위법을 다투고자 한 쟁송제기자의 '수인가능성과 예측가능성'을 침해하는 것이 되는 경우에 한하여** 다음과 같은 이유에서 **선행처분의 후행처분에 대한 하자의 승계를 인정하는 것이 타당**하다. 그 이유는 선행행위가 실체법상 행정행위가 아니어서 선행처분의 처분성 인정에 다툼의 여지가 있음에도 선행처분의 처분성을 인정하는 것은 국민의 권리를 조기에 구제하기 위한 것이고, 선행행위의 처분성을 인정하지 않았다면 선행행위의 위법은 당연히 후행행위의 위법사유가 되므로 후행행위에 대한 쟁송에서 선행행위의 위법을 당연히 주장할 수 있는데, 선행행위의 처분성을 인정하면서 하자의 승계를 인정하지 않는 것은 오히려 국민의 권리구제에 장애를 초래하는 것이고, 후행행위에 대한 쟁송에서 선행행위의 위법을 다투고자 한 '쟁송제기자의 예측가능성과 수인가능성'을 침해하는 것이 되기 때문이다. **행정절차의 미준수, 특히 행정쟁송절차의 불고지는** 종래 판례가 인정하는 하자의 승계의 예외적 인정 기준인 **'예측가능성과 수인가능성 없음'의 판단에 있어 하나의 고려사항으로만 보는 것이 타당**하다.

(4) 하자의 승계의 효과

하자의 승계가 인정되는 경우 선행행위의 위법을 후행행위의 위법사유로 주장할 수 있고, 취소권자는 선행행위의 위법을 이유로 후행행위를 취소할 수 있다.

하자의 승계가 권리보호를 위해 인정되는 것이므로 선행행위의 위법은 내용의 위법으로 한정하는 것이 타당하다.

2. 선행행위의 후행행위에 대한 구속력(규준력)론

(1) 의 의

선행행위(先行行爲)의 후행행위(後行行爲)에 대한 구속력(규준력, 기결력)은 후행 행정행위의 단계에서 후행 행정행위의 전제가 되는 선행 행정행위에 배치되는 주장을 하지 못하는 효력을 말한다.

선행행위의 후행행위에 대한 구속력론은 하자의 승계론을 비판하면서 구속력론으로 하자의 승계론을 대체하자는 견해이다.

(2) 구속력의 근거

후행행위에 대한 규준력(規準力)의 직접적인 근거는 존재하지 않으며 행정행위의 공정력과 불가쟁력이 간접적인 근거가 된다.

(3) 구속력의 인정요건 및 범위(한계)

① 선행행위와 후행행위가 동일한 목적을 추구하며 법적 효과가 기본적으로 일치되어야 한다(사물적(객관적) 한계).

② 양 행위의 수범자(상대방)가 일치하여야 한다(대인적(주관적) 한계).

③ 선행행위의 사실 및 법상태가 유지되는 한도 내에서만 미친다(시간적 한계). 사실 및 법상태에 본질적인 변경이 있는 경우 선행행위의 구속력은 후행행위에 미치지 않고, 선행행위에 대한 신뢰이익과 구속력을 배제할 공익 사이의 이익형량에 따라 선행행위를 따르지 않은 후행행위의 위법 여부가 결정된다.

④ 선행행위(예 직위해제처분)의 후행행위(예 직권면직처분)에 대한 구속력을 인정하는 것이 개인에게 지나치게 가혹하며 예측 가능하지 않은 경우에는 구속력의 효력이 차단된다(예측가능성과 수인가능성이 없는 경우). 예측가능성과 수인가능성이 없음으로 인하여 선행행위의 후행행위에 대한 구속력이 차단되는 경우에는 행정청은 후행행위를 함에 있어 선취된 결정에 구속되지 않고 후행행위를 할 수 있다는 것이다.

(4) 구속력(규준력)의 예외의 효과

구속력의 예외가 인정되는 경우 선행행위의 후행행위에 대한 구속력이 인정되지 않고, 그 결과 선행행위의 위법을 이유로 후행행위를 취소할 수 있다.

3. 하자의 승계론과 구속력론의 관계 및 적용

(1) 학 설

선행행위의 위법을 이유로 후행행위를 위법한 것으로 볼 수 있는지에 관하여 하자의 승계론과 구속력론을 상호 배타적인 이론으로서 둘 중의 하나만 적용하여야 한다는 견해(배타적 적용설)와 하자의 승계론과 구속력론은 상호 별개의 목적과 성질을 갖는 이론으로서 중첩적으로 적용될 수 있다는 견해(중첩적용설)가 있다. 그리고, **배타적 적용설에는 하자의 승계론이 타당하다는 견해와 구속력론이 타당하다는 견해가 있다.**

하자의 승계론은 구속력론에서의 구속력은 판결과 같은 구속력으로서 너무 엄격한 것이고 그 예외는 매우 제한적으로 인정되므로 국민의 권리보호라는 관점에서 문제가 있다고 주장한다.

구속력론은 하자의 승계론이 제소기간제도의 의의를 본질적으로 훼손하고, 하자의 승계기준(하나의 법률효과를 발생시키는지 여부)은 너무 형식적이고 편의적인 것이라고 비판하면서 구속력이론을 지지하고 있다(정하중).

(2) 판 례

원칙상 하자의 승계론에 따라 선행행위의 위법의 후행행위에의 승계 여부를 판단하고 있다.

다만 전술한 바와 같이 판례는 선행처분(예 개별공시지가결정)의 하자를 이유로 후행처분(예 양도소득세부과처분)의 효력을 다툴 수 없게 하는 것이 당사자에게 수인한도를 넘는 불이익을 주고 그 결과가 당사자에게 예측가능한 것이라고 할 수 없기 때문에 선행처분의 후행처분에 대한 구속력을 인정할 수 없다고 보고, 그러므로 선행처분의 위법을 이유로 후행처분의 효력을 다툴 수 있다고 보고 있다(대판 1994. 1. 25, 93누8542; 2013. 3. 14, 2012두6964[독립유공자법적용배제결정처분취소]).

이 판례의 해석과 관련하여 이 판례가 하자의 승계를 확대하였다는 견해(하자의 승계확대설)와 이 판례가 구속력이론에 입각하여 선행행위의 위법을 이유로 후행행위의 위법을 주장할 수 있다고 보았다는 견해(구속력설)가 대립하고 있다. 생각건대, 판결문에서 구속력이라는 용어를 사용하고 있고 설시한 법리도 구속력론의 법리인 점에 비추어 **구속력설**이 타당하다.

(3) 결 어

하자의 승계론과 구속력론은 별개의 이론이므로 중첩적으로 적용될 수 있는 것으로 보는 것이 타당하고(중첩적용설), 이 것이 판례의 입장이다.

V. 흠 있는 행정행위의 치유와 전환[2003 행시 약술]

1. 하자의 치유[1998 행시 사례, 2008 행시(재경직) 사례, 2014 변시 사례]

(1) 개 념

하자(瑕疵)의 치유(治癒)라 함은 성립당시에 적법요건을 결한 흠 있는 행정행위라 하더라도 사후에 그 흠의 원인이 된 적법요건을 보완하거나 그 흠이 취소사유가 되지 않을 정도로 경미해진 경우에 그의 **성립 당시의 흠에도 불구**하고 하자 없는 **적법한 행위**로 그 효력을 그대로 유지시키는 것을 말한다.

(2) 인정근거

하자의 치유는 행정행위의 무용한 반복을 피함으로써 행정경제를 도모하기 위하여 인정된다.

(3) 인정범위와 한계

1) 일반적 기준

하자 있는 행정행위의 치유는 행정행위의 성질이나 법치주의의 관점에서 볼 때 **원칙적으로 허용될 수 없는 것**이고, **예외적으로** 행정행위의 무용한 반복을 피하고 당사자의 법적 안정성을 위해 이를 **허용**할 수 있는 것인데, 이 때에도 **다른 국민의 권리나 이익을 침해하지 않는 범위**에서 구체적 사정에 따라 합목적적으로 인정하여야 할 것이다(대판 1983. 7. 26, 82누420; 2002. 7. 9, 2001두10684).

[판례 1] 재건축조합설립인가처분 당시 동의율을 충족하지 못한 하자는 후에 추가동의서가 제출되었다는 사정만으로 치유될 수 없다(대판 2013. 7. 11, 2011두27544[주택재건축정비사업조합설립인가처분취소]).

[판례 2] 새로운 조합설립동의서를 징구한 것만으로 당초 조합설립인가처분의 흠이 치유되는 것인지 여부(소극): 행정소송에서 행정처분의 위법 여부는 행정처분이 있을 때의 법령과 사실상태를 기준으로 하여 판단하여야 하고, 처분 후 법령의 개폐나 사실상태의 변동에 의하여 영향을 받지는 않는다고 할 것이며, 흠이 있는 행정행위의 치유는 행정행위의 성질이나 법치주의 관점에서 볼 때 원칙적으로 허용될 수 없는 것이고, 예외적으로 행정행위의 무용한 반복을 피하고 당사자의 법적 안정성을 위해 이를 허용하는 때에도 국민의 권리나 이익을 침해하지 않는 범위에서 구체적 사정에 따라 합목적적으로 인정하여야 할 것이다(대판 2010. 8. 26, 2010두2579[재개발정비사업조합설립인가취소]: 주택재개발정비사업조합설립동의서 중 일부 동의서가 적법하지 않아 이를 제외한 나머지 동의서만으로는 구 도시 및 주거환경정비법 제16조 제1항에서 정한 토지 등 소유자 4분의 3 이상의 동의를 얻어야 한다는 요건을 충족하지 못하여 위법한 주택재개발정비사업조합설립인가처분에 있어서 1심판결 이후 4분의 3을 초과하는 조합설립동의서를 새로 받은 사안에서, 흠의 치유를 인정하더라도 원고들을 비롯한 토지 등 소유자들에게 아무런 손해가 발생하지 않는다고 단정할 수 없다는 점 등을 이유로 하자의 치유를 인정하지 않은 사례).

[판례 3] "경원관계(競願關係)에 있는 자가 제기한 허가처분의 취소소송에서 인근주민의 동의를 받아야 하는 요건을 결여하였다가 처분 후에 동의를 받은 경우에 하자의 치유를 인정하는 것은 원고에게 불이익하게 되므로 이를 허용할 수 없다(대판 1992. 5. 8, 91누13274[엘피지충전소허가처분취소]).

[판례 4] 선행처분인 개별공시지가결정이 위법하여 그에 기초한 개발부담금 부과처분도 위법하게 된 경우 그 하자의 치유를 인정하면 개발부담금 납부의무자로서는 위법한 처분에 대한 가산금 납부의무를 부담하게 되는 등 불이익이 있을 수 있으므로, 그 후 적법한 절차를 거쳐 공시된 개별공시지가결정이 종전의 위법한 공시지가결정과 그 내용이 동일하다는 사정만으로는 위법한 개별공시지가결정에 기초한 개발부담금 부과처분이 적법하게 된다고 볼 수 없다(대판 2001. 6. 26, 99두11592[개발부담금부과처분취소]).

2) 하자의 치유 사유

하자의 치유가 인정되는 사유로는 흠결된 요건의 사후보완이 있다. 예를 들면, 무권대리의 사후추인, 처분의 절차 또는 형식의 사후보완, 불특정목적물의 사후특정, 이유의 사후제시가 있다.

치유의 대상이 되는 하자는 절차법상의 하자(형식의 하자 포함)뿐만 아니라 실체법상(내용상)의 하자도 포함하지만, 하자의 치유가 주로 인정되는 것은 절차와 형식의 하자의 경우이다. 이에 대하여 처분의 내용에 관한 하자의 치유는 허용하지 않는 것이 바람직하다는 견해도 있다.[9]

판례는 내용상 하자는 치유가 가능하지 않은 것으로 본다.

[판례] 이 사건 처분(노선여객자동차운송사업의 사업계획변경인가처분)에 관한 하자가 행정처분의 내용에 관한 것이고 새로운 노선면허가 이 사건 소 제기 이후에 이루어진 사정 등에 비추어 하자의 치유를 인정치 않은 원심의 판단은 정당하다(대판 1991. 5. 28, 90누1359[시외버스운송사업계획변경인가처분취소]).

3) 개별적 검토

가. 수익적 행정행위의 흠결 수익적 행정행위의 흠결은 언제든지 보정되면 치유될 수 있다고 보아야 한다.

9) 홍준형, "행정행위 하자의 치유," 『고시계』, 2000. 8, 61면.

나. 절차의 하자의 치유 이해관계인의 절차적 권리가 침해되지 않는 한도내에서 절차의 하자가 치유된다고 보아야 한다.

> **[판례]** 행정청이 처분절차에서 관계 법령의 절차 규정을 위반하여 절차적 정당성이 상실된 경우에는 해당 처분은 위법하고 원칙적으로 취소하여야 한다. 다만 처분상대방이나 관계인의 의견진술권이나 방어권 행사에 실질적으로 지장이 초래되었다고 볼 수 없는 특별한 사정이 있는 경우에는, 절차 규정 위반으로 인하여 처분절차의 절차적 정당성이 상실되었다고 볼 수 없으므로 해당 처분을 취소할 것은 아니다(대판 2018. 3. 13, 2016두33339; 2021. 2. 4, 2015추528 등 참조).

(가) 의견진술절차의 하자 의견진술절차 불이행의 하자는 원칙상 하자가 치유되지 않는다고 보아야 한다. 왜냐하면 의견진술절차는 행정행위가 행하여지기 전에 인정되어야 처분 전에 방어기회를 준다는 등의 인정이유를 충족시킬 수 있기 때문이다.

다만, 의견진술 자체의 흠결이 아니라 의견진술통지기간의 불준수와 같은 의견진술절차상의 하자는 처분 전에 이해관계인에게 방어의 기회를 준다는 의견진술절차의 인정근거를 위태롭게 하지 않는 한도 내에서는 치유된다고 보아야 한다.

> **[판례]** 의견진술통지기간의 불준수로 의견진술준비기간이 법정기간보다 조금 모자라지만 자기방어를 위한 준비에 큰 곤란한 점이 없었다면 의견진술통지기간의 불준수의 하자는 치유된다고 보아야 한다(대판 1992. 10. 23, 92누2844[영업허가취소처분취소]).

(나) 이유 등의 사후제시 이유제시의 하자의 보완으로 인한 하자의 치유가 어느 시점까지 가능한지에 관하여 견해가 대립되고 있다.

가) 행정쟁송제기전설 이유제시는 상대방의 쟁송의 제기에 편의를 제공하기 위하여 인정되는 것이기 때문에 이유제시의 하자는 행정쟁송의 제기 전, 즉 행정심판이나 행정소송의 제기 전까지 보완되어야 하자가 치유되는 것으로 보아야 한다.

나) 행정소송제기전설 행정심판은 본질적으로 행정내부의 자율적인 통제수단에 불과하며 행정심판단계에서는 아직 행정청의 손을 떠나지 아니한 것이므로 행정심판에 대한 불복시(행정소송제기 전)까지 하자가 보완될 수 있는 것으로 보아야 한다는 견해이다.

다) 쟁송종결시설 소송경제 등을 고려하여 소송절차의 종결 전까지 하자의 치유를 인정하는 것이 바람직하다는 견해이다(홍정선, 276면).

라) 판 례 판례는 이유제시의 하자를 치유하려면 늦어도 처분에 대한 불복여부의 결정 및 불복신청에 편의를 줄 수 있는 상당한 기간 내에 하여야 한다고 하고 있다(행정쟁송제기전설).

> **[판례 1]** 뒤늦은 납세고지서의 송달로 이유부기의 하자의 치유를 허용하려면 늦어도 과세처분에 대한 불복여부의 결정 및 불복신청에 편의를 줄 수 있는 상당한 기간 내에 하여야 할 것이다(대판 1983. 7. 26, 82누420[법인세 등 부과처분취소]).
> **[판례 2]** 과세처분시 세액의 산출근거 등이 누락된 경우에는 늦어도 과세처분에 대한 불복 여부의 결정 및 불복신청에 편의를 줄 수 있는 상당한 기간 내에 보정행위를 하여야 그 하자가 치유된다고 본다. 그런데, 과

세예고통지사항이 흠결되어 있다 하더라도 그 처분에 대한 불복 여부의 결정 및 불복신청에 전혀 지장을 받지 않을 것이므로 하자가 치유되었다고 볼 수 있다(대판 1993. 7. 13, 92누13981).

판례의 입장을 모든 절차의 하자의 경우 행정쟁송 제기 전 절차가 보완되면 치유가 가능한 것으로 소개하는 견해가 있는데, 이 견해는 타당하지 않다. 판례는 이유제시의 하자의 경우에 한하여 그렇게 보고 있다.

마) 결어(행정쟁송제기전설) 우리나라의 행정심판은 준사법적 성격이 강하므로 이유제시의 하자가 행정쟁송의 제기 전까지 보완되어야 하자가 치유되는 것으로 보는 것이 타당하다.

다. 무효인 행정행위등과 하자의 치유 무효와 취소의 구별의 상대화를 전제로 무효인 행정행위의 치유도 인정할 수 있다고 보는 견해도 있지만,[10] 하자의 치유는 행정행위의 존재를 전제로 하여 그 흠을 치유하여 흠이 없는 행정행위로 하는 것이므로 **무효인 행정행위의 치유는 인정될 수 없다는 부정설이 통설이며 판례의 입장이다**(대판 1997. 5. 28, 96누5308[토지등급수정무효확인]). 또한, **판례는** 효력발생요건인 송달의 하자의 치유도 인정하지 않는다(대판 1988. 3. 22, 87누986[수도과태료등부과처분취소]).

[판례] 징계처분이 중대하고 명백한 흠 때문에 당연무효의 것이라면 징계처분을 받은 자가 이를 용인하였다 하여 그 흠이 치료되는 것은 아니다(대판 1989. 12. 12, 88누8869).

(4) 하자의 치유의 효과

행정행위의 하자가 치유되면 당해 행정행위는 **처분시부터 하자가 없는 적법한 행정행위로 효력을 발생하게 된다.**

2. 하자 있는 행정행위의 전환

(1) 개 념

행정행위의 전환(轉換)이라 함은 행정행위가 본래의 행정행위로서는 무효이나 다른 행정행위로 보면 그 요건이 충족되는 경우에 흠 있는 행정행위를 **흠 없는 다른 행정행위로 인정하는 것**을 말한다. 사망자에 대한 귀속재산의 불하처분을 상속인에 대한 처분으로 전환하는 것을 그 예로 들 수 있다.

(2) 인정근거

하자의 전환은 행정의 법적 안정성을 위하고 행정의 무용한 반복을 피하기 위하여 인정된다.

(3) 요 건

하자 있는 행정행위의 전환이 인정되기 위하여는 다음과 같은 요건을 갖추어야 한다.

10) 김철용, "무효인 행정행위와 취소할 수 있는 행정행위의 구별기준과 구별실익," 『고시연구』, 1975. 10, 29면.

① 하자 있는 행정행위와 전환되는 행정행위가 동일한 목적을 가져야 한다.

② 하자 있는 행정행위와 전환하려고 하는 다른 행정행위의 처분청, 절차, 형식이 동일하여야 한다.

③ 전환되는 행정행위의 성립, 발효요건, 적법요건을 갖추고 있어야 한다.

④ 하자 있는 행정행위를 한 행정청의 의도에 반하는 것이 아니어야 한다. 달리 말하면 행정청이 본래의 행정행위의 위법성을 알았더라면 당해 행정청이 전환되는 행정행위와 같은 내용의 처분을 하였을 것이 인정되어야 한다.

⑤ 당사자가 그 전환을 의욕하는 것으로 인정되어야 한다. 달리 말하면 당사자에게 불이익한 법적 효과를 초래하지 않아야 한다.

⑥ 제3자의 권익을 침해하지 않아야 한다.

⑦ 기속행위를 재량행위인 행위로 전환하여서는 안 된다. 왜냐하면 그것을 인정한다면 처분청의 재량권을 침해하는 것이 되기 때문이다. 달리 말하면 법원이 처분청의 재량권을 행사하는 결과를 가져오기 때문이다.

(4) 인정범위

행정행위의 전환은 무효인 행정행위에 대하여만 인정된다는 견해와 무효인 행위뿐만 아니라 취소할 수 있는 행정행위에도 인정된다는 견해가 있다.

(5) 전환권자

행정행위의 전환은 처분청, 행정심판기관뿐만 아니라 법원에 의해서도 행해질 수 있다. 이에 대하여 법원에 전환권을 인정하는 것은 권력분립의 원칙에 반한다는 견해가 있다.

(6) 법적 성질과 효력발생요건

행정청에 의한 행정행위의 전환을 행정행위로 보는 견해가 다수견해이다. 따라서, 행정청의 전환행위에 대하여는 의견청취절차규정 등 행정절차법이 적용되며 통지되어야 효력을 발생한다.

(7) 효 과

무효의 전환이 인정되면 새로운 행정행위가 발생한다. 즉, 하자 있는 행정행위는 송달된 날에 전환된 행정행위로서 효력이 발생한다. 전환된 행정행위에 대하여는 행정쟁송을 제기할 수 있고, 불복기간은 전환행위가 있음을 안 날로부터 90일 이내이다.

[판례] 귀속재산을 불하받은 자가 사망한 후에 그 수불하자에 대하여 한 그 불하처분취소처분은 사망자에 대한 행정처분이므로 무효이지만 그 취소처분을 수불하자의 상속인에게 송달한 때에는 그 송달시에 그 상속인에 대하여 다시 그 불하처분을 취소한다는 새로운 행정처분을 한 것이라고 할 것이다(대판 1969. 1. 21, 68누190[매매계약처분취소]). 〈평석〉 이 판결은 행정행위의 전환을 인정한 판례가 아니고, 행정청의 실제의 의사를 확인하는 '행정행위의 해석'을 한 것이라고 보는 견해가 있다. 그 이유로 판례가 송달시에 새로운 처분(불하처분취소처분)을 한 것으로 본 것을 들고 있다. 만일 행정행위의 전환을 인정한 것이라면 사망자를 송달받을 자로 하여 처분서가 송달된 날에 이미 송달의 효력이 발생한 것으로 보았어야 한다고 주장한다(박정훈, 544~545면).

제 9 절 행정행위의 취소, 철회와 변경

일단 유효하게 성립한 행정행위의 효력을 상실(폐지)시키는 것으로 행정행위의 취소와 철회가 있다. **행정행위의 취소는 위법한 행정행위의 효력을 상실시키는 것을 말하고, 행정행위의 철회는 적법한 행정행위를 사정변경에 따라 장래에 향하여 효력을 소멸시키는 것을 말한다.**

행정행위의 취소에는 쟁송취소와 직권취소가 있다. 쟁송취소는 행정쟁송을 통한 행정행위의 취소이다. 쟁송취소는 행정심판법과 행정소송법의 문제이므로 쟁송취소에 관한 것은 후술하기로 한다. 여기에서는 행정행위의 직권취소를 주로 고찰하기로 한다.

처분에 대한 취소·철회·변경의 신청권은 원칙상 인정되지 않지만, 명문의 규정에 따라 또는 조리상 취소·철회·변경의 신청권이 인정된다. 그런데, 불가쟁력이 발생한 처분에 대한 취소·철회·변경의 신청권은 특히 제한적으로 인정된다.

[판례] 제소기간이 이미 도과하여 불가쟁력이 생긴 행정처분에 대하여는 개별 법규에서 그 변경을 요구할 신청권을 규정하고 있거나 관계 법령의 해석상 그러한 신청권이 인정될 수 있는 등 특별한 사정이 없는 한 국민에게 그 행정처분의 변경을 구할 신청권이 있다 할 수 없다(대판 2007. 4. 26, 2005두11104).

I. 행정행위의 취소 [2023 변시]

1. 취소의 개념	8. 취소의 종류
2. 직권취소와 쟁송취소의 구별	9. 취소의무
3. 취소의 법적 근거	10. 취소의 효과
4. 취소권자	11. 취소의 취소
5. 취소사유	12. 수익적 행정행위의 소급적 직권취소후 환수처분
6. 취소의 제한	
7. 취소절차	

행정기본법 제18조 제1항은 위법 또는 부당한 처분의 직권취소를 명확하게 규정하고 있다.

1. 취소의 개념

행정행위의 취소(取消)는 위법 또는 부당의 하자가 있음을 이유로 행정행위의 효력을 상실시키는 것을 말한다. 광의로는 직권취소와 함께 쟁송취소를 포함하고, 협의로는 직권취소만을 의미한다.

2. 직권취소와 쟁송취소의 구별

직권취소(職權取消)와 쟁송취소(爭訟取消)는 모두 하자 있는 행정행위의 효력을 상실시킨다는 점에서는 공통점을 갖지만 취소의 본질, 목적, 내용 및 효과 등에서 상이하므로 오늘날 쟁송취소와 직권취소를 구별하는 것이 일반적이다.

(1) 취소의 목적 내지 본질

쟁송취소는 위법한 행정행위로 인하여 권익침해를 받은 국민의 권익구제와 함께 행정의 적법성 회복을 목적으로 행해진다. 쟁송취소는 권익을 침해당한 자의 쟁송의 제기에 의해 심판기관이 쟁송절차를 거쳐 행정행위의 효력을 상실시키는 **사법적(司法的) 성질의 행위**이다.

이에 반하여 **직권취소**는 적법성의 회복과 함께 장래에 향하여 행정목적을 적극적으로 실현하기 위하여 행해진다. 직권취소는 행정청이 쟁송의 제기와 관계없이 직권으로 위법한 행정행위의 효력을 상실시키는 행위로서 **그 자체가 독립적인 행정행위**이다.

(2) 취소권자

직권취소는 처분행정청 또는 법률에 근거가 있는 경우에 상급행정청이 행하지만 **쟁송취소**는 권익침해를 받은 처분의 상대방 또는 제3자의 청구에 의해 행정심판의 경우에는 행정심판기관인 행정심판위원회에 의해, 행정소송의 경우에는 법원에 의해 행해진다.

(3) 취소의 대상

직권취소의 대상은 모든 행정행위이다. 즉, 부담적 행정행위, 수익적 행정행위 및 제3자효 행정행위 모두 직권취소의 대상이 된다.

이에 반하여 **쟁송취소**에 있어서는 부담적 행정행위와 제3자효 행정행위가 취소의 대상이 되며 수익적 행정행위는 소의 이익이 없으므로 취소의 대상이 되지 않는다.

불가변력이 발생한 행정행위에 대하여는 쟁송취소만이 가능하다.

(4) 취소사유

직권취소에 있어서는 위법뿐만 아니라 부당도 취소사유가 된다. **쟁송취소**에 있어서 행정심판을 통한 취소에 있어서는 부당도 취소사유가 되지만, 취소소송을 통한 취소에 있어서는 위법만이 취소사유가 된다.

취소사유인 행정행위의 하자(위법 또는 부당)는 **행정처분시**를 기준으로 한다. 행정행위의 '취소 사유'는 원칙적으로 행정행위의 성립 당시에 존재하였던 하자를 말한다(대판 2018. 6. 28, 2015두58195).

(5) 취소의 제한

직권취소에 있어서는 취소로 인하여 상대방 또는 이해관계인이 받게 되는 불이익과 취소로 인하여 달성되는 공익 및 관계이익을 **비교형량**하여야 한다.

그러나, **쟁송취소**에 있어서는 **위법한 경우**에는 이익형량의 필요 없이 **원칙상 취소**하여야 한다. 다만, 쟁송취소의 경우에 취소로 인하여 공익이 심히 해를 입는다고 판단되는 경우에는 취소하지 않을 수 있다(사정재결 또는 사정판결).

(6) 취소기간

직권취소의 경우에는 실권의 경우를 제외하고는 취소기간의 제한이 없다. 이에 대하여 **쟁송취소**의 경우에는 단기의 쟁송기간이 정해져 있어서 이 기간을 지나면 더 이상 행정행위의 취소를 청구할 수 없다(불가쟁력).

(7) 취소절차

쟁송취소는 행정심판법, 행정소송법 등이 정한 **쟁송절차**에 따라 행해진다. 이에 대하여 **직권취소**는 개별법 또는 행정절차법에 정해진 **행정절차**에 따라 행해진다.

(8) 취소의 형식

쟁송취소는 재결 또는 판결의 형식에 의해 행해지지만, **직권취소**는 그 자체가 하나의 행정행위로서 특별한 형식을 요하지 않는다.

(9) 취소의 효과(소급효)

쟁송취소는 원칙적으로 소급효(遡及效)가 인정된다. **직권취소**의 경우에 그 대상이 수익적 행정행위인 경우에는 상대방에게 귀책사유가 있을 때를 제외하고는 상대방의 신뢰를 보호하기 위하여 취소의 효과가 소급하지 않는 것이 원칙이다. 상대방에게 귀책사유가 있는 경우 처분시까지 또는 처분시 이후 일정 시점까지 소급효있는 취소가 가능하다.

(10) 취소의 내용(또는 범위)

직권취소는 처분의 적극적 변경을 내용으로 할 수 있다. **쟁송취소**는 행정심판에 의한 취소의 경우에는 적극적 변경이 가능하다고 보여지지만, 행정소송에 의한 취소의 경우에는 원칙적으로 소극적 변경(일부취소)만이 허용된다.

3. 취소의 법적 근거

행정기본법 제18조 제1항은 행정청은 위법 또는 부당한 처분의 전부나 일부를 취소할 수 있는 것으로 규정하고 있다.

4. 취소권자

(1) 처분청

행정처분을 취소할 수 있는 권한은 **당해 행정처분을 한 처분청**에게 속하고, 당해 행정처분을 할 수 있는 적법한 권한을 가지는 행정청에게 그 취소권이 귀속되는 것이 아니다(대판 1984. 10. 10, 84누463).

(2) 감독청의 취소권

감독청이 법적 근거가 없는 경우에도 감독권에 근거하여 피감독청의 처분을 취소할 수 있는가에 대하여는 감독청은 처분청에 취소를 명령할 수 있지만 직접 취소를 할 수 없다는 견해(부정설)[11]와 취소권은 감독의 목적을 달성하기 위하여 불가결한 것이므로 감독청은 당연히 취소권을 갖는다는 견해(긍정설)가 있다. 부정설이 타당하다.

다만, 감독청의 취소권을 인정한 법률이 적지 않다. 특히 행정권한의 위임 및 위탁에 관한 규정은 감독청인 위임청에게 처분청인 수임청의 처분을 취소할 수 있는 권한을 인정하고 있다.

5. 취소사유

행정행위의 흠, 즉 **위법 또는 부당**이 취소사유가 된다.

흠이 있으나 이미 치유된 경우에는 취소의 대상이 되지 않는다.

6. 취소의 제한

처분청은 원칙상 처분을 취소할 공익상의 필요와 취소로 당사자가 입을 불이익 등 여러 사정을 참작하여 취소 여부를 결정할 수 있는 재량이 있다. 그러나 그 취소처분이 재량권을 일탈·남용하면 위법하다.

(1) 이익형량의 원칙

행정행위의 취소에 있어서는 행정행위를 취소하여 달성하고자 하는 이익과 행정행위를 취소함으로써 야기되는 신뢰에 기초하여 형성된 이익의 박탈을 형량하여 전자가 큰 경우에 한하여 취소가 인정된다고 보아야 한다. 이 원칙을 **이익형량의 원칙**이라 한다.

특히 당사자에게 권리나 이익을 부여하는 처분(수익적 처분)을 취소하려는 경우에는 취소로 인하여 당사자가 입게 될 불이익을 취소로 달성되는 공익과 비교·형량(衡量)하여야 한다. 다만, 다음 각 호의 어느 하나에 해당하는 경우에는 그러하지 아니하다. 1. 거짓이나 그 밖의 부정한 방법으로 처분을 받은 경우, 2. 당사자가 처분의 위법성을 알고 있었거나 중대한 과실로 알지 못한 경우(행정기본법 제18조 제2항). "취소로 인하여 당사자가 입게 될 불이익"이란 "취소로 인하여 당사자가 입게 될 기득권과 신뢰보호 및 법률생활의 안정의 침해 등 불이익"을 말한다(대판 2014. 11. 27, 2013두16111). **행정기본법 제18조 제2항 단서**에 따르면 당사자에게 동조의 귀책사유가 있는 경우 이익형량 없이 취소처분을 하는 것이 가능하다. 그러나, 비례원칙은 헌법원칙이므로 해당 취소처분이 비례원칙에 반하면 위헌·위법이다. 상대방에게 중대한 기득의 지위가 형성된 경우 등 상대방에게 귀책사유가 있는 경우에도 이익형량을 하는 것이 타당한 경우가 있을 수 있다.

이익형량을 함에 있어서는 부여된 수익의 박탈로 인하여 수익자가 받는 불이익, 상대방의 신뢰의 정도, 공동체나 제3자에 대한 영향, 위법성의 정도, 행정처분 후의 시간의 경과[12] 등을 고려하여야 한다.

---

11) 이 견해의 논거는 행정권한 법정주의에 의해 처분권이 있는 처분청만이 처분권한을 행사할 수 있는데, 하급행정청이 한 행위를 감독청이 취소한다는 것은 하급행정청의 권한을 감독청이 대행하는 결과가 된다는 데 있다.

12) 행정행위에 대한 국민의 신뢰는 기간이 경과함에 비례하여 두텁게 보호되어야 한다.

[판례] 수익적 행정처분을 취소할 때에는 이를 취소하여야 할 중대한 공익상 필요와 취소로 인하여 처분상대방이 입게 될 기득권과 법적 안정성에 대한 침해 정도 등 불이익을 비교·교량한 후 공익상 필요가 처분상대방이 입을 불이익을 정당화할 만큼 강한 경우에 한하여 취소할 수 있다(대판 2020. 7. 23, 2019두31839).

이러한 **수익적 행정처분의 취소 제한에 관한 법리**(수익적 행정처분에 대한 취소권 등의 행사는 기득권의 침해를 정당화할 만한 중대한 공익상의 필요 또는 제3자의 이익보호의 필요가 있는 때에 한하여 허용될 수 있다는 법리)는, 처분청이 수익적 행정처분을 직권으로 취소하는 경우에 적용되는 법리일 뿐 **쟁송취소의 경우에는 적용되지 않는다**(대판 2019. 10. 17, 2018두104).

직권취소의 경우의 이익형량은 주로 수익적 행정행위에서 문제된다. 부담적 행정행위의 취소에 있어서는 원칙상 취소는 자유롭다. 이중효과적 행정행위의 경우에는 취소로 인한 행정행위의 상대방의 이익 또는 불이익과 함께 제3자의 이익 또는 불이익을 이익형량에 포함시켜야 한다(기타 제3자효 행정행위의 취소의 제한에 관한 특수한 문제는 전술 참조).

수익적 행정처분의 하자나 취소해야 할 필요성에 관한 **증명책임**은 기존 이익과 권리를 침해하는 처분을 한 **행정청**에 있다(대판 2014. 11. 27, 2014두9226).

(2) 신뢰이익의 고려

당사자의 신뢰가 보호되기 위하여는 당사자가 행정행위의 계속성에 대하여 신뢰를 하였어야 하며 나아가 신뢰에 기초하여 일정한 활동을 하였고, 그 활동에 기초하여 형성된 이익이 존재하여야 한다.

행정행위의 하자가 수익자에게 다음과 같은 **책임 있는 사유**에 기인하는 경우에는 수익자의 신뢰이익은 고려되지 않는다.

① 처분의 하자가 당사자의 사실은폐, 사기 기타 당사자의 부정한 방법에 의해 야기된 경우에는 당사자는 위 처분에 관한 신뢰이익을 원용할 수 없을 뿐만 아니라 행정청이 이를 고려하지 아니할 수 있다(대판 1996. 10. 25, 95누14190[옥외광고물설치허가취소처분 등 취소]; 2006. 5. 25, 2003두4669[공장등록취소처분취소]). 당사자의 사실은폐나 기타 사위의 방법에 의한 신청행위가 있었는지 여부는 행정청의 상대방과 그로부터 신청행위를 위임받은 수임인 등 관계자 모두를 기준으로 판단하여야 한다(대판 2014. 11. 27, 2013두16111).

[판례 1] 허위의 고등학교 졸업증명서를 제출하는 사위의 방법에 의한 하사관 지원의 하자를 이유로 하사관 임용일로부터 33년이 경과한 후에 행정청이 행한 하사관 및 준사관 임용처분취소처분이 적법하다고 한 사례: 처분의 하자가 당사자의 사실은폐나 기타 사위의 방법에 의한 신청행위에 기인한 것이라면 당사자는 그 처분에 의한 이익이 위법하게 취득되었음을 알아 그 취소가능성도 예상하고 있었다고 할 것이므로 그 자신이 위 처분에 관한 신뢰이익을 원용할 수 없음은 물론 행정청이 이를 고려하지 아니하였다고 하여도 재량권의 남용이 되지 않는다(대판 2002. 2. 5, 2001두5286[임명취소처분취소]). 〈평석〉 원고에게 사위행위의 귀책사유는 있으나 하사관 임용 후 33년 간 평온하고 성실하게 근무하였다면 신뢰이익을 원용할 수 있다고 보는 것이 타당하며 임용처분을 취소할 공익과 그 취소로 인하여 원고가 받을 불이익을 비교교량하여 계쟁임용처분취소처분의 위법 여부를 판단하는 것이 타당할 것이다.

[판례 2] 위 건축허가는 건축행정청의 착오로 위법하게 발급된 것이지만 건축사 乙은 甲의 이익을 위하여 부정확한 내용으로 조서를 작성·제출하였고, 甲에게도 위 개발사업이 소규모 환경영향평가 대상이 아닌 것처럼 보이게 하려는 의도가 있었다고 인정할 수 있어, 건축행정청의 착오는 甲이 유발한 것이거나 甲에게도 책임이 있으므로, 건축허가의 존속에 대한 甲의 신뢰는 보호가치가 없는 점, 건축허가가 취소될 경우에 甲에게 발생하는 불이익 또는 회수할 수 없는 금전적 손해가 크다고 보기도 어려운 점 등에 비추어, 위 직권취소 처분은 수익적 행정처분 직권취소 제한 법리에 위배되지 않는다고 한 사례(대판 2020. 7. 23, 2019두31839).

② 수익자가 행정행위의 위법성을 알았거나 그 위법성을 중대한 과실로 알지 못한 경우에는 수익자는 신뢰이익을 주장할 수 없다.

③ 수익자가 행정행위의 하자를 알지 못하였고 알지 못한 데 과실이 없는 경우에도 수익자가 부실신고를 하는 등 위법한 행정행위에 원인을 제공한 경우에는 정의의 원칙상 취소의 제한사유로 신뢰이익을 주장할 수 없다고 보아야 한다.

[판례] 수익적 처분이 상대방의 허위 기타 부정한 방법으로 인하여 행하여졌다면 상대방은 그 처분이 그와 같은 사유로 인하여 취소될 것임을 예상할 수 없었다고 할 수 없으므로, 이러한 경우에까지 상대방의 신뢰를 보호하여야 하는 것은 아니라고 할 것이다(대판 1995. 1. 20, 94누6529).

(3) 실권의 법리

실권의 법리의 적용요건에 해당하는 경우에 행정청이 갖고 있는 취소권은 소멸된다.

7. 취소절차

직권취소는 법령에 규정이 없는 한 특별한 절차를 요하지 않으며 **행정절차법의 적용**을 받는다. 수익적 행정행위의 취소는 권리를 제한하는 처분이므로 취소의 상대방에 대하여 사전에 통지하고(행정절차법 제21조), 의견제출의 기회를 주어야 한다.

다만, 개별법에서 청문이나 공청회를 개최하도록 하고 있는 경우에는 청문이나 공청회의 개최만 하면 된다(행정절차법 제22조 제3항).

8. 취소의 종류

행정청은 전부취소 또는 일부취소를 선택할 수 있고, 소급효 있는 취소 또는 소급하지 않는 취소를 결정할 수 있다.

일부취소는 행정행위가 가분적(可分的)인 경우에 가능하다. 예를 들면 건물 전체에 대한 철거명령 중 건물일부에 대한 부분만에 대한 취소는 건물 일부의 철거가 가능한 경우에 한한다.

9. 취소의무

직권취소 여부는 원칙상 행정청의 재량에 속하지만, 위법한 원행정행위의 존속으로 국민의 중대한 기본권이 침해되는 경우에는 당해 원행정행위를 취소하여야 한다.

10. 취소의 효과

취소된 처분은 대세적으로 효력을 상실한다.

직권취소의 경우 행정청은 위법 또는 부당한 처분의 전부나 일부를 소급하여 취소할 수 있지만, 당사자의 신뢰를 보호할 가치가 있는 등 정당한 사유가 있는 경우에는 **장래를 향하여** 취소할 수 있다(행정기본법 제18조 제1항).

직권취소의 소급효 또는 불소급효는 구체적인 사건마다 이익형량의 결과에 따라 취소권자에 의해 결정되는데, 부담적 행정행위, 수익적 행정행위 및 이중효과적 행정행위에서 이익상황이 다르므로 취소의 효과가 다르다고 보아야 한다.

(1) 부담적 행정행위의 취소

부담적 행정행위의 취소는 **원칙상 소급효**가 있는 것으로 보아야 한다.

(2) 수익적 행정행위의 취소

직권취소의 대상이 수익적 행정행위인 경우에 일반적으로 말하면 **상대방에게 귀책사유가 없는 한 취소의 효과가 소급하지 않는 것이 원칙**이다. 다만, 취소의 소급효를 인정하지 않으면 심히 공익에 반하는 경우에는 상대방에게 귀책사유가 없는 경우에도 소급효를 인정하여야 할 것이다.

계속적 급부부여결정의 취소가 소급효를 갖는 경우에는 이미 지급한 급부는 법적 근거를 상실하고 따라서 부당이득이 되므로 행정청에게 반환되어야 한다. 이에 반하여 계속적 급부부여결정의 취소가 소급효를 갖지 않는 경우에는 이미 수여된 급부는 법적 근거를 가지므로 반환되지 않으며 장래에 향하여 급부가 행해지지 않는 것으로 된다.

[판례] [1] 도로점용허가는 일반사용과 별도로 도로의 특정 부분에 대하여 특별사용권을 설정하는 설권행위이다. 도로관리청은 신청인의 적격성, 점용목적, 특별사용의 필요성 및 공익상의 영향 등을 참작하여 점용허가 여부 및 점용허가의 내용인 점용장소, 점용면적, 점용기간을 정할 수 있는 재량권을 갖는다. [2] **특별사용의 필요가 없는 부분에 대한 도로점용허가를 소급적으로 직권취소할 수 있는지 여부(한정 적극)**: 도로점용허가는 도로의 일부에 대한 특정사용을 허가하는 것으로서 도로의 일반사용을 저해할 가능성이 있으므로 그 범위는 점용목적 달성에 필요한 한도로 제한되어야 한다. 도로관리청이 도로점용허가를 하면서 특별사용의 필요가 없는 부분을 점용장소 및 점용면적에 포함하는 것은 그 재량권 행사의 기초가 되는 사실인정에 잘못이 있는 경우에 해당하므로 그 도로점용허가 중 특별사용의 필요가 없는 부분은 위법하다. 이러한 경우 도로점용허가를 한 도로관리청은 위와 같은 흠이 있다는 이유로 유효하게 성립한 도로점용허가 중 특별사용의 필요가 없는 부분을 직권취소할 수 있음이 원칙이다. 다만 이 경우 행정청이 소급적 직권취소를 하려면 이를 취소하여야 할 공익상 필요와 그 취소로 당사자가 입을 기득권 및 신뢰보호와 법률생활 안정의 침해 등 불이익을 비교 교량한 후 공익상 필요가 당사자의 기득권 침해 등 불이익을 정당화할 수 있을 만큼 강한 경우여야 한다. 이에 따라 도로관리청이 도로점용허가 중 특별사용의 필요가 없는 부분을 소급적으로 직권취소하였다면, 도로관리청은 이미 징수한 점용료 중 취소된 부분의 점용면적에 해당하는 점용료를 반환하여야 한다. [3] 행정청은 행정소송이 계속되고 있는 때에도 직권으로 그 처분을 변경할 수 있다. 점용료 부과처분에 취소사유에 해당하는 흠이 있는 경우 도로관리청으로서는 당초 처분 자체를 취소하고 흠을 보완하여 새로운 부과처분을 하거나, 흠 있는 부분에 해당하는 점용료를 감액하는 처분을 할 수 있다. 흠 있는 부분에 해당하는 점용료를 감액하는 처분은 당초 처분 자체를 일부 취소하는 변경처분에 해당하고, 그 실질은 종래의 위법한 부분

을 제거하는 것으로서 흠의 치유와는 차이가 있다. [4] 도로점용허가를 받은 자가 구 도로법 제68조의 감면사유에 해당하는 경우 도로관리청은 감면 여부에 관한 재량을 갖지만, 도로관리청이 감면사유로 규정된 것 이외의 사유를 들어 점용료를 감면하는 것은 원칙적으로 허용되지 않는다(대판 2019. 1. 17, 2016두56721, 56738). 〈해설〉 도로관리청이 도로점용허가 중 특별사용의 필요가 없는 부분을 소급적으로 직권취소하였더라도 상대방이 특별사용의 필요가 없는 부분을 실제로는 사용한 것이므로 도로관리청이 이미 징수한 점용료 중 취소된 부분의 점용면적에 해당하는 점용료를 전부 반환하여야 하는지는 의문이다.

(3) 이중효과적 행정행위의 취소

이중효과적 행정행위에서는 행정행위의 상대방 및 제3자의 이익상황 및 귀책사유에 따라 취소의 소급효 여부 및 정도가 결정된다.

11. 취소의 취소 [2009 입시 사례]

(1) 직권취소의 취소

1) 긍 정 설

행정행위의 취소의 취소가 가능하며, 취소처분을 취소하면 원행정행위가 원상회복된다는 견해이다. 이 견해는 직권취소는 그 자체가 독립된 행정행위이므로 취소의 대상이 된다고 보는 데 근거한다.

2) 부 정 설

이 견해는 행정행위가 취소되면 당해 행정행위는 확정적으로 효력을 상실하므로 법률이 명문으로 인정하지 않는 한 행정행위의 취소의 취소는 인정될 수 없다는 견해이다.

3) 절 충 설

행정행위가 취소되면 당해 행정행위는 확정적으로 효력을 상실하므로 취소의 취소는 원칙상 불가능하다. 그러나, 수익적 행정행위의 취소의 경우에는 위법한 취소처분을 취소하여 원상을 회복할 필요가 있으므로 취소의 취소를 인정하여야 한다.

4) 판　　례

판례는 절충설을 취하고 있다. 즉, 판례는 침익적 행정행위의 취소의 취소는 인정하지 않지만, 수익적 행정행위의 취소에 대하여는 취소가 가능한 것으로 본다. 판례가 소극설을 취한 것으로 보는 학설이 있는데, 이는 타당하지 않다.

가. 침익적 행정행위의 취소의 취소 　판례는 침익적 행정행위의 취소의 경우 당해 침익적 행정행위는 확정적으로 효력을 상실하므로 취소의 취소가 불가능하다고 본다.

[판례 1] 과세처분 취소처분의 취소는 불가능하다고 본 사례: 국세부과처분의 취소에 위법사유가 있다고 하더라도 당연무효가 아닌 한 일단 유효하게 성립하여 부과처분을 확정적으로 상실시키는 것이므로, 과세관청

은 부과의 취소를 다시 취소함으로써 원부과처분을 소생시킬 수는 없고 납세의무자에게 종전의 과세대상에 대한 납부의무를 지우려면 다시 법률에서 정한 부과절차에 좇아 동일한 내용의 새로운 처분을 하는 수밖에 없다(대판 1979. 5. 8, 77누61[물품세과세부활처분취소]).

[판례 2] 지방병무청장이 재신체검사 등을 거쳐 현역병입영대상편입처분을 보충역편입처분이나, 제2국민역편입처분으로 변경하거나 보충역편입처분을 제2국민역편입처분으로 변경하는 경우 비록 새로운 병역처분의 성립에 하자가 있다고 하더라도 그것이 당연무효가 아닌 한 일단 유효하게 성립하고 제소기간의 경과 등 형식적 존속력이 생김과 동시에 종전의 병역처분의 효력은 취소 또는 철회되어 확정적으로 상실된다고 보아야 할 것이므로 그 후 새로운 병역처분의 성립에 하자가 있었음을 이유로 하여 이를 취소한다고 하더라도 종전의 병역처분의 효력이 되살아난다고 할 수 없다(대판 2002. 5. 28, 2001두9653[병역처분취소처분취소]).

나. 수익적 행정행위의 취소의 취소 판례는 원칙상 수익적 행정행위의 취소에 대한 취소를 인정한다.

[판례] 수익적 행정행위의 취소(옥외광고물설치허가취소처분)의 쟁송취소가 기각된 사례: 집합건물인 사실을 은폐하고 구분소유자의 승낙서류를 첨부하지 아니한 채 옥외광고물표시 허가를 받았다가, 뒤에 행정청으로부터 그 승낙서류의 보완을 지시받고도 제대로 보완하지 아니하여 허가를 취소당하였다면, 수익적 처분의 취소에 관한 재량권 남용이 있다고 할 수 없다(대판 1996. 10. 25, 95누14190[옥외광고물설치허가취소처분 등 취소]). 〈평석〉 원심은, 이 사건 광고물표시허가에는 이 사건 건물의 구분소유자 및 의결권의 각 4분의 3 이상의 승낙서류를 제출하면 족하고 소외 회사의 그 판시 동의서가 승낙서류에 해당한다고 보아 구분소유자 전원의 승낙서류 또는 구분소유자 및 의결권의 각 4분의 3 이상의 승낙서류가 보완되었다고 판단하였을 뿐 아니라 승낙서류가 보완되지 아니하였더라도 허가를 취소하는 것은 재량권의 남용에 해당한다고 판단하였다.

다만, 수익적 행정행위의 취소의 취소로 수익적 행정행위의 취소 후 새롭게 형성된 제3자의 권익이 침해되는 경우에 취소의 취소를 인정하지 않은 판례가 있다.

[판례] 일단 광업권취소처분을 한 후에 새로운 이해관계인이 생기기 전에 취소처분을 취소하여 그 광업권의 회복을 시켰다면 모르되 구 광업법(1973. 2. 7. 법률 제2492호) 제36조 제1호에 의한 광업권설정의 선출원이 있는 경우에 다시 그 취소처분(광업권취소처분)을 취소함은 위법이다(대판 1967. 10. 23, 67누126[광업권취소처분 및 광업권출원불허가처분취소]).

5) 결 어

직권취소는 그 자체가 독립된 행정행위이고, 직권취소가 취소되면 원행정행위가 소급적으로 원상회복되는 이익이 있으므로 **긍정설**이 타당하다. **다만**, 침익적 행정행위의 취소의 취소의 경우 및 수익적 행정행위의 취소 후 제3자의 권익이 새롭게 형성된 경우에는 **취소권 제한의 법리인 이익형량의 원칙이 적용**된다. 이익형량에 따라 소급효를 제한하는 취소의 취소도 가능하다.

(2) 쟁송취소의 취소

1) 취소재결의 취소

취소재결은 준사법적 행정행위로서 **불가변력**이 인정되므로 직권취소는 인정될 수 없다.

허가 등 수익적 행정행위의 취소재결에 대해 수익적 행정행위의 상대방은 취소소송을 제기할 수 있고 취소재결이 위법한 경우 취소판결이 내려진다.

2) 취소판결의 취소

취소판결이 확정된 경우에는 재심을 통하여서만 취소할 수 있다.

(3) 취소의 취소의 효과

행정행위의 취소가 소급적으로 취소되면 취소가 없었던 것이 되므로 원행정행위는 애초부터 취소되지 않은 것으로 된다.

12. 급부처분의 직권취소 후 환수처분

수익적 행정행위가 소급적으로 직권취소되면 **특별한 규정이 없는 한** 이미 받은 이익은 부당이득이 되는 것이므로 부당이득반환청구가 가능한 것으로 볼 수 있다.

그런데, 잘못 지급된 보상금 등 급부의 환수를 위해서 **별도의 환수처분을 하여야 하는 것으로 규정되어 있는 경우**(예, 특수임무자보상금 환수처분 등)가 있다. **판례**에 따르면 이 경우에는 잘못 지급된 보상금 등에 해당하는 금액을 징수하는 처분을 해야 할 공익상 필요와 그로 인하여 당사자가 입게 될 기득권과 신뢰의 보호 및 법률생활 안정의 침해 등의 불이익을 비교·교량한 후, 공익상 필요가 당사자가 입게 될 불이익을 정당화할 만큼 강한 경우에 한하여 보상금 등을 받은 당사자로부터 잘못 지급된 보상금 등에 해당하는 금액을 환수하는 처분을 하여야 한다(대판 2014. 10. 27, 2012두17186). 즉 판례는 **신뢰보호의 견지에서 부당이득의 환수를 제한**하고 있다. 그리고, 이익형량의 사정이 동일하다고는 할 수 없으므로 지급결정을 취소하는 처분이 적법한 경우 그에 기초한 환수처분도 반드시 적법하다고 판단해야 하는 것은 아니라고 판시하였다(대판 2017. 3. 30, 2015두43971). 부당이득의 환수는 이익형량을 전제로 하므로 **특별한 규정이 없는 한 재량행위**로 보는 것이 타당하다.

[판례 1] **[특례노령연금지급결정 직권취소 및 환수처분 취소 사건] 출생연월일 정정으로 인하여 특례노령연금 수급요건을 충족하지 못하게 된 원고에 대하여, 지급결정을 직권취소하고 이미 지급된 급여를 환수하는 처분이 적법한지 여부:** [1] 구 국민연금법 제57조 제1항은 "공단은 급여를 받은 사람이 다음 각 호의 어느 하나에 해당하는 경우에는 대통령령으로 정하는 바에 따라 그 금액을 환수해야 한다."고 규정하고, 그 사유로서 '거짓이나 그 밖의 부정한 방법으로 급여를 받은 경우'(제1호), '제75조 및 제121조 제2항에 따른 수급권 소멸사유를 공단에 신고하지 아니하거나 늦게 신고하여 급여가 잘못 지급된 경우'(제2호), '그 밖의 사유로 급여가 잘못 지급된 경우'(제3호)를 정하고 있다. 〈해설〉 환수처분은 기속처분으로 규정되어 있다. [2] 이러한 국민연금법 규정의 내용과 취지, 사회보장 행정영역에서의 수익적 행정처분 취소의 특수성 등을 종합하여 보면, 위 조항에 따라 급여를 받은 당사자로부터 잘못 지급된 급여액에 해당하는 금액을 환수하는 처분을 함에 있어서는 법에서는 기속행위로 규정되어 있더라도 그 급여의 수급에 관하여 당사자에게 고의 또는 중과실 등 귀책사유가 있는지, 지급된 급여의 액수·연금지급결정일과 지급결정 취소 및 환수처분일 사이의 시간적 간격·수급자의 급여액 소비 여부 등에 비추어 이를 다시 원상회복하는 것이 수급자에게 가혹한지 여부, 잘못 지급된 급여액에 해당하는 금액을 환수하는 처분을 통하여 달성하고자 하는 공익상 필요의 구체적 내용과 그 처

분으로 말미암아 당사자가 입게 될 불이익의 내용 및 정도와 같은 여러 사정을 두루 살펴, 잘못 지급된 급여액에 해당하는 금액을 환수하는 처분을 하여야 할 공익상 필요와 그로 인하여 당사자가 입게 될 기득권과 신뢰의 보호 및 법률생활 안정의 침해 등의 불이익을 비교·교량한 후, 그 공익상 필요가 당사자가 입게 될 불이익을 정당화할 만큼 강한 경우에 한하여 잘못 지급된 급여액에 해당하는 금액을 환수하는 처분을 하여야 한다고 봄이 타당하다. 〈해설〉 법에서는 기속행위로 규정되어 있더라도 이익형량을 하여야 한다고 하였다. [3] 나아가 행정처분을 한 처분청은 그 처분의 성립에 하자가 있는 경우 별도의 법적 근거가 없다고 하더라도 직권으로 이를 취소할 수 있다고 봄이 원칙이므로, 국민연금법이 정한 수급요건을 갖추지 못하였음에도 연금 지급결정이 이루어진 경우에는 이미 지급된 급여 부분에 대한 환수처분과 별도로 그 지급결정을 취소할 수 있다. [4] 이 경우에도 이미 부여된 국민의 기득권을 침해하는 것이므로 그 취소권의 행사는 지급결정을 취소할 공익상의 필요보다 상대방이 받게 될 불이익 등이 막대한 경우에는 재량권의 한계를 일탈한 것으로서 위법하다고 보아야 한다. 다만 이처럼 연금지급결정을 취소하는 처분과 그 처분에 기초하여 잘못 지급된 급여액에 해당하는 금액을 환수하는 처분이 적법한지를 판단함에 있어 비교·교량할 각 사정이 동일하다고는 할 수 없으므로, 연금지급결정을 취소하는 처분이 적법하다고 하여 환수처분도 반드시 적법하다고 판단하여야 하는 것은 아니다(대법원 2014. 7. 24. 선고 2013두27159 판결 참조). 〈해설〉 판례는 연금지급결정의 취소를 직권취소로 보았지만, 가족관계등록부정정은 처분후의 사유이므로 연금지급결정의 취소를 철회로 보는 것이 타당하다는 견해도 있다. [5] ① 원고의 출생연월일이 사후적으로 정정된 결과 원고에 대한 지급결정 당시 특례노령연금 수급요건을 갖추지 못하게 되었다고 하더라도, 연금지급신청 당시 객관적 소명자료인 가족관계등록부에 기재된 출생연월일을 기재하여 특례노령연금을 지급받은 원고에게 고의 또는 중과실의 귀책사유가 있다고 단정하기 어려운 점, ② 원고에 대한 퇴직노령연금 지급개시시점과 이 사건 각 처분시점의 시간적 간격이 6년여가 되어 이미 지급된 급여를 원상회복하는 것이 쉽지 않아 보이고, 또한 지급된 급여에 대하여 원고가 이를 퇴직노령연금의 취지에 어긋나게 이를 낭비하였다고 볼 만한 사정도 발견되지 아니하는 점, ③ 한편 이 사건 환수처분에 의하여 원고가 반환해야 하는 급여액수, 원고의 연령과 경제적 능력 등을 고려하면 원고에게 가혹하다고 보이는 점 등을 종합하여, 이 사건 환수처분을 함으로써 얻을 수 있는 공익상 필요가 그로 말미암아 원고가 입게 될 불이익을 정당화할 만큼 강하다고 보기 어렵다고 판단함으로써, 이 사건 환수처분은 위법하다고 판단한 반면, 이 사건 직권취소 처분은 원고 연금수급권의 법적 근거를 상실시키기 위하여 2008. 2. 10.자 이 사건 지급결정을 직권취소하는 취지로 볼 수 있고, 특례노령연금 수급을 받을 것이라는 점에 관한 원고의 신뢰가 있었다고 하더라도, 원고의 정정된 출생연월일을 기준으로 원고가 특례노령연금의 수급요건을 충족하지 않는다는 점이 확인된 이상 원고에 대한 연금 지급근거를 상실시킴으로써 장기적으로 국민연금기금의 재정적 건전성을 확보하여야 할 공익상 필요가 원고의 신뢰 보호 필요성에 비하여 강하다고 보아야 하므로 적법하다고 판단한 사례(대판 2017. 3. 30, 2015두43971[특례노령연금수급권취소처분등취소청구의소]). 〈해설〉 이 사건 소급적 취소처분 중 소급 부분은 위법하다고 보고 일부 취소하는 것이 타당하다. 소급적 취소는 적법하되 환수처분은 위법하다고 한 것은 타당하지 않다.

[판례 2] [1] 산업재해보상보험법(이하 '산재보상법'이라 한다) 제84조 제1항 제3호의 내용과 취지, 사회보장 행정영역에서의 수익적 행정처분 취소의 특수성 등을 종합해 보면, 산재보상법 제84조 제1항 제3호에 따라 보험급여를 받은 당사자로부터 잘못 지급된 보험급여액에 해당하는 금액을 징수하는 처분을 할 때에는 보험급여의 수급에 관하여 당사자에게 고의 또는 중과실의 귀책사유가 있는지, 잘못 지급된 보험급여액을 쉽게 원상회복할 수 있는지, 잘못 지급된 보험급여액에 해당하는 금액을 징수하는 처분을 통하여 달성하고자 하는 공익상 필요의 구체적 내용과 처분으로 당사자가 입게 될 불이익의 내용 및 정도와 같은 여러 사정을 두루 살펴, 잘못 지급된 보험급여액에 해당하는 금액을 징수하는 처분을 해야 할 공익상 필요와 그로 말미암아 당사자가 입게 될 기득권과 신뢰의 보호 및 법률생활 안정의 침해 등의 불이익을 비교·교량한 후, 공익상 필요가 당사자가 입게 될 불이익을 정당화할 만큼 강한 경우에 한하여 보험급여를 받은 당사자로부터 잘못 지급된 보험급여액에 해당하는 금액을 징수하는 처분을 하여야 한다. 나아가 산재보상법상 각종 보험급여 등의 지급결정을 변경 또는 취소하는 처분과 처분에 터 잡아 잘못 지급된 보험급여액에 해당하는 금액을 징수하는 처분이 적법한지를 판단하는 경우 비교·교량할 각 사정이 동일하다고는 할 수 없으므로, 지급결정을 변경 또는

취소하는 처분이 적법하다고 하여 그에 터 잡은 징수처분도 반드시 적법하다고 판단해야 하는 것은 아니다. [2] 근로복지공단이, 출장 중 교통사고로 사망한 甲의 아내 乙에게 요양급여 등을 지급하였다가 甲의 음주운전 사실을 확인한 후 요양급여 등 지급결정을 취소하고 이미 지급된 보험급여를 부당이득금으로 징수하는 처분을 한 사안에서, 위 사고는 망인의 음주운전이 주된 원인으로서 망인의 업무와 사고 발생 사이에는 상당인과관계가 있다고 볼 수 없어 망인의 사망은 업무상 재해에 해당하지 않으므로 요양급여 등 지급결정은 하자 있는 위법한 처분인 점 등을 고려하면, 요양급여 등 지급결정은 취소해야 할 공익상의 필요가 중대하여 乙 등 유족이 입을 불이익을 정당화할 만큼 강하지만(요양급여 지급결정의 취소는 적법하지만), 위 사고는 망인이 사업주의 지시에 따라 출장을 다녀오다가 발생하였고, 사고 발생에 망인의 음주 외에 업무로 인한 과로, 과로로 인한 피로 등이 경합하여 발생한 점 등을 고려하면, 이미 지급한 보험급여를 부당이득금으로 징수하는 처분은 공익상의 필요가 乙 등이 입게 된 기득권과 신뢰보호 및 법률생활 안정의 침해 등 불이익을 정당화할 만큼 강한 경우에 해당하지 않는다고 본 사례(대판 2014. 7. 24, 2013두27159[요양승인결정등취소처분취소청구]).

[판례 3] 구 국민건강보험법 제52조 제1항은 "공단은 사위 기타 부당한 방법으로 보험급여를 받은 자 또는 보험급여비용을 받은 요양기관에 대하여 그 급여 또는 급여비용에 상당하는 금액의 전부 또는 일부를 징수한다."라고 규정하여 문언상 일부 징수가 가능함을 명시하고 있다. 위 조항이 정한 부당이득징수는 재량행위라고 보는 것이 옳다. 그리고 요양기관이 실시한 요양급여 내용과 요양급여비용의 액수, 의료기관 개설·운영 과정에서의 개설명의인의 역할과 불법성의 정도, 의료기관 운영성과의 귀속 여부와 개설명의인이 얻은 이익의 정도, 그 밖에 조사에 대한 협조 여부 등의 사정을 고려하지 않고 의료기관의 개설명의인을 상대로 요양급여비용 전액을 징수하는 것은 다른 특별한 사정이 없는 한 비례의 원칙에 위배된 것으로 재량권을 일탈·남용한 때에 해당한다고 볼 수 있다(대판 2020. 6. 4, 2015두39996[요양급여비용징수처분취소청구]).

이러한 판례의 태도(지급결정 취소처분의 적법성과 징수처분의 위법성을 분리하여 판단하는 견해)에 대하여 다음과 같은 **비판**을 제기하는 견해가 있다. ① 부당이득법리를 무색하게 만들 우려가 있다. ② 환수처분에서 이익형량을 통해 재량적 접근을 하는 것은 환수처분의 근거규정이 기속행위로 규정되어 있는 명문에 반한다(김중권, 사회보장급부취소처분과 환수처분간의 관계, 법조 제730호(2018.8.28) 참조).

생각건대, 입법론상 지급결정의 직권취소와 환수처분을 단계적 행정결정으로 구성하는 것이 바람직하다. 수익적 행정행위의 직권취소의 경우 상대방의 신뢰보호를 위해 직권취소의 소급효가 제한될 수 있는데, 어느 정도로 소급효를 인정할 것인지 판단하는 것이 쉽지 않아 직권취소의 소급효 정도(직권취소의 소급효는 지급결정시까지 소급하는 것과 전혀 소급하지 않는 것 사이에서 상대방의 불이익과 공익의 이익형량을 통해 소급효의 정도가 결정될 수 있다)를 정하는 데에는 시간이 필요하여 직권취소가 지체될 수 있다. 이러한 점을 고려하여 지급결정의 위법사실이 인정되면 즉시 잠정적으로 소급효 없는 직권취소를 하고, 어느 정도로 소급효를 인정할 것인지 달리 말하면 어느 정도 환수하는 것으로 처분을 할 것인지는 시간을 갖고 환수결정하는 것이 바람직할 수 있다. 지급결정을 소급적으로 취소한 후 환수처분이 부분적으로만 행해지면 해당 환수처분은 환수처분과 함께 선행 소급적 직권취소를 환수시점까지 소급효 있는 직권취소로 변경하는 처분의 성격을 갖는다고 보아야 한다. 헌법합치적 법률해석을 하면 **현행법령의 해석으로도** 이러한 해결이 가능하다고 생각한다. 이렇게 해석하면 직권취소뿐만 아니라 환수처분도 명문의 규정은 없지만 해석상 이익형량을 통해 처분을 내려야 하는 재량처분이 된다. 이렇게 해석한다면 판례의 입장이 타당하다고 할 수 있다. 또한, 수익적 행정행위의 직권취소에서의 소급효 제한법리에 따라 급부 상대방에게 귀책사유(고의 또는 중과실)가 없는 경우에는 환수처분은 인정되지 않는다고 보아야 한다.

환수처분에 관한 명문의 규정이 없는 경우에는 환수처분을 내릴 수는 없지만, 완전소급효 또는 부분소급효를 갖는 직권취소를 하고, 이에 따른 부당이득을 청구하는 방식으로 부정수급액을 환수할 있다.

지급결정에 대한 강학상 철회의 경우 철회는 장래효만 가지므로 명문의 규정이 없는 한 부당이득의 환수는 불가능하다. 그러나, 철회사유 발생 이후의 수급을 환수할 필요가 있는 경우가 있을 수 있으므로 이 경우에는 명문으로 부정수급한 금전을 환수하는 처분을 인정하는 것이 바람직하다.

「공공재정 부정청구 금지 및 부정이익 환수 등에 관한 법률」(약칭 '**공공재정환수법**'이라 한다)은 '행정청은 부정청구등이 있는 경우에는 부정이익과 대통령령으로 정하는 이자(이하 "부정이익등"이라 한다)를 환수하여야 한다(제8조 제1항). 행정청은 부정이익등을 환수하는 경우에는 공공재정지급금 지급 결정의 전부 또는 일부를 취소하여야 한다(동조 제2항). 부정이익등의 환수를 위한 가액 산정 기준, 환수 절차에 관한 사항은 대통령령으로 정한다(동조 제3항).'고 일반적으로 규정하고 있다.

Ⅱ. 행정행위의 철회[2007 행시(일반행정) 사례]

1. 철회의 의의	7. 철회절차
2. 취소와 철회의 구별	8. 철회의무
3. 철회권자	9. 철회의 범위와 한계
4. 철회원인(철회사유)	10. 철회의 효과
5. 철회의 법적 근거	11. 철회의 취소
6. 철회의 제한	

1. 철회의 의의[2008 행시(일반행정) 사례]

행정행위의 철회(撤回)라 함은 적법하게 성립한 행정행위의 효력을 성립 후에 발생한 근거법령의 변경 또는 사실관계의 변경 등 새로운 사정으로 인하여 공익상 그 효력을 더 이상 존속시킬 수 없는 경우에 본래의 행정행위의 효력을 장래에 향하여 상실시키는 독립된 행정행위를 말한다.

철회는 그 대상이 **하자없는** 행정행위라는 점에서 그 대상이 **하자있는** 행정행위인 취소와 구별된다. 그러나, 실정법상으로는 철회라는 용어를 사용하는 경우는 많지 않고 철회에 해당하는 경우도 취소라는 용어를 사용하는 경우가 많다. 따라서, 행정청의 행정행위 취소가 있더라도 취소사유의 내용, 경위 기타 제반 사정을 종합하여 명칭에도 불구하고 행정행위의 효력을 장래에 향해 소멸시키는 행정행위의 철회에 해당하는지 살펴보아야 한다.

[판례] 주무관청의 甲 사회복지법인에 대한 기본재산처분 허가(학문상 인가)에 따라 乙 회사에 처분되어 소유권이전등기까지 마쳐진 이후 주무관청이 허가를 취소하였더라도, 허가를 취소하면서 내세운 취소사유가 허가 당시에 존재하던 하자가 아니라면, 그 명칭에도 불구하고 법적 성격은 허가의 '철회'에 해당할 여지가 있어 그

전에 이루어진 甲 법인과 乙 회사의 부동산 매매계약과 이를 원인으로 마쳐진 乙 회사의 소유권이전등기는 허가 취소에도 불구하고 여전히 유효하다고 볼 수 있는 여지가 있다고 한 사례(대판 2022. 9. 29, 2022마118) 〈해설〉 주무관청의 甲 사회복지법인에 대한 기본재산처분 허가은 학문상 인가에 해당한다. 허가를 취소하면서 내세운 취소사유가 허가 당시에 존재하던 하자이면 학문상 취소이고, 그 취소사유가 허가 당시에 존재하던 하자가 아니라 후발적인 것이라면, 그 명칭에도 불구하고 법적 성격은 허가의 '철회'에 해당한다.

2. 취소와 철회의 구별

종래에는 철회와 취소를 엄격히 구분하였지만 오늘날에는 철회와 협의의 취소인 직권취소 사이의 구별은 상대적이라고 보며 나아가 양자간의 차이보다는 유사성이 강조되는 경향에 있다.

(1) 개괄적 비교

일반적으로 원시적 하자 있는(위법 또는 부당한) 행정행위의 효력을 소멸시키는 행위를 취소라고 하고, 본래는 적법했으나 후발적 사정을 이유로 장래에 향하여 효력을 상실시키는 행위를 철회라고 한다. 그러나, 이러한 취소와 철회의 구별은 적어도 직권취소와 철회에 관하여는 그다지 중요하지 않다.

직권취소와 철회는 모두 쟁송에 의하지 않고 행정기관의 직권에 의해 행정행위의 효력을 소멸시키는 점에 공통성이 있다. 이것은 부담적 행정행위에 있어서도 수익적 행정행위에 있어서도 인정된다.

(2) 직권에 의한 취소와 철회의 비교

1) 철회(취소)의 목적

철회는 새로운 공익목적을 달성하기 위하여 행하여지지만 상대방의 위법행위에 대한 제재로서의 영업허가의 철회는 법질서의 유지를 직접 목적으로 한다.

직권취소는 위법성의 시정을 통한 적법성의 회복뿐만 아니라 장래를 향한 행정목적의 실현을 위한 수단으로 행하여지는 데 행정현실에 있어서는 오히려 후자의 경우가 많다.

이렇게 볼 때 직권취소와 철회는 다같이 행정목적의 실현을 위한 행정의 개입수단이 되는 점에서는 서로 비슷한 성질을 가진다.

2) 취소(철회)권자

철회는 그 성질상 새로운 처분을 하는 것과 같기 때문에 **처분청만이** 이를 행할 수 있지만, 취소의 경우에는 처분청 외에 감독청도 권한을 갖는다는 설이 있다.

그러나, 직권취소에 있어서도 법률에 특별한 규정이 있는 경우 이외에는 감독청은 취소권이 없다는 견해가 유력하다.

3) 법률의 근거

행정기본법은 직권취소나 철회의 일반적 근거규정을 두고 있다. 따라서, 직권취소나 철회는 개별법률의 근거가 없어도 가능하다(행정기본법 제18조, 제19조).

4) 취소(철회)원인 [2014 행시 사례]

취소는 처분의 원시적 하자(행정행위의 성립 당시에 존재하였던 하자(위법 또는 부당))를 이유로 하고, 철회는 원시적 하자가 아닌 새로운 사정의 발생으로 인한 공익상 필요를 이유로 한다고 하는 것이 양자의 가장 큰 차이이다.

5) 소급효 여부

원시적 하자를 이유로 한 행정행위의 직권취소의 경우에 그 행위를 소급적으로 취소하면 상대방인 국민의 신뢰를 해하게 되는 경우(수익적 행정행위의 직권취소에서 상대방에게 귀책사유가 없는 경우)에는 장래에 향해서만 취소할 수 있다. 이 점에서는 장래에 향하여서만 효력을 발생하는 철회와 다르지 않다.

6) 보 상

철회의 경우에 상대방의 책임 있는 사유가 아닌 사정변경을 이유로 하는 철회의 경우에 상대방이 특별한 손실을 받은 경우에는 보상(補償)을 요하지만, 상대방의 위법행위에 대한 제재로서 행하여지는 영업허가 등의 철회의 경우에는 상대방의 책임 있는 사유에 근거하는 것이기 때문에 보상을 요하지 않는다.

철회권이 유보된 경우에도 원칙상 보상을 요하지 않는다.

취소의 경우에는 상대방인 국민도 행정행위의 위법을 알았다고 추정되므로 원칙상 보상을 요하지 않는다. 다만, 상대방에게 적법성에 대한 귀책사유가 없는 신뢰가 있었던 경우에는 보상이 주어져야 한다.

(3) 쟁송취소와 철회의 비교

이에 반하여 쟁송에 의한 취소와 철회는 유사점보다는 차이점이 많다고 할 수 있다. 양자 모두 일단 유효한 행정행위의 효력을 상실시키는 수단인 점에서는 같다.

그러나, 쟁송취소(爭訟取消)와 철회는 본질적으로 다르다. 양자는 다음과 같은 차이가 있다. 쟁송취소제도는 위법성의 시정을 통하여 적법성을 회복하고 아울러 침해된 국민의 권익구제를 목적으로 하여 쟁송취소행위는 사법작용(司法作用)인 데 반하여, 철회는 장래에 향하여 행정목적의 실현을 위하여 행하여지는 하나의 행정행위이다. 양자 사이에는 이러한 기본적 성격의 차이로 인하여 취소(철회)권자, 취소(철회)사유, 소급효 여부 등에서 차이가 있다.

3. 철회권자

철회는 그의 성질상 원래의 행정행위처럼 새로운 처분을 하는 것과 같기 때문에 처분청만이 이를 행할 수 있다고 보아야 한다. 상급청이라도 감독권에 의해 하급청의 권한을 대신 행사하는 것은 인정될 수 없다.

4. 철회원인(철회사유)

행정기본법에 따르면 행정청은 적법한 처분이 다음 각 호의 어느 하나에 해당하는 경우에는 그 처분의 전부 또는 일부를 장래를 향하여 철회할 수 있다. 1. 법률에서 정한 철회 사유에 해당하게 된 경우, 2. 법령등의 변경이나 사정변경으로 처분을 더 이상 존속시킬 필요가 없게 된 경우, 3. 중대한 공익을 위하여 필요한 경우(행정기본법 제19조 제1항).

즉 철회는 '철회의 대상이 되는 적법한 행정행위가 행해진 후 공익상 행정행위의 효력을 더 이상 존속시킬 수 없는 새로운 사정이 발생한 경우'에 행해질 수 있다.

[판례] '철회 사유'는 행정행위가 성립된 이후에 새로이 발생한 것으로서 행정행위의 효력을 존속시킬 수 없는 사유를 말한다(대판 2018. 6. 28, 2015두58195).

철회사유 중 중요한 것을 보면 다음과 같다.

① 원행정행위가 근거한 사실적 상황 또는 법적 상황의 변경으로 현재의 사정하에서 원행정행위를 하면 위법이 되는 경우.

예를 들면 수익처분을 함에 있어 신청권자에게 요구되는 허가요건이 사후적으로 충족되지 않는 경우, 법령의 개폐에 의해 현재의 사정하에서 원행정행위를 해 줄 수 없는 경우.

② 상대방의 유책행위에 대한 제재로서의 철회(법령 위반, 의무 위반, 부담의 불이행).

수익처분을 받은 자가 수권법령 또는 관계법령을 위반한 경우, 수익처분을 받은 자가 수익처분의 근거법령에서 정하는 의무를 위반한 경우, 부관으로 부과된 부담을 이행하지 않는 경우.

③ 철회권의 유보.

④ 기타 철회하여야 할 보다 우월한 공익의 요구가 존재하는 경우. 다만, 기속행위의 경우 법치행정의 원칙상 단순한 공익만을 이유로 하여서는 철회할 수 없다고 보아야 한다.

[판례 1] 행정행위를 한 처분청은 비록 그 처분 당시에 별다른 하자가 없었고, 또 그 처분 후에 이를 취소(철회)할 별도의 법적 근거가 없다 하더라도 원래의 처분을 존속시킬 필요가 없게 된 사정변경이 생겼거나 또는 중대한 공익상의 필요가 발생한 경우에는 그 효력을 상실케 하는 별개의 행정행위로 이를 취소할 수 있다(대판 1995. 6. 9, 95누1194[징집처분취소]).
[판례 2] **취소사유로서의 사정변경 및 공익상 필요성:** 공수법 제32조 제3호, 제40조, 구 공수법 시행령(2005. 9. 30. 대통령령 제19080호로 개정되기 전의 것, 이하 같다) 제40조 제4항, 제1항의 규정을 종합하면, 농림부장관은 매립공사의 준공인가 전에 공유수면의 상황 변경 등 예상하지 못한 사정변경으로 인하여 공익상 특히 필요한 경우에는 공수법에 의한 면허 또는 인가 등을 취소·변경할 수 있는바, 여기에서 사정변경이라 함은 공유수면매립면허처분을 할 당시에 고려하였거나 고려하였어야 할 제반 사정들에 대하여 각각 사정변경이 있고, 그러한 사정변경으로 인하여 그 처분을 유지하는 것이 현저히 공익에 반하는 경우라고 보아야 할 것이며, 위와 같은 사정변경이 생겼다는 점에 관하여는 그와 같은 사정변경을 주장하는 자에게 그 입증책임이 있다고 할 것이다(대판 전원합의체 2006. 3. 16, 2006두330[새만금사건]).
[판례 3] [1] 사립학교법 제20조의2 제1항에 규정된 취소(철회)사유가 발생하였다는 객관적인 사실이 인정되면 해당 임원에게 이러한 사유 발생과 관련한 임무해태를 탓할 수 없는 정당한 사유가 인정되지 않는 한, 임원취임승인 취소처분의 처분사유 자체는 존재한다고 보아야 한다. [2] 관할청의 주된 귀책사유로 사립학교

법 제20조의2 제1항에 규정된 임원취임승인 취소의 사유가 발생하였더라도 곧바로 처분사유가 존재하지 않는다고 볼 수 없다. [3] △△대학교를 설립·운영하는 학교법인 ○○학원의 이사였다가 피고로부터 임원취임승인취소처분을 받은 원고들이 이의 취소를 구한 사건에서, 사립학교법 제20조의2 제1항 소정의 임원취임승인 취소의 사유가 피고의 귀책사유에 주로 기인하여 발생하였다는 이유로 처분사유 자체가 부존재한다고 본 원심 판단은 잘못되었지만, 여러 사정에 비추어 볼 때 피고에게 재량권 일탈·남용의 위법이 인정되므로 원심의 결론을 수긍하여 상고기각한 사례(대판 2017. 12. 28, 2015두56540[임원취임승인취소처분취소]).

철회사유가 철회처분 이전에 해소된 경우에도 철회사유가 당연히 없어지는 것은 아니다.

[판례 1] 구 국민체육진흥법(2020. 2. 4. 법률 제16931호로 개정되기 전의 것) 제11조의5 제3호, 제12조 제1항 제4호의 내용, 체계와 입법 취지 등을 고려하면, 구 국민체육진흥법 제12조 제1항 제4호에서 정한 '제11조의5 각호의 어느 하나에 해당하는 경우'는 '제11조의5 각호 중 어느 하나의 사유가 발생한 사실이 있는 경우'를 의미한다고 보아야 하므로, 체육지도자가 금고 이상의 형의 집행유예를 선고받은 경우 행정청은 원칙적으로 체육지도자의 자격을 취소(철회)하여야 하고, 집행유예기간이 경과하는 등의 사유로 자격취소처분 이전에 결격사유가 해소되었다고 하여 이와 달리 볼 것은 아니다(대판 2022. 7. 14, 2021두62287[체육지도자자격취소처분취소의소]).

[판례 2] 구 의료법 제8조 제4호의 '금고 이상의 형을 선고받고 그 집행을 받지 아니하기로 확정되지 아니한 자'에는 금고 이상의 형의 집행유예를 선고받고 그 선고의 실효 또는 취소 없이 유예기간이 지나 형 선고의 효력이 상실되기 전까지의 자가 포함되는 것으로, 그 유예기간이 지나 형 선고의 효력이 상실되었다면 더 이상 의료인 결격사유에 해당하지 아니한다. 다만 면허취소사유를 정한 구 의료법 제65조 제1항 단서 제1호의 '제8조 각호의 어느 하나에 해당하게 된 경우'란 '제8조 각호의 사유가 발생한 사실이 있는 경우'를 의미하는 것이지, 행정청이 면허취소처분을 할 당시까지 제8조 각호의 결격사유가 유지되어야 한다는 의미로 볼 수 없다. 의료인이 의료법을 위반하여 금고 이상의 형의 집행유예를 선고받았다면 면허취소사유에 해당하고, 그 유예기간이 지나 형 선고의 효력이 상실되었다고 해서 이와 달리 볼 것은 아니다(대판 2022. 6. 30, 2021두62171[의사면허취소처분취소]).

5. 철회의 법적 근거[1997 행시 논술]

행정기본법은 직권취소나 철회의 일반적 근거규정을 두고 있다. 따라서, 직권취소나 철회는 개별법률의 근거가 없어도 가능하다(행정기본법 제18조, 제19조).

6. 철회의 제한[2011 일반행정 사례, 2014 행시 사례, 2016 행시 사례, 2016 변시]

모든 철회는 비례의 원칙, 신뢰보호의 원칙, 평등의 원칙 등 법의 일반원칙에 의해 제한된다.

(1) 이익형량의 원칙

행정청은 행정기본법 제19조 제1항에 따라 처분을 철회하려는 경우에는 철회로 인하여 당사자가 입게 될 불이익을 철회로 달성되는 공익과 비교·형량하여야 한다(행정기본법 제19조 제2항). 이를 철회시의 **이익형량의 원칙**이라 한다. 예를 들면, 경미한 의무위반에 대하여 상대방에게 중대한 이익을 주는 수익처분을 철회하는 것은 비례의 원칙(이익형량의 원칙)에 반한다.

철회권이 유보된 경우의 철회에도 이익형량의 원칙은 적용된다.

[판례] [1] 수익적 행정행위를 취소 또는 철회하거나 중지시키는 경우에는 이미 부여된 국민의 기득권을 침해하는 것이 되므로, 비록 취소 등의 사유가 있다고 하더라도 그 취소권 등의 행사는 기득권의 침해를 정당화할 만한 중대한 공익상의 필요 또는 제3자의 이익을 보호할 필요가 있고, 이를 상대방이 받는 불이익과 비교·교량하여 볼 때 공익상의 필요 등이 상대방이 입을 불이익을 정당화할 만큼 강한 경우에 한하여 허용될 수 있다(대법원 2012. 3. 15. 선고 2011두27322 판결 등 참조). [2] 건축주가 건축허가 대상 토지 소유자인 원고의 토지사용승낙서를 제출하여 피고로부터 건축허가를 받았다가 원고에게 매매대금을 지급하지 못해 매매계약이 해제되고 토지사용승낙서가 실효되자 원고가 피고를 상대로 건축허가 철회신청을 하였으나 피고가 이를 거부한 경우, 피고의 거부행위는 (원고에게 철회신청권이 인정되므로) 항고소송의 대상이 되고, 나아가 피고가 원고의 신청에 따라 건축허가를 철회함으로써 원고의 이익을 보호할 필요가 인정되며, 이를 건축주가 받는 불이익과 비교·교량하여 볼 때 원고의 이익을 보호할 필요가 건축주의 불이익을 정당화할 만큼 강하다고 판단한 사안(대판 2017. 3. 15, 2014두41190[건축허가철회신청거부처분취소의 소]).

(2) 신뢰보호의 원칙 [2011 사시 사례]

철회사유가 발생한 후 상당한 기간이 지난 경우에는 철회하지 않을 것에 신뢰가 형성된다. 따라서, 이 경우에 상대방에게 귀책사유(철회가능성을 알고 있었거나 중대한 과실로 알지 못한 것)가 없는 한 신뢰보호의 원칙이 적용된다. 신뢰이익이 있는 경우 이익형량에 신뢰이익을 포함시켜야 한다.

[판례 1] 교통사고가 일어난 지 1년 10개월이 지난 뒤 그 교통사고를 일으킨 택시에 대하여 운송사업면허를 취소하였더라도 처분관할관청이 위반행위를 적발한 날로부터 10일 이내에 처분을 하여야 한다는 교통부령인 자동차운수사업법 제31조 등의 규정에 의한 사업면허의 취소 등의 처분에 관한 규칙 제4조 제2항 본문을 강행규정으로 볼 수 없을 뿐만 아니라 택시운송사업자로서는 자동차운수사업법의 내용을 잘 알고 있어 교통사고를 낸 택시에 대하여 운송사업면허가 취소될 가능성을 예상할 수도 있었을 터이니, 자신이 별다른 행정조치가 없을 것으로 믿고 있었다 하여 바로 신뢰의 이익을 주장할 수는 없으므로 그 교통사고가 자동차운수사업법 제31조 제1항 제5호 소정의 "중대한 교통사고로 인하여 많은 사상자를 발생하게 한 때"에 해당한다면 그 운송사업면허의 취소가 행정에 대한 국민의 신뢰를 저버리고 국민의 법생활의 안정을 해치는 것이어서 재량권의 범위를 일탈한 것이라고 보기는 어렵다(대판 1989. 6. 27, 88누6283[택시사업면허취소처분 등 취소]).

[판례 2] 3년 전의 위반행위를 이유로 한 운전면허취소처분의 위법성을 인정한 사례: 택시운전사가 1983. 4. 5 운전면허정지기간중의 운전행위를 하다가 적발되어 형사처벌을 받았으나 행정청으로부터 아무런 행정조치가 없어 안심하고 계속 운전업무에 종사하고 있던 중 행정청이 위 위반행위가 있은 이후에 장기간에 걸쳐 아무런 행정조치를 취하지 않은 채 방치하고 있다가 3년여가 지난 1986. 7. 7에 와서 이를 이유로 행정제재를 하면서 가장 무거운 운전면허를 취소하는 행정처분을 하였다면 이는 행정청이 그간 별다른 행정조치가 없을 것이라고 믿은 신뢰의 이익과 그 법적안정성을 빼앗는 것이 되어 매우 가혹할 뿐만 아니라 비록 그 위반행위가 운전면허취소사유에 해당한다 할지라도 그와 같은 공익상의 목적만으로는 위 운전사가 입게 될 불이익에견줄 바 못된다 할 것이다(대판 1987. 9. 8, 87누373[자동차운전면허취소처분취소]). 〈평석〉 이 사례에서 판례는 신뢰보호의 원칙, 이익형량의 원칙을 적용하였지만, 행정청이 법규위반행위를 알았다고 볼 수 있는 등 실권의 법리를 인정할 수도 있는 사례로 보인다. 또한, 이 사례에서 만일 행정청이 원고의 신뢰보호의 이익을 고려하여 운전면허정지처분을 내렸다면 당해 정지처분은 위법하지 않은 처분으로 판단될 수도 있다.

다만, 철회권이 유보된 경우 신뢰보호의 원칙은 적용되지 않는다. 왜냐하면 철회권이 유보된 경우에는 원행정행위(原行政行爲)가 철회될 수 있는 가능성이 있다는 것이 당사자에게 고지되어 상대방이 철회의 가능성을 알고 있기 때문이다.

(3) 평등원칙 및 자기구속의 원칙

동일한 사안에서 철회를 하지 않았음에도 특정 사안에서만 철회를 한 것은 평등원칙 또는 자기구속의 법리에 반한다.

(4) 실권의 원칙(전술 참조)

(5) 제재처분인 철회의 경우 제척기간

법위반사실에 대한 제재로서의 철회의 경우 행정기본법상 제척기간이 적용된다. 제척기간이 지나면 법령이 정한 경우를 제외하고는 취소나 철회를 할 수 없다(후술 제재처분 참조).

7. 철회절차

철회는 특별한 규정이 없는 한 **일반행정행위와 같은 절차**에 따른다. 수익적 행정행위의 철회는 '권리를 제한하는 처분'이므로 사전통지절차, 의견제출절차 등 행정절차법상의 절차에 따라 행해져야 한다.

국민에게 법령에 의해 또는 조리상 처분의 철회 또는 변경을 신청할 권리가 인정되는 경우가 있다. 이 경우 철회 또는 변경의 거부는 처분이 된다.

8. 철회의무

철회는 원칙상 재량행위이다. 그러나, 사실적 상황이 변하여 원행정행위의 목적에 비추어 원행정행위가 더 이상 필요하지 않으며 원행정행위의 존속으로 인하여 국민의 중대한 기본권이 침해되는 경우에는 처분청은 원행정행위의 철회를 하여야 할 의무를 진다.[13]

[판례 1] 측량업자가 법 제44조 제2항에 따른 등록기준에 미달하게 된 경우, 그것이 '기술인력의 사망·실종 또는 퇴직으로 인하여 등록기준의 미달기간이 90일을 초과하지 아니하는 경우' 등과 같이 일시적으로 등록기준에 미달되는 사정이 발생한 경우가 아니라면 행정청은 이를 사유로 측량업 등록을 취소하여야 하고, 측량업자가 사후에 등록기준을 보완하였더라도 이를 달리 볼 것은 아니다(대판 2016. 10. 27, 2014두44946[등록취소처분취소]).

[판례 2] 사업계획승인 취소(철회)사유로 규정된 사유는 인정되지 않지만, 사실관계를 종합하여 볼 때에 사업계획승인을 존속하기 어려운 사정의 변경이 있거나 사업계획승인을 취소할 중대한 공익상의 필요가 있다고 보아, 사업계획승인 취소사유에 해당하지 않는다는 이유로 사업계획승인 취소(철회)신청을 거부한 피고 행정청의 처분이 구 주택법에 위반되는 것은 아니지만 여기에 재량권 일탈·남용의 위법이 있다고 판단한 원심의 판단을 수긍한 사례(대판 2021. 1. 14, 2020두46004[주택건설사업계획승인 취소신청에 대한 거부처분취소 청구의 소]).

9. 철회의 범위와 한계

철회사유와 관련된 범위 내에서만 철회할 수 있다. 철회사유가 처분의 일부에만 관련되는 경우 철회의 대상이 되는 부분이 가분적인 경우에는 일부철회를 하여야 하고, 일부 철회가 불가능한 경우에는 전부를 철회하여야 한다.

---

13) Maurer, *op. cit.*, p. 311.

(1) 일부철회

일부철회라 함은 하나의 행정행위의 일부분만을 철회하는 것을 말한다.

외형상 하나의 행정처분이라 하더라도 가분성이 있거나 그 처분대상의 일부가 특정될 수 있다면 그 일부만의 철회도 가능하고 그 일부의 철회는 당해 철회부분에 한하여 효력이 생긴다(대판 전원합의체 1995. 11. 16, 95누8850[자동차운전면허취소처분취소]).

[판례 1] 국고보조조림결정에서 정한 조건에 일부만 위반 했음에도 그 조림결정 전부를 취소한 것이 위법하다고 판단한 사례(대판 1986. 12. 9, 86누276[보조금취소처분의취소]). 〈평석〉 판결문에서 "취소"는 강학상 철회이다. 일부철회의무를 인정한 사례이다. 일부철회가 가능한 경우 철회원인과 관련이 있는 한도내에서만 철회가 가능하다.

[판례 2] 보조사업자가 보조금으로 건립한 보육시설, 기타 부대시설을 그 준공일로부터 일정기간 동안은 노동부장관의 승인 없이 국고보조금 교부목적에 위배되는 용도에 사용하거나 양도, 교환, 대여 또는 담보에 제공할 수 없다고 규정하고 있는 직장보육시설설립운영지침을 준수할 것을 조건으로 보조금을 교부받아, 여기에 자기 부담금을 보태서 보육시설을 건축하여 일정기간 보육시설을 운영하다가 임의로 이를 제3자에게 매도한 경우, 처분제한기간 중 스스로 보육시설을 운영한 기간에 상응한 부분은 직장보육시설 보조금이 그 목적대로 집행된 것이라고 볼 여지가 있으므로, 보육시설을 타에 매매함으로써 처분제한 조건을 위반하였다는 사유로 보조금의 예산 및 관리에 관한 법률 제30조 제1항에 의하여 보조금교부결정을 취소함에 있어서는 매매에 이른 경위 등 다른 사정들과 함께 보조금이 일부 그 목적대로 집행된 사정을 감안하여 취소의 범위를 결정하여야 한다(대판 2003. 5. 16, 2003두1288[보조금교부결정취소처분취소]: 원고가 교부받은 직장보육시설 보조금의 일부가 정상적으로 집행되었다고 볼 수 있는 사정 등을 제대로 감안하지 아니하고 보조금교부결정을 전부 취소한 행정청의 처분이 재량권의 한계를 일탈·남용한 것이라고 한 사례).

[판례 3] **보조사업자가 허위의 신청이나 기타 부정한 방법으로 보조금의 교부를 받았음을 이유로 보조금의 교부결정을 취소하는 경우, 그 취소 범위에 관한 판단기준:** 보조사업자가 허위의 신청이나 기타 부정한 방법으로 보조금의 교부를 받았음을 이유로 보조금의 교부결정을 취소함에 있어서 전부를 취소할 것인지 일부를 취소할 것에 있어서 부정한 방법을 취하게 된 동기, 보조금의 전체액수 중 부정한 방법으로 교부받은 보조금의 비율인지 여부와 일부를 취소하는 경우 그 범위는 보조사업의 목적과 내용, 보조금을 교부받음과 교부받은 보조금을 그 조건과 내용에 따라 사용한 비율 등을 종합하여 개별적으로 결정하여야 한다(대판 2005. 1. 28, 2002두11165[보조금교부결정취소처분 등]). 〈평석〉 판례상 취소는 강학상 철회와 취소를 포함한다.

일부 철회가 실질에 있어 재량권을 새롭게 행사하여 처분사유가 달라지고 처분내용을 변경하는 것인 경우에 그 일부 철회는 실질은 처분 변경이라고 할 수 있다.

(2) 복수 행정행위의 철회 [2014 변시 사례]

철회사유와 관련이 있는 한도내에서 복수 행정행위의 철회가 가능하다. 다만, 비례원칙 등 법의 일반원칙을 준수하여야 한다.

1) 철회사유와 관련성이 없는 행정행위의 경우

철회사유와 관련이 없는 행정행위는 철회할 수 없다.

[판례 1] 제1종 보통, 대형 및 특수면허를 가지고 있는 자가 레이카크레인을 음주운전한 행위는 제1종 특수면허의 취소사유에 해당될 뿐 제1종 보통 및 대형면허의 취소사유는 아니므로, 3종의 면허를 모두 취소한

처분 중 제1종 보통 및 대형면허에 대한 부분은 이를 이유로 취소하면 될 것이나, 제1종 특수면허에 대한 부분은 원고가 재량권을 일탈·남용하여 위법하다는 주장을 하고 있음에도, 원심이 그 점에 대하여 심리·판단하지 아니한 채 처분 전체를 취소한 조치는 위법하다(대판 전원합의체 1995. 11. 16, 95누8850[자동차운전면허취소처분취소]. 〈평석〉 법규위반으로 인한 취소(철회)를 함에 있어서는 당해 법규위반과 관련이 있는 면허 등을 취소하여야 하며 당해 법규위반과 관련이 없는 면허 등을 취소하는 것은 비례의 원칙상 타당하지 않다. 레이카크레인을 음주운전한 행위는 제1종 특수면허의 취소사유가 될 뿐이고, 제1종 보통면허 또는 대형면허의 취소사유는 되지 않는다. 따라서, 사례에서 레이카크레인을 음주운전한 행위를 이유로 제1종 특수면허뿐만 아니라 제1종 보통면허 또는 대형면허를 취소한 처분 중 제1종 보통면허 또는 대형면허를 취소한 부분은 레이카크레인을 음주운전한 행위는 제1종 보통면허 또는 대형면허의 취소사유가 될 수 없으므로 그 이유만으로 취소가 가능하고, 제1종 특수면허를 취소한 부분은 레이카크레인을 음주운전한 행위는 제1종 특수면허의 취소사유가 되지만, 동 제1종 특수면허의 취소는 재량행위이고, 원고가 재량권의 일탈·남용을 주장하므로 제1종 특수면허의 취소가 위법하여 취소될 수 있는지 여부를 판단하기 위하여는 재량권의 일탈·남용 여부를 판단하여야 한다.

[판례 2] 도로교통법 시행규칙 제26조 [별표 14]에 의하면 제1종보통, 제1종대형, 제1종특수자동차운전면허소유자가 운전한 12인승 승합자동차는 제1종보통 및 제1종대형자동차운전면허로는 운전이 가능하나 제1종특수자동차운전면허로는 운전할 수 없으므로, 위 운전자는 자신이 소지하고 있는 자동차운전면허 중 제1종보통 및 제1종대형자동차운전면허만으로 운전한 것이 되어, 제1종특수자동차운전면허는 위 승합자동차의 운전과는 아무런 관련이 없고, 또한 위 [별표 14]에 의하면 추레라와 레이카는 제1종특수자동차운전면허를 받은 자만이 운전할 수 있어 제1종보통이나 제1종대형자동차운전면허의 취소에 제1종특수자동차운전면허로 운전할 수 있는 자동차의 운전까지 금지하는 취지가 당연히 포함되어 있는 것은 아니라고 한 사례(대판 1998. 3. 24, 98두1031[자동차운전면허취소처분취소]).

2) 철회사유와 관련성이 있는 행정행위의 경우

철회사유와 관련이 있는 복수의 행정행위의 철회가 가능하다.

철회사유가 특정의 면허에 관한 것이 아니고 다른 면허와 공통된 것이거나 운전면허를 받은 사람에 관한 것일 경우에는 여러 면허를 전부 철회할 수도 있다. 예를 들면, 승용차를 음주운전한 자에게 보통면허뿐만 아니라 대형면허도 취소할 수 있다.

[판례 1] [1] 한 사람이 여러 종류의 자동차운전면허를 취득하는 경우뿐 아니라 이를 취소 또는 정지하는 경우에도 서로 별개의 것으로 취급하는 것이 원칙이고, 다만 취소사유가 특정 면허에 관한 것이 아니고 다른 면허와 공통된 것이거나 운전면허를 받은 사람에 관한 것일 경우에는 여러 면허를 전부 취소할 수도 있다. [2] 제1종 대형, 제1종 보통 자동차운전면허를 가지고 있는 甲이 배기량 400cc의 오토바이를 절취하였다는 이유로 지방경찰청장이 도로교통법 제93조 제1항 제12호에 따라 甲의 제1종 대형, 제1종 보통 자동차운전면허를 모두 취소한 사안에서, 도로교통법 제93조 제1항 제12호, 도로교통법 시행규칙 제91조 제1항 [별표 28] 규정에 따르면 그 취소 사유가 훔치거나 빼앗은 해당 자동차 등을 운전할 수 있는 특정 면허에 관한 것이며, 제2종 소형면허 이외의 다른 운전면허를 가지고는 위 오토바이를 운전할 수 없어 취소 사유가 다른 면허와 공통된 것도 아니므로, 甲이 위 오토바이를 훔친 것은 제1종 대형면허나 보통면허와는 아무런 관련이 없어 위 오토바이를 훔쳤다는 사유만으로 제1종 대형면허나 보통면허를 취소할 수 없다고 본 원심판단을 정당하다고 한 사례(대판 2012. 5. 24, 2012두1891).

[판례 2] 한 사람이 여러 종류의 자동차운전면허를 취득하는 경우뿐 아니라 이를 취소 또는 정지하는 경우에 있어서도 서로 별개의 것으로 취급하는 것이 원칙이기는 하나, 자동차운전면허는 그 성질이 대인적 면허일 뿐만 아니라 도로교통법 시행규칙 제26조 [별표 14]에 의하면, 제1종 대형면허 소지자는 제1종 보통면허

로 운전할 수 있는 자동차와 원동기장치자전거를, 제1종 보통면허 소지자는 원동기장치자전거까지 운전할 수 있도록 규정하고 있어서 제1종 보통면허로 운전할 수 있는 차량의 음주운전은 당해 운전면허뿐만 아니라 제1종 대형면허로도 가능하고, 또한 제1종 대형면허나 제1종 보통면허의 취소에는 당연히 원동기장치자전거의 운전까지 금지하는 취지가 포함된 것이어서 이들 세 종류의 운전면허는 서로 관련된 것이라고 할 것이므로 제1종 보통면허로 운전할 수 있는 차량을 음주운전한 경우에 이와 관련된 면허인 제1종 대형면허와 원동기장치자전거면허까지 취소할 수 있는 것으로 보아야 한다(대판 1994. 11. 25, 94누9672; 동지 판례 2005. 3. 11, 2004두12452[자동차운전면허취소처분취소]).

10. 철회의 효과

철회는 **장래에 향하여** 원행정행위의 효력을 상실시키는 효력을 갖는다.

행정행위의 철회시 별도의 법적 근거 없이 철회의 효력을 철회사유발생일로 소급할 수 없다. 다만, **예외적으로 별도의 법적 근거가 있는 경우**에는 철회의 효력을 과거(예 철회사유 발생일)로 소급시킬 수 있다.

[판례 1] 영유아보육법 제30조 제5항에 따라 평가인증을 철회하는 처분을 하면서, 별도의 법적 근거 없이 평가인증의 효력을 과거로 소급하여 상실시킬 수 있는지 여부(원칙적 소극): 영유아보육법 제30조 제5항 제3호에 따른 평가인증의 취소는 평가인증 당시에 존재하였던 하자가 아니라 그 이후에 새로이 발생한 사유로 평가인증의 효력을 소멸시키는 경우에 해당하므로, 법적 성격은 평가인증의 '철회'에 해당한다. 그런데 행정청이 평가인증을 철회하면서 그 효력을 철회의 효력발생일 이전으로 소급하게 하면, 철회 이전의 기간에 평가인증을 전제로 지급한 보조금 등의 지원이 그 근거를 상실하게 되어 이를 반환하여야 하는 법적 불이익이 발생한다. 이는 장래를 향하여 효력을 소멸시키는 철회가 예정한 법적 불이익의 범위를 벗어나는 것이다. 이처럼 행정청이 평가인증이 이루어진 이후에 새로이 발생한 사유를 들어 영유아보육법 제30조 제5항에 따라 평가인증을 철회하는 처분을 하면서도, 평가인증의 효력을 과거로 소급하여 상실시키기 위해서는, 특별한 사정이 없는 한 영유아보육법 제30조 제5항과는 별도의 법적 근거가 필요하다(대판 2018. 6. 28, 2015두58195).

[판례 2] 피고가 별도의 법적 근거나 특별한 사정 없이 원고의 보조금 부정수급을 이유로 원고가 운영하는 어린이집에 대한 평가인증의 유효기간을 취소사유 발생일(부정수급일)부터 소급하여 중단시켜 그 평가인증을 취소한 것은 위법하다고 판단한 사례(대판 2018. 6. 28, 2015두58195).

보조금 등을 부정사용한 경우에는 부정사용한 부분에 해당하는 보조금 등의 지급처분을 취소(철회)하도록 하는 규정(예 보조금법 제30조 제1항)을 둘 뿐만 아니라 그 취소(철회)한 부분에 해당하는 보조금과 이로 인하여 발생한 이자의 반환을 명하도록 하는 규정(예 보조금법 제31조 제1항)을 두고, 그에 더하여 제재부과금(예 반환하여야 할 보조금 또는 간접보조금 총액의 5배 이내의 범위)을 부과하도록 규정(예 보조금법 제33조의2 제1항)하고 있는 경우가 많다. 보조금등의 지급을 철회하는 것에는 별도의 법적 근거가 필요하지 않지만, 그에 따른 보조금등의 반환처분과 제재부과금의 부과처분에는 법률유보의 원칙상 별도의 법적 근거가 필요하다.

보조금 중 '거짓이나 부정한 방법으로 지급받은 부분'과 '정상적으로 지급받은 부분'을 구분할 수 있다면 '거짓이나 부정한 방법으로 지급받은 부분'에 한하여만 보조금을 환수하여야 한다. 그러나, 지급받은 보조금 중 '거짓이나 부정한 방법으로 지급받은 부분'과 '정상적으로 지급받은 부분'을 구분할 수 없고, 보조금이 거짓이나 부정한 방법에 의하여 일체로서 지급된 것이라고 판단할 수 있는 경우 보조금 전부를 거짓이나 부정한 방법으로 지급받은 것으로 볼 수 있다(대판 2019. 1. 17, 2017두47137).

11. 철회의 취소

(1) 철회의 취소의 가능성

철회의 취소가 가능한지에 관하여 견해의 대립이 있다.

1) 긍 정 설

이 견해는 철회는 그 자체가 독립된 행정행위이고, 행정행위의 효력을 확정적으로 상실시키는 것이 아니고 그것을 정지시키는 효력만을 가지므로 행정행위의 철회의 취소가 가능하며, 철회처분을 취소하면 원행정행위가 원상회복된다는 견해이다.

2) 부 정 설

이 견해는 행정행위가 철회되면 당해 행정행위는 확정적으로 효력을 상실하므로 법률이 명문으로 인정하지 않는 한 행정행위의 철회의 취소는 인정될 수 없다는 견해이다.

3) 절 충 설

행정행위가 철회되면 당해 행정행위는 확정적으로 효력을 상실하므로 철회의 취소는 원칙상 불가능하다. 그러나, 수익적 행정행위의 철회의 경우에는 위법한 철회처분을 취소하여 원상을 회복할 필요가 있으므로 철회의 취소를 인정하여야 한다.

수익적인 이중효과적 행정행위의 경우에 철회로 이해관계있는 제3자가 생긴 경우에는 철회의 취소를 인정할 수 없다는 견해도 있다.

4) 판 례

판례는 절충설을 취하고 있다. 즉, 판례는 침익적 행정행위의 철회의 취소는 인정하지 않지만, 수익적 행정행위의 철회에 대하여는 취소가 가능한 것으로 본다. 판례가 소극설을 취한 것으로 보는 견해가 있는데, 이는 타당하지 않다.

가. 침익적 행정행위의 철회의 취소 부정 판례는 침익적 행정행위의 철회의 경우 당해 침익적 행정행위는 확정적으로 효력을 상실하므로 취소가 불가능하다고 본다.

[판례] 지방병무청장이 재신체검사 등을 거쳐 현역병입영대상편입처분을 보충역편입처분이나 제2국민역편입처분으로 변경하거나 보충역편입처분을 제2국민역편입처분으로 변경하는 경우, 그 후 새로운 병역처분의 성립에 하자가 있었음을 이유로 하여 이를 취소한다고 하더라도 종전의 병역처분의 효력이 되살아나지 않는다(대판 2002. 5. 28, 2001두9653[병역처분취소처분취소]).

나. 수익적 행정행위의 철회의 취소 긍정 판례는 수익적 행정행위의 철회에 대하여는 취소가 가능한 것으로 본다.

[판례 1] 수익적 행정행위의 철회(이사취임승인취소처분)의 직권취소를 인정한 사례: 행정처분이 취소되면 그 소급효에 의하여 처음부터 그 처분이 없었던 것과 같은 효과를 발생하게 되는 바, 행정청이 의료법인의 이사에 대한 이사취임승인취소(철회)처분(제1처분)을 직권으로 취소(제2처분)한 경우에는 그로 인하여 이사가 소급하여 이사로서의 지위를 회복하게 되고, 그 결과 위 제1처분과 제2처분 사이에 법원에 의하여 선임결정된 임시이사들의 지위는 법원의 해임결정이 없더라도 당연히 소멸된다(대판 1997. 1. 21, 96누3401[법원임원취임승인신청거부처분취소 등]).

[판례 2] 수익적 행정행위의 철회의 쟁송취소가 인용된 사례: ① 대판 1987. 9. 8, 87누373: 운전면허취소의 취소(전게), ② 대판 2004. 11. 26, 2003두10251, 2003두10268(병합): 항공운수권배분처분취소의 취소(전게).

[판례 3] 확정된 영업허가취소(철회)처분의 취소청구가 가능한지 여부(소극): 적법한 영업허가의 취소처분이 있었고, 제소기간의 경과로 확정된 이상 영업허가처분은 그 효력이 확정적으로 상실되었다 할 것이므로 그 영업허가취소(철회)처분을 다시 취소하여 이미 상실한 영업허가의 효력을 다시 소생시킬 수 없으며 이를 소생시키기 위하여는 원 행정행위와 동일한 내용의 새로운 행정행위를 할 수밖에 없다(대판 1980. 4. 8, 80누27[영업허가취소처분취소]). 〈해설〉 수익적 행정행위의 철회의 취소를 부정한 판례인데, 이는 예외적인 판례로 보인다.

5) 결 어

철회는 그 자체가 독립된 행정행위이고, 철회의 취소를 부정할 이유가 없으므로 철회의 취소가 가능하다는 적극설이 타당하다. 다만, 취소권 제한의 법리가 적용된다. 특히 침익적 행정행위 및 이중효과적 행정행위의 철회의 직권취소의 경우에는 취소권 제한의 법리인 이익형량의 원칙이 적용된다(이익형량설).

철회의 철회는 인정되지 않는다. 철회한 행정행위를 살리려면 동일한 행정행위를 다시 하면 된다.

(2) 철회의 취소의 효과

철회행위가 취소되면 철회가 없었던 것이 되고 원행정행위는 애초부터 철회되지 않은 것이 된다. 즉, 원행정행위가 원상회복된다.

Ⅲ. 처분의 변경

1. 처분변경의 의의

처분의 변경은 기존의 처분을 다른 처분으로 변경하는 것을 말한다. 처분은 당사자, 처분사유 및 처분내용 등으로 구성된다. 따라서, 처분의 변경은 처분의 당사자가 변경되는 것, 처분사유가 변경되는 것, 처분의 내용이 변경되는 것을 말한다.

변경처분은 순수하게 새로운 처분과 구별하여야 한다. 변경처분이 아닌 순수하게 새로운 처분은 기존 처분의 취소를 수반하지 않는다. 변경처분에는 종전 처분의 하자가 승계되지만, 새로운 처분에는 종전 처분의 하자가 승계되지 않는다. 절차의 하자를 시정하는 등 새로이 행정절차를 거쳐 한 처분은 처분사유나 처분내용에 변경이 있는 경우라도 기존 처분의 변경처분이 아니라 순수하게 새로운 처분이다. 처분사유나 처분내용에 변경 없이 절차의 하자(예 이유제시의 하자)를 시정하기 위하여 종전 처분과 동일한 처분을 한 경우는 새로운 처분이 아니라 하자의 치유를 위한 것이라고 보아야 한다. 다만, 이 경우에도 이익형량을 다시 하였다면 종전 처분과 동일한 내용의 처분이라도 새로운 처분으로 보아야 한다.

[판례] [1] 절차상 또는 형식상 하자로 인하여 무효인 행정처분이 있은 후 행정청이 관계 법령에서 정한 절차 또는 형식을 갖추어 다시 동일한 행정처분을 하였다면 당해 행정처분은 종전의 무효인 행정처분과 관계없이 새로운 행정처분이라고 보아야 한다. [2] 이 사건 처분은 새로운 국방·군사시설사업 실시계획 승인처분으로서의 요건을 갖춘 새로운 처분일 뿐, 종전처분과 동일성을 유지하되 종전처분의 내용을 일부 수정하거나 새로운 사항을 추가하는 것에 불과한 종전처분의 변경처분이 아니므로, 비록 종전처분에 하자가 있더라도 이 사건 처분이 관계 법령에 규정된 절차를 거쳐 그 요건을 구비한 이상 적법하다(대판 2014. 3. 13, 2012두1006[국방·군사시설사업실시계획승인고시처분무효확인및취소]).

2. 처분변경의 종류

(1) 처분 당사자의 변경

처분의 당사자의 변경은 처분변경에 해당한다.

(2) 처분사유의 추가·변경

처분사유의 추가·변경이 변경처분이 되기 위하여는 처분사유의 추가·변경이 종전처분의 처분사유와 기본적 사실관계의 동일성이 없는 사유이어야 한다.

처분청은 스스로 당해 처분의 적법성과 합목적성을 확보하고자 행하는 자신의 내부 시정절차에서는 당초 처분의 근거로 삼은 사유와 기본적 사실관계의 동일성이 인정되지 않는 사유라고 하더라도 이를 처분의 적법성과 합목적성을 뒷받침하는 처분사유로 추가·변경할 수 있다.

[판례 1] [1] 산업재해보상보험법 규정의 내용, 형식 및 취지 등에 비추어 보면, 산업재해보상보험법상 심사청구에 관한 절차는 보험급여 등에 관한 처분을 한 근로복지공단으로 하여금 스스로의 심사를 통하여 당해 처분의 적법성과 합목적성을 확보하도록 하는 근로복지공단 내부의 시정절차에 해당한다고 보아야 한다. 따라서 처분청이 스스로 당해 처분의 적법성과 합목적성을 확보하고자 행하는 자신의 내부 시정절차에서는 당초 처분의 근거로 삼은 사유와 기본적 사실관계의 동일성이 인정되지 않는 사유라고 하더라도 이를 처분의 적법성과 합목적성을 뒷받침하는 처분사유로 추가·변경할 수 있다고 보는 것이 타당하다. [2] 근로복지공단이 '우측 감각신경성 난청'으로 장해보상청구를 한 근로자 甲에 대하여 소멸시효 완성을 이유로 장해보상급여부지급결정을 하였다가, 甲이 불복하여 심사청구를 하자 甲의 상병이 업무상 재해인 소음성 난청으로 보기 어렵다는 처분사유를 추가하여 심사청구를 기각한 사안에서, 근로복지공단이 산업재해보상보험법상 심사청구에 대한 자신의 심리·결정 절차에서 추가한 사유인 '甲의 상병과 업무 사이의 상당인과관계 부존재'는 당초 처분의 근거로 삼은 사유인 '소멸시효 완성'과 기본적 사실관계의 동일성이 인정되는지와 상관없이 처분의 적법성의 근거가 되는 것으로서 취소소송에서 처음부터 판단대상이 되는 처분사유에 해당한다는 이유로, 甲의 상병과 업무 사이의 상당인과관계 부존재를 처분사유 중 하나로 본 원심판단을 정당하다고 한 사례(대판 2012. 9. 13, 2012두3859).

[판례 2] 신청에 대하여 일단 거부처분이 행해지면 그 거부처분이 적법한 절차에 의하여 취소되지 않는 한,

사유를 추가하여 거부처분을 반복하는 것은 존재하지도 않는 신청에 대한 거부처분으로서 당연무효이다(대판 1999. 12. 28, 98두1895[토지형질변경불허가처분취소]). 〈해설〉 그러나, 기본적 사실관계의 동일성이 없는 처분사유를 추가하거나 변경한 것은 종전의 거부처분을 취소하는 새로운 처분(변경처분)으로 보고, 이를 인정하는 것이 타당하다.

(3) 처분내용의 변경

처분의 내용을 적극적으로 변경하는 경우 처분의 변경이 된다. 처분의 일부취소는 처분사유의 변경이 없는 한 처분변경이 아니다.

처분내용의 변경에는 두 유형이 있다. ① 하나는 처분내용을 전부 또는 상당한 정도로 변경하는 변경처분이다. 이 경우 종전 처분은 변경처분에 의해 대체되고 장래에 향하여 효력을 상실한다(전부변경처분). ② 다른 하나는 선행 처분의 내용 중 일부만을 소폭 변경하는 등 선행처분과 분리가능한 **일부변경처분**이다. 이 경우 종전 선행처분은 일부 변경된 채로 효력을 유지하고 일부변경처분도 별도로 존재한다(대판 2012. 10. 11, 2010두12224, 행정구제법 적극적 변경처분 참조).

[판례] 효력기간이 정해져 있는 제재적 행정처분의 효력이 발생한 이후 당초의 제재적 행정처분이 유효함을 전제로 그 구체적인 집행시기만을 변경하는 것은 변경처분이다. 이러한 후속 변경처분 권한은 특별한 사정이 없는 한 당초의 제재적 행정처분의 효력이 유지되는 동안에만 인정된다. 당초의 제재적 행정처분에서 정한 효력기간이 경과하면 그로써 처분의 집행은 종료되어 제재처분의 효력이 소멸하는 것이므로(행정소송법 제12조 후문 참조), 그 후 동일한 사유로 다시 제재적 행정처분을 하는 것은 위법한 이중처분에 해당한다(대판 2022. 2. 11, 2021두40720).

3. 처분변경의 근거

처분의 변경에 법적 근거가 필요한 것인지 달리 말하면 명문의 법적 근거가 없는 경우에도 처분의 변경이 가능한지에 대해 이론상 처분의 변경은 새로운 처분이므로 법률유보의 원칙에 따라 법률의 별도 근거가 필요하다는 견해(법률근거필요설)와 명문의 근거가 없는 경우에도 처분의 변경은 처분을 철회하고 새로운 처분을 하는 것이므로 처분의 근거가 변경처분의 근거가 될 수 있다고 보는 견해(명문근거불필요설)가 있을 수 있다.

생각건대, 처분의 변경에 변경대상 처분의 법적 근거와 별도의 법적 근거는 필요하지 않다고 보는 것이 타당하다. 처분의 변경은 실질적으로 선행처분의 전부 또는 일부의 취소(철회)와 함께 하는 새로운 처분의 성격을 가지므로 명시적 근거가 없더라도 취소권 또는 철회권 및 처분권에 근거하여 행할 수 있다고 보아야 한다.

판례도 원칙상 명문근거불필요설을 취하지만, 과징금 부과와 같은 침해적 처분의 변경에는 법령의 근거가 필요하다고 본 판례가 있다.

[판례 1] [1] 법령의 규정체계, 취지와 목적 등에 비추어 살펴보면, 구 「도시 및 주거환경정비법」(이하 '구 도정법'이라고만 한다) 제69조 제1항 제6호에서 정한 "관리처분계획의 수립"에는 경미한 사항이 아닌 관리처

분계획의 주요 부분을 실질적으로 변경하는 것이 포함된다고 해석함이 타당하고, 이러한 해석이 죄형법정주의 내지 형벌법규 명확성의 원칙을 위반하였다고 보기 어렵다. [2] 한편 대법원은 관리처분계획의 경미한 사항을 변경하는 경우와는 달리 당초 관리처분계획의 주요 부분을 실질적으로 변경하는 경우에는 새로운 관리처분계획을 수립한 것으로 해석하여 왔다(대법원 2012. 3. 22. 선고 2011두6400 전원합의체 판결 등 참조). [3] 정비사업전문관리업 등록을 하지 아니한 자에게 관리처분계획을 변경하게 하였다는 이유로 기소된 사안에서, 구 도정법 제69조 제1항 제6호에서 정한 "관리처분계획의 수립"은 최초의 수립만을 의미하고 관리처분계획의 주요 부분을 실질적으로 변경하는 경우를 포함하지 않는다는 이유로 무죄를 선고한 원심을 파기한 사례(대판 2019. 9. 25, 2016도1306).

[판례 2] 구 독점규제및공정거래에관한법률 제24조의2 제1항의 규정에 의하여 부과되는 과징금의 부과와 같이 재산권의 직접적인 침해를 가져오는 처분을 변경하려면 법령에 그 요건 및 절차가 명백히 규정되어 있어야 할 것인데, 위와 같은 변경처분에 대한 법령상의 근거규정이 없고, 이를 인정하여야 할 합리적인 이유 또한 찾아 볼 수 없다(대판 1999. 5. 28, 99두1571).

4. 변경처분의 형식과 절차

변경처분의 형식과 절차는 법령에 정해진 경우에는 그에 따른다. 허가 중 경미한 사항의 변경은 변경신고하도록 규정하고 있는 경우가 있다(예 구 화물자동차 운수사업법 제3조 제3항 단서).

변경처분의 절차에 관하여 법령에 명시적 규정이 없는 경우 적법절차의 원칙에 따라 **중요한 사항을 변경**하는 변경처분은 변경되는 처분과 동일한 절차(행정의 상대방에게 불이익한 방향으로의 처분의 변경에 있어서는 처분시 보다 엄격한 절차)에 따라 행해져야 하고, **경미한 사항을 변경**하는 처분은 보다 간소한 절차에 따라 행해질 수 있다.

[참고 판례 1] 구 교과용도서에 관한 규정 제26조 제1항에 따른 검정도서에 대한 수정명령의 내용이 이미 검정을 거친 내용을 실질적으로 변경하는 결과를 가져오는 경우 거쳐야 할 절차: 구 교과용도서에 관한 규정(2009. 8. 18. 대통령령 제21687호로 개정되기 전의 것, 이하 같다) 제26조 제1항에 따른 검정도서에 대한 수정(변경)명령의 절차와 관련하여 구 교과용도서에 관한 규정에 수정명령을 할 때 교과용도서의 검정절차를 거쳐야 한다거나 이를 준용하는 명시적인 규정이 없으므로 교과용도서심의회의 심의 자체를 다시 거쳐야 한다고 보기는 어렵지만, 헌법 등에 근거를 둔 교육의 자주성·전문성·정치적 중립성 및 교과용도서에 관한 검정제도의 취지에 비추어 보면, 수정명령의 내용이 표현상의 잘못이나 기술적 사항 또는 객관적 오류를 바로잡는 정도를 넘어서서 이미 검정을 거친 내용을 실질적으로 변경하는 결과를 가져오는 경우에는 새로운 검정절차를 취하는 것과 마찬가지라 할 수 있으므로 검정절차상의 교과용도서심의회의 심의에 준하는 절차를 거쳐야 한다. 그렇지 않으면 행정청이 수정명령을 통하여 검정제도의 취지를 훼손하거나 잠탈할 수 있고, 교과용도서심의회의 심의 등 적법한 검정절차를 거쳐 검정의 합격결정을 받은 자의 법률상 이익이 쉽게 침해될 수 있기 때문이다(대판 2013. 2. 15, 2011두21485[수정명령취소]). 〈해설〉 변경처분이 아니라 변경명령처분의 절차에 관한 것이다.

[판례 2] 도지사가 시장 또는 군수로부터 신청받은 당초의 도시관리계획안을 변경하고자 하는 경우 그 내용을 시장 또는 군수에게 송부하여 주민의 의견을 청취하는 절차를 거쳐야 하는지 여부: 주민의견청취 절차의 의의와 필요성은 시장 또는 군수가 도시관리계획을 입안하는 과정에서뿐만 아니라 도시관리계획안이 도지사에게 신청된 이후에 내용이 관계 행정기관의 협의 및 도시계획위원회의 심의 등을 거치면서 변경되는 경우에도 마찬가지이고, 도지사가 도시관리계획의 결정 과정에서 신청받은 도시관리계획안의 중요한 사항을 변경하는 것은 그 범위에서 시장 또는 군수에 의하여 신청된 도시관리계획안을 배제하고 도지사가 직접 도시관리계획

안을 입안하는 것과 다르지 않다. 그러므로 도지사가 관계 행정기관의 협의 등을 반영하여 신청받은 당초의 도시관리계획안을 변경하고자 하는 경우 내용이 해당 시 또는 군의 도시계획조례가 정하는 중요한 사항인 때에는 다른 특별한 사정이 없는 한 법 제28조 제2항, 시행령 제22조 제5항을 준용하여 그 내용을 관계 시장 또는 군수에게 송부하여 주민의 의견을 청취하는 절차를 거쳐야 한다(대법원 2015. 1. 29. 선고 2012두11164 판결[도시관리계획결정처분취소]).

5. 처분변경의 효력

처분변경은 종전 처분을 취소 또는 변경하고 새로운 처분을 하는 효력을 갖는다. 첫째 유형의 변경처분(전부변경처분)의 경우 종전 선행처분은 변경처분에 의해 대체되고 장래에 향하여 효력을 상실한다. 둘째 유형의 변경처분(일부변경처분)의 경우 종전 선행처분은 일부 변경된 채로 효력을 유지한다.

변경처분은 종전 처분을 전제로 하여 종전 처분과 동일성을 유지한 처분이므로 종전 처분의 하자는 변경처분에 승계된다(대판 2014. 3. 13, 2012두1006).

처분 후의 새로운 사정에 따라 종전 처분을 변경하는 변경처분은 원칙상 장래효만을 갖는다.

[판례 1] 선행처분의 내용을 변경하는 후행처분이 있는 경우, 선행처분의 효력 존속 여부: 선행처분의 주요 부분을 실질적으로 변경하는 내용으로 후행처분(전부변경처분)을 한 경우에 선행처분은 특별한 사정이 없는 한 효력을 상실하지만, 후행처분이 선행처분의 내용 중 일부만을 소폭 변경하는 정도에 불과한 경우(일부변경처분)에는 선행처분은 소멸하는 것이 아니라 후행처분에 의하여 변경되지 아니한 범위 내에서는 그대로 존속한다(대판 2020. 4. 9, 2019두49953).

[판례 2] 구 도시 및 주거환경정비법(2012. 2. 1. 법률 제11293호로 개정되기 전의 것, 이하 '구 도시정비법'이라고 한다) 제48조 제1항의 내용, 형식 및 취지 등에 비추어 보면, 당초 관리처분계획의 경미한 사항을 변경하는 경우와는 달리 당초 관리처분계획의 주요 부분을 실질적으로 변경하는 내용으로 새로운 관리처분계획을 수립하여 시장·군수의 인가를 받은 경우에는 당초 관리처분계획은 달리 특별한 사정이 없는 한 효력을 상실한다. 이때 당초 관리처분계획이 효력을 상실한다는 것은 당초 관리처분계획이 유효하게 존속하다가 변경 시점을 기준으로 장래를 향하여 실효된다는 의미이지 소급적으로 무효가 된다는 의미가 아니다. 그리고 이러한 법리는 변경된 관리처분계획이 당초 관리처분계획의 주요 부분을 실질적으로 변경하는 정도에 이르지 않는 경우에도 동일하게 적용되므로, 이와 같은 경우 당초 관리처분계획 중 변경되는 부분은 장래를 향하여 실효된다(대판 2016. 6. 23, 2014다16500[분담금연체이자반환]).

[판례 3] **장해등급 변경으로 장해보상연금 지급 대상에서 제외되는 경우, 장해등급 변경결정 이후에 지급된 장해보상연금만 부당이득의 징수 대상이 되는지 여부(적극):** 장해보상연금을 받던 사람이 재요양 후에 장해등급이 변경되어 장해보상연금의 지급 대상에서 제외되었음에도 장해보상연금을 받았다면 특별한 사정이 없는 한 이는 보험급여가 잘못 지급된 경우에 해당하지만, 이 경우 장해등급이 변경되었다고 하려면 장해등급 변경 결정이 있어야 할 것이므로, 장해등급 변경 결정 이후에 지급된 장해보상연금만 산업재해보상보험법 제84조 제1항에 따른 부당이득의 징수 대상이 된다고 할 것이다. 다만 장해보상연금을 받던 사람이 산업재해보상보험법 제51조에 따른 재요양 후에 장해상태가 호전됨으로써 장해등급이 변경되어 장해보상연금을 수령할 수는 없게 되었으나 산업재해보상보험법 시행령 제58조 제2항 제2호에서 정한 차액을 지급받을 수 있는 경우에는 여전히 그 금액을 장해보상일시금으로 수령할 수 있는 지위에 있으므로 그 금액의 범위 안에서는 부당이득의 징수 대상이 되지 않는다고 할 것이다(대판 2013. 2. 14, 2011두12054[장해등급결정처분취소 등]).

[판례 4] 종전 사업시행계획에 비하여 정비사업비용만 23% 정도 증액된 내용의 변경 사업시행계획에 의하여 종전 사업시행계획의 효력이 상실되는지 여부(소극): 구 도시 및 주거환경정비법(2009. 2. 6. 법률 제9444호로 개정되기 전의 것, 이하 '구 도시정비법'이라고 한다) 제28조 제1항, 제30조에 의하면, … 인가받은 내용을 변경하는 경우에도 시장·군수의 인가를 받아야 하며, 다만 대통령령이 정하는 경미한 사항을 변경하고자 하는 때에는 시장·군수에게 이를 신고하여야 한다. 이러한 관계 법령의 내용, 형식 및 취지 등에 비추어 보면, 인가받은 사업시행계획의 내용 중 경미한 사항을 변경하여 이를 신고한 경우는 물론, 그 밖의 사항을 변경하여 그 인가를 받은 경우에도 종전에 인가받은 사업시행계획 중 변경되지 아니한 부분은 여전히 존재하여 그 효력을 유지함이 원칙이지만, 주택재개발정비사업조합이 당초 사업시행계획의 흠을 바로 잡기 위하여 당초 사업시행계획과 동일한 요건, 절차를 거쳐 새로운 사업시행계획을 수립하여 시장·군수로부터 인가 받은 경우 또는 당초 사업시행계획의 주요 부분을 실질적으로 변경하는 내용으로 새로운 사업시행계획을 수립하여 시장·군수의 인가를 받음으로써 새로운 사업시행계획이 당초 사업시행계획을 대체하였다고 평가할 수 있는 경우에는 그 효력을 상실한다. 그리고 당초 사업시행계획의 주요 부분을 실질적으로 변경하는 내용의 새로운 사업시행계획을 수립하여 당초 사업시행계획을 대체하였는지 여부는, 사업시행계획 중 변경된 내용, 변경의 원인 및 그 정도, 당초 사업시행계획과 변경 사업시행계획 사이의 기간, 당초 사업시행계획의 유효를 전제로 이루어진 후속행위의 내용 및 그 진행 정도 등을 종합적으로 고려하여 판단하여야 할 것이다(대판 2014. 2. 27, 2011두25173[사업시행인가무효확인]).

위법을 시정하기 위해 종전 처분을 변경하는 경우에는 소급적 변경처분도 가능하다. 다만, 처분 상대방의 신뢰이익 등과 이익형량을 하여야 한다.

[판례] [차량진출입로의 도로점용허가에 따른 점용료 부과처분의 취소에 관한 사건] 당초 도로점용허가 당시 점용부분은 건물부지와 공원부지에 접하고 있음에도 피고가 건물부지만을 기준으로 위법하게 점용료를 산정하여 부과하자, 원고가 점용료부과처분 취소소송에서 그 위법을 다투고 피고가 소송 중 특별사용의 필요가 없는 공원부지에 접한 부분을 도로점용허가 대상에서 소급적으로 제외하는 변경허가처분을 한 사안에서, 이러한 변경허가처분은 장래를 향하여만 효력이 있다고 판단한 원심을 파기하고 그에 대하여 소급적 직권취소의 효력이 인정될 수 있다고 본 사례(대판 2019. 1. 17, 2016두56721, 56738[도로점용료부과처분취소]).

6. 선행처분의 취소 또는 무효와 후행처분의 효력

후행처분이 선행처분을 기초로 선행처분을 일부 변경하는 내용의 것인 경우 선행처분이 취소되면 후행처분도 효력을 상실하지만, 후행처분이 선행처분을 대체하는 처분(전부변경처분)인 경우에는 선행처분이 취소되거나 무효이어도 후행처분은 그대로 효력을 유지한다.

[판례] 선행 조합설립변경인가처분이 취소되거나 무효로 확정된 경우 후행 조합설립변경인가처분의 효력 유무: 정비사업조합(이하 '조합'이라고만 한다)에 관한 조합설립변경인가처분은 당초 조합설립인가처분에서 이미 인가받은 사항의 일부를 수정 또는 취소·철회하거나 새로운 사항을 추가하는 것으로서 유효한 당초 조합설립인가처분에 근거하여 설권적 효력의 내용이나 범위를 변경하는 성질을 가지므로, 당초 조합설립인가처분이 쟁송에 의하여 취소되거나 무효로 확정된 경우에는 이에 기초하여 이루어진 조합설립변경인가처분도 원칙적으로 그 효력을 상실하거나 무효라고 해석함이 타당하다. 마찬가지로 당초 조합설립인가처분 이후 여러 차례 조합설립변경인가처분이 있었다가 중간에 행하여진 선행 조합설립변경인가처분이 쟁송에 의하여 취소되거나 무효로 확정된 경우에 후행 조합설립변경인가처분도 그 효력을 상실하거나 무효라고 새겨야 한다. 다만, 조합설립변경인가처분도 조합에 정비사업 시행에 관한 권한을 설정하여 주는 처분인 점에서는 당초 조

합설립인가처분과 다를 바 없으므로, 선행 조합설립변경인가처분이 쟁송에 의하여 취소되거나 무효로 확정된 경우라도 후행 조합설립변경인가처분이 선행 조합설립변경인가처분에 의해 변경된 사항을 포함하여 새로운 조합설립변경인가처분의 요건을 갖춘 경우에는 그에 따른 효력이 인정될 수 있다. 이러한 경우 조합은 당초 조합설립인가처분과 새로운 조합설립변경인가처분의 요건을 갖춘 후행 조합설립변경인가처분의 효력에 의하여 정비사업을 계속 진행할 수 있으므로, 그 후행 조합설립변경인가처분을 무효라고 할 수는 없다(대법원 2014. 5. 29. 선고 2011다46128 판결, 대법원 2014. 5. 29. 선고 2011두25876 판결 참조)(대판 2014. 8. 20, 2012두5572[관리처분계획취소]).

7. 변경처분의 취소

[판례] 지방병무청장이 재신체검사 등을 거쳐 현역병입영대상편입처분을 보충역편입처분이나 제2국민역편입처분으로 변경하거나 보충역편입처분을 제2국민역편입처분으로 변경하는 경우 비록 새로운 병역처분의 성립에 하자가 있다고 하더라도 그것이 당연무효가 아닌 한 일단 유효하게 성립하고 제소기간의 경과 등 형식적 존속력이 생김과 동시에 종전의 병역처분의 효력은 취소 또는 철회되어 확정적으로 상실된다고 보아야 할 것이므로 그 후 새로운 병역처분의 성립에 하자가 있었음을 이유로 하여 이를 취소한다고 하더라도 종전의 병역처분의 효력이 되살아난다고 할 수 없다(대판 2002. 5. 28, 2001두9653). 〈해설〉 불이익처분의 취소의 취소는 인정하지 않는다. 또한 재신체검사 등을 거친 후 내려진 처분은 전혀 새로운 처분이며 종전 처분과 무관하다. 따라서, 재신체검사 등을 거친 후 내려진 처분은 엄격한 의미의 처분의 변경이라기 보다는 종전 처분의 취소처분과 새로운 처분의 병존으로 보아야 한다.

Ⅳ. 처분의 취소 또는 철회 등에 따른 손실보상 [2025 행시]

허가의 상대방에게 귀책사유 없는 허가의 취소(철회) 또는 행위제한(예 전염병 확산 방지를 위한 영업제한)으로 허가의 상대방에게 특별한 희생이 발생한 경우에는 평등의 원칙(공적 부담앞의 평등의 원칙)상 손실보상 등 구제조치를 해주어야 한다. 허가의 취소(철회)로 특별한 희생이 발생했음에도 손실보상 등 구제조치가 마련되지 않으면 재산권 보장 및 평등원칙의 침해로 위헌이 된다.

아래와 같은 행정기본법 개정초안이 마련되었지만 입법화되지 못하였다.

행정청은 행정기본법 제18조 제1항에 따라 처분(인허가 등 당사자에게 권리나 이익을 부여하는 처분만 해당)을 취소하거나 제19조 제1항 제2호 또는 제3호에 해당하는 사유로 처분을 철회한 경우로서 다음 각 호의 요건을 모두 충족하는 경우에는 법률로 정하는 바에 따라 손실보상을 한다(행정소송법 개정안 제19조의2 제1항).

1. 처분의 취소 또는 철회로 당사자에게 재산상 손실이 발생하였을 것
2. 당사자의 신뢰가 보호할 가치가 있을 것
3. 당사자에게 처분의 취소 또는 철회에 대한 귀책사유가 없을 것

처분의 취소 또는 철회에 따른 손실보상은 제1항 각호의 요건외에 손실보상의 일반법리에 따라 처분의 취소 또는 철회로 특별한 희생이 발생하였을 것이라는 요건을 추가로 요구하여야 한다. 철회권이 유보된 경우, 당사자의 신뢰에 귀책사유가 있는 경우 등에는 당사자의 신뢰가 보호할 가치가 없다고 볼 수 있다. 처분의 취소 또는 철회에 대한 당사자의 귀책사유는 당사자가 취소사유 또는 철회사유의 발생에 원인을 제공하거나 직접 기여한 경우 등을 말한다고 할 수 있다.

행정기본법은 처분의 취소 또는 철회에 따른 손실보상은 법률로 정하는 바에 따라 보상하는 것으로 규정하고 있다. 제1항에 따른 손실보상의 근거가 되는 법률에는 다음 각 호의 사항을 규정하여야 한다. 1. 손실보상의 대상과 범위, 2. 손실보상금의 산정기준(손익상계에 관한 사항을 포함한다), 3. 손실보상금의 지급방법과 절차.

따라서, 손실보상을 규정하는 법률의 규정이 제정되지 않은 경우에는 손실보상을 청구할 수 없다. 그 경우에는 분리이론에 따른 권리구제에 준하여 처분의 취소 또는 철회에 대한 헌법소원 등을 통해 처분의 취소 또는 철회에 따른 손실보상에 관한 법률을 제정하도록 한 후 손실보상을 받을 수 있게 된다.

처분의 변경의 경우 처분의 취소 또는 철회에 따른 손실보상에 준하여 손실보상을 하여야 한다.

제10절 행정행위의 실효

Ⅰ. 의 의

행정행위의 실효라 함은 유효한 행정행위의 효력이 일정한 사실의 발생으로 장래에 향하여 소멸하는 것을 말한다. 일단 유효한 행정행위의 효력이 소멸되는 것인 점에서 무효나 부존재와 다르고, 행정청의 의사에 의해서가 아니라 일정한 사실의 발생으로 효력이 소멸된다는 점에서 직권취소 및 철회와 다르다.

Ⅱ. 실효사유

1. 대상의 소멸

행정행위의 대상이 소멸되면 행정행위는 실효된다.

예를 들면, 사람의 사망으로 인한 운전면허의 실효, 자동차가 소멸된 경우 자동차검사합격처분의 실효, 사업면허의 대상의 소멸로 인한 사업면허의 실효 등이다. 그러나, 공장시설물이 소실되었고 복구를 할 수 없는 상태인 경우에도 수도권에서 지방으로 공장을 이전하는 경우와 같이 공장이전에 조세감면 등 세제상 혜택이나 공업배치 및 공장설립에 관한 법률상 간이한 이전절차 및 우선 입주의 혜택이 있는 경우 공장등록이 실효되었다고 할 수 없다(대판 2002. 1. 11, 2000두3306 참조).

[판례] 판례는 신청에 의한 영업허가처분에서 그 영업을 자진폐업한 경우(대판 1981. 7. 14, 80누593[청량음료제조업허가취소처분취소]) 및 대물적 영업허가에서 중요한 허가요건인 물적 시설이 모두 철거되어 허가받은 영업상의 기능을 더 이상 수행할 수 없게 된 경우(대판 1990. 7. 13, 90누2284[전자오락실영업허가취소처분취소])를 실효사유로 보고 있다.

혼합적 허가에서 인적, 물적 시설이 철수된 경우에도 당해 허가의 실효사유로 보아야 할 것이다.

영업허가가 실효된 후 영업허가 취소처분을 하여도 당해 취소처분은 당해 영업허가가 실효되었음을 사실상 확인하는 것에 불과하므로 취소소송의 대상이 되는 처분이 아니다.

2. 해제조건의 성취 또는 종기의 도래

해제조건이 성취되거나 종기가 도래하면 주된 행정행위는 당연히 효력을 상실한다.

3. 목적의 달성 또는 목적 달성의 불가능

행정행위의 목적이 달성되거나 목적 달성이 불가능해지면 당해 행정행위는 당연히 실효된다. 예를 들면, 철거명령에 따라 대상물이 철거되면 당해 철거명령은 당연히 효력을 상실한다.

[판례] [1] 일정한 정비예정구역을 전제로 추진위원회 구성 승인처분이 이루어진 후 정비구역이 정비예정구역과 달리 지정되었다는 사정만으로 승인처분이 당연히 실효된다고 볼 수 없다: 정비사업을 원활하게 진행하기 위하여 추진위원회 제도를 도입하는 한편 1개의 정비구역 안에 복수의 추진위원회가 구성되는 것을 금지하는 등 그에 대하여 특별한 법적 지위를 부여하고 있는 도시 및 주거환경정비법의 입법취지와 추진위원회 구성 승인처분이 다수의 이해관계인에게 미치는 파급효과 등에 비추어 보면, 일정한 정비예정구역을 전제로 추진위원회 구성 승인처분이 이루어진 후 정비구역이 정비예정구역과 달리 지정되었다는 사정만으로 승인처분이 당연히 실효된다고 볼 수 없고, 정비예정구역과 정비구역의 각 위치, 면적, 토지등소유자 및 동의자 수의 비교, 정비사업계획이 변경되는 내용과 정도, 정비구역 지정 경위 등을 종합적으로 고려하여 당초 승인처분의 대상인 추진위원회가 새로운 정비구역에서 정비사업을 계속 추진하는 것이 도저히 어렵다고 보여 그 추진위원회의 목적달성이 사실상 불가능하다고 인정되는 경우에 한하여 그 실효를 인정함이 타당하다고 할 것이다. [2] 피고가 이 사건 정비예정구역을 사업구역으로 하는 보조참가인 추진위원회 구성 승인처분을 한 후 이 사건 정비예정구역을 포함한 일대가 재정비촉진구역으로 지정되어 사업구역면적은 약 89%, 토지등소유자 수는 약 106% 증가하였던 사례(대판 2013. 9. 12, 2011두31284[동의서제공신청반려처분취소]).

Ⅲ. 권리구제수단

행정행위의 실효가 다투어지는 경우에는 무효등확인소송의 하나인 행정행위실효확인소송 또는 행정행위효력존재확인소송을 제기한다.

또한, 민사소송 또는 공법상 당사자소송에서 행정행위의 실효 여부가 전제문제로서 다투어질 수 있다.

제11절 단계적 행정결정

Ⅰ. 단계적 행정결정의 의의

단계적 행정결정(段階的 行政決定)이란 행정청의 결정이 여러 단계의 행정결정을 통하여 연계적으로 이루어지는 것을 말한다. 단계적 행정결정의 예로는 확약, 가행정행위, 사전결정 및 부분허가가 있다.

단계적 행정결정 대신에 단계적 행정절차라는 용어를 사용하는 학자도 있으나, 공청회 절차, 환경영향평가절차 등 행정절차를 포함하는 것으로 오해될 우려가 있으므로 단계적 행정결정이라는 용어를 사용하는 것이 타당하다.

Ⅱ. 확 약 [2015 입시]

1. 의 의

확약은 장래 일정한 행정행위를 하거나 하지 아니할 것을 약속하는 의사표시를 말한다. 확약은 신뢰보호 또는 금반언(禁反言)의 법리를 바탕으로 인정되는 행정청의 행위형식의 하나이다.

확약의 예로는 공무원임명의 내정, 자진신고자에 대한 세율인하의 약속, 무허가건물의 자진철거자에게 아파트입주권을 주겠다는 약속, 주민에 대한 개발사업의 약속 등을 들 수 있다.

판례는 어업권면허에 선행하는 우선순위결정을 확약으로 보고(대판 1995. 1. 20, 94누6529), 건축법상 사전결정을 주택건설사업계획승인처분을 하겠다는 내용의 확약은 아니라고 보았다(대판 1996. 8. 20, 95누10877[주택건설사업승인거부처분취소]).

행정실무상 사용되는 용어인 내인가(본 인·허가의 전단계로서 행해지는 인·허가의 발급약속)도 확약의 일종이라고 할 수 있다. 현행 법령상 내인가라는 명칭을 사용하는 사례는 없다. 실정법령상 조건부 인허가(예 석유사업법 제11조의 석유정제업 등의 조건부 등록, 먹는물관리법 제9조의2의 샘물개발의 가허가 등) 및 행정규칙인 증권업감독규정에 의한 증권업의 예비인허가를 내인가로 볼 수 있다. 이에 대하여 석유정제업 등의 조건부 등록, 샘물개발의 가허가를 가행정행위로 보는 견해도 있다.

가행정행위는 본행정행위와 동일한 효력을 발생하지만, 확약의 경우에는 확약만으로는 확약의 대상이 되는 행정행위의 효력이 발생하지 않는 점 등에서 양 행위는 구별된다.

행정절차법은 신청에 따른 확약에 대해 규정하고 있는데, 행정절차법상 확약은 **"법령등에서 당사자가 신청할 수 있는 처분을 규정하고 있는 경우 행정청은 당사자의 신청에 따라** 장래에 어떤 처분을 하거나 하지 아니할 것을 내용으로 하는 의사표시"를 말한다(행정절차법 제40조의2 제1항).

행정절차법상 확약이 아닌 확약(그 밖의 확약)(직권에 의한 확약, 법령등에서 당사자가 신청할 수 있는 처분을 규정하고 있지 않은 경우 신청에 따른 확약)은 확약의 법리에 따라 규율된다. 그리고, 행정절차법상 확약에 관한 규정은 성질에 반하지 않는 한 그 밖의 확약에 유추적용된다고 보아야 한다.

2. 법적 성질

(1) 처분성 긍정설(다수설)

확약의 법적 성격에 관해서 다수설은 확약이 행정청에 대하여 확약의 내용대로 이행할 법적 의무를 발생시킨다는 점에 비추어 확약의 처분성을 인정한다.

(2) 처분성 부정설

확약은 사정변경에 의해 변경될 수 있으므로 종국적 규율성을 가지지 못한다는 점을 근거로 처분이 아니라고 보는 견해이다.

(3) 판례(부정설)

[판례] 어업권면허에 선행하는 우선순위결정은 행정청이 우선권자로 결정된 자의 신청이 있으면 어업권 면허처분을 하겠다는 것을 약속하는 행위로서 강학상 확약에 불과하고 행정처분은 아니므로 우선순위결정에공

정력이나 불가쟁력과 같은 효력은 인정되지 아니하며, 따라서 우선순위결정이 잘못되었다는 이유로 종전의 어업권면허처분이 취소되면 행정청은 종전의 우선순위결정을 무시하고 다시 우선순위를 결정한 다음 새로운 우선순위결정에 기하여 새로운 어업권면허를 할 수 있다(대판 1995. 1. 20, 94누6529).

(4) 결어(긍정설)

확약으로 행정청에게 확약을 준수할 의무가 발생하는 점, 확약의 처분성을 인정함으로써 조기(早期)의 권리구제를 도모할 수 있는 점을 고려하여 확약의 처분성을 인정하는 것이 타당하다.

3. 법적 근거

확약은 처분권에 속하는 예비적 권한행사로서 본처분권에 포함되므로 별도의 법적 근거없이도 가능하다. 그런데, 행정절차법은 신청에 따른 확약의 근거를 규정하고 있다(행정절차법 제40조의2 제1항).

4. 기속행위의 확약

재량행위에 확약이 가능하다는 데 이견이 없으나 기속행위에도 확약이 가능한지가 다투어진다. 기속행위와 재량행위의 구별이 다투어지는 경우가 많고, 기속행위에 있어서도 요건충족 여부가 불분명한 경우가 적지 않으므로 예측가능성을 확보하기 위한 확약의 이익은 기속행위에서도 인정될 수 있다. 따라서 긍정설이 타당하며 이 견해가 다수견해이다.

5. 확약의 성립 및 효력요건

(1) 주체에 관한 요건

확약은 본처분에 대해 정당한 권한을 가진 행정청만이 할 수 있고, 확약이 당해 행정청의 행위권한의 범위 내에 있어야 한다.

(2) 내용에 관한 요건

① 확약의 대상이 적법하고 가능하며 확정적이어야 한다. ② 확약이 법적 구속력을 갖기 위하여는 상대방에게 표시되고, 그 상대방이 행정청의 확약을 신뢰하였고 그 신뢰에 귀책사유가 없어야 한다. ③ 확약은 추후에 행해질 행정행위와 그 규율사안에 있어 동일한 것이어야 한다. ④ 본처분 요건이 심사되어야 한다.

(3) 절차에 관한 요건

본처분에 대하여 일정한 절차가 규정되어 있는 경우에는 확약에 있어서도 당해 절차는 이행되어야 한다. 본처분에 제3자의 청문, 타 행정기관의 협력을 필요로 하는 경우에는 확약 역시 그 절차를 거쳐서 행해져야 한다.

그리고, 행정청은 다른 행정청과의 협의 등의 절차를 거쳐야 하는 처분에 대하여 확약을 하려는 경우에는 확약을 하기 전에 그 절차를 거쳐야 한다(행정절차법 제40조의2 제3항).

(4) 형식에 관한 요건

확약은 문서로 하여야 한다(행정절차법 제40조의2 제2항).

6. 확약의 효력[2017 사시]

(1) 확약의 구속력

확약의 효과는 행정청이 확약의 내용인 행위를 하여야 할 법적 의무를 지며 상대방에게는 행정청에 대한 확약내용의 이행청구권이 인정된다. 상대방은 당해 행정청에 대하여 그 확약에 따를 것을 요구할 수 있으며 나아가 그 이행을 청구할 수 있다.

행정청은 다음 각 호의 어느 하나에 해당하는 경우에는 확약에 기속되지 아니한다. 1. 확약을 한 후에 확약의 내용을 이행할 수 없을 정도로 법령등이나 사정이 변경된 경우, 2. 확약이 위법한 경우(행정절차법 제40조의2 제4항). 행정청은 확약이 제4항 각 호의 사유에 해당하여 확약을 이행할 수 없는 경우에는 지체 없이 당사자에게 그 사실을 통지하여야 한다(제5항).

[판례] 우선순위결정에 공정력이나 불가쟁력과 같은 효력은 인정되지 아니하며, 따라서 우선순위결정이 잘못되었다는 이유로 종전의 어업권면허처분이 취소되면 행정청은 종전의 우선순위결정을 무시하고 다시 우선순위를 결정한 다음 새로운 우선순위결정에 기하여 새로운 어업권면허를 할 수 있다(대판 1995. 1. 20, 94누6529). 〈평석〉 우선순위결정을 사전결정으로 보는 견해도 있다.

(2) 확약의 실효

판례는 확약 또는 공적인 의사표명이 있은 후에 사실적·법률적 상태가 변경되었다면 그와 같은 확약 또는 공적인 의사표명은 행정청의 별다른 의사표시를 기다리지 않고 실효(失效)된다고 본다. 확약을 함에 있어서 상대방으로 하여금 언제까지 처분의 발령을 신청하도록 유효기간을 두었는데도 그 기간 내에 상대방의 신청이 없었던 경우에도 확약은 실효된다고 본다(대판 1996. 8. 20, 95누10877[주택건설사업승인거부처분취소]).

다만, 이 경우에도 법적합성의 원칙 및 공익과 확약에 대한 상대방의 신뢰보호의 이익을 비교형량하여야 한다.

7. 확약의 취소·철회

위법한 확약에 대해 취소가 가능하며 적법한 확약은 상대방의 의무불이행 등 철회사유가 발생한 경우 철회의 대상이 된다.

확약의 취소·철회에 있어서는 취소·철회의 제한의 법리가 적용된다.

본인가 신청이 있음에도 내인가를 취소한 경우 내인가의 취소를 인가신청을 거부하는 처분으로 볼 수 있다(판례).

[판례] **자동차운송사업 양도양수인가신청에 대하여 행정청이 내인가를 한 후 그 본인가신청이 있음에도 내인가를 취소함으로써 다시 본인가에 대하여 따로이 인가여부의 처분을 한다는 사정이 보이지 않는 경우 위 내인가취소를 인가신청거부처분으로 볼 것인지 여부(적극)**: 자동차운송사업양도양수계약에 기한 양도양수인가신청에 대하여 피고 시장이 내인가를 한 후 위 내인가에 기한 본인가신청이 있었으나 자동차운송사업 양도양수인가신청서가 합의에 의한 정당한 신청서라고 할 수 없다는 이유로 위 내인가를 취소한 경우, 위 내인가의 법적 성질이 행정행위의 일종으로 볼 수 있든 아니든 그것이 행정청의 상대방에 대한 의사표시임이 분명하고, 피고가 위 내인가를 취소함으로써 다시 본인가에 대하여 따로이 인가 여부의 처분을 한다는 사정이 보이지 않는다면 위 내인가취소를 인가신청을 거부하는 처분으로 보아야 할 것이다(대판 1991. 6. 28, 90누4402[자동차운수사업양도인가거부처분취소]).

8. 권리구제

전술한 바와 같이 확약은 처분이므로 항고소송의 대상이 된다. 그러나, **판례**는 확약의 처분성을 부인하고 있다.

행정청이 확약의 내용인 행위를 하지 아니하는 경우 현행법상 의무이행소송은 허용되지 않으므로, 상대방은 확약의 이행을 청구하고 거부처분이나 부작위에 대해 거부처분취소심판, 의무이행심판, 부작위위법확인소송 또는 거부처분취소소송을 제기할 수 있다.

또한 확약의 불이행으로 손해가 발생한 경우에는 손해배상청구소송을 제기할 수 있다.

9. 민원 처리에 관한 법률상 사전심사

(1) 의의와 성질

민원 처리에 관한 법률 제30조 제1항은 "민원인은 법정민원 중 신청에 경제적으로 많은 비용이 수반되는 민원 등 대통령령으로 정하는 민원에 대하여는 행정기관의 장에게 정식으로 민원을 신청하기 전에 미리 약식의 사전심사를 청구할 수 있다"라고 규정하고 있다.

사전심사는 민원인의 귀책사유 또는 불가항력 그 밖의 정당한 사유로 이를 이행할 수 없는 경우가 아닐 것이라는 법정조건(법 제30조 제3항)이 붙은 **조건부 확약**의 성질을 갖는 것으로 볼 수 있다.

판례는 구 민원사무 처리에 관한 법률 제19조 제1항에서 정한 사전심사결과 통보가 항고소송의 대상이 되는 행정처분에 해당하지 않는다고 본다(대판 2014. 4. 24, 2013두7834[사전심사결과통보처분취소]). 그러나, 민원처리법이 규정하는 사전심사결과 민원을 거부하는 취지의 통보는 국민의 권익에 직접 영향을 미치므로 처분으로 보는 것이 타당하다.

(2) 대 상

사전심사는 대규모의 경제적 비용이 수반되는 민원사항에 대해 행해진다(동조 제1항).

(3) 절 차

사전심사는 정식으로 민원을 신청하기 전에 약식으로 청구한다(동조 제1항).

행정기관의 장은 제1항에 따라 사전심사가 청구된 법정민원이 다른 행정기관의 장과의 협의를 거쳐야 하는 사항인 경우(예 인허가의제)에는 미리 그 행정기관의 장과 협의하여야 한다(동조 제2항).

행정기관의 장은 사전심사 결과를 민원인에게 통보하여야 한다(동조 제3항).

(4) 결정의 효력

가능한 것으로 통지한 민원의 내용에 대하여는 민원인이 나중에 정식으로 민원을 신청한 경우에도 동일하게 결정을 내릴 수 있도록 노력하여야 한다. 다만, 민원인의 귀책사유 또는 불가항력이나 그 밖의 정당한 사유로 이를 이행할 수 없는 경우에는 그러하지 아니하다(동조 제3항).

"그 밖의 정당한 사유"라 함은 사전심사 결과에 따르는 것이 심히 공익을 해하는 경우를 말한다고 볼 수 있다.

Ⅲ. 가행정행위(잠정적 행정행위)

1. 의 의

가행정행위(假行政行爲)는 사실관계와 법률관계의 계속적인 심사를 유보한 상태에서 당해 행정법관계의 권리와 의무의 전부 또는 일부에 대해 잠정적으로 확정하는 행위를 의미한다. 즉, 가행정행위는 본행정행위(최종적(종국적) 행정행위)가 있기까지, 즉 행정행위의 법적 효과 또는 구속력이 최종적으로 결정될 때까지 잠정적으로만 행정행위로서의 구속력을 가지는 행정의 행위형식을 말한다.

예를 들어, 소득액 등이 확정되지 아니한 경우에 과세관청이 상대방의 신고액에 따라 잠정적으로 세액을 결정하는 것(소득세법 제110조), 물품의 수입에 있어 일단 잠정세액을 적용하였다가 후일에 세액을 확정짓는 것(관세법 제39조 등 참조) 등이 해당될 수 있을 것이다.

가행정행위는 개념에 있어서 다음의 세 가지 특징을 징표로 한다. ① 종국적인 결정이 있을 때까지 단지 잠정적으로 규율하는 효과를 내용으로 한다. ② 종국적인 결정이 내려지면 이에 의해 종전의 결정이 대체되게 된다. 따라서 가행정행위에 있어서는 행정행위의 존속력 중, 행정기관이 자신의 결정에 구속되는 이른바 불가변력이 발생하지 않는다. ③ 사실관계와 법률관계에 대한 개략적인 심사에 기초한다.

2. 법적 성질

가행정행위는 잠정적이기는 하나 직접 법적 효력을 발생시키므로 행정행위라고 보아야 할 것이다.

3. 법적 근거

다수설은 가행정행위는 법규상의 명백한 근거가 없는 경우에도 그에 대한 행정청의 본처분 권한이 있으면 발동이 가능하다고 본다.

4. 발동상의 내재적 요건

가행정행위의 발동시에 근거한 사실관계의 판단자료는 추후에 이루어질 본행정행위시까지 획득될 자료의 내용과 수준에까지는 미치지 못할 것이기는 해도, 그것은 최소한 본행정행위에 있어서도 결정적인 것으로 확신될 명백하고 개연성이 있는 자료에 의해서만 가행정행위가 이루어져야 할 것이다. 그렇지 못할 경우에는 위법한 행위가 된다. 행정청은 그 오류를 근거로 가행정행위의 상대방에 대해 대항할 수 없다고 해야 할 것이다.

5. 가행정행위의 효력 및 본행정행위와의 관계

가행정행위는 잠정적이기는 하지만 행정행위로서 직접 법적 효력을 발생시킨다.

가행정행위는 본행정행위에 대해 구속력을 미치지 않는다. 가행정행위에 대한 신뢰도 인정되지 않는다.

가행정행위는 본행정행위가 있게 되면 본행정행위에 의해 대체되고 효력을 상실한다.

6. 권리구제

가행정행위는 잠정적이기는 하지만 직접 법적 효력을 발생시키는 행정행위이므로 가행정행위로 인해 권익침해를 받은 자는 취소소송을 제기할 수 있다.

가행정행위에 대한 취소소송 제기중 본행정행위가 행해지면 가행정행위는 효력을 상실하며 동 취소소송은 소의 이익이 없게 된다. 이 경우 본행정행위에 대한 소송으로 소변경을 할 수 있다.

[판례] 자진신고에 의한 과징금 감면이 있었던 사례에서 선행처분과 후행감면처분을 나누어 의결한 경우에 취소를 구하여야 할 처분이 후행처분인지 여부(적극): 공정거래위원회가 부당한 공동행위를 행한 사업자로서 구 독점규제 및 공정거래에 관한 법률(2013. 7. 16. 법률 제11937호로 개정되기 전의 것, 이하 '공정거래법'이라 한다) 제22조의2에서 정한 자진신고자나 조사협조자에 대하여 과징금 부과처분(이하 '선행처분'이라 한다)을 한 뒤, 공정거래법 시행령 제35조 제3항에 따라 다시 그 자진신고자 등에 대한 사건을 분리하여 자진신고등을 이유로 한 과징금 감면처분(이하 '후행처분'이라 한다)을 하였다면, 후행처분은 자진신고 감면까지 포함하여 그 처분 상대방이 실제로 납부하여야 할 최종적인 과징금액을 결정하는 종국적 처분이고, 선행처분은 이러한 종국적 처분을 예정하고 있는 일종의 잠정적 처분으로서 후행처분이 있을 경우 선행처분은 후행 처분에 흡수되어 소멸한다고 봄이 타당하다. 따라서 위와 같은 경우에 선행처분의 취소를 구하는 소는 이미 효력을 잃은 처분의 취소를 구하는 것으로 부적법하다(대판 2015. 2. 12, 2013두987[과징금납부명령등취소청구의소]). 〈해설〉 후행 과징금 감면처분은 통상의 감액처분이 아니라 잠정적 처분에 대한 종국처분이다.

가행정행위의 발령신청이 거부된 경우에는 의무이행소송이 직접적인 해결책이 되나, 우리의 경우 이 제도가 인정되지 않으므로 거부처분취소심판, 의무이행심판이나 거부처분의 취소소송만을 제기할 수 있다. 또한 가행정행위를 발령한 후에 행정기관이 상당한 기간 내에 종국적인 결정을 행하지 않는 경우에도 의무이행심판이나 부작위위법확인소송에 의해 해결할 수밖에 없을 것이다.

Ⅳ. 사전결정 [1999 사시 사례]

1. 의 의

사전결정(예비결정)이란 최종적인 행정결정을 내리기 전에 사전적인 단계에서 최종적 행정결정의 요건 중 일부에 대해 종국적인 판단으로서 내려지는 결정을 의미한다.

사전결정(事前決定)의 예로서는 건축법 제10조 제1항의 사전결정, 구 주택건설촉진법 제32조의4 제1항의 사전결정과 원자력안전법상 부지사전승인(제10조 제3항)을 들 수 있다. 현행 원자력안전법상 부지사전승인이 나면 법상 제한공사가 가능한 것으로 규정되어 있다(제10조 제4항).

[판례 1] 판례는 부지사전승인을 '사전적 부분 건설허가처분'의 성격을 가지고 있는 것으로 보고, 구 원자력법 제12조 제2호, 제3호로 규정한 원자로 및 관계 시설의 허가기준에 관한 사항은 건설허가처분의 기준이 됨은 물론 부지사전승인처분의 기준으로도 된다고 본다. 부지사전승인제도를 원자로 및 관계 시설을 건설하고자 하는 자가 그 계획중인 건설부지가 원자력법에 의하여 원자로 및 관계 시설의 부지로 적법한지 여부 및 굴착공사 등 일정한 범위의 공사를 할 수 있는지 여부에 대하여 건설허가 전에 미리 승인을 받는 제도로 본다(대판 1998. 9. 4, 97누19588[부지사전승인처분취소]). 〈평석〉 판례가 말하는 "사전적 부분 건설허가처분"이 무엇을 의미하는지 모호하다. '사전적 부분 건설허가처분'이 부분허가를 의미한다면 사전부지승인의 경우에는 잠정적·긍정적 전체판단을 전제로 하지 않고, 사전부지승인의 요건은 건설허가시 다시 한번 판단되며 사전부지승인에 의해 제한공사(기초공사)가 가능하더라도 사전부지승인의 핵심적인 부분은 부지적합성이며 제한공사가 가능한 것은 법규정에 의한 효력인 점에서 비판이 가능하다. 판례가 사전부지승인은 부지적합성과 제한공사의 승인을 포함하는 것으로 본 점에서 사전부지승인을 사전결정과 부분허가의 성질을 함께 갖는 것으로 보고 있다고 해석하는 것이 타당하다. 생각건대, 이론상 원자력안전법상 사전부지승인의 핵심적인 부분은 부지적합성이며 제한공사가 가능한 것은 법규정에 의한 효력인 점에 비추어 사전부지승인을 사전결정으로 볼 수도 있고, 사전부지승인에는 부지적합성 판단부분과 제한공사승인부분이 함께 있다고 보아 사전결정과 부분허가의 성질을 함께 가지고 있다고 보는 것도 가능하다.

[판례 2] 판례는 폐기물처리업허가 전의 사업계획에 대한 적정통보의 법적 성질을 사전결정으로 보고 있는 것 같다(대판 1998. 4. 28, 97누21086[폐기물처리사업부적정통보취소]).

[판례 3] 이 사건 각 노선에 대한 운수권배분처분은 상대방에게 권리의 설정 또는 의무의 부담을 명하거나 기타 법적 효과를 발생하게 하는 등으로 원고의 권리의무에 직접 영향을 미치는 행위로서 항고소송의 대상이 되는 행정처분에 해당한다고 할 것이다(대판 2004. 11. 26, 2003두10251, 10268[노선배분취소처분취소 · 국제선정기항공운송사업노선면허거부처분취소]). 〈평석〉 2009년 항공법 개정에 의해 운수권 배분의 근거규정(제118조, 현행 항공사업법 제16조)이 신설되었다. 운수권배분은 노선면허의 요건판단 등 결정사항 중 일부(노선면허의 주된 내용이 되는 운항횟수 등)에 대한 결정인 점에서 사전결정의 성질을 갖는다(운수권 배분처분으로 운수권이 설정되므로 부분허가로 볼 수도 있다). 과거 운수권배분은 재량행위로 되어 있었으나(대판 2004. 11. 26, 2003두3123), [국제항공운수권 및 영공통과 이용권 배분 등에 관한 규칙](이하 '운수권배분규칙'이라 한다)이 부령으로 제정된 후 현행 법령하에서는 운수권 배분에 있어서 신규운수권 횟수보다 신청된 신규운수권 횟수가 많은 경우에서는 운수권배분의 공정성, 명확성 및 예측가능성을 높이기 위해 기속행위에 가깝게 규정하고 있고, 제4조 제4항 단서에 해당하는 경우에만 재량행위로 규정하고 있다(제5조). 다만, 운수권배분처분을 원칙상 기속행위로 보면서 중대한 공익상 필요가 있는 경우에는 거부할 수 있는 기속재량행위로 볼 수도 있다. 그런데, 노선면허가 재량행위이고 운수권 배분은 항공정책과 관련이 있는 부분으로서 노선면허의 재량영역에 속하는 것으로 본다면 운수권 배분을 기속행위와 가깝게 규정한 부령인 [국제항공운수권 및 영공통과 이용권 배분 등에 관한 규칙]은 노선면허를 재량행위로 규정한 항공법에 반하여 위법 무효이므로 법적 구속력있는 부령이 아니라 재량준칙에 불과한 것으로 보아야 한다. 이렇게 본다면 운수권배분도 재량행위로 보아야 한다.

이론상 잠정적 사전결정도 가능하다. 잠정적 사전결정은 사전결정을 종국적으로 하는 것이 아니라 잠정적으로 하는 것을 말한다.

2. 법적 성질

사전결정은 그 자체가 하나의 행정행위이다. 최종처분이 기속행위인 경우 사전결정도 기속행위이다. 최종처분이 재량행위인 경우에 사전결정이 재량행위인지 여부는 최종처분의 재량판단 부분이 사전결정의 대상이 되는지에 의해 결정된다.

[판례 1] 주택건설촉진법 제33조 제1항이 정하는 주택건설사업계획의 승인은 이른바 수익적 행정처분으로서 행정청의 재량행위에 속하고, 따라서 그 전 단계로서 같은 법 제32조의4 제1항이 정하는 주택건설사업계획의 사전결정 역시 재량행위라고 할 것이므로, 사전결정을 받으려고 하는 주택건설사업계획이 관계 법령이 정하는 제한에 배치되는 경우는 물론이고, 그러한 제한사유가 없는 경우에도 공익상 필요가 있으면 처분권자는 그 사전결정 신청에 대하여 불허가결정을 할 수 있다(대판 1998. 4. 24, 97누1501[주택건설사업계획사전결정불허가처분취소 등]).

[판례 2] 폐기물처리사업계획서의 적합 여부(환경 친화적인 폐기물처리업 인지 여부) 판단에 관하여 행정청에 광범위한 재량권이 인정된다(대판 2019. 12. 24, 2019두45579). [1] 구 폐기물관리법의 입법목적과 규정사항, 폐기물처리업 허가의 성격, 사업계획서적합통보제도의 취지와 함께 폐기물의 원활하고 적정한 처리라는 공익을 책임지고 실현하기 위한 행정의 합목적성 등을 종합하여 볼 때, 폐기물처리사업계획서의 적합 여부를 심사함에 있어서 폐기물관리법 제25조 제2항 각 호에서 열거된 사항을 검토한 결과 이에 저촉되거나 문제되는 사항이 없다고 하더라도 폐기물의 수집·운반·처리에 관한 안정적이고 효율적인 책임행정의 이행 등 공익을 해칠 우려가 있다고 인정되는 경우에는 이를 이유로 사업계획서의 부적합통보를 할 수 있다고 볼 것이다. [2] 甲 주식회사가 제출한 생활폐기물수집·운반업을 위한 폐기물처리사업계획서에 대하여, 관할 구청장이 기존 업체가 보유하고 있는 인력과 장비로 충분한 처리가 이루어지고 있어서 별도의 신규허가가 어렵다는 사유로 부적합통보를 한 사안에서, 처분이 재량권을 일탈·남용하여 위법하다고 본 원심판단을 정당하다고 한 사례(대판 2011. 11. 10, 2011두12283[폐기물처리사업계획서부적합통보처분취소]). 〈해설〉 사전결정의 성질을 갖는 폐기물처리사업계획서 부적합통보를 재량행위로 본 판례이다. 행정청이 폐기물처리사업계획서의 적합 여부를 판단하는 방법 및 그 적합 여부 판단에 관하여 행정청에 광범위한 재량권이 인정되는지 여부(적극): 1) 시·도지사는 구 폐기물관리법 제25조 제2항 제4호에 따라 폐기물처리사업계획서의 적합 여부를 판단함에 있어, 환경의 질적인 향상과 그 보전을 통한 쾌적한 환경의 조성 및 이를 통한 인간과 환경 간의 조화와 균형의 유지라는 환경정책기본법의 입법 취지와 환경정책기본법에 따라 설정된 환경기준도 고려하여야 한다. 행정청은 사람의 건강이나 주변 환경에 영향을 미치는지 여부 등 생활환경과 자연환경에 미치는 영향을 두루 검토하여 폐기물처리사업계획서의 적합 여부를 판단할 수 있으며, 이에 관해서는 행정청에 광범위한 재량권이 인정된다(대법원 2017. 10. 31. 선고 2017두46783 판결 참조). 2) '자연환경·생활환경에 미치는 영향'과 같이 장래에 발생할 불확실한 상황과 파급효과에 대한 예측이 필요한 요건에 관한 행정청의 재량적 판단은 그 내용이 현저히 합리적이지 않다거나 상반되는 이익이나 가치를 대비해 볼 때 형평이나 비례의 원칙에 뚜렷하게 배치되는 등의 특별한 사정이 없는 한 폭넓게 존중될 필요가 있다(대법원 2017. 3. 15. 선고 2016두55490 판결 등 참조)(대판 2023. 7. 27, 2023두35661[폐기물처리사업계획신청 반려처분취소]).

3. 법적 근거

사전결정권은 본처분권에 포함되므로 법규상의 특별한 근거규정이 없이도 사전결정을 행할 수 있다.

4. 효력(구속력)과 그 한계

(1) 사전결정의 구속력

1) 구속력 긍정설

사전결정은 무효가 아닌 한 사전결정의 대상이 된 사항에 있어서 후행결정에 대하여 자기구속력을 갖고, 행정청은 사정변경 등 특별한 사정이 없는 한 최종행정결정에서 사전결정된 것은 그대로 인정하고, 사전결정되지 않은 부분만을 결정하여야 한다.

따라서, 재량행위의 경우 재량결정이 전부 사전결정에서 내려지고 기속결정만이 남은 경우 최종행정행위는 기속행위가 되고, 재량결정 중 일부만이 사전결정에서 내려진 경우 최종행정행위는 남은 재량결정의 한도내에서 재량행위가 된다.

2) 구속력 부정설

사전결정에 자기구속력을 인정하지 않고, **신뢰의 이익만을 인정**하는 견해이다. 이 견해에 의하면 사정변경이 없는 경우에도 공익이 신뢰이익보다 큰 경우 사전결정에 배치되는 결정을 할 수 있는 것으로 보게 된다. **판례**도 이러한 입장을 취하고 있다.

판례는 사전결정의 자기구속력을 인정하지 않고, 사전결정시 재량권을 행사하였더라도 최종처분시 다시 재량권을 행사할 수 있다고 본다.

[판례 1] [1] 구 주택건설촉진법(1999. 2. 8. 법률 제5914호로 삭제) 제33조 제1항의 규정에 의한 주택건설사업계획의 승인은 … 행정청의 재량행위에 속하고, 그 전 단계인 같은 법 제32조의4 제1항의 규정에 의한 주택건설사업계획의 사전결정이 있다 하여 달리 볼 것은 아니다. [2] 원고가 피고로부터 이 사건 주택사업계획에 대하여 사전결정을 받았고, 이를 신뢰하여 원고가 이 사건 주택사업의 준비를 하여 온 사실이 인정되나, 이 사건 원고의 주택사업계획을 승인할 경우 공익을 현저히 침해하는 우려가 있으므로, 신뢰보호의 원칙은 적용될 수 없다고 할 것이다(대판 1999. 5. 25, 99두1052[종합토지세 등 부과처분취소]).
[판례 2] [1] 폐기물처리사업계획 부적정통보는 처분이다. 폐기물처리사업계획 적정 여부의 결정에 있어 행정청에 재량이 있다. 이러한 경우 사업계획 적정 여부 통보를 위하여 필요한 기준을 정하는 것도 역시 행정청의 재량에 속하는 것이므로, 그 설정된 기준이 객관적으로 합리적이 아니라거나 타당하지 않다고 볼 만한 다른 특별한 사정이 없는 이상 행정청의 의사는 가능한 한 존중되어야 한다. [2] 폐기물관리법 제26조 제1항, 제2항 및 같은 법 시행규칙 제17조 제1항 내지 제5항의 규정에 비추어 보면 폐기물처리업의 허가에 앞서 사업계획서에 대한 적정·부적정 통보제도를 두고 있는 것은 폐기물처리업을 하고자 하는 자가 스스로 시설 등을 설치하여 허가신청을 하였다가 허가단계에서 그 사업계획이 부적정하다고 판명되어 불허가되면 허가신청인이 막대한 경제적·시간적 손실을 입게 되므로, 이를 방지하는 동시에 허가관청으로 하여금 미리 사업계획서를 심사하여 그 적정·부적정통보처분을 하도록 하고, 나중에 허가단계에서는 나머지 허가요건만을 심사하여 신속하게 허가업무를 처리하는 데 그 취지가 있다. 〈해설〉 이러한 판례의 논지는 사전결정의 구속력을 인정하는 논지이다. [3] 폐기물처리업에 대하여 사전에 관할 관청으로부터 적정통보를 받고 막대한 비용을 들여 허가요건을 갖춘 다음 허가신청을 하였음에도 다수 청소업자의 난립으로 안정적이고 효율적인 청소업무의 수행에 지장이 있다는 이유로 한 불허가처분이 신뢰보호의 원칙 및 비례의 원칙에 반하는 것으로서 재량권을 남용한 위법한 처분이라고 본 사례. 〈해설〉 사전결정의 구속력을 인정하는 입장에 서는 경우 이 사례에서 '다수 청소업자의 난립'이 사전결정 후의 새로운 사정이라면 사전결정의 구속력의 예외사유가 되지만, 사전결정 이전의 사유로 사전결정시 이익형량의 고려사항이 되었었다면 사전결정의 구속력의 예외사유가 될 수 없다고 보아야 한다. 그러나, 판례는 일반적으로 사전결정의 구속력을 인정하지 않으므로 판례의 입장에 서는 한 '다

수 청소업자의 난립'은 사전결정 후의 새로운 사정일 경우뿐만 아니라 사전결정 이전의 사유로 사전결정시 이익형량의 고려사항이 되었었던 경우에도 최종처분인 폐기물처리업불허가처분시 재량고려사항이 된다. 다만, '다수 청소업자의 난립'이 사전결정 이전의 사유로 이익형량의 고려사항이 되었었던 경우에는 사전결정의 상대방에게 보다 강한 신뢰이익이 인정될 것이다(대판 1998. 4. 28, 97누21086[폐기물처리사업부적정통보취소]).

3) 결어(구속력 긍정설)

사전결정은 종국적 판단으로서 내려지는 결정이므로 구속력의 예외가 인정되는 경우를 제외하고는 후행 최종행정결정에 대해 구속력을 미친다고 보아야 한다(전술 선행행위의 후행행위에 대한 구속력 참조).

사전결정이 잠정적인 성질을 갖는 경우에 잠정적 사전결정이라 할 수 있는데, 잠정적 사전결정은 가행정행위처럼 최종행정행위에 구속력을 미치지 못한다.

(2) 구속력의 예외

사전결정시에 불가피하게 파악되지 못하였던 **사실관계나 법적 관계의 변경이 초래되었을 경우**에는 그 구속력이 배제되거나 감경될 수 있다. 이 경우에 사전결정과 배치되는 최종행정행위를 하고자 하는 경우에는 신뢰보호이익과 사정변경으로 사전결정과 다른 결정을 하여야 할 공익 사이에 이익형량을 하여야 한다.

(3) 사전결정의 효력의 한계

사전결정은 종국적 행정결정이 아니고 허가 등 종국적 행정결정의 요건 중 일부에 대한 판단에 그치는 것이다. 따라서, 사전결정을 받은 자는 원칙상 사전결정을 받은 것만으로는 어떠한 행위를 할 수 없다. 이 점에서 사전결정은 부분허가와 구별된다. 다만, 원자력안전법은 부지 적합성에 대한 사전승인을 받으면 제한적으로 공사(원자력시설의 기초공사)를 할 수 있는 것으로 명문으로 규정하고 있다(제10조 제4항).

5. 사전결정과 최종행정행위와의 관계

사전결정은 최종행정행위에 구속력을 미친다(판례는 부정).

최종행정행위가 있게 되면 사전결정은 원칙상 최종행정행위에 흡수된다(대판 1998. 9. 4, 97누19588[부지사전승인처분취소]).

6. 권리구제

사전결정은 그 자체가 하나의 독립한 행정행위이므로 당사자나 일정한 범위의 제3자에 의한 취소소송의 대상이 된다.

사전결정에 대해 취소소송이 제기되기 전에 최종행정행위가 있게 되면 사전결정은 최종행정행위에 흡수되므로 사전결정을 다툴 소의 이익이 없다.

사전결정에 대한 취소소송 계속 중 최종행정결정이 내려지면 당해 취소소송은 소의 이익을 상실하게 되며 최종행정행위에 대해 취소소송을 제기하여야 한다는 견해(판례의 입장)가 있으나,

사전결정에 대해 취소소송이 계속 중인 경우에는 최종행정행위가 행해져도 사전결정이 취소되면 최종행정행위도 효력을 상실하고, 최종처분에 대한 소송으로 소를 변경할 경우 사전결정에 대한 소송의 소송자료를 활용할 수 있도록 할 필요가 있으므로 소의 이익을 인정하는 것이 타당하다.

[판례 1] **원자로 및 관계 시설건설허가처분이 있는 경우, 선행의 부지사전승인처분의 취소를 구할 소의 이익이 없다는 판례:** 원자로 및 관계 시설의 부지사전승인처분은 그 자체로서 건설부지를 확정하고 사전공사를 허용하는 법률효과를 지닌 독립한 행정처분이기는 하지만, 건설허가 전에 신청자의 편의를 위하여 미리 그 건설허가의 일부 요건을 심사하여 행하는 사전적 부분 건설허가처분의 성격을 갖고 있는 것이어서 나중에 건설허가처분이 있게 되면 그 건설허가처분에 흡수되어 독립된 존재가치를 상실함으로써 그 건설허가처분만이 쟁송의 대상이 되는 것이므로, 부지사전승인처분의 취소를 구하는 소는 소의 이익을 잃게 되고, 따라서 부지사전승인처분의 위법성은 나중에 내려진 건설허가처분의 취소를 구하는 소송에서 이를 다투면 된다(대판 1998. 9. 4, 97누19588[부지사전승인처분취소]). 〈해설〉 최근 대법원 전원합의체는 "선행처분과 후행처분이 단계적인 일련의 절차로 연속하여 행하여져 후행처분이 선행처분의 적법함을 전제로 이루어짐에 따라 선행처분의 하자가 후행처분에 승계된다고 볼 수 있어 이미 소를 제기하여 다투고 있는 선행처분의 위법성을 확인하여 줄 필요가 있는 경우 등에는 행정의 적법성 확보와 그에 대한 사법통제, 국민의 권리구제의 확대 등의 측면에서 여전히 그 처분의 취소를 구할 법률상 이익이 있다"고 선언하였다(대판 전원합의체 2007. 7. 19, 2006두19297[임원취임승인취소처분] [경기학원 임시이사 사건]). 이 판례가 사전결정에도 적용될 것인지 검토를 요한다. 판례에 의하면 사전결정은 최종처분에 흡수되어 소멸되므로 엄밀히 말하면 사전결정과 최종처분은 하자의 승계가 되는 관계는 아니다. 이렇게 본다면 이 판례는 사전결정에는 적용되지 않는다. 이에 반하여 사전결정의 위법은 최종처분의 위법이 되므로 하자가 승계되는 경우에 해당한다고 본다면 이 판례는 사전결정에 적용되어 최종처분이 난 경우 사전결정에 대한 취소소송의 소의 이익을 부정한 종전의 판례는 변경된 것으로 볼 수 있다. 앞으로 이에 관한 대법원의 명시적인 입장표명이 요구된다.

[판례 2] 운수권 배분처분은 노선면허를 받기 위한 중간적인 단계에 있는 것으로서 그에 기초하여 노선면허가 이루어진 경우에는 노선면허에 흡수되어 노선면허의 취소를 구하는 외에 독립적으로 운수권 배분의 취소를 구할 소의 이익은 상실된다(서울행법 2005. 9. 8, 2004구합35622[운수권배분처분취소]). 〈평석〉 이 판례가 2006두19297 전원합의체 판결(경기학원임시이사사건)에 의해 변경된 것으로 볼 수 있는지는 의문이다.

V. 부분허가

1. 의 의

부분허가(部分許可, Teilgenehmigung)는 원자력발전소와 같이 그 건설에 비교적 장기간의 시간을 요하고 영향력이 큰 시설물의 건설에 있어서 단계적으로 시설의 일부분에 대하여 부여하는 허가를 의미한다. 즉, 행정결정의 대상이 되는 시설물 중 일부의 건설 및 운전에 대하여 확정적인 허가를 발급하는 것으로 부분허가가 수차례에 걸쳐 계속적으로 이루어짐으로써 시설 전체의 건설이 완성되어 운전에 이르게 되는 방식을 말한다.

예컨대, 구 원자력법상의 원자로 및 관계시설의 건설허가 전에 행하는 부지에 대한 제한공사승인(원자력법 제11조 제4항)은 독일 원자력법상 제1차 부분허가에 해당한다고 볼 수 있다. 판례는 원자로시설부지사전승인처분의 법적 성격을 '사전적 부분 건설허가'로 보고 있다(대판 1998. 9. 4, 97누19588).

주택법상 주택건설사업을 완료한 경우에는 사용검사를 받아야 주택 등을 사용할 수 있는데, 사업완료 전이라도 완공부분에 대하여 동별로 사용검사를 받을 수 있다고 규정하고 있다(제29조 제1항, 제4항). 이 경우에 아파트 동별 사용검사는 부분허가와 유사한 성질을 갖는다고 할 수 있다.

2. 법적 근거

부분허가처분권은 허가처분권에 포함되는 것이므로 허가에 법적 근거가 있으면 부분허가에는 별도의 법적 근거가 필요없다.

3. 법적 성질

부분허가는 그 자체가 규율하는 내용에 대한 종국적 결정인 행정행위이다. 따라서 선행 부분허가는 후속하는 최종적 결정에 구속력을 미친다.

4. 성립 및 효력요건

부분허가에 있어 허가 전체에 대한 잠정적·긍정적 전체판단이 전제되어야 한다, 즉, 부분허가는 잠정적·긍정적 전체판단(이하 '잠정적 전체판단'이라 한다)에 의하여 허가의 전제조건이 충족되고 부분허가를 발부할 정당한 이익이 있다고 인정되는 때에 발부된다.

5. 부분허가의 효력

부분허가는 그 자체가 규율하는 내용에 대한 종국적 결정인 행정행위이다. 부분허가를 받은 자는 허가의 대상이 되는 행위를 적법하게 할 수 있다.

부분허가시 행해지는 판단은 사실관계에 있어서나 법적 요건에 있어 차후에 별다른 변화가 없는 한, 최종적 결정에 구속력을 지닌다. 최종적인 판단에 있어서 기술적 수준의 변화나 상황의 변화에 대응하는 범위 내에서 시설물 일부에 대한 변경이나 수정은 있을 수 있다.

부분허가는 일정한 행위를 가능하게 하는 행위이므로 최종적 결정이 내려진 후에도 최종적 결정에 흡수되지 않고 효력을 유지하는 것으로 보아야 한다.

6. 권리구제

부분허가는 행정행위이므로 당사자나 일정한 범위의 제3자는 취소소송을 제기할 수 있다. 또한 허가가 발령되지 않는 경우에는 거부처분의 존재시에는 거부처분취소심판, 의무이행심판이나 거부처분의 취소소송을, 부작위에 대해서는 의무이행심판이나 부작위위법확인소송을 제기할 수 있다.

Ⅵ. 단계적 결정처분

하나의 처분이 둘 이상의 단계적 결정처분에 의해 행해지는 경우가 있다. 그 예로 국민건강보험법상의 요양급여처분을 들 수 있다. 즉, 통상의 요양급여 결정처분은 단계적으로 행해진다. 제1단계에서 요양급여대상 여부 및 상한금액이 결정(1단계 결정·고시처분)되고, 제2단계로 요양급여의 기준에 관한 세부사항이 결정(2단계 결정·고시처분)된다(행정법론 (하) 국민건강보험 참조).

제12절 행정의 자동결정과 자동적 처분

Ⅰ. 의 의

행정의 자동결정이란 미리 입력된 프로그램에 따라 행정결정이 자동으로 행해지는 것을 말한다.[14] 예를 들면, 신호등에 의한 교통신호, 컴퓨터를 통한 중고등학생의 학교배정, 시험 채점, 세금 결정 등이 그것이다.

자동적 처분이라 함은 법률로 정하는 바에 따라 완전히 자동화된 시스템(인공지능 기술을 적용한 시스템을 포함한다)으로 하는 처분을 말한다. 자동적 처분은 법률로 정한 경우(예 수입식품법 제20조의2에 따른 수입식품신고수리처분)에 한하여 인정된다(행정기본법 제20조). 완전히 자동화된 시스템이 아닌 일부 자동화는 행정기본법 제20조의 적용대상(자동적 처분)이 아니다.

이에 반하여 **행정의 자동결정**은 전부(완전) 자동결정뿐만 아니라 일부 자동결정도 포함하는 개념이다. 권력적 사실행위도 처분이므로 권력적 사실행위에도 행정기본법 제20조가 적용된다고 보아야 한다.

Ⅱ. 법적 성질

행정의 자동결정(自動決定)은 행정의사의 내부적 성립의 성질을 갖는다. 자동으로 결정된 행정결정은 외부에 표시되어야 행정행위로서 성립하며 당사자에게 통지되어야 효력을 발생하게 된다.

컴퓨터를 통한 학교배정은 자동화되어 있지만 그 결정의 통지는 일반적인 통지방법에 의한다. 그러나, 통지도 자동으로 행하여지는 경우도 있다. 신호등에 의한 교통신호는 의사결정뿐만 아니라 표시행위까지 자동으로 행해진다.

행정의 자동결정의 기준이 되는 프로그램의 법적 성질은 행정규칙이라고 볼 수 있다.

Ⅲ. 행정의 자동결정에 대한 법적 규율의 특수성

행정의 자동결정에 대하여는 특별한 규정이 없는 한 행정행위에 관한 규정이 적용된다. 그런데, 행정의 자동결정에 있어서는 행정청의 서명·날인, 문자 이외의 부호의 사용, 이유제시 또는 의견청취절차의 예외 등 특수한 법적 규율이 행해질 수 있다.

다만, 이러한 특수한 법적 규율은 원칙상 명문의 규정이 있는 경우에 한하여 인정되며 해석상 인정될 수는 없다.

그렇지만, 행정청의 서명·날인에 있어서는 명문의 규정이 없는 경우에도 행정청의 서명을 인쇄하고 날인을 인영(印影)의 방법으로 하는 것이 허용된다고 본다.

---

14) 행정의 자동결정에 대하여 자세한 내용은 김중권, "행정자동절차에 관한 법적 고찰," 고려대 박사학위논문, 1993. 참조.

Ⅳ. 행정의 자동결정과 재량행위

처분에 재량이 있는 경우는 자동적 처분을 할 수 없다(행정기본법 제20조 단서).

기속행위에 있어서 행정의 자동결정이 가능하다는 데에는 이론이 없다. 재량행위에 있어서는 행정의 자동결정이 가능한지에 대해 견해가 대립되고 있다.

① **부 정 설**: 부정설은 재량행위의 본래의 취지가 구체적 사정을 고려하여 구체적 타당성 있는 행정을 하도록 하기 위한 것이라고 볼 때 재량의 여지 없이 입력된 프로그램에 따라 행정결정을 내리는 것은 재량권의 불행사에 해당하여 위법하게 된다고 한다.

② **긍 정 설**: 재량준칙을 정형화하고 그에 따라 재량처분을 자동결정한 후 상대방의 이의제기의 가능성을 열어 놓은 방법으로 재량행위를 자동결정할 수 있는 가능성은 있다고 보는 것이 타당하다. 이 경우에 자동결정은 법정기간 내에 이의제기가 없을 것을 정지조건으로 성립하는 것으로 볼 수 있을 것이다.

Ⅴ. 행정의 자동결정의 하자와 권리구제

1. 행정의 자동결정의 하자

행정의 자동결정의 하자는 프로그램에 하자가 있는 경우, 공무원이 자료의 입력을 잘못한 경우, 통지에 하자가 있는 경우 등에 존재하게 된다. 행정의 자동결정의 하자의 효과는 일반 행정행위의 하자의 효과와 다르지 않다.

2. 권리구제

(1) 행정쟁송

행정의 자동결정은 행정행위이므로 항고쟁송의 대상이 된다.

(2) 국가배상

위법한 자동결정에 의해 손해를 받은 자는 국가배상을 청구할 수 있다. 문제는 국가배상법 제2조에 근거하여 배상책임을 인정할 것인가 아니면 제5조에 근거하여 배상책임을 인정할 것인가하는 점이다.

자료의 입력에 잘못이 있었던 경우에는 공무원의 행위가 가해행위이므로 제2조의 배상책임의 문제가 된다고 보아야 한다. 프로그램의 내용이 위법한 경우에도 프로그램을 만든 공무원의 과실이 있는 경우에 제2조에 의한 배상책임이 인정된다.

그 이외에 기계장치의 하자(예 신호등의 하자)로 인한 배상책임은 제5조에 의한 영조물의 설치·관리의 하자로 인한 책임의 문제가 된다.

제4장

공법상 계약

Ⅰ. 의 의

공법상 계약(公法上 契約)이란 공법적 효과를 발생시키는(공법상의 법률관계의 변경을 가져오는), 행정주체를 적어도 한쪽 당사자로 하는 계약(양 당사자 사이의 반대방향의 의사의 합치)을 말한다.

행정기본법상 공법상 계약의 정의에 '대등한 당사자 사이'라는 문구가 빠져 있고, 공법상 계약에서 행정청이 계약 상대방 보다 사실상 우월한 경우도 있겠지만, 계약의 본질상 공법상 계약에서 양 당사자는 법률상으로는 당연히 대등한 것을 전제로 한다고 보아야 한다.

1. 사법상(私法上) 계약과의 구별 [2017 사시, 2021 행시]

행정주체가 체결하는 계약은 사법의 적용을 받는 사법상 계약일 수도 있고 공법적 규율을 받는 공법상 계약일 수도 있다.

(1) 구별실익

① 실체법상 공법상 계약은 공법적 효과를 발생시키고 공익과 밀접한 관계를 갖고 있으므로 후술하는 바와 같이 사법과는 다른 특수한 공법적 규율의 대상이 된다. 행정주체가 당사자인 사법상 계약은 사법의 규율을 받는다.

[판례] 지방자치단체가 일방 당사자가 되는 이른바 '공공계약'이 사경제의 주체로서 상대방과 대등한 위치에서 체결하는 사법상 계약에 해당하는 경우 그에 관한 법령에 특별한 정함이 있는 경우를 제외하고는 사적 자치와 계약자유의 원칙 등 사법의 원리가 그대로 적용된다(대판 2018. 2. 13, 2014두11328).

② 소송법상 공법상 계약에 관한 소송은 민사소송이 아니라 공법상 당사자소송에 속한다. 다만, 후술하는 바와 같이 법원은 공법상 계약에 관한 소송을 민사소송으로 잘못 제기한 경우에 각하판결하지 않고, 행정법원에 이송하여 행정소송(당사자소송)으로 판결하도록 하고 있다(행정구제법 행정소송의 관할 참조).

③ 공법상 계약에 의한 의무의 불이행이 행정상 강제집행이나 행정벌의 대상이 되는 것으로 규정되어 있는 경우가 있고 공법상 계약과 관련한 불법행위로 국민이 입은 손해는 국가배상법에

의한 손해배상의 대상이 된다.

(2) 구별기준

공법상 계약과 사법상 계약의 구별에 공법관계와 사법관계의 구별에 관한 일반적 기준이 원칙상 적용된다. **판례**에 따르면 공법상 계약과 사법상 계약의 구별은 아래와 같이 관련사항을 종합적으로 고려하여 개별적으로 결정하여야 한다(종합적·개별적 결정설).

[판례] 어떠한 계약이 공법상 계약에 해당하는지는 계약이 공행정 활동의 수행 과정에서 체결된 것인지, 계약이 관계 법령에서 규정하고 있는 공법상 의무 등의 이행을 위해 체결된 것인지, 계약 체결에 계약 당사자의 이익만이 아니라 공공의 이익 또한 고려된 것인지 또는 계약 체결의 효과가 공공의 이익에도 미치는지, 관계 법령에서의 규정 또는 그 해석 등을 통해 공공의 이익을 이유로 한 계약의 변경이 가능한지, 계약이 당사자들에게 부여한 권리와 의무 및 그 밖의 계약 내용 등을 종합적으로 고려하여 판단하여야 한다(대판 2024. 7. 11, 2024다211762).

다만, 공법상 계약과 사법상 계약의 구별에 있어서는 다음과 같은 구별기준이 특별히 고려되어야 한다.

① 공법상 계약이 되기 위하여는 계약의 일방 당사자는 행정주체이어야 한다. 그러나 행정주체가 체결하는 계약이 모두 공법상 계약은 아니다. 행정주체가 사경제주체로서 체결하는 계약은 사법상 계약이다.

② 공법적 효과를 발생시키는 계약(예 즉 공행정의 집행을 위탁하는 계약이나 공행정의 수행에 참여하는 공무원을 채용하는 계약)은 공법상 계약이다. 공무원채용계약은 공법상 계약이지만, 채용된 자가 공행정의 운영에 직접 참여하지 않고 보조하는 것에 불과한 경우에는 그 채용계약(예 행정보조자 채용계약)은 사법상 계약이다.

[판례 1] 지방자치단체의 관할구역 내에 있는 각급 학교에서 학교회계직원으로 근무하는 것을 내용으로 하는 근로계약은 사법상 계약이다(대판 2018. 5. 11, 2015다237748). 〈해설〉 그러한 학교회계직원은 공무원이 아닌 근로자이다.

[판례 2] [1] **생활폐기물수집운반 등 대행위탁계약을 사법상 계약으로 본 사례:** 피고 진주시와 폐기물처리업의 허가를 받은 원고 사이에 체결된 '진주시에서 발생하는 음식물류 폐기물의 수집·운반, 가로 청소, 재활용품의 수집·운반 업무를 대행할 것을 위탁하고 그에 대한 대행료를 지급하는 것을 내용으로 용역도급계약(이하 '이 사건 최초계약'이라 한다)과 이 사건 최초계약 중 계약기간과 계약금액을 변경하고, 계약 내용에 위 기간 동안 발생한 대행료 중 일부를 정산하기로 하는 조항(이하 '이 사건 정산조항'이라 한다)을 추가하는 변경계약(이하 '이 사건 변경계약'이라 한다)을 사법상 계약으로 보고, 이 사건 변경계약에 따른 생활폐기물수집운반등 대행료 정산의무의 존부는 민사 법률관계에 해당하므로 이를 소송물로 다투는 소송은 민사소송에 해당하는 것으로 보아야 한다고 한 사례. [2] 행정사건이 아닌 민사사건은 지방법원의 전속관할에 속하지 않으므로 이 사건 원심(부산고등법원 재판) 역시 관할위반의 잘못은 없다. [3] 당사자는 항소심에서 전속관할이 아닌 제1심법원의 관할위반을 주장하지 못한다(민사소송법 제411조). 나아가 행정사건의 심리절차는 행정소송의 특수성을 감안하여 행정소송법이 정하고 있는 특칙이 적용될 수 있는 점을 제외하면 심리절차 면에서 민사소송 절차와 큰 차이가 없으므로, 특별한 사정이 없는 한 민사사건을 행정소송 절차로 진행한 것 자체가 위법하다고 볼 수도 없다. 따라서 이 사건 소송이 공법상 당사자소송에 해당한다고 판단한 원심판결에는 당사자소송에 관한 법리를 오해한 잘못이 있으나, 원심의 위와 같은 잘못은 판결 결과에 영향을 미쳤다고 보기

어렵다. 피고의 이 부분 상고이유 주장은 이유 없다(대판 2018. 2. 13, 2014두11328[생활폐기물수집운반및가로청소대행용역비반납처분취소]). 〈해설〉 생활폐기물수집운반은 공행정으로 보고, 공행정의 집행을 대행위탁하는 계약은 공법상 계약으로 보는 것이 타당하다. 이 사건 계약이 공행정에 대한 단순한 보조위탁계약이 아니므로 이 사건 폐기물처리업자에 대한 생활폐기물수집운반 등 대행위탁계약을 사법상 계약으로 본 것은 타당하지 않다. 따라서, 이 사건 계약에 따른 생활폐기물수집운반등 대행료 정산의무의 존부를 민사 법률관계에 해당한다고 본 것도 타당하지 않다. 이 사건의 법상 관할은 지방법원이지만, 부산고등법원이 심판한 것은 전속관할 위반이 아니므로 관할 위반으로 보지 않은 사례이다. 행정사건의 관할은 전속관할이지만, 민사사건 관할은 전속관할이 아니다.

[판례 3] 지방자치단체가 사인과 체결한 시설(자원회수시설) 위탁운영협약은 사법상 계약에 해당한다(대판 2019. 10. 17, 2018두60588).

[판례 4] 국유림의 경영 및 관리에 관한 법률에 따른 임산물매각계약은 사법상 계약이다(대판 2020. 5. 14, 2018다298409).

③ 행정주체에게 공법상 행위형식과 사법상 행위형식의 선택권이 부여된 경우에는 계약의 특별조항을 통하여 표현되는 **행정청의 의사**가 주요한 구별기준이 된다. 즉, **계약의 조항** 중에 사법상의 법규정과는 성질을 달리하는 공법적 규율에 친한 예외적인 조항(공익을 위해 행정주체에게 우월적 지위를 인정하는 조항)이 존재하는 경우에는 공법상 계약이 된다.

2. 공법상 계약과 행정행위

공법상 계약과 행정행위는 구체적인 법적 효과를 가져오는 법적 행위인 점에서는 동일하지만 양자는 행위의 형성방식에 차이가 있다. 행정행위는 행정주체에 의해 일방적으로 행해지지만 공법상 계약은 행정주체와 국민 사이의 합의에 의해 행해진다.

[판례] 국립의료원 부설 주차장에 관한 위탁관리용역운영계약의 실질은 행정재산인 위 부설주차장에 대한 국유재산법 제24조 제1항에 의한 사용·수익 허가로서 이루어진 것임을 알 수 있으므로, 이는 위 국립의료원이 원고의 신청에 의하여 공권력을 가진 우월적 지위에서 행한 행정처분으로서 특정인에게 행정재산을 사용할 수 있는 권리를 설정하여 주는 강학상 특허에 해당한다 할 것이고 순전히 사경제주체로서 원고와 대등한 위치에서 행한 사법상의 계약으로 보기 어렵다고 할 것이다. 따라서 원고가 그 주장과 같이 이 사건 가산금 지급채무의 부존재를 주장하여 구제를 받으려면, 적절한 행정쟁송절차를 통하여 권리관계를 다투어야 할 것이지, 이 사건과 같이 피고에 대하여 민사소송으로 위 지급의무의 부존재확인을 구할 수는 없는 것이다(대판 2006. 3. 9, 2004다31074[채무부존재확인]). 〈해설〉 판례가 국립의료원 부설 주차장에 관한 위탁관리용역운영계약의 실질을 처분(강학상 특허)으로 본 것은 타당하지 않다. 위 용역계약은 사용·수익 허가를 대체하는 공법상 계약으로 보는 것이 타당하다. 이 사건에서 가산금 지급채무의 부존재확인을 구하는 소송은 당사자소송으로 제기하여야 한다.

Ⅱ. 공법상 계약의 법적 근거

행정기본법은 공법상 계약의 일반적 근거규정을 두고 있다. 즉, 행정청은 법령등을 위반하지 아니하는 범위에서 행정목적을 달성하기 위하여 필요한 경우에는 공법상 법률관계에 관한 계약(이하 "공법상 계약"이라 한다)을 체결할 수 있다(행정기본법 제27조 제1항).

하급심판례(서울행정법원 2018. 8. 17, 2017구합86125 등)에 따르면 「국가를 당사자로 하는 계약에 관한 법률」, 「지방자치단체를 당사자로 하는 계약에 관한 법률」은 기본적으로 국가나 공공기관이 당사자가 되는 사법상 계약에 대한 규정이다. 이에 대하여 국가계약법이 국가가 당사자가 되어 체결되는 모든 계약에 적용되는 것으로 규정되어 있으므로 국가가 당사자가 되는 공법상 계약에도 적용되는 것으로 보아야 한다는 견해도 있다.

Ⅲ. 공법상 계약의 인정범위와 한계 [2008 입시 약술]

행정기본법 제27조 제1항의 입법으로 명시적인 규정이 없는 한 개별적인 법적 근거가 없더라도 제한 없는 공법상 계약의 허용가능성이 인정된 것으로 보는 견해도 있지만, 행정기본법 제27조 제1항은 개별법의 명시적 근거가 없는 경우에도 공법상 계약이 가능하다는 것(공법상 계약의 일반적 허용가능성)만을 인정한 것으로 보는 것이 타당하다는 견해도 있다. 생각건대, 공법상 계약은 행정법질서(관련 법령, 법원칙 및 법리)에 합치하여야 하므로 명시적 규정이 없는 한 제한적이나마 공법상 계약이 인정될 수 없는 영역이 있다는 것을 인정하여야 할 것이다.

1. 모든 공행정 분야

공법상 계약은 비권력적 행정 분야에서뿐만 아니라 권력행정 분야에서도 인정된다.

2. 행정행위의 대체 [2015 입시]

공법상 계약으로 행정행위를 갈음할 수 있는가에 관하여 법상 금지되지 않는 한 행정행위 대신에 공법상 계약이 사용될 수 있다는 견해와 없다는 견해가 대립되고 있다.

생각건대, 공법상 계약은 법률의 근거 없이도 인정되므로 원칙상 **긍정설**이 타당하다. 다만, 일정한 행정 분야, 즉 협의에 의한 행정이 타당하지 않으며 공권력에 의해 일방적으로 규율되어야 하는 분야에서는 법률의 근거가 없는 한 공법상 계약이 인정될 수 없고 행정행위를 대체할 수도 없다. 다만, 법률에 특별한 규정이 있는 경우에는 물론 공법상 계약이 가능하다.

예를 들면, 사회공공의 질서유지를 목적으로 하는 경찰행정 분야와 조세행정 분야에서는 공법상 계약이 인정될 수 없다고 보아야 한다.

3. 제 3 자의 동의

제3자의 권익을 제한하거나 의무를 부과하는 내용의 행정행위를 할 것을 내용으로 하는 공법상 계약은 제3자의 동의가 없는 한 인정될 수 없다.

Ⅳ. 공법상 계약의 성립요건과 적법요건 [2008 입시 약술]

1. 성립요건

공법상 계약은 사법상 계약과 마찬가지로 양 당사자의 반대방향의 의사의 합치에 의해 성립된다.

공법상 계약에서 계약당사자의 일방은 행정주체이어야 한다. 행정주체에는 공무를 수탁받은 사인도 포함된다.

2. 적법요건

(1) 주체에 관한 요건

공법상 계약을 체결하는 주체에게 권한이 있어야 한다.

이론상 행정기관이 아니라 행정주체가 공법상 계약의 주체가 된다. 그런데 행정기본법은 행정청을 공법상 계약의 당사자로 규정하고 있다(행정기본법 제27조 제1항). 이 경우 행정청은 행정주체를 대표하여 공법상 계약을 체결하는 것으로 보아야 한다. 공법상 계약을 체결하는 행정청은 당해 공법상 계약을 체결할 수 있는 권한을 갖고 있어야 한다.

(2) 절차에 관한 요건

공법상 계약의 절차를 일반적으로 특별히 규율하는 법령은 존재하지 않는다. 공법상 계약은 행정절차법의 규율대상이 아니다. 공법상 계약의 체결에 다른 행정청의 승인, 동의 또는 협의를 요하는 것으로 규정하는 경우도 있다. 다른 행정청의 승인, 동의 또는 협의를 요하는 행정행위에 갈음하여 공법상 계약을 체결하는 경우에는 그러한 절차를 거쳐야 한다. 행정청은 행정기본법 제27조에 따라 공법상 법률관계에 관한 계약을 체결할 때 법령등에 따른 관계 행정청의 동의, 승인 또는 협의 등이 필요한 경우에는 이를 모두 거쳐야 한다(동법 시행령 제6조).

[판례] 계약직공무원 채용계약해지의 의사표시는 일반공무원에 대한 징계처분과는 달라서 항고소송의 대상이 되는 처분 등의 성격을 가진 것으로 인정되지 아니하고, 일정한 사유가 있을 때에 국가 또는 지방자치단체가 채용계약 관계의 한쪽 당사자로서 대등한 지위에서 행하는 의사표시로 취급되는 것으로 이해되므로, 이를 징계해고 등에서와 같이 그 징계사유에 한하여 효력 유무를 판단하여야 하거나, 행정처분과 같이 행정절차법에 의하여 근거와 이유를 제시하여야 하는 것은 아니다(대판 2002. 11. 26, 2002두5948[전임계약해지무효확인]).

(3) 형식에 관한 요건

행정청은 공법상 계약을 체결할 경우 계약의 목적 및 내용을 명확하게 적은 계약서를 작성하여야 한다(행정기본법 제27조 제1항).

(4) 내용에 관한 요건

법우위의 원칙은 공법상 계약에도 적용된다. 따라서 공법상 계약의 내용은 법을 위반하지 않아야 한다.

법의 일반원칙은 공법상 계약에도 적용된다. 비례의 원칙상 행정청은 공법상 계약의 상대방을 선정하고 계약 내용을 정할 때 공법상 계약의 공공성과 제3자의 이해관계를 고려하여야 한다(행정기본법 제27조 제2항). 부당결부금지의 원칙상 행정주체의 급부와 사인의 급부 사이에 실질적 관련성이 있어야 한다.

입법론으로 독일 행정절차법 제58조 제1항에서와 같이 "제3자의 권리를 침해하는 공법상 계약은 그의 동의를 요한다"라는 규정을 추가로 두어야 한다는 견해(김용섭, 한국행정법학회 활동 성과분석 및 행정기본법 제정이후의 전망, 행정법학 제21호, 2021.9, 54면)가 있다.

V. 공법상 계약의 효력

공법상 계약은 위법한 경우 후술하는 바와 같이 원칙상 무효이다.

공법상 계약이 적법한 경우 공법상 계약은 계약당사자 사이에서 계약에 따른 구속력을 가진다.

공법상 계약을 기초로 한 신청에 대한 처분을 함에 있어서 원칙상 공법상 계약에 반하지 않아야 한다. 다만, 공법상 계약을 따르기 어려운 사정변경이 생겼거나 중대한 공익상의 필요가 발생한 경우와 같이 특별한 사정이 있는 경우에는 공법상 계약과 다른 처분을 할 수 있다(판례).

[판례] [공법상 계약을 기초로 행정재산에 대한 무상 사용 · 수익을 신청했다가 거부처분을 받자 그 처분의 취소를 청구한 사건] [1] 공법상 계약 체결에 따른 권리를 취득한 상대방이 그러한 권리의 실질적 보장을 위한 방법의 하나로 공법상 계약의 상대방 측인 행정청을 상대로 수익적 행정행위를 신청하였고 그러한 신청이 공법상 계약에 따른 권리·의무의 이행방식에 위배되는 것이 아니라면, 수익적 행정행위 형식으로 공법상 계약의 권리를 실현시키기 어려운 사정변경이 생겼거나 중대한 공익상의 필요가 발생한 경우와 같이 특별한 사정이 없는 이상, 행정청으로서는 수익적 행정행위에 관한 재량권을 공법상 계약에 반하지 않는 범위에서 행사하여야 한다. [2] 원고는 피고 측 군부대와 사이에 부대 내 체력단련장에 전자유도카트시스템(이하 '이 사건 시설')을 설치하고 기부채납한 뒤 해당 시설을 운영하면서 얻는 수익금이 설치비용, 금융비용 등을 합산한 금액에 이르러 정산금이 남아 있지 않을 때까지 이 사건 시설과 그 부지를 무상으로 사용·수익하기로 약정(이하 '이 사건 합의')하였고, 이후 피고는 정산금이 남아 있지 않다는 이유로 원고에게 무상 사용·수익허가 종료 통보를 함. 원고는 정산금이 남아 있다고 주장하면서 이 사건 시설 및 토지의 무상사용을 허가해줄 것을 신청하였는데 피고가 이를 거부하자(이하 '이 사건 처분') 그 처분의 취소를 청구한 사안에서 원심은, 행정재산의 사용허가에는 행정청에 상당한 재량이 있다는 전제에서 이 사건 합의에 따른 원고의 정산금이 남아 있더라도 피고가 원고에게 새롭게 이 사건 시설과 그 부지에 대한 무상 사용·수익을 허가할 의무가 있다거나 이 사건 처분에 재량권 일탈·남용의 위법이 있다고 볼 수 없다고 판단하였으나 대법원은 피고가 행사할 수 있는 재량의 내용과 범위는 원고에게 이 사건 시설 및 그 부지에 대한 무상 사용·수익을 허가하기 어려운 사정변경이 생겼거나 중대한 공익상의 필요가 발생한 것이 아닌 이상 이 사건 합의 내용에 따라 정해지고, 원고의 정산금이 실제로 남아있다면 이 사건 처분은 사실오인에 근거한 것으로 재량권 일탈·남용의 위법이 있다고 보아야 하므로, 원고의 정산금이 남아 있는지 여부를 심리해야 한다고 보아, 이와 달리 판단한 원심을 파기·환송한 사례(대판 2025. 2. 27, 2024두47890). 〈해설〉 행정재산에 대한 무상 사용·수익허가처분은 재량행위이고, 사실오인은 재량권의 일탈·남용사유이다(대판 2001. 7. 27, 99두8589).

Ⅵ. 공법상 계약의 종류

1. 행정주체 상호간에 체결되는 공법상 계약

행정주체 상호간의 사무위탁 등 행정사무의 집행과 관련하여 체결된다. 법에 의해 금지되지 않는 한 행정주체 상호간에 공법상 계약이 자유롭게 체결될 수 있다.

행정주체 상호간의 업무위탁계약, 행정비용부담계약(예 도로법 제24조, 하천법 제9조) 등이 이에 해당한다.

2. 행정주체와 사인(私人)간에 체결되는 공법상 계약

사인에 대한 행정사무의 위탁계약, 공무원의 채용계약, 서울특별시 시립무용단원이 가지는 지위가 공무원과 유사한 경우 서울특별시 시립무용단원의 위촉계약(대판 1995. 12. 22, 95누4636[해촉처분취소 등]), 국립중앙극장 전속단원 채용계약(대판 1996. 8. 27, 95나35953), 민간투자사업상 실시협약(서울고법 2004. 6. 24, 2003누6483; 대판 2019. 1. 31, 2017두46455) 등이 이에 해당한다. 토지보상법상 협의취득계약을 학설은 공법상 계약으로 보는 견해도 있지만 판례는 사법상 매매계약으로 보고 있다(대판 2012. 2. 23, 2010다91206). 또한, 행정실무와 판례는 행정조직내의 무기계약직(공무직)은 공무원이 아니라 사법상 근로자로 본다. 지방자치단체와 근로계약(사법상 계약)을 체결하고 지방자치단체의 관할구역 내에 있는 각급 공립학교에서 근무하는 학교회계직원을 공무원이 아닌 사법상 근로자로 본 사례(대판 2018. 5. 11, 2015다237748)가 있다.

사인이 행정주체의 지위를 갖는 경우 행정주체의 지위에서 다른 사인과 공법상 계약을 체결할 수 있다.

물품납품계약, 건축도급계약 등 **조달계약을 사법상 계약으로 보는 것이** 일반적 견해이며 **판례의 입장**인데, 공법상 계약으로 보는 견해도 있다. 조달계약에서 낙찰자결정도 사법상 행위라고 보는 것이 판례의 입장인데, 조달계약에서 낙찰자결정은 처분에 해당한다고 보는 견해도 있다.

이에 반하여 판례는 **국가연구(개발사업)협약은 공법상 계약**으로 본다.

[판례] 국책사업인 '한국형 헬기 개발사업'(Korean Helicopter Program, 이하 'KHP사업'이라 한다)에 개발주관사업자 중 하나로 참여하여 국가 산하 중앙행정기관인 방위사업청과 '한국형헬기 민군겸용 핵심구성품 개발협약'을 체결한 甲 주식회사가 협약을 이행하는 과정에서 환율변동 및 물가상승 등 외부적 요인 때문에 협약금액을 초과하는 비용이 발생하였다고 주장하면서 국가를 상대로 초과비용의 지급을 구하는 민사소송을 제기한 사안에서, 과학기술기본법 제11조, 구 국가연구개발사업의 관리 등에 관한 규정(2010. 8. 11. 대통령령 제22328호로 전부 개정되기 전의 것, 이하 '국가연구개발사업규정'이라 한다) 제2조 제1호, 제7호, 제7조 제1항, 제10조, 제15조, 제20조, 항공우주산업개발 촉진법 제4조 제1항 제2호, 제2항, 제3항 등의 입법 취지와 규정 내용, 위 협약에서 국가는 甲 회사에 '대가'를 지급한다고 규정하고 있으나 이는 국가연구개발사업규정에 근거하여 국가가 甲 회사에 연구경비로 지급하는 출연금을 지칭하는 데 다름 아닌 점, 위 협약에 정한 협약금액은 정부의 연구개발비 출연금과 참여기업의 투자금 등으로 구성되는데 위 협약 특수조건에 의하여 참여기업이 물가상승 등을 이유로 국가에 협약금액의 증액을 내용으로 하는 협약변경을 구하는 것은 실질적으로는 KHP사업에 대한 정부출연금의 증액을 요구하는 것으로 이에 대하여는 국가의 승인을 얻도록 되어 있는 점, 위 협약은 정부와 민간이 공동으로 한국형헬기 민·군 겸용 핵심구성품을 개발하여 기술에 대한 권리는 방위사

업이라는 점을 감안하여 국가에 귀속시키되 장차 기술사용권을 甲 회사에 이전하여 군용 헬기를 제작·납품하게 하거나 또는 민간 헬기의 독자적 생산기반을 확보하려는 데 있는 점, KHP사업의 참여기업인 甲 회사로서도 민·군 겸용 핵심구성품 개발사업에 참여하여 기술력을 확보함으로써 향후 군용 헬기 양산 또는 민간 헬기 생산에서 유리한 지위를 확보할 수 있게 된다는 점 등을 종합하면, 국가연구개발사업규정에 근거하여 국가 산하 중앙행정기관의 장과 참여기업인 甲 회사가 체결한 위 협약의 법률관계는 공법관계에 해당하므로 이에 관한 분쟁은 행정소송으로 제기하여야 한다고 한 사례(대판 2017. 11. 9, 2015다215526). 〈해설〉 1·2심 법원은 사법상 계약으로 보았다. '한국형 헬기 개발사업에 대한 물품·용역협약'을 단순한 물품조달계약으로 보면 사법상 계약으로 볼 수 있지만, 연구개발계약으로 본다면 공법상 계약으로 보는 것이 타당하다.

Ⅶ. 공법상 계약의 법적 규율

1. 실체법상 규율

(1) 공법적 규율과 사법의 적용

공법상 계약은 공법적 규율의 대상이 된다. 그런데, 행정기본법은 공법상 계약에 대한 실체법상 공법적 규율에 관한 사항을 규정하지 않고, 공법상 계약에 대한 일부 일반적 규정을 두고 있을 뿐이다. 공법상 계약에 대한 특수한 규율은 개별법 또는 법이론상 인정된다.

공법상 계약에 관하여 특별한 규정이 없는 경우에는 「국가를 당사자로 하는 계약에 관한 법률」 또는 「지방자치단체를 당사자로 하는 계약에 관한 법률」 및 계약에 관한 민법의 규정을 적용 또는 유추적용할 수 있다.

[판례] 지하주차장 건설 및 운영 관련 민간투자 실시협약이 쌍방미이행 쌍무계약임을 이유로 사업시행자의 파산관재인이 해지를 주장한 사건 [1] 민간투자법은 실시협약(공법상 계약)의 체결로써 상대방에게 사업시행자 지정의 효과를 발생하게 하는데(민간투자법 제13조 제3항), 민간투자 사업시행자와 국가 등의 관계는 기본적으로 공법적 성격을 가진 법률관계로서 대등한 대가관계로 볼 수 없다. [2] 쌍무계약의 특질을 가진 공법적 법률관계에도 쌍방미이행 쌍무계약의 해지에 관한 채무자회생법 제335조 제1항이 적용 또는 유추적용될 수 있다(대판 전원합의체 2021. 5. 6, 2017다273441).

(2) 공법상 계약의 하자의 효과

1) 원칙상 무효

공법상 계약에는 공정력이 인정되지 않으므로 위법한 공법상 계약은 원칙상 무효라는 것이 다수견해이다. 공법상 계약이 무효인 경우 계약이 목적으로 하는 권리나 의무는 발생하지 않는다.

실무상 공법상 계약의 효력을 다투는 소송은 공법상 계약의 무효확인을 구하는 당사자소송으로 제기되고 있는 점에 비추어(대판 1996. 5. 31, 95누10617 등) **판례도 위법한 공법상 계약을 무효로 보고 있는 것으로 보인다.**

이에 대하여 공법상 계약의 하자를 의사표시상의 하자와 내용상의 하자로 나누어 의사표시상의 하자는 민법상 계약의 경우와 마찬가지로 무효 또는 취소의 하자가 모두 인정되고, 내용상 하자에 있어서는 행정행위와 달리 공정력이 인정되지 않으므로 무효만이 인정된다는 견해가 있다(류지태·박종수, 334면).

2) 일부무효

공법상 계약의 위법이 계약의 일부에만 존재하는 경우에 위법인 부분이 위법이 아닌 부분과 분리될 수 없는 경우에는 당해 계약은 전부 무효가 된다.

위법인 부분이 위법이 아닌 부분과 분리될 수 있는 경우에는 계약당사자가 위법인 부분이 없었더라면 당해 계약을 체결하지 않았을 것이라고 판단되는 경우에 한하여 계약 전체가 무효가 된다.

(3) 공법상 계약의 집행상 특수한 규율

공법상 계약에 따른 의무의 불이행이 있는 경우 행정청이 그 의무의 집행을 자력으로 강제하는 것(행정상 강제집행)은 법률유보의 원칙상 법률의 명시적 근거가 없는 한 불가능하다. 행정상 강제집행의 명시적 근거가 없는 경우 민사상 강제집행을 할 수 있다.

행정기본법은 공법상 계약의 변경, 해지 및 해제에 관한 규정을 두고 있지 않다. 따라서, 의무불이행의 경우 민법상 계약의 해지규정이 유추적용된다. 다만, 공법상 계약의 집행에 있어서는 공익의 실현을 보장하기 위하여 명문의 규정이 없는 경우에도 다음과 같이 계약의 해지 등에 관한 민법의 원칙이 수정되는 경우가 있다.

① 공법상 계약의 기초가 된 법률상 또는 사실상의 상황에 중대한 변화가 있어 계약내용을 그대로 이행하는 것이 공익상 적절하지 않을 경우에는 행정청은 새로운 상황에 적응되도록 계약내용의 변경을 요구하는 권한 또는 계약해지권을 갖는다고 보아야 한다. 왜냐하면 행정은 공익목적을 추구하므로 행정주체로 하여금 공법상 계약을 공익목적에 적합하게 적응시킬 수 있도록 하여야 하기 때문이다.

② 행정주체에 의한 계약내용변경의 요구시에 새로운 공법상계약이 체결되기 전까지 행정주체의 계약상 의무의 불이행은 채무불이행이 되지 않는다.

③ 행정주체의 요구에 따른 계약의 변경으로 인한 계약상대방인 국민의 부담의 증가는 행정주체의 부담으로 하여야 한다. 또한 계약의 해지로 인한 손실은 손실보상에 준하여 보상되어야 한다.

④ 공법상 계약에 의한 의무의 불이행이 있는 경우에 행정주체에게는 계약의 해지권이 인정되지만, 계약상대방인 국민에게는 해지가 공익에 반하는 경우에는 인정되지 않고 이 경우에 국민은 채무불이행에 의한 손해배상청구만을 할 수 있다고 보아야 한다.

⑤ 공법상 계약에 의한 의무의 불이행에 대해서는 행정대집행법이 적용되지 않는다. 계약상의 의무불이행에 대해서는 법원의 판결을 받아 강제하여야 한다. 다만, 공법상 계약에 의한 의무의 불이행에 대하여 개별법에서 행정강제를 규정하는 경우가 있다.

2. 절차법상 규율

행정기본법은 공법상 계약절차에 관하여 극히 일부 일반규정을 두고 있을 뿐이다. 행정절차법은 공법상 계약절차에 관한 규정을 두고 있지 않다.

3. 소송법상 특수한 규율[2015 입시, 2017 사시]

(1) 공법상 당사자소송

공법상 계약에 관한 소송은 민사소송이 아니라 공법상 당사자소송에 의한다. 공법상 계약의 무효확인소송, 공법상 계약에 의한 의무의 확인에 관한 소송 및 계약의무불이행시의 의무의 이행을 구하는 소송도 공법상 당사자소송에 의한다.

또한, 판례는 계약직공무원의 해촉 또는 계약직공무원채용계약 해지의 의사표시도 처분으로 보아야 하는 특별한 사정이 없는 한 공법상 당사자소송으로 해촉 또는 해지의 의사표시의 무효확인을 청구하여야 한다고 보고 있다.

[판례 1] 전문직공무원인 공중보건의사의 채용계약의 해지가 관할 도지사의 일방적인 의사표시에 의하여 그 신분을 박탈하는 불이익처분이라고 하여 곧바로 그 의사표시가 관할 도지사가 행정청으로서 공권력을 행사하여 행하는 행정처분이라고 단정할 수는 없고, 공무원 및 공중보건의사에 관한 현행 실정법이 공중보건의사의 근무관계에 관하여 구체적으로 어떻게 규정하고 있는가에 따라 그 의사표시가 항고소송의 대상이 되는 처분 등에 해당하는 것인지의 여부를 개별적으로 판단하여야 할 것인바, 농어촌 등 보건의료를 위한 특별조치법 제2조, 제3조, 제5조, 제9조, 제26조와 같은 법 시행령 제3조, 제17조, 전문직공무원규정 제5조 제1항, 제7조 및 국가공무원법 제2조 제3항 제3호, 제4항 등 관계 법령의 규정내용에 미루어 보면 현행 실정법이 전문직공무원인 공중보건의사의 채용계약 해지의 의사표시는 일반공무원에 대한 징계처분과는 달라서 항고소송의 대상이 되는 처분 등의 성격을 가진 것으로 인정되지 아니하고, 일정한 사유가 있을 때에 관할 도지사가 채용계약 관계의 한쪽 당사자로서 대등한 지위에서 행하는 의사표시로 취급하고 있는 것으로 이해되므로, 공중보건의사 채용계약 해지의 의사표시에 대하여는 대등한 당사자간의 소송형식인 공법상의 당사자소송으로 그 의사표시의 무효확인을 청구할 수 있는 것이지, 이를 항고소송의 대상이 되는 행정처분이라는 전제하에서 그 취소를 구하는 항고소송을 제기할 수는 없다(대판 1996. 5. 31, 95누10617[공중보건의사전문직공무원채용계약해지처분취소 등]).
판례는 서울시립무용단원의 해촉(대판 1995. 12. 22, 95누4636[해촉처분취소 등]), 지방전문직공무원채용계약의 해지(대판 1993. 9. 14, 92누4611[공무원채용계약해지무효확인])도 당사자소송의 대상이 되는 것으로 본다.

[판례 2] 중소기업 정보화지원사업을 위한 협약의 해지에 따른 정부지원금 환수통보가 행정처분에 해당하는지 여부(소극): [1] 구 중소기업기술혁신 촉진법(2010. 3. 31. 법률 제10220호로 개정되기 전의 것, 이하 '법'이라 한다) 상 중소기업 정보화지원사업에 따른 지원금 출연을 위하여 중소기업청장이 체결하는 협약은 공법상 대등한 당사자 사이의 의사표시의 합치로 성립하는 공법상 계약에 해당한다. [2] 중소기업 정보화지원사업을 위한 협약이 공법상 계약이고, 동 협약에서 해지에 관한 사항을 정하고 있고 이에 따라 협약 해지를 통보한 경우, 그 효과는 전적으로 협약이 정한 바에 따라 정해질 뿐, 달리 협약 해지의 효과 또는 이에 수반되는 행정상 제재 등에 관하여 관련 법령에 아무런 규정을 두고 있지 아니한 점 등을 종합하면, 이 사건 협약의 해지 및 그에 따른 이 사건 환수통보는 공법상 계약에 따라 행정청이 대등한 당사자의 지위에서 하는 의사표시로 봄이 타당하고, 이를 행정청이 우월한 지위에서 행하는 공권력의 행사로서 행정처분에 해당한다고 볼 수는 없다(대판 2015. 8. 19, 2015두41449[정보화지원사업참여제한처분무효확인]).

[판례 3] 민간투자사업 실시협약을 체결한 당사자가 공법상 당사자소송에 의하여 그 실시협약에 따른 재정지원금의 지급을 구하는 경우에, 수소법원은 단순히 주무관청이 산정한 재정지원금액에 위법이 있는지를 심사하는 데 그쳐서는 아니 되고, 실시협약에 따른 적정한 재정지원금액이 얼마인지를 구체적으로 심리·판단하여야 한다(대판 2019. 1. 31, 2017두46455).

공법상 계약의 무효확인을 구하는 당사자소송은 **확인소송**이므로 확인의 이익(즉시확정의 이익)

이 요구된다.

[판례] 지방자치단체와 채용계약에 의하여 채용된 계약직공무원이 그 계약기간 만료 이전에 채용계약 해지 등의 불이익을 받은 후 그 계약기간이 만료된 때에는 그 채용계약 해지의 의사표시가 무효라고 하더라도, 지방공무원법이나 지방계약직공무원규정 등에서 계약기간이 만료되는 계약직공무원에 대한 재계약의무를 부여하는 근거규정이 없으므로 계약기간의 만료로 당연히 계약직공무원의 신분을 상실하고 계약직공무원의 신분을 회복할 수 없는 것이므로, 그 해지의사표시의 무효확인청구는 과거의 법률관계의 확인청구에 지나지 않는다 할 것이고, 한편 과거의 법률관계라 할지라도 현재의 권리 또는 법률상 지위에 영향을 미치고 있고 현재의 권리 또는 법률상 지위에 대한 위험이나 불안을 제거하기 위하여 그 법률관계에 관한 확인판결을 받는 것이 유효 적절한 수단이라고 인정될 때에는 그 법률관계의 확인소송은 즉시확정의 이익이 있다고 보아야 할 것이나, 계약직공무원에 대한 채용계약이 해지된 경우에는 공무원 등으로 임용되는 데에 있어서 법령상의 아무런 제약사유가 되지 않을 뿐만 아니라, 계약기간 만료 전에 채용계약이 해지된 전력이 있는 사람이 공무원 등으로 임용되는 데에 있어서 그러한 전력이 없는 사람보다 사실상 불이익한 장애사유로 작용한다고 하더라도 그것만으로는 법률상의 이익이 침해되었다고 볼 수는 없으므로 그 무효확인을 구할 이익이 없다(대판 2002. 11. 26, 2002두1496 등 참조). 또한, 이 사건과 같이 이미 채용기간이 만료되어 소송 결과에 의해 법률상 그 직위가 회복되지 않는 이상 채용계약 해지의 의사표시의 무효확인만으로는 당해 소송에서 추구하는 권리구제의 기능이 있다고 할 수 없고, 침해된 급료지급청구권이나 사실상의 명예를 회복하는 수단은 바로 급료의 지급을 구하거나 명예훼손을 전제로 한 손해배상을 구하는 등의 이행청구소송으로 직접적인 권리구제방법이 있는 이상 무효확인소송은 적절한 권리구제수단이라 할 수 없어 확인소송의 또 다른 소송요건을 구비하지 못하고 있다 할 것이며, 위와 같이 직접적인 권리구제의 방법이 있는 이상 무효확인 소송을 허용하지 않는다고 해서 당사자의 권리구제를 봉쇄하는 것도 아니다(대판 2008. 6. 12, 2006두16328[전임계약직공무원(나급)재계약거부처분 및 감봉처분취소]: 채용계약 해지의사표시의 무효확인청구부분은 확인의 이익이 없어 부적법하다고 한 사례). 〈해설〉 그러나 당사자소송에도 취소소송에서의 기속력규정(제30조 제1항)이 준용되므로 해지의사표시의 무효확인판결의 기속력 중 위법상태제거의무로 봉급지급의무가 인정될 수 있다. 따라서, 이 사건에서 확인의 이익이 있다고 볼 수도 있다.

(2) 항고소송의 대상이 되는 경우

행정청에 의한 공법상 계약의 체결 여부 또는 계약상대방의 결정은 처분성을 가지며 공법상 계약과 분리될 수 있는 경우 행정소송법상 처분에 해당하고, 항고소송의 대상이 된다고 보아야 한다.

[판례 1] 예를 들면, 사회기반시설에 대한 민간투자법 제13조 제3항상의 실시협약(동법에 의하여 주무관청과 민간투자사업을 시행하고자 하는 자간에 사업시행의 조건 등에 관하여 체결하는 계약)은 공법상 계약이고, 그 이전에 행해지는 동법 제13조 제2항상의 행정청의 우선협상대상자(특별한 사정이 없는 한 사업시행자가 된다) 지정행위는 행정행위의 성질을 갖는 것으로 보아야 한다(서울고법 2004. 6. 24, 2003누6483).
[판례 2] 민간투자사업자지정을 행정소송법상 처분으로 본 사례(대판 2009. 4. 23, 2007두13159[도로구역결정처분취소]). 실시협약 체결 후 사업시행 전에 행해지는 민간투자법 제15조 제1항의 민간투자사업 실시계획의 승인도 처분(행정행위)이다.

또한, 법에 근거하여 제재로서 행해지는 공법상 계약의 해지 등 계약상대방에 대한 권력적 성격이 강한 행위는 행정소송법상 처분으로 보아야 한다.

[판례 1] [1] 지방계약직공무원에게도 징계에 관한 지방공무원법이 적용되며 지방공무원법 제73조의3과 지방공무원징계 및 소청규정 제13조 제4항에 의하여 지방계약직공무원에게도 지방공무원법 제69조 제1항 각 호의 징계사유가 있는 때에는 징계처분을 할 수 있다. [2] 보수의 삭감은 이를 당하는 공무원의 입장에서는 징계처분의 일종인 감봉과 다를 바 없고, 근로기준법 등의 입법취지, 지방공무원법과 지방공무원징계 및 소청규정의 여러 규정에 비추어 볼 때, 채용계약상 특별한 약정이 없는 한, 지방계약직공무원에 대하여 지방공무원법, 지방공무원징계 및 소청규정에 정한 징계절차에 의하지 않고서는 보수를 삭감할 수 없다고 봄이 상당하다(대판 2008. 6. 12, 2006두16328[전임계약직공무원(나급)재계약거부처분 및 감봉처분취소]). 〈해설〉 이미 상기 대판 95누10617에서 이러한 가능성을 선언하였었다.

[판례 2] 구 산업집적활성화 및 공장설립에 관한 법률(2009. 2. 6. 법률 제9426호로 개정되기 전의 것) 제30조 제1항 제1호, 제30조 제2항 제3호, 제38조 제1항, 제42조 제1항 제6호, 제42조 제2항, 제42조 제5항, 제43조, 제43조의3, 제52조 제10호, 제55조 제1항 제4호에서 알 수 있는 피고의 지위, 입주계약해지의 절차, 그 해지통보에 수반되는 법적 의무 및 그 의무를 불이행한 경우의 형사적 내지 행정적 제재 등을 종합적으로 고려하면, 같은 법 제42조 제1항 제6호에 따른 산업단지 입주계약의 해지통보는 단순히 대등한 당사자의 지위에서 형성된 공법상계약을 계약당사자의 지위에서 종료시키는 의사표시에 불과하다고 볼 것이 아니라 행정청인 관리권자로부터 관리업무를 위탁받은 피고(한국산업단지공단)가 우월적 지위에서 원고에게 일정한 법률상 효과를 발생하게 하는 것으로서 항고소송의 대상이 되는 행정처분에 해당한다고 한 사례(대판 2011. 6. 30, 2010두23859).

[판례 3] 과학기술기본법령상 사업 협약의 해지 통보는 단순히 대등 당사자의 지위에서 형성된 공법상계약을 계약당사자의 지위에서 종료시키는 의사표시에 불과한 것이 아니라 행정청이 우월적 지위에서 연구개발비의 회수 및 관련자에 대한 국가연구개발사업 참여제한 등의 법률상 효과를 발생시키는 행정처분에 해당한다(대판 2014. 12. 11, 2012두28704[2단계BK21사업처분취소]). 〈해설〉 과학기술기본법령상 사업 협약의 해지 통보가 법령상 해지 통보이고, 국가연구개발사업 참여제한 등의 법률상 효과를 발생시킨다는 점을 주목하여야 한다. 한편 동 판결은 재단법인 한국연구재단이 갑 대학교 총장에게 연구개발비의 부당집행을 이유로 '해양생물유래 고부가식품·향장·한약 기초소재 개발 인력양성사업에 대한 2단계 두뇌한국(BK)21 사업' 협약을 해지하고 연구팀장 을에 대한 대학자체 징계 요구 등을 통보한 사안에서, 재단법인 한국연구재단이 갑 대학교 총장에게 을에 대한 대학 자체징계를 요구한 것은 법률상 구속력이 없는 권유 또는 사실상의 통지로서 을의 권리, 의무 등 법률상 지위에 직접적인 법률적 변동을 일으키지 않는 행위에 해당하므로, 항고소송의 대상인 행정처분에 해당하지 않는다고 본 원심판단을 정당하다고 하였다(대판 2014. 12. 11, 2012두28704[2단계BK21사업처분취소]).

조달계약 및 공법상 계약에 관한 **입찰참가자격제한이 법적 근거에 따른 경우 처분**에 해당한다고 보는 것이 판례의 입장이다. 이에 반하여 **입찰참가자격 제한 조치가 계약상의 의사표시인 경우**에는 **항고소송의 대상이 되는 처분이 아니다.**

[판례] [1] **공공기관의 입찰참가자격 제한 조치가 법령에 따른 행정처분인지 아니면 계약상 의사표시인지 모호할 경우에 이를 구별하는 기준:** 공기업·준정부기관이 법령 또는 계약에 근거하여 선택적으로 입찰참가자격 제한 조치를 할 수 있는 경우, 계약상대방에 대한 입찰참가자격 제한 조치가 법령에 근거한 행정처분인지 아니면 계약에 근거한 권리행사인지는 원칙적으로 의사표시의 해석 문제이다. 이때에는 공기업·준정부기관이 계약상대방에게 통지한 문서의 내용과 해당 조치에 이르기까지의 과정을 객관적·종합적으로 고찰하여 판단하여야 한다. 그럼에도 불구하고 공기업·준정부기관이 법령에 근거를 둔 행정처분으로서의 입찰참가자격 제한 조치를 한 것인지 아니면 계약에 근거한 권리행사로서의 입찰참가자격 제한 조치를 한 것인지 여부가 여전히 불분명한 경우에는, 그에 대한 불복방법 선택에 중대한 이해관계를 가지는 그 조치 상대방의 인식가능성 내지 예측가능성을 중요하게 고려하여 규범적으로 이를 확정함이 타당하다. [2] 공공기관의 입찰참가자격

제한 조치가 법령에 따른 행정처분인지 아니면 계약상 의사표시인지 모호할 경우에는 그 불복방법 선택에 중대한 이해관계를 가지는 그 조치 상대방의 인식가능성 내지 예측가능성을 중요하게 고려하여 규범적으로 이를 확정하여야 한다고 보아 피고의 입찰참가자격 제한 조치가 항고소송의 대상이 아니라는 본안전 항변을 배척한 사례(대판 2018. 10. 25, 2016두33537). 〈해설〉 공기업·준정부기관이 법령에 근거하지 않고 계약에 근거하여 한 입찰참가자격 제한조치는 처분이 아니다.

(3) 국가배상청구소송

공법상 계약에 의한 의무의 불이행으로 인한 손해에 대한 국가배상청구 및 공법상 계약의 체결상 및 집행상의 불법행위로 인한 손해에 대해서는 국가배상청구가 가능하다.

제5장

행정상 사실행위

Ⅰ. 의　　의

행정상 사실행위(行政上 事實行爲)라 함은 행정목적을 달성하기 위하여 행해지는 물리력의 행사를 말한다.

사실행위의 예로는 폐기물 수거, 행정지도, 대집행의 실행, 행정상 즉시강제 등이 있다.

행정기관의 행위는 직접적인 법적 효과를 발생시키는가를 기준으로 하여 법적 행위와 사실행위로 구분되고 있다. 사실행위는 직접적으로는 법적 효과를 발생시키지 않는 행위이다. 달리 말하면 법질서에 직접적인 변경을 가져오지 않는 행위이다. 그러나, 사실행위도 간접적으로는 법적 효과를 발생시키는 경우가 있다.

예를 들면, 위법한 사실행위로 인하여 국민에게 손해가 발생한 경우에 국가 또는 지방자치단체는 피해 국민에 대하여 손해배상의무를 지고, 피해자인 국민은 손해배상청구권을 갖게 된다.

Ⅱ. 행정상 사실행위에 대한 권리구제 [2015 사시]

1. 법정(法定)항고쟁송 [2002 행시]

(1) 처 분 성

행정상 사실행위에 대한 항고쟁송이 인정되기 위하여는 행정상 사실행위가 행정심판법과 행정소송법상의 '처분'개념에 포함되어야 한다.

사실행위의 처분성에 관하여는 견해가 대립하고 있다.

1) 긍 정 설

이 견해는 권력적 사실행위 및 사실상 강제력을 미치는 비권력적 사실행위는 그 자체가 행정소송법 및 행정심판법상의 처분에 해당한다고 본다. 이 견해는 **쟁송법상 개념설**에서 주장된다.

그 논거는 쟁송법상 개념설의 논거와 동일하다. 즉, i) 취소소송중심주의하에서 그리고, 사실행위에 대한 당사자소송을 인정하지 않고 있는 현행 행정쟁송법하에서 사실행위에 대한 실효적인 권익구제를 위하여 사실행위를 항고쟁송의 대상으로 보아야 한다. ii) 행정쟁송법상의 취소는 민법상의 취소와 달리 위법상태를 제거하는 의미 또는 위법확인의 의미를 갖는다고 보면 사실행위의 취소도 가능하다.

2) 수인하명설

이 견해는 권력적 사실행위 자체가 아니라 권력적 사실행위에 결합되어 있는 행정행위인 수인하명이 항고쟁송의 대상이 된다고 한다. 이 견해는 **실체법상 개념설**에서 주장된다.

수인하명설을 긍정설로 보는 경우가 있는데, 엄밀한 의미의 긍정설은 일정한 사실행위 자체를 처분으로 보는 견해인 반면에 수인하명설은 권력적 사실행위에 결합되어 있는 행정행위인 수인하명을 처분으로 보는 것이므로 양 학설을 구분하는 것이 타당하다.

따라서, 수인하명을 수반하지 않는 권력적 사실행위(예 경찰의 불법적 미행행위) 및 비권력적 사실행위는 항고소송의 대상이 될 수 없다고 본다(홍정선, 327면).

이 견해의 논거는 다음과 같다. i) 사실행위에 대하여는 취소를 생각할 수 없다. ii) 사실행위에 대한 당사자소송을 인정하고 있지 않으므로 사실행위에 대한 실효적인 권익구제를 위하여 사실행위(엄밀한 의미에서 말하면 사실행위에 결합된 수인하명)를 항고쟁송의 대상으로 보아야 한다.

3) 부 정 설

이 견해는 사실행위는 항고소송의 대상이 되지 않으며 사실행위에 대한 권익구제는 당사자소송인 이행소송, 금지소송 또는 공법상 결과제거청구소송으로 도모하여야 한다고 한다. 이 견해는 **실체법상 개념설**에서 주장된다.

이 견해의 논거는 다음과 같다. i) 사실행위에 대하여는 취소를 생각할 수 없다. ii) 계쟁행위의 성질이 다름에 따라 다른 소송유형을 인정하여야 한다.

이 견해의 문제점은 현행법 및 판례상 사실행위에 대한 당사자소송이 인정되고 있지 않기 때문에 이 견해에 의하면 현행법상 사실행위에 대한 실효성있는 권익구제가 어렵다는 점이다.

4) 판 례

판례는 권력적 사실행위를 행정소송법상 처분으로 본다(대판 2014. 2. 13, 2013두20899).

[판례 1] 교도소장이 수형자 갑을 '접견내용 녹음·녹화 및 접견 시 교도관 참여대상자'로 지정한 사안에서, 위 지정행위(이에 따라 접견 시마다 사생활의 비밀 등 권리에 제한을 가하는 교도관의 참여, 접견내용의 청취·기록·녹음·녹화가 이루어짐)는 권력적 사실행위로서 항고소송의 대상이 되는 '처분'에 해당한다고 본 원심판단을 정당한 것으로 수긍한 사례(대판 2014. 2. 13, 2013두20899).

[판례 2] 대법원 판례는 단수처분(대판 1979. 12. 28, 79누218), 교도소재소자의 이송조치(대결 1992. 8. 7, 92두30[이송처분효력정지])의 처분성을 인정하고 있다.

5) 결 어

당사자소송으로 금지소송이나 이행소송이 인정되지 않고 있는 현행법하에서 실효적인 권리구제를 위해서는 사실행위를 처분으로 보아 항고쟁송의 대상으로 하는 것이 타당하므로 **긍정설**이 타당하다. 또한, 항고쟁송에서의 취소를 위법상태를 시정하여 원상을 회복시키는 것을 의미하는 것으로 이해하면 사실행위의 취소도 가능하다.

다음과 같은 사실행위는 행정소송법 및 행정심판법상 처분으로 보는 것이 타당하다.

경고는 행정기관이 일방적으로 행하는 권력성이 강한 행위이며 그로 인하여 당사자에게 실질적으로 불이익하게 작용하므로 행정소송법상 처분으로 보는 것이 타당하다.

육교, 횡단보도, 소각장, 쓰레기매립장의 설치행위가 설치주체가 지방자치단체로서 지방자치단체의 신청에 따라 국가기관의 승인을 받아야 하는 경우에 당해 승인행위는 행정행위이므로 처분이 되는 점에는 이론이 없다.

그런데, 공공시설의 설치가 신청행위를 전제로 하지 않고 지방자치단체 또는 국가기관의 일방적인 결정에 의해 행해지는 경우에 그 결정을 내부행위로 보고 공공시설설치행위는 비권력적 사실행위로 보면서 공공시설설치행위를 처분으로 보지 않는 견해와 행정소송법상의 "그 밖에 이에 준하는 행정작용"에 해당하는 것으로 보아 처분성을 인정하는 견해가 있다. 사견에 의하면 공공시설설치로 인근주민의 권익에 직접 영향을 미치는 경우에는 그 설치계획의 결정을 행정소송법상의 처분으로 보고, 그에 따른 공사는 단순한 집행행위로 보는 것이 타당하다.

지방경찰청장의 횡단보도설치행위를 특정사항에 대하여 부담을 명하는 행정행위로 본 사례가 있다(대판 2000. 10. 27, 98두8964).

(2) 소의 이익

행정상 사실행위에 처분성이 인정되어도 대집행의 실행과 같이 그 행위가 일시에 완료되어 버렸기 때문에 항고쟁송으로 구제할 만한 이익이 없는 경우에는 항고쟁송으로 다툴 소(訴)의 이익이 없다. 다만, 후술하는 바와 같이 사실행위가 완료되었어도 취소판결의 기속력(특히 원상회복의무)에 따라 원상회복이 가능하거나(예 간판 제거조치) 동일한 위법처분의 반복가능성이 있는 경우에는 소의 이익을 인정하여야 한다(행정구제법 소의 이익 참조).

전염병환자의 수용과 같이 **계속적으로 행해지는 사실행위**에 대하여는 항고쟁송으로 다툴 소의 이익이 인정된다.

2. 예방적 금지소송

권력적 사실행위로 국민의 권익이 침해된 경우에 취소소송을 통한 구제에는 어려움이 있는 경우가 적지 않다. 이 경우에는 예방적 금지소송과 가처분이 효과적인 구제방법이 될 수 있다.

3. 헌법소원

헌법재판소는 권력적 사실행위를 행정소송법상의 처분으로 보면서도 보충성원칙에 대한 예외에 해당하는 경우 헌법소원의 대상이 된다고 보고 있다.

[판례] 마약류 수용자에 대한 소변채취는 … 헌법소원심판의 대상이 되는 권력적 사실행위로서 헌법 제68조 제1항의 심판대상이 되는 공권력행사에 해당한다(헌재 2006. 7. 27, 2005헌마277).

4. 손해전보

(1) 손실보상

적법한 권력적 사실행위에 의해 국민이 특별한 손해를 입은 경우에는 손실보상이 주어져야 한다.

예를 들면, 소방기본법 제25조 제4항은 소방파괴로 인한 손실에 대한 손실보상을 규정하고 있다.

다만, 손해를 입은 자에게 귀책사유가 있는 경우(예 경찰책임이 있는 경우)에는 손실보상이 주어지지 않을 수 있다.

(2) 국가배상

위법한 행정상 사실행위로 국민이 손해를 입은 경우에는 국가배상을 청구할 수 있다. 사실행위의 처분성이 인정되지 않는 경우 또는 단시간에 목적을 달성하고 종결되어 버리는 사실행위에 대하여는 항고소송이 인정되지 않으므로 국가배상이 실효성 있는 구제수단이다.

적법한 사실행위(예 경찰차의 추적행위, 즉시강제)의 집행방법이 잘못되어 발생한 손해에 대하여도 국가배상이 인정될 수 있다.

5. 공법상 결과제거청구소송 등 당사자소송

위법한 행정상 사실행위로 인한 위법한 결과에 대하여는 원상회복의 성질을 갖는 공법상 결과제거청구소송이 인정될 수 있는데, 우리나라에서는 아직 판례상 공법상 결과제거청구소송이 원칙상 인정되고 있지 않다. 다만, 인신보호법상 불법구금상태의 해제를 구하는 청구소송이 인정되고 있다.

또한, 판례는 민법 제213조와 제214조에 근거한 소유물반환청구, 소유물방해배제청구만을 인정하고 있다. 또한, 행정상 사실행위에 의해 훼손된 명예를 회복하기 위해 민법 제764조에 근거하여 명예회복에 적당한 처분을 청구할 수 있다. 이 경우 권리구제는 민사소송에 의한다.

Ⅲ. 비공식적(비정형적) 행정작용

1. 의 의

비공식적 행정작용은 행정작용의 근거, 요건 및 효과 등이 법에 정해져 있지 않은 행정작용을 포괄하는 개념이다. 비공식적 행정작용은 행정작용의 근거, 요건 및 효과 등이 법에 정해져 있는 공식적 행정작용에 대응하는 개념이다. 비공식적 행정작용이라는 용어보다 비정형적 행정작용이라는 용어가 보다 적절하다는 견해도 있다(박수혁, 256면).

2. 종 류

비공식적 행정작용의 종류는 매우 다양하며 상호 이질적이다.

행정기관에 의해 일방적으로 행해지는 비공식적 행정작용(예 경고, 권고, 정보제공 등)과 행정기관과 개인이 협력하여 행하는 비공식적 행정작용(예 협상, 사전절충, 주민협약 등)으로 구분할 필요가 있다.

3. 법률유보

① 비공식적 행정작용 중 당사자의 합의에 의하는 경우에는 통상의 권한규범 이외에 별도의 작용법적 근거가 필요 없다.

② 경고와 같이 행정기관의 일방적 형식에 의하고 그 효과에 있어서 당사자에게 실질적으로 불이익하게 작용하는 경우에는 별도의 수권규정이 필요하다고 보는 것이 일반적 견해이다. 이에 대하여 공적 경고는 특정인의 이익을 직접 침해하는 것을 목적으로 하는 것이 아니므로 조직법상 권한에 관한 규정으로도 가능하다고 보는 견해도 있다(홍정선, 331면).

③ 단순한 권고 및 정보제공에는 별도의 법적 근거가 필요하지 않다.

4. 법적 성질 및 효력

비공식적 행정작용은 직접적으로 법적 효과를 발생시키지 않는다. 비공식적 행정작용인 협상 또는 합의는 법적 구속력을 갖지 않는다. 따라서 비공식적 행정작용의 법적 성질은 사실행위이다.

5. 한 계

비공식적 행정작용은 법치행정의 원칙하에서 인정된다. 특히 평등원칙, 비례원칙, 부당결부금지의 원칙 등 법의 일반원칙의 구속을 받는다.

6. 권익구제

비공식적 행정작용은 비권력적 사실행위이다. 따라서, 비권력적 사실행위에 대한 권리구제의 문제가 된다.

① 비공식적 행정작용이 사실상 강제력을 갖는 경우(예 경고)에는 이견이 있으나 항고소송의 대상이 되는 처분으로 볼 수 있다.

② 비공식 행정작용으로서의 합의(예 주민협약)는 신사협정에 불과한 것으로 법적 구속력이 없으므로 그 불이행을 이유로 손해배상을 청구할 수는 없다.

③ 위법·과실의 경고, 권고, 정보제공 등으로 손해를 입은 경우에는 국가배상을 청구할 수 있다.

제6장

행정지도

Ⅰ. 의 의

행정지도(行政指導)라 함은 일정한 행정목적을 실현하기 위하여 상대방인 국민에게 임의적인 협력을 요청하는 비권력적 사실행위를 말한다.

권고, 권유, 요망 등이 그 예이다. 행정절차법은 행정지도를 "행정기관이 그 소관사무의 범위 안에서 일정한 행정목적을 실현하기 위하여 특정인에게 일정한 행위를 하거나 하지 아니하도록 지도·권고·조언 등을 하는 행정작용"으로 정의하고 있다(제2조 제3호).

Ⅱ. 법적 성질

행정지도는 행정청이 행정목적의 달성을 위하여 직접 활동을 하는 것이 아니라 **상대방인 국민의 임의적인 협력**을 구하는 데 그 개념적 특징이 있다. 법상으로 행정지도의 상대방은 행정지도에 따르지 않을 수 있다. 달리 말하면 행정지도에 따르지 않는다고 하여도 행정지도가 강제되거나 그것만을 근거로 불이익이 주어지지는 않는다. 따라서 행정지도는 **비권력적 행위**이다.

그러나, 현실에 있어서 행정지도는 **사실상 강제력**을 갖는 경우가 많다. 즉, 행정지도를 따르지 않으면 보조금지급, 수익적 처분 등의 이익을 수여하지 않거나 세무조사, 명단의 공표 등 불이익조치를 취하는 경우가 많다.

행정지도는 그 자체만으로는 직접 법적 효과를 가져오지 않는다. 그리하여 행정지도를 **사실행위**로 본다.

Ⅲ. 행정지도의 종류

1. 조성적 행정지도

국민이나 기업의 활동이 발전적인 방향으로 행해지도록 유도하기 위하여 정보, 지식, 기술 등을 제공하는 것을 말한다. 영농지도, 중소기업에 대한 경영지도, 생활개선지도 등이 이에 해당한다.

2. 조정적 행정지도

사인 상호간 이해 대립의 조정이 공익목적상 필요한 경우에 그 조정을 행하는 행정지도를 말한다. 중복투자의 조정, 구조조정을 위한 행정지도가 이에 해당한다. 조정적 행정지도는 규제적 행정지도에 속한다고 볼 수 있다.

3. 규제적 행정지도

사적 활동에 대한 제한의 효과를 갖는 행정지도를 말한다. 물가의 억제를 위한 행정지도 등이 이에 해당한다. 행정행위를 대체하여 행해지는 행정지도는 이에 해당한다.

Ⅳ. 행정지도의 법적 근거

① **법적 근거불요설:** 행정지도에 따를 것인지의 여부가 상대방인 국민의 임의적 결정에 달려 있으므로 행정지도에는 법률의 근거가 없어도 된다는 것이 다수설의 견해이다.

② **제한적 법적 근거필요설:** 원칙상 행정지도에는 법적 근거가 필요없으나 행정지도 중에서 행정행위의 대체적 성질을 갖는 행정지도(예 시정명령을 대신하여 내려지는 시정권고) 이외의 규제적 행정지도에는 법률의 근거가 필요하다는 견해와 행정지도가 사실상 강한 강제력을 갖는 경우에는 법률의 근거가 있어야 한다고 보는 견해가 있다.

③ **판　　례:** 판례는 행정지도에는 법률의 근거가 필요하지 않다는 견해(법적 근거불요설)를 취하고 있다.

④ **결어(제한적 법적 근거필요설):** 행정지도가 사실상 강제력을 갖는 경우에는 법률의 근거가 있어야 한다고 보아야 한다. 특히, 제3자효 행정지도는 제3자에게는 사실상 강제력이 있는 경우가 적지 않은데, 이 경우에는 법률의 근거가 있어야 한다고 보아야 한다.

처분권의 수권규정은 처분권의 범위 내에서 행정지도의 근거가 될 수 있다.

예를 들면, 시정명령권이 있는 경우 시정권고를 할 수 있고, 요금에 대해 재량권인 인가권이 있는 경우 요금에 관한 행정지도를 할 수 있다.

Ⅴ. 행정지도의 한계

1. 조직법상의 한계

행정지도는 당해 행정기관의 소관사무의 범위 내에서 행해져야 한다. 그 범위를 넘는 행정지도는 무권한의 하자를 갖게 된다.

2. 작용법상의 한계

(1) 실체법상의 한계

① 행정지도는 법의 일반원칙을 포함하여 법에 위반하여서는 안 된다.

② 상대방의 의사에 반하여 부당하게 강요하는 행정지도는 위법하다(행정절차법 제48조 제1항).

③ **불이익 조치의 위법성**: 상대방이 행정지도에 따르지 아니하였다는 것을 직접적인 이유로 불이익한 조치를 하면 그 불이익한 조치는 위법한 행위가 된다(행정절차법 제48조 제2항). 행정지도에 상대방이 응하지 않은 경우에 행해지는 불이익한 조치가 항상 위법하게 되는 것은 아니며 불이익조치가 행정지도를 따르지 않았다는 사실에 근거하여 행해졌어야 한다. 불이익조치와 행정지도에 응하지 않은 것 사이의 관련성은 상대방이 입증하여야 하지만, 당해 불이익조치의 별도의 정당한 사유의 존재는 행정기관이 입증하여야 한다.

(2) 절차법상의 한계

행정절차법은 행정지도에 대한 다음과 같은 절차적 규정을 두고 있다.

1) 실명(實名)

행정지도를 하는 자는 그 상대방에게 그 행정지도의 취지 및 내용과 신분을 밝혀야 한다(행정절차법 제49조 제1항).

2) 서면교부청구권

행정지도가 말로 이루어지는 경우에 상대방이 제49조 제1항의 사항을 적은 서면의 교부를 요구하면 그 행정지도를 하는 자는 직무수행에 특별한 지장이 없으면 이를 교부하여야 한다(법 제49조 제2항).

3) 의견제출

행정지도의 상대방은 해당 행정지도의 방식·내용 등에 관하여 행정기관에 의견제출을 할 수 있다(법 제50조).

Ⅵ. 행정지도와 행정구제[2000 사시 약술]

1. 항고쟁송에 의한 구제

(1) 행정지도의 처분성[2018 행시]

1) 부 정 설

원칙상 행정지도는 항고쟁송의 대상이 되는 처분이 아니라고 보는 부정설의 논거는 다음과 같다. i) 행정지도는 비권력적인 행위일 뿐만 아니라 행정지도는 그 자체로서는 어떠한 법적 효과도 발생하지 않는다. ii) 또한 행정지도에 따를 것인지의 여부는 상대방이 임의로 정할 수 있으므로 상대방은 행정지도에 따르지 않으면 될 것이고 취소쟁송을 제기할 필요는 없다.

2) 제한적 긍정설

행정지도 중 사실상 강제력을 갖고 사실상 국민의 권익을 침해하는 것은 예외적으로 행정심판법이나 행정소송법상의 "그 밖에 이에 준하는 행정작용"에 해당하는 것으로 보아 행정지도의 처분성을 인정할 수 있다고 본다.

3) 판례(부정설)

판례는 원칙상 행정지도의 처분성을 부인한다. 제3자효 행정지도의 처분성도 부정한다.

[판례 1] 판례는 위법 건축물에 대한 단전 및 전화통화 단절조치 요청행위의 처분성을 부인하였다(대판 1996. 3. 22, 96누433; 1995. 11. 21, 95누9099[전기공급불가처분취소]).
[판례 2] 세무당국이 소외 회사에 대하여 원고와의 주류거래를 일정기간 중지하여 줄 것을 요청한 행위는 권고 내지 협조를 요청하는 권고적 성격의 행위로서 소외 회사나 원고의 법률상의 지위에 직접적인 법률상의 변동을 가져오는 행정처분이라고 볼 수 없는 것이므로 항고소송의 대상이 될 수 없다(대판 1980. 10. 27, 80누395[주류출고정지처분취소]).

4) 결 어

행정지도가 국민의 권리의무에 사실상 강제력을 미치고 있는 경우에는 처분성을 인정하는 **제한적 긍정설**이 타당하다.

제3자효 행정지도에 대하여는 특별한 고찰을 하여야 한다. **제3자효 행정지도**란 행정지도의 효과가 행정지도의 상대방뿐만 아니라 제3자에게도 미치는 행정지도를 말한다. 행정지도의 상대방은 특별한 이해가 없는 한 제3자의 이해는 고려하지 않고 행정청의 행정지도를 따르는 경우가 많다. 이 경우에는 행정지도가 제3자의 의사와 관계없이 제3자에게 사실상 강제력을 가지고 미치게 된다. 따라서 제3자에게 사실상 강제력을 미치는 제3자효 행정지도에 있어서는 제3자에 관한 한 당해 행정지도에 처분성을 인정하는 것이 타당하다.

행정지도(권고)에 따르지 않은 경우에 그 사실을 공표하도록 하고 있는 경우(예 수도법 제14조의5 제3항에 따른 부적합한 자재나 제품 등의 수거 등의 권고)에는 해당 행정지도는 사실상의 강제력을 가지므로 해당 행정지도의 처분성을 인정하는 것이 타당하다.

행정지도의 강제성이 지나친 경우에는 그 행위는 외형적으로는 행정지도의 형식을 취한다 할지라도 실질에 있어서는 행정지도가 아니라 권력적 사실행위라고 보아야 할 경우도 있을 것이다.

[판례] 예를 들면, 헌법재판소는 재무부장관의 제일은행에 대한 행정지도의 형식으로 행하여진 국제그룹 해체조치를 권력적 사실행위로 보았다(헌재 1993. 7. 29, 89헌마31[공권력행사로 인한 재산권침해에 대한 헌법소원]).

(2) 행정지도의 위법성

행정지도는 법적 근거가 없어도 가능하지만 전술한 바와 같은 한계를 넘으면 위법하다. 특히 행정지도가 강제성을 가지고, 법적 근거가 없이 국민의 권익을 침해하는 경우 당해 행정지도는 위법한 것이 된다.

또한, 법의 일반원칙 등 법을 위반하는 행정지도는 위법하다.

2. 헌법소원에 의한 구제

헌법재판소는 행정지도가 단순한 행정지도로서의 한계를 넘어 규제적·구속적 성격을 상당히 강하게 갖는 것이면 헌법소원의 대상이 되는 공권력의 행사라고 볼 수 있다고 한다.

[판례 1] 교육인적자원부장관의 대학총장들에 대한 이 사건 학칙시정요구는 고등교육법 제6조 제2항, 동법시행령 제4조 제3항에 따른 것으로서 그 법적 성격은 대학총장의 임의적인 협력을 통하여 사실상의 효과를 발생시키는 행정지도의 일종이지만, 그에 따르지 않을 경우 일정한 불이익조치를 예정하고 있어 사실상 상대방에게 그에 따를 의무를 부과하는 것과 다를 바 없으므로 단순한 행정지도로서의 한계를 넘어 규제적·구속적 성격을 상당히 강하게 갖는 것으로서 헌법소원의 대상이 되는 공권력의 행사라고 볼 수 있다(헌재 전원재판부 2003. 6. 26, 2002헌마337, 2003헌마7·8(병합)[학칙시정요구 등 위헌확인]).

[판례 2] 금융위원회위원장이 2019. 12. 16. 시중 은행을 상대로 투기지역·투기과열지구 내 초고가 아파트(시가 15억 원 초과)에 대한 주택구입용 주택담보대출을 2019. 12. 17.부터 금지한 조치(행정지도)는 비록 행정지도의 형식으로 이루어졌으나, 일정한 경우 주택담보대출을 금지하는 것을 내용으로 하므로 규제적 성격이 강하고, 부동산 가격 폭등을 억제할 정책적 필요성에 따라 추진되었으며, 그 준수 여부를 확인하기 위한 현장점검반 운영이 예정되어 있었으므로 규제적·구속적 성격을 갖는 행정지도로서 헌법소원의 대상이 되는 공권력 행사에 해당된다고 한 사례(헌재 2023. 3. 23, 2019헌마1399). 〈반대의견〉 이 사건 조치는 '권력적 사실행위'로서 헌법소원의 대상이 되는 공권력 행사에 해당된다고 본 반대의견이 있다.

3. 국가배상청구

위법한 행정지도로 손해가 발생한 경우 국가배상책임의 요건을 충족하는 한 국가배상책임이 인정된다는 것이 판례 및 일반적 견해이다.

위법한 행정지도에 의한 국가배상책임에 있어서 다음의 세 요건이 특히 중요한 문제이다. 첫째, 행정지도가 국가배상법상의 직무행위에 해당하는지 여부, 둘째, 행정지도의 위법성, 셋째, 행정지도와 손해 사이의 인과관계의 존재 여부.

(1) 행정지도의 국가배상법상의 직무행위에의 해당 여부

국가배상법상의 직무행위의 범위에 관하여는 공행정작용이면 권력행위뿐만 아니라 비권력행위도 당해 직무행위에 포함된다고 보는 것이 통설이며 판례의 태도이다. 행정지도는 행정목적을 달성하기 위한 비권력적 사실행위이므로 행정지도는 비권력적 공행정작용이다. 따라서, 행정지도는 국가배상법의 적용범위에 들어간다.

(2) 행정지도의 위법성과 과실

행정지도로 인한 손해에 대해 국가배상책임이 인정되기 위하여는 행정지도의 위법성과 행정지도를 행한 공무원의 과실이 인정되어야 한다.

① 행정지도가 통상의 한계를 넘어 법적 근거 없이 사실상 강제성을 갖고 국민의 권익을 침해하는 경우 당해 행정지도는 위법하다고 보아야 한다. 이 경우 통상 과실도 인정된다.

판례는 행정지도가 그에 따를 의사가 없는 원고에게 이를 부당하게 강요하는 것인 경우에는 행정지도의 한계를 일탈한 위법한 행정지도에 해당하여 불법행위를 구성한다고 본다.

[판례 1] 원심은 피고(인천광역시 강화군)가 1995. 1. 3. 이전에 원고에 대하여 행한 행정지도는 원고의 임의적 협력을 얻어 행정목적을 달성하려고 하는 비권력적 작용으로서 강제성을 띤 것이 아니지만, 1995. 1. 3. 행한 행정지도는 그에 따를 의사가 없는 원고에게 이를 부당하게 강요하는 것으로서 행정지도의 한계를 일탈한 위법한 행정지도에 해당하여 불법행위를 구성하므로, 피고는 1995. 1. 3.부터 원고가 피고로부터 "원고의 어업권은 유효하고 향후 어장시설공사를 재개할 수 있으나 어업권 및 시설에 대한 보상은 할 수 없다"는 취지의 통보를 받은 1998. 4. 30.까지 원고가 실질적으로 어업권을 행사할 수 없게 됨에 따라 입은 손해를 배상할 책임이 있다고 판단하고, 나아가 피고는 원고의 어업면허를 취소하거나 어업면허를 제한하는 등의 처분을 하지 아니한 채 원고에게 양식장시설공사를 중단하도록 하여 어업을 하지 못하도록 (지도)함으로써 실질적으로는 어업권이 정지된 것과 같은 결과를 초래하였으므로, 결국 어업권이 정지된 경우의 보상액 관련 규정을 유추 적용하여 손해배상액을 산정하여야 한다고 판단하였는데, 대법원은 위와 같은 원심의 사실인정과 판단을 인정하였다. 그리고, 1995. 1. 3. 이전의 피고의 행정지도가 강제성을 띠지 않은 비권력적 작용으로서 행정지도의 한계를 일탈하지 아니하였다면 그로 인하여 원고에게 어떤 손해가 발생하였다 하더라도 피고는 그에 대한 손해배상책임이 없다고 할 것이고, 또한 피고가 원고에게 어장시설공사를 재개할 수 있다는 취지의 통보를 한 1998. 4. 30.부터는 원고가 어업권을 행사하는 데 장애가 있었다고 할 수 없어 그 이후에도 원고에게 어업권의 행사불능으로 인한 손해가 발생하였다고 볼 수 없으므로, 국가배상책임은 인정될 수 없다고 하고 있다(대판 2008. 9. 25, 2006다18228).

[판례 2] 재무부장관은 금융기관의 불건전채권 정리에 관한 행정지도를 할 권한과 책임이 있고, 이를 위하여 중요한 사항은 대통령에게 보고하고 지시를 받을 수도 있으므로, 기업의 도산과 같이 국민경제에 심대한 영향을 미치는 중요한 사안에 대하여 재무부장관이 부실채권의 정리에 관하여 금융기관에 대하여 행정지도를 함에 있어 사전에 대통령에게 보고하여 지시를 받는다고 하여 위법하다고 할 수는 없으며, 다만 재무부장관이 대통령의 지시에 따라 정해진 정부의 방침을 행정지도라는 방법으로 금융기관에 전달함에 있어 실제에 있어서는 통상의 행정지도의 방법과는 달리 사실상 지시하는 방법으로 행한 경우에 그것이 헌법상의 법치주의 원리, 시장경제의 원리에 반하게 되는 것일 뿐이다(대판 1999. 7. 23, 96다21706).

② 법의 일반원칙 등 법을 위반하는 행정지도는 위법하다.

③ 행정지도를 할 것인가는 행정청의 재량에 속한다. 그러나, 국민의 중대한 기본권 침해의 위험이 있고, 재량권이 영으로 수축하는 경우에는 행정지도의 부작위(예 새로운 인체유해제품의 유통에 대해 규제적 행정지도를 하지 않은 것)가 손해방지의무 위반으로 위법하고, 동시에 과실이 인정될 수 있다.

(3) 행정지도와 손해의 인과관계

행정지도에 의한 손해의 배상에 있어서 가장 큰 걸림돌이 되는 것은 행정지도와 손해 사이의 인과관계의 문제이다.

행정지도는 상대방의 자발적 협력을 기대하며 행하는 비권력적인 행위로서 행정지도에 따를 것인지는 상대방의 자율적인 판단에 맡겨진다. 따라서 통상 행정지도는 손해의 직접적인 원인이 된다고 보기 어렵다.

그러나, 구체적인 행정지도에 있어서 국민이 행정지도를 따를 수밖에 없었다고 보아야 할 경우에는 행정지도와 손해 사이에 인과관계를 인정하여야 할 것이다.

4. 손실보상

행정지도가 전혀 강제성을 띠지 않으며 상대방이 자유로운 의사에 의하여 행정지도에 따른 이상 그로 인한 위험(손실의 가능성)을 상대방이 수인하여야 하므로 행정지도가 전혀 강제성을 띠지 않는 한 손실보상은 인정되지 않는다.

그러나, 행정지도가 사실상 강제성을 띠고 있고, 국민이 행정지도를 따를 수밖에 없었던 경우에는 특별한 희생이 발생한 경우 손실보상을 해 주어야 할 것이다.

제7장

행정조사

Ⅰ. 의 의

행정조사라 함은 행정기관이 사인으로부터 행정상 필요한 자료나 정보를 수집하기 위하여 행하는 일체의 행정작용을 말한다.[1)]

행정조사기본법은 행정조사를 "행정기관이 정책을 결정하거나 직무를 수행하는 데 필요한 정보나 자료를 수집하기 위하여 현장조사·문서열람·시료채취 등을 하거나 조사대상자에게 보고요구·자료제출요구 및 출석·진술요구를 행하는 활동"이라고 정의하고 있다(제2조 제1호).

Ⅱ. 행정조사의 법적 성질

행정조사에는 보고서요구명령, 장부서류제출명령, 출두명령 등 행정행위의 형식을 취하는 것과 질문, 출입검사, 실시조사, 진찰, 검진, 앙케트 조사 등 사실행위의 형식을 취하는 것이 있다.[2)]

Ⅲ. 행정조사의 법적 근거

행정기관은 법령 등에서 행정조사를 규정하고 있는 경우에 한하여 행정조사를 실시할 수 있다. 다만, 조사대상자의 자발적인 협조를 얻어 실시하는 행정조사의 경우에는 그러하지 아니하다(행정조사기본법 제5조). 개별 법령 등에서 행정조사를 규정하고 있는 경우에도 행정기관이 행정조사기본법 제5조 단서에서 정한 '조사대상자의 자발적인 협조를 얻어 실시하는 행정조사'를 실시할 수 있다(대판 2016. 10. 27, 2016두41811).

조사대상자 없이 정보를 수집하는 행정조사는 원칙상 법률의 근거를 요하지 않는다. 다만, 이 경우에도 조사의 대상이 개인정보 등이어서 조사 자체로서 국민의 권리를 침해하는 경우에는 개인의 동의에 의하지 않는 한 법적 근거가 있어야 한다고 보아야 한다.

1) 김영조, "행정조사에 관한 연구,"『경희대 박사학위논문』, 1998. 2, 8면.
2) 김영조, 전게논문, 17~18면.

Ⅳ. 조사방법

행정조사기본법(2007. 5. 17. 제정)은 행정조사에 관한 기본원칙·행정조사의 방법 및 절차 등에 관한 공통적인 사항을 규정하고 있다.

1. 출석·진술 요구

행정기관의 장이 조사대상자의 출석·진술을 요구하는 때에는 출석요구서를 발송하여야 한다(행정조사기본법 제9조 제1항).

2. 보고 요구와 자료제출의 요구

행정기관의 장은 조사대상자에게 조사사항에 대하여 보고를 요구하는 때에는 보고요구서를 발송하여야 한다(제10조 제1항).

행정기관의 장은 조사대상자에게 장부·서류나 그 밖의 자료를 제출하도록 요구하는 때에는 자료제출요구서를 발송하여야 한다(동조 제2항).

3. 현장조사

조사원이 가택·사무실 또는 사업장 등에 출입하여 현장조사를 실시하는 경우에는 행정기관의 장은 현장출입조사서 또는 법령 등에서 현장조사시 제시하도록 규정하고 있는 문서를 조사대상자에게 발송하여야 한다(제11조 제1항).

제1항에 따른 현장조사는 해가 뜨기 전이나 해가 진 뒤에는 할 수 없다. 다만, 다음 각 호의 어느 하나에 해당하는 경우에는 그러하지 아니하다(동조 제2항): 1. 조사대상자(대리인 및 관리책임이 있는 자를 포함한다)가 동의한 경우, 2. 사무실 또는 사업장 등의 업무시간에 행정조사를 실시하는 경우, 3. 해가 뜬 후부터 해가 지기 전까지 행정조사를 실시하는 경우에는 조사목적의 달성이 불가능하거나 증거인멸로 인하여 조사대상자의 법령 등의 위반 여부를 확인할 수 없는 경우.

제1항 및 제2항에 따라 현장조사를 하는 조사원은 그 권한을 나타내는 증표를 지니고 이를 조사대상자에게 내보여야 한다(동조 제3항).

행정청이 현장조사를 실시하는 과정에서 조사상대방으로부터 구체적인 위반사실을 자인하는 내용의 확인서를 작성받는 경우가 많다. 그 **사실확인서의 증거가치**에 대하여 판례는 "그 확인서가 작성자의 의사에 반하여 강제로 작성된 것이 아니며, 그 내용의 미비 등으로 인하여 구체적인 사실에 대한 증명자료로 삼기 어려운 것도 아니라면, 그 확인서의 증거가치를 쉽게 부정할 수는 없다."는 입장을 취하고 있다(대판 2017. 7. 11, 2015두2864; 2020. 6. 25, 2019두52980).

[판례 1] 공무원이 소속한 상급기관의 자체조사과정에서 그 공무원이 자신의 업무와 관련하여 금원을 수수한 사실을 자인하는 내용의 확인서를 작성하고 그 내용에 관하여 조사관과의 문답내용을 기재한 진술서가 작성되었다면, 그 확인서와 진술서는 그 공무원의 의사에 반하여 강제로 작성되었거나 그 내용이 허위임을 인정할 수 있는 객관적인 사유가 있는 등의 특단의 사정이 없는 한 그 증거가치는 쉽게 부인할 수 없다(대판 1994. 9. 23, 94누3421).

[판례 2] 과세관청이 세무조사를 하는 과정에서 납세의무자로부터 일정한 부분의 거래가 가공거래임을 자인하는 내용의 확인서를 작성받았다면 그 확인서가 작성자의 의사에 반하여 강제로 작성되었거나 혹은 그 내용의 미비 등으로 인하여 구체적인 사실에 대한 입증자료로 삼기 어렵다는 등의 특별한 사정이 없는 한 그 확인서의 증거가치는 쉽게 부인할 수 없다(대판 2002. 12. 6, 2001두2560).

4. 시료채취

조사원이 조사목적의 달성을 위하여 시료채취를 하는 경우에는 그 시료의 소유자 및 관리자의 정상적인 경제활동을 방해하지 아니하는 범위 안에서 최소한도로 하여야 한다(제12조 제1항).

행정기관의 장은 제1항에 따른 시료채취로 조사대상자에게 손실을 입힌 때에는 대통령령으로 정하는 절차와 방법에 따라 그 손실을 보상하여야 한다(동조 제2항).

[판례] 행정조사의 한 단계인 시료채취가 행정규칙에서 정한 절차를 위반하였더라도 채취된 시료를 객관적인 자료로 활용할 수 있고, 그에 따른 실험결과를 믿을 수 있으면 그에 기초하여 내려인 처분은 위법하지 않다고 한 사례(대판 2022. 9. 16, 2021두58912, 전술 처분사유 참조).

5. 자료 등의 영치

조사원이 현장조사 중에 자료·서류·물건 등(이하 이 조에서 '자료 등'이라 한다)을 영치하는 때에는 조사대상자 또는 그 대리인을 입회시켜야 한다(제13조 제1항).

6. 공동조사

행정기관의 장은 다음 각 호의 어느 하나에 해당하는 행정조사를 하는 경우에는 공동조사를 하여야 한다(제14조 제1항): 1. 당해 행정기관 내의 2 이상의 부서가 동일하거나 유사한 업무분야에 대하여 동일한 조사대상자에게 행정조사를 실시하는 경우, 2. 서로 다른 행정기관이 대통령령으로 정하는 분야에 대하여 동일한 조사대상자에게 행정조사를 실시하는 경우.

제1항 각 호에 따른 사항에 대하여 행정조사의 사전통지를 받은 조사대상자는 관계 행정기관의 장에게 공동조사를 실시하여 줄 것을 신청할 수 있다.

7. 자율신고제도

행정기관의 장은 법령 등에서 규정하고 있는 조사사항을 조사대상자로 하여금 스스로 신고하도록 하는 제도를 운영할 수 있다(제25조 제1항).

Ⅴ. 행정조사의 한계

행정조사로 인하여 프라이버시권, 영업의 자유, 재산권 등 개인이나 기업의 기본권이 침해될 가능성이 적지 않으므로 행정조사에는 엄격한 실체법적·절차법적 한계가 설정되어야 한다.

1. 실체법적 한계

(1) 법령상 한계

행정조사는 행정조사를 규율하는 법령을 위반하여서는 안 된다.

행정조사기본법은 다음과 같이 행정조사의 기본원칙과 그 한계를 규정하고 있다.

1) 행정조사의 기본원칙

① 행정조사는 조사목적을 달성하는 데 필요한 최소한의 범위 안에서 실시하여야 하며, 다른 목적 등을 위하여 조사권을 남용하여서는 아니 된다(제4조 제1항).

② 행정기관은 조사목적에 적합하도록 조사대상자를 선정하여 행정조사를 실시하여야 한다(동조 제2항).

③ 행정기관은 유사하거나 동일한 사안에 대하여는 공동조사 등을 실시함으로써 행정조사가 중복되지 아니하도록 하여야 한다(동조 제3항).

④ 행정조사는 법령 등의 위반에 대한 처벌보다는 법령 등을 준수하도록 유도하는 데 중점을 두어야 한다(동조 제4항).

⑤ 다른 법률에 따르지 아니하고는 행정조사의 대상자 또는 행정조사의 내용을 공표하거나 직무상 알게 된 비밀을 누설하여서는 아니 된다(동조 제5항).

⑥ 행정기관은 행정조사를 통하여 알게 된 정보를 다른 법률에 따라 내부에서 이용하거나 다른 기관에 제공하는 경우를 제외하고는 원래의 조사목적 이외의 용도로 이용하거나 타인에게 제공하여서는 아니 된다(동조 제6항).

2) 조사대상의 선정

행정기관의 장은 행정조사의 목적, 법령준수의 실적, 자율적인 준수를 위한 노력, 규모와 업종 등을 고려하여 명백하고 객관적인 기준에 따라 행정조사의 대상을 선정하여야 한다(제8조 제1항).

3) 중복조사의 제한

제7조에 따라 정기조사 또는 수시조사를 실시한 행정기관의 장은 동일한 사안에 대하여 동일한 조사대상자를 재조사 하여서는 아니 된다. 다만, 당해 행정기관이 이미 조사를 받은 조사대상자에 대하여 위법행위가 의심되는 새로운 증거를 확보한 경우에는 그러하지 아니하다(제15조 제1항).

4) 자발적인 협조에 따라 실시하는 행정조사

행정기관의 장이 제5조 단서에 따라 조사대상자의 자발적인 협조를 얻어 행정조사를 실시하고자 하는 경우 조사대상자는 문서·전화·구두 등의 방법으로 당해 행정조사를 거부할 수 있다(제20조 제1항). 제1항에 따른 행정조사에 대하여 조사대상자가 조사에 응할 것인지에 대한 응답을 하지 아니하는 경우에는 법령 등에 특별한 규정이 없는 한 그 조사를 거부한 것으로 본다(동조 제2항).

(2) 행정법의 일반원칙상 한계

1) 목적부합의 원칙

행정조사는 수권법령상의 조사목적 이외의 목적을 위하여 행해져서는 안 된다. 행정조사를 범죄수사의 목적이나 정치적 목적으로 이용하는 것은 위법하다.

2) 비례의 원칙

행정조사는 행정목적을 달성하기 위하여 필요한 최소한도에 그쳐야 한다. 행정조사의 수단에 여러 가지가 있는 경우에 상대방에게 가장 적은 침해를 가져오는 수단을 사용하여야 한다.

3) 평등의 원칙

행정조사의 실시에 있어서 합리적인 사유 없이 피조사자를 차별하는 것은 평등의 원칙에 반한다. 특히, 세무조사에 있어서 피조사자의 선정 및 조사의 강도와 관련하여 평등원칙의 위반 여부가 문제된다.

4) 실력행사의 가부

강제조사 중 조사상대방이 조사를 거부하는 경우에 벌칙을 가할 수 있다고 규정하고 있지만, 실력행사에 관한 명문의 근거규정이 없는 경우에 이 벌칙 등의 제재를 가하는 외에 직접 실력을 행사할 수 있을 것인가 하는 문제가 제기된다. 이에 대하여는 두 견해가 대립되고 있다.

가. 긍 정 설　　피조사자측의 거부가 있는 경우에 처벌이나 불이익 등의 제재를 규정하고 있는 것은 피조사자측의 저항이 위법임을 전제로 한 것이라고 볼 수 있으므로 조사공무원은 비례원칙의 범위 안에서 피조사자측의 신체나 재산에 실력을 가할 수 있다(홍정선, 444면).

나. 부 정 설　　실정법이 직접적 강제수단을 규정하지 않고 별도의 벌칙규정이나 불이익처분규정을 두고 있는 취지는 조사의 실효성을 간접적으로 확보하려는 것에 있다고 보아야 할 것이므로 상대방의 신체나 재산에 대한 직접적인 실력행사는 허용되지 않는다(김동희, 474면). 이 견해가 다수설이다.

다. 결　　어　　국민의 신체나 재산에 대한 실력행사에는 명문의 근거가 있어야 하므로 부정설이 타당하다.

2. 절차법적 한계

(1) 적법절차의 원칙

적법절차의 원칙은 행정조사에도 적용된다. 그러므로 행정조사는 적법한 절차에 따라 행해져야 한다.

행정조사를 규정하는 법에서는 행정조사를 함에 있어서는 증표를 휴대하고 제시하도록 규정하고 있는 경우가 많다. 그러한 규정이 없는 경우에도 증표제시의무는 최소한으로 요구된다고 보아야 한다. 그 이유는 증표의 제시에 의해 당해 공무원은 행정조사를 할 수 있는 정당한 권한이 있음을 입증하게 되며 그에 따라 상대방에게 조사에 대한 구체적인 수인의무가 발생하게 되기 때문이다(김동희, 425면).

적법절차의 원칙상 행정조사에 관한 사전통지와 이유제시를 하는 것으로 하여야 한다. 다만, 긴급한 경우 또는 사전통지 또는 이유제시를 하면 조사의 목적을 달성할 수 없는 경우에는 예외를 인정할 수 있다.

(2) 행정조사와 행정절차

행정절차법은 행정조사에 관한 명문의 규정을 두고 있지 않다. 다만, 행정조사가 처분에 해당하는 경우에 행정절차법상의 처분절차에 관한 규정이 행정조사에도 적용된다.

행정조사기본법은 다음과 같이 행정조사절차를 규정하고 있다.

① **조사의 사전통지**: 행정조사를 실시하고자 하는 행정기관의 장은 제9조에 따른 출석요구서, 제10조에 따른 보고요구서·자료제출요구서 및 제11조에 따른 현장출입조사서(이하 '출석요구서 등'이라 한다)를 조사개시 7일 전까지 조사대상자에게 **서면**으로 통지하여야 한다. 다만, 다음 각 호의 어느 하나에 해당하는 경우에는 행정조사의 개시와 동시에 출석요구서 등을 조사대상자에게 제시하거나 행정조사의 목적 등을 조사대상자에게 **구두**로 통지할 수 있다(제17조 제1항): 1. 행정조사를 실시하기 전에 관련 사항을 미리 통지하는 때에는 증거인멸 등으로 행정조사의 목적을 달성할 수 없다고 판단되는 경우, 2. 통계법 제3조 제2호에 따른 지정통계의 작성을 위하여 조사하는 경우, 3. 제5조 단서에 따라 조사대상자의 자발적인 협조를 얻어 실시하는 행정조사의 경우.

② **조사의 연기신청**: 출석요구서 등을 통지받은 자가 천재지변이나 그 밖에 대통령령으로 정하는 사유로 인하여 행정조사를 받을 수 없는 때에는 당해 행정조사를 연기하여 줄 것을 행정기관의 장에게 요청할 수 있다(제18조 제1항).

③ **제3자에 대한 보충조사**: 행정기관의 장은 제1항에 따라 제3자에 대한 보충조사를 실시하는 경우에는 조사개시 7일 전까지 보충조사의 일시·장소 및 보충조사의 취지 등을 제3자에게 서면으로 통지하여야 한다(제18조 제2항). 행정기관의 장은 제3자에 대한 보충조사를 하기 전에 그 사실을 원래의 조사대상자에게 통지하여야 한다. 다만, 제3자에 대한 보충조사를 사전에 통지하여서는 조사목적을 달성할 수 없거나 조사목적의 달성이 현저히 곤란한 경우에는 제3자에 대한 조사결과를 확정하기 전에 그 사실을 통지하여야 한다(동조 제3항). 원래의 조사대상자는 제3항에 따른 통지에 대하여 의견을 제출할 수 있다(동조 제4항).

④ **의견제출**: 조사대상자는 제17조에 따른 사전통지의 내용에 대하여 행정기관의 장에게 의견을 제출할 수 있다(제21조 제1항). 행정기관의 장은 제1항에 따라 조사대상자가 제출한 의견이 상당한 이유가 있다고 인정하는 경우에는 이를 행정조사에 반영하여야 한다(동조 제2항).

⑤ **조사원 교체신청**: 조사대상자는 조사원에게 공정한 행정조사를 기대하기 어려운 사정이 있다고 판단되는 경우에는 행정기관의 장에게 당해 조사원의 교체를 신청할 수 있다(제22조 제1항).

⑥ **조사권 행사의 제한**: 조사원은 제9조부터 제11조까지에 따라 사전에 발송된 사항에 한하여 조사대상자를 조사하되, 사전통지한 사항과 관련된 추가적인 행정조사가 필요할 경우에는 조사대상자에게 추가조사의 필요성과 조사내용 등에 관한 사항을 서면이나 구두로 통보한 후 추가조사를 실시할 수 있다(제23조 제1항). 조사대상자는 법률·회계 등에 대하여 전문지식이 있는 관계 전문가로 하여금 행정조사를 받는 과정에 입회하게 하거나 의견을 진술하게 할 수 있다(동조 제2항). 조사대상자와 조사원은 조사과정을 방해하지 아니하는 범위 안에서 행정조사의 과정을 녹음하거나 녹화할 수 있다. 이 경우 녹음·녹화의 범위 등은 상호 협의하여 정하여야 한다(동조 제3항).

⑦ **조사결과의 통지**: 행정기관의 장은 법령등에 특별한 규정이 있는 경우를 제외하고는 행정조사의 결과를 확정한 날부터 7일 이내에 그 결과를 조사대상자에게 통지하여야 한다(제24조).

(3) 강제행정조사

강제조사라 함은 조사대상자의 의사와 무관하게 행하는 행정조사를 말한다. 강제조사는 관계 개별법령에 근거를 두어야 한다(행정조사기본법 제5조). 강제조사의 예로는 세무조사, 통관검사, 통신감청 등을 들 수 있다. 그런데, 조사를 방해하는 경우 처벌규정을 두는 경우가 보통이고, 조사의 방해에 대해 물리력을 행사할 수 있는 근거규정을 두지 않는 경우가 보통인데, 이는 행정목적실현에 중대한 장애가 될 수 있으므로 검토를 요한다.

(4) 영장주의의 적용 여부

압수·수색을 수반하는 행정조사에 영장주의가 적용될 것인가 하는 문제가 제기된다.

1) 원칙적 긍정설

행정조사에도 기본권 보장을 위해 압수·수색에는 원칙상 영장주의가 적용되어야 하나 긴급한 경우 등 영장을 기다려서는 행정조사목적을 달성할 수 없는 경우에는 영장이 요구되지 않는다고 본다(홍정선, 441면). 이 견해가 다수설이다.

2) 개별적 결정설

행정조사에 영장주의가 적용될 것인지 여부는 행정조사의 성격, 조사의 필요성, 기타의 권익보호제도의 존재 등을 고려하여 개별적으로 결정하여야 한다.

3) 판례(부정설)

판례는 수사기관의 강제처분이 아닌 행정조사의 성격을 가지는 한 영장은 요구되지 않는다고 본다.

[판례] 우편물 통관검사절차에서 압수·수색영장 없이 진행된 우편물의 개봉, 시료채취, 성분분석 등 검사의 적법 여부(원칙적 적극): 관세법 제246조 제1항, 제2항, 제257조, '국제우편물 수입통관 사무처리'(2011. 9. 30. 관세청고시 제2011-40호) 제1-2조 제2항, 제1-3조, 제3-6조, 구 '수출입물품 등의 분석사무 처리에 관한 시행세칙'(2013. 1. 4. 관세청훈령 제1507호로 개정되기 전의 것) 등과 관세법이 관세의 부과·징수와 아울러 수출입물품의 통관을 적정하게 함을 목적으로 한다는 점(관세법 제1조)에 비추어 보면, 우편물 통관검사절차에서 이루어지는 우편물의 개봉, 시료채취, 성분분석 등의 검사는 수출입물품에 대한 적정한 통관 등을 목적으로 한 행정조사의 성격을 가지는 것으로서 수사기관의 강제처분이라고 할 수 없으므로, 압수·수색영장 없이 우편물의 개봉, 시료채취, 성분분석 등 검사가 진행되었다 하더라도 특별한 사정이 없는 한 위법하다고 볼 수 없다(대판 2013. 9. 26, 2013도7718). 〈해설〉 행정상 압수·수색의 실질을 갖는 것에는 영장 또는 이에 준하는 절차가 필요하다는 비판이 가능하다. 행정조사상 압수·수색 일반이 압수·수색영장 없이 가능하다고 하더라도 적법절차의 원칙상 적법절차에 따라야 한다.

그러나, 행정조사에서 나아가 범죄수사를 하면서 행하는 압수·수색에는 영장이 필요하다고 본다(대판 2016. 7. 27, 2016도6295: 세관공무원이 통관검사과정에서 발견한 필로폰을 특별사법경찰관인 세관공무원에게 인계하고, 그 세관공무원이 검찰에 임의제출하여 압수한 필로폰이 영장없이 압수된 것으로 보고 증거능력을 배척한 사례).

[판례] 수출입물품을 검사하는 과정에서 마약류가 감추어져 있다고 밝혀지거나 그러한 의심이 드는 경우, 마약류 불법거래 방지에 관한 특례법 제4조 제1항에 따라 검사의 요청으로 세관장이 행하는 조치에 영장주의 원칙이 적용되는지 여부(한정 적극) / 위 조항에 따른 조치의 일환으로 특정한 수출입물품을 개봉하여 검사하고 그 내용물의 점유를 취득한 행위가 범죄수사인 압수 또는 수색에 해당하여 사전 또는 사후에 영장을 받아야 하

는지 여부(적극): 수사기관에 의한 압수·수색의 경우 헌법과 형사소송법이 정한 적법절차와 영장주의 원칙은 법률에 따라 허용된 예외사유에 해당하지 않는 한 관철되어야 한다. 세관공무원이 수출입물품을 검사하는 과정에서 마약류가 감추어져 있다고 밝혀지거나 그러한 의심이 드는 경우, 검사는 마약류의 분산을 방지하기 위하여 충분한 감시체제를 확보하고 있어 수사를 위하여 이를 외국으로 반출하거나 대한민국으로 반입할 필요가 있다는 요청을 세관장에게 할 수 있고, 세관장은 그 요청에 응하기 위하여 필요한 조치를 할 수 있다(마약류 불법거래 방지에 관한 특례법 제4조 제1항). 그러나 이러한 조치가 수사기관에 의한 압수·수색에 해당하는 경우에는 영장주의 원칙이 적용된다. 물론 수출입물품 통관검사절차에서 이루어지는 물품의 개봉, 시료채취, 성분분석 등의 검사는 수출입물품에 대한 적정한 통관 등을 목적으로 조사를 하는 것으로서 이를 수사기관의 강제처분이라고 할 수 없으므로, 세관공무원은 압수·수색영장 없이 이러한 검사를 진행할 수 있다. 세관공무원이 통관검사를 위하여 직무상 소지하거나 보관하는 물품을 수사기관에 임의로 제출한 경우에는 비록 소유자의 동의를 받지 않았더라도 수사기관이 강제로 점유를 취득하지 않은 이상 해당 물품을 압수하였다고 할 수 없다. 그러나 마약류 불법거래 방지에 관한 특례법 제4조 제1항에 따른 조치의 일환으로 특정한 수출입물품을 개봉하여 검사하고 그 내용물의 점유를 취득한 행위는 위에서 본 수출입물품에 대한 적정한 통관 등을 목적으로 조사를 하는 경우와는 달리, 범죄수사인 압수 또는 수색에 해당하여 사전 또는 사후에 영장을 받아야 한다(대판 2017. 7. 18, 2014도8719).

다만, 헌법재판소 결정에 따르면 영장주의의 본질은 강제처분을 함에 있어 중립적인 법관이 구체적 판단을 거쳐야 한다는 점에 있는바, 통신비밀보호법에서 수사기관이 전기통신사업자에게 **위치정보 추적자료 제공을 요청함에 있어** (영장청구가 아니라) **관할 지방법원 또는 지원의 허가를 받도록 규정하고 있는 것은 헌법상 영장주의에 위배되지 아니한다**(헌재 2018. 6. 28, 2012헌마191).

4) 결 어

기본권 보장과 행정조사의 필요를 조화시키는 **개별적 결정설**이 타당하다.

① 형사책임추급을 목적으로 하는 압수·수색의 행정조사의 경우에는 영장이 필요하다(조세범처벌절차법 제3조).

② 순수한 행정목적의 강제조사의 경우에는 영장 또는 영장에 버금가는 권익보호조치(법원의 허가, 독립전문기관의 결정, 적법절차, 사후구제절차 등)가 요구된다. 다만, 국민의 생명·신체·재산을 보호하기 위하여 긴급한 조사의 필요성이 인정되는 경우에는 영장이 불필요하지만, 압수물이 있는 경우에는 사후에 영장을 청구하여야 한다.[3)]

③ 형사사법의 목적으로 압수·수색의 행정조사수단을 사용하는 것은 권한남용에 해당하고, 헌법 제12조 제3항의 영장주의에도 반한다고 보아야 한다.

(5) 행정조사와 진술거부

헌법 제12조 제2항은 형사책임에 관하여 진술거부권을 기본권으로 보장하고 있다. 그런데, 행정조사에 있어서도 진술거부권이 인정될 수 있는지가 문제된다. **행정조사로 형사피의자나 피고인이 될 가능성이 있을 때에는** 행정조사의 결과물이 수사절차에서도 사용될 수 있다는 점 등을 고려하여 행정조사에도 진술거부권이 적용된다고 보아야 한다. 특히, 행정조사와 형사소추의 목적

3) 김영조, 전게논문, 76~78면 참조.

을 동시에 갖는 행정조사의 경우, 그렇지 않은 경우에도 **행정조사사항이 형사책임에 관한 사항인** 경우에는 당연히 진술거부권이 적용된다고 보아야 한다. 그리고, 이와 같이 진술거부권이 인정되는 행정조사에 있어서는 행정조사를 하기 전에 진술거부권을 고지하도록 할 필요가 있다.

[판례 1] 교통사고를 일으킨 운전자에게 신고의무(진술의무)를 부담시키고 있는 도로교통법 제50조 제2항, 제111조 제3호는, 피해자의 구호 및 교통질서의 회복을 위한 조치가 필요한 범위내에서 교통사고의 객관적 내용만을 신고(진술)하도록 한 것으로 해석하고, 형사책임과 관련되는 사항에는 적용되지 아니하는 것으로 해석하는 한 헌법상 진술거부권규정에 위반되지 아니한다(헌재 1990. 8. 27. 89헌가118).

[판례 2] 진술거부권은 현재 피의자나 피고인으로서 수사 또는 공판절차에 계속중인 자 뿐만 아니라 장차 피의자나 피고인이 될 자에게도 보장되며, 형사절차뿐 아니라 행정절차나 국회에서의 조사절차 등에서도 보장된다. 또한 진술거부권은 고문 등 폭행에 의한 강요는 물론 법률로써도 진술을 강요당하지 아니함을 의미한다(헌재 1997. 3. 27. 96헌가11).

Ⅵ. 행정조사와 권리구제

1. 위법한 행정조사와 행정행위의 효력 [2018 변시, 2025 행시]

행정조사를 통하여 획득한 정보가 정확하지 않은 경우에 그 정보에 기초하여 내려진 행정행위는 사실의 기초에 흠(사실오인의 흠)이 있는 행정행위이므로 행정조사의 위법 여부를 묻지 않고 당연히 위법하다.

행정조사를 통하여 획득한 정보가 내용상으로는 정확하지만 행정조사가 실체법상 또는 절차법상 한계를 넘어 위법한 경우 그 행정조사에 의해 수집된 정보에 기초하여 내려진 행정결정이 위법한 것으로 되는지에 관하여 학설은 대립하고 있다.

(1) 적 극 설

절차의 적법성보장의 원칙에 비추어 행정조사가 위법한 경우에 당해 조사를 기초로 한 행정결정은 위법하다.

(2) 소 극 설

행정조사는 법령에서 특히 행정행위의 전제조건으로 규정되어 있는 경우를 제외하고는 일응 별개의 제도로 볼 수 있는 것이고, 이 경우에는 조사의 위법이 바로 행정행위를 위법하게 만들지는 않는다(박윤흔, 634면).

(3) 절 충 설

행정조사와 행정처분은 하나의 과정을 구성하는 것이므로 적정절차의 관점에서 행정조사에 중대한 위법사유가 있는 때에는 이를 기초로 한 행정행위도 위법한 행위로 된다는 견해(김동희, 475면), 적어도 법이 요구하는 요건을 무시하여 조사로 볼 수 없을 정도의 위법한 행정조사에 기초하여 행정처분이 행해졌을 경우에는 행정처분의 위법을 초래한다고 보는 견해(김남진, 470면) 등이 있다.

(4) 판 례

판례는 원칙상 적극설을 취하고 있다. 다만, 행정조사절차의 하자의 정도가 중대하지 않고 경미한 경우에는 위법사유가 되지 않는 것으로 본다(대판 2009. 1. 30, 2006두9498).

[판례 1] 세무조사가 과세자료의 수집 또는 신고내용의 정확성 검증이라는 본연의 목적이 아니라 부정한 목적을 위하여 행하여진 것(권한남용)이라면 이는 세무조사에 중대한 위법사유가 있는 경우에 해당하고 이러한 (위법한) 세무조사에 의하여 수집된 과세자료를 기초로 한 과세처분 역시 위법하다(대판 2016. 12. 15, 2016두47659).
[판례 2] 구 국세기본법 제81조의5가 정한 세무조사대상 선정사유가 없음에도 세무조사대상으로 선정하여 과세자료를 수집하고 그에 기하여 과세처분을 하는 것은 적법절차의 원칙을 어기고 구 국세기본법 제81조의5와 제81조의3 제1항을 위반한 것으로서 특별한 사정이 없는 한 과세처분은 위법하다(대판 2014. 6. 26, 2012두911[국세부과취소]).
[판례 3] [1] 토양환경보전법상 토양정밀조사명령의 전제가 되는 토양오염실태조사를 실시할 권한은 시·도지사에게 있는바, 이 사건 토양정밀조사명령의 근거가 된 토양오염실태조사가 감사원에 의해 실시된 것이어서 토양환경보전법의 규정에 따른 것이라고 할 수 없다. [2] 행정기관 및 공무원의 직무를 감찰하여 행정운영의 개선향상을 기하여야 할 감사원의 임무나 감사원이 원고 사업장 인근 주민의 환경오염 진정에 따라 충청남도에 대한 감사를 진행하던 중 현지 조사차원에서 피고 소속 담당공무원과 충청남도의 담당공무원 참여하에 이 사건 토양오염실태조사가 이루어진 경위, 토양오염실태조사는 토양정밀조사명령의 사전 절차를 이루는 사실행위로서 그 자체가 행정처분에 해당하지는 않는 점 등을 종합 고려해 보면, 이 사건 토양오염실태조사가 감사원 소속 감사관의 주도하에 실시되었다는 사정만으로 이 사건 토양정밀조사명령에 이를 위법한 것으로서 취소해야 할 정도의 하자가 있다고 볼 수는 없다. [3] 토양오염공정시험방법(환경부고시 제2002-122호)은 행정기관 내부의 사무처리준칙을 정한 행정규칙에 해당하고, 채취된 시료의 대상지역 토양에 대한 대표성을 전혀 인정할 수 없을 정도로 그 위반의 정도가 중대한 경우가 아니라면, 토양오염공정시험방법에 규정된 내용에 위반되는 방식으로 시료를 채취하였다는 사정만으로는 그에 기초하여 내려진 토양정밀조사명령이 위법하다고 할 수 없다. [4] 설령 시료를 채취함에 있어 원고 측으로부터 시료채취확인 및 시료봉인을 받지 않은 것이 절차상 하자에 해당한다 하더라도, 이러한 (조사)절차상 하자가 이 사건 처분을 취소할 정도에까지는 이르지 아니하였다(대판 2009. 1. 30, 2006두9498[토양정밀조사명령처분취소]).
[판례 4] 음주운전 여부에 대한 조사 과정에서 운전자 본인의 동의를 받지 아니하고 또한 법원의 영장도 없이 (위법한) 채혈조사를 한 결과를 근거로 한 운전면허 정지·취소 처분은 도로교통법 제44조 제3항을 위반한 것으로서 특별한 사정이 없는 한 위법한 처분으로 볼 수밖에 없다(대판 2016. 12. 27, 2014두46850[자동차운전면허취소처분취소]).

(5) 결어(적극설, 절차하자설)

행정조사에 의해 수집된 정보가 행정결정의 기초가 된 경우에 당해 행정조사를 행정결정을 하기 위한 절차라고 볼 수 있고, 절차의 하자를 독자적 취소사유로 보는 것이 타당하므로 적극설이 타당하다. 다만, 경미한 절차의 하자는 취소사유가 되지 않는다.

2. 행정조사에 대한 행정구제[2015 사시]

(1) 적법한 행정조사에 대한 손실보상

적법한 행정조사로 재산상 특별한 손해를 받은 자에 대하여는 손실보상을 해 주어야 한다. 문제는 보상규정이 없는 경우에 헌법 제23조 제3항을 근거로 손실보상을 청구할 수 있는가 하는 것이다(후술 참조).

(2) 위법한 행정조사에 대한 구제

1) 항고쟁송[2018 변시]

위법한 행정조사에 대하여 항고쟁송이 가능하기 위해서는 행정조사의 처분성이 인정되어야 하며 소의 이익이 인정될 수 있도록 행정조사의 상태가 계속되어야 한다.

장부제출명령, 출두명령 등 행정행위의 형식을 취하는 행정조사는 물론 사실행위로서의 행정조사도 권력적인 경우에는 행정소송법상의 처분이라고 보아야 한다.

[판례] 세무조사결정은 납세의무자의 권리·의무에 직접 영향을 미치는 공권력의 행사에 따른 행정작용으로서 항고소송의 대상이 된다(대판 2011. 3. 10, 2009두23617, 23624[세무조사결정처분취소 · 종합소득세등부과처분취소]).

위법한 행정조사를 이유로 그에 근거한 과세처분 등이 취소된 경우에 다시 적법한 행정조사를 거쳐 위법한 세무조사에 근거하여 수집한 과세자료에 근거하여 과세처분을 할 수 있는가 하는 것이 문제된다.

통상 절차의 하자를 이유로 처분이 취소된 경우 적법한 절차를 거쳐 동일한 처분을 할 수 있는 것이다. 그런데, 위법한 행정조사에 따라 수집한 자료에 근거한 처분에 대한 취소판결의 취지는 행정조사절차가 위법하다는 것뿐만 아니라 위법한 행정조사에 의해 수집한 조사자료에 근거한 것이 위법하다는 것이므로 과세처분 등의 취소판결 후 적법한 행정조사절차를 거치더라도 이전의 위법한 행정조사에 의해 수집한 조사자료에 근거하여 과세처분 등을 하는 것은 판결의 기속력에 반한다고 보아야 한다. 이에 대하여 행정조사의 위법사유가 행정조사의 실체적 요건(예 중복조사 등 선정사유) 위반인 경우에는 행정조사를 할 수 없으므로 동일한 내용의 처분을 할 수 없지만, 행정조사의 위법사유가 절차(행정조사대상 선정절차)의 위법인 경우에는 적법한 절차에 따른 행정조사를 거쳐 동일한 내용의 처분을 할 수 있다고 보는 견해가 있을 수 있다.

2) 손해배상

위법한 행정조사로 손해를 입은 국민은 국가배상을 청구할 수 있다.

제8장

행정의 실효성 확보수단

[문제] 1. 위법건축물을 시정하기 위한 수단에는 어떠한 것이 있는가.
2. 행정의 실효성확보수단을 상호 비교하고 상호간의 관계를 검토하시오.

제 1 절 의 의

행정의 실효성을 확보하기 위하여 인정되는 법적 수단을 행정의 실효성 확보수단이라 한다. 행정의 실효성이라 함은 행정목적의 달성을 말한다.

행정의 실효성을 확보하기 위한 전통적 수단으로 행정강제와 행정벌이 인정되고 있다. 그런데, 행정강제와 행정벌만으로 행정의 실효성을 확보하는 데에는 불충분하고 효과적이지 못한 경우가 있기 때문에 새로운 실효성 확보수단이 법상 또는 행정 실무상 등장하고 있다. 제재로서 가해지는 수익적 행정행위의 철회, 명단의 공표, 수익적 행정행위의 거부(예 관허(官許)사업의 제한, 공급거부), 과징금, 가산세 등이 그 예이다. 또한, 민사상 강제집행수단의 활용이 논의되고 있다.

제 2 절 행정상 강제

제 1 항 개 설

I. 행정상 강제의 의의와 종류

행정상 강제(行政强制)라 함은 행정목적의 실현을 확보하기 위하여 사람의 신체 또는 재산에 실력을 가함으로써 행정권이 직접 행정상 필요한 상태를 실현하는 권력적 행위이다.

행정상 강제에는 행정상 강제집행과 즉시강제가 있다. **행정상 강제집행**은 행정법상의 의무불이행을 전제로 하여 이 의무의 이행을 강제하는 것인 데 반하여 **즉시강제**는 급박한 상황하에서 의무를 명할 수 없는 경우에 행하여지는 행정상 강제로서 행정법상의 의무불이행을 전제로 하지 않는다는 점에서 양자는 구분된다.

긴급집행은 긴급한 경우에 강제집행의 절차 중 전부 또는 일부를 생략하고 행하는 행정상 강제집행이다. 따라서, 긴급집행은 긴급한 상황에서 행하는 점에서는 즉시강제와 같지만, 행정법상의 의무불이행을 전제로 하는 점에서는 의무불이행을 전제로 하지 않는 즉시강제와 구별된다.

Ⅱ. 행정기본법상 행정상 강제의 일반원칙

행정기본법은 행정강 강제의 기본적인 사항만 정하고 그 밖의 구체적인 규율은 개별법에서 정하도록 규정하고 있다(개별법주의).

1. 법률유보의 원칙

법률유보의 원칙상 행정상 강제에는 법률의 근거가 있어야 한다(행정기본법 제30조 제1항). 행정기본법은 행정상 강제의 근거규정이 아니다.

2. 행정상 강제 법정주의

행정상 강제 조치에 관하여 행정기본법에서 정한 사항 외에 필요한 사항은 따로 법률로 정한다(행정기본법 제30조 제2항).

3. 행정상 강제 적용 제외사항

형사(刑事), 행형(行刑) 및 보안처분 관계 법령에 따라 행하는 사항이나 외국인의 출입국·난민인정·귀화·국적회복에 관한 사항에 관하여는 행정기본법상 행정상 강제에 대한 규정을 적용하지 아니한다(행정기본법 제30조 제3항).

제 2 항 행정상 강제집행

Ⅰ. 의 의

행정상 강제집행(行政上 强制執行)이란 행정법상의 의무불이행이 있는 경우에 행정청이 의무자의 신체 또는 재산에 실력을 가하여 그 의무를 이행시키거나 이행한 것과 동일한 상태를 실현시키는 작용을 말한다.

행정상 강제집행에는 대집행, 강제징수, 직접강제, 집행벌(이행강제금)이 있다. 현재 대집행과 강제징수는 일반적으로 인정되고 있지만 직접강제와 집행벌은 예외적으로만 인정되고 있다.

행정상 강제집행이 인정되는 경우 민사상 강제집행은 인정될 수 없다(대판 2000. 5. 12, 99다18909[토지인도 등]). 그러나, 행정법상의 의무불이행에 대하여 행정상 강제집행을 인정하는 법률이 존재하지 않는 경우 또는 행정상 강제집행을 인정하는 법률이 존재하더라도 그 행정상 강제집행이 불가능한 경우 등 권리실현에 장애가 있게 되는 특별한 사정이 있다고 볼 수 있는 경우(대판 2017. 4. 28, 2016두39498)에는 행정법상 의무의 이행을 강제하기 위해 민사상 강제집행수단을 이용할 수 있다.

[판례 1] 관계 법령상 행정대집행의 절차가 인정되어 행정청이 행정대집행의 방법으로 건물의 철거 등 대체적 작위의무의 이행을 실현할 수 있는 경우에는 따로 민사소송의 방법으로 그 의무의 이행을 구할 수 없다. 한편 건물의 점유자가 철거의무자일 때에는 건물철거의무에 퇴거의무도 포함되어 있는 것이어서 별도로 퇴거를 명하는 집행권원이 필요하지 않다. 또한, 행정청이 건물 소유자들을 상대로 건물철거 대집행을 실시하기에 앞서, 건물 소유자들을 건물에서 퇴거시키기 위해 별도로 퇴거를 구하는 민사소송은 부적법하다(대판 2017. 4. 28, 2016다213916).

[판례 2] 아무런 권원 없이 국유재산에 설치한 시설물에 대하여 행정청이 행정대집행을 실시하지 않는 경우, 그 국유재산에 대한 사용청구권을 가지고 있는 자가 국가를 대위하여 민사소송으로 그 시설물의 철거를 구할 수 있다(대판 2009. 6. 11, 2009다1122[가건물철거 및 토지인도]).

[판례 3] [공유 일반재산의 미납 대부료 등을 구하는 사건] [1] **공유 일반재산의 미납 대부료, 연체료의 지급을 구하는 민사소송 제기가 가능한지 여부(소극):** 공유 일반재산의 대부료와 연체료를 납부기한까지 내지 아니한 경우에도 공유재산 및 물품 관리법 제97조 제2항에 의하여 지방세 체납처분의 예에 따라 이를 징수할 수 있다. 이와 같이 공유 일반재산의 대부료의 징수에 관하여도 지방세 체납처분의 예에 따른 간이하고 경제적인 특별한 구제절차가 마련되어 있으므로, 특별한 사정이 없는 한 민사소송으로 공유 일반재산의 대부료의 지급을 구하는 것은 허용되지 아니한다. [2] 지방자치단체인 원고가 그 소유인 이 사건 공유 일반재산에 관하여 피고와 사이에 대부계약을 체결하고, 이 사건 국유 행정재산 관리에 관한 사무를 위임받아 피고에게 이 사건 국유행정재산에 대한 사용허가를 한 후, 피고를 상대로 공유 일반재산의 대부료, 국유 행정재산의 사용료, 각 연체료를 청구하고, 조립식 건물의 철거와 토지 인도를 구한 사안에서, 민사소송의 방법으로 공유 일반재산의 대부료, 국유 행정재산의 사용료 등의 지급을 구하거나, 시설물 철거를 구하는 부분은 권리보호의 이익이 없어 부적법하다고 판단하여 상고기각한 사안임(대판 2017. 4. 13, 2013다207941).

Ⅱ. 근 거

행정상 강제집행은 국민의 기본권에 대한 제한을 수반하므로 법적 근거가 있어야 한다. 행정법상의 의무를 명할 수 있는 명령권의 근거가 되는 법이 동시에 행정강제의 근거가 될 수는 없다.

대집행의 근거법으로는 대집행에 관한 일반법인 행정대집행법과 대집행에 관한 개별법 규정이 있고, 행정상 강제징수에 대한 근거법으로 국세징수법 및 지방세징수법과 국세징수법 또는 지방세징수법을 준용하는 여러 개별법 규정이 있다. 직접강제와 집행벌은 각 개별법에서 예외적으로 인정되고 있다.

Ⅲ. 대 집 행[2005 행시(재경직) 사례]

[문제] 대집행에 의해 토지·건물의 인도를 강제할 수 있는가.

1. 의 의

행정대집행이란 "의무자가 행정상 의무(법령등에서 직접 부과하거나 행정청이 법령등에 따라 부과한

의무를 말한다. 이하 이 절에서 같다)로서 타인이 대신하여 행할 수 있는 의무(대체적 의무)를 이행하지 아니하는 경우 법률로 정하는 다른 수단으로는 그 이행을 확보하기 곤란하고 그 불이행을 방치하면 공익을 크게 해칠 것으로 인정될 때에 행정청이 의무자가 하여야 할 행위를 스스로 하거나 제3자에게 하게 하고 그 비용을 의무자로부터 징수하는 것"을 말한다(행정기본법 제30조 제1항 제1호).

2. 대집행권자(대집행의 주체)

(1) 당해 행정청

대집행을 할 수 있는 권한을 가진 자는 '당해 행정청'이다(행정대집행법 제 2 조). **'당해 행정청'**이라 함은 대집행의 대상이 되는 의무를 명하는 처분을 한 행정청을 말한다. 행정청은 대집행을 스스로 하거나 타인에게 대집행을 위탁할 수 있다.

(2) 대집행의 위탁

대집행의 수탁자는 행정기관일 수도 있고 공공단체 또는 사인일 수도 있다.

1) 행정기관에 대한 대집행의 위탁

행정기관에 대한 대집행의 위탁은 행정조직법상의 내부행위이다.

행정기관에 대한 대집행의 위탁은 협의의 위탁일 수도 있고, 보조위탁일 수도 있다.

행정기관에 대한 대집행의 위탁의 예로 경찰에 대한 대집행의 위탁을 들 수 있다.

2) 공공단체 또는 사인에 대한 대집행의 위탁

행정대집행법상의 **사인**에 대한 대집행의 위탁은 협의의 위탁이 아니라 보조를 위한 위탁이라고 해석하여야 한다. 왜냐하면, 대집행은 물리력의 행사로서 전형적인 공권력의 행사이므로 명문의 규정이 없는 한 행정기관이 이를 행하여야 하는 것으로 보아야 하기 때문이다.

개별법규정에 따른 **공공단체**에 대한 대집행의 위탁을 협의의 위탁으로 본 판례가 있다.

[판례] 토지보상법상의 수용대상물의 인도·이전의무불이행에 대한 지방자치단체의 장의 대집행권한을 구 한국토지공사에 위탁하는 구 한국토지공사법 시행령 제40조의3 제1항의 위탁(법정위탁)을 권한의 이전을 내용으로 하는 협의의 위탁으로 본 판례가 있다. 〈해설〉 대법원은 한국토지공사의 행정주체성을 인정한 점에서 이 사건 대집행권한의 한국토지공사에의 법정위탁을 협의의 위탁으로 본 것으로 보인다. 원심 판결은 한국토지공사의 행정주체성을 부인하고 있는 점에서 대집행권한의 한국토지공사에의 법정위탁을 강학상 대행 내지는 기관위임으로 본 것으로 보인다. 생각건대, 대집행권한은 강력한 공권력으로서 원칙상 행정조직법상의 행정기관에 의해 행사되어야 하고, 원칙상 공공단체 및 사인에게 이전될 수 없는 것으로 보아야 한다. 이 사건에서 대집행권을 수탁받은 한국토지공사의 업무 담당자나 한국토지공사와 사이에 용역계약을 체결한 주식회사나 그 대표자는 한국토지공사의 지휘·감독하에 대집행을 보조하는 자로서 행정보조자로 보아야 할 것이다.

공공단체 또는 사인에 대한 대집행의 위탁은 통상 계약의 방식으로 행해지는데, 대집행위탁계약의 형식이 공법상 계약인지 사법상 계약인지 문제된다. 대집행위탁계약이 대집행권한을 이전하는 협의의 위탁계약이 아니라 제3자를 행정보조자로 고용하는 계약인 경우 사법상 계약으로 보아야 한다. 이에 반하여 대집행의 위탁이 강학상 협의의 위탁이나 대행인 경우에 있어서의 대집행위탁계약은 대집행권한을 법상 또는 사실상 이전하는 계약이므로 공법상계약으로 보아야 한다. 달리 말하면 대집행위탁계약의 성질(사법상 계약인지 공법상 계약인지)은 대집행위탁의 성질(보조위탁인지 협의의 위탁인지)과 관련이 있다.

3. 대집행의 요건

행정대집행법은 행정대집행에 관하여 일반법의 성질을 갖는다. 따라서, 행정대집행에 대한 개별법상 근거규정이 없는 경우에도 행정대집행법이 정하는 요건을 충족하는 경우에는 행정대집행법에 근거하여 대집행이 행해질 수 있다.

(1) 행정대집행법의 적용대상이 되는 공법상 대체적 작위의무의 불이행 [2010 사시 사례]

행정법상의 대체적 작위의무(代替的 作爲義務)를 의무자가 이행하지 않고 있어야 한다.

1) 공법상 대체적 작위의무

대체적 작위의무라 함은 그 의무의 이행을 타인이 대신할 수 있는 작위의무이다. 대체적 작위의무의 예로는 건물의 철거, 물건의 파기를 들 수 있다.

행정대집행법상 대집행의 대상이 되는 대체적 작위의무는 공법상 의무이어야 한다(대판 2006. 10. 13, 2006두7096: 구 공공용지의 취득 및 손실보상에 관한 특례법에 의한 협의취득시 건물소유자가 매매대상 건물에 대한 철거의무를 부담하겠다는 취지의 약정을 한 경우, 그 철거의무가 행정대집행법에 의한 대집행의 대상이 되지 않는다고 한 사례).

[판례] 구 공공용지의 취득 및 손실보상에 관한 특례법(2002. 2. 4. 법률 제6656호 공익사업을 위한 토지 등의 취득 및 보상에 관한 법률 부칙 제2조로 폐지)에 의한 협의취득시 건물소유자가 협의취득대상 건물에 대하여 약정한 철거의무는 공법상 의무가 아닐 뿐만 아니라, 공익사업을 위한 토지 등의 취득 및 보상에 관한 법률 제89조에서 정한 행정대집행법의 대상이 되는 '이 법 또는 이 법에 의한 처분으로 인한 의무'에도 해당하지 아니하므로 위 철거의무에 대한 강제적 이행은 행정대집행법상 대집행의 방법으로 실현할 수 없다(대판 2006. 10. 13, 2006두7096).

행정대집행법상의 대집행의 대상이 되는 대체적 작위의무는 **법령(조례 포함)에 의해 직접 부과되었거나 법률에 의거한 행정청의 명령에 의해 부과된 경우**이다(행정대집행법 제2조). 다만, 대집행의 대상이 되는 의무는 구체적·특정적 의무이어야 한다.

위법한 행정처분에 의해 부과된 대체적 작위의무도 당해 행정처분이 취소되지 않는 한 대집행의 대상이 된다. 또한 전술한 바와 같이 철거명령과 대집행 사이에는 하자가 승계되지 않으므로 대집행을 다투는 소송에서 당해 행정처분의 위법을 주장할 수 없다. 다만, 철거명령이 무효이면 이를 전제로 한 대집행은 당연히 무효이다.

2) 부작위의무와 수인의무

부작위의무와 수인의무는 성질상 대체적 작위의무가 아니다. 또한, 금지규정으로부터 작위의 무명령권이 도출되는 것도 아니다. 따라서, 부작위의무는 대집행의 대상이 되지 않는다.

[판례 1] 부작위의무(불법공작물을 설치하지 않을 의무) 위반의 경우 법률의 근거가 없는 한 그 의무를 위반함으로써 생긴 결과를 시정하기 위한 작위의무(불법공작물철거의무)를 당해 부작위의무로부터 당연히 도출해 낼 수는 없으며, 또 위 금지규정(특히 허가를 유보한 상대적 금지규정)으로부터 작위의무, 즉 위반결과의 시정을 명하는 권한이 당연히 추론되는 것도 아니다(대판 1996. 6. 28, 96누4374[시설물철거대집행계고처분취소]).

[판례 2] 관계 법령에 위반하여 장례식장 영업을 하고 있는 자의 장례식장 사용중지의무는 비대체적 부작위의무이므로 행정대집행법 제2조의 규정에 의한 대집행의 대상이 아니라고 한 사례(대판 2005. 9. 28, 2005두7464[장례예식장사용중지계고처분취소]).

3) 물건의 인도 또는 토지·건물의 명도의무 [2011 일반행정 사례]

문제는 물건의 인도 또는 토지나 건물의 명도의무가 대체적 작위의무인가이다.

물건의 인도는 대체성이 있는 물건에 한하여 대집행이 가능하다. 점유자 자신에 대한 물리력의 행사는 대집행에 포함되지 않으므로 점유자가 점유하는 물건의 인도는 대집행의 대상이 될 수 없지만 대체성이 있는 다른 물건을 타인으로 하여금 급부시키고 의무자로부터 물건값과 인도비용을 징수하는 방법으로 행할 수 있다.

토지·건물의 명도는 대집행의 대상이 될 수 없다. 왜냐하면 토지·건물의 명도의무는 대체적 작위의무가 아니기 때문이다. 강제력에 의한 토지나 건물의 명도는 점유자 자신에 대한 물리력의 행사를 수반하므로 직접강제의 대상이 될 수 있을 뿐 대집행의 대상이 될 수 없다(판례).

[판례] [1] **도시공원시설 점유자의 퇴거 및 명도의무가 행정대집행법에 의한 대집행의 대상인지 여부(소극):** 도시공원시설인 매점의 관리청이 그 공동점유자 중의 1인에 대하여 소정의 기간 내에 위 매점으로부터 퇴거하고 이에 부수하여 그 판매 시설물 및 상품을 반출하지 아니할 때에는 이를 대집행하겠다는 내용의 계고처분은 그 주된 목적이 매점의 원형을 보존하기 위하여 점유자가 설치한 불법 시설물을 철거하고자 하는 것이 아니라, 매점에 대한 점유자의 점유를 배제하고 그 점유이전을 받는 데 있다고 할 것인데, 이러한 의무는 그것을 강제적으로 실현함에 있어 직접적인 실력행사가 필요한 것이지 대체적 작위의무에 해당하는 것은 아니어서 직접강제의 방법에 의하는 것은 별론으로 하고 행정대집행법에 의한 대집행의 대상이 되는 것은 아니다. [2] **구 지방재정법 제85조(현 공유재산법 제83조)가 대체적 작위의무가 아닌 의무에 대하여도 대집행을 허용하는 취지인지 여부(소극):** 구 지방재정법 제85조(현 공유재산법 제83조)는 철거 대집행에 관한 개별적인 근거 규정을 마련함과 동시에 행정대집행법상의 대집행 요건 및 절차에 관한 일부 규정만을 준용한다는 취지에 그치는 것이고, 그것이 대체적 작위의무에 속하지 아니하여 원칙적으로 대집행의 대상이 될 수 없는 다른 종류의 의무에 대하여서까지 강제집행을 허용하는 취지는 아니다(대판 1998. 10. 23, 97누157[시설물철거대집행계고처분취소]).

4) 수용 목적물인 토지나 물건의 인도 또는 이전의무

토지보상법 제89조는 수용 목적물인 토지나 물건의 인도 또는 이전에 관한 대집행을 규정하고 있는데, 이 규정을 토지의 인도나 이전에 대하여 대집행을 인정한 특별규정으로 보아야 하는지에 관하여 견해가 대립하고 있다(후술 물적 공용부담(공용수용) 참조).

(2) 비례성 요건

대집행은 대체적 작위의무의 불이행이 있다고 하여 언제든지 인정되는 것은 아니다. 행정대집행법은 "다른 수단으로써 이행을 확보하기 곤란하고 또한 그 불이행을 방치함이 심히 공익을 해할 것으로 인정될 때"에 한하여 대집행이 가능한 것으로 규정하고 있다. 이 규정은 비례의 원칙이 행정대집행에 적용된 것이다.

"다른 수단으로 이행을 확보하기 곤란할 것"은 최소침해의 원칙을 규정한 것이다. '다른 수단'이란 대집행보다 의무자의 권익을 적게 침해하는 수단을 말한다. '다른 수단'의 예로 의무자의 자발적 이행을 들 수 있다. 의무자가 자발적 이행을 약속하며 대집행의 연기를 진지하게 요청하였음에도 대집행을 강행하는 것은 위법하다. 행정지도 내지 사실상의 권유를 '다른 수단'으로 들기도 하는데, 행정지도 내지 사실상 권유를 하지 않았다고 하여 대집행을 위법한 것으로 볼 것은 아니다.

"그 불이행을 방치함이 심히 공익을 해할 것으로 인정될 때"에 한하여 대집행이 인정되는 것으로 규정한 것은 협의의 비례원칙을 규정한 것인데, 대집행에 있어서 상대방의 권익보호를 위해 비례의 원칙을 다소 강화한 것이다.

[판례 1] 무허가증축부분으로 인하여 건물의 미관이 나아지고 위 증축부분을 철거하는 데 비용이 많이 소요된다고 하더라도 위 무허가증축부분을 그대로 방치한다면 이를 단속하는 당국의 권능이 무력화되어 건축행정의 원활한 수행이 위태롭게 되며 건축법 소정의 제한규정을 회피하는 것을 사전예방하고 또한 도시계획구역 안에서 토지의 경제적이고 효율적인 이용을 도모한다는 더 큰 공익을 심히 해할 우려가 있다고 보아 건물철거대집행계고처분을 할 요건에 해당된다고 한 사례(대판 1992. 3. 10, 91누4140[건물철거대집행계고처분취소]).

[판례 2] 건축법위반의 정도가 공익을 크게 해친다고 볼 수 없어 건축법위반건물에 대한 철거대집행계고처분이 위법하다고 본 사례: 건축법위반 건물이 주위의 미관을 해칠 우려가 없을 뿐 아니라 이를 대집행으로 철거할 경우 많은 비용이 드는 반면에 공익에는 별도움이 되지 아니하고, 도로교통·방화·보안·위생·도시미관 및 공해예방 등의 공익을 크게 해친다고도 볼 수 없어 이에 대한 철거대집행계고 처분이 그 요건을 갖추지 못한 것으로서 위법하다고 본 사례(대판 1991. 3. 12, 90누10070[건물철거계고처분취소]).

4. 대집행권 행사의 재량성

대집행의 요건이 충족되는 경우에 대집행을 하여야 한다는 견해(김남진·김연태)도 있으나 대집행권을 발동할 것인가는 행정대집행법 제2조가 가능규정(…할 수 있다)으로 규정하고 있으므로 행정청의 재량에 속한다고 보는 것이 타당하다. 판례도 재량으로 보고 있다.

[판례] 건물 중 위법하게 구조변경을 한 부분에 대한 철거 대집행계고처분이 재량권의 범위를 벗어난 위법한 것이라고 본 원심판결을 수긍한 사례: 건물 중 위법하게 구조변경을 한 건축물 부분은 제반 사정에 비추어 그 원상복구로 인한 불이익의 정도가 그로 인하여 유지하고자 하는 공익상의 필요 또는 제3자의 이익보호의 필요에 비하여 현저히 크므로, 그 건축물 부분에 대한 대집행계고처분은 재량권의 범위를 벗어난 위법한 처분이라고 한 원심판결을 수긍한 사례(대판 1996. 10. 11, 96누8086[불법건축물원상복구계고처분취소]).

다만, '재량권의 영으로의 수축이론'에 따라 일정한 경우에 행정청은 대집행을 행하여야 한다.

5. 대집행의 절차

대집행은 계고, 대집행영장에 의한 통지, 대집행의 실행, 대집행비용의 징수(납부명령 및 강제징수)의 단계를 거쳐 행해진다.

(1) 계　고

1) 의　의

계고는 상당한 기간 내에 의무의 이행을 하지 않으면 대집행을 한다는 의사를 사전에 통지하는 행위이다.

2) 계고의무

대집행을 하기 위하여는 미리 계고(戒告)하여야 한다(행정대집행법 제3조 제1항).

다만, "비상시 또는 위험이 절박한 경우에 있어서 당해 행위의 급속한 실시를 요하여 계고를 취할 여유가 없을 때에는 계고를 거치지 아니하고 대집행을 할 수 있다"(제3조 제3항).

판례는 철거명령과 계고처분을 1장의 문서로서 동시에 행할 수 있다고 본다.

[판례] 계고서라는 명칭의 1장의 문서로서 일정기간 내에 위법건축물의 자진철거를 명함과 동시에 그 소정기한 내에 자진철거를 하지 아니할 때에는 대집행할 뜻을 미리 계고한 경우라도 건축법에 의한 철거명령과 행정대집행법에 의한 계고처분은 독립하여 있는 것으로서 각 그 요건이 충족되었다고 볼 것이다. 이 경우 철거명령에서 주어진 일정기간이 자진철거에 필요한 상당한 기간이라면 그 기간 속에는 계고시에 필요한 '상당한 이행기간'도 포함되어 있다고 보아야 할 것이다(대판 1992. 6. 12, 91누13564[건물철거대집행계고처분취소]).

3) 법적 성질

계고처분이 행해지면 행정청은 행정대집행법 제3조 제2항에 의해 대집행영장을 발급할 수 있는 권한을 갖게 되는 법적 효과가 발생하므로 계고의 법적 성질은 **준법률행위적 행정행위**이다. 따라서 계고는 그 자체가 독립하여 항고소송의 대상이 된다.

2차 계고를 행한 경우에 2차 계고는 대집행기한의 연기통지에 불과하므로 행정처분이 아니다(대판 1991. 1. 25, 90누5962[건물철거대집행계고처분취소]).

4) 요　건

① 대집행의 계고에 있어서는 의무자가 이행하여야 할 행위와 그 의무불이행시 대집행할 행위의 내용 및 범위가 구체적으로 특정되어야 한다. 다만, 그 행위의 내용과 범위는 대집행계고서에 의해서만 특정되어야 하는 것은 아니고 그 처분 후에 송달된 문서나 기타 사정을 종합하여 이를 특정할 수 있으면 족하다(대판 1992. 3. 10, 91누4140[건물철거대집행계고처분취소]).

② 계고처분은 문서로 하여야 한다(제3조 제1항).

③ 계고처분은 상당한 이행기간을 정하여야 한다(제3조 제1항). 이를 위반하면 계고는 위법한 처분이 된다(대판 1990. 9. 14, 90누2048[건축물무단용도변경원상복구명령계고처분취소]). 상당한 기간이라 함은 사회통념상 의무자가 스스로 의무를 이행하는 데 필요한 기간을 말한다(대판 1992. 6. 12, 91누13564).

④ 계고시에 대집행의 요건이 충족되고 있어야 한다.

[판례 1] [1] **대집행계고처분을 하기 위한 요건:** 대집행계고처분을 하기 위하여는 법령에 의하여 직접 명령되거나 법령에 근거한 행정청의 명령에 의한 의무자의 대체적 작위의무 위반행위가 있어야 한다. [2] 이 사건 계고처분의 근거 법령으로 삼은 이 사건 조항은 "시행자는 제56조 제1항의 규정에 의하여 환지예정지를 지정하는 경우, 제58조 제1항의 규정에 의하여 종전의 토지에 관한 사용 또는 수익을 정지시키는 경우나 공공시설의 변경 또는 폐지에 관한 공사를 시행하는 경우에 필요한 때에는 시행지구 안에 있는 건축물 등 및 장애물 등을 이전하거나 제거할 수 있다"고 규정하고 있을 뿐이어서, 건축물 등의 소유자 또는 점유자에게 직접 그 이전 또는 제거의무를 부과하는 규정이 아님은 법문상 명백하다. [3] 이 사건 조항은 사업시행자에게 직접 건축물 등을 이전하거나 제거할 수 있는 권능을 부여하는 규정일 뿐, 사업시행자에게 건축물 등의 소유자 또는 점유자에 대하여 그 이전 또는 제거를 명할 수 있는 권능까지 부여하는 규정이라고 할 수 없다. [4] 행정청이 토지구획정리사업의 환지예정지를 지정하고 그 사업에 편입되는 건축물 등 지장물의 소유자 또는 임차인에게 지장물의 자진이전을 요구한 후 이에 응하지 않자 지장물의 이전에 대한 대집행을 계고하고 다시 대집행영장을 통지한 사안에서, 위 계고처분 등은 행정대집행법 제2조에 따라 명령된 지장물 이전의무가 없음에도 그러한 의무의 불이행을 사유로 행하여진 것으로 위법하다고 한 사례(대판 2010. 6. 24, 2010두1231[행정대집행계고처분취소]).

[판례 2] [1] **건물철거 대집행계고처분의 요건 및 그 주장·입증책임:** 건축법에 위반하여 건축한 것이어서 철거의무가 있는 건물이라 하더라도 그 철거의무를 대집행하기 위한 계고처분을 하려면 다른 방법으로는 이행의 확보가 어렵고 불이행을 방치함이 심히 공익을 해하는 것으로 인정될 때에 한하여 허용되고 이러한 요건의 주장·입증책임은 처분 행정청에 있다. [2] 건물 중 위법하게 구조변경을 한 건축물 부분은 제반 사정에 비추어 그 원상복구로 인한 불이익의 정도가 그로 인하여 유지하고자 하는 공익상의 필요 또는 제3자의 이익보호의 필요에 비하여 현저히 크므로, 그 건축물 부분에 대한 대집행계고처분은 재량권의 범위를 벗어난 위법한 처분이다(대판 1996. 10. 11, 96누8086).

(2) 대집행영장에 의한 통지

1) 의　　의

대집행영장에 의한 통지는 의무자가 계고를 받고 그 지정 기한까지 그 의무를 이행하지 아니할 때에는 당해 행정청이 대집행영장(代執行令狀)으로써 대집행실행의 시기, 대집행책임자의 성명과 대집행비용의 개산액을 의무자에게 통지하는 행위를 말한다. 즉, 대집행을 실행하겠다는 의사를 구체적으로 통지하는 행위이다.

2) 대집행영장에 의한 통지의무

대집행영장에 의한 통지는 원칙상 대집행의 의무적 절차의 하나이다(제3조 제2항).

다만, "비상시 또는 위험이 절박한 경우에 있어서 당해 행위의 급속한 실시를 요하여 대집행영장에 의한 통지를 취할 여유가 없을 때에는 대집행영장에 의한 통지를 거치지 아니하고 대집행을 할 수 있다"(제3조 제3항).

3) 법적 성질

대집행영장에 의한 통지로 의무자에게 대집행 수인의무가 발생하고 행정청은 대집행실행권을 갖게 되는 법적 효과를 발생하므로 그 법적 성질이 준법률행위적 행정행위이다. 따라서 대집행영장에 의한 통지는 그 자체가 독립하여 취소소송의 대상이 된다.

(3) 대집행의 실행

1) 의 의

대집행의 실행은 당해 행정청이 스스로 또는 타인으로 하여금 대체적 작위의무를 이행시키는 물리력의 행사를 말한다.

2) 법적 성질

대집행 실행행위는 물리력을 행사하는 **권력적 사실행위**이다.

3) 절 차

대집행을 하기 위하여 현장에 파견되는 집행책임자는 그가 집행책임자라는 것을 표시한 증표를 휴대하여 대집행시에 이해관계인에게 제시하여야 한다(제4조).

4) 실력행사

위법건축물의 철거에서와 같이 대집행의 실행에 대하여 저항하는 경우에 실력으로 그 저항을 배제하는 것이 대집행의 일부로서 인정되는가에 대하여 견해가 대립하고 있다.

가. 긍 정 설 대집행의 실행을 위하여 필요한 한도 내에서 실력으로 저항을 배제하는 것은 명문의 근거가 없는 경우에도 대집행에 수반하는 기능으로 인정되어야 한다는 견해가 있다(박윤흔, 홍정선, 421면).

나. 부 정 설 저항을 실력으로 배제하는 것은 신체에 대하여 물리력을 행사하는 것이므로 대집행에 포함된다고 볼 수 없고 직접강제의 대상이 된다고 본다. 대집행의 실행을 위하여 저항을 실력으로 배제하는 것을 인정할 필요가 있지만 그것의 인정을 위하여는 별도의 법률상 근거가 있어야 한다.

다. 판 례 판례는 **건물철거의무에 퇴거의무도 포함**되어 있다고 보아 건물철거 대집행 과정에서 부수적으로 건물의 점유자들에 대한 퇴거 조치를 할 수 있고, 점유자들이 적법한 행정대집행을 위력을 행사하여 방해하는 경우 필요한 경우에는 '경찰관 직무집행법'에 근거한 위험발생 방지조치 또는 형법상 공무집행방해죄의 범행방지 내지 현행범체포의 차원에서 경찰의 도움을 받을 수도 있다고 본다(대판 2017. 4. 28, 2016다213916).

[판례 1] 행정청이 건물 소유자들을 상대로 건물철거 대집행을 실시하기에 앞서, 건물 소유자들을 건물에서 퇴거시키기 위해 별도로 퇴거를 구하는 민사소송을 제기한 사안: [1] 관계 법령상 행정대집행의 절차가 인정되어 행정청이 행정대집행의 방법으로 건물의 철거 등 대체적 작위의무의 이행을 실현할 수 있는 경우에는 따로 민사소송의 방법으로 그 의무의 이행을 구할 수 없다. 한편 건물의 점유자가 철거의무자일 때에는 건물철거의무에 퇴거의무도 포함되어 있는 것이어서 별도로 퇴거를 명하는 집행권원이 필요하지 않다. 또한, 행정청이 건물 소유자들을 상대로 건물철거 대집행을 실시하기에 앞서, 건물 소유자들을 건물에서 퇴거시키기 위해 별도로 퇴거를 구하는 민사소송은 부적법하다(대판 2017. 4. 28, 2016다213916). [2] 행정청이 행정대집행의 방법으로 건물철거의무의 이행을 실현할 수 있는 경우에는 건물철거 대집행 과정에서 부수적으로 건물의 점유자들에 대한 퇴거 조치를 할 수 있고, 점유자들이 적법한 행정대집행을 위력을 행사하여 방해하는 경우

형법상 공무집행방해죄가 성립하므로, 필요한 경우에는 '경찰관 직무집행법'에 근거한 위험발생 방지조치 또는 형법상 공무집행방해죄의 범행방지 내지 현행범체포의 차원에서 경찰의 도움을 받을 수도 있다. [3] 원고(행정청이 속한 지방자치단체)가, 퇴거의무와 같은 비대체적 작위의무의 경우 행정대집행의 대상이 되지 않으므로 퇴거를 구하는 민사판결을 받아야 한다는 대법원 1998. 10. 23. 선고 97누157 판결에 따라 퇴거청구소송을 제기하였으나, 대법원 1998. 10. 23. 선고 97누157 판결은 적법한 건물에서 처분상대방의 점유를 배제하고 그 점유이전을 받기 위하여 행정대집행 계고처분을 한 사안에 관한 것으로서 그 처분의 주된 목적이 건물의 인도라는 비대체적 작위의무의 이행을 실현하고자 하는 경우이어서 (퇴거의무는) 행정대집행의 대상이 될 수 없다고 판단한 사례인 반면, 이 사건의 사안은 위법한 건물에 대한 철거 대집행의 과정에서 부수적으로 점유자에 대한 퇴거조치를 실현할 수 있는 경우이어서 사안을 달리함을 지적한 사례(대판 2017. 4. 28, 2016다213916). 〈해설〉 이 판례는 철거에 따른 퇴거조치에 대한 저항을 소극적으로 실력으로 배제하는 것(저항을 밀치고 들어가는 것)이 대집행권한에 포함된다고 보면서도 그 이상의 실력행사(저항하는 사람을 끌어내는 것)는 대집행권한에 포함되지 않는다고 본 것으로 볼 수 있다.

[판례 2] 건물의 '인도'와 건물에서의 '퇴거'의 구별: 건물의 '인도'는 건물에 대한 현실적·사실적 지배를 완전히 이전하는 것을 의미하고, 민사집행법상 인도 청구의 집행은 집행관이 채무자로부터 물건의 점유를 빼앗아 이를 채권자에게 인도하는 방법으로 한다. 한편 건물에서의 '퇴거'는 건물에 대한 채무자의 점유를 해제하는 것을 의미할 뿐, 더 나아가 채권자에게 점유를 이전할 것까지 의미하지는 않는다는 점에서 건물의 '인도'와 구별된다(대판 2024. 6. 13, 2024다213157).

라. 결　어　신체에 대한 물리력의 행사에는 명문의 근거가 있어야 하므로 부정설이 타당하다. 다만, 실무에 있어서 저항하는 자를 경찰로 하여금 공무집행방해죄의 현행범으로 체포하게 한 후 대집행(건물의 철거)을 행하는 경우가 있다. 또한, 경찰관직무집행법 제5조의 위험발생의 방지를 위한 경찰권발동의 요건에 해당하는 경우 위험방지조치의 일환으로 저항이 배제되기도 한다.

대집행 행정청은 경찰관직무집행법상 위험방지조치 또는 제지조치 또는 형법상 공무집행방해죄의 현행범 체포를 위해서 행정절차법 제8조에 따라 경찰에 행정응원을 요청할 수 있다.

5) 대집행 실행시간의 제한

행정청(제2조에 따라 대집행을 실행하는 제3자를 포함한다)은 해가 뜨기 전이나 해가 진 후에는 대집행을 하여서는 아니 된다. 다만, 다음의 어느 하나에 해당하는 경우에는 그러하지 아니하다. ① 의무자가 동의한 경우, ② 해가 지기 전에 대집행을 착수한 경우, ③ 해가 뜬 후부터 해가 지기 전까지 대집행을 하는 경우에는 대집행의 목적 달성이 불가능한 경우, ④ 그 밖에 비상시 또는 위험이 절박한 경우(제4조 제1항).

(4) 비용징수

대집행의 비용은 원칙상 의무자가 부담하여야 한다.

대집행비용의 징수에 있어서는 행정청은 그 금액과 그 납기일을 정하여 의무자에게 문서로서 그 납부를 명하여야 한다(제5조). 이 비용납부명령은 비용납부의무를 발생시키는 행정행위이다. 따라서 비용납부명령은 항고소송의 대상이 된다.

그리고 비용납부명령에 따라 발생한 행정청의 비용납부청구권은 공법상 청구권이다. 대집행비용은 국세징수법의 예에 의하여 강제징수할 수 있다(제6조).

행정청이 의무자로부터 징수할 수 있는 금액은 실제로 대집행에 필요한 비용에 한한다.

(5) 행정대집행법 적용의 특례

개별법에서 행정대집행법 적용에 대한 특례를 규정하고 있는 경우가 있다(건축법 제85조, 공익사업을 위한 토지등의 취득 및 보상에 관한 법률 제89조 등).

6. 행정구제

(1) 항고소송 [2008 입시 사례]

1) 행정심판임의주의

대집행에 대하여는 행정심판을 제기할 수 있다(행정대집행법 제7조). 대집행에 대한 행정심판은 임의절차이며 행정심판법에 의해 규율된다.

2) 대　　상

위에서 본 바와 같이 대집행은 네 단계의 절차를 거쳐 행해지는데 항고쟁송은 네 단계의 행위 중 어느 행위에 대하여 인정될 것인가.

계고와 대집행영장에 의한 통지는 준법률행위적 행정행위로서 그 자체가 독립하여 취소소송의 대상이 된다.

대집행의 실행은 권력적 사실행위의 성질을 가지는데 행정심판법 및 행정소송법상의 '처분'에는 권력적 사실행위도 포함된다고 해석하는 것이 타당하므로 취소소송의 대상이 된다.

비용납부명령은 공법상의 의무인 비용납부의무를 과하는 행정행위이다. 따라서 비용납부명령은 취소소송의 대상이 된다.

3) 소의 이익

대집행이 실행되어 버리면 계고 또는 통지행위에 대한 항고소송은 소의 이익을 상실한다.

> **[판례]** 대집행계고처분 취소소송의 변론이 종결되기 전에 대집행의 실행이 완료된 경우에는 그 계고처분의 취소 또는 무효확인을 구할 소의 이익이 없어진다(대판 1971. 4. 20, 71누22; 1993. 6. 8, 93누6164[건물철거대집행계고처분취소]).

또한 이 경우 의무를 명하는 행정처분(철거명령)에 대한 항고소송도 원칙상 소의 이익을 상실한다. 따라서 의무자는 항고소송을 제기하면서 집행정지신청을 하여 대집행이 실행되는 것을 막을 필요가 있다.

4) 하자의 승계

철거명령과 대집행 절차를 이루는 행위는 별개의 법적 효과를 가져오는 행위이므로 철거명령의 하자가 대집행 절차를 이루는 각 행위에 승계되지 않는다는 것이 통설 및 판례의 입장이다. 다만, 철거명령이 무효이면 대집행 절차를 이루는 행위도 무효이다.

대집행절차를 이루는 계고, 통지, 실행, 비용납부명령은 상호 결합하여 대집행이라는 하나의 법적 효과를 가져오므로 선행행위의 하자가 후행행위에 승계된다는 것이 통설 및 판례의 입장이다.

그러나, 계고처분의 후속절차인 대집행에 위법이 있다고 하더라도, 그와 같은 후속절차에 위법성이 있다는 점을 들어 선행절차인 계고처분이 부적법하다는 사유로 삼을 수는 없다(대판 1997. 2. 14, 96누15428).

(2) 국가배상 및 결과제거청구

대집행이 실행된 후에는 취소소송은 소의 이익을 상실한다. 그러나 대집행의 위법 또는 대집행 방법의 잘못으로 손해가 발생한 경우 국가배상청구는 가능하다.

또한 대집행의 실행으로 인하여 위법한 상태가 계속되는 경우에는 결과제거청구를 할 수 있다.

(3) 손실보상

대집행은 의무자의 의무불이행을 전제로 의무를 대신 이행시키는 행위이므로 대집행으로 인한 손실은 원칙상 손실보상의 대상이 되지 않는다. 다만, 의무자의 의무가 경찰상 위해에 대한 의무자의 책임 없이 공익상 부과된 경우에는 대집행으로 인한 손실을 보상하여야 한다.

[문제의 해결] 토지·건물의 인도의무는 대체적 작위의무가 아니므로 명문의 규정이 없는 한, 대집행의 대상이 될 수 없다.

Ⅳ. 이행강제금(집행벌)

1. 의 의

이행강제금의 부과란 "의무자가 행정상 의무를 이행하지 아니하는 경우 행정청이 적절한 이행기간을 부여하고, 그 기한까지 행정상 의무를 이행하지 아니하면 금전급부의무를 부과하는 것"을 말한다(행정기본법 제30조 제1항 제2호).

대집행과 직접강제는 직접적 의무이행 확보수단인 데 반하여 집행벌은 일정한 기간까지 의무를 이행하지 않을 때에는 일정한 금전적인 부담이 과해진다는 것을 통지함으로써 의무자에게 심리적 압박을 주어 의무를 이행하게 하려는 행정상의 간접강제수단(간접적인 의무이행수단)이다.

또한 집행벌은 행정벌과 다르다. 행정벌은 의무자에게 심리적 압박을 가하여 간접적으로 의무의 이행을 강제하는 기능을 갖지만 집행벌과 달리 의무의 이행을 직접 목적으로 하는 것은 아니다. 행정벌은 과거의 법위반(의무불이행 포함)에 대한 제재를 주된 목적으로 한다. 집행벌은 의무이행의 강제를 직접목적으로 하여 부과되는 금전적 부담이며 행정벌과 달리 과거의 법위반에 대한 제재를 목적으로 하지 않는다. 양자는 규제목적을 달리하므로 병행하여 부과될 수 있다.

2. 이행강제금의 대상

이행강제금은 부작위의무 또는 비대체적 작위의무의 불이행뿐만 아니라 대체적 작위의무의 불이행에 대하여도 가능하다.

건축법 제79조 제1항의 시정명령에 따른 시정의무 중 공사중지의무, 사용금지의무, 사용제한의무는 부작위의무이고, 개축·증축·수선·용도변경의무는 비대체적 작위의무이고, 철거의무는 대체적 작위의무에 해당한다고 할 수 있는데, 건축법 제80조도 건축물의 철거 등 대체적 작위의무에 대하여 이행강제금을 인정하고 있다.

특별한 규정이 없는 한 행정대집행과 이행강제금의 부과 사이에 행정청에게 선택재량이 인정된다. 이행강제금의 부과 후에 행정대집행을 실시할 수도 있다.

[판례] [1] 이행강제금은 대체적 작위의무의 위반에 대하여 부과될 수 있다. [2] 현행 건축법상 위법건축물에 대한 이행강제수단으로 대집행과 이행강제금(제83조 제1항)이 인정되고 있는데, 양 제도는 각각의 장·단점이 있으므로 행정청은 개별사건에 있어서 위반내용, 위반자의 시정의지 등을 감안하여 대집행과 이행강제금을 선택적으로 활용할 수 있으며, 이처럼 그 합리적인 재량에 의해 선택하여 활용하는 이상 중첩적인 제재에 해당한다고 볼 수 없다. [3] 건축법 제78조에 의한 무허가 건축행위에 대한 형사처벌과 건축법 제83조 제1항에 의한 시정명령 위반에 대한 이행강제금의 부과는 그 처벌 내지 제재대상이 되는 기본적 사실관계로서의 행위를 달리하며, 또한 그 보호법익과 목적에서도 차이가 있으므로 헌법 제13조 제1항이 금지하는 이중처벌에 해당한다고 할 수 없다(헌재 2004. 2. 26, 2001헌바80·84·102·103; 2002헌바26(병합)[개발제한구역의지정및관리에관한특별조치법 제11조 제1항 등 위헌소원]).

3. 법적 근거

이행강제금의 부과는 권력적·침해적 행위이므로 법적 근거가 필요하다. 현재 이행강제금 부과의 근거에 관한 일반법은 없고 개별법에서 인정되고 있다. 행정기본법은 이행강제금의 근거규정이 아니다.

이행강제금은 건축법 제80조, 농지법 제65조 등에서 인정되고 있다.

이행강제금 부과의 근거가 되는 법률에는 이행강제금에 관한 다음 각 호의 사항을 명확하게 규정하여야 한다. 다만, 제4호 또는 제5호를 규정할 경우 입법목적이나 입법취지를 훼손할 우려가 크다고 인정되는 경우로서 대통령령으로 정하는 경우는 제외한다. 1. 부과·징수 주체, 2. 부과 요건, 3. 부과 금액, 4. 부과 금액 산정기준, 5. 연간 부과 횟수나 횟수의 상한(행정기본법 제31조 제1항).

4. 이행강제금의 부과요건 및 절차

이행강제금의 부과요건 및 절차는 다음과 같다.

① **행정상 의무의 불이행:** 철거명령 등 시정명령(건축법 제79조 제1항 등)을 받은 후 시정의무를 이행하지 않았어야 한다. 시정명령이 위법함에도 이행강제금을 부과하는 것은 위법을 강제하는

것이 되므로 위법한 시정명령에 대한 이행강제금의 부과는 위법하다. 달리 말하면, 이행강제금 부과의 기초가 되는 시정명령은 적법하여야 한다. 또한, 전술한 바와 같이 시정명령과 이행강제금부과처분 사이에는 하자가 승계된다고 보아야 한다(하자의 승계 참조).

② **계고처분**: 행정청은 이행강제금을 부과하기 전에 미리 의무자에게 적절한 이행기간을 정하여 그 기한까지 행정상 의무를 이행하지 아니하면 이행강제금을 부과한다는 뜻을 문서로 계고(戒告)하여야 한다(행정기본법 제31조 제3항). 법 제31조 제3항에 따른 계고(戒告)에는 다음 각 호의 사항이 포함되어야 한다. 1. 의무자의 성명 및 주소(의무자가 법인이나 단체인 경우에는 그 명칭, 주사무소의 소재지와 그 대표자의 성명), 2. 이행하지 않은 행정상 의무의 내용과 법적 근거, 3. 행정상 의무의 이행 기한, 4. 행정상 의무를 이행하지 않을 경우 이행강제금을 부과한다는 뜻, 5. 그 밖에 이의제기 방법 등 계고의 상대방에게 알릴 필요가 있다고 인정되는 사항(동법 시행령 제8조 제2항).

[판례 1] [1] 건축법 제79조 제1항 및 제80조 제1항에 의하면, 허가권자는 먼저 건축주 등에 대하여 상당한 기간을 정하여 시정명령을 하고, 건축주 등이 그 시정기간 내에 시정명령을 이행하지 아니하면, 다시 그 시정명령의 이행에 필요한 상당한 이행기한을 정하여 그 기한까지 시정명령을 이행할 수 있는 기회를 준 후가 아니면 이행강제금을 부과할 수 없다. [2] 적법한 2차 시정명령이 되기 위해서는 그 시정명령의 이행에 필요한 상당한 이행기한이 부여된 것이어야 할 것인데, 이 사건 2차 시정명령은 위와 같은 요건을 갖추지 못하였으므로 이 사건 이행강제금 부과처분은 부과요건 흠결 또는 절차상 흠으로 인하여 위법하다고 한 사례(대판 2010. 6. 24, 2010두3978[이행강제금부과처분취소]). 〈해설〉 실무상 상당한 이행기간의 통지를 시정명령의 형식으로 행하는 경우가 많은데, 이 시정명령의 법적 성질이 문제된다. 이 시정명령은 불필요한 제2차의 시정명령으로서 단순한 사실행위에 불과한 것으로 보는 견해와 제1차 시정명령과 법적 근거가 다르고 시정기한을 연장하는 법적 효과를 가져오므로 처분으로 보는 견해가 있다. 제2차 시정명령은 시정명령의 이행기간을 연장하여 다시 한 번 시정의무의 이행을 촉구하는 의미를 갖는 것에 불과하므로 전자의 견해가 타당하다. 판례는 제2차 시정명령을 이행강제금 부과처분의 처분의 요건의 흠결 또는 절차상 흠으로 보고 있는 점(대판 2010. 6. 24, 2010두3978[이행강제금부과처분취소])에 비추어 제2차 시정명령을 별도의 처분으로 보지 않은 것으로 보인다.

[판례 2] [1] 구 건축법 제80조 제1항, 제4항에 의하면 문언상 최초의 시정명령이 있었던 날을 기준으로 1년 단위별로 2회에 한하여 이행강제금을 부과할 수 있고, 이 경우에도 매 1회 부과 시마다 구 건축법 제80조 제1항 단서에서 정한 1회분 상당액의 이행강제금을 부과한 다음 다시 시정명령의 이행에 필요한 상당한 이행기한을 정하여 그 기한까지 시정명령을 이행할 수 있는 기회(이하 '시정명령의 이행 기회'라 한다)를 준 후 비로소 다음 1회분 이행강제금을 부과할 수 있다. [2] 비록 건축주등이 장기간 시정명령을 이행하지 아니하였다 하더라도, 그 기간 중에는 시정명령의 이행 기회가 제공되지 아니하였다가 뒤늦게 시정명령의 이행 기회가 제공된 경우라면, 그 시정명령의 이행 기회 제공을 전제로 한 1회분의 이행강제금만을 부과할 수 있고, 시정명령의 이행 기회가 제공되지 아니한 과거의 기간에 대한 이행강제금까지 한꺼번에 부과할 수는 없다고 보아야 한다. 그리고 이를 위반하여 이루어진 이행강제금 부과처분은 과거의 위반행위에 대한 제재가 아니라 행정상의 간접강제 수단이라는 이행강제금의 본질에 반하여 구 건축법 제80조 제1항, 제4항 등 법규의 중요한 부분을 위반한 것으로서, 그러한 하자는 중대할 뿐만 아니라 객관적으로도 명백하다고 할 것이다. [3] 피고가 2006년경 원고에 대하여 건물 철거를 명하는 시정명령을 하였으나, 2008년~2010년 기간 중 그 시정명령의 이행을 요구하지 않다가, 2011년경 비로소 시정명령의 이행 기회를 제공한 후 2008년~2011년의 4년분 이행강제금을 한꺼번에 부과한 사안에서, 2011년 기준 1회분 이행강제금 외에 2008~2010년분 이행강제금 부분은 그 하자가 중대·명백하여 무효라고 판단하여 상고를 기각한 사례(대판 2016. 7. 14, 2015두46598[이행강제금부과처분무효확인 등]).

[판례 3] [1] 노동위원회가 근로기준법 제33조에 따라 이행강제금을 부과하는 경우 그 30일 전까지 하여야 하는 이행강제금부과 예고는 이행강제금 부과전 '계고'에 해당한다. [2] 사용자가 이행하여야 할 행정법상 의

무의 내용을 초과하는 것을 '불이행 내용'으로 기재한 이행강제금부과 예고서에 의하여 이행강제금부과 예고를 한 다음 이를 이행하지 않았다는 이유로 이행강제금을 부과하였다면, 초과한 정도가 근소하다는 등의 특별한 사정이 없는 한 이행강제금부과 예고는이행강제금제도의 취지에 반하는 것으로서 위법하고, 이에 터 잡은 이행강제금부과처분 역시 위법하다. 〈해설〉 계고처분의 하자는 이행강제금부과처분에 승계된다. [3] 피고(서울지방노동위원회)는 '판정서를 송달받은 날로부터 30일 이내에 이 사건 근로자들을 원직에 복직시키고, 이 사건 근로자들에게 승무정지기간 동안 정상적으로 근로를 제공하였다면 받을 수 있었던 임금 상당액을 지급하라'는 내용의 구제명령(이하 '이 사건 구제명령'이라고 한다)을 하였다. 이 사건 구제명령에서 정한 이행기한인 2008. 5. 26.이 경과하자, 피고는 '2008. 5. 16.부터 이 사건 근로자들의 승무가 개시되기는 하였으나 임금 상당액은 전혀 지급되지 않았다'는 이유로 2008. 5. 27. 원고에게 '불이행 내용'을 임금 상당액 미지급, 즉 2007. 11. 15.부터 2008. 5. 15.까지의 임금 상당액 미지급으로 기재한 이행강제금부과 예고서에 의하여 이행강제금부과 예고를 한 다음, 원고가 위 '불이행 내용'을 이행하지 않았다는 이유로 2008. 9. 9. 원고에게 2억 8,250만 원(= 250만 원 × 113명)의 이행강제금을 부과하였다(이하 '이 사건 처분'이라고 한다). 원고는 2008. 4. 30. 이 사건 구제명령에 대한 재심을 신청하였고, 같은 해 8. 29. 중앙노동위원회로부터 재심신청 기각판정을 받자 이에 불복하여 그 취소를 구하는 소를 제기하였다. 서울고등법원은 2010. 6. 22. '위 재심판정 중 원직복직 및 2008. 1. 1. 이후의 임금 상당액 지급에 관한 부분을 취소한다'는 내용의 판결을 선고하였고, 이에 대한 중앙노동위원회의 상고는 2010. 12. 9. 심리불속행으로 기각되었다. 이에 중앙노동위원회는 원심 변론종결 후인 2011. 1. 17. 이 사건 구제명령 중 원직복직 및 2008. 1. 1. 이후의 임금 상당액 지급에 관한 부분을 취소하는 재처분판정을 하였다. [4] 중앙노동위원회의 재처분판정으로 이 사건 구제명령 중 원직복직 및 2008. 1. 1. 이후의 임금 상당액 지급에 관한 부분이 취소되었고 그 소급효에 의하여 이러한 부분에 대하여는 처음부터 구제명령이 없었던 것과 같은 효과가 발생하게 되었으므로, 원고는 이 사건 구제명령으로 2007. 11. 15.부터 2007. 12. 31.까지의 임금 상당액 지급에 관한 행정법상의 의무만을 부담한 것이 된다. 그런데 피고는 원고의 '불이행 내용'을 2007. 11. 15.부터 2008. 5. 15.까지의 임금 상당액 미지급으로 봄으로써, 원고가 이행하여야 할 행정법상 의무의 내용을 초과하는 것을 '불이행 내용'으로 기재한 이행강제금부과 예고서에 의하여 이행강제금부과 예고를 한 다음 이를 이행하지 않았다는 이유로 이 사건 처분을 한 것과 마찬가지가 되었으므로, 특별한 사정이 없는 한 위 이행강제금부과 예고나 이에 터 잡은 이 사건 처분은 위법하다고 할 것이다. [5] 중앙노동위원회의 재처분판정으로 이 사건 구제명령 중 원직복직 및 2008. 1. 1. 이후의 임금 상당액 지급에 관한 부분이 (소급적으로) 취소된 것이 원심 변론종결 후이기는 하지만, 이는 행정소송법 제8조 제2항에 의하여 준용되는 민사소송법 제451조 제1항 제8호에 규정된 재심사유인 '판결의 기초가 된 행정처분이 다른 행정처분에 따라 바뀐 때'에 해당하므로, 원고는 위 사유를 상고이유로 삼을 수 있다(대법원 2001. 1. 16. 선고 2000다41349 판결: 민사소송법 제422조 제1조 각 호 소정의 재심사유를 상고이유로 삼을 수 있다고 할 것이다 참조). [6] 결국, 이 사건 구제명령이 전부 유효하다는 전제 아래 이 사건 처분의 위법 여부를 심리·판단한 원심판결에는 결과적으로 이행강제금부과에 관한 법리를 오해하여 판결에 영향을 미친 잘못이 있게 되었고, 이 점을 지적하는 취지의 상고이유 주장은 이유 있다. 그러므로 원심판결을 파기하고, 사건을 다시 심리·판단하게 하기 위하여 원심법원에 환송하기로 한다(대판 2015. 6. 24, 2011두2170). 〈해설〉 이행강제금은 구제명령을 전제로 하는데, 전제가 되는 구제명령중 일부가 중앙노동위원회의 재처분판정에 의해 소급적으로 취소되었으므로 그 한도내에서 이 사건 이행강제금 부과처분은 위법하다는 것이다. 지방노동위원회의 구제명령에 대한 불복절차는 다음과 같다. 지방노동위원회의 구제명령 - 중앙노동위원회에 대한 재심 신청 - 중앙노동위원회의 기각 판정 - 중앙노동위원장을 피고로 재심판정(기각판정) 취소의 소 - 전부 또는 일부취소판결 - 전부 또는 일부취소판결의 경우 구제명령의 전부 또는 일부를 취소하는 중앙노동위원회의 재처분판정

이행강제금을 부과·징수할 때 그에 앞서 시정명령 절차를 다시 거쳐야 할 필요는 없다(판례).

[판례] 개발제한구역의 지정 및 관리에 관한 특별조치법(이하 '개발제한구역법'이라 한다) 제30조 제1항, 제30조의2 제1항 및 제2항의 규정에 의하면 시정명령을 받은 후 그 시정명령의 이행을 하지 아니한 자에 대하여 이행강제금을 부과할 수 있고, 그 이행강제금을 부과하기 전에 상당한 기간을 정하여 그 기한까지 이행되지 아니할 때에 이행강제금을 부과·징수한다는 뜻을 문서로 계고하여야 하므로, 이행강제금의 부과·징수를 위한 계고는 시정명령을 불이행한 경우에 취할 수 있는 절차라 할 것이고, 따라서 이행강제금을 부과·징수할 때마다 그에 앞서 시정명령 절차를 다시 거쳐야 할 필요는 없다고 보아야 한다(대판 2013. 12. 12, 2012두19137[이행강제금부과처분취소]).

③ **이행강제금의 부과:** 행정청은 의무자가 제3항에 따른 계고에서 정한 기한까지 행정상 의무를 이행하지 아니한 경우 이행강제금의 부과 금액·사유·시기를 문서로 명확하게 적어 의무자에게 통지하여야 한다(행정기본법 제31조 제4항).

행정청은 의무자가 행정상 의무를 이행할 때까지 이행강제금을 반복하여 부과할 수 있다. 다만, 의무자가 의무를 이행하면 새로운 이행강제금의 부과를 즉시 중지하되, 이미 부과한 이행강제금은 징수하여야 한다(행정기본법 제31조 제5항).

5. 이행강제금의 부과대상자

이행강제금의 부과대상자는 시정의무를 이행할 수 있는 법적 권한을 갖고 있는 자로 보는 것이 타당하다.

[판례 1] 건물에 대한 건축허가를 받은 갑이 건축 중이던 건물 및 대지를 을에게 양도하였으나 을이 명의를 변경하지 아니한 채 사용승인을 받지 않고 건물을 사용하자, 행정청이 건물에 관한 소유권보존등기 명의자인 갑에게 시정명령을 한 후 이행강제금을 부과한 사안에서, 위 처분이 부적법하다고 판단한 원심에 시정명령의 상대방인 건축주 또는 소유자 등에 관하여 법리를 오해한 위법이 있다고 한 사례(대판 2010. 10. 14, 2010두13340[이행강제금부과처분취소]).

[판례 2] 건축물의 용도변경 허가권자는 무단 용도변경을 한 행위자가 소유자 아닌 임차인이라 하더라도 소유자에게 시정명령을 할 수 있고, 위법건축물에 대한 이행강제수단으로 대집행을 하지 않고 이행강제금 부과를 내용으로 하는 처분을 하였다고 하여 위법하다고 볼 수는 없다(전주지법 2012. 4. 3, 2012구합185).

이행강제금 납부의무는 상속인 기타의 사람에게 승계될 수 없는 일신전속적인 성질의 것이므로 이미 사망한 사람에게 이행강제금을 부과하는 내용의 처분이나 결정은 당연무효이다(대결 2006. 12. 8, 2006마470).

6. 이행강제금의 강제징수

행정청은 이행강제금을 부과받은 자가 납부기한까지 이행강제금을 내지 아니하면 국세 체납처분의 예 또는 「지방행정제재·부과금의 징수 등에 관한 법률」에 따라 징수한다(행정기본법 제31조 제6항).

라면 처분사유의 추가·변경은 계쟁처분의 실체법상 적법성의 주장에 관한 소송법상 문제이다.

2) 양자의 관계

양자는 위와 같이 상호 구별되지만 서로 밀접한 관계를 갖는다. 처분사유는 처분의 이유를 이루는 것이고, 판례와 같이 처분이유의 사후제시로 인한 처분이유의 하자의 치유를 행정쟁송제기 전으로 제한하는 경우에는 소송계속 중의 처분사유의 추가·변경은 제한적으로 인정될 수밖에 없다. 즉, 이유제시제도는 처분사유의 추가·변경의 제한사유의 하나가 된다.

(2) 하자의 치유와의 구별

하자의 치유와 처분사유의 추가·변경은 처분의 적법성을 인정하는 것과 관련이 있다는 점에서는 유사하지만, 하자의 치유는 처분시의 하자를 사후보완하는 것인 데 반하여 처분사유의 추가·변경은 처분시에 하자 있는 처분을 전제로 하지 않으며 처분시에 이미 존재하던 사실이나 법을 주장하는 것인 점에서 하자의 치유와 구별된다. 또한, 하자의 치유는 처분의 하자론이라는 행정작용법의 문제이고, 처분사유의 추가·변경은 소송의 심리에 관한 소송법상의 문제이다.

(3) 사정판결사유와의 구별

처분사유는 처분의 적법성을 유지하기 위하여 주장되는 사유인데, 사정판결사유는 처분이 위법함에도 취소할 수 없는 사유라는 점에서 구별된다. 사정판결사유는 처분시 존재하던 사유일 수도 있지만, 처분 이후의 사유일 수도 있다.

(4) 위법판단 기준시와의 관계

처분사유의 추가·변경은 위법판단의 기준시에 관하여 처분시설을 취하는 경우에 문제된다. 판결시설 또는 절충설을 취하는 경우에는 피고인 처분청은 소송계속 중 처분 이후의 사실적·법적 상황을 주장할 수 있게 된다. 이것은 엄밀한 의미의 처분사유의 추가·변경은 아니지만, 처분의 정당화사유로 주장된다는 점에서 처분사유의 추가·변경과 유사하다.

(5) 처분청의 직권에 의한 처분사유의 추가·변경

처분청은 언제든지 소송과 무관하게 직권으로 처분의 처분사유를 추가변경할 수 있다. 이 경우 추가변경된 처분사유가 변경전 처분사유와 기본적 사실관계의 동일성이 없으면 처분이 변경된 것이 된다. 이 경우 계쟁처분인 종전 처분은 효력을 상실하므로 법원은 별도의 소의 이익이 없는 한 소 각하판결을 하여야 한다. 처분의 상대방은 처분변경으로 인한 소변경을 신청할 수 있다.

3. 처분사유의 추가·변경의 허용 여부

행정소송법에 소송계속 중의 처분사유의 추가·변경에 관한 **명문의 규정은 없다**. 그러나, 처분사유의 추가·변경으로 소송물의 변경이 없는 한 소송경제 및 분쟁의 일회적 해결을 위해 처분사유의 추가·변경을 인정하는 것이 판례 및 학설의 일반적 견해이다.

다만, 소송중 처분사유의 추가·변경은 원고의 방어권을 침해할 수 있으므로 일정한 한계 내에서 인정되어야 한다.

4. 처분사유의 추가·변경의 허용범위 및 한계

(1) 허용범위에 관한 학설 및 판례

처분사유의 추가·변경의 허용범위(허용의 기준)에 관하여 분쟁의 일회적 해결 및 소송경제의 요청과 원고의 방어권 보장 및 이유제시의무제도의 취지를 조화하는 선에서 제한적으로 인정되어야 한다는 견해(제한적 허용설)가 판례 및 다수견해이다.

제한적 허용설에는 기본적 사실관계 동일설, 소송물기준설, 개별적 결정설이 있다

1) 기본적 사실관계 동일설

기본적 사실관계의 동일성이 유지되는 한도 내에서 처분사유의 추가·변경을 인정한다.

2) 소송물 기준설

심판의 범위는 소송물에 한정되므로 소송물의 변경이 없는 한 처분사유의 추가·변경을 인정하는 견해이다.

3) 개별적 결정설

이 견해는 기속행위, 재량행위, 제재처분, 거부행위 등 행위의 유형 및 취소소송, 의무이행소송 등 소송의 유형에 따라 처분사유의 추가·변경의 허용범위를 달리 정하여야 한다는 견해이다(박정훈, 류지태).

처분사유의 추가·변경의 인정필요성과 제한필요성은 행위의 유형 및 소송의 유형에 따라 다르게 보는 개별적 결정설에 따르면 의무이행소송에서는 판결시를 기준으로 처분의 적법 여부에 대하여 판결하므로 처분사유의 추가·변경이 자유롭게 인정되어야 한다. 거부처분취소소송에서는 분쟁의 일회적 해결을 위하여 제재처분취소소송에서 보다 처분사유의 추가·변경이 넓게 인정될 필요가 있다. 법원의 심사권이 넓게 인정되는 기속행위에서도 분쟁의 일회적 해결을 위하여 재량행위에서 보다 처분사유의 추가·변경이 넓게 인정될 필요가 있다.

4) 판　　례

판례는 일반 항고소송의 경우 원칙상 **기본적 사실관계의 동일성이 유지되는 한도 내에서** 처분사유의 추가·변경을 인정하고 있다. 행정소송규칙은 행정청은 사실심 변론을 종결할 때까지 당초의 처분사유와 기본적 사실관계가 동일한 범위 내에서 처분사유를 추가 또는 변경할 수 있다(제9조)고 이를 명문화하고 있다.

다만, 판례에 따르면 거부처분에 대한 항고소송절차에서 처분청이 기존 처분사유와 기본적 사실관계의 동일성이 인정되지 않는 내용으로 처분사유를 추가·변경한다고 주장하는 경우, **원고가 그에**(그 실체적 당부에 관하여 해당 소송 과정에서 심리·판단하는 것에) **명시적으로 동의한다면** 법원

이 추가·변경된 처분사유의 실체적 당부에 대하여 심리·판단할 수 있고, **법원은 석명권을 행사하여, 처분상대방이 실체적 당부에 관한 법원의 판단을 구하는지에 대한 의견을 진술할 기회를 주어야 하고, 원고의 명시적인 동의 없이는 이를 처분사유로 심리할 수 없다**(대판 2024. 11. 28, 2023두61349[건축허가신청반려처분취소]). 이러한 판례는 원고의 방어권을 보장하면서도 분쟁을 일회적으로 해결할 수 있는 점에서 타당하다.

[판례] [1] 법원은, 처분상대방의 명시적 동의에 따라 처분사유의 추가·변경을 허용할 경우, 추가·변경된 거부처분사유가 당초 거부처분사유와 기본적 사실관계의 동일성이 인정되지 않더라도 처분사유 추가·변경 제한 법리에 따라 처분청의 주장을 형식적으로 배척할 것이 아니라 추가·변경된 거부처분사유의 실체적 당부에 관하여 심리·판단하여야 한다. 그 결과 추가·변경된 거부처분사유도 실체적으로 위법하여 처분을 취소하는 판결이 선고·확정되는 경우 추가·변경된 거부처분사유에 관한 법원의 판단에 대해서까지 취소판결의 기속력이 미친다고 보아야 한다. 이와 달리 처분상대방의 명시적인 동의가 없다면, 법원으로서는 처분사유 추가·변경 제한 법리의 원칙으로 돌아가 처분청의 거부처분사유 추가·변경을 허용하여서는 아니 된다. 따라서 처분청이 거부처분에 대한 항고소송에서 당초 거부처분사유와 기본적 사실관계의 동일성이 인정되지 않는 다른 거부처분사유를 주장한 것에 대하여 처분상대방이 아무런 의견을 밝히지 않고 있다면 법원은 적절하게 석명권을 행사하여 처분상대방에게 처분사유 추가·변경 제한 법리의 원칙이 그대로 적용될 것을 주장하는지, 아니면 추가·변경된 거부처분사유의 실체적 당부에 관한 법원의 판단을 구하는지에 관하여 의견을 진술할 수 있도록 기회를 주어야 한다. 그리고 법원이 기본적 사실관계가 동일하지 않은 사유의 실체적 당부에 관한 처분상대방의 명시적인 동의 없이 추가·변경된 거부처분사유를 심리·판단하여 이를 근거로 거부처분이 적법하다고 판단하는 것은 행정소송법상 직권심리주의의 한계를 벗어난 것으로 허용될 수 없다(대법원 2013. 8. 22. 선고 2011두26589 판결, 대법원 2017. 5. 17. 선고 2016두53050 판결 참조). [2] 건설폐기물 수집·운반업 허가를 받은 법인인 원고는 피고에게 기존 건축물의 용도를 자원순환관련시설(사무실)로 변경하고, 기존 건축물이 있는 대지에 자원순환관련시설인 임시보관소와 휴게소를 각 신축(이하 3개동을 통틀어 '이 사건 건축물')하겠다는 내용의 건축물용도변경허가 및 건축허가를 신청하였고(이하 통틀어 '이 사건 신청'), 피고는 ① 원고는 건설폐기물 수집·운반업체인데, 원고의 사업계획서에 의하면 이 사건 건축물에서 건설폐기물을 분리·선별·파쇄하는 중간처리업을 하겠다는 것이어서 원고의 업무영역이 아니고, ② 인근에 이미 다수의 건설폐기물 중간처리업체가 존재하여 더 이상의 건설폐기물 중간처리업체가 필요하지 않다는 이유(처분사유)로 이 사건 신청을 거부하는 처분(= 이 사건 거부처분)을 하였고, 이에 대하여 원고는 피고를 상대로 이 사건 거부처분의 취소를 청구하였고, 제1심은 피고가 이 사건 거부처분의 근거로 든 처분사유는 장래의 건설폐기물법상 처분절차에서 거부처분의 근거로 들 수 있는 사유는 될 수 있을지언정 건축법상 건축물용도변경허가 및 건축허가 신청을 거부할 수 있는 정당한 사유는 될 수 없다고 보아 이 사건 거부처분이 위법하다고 판단하였고, 이에 대하여 피고가 항소하였고, 원심에서 원심은 쌍방 당사자에게 대법원 2019두31839 판결의 법리를 검토하여 주장을 정리하라는 내용으로 석명권을 행사하였고, 피고는 건축법상 건축허가절차에서 「국토의 계획 및 이용에 관한 법률」(이하 '국토계획법')상 개발행위허가기준 충족 여부까지 심리·판단하여 만약 국토계획법상 개발행위허가를 발급할 수 없다면 건축법상 건축허가도 발급하여서는 아니 된다는 위 대법원 2019두31839 판결의 법리를 근거로, 여러 사정을 종합하면 원고의 사업계획은 국토계획법상 개발행위허가기준을 충족하지 못한다고 봄이 타당하고, 이를 이유로 이 사건 신청을 거부하는 것은 적법하다고 주장하였는데(이러한 처분사유를 추가하였는데), 원심은 ① 피고가 추가로 주장한 처분사유는 이 사건 거부처분의 근거법령을 국토계획법 제58조 제1항 제4호로 추가·변경하는 것에 불과하거나 당초 처분사유와 기본적 사실관계가 동일한 사유를 관점만 달리하여 제시하는 것에 불과하므로 허용되는 처분사유의 추가·변경에 해당한다고 판단한 다음, ② 피고가 들고 있는 여러 사정들을 종합하여, 이 사건 건축물이 '주변환경과의 조화'나 '환경오염 발생 우려가 없을 것'이라는 국토계획법상 개발행위허가기준을 충족하였다고 보기 어렵다고 보아, 이 사

건 거부처분에 재량권을 일탈·남용한 위법이 없다고 판단하였는데, 대법원은 위와 같은 법리를 설시하면서, ① 피고가 당초 내세운 거부처분사유와 추가로 주장한 거부처분사유는 그 기초가 되는 사회적 사실관계의 동일성을 인정하기 어렵고, ② 원심이 원고에게 추가로 주장한 거부처분사유의 실체적 당부에 관한 법원의 판단을 구하는지 등 이에 관한 원고의 분명한 의사를 진술하도록 기회를 부여한 것으로 보이지 않으며, ③ 원고가 이 사건 원심 소송절차에서 그 실체적 당부에 관하여 심리·판단하는 데 명시적으로 동의하지 않았다고 볼 여지가 큰 점을 종합하면, 피고가 원심 소송절차에서 이 사건 건축물 인근에는 초·중·고등학교와 대단지 아파트가 존재하여 임시보관장소 설치로 인하여 야기될 수 있는 생활상·환경상 피해가 크다는 내용을 이 사건 거부처분의 사유로 추가하는 것은 원고의 방어권을 침해하는 것으로 처분사유 추가·변경 제한 법리에 따라 허용된다고 보기 어렵다고 본 사례(대판 2024. 11. 28, 2023두61349[건축허가신청반려처분취소]). 〈해설〉 1) 1심 판결은 타당하다. 2) 피고가 당초 내세운 거부처분사유와 원심(항소심)에서 추가로 주장한 거부처분사유는 그 기초가 되는 사회적 사실관계의 동일성을 인정하기 어렵다. 3) 이 사건은 처분사유 추가·변경 제한 법리의 예외에 해당하지 않는다.

5) 결어(소송물기준설)

생각건대, 분쟁의 일회적 해결과 소송경제를 위해 소송물의 변경이 없는 한 처분사유의 추가 변경을 인정하는 **소송물기준설**이 타당하다. 그런데, 일반 항고소송의 경우 소송물을 '처분의 위법성 일반'으로 보고, 처분사유가 변경되면 처분도 변경된다는 견해를 취하면 **'기본적 사실관계의 동일성 기준설'과 '소송물 기준설'은 결과적으로 동일한 결론에 이른다.**

그러나, 조세항고소송에서의 소송물은 처분의 위법성이 아니라 '정당한 세액의 객관적 존부'이므로 조세항고소송에서는 소송물의 범위내에서는 기본적 사실관계의 동일성이라는 제한없이 처분사유의 추가·변경이 인정된다(판례).

[판례] 과세처분의 무효확인소송에서 처분사유의 교환·변경 가부(한정 적극): 과세처분의 무효확인소송에서 소송물은 객관적인 조세채무의 존부확인이므로, 과세관청은 소송 중이라도 사실심 변론종결 시까지 해당 처분에서 인정한 과세표준 또는 세액의 정당성을 뒷받침하기 위하여 처분의 동일성이 유지되는 범위 내에서 처분사유를 교환·변경할 수 있다(대판 2023. 6. 29, 2020두46073).

이렇게 본다면 **판례는 소송물기준설을 택하고 있다고 볼 수도 있다.**

(2) 판례에 따른 허용기준 및 한계의 내용

아래에서는 처분사유의 추가·변경에 대한 허용기준 및 한계를 **판례**를 중심으로 살펴보기로 한다.

1) 일반 항고소송의 경우 기본적 사실관계의 동일성이 유지될 것

판례는 일반 항고소송의 경우 당초의 처분사유와 기본적인 사실관계의 동일성이 인정되는 범위 내에서는 처분사유의 추가 또는 변경이 가능하다고 판시하고 있고(대판 1992. 2. 14, 91누3895[토지형질변경불허가처분취소]), 학설도 대체로 이에 찬동하고 있다.

① 근 거: 처분사유의 추가·변경을 기본적 사실관계에 있어서의 동일성이 유지되는 한도 내에서만 인정하는 것은 행정처분 상대방의 방어권 보장을 위함이다.

[판례] [1] 기본적 사실관계와 동일성이 인정되지 않는 별개의 사실을 들어 처분사유로 주장하는 것이 허용되지 않는다고 해석하는 이유는 행정처분의 상대방의 방어권을 보장함으로써 실질적 법치주의를 구현하고 행정처분의 상대방에 대한 신뢰를 보호하고자 함에 그 취지가 있다. [2] 추가 또는 변경된 사유가 당초의 처분시 그 사유를 명기하지 않았을 뿐 처분시에 이미 존재하고 있었고 당사자도 그 사실을 알고 있었다 하여 당초의 처분사유와 동일성이 있는 것이라 할 수 없다(대판 2003. 12. 11, 2001두8827[정보공개청구거부처분취소]).

② **판단기준**: '기본적인 사실관계의 동일성'은 처분사유를 법률적으로 평가하기 이전의 구체적인 사실에 착안하여 그 기초가 되는 사회적 사실관계가 기본적인 점에서 동일한지 여부에 따라 판단한다(대판 1988. 1. 19, 87누603; 2007. 7. 27, 2006두9641).

③ **법적 근거의 변경의 문제**: 처분의 법적 근거가 변경됨으로써 처분의 사실관계가 변경되고, 사실관계의 기본적 동일성이 인정되지 않는 경우에는 처분의 법적 근거의 변경이 인정될 수 없다(대판 2001. 3. 23, 99두6392: 의료보험요양기관 지정취소처분의 당초의 처분사유인 구 의료보험법 제33조 제1항이 정하는 본인부담금 수납대장을 비치하지 아니한 사실과 항고소송에서 새로 주장한 처분사유인 같은 법 제33조 제2항이 정하는 보건복지부장관의 관계서류 제출명령에 위반하였다는 사실은 기본적 사실관계의 동일성이 없다고 한 사례).

그러나, 처분의 사실관계에 변경이 없는 한 적용법령(처분의 근거규정)만을 추가하거나 변경하는 것은 항상 가능하고 법원은 추가·변경(追加·變更)된 법령에 기초하여 처분의 적법 여부를 판단할 수 있다. 처분의 법적 근거가 변경됨으로써 처분의 사실관계가 변경되고, 사실관계의 기본적 동일성이 인정되지 않는 경우에는 처분의 법적 근거의 변경이 인정될 수 없다.

[판례 1] 자동차운송사업면허취소처분의 취소를 구하는 소송계속 중 헌법재판소의 위헌결정으로 인하여 처분의 당초 근거규정인 구 여객자동차운수사업법(2000. 12. 30. 법률 제6335호로 개정되기 전의 것) 제76조 제1항 단서(면허등록·취소를 기속행위로 규정) 중 제8호(명의이용금지 위반)가 그 효력을 상실하자 처분청이 명의이용금지(지입제 경영관행을 근절함으로써 운송사업에 관한 질서를 확립하고, 여객의 원활한 운송과 운송서비스의 개선을 위한 것) 위반의 기본적 사실관계(명의이용)는 변경하지 아니한 채 효력이 유지되고 있는 같은 법 제76조 제1항 본문(면허·등록취소를 재량행위로 규정) 및 제8호로 그 법률상 근거를 적법하게 변경한 경우, 위 처분이 법률의 근거가 없는 위법한 처분이라고 할 수 없다고 한 사례(대판 2005. 3. 10, 2002두9285[자동차운송사업면허취소처분취소]).

[판례 2] 처분청이 처분 당시에 적시한 구체적 사실을 변경하지 아니하는 범위 내에서 단지 그 처분의 근거법령만을 추가·변경하거나 당초의 처분사유를 구체적으로 표시하는 것에 불과한 경우에는 새로운 처분사유를 추가하거나 변경하는 것이라고 볼 수 없다(대판 2008. 2. 28, 2007두13791, 13807[부정당업자제재처분취소]).

[판례 3] [1] **처분청이 처분 당시 적시한 구체적 사실을 변경하지 아니하는 범위 내에서 처분의 근거 법령만을 추가·변경하는 것이 허용되는지 여부(원칙적 적극) 및 처분의 근거 법령 변경이 허용되지 아니하는 경우**: 행정처분이 적법한지는 특별한 사정이 없는 한 처분 당시 사유를 기준으로 판단하면 되고, 처분청이 처분 당시 적시한 구체적 사실을 변경하지 아니하는 범위 내에서 단지 처분의 근거 법령만을 추가·변경하는 것은 새로운 처분사유의 추가라고 볼 수 없으므로 이와 같은 경우에는 처분청이 처분 당시 적시한 구체적 사실에 대하여 처분 후 추가·변경한 법령을 적용하여 처분의 적법 여부를 판단하여도 무방하다. 그러나 처분의 근거 법령을 변경하는 것이 종전 처분과 동일성을 인정할 수 없는 별개의 처분을 하는 것과 다름 없는 경우에는 허용될 수 없다. [2] 행정청이 점용허가를 받지 않고 도로를 점용한 사람에 대하여 도로법 제94조에 의한 변상금 부과처분을 하였다가 처분에 대한 취소소송이 제기된 후 해당 도로가 도로법의 적용을 받는 도로에 해당하지 않을 경우

를 대비하여 처분의 근거 법령을 도로의 소유자가 국가인 부분은 구 국유재산법(2009. 1. 30. 법률 제9401호로 전부 개정되기 전의 것, 이하 같다) 제51조와 그 시행령 등으로, 소유자가 서울특별시 종로구인 부분은 구 공유재산 및 물품관리법(2010. 2. 4. 법률 제10006호로 개정되기 전의 것, 이하 같다) 제81조와 그 시행령 등으로 변경하여 주장한 사안에서, 도로법과 구 국유재산법령 및 구 공유재산 및 물품관리법령의 해당 규정은 별개 법령에 규정되어 입법 취지가 다르고, 해당 규정내용을 비교하여 보면 변상금의 징수목적, 산정 기준금액, 징수재량 유무, 징수절차 등이 서로 달라 위와 같이 근거 법령을 변경하는 것은 종전 도로법 제94조에 의한 변상금 부과처분과 동일성을 인정할 수 없는 별개의 처분을 하는 것과 다름 없어 허용될 수 없으므로, 이와 달리 판단한 원심판결에 법리를 오해한 위법이 있다고 한 사례(대판 2011. 5. 26, 2010두28106[변상금부과처분취소]).

[판례 4] [1] 처분사유에 기존 '건축법 제11조 위반'에서 '건축법 제20조 제3항 위반'을 추가하는 것은 당초의 처분사유와 기본적 사실관계가 동일하지 아니한 새로운 처분사유를 추가하는 것으로서 허용되지 않는다. [2] 원고가 부지 지상에 컨테이너를 설치하여 창고임대업을 영위한 것과 관련하여 피고가 '위 컨테이너가 건축법(2019. 4. 23. 법률 제16380호로 개정되기 전의 것) 제2조 제1항 제2호의 건축물에 해당함에도 같은 법 제11조에 따른 건축허가를 받지 아니하고 이를 건축하였다'는 이유로 원상복구 시정명령 및 계고처분을 하였는데, 원심에 이르러 건축법 제20조 제3항 위반을 처분사유로 추가하는 것은 당초의 처분사유와 기본적 사실관계가 동일하지 않아 허용되지 않는다(대판 2021. 7. 29, 2021두34756).

[판례 5] 시외버스(공항버스) 운송사업을 하는 甲 주식회사가 청소년요금 할인에 따른 결손 보조금의 지원대상이 아님에도 청소년 할인 보조금을 지급받음으로써 '부정한 방법으로 보조금을 지급받은 경우'에 해당한다는 이유로, 관할 시장이 보조금을 환수(처분)하고 구 경기도 여객자동차 운수사업 관리 조례 제18조 제4항(기속규정)을 근거로 보조금 지원 대상 제외처분을 하였다가 처분에 대한 취소소송에서 구 지방재정법 제32조의8 제7항(재량규정)을 처분사유로 추가한 사안에서, 시장이 위 처분의 근거 법령을 추가한 것은 근거법령의 추가를 통하여 위 제외처분의 성질이 기속행위에서 재량행위로 변경되는 점, 그로 인하여 원고의 방어권을 침해하는 것으로 볼 수 있는 점 등에 비추어 기본적 사실관계의 동일성이 인정되지 않는 별개의 사실을 들어 주장하는 것으로서 처분사유 추가·변경이 허용되지 않는다고 한 사례(대판 2023. 11. 30, 2019두38465[보조금환수및재정지원제외처분취소]). 〈참고〉 이 사건 소송에 이르러 이 사건 제외처분의 근거 법령을 당초의 기속행위에 관한 규정에서 재량행위에 관한 규정으로 변경하거나 재량행위에 관한 규정을 추가하였다는 사정은 피고 스스로 이 사건 제외처분으로 달성하려는 공익과 그로써 원고가 입게 되는 불이익의 내용과 정도 등을 전혀 비교형량하지 않았다는 것을 의미하고, 이러한 재량권 불행사는 그 자체로 재량권 일탈·남용에 해당하여 해당 처분을 취소하여야 할 위법사유가 된다(대판 2019. 7. 11, 2017두38874 등 참조).

사회적 사실관계의 기본적 동일성이 인정되는 경우라고 하더라도 그에 대한 규범적 평가와 처분의 근거 법령의 변경으로, 예를 들어 **기속행위가 재량행위로 변경되는 경우와 같이, 당초 처분의 내용을 변경할 필요성이 제기되는 경우에는** 해당 처분을 취소한 후 처분청으로 하여금 다시 처분절차를 거쳐 새로운 처분을 하도록 하여야 할 것이지 당초 처분의 내용을 그대로 유지한 채 **근거 법령만 추가·변경하는 것은 허용될 수 없다**(대판 2024. 11. 28, 2023두61349).

④ 단지 처분사유를 구체적으로 표시하거나 설명하는 것은 처분사유의 추가변경이 아니다(판례).

[판례 1] 피고는 처분서에 처분사유로 '과다소각'이라고만 기재하였을 뿐, 어떤 방법으로 과다소각을 한 경우인지를 구체적으로 기재하지는 않았음. 피고가 소송에서 '원고는 무단 증설하여 과다소각한 경우'라고 주장하였는데, 원심은 이것이 허용되지 않는 처분사유의 추가·변경에 해당한다고 판단하여 곧바로 배척하였음. 그러나 대법원은 관련 수사 결과, 이에 따른 피고의 사전통지와 원고가 제출한 의견서의 내용 등을 종합하면, '원고가 무단 증설하여 과다소각하였다'는 위반행위가 '당초 처분사유'이고 원고는 '당초 처분사유'를 알면서도 처분사유 자체는 시인하고 처분양정이 과중하다는 의견만을 제시하였을 뿐이며 그에 불복하여 방어권을 행사하는 데에 지장은 없었으므로, 피고의 소송상 주장은 허용되지 않는 처분사유의 추가·변경이 아니라 '당초 처분사

유'를 구체적으로 설명한 것에 불과하다고 판단하여 파기환송한 사례(대판 2020. 6. 11, 2019두49359).

[판례 2] 행정청이 폐기물처리사업계획서 부적합 통보를 하면서 처분서에 불확정개념으로 규정된 법령상의 허가기준 등을 충족하지 못하였다는 취지만을 간략히 기재하였다면, 부적합 통보에 대한 취소소송절차에서 행정청은 그 처분을 하게 된 판단 근거나 자료 등을 제시하여 구체적 불허가사유를 분명히 하여야 한다. 이러한 경우 재량행위인 폐기물처리사업계획서 부적합 통보의 효력을 다투는 원고로서는 행정청이 제시한 구체적인 불허가사유에 관한 판단과 근거에 재량권 일탈·남용의 위법이 있음을 밝히기 위하여 소송절차에서 추가적인 주장을 하고 자료를 제출할 필요가 있다(대판 2019. 12. 24, 2019두45579).

[판례 3] '원고가 2011. 8. 8.부터 2011. 11. 24.까지 폐수처리에 필요하지 아니한 배관을 설치하여 배출허용기준을 초과한 수질오염물질을 배출하였다'는 사유(이하 '당초 처분사유'라고 한다)로 이 사건 영업정지처분을 한 후 소송절차에서 '원고가 위반행위 기간 중 폭기조에 새로 임시호스와 가지관을 설치하여 폐수를 무단 배출하였다'는 사유(이하 '추가된 처분사유'라고 한다)를 추가로 주장한 사실에서 추가된 처분사유 중 '새로 임시호스와 가지관을 설치하여'라는 부분은 당초 처분사유 중 '폐수처리에 필요하지 아니한 배관을 설치하여'라는 부분을 구체적으로 표시하는 것에 불과하고 당초의 처분사유와 기본적 사실관계와 동일성이 없는 별개의 또는 새로운 처분사유를 추가하는 것이라고 할 수 없다고 한 사례(대판 2015. 6. 11, 2015두752).

2) 추가·변경사유의 기준시

위법판단의 기준시에 관하여 처분시설을 취하는 경우 위법성 판단은 처분시를 기준으로 하므로 추가사유나 변경사유는 **처분시에 객관적으로 존재하던 사유**이어야 한다.

처분 이후에 발생한 새로운 사실적·법적 사유를 추가변경할 수는 없다. 이 경우 처분청은 사정변경을 이유로 계쟁처분을 직권취소하고, 이를 대체하는 처분을 할 수 있고, 이 경우 계쟁처분은 취소된 것이 되므로 당초의 처분에 대한 취소소송은 소의 이익을 상실하고, 원고는 처분변경으로 인한 소변경을 신청할 수 있다.

[판례] 행정청이 영업 허가신청 반려처분의 취소를 구하는 소의 계속 중, 사정변경을 이유로 위 반려처분을 직권취소함과 동시에 위 신청을 재반려하는 내용의 재처분을 한 경우, 당초의 반려처분의 취소를 구하는 소는 취소되어 더 이상 존재하지 않는 행정처분을 대상으로 한 취소소송이 되므로 더 이상 소의 이익이 없게 된다(대판 2006. 9. 28, 2004두5317[분뇨 등 관련영업허가신청반려처분취소]).

위법판단의 기준시에 관하여 판결시설을 취하면 처분청은 소송계속 중 처분 이후에 발생한 새로운 사실적·법적 상황을 주장할 수 있게 된다. 이것은 엄밀한 의미의 처분사유의 추가·변경은 아니지만, 처분의 정당화사유로 주장된다는 점에서 처분사유의 추가·변경과 유사하다.

3) 소송물의 범위 내일 것(처분의 동일성이 유지될 것)

심판의 범위는 소송물에 한정되므로 처분사유의 추가·변경은 취소소송의 소송물의 범위 내에서만 가능하다. 달리 말하면, 처분사유의 추가·변경은 **처분의 동일성**이 유지되는 한도 내에서만 인정된다.

일반 항고소송의 경우 소송물은 '**처분**의 위법성 일반'이다. 그리고, 판례는 기본적 사실관계의 동일성이 유지되는 한 처분사유의 추가·변경으로 처분이 변경되는 것으로 보지 않고, 기본적 사실관계의 동일성이 없는 처분사유의 추가·변경은 처분의 변경으로 본다. 그러므로 일반 항고소송에서의 처분사유의 추가·변경에 있어서 '기본적 사실관계의 동일성 기준설'과 '소송물 기준설'은 결과적으로 동일한 결론에 이른다.

[판례] [1] 처분청이 처분 당시 적시한 구체적 사실을 변경하지 아니하는 범위 내에서 처분의 근거 법령만을 추가 · 변경하는 것이 허용되는지 여부(원칙적 적극) 및 처분의 근거 법령 변경이 허용되지 아니하는 경우: 행정처분이 적법한지는 특별한 사정이 없는 한 처분 당시 사유를 기준으로 판단하면 되고, 처분청이 처분 당시 적시한 구체적 사실을 변경하지 아니하는 범위 내에서 단지 처분의 근거 법령만을 추가·변경하는 것은 새로운 처분사유의 추가라고 볼 수 없으므로 이와 같은 경우에는 처분청이 처분 당시 적시한 구체적 사실에 대하여 처분 후 추가·변경한 법령을 적용하여 처분의 적법 여부를 판단하여도 무방하다. 그러나 처분의 근거 법령을 변경하는 것이 종전 처분과 동일성을 인정할 수 없는 별개의 처분을 하는 것과 다름 없는 경우에는 허용될 수 없다. [2] 행정청이 점용허가를 받지 않고 도로를 점용한 사람에 대하여 도로법 제94조에 의한 변상금 부과처분을 하였다가, 처분에 대한 취소소송이 제기된 후 해당 도로가 도로법 적용을 받는 도로에 해당하지 않을 경우를 대비하여 처분의 근거 법령을 구 국유재산법 제51조와 그 시행령 등으로 변경하여 주장한 사안에서, 도로법과 구 국유재산법령 및 구 공유재산 및 물품관리법령의 해당 규정은 별개 법령에 규정되어 입법 취지가 다르고, 해당 규정내용을 비교하여 보면 변상금의 징수목적, 산정 기준금액, 징수 재량 유무, 징수절차 등이 서로 달라 위와 같이 근거 법령을 변경하는 것은 종전 도로법 제94조에 의한 변상금 부과처분과 동일성을 인정할 수 없는 별개의 처분을 하는 것과 다름 없어 허용될 수 없으므로, 이와 달리 판단한 원심판결에 법리오해의 위법이 있다고 한 사례(대판 2011. 5. 26, 2010두28106[변상금부과처분취소]).

4) 사실심변론종결시 이내일 것

행정청의 처분사유의 추가·변경은 사실심 변론종결시까지만 허용된다.

[판례] 취소소송에서 행정청의 처분사유의 추가 · 변경 시한(=사실심 변론종결시): 행정청은 기본적 사실관계의 동일성이 있다고 인정되는 한도 내에서만 다른 처분사유를 추가, 변경할 수 있다고 할 것이나 이는 사실심 변론종결시까지만 허용된다(대판 1999. 8. 20, 98두17043: 원고가 이주대책신청기간이나 소정의 이주대책실시(시행)기간을 모두 도과하여 실기한 이주대책신청을 하였으므로 원고에게는 이주대책을 신청할 권리가 없고, 사업시행자가 이를 받아들여 택지나 아파트공급을 해 줄 법률상 의무를 부담한다고 볼 수 없다는 피고의 상고이유의 주장은 원심에서는 하지 아니한 새로운 주장일 뿐만 아니라 사업지구 내 가옥 소유자가 아니라는 이 사건 처분사유와 기본적 사실관계의 동일성도 없으므로 적법한 상고이유가 될 수 없다고 한 사례).

5. 구체적 사례

(1) 기본적 사실관계의 동일성을 부정한 사례

1) 거부처분사유의 추가·변경 [2025 행시]

[판례 1] 충전소설치허가신청에 대하여 처분청이 첫째로, 충전소설치 예정지의 인근주민들이 충전소설치를 반대하고, 둘째로 위 전라남도 고시에 자연녹지의 경우 충전소의 외벽으로부터 100미터 내에 있는 건물주의 동의를 받도록 되어 있는데 그 설치예정지로부터 80미터에 위치한 전주 이씨 제각 소유주의 동의가 없다는 이유로 이를 반려하였는데, 처분청이 상고심에서 충전소설치 예정지역 인근도로가 낭떠러지에 접한 S자 커브의 언덕길로 되어 있어서 교통사고로 인한 충전소폭발의 위험이 있어 허가하지 아니하였다는 주장을 하는 것은 피고 처분청이 당초 위 반려처분의 근거로 삼은 사유와는 그 기본적 사실관계에 있어서 동일성이 인정되지 아니하는 별개의 사유라 할 것이므로 이제 와서 이를 들어 원고의 신청이 허가요건을 구비하지 아니하였다고 내세울 수 없다(대판 1992. 5. 8, 91누13274[엘피지충전소허가처분취소]).

[판례 2] 이주대책대상자 선정신청을 한 자에 대하여 사업지구 내 가옥 소유자가 아니라는 이유로 거부처분을 한 후에 이주대책 신청기간이나 소정의 이주대책 실시기간을 모두 도과하여 실기한 이주대책신청을 하였으므로 원고에게는 이주대책을 신청할 권리가 없고, 사업시행자가 이를 받아 들여 택지나 아파트공급을 해 줄 법률상 의무를 부담한다고 볼 수 없다는 피고(처분청)의 상고이유의 주장은 사업지구 내 가옥 소유자가 아니라는 이 사건 처분사유와 기본적 사실관계의 동일성도 없으므로 적법한 상고이유가 될 수 없다(대판 1999. 8. 20, 98두17043[단독주택용지조성원가공급거부처분취소]).

[판례 3] 온천으로서의 이용가치, 기존의 도시계획 및 공공사업에의 지장 여부 등을 고려하여 이 사건 온천발견신고수리를 거부한 것은 적법하다는 취지의 피고의 주장은 … 규정온도가 미달되어 온천에 해당하지 않는다는 당초의 이 사건 처분사유와는 기본적 사실관계를 달리하여 … 이를 거부처분의 사유로 추가할 수는 없다(대판 1992. 11. 24, 92누3052[온천발견신고수리거부처분취소]).

[판례 4] 석유판매업허가신청에 대하여 관할 군부대장의 동의를 얻지 못하였다는 당초의 불허가 이유에다 소송에서 위 토지가 탄약창에 근접한 지점에 있어 공익적인 측면에서 보아 허가신청을 불허한 것은 적법하다는 것을 불허가사유로 추가할 수 없다고 본 사례(대판 1991. 11. 8, 91누70[석유판매업불허가처분취소]).

[판례 5] 처분사유로 추가한 정보공개법 제 7 조 제 1 항 제 5 호의 사유와 당초의 처분사유인 같은 항 제 4 호 및 제 6 호의 사유는 기본적 사실관계가 동일하지 않다(대판 2003. 12. 11, 2001두8827[정보공개청구거부처분취소]).

[판례 6] 같은 국가유공자 비해당결정이라도 그 사유가 공무수행과 상이 사이에 인과관계가 없다는 것과 본인 과실이 경합되어 있어 지원대상자에 해당할 뿐이라는 것은 기본적 사실관계의 동일성이 없다고 보아야 한다(대판 2013. 8. 22, 2011두26589[국가유공자비해당결정처분취소]).

[판례 7] "공사용 가설건축물이 더 이상 공사용으로 사용되지 않고 있다."라는 사유는 "대지에 관한 일부 공유지분권자의 대지사용승낙서가 제출되지 않았다."라는 당초의 처분(가설건축물연장연장신고 수리거부처분) 사유와 기본적 사실관계에서 동일성이 인정된다고 보기 어렵다. 따라서 피고가 이를 새로운 처분사유로 추가하는 것은 허용되지 않는다(대판 2018. 1. 25, 2015두35116[가설건축물존치기간연장신고반려처분취소등]).

2) 제재처분사유인 법령위반사유의 추가·변경

[판례 1] 의료보험요양기관 지정취소처분의 당초의 처분사유인 구 의료보험법 제33조 제 1 항이 정하는 본인부담금 수납대장을 비치하지 아니한 사실과 항고소송에서 새로 주장한 처분사유인 같은 법 제33조 제 2 항이 정하는 보건복지부장관의 관계서류 제출명령에 위반하였다는 사실은 기본적 사실관계의 동일성이 없다(대판 2001. 3. 23, 99두6392[의료보험요양기관지정취소처분취소]). 〈해설〉 처분청은 보건복지부장관의 관계서류 제출명령에 위반하였다는 사실을 처분사유로 하여 별개의 새로운 의료보험요양기관 지정취소(강학상 철회)처분을 할 수 있다.

[판례 2] '용도변경허가를 받지 않고 문화집회시설군에 속하는 위락시설[건축법 시행령 제14조 제 5 항 제 4 호 (다)목]의 일종인 무도학원으로 용도변경을 하였다.'는 건축물의 불법용도 변경에 대한 시정명령의 당초 처분사유와 '용도변경허가[일반업무시설(사무실) 부분]를 받거나 신고[교육연구시설(직업훈련소) 부분]하는 절차를 거치지 않고 근린생활시설군에 속하는 제 2 종 근린생활시설[같은 항 제 7 호 (나)목]의 일종인 학원으로 용도변경을 하였다.'는 추가된 처분사유는 위반행위의 내용(건축물의 실제 사용 용도)이 다르고 그에 따라 용도변경을 위하여 거쳐야 하는 절차, 변경하려는 용도의 건축기준, 용도변경 허용가능성이 달라지므로 기본적 사실관계의 동일성이 인정되지 않는다고 보아야 한다(대판 2020. 12. 24, 2019두55675[학원등록거부처분등취소청구의소]).

3) 징계사유(제재처분사유)의 추가·변경

징계처분이나 제재처분의 경우에는 징계사유(비위사실)나 제재사유(법위반사실)가 변경되면 원칙상 내용의 변경이 없어도 처분이 변경되는 것으로 보아야 한다. 다만, 징계처분사유와 동일성을 가지는 범위 내에서는 처분사유의 추가가 인정될 수 있다.

징계사유나 제재사유의 변경 없이 재량고려사항만 추가·변경하는 것은 처분의 변경이 아니라고 보아야 한다. 징계사유나 제재사유의 변경 없이 재량고려사항만 추가·변경하는 것은 처분의 기본적 사실관계에 변경을 가져오지 않기 때문이다.

[판례] 구청위생과 직원인 원고가 이 사건 당구장이 정화구역 외인 것처럼 허위표시를 함으로써 정화위원회의심의를 면제하여 허가처분하였다는 당초의 징계사유와 정부문서규정에 위반하여 이미 결제된 당구장허가처분서류의 도면에 상사의 결제를 받음이 없이 거리표시를 기입하였다는 원심인정의 비위사실과는 기본적 사실관계가 동일하지 않다(대판 1983. 10. 25, 83누396[감봉처분취소]).

4) 침해적 처분사유의 추가·변경

[판례] 입찰참가자격을 제한시킨 당초의 처분사유인 정당한 이유 없이 계약을 이행하지 않은 사실과 항고소송에서 새로 주장한 계약의 이행과 관련하여 관계 공무원에게 뇌물을 준 사실은 기본적 사실관계의 동일성이 없다고 한 사례(대판 1999. 3. 9, 98두18565[부정당업자제재처분취소]).

(2) 기본적 사실관계의 동일성을 인정한 사례

1) 처분의 사실관계에 변경 없는 처분의 근거법령만의 추가·변경

[판례] 주취 중 운전으로 교통사고를 내어 개인택시운송사업면허의 기본요건인 원고의 자동차운전면허가 취소되었음을 이유로 원고에 대한 이 사건 개인택시운송사업면허취소처분을 하면서 처음에는 그것이 자동차운수사업법 제31조 제1항 제3호 소정의 면허취소사유(공공복리 위반)에 해당한다고 보아 같은 법조를 적용하였다가 그 후 그 구체적 사실은 변경하지 아니한 채 적용법조로 같은 법 제31조와 같은 법 시행규칙 제15조(개인택시운송사업면허요건규정 불비)를 추가하여 원고에게 통고한 사실이 인정되는바, 사실이 위와 같다면 피고가 이 사건 운송사업면허의 취소사유로 삼은 것은 개인택시운송사업면허의 기본요건인 원고의 자동차운전면허가 취소되었다는 점이고 피고가 처분 후에 적용법조를 추가하여 통고한 것은 단순한 법령적용의 오류를 정정한 것일 뿐 그에 의하여 취소사유를 달리하는 것은 아니라 할 것이므로 원심으로서는 처분당시에 적시한 구체적 사실인 원고의 자동차운전면허가 취소된 점에 관하여 피고가 처분 후에 추가로 통고한 근거법령을 적용하여 이 사건 취소처분의 적법여부를 판단하여야 할 것이다(대판 1988. 1. 19, 87누603[개인택시운송사업면허취소처분취소]).

2) 법령 위반사유의 추가·변경

[판례] 지입제 운영행위에 대하여 자동차운송사업면허를 취소(철회)한 행정처분에 있어서 당초의 취소근거로 삼은 구 자동차운수사업법 제26조(명의의 유용금지)를 위반하였다는 사유와 직영으로 운영하도록 한 면허조건(부관)을 위반하였다는 사유는 기본적 사실관계에 있어서 동일하다(대판 1992. 10. 9, 92누213[운송사업면허일부취소처분취소]). 〈해설〉 명의를 유용했다는 기본적 사실관계는 동일하다.

3) 거부처분사유의 추가·변경

[판례 1] 갑이 '사실상의 도로'로서 인근 주민들의 통행로로 이용되고 있는 토지를 매수한 다음 2층 규모의 주택을 신축하겠다는 내용의 건축신고서를 제출하였으나, 구청장이 '위 토지가 건축법상 도로에 해당하여 건축을 허용할 수 없다'는 사유로 건축신고수리 거부처분을 하자 갑이 처분에 대한 취소를 구하는 소송을 제기하였는데, 1심법원이 위 토지가 건축법상 도로에 해당하지 않는다는 이유로 갑의 청구를 인용하는 판결을 선고하자 구청장이 항소하여 '위 토지가 인근 주민들의 통행에 제공된 사실상의 도로인데, 주택을 건축하여 주민들의 통행을 막는 것은 사회공동체와 인근 주민들의 이익에 반하므로 갑의 주택 건축을 허용할 수 없다'는 주장을 추가한 사안에서, 당초 처분사유와 구청장이 원심에서 추가로 주장한 처분사유는 위 토지상의 사실상 도로의 법적 성질에 관한 평가를 다소 달리하는 것일 뿐, 모두 토지의 이용현황이 '도로'이므로 거기에 주택을 신축하는 것은 허용될 수 없다는 것이므로 기본적 사실관계의 동일성이 인정되고, 위 토지에 건물이 신축됨으로써 인근 주민들의 통행을 막지 않도록 하여야 할 중대한 공익상 필요가 인정되고 이러한 공익적 요청이 갑의 재산권 행사보다 훨씬 중요하므로, 구청장이 원심에서 추가한 처분사유는 정당하여 결과적으로 위 처분이 적법한 것으로 볼 여지가 있음에도 이와 달리 본 원심판단에 법리를 오해한 잘못이 있다고 한 사례(대판 2019. 10. 31, 2017두74320).

[판례 2] 동래구청장은 원고가 제출한 이 사건 허가신청에 대하여 관계법 및 부산시 고시 동래구 허가기준에 의거 검토한 결과 허가기준에 맞지 않아 허가신청을 반려한다고 하였는바 그 취지는 다른 허가기준에는 들어맞으나 소론과 같은 액화석유가스판매업 허가기준 보완시행 안에 정하여진 허가기준에 맞지 아니하여 허가신청을 반려한다는 의미라고 할 수는 없고 위에서 본 모든 허가기준에 의거하여 검토한 결과 그 허가기준(원고에 대하여는 이격거리에 관한 허가기준을 나타내는 것이라 함은 위에서 본 바와 같다)에 맞지 아니하여 반려한다는 것으로 이해되는 바이니 피고가 이 사건에서 이격거리 기준위배를 반려사유로 주장하는 것은 그 처분의 사유를 구체적으로 표시하는 것이지 당초의 처분사유와 기본적 사실관계와 동일성이 없는 별개의 또는 새로운 처분사유를 추가하거나 변경하는 것이라고 할 수는 없다(대판 1989. 7. 25, 88누11926[액화석유가스판매사업불허처분취소]).

[판례 3] 피고가 당초 이 사건 거부처분의 근거와 이유로 삼은 사유는 이 사건 신청이 준농림지역에서의 행위제한사항에 해당한다는 것이고, 피고가 이 사건 소송에서 추가로 주장한 사유는 준농림지역의 경우 원칙적으로 일정 규모 이상의 토지이용행위를 제한하여 환경의 보전을 도모하는 지역으로서 부지면적 30,000㎡ 미만의 개발은 허용된다고 하더라도 환경오염의 우려가 있거나 자연환경의 보전 및 토지의 합리적인 이용이라는 법의 입법 취지에 부합하는 한도 내에서만 허용된다고 할 것인데, 원고들이 추진하고자 하는 사업은 비교적 대규모의 전원주택의 부지조성사업으로서 위와 같은 법의 취지에 반하여 이를 허용할 수 없다는 것이므로, 그 내용이 모두 이 사건 임야가 준농림지역에 위치하고 있다는 점을 공통으로 하고 있을 뿐 아니라 그 취지 또한 자연환경의 보전을 위하여 개발행위를 제한할 필요가 있어서 산림형질변경을 불허한다는 것으로서 기본적 사실관계의 동일성이 인정된다고 할 것이다(대판 2004. 11. 26, 2004두4482[산림형질변경불허가처분취소]: 주택신축을 위한 산림형질변경허가신청에 대하여 행정청이 거부처분을 하면서 당초 거부처분의 근거로 삼은 준농림지역에서의 행위제한이라는 사유와 나중에 거부처분의 근거로 추가한 자연경관 및 생태계의 교란, 국토 및 자연의 유지와 환경보전 등 중대한 공익상의 필요라는 사유는 기본적 사실관계에 있어서 동일성이 인정된다고 한 사례). 〈해설〉 당초의 처분사유와 추가·변경한 사유가 일반적 사유와 구체적 사유의 관계에 있는 경우에는 기본적 사실관계의 동일성이 인정된다고 보아야 한다.

[판례 4] 석유판매업허가신청에 대하여 "주유소 건축 예정 토지에 관하여 도시계획법 제4조 및 구 토지의 형질변경 등 행위허가기준 등에 관한 규칙에 의거하여 행위제한을 추진하고 있다"는 당초의 불허가처분사유와 항고소송에서 주장한 위 신청이 토지형질변경허가의 요건을 갖추지 못하였다는 사유 및 도심의 환경보전의 공익상 필요라는 사유는 기본적 사실관계의 동일성이 있다고 한 사례(대판 1999. 4. 23, 97누14378[석유판매업(주유소)불허가처분취소]).

[판례 5] 행정청이 폐기물처리사업계획 부적정 통보처분을 하면서 그 처분사유로 사업예정지에 폐기물처리시설을 설치할 경우 인근 농지의 농업경영과 농어촌 생활유지에 피해를 줄 것이 예상되어 농지법에 의한 농지전용이 불가능하다는 사유 등을 내세웠다가, 위 행정처분의 취소소송에서 사업예정지에 폐기물처리시설을 설치할 경우 인근 주민의 생활이나 주변 농업활동에 피해를 줄 것이 예상되어 폐기물처리시설 부지로 적절하지 않다는 사유를 주장한 경우에, 두 처분사유는 모두 인근 주민의 생활이나 주변 농업활동의 피해를 문제삼는 것이어서 기본적 사실관계가 동일하므로, 행정청은 위 행정처분의 취소소송에서 후자의 처분사유를 추가로 주장할 수 있다고 한 사례(대판 2006. 6. 30, 2005두364[폐기물처리업사업계획부적정통보처분취소]).

VI. 화해와 조정

1. 민사소송법상 화해의 준용

행정소송법은 재판상(소송상) 화해(소송계속중 양쪽 당사자가 소송물에 관한 주장을 서로 양보하여 소송을 종료시키기로 하는 재판에서의 합의)에 관한 규정을 두고 있지 않다. 그리하여 항고소송에 민사소송법 제220조의 소송상 화해에 관한 규정(화해, 청구의 포기·인낙을 변론조서·변론준비기일조서에 적은 때에는 그 조서는 확정판결과 같은 효력을 가진다)을 준용할 수 있는지가 문제된다.

종래의 견해는 처분의 일방적 행위의 성질 및 공익목적성에 비추어 사인과의 합의에 의해 처분을 취소·변경할 수는 없고, 항고소송에서 소송상 화해를 인정하면 행정의 법률적합성의 원칙이 침해될 가능성이 있다는 등의 이유로 항고소송에서 소송상 화해를 부정하였다(부정설). 그런데, 최근에는 항고소송에서도 처분권주의가 인정되고, 소송상 화해를 인정하는 것이 소송경제에 기여한다는 점 등을 이유로 항고소송에서 소송상 화해를 인정하는 견해(긍정설)가 늘고 있다.

생각건대, 처분의 일방적 행위의 성질 및 공익목적성에 비추어 사인과의 합의에 의해 처분을 취소·변경하는 것을 허용할 수는 없고, 항고소송에서 소송상 화해를 인정하면 항고소송의 공익성 및 행정통제적 기능을 무력화하므로 명문의 규정이 없는 한 부정하는 것이 타당하다. 또한, 적극적 변경판결을 인정하지 않는 판례의 입장과도 모순된다. 공익소송인 민중소송이나 기관소송에서는 더욱 그러하다.

당사자소송에서는 민사소송법상 화해에 관한 규정이 준용된다는 것이 지배적 견해이다.

2. 민사소송법상 조정의 준용

항고소송의 공익성에 비추어 항고소송에 민사조정법상의 조정에 관한 규정을 준용하지 않는 것이 지배적 견해이다. 그렇지만, 실무상 조정권고에 의한 사실상의 조정이 행해지고 있다. 즉, 재판장은 신속하고 공정한 분쟁 해결과 국민의 권익 구제를 위하여 필요하다고 인정하는 경우에는 소송계속 중인 사건에 대하여 직권으로 소의 취하, 처분등의 취소 또는 변경, 그 밖에 다툼을 적정하게 해결하기 위해 필요한 사항을 서면으로 권고할 수 있다(행정소송규칙 제15조 제1항). 재판장은 제1항의 권고를 할 때에는 권고의 이유나 필요성 등을 기재할 수 있다(제2항). 재판장은 제1항의 권고를 위하여 필요한 경우에는 당사자, 이해관계인, 그 밖의 참고인을 심문할 수 있다(제3항). 예를 들면, 재판장이 행정청에 대하여는 법원이 적절하다고 인정하는 처분으로 변경(예 영업정지처분을 과징금부과처분으로 변경)할 것을, 원고에 대하여는 행정청이 그와 같이 변경처분을 하면 소를 취하할 것을 권고하는 조정권고를 행하고, 행정청이 변경처분을 하면 원고가 소를 취하하는 방식이다.

제 6 항 주장책임과 입증책임

I. 주장책임

1. 의 의

주장책임(主張責任)이라 함은 당사자가 유리한 사실을 주장하지 않으면 그 사실은 없는 것으로 취급되어 불이익한 판단을 받게 되는데, 이 경우에 있어서의 당해 당사자의 불이익을 받는 지위를 말한다.

주장책임은 변론주의하에서는 주요사실(主要事實)은 당사자가 변론에서 주장하지 않으면 판결의 기초로 삼을 수 없다는 점으로부터 나온다.

2. 직권탐지주의와 주장책임

직권탐지주의하에서 주장책임은 완화된다. 다만, 직권탐지의 대상이 되는 사실에 대하여도 직권탐지가 의무가 아닌 한 주장책임이 문제될 수 있다.

[판례] 행정소송에 있어서 특단의 사정이 있는 경우를 제외하면 당해 행정처분의 적법성에 관하여는 당해 처분청이 이를 주장·입증하여야 하고, 행정소송에 있어서 직권주의가 가미되어 있다고 하여도 여전히 당사자주의, 변론주의를 기본구조로 하는 이상 행정처분의 위법을 들어 그 취소를 청구함에 있어서는 직권조사사항을 제외하고는 그 취소를 구하는 자가 위법된 구체적인 사항을 먼저 주장하여야 한다(대판 1995. 7. 28, 94누12807).

3. 주장책임의 내용

주장책임에 관하여는 다음과 같은 점을 지적할 필요가 있다.

① 주장책임은 주요사실에 대하여만 인정되며 간접사실과 보조사실은 주장책임의 대상이 되지 않는다. 왜냐하면 변론주의는 주요사실에 대해서만 인정되고 간접사실과 보조사실은 그 적용이 없기 때문이다. 주요사실이라 함은 법률효과를 발생시키는 법규의 직접 요건사실을 말하고, 간접사실이라 함은 주요사실을 확인하는 데 도움이 됨에 그치는 사실을 말한다. 증거능력이나 증거가치에 관한 사실을 보조사실이라 하는 데 간접사실에 준하여 취급된다(이시윤, 429면).

② 어느 당사자든지 변론에서 주장하였으면 되고 반드시 주장책임을 지는 당사자가 주장하여야 하는 것은 아니다(이시윤, 428면).

③ 어느 당사자가 주장책임을 지는지를 정하는 것을 주장책임의 분배라 하는데, 원칙적으로 주장책임의 분배는 입증책임의 분배와 일치한다고 보는 견해(이상규, 869면)와 취소소송의 특수성을 고려하여 입증책임의 분배는 주장책임의 분배와 별도로 결정되어야 한다는 견해가 있다. 후자의 논거는 다음과 같다. '자기에 유리한 사실이 심리에 현출되지 않는 한에서 불이익을 받는다는 것과 일정 사실의 진위불명시에 받는 불이익은 논리적으로 항상 동일한 분배기준에 의하여 할 것은 아니라고 한다'(김동희, 671면). 그러나, 주장책임은 주요사실에 대하여 입증책임을 지는 자가 부담하는 것이 원칙이므로 주장책임의 분배는 원칙적으로 입증책임의 분배와 일치한다고 보아야 한다.

④ 항고소송에 있어서 원고는 전심절차에서 주장하지 아니한 공격방어방법을 소송절차에서 주장할 수 있다.

[판례 1] 항고소송에 있어서 원고는 전심절차에서 주장하지 아니한 공격방어방법을 소송절차에서 주장할 수 있고 법원은 이를 심리하여 행정처분의 적법 여부를 판단할 수 있는 것이므로, 원고가 전심절차에서 주장하지 아니한 처분의 위법사유를 소송절차에서 새롭게 주장하였다고 하여 다시 그 처분에 대하여 별도의 전심절차를 거쳐야 하는 것은 아니다(대판 1996. 6. 14, 96누754).
[판례 2] 행정소송이 전심절차를 거쳤는지 여부를 판단함에 있어서 전심절차에서의 주장과 행정소송에서의 주장이 전혀 별개의 것이 아닌 한 그 주장이 반드시 일치하여야 하는 것은 아니고, 당사자는 전심절차에서 미처 주장하지 아니한 사유를 공격방어방법으로 제출할 수 있다(대판 1999. 11. 26, 99두9407).
[판례 3] 전심절차에서 주장하지 아니한 공격방어방법이라 할지라도 항고소송절차에서 주장할 수 있는 것이고, 또 소송당사자는 실기한 공격방법에 해당하지 아니하는 한 변론종결시까지 수시로 공격방어방법을 제출할 수 있는 것이므로, 원심이 전심절차에서 주장된 바 없는 원고의 절차상의 위법주장을 심리판단하였다 하여 허물이 될 수 없다(대판 1985. 8. 20, 84누485).

Ⅱ. 입증책임(증명책임)

1. 의 의

입증책임(立證責任)이라 함은 소송상 증명을 요하는 어느 사실의 존부가 확정되지 않은 경우 당해 사실이 존재하지 않는 것으로 취급되어 불리한 법률판단을 받게 되는 당사자 일방의 위험 또는 불이익을 말한다.

입증책임의 문제는 심리의 최종단계에 이르러서도 어떤 사실의 존부에 대하여 법관에게 확신이 서지 않을 때에 누구에게 불이익을 부담하도록 하느냐의 문제이다. 입증책임은 사실에 대한 것이며 법에 대한 것은 아니다. 법에 대한 판단은 법원이 책임을 지고 해야 한다.

직권탐지주의하에서도 어떠한 사실이 입증되지 않는 경우가 있을 수 있으므로 입증책임은 변론주의뿐만 아니라 직권탐지주의에 의한 절차에서도 문제된다.

2. 입증책임의 분배

입증책임의 분배라 함은 어떤 사실의 존부가 확정되지 않은 경우에 당사자중 누구에게 불이익을 돌릴 것인가의 문제이다. 입증책임을 지는 자가 소송상 증명을 요하는 어느 사실이 입증되지 않는 경우에 불이익을 받게 된다.

특히 국가배상법상 과실과 같이 입증이 곤란한 사실에 대하여는 누가 입증책임을 부담하는가에 의해 소송의 승패가 좌우되므로 입증책임의 분배는 매우 중요한 문제이다.

예를 들면, 만일 국가배상법상의 과실의 존재를 원고가 입증하여야 한다면 과실이 입증되지 않는 경우에 국가배상책임이 인정되지 않게 되고, 국가배상법상의 과실의 부존재를 피고가 입증하여야 한다면 과실의 부존재가 입증되지 않은 경우 피고가 국가배상책임을 지게 된다.

3. 행정소송에서의 증명책임

행정소송법은 증명책임에 관한 규정을 두고 있지 않다. 따라서, 민사소송법 규정이 행정소송에서의 증명책임에 준용된다. 그러므로 행정소송에서의 증명책임은 원칙적으로 민사소송의 일반원칙에 따라 당사자 간에 분배되고, 행정소송의 특성을 고려하여야 한다.

[판례] 민사소송법이 준용되는 행정소송에서 증명책임은 원칙적으로 민사소송의 일반원칙에 따라 당사자 간에 분배되고, 항고소송은 그 특성에 따라 해당 처분의 적법성을 주장하는 피고에게 적법사유에 대한 증명책임이 있으나(대법원 2017. 6. 19. 선고 2013두17435 판결 등 참조), 예외적으로 행정처분의 당연 무효를 주장하여 무효 확인을 구하는 행정소송에서는 원고에게 행정처분이 무효인 사유를 주장·증명할 책임이 있고(대법원 2010. 5. 13. 선고 2009두3460 판결 등 참조), 이는 무효 확인을 구하는 뜻에서 행정처분의 취소를 구하는 소송에 있어서도 마찬가지이다(대법원 1976. 1. 13. 선고 75누175 판결 등 참조)(대판 2023. 6. 29, 2020두46073).

(1) 취소소송에 있어서의 입증책임

오늘날의 일반적인 견해는 공정력과 입증책임 사이에는 아무런 관련이 없다고 본다.

오늘날 취소소송에서의 입증책임의 분배에 관하여는 민사소송상의 입증책임의 분배원칙에 의하여야 한다는 견해와 행정소송의 입증책임은 행정소송의 특수성을 고려하여 독자적으로 정하여야 한다는 견해로 나뉜다.

1) 민사소송상 분배설(법률요건분류설 내지 규범수익설)

법률요건분류설(法律要件分類說)은 각 당사자는 자기에게 유리한 법규요건사실의 존부에 대해 입증책임을 지는 것으로 분배시키고 있다.

① 소송요건의 존부는 원고에게 입증책임이 있다. 그 이유는 소송요건이 존재하면 원고에게 유리한 본안판결을 받을 수 있기 때문이다.

② 본안문제에 관하여는 다음과 같이 입증책임을 분배하고 있다.

i) 권리의 존재를 주장하는 자는 권리근거규정의 요건사실(권리발생사실=광의의 청구원인사실)에 대하여 입증책임을 진다.

ii) 권리의 존재를 다투는 상대방은 반대규정(권리장애규정, 권리소멸규정 및 권리저지규정)의 요건사실(항변사실)에 대하여 입증책임을 진다. 권리근거규정과 권리장애규정은 원칙과 예외의 관계에 있다. 즉,

법규가 본문·단서의 형식으로 되어 있는 경우에 본문은 권리근거규정이고 예외는 권리장애규정이 된다.

③ 법률요건분류설을 적용하면 취소소송의 입증책임은 다음과 같이 분배된다.

i) 권한근거규정의 요건사실은 처분권한을 주장하는 자가 입증책임을 부담한다. 적극적 처분(예 허가취소 처분, 시정명령)에 있어서는 피고가 처분권한의 존재를 주장하는 자이므로 권한근거규정의 요건사실의 입증책임을 부담하고, 소극적 처분(거부처분)에 있어서는 원고가 처분권한의 존재를 주장하는 자이므로 원고가 권한근거규정의 요건사실의 입증책임을 부담한다.

ii) 권한장애규정의 요건사실은 권한을 부인하는 자에게 입증책임이 있다. 적극적 처분에 있어서는 원고가 권한을 부인하는 자이므로 원고가 권한장애규정의 요건사실(예 조세부과처분에 있어서 면세자 해당 사실)의 입증책임을 진다. 거부처분에 있어서는 권한을 부인하는 자가 피고이므로 피고가 권한장애규정의 요건사실의 입증책임을 진다. 예를 들면, 정보공개거부처분 취소소송에서 비공개사유의 주장·입증책임은 피고인 국가 등 공공단체에 있다(대판 1999. 9. 21, 97누5114; 1999. 9. 21, 98두3426).

[판례 1] 과세처분취소소송에 있어서의 입증책임 및 입증의 필요: 과세처분의 위법을 이유로 그 취소를 구하는 행정소송에 있어 처분의 적법성 및 과세요건사실의 존재에 관하여는 원칙적으로 과세관청이 그 입증책임을 부담하나, 경험칙상 이례에 속하는 특별한 사정의 존재에 관하여는 납세의무자에게 입증책임 내지는 입증의 필요가 돌아가는 것이다(대판 1996. 4. 26, 96누1627).

[판례 2] 종합토지세 비과세대상 여부에 대한 입증책임의 소재: 과세대상이 된 토지가 비과세 혹은 면제대상이라는 점은 이를 주장하는 납세의무자에게 입증책임이 있는 것이다(대판 1996. 4. 26, 94누12708).

민사소송상의 입증책임분배원칙을 그대로 취소소송에 적용하는 데 대하여 여러 **비판**이 제기되고 있다.

① 민사소송상의 원칙을 그와는 기반을 달리하는 항고소송에 적용하는 것은 타당하지 않다고 비판하는 견해가 있다.

즉, 사법규정은 대등당사자 사이의 이해조정규정인 동시에 재판규범으로서의 성질을 가지는 것이므로 거기에는 입증책임분배의 원리도 포함되어 있다고 볼 수 있으나, 공법규정은 공·사익의 조정을 내용으로 하고, 행정기관에 대한 행위규범으로서의 성격이 강한 반면, 재판규범으로서의 성격은 상대적으로 약하다고 한다(김동희, 761~762면).

② 행정법관계에서는 자유의 금지, 금지의 해제, 법률행위의 보충효과, 권리의무의 형성 등 성격을 달리하는 여러 행정처분이 있으므로 처분의 성질에 따라 입증책임의 분배도 달라져야 할 것이며 이 점에서도 오직 요건법규의 형식에 따라 입증책임을 정하는 것은 타당하지 않다는 비판도 있다(박윤흔, 954면).

2) 행정법독자분배설(특수성인정설)

행정소송에서의 입증책임의 분배는 행정소송과 민사소송의 목적과 성질의 차이, 행위규범과 재판규범의 차이 등에 비추어 독자적으로 정하여야 한다고 한다.

3) 판 례

판례가 입증책임분배에 관하여 어떠한 입장을 취하고 있는지는 분명하지 않다.

학설 중에는 판례가 취소소송에서의 입증책임의 분배에 있어서 민사소송상의 분배원칙에 입각과 후 형벌을 부과하는 것은 가능한 것으로 보아야 한다. 다만, 형량 결정시 질서벌을 부과한 것을 고려하는 것이 타당하다.

V. 행정질서벌의 부과

법원이 처음부터 과태료 재판에 의해 부과(賦課)하는 경우(예 청탁금지법상 과태료), 행정청이 1차로 부과하고 이의제기시 법원이 과태료 재판에 의해 부과하는 경우가 있다.

1. 부과의 근거

행정질서벌의 부과는 법률이나 조례에 근거가 있어야 한다. 행정질서벌에는 국가의 법령에 근거한 것과 지방자치단체의 조례에 근거한 것(지방자치법 제27조, 제139조)이 있다.

질서위반행위규제법은 과태료 부과의 근거법률은 아니며 질서위반행위(제2조 제1호)를 한 자에 대한 과태료 부과의 요건, 절차, 징수 등을 정하는 법률이다. 과태료의 부과·징수, 재판 및 집행 등의 절차에 관한 다른 법률의 규정 중 질서위반행위규제법의 규정에 저촉되는 것은 질서위반행위규제법이 정하는 바에 따른다(질서위반행위규제법 제5조).

2. 부과요건

질서위반행위규제법은 질서위반행위의 요건을 행정범죄의 성립요건과 유사하게 규정하고 있는데, 이러한 입법태도에 대하여는 의문이 제기될 수 있다.

(1) 고의 또는 과실

질서위반행위규제법은 원칙상 고의 또는 과실이 없는 질서위반행위는 과태료를 부과하지 아니한다고 규정하고 있다(제7조). 다만, 「도로교통법」 제56조 제1항에 따른 고용주등을 같은 법 제160조 제3항에 따라 과태료를 부과하는 경우에는 고의 또는 과실이 없어도 과태료를 부과한다(제11조 제2항).

(2) 법 적용의 시간적 범위

질서위반행위의 성립과 과태료 처분은 위반행위시의 법률에 따르는 것이 이론상 타당하며 질서위반행위규제법도 그렇게 규정하고 있다(제3조 제1항).

다만, 질서위반행위 후 법률이 변경되어 그 행위가 질서위반행위에 해당하지 아니하게 되거나 과태료가 변경되기 전의 법률보다 가볍게 된 때에는 법률에 특별한 규정이 없는 한 변경된 법률을 적용한다(제2항). 행정청의 과태료 처분이나 법원의 과태료 재판이 확정된 후 법률이 변경되어 그 행위가 질서위반행위에 해당하지 아니하게 된 때에는 변경된 법률에 특별한 규정이 없는 한 과태료의 징수 또는 집행을 면제한다(제3항).

(3) 위법성의 착오

자신의 행위가 위법하지 아니한 것으로 오인하고 행한 질서위반행위는 그 오인에 정당한 이유가 있는 때에 한하여 과태료를 부과하지 아니한다(제8조). 다만, 「도로교통법」 제56조 제1항에 따른 고용주등을 같은 법 제160조 제3항에 따라 과태료를 부과하는 경우에는 그 오인에 정당한 이유가 있어도 과태료를 부과한다(제11조 제2항).

(4) 과태료의 시효

과태료는 행정청의 과태료 부과처분이나 법원의 과태료 재판이 확정된 후 5년간 징수하지 아니하거나 집행하지 아니하면 시효로 인하여 소멸한다(제15조 제1항).

3. 부과권자

과태료 부과권자는 개별법률에서 정함이 없는 경우 법원이 비송사건절차에 따라 정한다(제25조).

개별법률에서 행정청이 부과하도록 한 경우에도 행정청의 과태료부과에 불복하는 경우 법원이 비송사건절차에 따라 최종적으로 부과한다(제20조 이하).

4. 부과절차

행정질서벌은 형벌이 아니므로 그 과벌절차는 형사소송법에 의하지 않는다.

법원이 과태료 재판에 의해 부과하는 경우에는 질서위반행위규제법 및 비송사건절차법에 의한다.

행정청이 부과하는 경우에 과태료부과행위는 질서위반행위규제법(제16조 이하) 및 행정절차법에 따른다.

> 행정청이 질서위반행위에 대하여 과태료를 부과하고자 하는 때에는 미리 당사자(제11조 제2항에 따른 고용주 등을 포함한다)에게 대통령령으로 정하는 사항을 통지하고, 10일 이상의 기간을 정하여 의견을 제출할 기회를 주어야 한다. 이 경우 지정된 기일까지 의견 제출이 없는 경우에는 의견이 없는 것으로 본다(질서위반행위규제법 제16조 제1항). 행정청은 당사자가 제출한 의견에 상당한 이유가 있는 경우에는 과태료를 부과하지 아니하거나 통지한 내용을 변경할 수 있다(제3항). 행정청은 제16조의 의견제출절차를 마친 후에 서면(당사자가 동의하는 경우에는 전자문서를 포함)으로 과태료를 부과하여야 한다(제17조 제1항).

5. 부과대상자

과태료의 부과대상자는 원칙상 질서위반행위를 한 자이다. 그런데, 법인의 대표자, 법인 또는 개인의 대리인·사용인 및 그 밖의 종업원이 업무에 관하여 법인 또는 그 개인에게 부과된 법률상의 의무를 위반한 때에는 법인 또는 그 개인에게 과태료를 부과한다(제11조 제1항). 즉, 종업원 등의 위반행위를 업무주인 법인이나 개인의 질서위반행위로 보고, 업무주는 법인이든 자연인이든 종업원 등의 행위와 관련하여 선임감독상의 과실과 관계없이 무과실책임을 지는 것으로 규정되어 있다. 다만, 종업원등에게 고의 또는 과실이 있어야 하는 것으로 보아야 한다(제7조).

2인 이상이 질서위반행위에 가담한 때에는 각자가 질서위반행위를 한 것으로 본다(제12조 제1항).

6. 과태료 부과의 제척기간

행정청은 질서위반행위가 종료된 날(다수인이 질서위반행위에 가담한 경우에는 최종행위가 종료된 날을 말한다)부터 5년이 경과한 경우에는 해당 질서위반행위에 대하여 과태료를 부과할 수 없다(제19조 제1항). 제1항에도 불구하고 행정청은 제36조 또는 제44조에 따른 법원의 결정이 있는 경우에는 그 결정이 확정된 날부터 1년이 경과하기 전까지는 과태료를 정정부과 하는 등 해당 결정에 따라 필요한 처분을 할 수 있다(제2항).

Ⅵ. 행정질서벌 부과행위의 법적 성질과 권리구제

① 행정질서벌인 과태료가 **법원의 재판에 의해 부과되는 경우** 과태료부과행위는 사법행위(司法行爲)의 성질을 가지며 질서위반행위규제법 및 비송사건절차법에 정해진 절차에 따라 부과되고 다투어진다.

② 행정질서벌인 과태료가 **행정청에 의해 부과되는 경우**에 과태료 부과행위는 행정행위이다. 그런데, 질서위반행위규제법은 행정청의 과태료 부과에 대해 이의가 제기된 경우에는 행정청의 과태료 부과처분은 그 효력을 상실한다고 규정하고(제20조 제2항), 이의제기를 받은 부과행정청은 관할법원에 통보하여 관할법원이 질서위반행위규제법에 따라 과태료를 결정하도록 규정하고 있다(제21조 제1항, 제25조 이하).

과태료부과행위는 행정쟁송법상의 처분은 아니지만, 행정기본법상의 처분에는 해당한다.

제 4 절 새로운 행정의 실효성 확보수단

제 1 항 과 징 금

Ⅰ. 의 의

과징금이라 함은 법령등 위반이나 행정법상 의무위반에 대한 제재로서 부과하는 금전부과금을 말한다.

과징금에는 경제적 이익환수 과징금, 영업정지에 갈음하는 과징금, 제재목적의 과징금이 있다. 경제적 이익환수 과징금을 **'본래의 과징금'**이라 하고, 그 이외의 과징금을 **'변형된 과징금'**이라 한다. 과징금 중에는 경제적 이익환수와 제재의 성격을 함께 갖는 경우(예 공정거래법상 과징금)도 있다.

행정기본법 제28조와 제29조는 과징금을 규정하고 있는데, 행정기본법이 규정하는 과징금은 본래의 과징금뿐만 아니라 변형된 과징금도 포함한다.

Ⅱ. 과징금의 종류

1. 경제적 이익환수(부당이익환수) 과징금(본래의 과징금)

경제적 이익환수 과징금은 법규위반으로 인한 경제적 이익(부당이익)을 환수하는 것을 주된 목적으로 하면서도 부수적으로 법규위반행위에 대한 제재적 성격을 함께 갖는 과징금을 말한다.

2. 변형된 과징금

본래의 과징금과 다른 성질을 갖는 과징금을 **'변형된 과징금'**이라 하는데, 변형된 과징금에는 영업정지(사업정지)에 갈음하는 과징금, 순수한 금전적 제재로서의 과징금 등이 있다.

(1) 영업정지(사업정지)에 갈음하는 과징금

영업정지에 갈음하는 과징금은 영업정지처분 대신 부과하는 과징금을 말한다.

영업정지에 갈음하여 부과되는 과징금의 취지는 행정법규 위반에 대하여 영업정지를 명하여야 하는 경우 행정법규 위반자인 사업자의 영업을 정지함으로써 시민 등이 큰 불편을 겪거나 국민경제에 적지 않은 피해를 주는 등 공익을 해할 우려가 있는 경우에 그 영업정지로 인하여 초래될 공익에 대한 침해 등의 문제를 고려하여 영업정지를 하지 않고 그 대신 그 영업으로 인한 이익을 박탈하는 과징금을 할 수 있도록 한 것이다.

영업정지처분에 갈음하는 과징금이 규정되어 있는 경우 과징금을 부과할 것인가 영업정지처분을 내릴 것인지는 특별한 규정이 없는 한 행정청의 재량에 속하는 것으로 본다(대판 2015. 6. 24, 2015두39378[어린이집운영정지처분취소등]). 다만, 과징금부과처분을 하지 않고 영업정지처분을 한 것이 비례의 원칙, 평등의 원칙 등 법의 일반원칙에 반하는 등 재량권의 일탈·남용이 있으면 위법하다. 예를 들면, 과징금부과처분을 하지 않고 영업정지처분을 한 것이 심히 공익을 해하고, 사업자에게도 가혹한 불이익을 초래하는 경우에는 비례원칙에 반한다.

(2) 제재목적의 과징금

제재목적의 과징금은 금전적 제재로 법령 위반을 예방하여 행정법규의 실효성을 확보하는 것을 주된 목적으로 하는 과징금이다. 아직 그 예가 많지는 않지만 미국의 징벌적 손해배상의 영향을 받아 징벌적 과징금이 늘고 있는데, 징벌적 과징금은 제재목적의 과징금의 대표적인 예이다.

제재목적의 과징금의 예로는 개인정보보호법 제64조의2 제1항의 과징금, 공공재정환수법 제9조의 공공재정 부정청구등에 대한 제재로서 부과하는 제재부가금, 출연금을 연구개발비의 연구용도 외의 용도로 사용한 경우에 대한 제재로서 부과하는 산업기술혁신 촉진법 제11조의3의 제재부가금, 보조금 관리에 관한 법률 제33조의2의 제재부가금, 국가연구개발혁신법 제32조의 부정행위 등에 대한 제재로서 부과하는 제재부가금 등을 들 수 있다.

Ⅲ. 과징금의 근거 및 기준

행정청은 법령등에 따른 의무를 위반한 자에 대하여 법률로 정하는 바에 따라 그 위반행위에 대한 제재로서 과징금을 부과할 수 있다(행정기본법 제28조 제1항). 행정기본법 제28조 제1항은 과징금 부과의 법적 근거가 될 수 없다. **과징금을 부과하기 위해서는 개별법률의 근거가 있어야 한다.** 행정기본법 제28조 제1항의 과징금은 본래의 과징금과 영업정지에 갈음하여 부과되는 변형된 과징금을 모두 포함한다.

과징금의 근거가 되는 법률에는 과징금에 관한 다음 각 호의 사항을 명확하게 규정하여야 한다. 1. 부과·징수 주체, 2. 부과 사유, 3. 상한액, 4. 가산금을 징수하려는 경우 그 사항, 5. 과징금 또는 가산금 체납 시 강제징수를 하려는 경우 그 사항(행정기본법 제28조 제2항).

Ⅳ. 과징금의 성질 및 부과(이중부과가능성)

과징금은 **행정상 제재금**이고, 범죄에 대한 국가의 형벌권의 실행으로서의 과벌이 아니므로 행정법규위반에 대하여 **벌금이나 범칙금 이외에 과징금을 부과하는 것은 이중처벌금지의 원칙에 반하지 않는다**고 보아야 한다(헌재 1994. 6. 30, 92헌바38).

같은 위반행위에 대한 식품위생법의 규정에 의한 영업정지처분과 청소년보호법에 의한 과징금의 부과처분은 서로 목적하는 바가 달라 중복된 행정처분이라고 할 수 없다. 다만, 과징금의 액수를 정함에 있어서는 위 영업정지처분의 내용이 참작되어야 한다(서울고법 1999. 3. 24, 98누13647(99두5207 대법원 판결의 원심판결)).

Ⅴ. 과징금의 납부기한 연기 및 분할 납부

과징금은 한꺼번에 납부하는 것을 원칙으로 한다. 다만, 행정청은 과징금을 부과받은 자가 다음 각 호의 어느 하나에 해당하는 사유로 과징금 전액을 한꺼번에 내기 어렵다고 인정될 때에는 그 납부기한을 연기하거나 분할 납부하게 할 수 있으며, 이 경우 필요하다고 인정하면 담보를 제공하게 할 수 있다. 1. 재해 등으로 재산에 현저한 손실을 입은 경우, 2. 사업 여건의 악화로 사업이 중대한 위기에 처한 경우, 3. 과징금을 한꺼번에 내면 자금 사정에 현저한 어려움이 예상되는 경우, 4. 그 밖에 제1호부터 제3호까지에 준하는 경우로서 대통령령으로 정하는 사유가 있는 경우(행정기본법 제29조). 납부기한이나 분할납부결정은 행정청의 재량사항이다.

Ⅵ. 법적 성질, 법적 규율 및 법적 구제

과징금부과행위의 법적 성질은 **침해적 행정행위**이다. 따라서 과징금부과처분에는 원칙상 행정절차법이 적용되고, 과징금부과처분은 항고쟁송의 대상이 된다.

과징금 부과처분은 제재적 처분으로서 통상 재량행위로 규정되고 있으나 과징금의 부과여부는 기속행위로 규정된 경우(대판 2007. 7. 12, 2005두17287[과징금부과처분취소])도 있다.

[판례] 구 독점규제및공정거래에관한법률 제23조 제1항의 규정에 위반하여 불공정거래행위를 한 사업자에 대하여 같은 법 제24조의2 제1항의 규정에 의하여 부과되는 과징금은 행정법상의 의무를 위반한 자에 대하여 당해 위반행위로 얻게 된 경제적 이익을 박탈하기 위한 목적으로 부과하는 금전적인 제재로서, 같은 법이 규정한 범위 내에서 그 부과처분 당시까지 부과관청이 확인한 사실을 기초로 일의적으로 확정되어야 할 것이고, 그렇지 아니하고 부과관청이 과징금을 부과하면서 추후에 부과금 산정 기준이 되는 새로운 자료가 나올 경우에는 과징금액이 변경될 수도 있다고 유보한다든지, 실제로 추후에 새로운 자료가 나왔다고 하여 새로운 부과처분을 할 수는 없다 할 것인바, 왜냐하면 과징금의 부과와 같이 재산권의 직접적인 침해를 가져오는 처분을 변경하려면 법령에 그 요건 및 절차가 명백히 규정되어 있어야 할 것인데, 위와 같은 변경처분에 대한 법령상의 근거규정이 없고, 이를 인정하여야 할 합리적인 이유 또한 찾아 볼 수 없기 때문이다(대판 1999. 5. 28, 99두1571).

제 2 항 가 산 세

가산세(加算稅)란 세법상의 의무의 성실한 이행을 확보하기 위하여 그 세법에 의하여 산출된 세액에 가산하여 징수되는 세금을 말한다(국세기본법 제2조 제4호).

가산세는 세금의 형태로 가하는 행정벌의 성질을 가진 행정상 제재이므로 그 의무해태에 정당한 사유가 있는 경우에는 부과할 수 없다(대판 1992. 4. 28, 91누9848[증여세 등 부과처분취소]).

[판례] 세법상 가산세는 과세권의 행사 및 조세채권의 실현을 용이하게 하기 위하여 납세자가 정당한 이유 없이 법에 규정된 신고, 납세 등 각종 의무를 위반한 경우에 개별세법이 정하는 바에 따라 부과되는 행정상의 제재로서 납세자의 고의, 과실은 고려되지 않는 반면, 이와 같은 제재는 납세의무자가 그 의무를 알지 못한 것이 무리가 아니었다고 할 수 있어서 그를 정당시할 수 있는 사정이 있거나 그 의무의 이행을 당사자에게 기대하는 것이 무리라고 하는 사정이 있을 때 등 그 의무해태를 탓할 수 없는 정당한 사유가 있는 경우에는 이를 과할 수 없다(대판 2005. 1. 27, 2003두13632; 2022. 1. 14, 2017두41108).

환경보전을 위한 관계 법령 위반에 따른 행정처분 사실의 공표(환경정책기본법 제30조 제3항), 가산세에는 무신고가산세(국세기본법 제47조의2), 과소신고·초과환급신고가산세(제47조의3), 납부지연가산세(제47조의4), 원천징수납부 등 불성실가산세(제47조의5)가 있다.

세금 납부지연에 대하여 부과하는 구 국세기본법상의 납부불성실가산세와 구 국세징수법상의 가산금은 2020.1.1.부터 국세기본법상의 납부지연가산세로 통합되었다.

제 3 항 명단의 공표(위반사실의 공표) [2001 행시 약술, 2010 입시 약술]

Ⅰ. 명단공표의 의의

명단(名單)의 공표(公表)란 행정법상의 의무 위반 또는 의무불이행이 있는 경우에 그 위반자의 성명, 위반사실 등을 일반에게 공개하여 명예 또는 신용에 침해를 가함으로써 심리적인 압박을 가하여 행정법상의 의무이행을 확보하는 간접강제수단을 말한다.

행정청은 법령에 따른 의무를 위반한 자의 성명·법인명, 위반사실, 의무 위반을 이유로 한 처분사실 등(이하 "위반사실등"이라 한다)을 법률로 정하는 바에 따라 일반에게 공표할 수 있다(행정절차법 제40조의3 제1항). 행정절차법은 '위반사실등의 공표'의 근거법률이 아니고, '위반사실등의 공표'의 일반절차를 규정하고 있다. '위반사실등의 공표' 즉 '법령에 따른 의무를 위반한 사실 등'의 공표만이 행정절차법의 적용대상이며 '위반사실등의 공표'가 아닌 정보제공적 공표는 행정절차법의 적용대상이 아니다. 예를 들면, 법령에 따른 의무 위반에 관한 사실을 위반자를 특정하지 않고, 제재목적이 아니라 국민의 안전 등 공익목적을 적극적으로 실현하기 위해 정보를 제공하는 것(예 안전의무를 위반한 사실로 국민 일반에 위험을 야기하고 있는 사실을 국민 일반에 경고하기 위해 공표하는 것)은 행정절차법상 '위반사실등의 공표'가 아니다.

환경보전을 위한 관계 법령 위반에 따른 행정처분 사실의 공표(환경정책기본법 제30조 제3항), 체납기간 1년 이상·2억 원 이상의 고액·상습세금체납자의 명단공개(국세징수법 제114조 제1항), 유사석유제품의 제조·수입·판매금지 위반 사실의 공표(석유 및 석유대체연료사업법 제25조 제26항), 위반건축물표지의 설치(건축법 제79조 제4항, 동법 시행규칙 제40조)와 미성년자에 대한 성범죄자(아동청소년의 성보호에 관한 법률 제49조 제1항)의 등록정보의 공개가 그 예이다.

Ⅱ. 법적 근거

행정절차법은 '위반사실등의 공표'의 근거법률이 아니고, 행정법상의 의무위반자의 명단을 공표하는 것은 그의 명예, 신용 또는 프라이버시에 대한 침해를 초래하므로 법에 근거가 있는 경우에 한하여 가능하다.

Ⅲ. 한 계

법에 근거가 있는 경우에도 비례의 원칙에 따라 명예, 신용, 인격권 또는 프라이버시권과 공표로 달성하고자 하는 공익(예 국민의 알권리, 표현의 자유, 공표를 통한 의무이행의 확보) 간에 이익형량을 하여 명단공표의 위법 여부를 판단하여야 한다(대판 1998. 7. 14, 96다17257: 수사기관이 피의사실을 공표함으로 명예를 훼손당하였다고 국가배상을 청구한 사건).

행정청은 위반사실등의 공표를 하기 전에 사실과 다른 공표로 인하여 당사자의 명예·신용 등이 훼손되지 아니하도록 객관적이고 타당한 증거와 근거가 있는지를 확인하여야 한다(행정절차법 제40조의3 제2항).

행정청은 위반사실등의 공표를 하기 전에 당사자가 공표와 관련된 의무의 이행, 원상 회복, 손해 배상 등의 조치를 마친 경우에는 위반사실등의 공표를 하지 아니할 수 있다(행정절차법 제40조의3 제7항).

행정청은 공표된 내용이 사실과 다른 것으로 밝혀지거나 공표에 포함된 처분이 취소된 경우에는 그 내용을 정정하여, 정정한 내용을 지체 없이 해당 공표와 같은 방법으로 공표된 기간 이상 공표하여야 한다. 다만, 당사자가 원하지 아니하면 공표하지 아니할 수 있다(행정절차법 제40조의3 제8항).

Ⅳ. 위반사실등의 공표절차

행정청은 위반사실등의 공표를 할 때에는 미리 당사자에게 그 사실을 통지하고 의견제출의 기회를 주어야 한다. 다만, 다음 각 호의 어느 하나에 해당하는 경우에는 그러하지 아니하다. 1. 공공의 안전 또는 복리를 위하여 긴급히 공표를 할 필요가 있는 경우, 2. 해당 공표의 성질상 의견청취가 현저히 곤란하거나 명백히 불필요하다고 인정될 만한 타당한 이유가 있는 경우, 3. 당사자가 의견진술의 기회를 포기한다는 뜻을 명백히 밝힌 경우(제40조의3 제3항).

제1항에 따른 위반사실등의 공표는 관보, 공보 또는 인터넷 홈페이지 등을 통하여 한다(제6항).

Ⅴ. 법적 성질

명단의 공표(결정)(병무청장이 병역법에 따라 병역의무 기피자의 인적사항 등을 인터넷 홈페이지에 게시한 것)는 항고소송의 대상인 행정처분에 해당한다(대판 2019. 6. 27, 2018두49130). 판례는 명단공표를 공권력 행사로 보면서도 공개라는 사실행위는 행정결정의 집행행위로 보고 있는 점에서 명단공표를 사실행위로 보지 않고 행정행위(일반처분)로 보고 있는 것으로 보인다.

[판례] 인적사항 등 공개가 행정처분인지 여부가 쟁점인 사건 [1] 병무청장이 병역법 제81조의2 제1항에 따라 병역의무 기피자의 인적사항 등을 인터넷 홈페이지에 게시하는 등의 방법으로 공개한 경우 병무청장의 공개결정을 항고소송의 대상이 되는 행정처분으로 보아야 한다. 그 구체적인 이유는 다음과 같다. ① 병무청장이 하는 병역의무 기피자의 인적사항 등 공개는, 특정인을 병역의무 기피자로 판단하여 그 사실을 일반 대중에게 공표함으로써 그의 명예를 훼손하고 그에게 수치심을 느끼게 하여 병역의무 이행을 간접적으로 강제하려는 조치로서 병역법에 근거하여 이루어지는 공권력의 행사에 해당한다. ② 병무청장이 하는 병역의무기피자의 인적사항 등 공개조치에는 특정인을 병역의무 기피자로 판단하여 그에게 불이익을 가한다는 행정결정이 전제되어 있고, 공개라는 사실행위는 행정결정의 집행행위라고 보아야 한다. 병무청장이 그러한 행정결정을 공개 대상자에게 미리 통보하지 않은 것이 적절한지 여부는 본안에서 해당 처분이 적법한가를 판단하는 단계에서 고려할 요소이며, 병무청장이 그러한 행정결정을 공개 대상자에게 미리 통보하지 않았다거나 처분서를 작성·교부하지 않았다는 점만으로 항고소송의 대상적격을 부정하여서는 아니 된다. ③ 병무청 인터넷 홈페이지에 공개 대상자의 인적사항 등이 게시되는 경우 그의 명예가 훼손되므로, 공개 대상자는 자신에 대한 공개결정이 병역법령에서 정한 요건과 절차를 준수한 것인지를 다툴 법률상 이익이 있다. 병무청장이 인터넷 홈페이지 등에 게시하는 사실행위를 함으로써 공개 대상자의 인적사항 등이 이미 공개되었다고 하더라도, 재판에서 병무청장의 공개결정이 위법함이 확인되어 취소판결이 선고되는 경우, 병무청장은 취소판결의 기속력에 따라 위법한 결과를 제거하는 조치를 할 의무가 있으므로 공개 대상자의 실효적 권리구제를 위해 병무청장의 공개결정을 행정처분으로 인정할 필요성이 있다(소의 이익이 있다). ④ 관할 지방병무청장의 공개 대상자 결정의 경우 상대방에게 통보하는 등 외부에 표시하는 절차가 관계 법령에 규정되어 있지 않아, 행정실무상으로도 상대방에게 통보되지 않는 경우가 많다. 또한 관할 지방병무청장이 위원회의 심의를 거쳐 공개 대상자를 1차로 결정하기는 하지만, 병무청장에게 최종적으로 공개 여부를 결정할 권한이 있으므로, 관할 지방병무청장의 공개 대상자 결정은 병무청장의 최종적인 결정에 앞서 이루어지는 행정기관 내부의 중간적 결정에 불과하다. 가까운 시일 내

에 최종적인 결정과 외부적인 표시가 예정되어 있는 상황에서, 외부에 표시되지 않은 행정기관 내부의 결정을 항고소송의 대상인 처분으로 보아야 할 필요성은 크지 않다. 관할 지방병무청장이 1차로 공개 대상자 결정을 하고, 그에 따라 병무청장이 같은 내용으로 최종적 공개결정을 하였다면, 공개 대상자는 병무청장의 최종적 공개결정만을 다투는 것으로 충분하고, 관할 지방병무청장의 공개 대상자 결정을 별도로 다툴 소의 이익은 없어진다(대법원 2018. 6. 15. 선고 2016두57564 판결 참조). [2] 병무청장이 '여호와의 증인' 신도인 원고들을 병역의무 기피자로 판단하여 그 인적사항 등을 인터넷 홈페이지에 게시하자 원고들이 이를 다투는 항고소송을 제기한 사안에서, 원심이 병무청장의 인적사항 등 공개결정이 항고소송의 대상인 '처분'에 해당하지 않는다고 판단한 것은 잘못이지만, 병무청장이 대법원 2018. 11. 1. 선고 2016도10912 전원합의체 판결의 취지(양심적 병역거부가 병역의무 불이행의 정당한 사유에 해당한다는 취지)를 존중하여 상고심 계속 중에 그 공개결정을 직권으로 취소한 이상 소의 이익이 소멸하였으므로 원고들의 소를 각하한 결론은 결국 정당하다고 보아 상고기각한 사례(대판 2019. 6. 27. 2018두49130). 〈해설〉 판례는 명단공표를 명단공개결정과 인터넷 홈페이지에 공개 대상자의 인적사항 등을 게시하는 방식으로 고시하는 일반처분고시(명단공표결정고시)로 보고 있는 것으로 보인다. 판례는 공개라는 사실행위는 행정결정의 집행행위로 보고 있는 점에서 명단공표를 사실행위로 보지 않고 행정행위(일반처분)로 보고 있는 것으로 보인다.

제 4 항 관허사업의 제한[1999 행시 사례]

Ⅰ. 의 의

관허사업(官許事業)의 제한이라 함은 행정법상의 의무를 위반하거나 불이행한 자에 대하여 각종 인·허가를 거부할 수 있게 함으로써 행정법상 의무의 준수 또는 의무의 이행을 확보하는 간접적 강제수단을 말한다.

Ⅱ. 종 류

관허사업의 제한에는 의무 위반사항과 관련이 있는 사업에 대한 것(예 건축법 제79조 제2항의 위법건축물을 이용한 영업허가의 제한), 즉 **관련관허사업제한**과 의무 위반사항과 직접 관련이 없는 사업 일반에 대한 것(예 병역법 제76조의 병역의무 불이행자에 대한 관허사업의 제한), 즉 일반적 관허사업제한이 있다.

1. 관련 관허사업의 제한

허가권자는 제1항의 규정에 의하여 허가 또는 승인이 취소된 건축물 또는 제1항의 규정에 의한 시정명령을 받고 이행하지 아니한 건축물에 대하여는 당해 건축물을 사용하여 행할 다른 법령에 의한 영업 기타 행위의 허가를 하지 아니하도록 요청할 수 있다(건축법 제79조 제2항). 제2항의 규정에 의한 요청을 받은 자는 특별한 이유가 없는 한 이에 응하여야 한다(동조 제3항).

[판례] 식품위생법에 따른 식품접객업의 영업신고 요건을 갖추었으나, 그 영업신고를 한 당해 건축물이 무허가 건물일 경우 영업신고가 적법한지 여부(소극): [1] 식품위생법과 건축법은 그 입법 목적, 규정사항, 적용범위 등을 서로 달리하고 있어 식품접객업에 관하여 식품위생법이 건축법에 우선하여 배타적으로 적용되는 관

계에 있다고는 해석되지 않는다. 그러므로 식품위생법에 따른 식품접객업(일반음식점영업)의 영업신고의 요건을 갖춘 자라고 하더라도, 그 영업신고를 한 당해 건축물이 건축법 소정의 허가를 받지 아니한 무허가 건물이라면 적법한 신고를 할 수 없다. [2] 불법 건축물이라는 이유로 일반음식점 영업신고의 접수가 거부되었고, 이전에 무신고 영업행위로 형사처벌까지 받았음에도 계속하여 일반음식점 영업행위를 한 피고인의 행위는, 식품위생법상 무신고 영업행위로서 정당행위 또는 적법행위에 대한 기대가능성이 없는 경우에 해당하지 아니한다고 한 사례(대판 2009. 4. 23, 2008도6829).

현행 국세징수법은 국세 체납자에 대한 관허사업의 제한을 일반적으로 인정한 구 국세징수법(2020.1.1. 이전 국세징수법)과 달리 체납 국세의 부과 원인과 무관한 사업에 대한 관허사업 제한을 금지하고 관련 관허사업만 제한할 수 있는 것으로 규정하고 있다. 즉, 관할 세무서장은 납세자가 허가·인가·면허 및 등록(이하 "허가등"이라 한다)을 받은 사업과 관련된 소득세, 법인세 및 부가가치세를 대통령령으로 정하는 사유 없이 체납하였을 때에는 해당 사업의 주무관청에 그 납세자에 대하여 허가등의 갱신과 그 허가등의 근거 법률에 따른 신규 허가등을 하지 아니할 것을 요구할 수 있다(국세징수법 제112조 제1항). 관할 세무서장은 허가등을 받아 사업을 경영하는 자가 해당 사업과 관련된 소득세, 법인세 및 부가가치세를 3회 이상 체납한 경우로서 그 체납액이 500만원 이상일 때에는 대통령령으로 정하는 경우를 제외하고 그 주무관청에 사업의 정지 또는 허가등의 취소를 요구할 수 있다(국세징수법 제112조 제2항).

2. 일반적 관허사업의 제한

국가기관 또는 지방자치단체의 장은 병역의무 불이행자에 대하여는 각종 관허업(官許業)의 특허·허가·인가·면허·등록 또는 지정 등을 하여서는 아니 되며, 이미 이를 받은 사람에 대하여는 취소하여야 한다(병역법 제76조 제2항).

Ⅲ. 법적 근거

관허사업의 제한은 권익을 침해하는 권력적 행위이므로 법률의 근거가 있어야 한다.

Ⅳ. 성 질

관허사업의 제한은 의무불이행에 대한 제재적 처분의 성격을 갖기도 하지만, 기본적으로는 의무이행을 확보하기 위한 수단이다.

Ⅴ. 한 계

관허사업의 제한조치가 비례의 원칙, 부당결부금지의 원칙에 반하는지와 반하는 경우의 법적 효력이 문제된다.

1. 비례의 원칙

비례의 원칙은 헌법원칙이므로 관허사업의 제한이 비례의 원칙에 반하면 법률에 근거한 것이라도 위법하다.

2. 부당결부금지의 원칙

(1) 부당결부금지의 원칙 위반 여부

관허사업제한조치가 부당결부금지의 원칙에 반하는 경우라 함은 관허사업제한조치와 의무 위반 또는 의무불이행(달리 말하면 의무의 준수 또는 의무의 이행)이 실질적 관련이 없는 경우를 말한다.

의무불이행과 관련이 있는 관허사업의 제한(건축법 제79조의 관허사업의 제한)은 부당결부금지의 원칙에 반하지 않는다고 보는 것이 일반적 견해이다. 이에 반하여 **의무불이행과 관련이 없는 관허사업의 제한**이 부당결부금지의 원칙에 반하는지에 관하여는 견해의 대립이 있다. 의무불이행(예 세금의 체납)과 관련이 없는 관허사업의 제한(인허가의 거부 또는 인허가 등의 취소 또는 정지)은 상호 별개의 행정목적을 갖는 것으로 보며 실질적 관련성을 부정하는 견해와 인허가는 의무불이행을 용인하는 결과를 가져온다는 점 및 행정기관은 행정목적의 달성을 위하여 상호 협력하여야 한다는 점에 근거하여 실질적 관련성을 인정하는 견해가 있다. 생각건대, 의무불이행과 관련이 없는 사업에 대한 관허사업의 제한은 실질적 관련성이 없다는 견해가 타당하다.

(2) 관허사업제한조치의 허용 여부

관허사업제한조치가 부당결부금지의 원칙에 반하는 경우에는 부당결부금지의 원칙이 헌법적 효력을 갖는지 아니면 법률적 효력을 갖는지에 따라 관허사업제한조치의 허용 여부가 결정된다.

부당결부금지의 원칙이 헌법적 효력을 갖는 원칙이라면 의무위반 또는 의무불이행과 결부하여 관허사업제한조치를 할 수 있다는 명문의 규정이 있는 경우에도 부당결부금지의 원칙에 반하는 관허사업제한조치는 위법이 된다.

부당결부금지의 원칙이 법률적 효력만을 갖는 경우에는 법적 근거가 있는 한 그 관허사업제한조치는 그것이 공익목적을 위한 것인 한에서는 위법하지 않다고 보아야 한다.

전술한 바와 같이 부당결부금지의 원칙은 법률적 효력을 갖는다고 보는 것이 타당하므로 병역법상의 관허사업제한조치는 그 관허사업제한조치와 의무불이행 사이에 실질적 관련이 없다 하더라도 위법하다고 볼 것은 아니다.

Ⅵ. 권리구제

관허사업의 제한 중 인허가의 거부에 대하여는 거부처분취소심판, 의무이행심판, 거부처분취소소송을 제기할 수 있고, 인허가의 철회에 대하여는 취소심판 또는 취소소송을 제기할 수 있다.

관허사업제한 요청행위가 항고소송의 대상이 되는 처분인가 하는 것이 문제된다. 요청행위는 비권력적 행위로서 권고의 성질을 가지므로 처분성을 부인하는 견해가 있지만, 요청을 받은 자는 특별한 이유가 없는 한 이에 응하도록 규정되어 있으므로 처분으로 보는 것이 타당하다.

제 5 항 시정명령

Ⅰ. 의 의

시정명령은 행정법규 위반에 의해 초래된 위법상태를 제거하는 것을 명하는 행정행위이다. 시정명령은 강학상 하명에 해당한다. 시정명령을 받은 자는 시정의무를 부담하게 되며 시정의무를 이행하지 않은 경우에는 행정강제(대집행, 직접강제 또는 집행벌)의 대상이 될 수 있고, 시정의무 위반에 대하여는 통상 행정벌이 부과된다.

Ⅱ. 시정명령의 대상

시정명령의 대상은 원칙상 과거의 위반행위로 야기되어 현재에도 존재하는 위법상태이다. 그런데, **판례**는 예외적으로 장래의 위반행위도 시정명령의 대상으로 되는 것으로 보고 있다(대판 전원합의체 2003. 2. 20, 2001두5347).

시정명령은 건축 관련 법령 등을 위반한 객관적 사실이 있으면 할 수 있고, 원칙적으로 시정명령의 상대방에게 고의·과실을 요하지 아니하며 대지 또는 건축물의 위법상태를 직접 초래하거나 또는 그에 관여한 바 없다고 하더라도 부과할 수 있다(대판 2022. 10. 14, 2021두45008).

[판례 1] 하도급거래 공정화에 관한 법률 제13조, 제16조 등의 위반행위가 있었으나 그 결과가 더 이상 존재하지 않는 경우, 같은 법 제25조 제1항 소정의 시정명령을 할 수 있는지 여부(소극): 비록 하도급법 제13조, 제16조 등의 위반행위가 있었더라도 그 위반행위의 결과가 더 이상 존재하지 아니한다면, 하도급법 제25조 제1항에 의한 시정명령을 할 수 없다고 보아야 한다(대판 2010. 11. 11, 2008두20093[시정명령취소]; 2010. 1. 14, 2009두11843).
[판례 2] 독점규제 및 공정거래에 관한 법률에 의한 시정명령의 명확성 정도: 독점규제 및 공정거래에 관한 법률에 의한 시정명령이 지나치게 구체적인 경우 매일 매일 다소간의 변형을 거치면서 행해지는 수많은 거래에서 정합성이 떨어져 결국 무의미한 시정명령이 되므로 그 본질적인 속성상 다소간의 포괄성·추상성을 띨 수밖에 없다 할 것이고, 한편 시정명령제도를 둔 취지에 비추어 시정명령의 내용은 과거의 위반행위에 대한 중지는 물론 가까운 장래에 반복될 우려가 있는 동일한 유형의 행위의 반복금지까지 명할 수는 있는 것으로 해석함이 상당하다(대판 전원합의체 2003. 2. 20, 2001두5347[의결처분취소청구]). 〈해설〉 그러나, 시정명령은 과거의 위반행위로 인한 위법상태를 제거하여 적법질서를 회복하기 위해 필요한 조치로 한정하여야 하고, 장래의 위반행위에 대한 금지는 입법에 의해 해결하여야 할 것이다.

형식적 위법(무허가, 무신고, 절차 위반 등 위법)과 **실체적 위법**(허가거부사유에 해당 등)을 구별하고, 형식적 위법에 대해 행정벌을 과하는 것은 별론으로 하고 실체적 위법의 경우에만 시정명령(예, 철거명령)의 대상으로 하여야 한다는 견해(김중권)가 있다. 그렇지만, 행정법규의 실효성을 확보하기 위해서는 형식적 위법만 있는 경우도 시정명령의 대상으로 하는 것이 타당하다. 다만, 형식적 위법만 있고 실체상으로는 적법한 것(예, 허가거부사유에 해당하지 않는 것)은 시정명령에 대한 비례원칙의 적용에 있어 이익형량의 요소가 되는 것으로 보아야 한다.

Ⅲ. 시정명령의 상대방

시정명령의 상대방은 시정명령을 이행할 수 있는 법적 권한이 있는 자로 보는 것이 타당하다. 시정명령의 이행을 기대할 수 없는 자, 즉 대지 또는 건축물의 위법상태를 시정할 수 있는 법률상 또는 사실상의 지위에 있지 않은 자는 불가능을 요구할 수는 없으므로 시정명령의 상대방이 될 수 없다(대판 2022. 10. 14, 2021두45008).

[판례 1] 명의만 빌려준 명목상 건축주는 실제 명의가 도용되었다는 등의 특별한 사정이 있지 않은 한 구 건축법 제69조 제1항에 정한 위반건축물에 대한 시정명령의 상대방이 되는 '건축주'에 해당한다(대판 2008. 7. 24, 2007두5639[위반건축물원상복구시정명령처분]).

[판례 2] 원고가 이 사건 각 건물의 소유자인 주식회사 송도의 대표이사로서 실질적으로 이 사건 각 건물을 관리하여 왔다는 등의 판시 사정들을 종합하여, 원고가 이 사건 각 건물의 관리자로서 이 사건 각 건물의 위법상태를 직접 초래하거나 또는 그에 관여하였으므로, 이 사건 건축법 위반행위에 대한 시정명령의 상대방이 될 수 있다고 한 사례(대판 2016. 10. 27, 2016두41811).

Ⅳ. 적용법령

시정명령의 경우 **행정법규위반 여부는** 위반행위시법에 따라야 하지만, **시정명령은** 장래에 향하여 행해지는 적극적 행정행위이므로 원칙상 처분(시정명령)시법을 적용하여야 한다(시정명령을 제재처분으로 보지 않는 견해).

금지규정으로부터 작위의무, 즉 위반결과의 시정을 명하는 권한이 당연히 추론(推論)되는 것이 아니다(대판 1996. 6. 28, 96누4374).

Ⅴ. 시정명령의 한계

시정명령은 명확하여야 하고 상대방이 이행가능한 것이어야 한다. 불명확하거나 이행불가능한 것을 요구하는 시정명령은 무효이다.

시정명령은 과거의 위반행위에 대한 중지는 물론 가까운 장래에 반복될 우려가 있는 동일한 유형의 행위의 반복금지를 내용으로 할 수 있다는 것이 판례의 입장이다(대판 전원합의체 2003. 2. 20, 2001두5347).

위법행위가 있었더라도 그 위법행위의 결과가 더 이상 존재하지 않는다면 시정의 대상이 없어진 것이므로 원칙상 시정명령을 할 수 없다.

통상 시정명령은 재량행위이고, 비례의 원칙(이익형량의 원칙)에 반하는 등 재량권을 일탈·남용하면 위법하다.

[판례 1] 피고가 개발제한구역 내 행위허가를 받아 경정장을 조성하여 운영하던 공익법인인 원고(서울올림픽기념국민체육진흥공단)에 대하여 원고가 행위허가구역 경계를 벗어난 지점에 조명탑을 설치함으로써 허가를

받지 아니한 채 개발행위를 하였다는 이유로 위 조명탑을 원상복구하라는 처분(시정명령)을 한 것이 다음과 같은 이유에서 비례의 원칙(이익형량의 원칙)에 반하여 재량권을 일탈·남용한 행위에 해당한다고 하였다: 1) ②번 조명탑은 이 사건 경정장의 부대시설 중 하나로, 이를 철거할 경우 사실상 이 사건 경정장에서의 야간 경기 전체가 제한되는 결과가 초래될 것으로 보이고, 2) 원고로서는 ②번 조명탑을 철거하더라도 같은 역할을 하는 조명탑을 다시 설치하여야 할 것으로 보이는데, 이를 위하여 상당한 비용이 소요될 것으로 보이며, 3) 이로 인하여 공익법인으로서의 원고의 사업 수행에 상당한 차질이 빚어질 것으로 보이고, 4) 피고가 18년 이상의 기간이 지나도록 ②번 조명탑 설치를 문제 삼았다고 볼만한 자료가 없는 점을 종합하면, 개발제한구역 지정의 공익상 필요가 원고가 입을 불이익을 정당화할 만큼 강하다고 보기 어렵다(대판 2024. 7. 11, 2023두62465).

[판례 2] 비록 하도급법 제13조 등의 위반행위가 있었더라도 그 위반행위의 결과가 더 이상 존재하지 않는다면 하도급법 제25조 제1항에 의한 시정명령을 할 수 없다고 보아야 한다(대판 2015. 12. 10, 2013두35013 [시정명령취소]).

제 6 항 행정법규 위반에 대한 제재처분

Ⅰ. 행정기본법에서의 제재처분의 개념

행정기본법에서 "제재처분"이란 법령등에 따른 의무를 위반하거나 이행하지 아니하였음을 이유로 당사자에게 의무를 부과하거나 권익을 제한하는 처분을 말한다. 다만, 제30조 제1항 각 호에 따른 행정상 강제는 제외한다(행정기본법 제2조 제5호).

행정기본법에서의 제재처분에 해당하기 위해서는 다음의 요소를 충족하여야 한다.

① 제재처분은 행정상 제재중 처분의 성격을 갖는 것이어야 한다. 법위반을 이유로 한 영업허가 취소(철회) 또는 영업정지, 징계처분, 과징금, 입찰참가제한처분, 관허사업의 제한, 법 위반사실의 공표, 변상금부과처분 등도 제재처분에 해당한다. 통고처분, 과태료는 실정법령상 별도의 불복절차가 규정되어 있으므로 행정쟁송법상 처분이 아니고, 따라서, 행정기본법상 처분도 아니다. 행정형벌은 형사사법작용이므로 제재처분이 아니다.

② 명문의 규정이 없더라도 '제재'의 성격을 갖는 것이어야 한다. 제재는 과거의 위반행위에 대한 것으로 과거회기적인 조치이다. 제재적 성격이 없는 처분은 행정기본법에서의 제재처분에 해당하지 않는다고 보아야 한다. **시정명령**은 기본적으로 위법상태의 제거를 주된 목적으로 하는 것이지만, 제재적 성격도 갖는 것으로 보는 것이 다수견해인데, 시정명령은 장래에 향해 위법상태를 제거하는데 주된 목적이 있으므로 제재처분이 아닌 것으로 볼 여지도 있다. 제재처분을 과거회고적인 것에 한정하면 시정명령은 제재처분으로 볼 수 없고(이현수, 프랑스 행정제재법리와 그 시사점, 세계헌법연구, 2019.4, 103면), 제재처분을 과거회고적 성격을 가질뿐만 아니라 미래지향적 성격도 포함하고 있는 것으로 보면 위법상태의 시정을 목표로 하는 시정명령도 제재처분으로 볼 수 있다(이상덕, 제재적 행정처분에 관한 사법심사－최근 대법원 판례 동향을 중심으로－, 행정법연구, 2023. 8, 241면 이하 참조).

③ 제30조 제1항 각 호에 따른 행정상 강제는 제외한다. 행정상 강제는 성질상 장래에 향하여

행정목적을 달성하는 것에 중점이 있는 행정의 실효성 확보수단이므로 성질상 행정상 제재가 아닌 것으로 볼 수도 있다.

Ⅱ. 제재처분에 관한 입법

제재처분의 근거가 되는 법률에는 제재처분의 주체, 사유, 유형 및 상한을 명확하게 규정하여야 한다. 이 경우 제재처분의 유형 및 상한을 정할 때에는 해당 위반행위의 특수성 및 유사한 위반행위와의 형평성 등을 종합적으로 고려하여야 한다(행정기본법 제22조 제1항).

반복하여 같은 법규위반행위를 한 경우에는 가중된 제재처분을 하도록 규정하고 있는 경우가 적지 않다(예 식품위생법 시행규칙 제89조 [별표 23]).

[판례] **법시행령에 규정된 위반행위의 횟수에 따른 가중처분기준의 해석이 문제된 사건** 구 화물자동차 운수사업법 시행령 제5조 제1항 [별표 1]의 '위반행위의 횟수에 따른 가중처분기준'이 적용되려면 실제 선행 위반행위가 있고 그에 대하여 유효한 제재처분이 이루어졌음에도 그 제재처분일로부터 1년 이내에 다시 같은 내용의 위반행위가 적발된 경우이면 족하다고 보아야 한다. 선행 위반행위에 대한 선행 제재처분이 반드시 구 시행령 [별표 1] 제재처분기준 제2호에 명시된 처분내용대로 이루어진 경우이어야 할 필요는 없으며, 선행 제재처분에 처분의 종류를 잘못 선택하거나 처분양정(量定)에서 재량권을 일탈·남용한 하자가 있었던 경우라고 해서 달리 볼 것은 아니다(대판 2020. 5. 28, 2017두73693).

Ⅲ. 제재처분의 요건

① 제재처분이 적법하기 위해서는 **제재처분사유가 존재하여야 한다.** 즉 법령등에 따른 의무를 위반하거나 이행하지 아니하였어야 한다. 행정의 상대방에게는 법령등을 준수할 의무가 있다고 볼 수도 있으므로 '법령등에 따른 의무 위반'에는 법령등 위반도 포함된다고 보아야 한다. 또한, 법규정상 '법령에 따른 명령'에는 법령 자체 뿐만 아니라 법령에 따라 발령한 행정처분도 포함된다.

[판례] 구 약사법 제76조 제1항 제3호의 '이 법에 따른 명령을 위반한 경우'에서 '이 법에 따른 명령'은 약사법 또는 그 위임에 따라 제정된 시행령 또는 시행규칙 등의 '법규명령'뿐만 아니라 약사법 및 그 하위법령에 근거하여 행정청이 발령한 '행정처분'까지 포함하는 의미로 해석해야 한다(대판 2024. 12. 12, 2024두50421[품목신고취소처분취소]).

② 위반자에게 고의나 과실이 없다고 하더라도 부과될 수 있다(대판 2003. 9. 2, 2002두5177[건설업등록말소처분취소]; 2017. 5. 11, 2014두8773 : 자신의 직원이 채권추심과 관련하여 채무자 또는 관계인을 협박하는 것을 방지하지 못한 원고는 법령상 책임자로서 영업정지 처분의 부과대상이 된다고 본 사례; 2021. 2. 25, 2020두51587). 다만, 위반자의 고의 또는 과실은 제재처분시 고려하여야 한다(행정기본법 제22조 제2항, 행정기본법 시행령 제3조 제1호).

③ 제재의 본질상 위반자의 의무 해태를 탓할 수 없는 정당한 사유가 있는 경우에는 제재처분을 할 수 없다(대판 2014. 12. 24, 2010두6700[부정당업자제재처분 등]). 여기에서 **'의무위반을 탓할 수 없는 정당**

한 사유'가 있는지를 판단할 때에는 본인이나 그 대표자의 주관적인 인식을 기준으로 하는 것이 아니라, 그의 가족, 대리인, 피용인 등과 같이 본인에게 책임을 객관적으로 귀속시킬 수 있는 **관계자 모두**를 기준으로 판단하여야 한다(대판 2021. 2. 25, 2020두51587[사업정지처분취소]).

[판례 1] 구 여객자동차 운수사업법 제88조 제1항의 과징금을 현실적인 행위자가 아닌 법령상 책임자에게 부과할 수 있는지 여부(적극) 및 위반자의 의무 해태를 탓할 수 없는 정당한 사유가 있는 경우 과징금을 부과할 수 있는지 여부(소극): 구 여객자동차 운수사업법(2012. 2. 1. 법률 제11295호로 개정되기 전의 것) 제88조 제1항의 과징금부과처분(변형된 과징금)은 제재적 행정처분으로서 여객자동차 운수사업에 관한 질서를 확립하고 여객의 원활한 운송과 여객자동차 운수사업의 종합적인 발달을 도모하여 공공복리를 증진한다는 행정목적의 달성을 위하여 행정법규 위반이라는 객관적 사실에 착안하여 가하는 제재이므로 반드시 현실적인 행위자가 아니라도 법령상 책임자로 규정된 자에게 부과되고 원칙적으로 위반자의 고의·과실을 요하지 아니하나, 위반자의 의무 해태를 탓할 수 없는 정당한 사유가 있는 등의 특별한 사정이 있는 경우에는 이를 부과할 수 없다(대판 2014. 10. 15, 2013두5005[과징금부과처분취소]).

[판례 2] 폐기물처리업자가 폐기물관리법령이 정한 재활용 기준을 위반하였더라도 자신이 생산한 부숙토를 제3자에게 제공하면서 그가 그 부숙토를 폐기물관리법령이 허용하지 않는 방식으로 사용하리라는 점을 예견하거나 결과 발생을 회피하기 어렵다고 인정할 만한 특별한 사정이 있어 폐기물처리업자의 의무위반을 탓할 수 없는 정당한 사유가 있는 경우에는 폐기물처리업자에 대하여 제재처분을 할 수 없다고 보아야 한다. 여기에서 '의무위반을 탓할 수 없는 정당한 사유'가 있는지를 판단할 때에는 폐기물처리업자 본인이나 그 대표자의 주관적인 인식을 기준으로 하는 것이 아니라, 그의 가족, 대리인, 피용인 등과 같이 본인에게 책임을 객관적으로 귀속시킬 수 있는 관계자 모두를 기준으로 판단하여야 한다(대판 2020. 5. 14, 2019두63515).

[판례 3] 구 국민건강보험법과 의료급여법은 요양기관 등의 서류제출명령에 응할 의무와 서류보존의무를 별도로 규정하면서 각각의 위반 정도를 달리 보고 있다. 따라서 위와 같은 규정들의 내용, 체계와 함께 서류제출명령의 실효성 제고 등을 위한 구 국민건강보험법 및 의료급여법의 입법 취지 등을 종합하면, 요양기관 등이 이미 서류보존의무를 위반하여 급여 관계 서류를 보존하고 있지 않음을 이유로 서류제출명령에 응할 수 없는 경우에는 처분청이 요양기관 등에게 서류제출명령 불이행을 이유로 제재를 할 수 없음이 원칙이지만, 요양기관 등이 서류제출명령을 받을 것을 예상하였거나 실제 서류제출명령이 부과되었음에도 이를 회피할 의도에서 급여 관계 서류를 폐기하는 경우에는 처분청이 요양기관 등에게 서류제출명령 불이행을 이유로 제재처분을 부과할 수 있다(대판 2023. 12. 21, 2023두42904[업무정지처분 취소]).

Ⅳ. 제재처분의 상대방

제재처분은 원칙상 법령 등을 위반하는 행위를 한 자를 상대방으로 한다. 다만, 전술한 바와 같이 제재사유가 승계되는 경우에는 그 승계인에 대해서도 제재처분을 할 수 있다. 그리고, 현실적인 행위자가 아니라도 법령상 책임자로 규정된 자에게 부과된다(대판 2017. 5. 11, 2014두8773: 자신의 직원이 채권추심과 관련하여 채무자 또는 관계인을 협박하는 것을 방지하지 못한 원고(대부업자)는 법령상 책임자로서 영업정지 처분의 부과대상이 된다고 본 사례).

Ⅴ. 제재처분시 고려사항

행정청은 재량이 있는 제재처분을 할 때에는 다음 각 호의 사항을 고려하여야 한다. 1. 위반행위의 동기, 목적 및 방법, 2. 위반행위의 결과, 3. 위반행위의 횟수, 4. 그 밖에 제1호부터 제3호까지에 준하는 사항으로서 대통령령(행정기본법 시행령 제3조)으로 정하는 사항(1. 위반행위자의 귀책사유 유무와 그 정도, 2. 위반행위자의 법 위반상태 시정·해소를 위한 노력 유무)(행정기본법 제22조 제2항).

제재처분시 법령상 고려사항을 고려하지 않으면 재량권의 불행사 또는 해태에 해당한다.

VI. 제재처분과 형벌의 병과

제재처분(행정처분)과 형벌은 각각 그 권력적 기초, 대상, 목적이 다르다. 일정한 법규 위반 사실이 제재처분의 전제사실이자 형사법규의 위반 사실이 되는 경우에 동일한 행위에 관하여 독립적으로 제재처분이나 형벌을 부과하거나 이를 병과할 수 있다. 법규가 예외적으로 형사소추 선행원칙을 규정하고 있지 않은 이상 형사판결 확정에 앞서 일정한 위반사실을 들어 행정처분인 제재처분을 하였다고 하여 절차적 위반이 있다고 할 수 없다(대판 2017. 6. 19, 2015두59808[감사결과통보처분취소]: 자신의 직원이 채권추심과 관련하여 채무자 또는 관계인을 협박하는 것을 방지하지 못한 원고(대부업의 등록을 한 법인)는 법령상 책임자로서 영업정지 처분의 부과대상이 된다고 본 사례).

VII. 제재처분의 제척기간

> 행정청은 법령등의 위반행위가 종료된 날부터 5년이 지나면 해당 위반행위에 대하여 제재처분(인허가의 정지·취소·철회, 등록 말소, 영업소 폐쇄와 정지를 갈음하는 과징금 부과만을 말한다. 이하 이 조에서 같다)을 할 수 없다(행정기본법 제23조 제1항).
>
> 다만, 다음 각 호의 어느 하나에 해당하는 경우에는 제1항을 적용하지 아니한다. 1. 거짓이나 그 밖의 부정한 방법으로 인허가를 받거나 신고를 한 경우, 2. 당사자가 인허가나 신고의 위법성을 알고 있었거나 중대한 과실로 알지 못한 경우, 3. 정당한 사유 없이 행정청의 조사·출입·검사를 기피·방해·거부하여 제척기간이 지난 경우, 4. 제재처분을 하지 아니하면 국민의 안전·생명 또는 환경을 심각하게 해치거나 해칠 우려가 있는 경우(행정기본법 제23조 제2항).
>
> 행정청은 제1항에도 불구하고 행정심판의 재결이나 법원의 판결에 따라 제재처분이 취소·철회된 경우에는 재결이나 판결이 확정된 날부터 1년(합의제행정기관은 2년)이 지나기 전까지는 그 취지에 따른 새로운 제재처분을 할 수 있다(행정기본법 제23조 제3항).
>
> 다른 법률에서 제1항 및 제3항의 기간보다 짧거나 긴 기간을 규정하고 있으면 그 법률에서 정하는 바에 따른다(행정기본법 제23조 제4항).

1. 제척기간의 적용대상인 제재처분

행정기본법 제23조의 제척기간의 적용대상은 '법령등의 위반행위에 대한 제재처분'인데, 행정기본법 제2조 제5호의 제재처분 중 '인허가의 정지·취소·철회, 등록 말소, 영업소 폐쇄와 정지를 갈음하는 과징금 부과'만에 한정된다.

2. 기산일 및 기간

제척기간의 기산일은 **'법령등의 위반행위가 종료된 날'**이다. 계속적 위반행위의 경우에는 그 위반행위가 종료된 날이다. 법령등의 위반행위(예 건축법을 위반하는 건축행위)가 있은 후 그 위반상태(예 건축법의 위반상태)가 여전히 계속되고 있는 경우에는 법령등의 위반행위가 종료된 것으로 볼 수 없으므로 제척기간은 진행되지 않는 것으로 보아야 한다(법제처, 행정기본법 해설서, 237면). **법령 위반으로 위법상태가 계속되는 경우** 시정명령 및 과징금부과처분의 제척기간 기산점이 되는 **위반행위 종료일은 위법상태가 종료된 때**라는 판례(대판 2022. 3. 17, 2019두35978) 등이 있다.

제척기간은 원칙상 기산일로부터 **'5년'**이다. 다만, 제척기간내의 제재처분에 대한 행정심판의 취소재결이나 법원의 취소·무효확인판결의 기속력에 따라 새로운 제재처분을 하는 경우에는 재결이나 판결이 확정된 날부터 1년(합의제행정기관은 2년)이 지나기 전까지는 그 취지에 따른 새로운 제재처분을 할 수 있다(행정기본법 제23조 제3항). 그리고, 다른 법률에서 제1항 및 제3항의 기간보다 짧거나 긴 기간을 규정하고 있으면 그 법률에서 정하는 바에 따른다(행정기본법 제23조 제4항).

그리고, 행정청은 제1항 및 제4항에도 불구하고 제1항 및 제4항에 따른 기간이 끝나기 전에 「행정절차법」 제21조에 따른 처분의 사전 통지로 제재처분의 절차(다른 법률에 그에 관한 특별한 규정이 있는 경우에는 해당 법률에 따른 제재처분의 절차를 포함한다)가 시작된 경우에는 제1항 또는 제4항에 따른 기간이 끝나는 날부터 1년이 지나기 전까지는 제재처분을 할 수 있다(행정기본법 개정안 제23조 제5항 신설).

3. 제척기간의 적용 및 효과

제척기간은 **강행규정**이므로 임의로 그 적용 여부를 결정할 수 없다. 그리고 **제척기간의 경과 여부는 법원의 직권조사사항**이므로 처분의 상대방이 제척기간의 경과를 주장하지 않더라도 법원은 직권으로 제척기간의 경과 여부를 조사하여 적용하여야 한다(법제처, 행정기본법 해설서, 230면).

제척기간이 경과하면 행정청은 법령등의 위반행위가 있었더라도 해당 제재처분을 할 수 없다.

4. 제척기간의 적용제외

다음 각 호의 어느 하나에 해당하는 경우에는 제척기간을 적용하지 아니한다. 1. 거짓이나 그 밖의 부정한 방법으로 인허가를 받거나 신고를 한 경우, 2. 당사자가 인허가나 신고의 위법성을 알고 있었거나 중대한 과실로 알지 못한 경우, 3. 정당한 사유 없이 행정청의 조사·출입·검사를 기피·방해·거부하여 제척기간이 지난 경우, 4. 제재처분을 하지 아니하면 국민의 안전·생명 또는 환경을 심각하게 해치거나 해칠 우려가 있는 경우(행정기본법 제23조 제2항).

Ⅷ. 제재처분의 위법 여부

제재처분이 재량행위인 경우에 **재량권의 일탈·남용이 없어야 한다.**

[판례] [1] 제재적 행정처분이 재량권의 범위를 일탈·남용하였는지 판단하는 방법: 제재적 행정처분이 재량권의 범위를 일탈하였거나 남용하였는지는, 처분사유인 위반행위의 내용과 위반의 정도, 처분에 의하여 달성하려는 공익상의 필요와 개인이 입게 될 불이익 및 이에 따르는 여러 사정 등을 객관적으로 심리하여 공익침해의 정도와 처분으로 개인이 입게 될 불이익을 비교·교량하여 판단하여야 한다. 이러한 제재적 행정처분의 기준이 부령 형식으로 규정되어 있더라도 그것은 행정청 내부의 사무처리준칙(재량준칙)을 규정한 것에 지나지 않아 대외적으로 국민이나 법원을 기속하는 효력이 없다. 따라서 그 처분의 적법 여부는 처분기준만이 아니라 관계 법령의 규정 내용과 취지에 따라 판단하여야 한다. 그러므로 처분기준에 부합한다 하여 곧바로 처분이 적법한 것이라고 할 수는 없지만, 그러한 처분기준이 그 자체로 헌법 또는 법률에 합치되지 않거나 그 기준을 적용한 결과가 처분사유인 위반행위의 내용 및 관계 법령의 규정과 취지에 비추어 현저히 부당하다고 인정할 만한 합리적인 이유가 없는 한, 섣불리 그 기준에 따른 처분이 재량권의 범위를 일탈하였다거나 재량권을 남용한 것으로 판단해서는 안 된다. [2] 구 근로자직업능력 개발법(2020. 3. 31. 법률 제17186호로 개정되기 전의 것, 이하 '구 직업능력개발법'이라 한다) 시행규칙 제8조의2 [별표 2]에서 정한 처분기준이 그 자체로 헌법 또는 법률에 합치되지 않는다거나 그 처분기준을 적용한 결과가 현저히 부당하다고 보이지 않는다(대판 2022. 4. 14, 2021두60960).

여러 처분사유에 관하여 하나의 제재처분을 하였을 때 그 중 일부가 인정되지 않는다고 하더라도 나머지 처분사유들만으로도 그 처분의 정당성이 인정되는 경우에는 그 처분을 위법하다고 보아 취소하여서는 아니 된다(대판 2017. 6. 15, 2015두2826 등 참조). 처분사유의 일부가 위법한 경우(처분사유가 일부 정당한 경우) 일부 정당한 처분사유로도 제재처분이 비례원칙에 위반하지 않으면 해당 제재처분은 적법하다고 보는 것이 판례의 입장이다.

[판례] [1] 택시발전법 제12조 제2항, 제18조 제1항 제2호, 같은 법 시행령 제21조 [별표2] 2. 개별기준 나.목의 규정 문언과 체계를 종합하면, 택시운송사업자가 소속 택시운수종사자가 아닌 사람 한 명에게 (여러 대의 택시 중) 1대의 택시만을 제공하였더라도 이는 택시발전법 제12조 제2항을 위반한 것으로서 택시발전법 제18조 제1항 제2호에 따른 제재처분의 처분사유에 해당한다고 보아야 한다. 다만 위와 같은 경우에 행정청이 해당 운송사업자의 택시운송사업면허 전부를 취소하는 처분을 하였다면 행정청이 비례의 원칙을 위반하여 그 재량의 한계를 일탈·남용하였는지를 살펴 그 처분의 정당성 여부를 판단하면 될 것이다. [2] 택시운송사업자인 원고가 자신이 보유하고 있는 택시를 택시기사에게 제공하고 이를 운행하도록 하였는데, 피고는 원고가 소속 택시운수종사자가 아닌 사람들(이하 '이 사건 운전자들')에게 택시를 제공하였다면서 택시발전법 제12조 제2항 위반을 이유로 택시운송사업 면허취소처분을 하였는데, 적어도 이 사건 운전자들 중 일부는 택시발전법 제12조 제2항에서 정한 '소속 택시운수종사자가 아닌 사람'에 해당한다고 볼 여지가 충분하므로 처분사유가 모두 부정될 것은 아니라고 보아, 원고의 취소 청구를 인용한 원심판결을 파기한 사례(대판 2022. 2. 17, 2019두55835).

행정청이 여러 개의 위반행위에 대하여 하나의 제재처분을 하였으나, **위반행위별로 제재처분의 내용을 구분하는 것이 가능**하고 여러 개의 위반행위 중 일부의 위반행위에 대한 제재처분 부분만이 위법하다면, 법원은 **제재처분 중 위법성이 인정되는 부분만 취소하여야** 하고 제재처분 전부를 취소하여서는 아니 된다(대판 2020. 5. 14, 2019두63515).

[판례] 폐기물관리법 제60조의 위임에 따른 폐기물관리법 시행규칙 제83조 제1항 [별표 21] '행정처분기준'은 제1호 일반기준 (가)목에서 '위반행위가 둘 이상일 때에는 위반사항에 따라 각각 처분한다'고 규정하고, 제2호 개별기준 (다)목 폐기물처리업자에 대한 행정처분기준에서 '폐기물관리법 제13조 또는 제13조의2를

위반하여 폐기물을 처리한 경우 중 그 밖의 재활용의 원칙 및 준수사항을 위반한 경우'[4) 바), 이 사건 처분 중 제1처분사유에 관한 개별처분기준에 해당한다], '폐기물관리법 제25조 제9항 제4호에 따른 폐기물처리업자의 준수사항 중 그 밖의 준수사항을 위반한 경우'[13) 다) (2), 이 사건 처분 중 제3처분사유에 관한 개별처분기준에 해당한다], '폐기물관리법 제25조 제11항에 따른 변경허가를 받거나 변경신고를 하지 아니하고 허가사항이나 신고사항을 변경한 경우 중 그 밖에 변경허가를 받지 아니하고 허가사항을 변경한 경우'[15) 나), 이 사건 처분 중 제2처분사유에 관한 개별처분기준에 해당한다]에 관하여 각각 1차 위반 시 영업정지 1개월의 처분을 하도록 규정하고 있고, 피고(처분청)이 세 가지 처분사유에 관하여 각각 1개월의 영업정지를 결정한 다음 이를 합산하여 원고에 대하여 3개월의 영업정지를 명하는 이 사건 처분을 한 사안에서 만일 제2처분사유와 제3처분사유는 인정되지만, 제1처분사유는 인정되지 않는다면 원심은, 피고(처분청)는 제1처분사유를 제외하고 제2처분사유, 제3처분사유만 고려하여 제재의 유형과 수위를 다시 결정하여야 하며, 세 가지 처분사유가 모두 인정됨을 전제로 한 이 사건 처분은 그 전부가 재량권을 일탈·남용한 것으로서 위법하다고 판단하여 이 사건 처분 전부를 취소하였는데, 대법원은 '행정청이 여러 개의 위반행위에 대하여 하나의 제재처분을 하였으나, 위반행위별로 제재처분의 내용을 구분하는 것이 가능하고 여러 개의 위반행위 중 일부의 위반행위에 대한 제재처분 부분만이 위법하다면, 법원은 그 제재처분 중 위법성이 인정되는 부분만 취소하여야 하고 그 제재처분 전부를 취소하여서는 아니 된다(대법원 2009. 10. 29. 선고 2009두11218 판결등 참조).'고 하면서 이 사건 처분 중 제1처분사유에 관한 1개월 영업정지 부분만 취소하여야 한다고 한 사례(대판 2020. 5. 14, 2019두63515[영업정지처분취소]).

동일한 사유로 다시 제재적 행정처분을 하는 것은 위법한 이중처분에 해당한다. 그러나, 제재처분을 변경하는 처분은 이중처분이 아니며 특별한 사정이 없는 한 제재처분의 효력이 유지되는 동안에는 가능하다.

[판례] 효력기간이 정해져 있는 제재적 행정처분의 효력이 발생한 이후에도 행정청은 특별한 사정이 없는 한 상대방에 대한 별도의 처분으로써 효력기간의 시기와 종기를 다시 정할 수 있다. 이는 당초의 제재적 행정처분이 유효함을 전제로 그 구체적인 집행시기만을 변경하는 후속 변경처분(일부 변경처분)이다. 이러한 후속 변경처분도 특별한 규정이 없는 한 의사표시에 관한 일반법리에 따라 상대방에게 고지되어야 효력이 발생한다. 위와 같은 후속 변경처분서에 효력기간의 시기와 종기를 다시 특정하는 대신 당초 제재적 행정처분의 집행을 특정 소송사건의 판결 시까지 유예한다고 기재되어 있다면, 처분의 효력기간은 원칙적으로 그 사건의 판결 선고 시까지 진행이 정지되었다가 판결이 선고되면 다시 진행된다. 다만 이러한 후속 변경처분 권한은 특별한 사정이 없는 한 당초의 제재적 행정처분의 효력이 유지되는 동안에만 인정된다. 당초의 제재적 행정처분에서 정한 효력기간이 경과하면 그로써 처분의 집행은 종료되어 처분의 효력이 소멸하는 것이므로(행정소송법 제12조 후문 참조), 그 후 동일한 사유로 다시 제재적 행정처분을 하는 것은 위법한 이중처분에 해당한다(대판 2022. 2. 11, 2021두40720).

법령위반에 대한 제재처분은 관할 행정청이 동일한 제재처분의 대상이 되는 여러 가지 위반행위를 인지하였다면 명문의 규정이 없더라도 그 위반행위 전부에 대하여 일괄하여 하나의 제재처분을 하는 것이 원칙이다. 그리고, 관할 행정청이 여러 가지 위반행위 중 일부만 인지하여 제재처분을 하였는데 그 후 그 제재처분 시점 이전에 이루어진 다른 위반행위를 인지하여 이에 대하여 별도의 제재처분을 하게 되는 경우에도 종전 과징금 부과처분의 대상이 된 위반행위와 추가 과징금 부과처분의 대상이 된 위반행위에 대하여 일괄하여 하나의 과징금 부과처분을 하는 경우와의 형평을 고려하여 행정청이 전체 위반행위에 대하여 하나의 제재처분을 할 경우에 취할 정당한 제재처분에서 이미 취한 제재처분을 뺀 정도의 제재를 한도로 하여서만 추가 제재처분을 할 수 있다(판례).

[판례 1] [1] 구 여객자동차 운수사업법(2020. 3. 24. 법률 제17091호로 개정되기 전의 것) 제85조 제1항에 근거하여 사업정지처분을 갈음하는 과징금 부과처분에서 여러 가지 위반행위에 대하여 1회에 부과할 수 있는 과징금 총액의 최고한도액은 5,000만 원이라고 보는 것이 타당하다. [2] 관할 행정청이 여객자동차운송사업자의 여러 가지 위반행위를 인지하였다면 전부에 대하여 일괄하여 5,000만 원의 최고한도 내에서 하나의 과징금 부과처분을 하는 것이 원칙이고, 인지한 여러 가지 위반행위 중 일부에 대해서만 우선 과징금 부과처분을 하고 나머지에 대해서는 차후에 별도의 과징금 부과처분을 하는 것은 다른 특별한 사정이 없는 한 허용되지 않는다. [3] 관할 행정청이 여객자동차운송사업자가 범한 여러 가지 위반행위 중 일부만 인지하여 과징금 부과처분을 하였는데 그 후 과징금 부과처분 시점 이전에 이루어진 다른 위반행위를 인지하여 이에 대하여 별도의 과징금 부과처분을 하게 되는 경우에도 종전 과징금 부과처분의 대상이 된 위반행위와 추가 과징금 부과처분의 대상이 된 위반행위에 대하여 일괄하여 하나의 과징금 부과처분을 하는 경우와의 형평을 고려하여 추가 과징금 부과처분의 처분양정이 이루어져야 한다. 다시 말해, 행정청이 전체 위반행위에 대하여 하나의 과징금 부과처분을 할 경우에 산정되었을 정당한 과징금액에서 이미 부과된 과징금액을 뺀 나머지 금액을 한도로 하여서만 추가 과징금 부과처분을 할 수 있다. 행정청이 여러 가지 위반행위를 언제 인지하였느냐는 우연한 사정에 따라 처분상대방에게 부과되는 과징금의 총액이 달라지는 것은 그 자체로 불합리하기 때문이다(대판 2021. 2. 4, 2020두48390).

[판례 2] 하도급법 제12조의3 제3항, 제25조의3 제1항 제3호, 개정 하도급법 시행령 제13조 제1항 [별표 2]의 내용과 체제 및 취지에 비추어 보면, 하도급법령은 위반행위별 과징금의 상한만을 정하면서 위반행위별 '과징금 산정기준'은 공정거래위원회가 위반행위의 횟수, 피해수급자의 수 등을 고려하여 합리적인 재량에 따라 정할 수 있도록 규정하고 있으므로 위반행위 유형별로 하나의 과징금을 산정하여야 한다. 따라서 ○○○○○○○ 기술자료 유용행위와 □□□□□□□ 기술자료 유용행위는 모두 기술자료 유용행위라는 동일한 위반행위 유형에 해당하므로 위 각 행위에 대하여 각각 따로 과징금을 산정하여야 할 것은 아니다(대판 2022. 9. 16, 2020두47021).

[판례 3] **구 건축사법시행규칙 제22조 제3항의 취지 및 건축사의 2 이상의 위반행위에 대하여 한 복수의 처분의 적부(소극)**: 구 건축사법시행규칙 제22조 제3항의 취지에 의하면 건축사가 2 이상의 위반행위를 한 경우에 이를 함께 처분을 함에 있어서는 각 위반행위에 대하여 별개의 처분을 할 것이 아니라 위반행위 전부에 대하여 하나의 처분을 하여야 한다고 해석할 것이고, 이와 같은 규정을 둔 것은 행정청이 2 이상의 위반행위에 대하여 하나의 처분을 할 것인지 또는 각 위반행위 별로 각개의 처분을 할 것인지를 자의적으로 결정할 수 있다고 한다면 행정에 대한 예측을 불가능하게 하여 국민의 법적 안정성과 신뢰를 저해할 뿐 아니라 평등의 원칙에도 반하기 때문이라 할 것이므로 행정청이 2 이상의 위반행위에 대하여 하나의 처분을 하지 않고 복수의 처분을 하는 것은 위법하다(대판 1991. 10. 25, 90누10148). 〈해설〉 구건축사법시행규칙 제22조 제1항은 건축사사무소를 개설한 건축사가건축사법 제28조 제1항 제6호내지 제10호에 해당하는 위반행위를 한 데에 대한 건축사사무소 등록취소 또는 건축사 업무정지처분의 기준을 정하고 있고, 위 시행규칙 제22조 제3항은 제1항의 규정에 의한 위반행위가 2 이상일 경우 그 위반행위가 모두 등록취소에 해당하는 때 또는 등록취소와 업무정지에 해당하는 때에는 등록취소에 의하며, 2 이상의 위반행위가 모두 업무정지에 해당하는 때에는 가장 중한 처분에 나머지 각 위반행위에 해당하는 업무정지의 기간의 2분의1을 합산한 기간까지 가중하여 처분할 수 있고, 이 경우 그 합산한기간이 1년을 초과하는 때에는 1년으로 한다고 규정하고 있다.

제 7 항 그 밖의 행정의 실효성 확보수단

기타 행정의 실효성 확보수단으로는 행정법규 위반자에 대한 국외여행제한(예 출입국관리법 제4조), 행정법규 위반에 사용된 차량의 사용정지, 취업제한(예 병역법 제76조), 고액·상습체납자의 감치(국세징수법 제115조)와 행정법규위반행위신고포상금제 등이 있다.

제9장

행정절차

제 1 절 행정절차의 의의

보통 **행정절차**(行政節次)라 함은 행정활동을 함에 있어서 거치는 사전통지, 의견청취, 이유제시 등 사전절차만을 가리킨다.

행정절차는 행정의 절차적 통제, 행정에 대한 이해관계인 등 국민의 참여, 국민의 권익에 대한 침해의 예방 등의 기능을 갖는다.

제 2 절 행정절차의 헌법적 근거

Ⅰ. 적법절차의 원칙

적법절차(適法節次)의 원칙이라 함은 국가권력이 개인의 권익을 제한하는 경우에는 개인의 권익을 보호하기 위한 적정한 절차를 거쳐야 한다는 원칙을 말한다.

Ⅱ. 적법절차의 원칙과 행정절차

적법절차의 원칙은 형사절차상의 영역에 한정되지 않고 입법, 행정 등 국가의 모든 공권력의 작용에 적용된다(헌재 1992. 12. 24, 92헌가8[형사소송법 제331조 단서규정에 대한 위헌심판]).

적법절차는 헌법적 효력을 가지며 행정절차에도 적용되므로 만약 적법한 행정절차규정이 없는 경우 또는 절차규정이 적법절차의 원칙에 반하는 경우 적법절차의 원칙이 직접 적용되어 적법절차에 따르지 않은 행정처분은 절차상 위법하게 된다.

예를 들면, 적법절차의 원칙상 정식청문절차가 요구됨에도 정식청문절차를 정하는 개별법규정이 없어 정식청문절차를 거치지 않고 의견제출의 기회만 주고 처분을 하였다면 당해 처분은 절차상 하자가 있다.

[판례] [1] 판례는 여기에서 한발 더 나아가 설령 부가가치세법과 같이 개별 세법에서 납세고지에 관한 별도의 규정을 두지 않은 경우라 하더라도 해당 본세의 납세고지서에 국세징수법 제9조 제1항이 규정한 것과 같은 세액의 산출근거 등이 기재되어 있지 않다면 그 과세처분은 적법하지 않다고 한다. 말하자면 개별 세법에 납세고지에 관한 별도의 규정이 없더라도 국세징수법이 정한 것과 같은 납세고지의 요건을 갖추지 않으면 안 된다는 것이고, 이는 적법절차의 원칙이 과세처분에도 적용됨에 따른 당연한 귀결이다. [2] 가산세 부과처분에 관해서는 국세기본법이나 개별 세법 어디에도 그 납세고지의 방식 등에 관하여 따로 정한 규정이 없다. 그러나 가산세는 비록 본세의 세목으로 부과되기는 하지만(국세기본법 제47조 제2항 본문), 그 본질은 과세권의 행사와 조세채권의 실현을 용이하게 하기 위하여 세법에 규정된 의무를 정당한 이유 없이 위반한 납세의무자 등에게 부과하는 일종의 행정상 제재라는 점에서 적법절차의 원칙은 더 강하게 관철되어야 한다. … 그러므로 가산세 부과처분이라고 하여 그 종류와 세액의 산출근거 등을 전혀 밝히지 않고 가산세의 합계액만을 기재한 경우에는 그 부과처분은 위법함을 면할 수 없다(대판 전원합의체 2012. 10. 18, 2010두12347[증여세부과처분취소]).

제 3 절 행정절차법의 기본구조와 적용범위

Ⅰ. 행정절차법의 기본구조

행정절차법은 처분절차, 신고절차, 확약, 위반사실의 공표, 행정계획, 행정상 입법예고절차, 행정예고절차, 행정지도절차 등을 규율대상으로 하고 있다. 그 중에서 처분절차가 중심적인 내용이 되고 있다. 다만, 행정계획도 행정예고의 대상이 되며 행정계획이 입법의 형식을 띠는 경우에는 행정상 입법예고절차가 적용되고 행정처분의 성질을 띠는 경우에는 처분절차가 적용된다.

현행 행정절차법은 행정조사절차 및 행정계약절차는 규정하고 있지 않다.

행정입법절차도 입법안의 예고와 임의적 의견제출절차를 규정하고 있을 뿐이다. 또한 자료의 열람을 정식 청문의 경우에 한하여 제한적으로 인정하고 있는 점도 문제점으로 지적되고 있다.

행정절차법은 주로 절차적 규정을 두고 있고, 아주 예외적으로만 실체법규정(신의성실의 원칙과 신뢰보호의 원칙 등)을 두고 있다.

Ⅱ. 행정절차법의 적용범위[2018 행시]

행정절차법 제3조는 행정절차법의 적용범위를 규정하고 있다.

① 행정절차에 관하여 다른 법률에 특별한 규정이 있는 경우에는 행정절차법이 배제된다. 이는 특별법우선의 원칙을 선언한 것으로 당연한 규정이다.

행정절차법이 배제되는 것은 다른 '법률'에 특별한 규정을 둔 경우이다. 민원 처리에 관한 법률은 신청절차에 관하여 행정절차법의 특별법이고, 전자정부법은 전자행정절차에 관하여 행정절차법의 특별법이다. 행정절차에 대하여 특별한 규정을 두고 있는 규정이 법률이 아닌 명령인 경우에는 상위법 우선의 원칙에 의해 당해 명령이 아니라 행정절차법이 적용된다.

② 또한, 행정절차법은 다음 각 호의 어느 하나에 해당하는 사항에 대하여는 적용하지 아니한다:

1. 국회 또는 지방의회의 의결을 거치거나 동의 또는 승인을 받아 행하는 사항, 2. 법원 또는 군사법원의 재판에 의하거나 그 집행으로 행하는 사항, 3. 헌법재판소의 심판을 거쳐 행하는 사항, 4. 각급 선거관리위원회의 의결을 거쳐 행하는 사항, 5. 감사원이 감사위원회의의 결정을 거쳐 행하는 사항, 6. 형사(刑事), 행형(行刑) 및 보안처분 관계 법령에 따라 행하는 사항, 7. 국가안전보장·국방·외교 또는 통일에 관한 사항 중 행정절차를 거칠 경우 국가의 중대한 이익을 현저히 해칠 우려가 있는 사항, 8. 심사청구, 해양안전심판, 조세심판, 특허심판, 행정심판, 그 밖의 불복절차에 따른 사항, 9. 『병역법』에 따른 징집·소집, 외국인의 출입국·난민인정·귀화, 공무원 인사 관계 법령에 따른 징계와 그 밖의 처분, 이해 조정을 목적으로 하는 법령에 따른 알선·조정·중재(仲裁)·재정(裁定) 또는 그 밖의 처분 등 해당 행정작용의 성질상 행정절차를 거치기 곤란하거나 거칠 필요가 없다고 인정되는 사항과 행정절차에 준하는 절차를 거친 사항으로서 대통령령으로 정하는 사항.

이에 따라 행정절차법시행령 제2조는 행정절차법의 적용제외사항을 정하고 있다.

판례는 공무원 인사관계 법령에 의한 처분에 관한 사항 또는 '외국인의 출입국에 관한 사항'이라 하더라도 전부에 대하여 행정절차법의 적용이 배제되는 것이 아니라, 성질상 행정절차를 거치기 곤란하거나 불필요하다고 인정되는 처분이나 행정절차에 준하는 절차를 거치도록 하고 있는 처분의 경우에만 행정절차법의 적용이 배제되는 것으로 보아야 한다고 한다(대판 2007. 9. 21, 2006두20631; 2013. 1. 16, 2011두30687; 2019. 7. 11, 2017두38874).

[판례 1] 행정절차법의 적용이 배제되지 않는다고 한 사례: 진급낙천처분(대판 2007. 9. 21, 2006두20631: 군인사법령에 의하여 진급예정자명단에 포함된 자에 대하여 의견제출의 기회를 부여하지 아니한 채 진급선발을 취소하는 처분을 한 것이 절차상 하자가 있어 위법하다고 한 사례), 별정직공무원에 대한 직권면직처분(대판 2013. 1. 16, 2011두30687), 육군3사관학교의 사관생도에 대한 징계처분(대판 2018. 3. 13, 2016두33339), 외국인의 사증발급 신청에 대한 거부처분(대판 2019. 7. 11, 2017두38874).
[판례 2] 행정절차법의 적용이 배제된다고 한 사례: 국가공무원법상 직위해제처분(대판 2014. 5. 16, 2012두26180). 구 국적법 제5조 각호와 같이 귀화는 요건이 항목별로 구분되어 구체적으로 규정되어 있다. 그리고 성질상 행정절차를 거치기 곤란하거나 거칠 필요가 없다고 인정되어 처분의 이유제시 등을 규정한 행정절차법이 적용되지 않는다(제3조 제2항 제9호). 귀화의 이러한 특수성을 고려하면, 귀화의 요건인 구 국적법 제5조 각호 사유 중 일부를 갖추지 못하였다는 이유로 행정청이 귀화 신청을 받아들이지 않는 처분을 한 경우에 '그 각호 사유 중 일부를 갖추지 못하였다는 판단' 자체가 처분의 사유가 된다(대판 2018. 12. 13, 2016두31616[귀화불허결정취소]).

국가에 대한 행정처분을 함에 있어서도 사전 통지, 의견청취, 이유 제시와 관련한 행정절차법 제21조 내지 23조가 적용된다(판례).

[판례] 행정절차법 제2조 제4호에 의하면, '당사자 등'이란 행정청의 처분에 대하여 직접 그 상대가 되는 당사자와 행정청이 직권 또는 신청에 의하여 행정절차에 참여하게 한 이해관계인을 의미하는데, 같은 법 제9조에서는 자연인, 법인, 법인 아닌 사단 또는 재단 외에 '다른 법령등에 따라 권리·의무의 주체가 될 수 있는 자' 역시 '당사자 등'이 될 수 있다고 규정하고 있을 뿐, 국가를 '당사자 등'에서 제외하지 않고 있다. 또한 행정절차법 제3조 제2항에서 행정절차법이 적용되지 아니하는 사항을 열거하고 있는데, '국가를 상대로 하는 행정행위'는 그 예외사유에 해당하지 않는다. 위와 같은 행정절차법의 규정과 행정의 공정성·투명성 및 신뢰성 확보라는 행정절차법의 입법취지 등을 고려해보면, 행정기관의 처분에 의하여 불이익을 입게 되는 국가를 일반 국민과 달리 취급할 이유가 없다. 따라서 국가에 대한 행정처분을 함에 있어서도 앞서 본 사전 통

지, 의견청취, 이유 제시와 관련한 행정절차법이 그대로 적용된다고 보아야 한다(대판 2023. 9. 21, 2023두39724[국가에 대한 텔레비전수신료부과처분취소]).

제 4 절 행정절차법의 내용

행정절차법은 한편으로는 모든 행정작용에 공통적으로 적용되는 사항 및 절차를 정하고, 다른 한편으로는 행정처분, 입법, 행정지도 등 행위형식별로 거쳐야 할 행정절차를 정하고 있다.

제 1 항 공통사항 및 공통절차

Ⅰ. 신의성실 및 신뢰보호(제4조)

행정청은 직무를 수행할 때 신의(信義)에 따라 성실히 하여야 한다(제4조 제1항).

행정청은 법령등의 해석 또는 행정청의 관행이 일반적으로 국민들에게 받아들여졌을 때에는 공익 또는 제3자의 정당한 이익을 현저히 해칠 우려가 있는 경우를 제외하고는 새로운 해석 또는 관행에 따라 소급하여 불리하게 처리하여서는 아니 된다(제4조 제2항).

Ⅱ. 투명성원칙과 법령해석요청권

행정청이 행하는 행정작용은 그 내용이 구체적이고 명확하여야 한다(제5조 제1항). 행정작용의 근거가 되는 법령 등의 내용이 명확하지 아니한 경우 상대방은 해당 행정청에 그 해석을 요청할 수 있다. 이 경우 해당 행정청은 특별한 사유가 없으면 그 요청에 따라야 한다(제2항). 행정청은 상대방에게 행정작용과 관련된 정보를 충분히 제공하여야 한다(제3항).

전술한 바와 같이 행정기본법 및 법제업무운영규정은 법제처 등에 대한 중앙행정기관의 장, 지방자치단체의 장 및 민원인의 법령해석요청을 규정하고 있다.

민원인은 법령 소관 중앙행정기관의 장의 법령해석이 법령에 위반된다고 판단되는 경우에는 총리령으로 정하는 바에 따라 해당 법령 소관 중앙행정기관의 장에게 법령해석기관에 법령해석을 요청하도록 의뢰하거나 법령 소관 중앙행정기관의 장의 법령해석 의견을 덧붙여 직접 법령해석기관에 법령해석을 요청할 수 있다. 다만, 법무부장관이 민사·상사·형사, 행정소송, 국가배상 관계 법령 및 법무부 소관 법령에 대하여 법령해석을 한 경우는 제외한다(「법제업무 운영규정」 제26조 제7항).

Ⅲ. 행정청의 관할

행정절차법은 관할 행정청에의 이송제도와 행정청의 관할의 결정에 관한 규정을 두고 있다(제6조).

Ⅳ. 행정청간의 협조의무 및 행정응원

행정절차법은 행정청간의 협조의무와 행정청 상호간의 행정응원에 대하여 규정하고 있다(제7조, 제8조).

Ⅴ. 행정절차의 '당사자등'

행정절차법상 '당사자등'이라 함은 행정청의 처분에 대하여 직접 그 상대가 되는 당사자와 행정청이 직권으로 또는 신청에 따라 행정절차에 참여하게 한 이해관계인을 말한다(제2조 제4호).

1. '당사자등'의 자격(제9조)

다음의 어느 하나에 해당하는 자는 행정절차에서 당사자등이 될 수 있다: ① 자연인, ② 법인, 법인 아닌 사단 또는 재단(이하 '법인등'이라 한다), ③ 그 밖에 다른 법령등에 따라 권리·의무의 주체가 될 수 있는 자.

명문의 규정은 없지만 외국인도 행정절차에 있어서 당사자가 될 수 있다.

2. '당사자등'의 지위의 승계(제10조)

당사자등이 사망하였을 때의 상속인과 다른 법령등에 따라 당사자등의 권리 또는 이익을 승계한 자는 당사자등의 지위를 승계한다(제10조 제1항). 당사자등인 법인등이 합병하였을 때에는 합병 후 존속하는 법인등이나 합병 후 새로 설립된 법인등이 당사자등의 지위를 승계한다(제2항). 제1항 및 제2항에 따라 당사자등의 지위를 승계한 자는 행정청에 그 사실을 통지하여야 한다(제3항). 처분에 관한 권리 또는 이익을 사실상 양수한 자는 행정청의 승인을 받아 당사자등의 지위를 승계할 수 있다(제4항). 제3항에 따른 통지가 있을 때까지 사망자 또는 합병 전의 법인등에 대하여 행정청이 한 통지는 제1항 또는 제2항에 따라 당사자등의 지위를 승계한 자에게도 효력이 있다(제5항).

3. '당사자등'의 대표자 선정(제11조)

다수의 당사자등이 공동으로 행정절차에 관한 행위를 할 때에는 대표자를 선정할 수 있다(제11조 제1항). 대표자가 있는 경우에는 당사자등은 그 대표자를 통하여서만 행정절차에 관한 행위를 할 수 있다(제5항). 다수의 대표자가 있는 경우 그 중 1인에 대한 행정청의 행위는 모든 당사자등에게 효력이 있다. 다만, 행정청의 통지는 대표자 모두에게 하여야 그 효력이 있다(제6항).

4. '당사자등'의 대리인 선정(제12조)

당사자등은 다음의 어느 하나에 해당하는 자를 대리인으로 선임할 수 있다. ① 당사자등의 배우자, 직계 존속·비속 또는 형제자매, ② 당사자등이 법인등인 경우 그 임원 또는 직원, ③ 변호사, ④ 행정청 또는 청문 주재자(청문의 경우만 해당한다)의 허가를 받은 자, ⑤ 법령등에 따라 해당 사안에 대하여 대리인이 될 수 있는 자(제12조 제1항).

대리인은 각자 그를 대리인으로 선정한 당사자등을 위하여 행정절차에 관한 모든 행위를 할 수 있다. 다만, 행정절차를 끝맺는 행위에 대하여는 당사자등의 동의를 받아야 한다(행정절차법 제12조 제2항, 제11조 제4항).

5. 행정절차에서 변호인의 조력을 받을 권리

기본권으로서의 변호인의 조력을 받을 권리는 원칙상 형사절차에서 보장되고, 행정절차에서는 원칙상 변호인의 조력을 받을 권리가 기본권으로 보장되지는 않는다. 다만, 헌법 제12조 제4항 본문에 규정된 피구속인의 변호인의 조력을 받을 권리는 행정절차에도 적용된다(헌재 2018. 5. 31. 2014헌마346: 인천국제공항 송환대기실에 수용된 난민에게 변호인의 조력을 받을 권리를 인정한 사례).

그리고, 법령에서 행정절차에서 변호인 등 전문가의 조력을 받을 권리를 규정하는 것은 가능하다. 예를 들면, 행정조사기본법 제23조 제2항은 "조사대상자는 법률·회계 등에 대하여 전문지식이 있는 관계 전문가로 하여금 행정조사를 받는 과정에 입회하게 하거나 의견을 진술하게 할 수 있다."고 규정하고 있고, 행정절차법 제12조 제1항에 따르면 당사자등은 변호인 등을 대리인으로 선임할 수 있다. 다만, 대리인이 선임된 경우에도 진술 당사자 본인의 진술이 필요한 경우에는 헌법과 법률에 반하지 않는 한 변호인에 의한 대리진술을 인정하지 않는 것도 가능하다고 보아야 한다.

Ⅵ. 송 달

행정절차법은 제14조 내지 제16조에서 행정기관의 송달(送達)에 대하여 규정하고 있는데, 이에 관하여는 행정행위의 효력발생시기와 관련하여 전술하였다.

제 2 항 처분절차

행정절차법상 '처분'이라 함은 행정청이 행하는 구체적 사실에 관한 법집행으로서의 공권력의 행사 또는 그 거부와 그 밖에 이에 준하는 행정작용을 말한다(제2조 제2호). 이러한 행정절차법상의 처분개념규정은 행정쟁송법상의 그것과 동일하다.

처분절차에 관한 행정절차법의 규정에는 한편으로 침해적 처분과 수익적 처분에 공통적으로 적용되는 규정이 있고, 다른 한편으로 침해적 처분 또는 신청에 의한 처분에만 적용되는 규정이 있다. 처분기준의 설정·공표, 이유제시, 처분의 방식, 고지 등은 공통절차이고, 신청절차는 신청에 의한 처분절차를 규율하는 절차이며 의견진술절차는 원칙상 침해적 처분절차를 규율하는 절차이다.

Ⅰ. 처분기준의 설정·공표(제20조) [2006 행시 사례 약술형]

1. 처분기준 공표의 의의

처분기준(處分基準)의 설정·공표는 행정청의 자의적인 권한행사를 방지하고 행정의 통일성을 기하며 처분의 상대방에게 예측가능성을 부여하기 위하여 요청된다(대판 2019. 12. 13, 2018두41907).

2. 처분기준의 설정·공표의무

행정청은 필요한 처분기준을 해당 처분의 성질에 비추어 되도록 구체적으로 정하여 공표하여야 한다. 처분기준을 변경하는 경우에도 또한 같다(제20조 제1항). 「행정기본법」 제24조에 따른 인허가의제 처분의 경우 관련 인허가 행정청은 관련 인허가의 처분기준을 주된 인허가 행정청에 제출하여야 하고, 주된 인허가 행정청은 제출받은 관련 인허가의 처분기준을 통합하여 공표하여야 한다. 처분기준을 변경하는 경우에도 또한 같다(제2항). 제1항에 따른 처분기준을 공표하는 것이 해당 처분의 성질상 현저히 곤란하거나 공공의 안전 또는 복리를 현저히 해치는 것으로 인정될 만한 상당한 이유가 있는 경우에는 처분기준을 공표하지 아니할 수 있다(제20조 제3항).

[판례] 처분의 성질상 처분기준을 미리 공표하는 경우 행정목적을 달성할 수 없게 되거나 행정청에 일정한 범위 내에서 재량권을 부여함으로써 구체적인 사안에서 개별적인 사정을 고려하여 탄력적으로 처분이 이루어지도록 하는 것이 오히려 공공의 안전 또는 복리에 더 적합한 경우도 있다. 그러한 경우에는 행정절차법 제20조 제2항에 따라 처분기준을 따로 공표하지 않거나 개략적으로만 공표할 수도 있다(대판 2019. 12. 13, 2018두41907).

처분기준에는 법령과 행정규칙(예 재량준칙, 해석규칙 등)이 있다. 인공지능에 따른 처분의 경우 알고리즘은 처분의 기준을 포함하므로 처분의 기준에 해당하는 부분은 공표하여야 한다. 법령에서 이미 구체적인 처분기준이 설정되어 있는 경우에는 처분기준을 행정규칙으로 제정할 의무는 없다.

3. 설정·공표의무 위반의 효과

처분기준을 설정하여야 함에도 설정하지 않거나 설정된 처분기준이 구체적이지 못한 경우 그리고 처분기준을 공표하지 않은 경우에 그 하자는 관련 행정처분의 독립된 취소사유가 될 것인가에 대하여는 논란의 여지가 있다.

부정하는 견해는 처분기준이 불비된 경우가 적지 않은 현재의 상황하에서 즉시 모든 경우에 처분기준을 설정한다는 것은 어려울 것이므로 처분기준설정의무는 명문의 규정은 없지만 일본 행정절차법에서와 같이 노력의무 또는 성실의무로 보아야 한다는 데 근거할 수 있다(부정설).

그러나, 우리나라의 행정절차법은 일본 행정절차법과 달리, '… 하여야 한다'라고 규정하고 있고 처분기준 설정의무의 예외를 규정하고 있으므로 제20조 제1항은 **의무규정**으로 보아야 한다. 따라서, 처분기준 불비의 하자는 절차의 하자가 되며 독립된 취소사유가 된다고 보아야 한다(긍정설).

판례에 따르면 행정청이 행정절차법 제20조 제1항의 처분기준 사전공표 의무를 위반하여 미리 공표하지 아니한 기준을 적용하여 처분을 하였다고 하더라도, 그러한 사정만으로 곧바로 해당 처분에 취소사유에 이를 정도의 흠이 존재한다고 볼 수는 없다(부정설). 다만 해당 처분에 적용한 기준이 상위법령의 규정이나 신뢰보호의 원칙 등과 같은 법의 일반원칙을 위반하였거나 객관적으로 합리성이 없다고 볼 수 있는 구체적인 사정이 있다면 해당 처분은 위법하다고 평가할 수 있다.

구체적인 이유는 다음과 같다. ① 행정청이 행정절차법 제20조 제1항에 따라 정하여 공표한 처분기준은, 그것이 해당 처분의 근거 법령에서 구체적 위임을 받아 제정·공포되었다는 특별한 사정이 없는 한, 원칙적으로 대외적 구속력이 없는 행정규칙에 해당한다. ② 처분이 적법한지는 행정규칙에 적합한지 여부가 아니라 상위법령의 규정과 입법 목적 등에 적합한지 여부에 따라 판단해야 한다. 처분이 행정규칙을 위반하였다고 하여 그러한 사정만으로 곧바로 위법하게 되는 것은 아니고, 처분이 행정규칙을 따른 것이라고 하여 적법성이 보장되는 것도 아니다. 행정청이 미리 공표한 기준, 즉 행정규칙을 따랐는지 여부가 처분의 적법성을 판단하는 결정적인 지표가 되지 못하는 것과 마찬가지로, 행정청이 미리 공표하지 않은 기준을 적용하였는지 여부도 처분의 적법성을 판단하는 결정적인 지표가 될 수 없다. ③ 행정청이 정하여 공표한 처분기준이 과연 구체적인지 또는 행정절차법 제20조 제2항에서 정한 처분기준 사전공표 의무의 예외사유에 해당하는지는 일률적으로 단정하기 어렵고, 구체적인 사안에 따라 개별적으로 판단하여야 한다. 만약 행정청이 행정절차법 제20조 제1항에 따라 구체적인 처분기준을 사전에 공표한 경우에만 적법하게 처분을 할 수 있는 것이라고 보면, 처분의 적법성이 지나치게 불안정해지고 개별법령의 집행이 사실상 유보·지연되는 문제가 발생하게 된다(대판 2020. 12. 24, 2018두45633).

4. 처분기준에 대한 당사자등의 해석·설명요청권(제 3 항)

당사자등은 공표된 처분기준이 명확하지 아니한 경우 해당 행정청에 그 해석 또는 설명을 요청할 수 있다. 이 경우 해당 행정청은 특별한 사정이 없으면 그 요청에 따라야 한다(제20조 제3항).

5. 처분기준의 구속력과 신뢰보호

처분기준이 해석규칙, 재량준칙 등 행정규칙인 경우 처분기준의 구속력은 행정규칙의 구속력의 문제가 된다.

자기구속의 법리의 요건이 충족되면 자기구속의 법리에 따라 처분기준은 대외적 구속력을 갖게 된다.

자기구속의 법리가 인정되지 않는 경우에도 행정기준을 신뢰한 국민의 신뢰는 보호되어야 한다. 특히, 행정절차법 제20조 제3항에 따라 당사자의 요청에 의해 주어진 처분기준의 해석 또는 설명에 대한 당사자의 신뢰는 보호되어야 한다.

Ⅱ. 처분의 이유제시

1. 처분의 이유제시의 의의

이유제시(理由提示)라 함은 행정청이 처분을 함에 있어 처분의 근거와 이유를 제시하는 것을 말한다. 이유제시를 이유부기(理由附記)라고도 한다.

2. 필요성(기능)

처분의 근거 및 이유제시 제도의 취지는 행정청의 자의적 결정을 배제하고 당사자로 하여금 행정구제절차에서 적절히 대처할 수 있도록 하는 것이다(대판 2019. 1. 31, 2016두64975). 즉, 처분에 이유(理由)를 제시하도록 하는 것은 한편으로는 행정이 보다 신중하고 공정하게 행해지도록 하기 위한 것이고, 다른 한편으로는 상대방이 처분에 대하여 쟁송을 제기하고자 하는 경우 쟁송제기 여부의 판단 및 쟁송준비에 편의를 제공하기 위한 것이다.

3. 이유제시의무 대상처분

행정절차법은 원칙상 모든 행정처분에 있어서 처분의 근거와 이유를 제시하도록 하고 있다. 다만, 다음의 어느 하나에 해당하는 경우 이유제시의무가 면제되고 있다: ① 신청 내용을 모두 그대로 인정하는 처분인 경우, ② 단순·반복적인 처분 또는 경미한 처분으로서 당사자가 그 이유를 명백히 알 수 있는 경우, ③ 긴급히 처분을 할 필요가 있는 경우(제23조 제1항). 그러나, 행정청은 제1항 제2호 및 제3호의 경우에 처분 후 당사자가 요청하는 경우에는 그 근거와 이유를 제시하도록 하고 있다(제2항).

4. 이유제시의무의 내용

이유제시의무가 있는 경우 행정청은 당사자에게 처분의 근거와 이유를 제시하여야 한다(제23조 제1항 본문). 이 경우 행정청은 처분의 원인이 되는 사실과 근거가 되는 법령 또는 자치법규의 내용을 구체적으로 명시하여야 한다(행정절차법 시행령 제14조의2).

행정청은 처분의 주된 법적 근거 및 사실상의 사유를 어떠한 근거와 이유로 처분이 이루어진 것인지를 충분히 알 수 있을 정도로 **명확하고 구체적으로** 제시하여야 한다. 처분의 사실상의 사유가 추상적으로만 제시된 경우와 같이 처분의 이유제시가 불충분한 경우에는 이유제시의무를 이행한 것이 되지 않는다.

다만, 처분을 하면서 당사자가 그 근거를 알 수 있을 정도로 이유를 제시한 경우(즉 처분서에 기재된 내용과 관계 법령 및 당해 처분에 이르기까지의 전체적인 과정 등을 종합적으로 고려하여, 처분 당시 당사자가 어떠한 근거와 이유로 처분이 이루어진 것인지를 충분히 알 수 있어서 그에 불복하여 행정구제절차로 나아가는 데 별다른 지장이 없었다고 인정되는 경우)에는 처분의 근거와 이유를 구체적으로 명시하지 않았더라도 그로 말미암아 그 처분이 위법하다고 볼 수는 없다(대판 2019. 1. 31, 2016두64975).

[판례 1] [1] 당사자가 신청하는 허가 등을 거부하는 처분을 하면서 당사자가 그 근거를 알 수 있을 정도로 이유를 제시한 경우에는 처분의 근거와 이유를 구체적으로 명시하지 않았더라도 그로 말미암아 그 처분이 위법하다고 볼 수는 없다. 이때 '이유를 제시한 경우'는 처분서에 기재된 내용과 관계 법령 및 당해 처분에 이르기까지의 전체적인 과정 등을 종합적으로 고려하여, 처분 당시 당사자가 어떠한 근거와 이유로 처분이 이루어진 것인지를 충분히 알 수 있어서 그에 불복하여 행정구제절차로 나아가는 데 별다른 지장이 없었다고 인정되는 경우를 뜻한다. [2] 이 사건 처분서는 아무런 실질적인 내용 없이 단순히 신청을 불허한다는 결과만

을 통보한 것이다. 기록에 나타나 있는 이 사건 처분에 이르기까지 전체적인 과정 등을 살펴보더라도 원고가 이 사건 신청이 거부된 정확한 이유를 알았거나 또는 알 수 있었다는 정황을 확인할 수 없다. 그리하여 원고가 이 사건 소송에서 처분사유를 잘못 확정하여 주장하였고 법원도 원심에 이르기까지 잘못 확정된 처분사유를 바탕으로 심리를 진행하게 되었다는 점에서 원고가 처분에 불복하여 행정구제절차로 나아가는 데에도 지장이 있었다고 볼 수 있다. 사정이 이러하다면 이 사건 처분은 근거와 이유를 제시하지 않은 것으로서 위법하다고 보아야 한다(대판 2017. 8. 29, 2016두44186[산업단지개발계획변경신청거부처분취소]).

[판례 2] 객관적이고 합리적인 기준(재량권 행사의 기준)을 설정하지 않은 채 구체적이고 합리적인 이유의 제시 없이 재량행위인 폐기물처리업사업계획의 부적정 통보를 하거나 사업계획서를 반려하는 경우가 재량권의 일탈·남용에 해당하여 위법하다(대판 2004. 5. 28, 2004두961[폐기물처리사업계획서신청서류반려처분취소]).

[판례 3] 행정절차법 제23조 제1항의 규정 취지 및 처분서에 처분의 근거와 이유가 구체적으로 명시되어 있지 않은 처분이라도 절차상 위법하지 않은 경우: 처분서에 기재된 내용과 관계 법령 및 당해 처분에 이르기까지 전체적인 과정 등을 종합적으로 고려하여, 처분 당시 당사자가 어떠한 근거와 이유로 처분이 이루어진 것인지를 충분히 알 수 있어서 그에 불복하여 행정구제절차로 나아가는 데에 별다른 지장이 없었던 것으로 인정되는 경우에는 처분서에 처분의 근거와 이유가 구체적으로 명시되어 있지 않았다고 하더라도 그로 말미암아 그 처분이 위법한 것으로 된다고 할 수는 없다(대판 2013. 11. 14, 2011두18571; 2019. 12. 13, 2018두41907).

재량처분의 경우에는 재량권 행사의 합리성을 뒷받침하는 재량고려과정을 제시하여야 한다(김철용, 392면). 그러나, 판례는 거부처분의 재량고려사유는 이유제시의무에 포함되는 것으로 보지만, 징계·제재처분에 있어 징계·제재사유만 제시하면 되는 것으로 보고 재량고려사항은 이유제시의무의 대상이 되지 않는 것으로 본다(박정훈).

5. 이유제시의 하자

이유제시의 하자란 행정청이 처분이유를 제시하여야 함에도 처분이유를 전혀 제시하지 않거나 불충분하게 제시한 경우를 말한다.

이유제시의 하자는 무효사유와 취소사유의 구별기준에 따라 무효인 하자나 취소할 수 있는 하자가 된다. 판례는 이유제시의 하자를 통상 취소사유로 보고 있다.

[판례] 세액산출근거가 기재되지 아니한 납세고지서에 의한 부과처분은 강행법규에 위반하여 취소대상이 된다 할 것이므로 이와 같은 하자는 납세의무자가 전심절차에서 이를 주장하지 아니하였거나, 그 후 부과된 세금을 자진납부하였다거나, 또는 조세채권의 소멸시효기간이 만료되었다 하여 치유되는 것이라고는 할 수 없다(대판 1985. 4. 9, 84누431[법인세등부과처분취소]).

6. 이유제시의 하자의 치유

일반적으로 이유제시의 하자의 치유가능성을 인정하고 있다.

이유제시의 취지의 중점은 상대방에게 쟁송제기상 편의를 제공하는 데 있다고 보는 것이 타당하므로 행정쟁송의 제기 전에 한하여 치유가 가능한 것으로 보아야 할 것이다. 판례도 이러한 입장이다(자세한 것은 전술 제2편 제3장 행정행위 중 '하자의 치유' 참조).

Ⅲ. 신청에 의한 처분의 절차

1. 처분의 신청(제17조)

행정청에 대하여 처분을 구하는 신청(申請)은 문서로 하여야 한다. 다만, 다른 법령 등에 특별한 규정이 있는 경우와 행정청이 미리 다른 방법을 정하여 공시한 경우에는 그러하지 아니하다(제1항).

제1항의 규정에 따라 처분을 신청할 때 전자문서로 하는 경우에는 행정청의 컴퓨터 등에 입력된 때에 신청한 것으로 본다(제2항).

2. 신청의 접수

행정청은 신청을 받았을 때에는 다른 법령 등에 특별한 규정이 있는 경우를 제외하고는 그 접수를 보류 또는 거부하거나 부당하게 되돌려 보내서는 아니 되며, 신청을 접수한 경우에는 신청인에게 접수증을 주어야 한다. 다만, 대통령령으로 정하는 경우에는 접수증을 주지 아니할 수 있다(제4항).

3. 신청서의 보완

행정청은 신청에 구비서류의 미비 등 흠이 있는 경우에는 보완에 필요한 상당한 기간을 정하여 지체 없이 신청인에게 보완을 요구하여야 한다(제5항).

물론 행정청이 접수의무, 보완의무를 지는 것은 행정청에게 신청에 대한 처분의무가 있는 경우 달리 말하면 신청자에게 신청권이 있는 경우이다.

행정청은 신청인이 제5항에 따른 기간 내에 보완을 하지 아니하였을 때에는 그 이유를 구체적으로 밝혀 접수된 신청을 되돌려 보낼 수 있다(제6항). 행정청의 보완요구사유가 정당하지 않다고 판단하는 경우에는 신청자는 어떠한 조치를 취할 수 있는가. 이 경우에 신청자는 신청서의 반려를 거부처분으로 보고 거부처분의 취소를 청구할 수 있다고 보아야 할 것이다.

신청인은 처분이 있기 전에는 그 신청의 내용을 보완·변경하거나 취하할 수 있다. 다만, 다른 법령 등에 특별한 규정이 있거나 그 신청의 성질상 보완·변경하거나 취하할 수 없는 경우에는 그러하지 아니하다(제8항). **'그 신청의 성질상 보완·변경하거나 취하할 수 없는 경우'**란 어떠한 경우를 가리키는가. 예를 들면, 선원주의가 적용되는 경우에서와 같이 신청의 내용을 보완 또는 변경하는 것으로 인하여 제3자의 권익에 침해를 가져오는 경우에는 보완 또는 변경을 인정할 수 없을 것이다.

4. 신청의 처리

(1) 다수의 행정청이 관여하는 처분의 신속처리의무(제18조)

행정청은 다수의 행정청이 관여하는 처분을 구하는 신청을 접수한 경우에는 관계 행정청과의 신속한 협조를 통하여 그 처분이 지연되지 아니하도록 하여야 한다.

(2) 처리기간(제19조)

신청의 처리기간이 정하여져 있는 경우에는 원칙상 처리기간 내에 처리를 하여야 한다. 다만, 행정청은 부득이한 사유로 제1항에 따른 처리기간 내에 처분을 처리하기 곤란한 경우에는 해당 처분의 처리기간의 범위에서 한 번만 그 기간을 연장할 수 있다(제2항). 행정청은 제2항에 따라 처리기간을 연장할 때에는 처리기간의 연장 사유와 처리 예정기한을 지체 없이 신청인에게 통지하여야 한다(제3항).

행정청이 설정·공표한 처리기간은 부작위의 인정에 있어서 절대적인 기준은 되지 않는다고 보아야 한다. 설정·공표된 처리기간이 부당히 긴 경우에는 신청으로부터 합리적인 기간이 지난 후에 처분이 없으면 부작위가 된다고 보아야 한다. 그리고, 처리기간의 연장제도에 비추어 볼 때 처리기간을 연장함이 없이 설정·공표된 처리기간 내에 처리를 하지 않은 경우에는 특별한 사정이 없는 한 부작위가 성립된다고 보아야 할 것이다.

Ⅳ. 의견진술절차(의견청취절차)

[문제] 영업허가를 취소하면서 개별법에 청문을 정하는 명문의 규정이 없으므로 청문절차를 거치지 않고 상대방에게 의견제출의 기회만을 준 경우 당해 영업허가취소처분은 적법한가.

1. 의견진술절차의 의의

행정처분을 함에 있어서 이해관계인에게 의견진술(意見陳述)의 기회를 주는 것은 행정절차의 핵심적 요소이다.

행정처분의 상대방 등 이해관계인에게 행정처분 전에 의견진술의 기회를 주는 행정절차를 이해관계인의 입장에서 보면 의견진술절차라고 할 수 있고, 행정청의 입장에서 보면 의견청취절차(意見聽取節次)라고 할 수 있다. 행정절차법은 법 제22조에서 의견청취라는 이름하에 **의견제출**, **청문**, **공청회**를 규정하고 있다.

2. 의견진술절차의 종류

의견진술절차(의견청취절차)에는 의견제출절차, 청문, 공청회가 있다.

3. 의견제출절차

(1) 의 의

의견제출절차란 "행정청이 어떠한 행정작용을 하기 전에 당사자등이 의견을 제시하는 절차로서 청문이나 공청회에 해당하지 아니하는 절차"를 말한다(제2조 제7호). 즉, 의견제출이라 함은 행정청이 어떠한 행정작용을 하기에 앞서 당사자등이 단순하게 의견을 제시하는 절차를 말한다. 청문에 비하여 절차가 간단한 절차이다. 이러한 점에서 의견제출절차를 '약식 의견진술절차'라고 할 수 있다.

사전통지는 의견제출의 전치절차이다. 의견제출절차가 의무적인 경우에 사전통지는 그 전제로서 당연히 행해진다.

행정절차법이 당사자에게 의무를 부과하거나 권익을 제한하는 처분을 하는 경우에 사전통지 및 의견청취를 하도록 규정한 것은 불이익처분 상대방의 **방어권 행사**를 실질적으로 **보장**하기 위함이다(대판 2020. 4. 29, 2017두31064).

(2) 의견제출절차의 인정범위

행정절차법은 '당사자에게 의무를 부과하거나 권익을 제한하는 처분'에 한하여 그리고 '당사자등'에 대해서만 그리고, 법상 의견제출이 면제되는 경우(청문이나 공청회를 실시하는 경우 등)가 아닌 경우 의견제출의 기회를 주어야 하는 것으로 규정하고 있다(제22조 제3항).

1) 사전통지·의견제출절차의 대상이 되는 처분[2022 변시, 2008 사시, 2010, 2023 행시(일반행정), 2011 사시, 2013 변시]

'당사자에게 의무를 부과하거나 권익을 제한하는 처분'에 한하여 그리고, 법상 의견제출이 면제되는 경우(청문이나 공청회를 실시하는 경우 등)가 아닌 경우 의견제출절차가 인정된다.

가. '의무를 부과하거나 권익을 제한하는 처분' '**권익을 제한하는 처분**'이라 함은 수익적 행정행위(예 허가)의 취소 또는 정지처분 등을 말하고, '**의무를 부과하는 처분**'이라 함은 조세부과처분, 시정명령과 같이 행정법상의 의무를 부과하는 처분을 말한다.

[판례 1] [1] 영유아보육법 제30조 제7항, 구 영유아보육법 시행규칙 제31조 제1항, 제4항의 위임에 따라 보건복지부장관이 정한 '보육사업안내'에 어린이집 평가인증취소의 절차에 관한 사항을 일부 정한 경우, 행정절차법 제3조 제1항이 정한 '다른 법률에 특별한 규정이 있는 경우'에 해당한다고 보기 어렵고, 따라서 평가인증취소에 행정절차법 적용이 배제되지 않는다. [2] 이 사건 평가인증취소처분은 이로 인하여 원고에 대한 인건비 등 보조금 지급이 중단되는 등 원고의 권익을 제한하는 처분에 해당하며, 보조금 반환명령과는 전혀 별개의 절차로서 보조금 반환명령이 있으면 피고 보건복지부장관이 평가인증을 취소할 수 있지만 반드시 취소하여야 하는 것은 아닌 점 등에 비추어 보면, 보조금 반환명령 당시 사전통지 및 의견제출의 기회가 부여되었다 하더라도 그 사정만으로 이 사건 평가인증취소처분이 구 행정절차법 제21조 제4항 제3호에서 정하고 있는 사전통지 등을 하지 아니하여도 되는 예외사유(해당 처분의 성질상 의견청취가 현저히 곤란하거나 명백히 불필요하다고 인정될 만한 상당한 이유가 있는 경우)에 해당한다고도 볼 수 없으므로, 구 행정절차법 제21조 제1항에 따른 사전통지를 거치지 않은 이 사건 평가인증취소처분은 위법하다(대판 2016. 11. 9, 2014두1260[보조금반환등취소]). 〈해설〉 평가인증처분과 보조금반환명령은 별개의 처분이므로 각각의 불이익처분절차가 필요하다고 본 판례이다.

[판례 2] 국민건강보험공단의 자격변경(직장가입자를 지역가입자로 변경)처분은 甲의 피부양자 자격을 소급하여 박탈하는 내용을 포함하므로, 국민건강보험공단이 위 처분에 앞서 甲에게 행정절차법 제21조 제1항에 따라 사전통지를 하거나 의견 제출의 기회를 주어야 하고 이를 하지 않은 것은 절차상 하자에 해당한다(대판 전원합의체 2024. 7. 18, 2023두36800[보험료부과처분취소]).

신청에 대한 **거부처분**이 권익을 제한하는 처분으로서 사전통지 및 의견제출절차의 대상이 되는지에 관하여 견해가 대립하고 있다.

(가) 적 극 설 당사자가 신청을 한 경우, 신청에 따라 긍정적인 처분이 이루어질 것을 기대하며, 거부처분을 기대하지는 아니하고 있으므로, 거부처분의 경우에도 사전통지 및 의견진술의 기회가 필요하다고 한다(오준근, 339면). 영업허가의 거부는 영업의 자유의 제한에 해당한다.

(나) 소 극 설 신청을 하였어도 아직 당사자에게 권익이 부여되지 아니하였으므로 신청을 거부하여도 직접 당사자의 권익을 제한하는 처분에 해당한다고 볼 수 없다. 또한, 신청에 대한 거부처분은 그것이 불이익처분을 받는 상대방의 신청에 의한 것이므로 성질상 이미 의견진술의 기회를 준 것으로 볼 수 있으므로 의견진술의 기회를 줄 필요가 없다.

(다) 판 례 판례는 소극설을 취하고 있다.

[판례] 신청에 따른 처분이 이루어지지 아니한 경우에는 아직 당사자에게 권익이 부과되지 아니하였으므로 특별한 사정이 없는 한 신청에 대한 거부처분이라고 하더라도 직접 당사자의 권익을 제한하는 것은 아니어서 신청에 대한 거부처분을 여기에서 말하는 '당사자의 권익을 제한하는 처분'에 해당한다고 할 수 없는 것이어서 처분의 사전통지대상이 된다고 할 수 없다(대판 2003. 11. 28, 2003두674[임용거부처분취소] [인천대사건]).

(라) 결어(원칙상 소극설) 거부처분을 권익을 제한하거나 의무를 부과하는 처분으로 볼 수 없고, 거부처분의 전제가 되는 신청을 통하여 의견제출의 기회를 준 것으로 볼 수 있으므로 소극설이 타당하다. 다만, 허가조건의 존속기간 내의 허가갱신 신청에 대한 허가갱신 거부처분은 특별한 사정이 없는 한 허가갱신을 받을 권리를 침해하는 것이므로 '권익을 제한하는 처분'으로 보아 사전통지와 의견진술 기회 부여의 대상이 된다고 보아야 한다.

나. '당사자'에게 의무를 부과하거나 권익을 제한하는 처분 행정절차법상의 사전통지, 의견진술기회의 부여 등은 '당사자'에게 의무를 부과하거나 권익을 제한하는 처분에 한한다. 여기에서 **'당사자'**라 함은 **처분의 상대방**을 말한다. 따라서 상대방에게 이익이 되며 제3자의 권익을 침해하는 이중효과적 행정행위(예 위험시설의 설치허가) 등은 행정절차법상의 사전통지·의견제출절차가 적용되지 않는다(행정절차법 제2조 제4호). 이러한 문제점을 해소하기 위하여 행정절차법을 개정하여 이중효과적 행정행위로 권익에 직접 영향을 받는 제3자에게 의견진술의 기회를 보장하여야 한다.

[판례 1] 행정청이 구 식품위생법상의 영업자지위승계신고 수리처분을 하는 경우, 종전의 영업자가 행정절차법 제2조 제4호 소정의 '당사자'에 해당하는지 여부(적극) 및 수리처분시 종전의 영업자에게 행정절차법 소정의 행정절차를 실시하여야 하는지 여부(적극): 행정절차법 제21조 제1항, 제22조 제3항 및 제2조 제4호의 각 규정에 의하면, 행정청이 당사자에게 의무를 과하거나 권익을 제한하는 처분을 함에 있어서는 당사자 등에게 처분의 사전통지를 하고 의견제출의 기회를 주어야 하며, 여기서 당사자라 함은 행정청의 처분에 대하여 직접 그 상대가 되는 자를 의미한다 할 것이고, 한편 구 식품위생법(2002. 1. 26. 법률 제6627호로 개정되기 전의 것) 제25조 제2항, 제3항의 각 규정에 의하면, 지방세법에 의한 압류재산 매각절차에 따라 영업시설의 전부를 인수함으로써 그 영업자의 지위를 승계한 자가 관계 행정청에 이를 신고하여 행정청이 이를 수리하는 경우에는 종전의 영업자에 대한 영업허가 등은 그 효력을 잃는다 할 것인데, 위 규정들을 종합하면 위 행정청이 구 식품위생법 규정에 의하여 영업자지위승계신고를 수리하는 처분은 종전의 영업자의 권익을 제한하는 처분이라 할 것이고 따라서 종전의 영업자는 그 처분에 대하여 직접 그 상대가 되는 자에 해당한다고 봄이 상당하므로, 행정청으로서는 위 신고를 수리하는 처분을 함에 있어서 행정절차법 규정 소정의 당사자에 해당하는 종전의 영업자에 대하여 위 규정 소정의 행정절차를 실시하고 처분을 하여야 한다(대판 2003. 2. 14, 2001두7015[유흥주점영업자지위승계수리처분취소]).

[판례 2] 대통령의 한국방송공사 사장 해임에 행정절차법 적용 여부(적극): 대통령에 의한 한국방송공사 사장 甲의 해임처분 과정에서 甲이 처분 내용을 사전에 통지받거나 그에 대한 의견제출 기회 등을 받지 못했고 해

임처분 시 법적 근거 및 구체적 해임 사유를 제시받지 못하였으므로 해임처분이 행정절차법에 위배되어 위법하지만, 절차나 처분형식의 하자가 중대하고 명백하다고 볼 수 없어 역시 당연무효가 아닌 취소 사유에 해당한다고 본 원심판단을 정당하다고 한 사례(대판 2012. 2. 23, 2011두5001[해임처분무효]).

'고시' 등 불특정 다수인을 상대로 의무를 부과하거나 권익을 제한하는 처분은 성질상 의견제출의 기회를 주어야 하는 상대방을 특정할 수 없으므로, 이와 같은 처분에 있어서는 그 상대방에게 의견제출의 기회를 주어야 하는 것은 아니다(대판 2014. 10. 27, 2012두7745[상대가치점수인하고시처분취소]).

[판례 1] 보건복지부장관의 국민건강보험법령상 요양급여의 상대가치점수 변경 또는 조정고시처분시 상대방에게 의견제출의 기회를 주지 않아도 된다고 한 사례(대판 2014. 10. 27, 2012두7745[상대가치점수인하고시처분취소]).

[판례 2] 행정절차법 제2조 제4호가 행정절차법의 당사자를 행정청의 처분에 대하여 직접 그 상대가 되는 당사자로 규정하고, 도로법 제25조 제3항이 도로구역을 결정하거나 변경할 경우 이를 고시에 의하도록 하면서, 그 도면을 일반인이 열람할 수 있도록 한 점 등을 종합하여 보면, 도로구역을 변경한 이 사건 처분은 행정절차법 제21조 제1항의 사전통지나 제22조 제3항의 의견청취의 대상이 되는 처분은 아니라고 할 것이다(대판 2008. 6. 12, 2007두1767[도로구역변경고시취소]). 〈해설〉 도로구역변경고시의 경우 처분의 직접 상대방이 존재하지 않는다는 점에 비추어 사전통지·의견제출절차의 대상이 되는 "'당사자'에게 의무를 부과하거나 권익을 제한하는 처분"이 아니라고 보았다.

[판례 3] 도시관리계획결정고시가 사전통지·의견제출절차의 대상이 되는 처분이 아니라고 한 사례(대판 2010. 6. 10, 2010두5882).

[판례 4] 요양급여대상인 약제를 선별급여대상으로 변경하는 처분과 같이 '고시'의 방법으로 불특정 다수인을 상대로 의무를 부과하거나 권익을 제한하는 처분은 그 성질상 처분의 사전통지나 의견제출의 기회를 주어야 하는 상대방을 특정할 수 없으므로, 이와 같은 처분에서까지 그 상대방에게 행정절차법에 따른 처분의 사전통지나 의견제출의 기회를 주어야 하는 것은 아니다(대법원 2014. 10. 27. 선고 2012두7745 판결 참조)(대판 2025. 3. 13, 2024두45788[건강보험약제 선별급여적용 고시 취소 청구]). 〈해설〉 그러나 적법절차의 원칙상 주된 이해관계인인 제약회사에게는 처분의 사전통지나 의견제출의 기회를 주어야 하는 것으로 나아가 요양급여대상인 약제를 선별급여대상으로 변경하는 처분은 요양급여처분의 일부 취소를 의미하므로 청문절차를 거쳐야 하는 것으로 보아야 한다.

다. 법상 의견제출이 면제되는 경우가 아닐 것 법상 의견제출이 면제되는 경우라 함은 청문이나 공청회를 실시하는 경우, 법상 사전통지가 면제되는 경우를 말한다.

(가) 청문이나 공청회를 실시하지 않은 경우일 것 행정절차법은 청문이나 공청회를 개최한 경우에는 권익을 제한하거나 의무를 부과하는 처분을 함에 있어서 의견제출의 기회를 주지 않아도 되는 것으로 규정하고 있다(제22조 제3항).

(나) 제21조 제4항에 의해 사전통지가 면제되는 경우가 아닐 것 [2021 행시] 사전통지는 의견청취의 전치절차이므로 사전통지의무가 면제되는 경우는 의견청취의무도 면제된다(행정절차법 제22조 제4항). 행정절차법 제21조 제4항 각 호에 의해 사전통지의무가 면제되는 경우는 다음과 같다.

① 공공의 안전 또는 복리를 위하여 긴급히 처분을 할 필요가 있는 경우, ② 법령등에서 요구된 자격이 없거나 없어지게 되면 반드시 일정한 처분을 하여야 하는 경우에 그 자격이 없거나 없어지게 된 사실이 법

원의 재판 등에 의하여 객관적으로 증명된 경우, ③ 해당 처분의 성질상 의견청취가 현저히 곤란하거나 명백히 불필요하다고 인정될 만한 상당한 이유가 있는 경우(제21조 제4항).

그런데, 행정절차법 제21조 제5항은 "처분의 전제가 되는 사실이 법원의 재판 등에 의하여 객관적으로 증명된 경우 등 제4항에 따른 사전 통지를 하지 아니할 수 있는 구체적인 사항은 대통령령으로 정한다."라고 규정하고 있다. 따라서, **사전통지의무가 면제되는 경우는 행정절차법 시행령 제13조에서 정하는 다음의 경우**라고 보아야 한다.

① 급박한 위해의 방지 및 제거 등 공공의 안전 또는 복리를 위하여 긴급한 처분이 필요한 경우, ② 법원의 재판 또는 준사법적 절차를 거치는 행정기관의 결정 등에 따라 처분의 전제가 되는 사실이 객관적으로 증명되어 처분에 따른 의견청취가 불필요하다고 인정되는 경우, ③ 의견청취의 기회를 줌으로써 처분의 내용이 미리 알려져 현저히 공익을 해치는 행위를 유발할 우려가 예상되는 등 해당 처분의 성질상 의견청취가 현저하게 곤란한 경우, ④ 법령 또는 자치법규(이하 "법령등"이라 한다)에서 준수하여야 할 기술적 기준이 명확하게 규정되고, 그 기준에 현저히 미치지 못하는 사실을 이유로 처분을 하려는 경우로서 그 사실이 실험, 계측, 그 밖에 객관적인 방법에 의하여 명확히 입증된 경우, ⑤ 법령등에서 일정한 요건에 해당하는 자에 대하여 점용료·사용료 등 금전급부를 명하는 경우 법령등에서 규정하는 요건에 해당함이 명백하고, 행정청의 금액산정에 재량의 여지가 없거나 요율이 명확하게 정하여져 있는 경우 등 해당 처분의 성질상 의견청취가 명백히 불필요하다고 인정될 만한 상당한 이유가 있는 경우.

[판례 1] [1] '의견청취가 현저히 곤란하거나 명백히 불필요하다고 인정될 만한 상당한 이유가 있는 경우'에 해당하는지는 해당 행정처분의 성질에 비추어 판단하여야 하며, 처분상대방이 이미 행정청에 위반사실을 시인하였다거나 처분의 사전통지 이전에 의견을 진술할 기회가 있었다는 사정을 고려하여 판단할 것은 아니다. [2] 사실관계: 1) 가평소방서장은 관내 특정소방대상물에 대한 특별조사 결과 이 사건 각 건물이 무단 용도변경된 사실을 확인하고, 2014. 4. 25. 피고에게 이를 통보하였다. 2) 피고 소속 공무원 소외인은 전화로 원고에게 이 사건 각 건물에 대한 현장조사가 필요하다는 사실을 알리고 현장조사 일시를 약속한 다음, 2014. 5. 14. 오후 원고가 참석한 가운데 이 사건 각 건물에 대한 현장조사(조사대상자의 자발적인 협조를 얻어 실시하는 행정조사)를 실시하였다. 3) 현장조사 과정에서 소외인은 무단증축면적과 무단용도변경 사실을 확인하고 이를 확인서 양식에 기재한 후, 원고에게 위 각 행위는 건축법 제14조 또는 제19조를 위반한 것이어서 시정명령이 나갈 것이고 이를 이행하지 않으면 이행강제금이 부과될 것이라고 설명하고, 위반경위를 질문하여 답변을 들은 다음 원고로부터 확인서명을 받았는데, 위 양식에는 "상기 본인은 관계 법령에 의한 제반허가를 득하지 아니하고 아래와 같이 불법건축(증축, 용도변경)행위를 하였음을 확인합니다."라고 기재되어 있었다. 4) 피고는 별도의 사전통지나 의견진술기회 부여 절차를 거치지 아니한 채, 현장조사 다음 날인 2014. 5. 15. 이 사건 처분을 하였다. 법원의 판단: 1) 피고 소속 공무원 소외인이 위 현장조사에 앞서 원고에게 전화로 통지한 것은 행정조사의 통지이지 이 사건 처분에 대한 사전통지로 볼 수 없다. 그리고 위 소외인이 현장조사 당시 위반경위에 관하여 원고에게 의견진술기회를 부여하였다 하더라도, 이 사건 처분이 현장조사 바로 다음 날 이루어진 사정에 비추어 보면, 의견제출에 필요한 상당한 기간을 고려하여 의견제출기한이 부여되었다고 보기도 어렵다. 2) 그리고 현장조사에서 원고가 위반사실을 시인하였다거나 위반경위를 진술하였다는 사정만으로는 행정절차법 제21조 제4항 제3호가 정한 '의견청취가 현저히 곤란하거나 명백히 불필요하다고 인정될 만한 상당한 이유가 있는 경우'로서 처분의 사전통지를 하지 아니하여도 되는 경우에 해당한다고 볼 수도 없다. 3) 따라서 행정청인 피고가 침해적 행정처분인 이 사건 처분을 하면서 원고에게 행정절차법에 따른 적법한 사전통지를 하거나 의견제출의 기회를 부여하였다고 볼 수 없다(대판 2016. 10. 27, 2016두41811). 〈해설〉 원심은 피고가 이 사건 처분에 앞서 실질적으로 처분의 사전통지 및 의견제출기회 부여 절차를 거쳤거

나, 설령 그렇지 않다 하더라도 의견청취가 명백하게 불필요하다고 인정할 만한 상당한 이유가 있는 경우에 해당한다고 잘못 인정하고, 그 전제에서 이 사건 처분에 사전통지 및 의견제출기회 부여 절차에 관한 하자가 없다는 취지로 판단하였다.

[판례 2] 이 사건 시정지시(사회복지시설에 대하여 특별감사를 실시한 후 행한 감사결과 지적사항에 대한 시정지시)는 보건복지부, 서울특별시, 피고가 합동으로 원고 등에 대하여 특별감사를 실시한 후 이루어진 것으로 감사결과의 통보 및 감사기관의 의견표명의 성질도 지니고 있는데, 특별감사를 받은 원고 등은 감사과정을 거치면서 감사결과 및 그에 따른 감사기관의 의견표명이 있으리라는 점을 충분히 예상할 수 있어 별도로 사전에 통지를 한다거나 의견진술의 기회를 부여할 필요가 있다고 보기 어려운 점, 이 사건 시정지시를 이행하지 않을 경우에 이루어지게 될 구 사회복지사업법상의 시정명령 및 설립허가 취소 등의 후행처분을 위해서는 사전통지 및 의견진술의 기회 부여 등 행정절차법이 정한 절차를 거쳐야 하고, 실제로 피고가 원고에게 이 사건 시정지시를 하면서 그와 동시에 원고가 시정지시를 받은 사항에 대하여 의견진술과 이의를 제기할 기회를 준 점 등에 비추어 보면, 이 사건 시정지시에 대하여는 그 성질상 당사자의 사전 의견청취가 불필요하다고 볼 상당한 이유가 있는 것으로 명백히 인정되는 경우에 해당한다고 할 것이다(대판 2009. 2. 12, 2008두14999).

[판례 3] 행정청이 온천지구임을 간과하여 지하수개발·이용신고를 수리하였다가 행정절차법상의 사전통지를 하거나 의견제출의 기회를 주지 아니한 채 그 신고수리처분을 취소하고 원상복구명령의 처분을 한 경우, 행정지도방식에 의한 사전고지나 그에 따른 당사자의 자진 폐공의 약속 등의 사유만으로는 사전통지 등을 하지 않아도 되는 행정절차법 소정의 예외의 경우에 해당한다고 볼 수 없다는 이유로 그 처분은 위법하다고 한 사례(대판 2000. 11. 14, 99두5870[지하수개발이용수리취소및원상복구명령취소]).

[판례 4] 공무원연금법상 지급정지사유(사안에서 공무원으로 재직하다가 퇴직하여 공무원연금법에 따라 퇴직연금을 지급받고 있던 사람이 사립학교교직원으로 임용되어 그 기관으로부터 급여를 받게 된 사례)가 있음에도 급여가 과오납된 퇴직연금의 환수결정은 당사자에게 의무를 과하는 처분이기는 하나, 관련 법령에 따라 당연히 환수금액이 정하여지는 것이므로, 퇴직연금의 환수결정에 앞서 당사자에게 의견진술의 기회를 주지 아니하여도 행정절차법 제22조 제3항이나 신의칙에 어긋나지 아니한다(대판 2000. 11. 28, 99두5443[퇴직급여환수금반납고지처분등취소]). 〈해설〉 현행 행정절차법 시행령 제13조 제5항에 해당하는 것으로 볼 수도 있다.

[판례 5] [1] 행정청이 침해적 행정처분을 하면서 당사자에게 행정절차법상의 사전 통지를 하거나 의견제출의 기회를 주지 않았다면, 사전 통지를 하지 않거나 의견제출의 기회를 주지 않아도 되는 예외적인 경우에 해당하지 않는 한, 그 처분은 위법하여 취소를 면할 수 없다. [2] 행정절차법 제21조, 제22조, 행정절차법 시행령 제13조의 내용을 행정절차법의 입법 목적과 의견청취 제도의 취지에 비추어 종합적·체계적으로 해석하면, 행정절차법 시행령 제13조 제2호에서 정한 "법원의 재판 또는 준사법적 절차를 거치는 행정기관의 결정 등에 따라 처분의 전제가 되는 사실이 객관적으로 증명되어 처분에 따른 의견청취가 불필요하다고 인정되는 경우"는 법원의 재판 등에 따라 처분의 전제가 되는 사실이 객관적으로 증명되면 행정청이 반드시 일정한 처분을 해야 하는 경우 등 의견청취가 행정청의 처분 여부나 그 수위 결정에 영향을 미치지 못하는 경우를 의미한다고 보아야 한다. 처분의 전제가 되는 '일부' 사실만 증명된 경우이거나 의견청취에 따라 행정청의 처분 여부나 처분 수위가 달라질 수 있는 경우라면 위 예외사유에 해당하지 않는다. [3] 관할 시장이 甲에게 구 폐기물관리법(2015. 7. 20. 법률 제13411호로 개정되기 전의 것, 이하 '폐기물관리법'이라 한다) 제48조 제1호에 따라 토지에 장기보관 중인 폐기물을 처리할 것을 명령하는 1차, 2차 조치명령을 각각 하였고, 甲이 위 각 조치명령을 불이행하였다고 하여 폐기물관리법 위반죄로 유죄판결이 각각 선고·확정되었는데, 이후 관할 시장이 폐기물 방치 실태를 확인하고 별도의 사전 통지와 의견청취 절차를 밟지 않은 채 甲에게 폐기물 처리에 관한 3차 조치명령을 한 사안에서, 甲이 3차 조치명령 이전에 관할 시장으로부터 1차, 2차 조치명령을 받았고, 형사재판절차에서 위 각 조치명령 불이행의 범죄사실에 관하여 유죄판결을 선고받은 후 그 판결이 확정되었다고 하더라도, 2차 조치명령 당시부터는 물론이고, 2차 조치명령 불이행으로 인한 유죄판결 확정 이후부터 3차 조치명령 당시까지 시간적 간격이 있으므로 사정변경의 여지가 있는데, 위 각 유죄판결에 따라 '甲

이 폐기물을 방치하여 1차 및 2차 조치명령을 받았고 이를 불이행하였다'는 사실이 객관적으로 증명된 경우라고 볼 수는 있으나, 나아가 위 유죄판결에 따라 '3차 조치명령 당시 토지에 방치된 폐기물을 적정하게 처리하지 않고 있다'는 처분사유가 객관적으로 증명되었다고 단정하기는 어렵고, 또한 3차 조치명령의 근거 법률인 폐기물관리법 제48조의 문언과 체제에 비추어 보면 이 규정에 따른 폐기물 처리 조치명령은 재량행위에 해당하므로, 3차 조치명령은 법원의 재판 등에 따라 처분의 전제가 되는 사실이 객관적으로 증명되면 행정청이 반드시 일정한 처분을 해야 하는 경우 등 의견청취가 행정청의 처분 여부나 그 수위 결정에 영향을 미치지 못하는 경우에 해당한다고 보기 어려워, 행정절차법 시행령 제13조 제2호에서 정한 사전 통지, 의견청취의 예외사유에 해당하지 않는다고 한 사례(대판 2020. 7. 23, 2017두66602)

행정절차법 제21조 제4항에 따라 사전 통지를 하지 아니하는 경우 행정청은 처분을 할 때 당사자등에게 통지를 하지 아니한 사유를 알려야 한다. 다만, 신속한 처분이 필요한 경우에는 처분 후 그 사유를 알릴 수 있다(제21조 제6항).

(다) 당사자가 의견진술의 기회를 포기한다는 뜻을 명백히 표시한 경우가 아닐 것 당사자가 의견진술의 기회를 포기한다는 뜻을 명백히 표시한 경우에는 의견청취를 아니할 수 있다(제22조 제4항).

라. 위반사실등의 공표 행정청은 위반사실등의 공표를 할 때에는 미리 당사자에게 그 사실을 통지하고 의견제출의 기회를 주어야 한다. 다만, 다음 각 호의 어느 하나에 해당하는 경우에는 그러하지 아니하다. 1. 공공의 안전 또는 복리를 위하여 긴급히 공표를 할 필요가 있는 경우, 2. 해당 공표의 성질상 의견청취가 현저히 곤란하거나 명백히 불필요하다고 인정될 만한 타당한 이유가 있는 경우, 3. 당사자가 의견진술의 기회를 포기한다는 뜻을 명백히 밝힌 경우(제40조의2 제3항).

2) 사전통지의 상대방(의견제출자): '당사자등' [2014 변시 사례]

① 행정절차법은 행정절차법 제2조 제4호 소정의 '당사자 등'에 대하여만 사전통지 및 의견제출에 대한 권리를 부여하고 있다. 행정절차법 제2조 제4호의 **'당사자등'**이라 함은 행정청의 처분에 대하여 직접 그 상대가 되는 당사자와 행정청이 직권으로 또는 신청에 따라 행정절차에 참여하게 한 이해관계인을 말한다.

[판례 1] 영업자지위승계신고를 수리하는 처분은 종전의 영업자의 권익을 제한하는 처분이라 할 것이고 따라서 종전의 영업자는 그 처분에 대하여 직접 그 상대가 되는 자에 해당한다고 봄이 상당하므로, 행정청으로서는 위 신고를 수리하는 처분을 함에 있어서 행정절차법 규정 소정의 당사자에 해당하는 종전의 영업자에 대하여 위 규정 소정의 행정절차를 실시하고 처분을 하여야 한다(대판 2003. 2. 14, 2001두7015[유흥주점영업자지위승계수리처분취소]).

[판례 2] 공매 등의 절차에 따라 문화체육관광부령으로 정하는 주요한 유원시설업 시설의 전부 또는 체육시설업의 시설 기준에 따른 필수시설을 인수함으로써 유원시설업자 또는 체육시설업자의 지위를 승계한 자가 관계 행정청에 이를 신고하여 행정청이 구 관광진흥법 또는 구 체육시설의 설치·이용에 관한 법률의 규정에 의하여 수리하는 경우에는 종전 유원시설업자에 대한 허가는 효력을 잃고, 종전 체육시설업자는 적법한 신고를 마친 체육시설업자의 지위를 부인당할 불안정한 상태에 놓이게 된다. 따라서 행정청이 구 관광진흥법 또는 구 체육시설법의 규정에 의하여 유원시설업자 또는 체육시설업자 지위승계신고를 수리하는 처분은 종전 유원시설업자 또는 체육시설업자의 권익을 제한하는 처분이고, 종전 유원시설업자 또는 체육시설업자는 그

처분에 대하여 직접 그 상대가 되는 자에 해당한다고 보는 것이 타당하므로, 행정청이 그 신고를 수리하는 처분을 할 때에는 행정절차법 규정에서 정한 당사자에 해당하는 종전 유원시설업자 또는 체육시설업자에 대하여 위 규정에서 정한 행정절차(행정절차법 제21조 제1항 등에서 정한 처분의 사전통지 등 절차)를 실시하고 처분을 하여야 한다(대판 2012. 12. 13, 2011두29144[유원시설업허가처분등취소].

[판례 3] 행정절차법 제21조, 제22조는 행정청이 당사자에게 의무를 과하거나 권익을 제한하는 등 불이익한 처분을 하는 경우 '당사자등'에게 사전통지 및 의견제출의 기회를 주도록 정하고 있고, 같은 법 제2조 제4호는 '당사자 등'을 행정청의 처분에 대하여 직접 그 상대가 되는 당사자와 행정청이 직권 또는 신청에 의하여 행정절차에 참여하게 한 이해관계인으로 정하고 있다. 그러므로 불이익처분의 직접 상대방인 당사자 또는 행정청이 참여하게 한 이해관계인이 아닌 제3자에 대하여는 사전통지 및 의견제출에 관한 같은 법 제21조, 제22조가 적용되지 않는다(대판 2009. 4. 23, 2008두686[고속도로실시계획승인등무효확인]).

[판례 4] 대형마트 영업시간 제한 등 처분시 그 처분의 상대방(=대규모점포 개설자): 대형마트 영업시간 제한 등 처분의 대상인 대규모점포 중 개설자의 직영매장 이외에 개설자로부터 임차하여 운영하는 임대매장이 병존하는 경우에도, 전체 매장에 대하여 법령상 대규모점포 등의 유지·관리 책임을 지는 개설자만이 그 처분 상대방이 되고, 임대매장의 임차인이 이와 별도로 처분상대방이 되는 것은 아니라고 할 것이다. 따라서, 사전통지·의견청취절차는 원고들(전체 매장에 대하여 법령상 대규모점포 등의 유지·관리 책임을 지는 개설자)을 상대로 거치면 충분하고, 그 밖에 임차인들을 상대로 별도의 사전통지 등 절차를 거칠 필요가 없다(대판 전원합의체 2015. 11. 19, 2015두295[영업시간제한등처분취소]).

② 이 경우에 '이해관계인'은 무엇을 의미하는가. **이해관계인**이란 처분에 의하여 법률상 또는 사실상의 영향을 받는 자로 넓게 해석하는 입장과 처분에 의하여 법률상 영향을 받는 자에 국한시키는 견해가 있을 수 있다. 전자의 견해가 타당하다.

③ 또한 **행정절차법상 의견제출을 할 수 있는 이해관계인**은 "행정청이 직권으로 또는 신청에 따라 행정절차에 참여하게 한 자"에 한정된다.

(3) 사전통지

사전통지는 의견진술의 전치절차이다.

1) 사전통지사항

행정청은 사전통지의무가 있는 경우 미리 다음의 사항을 당사자 등에게 통지하여야 한다: ① 처분의 제목, ② 당사자의 성명 또는 명칭과 주소, ③ 처분하려는 원인이 되는 사실과 처분의 내용 및 법적 근거, ④ ③에 대하여 의견을 제출할 수 있다는 뜻과 의견을 제출하지 아니하는 경우의 처리방법, ⑤ 의견제출기관의 명칭과 주소, ⑥ 의견제출기한, ⑦ 그 밖에 필요한 사항(제21조 제1항). ⑥에 의한 기한은 의견제출에 필요한 상당한 기간을 고려하여 정하여야 한다(제3항).

2) 사전통지기간

행정청은 의견제출의 준비에 필요한 기간을 10일 이상으로 주어 통지하여야 한다(제21조 제3항).

(4) 문서열람청구

당사자등은 처분의 사전 통지가 있는 날부터 의견제출기한까지 행정청에 해당 사안의 조사결과에 관한 문서와 그 밖에 해당 처분과 관련되는 문서의 열람 또는 복사를 요청할 수 있다. 이 경우 행정청은 다른 법령에 따라 공개가 제한되는 경우를 제외하고는 그 요청을 거부할 수 없다(행정절차법 제37조 제1항).

(5) 의견제출의 방식

당사자등은 처분 전에 그 처분의 관할 행정청에 서면이나 말로 또는 정보통신망을 이용하여 의견제출을 할 수 있다(제27조 제1항).

당사자등은 제1항에 따라 의견제출을 하는 경우 그 주장을 입증하기 위한 증거자료 등을 첨부할 수 있다(제2항).

당사자등이 정당한 이유 없이 의견제출기한까지 의견제출을 하지 아니한 경우에는 의견이 없는 것으로 본다(제4항).

행정청은 처분을 할 때에 당사자등이 제출한 의견이 상당한 이유가 있다고 인정하는 경우에는 이를 반영하여야 한다(제27조의2 제1항). 다만, 제출된 의견이 법적으로 행정청을 기속하지는 않는다(대판 1995. 12. 22, 95누30 참조). 행정청은 당사자등이 제출한 의견을 반영하지 아니하고 처분을 한 경우 당사자등이 처분이 있음을 안 날부터 90일 이내에 그 이유의 설명을 요청하면 서면으로 그 이유를 알려야 한다. 다만, 당사자등이 동의하면 말, 정보통신망 또는 그 밖의 방법으로 알릴 수 있다(제2항).

(6) 의견제출절차의 하자의 효력 [2020 행시]

판례는 의견제출절차의 하자를 원칙상 취소사유라고 본다.

[판례 1] 행정청이 침해적 행정처분을 함에 있어서 당사자에게 행정절차법상의 사전통지를 하지 않거나 의견제출의 기회를 주지 아니한 경우, 그 처분이 위법한 것인지 여부(한정 적극): 행정청이 침해적 행정처분을 함에 있어서 당사자에게 위와 같은 사전통지를 하거나 의견제출의 기회를 주지 아니하였다면 사전통지를 하지 않거나 의견제출의 기회를 주지 아니하여도 되는 예외적인 경우에 해당하지 아니하는 한 그 처분은 위법하여 취소를 면할 수 없다(대판 2000. 11. 14, 99두5870[지하수개발이용수리취소및원상복구명령취소]: 행정청이 온천지구임을 간과하여 지하수개발·이용신고를 수리하였다가 행정절차법상의 사전통지를 하거나 의견제출의 기회를 주지 아니한 채 그 신고수리처분을 취소하고 원상복구명령의 처분을 한 경우, 행정지도방식에 의한 사전고지나 그에 따른 당사자의 자진 폐공의 약속 등의 사유만으로는 사전통지 등을 하지 않아도 되는 행정절차법 소정의 예외의 경우에 해당한다고 볼 수 없다는 이유로 그 처분은 위법하다고 한 사례).

[판례 2] 대통령의 한국방송공사 사장 해임에 행정절차법 적용 여부(적극): 대통령에 의한 한국방송공사 사장 甲의 해임처분 과정에서 甲이 처분 내용을 사전에 통지받거나 그에 대한 의견제출 기회 등을 받지 못했고 해임처분 시 법적 근거 및 구체적 해임 사유를 제시받지 못하였으므로 해임처분이 행정절차법에 위배되어 위법하지만, 절차나 처분형식의 하자가 중대하고 명백하다고 볼 수 없어 역시 당연무효가 아닌 취소 사유에 해당한다고 본 원심판단을 정당하다고 한 사례(대판 2012. 2. 23, 2011두5001[해임처분무효]).

[판례 3] 사전통지를 하지 않고 의견제출의 기회를 주지 아니한 별정직 공무원에 대한 직권면직처분은 행정절차법 제21조 제1항, 제22조 제3항을 위반한 절차상 하자가 있어 위법하다(대판 2013. 1. 16, 2011두30687).

4. 청문절차

(1) 의 의

청문(聽聞)이라 함은 "행정청이 어떠한 처분을 하기 전에 당사자등의 의견을 직접 듣고 증거를 조사하는 절차"를 말한다(제2조 제5호). 청문이라 함은 당사자등의 의견을 들을 뿐만 아니라 증거를 조사하는 등 재판에 준하는 절차를 거쳐 행하는 의견진술절차를 말한다.

(2) 인정범위

행정청이 처분을 할 때 다음의 어느 하나에 해당하는 경우에는 청문을 한다(제22조 제1항). ① 인허가 등의 취소, 신분·자격의 박탈, 법인이나 조합 등의 설립허가의 취소 및 다른 법령등에서 청문을 하도록 규정하고 있는 경우(**의무적 청문**), ② 행정청이 필요하다고 인정하는 경우(**임의적 청문**).

조례로 청문대상을 확대하고 있는 경우(예 경기도 청문실시에 관한 조례, 제주도 청문조례)가 있다.

다만, 제21조 제4항 각 호의 어느 하나에 해당하는 경우(사전통지가 면제되는 경우)와 당사자가 의견진술의 기회를 포기한다는 뜻을 명백히 표시한 경우에는 의견청취를 아니할 수 있다(제22조 제4항).

[판례 1] 행정청이 당사자와 사이에 도시계획사업의 시행과 관련한 협약을 체결하면서 관계 법령 및 행정절차법에 규정된 청문의 실시 등 의견청취절차를 배제하는 조항을 두었다고 하더라도, 국민의 행정참여를 도모함으로써 행정의 공정성·투명성 및 신뢰성을 확보하고 국민의 권익을 보호한다는 행정절차법의 목적 및 청문제도의 취지 등에 비추어 볼 때, 위와 같은 협약의 체결로 청문의 실시에 관한 규정의 적용을 배제할 수 있다고 볼 만한 법령상의 규정이 없는 한, 이러한 협약이 체결되었다고 하여 청문의 실시에 관한 규정의 적용이 배제된다거나 청문을 실시하지 않아도 되는 예외적인 경우에 해당한다고 할 수 없다(대판 2004. 7. 8, 2002두8350[유희시설조성사업협약해지 및 사업시행자지정거부처분취소]).

[판례 2] 적법한 청문의 통지가 있었음(이 사건에서 사업소 및 원고의 주소지로 청문통지서를 2회에 걸쳐 발송하였으나 수취인부재 및 수취인 미거주로 각각 반송되어 오자 **청문통지서를 공시송달하였음**)에도 허가취소처분의 상대방이 청문장소에 출석하지 않았을 경우 행정청이 청문을 실시하지 아니하고 침해적 처분을 할 수 있는 것인지가 다투어진 사건에서 대법원은 "행정처분의 상대방에 대한 청문통지서가 반송되었다거나, 행정처분의 상대방이 청문일시에 불출석하였다는 이유로 청문을 실시하지 아니하고 한 침해적 행정처분은 위법하다"고 판시하였다(대판 2001. 4. 13, 2000두3337[영업허가취소처분취소]).

[판례 3] [1] 원고가 피고의 사무실을 방문하여 피고 소속 공무원에게 '처분을 좀 연기해 달라'는 내용의 서류를 제출한 것을 들어 여객자동차 운수사업법이 필요적으로 실시하도록 규정한 청문을 실시한 것으로 볼 수 없다. [2] 피고 소속 공무원이 피고의 사무실을 방문한 원고에게 관련 법규와 행정처분 절차에 대하여 설명하였다거나 그 자리에서 청문절차를 진행하고자 하였음에도 원고가 이에 응하지 않았다는 사정이 청문 등 의견청취를 하지 않을 수 있는 예외 사유, 즉 '처분의 성질상 의견청취가 현저히 곤란하거나 명백히 불필요하다고 인정될 만한 상당한 이유가 있는 경우' 또는 '당사자가 의견진술의 기회를 포기한다는 뜻을 명백히 표시한 경우'에 해당한다고 볼 수 없다고 한 사례(대판 2017. 4. 7, 2016두63224[개인택시운송사업면허취소처분취소]).

(3) 청문절차의 내용

1) 행정절차법상 청문절차규정의 의의

① 개별법에서 청문절차에 관한 규정을 두고 있는 경우에 당해 청문절차가 행정절차법 제28조

이하의 청문절차와 모순되는 경우에 어떠한 법규정에 따라야 할 것인가 하는 문제가 있다.

생각건대, 개별법령의 청문절차가 행정절차법상의 청문절차보다 엄격한 한도 내에서는 개별법령의 청문절차가 우선적으로 적용되지만 그렇지 않은 경우에는 행정절차법에 따라 청문이 행해지는 것이 타당할 것이다. 왜냐하면, 행정절차법상의 청문절차는 국민의 중요한 권익에 대한 중대한 침해를 가져오는 처분에 있어서 적법절차의 원칙에 비추어 요구되는 최소한의 절차를 규정하고 있다고 보아야 하기 때문이다.

② 청문의 실시를 규정하는 개별법에서 특별한 청문절차를 규정하고 있지 않은 경우에는 행정절차법상의 청문절차가 적용된다.

2) 사전통지

행정청은 청문을 하려면 청문이 시작되는 날부터 **10일 전까지** 제21조 제1항 각 호의 사항을 당사자 등에게 통지하여야 한다. 이 경우 제1항 제4호부터 제6호까지의 사항은 청문주재자의 소속·직위 및 성명, 청문의 일시 및 장소, 청문에 응하지 아니하는 경우의 처리방법 등 청문에 필요한 사항으로 갈음한다. 즉, 청문의 경우에는 다음 사항을 통지하여야 한다: ① 처분의 제목, ② 당사자의 성명 또는 명칭과 주소, ③ 처분하려는 원인이 되는 사실과 처분의 내용 및 법적 근거, ④ 청문주재자의 소속·직위 및 성명, 청문의 일시 및 장소, 청문에 응하지 아니하는 경우의 처리방법등 청문에 필요한 사항, ⑤ 그 밖에 필요한 사항(제21조 제2항).

[판례 1] 행정청이 영업정지처분을 함에 있어 식품위생법시행령 제37조 제1항 소정의 청문서 도달기간인 7일(현행법에서는 10일)을 준수하지 아니한 채 청문서를 청문일로부터 5일 전에야 발송하였다면 처분을 함에 있어서 취한 위 청문절차는 위법하며, 위법한 청문절차를 거쳐 내린 위 영업정지처분 역시 위법하다(대판 1992. 2. 11, 91누11575).
[판례 2] 행정청이 청문서 도달기간을 다소 어겼다하더라도 영업자가 이에 대하여 이의하지 아니한 채 스스로 청문일에 출석하여 그 의견을 진술하고 변명하는 등 방어의 기회를 충분히 가졌다면 청문서 도달기간을 준수하지 아니한 하자는 치유되었다고 봄이 상당하다(대판 1992. 10. 23, 92누2844).

3) 행정절차법상 청문절차의 내용

가. 청문주재자 행정청은 소속 직원 또는 대통령령으로 정하는 자격을 가진 사람 중에서 청문주재자(聽聞主宰者)를 공정하게 선정하여야 한다(제28조 제1항). 행정청은 다음 각 호의 어느 하나에 해당하는 처분을 하려는 경우에는 청문 주재자를 2명 이상으로 선정할 수 있다. 청문주재자가 2명 이상인 청문을 '**합의제청문**'이라 부르기도 한다. 이 경우 선정된 청문 주재자 중 1명이 청문 주재자를 대표한다. 1. 다수 국민의 이해가 상충되는 처분, 2. 다수 국민에게 불편이나 부담을 주는 처분, 3. 그 밖에 전문적이고 공정한 청문을 위하여 행정청이 청문 주재자를 2명 이상으로 선정할 필요가 있다고 인정하는 처분(제2항). 소속 직원 이외의 청문주재자의 자격을 대통령령으로 정하도록 한 것은 타당하지 않다. 외국의 예를 보면 법원판사나 독립행정위원회로 하여금 청문을 주재하도록 하는 경우도 있다.

행정청은 청문이 시작되는 날부터 7일 전까지 청문 주재자에게 청문과 관련한 필요한 자료를 미리 통지하여야 한다(제28조 제2항).

청문주재자는 독립하여 공정하게 직무를 수행하며, 그 직무수행을 이유로 본인의 의사에 반하여 신분상 어떠한 불이익도 받지 아니한다(제28조 제3항).

행정절차법 제29조는 청문주재자의 제척·기피·회피를 규정하고 있다.

나. 청문의 공개 청문은 당사자가 공개를 신청하거나 청문주재자가 필요하다고 인정하는 경우 공개할 수 있다. 다만, 공익 또는 제3자의 정당한 이익을 현저히 해칠 우려가 있는 경우에는 공개하여서는 아니 된다(제30조).

다. 청문의 진행 청문주재자가 청문을 시작할 때에는 먼저 예정된 처분의 내용, 그 원인이 되는 사실 및 법적 근거 등을 설명하여야 한다(제31조 제1항). 당사자 등은 의견을 진술하고 증거를 제출할 수 있으며, 참고인이나 감정인 등에게 질문할 수 있다(제2항). 당사자 등이 의견서를 제출한 경우에는 그 내용을 출석하여 진술한 것으로 본다(제3항).

행정청은 직권으로 또는 당사자의 신청에 따라 여러 개의 사안을 병합하거나 분리하여 청문을 할 수 있다(제32조).

청문주재자는 직권으로 또는 당사자의 신청에 따라 필요한 조사를 할 수 있으며, 당사자 등이 주장하지 아니한 사실에 대하여도 조사할 수 있다(제33조 제1항). 증거조사는 다음의 어느 하나에 해당하는 방법으로 한다: ① 문서·장부·물건 등 증거자료의 수집, ② 참고인·감정인 등에 대한 질문, ③ 검증 또는 감정·평가, ④ 그 밖에 필요한 조사(제2항).

청문주재자는 필요하다고 인정할 때에는 관계 행정청에 필요한 문서의 제출 또는 의견의 진술을 요구할 수 있다. 이 경우 관계 행정청은 직무수행에 특별한 지장이 없으면 그 요구에 따라야 한다(제3항).

라. 청문조서의 작성 등 청문주재자는 청문조서(聽聞調書)를 작성하여야 한다(제34조 제1항).

당사자 등은 청문조서의 내용을 열람·확인할 수 있으며, 이의가 있을 때에는 그 정정을 요구할 수 있다(제2항). 청문주재자는 청문조서를 작성한 후 지체없이 청문조서의 열람·확인의 장소 및 기간을 정하여 당사자등에게 통지하여야 한다(행정절차법 시행령 제19조 제1항).

마. 청문주재자의 의견서 작성 청문주재자는 청문주재자의 의견서를 작성하여야 한다(제34조의2).

바. 청문의 종결 등 청문주재자는 해당 사안에 대하여 당사자 등의 의견진술, 증거조사가 충분히 이루어졌다고 인정하는 경우에는 청문을 마칠 수 있다(제35조 제1항).

청문주재자는 당사자 등의 전부 또는 일부가 정당한 사유 없이 청문기일에 출석하지 아니하거나 제31조 제3항에 따른 의견서를 제출하지 아니한 경우에는 이들에게 다시 의견진술 및 증거제출의 기회를 주지 아니하고 청문을 마칠 수 있다(제2항).

[판례] 처분청이 청문기일을 1983.8.26.13:00로 정하여 원고에게 통지하였다가 원고의 연기신청에 따라 청문기일을 1983.10.11.14:00로 연기하고 다시 출석통지를 하였는데도 원고는 피고에게 위청문기일 전날인 1983.10.10자로 체납국세문제를 마무리 지을 때까지 청문기일을 연기해 달라는 취지의 연기요청서를 발송하고 위 청문기일에 출석하지 아니한 사실이 인정되므로, 정당한 사유없이 청문에 응하지 아니한 것으로 보고 청문을 거치지 아니한 채 이 사건 건설업면허취소처분을 한 피고의 조치는 정당하다(대판 1985. 2. 26, 84누615).

청문주재자는 당사자 등의 전부 또는 일부가 정당한 사유로 인하여 청문기일에 출석하지 못하거나 제31조 제3항에 따른 의견서를 제출하지 못한 경우에는 10일 이상의 기간을 정하여 이들에게 의견진술 및 증거제출을 요구하여야 하며, 해당 기간이 지났을 때에 청문을 마칠 수 있다(제3항).

청문주재자는 청문을 마쳤을 때에는 청문조서, 청문주재자의 의견서, 그 밖의 관계서류 등을 행정청에 지체 없이 제출하여야 한다(제4항).

사. 청문결과의 반영 행정청은 처분을 할 때에 제35조 제4항에 따라 받은 청문조서, 청문주재자의 의견서, 그 밖의 관계 서류 등을 충분히 검토하고 상당한 이유가 있다고 인정하는 경우에는 청문결과를 반영하여야 한다(제35조의2).

아. 청문의 재개 행정청은 청문을 마친 후 처분을 할 때까지 새로운 사정이 발견되어 청문을 재개(再開)할 필요가 있다고 인정할 때에는 제35조 제4항에 따라 받은 청문조서 등을 되돌려 보내고 청문의 재개를 명할 수 있다. 이 경우 제31조 제5항을 준용한다(제36조).

자. 문서의 열람 및 비밀유지 당사자 등은 청문의 통지가 있는 날부터 청문이 끝날 때까지 행정청에 해당 사안의 조사결과에 관한 문서와 그 밖에 해당 처분과 관련되는 문서의 열람 또는 복사를 요청할 수 있다. 이 경우 행정청은 다른 법령에 따라 공개가 제한되는 경우를 제외하고는 그 요청을 거부할 수 없다(제37조 제1항).

누구든지 청문을 통하여 알게 된 사생활이나 경영상 또는 거래상의 비밀을 정당한 이유 없이 누설하거나 다른 목적으로 사용하여서는 아니 된다(제6항).

(4) 청문절차의 결여 [2009 입시 사례]

판례는 청문절차의 결여를 취소사유에 해당한다고 보고(대판 2001. 4. 13, 2000두3337[영업허가취소처분취소]; 2007. 11. 16, 2005두15700[주택조합설립인가취소처분취소]), 행정청과 당사자 사이의 합의에 의해 청문의 실시 등 의견청취절차를 배제하여도 청문의 실시에 관한 규정의 적용이 배제되지 않으며 청문을 실시하지 않아도 되는 예외적인 경우에 해당하지 않는다고 본다(대판 2004. 7. 8, 2002두8350[유희시설조성사업협약해지 및 사업시행자지정 거부처분취소]).

5. 공청회절차 [1998 행시 약술]

(1) 의 의

공청회(公聽會)라 함은 "행정청이 공개적인 토론을 통하여 어떠한 행정작용에 대하여 당사자 등, 전문지식과 경험을 가진 사람, 그 밖의 일반인으로부터 의견을 널리 수렴하는 절차"를 말한다(제2조 제6호). 공청회는 통상 행정작용과 관련이 있는 이해관계인이 다수인 경우에 행해지는 의견청취절차이다. 또한 공청회에는 의견제출절차나 청문절차와 달리 전문지식을 가진 자 및 일반국민 등도 참여하는 경우가 많다.

개별법에서 특별한 공청회절차를 규정하고 있지 않은 경우에는 행정절차법상 공청회절차가 적용된다. 다만, 행정청이 개최하는 공청회가 아닌 경우에는 그러하지 아니하다.

> **[판례]** 묘지공원과 화장장의 후보지를 선정하는 과정에서 서울특별시, 비영리법인, 일반 기업 등이 공동발족한 협의체인 추모공원건립추진협의회가 후보지 주민들의 의견을 청취하기 위하여 그 명의로 개최한 공청회는 행정청이 도시계획시설결정을 하면서 개최한 공청회가 아니므로, 위 공청회의 개최에 관하여 행정절차법에서 정한 절차를 준수하여야 하는 것은 아니라고 한 사례(대판 2007. 4. 12, 2005두1893[도시계획시설결정취소]〈원지동 추모공원 사건〉).

또한, 개별법령의 공청회절차가 행정절차법상의 공청회절차보다 엄격한 한도 내에서는 개별법령의 공청회절차가 우선적으로 적용되지만 그렇지 않은 경우에는 행정절차법에 따라 공청회가 행해지는 것이 타당할 것이다. 왜냐하면, 행정절차법상의 공청회절차는 적법절차의 원칙에 비추어 요구되는 최소한의 절차를 규정하고 있다고 보아야 하기 때문이다.

(2) 공청회의 개최요건 등

공청회는 다음과 같은 경우에 한하여 예외적으로 인정되고 있다: ① 다른 법령 등에서 공청회를 개최하도록 규정하고 있는 경우, ② 해당 처분의 영향이 광범위하여 널리 의견을 수렴할 필요가 있다고 행정청이 인정하는 경우, ③ 국민생활에 큰 영향을 미치는 처분으로서 대통령령으로 정하는 처분(1. 국민 다수의 생명, 안전 및 건강에 큰 영향을 미치는 처분, 2. 소음 및 악취 등 국민의 일상생활과 관계되는 환경에 큰 영향을 미치는 처분. 다만, 행정청이 해당 처분과 관련하여 이미 공청회를 개최한 경우는 제외(동법 시행령 제13조의3 제1항))의 경우 대통령령으로 정하는 수(30명(동법 시행령 제13조의3 제3항)) 이상의 당사자등이 공청회 개최를 요구하는 경우(제22조 제2항).

그러나, 행정절차법상 "당사자등"은 행정청의 처분에 대하여 직접 그 상대가 되는 당사자 및 행정청이 직권으로 또는 신청에 따라 행정절차에 참여하게 한 이해관계인에 한정되므로(제2조 제4호) 법 제22조 제2항 제3호에 따른 공청회 개최는 실효성이 크지 못하다. '행정절차에 참여하게 한 이해관계인'이 아니라 이해관계인 30명 이상이 공청회 개최를 요구하면 공청회를 개최하는 것으로 개정하여야 할 것이다.

(3) 행정절차법상 공청회절차의 내용

1) 공청회의 개최

행정청은 공청회를 개최하려는 경우에는 공청회 개최 14일 전까지 다음의 사항을 당사자 등에게 통지하고 관보, 공보, 인터넷 홈페이지 또는 일간 신문 등에 공고하는 등의 방법으로 널리 알려야 한다. 다만, 공청회 개최를 알린 후 예정대로 개최하지 못하여 새로 일시 및 장소 등을 정한 경우에는 공청회 개최 7일 전까지 알려야 한다.: ① 제목, ② 일시 및 장소, ③ 주요 내용, ④ 발표자에 관한 사항, ⑤ 발표신청 방법 및 신청기한, ⑥ 정보통신망을 통한 의견제출, ⑦ 그 밖에 공청회 개최에 필요한 사항(제38조 제1항).

행정청은 제38조에 따른 공청회와 병행하여서만 정보통신망을 이용한 공청회(온라인공청회)를 실시할 수 있다(제38조의2 제1항). 다만, 제38조의2 제2항 각호의 어느 하나에 해당하는 경우에는 온라인공청회를 단독으로 개최할 수 있다(제2항).

2) 공청회의 주재자 및 발표자

행정청은 해당 공청회의 사안과 관련된 분야에 전문적 지식이 있거나 그 분야에 종사한 경험이 있는 사람으로서 대통령령으로 정하는 자격을 가진 사람 중에서 공청회의 주재자를 선정한다(제38조의3 제1항).

공청회 주재자의 독립성, 중립성 및 전문성이 보장되도록 하여야 한다. 외국의 예를 보면 공청회의 주재자를 판사나 행정위원회 등 행정청이나 이해관계인으로부터 독립적 지위를 갖는 자로 하는 경우가 있다.

공청회의 발표자는 발표를 신청한 사람 중에서 행정청이 선정한다. 다만, 발표를 신청한 사람이 없거나 공청회의 공정성 확보를 위하여 필요하다고 인정하는 경우에는 다음의 사람 중에서 지명하거나 위촉할 수 있다: ① 해당 공청회의 사안과 관련된 당사자 등, ② 해당 공청회의 사안과 관련된 분야에 전문적 지식이 있는 사람, ③ 해당 공청회의 사안과 관련된 분야에 종사한 경험이 있는 사람(제2항). 행정청은 공청회의 주재자 및 발표자를 지명 또는 위촉하거나 선정할 때 공정성이 확보될 수 있도록 하여야 한다(제3항).

3) 공청회의 진행

공청회의 주재자는 공청회를 공정하게 진행하여야 하며, 공청회의 원활한 진행을 위하여 발표내용을 제한할 수 있고, 질서유지를 위하여 발언중지, 퇴장명령 등 행정자치부장관이 정하는 필요한 조치를 할 수 있다(제39조 제1항). 발표자는 공청회의 내용과 직접 관련된 사항에 대하여만 발표하여야 한다(제2항). 공청회의 주재자는 발표자의 발표가 끝난 후에는 발표자 상호간에 질의 및 답변을 할 수 있도록 하여야 하며, 방청인에게도 의견을 제시할 기회를 주어야 한다(제4항).

우리나라의 경우 공청회가 통상 반나절 또는 하루에 끝나는 것이 일반적인데, 충분한 토론이 행해지도록 공청회기간이 정하여져야 할 것이며 필요하다면 여러 번에 걸쳐 공청회가 행해지도록 하여야 할 것이다. 공청회의 원활한 진행도 중요하지만 발표와 토론이 충분히 행하여지도록 하는 것도 중요하다.

4) 공청회 및 전자공청회 결과의 반영

행정청은 처분을 할 때에 공청회, 온라인공청회 및 정보통신망 등을 통하여 제시된 사실 및 의견이 상당한 이유가 있다고 인정하는 경우에는 이를 반영하여야 한다(제39조의2).

5) 공청회의 재개최

행정청은 공청회를 마친 후 처분을 할 때까지 새로운 사정이 발견되어 공청회를 다시 개최할 필요가 있다고 인정할 때에는 공청회를 다시 개최할 수 있다(제39조의3).

6. 의견청취 후의 조치

행정청은 청문·공청회 또는 의견제출을 거쳤을 때에는 신속히 처분하여 해당 처분이 지연되지 아니하도록 하여야 한다(제22조 제5항).

행정청은 처분 후 1년 이내에 당사자 등이 요청하는 경우에는 청문·공청회 또는 의견제출을 위하여 제출받은 서류나 그 밖의 물건을 반환하여야 한다(제22조 제6항).

[문제의 해결] 영업허가의 취소의 경우 의견제출절차만을 거친 것이 적법절차의 원칙에 반하지 않는다면 당해 영업허가취소는 절차의 하자가 없으나 당해 영업허가에 의해 침해되는 권익의 중대성에 비추어 의견제출절차만으로는 적법절차를 거친 것으로 볼 수 없고, 청문절차를 거칠 것이 적법절차의 원칙상 요구된다면 당해 영업허가취소는 절차상 위법하다.

Ⅴ. 기 타

1. 처분의 방식: 문서주의

행정청이 처분을 할 때에는 다른 법령 등에 특별한 규정이 있는 경우를 제외하고는 문서로 하여야 하며, **당사자등의 동의가 있는 경우 또는 당사자가 전자문서로 처분을 신청한 경우에는 전자문서로 할 수 있다**(제24조 제1항). 제1항에도 불구하고 공공의 안전 또는 복리를 위하여 긴급히 처리할 필요가 있거나 사안이 경미한 경우에는 말, 전화, 휴대전화를 이용한 문자 전송, 팩스 또는 전자우편 등 문서가 아닌 방법으로 처분을 할 수 있다. 이 경우 당사자가 요청하면 지체 없이 처분에 관한 문서를 주어야 한다(제2항).

[판례 1] [1] 행정절차법 제24조는 행정의 공정성·투명성 및 신뢰성을 확보하고 국민의 권익을 보호하기 위한 것이므로 위 규정에 위반하여 행하여진 행정청의 처분은 그 하자가 중대하고 명백하여 원칙적으로 무효이다. [2] 관할 소방서의 담당 소방공무원이 피고인에게 행정처분인 소방시설설치유지 및 안전관리에 관한 법률 제9조에 의한 소방시설의 시정보완명령을 구두로 고지한 것은 행정소송법 제24조에 위반한 것으로 그 하자가 중대하고 명백하여 위 시정보완명령은 당연 무효라고 할 것이고, 무효인 위 시정보완명령에 따른 피고인의 의무위반이 생기지 아니하는 이상 피고인에게 위 시정보완명령에 위반하였음을 이유로 같은 법 제48조의2 제1호에 따른 행정형벌을 부과할 수 없다고 한 사례(대판 2011. 11. 10, 2011도11109).
[판례 2] 이 사건 사증발급 거부처분이 문서에 의한 처분 방식의 예외로 행정절차법 제24조 제1항 단서에서 정한 '신속히 처리할 필요가 있거나 사안이 경미한 경우'에 해당한다고 볼 수도 없다. 따라서 피고의 사증발급 거부처분에는 행정절차법 제24조 제1항을 위반한 하자가 있다(대판 2019. 7. 11, 2017두38874).
[판례 3] 행정청이 폐기물관리법 제48조 제1항, 같은 법 시행규칙 제68조의3 제1항에서 정한 폐기물 조치명령을 전자문서로 하고자 할 때에는 행정절차법 제24조 제1항에 따라 당사자의 동의가 필요하다(대판 2024. 5. 9, 2023도3914).

2. 처분의 정정(제25조)

행정청은 처분에 오기, 오산 또는 그 밖에 이에 준하는 명백한 잘못이 있을 때에는 직권으로 또는 신청에 따라 지체 없이 정정(訂正)하고 그 사실을 당사자에게 통지하여야 한다.

3. 행정심판 및 행정소송관련 사항의 고지(제26조)

행정청이 처분을 할 때에는 당사자에게 그 처분에 관하여 행정심판 및 행정소송을 제기할 수 있는지 여부, 그 밖에 불복을 할 수 있는지 여부, 청구절차 및 청구기간, 그 밖에 필요한 사항을 알려야 한다.

4. 행정절차에서의 진술거부권

행정절차가 수사절차로 이행될 수 있는 경우에는 적법절차의 원칙상 명문의 규정이 없는 경우에도 진술거부권을 보장해줄 필요가 있고, 행정절차에서 획득된 자료가 곧바로 범칙수사에 활용되는 것은 타당하지 않다(장윤영, 행정조사에서의 진술거부에 관한 고찰 – EU 사례를 중심으로 –, 행정법연구 제68호, 2023.8, 149면 이하 참조).

5. 방어권의 보장

불이익처분의 상대방에 대해 **적절한 방어권**(일정한 경우(예 징계처분) 변호사의 조력을 받을 권리, 처분사유(처분근거사실 포함)를 알 권리, 의견진술, 증거제시 등 방어권의 행사 수단 및 기회를 부여받을 권리)을 **실질적으로 보장하지 아니한 처분**은 적법절차의 원칙에 반하여 위법하다.

[판례 1] [1] 행정청이 징계와 같은 불이익처분절차에서 징계심의대상자가 선임한 변호사가 징계위원회에 출석하여 징계심의대상자를 위하여 필요한 의견을 진술하는 것을 거부할 수 있는지 여부(원칙적 소극): 행정절차법 제12조 제1항 제3호, 제2항, 제11조 제4항본문에 따르면, 당사자 등은 변호사를 대리인으로 선임할 수

있고, 대리인으로 선임된 변호사는 당사자 등을 위하여 행정절차에 관한 모든 행위를 할 수 있다고 규정되어 있다. 위와 같은 행정절차법령의 규정과 취지, 헌법상 법치국가원리와 적법절차원칙에 비추어 징계와 같은 불이익처분절차에서 징계심의대상자에게 변호사를 통한 방어권의 행사를 보장하는 것이 필요하고, 징계심의대상자가 선임한 변호사가 징계위원회에 출석하여 징계심의대상자를 위하여 필요한 의견을 진술하는 것은 방어권 행사의 본질적 내용에 해당하므로, 행정청은 특별한 사정이 없는 한 이를 거부할 수 없다. [2] 육군3사관학교의 사관생도에 대한 징계절차에서 징계심의대상자가 대리인으로 선임한 변호사가 징계위원회 심의에 출석하여 진술하려고 하였음에도, 징계권자나 그 소속 직원이 변호사가 징계위원회의 심의에 출석하는 것을 막았다면 징계위원회 심의·의결의 절차적 정당성이 상실되어 그 징계의결에 따른 징계처분은 위법하여 원칙적으로 취소되어야 한다. 다만 징계심의대상자의 대리인이 관련된 행정절차나 소송절차에서 이미 실질적인 증거조사를 하고 의견을 진술하는 절차를 거쳐서 징계심의대상자의 방어권 행사에 실질적으로 지장이 초래되었다고 볼 수 없는 특별한 사정이 있는 경우에는, 징계권자가 징계심의대상자의 대리인에게 징계위원회에 출석하여 의견을 진술할 기회를 주지 아니하였더라도 그로 인하여 징계위원회 심의에 절차적 정당성이 상실되었다고 볼 수 없으므로 징계처분을 취소할 것은 아니다(대판 2018. 3. 13, 2016두33339[퇴교처분취소]).
〈참고자료〉 신상민, "변호사의 조력권을 제한한 행정절차의 위법성", 행정판례연구 제24-2집, 한국행정판례연구회, 2019. 12, 138－140면.

[판례 2] 행정기관의 징계처분을 위한 업무 등을 담당하는 공무원은 그 직무를 수행할 때에 헌법과 법률에 따라 국민의 인권을 존중하고 공정성을 지켜야 하고, 실체적 진실을 발견하기 위하여 노력하여야 할 법규상 또는 조리상의 의무가 있으며, 만일 담당 공무원이 인권존중, 권력남용금지, 신의성실과 같이 공무원으로서 마땅히 지켜야 할 준칙이나 규범을 지키지 않은 채 업무를 수행하였다거나 당사자가 제출한 의견이 상당한 이유가 있음에도 불구하고 이를 업무에 반영하지 않는 등 당사자의 방어권을 실질적으로 보장하지 않았다면 이러한 행위는 객관적인 정당성을 결여한 것으로서 위법하다고 보아야 한다(서울고등법원 2022. 1. 13. 선고 2020누52759 판결).

[판례 3] 행정기관의 징계처분을 위한 업무 등을 담당하는 공무원이 당사자가 제출한 의견이 상당한 이유가 있음에도 불구하고 이를 업무에 반영하지 않는 등 당사자의 방어권을 실질적으로 보장하지 않았다면 이러한 행위는 객관적인 정당성을 결여한 것으로서 위법하다고 보아야 한다(서울고등법원 2022. 1. 13. 선고 2020누52759판결).

6. 강제처분의 통제기관: 독립된 중립적인 기관

행정절차상 강제처분에 의해 신체의 자유가 제한되는 강제처분의 집행기관으로부터 독립된 중립적인 기관이 이를 통제하도록 하는 것은 적법절차원칙의 중요한 내용에 해당한다(헌재 2023. 3. 23, 2020헌가1).

[판례] [1] 심판대상조항에 의한 보호(출입국관리법 제63조 제1항(지방출입국·외국인관서의 장은 강제퇴거명령을 받은 사람을 여권 미소지 또는 교통편 미확보 등의 사유로 즉시 대한민국 밖으로 송환할 수 없으면 송환할 수 있을 때까지 그를 보호시설에 보호할 수 있다)에 의한 강제퇴거대상자에 대한 보호)는 신체의 자유를 제한하는 정도가 박탈에 이르러 형사절차상 '체포 또는 구속'에 준하는 것으로 볼 수 있는 점을 고려하면, 보호의 개시 또는 연장 단계에서 그 집행기관인 출입국관리공무원으로부터 독립되고 중립적인 지위에 있는 기관이 보호의 타당성을 심사하여 이를 통제할 수 있어야 한다. 그러나 현재 출입국관리법상 보호의 개시 또는 연장 단계에서 집행기관으로부터 독립된 중립적 기관에 의한 통제절차가 마련되어 있지 아니하다. [2] 당사자에게 의견 및 자료 제출의 기회를 부여하는 것은 적법절차원칙에서 도출되는 중요한 절차적 요청이므로, 심판대상조항에 따라 보호를 하는 경우에도 피보호자에게 위와 같은 기회가 보장되어야 하나, 심판대상조항

에 따른 보호명령을 발령하기 전에 당사자에게 의견을 제출할 수 있는 절차적 기회가 마련되어 있지 아니하다. 따라서 심판대상조항은 적법절차원칙에 위배되어 피보호자의 신체의 자유를 침해한다. [3] 강제퇴거명령을 받은 사람을 보호할 수 있도록 하면서 보호기간의 상한을 마련하지 아니한 출입국관리법 제63조 제1항이 과잉금지원칙 및 적법절차원칙에 위배되어 피보호자의 신체의 자유를 침해하는 것으로, 헌법에 합치되지 아니한다고 한 사례(헌재 2023. 3. 23, 2020헌가1).

제 3 항 신 고

행정절차법의 규율대상이 되는 신고 즉, "법령등에서 행정청에 일정한 사항을 통지함으로써 의무가 끝나는 신고"(제40조 제1항)는 자기완결적 신고이다. 그러나 행정절차법 제40조 제3항과 제4항은 수리를 요하는 신고에도 유추적용된다고 보아야 한다(기타 신고에 관한 사항은 사인의 공법행위 참조).

제 4 항 입법예고제

Ⅰ. 의 의

입법예고제라 함은 행정청으로 하여금 법령 등의 제정 또는 개정에 대하여 이를 국민에게 예고하도록 하고 그에 대한 국민의 의견을 듣고 행정입법안에 당해 국민의 의견을 반영하도록 하는 제도이다.

Ⅱ. 적용범위

법령 등을 제정·개정 또는 폐지(이하 '입법'이라 한다)하고자 할 때에는 당해 입법안을 마련한 행정청은 이를 예고하여야 한다(제41조 제1항). 현행 입법예고제도는 법률과 명령을 구분하지 않고 동일하게 규율하고 있다.

다만, 입법내용이 국민의 권리·의무 또는 일상생활과 관련이 없는 경우, 입법이 긴급을 요하는 경우, 상위법령 등의 단순한 집행을 위한 경우, 예고함이 공익에 현저히 불리한 영향을 미치는 경우, 입법내용의 성질 그 밖의 사유로 예고의 필요가 없거나 곤란하다고 판단되는 경우에는 입법예고를 아니할 수 있다(제1항 단서).

Ⅲ. 재입법예고

입법안을 마련한 행정청은 입법예고 후 예고내용에 국민생활과 직접 관련된 내용이 추가되는 등 대통령령으로 정하는 중요한 변경이 발생하는 경우에는 해당 부분에 대한 입법예고를 다시 하여야 한다. 다만, 제1항 각 호의 어느 하나에 해당하는 경우에는 예고를 하지 아니할 수 있다(행정절차법 제41조 제4항).

「행정절차법」 제41조 제4항 본문에서 "대통령령으로 정하는 중요한 변경이 발생하는 경우"란 다음 각 호의 어느 하나에 해당하는 경우를 말한다. 1. 국민의 권리·의무 또는 국민생활과 직접 관련되는 내용이 추가되는 경우, 2. 그 밖에 법령안의 취지 또는 주요 내용 등이 변경되어 다시 의견을 수렴할 필요가 있는 경우(법제업무운영규정 제14조 제3항).

Ⅳ. 입법예고 흠결의 효과

과거 판례는 입법예고가 없었다고 하여 그 조항이 신의성실의 원칙에 위배되는 무효인 규정이라고 볼 수 없다(대판 1990. 6. 8, 90누2420)고 판시한 바 있다. 그러나, 이 판례가 현행 행정절차법 하에서도 타당한지는 의문이다.

입법예고를 거치지 않은 대통령령 개정규정이 무효라고 한 하급심판례(서울고법 2018누71863)가 있다.

[판례] 입법예고 후 예고내용에 중요한 변경이 있었음에도 추가 입법예고를 하지 않은 행정절차법 위반이고 해당 대통령령(대학설립·운영규정) 개정규정은 무효이고, 그에 근거한 처분은 위법하다고 한 사례(서울고법 2018누71863).

제 5 항 행정예고

행정예고제는 다수 국민의 권익에 관계 있는 사항(예 정책, 제도 및 계획 등)을 국민에게 미리 알리는 제도를 말한다.

행정예고(行政豫告)는 행정에 대한 예측가능성을 보장해 주고 이해관계 있는 행정에 대하여 의견을 제출할 수 있게 하며 국민의 행정에 대한 이해와 협력을 증진시키는 기능을 한다.

제 6 항 행정영장

Ⅰ. 행정영장의 의의

행정영장은 행정목적으로 구금, 압수, 수색을 위해 발령하는 영장을 말한다. 행정영장은 행정절차(적법절차)의 하나로 볼 수 있다.

영장이라 함은 체포·구금·압수·수색 등 강제처분(이하 '구금 등의 강제처분'이라 한다)에 법관 등 독립적이고 공정하며 자격이 있는 기관(이하 '법관 등 독립기관'이라 한다)이 발부하는 허가증을 말한다. 따라서, 대집행영장은 행정영장이 아니다.

행정영장의 발부기관은 '법관'이어야 하는지 아니면 법관이 아니더라도 '법관에 준하는 독립성을 가진 자격있는 기관'이어도 가능한지가 문제된다. 영장의 핵심은 '법관 등 독립기관'의 발부결정에 있다. 행정영장의 특성을 고려하면 행정영장은 법관이 아니더라도 법관에 준하는 독립성을 가진 자격있는 기관이 영장을 발부하는 것으로 하는 것은 가능하다고 보아야 한다. 선진국의 입법례도 그러하다. 다만, 우리나라에서 법관이외에 법관에 준하는 독립성과 공정성을 가진 기관을 상정하기 어려우므로 행정영장도 원칙상 법관이 발부하는 것으로 하는 것이 타당하다. 다만, 법관이 아닌 독립성을 가진 자격이 있는 기관이 영장을 발부하도록 하는 것이 행정분야의 특성이나 법관의 업무 부담 등을 고려할 때 합리적인 이유가 있고, 기본권 보장장치가 충분히 갖추어진 경우에는 법관이 아닌 그 독립기관이 행정영장을 발부하는 것으로 규정하는 것도 가능하다.

행정영장의 청구기관을 검사로 할 것인지 아니면 담당 행정기관으로 할 것인지에 관하여 논란이 있다. 영장의 청구기관이 누구인지도 중요한 사항이기는 하지만, 영장의 청구기관은 영장의 핵심사항은 아니다. 달리 말하면 검사가 아닌 기관이 신청하여 법관이 발부한 영장도 영장에 해당한다고 보아야 한다. 우선 헌법 제12조 제3항은 사법영장(수사목적을 위한 영장)을 규정한 것이므로 검사가 영장청구를 하도록 한 헌법 제12조 제3항은 행정영장에는 적용되지 않는다. 행정영장의 청구는 행정목적을 위한 것이므로 해당 행정을 담당하는 행정기관의 장이 청구하도록 하는 것이 행정조직의 법리에 맞는다. 검사가 행정영장을 청구하도록 하면 영장청구 당시 범죄의 혐의가 없는 사안을 검사가 인지하여 수사로 이어질 수 있는 문제가 있다. 물론 행정영장 청구기관을 어느 기관으로 할 것인지는 입법정책의 문제이고, 행정영장도 검사가 청구하도록 규정하는 것도 가능하다.

영장의 대상은 국민의 중요한 기본권에 중대한 영향을 미치는 '구금 등의 강제처분'이다. 정신질환자에 대한 강제입원이 영장의 대상이 되는 구금에 해당하는지에 대한 논란이 있지만, 현행 정신건강복지법은 정신질환자에 대한 강제입원을 환자의 보호 및 치료를 위한 조치로서 영장의 대상이 되는 구금이 아니라는 입장을 취하고 있다.

그리고, '구금 등의 강제처분'은 물리력을 행사하는 강제(직접강제)만을 말하는지 아니면 물리적 강제뿐만 아니라 구금 등에 준하는 의무를 명하고 그 위반에 대해 형벌 등 제재를 가하는 실질적 강제(심리적·간접적 강제)를 포함하는지에 관하여 견해의 대립이 있는데, 헌법재판소는 전자의 입장을 취하고 있다(헌재 2004.9.23, 2002헌가17; 2012.12.27, 2010헌마153 등).

[판례] 도로교통법 제41조 제2항에 규정된 음주측정은 성질상 강제될 수 있는 것이 아니며 궁극적으로 당사자의 자발적 협조가 필수적인 것이므로 이를 두고 법관의 영장을 필요로 하는 강제처분이라 할 수 없다. 따라서 이 사건 법률조항이 주취운전의 혐의자에게 영장없는 음주측정에 응할 의무를 지우고 이에 불응한 사람을 처벌한다고 하더라도 헌법 제12조 제3항에 규정된 영장주의에 위배되지 아니한다(헌재 1997.3.27, 96헌가11)

Ⅱ. 행정영장에서의 영장주의의 적용범위

영장주의라 함은 '구금 등의 강제처분'에는 원칙상 영장이 있어야 한다는 것을 말한다. 헌법 제12조 제3항은 형사절차에서의 영장주의를 규정하고 있다. 개별법률에서 영장주의를 규정하고 있는 경우도 있다. 영장주의의 취지는 신체 등 중요한 기본권의 보장에 있다. 그리고 영장주의는 적법절차의 하나이다.

헌법 제12조 제3항은 형사절차 이외의 행정목적을 위한 '구금 등의 강제처분'에는 그대로는 적용되지 않는다는 것이 헌법재판소의 입장이다. 다만, 헌법 제12조 제3항이 규정한 영장주의의 취지인 '구금 등의 강제처분'에서의 기본권 보장은 행정영장에도 적용된다고 보아야 한다.

문제는 **행정영장에도 영장주의가 적용되는가** 하는 것이다. 달리 말하면 행정영장없는 '구금 등의 강제처분'은 영장주의 위반 달리 말하면 기본권 보장원칙 및 적법절차의 원칙에 위반하여 위헌·위법인가 하는 것이 문제되는데, 이에 관하여 견해의 대립이 있다. 그리고, 이에 관한 헌법재판소와 대법원의 입장은 동일하지 않다.

1. 긍 정 설

수사목적을 위한 '구금 등의 강제처분'과 행정목적을 위한 '구금 등의 강제처분'은 성질은 다르지만, 신체 또는 재산에 대한 강력한 실력행사라는 점에서는 다르지 않으므로 **영장제도의 취지인 기본권 보장을 위해** 특별한 사정이 없는 한 행정목적을 위한 '구금 등의 강제처분'에도 영장주의가 적용되어야 한다. 다만 긴급한 경우에는 명문의 근거가 있는 경우 영장없이 '구금 등의 강제처분'을 할 수 있지만, '구금 등의 강제처분'이 계속되는 경우 사후영장이 필요하다.

2. 부 정 설

헌법상의 영장제도는 형사사법권의 남용을 막기 위해 채택된 것이므로 원칙상 행정목적을 위한 '구금 등의 강제처분'에는 적용되지 않는다. 또한, 행정목적을 위한 '구금 등의 강제처분'에 영장주의를 적용하면 행정목적(공익)의 달성이 어렵게 되는 경우가 적지 않고, 행정목적을 위한 '구금 등의 강제처분'으로 침해될 우려가 있는 기본권은 적법절차의 원칙 등에 의해 보호할 수 있다.

3. 절충설(개별적 결정설)

행정목적을 위한 '구금 등의 강제처분'에서는 행정목적(공익)의 달성과 기본권 보장을 조화시켜야 한다. **이익형량의 원칙에 따라** 기본권의 보장의 요구가 큰 경우에는 영장주의가 적용되지만, 행정목적(공익)의 요구가 큰 경우에는 영장주의가 적용되지 않고, 강제처분으로 인한 기본권 침해의 우려는 적법절차의 원칙 등에 의해 해결하여야 한다.

4. 원칙 긍정·예외 부정설

긍정설에서와 같이 기본권 보장을 위해 행정목적을 위한 '구금 등의 강제처분'에도 원칙상 영장주의가 적용되어야 하지만, 긴급한 경우나 행정조사목적을 위한 압수·수색의 강제처분의 경우에는 영장주의를 부정한다.

5. 원칙 부정·예외 긍정설

부정설에서와 같이 헌법상의 영장제도는 원칙상 행정목적을 위한 '구금 등의 강제처분'에는 적용되지 않지만, 행정목적을 위한 '구금 등의 강제처분'이 사실상 형사사법목적의 강제처분에 해당할 경우에는 영장주의가 적용된다.

6. 판 례

헌법재판소 판례는 헌법 제12조 제3항 및 제16조의 영장주의는 형사절차에 한하여 적용되고(헌재 2016. 3. 31. 2013헌바190), 행정기관이 체포·구속의 방법으로 신체의 자유를 제한하는 경우에는 영장주의가 그대로 적용되는 것은 아니라고 본다(헌재 2016. 3. 31. 2013헌바190).

[판례 1] [1] 헌법상 영장주의의 본질은 체포·구속·압수·수색 등 기본권을 제한하는 강제처분을 함에 있어서는 중립적인 법관의 구체적 판단을 거쳐야 한다는 데에 있다. [2] 수사기관이 위치정보 추적자료의 제공을 전기통신사업자에게 요청한 경우 법원의 허가를 받도록 하고 있는 이 사건 허가조항은 영장주의에 위배된다고 할 수 없다.

[판례 2] [1] 헌법 제12조 제3항에서 규정하고 있는 영장주의란 형사절차와 관련하여 체포·구속·압수·수색의 강제처분을 할 때 신분이 보장되는 법관이 발부한 영장에 의하지 않으면 안 된다는 원칙으로(헌재 2015. 9. 24. 2012헌바302), 형사절차가 아닌 징계절차에도 그대로 적용된다고 볼 수 없다. [2] 전투경찰순경의 인신구금을 내용으로 하는 영창처분에 있어서도 적법절차원칙이 준수되어야 한다. … 이 사건 영창조항이 헌법에서 요구하는 수준의 절차적 보장 기준을 충족하지 못했다고 볼 수 없으므로 헌법 제12조 제1항의 적법절차원칙에 위배되지 아니한다(헌재 2016. 3. 31. 2013헌바190). 〈해설〉 이에 대하여 "행정기관이 체포·구속의 방법으로 신체의 자유를 제한하는 경우에도 원칙적으로 헌법 제12조 제3항의 영장주의가 적용된다고 보아야 하고, 다만 행정작용의 특성상 영장주의를 고수하다가는 도저히 그 목적을 달성할 수 없는 경우에는 영장주의의 예외가 인정될 수 있다."는 재판관 5인의 위헌의견(다수의견, 반대의견)이 있다. 다만, 이들 위헌의견도 헌법 제12조 제3항은 모든 영장의 발부에 검사의 신청이 필요하다는 것이 아니고, 수사단계에서의 영장신청권자를 검사로 한정한 것이라고 본다.

그리고, 전술한 바와 같이 행정상 즉시강제에는 영장주의가 적용되지 않는다고 본다. 이러한 헌법재판소의 견해는 명확하지는 않지만, 부정설 또는 원칙 부정·예외 긍정설에 가깝다.

대법원 판례에 따르면 행정목적을 위한 "체포 또는 구속"에 헌법 제12조 제3항의 영장주의가 적용된다.

[판례 1] 지방의회에서의 사무감사·조사를 위한 증인의 동행명령장제도도 증인의 신체의 자유를 억압하여 일정 장소로 인치하는 것으로서 헌법 제12조 제3항의 "체포 또는 구속"에 준하는 사태로 보아야 하고, 거기에 현행범 체포와 같이 사후에 영장을 발부받지 아니하면 목적을 달성할 수 없는 긴박성이 있다고 인정할 수는 없으므로, 헌법 제12조 제3항에 의하여 법관이 발부한 영장의 제시가 있어야 함에도 불구하고 동행명령장을 법관이 아닌 지방의회 의장이 발부하고 이에 기하여 증인의 신체의 자유를 침해하여 증인을 일정 장소에 인치하도록 규정된 조례안은 영장주의원칙을 규정한 헌법 제12조 제3항에 위반된 것이다(대판 1995. 6. 30, 93추83[경상북도의회에서의증언 · 감정등에관한조례(안)무효확인청구의소]).

[판례 2] 사전영장주의는 인신보호를 위한 헌법상의 기속원리이기 때문에 인신의 자유를 제한하는 모든 국가작용의 영역에서 존중되어야 하지만, 헌법 제12조 제3항 단서도 사전영장주의의 예외를 인정하고 있는 것처럼 사전영장주의를 고수하다가는 도저히 행정목적을 달성할 수 없는 지극히 예외적인 경우에는 형사절차에서와 같은 예외가 인정되므로, 구 사회안전법(1989. 6. 16. 법률 제4132호에 의해 '보안관찰법'이란 명칭으로 전문 개정되기 전의 것) 제11조 소정의 동행보호규정은 재범의 위험성이 현저한 자를 상대로 긴급히 보호할 필요가 있는 경우에 한하여 단기간의 동행보호를 허용한 것으로서 그 요건을 엄격히 해석하는 한, 동 규정 자체가 사전영장주의를 규정한 헌법규정에 반한다고 볼 수는 없다(대판 1997. 6. 13, 96다56115).

그러나, 전술한 바와 같이 대법원 판례는 긴급한 경우나 행정조사를 위한 압수·수색에는 영장이 요구되지 않는다고 본다. 이러한 대법원의 견해는 원칙 긍정·예외 부정설에 해당한다.

7. 결 어

생각건대, '행정영장'은 행정목적을 위한 '구금 등의 강제처분'의 **성질 및 상황**(구금등의 필요성, 기본권 보장의 필요, 다른 권리구제수단 등)**의 다양성에 비추어** 적법절차의 원칙 및 비례원칙에 따라 해당 강제처분의 성질과 관련 상황을 종합적으로 고려하면서 행정목적을 위한 '구금 등의 강제처분'에 영장이 필요한지 여부를 **개별적으로 결정**하여야 한다(**적법절차의 원칙 및 비례의 원칙에 따른 개별적 결정설(절충설)**). ① 적법절차의 원칙상 행정영장에서도 영장주의가 요구되는 경우 및 법률에서 영장주의를 규정하고 있는 경우에는 행정영장에서도 영장주의가 적용된다. ② 긴급한 즉시강제의 경우 영장없는 '구금 등의 강제처분'이 가능하지만, 긴급한 즉시강제 후 구금 등이 계속되는 경우에는 사후에 즉시 영장을 발부받거나 다른 기본권 보장조치를 취하여야 한다. ③ 행정목적을 위한 '구금 등의 강제처분'이 사실상(실질적으로) 형사사법목적의 강제처분에 해당할 경우(행정목적을 위한 '구금 등의 강제처분'이 사실상 수사목적의 강제처분의 성격도 함께 갖거나 동일한 행정기관이 행정목적을 위한 '구금 등의 강제처분'권한과 수사권을 함께 갖거나 행정목적을 위한 '구금 등의 강제처분'이 곧 이어질 범죄수사에서 이용될 가능성이 높은 경우 등)에는 영장주의가 적용된다고 보아야 한다. ④ 그 밖에 영장주의가 적용되지 않아도 적법절차의 원칙에 합치하는 경우에는 영장주의가 요구되지 않는다.

Ⅲ. 영장주의 위반의 효력

행정영장이 요구됨에도 행정영장없이 '구금 등의 강제처분'하는 것이 가능한 것으로 규정한 법률은 헌법상 적법절차의 원칙이나 비례의 원칙에 반하여 위헌·무효이고, 그러한 법률에 근거한 처분은 위법하다.

제 5 절 복합민원절차

Ⅰ. 복합민원의 의의

복합민원(複合民願)이라 함은 하나의 민원 목적을 실현하기 위하여 관계 법령 등에 의하여 다수 관계기관의 허가·인가·승인·추천·협의·확인 등을 받아야 하는 민원을 말한다.

민원이라 함은 행정기관에 대하여 처분 등 특정한 행위를 요구하는 것을 말한다.

민원 처리에 관한 법률에 의하면 "복합민원"이란 하나의 민원 목적을 실현하기 위하여 법령·훈령·예규·고시 등(이하 "관계법령등"이라 한다)에 따라 여러 관계 기관(민원사항과 관련된 단체·협회 등을 포함한다. 이하 같다) 또는 관계 부서의 허가·인가·승인·추천·협의 또는 확인 등을 거쳐 처리되는 민원사무를 말한다(제2조 제3호).

Ⅱ. 복합민원의 유형

1. 하나의 허가이지만 타 행정기관의 협의, 동의, 확인을 요하는 경우

타 행정기관의 동의를 받지 않고 허가를 한 것은 무권한으로 무효이지만, 협의(자문, 심의)를 거치지 않은 것은 절차의 하자로 원칙상 취소할 수 있는 위법이다.

2. 하나의 허가로 타 허가가 의제되는 경우

인·허가의제제도라 함은 여러 행정기관의 복수의 인·허가 등을 받아야 하는 경우에 하나의 인·허가를 받으면 다른 관련인·허가를 받은 것으로 의제하는 제도를 말한다.

3. 복수의 허가를 받아야 하는 경우

복합민원(複合民願) 중 하나의 사업을 위해 여러 인·허가가 필요하고, 각각의 인·허가담당 행정기관에 각각 신청하여야 하는 경우에 각 신청에 대하여 당해 신청의 대상이 된 인·허가요건의 충족 여부만을 판단하여 각 인·허가별로 인·허가를 하는 것이 원칙이다. **다만**, 필요한 인·허가를 일괄하여 신청하지 아니하고 그 중 어느 하나의 인·허가만을 신청한 경우에 신청된 인·허가의 근거 법령에서 다른 법령상의 인·허가에 관한 규정을 원용하고 있거나 그 대상 행위가 다른 법령에 의하여 절대적으로 금지되고 있어 그 실현이 객관적으로 불가능한 것이 명백한 경우에는 이를 고려하여 그 인·허가를 거부할 수 있다.

[판례 1] [1] **입법 목적 등을 달리하는 법률들이 일정한 행위에 관한 요건을 각기 정하고 있는 경우, 그 행위에 관하여 각 법률의 규정에 따른 인 · 허가를 받아야 하는지 여부(원칙적 적극)**: 입법 목적 등을 달리하는 법률들이 일정한 행위에 관한 요건을 각기 정하고 있는 경우, 어느 법률이 다른 법률에 우선하여 배타적으로 적용된다고 풀이되지 아니하는 한 그 행위에 관하여 각 법률의 규정에 따른 인·허가를 받아야 한다. 다만, 이러한 경우 그 중 하나의 인·허가에 관한 관계 법령 등에서 다른 법령상의 인·허가에 관한 규정을 원용하고 있는 경우나 그 행위가 다른 법령에 의하여 절대적으로 금지되고 있어 그것이 객관적으로 불가능한 것이 명백한 경우 등에는 그러한 요건을 고려하여 인·허가 여부를 결정할 수 있다. [2] 종교단체의 사설납골당 설치신고에 대하여 파주시장이 신고수리불가 처분을 한 사안에서, 파주시가 장사시설 중장기계획을 수립하여 놓았다는 사정만으로 납골당 설치신고의 수리를 거부할 중대한 공익상 필요가 있다고 보기 어렵다고 보아 위 처분을 취소한 원심판결에, 중대한 공익상의 필요에 관한 법리를 오해하고 심리를 다하지 않은 위법이 있다고 한 사례(대판 2010. 9. 9, 2008두22631[납골당설치신고불가처분취소]).

[판례 2] 농지전용허가 신청에 대하여 농지전용허가요건 중에 '전용하고자 하는 농지가 전용목적사업에 적합하게 이용될 수 있는지 여부'가 있는 경우에 이는 농지전용허가가 있었음에도 그 전용목적사업을 실현할 수 없어 결과적으로 농지가 이용되지 않은 채 방치되는 것을 방지하기 위하여 둔 심사기준으로 해석되므로 전용목적사업의 실현에 관하여 다른 인·허가가 필요한 경우에는 그 인·허가요건을 갖추고 있지 않는 경우(대판 2000. 3. 24, 98두8766[농지전용불허가처분취소]), 기타 그 다른 인·허가를 받을 수 없는 경우(대판 2000. 11. 24, 2000두2341[농지전용허가신청불허가처분취소이행신청 등])에는 농지전용허가를 거부할 수 있다. 또한 학교보건법 소정의 요건을 갖추지 아니한 체육시설업(당구장업) 신고는 적법한 신고가 아니라고 본 판례도 있다(대판 1991. 7. 12, 90누8350[체육시설업신고거부처분취소]).

[판례 3] [1] 입법목적을 달리하는 법률들이 일정한 행위에 관한 요건을 각각 규정하고 있는 경우에는 어느 법률이 다른 법률에 우선하여 배타적으로 적용된다고 해석되지 않는 이상 그 행위에 관하여 각 법률의 규정에 따른 요건을 갖추어야 한다. [2] 주유소 허가에 있어서 입법목적, 규정사항, 적용범위 등에 비추어 석유사업법은 건축법, 도시계획법, 소방법, 주택건설촉진법 등에 우선하여 배타적으로 적용되는 관계에 있다고는 해석되지 아니하므로 석유사업법에 따른 주유소 허가의 기준을 갖춘 자라 할지라도 위 건축법 등 다른 법령 소정의 주유소 설치 기준을 별도로 갖추지 아니하는 이상 적법한 주유소 허가를 할 수 없음은 당연한 이치라 할 것이고, 따라서 서울특별시의 주유소허가기준및절차에관한고시(1993. 5. 10. 서울특별시 고시 제1993-135호) 제2항 나의 제2호 소정의 '건축법, 도시계획법, 소방법, 주택건설촉진법 등 기타 다른 법령에 의하여 설치가 가능한 지역이어야 한다'는 지역제한 규정은 위와 같이 당연한 법리를 규정하고 있는 것이어서 그것이 상위법령에 위배된다거나 그 조항의 존재 여하에 따라 다른 법령 소정의 요건을 별도로 갖추어야 한다는 위와 같은 해석이 달라진다고 볼 것은 아니다(대판 1995. 1. 12, 94누3216[석유판매업허가반려처분취소]).

[판례 4] [1] 중소기업창업지원법상 사업계획승인 신청을 받은 시장 등은 민원처리법 시행령 제21조 제1항 본문에 따라 처리기간을 임의로 연장할 수 있는 재량이 없고, 사업계획승인 신청을 받은 날부터 20일 이내에 승인 여부를 알리지 않은 때에는 중소기업창업법 제33조 제3항(제조업을 영위하고자 하는 창업자가 사업계획을 수립하여 승인 신청을 하는 경우 승인권자는 승인 신청을 받은 날부터 20일 이내에 승인 여부를 알려야 하고, 20일 이내에 승인 여부를 알리지 아니한 때에는 20일이 지난 날의 다음 날에 사업계획을 승인한 것으로 본다)에 따라 20일이 지난 날의 다음 날에 해당 사업계획에 대한 승인처분이 이루어진 것으로 의제된다. 따라서, 이미 사업계획승인이 간주된 이 사건 신청을 불승인한 이 사건 처분은 위법하여 취소되어야 한다(서울고법 춘천재판부 2020. 6. 15, 2019누1680[중소기업창업사업계획승인불허가처분취소]). 〈해설〉 이는 복합민원에서의 관련 인허가의 의제가 아니고 처리기간의 경과에 따른 신청된 주된 인허가의 의제이다. [2] 관련 인허가(개발행위허가 등) 사항에 관한 사전 협의가 이루어지지 않은 채 중소기업창업법 제33조 제3항에서 정한 20일의 처리기간이 지난 날의 다음 날에 주된 인허가인 사업계획승인처분이 이루어진 것으로 의제된다고 하더라도, 창업자는 중소기업창업법에 따른 사업계획승인처분을 받은 지위를 가지게 될 뿐이고 관련 인허가까지 받은 지위를 가지는 것은 아니다(협의가 이루어지지 않은 관련 인허가는 의제되지 않는다). 따라서 창업자는 공장을 설립하기 위해 필요한 관련 인허가(개발행위허가 등)를 관계 행정청에 별도로 신청하는 절차를 거쳐야 한다. 만일 창업자가 공장을 설립하기 위해 필요한 국토의 계획 및 이용에 관한 법률에 따른 개발행위허가(관련 인허가)를 신청하였다가 거부처분이 이루어지고 그에 대하여 제소기간이 도과하는 등의 사유로 더 이상 다툴 수 없는 효력이 발생한다면, 시장 등은 공장설립이 객관적으로 불가능함을 이유로 중소기업창업법에 따른 사업계획승인처분(주된 인허가)을 직권으로 철회하는 것도 가능하다. 〈해설〉 이는 관련 인허가의 의제에 관한 문제이다(대판 2021. 3. 11, 2020두42569 판결[중소기업창업사업계획승인불허가처분취소]).

4. 다른 관계기관 또는 부서의 첨부서류 또는 정보의 제공을 필요로 하는 경우

첨부서류를 첨부하지 않은 인·허가의 신청은 적법한 신청이라 할 수 없다.

5. 하나의 행정기관 내에서 다수의 부서가 관계되는 경우

하나의 행정기관 내에 여러 부서에 관련되는 경우 부서간의 협의 등은 행정기관 내부의 문제이므로 행정법적 문제를 제기하지 않는다. 지방자치단체에서의 복합민원에서 이 유형이 많다.

Ⅲ. 인·허가의제제도(집중효제도)[2021 행시]

1. 의　　의

"인허가의제"란 하나의 인허가(이하 "주된 인허가"라 한다)를 받으면 법률로 정하는 바에 따라 그와 관련된 여러 인허가(이하 "관련 인허가"라 한다)를 받은 것으로 보는 것을 말한다(행정기본법 제24조[1] 제1항). 건축신고에서처럼 신고로 허가가 의제되는 경우도 있다. 100개 이상의 많은 법률에서 인허가의제를 규정하고 있다.

하나의 사업을 시행하기 위하여 여러 인·허가 등을 받아야 하는 경우에 이들 인·허가 등을 모두 각각 받도록 하는 것은 민원인에게 큰 불편을 주므로 원스톱행정을 통하여 민원인의 편의를 도모하기 위하여 만들어진 제도 중의 하나가 인·허가의제제도이다.

인·허가의제와 독일의 집중효의 관계에 관하여는 양자를 동일한 제도로 이해하는 견해로 보는 견해, 양자를 이질적인 제도로 보는 견해도 있으나 양자는 **기능적으로 유사하나 상당히 다른 별개의 제도**로 보는 것이 타당하다. 양자는 하나의 사업을 위해 수개의 인허가를 받아야 하는 경우에 하나의 인허가로 절차를 집중하는 점은 같지만, 다음과 같이 다르다. ① 독일의 집중효는 행정계획의 확정에만 부여되는 효력인 반면에 인·허가의제는 주된 인·허가가 행정계획에 한정되지 않고, 건축허가와 같은 행정행위인 인·허가인 경우도 있다. ② 독일의 집중효는 관계 행정청 및 이해관계인의 집중적인 참여 등 엄격한 계획확정절차에 따라 행해지는 반면에 인·허가의제는 이러한 절차적 보장이 없다. ③ 독일의 집중효는 다른 인·허가를 의제하지는 않고, 다른 인·허가를 대체하는 효력, 따라서 다른 인·허가를 필요 없게 하는 효력만을 갖는데, 인·허가의제는 다른 인·허가를 법률상 의제하는 효력을 갖는다.

인·허가의제제도하에서 인·허가를 해 주는 기관이 주무행정기관이 되고 의제되는 인·허가 등을 담당하는 행정기관이 관계행정기관이 된다.

2. 인·허가의제의 근거 및 대상

인·허가의제의 이론적 근거는 민원창구단일화(원스톱행정)와 법률의제(허가의제)이론이다. 그런데, 인·허가의제는 행정기관의 권한에 변경을 가져오므로 법률에 명시적인 근거가 있어야 하며 인·허가가 의제되는 범위도 법률에 명시되어야 한다. 따라서, 명문의 규정이 없는 한 '의제의 의제'(의제되는 허가에 의해 다른 인·허가가 재차 의제되는 것)는 인정되지 않는다.

[판례] [1] 인·허가의제 제도는 관련 인·허가 행정청의 권한을 제한하거나 박탈하는 효과를 가진다는 점에서 법률 또는 법률의 위임에 따른 법규명령의 근거가 있어야 한다. [2] **인허가의제규정이 없으므로** 대기환경보전법에 따른 대기오염물질배출시설 설치허가를 받았다고 하더라도 악취배출시설 설치·운영신고가 수리되어 **그 효력이 발생한다고 볼 수 없다고 한 사례**(대판 2022. 9. 7, 2020두40327).

통상 의제되는 인·허가 등이 민원인이 받아야 하는 주된 인·허가를 규율하는 법률에 열거되어 있다.

예를 들면, 건축법 제11조는 건축허가를 받은 경우 국토의 계획 및 이용에 관한 법률 제56조의 규정에 의한 개발행위허가, 농지법 제36조 제1항의 규정에 의한 농지전용허가를 포함하여 13개의 인·허가 등을 받은 것으로 의제하고 있다.

---

1) 인허가의제에 관한 행정기본법 제23조 내지 제26조는 공포(2021. 3. 23.)후 2년이 경과한 날부터 시행한다.

3. 인·허가 등의 신청

인·허가의제제도하에서 민원인은 하나의 인·허가신청만 하면 된다. 다만, 인허가의제를 받으려면 주된 인허가를 신청할 때 관련 인허가에 필요한 서류를 함께 제출하여야 한다. 다만, 불가피한 사유로 함께 제출할 수 없는 경우에는 주된 인허가 행정청이 별도로 정하는 기한까지 제출할 수 있다(행정기본법 제24조 제2항).

인허가의제는 민원인의 편의를 위해 인정된 것(사업시행자의 이익을 위하여 만들어진 것)이므로 인허가의제규정이 있는 경우에도 반드시 관련 인허가 의제 처리를 신청할 의무가 있는 것은 아니다(대판 2020. 7. 23, 2019두31839; 2023. 9. 21, 2022두31143[건축신고수리처분취소]). 주된 인허가만을 우선 신청할 수도 있고, 의제되는 인허가의 일부만 의제(부분인허가의제) 처리를 신청할 수도 있다.

그러나, 건축법 제11조 제1항, 제5항 제3호, 국토계획법 제56조 제1항 제1호, 제57조 제1항의 내용과 체계, 입법 취지를 종합하면, 건축주가 건축물을 건축하기 위해서는 건축법상 건축허가와 국토계획법상 개발행위(건축물의 건축) 허가(개발행위허가 중 건축물의 건축허가)를 각각 별도로 신청하여야 하는 것이 아니라, 건축법상 건축허가절차에서 관련 인허가 의제 제도를 통해 두 허가의 발급 여부가 동시에 심사·결정되도록 하여야 한다(대판 2020. 7. 23, 2019두31839). 이에 반하여 건축법상 건축허가와 국토계획법상 개발행위허가 중 토지형질변경허가는 반드시 함께 신청되어야 하는 것이 아니고, 따로 신청할 수도 있다(김종보, 건설법의 이해, 도서출판 피데스, 2018, 129면).

4. 인·허가절차: 관련인·허가기관의 협의 및 절차집중

주된 인허가 행정청은 주된 인허가를 하기 전에 관련 인허가에 관하여 미리 관련 인허가 행정청과 **협의**하여야 한다(행정기본법 제24조 제3항). 관련 인허가 행정청은 제3항에 따른 협의를 요청받으면 그 요청을 받은 날부터 20일 이내(제5항 단서에 따른 절차에 걸리는 기간은 제외한다)에 의견을 제출하여야 한다. 이 경우 전단에서 정한 기간(민원 처리 관련 법령에 따라 의견을 제출하여야 하는 기간을 연장한 경우에는 그 연장한 기간을 말한다) 내에 협의 여부에 관하여 의견을 제출하지 아니하면 협의가 된 것으로 본다(제4항).

제3항에 따라 협의를 요청받은 관련 인허가 행정청은 해당 법령을 위반하여 협의에 응해서는 아니 된다. 다만, 관련 인허가에 필요한 심의, 의견 청취 등 절차에 관하여는 법률에 인허가의제 시에도 해당 절차를 거친다는 명시적인 규정이 있는 경우에만 이를 거친다(행정기본법 제24조 제5항). **이 규정의 본문은** 관련 행정청은 관련 인허가의 실체적 요건을 충족한 경우에만 협의를 해주도록 규정한 것(실체집중부정설 등을 규정한 것)이다. **이 규정의 단서는 절차집중**을 규정한 것이다. 주된 인허가를 규정하는 법률에서 정한 절차는 거쳐야 하지만, 명시적인 규정이 없는 한 의제되는 인허가를 규정하는 법률에서 정한 절차는 거치지 않아도 된다는 것이다.

[판례 1] 건설부장관이 구 주택건설촉진법(1991. 3. 8. 법률 제4339호로 개정되기 전의 것) 제33조에 따라 관계기관의 장과의 협의를 거쳐 사업계획승인을 한 이상 같은 조 제4항의 허가·인가·결정·승인 등이 있는

것으로 볼 것이고, 그 절차와 별도로 도시계획법 제12조 등 소정의 중앙도시계획위원회의 의결이나 주민의 의견청취 등 절차를 거칠 필요는 없다(대판 1992. 11. 10, 92누1162[주택건설사업계획승인처분취소]).

[판례 2] 지구단위계획결정이 의제되려면 주택법에 의한 관계행정청과의 협의절차 외에 국토계획법상 지구단위계획 입안을 위한 주민의견청취절차를 별도로 거쳐야 하는지 여부(소극): 구 주택법 제17조 제1항에 인·허가 의제 규정을 둔 입법취지는, 주택건설사업을 시행하는 데 필요한 각종 인·허가 사항과 관련하여 주택건설사업계획 승인권자로 그 창구를 단일화하고 절차를 간소화함으로써 각종 인·허가에 드는 비용과 시간을 절감하여 주택의 건설·공급을 활성화하려는 데에 있다. 이러한 인·허가 의제 규정의 입법취지를 고려하면, 주택건설사업계획 승인권자가 구 주택법 제17조 제3항에 따라 도시·군관리계획 결정권자와 협의를 거쳐 관계 주택건설사업계획을 승인하면 같은 조 제1항 제5호에 따라 도시·군관리계획결정이 이루어진 것으로 의제되고, 이러한 협의 절차와 별도로 국토계획법 제28조 등에서 정한 도시·군관리계획 입안을 위한 주민 의견청취 절차를 거칠 필요는 없다고 보아야 한다(대판 2018. 11. 29, 2016두38792).

5. 인·허가의 결정 [2012 사시 사례]

(1) 인·허가결정기관 및 협의의견의 구속력

신청을 받은 주무행정기관이 신청된 인·허가 여부를 결정한다. 이 때에 주무인·허가기관이 관계기관의 협의의견에 구속되는지에 관하여 견해가 대립하고 있다. 즉, 관계기관의 협의의견이 자문의견이면 법적 구속력이 없고, 동의·부동의의견이면 법적 구속력을 갖는다.

의제되는 인·허가기관의 협의가 실질상 동의인지 아니면 강학상 자문(협의)인지 논란이 있다. 즉, 원스톱행정을 통한 민원인의 편의도모라는 인·허가의제제도의 취지와 "협의"라는 법규정의 문구에 비추어 특별한 경우(관계규정의 해석상 동의로 보아야 하는 경우 등)를 제외하고는 의제되는 인·허가기관의 협의는 강학상 자문(협의)으로 보는 것이 타당하다는 견해(자문설)와 실체집중부인설을 취하는 한 의제되는 인·허가업무 담당기관의 권한을 존중하여야 하므로 의제되는 인·허가기관의 법규정상의 '협의'를 동의로 보아야 한다는 견해(동의설) 그리고, 법령상 주된 인허가기관이 최종적인 처분권자이지만, 실체집중부정설을 취하는 한 해당 인허가 담당기관의 권한을 존중해야 하므로 해당 인허가 담당기관의 의견을 사실상 동의로 보아 특별한 사정이 없는 한 따라야 한다고 보는 것이 타당하다고 보는 견해(사실상 동의설)가 대립하고 있다.

후술 판례(대판 2002. 10. 11, 2001두151)는 명확히 입장을 표명하지는 않았는데, 이 판례가 동의설을 취한 것으로 해석하는 견해와 자문설을 취한 것으로 해석하는 견해, 사실상 동의설을 취한 것으로 보는 견해가 대립하고 있다. **하급심 판례 중에는** 인허가의제규정에 있어서 관계 행정기관과의 협의는 단순히 의제대상 인·허가행정기관의 의견을 듣는 데에 그치는 것이 아니라 의제대상 인·허가행정기관의 동의를 구하는 것으로서 **사실상 합의를 뜻한다고 본 사례가 있고**(의정부지방법원 2008. 12. 9. 선고 2008구합2069 판결; 서울고등법원 2009. 8. 25. 선고 2009누1558 판결), **대법원 판례도 사실상 동의설을 취한 것으로 보인다. 그리고, 법이론상** 법령상 주된 인허가기관이 최종적인 처분권자이지만, 실체집중부정설을 취하는 한 해당 인허가 담당기관의 권한을 존중해야 하므로 사실상 동의설이 타당하다.

[판례] 채광계획은 기속재량행위에 속하는 것으로 보아야 할 것이나, 구 광업법(1999. 2. 8. 법률 제5893호로 개정되기 전의 것) 제47조의2 제5호에 의하여 채광계획인가를 받으면 공유수면 점용허가를 받은 것으로 의제되고, 이 공유수면 점용허가는 공유수면 관리청이 공공 위해의 예방 경감과 공공 복리의 증진에 기여함에 적당하다고 인정하는 경우에 그 자유재량에 의하여 허가의 여부를 결정하여야 할 것이므로(재량행위이므로), 공유수면 점용허가를 필요로 하는 채광계획 인가신청에 대하여도, **공유수면 관리청이** 재량적 판단에 의하여 공유수면 점용을 허가 여부를 결정할 수 있고, 그 결과 공유수면 점용을 허용하지 않기로 결정하였다면(그러한 협의의견을 제시하였다면), **채광계획 인가관청은** 이를 사유로 하여 채광계획을 인가하지 아니할 수 있는 것이다(대판 2002. 10. 11, 2001두151[채광계획불인가처분취소]).

(2) 인·허가요건의 판단방식

주무행정기관에 신청되거나 의제되는 인·허가요건의 판단방식에 관하여 다음과 같이 견해가 대립된다.

1) 실체집중설

이 견해는 의제되는 인·허가 요건에의 합치 여부를 판단함이 없이 신청된 주인·허가요건에의 충족 여부만을 판단하여 신청된 주인·허가를 할 수 있다는 견해이다.

2) 제한적 실체집중설

이 견해는 주인·허가신청을 받은 행정기관은 의제되는 인·허가요건에 엄격히 구속되지는 않고, 의제되는 인·허가요건을 이익형량의 요소로서 종합적으로 고려하면 된다는 견해이다.

3) 독립판단설(실체집중부정설)

이 견해는 주(主)인·허가 신청을 받은 행정기관은 의제되는 인·허가요건에 엄격히 구속되어 **의제되는 인·허가요건을 모두 충족하여야** 주인·허가를 할 수 있다는 견해이다. 이 견해를 절차집중설로 부르는 견해가 있으나 이는 타당하지 않다.

4) 판 례

판례는 **실체집중부정설**을 취하고 있다.

[판례 1] 채광계획인가로 공유수면 점용허가가 의제될 경우, 공유수면 점용불허사유로써 채광계획을 인가하지 아니할 수 있는지 여부(적극): 채광계획인가를 받으면 공유수면 점용허가를 받은 것으로 의제되고, 이 공유수면 점용허가는 공유수면 관리청이 공공 위해의 예방 경감과 공공 복리의 증진에 기여함에 적당하다고 인정하는 경우에 그 자유재량에 의하여 허가 여부를 결정하여야 할 것이므로, 공유수면 점용허가를 필요로 하는 채광계획 인가신청에 대하여도, 공유수면 관리청이 재량적 판단에 의하여 공유수면 점용허가 여부를 결정할 수 있고, 그 결과 공유수면 점용을 허용하지 않기로 결정하였다면, 채광계획 인가관청은 이를 사유로 하여 채광계획을 인가하지 아니할 수 있는 것이다(대판 2002. 10. 11, 2001두151[채광계획불인가처분취소]). 〈평석〉 인·허가신청을 받은 기관은 신청된 인·허가요건뿐만 아니라 의제되는 인·허가요건 모두를 충족한 경우에 한하여 인·허가를 해 줄 수 있고, 의제되는 인·허가의 요건에 해당하지 않는다는 이유(의제되는 인·허가 거부사유)로 주인·허가신청에 대해 거부처분을 할 수 있다. 또한, 판례는 명확히 입장을 표명하지는 않았지만, 의제되는 인·허가기관의 법규정상의 '협의'를 실질적으로 동의로 보고 있는 것으로 보인다.

[판례 2] [1] 건축법에서 인허가의제 제도를 둔 취지는, 인허가의제사항과 관련하여 건축허가의 관할 행정청으로 창구를 단일화하고 절차를 간소화하며 비용과 시간을 절감함으로써 국민의 권익을 보호하려는 것이지, 인허가의제사항 관련 법률에 따른 각각의 인허가 요건에 관한 일체의 심사를 배제하려는 것으로 보기는 어려우므로, 도시계획시설인 주차장에 대한 건축허가신청을 받은 행정청으로서는 건축법상 허가 요건뿐 아니라 국토의 계획 및 이용에 관한 법령이 정한 도시계획시설사업에 관한 실시계획인가 요건도 충족하는 경우에 한하여 이를 허가해야 한다. 〈해설〉 실체집중부정설을 취하고 있다. [2] 도시계획시설로 설치되는 주차전용건축물은 주차장 외의 용도로 사용되는 부분의 용도 및 면적 등 주차장법 및 관련 조례가 정한 요건을 충족하여야 할 뿐만 아니라, 주차장 외의 용도로 사용되는 부분이 국토의 계획 및 이용에 관한 법령이 정한 '기반시설 자체의 기능발휘와 이용을 위하여 필요한 부대시설 및 편익시설'에도 해당하여야만 도시계획시설 실시계획인가 요건을 충족한다(대판 2015. 7. 9, 2015두39590[건축허가처분취소]).

[판례 3] [1] 건축법과 국토계획법령의 규정 체제 및 내용 등을 종합해 보면, 건축물의 건축이 국토계획법상 개발행위에 해당할 경우 그에 대한 건축허가를 하는 허가권자는 건축허가에 배치·저촉되는 관계 법령상 제한 사유의 하나로 국토계획법령의 개발행위허가기준을 확인하여야 하므로, 국토계획법상 건축물의 건축에 관한 개발행위허가가 의제되는 건축허가신청이 국토계획법령이 정한 개발행위허가기준에 부합하지 아니하면 허가권자로서는 이를 거부할 수 있다고 보아야 하고, 이는 건축법 제16조 제3항에 의하여 개발행위허가의 변경이 의제되는 건축허가사항의 변경허가에서도 마찬가지라고 할 것이다. [2] 제2종 근린생활시설(자동차수리점) 건축허가를 자동차관련시설(정비공장)로 변경하는 내용의 건축허가사항 변경허가신청에 관하여, 자동차관련시설(정비공장)의 건축은 국토계획법이 정한 개발행위에 해당하고, 위 변경허가신청은 국토계획법상 개발행위허가의 변경이 의제되는 건축허가사항의 변경을 구하는 것이므로, 건축허가권자는 국토계획법령이 정한 개발행위허가기준에 부합하지 아니하는 경우에는 변경허가를 거부할 수 있다고 한 사안(대판 2016. 8. 24, 2016두35762[설계변경불허가처분취소]).

5) 결 어

법치행정의 원칙에 비추어 명문의 규정이 없는 한 실체집중을 인정할 수 없으므로 실체집중부정설이 타당하다. 행정기본법 제24조 제5항 본문은 관련 행정청은 관련 인허가의 실체적 요건을 충족한 경우에만 협의를 해주도록 규정한 것이므로 실체집중 부정을 규정한 것으로 볼 수 있다. 다만, 주된 인·허가 및 의제되는 인·허가 중 둘 이상이 재량행위인 경우에 재량판단은 주된 인허가기관이 의제되는 인허가기관의 의견을 존중하여 통합적으로 행하는 것(제한적으로 집중되는 것)으로 보아야 한다.

(3) 선승인후협의제

1) 의 의

선승인후협의제라 함은 의제 대상 인·허가에 대한 관계 행정기관과의 모든 협의가 완료되기 전이라도 공익상 긴급할 필요가 있고 사업시행을 위한 중요한 사항에 대한 협의가 있은 경우에는 협의가 완료되지 않은 인·허가에 대한 협의를 완료할 것을 조건으로 각종 공사 또는 사업의 시행승인이나 시행인가를 할 수 있도록 하는 제도를 말한다.

'先승인後협의제'가 도입되면 중요 사항에 대한 협의가 있는 경우 관계행정기관과의 협의가 모두 완료되기 전이라도 사업승인이나 사업인가를 받아 그 후속 절차를 진행할 수 있게 되어 관련 토지·부지의 매수 등 사업절차가 간소화될 수 있는 효과가 있다.

선승인후협의제와 부분인·허가의제를 동일한 것으로 보는 견해가 있지만, 선승인후협의제는 부분인·허가의제제와 구별하여야 한다. 선승인후협의제는 협의가 완료될 것을 조건으로(협의가 완료되지 않을 것을 해제조건으로) 협의가 완료되지 않은 인·허가를 포함하여 법률에 의해 의제되는 모든 인·허가가 의제되는 해제조건부인·허가 또는 철회권유보부인·허가의제인 반면에 부분인·허가의제에서는 주된 인·허가로 협의가 완료된 인·허가만 의제되고 협의 완료에 따라 순차적으로 해당 인·허가가 의제된다.

엄밀한 의미에서의 선승인후협의제는 중요한 법정절차인 관계기관과의 사전협의에 대한 예외를 인정하는 것이므로 법률의 근거가 있어야 한다.

주한미군 공여구역주변지역 등 지원 특별법 제29조 제1항은 인·허가의제 및 부분인·허가의제를 규정하고 있고, 동조 제3항은 협의의 선승인후협의제를 규정하고 있다.

주한미군 공여구역주변지역 등 지원 특별법 제29조(인 · 허가등의 의제) ① 제11조의 규정에 의한 사업 시행승인이 있은 때에는 다음 각 호의 허가·인가·지정·승인·협의·신고·해제·결정·동의 등(이하 '인·허가등'이라 한다) 중 제2항에 따라 관계 중앙행정기관의 장 및 지방자치단체의 장과 미리 협의한 사항에 대하여는 그 인·허가등을 받은 것으로 본다.

1. - 28. (생략)

② 제1항에 해당하는 사업의 승인을 하는 때에는 관계 중앙행정기관의 장 및 지방자치단체의 장과 미리 협의하여야 한다. 이 경우 관계 행정기관의 장은 당해 법률에서 규정한 허가 등의 기준에 위반하여 협의에 응하여서는 아니 되고, 협의요청을 받은 날부터 30일 이내에 의견을 제출하여야 한다.

③ 제2항에도 불구하고「공익사업을 위한 토지 등의 취득 및 보상에 관한 법률」제4조에 따른 공익사업을 시급하게 시행할 필요가 있고, 제1항 각 호의 사항 중 사업시행을 위한 중요한 사항에 대한 협의가 있은 경우에는 필요한 모든 사항에 대한 협의가 끝나지 아니하더라도 그 필요한 협의가 완료될 것을 조건으로 제11조 제4항에 따른 사업의 시행승인을 할 수 있다.

2) 법적 근거

선승인후협의제는 협의가 완료되지 않은 경우에도 해당 인·허가를 의제하는 점에 비추어 명문의 법적 근거가 필요하지만, **부분인·허가의제도**는 명문의 법적 근거 없이도 가능한 것으로 볼 수 있다.

3) 법적 효과

선승인후협의제하에서는 중요한 사항에 관한 협의가 있고, 주된 인·허가가 있으면 협의가 완료되지 않은 인·허가도 의제된다. 다만, 완료되지 않은 협의를 완료하여야 한다.

부분인·허가의제에서는 협의가 완료된 인·허가 등에 한하여 인·허가 등이 의제된다.

(4) 부분인·허가의제제도

부분인·허가의제제도라 함은 주된 인·허가로 의제되는 것으로 규정된 인·허가중 일부에 대해서만 협의가 완료된 경우에도 민원인의 요청이 있으면 주된 인·허가를 할 수 있고, 이 경우 협의가 완료된 일부 인·허가만 의제되는 것으로 하는 제도를 말한다. 의제되지 않은 인·허가는 관계행정기관의 협의가 완료되는 대로 순차적으로 의제되거나 별도의 인·허가의 대상이 될 수 있다.

다만, 전술한 바와 같이 주된 인·허가기관은 협의가 완료되지 않은 인허가를 받을 수 없는 사정이 명백한 경우에는 이를 이유로 주된 인·허가를 거부할 수 있다.

부분인·허가의제만으로도 민원인에게 사업촉진 등의 이익(예 사업인정의제에 따른 수용절차의 조속 개시 등)이 있으므로 부분인·허가의제제도를 인정할 실익이 있다.

판례도 부분인·허가의제를 인정하고 있다.

[판례 1] 구 주한미군 공여구역주변지역 등 지원 특별법 제11조에 의한 사업시행승인을 함에 있어 같은 법 제29조 제1항에 규정된 사업 관련 모든 인·허가의제 사항에 관하여 관계 행정기관의 장과 일괄하여 사전 협의를 거칠 것을 그 요건으로 하는지(소극): 구 주한미군 공여구역주변지역 등 지원 특별법(2008. 3. 28. 법률 제9000호로 개정되기 전의 것, 이하 '구 지원특별법'이라 한다) 제29조의 인·허가의제 조항은 목적사업의 원활한 수행을 위해 행정절차를 간소화하고자 하는 데 그 입법취지가 있다 할 것인데, 만일 사업시행승인 전에 반드시 사업 관련 모든 인·허가의제 사항에 관하여 관계 행정기관의 장과 협의를 거쳐야 한다고 해석하게 되면 일부의 인·허가의제 효력만을 먼저 얻고자 하는 사업시행승인 신청인의 의사와 부합하지 않을 뿐만 아니라 사업시행승인 신청을 하기까지 상당한 시간이 소요되어 그 취지에 반하는 점, 주한미군 공여구역주변지역 등 지원 특별법이 2009. 12. 29. 법률 제9843호로 개정되면서 제29조 제1항에서 "제11조의 규정에 의한 사업시행승인이 있은 때에는 다음 각 호의 허가·인가·지정·승인·협의·신고·해제·결정·동의 등(이하 "인·허가등"이라 한다) 중 제2항에 따라 관계 중앙행정기관의 장 및 지방자치단체의 장과 미리 협의한 사항에 대하여는 그 인·허가등을 받은 것으로 본다"고 규정함으로써 인·허가의제 사항 중 일부만에 대하여도 관계 행정기관의 장과 협의를 거치면 인·허가의제 효력이 발생할 수 있음을 명확히 하고 있는 점 등 위 각 규정의 내용, 형식 및 취지 등에 비추어 보면, 구 지원특별법 제11조에 의한 사업시행승인을 함에 있어 같은 법 제29조 제1항에 규정된 사업 관련 모든 인·허가의제 사항에 관하여 관계 행정기관의 장과 일괄하여 사전 협의를 거칠 것을 그 요건으로 하는 것은 아니라 할 것이고, 사업시행승인 후 인·허가의제 사항에 관하여 관계 행정기관의 장과 협의를 거치면 그때 해당 인·허가가 의제된다고 봄이 상당하다(대판 2012. 2. 9, 2009두16305[사업시행승인처분취소]).

[판례 2] [1] 구 항공법 제96조 제1항, 제3항의 문언, 내용, 형식에다가, 인·허가 의제 제도는 목적사업의 원활한 수행을 위해 창구를 단일화하여 행정절차를 간소화하는데 그 입법취지가 있고 목적사업이 관계법령상 인·허가의 실체적 요건을 충족하였는지에 관한 심사를 배제하려는 취지는 아닌 점 등을 아울러 고려하면, 공항개발사업 실시계획의 승인권자가 관계 행정청과 미리 협의한 사항에 한하여 그 승인처분을 할 때에 인·허가 등이 의제된다고 보아야 한다(대법원 2009. 2. 12. 선고 2007두4773 판결, 대법원 2012. 2. 29. 선고 2009두16305 판결 등 참조). [2] 서울지방항공청장이 2000년에 농지전용허가를 관할하는 행정청과 농지전용에 관하여 미리 협의하지 아니한 채 '김포공항 완충녹지대 조성사업'(=선행사업)의 실시계획을 승인하였고, 위 사업의 시행에 따라 2008년경 농지 747,647㎡(=이 사건 토지)에서 경작이 중단되고 그 지목이 '전·답'에서 '잡종지'로 변경되었음. 2016년에 위 완충녹지대에 민간투자방식으로 골프장을 조성하여 활용하는 사업을 시행하려는 하는데, 위와 같은 경위로 농지의 현상을 사실상 상실하게 된 이 사건 토지에 대하여 다시 농지전용허가를 받고 농지부담금을 납부하여야 하는지가 다투어진 사안임. 원심은, 서울지방항공청장이 선행사업의 실시계획승인을 하기 전에 미리 농지법상 농지전용허가를 관할하는 행정청과 농지전용에 관하여 협의하는 절차를 거치지 않았다고 하더라도 선행사업의 실시계획승인에 따라 구 항공법 제96조 제1항 제9호에 따른 농지전용허가 의제의 효력이 발생하였다고 봄으로써, 이 사건 토지는 의제된 농지전용허가에 따라 적법하게 '완충녹지대'(잡종지)로 전용되어 농지법상 '농지'가 아니게 되었다고 판단하였으나, 대법원은 원심이 농지법상 농지 개념과 구 항공법 제96조 제1항의 인·허가 의제 규정의 해석에 관한 법리를 오해한 잘못이 있다고 보아 파기환송하였음(대판 2018. 10. 25, 2018두43095).

6. 인·허가의 효력

(1) 인·허가 등의 의제

주무행정기관의 신청된 인·허가가 있게 되면 **의제되는 인·허가 등을 받은 것으로 본다.** 의제되는 인·허가는 법령상 정해진 의제되는 인·허가 전부가 아닐 수도 있다. 신청인이 신청하고, **관계기관과 협의를 마친 범위 내에서** 인·허가가 의제(부분인·허가의제)된다(행정기본법 제25조 제1항).

인허가의제의 효과는 주된 인허가의 해당 법률에 규정된 관련 인허가에 한정된다(행정기본법 제25조 제2항). 이 규정은 재의제(의제의 의제)를 인정하지 않는다는 것을 명확히 한 것이다.

주된 인·허가가 거부된 경우에는 의제된 인·허가가 거부된 것으로 의제되지 않는다.

[판례] 건축불허가처분을 하면서 그 처분사유로 건축불허가 사유뿐만 아니라 형질변경불허가 사유나 농지전용불허가 사유를 들고 있다고 하여 그 건축불허가처분 외에 별개로 형질변경불허가처분이나 농지전용불허가처분이 존재하는 것이 아니다(대판 2001. 1. 16, 99두10988).

(2) 의제되는 인·허가의 실재 여부

인·허가의 의제로 의제된 인·허가가 실재(實在)하는 것으로 볼 것인지에 관하여 견해가 대립하고 있다.

1) 부 정 설

부정설은 신청된 인·허가(주된 인·허가)의 인용처분만 있고, 의제되는 인·허가의 인용처분은 실제로는 존재하지 않는다고 본다. 이 견해의 **논거**는 다음과 같다. ① 신청된 인·허가의 인용처분만이 현실적으로 존재하며 의제되는 인·허가는 의제되는 것에 불과하다. ② 실제로 인·허가를 한 주인·허가기관이 항고소송의 피고가 되는 것이 타당하다.

2) 긍 정 설

신청에 대한 인·허가로 다른 인·허가가 의제되는 경우 의제되는 인·허가가 실재하는 것으로 보는 견해이다. 이 견해의 **논거**는 다음과 같다 ① 인·허가의제의 경우 실체집중이 부정된다. ② 인·허가가 의제된다는 것은 실제로는 인·허가를 받지는 않았지만, 법적으로는 인·허가를 받은 것으로 본다는 것이다. ③ 의제된 인·허가의 취소정지 등 사후관리 및 감독이 필요한데, 이는 의제되는 인·허가기관이 하는 것이 바람직하다.

3) 판례(긍정설)

판례에 따르면 주된 인·허가(창업사업계획승인)로 의제된 인·허가(산지전용허가)는 통상적인 인·허가와 동일한 효력을 가지므로, **의제된 인·허가의 취소나 철회가 허용된다.** 그리고, 의제된 인·허가의 직권취소나 철회는 항고소송의 대상이 되는 처분에 해당한다고 본다(대판 2018. 7. 12, 2017두48734).

[판례] [중소기업창업 지원법상 사업계획승인으로 의제된 인허가의 취소에 관한 사건] [1] 의제된 산지전용허가를 주된 인허가인 사업계획승인처분과 별도로 취소할 수 있는지 및 의제된 인허가의 취소가 항고소송의 대상이 되는 처분에 해당하는지 여부(적극): 구 중소기업창업 지원법(이하 '중소기업창업법'이라 한다) 및 중소기업청장이 고시한 「창업사업계획의 승인에 관한 통합업무처리지침」(이하, '업무처리지침'이라 한다) 각 규정의 내용, 체계 및 취지 등에 비추어 보면 다음과 같은 이유로 중소기업창업법에 따른 사업계획승인의 경우 의제된 인허가만 취소 내지 철회함으로써 사업계획에 대한 승인의 효력은 유지하면서 해당 의제된 인허가의 효력만을 소멸시킬 수 있다고 봄이 타당하다. ① 중소기업창업법 제35조 제1항의 인허가의제 조항은 창업자가 신속하게 공장을 설립하여 사업을 개시할 수 있도록 창구를 단일화하여 의제되는 인허가를 일괄 처리하는 데 그 입법취지가 있다. 위 규정에 의하면 사업계획승인권자가 관계 행정기관의 장과 미리 협의한 사항에 한하여 승인 시에 그 인허가가 의제될 뿐이고, 해당 사업과 관련된 모든 인허가의제 사항에 관하여 일괄하여 사전 협의를 거쳐야 하는 것은 아니다(대법원 2012. 2. 9. 선고 2009두16305 판결 등 참조). ② 그리고 인허가의제의 취지가 의제된 인허가 사항에 관한 개별법령상의 절차나 요건 심사를 배제하는 데 있다고 볼 것은 아니다. ③ 사업계획승인으로 의제된 인허가는 통상적인 인허가와 동일한 효력을 가지므로, 그 효력을 제거하기 위한 법적 수단으로 의제된 인허가의 취소나 철회가 허용될 필요가 있다. ④ 이와 같이 사업계획승인으로 의제된 인허가 중 일부를 취소 또는 철회하면, 취소 또는 철회된 인허가를 제외한 나머지 인허가만 의제된 상태가 된다. 이 경우 당초 사업계획승인을 하면서 사업 관련 인허가 사항 중 일부에 대하여만 인허가가 의제되었다가 의제되지 않은 사항에 대한 인허가가 불가한 경우 사업계획승인을 취소할 수 있는 것처럼(업무처리지침 제15조 제2항), 취소 또는 철회된 인허가 사항에 대한 재인허가가 불가한 경우 사업계획승인 자체를 취소할 수 있다. [2] 군수가 甲 주식회사에 구 중소기업창업 지원법(2017. 7. 26. 법률 제14839호로 개정되기 전의 것) 제35조에 따라 산지전용허가 등이 의제되는 사업계획을 승인하면서 산지전용허가와 관련하여 재해방지 등 명령을 이행하지 아니한 경우 산지전용허가를 취소할 수 있다는 조건을 첨부하였는데, 甲 회사가 재해방지 조치를 이행하지 않았다는 이유로 의제된 인허가 중의 하나인 산지전용허가 취소를 통보하고, 이어 토지의 형질변경 허가 등이 취소되어 공장설립 등이 불가능하게 되었다는 이유로 甲 회사에 주된 인허가인 사업계획승인을 취소한 사안에서, 산지전용허가 취소는 군수가 의제된 산지전용허가의 효력을 소멸시킴으로써 甲 회사의 구체적인 권리·의무에 직접적인 변동을 초래하는 행위로 보이는 점 등을 종합하면 의제된 산지전용허가 취소가 항고소송의 대상이 되는 처분에 해당하고, 산지전용허가 취소에 따라 사업계획승인은 산지전용허가를 제외한 나머지 인허가 사항만 의제하는 것이 되므로 사업계획승인 취소는 산지전용허가를 제외한 나머지 인허가 사항만 의제된 사업계획승인을 취소하는 것이어서 산지전용허가 취소와 사업계획승인 취소가 대상과 범위를 달리하는 이상, 甲 회사로서는 사업계획승인 취소와 별도로 산지전용허가 취소를 다툴 필요가 있다고 한 사례(대판 2018. 7. 12, 2017두48734).

4) 결어(긍정설)

현재의 인·허가의제제도는 실체집중을 부정하고 의제되는 인·허가를 법률상 의제하고 있으므로 의제되는 인·허가가 법률상 실재하는 것으로 보는 것이 타당하다. 그리고, 이론상 '법률상 인허가의제'는 의제되는 인허가가 법률상 존재한다는 것을 의미하는 것으로 보아야 한다. 또한, 행정기본법은 인허가의제의 경우 관련 인허가 행정청은 관련 인허가를 직접 한 것으로 보아 관계 법령에 따른 관리·감독 등 필요한 조치를 하여야 한다고 규정하고 있다(제26조 제1항).

실체집중 또는 제한적 실체집중을 인정하는 경우에는 의제되는 인·허가는 존재하지 않는 것이 타당하고, 실체집중을 부정하는 경우에는 의제되는 인·허가가 실재하는 것으로 보는 것이 타당하다.

(3) 인·허가의제시 의제되는 인·허가를 규율하는 다른 법규정의 적용 여부

법률유보의 원칙 및 명확성의 원칙상 의제되는 인·허가를 받았음을 전제로 한 법률규정의 적용을 부정하는 견해도 있으나, 인·허가의제시 법적으로 의제되는 인·허가를 받은 것으로 되고, 더욱이 판례는 실체집중부정설에 입각하여 의제되는 인·허가의 요건을 충족할 것을 요구하고 있으므로 인·허가의제시 의제되는 인·허가를 받았음을 전제로 한 법률규정은 법률유보의 원칙 및 명확성의 원칙에 반하는 경우를 제외하고는 원칙상 의제되는 인·허가에 적용된다고 보아야 한다. 이는 법령의 통일적 적용이라는 측면에서도 타당하다.

그러나, 판례는 인허가의제의 경우 주된 인허가가 있으면 다른 법률에 의한 인허가가 있는 것으로 보는 데 그치고, 거기에서 더 나아가 다른 법률에 의하여 인허가를 받았음을 전제로 하는 그 다른 법률의 모든 규정들까지 적용되는 것은 아니라고 한다(대판 2016. 11. 24, 2014두47686).

* 의제되는 인·허가에 의제되는 인·허가를 받았음을 전제로 한 법률규정의 적용을 부정한 예

[판례 1] 공공주택건설법 제12조 제1항이 단지조성사업 실시계획의 승인이 있는 때에는 도시개발법에 의한 실시계획의 작성·인가(제11호), 주택법에 의한 사업계획의 승인(제20호)을 받은 것으로 본다고 규정하고 있으나, 이는 공공주택건설법상 단지조성사업 실시계획의 승인을 받으면 그와 같은 인가나 승인을 받은 것으로 의제함에 그치는 것이지 더 나아가 그와 같은 인가나 승인을 받았음을 전제로 하는 도시개발법과 주택법의 모든 규정들까지 적용된다고 보기는 어렵다. 따라서 공공주택건설법에 따른 단지조성사업은 학교용지법 제2조 제2호에 정한 학교용지부담금 부과대상 개발사업에 포함되지 아니다(대판 2016. 11. 24, 2014두47686).

[판례 2] 구 건축법(1995. 1. 5. 법률 제4919호로 개정되기 전의 것) 제8조 제4항은 건축허가를 받은 경우, 구 도시계획법(1999. 2. 8. 법률 제5898호로 개정되기 전의 것), 제25조의 규정에 의한 도시계획사업 실시계획의 인가를 받은 것으로 본다는 인가의제규정만을 두고 있을 뿐 구 건축법 자체에서 새로이 설치한 공공시설의 귀속에 관한 구 도시계획법 제83조 제2항을 준용한다는 규정을 두고 있지 아니하므로, 구 건축법 제8조 제4항에 따른 건축허가를 받아 새로이 공공시설을 설치한 경우, 그 공공시설의 귀속(무상귀속)에 관하여는 구 도시계획법 제83조 제2항이 적용되지 않는다고 한 사례(대판 2004. 7. 22, 2004다19715[부당이득금반환]).

* 의제되는 인·허가에 의제되는 인·허가를 받았음을 전제로 한 법률규정의 적용을 긍정한 예

[판례 1] 도시 및 주거환경정비법에 정한 도시환경정비사업 시행인가를 받아서 건축허가가 있는 것으로 의제되는 경우도 구 대도시 광역교통관리에 관한 특별법 시행령(2007. 4. 20. 대통령령 제20021호로 개정되기 전의 것) 제15조 제2항의 규율대상에 포함된다(대판 2007. 10. 26, 2007두9884[광역교통시설부담금부과처분취소]). 〈참조〉 구 대도시 광역교통관리에 관한 특별법 시행령(2007. 4. 20. 대통령령 제20021호로 개정되기 전의 것) 제15조(광역교통시설부담금의 부과대상 지역 등) ① 법 제11조 본문에서 "대통령령으로 정하는 대도시권"이라 함은 법 제3조의 규정에 의하여 광역교통계획이 수립·고시된 대도시권을 말한다. ② 법 제11조 제6호에서 "대통령령으로 정하는 사업"이라 함은「건축법」제8조의 규정에 의한 건축허가를 받아 주택외의 시설과 20세대 이상의 주택을 동일건축물로 건축하는 사업(법 제11조 제1호 내지 제3호의 사업이 시행되는 지구·구역 또는 사업 지역안에서 시행되는 경우를 제외한다)을 말한다. ③ 관계 행정기관의 장(관계 행정기관의 장의 권한을 위탁받은 자를 포함한다)은 법 제11조 각호의 사업계획을 수립하거나 준공완료한 때 또는 그에 관한 승인·인가·허가·준공검사·사용검사를 한 때(변경의 경우를 포함한다)에는 관할 시·도지사에게 그 사실을 통보하여야 한다.

[판례 2] 주택조합들이 주택건설촉진법 제33조 제1항에 의하여 주택건설사업계획을 승인받은 이상 같은 법 제33조 제4항 제3호에 따라 그 사업에 필요한 범위 내의 도로에 대하여 도로법 제40조에 의한 도로점용의 허가를 얻은 것으로 간주되고, 그 사업계획승인시 도로점용허가사항과 관련된 내부협의나 공고가 없었다고 하여 달리 볼 것은 아니며, 도로점용허가가 의제된다 하더라도 도로점용료부과처분을 함에 있어서는 그 부과대상토지를 특정하고 그에 대한 점용료 산정기준 등 산출근거를 구체적으로 명시하여야 한다(대판 2002. 2. 26, 2000두4323[도로점용료부과처분취소]).

7. 인·허가의제제도에서의 민원인 또는 제3자의 불복(不服)

(1) 항고쟁송 및 취소의 대상

인·허가가 의제되는 것은 주된 인·허가가 난 경우이다. **주된 인·허가의 거부의 경우**에는 의제되는 인허가거부처분이 실제로 존재하지 않을 뿐만 아니라 의제되는 인·허가의 거부가 의제되지 않으므로 의제되는 인·허가의 요건의 결여나 재량판단에 근거한 주된 인·허가의 거부에 대한 불복은 주된 인·허가의 거부처분을 다투어야 한다.

[판례] "건축불허가처분을 하면서 그 처분사유로 건축불허가 사유뿐만 아니라 형질변경불허가 사유나 농지전용불허가 사유를 들고 있다고 하여 그 건축불허가처분 외에 별개로 형질변경불허가처분이나 농지전용불허가처분이 존재하는 것이 아니므로, 그 건축불허가처분을 받은 사람은 그 건축불허가처분에 관한 쟁송에서 건축법상의 건축불허가 사유뿐만 아니라 같은 도시계획법상의 형질변경불허가 사유나 농지법상의 농지전용불허가 사유에 관하여도 다툴 수 있는 것이지, 그 건축불허가처분에 관한 쟁송과는 별개로 형질변경불허가처분이나 농지전용불허가처분에 관한 쟁송을 제기하여 이를 다투어야 하는 것은 아니며, 그러한 쟁송을 제기하지 아니하였어도 형질변경불허가 사유나 농지전용불허가 사유에 관하여 불가쟁력이 생기지 아니한다"(대판 2001. 1. 16, 99두10988[건축허가신청서반려처분취소]).

인·허가의제제도에서 항고쟁송의 대상이 문제되는 경우는 **주된 인·허가가 난 경우에 있어서 의제되는 인·허가의 요건의 결여나 재량권의 일탈·남용을 주장하는 경우**이다. 이 경우 주된 인·허가를 항고쟁송의 대상으로 하여야 하는지 아니면 그 요건의 결여나 재량권의 일탈·남용이 다투어지는 의제되는 해당 인·허가를 대상으로 하여야 하는지가 문제된다.

1) 주된 인·허가가 항고소송의 대상이 된다는 견해

인·허가의제의 경우 현실적으로 주된 인·허가처분만이 있고, 의제되는 인·허가처분은 실제로는 존재하지 않는다고 보면 의제되는 인·허가를 다투고자 하는 경우에도 항상 주된 인·허가를 다투어야 하는 것으로 보는 것이 타당하다.

2) 의제된 인·허가가 항고쟁송의 대상이 될 수 있다는 견해

의제되는 인·허가가 실재하는 것으로 보는 견해에 의하면 주된 인·허가의 허가사유를 다투고자 하는 경우에는 주인·허가를 항고쟁송의 대상으로 하고, 의제되는 인·허가의 허가사유를 다투는 경우에는 의제되는 당해 인·허가 등을 항고쟁송의 대상으로 본다.

3) 판　　례

판례는 이해관계인이 의제된 인·허가가 위법함을 다투고자 하는 경우 원칙상 주된 처분(주택건설사업계획승인처분)이 아니라 의제된 인·허가(지구단위계획결정)를 항고소송의 대상으로 삼아야 한다고 본다(대판 2018. 11. 29, 2016두38792).

[판례] [1] 주택건설사업계획승인처분에 따라 의제된 지구단위계획결정에 하자가 있음을 이해관계인이 다투고자 하는 경우, 주된 처분(주택건설사업계획승인처분)과 의제된 인·허가(지구단위계획결정) 중 어느 것을 항고소송의 대상으로 삼아야 하는지(= 의제된 인·허가): 주택건설사업계획 승인처분에 따라 의제된 인·허가가 위법함을 다투고자 하는 이해관계인은, 주택건설사업계획 승인처분의 취소를 구할 것이 아니라 의제된 인·허가의 취소를 구하여야 하며, 의제된 인·허가는 주택건설사업계획 승인처분과 별도로 항고소송의 대상이 되는 처분에 해당한다. [2] 임대사업자에 대한 ① 주택건설사업계획승인처분을 하면서 해당 주택단지 밖에 진입도로를 설치한다는 내용의 ② 지구단위계획결정이 의제되자, 위 진입도로 부지의 소유자인 원고가 ①과 ② 각각의 취소를 구하는 취소소송을 제기한 사안에서, 원심은, ①에 대한 취소청구는 제소기간 도과를 이유로 각하하고, ②에 대한 취소청구는 '의제된 인·허가는 독립적으로 취소소송의 대상이 될 수 없다'는 이유로 각하하였으나, 원심이 ②의 처분성(대상적격)에 관하여 법리오해를 하였으나, 본안에 관한 원고 주장을 받아들일 수 없고, 원고만 상고하였으므로 불이익변경금지원칙에 따라 상고를 기각한 사례(대판 2018. 11. 29, 2016두38792).

또한, 인·허가 의제대상이 되는 처분의 공시방법에 관한 하자가 있다고 하더라도, 그로써 해당 인·허가 등 의제의 효과가 발생하지 않을 여지가 있게 될 뿐이고, 그러한 사정이 주된 행정처분인 주택건설사업계획 승인처분 자체의 위법사유가 될 수는 없다고 본 판례가 있다(대판 2017. 9. 12, 2017두45131).

[판례] 주된 행정처분인 주택건설사업계획승인처분에 대한 항고소송에서, 선행 지구단위계획결정 및 주된 행정처분에 부수하여 인 · 허가 의제된 지구단위계획변경결정이 각 지형도면 고시방법의 하자가 있어 무효라고 주장하면서 이를 주된 행정처분인 주택건설사업계획 승인처분의 무효사유로 주장한 사건에서, 선행 지구단위계획결정 및 주된 행정처분에 부수하여 인 · 허가 의제된 지구단위계획변경결정의 무효사유를 주된 행정처분의 위법사유로 주장할 수 없다고 한 판례: [1] 구 주택법 제17조 제1항에 의하면, 주택건설사업계획 승인권자가 관계 행정기관의 장과 미리 협의한 사항에 한하여 그 승인처분을 할 때에 인·허가 등이 의제될 뿐이고(대법원 2012. 2. 9. 선고 2009두16305 판결 등 참조), 그 각 호에 열거된 모든 인·허가 등에 관하여 일괄하여 사전협의를 거칠 것을 그 승인처분의 요건으로 하고 있지는 않다. 따라서 인·허가 의제대상이 되는 처분의 공시방법에 관한 하자가 있다고 하더라도, 그로써 해당 인·허가 등 의제의 효과가 발생하지 않을 여지가 있게 될 뿐이고, 그러한 사정이 주택건설사업계획 승인처분 자체의 위법사유가 될 수는 없다고 보아야 한다. [2] 원심이 선행 지구단위계획결정 및 주된 행정처분에 부수하여 의제된 지구단위계획변경결정에 각 지형도면 고시방법에 하자가 있을 경우 주된 행정처분인 주택건설사업계획승인처분의 무효사유가 될 수 있음을 전제로 하여 각 지형도면 고시방법에 관한 하자가 있는지 여부에 관하여 나아가 판단한 것은 적절치 않으나, 주된 행정처분인 주택건설사업계획승인처분이 적법·유효하다고 판단한 결론은 정당하다고 보아, 상고기각한 사례(대판 2017. 9. 12, 2017두45131).

4) 결　　어

의제되는 인·허가는 법적으로 의제되어 법적으로는 존재한다고 볼 수 있으므로 의제되는 인·허가만 취소의 대상으로 하여 의제되는 인허가가 분리취소가능하면 의제되는 인·허가만 취소하는 것이 타당하다. 이러한 해결이 인허가 상대방의 권익보호를 위해서도 타당하다. 또한, 부분인허가의제를 인정하는 판례의 입장에 비추어도 문제의 의제되는 인허가만 취소하는 것이 타당하다.

(2) 주된 인·허가 취소시 의제된 인·허가의 효력

의제된 인·허가가 실재하지 않는 것으로 보고, 따라서 주된 인·허가만이 항고쟁송의 대상이 된다고 보는 견해를 취하면 주된 인·허가가 취소되면 의제된 인·허가도 (소급적 취소의 경우 소급적으로, 비소급적 취소의 경우 장래에 향하여) 효력을 상실하는 것으로 보는 것이 논리적이다.

그러나, 인·허가의제시 의제된 인·허가가 실재하는 것으로 보고, 따라서 불복사유에 따라 주된 인·허가 또는 의제된 인·허가가 항고쟁송의 대상이 된다고 보는 견해에 의하면 주된 인·허가의 취소만으로 의제된 인·허가가 자동적으로 효력을 상실하는 것으로는 볼 수 없다. 이 견해가 타당하다. 원칙상 취소는 인허가별로 행해지고 취소의 효력도 해당 인허가별로 발생한다고 보는 것이 타당하다. 이렇게 보는 것은 상대방인 국민은 취소된 인허가만 다시 받으면 해당 사업을 추진할 수 있는 실익이 있다. 주된 인허가가 취소되면 관련 인허가기관은 관련 인허가를 취소하거나 철회할 것인지 여부를 결정하여야 한다. 다만, 주된 인허가가 의제된 인허가의 성격도 갖거나 주된 인허가가 의제된 인허가의 전제가 되는 경우에는 주된 인허가의 취소로 해당 의제된 인허가도 효력을 상실하는 것으로 볼 수 있다.

[판례] 구 도시 및 주거환경정비법(2017. 2. 8. 법률 제14567호로 전부 개정되기 전의 것, 이하 '도시정비법'이라 한다)상 사업시행인가는 사업시행계획에 따른 대상 토지에서의 개발과 건축을 승인하여 주고, 덧붙여 의제조항에 따라 토지에 대한 수용 권한 부여와 관련한 사업인정의 성격을 가진다. 따라서 어느 특정한 토지를 최초로 사업시행 대상 부지로 삼은 사업시행계획이 당연무효이거나 법원의 확정판결로 취소된다면, 그로 인하여 의제된 사업인정도 효력을 상실한다. 그러나 이와 달리 특정한 토지를 최초로 사업시행 대상 부지로 삼은 최초의 사업시행인가가 효력을 유지하고 있고 그에 따라 의제된 사업인정의 효력 역시 유지되고 있는 경우라면, 특별한 사정이 없는 한 최초의 사업시행인가를 통하여 의제된 사업인정은 사업시행변경인가에도 불구하고 그 효력이 계속 유지된다. 사업시행 대상부지 자체에 관하여는 아무런 변경 없이 건축물의 구조와 내용 등 사업시행계획의 내용을 대규모로 변경함으로써 최초 사업시행인가의 주요 내용을 실질적으로 변경하는 인가가 있는 경우에도 최초의 사업시행인가가 유효하게 존속하다가 변경인가 시부터 장래를 향하여 실효될 뿐이고, 사업시행 대상부지에 대한 수용의 필요성은 특별한 사정이 없는 한 변경인가 전후에 걸쳐 아무런 차이가 없다. 공익사업을 위한 토지 등의 취득 및 보상에 관한 법률(이하 '토지보상법'이라 한다) 제24조에 비추어 보더라도, 사업시행변경인가에 따라 사업대상 토지 일부가 제외되는 등의 방식으로 사업내용이 일부 변경됨으로써 종전의 사업대상 토지 중 일부에 대한 수용의 필요성이 없게 된 경우에, 그 부분에 한하여 최초 사업시행인가로 의제된 사업인정 중 일부만이 효력을 상실하게 될 뿐이고(제24조 제1항, 제5항 참조), 변동 없이 수용의 필요성이 계속 유지되는 토지 부분에 대하여는 최초 사업시행인가로 의제된 사업인정의 효력이 그대로 유지됨을 당연한 전제로 하고 있다(대판 2018. 7. 26, 2017두33978).

8. 의제된 인·허가의 사후관리감독

인허가의제의 경우 관련 인허가 행정청은 관련 인허가를 직접 한 것으로 보아 관계 법령에 따른 관리·감독 등 필요한 조치를 하여야 한다(행정기본법 제26조 제1항). 따라서, 의제된 인·허가의 사후관리 및 감독은 의제된 인·허가기관이 담당한다.

9. 주된 인허가의 변경에 따른 관련 인·허가의 변경 의제

주된 인허가가 있은 후 이를 변경하는 경우에는 제24조·제25조 및 제26조 제1항을 준용한다(행정기본법 제26조 제2항).

행정기본법 제26조 제2항은 주된 인허가의 변경으로 관련 인허가의 변경이 의제될 수 있는 것을 전제로 주된 인허가의 변경으로 관련 인허가의 변경 의제가 필요한 경우에는 인허가 의제절차(관련 인허가기관과의 협력 등)를 준용하여 주된 인허가를 변경하고 이에 따라 관련 인허가의 변경이 의제된다는 것을 규정한 것으로 보는 것이 타당하다. 그리고, 일반적으로 처분권에는 처분의 변경권도 포함되는 것으로 보아야 하므로 인허가의제조항은 인허가변경의제의 근거조항으로 보는 것이 타당하다.

제 6 절 절차의 하자 [1996 사시 사례, 2003 입시 약술, 2006 입시 사례] [2009 입시 사례, 2010 행시(일반행정) 사례]

I. 절차의 하자의 독자적 위법사유(취소 또는 무효사유)

행정처분에 절차상 위법이 있는 경우에 절차상 위법이 당해 행정처분의 독자적인 위법사유(취소 또는 무효사유)가 되는가. 달리 말하면, 법원은 취소소송의 대상이 된 처분이 절차상 위법한 경우 당해 처분의 실체법상의 위법 여부를 따지지 않고 또는 실체법상 적법함에도 불구하고 절차상의 위법만을 이유로 취소 또는 무효확인할 수 있는가 하는 것이 문제된다.

1. 소극설(절차의 하자를 독자적 위법사유로 보지 않는 견해(절차봉사설))

절차상 하자만을 이유로 하여서는 행정처분의 무효를 확인하거나 또는 행정처분을 취소할 수 없고, 내용상 하자가 있어야 취소 또는 무효확인할 수 있다는 소극설의 주된 논거는 다음과 같다: ① 행정절차는 그 자체가 독자적인 가치를 갖는 것이 아니라 행정처분의 실체상 적정성을 보장하는 수단에 불과하다. ② 법원이 절차상 하자를 이유로 취소하더라도 행정청은 절차의 하자를 치유하여 동일한 내용의 처분을 다시 할 수 있으므로 절차상의 하자만을 이유로 취소하는 것은 행정상 및 소송상 경제에 반한다.

2. 적극설(절차의 하자를 독자적인 위법사유로 보는 견해(절차고유가치설))

이에 대하여 절차상 하자만을 이유로 행정처분의 무효를 확인하거나 행정처분을 취소할 수 있다는 적극설의 주된 논거는 다음과 같다.

① 행정절차는 '적법절차의 원칙'의 실현이라는 고유한 가치를 가지므로 절차의 하자를 독자적

인 위법사유로 보는 것이 타당하다.

② 행정소송법상 취소판결 등의 기속력이 절차의 위법을 이유로 취소되는 경우에 준용된다(행정소송법 제30조 제3항).

③ 행정절차의 실효성을 보장하기 위하여는 절차상의 하자를 독립된 취소사유로 보아야 한다.

④ 재량처분의 경우 적법한 절차를 거쳐 다시 처분을 하는 경우 반드시 동일한 내용의 처분을 반복한다고 말할 수 없다. 적법한 절차를 거치는 경우에 처분의 내용이 달라질 수 있다.

3. 절 충 설

절차의 하자가 독립된 무효 또는 취소사유가 될 수 있는가에 관하여 경우에 따라서 독립된 취소사유로 보거나 보지 않는 절충적 견해가 있다.

(1) 제1설

기속행위의 경우에는 행정절차가 실체적 판단에 영향을 미칠 수 없으므로 절차의 하자를 독립된 위법사유로 보지 않고, **재량행위에 있어서**는 행정청은 기본 처분과 다른 처분을 할 수도 있으므로 절차상의 위법사유가 독자적인 위법사유가 된다고 본다.

(2) 제2설

기속행위와 재량행위를 구별하여 **기속행위의 경우에**는 행정절차가 실체적 판단에 영향을 미칠 수 없으므로 절차의 하자가 독립된 위법사유가 되지 않는다고 보고, **재량행위의 경우에**는 절차의 하자가 행정청의 실체적 결정에 영향을 미칠 수 있는 경우에 한하여 독립된 위법사유가 된다고 보는 견해이다. 독일이나 프랑스법이 대체로 이러한 입장에 있는 것으로 보인다.

기속행위의 경우 절차의 하자를 독립된 위법사유로 보지 않는 것은 절차가 행정행위의 실체상의 내용에 어떠한 영향도 미칠 수 없기 때문이고, 재량행위의 경우 절차의 하자가 행정청의 실체적 결정에 영향을 미칠 수 없는 경우에는 절차를 거쳐 처분을 하여도 동일한 내용의 처분을 다시 내릴 수 있기 때문에 **행정 및 소송경제상** 절차의 하자를 취소사유로 보지 않는 것이다.

4. 판례(원칙상 적극설)

판례는 재량행위뿐만 아니라 기속행위에 있어서도 **원칙상 적극설**을 취하고 있다.

[판례 1] 행정청이 침해적 행정처분을 하면서 위와 같은 절차를 거치지 아니하였다면 원칙적으로 그 처분은 위법하여 취소를 면할 수 없다(대법원 2019. 1. 31. 선고 2016두64975 판결, 대법원 2020. 7. 23. 선고 2017두66602 판결 등 참조)(대판 2023. 9. 21, 2023두39724).

[판례 2] 같은 법 제49조 제3항, 제52조 제1항이 정하고 있는 절차적 요건을 갖추지 못한 공정거래위원회의 시정조치 또는 과징금납부명령은 설령 실체법적 사유를 갖추고 있다고 하더라도 위법하여 취소를 면할 수 없다(대판 2001. 5. 8, 2000두10212[시정명령 등 취소]).

[판례 3] 과세처분시 납세고지서에 과세표준, 세율, 세액의 계산명세서 등을 첨부하여 고지하도록 한 것은 조세법률주의의 원칙에 따라 처분청으로 하여금 자의를 배제하고 신중하고도 합리적인 처분을 행하게 함으

로써 조세행정의 공정성을 기함과 동시에 납세의무자에게 부과처분의 내용을 상세히 알려서 불복 여부의 결정 및 그 불복신청에 편의를 주려는 취지에서 나온 것이므로 이러한 규정은 강행규정으로서 납세고지서에 위와 같은 기재가 누락되면 과세처분 자체가 위법하여 취소대상이 된다(대판 1983. 7. 26, 82누420[법인세 등 부과처분취소]).

다만, **절차의 하자가 무시할 수 있을 정도**(절차적 정당성을 침해하지 않을 정도)로 **경미한 경우**(전술 판례 참조) **또는** 행정절차가 처분상대방이나 이해관계인의 의견진술권과 방어권을 보장하는 성질을 갖는 경우(예 제재처분, 징계처분 등)에 **처분상대방이나 관계인의 의견진술권이나 방어권 행사에 실질적으로 지장이 초래되었다고 볼 수 없는 특별한 사정이 있는 경우에는**, 절차 규정 위반으로 인하여 처분절차의 절차적 정당성이 상실되었다고 볼 수 없으므로 **해당 처분을 취소할 것은 아니다**(대판 2018. 3. 13, 2016두33339; 2021. 1. 28, 2019두55392[감사결과통보처분취소] 등).

[판례 1] [1] 행정청이 처분절차에서 관계 법령의 절차 규정을 위반하여 절차적 정당성이 상실된 경우에는 해당 처분은 위법하고 원칙적으로 취소하여야 한다. 다만 처분상대방이나 관계인의 의견진술권이나 방어권 행사에 실질적으로 지장이 초래되었다고 볼 수 없는 특별한 사정이 있는 경우에는, 절차 규정 위반으로 인하여 처분절차의 절차적 정당성이 상실되었다고 볼 수 없으므로, 해당 처분을 취소할 것은 아니다(대법원 2018. 3. 13. 선고 2016두33339 판결 등 참조). [2] 피고(교육부장관)이 사학분쟁조정위원회가 ○○학원의 정상화를 추진하면서 후보자로 추천을 받은 9명을 정식이사로 선임하는 의결을 한 것에 따라 위 9명을 ○○학원의 정식이사로 선임하는 처분(이하 '이 사건 처분')을 하였고, 원고들이 사학분쟁조정위원회가 정식이사 선임의 의결 과정에서 구 사립학교법 시행령 제9조의6 제4항 제1호에서 정한 전·현직이사협의체를 구성하지 않은 절차위반 등의 이유를 들어 이 사건 처분에 대한 취소를 청구한 사안에서 원고들이 물의인원(물의를 일으킨 전직이사)에 해당하고, 물의인원이 있는 종전이사들에 대하여 전·현직이사협의체 구성을 생략하고, 그들로 하여금 '그 밖에 조정위원회가 인정하는 이해관계인'으로서 의견을 제출하게 하였다면, 그 절차, 방법 및 결과에 있어 그들로 하여금 전·현직이사협의체로 구성하여 의견을 제출하게 한 경우와 크게 다르다고 보기 어려우므로, 그와 같은 절차 규정 위반으로 인하여 원고들의 의견진술권 행사에 실질적으로 지장이 초래되었다고 볼 수 없는 특별한 사정이 있다고 볼 소지가 있다고 한 사례(대판 2025. 7. 18, 2022두32429[이사선임처분취소]). **〈참고사항〉** 구 사립학교법 시행령 제9조의6 제5항은 전·현직이사협의체 구성원들에게 과반수 정식이사 후보자에 관한 의견 제출권을 부여하기에 부적합한 사유가 있는 경우, 즉 구성원들 중 물의인원이 있는 경우 과반수 미만의 정식이사 후보자만을 추천하도록 규정하고 있다.

[판례 2] 육군3사관학교의 사관생도에 대한 징계절차에서 징계심의대상자가 대리인으로 선임한 변호사가 징계위원회 심의에 출석하여 진술하려고 하였음에도 불구하고, 징계권자나 그 소속 직원이 변호사가 징계위원회의 심의에 출석하는 것을 막았다면 징계위원회 심의·의결의 절차적 정당성이 상실되어 그 징계의결에 따른 징계처분은 위법하여 원칙적으로 취소되어야 한다. 다만 징계심의대상자의 대리인이 관련된 행정절차나 소송절차에서 이미 실질적인 증거조사를 하고 의견을 진술하는 절차를 거쳐서 징계심의대상자의 방어권 행사에 실질적으로 지장이 초래되었다고 볼 수 없는 특별한 사정이 있는 경우에는, 징계권자가 징계심의대상자의 대리인인 변호사에게 징계위원회에 출석하여 의견을 진술할 기회를 주지 아니하였다 하더라도 그로 인하여 징계위원회 심의에 절차적 정당성이 상실되었다고 볼 수 없으므로 징계처분을 취소할 것은 아니다(대판 2018. 3. 13, 2016두33339[퇴교처분취소]).

[판례 3] **전라북도전주교육지원청교육장**의 이 사건 처분(유치원 원장에 대한 경고 처분과 세입조치의 회수를 명하는 본처분)은 교육부의 종합감사 결과 통보에 따른 후속조치로서 행해지는 '시정명령'인 점, 피고가 이 사건 처분을 하기 전에 원고들에게 확인서를 징구하려고 하는 과정에서 '사적재산의 공적이용료'와 관련한 부적정한 회계운영사실을 고지하였던 점 등을 고려하면, 피고가 원고들에게 이 사건 처분을 하기 전에 처분

의 사전 통지 및 의견진술 기회를 부여하는 별도의 절차를 거치지 않았다고 하더라도 이 사건 처분을 취소하여야 할 정도의 절차적 하자는 아니라고 판시한 사례(대판 2021. 1. 28, 2019두55392[감사결과통보처분취소]).

[판례 4] 구 지방자치법 제4조 제7항에 따르면 지방자치단체중앙분쟁조정위원회의 위원장은 제6항에 따른 심의과정에서 필요하다고 인정되면 관계 중앙행정기관 및 지방자치단체의 공무원 또는 관련 전문가를 출석시켜 의견을 듣거나 관계 기관이나 단체에 자료 및 의견 제출 등을 요구할 수 있고, 이 경우 관계 지방자치단체의 장에게는 의견을 진술할 기회를 주어야 한다. 그런데, 원고 충청남도지사는 2010. 4. 1. 피고에게 이 사건 매립지의 관할 결정에 관한 의견서를 제출한 사실, 피고는 2010. 12. 8. 평택시장이 매립지의 면적을 변경하는 내용의 변경신청을 하였다는 점과 함께 누구든지 20일 이내에 이에 대하여 의견을 제출할 수 있음을 공고한 사실, 원고 충청남도지사는 2010. 12. 28. 의견서를 제출한 사실, 위원회는 2014. 1.경부터 2015. 4. 1.경까지 여러 차례 심의를 하였고 현장방문과 실무조정회의 등을 거쳐 2015. 4. 13. 앞서 본 것과 같은 내용의 의결을 한 사실을 인정할 수 있다. 위 인정 사실에 의하면, 이 사건 결정을 위한 위원회의 심의·의결 과정에서 공고 및 의견제출 절차를 통해 이해관계인의 의견제출 기회가 부여되었고 그에 따라 원고 충청남도지사가 실제로 여러 차례 서면으로 의견을 제출하였으므로, 단지 최종 심의·의결 단계에서 위원회가 충청남도 소속 공무원에게 구두로 의견을 진술할 기회를 부여하지 않았다는 사정만으로 지방자치법 제4조 제7항을 위반하였다거나 그로 인하여 위원회의 심의·의결에 절차적 정당성이 상실되었다고 볼 수 없다. (2) ① 원고들은 일반적으로 처분의 상대방이 되는 '일반 국민'이 아니라 '관계 지방자치단체의 장'으로서 행정기관인 점, ② 원고들은 단지 종이문서 형태로 결정문을 받지 못했을 뿐 전자문서 형태로 결정문을 받아 이 사건 결정의 실질적인 내용을 파악하였기 때문에 불복 여부의 결정이나 방어권 행사에 실질적인 지장이 초래되지 않았던 점, ③ 원고들은 이 사건 결정을 통보받은 후 15일 이내에 대법원에 이 사건 소를 제기하여 제소기간을 준수하였던 점을 종합하면, 피고가 원고들의 사전 동의 없이 이 사건 결정을 전자문서로 통보하였다거나 불복방법을 고지하지 않았다고 하더라도 그것이 이 사건 결정을 취소하여야 할 정도의 절차상 하자로 보기는 어렵다(대판 2021. 2. 4, 2015추528[평택당진항매립지일부구간귀속지방자치단체결정취소]).

[판례 5] **[세무조사와 과세예고통지 등에 관한 절차적 하자를 이유로 종합소득세 부과처분의 취소를 구하는 사건]** [1] 원고가 세무조사 과정에서 절차적 권리를 제대로 보장받지 못한 것이 이 사건 처분(종합소득세부과처분취소)을 위법하게 만드는 사유가 아니라고 단정할 수 없다. [2] 과세예고통지 없이 이루어진 과세처분은 이로 인하여 절차적 정당성이 상실되지 않았다고 볼 만한 특별한 사정이 없는 한 위법하다고 보아야 한다. 이때 과세관청의 귀책사유 없이 부득이한 사정으로 국세부과 제척기간의 만료일이 매우 임박하게 되었고, 이로 인하여 과세처분에 앞서 과세예고통지를 할 시간적 여유가 거의 없고 과세예고통지를 하더라도 납세자가 누릴 절차적 이익도 거의 없는 등 과세예고통지를 생략하더라도 절차적 정당성이 상실되지 않았다고 볼 만한 특별한 사정의 존재에 대해서는 과세관청이 증명하여야 한다(대판 2025. 8. 28, 2024두63830[종합소득세부과처분취소]).

5. 결　　어

현행 행정소송법이 절차의 위법을 이유로 한 취소판결을 인정하고 있으므로(행정소송법 제30조 제3항) **현행법상 부정설은 타당하지 않다.**

행정기관의 절차경시의 사고가 강한 현재의 상황하에서 절차의 하자를 독립된 취소사유로 봄으로써 절차중시행정을 유도하는 것이 타당하므로 **적극설이 타당하다.**

다만, 국민의 절차적 권리를 크게 침해하지 않는 경미한 절차의 하자는 하자가 치유되므로 취소사유가 되지 않는다고 보아야 한다. 이에 대하여 하자가 경미한 것은 하자의 치유사유가 아니라 취소의 제한사유로 보아야 한다는 견해가 있다(김동희, 398면).

Ⅱ. 절차의 하자의 치유

절차의 하자의 치유는 전술한 바와 같다(하자의 치유 참조).

Ⅲ. 절차의 하자와 국가배상

절차의 하자로 손해가 발생한 경우 국가배상책임이 인정된다. 다만 절차상 위법하지만 실체법상으로 적법한 경우에 손해가 발생하였다고 볼 수 없는 경우(예 절차상 위법하나 실체상 적법한 조세부과처분의 경우)가 있고, 이 경우에는 국가배상책임이 인정되지 않는다.

[판례] 행형법상의 금치처분에 절차적인 위법이 있어 당해 징벌처분이 위법하다는 이유로 공무원의 고의 · 과실로 인한 국가배상책임을 인정하기 위한 요건: 교도소장이 아닌 일반교도관 또는 중간관리자에 의하여 징벌내용이 고지되었다는 사유에 의하여 당해 징벌처분이 위법하다는 이유로 공무원의 고의·과실로 인한 국가배상책임을 인정하기 위하여는 징벌처분이 있게 된 규율 위반행위의 내용, 징벌혐의내용의 조사·징벌혐의자의 의견 진술 및 징벌위원회의 의결 등 징벌절차의 진행경과, 징벌의 내용 및 그 집행경과 등 제반 사정을 종합적으로 고려하여 징벌처분이 객관적 정당성을 상실하고 이로 인하여 손해의 전보책임을 국가에게 부담시켜야 할 실질적인 이유가 있다고 인정되어야 한다(대판 2004. 12. 9, 2003다50184[손해배상]).

제10장

정보공개와 개인정보의 보호

제 1 절 정보공개제도

Ⅰ. 의 의

정보공개제도(情報公開制度)라 함은 공공기관(특히 행정기관)이 보유하고 있는 정보를 일부 비공개로 하여야 할 정보를 제외하고는 누구에게도 청구에 응해서 열람·복사·제공하도록 하는 제도를 말한다.

Ⅱ. 정보공개의 법적 근거

1. 헌법적 근거

정보공개청구권은 알 권리의 한 요소를 이루며 알 권리는 표현의 자유에 포함된다고 보는 것이 헌법재판소의 입장이다. 알 권리는 정보의 수집에 방해를 받지 않을 자유와 국가기관에 대하여 정보의 공개를 청구할 수 있는 정보공개청구권을 포함하는 구체적 권리이다. 따라서 정보공개청구권을 인정하는 법률이 존재하지 않는 경우에도 정보공개청구권은 알 권리에 근거하여 인정된다(헌재 1991. 5. 13, 90헌마133; 1989. 9. 4, 88헌마22[공권력에 의한 재산권침해에 대한 헌법소원]).

[판례] 국민의 '알권리', 즉 정보에의 접근·수집·처리의 자유는 자유권적 성질과 청구권적 성질을 공유하는 것으로서 헌법 제21조에 의하여 직접 보장되는 권리이다(대판 2009. 12. 10, 2009두12785).

2. 실정법률의 근거

정보공개청구권을 구체적으로 보장하기 위하여 1996년 12월 31일 『공공기관의 정보공개에 관한 법률』(이하 '정보공개법'이라 한다)이 제정되어 1998년 1월 1일부터 시행되고 있다.

『교육관련기관의 정보공개에 관한 특례법』은 교육관련기관이 보유·관리하는 정보의 공개에 관하여 정보공개법에 대한 특례를 정하고 있다.

Ⅲ. 정보공개법과 타 법령과의 관계

정보의 공개에 관하여는 다른 법률에 특별한 규정이 있는 경우를 제외하고는 이 법이 정하는 바에 의한다(법 제4조). 이는 정보공개법이 정보공개에 관한 일반법임을 의미한다.

정보공개법은 지방자치단체의 정보에도 적용되지만 지방자치단체는 정보공개법에 반하지 않는 한도 내에서 독자적으로 정보공개조례를 제정할 수 있다. 정보공개법은 지방자치단체는 그 소관사무에 관하여 법령의 범위에서 정보공개에 관한 조례를 정할 수 있다고 규정하고 있으나(제4조 제2항) 이는 확인적 규정에 불과하다. 정보공개조례는 권리를 제한하거나 의무를 부과하는 조례가 아니므로 법령의 위임이 없어도 제정될 수 있다.

'정보공개에 관하여 다른 법률에 특별한 규정이 있는 경우'에 해당한다고 하여 정보공개법의 적용을 배제하기 위해서는, 특별한 규정이 '법률'이어야 하고, 나아가 내용이 정보공개의 대상 및 범위, 정보공개의 절차, 비공개대상정보 등에 관하여 정보공개법과 달리 규정하고 있는 것이어야 한다(대판 2016. 12. 15, 2013두20882).

[판례] 형사소송법 제59조의2는 형사재판확정기록의 공개 여부나 공개 범위, 불복절차 등에 대하여 구 공공기관의 정보공개에 관한 법률과 달리 규정하고 있는 것으로 정보공개법 제4조 제1항에서 정한 '정보의 공개에 관하여 다른 법률에 특별한 규정이 있는 경우'에 해당한다. 따라서 형사재판확정기록의 공개에 관하여는 정보공개법에 의한 공개청구가 허용되지 아니한다고 한 사례(대판 2016. 12. 15, 2013두20882; 대결 2022. 2. 11, 2021모3175).

Ⅳ. 정보공개의 내용

현행 정보공개법상의 정보공개의 내용은 다음과 같다.[1)]

1. 정보공개청구권자

'모든 국민'은 정보의 공개를 청구할 권리를 가진다(제5조 제1항).

정보공개청구권이 인정되는 '모든 국민'에는 자연인뿐만 아니라 법인, 권리능력 없는 사단·재단도 포함되고, 법인과 권리능력 없는 사단·재단 등의 경우에는 설립목적을 불문한다. 정보공개청구는 이해관계가 없는 공익을 위한 경우(예 시민단체의 정보공개청구 등)에도 인정된다(대판 2003. 12. 12, 2003두8050 [사본공개거부처분취소] [충주환경운동연합사건]).

[판례] 정보공개 청구권자가 공개를 청구하는 정보와 어떤 관련성을 가질 것을 요구하거나 정보공개청구의 목적에 특별한 제한을 두고 있지 아니하므로 정보공개 청구권자의 권리구제 가능성 등은 정보의 공개 여부 결정에 아무런 영향을 미치지 못한다(대판 2017. 9. 7, 2017두44558[불기소사건기록등열람등사불허가처분취소]).

외국인의 정보공개청구에 관하여는 대통령령으로 정하도록 하고 있는데(제5조 제2항), 동법 시행령 제3조는 정보공개를 청구할 수 있는 외국인을 "국내에 일정한 주소를 두고 거주하거나 학

1) 자세한 것은 경건, "정보공개청구제도에 관한 연구,"『서울대학교 박사학위논문』, 1998. 2. 참조.

술·연구를 위하여 일시적으로 체류하는 자"와 "국내에 사무소를 두고 있는 법인 또는 단체"에 한정하고 있다.

지방자치단체는 정보공개법 제5조에서 정한 정보공개청구권자인 '국민'에 해당되지 아니한다(서울행법 2005. 10. 2, 2005구합10484[서울특별시 송파구가 서울특별시 선거관리위원회를 상대로 제기한 정보비공개처분 취소청구소송]).

2. 정보공개의 대상

정보공개의 대상이 되는 정보는 **'공공기관이 보유·관리하는 정보'**이다(제3조).

(1) 공공기관

'공공기관'이라 함은 국가기관(① 국회, 법원, 헌법재판소, 중앙선거관리위원회, ② 중앙행정기관(대통령 소속 기관과 국무총리 소속 기관을 포함한다) 및 그 소속 기관, ③「행정기관 소속 위원회의 설치·운영에 관한 법률」에 따른 위원회), 지방자치단체, 「공공기관의 운영에 관한 법률」 제2조에 따른 공공기관, 「지방공기업법」에 따른 지방공사 및 지방공단, 그 밖에 대통령령으로 정하는 기관을 말한다(제2조 제3호). 다만, 국가안전보장에 관련되는 정보 및 보안업무를 관장하는 기관에서 국가안전보장과 관련된 정보분석을 목적으로 수집되거나 작성된 정보에 대하여는 이 법을 적용하지 아니한다. 다만, 정보목록의 작성·비치 및 공개에 대하여는 그러하지 아니하다(법 제4조 제3항).

(2) 보유정보

'정보'라 함은 공공기관이 직무상 작성 또는 취득하여 관리하고 있는 문서(전자문서를 포함한다) 및 전자매체를 비롯한 모든 형태의 **매체 등에 기록된 사항**을 말한다(제2조 제1호).

공개청구의 대상이 되는 문서가 반드시 원본일 필요는 없다(대판 2006. 5. 25, 2006두3049[사건기록등사불허가처분취소]).

공개청구의 대상이 되는 정보는 공공기관이 **'보유·관리하고 있는 정보'**에 한정된다.

[판례] 공공기관의 정보공개에 관한 법률상 공개청구의 대상이 되는 정보란 공공기관이 직무상 작성 또는 취득하여 현재 보유·관리하고 있는 문서에 한정되는 것이기는 하나, 그 문서가 반드시 원본일 필요는 없다(대판 2006. 5. 25, 2006두3049[사건기록등사불허가처분취소]).

정보공개법에 의한 공개는 원칙상 공공기관이 보유하는 정보 그 자체를 공개하는 것이지만, 전자적 형태로 보유·관리되는 정보의 경우에는 행정기관의 업무수행에 큰 지장을 주지 않는 한도 내에서 정보를 검색하고 편집하여 제공하여야 하는 것으로 보아야 한다(판례).

[판례] **공공기관에 의하여 전자적 형태로 보유·관리되는 정보가 정보공개청구인이 구하는 대로 되어 있지 않더라도, 공공기관이 공개청구대상정보를 보유·관리하고 있는 것으로 볼 수 있는지 여부(한정 적극):** 공공기관의 정보공개에 관한 법률에 의한 정보공개제도는 공공기관이 보유·관리하는 정보를 그 상태대로 공개하는 제도이지만, 전자적 형태로 보유·관리되는 정보의 경우에는, 그 정보가 청구인이 구하는 대로는 되어 있지 않다고 하더라도, 공개청구를 받은 공공기관이 공개청구대상정보의 기초자료를 전자적 형태로 보유·관리하고 있고, 당해 기관에서 통상 사용되는 컴퓨터 하드웨어 및 소프트웨어와 기술적 전문지식을 사용하여 그 기

초자료를 검색하여 청구인이 구하는 대로 편집할 수 있으며, 그러한 작업이 당해 기관의 컴퓨터 시스템 운용에 별다른 지장을 초래하지 아니한다면, 그 공공기관이 공개청구대상정보를 보유·관리하고 있는 것으로 볼 수 있고, 이러한 경우에 기초자료를 검색·편집하는 것은 새로운 정보의 생산 또는 가공에 해당한다고 할 수 없다(대판 2010. 2. 11, 2009두6001; 2014. 6. 12, 2013두4309).

판례는 정보공개거부처분 취소소송에서 공개청구된 정보가 부존재하는 경우 법률상 이익(협의의 소의 이익)이 없는 것으로 보고 각하판결을 하여야 하는 것으로 보고 있는데, 이에 대하여는 공개청구된 정보가 존재하는지 여부는 정보공개청구권의 존부의 문제이므로 본안의 문제로 보고 본안판결을 하여야 한다는 비판적 견해가 있다(조성규, 정보공개 거부처분을 둘러싼 법적 쟁점, 2015.11, 행정법연구, 83면 이하 참조).

[판례 1] 공공기관이 그 정보를 보유·관리하고 있지 아니한 경우에는 특별한 사정이 없는 한 정보공개거부처분의 취소를 구할 법률상의 이익이 없다(대법원 2006. 1. 13. 선고 2003두9459 판결등 참조)(대판 2014. 6. 12, 2013두4309).
[판례 2] 공개를 구하는 정보를 공공기관이 보유·관리하고 있을 상당한 개연성이 있다는 점에 대하여 원칙적으로 공개청구자에게 증명책임이 있다고 할 것이지만(대판 2006. 1. 13, 2003두9459), 공개를 구하는 정보를 공공기관이 한 때 보유·관리하였으나 후에 그 정보가 담긴 문서등이 폐기되어 존재하지 않게 된 것이라면 그 정보를 더 이상 보유·관리하고 있지 아니하다는 점에 대한 증명책임은 공공기관에게 있다(대판 2004. 12. 9, 2003두12707: 교도소직원회운영지침과 재소자자변물품공급규칙이 폐지되었다 하여 곧바로 교도소장이 그 정보가 담긴 문서들을 보관·관리하지 않고 있다고 단정할 수는 없다고 한 사례).

(3) 정보공개법 적용배제 정보

"국가안전보장에 관련되는 정보 및 보안업무를 관장하는 기관에서 국가안전보장과 관련된 정보분석을 목적으로 수집되거나 작성된 정보"에 대하여는 정보공개법을 적용하지 아니한다(제4조 제3항).

"국가안전보장에 관련되는 정보 및 보안업무를 관장하는 기관"에 국가정보원이 포함되는 것은 분명하나 검찰청이나 기무사가 이에 포함되는지에 대하여는 이견이 있다.

"국가안전보장에 관련되는 정보 및 보안업무를 관장하는 기관에서 국가안전보장과 관련된 정보분석을 목적으로 수집되거나 작성된 정보"는 정보공개법의 적용이 배제될 뿐이며 그 자체로서 비밀정보가 되는 것은 아니므로 알 권리에 직접 근거하여 정보공개청구가 가능하다고 볼 수 있다.

3. 비공개대상 정보 [2009 행시(일반행정직 사례)]

(1) 의 의

비공개대상 정보(非公開對象 情報)라 함은 공공기관이 공개를 거부할 수 있는 정보를 말한다. 비공개대상 정보는 공익 또는 타인의 권익을 보호하기 위하여 인정된다.

비공개정보는 비밀정보를 의미하지 않는다. 비밀정보는 공개가 금지되는 정보이지만 비공개대상 정보는 공개가 금지되는 정보는 아니며 행정기관이 공개하지 않을 수 있는 정보를 말한다. 또한 비공개정보에 해당한다고 하여 자동적으로 정보공개가 거부될 수 있는 것도 아니다. 당해 정보의 공개로 달성될 수 있는 공익 및 사익과 비공개로 하여야 할 공익 및 사익을 이익형량하여 공개 여부를 결정하여야 한다. 이것이 **판례**의 입장이다.

[판례 1] 국민으로부터 보유·관리하는 정보에 대한 공개를 요구받은 공공기관은 법 제9조 제1항 각 호에서 정하고 있는 비공개사유에 해당한다고 하여 공개를 거부하는 경우에는 대상이 된 정보의 내용을 구체적으로 확인·검토하여 어느 부분이 어떠한 법익 또는 기본권과 충돌되어 위 각 호의 어디에 해당하는지를 주장·증명하여야만 하며, 여기에 해당하는지 여부는 비공개에 의하여 보호되는 업무수행의 공정성 등의 이익과 공개에 의하여 보호되는 국민의 알권리의 보장과 국정에 대한 국민의 참여 및 국정운영의 투명성 확보 등의 이익을 비교·교량하여 구체적인 사안에 따라 개별적으로 판단하여야 한다(대판 2009. 12. 10, 2009두12785).
[판례 2] 공개청구의 대상이 되는 정보가 이미 다른 사람에게 공개되어 널리 알려져 있다거나 인터넷 등을 통하여 공개되어 인터넷검색 등을 통하여 쉽게 알 수 있다는 사정만으로는 소의 이익이 없다거나 비공개결정이 정당화될 수 없다(대판 2010. 12. 23, 2008두13101).

(2) 종류 및 내용

정보공개법은 다음 정보를 비공개대상 정보로 열거하고 있다(제9조 제1항).

① 다른 법률 또는 법률에서 위임한 명령(국회규칙·대법원규칙·헌법재판소규칙·중앙선거관리위원회규칙·대통령령 및 조례에 한한다)에 따라 비밀이나 비공개사항으로 규정된 정보.

'법률에서 위임한 명령'은 법률의 위임규정에 의하여 제정된 대통령령, 총리령, 부령 전부를 의미한다기보다는 정보의 공개에 관하여 법률의 구체적인 위임 아래 제정된 법규명령(위임명령)을 의미한다(대판 2003. 12. 11, 2003두8395[정보공개거부처분취소]).

[판례 1] 검찰보존사무규칙은 비록 법무부령으로 되어 있으나 행정기관 내부의 사무처리준칙으로서 행정규칙이므로 검찰보존사무규칙상의 열람·등사의 제한은 공공기관의 정보공개에 관한 법률 제9조 제1항 제1호의 '다른 법률 또는 법률에 의한 명령에 의하여 비공개사항으로 규정된 경우'에 해당하지 않는다(대판 2004. 9. 23, 2003두1370[부작위위법확인]).
[판례 2] 국가정보원의 조직·소재지 및 정원에 관한 정보는 특별한 사정이 없는 한 국가안전보장을 위하여 비공개가 필요한 경우로서 구 국가정보원법 제6조에서 정한 비공개 사항에 해당하고, 결국 공공기관의 정보공개에 관한 법률 제9조 제1항 제1호에서 말하는 '다른 법률에 의하여 비공개 사항으로 규정된 정보'에도 해당한다고 보는 것이 타당하다(대판 2013. 1. 24, 2010두18918[정보공개거부처분취소]).

정보공개법 제9조 제1항 제1호상의 "다른 법률 또는 법률에서 위임한 명령"에는 군사기밀보호법, 동법 시행령 및 국가정보원법 제3조 제2항, 보안업무규정이 포함되는데, 공무원의 비밀엄수의무를 정하는 국가공무원법 제60조는 다른 견해가 있으나 이에 포함되지 않는다고 보아야 한다. 국가공무원법 제60조는 재직중이거나 퇴직한 공무원의 비밀엄수의무를 규정하는 규정이고 정보공개법은 공공기관의 정보공개 여부에 관한 법으로서 규율목적과 규율대상을 달리 한다.

② 국가안전보장·국방·통일·외교관계 등에 관한 사항으로서 공개될 경우 국가의 중대한 이익을 현저히 해할 우려가 있다고 인정되는 정보.

③ 공개될 경우 국민의 생명·신체 및 재산의 보호에 현저한 지장을 초래할 우려가 있다고 인정되는 정보.

[판례] 보안관찰법 소정의 보안관찰 관련 통계자료는 구 공공기관의 정보공개에 관한 법률 제7조 제1항 제2호 소정의 공개될 경우 국가안전보장·국방·통일·외교관계 등 국가의 중대한 이익을 해할 우려가 있는 정보, 또는 제3호 소정의 공개될 경우 국민의 생명·신체 및 재산의 보호 기타 공공의 안전과 이익을 현저히 해할 우려가 있다고 인정되는 정보에 해당한다(대판 전원합의체 2004. 3. 18, 2001두8254[정보비공개결정처분취소]).

④ 진행중인 재판에 관련된 정보와 범죄의 예방, 수사, 공소의 제기 및 유지, 형의 집행, 교정, 보안처분에 관한 사항으로서 공개될 경우 그 직무 수행을 현저히 곤란하게 하거나 형사피고인의 공정한 재판을 받을 권리를 침해한다고 인정할 만한 상당한 이유가 있는 정보. [2025 행시]

[판례] **구 공공기관의 정보공개에 관한 법률 제7조 제1항 제4호에서 규정하고 있는 '공개될 경우 그 직무수행을 현저히 곤란하게 한다고 인정할 만한 이유가 있는 정보'의 의미 및 판단방법**: '공개될 경우 그 직무수행을 현저히 곤란하게 한다고 인정할 만한 상당한 이유가 있는 정보'라 함은 구 법 제1조의 정보공개 제도의 목적 및 구법 제7조 제1항 제4호의 규정에 의한 비공개대상정보의 입법 취지에 비추어 볼 때 당해 정보가 공개될 경우 범죄의 예방 및 수사 등에 관한 직무의 공정하고 효율적인 수행에 직접적이고 구체적으로 장애를 줄 고도의 개연성이 있고, 그 정도가 현저한 경우를 의미한다고 할 것이며, 여기에 해당하는지 여부는 비공개에 의하여 보호되는 업무수행의 공정성 등의 이익과 공개에 의하여 보호되는 국민의 알권리의 보장과 국정에 대한 국민의 참여 및 국정운영의 투명성 확보 등의 이익을 비교·교량하여 구체적인 사안에 따라 신중하게 판단되어야 한다(대판 2008. 11. 27, 2005두15694).

⑤ 감사·감독·검사·시험·규제·입찰계약·기술개발·인사관리에 관한 사항이나 의사결정 과정 또는 내부검토 과정에 있는 사항 등으로서 공개될 경우 업무의 공정한 수행이나 연구·개발에 현저한 지장을 초래한다고 인정할 만한 상당한 이유가 있는 정보. 다만, 의사결정 과정 또는 내부검토 과정을 이유로 비공개할 경우에는 제13조 제5항에 따라 통지를 할 때 의사결정 과정 또는 내부검토 과정의 단계 및 종료 예정일을 함께 안내하여야 하며, 의사결정 과정 및 내부검토 과정이 종료되면 제10조에 따른 청구인에게 이를 통지하여야 한다. [2011 일반행정 사례형 약술]

판례는 위원회 회의록의 공개에 관하여 의사결정전(의사결정과정중)뿐만 아니라 의사결정후에도 의사결정과정에 준하는 것으로 보아 '공개될 경우 업무의 공정한 수행에 현저한 지장을 초래한다고 인정할 만한 상당한 이유가 있는 경우' 비공개대상정보로 본다.

[판례 1] [1] **의사결정과정에 제공된 회의관련자료나 의사결정과정이 기록된 회의록 등이 공공기관의 정보공개에 관한 법률 제7조 제1항 제5호 소정의 '의사결정과정에 있는 사항'에 준하는 사항으로서 비공개대상정보에 해당되는지 여부(적극)**: 공공기관의 정보공개에 관한 법률상 비공개대상정보의 입법취지에 비추어 살펴보면, 같은 법 제7조 제1항 제5호에서의 '감사·감독·검사·시험·규제·입찰계약·기술개발·인사관리·의사결정과정 또는 내부검토과정에 있는 사항'은 비공개대상정보를 예시적으로 열거한 것이라고 할 것이므로 의사결정과정에 제공된 회의관련 자료나 의사결정과정이 기록된 회의록 등은 의사가 결정되거나 의사가 집행된 경우에는 더 이상 의사결정과정에 있는 사항 그 자체라고는 할 수 없으나, 의사결정과정에 있는 사항에 준하는 사항으로서 비공개대상정보에 포함될 수 있다. [2] **공공기관의 정보공개에 관한 법률 제7조 제1항 제5호 소정의 '공개될 경우 업무의 공정한 수행에 현저한 지장을 초래한다고 인정할 만한 상당한 이유가 있는 경우'의 의미 및 그에 해당하는지 여부에 대한 판단기준**: 공공기관의 정보공개에 관한 법률 제7조 제1항 제5호에서 규정하고 있는 '공개될 경우 업무의 공정한 수행에 현저한 지장을 초래한다고 인정할 만한 상당한 이유가 있는

경우'라 함은 같은 법 제1조의 정보공개제도의 목적 및 같은 법 제7조 제1항 제5호의 규정에 의한 비공개대상정보의 입법 취지에 비추어 볼 때 공개될 경우 업무의 공정한 수행이 객관적으로 현저하게 지장을 받을 것이라는 고도의 개연성이 존재하는 경우를 의미한다고 할 것이고, 여기에 해당하는지 여부는 비공개에 의하여 보호되는 업무수행의 공정성 등의 이익과 공개에 의하여 보호되는 국민의 알권리의 보장과 국정에 대한 국민의 참여 및 국정운영의 투명성 확보 등의 이익을 비교·교량하여 구체적인 사안에 따라 신중하게 판단되어야 한다. [3] 학교환경위생구역 내 금지행위(숙박시설) 해제결정에 관한 학교환경위생정화위원회의 회의록에 기재된 발언내용에 대한 해당 발언자의 인적사항 부분에 관한 정보는 공공기관의 정보공개에 관한 법률 제7조 제1항 제5호 소정의 비공개대상에 해당한다고 한 사례(대판 2003. 8. 22, 2002두12946[정보비공개결정처분취소]). 〈평석〉 학교환경위생정화위원회(현 지역교육환경보호위원회)의 회의록에 기재된 발언내용은 공개의 대상이 될 수 있으나 회의록에 기재된 발언내용에 대한 해당 발언자의 인적사항 부분에 관한 정보(발언자의 이름, 소속, 지위 등)는 공공기관의 정보공개에 관한 법률 제9조 제1항 제5호 소정의 비공개대상에 해당한다는 것이 판례의 입장이다.

[판례 2] 지방자치단체의 도시공원에 관한 조례에서 규정된 도시공원위원회의 심의사항에 관하여 위 위원회의 심의를 거친 후 시장이나 구청장이 위 사항들에 대한 결정을 대외적으로 공표하기 전에 위 위원회의 회의관련자료 및 회의록이 공개된다면 업무의 공정한 수행에 현저한 지장을 초래한다고 할 것이므로, 위 위원회의 심의 후 그 심의사항들에 대한 시장 등의 결정의 대외적 공표행위가 있기 전까지는 위 위원회의 회의관련 자료 및 회의록은 공공기관의 정보공개에 관한 법률 제7조 제1항 제5호에서 규정하는 비공개대상정보에 해당한다고 할 것이고, 다만 시장 등의 결정의 대외적 공표행위가 있은 후에는 이를 의사결정과정이나 내부검토과정에 있는 사항이라고 할 수 없고 위 위원회의 회의관련 자료 및 회의록을 공개하더라도 업무의 공정한 수행에 지장을 초래할 염려가 없으므로, 시장 등의 결정의 대외적 공표행위가 있은 후에는 위 위원회의 회의관련 자료 및 회의록은 같은 법 제7조 제2항에 의하여 공개대상이 된다고 할 것인바, 지방자치단체의 도시공원에 관한 조례안에서 공개시기 등에 관한 아무런 제한규정 없이 위 위원회의 회의관련 자료 및 회의록은 공개하여야 한다고 규정하였다면 이는 같은 법 제7조 제1항 제5호에 위반된다고 할 것이다(대판 2000. 5. 30, 99추85[공원조례중개정조례안무효]).

⑥ 해당 정보에 포함되어 있는 이름·주민등록번호 등 「개인정보 보호법」 제2조 제1호에 따른 개인정보로서 공개될 경우 사생활의 비밀 또는 자유를 침해할 우려가 있다고 인정되는 정보(다만, 다음에 열거한 사항은 제외한다. 가. 법령에서 정하는 바에 따라 열람할 수 있는 정보, 나. 공공기관이 공표를 목적으로 작성하거나 취득한 정보로서 개인의 사생활의 비밀 또는 자유를 부당하게 침해하지 아니하는 정보, 다. 공공기관이 작성하거나 취득한 정보로서 공개하는 것이 공익 또는 개인의 권리구제를 위하여 필요하다고 인정되는 정보, 라. 직무를 수행한 공무원의 성명·직위, 마. 공개하는 것이 공익을 위하여 필요한 경우로서 법령에 의하여 국가 또는 지방자치단체가 업무의 일부를 위탁 또는 위촉한 개인의 성명·직업). [2015 5급공채]

개인정보의 공개제외의 규정방식에는 입법례에 비추어 볼 때 특정 개인을 식별할 수 있는 정보를 비공개로 하는 **개인식별형**과 공개하면 개인의 프라이버시에 대한 침해를 가져오는 정보를 비공개로 하는 **프라이버시형**이 있다. **현행정보공개법은 프라이버시형을 취하고 있다.**

개인정보는 절대적으로 공개가 거부될 수 있는 것은 아니며 공개의 이익과 형량하여 공개 여부를 결정하여야 한다.

공공기관이 보유·관리하고 있는 개인정보의 공개에 관하여는 구 정보공개법 제9조 제1항 제6호가 「개인정보 보호법」에 우선하여 적용된다(대판 2021. 11. 11, 2015두53770).

[판례 1] [다수의견] 공공기관의 정보공개에 관한 법률(이하 '정보공개법'이라 한다)의 개정 연혁, 내용 및 취지 등에 헌법상 보장되는 사생활의 비밀 및 자유의 내용을 보태어 보면, 정보공개법 제9조 제1항 제6호 본문의 규정에 따라 비공개대상이 되는 정보(당해 정보에 포함되어 있는 이름·주민등록번호 등 개인에 관한 사항으로서 공개될 경우 개인의 사생활의 비밀 또는 자유를 침해할 우려가 있다고 인정되는 정보)에는 구 공공기관의 정보공개에 관한 법률(2004. 1. 29. 법률 제7127호로 전부 개정되기 전의 것, 이하 같다)의 이름·주민등록번호 등 정보 형식이나 유형을 기준으로 비공개대상정보에 해당하는지를 판단하는 '개인식별정보'뿐만 아니라 그 외에 정보의 내용을 구체적으로 살펴 '개인에 관한 사항의 공개로 개인의 내밀한 내용의 비밀 등이 알려지게 되고, 그 결과 인격적·정신적 내면생활에 지장을 초래하거나 자유로운 사생활을 영위할 수 없게 될 위험성이 있는 정보'도 포함된다고 새겨야 한다. 따라서 불기소처분 기록 중 피의자신문조서 등에 기재된 피의자 등의 인적사항 이외의 진술내용 역시 개인의 사생활의 비밀 또는 자유를 침해할 우려가 인정되는 경우 정보공개법 제9조 제1항 제6호 본문 소정의 비공개대상에 해당한다. [2] 고소인이, 자신이 고소하였다가 불기소처분된 사건기록의 피의자신문조서, 진술조서 중 피의자 등 개인의 인적사항을 제외한 부분의 정보공개를 청구하였으나 해당 검찰청 검사장이 공공기관의 정보공개에 관한 법률 제9조 제1항 제6호에 해당한다는 이유로 비공개결정을 한 사안에서, 비공개결정한 정보 중 관련자들의 이름을 제외한 주민등록번호, 직업, 주소(주거 또는 직장주소), 본적, 전과 및 검찰 처분, 상훈·연금, 병역, 교육, 경력, 가족, 재산 및 월수입, 종교, 정당·사회단체가입, 건강상태, 연락처 등 개인에 관한 정보는 개인에 관한 사항으로서 공개되면 개인의 내밀한 비밀 등이 알려지게 되고 그 결과 인격적·정신적 내면생활에 지장을 초래하거나 자유로운 사생활을 영위할 수 없게 될 위험성이 있는 정보에 해당한다고 보아 이를 비공개대상정보에 해당한다고 본 원심판단을 수긍한 사례(대판 전원합의체 2012. 6. 18, 2011두2361). 〈해설〉 프라이버시형을 취한 규정내용에 비추어 개인식별정보라는 이유만으로 프라이버시의 침해에 대한 우려 없이 비공개대상정보로 본 부분은 타당하지 않다. 또한, 이 사안에서 공개하는 것이 공익 또는 고소인인 개인의 권리구제를 위하여 필요한 경우에 해당하는지도 보다 면밀하게 검토할 필요가 있다.

[판례 2] '공개하는 것이 공익을 위하여 필요하다고 인정되는 정보'에 해당하는지 여부는 비공개에 의하여 보호되는 개인의 사생활 보호 등의 이익과 공개에 의하여 보호되는 국민의 알권리의 보장과 국정에 대한 국민의 참여 및 국정운영의 투명성 확보 등의 공익을 비교·교량하여 구체적 사안에 따라 개별적으로 판단하여야 한다(대판 2003. 12. 12, 2003두8050[사본공개거부처분취소]: 공무원이 직무와 관련 없이 개인적인 자격으로 간담회·연찬회 등 행사에 참석하고 금품을 수령한 정보는 '공개하는 것이 공익을 위하여 필요하다고 인정되는 정보'에 해당하지 않는다고 한 사례; 2006. 12. 7. 2005두241[정보공개청구거부처분취소]: 사면대상자들의 사면실시건의서와 그와 관련된 국무회의 안건자료에 관한 정보는 그 공개로 얻는 이익이 그로 인하여 침해되는 당사자들의 사생활의 비밀에 관한 이익보다 더욱 크므로 구 공공기관의 정보공개에 관한 법률 제7조 제1항 제6호에서 정한 비공개사유에 해당하지 않는다고 한 사례).

⑦ 법인·단체 또는 개인(이하 '법인 등'이라 한다)의 경영·영업상 비밀에 관한 사항으로서 공개될 경우 법인 등의 정당한 이익을 현저히 해할 우려가 있다고 인정되는 정보(다만, 다음에 열거한 정보를 제외한다. 가. 사업활동에 의하여 발생하는 위해로부터 사람의 생명·신체 또는 건강을 보호하기 위하여 공개할 필요가 있는 정보, 나. 위법·부당한 사업활동으로부터 국민의 재산 또는 생활을 보호하기 위하여 공개할 필요가 있는 정보). 단서에 해당하는 정보의 공개에 있어서는 당해 법인의 이익과 정보공개이익을 이익형량하여야 한다.

[판례 1] [1] 제9조 제1항 제7호에서 정한 '법인 등의 경영·영업상 비밀'은 '타인에게 알려지지 아니함이 유리한 사업활동에 관한 일체의 정보' 또는 '사업활동에 관한 일체의 비밀사항'을 의미하는 것이고, 그 공개 여부는 공개를 거부할 만한 정당한 이익이 있는지 여부에 따라 결정되어야 하는바, 그 정당한 이익이 있는지 여

부는 앞서 본 공공기관의 정보공개에 관한 법률의 입법 취지에 비추어 이를 엄격하게 판단하여야 할 뿐만 아니라, 국민에 의한 감시의 필요성이 크고 이를 감수하여야 하는 면이 강한 공익법인에 대하여는 보다 소극적으로 판단하여야 한다(대판 2018. 4. 12, 2014두5477: 이 사건 약관 및 통신요금 관련 정보 등은 정보공개법 제9조 제1항 제7호에서 정한 비공개대상정보에 해당하지 않는다고 판단한 사례). [2] 방송프로그램의 기획·편성·제작 등에 관한 정보로서 방송사가 공개하지 아니한 것은, 사업활동에 의하여 발생하는 위해로부터 사람의 생명·신체 또는 건강을 보호하기 위하여 공개할 필요가 있는 정보나 위법·부당한 사업활동으로부터 국민의 재산 또는 생활을 보호하기 위하여 공개할 필요가 있는 정보를 제외하고는, 공공기관의 정보공개에 관한 법률 제9조 제1항 제7호에 정한 '법인 등의 경영·영업상 비밀에 관한 사항'에 해당할 뿐만 아니라 그 공개를 거부할 만한 정당한 이익도 있다고 보아야 한다. [3] 한국방송공사 소속 프로듀서인 A가 황우석 박사의 논문조작 사건에 관하여 60분 분량의 가제 "새튼은 특허를 노렸나"라는 방송용 가편집본 테이프를 제작한 후 그 방송이 무산되자 이를 가지고 잠적하여 여기에 임의로 더빙 및 자막 처리를 한 이 사건 정보는 방송프로그램의 기획·편성·제작 등에 관한 정보로서 정보공개법 제9조 제1항 제7호에 비공개대상정보로 규정되어 있는 '법인 등의 경영·영업상 비밀에 관한 사항으로서 공개될 경우 법인 등의 정당한 이익을 현저히 해할 우려가 있다고 인정되는 정보'에 해당한다고 한 사례(대판 2010. 12. 23, 2008두13101).

[판례 2] 법인 등이 거래하는 금융기관의 계좌번호에 관한 정보는 법인 등의 영업상 비밀에 관한 사항으로서 공개될 경우 법인 등의 정당한 이익을 현저히 해할 우려가 있다고 인정되는 정보에 해당한다고 한 사례(대판 2004. 8. 20, 2003두8302[사본공개거부처분취소]).

⑧ 공개될 경우 부동산 투기·매점매석 등으로 특정인에게 이익 또는 불이익을 줄 우려가 있다고 인정되는 정보.

정보공개법은 공개를 원칙으로 하고 비공개는 예외에 해당하므로 비공개대상정보는 제한적으로 해석하여야 한다(행법 1999. 2. 25, 98구3692[정보비공개처분취소]).

[판례] 국민으로부터 보유·관리하는 정보에 대한 공개를 요구받은 공공기관은 정보공개를 거부하는 경우 대상이 된 정보의 내용을 구체적으로 확인·검토하여, 어느 부분이 어떠한 법익 또는 기본권과 충돌되어 정보공개법 제9조 제1항 몇 호에서 정하고 있는 비공개사유에 해당하는지를 주장·증명하여야만 하고, 그에 이르지 아니한 채 개괄적인 사유만을 들어 공개를 거부하는 것은 허용되지 아니한다(대판 2018. 4. 12, 2014두5477).

4. 권리남용

실제로는 해당 정보를 취득 또는 활용할 의사가 전혀 없이 정보공개 제도를 이용하여 사회통념상 용인될 수 없는 부당한 이득을 얻으려 하거나, 오로지 공공기관의 담당공무원을 괴롭힐 목적으로 정보공개청구를 하는 경우처럼 권리의 남용에 해당하는 것이 명백한 경우에는 정보공개청구권의 행사를 허용하지 아니하는 것이 옳다(대판 2014. 12. 24, 2014두9349).

[판례 1] 이 사건 정보공개를 청구한 목적이 이 사건 손해배상소송에 제출할 증거자료를 획득하기 위한 것이었고 위 소송이 이미 종결되었다고 하더라도, 원고가 오로지 피고를 괴롭힐 목적으로 정보공개를 구하고 있다는 등의 특별한 사정이 없는 한, 위와 같은 사정만으로는 원고가 이 사건 소송을 계속하고 있는 것이 권리남용에 해당한다고 볼 수 없다(대판 2004. 9. 23, 2003두1370[부작위위법확인] [계명대사건]).

[판례 2] 교도소에 복역 중인 甲이 지방검찰청 검사장에게 자신에 대한 불기소사건 수사기록 중 타인의 개인정보를 제외한 부분의 공개를 청구하였으나 검사장이 구 공공기관의 정보공개에 관한 법률 제9조 제1항

등에 규정된 비공개 대상 정보에 해당한다는 이유로 비공개 결정을 한 사안에서, 甲은 위 정보에 접근하는 것을 목적으로 정보공개를 청구한 것이 아니라, 청구가 거부되면 거부처분의 취소를 구하는 소송에서 승소한 뒤 소송비용 확정절차를 통해 자신이 그 소송에서 실제 지출한 소송비용보다 다액을 소송비용으로 지급받아 금전적 이득을 취하거나, 수감 중 변론기일에 출정하여 강제노역을 회피하는 것 등을 목적으로 정보공개를 청구하였다고 볼 여지가 큰 점 등에 비추어 甲의 정보공개청구는 권리를 남용하는 행위로서 허용되지 않는다고 한 사례(대판 2014. 12. 24, 2014두9349).

5. 반복 청구 등의 종결 처리

공공기관은 정보공개 청구가 다음 각 호의 어느 하나에 해당하는 경우에는 해당 청구를 종결 처리할 수 있다. 1. 정보공개를 청구하여 정보공개 여부에 대한 결정의 통지를 받은 자가 정당한 사유 없이 해당 정보의 공개를 다시 청구하는 경우, 2. 정보공개 청구가 제11조 제5항에 따라 민원으로 처리되었으나 다시 같은 청구를 하는 경우(제11조의 2 제1항).

공공기관은 정보공개 청구가 다음 각 호의 어느 하나에 해당하는 경우에는 다음 각 호의 구분에 따라 안내하고, 해당 청구를 종결 처리할 수 있다. 1. 제7조 제1항에 따른 정보 등 공개를 목적으로 작성되어 이미 정보통신망 등을 통하여 공개된 정보를 청구하는 경우: 해당 정보의 소재(所在)를 안내, 2. 다른 법령이나 사회통념상 청구인의 여건 등에 비추어 수령할 수 없는 방법으로 정보공개 청구를 하는 경우: 수령이 가능한 방법으로 청구하도록 안내(제2항).

V. 정보공개절차

1. 정보공개청구

정보의 공개를 청구하는 자(이하 '청구인'이라 한다)는 정보공개 청구서를 제출하여야 한다(제10조 제1항).

청구대상정보를 기재함에 있어서는 사회일반인의 관점에서 청구대상정보의 내용과 범위를 확정할 수 있을 정도로 특정하여야 한다(판례).

[판례] [1] **공공기관의 정보공개에 관한 법률에 따른 정보공개청구시 요구되는 대상정보 특정의 정도:** 청구대상정보를 기재함에 있어서는 사회일반인의 관점에서 청구대상정보의 내용과 범위를 확정할 수 있을 정도로 특정함을 요한다. [2] 만일 공개를 청구한 정보의 내용 중 너무 포괄적이거나 막연하여서 사회일반인의 관점에서 그 내용과 범위를 확정할 수 있을 정도로 특정되었다고 볼 수 없는 부분이 포함되어 있다면, 이를 심리하는 법원으로서는 마땅히 공공기관의 정보공개에 관한 법률 제20조 제2항의 규정에 따라 공공기관에게 그가 보유·관리하고 있는 공개청구정보를 제출하도록 하여 이를 비공개로 열람·심사하는 등의 방법으로 공개청구정보의 내용과 범위를 특정시켜야 하고, 나아가 위와 같은 방법으로도 특정이 불가능한 경우에는 특정되지 않은 부분과 나머지 부분을 분리할 수 있고 나머지 부분에 대한 비공개결정이 위법한 경우라고 하여도 정보공개의 청구 중 특정되지 않은 부분에 대한 비공개결정의 취소를 구하는 부분은 나머지 부분과 분리하여 이를 기각하여야 한다(대판 2007. 6. 1, 2007두2555[정보비공개결정처분취소]: 공개를 청구한 정보의 내용이 '대한주택공사의 특정 공공택지에 관한 수용가, 택지조성원가, 분양가, 건설원가 등 및 관련 자료 일체'인 경우, '관련 자료 일체' 부분은 그 내용과 범위가 정보공개청구 대상정보로서 특정되지 않았다고 한 사례). 〈해설〉 판례는 정보공개 청구인은 행정정보의 존재를 잘 알지 못하는 일반인의 능력내에서 청구대상정보를 특정하

면 되는 것으로 청구인의 청구대상정보 특정의무를 완화하고 있다. 또한, 청구대상정보가 특정되지 못하였다 하더라도 법원은 비공개 열람·심사 등의 방법으로 특정하도록 노력하고, 이렇게 하여 특정된 경우 공개여부를 심사하여야 한다고 보고 있다. 이러한 판례의 태도는 타당하다. 이와 아울러 행정정보를 보유하고 있는 공공기관도 청구대상정보를 특정하도록 하는 노력을 기울여야 하는 것으로 보아야 한다. 청구인이 공개대상정보를 명확히 특정하지 못한 경우에도 해당 정보를 보유하고 있는 공공기관의 능력에 비추어 특정할 수 있으면 된다고 보아야 한다.

2. 정보공개 여부의 결정

(1) 결정기간

공공기관은 정보공개의 청구를 받은 날부터 원칙상 10일 이내에 공개 여부를 결정하여야 한다(제11조 제1항).

공공기관은 동법 시행령에서 정한 부득이한 사유(영 제8조)로 10일 이내에 공개 여부를 결정할 수 없을 때에는 그 기간이 끝나는 날의 다음 날부터 기산하여 10일의 범위에서 공개 여부 결정기간을 **연장**할 수 있다. 이 경우 공공기관은 연장된 사실과 연장 사유를 청구인에게 지체 없이 문서로 통지하여야 한다(제11조 제2항).

(2) 이해관계인인 제3자의 의견청취

공공기관은 공개 청구된 공개 대상 정보의 전부 또는 일부가 제3자와 관련이 있다고 인정할 때에는 그 사실을 제3자에게 지체 없이 통지하여야 하며, 필요한 경우에는 그의 의견을 들을 수 있다(제11조 제3항).

(3) 정보공개심의회의 심의

국가기관, 지방자치단체, 「공공기관의 운영에 관한 법률」 제5조에 따른 공기업 및 준정부기관, 「지방공기업법」에 따른 지방공사 및 지방공단(이하 "국가기관등"이라 한다)은 정보공개 여부 등을 **심의**하기 위하여 정보공개심의회를 설치·운영한다. 이 경우 국가기관등의 규모와 업무성격, 지리적 여건, 청구인의 편의 등을 고려하여 소속 상급기관(지방공사·지방공단의 경우에는 해당 지방공사·지방공단을 설립한 지방자치단체를 말한다)에서 협의를 거쳐 심의회를 통합하여 설치·운영할 수 있다(제12조 제1항).

심의회는 다음의 사항을 심의한다(동법 시행령 제11조 제2항): ① 공개청구된 정보의 공개 여부를 결정하기 곤란한 사항, ② 법 제18조 및 법 제21조 제2항의 규정에 따른 **이의신청**(일정한 이의신청 제외), ③ 그 밖에 정보공개제도의 운영에 관한 사항. 이들 사항에 대한 심의회의 심의 의결은 구속력을 갖는다고 보아야 한다.

3. 정보공개 여부 결정의 통지

공공기관은 정보의 공개를 결정한 경우에는 공개의 일시 및 장소 등을 분명히 밝혀 청구인에게 통지하여야 한다(제13조 제1항).

공공기관은 정보의 비공개 결정을 한 때에는 그 사실을 청구인에게 지체 없이 문서로 통지하여야 한다. 이 경우 제9조 제1항 각 호 중 어느 규정에 해당하는 비공개 대상 정보인지를 포함한 비공개 이유와 불복의 방법 및 절차를 구체적으로 밝혀야 한다(제13조 제5항).

정보의 비공개결정은 정보공개법 제13조 제4항에 의하여 전자문서로 통지할 수 있다(대판 2014. 4. 10, 2012두17384[정보공개거부처분취소]).

정보공개법 시행령 제6조 제4항 및 제3항에 의하면 공개 청구된 정보를 보유·관리하지 아니하는 정보인 경우에는 청구인의 청구에 따를 수 없는 사유를 구체적으로 적어 청구인에게 통지하도록 규정하여(동시행규칙 별지 제4호의2 서식에 의한 통지), 공개 청구된 정보를 보유·관리하지 아니한 경우를 정보공개법 제11조 제4항 소정의 비공개결정과는 달리 처리하도록 규정되어 있다.

4. 정보공개의 방법 [2015 5급공채]

정보의 공개는 다음의 방법으로 한다. ① 문서·도면·사진 등은 열람 또는 사본의 교부, ② 필름·테이프 등은 시청 또는 인화물·복제물의 교부, ③ 마이크로필름·슬라이드 등은 시청·열람 또는 사본·복제물의 교부, ④ 전자적 형태로 보유·관리하는 정보 등은 파일을 복제하여 정보통신망을 활용한 정보공개시스템으로 송부, 매체에 저장하여 제공, 열람·시청 또는 사본·출력물의 교부, ⑤ 법 제7조 제1항에 따라 이미 공개된 정보의 경우 그 정보 소재(所在)의 안내(동법 시행령 제14조 제1항). 공공기관은 정보를 공개할 때 본인 또는 그 정당한 대리인임을 확인할 필요가 없는 경우에는 청구인의 요청에 의하여 제1항 각 호의 사본·출력물·복제물·인화물 또는 복제된 파일을 우편·팩스 또는 정보통신망을 이용하여 보낼 수 있다(제2항).

청구인에게는 특정한 공개방법을 지정하여 정보공개를 청구할 수 있는 법령상 신청권이 있다. 특별한 사정이 없는 한 청구인이 신청한 공개방법으로 공개하여야 한다(**판례**).

[판례 1] 청구인에게는 특정한 공개방법을 지정하여 정보공개를 청구할 수 있는 법령상 신청권이 있다. 따라서 공공기관이 공개청구의 대상이 된 정보를 공개는 하되, 청구인이 신청한 공개방법 이외의 방법으로 공개하기로 하는 결정을 하였다면, 이는 정보공개청구 중 정보공개방법에 관한 부분에 대하여 일부 거부처분을 한 것이고, 청구인은 그에 대하여 항고소송으로 다툴 수 있다(대판 2016. 11. 10, 2016두44674[정보공개거부처분취소]).
[판례 2] 정보공개를 청구하는 자가 공공기관에 대해 정보의 사본 또는 출력물의 교부의 방법으로 공개방법을 선택하여 정보공개청구를 한 경우에 공개청구를 받은 공공기관으로서는 같은 법 제8조 제2항에서 규정한 정보의 사본 또는 복제물의 교부를 제한할 수 있는 사유에 해당하지 않는 한 정보공개청구자가 선택한 공개방법에 따라 정보를 공개하여야 하므로 그 공개방법을 선택할 재량권이 없다고 해석함이 상당하다(대판 2003. 12. 12, 2003두8050[사본공개거부처분취소]).

공공기관은 전자적 형태로 보유·관리하는 정보에 대하여 청구인이 전자적 형태로 공개하여 줄 것을 요청하는 경우에는 그 정보의 성질상 현저히 곤란한 경우를 제외하고는 청구인의 요청에 따라야 한다(제15조 제1항). 공공기관은 전자적 형태로 보유·관리하지 아니하는 정보에 대하여 청구인이 전자적 형태로 공개하여 줄 것을 요청한 경우에는 정상적인 업무수행에 현저한 지장을 초래하거나 그 정보의 성질이 훼손될 우려가 없으면 그 정보를 전자적 형태로 변환하여 공개할 수 있다(제15조 제2항).

공개청구한 정보가 비공개대상 정보에 해당하는 부분과 공개가 가능한 부분이 혼합되어 있는 경우로서 공개 청구의 취지에 어긋나지 아니하는 범위에서 두 부분을 **분리**할 수 있는 경우에는 비공개정보에 해당하는 부분을 제외하고 **공개**하여야 한다(제14조).

[판례] [1] **청구취지의 변경이 없더라도 정보공개거부처분의 일부취소를 명할 수 있는 경우 및 '공개청구의 취지에 어긋나지 아니하는 범위 안에서 비공개대상정보에 해당하는 부분과 공개가 가능한 부분을 분리할 수 있다'는 요건의 의미:** 법원이 행정기관의 정보공개거부처분의 위법 여부를 심리한 결과 공개를 거부한 정보에 비공개대상정보에 해당하는 부분과 공개가 가능한 부분이 혼합되어 있고 공개청구의 취지에 어긋나지 아니

하는 범위 안에서 두 부분을 분리할 수 있음을 인정할 수 있을 때에는 청구취지의 변경이 없더라도 공개가 가능한 정보에 관한 부분만의 일부취소를 명할 수 있다 할 것이고, 공개청구의 취지에 어긋나지 아니하는 범위 안에서 비공개대상 정보에 해당하는 부분과 공개가 가능한 부분을 분리할 수 있다고 함은, 이 두 부분이 물리적으로 분리가능한 경우를 의미하는 것이 아니고 당해 정보의 공개방법 및 절차에 비추어 당해 정보에서 비공개대상정보에 관련된 기술 등을 제외 내지 삭제하고 그 나머지 정보만을 공개하는 것이 가능하고 나머지 부분의 정보만으로도 공개의 가치가 있는 경우를 의미한다고 해석하여야 한다. [2] 사본출력물의 공개방법과 절차에 비추어 정보공개처리대장에서 청구인에 관한 사항을 제외하고 그 나머지 정보만을 공개하는 것이 가능할 뿐 아니라 나머지 부분의 정보만으로도 공개의 가치가 있다고 볼 여지가 있다고 한 사례(대판 2004. 12. 9, 2003두12707).

5. 비용부담

정보의 공개 및 우송 등에 소요되는 비용은 실비의 범위에서 **청구인의 부담**으로 한다(법 제17조 제1항). 공개를 청구하는 정보의 사용 목적이 공공복리의 유지·증진을 위하여 필요하다고 인정되는 경우에는 제1항에 따른 비용을 감면할 수 있다(제2항).

Ⅵ. 정보공개쟁송

정보공개청구에 대한 공공기관의 비공개결정에 대한 불복절차로 이의신청, 행정심판 및 행정소송이 있다. 그런데 정보가 공개됨으로 인하여 제3자의 권익이 침해되는 경우가 있다. 개인정보 또는 기업비밀정보 등의 공개의 경우가 그러하다. 이 경우에는 제3자에게 정보의 공개를 저지할 수 있는 법적 수단이 마련되어야 한다.

1. 비공개결정에 대한 청구인의 불복절차

(1) 이의신청

청구인이 정보공개와 관련한 공공기관의 비공개 또는 부분 공개의 결정에 대하여 불복이 있거나 정보공개 청구 후 20일이 경과하도록 정보공개 결정이 없는 때에는 공공기관으로부터 정보공개 여부의 결정 통지를 받은 날 또는 정보공개 청구 후 20일이 경과한 날부터 30일 이내에 당해 공공기관에 문서로 이의신청을 할 수 있다(법 제18조 제1항). 이의신청은 **임의절차**이며 **행정심판이 아니다.**

공공기관은 이의신청을 각하(却下) 또는 기각(棄却)하는 결정을 한 경우에는 청구인에게 행정심판 또는 행정소송을 제기할 수 있다는 사실을 제3항에 따른 결과 통지와 함께 알려야 한다(제4항).

(2) 행정심판

청구인이 정보공개와 관련한 공공기관의 결정에 대하여 불복이 있거나 정보공개 청구 후 20일이 경과하도록 정보공개 결정이 없는 때에는 행정심판법에서 정하는 바에 따라 행정심판을 청구할 수 있다. 이 경우 국가기관 및 지방자치단체 외의 공공기관의 결정에 대한 감독행정기관은 관계 중앙행정기관의 장 또는 지방자치단체의 장으로 한다(법 제19조 제1항). 행정심판은 **임의절차**이다.

청구인은 제18조에 따른 이의신청 절차를 거치지 아니하고 행정심판을 청구할 수 있다(제2항).

행정심판은 거부처분 취소심판 또는 의무이행심판의 형식으로 제기된다.

정보공개심판의 경우 정보공개는 정보보유기관이 행하는 것이므로 성질상 행정심판위원회의 직접처분은 불가능하다.

(3) 행정소송

청구인이 정보공개와 관련한 공공기관의 결정에 대하여 불복이 있거나 정보공개 청구 후 20일이 경과하도록 정보공개 결정이 없는 때에는 행정소송법에서 정하는 바에 따라 행정소송을 제기할 수 있다(법 제20조 제1항).

1) 소송형식

정보공개청구소송은 **일반 항고소송(취소소송, 무효확인소송, 부작위위법확인소송)의 형식**으로 제기된다.

2) 처 분 성

정보공개청구권자의 정보공개신청에 대한 거부는 행정소송의 대상이 되는 거부처분이다. 그러나, 정보공개청구권이 없는 자의 정보공개신청에 대한 거부는 신청권이 없는 신청에 대한 거부이므로 행정소송의 대상이 되는 거부처분에 해당하지 아니한다.

[판례] 지방자치단체인 원고는 피고에 대하여 이 사건 각 정보의 공개를 청구할 권리가 없으므로, 이 사건 처분은 행정소송의 대상이 되는 거부처분에 해당하지 아니한다(서울행법 2005. 10. 2, 2005구합10484: 서울특별시 송파구가 서울특별시 선거관리위원회를 상대로 제기한 정보비공개처분 취소청구소송에서 처분성을 부정한 사례).

3) 원고적격

정보공개청구권은 법률상 보호되는 구체적인 권리이므로 **정보공개청구권이 있는 자**는 개인적인 이해관계와 관계없이 공개거부로 그 권리를 침해받은 것이므로 당연히 공개거부를 다툴 원고적격을 갖는다.

[판례] 정보공개청구권은 법률상 보호되는 구체적인 권리이므로 청구인이(공개청구된 정보와 개인적인 이해관계가 없는 자이더라도) 공공기관에 대하여 정보공개를 청구하였다가 거부처분을 받은 것 자체가 법률상 이익의 침해에 해당한다(대판 2004. 8. 20, 2003두8302: 충북참여자치시민연대의 원고적격을 인정한 사례).

4) 소의 이익

공공기관이 그 정보를 보유·관리하고 있지 아니한 경우에는 특별한 사정이 없는 한 정보공개 거부처분의 취소를 구할 법률상의 이익(소의 이익)이 없다(대판 2006. 1. 13, 2003두9459[행정정보비공개결정처분취소]).

[판례] 정보공개청구자가 특정한 것과 같은 정보를 공공기관이 보유 · 관리하고 있지 않은 경우, 해당 정보에 대한 공개거부처분에 대하여 취소를 구할 법률상 이익이 있는지 여부(원칙적 소극) 및 공개를 구하는 정보를 공공기관이 보유 · 관리하는 점에 대한 증명책임의 소재: 공공기관의 정보공개에 관한 법률(이하 '정보공개법'이라고 한다)에서 말하는 공개대상 정보는 정보 그 자체가 아닌 정보공개법 제2조 제1호에서 예시하고 있는 매체 등에 기록된 사항을 의미하고, 공개대상 정보는 원칙적으로 공개를 청구하는 자가 정보공개법 제10조 제1항 제2호에 따라 작성한 정보공개청구서의 기재내용에 의하여 특정되며, 만일 공개청구자가 특정한 바와 같은 정보를 공공기관이 보유·관리하고 있지 않은 경우라면 특별한 사정이 없는 한 해당 정보에 대한 공개거부처분에 대하여는 취소를 구할 법률상 이익이 없다. 이와 관련하여 공개청구자는 그가 공개를 구하는 정보를 공공기관이 보유·관리하고 있을 상당한 개연성이 있다는 점에 대하여 입증할 책임이 있으나, 공개를 구하는 정보를 공공기관이 한때 보유·관리하였으나 후에 그 정보가 담긴 문서들이 폐기되어 존재하지 않게 된 것이라면 그 정보를 더 이상 보유·관리하고 있지 않다는 점에 대한 증명책임은 공공기관에 있다(대판 2013. 1. 24, 2010두18918[정보공개거부처분취소]). 〈해설〉 공공기관이 정보를 보유·관리하고 있는지 여부는 본안문제로 보는 것이 타당한 것은 아닌지 의문이 든다.

따라서, 공공기관이 공개를 구하는 정보를 보유·관리하고 있지 아니한 경우 그 부분에 대해서는 소각하판결을 내려야 한다(대판 2006. 1. 13, 2003두9459 판결[행정정보비공개결정처분취소]).

청구인이 정보공개거부처분의 취소를 구하는 소송에서 공공기관이 청구정보를 증거 등으로 법원에 제출하여 법원을 통하여 그 사본을 청구인에게 교부 또는 송달되게 하여 결과적으로 청구인에게 정보를 공개하는 셈이 되었다고 하더라도, 이러한 우회적인 방법은 정보공개법이 예정하고 있지 아니한 방법으로서 정보공개법에 의한 공개라고 볼 수는 없으므로, 당해 정보의 비공개결정의 취소를 구할 소의 이익은 소멸되지 않는다(대판 2004. 3. 26, 2002두6583; 2015. 12. 15, 2012두11409, 11416).

5) 비공개 열람·심사

재판장은 필요하다고 인정하면 당사자를 참여시키지 아니하고 제출된 공개 청구 정보를 비공개로 열람·심사할 수 있다(제20조 제2항). 그러나, 재판장은 행정소송의 대상이 제9조 제1항 제2호의 규정에 따른 정보 중 국가안전보장·국방 또는 외교관계에 관한 정보의 비공개 또는 부분공개 결정처분인 경우에 공공기관이 그 정보에 대한 비밀 지정의 절차, 비밀의 등급·종류 및 성질과 이를 비밀로 취급하게 된 실질적인 이유 및 공개를 하지 아니하는 사유 등을 입증하면 해당 정보를 제출하지 아니하게 할 수 있다(제20조 제3항).

6) 일부취소판결

정보공개거부취소소송에서 공개정보와 비공개정보를 분리할 수 있는 경우에는 분리되는 공개정보에 대응하여 일부취소판결을 내려야 한다(제14조).

[판례 1] 법원이 행정기관의 정보공개거부처분의 위법 여부를 심리한 결과 공개를 거부한 정보에 비공개대상 정보에 해당하는 부분과 공개가 가능한 부분이 혼합되어 있고 공개청구의 취지에 어긋나지 아니하는 범위 안에서 두 부분을 분리할 수 있음을 인정할 수 있을 때에는 청구취지의 변경이 없더라도 공개가 가능한 정보에 관한 부분만의 일부취소를 명할 수 있다 할 것이고, 공개청구의 취지에 어긋나지 아니하는 범위 안에서 비

공개대상 정보에 해당하는 부분과 공개가 가능한 부분을 분리할 수 있다고 함은, 이 두 부분이 물리적으로 분리가능한 경우를 의미하는 것이 아니고 당해 정보의 공개방법 및 절차에 비추어 당해 정보에서 비공개대상 정보에 관련된 기술 등을 제외 내지 삭제하고 그 나머지 정보만을 공개하는 것이 가능하고 나머지 부분의 정보만으로도 공개의 가치가 있는 경우를 의미한다고 해석하여야 한다(대판 2004. 12. 9, 2003두12707[정보공개거부처분취소]).

[판례 2] **비공개대상 정보에 해당하는 부분과 공개가 가능한 부분이 구별되고 이를 분리할 수 있는 경우, 법원의 판결주문 기재방법:** 법원이 행정청의 정보공개거부처분의 위법 여부를 심리한 결과 공개를 거부한 정보에 비공개대상 정보에 해당하는 부분과 공개가 가능한 부분이 혼합되어 있고 공개청구의 취지에 어긋나지 아니하는 범위 안에서 두 부분을 분리할 수 있음을 인정할 수 있을 때에는, 위 정보 중 공개가 가능한 부분을 특정하고 판결의 주문에 행정청의 위 거부처분 중 공개가 가능한 정보에 관한 부분만을 취소한다고 표시하여야 한다(대판 2003. 3. 11, 2001두6425[칠곡군 사건]).

[판례 3] 원심이 … 대학수학능력시험 원점수정보 중 수험생의 수험번호, 성명, 주민등록번호 등 인적사항을 제외한 나머지 부분만을 공개하는 것이 타당하다고 하면서도 주문에서는 원점수정보 공개거부처분의 전부를 취소한 것에 대하여, 당사자의 의사해석을 그르치거나 판결 주문 기재방법 등을 오해한 위법이 있음을 이유로 원심판결을 파기한 사례(대판 2010. 2. 11, 2009두6001).

7) 간접강제

정보공개거부처분 취소판결이 확정되었음에도 해당 정보를 계속 공개하지 않는 경우 현행 행정소송법상 간접강제제도에 의해 공개지연기간에 따라 일정한 배상을 할 것을 명하거나 즉시 손해배상을 할 것을 명할 수 있다.

8) 가 구 제

정보공개거부에 대해서는 집행정지가 인정되지 않는다. 가처분이 가능하다는 견해가 있지만, 정보공개거부의 가처분은 본안소송을 대체하는 것이므로 가처분은 인정되지 않는다고 보아야 한다.

2. 정보공개에 대하여 이해관계 있는 제3자의 보호수단

[문제] 개인정보가 포함된 정보의 공개신청에 대하여 이해관계 있는 甲이 비공개요청을 하였음에도 행정기관이 공개사유를 명시하여 갑에게 공개하기로 결정하였음을 통지한 경우에 갑의 권리구제방안을 논하시오.

비공개정보 중 기업비밀과 개인정보와 같이 공개되는 경우에 제3자의 권익이 침해되는 경우가 있다. 기업비밀과 개인정보 등은 비공개정보이지만 공개될 가능성이 전혀 없는 것이 아니며 만일 공개된다면 제3자의 권익이 침해되게 된다. 따라서 정보공개에 대하여 이해관계 있는 제3자가 이해관계 있는 정보의 공개를 막을 수 있는 수단을 갖도록 하는 것이 형평의 원칙에 맞는다.

(1) 정보공개법상 보호수단

1) 공개청구된 사실의 통보 및 비공개요청권

공공기관은 공개 청구된 공개 대상 정보의 전부 또는 일부가 제3자와 관련이 있다고 인정할 때에는 그 사실을 제3자에게 지체 없이 통지하여야 하며, 필요한 경우에는 그의 의견을 들을 수 있다

(제11조 제3항). 공개청구된 사실을 통지받은 제3자는 그 통지를 받은 날부터 3일 이내에 해당 공공기관에 대하여 자신과 관련된 정보를 공개하지 아니할 것을 요청할 수 있다(법 제21조 제1항).

2) 공개통지 및 행정쟁송제기권

제1항에 따른 비공개 요청에도 불구하고 공공기관이 공개 결정을 할 때에는 공개 결정 이유와 공개 실시일을 분명히 밝혀 지체 없이 문서로 통지하여야 하며, 제3자는 해당 공공기관에 문서로 이의신청을 하거나 행정심판 또는 행정소송을 제기할 수 있다. 이 경우 이의신청은 통지를 받은 날부터 7일 이내에 하여야 한다(법 제21조 제2항).

가. 처 분 성 정보공개의 결정·통보를 처분(행정행위)으로 보고 이에 대해 이의신청, 행정심판 또는 행정소송을 제기할 수 있다.

정보공개결정·통보를 비공개요청이라는 신청에 대한 거부처분으로 보는 견해가 있으나(홍정선, 414면) 위 비공개요청을 신청이라고 보는 것은 타당하지 않고, 거부처분에 대한 취소소송에서는 집행정지신청이 인정되지 않는다는 문제가 있다.

나. 소의 이익과 집행정지 신청 정보는 일단 공개되면 취소할 이익이 없게 되므로 제3자의 이익을 보호하기 위하여는 정보공개를 사전에 막아야 한다. 정보가 일단 공개되면 구제가 불가능하다. 따라서 이해관계 있는 제3자는 정보공개통보행위에 대한 취소소송과 함께 집행정지신청을 하여야 할 것이다.

다. 예방적 금지소송의 가능성 정보공개통보행위의 처분성을 인정하지 않는 견해에 의하면 정보공개라는 권력적 사실행위의 금지를 구하는 예방적 금지소송의 가능성이 검토되어야 한다.

라. 공법상 당사자소송 현행법하에서도 공개의 금지를 구하는 당사자소송을 인정하고, 이 소송을 제기하여야 한다는 견해도 있다.

(2) 행정소송법상 보호수단: 제3자의 소송참가

제3자에 관한 정보의 공개가 거부된 경우 정보공개청구자가 공개거부취소소송을 제기하면 이해관계 있는 제3자는 소송참가가 가능하다.

> [문제의 해결] 甲은 공개결정통보행위에 대해 이의신청, 행정심판 또는 취소소송을 제기할 수 있다. 공개결정통보행위의 처분성이 검토되어야 한다. 갑은 실효적인 권리구제를 위해 집행정지를 신청할 필요가 있다(행정법연습 제2장 제6절 참조).

Ⅶ. 공공기관의 정보제공 노력의무

공공기관은 국민이 알아야 할 필요가 있는 정보를 국민에게 공개하도록 적극적으로 노력하여야 한다(제7조 제1항, 제2항). 이 규정은 국민의 정보공개청구에 의한 정보의 공개가 아니라 공공기관이 이니시어티브를 갖고 적극적으로 정보를 제공하는 것을 규정한 것이다.

공공기관은 일반국민이 공개대상 정보를 쉽게 이용할 수 있도록 정보목록을 작성하여 갖추어 두고, 그 목록을 정보통신망을 활용한 정보공개시스템 등을 통하여 공개하여야 한다. 다만, 정보목록 중 제9조 제1항에 따라 공개하지 아니할 수 있는 정보가 포함되어 있는 경우에는 해당 부분을 갖추어 두지 아니하거나 공개하지 아니할 수 있다(제8조 제1항).

제 2 절 개인정보보호제도

Ⅰ. 의 의

개인정보보호제도(個人情報保護制度)라 함은 개인에 관한 정보가 부당하게 수집, 유통, 이용되는 것을 막아 개인의 프라이버시를 보호하는 제도를 말한다.

Ⅱ. 법적근거

개인정보보호제도의 헌법적 근거는 헌법상 기본권인 개인정보자기결정권(자기정보통제권)이다.

공적 부문에서의 개인정보의 보호와 민간부분에서의 개인정보보호를 구분하여 규율하던 것을 통일적으로 규율하기 위하여 2011년 3월 29일 **개인정보보호법**이 제정되어 2011년 9월 30일부터 시행되었고, 이에 따라 1993년 제정되어 1995년 1월 8일부터 시행되던 『공공기관의 개인정보보호에 관한 법률』은 폐지되었다.

개인정보보호법은 개인정보의 보호에 관한 기본법 및 일반법의 성질을 갖는다. 개인정보 보호에 관하여는 『정보통신망 이용촉진 및 정보보호 등에 관한 법률』, 『신용정보의 이용 및 보호에 관한 법률』 등 특별법이 있다.

Ⅲ. 개인정보보호의 내용

1. 보호의 대상이 되는 개인정보의 의의

개인정보보호법의 보호대상이 되는 개인정보란 살아 있는 개인에 관한 정보로서 다음 각 목의 어느 하나에 해당하는 정보를 말한다. 가. 성명, 주민등록번호 및 영상 등을 통하여 개인을 알아볼 수 있는 정보, 나. 해당 정보만으로는 특정 개인을 알아볼 수 없더라도 다른 정보와 쉽게 결합하여 알아볼 수 있는 정보. 다. 가목 또는 나목을 제1호의2에 따라 가명처리함으로써 원래의 상태로 복원하기 위한 추가 정보의 사용·결합 없이는 특정 개인을 알아볼 수 없는 정보(이하 "가명정보"라 한다)(제2조 제1호). 전자적으로 처리되는 개인정보 외에 수기(手記) 문서까지 개인정보의 보호범위에 포함한다. 다만, 사자의 개인정보도 사망 후 일정한 기간은 보호하도록 입법개선이 필요하다.

개인정보보호법의 보호대상이 되는 개인정보는 공공기관의 개인정보뿐만 아니라 업무를 목적으로 개인정보파일[2]을 운용하기 위하여 스스로 또는 다른 사람을 통하여 개인정보를 처리[3]하는 공공기관, 법인, 단체 및 개인 등(제2조 제5호)의 개인정보를 포함한다.

2) "개인정보파일"이란 개인정보를 쉽게 검색할 수 있도록 일정한 규칙에 따라 체계적으로 배열하거나 구성한 개인정보의 집합물(집합물)을 말한다(제2조 제4호).

3) "처리"란 개인정보의 수집, 생성, 기록, 저장, 보유, 가공, 편집, 검색, 출력, 정정(정정), 복구, 이용, 제공, 공개, 파기(파기), 그 밖에 이와 유사한 행위를 말한다(제2조 제2호).

2. 개인정보보호의 체계

(1) 개인정보보호위원회

개인정보 보호에 관한 사무를 독립적으로 수행하기 위하여 국무총리 소속으로 개인정보 보호위원회(이하 '보호위원회'라 한다)를 둔다(제7조 제1항). 개인정보보호위원회는 「정부조직법」 제2조에 따른 **중앙행정기관(합의제행정청)**이다. 다만, 제7조의8 제1항 제3호 및 제4호의 사무, 제7조의9 제1항의 심의·의결 사항 중 제1호에 해당하는 사항에 대하여는 「정부조직법」 제18조(국무총리의 지휘·감독)를 적용하지 아니한다(제7조 제2항).

(2) 개인정보 보호지침

행정자치부장관은 개인정보의 처리에 관한 기준, 개인정보 침해의 유형 및 예방조치 등에 관한 표준 개인정보 보호지침(이하 "표준지침"이라 한다)을 정하여 개인정보처리자에게 그 준수를 권장할 수 있다(제12조 제1항). 중앙행정기관의 장은 표준지침에 따라 소관 분야의 개인정보 처리와 관련한 개인정보 보호지침을 정하여 개인정보처리자에게 그 준수를 권장할 수 있다(제2항).

3. 개인정보의 처리(수집, 이용, 제공 등)의 규제

(1) 개인정보의 수집·이용의 제한

개인정보처리자는 다음의 어느 하나에 해당하는 경우에는 개인정보를 수집할 수 있으며 그 수집 목적의 범위에서 이용할 수 있다. ① 정보주체의 동의를 받은 경우, ② 법률에 특별한 규정이 있거나 법령상 의무를 준수하기 위하여 불가피한 경우, ③ 공공기관이 법령 등에서 정하는 소관 업무의 수행을 위하여 불가피한 경우, ④ 정보주체와 체결한 계약을 이행하거나 계약을 체결하는 과정에서 정보주체의 요청에 따른 조치를 이행하기 위하여 필요한 경우, ⑤ 명백히 정보주체 또는 제3자의 급박한 생명, 신체, 재산의 이익을 위하여 필요하다고 인정되는 경우, ⑥ 개인정보처리자의 정당한 이익을 달성하기 위하여 필요한 경우로서 명백하게 정보주체의 권리보다 우선하는 경우(이 경우 개인정보처리자의 정당한 이익과 상당한 관련이 있고 합리적인 범위를 초과하지 아니하는 경우에 한한다.), ⑦ 공중위생 등 공공의 안전과 안녕을 위하여 긴급히 필요한 경우(제15조 제1항).

개인정보처리자는 당초 수집 목적과 합리적으로 관련된 범위 내에서 정보주체에게 불이익이 발생하는지 여부, 암호화 등 안전성 확보에 필요한 조치를 하였는지 여부 등을 고려하여 대통령령이 정하는 바에 따라 정보주체의 동의 없이 개인정보를 이용할 수 있다(제15조 제3항).

(2) 개인정보의 제공 제한

개인정보처리자는 다음의 어느 하나에 해당되는 경우에는 정보주체의 개인정보를 제3자에게 제공(공유를 포함한다. 이하 같다)할 수 있다. ① 정보주체의 동의를 받은 경우, ② 제15조 제1항 제2호, 제3호 및 제5호부터 제7호까지에 따라 개인정보를 수집한 목적 범위에서 개인정보를 제공하는 경우(제17조 제1항). 개인정보처리자는 당초 수집 목적과 합리적으로 관련된 범위 내에서 정보주체에게 불이익이 발생하는지 여부, 암호화 등 안전성 확보에 필요한 조치를 하였는지 여부 등을 고려하여 대통령령이 정하는 바에 따라 정보주체의 동의 없이 개인정보를 제공할 수 있다(제17조 제4항).

개인정보처리자는 개인정보를 제15조 제1항에 따른 범위를 초과하여 이용하거나 제17조제1항 및 제28조의8 제1항에 따른 범위를 초과하여 제3자에게 제공하여서는 아니 된다(제18조 제1항).

개인정보처리자로부터 개인정보를 제공받은 자는 다음의 어느 하나에 해당하는 경우를 제외하고는 개인정보를 제공받은 목적 외의 용도로 이용하거나 이를 제3자에게 제공하여서는 아니 된다. ① 정보주체로부터 별도의 동의를 받은 경우, ② 다른 법률에 특별한 규정이 있는 경우(제19조).

(3) 개인정보의 처리의 제한

개인정보처리자가 정보주체 이외로부터 수집한 개인정보를 처리하는 때에는 정보주체의 요구가 있으면 즉시 다음의 모든 사항을 정보주체에게 알려야 한다. ① 개인정보의 수집 출처, ② 개인정보의 처리 목적, ③ 제37조에 따른 개인정보 처리의 정지를 요구하거나 동의를 철회할 권리가 있다는 사실(제20조 제1항).

개인정보처리자는 사상·신념, 노동조합·정당의 가입·탈퇴, 정치적 견해, 건강, 성생활 등에 관한 정보, 그 밖에 정보주체의 사생활을 현저히 침해할 우려가 있는 개인정보로서 대통령령으로 정하는 정보(이하 '**민감정보**'라 한다)를 처리하여서는 아니 된다. 다만, 다음 각 호의 어느 하나에 해당하는 경우에는 그러하지 아니하다. ① 정보주체에게 제15조 제2항 각 호 또는 제17조 제2항 각 호의 사항을 알리고 다른 개인정보의 처리에 대한 동의와 별도로 동의를 받은 경우, ② 법령에서 민감정보의 처리를 요구하거나 허용하는 경우(제23조 제1항).

개인정보처리자는 다음 경우를 제외하고는 법령에 따라 개인을 고유하게 구별하기 위하여 부여된 식별정보로서 대통령령으로 정하는 정보(이하 '**고유식별정보**'라 한다)를 처리할 수 없다. ① 정보주체에게 제15조 제2항 각 호 또는 제17조 제2항 각 호의 사항을 알리고 다른 개인정보의 처리에 대한 동의와 별도로 동의를 받은 경우, ② 법령에서 구체적으로 고유식별정보의 처리를 요구하거나 허용하는 경우(제24조 제1항).

제24조 제1항에도 불구하고 개인정보처리자는 다음의 어느 하나에 해당하는 경우를 제외하고는 **주민등록번호**를 처리할 수 없다. ① 법률·대통령령·국회규칙·대법원규칙·헌법재판소규칙·중앙선거관리위원회규칙 및 감사원규칙에서 주민등록번호의 처리를 요구하거나 허용한 경우, ② 정보주체 또는 제3자의 급박한 생명, 신체, 재산의 이익을 위하여 명백히 필요하다고 인정되는 경우, ③ 제1호 및 제2호에 준하여 주민등록번호 처리가 불가피한 경우로서 보호위원회 고시로 정하는 경우(제24조의2 제1항).

개인정보처리자는 통계작성, 과학적 연구, 공익적 기록보존 등을 위하여 정보주체의 동의 없이 가명정보를 처리할 수 있다(제28조의2 제1항). **"가명처리"**란 개인정보의 일부를 삭제하거나 일부 또는 전부를 대체하는 등의 방법으로 추가 정보가 없이는 특정 개인을 알아볼 수 없도록 처리하는 것을 말한다(제2조 제1의2). 제28조의2 또는 제28조의3에 따라 처리된 가명정보는 제20조, 제20조의2, 제27조, 제34조 제1항, 제35조, 제35조의2, 제36조 및 제37조를 적용하지 아니한다(제28조의7).

(4) 개인정보처리자에 의한 개인정보의 안전한 관리

개인정보보호법은 개인정보처리자에 의한 개인정보의 안전한 관리를 위해 다음과 같은 규정을 두고 있다. 개인정보처리자의 안전조치(기술적·관리적 및 물리적 조치)의무(제29조), 개인정보보호법 위반에 대한 시정조치 등(제64조), 개인정보를 처리하거나 처리하였던 자에 대한 금지행위(제59조), 법령위반에 대한 과징금의 부과(제64조의2) 등을 규정하고 있다.

4. 정보주체의 권리

정보주체[4]는 자신의 개인정보 처리와 관련하여 다음의 권리를 가진다. ① 개인정보의 처리에 관한 정보를 제공받을 권리, ② 개인정보의 처리에 관한 동의 여부, 동의 범위 등을 선택하고 결정할 권리, ③ 개인정보의 처리 여부를 확인하고 개인정보에 대한 열람(사본의 발급을 포함한다. 이하 같다) 및 전송을 요구할 권리, ④ 개인정보의 처리 정지, 정정·삭제 및 파기를 요구할 권리, ⑤ 개인정보의 처리로 인하여 발생한 피해를 신속하고 공정한 절차에 따라 구제받을 권리, ⑥ 완전히 자동화된 개인정보 처리에 따른 결정을 거부하거나 그에 대한 설명 등을 요구할 권리(제4조).

---

4) "정보주체"란 처리되는 정보에 의하여 알아볼 수 있는 사람으로서 그 정보의 주체가 되는 사람을 말한다(제2조 제3호).

5. 권익구제

(1) 행정심판 또는 행정소송

제35조 내지 제37조에 근거한 개인정보의 열람요구, 정정·삭제요구 및 처리정지 등 요구에 대한 거부나 부작위는 행정심판법 및 행정소송법상의 처분이나 부작위이므로 이에 대해 행정심판이나 행정소송을 제기할 수 있다.

(2) 손해배상책임

정보주체는 개인정보처리자가 이 법을 위반한 행위로 손해를 입으면 개인정보처리자에게 손해배상(개인정보처리자의 고의 또는 중대한 과실이 있는 경우 손해액의 5배 이하의 징벌적 손해배상 가능)을 청구할 수 있다. 이 경우 그 개인정보처리자는 고의 또는 과실이 없음을 입증하지 아니하면 책임을 면할 수 없다(제39조).

(3) 개인정보 분쟁조정

개인정보에 관한 분쟁의 조정(조정)을 위하여 개인정보 분쟁조정위원회(이하 '분쟁조정위원회'라 한다)를 둔다(제40조).

(4) 개인정보 단체소송

법령상 요건을 갖춘 단체(소비자단체, 비영리민간단체)는 개인정보처리자가 제49조에 따른 집단분쟁조정을 거부하거나 집단분쟁조정의 결과를 수락하지 아니한 경우에는 법원에 권리침해 행위의 금지·중지를 구하는 소송(이하 '단체소송'이라 한다)을 제기할 수 있다(제51조).

행정법강의

제3편

행정구제법
行 政 救 濟 法

제 3 편 행정구제법

제1장

행정구제법 개설

Ⅰ. 행정구제의 개념

행정구제(行政救濟)라 함은 행정권의 행사에 의해 침해된 국민의 권익을 구제해 주는 것을 말한다.

Ⅱ. 행정구제제도의 체계

1. 권익침해행위의 위법과 적법의 구별

위법한 행정권의 행사에 의해 침해된 권익의 구제제도로는 이의신청, 행정쟁송(행정심판과 행정소송), 헌법소원, 국가배상청구, 공법상 결과제거청구, 국민고충처리제도 등이 있다.

적법한 공권력 행사에 의해 가해진 손해에 대한 구제제도로는 행정상 손실보상이 있다.

2. 행정구제의 방법 및 수단

(1) 원상회복과 손해전보

행정구제의 방법에는 원상회복적인 것으로는 행정쟁송, 헌법소원과 공법상 결과제거청구가 있고, 금전에 의한 구제로는 '행정상 손해전보' 즉, '행정상 손해배상(국가배상)'과 '행정상 손실보상'이 있다.

판례에 의하면 불복기간의 경과로 처분을 다툴 수 없게 된 경우에도 위법한 처분으로 인하여 입은 손해가 있으면 그 손해의 배상을 청구할 수 있다.

행정권의 행사에 의해 국민의 권익이 침해된 경우에 원상회복이 불가능한 경우에는 취소의 이익이 부정되므로 행정상 손해전보만이 가능하다.

또한, 원상회복적 효과를 갖는 행정쟁송이나 공법상 결과제거청구로 구제가 충분하지 않은 경우에는 이들 구제수단과 함께 행정상 손해배상이 함께 청구될 수 있다.

예를 들면, 영업허가취소처분이 취소소송을 통하여 취소되었더라도 허가취소처분이 내려진 후 취소처분이 취소되기까지 영업을 하지 못함으로써 입은 손해는 공무원의 과실이 입증되는 한 별도로 국가배상의 대상이 된다.

(2) 공권력 행사 자체에 대한 다툼과 결과에 대한 구제 [2010 행시(재경직) 사례, 2008 사시 사례]

구제수단에는 위법·부당한 행정권의 행사 자체를 다투어 그 위법·부당을 시정하고 그를 통하여 국민의 권익을 구제하는 제도와 공권력 행사의 결과에 대한 구제제도가 있다.

공권력(公權力) 행사의 위법·부당을 시정하는 구제제도로는 행정쟁송(행정심판과 행정소송)이 가장 대표적인 수단이다. 이 외에도 행정소송을 보충하는 구제제도인 헌법소원, 행정심판의 일종이라고 보기도 하지만 행정심판과 구별하는 것이 타당한 감사원에 대한 심사청구 등이 있다.

공권력 행사의 결과에 대한 구제제도로는 공권력 행사의 결과인 위법한 상태의 제거를 목적으로 하는 공법상 결과제거청구와 손해의 전보를 목적으로 하는 행정상 손해배상과 행정상 손실보상이 있다. 다만, 공법상 결과제거청구는 현행 법령상이나 판례상 아직 원칙적으로 인정되고 있지 않다.

제2장

행정상 손해배상(국가배상)

제 1 절 서　　론

Ⅰ. 개　　념

행정상 손해배상(行政上 損害賠償)은 행정권의 행사에 의해 우연히 발생한 손해에 대한 국가 등의 배상책임을 말한다. 행정상 손해배상은 국가배상(國家賠償)이라고도 한다.

행정상 손해배상은 과실책임(공무원의 위법·과실행위로 인한 책임), 영조물책임, 공법상 위험책임으로 구분하는 것이 타당하다.

Ⅱ. 국가배상책임의 근거

1. 헌법상 근거

헌법 제29조 제1항은 "공무원의 직무상 불법행위로 손해를 받은 국민은 법률이 정하는 바에 의하여 국가 또는 공공단체에 정당한 배상을 청구할 수 있다"라고 규정하고 있다. 이 헌법규정은 국가무책임의 특권의 부인을 명시적으로 선언하고 공무원의 직무상 불법행위로 인한 손해에 대한 국가배상책임의 원칙을 선언하며 국가배상청구권을 기본권으로 인정하고 있다. 이 헌법규정을 구체화한 법이 국가배상법이다.

2. 실정법률의 근거

국가배상법은 국가와 지방자치단체의 과실책임(제2조) 및 영조물책임(제5조)을 규정하고 있다. 국가나 지방자치단체의 손해배상 책임에 관하여는 국가배상법에 규정된 사항 외에는 「민법」에 따른다. 다만, 「민법」 외의 법률에 다른 규정이 있을 때에는 그 규정에 따른다(국가배상법 제8조).

무과실책임인 공법상 위험책임이 인정되기 위해서는 법률의 근거가 있어야 한다.

3. 협의의 공공단체의 배상책임

(1) 공공단체의 공무수행으로 인한 손해에 대한 배상책임의 주체

국가나 지방자치단체로부터 공무를 수탁받은 공공단체의 수탁공무의 수행상 불법행위로 인한 손해에 대하여 수탁공공단체가 배상책임주체인지 아니면 위탁자인 국가나 지방자치단체가 배상책임의 주체인지가 문제된다.

이 경우 공무수탁자인 **공공단체를 행정주체로 보면** 공공단체를 배상책임자로 보는 것이 타당하고, **공공단체를 행정주체가 아니라 위탁자인 국가나 지방자치단체의 기관으로 보면** 위탁자인 국가나 지방자치단체가 행정주체가 되므로 국가나 지방자치단체를 배상책임주체로 보는 것이 타당하다. 생각건대, 공공단체는 법인으로서 법주체이고, 협의의 위탁의 경우 법상 권한이 공공단체로 이전되므로 공공단체를 행정주체이며 배상책임자로 보는 견해가 타당하다.

판례도 협의의 위탁의 경우 공무를 수탁받은 공공단체를 행정주체로 보고, 당해 공공단체를 배상책임주체로 보고 있다. 그리고, 이 경우 공공단체는 경과실이 면책되는 공무원이 아니라고 보았다.

[판례] 법령에 의해 대집행권한을 위탁받은 한국토지공사는 국가공무원법 제2조에서 말하는 공무원에 해당하지 않는다고 한 사례: 한국토지공사는 구 한국토지공사법(2007. 4. 6. 법률 제8340호로 개정되기 전의 것) 제2조, 제4조에 의하여 정부가 자본금의 전액을 출자하여 설립한 법인이고, 같은 법 제9조 제4호에 규정된 한국토지공사의 사업에 관하여는 공익사업을 위한 토지 등의 취득 및 보상에 관한 법률 제89조 제1항, 위 한국토지공사법 제22조 제6호(현행 한국토지주택공사법 제19조 제3항 제8호) 및 같은 법 시행령 제40조의3 제1항의 규정에 의하여 본래 시·도지사나 시장·군수 또는 구청장의 업무에 속하는 대집행권한을 한국토지공사에게 위탁하도록 되어 있는바, 한국토지공사는 이러한 법령의 위탁에 의하여 대집행을 수권받은 자로서 공무인 대집행을 실시함에 따르는 권리·의무 및 책임이 귀속되는 행정주체의 지위에 있다고 볼 것이지 지방자치단체 등의 기관으로서 국가배상법 제2조 소정의 공무원에 해당한다고 볼 것은 아니다(대판 2010. 1. 28, 2007다82950, 82967[손해배상(기)·부당이득금]). 〈해설〉 1. 한국토지공사를 행정주체로 보면 행위의 법적 효과는 행정주체에 귀속되므로 행정주체인 한국토지공사가 배상책임주체가 되는 것이 당연하다. 이 사건에서 판례도 한국토지공사를 배상책임주체로 보고 있다. 그런데, 원심(고등법원)판결에서는 수탁자인 공공단체를 위탁자인 국가나 지방자치단체의 공무원(기관)에 불과한 것으로 보았다. 공공단체나 사인에 대한 위탁을 기관위임으로 보는 것은 공공단체나 사인의 자율성을 부인하고 국가나 지방자치단체의 주도적 지위를 인정하는 구시대적인 법이론이다. 위탁은 법적으로 권한을 이전하는 것이고, 공공단체나 사인은 위탁자인 국가나 지방자치단체로부터 독립한 별개의 법주체이므로 공무를 위탁(협의의 위탁)받은 공공단체 또는 사인을 독립된 행정주체로 보는 것이 타당하다. 다만, 공무수탁자는 위탁기관의 감독을 받는다. 2. 한국토지공사가 국가배상법 제2조의 공무원이 아니라고 한 것은 이 사안에서 한국토지공사가 실질적으로 대집행을 한 것이 아니라 공사의 업무담당자 또는 그와 용역계약을 체결한 자가 실질적으로 대집행을 수행하는 자이기 때문에 공사의 업무담당자 또는 그와 용역계약을 체결한 자를 공무원으로 본 것이다.

(2) 공공단체의 배상책임의 법적 근거

헌법에서는 국가와 공공단체(公共團體)의 배상책임을 규정하고 있는데, 국가배상법에서는 국가와 지방자치단체의 배상책임만을 정하고 있다. 따라서 공공단체의 공무수행중 가해진 손해에 대한 공공단체의 배상책임에 대하여 민법을 적용할 것인가 아니면 국가배상법을 적용할 것인가가 문제된다.

1) 민법적용설(민법상 손해배상청구설)

국가배상법이 국가와 지방자치단체의 배상책임만을 정하고 있으므로 공공단체의 공무수행상의 손해에 대한 공공단체의 배상책임에는 국가배상법이 적용될 수 없고, 일반법인 민법이 적용되어야 한다는 견해이다.

2) 국가배상법유추적용설

이 견해는 가해행위가 공행정작용에 속하는 것이므로 피해자의 구제 및 법적용의 형평성을 고려하여 공공단체의 공무수행상 발생한 손해에 대하여는 국가배상법이 유추적용됨이 타당하다는 견해이다.

3) 국가배상법적용설

헌법 제29조가 국가배상주체를 국가 또는 공공단체로 규정하고 있는 점, 공공단체도 넓은 의미의 국가행정조직의 일부에 해당된다는 점 등에 기초하여 공공단체를 국가배상법상의 "국가 또는 지방자치단체"에 포함되는 것으로 본다(정하중).

4) 판 례

판례는 기본적으로 공무집행상 불법행위로 인한 공공단체의 손해배상책임의 경우 민법 제750조의 불법행위로 인한 손해배상책임을, 영조물의 설치·관리상 하자로 인한 손해배상책임의 경우 민법 제758조의 공작물 점유자의 배상책임을 인정하고 있다.

[판례] 한국도로공사에게 민법 제750조의 불법행위로 인한 손해배상책임을 인정한 사례(대판 2001. 2. 9, 99다55434[고속도로 소음으로 인한 양돈업 폐업사건]). 한국도로공사에게 영조물의 설치·관리상 하자로 인한 손해배상책임을 인정한 사례(대판 1996. 10. 11, 95다56552; 2008. 3. 13, 2007다29287[고속도로 고립사건]).

다만, 특히 공무집행상 불법행위로 인한 공공단체의 손해배상책임의 경우 다음과 같이 국가배상법의 법리를 적용하고 있다. ① 불법행위자에게 국가배상법상의 공무원 개념을 적용하고 있다(대판 2010. 1. 28, 2007다82950, 82967[대집행권한을 위탁받은 한국토지공사의 배상책임사건]). ② 국가배상책임에서의 상당인과관계에 관한 법리 즉 직무상 의무의 사익보호성을 적용하고 있다(대판 2015. 12. 23, 2015다210194: 금융감독원[1]의 금융감독상의 위법·과실로 인한 은행의 고객(후순위사채 보유자)에 대한 손해에 대한 민법 제750조에 따른 배상청구사건에서 "국가배상책임에서 상당인과관계에 관한 법리"를 적용하여 금융감독원의 배상책임을 부정한 사례).

5) 결어(국가배상법유추적용설)

국가배상법이 국가와 지방자치단체의 배상책임만을 정하고 있고, 공공단체의 배상책임에 관하여는 특별한 규정을 두지 않은 것은 입법의 불비이며 해석을 통하여 이를 보충하여야 한다. 공공단체의 배상책임에 관한 명문의 규정이 없는 현행법의 해석론으로는 가해행위가 공행정작용인 점을 고려하여 공평의 원칙상 **국가배상법 제2조 또는 제5조를 유추적용하여** 공무수행으로 인한 공공단체의 배상책임에도 국가배상책임을 인정하는 것이 타당할 것이다.

---

1) 금융감독원은 「금융위원회의 설치 등에 관한 법률」에 의해 설치된 무자본(무자본) 특수법인(제24조 제2항)으로서 공공단체의 지위를 갖는 것으로 보는 것이 타당하다. 그리고 금융감독원이 갖는 은행 등에 대한 금융감독권은 법률에 의해 위탁(법정위탁)받은 것으로서 볼 수 있다. 금융감독을 행하는 금융감독원을 "공무수탁사인"으로 보는 것은 타당하지 않고 "공무수탁자"로 보는 것이 타당하다.

4. 공무수탁사인의 배상책임

(1) 배상책임자 1) 공무수탁사인이라는 견해 2) 국가나 지방자치단체라는 견해 (2) 법적 근거 1) 민법상 손해배상청구설	2) 국가배상청구설 가. 국가배상법적용설 나. 국가배상법 유추적용설 3) 소결(국가배상법 유추적용설) (3) 감독소홀로 인한 배상책임의 경우

공무수탁사인의 공행정작용으로 인하여 손해가 발생한 경우 배상책임자를 공무수탁사인으로 볼 것인지 아니면 공무위탁기관이 속한 국가 또는 지방자치단체로 볼 것인지 그리고, 국가배상청구를 하여야 하는지 아니면 민법상 손해배상청구를 하여야 하는지에 관하여 견해가 대립하고 있다.

(1) 배상책임자

1) 공무수탁사인이라는 견해

이 견해는 공무수탁사인을 행정주체로 보면서 공행정작용의 법적 효과는 행정주체에게 귀속되므로 공무수탁사인의 공행정작용으로 인한 손해에 대해서 행정주체인 공무수탁사인이 배상책임을 진다고 보는 것이 논리적이라고 한다.[2] 이 견해가 타당하다.

2) 국가나 지방자치단체라는 견해

이 견해는 공무수탁사인을 행정기관에 불과한 것으로 보면서 공무수탁사인은 행정주체가 아니므로 공무수탁사인의 공행정작용으로 인한 손해에 대해서는 위탁자인 국가나 지방자치단체가 배상책임을 진다고 보는 것이 논리적이라고 한다.

또한 2009. 10. 21 국가배상법 개정으로 공무를 수탁받은 사인의 공무집행상의 불법행위로 인한 손해에 대해 국가나 지방자치단체가 국가배상책임을 지도록 명문화하였다고 주장한다. 그러나, 이러한 주장에는 문제가 있다. 개정 국가배상법 제2조는 공무를 수탁받은 사인을 공무원으로 본 것일 뿐 공무수탁사인의 불법행위에 대해서도 국가나 지방자치단체가 배상책임을 져야 하는 것으로 규정하고 있는 것은 아니라고 보는 것이 타당하다.

생각건대, 광의의 공무위탁 중 보조위탁의 경우는 위탁자인 국가나 지방자치단체가 배상책임 주체가 되지만, 공무를 수탁받은 사인이 행정주체의 지위를 갖는 공무수탁사인의 경우에는 공행정작용의 법적 효과는 행정주체에게 귀속되므로 행정주체인 공무수탁사인이 배상책임자이고, 국가 또는 지방자치단체는 개정 전과 동일하게 감독상의 과실이 있는 경우에 한하여 배상책임을 지는 것으로 보아야 할 것이다.

(2) 법적 근거

공무수탁사인의 공무수행상 행위로 손해가 발생한 경우 민법상 손해배상청구를 하여야 한다

---

2) 행정보조자의 공행정작용으로 인한 손해에 대하여는 행정보조자는 행정주체가 아니므로 행정보조자가 속한 국가 또는 지방자치단체가 배상책임을 진다.

는 견해와 국가배상청구를 하여야 한다는 견해가 대립된다. 이러한 견해의 대립은 공무수탁사인의 공행정작용으로 인한 손해에 대해서는 이론상 국가배상책임을 인정하는 것이 타당하지만, 현행 국가배상법이 법규정상 국가와 지방자치단체의 배상책임만을 규정하고 있는 것에 기인한다.

1) 민법상 손해배상청구설

이 설은 공무수탁사인의 공행정작용으로 인한 손해에 대해서는 공무수탁사인이 배상책임자라고 보면서 이론상 공행정작용으로 인한 손해에 대해서는 국가배상책임을 지도록 하는 것이 타당하지만, 현행 국가배상법이 국가와 지방자치단체의 배상책임만을 규율하고 있으므로 민법에 근거하여 손해배상을 청구하여야 한다고 본다.

민법상 손해배상청구설 중에는 국가배상법을 유추적용하여 공무수탁사인에게 사용자 및 공작물점유자의 면책규정을 적용하지 않는 것으로 하는 것이 타당하다는 견해도 있다.

2) 국가배상청구설

가. 국가배상법적용설 공무수탁사인을 행정기관에 불과한 것으로 보는 견해에 의하면 공무수탁사인은 국가배상법상 공무원이고, 배상책임자는 국가나 지방자치단체이므로 국가배상을 청구하여야 한다고 본다. 이 견해에 대하여는 공무수탁사인을 행정기관에 불과한 것으로 보는 것은 타당하지 않다는 비판이 가능하다.

나. 국가배상법 유추적용설 공무수탁사인을 행정주체로 보면 공무수탁사인의 공행정작용으로 인한 손해에 대해서는 행정주체인 공무수탁사인이 배상책임을 지는데, 공무수탁사인이 공행정작용을 수행하고, 국가배상법상 공무원이므로, 국가배상법이 국가와 지방자치단체의 배상책임만을 정하고 있지만, 국가배상법을 유추적용하여 국가배상을 청구하여야 한다고 본다.

3) 판 례

판례는 공무수탁사인을 배상책임주체로 보면서 민법상 손해배상책임을 인정한다.

> **[판례]** 사인이 지방자치단체로부터 위탁을 받아 운영하는 수영장에 어린이가 빠져 중상해를 입은 것에 대하여 해당 수영장을 운영하는 사인에게 손해배상을 청구한 사건에서 이 사건 수영장에는 하나의 수영조에 성인용 구역과 어린이용 구역을 같이 설치하고 수영조 벽면에 수심표시를 제대로 하지 않는 등 수영장에 설치·보존상의 하자가 존재한다고 하면서 민법 제758조 제1항에 규정된 '공작물의 설치 또는 보존의 하자'로 인한 책임을 인정한 사례(대판 2019. 11. 28, 2017다14895).

4) 소결(국가배상법 유추적용설)

국가배상법이 국가와 지방자치단체의 배상책임만을 정하고 있는 것은 입법의 불비이다. 이에 관하여는 아직 판례가 없는데, 공행정작용으로 인한 손해에 대하여는 성질상 국가배상책임을 인정하는 것이 타당하고, 이것이 피해자에게도 유리하므로 공무수탁사인의 배상책임에도 국가배상법을 유추적용하는 것이 타당하다.

(3) 감독소홀로 인한 배상책임의 경우

공무위탁기관의 감독과실이 있었던 경우 당해 위탁기관이 속한 국가나 지방자치단체에 대하여도 국가배상을 청구할 수 있다.

Ⅲ. 국가배상책임(또는 국가배상법)의 성격

판례는 국가배상책임을 민사상 손해배상책임의 일종으로 보고, 국가배상법을 민법의 특별법으로 보고 있다(대판 1972. 10. 10, 69다701; 1971. 4. 6, 70다2955). 그리고, **국가배상청구소송을 민사소송으로 다루고 있다.**

그러나, 국가배상책임의 원인이 되는 행위가 공행정작용이라는 것과 국가배상책임의 문제가 공익과 관련이 있다는 것을 논거로 국가배상법을 공법으로 보고 국가배상책임을 공법상 책임으로 보는 견해가 행정법학자의 일반적 견해이다. 이 견해에 의하면 국가배상청구소송은 공법상 당사자소송으로 제기되어야 한다.

Ⅳ. 국가배상책임과 민법상 불법행위책임의 비교

국가배상법은 민법상 불법행위책임에 비하여 국가배상책임을, 그 차이는 실제에 있어 크지 않지만, 법규정상으로는 다소 엄격히 규정하고 있다. 즉, 국가배상법 제2조의 공무원의 불법행위로 인한 국가배상책임에 대응하는 것이 민법 제756조의 사용자책임인데, 민법 제756조 제1항 단서는 사용자에게 피용자의 선임감독에 과실이 없었다는 것을 사용자의 면책사유로 규정하고 있으나(다만, 실제에 있어서 사용자의 면책은 잘 인정되지 않는다) 국가배상책임에는 이러한 규정이 없다.

국가배상법 제5조의 영조물의 설치 또는 관리상의 하자로 인한 국가배상책임에 대응하는 것이 민법 제758조의 공작물 등의 점유자 및 소유자의 책임인데, 민법 제758조 제1항 단서는 점유자에게 과실이 없는 경우 점유자의 책임이 면책되는 것으로 규정하고 있지만, 국가배상책임에는 이에 상응하는 규정이 없다.

제 2 절 국가의 과실책임(국가배상법 제2조 책임): 공무원의 위법행위로 인한 국가배상책임

제 1 항 개 념

국가의 과실책임(過失責任)이란 공무원의 과실 있는 위법행위로 인하여 발생한 손해에 대한 배상책임을 말한다. 국가배상법 제2조가 이를 규정하고 있다.

국가배상법 제2조 ① 국가나 지방자치단체는 공무원 또는 공무를 위탁받은 사인(이하 "공무원"이라 한다)이 직무를 집행하면서 고의 또는 과실로 법령을 위반하여 타인에게 손해를 입히거나, 자동차손해배상보장법에 따라 손해배상의 책임이 있을 때에는 이 법에 따라 그 손해를 배상하여야 한다. 다만, 군인·군무원·경찰공무원 또는 예비군대원이 전투·훈련 등 직무 집행과 관련하여 전사·순직하거나 공상을 입은 경우에 본인이나 그 유족이 다른 법령에 따라 재해보상금·유족연금·상이연금 등의 보상을 지급받을 수 있을 때에는 이 법 및 「민법」에 따른 손해배상을 청구할 수 없다. ② 제1항 본문의 경우에 공무원에게 고의 또는 중대한 과실이 있으면 국가나 지방자치단체는 그 공무원에게 구상할 수 있다.

제 2 항 국가배상책임의 성질

국가배상법 제2조에 의한 국가배상책임의 성질에 관하여는 대위책임설, 자기책임설, 중간설 등이 첨예하게 대립하고 있다.

Ⅰ. 대위책임설

대위책임설(代位責任說)이란 국가배상책임을 피해자의 구제를 위하여 국가가 공무원의 개인적인 불법행위책임에 대신하여 지는 책임이라고 보는 견해이다.

Ⅱ. 자기책임설

자기책임설이란 국가배상책임을 국가가 공무원을 대신하여 지는 배상책임이 아니라 국가 자신의 책임으로서 지는 배상책임이라고 보는 견해이다.

이 견해는 공무원의 직무상 불법행위는 기관의 불법행위가 되므로 국가는 기관인 공무원의 불법행위에 대하여 직접 자기책임을 진다는 견해이다.

Ⅲ. 중 간 설

중간설은 공무원의 불법행위가 경과실에 기인한 경우에는 공무원의 행위는 기관행위가 되므로 국가의 배상책임이 자기책임이지만, 공무원의 불법행위가 고의나 중과실인 경우에는 기관행위로서의 품격을 상실하고 공무원 개인의 불법행위로 보아야 하므로 국가의 배상책임은 대위책임이라고 본다.

Ⅳ. 판례의 입장

판례는 국가배상책임의 성질에 대하여 명시적인 입장을 표명하고 있지 않지만, 자기책임설을 취한 것으로 보인다.

즉, 대법원은 공무원의 경과실의 경우 공무원의 행위를 기관행위로 보고 있으므로 경과실의 경우 국가의 배상책임을 자기책임으로 보는 것이 논리적이다.

판례가 고의 또는 중과실의 경우에는 "비록 그 행위가 그의 직무와 관련된 것이라고 하더라도 위와 같은 행위는 그 본질에 있어서 기관행위로서의 품격을 상실하여 국가 등에게 그 책임을 귀속시킬 수 없으므로 공무원 개인에게 불법행위로 인한 손해배상책임을 부담시킨다. 다만 이러한 경우에도… 피해자인 국민을 두텁게 보호하기 위하여 국가 등이… 배상책임을 부담하되 국가 등이 배상책임을 지게 된다"고 본 점에 비추어 보면 판례가 중간설에 입각한 것으로 볼 수도 있지만, 판례가 공무원의 고의 또는 중과실의 경우에도 "… 그 행위의 외관을 객관적으로 관찰하여 공무원의 직무집행으로 보여질 때에는 … 국가 등이 공무원 개인과 중첩적으로 배상책임을 부담하되 …"라고 판시(대판 1996. 2. 15, 95다38677)하고 있다.

V. 결 론

다음과 같은 이유에서 자기책임설이 타당하다.

① 민주적 법치국가하에서는 국가배상책임을 국가의 자기책임으로 보는 것이 타당하다.

② 국가배상책임의 성립역사에 비추어도 국가배상책임을 국가의 자기책임으로 보는 것이 타당하다. 국가면책특권이 헌법상 포기되면서 국가배상책임이 인정되게 된 것이다.

③ 공무원이 직무수행상 경과실로 타인에게 손해를 입힌 경우에 당해 공무원의 행위는 국가 등의 기관행위로 볼 수 있으므로 그 행위의 효과는 국가에 귀속되어 국가가 배상책임을 지는 것이다. 따라서 이 경우에 국가의 배상책임은 국가의 자기책임이다.

공무원의 위법행위가 고의·중과실에 기인하는 것인 때에는 당해 공무원의 행위는 기관행위로서의 품격을 상실하는 것이지만 당해 공무원의 불법행위가 직무와 무관하지 않는 한 직무행위로서의 외형을 갖추게 되는 것이므로 피해자와의 관계에서는 당해 공무원의 행위도 국가기관의 행위로 인정하여 국가의 자기책임을 인정할 수 있다. 따라서 이 경우에 국가의 피해자에 대한 배상책임은 일종의 자기책임이다.

VI. 국가배상책임의 성질에 관한 논의의 실익

후술하는 바와 같이 국가배상책임의 성질은 공무원 개념, 과실 개념, 공무원의 피해자에 대한 개인책임의 범위 및 국가 등에 대한 구상책임의 성격과 밀접한 관련을 가지고 있다.

제 3 항 국가배상책임의 성립요건 [2006 행시 사례]

국가배상법 제 2 조에 의한 국가배상책임이 성립하기 위하여는 ① 공무원이 직무를 집행하면서 타인에게 손해를 가하였을 것, ② 공무원의 가해행위는 고의 또는 과실로 법령에 위반하여 행하여졌을 것, ③ 손해가 발생하였고, 공무원의 불법한 가해행위와 손해 사이에 인과관계(상당인과관계)가 있을 것이 요구된다.

[문제] 상대적 위법성설 또는 행위위법설에 따른 위법과 과실의 판단에 대해 설명하시오.

I. 공 무 원

국가배상법 제2조는 "공무원 또는 공무를 위탁받은 사인"을 국가배상법상 공무원으로 규정하고 있다. '공무를 위탁받은 사인'은 공무수행사인을 말하고 공무수행사인에는 공무수탁사인, 공무대행사인, 행정보조자가 있다(행정조직법 권한의 위탁 참조). 그러므로 공무수탁사인도 국가배상법 제2조의 공무원으로 보아야 한다.

국가배상법 제2조상의 '공무원'은 국가공무원법 또는 지방공무원법상의 공무원 등 실질적으로 공무를 수행하는 자, 즉 기능적 공무원을 말한다.

[판례 1] 국가배상법 제2조 소정의 '공무원'의 의미: 국가배상법 제2조 소정의 '공무원'이라 함은 국가공무원법이나 지방공무원법에 의하여 공무원으로서의 신분을 가진 자에 국한하지 않고, 널리 공무를 위탁받아 실질적으로 공무에 종사하고 있는 일체의 자를 가리키는 것으로서, 공무의 위탁이 일시적이고 한정적인 사항에 관한 활동을 위한 것이어도 달리 볼 것은 아니다(대판 2001. 1. 5, 98다39060[구상금]: 지방자치단체가 '교통할아버지 봉사활동 계획'을 수립한 후 관할 동장으로 하여금 '교통할아버지'를 선정하게 하여 어린이 보호, 교통안내, 거리질서 확립 등의 공무를 위탁하여 집행하게 하던 중 '교통할아버지'로 선정된 노인이 위탁받은 업무 범위를 넘어 교차로 중앙에서 교통정리를 하다가 교통사고를 발생시킨 경우, 지방자치단체가 국가배상법 제2조 소정의 배상책임을 부담한다고 인정한 원심의 판단을 수긍한 사례).

[판례 2] 피고 대한변호사협회의 변호사등록 지연이 불법행위인지 여부가 다투어진 사안: [1] 피고 ○○은 피고 대한변호사협회의 장(長)으로서 국가로부터 위탁받은 공행정사무인 '변호사등록에 관한 사무'를 수행하는 범위 내에서는 국가배상법 제2조에서 정한 공무원에 해당한다. [2] 피고 대한변호사협회가 원고에게 아직 처벌받지 않은 여죄가 있을 가능성이 있다는 이유로 등록심사를 약 2개월간 지연하다가 원고의 변호사등록을 해준 것 즉 피고 대한변호사협회의 변호사등록 지연은 불법행위에 해당한다. [3] 피고 대한변호사협회장에게 고의 또는 중과실이 있다고 인정하기는 어렵고, 경과실만 인정되므로 경과실 공무원 면책 법리에 따라 피고 대한변호사협회장은 원고에 대한 배상책임을 부담하지 않는다(대판 2021. 1. 28, 2019다260197).

[판례 3] 육군 병기기계공작창 내규에 의해 군무수행을 위하여 채용되어 소속부대 차량의 운전업무에 종사하였고 일정한 급료를 지급받은 자도 국가배상법상의 공무원으로 본 사례(대판 1970. 11. 24, 70다2253); 국가나 지방자치단체에 근무하는 청원경찰도 국가공무원법이나 지방공무원법상의 공무원은 아니지만, 직무상의 불법행위에 대하여 민법이 아닌 국가배상법이 적용된다(대판 1993. 7. 13, 92다47564); 통장(統長)을 국가배상법상 공무원으로 본 사례(대판 1991. 7. 9, 91다5570). 판례가 소집중인 향토예비군을 국가배상법상의 공무원으로 보면서도(대판 1970. 5. 26, 70다471), 의용소방대원은 국가배상법상의 공무원이 아니라고 본 것(대판 1966. 6. 28, 66다808; 1975. 11. 25, 73다1896)은 타당하지 않다.

공무를 위탁받은 공공단체는 공무수탁자이고 공무수탁사인은 아니지만, 공무수탁사인에 준하여 국가배상법 제2조의 공무원으로 보는 것이 타당하다. 그러나, 판례는 공무를 위탁받은 공공단체 자체는 국가배상법 제2조의 공무원으로 보지 않았고, 공공단체의 직원을 국가배상법 제2조의 공무원으로 보았다.

행정기관이 국가배상법 제2조 소정의 공무원이 될 수 있는지에 관하여 견해가 대립하고 있는데, 판례는 행정기관이 실질적으로 공무를 수행하는 경우 국가배상법상의 공무원으로 본다(긍정설).

[판례] 구 수산청장으로부터 뱀장어에 대한 수출추천 업무를 위탁받은 수산업협동조합이 수출제한조치를 취할 당시 국내 뱀장어 양식용 종묘의 부족으로 종묘확보에 지장을 초래할 우려가 있다고 판단하여 추천업무를 행하지 않은 것이 공무원으로서 타인에게 손해를 가한 때에 해당한다고 한 사례(대판 2003. 11. 14, 2002다55304).

Ⅱ. 직무행위

1. 직무행위의 의미

국가배상법 제2조가 적용되는 직무행위(職務行爲)에 관하여 판례 및 다수설은 권력작용뿐만 아니라 비권력적 공행정작용을 포함하는 모든 공행정작용(公行政作用) 및 입법작용과 사법(司法)작용을 의미한다고 본다.

국가 또는 공공단체라 할지라도 공권력의 행사가 아니고 순전히 대등한 지위에서 사경제의 주체로 활동하였을 경우에는 그 손해배상의 책임에 국가배상법의 규정이 적용될 수 없고 민법이 적용된다. 다만, 이 중에서 영조물의 설치·관리의 하자로 인한 배상책임은 국가배상법 제5조에 따로 규정이 있으므로 국가배상법에 의해 규율된다.

[판례 1] 국가배상청구의 요건인 '공무원의 직무'의 범위: 국가배상청구의 요건인 '공무원의 직무'에는 권력적 작용만이 아니라 비권력적 작용도 포함되며 단지 행정주체가 사경제주체로서 하는 활동만 제외된다(대판 2001. 1. 5, 98다39060).
[판례 2] 국가 또는 공공단체라 할지라도 공권력의 행사가 아니고 순전히 대등한 지위에서 사경제의 주체로 활동하였을 경우에는 그 손해배상의 책임에 국가배상법의 규정이 적용될 수 없으므로, 시영버스사고에 대하여 시는 민법에 의한 책임을 지고 그 운전사가 시의 별정직공무원이라 하여 결론을 달리하지 않는다(대판 1969. 4. 22, 68다2225).
[판례 3] 서울시가 그 산하 구청관내의 청소를 목적으로 그 소속차량을 운행하는 것은 공권력의 행사이다(대판 1980. 9. 24, 80다1051).

2. 입법작용 및 사법작용

국가배상법 제2조상의 '직무행위'에는 입법작용(立法作用)과 사법작용(司法作用)도 포함된다.

(1) 입법작용으로 인한 국가배상책임

판례에 의하면 입법작용(입법부작위 포함)의 위법은 법령의 위헌·위법을 말하는 것이 아니라 **입법과정에서의 국회(국회의원)가 지는 국민에 대한 직무상 의무의 위반**을 말한다. 그리고, 판례는 입법내용이 헌법의 문언에 명백히 위배됨에도 불구하고 국회가 굳이 당해 입법을 한 것과 같은 특수한 경우에 한하여 위법 및 과실을 인정하고 있다(대판 2008. 5. 29, 2004다33469[거창사건]).

입법작용으로 인한 국가배상책임에 있어서는 국회의원 개개인의 입법활동상의 위법 및 과실이 문제되는 것이 아니라 합의체로서의 국회의 입법활동상의 위법 및 과실이 문제된다.

(2) 사법작용으로 인한 국가배상책임

사법작용(司法作用)으로 인한 손해의 배상에 대하여도 원칙상 국가배상법이 적용된다.

사법작용 중 재판이 아닌 행위(예 범죄수사행위)에 대하여 국가배상법이 적용되는 데에는 큰 문제가 없지만 재판행위에 있어서는 재판행위의 특성에 비추어 특별한 고찰을 요한다.

1) 기판력과 국가배상

판례는 기판력이 재판행위로 인한 국가배상책임의 인정을 배제하지 않는다고 보고 있다(대판 2003. 7. 11, 99다24218).

2) 심급제도와 국가배상책임

판례는 심급제도의 존재를 국가배상책임의 제한근거로 들고 있다(대판 2001. 4. 24, 2000다16114[손해배상(기)]).

[판례 1] 법관이 행하는 재판사무의 특수성과 그 재판과정의 잘못에 대하여는 따로 불복절차에 의하여 시정될 수 있는 제도적 장치가 마련되어 있는 점 등에 비추어 보면, 법관의 재판에 법령 규정을 따르지 않은 잘못이 있더라도 이로써 바로 재판상 직무행위가 국가배상법 제2조 제1항에서 말하는 위법한 행위로 되어 국가의 손해배상책임이 발생하는 것은 아니다(대판 2023. 6. 1, 2021다202224).

[판례 2] 재판에 대하여 따로 불복절차 또는 시정절차가 마련되어 있는 경우에는 재판의 결과로 불이익 내지 손해를 입었다고 여기는 사람은 그 절차에 따라 자신의 권리 내지 이익을 회복하도록 함이 법이 예정하는 바이므로, 불복에 의한 시정을 구할 수 없었던 것 자체가 법관이나 다른 공무원의 귀책사유로 인한 것이라거나 그와 같은 시정을 구할 수 없었던 부득이한 사정이 있었다는 등의 특별한 사정이 없는 한, 스스로 그와 같은 시정을 구하지 아니한 결과 권리 내지 이익을 회복하지 못한 사람은 원칙적으로 국가배상에 의한 권리구제를 받을 수 없다고 봄이 상당하다고 하겠으나, 재판에 대하여 불복절차 내지 시정절차 자체가 없는 경우에는 부당한 재판으로 인하여 불이익 내지 손해를 입은 사람은 국가배상 이외의 방법으로는 자신의 권리 내지 이익을 회복할 방법이 없으므로, 이와 같은 경우에는 배상책임의 요건이 충족되는 한 국가배상책임을 인정하지 않을 수 없다(대판 2003. 7. 11, 99다24218: 헌법재판소 재판관이 청구기간 내에 제기된 헌법소원심판청구 사건에서 청구기간을 오인하여 각하결정을 한 경우, 이에 대한 불복절차 내지 시정절차가 없는 때에는 국가배상책임(위법성)을 인정할 수 있다고 한 사례).

3) 재판작용으로 인한 국가배상책임의 요건

판결이 상소심이나 재심에서 취소되었다는 것만으로 국가배상법상 위법이 인정되지는 않는다.

재판행위로 인한 국가배상책임의 인정에 있어서 위법은 판결 자체의 위법이 아니라 법관의 재판상 직무수행에 있어서의 공정한 재판을 위한 **직무상 의무의 위반으로서의 위법**이라고 보아야 한다.

판례는 재판행위의 국가배상법상의 위법을 법관이 위법 또는 부당한 목적을 가지고 재판을 하였다거나 법이 법관의 직무수행상 준수할 것을 요구하고 있는 기준을 현저하게 위반하는 등 법관이 그에게 부여된 권한의 취지에 명백히 어긋나게 이를 행사하였다고 인정할 만한 특별한 사정이 있는 경우에 한하여 **제한적**으로 **인정**하고 있다(대판 2003. 7. 11, 99다24218: 헌법소원심판청구사건에서 청구기간의 오인으로 인하여 각하결정을 내린 경우 국가배상책임을 인정한 사례). 이것이 확고한 판례의 입장이다(대판 2023. 6. 1, 2021다202224: 사법보좌관의 재판상 직무행위((예) 민사집행법상 배당표원안을 작성하고 확정하는 사법보좌관의 행위)에 대한 국가의 손해배상책임에 대하여도 위 법리가 마찬가지로 적용된다고 한 사례).

Ⅲ. 직무를 집행하면서(직무관련성)[2001 입시 사례]

공무원의 불법행위에 의한 국가의 배상책임은 공무원의 가해행위가 직무집행행위인 경우뿐만 아니라 그 자체는 직무집행행위가 아니더라도 직무와 일정한 관련이 있는 경우, 즉 '직무를 집행하면서' 행하여진 경우에 인정된다. 그런데 '직무를 집행하면서'의 해석과 관련하여 다음과 같이 견해가 대립되고 있다.

1. 외 형 설

종래의 통설은 '직무를 집행하면서'의 판단에 있어 외형설(外形說)을 취하고 있다.

외형설에 의하면 직무집행행위뿐만 아니라 실질적으로 직무집행행위가 아니더라도 외형상 직무행위로 보여질 때에는 "직무를 집행하면서 한 행위"로 본다.

2. 판　　례

판례가 외형설만을 취한 것으로 보는 것이 다수견해이지만, 판례는 '실질적 직무관련'과 '외형적 직무관련' 중의 하나에만 해당하면 직무관련성을 인정하고 있다고 보는 것이 타당하다.

(1) 외형설을 취한 경우

외형적 직무관련은 행위자인 공무원의 주관적 의사와 관계없이 공무원의 불법행위가 외형상 직무행위라고 판단될 수 있는지 여부가 그 판단기준이 된다.

[판례 1] 사고차량이 군용차량이고 운전사가 군인임이 외관상 뚜렷한 이상, 실제는 공무집행에 속하는 것이 아니라 하여도 공무수행중의 행위로 보아야 한다(대판 1971. 3. 23, 70다2986).

[판례 2] [1] **국가배상법 제2조 제1항에 정한 '직무를 집행함에 당하여'의 의미**: 국가배상법 제2조 제1항의 '직무를 집행함에 당하여'라 함은 직접 공무원의 직무집행행위이거나 그와 밀접한 관련이 있는 행위를 포함하고, 이를 판단함에 있어서는 행위 자체의 외관을 객관적으로 관찰하여 공무원의 직무행위로 보여질 때에는 비록 그것이 실질적으로 직무행위가 아니거나 또는 행위자로서는 주관적으로 공무집행의 의사가 없었다고 하더라도 그 행위는 공무원이 '직무를 집행함에 당하여' 한 것으로 보아야 한다. [2] 인사업무담당 공무원이 다른 공무원의 공무원증 등을 위조한 행위에 대하여 실질적으로는 직무행위에 속하지 아니한다 할지라도 외관상으로 국가배상법 제2조 제1항의 직무집행관련성을 인정한 원심의 판단을 수긍한 사례(대판 2005. 1. 14, 2004다26805).

판례에 의하면 가해행위가 실질적으로 공무수행행위가 아니라는 사정을 피해자가 알았다 하더라도 이에 대한 국가의 책임은 원칙상 부인되지 않는다고 한다(대판 1966. 3. 22, 66다117[손해배상]; 1966. 6. 28, 66다781).

(2) 실질적 직무관련을 기준으로 한 경우

실질적 직무관련은 직무와 공무원의 불법행위 사이의 내용면에서의 관련 여부와 시간적·장소적·도구적 관련 등을 종합적으로 고려하여 구체적인 경우에 직무가 공무원의 불법행위에 원인을 제공하였다고 볼 수 있는지 여부가 그 판단기준이 된다.

예를 들면, 수사관이 수사 중 행한 성고문행위는 외형상 직무행위라고 볼 수는 없지만 시간적, 장소적으로 직무행위인 수사행위와 밀접한 관련이 있기 때문에 "직무를 집행하면서" 행한 행위라고 할 수 있다.

[판례 1] 육군중사가 훈련에 대비하여 개인 소유의 오토바이를 운전하여 사전정찰차 훈련지역 일대를 돌아보고 귀대하다가 교통사고를 일으킨 경우, 오토바이의 운전행위는 국가배상법 제2조 소정의 직무집행행위에 해당한다: 국가배상법 제2조 소정의 "공무원이 그 직무를 집행함에 당하여"라고 함은 직무의 범 위 내에 속한 행위이거나 직무수행의 수단으로써 또는 직무행위에 부수하여 행하여지는 행위로서 직무와 밀접한 관련이 있는 것도 포함되는바, 육군중사가 자신의 개인소유 오토바이 뒷좌석에 같은 부대 소속 군인을태우고 다음날부터 실시예정인 훈련에 대비하여 사전정찰차 훈련지역 일대를 살피고 귀대하던 중 교통사고가 일어났다면, 그가 비록 개인소유의 오토바이를 운전한 경우라 하더라도 실질적, 객관적으로 위 운전행위는 그에게 부여된 훈련지역의 사전정찰임무를 수행하기 위한 직무와 밀접한 관련이 있다고 보아야 한다(대판 1994. 5. 27, 94다6741). 〈참고〉 피고(대한민국)가 위 정연경의 오토바이 운행에 관하여 어떤 지시나 관리를 하는 등 그 운행을 지배하였다거나 그로 인한 운행이익을 향유하였다는 점을 인정할 만한 아무런 증거가 없으므로 피고가 자동차손해배상보장법 소정의 운행자의 지위에 있다 할 수 없다.

[판례 2] 미군부대 소속 선임하사관이 공무차 개인소유차를 운전하고 출장을 갔다가 퇴근하기 위하여 집으로 운행하던 중 사고가 발생한 경우 위 차량의 운전행위가 국가배상법 제2조 소정의 직무집행행위에 속한다: 한미행정협정에 의하여 적용되는 국가배상법 제2조 소정의 '공무원이 그 직무를 집행함에 당하여'라고 함은 직무의 범위 내에 속하거나 직무와 밀접한 관련이 있는 것이라고 객관적으로 보여지는 행위를 함에 당하여라고 해석하여야 할 것인바, 미군부대 소속 선임하사관이 소속부대장의 명에 따라 공무차예하부대로 출장을 감에 있어 부대에 공용차량이 없었던 까닭에 개인소유의 차량을 빌려 직접 운전하여 예하부대에 가서 공무를 보고 나자 퇴근시간이 되어서 위 차량을 운전하여 집으로 운행하던 중 교통사고가 발생하였다면 위 선임하사관의 위 차량의 운행은 실질적, 객관적으로 그가 명령받은 위 출장명령을 수행하기 위한 직무와 밀접한 관련이 있는 것이라고 보아야 한다(대판 1988. 3. 22, 87다카1163).

3. 결어(실질적 직무관련설)

"직무를 집행하면서"는 국가 등의 배상책임의 범위를 정하는 책임요건의 하나이므로 이론상 실질적 직무관련을 기준으로 "직무를 집행하면서"를 판단하는 것이 타당하다.

Ⅳ. 법령 위반(위법) [1996 사시 약술]

[문제] 국가배상법상의 위법을 논하시오.
1. 행위위법설과 상대적 위법성설
2. 손해방지의무 위반으로서의 위법
3. 직무상 의무 위반으로서의 위법
4. 부작위의 위법
5. 항고소송에서의 위법과의 비교 및 관계

국가배상법은 '법령 위반'을 요구하고 있는데, 학설은 일반적으로 국가배상법상의 **'법령 위반'**(法令違反)이 **위법 일반**을 의미하는 것으로 보고 있고 판례도 그러하다(대판 1973. 1. 30, 72다2062). 그러나, 국가배상법상의 위법의 구체적 의미, 내용에 관하여 견해가 대립하고 있다.

1. "법령"의 의미

국가배상법은 "법령" 위반을 요구하고 있는데, 여기에서 "법령"이 무엇을 의미하는지에 관하여 학설의 일반적 견해는 **'법 일반'**을 의미한다고 본다. 성문법령뿐만 아니라 관습법, 법의 일반원칙, 조리 등 불문법도 포함한다.

행정규칙은 법규성을 갖지 않는 한 법령에 포함되지 않는다는 견해가 일반적 견해이다.

2. 국가배상법상 위법 개념(위법의 일반적 판단기준)

(1) 결과불법설

결과불법설(結果不法說)은 국가배상법상의 위법을 가해행위의 결과인 손해의 불법을 의미한다고 보는 견해이다.

결과불법설에서의 위법성의 판단은 국민이 받은 손해가 시민법상의 원리에 비추어 볼 때 수인되어야 할 것인가(정당한 것인가)의 여부가 그 기준이 된다.

결과불법설은 민법상 불법행위책임에서는 통설이며 타당한 이론이지만, 법치행정의 원칙상 행위의 위법 여부를 논하여야 하는 국가배상책임에서는 타당하지 않은 이론이다.

(2) 행위위법설

행위위법설은 국가배상법상의 위법은 행위의 '법규범'에의 위반을 의미한다고 보는 견해이다.

(3) 직무의무위반설

이 견해는 국가배상법상의 위법을 대국민관계에서의 **공무원의 직무의무 위반**으로 보는 견해이다. 공무원의 직무의무는 기본적으로 국가에 대한 공무원의 내부의무이므로 직무의무 위반만으로는 위법하다고 할 수 없고, 그 **직무의무가 국민의 이익에 기여하는 경우에 한하여** 그 위반이 위법한 것이 된다고 한다. 즉, 직무의무의 사익보호성을 국가배상법상 위법의 요소로 본다(박종수, 488~491면).

(4) 상대적 위법성설

상대적 위법성설(相對的 違法性說)은 국가배상법상의 위법성을 행위의 적법·위법뿐만 아니라, 피침해이익의 성격과 침해의 정도 및 가해행위의 태양 등을 종합적으로 고려하여 행위가 객관적으로 정당성을 결여한 경우를 의미한다고 보는 견해이다. 상대적 위법성설은 피해자와의 관계에서 상대적으로 위법성을 인정한다.

상대적 위법성설은 일본의 다수설과 판례의 입장이다. 상대적 위법성설은 국가배상책임은 손해전보에 중점이 있으므로 국가배상법상 위법의 판단에서는 행위의 위법·적법과 함께 피침해이익을 고려하여야 한다는 데 근거한다.

(5) 판　　례

① 판례는 원칙상 상대적 위법성설을 취한 것으로 볼 수 있다. 즉, 국가배상법상의 위법을 행위의 양태와 목적, 피해자의 관여 여부와 정도, 침해된 이익의 종류와 손해의 정도, 손해의 전보책임을 국가가 부담할 만한 실질적 이유가 있는지 등 여러 사정을 종합적으로 고려하여 객관적 정당성을 상실한 것으로 본다. 판례가 상대적 위법성설에 따르는 대표적인 경우는 재량권의 불행사의 위법이 문제되는 경우이다. 이 경우 과실 판단도 위법 판단에 포함하여 판단하고 위법이 인정되면 특별한 사정이 없는 한 과실도 인정하는 경우가 적지 않다.

[판례 1] 국가배상책임에 있어서 법령 위반(위법)이라 함은 엄격한 의미의 법령 위반뿐 아니라 인권존중, 권력남용금지, 신의성실과 같이 공무원으로서 마땅히 지켜야 할 준칙이나 규범을 지키지 않고 위반한 경우를 포함하여 널리 그 행위가 객관적인 정당성을 결여하고 있음을 뜻하는 것이다(대판 2020. 4. 29, 2015다224797 등).

[판례 2] [1] 공무원의 직무행위가 객관적 정당성을 잃었는지는 행위의 양태와 목적, 피해자의 관여 여부와 정도, 침해된 이익의 종류와 손해의 정도 등 여러 사정을 종합하여 판단하되, 손해의 전보책임을 국가가 부담할 만한 실질적 이유가 있는지도 살펴보아야 한다. [2] 한편 법률이 행정청에 대하여 행정입법을 할 재량을 부여하였다 하더라도, 그 재량을 부여한 취지와 목적에 비추어 행정청이 행정입법의 권한을 행사하지 아니한 것이 현저하게 합리성을 잃어 사회적 타당성이 없는 경우에는 그 부작위가 객관적 정당성을 상실하였다고 볼 수 있고, 객관적 정당성을 상실하였다고 볼 수 있는 경우에는 특별한 사정이 없으면 국가배상법 제2조 제1항에서 정한 공무원의 과실도 인정된다(대판 전원합의체 2024. 12. 19, 2022다289051).

[판례 3] 해군본부가 해군 홈페이지 자유게시판에 집단적으로 게시된 '제주해군기지 건설사업에 반대하는 취지의 항의글' 100여 건을 삭제하는 조치를 객관적 정당성을 상실한 위법한 직무집행에 해당한다고 보기 어렵다고 한 사례(대판 2020. 6. 4, 2015다233807).

상대적 위법성설에 따르면 가해행위 자체가 법을 위반한 경우에도 국가배상법상으로는 적법할 수 있고, 가해행위가 자체가 법을 위반하지 않은 경우에도 국가배상법상으로는 위법할 수 있다.

② 판례가 행위위법설을 취한 경우도 있다. 판례가 행위위법설에 따르는 대표적인 경우는 기속행위의 위법 또는 법령에서 정한 행위 자체의 위법이 문제되는 경우이다. 행위위법설을 취한 경우에는 가해행위의 법에의 위반을 위법으로 보고, 이 경우에 통상 위법과 과실은 별도로 판단한다.

[판례 1] [1] 국가배상책임의 성립요건으로서의 '법령 위반'의 의미: 국가배상책임은 공무원의 직무집행이 법령에 위반한 것임을 요건으로 하는 것으로서, 공무원의 직무집행이 법령이 정한 요건과 절차에 따라 이루어진 것이라면 특별한 사정이 없는 한 이는 법령에 적합한 것이고 그 과정에서 개인의 권리가 침해되는 일이 생긴다고 하여 그 법령적합성이 곧바로 부정되는 것은 아니다. [2] 경찰관이 교통법규 등을 위반하고 도주하는 차량을 순찰차로 추적하는 직무를 집행하는 중에 그 도주 차량의 주행에 의하여 제3자가 손해를 입은 경우, 경찰관의 추적행위가 위법한 것인지 여부(한정 소극): 경찰관은 수상한 거동 기타 주위의 사정을 합리적으로 판단하여 어떠한 죄를 범하였거나 범하려 하고 있다고 의심할 만한 상당한 이유가 있는 자 또는 이미 행하여진 범죄나 행하여지려고 하는 범죄행위에 관하여 그 사실을 안다고 인정되는 자를 정지시켜 질문할 수 있고, 또 범죄를 실행중이거나 실행 직후인 자는 현행범인으로, 누구임을 물음에 대하여 도망하려 하는 자는 준현행범인으로 각 체포할 수 있으며, 이와 같은 정지 조치나 질문 또는 체포 직무의 수행을 위하여 필요한 경우에는 대상자를 추적할 수도 있으므로, 경찰관이 교통법규 등을 위반하고 도주하는 차량을 순찰차로 추적하는 직무를 집행하는 중에 그 도주차량의 주행에 의하여 제3자가 손해를 입었다고 하더라도 그 추적이 당해 직무 목적을 수행하는 데에 불필요하다거나 또는 도주차량의 도주의 태양 및 도로교통상황 등으로부터 예측되는 피해발생의 구체적 위험성의 유무 및 내용에 비추어 추적의 개시·계속 혹은 추적의 방법이 상당하지 않다는 등의 특별한 사정이 없는 한 그 추적행위를 위법하다고 할 수는 없다(대판 2000. 11. 10, 2000다26807, 26814). 〈해설〉 차량에 대한 경찰순찰차의 추적행위가 적법하더라도 추적방법이 상당하지 않은 경우 그 추적행위를 국가배상법상 위법하다고 할 수 있다.

[판례 2] 피고인의 변호인으로부터 조력을 받을 권리와 변호인의 피고인에 대한 접견교통권을 침해하는 행위는 불법행위이고, 그에 대해 국가배상책임이 인정된다(대판 2021.11.25, 2019다235450).

[판례 3] 헌법상 과잉금지의 원칙 내지 비례의 원칙을 위반하여 국민의 기본권을 침해한 국가작용은 국가배상책임에서 법령을 위반한 가해행위가 된다(대판 2022. 9. 29, 2018다224408).

상기 대법원 전원합의체 판결에서 다수의견은 상대적 위법성설에 입각했지만, 별개의견은 행위위법설을 취하고 있다.

[판례] 국민에게 손해를 입힌 국가의 행위가 공법상 위법함에도, 그 행위의 객관적 정당성이 상실되지 않았다는 등의 이유로 국가배상책임의 위법성 판단을 달리하여 그 책임을 면할 수는 없다고 보아야 한다(대판 전원합의체 2024. 12. 19, 2022다289051[대법관 김상환, 대법관 노태악, 대법관 권영준, 대법관 노경필의 별개의견]).

3. 국가배상법상 위법의 유형

판례에 따르면 국가배상법상 위법의 유형을 가해행위의 유형 또는 위법의 기준 및 내용에 따라 고찰할 필요가 있다.

국가배상에 있어서는 행위 자체의 관계법령에의 위반뿐만 아니라 행위의 태양(態樣)의 위법, 즉 피침해이익과 관련하여 요구되는 공무원의 '직무상 손해방지의무 위반'으로서의 위법도 국가배상법상 위법이 된다.

(1) 행위 자체의 법 위반

행정처분(예 허가취소처분, 영업정지처분)의 위법과 같이 공권력 행사 자체가 가해행위인 경우에는 행위위법설에 따라 공권력행사 자체의 법에의 위반 여부가 위법의 판단기준이 된다.

(2) 행위의 집행방법상 위법

행위 자체는 적법하나 그 집행방법상 위법이 인정되는 경우이다. 이 경우에는 집행방법에 관한 명문의 규정이 있는 경우 그 위반이 위법이고, 집행방법에 관하여 명문의 규정이 없는 경우에도 손해방지의무 위반이 있으면 위법이 인정된다.

[판례] 경찰관이 교통법규 등을 위반하고 도주하는 차량을 순찰차로 추적하는 행위는 적법하나 그 추적이 당해 직무 목적을 수행하는 데에 불필요하다거나 또는 도주차량의 도주의 태양 및 도로교통상황 등으로부터 예측되는 피해발생의 구체적 위험성의 유무 및 내용에 비추어 추적의 개시·계속 혹은 추적의 방법이 상당하지 않다는 등의 특별한 사정이 있는 경우에는 국가배상법상 위법이 인정된다(대판 2000. 11. 10, 2000다26807: 경찰관이 교통법규 등을 위반하고 도주하는 차량을 순찰차로 추적하는 직무를 집행하는 중에 그 도주차량의 주행에 의하여 제3자가 손해를 입은 사건에서 위법성 부정한 사례).

행정강제 자체는 적법하나 행정강제를 수행하는 과정에서 법령 위반 또는 손해방지의무 위반으로 손해를 발생시킨 경우 위법성이 인정된다.

(3) 직무의무 위반으로서의 위법 [2013 사시, 2021 행시]

공무원의 직무상 의무가 문제되는 경우가 있는데, 이 경우에는 공무원의 직무상 의무위반이 위법이 된다. 직무상 의무위반이 국가배상법상 위법으로 판단되는 대표적인 경우는 입법행위 또는 사법행위(司法行爲)의 위법과 직무상 손해방지의무 위반으로서의 위법의 경우이다.

직무상 의무는 **법령**에서 명시적으로 규정하고 있는 경우도 있고(대판 2001. 10. 23, 99다36280 [정수처리규정위반사건]), 법령에 명시적인 규정이 없는 경우에도 **법질서 및 조리로부터 도출**되는 경우도 있다(대판 1998. 8. 25, 98다16890[방치된 트랙터사건]). 공무원의 일반적인 직무상 손해방지의무는 법령에 명시적인 규정이 없이 인정되는 직무상 의무의 대표적인 예이다.

[판례] [1] **토지형질변경허가권자의 위험관리의무의 내용 및 그 의무위반이나 재량에 의한 허가취소권 등의 불행사가 위법한 것으로 인정되기 위한 요건:** 구 도시계획법(2000. 1. 28. 법률 제6243호로 전문 개정되기 전의 것), 구 도시계획법시행령(2000. 7. 1. 대통령령 제16891호로 전문 개정되기 전의 것), 토지의형질변경등행위허가기준등에관한규칙 등의 관련 규정의 취지를 종합하여 보면, 시장 등은 토지형질변경허가를 함에 있어 허가지의 인근 지역에 토사붕괴나 낙석 등으로 인한 피해가 발생하지 않도록 허가를 받은 자에게 옹벽이나 방책을 설치하게 하거나 그가 이를 이행하지 아니할 때에는 스스로 필요한 조치를 취하는 직무상 의무(위험관리의무)를 진다고 해석되고, 이러한 의무의 내용은 단순히 공공 일반의 이익을 위한 것이 아니라 전적으로 또는 부수적으로 사회구성원 개인의 안전과 이익을 보호하기 위하여 설정된 것(사익보호성)이라 할 것이므로, 지방자치단체의 공무원이 그와 같은 위험관리의무를 다하지 아니한 경우 그 의무위반이 직무에 충실한 보통 일반의 공무원을 표준으로 할 때 객관적 정당성을 상실하였다고 인정될 정도에 이른 경우에는 국가배상법 제2조에서 말하는 위법의 요건을 충족하였다고 봄이 상당하고, 허가를 받은 자가 위 규칙에 기하여 부가된 허가조건을 위배한 경우 시장 등이 공사중지를 명하거나 허가를 취소할 수 있는 등 형식상 허가권자에게 재량에 의한 직무수행권한을 부여한 것처럼 되어 있더라도 시장 등에게 그러한 권한을 부여한 취지와 목적에 비추어 볼 때 구체적인 사정에 따라 시장 등이 그 권한을 행사하여 필요한 조치를 취하지 아니하는 것이 현저하게 불합리하다고 인정되는 경우에는 그러한 권한의 불행사는 직무상의 의무를 위반하는 것이 되어 위법하게 된다. [2] 토석채취공사 도중 경사지를 굴러 내린 암석이 가스저장시설을 충격하여 화재가 발생한 사안에

서, 토지형질변경허가권자에게 허가 당시 사업자로 하여금 위해방지시설을 설치하게 할 의무를 다하지 아니한 위법과 허가 후 작업 도중 구체적인 위험이 발생하였음에도 작업을 중지시키는 등의 사고예방조치를 취하지 아니한 위법이 있다고 한 사례(대판 2001. 3. 9, 99다64278)). 〈해설〉 사익보호성을 위법성의 요소로 본 과거의 판례이다.

직무상 의무 위반이 국가배상법상 위법이 되기 위해 직무상 의무의 사익보호성이 요구되는지에 관하여 견해의 대립이 있다. 직무의무위반설에서는 직무상 의무의 사익보호성을 요구하고 있다. 그러나, 법치행정의 원칙에 비추어 공권력 행사가 법을 위반하면 위법으로 보는 것이 타당하므로 직무상 의무의 사익보호성을 위법의 조건으로 요구하는 것은 타당하지 않고, 직무상 의무가 법적 의무인 한 그 위반은 위법으로 보아야 할 것이다. **판례도 직무상 의무의 사익보호성**을 위법의 요소로 보지 않는다. 과거 판례 중에는 직무상 의무의 사익보호성을 위법성의 요소로 요구한 판례가 있었지만(대판 2001. 10. 23, 99다36280[정수처리규정위반사건]; 2001. 3. 9, 99다64278), 현재의 판례는 직무상 의무의 사익보호성을 위법성의 요소로 보지 않고, **상당인과관계의 요소**로 보고 있다(대판 2001. 4. 3, 2000다34891; 2010. 9. 9, 2008다77795. 후술 인과관계 참조).

[판례] [1] **공무원이 법령에서 부과된 직무상 의무를 위반한 것을 계기로 제3자가 손해를 입은 경우 제3자에게 손해배상청구권이 인정되기 위한 요건**: 공무원이 법령에서 부과된 직무상 의무를 위반한 것을 계기로 제3자가 손해를 입은 경우에 제3자에게 손해배상청구권이 인정되기 위하여는 공무원의 직무상 의무 위반행위와 제3자의 손해 사이에 상당인과관계가 있어야 하고, 상당인과관계의 유무를 판단함에 있어서는 일반적인 결과발생의 개연성은 물론 직무상 의무를 부과한 법령 기타 행동규범의 목적이나 가해행위의 태양 및 피해의 정도 등을 종합적으로 고려하여야 할 것인바, 공무원에게 직무상 의무를 부과한 법령의 목적이 사회 구성원 개인의 이익과 안전을 보호하기 위한 것이 아니고 단순히 공공일반의 이익이나 행정기관 내부의 질서를 규율하기 위한 것이라면, 설령 공무원이 그 직무상 의무를 위반한 것을 계기로 하여 제3자가 손해를 입었다고 하더라도 공무원이 직무상 의무를 위반한 행위와 제3자가 입은 손해 사이에 상당인과관계가 있다고 할 수 없다. [2] 부산2저축은행 발행의 후순위사채에 투자한 원고들이 사채발행회사, 외부감사인, 증권회사, 신용평가회사, 금융감독원, 대한민국 등을 상대로 손해배상을 청구한 사안에서, 금융위원회의 설치 등에 관한 법률의 입법취지 등에 비추어 볼 때, 피고 금융감독원에 금융기관에 대한 검사·감독의무를 부과한 법령의 목적이 금융상품에 투자한 투자자 개인의 이익을 직접 보호하기 위한 것이라고 할 수 없으므로, 피고 금융감독원 및 그 직원들의 위법한 직무집행과 부산2저축은행의 후순위사채에 투자한 원고들이 입은 손해 사이에 상당인과관계가 있다고 보기 어렵다고 판단한 원심을 수긍한 사례(대판 2016. 12. 23, 2015다210194).

행정규칙에서 정한 공무원의 직무상 의무의 위반은 원칙상 위법이 되지 않는다. 다만, 행정규칙에서 정한 공무원의 직무상 의무가 안전 등과 관련이 있어 법질서 및 조리에 의해 요구되는 법적 의무인 손해방지의무(안전관리의무)에 해당하는 경우에는 결과적으로 그 위반이 위법이 될 수 있다. 행정규칙 위반이 위법이 아니라 법질서 및 조리에 의해 요구되는 법적 의무인 손해방지의무(안전관리의무) 위반이 위법한 것이다.

(4) 상대적 위법성설을 취한 경우

전술한 바와 같다.

(5) 부작위에 의한 손해배상책임[2011행시(재경직) 사례, 1997·2009 사시 사례, 2016 사시 사례, 2001 입시 사례]

1) 개설(부작위에 의한 손해배상책임의 문제) 2) 조리에 의한 작위의무의 인정 여부 가. 긍 정 설 나. 부 정 설 다. 판례(긍정설)	라. 결 어 3) 직무상 작위의무의 사익보호성 4) 부작위(행정권 불행사)의 위법성 5) 고의 또는 과실

1) 개설(부작위에 의한 손해배상책임의 문제)

부작위에 의한 국가배상에서의 부작위는 신청을 전제로 하지 않는다. 따라서, 국가배상법상 부작위는 행정권의 불행사를 의미한다. 또한 작위의무는 직무상 의무를 의미하므로 부작위의 위법은 직무상 의무위반을 의미한다.

부작위(不作爲)는 작위의무를 전제로 하는데, 조리상 작위의무를 인정할 수 있는가의 문제, 부작위에 의한 손해배상책임에 있어서 작위의무의 사익(개인적 이익)보호성이 요구되는가 하는 문제와 부작위(행정권 불행사)의 위법성의 문제가 논의의 대상이 되고 있다.

2) 조리에 의한 작위의무의 인정 여부

작위의무가 법령에서 명문으로 규정되어 있지 않은 경우에도 조리에 의해 법적 작위의무를 인정할 수 있는가 하는 문제에 대하여 학설은 대립하고 있다.

가. 긍 정 설 이 견해는 국가배상책임을 민법상 불법행위책임과 성질을 같이 하는 것으로 보면서 공서양속(公序良俗)·조리 내지 건전한 사회통념에 근거하여 법적 작위의무를 인정할 수 있다는 견해이다. 이 견해는 피해자의 구제를 목적으로 하는 국가배상에 있어서 법률에 의한 행정의 원리를 강조하는 것은 타당하지 않다고 주장한다.

법치행정의 목적은 인권보장이라는 점과 생명과 재산을 보호하여야 한다는 국가의 임무에 비추어 조리에 의한 위험방지의무를 인정하는 견해도 있는데(박윤흔, 675면), 이 견해가 타당하다.

나. 부 정 설 이 견해는 법률에 의한 행정의 원칙에 비추어 법률상의 근거를 결하는 작위의무를 인정할 수 없다는 견해이다.

다. 판례(긍정설) **판례**는 형식적 의미의 법령에 명시적으로 공무원의 작위의무가 규정되어 있지 않음에도 일정한 경우에 관련 법규정에 비추어 **조리상 위험(손해)방지작위의무**(危險防止作爲義務)를 **인정**하고 있다. 즉, **판례**에 따르면 국민의 생명, 신체, 재산 등에 대하여 절박하고 중대한 위험상태가 발생하였거나 발생할 우려가 있어서 국민의 생명, 신체, 재산 등을 보호하는 것을 본래적 사명으로 하는 국가가 초법규적·일차적으로 그 위험 배제에 나서지 아니하면 국민의 생명, 신체, 재산 등을 보호할 수 없는 경우(달리 말하면 법이론상 재량권이 영으로 수축하는 경우)에는 형식적 의미의 법령에 근거가 없더라도 국가나 관련 공무원에 대하여 그러한 위험을 배제할 작위의무를 인정할 수 있을 것이나, 그와 같은 절박하고 중대한 위험상태가 발생하였거나 발생할 우려가 있는 경우가 아닌 한, 원칙적으로 공무원이 관련 법령대로만 직무를 수행하였다면 그와 같은 공무원의 부작위를 가지고 '고의 또는 과실로 법령에 위반'하였다고 할 수는 없다(대판 2005. 6. 10, 2002다53995).

[판례] 법령에 명시적으로 공무원의 작위의무가 규정되어 있지 않은 경우에도 공무원의 부작위로 인한 국가배상책임을 인정할 수 있는지 여부(한정 적극) 및 그 판단기준: 공무원의 부작위로 인한 국가배상책임을 인정하기 위하여는 공무원의 작위로 인한 국가배상책임을 인정하는 경우와 마찬가지로 '공무원이 그 직무를 집행함에 당하여 고의 또는 과실로 법령에 위반하여 타인에게 손해를 가한 때'라고 하는 국가배상법 제 2 조 제 1 항의 요건이 충족되어야 할 것인바, 여기서 '법령에 위반하여'라고 하는 것이 엄격하게 형식적 의미의 법령에 명시적으로 공무원의 작위의무가 규정되어 있는 데도 이를 위반하는 경우만을 의미하는 것은 아니고, 국민의 생명, 신체, 재산 등에 대하여 절박하고 중대한 위험상태가 발생하였거나 발생할 우려가 있어서 국민의 생명, 신체, 재산 등을 보호하는 것을 본래적 사명으로 하는 국가가 초법규적·일차적으로 그 위험 배제에 나서지 아니하면 국민의 생명, 신체, 재산 등을 보호할 수 없는 경우에는 형식적 의미의 법령에 근거가 없더라도 국가나 관련 공무원에 대하여 그러한 위험을 배제할 작위의무를 인정할 수 있을 것이나, 그와 같은 절박하고 중대한 위험상태가 발생하였거나 발생할 우려가 있는 경우가 아닌 한, 원칙적으로 공무원이 관련 법령대로만 직무를 수행하였다면 그와 같은 공무원의 부작위를 가지고 '고의 또는 과실로 법령에 위반'하였다고 할 수는 없을 것이므로, 공무원의 부작위로 인한 국가배상책임을 인정할 것인지 여부가 문제되는 경우에 관련 공무원에 대하여 작위의무를 명하는 법령의 규정이 없다면 공무원의 부작위로 인하여 침해된 국민의 법익 또는 국민에게 발생한 손해가 어느 정도 심각하고 절박한 것인지, 관련 공무원이 그와 같은 결과를 예견하여 그 결과를 회피하기 위한 조치를 취할 수 있는 가능성이 있는지 등을 종합적으로 고려하여 판단하여야 한다(대판 2005. 6. 10, 2002다53995: 이 사건 점용허가를 한 담당 공무원에 대하여 점용허가된 토지가 하천사업에 편입되는 사정으로 인해 이 사건 점용허가가 취소될 수 있고 그로 인해 이 사건 토지에 신축한 비행장 등을 철거할 가능성이 있다는 사정을 원고에게 알려 주어 원고로 하여금 위 점용허가에 따른 비행장 설치 등으로 인한 손해를 입지 않게 할 주의의무가 있다고 할 수 없다고 한 사례). 〈해설〉 그러나, 비행장 설치를 위한 점용허가의 대상이 된 토지가 하천사업에 편입될 예정인 사실을 알았던 경우에는 조리상 손해방지의무(기본권보장의무)에 따라 고지할 의무가 있다고 보아야 한다.

라. 결 어 작위의무(손해방지의무)는 명문의 법규정뿐만 아니라 각 행정분야에서의 객관적 법질서(관련법규 및 조리) 및 인권존중의 원칙(국가의 기본권 보장의무) 및 조리로부터도 도출될 수 있는 것으로 보아야 하므로 **긍정설**이 타당하다.

국가는 국민의 생명·신체·재산을 보호할 일반적 책무를 지는 것이며 국민의 기본권을 보장할 일반적 책무를 지게 된다. 구체적 사안에서 관련 실정법 전체의 구조, 침해의 가능성이 있는 법익의 종류 및 법익침해의 위험성의 정도 등을 고려하여 관계 행정공무원에게 손해를 방지할 구체적 의무가 있다고 해석될 수 있는 경우에는 명문의 규정이 없다고 하더라도 손해를 방지할 법적 작위의무를 인정할 수 있을 것이다.

3) 직무상 작위의무의 사익보호성

판례는 직무상 의무의 사익보호성을 **상당인과관계의 요소로서 요구**한다. 즉, 공무원에게 부과된 직무상 작위의무의 내용이 단순히 공공 일반의 이익을 위한 것이거나 행정기관 내부의 질서를 규율하기 위한 것이 아니고 전적으로 또는 부수적으로 사회구성원 개인의 안전과 이익을 보호하기 위하여 설정된 것이어야 국가배상책임이 인정된다고 한다.

[판례 1] 선박검사규정 및 운항중지규정 등의 사익보호성을 인정한 사례 [1] 공무원의 직무상 의무위반으로 국가가 배상책임을 부담하게 되는 경우의 직무상 의무의 내용과 상당인과관계의 판단기준: 공무원에게 부과된 직무상 의무의 내용이 단순히 공공 일반의 이익을 위한 것이거나 행정기관 내부의 질서를 규율하기 위한 것이 아니고 전적으로 또는 부수적으로 사회구성원 개인의 안전과 이익을 보호하기 위하여 설정된 것이라면, 공무원이 그와 같은 직무상 의무를 위반함으로 인하여 피해자가 입은 손해에 대하여는 상당인과관계가 인정되는 범위 내에서 국가가 배상책임을 지는 것이고, 이때 상당인과관계의 유무를 판단함에 있어서는 일반적인 결과발생의 개연성은 물론 직무상 의무를 부과하는 법령 기타 행동규범의 목적이나 가해행위의 태양 및 피해의 정도 등을 종합적으로 고려하여야 할 것이다(대판 2017. 11. 9, 2017다228083). [2] 선박안전법이나 유선및도선업법의 각 규정은 공공의 안전 외에 일반인의 인명과 재화의 안전보장도 그 목적으로 하는 것이라고 할 것이므로 국가 소속 선박검사관이나 시 소속 공무원들이 직무상 의무를 위반하여 시설이 불량한 선박에 대하여 선박중간검사에 합격하였다 하여 선박검사증서를 발급하고, 해당 법규에 규정된 조치(운항중지 등)를 취함이 없이 계속 운항하게 함으로써 화재사고가 발생한 것이라면, 화재사고와 공무원들의 직무상 의무위반 행위와의 사이에는 상당인과관계가 있다(대판 1993. 2. 12, 91다43466[3][극동호선박사고사건]).

[판례 2] 고도정수처리규정의 사익보호성을 부정한 사례 [1] 일반적으로 국가 또는 지방자치단체가 권한을 행사할 때에는 국민에 대한 손해를 방지하여야 하고, 국민의 안전을 배려하여야 하며, 소속 공무원이 전적으로 또는 부수적으로라도 국민 개개인의 안전과 이익을 보호하기 위하여 법령에서 정한 직무상의 의무에 위반하여 국민에게 손해를 가하면 상당인과관계가 인정되는 범위 안에서 국가 또는 지방자치단체가 배상책임을 부담하는 것이지만, 공무원이 직무를 수행하면 서 그 근거되는 법령의 규정에 따라 구체적으로 의무를 부여받았어도 그것이 국민의 이익과는 관계없이 순전히 행정기관 내부의 질서를 유지하기 위한 것이거나, 또는 국민의 이익과 관련된 것이라도 직접 국민 개개인의 이익을 위한 것이 아니라 전체적으로 공공 일반의 이익을 도모하기 위한 것이라면 그 의무에 위반하여 국민에게 손해를 가하여도 국가 또는 지방자치단체는 배상책임을 부담하지 아니한다. [2] 상수원수 2급에 미달하는 상수원수는 고도의 정수처리 후 사용하여야 한다는 환경정책기본법령상의 의무 역시 위에서 본 수질기준 유지의무와 같은 성질의 것이므로, 지방자치단체가 상수원수의 수질기준에 미달하는 하천수를 취수하거나 상수원수 3급 이하의 하천수를 취수하여 고도의 정수처리가 아닌 일반적 정수처리 후 수돗물을 생산·공급하였다고 하더라도, 그렇게 공급된 수돗물이 음용수 기준에 적합하고 몸에 해로운 물질이 포함되어 있지아니한 이상, 지방자치단체의 위와 같은 정수처리 관련법령을 위반한 수돗물 생산·공급행위가 국민에 대한 불법행위가 되지 아니한다고 한 사례(대판 2001. 10. 23, 99다36280[정수처리규정 위반사건]). 〈해설〉 직무상 의무의 사익보호성을 가해행위의 위법성의 요소로 본 판례이다.

[판례 3] 하천법의 관련 규정에 비추어 볼 때, 이 사건 안양천의 유지·관리 및 점용허가 관련 업무를 맡고 있는 피고 서울특별시 양천구의 담당공무원은 안양천의 적정한 유지·관리를 도모하고, 점용허가로 인한 공공의 피해가 발생하지 아니하도록 점용허가를 받은 자가 허가조건을 준수하도록 하여야 하며, 정기적으로 하천점용상황에 대한 점검을 실시하여 불법적인 점용실태가 적발될 경우에는 그 시정을 위한 필요한 조치를 취하여야 할 직무상 의무가 있다고 할 것이고, 이러한 의무는 단순히 공공 일반의 이익을 위한 것만이 아니라 부수적으로라도 사회구성원 개개인의 안전과 이익을 보호하기 위하여 설정된 것으로 보아야 할 것이다(대판 2006. 4. 14, 2003다41746: 하천노상주차장에 주차되어 있는 차량의 침수피해에 대하여 피고 서울특별시는 안양천 유지·관리의 사무귀속 주체로서, 피고 서울특별시 양천구는 대외적으로 위 사무와 관련된 비용부담자로서, 각자 원고들의 손해를 배상할 책임이 있다고 판단한 사례).

---

3) 이 사건의 개요는 다음과 같다. 극동호라는 유람선의 운항중 노후된 기관이 과열되었고, 그 기관으로부터 약 1.3미터 떨어진 배기관에 파공이 3개소 생겼고, 그 파공을 통해 발화성 배기가스와 불씨 등이 튀어 나와 인근의 기름이 묻은 선체벽에 붙어 화재가 발생하였다. 그 때 위 선박의 기관장 등이 소화기로 진화코자 하였으나 소화기의 안전핀이 뽑히지 아니하여 조기에 진화하지 못한 까닭에 90명 중 36명이 익사 또는 소사하였다. 이에 원고는 마산지방해운항만청 충무출장소 공무원이 선박안전법 제5조 제1항에 의한 선박검사를 함에 있어 검사의무를 해태하였고, 충무시장은 유선 및 도선업법 제5조 제3호상의 감독의무를 해태하여 이와 같은 사고가 났다고 주장하며 국가와 충무시를 상대로 손해배상을 청구하였다.

4) 행정권 불행사의 위법성[2013 사시]

행정권의 행사 또는 불행사는 재량행위인 경우가 많다. 이 경우에는 이론상 재량권이 영으로 수축하는 경우 및 비례원칙에 반하는 경우 등 재량권의 일탈·남용의 경우에 행정기관의 부작위가 위법하게 된다.

판례는 재량행위인 행정권의 불행사(부작위 또는 거부)가 **현저하게 불합리하다고 인정되는 경우**에는 직무상의 의무를 위반한 것이 되어 위법하게 된다고 한다.

[판례 1] 경찰관의 권한 불행사가 직무상 의무를 위반하여 위법하게 되는 경우: 경찰은 범죄의 예방, 진압 및 수사와 함께 국민의 생명, 신체 및 재산의 보호 기타 공공의 안녕과 질서유지를 직무로 하고 있고, 직무의 원활한 수행을 위하여 경찰관 직무집행법, 형사소송법 등 관계 법령에 의하여 여러 가지 권한이 부여되어 있으므로, 구체적인 직무를 수행하는 경찰관으로서는 제반 상황에 대응하여 자신에게 부여된 여러 가지 권한을 적절하게 행사하여 필요한 조치를 할 수 있고, 그러한 권한은 일반적으로 경찰관의 전문적 판단에 기한 합리적인 재량에 위임되어 있으나, 경찰관에게 권한을 부여한 취지와 목적에 비추어 볼 때 구체적인 사정에 따라 경찰관이 권한을 행사하여 필요한 조치를 하지 아니하는 것이 현저하게 불합리하다고 인정되는 경우에는 권한의 불행사는 직무상 의무를 위반한 것이 되어 위법하게 된다(대판 2016. 4. 15, 2013다20427).

[판례 2] 경찰관이 농민들의 시위를 진압하고 시위과정에 도로상에 방치된 트랙터 1대에 대하여 이를 도로 밖으로 옮기거나 후방에 안전표지판을 설치하는 것과 같은 위험발생방지조치를 취하지 아니한 채 그대로 방치하고 철수하여 버린 결과, 야간에 그 도로를 진행하던 운전자가 위 방치된 트랙터를 피하려다가 다른 트랙터에 부딪혀 상해를 입은 사안에서 국가배상책임을 인정한 사례(대판 1998. 8. 25, 98다16890). 〈해설〉 경찰은 농민들의 시위를 진압하고 시위과정에 도로상에 트랙터가 방치되어 있는 경우에는 이를 도로 밖으로 옮기거나 후방에 안전표지판을 설치하는 것과 같은 위험발생방지조치를 취할 직무상 의무가 있다고 할 수 있다.

[판례 3] 피해자로부터 범죄신고와 함께 신변보호요청을 받은 경찰관의 보호의무 위반을 인정한 사례(대판 1998. 5. 26, 98다11635).

[판례 4] 경찰서 및 교도소 소속 공무원들이 인신이 구금된 자의 생명·신체·건강의 위험을 방지할 주의의무를 위반하였다고 본 사례(대판 2005. 7. 22, 2005다27010)

[판례 5] [1] 장애인의 접근권은 장애인이 인간다운 생활을 하는 데 필수적인 전제가 되는 권리로서, 비록 헌법에 명시되지는 않았으나 헌법 규정들로부터 도출되는 기본권으로서의 지위를 가진다. 다만 장애인의 접근권이 접근에 대한 방해의 금지를 구하는 소극적·방어적인 수준을 넘어 비장애인과 동등한 수준의 접근을 보장할 수 있는 특정 시설과 설비를 설치할 것을 국가나 사인(私人)에게 적극적으로 요구할 수 있는 권리로 구체화되기 위해서는 이를 위한 법률이 필요하다 할 것이고, 국가는 제한된 재정 능력과 사회·경제적 발전 수준 등을 고려하여 장애인에 대한 접근권이 적절히 보장되도록 필요한 조치를 취할 의무가 있다. 장애인차별금지법은 장애인에 대한 모든 차별을 방지하고 이를 시정하기 위한 적극적 조치를 할 의무를 국가에 부과하고 있다(같은 법 제8조). [2] 국회가 법률로 행정청에 특정한 사항을 위임했음에도 불구하고 행정청이 정당한 이유 없이 이를 이행하지 않는다면 권력분립의 원칙과 법치국가 또는 법치행정의 원칙에 위배되는 것으로서 위법함과 동시에 위헌적인 것이 되고, 이는 행정청이 법률에서 대통령령으로 정하도록 위임받은 사항을 전혀 입법하지 않은 경우(진정행정입법부작위)는 물론 그 법률이 위임한 사항을 불충분하게 규정함으로써 법률이 위임한 행정입법의무를 제대로 이행하지 않은 경우(원칙상 부진정행정입법부작위)도 마찬가지이다. [3] **행정청이 정당한 이유 없이 장애인의 접근권 보장을 위한 개선입법의무를 이행하지 않는 경우, 그 행정입법 부작위는 위법한지 여부(적극):** 구 장애인·노인·임산부 등의 편의증진 보장에 관한 법률 시행령(2022. 4. 27. 대통령령 제32607호로 개정되기 전의 것) 제3조[4] [별표 1](편의시설 설치 대상시설(제3조 관련)) 제2호(공공건물 및 공중이용시설) (가)목(제1종 근린생활시설)의 (1)이 정한 편의시설 설치의무 대상시설의 범위(바닥면

---

4) 제3조(대상시설) 법 제7조 본문의 규정에 의하여 편의시설을 설치하여야 하는 대상시설은 별표 1과 같다.

적 합계가 300제곱미터 이상 1천제곱미터 미만인 소매점)[5]가 지나치게 좁아 사회·경제적 발전 정도 및 장애인 편의시설 설치에 관한 사회적 공감대를 따라가지 못한다면, 그러한 규정(부진정행정입법부작위)은 법률이 보장하고자 한 장애인의 접근권을 침해하거나, 장애인의 접근권을 점진적으로 확대해 나아가고자 한 모법의 위임 취지를 도외시한 것으로 평가될 수 있을 것(위법하다 할 것)이다.[6] 이러한 경우 행정청에는 장애인을 위한 편의시설 설치가 강제되는 대상시설을 확대하여 장애인의 접근권을 실질적으로 개선하는 형태로 해당 행정입법을 개정할 구체적인 의무가 발생한다고 할 것이고, 행정청이 정당한 이유 없이 그 개선입법의무를 이행하지 않는다면 그 행정입법 부작위(진정행정입법부작위)는 위법하다고 할 것이다.[7] [4] 위법한 행정입법 부작위로 인한 국가배상책임이 인정되기 위한 요건: 법률이 행정청에 대하여 행정입법을 할 재량을 부여하였다 하더라도, 그 재량을 부여한 취지와 목적에 비추어 행정청이 행정입법의 권한을 행사하지 아니한 것이 현저하게 합리성을 잃어 사회적 타당성이 없는 경우에는 그 부작위가 객관적 정당성을 상실하였다고 볼 수 있고, 객관적 정당성을 상실하였다고 볼 수 있는 경우에는 특별한 사정이 없으면 국가배상법 제2조 제1항에서 정한 공무원의 과실도 인정된다. [5] 장애인의 접근권이 침해된 경우, 그로 인하여 장애인이 입게 되는 정신적 손해에 대해 국가의 위자료 지급의무가 있다. 국가배상법 제3조 제5항이 생명, 신체의 침해에 따른 위자료의 지급을 규정하고 있을 뿐이라 하더라도, 이는 생명, 신체 외의 다른 권리의 침해에 따른 위자료의 지급의무를 배제하는 것이라고 볼 수 없다. 〈해설〉 1) 판례는 행정입법권의 불행사로 인한 국가배상의 문제로 보았는데, 행정입법부작위로 인한 국가배상의 문제로 보는 것이 보다 타당하다. 2) 시행명령의 미제정으로 인한 국가배상을 인정한 대법원 판결(대판 2007. 11. 29, 2006다3561[군법무관 보수청구사건])이 있었는데, 이 사건(대판 전원합의체 2024. 12. 19, 2022다289051)은 위법한 명령을 개정하지 않은 것으로 인한 국가배상을 인정한 최초의 사례이다. 이 판결이 부진정한 행정입법 부작위로 인한 국가배상을 처음으로 인정한 것이라고 평가하는 견해(정남철, 행정입법부작위에 대한 국가배상, 행정법학 제28호, 2025.3, 67면 이하 참조)도 있지만, 부진정행정입법부작위로 초래된 위법한 법령의 개선입법의무(개정의무)의 불이행으로 인한 국가배상을 인정한 최초의 판례로 보는 것이 타당하다. 3) 판례는 행정권의 불행사로 인한 국가배상의 법리를 적용하였지만, 행정입법의무가 있는지 특히 위법한 명령의 개폐의무가 있는지에 대한 판단도 했다. 판례는 위법한 명령을 개폐하지 않은 것에 정당한 사유가 없다면 위법하다고 하였다. 다수의견은 구 장애인·노인·임산부 등의 편의증진 보장에 관한 법률 시행령(2022. 4. 27. 대통령령 제32607호로 개정되기 전의 것) 제3조[8] [별표 1] 제2호 (가)목의 (1)이 편의시설 설치의무 대상시설의 범위를 바닥면적 합계가 300제곱미터 이상 1천제곱미터 미만인 소매점으로 지나치게 좁게 규정한 것은 위법이고, 이러한 경우 해당 행정입법을 개정할 구체적인 의무가 발생한다고 할 것이고, 행정청이 정당한 이유 없이 그 개선입법의무를 이행하지 않는다면 그 행정입법 부작위(진정행정입법부작위)는 위법하다고 할 것이라고 하였다. 이는 위법한 명령(부진정 행정입법부작위인 명령 포함)의 개폐의무를 인정한 것이고, 행정입법부작위(개폐의무 불이행)의 위법을 인정한 것으로 볼 수 있다. 이 경우 공무원의 주관적 과실을 별도로 판단한다면 법령개폐업무를 담당하는 공무원이 객관적인 주의의무를 소홀히 했는지, 즉 해당 법령의 위법과 개폐의무를 알았거나 알 수 있었는지 그리고, 상당히 기간 개폐의무의 이행을 지체했는지를 기준으로 판단하여야 한다. 4) 다수견해는 국가배상책임이 인정되기 위해서는 공무원의 가해행위가 위법하고 과실이 있어야 한다고 보면서 그 위법은 상대적 위법설에 따른 위법(객관적 정당성의 결여), 그 과실은 공무원의 주관적 과실(객관적 주의의무 위반)로 보았다. 다만, 다수견해는 재량행위인 행정권의 불행사로 인한 국가배상에서와 같이 행정청이 재량권인 행정입법의 권한을 행사하지 아

5) 이 사건 소송 제기 이후 2022.4.27. 위 규정은 다음과 같이 개정되었다. "수퍼마켓·일용품(식품·잡화·의류·완구·서적·건축자재·의약품·의료기기 등을 말한다. 이하 같다) 등의 소매점으로서 동일한 건축물(하나의 대지 안에 2동 이상의 건축물이 있는 경우에는 이를 동일한 건축물로 본다. 이하 같다) 안에서 당해 용도에 쓰이는 바닥면적의 합계가 50제곱미터 이상 1천제곱미터 미만인 시설".

6) 이 사건 구 장애인·노인·임산부 등의 편의증진 보장에 관한 법률 시행령(2022. 4. 27. 대통령령 제32607호로 개정되기 전의 것) 제3조 [별표 1](편의시설 설치 대상시설(제3조 관련)) 제2호(공공건물 및 공중이용시설) (가)목(제1종 근린생활시설)의 (1)의 법적 성격은 부진정입법부작위의 규정 즉 위법한 법령이다.

7) 위법한 명령(부진정 행정입법부작위인 명령 포함)의 개폐의무를 인정한 것으로 볼 수 있다.

8) 제3조(대상시설) 법 제7조 본문의 규정에 의하여 편의시설을 설치하여야 하는 대상시설은 별표 1과 같다.

니한 것이 현저하게 합리성을 잃어 사회적 타당성이 없는 경우에는 그 부작위가 객관적 정당성을 상실하였다고 볼 수 있고, 객관적 정당성을 상실하였다고 볼 수 있는 경우에는 특별한 사정이 없으면 국가배상법 제2조 제1항에서 정한 공무원의 과실도 인정된다고 하였다. 이에 대하여 별개의견은 국가배상법상의 위법을 행위위법설에 따른 위법(작위 또는 부작위의 법 위반)으로 보고, 국가배상법상의 과실을 객관적 과실(즉 국가작용의 흠)로 보고 위법이면 과실이 있는 것으로 보아 위법만으로 국가배상책임을 인정하여야 한다고 보았다. 별개의견은 위법하면 과실을 묻지 않고 국가배상을 인정하여야 한다고 하는데, 이러한 입장은 입법론으로는 몰라도 해석론으로는 타당하지 않다. 해석론으로는 과실 개념에 관한 객관설을 취하여 위법하면 과실을 인정할 수 있다고 하여야 한다. 또한, 별개의견은 상대적 위법성설에 입각한 다수의견과 달리 행위위법설의 입장을 취한 것으로 판단된다. 5) 다수의견은 현행 법제상 행정입법의무의 불이행에 대해서는 손쉬운 사법적(司法的) 권리구제 수단이 마련되어 있지 않아(예, 행정입법의무 불이행에 대한 항고소송이나 당사자소송 불인정) 국가배상청구가 가장 유효하고 실질적으로 유일한 규범통제 수단이라고 보면서 국가배상사건에서 이 점도 아울러 참작하여야 한다고 하였다.

판례가 재량행위인 행정권한의 불행사의 위법을 현저한 합리성의 결여라는 추상적인 기준에 의해 판단하는 것은 문제가 있다. 재량행위인 행정권한의 불행사의 위법은 법이론상 재량권의 영으로의 수축이론 등에 의해 판단하여야 한다.

행정권의 발동이 기속행위인 경우에는 부작위가 곧 위법이 된다.

권한을 행사하지 아니한 것이 직무상 의무를 위반하여 위법한 것으로 되는 경우에는 특별한 사정이 없는 한 과실도 인정된다(대판 2010. 9. 9, 2008다77795 참조).

[판례 1] 식품의약품안전청장 등이 구 식품위생법 제7조, 제9조, 제10조, 제16조 등에 의하여 부여된 권한을 행사하지 않은 것이 직무상 의무를 위반한 것으로 위법하다고 인정되기 위한 요건 및 그 권한 불행사가 위법한 것으로 평가되는 경우 과실도 인정되는지 여부(적극): 구 식품위생법(2005. 1. 27. 법률 제7374호로 개정되기 전의 것) 제7조, 제9조, 제10조, 제16조 등 관련 규정이 식품의약품안전청장 및 관련 공무원에게 합리적인 재량에 따른 직무수행 권한을 부여한 것으로 해석된다고 하더라도, 식품의약품안전청장 등에게 그러한 권한을 부여한 취지와 목적에 비추어 볼 때 구체적인 상황 아래에서 식품의약품안전청장 등이 그 권한을 행사하지 아니한 것이 현저하게 합리성을 잃어 사회적 타당성이 없는 경우에는 직무상 의무를 위반한 것이 되어 위법하게 된다. 그리고 위와 같이 식약청장등이 그 권한을 행사하지 아니한 것이 직무상 의무를 위반하여 위법한 것으로 되는 경우에는 특별한 사정이 없는 한 과실도 인정된다(대판 2010. 9. 9, 2008다77795: 어린이가 '미니컵 젤리'를 먹다가 질식하여 사망한 사안에서, 식품의약품안전청장 등이 그 사고 발생 시까지 구 식품위생법상의 규제 권한을 행사하여 미니컵 젤리의 수입·유통 등을 금지하거나 그 기준과 규격, 표시 등을 강화하고 그에 필요한 검사 등을 실시하는 조치를 취하지 않은 것이 현저하게 합리성을 잃어 사회적 타당성이 없다거나 객관적 정당성을 상실하여 위법하다고 할 수 있을 정도에까지 이르렀다고 보기 어렵고, 그 권한 불행사에 과실이 있다고 할 수도 없다고 한 원심의 판단이 정당하다고 한 사례).

[판례 2] 2004. 2.경 어린이가 미니컵 젤리를 섭취하던 중 미니컵 젤리가 목에 걸려 질식사한 두 건의 사고가 연달아 발생한 뒤 약 8개월 20일 이후 다시 어린이가 미니컵 젤리를 먹다가 질식사한 사안에서, 식품의약품안전청장 등이 미니컵 젤리의 유통을 금지하거나 물성실험 등을 통하여 미니컵 젤리의 위험성을 확인하고 기존의 규제조치보다 강화된 미니컵 젤리의 기준 및 규격 등을 마련하지 아니하였다고 하더라도 이를 현저하게 합리성을 잃어 사회적 타당성이 없다고 볼 수 있는 정도에 이른 것이라고 보기 어렵다고 한 사례(대판 2010. 11. 25, 2008다67828). 〈해설〉 동일한 사망사건이 이미 8개월 전에 2건 있었던 점에 비추어 반복적인 사고에 의한 손해발생의 방지를 위해 필요한 조치(권력적 조치뿐만 아니라 행정지도, 홍보 등 비권력적 조치 포함)를 취할 의무가 보다 강하게 요구된다는 점을 고려하여야 할 것이다.

(6) 행정규칙 위반

행정규칙의 대외적인 법적 구속력이 인정되지 않는 한 원칙상 행정규칙 위반만으로 가해행위가 위법하게 되지 않는다. 공무원의 조치가 적법한지는 행정규칙에 적합한지 여부가 아니라 상위법령의 규정과 입법 목적 등에 적합한지 여부에 따라 판단해야 한다(대판 2020. 5. 28, 2017다211559).

다만, 총기사용의 안전수칙과 같이 손해방지를 위한 안전성확보의무를 정하는 행정규칙을 위반한 가해행위는 당해 행정규칙이 위법이 아닌 한 그 위법성과 과실이 인정된다고 보아야 한다. 행정규칙을 위반하여 위법인 것이 아니라 조리상 손해방지의무(안전관리의무)를 위반하여 위법하게 되는 것이며 공무원은 행정규칙을 알고 있어야 하므로 과실이 인정되는 것이다.

(7) 재량행위의 위법

재량권의 일탈 또는 남용의 경우에는 항고소송에서와 같이 국가배상소송에서도 위법성을 인정하나, 부당에 그치는 재량권 행사의 과오는 위법성을 구성하지 않는 것으로 보는 데 학설은 일치하고 있다.

그리고, 앞에서 서술한 바와 같이 **판례**는 재량권의 불행사가 현저하게 불합리하여 위법하다고 판단되는 경우 특별한 사정이 없으면 과실도 인정된다고 한다.

(8) 절차의 위법과 국가배상책임

절차상 위법한 가해행위로 손해가 발생한 경우에 있어서 절차상 위법과 손해 사이에 상당인과관계가 있는 경우 국가배상책임이 인정된다. 절차상 위법하지만 실체상 적법하여 실제에 있어서 손해가 발생하였다고 볼 수 없는 경우 국가배상책임이 인정될 수 없다.

(9) 수익적 행정처분의 위법

수익적 행정처분이 신청인에 대한 관계에서 국가배상법 제2조 제1항의 위법성이 있는 것으로 평가되기 위하여는 **객관적으로 보아 그 행위로 인하여 신청인이 손해를 입게 될 것임이 분명하다고 할 수 있어 신청인을 위하여도 당해 행정처분을 거부할 것이 요구되는 경우**이어야 한다(대판 2001. 5. 29, 99다37047).

[판례 1] 수익적 행정처분이 신청인에 대한 관계에서 국가배상법 제2조 제1항의 위법성이 있는 것으로 평가되기 위한 요건: 수익적 행정처분은 그 성질상 특별한 사정이 없는 한 그 처분이 이루어지는 것이 신청인의 이익에 부합하고, 이에 대한 법규상의 제한은 공공의 이익을 위한 것이어서 그러한 법규상의 제한 사유가 없는 한 원칙적으로 이를 허용할 것이 요청된다고 할 것이므로, 수익적 행정처분이 신청인에 대한 관계에서 국가배상법 제2조 제1항의 위법성이 있는 것으로 평가되기 위하여는 당해 행정처분에 관한 법령의 내용, 그 성질과 법률적 효과, 그로 인하여 신청인이 무익한 비용을 지출할 개연성에 관한 구체적 사정 등을 종합적으로 고려하여 객관적으로 보아 그 행위로 인하여 신청인이 손해를 입게 될 것임이 분명하다고 할 수 있어 신청인을 위하여도 당해 행정처분을 거부할 것이 요구되는 경우이어야 한다(대판 2001. 5. 29, 99다37047: 도로구역결정 전의 도로계획부지에 대한 중소기업창업승인행위가 위법하지 않다고 한 사례). 〈해설〉 [1] 원심은

그 인정 사실을 기초로, 원고에게 구 중소기업창업지원법(1995. 11. 22. 법률 제4978호로 개정되기 전의 것, 이하 같다.) 제21조에 의한 이 사건 사업계획승인(이하 '창업승인'이라고 한다) 및 건축법에 의한 건축허가를 하여 준 피고의 담당 공무원은 당시 그 공장부지 부근 토지에 제21호 고속국도 '천안-논산선'(이에 대한 노선 지정은 창업승인 이후, 건축허가 이전인 1996. 7. 1.에, 도로구역결정 고시는 이 사건 창업승인 및 건축허가 이후인 1997. 8. 1. 각 되었다.)의 건설이 계획되어 있었던 사실을 알고 있었으므로 그 이전에 원심 공동피고 한국도로공사로부터 교부받은 위 고속국도의 노선도(을 제45호증의 2)를 참조하여야 할 뿐 아니라, 다른 중소기업 창업승인신청의 경우와 같이 한국도로공사에 공식으로 문의를 하여 이 사건 공장부지가 위 고속국도 건설계획에 저촉되는지 여부를 확실하게 알아 본 후에 창업승인을 하여야 함에도 이를 게을리 한 채, 그 저촉 여부를 확실하게 알 수도 없는 축적 1:200,000의 환경영향평가서에 들어 있는 개략노선도와 위 고속국도와는 아무런 관련이 없는 주식회사 대우건설이 작성한 노선도만을 기초로 이 사건 공장부지가 위 고속국도 건설계획에 저촉되지 않는다고 성급하게 판단한 과실로 이 사건 창업승인을 하였고, 또한, 건축허가를 할 때에도 이미 창업승인이 이루어졌음을 이유로 별도의 협의를 거치지 않고, 한국도로공사에 문의하거나 위 고속국도건설계획 부지에 저촉되는지의 여부를 다시 확인함이 없이 한국도로공사 직원으로부터 비공식적으로 교부받은 것으로서 부본이나 사본의 표시도 없는 도면만을 기초로 삼았던 과실이 있으므로, 피고(천안시)는 이 사건 창업승인으로 인하여 그 이후 원고가 지출한 창업비용과 기계제작비 손해를 배상할 의무가 있다고 판단하였다.

[2] 대법원은 다음과 같이 판시하였다: 수익적 행정행위인 이 사건 창업승인과 관련한 피고의 위법행위 여부에 관하여 보건대, 앞에서 본 바와 같은 창업승인의 효과에 비추어 창업승인은 중소기업의 창업을 용이하게 하여 주기 위한 것으로서, 중소기업의 창업을 위하여 반드시 창업승인을 받아야 하는 것은 아니고 개별 법률이 정하는 요건을 갖추어 창업할 수도 있는 점, 구 중소기업창업지원법시행령 제27조 및 위 법 제21조 제3항에 의하여 작성된 창업승인업무처리지침에 의하면 창업승인을 받은 사업계획은 승인을 받아 변경할 수 있고, 사업계획의 변경에는 공장부지의 변경도 포함되므로 창업승인을 받은 공장부지 위의 공장건축이 장차 도로개설과 같은 사유로 인하여 불가능하게 될 수 있다고 하더라도 그 창업승인 및 이에 따른 창업준비활동이 신청인에게 무익한 것이라고 단정하기 어려운 점, 원심판결 이유에 의하더라도 이 사건 창업승인 당시 위 고속국도는 도로구역이 결정되기 전의 계획단계에 불과한 것으로서, 아직 그 계획부지에 대한 창업승인이나 건축 등이 법적으로 제한된 것으로 볼 수는 없는 점, 위 법 제22조의 규정으로 보아 창업승인이 이루어지더라도 공장건축을 하기 위하여는 별도로 건축허가를 받아야 하는 점 등을 종합적으로 고려하면, 이 사건 창업승인을 한 피고의 담당 공무원에게 그 신청인인 원고의 이익을 위하여 이를 거부할 의무 또는 원고가 창업승인을 신청한 공장부지를 변경하게 될 경우 입을지도 모를 손해를 입지 않도록 그 공장부지가 위 고속국도의 계획부지에 저촉되는지 여부를 확인하여 알려줄 의무가 있었다거나 이 사건 창업승인으로 인하여 원고가 그 계획부지에 공장이 건축될 것이라는 신뢰를 가지게 하였다고 보기는 어렵다고 할 것이다(즉 창업승인행위가 위법하다고 할 수 없다){다만, 기록과 원심판결 이유에 의하여 알 수 있는 이 사건 건축허가 당시는 이미 위 고속국도의 노선지정사항을 포함한 고속국도노선지정령중개정령이 관보에 게시되었던 점, 이 사건 건축허가 이후 위 고속국도의 건설이나 이 사건 공장건축과 관련하여 특별한 사정의 변경이 없었음에도 피고는 1996. 12. 5.경 원고에게 이 사건 공장부지가 위 고속국도의 부지에 저촉된다는 이유로 그 공장건축공사의 중지를 명한 점 등에 비추어 보면, 이 사건 건축허가를 한 피고의 담당공무원으로서는 이 사건 공장부지에 대하여 공장건축허가를 하여 주더라도 장차 위 고속국도의 건설로 인하여 위 공장부지에 건축한 공장을 철거할 가능성이 있다는 사정을 알려 줌으로써 원고로 하여금 위 건축허가에 따른 건축행위 등으로 인한 손해를 입지 않도록 할 주의의무에 위반하였다고 볼 여지는 있으나, 원고가 이 사건에서 배상을 청구하는 손해는 이 사건 창업승인으로 인하여 지출한 창업비용 상당의 손해이지 이 사건 건축허가로 인하여 그 공장건축을 위하여 지출한 비용 상당의 손해배상을 청구하고 있지는 아니하고 있고(원고는 이 사건 공장건물 및 그 부지에 대하여는 한국도로공사로부터 보상금을 수령하였다), 위 창업비용 상당의 손해를 이 사건 건축허가로 인한 손해라고 볼 수는 없으므로, 피고 공무원이 이 사건 건축허가와 관련하여 위와 같은 주의의무를 위반하였다고 하더라도 원고의 이 사건 손해배상청구를 받아들일 수 없다는 결론에는 영향이 없다}.

[판례 2] [1] 수익적 행정처분인 허가 등을 신청한 사안에서 행정처분을 통하여 달성하고자 하는 신청인의 목적 등을 자세하게 살펴 목적 달성에 필요한 안내나 배려 등을 하지 않았다는 사정만으로 직무집행에 있어 위법한 행위를 한 것이라고 보아서는 아니 된다. [2] 원고 甲회사가 개발제한구역 내에 있는 하천부지에 대한 점용허가만을 받은 상태에서 개발행위 허가를 따로 받지 않고 컨테이너를 설치하여 하천점용허가가 취소된 경우 원고가 처음부터 하천점용허가가 의제되는 개발행위허가신청을 하거나 하천점용허가와는 별도로 개발행위허가신청을 하고 그 결과에 따라 후속행위를 하였어야 하는데도 하천점용허가만을 받은 상태에서 개발행위허가 없이 컨테이너를 설치한 잘못이 있고, 그 때문에 하천점용허가가 취소됨으로써 컨테이너 설치비용 상당의 손해를 입게 되었으므로, 甲 회사가 입은 손해는 甲 회사 스스로의 잘못에 기인한 것이어서 乙 지방자치단체 소속 담당 공무원의 행위와 甲 회사의 손해발생 사이에 상당인과관계가 있다고 보기 어렵고, 또한 乙 지방자치단체 소속 담당 공무원이 甲 회사의 허가신청에 따라 하천점용허가를 하면서 하천점용허가의 요건이 갖추어졌는지만을 살펴보고 나아가 하천부지가 개발제한구역에 속하는지 등을 미리 파악하여 관련 부서와 협의를 거친 다음 하천점용허가 여부를 결정하거나 하천부지가 개발제한구역으로서 시설물 설치에 개발행위허가가 필요하다는 점 등을 甲 회사에 따로 알려주지 않은 채 하천점용허가를 하였더라도, 이러한 乙 지방자치단체 소속 담당 공무원의 행위를 위법한 행위라고 볼 수는 없다고 한 사례(대판 2017. 6. 29, 2017다211726).

4. 행정소송법상의 위법과 국가배상법상의 위법과 과실

(1) 위법의 인정영역

국가배상소송상의 위법이 문제되는 범위는 항고소송상 위법이 문제되는 범위보다 넓다. 즉, 항고소송에서의 위법판단은 행정처분(권력적 사실행위 포함)에 한정되는 반면에, 국가배상청구소송에서의 위법은 모든 공행정작용(비권력적 공행정작용 포함) 및 입법작용과 사법작용에 대하여 행하여진다. 그리고, 항고소송에서의 부작위의 위법은 신청을 전제로 한 응답의무 위반을 의미하지만, 국가배상에서의 부작위의 위법은 신청을 전제로 하지 않고, 특정한 내용의 작위의무의 위반을 의미한다.

그리고, 권력적 사실행위가 항고소송의 대상이 될 수 있다 할지라도 항고소송의 요건으로 소의 이익이 요구되므로 권력적 사실행위의 위법성이 항고소송에서 다투어지는 것은 예외적인 경우(계속적 성질을 갖는 권력적 사실행위의 경우)에 한정된다. 이에 반하여 국가배상소송에서는 법률행위보다도 사실행위에 의한 손해의 배상이 보다 빈번히 문제된다.

또한, 국가배상소송에서는 공권력 행사 자체의 위법뿐만 아니라 행위의 태양(수단 또는 방법)의 위법이 또한 문제가 된다.

(2) 국가배상법상의 위법과 항고소송의 위법의 이동(異同)과 취소소송판결의 국가배상소송에 대한 기판력[2010 사시, 2013 행정(일반), 2024 행시, 2015, 2018, 2023 변시]

취소판결에 의해 인정된 처분의 위법성에 대한 기판력이 국가배상소송에서 가해행위인 해당 처분의 위법성 판단에 미치는가 하는 것이 문제된다.

1) 부 정 설

결과불법설 또는 **상대적 위법성설**에 따르는 경우에는 국가배상소송에서의 위법은 항고소송에서의 위법과 다른 개념이다. 따라서 취소소송 판결의 기판력이 당연히 국가배상소송에 미치게 되는 것은 아니다.[9)]

9) 遠藤博也, 國家補償法(上卷), 青林書院新社, 176면 이하.

2) 긍 정 설

행위위법설을 따르는 경우에는 국가배상법상의 위법성을 항고소송에서의 위법과 달리 볼 아무런 근거가 없고, 따라서 동일한 행위의 위법이 문제되는 경우 취소소송 판결의 기판력은 당연히 국가배상소송에 미친다.

3) 판 례

판례는 동일한 행위의 위법이 문제되는 경우 행위위법설을 취하는 경우에는 취소소송판결의 기판력이 국가배상소송에 **미친다**고 보고, **상대적 위법성설을 취하는 경우**에는 **미치지 않는다**고 본다.

> **[판례]** **어떠한 행정처분이 후에 항고소송에서 취소된 경우 국가배상책임의 성립요건과 판단기준:** 행정처분이 후에 항고소송에서 위법하다고 판단되어 취소되더라도 그것만으로는 그 행정처분이 공무원의 고의나 과실에 의한 불법행위라고 단정할 수 없지만, 그러한 행정처분이 보통 일반의 공무원을 표준으로 하여 볼 때 담당 공무원이 객관적 주의의무를 소홀히 함으로써 객관적 정당성을 상실하게 된 경우라고 볼 수 있는 경우에는 공무원의 과실에 의한 불법행위가 성립한다고 할 것이므로 국가배상법 제2조 소정의 국가배상책임이 있다. 이 때 행정처분이 객관적 정당성을 상실하였는지 여부는 그 행위의 태양과 목적, 피해자의 관여 여부 및 관여의 정도, 침해된 이익의 종류와 손해의 정도 등 여러 사정을 종합하여 판단하되, 손해의 전보책임을 국가 또는 지방자치단체가 부담할 만한 실질적 이유가 있는지도 살펴보아야 한다(대판 2012. 5. 24, 2011다8539). 〈해설〉 상대적 위법성설에 입각하여 객관적 정당성을 상실한 것을 위법으로 보고 있는 것으로 보인다.

4) 결어(개별적 판단설)

항고소송에서의 위법성 인정의 기판력은 **항고소송의 위법과 국가배상의 위법이 동일한 한에서 국가배상청구소송에서의 위법성 판단에 미치지만, 과실판단에는 미치지 않는다.** 위법이 동일하기 위하여는 위법의 대상이 되는 행위와 위법의 기준 및 내용이 동일하여야 한다.

> **[판례]** 개간허가 취소처분이 후에 행정심판 또는 행정소송에서 취소되었으나 담당공무원에게 객관적 주의의무를 결한 직무집행상의 과실이 없다는 이유로 국가배상책임을 부인한 사례(대판 2000. 5. 12, 99다70600).

i) 국가배상소송에서 처분 자체의 위법이 문제된 경우에는 항고소송 판결의 기판력이 당연히 미친다.

ii) 위법 판단의 대상이 다른 경우 당연히 기판력이 미치지 않는다. 공무원의 직무상 손해방지의무 위반으로서의 위법, 즉 행위의 태양의 위법이 문제되는 경우에는 항고소송상의 위법과 판단의 대상과 내용을 달리 하므로 항고소송판결의 기판력이 이 경우에는 미치지 않는다.

iii) 상대적 위법성설을 취하는 경우 위법의 기준과 내용이 다르므로 취소판결의 기판력이 미치지 않는다.

iv) 가해행위인 처분에 대해 취소판결이 내려진 경우에도 취소판결의 기판력은 **불법행위의 인정에는 미치지 않는다.** 왜냐하면 불법행위가 인정되기 위하여는 가해행위가 위법할 뿐만 아니라 고의 또는 과실이 있어야 하기 때문이다(대판 2007. 5. 10, 2005다31828). 따라서, 어떠한 행정처분이 항고소송에서 취소되었다고 할지라도 그 기판력으로 곧바로 국가배상책임이 인정될 수는 없다

(대판 2022. 4. 28, 2017다233061).

[판례] **어떠한 행정처분이 후에 항고소송에서 취소된 사실만으로 당해 행정처분이 곧바로 공무원의 고의 또는 과실로 인한 것으로서 불법행위를 구성한다고 단정할 수 있는지 여부(소극) 및 이 경우 국가배상책임의 성립 요건과 그 판단 기준**: 어떠한 행정처분이 후에 항고소송에서 취소되었다고 할지라도 그 기판력에 의하여 당해 행정처분이 곧바로 공무원의 고의 또는 과실로 인한 것으로서 불법행위를 구성한다고 단정할 수는 없는것이고, 그 행정처분의 담당공무원이 보통 일반의 공무원을 표준으로 하여 볼 때 객관적 주의의무를 결하여 그 행정처분이 객관적 정당성을 상실하였다고 인정될 정도에 이른 경우에 국가배상법 제2조 소정의 국가배상책임의 요건을 충족하였다고 봄이 상당할 것이며, 이 때에 객관적 정당성을 상실하였는지 여부는 피침해이익의 종류 및 성질, 침해행위가 되는 행정처분의 태양 및 그 원인, 행정처분의 발동에 대한 피해자측의 관여의 유무, 정도 및 손해의 정도 등 제반 사정을 종합하여 손해의 전보책임을 국가 또는 지방자치단체에 부담시켜야 할 실질적인 이유가 있는지 여부에 의하여 판단하여야 한다(대판 2000. 5. 12, 99다70600: 개간허가 취소처분이 후에 행정심판 또는 행정소송에서 취소되었으나 담당공무원에게 객관적 주의의무를 결한 직무집행상의 과실이 없다는 이유로 국가배상책임을 부인한 사례; 2004. 6. 11, 2002다31018 등 참조). 〈해설〉 취소판결의 기판력은 처분이 위법하다는 것에만 미치며 공무원의 고의 또는 과실에는 미치지 않는다. 그런데, 국가배상책임이 인정되기 위하여는 가해처분이 위법하여야 할 뿐만 아니라 공무원에게 고의 또는 과실이 있어야 한다.

V. 고의 또는 과실

1. 과실 개념

(1) 주관설과 과실개념의 객관화

주관설은 과실을 '**당해 직무를 담당하는 평균적 공무원이 통상 갖추어야 할 주의의무를 해태한 것**'으로 본다. 주관설의 논거는 국가배상법이 국가배상법상 과실을 '공무원의 과실'로 규정하고 있다는 데 있다.

판례도 **주관설**을 취하고있다.

[판례 1] "공무원의 직무집행상의 과실이라 함은 공무원이 그 직무를 수행함에 있어 당해 직무를 담당하는 평균인이 보통(통상) 갖추어야 할 주의의무를 게을리한 것을 말하는 것"이다(대판 1987. 9. 22, 87다카1164).

[판례 2] 甲 주식회사가 고층 아파트 신축사업을 계획하고 토지를 매수한 다음 乙 지방자치단체와 협의하여 사업계획 승인신청을 하였고, 수개월에 걸쳐 乙 지방자치단체의 보완 요청에 응하여 사업계획 승인에 필요한 요건을 갖추었는데, 乙 지방자치단체의 장이 위 사업계획에 관하여 부정적인 의견을 제시한 후, 乙 지방자치단체가 甲 회사에 주변 경관 등을 이유로 사업계획 불승인처분을 한 사안에서, 乙 지방자치단체의 담당 공무원이 경관 훼손 여부를 검토하기 위해 수행한 업무는 현장실사를 나가 사진을 촬영하여 분석자료를 작성한 것이 전부이고, 그 분석자료의 내용이 실제에 부합하는 방식으로 작성되었다고 볼 수 없는 등 위 불승인처분은 경관 훼손에 관한 객관적인 검토를 거치지 않은 채 이루어진 것으로 볼 수 있고, 사업계획 승인 업무의 진행경과, 위 사업의 규모와 경관 훼손 여부를 판단하기 위한 합리적이고 신중한 검토 필요성 등에 비추어, 담당 공무원의 업무 수행은 보통 일반의 공무원을 표준으로 하여 볼 때 객관적 주의의무를 소홀히 한 것이므로, 乙 지방자치단체의 국가배상책임이 인정된다고 볼 여지가 있는데도, 이와 달리 본 원심판결에 법리오해 등의 잘못이 있다고 한 사례(대판 2021. 6. 30, 2017다249219).

[판례 3] 구조의무와 관련한 공무원의 과실 판단 기준: 불법어로행위자가 단속반의 추적을 피해 해상도주를 하다 배가 좌초되어 바다로 추락·사망하였는데 단속공무원들이 구조의무 등을 위반하였다는 이유로 그 유족이 국가배상을 청구한 사안에서, 당시 구조와 관련된 단속공무원들의 결정이 결과론적·사후적 관점에서 최선이 아니었다고 하더라도 사고 당시를 기준으로 전혀 합리성이 없다거나 평균인이 통상 갖추어야 할 주의의무를 게을리 한 잘못이 있다고 쉽게 단정할 수는 없다고 본 사례(대판 2021. 6. 10, 2017다286874).

그런데, 주관설은 통상 피해자 구제의 관점에서 과실 개념을 객관화하고자 노력하고 있다(객관적 주관설). 즉, ① 국가배상법상의 과실은 당해 가해공무원의 주의능력을 기준으로 하여 판단되지 않고, 당해 직무를 담당하는 평균적 공무원의 주의능력을 기준으로 판단되는 **추상적 과실**을 의미한다. ② 또한, 그 위반이 과실로 되는 공무원의 주의의무는 당해 직무를 담당하는 평균적 공무원이 당해 직무의 수행을 위하여 통상(즉 사회통념상) 갖추어야 할 주의의무이다. ③ 그리고, 가해행위가 공무원의 행위에 의한 것으로 보여지는 한 **가해공무원의 특정은 필요하지 않다**. 하급심 판례이기는 하지만 '경찰측의 과실'이라는 일종의 '조직체의 과실'을 묻는 판례가 있고(서울고법 1986. 12. 16, 86나2786: 경찰측의 불발최루탄을 수거할 주의의무 위반으로서의 '경찰측의 과실'을 인정하고 있음), 불특정 다수 공무원의 '**집단과실**'을 묻는 대법원 판례도 있다.

[판례] **긴급조치 제9호 위반으로 면소판결을 받은 원고가 국가배상을 구하는 사건**: 긴급조치 제9호는 위헌·무효임이 명백하고 긴급조치 제9호 발령으로 인한 국민의 기본권 침해는 그에 따른 강제수사와 공소제기, 유죄판결의 선고를 통하여 현실화되었다. 이러한 경우 긴급조치 제9호의 발령부터 적용·집행에 이르는 일련의 국가작용은 전체적으로 보아 공무원이 직무를 집행하면서 객관적 주의의무를 소홀히 하여 (과실이 인정되고), 그 직무행위가 객관적 정당성을 상실한 것으로서 위법하다고 평가되고, 긴급조치 제9호의 적용·집행으로 강제수사를 받거나 유죄판결을 선고받고 복역함으로써 개별 국민이 입은 손해에 대해서는 국가배상책임이 인정될 수 있다(대법원 2022. 8. 30. 선고 2018다212610 전원합의체 판결 참조)(대판 2023. 1. 12, 2020다210976; 2023. 1. 12, 2021다201184). 〈해설〉 국가배상책임의 성립에 개별 공무원의 구체적인 직무집행행위의 특정과 그에 대한 공무원의 고의 또는 과실이 개별적·구체적으로 엄격히 요구되지 않고, 일련의 직무집행에서의 고의 또는 과실이 인정되어도 된다고 한 점에서 이 판례의 의의가 있다.

(2) 객 관 설

객관설은 국가배상법상의 과실을 객관적으로 파악하여 '**국가작용의 흠**'으로 본다.

객관설의 논거는 다음과 같다. ① 국가배상법상 요구되는 '공무원의 과실'을 '국가작용의 하자'의 표현으로 해석하는 것이 행정의 현실에 부합한다. 즉, 공무원은 통상 개인의 자격으로 행동하는 것이 아니고 '공무수행자' 또는 기관으로서 활동하므로 공무원의 과실을 '국가작용의 흠'의 표현으로 보는 것이 타당하다. ② 객관설에 의하면 위법하면 과실을 인정할 수 있으므로 주관설보다 피해자구제의 측면에서 바람직하다.

(3) 결 어

공무원은 통상 행정기관으로서 활동하고, 피해자구제를 위해 가능한 한 위법·무과실을 배제하는 것이 타당하므로 객관설이 타당하다.

2. 과실의 입증책임

판례에 의하면 과실의 입증책임은 민법상 불법행위책임에서와 마찬가지로 피해자인 국민에게 있다. 다만, 공무원의 고의 또는 과실이 사실상 추정되는 경우가 있다.

[판례] 구 국세징수법(2011. 4. 4. 법률 제10527호로 개정되기 전의 것) 제24조 제2항과 같이 국세가 확정되기 전에 보전압류를 한 후 보전압류에 의하여 징수하려는 국세의 전부 또는 일부가 확정되지 못하였다면 보전압류로 인하여 납세자가 입은 손해에 대하여 특별한 반증이 없는 한 과세관청의 담당공무원에게 고의 또는 과실이 있다고 사실상 추정되므로, 국가는 부당한 보전압류로 인한 손해를 배상할 책임이 있다. 이러한 법리는 보전압류 후 과세처분에 의해 일단 국세가 확정되었으나 과세처분이 취소되어 결국 국세의 전부 또는 일부가 확정되지 못한 경우에도 마찬가지로 적용된다(대판 2015. 10. 29, 2013다209534).

Ⅵ. 위법과 과실의 관계

1. 위법·무과실의 문제

현행 국가배상법에 의하면 국가배상책임이 성립하기 위하여는 공무원의 가해행위가 위법할 뿐만 아니라 그것이 공무원의 고의 또는 과실에 의한 것이어야 하므로 과실을 판례의 입장인 주관설에 따라 공무원의 주의의무 위반으로 보는 한 위법하지만 과실이 없는 경우가 있게 되고, 이 경우에는 국가배상책임이 성립하지 않는다.

과실을 객관적으로 국가작용의 흠으로 보면 위법하면 과실을 인정할 수 있으므로 위법·무과실의 문제는 제기되지 않는다.

2. 위법·무과실의 예

판례가 '위법·무과실(違法·無過失)'을 이유로 국가배상책임을 부인한 예는 다음과 같다.

(1) 공무원의 법령의 해석·적용상의 잘못 [2004 사시 약술]

1) 원칙상 인정

공무원의 법령의 해석·적용상의 잘못이 있으면 원칙상 과실이 인정된다. 왜냐하면, 공무원은 직무상 필요한 법령지식을 갖추고 있어야 하기 때문이다.

[판례 1] "법령에 대한 해석이 복잡 미묘하여 워낙 어렵고 이에 대한 학설, 판례조차 귀일되어 있지 않다는 등의 특별한 사정이 없는 한 일반적으로 공무원이 관계법규를 알지 못하였다거나 필요한 지식을 갖추지 못하여 법규의 해석을 그르쳐 어떤 행정처분을 하였다면 그가 법률전문가가 아닌 행정직공무원이라고 하여 이에 관한 과실이 없다고 할 수 없을 것"이다(대판 1981. 8. 25, 80다1598; 2001. 2. 9, 98다52988).
[판례 2] 행정청이 관계 법령의 해석이 확립되기 전에 어느 한 견해를 취하여 업무를 처리한 것이 결과적으로 위법하게 되어 그 법령의 부당집행이라는 결과를 빚었다고 하더라도 처분 당시 그와 같은 처리방법 이상의 것을 성실한 평균적 공무원에게 기대하기 어려웠던 경우라면 특별한 사정이 없는 한 이를 두고 공무원의 과실로 인한 것이라고 볼 수는 없다 할 것이지만, 대법원의 판단으로 관계 법령의 해석이 확립되고 이어 상급

행정기관 내지 유관 행정부서로부터 시달된 업무지침이나 업무연락 등을 통하여 이를 충분히 인식할 수 있게 된 상태에서, 확립된 법령의 해석에 어긋나는 견해를 고집하여 계속하여 위법한 행정처분을 하거나 이에 준하는 행위로 평가될 수 있는 불이익을 처분상대방에게 주게 된다면, 이는 그 공무원의 고의 또는 과실로 인한 것이 되어 그 손해를 배상할 책임이 있다(대판 2007. 5. 10, 2005다31828: 부담금은, 유사 사례에서 부담금부과처분의 위법이 대법원판결에 의하여 거듭 확인되고 이에 따라 위와 같은 법무부 지침이 피고 소속 담당공무원에게도 전달된 상황에서 납부된 것이며, 이 사건 처분이 부담금의 납부를 내용으로 하는 침익적 행정처분으로서 이미 14회분의 분납금이 납부된 상황에서 마지막 1회분 분납금의 미납부로 말미암아 행정법관계의 법적 안정성이 침해될 우려가 있다고는 볼 수 없으므로, 이러한 상황 아래에서라면 피고 소속 담당공무원으로서는 이미 납부된 부담금의 반환문제까지 수반하는 부과처분 직권취소의 조치를 취하지 않는다 하더라도, 그 때까지 납부기한이 도래하지 않은 분납금에 관해서는 이를 수납하지 않거나 징수절차에 나아가지 않는 등의 권리구제적 조치를 통하여 장래를 향한 위법한 행정작용을 중지 내지 회피하여야 할 책무가 있음에도 이를 다하지 않은 과실이 있다고 한 사례).

[판례 3] 수사기관이 법령에 의하지 않고는 변호인의 접견교통권을 제한할 수 없다는 것은 대법원이 오래전부터 선언해 온 확고한 법리로서 변호인의 접견신청에 대하여 허용 여부를 결정하는 수사기관으로서는 마땅히 이를 숙지해야 한다. 이러한 법리에 반하여 변호인의 접견신청을 허용하지 않고 변호인의 접견교통권을 침해한 경우에는 접견 불허결정을 한 공무원에게 고의나 과실이 있다고 볼 수 있다(대판 2018. 12. 27, 2016다266736).

[판례 4] 위헌·무효임이 명백한 긴급조치 제9호의 발령부터 적용·집행에 이르는 수사, 재판 등 일련의 국가작용으로 인한 손해에 대해 국가배상책임이 인정된다고 한 사례(대판 전원합의체 2022. 8. 30, 2018다212610; 대판 2022. 8. 31, 2019다298482).

2) 예외적 부정

예외적으로 법령의 해석이 명백하지 않고, 이에 대한 판례도 없고, 학설도 명확하지 않은 경우 관계 공무원이 전문가의 자문을 구하는 등 해당 법령을 신중하게 해석·적용한 경우에는 법령의 해석·적용상에 잘못이 있다 하더라도 과실을 인정할 수 없다.

[판례] [1] **법령 해석에 여러 견해가 있어 관계 공무원이 그 나름대로 신중을 다하여 합리적인 근거를 찾아 그 중 어느 한 견해를 따라 직무를 집행하였으나 결과적으로 법령의 부당집행이 된 경우, 당해 공무원의 과실을 인정할 수 없다**: 일반적으로 공무원이 직무를 집행함에 있어서 관계 법규를 알지 못하거나 필요한 지식을 갖추지 못하여 법규의 해석을 그르쳐 잘못된 행정처분을 하였다면 그가 법률전문가가 아닌 행정직 공무원이라고 하여 과실이 없다고 할 수 없으나, 법령에 대한 해석이 그 문언 자체만으로는 명백하지 아니하여 여러 견해가 있을 수 있는 데다가 이에 대한 선례나 학설, 판례 등도 귀일된 바 없어 의의(疑義)가 없을 수 없는 경우에 관계 공무원이 그 나름대로 신중을 다하여 합리적인 근거를 찾아 그 중 어느 한 견해를 따라내린 해석이 후에 대법원이 내린 입장과 같지 않아 결과적으로 잘못된 해석에 돌아가고, 이에 따른 처리가 역시 결과적으로 위법하게 되어 그 법령의 부당집행이라는 결과를 가져오게 되었다고 하더라도 그와 같은 처리방법 이상의 것을 성실한 평균적 공무원에게 기대하기는 어려운 일이고, 따라서 이러한 경우에까지 공무원의 과실을 인정할 수는 없다. [2] 구 축산물가공처리법령에서 규정하는 시설기준을 갖추어 축산물판매업 신고를 한 경우, 행정관청은 당연히 그 신고를 수리하여야 하는데, 담당공무원이 위 법령상의 시설기준이 아닌 사유로 그 신고 수리를 할 수 없다는 통보를 하고 미신고 영업으로 고발할 수 있다는 통지를 한 것은 위법한 직무집행이지만, 담당공무원이 같은 장소에 대하여 사업자를 달리하는 축산물판매업 중복신고는 허용되지 않는다고 축산물가공처리법령을 해석·적용한 결과 기존 영업자가 휴업신고만 하고 폐업신고를 하지 않았음을 이유로 신규 영업신고를 수리하지 않은 사안에서, 담당공무원의 과실을 인정할 수 없다고 한 사례(대판 2010. 4. 29, 2009다97925).

(2) 재량권의 일탈·남용 [2013 행시(일반)]

대법원 판결 중에는 재량권의 범위를 넘어 행정행위가 위법한 경우에도 당해 공무원에게 직무상의 과실이 있다고 할 수 없다고 본 판결이 다수 있다.

공무원이 행정청의 내부기준인 재량권행사 기준에 따라 행정처분을 한 경우에는 재량권의 범위를 넘어 행정행위가 위법한 경우에도 당해 공무원에게 직무상의 과실이 있다고 할 수 없다(대판 1984. 7. 24, 84다카597). 다만, 재량준칙이 심히 합리적이지 못한 경우에는 당해 재량준칙을 제정한 공무원의 과실을 인정하여 국가배상책임을 인정하여야 할 것이다.

[판례] 식품의약품안전청장 등 관계공무원이 재량에 맡겨진 권한을 행사하지 않은 것이 직무상 의무를 위반하여 위법한 것이 되고 과실이 있다고 인정되기 위한 요건: 구 식품위생법의 관련규정이 식약청장 등에게 합리적인 재량에 따른 직무수행 권한을 부여한 것으로 해석된다고 하더라도, 식약청장 등에게 그러한 권한을 부여한 취지와 목적에 비추어 볼 때 구체적인 상황 아래에서 식약청장 등이 그 권한을 행사하지 아니한 것이 현저하게 합리성을 잃어 사회적 타당성이 없는 경우에는 직무상 의무를 위반한 것이 되어 위법하게 된다. 그리고 위와 같이 식약청장등이 그 권한을 행사하지 아니한 것이 직무상 의무를 위반하여 위법한 것으로 되는 경우에는 특별한 사정이 없는 한 과실도 인정된다고 할 것이다(대판 2010. 9. 9, 2008다77795: 어린이가 '미니컵 젤리'를 먹다가 질식사한 사안에서, 당시의 미니컵 젤리에 대한 외국의 규제수준, 그 이전에 피고가 실시한 규제조치 등에 비추어 식품의약품안전청장 등 관계공무원으로서는 미니컵 젤리로 인한 질식의 위험을 인식하거나 예견하기 어려웠던 사정 등을 종합하면 식품의약품안전청장등이 미니컵 젤리의 수입·유통 등을 금지하거나 그 기준과 규격, 표시 등을 강화하고 그에 필요한 검사 등을 실시하지 아니하였다고 하여 이를 위법하다고 보기 어렵고, 과실이 있다고 할 수도 없다고 한 사례).

(3) 위헌·위법인 법령 또는 행정규칙의 적용

위헌·위법인 법령을 집행하는 공권력 행사는 위법하나, 당해 법령을 적용한 공무원에게 원칙상 과실이 있다고 보기 어렵다.

[판례] 행정청의 유선업 경영신고 반려처분이 후에 항고소송에서 취소된 경우, 그 담당공무원들의 과실을 부인한 사례: 행정청의 유선업 경영신고에 대한 반려처분이 후에 항고소송에서 취소되었으나, 구 유선및도선업법시행령(1993. 12. 31. 대통령령 제14072호로 전문 개정되기 전의 것) 제3조 제2항의 문언에 의하면, 유선업의 경영신고에 대하여 행정청이 그 타당성 여부에 대하여 실질적 검토를 할 수 있는 것처럼 규정되어 있어, 법률전문가가 아닌 행정공무원에게 위 시행령이 상위 법규에 위배되는지 여부까지 사법적으로 심사하여 그 적용을 거부할 것을 기대하기는 매우 어렵다고 보아야 할 뿐만 아니라, 행정청이 항만시설의 관리청인 항만청에 유선업의 경영에 반드시 필요한 항만시설의 공동 사용권자의 범위와 그 공동 사용 절차 등에 관한 질의를 하여 그 회신 결과를 토대로 전용사용권자의 공동 사용 동의를 얻지 못한 유선업 경영신고를 수리하는 경우 이로 인하여 파생되는 문제점을 다각적으로 검토한 끝에 반려처분을 한 점에 비추어 보면, 비록 행정청의 위 반려처분이 법원의 판단에 의하여 위법한 것으로 확정되었다 하더라도, 위 처분 당시 담당공무원들에게 그와 같은 처리 방법 이상의 것을 기대하기 어려웠다 할 것이어서 그들에게 그 법령의 해석, 적용상의 주의의무를 다하지 아니한 과실이 있다고 보기는 어렵다고 한 사례(대판 1999. 9. 17, 96다53413).

위헌·위법인 법령·행정규칙의 제정상 과실을 물을 수 있을 것이나 그 과실을 인정함에 어려움이 있다.

[판례] **위법 · 무효인 행정입법에 관여한 공무원의 불법행위 성립 여부에 관한 판단기준:** 행정입법에 관여한 공무원이 입법 당시의 상황에서 다양한 요소를 고려하여 나름대로 합리적인 근거를 찾아 어느 하나의 견해에 따라 경과규정을 두는 등의 조치 없이 새 법령을 그대로 시행하거나 적용하였다면, 그와 같은 공무원의 판단이 나중에 대법원이 내린 판단과 같지 아니하여 결과적으로 시행령 등이 신뢰보호의 원칙 등에 위배되는 결과가 되었다고 하더라도, 이러한 경우에까지 국가배상법 제2조 제1항 소정의 국가배상책임의 성립요건인 공무원의 과실이 있다고 할 수는 없다(대판 2013. 4. 26, 2011다14428).

(4) 기　　타

기타 국가시험출제의 잘못에 기인한 불합격처분으로 인한 손해에 대한 국가배상청구소송에서 불합격처분이 이미 항고소송에서 취소된 경우에도 국가배상법상 과실을 인정하지 않은 판례가 있다(대판 2003. 11. 27, 2001다33789 등).

국가배상법상의 위법과 과실은 원칙상 별개의 개념이다. 국가배상법상 위법성은 가해행위의 법 위반이라는 객관적 개념이고, 과실은 가해공무원의 귀책사유로서 공무원의 평균적 주의의무 위반이라는 '주관적 개념'이다. 따라서, 상대적 위법성설을 취하든 행위위법설을 취하든 국가배상법상 위법과 과실은 별개의 요건이고 원칙상 별도로 판단된다.

그런데, 상대적 위법성설에 따르면 국가배상법상 위법을 판단함에 있어서 행위 자체의 법 위반뿐만 아니라 가해자의 관여 정도 및 가해행위의 태양 등 가해자의 귀책사유에 해당하는 부분도 판단기준에 포함된다. 따라서, 상대적 위법성설에 따른 위법의 판단에서 실제로 가해자의 귀책사유가 포함되어 판단되었다고 볼 수 있는 경우에는 위법성 판단만으로 과실도 인정된다고 볼 수 있다. 실제로 판례는 행정권의 불행사로 인한 손해에 대한 배상에서는 위법성이 인정되면 과실도 인정된다고 보고 있다.

행위위법설에 따르면 위법과 과실은 별도로 판단된다. 다만, 과실의 개념에 관하여 객관설을 취하는 경우 상대적 위법성설을 취하든 행위위법성설을 취하든 위법이면 원칙상 과실도 인정된다고 보아야 한다. 그 이유는 국가배상법상 과실은 객관설에 따르면 '국가작용의 흠'인데, 위법은 '국가작용의 흠'에 해당하기 때문이다.

Ⅶ. 손　　해

공무원의 불법행위가 있더라도 손해가 발생하지 않으면 국가배상책임이 인정되지 않는다.

국가배상책임으로서의 '손해'는 민법상 불법행위책임에 있어서의 그것과 다르지 않다. 다만, 순수한 반사적 이익의 침해만으로는 손해가 발생하였다고 할 수 없다.

예를 들면, 공익보호만을 목적으로 하는 엄격한 허가요건으로 인하여 기존업자가 받는 사실상 독점적 이익은 반사적 이익에 불과하므로 위법한 영업허가가 행하여짐으로써 그동안 누렸던 사실상 독점적 이익을 상실하게 된 경우에 국가배상법상 손해를 입었다고 볼 수 없다는 이유로 국가배상책임을 인정하지 않을 수 있을 것이다.

불법행위를 이유로 배상하여야 할 손해는 현실로 입은 확실한 손해에 한한다(대판 2020. 10. 15, 2017다278446).

재량권의 일탈·남용의 경우 행정청의 적법한 재량권 행사로 가해행위와 동일한 내용의 처분을 할 수 있는 경우에는 특별한 사정이 없는 한 손해가 발생하였다고 할 수 없다.

절차적 권리의 침해로 배상할 손해가 발생할 수 있는지에 관하여 여러 견해가 대립하고 있다. ① **부정설:** 절차상 권리가 침해되어 절차상 위법하더라고 절차상 위법한 공권력 행사가 실체상 적법하다면 절차를 시정하여 동일한 공권력 행사를 할 수 있으므로 손해가 발생하였다고 볼 수 없고, 절차상 위법한 공권력 행사가 실체상으로도 위법하다면 실체상 위법한 공권력 행사로 초래된 손해에 대한 배상청구를 하면 된다는 견해이다.

② **제한적 긍정설:** 절차상 위법한 공권력 행사가 실체상 적법하더라도 절차적 참가가 있었다면 그 절차적 참가권자에게 그 공권력 행사의 실체적 내용 보다 유리한 다른 내용의 결정이 행해질 수 있는 경우(예를 들면, 공권력 행사가 적법하지만 부당한 경우)에는 절차상 위법한 공권력 행사로 손해가 발생한 것으로 볼 수 있고, 그 손해에 대한 국가배상이 인정될 수 있다는 견해이다.

③ **정신적 고통에 대한 위자료 인정설: 판례**와 같이 절차상 참가권이 침해됨으로서 절차상 참가권자에게 정신적 고통이 인정될 수 있는 경우에는 그 정신적 고통에 대한 위자료를 청구하는 국가배상이 인정될 수 있다는 견해이다. **판례는 절차상 위법이 시정된 경우**(절차상 하자를 시정하여 절차를 다시 진행한 경우, 종국적으로 행정처분 단계까지 이르지 않거나 처분을 직권으로 취소하거나 철회한 경우, 행정소송을 통하여 처분이 취소되거나 처분의 무효를 확인하는 판결이 확정된 경우)에는 원칙상 정신적 고통이 남아 있다고 할 수 없고, **정신적 고통이 남아 있다고 볼 특별상 사정이 있는 경우**에 한하여 **국가배상청구가 가능하다**고 한다(대판 2021. 7. 29, 2015다221668).

[판례 1] 주민들이 행정절차 참여권 등 침해를 이유로 지방자치단체에게 손해배상을 청구한 사건: [1] 국가나 지방자치단체가 공익사업을 시행하는 과정에서 관련 법령에서 정한 주민의견 수렴절차를 거치지 않았음을 이유로 주민들에게 정신적 손해를 배상할 책임을 부담하는지에 대한 판단기준: 법령에서 주민들의 행정절차 참여에 관하여 정하는 것은 어디까지나 주민들에게 자신의 의사와 이익을 반영할 기회를 보장하고 행정의 공정성, 투명성과 신뢰성을 확보하며 국민의 권익을 보호하기 위한 것일 뿐, 행정절차에 참여할 권리 그 자체가 사적 권리로서의 성질을 가지는 것은 아니다. 이와 같이 행정절차는 그 자체가 독립적으로 의미를 가지는 것이라기보다는 행정의 공정성과 적정성을 보장하는 공법적 수단으로서의 의미가 크므로, 관련 행정처분의 성립이나 무효·취소 여부 등을 따지지 않은 채 주민들이 일시적으로 행정절차에 참여할 권리를 침해받았다는 사정만으로 곧바로 국가나 지방자치단체가 주민들에게 정신적 손해에 대한 배상의무를 부담한다고 단정할 수 없다. 이와 같은 행정절차상 권리의 성격이나 내용 등에 비추어 볼 때, 국가나 지방자치단체가 행정절차를 진행하는 과정에서 주민들의 의견제출 등 절차적 권리를 보장하지 않은 위법이 있다고 하더라도 그 후 이를 시정하여 절차를 다시 진행한 경우, 종국적으로 행정처분 단계까지 이르지 않거나 처분을 직권으로 취소하거나 철회한 경우, 행정소송을 통하여 처분이 취소되거나 처분의 무효를 확인하는 판결이 확정된 경우 등에는 주민들이 절차적 권리의 행사를 통하여 환경권이나 재산권 등 사적 이익을 보호하려던 목적이 실질적으로 달성된 것이므로 특별한 사정이 없는 한 절차적 권리 침해로 인한 정신적 고통에 대한 배상은 인정되지 않는다. 다만 이러한 조치로도 주민들의 절차적 권리 침해로 인한 정신적 고통이 여전히 남아 있다고 볼 특별한 사정이 있는 경우에 국가나 지방자치단체는 그 정신적 고통으로 인한 손해를 배상할 책임이 있다. 이때 특별한 사정이 있다는 사실에 대한 주장·증명책임은 이를 청구하는 주민들에게 있고, 특별한 사정이 있는지는 주민들에게 행정절차 참여권을 보장하는 취지, 행정절차 참여권이 침해된 경위와 정도, 해당 행정절차 대상사업의

시행경과 등을 종합적으로 고려해서 판단해야 한다. [2] 원고는 지방자치단체가 설치·운영하는 폐기물 매립장 인근에 거주하는 주민으로서, 지방자치단체가 폐기물 매립장을 설치하면서 관련 법령에서 정한 입지선정위원회 구성 등 주민의견 수렴절차를 거치지 않은 채 관련 서류를 위조하여 폐기물 매립장을 설치하였고 그 폐기물 매립장을 부실하게 운영하여 원고의 행정절차 참여권, 환경권 등을 침해하였음을 이유로 손해배상을 청구한 사안에서, 주민들의 행정절차 참여권 침해를 이유로 한 손해배상의 경우 행정절차를 이행하지 않았다는 사실만으로 곧바로 손해배상이 인정되는 것은 아니고, 관련 행정처분이 취소되는 등의 조치로도 주민들의 정신적 고통이 남아 있다고 볼 특별한 사정이 있는 경우에만 손해배상책임이 인정되는 것인데, 이 사건의 경우에는 특별한 사정의 존재 여부에 앞서 원고가 관련 행정절차가 진행될 당시 인근 지역 주민이었는지 여부가 심리·판단되지 않았는데도 피고의 손해배상책임을 인정한 원심판결에 법리오해와 심리미진의 잘못이 있다고 보아 파기환송한 사례(대판 2021. 7. 29, 2015다221668).

[판례 2] 피고(한국전력공사)가 송전선로와 송전탑을 설치하면서 관련 법령에 따라 사업부지 인근 주민들의 의견수렴절차를 거치는 과정에서 주민들의 격심한 반대에 부딪히게 되어 해당 지역 주민들과의 협의과정을 통해서 위 사업부지를 변경하였으나 변경된 사업부지 인근 주민들의 의견을 별도로 청취하지는 않고 사업을 시행하자 변경된 사업부지 인근 주민들이 송전선로 설치사업의 위법성을 이유로 손해배상을 청구한 사안에서, 변경된 사업부지 주민들의 의견이 전혀 청취되지 않은 점, 관련 법령에서 주민의견수렴절차에 대하여 규정한 취지와 그 개정 경과 등에 비추어 볼 때 피고에게 위 변경된 사업부지 인근 주민들의 정신적 손해에 대한 배상책임이 있다고 한 사례(대판 2021. 8. 12, 2015다208320). 〈해설〉 배상책임자가 한국전력공사로서 국가나 지방자치단체가 아니고, 송전선로와 송전탑 설치는 사법상 행위이므로 국가배상청구사건이 아니라 민법상 손해배상청구사건이다.

④ **결어:** 절차적 권리의 침해로 인한 손해배상은 손해배상의 일반 법리에 따라 절차적 권리의 침해로 손해배상의 대상이 되는 손해(현실로 입은 확실한 손해)가 발생한 경우에 한하여 인정하는 것이 타당하다(**손해배상의 일반 법리설**). 손해배상의 대상이 되는 손해의 발생 여부의 판단에 있어서 이해관계있는 절차적 권리의 침해의 경우와 이해관계없는(공익상 인정되는) 절차적 권리의 침해의 경우를 구별할 필요가 있다. 개인적 이해관계(법률상 또는 사실상 이해관계)가 없는 일반 국민이나 주민에게 인정되는 공익의 보호를 위한 절차적 참가권은 공익적 차원에서 민주시민에게 인정되는 권리이므로 그 절차적 참가권이 침해되더라도 손해배상의 대상이 되는 현실적 손해로서의 정신적 고통이 있는 것으로 보는 것은 타당하지 않다. 그리고 손해배상의 대상이 되는 손해는 개인적인 손해이어야 하므로 생태계 침해 등 환경침해, 공익으로서의 안전의 침해는 손해배상의 대상이 되는 손해라고 할 수 없다. 손해의 발생 여부의 판단에 있어서 절차적 권리가 이해관계있는지 여부에서의 이해관계는 법률상 이해관계뿐만 아니라 사실상 이해관계도 포함시키는 것이 타당하다.

그리고, 위와 같은 **판례에 대해서는 다음과 같은 비판**이 가능하고, 판례는 **다음과 같은 보완이 필요**하다. ① 판례는 정신적 고통에 대한 손해배상만을 논하고 있다. 절차상 하자로 인해 **재산적 손해**가 발생한 경우의 손해배상에 대해서는 배상기준을 제시하지 않고 있다. 생각건대, 재산적 손해에 있어서는 절차의 하자를 시정하여 절차를 거치더라도 가해행위와 동일한 내용의 처분을 할 수 있는 경우(실체상 적법하고 부당하지도 않은 경우, 절차가 실체적 판단에 영향을 미칠 수 없는 경우 등)에는 원칙상 재산적 손해는 없는 것으로 보아야 한다. 이에 반하여 절차를 거쳤더라면 실체상 다른 내용의 처분을 하고 원고에게 그 재산상 피해가 발생하지 않았을 상당인과관계가 있는 경우에는 그 재산적 손해에 대해서도 배상책임을 인정하여야 한다. ② 판례는 "행정절차는 그 자체가 독립적으로 의미를 가지는 것이라기보다는 행정의 공정성과 적정성을 보장하는 공법적 수단으로서의 의미가 크므로, 관련 행정처분의 성립이나 무효·취소 여부 등을 따지지 않은 채 주민들이 일시적으로 행정절차에 참여할 권리를 침해받았다는 사정만으로 곧바로 국가나 지방자치단체가 주민들에게 정신적 손해에 대한 배상의무를 부담한다고 단정할 수 없다."고 하고 있다. 즉 판례는 **행정절차의 독자적 의미**를 인정하지 않고, 기본적으로 행정의 공정성과 적정성을 보장하는 공법적 수단으로서의 의미가 크다고 보면서 이를 손해배상의 제한적 사유로 보고 있다. 이러한 입장은 행정절차의 독자적 의미를 부정한다는 점에서 비판의 대상이 될 수 있다. ③ 판례는 사적 이해관계가 있는 자(이해관계인)에게 인정된 절차적 권리인지 이해관계인이 없는 자에게도 순수하게 공익적 목적으로 인정된 절차적 권리인지를 명확히 구분하지 않고 정신적 고통에 대한 배상의 기준을 제시하고 있다. 그러면서도 절차가 사적 이익을 보호하려는 목적을 가진 것으로 전제하고 있다. 그런데, 행정절차에는 이해관계인에게 인정되는 절차적 권리이외에 순수하게 공익목적만을 갖는 일반주민 또는 국민에게 인정되는 절차적 권리도 있다. 또한, 절차적 권리에 대한 이해관계는 법률상인 경우도 있고 사실상인 경우도 있는데, **판례는 이를 명확하게 구별하지 않고 있다. 판례는** 사적 이해관계있는 절차적 권리에 한정되어 설시된 것으로 보아야 한다. 생각건대, 순수하게 공익목적으로 인정된 절차적 권리의 침해에 대해서는 원칙상 손해배상이 인정되지 않는다고 보아야 한다. 그리고 원고적격에서와 같이 법률상 이해관계가 있는지 사실상 이해관계만 있는지를 구별할 필요가 있는 경우도 있지만, 손해배상에 있어서 손해의 발생은 기본적으로 사실의 문제이므로 **사실상 이해관계만 있는 절차적 권리 침해의 경우에도 판례의 배상기준을 적용하는 것이 타당**하다.

국가배상법 제2조 제1항을 적용할 때 피해자가 손해를 입은 동시에 이익을 얻은 경우에는 손해배상액에서 그 이익에 상당하는 금액을 빼야 한다(국가배상법 제3조의2 제1항).

Ⅷ. 인과관계

공무원의 불법행위와 손해 사이에 인과관계가 있어야 한다. 국가배상에서의 인과관계는 민법상 불법행위책임에서의 그것과 동일하게 **상당인과관계**가 요구된다(대판 2009. 7. 23, 2006다87798).

다만, **판례는 직무상 의무의 사익보호성**을 국가배상에서의 상당인과관계의 판단요소의 하나로 보고, 직무상 의무의 사익보호성이 없으면 불법행위와 손해 사이에 인과관계를 부정하고 국가배상책임을 인정하지 않는다(대판 2010. 9. 9, 2008다77795).

[판례 1] [1] 공무원의 직무상 의무 위반으로 국가배상책임이 인정되기 위한 요건: 공무원이 고의 또는 과실로 그에게 부과된 직무상 의무를 위반하였을 경우라고 하더라도 국가는 그러한 직무상의 의무 위반과 피해자가 입은 손해 사이에 상당인과관계가 인정되는 범위 내에서만 배상책임을 지는 것이고, 이 경우 상당인과관계가 인정되기 위하여는 공무원에게 부과된 직무상 의무의 내용이 단순히 공공 일반의 이익을 위한 것이거나 행정기관 내부의 질서를 규율하기 위한 것이 아니고 전적으로 또는 부수적으로 사회구성원 개인의 안전과 이익을 보호하기 위하여 설정된 것이어야 한다. [2] 구 식품위생법 제7조, 제9조, 제10조, 제16조는 사회구성

원 개인의 안전과 이익을 보호하기 위한 규정이다(대판 2010. 9. 9, 2008다77795).

[판례 2] [1] 공무원이 직무를 수행하면서 근거되는 법령의 규정에 따라 구체적으로 의무를 부여받았어도 그것이 국민의 이익과는 관계없이 순전히 행정기관 내부의 질서를 유지하기 위한 것이거나, 또는 국민의 이익과 관련된 것이라도 직접 국민 개개인의 이익을 위한 것이 아니라 전체적으로 공공 일반의 이익을 도모하기 위한 것이라면 그 의무를 위반하여 국민에게 손해를 가하여도 국가 또는 지방자치단체는 배상책임을 부담하지 아니한다. 이때 공무원이 준수하여야 할 직무상 의무가 오로지 공공 일반의 전체적인 이익을 도모하기 위한 것에 불과한지 혹은 국민 개개인의 안전과 이익을 보호하기 위하여 설정된 것인지는 결국 근거 법령 전체의 기본적인 취지·목적과 그 의무를 부과하고 있는 개별 규정의 구체적 목적·내용 및 직무의 성질, 가해행위의 태양 및 피해의 정도 등의 제반 사정을 개별적·구체적으로 고려하여 판단하여야 한다. [2] 구 산업기술혁신 촉진법(2009. 1. 30. 법률 제9369호로 개정되기 전의 것) 제1조, 제3조, 제16조 제1항, 제17조 제1항 본문 및 구 산업기술혁신 촉진법 시행령(2009. 4. 30. 대통령령 제21461호로 개정되기 전의 것) 제23조, 제24조, 제25조, 제27조의 목적과 내용 등을 종합하여 보면, 위 법령이 공공기관에 부과한 신제품 인증을 받은 제품(이하 '인증신제품'이라 한다) 구매의무는 기업에 신기술개발제품의 판로를 확보하여 줌으로써 산업기술개발을 촉진하기 위한 국가적 지원책의 하나로 국민경제의 지속적인 발전과 국민의 삶의 질 향상이라는 공공일반의 이익을 도모하기 위한 것이고, 공공기관이 구매의무를 이행한 결과 신제품 인증을 받은 자가 재산상 이익을 얻게 되더라도 이는 반사적 이익에 불과할 뿐 위 법령이 보호하고자 하는 이익으로 보기는 어렵다. 따라서 공공기관이 위 법령에서 정한 인증신제품 구매의무를 위반하였다고 하더라도, 이를 이유로 신제품 인증을 받은 자에 대하여 국가배상법 제2조가 정한 배상책임이나 불법행위를 이유로 한 손해배상책임을 지는 것은 아니다(대판 2015. 5. 28, 2013다41431).

[판례 3] 금융감독원에 금융기관에 대한 검사·감독의무를 부과한 법령의 목적이 금융상품에 투자한 투자자 개인의 이익을 직접 보호하기 위한 것이라고 할 수 없으므로, 피고 금융감독원 및 그 직원들의 위법한 직무집행과 부산2저축은행의 후순위사채에 투자한 원고들이 입은 손해 사이에 상당인과관계가 있다고 보기 어렵다(대판 2015. 12. 23, 2015다210194: 금융감독원의 금융감독상의 위법·과실로 인한 은행의 고객(후순위사채 보유자)에 대한 손해에 대한 민법 제750조에 따른 배상청구사건). 〈해설〉 금융감독원의 금융기관에 대한 검사·감독의무의 해태로 인한 배상책임에 국가배상책임의 법리(국가배상책임에서 상당인과관계에 관한 법리)를 적용하고 있는 점도 의미가 있다.

[판례 4] [1] **직무상 의무 위반과 손해의 발생 사이에 상당인과관계가 있는지 판단하는 기준:** 공무원에게 부과된 직무상 의무의 내용이 단순히 공공 일반의 이익을 위한 것이거나 행정기관 내부의 질서를 규율하기 위한 것이 아니고 전적으로 또는 부수적으로 사회구성원 개인의 안전과 이익을 보호하기 위하여 설정된 것이라면, 공무원이 그와 같은 직무상 의무를 위반함으로써 피해자가 입은 손해에 대해서는 상당인과관계가 인정되는 범위에서 국가가 배상책임을 진다. 이때 상당인과관계의 유무는 일반적인 결과 발생의 개연성은 물론 직무상 의무를 부과하는 법령을 비롯한 행동규범의 목적, 가해행위의 양태와 피해의 정도 등을 종합적으로 고려하여 판단하여야 한다. [2] 해양수산부 산하 어업관리단의 불법어로행위 특별합동단속 중 甲 등이 승선하고 있던 선박이 단속정의 추적을 피해 도주하는 과정에서 암초와 충돌하였고, 인근에서 甲이 익사한 상태로 발견되었는데, 甲의 유족들이 단속정에 승선하고 있던 감독공무원들의 구조의무 위반 등을 주장하며 국가를 상대로 손해배상을 구한 사안에서, 감독공무원들에게 직무집행상 과실이 있다고 단정하기 어렵고, 이들의 행위와 甲의 사망 사이에 상당인과관계가 있다고 볼 수도 없다고 한 사례(대판 2021. 6. 10, 2017다286874).

이에 대하여 국가배상책임의 요건으로 직무상 의무의 사익보호성을 요구하는 것은 국가배상책임을 부당하게 제한하는 것이고, 국가배상책임에서의 불법행위와 손해 사이의 인과관계는 일반 불법행위책임에서의 그것과 다를 하등의(정당한) 이유가 없으므로 **국가배상책임의 요건으로 직무상 의무의 사익보호성을 요구하는 것은 타당하지 않다는 비판적 견해가 있고, 이 견해가 타당하다.**

제 4 항 공무원의 배상책임 [2011 행시(재경직) 사례]

I. 공무원의 피해자에 대한 책임(선택적 청구권) [2020 행시]

1. 인정여부

국가배상법 제2조의 요건을 충족하여 국가 또는 지방자치단체의 배상책임이 인정되는 경우에 피해자(被害者)는 불법행위를 행한 공무원에 대하여도 손해배상을 청구할 수 있는지에 관하여 학설은 대립하고 있다.

(1) 긍 정 설

긍정설의 논거는 다음과 같다.

① 국가배상책임을 국가의 자기책임으로 본다면, 국가의 책임과 공무원 개인의 책임은 독립하여 성립되는 것이므로 국가의 책임과 별도로 공무원의 책임을 인정하는 것이 논리적이다. 이는 위험책임설적 자기책임설을 취하는 경우에는 타당하나, 기관이론에 근거한 자기책임설을 취하는 경우에는 이러한 결론이 도출되지 않는다.

② 공무원의 피해자에 대한 배상책임을 부인하는 것은 공무원을 일반 사인에 비하여 부당하게 보호하는 것이 된다.

③ 정책적인 견지에서 볼 때 공무원의 피해자에 대한 직접책임을 부인하는 것은 공무원의 책임의식을 박약하게 할 우려가 있다고 한다.

과거의 판례는 공무원의 피해자에 대한 배상책임을 인정하고 있었다(대판 1972. 10. 10, 69다701).

(2) 부 정 설

부정설의 논거는 다음과 같다.

① 국가배상책임을 대위책임으로 보는 견해에 의하면 공무원의 책임을 국가가 갈음하여 지는 것이므로 공무원의 피해자에 대한 직접책임을 인정하지 않는 것이 논리적이다.

② 정책적 견지에서 볼 때 공무원의 피해자인 국민에 대한 직접책임을 인정하게 되면 공무원의 직무집행을 위축시킬 우려가 있고, 피해자인 국민이 이를 남용할 우려가 있으며, 소송에 연루된 공무원은 직무수행에 전념할 수 없게 된다(홍정선, 493면).

③ 공무원의 피해자에 대한 책임을 인정하지 않아도 국가는 무제한의 자력을 갖고 있으므로 피해자의 구제는 충분하다.

(3) 제한적 긍정설(절충설)

이 견해는 경과실의 경우에는 공무원의 행위는 공무원 개인의 행위가 아니고 기관행위로서 국가에 귀속되는 것이므로 공무원은 일체의 책임을 지지 않고, 고의 또는 중과실의 경우에는 공무원의 행위는 더 이상 행정기관의 행위로 볼 수 없으므로 이에 대하여는 공무원 개인이 책임을 져야 한다고 본다. 또한, 제한적 긍정설은 정책적 견지에서 공무원의 책임의식의 확보와 공무의 원활한 수행을 조화시킬 수 있다고 주장한다.

(4) 판례의 입장

판례는 제한적 긍정설(절충설)을 취하고 있다. 국가 등이 국가배상책임을 부담하는 외에 공무원 개인도 고의 또는 중과실이 있는 경우에는 피해자에 대하여 그로 인한 손해배상책임을 부담하고, 가해공무원 개인에게 경과실만이 인정되는 경우에는 공무원 개인은 손해배상책임을 부담하지 아니한다고 보고 있다(대판 전원합의체 1996. 2. 15, 95다38677).

[판례] [1] **헌법 제29조 제1항 단서의 취지:** [다수의견] 헌법 제29조 제1항 단서는 공무원이 한 직무상 불법행위로 인하여 국가 등이 배상책임을 진다고 할지라도 그 때문에 공무원 자신의 민·형사책임이나 징계책임이 면제되지 아니한다는 원칙을 규정한 것이나, 그 조항 자체로 공무원 개인의 구체적인 손해배상책임의 범위까지 규정한 것으로 보기는 어렵다. [2] **국가배상법 제2조 제1항 본문 및 제2항의 입법 취지:** [다수의견] 국가배상법 제2조 제1항 본문 및 제2항의 입법취지는 공무원의 직무상 위법행위로 타인에게 손해를 끼친 경우에는 변제자력이 충분한 국가 등에게 선임감독상 과실 여부에 불구하고 손해배상책임을 부담시켜 국민의 재산권을 보장하되, 공무원이 직무를 수행함에 있어 경과실로 타인에게 손해를 입힌 경우에는 그 직무수행상 통상 예기할 수 있는 흠이 있는 것에 불과하므로, 이러한 공무원의 행위는 여전히 국가 등의 기관의 행위로 보아 그로 인하여 발생한 손해에 대한 배상책임도 전적으로 국가 등에만 귀속시키고 공무원 개인에게는 그로 인한 책임을 부담시키지 아니하여 공무원의 공무집행의 안정성을 확보하고, 반면에 공무원의 위법행위가 고의·중과실에 기한 경우에는 비록 그 행위가 그의 직무와 관련된 것이라고 하더라도 그와 같은 행위는 그 본질에 있어서 기관행위로서의 품격을 상실하여 국가 등에게 그 책임을 귀속시킬 수 없으므로 공무원 개인에게 불법행위로 인한 손해배상책임을 부담시키되, 다만 이러한 경우에도 그 행위의 외관을 객관적으로 관찰하여 공무원의 직무집행으로 보여질 때에는 피해자인 국민을 두텁게 보호하기 위하여 국가 등이 공무원 개인과 중첩적으로 배상책임을 부담하되 국가 등이 배상책임을 지는 경우에는 공무원 개인에게 구상할 수 있도록 함으로써 궁극적으로 그 책임이 공무원 개인에게 귀속되도록 하려는 것이라고 봄이 합당하다. [3] **공무원이 직무수행 중 불법행위로 타인에게 손해를 입힌 경우, 공무원 개인의 손해배상책임 유무(=제한적 긍정설):** [다수의견] 공무원이 직무수행 중 불법행위로 타인에게 손해를 입힌 경우에 국가 등이 국가배상책임을 부담하는 외에 공무원 개인도 고의 또는 중과실이 있는 경우에는 불법행위로 인한 손해배상책임을 진다고 할 것이지만, 공무원에게 경과실뿐인 경우에는 공무원 개인은 손해배상책임을 부담하지 아니한다고 해석하는 것이헌법 제29조 제1항 본문과 단서 및 국가배상법 제2조의 입법취지에 조화되는 올바른 해석이다. [4] **[3]항의 법리는 피해자가 군인 등 헌법 제29조 제2항, 국가배상법 제2조 제1항 단서 소정의 공무원의 경우에도 달리 볼 것은 아니다:** [다수의견] [3]항의 법리는 피해자가 헌법 제29조 제2항, 국가배상법 제2조 제1항 단서 소정의 공무원으로서 위 단서 조항에 의하여 법률에 정해진 보상 외에는 국가배상법에 의한 배상을 청구할 수 없는 경우라고 하여 달리 볼 것은 아니다. 왜냐하면 헌법 제29조 제2항은 군인, 군무원, 경찰공무원, 기타 법률이 정한 공무원의 경우 전투, 훈련 등 직무집행과 관련하여 받은 손해에 대하여 법률이 정하는 보상 외에 국가 등에 대하여 공무원의직무상 불법행위로 인한 배상을 청구할 수 없도록 규정하고 있고 국가배상법 제2조 제1항 단서도 이를 이어 받아 이를 구체화하고 있지만, 이는 군인 등이 전투, 훈련 등과 관련하여 받는 손해에 한하여는 국가의 손해배상을 인정하지 아니하고 법률이 정한 보상만을 인정함이 타당하다는 헌법적 결단에 의한 것이기 때문이다(대판 전원합의체 1996. 2. 15, 95다38677). 〈평석〉 본 판결이 있기 이전에 판례는 오랫 동안 공무원의 직무상 불법행위로 국민에게 손해를 입힌 경우에 피해자인 국민은 가해공무원의 귀책사유의 정도에 관계없이 국가 등의 배상책임과 선택적으로 가해공무원에게 직접 배상책임을 청구할 수 있다고 보았다.

(5) 결　　어

아래와 같이 공무원의 개인책임에 관한 법적 근거, 입법정책의 문제 및 법이론적 문제에 비추어 **제한적 긍정설**이 타당하다.

① 헌법 제29조 제1항 단서는 공무원의 직무상 불법행위로 국가 등이 배상책임을 지는 경우에도 공무원 개인의 손해배상책임이 면제되지 아니한다는 원칙을 규정하고 있을 뿐이며 공무원 개인의 구체적인 손해배상책임

의 범위까지 규정하고 있는 것은 아니다.

② 공무원 개인책임의 범위를 정하는 문제는 입법정책의 문제이고, 국가배상책임과 관련이 있으므로 국가배상법에서 정할 문제이다. 그런데, 국가배상법이 공무원의 구상책임에 관한 규정을 두면서도 공무원의 피해자에 대한 개인책임에 관하여 규정하고 있지 않은 것은 의도된 입법의 불비이다. 따라서, 공무원 개인책임의 범위는 관련법규정(헌법 제29조 제1항 단서, 국가배상법 제2조 제1항 본문 및 제2항)의 입법 취지를 고려하여 결정하여야 하는 법해석의 문제이다. 공무원의 책임의식을 확보하고자 하는 헌법 제29조 제1항 단서의 입법취지와 공무원의 적극적 공무수행을 보장하고자 하는 국가배상법 제2조 제2항을 조화롭게 해석한다면 공무원의 고의 또는 중과실에 한하여 공무원의 개인책임을 인정하는 제한적 긍정설이 타당하다.

③ 법이론적 측면에서 볼 때 공무원의 경과실은 직무수행상 통상 일어날 수 있는 것이므로 경과실로 인한 공무원의 행위는 국가 등의 기관행위로 보아 그로 인하여 손해에 대해서는 전적으로 국가 등에만 귀속시키고 공무원 개인에게는 그로 인한 책임을 부담시키지 아니하는 것이 타당하고, 반면에 공무원의 위법행위가 고의·중과실에 기한 경우에는 기관행위로서의 품격을 상실하여 국가 등에게 그 책임을 귀속시킬 수 없고, 공무원 개인에게 불법행위로 인한 손해배상책임을 부담시키는 것이 원칙이지만, 그 행위가 그의 직무와 관련된 것이기 때문에 피해자에 대한 손해배상과의 관계에서는 국가 등의 기관행위로 볼 수 있다(신자기책임설). 따라서, 공무원의 고의 또는 중과실로 인한 불법행위가 직무와 관련이 있는 경우에는 국가 등이 공무원 개인과 경합하여 배상책임을 부담하도록 하고, 국가 등이 배상한 경우에는 최종적 책임자인 공무원 개인에게 구상할 수 있도록 하는 것이 타당하다.

2. 공무원의 피해자에 대한 책임에서 경과실이 면책되는 "공무원"[2024 행시]

판례는 경과실이 면책되는 공무원은 경과실 면책의 취지상 **실제로 공무를 수행하는 자연인**에 한정하는 것이 타당하므로, 행정주체인 공무수탁법인(예 한국토지공사, 에스에이치공사)이 배상책임을 지는 경우에는 경과실이 면책되는 공무원이 아니고, 실질적으로 공무를 수행하는 공공단체의 직원 등이 경과실이 면책되는 공무원이라고 보았다.

[판례 1] [1] **법령에 의해 대집행권한을 위탁받은 한국토지공사가 국가공무원법 제2조에서 말하는 공무원에 해당하는지 여부(소극)**: 한국토지공사는 … 이러한 법령의 위탁에 의하여 대집행을 수권받은 자로서 공무인 대집행을 실시함에 따르는 권리·의무 및 책임이 귀속되는 행정주체의 지위에 있다고 볼 것이지 지방자치 단체 등의 기관으로서 국가배상법 제2조 소정의 공무원에 해당한다고 볼 것은 아니다. 따라서, 한국토지공사에 대해서도 국가배상법 제2조 소정의 공무원에 포함됨을 전제로 이 사건 대집행에 따른 손해배상책임이 고의 또는 중과실로 인한 경우로 제한된다고 한 원심의 판단에는 손해배상책임의 요건에 관한 법리를 오해한 잘못이 있다고 판시하였다. [2] 피고 2, 피고 3 주식회사, 피고 4(한국토지공사의 업무 담당자이거나 그와 용역계약을 체결한 법인 또는 그 대표자)는 이 사건 대집행을 실제 수행한 자들로서 공무인 이 사건 대집행에 실질적으로 종사한 자라고 할 것이므로 국가배상법 제2조 소정의 공무원에 해당한다고 볼 것이고, 따라서 위 법리에 따라 고의 또는 중과실이 있는 경우에 한하여 불법행위로 인한 손해배상책임을 진다고 할 것이다(대판 2010. 1. 28, 2007다82950,82967). 〈해설〉 이 사건에서 문제된 것은 공무를 위탁받은 한국토지공사가 피해자에 대해 직접 배상책임을 지는 공무원인가 따라서, 경과실의 경우 면책되는가 하는 것이다. 판례에서 공무수탁자인 한국토지공사가 행정주체이고, 지방자치단체 등의 기관이 아니며 피해자에 대해 직접 개인책임을 지는 공무원이 아니며 따라서 경과실 면책이 인정되지 않는다고 한 결론은 타당하다. 그러나, 공무수탁자인 한국토지공사가 국가배상법 제2조 소정의 공무원이 아니라고 본 것과 그렇기 때문에 경과실 면책이 인정되지 않는다고 한 논리는 타당하지 않다. 이 사건에서 공무수탁자인 한국토지공사는 행정주체이며 행

정주체의 지위에서 배상책임을 지는 것이기 때문에 경과실 면책을 인정하는 것은 타당하지 않다고 보아야 할 것이다. 공무수탁사인이 자연인인 경우에는 행정주체의 지위와 국가배상법상의 공무원의 지위를 동시에 갖는데, 경과실이 면책되지 않는 것으로 보아야 하는 이유는 공무수탁사인이 공무원의 지위가 아니라 행정주체의 지위에서 배상책임을 지는 것이기 때문이다. 국가배상법 제2조 제1항의 공무원(불법행위를 행한 공무원)과 경과실이 면책되는 공무원을 구별하는 것이 타당하다. 국가배상법 제2조 제1항의 공무원은 불법행위자인 공무원으로서 자연인인 공무원뿐만 아니라 공공단체등 공무수탁법인 그리고 행정기관을 포함하지만, 경과실이 면책되는 공무원은 경과실 면책의 취지상 자연인인 공무원만을 말한다고 보아야 한다.

[판례 2] 국민임대주택단지 조성사업의 시행자인 에스에이치공사가 갑 소유의 비단잉어 등 지장물을 이전하게 하는 수용재결을 받아 수용보상금을 공탁한 후 대집행을 신청하여 을 구청장이 공사 직원들을 집행책임자로 지정하여 대집행 계고서와 대집행영장을 발부하고, 공사는 이를 받아 공란으로 되어 있던 이행기한이나 대집행일자를 기재한 다음 대집행을 실행한 사안에서, 위 공사는 집행책임자로 지정된 공사 직원들과는 달리 대집행 실행으로 갑이 입은 손해에 대하여 경과실만이 있다는 이유로 배상책임을 면할 수 없다고 한 사례(대판 2014. 4. 24, 2012다36340,36357).

3. 공무원의 손해배상책임의 요건인 공무원의 중과실

공무원의 손해배상책임의 요건인 공무원의 중과실이란 공무원에게 통상 요구되는 정도의 상당한 주의를 하지 않더라도 약간의 주의를 한다면 손쉽게 위법·유해한 결과를 예견할 수 있는 경우임에도 만연히 이를 간과한 경우와 같이, 거의 고의에 가까운 현저한 주의를 결여한 상태를 의미한다(대판 2021. 11. 11, 2018다288631).

Ⅱ. 공무원의 국가에 대한 구상책임

국가배상법 제2조 제2항은 국가의 구상권(求償權)은 고의 또는 중과실의 경우에 한하는 것으로 규정하고 있다. 이와 같이 고의 또는 중과실의 경우에 한하여 국가의 공무원에 대한 구상권을 인정한 것은 경과실의 경우까지 공무원의 책임을 인정하는 것은 공무원에게 가혹할 뿐만 아니라 공무원의 직무집행을 위축시킬 우려가 있기 때문이다.

판례는 기본적으로 손해의 발생에 기여한 정도에 따라 국가와 공무원 사이에 손해의 공평한 분담이라는 견지에서 국가의 공무원에 대한 구상권을 인정하고 있다.

[판례 1] [1] 등기공무원이 신청에 따라 등기부에 2번 근저당설정등기를 등재함에 있어 근저당권설정자 갑을 근저당권자로 착오등재한 것이 등기공무원으로서의 주의의무를 현저히 결여한 중과실에 해당된다고 본 사례. [2] **국가 또는 지방자치단체의 산하 공무원에 대한 구상권행사의 범위**: 국가 또는 지방자치단체의 산하 공무원이 그 직무를 집행함에 당하여 중대한 과실로 인하여 법령에 위반하여 타인에게 손해를 가함으로써 국가 또는 지방자치단체가 손해배상책임을 부담하고, 그 결과로 손해를 입게 된 경우에는 국가 등은 당해 공무원의 직무내용, 당해 불법행위의 상황, 손해발생에 대한 당해 공무원의 기여정도, 당해 공무원의 평소 근무태도, 불법행위의 예방이나 손실의 분산에 관한 국가 또는 지방자치단체의 배려의 정도 등 제반사정을 참작하여 손해의 공평한 분담이라는 견지에서 신의칙상 상당하다고 인정되는 한도 내에서만 당해공무원에 대하여 구상권을 행사할 수 있다고 봄이 상당하다(대판 1991. 5. 10, 91다6764).

[판례 2] 국가정보기관이 살인사건의 피해자가 북한 공작원이 아님을 잘 알면서도 가해자와 공모하여 진실을 은폐하고 살인사건을 간첩사건으로 조작하였다는 이유로 국가가 피해자의 유족들에게 손해배상을 한 다음 가해자를 상대로 구상권을 행사한 사안에서, 가해자의 공동불법행위 책임을 인정하고 내부적 부담 부분을 10%라고 본 사례(대판 2008. 3. 27, 2006다70929,70936).

Ⅲ. 공무원의 국가에 대한 구상권[2016 사시]

직무수행 중 경과실로 피해자에게 손해를 입힌 공무원이 피해자에게 손해를 배상하였다면, 공무원은 국가가 피해자에 대하여 부담하는 손해배상책임의 범위 내에서 자신이 변제한 금액에 관하여 구상권을 취득한다(대판 2014. 8. 20, 2012다54478).

제3절 영조물의 설치 · 관리의 하자로 인한 배상책임

[2010 사시 사례, 1998 입시 논술]

국가배상법 제5조는 다음과 같이 영조물의 설치·관리의 하자로 인한 배상책임을 공무원의 불법행위로 인한 배상책임과 별도로 규정하고 있다.

도로·하천 기타의 공공의 영조물의 설치 또는 관리에 하자가 있기 때문에 타인에게 손해를 발생하게 하였을 때에는 국가 또는 지방자치단체는 그 손해를 배상하여야 한다. 이 경우에는 제2조 제1항 단서, 제3조 및 제3조의2의 규정을 준용한다(제1항). 제1항의 경우에 손해의 원인에 대하여 책임을 질 자가 따로 있을 때에는 국가 또는 지방자치단체는 그 자에 대하여 구상할 수 있다(제2항).

제 1 항 영조물책임의 성립요건

국가배상법 제5조에 의한 국가배상책임이 성립하기 위하여는 '공공의 영조물'의 설치 또는 관리의 '하자'로 인하여 타인에게 손해가 발생하였을 것을 요한다.

Ⅰ. 공공의 영조물의 개념

국가배상법 제5조상의 영조물(營造物)은 본래의 의미의 영조물이 아니라, 직접 행정목적에 제공된 물건(유체물 내지 물적 설비), 즉 공물(公物)을 의미한다고 보는 것이 통설이며 판례이다(대판 1998. 10. 23, 98다17381).

[판례 1] 국가배상법 제5조 제1항 소정의 '공공의 영조물'의 의미: 국가배상법 제5조 제1항 소정의 '공공의 영조물'이라 함은 국가 또는 지방자치단체에 의하여 <u>특정 공공의 목적에 공여된 유체물 내지 물적 설비</u>를 말

하며, 국가 또는 지방자치단체가 소유권, 임차권 그 밖의 권한에 기하여 관리하고 있는 경우뿐만 아니라 사실상의 관리를 하고 있는 경우도 포함된다(대판 1998. 10. 23, 98다17381: 지방자치단체가 비탈사면인 언덕에 대하여 소외 회사에게 옹벽시설공사를 도급 주어 소외 회사가 공사를 시행하다가 깊이 3m의 구덩이를 파게 되었는데, 피해자가 공사현장 주변을 지나가다가 흙이 무너져 내리면서 위 구덩이에 추락하여 상해를 입게된 사안에서, 위 사고 당시 설치하고 있던 옹벽은 소외 회사가 공사를 도급받아 공사 중에 있었을 뿐만 아니라 아직 완성도 되지 아니하여 일반 공중의 이용에 제공되지 않고 있었던 이상 국가배상법 제5조 제1항 소정의 영조물에 해당한다고 할 수 없다고 한 사례).

[판례 2] 국가의 철도운행사업과 관련하여 발생한 사고로 인한 손해배상청구에 관하여 적용될 법규(공무원의 직무상 과실을 원인으로 한 경우=민법, 영조물 설치 · 관리의 하자를 원인으로 한 경우=국가배상법): 국가 또는 지방자치단체라 할지라도 공권력의 행사가 아니고 단순한 사경제의 주체로 활동하였을 경우에는 그 손해배상책임에 국가배상법이 적용될 수 없고 민법상의 사용자책임 등이 인정되는 것이고 국가의 철도운행사업은 국가가 공권력의 행사로서 하는 것이 아니고 사경제적 작용이라 할 것이므로, 이로 인한 사고에 공무원이 간여하였다고 하더라도 국가배상법을 적용할 것이 아니고 일반 민법의 규정에 따라야 하므로, 국가배상법상의 배상전치절차를 거칠 필요가 없으나, 공공의 영조물인 철도시설물의 설치 또는 관리의 하자로 인한 불법행위를 원인으로 하여 국가에 대하여 손해배상청구를 하는 경우에는 국가배상법이 적용되므로 배상전치절차를 거쳐야 한다(대판 1999. 6. 22, 99다7008). 〈해설〉 **현재 철도운행사업은 한국철도공사가 담당한다.** 철도시설은 국가가 소유하는 것을 원칙으로 한다(철도산업발전기본법 제20조 제1항). 법상 철도시설의 관리청은 국토교통부장관인데(제19조 제1항), 국토교통부장관은 **철도시설의 건설 및 관리** 등에 관한 그의 업무의 일부를 **국가철도공단**(구 **한국철도시설공단**)으로 하여금 **대행**하게 할 수 있다(제19조 제2항). 이 대행은 강학상 위탁에 해당한다. 따라서, 이 경우 국가철도공단은 대행하는 범위안에서 그 철도의 **관리주체 및 관리청**(제19조 제3항)이 된다.

[판례 3] 국가배상법 제5조 소정의 공공의 영조물이란 공유나 사유임을 불문하고 행정주체에 의하여 특정공공의 목적에 공여된 유체물 또는 물적 설비를 의미하므로 사실상 군민의 통행에 제공되고 있던 도로 옆의 암벽으로부터 떨어진 낙석에 맞아 소외인이 사망하는 사고가 발생하였다고 하여도 동 사고지점 도로가 피고 군에 의하여 노선인정 기타 공용개시가 없었으면 이를 영조물이라 할 수 없다(대판 1981. 7. 7, 80다2478).

그리고, 도로 등 인공공물(人工公物)뿐만 아니라 하천 등 자연공물(自然公物)도 동조의 영조물에 포함되고,[10] 동산 및 동물도 포함된다고 보는 것이 통설 및 판례의 입장이다.

판례에 의하면 국가배상법 제5조상의 영조물(공물)은 **국가와 지방자치단체가 관리주체인 경우**에 한한다는 것이 판례의 입장이다. 그러나, 전술한 바와 같이 공공단체 또는 사인이 관리주체인 경우에도 국가배상법 제5조를 유추적용하여 행정상 손해배상책임(국가배상책임)을 인정하는 것이 타당하다.

Ⅱ. 설치 또는 관리의 '하자'

1. 설치 또는 관리의 하자의 개념

영조물의 '설치 또는 관리의 하자'가 무엇을 의미하는가에 관하여 학설은 객관설, 주관설, 절충설로 나뉘어 대립되고 있다.

10) 자연공물은 동조의 영조물에 포함되지 않는다는 반대견해도 있다.

(1) 객 관 설

객관설은 '영조물의 설치 또는 관리의 하자'를 **'영조물이 통상 갖추어야 할 안전성을 결여한 것'**을 말한다고 한다. 객관설은 법문언상의 '설치 또는 관리의 하자'를 영조물 자체의 **물적 하자**(안전성의 결여)를 의미하는 것으로 본다.

(2) 주관설(안전관리의무위반설)

이 견해는 '설치 또는 관리의 하자'라는 것은 '영조물을 안전하고 양호한 상태로 보전해야 할 **안전관리의무를 위반함**'을 의미한다고 본다. 따라서 주관설을 안전관리의무위반설이라고 부르기도 한다. 안전관리의무위반설은 위법·무과실책임설과 유사하다.

이 견해는 국가배상법 제5조의 법문언의 표현이 '영조물의 하자'로 되어 있지 않고 '영조물의 설치 또는 관리의 하자'로 되어 있다는 점, 그리고 관리자의 관리의무 위반을 책임의 근거로 보는 것이 책임의 원칙에 비추어 타당하다는 점 등에 근거하고 있다.

(3) 위법·무과실책임설

이 견해는 영조물의 설치·관리의 하자를 객관적 개념인 영조물 관리자의 **객관적인 안전관리의무 위반, 즉 위법을 의미**하는 것으로 보면서 국가배상법 제5조의 책임을 행위책임이며 위법·무과실책임으로 보는 견해이다(정하중, 561면). 이 견해는 주관설(안전관리의무위반설)과 유사하다.

이 견해는 국가배상법 제5조가 '영조물 자체의 하자'가 아니라 '영조물의 설치 또는 관리상 하자'를 책임요건으로 하고 있고, 제2조와 달리 공무원의 과실을 요구하지 않고, 민법 제758조와 달리 점유자의 면책을 규정하지 않고 있다는 점에 근거를 둔다.

(4) 절 충 설

이 견해는 '영조물의 설치 또는 관리의 하자'는 안전성의 결여라는 객관적인 물적 상태의 하자와 함께 관리의무 위반이라는 주관적 측면도 함께 고려하여 판단하여야 한다는 견해이다. 객관설과 주관설의 중간에 위치하는 견해라고 할 수 있다.

(5) 판례의 태도

판례는 전형적인 객관설도 아니고, 전형적인 주관설도 아닌 그 중간의 입장을 취하고 있다. 판례의 입장을 변형된(수정된) 객관설(사법연수원교재, 『행정구제법』, 316면) 내지 객관화된 주관설 또는 절충설로 부를 수 있다.

[판례] 국가배상법 제5조 제1항에 정해진 영조물의 설치 또는 관리의 하자라 함은 영조물이 그 용도에 따라 통상 갖추어야 할 안전성을 갖추지 못한 상태에 있음을 말하는 것이며, 다만 영조물이 완전무결한 상태에 있지 아니하고 그 기능상 어떠한 결함이 있다는 것만으로 영조물의 설치 또는 관리에 하자가 있다고 할 수 없고, 위와 같은 안전성의 구비 여부를 판단함에 있어서는 당해 영조물의 용도, 그 설치장소의 현황 및 이용 상황 등 제반 사정을 종합적으로 고려하여 설치·관리자가 그 영조물의 위험성에 비례하여 사회통념상 일반적으로 요구되는 정도의 방호조치의무를 다하였는지 여부를 그 기준으로 삼아야 할 것이며, 만일 객관적으로 보아 시간적·장

소적으로 영조물의 기능상 결함으로 인한 손해발생의 예견가능성과 회피가능성이 없는 경우, 즉 그 영조물의 결함이 영조물의 설치·관리자의 관리행위가 미칠 수 없는 상황 아래에 있는 경우임이 입증되는 경우라면 영조물의 설치·관리상의 하자를 인정할 수 없다고 할 것이다(대판 2007. 10. 26, 2005다51235; 2009. 2. 26, 2007다22262). 〈해설〉 판례에 의한 영조물의 설치 또는 관리의 하자의 정의(영조물이 그 용도에 따라 통상 갖추어야 할 안전성을 갖추지 못한 상태에 있음)만을 보면 객관설이라고 할 수 있지만, 판례가 제시하고 있는 영조물의 설치 또는 관리의 하자의 구체적 판단기준(그 영조물의 위험성에 비례하여 사회통념상 일반적으로 요구되는 정도의 방호조치의무를 다하였는지 여부를 그 기준으로 삼아야 할 것)을 보면 주관설에 입각하고 있는 것으로 보인다.

(6) 결　론

국가배상법 제5조의 영조물책임을 국가배상법 제2조의 행위책임과 별도로 규정한 점, 국가배상법 제5조가 "영조물의 설치 또는 관리상의 하자"를 책임요건으로 하고 있는 점 및 책임의 원칙을 고려할 때 안전관리의무위반설이 타당하다.

2. 판례에서의 영조물의 설치·관리의 하자의 개념과 판단기준

판례는 물적하자(당해 영조물을 구성하는 물적 시설 그 자체에 있는 물리적·외형적 흠결이나 불비로 인하여 그 이용자에게 위해를 끼칠 위험성이 있는 경우)와 이용(사용)상 하자(그 영조물이 공공의 목적에 이용됨에 있어 그 이용상태 및 정도가 일정한 한도를 초과하여 제3자에게 사회통념상 참을 수 없는 피해를 입히는 경우)를 구분하고, 각각 다른 구체적 판단기준을 제시하고 있다.

[판례] 국가배상법 제5조 제1항 소정의 '영조물의 설치 · 관리상의 하자'의 의미 및 하자로 볼 수 있는 경우: 국가배상법 제5조 제1항에 정하여진 '영조물의 설치 또는 관리의 하자'라 함은 공공의 목적에 공여된 영조물이 그 용도에 따라 갖추어야 할 안전성을 갖추지 못한 상태에 있음을 말하고, 여기서 안전성을 갖추지 못한 상태, 즉 타인에게 위해를 끼칠 위험성이 있는 상태라 함은 당해 영조물을 구성하는 물적 시설 그 자체에 있는 물리적·외형적 흠결이나 불비로 인하여 그 이용자에게 위해를 끼칠 위험성이 있는 경우(물적 하자)뿐만 아니라 그 영조물이 공공의 목적에 이용됨에 있어 그 이용상태 및 정도가 일정한 한도를 초과하여 제3자에게 사회통념상 참을 수 없는 피해를 입히는 경우(이용상 하자 또는 기능상 하자)까지 포함된다고 보아야 할 것이고, 사회통념상 참을 수 있는 피해인지의 여부는 그 영조물의 공공성, 피해의 내용과 정도, 이를 방지하기 위하여 노력한 정도 등을 종합적으로 고려하여 판단하여야 한다(대판 2004. 3. 12, 2002다14242[매향리사격장사건]).

(1) 일반적·궁극적 판단기준: 통상의 용도에 따른 안전성의 결여

판례는 영조물의 설치·관리상 하자를 "영조물이 그 용도에 따라 통상 갖추어야 할 안전성을 갖추지 못한 상태에 있음"을 말하는 것으로 정의하고 있는데, 이 정의는 "영조물의 설치 또는 관리의 하자"의 일반적·궁극적 판단기준이 된다.

1) 안전성의 정도(통상 갖추어야 할 안전성)

영조물의 설치·관리상 요구되는 안전성은 "영조물이 그 용도에 따라 통상 갖추어야 할 안전성" 즉, 완전무결한 상태를 유지할 정도의 고도의 안전성을 말하는 것이 아니라 영조물의 위험성에 비례하여 사회통념상 일반적으로 요구되는 정도의 것을 의미한다(대판 2002. 8. 23, 2002다9158).

[판례] 국가배상법 제5조 제1항에 규정된 '영조물 설치 · 관리상의 하자'의 의미 및 하자 판단 기준: 국가배상법 제5조 제1항에 규정된 '영조물 설치·관리상의 하자'는 공공의 목적에 공여된 영조물이 그 용도에 따라 통상 갖추어야 할 안전성을 갖추지 못한 상태에 있음을 말한다. 그리고 위와 같은 안전성의 구비 여부는 영조물의 설치자 또는 관리자가 그 영조물의 위험성에 비례하여 사회통념상 일반적으로 요구되는 정도의 방호조치의무를 다하였는지를 기준으로 판단하여야 하고, 아울러 그 설치자 또는 관리자의 재정적·인적·물적 제약 등도 고려하여야 한다. 따라서 영조물이 그 설치 및 관리에 있어 완전무결한 상태를 유지할 정도의 고도의 안전성을 갖추지 아니하였다고 하여 하자가 있다고 단정할 수는 없고, 영조물 이용자의 상식적이고 질서 있는 이용 방법을 기대한 상대적인 안전성을 갖추는 것으로 족하다(대판 2022. 7. 28, 2022다225910[교차로 보조표지의 설치 · 관리상의 하자를 부인한 사례]).

2) 통상의 용도에 따른 안전성

영조물이 통상 갖추어야 할 안전성이란 영조물의 '통상의 용도'에 따른 이용에 있어서 당해 영조물이 통상 구비해야 할 안전성이다. 영조물을 비정상적으로 이용하다가 발생한 사고에 있어서 통상 갖추어야 될 안전성만 갖추면 배상책임을 지지 않는다.

그러나, 그러한 비정상적인 이용이 예상되는 경우에 있어서 관리자에게 관리의무 위반이 인정될 때에는 배상책임이 인정된다. 예를 들면, 판단능력이 충분하지 않은 중학생이 학교비품을 가지고 장난을 하다가 사고가 난 경우에 학교비품의 통상 갖추어야 할 안전성은 이러한 경우까지를 고려한 안전성이어야 한다.

[판례] 고등학교 3학년 학생이 교사의 단속을 피해 담배를 피우기 위하여 3층 건물 화장실 밖의 난간을 지나다가 실족하여 사망한 사안에서 학교 관리자에게 그와 같은 이례적인 사고가 있을 것을 예상하여 복도나 화장실 창문에 난간으로의 출입을 막기 위하여 출입금지장치나 추락위험을 알리는 경고표지판을 설치할 의무가 있다고 볼 수는 없다는 이유로 학교시설의 설치·관리상의 하자가 없다고 본 사례(대판 1997. 5. 16, 96다54102[학교난간실족사건]). 〈해설〉 화장실 창문 밖 난간 위를 걷는 것은 통상의 용도가 아니다.

3) 안전성 구비 여부의 판단

안전성의 구비 여부는 당해 영조물의 구조, 본래의 용법, 장소적 환경 및 이용 상황 등의 여러 사정을 종합적으로 고려하여 구체적·개별적으로 판단하여야 한다(대판 2000. 1. 14, 99다24201).

(2) 물적 하자의 구체적 판단기준

물적 하자라 함은 사회통념상 일반적으로 요구되는 정도의 방호조치의무 위반을 말한다.

판례는 물적 하자의 구체적 판단기준을 다음과 같이 제시하고 있다: 안전성의 구비 여부를 판단함에 있어서는 당해 영조물의 용도, 그 설치장소의 현황 및 이용 상황 등 제반 사정을 종합적으로 고려하여 설치·관리자가 그 영조물의 위험성에 비례하여 사회통념상 일반적으로 요구되는 정도의 방호조치의무를 다하였는지 여부를 그 기준으로 삼아야 할 것이며, 만일 객관적으로 보아 시간적·장소적으로 영조물의 기능상 결함으로 인한 손해발생의 예견가능성과 회피가능성이 없는 경우, 즉 그 영조물의 결함이 영조물의 설치·관리자의 관리행위가 미칠 수 없는 상황 아래에 있는 경우임이 입증되는 경우라면 영조물의 설치·관리상의 하자를 인정할 수 없다고 할 것이다(대판 2007. 10. 26, 2005다51235; 2009. 2. 26, 2007다22262).

1) 방호조치의무(안전관리의무) 위반

영조물의 물적 하자는 당해 영조물의 용도, 그 설치장소의 현황 및 이용 상황 등 제반 사정을 종합적으로 고려하여 설치·관리자가 그 영조물의 위험성에 비례하여 **사회통념상 일반적으로 요구되는 정도의 방호조치의무를 다하지 않은 경우**를 말한다.

주관설에서 요구하는 안전관리의무 위반은 국가배상법 제2조의 위법 개념과 유사하며 주의의무 위반과 달리 객관적 개념이다.

객관설에서는 영조물의 설치·관리상 하자의 판단에 있어서 안전관리의무 위반이 요구되지 않으며 안전성의 결여라는 물적 상태만으로 영조물의 설치·관리상 하자가 인정된다.

2) 손해발생의 관리가능성(예견가능성과 회피가능성)이 있을 것

객관적으로 보아 시간적·장소적으로 영조물의 기능상 결함으로 인한 손해발생의 예견가능성과 회피가능성이 없는 경우, 즉 그 영조물의 결함이 영조물의 설치·관리자의 관리행위가 미칠 수 없는 상황 아래에 있는 경우임이 입증되는 경우라면 영조물의 설치·관리상의 하자를 인정할 수 없다.

객관설에서는 불가항력은 면책사유가 되지만, 관리가능성(예측가능성과 회피가능성)이 없는 것은 면책사유가 되지 않는다.

관리가능성(예견가능성과 회피가능성)은 영조물의 위험성에 비례하여 요구되는 영조물 관리자의 안전관리시스템이 제대로 작동하는 것을 전제로 판단되어야 한다.

현재의 기술수준 및 예산상 부득이하다는 사정만으로는 관리가능성이 없다고 할 수 없다(대판 2001. 7. 27, 2000다56822).

[판례 1] 가변차로에 설치된 신호등의 용도와 오작동시에 발생하는 사고의 위험성과 심각성을 감안할 때, 만일 가변차로에 설치된 두 개의 신호기에서 서로 모순되는 신호가 들어오는 고장을 예방할 방법이 없음에도 그와 같은 신호기를 설치하여 그와 같은 고장을 발생하게 한 것이라면, 그 고장이 자연재해 등 외부요인에 의한 불가항력에 기인한 것이 아닌 한 그 자체로 설치·관리자의 방호조치의무를 다하지 못한 것으로서 신호등이 그 용도에 따라 통상 갖추어야 할 안전성을 갖추지 못한 상태에 있었다고 할 것이고, 따라서 설령 적정전압보다 낮은 저전압이 원인이 되어 위와 같은 오작동이 발생하였고 그 고장은 현재의 기술수준상 부득이한 것이라고 가정하더라도 그와 같은 사정만으로 손해발생의 예견가능성이나 회피가능성이 없어 영조물의 하자를 인정할 수 없는 경우라고 단정할 수 없다고 한 사례(대판 2001. 7. 27, 2000다56822[가변차로 신호등 오작동사건]).
[판례 2] 교차로의 진행방향 신호기의 정지신호가 단선으로 소등되어 있는 상태에서 그대로 진행하다가 다른 방향의 진행신호에 따라 교차로에 진입한 차량과 충돌한 경우, 신호기의 적색신호가 소등된 기능상 결함이 있었다는 사정만으로 신호기의 설치 또는 관리상의 하자를 인정할 수 없다(대판 2000. 2. 25, 99다54004).

(3) 이용상 하자의 판단기준

'이용상 하자'라 함은 '영조물이 공공의 목적에 이용됨에 있어 그 이용상태 및 정도가 일정한 한도를 초과하여 제3자에게 **사회통념상 참을 수 없는 피해를 입히는 경우**(수인한도를 넘는 경우)'를 말한다. '기능상 하자'라고도 한다.

영조물의 이용상 하자(기능상 하자)의 판단에 있어 '사회통념상 참을 수 없는 피해인지의 여부'

는 그 영조물의 공공성, 피해의 내용과 정도, 이를 방지하기 위하여 노력한 정도 등을 종합적으로 고려하여 판단하여야 한다.

[판례 1] [1] **국가배상법 제5조 제1항 소정의 '영조물의 설치 · 관리상의 하자'의 의미 및 하자로 볼 수 있는 경우:** 국가배상법 제5조 제1항에 정하여진 '영조물의 설치 또는 관리의 하자'라 함은 공공의 목적에 공여된 영조물이 그 용도에 따라 갖추어야 할 안전성을 갖추지 못한 상태에 있음을 말하고, 여기서 안전성을 갖추지 못한 상태, 즉 타인에게 위해를 끼칠 위험성이 있는 상태라 함은 당해 영조물을 구성하는 물적 시설 그 자체에 있는 물리적·외형적 흠결이나 불비로 인하여 그 이용자에게 위해를 끼칠 위험성이 있는 경우(물적 하자)뿐만 아니라 그 영조물이 공공의 목적에 이용됨에 있어 그 이용상태 및 정도가 일정한 한도를 초과하여 제3자에게 사회통념상 참을 수 없는 피해를 입히는 경우(이용상 하자)까지 포함된다고 보아야 할 것이고, 사회통념상 참을 수 있는 피해인지의 여부는 그 영조물의 공공성, 피해의 내용과 정도, 이를 방지하기 위하여 노력한 정도 등을 종합적으로 고려하여 판단하여야 한다. [2] 매향리 사격장에서 발생하는 소음 등으로 지역주민들이 입은 피해는 사회통념상 참을 수 있는 정도를 넘는 것으로서 사격장의 설치 또는 관리에 하자가 있었다고 본 사례(대판 2004. 3. 12, 2002다14242[매향리사격장사건]).

[판례 2] [1] '영조물 설치 또는 하자'에 관한 제3자의 수인한도의 기준을 결정함에 있어서는 일반적으로 침해되는 권리나 이익의 성질과 침해의 정도뿐만 아니라 침해행위가 갖는 공공성의 내용과 정도, 그 지역환경의 특수성, 공법적인 규제에 의하여 확보하려는 환경기준, 침해를 방지 또는 경감시키거나 손해를 회피할 방안의 유무 및 그 난이 정도 등 여러 사정을 종합적으로 고려하여 구체적 사건에 따라 개별적으로 결정하여야 한다. [2] 김포공항에서 발생하는 소음 등으로 인근 주민들이 입은 피해는 사회통념상 수인한도를 넘는 것으로서 김포공항의 설치·관리에 하자가 있다고 본 사례(대판 2005. 1. 27, 2003다49566). 〈해설〉 공항시설의 관리주체는 한국공항공사이지만, **항공기의 이착륙등 항공운항에 대한 관리주체는 국가**이므로 국가가 관리주체로서 손해배상책임의 주체가 된다.

이용상 하자론에 대하여 이용상 하자는 엄밀한 의미에서 영조물의 설치 또는 관리의 하자라고 할 수 없고, 영조물의 이용상 어쩔 수 없이 발생하는 것이므로 이를 영조물의 설치·관리의 하자로 보고 그로 인한 피해에 대해 국가배상으로 구제해 주는 것은 타당하지 않다는 **비판**이 있다. 이러한 견해에서는 영조물의 이용상 야기되고 회피할 수 없는 공해로 인한 피해는 영조물의 이용상 어쩔 수 없이 발생하는 것이므로 적법한 손해이고, 따라서 손실보상(수용적 침해 또는 간접손실보상)으로 구제하여야 한다고 본다.

3. 유형별 고찰 및 개별적 고찰

영조물의 하자의 판단에 있어서 영조물의 종류별로 유형적 고찰을 할 필요가 있다.

(1) 도로의 설치·관리의 하자 [2001 사시 사례]

1) 일반적 판단기준

도로의 설치·관리의 하자는 도로의 통상의 용법에 따른 이용에 있어서 통상 갖추어야 할 안전성의 유무를 기준으로 한다.

[판례] 도로의 설치 또는 관리상의 하자는 도로의 위치 등 장소적인 조건, 도로의 구조, 교통량, 사고시에 있어서의 교통 사정 등 도로의 이용 상황과 그 본래의 이용 목적 등 제반 사정과 물적 결함의 위치, 형상 등을 종합적으로 고려하여 사회통념에 따라 구체적으로 판단하여야 한다(대판 1997. 4. 22, 97다3194; 1997. 2. 10, 97다32536).

2) 개별적 고찰

가. 노면의 홈　도로 노면(路面)의 홈은 도로의 물적 하자이다. 다만, 도로의 홈이 단시간에 걸쳐 생긴 경우에 도로의 홈을 발견하여 표지판을 설치하거나 보수를 하는 등 안전조치를 취할 시간적인 여유가 없었을 때에는 예측가능성과 결과회피가능성이 없기 때문에 배상책임이 면제된다.

[판례] 도로의 관리책임자는 도로를 주행하는 차량들의 안전운행을 위하여 도로상태의 안전점검을 철저히 하였어야 함에도 불구하고 이를 게을리 하여 위와 같은 웅덩이를 방치함으로써 이로 인하여 교통사고가 발생한 경우에 도로관리주체는 배상책임이 있다(대판 1993. 6. 25, 93다14424).

나. 자연력에 의한 통행상 안전의 결함

[판례 1] 도로의 설치 후 집중호우 등 자연력이 작용하여 본래 목적인 통행상의 안전에 결함이 발생한 경우에는 그 결함이 제3자의 행위에 의하여 발생한 경우와 마찬가지로 보아야 할 것이며, 도로에 그와 같은 결함이 있다는 것만으로 성급하게 도로의 보존상 하자를 인정하여서는 안 되고, 당해 도로의 구조, 장소적 환경과 이용 상황 등 제반 사정을 종합하여 그와 같은 결함을 제거하여 원상으로 복구할 수 있는데도 이를 방치한 것인지 여부를 개별적·구체적으로 심리하여 하자의 유무를 판단하여야 한다(대판 1998. 2. 13, 97다49800).
[판례 2] 폭설로 차량 운전자 등이 고속도로에서 장시간 고립된 사안에서, 고속도로의 관리자가 고립구간의 교통정체를 충분히 예견할 수 있었음에도 교통제한 및 운행정지 등 필요한 조치를 충실히 이행하지 아니하였으므로 고속도로의 관리상 하자가 있다고 한 사례(대판 2008. 3. 13, 2007다29287,29294[고속도로 고립사건]).
〈해설〉 판례는 고속도로의 관리상 하자로 인한 한국도로공사의 배상책임에 민법 제758조를 적용한다.

다. 낙하물(落下物) 등 제3자의 행위에 의해 통행상의 안전에 결함이 발생한 경우　도로상의 장해물로 인한 사고에 있어서는 당해 장해물을 발견하고 제거할 수 있는 합리적인 시간이 있었는지 여부에 따라 영조물의 하자 여부가 결정된다. 그리고, 당해 장해물을 발견하고 제거할 수 있는 합리적인 시간이 있었는지 여부는 도로상의 장해물의 감시를 위한 정상적인 순찰계획을 고려하여 판단된다.

[판례] [1] 도로의 설치 후 제3자의 행위에 의해 그 본래의 목적인 통행상의 안전에 결함이 발생한 경우에는 도로에 그와 같은 결함이 있다는 것만으로 도로의 보존상의 하자를 인정하여서는 안 되고, 당해 도로의 구조, 장소적 환경과 이용 상황 등 제반 사정을 종합하여 그와 같은 결함을 제거하여 원상으로 복구할 수 있는데도 이를 방치한 경우에 도로의 보존상의 하자가 인정된다. 낙하물의 경우에는 그 낙하물을 발견하여 제거할 수 있는 시간적인 여유가 있었는지 여부가 하자 판단의 기준이 된다. 도로의 점유·관리자인 피고가 낙하물에 대한 관리 가능성이 없다는 입증을 하여야 한다. [2] 승용차 운전자가 편도 2차선의 국도를 진행하다가 반대차선 진행차량의 바퀴에 튕기어 승용차 앞유리창을 뚫고 들어온 쇠파이프에 맞아 사망한 경우, 그와 같은 쇠파이프가 위 도로에 떨어져 있었다면 일단 도로의 관리에 하자가 있는 것으로 볼 수 있으나, 내세운 증거에 의하면 사고 당일 09:57부터 10:08 사이(사고 발생 33분 내지 22분 전)에 피고 운영의 과적차량 검문소 근무자 교대차량이 사고장소를 통과하였으나 위 쇠파이프를 발견하지 못한 사실을 인정하고 피고가 관리하는 넓은 국도상을 더 짧은 간격으로 일일이 순찰하면서 낙하물을 제거하는 것은 현실적으로 불가능하다 하여 피고에게 국가배상법 제5조 제1항이 정하는 손해배상책임이 없다고 한 사례(대판 1997. 4. 22, 97다3194).

라. 낙 석 도로에 낙석(落石)의 위험이 있는 경우에는 경우에 따라 경고표시판을 설치하거나 방호책 등을 설치하여야 할 것이다.

그런데, 산간지역의 도로의 경우 낙석의 위험이 전혀 없는 경우는 많지 않다. 그렇다고 하여 낙석의 위험이 있는 모든 경우에 방호책을 설치할 수 없다. 따라서 이 경우에는 예산상의 제약도 고려하여 도로관리주체의 위험방지의무를 정하여야 할 것이다.

마. 신호기의 설치 · 관리상 하자

[판례] 판례는 가변차로에 설치된 두 개의 신호등에서 서로 모순되는 신호가 들어오는 오작동이 발생하였고 그 고장이 현재의 기술수준상 부득이한 것이라고 가정하더라도 그와 같은 사정만으로 손해발생의 예견가능성이나 회피가능성이 없어 영조물의 하자를 인정할 수 없는 경우라고 단정할 수 없다고 하였다(대판 2001. 7. 27, 2000다56822).

(2) 하천의 설치·관리의 하자[1995 행시 사례]

[문제] 홍수로 하천의 제방이 붕괴되어 발생한 수해(水害)에 대한 배상책임을 논하시오.

1) 하천의 자연공물성과 하천의 설치·관리상 하자

하천은 원칙상 자연공물이다. 하천은 우선 자연상태대로 하천의 공적 목적에 제공되고, 그 안전성을 연차적으로 강화하여 가는 것이므로, 이러한 **하천의 자연공물로서의 특질**이 하천의 설치·관리상 하자를 판단함에 있어 **고려**되어야 한다(대판 2003. 10. 23, 2001다48057[중랑천수해사건]).

[판례] **자연영조물로서의 하천의 관리상의 특질과 특수성 및 계획홍수위를 넘고 있는 하천의 제방이 그 후 새로운 하천시설을 설치할 때 기준으로 삼기 위하여 제정한 '하천시설기준'이 정한 여유고를 확보하지 못한 경우, 안전성이 결여된 하자가 있다고 볼 수 있는지 여부(한정 소극):** 자연영조물로서의 하천은 원래 이를 설치할 것인지 여부에 대한 선택의 여지가 없고, 위험을 내포한 상태에서 자연적으로 존재하고 있으며, 간단한 방법으로 위험상태를 제거할 수 없는 경우가 많고, 유수라고 하는 자연현상을 대상으로 하면서도 그 유수의 원천인 강우의 규모, 범위, 발생시기 등의 예측이나 홍수의 발생 작용 등의 예측이 곤란하고, 실제로 홍수가 어떤 작용을 하는지는 실험에 의한 파악이 거의 불가능하고 실제 홍수에 의하여 파악할 수밖에 없어 결국 과거의 홍수 경험을 토대로 하천관리를 할 수밖에 없는 특질이 있고, 또 국가나 하천관리청이 목표로 하는 하천의 개수작업을 완성함에 있어서는 막대한 예산을 필요로 하고, 대규모 공사가 되어 이를 완공하는 데 장기간이 소요되며, 치수의 수단은 강우의 특성과 하천 유역의 특성에 의하여 정해지는 것이므로 그 특성에 맞는 방법을 찾아내는 것은 오랜 경험이 필요하고 또 기상의 변화에 따라 최신의 과학기술에 의한 방법이 효용이 없을 수도 있는 등 그 관리상의 특수성도 있으므로 이와 같은 관리상의 특질과 특수성을 감안한다면, 하천의 관리청이 관계 규정에 따라 설정한 계획홍수위를 변경시켜야 할 사정이 생기는 등 특별한 사정이 없는 한, 이미 존재하는 하천의 제방이 계획홍수위를 넘고 있다면 그 하천은 용도에 따라 통상 갖추어야 할 안전성을 갖추고 있다고 보아야 하고, 그와 같은 하천이 그 후 새로운 하천시설을 설치할 때 기준으로 삼기 위하여 제정한 '하천시설기준'이 정한 여유고를 확보하지 못하고 있다는 사정만으로 바로 안전성이 결여된 하자가 있다고 볼 수는 없다(대판 2003. 10. 23, 2001다48057[중랑천수해사건]).

하천 중 축조된 제방, 수문은 인공적인 것이다. 따라서 이 한도 내에서는 하천도 인공공물의 성질을 갖고 인공적인 시설의 하자는 인공공물에서의 하자의 판단기준에 의해 판단되어야 한다.

2) 하천시설의 설치상 하자

판례가 제시하는 하천관리를 위한 시설의 설치상 하자의 일반적 판단기준은 다음과 같다.

[판례] 영조물의 설치·관리상 하자의 법리와 하천관리상의 특질과 특수성을 감안하면, 하천 수해와 관련하여 하천관리를 위한 시설의 설치상 하자 유무를 판단함에 있어서는 해당 하천과 관련하여 과거에 발생한 수해의 규모, 발생빈도, 발생원인, 피해의 성질, 강우상황, 유역의 지형 기타 자연적 조건, 토지의 이용상황 기타 사회적 조건, 개수를 요하는 긴급성의 유무 및 그 정도 등 제반 사정을 종합적으로 검토하고, 하천관리에 있어서의 재정적, 기술적 및 사회적 제약하에서 같은 종류 및 규모의 하천관리의 일반수준 및 사회통념에 비추어 시인할 수 있는 안전성을 구비하고 있는지, 그리고 해당 하천관리시설이 설치 당시의 기술수준에 비추어 그 예정한 규모의 홍수에 있어서의 통상의 작용으로부터 예측된 재해를 방지함에 족한 안전성을 갖추고 있는지 여부를 기준으로 한다(대판 2007. 10. 25, 2005다62235[빗물펌프장사건]).

3) 하천관리상 하자

판례가 제시하는 하천관리상 하자의 일반적 판단기준은 다음과 같다.

[판례] 하천관리의 하자 유무는, 과거에 발생한 수해의 규모·발생의 빈도·발생원인·피해의 성질·강우상황·유역의 지형 기타 자연적 조건, 토지의 이용상황 기타 사회적 조건, 개수를 요하는 긴급성의 유무 및 그 정도 등 제반 사정을 종합적으로 고려하고, 하천관리에 있어서의 위와 같은 재정적·시간적·기술적 제약하에서 같은 종류, 같은 규모의 하천에 대한 하천관리의 일반수준 및 사회통념에 비추어 시인될 수 있는 안전성을 구비하고 있다고 인정할 수 있는지 여부를 기준으로 하여 판단한다(대판 2007. 9. 21, 2005다65678[안양천 수해사건]).

4) 하천홍수위와 하천의 설치·관리의 하자

하천홍수위(河川洪水位)라 함은 홍수시 하천의 제방이 지탱할 수 있을 것으로 계획된 최대유량(제방의 높이)을 말한다. 하천에 제방이 축조될 때에는 하천홍수위를 정하는데, 기존의 강우량을 견딜 수 있는 제방의 수위(하천홍수위)를 정하고 여유고를 더하여 하천제방의 높이가 결정된다.

하천홍수위가 적정하게 책정되지 않은 경우에는 하천의 설치상 하자가 있다고 할 수 있다.

하천홍수위가 적정하게 책정된 제방(예 100년 발생빈도의 강우량을기준으로 책정된 경우)에서 **하천이 범람한 경우**에는 불가항력으로 볼 수 있다. 또한, 하천홍수위보다 낮은 강우량에 **하천제방이 붕괴한 경우**에는 특별한 사정이 없는 한 하천의 설치·관리상 하자가 있는 것으로 **추정**된다.

[판례] [1] 계획홍수위를 변경시켜야 할 사정이 생기는 등 특별한 사정이 없는 한, 이미 존재하는 하천의 제방이 계획홍수위를 넘고 있다면 그 하천은 용도에 따라 통상 갖추어야 할 안전성을 갖추고 있다고 보아야 하고, 그와 같은 하천이 그 후 새로운 하천시설을 설치할 때 기준으로 삼기 위하여 제정한 '하천시설기준'이 정한 여유고를 확보하지 못하고 있다는 사정만으로 바로 안전성이 결여된 하자가 있다고 볼 수는 없다. [2] 100년 발생빈도의 강우량을 기준으로 책정된 계획홍수위를 초과하여 600년 또는 1,000년 발생빈도의 강우량에

의한 하천의 범람은 예측가능성 및 회피가능성이 없는 불가항력적인 재해로서 그 영조물의 관리청에게 책임을 물을 수 없다(대판 2003. 10. 23, 2001다48057[중랑천 수해사건]).

하천홍수위는 적정하게 책정되었지만, 강바닥에 쌓인 퇴적층을 제거하지 않은 경우에는 하천의 관리상 하자가 인정될 수 있다.

그리고, 하천제방이 축조된 후 강우량이 늘어 하천홍수위를 높여야 하는 경우에는 새롭게 책정된 하천홍수위는 새로이 축조되는 하천제방에만 적용되는 것이 원칙이지만, 국가 또는 지방자치단체는 합리적인 예산계획을 수립하여 기존의 제방을 높이도록 하여야 한다.

5) 개수중인 하천의 설치·관리의 하자

개수계획이 수립되어 그에 근거하여 현재 개수중인 하천에 대해서는 당해 계획이 위에서 본 바와 같은 하천 관리의 하자의 판단기준에 비추어 심히 불합리한 것으로 인정되지 않을 때에는 그 후의 사정변경에 의해 당해 하천의 미개수부분에서의 수해발생의 위험성이 현저하여 당초의 계획상의 개수시기를 조정하거나 공사의 순서를 변경하는 등 조기에 개수공사를 시행하지 않으면 안 되는 특별한 사정이 존재하지 않는 한 개수가 행해지지 않았다는 것을 근거로 하천 관리에 하자가 있다고 할 수는 없다.

6) 개수를 완료한 하천 또는 개수중인 하천에 있어 이미 설치 완료된 하천관리시설에 대한 하자의 판단기준

[판례 1] 관리청이 하천법 등 관련규정에 의해 책정한 하천정비기본계획 등에 따라 개수를 완료한 하천 또는 아직 개수 중이라 하더라도 개수를 완료한 부분에 있어서는, 위 하천정비기본계획 등에서 정한 계획홍수량 및 계획홍수위를 충족하여 하천이 관리되고 있다면 당초부터 계획홍수량 및 계획홍수위를 잘못 책정하였다거나 그 후 이를 시급히 변경해야 할 사정이 생겼음에도 불구하고 이를 해태하였다는 등의 특별한 사정이 없는 한, 그 하천은 용도에 따라 통상 갖추어야 할 안전성을 갖추고 있다고 봄이 타당하다 할 것이다(대판 2007. 9. 21, 2005다65678[안양천 수해사건]).

[판례 2] 하천의 관리청이 하천법 등 관련규정 또는 그 관련규정에 의한 하천 관리계획 등에 따라 개수를 완료한 하천이나 아직 개수 중이라 하더라도 개수를 완료한 부분에 있어서는 관련규정 내지 그 하천관리계획이 정하고 있는 바에 따라 해당 시설이 설치·관리되고 있다면, 당초부터 그 계획이 잘못되었다거나 그 후 이를 시급히 변경시켜야 할 사정이 있었음에도 이를 해태하였다는 등의 특별한 사정이 없는 한, 그 하천관리시설은 용도에 따라 통상 갖추어야 할 안전성을 갖추고 있다고 봄이 상당하다(대판 2007. 10. 25, 2005다62235: 피고 시가 1999년경 마련한 빗물펌프장에 관한 시설기준이 잘못되었다거나 그 후 이를 시급히 변경시켜야 할 사정이 있었음에도 담당공무원이 이를 해태하였다는 등의 특별한 사정이 없는 이상, 이 사건 빗물펌프장의 설치가 위 시설기준에 부합한다면 그 용도에 따라 통상 갖추어야 할 안전성을 갖추고 있는 것으로 보아야 하므로 설치상 하자가 없다고 한 사례).

[문제의 해결] 영조물의 설치·관리의 하자를 논하고, 하천수해의 특성을 논하며 특히 하천홍수위의 의의를 논한다. 하천홍수위보다 낮은 강우량에 하천제방이 붕괴한 경우에는 하천의 설치·관리상 하자가 있는 것으로 추정된다(행정법연습 제3장 제1절 2 참조).

4. 하자의 입증책임

판례는 하자(또는 안정성의 결여 또는 관리의무 위반)의 입증책임을 **피해자**에게 지우고 있다. 다만, 관리주체에게 관리가능성(손해발생의 예견가능성과 회피가능성)이 없었다는 것은 피고가 입증하여야 한다(대판 1998. 2. 10, 97다32536).

제4절 국가배상책임의 감면사유

I. 불가항력

불가항력(不可抗力)이라 함은 천재지변과 같이 인간의 능력으로는 예견할 수 없거나, 예견할 수 있어도 회피할 수 없는 **외부의 힘**에 의하여 손해가 발생한 경우를 말하며 면책사유가 된다. 불가항력이 인정되기 위하여 요구되는 예견가능성이 없음과 회피가능성이 없음은 외부의 힘으로부터 연유하여야 하며 내부적 원인에 의한 경우는 불가항력을 인정할 수 없다.

1. 예견가능성

예견가능성의 판단은 원칙상 **그 당시의 과학기술의 수준을 기준으로** 행하여져야 한다고 보는 것이 타당하며, 예견의 정도는 위험발생의 시기, 장소, 규모 등을 구체적으로 예측할 것이 요구되지는 않고, 위험발생이 현재의 학문적·기술적 수준에 비추어 **개연적으로 인정되면 족하다**고 보는 것이 타당하다.[11)]

2. 결과회피조치의 가능성

결과회피가능성 여부는 그 당시의 상황하에서 사실상 가능했었는가 아닌가가 아니라, 있어야 할 안전관리체제가 그 기능을 제대로 발휘하고 있는 것을 전제로 하여 판단되어야 한다.[12)]

[판례 1] 100년 발생빈도의 강우량을 기준으로 책정된 계획홍수위를 초과하여 600년 또는 1,000년 발생빈도의 강우량에 의한 하천의 범람은 예측가능성 및 회피가능성이 없는 불가항력적인 재해로서 그 영조물의 관리청에게 책임을 물을 수 없다(대판 2003. 10. 23, 2001다48057[중랑천 수해사건]).
[판례 2] 집중호우로 제방도로가 유실되면서 그 곳을 걸어가던 보행자가 강물에 휩쓸려 익사한 경우, 사고당일의 집중호우가 50년 빈도의 최대강우량에 해당한다는 사실만으로 불가항력에 기인한 것으로 볼 수 없다는 이유로 제방도로의 설치·관리상의 하자를 인정한 사례(대판 2000. 5. 26, 99다53247).

II. 예산부족

판례는 예산부족(豫算不足) 등 재정사정은 영조물의 안전성의 정도에 관하여 **참작사유**는 될 수

11) 遠藤博也, 『國家補償法(中卷)』, 489면 이하.
12) 상게서, 497면 이하.

있을지언정 예산부족은 절대적인 면책사유는 되지 않는다고 보고 있다(대판 1967. 2. 21, 66다1723).

Ⅲ. 피해자의 과실[2019 행시]

피해자에게 과실이 있었던 경우에는 피해자의 과실에 의하여 확대된 손해의 한도 내에서 국가 등의 책임이 부분적으로 감면된다고 보는 것이 타당하다.

피해자가 위험이 형성된 후 위험지역으로 이주하여 위험에 접근한 경우에는 위험에의 접근이론에 따라 손해배상책임이 감면된다.

[판례] 소음 등을 포함한 공해 등의 위험지역으로 이주하여 거주하는 것이 피해자가 위험의 존재를 인식하고 그로 인한 피해를 용인하면서 접근한 것이라고 볼 수 있는 경우 가해자의 면책이 인정되는지 여부(원칙적 적극) 및 위와 같이 접근한 것이라고 볼 수 없는 경우 이를 손해배상액 감액사유로 고려하여야 하는지 여부(적극): 소음 등을 포함한 공해 등의 위험지역으로 이주하여 들어가서 거주하는 경우와 같이 위험의 존재를 인식하면서 그로 인한 피해를 용인하며 접근한 것으로 볼 수 있는 경우에, 그 피해가 직접 생명이나 신체에 관련된 것이 아니라 정신적 고통이나 생활방해의 정도에 그치고 그 침해행위에 고도의 공공성이 인정되는 때에는, 위험에 접근한 후 실제로 입은 피해 정도가 위험에 접근할 당시에 인식하고 있었던 위험의 정도를 초과하는 것이거나 위험에 접근한 후에 그 위험이 특별히 증대하였다는 등의 특별한 사정이 없는 한 가해자의 면책을 인정하여야 하는 경우도 있다. 특히 소음 등의 공해로 인한 법적 쟁송이 제기되거나 그 피해에 대한 보상이 실시되는 등 피해지역임이 구체적으로 드러나고 또한 이러한 사실이 그 지역에 널리 알려진 이후에 이주하여 오는 경우에는 위와 같은 위험에의 접근에 따른 가해자의 면책 여부를 보다 적극적으로 인정할 여지가 있다. 다만 일반인이 공해 등의 위험지역으로 이주하여 거주하는 경우라고 하더라도 위험에 접근할 당시에 그러한 위험이 존재하는 사실을 정확하게 알 수 없는 경우가 많고, 그 밖에 위험에 접근하게 된 경위와 동기등의 여러 가지 사정을 종합하여 그와 같은 위험의 존재를 인식하면서도 위험으로 인한 피해를 용인하면서 접근하였다고 볼 수 없는 경우에는 손해배상액의 산정에 있어 형평의 원칙상 과실상계에 준하여 감액사유로 고려하여야 한다(대판 2010. 11. 25, 2007다74560).

Ⅳ. 불법행위 또는 영조물의 하자와 감면사유의 경합

① 영조물의 설치 또는 관리상의 하자로 인한 사고라 함은 영조물의 설치 또는 관리상의 하자만이 손해발생의 원인이 되는 경우만을 말하는 것이 아니고, 다른 자연적 사실이나 제3자의 행위 또는 피해자의 행위와 경합하여 손해가 발생하였더라도 영조물의 설치 또는 관리상의 하자가 손해발생의 공동원인의 하나가 된 이상 그 손해는 영조물의 설치 또는 관리상의 하자에 의하여 발생한 것이라고 보아야 한다(대판 1994. 11. 22, 94다32924; 2000. 5. 26, 99다53247).

② 영조물의 하자가 제3자의 행위와 경합하여 손해를 발생시킨 경우에는 영조물관리자는 제3자와 부진정연대채무(不眞正連帶債務)를 진다. 영조물의 하자가 피해자의 행위와 경합하는 경우에는 과실상계를 한다.

③ 불가항력과 영조물의 하자가 손해의 발생에 있어서 경합된 경우에는 영조물의 하자로 인하여 손해가 확대된 한도 내에서 국가 또는 지방자치단체는 책임을 진다고 보는 것이 타당하다.

[판례] 판례에 의하면 불법행위에 기한 손해배상사건에 있어서 피해자가 입은 손해가 자연력과 가해자의 과실행위가 경합되어 발생된 경우 가해자의 배상범위는 손해의 공평한 부담이라는 견지에서 손해 발생에 대하여 자연력이 기여하였다고 인정되는 부분을 공제한 나머지 부분으로 제한하여야 함이 상당한 것이지만, 다른 한편, 피해자가 입은 손해가 통상의 손해와는 달리 특수한 자연적 조건 아래 발생한 것이라 하더라도, 가해자가 그와 같은 자연적 조건이나 그에 따른 위험의 정도를 미리 예상할 수 있었고 또 과도한 노력이나 비용을 들이지 아니하고도 적절한 조치를 취하여 자연적 조건에 따른 위험의 발생을 사전에 예방할 수 있었다면, 그러한 사고방지 조치를 소홀히 하여 발생한 사고로 인한 손해배상의 범위를 정함에 있어서 자연력의 기여분을 인정하여 가해자의 배상범위를 제한할 것은 아니다(대판 2001. 2. 23, 99다61316). 〈해설〉 이 판결에서 대법원은 임도 개설공사 이후 집중호우로 인한 산사태로 말미암아 발생한 손해의 배상범위를 정함에 있어서 자연력의 기여분을 인정하지 아니하였다.

제 5 절 국가배상법 제 2 조에 의한 국가배상책임과 제 5 조에 의한 국가배상책임의 관계

Ⅰ. 영조물의 관리행위로 인한 손해

영조물의 관리행위라 함은 영조물의 안전성을 확보하고 영조물이 본래의 기능을 갖도록 하는 행위를 말한다.

판례와 같이 국가배상법 제5조 책임의 근거를 영조물의 관리자의 관리행위에 있어서의 관리의무 위반에 있다고 보는 견해(주관설)에 의하면 영조물의 관리행위로 인한 손해의 배상에는 **국가배상법 제5조**가 적용될 것이다.

이에 반하여 제5조에 의한 책임을 영조물이 통상 갖추어야 할 안전성을 결여하고 있다는 것, 즉 영조물의 물적 하자에 의한 책임이라고 본다면(객관설), 영조물의 물적 하자로 인한 손해배상의 문제는 제5조의 문제이고, 영조물 관리자의 관리의무 위반으로 인한 손해배상은 제2조의 적용을 받는다고 보게 된다.

Ⅱ. 영조물 관리행위와 영조물 사용행위의 구별

영조물의 관리행위가 아니라 영조물을 사용하여 행하는 행위(예 차량의 운전행위, 권총의 발사)로 인하여 발생한 손해의 배상은 제2조의 적용대상이 된다.

댐의 수문의 조작과 같은 행위는 댐의 관리행위는 아니며 댐을 사용하여 治水(치수)를 행하는 별도의 행위이기 때문에 댐의 수문의 조작상 잘못으로 인하여 발생한 수해는 이론상 제2조의 적용대상이 된다고 보는 것이 타당하다.[13]

Ⅲ. 제2조 책임과 제5조 책임의 경합

특정 손해에 대해 제2조 책임과 제5조 책임이 경합하는 경우에 원고는 제2조 책임과 제5조

13) 댐의 조작의 잘못을 국가배상법 제5조의 문제로 보는 견해도 있을 수 있다.

책임을 선택적으로 주장할 수 있다. 예를 들면, 국도에서의 소음 공해로 인한 인근주민의 피해(예 정신적 고통, 양돈돼지폐사 등)에 대해 그 피해자가 공무원의 직무상 손해방지의무 위반을 피해의 원인으로 주장하는 경우 국가배상법 제2조의 국가배상을 청구하고, 도로의 설치·관리상 하자(이용상 하자)를 피해의 원인으로 주장하는 경우 국가배상법 제5조의 국가배상을 청구하여야 한다.

[판례] 권한을 위임받은 기관 소속의 공무원이 위임사무처리에 있어 고의 또는 과실로 타인에게 손해를 가하였거나 위임사무로 설치 관리하는 영조물의 하자로 타인에게 손해를 발생하게 한 경우에는 권한을 위임한 관청이 소속된 지방자치단체가 국가배상법 제2조 또는 제5조에 의한 배상책임을 부담한다(대판 1999. 6. 25, 99다11120: 보행자 신호와 차량신호에 동시에 녹색등이 표시되는 사고의 위험성이 높은 고장이 발생하였는데도 이를 관리하는 경찰관들이 즉시 그 신호기의 작동을 중지하거나 교통경찰관을 배치하여 수신호를 하는 등의 안전조치를 취하지 않은 채 장시간 고장상태를 방치한 것을 그 공무집행상의 과실로 인정하기에 충분하다고 한 사례).

Ⅳ. 영조물책임의 감면사유와 공무원의 과실의 경합

불가항력 등 영조물책임의 감면사유가 있는 경우에도 공무원의 과실로 피해가 확대된 경우(예 불가항력의 자연재해시 관계 행정기관이 과실로 피난명령을 발하지 않은 경우)에는 그 한도 내에서 국가배상법 제2조의 배상책임이 인정된다.

Ⅴ. 법조경합설과 청구권경합설

1. 법조경합설

이 견해는 국가배상법 제2조 책임과 제5조 책임이 법조경합(法條競合)관계에 있다고 본다. 이 견해에 의하면 원고가 제2조 책임을 주장하였으나 제5조 책임에 해당하는 경우 또는 그 역의 경우 **소의 변경없이** 국가배상책임이 인정될 수 있다.

2. 청구권경합설

이 견해는 국가배상법 제2조 책임과 제5조 책임이 청구권경합관계에 있다고 본다. 이 견해에 의하면 국가배상법 제2조에 근거한 배상청구와 국가배상법 제5조에 근거한 배상청구는 별개의 청구이므로 원고가 제2조 책임을 주장하였으나 제5조 책임에 해당하는 경우 또는 그 역의 경우 원고가 소의 변경을 하지 않는 한 기각판결을 하여야 한다고 본다.

3. 결 어

국가배상소송에서 국가배상의 청구를 소송물로 보는 것이 타당하고, 원고의 권리구제 및 분쟁의 일회적 해결의 관점에서 **법조경합설**이 타당하다. **재판실무**도 법조경합설을 취하고 있다.

제 6 절 배상책임자 [2004 입시 논술]

[문제] 시를 통하는 국도상에서 발생한 교통사고로 인하여 손해를 입은 자는 국가 또는 시 중 누구를 상대로 국가배상을 청구하여야 하는가. 시가 배상을 한 경우 국가에 구상할 수 있는가.

Ⅰ. 피해자에 대한 배상책임자 [2001 입시 사례, 2019 행시]

1. 사무귀속주체(관리주체)와 비용부담주체

국가배상법 제6조 제1항은 국가 또는 지방자치단체가 국가배상법 제2조 또는 제5조에 의한 손해배상책임을 지는 경우에 있어서 '공무원의 선임·감독자 또는 영조물의 설치·관리를 맡은 자'와 '공무원의 봉급·급여 기타의 비용을 부담하는 자 또는 영조물의 설치·관리의 비용을 부담하는 자'가 동일하지 아니한 경우에는 피해자는 어느 쪽에 대하여도 선택적으로 손해배상을 청구할 수 있도록 규정하고 있다.

[판례] 지방자치단체장이 설치하여 관할 지방경찰청장에게 관리권한이 위임된 교통신호기의 고장으로 인한 교통사고가 발생한 경우, 지방자치단체뿐만 아니라 국가도 손해배상책임을 진다. 지방경찰청장에 대한 관리권한의 위임은 기관위임이므로 권한을 위임한 관청이 소속된 지방자치단체가 사무의 귀속주체로서 배상책임을 지고, 국가배상법 제6조 제1항에 의해 교통신호기를 관리하는 지방경찰청장 산하 경찰관들에 대한 봉급을 부담하는 국가도 비용부담주체로서 배상책임을 진다(대판 1999. 6. 25, 99다11120).

이와 같이 관리주체와 함께 '비용부담주체'도 손해배상책임을 지도록 한 입법취지는 피해자 구제의 실효성에 있다. 즉, 손해배상청구의 피고를 잘못 선택함으로 인한 불이익을 피해자가 부담하지 않도록 하기 위한 것이다.

2. 사무귀속주체 또는 관리주체의 의의와 범위

일반적으로 국가배상법 제6조 제1항의 배상책임주체로서 규정된 "공무원의 선임·감독 또는 영조물의 설치·관리를 맡은 자"란 사무귀속주체 또는 영조물의 관리주체(관리자)를 의미하는 것으로 해석한다.

관리주체(管理主體)란 당해 사무의 관리기관 또는 영조물의 관리기관이 속해 있는 법인격 있는 조직체를 말한다.

국가기관에 의해 지방자치단체의 장에게 위임된 기관위임사무에 있어서 기관위임사무를 집행하는 지방자치단체의 기관은 국가기관의 지위를 갖고 있으므로 국가가 관리주체가 된다(대판 1993. 1. 26, 92다2684: 도로법 제23조 제2항에 의해 시장이 국도의 관리청이 된 경우 국가도 배상책임을 진다고 본 사례). 단체위임사무의 관리주체로서의 배상책임의 주체를 위임자인 국가라고 보는 견해가 있다.[14] 그러나, 단체위임사

14) 김남진, "지방자치단체의 사무와 권한," 『고시계』, 통권 375호, 1988. 5, 29면; 석종현, 『일반행정법(하)』, 1993, 199

무는 지방자치단체의 사무이므로 단체위임사무의 관리주체는 지방자치단체라고 보는 견해가 타당하다.[15)]

[판례] 군수 또는 그 보조 공무원이 농수산부장관으로부터 도지사를 거쳐 군수에게 재위임된 국가사무(기관위임사무)인 개간허가 및 그 취소사무의 처리에 있어 고의 또는 과실로 타인에게 손해를 가한 경우, 원칙적으로 그 사무의 귀속 주체인 국가가 손해배상책임을 지는 것이며, 다만 국가배상법 제6조에 의하여 군이 비용을 부담한다고 볼 수 있는 경우에 한하여 국가와 함께 손해배상책임을 부담한다(대판 2000. 5. 12, 99다70600).

3. 비용부담주체의 의의와 범위

'공무원의 봉급·급여 기타의 비용을 부담하는 자 또는 영조물의 설치·관리의 비용을 부담하는 자'는 사무 또는 영조물의 비용부담주체를 말한다.

국가배상법 제6조 제1항의 비용부담자는 무엇을 의미하는가.

(1) 형식적 비용부담자설

대외적으로 당해 사무의 비용 또는 당해 영조물의 설치관리비용을 부담(지출)하여야 하는 것으로 되어 있는 자(이하 '형식상 비용부담자' 또는 '대외적 비용부담자'라 한다)가 여기에서 말하는 비용부담자라고 본다.

(2) 병존설(병합설)

형식적 비용부담자뿐만 아니라 실질적 비용부담자(보조금의 지급주체, 궁극적인 비용부담자)도 국가배상법 제6조 제1항의 비용부담자에 해당하고 피해자에 대하여 국가배상법 제2조 및 제5조의 배상책임의 주체가 된다고 본다.

(3) 판　　례

판례는 병존설을 취하고 있는 것으로 보인다.

[판례 1] 국가배상법 제6조 제1항 소정 '공무원의 봉급 · 급여 기타의 비용을 부담하는 자'의 의미: 국가배상법 제6조 제1항 소정의 '공무원의 봉급·급여 기타의 비용'이란 공무원의 인건비만을 가리키는 것이 아니라 당해사무에 필요한 일체의 경비를 의미한다고 할 것이고, 적어도 대외적으로 그러한 경비를 지출하는 자는 경비의 실질적·궁극적 부담자가 아니더라도 그러한 경비를 부담하는 자에 포함된다. 지방자치단체의 장이 기관위임된 국가행정사무를 처리하는 경우 그에 소요되는 경비의 실질적·궁극적 부담자는 국가라고 하더라도 당해 지방자치단체는 국가로부터 내부적으로 교부된 금원으로 그 사무에 필요한 경비를 대외적으로 지출하는 자이므로, 이러한 경우 지방자치단체는 국가배상법 제6조 제1항 소정의 비용부담자로서 공무원의 불법행위로 인한 같은 법에 의한 손해를 배상할 책임이 있다(대판 1994. 12. 9, 94다38137: 형식적 비용부담자의 배상책임을 인정한 사례).

[판례 2] 서울특별시 영등포구는 여의도광장에서 차량진입으로 일어난 인신사고에 관하여 국가배상법 제6조 소정 비용부담자로서의 손해배상책임이 있다: 여의도광장의 관리청이 본래 서울특별시장이라 하더라도 그 관리사무의 일부가 영등포구청장에게 위임되었다면, 그 위임된 관리사무에 관한 한 여의도광장의 관리청은 영등

면. 명확하지는 않지만 이러한 견해를 취하고 있는 것으로 보여진다.

15) 홍승면, "국가와 지방자치단체간의 배상책임의 분장관계," 『민사판례연구 XVIII』, 박영사, 361면.

포구청장이 되고, 구 도로법 제56조(현행 도로법 제85조 제1항)에 의하면 도로에 관한 비용은 건설부장관이 관리하는 도로 이외의 도로에 관한 것은 관리청이 속하는 지방자치단체의 부담으로 하도록 되어 있어 여의도 광장의 관리비용부담자는 그 위임된 관리사무에 관한 한 관리를 위임받은 영등포구청장이 속한 영등포구가 되므로, 영등포구는 여의도광장에서 차량진입으로 일어난 인신사고에 관하여 국가배상법 제6조 소정의 비용부담자로서의 손해배상책임이 있다(대판 1995. 2. 24, 94다57671: 실질적 비용부담자라는 이유로 배상책임을 인정한 사례). 〈해설〉 영등포구는 실질적 비용부담자이며 동시에 형식적 비용부담자이다. 관리주체는 서울특별시이다.

[판례 3] 지방자치단체장이 설치하여 관할 지방경찰청장에게 관리권한이 위임된 교통신호기의 고장으로 인하여 교통사고가 발생한 경우, 지방자치단체뿐만 아니라 국가도 손해배상책임을 진다: 권한을 위임받은 기관 소속의 공무원이 위임사무처리에 있어 고의 또는 과실로 타인에게 손해를 가하였거나 위임사무로설치·관리하는 영조물의 하자로 타인에게 손해를 발생하게 한 경우에는 권한을 위임한 관청이 소속된 지방자치단체(관리주체)가 국가배상법 제2조 또는 제5조에 의한 배상책임을 부담하고, 권한을 위임받은 관청이 속하는 지방자치단체 또는 국가가 국가배상법 제2조 또는 제5조에 의한 배상책임을 부담하는 것이 아니므로, 지방자치단체장이 교통신호기를 설치하여 그 관리권한이 도로교통법 제71조의2 제1항의 규정에 의하여 관할 지방경찰청장에게 위임되어 지방자치단체 소속 공무원과 지방경찰청 소속 공무원이 합동근무하는 교통종합관제센터에서 그 관리업무를 담당하던 중 위 신호기가 고장난 채 방치되어 교통사고가 발생한 경우, 국가배상법 제2조 또는 제5조에 의한 배상책임을 부담하는 것은 지방경찰청장이 소속된 국가가 아니라, 그 권한을 위임한 지방자치단체장이 소속된 지방자치단체(관리주체)라고 할 것이나, 한편 국가배상법 제6조 제1항은 같은법 제2조,제3조 및 제5조의 규정에 의하여 국가 또는 지방자치단체가 손해를 배상할 책임이 있는 경우에 공무원의 선임·감독 또는 영조물의 설치·관리를 맡은 자와 공무원의 봉급·급여 기타의 비용 또는 영조물의 설치·관리 의 비용을 부담하는 자가 동일하지 아니한 경우에는 그 비용을 부담하는 자도 손해를 배상하여야 한다고 규정하고 있으므로 교통신호기를 관리하는 지방경찰청장 산하 경찰관들에 대한 봉급을 부담하는 국가도 국가배상법 제6조 제1항에 의한 배상책임을 부담한다(대판 1999. 6. 25, 99다11120). 〈해설〉 판례는 국가가 기관위임사무를 수행하는 공무원의 봉급을 부담한다는 것을 근거로 국가의 피해자에 대한 배상책임을 인정하고 있다. 국가가 경찰관들의 봉급을 부담하는 것이 실질적 비용인지 형식적 비용부담인지는 관계법령 및 기관위임사무의 실질적인 비용부담을 누가하는 것으로 되어 있는지에 관한 검토를 요하고, 국가는 신호기 관리비용을 대외적으로 지출하는 자로서 형식적 비용부담자이다. 그런데, 경찰법 개정으로 자치경찰제도가 도입되고, 지방경찰청이 시·도경찰청으로 변경되었다. 개정 경찰법 시행 당시의 지방경찰청 및 지방경찰청장(이하 이 조에서 "지방경찰청등"이라고 한다)은 개정 경찰법에 따른 시·도경찰청 및 시·도경찰청장(이하 이 조에서 "시·도경찰청등"이라 한다)으로 본다. 시·도 경찰청은 국가기관인 경찰청 소속의 국가기관(국가의 지방행정기관)이다(경찰청과 그 소속기관 직제 제2조 제3항). 따라서, 개정 경찰법하에서도 신호기 관리비용을 형식적으로 부담하는 자(형식적 비용부담자)는 여전히 국가이다. 또한, 공물인 신호등의 관리는 경찰작용이 아니라 공물관리작용이다.

(4) 결어(병존설)

피해자 구제를 도모한다는 제6조의 입법취지에 비추어 **병합설**(병존설)이 타당하다.

Ⅱ. 종국적 배상책임자

1. 원인책임자에 대한 구상권

영조물 하자로 인한 손해의 원인에 대하여 책임을 질 자가 따로 있을 때에는 국가 또는 지방자치단체는 그 자에 대하여 구상할 수 있다(제5조 제2항).

'손해의 원인에 대하여 책임을 질 자'라 함은 고의 또는 과실로 영조물의 설치 또는 관리에 흠이 있게 한 제3자를 말한다. **영조물의 설계자, 시공자, 장해물의 방치자** 등을 말한다.

국가배상법 제5조는 공무원에 대한 구상규정인 국가배상법 제2조 제2항을 준용하고 있지 않다. 그렇지만 해석상 영조물책임에 국가배상법 제2조 제2항을 준용하는 것이 타당하다.

2. 관리주체와 비용부담주체 사이의 최종적 책임의 분담

국가배상법 제6조 제2항은 "제1항의 경우에 손해를 배상한 자는 내부관계에서 그 손해를 배상할 책임이 있는 자에게 구상할 수 있다"라고 규정하고 있다. 이 규정은 최종적인 배상책임자에 대한 구상을 인정하면서 관리주체와 비용부담주체 중 누가 최종적인 책임자인지에 대하여 판단을 내리지 않고 그 판단을 판례에 맡기고 있다.

관리주체와 비용부담자가 다른 경우에 이들 중 종국적 배상책임자는 누구인가에 대하여는 다음과 같이 견해가 대립되고 있다.

(1) 관리주체설

관리주체설은 관리책임의 주체가 최종적인 책임자라고 본다. 이 견해가 통설이고 논거는 다음과 같다.

① 이 설은 관리주체가 손해를 방지할 수 있는 위치에 있고 관리주체측의 잘못으로 인하여 손해가 발생한 것이므로 **책임의 원칙**에 비추어 볼 때 관리주체가 책임을 지는 것이 타당하다고 본다.

② "그 비용을 부담하는 자도 손해를 배상하여야 한다"고 규정하고 있는 **국가배상법 제6조 제1항**에 비추어 관리주체설이 타당하다. 즉 국가배상법 제6조 제1항의 문언상 원칙상 관리주체가 배상책임자인데, 피해자 구제를 위해 비용부담주체도 배상책임자로 정하고 있다.

(2) 비용부담주체설

비용부담주체설은 당해 사무의 비용을 실질적으로 부담하는 자(**실질적 비용부담자**)가 최종적인 책임자라고 보는 견해이다.

예를 들면, 기관위임사무를 지방자치단체의 기관이 집행하는 경우에 실질적인 비용부담자는 국가이고, 형식상·법률상 비용부담의무자는 지방자치단체이다. 이 경우에 관리자이며 실질적 비용부담자인 국가가 최종적인 배상책임자가 되게 된다.

이 견해의 논거는 다음과 같다. 사무 또는 영조물의 관리비용에는 손해배상금도 포함된다.

도로법은 도로에 관한 비용의 부담에 관하여 관리주체가 부담하는 것으로 규정하지 않고, 도로의 관리청이 속한 행정주체(국가 또는 지방자치단체)가 부담하는 것으로 하는 특별한 규정을 두고 있다. 즉, 도로에 관한 비용은 원칙상 "국토교통부장관이 관리하는 도로에 관한 것은 국고의, 기타의 도로에 관한 것은 관리청이 속하는 지방자치단체의 부담으로 한다(도로법 제85조 본문)." 따라서, 도로법 제23조 제2항에 따라 시장이 관리청이 되는 국도(시지역을 통과하는 국도)의 설치·관리비용은 원칙상 지방자치단체가 부담하는 것으로 된다. 이 경우 지방자치단체는 도로에 관한 비용의 형식적 부담자이며 실질적 부담자가 된다.

따라서 비용부담자설에 의하면 시지역을 통과하는 국도의 설치 또는 관리의 하자로 인한 경우에는 지방

자치단체가 최종적 배상책임자가 된다.[16)]

(3) 기여도설

기여도설(寄與度說)은 손해발생의 기여도에 응해 관리주체뿐만 아니라 실질적 비용부담주체에게도 최종적 배상책임을 지우는 견해이다.

기여도설의 장점은 손해의 발생에 기여한 만큼의 배상책임을 지도록 함으로써 배상책임의 원리에 합치한다. 그러나, 이 견해의 문제점은 기여자 및 기여의 정도를 판단함에 어려움이 있다는 데 있다.

(4) 판 례

판례는 원칙상 기여도설을 취한 것으로 보인다.

[판례 1] 국가하천의 관리상 하자로 인한 손해에 관하여, 국가는 사무의 귀속주체 및 보조금 지급을 통한 실질적 비용부담자로서, 해당 시 · 도는 구 하천법 제59조 단서에 따른 법령상 (실질적 및 형식적) 비용부담자로서 (피해자에 대해) 각각 책임을 중첩적으로 지는 경우, 국가와 해당 시 · 도 모두 국가배상법 제6조 제2항에서 정한 '손해를 배상할 책임이 있는 자'에 해당한다: [1] 구 하천법(2009. 4. 1. 법률 제9605호로 개정되기 전의 것, 이하 같다)에 의하면, 국가하천은 건설교통부장관(현 환경부장관)이 관리하고(제8조 제1항), 국가하천의 유지·보수는 시·도지사가 시행하며(제27조 제5항 단서) 이에 필요한 비용은 해당 시·도가 부담하되(제59조 단서), 건설교통부장관은 그 비용의 일부를 시·도에 보조할 수 있다(제64조). [2] 국가하천의 유지·보수 사무가 지방자치단체의 장에게 위임(기관위임)된 경우, 지방자치단체의 장은 국가기관의 지위에서 그 사무를 처리하는 것이므로, 국가는 국가배상법 제5조 제1항에 따라 영조물의 설치·관리 사무의 귀속주체로서 국가하천의 관리상 하자로 인한 손해를 배상하여야 한다. 국가가 국가하천의 유지·보수비용의 일부를 해당 시·도에 보조금으로 지급하였다면, 국가와 해당 시·도는 각각 국가배상법 제6조 제1항에 규정된 영조물의 설치·관리 비용을 부담하는 자로서 손해를 배상할 책임이 있다. 이와 같이 국가가 사무의 귀속주체 및 보조금 지급을 통한 실질적 비용부담자로서, 해당 시·도가 구 하천법 제59조 단서에 따른 법령상 (실질적 및 형식적) 비용부담자로서 각각 책임을 중첩적으로 지는 경우에는 국가와 해당 시·도 모두가 국가배상법 제6조 제2항 소정의 궁극적으로 손해를 배상할 책임이 있는 자에 해당한다(대법원 1998. 7. 10. 선고 96다42819 판결 등 참조). [3] 원심은, 2008. 5. 12. 전북 순창읍 유등면에 있는 섬진강의 지류 하천(이하 '이 사건 하천'이라고 한다)에서 발생한 망 소외인의 사망사고와 관련하여 이 사건 하천은 국가하천으로서 전라북도지사에게 그 하천의 유지·보수 등 관리업무가 위임된 사실, 원고는 2007년부터 2008년까지 피고 전라북도에게 국가하천의 유지·보수를 위하여 연평균 약 6억 원의 보조금을 지급하였고, 피고 전라북도는 2008년 국가하천에서 약 5억 2,200만 원의 수입금을 얻어 이를 국가하천의 유지·보수에 사용한 사실을 인정한 다음, 원고(국가)는 이 사건 하천의 관리주체 및 비용부담자로서, 피고 전라북도는 이 사건 하천의 관리에 대한 (실질적 및 형식적) 비용부담자로서 이 사건 하천의 관리상 하자로 인한 손해배상책임을 부담하고, 나아가 내부적 구상관계에서 원고와 피고 전라북도는 모두 궁극적 배상책임이 있다고 판단하였다. 원심의 위와 같은 판단은 정당하고, 대법원판결들은 피고 전라북도의 주장처럼 사무의 귀속주체에 해당하여야만 내부관계에서 국가배상법 제6조 제2항에 규정된 종국적인 배상책임자가 된다는 취지가 아니다. [4] 원심이 원고와 피고 전라북도의 책임비율을 각 25%로 정한 조치가 형평의 원칙에 비추어 현저하게 불합리하다고 인정되지 않는다(대판 2015. 4. 23, 2013다211834). 〈해설〉 관리주체설을 부정하고, 기여도설에 입각한 판례이다. 또한, 보조금의 지급도 실질적 비용부담으로 본 사례이다. 판례에 따르면 국가하천에 관한 사무는 다른 법령에 특별한 정함이 없는 한 국가사무로 보아야 한다. 지방자치단체가 비용 일부

---

16) 도로법 제86조는 국토교통부장관은 특별시 등의 관할구역 내의 국도에 관한 비용의 일부를 보조할 수 있다고 규정하고 있다. 이는 보조금으로서 부담금과는 구별되는 것으로 보아야 하겠지만, 상기 국도의 관리사무의 성질이 국가사무라는 점을 고려한다면 이 보조금을 부담금으로 해석하는 것도 전혀 근거가 없는 것은 아닐 것이다. 이렇게 해석되는 경우에는 국가도 실질적 비용부담자로서 부담비율에 따라 최종적 책임을 부담하게 될 것이다.

를 부담한다고 해서 국가사무의 성격이 자치사무로 바뀌는 것은 아니다(대판 2020. 12. 30, 2020두37406).

[판례 2] 횡단보도에 설치된 신호기는 원래 원고인 안산 시장이 설치·관리하여야 할 것인데, 도로교통법 제104조 제1항, 그 시행령 제71조의2 제1호에 의하여 원고 시장이 그 설치·관리에 관한 권한을 피고 산하 경기도 지방경찰청 소속 안산경찰서장에게 위임(기관위임)함에 따라 안산경찰서장이 원고의 비용부담 아래 이를 설치·관리하고 있었다. 따라서, 교통신호기의 관리사무는 지방자치단체가 설치하여 안산경찰서장에게 그 권한을 기관위임한 사무로서 피고인 국가 소속 경찰공무원들은 원고의 사무를 처리하는 지위에 있으므로, 원고인 안산시가 그 사무에 관하여 선임·감독자에 해당하고, 그 교통신호기 시설은 지방자치법 제132조 단서의 규정에 따라 원고인 안산시의 비용으로 설치·관리되고 있으므로, 그 신호기의 설치, 관리의 비용을 실질적으로 부담하는 비용부담자의 지위도 아울러 지니고 있는 반면, 피고인 국가는 단지 그 소속 경찰공무원에게 봉급만을 지급하고 있을 뿐이므로, 원고와 피고 사이에서 이 사건 손해배상의 궁극적인 책임은 전적으로 원고인 안산시에게 있다고 봄이 상당하다(대판 2001. 9. 25, 2001다41865). 〈해설〉 판례는 국가는 소속 경찰관에 대한 봉급만 지급할 뿐 신호기의 설치 또는 관리의 비용을 부담하지 않는 것으로 보고 전혀 궁극적 배상책임자일 수가 없다고 본 것으로 보인다. 그런데, 공무원에 대한 봉급도 사무나 영조물의 관리비용으로 볼 수 있는 것이므로 국가는 실질적 비용부담자가 아닌 것으로 보아야 한다.

다만, 관리주체와 비용부담주체 중 관리주체에게 보다 본질적이고 큰 배상책임이 있는 것으로 본 판례도 있다.

[판례] 군수 또는 그 보조 공무원이 농수산부장관으로부터 도지사를 거쳐 군수에게 재위임된 국가사무인 개간허가 및 그 취소사무의 처리에 있어 고의 또는 과실로 타인에게 손해를 가한 경우, 국가배상책임의 귀속 주체: 구 농지확대개발촉진법(1994. 12. 22. 법률 제4823호 농어촌정비법 부칙 제2조로 폐지) 제24조와 제27조에 의하여 농수산부장관 소관의 국가사무로 규정되어 있는 개간허가와 개간허가의 취소사무는 같은 법 제61조 제1항, 같은법시행령 제37조 제1항에 의하여 도지사에게 위임되고, 같은 법 제61조 제2항에 근거하여 도지사로부터 하위 지방자치단체장인 군수에게 재위임되었으므로 이른바 기관위임사무라 할 것이고, 이러한 경우 군수는 그 사무의 귀속 주체인 국가 산하 행정기관의 지위에서 그 사무를 처리하는 것에 불과하므로, 군수 또는 군수를 보조하는 공무원이 위임사무처리에 있어 고의 또는 과실로 타인에게 손해를 가하였다 하더라도 원칙적으로 군에는 국가배상책임이 없고 그 사무의 귀속 주체인 국가가 손해배상책임을 지는 것이며, 다만 국가배상법 제6조에 의하여 군이 비용을 부담한다고 볼 수 있는 경우에 한하여 국가와 함께 손해배상책임을 부담한다(대판 2000. 5. 12, 99다70600).

국가배상법 제6조 제2항의 규정은 관리주체와 비용부담주체 상호간에 내부적으로 구상의 범위를 정하는데 적용될 뿐 이를 들어 구상권자인 공동불법행위자에게 대항할 수 없다는 것이 판례의 입장이다(대판 1993. 1. 26, 92다2684).

(5) 결　　어

배상책임은 손해발생에 어떠한 원인을 제공한 자가 지는 것으로 되어야 하고 공동의 불법행위가 있는 경우에는 손해발생에 기여한 정도에 따라 배상책임을 지는 것으로 하여야 하므로 **기여도설**이 타당하다고 본다.

[문제의 해결] 시를 통과하는 국도의 관리사무가 기관위임사무인가 단체위임사무인가에 따라 결론이 달라지므로 우선 당해 사무의 성질을 규명하여야 한다. 다음으로 피해자에 대한 배상책임자를 논하고 국가와 지방자치단체 중 누가 최종적 배상책임자인지를 논해야 한다(행정법연습 제3장 제1절 2 참조).

제7절 국가배상법상 특례규정(特例規定)

Ⅰ. 배상심의회에 대한 배상신청

1. 배상결정의 신청

배상금의 지급을 받고자 하는 자는 그 주소지·소재지 또는 배상원인발생지를 관할하는 지구심의회에 대하여 배상신청을 할 수 있다(제12조 제1항). 배상심의회에 대한 배상청구는 **임의절차**이다.

2. 배상결정의 효력

심의회(본부심의회, 특별심의회, 지구심의회)의 결정은 **법적 구속력을 갖지 않는다.** 신청인은 그 결정에 대한 동의 여부를 결정할 수 있다.

신청인은 배상결정에 동의하거나 배상금을 수령한 경우에도 법원에 배상청구소송을 제기할 수 있다. 다만, 배상주체는 배상금을 지급하면서 부제소(不提訴)의 합의를 할 수 있다.

Ⅱ. 손해배상의 기준에 관한 특례

국가배상은 민법상의 불법행위로 인한 손해배상의 경우와 같이 가해행위와 상당인과관계에 있는 모든 손해에 대하여 행해진다.

그런데, 국가배상법(제3조 및 제3조의2)은 생명 또는 신체를 해한 때 및 타인의 물건을 멸실·훼손한 때에 있어서의 배상기준을 정하고 있다. 이 배상기준은 단순한 배상의 기준에 불과하며 법원은 이에 구속되지 않는다고 보는 견해가 다수설이며 판례의 입장이다.

Ⅲ. 군인 등에 대한 국가배상청구권의 제한[2019 변시 사례]

> [문제] 1. 이중배상금지규정에 해당하는 경우의 구제방법을 논하시오.
> 2. 민간인과 군인의 공동불법행위로 이중배상금지규정의 적용을 받는 손해를 발생시킨 경우에 피해자는 어떠한 구제를 받을 수 있는가. 이와 관련하여 손해배상을 한 민간인의 구상에 관하여도 논하시오.

국가배상법 제2조 제1항 단서는 "군인·군무원·경찰공무원 또는 예비군대원이 전투·훈련 등 직무집행과 관련하여 전사·순직하거나 공상을 입은 경우에 본인이나 그 유족이 다른 법령에 따라 재해보상금·유족연금·상이연금 등의 보상을 지급받을 수 있을 때에는 이 법 및 민법의 규정에 따른 손해배상을 청구할 수 없다"라고 군인 등에 대해 국가배상청구를 제한하는 것으로 규정하고 있다. 이를 **이중배상금지(二重賠償禁止) 규정**이라 부르기도 한다.

1. 이중배상금지규정(국가배상청구제한규정)의 위헌 여부

군인 등의 국가배상청구권을 제한하는 국가배상법 제2조 제1항 단서는 헌법 제29조 제2항에 직접 근거하고, 실질적으로 그 내용을 같이하는 것이므로 위헌이 아니라는 것이 판례(헌재 2001. 2. 22, 2000헌바38[국가배상법 제2조 제1항 단서 등 위헌소원]) 및 일반적 견해이다.

2. 특별보상규정의 위헌 여부

특별법에 의한 보상이 제도의 취지 및 무과실책임이라는 보상의 성격 등을 고려하여도 일반 손해배상액과 심히 균형을 잃은 경우에 특별법에 의한 보상제도 자체는 위헌이 아니지만, 당해 보상규정은 위헌이라고 보아야 한다. 특별보상규정에 대하여 위헌판결이 난 후에는 법률로 정해진 보상법률이 존재하지 않는 것이 되어 제2조 제1항 단서가 적용되지 않게 되므로 국가배상법에 근거하여 국가배상을 청구할 수 있다고 보아야 한다.

3. 적용요건

① 피해자가 군인, 군무원, 경찰공무원 또는 예비군대원이어야 한다.

[판례] 판례는 현역병으로 입대하였으나 교도소 경비교도대로 된 자(대판 1998. 2. 10, 97다45914), 공익근무요원(대판 1997. 3. 28, 97다4036)을 국가배상법 제2조 제1항 단서의 군인 등에 해당하지 않는다고 판시하였다. 반면에 헌법재판소는 전투경찰순경은 국가배상법 제2조 제1항 단서에 규정한 경찰공무원에 해당한다고 보았다(헌재 1996. 6. 13, 94헌마118).

② 전투, 훈련 등 직무집행과 관련하여 **전사·순직**하거나 **공상**을 입었어야 한다.

판례는 국가배상법 제2조 제1항 단서가 전투·훈련 또는 이에 준하는 직무집행뿐만 아니라 일반 직무집행에 관하여도 국가나 지방자치단체의 배상책임을 제한하는 것으로 본다(대판 2011. 3. 10, 2010다85942). 물적 피해만 발생한 경우에는 국가배상청구가 가능하다.

③ 본인 또는 그 유족이 다른 법령의 규정에 의하여 재해보상금, 유족연금, 상이연금 등의 보상을 지급받을 수 있어야 한다.

다른 법령에 의한 보상금은 손해배상에 준하는 것이어야 하며 당해 보상금이 손해배상과는 전혀 성질이 다른 순수하게 사회보장적 성격을 갖는 것인 경우에는 국가배상법 제2조 제1항 단서가 적용되지 않고 피해자는 국가배상법에 근거하여 국가배상을 청구할 수 있다. 「국가유공자 등 예우 및 지원에 관한 법률」(국가유공자법)(대판 2017. 2. 3, 2014두40012), 보훈보상대상자 지원에 관한 법률(보훈보상자법)(대판 2017. 2. 3, 2015두60075), 군인연금법(대판 1994. 12. 13, 93다29969), 공무원 재해보상법(경찰공무원의 경우)이 정한 보상에 관한 규정은 국가배상법 제2조 제1항 단서가 정한 '다른 법령'에 해당한다.

군인 등이 공상을 입은 경우에도 그 장애의 정도가 국인연금법 등의 적용대상 등급에 해당하지 않아 **다른 법령에 의한 보상을 받을 수 없는 경우**에는 **국가배상청구가 가능**하다(대판 1997. 2. 14, 96다28066).

4. 적용범위

국가배상법 제2조 제1항 단서의 이중배상금지의 요건을 충족하는 경우에 피해자인 군인 등이 국가 또는 지방자치단체에 대하여 손해배상을 청구하지 못하는 것은 국가배상법 제2조 제1항 단서의 규정상 명백하다.

다만, 국가배상법 제2조 제1항 단서에도 불구하고 전사하거나 순직한 군인·군무원·경찰공무원 또는 예비군대원의 **유족은 자신의 정신적 고통에 대한 위자료를 청구할 수 있다**(국가배상법 제2조 제3항).

그런데, 국가배상법 제2조 제1항 단서의 해석과 관련하여 군인 등이나 그 유족에 대하여 손해를 배상할 책임이 있는 일반국민(국가와 공동불법행위의 책임이 있는 자, 사고자동차의 운행책임자 등)이 그 군인 등이나 유족에게 손해배상을 하였음을 이유로 국가에 대하여 구상권을 행사할 수 있는지 여부가 문제된다.

(1) 부정설: 대법원 판례의 입장

대법원은 국가배상법 제2조 제1항 단서가 적용되는 경우 민간인인 공동불법행위자의 연대책임을 부인하고 민간인은 자신의 부담부분만을 군인에게 배상하면 되고 국가에 대해 구상청구를 할 수 없다고 하였다.

[판례] 민간인이 군인 등의 불법행위로 국가와 함께 공동불법행위책임, 사용자책임 또는 자동차운행자책임을 지는 경우에 공동불법행위자 등이 부진정연대채무자로서 각자 피해자의 손해 전부를 배상할 의무를 부담하는 공동불법행위의 일반적인 경우와 달리 예외적으로 민간인은 피해 군인 등에 대하여 그 손해 중 국가 등이 민간인에 대한 구상의무를 부담한다면 그 내부적인 관계에서 부담하여야 할 부분을 제외한 나머지 자신의 부담부분에 한하여 손해배상의무를 부담하고, 한편 자신의 귀책부분을 넘어서 배상한 경우에도 국가 등에 대하여는 그 귀책부분의 구상을 청구할 수 없다고 해석함이 상당하다(대판 전원합의체 2001. 2. 15, 96다42420).

(2) 긍정설: 헌법재판소의 입장

헌법재판소는 민간인이 공동불법행위자로서 전 배상액을 배상한 후에 국가에 구상청구하는 것을 부인하는 것은 평등원칙, 재산권 보장규정 및 헌법 제37조 제2항 등의 헌법규정에 반한다고 보고 있다.

[판례] 헌법재판소는 "국가배상법 제2조 제1항 단서 중 군인에 관련되는 부분을, 일반국민이 직무집행 중인 군인과의 공동불법행위로 직무집행 중인 다른 군인에게 공상을 입혀 그 피해자에게 공동의 불법행위로 인한 손해를 배상한 다음 공동불법행위자인 군인의 부담부분[12]에 관하여 국가에 대하여 구상권을 행사하는 것을 허용하지 않는다고 해석한다면, 이는 위 단서 규정의 헌법상 근거규정인 헌법 제29조가 구상권의 행사를 배제하지 아니하는 데도 이를 배제하는 것으로 해석하는 것으로서 합리적인 이유 없이 일반국민을 국가에 대하여 지나치게 차별하는 경우에 해당하므로 헌법 제11조, 제29조에 위반되며, 또한 국가에 대한 구상권은 헌법 제23조 제1항에 의하여 보장되는 재산권이고 위와 같은 해석은 그러한 재산권의 제한에 해당하며 재산권의 제한은 헌법 제37조 제2항에 의한 기본권 제한의 한계 내에서만 가능한데, 위와 같은 해석은 헌법 제37조 제2항에 의하여 기본권을 제한할 때 요구되는 비례의 원칙에 위배하여 일반국민의 재산권을 과잉제한하는 경우에 해당하여 헌법 제23조 제1항 및 제37조 제2항에도 위반된다"라고 결정하였다(헌재 1994. 12. 29, 93헌바21[국가배상법 제2조 제1항 단서 위헌소원]).

(3) 결 어

다음과 같은 이유에서 긍정설이 타당하다. ① 이중배상금지 규정은 그 입법취지 및 법문의 규정상 피해자인 군인 등과 국가 및 지방자치단체 사이에만 적용되는 것으로 보는 것이 타당하다. ②

17) 군인의 부담부분은 곧 국가의 부담부분이기도 하다.

이중배상의 방지는 피해자인 군인 등이 가해자인 제3자로부터 손해배상을 받은 경우 그 한도 내에서 특별법령상의 보상을 하지 않고, 피해자인 군인 등이 특별법상의 보상을 받은 경우에는 국가 등은 국가의 부담부분을 넘는 한도내에서 공동불법행위자인 민간인에게 구상할 수 있고 그 결과 피해 군인 등은 공동불법행위자인 일반국민에 대하여 위 급여액의 범위 안에서는 손해배상청구권을 행사할 수 없다고 봄으로써[18] 가능하다.

군인연금법은 다음과 같이 명문으로 이를 규정하고 있다. 즉, 동법 제41조 제2항은 "국방부장관은 제3자의 행위로 인하여 급여의 사유가 발생하여 급여를 지급하는 때에는 그 급여액의 범위 안에서 수급권자가 제3자에 대하여 가지는 손해배상청구권을 취득한다"고 규정하고 있고, 같은 조 제3항은 "제2항의 수급권자가 제3자로부터 동일한 사유로 인하여 이미 손해배상을 받은 때에는 그 배상액의 범위 안에서 급여를 지급하지 아니한다"고 규정하고 있다.

[문제의 해결] 1. 군인 등은 국가배상청구를 할 수 없고, 특별법에 의한 보상만을 받는다. 다만, 특별법에 의한 보상규정이 없거나 특별법에 의한 보상이 손해배상에 준하는 것이 아니라 순수하게 사회보장적 성격을 갖는 것이라면 국가배상청구를 할 수 있다. 특별법에 의한 보상이 정당한 보상액과 비교하여 현저히 균형을 잃은 경우에는 특별법에 의한 보상규정의 위헌을 받아 국가배상청구를 할 수 있다는 견해가 있다.

2. 특별법에 의한 보상규정이 있는 경우 피해자는 국가배상을 청구할 수 없다. 판례에 의하면 이 경우 공동불법행위자 사이의 연대책임을 부인하므로 민간인과 가해자인 군인의 귀책부분에 비례하는 책임부분에 대하여 민간인의 책임부분에 대하여는 민법상 손해배상을 청구하고, 가해자인 군인의 귀책부분에 대하여는 특별법에 의한 보상 중 귀책부분에 해당하는 보상을 청구할 수 있다. 판례에 의하면 민간인은 국가에 구상할 수 없다.

5. 관련 문제

판례는 국가배상법에 따라 손해배상을 받았다는 사정을 들어 국가배상법 제2조 제1항 단서가 정한 '다른 법령'에 따른 보상의 지급을 거부할 수 없다고 본다(대판 2017. 2. 3, 2014두40012; 2017. 2. 3, 2015두60075).

[판례] [1] 군인 등이 직무집행과 관련하여 공상을 입는 등의 이유로 구 국가유공자 등 예우 및 지원에 관한 법률이 정한 국가유공자 요건에 해당하여 보상금 등 보훈급여금을 지급받을 수 있는 경우, 국가를 상대로 국가배상을 청구할 수 없다. [2] 직무집행과 관련하여 공상을 입은 군인 등이 먼저 국가배상법에 따라 손해배상금을 지급받은 다음 구 국가유공자 등 예우 및 지원에 관한 법률이 정한 보상금 등 보훈급여금의 지급을 청구하는 경우, 국가배상법에 따라 손해배상을 받았다는 이유로 그 지급을 거부할 수 없다(대판 2017. 2. 3, 2014두40012[보훈급여지급비대상결정처분취소]).

국가배상청구권의 제한을 받는 자는 군인 등과 그 유족이다. 청구권이 배제되는 유족 개념에는 생존자 가족은 포함되지 않는다(서울고법 2014나2011749). 따라서, 생존자 가족은 국가를 상대로 별도로 위자료 등 손해배상청구를 할 수 있다.

18) 대판 1990. 2. 27, 89다카19580. 이 판결은 제3자의 단독 불법행위로 인하여 공무원이 사망한 경우에 관한 것임.

Ⅳ. 양도 등 금지

생명·신체의 침해로 인한 국가배상을 받을 권리는 이를 양도하거나 압류하지 못한다(국가배상법 제4조).

Ⅴ. 국가배상청구권의 소멸시효

국가배상청구권은 민법상 손해배상청구권과 마찬가지로 민법 제766조 제1항에 따라 피해자나 그 법정대리인이 손해와 가해자를 **안 경우** 안 날로부터 **3년간** 이를 행사하지 아니하면 시효로 소멸한다(대판 1998. 7. 10, 98다7001).

피해자나 그 법정대리인이 손해 및 가해자를 **알지 못한 경우**에는 국가재정법 제96조 제2항에 따라 **5년간** 이를 행사하지 아니하면 시효로 소멸한다.

국가재정법 제96조 제1항 금전의 급부를 목적으로 하는 국가의 권리로서 시효에 관하여 다른 법률에 규정이 없는 것은 5년 동안 행사하지 아니하면 시효로 인하여 소멸한다.

국가재정법 제96조 제2항 국가에 대한 권리로서 금전의 급부를 목적으로 하는 것도 또한 제1항과 같다.

불법행위를 한 날로부터 10년이 경과하면 국가배상청구권이 시효로 소멸한다는 민법 제766조 제2항은 국가배상청구권에는 적용되지 않는다(대판 2001. 4. 24, 2000다57856).

다만, 소멸시효의 주장이 권리남용에 해당하거나 신의성실의 원칙에 반하는 경우에는 국가배상청구권은 시효로 소멸하지 않는다(대판 2008. 5. 29, 2004다33469).

[판례] 불법구금이나 고문을 당하고 공판절차에서 유죄 확정판결을 받았으며 수사관들을 직권남용, 감금 등 혐의로 고소하였으나 '혐의 없음' 결정까지 받은 경우 재심절차에서 무죄판결이 확정될 때까지는 국가를 상대로 불법구금이나 고문을 원인으로 한 손해배상청구를 할 것을 기대할 수 없는 장애사유가 있었다고 볼 수 있고, 그 원인을 국가가 제공했으므로 국가의 소멸시효 완성 주장은 신의성실의 원칙에 반하여 받아들일 수 없다(대판 2019. 1. 31, 2016다258148). 〈해설〉 이 경우 고문 피해자의 국가배상 청구권 기산점은 재심무죄 확정일이다.

Ⅵ. 차량사고와 국가배상

국가배상법 제2조는 국가 또는 지방자치단체가 자동차손해배상보장법(이하 '자배법'이라 한다)의 규정에 의하여 손해배상책임이 있는 때에는 국가배상법에 의하여 그 손해를 배상하여야 한다고 규정하고 있다.

1. 국가배상책임

(1) 자동차손해배상보장법에 의한 국가배상책임

자동차손해배상보장법 제3조는 다음과 같이 규정하고 있다. "자기를 위하여 자동차를 운행하는 자는 그 운행으로 다른 사람을 사망하게 하거나 부상하게 한 경우에는 그 손해를 배상할 책임을 진다. 다만, 다음 각 호의 어느 하나에 해당하면 그러하지 아니하다. 1. 승객이 아닌 자가 사망하거나 부상한 경우에 자기와 운전자가 자동차의 운행에 주의를 게을리 하지 아니하였고, 피해자 또는 자기 및 운전자 외의 제3자에게 고의 또는 과실이 있으며, 자동차의 구조상의 결함이나 기능상의 장해가 없었다는 것을 증명한 경우. 2. 승객이 고의나 자살행위로 사망하거나 부상한 경우."

1) 자동차손해배상보장법에 의해 국가배상책임이 인정되는 경우

자배법이 적용되기 위하여는 '자동차의 운행으로 사람이 사망하거나 부상한 경우'이어야 하고, 국가나 지방자치단체가 자배법 제3조상의 '자기를 위하여 자동차를 운행하는 자'에 해당하여야 한다.

자배법 제3조 소정의 '자기를 위하여 자동차를 운행하는 자'라고 함은 '자동차에 대한 운행이익과 운행지배를 가지고 있는 자'를 의미한다(대판 1994. 12. 27, 94다31860). 공무원이 그 직무를 집행하기 위하여 국가 또는 지방자치단체 소유의 공용차를 운행하는 경우가 전형적인 예이다.

[판례] 판례에 의하면 자동차의 소유자가 자동차에 대한 운행지배와 운행이익을 상실하였는지 여부, 즉 자기를 위하여 자동차를 운행하는 자의 지위를 상실하였는지 여부는 평소의 자동차나 그 열쇠의 보관 및 관리상태, 소유자의 의사와 관계없이 운행이 가능하게 된 경위, 소유자와 운전자의 인적 관계, 운전자의 차량반환의사 유무, 무단운행 후 보유자의 승낙 가능성, 무단운전에 대한 피해자의 주관적 인식 유무 등 객관적이고 외형적인 여러 사정을 사회통념에 따라 종합적으로 평가하여 이를 판단하여야 한다(대판 1993. 7. 13, 92다41733).

공무원이 개인적인 용무를 위하여 무단으로 국가 또는 지방자치단체 소유의 공용차를 운전하다 타인을 사상한 때에도 국가 또는 지방자치단체가 자동차 소유자로서 운행이익 또는 운행지배를 갖고 있으면 자동차손해배상보장법이 적용된다.

[판례 1] 국가소속 공무원이 관리권자의 허락을 받지 아니한 채 국가소유의 오토바이를 무단으로 사용하다가 교통사고가 발생한 경우에 있어 국가가 그 오토바이와 시동열쇠를 무단운전이 가능한 상태로 잘못 보관하였고 위 공무원으로서도 국가와의 고용관계에 비추어 위 오토바이를 잠시 운전하다가 본래의 위치에 갖다 놓았을 것이 예상되는 한편 피해자들도 위 무단운전의 점을 알지 못하고 또한 알 수도 없었던 일반 제3자인 점에 비추어 보면 국가가 위 공무원의 무단운전에도 불구하고 위 오토바이에 대한 객관적, 외형적인 운행지배 및 운행이익을 계속 가지고 있었다고 봄이 상당하다(대판 1988. 1. 19, 87다카2202).
[판례 2] 군소속 차량의 운전수가 일과시간 후에 피해자의 적극적인 요청에 따라 동인의 개인적인 용무를 위하여 상사의 허락 없이 무단으로 위 차를 운행하다가 사고가 일어났다면 군은 자동차손해배상보장법 제3조 소정의 자기를 위하여 자동차를 운행하는 자에 해당되지 아니한다(대판 1981. 2. 10, 80다2720).

2) 자동차손해배상보장법에 의한 국가배상책임의 성립요건

자배법은 배상책임의 성립요건에 관하여는 국가배상법에 우선하여 적용된다(대판 1996. 3. 8, 94다23876).

자배법이 적용되는 경우 **승객이 사망하거나 부상한 경우**에는 그 사망 또는 부상이 그 승객의 고의나 자살행위로 인한 것이 아닌 한 국가는 무과실책임을 진다(자배법 제3조 제2호).

피해자가 **승객이 아닌 자인 경우**에는 운행자가 면책요건(자기와 운전자가 자동차의 운행에 관하여 주의를 게을리 하지 아니하고, 피해자 또는 자기 및 운전자외의 제3자에게 고의 또는 과실이 있으며, 자동차의 구조상의 결함 또는 기능에 장해가 없었다는 것)을 입증하지 않는 한 국가 등은 고의 또는 과실을 묻지 않고 배상책임을 진다(자배법 제3조 제1호).

3) 국가배상법에 의한 국가배상책임의 실행

국가 또는 지방자치단체가 자배법의 규정에 의하여 손해배상책임이 있는 때에는 국가배상법에 의하여 그 손해를 배상하여야 한다(국배법 제2조 제1항).

따라서, 국가 또는 지방자치단체가 자배법의 규정에 의하여 손해배상책임이 있는 때에도 이중배상금지규정인 국가배상법 제2조 제1항 단서가 적용되고, 피해자는 배상심의회에 배상신청을 할 수 있다.

(2) 국가배상법에 의한 국가배상책임

공무원이 공무수행을 위하여 차량을 운전중 사고로 타인에게 손해를 발생시킨 경우 **자배법이 적용되는 경우가 아닌 경우**에는 그 성립요건 및 국가배상청구 등에 있어서 자배법이 적용되지 않고 **국가배상법이 적용**된다.

① 국가나 지방자치단체가 '자동차에 대한 운행이익과 운행지배를 가지지 않는 경우'에는 국가배상법이 적용된다.

예를 들면, 공무원이 직무를 집행하기 위하여 자기소유의 자동차를 운행하다가 사고를 낸 경우 국가 등이 동 자동자의 운행자가 아니므로 자동차손해배상보장법이 적용되지 않고, 국가 등은 국가배상법에 따라 배상책임을 진다.

그런데, 공무원이 통상적으로 근무하는 근무지로 출근하기 위하여 자기소유의 자동차를 운행하다가 과실로 교통사고를 일으킨 경우에는 '직무를 집행함에 당하여' 불법행위를 한 것이 아니므로 국가나 지방자치단체가 국가배상법상의 손해배상책임을 지지 않는다(대판 1996. 5. 31, 94다15271).

[판례] 공무원이 자신의 승용차를 운전하여 공무를 수행하고 돌아오던 중 교통사고로 동승한 다른 공무원을 사망하게 한 경우 국가배상책임의 성립 여부(적극): 공무원이 자신의 소유인 승용차를 운전하여 공무를 수행하고 돌아오던 중 동승한 다른 공무원을 사망하게 하는 교통사고를 발생시킨 경우, 이는 외형상 객관적으로 직무와 밀접한 관련이 있는 행위이고, 가해행위를 한 공무원과 동일한 목적을 위한 업무를 수행한 공무원이라 할지라도 그가 가해행위에 관여하지 아니한 이상 국가배상법 제2조 제1항 소정의 '타인'에 해당하므로 국가배상법에 의한 손해배상책임이 인정된다(대판 전원합의체 1998. 11. 19, 97다36873).

② 자동차사고로 물적 피해만이 난 경우에는 국가배상법이 적용된다.

2. 공무원의 배상책임

공무원의 피해자에 대한 개인책임에 관하여도 자배법이 민법이나 국가배상법에 우선하여 적용된다. 따라서, 일반적으로 공무원의 공무집행상의 위법행위로 인한 공무원의 개인책임은 고의 또는 중과실의 경우에만 인정되지만, 공무원이 '자기를 위하여 자동차를 운행하는 자'인 때에는 그 사고가 자동차를 운전한 공무원의 경과실에 의한 것인지 중과실 또는 고의에 의한 것인지를 가리지 않고, 공무원은 자배법상의 손해배상책임을 부담한다(대판 1996. 3. 8, 94다23876). 공무원이 자기소유의 자동차를 운행하다가 사고를 낸 경우가 이에 해당한다.

공무원의 개인책임에 관하여 자배법이 적용되지 않는 경우(예 국가 또는 지방자치단체 소유의 공용차를 운행한 경우) 공무원이 공무수행중 차량사고를 낸 경우에는 공무원은 일반원칙에 따라 고의 또는 중과실일 때에만 배상책임을 진다.

Ⅶ. 외국인의 국가배상청구

국가배상법은 상호주의를 적용하여 외국인이 피해자인 경우에는 해당 국가와 상호 보증이 있을 때에만 국가배상법을 적용하는 것으로 규정하고 있다(제7조).

제 8 절 현행 행정상 손해배상제도의 흠결과 보충

제 1 항 현행 과실책임제도의 흠결과 보충

Ⅰ. 현행 과실책임제도의 흠결: 위법·무과실

위법하지만 과실이 없는 경우(위법·무과실의 경우)에는 국가의 배상책임은 성립하지 않는다.

그러나, 피해자인 국민의 권리구제 및 법치행정의 원칙의 측면에서 보면 가해행위인 국가작용이 위법함에도 불구하고 피해자인 국민이 그로 인한 손해의 배상을 받지 못한다는 것은 타당하지 못한 것이며, 이는 현행 국가배상책임제도의 흠결이라고 볼 수 있는 것이다.

Ⅱ. 현행 과실책임제도의 흠결(위법·무과실)의 보충

위법·무과실의 문제를 해결하는 방법으로는 해석론으로 국가배상법상 과실 개념의 객관화를 통하여 해석상 위법·무과실(違法·無過失)의 경우를 최소화 내지 배제하는 방안, 위법·무과실의 경우에까지 손실보상을 확장하는 방안이 있고, 입법론으로 위법·무과실의 경우에도 국가배상책임을 인정하는 방향으로 현행 국가배상법을 개정하는 방법이 있을 수 있다.

제 2 항 공법상 위험책임제도의 흠결과 보충

공법상 위험책임(公法上 危險責任)이란 공익 목적을 위해 형성된 특별한 위험상태의 실현에 의해 생긴 손해에 대한 무과실배상책임을 말한다.

공법상 위험책임은 가해행위의 위법, 적법 및 공무원의 과실, 무과실을 묻지 않는 무과실책임인 점에서 과실에 근거한 행정상 손해배상과 구분된다.

공법상 위험책임을 인정하기 위하여는 실정법률의 근거가 있어야 한다. 그런데, 소방기본법상 공무협력자에 대한 무과실책임을 제외하고는 엄격한 의미에서의 공법상 위험책임을 인정하고 있다라고 보여질 수 있는 실정법규정은 거의 전무한 상태이다.

제3장

행정상 손실보상

제 1 절 행정상 손실보상의 의의

행정상 손실보상은 적법한 공권력 행사에 의해 국민에게 가해진 **특별한 손실**을 보상하여 주는 것을 의미한다.

간접손실보상, 생명 또는 신체에 대한 적법한 침해로 인한 손실의 보상은 손실보상에 포함시키는 것이 타당하지만, 위법한 행위로 인한 손해의 전보는 손실보상의 문제가 아니라 국가배상의 문제로 보아야 한다.

[판례 1] 간접손실(공익사업시행지외손실)은 헌법 제23조 제3항에 규정한 손실보상의 대상이 된다(대판 1999. 10. 8, 99다27231).

[판례 2] 국가 또는 지방자치단체가 도로부지에 소유권 또는 임차권을 취득하는 등 적법한 권원 없이 도로를 사용하고 있는 경우에 임료 상당의 손해배상의무를 지고(대판 1999. 11. 26, 99다40807), 공유수면매립사업시행자가 손실보상의무를 이행하지 아니한 채 공사를 시행하여 허가어업자에게 실질적이고 현실적인 침해를 가한 경우에 손실보상금 상당액의 손해배상의무를 진다(대판 1999. 11. 23, 98다11529).

제 2 절 행정상 손실보상의 근거

Ⅰ. 이론적 근거

손실보상의 이론적 근거는 **재산권보장과 공적 부담 앞의 평등원칙**이라고 보는 것이 타당하다.

Ⅱ. 존속보장과 가치보장

1. 존속보장

(1) 의 의

존속보장이라 함은 재산권자가 재산권을 보유하고 향유(사용, 수익, 처분)하는 것을 보장하는 것을 말한다.

(2) 존속보장 실현제도

존속보장의 실현제도로는 공용침해에서의 공공필요성 요건(최소침해의 원칙 등 비례의 원칙 포함), 환매제도, 분리이론, 위법한 재산권 침해행위에 대한 취소소송 등이 있다.

2. 가치보장

(1) 의 의

가치보장이라 함은 공공필요에 의해 재산권에 대한 공권적 침해가 행해지는 경우에 재산권의 가치를 보장하기 위해 보상 등 가치보장조치를 취하는 것을 말한다.

(2) 가치보장 실현수단

가치보장의 실현제도로는 손실보상, 매수청구제도 등이 있다. 생활보상은 보상제도인 점에서 가치보장을 위한 것이지만, 존속보장적인 의미도 갖는다.

3. 존속보장과 가치보장의 관계

공공필요를 위해 공용침해가 행해지고 보상금이 지급되는 경우 재산권의 존속보장은 가치보장으로 전환된다.

Ⅲ. 실정법상 근거

1. 헌법적 근거 [1998 사시 사례, 1996 행시 사례, 2006 입시 약술]

헌법 제23조 제3항은 "공공필요에 의한 재산권에 대한 수용·사용·제한 및 그에 대한 보상은 법률로써 하되, 정당한 보상을 지급하여야 한다"라고 규정하고 있다.

① 우선 이 규정은 재산권의 수용은 공공필요가 있는 경우에 한하며 또한 법률에 근거가 있는 경우에만 가능하도록 하고 있다.

② 다음으로 공공필요를 위한 재산권 침해의 근거를 법률로 정하는 경우에 입법자는 반드시 보상에 관한 사항도 법률로 규정하여야 한다.

③ 또한 입법권은 손실보상에 관한 규정을 제정함에 있어서 무한정의 재량을 갖는 것이 아니라 정당한 보상이 되도록 규정하여야 한다는 것을 분명히 하고 있다.

2. 법률상 근거

『공익사업을 위한 토지 등의 취득 및 보상에 관한 법률』(이하 **'토지보상법'**이라 한다. '공익사업법'이라고 부르기도 한다)은 공익사업을 위한 토지수용의 근거 및 보상의 기준과 절차 등을 규정하고 있다.

토지보상법 이외에 하천법, 소방기본법 등 개별법에서 공공필요에 의한 재산권침해에 대한 보상이 규정되고 있다.

문제는 개별법률에서 공공필요를 위한 재산권침해의 근거를 정하면서도 보상에 관하여는 규정하지 않고 있는 법률이 적지 않다는 것이다. 주로 공용제한의 경우에 그러하다.

3. 분리이론과 경계이론[2020 변시, 2025 행시]

(1) 분리이론

1) 의 의

분리이론(分離理論)은 재산권에 대한 제한의 문제를 입법자의 의사에 따라 **헌법 제23조 제1항 및 제2항에 의한 재산권의 내용과 한계의 문제 또는 헌법 제23조 제3항의 공용제한**(공익사업을 위한 재산권의 제한)**과 손실보상의 문제**로 본다.

수용(공용제한)과 재산권의 내용적 제한과의 구분기준은 입법의 목적 및 형식이다.

즉, 법률의 규정에 의한 재산권의 제한이 일반적인 공익을 위하여 일반적·추상적으로 재산권을 새롭게 정의하려는 목적을 가진 경우에는 헌법 제23조 제1항 및 제2항의 재산권의 내용과 한계의 문제로 보고, 법률의 규정에 의한 재산권의 제한이 특정한 공익을 위하여 개별적·구체적으로 기존의 재산권을 박탈 내지 축소하려는 목적을 가진 것인 경우에는 헌법 제23조 제3항의 공용제한과 손실보상의 문제로 본다(김철용, "공용제한과 손실보상," 『월간감정평가사』, 2001. 5, 22면). 또는 재산권 제한의 목적을 기준으로 하여 재산권의 제한이 "특정한 공익상의 과제수행을 위한 것"이면 공용제한(수용)이고, 재산권의 제한이 "관련 당사자간 이익의 합리적 조정을 위한 것"이면 재산권의 내용적 제한이라고 본다(정혜영, 한국 헌법 제23조와 독일 분리이론에 의한 그 해석가능성, 262면).

분리이론은 가치보장인 "수용" 및 보상을 제한하고, 존속보장을 강화하려는 견해이다.

2) 재산권의 내용적 제한과 조정조치

재산권의 내용적 제한이 재산권에 내재하는 사회적 제약을 넘어 과도한 제한이 되는 경우에는 비례의 원칙 및 평등원칙에 반하게 된다. 이 경우에 입법자는 비례원칙 위반을 시정하여 재산권 제한을 합헌적으로 하여야 할 의무를 지는데, 이 의무를 **조정조치의무**라고 한다.

조정조치로는 일차적으로 경과규정, 예외규정, 해제규정, 국가침해의 제한 등 비금전적 구제가 행해져야 하고, 이러한 구제조치들이 어려운 경우 제2차적으로 손실보상, 매수청구 등 금전적 보상이 주어져야 한다(정혜영, 249면).

3) 권리구제방안

헌법 제23조 제1항 및 제2항에 의한 재산권의 내용과 한계의 문제인데, 조정조치의무를 이행하지 않는 경우 ① 재산권 제한조치가 처분인 경우 취소소송을 통하여 구제를 받고, ② 조정조치의무 불이행이 입법부작위인 경우 입법부작위에 대한 헌법소원을 통하여 구제를 받고, ③ 부진정입법부작위인 경우 재산권 제한의 근거가 되는 법령에 대한 헌법소원과 조정조치에 관한 입법을 기다려 구제를 받아야 한다(판례). ④ 이 경우 헌법 제23조 제3항의 손실보상의 문제가 아니므로 손실보상규정의 유추적용에 의한 보상청구는 가능하지 않다.

물론 공공필요에 의한 재산권의 침해(수용, 사용, 제한)가 **헌법 제23조 제3항의 공용침해와 손실보상에 해당하는 경우**에는 손실보상규정 흠결시의 권리구제의 문제가 되고, 판례에 따르면 손실보상규정을 유추적용하여 손실보상을 청구할 수 있다.

4) 도입에 관한 학설의 대립

분리이론은 독일 연방헌법재판소에 의해 취해진 이론인데, 이 이론을 우리나라에 도입하는 것을 찬성하는 견해와 이를 반대하는 견해가 있다.

① 찬성하는 견해(헌재재판소 판례)는 존속보장을 강화하는 분리이론이 재산권의 보장에 기여할 수 있다고 한다.

② 이에 대하여 분리이론의 도입에 반대하는 견해는 우리나라 헌법 제23조 제3항은 독일 기본법 제14조 제3항과 달리 재산권의 수용뿐만 아니라 "사용 및 제한"도 규정하고 있기 때문에 공공필요에 의한 재산권의 제한은 모두 공용제한과 손실보상의 문제로 보아야 한다는 견해이다. 이 견해가 타당하다.

(2) 경계이론

1) 의　　의

경계이론(境界理論)이라 함은 공공필요에 의한 재산권의 제한과 그에 대한 구제를 손실보상의 문제로 보는 견해이다. 이 견해에 의하면 공공필요에 의한 재산권의 제약이 재산권에 내재하는 사회적 제약을 넘는 특별희생이 있는 경우에 그에 대하여 보상을 하여야 하는 것으로 본다.

2) 특별희생과 권리구제

경계이론에 의하면 재산권에 대한 제한이 재산권에 내재하는 사회적 제약인가 특별한 희생인가 하는 문제(후술)와 보상규정이 없는 경우의 권리구제문제(전술)가 중요한 문제가 된다.

(3) 판　　례

헌법재판소는 **분리이론**에 따라 공익목적을 위한 재산권의 제한 중 많은 경우(예 개발제한 구역의 지정과 매수청구)를 헌법 제23조 제3항의 손실보상의 문제가 아니라 헌법 제23조 제1항과 제2항의 재산권의 내용과 한계의 문제로 보기 때문에 전술한 바와 같이 별도의 구제조치가 논의된다. 분리이론을 취하는 경우에도 헌법 제23조 제3항의 공용침해(공용수용)에 해당하는 경우에는 손실보상의 문제가 된다.

[판례 1] 개성공단 전면중단 조치는 공익 목적을 위하여 개별적, 구체적으로 형성된 구체적인 재산권의 이용을 제한하는 공용 제한이 아니므로, 이에 대한 정당한 보상이 지급되지 않았다고 하더라도, 그 조치가 헌법 제23조 제3항을 위반하여 개성공단 투자기업인 청구인들의 재산권을 침해한 것으로 볼 수 없다(헌재 2022. 1. 27. 2016헌마364).

[판례 2] **집합제한 조치로 발생한 손실을 보상하는 규정을 두지 않은 '감염병의 예방 및 관리에 관한 법률'조항(입법부작위)에 관한 헌법소원사건:** [1] 구체적인 권리가 아닌 단순한 이익이나 재화의 획득에 관한 기회 또는 기업활동의 사실적·법적 여건 등은 재산권보장의 대상에 포함되지 아니하므로, 코로나19의 예방을 위한 집합제한 조치로 인하여 음식점을 영업하는 청구인들의 영업이익이 감소하였다고 하더라도 그 손실을 보상하지 않는 것이 청구인들의 재산권을 제한하는 것은 아니다. 〈해설〉 제23조 제3항의 손실보상이 아니라 제1항의 재산권 제한의 문제로 보았다. [2] 심판대상조항의 개정 연혁과 집합제한 조치의 특성, 정부의 집합제한 조치에 대한 보상책 및 청구인들이 받은 영업제한의 정도 등을 고려할 때, 심판대상조항이 청구인들의 평등권을 침해하지 않는다. 즉, 국가의 방역정책으로 인하여 입은, 재산권의 보호범위에 포함되지 않는 영업

상 손실을 보상할지 여부는 국가의 재정상황이나 대상의 범위, 피해 정도 등 여러 사정이 고려되어 정해질 입법정책의 문제이다. 정부는 집합제한 조치로 인한 부담을 완화하기 위하여 다양한 지원을 하였고, 감염병예방법과는 별개로 '소상공인 보호 및 지원에 관한 법률'이 2021년 개정되어 2021년 3분기 이후 발생한 집합제한 조치로 인한 손실을 보상하는 규정이 신설되었다. 또한 코로나19 유행 전보다 영업 매출이 감소하였더라도, 집합제한 조치는 공동체 전체를 위하여 코로나19의 확산을 방지하기 위한 것이므로 사회구성원 모두가 그 부담을 나누어 질 필요가 있고, 그러한 매출 감소는 코로나19 감염을 피하기 위하여 사람들이 자발적으로 음식점 방문을 자제한 것에 기인하는 측면도 있다. 한편, 비수도권에서 음식점을 영업하는 청구인들은 영업시간 제한을 받은 기간이 짧고, 영업이 제한된 시간 이외에는 정상적으로 영업이 가능하였으며 영업이 제한된 시간 동안에도 포장·배달을 통한 영업은 가능하였다. 그러므로 심판대상조항이 감염병의 예방을 위하여 집합제한 조치를 받은 영업장의 손실을 보상하는 규정을 두고 있지 않다고 하더라도 청구인들의 평등권을 침해한다고 할 수 없다(헌재 2023. 6. 29. 2020헌마1669[입법부작위 위헌확인]).

[판례 3] [1] 가축의 살처분으로 인한 재산권의 제약은 가축의 소유자가 수인해야 하는 사회적 제약의 범위에 속한다. 그러나 헌법 제23조 제1항 및 제2항에 따라 재산권의 사회적 제약을 구체화하는 법률조항이라 하더라도 권리자에게 수인의 한계를 넘어 가혹한 부담이 발생하는 예외적인 경우에는 이를 완화하는 보상규정을 두어야 한다. [2] 입법자에게는 헌법적으로 가혹한 부담의 조정이란 '목적'을 달성하기 위하여 어떠한 '방법'으로 보상하여 가혹한 부담을 완화·조정할 것인가를 선택함에 있어서는 광범위한 형성의 자유가 부여된다(헌재 2015. 10. 21, 2014헌바170; 2020. 9. 24, 2018헌마1163 참조). [3] 살처분 보상금 수급권이 계약사육농가에게만 귀속하도록 법정한 것은 그로 인해 축산계열화사업자는 그가 입은 경제적 가치의 손실을 회복하는 데에 한계가 있고, 살처분 보상금을 가축의 소유자인 축산계열화사업자와 계약사육농가에게 개인별로 지급함으로써 대상 가축의 살처분으로 인한 각자의 경제적 가치의 손실에 비례한 보상을 실시하는 것이 입법기술상으로 불가능하지 않으므로 살처분된 가축의 소유자가 축산계열화사업자인 경우에는 수급권 보호를 위하여 보상금을 계약사육농가에 지급한다고 규정한 '가축전염병 예방법' 제48조 제1항 제3호 단서는 축산계열화사업자에 대한 재산권의 과도한 부담을 지우고, 그 과도한 부담을 완화하기에 적절한 조정적 보상조치라고 할 수 없으므로 헌법에 합치되지 아니하고, 2025. 12. 31.을 시한으로 입법자가 개정할 때까지 계속 적용된다는 결정을 선고한 사례[계속적용 헌법불합치](헌재 2024. 5. 30, 2021헌가3). 〈참고〉 1) 축산계열화사업자가 계약사육농가에게 위탁사육한 가축이 가축전염병의 확산 방지를 위해 살처분된 경우 지급되는 보상금 중에는 가축의 소유자인 축산계열화사업자와 위탁사육한 계약사육농가가 각각 투입한 자본 내지 노동력 등에 따라 각자 지급받아야 할 몫이 혼재되어 있다. 그런데 살처분 보상금 전액을 어느 일방에게만 지급하도록 하는 형태를 취하게 되면 당해 사건에서처럼, 살처분 보상금 수급권에 대한 제3자의 채권압류·전부명령 등 예기치 못한 사정으로 상대방으로서는 보상금을 정산받지 못하는 문제가 발생할 수 있다. 2) 이 사건 계속적용 헌법불합치 결정에 따라, 입법자는 2025. 12. 31.까지 살처분 보상금은 가축의 소유자인 축산화계열화사업자와 계약사육농가에게 가축의 살처분으로 인한 각자의 경제적 가치의 손실에 비례하여 개인별로 지급하는 방식으로 입법을 개선하여야 하며, 그 전까지는 심판대상조항이 적용된다.

대법원도 헌법재판소와 같이 공용침해이외의 공익목적을 위한 재산권 제한(댐 사용권에 대한 취소·변경의 처분)을 헌법 제23조 제1항 및 제2항에 따른 재산권의 내용과 한계의 문제로 본 점에서 분리이론을 취하고 있는 것으로 볼 수 있다.

[판례] 섬진강댐의 댐사용권자인 원고 한국농어촌공사가 섬진강댐 재개발사업으로 댐사용권의 변경처분을 받게 되자 그에 대한 손실보상을 구한 사건: [1] 댐사용권 변경처분이 있을 경우 댐사용권자가 납부한 부담금의 반환을 규정한 「댐건설 · 관리 및 주변지역지원 등에 관한 법률」 제34조 제1항은 댐사용권의 제한 내지 침해에 따른 정당한 보상을 정한 법률조항(손실보상조항)이 아니다: 댐 사용권을 그대로 유지하는 것이 곤란하다고 인정되는 경우 댐 사용권에 대한 취소·변경의 처분을 할 수 있도록 규정한 구 댐건설관리법 제31조 제4항

제2호가 헌법 제23조 제1항 및 제2항에 따른 재산권의 내용과 한계를 규정한 조항인 이상, 위 조항에 따라 댐 사용권을 변경·취소하는 경우에 댐 사용권에 관한 투자비용에 해당하는 부담금이나 납부금의 일부를 국가가 댐 사용권자에게 반환하도록 규정한 구 댐건설관리법 제34조 제1항 역시 구 댐건설관리법 제31조 제4항 제2호와 일체를 이루어 재산권인 댐 사용권의 내용과 한계를 정하는 동시에 공익적 요청에 따른 재산권의 사회적 제약을 구체화하는 규정이라고 봄이 타당하다(헌법재판소 2022. 10. 27. 선고 2019헌바44 결정 참조). [2] 원심판결 중 구 댐건설관리법 제34조 제1항을 댐 사용권 취소 또는 변경 처분에 대한 특별한 손실보상 규정이라고 본 것은 잘못이나, 피고 대한민국에게는 댐건설관리법 제31조, 제34조 제1항에 따라 댐 사용권 취소·변경에 따른 부담금이나 납부금 일부를 반환하도록 할 의무가 있을 뿐 「공익사업을 위한 토지 등의 취득 및 보상에 관한 법률」 제70조 및 제75조의 유추적용에 의한 손실보상금 지급의무가 있다고 보기 어렵다는 이유로 원고의 청구를 기각한 원심결론을 수긍하여 상고를 기각한 사례(대판 2023. 8. 31, 2019다206223[손실보상 약정금 지급 청구의 소]). 〈해설〉 섬진강댐의 댐사용권자인 원고 한국농어촌공사가 섬진강댐 재개발사업으로 댐사용권의 변경처분을 받게 되자 그에 대한 손실보상을 구한 사건에서 댐사용권 변경처분이 있을 경우 댐사용권자가 납부한 부담금의 반환을 규정한 「댐건설·관리 및 주변지역지원 등에 관한 법률」 제34조 제1항(국가는 제31조에 따라 댐사용권에 대하여 취소 또는 변경의 처분을 하였을 때에는 제20조 제1항에 따라 납부된 부담금이나 제33조에 따라 납부된 납부금의 일부를 반환하여야 한다)이 댐사용권의 제한 내지 침해에 따른 헌법 제23조 제3항에 따른 정당한 보상을 정한 법률조항(댐 사용권 취소 또는 변경 처분에 대한 특별한 손실보상 규정)이 아니므로 피고 대한민국에게는 댐건설관리법 제31조, 제34조 제1항에 따라 댐 사용권 취소·변경에 따른 부담금이나 납부금 일부를 반환하도록 할 의무가 있을 뿐 「공익사업을 위한 토지 등의 취득 및 보상에 관한 법률」 제70조 및 제75조의 유추적용에 의한 손실보상금 지급의무가 있다고 보기 어렵다고 사례.

[개발제한구역 지정과 권리구제][1996 입시 약술]

구 도시계획법은 개발제한구역의 지정으로 인하여 특별한 희생이 발생하는 경우에 대하여도 손실보상 등 구제조치에 관한 규정을 두고 있지 않았다. 그런데, 현행 『개발제한구역의 지정 및 관리에 관한 특별조치법』은 토지매수청구제도를 두고 있다.

개발제한구역의 지정으로 인한 재산권 행사의 제한과 그에 대한 구제에 관하여 분리이론에 입각하여 헌법 제23조 제1항 및 제2항의 문제(재산권의 내용과 한계의 문제)로 보는 견해(판례의 입장)와 경계이론에 입각하여 제23조 제3항의 문제(공용제한과 손실보상의 문제)로 보는 견해가 대립하고 있다.

1) 분리이론에 따른 권리구제

헌법재판소는 분리이론에 입각하여 개발제한구역의 지정 및 도시계획시설의 시행지연으로 인한 재산권 행사의 제한과 그에 대한 권익구제의 문제를 헌법 제23조 제3항의 공용제한과 손실보상의 문제로 보지 않고, 헌법 제23조 제1항 및 제2항의 재산권의 내용과 한계의 문제로 보고 있다(헌재 1998. 12. 24, 89헌마214, 90헌바16, 97헌바78(병합), 1999. 10. 21, 97헌바26[구 도시계획법 제6조 위헌소원]).

① 개발제한구역의 지정으로 인한 재산권 행사의 제한과 그에 대한 권익구제의 문제는 헌법 제23조 제1항 및 제2항의 재산권의 내용과 한계의 문제이다.
② 개발제한구역으로 지정된 토지를 원칙적으로 지정 당시의 지목과 토지현황에 의한 이용방법에 따라 사용할 수 있는 한 재산권에 내재하는 사회적 제약에 불과하다. 개발제한구역의 지정으로 인한 개발가능성의 소멸과 그에 따른 지가의 하락이나 지가상승률의 상대적 감소는 토지소유자가 감수해야

하는 사회적 제약의 범주에 속하는 것으로 보아야 한다(헌재 1998. 12. 24, 89헌마214, 90헌바16, 97헌바78[도시계획법 제21조에 대한 위헌소원]). 다만, 사견에 의하면 지가의 하락이 과도한 경우(예 20% 이상의 하락)에는 특별한 희생에 해당한다고 보아야 한다.

③ 개발제한구역의 지정으로 법상 토지를 종래의 목적으로 사용할 수 없거나(지목이 대지인 경우) 사실상 종래의 목적으로 사용할 수 없는 경우(예 농지의 경우 농업용수를 공급할 수 없는 경우)에는 재산권에 내재하는 사회적 제약을 넘는 재산권 제한이다. 그런데, 구 도시계획법하에서는 보상 등 어떠한 구제방법도 마련하고 있지 않았으므로 비례의 원칙에 위반되어 당해 토지소유자의 재산권을 과도하게 침해하는 것으로서 헌법에 위반된다.

④ 헌법재판소는 보상 등 권리구제는 헌법재판소가 결정할 성질의 것이 아니라 광범위한 입법형성권을 가진 입법자가 입법정책적으로 정할 사항이며 입법자는 보상 등 조정조치를 입법하여 위헌적 상태를 제거할 의무가 있고, 토지소유자는 보상입법을 기다려 그에 따른 권리행사를 할 수 있을 뿐 개발제한구역의 지정이나 그에 따른 토지재산권의 제한 그 자체의 효력을 다투거나 위 조항에 위반하여 행한 자신들의 행위의 정당성을 주장할 수는 없다고 보고 있다.

⑤ 헌법재판소는 구 도시계획법 제21조에 의하여 개발제한구역이 지정된 경우에 보상을 지급하는 법률을 제정하지 아니한 것은 기본권보장을 위한 법규정이 불완전하여 보충을 요하는 경우에 해당하는 부진정입법부작위라고 하면서 헌법소원의 대상이 되는 입법부작위에 해당하지 않는다고 보았다(헌재 1999. 1. 28, 97헌마9[입법부작위위헌확인]).

⑥ 따라서, 헌법재판소의 입장(분리이론)에 의하면 위의 헌법재판소 결정 이후 『개발제한구역의 지정 및 관리에 관한 특별조치법』이 제정되어 개발제한구역의 지정으로 인하여 특별한 희생을 받은 자에게 매수청구권을 인정함으로써 구 도시계획법상의 개발제한구역의 지정에 관한 규정의 위헌문제는 해결된 것으로 볼 수 있다.

2) 경계이론에 따른 권리구제

경계이론에 의하면 개발제한구역의 지정에 의한 재산권의 제한과 그에 대한 구제는 헌법 제23조 제3항의 공용제한과 손실보상의 문제로 보아야 한다.

개발제한구역 지정으로 인하여 법상 토지를 종래의 목적으로 사용할 수 없거나 사실상 종래의 용법대로 사용할 수 없게 되는 등 특별희생에 해당하면 그에 대한 보상이 주어져야 하는데, 보상규정이 없으므로 보상규정이 흠결된 경우에 해당하며 그에 따른 구제가 행해져야 한다.

현행 개발제한구역의 지정 및 관리에 관한 특별조치법은 토지매수청구제도를 두고 있다. 그러나, 토지매수청구제도는 보상과는 다른 제도이므로 경계이론에 의하면 여전히 개발제한구역 지정으로 인하여 법상 토지를 종래의 목적으로 사용할 수 없거나 사실상 종래의 용법대로 사용할 수 없게 된 경우에는 보상규정이 흠결된 경우에 해당한다. 권리침해를 당한 자는 매수청구를 하거나 손실보상을 청구(직접효력설에 따르는 경우)할 수 있다.

이에 대하여 토지매수청구제도가 실질적으로 보상제도라고 보는 견해도 있고, 이 견해에 의하면 토지매수청구를 하여야 한다. 이 견해에 의하면 매수청구를 하지 않고 계속 토지를 보유하고자 하는 경우 권리구제가 어렵고, 매수시까지 입은 손실이 보상되지 않는다는 문제가 있다.

4. 손실보상규정 흠결시의 권리구제 [2011 입시 사례]

공용침해로 인하여 특별한 손해가 발생하여 손실보상을 하여야 하지만 보상규정의 흠결이 있는 경우[1]에 국민의 권익구제방안으로 위헌무효설, 직접효력설, 유추적용설, 보상입법부작위위헌설 등이 주장되고 있다.

이 논의는 공용사용과 공용제한, 주로 공용제한으로 인하여 특별한 희생이 발생함에도 공용사용 또는 공용제한의 근거규정에 보상규정이 없는 경우(분리이론에 따르면 공용제한 중 특정한 공익사업을 위한 제한) 그리고 공용수용의 경우 간접손실보상 등 보상규정이 일부 불비한 경우에 문제된다. 그 이유는 공용수용의 경우에는 통상 보상규정이 있고, 공용사용의 경우에도 대체로 그러하기 때문이다.

공용침해로 특별희생이 발생하여 손실보상을 하여야 하는 경우라 함은 경계이론에 입각하는 경우와 분리이론에 따르는 경우에도 헌법 제23조 제3항의 문제가 되는 경우(특정한 공익사업을 위해 공용침해가 행해진 경우)를 말한다.

손실보상을 하여야 함에도 보상규정이 없을 때의 권리구제에 관하여는 아래와 같이 견해가 대립하고 있다.

(1) 위헌무효설(입법자구속설)

1) 위헌무효설의 의의, 논거와 그에 대한 비판

위헌무효설(違憲無效說)은 특별한 희생을 초래하는 공용침해를 규정하면서 보상규정을 두지 않은 법률규정은 위헌무효라는 견해이다. 이 견해의 논거는 다음과 같다. ① 헌법 제23조 제3항은 보상청구권의 직접적 근거규정이 아니고, 입법자에 대한 구속규정이다. ② 보상은 재정지출의 문제를 수반하므로 예산권을 갖고 있는 국회가 법률로 정하는 것이 타당하다. ③ 헌법 제23조 제3항(공용침해조항과 손실보상조항)은 독일 기본법 제14조와 같이 불가분조항(결합조항(연결조항))이다.

2) 위헌무효설에서의 권리구제

위헌무효설의 가장 큰 문제점은 공용침해로 특별한 손실을 받은 자에 대한 구제가 어렵다는 점이다.

① 위헌무효설중에는 보상규정이 없는 법률에 근거한 공용침해는 위법한 공용침해이므로 국가배상을 청구할 수 있다는 견해가 있다.

그러나, 현재 판례는 국가배상법상의 과실을 공무원의 주관적 과실로 해석하고 있으므로 이러한 판례의 입장을 따르는 한 법률에 근거하여 공용침해행위를 하였지만 보상규정이 없어서 결과적으로 위법하게 되는 경우에 위헌인 법률을 제정한 입법자의 과실을 인정하기 어렵고, 공용침해를

---

1) 보상에 관한 규정의 흠결이 있는 경우는 ① 보상규정이 전혀 없는 경우, ② 법률에 보상원칙은 선언되어 있지만 보상의 내용 및 절차에 관한 구체적인 규정이 전혀 없는 경우(소방대상물의 제거명령 등 소방대상물에 대한 처분으로 인하여 발생한 손실의 보상에 관한 소방기본법 제7조, 제78조), ③ 보상의 절차에 관한 정함은 있지만 기준과 방법에 관한 규정이 없는 경우(예, 문화재보호법 제30조, 동법 시행령 제23조), ④ 보상의 내용에 관한 정함이 있지만 불충분한 경우(예, 산림법 제63조).

한 공무원에게도 과실이 있다고 볼 수는 없으므로 국가배상청구를 인정할 수 없는 문제가 있다.[2)]

② 위헌무효설에 의하면 공용침해의 근거가 된 법률의 위헌무효를 주장하면서 그에 근거한 공용침해행위에 대하여 그 공용침해행위가 처분인 경우 **취소소송**을 제기할 수 있다.

③ 위헌무효설을 취하면서 **보상입법부작위에 대한 헌법소원**을 통하여 보상규정이 흠결된 법률에 근거한 공용침해행위에 대한 구제를 받을 수 있다고 보는 견해가 있는데, 이는 보상규정이 흠결된 법률규정을 위헌·무효라고 보면서 보상규정에 관한 입법부작위를 인정하는 점에서 논리적이지 못하다.

(2) 직접효력설

직접효력설(直接效力說)은 헌법 제23조 제3항을 국민에 대하여 직접적 효력이 있는 규정으로 보고, 만일에 공용침해의 근거가 되는 법률이 보상규정을 두지 않고 있는 경우에는 직접 헌법 제23조 제3항에 근거하여 보상을 청구할 수 있다고 본다. 보상금청구소송이 제기되면 법원은 완전보상의 원칙에 따라 보상액을 객관적으로 확인·결정할 수 있다고 본다. 직접효력설은 헌법 제23조 제3항을 불가분조항으로 보지 않는다.

이 견해는 헌법 제23조 제3항에서 정당보상의 원칙이 명시적으로 규정되고 있고, 이 헌법규범도 법규범으로 입법자뿐만 아니라 법원 및 국민에게도 직접적 구속력을 갖는다고 보는 데 근거한다.

이 견해에 의하면 행정청이 손실보상을 거부하는 경우에는 **손실보상청구소송**을 제기할 수 있다.

(3) 헌법 제23조 제1항(재산권 보장규정) 및 헌법 제11조(평등원칙)로부터 손실보상청구권을 도출할 수 있다는 견해(유추적용설)

유추적용설은 독일의 수용유사침해이론을 우리나라에서도 타당한 이론으로 주장하면서 수용유사침해보상의 법적 근거를 헌법 제23조 제1항(재산권보장규정) 및 헌법 제11조(평등원칙)에 근거지우는 견해이다(홍정선). 이 견해에 의하면 행정청이 손실보상을 거부하는 경우에는 **손실보상청구소송**을 제기할 수 있다. 이 견해를 통상 유추적용설이라 부르고 있는데, 판례가 취하는 보상법률규정의 유추적용설과 혼동하지 말아야 한다.

(4) 보상입법부작위위헌설

보상입법부작위위헌설(補償立法不作爲違憲說)은 공공필요를 위하여 공용제한을 규정하면서 손실보상규정을 두지 않은 경우 그 공용제한규정 자체는 헌법에 위반되는 것은 아니라고 보고, 손실보상을 규정하지 않은 입법부작위가 위헌이라고 보는 견해이다.

이 견해의 논거는 다음과 같다. ① 헌법 제23조 제3항은 손실보상에 관하여는 입법자가 정하도록 하고 있다. ② 헌법 제23조 제3항을 결합조항(연결조항)으로 이해하여 개발제한구역지정 등

---

2) 同旨: 김동희, 전게서, 576면("현재 우리나라에서 통설·판례가 과실을 주관적 관념으로 파악하고 있다는 점을 감안하면, 과실요건은 충족되지 아니 한다고 본다. 왜냐하면, 행정은 법의 집행이므로, 공무원이 법률을 성실하게 적용하여 개인의 재산권에 대한 침해적 처분을 한 경우에 있어, 당해 법률이 궁극적으로 위헌으로 판정되어 무효로 되게 됨에 따라 당해 처분도 위법한 처분으로 되어도, 그러한 위법한 처분에 이르는 과정에 있어 공무원 자신에게 과실이 있었다고는 볼 수 없기 때문이다").

공익을 위한 재산권 제한 자체를 위헌이라고 본다면 사회적 혼란과 부작용을 초래할 수 있다. 따라서, 개발제한구역의 지정 등 공용제한 자체는 적법하다고 보아야 한다.[3)]

보상입법부작위설에 의하면 공용제한을 규정하는 법률이 보상규정을 정하지 않은 경우 손실보상을 규정하지 않은 **입법부작위에 대한 헌법소원**을 통해 해결하여야 한다고 한다.

(5) 판례의 태도

헌법재판소는 헌법은 수용 등에 대한 보상규정을 법률이 정하도록 국가에게 명시적으로 **입법의무를 부과**하고 있는 점에 비추어 **보상입법부작위위헌설**을 취하고 있다고 할 수 있다.

[판례] 우리 헌법은 제헌 이래 현재까지 일관하여 재산의 수용, 사용 또는 제한에 대한 보상금을 지급하도록 규정하면서 이를 법률이 정하도록 위임함으로써 국가에게 명시적으로 수용 등의 경우 그 보상에 관한 입법의무를 부과하여 왔다(헌재 1994. 12. 29, 89헌마2: 군정법령에 의해 사설철도회사를 수용하고 조선철도의 통일폐지법률에 의하여 군정법령을 폐지하고 그 보상에 관하여 아무런 입법조치를 취하지 않은 입법부작위를 위헌이라고 한 사례).

대법원은 제3공화국에서 당시 헌법 제20조 제3항이 직접적 효력이 있는 규정이라고 보았고, 제4공화국에서 당시 헌법 제20조 제3항의 직접적 효력을 부정하였었다. **현행 헌법 제23조 제3항의 직접효력 여부에 관하여는 아직 대법원 판례가 나오지 않고 있다.**

대법원은 공용침해로 인한 특별한 손해에 대한 보상규정이 없는 경우에 **관련보상법령규정**을 **유추적용**하여 보상하려는 경향이 있다(보상규정유추적용설).

[판례] 구 수산업법상 어업허가를 받고 허가어업에 종사하던 어민이 공유수면매립사업의 시행으로 피해를 입게 된 경우에 헌법 제23조 제3항, 면허어업권자 내지는 입어자에 관한 손실보상을 규정한 구 공유수면매립법 제16조, 공공용지의 취득 및 손실보상에 관한 특례법 제3조 제1항 및 동법 시행규칙 제25조의2의 규정을 유추적용하여 피해어민들에게 손실보상을 하여 줄 의무가 있다(대판 1999. 11. 23, 98다11529).

판례가 취하는 보상규정유추적용설의 문제는 유추적용할 보상규정도 없고, 국가배상책임도 인정할 수 없는 경우 권리구제가 안 된다는 점이다.

(6) 결　어

현행 헌법 제23조 제3항이 완전보상의 원칙으로 해석되는 정당보상의 원칙을 선언하고 있고, 완전보상에 따른 보상액을 법원이 결정할 수 있으므로 국민의 권리구제의 실효성을 위하여 **직접효력설**이 타당하다.

유추적용할 법률규정이 있는 경우에는 이 법률규정을 유추적용하여 보상한다. 유추적용할 법률규정이 없는 경우에는 헌법 제23조 제3항에 근거하여 손실보상청구권이 인정된다. 행정청이 손실보상을 거부하는 경우에는 공법상 당사자소송으로 손실보상청구소송을 제기하여야 한다.

---

3) 김문현, "보상규정 없는 법률에 기한 수용적 재산권제한에 대한 권리구제방법,"『고시연구』, 2000. 8, 23면 이하.

제 3 절 행정상 손실보상의 요건

행정상 손실보상이 인정되기 위하여는 적법한 공용침해로 손실이 발생하였고, 당해 손실이 특별한 손해(희생)에 해당하여야 한다.

I. 적법한 공용침해

적법한 공용침해라 함은 공공필요에 의하여 법률에 근거하여 가해진 국민의 권익에 대한 침해를 말한다.

1. 공공필요 [2007 사시 사례]

재산권에 대한 수용·사용·제한은 공공필요(公共必要)가 있는 경우에 한하여 인정된다(헌법 제23조 제3항). 즉, 공공필요는 수용의 정당화사유가 된다.

공공필요라는 개념은 공익이라는 개념과 **비례의 원칙**을 포함하는 개념이다. 공익사업에 공익성이 있어야 하고, 수용으로 인하여 달성하는 공익이 수용으로 인하여 침해되는 이익(공익 및 사익)보다 커야 한다. 수용으로 인하여 침해되는 공익의 예로는 환경상 이익, 문화재 보호이익 등을 들 수 있다.

공공필요성이 있으면 **사인(私人)을 위한 수용도 인정**된다. 다만, 사인을 위한 수용의 경우에는 사인에게 부당한 특혜가 주어지지 않도록 **공익보장책**이 공용침해 관련법령에 마련되어야 한다(자세한 것은 공용부담 참조).

[판례] 우리 헌법상 수용의 주체를 국가로 한정한 바 없으므로 민간기업도 수용의 주체가 될 수 있고, 산업입지의 공급을 통해 산업발전을 촉진하며 국민경제의 발전에 이바지하고자 함에는 공공의 필요성이 있으며, 피수용자에게 환매권이 보장되고 정당한 보상이 지급되며, 나아가 수용과정이 적법절차에 의해 규율되는 점에 비추어 볼 때 민간기업에게 산업단지개발사업에 필요한 토지 등을 수용할 수 있도록 규정한 '산업입지 및 개발에 관한 법률' 제22조 제1항의 '사업시행자' 부분 중 '제16조 제1항 제3호'에 관한 부분 등을 위헌이라 할 수 없다(헌재 2009. 9. 24, 2007헌바114[산업입지및개발에관한법률 제11조 제1항 등 위헌소원]).

2. 법률의 근거

공공의 필요만으로 수용이 가능한 것은 아니며 **법률유보의 원칙상 법률의 근거가 있어야 한다.** 토지보상법 제4조는 토지를 수용 또는 사용할 수 있는 사업을 **한정적으로 열거**하고 있다. 기타 개별법률에 수용 또는 사용의 근거가 규정되어 있다.

법률의 근거가 있다 하더라도 공공의 필요가 없으면 수용은 인정될 수 없다.

3. 보상규정 없는 공용침해 [2006 입시 약술]

보상규정 없는 공용침해도 손실보상의 대상이 되는 공용침해로 보는 견해와 보상규정 없는 공용침해를 위법한 공용침해로 보고 취소소송 및 국가배상청구소송의 대상이 되어야 하는 것으로 보는 견해로 나뉜다.

보상규정이 없는 경우에도 법률에 근거하여 행해지고 공공필요가 있는 경우에는 그 공용침해 자체는 적법한 것으로 보아야 한다. 이러한 견해를 취하는 경우에도 직접효력설에 의하면 헌법 제23조 제3항에 근거하여 직접 손실보상청구권이 인정되고, 수용유사침해이론에 의하는 경우에도 손실보상청구권이 인정된다. 그리고 보상입법부작위위헌설에 의하면 입법자의 보상입법을 기다려 손실보상을 해 주어야 한다(전술 보상규정흠결시의 권리구제 참조).

4. 공용침해(공용수용·공용사용·공용제한)

공용수용·공용사용·공용제한을 포괄하여 **공용침해**라고 한다.

공용수용이라 함은 공공필요를 위하여 타인의 토지를 강제적으로 취득하는 것을 말한다. 수용은 통상 행정청의 결정에 의해 행해지지만, 직접 법률의 규정에 의해 행해지는 경우(입법적 수용)도 있다.

공용사용이라 함은 공공필요를 위하여 특정인의 토지 등 재산을 강제로 사용하는 것을 말하고, **공용제한**이라 함은 공공필요를 위하여 재산권에 대하여 가해지는 제한을 말한다.

공용수용이 적법하기 위해서는 사업인정과 수용재결을 거쳐야 한다. 그런데, **판례**는 협의취득으로 인한 손실보상사건에서 사업인정고시는 영업손실보상의 요건이 아니라고 보고, 사업인정절차를 거치지 않았다고 하더라도 토지보상법 제4조 각 호의 공익사업에 해당하는 공익사업을 실시하면 토지보상법상 손실보상규정에 따라 영업손실보상을 하여야 한다고 본다(대판 2021. 11. 11, 2018다204022[손해배상(기)]).

[판례] [1] 지방자치단체인 피고가 공공용 시설인 공영주차장을 직접 설치하는 사업(이 사건 사업)은 토지보상법 제4조 제3호의 공익사업에 해당한다. 이 사건 사업을 도시·군 계획시설사업으로 진행하지 않았더라도 이 사건 사업을 토지보상법상 공익사업으로 인정하는 데 방해가 되지 않는다. [2] 사업인정고시는 수용재결절차로 나아가 강제적인 방식으로 토지소유자나 관계인의 권리를 취득·보상하기 위한 절차적 요건에 지나지 않고 (협의취득으로 인한) 영업손실보상의 요건이 아니다. 토지보상법령도 반드시 사업인정이나 수용이 전제되어야 영업손실 보상의무가 발생한다고 규정하고 있지 않다. 따라서 피고가 시행하는 사업이 토지보상법상 공익사업에 해당하고 원고들의 영업이 해당 공익사업으로 폐업하거나 휴업하게 된 것이어서 토지보상법령에서 정한 영업손실 보상대상에 해당하면, 사업인정고시가 없더라도 피고는 원고들에게 영업손실을 보상할 의무가 있다. [3] 피고(공익사업시행자인 지방자치단체)는 이 사건 각 토지와 건물을 소유자들로부터 매수하여 협의취득하였다. 원고들은 피고와 소유자들 사이의 협의 성립 이전부터 해당 건물을 임차하여 그곳에서 영업을 하였는데, 소유자들이 피고와 체결한 매매계약(협의취득계약)의 조건을 이행하기 위해 원고들과 임대차계약을 더 이상 갱신하지 않는 바람에 원고들이 폐업하거나 휴업하였다. 따라서 원고들은 이 사건 사업 때문에 폐업하거나 휴업한 것이고, 토지보상법상 관계인에 해당하는 원고들의 각 영업이 손실보상대상이 된다. [4] 공익사업의 시행자가 토지소유자와 관계인에게 보상액을 지급하지 않고 그 승낙도 받지 않은 채 공사에 착수함으로써 토지소유자와 관계인이 손해를 입은 경우, 토지소유자와 관계인에 대하여 불법행위가 성립할 수 있고, 사업시행자는 그로 인한 손해를 배상할 책임을 진다(대법원 1998. 11. 3. 자 88마850 결정, 대법원 2013. 11. 14. 선고 2011다27103 판결 참조). [5] 원심은, 피고가 원고들에게 재산상 손해액으로 관계 법령에 따라 정당하게 보상하였을 경우 받을 수 있었던 손실보상금을 배상해야 한다고 보고, 제1심 감정인의 감정결과 등을 토대로 토지보상법 제77조, 구 「공익사업을 위한 토지 등의 취득 및 보상에 관한 법률 시행규칙」(2014. 10. 22. 국토교통부령 제131호로 개정되기 전의 것, 이하 '구 토지보상법 시행규칙'이라 한다) 제47조에 따른 휴업손실보상금으로 다음 금액을 합산하여 원고들의 재산상 손해액으로 인정하였다. 즉, ① 휴업 기간 얻을 수 있었던 영업이익에 대한 보상금, ② 휴업 기간 중의 영업용 자산에 대한 감가상각비·유지관리비와 휴업 기간 중에도

정상적으로 근무하여야 하는 최소인원에 대한 인건비 등 고정적 비용에 대한 보상금, ③ 영업시설·원재료·제품과 상품을 이전하는 데 드는 비용과 그 이전에 따른 감손상당액에 대한 보상금, ④ 이전광고비와 개업비 등 영업장소를 이전하는 데 드는 부대비용에 대한 보상금이 그것이다. 그리고 원고들의 '휴업 기간 얻을 수 있었던 영업이익(위 ①)'에 대해서는 원고들의 월평균 영업이익이 산출하기 곤란하거나 2013년 1/4분기 도시근로자 가구 월평균 가계지출비에 미치지 못한다는 이유로 구 토지보상법 시행규칙 제46조, 제47조에 따라 2013년 1/4분기 도시근로자 가구 월평균 가계지출비인 3,610,785원을 기초로 산정하였다. 원심의 이러한 판단에 상고이유 주장과 같이 재산적 손해배상의 범위와 그 산정에 관한 법리를 오해하였거나 채증법칙을 위반한 잘못이 없다(대판 2021. 11. 11, 2018다204022[손해배상(기)]). 〈참고사항〉 이 사건 주차장 신축공사는 2014. 12. 1. 착공되어 2015. 5.경 완공되었다. 원고들은 피고에게 영업손실 보상금을 지급해달라고 요청하였으나, 피고는 이 사건 사업이 토지보상법상 공익사업에 해당하지 않고 원고들은 영업손실 보상대상이 아니라는 이유로 거절하였고, 원고들의 재결신청청구 역시 거부하였다. 원고들은 인천지방법원 2017구합460호로 재결신청청구 거부처분의 취소를 구하는 소를 제기하였으나, 위 인천지방법원은 이 사건 사업이 토지보상법상 공익사업에는 해당하더라도 **사업인정고시가 이루어지지 않은 이상 원고들에게 재결신청을 청구할 권리가 인정되지 않으므로 피고의 거부행위는 항고소송의 대상이 되는 처분에 해당하지 않는다**는 이유로 원고들의 소를 각하하는 판결을 선고하였다. 이에 대해서 원고들이 항소를 하였다가 취하함으로써 판결이 그대로 확정되었다.

Ⅱ. 공용침해로 손실이 발생하였을 것

① 손실보상이 인정되기 위하여는 손해가 현실적으로 발생하였어야 한다.

[판례] 간척사업의 시행으로 종래의 관행어업권자에게 구 공유수면매립법에서 정하는 손실보상청구권이 인정되기 위해서는 매립면허고시 후 매립공사가 실행되어 관행어업권자에게 실질적이고 현실적인 피해가 발생해야 한다: 손실보상은 공공필요에 의한 행정작용에 의하여 사인에게 발생한 특별한 희생에 대한 전보라는 점에서 그 사인에게 특별한 희생이 발생하여야 하는 것은 당연히 요구되는 것이고, 공유수면 매립면허의 고시가 있다고 하여 반드시 그 사업이 시행되고 그로 인하여 손실이 발생한다고 할 수 없으므로, 매립면허 고시 이후 매립공사가 실행되어 관행어업권자에게 실질적이고 현실적인 피해가 발생한 경우에만 공유수면매립법에서 정하는 손실보상청구권이 발생하였다고 할 것이다(대판 2010. 12. 9, 2007두6571[손실보상재결신청기각결정취소등]).

② **판례**는 공익사업과 손실 사이에 **상당인과관계**가 있어야 손실보상의 대상인 손실이 된다고 본다.

[판례] 공익사업의 시행으로 토석채취허가를 연장받지 못한 경우 그로 인한 손실과 공익사업 사이에 상당인과관계의 인정 여부 및 그 손실이 적법한 공권력의 행사로 가하여진 재산상의 특별한 희생으로서 손실보상의 대상이 되는지 여부(소극): 국토 및 자연의 보전 등의 중대한 공익상 필요가 있을 때에는 재량으로 산림내에서의 토석채취허가를 거부할 수 있는 것이다. 따라서 그 자체로 중대한 공익상의 필요가 있는 공익사업이 시행되어 토석채취허가를 연장받지 못하게 되었다고 하더라도 토석채취허가가 연장되지 않게 됨으로 인한 손실과 공익사업 사이에 상당인과관계가 있다고 할 수 없을 뿐 아니라(대판 1996. 9. 20, 96다24545 참조), 특별한 사정이 없는 한 그러한 손실이 적법한 공권력의 행사로 가하여진 재산상의 특별한 희생으로서 손실보상의 대상이 된다고 볼 수도 없다(대판 2009. 6. 23, 2009두2672[토지수용이의재결처분취소]: 당진-대전간 고속도로 건설공사의 시행으로 이 사건 채석장의 토석채취허가의 연장이 제한되더라도 손실보상의 대상이 되는 법익의 침해가 있는 것이라고 할 수 없다고 한 사례). 〈해설〉 연장이 거부된 토석채취허가에 관하여 행정청에게 재량권(기속재량권)이 인정된다는 사실이 공익사업과 토석채취허가거부로 인한 손실 사이의 상당인과관계를 부인하는 절대적인 사유가 될 수는 없다고 보는 것이 타당하므로 판례는 문제가 있다.

그러나, 손실보상의 요건으로 공익사업과 손실 사이에 국가배상책임에서 요구되는 상당인과관계가 있을 것을 요구하는 것은 타당하지 않다. 상당인과관계 대신 '당해 손실이 공익사업(공용침해)으로부터 **예견**된 것일 것'을 손실보상의 한 요건으로 요구하는 것이 타당하다. 의도된 손실(직접손실)뿐만 아니라 의도되지는 않았지만 **예견가능한 손실**(간접손실, 수용적 침해)도 손실보상의 대상이 되지만, 예견가능하지 않은 손실은 손실보상의 대상이 되지 않는다고 보아야 한다.

Ⅲ. 특별한 희생(손해) [1998 사시 사례, 1996 행시 사례]

공공필요를 위한 재산권의 침해가 있는 경우에 손실보상이 되기 위하여는 그 침해로 인한 손실이 '특별한 희생(손해)'에 해당하여야 한다. 그 손해가 '재산권에 내재하는 사회적 제약'에 불과한 경우에는 재산권자가 수인하여야 한다고 보고 있다. 이러한 해결은 재산권의 공공성의 관념에 기초하고 있고, 이 관념의 헌법적 근거는 헌법 제23조 제2항이다.

실제에 있어서 어떠한 손해가 '특별한 손해'인지 아니면 '재산권에 내재하는 사회적 제약'인지 불명확한 경우가 많다. 이 문제는 공용제한의 경우에 주로 제기된다.

공용침해로 인하여 발생한 손해가 **특별한 희생(손해)인가 아니면 재산권에 내재하는 사회적 제약에 불과한가의 판단기준**에 관하여 다음과 같은 학설이 있다.

1. 형식적 기준설

형식적 기준설은 침해행위가 일반적인 것이냐 아니면 개별적인 것이냐라는 형식적 기준에 의해 특별한 희생과 사회적 제약을 구별하려는 견해이다. 즉, 재산권에 대한 침해가 특정인 또는 한정된 범위의 사람에게 가해진 경우에는 특별한 희생에 해당하고, 재산권 침해가 일반적으로 행해지면 사회적 제약에 해당한다고 본다.

이 견해의 문제점은 특정인에게 가해진 권익침해도 사회적 제약에 해당하는 경우가 있을 수 있고, 공용침해가 어느 정도 일반적인 경우에도 특별한 희생에 해당하는 경우가 있을 수 있다는 것을 간과하고 있다는 점이다. 따라서, 형식적 기준만에 의해 특별한 희생과 사회적 제약을 구분할 수는 없다. 특히 도시계획법상의 개발제한구역의 지정에서와 같이 공용침해의 대상자가 다수인 경우에는 형식적 기준설에 의한 특별한 희생과 사회적 제약의 구분은 매우 어렵다.

2. 실질적 기준설

실질적 기준설은 공용침해의 실질적 내용, 즉 침해의 본질성 및 강도를 기준으로 하여 특별한 희생과 사회적 제약을 구별하려는 견해이다. 이에는 보호가치설, 수인한도설, 사적 효용성설, 목적위배설, 사회적 제약설, 상황적 구속설 등이 있다.

(1) 보호가치설

이 설은 재산권을 보호가치 있는 것과 보호가치가 없는 것으로 구분하고 전자에 대한 침해만이 보상의 대상이 되는 특별한 희생이라고 본다.

(2) 수인한도설(기대가능성설)

이 설은 재산권에 대한 침해가 재산권주체에게 보상 없이 수인가능한 것인지 아니면 수인한도(受忍限度)를 넘는 것인지에 따라 특별한 희생과 사회적 제약을 구별하려는 견해이다.

(3) 사적 효용설

이 설은 사적 효용을 재산권의 본질적 내용으로 보고, 재산권이 제한되고 있는 상태에서도 아직 재산권의 기능에 합당한 사적인 효용이 유지되는 경우에는 재산권의 단순한 사회적 제약에 불과하지만, 재산권의 침해가 **재산권의 사적 효용(私的 效用)을 본질적으로 침해하는 경우**에는 특별한 희생이 된다고 본다.

(4) 목적위배설

이 설은 재산권의 침해가 종래 인정되어 온 재산권의 이용목적 내지 기능에 위배되는지 여부를 기준으로 종래 인정되어 온 재산권의 이용목적에 위배되는 경우에 특별한 희생이고, 재산권에 대한 제한이 있었더라도 재산권의 본래의 이용목적 내지 기능에 따른 이용이 유지되고 있는 경우에는 재산권에 내재하는 사회적 제약이라고 본다.

(5) 상황구속설

이 설은 특히 토지 등의 부동산재산권의 경우 그의 **지정학적 상황**에 의하여 강한 사회적 의무가 수반된다고 보고, 당해 재산권이 처한 특수한 상황에 비추어 재산권 주체가 이미 예상할 수 있는 단순한 재산권 행사상의 제한이 가해진 경우에 그 제한은 사회적 제약에 불과하다고 본다.

3. 결론: 복수기준설

우리나라의 통설은 형식적 기준설과 각 실질적 기준설이 일면의 타당성만을 갖는다고 보고, 형식적 기준설과 실질적 기준설(특히 사적 효용설, 목적위배설, 상황구속설, 수인한도설)을 종합하여 특별한 희생과 사회적 제약을 구별하여야 한다고 본다(복수기준설).

즉, 토지 등을 종래의 목적대로 사용할 수 없거나 재산권의 이용이 제한되었음에도 손실보상을 하지 않는 것이 가혹한 경우 특별희생에 해당한다.

[판례 1] 국립공원구역지정 후 토지를 종래의 목적으로 사용할 수 있는 원칙적인 경우의 토지소유자에게 부과하는 현상태의 유지의무나 변경금지의무는, 토지재산권의 제한을 통하여 실현하고자 하는 공익의 비중과 토지재산권의 침해의 정도를 비교해 볼 때, 토지소유자가 자신의 토지를 원칙적으로 종래 용도대로 사용할 수 있는 한 재산권의 내용과 한계를 비례의 원칙에 부합하게 합헌적으로 규율한 규정이라고 보아야 한다. 그러나 입법자가, 국립공원구역지정 후 토지를 종래의 목적으로도 사용할 수 없거나 토지를 사적으로 사용할 수 있는 방법이 없이 공원구역내 일부 토지소유자에 대하여 가혹한 부담을 부과하면서 아무런 보상규정을 두지 않은 경우에는 비례의 원칙에 위반되어 당해 토지소유자의 재산권을 과도하게 침해하는 것이라고 할 수 있다(헌재 2003. 4. 24, 99헌바110, 2000헌바46(병합)[자연공원법 제 4 조 등 위헌소원]).

[판례 2] 일반 공중의 이용에 제공되는 공공용물에 대하여 특허 또는 허가를 받지 않고 하는 일반사용은 다른 개인의 자유이용과 국가 또는 지방자치단체 등의 공공목적을 위한 개발 또는 관리 보존행위를 방해하지 않는 범위 내에서만 허용된다 할 것이므로, 공공용물에 관하여 적법한 개발행위 등이 이루어짐으로 말미암아 이에 대한 일정범위의 사람들의 일반사용이 종전에 비하여 제한받게 되었다 하더라도 특별한 사정이 없는 한 그로 인한 불이익은 손실보상의 대상이 되는 특별한 손실에 해당한다고 할 수 없다(대판 2002. 2. 26, 99다35300).

[판례 3] 광업법 제44조 제1항에 따라 이 사건 고속철도터널을 기준으로 지표 지하 50m 이내의 지역에서 채굴이 제한되는데, 이는 이 사건 광업권에 당연히 따르는 최소한의 제한으로 부득이한 것으로서 광업권자가 당연히 수인하여야 하는 것이다. 또한 경주시장의 개발행위(변경)허가에 부가된 조건에 따라 이 사건 터널에 대한 피해를 방지하기 위하여 발파 등 행위가 일부 제한되는데, 이 역시 공공복리를 위하여 부득이한 것으로 인정될 경우, 광업권자가 당연히 수인하여야 하는 것이다. 따라서 사실상 이 사건 광업권의 전부 또는 일부가 소멸하는 결과가 초래되었다는 등의 특별한 사정이 없는 이상, 위와 같은 제한은 이 사건 광업권에 내재되어 있는 한계가 현실화된 것에 불과하다(대판 2023. 6. 29, 2022두59592).

제 4 절 행정상 손실보상의 기준과 내용

손실보상의 기준(基準)과 내용(內容)은 손실보상의 '일반적 기준인 정당한 보상'과 보상법률상 '구체적 기준과 내용'으로 나누어 볼 필요가 있다.

제 1 항 행정상 손실보상의 일반적 기준: '정당한 보상'의 원칙

헌법은 정당한 보상의 원칙을 선언하고 있다. 정당(正當)한 보상이 무엇을 의미하는가에 관하여 학설상 견해의 대립이 있다.

I. 완전보상설

완전보상설(完全補償說)은 공용침해로 인하여 발생한 객관적 손실 전부를 보상하여야 한다는 견해이다.

우리나라에서 다수 견해 및 **판례**는 완전보상설을 지지하고 있고, 일반적으로 완전보상은 피침해재산의 객관적 가치(정상적인 시장가격)의 보상과 함께 **부대적 손실의 보상도 포함**하는 것으로 이해하고 있다. 오늘날에서는 생활보상을 완전보상의 범주에 포함시키며 완전보상을 공용침해가 일어나기 전의 생활과 유사한 생활수준을 회복하도록 하는 보상으로 이해하는 견해가 새롭게 제기되고 있다.

정신적 손해와 개발이익은 완전보상에 포함되지 않는다고 보는 것이 일반적 견해이다.

[판례] 헌법재판소도 헌법 제23조 제3항에서 규정하고 있는 정당한 보상은 원칙적으로 피수용재산의 객관적인 재산가치를 완전하게 보상하는 것이어야 한다는 완전보상을 뜻한다고 보고 있다(헌재 1990. 6. 25, 89헌마107).

Ⅱ. 상당보상설

상당보상설(相當補償說)은 정당한 보상이라 함은 피해이익의 성질 및 정도와 함께 침해행위의 공공성을 고려하여 보상이 행해질 당시의 사회통념에 비추어 사회적 정의의 관점에서 객관적으로 타당(상당)하다고 여겨지는 보상을 말한다고 보는 견해이다. 상당보상설에 의하면 정당한 보상은 **완전보상을 하회하거나 상회할 수 있다**(홍정선, 524면).

상당보상설은 독일법에서 채택되고 있다.

Ⅲ. 결론(완전보상설)

헌법 제23조의 정당한 보상이라 함은 재산권보장의 관점에서 볼 때 완전한 보상을 의미하는 것으로 보아야 한다.

토지보상법 등 보상의 내용을 정하는 법률이 완전보상의 원칙에 반하면 당해 법률은 그 한도 내에서 위헌이 된다. 그러나, 실정법률에서 완전보상을 상회하여 보상하는 것으로 정하는 것은 가능하다.

또한 보상의 구체적인 기준 및 방법에 관하여는 완전보상의 원칙에 반하지 않는 한도 내에서 입법자에게 재량이 부여된다.

제 2 항 행정상 손실보상의 구체적 기준과 내용

토지보상법상 토지취득 및 보상절차는 다음과 같다. 토지조서 및 물건조서의 작성(제14조)—보상계획의 공고·통지 및 열람(제15조)—협의(제16조)—사업인정(제20조)—토지조서 및 물건조서의 작성(제26조)—보상계획의 공고·통지 및 열람(제26조)—협의(제26조)—수용재결(제34조)—이의신청(제83조) 및 이의재결(제84조)(임의절차)—행정소송(제85조)

Ⅰ. 토지보상법상 보상대상자

토지보상법상 보상의 대상이 되는 자는 **공익사업에 필요한 토지의 소유자 및 관계인**이다(제61조). "**관계인**"이라 함은 사업시행자가 취득 또는 사용할 토지에 관하여 지상권·지역권·전세권·저당권·사용대차 또는 임대차에 의한 권리 기타 토지에 관한 소유권외의 권리를 가진 자 또는 그 토지에 있는 물건에 관하여 소유권 그 밖의 권리를 가진 자를 말한다. 다만, 제22조의 규정에 의한 사업인정의 고시가 있은 후에 권리를 취득한 자는 기존의 권리를 승계한 자를 제외하고는 관계인에 포함되지 아니한다(제2조 제5호).

'기타 토지에 정착한 물건에 대한 소유권 그 밖의 권리를 가진 관계인'에는 수거·철거권 등 실질적 처분권을 가진 자도 포함된다(대판 2019. 4. 11, 2018다277419).

Ⅱ. 보상주체

보상주체는 사업시행자이다.

Ⅲ. 토지보상법상 손실보상의 구체적 기준과 내용

1. 취득재산의 객관적 가치의 보상 2. 부대적 손실의 보상 3. 확장수용보상	4. 간접손실의 보상: 사업시행지외손실의 보상 5. 기타 손실의 보상

토지보상법상 손실보상의 구체적 기준과 내용은 피침해재산의 객관적 가치의 보상과 그 이외의 부대적 손실의 보상, 확장수용보상, 간접손실의 보상 및 기타 손실의 보상으로 나누어 볼 수 있다.

1. 취득재산의 객관적 가치의 보상

이론상 피침해재산의 정상적인 시장가격을 보상하는 것이 타당하다. 그런데, 해당 토지의 보상시점에서의 거래가격은 존재하지 않고, 개발이익은 보상에서 제외되는 것이 원칙이므로 **토지보상법**은 다음과 같이 보상액을 산정하는 것으로 하고 있다.

실무상 수용보상액은 '표준지공시지가 × 시점수정(지가변동률, 생산자물가상승률) × 지역요인 × 개별요인(가로조건, 접근조건, 환경조건, 획지조건, 행정조건, 기타조건) × 그 밖의 요인'의 산식으로 결정하게 된다. 이 경우 공법상 제한은 개별요인 중 행정조건에 포함된다.

(1) 가격시점(협의 또는 재결당시)의 가격

토지보상법은 '취득재산의 협의성립 또는 재결 당시의 가격'을 손실보상액으로 하는 것으로 규정하고 있다(제67조).

1) 공시지가를 기준으로 한 보상

협의 또는 재결에 의하여 취득하는 토지에 대하여는 『부동산가격공시에 관한 법률』(이하 '부동산가격공시법'이라 한다)에 의한 공시지가(표준지공시지가)를 기준으로 하여 보상한다(제70조 제1항).

2) 공시지가 기준일

당해 공익사업으로 인한 개발이익 또는 개발손실이 보상에 포함되는 것을 배제하기 위하여 보상액 산정의 기준이 되는 표준지공시지가의 공시기준일을 다음과 같이 정하고 있다.

i) 사업인정 전의 협의에 의한 취득에 있어서 기준이 되는 공시지가는 "당해 토지의 가격시점(협의성립) 당시 공시된 공시지가 중 가격시점(협의성립시)에 가장 가까운 시점에 공시된 공시지가"로 하고(제70조 제3항). ii) 사업인정 후의 취득에 있어서 기준이 되는 공시지가는 사업인정고시일 전의 시점을 공시기준일로 하는 공시지가로서, 당해 토지에 관한 협의의 성립 또는 재결 당시 공시된 공시지가 중 당해 사업인정고시일에 가장 가까운 시점에 공시된 공시지가(공시기준일이 사업인정고시일에 가장 가까운 공시지가)로 한

다(제70조 제4항). iii) 제3항 및 제4항에도 불구하고 공익사업의 계획 또는 시행이 공고 또는 고시됨으로 인하여 취득하여야 할 토지의 가격이 변동되었다고 인정되는 경우에는 당해 공고일 또는 고시일 전의 시점을 공시기준일로 하는 공시지가로서, 당해 토지의 가격시점 당시 공시된 공시지가 중 당해 공익사업의 공고일 또는 고시일에 가장 가까운 시점에 공시된 공시지가로 한다(제70조 제5항).

[판례] 공익사업을 위한 토지 등의 취득 및 보상에 관한 법률 제70조 제5항에서 정한 '공익사업의 계획 또는 시행의 공고 · 고시'에 해당하기 위한 공고 · 고시의 방법: [1] 공익사업을 위한 토지 등의 취득 및 보상에 관한 법률(이하 '토지보상법'이라 한다) 및 같은 법 시행령은 토지보상법에서 규정하고 있는 공익사업의 계획 또는 시행의 공고·고시의 절차, 형식이나 기타 요건에 관하여 따로 규정하고 있지 않다. [2] 공익사업의 근거 법령에서 공고·고시의 절차, 형식이나 기타 요건을 정하고 있는 경우에는 원칙적으로 공고·고시가 그 법령에서 정한 바에 따라 이루어져야 보상금 산정의 기준이 되는 공시지가의 공시기준일이 해당 공고·고시일 전의 시점으로 앞당겨지는 효과가 발생할 수 있다. [3] 공익사업의 근거 법령에서 공고·고시의 절차, 형식 및 기타 요건을 정하고 있지 않은 경우, '행정 효율과 협업 촉진에 관한 규정'이 적용될 수 있다(제2조). 위 규정은 고시·공고 등 행정기관이 일정한 사항을 일반에게 알리는 문서를 공고문서로 정하고 있으므로(제4조 제3호), 위 규정에서 정하는 바에 따라 공고문서가 기안되고 해당 행정기관의 장이 이를 결재하여 그의 명의로 일반에 공표한 경우 위와 같은 효과가 발생할 수 있다. 다만 당해 공익사업의 시행으로 인한 개발이익을 배제하려는 토지보상법령의 입법 취지에 비추어 '행정 효율과 협업 촉진에 관한 규정'에 따라 기안, 결재 및 공표가 이루어지지 않았다고 하더라도 공익사업의 계획 또는 시행에 관한 내용을 공고문서에 준하는 정도의 형식을 갖추어 일반에게 알린 경우에는 토지보상법 제70조 제5항에서 정한 '공익사업의 계획 또는 시행의 공고·고시'에 해당한다고 볼 수 있다. [4] 국토교통부는 2008. 8. 26. 언론을 통해 전국 5곳에 국가산업단지를 새로 조성한다는 내용을 발표하였고, 이후 국토교통부장관은 2009. 9. 30.경 대구국가산업단지 개발사업에 관하여 산업단지계획을 승인 고시하였는데, 위 산업단지개발사업 지구 내 토지 소유자인 원고들이 수용재결 및 2008. 1. 1. 공시된 비교표준지의 공시지가를 기준으로 보상금액을 결정한 이의재결에 불복하여 2009. 1. 1. 공시된 공시지가를 기준으로 산정해야 한다고 주장하면서 보상금 증액을 청구한 사안에서, 대법원은 위와 같은 법리를 판시하고 국토교통부의 2008. 8. 26.자 언론발표가 토지보상법 제70조 제5항에서 정한 '공익사업의 계획 또는 시행의 공고·고시'에 해당하지 않는다고 판단하여, 이와 달리 위 언론발표가 토지보상법 제70조 제5항에서 정한 '공익사업의 계획 또는 시행의 공고·고시'에 해당한다는 전제에서 2008. 1. 1. 공시된 비교표준지의 공시지가를 기준으로 보상금액을 평가해야 한다고 판단한 원심을 파기환송한 사례(대판 2022. 5. 26, 2021두45848).

3) 상황보정과 시점수정

취득재산에 대한 보상액으로 결정되는 취득재산의 가격은 기준이 되는 표준공시지가를 기준으로 하여 토지의 상황을 고려하여 수정하고(상황보정), 기준이 되는 공시지가의 공시기준일과 가격시점 사이의 지가변동률 및 물가상승률을 고려하여 보상액을 수정하여(시점수정) 결정하게 된다(제70조 제1항). 상황보정은 지역요인과 개별요인을 고려한 수정을 말한다.

(2) 현황평가의 원칙

토지에 대한 보상액은 가격시점에 있어서의 현실적인 이용상황과 일반적인 이용방법에 의한 객관적 상황을 고려하여 산정하되, 일시적인 이용상황과 토지소유자 또는 관계인이 갖는 주관적 가치 및 특별한 용도에 사용할 것을 전제로 한 경우 등은 이를 고려하지 아니한다(제70조 제2항). 이 규정은 현황평가의 원칙을 정한 규정이다.

(3) 공익사업으로 인한 개발이익 및 개발손실의 배제와 정당보상

[문제] 공익사업을 위한 토지 등의 취득 및 보상에 관한 법률에 의한 손실보상에서 개발이익이 보상의 범위에 들어가는지 논하시오.

1) 개발이익 배제의 정당성과 위헌성

개발이익은 국가 등의 공공투자 또는 사업시행자의 투자에 의해 발생하는 것으로서 피수용자의 노력이나 자본에 의해 발생하는 것이 아닌 불로소득이므로 그러한 개발이익은 형평의 관념에 비추어 볼 때, 토지소유자에게 귀속시키는 것은 타당하지 않으며 투자자인 사업시행자 또는 궁극적으로는 국민 모두(사회)에게 귀속되어야 하므로 당해 공익사업으로 인해 발생한 개발이익은 보상액의 산정에서 배제하는 것이 타당하다. 이 견해가 일반적 견해이다.

헌법재판소는 개발이익을 보상액 산정에서 배제하는 것이 헌법상 정당보상의 원칙에 위배되는 것은 아니라고 본다(헌재 1990. 6. 25, 89헌마107).

2) 개발이익(손실)배제의 내용

가. 사업인정고시일 전 공시지가 기준 토지보상법이 사업인정고시일 전의 공시지가를 기준으로 보상액을 결정하는 것으로 하고 있는 것은 손실보상에서 공익사업으로 인한 개발이익(개발손실)을 배제하기 위한 것이다. 보상액의 산정을 사업인정고시일 전의 공시지가를 기준으로 함으로써 사업인정 이후 재결시까지의 수용의 원인이 된 공익사업으로 인한 개발이익(개발손실)이 배제되게 된다.

2007년 법개정을 통하여 공익사업의 계획 또는 시행이 공고 또는 고시됨으로 인하여 취득하여야 할 토지의 가격이 변동되었다고 인정되는 경우에는 "당해 공고일 또는 고시일 전의 시점을 공시기준일로 하는 공시지가로서 당해 토지의 가격시점 당시 공시된 공시지가 중 당해 공익사업의 공고일 또는 고시일에 가장 가까운 시점에 공시된 공시지가"를 기준으로 보상액을 산정하도록 한 것(제70조 제5항)은 개발이익의 배제를 보다 철저히 하기 위한 것이다.

나. 해당 공익사업으로 인한 가격변동 배제 보상액을 산정할 경우에 해당 공익사업으로 인하여 토지 등의 가격이 변동되었을 때에는 이를 고려하지 아니한다(제67조 제2항).

[판례] 수용 대상 토지의 보상액을 산정함에 있어 해당 공익사업의 시행을 직접 목적으로 하는 계획의 승인, 고시로 인한 가격변동은 이를 고려함이 없이 재결 당시의 가격을 기준으로 하여 적정가격을 정하여야 하나, 해당 공익사업과는 관계없는 다른 사업의 시행으로 인한 개발이익은 이를 포함한 가격으로 평가하여야 하고, 개발이익이 해당 공익사업의 사업인정고시일 후에 발생한 경우에도 마찬가지이다(대판 2014. 2. 27, 2013두21182[수용보상금증액]).

보상액을 산정함에 있어서 당해 공익사업으로 인한 지가의 영향을 받지 않는 지역의 지가변동률을 참작하여야 한다(제70조 제1항).

다. 해당 공익사업의 시행을 직접 목적으로 하는 공법상 제한의 배제 공법상 제한을 받는 토지에 대하여는 제한받는 상태대로 평가한다. 다만, 그 공법상 제한이 당해 공익사업의 시행을 직접 목적으로 하여 가하여진 경우에는 제한이 없는 상태를 상정하여 평가한다(토지보상법 시행규칙 제23조 제1항). 당해 공익사업의 시행을 직접 목적으로 하여 용도지역 또는 용도지구 등이 변경된 토지에 대하여는 변경되기 전의 용도지역 또는 용도지구 등을 기준으로 평가한다(제2항).

이 규정의 입법취지는 당해 공익사업의 영향을 배제하여 정당한 보상을 실현하려는 것이다(대판 2007. 7. 12, 2006두11507 등).

판례는 이 규정의 수권법률을 토지보상법 제70조 제6항으로 보고 있다(대판 2015. 8. 27, 2012두7950[토지보상금증액]).

판례는 대체로 보상액 산정에 있어서 **일반적 계획제한과 개별적 계획제한을 구별**한다.

일반적 계획제한이라 함은 용도지역·지구·구역(이하 '용도지역 등'이라 한다)의 지정 또는 변경과 같이 구체적인 사업의 시행을 목적으로 하지 않고 공익목적을 위해 토지의 이용을 일반적으로 제한하는 계획제한을 말하고, 개별적 계획제한이라 함은 도시계획시설제한과 같이 구체적인 공익사업의 시행을 위해 토지등의 이용에 가해지는 계획제한을 말한다. 예를 들면, 자연공원의 지정은 일반적 계획제한인 반면에, 도시공원의 지정은 도시계획시설계획에 따라 행해지는데, 도시공원의 지정에 따른 제한은 개별적 계획제한이다.

일반적 계획제한의 경우에는 그 제한이 해당 공익사업의 시행을 직접 목적으로 하여 가해진 경우에는 제한이 없는 상태대로 평가하고(대판 2007. 7. 12, 2006두11507), 그 제한이 해당 공익사업의 시행을 직접 목적으로 하여 가해진 것이 아닌 경우에는 그러한 공법상 제한을 받은 상태대로 손실보상액을 평가하여야 하고, 그와 같은 제한이 당해 공공사업의 시행 이후에 가하여진 경우라고 하여 달리 볼 것은 아니다(대판 2005. 2. 18, 2003두14222). 이에 반하여 **개별적 계획제한의 경우**에는 그 제한이 해당 공익사업의 시행을 직접 목적으로 하여 가해진 경우뿐만 아니라 다른 공익사업의 시행을 직접 목적으로 하여 가해진 경우에도 **그 제한을 받지 않은 상태대로 평가**하여야 한다고 본다(대판 1992. 3. 13, 91누4324). 달리 말하면 개별적 계획제한의 경우 당초의 목적사업과 다른 목적의 공공사업에 편입수용되는 경우에도 그 제한을 받지 아니하는 상태대로 평가하여야 한다(대판 1989. 7. 11, 88누11797 등).

[판례 1] 공법상 제한을 받는 토지에 대한 보상액을 산정할 때에 해당 공법상 제한이 용도지역·지구·구역(이하 '용도지역 등'이라 한다)의 지정 또는 변경과 같이 그 자체로 제한목적이 달성되는 일반적 계획제한으로서 구체적 도시계획사업과 직접 관련되지 아니한 경우에는 그러한 제한을 받는 상태 그대로 평가하여야 하지만, 개별적 계획제한이거나 일반적 계획제한에 해당하는 용도지역 등의 지정 또는 변경에 따른 제한이더라도 그 용도지역 등의 지정 또는 변경이 특정 공익사업의 시행을 위한 것일 때에는 당해 공익사업의 시행을 직접 목적으로 하는 제한으로 보아 위 제한을 받지 아니하는 상태를 상정하여 평가하여야 한다(대판 2015. 8. 19, 2012두7950[토지보상금증액]).

[판례 2] 당해 공공사업의 시행 이전에 이미 도시계획법에 의한 고시 등으로 이용제한이 가하여진 상태인 경우에는 그 제한이 도시계획법 제2장 제2절의 규정에 의한 지역, 지구, 구역 등의 지정 또는 변경으로 인한 제한의 경우 그 자체로 제한목적이 완성되는 일반적 계획제한으로 보고 그러한 제한을 받는 상태 그대로

재결 당시의 토지의 형태 및 이용상황 등에 따라 평가한 가격을 기준으로 적정한 보상가액을 정하여야 하고, 도시계획법 제2조 제1항 제1호 나목에 의한 시설의 설치, 정비, 개량에 관한 계획결정으로서 도로, 광장, 공원, 녹지 등으로 고시되거나, 같은 호 다목 소정의 각종 사업에 관한 계획결정이 고시됨으로 인한 제한의 경우 구체적 사업이 수반되는 개별적 계획제한으로 보아 그러한 제한이 없는 것으로 평가하여야 한다고 하여 수용대상토지에 대하여 당해 공공사업의 시행 이전에 개발제한구역 지정으로 인한 제한은 그대로 고려하고 공원용지 지정으로 인한 제한은 고려하지 아니한 상태로 보상액을 평가하였음이 정당하다고 한 사례(대판 1992. 3. 13, 91누4324). 동지 판례: 대판 2007. 7. 12, 2006두11507, 대판 2012. 5. 24, 2012두1020 등.

[판례 3] 공법상의 제한을 받는 토지의 수용보상액을 산정함에 있어서는 그 공법상의 제한이 당해 공공사업의 시행을 직접 목적으로 하여 가하여진 경우에는 그 제한을 받지 아니하는 상태대로 평가하여야 할 것이지만, 공법상 제한이 당해 공공사업의 시행을 직접 목적으로 하여 가하여진 경우가 아니라면 그러한 제한을 받는 상태 그대로 평가하여야 하고, 그와 같은 제한이 당해 공공사업의 시행 이후에 가하여진 경우라고 하여 달리 볼 것은 아니다(대판 2005. 2. 18, 2003두14222: 문화재보호구역의 확대 지정이 당해 공공사업인 택지개발사업의 시행을 직접 목적으로 하여 가하여진 것이 아님이 명백하므로 토지의 수용보상액은 그러한 공법상 제한을 받는 상태대로 평가하여야 한다고 한 사례).

[판례 4] 공원조성사업의 시행을 직접 목적으로 일반주거지역에서 자연녹지지역으로 변경된 토지에 대한 수용보상액을 산정하는 경우, 그 대상 토지의 용도지역을 일반주거지역으로 하여 평가하여야 한다고 한 사례(대판 2007. 7. 12, 2006두11507[손실보상금증액청구]). 〈해설〉 해당 공익사업의 시행으로 용도지역이 변경된 경우에는 변경되기 전의 용도지역을 기준으로 가격을 평가한다.

[판례 5] 당해 사업인 택지개발사업에 대한 실시계획의 승인과 더불어 그 용도지역이 주거지역으로 변경된 토지를 그 사업의 시행을 위하여 후에 수용하였다면 그 재결을 위한 평가를 함에 있어서는 그 용도지역의 변경을 고려함이 없이 평가하여야 한다(대판 1999. 3. 23, 98두13850).

[판례 6] '일반적 계획제한'에 해당한다고 본 사례: 자연공원법에 의한 '자연공원 지정' 및 '공원용도지구계획에 따른 용도지구 지정'(대판 2019. 9. 25, 2019두34982).

어느 수용대상 토지에 관하여 특정 시점에서 용도지역 등 **일반적 계획제한의 지정 또는 변경을 하지 않은 것이 특정 공익사업의 시행을 위한 것일 경우** 이는 당해 공익사업의 시행을 직접 목적으로 하는 제한이라고 보아 그 용도지역 등의 지정 또는 변경이 이루어진 상태를 상정하여 토지가격을 평가하여야 한다. 여기에서 특정 공익사업의 시행을 위하여 용도지역 등의 지정 또는 변경을 하지 않았다고 볼 수 있으려면, 토지가 특정 공익사업에 제공된다는 사정을 배제할 경우 용도지역 등의 지정 또는 변경을 하지 않은 행위가 계획재량권의 일탈·남용에 해당함이 객관적으로 명백하여야만 한다(대판 2015. 8. 27, 2012두7950).

[판례] [1] 공법상 제한을 받는 토지에 대한 보상액을 산정할 때에 해당 공법상 제한이 용도지역·지구·구역(이하 '용도지역 등'이라 한다)의 지정 또는 변경과 같이 그 자체로 제한목적이 달성되는 일반적 계획제한으로서 구체적 도시계획사업과 직접 관련되지 아니한 경우에는 그러한 제한을 받는 상태 그대로 평가하여야 하지만, 도로·공원 등 특정 도시계획시설의 설치를 위한 계획결정과 같이 구체적 사업이 따르는 개별적 계획제한이거나 일반적 계획제한에 해당하는 용도지역 등의 지정 또는 변경에 따른 제한이더라도 그 용도지역 등의 지정 또는 변경이 특정 공익사업의 시행을 위한 것일 때에는 당해 공익사업의 시행을 직접 목적으로 하는 제한으로 보아 위 제한을 받지 아니하는 상태를 상정하여 평가하여야 한다(대법원 2012. 5. 24. 선고 2012두1020 판결 등 참조). 한편, 이와 같은 법 시행규칙 제23조 제1항 단서와 제2항은 모두 당해 공공사업의 영향을 배제하여 정당한 보상을 실현하려는 데 그 입법취지가 있다(대법원 2007. 7. 12. 선고 2006두11507 판

결 참조). [2] 그리고 용도지역 등의 지정 또는 변경행위는 전문적·기술적 판단에 기초하여 행하여지는 일종의 행정계획으로서 재량행위라 할 것이지만, 행정주체가 가지는 이와 같은 계획재량은 그 행정계획에 관련되는 자들의 이익을 공익과 사익 사이에서는 물론이고 공익 상호간과 사익 상호간에도 정당하게 비교·교량하여야 하고 그 비교·교량은 비례의 원칙에 적합하도록 하여야 하는 것이므로, 만약 행정주체가 행정계획을 입안·결정함에 있어서 이익형량을 전혀 행하지 아니하였거나 이익형량의 고려대상에 마땅히 포함시켜야 할 중요한 사항을 누락한 경우 또는 이익형량을 하였으나 그것이 비례의 원칙에 어긋나게 된 경우에는 그 행정계획결정은 재량권을 일탈·남용한 것으로 위법하다(대법원 2005. 3. 10. 선고 2002두5474 판결; 대법원 2012. 5. 10. 선고 2011두31093 판결 등 참조). [3] 이상과 같은 법 시행규칙 제23조 제1항, 제2항의 규정 내용, 상호 관계와 그 입법 취지, 용도지역 등의 지정 또는 변경행위의 법적 성질과 그 사법심사의 범위, 용도지역 등이 토지의 가격형성에 미치는 영향의 중대성 및 공익사업을 위하여 취득하는 토지에 대한 보상액 산정을 위하여 토지가격을 평가할 때 일반적 계획제한에 해당하는 용도지역 등의 지정 또는 변경이라도 특정 공익사업의 시행을 위한 것이라면 당해 공익사업의 시행을 직접 목적으로 하는 제한이라고 보아야 하는 점 등을 종합적으로 고려하면, 어느 수용대상 토지에 관하여 특정 시점에서 용도지역 등의 지정 또는 변경을 하지 않은 것이 특정 공익사업의 시행을 위한 것일 경우 이는 당해 공익사업의 시행을 직접 목적으로 하는 제한이라고 보아 그 용도지역 등의 지정 또는 변경이 이루어진 상태를 상정하여 토지가격을 평가하여야 한다. 여기에서 특정 공익사업의 시행을 위하여 용도지역 등의 지정 또는 변경을 하지 않았다고 볼 수 있으려면, 그 토지가 특정 공익사업에 제공된다는 사정을 배제할 경우 용도지역 등의 지정 또는 변경을 하지 않은 행위가 계획재량권의 일탈·남용에 해당함이 객관적으로 명백하여야만 할 것이다. [4] 이 사건 토지 중 일부인 '병합 전 산 55-1 토지와 산 56-1 토지' 부분에 대하여 공원용지로 지정되었다는 사정을 배제한 상태에서 판단할 때 피고보조참가인 서울특별시가 2003. 10. 20.경 일반주거지역 종세분화 조치 당시 이 부분 토지를 제3종 일반주거지역으로 분류·지정하지 아니한 것이 객관적으로 명백하게 계획재량권의 일탈·남용에 해당한다는 점이 분명하지 아니하다고 판단하여, 이와 달리 이 사건 토지가 당해 공익사업에 따라 공원용지로 지정되지 않았더라면 '병합 전 산 55-1 토지와 산 56-1 토지' 부분은 가격시점 당시 제3종 일반주거지역으로 분류되어 상업용 부지로 이용되었을 것이라는 점에 대한 고도의 개연성이 인정되므로 위 토지 부분에 대하여는 그 용도지역이 제3종 일반주거지역으로서 상업용 부지로 이용되는 것을 전제로 하여 손실보상액을 산정하여야 한다고 판단한 원심판결(항소심판결)에 법 제70조 제2항, 법 시행규칙 제23조에 관한 법리 등을 오해하여 필요한 심리를 다하지 아니한 위법이 있다고 본 사안(대판 2015. 8. 27, 2012두7950[토지보상금증액]).

3) 개발이익 배제의 한계

토지수용으로 인한 보상액을 산정함에 있어서 당해 공공사업과 관계없는 다른 사업의 시행으로 인한 개발이익은 이를 배제하지 아니한 가격으로 평가하여야 한다(대판 1989. 3. 14, 88누1844; 1999. 1. 15, 98두8896[토지수용 등 재결처분취소]).

2. 부수적 재산상 손실의 보상

완전보상이 되기 위하여는 취득의 대상이 된 재산권의 재산적 가치뿐만 아니라 취득이 원인이 되어 부수적으로 발생한 재산상 손실도 보상되어야 한다. 현행 토지보상법도 이러한 입장을 취하고 있다. 통상 정신적 고통은 보상되고 있지 않다.

(1) 잔여지 및 잔여건축물보상 [2015 5급공채]

사업시행자는 동일한 소유자에 속하는 일단의 토지의 일부가 취득되거나 사용됨으로 인하여 잔여지(殘餘

地)의 가격이 감소하거나 그 밖의 손실이 있는 때 또는 잔여지에 통로·도랑·담장 등의 신설이나 그 밖의 공사가 필요할 때에는 원칙상 국토교통부령이 정하는 바에 따라 그 손실이나 공사의 비용을 보상하여야 한다. 다만, 잔여지의 가격 감소분과 잔여지에 대한 공사의 비용을 합한 금액이 잔여지의 가격보다 큰 경우에는 사업시행자는 그 잔여지를 매수할 수 있다(제73조 제1항). 제1항에 따른 손실 또는 비용의 보상이나 토지의 취득에 관하여는 제9조 제6항 및 제7항을 준용한다.

사업시행자는 동일한 소유자에 속하는 일단의 건축물의 일부가 취득되거나 사용됨으로 인하여 잔여 건축물의 가격이 감소하거나 그 밖의 손실이 있을 때에는 국토교통부령으로 정하는 바에 따라 그 손실을 보상하여야 한다. 다만, 잔여 건축물의 가격 감소분과 보수비(건축물의 나머지부분을 종래의 목적대로 사용할 수 있도록 그 유용성을 동일하게 유지하는 데에 일반적으로 필요하다고 볼 수 있는 공사에 사용되는 비용을 말한다. 다만, 『건축법』 등 관계 법령에 따라 요구되는 시설 개선에 필요한 비용은 포함하지 아니한다)를 합한 금액이 잔여 건축물의 가격보다 큰 경우에는 사업시행자는 그 잔여 건축물을 매수할 수 있다(제75조의2 제1항).

제73조 제1항 본문 및 제75조의2 제1항 본문에 따른 잔여지등의 보상은 관계 법률에 따라 사업이 완료된 날 또는 제24조의2에 따른 사업완료의 고시가 있는 날(이하 "사업완료일"이라 한다)부터 1년이 지난 후에는 청구할 수 없다(제73조 제2항, 제75조의2 제4항). 사업인정고시가 있은 후 제73조 제1항 단서 또는 제75조의2 제1항에 따라 사업시행자가 잔여지 등을 매수하는 경우 그 잔여지 등에 대하여는 제20조에 따른 사업인정 및 제22조에 따른 사업인정 고시가 된 것으로 본다(제73조 제3항, 제75조의2 제4항).

(2) 이전비보상

건축물·입목·공작물 기타 토지에 정착한 물건(이하 '건축물 등'이라 한다)에 대하여는 원칙상 이전에 필요한 비용(이하 '이전비'라 한다)으로 보상하여야 한다(제75조 제1항). 분묘에 대하여는 이장에 소요되는 비용 등을 산정하여 보상하여야 한다(제75조 제4항).

(3) 권리의 보상

광업권·어업권·양식업권 및 물(용수시설을 포함한다) 등의 사용에 관한 권리에 대하여는 투자비용·예상수익 및 거래가격 등을 참작하여 평가한 적정가격으로 보상하여야 한다(제76조 제1항). 하천법 제50조에 의한 하천수 사용권은 토지보상법 제76조 제1항이 손실보상의 대상으로 규정하고 있는 '물의 사용에 관한 권리'에 해당한다(대판 2018. 12. 27, 2014두11601).

(4) 영업손실의 보상

영업을 폐지하거나 휴업함에 따른 영업손실에 대하여는 영업이익과 시설의 이전비용 등을 참작하여 보상하여야 한다(제77조 제1항).

토지보상법 제77조가 규정하고 있는 '영업손실'이란 수용의 대상이 된 토지·건물 등을 이용하여 영업을 하다가 그 토지·건물 등이 수용됨으로 인하여 영업을 할 수 없거나 제한을 받게 됨으로 인하여 생기는 직접적인 손실, 즉 수용손실을 말하는 것이며 후술하는 간접손실인 영업손실과 구별되어야 한다.

그리고, 판례에 따르면 영업을 하기 위하여 투자한 비용이나 그 영업을 통하여 얻을 것으로 기대되는 이익에 대한 손실은 영업손실보상의 대상이 될 수 없다(대판 2006. 1. 27, 2003두13106).

(5) 농업손실의 보상

농업의 손실에 대하여는 농지의 단위면적당 소득 등을 참작하여 실제 경작자에게 보상하여야 한다. 다만, 농지소유자가 당해 지역에 거주하는 농민인 경우에는 농지소유자와 실제 경작자가 협의하는 바에 따라 보상할 수 있다(제77조 제2항).

(6) 임금손실의 보상

휴직 또는 실직하는 근로자의 임금손실에 대하여는 근로기준법에 의한 평균임금 등을 참작하여 보상하여야 한다(제77조 제3항). 임금손실은 원칙상 근로자에게 보상하여야 한다.

3. 확장수용보상

일정한 사유로 인하여 공익사업에 필요한 토지 이외의 토지를 수용하는 것을 '**확장수용**(擴張收用)'이라 한다. 그리고 그에 따른 보상을 **확장수용보상**이라 한다.

(1) 잔여지등수용 [2015 5급공채, 2025 변시]

1) 잔여지등수용의 요건

동일한 토지소유자에 속하는 **일단의 토지**의 일부가 협의에 의하여 매수되거나 수용됨으로 인하여 **잔여지를 종래의 목적에 사용하는 것이 현저히 곤란할 때**에는 해당 토지소유자는 사업시행자에게 잔여지를 매수하여 줄 것을 청구할 수 있으며, **사업인정 이후에는 관할 토지수용위원회에 수용을 청구**할 수 있다. 이 경우 수용의 청구는 매수에 관한 협의가 성립되지 아니한 경우에만 할 수 있으며, **사업완료일까지** 하여야 한다(제74조 제1항). 잔여지를 종래의 목적에 사용하는 것이 현저히 곤란한지 여부는 수용된 토지가 속한 필지의 잔여지가 아니라 피수용자에 속하는 **일단의 토지의 잔여지를 기준으로 판단**된다.

잔여 건축물을 종래의 목적대로 사용하는 것이 현저히 곤란할 때에는 그 건축물 소유자는 사업시행자에게 잔여 건축물을 매수하여 줄 것을 청구할 수 있고, 사업인정 이후에는 협의가 성립되지 아니한 경우에 한하여 사업완료일까지 **관할 토지수용위원회에 수용을 청구**할 수 있다(제75조의2).

여기에서 '종래의 목적'이라 함은 수용재결 당시에 당해 잔여지가 현실적으로 사용되고 있는 구체적인 용도를 의미하고, '사용하는 것이 현저히 곤란한 때'라고 함은 물리적으로 사용하는 것이 곤란하게 된 경우는 물론 사회적·경제적으로 사용하는 것이 곤란하게 된 경우, 즉 절대적으로 이용 불가능한 경우만이 아니라 이용은 가능하나 많은 비용이 소요되는 경우를 포함한다(대판 2005. 1. 28, 2002두4679[토지수용이의재결처분취소 등]).

[판례] 수용청구의 의사표시는 관할 토지수용위원회에 하여야 하는 것으로서, 관할 토지수용위원회가 사업시행자에게 잔여지 수용청구의 의사표시를 수령할 권한을 부여하였다고 인정할 만한 사정이 없는 한, 사업시행자에게 한 잔여지 매수청구의 의사표시를 관할 토지수용위원회에 한 잔여지 수용청구의 의사표시로 볼 수는 없다(대판 2010. 8. 19, 2008두822).

2) 잔여지등수용청구권의 성질

잔여지수용청구권은 그 요건을 구비한 때에는 토지수용위원회의 특별한 조치를 기다릴 것 없이 청구에 의하여 수용의 효과가 발생하는 형성권적 성질을 가진다(대판 1993. 11. 12, 93누11159). 토지수용위원회는 잔여지수용청구권을 확인하는 수용재결을 하고 손실보상액을 결정한다.

3) 잔여지등수용청구권의 행사기간

협의가 성립되지 아니한 경우에 잔여지수용청구는 해당 사업의 공사완료일까지 하여야 한다. 잔여지수용청구권의 행사기간은 제척기간이며 토지소유자가 그 행사기간 내에 잔여지 수용청구권을 행사하지 아니하면 그 권리가 소멸한다(대판 2010. 8. 19, 2008두822). 그 행사기간 이후의 잔여지 수용청구에 기한 수용재결은 무효이다.

4) 불복방법

확장수용 신청에 대한 토지수용위원회의 결정에 대하여 이의신청을 할 수 있다는 데 대하여는 견해의 대립이 없다.

잔여지 수용청구권은 손실보상의 일환으로 토지소유자에게 부여되는 권리로서 그 요건을 구비한 때에는 잔여지를 수용하는 토지수용위원회의 재결이 없더라도 그 청구에 의하여 수용의 효과가 발생하는 형성권적 성질을 가지므로, 잔여지 수용청구를 받아들이지 않은 토지수용위원회의 재결에 대하여 토지소유자가 불복하여 제기하는 소송은 위 법 제85조 제2항에 규정되어 있는 '보상금의 증감에 관한 소송'에 해당하여 사업시행자를 피고로 하여야 한다(대판 2010. 8. 19, 2008두822).

(2) 이전수용(이전대상 물건의 수용)

이전대상 물건(과수나무 등)이 다음에 해당하는 경우에는 당해 물건의 가격으로 보상하여야 한다: ① 건축물 등의 이전이 어렵거나 그 이전으로 인하여 건축물 등을 종래의 목적대로 사용할 수 없게 된 경우, ② 건축물 등의 이전비가 그 물건의 가격을 넘는 경우, ③ 사업시행자가 공익사업에 직접 사용할 목적으로 취득하는 경우(제75조 제1항 단서). 공익사업시행지구내의 토지에 정착한 이전대상 건축물 등을 물건의 가격으로 보상한 경우에도 사업시행자가 제75조 제5항 등 수용절차에 따라 수용을 한 경우에 한하여 이전수용이 발생한다. 이전대상 물건에 대해 가격보상을 하는 경우에 수용절차를 거쳐 수용할 것인지는 사업시행자의 선택에 맡겨져 있다. 사업시행자가 제75조 제5항 등에 따라 수용의 절차를 거치지 아니한 이상 사업시행자가 그 보상만으로 당해 물건의 소유권까지 취득한다고 할 수는 없다(대판 2022. 11. 17, 2022다242342 등 후술 지장물의 인도 및 철거 참조).

(3) 완전수용(공용사용에 대한 수용)

사업인정고시가 있은 후 토지의 사용이 다음에 해당하는 때에는 해당 토지소유자는 사업시행자에게 그 토지의 매수를 청구하거나 관할 토지수용위원회에 그 토지의 수용을 청구할 수 있다. 이 경우 관계인은 사업시행자 또는 관할 토지수용위원회에 그 권리의 존속을 청구할 수 있다: ① 토지를 사용하는 기간이 3년 이상인 때, ② 토지의 사용으로 인하여 토지의 형질이 변경되는 때,

③ 사용하고자 하는 토지에 그 토지소유자의 건축물이 있는 때(제72조).

토지보상법 제72조가 정한 수용청구권(사용토지의 수용청구권)은 토지보상법 제74조 제1항이 정한 잔여지 수용청구권과 같이 손실보상의 일환으로 토지소유자에게 부여되는 권리로서 그 청구에 의하여 수용효과가 생기는 형성권의 성질을 지니므로, 토지소유자의 토지수용청구를 받아들이지 아니한 토지수용위원회의 재결에 대하여 토지소유자가 불복하여 제기하는 소송은 토지보상법 제85조 제2항에 규정되어 있는 '보상금의 증감에 관한 소송'에 해당하고, 피고는 토지수용위원회가 아니라 사업시행자로 하여야 한다(대판 2015. 4. 9, 2014두46669[토지수용재결신청거부처분취소]).

4. 간접손실의 보상: 사업시행지외손실의 보상

(1) 간접손실 및 간접손실보상의 개념

공익사업으로 인하여 사업시행지 밖의 재산권자에게 가해지는 손실 중 공익사업으로 인하여 필연적으로 발생하는 손실이 간접손실이며 이 손실에 대한 보상이 간접손실보상이다.

간접손실이라는 용어 대신 사업손실, '사업시행지외손실'이라는 용어를 사용하기도 한다.

간접손실이 공익사업으로 인한 토지취득으로 인한 손실을 포함한다는 점에는 의견이 일치하고 있으나, 공익사업의 시행상 공사로 인한 손실 또는 공익사업 완성 후 시설의 운영으로 인한 손실도 포함하는지에 관하여는 견해가 나뉘고 있다.

(2) 수용적 침해와의 관계

통상 수용적 침해를 "적법한 행정작용의 결과 발생한 의도되지 않은 침해"라고 정의하는데, 수용적 침해와 간접손실의 관계가 문제된다. 간접손실을 공익사업으로 인하여 사업시행지 밖의 재산권자에게 필연적으로 가해지는 손실로 본다면 간접손실은 수용적 침해의 일부에 해당한다고 보는 것이 타당하다. 즉, 수용적 침해가 간접손실보다 넓은 개념이다. 수용적 침해는 간접손실뿐만 아니라 기타 적법한 행정작용의 결과 발생한 의도되지 않은 침해 전체를 의미한다.

(3) 간접손실보상의 요건

간접손실보상이 인정되기 위하여는 간접손실이 발생하여야 하고, 당해 간접손실이 특별한 희생이 되어야 한다.

간접손실이 되기 위하여는 ① 공공사업의 시행으로 사업시행지 이외의 토지소유자(제3자) 등이 입은 손실이어야 하고, ② 그 손실이 공공사업의 시행으로 인하여 발생하리라는 것이 예견되어야 하고, ③ 그 손실의 범위가 구체적으로 특정될 수 있어야 한다(대판 1999. 12. 24, 98다57419, 57426 참조).

[판례 1] 공공사업시행지구 밖에 위치한 영업과 공작물 등에 대한 간접손실에 대하여도 일정한 조건하에서 이를 보상하도록 규정하고 있는 점에 비추어, 공공사업의 시행으로 인하여 그러한 손실이 발생하리라는 것을 쉽게 예견할 수 있고 그 손실의 범위도 구체적으로 이를 특정할 수 있는 경우라면 그 손실의 보상에 관하여 공공용지의 취득 및 손실보상에 관한 특례법 시행규칙의 관련 규정 등을 유추적용할 수 있다고 해석함이 상당하다(대판 1999. 10. 8, 99다27231: 공유수면매립사업으로 인하여 수산업협동조합이 관계 법령에 의하여 대상지역에서의 독점적 지위가 부여되어 있던 위탁판매사업을 중단하게 된 경우, 그로 인한 위탁판매수수료 수입 상실에 대하여 공공용지의 취득 및 손실보상에 관한 특례법 시행규칙을 유추적용하여 손실보상을 하여야 한다고 한 사례).

[판례 2] 관계 법령이 요구하는 허가나 신고없이 김양식장을 배후지로 하여 김종묘생산어업에 종사하던 자들의 간접손실에 대하여 그 손실의 예견가능성이 없고, 그 손실의 범위도 구체적으로 특정하기 어려워 공공용지의 취득 및 손실보상에 관한 특례법 시행규칙상의 손실보상에 관한 규정을 유추적용할 수 없다고 한 사례(대판 2002. 11. 26, 2001다44352).

농어촌진흥공사의 금강 하구둑공사로 부여에 있는 참게 축양업자[4]가 입은 손실[5]은 그 발생을 예견하기가 어렵고 그 손실의 범위도 쉽게 확정할 수 없으므로 간접손실로 볼 수 없다(대판 1998. 1. 20, 95다29161).

이에 반하여 당해 금강 하구둑공사로 참게의 산란장은 파괴되고, 참게 알의 부화에 악영향을 미쳐 금강 유역에서 참게가 거의 잡히지 않게 됨에 따라 금강 유역에서 참게를 잡던 어전(漁箭)어업 허가자와 어선어업자들이 폐업으로 말미암아 입은 손실은 간접손실로 보아야 한다.

간접손실은 공익사업의 시행으로 인하여 사업시행지밖에 발생한 손실을 말한다. 공익사업을 위한 토지의 수용으로 인하여 사업시행지밖에 발생한 손실이 간접손실에 해당한다는 점에 대해서는 이견이 없다. 그러나, 공익사업의 시행중 또는 공익사업의 시행 후 공익사업시설로 인한 손해

4) 매년 8월경부터 10월경 사이에 어민들이 장항, 강경, 부여, 공주 등지의 금강 유역에서 채포(採捕)한 참게를 사들여 위 축양장에 넣고 사료를 공급하여 약 4개월 정도 길러서 그 해 10월 말부터 다음해 2월 사이에 서울, 충남, 충북 등지에 판매하는 참게 축양업을 하여 왔다.

5) 위와 같이 금강 유역 어민들이 참게를 더 이상 채포할 수 없게 되고 임진강을 제외한 전국의 다른 하천에서도 참게가 잘 잡히지 않게 되자 원고인 축양업자는 다른 곳에서 참게를 수집하여 축양하거나 다른 곳으로 이전하여 축양 어업을 계속하는 것이 심히 곤란하게 되었고 참게 축양장 시설도 쓸모 없게 되었다.

를 간접손실로 볼 수 있는지에 대하여는 견해가 대립하고 있는데, 공익사업의 시행 결과, 즉 그 공익사업의 시행으로 설치되는 시설의 형태·구조·사용 등에 기인하여 발생하는 손실도 간접손실로 본다.

또한, 판례는 손실보상과 손해배상을 별개의 청구권으로 보면서 경합하여 인정되는 것으로 보는 입장을 취하고 있다. 다만 같은 내용의 손해에 관하여 양자의 청구권을 동시에 행사할 수 있다고 본다면 이중배상의 문제가 발생하므로, 어느 하나만을 선택적으로 행사할 수 있을 뿐이고, 양자의 청구권을 동시에 행사할 수는 없다고 본다.

[판례] [1] 공익사업시행지구 밖 영업손실보상의 요건인 '공익사업의 시행으로 인한 그 밖의 부득이한 사유로 일정 기간 동안 휴업이 불가피한 경우'란 공익사업의 시행 또는 시행 당시 발생한 사유로 휴업이 불가피한 경우만을 의미하는 것이 아니라 공익사업의 시행 결과, 즉 그 공익사업의 시행으로 설치되는 시설의 형태·구조·사용 등에 기인하여 휴업이 불가피한 경우도 포함된다. [2] 피고(한국철도시설공단)가 이 사건 철도노선을 완공하여 개통한 후, 한국철도공사로 하여금 이 사건 노선에서 고속열차를 운행하도록 함으로써 발생한 소음·진동·전자파로 인하여 이 사건 잠업사에서 생산하는 누에씨의 품질저하, 위 누에씨를 공급받는 전라북도 농업기술원 종자사업소의 누에씨 수령 거부, 잠업농가의 누에씨 수령 거부 등의 피해가 발생하였다고 봄이 타당하므로, 호남고속철도 열차 운행으로 인한 소음·진동·전자파의 원인자인 피고(한국철도시설공단)가 위 소음·진동·전자파의 환경오염으로 인하여 원고에게 발생한 손해를 배상할 책임이 있다. [3] 토지보상법 제79조 제2항(그 밖의 토지에 관한 비용보상 등)에 따른 손실보상과 환경정책기본법 제44조 제1항(환경오염의 피해에 대한 무과실책임)에 따른 손해배상은 그 근거 규정과 요건·효과를 달리 하는 것으로서, 각 요건이 충족되면 성립하는 별개의 청구권이다. 다만, 손실보상청구권에는 이미 '손해 전보'라는 요소가 포함되어 있어 실질적으로 같은 내용의 손해에 관하여 양자의 청구권을 동시에 행사할 수 있다고 본다면 이중배상의 문제가 발생하므로, 실질적으로 같은 내용의 손해에 관하여 양자의 청구권이 동시에 성립하더라도 영업자는 어느 하나만을 선택적으로 행사할 수 있을 뿐이고, 양자의 청구권을 동시에 행사할 수는 없다고 봄이 타당하다. 또한 '해당 사업의 공사완료일로부터 1년'이라는 손실보상 청구기간(토지보상법 제79조 제5항, 제73조 제2항)이 도과하여 손실보상청구권을 더 이상 행사할 수 없는 경우에도 손해배상의 요건이 충족되는 이상 여전히 손해배상청구는 가능하다고 보아야 한다(대판 2019. 11. 28, 2018두227). 〈해설〉 공익사업인 고속철도 건설사업 시행 후의 고속철도 운행에 따른 소음, 진동 등으로 인하여 고속철도 인근에서 양잠업을 영위하던 원고에게 발생한 손실(환경침해로 인한 공익사업시행지구 밖의 영업손실)에 관하여 공익사업을 위한 토지 등의 취득 및 보상에 관한 법률(이하 '토지보상법'이라고 한다) 관련 규정(「공익사업을 위한 토지 등의 취득 및 보상에 관한 법률」(토지보상법) 제79조 제2항, 동법 시행규칙 제64조 제1항)에 따라 손실보상청구를 할 수 있다. 이에 관한 쟁송은 공법상 당사자소송 절차에 의하여야 한다. 손실보상의 주체는 사업시행자인 한국철도시설공단이지만, 손해배상의 피고는 한국철도시설공단과 고속철도사업자인 한국철도공사로 보는 것이 타당하다.

그러나, 법이론상 손실보상은 적법한 공용침해로 인한 손실의 보상을 의미하므로 손실보상이 인정되면 불법행위로 인한 손해배상은 인정되지 않는다고 보는 것이 타당하다(광주고법 2010. 12. 24, 2010나5624. 대법원 2011. 5. 23, 2011다9440 판결로 심리불속행 기각되어 확정됨).

다만, 보상이 인정되는 손실을 넘어 불법행위로 인한 손해가 발생한 경우에는 손해배상이 인정될 수 있다고 볼 수 있다. 또한, 법령상 손실보상이 인정됨에도 손실보상을 하지 않고 공익사업을 시행한 경우에는 후술하는 바(판례)와 같이 손해배상청구가 가능하다. 간접손실의 보상은 해당 사업의 공사완료일부터 1년이 지난 후에는 청구할 수 없으므로(제79조 제5항, 제73조 제2항) 이 청구기간이 지난 경우에는 손해배상만을 청구할 수 있다. 예를 들면, 원전의 일반적인 가동운영에 따른 온배수로 인한 손해는 원칙상 손해배상의 대상 아니고 손실보상의 대상이 된다고 보아야 한다. 그러나, 원전의 일반적인 가동운영에 따른 온배수로 인한 손해에 대해 손실보상이 행해지지 않은 경우에는 손해배상청구가 가능하다고 볼 수 있다.

[판례] [1] **원자력발전소 냉각수 순환시 발생되는 온배수의 배출이 환경오염에 해당하는지 여부(적극)**: 환경정책기본법 제3조 제4호는 "환경오염이라 함은 사업활동 기타 사람의 활동에 따라 발생되는 대기오염, 수질오염, 토양오염, 해양오염, 방사능오염, 소음·진동, 악취 등으로서 사람의 건강이나 환경에 피해를 주는 상태를 말한다."고 규정하고 있으므로, 원전냉각수순환시 발생되는 온배수의 배출은 사람의 활동에 의하여 자연환경에 영향을 주는 수질오염 또는 해양오염으로서 환경오염에 해당한다. [2] **적법시설이나 공용시설로부터 발생하는 유해배출물로 인하여 손해가 발생한 경우, 그 위법성의 판단 기준**: 불법행위 성립요건으로서의 위법성은 관련 행위 전체를 일체로만 판단하여 결정하여야 하는 것은 아니고, 문제가 되는 행위마다 개별적·상대적으로 판단하여야 할 것이므로 어느 시설을 적법하게 가동하거나 공용에 제공하는 경우에도 그로부터 발생하는 유해배출물로 인하여 제3자가 손해를 입은 경우에는 그 위법성을 별도로 판단하여야 하고, 이러한 경우의 판단 기준은 그 유해의 정도가 사회생활상 통상의 수인한도를 넘는 것인지 여부이다. [3] 양식장 운영자가 원자력발전소의 온배수를 이용하기 위하여 온배수 영향권 내에 육상수조식양식장을 설치하였는데 원자력발전소에서 배출된 온배수가 이상고온으로 평소보다 온도가 높아진 상태에서 자연해수와 혼합되어 위 양식장의 어류가 집단 폐사한 경우, 원자력발전소 운영자의 과실에 비하여 양식장 운영자의 과실이 훨씬 중대하다고 판단한 사례(대판 2003. 6. 27, 2001다734).

공익사업이 종료한 후에 손실보상에 관한 합의가 있으면 이 보상합의는 사법상 계약으로 볼 수 있고, 보상합의금을 지급하지 않는 경우에는 민사소송으로 보상합의금(약정금)청구를 할 수 있다.

(4) 간접손실보상의 근거

1) 헌법적 근거

간접손실도 적법한 공용침해로 인하여 예견되는 통상의 손실이고, 헌법 제23조 제3항을 손실보상에 관한 일반적 규정으로 보는 것이 타당하므로 간접손실보상을 헌법 제23조 제3항의 손실보상에 포함시키는 것이 타당하다.

판례도 간접손실을 헌법 제23조 제3항에서 규정한 손실보상의 대상이 된다고 보고 있다(대판 1999. 10. 8, 99다27231).

2) 법률적 근거

토지보상법 제79조 제2항은 "공익사업이 시행되는 지역 밖에 있는 토지 등이 공익사업의 시행으로 인하여 본래의 기능을 다할 수 없게 되는 경우에는 국토교통부령으로 정하는 바에 따라 그 손실을 보상하여야 한다"라고 간접손실보상의 원칙을 규정하며 간접손실보상의 기준, 내용 및 절차 등을 국토교통부령에 위임하고 있다. 이에 따라 동법 시행규칙은 제59조 이하에서 간접보상을 유형화하여 열거·규정하고 있다.

또한, 토지보상법 제79조 제1항은 간접손실인 공사비용의 보상을 규정하고 있다.

(5) 토지보상법령상의 간접손실보상의 내용과 문제점

토지보상법 제79조 제1항은 간접손실인 공사비용의 보상을 규정하고 있다. 그리고, 토지보상법 시행규칙은 제59조 이하에서 다음과 같이 공익사업지구 밖의 토지 등에 대한 간접손실보상을 열거하여 규정하고 있다.

1) 간접손실인 공사비의 보상

사업시행자는 공익사업의 시행으로 인하여 취득 또는 사용하는 토지(잔여지를 포함한다)외의 토지에 통로·도랑·담장 등의 신설 그 밖의 공사가 필요한 때에는 그 비용의 전부 또는 일부를 보상하여야 한다. 다만, 해당 토지에 대한 공사의 비용이 그 토지의 가격보다 큰 경우에는 사업시행자는 그 토지를 매수할 수 있다(토지보상법 제79조 제1항).

2) 공익사업시행지구 밖의 대지 등에 대한 보상

공익사업시행지구 밖의 대지(조성된 대지를 말한다), 건축물, 분묘 또는 농지(계획조성된 유실수단지 및 죽림단지를 포함한다)가 공익사업의 시행으로 인하여 산지나 하천 등에 둘러싸여 교통이 두절되거나 경작이 불가능하게 된 경우에는 그 소유자의 청구에 의하여 이를 공익사업시행지구에 편입되는 것으로 보아 보상하여야 한다. 다만, 그 보상비가 도로 또는 도선시설의 설치비용을 초과하는 경우에는 도로 또는 도선시설을 설치함으로써 보상에 갈음할 수 있다(동법 시행규칙 제59조).

그런데, 동 규정은 "교통이 두절되거나 경작이 불가능하게 된 경우"에 한하여 간접손실보상을 규정하고 있지만, 교통에 심히 장애가 생기거나 경작이 불가능하지는 않지만, 상당한 정도로 장애를 받아 특별한 희생이라고 볼 수 있는 경우에도 보상을 해 주는 것이 타당하다.

3) 공익사업시행지구 밖의 건축물에 대한 보상

소유농지의 대부분이 공익사업시행지구에 편입됨으로써 건축물(건축물의 대지 및 잔여농지를 포함한다)만이 공익사업시행지구 밖에 남게 되는 경우로서 그 건축물의 매매가 불가능하고 이주가 부득이한 경우에는 그 소유자의 청구에 의하여 이를 공익사업시행지구에 편입되는 것으로 보아 보상하여야 한다(제60조).

동 규정은 "건축물의 매매가 불가능하고 이주가 부득이한 경우"에 한하여 간접보상을 인정하고 있지만, 이주가 부득이 하지는 않지만 생활에 상당한 불편이 있고 건축물의 가격이 상당히 하락하여 특별한 희생이라고 볼 수 있는 경우에도 보상을 해 주는 것이 타당하다.

4) 소수잔존자에 대한 보상

소수잔존자보상(少數殘存者補償)이란 공공사업의 시행으로 인하여 동일한 마을 내의 대부분의 토지·건물이 수용됨으로써 그곳에 잔존하게 된 소수자가 생활환경상 불편을 겪게 된 경우에 그에 대하여 행해지는 보상을 말한다.

토지보상법 시행규칙은 공익사업의 시행으로 인하여 1개 부락의 주거용 건축물이 대부분 공익사업시행지구에 편입됨으로써 잔여 주거용 건축물 거주자의 생활환경이 현저히 불편하게 되어 이주가 부득이한 경우에는 당해 건축물 소유자의 청구에 의하여 그 소유자의 토지 등을 공익사업시행지구에 편입되는 것으로 보아 보상하여야 한다라고 규정하고 있다(제61조).

그러나, 이 이외에도 잔존자가 잔존을 희망하고, 생활상의 불편이 특별한 희생에 해당한다고 여겨지는 모든 경우에 그에 상응하는 보상이 행해져야 한다.

5) 공익사업시행지구 밖의 공작물 등에 대한 보상

공익사업시행지구 밖에 있는 공작물(工作物) 등이 공익사업의 시행으로 인하여 그 본래의 기능을 다할 수 없게 되는 경우에는 그 소유자의 청구에 의하여 이를 공익사업시행지구에 편입되는 것으로 보아 보상하여야 한다(제62조).

6) 공익사업시행지구 밖의 어업의 피해에 대한 보상

공익사업의 시행으로 인하여 당해 공익사업시행지구 인근에 있는 어업에 피해가 발생한 경우 사업시행자는 실제 피해액을 확인할 수 있는 때에 그 피해에 대하여 보상하여야 한다. 이 경우 실제 피해액은 감소된 어획량 및 수산업법 시행령 별표 3의 평년수익액 등을 참작하여 평가한다(제63조 제1항). 제1항에 따른 보상액은『수산업법 시행령』별표 3에 따른 어업권·허가어업 또는 신고어업이 취소되거나 어업면허의 유효기간이 연장되지 아니하는 경우의 보상액을 초과하지 못한다(동조 제2항). 사업인정고시일 등 이후에 어업권의 면허를 받은 자 또는 어업의 허가를 받거나 신고를 한 자에 대하여는 제1항 및 제2항을 적용하지 아니한다(동조 제3항).

어업피해에 대한 간접손실보상의 특징은 공익사업 자체로 인하여 필연적으로 초래되는 어업손실이외에도 공익사업의 시행으로 인하여 우연히 발생하는 피해, 즉 이론상 손해배상의 대상으로 보아야 하는 피해도 간접손실보상의 대상으로 하고 있다는 점이다.

7) 공익사업시행지구 밖의 영업손실에 대한 보상

공익사업시행지구 밖에서 토지보상법 시행규칙 제45조의 규정에 따른 영업손실의 보상대상이 되는 영업을 하고 있는 자가 공익사업의 시행으로 인하여 배후지의 3분의 2 이상이 상실되어 그 장소에서 영업을 계속할 수 없는 경우 및 진출입로의 단절, 그 밖의 부득이한 사유로 인하여 일정한 기간 동안 휴업하는 것이 불가피한 경우에는 그 영업자의 청구에 의하여 당해 영업을 공익사업시행지구에 편입되는 것으로 보아 보상하여야 한다(제64조 제1항). 이 경우 폐업 또는 휴업에 따른 보상을 행한다. 제1항에 불구하고 사업시행자는 영업자가 보상을 받은 이후에 그 영업장소에서 영업이익을 보상받은 기간 이내에 동일한 영업을 하는 경우에는 실제 휴업기간에 대한 보상금을 제외한 영업손실에 대한 보상금을 환수하여야 한다(동조 제2항).

공익사업시행지구 밖 영업손실보상의 요건인 '공익사업의 시행으로 인한 그 밖의 부득이한 사유로 일정 기간 동안 휴업이 불가피한 경우'란 공익사업의 시행 또는 시행 당시 발생한 사유로 휴업이 불가피한 경우만을 의미하는 것이 아니라 공익사업의 시행 결과, 즉 그 공익사업의 시행으로 설치되는 시설의 형태·구조·사용 등에 기인하여 휴업이 불가피한 경우도 포함된다(대판 2019. 11. 28, 2018두227).

[판례] [환경침해로 인한 보상금 등 청구 사건] **공익사업인 고속철도 건설사업 시행 후의 고속철도 운행에 따른 소음, 진동 등으로 인하여 고속철도 인근에서 양잠업을 영위하던 원고에게 발생한 손실에 관하여 공익사업을 위한 토지 등의 취득 및 보상에 관한 법률(이하 '토지보상법'이라고 한다) 관련 규정에 따라 손실보상청구를 할 수 있다:** [1] 공익사업시행지구 밖 영업손실보상의 특성과 헌법이 정한 '정당한 보상의 원칙'에 비추어 보면, 공익사업시행지구 밖 영업손실보상의 요건인 '공익사업의 시행으로 인한 그 밖의 부득이한 사유로 일정 기간 동안 휴업이 불가피한 경우'란 공익사업의 시행 또는 시행 당시 발생한 사유로 휴업이 불가피한 경우만을 의미하는 것이 아니라 공익사업의 시행 결과, 즉 그 공익사업의 시행으로 설치되는 시설의 형태·구조·사용 등에 기인하여 휴업이 불가피한 경우도 포함된다고 해석함이 타당하다. [2] 토지보상법상 공익사업시행지구 밖 영업손실보상대상에 공익사업의 시행으로 설치되는 시설의 형태·구조·사용 등에 기인하여 발생한 손실도 포함된다고 판단하고, 이를 토대로 원고가 주장하는 토지보상법상 손실보상청구권이 성립하였고 그에 관한 쟁송이 공법상 당사자소송 절차에 의하여야 한다고 본 원심의 결론을 수긍하여 상고기각한 사례(대판 2019. 11. 28, 2018두227).

'배후지'란 '당해 영업의 고객이 소재하는 지역'을 의미한다(대판 2013. 6. 14, 2010다9658).

그러나, 공익사업의 시행으로 인하여 배후지의 3분의 2 미만이 상실된 경우에도 당해 장소에서 종전의 영업을 계속할 수 없는 경우가 있을 수 있고, 배후지의 3분의 2 미만이 상실된 경우에도 당해 장소에서 종전의 영업을 계속할 수 있지만 영업이 축소될 수 있는데 이 경우의 영업손실은 토지보상법 시행규칙 제64조에 의해 보상되지 않는 문제가 있다.

[판례] 공익사업시행지구 밖 영업손실보상의 특성: 공익사업시행지구 밖의 영업손실은 공익사업의 시행과 동시에 발생하는 경우도 있지만, 공익사업에 따른 공공시설의 설치공사 또는 설치된 공공시설의 가동·운영으로 발생하는 경우도 있어 그 발생원인과 발생시점이 다양하므로, 공익사업시행지구 밖의 영업자가 발생한 영업상 손실의 내용을 구체적으로 특정하여 주장하지 않으면 사업시행자로서는 영업손실보상금 지급의무의 존부와 범위를 구체적으로 알기 어려운 특성이 있다(대판 2019. 11. 28, 2018두227).

8) 공익사업시행지구 밖의 농업의 손실에 대한 보상

경작하고 있는 농지의 3분의2이상에 해당하는 면적이 공익사업시행지구에 편입됨으로 인하여 당해 지역(영 제26조 제1항 각호의 1의 지역을 말한다)에서 영농을 계속할 수 없게 된 농민에 대하여는 공익사업시행지구 밖에서 그가 경작하고 있는 농지에 대하여도 제48조 제1항 내지 제3항 및 제4항 제2호의 규정에 의한 영농손실액을 보상하여야 한다(제65조).

그러나, 영농을 계속할 수는 있지만, 수입이 상당히 감소하는 경우에도 손실보상을 해 주어야 하는 것이 타당하다.

(6) 간접손실 보상청구 및 불복방법

간접손실의 보상은 해당 사업의 공사완료일부터 1년이 지난 후에는 청구할 수 없다(제79조 제5항, 제73조 제2항). 이 청구기간이 지난 경우에는 전술한 바와 같이 손해배상을 청구할 수 있다.

간접손실의 보상은 토지수용위원회의 재결에 의해 결정되고(법 제80조 제2항), 사업시행지구 밖의 토지 등을 공익사업시행지구에 편입된 것으로 보고 보상한다고 규정하고 있으므로 간접손실 보상의 가부와 보상액에 관한 다툼은 명시적 규정은 없지만 **토지보상법상의 이의신청 또는 행정소송(보상금증감청구소송)**으로 하여야 하는 것으로 보아야 한다(법 제83조, 제85조).

(7) 보상규정의 흠결과 권리구제 [2006 사시 사례]

1) 보상규정의 흠결

토지보상법 시행규칙에 정해진 간접손실보상 이외에도 **보상규정이 없는 간접손실이 존재**한다는 것은 전술한 바와 같다.

2) 보상규정이 결여된 간접손실의 보상근거

보상규정이 없는 간접손실의 보상 여부 및 보상근거가 없는 간접손실의 보상근거에 관하여 다음과 같이 견해가 대립하고 있다.

가. 보상부정설 토지보상법 시행규칙 제59조 이하의 **간접보상규정을 한정적 열거규정으로 보고**, 동 규정에 의해 간접보상의 문제가 전부 해결된 것으로 보며 동 규정에서 규정하지 않은 간접손실은 보상의 대상이 되지 않는다고 보는 견해이다.

이 견해에 대하여는 동법 시행규칙의 간접손실에 대한 보상규정이 간접보상을 망라하고 있다고 볼 수는 없고, 간접손실을 보상하지 않는 것은 재산권 보장규정과 평등원칙에 반하여 위헌이라는 비판이 가능하다.

나. 유추적용설 공공사업의 시행 결과 공공사업의 기업지 밖에서 발생한 간접손실에 대하여 사업시행자와 협의가 이루어지지 아니하고, 그 보상에 관한 명문의 법령이 없는 경우, 간접손실보상에 관한 규정을 유추적용하여 사업시행자에게 보상을 청구할 수 있다고 보는 견해이다.

다. 헌법 제23조 제3항의 직접적용설 손실보상에 관하여 헌법 제23조 제3항의 직접효력을 인정하고, 간접손실도 제23조 제3항의 손실보상의 범위에 포함된다고 본다면 보상규정이 없는 간접손실에 대하여는 헌법 제23조 제3항에 근거하여 보상청구권이 인정된다고 보는 견해이다.

라. 평등원칙 및 재산권보장규정근거설 공적 부담앞의 평등원칙 및 재산권 보장규정이 손실보상의 직접적 근거가 될 수 있다면 간접손실도 헌법상 평등원칙 및 재산권 보장규정에 근거하여 보상해 주어야 한다는 견해이다.

마. 수용적 침해이론 간접손실을 수용적 침해로 보고 독일법상의 수용적 침해이론을 적용하여 구제해주어야 한다는 견해이다.

바. 손해배상설 간접손실에 대하여 명문의 보상규정이 없는 경우에는 손해배상을 청구하여야 한다는 견해이다.

그러나, 간접손실은 위법한 손해가 아니고, 만일 보상규정을 두지 않고 간접손실을 야기한 것이 위법이라고 하더라도 과실을 인정하기 어려워 손해배상을 인정하기 어렵다는 문제가 있다.

사. 행정입법부작위위헌설 토지보상법 제79조 제2항은 간접손실 보상의 원칙을 규정하면서 간접손실 보상의 기준 및 내용을 국토교통부령에 위임하고 있으므로 토지보상법 시행규칙에서 간접손실 보상을 규정하여야 할 행정입법의무가 있고, 간접손실 보상을 규정하고 있지 않는 것은 위법한 행정입법부작위에 해당하고, 이에 대해 행정입법부작위 위법의 확인을 구하는 헌법소원을 제기할 수 있다는 견해이다.

아. 판 례 **판례**는 간접손실을 헌법 제23조 제3항에 규정한 손실보상의 대상이 된다고 보고, 간접손실보상규정을 유추적용하여 그에 관한 보상을 인정하는 것이 타당하다고 본다(실정법령유추적용설). 이 견해의 문제점은 유추적용할 간접손실보상규정이 없는 경우 간접손실보상이 인정될 수 없다는 점이다.

[판례] 간접손실(위탁판매수수료 수입손실)은 헌법 제23조 제3항에 규정한 손실보상의 대상이 되고, 그 손실에 관하여 구 공유수면매립법 또는 그 밖의 법령에 직접적인 보상규정이 없더라도 공공용지의 취득 및 손실보상에 관한 특례법 시행규칙상의 각 규정을 유추적용하여 그에 관한 보상을 인정하는 것이 타당하다(대판 1999. 10. 8, 99다27231; 1999. 11. 23, 98다11529; 2013. 6. 14, 2010다9658). 〈해설〉 구 법하에서 대법원은 간접손실에 대한 보상규정이 없는 경우 기존의 공공용지의 취득 및 손실보상에 관한 특례법상의 보상규정을 유추적용하여 보상할 수 있다고 보았다.

그리고, 신설된 공항에서의 항공기소음으로 인한 피해 등 수용의 목적인 공익사업의 정상적인 운영으로 인한 간접손실은 간접손실보상의 대상이 되는데, 전술한 바와 같이 판례는 영조물의 설치·관리의 하자 또는 공작물의 설치·보존상 하자로 인한 손해배상의 대상도 된다고 보고 있다.

판례에 따르면 관련 규정 등을 유추적용하여 보상할 수 있는 간접손실에 대한 보상청구권은 공법상의 권리가 아니라 사법상의 권리이고, 그 보상을 청구하려는 자는 사업시행자가 보상청구를 거부하거나 보상금액을 결정한 경우라도 이에 대하여 행정소송을 제기할 것이 아니라, 사업시행자를 상대로 민사소송으로 직접 손실보상금 지급청구를 하여야 한다(대판 1999. 6. 11, 97다56150 등).

[판례] [1] 공공용지의취득및손실보상에관한특례법시행규칙의 관련 규정 등을 유추적용하여 보상할 수 있는 간접손실은 사법상의 권리인 영업권 등에 대한 손실을 본질적 내용으로 하고 있는 것으로서 그 보상청구권은 공법상의 권리가 아니라 사법상의 권리이고, 그 보상금의 결정 방법, 불복절차 등에 관하여 아무런 규정도 마련되어 있지 아니하므로, 그 보상을 청구하려는 자는 사업시행자가 보상청구를 거부하거나 보상금액을 결정한 경우라도 이에 대하여 행정소송을 제기할 것이 아니라, 사업시행자를 상대로 민사소송으로 직접 손실보상금 지급청구를 하여야 한다. [2] 사업시행자가 택지개발사업을 시행하면서 그 구역 내의 농지개량조합 소유 저수지의 몽리답을 취득함으로써 사업시행구역 외에 위치한 저수지가 기능을 상실하고, 그 기능상실에 따른 손실보상의 협의가 이루어지지 않은 경우, 공공용지의취득및손실보상에관한특례법시행규칙 제23조의6을 유추적용하여 사업시행자를 상대로 민사소송으로서 그 보상을 청구할 수 있다고 본 사례(대판 1999. 6. 11, 97다56150).

자. 결 어 토지보상법 시행규칙 제59조 이하의 간접손실보상규정은 예시적 열거규정으로 보고, 간접손실보상규정에 해당하지 않는 간접손실이 있는 경우에는 토지보상법 제79조 제2항을 공익사업에 따른 손실보상의 일반근거조항으로 보고 토지보상법 제79조 제2항에 근거하여 간접손실보상을 청구할 수 있다고 보는 것이 타당하다. 만일 토지보상법 제79조 제2항을 공익사업에 따른 손실보상의 일반근거조항으로 보지 않는다면 간접보상도 손실보상에 포함되는 점 및 권리구제의 실효성을 고려하여 헌법 제23조 제3항의 직접효력을 인정하고 직접 이에 근거하여 간접손실의 보상을 청구할 수 있다고 보는 견해가 타당하다.

5. 기타 손실의 보상

토지보상법 제79조 제4항은 '그 밖에(제1항부터 제3항까지에서 규정한 사항외에) 공익사업의 시행으로 인하여 발생하는 손실의 보상 등에 대하여는 국토교통부령이 정하는 기준에 의한다'라고 규정하고 있다. 공익사업의 시행으로 인하여 발생하는 손실 중 보상하여야 하지만 법률에 규정되지 못한 경우를 대비한 규정이다.

이 규정을 기타 손실의 보상에 관한 개괄수권조항으로 볼 것인지 아니면 기타 손실의 보상에 관한 일반근거조항이라고 볼 것인지에 관하여 견해가 대립한다.

① 개괄수권조항설: 토지보상법 제79조 제4항은 공익사업의 시행으로 인하여 발생하는 손실 중 보상하여야 하는 손실이지만 법률에 규정되지 못한 경우에 대한 개괄수권조항일 뿐 법령에 규정되지 않은 직접 또는 간접의 손실에 대한 보상의 직접적인 근거가 될 수는 없다는 견해이다. 이 견해에 의하면 보상하여야 하는 손실을 국토교통부령에서 규정하지 않은 경우 보상규정이 없는 경우의 문제로 보아야 한다.

② 일반근거조항설: 토지보상법 제79조 제4항을 기타 손실의 보상에 관한 일반근거조항으로 해석하는 견해이다. 이 견해에 의하면 보상하여야 하는 손실을 국토교통부령에서 규정하지 않은 경우에도 토지보상법상의 보상절차 및 불복절차를 통하여 손실보상을 받을 수 있다.

Ⅳ. 생활보상[2005 행시(재경직) 약술(25점)]

1. 생활보상의 의의

생활보상은 피수용자가 **종전과 같은 생활을 유지할 수 있도록 실질적으로 보장하는 보상**을 말한다. 생활보상은 **생활재건조치**라고도 한다.

2. 생활보상의 필요성

생활보상이라는 개념은 재산권에 대한 금전보상의 한계를 극복하기 위해 등장하였다.

즉, 대규모 공공사업을 위한 수용이 행해짐에 따라 손실보상금으로 종전과 같은 토지 및 주택을 구입하는 것이 어렵게 되고, 특히 손실보상금이 적은 경우에는 그 손실보상금으로 종전과 같은 생활을 유지하기 어렵게 되었다. 따라서, 피수용자가 종전과 같은 생활을 유지할 수 있도록 실질적인 보상이 행해져야 할 필요성이 제기되었다. 이러한 필요성에 응하기 위하여 생활보상 관념이 등장하였다.

3. 생활보상의 근거

(1) 학 설

생활보상의 근거에 관하여는 정당보상설, 생존권설(헌법 제34조설), 통일설(헌법 제23조·제34조 결합설)이 있다.

(2) 판 례

대법원 판례(대판 2003. 7. 25, 2001다57778[손해배상(기)])가 생존권설을 취하고 있다고 보는 견해가 다수견해이지만, 통일설에 입각하고 있다고 보는 것이 타당하다. 다만, 주거용 건축물의 세입자에 대한 주거이전비와 이사비는 사회보장적 성격의 금원으로 본다(대판 2006. 4. 27, 2006두2435[주거이전비 및 이사비지급청구]).

최근 정당보상설을 취한 판례가 있다.

[판례] [1] 생활대책에 관한 분명한 근거 규정을 두고 있지는 않으나(토지보상법 제78조 제1항은 이주대책과 이주정착금의 지급만 규정하고 있음), 사업시행자 스스로 공익사업의 원활한 시행을 위하여 필요하다고 인정함으로써 생활대책을 수립·실시할 수 있도록 하는 내부규정을 두고 있고 내부규정에 따라 생활대책대상자 선정기준을 마련하여 생활대책을 수립·실시하는 경우에는, 이러한 생활대책 역시 … 헌법 제23조 제3항에 따른 정당한 보상에 포함되는 것으로 보아야 한다. 따라서 이러한 생활대책대상자 선정기준에 해당하는 자는 사업시행자에게 생활대책대상자 선정 여부의 확인·결정을 신청할 수 있는 권리를 가지는 것이어서, 만일 사업시행자가 그러한 자를 생활대책대상자에서 제외하거나 선정을 거부하면, 그 거부는 처분이므로 이러한 생활대책대상자 선정기준에 해당하는 자는 사업시행자를 상대로 항고소송을 제기할 수 있다고 보는 것이

타당하다. [2] 뉴타운개발 사업시행자가 사업시행으로 생활근거 등을 상실하는 주민들을 위한 주거대책 및 생활대책을 공고함에 따라 화훼도매업을 하던 갑이 사업시행자에게 생활대책신청을 하였으나, 사업시행자가 갑은 위 주거대책 및 생활대책에서 정한 '이주대책 기준일 3개월 이전부터 사업자등록을 하고 영업을 계속한 화훼영업자'에 해당하지 않는다는 이유로 화훼용지 공급대상자에서 제외한 사안에서, 사업시행자의 거부행위가 행정처분에 해당한다고 본 원심판단을 정당하다고 한 사례(대판 2011. 10. 13, 2008두17905[상가용지공급대상자적격처분취소등]).

그러나, **헌법재판소**는 **생존권설**에 근거한 것으로 본다(헌재 2006. 2. 23, 2004헌마19).

(3) 결어(이론상 정당보상설, 현행법령상 통일설)

이론상 완전보상을 피수용자가 종전과 같은 생활을 유지하도록 하는 보상을 의미한다고 이해하면 생활보상은 정당보상(완전보상)을 의미한다고 보는 것이 타당하다.

다만, **현행실정법령상** 생활보상은 정당보상의 범주를 넘어 생활보장을 포함하는 경우가 적지 않으므로 현행법령에서는 **통일설**이 타당하다.

4. 생활보상의 종류와 내용

(1) 생활보상의 종류

1) 주거대책과 생계대책

이주대책이 진정한 생활보상이 되기 위하여는 주거대책에 그쳐서는 아니 되고 생계대책을 포함하여야 한다.

그런데, 실정법령상 이주대책이라는 개념이 주거대책만을 의미하는 경우도 있고, 주거대책과 생계대책을 포함하는 것으로 사용되는 경우도 있다. 후자의 의미로 쓰는 것이 타당하다.

2) 일반생활재건조치와 특별생활재건조치

생활보상을 일반적인 생활재건조치와 경제적 약자에 대한 특별한 생활재건조치로 나누는 것도 타당하다.

3) 일반법상 생활보상과 개별법상 생활보상

생활보상 중 이주대책과 같이 법률에 의해 일반적으로 인정된 것도 있지만(예 토지보상법상 이주대책), 대체로 개별 법률에서 생활보상의 종류와 그 내용을 정하고 있다. 따라서, 특별한 이유 없이 법률에 따라 생활보상의 종류와 내용이 다른 경우도 있다.

(2) 생활보상의 내용

1) 주거대책

주거대책이라 함은 피수용자가 종전과 같은 주거를 획득하는 것을 보장하는 보상을 말한다. 주거대책으로는 이주정착지의 조성과 분양, 이주정착금지급, 주거이전비의 보상, 공영주택의 알선, 국민주택자금의 지원 등을 들 수 있다.

2) 생계대책

생계대책은 생활대책이라고도 하는데, 종전과 같은 경제수준을 유지할 수 있도록 하는 조치를 말한다. 생계대책으로는 생활비보상(이농비·이어비 보상), 상업용지, 농업용지 등 용지의 공급, 직업훈련, 고용 또는 고용알선, 고용상담, 보상금에 대한 조세감면조치 등을 들 수 있다.

사업시행자는 해당 공익사업이 시행되는 지역에 거주하고 있는 「국민기초생활 보장법」 제2조 제1호·제11호에 따른 수급권자 및 차상위계층이 취업을 희망하는 경우에는 그 공익사업과 관련된 업무에 우선하여 고용할 수 있으며, 이들의 취업알선에 노력하여야 한다(토지보상법 제78조 제7항).

3) 토지보상법상 이주대책 [2007 사시 사례]

가. 이주대책의 의의 나. 협의의 이주대책의 수립의무 다. 협의의 이주대책의 재량행위성 및 이주대책 기준 라. 이주대책수립자 마. 이주대책대상자 바. 이주대책의 내용	사. 이주대책대상자의 법적 지위 (가) 법상의 이주대책대상자의 이주대책계획 수립청구권 (나) 분양신청권 (다) 이주대책대상자의 수분양권 등 특정한 실체법상의 권리의 취득

토지보상법 제78조 및 **동법 시행령 제40조**는 이주대책에 대하여 규정하고 있다.

가. 이주대책의 의의 **이주대책**이란 공익사업의 시행으로 인하여 생활의 근거를 상실하게 되는 자(이하 '이주대책대상자'라 한다)를 종전과 같은 생활상태를 유지할 수 있도록 다른 지역으로 이주시키는 것을 말한다.

협의의 이주대책은 사업시행자가 수립하는 계획에 따라 이주대책대상자를 이주정착지에 이주시키는 것(이주정책금 지급 제외)을 말하고, **광의의 이주대책**은 이주정착금의 지급 등을 포함하여 사업시행자가 이주대책대상자의 이주를 지원하는 모든 것을 말한다.

[판례] 공공용지의취득및손실보상에관한특례법 소정의 이주대책의 제도적 취지: 공공용지의취득및손실보상에관한특례법상의 이주대책은 공공사업의 시행에 필요한 토지 등을 제공함으로 인하여 생활의 근거를 상실하게 되는 이주자들을 위하여 사업시행자가 기본적인 생활시설이 포함된 택지를 조성하거나 그 지상에 주택을 건설하여 이주자들에게 이를 그 투입비용 원가만의 부담하에 개별 공급하는 것으로서, 그 본래의 취지에 있어 이주자들에 대하여 종전의 생활상태를 원상으로 회복시키면서 동시에 인간다운 생활을 보장하여 주기 위한 이른바 생활보상의 일환으로 국가의 적극적이고 정책적인 배려에 의하여 마련된 제도이다(대판 전원합의체 1994. 5. 24, 92다35783[지장물세목조서명의변경]).

나. 협의의 이주대책의 수립의무 사업시행자는 **법령에서 정한 일정한 경우**(토지보상법 시행령 제40조 제2항) 이주대책(협의의 이주대책)을 수립할 의무가 있다.

사업시행자의 이주대책 수립·실시의무를 정하고 있는 토지보상법 제78조 제1항과 이주대책의 내용을 정하고 있는 같은 조 제4항 본문은 당사자의 합의 또는 사업시행자의 재량에 의하여 적용을 배제할 수 없는 **강행법규**이다(대판 전원합의체 2011. 6. 23, 2007다63089, 63096).

이주대책은 국토교통부령이 정하는 부득이한 사유가 있는 경우(① 공익사업시행지의 인근에 택지 조성에 적합한 토지가 없는 경우, ② 이주대책에 필요한 비용이 당해 공익사업의 본래의 목적을 위한 소요비용을 초과하는 등 그 밖에 이주대책의 수립·실시로 인하여 당해 공익사업의 시행이 사실상 곤란하게 되는 경우(시행규칙 제53조))를 제외하고는 이주대책대상자 중 이주정착지에 이주를 희망하는 자가 10호 이상인 경우에 수립·실시한다. 다만, 사업시행자가 택지개발촉진법 또는 주택법 등 관계법령에 의하여 이주대책대상자에게 택지 또는 주택을 공급한 경우(사업시행자의 알선에 의하여 공급한 경우를 포함한다)에는 이주대책을 수립·실시한 것으로 본다(시행령 제40조 제2항).

이주대책 수립의무가 없는 경우에도 이주대책을 실시할 수 있다.

다. 협의의 이주대책의 법적 성질 및 이주대책기준 이주대책결정은 공행정작용으로서 처분에 해당한다(대판 1992. 11. 27, 92누3618).

사업시행자는 법령에서 정한 일정한 경우 이주대책을 수립할 의무를 지지만, 이주대책의 내용결정에 있어서는 재량권을 갖는다.

[판례 1] 구 공공용지의 취득 및 손실보상에 관한 특례법 제8조 제1항 및 같은 법 시행령 제5조 제5항에 의하여 실시되는 이주대책은 공공사업의 시행으로 생활근거를 상실하게 되는 이주자에게 이주정착지의 택지를 분양하도록 하는 것이고, 사업시행자는 특별공급주택의 수량, 특별공급대상자의 선정 등에 있어 재량을 가진다(대판 2007. 2. 22, 2004두7481[특별공급대상자제외처분취소]).

[판례 2] **도시개발사업의 사업시행자는 이주대책기준을 정하여 이주대책대상자 가운데 이주대책을 수립·실시하여야 할 자를 선정하여 그들에게 공급할 택지 등을 정하는 데 재량을 가진다:** 구 도시개발법(2007. 4. 11. 법률 제8376호로 개정되기 전의 것) 제23조, 공익사업을 위한 토지 등의 취득 및 보상에 관한 법률 제78조 제1항, 같은 법 시행령 제40조 제3항 제2호의 문언, 내용 및 입법 취지 등을 종합하여 보면, … 사업시행자는 이주대책기준(재량준칙)을 정하여 이주대책대상자 중에서 이주대책을 수립·실시하여야 할 자를 선정하여 그들에게 공급할 택지 또는 주택의 내용이나 수량을 정할 수 있고, 이를 정하는 데 재량을 가지므로, 이를 위해 사업시행자가 설정한 기준은 그것이 객관적으로 합리적이 아니라거나 타당하지 않다고 볼 만한 다른 특별한 사정이 없는 한 존중되어야 한다(대판 2009. 3. 12, 2008두12610[입주권확인]: 도시개발사업의 사업시행자가 보상계획공고일을 기준으로 이주대책대상자를 정한 후, 협의계약 체결일 또는 수용재결일까지 당해 주택에 계속 거주하였는지 여부 등을 고려하여 이주대책을 수립·실시하여야 할 자를 선정하여 그들에게 공급할 아파트의 종류, 면적을 정한 이주대책기준을 근거로 한 입주권 공급대상자 결정처분에 재량권을 일탈·남용한 위법이 없다고 한 사례).

이주대책의 기준은 법령(국토교통부령인 주택공급에 관한 규칙)으로 정해진 경우도 있고, 재량준칙으로 정해진 경우도 있다.

라. 이주대책수립자 이주대책을 수립하는 자는 사업시행자이다. 私人이 사업시행자인 경우 당해 사인은 공무수탁사인에 해당한다.

마. 이주대책대상자 이주대책대상자는 광의의 이주대책의 대상이 되는 자를 말한다. 이주대책대상자에는 '법령이 정한 이주대책대상자'와 '시혜적인 이주대책대상자'가 있다. '법령이 정한 이주대책대상자'는 법령상 이주대책의 대상으로 하여야 하는 자를 말한다. '시혜적인 이주대책대상자'란 법령상 이주대책의 대상으로 정해져 있지는 않지만 사업시행자가 임의적으로 이주대책의 대상으로 정한 자를 말한다. 이주대책대상자에서의 이주대책은 광의의 이주대책을 말하므로 "이주대책대상자"를 "이주지원대상자"로 수정하는 것이 보다 타당하다.

① '법령이 정한 이주대책대상자': 토지보상법상 이주대책대상자는 '공익사업의 시행으로 인하여 주거용 건축물을 제공함에 따라 생활의 근거를 상실하게 되는 자'(법 제78조 제1항) 및 대통령령으로 정하는 공익사업의 시행으로 공장을 이전하는 자이다(법 제78조의2). 다만, 다음의 1에 해당하는 자는 법상 이주대책대상자(법상 이주대책의 대상에 포함되어야 하는 자)에서 제외된다: i) 허가를 받거나 신고를 하고 건축하여야 하는 건축물을 허가를 받지 아니하거나 신고를 하지 아니하고 건축 또는 용도변경을 한 건축물의 소유자, ii) 해당 건축물에 공익사업을 위한 관계법령에 의한 고시 등이 있은 날부터 계약체결일 또는 수용재결일까지 계속하여 거주하고 있지 아니한 건축물의 소유자. 다만, 질병으로 인한 요양, 징집으로 인한 입영, 공무, 취학, 해당 공익사업지구 내 타인이 소유하고 있는 건축물에의 거주 그 밖에 이에 준하는 부득이한 사유로 인하여 거주하지 아니한 경우에는 그러하지 아니하다. iii) 타인이 소유하고 있는 건축물에 거주하는 세입자. 다만, 해당 공익사업지구에 주거용 건축물을 소유한 자로서 타인이 소유하고 있는 건축물에 거주하는 세입자는 제외한다(시행령 제40조 제3항).

② '시혜적인 이주대책대상자': 사업시행자는 법상 이주대책대상자가 아닌 자(예 세입자)도 임의로 이주대책대상자에 포함시킬 수 있다(대판 2015. 7. 23, 2012두22911). 이주대책의 수립에 의해 이주대책대상자에 포함된 세입자 등은 영구임대주택 입주권 등 이주대책을 청구할 권리를 가지며 이를 거부한 것은 거부처분이 된다(대판 1994. 2. 22, 93누15120[이주대책 등 실시거부처분취소]).

③ 법령이 정하는 이주대책대상자를 정하는 기준일은 각 법령에서 정한다. 토지보상법령상 이주대책대상자를 정하는 기준일은 "관계 법령에 따른 고시 등이 있은 날"(동법 시행령 제40조 제3항 제2호)이다.

바. 이주대책의 내용 이주대책의 내용은 법에 정해진 것을 제외하고는 사업시행자가 이주대책계획에서 재량으로 정한다.

실시될 수 있는 이주대책으로는 집단이주, 특별분양, 아파트수분양권의 부여, 개발제한구역 내 주택건축허가, 대체상가·점포·건축용지의 분양, 이주정착금 지급, 생활안정지원금 지급, 직업훈련 및 취업알선, 대토알선, 공장이전 알선 등이 있을 수 있다.

토지보상법 및 동법 시행령은 광의의 이주대책의 내용에 관한 규정을 두고 있다(법 제78조 제4항, 제6항, 제7항, 시행령 제40조 제2항). 사업시행자는 대통령령으로 정하는 바에 따라 이주대책(협의의 이주대책)을 수립·실시하거나 이주정착금을 지급하여야 한다(법 제78조 제1항).

이주대책(협의의 이주대책)은 국토교통부령으로 정하는 부득이한 사유가 있는 경우를 제외하고는 이주대책대상자 중 이주정착지에 이주를 희망하는 자의 가구 수가 10호(戶) 이상인 경우에 수립·실시한다. 다만, 사업시행자가 「택지개발촉진법」 또는 「주택법」 등 관계 법령에 따라 이주대책대상자에게 택지 또는 주택을 공급한 경우(사업시행자의 알선에 의하여 공급한 경우를 포함한다)에는 이주대책을 수립·실시한 것으로 본다(동법 시행령 제40조 제2항). 사업시행자는 법 제78조 제1항에 따라 다음 각 호의 어느 하나에 해당하는 경우에는 이주대책대상자에게 국토교통부령으로 정하는 바에 따라 이주정착금을 지급하여야 한다. 1. 이주대책을 수립·실시하지 아니하는 경우, 2. 이주대책대상자가 이주정착지가 아닌 다른 지역으로 이주하려는 경우(동법 시행령 제41조).

[판례 1] 공특법 제8조 제1항 및 같은법시행령 제5조 제5항에 의하여 실시되는 이주대책은 공공사업의 시행으로 생활근거를 상실하게 되는 자를 위하여 이주자에게 이주정착지의 택지를 분양하도록 하는 것이고, 사업시행자는 특별공급주택의 수량, 특별공급대상자의 선정 등에 있어서 재량을 가진다고 할 것이다(대판 1995. 10. 12, 94누11279).

[판례 2] [1] 시혜적으로 시행되는 이주대책수립 등의 경우, 대상자의 범위나 그들에 대한 이주대책수립 등의 내용을 어떻게 정할 것인지에 관하여 사업시행자에게 폭넓은 재량이 있다. [2] 이주대책의 내용으로서 사업시행자가 생활기본시설을 설치하고 비용을 부담하도록 강제한 공익사업을 위한 토지 등의 취득 및 보상에 관한 법률 제78조 제4항은 시혜적인이주대책대상자에까지는 적용되지 않는다(대판 2015. 7. 23, 2012두22911).

[판례 3] 사업시행자가 공익사업을 위한 토지 등의 취득 및 보상에 관한 법률 시행령 제40조 제2항 단서에 따라 택지개발촉진법 또는 주택법 등 관계 법령에 의하여 이주대책대상자들에게 택지 또는 주택을 공급하는 것은 공익사업을 위한 토지 등의 취득 및 보상에 관한 법률 제78조 제1항의 위임에 근거하여 선택할 수 있는 이주대책의 한 방법이고, 사업시행자는 이주대책을 수립·실시하여야 할 자를 선정하여 그들에게 공급할 택지 또는 주택의 내용이나 수량을 정함에 재량을 갖는다(대판 2023. 7. 13, 2023다214252).

이주대책도 보상의 한 방식이고 보상의 내용이다. 그러므로 이주대책도 보상협의 및 수용재결신청의 대상이 된다. 법령상 이주대책을 실시하여야 하는 경우임에도 사업시행자와 토지소유자 등 사이에 이주대책에 관한 협의가 이루어지지 않은 경우 사업시행자는 이주대책계획을 수립하여 토지수용위원회에 재결을 신청하여야 한다. 이 경우 이주대책계획은 법정사항 이외에 있어서 이주대책의 내용에 관한 사업시행자의 재량권을 전제로 한 토지수용위원회의 재결에 의해 확정된다. 토지수용위위원회의 재결에 의해 확정된 이주대책계획은 구속적 행정계획으로서 처분이다. 재결에 의해 확정된 이주대책계획의 내용에 불복하는 경우 재결취소소송 또는 재결무효확인소송을 제기하여야 할지 아니면 이주대책계획취소송을 제기해야 할지 논란이 있을 수 있다.

사. 이주대책대상자의 법적 지위 이주대책대상자는 이주대책상의 권리(이주책계획수립청구권, 분양신청권, 수분양권(분양받을 권리))를 취득하는데, 이 권리를 언제 취득하는가 하는 것이 문제된다.

(가) 법상의 이주대책대상자의 이주대책계획수립청구권 토지보상법 제78조 제1항은 토지보상법 시행령 제40조 제4항상 예외가 인정되고 있는 경우를 제외하고는 사업시행자에게 이주대책을 실시할 의무만을 부여하고 있다고 보아야 하므로 이 법규정만으로는 법상의 이주대책대상자에게 특정한 이주대책을 청구할 권리는 발생하지 않지만 이주대책을 수립할 것을 청구할 권리는 갖는다고 보아야 한다.

법상의 이주대책대상자가 이주대책계획의 수립을 청구하였음에도 불구하고 사업시행자가 이주대책을 수립하지 않는 경우에는 의무이행심판 또는 부작위위법확인소송을 제기할 수 있고, 이주대책수립을 거부한 경우에는 의무이행심판(또는 거부처분취소심판) 또는 거부처분취소소송을 제기할 수 있다고 보아야 한다.

[판례] 공익사업법 제78조 제1항에서 사업시행자는 이주대책대상자에게 이주대책을 수립·실시하도록 규정하고 있으므로, 사업시행자는 이주대책의 수립·실시의무가 있다(대판 2009. 2. 26, 2008두5124).

(나) **분양신청권** 이주대책계획이 수립되면 이주대책대상자는 분양신청권을 취득한다.

(다) **이주대책대상자의 수분양권 등 특정한 실체법상의 권리의 취득**

가) **취득시기** 문제는 이주대책대상자에게 언제 수분양권(분양을 받을 구체적 권리) 등 특정한 실체법상의 권리가 취득되는가 하는 것이다.

① **이주대책계획수립이전설**(법상 취득설): 토지보상법 제78조 및 동법 시행령 제40조의 요건을 충족하는 경우에 실체적 권리인 수분양권이 취득된다고 보는 견해이다.

후술하는 바와 같이 대법원 92다35783 전원합의체 판결에서 반대의견이 이 견해를 채택한 것으로 보인다.

② **이주대책계획수립시설**: 사업시행자가 이주대책에 관한 구체적인 계획을 수립하여 이를 해당자에게 통지 내지 공고한 경우에 이것으로 이주자에게 수분양권이 취득된다고 보는 견해이다.

후술하는 바와 같이 대법원 92다35783 전원합의체 판결에서 반대의견에 대한 보충의견이 이 견해를 취한 것으로 보인다.

③ **확인·결정시설**: 이주대책계획 수립 후 이주대책대상자는 이주대책대상자 선정신청권(분양신청권)만을 취득하고, 이주자가 이주대책대상자 선정을 신청하고 사업시행자가 이를 받아들여 **이주대책대상자로 확인·결정하여야** 비로소 수분양권이 발생한다고 보는 견해이다.

④ **판 례**: 판례는 수분양권의 발생에 관하여 **확인·결정시설**을 취하고 있다(대판 전원합의체 1994. 5. 24, 92다35783).

[판례] 같은 법 제8조 제1항이 사업시행자에게 이주대책의 수립·실시의무를 부과하고 있다고 하여 그 규정 자체만에 의하여 이주자에게 사업시행자가 수립한 이주대책상의 택지분양권이나 아파트 입주권 등을 받을 수 있는 구체적인 권리(수분양권)가 직접 발생하는 것이라고는 도저히 볼 수 없으며, 사업시행자가 이주대책에 관한 구체적인 계획을 수립하여 이를 해당자에게 통지 내지 공고한 후, 이주자가 수분양권을 취득하기를 희망하여 이주대책에 정한 절차에 따라 사업시행자에게 이주대책대상자 선정신청을 하고 사업시행자가 이를 받아들여 이주대책대상자로 확인·결정하여야만 비로소 구체적인 수분양권이 발생하게 된다(대판 전원합의체 1994. 5. 24, 92다35783).

판례는 이주대책대상자 선정기준에 해당하는 자는 사업시행자에게 이주대책대상자 확인·결정을 신청할 수 있는 권리를 가지고, **이주대책대상자 선정의 거부**는 항고소송의 대상이 되는 거부처분으로 본다. 또한 판례는 이주대책대상자 확인·결정은 구체적인 이주대책상의 수분양권을 부여하는 요건이 되는 행정작용으로서의 처분이라고 보고 있다.

[판례 1] [1] **사업시행자 스스로 공익사업의 원활한 시행을 위하여 생활대책을 수립·실시할 수 있도록 하는 내부규정을 두고 이에 따라 생활대책대상자 선정기준을 마련하여 생활대책을 수립·실시하는 경우, 생활대책대상자 선정기준에 해당하는 자는 자신을 생활대책대상자에서 제외하거나 선정을 거부한 사업시행자를 상대로 항고소송을 제기할 수 있다**: 공익사업을 위한 토지 등의 취득 및 보상에 관한 법률은 제78조 제1항에서 "사업시행자는 공익사업의 시행으로 인하여 주거용 건축물을 제공함에 따라 생활의 근거를 상실하게 되는 자(이하 '이주대책대상자'라 한다)를 위하여 대통령령으로 정하는 바에 따라 이주대책을 수립·실시하거나 이주정

착금을 지급하여야 한다"고 규정하고 있을 뿐, 생활대책용지의 공급과 같이 공익사업 시행 이전과 같은 경제 수준을 유지할 수 있도록 하는 내용의 생활대책에 관한 분명한 근거 규정을 두고 있지는 않으나, 사업시행자 스스로 공익사업의 원활한 시행을 위하여 필요하다고 인정함으로써 생활대책을 수립·실시할 수 있도록 하는 내부규정을 두고 있고 내부규정에 따라 생활대책대상자 선정기준을 마련하여 생활대책을 수립·실시하는 경우에는, 이러한 생활대책 역시 "공공필요에 의한 재산권의 수용·사용 또는 제한 및 그에 대한 보상은 법률로써 하되, 정당한 보상을 지급하여야 한다"고 규정하고 있는 헌법 제23조 제3항에 따른 정당한 보상에 포함되는 것으로 보아야 한다. 따라서 이러한 생활대책대상자 선정기준에 해당하는 자는 사업시행자에게 생활대책대상자 선정 여부의 확인·결정을 신청할 수 있는 권리를 가지는 것이어서, 만일 사업시행자가 그러한 자를 생활대책대상자에서 제외하거나 선정을 거부하면, 이러한 생활대책대상자 선정기준에 해당하는 자는 사업시행자를 상대로 항고소송을 제기할 수 있다고 보는 것이 타당하다. [2] 뉴타운개발 사업시행자가 사업시행으로 생활근거 등을 상실하는 주민들을 위한 주거대책 및 생활대책을 공고함에 따라 화훼도매업을 하던 갑이 사업시행자에게 생활대책신청을 하였으나 사업시행자가 이를 거부한 사안에서, 위 거부행위가 행정처분에 해당한다고 본 원심판단을 정당하다고 한 사례. [3] 뉴타운개발 사업시행자가 사업시행으로 생활근거 등을 상실하는 주민들을 위한 주거대책 및 생활대책을 공고함에 따라 화훼도매업을 하던 갑이 사업시행자에게 생활대책신청을 하였으나, 사업시행자가 갑은 주거대책 및 생활대책에서 정한 '이주대책 기준일 3개월 이전부터 사업자등록을 하고 영업을 계속한 화훼영업자'에 해당하지 않는다는 이유로 화훼용지 공급대상자에서 제외한 사안에서, 갑이 동생 명의를 빌려 사업자등록을 하다가 기준일 이후에 자신 명의로 사업자등록을 마쳤다 하더라도 위 대책에서 정한 화훼용지 공급대상자에 해당한다고 본 원심판단을 정당하다고 한 사례(대판 2011. 10. 13, 2008두17905[상가용지공급대상자적격처분취소등]).

[판례 2] 공익사업을 위한 토지 등의 취득 및 보상에 관한 법률상의 공익사업시행자가 하는 이주대책대상자 확인 · 결정의 법적 성질(=행정처분)과 이에 대한 쟁송방법(=항고소송): 공익사업을 위한 토지 등의 취득 및 보상에 관한 법률상의 공익사업시행자가 하는 이주대책대상자 확인·결정은 구체적인 이주대책상의 수분양권을 부여하는 요건이 되는 행정작용으로서의 처분이지 이를 단순히 절차상의 필요에 따른 사실행위에 불과한 것으로 평가할 수는 없다. 따라서 수분양권의 취득을 희망하는 이주자가 소정의 절차에 따라 이주대책대상자 선정신청을 한 데 대하여 사업시행자가 이주대책대상자가 아니라고 하여 위 확인·결정 등의 처분을 하지 않고 이를 제외시키거나 거부조치한 경우에는, 이주자로서는 사업시행자를 상대로 항고소송에 의하여 제외처분이나 거부처분의 취소를 구할 수 있다. 나아가 이주대책의 종류가 달라 각 그 보장하는 내용에 차등이 있는 경우 이주자의 희망에도 불구하고 사업시행자가 요건 미달 등을 이유로 그 중 더 이익이 되는 내용의 이주대책대상자로 선정하지 않았다면 이 또한 이주자의 권리의무에 직접적 변동을 초래하는 행위로서 항고소송의 대상이 된다(대판 2014. 2. 27, 2013두10885[일반분양이주택지결정무효확인]).

⑤ 결　　어: 이주대책계획이 수립되면 수분양권 등 이주대책상 구체적 권리를 취득하는 것으로 보아야 할 것이므로 **이주대책계획수립시설**이 타당하다.

나) 권리구제 및 소송 형식

① 판례와 같이 확인·결정시설을 취하면 이주대책대상자 선정신청에 대한 거부는 거부처분이 되므로 이에 대하여 취소소송을 제기하고 부작위인 경우에는 부작위위법확인소송을 제기하여야 한다. 이주자가 사업시행자에 대한 이주대책대상자 선정신청 및 이에 따른 확인·결정 등 절차를 밟지 아니하여 구체적인 수분양권을 아직 취득하지도 못한 상태에서 곧바로 분양의무의 주체를 상대방으로 하여 민사소송이나 공법상 당사자소송으로 이주대책상의 수분양권의 확인 등을 구하는 것은 허용될 수 없고, 나아가 그 공급대상인 택지나 아파트 등의 특정부분에 관하여 그 수분양권의 확인을 소구하는 것은 더더욱 불가능하다고 본다(대판 전원합의체 1994. 5. 24, 92다35783).

② 만일 **이주대책계획 수립시설**을 **취하면** 사업시행자가 실제로 **이주대책계획을 수립하기 이전**에는 이주자의 수분양권은 아직 추상적인 권리나 법률상의 지위 내지 이익에 불과한 것이어서 이 단계에 있어서는 확인의 이익이 인정되지 아니하여 그 권리나 지위의 확인을 구할 수 없다고 할 것이고, 사업시행자가 이주대책계획을 수립하지 아니하는 경우에는 사업시행자에게 이를 청구하여 거부되면 취소소송을, 방치되면 부작위위법확인을 소구할 수 있다고 볼 것이다. 그러나 **이주대책계획을 수립한 이후**에는 이주대책대상자의 추상적인 수분양권이 그 이주대책이 정하는 바에 따라 구체적 권리로 바뀌게 되므로, 이주대책에서 제외된 이주대책대상자는 위와 같은 수분양권에 터잡은 분양신청을 하여 거부당한 경우에는 그 거부의 취소를 구하는 항고소송을 제기할 수 있을 것이고, 신청기간을 도과한 경우, 사업시행자가 미리 수분양권을 부정하거나 이주대책에 따른 분양절차가 종료되어 분양신청을 하더라도 거부당할 것이 명백한 경우, 또는 분양신청을 묵살당한 경우, 기타 확인판결을 얻음으로써 분쟁이 해결되고 권리구제가 가능하여 그 확인소송이 권리구제에 유효 적절한 수단이 될 수 있는 특별한 사정이 있는 경우에는, 당사자소송으로 수분양권 또는 그 법률상의 지위의 확인을 구할 수 있다고 보아야 한다(대법원 92다35783 전원합의체 판결에서 반대의견에 대한 보충의견).

③ **이주대책계획수립이전설**(법상 취득설)에 의하면 구체적 이주대책의 이행을 신청하고 그 이행이 없을 때 부작위위법확인소송을 제기하여 그 권리구제를 받을 수 있고, 그 권리를 포기한 것으로 볼 수 없는 한 언제나 신청이 가능하고 구체적 이주대책이 종료한 경우에도 추가 이주대책을 요구할 수 있다. 그리고, 이주대책대상자 선정신청의 거부에 대하여 거부처분의 취소를 청구할 수 있을 뿐만 아니라 구체적 이주대책계획에서 제외된 이주대책대상자는 자기 몫이 참칭 이주대책대상자에게 이미 분양되어 분양신청을 하더라도 거부할 것이 명백한 특수한 경우에는 이주대책대상자로서 분양을 받을 권리 또는 그 법률상 지위의 확인을 구할 수 있다고 보아야 한다. 이 때에 확인소송은 확인소송의 보충성이라는 소송법의 일반법리에 따라 그 확인소송이 권리구제에 유효 적절한 수단이 될 때에 한하여 그 소의 이익이 인정된다(대법원 92다35783 전원합의체 판결에서의 반대의견).

④ 이주대책의 수립 및 집행은 공행정사무로 보아야 하므로 **수분양권은 공법상 권리**로 보는 것이 타당하다(대판 전원합의체 1994. 5. 24, 92다35783). 따라서, **수분양권의 확인을 구하는 소송은 공법상 당사자소송**으로 제기하여야 할 것이다.

4) 토지보상법상 이주정착금의 지급

사업시행자는 ① 이주대책을 수립·실시하지 아니하는 경우 또는 ② 이주대책대상자가 이주정착지가 아닌 다른 지역으로 이주하고자 하는 경우에는 이주대책대상자에게 국토교통부령이 정하는 바에 따라 이주정착금을 지급하여야 한다(시행령 제41조).

5) 토지보상법상 주거이전비(이사비)의 지급

토지보상법령은 주거이전비(이사비)보상에 관하여 다음과 같이 규정하고 있다.

주거용 건물의 거주자에 대하여는 주거이전에 필요한 비용과 가재도구 등 동산의 운반에 필요한 비용을 산정하여 보상하여야 한다(토지보상법 제78조 제6항). 공익사업시행지구에 편입되는 주거용 건축물의 소유자에 대하여는 해당 건축물에 대한 보상을 하는 때에 가구원수에 따라 2개월분의 주거이전비를 보상하여야 한다. 다만, 건축물의 소유자가 당해 건축물 또는 공익사업시행지구 내 타인의 건축물에 실제 거주하고 있지 아니하거나 해당 건축물이 무허가건축물 등인 경우에는 그러하지 아니하다(동법 시행규칙 제54조 제1항). 공익사업의 시행으로 인하여 이주하게 되는 주거용 건축물의 세입자(무상으로 사용하는 거주자를 포함하되, 법 제78조 제1항에 따른 이주대책대상자인 세입자는 제외한다)로서 사업인정고시일 등 당시 또는 공익사업을 위한 관계법령에 의한 고시 등이 있은 당시 해당 공익사업시행지구 안에서 3개월 이상 거주한 자에 대하여는 가구원수에 따라 4개월분의 주거이전비를 보상하여야 한다. 다만, 무허가건축물 등에 입주한 세입자로서 사업인정고시일 등 당시 또는 공익사업을 위한 관계법령에 의한 고시 등이 있은 당시 그 공익사업지구 안에서 1년 이상 거주한 세입자에 대하여는 본문에 따라 주거이전비를 보상하여야 한다(제2항).

주거이전비 보상청구권은 공법상의 권리로서 그 보상을 구하는 소송은 행정소송법상 당사자소송(실질적 당사자소송)에 의하여야 하고, 소유자의 주거이전비 보상에 관하여 재결이 이루어진 다음 소유자가 다투는 경우에는 토지보상법 제85조에 규정된 행정소송을 제기하여야 한다(대판 2019. 4. 23, 2018두55326; 2021. 8. 26, 2019다235153).

V. 토지보상법상 공용사용으로 인한 손실의 보상

협의 또는 재결에 의하여 사용하는 토지에 대하여는 그 토지와 인근 유사토지의 지료(地料)·임대료·사용방법·사용기간 및 그 토지의 가격 등을 참작하여 평가한 적정가격으로 보상하여야 한다(제71조 제1항).

사업인정고시가 있은 후 다음의 1에 해당하는 때에는 당해 토지소유자는 사업시행자에게 그 토지의 매수를 청구하거나 관할 토지수용위원회에 그 토지의 수용을 청구할 수 있다: ① 토지를 사용하는 기간이 3년 이상인 때, ② 토지의 사용으로 인하여 토지의 형질이 변경되는 때, ③ 사용하고자 하는 토지에 그 토지소유자의 건축물이 있는 때. 이 경우 관계인은 사업시행자 또는 관할 토지수용위원회에 그 권리의 존속을 청구할 수 있다(제72조).

VI. 공용제한으로 인한 손실의 보상기준

공용제한(公用制限)으로 인한 손실의 보상기준에 관하여 규정하고 있는 법률도 있지만, **대부분의 공용제한의 경우에는 보상기준이 법률에 의해 정해져 있지 않다.**

공용제한으로 인한 손실보상의 기준에 관하여는 상당인과관계설(공용제한행위와 상당인과관계 있는 손실은 모두 보상하여야 한다는 견해), 지가저락설(토지이용제한에 의해 초래되는 지가저락분을 보상하여야 한다는 견해), 적극적 실손보전설(공용제한으로 토지소유자가 현실적으로 예상하지 않았던 지출을 하지 않을 수 없는 경우에 한하여 그 적극적이고 현실적인 지출만을 보상하면 된다는 견해)이 있다.

[판례] 준용하천의 제외지로 편입됨에 따른 구 하천법 제74조 제1항의 손실보상은 원칙적으로 공용제한에 의하여 토지 소유자로서 사용수익이 제한되는 데 따른 손실보상으로서 제외지 편입 당시의 현황에 따른 지료 상당액을 기준으로 함이 상당하다(대판 2003. 4. 25, 2001두1369[재결신청기각처분취소 등]).

제 5 절 행정상 손실보상의 방법

손실보상은 원칙상 현금으로 보상하는 것을 원칙으로 한다. 그러나, 공익사업의 원활한 수행과 피수용자의 생계의 보장을 위하여 다음과 같은 보상방법도 인정되고 있다.

Ⅰ. 현금보상의 원칙

보상은 다른 법률에 특별한 규정이 있는 경우를 제외하고는 현금(現金)으로 지급한다(제63조 제1항).

Ⅱ. 채권보상

1. 채권보상의 의의

채권보상이라 함은 현금보상의 원칙에 대한 예외로서 채권(債券)으로 하는 손실보상을 말한다.

2. 채권보상의 종류

채권보상에는 사업시행자가 선택하는 **임의적 채권보상**과 토지투기를 막기 위하여 행해지는 **의무적 채권보상**이 있다.

3. 채권보상의 방법

채권보상이 인정되는 경우에도 채권의 상환기간은 5년 이내로 하고, 채권금액에 대하여 **법정의 이자**를 지급하여야 한다(제63조 제9항). 이와 같이 상환기간과 이자율을 제한하고 있는 것은 채권보상이 정당보상의 원칙에 반하지 않도록 하기 위함이다.

Ⅲ. 생활재건조치

이에 관하여는 전술하였다.

Ⅳ. 대토보상

토지소유자가 원하는 경우로서 사업시행자가 해당 공익사업의 합리적인 토지이용계획과 사업계획 등을 고려하여 토지로 보상이 가능한 경우에는 현금 또는 채권으로 보상받는 금액을 제외한 부분에 대하여 제63조 제1항 각 호에서 정하는 기준과 절차에 따라 그 공익사업의 시행으로 조성된 토지로 보상할 수 있다(제63조 제1항 단서·제2항 내지 제5항).

Ⅴ. 사전보상의 원칙

사업시행자는 **당해 공익사업을 위한 공사에 착수하기 이전**에 토지소유자 및 관계인에 대하여 보상액의 전액을 지급하여야 한다. 다만, 법 제38조의 규정에 의한 천재·지변시의 토지의 사용과 법 제39조의 규정에 의한 시급을 요하는 토지의 사용 또는 토지소유자 및 관계인의 승낙이 있은 때에는 그러하지 아니하다(제62조).

그리고, 공익사업의 시행으로 인하여 공익사업지구 밖의 어업에 피해가 발생한 경우에 토지보상법 시행규칙 제63조 제1항에 따른 그 피해에 대한 보상은 사후에 보상을 할 수밖에 없다.

Ⅵ. 개인별 보상

손실보상은 토지소유자나 관계인에게 개인별로 하여야 한다. 다만, 개인별로 보상액을 산정할 수 없을 때에는 그러하지 아니하다(토지보상법 제64조).

Ⅶ. 일괄보상

사업시행자는 사업인정을 받은 **동일한 사업지역**에 보상시기를 달리하는 동일인 소유의 토지등이 여러 개 있는 경우 **토지소유자나 관계인이 요구할** 때에는 한꺼번에 보상금을 지급하도록 하여야 한다(토지보상법 제65조).

제 6 절 보상액의 결정방법 및 불복절차

보상액은 협의매수시에는 사업시행자와 토지소유자 사이의 협의에 의해 결정되고, 강제수용의 경우에는 행정청 또는 소송에 의해 결정된다.

제 1 항 협의에 의한 결정

토지보상법은 **협의전치주의**를 취하고 있다. 즉, 우선 보상은 사업시행자와 손실을 입은 자가 협의하여 결정한다(제80조 제1항, 제26조, 제28조). 사업인정을 받은 **사업시행자는** 보상에 관하여 **토지소유자 및 관계인과 협의**하여야 한다(제26조 제1항). 다만, 사업인정 이전에 임의협의절차를 거쳤으나 협의가 성립되지 아니하여 사업인정을 받은 사업으로서 토지조서 및 물건조서의 내용에 변동이 없는 때에는 협의절차를 거치지 아니할 수 있다. 다만, 사업시행자 또는 토지소유자 및 관계인이 협의를 요구하는 때에는 협의하여야 한다(제26조 제2항).

[판례] 공익사업을 위한 토지 등의 취득 및 보상에 관한 법률(이하 '공익사업법'이라고 한다)에 의한 보상합의는 공공기관이 사경제주체로서 행하는 사법상 계약의 실질을 가지는 것으로서, 당사자 간의 합의로 같은 법 소정의 손실보상의 기준에 의하지 아니한 손실보상금을 정할 수 있으며, 이와 같이 같은 법이 정하는 기준에 따르지 아니하고 손실보상액에 관한 합의를 하였다고 하더라도 그 합의가 착오 등을 이유로 적법하게 취소되지 않는 한 유효하다. 따라서 공익사업법에 의한 보상을 하면서 손실보상금에 관한 당사자 간의 합의가 성립하면 그 합의 내용대로 구속력이 있고, 손실보상금에 관한 합의 내용이 공익사업법에서 정하는 손실보상 기준에 맞지 않는다고 하더라도 합의가 적법하게 취소되는 등의 특별한 사정이 없는 한 추가로 공익사업법상 기준에 따른 손실보상금 청구를 할 수는 없다(대판 2013. 8. 22, 2012다3517).

사업시행자와 토지소유자 및 관계인 간에 제26조에 따른 절차를 거쳐 협의가 성립되었을 때에는 사업시행자는 관할 토지수용위원회에 협의 성립의 확인을 신청할 수 있다(제29조 제1항). 협의 성립의 확인은 이 법에 따른 재결로 보며, 사업시행자, 토지소유자 및 관계인은 그 확인된 협의의 성립이나 내용을 다툴 수 없다(제4항).

매수 또는 보상에 관한 협의는 기간의 제한이 없다. 토지수용위원회의 수용재결이 있은 후라고 하더라도 토지소유자와 사업시행자가 다시 협의하여 토지 등의 취득·사용 및 그에 대한 보상에 관하여 임의로 계약을 체결할 수 있다(대판 2017. 4. 13, 2016두64241).

[판례] 중앙토지수용위원회가 지방국토관리청장이 시행하는 공익사업을 위하여 갑 소유의 토지에 대하여 수용재결을 한 후, 갑과 사업시행자가 '공공용지의 취득협의서'를 작성하고 협의취득을 원인으로 소유권이전등기를 마쳤는데, 갑이 '사업시행자가 수용개시일까지 수용재결보상금 전액을 지급·공탁하지 않아 수용재결이 실효되었다'고 주장하며 수용재결의 무효확인을 구하는 소송을 제기한 사안에서, 갑이 수용재결의 무효확인 판결을 받더라도 토지의 소유권을 회복시키는 것이 불가능하고, 무효확인으로써 회복할 수 있는 다른 권리나 이익이 남아 있다고도 볼 수 없다고 한 사례(대판 2017. 4. 13, 2016두64241).

제 2 항 행정청에 의한 결정

I. 토지보상법상 토지수용위원회의 재결에 의한 결정

1. 재결의 신청

토지보상법 제28조, 제30조에 따르면, 사업시행자만이 재결을 신청할 수 있고, 토지소유자와 관계인은 사업시행자에게 재결신청을 청구할 수 있다(제30조).

제26조에 따른 보상등의 협의가 성립되지 아니하거나 협의를 할 수 없을 때(제26조 제2항 단서에 따른 협의 요구가 없을 때를 포함한다)에는 사업시행자는 사업인정고시가 된 날부터 1년 이내에 대통령령으로 정하는 바에 따라 관할 토지수용위원회에 재결을 신청할 수 있다(제28조 제1항). 그런데, 토지보상법 별표상 개별법률은 대부분 해당 공익사업시행기간 내에는 언제든지 재결신청을 할 수 있다는 특칙을 두고 있고, 이 경우 재결신청기간을 사업인정 고시일로부터 1년 이내로 한정하고 있는 토지보상법의 규정은 적용되지 않는다.

사업인정고시가 된 후 협의가 성립되지 아니하였을 때에는 토지소유자와 관계인은 대통령령으로 정하는 바에 따라 서면으로 사업시행자에게 재결을 신청할 것을 청구할 수 있다(제30조 제1항). 사업시행자는 제1항에 따른 청구를 받았을 때에는 그 청구를 받은 날부터 60일 이내에 대통령령으로 정하는 바에 따라 관할 토지수용위원회에 재결을 신청하여야 한다(제2항). 사업시행자가 제2항에 따른 기간을 넘겨서 재결을 신청하였을 때에는 그 지연된 기간에 대하여 「소송촉진 등에 관한 특례법」 제3조에 따른 법정이율을 적용하여 산정한 금액을 관할 토지수용위원회에서 재결한 보상금에 가산(加算)하여 지급하여야 한다(제3항).

토지소유자나 관계인의 재결신청 청구에도 사업시행자가 재결신청을 하지 않으면 사업시행자를 상대로 거부처분 취소소송 또는 부작위 위법확인소송의 방법으로 다투어야 한다. 구체적인 사안에서 토지소유자나 관계인의 재결신청 청구가 적법하여 사업시행자가 재결신청을 할 의무가 있는지는 본안에서 사업시행자의 거부처분이나 부작위가 적법한가를 판단하는 단계에서 고려할 요소이지, 소송요건 심사단계에서 고려할 요소가 아니다(대판 2019. 8. 29, 2018두57865).

재결신청에 대한 거부가 처분이 되기 위하여는 신청인에게 재결신청권이 있어야 한다.

[판례 1] [1] 공익사업법 제30조 제1항에서의 '협의가 성립되지 아니한 때'라 함은 사업시행자가 토지소유자 등과 사이에 공익사업법 제26조 소정의 협의절차는 거쳤으나 그 보상액 등에 관하여 협의가 성립하지 아니한 경우는 물론 토지소유자 등이 손실보상대상에 해당한다고 주장하며 보상을 요구함에도 불구하고 사업시행자가 손실보상대상에 해당하지 아니한다고 보아 보상대상에서 이를 제외하고 협의를 거치지 않아 결국 협의가 성립하지 않은 경우도 포함한다고 보아야 한다. [2] 토지수용사건에서 사업시행자가 손실보상의 대상이 아니라고 보아 지장물에 대한 보상협의절차를 진행하지 아니하거나 거부하는 경우, 토지소유자 등이 공익사업을 위한 토지 등의 취득 및 보상에 관한 법률 제30조에 의하여 사업시행자를 상대로 관할 토지수용위원회에 재결신청을 하도록 청구할 수 있다고 한 사례. [3] 이 사건 지장물에 대한 수용재결신청을 거부하거나 보상협의를 하지 않으면서도 아무런 조치를 취하지 않은 것을 처분(보상제외처분)으로 본 사례. 〈해설〉 토지소유자 등의 수용재결신청에 대한 사업시행자의 거부(명시적 거부뿐만 아니라 토지수용위원회에 대한 재결신청시 포함시키지 않는 묵시적 거부)는 토지수용위원회에 대한 재결신청권이 사업시행자에게만 부여되어 있고, 재결신청거부의 처분성을 부인하면 다른 권리구제수단이 없는 점 등을 고려할 때 토지소유자 등의 권익(손실보상청구권)에 직접 영향을 미치는 것으로 보고 행정소송법상 처분으로 보는 것이 타당하다. [4] 아산~천안 간 도로건설 사업구역에 포함된 토지의 소유자가 토지상의 지장물에 대하여 재결신청을 청구하였으나, 그 중 일부에 대해서는 사업시행자가 손실보상대상에 해당하지 않아 재결신청대상이 아니라는 이유로 수용재결신청을 거부하면서 보상협의를 하지 않은 사안에서, 사업시행자가 수용재결 신청을 거부하거나 보상협의를 하지 않으면서도 아무런 조치를 취하지 않은 것은 공익사업을 위한 토지 등의 취득 및 보상에 관한 법률에서 정한 재결신청청구 제도의 취지에 반하여 위법하다고 본 원심판단을 수긍한 사례(대판 2011. 7. 14, 2011두2309[보상제외처분취소 등]). 〈해설〉 재결신청거부처분 취소소송 및 재결신청에 대한 부작위에 대한 부작위위법확인소송의 피고는 사업시행자(이 사건에서 대한민국)이다.

[판례 2] 문화재청장이 토지조서 및 물건조서를 작성하는 등 위 토지에 대하여 구 공익사업법에 따른 수용절차를 개시한 바 없으므로, 문화재구역 내 토지 소유자 甲에게 문화재청장으로 하여금 관할 토지수용위원회에 재결을 신청할 것을 청구할 법규상의 신청권이 인정된다고 할 수 없다고 하면서 거부의 처분성을 부정한 사례(대판 2014. 7. 10, 2012두22966[재결신청거부처분취소]).

다만, 잔여지손실보상청구, 잔여지수용 등 확장수용의 청구(사업인정 이후), 간접손실보상청구 등에 있어서는 **사업시행자나 손실을 입은 자**가 직접 관할 토지수용위원회에 재결을 신청할 수 있다(제73조 제4항, 제74조 제1항, 제79조 제5항, 제9조 제7항 등).

2. 토지수용위원회에 의한 보상금의 결정

토지수용위원회는 보상액을 재결(裁決)의 형식으로 수용 등과 함께 결정한다(제50조). 토지수용위원회의 재결에는 수용재결(수용 및 보상재결), 보상재결, 협의성립확인재결(제29조 제4항), 경정재결(제36조)이 있다. 토지수용위원회의 재결사항은 ① 수용하거나 사용할 토지의 구역 및 사용방법, ② 손실보상, ③ 수용 또는 사용의 개시일과 기간, ④ 그 밖에 이 법 및 다른 법률에서 규정한 사항이다(제50조 제1항). 토지수용위원회는 사업시행자, 토지소유자 또는 관계인이 신청한 범위에서 재결하여야 한다. 다만, 손실보상의 경우에는 증액재결(增額裁決)을 할 수 있다(제50조 제2항). 이주대책도 수용재결사항이다.

토지수용위원회의 **토지보상법 제34조에 따른 수용재결**(원재결)은 행정심판의 재결이 아니라 **원행정행위**의 성질을 갖는다.

국가 또는 시·도가 사업시행자인 사업과 수용 또는 사용할 토지가 2 이상의 시·도에 걸치는 사업에 관한 것은 중앙토지수용위원회의 관할에 속하고 그 이외의 사업(기초자치단체, 기타 사인 등이 사업시행자인 사업)에 관한 것은 지방토지수용위원회의 관할에 속한다(제51조).

판례에 의하면 토지소유자가 사업시행자로부터 손실보상을 받기 위하여는 공익사업법 제34조, 제50조 등에 규정된 재결절차를 거친 다음 그 재결에 대하여 불복할 때 비로소 공익사업법 제83조 내지 제85조에 따라 권리구제를 받을 수 있을 뿐이며, 특별한 사정이 없는 한 이러한 재결절차를 거치지 않은 채 곧바로 사업시행자를 상대로 손실보상을 청구하는 것은 허용되지 않는다(대판 2011. 9. 29, 2009두10963[영업권보상]; 2011. 10. 13, 2009다43461[농업손실보상금]). 이를 **재결전치주의**라 한다.

[판례 1] **잔여지 가격감소 등으로 인한 손실보상청구에 재결전치주의가 적용된다**: 토지소유자가 사업시행자로부터 공익사업법 제73조에 따른 잔여지 가격감소 등으로 인한 손실보상을 받기 위해서는 공익사업법 제34조, 제50조 등에 규정된 재결절차를 거친 다음 그 재결에 대하여 불복이 있는 때에 비로소 공익사업법 제83조 내지 제85조에 따라 권리구제를 받을 수 있을 뿐, 이러한 재결절차를 거치지 않은 채 곧바로 사업시행자를 상대로 손실보상을 청구하는 것은 허용되지 않는다고 봄이 상당하고, 이는 수용대상토지에 대하여 재결절차를 거친 경우에도 마찬가지라 할 것이다(대판 2012. 11. 29, 2011두22587[토지수용보상금증액등]: 대판 2014. 9. 25, 2012두24092[손실보상금]). 〈해설〉 잔여지 가격감소 등으로 인한 손실보상액에 대하여 다툼이 있는 경우 수용재결절차를 거친 다음 이의신청 또는 보상금증감청구소송을 제기하여야 한다.

[판례 2] 잔여 건축물 가격감소 등으로 인한 손실보상에도 재결전치주의가 적용된다(대판 2015. 11. 12, 2015두2963[손실보상금등]).

[판례 3] 공익사업에 영업시설 일부가 편입됨으로 인하여 잔여 영업시설에 손실을 입은 자는 재결절차를 거치지 않은 채 곧바로 사업시행자를 상대로 잔여 영업시설의 손실에 대한 보상을 청구할 수 없다(대판 2018. 7. 20, 2015두4044).

[판례 4] 공익사업으로 인하여 공익사업시행지구 밖에서 영업을 휴업하는 자가 사업시행자로부터 공익사업을 위한 토지 등의 취득 및 보상에 관한 법률 시행규칙 제47조 제1항에 따라 영업손실에 대한 보상을 받기 위해서는, 토지보상법 제34조, 제50조 등에 규정된 재결절차를 거친 다음 그 재결에 대하여 불복이 있는 때에 비로소 토지보상법 제83조 내지 제85조에 따라 권리구제를 받을 수 있을 뿐이다. 이러한 재결절차를 거치지 않은 채 곧바로 사업시행자를 상대로 손실보상을 청구하는 것은 허용되지 않는다(대판 2019. 11. 28, 2018두227).

재결절차를 거쳤는지 여부는 **보상항목별**로 판단하여야 한다(대판 2020. 4. 9, 2017두275). 피보상자별로 어떤 토지, 물건, 권리 또는 영업이 손실보상대상에 해당하는지, 나아가 보상금액이 얼마인지를 심리·판단하는 기초 단위를 보상항목이라고 한다(대판 2018. 7. 20, 2015두4044).

3. 불복절차 [2001 입시, 2020 변시]

토지수용위원회의 재결에 대한 불복절차로 이의신청과 행정소송이 인정된다.

(1) 이의신청[2007 사시 사례]

1) 의　　의

지방토지수용위원회의 재결에 대하여 불복이 있는 자는 당해 지방토지수용위원회를 거쳐 중앙토지수용위원회에, 중앙토지수용위원회의 재결에 대하여 불복이 있는 경우에는 중앙토지수용위원회에 이의신청(異議申請)을 할 수 있다(제83조). 이의신청은 임의절차이다.

2) 성질(행정심판)

이의신청은 준사법적 절차이므로 행정심판(특별행정심판)으로서의 성질을 가지며 토지보상법상 이의신청에 관한 규정은 행정심판법에 대한 특별법규정이다.

3) 신 청 인

이의신청을 제기할 수 있는 자는 토지수용위원회의 재결에 대하여 불복이 있는 토지소유자 또는 관계인·사업시행자이다.

4) 신청기간

이의신청은 수용재결서의 정본을 받은 날부터 30일 이내에 하여야 한다(제83조 제3항).

5) 대　　상

이의신청의 대상은 토지수용위원회의 재결이다. 토지수용위원회의 재결은 수용재결부분(토지등을 수용한다는 결정부분)과 보상재결부분(보상액을 결정하는 부분)으로 분리될 수 있는데, 수용재결부분과 보상재결부분 중 한 부분만에 대하여 불복이 있는 경우에도 토지수용위원회의 재결 자체가 이의신청의 대상이 된다.

6) 이의재결

이의신청을 받은 중앙토지수용위원회는 원재결(原裁決)이 위법 또는 부당한 때에는 그 원재결의 전부 또는 일부를 취소하거나 손실보상액을 변경할 수 있다(제84조 제1항). 손실보상액의 변경이라 함은 손실보상액의 증액 또는 감액을 말한다.

행정심판법상 불고불리의 원칙(제47조 제1항)과 불이익변경금지의 원칙(제47조 제2항)은 토지보상법상 특별한 규정이 없으므로 토지보상법상 이의신청에도 적용된다. 손실보상의 경우에는 증액재결을 할 수 있다는 토지보상법 제50조 제2항 단서는 수용재결에 관한 것이고 이의재결에 관한 규정이 아니다.

헌법재판소는 이의재결은 행정심판에 대한 재결의 성격과 함께 관할토지수용위원회가 1차적으로 행한 수용재결을 다시 심의하여 토지수용에 관한 법률관계를 확정하는 재처분적인 성격도 부수적으로 함께 가지는 것으로 본다(헌재 2001. 6. 28, 2000헌바77).

7) 집행부정지

수용재결에 대한 이의신청의 제기는 사업의 진행 및 토지의 수용 또는 사용을 정지시키지 아니한다(제88조).

8) 이의재결의 효력

제5조 제1항의 규정에 의한 기간 이내에 소송이 제기되지 아니하거나 그 밖의 사유로 이의신청에 대한 재결이 확정된 때에는 민사소송법상의 확정판결이 있은 것으로 보며, 재결서 정본은 집행력있는 판결의 정본과 동일한 효력을 가진다(제86조 제1항). 즉, 민사소송법상 확정판결이 있는 것으로 본다는 것은 확정된 이의재결에 기판력과 집행력을 인정한다는 것이다. 재결서 정본이 "집행력있는 판결의 정본과 동일한 효력을 가진다는 것"은 재결서 정본은 집행문 부여의 효력을 가진다는 것이다. 따라서, 강제집행을 위해 별도로 집행문 부여가 필요하지 않다.

(2) 행정소송[2010 사시, 2015 5급 공채]

1) 취소소송(또는 무효확인소송)	2) 보상금증감청구소송
가. 의 의	가. 보상금증감청구소송의 의의
나. 대 상	나. 보상금증감청구소송의 인정범위
다. 제소기간	다. 보상금증감청구소송의 피고
라. 집행부정지	라. 보상금증감청구소송의 판결
마. 보상금증감청구소송의 성질	바. 보상금증감청구소송의 제기기간
(가) 형식적 당사자소송(形式的 當事者訴訟)	사. 표준공시지가 하자의 승계
(나) 형성소송인가, 확인소송인가, 이행소송인가	3) 청구의 병합

수용재결 또는 이의재결에 대한 불복에는 수용 자체를 다투는 경우와 보상액을 다투는 경우가 있다. 불복이 수용 자체를 다투는 것인 때에는 재결에 대하여 취소소송 또는 무효확인소송을 제기하고(제85조 제1항), 보상금의 증감을 청구하는 것인 때에는 보상액의 증감을 청구하는 소송을 제기하여야 한다(제85조 제2항).

법 제85조 제1항은 수용 자체를 다투는 항고소송과 보상액을 다투는 보상금증감청구소송 모두를 규율하는 규정이고, 법 제85조 제2항은 보상금증감청구소송에 관한 규정이다.

1) 취소소송(또는 무효확인소송)[2007 사시, 2023 5급 공채]

가. 의 의 토지수용위원회의 재결에 대한 불복이 보상금의 증감에 관한 것이 아닌 경우(수용 자체를 다투는 경우)에는 이의재결을 거쳐 취소소송 또는 무효확인소송을 제기하거나 이의신청을 제기함이 없이 직접 취소소송 또는 무효확인소송을 제기할 수 있다.

나. 대 상 이의신청 후 이의재결에 불복하여 취소소송을 제기하는 경우에도 이의재결이 아니라 원처분인 수용재결을 대상으로 하여야 한다(원처분주의). 그 이유는 다음과 같다. ① 토지보상법 제85조 제1항은 행정소송에 의한 불복의 대상을 "제34조의 규정에 의한 재결" 즉, 수용재결이라 규정하고 있다. ② 이의신청임의주의를 취하고 있다. ③ 이의재결을 대상으로 한다는 명문의 규정이 없으므로 행정소송법 제19조의 일반원칙에 따라 원처분인 수용재결을 대상으로 하

여야 한다. 판례도 이러한 입장을 취하고 있다.

> **[판례] 토지소유자 등이 수용재결에 불복하여 이의신청을 거친 후 취소소송을 제기하는 경우 피고적격(=수용재결을 한 토지수용위원회) 및 소송대상(=수용재결):** 공익사업법 제85조 제1항 전문의 문언 내용과 공익사업법 제83조, 제85조가 중앙토지수용위원회에 대한 이의신청을 임의적 절차로 규정하고 있는 점, 행정소송법 제19조 단서가 행정심판에 대한 재결은 재결 자체에 고유한 위법이 있음을 이유로 하는 경우에 한하여 취소소송의 대상으로 삼을 수 있도록 규정하고 있는 점 등을 종합하여 보면, 수용재결에 불복하여 취소소송을 제기하는 때에는 이의신청을 거친 경우에도 수용재결을 한 중앙토지수용위원회 또는 지방토지수용위원회를 피고로 하여 수용재결의 취소를 구하여야 하고, 다만 이의신청에 대한 재결 자체에 고유한 위법이 있음을 이유로 하는 경우에는 그 이의재결을 한 중앙토지수용위원회를 피고로 하여 이의재결의 취소를 구할 수 있다고 보아야 한다(대판 2010. 1. 28, 2008두1504).

다만, 이의재결에 고유한 위법이 있는 경우에는 이의재결에 대하여 취소소송을 제기할 수 있다(행정소송법 제19조).

다. 제소기간 이의신청을 제기함이 없이 취소소송을 제기하는 경우에는 재결서를 받은 날부터 90일 이내에, 이의신청을 거친 때에는 이의신청에 대한 재결서를 받은 날부터 60일 이내에 제기하여야 한다(제85조 제1항). 그러나, 무효확인소송을 제기하는 경우에는 불복제기기간의 제한이 없다고 보아야 한다.

라. 집행부정지 수용재결에 대한 취소소송의 제기는 사업의 진행 및 토지의 수용 또는 사용을 정지시키지 아니한다(제88조).

2) 보상금증감청구소송 [2025 변시]

가. 보상금증감청구소송의 의의 보상금증감청구소송은 수용재결 중 보상금에 대하여서만 이의가 있는 경우에 보상금의 증액 또는 감액을 청구하는 소송이다. 토지소유자 또는 관계인은 보상금의 증액을 청구하는 소송(보상금증액청구소송)을 제기하고 사업시행자는 보상액의 감액을 청구하는 소송(보상금감액청구소송)을 제기한다.

나. 보상금증감청구소송의 인정범위 손실보상금의 증감, 손실보상의 방법(금전보상, 채권보상 등), 보상항목의 인정(잔여지보상 등의 손실보상의 인정 여부),[6] 잔여지수용보상, 이전이 곤란한 물건의 수용보상, 보상면적을 다투는 소송 등이 보상금증감청구소송에 속한다.

> **[판례]** 어떤 보상항목이 공익사업을 위한 토지 등의 취득 및 보상에 관한 법령상 손실보상대상에 해당함에도 관할 토지수용위원회가 사실을 오인하거나 법리를 오해함으로써 손실보상대상에 해당하지 않는다고 잘못된 내용의 재결을 한 경우에는, 피보상자는 관할 토지수용위원회를 상대로 그 재결에 대한 취소소송을 제기할 것이 아니라, 사업시행자를 상대로 구 공익사업을 위한 토지 등의 취득 및 보상에 관한 법률 제85조 제2항에 따른 보상금증감소송을 제기하여야 한다(대판 2018. 7. 20, 2015두4044; 2019. 11. 28, 2018두227).

다. 보상금증감청구소송의 피고 보상금증감청구소송은 소송제기자가 토지소유자 또는

6) 판례는 잔여지의 가격감소로 인한 손실보상청구는 보상금증액청구소송으로 보고 있다(대판 1999. 10. 12, 99두7517[토지수용이의재결처분취소]).

관계인인 경우에는 사업시행자를, 소송제기자가 사업시행자인 경우에는 토지소유자 또는 관계인을 피고로 하여 제기하여야 한다(제85조 제2항). 토지수용위원회는 보상금증감청구소송의 피고가 아니다.

라. 보상금증감청구소송의 판결 보상금증감청구소송에서 **법원은 스스로 보상금의 증감을 결정할 수 있다.** 이렇게 법원이 직접 보상금을 결정할 수 있도록 한 것은 신속한 권리구제를 도모하기 위함이다.

마. 보상금증감청구소송의 성질

(가) 형식적 당사자소송(形式的 當事者訴訟) 현행 토지보상법하에서의 보상금증감청구소송에서 당사자가 직접 다투는 것은 보상금에 관한 법률관계의 내용이고 그 전제로서 재결의 효력이 심판의 대상이 되는 것이므로 보상금증감청구소송을 **형식적 당사자소송**으로 보는 것이 타당하다.

판례도 보상금증감청구소송을 **형식적 당사자소송**으로 보고 있다.

> **[판례]** 토지보상법 제85조 제2항에 따른 보상금 증액 청구의 소는 토지소유자 등이 사업시행자를 상대로 제기하는 당사자소송의 형식을 취하고 있지만, 토지수용위원회의 재결 중 보상금 산정에 관한 부분에 불복하여 그 증액을 구하는 소이므로 실질적으로는 재결을 다투는 항고소송의 성질을 가진다(대판 전원합의체 2022. 11. 24, 2018두67).

(나) 형성소송인가, 확인소송인가, 이행소송인가

손실보상금증액청구소송은 법정되어 있는 보상액을 확인하고 그 이행을 명하는 점에서 이행소송(급부소송)의 성질을 가지고, **감액청구소송**은 보상액을 확인하는 점에서 확인소송의 성질을 가진다고 보는 것이 타당하다. 증액판결의 경우 주문에서 수용재결을 취소하거나 수용재결의 위법성을 판단하지 않고 재결에서 정한 보상액을 초과하는 부분만의 지급을 명하는 판결을 한다. 감액판결의 경우에는 보상금을 확인하는 판결을 한다.

바. 보상금증감청구소송의 제기기간 보상금증감청구소송의 제기기간은 수용재결에 대한 취소소송에서와 같이 이의신청을 제기함이 없이 보상금증감청구소송을 제기하는 경우에는 재결서를 받은 날부터 90일 이내이고, 이의신청을 거친 때에는 이의신청에 대한 재결서를 받은 날부터 60일 이내이다(제85조 제1항). 당사자가 출소기간내에 보상금증감청구소송을 제기하지 않으면 더 이상 보상금을 다툴 수 없다.

사. 표준지공시지가 하자의 승계[2023 5급 공채] 수용보상금의 증액을 구하는 소송에서 선행처분으로서 그 수용대상 토지가격 산정의 기초가 된 비교표준지공시지가결정의 위법을 독립한 사유로 주장할 수 있다는 것이 **판례**의 견해이다.

> **[판례]** 표준지공시지가결정은 이를 기초로 한 수용재결 등과는 별개의 독립된 처분으로서 서로 독립하여 별개의 법률효과를 목적으로 하지만, 표준지공시지가는 이를 인근 토지의 소유자나 기타 이해관계인에게 개별적으로 고지하도록 되어 있는 것이 아니어서 인근 토지의 소유자 등이 표준지공시지가결정 내용을 알고 있었다고 전제하기가 곤란할 뿐만 아니라, 결정된 표준지공시지가가 공시될 당시 보상금 산정의 기준이 되는 표

준지의 인근 토지를 함께 공시하는 것이 아니어서 인근 토지 소유자는 보상금 산정의 기준이 되는 표준지가 어느 토지인지를 알 수 없으므로, 인근 토지 소유자가 표준지의 공시지가가 확정되기 전에 이를 다투는 것은 불가능하다. 더욱이 장차 어떠한 수용재결 등 구체적인 불이익이 현실적으로 나타나게 되었을 경우에 비로소 권리구제의 길을 찾는 것이 우리 국민의 권리의식임을 감안하여 볼 때, 인근 토지소유자 등으로 하여금 결정된 표준지공시지가를 기초로 하여 장차 토지보상 등이 이루어질 것에 대비하여 항상 토지의 가격을 주시하고 표준지공시지가결정이 잘못된 경우 정해진 시정절차를 통하여 이를 시정하도록 요구하는 것은 부당하게 높은 주의의무를 지우는 것이고, 위법한 표준지공시지가결정에 대하여 그 정해진 시정절차를 통하여 시정하도록 요구하지 않았다는 이유로 위법한 표준지공시지가를 기초로 한 수용재결 등 후행 행정처분에서 표준지공시지가결정의 위법을 주장할 수 없도록 하는 것은 수인한도를 넘는 불이익을 강요하는 것으로서 국민의 재산권과 재판받을 권리를 보장한 헌법의 이념에도 부합하는 것이 아니다. 따라서 표준지공시지가결정이 위법한 경우에는 그 자체를 행정소송의 대상이 되는 행정처분으로 보아 그 위법 여부를 다툴 수 있음은 물론, 수용보상금의 증액을 구하는 소송에서도 선행처분으로서 그 수용대상 토지가격 산정의 기초가 된 비교표준지 공시지가결정의 위법을 독립한 사유로 주장할 수 있다(대판 2008. 8. 21, 2007두13845[토지보상금]).

3) 청구의 병합

주위적으로 수용재결 취소소송을, 예비적으로 보상금증액청구소송을 제기할 수 있다.

Ⅱ. 개별법령상 행정청 등의 처분에 의한 결정

개별법(토지보상법에 대한 특별법)에서 행정청 또는 토지수용위원회가 보상금을 결정하도록 규정하고, 특별한 불복절차가 규정되지 않은 경우(예 수산업법 제81조) 개별 법률의 근거가 있어야 보상금증감청구소송이 인정된다는 일반적 견해에 의하면 당해 행정청 등의 보상금의 결정은 처분이므로 행정심판법상의 행정심판(취소심판) 및 행정소송법상의 행정소송(취소소송)의 대상이 된다.

[판례 1] 구 농촌근대화촉진법 제156조 소정의 농지개량사업 또는 농가주택개량사업의 시행으로 인하여 손실을 받은 이해관계인은 같은 법 제157조 소정의 절차에 따라 시·도지사에게 손실보상을 청구하고 시·도지사의 결정에 대한 이의에 대한 농림수산부장관의 재결에 대해 불복할 때에는 시·도지사를 상대로 항고소송에 의하여 공법상 처분인 시·도지사의 결정의 취소를 구하여 그 결과에 따라 손실보상을 받을 수 있을 뿐이고, 곧바로 농지개량사업 또는 농가주택개량사업의 시행자를 상대로 손실보상금청구를 할 수 없다(대판 1995. 3. 3, 93다55296: 농지개량사업 등의 시행으로 인한 손실보상청구).

[판례 2] 토지가 준용하천의 제외지와 같은 하천구역에 편입된 경우, 토지 소유자는 구 하천법(1999. 2. 8. 법률 제5893호로 전문 개정되기 전의 것) 제74조가 정하는 바에 따라 하천관리청과 협의를 하고 그 협의가 성립되지 아니하거나 협의를 할 수 없을 때에는 관할 토지수용위원회에 재결을 신청하고 그 재결에 불복할 때에는 바로 관할 토지수용위원회를 상대로 재결 자체에 대한 행정소송을 제기하여 그 결과에 따라 손실보상을 받을 수 있을 뿐이고, 같은 법 부칙 제2조 제1항을 준용하여 직접 하천관리청을 상대로 손실보상을 청구할 수는 없다(대판 2003. 4. 25, 2001두1369[재결신청기각처분취소 등]).

개별법령에서 손실보상에 관하여 토지보상법을 준용하도록 규정하고 있는 경우에는 보상금결정에 대한 불복소송은 보상금증감청구소송에 의한다.

제 3 항 소송에 의한 결정

구체적 손실보상청구권이 법상 이미 발생하였다고 볼 수 있는 경우(예 구 하천법 부칙 제2조, 소방기본법 제25조 제4항)에 토지소유자 등은 손실보상청구권이 공권인 경우에는 공법상 당사자소송으로 손실보상청구권이 사권인 경우에는 민사소송으로 직접 보상금지급을 청구할 수 있다. 이 경우 법원이 직접 손실보상액을 결정한다.

제 7 절 손실보상청구권

Ⅰ. 손실보상청구권의 공권성

손실보상청구권이 공권인지 사권인지 이론상 다툼이 있다.

1. 사 권 설

손실보상청구권은 원인이 되는 공용침해행위와는 별개의 권리이며 기본적으로 금전지급청구권이므로 사법상의 금전지급청구권과 다르지 않다.

2. 공 권 설

손실보상청구권은 공권력 행사인 공용침해로 인하여 발생한 권리이며 공익성이 고려되어야 하므로 공권으로 보아야 한다.

3. 판 례

판례는 토지보상법상 손실보상청구권을 공권으로 보고 그에 관한 소송은 행정소송으로 해야 하는 것으로 보았다. 대법원 전원합의체 판결(2006. 5. 18, 2004다6207[보상청구권확인])은 하천법상의 하천구역으로 편입된 토지에 대한 손실보상청구권을 공권으로 보고 손실보상청구가 민사소송이 아니라 당사자소송의 대상이 된다고 하였다.

[판례] 구 토지보상법 제79조 제2항, 동법 시행규칙 제57조에 따른 사업폐지 등에 대한 보상청구권은 공법상 권리임이 분명하므로 그에 관한 쟁송은 민사소송이 아닌 행정소송절차에 의하여야 한다(대판 2012. 10. 11, 2010다23210).

그러나, 판례는 아직도 수산업법 제81조의 규정에 의한 손실보상청구권이나 손실보상 관련 법령의 유추적용에 의한 손실보상청구권은 사권으로 보고 사업시행자를 상대로 한 민사소송의 방법에 의하여 행사하여야 한다고 하고 있다(대판 2001. 6. 29, 99다56468; 2014. 5. 29, 2013두12478; 2019. 11. 28, 2018두227).

4. 결　　어

손실보상청구권은 공권력 행사로 인하여 발생한 권리이고 공익관련성이 있으므로 공권으로 보는 것이 타당하다.

Ⅱ. 손실보상청구권 유무의 판단시점

공익사업의 시행으로 인한 손실에 대한 보상청구권 유무는 **해당 공익사업 시행 당시**(사업인정시)를 기준으로 판단하여야 한다(대판 2013. 6. 14, 2010다9658).

[판례 1] 손실보상은 공공사업의 시행과 같이 적법한 공권력의 행사로 가하여진 재산상의 특별한 희생에 대하여 전체적인 공평부담의 견지에서 인정되는 것이므로, 공공사업의 시행으로 손해를 입었다고 주장하는 자가 보상을 받을 권리를 가졌는지의 여부는 해당 공공사업의 시행 당시를 기준으로 판단하여야 하고, 그와 같은 공공사업의 시행에 관한 실시계획 승인과 그에 따른 고시가 된 이상 그 이후에 영업을 위하여 이루어진 각종 허가나 신고는 위와 같은 공공사업의 시행에 따른 제한이 이미 확정되어 있는 상태에서 이루어진 것이므로 그 이후의 공공사업 시행으로 그 허가나 신고권자가 특별한 손실을 입게 되었다고는 볼 수 없다(대판 2006. 11. 23, 2004다65978). 〈해설〉 공익사업의 시행에 관한 실시계획의 승인이 있으면 사업인정이 의제된다.

[판례 2] 공공사업 시행에 관한 실시계획 승인과 그에 따른 고시(=공공사업 시행) 이후 영업허가나 신고가 이루어진 경우 공공사업 시행으로 허가나 신고권자가 특별한 손실을 입게 되었다고 볼 수 없다(대판 2014. 5. 29, 2013두12478[어업손실보상금]).

[판례 3] 산업입지법에 따른 산업단지개발사업의 경우에도 토지보상법에 의한 공익사업의 경우와 마찬가지로 토지보상법에 의한 사업인정고시일로 의제되는 산업단지 지정 고시일을 토지소유자 및 관계인에 대한 손실보상 여부 판단의 기준시점으로 보아야 한다(대판 2019. 12. 12, 2019두47629).

손실보상의 대상인지 여부는 토지소유자와 관계인, 일반인이 특정한 지역에서 공익사업이 시행되리라는 점을 알았을 때를 기준으로 판단하여야 한다(대판 2019. 12. 12, 2019두47629).

Ⅲ. 손실보상금 채권(청구권)의 존부 및 범위의 확정

손실보상금 채권(청구권)은 토지보상법에서 정한 절차로서 관할 토지수용위원회의 재결 또는 행정소송 절차를 거쳐야 비로소 구체적인 권리의 존부 및 범위가 확정된다(대판 전원합의체 2022. 11. 24, 2018두67).

[판례] 토지보상법 등 관계 법령에 따라 토지수용위원회의 재결을 거쳐 이루어지는 손실보상금 채권은 관계 법령상 손실보상의 요건에 해당한다는 것만으로 바로 존부 및 범위가 확정된다고 볼 수 없고, 손실보상금 채권은 토지보상법에서 정한 절차로서 관할 토지수용위원회의 재결 또는 행정소송 절차를 거쳐야 비로소 구체적인 권리의 존부 및 범위가 확정된다. 따라서, 토지소유자 등이 사업시행자로부터 손실보상을 받기 위해서는 사업시행자와 협의가 이루어지지 않으면 토지보상법 제34조, 제50조 등에 규정된 재결절차를 거친 뒤에 그 재결에 대하여 불복이 있는 때에 비로소 토지보상법 제83조 내지 제85조에 따라 이의신청 또는 행정소송을 제기할 수 있을 뿐이고, 이러한 절차를 거치지 않은 채 곧바로 사업시행자를 상대로 손실보상을 청구하는 것은 허용되지 않는다(대판 전원합의체 2022. 11. 24, 2018두67).

Ⅳ. 손실보상청구권의 소멸시효

손실보상청구권에는 그 소멸시효에 관하여 달리 정함이 없는 한 민법에서 정하는 소멸시효규정이 유추적용될 수 있다(대판 2010. 12. 9, 2007두6571[손실보상재결신청기각결정취소등]). 손실보상청구권은 금전의 지급을 구하는 채권적 권리이므로 그 소멸시효기간은 민법 제162조 제1항에 따라 10년이다.

그런데, 국가 또는 지방자치단체에 대한 손실보상청구권은 다른 법률에 특별한 규정이 없는 한 5년 동안 행사하지 아니하면 시효로 인하여 소멸한다(국가재정법 제96조 제2항, 지방재정법 제8조 제2항).

제 8 절 법률의 근거 없는 수용 또는 보상 없는 공익사업 시행의 경우 손해배상청구와 부당이득반환청구

Ⅰ. 손해배상청구

법률에 근거하지 않은 수용은 불법행위를 구성하므로 손해배상청구가 가능하다.

[판례] 법적근거 없이 한 징발과 불법행위: [1] 군사상의 긴급한 필요에 의하여 국민의 재산권을 수용 또는 사용하게 되었던 것이라 할지라도 그 수용 또는 사용이 법률의 근거 없이 이루어진 경우에는 재산권자에 대한 관계에 있어서는 불법행위가 된다. [2] 우리나라 헌법이 재산권의 보장을 명시하였는 만큼 제헌 후 아직 징발에 관한 법률이 제정되기 전에 6.25사변이 발발되었고 그로 인한 사실상의 긴급한 필요에 의하여 국민의 재산권을 수용 또는 사용하게 되었던 것이라 할지라도 그 수용 또는 사용이 법률의 근거없이 이루어진 것인 경우에는 그것을 재산권자에 대한 관계에 있어서는 불법행위라고 하지 않을 수 없다(대판 1966. 10. 18, 66다1715).

실정법령에 공용침해와 보상에 관한 규정이 있음(손실보상의무가 있음)에도 보상 없이 수용을 하거나 공사를 시행한 행위는 불법행위가 되므로 손해배상청구가 가능하다.

[판례 1] [1] 공익사업의 시행자는 해당 공익사업을 위한 공사에 착수하기 이전에 토지소유자와 관계인에게 보상액 전액을 지급하여야 한다(토지보상법 제62조 본문). 공익사업의 시행자가 토지소유자와 관계인에게 보상액을 지급하지 않고 그 승낙도 받지 않은 채 공사에 착수함으로써 토지소유자와 관계인이 손해를 입은 경우, 토지소유자와 관계인에 대하여 불법행위가 성립할 수 있고, 사업시행자는 그로 인한 손해를 배상할 책임을 진다. [2] 공익사업의 시행자가 사전보상을 하지 않은 채 공사에 착수함으로써 토지소유자와 관계인이 손해를 입은 경우, 토지소유자와 관계인이 입은 손해는 손실보상청구권이 침해된 데에 따른 손해이므로, 사업시행자가 배상해야 할 손해액은 원칙적으로 손실보상금이다. 다만 그 과정에서 토지소유자와 관계인에게 손실보상금에 해당하는 손해 외에 별도의 손해가 발생하였다면, 사업시행자는 그 손해를 배상할 책임이 있으나, 이와 같은 손해배상책임의 발생과 범위는 이를 주장하는 사람에게 증명책임이 있다. [3] 전통시장 공영주차장 설치사업의 시행자인 갑 지방자치단체가 공익사업을 위한 토지 등의 취득 및 보상에 관한 법률(이하 '토지보상법'이라 한다)에 따른 사업인정 절차를 거치지 않고 위 사업부지의 소유자들로부터 토지와 건물을 매수하여 협의취득하였고, 위 토지상의 건물을 임차하여 영업한 을 등이 갑 지방자치단체에 영업손실 보상금을 지급해달라고 요청하였으나, 갑 지방자치단체가 아무런 보상 없이 위 사업을 시행하자, 을 등이 갑 지방자치단체를 상대로 영업손실 보상액 상당의 손해배상금과 정신적 손해에 대한 위자료 지급을 구한 사안에서, 위 사업은 지방자치단체인 갑이 공공용 시설인 공영주차장을 직접 설치하는 사업으로 토지보상법 제4조 제3호의 '공익사업'에 해당하고, 을 등의 각 영업이 위 사업으로 폐업하거나 휴업한 것이므로 사업인정고시가 없더라도 공익

사업의 시행자인 갑 지방자치단체는 공사에 착수하기 전 을 등에게 영업손실 보상금을 지급할 의무가 있는데도 보상액을 지급하지 않고 공사에 착수하였으므로, 갑 지방자치단체는 을 등에게 그로 인한 손해를 배상할 책임이 있는데, 을 등이 입은 손해는 원칙적으로 토지보상법 제77조등이 정한 영업손실 보상금이고, 그 밖에 별도의 손해가 발생하였다는 점에 관한 을 등의 구체적인 주장·증명이 없는 한 손실보상금의 지급이 지연되었다는 사정만으로 손실보상금에 해당하는 손해 외에 을 등에게 별도의 손해가 발생하였다고 볼 수 없는데도, 이와 달리 본 원심판결에 법리오해의 잘못이 있다고 한 사례(대판 2021. 11. 11, 2018다204022).

[판례 2] 정당한 어업허가를 받고 공유수면매립사업지구 내에서 허가어업에 종사하고 있던 어민들에 대하여 손실보상을 할 의무가 있는 사업시행자가 손실보상의무를 이행하지 아니한 채 공유수면매립공사를 시행함으로써 실질적이고 현실적인 침해를 가한 때에는 불법행위를 구성하는 것이고, 이 경우 허가어업자들이 입게 되는 손해는 그 손실보상금 상당액이다(대판 1999. 11. 23, 98다11529).

[판례 3] 기업자가 토지수용법상 소정의 보상을 함이 없이 수용목적물에 대한 공사를 시행한 경우 토지소유자가 그 손해금의 지급을 구하는 소의 법적 성질(=민사상 손해배상청구): 구 토지수용법상 기업자는 토지수용으로 인하여 토지소유자 또는 관계인이 입게 되는 손실을 수용의 시기까지 보상할 의무가 있고 그 보상금의 지급 또는 공탁을 조건으로 수용의 시기에 그 수용목적물에 대한 권리를 취득하게 되는 것이므로 이러한 보상을 함이 없이 수용목적물에 대한 공사를 시행하여 토지소유자 또는 관계인에게 손해를 입혔다면 이는 불법행위를 구성하는 것으로서 이와 같은 불법행위를 주장하여 손해금의 지급을 구하는 소는 손실보상이라는 용어를 사용하였다고 하여도 민사상의 손해배상청구로 보아야 한다(대판 1988. 11. 3, 88마850). 〈평석〉 사업시행자가 국가나 지방자치단체인 경우라면 국가배상을 청구하여야 할 것이다.

[판례 4] 공익사업을 위한 공사는 손실보상금을 지급하거나 토지소유자 및 관계인의 승낙을 받지 않고는 미리 착공해서는 아니 되는 것이므로 사업시행자가 토지소유자 및 관계인에게 보상금을 지급하지 아니하고 그 승낙도 받지 아니한 채 미리 공사에 착수하여 영농을 계속할 수 없게 하였다면 이는 공익사업법상 사전보상의 원칙을 위반한 것으로서 위법하다 할 것이므로, 이 경우 사업시행자는 해당 손실보상금을 지급하는 것과 별도로, 공사의 사전 착공으로 인하여 토지소유자나 관계인이 영농을 할 수 없게 된 때부터 수용개시일까지 입은 손해에 대하여 이를 배상할 책임이 있다(대판 2013. 11. 14, 2011다27103).

Ⅱ. 부당이득반환청구

판례는 보상 없이 타인의 토지를 점유·사용하는 것은 법률상 원인없이 이득을 얻은 때에 해당한다고 본다(대판 2016. 6. 23, 2016다206369).

[판례 1] 농지개량사업 시행지역 내의 토지 등 소유자가 토지사용에 관한 승낙을 하였다고 하더라도 그에 대한 정당한 보상을 받은 바가 없다면 농지개량사업 시행자는 토지 소유자 및 그 승계인에 대하여 보상할 의무가 있다 할 것이고, 그러한 보상 없이 타인의 토지를 점유·사용하는 것은 법률상 원인없이 이득을 얻은 때에 해당한다고 보아야 한다(대판 2016. 6. 23, 2016다206369).

[판례 2] 토지의 상공에 고압전선이 통과하게 됨으로써 토지소유자가 토지 상공의 사용·수익을 제한받게 되는 경우, 특별한 사정이 없는 한 고압전선의 소유자는 토지소유자의 사용·수익이 제한되는 상공 부분에 대한 차임 상당의 부당이득을 얻고 있으므로, 토지소유자는 이에 대한 반환을 구할 수 있다. 이때 토지소유자의 사용·수익이 제한되는 상공의 범위에는 고압전선이 통과하는 부분뿐만 아니라 관계 법령에서 고압전선과 건조물 사이에 일정한 거리를 유지하도록 규정하고 있는 경우 그 거리 내의 부분도 포함된다. 한편 고압전선의 소유자가 해당 토지 상공에 관하여 일정한 사용권원을 취득한 경우, 그 양적 범위가 토지소유자의 사용·수익이 제한되는 상공의 범위에 미치지 못한다면, 사용·수익이 제한되는 상공 중 사용권원을 취득하지 못한 부분에

대해서 고압전선의 소유자는 특별한 사정이 없는 한 차임 상당의 부당이득을 토지소유자에게 반환할 의무를 부담한다(대판 2022. 11. 30, 2017다257043).

이에 따라 정당한 권원없이 도로부지에 편입된 사유토지의 소유자는 미보상용지에 대하여 부당이득반환청구소송을 제기할 수 있다.

제 9 절 현행 행정상 손실보상제도의 흠결과 보충

Ⅰ. 현행 행정상 손실보상제도의 흠결

공공필요에 의해 국민에게 특별희생을 초래한 경우에는 그에 대한 보상이 주어져야 한다. 그러나, 현행법령하에서 그러하지 못한 경우가 있다.

① 법률이 재산권의 공권적 침해(특히 공용제한)를 규정하면서 그에 대한 보상을 규정하지 않은 경우가 있는데 이 경우에 피해자의 구제가 문제되고 있다.

② 헌법 제23조 제3항(행정상 손실보상)은 '재산권'에 대한 침해만을 대상으로 하고 있다고 본다면 비재산적 법익, 즉 생명·신체에 대한 침해는 구제될 수 없다.

③ 손실보상이 적법한 행정작용에 의해 의도된 손해만을 적용대상으로 하고 있다고 본다면, 적법한 공권력 행사에 의한 의도되지 않은 재산권 침해(수용적 침해)는 손실보상의 대상이 될 수 없다.

④ 전술한 바와 같이 판례는 수용적 침해의 일종인 간접손실의 보상을 헌법 제23조 제3항의 손실보상에 포함되는 것으로 보고 있고, 토지보상법 시행규칙에서 간접손실보상을 열거하여 규정하고 있지만, 토지보상법령상 간접손실이 특별한 희생에 해당함에도 보상되지 않고 있는 경우가 있다.

Ⅱ. 현행 행정상 손실보상제도의 흠결의 보충

1. 해 석 론

(1) 보상규정이 없는 경우의 구제

이에 대하여는 전술한 바와 같다.

(2) 수용적 침해에 대한 보상

1) 수용적 침해의 의의

헌법 제23조 제3항을 엄격히 해석하면 동 조항은 공권적 침해행위에 의해 의도적으로 가해진 침해에만 적용되고, 의도되지 않은 재산권 침해인 독일법상의 '수용적 침해'(收用的 侵害)는 동 조항의 적용범위에 들어가지 않게 된다.

예를 들면, 지하철공사의 장기화로 인해 주변의 상점주가 받게 된 영업상 손실, 쓰레기 적치장과 같은 공공시설의 운영으로 인근 주민이 받는 손해 등의 경우가 그러하다. 판례와 일부 견해는 국가 또는 지방자치단체의 공공시설(공물)의 운영으로 인해 인근주민이 입는 피해를 국가배상법 제5조의 영조물배상책임에 의해 구제해 주어야 하는 것으로 보며 공익사업으로 인한 사적 시설의 운영으로 인근 주민이 받는 손해에 대하여는 민법상 불법행위책임을 인정하여야 한다고 본다.

그러나, 이러한 수용적 침해도 적법행위가 직접 원인이 되어 발생한 적법한 재산권 침해임에는 틀림없다.[7] 따라서, 공용침해로 인한 수용적 침해는 헌법 제23조 제3항의 손실보상에 포함되는 것으로 보는 것이 타당하다.

2) 보상의 법적 근거

수용적 침해에 대한 보상의 법적 근거는 무엇인가. 이에 관하여는 다음의 두 견해가 있다.

① '침해의 의도성'을 손실보상의 요건으로 보고, 공권력 행사에 의해 의도적으로 가해진 것이 아닌 수용적 침해는 엄격한 의미의 손실보상(헌법 제23조 제3항의 손실보상)의 대상이 되지 않는다고 보면서 독일법상의 수용적 침해이론을 우리나라에 도입하여 보상할 수 있다고 한다. 다만, 우리나라에서는 독일에서 수용적 침해의 근거가 되는 희생보상의 법리가 존재하지 않는다고 보는 견해에서는 재산권보장과 평등원칙에 근거하여 보상하여야 한다고 한다.

② 수용적 침해를 헌법 제23조 제3항의 손실보상에 포함되는 것으로 보고, 헌법 제23조 제3항의 직접 또는 유추적용[8] 또는 공적부담 앞의 평등원칙에 근거하여 보상해 줄 수 있다고 보는 견해가 있는데 이 견해가 타당하다.

(3) 비재산적 법익에 대한 침해의 보상[2021 변시]

예방접종의 부작용으로 인한 사고 등 적법행위에 의한 생명 또는 신체의 침해의 구제에 관하여 견해가 대립된다.

가. 위험책임설 학자에 따라서는 예방접종의 부작용으로 인한 사고에 의한 손해의 배상은 위험책임으로 이론구성되어야 한다고 한다. 그러나, 이 견해에 의하면 현행법상 예방접종의 부작용으로 인한 사고에 대하여 위험책임을 인정하는 명문의 규정이 없으므로 과실을 입증할 수 없는 예방접종의 부작용으로 인한 손해에 대하여는 구제가 불가능하다.

나. 손실보상설 예방접종에는 부작용이 없을 수 없는 것이며 **예방접종의 부작용**은 통상 예방접종에 부수하여 발생되는 것이므로 공공목적을 위해 강제적으로 실시되는 예방접종의 부작용에 의한 생명·신체의 침해는 공익을 위한 특별희생, 즉 공적 부담(公的 負擔)이라고 보아야 한다. 따라서 예방접종부작용사고에 대한 보상을 손실보상으로 보는 것이 타당하다.

그런데, 예방접종의 부작용으로 인한 사고 등 비재산적 법익에 대한 적법한 직접침해의 보상에는 네 가지 구제방법이 주장되고 있다.

---

7) 수용적 침해도 공권력행사가 직접 원인이 되어 야기된 것이라는 점에서 직접침해라고 할 수 있다.
8) 이 견해는 헌법 제23조 제3항의 직접적 효력을 전제로 하는 견해이다.

① **유추적용설**: 헌법 제23조 제3항의 직접효력설에 입각하여 예방접종사고와 같은 생명·신체의 침해에 헌법 제23조 제3항을 유추적용할 수 있다는 견해이다. 이 견해가 타당하다.

② **물론해석설**: 헌법 제23조 제3항의 직접효력설에 입각하여 물론해석을 통하여 손실보상을 해 줄 수 있다는 견해이다. 즉, 재산권침해의 보상이 인정된다면 재산권 법익보다 더욱 보호되어야 하는 생명·신체에 대한 침해는 물론 보상되어야 한다는 것이다.

③ **평등원칙설**: 예방접종사고 등 적법행위에 의한 생명·신체에 대한 침해도 공공필요에 의한 특별희생으로 볼 수 있다면 이에 대한 보상규정이 없는 경우에는 헌법 제23조 제3항을 유추적용하고, 헌법상의 기본권보장규정(제10조와 제12조) 및 평등조항(제11조)을 직접근거로 하여 그 보상을 인정하여야 한다고 본다.

보건소에서의 **예방접종시 과실이 있는 경우**에는 국가배상법 제2조 책임(과실책임)이 인정된다.

2. 입 법 론

공익 목적상 국민의 재산적·비재산적 법익에 대한 공권적 침해가 불가피한 경우에는 반드시 각 개별법에서 보상에 관한 규정을 두어야 할 것이다.

현행 「감염병의 예방 및 관리에 관한 법률」은 예방접종으로 인한 질병, 장애 또는 사망에 대해 예방접종행위자 등의 과실유무에 관계없이 국가가 보상하는 것을 규정하고 있는데(제71조), 법정된 보상기준(동법 시행령 제19조의2)에 의한 보상금액이 완전보상액에 크게 못미치므로 현행 전염병 예방법상의 보상은 손실보상과 유사하지만, 엄밀한 의미에서의 손실보상이라고 볼 수 없다.

판례는 「감염병의 예방 및 관리에 관한 법률」 제71조의 보상은 예방접종 부작용에 대해 상호부조와 손해분담의 공평, 사회보장적 이념 등에 터 잡아 특별히 인정한 독자적인 피해보상제도로 보면서 그 실질은 피해자의 특별한 희생에 대한 보상, 즉 손실보상에 가까운 것으로 보고 있다(대판 2014. 5. 16, 2014두274[예방접종으로인한장애인정거부처분취소]).

또한 수용적 침해에 대한 보상규정도 보다 확대되어야 할 것이다.

Ⅲ. 독일법상 수용유사침해이론

1. 의 의

수용유사침해이론(收用類似侵害理論)은 위법한 행위에 의해 재산권이 직접 침해된 경우에 수용에 준하여 손실보상을 하여야 한다는 법이론이다.

수용유사침해이론은 독일 연방사법재판소의 판례법에 의해 인정된 법이론인데, 이 이론의 우리나라에의 도입에 관하여 큰 논란이 제기되고 있다.

2. 독일에서의 논의의 실익

수용유사침해이론은 독일의 행정상 손해전보제도의 흠결을 메우기 위한 제도로서 인정되었다.

처음에는 보상규정을 두지 않은 재산권에 대한 공권적 침해 등 위법한 공용 침해에 대한 구제제도로 인정되었는데, 자갈채취사건 이후에 위법한 재산권침해 행위에 대한 권리구제는 보다 본질적인 구제수단인 행정쟁송을 통하도록 하고 수용유사침해이론에 의한 손실보상은 인정하지 않는 것으로 되었다.

따라서, 오늘날에는 주로 사실행위나 의도되지 않은 법적 행위에 의해 이루어진 위법한 재산권침해의 경우에 있어서 수용유사침해의 법리에 의한 손실보상이 인정되고 있다.[9)]

오늘날 독일의 수용유사침해제도는 국가배상의 성격을 갖는 무과실책임제도로서 위법무과실배상책임을 인정하는 기능을 한다. 다만, 취소소송을 통하여 권리구제를 받을 수 있었음에도 그렇게 하지 않은 경우에는 과실상계의 원칙에 따라 손실보상을 배제하거나 제한하고 있다(정하중, 611면).

3. 인정근거

초기에는 손실보상에 관한 규정인 기본법 제14조 제3항의 유추적용에 의해 수용유사침해의 법리가 인정되었다. 그런데, 자갈채취사건 결정 후 기본법 제14조 제3항에서 그 근거를 찾기 어렵게 되자 관습법상 인정되고 있는 희생보상청구권에서 그 법적 근거를 찾았다(류지태, 402면).

또한, 수용유사침해이론은 '적법한 재산권제약 행위에 대해 손실보상을 해야 한다면 당연히 위법한 재산권제약 행위에 대해서도 손실보상이 인정되어야 한다'는 논리에 근거를 두고 있다(류지태, 400면).

4. 적용요건

수용유사침해의 법리가 적용되기 위하여는 다음과 같은 요건을 충족하여야 한다.

① 위법한 공권력 행사에 의해 재산권에 대한 직접적인 침해가 있어야 한다. 위법행위로 인한 손해는 그 자체로 특별한 희생이라고 보여지므로 손실보상에서와 같이 재산권에 내재하는 사회적 제약을 넘는 손실이 발생할 것은 요구되지 않는다.

② 행정쟁송의 제기가 가능하고 수인가능하다고 인정되는 경우에는 수용유사침해이론에 의한 손실보상청구는 인정되지 않는다. 왜냐하면 연방헌법재판소가 자갈채취사건에서 제1차적 권리보호인 취소소송을 통한 방어권 행사는 제2차적 권리보호인 수용유사침해로 인한 손실보상에 우선하는 것으로 보았기 때문이다.[10)]

5. 우리나라에의 도입논의

(1) 도입가능성

수용유사침해이론의 우리나라에의 도입에 대하여는 찬성과 반대의 견해가 있다.

① 일부 학자는 독일 수용유사침해이론은 전통적인 관습법인 희생보상청구권에 의거하여 인정되는 것인데, 우리나라에는 독일과 같은 희생보상제도가 없기 때문에 우리나라에 이를 도입하려는 것은 타당하지 않다고 주장한다.[11)]

② 이에 대하여는 수용유사침해의 법리가 독일 특유의 관습법적 전통에 터잡은 것이라고 하여도 그 관습법 자체가 아니라 수용유사침해의 법리에 함축되어 있는 이론을 수용할 수 있다는 견해(홍준형)가 있다. 이 견해에서는 헌법상 재산권보장규정과 평등원칙에 근거하여 수용유사침해에 대해 손실보상을 해 줄 수 있다고 한다.

(2) 도입논의의 현황

수용유사침해이론의 우리나라에의 도입논의는 주로 두 경우에 행해지고 있다.

---

9) 홍준형, "수용유사침해이론의 재조명," 『정현 박윤흔 박사 화갑기념논문집』, 553~554면.
10) 홍준형, 전게논문, 553~554면.
11) 정하중, "수용유사적 그리고 수용적 침해제도," 『고시연구』, 1994. 3, 110면.

① 보상에 관한 규정이 없는 공용침해의 경우에 수용유사침해이론에 의한 보상이 가능한가. 직접효력설과 위헌무효설에 의하면 수용유사침해이론의 도입은 필요하지 않게 된다. 독일의 수용유사침해이론의 도입을 주장하는 학자들은 재산권 보장규정 및 평등의 원칙에 의해 손실보상을 인정할 것을 주장하고 있다.

② 위법·무과실의 경우에도 수용유사침해이론에 의해 보상이 가능한 것으로 보아 국가배상제도의 흠결(위법·무과실의 경우의 무책임)을 보완하여야 한다는 견해가 있다. 이에 대하여 국가배상법의 결함을 손실보상제도의 확대적용을 통해 해결하려는 시도는 타당하지 않다는 견해(정하중, 612~613면)가 있다.

③ 생각건대, 위법·무과실의 문제는 과실의 객관화 등 손해배상제도의 확대적용을 통하여 해결하는 것이 타당하다(류지태, 538면). 이에 관한 자세한 논의는 전술한 바와 같다.

(3) 판 례

수용유사침해이론이 거론된 판례가 있지만 판례는 수용유사침해이론의 도입에 관하여는 판단하지 않았다(대판 1993. 10. 26, 93다6409[주주확인 등] [문화방송주식강제증여사건]).

Ⅳ. 독일법상 수용적 침해이론

1. 의 의

수용적 침해(收用的 侵害)라 함은 공공필요를 위한 적법한 공권력 행사에 의해 야기된 의도되지 않은 재산권에 대한 침해를 말한다.

지하철공사로 일반인의 통행이 제한됨으로써 인근 상점에 매출감소로 인한 영업상 손실이 발생한 경우를 예로 들 수 있다.

2. 요 건

① 공행정작용으로 인한 의도되지 않은 재산권 침해가 있어야 한다.
② 적법한 공권력 행사에 의해 직접 가해진 재산권 침해이어야 한다.
③ 수용적 침해로 발생한 손실이 수인한도를 넘는 특별한 희생이어야 한다.

3. 보상근거

수용적 침해이론은 초기에는 독일 기본법 제14조 제3항에 근거하였지만, 오늘날에는 희생보상청구제도에 근거하여 인정되고 있다.

4. 수용적 침해이론의 도입가능성

수용적 침해이론의 우리나라에의 도입가능성에 대하여는 찬성하는 견해(김성수)와 반대하는 견해(정하중)가 있다.

생각건대, 수용적 침해이론은 우리나라에는 없는 독일의 전통적인 관습법인 희생보상청구제도에 근거하여 인정된 이론이며 수용적 침해이론에 의하지 않고는 수용적 침해가 보상되지 않는 것도 아니므로 수용적 침해이론의 우리나라에의 직접 도입은 타당하지 않다.

5. 수용적 침해에 대한 보상

수용적 침해에 대한 보상은 그에 대한 보상입법을 통하여 해결하는 것이 바람직하지만, 보상규정이 없는 경우에 수용적 침해에 대하여 현행법의 해석상 손실보상이 가능한가 하는 문제가 제기된다.

① **수용적 침해긍정설**: 일부 학자는 독일법상의 수용적 침해의 법리에 따라 보상이 가능하다고 본다. 다만, 독일과 같은 희생보상의 법리가 존재하지 않는 우리나라에서는 재산권보장규정과 평등원칙에 근거하여 보상이 가능하다고 보는 견해도 있다.

② **보상부정설**: 일부 학자는 수용적 침해에 대한 보상은 입법적으로 해결하여야 하며 보상규정이 없는 한 보상은 불가능하다고 본다.

③ **손실보상설**: 수용적 침해도 적법한 공권력 행사에 의해 직접 가해진 손실이고 또한 예견가능한 손실이므로 손실보상에 포함되는 것이므로 헌법 제23조 제3항에 직접 효력을 인정하는 것을 전제로 헌법 제23조 제3항을 유추적용하여 보상할 수 있다고 본다.

④ **결　　어**: 손실보상설이 타당하다. 다만, 공익사업으로 인한 수용적 침해는 간접손실이므로 간접손실보상의 문제가 되고, 기타의 수용적 침해는 헌법 제23조 제3항을 유추적용하여 보상하는 것이 타당하다.

Ⅴ. 독일법상 희생보상청구제도

희생보상청구제도(犧牲補償請求制度)라 함은 행정기관의 적법한 공권력 행사에 의해 비재산적 법익(非財産的法益)이 침해되어 발생한 손실(예 예방접종의 부작용으로 인한 손실)에 대한 보상제도이다. 이 제도는 독일의 관습법인 희생보상청구권에 근거를 두고 있다(류지태, 410면).

생각건대, 독일의 전통적인 관습법인 희생보상청구제도는 우리나라에는 없으며 희생보상청구권이론에 의하지 않더라도 비재산적 법익에 대한 손실보상이 전술한 바와 같이 불가능한 것이 아니므로 희생보상청구권의 우리나라에의 직접 도입은 타당하지 않다. 이에 대하여는 전술한 바와 같다.

제4장

공법상 결과제거청구권

Ⅰ. 의 의

공법상 결과제거청구권(公法上 結果除去請求權)이라 함은 공행정작용으로 인하여 야기된 **위법한 상태**로 인하여 자기의 권익을 침해받고 있는 자가 행정주체에 대하여 그 위법한 상태를 제거하여 침해 이전의 원래의 상태를 회복시켜 줄 것을 청구하는 권리를 말한다.

결과제거청구의 예로는 징발된 주택이 징발의 효력이 소멸된 후에도 무주택자에 의해 계속 점유되고 있는 경우에 징발한 행정주체에 대하여 징발된 당해 주택의 명도를 청구하는 것을 들 수 있다.

공법상 결과제거청구권은 원상회복을 목적으로 하는 구제제도이므로 '행정상의 원상회복청구권'이라 불리기도 한다.

Ⅱ. 공법상 결과제거청구권과 행정상 손해배상의 구별

공행정작용의 위법한 결과에 대한 구제제도인 점에서 행정상 손해배상과 동일하지만, 양자는 근거, 성질, 요건, 효과 등에서 다르므로, 행정상 손해배상청구와 행정상 결과제거청구는 상호 별개의 법제로 보는 것이 타당하다.

위법한 행정작용에 의해 초래된 피해가 원상회복을 통하여 실현될 수 있는 경우에는 보다 직접적인 구제인 결과제거청구에 의한 구제를 도모하여야 하고 손해배상청구는 배제된다고 보는 견해와 피해자의 선택에 맡겨야 한다는 견해가 있다.

결과제거청구에 의해 피해가 완전하게 구제되지 않는 경우에는 손해배상청구를 추가로 청구할 수 있다(김남진, 643면).

Ⅲ. 법적 근거

공법상 결과제거청구권을 일반적으로 인정하는 **명문의 법규정은 없다.**

공법상 결과제거청구권을 인정하는 학설은 일반적으로 헌법상의 법치행정의 원리,[1] 기본권규

[1] 법치행정의 원리는 행정권에 의해 야기된 위법상태를 제거하여 원상을 회복할 의무를 포함한다고 볼 수 있다.

정,[2] 민법상의 소유권방해배제청구권 등의 관계규정의 유추적용에서 그 법적 근거를 찾는다.

개별법에서 결과제거청구권이 인정되고 있는 경우가 있다. 징발법은 징발해제시 피징발자에 대한 징발물의 반환의무를 규정하고 있다(제14조 내지 제15조).

Ⅳ. 요 건

1. 공행정작용으로 인한 침해

결과제거청구는 권력작용뿐만 아니라 관리작용에 의한 침해의 경우에도 인정된다. 법적 행위뿐만 아니라 사실행위에 의한 침해의 경우에도 인정된다.

행정주체의 사법적 활동으로 인한 침해에 있어서는 민법상의 원상회복 또는 방해배제청구권에 의해 구제된다.

위법한 상태는 작위뿐만 아니라 부작위에 의해 발생할 수도 있다.

예를 들면, 행정기관은 적법하게 압류된 물건의 압류가 해제된 경우에는 당해 물건을 반환하여야 할 의무가 있는데, 압류해제된 물건을 반환하지 않고 있는 것은 부작위에 해당하며 이 경우에는 결과제거청구(반환청구)가 가능하다.

2. 권익의 침해

공행정작용으로 인한 위법한 상태로 인하여 타인의 권리 또는 법적 이익이 침해되고 있어야 한다. 여기에서 말하는 권익에는 재산상의 것 이외에 명예, 신용 등 정신적인 것도 포함된다.

예를 들면, 공직자의 공석에서의 발언으로 자신의 명예를 훼손당한 자는 명예훼손발언의 철회를 요구할 수 있다.[3]

3. 위법한 상태의 존재

공행정작용의 결과로서 위법한 상태가 야기되었어야 한다. 위법한 상태의 존재 여부는 사실심의 변론종결시를 기준으로 판단한다.

위법한 상태는 위법한 행정작용에 의해 발생할 수도 있고, 적법한 행정작용의 효력의 상실에 의해 사후적으로 발생할 수도 있다.

위법한 행정행위에 의한 권리침해(예 위법한 물건의 압류)에 있어서 당해 행위가 취소할 수 있는 행위에 불과한 경우에는 당해 행정행위는 취소되기 전까지는 유효한 것이므로 권익침해의 상태는 위법한 상태라고 볼 수 없다. 따라서, 당해 위법한 행정작용이 취소된 후에 또는 취소청구와 동시에만 결과제거청구가 가능하다.

위법한 상태가 사후에 합법화된 경우(예 도로에 불법편입된 토지가 사후에 수용된 경우)에는 위법한 상태는 더 이상 존재하지 않으므로 결과제거청구권은 당연히 인정되지 않는다.

---

2) 기본권의 보장은 기본권이 침해된 경우에는 그 침해의 제거를 청구하는 권리를 포함한다고 보아야 한다.

3) 명예훼손적 발언의 경우에는 '사실의 주장'과 달리 사후의 발언이나 해명에 의해 수정될 수 있는 것이 아니기 때문에 원상회복이 사실상 불가능하다는 견해도 있다(조태제, "공법상의 결과제거청구권,"『공법연구』, 제27집, 제4호, 394면).

4. 결과제거의 가능성

원상회복이 사실상 가능하고, 법률상 허용되어야 한다.

예를 들면, 건축물이 철거되어 버린 경우에는 사실상 원상회복이 불가능하고, 수용 등에 의해 적법한 사용권을 취득함이 없이 개인의 토지를 도로부지로 편입하여 사용하고 있는 경우에는 법률상 원상회복이 불가능하다. 왜냐하면 도로법 제5조에 의하면 도로를 구성하는 부지에 대하여는 사권을 행사할 수 없기 때문이다.[4)]

5. 원상회복의 기대가능성

원상회복이 행정주체에게 기대가능한 것이어야 한다. 기대가능성의 판단은 관련 이익의 형량에 의해 판단한다. 위법한 결과의 제거를 통한 원상회복에 지나치게 많은 비용이 필요한 경우에는 기대가능성이 부인될 수 있다. 이 경우에는 손해배상 또는 손실보상에 의한 구제만이 가능하다.

Ⅴ. 내　　용

결과제거청구권은 위법한 결과의 제거와 그를 통한 **원상회복**을 그 내용으로 한다. 이 경우의 원상회복은 **침해 이전의 원래의 상태 또는 그것과 동등한 가치 있는 상태의 회복**을 의미한다.

민법상의 원상회복청구권에서의 원상회복은 위법한 행정작용이 없었더라면 존재하였을 가상적인 상태의 회복을 의미하지만, 공법상 결과제거청구권은 민법상의 원상회복청구권보다 어느 정도 축소된 원상회복청구권으로서의 성질을 갖는다.[5)] 결과제거청구권은 **공행정작용의 직접적인 결과만을 그 대상으로 한다.**

예를 들면, 행정청이 위법하게 무주택자로 하여금 특정 개인의 주택에 입주하도록 한 경우에 당해 주택의 소유자는 행정청에게 당해 무주택자를 주택으로부터 퇴거시킬 것을 청구할 수 있을 뿐 무주택자가 손상시킨 부분의 원상회복을 청구할 수는 없다.

Ⅵ. 한계: 과실상계

민법상의 과실상계(過失相計)에 관한 규정(제396조)은 공법상 결과제거청구권에 유추적용될 수 있다. 피해자의 과실이 위법상태의 발생에 기여한 경우에는 그 과실에 비례하여 결과제거청구권이 제한되거나 상실된다.

결과제거청구권이 불가분적 급부를 대상으로 하는 경우에는 피해자의 과실에 비례하여 결과제거에 소요되는 비용을 부담하고 결과제거를 청구할 수 있다.

4) 대판 1968. 10. 22, 68다1317. 불법행위를 원인으로 한 손해배상청구는 가능할 수 있다.
5) 조태제, "공법상의 결과제거청구권," 『공법연구』, 제25집, 제4호, 1997. 6, 401면.

Ⅶ. 권리의 실현수단

결과제거청구권을 공권으로 보는 것이 타당하므로 결과제거청구소송은 공법상 당사자소송이다. 그러나, 현재 판례상 공법상 위법상태의 제거를 구하는 당사자소송(사실행위의 이행을 구하는 당사자소송)이 원칙상 인정되고 있지 않다. 이에 대하여 당사자소송을 비권력적 공행정작용에 대한 일반적인 소송수단으로 활성화할 것을 주장하면서 현행법상으로도 공법상 결과제거를 구하는 당사자소송을 인정할 수 있다는 견해도 있다(당사자소송 활성화론 참조).

다만, 현행법하에서도 다음과 같은 한도 내에서 공행정작용으로 인한 위법한 결과의 제거가 가능하다.

① 위법한 처분에 의해 발생한 위법한 결과는 취소판결의 기속력인 위법상태제거의무(원상회복의무)에 의해 제거될 수 있다.

② 개별법에서 공법상 결과제거청구소송이 인정되고 있는 경우에는 결과제거청구소송(공법상 결과제거의무의 이행을 구하는 당사자소송)을 공법상 당사자소송으로 제기할 수 있다. 예를 들면, 인신보호법상 **불법구금상태의 해제를 구하는 청구소송**이 인정되고 있는데, 공법상 불법구금상태의 해제를 구하는 소송을 행정소송(공법상 당사자소송의 일종)으로 보는 것이 타당하다.

③ 처분이 무효인 경우 또는 적법한 행정작용의 효력 상실로 위법한 결과가 사후적으로 발생한 경우에 행정청이 권원 없이 물건을 점유하고 있거나 소유권을 방해하는 경우에는 민법상의 소유물반환청구권(민법 제213조) 또는 소유물방해제거청구권(민법 제214조)에 근거하여 민사소송으로 물건의 반환 또는 방해의 제거를 청구할 수 있다.

제5장

행정심판

제 1 절 행정심판의 의의

Ⅰ. 행정심판의 개념

행정심판(行政審判)이라 함은 행정청의 위법·부당한 처분 또는 부작위에 대한 불복에 대하여 행정기관이 심판하는 행정심판법상의 행정쟁송절차를 말한다.

행정심판을 규율하는 법으로는 일반법인 행정심판법이 있고, 각 개별법률에서 행정심판법에 대한 특칙을 규정하고 있다. 각 개별법률에서는 행정심판에 대하여 이의신청(예 토지보상법상 이의신청), 심사청구 또는 심판청구(국세기본법 등), 재심의 판정(감사원법) 또는 재심요구 등의 용어를 사용하고 있다.

행정기관이 심판기관이 되는 행정불복절차 모두가 엄밀한 의미의 행정심판(행정심판법의 규율대상이 되는 행정심판)이 아니며 **준사법적 절차가 보장되는 행정불복절차만이 행정심판**이라고 보아야 할 것이다. 왜냐하면, 현행 헌법 제107조 제3항은 행정심판은 준사법적 절차가 되어야 한다고 규정하고 있고, 행정심판법은 행정심판을 규율하는 준사법적 절차를 규정하고 있기 때문이다.

Ⅱ. 행정불복과 행정심판

행정불복이라 함은 행정결정에 대한 불복으로서 불복심사기관이 행정기관인 것을 말한다. 행정불복에는 **이의신청**과 **행정심판**이 있다.

Ⅲ. 이의신청

행정기본법은 처분에 대한 이의신청을 일반적으로 규정하고 있다.[1] 다른 법률에서 이의신청과 이에 준하는 절차에 대하여 정하고 있는 경우에도 그 법률에서 규정하지 아니한 사항에 관하여는 이 조에서 정하는 바에 따른다(제36조 제6항).

---

1) 행정기본법상 이의신청규정은 2023. 3. 24.부터 시행한다.

> 행정기본법 제36조(처분에 대한 이의신청) ① 행정청의 처분(「행정심판법」 제3조에 따라 같은 법에 따른 행정심판의 대상이 되는 처분을 말한다. 이하 이 조에서 같다)에 이의가 있는 당사자는 처분을 받은 날부터 30일 이내에 해당 행정청에 이의신청을 할 수 있다.
> ② 행정청은 제1항에 따른 이의신청을 받으면 그 신청을 받은 날부터 14일 이내에 그 이의신청에 대한 결과를 신청인에게 통지하여야 한다. 다만, 부득이한 사유로 14일 이내에 통지할 수 없는 경우에는 그 기간을 만료일 다음 날부터 기산하여 10일의 범위에서 한 차례 연장할 수 있으며, 연장 사유를 신청인에게 통지하여야 한다.
> ③ 제1항에 따라 이의신청을 한 경우에도 그 이의신청과 관계없이 「행정심판법」에 따른 행정심판 또는 「행정소송법」에 따른 행정소송을 제기할 수 있다.
> ④ 이의신청에 대한 결과를 통지받은 후 행정심판 또는 행정소송을 제기하려는 자는 그 결과를 통지받은 날(제2항에 따른 통지기간 내에 결과를 통지받지 못한 경우에는 같은 항에 따른 통지기간이 만료되는 날의 다음 날을 말한다)부터 90일 이내에 제1항의 처분(이의신청 결과 처분이 변경된 경우에는 변경된 처분으로 한다)에 대하여 행정심판 또는 행정소송을 제기할 수 있다.
> ⑤ 행정청은 제2항 또는 다른 법률에 따라 이의신청에 대한 결과를 통지할 때에는 대통령령으로 정하는 바에 따라 제4항에 따른 행정심판 또는 행정소송을 제기할 수 있는 기간 등 행정심판 또는 행정소송의 제기에 관한 사항을 함께 안내하여야 한다. 다만, 이의신청에 대한 결과를 통지하기 전에 이미 신청인이 행정심판 또는 행정소송을 제기한 경우에는 안내하지 아니할 수 있다.
> ⑥ 다른 법률에서 이의신청과 이에 준하는 절차에 대하여 정하고 있는 경우에도 그 법률에서 규정하지 아니한 사항에 관하여는 이 조에서 정하는 바에 따른다.
> ⑦ 제1항부터 제5항까지에서 규정한 사항 외에 이의신청의 방법 및 절차 등에 관한 사항은 대통령령으로 정한다.
> ⑧ 다음 각 호의 어느 하나에 해당하는 사항에 관하여는 이 조를 적용하지 아니한다.
> 1. 공무원 인사 관계 법령에 따른 징계 등 처분에 관한 사항
> 2. 「국가인권위원회법」 제30조에 따른 진정에 대한 국가인권위원회의 결정
> 3. 「노동위원회법」 제2조의2에 따라 노동위원회의 의결을 거쳐 행하는 사항
> 4. 형사, 행형 및 보안처분 관계 법령에 따라 행하는 사항
> 5. 외국인의 출입국·난민인정·귀화·국적회복에 관한 사항
> 6. 과태료 부과 및 징수에 관한 사항

1. 이의신청의 의의

이의신청은 통상 처분청에 제기하는 처분에 대한 불복절차를 말하는데, 학문상(판례상) 이의신청은 행정불복 중 행정심판이 아닌 것 달리 말하면 준사법적 절차가 아닌 행정불복을 말한다.

행정기본법은 이의신청의 정의규정을 두고 있지 않다. 행정기본법의 규율대상이 되는 이의신청(행정기본법상 이의신청)도 행정기본법 제36조 및 행정기본법의 기본법 및 일반법으로서의 성격을 고려할 때 학문상 이의신청 즉 행정심판(준사법적 절차)이 아닌 행정불복 일체를 의미하는 것으로 보는 것이 타당하다. 개별 법령상(예 국민기초생활보장법 제40조) 또는 실무상 처분청이 아닌 기관(예 상급기관)에 대한 불복절차를 이의신청으로 부르는 경우도

있다. 해당 행정청에 불복하는 경우에도 이의신청이 아니라 심사청구(예 국민연금법 제108조)라는 용어를 사용하는 경우도 있다.

행정기본법상 이의신청에는 행정기본법만에 의해 규율되는 이의신청(일반이의신청)과 행정기본법과 달리 특별한 규율의 대상이 되는 이의신청(특별이의신청. 예, 민원처리에 관한 법률상 이의신청, 국세기본법상 이의신청)이 있다.

2. 행정기본법 제36조 제1항에 따른 이의신청자

행정기본법 제36조 제1항에 따라 이의신청을 할 수 있는 자는 '행정청의 처분에 이의가 있는 당사자'이다. 즉 처분의 당사자 즉, 처분의 상대방만이 행정기본법 제36조 제1항에 따른 이의신청을 할 수 있고, 이해관계있는 제3자는 법률상 이익이 있는 자라도 행정기본법에 따른 이의신청을 할 수 없다.

3. 이의신청의 대상

개별법상 명문의 규정이 없음에도 행정기본법 제36조 제1항에 따라 이의신청의 대상이 되는 것은 행정심판법상 처분(행정심판법 제2조 제4호) 중 '행정심판법 제3조[2]에 따라 행정심판법에 따른 행정심판의 대상이 되는 처분' 즉 '일반행정심판의 대상이 되는 처분'에 한정된다. 특별행정심판의 대상이 되는 처분은 행정기본법 제36조 제1항에 따른 이의신청의 대상이 되지 않는다(행정기본법 제36조 제1항). 또한, 행정심판법상 처분이 아닌 것은 행정기본법 제36조 제1항에 따른 이의신청의 대상이 되지 않는다. 다만, 개별법에 특별한 규정이 있으면 행정기본법 제36조 제1항에 따른 이의신청의 대상이 되지 않는 처분이나 행정심판법상 처분이 아닌 행정결정에 대해서도 이의신청이 인정될 수 있다.

행정기본법 제36조 제8항 각 호에 해당하는 사항에 관하여는 행정기본법 제36조 전체를 적용하지 아니하므로 행정기본법 제36조 제1항에 따른 이의신청이 인정되지 않는다.

부작위는 행정기본법 제36조 제1항에 따른 이의신청의 대상이 되지 않는다(행정기본법 제36조 제1항).

4. 행정기본법상 이의신청의 제기기간

행정청의 처분에 이의가 있는 당사자는 처분을 받은 날부터 30일 이내에 해당 행정청에 이의신청을 할 수 있다(제36조 제1항). '처분을 받은 날'이라 함은 처분이 도달한 날 즉 처분이 효력을 발생한 날을 말한다.

5. 행정기본법상 이의신청에 대한 결과통지(제37조 제2항, 제5항)

---

2) 행정심판법 제3조(행정심판의 대상) ① 행정청의 처분 또는 부작위에 대하여는 다른 법률에 특별한 규정이 있는 경우 외에는 이 법에 따라 행정심판을 청구할 수 있다. ② 대통령의 처분 또는 부작위에 대하여는 다른 법률에서 행정심판을 청구할 수 있도록 정한 경우 외에는 행정심판을 청구할 수 없다.

6. 행정기본법상 이의신청과 행정심판 또는 행정소송의 관계

이의신청은 임의절차이다. 즉, 제1항에 따라 이의신청을 한 경우에도 그 이의신청과 관계없이 「행정심판법」에 따른 행정심판 또는 「행정소송법」에 따른 행정소송을 제기할 수 있다(제36조 제3항).

이의신청을 하면 행정심판이나 행정소송의 청구·제소기간이 이의신청 결과 통지일부터 계산된다. 즉, 이의신청에 대한 결과를 통지받은 후 행정심판 또는 행정소송을 제기하려는 자는 그 결과를 통지받은 날(제2항에 따른 통지기간 내에 결과를 통지받지 못한 경우에는 같은 항에 따른 통지기간이 만료되는 날의 다음 날을 말한다)부터 90일 이내에 행정심판 또는 행정소송을 제기할 수 있다(제4항). 이 규정은 이의신청에 대한 결정을 기다리는 중에 행정심판이나 행정소송의 제기기간이 도과하는 문제를 해결하기 위한 규정이다.

이의신청에 대한 결정을 받은 후 행정심판 또는 행정소송을 제기하려는 경우에 행정심판 또는 행정소송의 대상은 이의신청 결과 통지가 아닌 제1항의 처분, 즉 이의신청의 대상이 된 행정청의 원처분(일부취소의 경우에는 일부취소되고 남은 원처분)이다. 다만, 이의신청 결과 처분이 변경된 경우에는 변경된 처분이다(행정기본법 제36조 제4항). '변경된 처분'에는 처분내용은 동일하더라도 기본적 사실관계에 동일성이 없는 처분사유 변경이 있는 경우를 포함한다.

그러나, 이의신청 후 행정쟁송을 제기하는 경우에는 단순 기각결정(각하결정 포함)을 제외하고는 최종처분의 성질을 갖는 이의신청결정을 행정쟁송의 대상으로 하도록 하는 것이 이의신청의 법리 및 행정결정의 법리에 맞는다. 이의신청의 결정은 행정심판의 재결이 아니라 행정결정이므로 행정소송에서의 원처분주의를 적용하는 것은 타당하지 않다. 즉, 이의신청에서 단순기각결정(각하결정 포함)은 어떠한 법적 효과도 없는 단순한 사실행위로서 처분이 아니고, 처분은 이의신청의 대상이 된 원처분만 있고, 그것이 행정심판이나 행정소송의 대상이 되어야 한다. 그러나, '기각결정'이라도 원처분의 처분내용은 유지하면서 처분사유를 변경하는 기각결정은 새로운 처분이고 최종행정결정이므로 그 기각결정을 행정쟁송의 대상으로 하도록 하여야 한다. 일부취소결정의 경우 일부 취소되고 남은 결정이 최종행정결정이 되는 것이므로 일부취소결정(일부 취소되고 남은 결정)인 이의신청의 결정이 행정쟁송의 대상이 되는 것으로 보아야 한다. 변경(일부변경 또는 전부변경)결정의 경우에는 변경된 결정이 최종행정결정이 되므로 원처분이 아니라 이의신청결정인 변경결정을 행정쟁송의 대상으로 하는 것이 행정법리상 타당하다.

7. 행정기본법 제36조의 적용범위

다른 법률에서 '이의신청과 이에 준하는 절차'에 대하여 정하고 있는 경우에도 그 법률에서 규정하지 아니한 사항에 관하여는 이 조에서 정하는 바에 따른다(행정기본법 제36조 제6항). 이 조항은 행정기본법 제36조가 이의신청에 관한 일반법임을 선언한 규정이다. '제36조 제6항의 이의신청'은 처분에 대한 이의신청(특별이의신청 포함)을 말하고, "이에 준하는 절차"는 처분이 아닌 행정결정에 대한 이의신청을 의미하는 것으로 보는 것이 타당하다. 따라서, '행정심판(준사법적 절차)이 아닌 이의신청등 행정불복'에 대해서는 특별한 규정이 없는 한 행정기본법 제36조 제6항이 적용

된다고 보아야 한다. '제36조 제6항의 이의신청'을 '행정기본법 제36조 제1항에 따른 이의신청(일반이의신청)'에 한정하는 견해에 따르면 개별법상 인정되는 이의신청(특별이의신청)은 "이에 준하는 절차"에 해당하는 것으로 볼 수 있다. 따라서, 어느 견해에 따르든지 **개별법상 인정되는 이의신청도 원칙상 행정기본법 제36조의 적용대상이 된다.**

다만, 행정기본법 제36조 제8항 각 호에 해당하는 사항에 관하여는 행정기본법 제36조 전체를 적용하지 아니한다(제36조 제8항).

8. 행정심판인 이의신청과 '행정심판이 아닌 이의신청'의 구별

이의신청이라는 명칭을 사용하는 행정불복 중에는 행정심판의 성질을 갖는 것(예 토지보상법상 이의신청)도 있고, 행정심판이 아닌 것(예 민원처리에 관한 법률상 이의신청)도 있다.

(1) 구별실익

① **행정심판법 적용여부**: 행정심판법상의 행정심판의 성질을 갖는 이의신청에는 행정심판법이 적용되게 된다. 또한, 당해 불복절차를 거친 후에는 다시 행정심판법상의 행정심판을 제기할 수 없다(행정심판법 제51조[3]). 이에 반하여 행정심판법상의 **행정심판이 아닌 이의신청의 경우** 행정심판법이 적용되지 않고, 당해 이의신청을 거친 후에도 명문의 규정이 없는 경우에는 원칙상 **행정심판을 제기할 수 있다.**[4]

② **이의신청에 대한 결정의 성질**: 행정심판인 이의신청에 대한 결정은 행정심판의 재결의 성질을 갖는다. 그렇지만, **행정심판이 아닌 이의신청**에 대해 **원처분을 취소 또는 변경하는 결정**은 새로운 최종적 처분으로서 이의신청의 대상이 된 처분을 취소 또는 변경하는 **처분**이다. 다만, 이의신청의 대상이 된 기존의 처분을 그대로 유지하는 결정(기각결정)은 **단순한 사실행위**로서 아무런 법적 효력을 갖지 않고 항고소송의 대상이 되지 않는다. 다만, 이의신청에 따른 기각결정이 새로운 신청에 따른 것이거나 별도의 의사결정 과정과 절차를 거쳐 이루어진 독립된 행정처분의 성질을 갖는 경우에는 새로운 처분으로 볼 수 있으므로(대판 2022. 3. 17, 2021두53894) 항고소송의 대상이 된다. 판례 중에는 이주대책 대상자 제외결정에 대한 이의신청에 대하여 다시 한 제외결정(2차 결정)을 행정쟁송의 대상이 되는 처분으로 본 사례(후술 대판 2021. 1. 14, 2020두50324 참조)가 있다. 수익적 행정처분을 구하는 신청에 대한 거부처분에 대한 이의신청의 내용이 새로운 신청을 하는 취지로 볼 수 있는 경우에는, 그 이의신청에 대한 결정(기각결정 포함)의 통보를 새로운 처분으로 볼 수 있다고 한 사례(대판 2022. 3. 17, 2021두53894)가 있다.

[판례 1] [국가유공자법상 이의신청에 대한 기각결정을 다투는 사건] [1] 국가유공자법 제74조의18 제1항이 정한 이의신청은 행정심판이 아닌 이의신청 즉, "국가유공자 요건에 해당하지 아니하는 등의 사유로 국가유공자 등록신청을 거부한 처분청인 국가보훈처장으로 하여금 신청 대상자의 신청 사항을 다시 심사하여 잘못

3) 심판청구에 대한 재결이 있는 경우에는 당해 재결 또는 동일한 처분 또는 부작위에 대하여 다시 심판청구를 제기할 수 없다.

4) 개별 토지가격결정에 대하여 재조사청구를 하여 결과통지를 받은 후 다시 행정심판법 소정의 행정심판을 제기하여 그 재결을 거쳐 행정소송을 제기하는 것이 가능하다는 판결이 있다(대판 1993. 12. 24, 92누17204).

이 있는 경우 스스로 시정하도록 한 절차"라고 한 사례. [2] **국가유공자법상 이의신청에 대한 기각결정은 항고소송의 대상인 '처분 등'에 해당하지 않는다:** 이의신청을 받아들이는 것을 내용으로 하는 결정은 당초 국가유공자 등록신청을 받아들이는 새로운 처분(직권취소)으로 볼 수 있으나, 이의신청을 받아들이지 아니하는 결정은 종전의 결정 내용을 그대로 유지하는 것에 불과한 것으로서 이의신청인의 권리·의무에 새로운 변동을 가져오는 공권력의 행사나 이에 준하는 행정작용이라고 할 수 없으므로 원결정과 별개로 항고소송의 대상이 되지는 않는다(처분이 아니다)고 봄이 타당하다. [3] **국가유공자법 제74조의18 제4항이 정한 '제소기간 연장'이 행정심판 이외에 행정소송법상 취소소송에도 적용된다:** 국가유공자 비해당결정 등 원결정에 대한 이의신청이 받아들여지지 아니한 경우에도 이의신청인으로서는 원결정을 대상으로 항고소송을 제기하여야 할 것이고, 국가유공자법 제74조의18 제4항이 이의신청을 하여 그 결과를 통보받은 날부터 90일 이내에 행정심판법에 따른 행정심판의 청구를 허용하고 있고, 행정소송법 제18조 제1항 본문이 "취소소송은 법령의 규정에 의하여 당해 처분에 대한 행정심판을 제기할 수 있는 경우에도 이를 거치지 아니하고 제기할 수 있다."고 규정하고 있는 점 등을 종합하여 보면, (국가유공자법 제74조의18 제1항이 정한) 이의신청을 받아들이지 아니하는 결과를 통보받은 자는 그 통보받은 날부터 90일 이내에 행정심판법에 따른 행정심판 또는 행정소송법에 따른 취소소송을 제기할 수 있다고 보아야 한다. [4] 원고의 국가유공자 등록신청에 대하여 피고가 2013. 3. 14. 국가유공자 및 보훈보상대상자 요건 비해당 결정처분('원결정')을 한 후, 원고가 피고에게 재심의 신청을 하였고, 피고는 보훈심사위원회의 재심의를 거쳐 2013. 8. 30. 이 사건 원결정과 같은 취지에서 국가유공자 및 보훈보상대상자 요건 재심의 비해당 결정('재심의 결정')을 하였는데, 원고가 2013. 11. 20. 재심의 결정의 취소를 구하는 소를 제기한 사안에서, 원심은 위 재심의 결정이 항고소송의 대상인 처분임을 전제로 본안 판단에 나아갔으나, 재심의 결정은 항고소송의 대상이 되지 아니하므로, 원고로서는 위 재심의 결정이 아닌 원결정의 취소를 구하여야 하고, 다만 제소기간은 재심의 결정을 통보받은 날부터 90일 이내라고 보아 원심판결을 파기한 사안(대판 2016. 7. 27, 2015두45953[국가유공자(보훈보상대상자)비해당 처분 취소]). 〈해설〉 보훈심사위원회의 심의·의결을 거치는 것은 최초의 국가유공자 등록신청에 대한 결정에서나 이의신청에 대한 결정에서 마찬가지로 거치도록 규정된 절차이므로 이것만으로는 해당 이의신청이 준사법적 절차라고 할 수는 없다.

[판례 2] 민원 이의신청을 받아들이는 경우에는 이의신청 대상인 거부처분을 취소하지 않고 바로 최초의 신청을 받아들이는 새로운 처분을 하여야 하지만, 이의신청을 받아들이지 않는 경우에는 다시 거부처분을 하지 않고 그 결과를 통지함에 그칠 뿐이다. 따라서 이의신청을 받아들이지 않는 취지의 기각 결정 내지는 그 취지의 통지는, 종전의 거부처분을 유지함을 전제로 한 것에 불과하고 또한 거부처분에 대한 행정심판이나 행정소송의 제기에도 영향을 주지 못하므로, 결국 민원 이의신청인의 권리·의무에 새로운 변동을 가져오는 공권력의 행사나 이에 준하는 행정작용이라고 할 수 없어, (원칙상) 독자적인 항고소송의 대상이 된다고 볼 수 없다고 봄이 타당하다(대판 2012. 11. 15, 2010두8676).

[판례 3] [1] 수익적 행정처분을 구하는 신청에 대한 거부처분이 있은 후 당사자가 다시 신청을 한 경우에는 신청의 제목 여하에 불구하고 그 내용이 새로운 신청을 하는 취지라면 관할 행정청이 이를 다시 거절하는 것은 새로운 거부처분이라고 보아야 한다. 나아가 어떠한 처분이 수익적 행정처분을 구하는 신청에 대한 거부처분이 아니라고 하더라도, 해당 처분에 대한 이의신청의 내용이 새로운 신청을 하는 취지로 볼 수 있는 경우에는, 그 이의신청에 대한 결정(기각결정 포함)의 통보를 새로운 처분으로 볼 수 있다. [2] 갑 시장이 을 소유 토지의 경계확정으로 지적공부상 면적이 감소되었다는 이유로 지적재조사위원회의 의결을 거쳐 을에게 조정금 수령을 통지하자(1차 통지), 을이 구체적인 이의신청 사유와 소명자료를 첨부하여 이의를 신청하였으나, 갑 시장이 지적재조사위원회의 재산정 심의·의결을 거쳐 종전과 동일한 액수의 조정금 수령을 통지한(2차 통지) 사안에서, 구 지적재조사에 관한 특별법(2020. 4. 7. 법률 제17219호로 개정되기 전의 것) 제21조의2가 신설되면서 조정금에 대한 이의신청 절차가 법률상 절차로 변경되었으므로 그에 관한 절차적 권리는 법률상 권리로 볼 수 있는 점, 을이 이의신청을 하기 전에는 조정금 산정결과 및 수령을 통지한 1차 통지만 존재하였고 을은 신청 자체를 한 적이 없으므로 을의 이의신청은 새로운 신청으로 볼 수 있는 점, 2차 통지서의 문언상 종전 통지와 별도로 심의·의결하였다는 내용이 명백하고, 단순히 이의신청을 받아들이지 않는다는 내용

에 그치는 것이 아니라 조정금에 대하여 다시 재산정, 심의·의결절차를 거친 결과, 그 조정금이 종전 금액과 동일하게 산정되었다는 내용을 알리는 것이므로, 2차 통지를 새로운 처분으로 볼 수 있는 점 등을 종합하면, 2차 통지는 1차 통지와 별도로 행정쟁송의 대상이 되는 처분으로 보는 것이 타당하다고 한 사례(대판 2022. 3. 17, 2021두53894[지적재조사사업조정금이의신청기각처분취소청구의소]).

③ **불가변력 인정여부**: 행정심판의 재결은 준사법적 행위로서 불가변력이 발생한다. 행정심판이 아닌 이의신청은 준사법적 행위는 아니지만, 불복절차인 점에서 이의신청결정에 불가변력과 유사한 효력을 인정하는 것이 타당하다.

예를 들면, 과세처분에 관한 이의신청 절차에서 과세관청이 그 이의신청 사유가 옳다고 인정하여 과세처분을 직권으로 취소한 경우 특별한 사유 없이 이를 번복하여 종전과 동일한 내용의 처분을 하는 것은 허용될 수 없다. 다만, 납세자가 허위의 자료를 제출하는 등 부정한 방법에 기초하여 직권취소되었다는 등의 특별한 사유가 있는 경우에는 이를 번복하고 종전과 동일한 과세처분을 할 수 있다(대판 2017. 3. 9, 2016두56790[재산세부과처분취소]).

[판례] 과세처분에 관한 이의신청 절차에서 과세관청이 이의신청 사유가 옳다고 인정하여 과세처분을 직권으로 취소한 후, 특별한 사유 없이 이를 번복하여 종전 처분과 동일한 내용의 처분을 할 수 없다: 과세처분에 관한 불복절차과정에서 과세관청이 그 불복사유가 옳다고 인정하고 이에 따라 필요한 처분을 하였을 경우에는, 불복제도와 이에 따른 시정방법을 인정하고 있는 구 국세기본법(2007. 12. 31. 법률 제8830호로 개정되기 전의 것) 제55조 제1항, 제3항 등 규정들의 취지에 비추어 동일 사항에 관하여 특별한 사유 없이 이를 번복하고 다시 종전의 처분을 되풀이할 수는 없는 것이므로, 과세처분에 관한 이의신청절차에서 과세관청이 이의신청 사유가 옳다고 인정하여 과세처분을 직권으로 취소한 이상 그 후 특별한 사유 없이 이를 번복하고 종전 처분을 되풀이하는 것은 허용되지 않는다(대판 2010. 9. 30, 2009두1020[양도소득세부과처분취소]: 과세관청이 甲에게 재촌자경(在村自耕) 사실을 인정할 증거가 부족하다는 이유로 양도소득세 감면신청을 받아들이지 않은 채 토지에 대한 양도소득세를 부과하였다가, 甲이 재촌자경한 사실이 있다고 다투며 이의신청을 하자 이의사유를 받아들여 위 처분을 직권으로 취소한 후, 甲의 토지가 대규모 개발사업지역과 관련한 양도소득세의 예외적 감면 대상이 아니라는 이유로 종전과 동일한 내용의 과세처분을 한 사안에서, 위 처분이 적법하다고 본 원심판결에 법리를 오해한 잘못이 있다고 한 사례; 2019. 1. 31, 2017두75873). 〈해설〉 행정심판이 아닌 이의신청에 따른 취소는 직권취소이다. 다만, 행정심판법상 행정심판이 아닌 이의신청절차도 불복절차이므로 관련규정의 취지를 고려하여 이의신청에 따른 직권취소에도 특별한 사정이 없는 한 번복할 수 없는 불가변력을 인정한 것이다.

④ **처분사유의 추가·변경**: 행정심판에서는 기본적 사실관계의 동일성이 있다고 인정되는 한도 내에서만 당초 처분의 근거로 삼은 사유와 다른 사유를 추가 또는 변경할 수 있지만(대판 2014. 5. 16, 2013두26118), **행정심판이 아닌 이의신청의 경우**에는 기본적 사실관계의 동일성이 없는 사유라고 할지라도 처분의 적법성과 합목적성을 뒷받침하는 **처분사유로 추가·변경할 수 있다.**

[판례] [1] 산업재해보상보험법 규정의 내용, 형식 및 취지 등에 비추어 보면, 산업재해보상보험법상 심사청구에 관한 절차는 보험급여 등에 관한 처분을 한 근로복지공단으로 하여금 스스로의 심사를 통하여 당해 처분의 적법성과 합목적성을 확보하도록 하는 근로복지공단 내부의 시정절차에 해당한다고 보아야 한다. 따라서 처분청이 스스로 당해 처분의 적법성과 합목적성을 확보하고자 행하는 자신의 내부 시정절차에서는 당초 처분의 근거로 삼은 사유와 기본적 사실관계의 동일성이 인정되지 않는 사유라고 하더라도 이를 처분의 적법성

과 합목적성을 뒷받침하는 처분사유로 추가·변경할 수 있다고 보는 것이 타당하다. [2] 근로복지공단이 '우측 감각신경성 난청'으로 장해보상청구를 한 근로자 갑에 대하여 소멸시효 완성을 이유로 장해보상급여부지급결정을 하였다가, 갑이 불복하여 심사청구를 하자 갑의 상병이 업무상 재해인 소음성 난청으로 보기 어렵다는 처분사유를 추가하여 심사청구를 기각한 사안에서, 갑의 상병과 업무 사이의 상당인과관계 부존재를 처분사유 중 하나로 본 원심판단을 정당하다고 한 사례(대판 2012. 9. 13, 2012두3859[장해급여부지급결정처분취소]).

⑤ 이의신청에 따른 결정은 처분청의 결정이므로 결정시의 법령 및 사실상태를 기준으로 한다. 그러나, 행정심판의 재결은 처분청의 결정이 아니고 준사법적 행위이므로 취소사유인 처분의 위법 또는 부당은 처분시의 법령 및 사실상태를 기준으로 판단한다.

(2) 구별기준

개별법상 이의신청(행정불복)이 행정심판이 아닌 단순 이의신청(행정불복)인지 행정심판인 이의신청(행정불복)인지 여부를 판단하는 기준에 관하여 견해의 대립이 있다.

1) 심판기관기준설

이 견해는 처분청 자체에 제기하는 이의신청(행정불복)을 행정심판이 아닌 이의신청으로 보고, 처분청의 직근상급행정청 또는 행정심판위원회에 제기하는 이의신청을 행정심판인 이의신청으로 보는 견해이다.

2) 불복절차기준설

이 견해는 헌법 제107조 제3항은 행정심판절차는 사법심판절차가 준용되어야 한다고 규정하고 있는 점에 비추어 개별법률에서 정하는 이의신청 중 **준사법절차가 보장되는 것만을 행정심판**으로 보고, 그렇지 않은 것은 행정심판이 아닌 것으로 보는 견해이다.

3) 판 례

판례도 **절차** 및 **담당기관을 기준**으로 구분하고 있으므로 **불복절차기준설**을 취하고 있는 것으로 보인다(대판 2010. 1. 28, 2008두19987).

[판례 1] 행정심판에 관한 헌법 제107조 제3항의 의미: 헌법 제107조 제3항은 "재판의 전심절차로서 행정심판을 할 수 있다. 행정심판의 절차는 법률로 정하되, 사법절차가 준용되어야 한다"고 규정하고 있으므로, 입법자가 행정심판을 전심절차가 아니라 종심절차로 규정함으로써 정식재판의 기회를 배제하거나, 어떤 행정심판을 필요적 전심절차로 규정하면서도 그 절차에 사법절차가 준용되지 않는다면 이는 위 헌법조항, 나아가 재판청구권을 보장하고 있는 헌법 제27조에도 위반되며, 헌법 제107조 제3항은 사법절차가 "준용"될 것만을 요구하고 있으나 판단기관의 독립성과 공정성, 대심적 심리구조, 당사자의 절차적 권리보장 등의 면에서 사법절차의 본질적 요소를 현저히 결여하고 있다면 "준용"의 요청에마저 위반된다(헌재 전원재판부 2001. 6. 28, 2000헌바30).

[판례 2] 개별공시지가에 대하여 이의가 있는 자가 (적법한) 행정심판을 거쳐 행정소송을 제기하는 경우 제소기간의 기산점(=행정심판 재결서 정본을 송달받은 날): 부동산 가격공시 및 감정평가에 관한 법률 제12조, 행정소송법 제20조 제1항, 행정심판법 제3조 제1항의 규정 내용 및 취지와 아울러 부동산 가격공시 및 감정평가에 관한 법률에 행정심판의 제기를 배제하는 명시적인 규정이 없고 부동산 가격공시 및 감정평가에 관한 법

률에 따른 이의신청과 행정심판은 그 절차 및 담당 기관에 차이가 있는 점을 종합하면, 부동산 가격공시 및 감정평가에 관한 법률이 이의신청에 관하여 규정하고 있다고 하여 이를 구 행정심판법 제3조 제1항에서 행정심판의 제기를 배제하는 '다른 법률에 특별한 규정이 있는 경우'에 해당한다고 볼 수 없으므로, 개별공시지가에 대하여 이의가 있는 자는 곧바로 행정소송을 제기하거나 부동산 가격공시 및 감정평가에 관한 법률에 따른 이의신청과 행정심판법에 따른 행정심판청구 중 어느 하나만을 거쳐 행정소송을 제기할 수 있을 뿐 아니라, 이의신청을 하여 그 결과 통지를 받은 후 다시 행정심판을 거쳐 행정소송을 제기할 수도 있다고 보아야 하고, 이 경우 행정소송의 제소기간은 그 행정심판 재결서 정본을 송달받은 날부터 기산한다(대판 2010. 1. 28, 2008두19987[개별공시지가결정처분취소]).

[판례 3] 지방자치법 제140조 제3항상의 사용료·수수료 또는 분담금의 부과나 징수에 대한 이의신청은 행정심판과는 구별되는 별개의 제도라 할 것이다(대판 2012. 3. 29, 2011두26886[도로점용료부과처분취소]). 〈해설〉 지방자치법 제140조 제3항상의 이의신청은 지방자치단체의 장에게 하는 것이므로 행정심판이 아닌 이의신청으로 보는 것이 타당하다.

[판례 4] 구 민원사무처리법에서 정한 민원 이의신청은 행정심판법에서 정한 행정심판과는 그 성질을 달리한다(대판 2012. 11. 15, 2010두8676[주택건설사업불허가처분취소등]).

[판례 5] 구 공무원연금법상 공무원연금급여 재심위원회에 대한 심사청구는 특별행정심판에 해당한다(대판 2019. 8. 9, 2019두38656).

4) 결 어

헌법 제107조 제3항이 행정심판절차는 사법절차가 준용되어야 한다고 규정하고 있는 점에 비추어 불복절차를 기준으로 행정심판과 행정심판이 아닌 이의신청을 구분하는 견해가 타당하다. 행정심판은 '사법(司法)형행정불복절차'이고, 행정심판이 아닌 이의신청은 '행정형행정불복절차'이다.

Ⅳ. 행정기본법상 처분의 재심사

제재처분 및 행정상 강제를 제외한 처분에 대해서는 쟁송을 통하여 더 이상 다툴 수 없게 된 경우에도 처분의 근거가 된 사실관계 또는 법률관계가 추후에 당사자에게 유리하게 바뀐 경우 등 일정한 요건에 해당하면 그 사유를 안 날부터 60일 이내에 행정청에 대하여 처분을 취소·철회하거나 변경하여 줄 것을 신청할 수 있다(제37조 제1항, 제2항). 다만, 처분이 있은 날부터 5년이 지나면 재심사를 신청할 수 없다(제3항). 다만, **다음 각 호의 어느 하나에 해당하는 사항에 관하여는 이 조를 적용하지 아니한다.** 1. 공무원 인사 관계 법령에 따른 징계 등 처분에 관한 사항, 2.「노동위원회법」제2조의2에 따라 노동위원회의 의결을 거쳐 행하는 사항, 3. 형사, 행형 및 보안처분 관계 법령에 따라 행하는 사항, 4. 외국인의 출입국·난민인정·귀화·국적회복에 관한 사항, 5. 과태료 부과 및 징수에 관한 사항, 6. 개별 법률에서 그 적용을 배제하고 있는 경우(제8항).

1. 처분의 재심사의 의의

처분의 재심사는 처분을 불복기간의 경과 등으로 쟁송을 통하여 더 이상 다툴 수 없는 경우에 신청(처분의 취소·철회 또는 변경의 신청)에 의해 처분청이 해당 처분을 재심사하는 것을 말한다. '처분의 재심사' 제도는 민·형사 재판절차상 재심제도와 유사하다.

2. 재심사의 신청사유

① 행정기본법상 처분의 재심사를 신청하기 위해서는 처분(제재처분 및 행정상 강제는 제외)이 행정심판, 행정소송 및 그 밖의 쟁송을 통하여 다툴 수 없게 된 경우(법원의 확정판결이 있는 경우는 제외) 즉, 처분에 대해 불가쟁력이 발생한 경우로서 다음 각 호의 어느 하나에 해당하는 경우에 해당하여야 한다.

1. 처분의 근거가 된 사실관계 또는 법률관계가 추후에 당사자에게 유리하게 바뀐 경우.
2. 당사자에게 유리한 결정을 가져다주었을 새로운 증거가 있는 경우.
3. 「민사소송법」 제451조에 따른 재심사유에 준하는 사유가 발생한 경우 등 대통령령으로 정하는 경우(제37조 제1항). 법 제37조 제1항 제3호에서 "「민사소송법」 제451조에 따른 재심사유에 준하는 사유가 발생한 경우 등 대통령령으로 정하는 경우"란 다음 각 호의 어느 하나에 해당하는 경우를 말한다. 1. 처분 업무를 직접 또는 간접적으로 처리한 공무원이 그 처분에 관한 직무상 죄를 범한 경우, 2. 처분의 근거가 된 문서나 그 밖의 자료가 위조되거나 변조된 것인 경우, 3. 제3자의 거짓 진술이 처분의 근거가 된 경우, 4. 처분에 영향을 미칠 중요한 사항에 관하여 판단이 누락된 경우(동법 시행령 제12조).

제1호의 사유는 철회(변경포함)사유이고, 제2호와 제3호는 취소(변경포함)사유이다.

제1호에 따른 재심사는 제1호에 따른 재심사 신청사유가 있는 경우에 당사자에게 철회신청권을 인정하는 의미도 있다.

② 제1항에 따른 신청은 해당 처분의 절차, 행정심판, 행정소송 및 그 밖의 쟁송에서 **당사자가 중대한 과실 없이** 제1항 각 호의 사유를 주장하지 못한 경우에만 할 수 있다(제2항).

3. 재심사 신청권자

재심사를 신청할 수 있는 자는 처분의 당사자이다. 처분의 당사자란 **처분의 상대방**을 말한다. 따라서, 처분의 상대방이 아닌 이해관계있는 제3자는 법률상 이익이 있는 자라도 재심사를 신청할 수 없다.

4. 재심사 신청기간

재심사 신청은 당사자가 제1항 각 호의 재심사 신청사유를 안 날부터 60일 이내에 하여야 한다. 다만, 처분이 있은 날부터 5년이 지나면 신청할 수 없다(제3항).

5. 재심사 신청에 대한 처리기간

제1항에 따른 신청을 받은 행정청은 특별한 사정이 없으면 신청을 받은 날부터 90일(합의제행정기관은 180일) 이내에 처분의 재심사 결과(재심사 여부와 처분의 유지·취소·철회·변경 등에 대한 결정을 포함한다)를 신청인에게 통지하여야 한다. 다만, 부득이한 사유로 90일(합의제행정기관은 180일) 이내에 통지할 수 없는 경우에는 그 기간을 만료일 다음 날부터 기산하여 90일(합의제행정기관은 180일)의 범위에서 한 차례 연장할 수 있으며, 연장 사유를 신청인에게 통지하여야 한다(제4항).

6. 재심사 결과에 대한 불복

재심사신청에 대한 결정은 행정행위의 성질을 갖는다. 재심사결과(결정)에는 처분을 유지하는 결정과 처분의 전부 또는 일부 철회·취소·변경 결정이 있다. 처분을 유지하는 결정에는 재심사 대상이 되지 않는다는 결정(각하결정)과 본안심사결과 철회·취소·변경의 이유가 없다고 하여 처분을 유지하는 결정(기각결정)이 있다. 재심사신청에 대해 처분을 유지하는 결정은 철회·취소 또는 변경 신청에 대한 거부처분의 성질을 갖고, 재심사신청에 대해 처분을 철회·취소 또는 변경하는 결정은 철회·직권취소 또는 직권변경처분의 성질을 갖는다.

그러므로 재심사신청에 대한 결정은 행위의 성질상 행정쟁송의 대상이 되는 처분으로서의 성질을 갖는다. 그런데, **행정기본법은 제4항에 따른 처분의 재심사 결과 중 처분을 유지하는 결과에 대해서는 행정심판, 행정소송 및 그 밖의 쟁송수단을 통하여 불복할 수 없다**(제5항)고 **규정**하고 있다. '처분을 유지하는 결과'는 문언대로 해석하면 각하결정 및 기각결정을 의미하는 것으로 해석할 수도 있지만, 이렇게 불복할 수 없게 하는 것은 국민의 재판을 받을 권리를 침해하는 것으로서 **위헌의 소지가 있다**. 각하결정에도 불복할 수 없다고 하면 재심사청구를 허용한 입법의 취지에 반하므로 기각결정만을 의미하는 것으로 보아야 한다. 또한, 각하결정에 대해서도 불복할 수 없다면 행정청은 재심사청구에 대해 본안판단을 회피하기 위해 각하결정을 남발할 수 있기 때문이다.

'그 밖의 쟁송수단'에 이의신청이 포함되는지 달리 말하면 재심사 결과 처분을 유지하는 결정에 대해 이의신청이 가능한지에 대해서는 논란의 여지가 있다.

그리고, 재심사 신청에 대한 철회·취소 또는 변경은 처분이므로 이를 다툴 법률상이익이 있는 자는 행정쟁송을 제기할 수 있다.

7. 재심사와 처분에 대한 취소 또는 철회의 청구

행정청의 제18조에 따른 취소와 제19조에 따른 철회는 처분의 재심사에 의하여 영향을 받지 아니한다(제6항). 따라서, 행정청은 처분의 재심사와 별도로 취소 또는 철회를 할 수 있다. 민원인은 처분의 재심사와 별도로 취소 또는 철회의 신청을 할 수 있다. 취소 또는 철회의 신청을 받은 행정청은 법령상 또는 조리상 신청권에 따른 신청인 경우에는 그 신청에 응답할 의무를 진다. 또한, 행정기본법 제37조 재심사 요건(신청권자, 신청기간 등) 결여, 재심사사유 없음 등의 이유로 재심사를 거부하는 결정을 하는 경우에도 행정청은 직권으로 행정기본법 제18조에 따른 취소 또는 동법 제19조에 따른 철회를 할 수 있다.

V. 청원과의 구별

청원(請願)이란 국가기관에 대하여 행하는 권익의 구제 또는 공익을 위한 일정한 권한행사의 요망을 말한다. 국가기관은 청원에 대하여 수리·심사하여 통지할 의무가 있다.

청원은 행정심판과 달리 쟁송수단이 아니다. 다만, 청원이라는 명칭을 사용한 경우에도 그 실질이 행정심판에 해당하는 경우에는 행정심판을 제기한 것으로 보고 처리하여야 한다.

Ⅵ. 행정심판에 의한 취소와 직권취소의 구별

행정심판에 의한 취소는 쟁송취소로서 직권취소와 구별된다(총론 참조).

Ⅶ. 고충민원

고충민원은 행정심판이나 행정소송의 대상이 되지 않는 권익침해에 대해서도 인정된다. 즉 "**고충민원**"이란 행정기관등의 위법·부당하거나 소극적인 처분(사실행위 및 부작위를 포함한다) 및 불합리한 행정제도로 인하여 국민의 권리를 침해하거나 국민에게 불편 또는 부담을 주는 사항에 관한 민원(현역장병 및 군 관련 의무복무자의 고충민원을 포함한다)을 말한다(부패방지 및 국민권익위원회의 설치와 운영에 관한 법률 제2조 제5호). 행정심판이나 행정소송의 대상이 되는 처분에 대해서도 고충민원을 제기할 수 있다. 특히 불복기간이 지나 취소심판이나 취소소송을 제기할 수 없는 경우에도 고충민원을 제기하여 권리구제를 받을 수도 있다.

다만, 권익위원회는 접수된 고충민원이 "행정심판, 행정소송, 헌법재판소의 심판이나 감사원의 심사청구 그 밖에 다른 법률에 따른 불복구제절차가 진행 중인 사항" 또는 "판결·결정·재결·화해·조정·중재 등에 따라 확정된 권리관계에 관한 사항 또는 감사원이 처분을 요구한 사항"에 해당하는 경우에는 그 고충민원을 각하하거나 관계 기관에 이송할 수 있다(제43조 제1항).

권익위원회는 합의를 권고할 수 있고(제44조), 다수인이 관련되거나 사회적 파급효과가 크다고 인정되는 고충민원의 신속하고 공정한 해결을 위하여 필요하다고 인정하는 경우에는 당사자의 신청 또는 직권에 의하여 조정을 할 수 있다(제45조 제1항). 당사자가 합의한 사항을 조정서에 기재한 후 당사자가 기명날인하고 권익위원회가 이를 확인함으로써 성하는 조정은 「민법」상의 화해와 같은 효력이 있다(제2항, 제3항).

권익위원회는 고충민원에 대한 조사결과 처분 등이 위법·부당하다고 인정할 만한 상당한 이유가 있는 경우에는 관계 행정기관 등의 장에게 적절한 시정을 권고할 수 있다(제46조 제1항). 권익위원회는 고충민원에 대한 조사결과 신청인의 주장이 상당한 이유가 있다고 인정되는 사안에 대하여는 관계 행정기관등의 장에게 의견을 표명할 수 있다(제2항). 권익위원회는 고충민원을 조사·처리하는 과정에서 법령 그 밖의 제도나 정책 등의 개선이 필요하다고 인정되는 경우에는 관계 행정기관등의 장에게 이에 대한 합리적인 개선을 권고하거나 의견을 표명할 수 있다(제47조). 권익위원회는 제46조 및 제47조에 따른 권고 또는 의견의 이행실태를 확인·점검할 수 있다(제52조). 권익위원회는 ① 제46조 및 제47조에 따른 권고 또는 의견표명의 내용, ② 제50조 제1항에 따른 처리결과, ③ 제50조 제2항에 따른 권고내용의 불이행사유를 공표할 수 있다. 다만, 다른 법률의 규정에 따라 공표가 제한되거나 개인의 사생활의 비밀이 침해될 우려가 있는 경우에는 그러하지 아니하다.

Ⅷ. 감사원에의 심사청구와 행정심판 [2006 입시 약술]

감사원법은 제43조 제1항에서 "감사원의 감사를 받는 자의 직무에 관한 처분 기타 행위에 관하여 이해관계 있는 자는 감사원에 그 심사의 청구를 할 수 있다"라고 규정하고, 그 이하에서 심사청구절차 등을 규정하고 있다.

그런데, 감사원법은 행정소송과의 관계에 관하여는 심사청구의 청구인은 심사청구 및 결정을 거친 처분에 대하여는 당해 처분청을 당사자로 하여 행정심판을 거치지 않고 직접 행정소송을 제기할 수 있는 것으로 규정하고 있지만, 행정심판과의 관계에 대하여는 아무런 규정을 두고 있지 않다.

생각건대, 감사원의 심사청구는 행정심판과는 성질을 달리하는 제도이므로 심사청구와는 별도로 행정심판을 제기할 수 있는 것으로 보아야 한다.

Ⅸ. 행정심판의 존재이유

1. 자율적 행정통제

행정청에게 먼저 반성의 기회를 주어 행정처분의 하자를 자율적으로 시정하도록 하기 위하여 행정심판이 필요하다.

2. 사법의 보완: 행정청의 전문지식의 활용과 소송경제의 확보

법원의 전문성의 부족을 보완하고 분쟁해결에 있어 시간 및 비용을 절약하고 법원의 부담을 경감함으로써 사법기능을 보완하기 위하여 행정심판이 필요하다.

3. 국민의 권익구제

행정심판은 행정소송보다 간편하고 신속하며 비용이 거의 들지 않는 쟁송수단이다. 또한, 행정심판은 처분의 부당도 심판의 대상으로 한다.

처분청은 행정심판의 재결에 대해 불복할 수 없으므로(판례) 이 점에서 행정심판의 인용재결은 청구인에게 매우 유리하다.

제 2 절 행정심판의 종류 [2011 일반행정, 2025 변시]

행정심판법은 행정심판의 종류로 취소심판, 무효등확인심판, 의무이행심판을 규정하고 있다.

Ⅰ. 취소심판

취소심판(取消審判)이라 함은 “행정청의 위법 또는 부당한 처분을 취소하거나 변경하는 심판”을 말한다(제5조 제1호).

취소에는 적극적 처분의 취소뿐만 아니라 소극적 처분인 거부처분의 취소를 포함한다. 변경이란 취소소송에서와 달리 적극적 변경(예 허가취소처분을 영업정지처분으로 변경)을 의미한다.

위원회(이하 ‘행정심판위원회’를 말한다)는 취소심판의 청구가 이유 있다고 인정하면 처분을 취소 또는 다른 처분으로 변경하거나 처분을 다른 처분으로 변경할 것을 피청구인에게 명한다(제43조 제3항). 따라서 취소재결에는 처분취소재결, 처분변경재결(예 영업허가취소를 영업정지처분으로 변경하는 재결), 처분변경명령재결이 있다.

Ⅱ. 무효등확인심판

무효등확인심판(無效等確認審判)이라 함은 "행정청의 처분의 효력 유무 또는 존재 여부를 확인하는 심판"을 말한다(제5조 제2호).

무효등확인심판은 처분의 무효, 유효, 실효, 존재 또는 부존재가 다투어지는 경우에 당해 처분의 무효, 유효, 실효, 존재 또는 부존재의 확인을 구하는 행정심판이다. 따라서, 무효등확인심판에는 처분무효확인심판, 처분유효확인심판, 처분실효확인심판, 처분존재확인심판 및 처분부존재확인심판이 있다.

위원회는 무효등확인심판의 청구가 이유 있다고 인정하면 처분의 효력 유무 또는 처분의 존재 여부를 확인한다(제43조 제4항). 따라서 무효등확인재결에는 처분무효확인재결, 처분실효확인재결, 처분유효확인재결, 처분존재확인재결, 처분부존재확인재결이 있다.

Ⅲ. 의무이행심판 [2007 사시 사례, 2018 행시]

1. 의 의

의무이행심판(義務履行審判)이라 함은 "행정청의 위법 또는 부당한 거부처분이나 부작위에 대하여 일정한 처분을 하도록 하는 심판"을 말한다(제5조 제3호).

의무이행심판은 행정청의 **거부처분** 또는 **부작위**(예 허가신청에 대한 거부처분 또는 부작위)에 대하여 적극적인 처분을 구하는 행정심판이다. 행정소송에 있어서는 의무이행소송이 인정되고 있지 않지만 행정심판에 있어서는 의무이행심판이 인정되고 있다.

2. 성 질

의무이행심판을 이행쟁송으로 보는 것이 통설이다. 즉, 의무이행심판은 처분청에게 일정한 처분을 할 것을 명하는 재결을 구하는 행정심판이므로 이행쟁송이라고 본다.

그러나, 행정심판법은 "위원회는 의무이행심판의 청구가 이유가 있다고 인정하면 지체 없이 신청에 따른 처분을 하거나 처분을 할 것을 피청구인에게 명한다"라고 규정하고 있다(제43조 제5항). 즉 의무이행심판의 재결에는 처분명령재결뿐만 아니라 처분재결이 있다. 처분재결은 행정심판기관인 위원회가 스스로 처분을 하는 것이므로 형성재결이고, 처분명령재결은 처분청에게 처분을 명하는 재결이므로 이행재결이다. 따라서, 의무이행심판은 이행적 쟁송의 성질과 함께 형성적 쟁송의 성격을 아울러 갖는 것으로 보는 것이 타당하다.

제 3 절 행정심판의 당사자 및 관계인

I. 청 구 인

청구인(請求人)이라 함은 행정심판을 제기하는 자를 말한다.

1. 청구인능력

청구인은 원칙적으로 자연인 또는 법인이어야 하지만, 법인이 아닌 사단 또는 재단으로서 대표자 또는 관리인이 정하여져 있는 경우에는 그 사단이나 재단의 이름으로 심판청구를 할 수 있다(제14조).

법주체인 국가나 지방자치단체는 청구인능력이 있지만, 행정기관은 법주체가 아니므로 원칙상 청구인능력이 없다. 그러나, 예외적으로 행정기관이 법령상 민간과 같은 사업수행자로서의 지위에 있는 경우에는 행정심판을 청구할 수 있는 경우도 있다.

[재결례] 사건 심판청구는 법인격이 없는 국가 기관에 불과한 보건복지부장관 소속의 행정청인 청구인(국립의료원장)이 제기하였으나, 청구인이 비록 행정청이라 하더라도「의료법」제30조 제2항의 규정에 의하면, 국가는 의료기관을 개설할 수 있고,「의료급여법」제9조 및 제30조의 규정에 의하면, 급여비용에 관한 급여비용심사기관의 심사 조정에 이의가 있는「의료법」에 따라 개설된 의료기관 등 의료급여기관은 급여비용심사기관에게 이의신청을 할 수 있다고 규정되어 있는 점에 비추어 볼 때,「의료법」에 따라 개설된 의료기관으로서「의료급여법」에 의한 의료급여기관인 청구인에 대하여 의료급여기관의 지위에서 급여비용에 관한 급여비용심사기관인 피청구인의 심사 조정에 대하여 위법 부당 여부를 다툴 수 있는 지위를 부여한 것으로 봄이 상당하다고 할 것이므로, 그렇다면 이러한 범위 안에서 청구인도 행정심판을 제기할 수 있는 법률상의 이익을 갖는 청구인 적격을 가진다고 볼 것이다(국행심 05-08295 의료급여비용감액조정 이의신청 기각결정처분 취소청구, 청구인: 국립의료원장, 피청구인: 건강보험심사평가원).

2. 청구인적격

청구인적격(請求人適格)이라 함은 행정심판을 청구할 자격이 있는 자를 말한다. 청구인적격이 없는 자가 제기한 행정심판은 부적법 각하된다.

행정심판의 청구인은 행정심판을 제기할 '법률상 이익이 있는 자'이다(제13조).

통설·판례는 행정심판법상의 '법률상 이익'을 취소소송에서와 같이 공권 내지 법적 이익으로 해석하고 있다. 따라서, 처분의 근거법규 및 관계법규에 의해 보호되는 이익이 침해되거나 침해될 가능성이 있는 자가 제기할 수 있다(자세한 것은 취소소송의 원고적격 참조).

그런데, 학교폭력예방 및 대책에 관한 법률(약칭: 학교폭력예방법)은 교육장이 학교폭력 가해학생에 내린 조치에 대하여 이의가 있는 가해학생 또는 그 보호자뿐만 아니라(제17조의2 제2항) 이의가 있는 피해학생 또는 그 보호자도「행정심판법」에 따른 행정심판을 청구할 수 있는 것으로 규정하고 있다(제17조의2 제1항).

3. 청구인의 지위승계

청구인이 사망한 경우에는 상속인이나 그 밖에 법령에 따라 심판청구의 대상에 관계되는 권리나 이익을 승계한 자가 청구인의 지위를 승계한다(제16조 제1항).

법인인 청구인이 합병에 따라 소멸하였을 때에는 합병 후 존속하는 법인이나 또는 합병에 따라 설립된 법인이 청구인의 지위를 승계한다(제16조 제2항).

심판청구의 대상과 관계되는 권리 또는 이익을 양수한 자는 위원회의 허가를 받아 청구인의 지위를 승계할 수 있다(제16조 제5항).

Ⅱ. 피청구인

피청구인(被請求人)이라 함은 심판청구의 상대방을 말한다.

1. 피청구인인 행정청

행정심판은 처분을 한 행정청(의무이행심판의 경우에는 청구인의 신청을 받은 행정청)을 피청구인으로 하여 청구하여야 한다. 다만, 심판청구의 대상과 관계되는 권한이 다른 행정청에 승계된 경우에는 권한을 승계한 행정청을 피청구인으로 하여야 한다(제17조 제1항).

행정심판법은 행정심판의 피청구인이 되는 "'행정청'이란 행정에 관한 의사를 결정하여 표시하는 국가 또는 지방자치단체의 기관, 그 밖에 법령 또는 자치법규에 따라 행정권한을 가지고 있거나 위탁을 받은 공공단체나 그 기관 또는 사인(私人)을 말한다"라고 규정하고 있는데(제2조 제4호), 이는 당연한 것을 규정한 것에 불과하다(자세한 것은 행정소송에서 피고인 행정청 참조).

2. 피청구인의 경정

청구인이 피청구인을 잘못 지정한 경우에는 위원회는 직권으로 또는 당사자의 신청에 의하여 결정으로써 피청구인을 경정(更正)할 수 있다(제17조 제2항). 위원회는 행정심판이 청구된 후에 제1항 단서의 사유가 발생하면 직권으로 또는 당사자의 신청에 의하여 결정으로써 피청구인을 경정한다(제17조 제5항).

Ⅲ. 대리인의 선임 및 국선대리인제도

청구인 및 피청구인은 대리인을 선임할 수 있다(제18조).

청구인이 경제적 능력으로 인해 대리인을 선임할 수 없는 경우에는 위원회에 국선대리인을 선임하여 줄 것을 신청할 수 있다(제18조의2 제1항).

Ⅳ. 참가인(심판참가)

심판참가(審判參加)라 함은 현재 계속중인 타인간의 행정심판에 심판결과에 대하여 이해관계가 있는 제3자 또는 행정청이 참가하는 것을 말한다.

심판참가에는 제3자의 심판참가와 행정청의 심판참가가 있다. 또한, 심판참가는 이해관계인 또는 행정청의 신청에 의한 참가(제20조)와 위원회의 요구에 의한 참가(제21조)로 나눌 수도 있다(자세한 것은 행정소송에서의 소송참가 참조).

제 4 절 행정심판과 행정소송의 관계

Ⅰ. 행정심판임의주의-예외적 행정심판전치주의

1994년 개정 행정소송법은 행정심판전치주의를 폐지하고 행정심판을 원칙상 임의절차로 하였다(행정소송법 제18조 제1항).

개별법에서 행정심판전치주의를 규정하고 있는 것은 국세부과처분, 징계처분 등 공무원의 의사에 반하는 불리한 처분, 도로교통법에 의한 처분 등이다(자세한 것은 행정소송 참조).

Ⅱ. 행정심판의 전심절차성

행정심판이 임의절차인 경우에도 행정심판은 행정소송의 전심절차로서의 성격을 갖는다.

Ⅲ. 행정심판의 제기와 행정소송의 제기

행정심판의 제기가 임의적인 경우 행정소송제기 후 행정심판을 제기할 수도 있고, 행정심판 제기 후 행정소송을 제기할 수도 있고, 행정심판과 행정소송을 동시에 제기할 수도 있다.

Ⅳ. 행정심판의 재결과 행정소송의 판결

행정심판에서 각하 또는 기각재결이 내려지고 행정소송에서 인용판결이 내려진 경우에는 행정심판의 재결과 행정소송의 판결 사이에는 모순 또는 충돌이 있는 것이 아니다. 왜냐하면 행정심판은 행정소송의 전심의 지위를 갖기 때문이다.

행정심판에서 인용재결이 내려지면 행정소송은 소의 이익이 없게 되어 각하판결을 내려야 한다.

제 5 절 행정심판의 대상

행정심판의 대상인 '처분'(제2조 제1호) 또는 '부작위'(제2조 제2호)는 기본적으로 행정소송의 대상이 되는 처분 또는 부작위와 동일하므로 후술하기로 한다.

다만, 행정심판법은 대통령의 처분 또는 부작위에 대하여는 다른 법률에 특별한 규정이 있는 경우를 제외하고는 행정심판을 제기할 수 없도록 규정하고 있다(제3조 제2항).

처분적 법규명령이 행정심판의 대상이 될 것인지에 관하여는 논란이 있다.

① 부 정 설: 이 견해는 명령은 행정심판의 대상이 될 수 없다고 보는 견해이다. 그 논거로 법규명령과 같은 규범통제에는 헌법적 근거가 필요한데, 헌법 제107조 제2항은 명령에 대한 규범통제권을 법원에 부여하고 있다는 점을 그 논거로 든다. 행정심판의 실무가 취하고 있는 견해이다.

② 긍 정 설: 이 견해는 명령 중 처분성이 있는 것은 행정심판의 대상이 된다고 본다. 그 논거로 행정심판법상 처분개념과 행정소송법상 처분개념은 동일한 개념으로 규정되어 있고, 행정소송에서는 처분적 명령이 행정소송의 대상이 된다는 점을 그 논거로 든다.

③ 결어(긍정설): 다음과 같은 이유에서 긍정설이 타당하다. i) 처분적 명령에 대한 항고소송의 근거는 헌법 제107조 제2항이 아니라 사법권을 정한 헌법 제101조로 보는 것이 타당하다. 헌법 제107조 제3항은 재판의 전심절차로 행정심판을 둘 수 있게 하고 있고, 행정심판을 준사법적 절차로 규정하고 있다. ii) 헌법 제107조 제2항은 명령의 위헌·위법 여부에 대한 최종적 판단권을 규정하고 있는 것이고, 명령의 위헌·위법 여부에 대한 법원의 배타적 판단권을 규정한 것은 아니다. iii) 행정심판법상 처분개념과 행정소송법상 처분개념은 동일한 개념으로 규정되어 있는데 행정소송에서는 처분적 명령이 행정소송의 대상이 된다.

다만, 대통령령은 행정심판법 제3조 제2항에 따라 행정심판의 대상이 되지 않는다.

제 6 절 행정심판의 청구

I. 행정심판청구기간

심판청구기간은 취소심판청구와 거부처분에 대한 의무이행심판청구에만 적용되고, 무효등확인심판청구나 부작위에 대한 의무이행심판청구에는 적용되지 아니한다(제27조 제7항).

행정심판이나 행정소송에 있어서는 민사소송에서와 달리 단기의 불복기간이 정해져 있다. 불복기간 내에 행정심판 또는 행정소송을 제기하여야 하며 그러하지 않으면 더 이상 다툴 수 없게 되고 불복기간을 넘겨 행정심판이나 행정소송을 제기하면 부적법(不適法)하여 각하(却下)된다.

이와 같이 단기의 불복기간을 둔 것은 행정행위의 효력을 신속히 확정하여 행정법관계의 안정성을 확보하기 위한 것이다.

1. 원칙적인 심판청구기간

행정심판 제기기간은 원칙적으로 처분이 있음을 안 날로부터 90일 이내, 처분이 있은 날로부터 180일이다(제27조). 이 두 기간 중 어느 하나라도 도과하면 원칙상 행정심판청구를 할 수 없다. 처분이 있은 날로부터 180일 이내에 처분이 있음을 알았을 때에는 그때로부터 90일 이내에 행정심판을 제기하여야 한다.

(1) 처분이 있음을 안 경우

심판청구는 처분이 있음을 알게 된 날부터 90일 이내에 제기하여야 한다(제27조 제1항). 이 기간은 불변기간이다(제27조 제4항).

(2) 처분이 있음을 알지 못한 경우

처분이 있음을 알지 못한 경우 처분이 있었던 날부터 180일이 지나면 원칙상 행정심판을 청구하지 못한다(제27조 제3항 본문).

2. 예외적인 심판청구기간

(1) 90일에 대한 예외

① 행정심판은 처분이 있음을 알게 된 날로부터 90일 이내에 제기하여야 하지만, 천재지변, 전쟁, 사변 그 밖의 불가항력으로 인하여 그 기간 내에 제기할 수 없었을 때에는 그 사유가 소멸한 날부터 14일(국외에서는 30일) 이내에 제기할 수 있다(법 제27조 제2항). 이 기간은 불변기간이다.

② 처분청이 행정심판청구기간을 상대방에게 알리지 아니한 경우에는 당사자가 처분이 있음을 알았다고 하더라도 심판청구기간은 처분이 있었던 날부터 180일 이내가 된다(제27조 제6항).

(2) 180일에 대한 예외

처분이 있은 날로부터 180일 이내에 제기하여야 하지만 정당한 사유가 있는 경우에는 180일이 넘어도 제기할 수 있다(제27조 제3항 단서). 어떤 사유가 '**정당한 사유**'에 해당하는가는 건전한 사회통념에 의해 판단되어야 한다.

처분의 제3자는 통지의 대상이 아니므로 특별한 사정이 없는 한 행정행위가 있음을 알 수 없다고 할 것이므로 일반적으로 제3자의 행정심판제기기간은 '처분이 있는 날로부터 180일 이내'가 기준이 된다. 그런데, 행정처분의 직접 상대방이 아닌 제3자는 일반적으로 처분이 있는 것을 바로 알 수 없는 처지에 있으므로, 위와 같은 심판청구기간 내에 심판청구를 제기하지 아니하였다고 하더라도, 그 기간 내에 처분이 있은 것을 알았거나 쉽게 알 수 있었기 때문에 심판청구를 제기할 수 있었다고 볼 만한 특별한 사정이 없는 한, 위 법조항 본문의 적용을 배제할 "정당한 사유"가 있는 경우에 해당한다고 보아 위와 같은 심판청구기간이 경과한 뒤에도 심판청구를 제기할 수 있다(대판 1988. 9. 27, 88누29; 1992. 7. 28, 91누12844[시외버스운송사업계획변경인가처분취소]). 다만, 그 제3자가 어떤 경위로든 행정처분이 있음을 알았거나 쉽게 알 수 있는 등 심판청구가 가능하였다는 사정이 있는 경우[5]에는 그때로부터 90일 이내에 행정심판을 청구하여야 한다(대판 1996. 9. 6, 95누16233[농지매매증명발급처분무효확인 등]).

---

5) 원고(행정심판청구인 내지 행정소송의 원고)를 상대로 하여 제기한 소유권이전등기절차이행 청구사건에서 이 사건 처분에 의하여 발급받은 농지매매증명서를 증거로 제출하였고, 법원이 위 증거를 기초로 하여 소외 박성원의 승소판결을 선고하였음이 명백한 경우에는 원고는 위와 같이 농지매매증명서가 법원에 증거로 제출된 날, 또는 적어도 위 판결의 판결문이 원고에게 송달된 날에 농지매매증명서의 존재사실을 알았고, 따라서 이 사건 처분이 있었음을 알았거나 쉽게 알 수 있었다고 보아야 할 것이라고 판시하였다.

(3) 심판청구기간의 오고지 및 불고지의 경우

행정청이 서면에 의하여 처분을 하는 경우에 그 처분의 상대방에게 행정심판청구에 관한 고지를 하도록 되어 있다. 그런데 심판청구기간을 고지함에 있어서 법상 규정된 기간보다 긴 기간으로 잘못 알린 경우에는 그 잘못 고지된 긴 기간 내에 심판청구를 할 수 있고(제27조 제5항), 심판청구기간을 고지하지 아니한 경우에는 처분이 있었던 날로부터 180일 이내에 심판청구를 할 수 있다(제27조 제6항).

(4) 특별법상의 심판청구기간

각 개별법에서 심판청구기간을 정한 경우가 있다.

예를 들면, 토지수용재결에 대한 이의신청기간은 재결서 정본을 받은 날로부터 30일 이내로 규정되어 있고(토지보상법 제83조 제3항), 국가공무원법상 소청심사청구기간은 처분을 안 날로부터 30일 이내로 규정되어 있다(국가공무원법 제76조 제1항).

(5) 심판청구서 제출일시

심판청구기간을 계산함에 있어서는 피청구인이나 위원회 또는 불고지 또는 오고지에 따라 심판청구서를 제출받은 행정기관에 심판청구서가 제출되었을 때에 행정심판이 청구된 것으로 본다(제23조 제4항).

Ⅱ. 심판청구의 방식

심판청구는 서면으로 하여야 한다(제28조 제1항).

형식과 관계없이 그 내용이 행정심판을 청구하는 것이면 행정심판청구로 보아야 한다.

[판례 1] 비록 제목이 "진정서"로 되어 있고, 재결청의 표시, 심판청구의 취지 및 이유 처분을 한 행정청의 고지의 유무 및 그 내용 등 행정심판법 제19조 제2항 소정의 사항들을 구분하여 기재하고 있지 아니하여 행정심판청구서로서의 형식을 다 갖추고 있다고 볼 수는 없으나, 피청구인인 처분청과 청구인의 이름 주소가 기재되어 있고, 청구인의 기명이 되어 있으며, 문서의 기재내용에 의하여 심판청구의 대상이 되는 행정처분의 내용과 심판청구의 취지 및 이유, 처분이 있은 것을 안 날을 알 수 있는 경우, 위 문서에 기재되어 있지 않은 재결청, 처분을 한 행정청의 고지의 유무 등의 내용과 날인 등의 불비한 점은 보정이 가능하므로 위 문서를 행정처분에 대한 행정심판청구로 보는 것은 옳다(대판 2000. 6. 9, 98두2621; 1995. 9. 5, 91누16250).
[판례 2] 지방자치단체의 변상금부과처분에 대하여 '답변서'란 표제로 토지 점유 사실이 없어 변상금을 납부할 수 없다는 취지의 서면을 제출한 경우, 행정심판청구로 보아야 한다고 한 사례(대판 1999. 6. 22, 99두2772).

Ⅲ. 행정심판제기절차

1. 행정심판청구서 제출기관

심판청구서는 피청구인인 행정청(처분청 또는 부작위청) 또는 위원회에 제출하여야 한다(제23조 제1항).

2. 행정심판청구서를 접수한 행정청의 처리

(1) 정당한 권한 있는 행정청에의 송부

행정청이 행정심판법 제58조에 따른 고지를 하지 아니하거나 잘못 고지하여 청구인이 심판청구서를 다른 행정기관에 제출한 경우에는 그 행정기관은 그 심판청구서를 지체 없이 정당한 권한이 있는 피청구인에게 보내야 한다(제23조 제2항).

(2) 위원회에의 송부 등

피청구인은 제23조 제1항·제2항 또는 제26조 제1항에 따라 심판청구서를 접수하거나 송부받으면 10일 이내에 심판청구서(제23조 제1항·제2항의 경우만 해당된다)와 답변서를 위원회에 보내야 한다. 다만, 청구인이 심판청구를 취하한 경우에는 그러하지 아니하다(제24조 제1항). 피청구인이 제1항 본문에 따라 심판청구서를 보낼 때에는 심판청구서에 위원회가 표시되지 아니하였거나 잘못 표시된 경우에도 정당한 권한이 있는 위원회에 보내야 한다(제5항).

피청구인은 처분의 상대방이 아닌 제3자가 심판청구를 한 경우에는 지체 없이 처분의 상대방에게 그 사실을 알려야 한다. 이 경우 심판청구서 사본을 함께 송달하여야 한다(제24조 제2항).

(3) 피청구인의 직권취소 등

심판청구서를 받은 피청구인은 그 심판청구가 이유 있다고 인정하면 심판청구의 취지에 따라 직권으로 처분을 취소·변경하거나 확인을 하거나 신청에 따른 처분(이하 '직권취소 등'이라 한다)을 할 수 있다. 이 경우 서면으로 청구인에게 알려야 한다(제25조 제1항).

Ⅳ. 심판청구의 변경

1. 의 의

심판청구의 변경이란 '심판청구의 계속중에 청구의 취지나 이유를 변경하는 것'(소의 변경 참조)을 말한다.

단순히 처분의 위법을 주장하다가 처분의 부당을 주장하는 것(예 재량권의 한계를 넘었다고 주장하다가 재량권의 한계를 넘지는 않았지만 부당하다는 주장을 하는 것)은 청구의 이유의 변경이지만 법률적 관점의 변경 내지 공격방어방법의 변경에 불과하므로 엄밀한 의미에서의 청구의 변경이 아니라고 보아야 한다.

심판청구의 변경은 심판청구를 제기한 후 새로운 심판청구를 제기할 필요가 있는 경우에 새로운 심판청구를 제기할 필요 없이 청구의 변경을 할 수 있도록 하여 청구인의 편의와 심판의 촉진을 도모하기 위하여 인정된다.

2. 일반 청구의 변경

청구인은 청구의 기초에 변경이 없는 범위에서 청구의 취지나 이유를 변경할 수 있다(제29조 제1항).

3. 처분변경으로 인한 청구의 변경

행정심판이 청구된 후에 피청구인이 새로운 처분을 하거나 심판청구의 대상인 처분을 변경한 경우에는 청구인은 새로운 처분이나 변경된 처분에 맞추어 청구의 취지나 이유를 변경할 수 있다(제29조 제2항).

4. 청구의 변경의 효력

청구의 변경결정이 있으면 처음 행정심판이 청구되었을 때부터 변경된 청구의 취지나 이유로 행정심판이 청구된 것으로 본다(제29조 제8항).

제 7 절 행정심판제기의 효과

Ⅰ. 행정심판위원회에 대한 효과

행정심판이 제기되면 행정심판위원회는 심판청구를 심리·재결한다.

Ⅱ. 처분에 대한 효과: 계쟁처분의 집행부정지 또는 집행정지

행정심판청구가 제기되어도 처분의 효력이나 그 집행 또는 절차의 속행이 정지되지 아니한다(제30조 제1항). 이를 집행부정지(執行不停止)의 원칙이라 한다.

집행부정지의 원칙은 심판청구의 남용을 막고, 행정집행의 부당한 지체를 막으려는 입법정책적 고려에서 채택된 것이지만, 국민의 권리구제를 경시하는 결과를 가져온다.

따라서, 행정심판법은 예외적으로 일정한 요건을 갖춘 경우에 위원회는 당사자의 신청 또는 직권으로 처분의 효력 등을 정지시키는 결정을 할 수 있다고 규정하고 있다(제30조 제2항 이하).

제 8 절 행정심판법상의 가구제[2012 사시 사례]

Ⅰ. 집행정지

1. 의 의

집행정지(執行停止)라 함은 계쟁처분의 효력이나 집행 또는 절차의 속행을 정지시키는 것을 말한다. 행정심판법 제30조는 예외적으로 일정한 요건을 갖춘 경우에 집행정지를 인정하고 있다.

행정심판법상의 집행정지는 행정소송법상의 집행정지와 비교하여 집행정지의 결정주체가 다를 뿐 집행정지결정의 요건 및 효과 등은 행정소송법상의 그것과 유사하다. 따라서, 집행정지결정의 요건 및 효과에 관한 자세한 것은 행정소송법상의 집행정지에서 논하고 여기에서는 간단히 기술하는 데 그치기로 한다.

2. 집행정지결정의 요건

위원회는 처분, 처분의 집행 또는 절차의 속행 때문에 중대한 손해가 생기는 것을 예방할 필요성이 긴급하다고 인정할 때에는 직권으로 또는 당사자의 신청에 의하여 처분의 효력, 처분의 집행 또는 절차의 속행의 전부 또는 일부의 정지(이하 '집행정지'라 한다)를 결정할 수 있다. 다만, 처분의 효력정지는 처분의 집행 또는 절차의 속행을 정지함으로써 그 목적을 달성할 수 있을 때에는 허용되지 아니한다(제30조 제2항). 다만, 집행정지는 공공복리에 중대한 영향을 미칠 우려가 있을 때에는 허용되지 아니한다(제3항).

(1) 적극적 요건

① 집행정지대상인 처분의 존재

② 심판청구의 계속(係屬)

③ 중대한 손해의 발생. 2010년 행정심판법 전부개정에서 "회복하기 어려운 손해"가 "중대한 손해"로 개정된 것인데, 이는 집행정지의 요건이 다소 완화된 것이다.

④ 긴급한 필요의 존재

(2) 소극적 요건

집행정지가 공공복리에 중대한 영향을 미칠 우려가 있는 때에는 집행정지결정은 허용되지 아니한다.

3. 집행정지결정의 대상

집행정지결정의 요건이 갖추어진 경우에 처분의 효력이나 그 집행 또는 절차의 속행을 정지시킬 수 있다. 다만, 처분의 효력정지는 처분의 집행 또는 절차의 속행을 정지함으로써 그 목적을 달성할 수 있는 때에는 허용되지 아니한다(법 제30조 제2항 단서).

4. 집행정지결정절차

집행정지는 행정심판위원회가 결정한다(제21조 제2항). 다만, 위원회의 심리·결정을 기다릴 경우 중대한 손해가 발생할 우려가 있다고 인정되면 위원장은 직권으로 위원회의 심리·결정을 갈음하는 결정을 할 수 있고, 이 경우에 위원장은 지체 없이 위원회에 그 사실을 보고하고 추인을 받아야 한다. 만일 위원회의 추인을 받지 못하면 위원장은 집행정지에 관한 결정을 취소하여야 한다(제30조 제6항).

5. 집행정지결정의 취소

위원회는 집행정지결정을 한 후에 집행정지가 공공복리에 중대한 영향을 미치거나, 그 정지사유가 없어진 때에는 당사자의 신청 또는 직권에 의해 집행정지결정을 취소할 수 있다(제30조 제4항). 다만, 위원회의 심리·결정을 기다릴 경우 중대한 손해가 발생할 우려가 있다고 인정되면 위원장은 직권으로 위원회의 심리·결정을 갈음하는 결정을 할 수 있고, 이 경우에 위원장은 위원회에 그 사실을 보고하고 추인을 받아야 한다. 만일 위원회의 추인을 받지 못하면 위원장은 집행정지 취소에 관한 결정을 취소하여야 한다(제30조 제6항).

집행정지결정의 취소의 신청은 처분청과 집행정지로 권익을 침해당한 제3자, 즉 제3자효 행정행위의 수익을 받는 제3자가 할 수 있다. 행정심판의 당사자가 아닌 제3자효 행정행위의 수익을 받는 제3자가 집행정지결정의 취소를 신청하기 위하여는 행정심판에 참가하고 있어야 한다.

Ⅱ. 임시처분[2018 행시]

1. 의 의

임시처분이라 함은 처분 또는 부작위에 대하여 인정되는 임시의 지위를 정하는 가구제이다. 임시처분은 행정소송에서의 임시의 지위를 정하는 가처분에 해당하는 것으로서 의무이행심판에 의한 권리구제의 실효성을 보장하기 위한 제도이다.

행정심판법 제31조는 임시처분을 규정하고 있다.

2. 요 건

① 심판청구의 계속: 행정쟁송에서의 가구제는 본안청구의 범위내에서만 인정되는 것으로 보아야 하므로 명문의 규정은 없지만 심판청구의 계속을 요건으로 한다고 보아야 한다. 거부처분 취소심판의 경우에도 임시처분이 가능하다는 견해도 있지만, 가구제로는 본안소송을 통한 구제 이상을 인정할 수는 없으므로 거부처분 취소심판의 경우에는 임시처분이 불가능하고 의무이행심판의 경우에만 임시처분이 가능하다고 보아야 한다.

② 처분 또는 부작위가 위법·부당하다고 상당히 의심되는 경우일 것

③ 처분 또는 부작위 때문에 당사자가 받을 우려가 있는 중대한 불이익이나 당사자에게 생길 급박한 위험을 막기 위하여 임시지위를 정하여야 할 필요가 있는 경우일 것(제31조 제1항).

④ 공공복리에 중대한 영향을 미칠 우려가 없을 것(제31조 제2항)

⑤ 보충성 요건: 집행정지로 목적을 달성할 수 없는 경우일 것(제31조 제3항). 임시처분은 집행정지와의 관계에서 보충적 구제제도이다. 실무상 거부처분이나 부작위에 대한 집행정지를 인정하고 있지 않으므로 실무상 임시처분은 거부처분이나 부작위에 대한 유일한 행정심판법상의 가구제 제도이다.

3. 임시처분의 결정 및 취소

위원회는 직권으로 또는 당사자의 신청에 의하여 임시처분을 결정할 수 있다(제31조 제1항).

위원회는 임시처분을 결정한 후에 임시처분이 공공복리에 중대한 영향을 미치거나 그 임시처분사유가 없어진 경우에는 직권으로 또는 당사자의 신청에 의하여 임시처분 결정을 취소할 수 있다(제31조 제2항).

위원회의 심리·결정을 기다릴 경우 중대한 불이익이나 급박한 위험이 생길 우려가 있다고 인정되면 위원장은 직권으로 위원회의 심리·결정을 갈음하는 결정을 할 수 있다. 이 경우 위원장은 지체 없이 위원회에 그 사실을 보고하고 추인(追認)을 받아야 하며, 위원회의 추인을 받지 못하면 위원장은 임시처분 또는 임시처분 취소에 관한 결정을 취소하여야 한다.

기타 임시처분에 관하여는 제30조 제3항부터 제7항까지의 집행정지에 관한 규정을 준용한다.

제 9 절 행정심판기관

Ⅰ. 의 의

행정심판기관(行政審判機關)이라 함은 행정심판의 제기를 받아 심판청구를 심리·재결하는 권한을 가진 행정기관을 말한다.

Ⅱ. 심판기관의 독립성과 제 3 자기관성

현행 행정심판법은 행정심판위원회를 준(準)제3기관화하고 있다. 즉, 행정심판위원회는 합의제 행정청이고 중앙행정심판위원회와 시·도 행정심판위원회의 경우 9인의 위원 중 6인 이상이 외부인사가 되도록 하고 있다(제7조 제5항).

Ⅲ. 행정심판위원회

1. 종 류

행정심판위원회는 행정심판법에 의해 설치되는 일반행정심판위원회와 개별법에 의해 설치되는 특별행정심판을 담당하는 특별행정심판위원회가 있다.

(1) 일반행정심판위원회

일반행정심판위원회에는 독립기관 등 소속 행정심판위원회(제6조 제1항), 중앙행정심판위원회(제6조 제2항), 시·도행정심판위원회(제6조 제3항), 직근 상급행정기관 소속 행정심판위원회(제6조 제4항)가 있다.

1) 독립기관 등 소속 행정심판위원회

다음의 행정청 또는 그 소속 행정청(행정기관의 계층구조와 관계없이 그 감독을 받거나 위탁을 받은 모든 행정청을 말하되, 위탁을 받은 행정청은 그 위탁받은 사무에 관하여는 위탁한 행정청의 소속 행정청으로 본다. 이하 같다)의 처분 또는 부작위에 대한 행정심판의 청구(이하 '심판청구'라 한다)에 대하여는 다음 각 호의 행정청에 두는 행정심판위원회에서 심리·재결한다. ① 감사원, 국가정보원장, 그 밖에 대통령령으로 정하는 대통령 소속기관의 장, ② 국회사무총장·법원행정처장·헌법재판소사무처장 및 중앙선거관리위원회사무총장, ③ 국가인권위원회, 진실·화해를위한과거사정리위원회, 그 밖에 지위·성격의 독립성과 특수성 등이 인정되어 대통령령으로 정하는 행정청.

2) 중앙행정심판위원회

다음의 행정청의 처분 또는 부작위에 대한 심판청구에 대하여는 국민권익위원회에 두는 중앙행정심판위원회(국무총리 소속으로 하는 행정심판법 개정안 추진중)에서 심리·재결한다. ① 제1항에 따른 행정청 외의 국가행정기관의 장 또는 그 소속 행정청, ② 특별시장·광역시장·특별자치시장·도지사·특별자치도지사(특별시·광역시·특별자치시·도 또는 특별자치도의 교육감을 포함한다. 이하 '시·도지사'라 한다) 또는 특별시·광역시·특별자치시·도·특별자치도(이하 '시·도'라 한다)의 의회(의장, 위원회의 위원장, 사무처장 등 의회 소속 모든 행정청을 포함한다), ③『지방자치법』에 따른 지방자치단체조합 등 관계 법률에 따라 국가·지방자치단체·공공법인 등이 공동으로 설립한 행정청. 다만, 제3항 제3호에 해당하는 행정청은 제외한다.

3) 시·도행정심판위원회

다음의 행정청의 처분 또는 부작위에 대한 심판청구에 대하여는 시·도지사 소속으로 두는 행정심판위원회에서 심리·재결한다. ① 시·도 소속 행정청, ② 시·도의 관할구역에 있는 시·군·자치구의 장, 소속 행정청 또는 시·군·자치구의 의회(의장, 위원회의 위원장, 사무국장, 사무과장 등 의회 소속 모든 행정청을 포함한다), ③ 시·도의 관할구역에 있는 둘 이상의 지방자치단체(시·군·자치구를 말한다)·공공법인 등이 공동으로 설립한 행정청.

4) 직근 상급행정기관 소속 행정심판위원회

대통령령으로 정하는 국가행정기관(법무부 및 대검찰청 소속 특별지방행정기관(직근 상급행정기관이나 소관 감독행정기관이 중앙행정기관인 경우는 제외한다)(동법 시행령 제3조)) 소속 특별지방행정기관의 장의 처분 또는 부작위에 대한 심판청구에 대하여는 해당 행정청의 직근 상급행정기관에 두는 행정심판위원회에서 심리·재결한다.

(2) 특별행정심판위원회

개별법에 의해 설치되는 특별행정심판을 담당하는 특별행정심판위원회로는 소청심사위원회, 조세심판원, 중앙토지수용위원회 등이 있다.

2. 법적 지위

행정심판위원회는 행정심판청구를 심리·재결하는 기관이다. 달리 말하면 행정심판위원회는 합의제행정청의 지위를 갖는다.

행정심판위원회는 소속기관으로부터 직무상 독립된 행정청이다.

3. 권 한

행정심판위원회는 행정심판사건을 심리하여 재결하는 권한을 가진다.

(1) 심 리 권

행정심판위원회는 심판청구사건을 심리하는 권한을 가진다.

행정심판위원회는 행정심판의 심리를 위하여 대표자선정 권고권(제15조 제2항), 청구인지위의 승계 허가권(제16조 제5항), 피청구인경정 결정권(제17조 제2항), 대리인선임 허가권(제18조 제1항 제5호), 심판참가 허가 및 요구권(제20조 제5항, 제21조), 청구의 변경 허가권(제29조 제6항), 보정요구권 및 직권보정권(제32조 제1항), 증거조사권(제36조 제1항) 등을 가진다.

(2) 재 결 권

행정심판위원회는 재결하는 권한을 가진다(제43조). 행정심판위원회는 재결 이외에 집행정지결정(제30조 제2항), 집행정지결정의 취소(제30조 제4항), 사정재결(제44조 제1항)을 행한다.

(3) 불합리한 법령 등의 시정조치요청권

중앙행정심판위원회는 심판청구를 심리·재결할 때에 처분 또는 부작위의 근거가 되는 명령 등(대통령령·총리령·부령·훈령·예규·고시·조례·규칙 등을 말한다. 이하 같다)이 법령에 근거가 없거나 상위 법령에 위배되거나 국민에게 과도한 부담을 주는 등 크게 불합리하면 관계 행정기관에 그 명령 등의 개정·폐지 등 적절한 시정조치를 요청할 수 있다(제59조 제1항). 제1항에 따른 요청을 받은 관계 행정기관은 정당한 사유가 없으면 이에 따라야 한다(제2항).

제10절 행정심판의 심리

행정심판의 심리라 함은 행정심판청구에 대한 재결을 하기 위하여 그 기초가 될 심판자료를 수집하는 절차를 말한다.

I. 심리의 내용

행정심판사건의 심리는 그 내용에 따라 요건심리와 본안심리로 나누어진다.

1. 요건심리

요건심리(要件審理)는 당해 행정심판청구가 행정심판제기요건을 갖추고 있는지 여부를 심리하는 것을 말한다. 행정심판제기요건으로는 행정심판의 대상인 처분 또는 부작위의 존재, 당사자능력 및 당사자적격의 존재, 심판청구기간의 준수, 필요적 전치절차의 이행, 심판청구서 기재사항의 구비 등을 들 수 있다.

요건심리의 결과 제기요건이 갖추어지지 않은 것으로 인정될 때에는 당해 심판청구는 부적법한 심판청구[6]가 되므로 각하재결을 내려야 한다(제43조 제1항). 다만, 위원회는 심판청구가 적법하지 아니하나 보정할 수 있다고 인정하면 기간을 정하여 청구인에게 보정할 것을 요구할 수 있다. 다만, 경미한 사항은 직권으로 보정할 수 있다(제32조 제1항). 제1항에 따른 보정을 한 경우에는 처음부터 적법하게 행정심판이 청구된 것으로 본다(제32조 제4항). 위원회는 청구인이 제1항에 따른 보정기간 내에 그 흠을 보정하지 아니한 경우에는 그 심판청구를 각하할 수 있다(제6항). 그리고, 위원회는 심판청구서에 타인을 비방하거나 모욕하는 내용 등이 기재되어 청구 내용을 특정할 수 없고 그 흠을 보정할 수 없다고 인정되는 경우에는 제32조 제1항에 따른 보정요구 없이 그 심판청구를 각하할 수 있다(제32조의2).

행정심판제기요건은 직권조사사항이다. 따라서, 당사자의 주장이 없다 하더라도 위원회는 직권으로 조사할 수 있다.

행정심판청구요건의 존부는 변론종결시를 기준으로 판단한다. 따라서, 행정심판청구 당시 그 요건의 흠결이 있는 경우에도 위원회에서 사실확정이 되기 전까지 이를 갖추면 적법한 심판청구가 된다.

2. 본안심리

본안심리(本案審理)라 함은 요건심리의 결과 당해 심판청구가 심판청구요건을 구비한 것으로 인정되는 경우 심판청구의 당부(예 취소심판에서 처분의 위법·부당 여부)를 심리하는 것을 말한다.

본안심리의 결과 심판청구가 이유 있다고 인정되면 청구인용재결을 하고, 심판청구가 이유 없다고 인정되면 청구기각재결을 한다.

Ⅱ. 심리의 범위

1. 불고불리의 원칙 및 불이익변경금지의 원칙

행정심판법은 국민의 권리구제를 도모하기 위하여 불고불리의 원칙(不告不理의 原則)(제47조 제1항)과 불이익변경금지의 원칙(제47조 제2항)을 채택하고 있다.

(1) 불고불리의 원칙

위원회는 심판청구의 대상이 되는 처분 또는 부작위 외의 사항에 대하여는 재결하지 못한다(제47조 제1항).

(2) 불이익변경금지의 원칙

위원회는 심판청구의 대상이 되는 처분보다 청구인에게 불리한 재결을 하지 못한다(제47조 제2항).

6) 심판청구가 부적법하다는 것은 심판청구가 행정심판제기요건을 갖추지 않은 것을 말한다.

2. 법률문제, 재량문제와 사실문제

행정심판의 심리에 있어서는 행정소송에서처럼 심판청구의 대상인 처분이나 부작위에 관한 적법·위법의 판단인 법률문제 및 사실문제를 심리할 수 있을 뿐만 아니라 행정소송에서와 달리 당·부당의 문제도 심리할 수 있다.

행정심판위원회가 법령의 위헌·위법을 심사할 수 있는지에 관하여 논란이 있다. ① 부정설: 규범통제에는 명문의 규정이 있어야 하는데, 명문의 규정이 없기 때문에 위원회는 계쟁처분 또는 부작위의 적용법령에의 합치 여부만을 심사할 수 있다는 견해이다. ② 긍정설: 행정심판위원회는 법률에 대한 위헌심사권은 없지만, 법치주의(실질적 법치주의) 및 행정심판의 본질상 명령에 대한 위헌·위법 심사권은 있다고 보는 견해이다. 이 견해가 타당하다.

국무총리행정심판위원회는 위법 또는 불합리한 법령 등의 시정조치를 요청할 권한을 가진다(제59조).

Ⅲ. 심리의 기본원칙

1. 대심주의

대심주의(對審主義)라 함은 대립되는 분쟁 당사자들의 공격·방어를 통하여 심리를 진행하는 소송원칙을 말한다. 대립되는 당사자에게 공격·방어를 할 수 있는 대등한 지위가 보장되고 심판기관의 중립적인 지위가 보장되어야 한다.

행정심판법은 심판청구인과 피청구인이라는 대립되는 당사자를 전제로 하여(제13조 내지 제20조) 당사자 쌍방에게 공격과 방어방법을 제출하도록 하고 있고(제23조, 제33조, 제34조, 제36조 등), 원칙적으로 당사자가 제출한 공격·방어방법을 심리의 기초로 삼으며 행정심판위원회가 중립적인 지위에서 심리를 행하도록 하고 있다.

2. 직권심리주의

(1) 의 의

직권심리주의(職權審理主義)라 함은 심리에 있어서 심판기관이 당사자의 사실의 주장에 근거하지 않거나 그 주장에 구속되지 않고 적극적으로 직권으로 필요한 사실상의 탐지 또는 증거조사를 행하는 소송원칙을 말한다.

행정심판법은 실체적 진실을 밝히고, 심리의 간이·신속을 도모하기 위하여 직권심리주의를 인정하고 있다. 즉, 행정심판법은 "위원회는 필요하면 당사자가 주장하지 아니한 사실에 대하여도 심리할 수 있다"라고 위원회의 직권탐지(職權探知)를 인정하고 있고(제39조), 위원회에 직권으로 증거조사를 할 수 있도록 하고 있다(제36조 제1항). 위원회의 직권심리는 대심주의와 조화되는 한도 내에서 행해져야 한다.

(2) 직권탐지

위원회의 직권탐지는 불고불리의 원칙상 당사자가 신청한 사항에 대하여 신청의 범위 내에서만 가능하다.

자율적 행정통제제도인 행정심판의 특성에 비추어 행정심판에서는 행정소송에서 보다 넓은 직권탐지가 인정되어야 한다. 그리고, 의무이행심판이 제대로 운영되기 위하여는 충실한 직권탐지가 전제되어야 한다.

(3) 직권증거조사

위원회는 증거조사권을 갖는다(제35조, 제36조).

3. 심리의 방식: 서면심리주의와 구술심리주의

행정심판법은 "행정심판의 심리는 구술심리나 서면심리로 한다. 다만, 당사자가 구술심리를 신청한 경우에는 서면심리만으로 결정할 수 있다고 인정되는 경우 외에는 구술심리를 하여야 한다"라고 규정하고 있다(제40조 제1항).

이와 같은 행정심판법상의 규정만으로는 행정심판의 심리방식의 선택은 위원회의 재량에 속하는 것으로 보인다.

다만, 현행 행정심판법은 "당사자가 구술심리를 신청한 때에는 서면심리만으로 결정할 수 있다고 인정되는 경우 외에는 구술심리를 하여야 한다"라는 단서규정을 두어 당사자의 구술심리신청이 있는 경우에는 가능한 한 구술심리를 하도록 하여 당사자의 구술심리권을 보장하고 있다.

4. 비공개주의

비공개주의라 함은 공개주의에 대립되는 소송원칙으로서 심판의 심리와 결정을 일반에게 공개하지 아니하는 원칙을 말한다.

행정심판법에는 이에 관한 명문규정은 없다. 그러나, 행정심판법이 서면심리주의, 직권심리주의 등을 채택한 점 등에 비추어 볼 때 행정심판법이 비공개주의를 원칙으로 한 것으로 해석된다.

Ⅳ. 소관 중앙행정기관의 장의 의견진술권

중앙행정심판위원회에서 심리·재결하는 심판청구의 경우 소관 중앙행정기관의 장은 의견서를 제출하거나 위원회에 출석하여 의견을 진술할 수 있다(제35조 제4항).

Ⅴ. 당사자의 절차적 권리

1. 위원·직원에 대한 기피신청권

당사자는 위원에 대해 제척신청이나 기피신청을 할 수 있다(제10조 제1항, 제2항). 제척신청이나 기피신청은 그 사유를 소명(疏明)한 문서로 하여야 한다. 다만, 불가피한 경우에는 신청한 날부터 3일 이내에 신청 사유를 소명할 수 있는 자료를 제출하여야 한다(제10조 제3항).

2. 이의신청권

행정심판위원회의 결정 중 당사자 또는 심판참가인의 절차적 권리에 중대한 영향을 미치는 지위 승계의 불허가, 참가신청의 불허가 또는 청구의 변경 불허가 등에 대하여는 행정심판위원회에 이의신청을 할 수 있다(제16조 제8항, 제17조 제6항, 제20조 제6항 및 제29조 제7항).

3. 보충서면제출권

당사자는 심판청구서·보정서·답변서·참가신청서 등에서 주장한 사실을 보충하고 다른 당사자의 주장을 다시 반박하기 위하여 필요하면 위원회에 보충서면을 제출할 수 있다(제33조 제1항).

4. 구술심리신청권

행정심판의 심리는 구술심리나 서면심리로 한다. 다만, 당사자가 구술심리를 신청한 경우에는 서면심리만으로 결정할 수 있다고 인정되는 경우 외에는 구술심리를 하여야 한다(제40조 제1항).

5. 물적 증거제출권

당사자는 심판청구서·보정서·답변서·참가신청서·보충서면 등에 덧붙여 그 주장을 뒷받침하는 증거서류나 증거물을 제출할 수 있다(제34조 제1항).

6. 증거조사신청권

위원회는 사건을 심리하기 위하여 필요하면 직권으로 또는 당사자의 신청에 의하여 증거조사를 할 수 있다(제36조 제1항).

7. 심판참가인의 절차적 권리

심판참가인에게 당사자에 준하는 절차적 권리가 주어지고, 관련 서류를 참가인에게도 송달하도록 하는 등 참가인의 절차적 권리가 보장되고 있다(제20조 내지 제22조).

VI. 처분사유의 추가·변경

항고소송에서의 처분사유의 추가·변경의 법리는 행정심판 단계에서도 적용된다(판례).

[판례] 항고소송에서 행정청이 처분의 근거 사유를 추가하거나 변경하기 위한 요건인 '기본적 사실관계의 동일성' 유무의 판단 방법 및 이러한 법리가 행정심판 단계에서도 적용되는지 여부(적극): 행정처분의 취소를 구하는 항고소송에서 처분청은 당초 처분의 근거로 삼은 사유와 기본적 사실관계가 동일성이 있다고 인정되는 한도 내에서만 다른 사유를 추가 또는 변경할 수 있고, 이러한 기본적 사실관계의 동일성 유무는 처분사유를 법률적으로 평가하기 이전의 구체적 사실에 착안하여 그 기초인 사회적 사실관계가 기본적인 점에서 동일한지에 따라 결정되므로, 추가 또는 변경된 사유가 처분 당시에 이미 존재하고 있었다거나 당사자가 그 사실을 알고 있었다고 하여 당초의 처분사유와 동일성이 있다고 할 수 없다. 그리고 이러한 법리는 행정심판 단계에서도 그대로 적용된다(대판 2014. 5. 16, 2013두26118).

다만, 의무이행심판의 경우 거부처분의 위법 여부는 처분시를 기준으로 하고 인용 여부는 재결시를 기준으로 하거나 거부처분의 위법 여부와 재결의 기준시를 재결시로 보게 되므로 처분 이후의 기본적 사실관계의 동일성이 없는 다른 사유(사실이나 법령의 변경)를 이유로 기각판결을 하는 것이 처분사유의 추가·변경의 법리와 무관하게 가능한 것으로 보아야 한다.

Ⅶ. 행정심판법상 조정

2018년 5월 1일 시행되는 개정 행정심판법은 양 당사자 간의 합의가 가능한 사건의 경우 행정심판위원회가 개입·조정하는 절차를 통하여 갈등을 조기에 해결할 수 있도록 행정심판에 조정을 도입하였다.

위원회는 당사자의 권리 및 권한의 범위에서 **당사자의 동의를 받아** 심판청구의 신속하고 공정한 해결을 위하여 조정을 할 수 있다. 다만, 그 조정이 공공복리에 적합하지 아니하거나 해당 처분의 성질에 반하는 경우에는 그러하지 아니하다(제43조의2 제1항).

조정은 당사자가 합의한 사항을 조정서에 기재한 후 당사자가 서명 또는 날인하고 위원회가 이를 확인함으로써 **성립**한다(제43조의2 제3항). 제3항에 따라 성립한 조정에 대하여는 행정심판법 제48조(재결의 송달과 효력 발생), 제49조(재결의 기속력 등), 제50조(위원회의 직접 처분), 제50조의2(위원회의 간접강제), 제51조(행정심판 재청구의 금지)의 규정을 준용한다(제43조의2 제4항).

제11절 행정심판의 재결

제 1 항 재결의 의의

행정심판의 재결(裁決)이라 함은 행정심판청구에 대한 심리를 거쳐 재결청이 내리는 결정을 말한다.

① 재결은 행정행위로서 확인행위의 성질을 갖는다. 즉, 재결은 다툼이 있는 행정법상의 사실 또는 법률관계를 확정하는 행위이므로 확인행위이다.

② 재결은 행정심판기관이 행정법상의 분쟁에 대하여 일정한 심리절차를 거쳐 당해 분쟁을 해결하는 결정이므로 準司法作用(준사법작용)이다. 따라서 재결에는 불가변력이 발생한다.

제 2 항 재결절차 등

Ⅰ. 행정심판위원회의 재결

행정심판위원회는 심리를 마치면 직접 재결한다.

Ⅱ. 재결기간

재결은 피청구인 또는 위원회가 심판청구서를 받은 날부터 60일 이내에 하여야 한다. 다만, 부득이한 사정이 있는 경우에는 위원장이 직권으로 30일을 연장할 수 있다(제45조 제1항). 재결기간은 훈시규정이다.

Ⅲ. 재결의 방식

재결은 서면(재결서)으로 한다(제46조 제1항).

Ⅳ. 재결의 범위

① 위원회는 심판청구의 대상이 되는 처분 또는 부작위 외의 사항에 대하여는 재결하지 못한다(제47조 제1항). 즉, 행정심판에는 불고불리의 원칙이 채택되고 있다.

② 위원회는 심판청구의 대상이 되는 처분보다 청구인에게 불이익한 재결을 하지 못한다(제47조 제2항). 즉, 불이익변경금지의 원칙이 인정되고 있다.

③ 위원회는 처분의 위법 여부뿐만 아니라 당·부당도 판단할 수 있다(제1조).

Ⅴ. 재결의 송달과 효력 발생

위원회는 지체 없이 당사자에게 재결서의 정본을 송달하여야 한다. 이 경우 중앙행정심판위원회는 재결 결과를 소관 중앙행정기관의 장에게도 알려야 한다(제48조 제1항).

재결은 청구인에게 제1항 전단에 따라 송달되었을 때에 그 효력이 생긴다(제48조 제2항).

위원회는 재결서의 등본을 지체 없이 참가인에게 송달하여야 한다(제48조 제3항).

처분의 상대방이 아닌 제3자가 심판청구를 한 경우 위원회는 재결서의 등본을 지체 없이 피청구인을 거쳐 처분의 상대방에게 송달하여야 한다(제48조 제4항).

제 3 항 재결의 종류 [2011 일반행정 사례]

행정심판의 재결에는 각하재결, 기각재결, 인용재결이 있다.

Ⅰ. 각하재결(요건재결)

각하재결(却下裁決)이라 함은 행정심판의 제기요건이 결여되어 행정심판이 부적법(不適法)한 것인 때에 본안심리를 거절하는 재결이다.

'행정심판의 제기요건이 결여된 경우'라 함은 전술한 바와 같은 행정심판청구의 요건이 결여된 경우를 말한다. 그 예를 들면 다음과 같다.

① 행정심판청구의 대상이 아닌 행위에 대하여 행정심판이 제기된 경우

② 청구인적격이 없는 자가 행정심판을 청구한 경우.
③ 행정심판제기기간이 경과된 후 행정심판이 제기된 경우
④ 행정심판의 대상이 된 처분이나 부작위가 심판청구의 계속중 기간의 경과, 처분의 집행 그 밖의 사유로 효력이 소멸한 경우: 다만, 처분의 효력이 소멸된 뒤에도 그 처분의 취소로 인하여 회복되는 법률상 이익이 있는 때에는 각하재결을 하여서는 아니 된다(제13조 제1항).

Ⅱ. 기각재결

기각재결(棄却裁決)이라 함은 본안심리의 결과 행정심판청구가 이유 없다고 인정하여 원처분을 시인하는 재결을 말한다(제43조 제2항). 기각재결은 심판청구의 실체적 내용에 대한 심리를 거쳐 심판청구가 이유 없다고 판단되는 경우에 내려진다.

기각재결이 있은 후에도 원처분청은 원처분을 직권으로 취소 또는 변경할 수 있다.

Ⅲ. 인용재결

인용재결(認容裁決)이라 함은 본안심리의 결과 심판청구가 이유 있다고 판단하여 청구인의 청구취지를 받아들이는 재결을 말한다. 인용재결에는 취소재결, 변경재결 및 변경명령재결, 무효등확인재결, 의무이행재결이 있다.

1. 취소재결·변경재결 및 변경명령재결

위원회는 취소심판의 청구가 이유 있다고 인정하면 재결로써 스스로 처분을 취소 또는 다른 처분으로 변경하거나 처분청에게 처분을 다른 처분으로 변경할 것을 명한다(제43조 제3항).

(1) 취소심판에서의 인용재결의 종류

취소심판에서의 인용재결에는 **처분취소재결, 처분변경재결, 처분변경명령재결**이 있다. 앞의 두 재결은 위원회가 스스로 처분을 취소 또는 변경하는 것이므로 형성재결이고, 변경명령재결은 위원회가 처분청에게 처분의 변경을 명령하는 것이므로 이행재결이다. 현행 행정심판법상 처분청이 처분변경명령재결에 따르지 않는 경우에 대한 강제방법이 없는 것은 입법의 불비이다.

일부인용재결에는 **일부취소재결, 일부변경재결 및 일부변경명령재결**이 있다.

(2) 전부취소와 일부취소

처분을 취소하는 재결은 당해 처분의 전부취소를 내용으로 하는 것과 일부취소(예 영업정지처분기간의 단축)를 내용으로 하는 것이 있다. 행정심판에서도 일부취소는 이론상 취소의 대상이 되는 부분이 가분적인 것인 경우에 가능하다(김철용, 525면). 다만, 처분의 부당도 통제의 대상이 되므로 일부취소의 요건이 되는 가분성은 행정소송에서의 그것보다 넓게 인정하여야 한다.

예를 들면, 재량행위인 영업정지처분의 기간을 변경하는 일부취소는 행정소송에서는 원칙상 인정될 수 없지만, 행정심판에서는 가능하다.

(3) 적극적 변경

처분을 변경하거나 변경을 명하는 재결은 행정심판기관이 행정기관이므로 처분내용을 적극적으로 변경하거나 변경을 명하는 재결을 말한다. 예컨대, 허가취소처분을 영업정지처분으로 변경하거나 변경을 명령하는 경우 등이다.

2. 무효등확인재결

위원회는 무효등확인심판의 청구가 이유 있다고 인정하면 재결로써 처분의 효력 유무 또는 존재 여부를 확인한다(제43조 제4항). 따라서 무효등확인재결에는 처분무효확인재결, 처분실효확인재결, 처분유효확인재결, 처분존재확인재결, 처분부존재확인재결이 있다.

3. 의무이행재결 [2007 사시 사례]

(1) 의 의

의무이행재결은 의무이행심판의 청구가 이유 있다고 인정한 때에 신청에 따른 처분을 스스로 하거나 처분을 할 것을 피청구인에게 명하는 재결을 말한다(제43조 제5항).

(2) 종류와 성질

의무이행재결에는 처분재결과 처분명령재결이 있다.

1) 처분재결

처분재결은 위원회가 스스로 처분을 하는 것이므로 형성재결이다. 처분재결에는 청구인의 청구내용대로 특정한 처분을 하는 전부인용 처분재결과 청구인의 청구 중 일부만 인용하는 특정내용의 처분재결이 있다.

2) 처분명령재결

처분명령재결은 처분청에게 처분을 명하는 재결이므로 이행재결이다.

처분명령재결에는 특정한 처분을 하도록 명하는 특정처분명령재결과 판결의 취지에 따라 일정한 처분을 할 것을 명하는 일정처분명령재결이 있다.

특정처분명령재결에는 청구인의 청구내용대로 특정한 처분을 하도록 명하는 재결과 청구인의 청구 중 일부만 인용하는 특정내용의 처분을 명하는 재결이 있다. 일정처분명령재결은 절차의 위법을 이유로 하는 재결, 적법재량행사를 명하는 재결 등이 있다.

(3) 재결의 기준시

1) 재결의 기초의 기준시

의무이행심판에서 재결은 재결시를 기준으로 하여 내려진다. 거부처분이나 부작위시의 법이나 사실상황을 기초로 판단하는 것이 아니라 재결시(보다 정확히 말하면 행정심판위원회의 의결시)의 법과 사실상황을 기초로 판단한다.

2) 위법·부당판단의 기준시

의무이행재결시 거부처분의 위법 또는 부당을 판단하여야 하는지, 거부처분의 위법 또는 부당을 판단하여야 하는 경우에 처분시를 기준으로 하여야 하는지 아니면 재결시를 기준으로 판단하여야 하는지에 관하여 견해의 대립이 있다. 이것이 문제되는 것은 거부행위 후 법 및 사실상태에 변경이 가해진 경우이다. 부작위의 위법은 재결시를 기준으로 판단한다는 데 이견이 없다.

가. 재결시설　　의무이행심판의 심리의 핵심이 과거에 행해진 거부처분의 위법·부당 여부를 판단하는 데에 있다기보다는 재결시점에서 거부처분을 계속 유지하는 것이 위법·부당한지를 판단하는 데에 있다고 보면서 재결을 하는 시점에서 해당 거부처분이 위법 또는 부당한지 여부를 판단해야 할 것이라고 하는 견해이다.

이 견해에 의하면 거부행위시 적법한 행위도 재결시를 기준으로 위법하면 거부행위를 취소하고, 의무이행재결을 한다.

나. 처분시설　　의무이행심판은 항고심판이고, 항고심판은 처분청의 위법한 처분에 대한 사후적 통제를 목적으로 하는 심판이므로 거부행위의 위법판단의 기준시를 거부행위시로 보는 것이 타당하다는 견해이다.

이 견해에 의하면 처분청의 거부행위가 행위시 적법하면 기각재결을 하게 된다.

다. 결　　어　　다음과 같은 이유에서 재결시설이 타당하다. 의무이행심판이 거부처분 취소심판에 비해 종국적이고 실효적인 권리구제를 해 주는 심판형식이라는 의무이행심판의 의의를 달성하기 위하여는 재결시를 기준으로 거부행위의 위법·부당을 판단하고 의무이행재결을 하는 것이 타당하다. 또한, 행정심판기관이 행정기관이므로 권력분립의 원칙에 반할 염려도 없다.

이에 반하여 거부처분 취소심판의 경우 거부처분의 위법·부당 판단의 기준시는 거부처분시이다.

(4) 법령과 사실적 상황의 변경 및 신뢰보호

거부처분시(또는 부작위시)와 의무이행재결 사이에 법령이나 사실적 상황이 변경된 경우 어느 때의 법령 또는 사실적 상황에 근거하여 의무이행재결을 할 것인가가 문제된다. 위에서 본 바와 같이 원칙상 재결시를 기준으로 재결을 하여야 한다.

그런데, 처분시를 기준으로 하면 거부처분이 위법·부당하였는데, 법령이나 사실적 상황이 변경되어 재결시에는 거부하는 것이 적법·타당하게 된 경우 청구인의 권리가 구제되지 못하는 문제가 있다. 따라서, 이러한 경우에 있어서 청구인의 권리구제를 위한 방안을 마련하여야 한다.

생각건대, 이 경우 청구인을 위하여는 다음과 같은 구제가 가능하다고 본다:

① 처분시와 재결시 사이에 법과 사실적 상황이 청구인에게 불리하게 변경된 경우 국민의 권리구제의 요청 및 국민의 신뢰보호와 새로운 법령을 적용하고 새로운 사실적 상황을 고려하여야 할 공익상 필요를 이익형량하여 재결을 하여야 할 것이다.

② 처분시를 기준으로 거부처분이 위법하지만 재결시를 기준으로 기각재결을 하여야 하는 경우에 위법한 거부처분으로 인한 손해에 대하여 국가배상을 청구할 수 있다.

(5) 인용재결 및 그 내용

어떠한 경우에 의무이행재결을 할 것이며, 이 경우 어떠한 내용의 의무이행재결을 할 것인가.

1) 처분재결과 처분명령재결의 선택

처분재결과 처분명령재결 중 어떠한 재결을 하여야 하는가에 관하여 견해가 대립하고 있다.

① 첫째 견해는 행정심판위원회가 처분재결과 처분명령재결의 선택에 있어 전적으로 재량권을 갖는다는 견해이다(재량설).

② 둘째 견해는 원칙적으로 처분명령재결을 하여야 하고, 예외적으로 처분재결을 할 것이라는 견해이다. 그 논거로는 처분청의 처분권이 존중되어야 한다는 것 등을 들고 있다(김병기, 보완요구의 부작위성과 재결의 기속력, 행정법연구, 제8호, 391면).

③ 결 어: 행정심판위원회는 법적으로 처분재결과 처분명령재결의 선택에 있어 재량권을 갖는다고 보는 것(재량설)이 타당하다. 다만, 재량행위의 경우에는 처분청이 부관을 붙일 수 있으므로 처분청이 부관을 붙일 것으로 예상되는 경우에는 처분명령재결을 하여 처분청이 부관을 붙일 수 있는 여지를 주는 것이 타당하다.[7)]

그런데, 실무상 대부분 처분명령재결을 하고 있고, 처분재결을 하는 예는 극히 드물다.

2) 특정처분(명령)재결과 일정처분명령재결의 기준

어떠한 경우에 특정처분(명령)재결을 하고, 어떠한 경우에 일정한 처분을 명하는 재결을 할 것인가.

7) 조건 없이 특정처분명령재결을 한 경우에도 처분청은 필요한 경우 부관을 붙일 수 있다.

가. 일반적 기준

(가) 재결의 성숙성 기준설 "신청에 관련된 처분을 해야 할 사실상 및 법령상의 전제조건이 전부 구비되어 있는 경우" 즉, 재결의 성숙성이 있는 경우에는 특정처분을 하거나 명하고, 그렇지 않은 경우에는 일정한 처분을 명하는 재결을 하는 것이 타당하다는 견해가 있다(김학세, 재결청의 직접처분권, 행정심판제도개선연구 논문집, 법제처, 2004, 21~22면).

(나) 처분권존중설 심리의 결과 특정한 처분을 명하기에 충분한 사실관계가 해명되고, 특정처분을 내려야 할 것이 관계법령상 명백한 경우에 한하여 특정처분을 하거나 명하고, 그렇지 않은 경우에는 처분청의 처분권을 존중하여 일정한 처분을 명하는 재결을 하는 것이 타당하다는 견해이다. **이 견해가 타당하다.**

나. 기속행위의 경우(특정처분(명령)재결)

의무이행심판청구의 대상인 행정청의 행위가 기속행위이면 의무이행심판의 청구가 이유 있는 경우 청구인의 청구내용대로의 처분을 하거나 이를 할 것을 명하여야 한다고 보는 견해(김동희, 659면)가 타당하다.

다. 재량처분의 경우

(가) 위법 · 부당구별설 의무이행심판청구의 대상인 행정청의 행위가 재량행위이면 행정청의 거부처분 또는 부작위에 대하여 위법을 이유로 하여서는 청구인의 청구내용대로 처분을 하거나 처분청에 이를 할 것을 명할 수는 없고, 부당을 이유로 하는 경우 위원회는 청구내용대로의 처분을 스스로 하거나, 이를 할 것을 행정청에게 명할 수 있다고 보는 견해이다(김동희, 608면 등).

(나) 일정처분명령재결설 재량행위의 경우에는 원칙상 특정처분재결을 하지 말고, 지체없이 어떤 처분(신청대로의 처분 또는 기타의 처분)을 하도록 명하는 재결을 하여야 한다는 견해이다(박윤흔, 816면).

(다) 재량권존중설 재결시를 기준으로 합법성 및 합목적성의 원칙상 특정처분을 해야 할 것이 명백한 경우에 신청에 따른 적극적 처분을 하거나 하도록 하고(예 거부처분이 평등의 원칙에 반한다는 것이 명백한 경우에는 처분재결이나 처분명령재결을 하여야 한다), 재결시를 기준으로 특정처분을 해야 할 것이 명백하지 않다면 처분청의 재량권을 존중하여 재량권의 일탈·남용 및 부당을 명시하여 하자 없는 재량행사를 명하는 재결(적법재량행사명령재결)을 하여야 한다는 견해이다.

(라) 결 어 처분청의 재량권을 존중할 필요가 있으므로 **재량권존중설**이 타당하다.

라. 절차 위반의 경우 계쟁거부처분에 절차의 위법이 있는 경우에 행정심판위원회는 절차를 거쳐 일정한 처분을 다시 하도록 하는 처분을 명하거나 실체상 판단을 하여 청구내용대로의 특정한 처분을 하거나 특정한 처분을 할 것을 명할 수 있다고 보아야 한다.

절차규정이 청구인(신청자)의 권리보호를 위해서가 아니라 제3자인 이해관계인의 절차적 참여를 보장하기 위한 것인 경우에는 실체상 판단을 하여 기각재결을 하여야 하는 경우에는 기각재결을 할 수 있고, 기각재결을 하지 않는 경우에는 특정처분(명령)재결을 할 수는 없고 제3자의 절차적 권리를 보장하기 위하여 절차를 거쳐 일정한 처분을 하도록 하는 재결을 하여야 할 것이다.

4. 사정재결

(1) 의 의

사정재결(事情裁決)이라 함은 심판청구가 이유 있다고 인정되는 경우에도 이를 인용하는 것이 공공복리에 크게 위배된다고 인정하는 때에 그 심판청구를 기각하는 재결을 말한다(법 제44조 제1항). 무효등확인심판의 경우에는 사정재결이 인정되지 않는다(법 제44조 제3항).

(2) 사정재결에 대한 구제조치

위원회는 사정재결을 하는 경우에 그로 인하여 청구인이 받는 손해에 대하여 구제조치를 취하여야 한다. 사정재결은 처분이 위법 또는 부당하더라도 공익을 위하여 사익을 희생시키는 것이므로 그에 대한 구제를 해 주어야 한다. 따라서, 행정심판법은 "상당한 구제방법을 취하거나 상당한 구제방법을 취할 것을 피청구인에게 명할 수 있다"라고 규정하고 있지만(제44조 제2항) 반드시 명하여야 하는 것으로 해석하여야 한다.

사정재결에 대한 구제조치는 금전배상일 수도 있고, 재해시설의 설치 등 다른 적절한 구제방법일 수도 있고 또한 혼합적 구제조치일 수도 있다.

행정심판법은 '상당한 구제방법'을 취할 것을 규정하고 있다. 여기서 상당한 구제방법이라 함은 원칙상 사정재결로 인하여 청구인이 받는 손해 전체라고 보아야 한다. 따라서, 사정재결시 행해지는 구제조치가 '상당한 구제방법'이 되지 못하는 경우에는 사정재결에 고유한 하자가 있는 것으로 보아 사정재결의 구제조치에 대하여 취소소송을 제기할 수 있는 것으로 보아야 한다.

(3) 사정재결의 주문

사정재결시 위원회는 그 재결의 主文(주문)에서 그 처분 또는 부작위가 위법하거나 부당하다는 것을 구체적으로 밝혀야 한다(제44조 제1항).

제 4 항 재결의 효력 [2009 사시 약술]

행정심판법은 재결의 효력에 관하여 기속력과 직접처분에 관한 규정만을 두고 있다. 그런데, 취소재결, 변경재결과 처분재결에는 형성력이 발생한다고 보아야 하며 재결은 행정행위이므로 재결 일반에 대하여 행정행위에 특수한 효력인 공정력, 불가변력 등이 인정된다고 보아야 할 것이다.

판례에 따르면 처분청은 행정심판의 재결에 대해 불복할 수 없고, 행정심판법 제48조 제2항은 '재결은 청구인에게 송달되었을 때에 그 효력이 생긴다'고 규정하고 있으므로 인용재결의 효력인 형성력과 기속력은 재결이 청구인에게 송달되었을 때 효력이 발생한다.

Ⅰ. 형 성 력[2013 사시]

재결의 형성력(形成力)이라 함은 재결의 내용에 따라 새로운 법률관계의 발생이나 종래의 법률관계의 변경, 소멸을 가져오는 효력을 말한다(대판 1999. 12. 16, 98두18619[개발부담금부과처분취소]). 재결의 형성력은 제3자에게도 미치므로 이를 '대세적 효력'이라고도 한다.

형성력이 인정되는 재결로는 취소재결, 변경재결, 처분재결이 있다.

처분을 취소하는 재결이 있으면 취소된 처분은 소급적으로 효력을 상실한다. 일부취소재결의 경우에는 일부취소된 부분에 한하여 소급적으로 효력을 상실하고 일부취소되지 않은 부분에 한하여 원처분은 효력을 유지한다.

판례는 변경재결이 있으면 원처분이 변경재결로 변경되어 존재하는 것이 된다고 본다(행정소송 참조). 그러나, 변경재결이 있으면 원처분은 효력을 상실하고, 변경재결로 인한 새로운 처분은 제3자의 권익을 침해하지 않는 한 소급하여 효력을 발생한다고 보는 것이 타당하다.

의무이행재결 중 처분재결이 있는 경우에는 당해 재결은 장래에 향하여 즉시 효력을 발생한다.

Ⅱ. 기 속 력

재결의 기속력(羈束力)이라 함은 처분청(피청구인) 및 관계행정청이 재결의 취지에 따르도록 처분청 및 관계행정청을 구속하는 효력을 말한다. 따라서, 재결의 기속력을 재결의 구속력이라 부르는 견해도 있다. 재결의 기속력은 인용재결의 효력이며 기각재결에는 인정되지 않는다.

행정심판법 제49조 제1항은 "심판청구를 인용하는 재결은 피청구인과 그 밖의 관계행정청을 기속한다"라고 재결의 기속력을 규정하고 있다. 행정심판법 제49조 제2항, 제3항과 제4항은 이행재결, 절차의 위법 또는 부당을 이유로 한 취소재결, 거부처분 취소재결의 경우에 재결의 취지에 따른 재처분의무를 명시적으로 인정하고 있다.

1. 반복금지효(反復禁止效)[2024 행시]

행정청은 처분의 취소재결, 변경재결 또는 무효, 부존재, 실효재결이 있는 경우 동일한 사정 아래에서는 같은 내용의 처분을 되풀이하지 못하며 동일한 과오를 되풀이 하지 못한다(대판 1983. 8. 23, 82누302[계고처분취소]).

재결은 당해 처분에 관하여 재결주문 및 그 전제가 된 요건사실의 인정과 판단에 대하여 처분청을 기속하므로, 당해 처분에 관하여 위법한 것으로 재결에서 판단된 사유와 기본적 사실관계에 있어 동일성이 인정되는 사유를 내세워 다시 동일한 내용의 처분을 하는 것은 허용되지 않는다(대판 2003. 4. 25, 2002두3201[건축불허가처분취소]).

[판례] 재결의 기속력은 재결의 주문 및 그 전제가 된 요건사실의 인정과 판단, 즉 처분 등의 구체적 위법사유에 관한 판단에만 미친다고 할 것이다(대판 2005. 12. 9, 2003두7705[주택건설사업계획승인신청서반려처분취소]).

2. 원상회복의무(위법상태제거의무)

취소재결의 기속력에는 해석상 원상회복의무(原狀回復義務)가 포함되는 것으로 보는 것이 타당하다. 따라서, 취소재결이 확정되면 행정청은 취소된 처분에 의해 초래된 위법상태를 제거하여 원상회복할 의무가 있다.

3. 처분의무

(1) 처분명령재결

당사자의 신청을 거부하거나 부작위로 방치한 처분의 이행을 명하는 재결이 있으면 행정청은 지체 없이 이전의 신청에 대하여 재결의 취지에 따라 처분을 하여야 한다(제49조 제3항).

(2) 거부처분취소재결 또는 거부처분무효등확인재결[2024 행시]

재결에 의하여 취소되거나 무효 또는 부존재로 확인되는 처분이 당사자의 신청을 거부하는 것을 내용으로 하는 경우에는 그 처분을 한 행정청은 재결의 취지에 따라 다시 이전의 신청에 대한 처분을 하여야 한다(행정심판법 제49조 제2항).

[판례] [1] **거부처분을 취소하는 재결의 효력 및 그 취지와 양립할 수 없는 다른 처분에 대한 취소를 구할 소익의 유무:** 당사자의 신청을 거부하는 처분을 취소하는 재결이 있는 경우에는 행정청은 그 재결의 취지에 따라 이전의 신청에 대한 처분을 하여야 하는 것이므로 행정청이 그 재결의 취지에 따른 처분을 하지 아니하고 그 처분과는 양립할 수 없는 다른 처분을 하는 것은 위법한 것이라 할 것이고 이 경우 그 재결의 신청인은 위법한 다른 처분의 취소를 소구할 이익이 있다. [2] **행정처분의 취소소송에 있어 판단의 대상이 되는 하자:** 행정처분의 취소소송은 행정청의 위법한 처분 등을 취소 또는 변경하는 소송이므로 법원은 그 처분의 위법여부를 가려서 판단하면 되는 것이고, 그 처분의 부당여부까지 판단할 필요는 없다(대판 1988. 12. 13, 88누7880[도시계획사업시행허가처분등취소]).

(3) 절차의 하자를 이유로 한 신청에 따른 처분을 취소하는 재결

신청에 따른 처분이 절차의 위법 또는 부당을 이유로 재결로써 취소된 경우 적법한 절차에 따라 신청에 따른 처분을 하거나 신청을 기각하는 처분을 하여야 한다(제49조 제4항).

(4) 변경명령재결

취소심판에 있어서 변경을 명하는 재결이 있는 때(제43조 제3항)에는 명문의 규정은 없지만, 행정심판법 제49조 제1항(기속력규정)에 의해 처분청은 당해 처분을 변경하여야 한다.

4. 기속력의 객관적 범위

기속력의 객관적 범위는 재결의 취지라고 할 수 있다. 기속력의 객관적 범위는 재결의 주문 및 재결이유 중 그 전제가 된 요건사실의 인정과 처분의 효력 판단에 한정되고, 재결의 결론과 직접 관련이 없는 방론이나 간접사실에 대한 판단에까지는 미치지 않는다.

[판례 1] [1] **재결의 기속력의 범위:** 재결의 기속력은 재결의 주문 및 그 전제가 된 요건사실의 인정과 판단, 즉 처분 등의 구체적 위법사유에 관한 판단에만 미친다고 할 것이고, 종전 처분이 재결에 의하여 취소되었다 하더라도 종전 처분시와는 다른 사유를 들어서 처분을 하는 것은 기속력에 저촉되지 않는다고 할 것이며, 여기에서 동일 사유인지 다른 사유인지는 종전 처분에 관하여 위법한 것으로 재결에서 판단된 사유와 기본적 사실관계에 있어 동일성이 인정되는 사유인지 여부에 따라 판단되어야 한다. [2] 새로운 처분의 처분사유와 종전 처분에 관하여 위법한 것으로 재결에서 판단된 사유가 기본적 사실관계에 있어 동일성이 없으므로 새로운 처분이 종전 처분에 대한 재결의 기속력에 저촉되지 않는다고 한 사례(대판 2005. 12. 9, 2003두7705[주택건설사업계획승인신청서반려처분취소]).

[판례 2] [압류처분이 재결의 기속력에 반하는 처분이라 하여 그 무효확인을 구하는 사건] 토지에 관한 종전 압류처분이 학교법인 재산대장 등에 사립학교 교육용 기본재산으로 등재된 압류금지재산에 대한 것이라는 이유로 재결에 의해 취소된 이후 과세관청이 위 토지는 학교 교육에 직접 사용되지 않고 있어 압류금지재산인 교육용 기본재산이 아니라는 이유로 후행 압류처분을 한 경우, 후행 압류처분은 종전 재결의 사실인정 및 판단과 기본적인 사실관계가 동일하지 아니한 사유를 바탕으로 이루어진 것이므로 재결의 기속력에 저촉되지 않는다고 판단한 사안(대판 2017. 2. 9, 2014두40029[압류처분무효확인]).

5. 이행재결의 기속력 확보수단으로서의 직접 처분과 간접강제[2018 행시]

(1) 직접 처분[2011 일반행정 사례 약술형]

1) 의 의

직접 처분이라 함은 행정청이 처분명령재결의 취지에 따라 이전의 신청에 대한 처분을 하지 아니하는 때에 위원회가 당해 처분을 직접 행하는 것을 말한다(제50조 제1항). 직접 처분은 의무이행재결의 실효성을 확보하기 위하여 인정된 의무이행재결의 이행강제제도이다.

> 제50조(위원회의 직접 처분) ① 위원회는 피청구인이 제49조 제3항에도 불구하고 처분을 하지 아니하는 경우에는 당사자가 신청하면 기간을 정하여 서면으로 시정을 명하고 그 기간에 이행하지 아니하면 직접 처분을 할 수 있다. 다만, 그 처분의 성질이나 그 밖의 불가피한 사유로 위원회가 직접 처분을 할 수 없는 경우에는 그러하지 아니하다.
>
> ② 위원회는 제1항 본문에 따라 직접 처분을 하였을 때에는 그 사실을 해당 행정청에 통보하여야 하며, 그 통보를 받은 행정청은 위원회가 한 처분을 자기가 한 처분으로 보아 관계 법령에 따라 관리·감독 등 필요한 조치를 하여야 한다.

2) 직접 처분의 성질

직접 처분은 처분명령재결의 실효성을 확보하기 위한 행정심판작용이면서 동시에 행정처분(원처분)으로서의 성질을 갖는다.

3) 인정범위

직접 처분은 **처분청이 의무이행재결(처분명령재결)에 따른 처분을 하지 않는 모든 경우**에 인정된다. 이에 대하여 지방자치단체의 자치권을 보장할 필요가 있으므로 재처분사무가 자치사무인 경우는 제외하고, 처분청이 하급행정기관이나 기관위임사무를 담당하는 지방자치단체의 장인 경우에만 직접처분을 인정하여야 한다는 견해가 있다(김남철, 행정판례연구 V, 429~430면). 이 견해에 대하여는 전술한 직접처분제도의 도입취지인 처분명령재결의 실효성 확보에 반한다는 비판이 가능하다.

생각건대 직접처분제도는 지방자치단체의 사무집행에 대한 행정적 감독제도가 아니고, 행정심판재결의 실효성을 확보하기 위해 인정되는 행정심판제도이므로 자치사무인 처분을 직접 처분하는 것이 자치권의 침해가 되지 않는다고 보는 것이 타당하다.

[판례] 지방자치단체인 성남시의 고유사무에 관한 국가기관으로서의 재결청인 경기도지사의 구 행정심판법 제37조 제2항에 근거한 직접처분이 인용재결의 범위를 넘어 성남시의 권한을 침해한 것으로서 무효임을 확인한 사례(헌재 전원재판부 1999. 7. 22, 98헌라4[성남시와 경기도간의 권한쟁의]) 〈해설〉 인용재결에서 재결의 주문에 포함된 것은 골프연습장에 관한 것뿐으로서, 이 사건 진입도로에 대한 도시계획사업시행자지정처분은 인용재결내용에 포함되지 아니하였는데, 직접처분으로 진입도로에 대한 도시계획사업시행자지정처분을 한 것은 자치권을 침해한 것이라는 것이다. 직접처분으로 자치권이 침해된 경우 해당 지방자치단체는 헌법재판소에 권한쟁의심판을 청구할 수 있다.

다만, 자치권 존중의 차원에서 자치사무에 대한 것은 위법한 경우에 한하여 직접 처분을 하도록 하는 것이 타당하다.

4) 요 건

① 처분명령재결이 있었을 것.

② 위원회가 당사자의 신청에 따라 기간을 정하여 시정을 명하였을 것.

③ 해당 행정청이 그 기간 내에 시정명령을 이행하지 아니하였을 것. 해당 행정청이 어떠한 처분을 하였다면 그 처분이 재결의 내용에 따르지 아니하였다고 하더라도 재결청이 직접 처분을 할 수는 없다(대판 2002. 7. 23, 2000 두9151).

④ 그 처분의 성질이나 그 밖의 불가피한 사유로 위원회가 직접 처분을 할 수 없는 경우에 해당하지 않을 것(제50조 제1항). '**처분의 성질상 위원회가 직접 처분을 할 수 없는 경우**'라 함은 처분의 성질에 비추어 직접 처분이 불가능한 경우를 말한다.

예를 들면, 정보공개를 명하는 재결의 경우에는 정보공개는 정보를 보유하는 기관만이 할 수 있으며 처분의 성질상 위원회는 정보공개처분을 할 수 없다. 직접 처분이 원칙이고 직접 처분을 할 수 없는 사유는 예외이므로 '위원회가 직접 처분을 할 수 없는 그 밖의 불가피한 사유'라 함은 엄격하게 해석하여야 한다. 위원회가 직접 처분을 할 수 없는 그 밖의 불가피한 사유의 예로는 의무이행재결 후 사정변경(법적 상황 또는 사실적 상황의 변경)이 생겼고, 이러한 사정변경이 처분의 중요한 기초가 되는데, 행정심판위원회 자신이 인적·물적 자원의 한계로 인하여 그러한 처분의 기초자료에 관한 조사를 충실히 행할 수 없기 때문에 직접 처분을 할 수 없는 불가피한 경우를 들 수 있다.

처분이 재량행위인 경우로서 부관을 붙일 필요가 있는 경우는 그것만으로 '위원회가 직접 처분을 할 수 없는 그 밖의 불가피한 사유'에 해당한다고 할 수 없다.

5) 직접 처분에 대한 불복

가. 지방자치단체의 불복 지방자치단체가 자치권 침해를 이유로 자치사무에 관한 직접 처분의 취소를 구할 원고적격이 있는가에 대하여 견해가 대립하고 있다.

(가) 부 정 설 직접 처분은 실질상 처분재결 내지 행정심판작용이므로 지방자치단체의 불복을 부정하는 견해이다.

(나) 긍 정 설 직접 처분은 처분의 성질을 갖고, 지방자치단체의 자치권을 지방자치단체의 법률상 이익으로 볼 수 있고, 지방자치단체는 독립된 법주체이므로 지방자치단체는 자치권[8]의 침해를 이유로 직접처분의 취소를 구할 원고적격이 있다고 보는 견해이다.

(다) 결 어 지방자치단체의 자치권을 보장할 필요가 있고, 지방자치단체의 자치권도 주관적 공권으로 보는 것이 타당하고, 직접 처분은 처분의 성질을 가지므로 긍정설이 타당하다.

나. 제3자의 불복 직접 처분은 원처분의 성질을 가지므로 직접 처분으로 법률상 이익을 침해받은 제3자는 행정심판위원회를 피고로 하여 직접 처분의 취소를 구하는 행정소송을 제기할 수 있다. 직접 처분은 행정심판작용이고 행정심판위원회가 처분을 한 것이므로 행정심판의 대상은 되지 않는다고 보는 것이 타당하다.

6) 직접 처분의 한계

정보공개명령재결의 경우 정보공개처분의 성질상 위원회가 직접 처분을 할 수 없다.

(2) 행정심판위원회의 간접강제

행정심판법상 간접강제제도는 행정심판 인용재결에 따른 행정청의 재처분 의무에도 불구하고 행정청이 인용재결에 따른 처분을 하지 아니하는 경우 행정심판위원회가 당사자의 신청에 의하여 결정으로 상당한 기간을 정하고, 행정청이 그 기간 내에 이행하지 아니하는 경우에 지연기간에 따라 일정한 배상을 하도록 명하거나 즉시 배상을 할 것을 명하는 제도이다.

행정심판법에 따르면 위원회는 피청구인이 제49조 제2항(거부처분 취소재결 등에 따른 재처분의무)(제49조 제4항에서 준용하는 경우(신청에 따른 처분이 절차의 위법 또는 부당을 이유로 재결로써 취소된 경우 처분의무)를 포함한다) 또는 제3항(처분명령재결에 따른 재처분의무)에 따른 처분을 하지 아니하면 청구인의 신청에 의하여 결정으로 상당한 기간을 정하고 피청구인이 그 기간 내에 이행하지 아

8) 지방자치단체의 자치권을 지방자치단체의 법률상 이익으로 볼 수 있다.

니하는 경우에는 그 지연기간에 따라 일정한 배상을 하도록 명하거나 즉시 배상을 할 것을 명할 수 있다(제50조의2 제1항). 위원회는 사정의 변경이 있는 경우에는 당사자의 신청에 의하여 제1항에 따른 결정의 내용을 변경할 수 있다(동조 제2항). 위원회는 제1항 또는 제2항에 따른 결정을 하기 전에 신청 상대방의 의견을 들어야 한다(동조 제4항).

청구인은 간접강제결정 또는 간접강제변경결정에 불복하는 경우 그 결정에 대하여 행정소송을 제기할 수 있다(동조 제4항).

간접강제결정 또는 간접강제변경결정의 효력은 피청구인인 행정청이 소속된 국가·지방자치단체 또는 공공단체에 미치며, 결정서 정본은 제4항에 따른 소송제기와 관계없이 「민사집행법」에 따른 강제집행에 관하여는 집행권원과 같은 효력을 가진다. 이 경우 집행문은 위원장의 명에 따라 위원회가 소속된 행정청 소속 공무원이 부여한다(동조 제5항).

간접강제 결정에 기초한 강제집행에 관하여 이 법에 특별한 규정이 없는 사항에 대하여는 「민사집행법」의 규정을 준용한다. 다만, 「민사집행법」 제33조(집행문부여의 소), 제34조(집행문부여 등에 관한 이의신청), 제44조(청구에 관한 이의의 소) 및 제45조(집행문부여에 대한 이의의 소)에서 관할 법원은 피청구인의 소재지를 관할하는 행정법원으로 한다(동조 제6항).

6. 위법판단시 또는 재결시 이후의 사정변경과 기속력

기속력은 취소재결의 경우 위법판단시인 처분시, 그리고 의무이행재결의 경우 재결시의 사실관계나 법을 전제로 하여 구속력을 갖는다. 만일 취소재결의 경우 처분시 이후, 의무이행재결의 경우 판결시 이후 사실관계나 법이 변경된 경우에는 그 한도 내에서는 행정청은 기속력에 구속되지 않는다.

다만, 거부처분에 대한 취소재결의 경우 위법판단시인 처분시 이후의 사실관계나 법의 변경이 공익목적보다는 인용판결을 받은 당사자에게 기속력을 배제하려는 의도로 행해진 경우에는 신의칙 및 권한남용금지의 원칙상 행정청은 기속력에 구속된다고 보아야 하며 그렇지 않은 경우에도 인용판결로 확고해진 당사자의 이익과 사정변경으로 기속력을 배제할 공익을 비교형량하여 기속력의 배제 여부를 정하여야 할 것이다.

7. 기속력 위반과 국가배상책임

기행정심판의 재결에 명백히 반하는 처분(예 위법하다고 판단된 처분사유를 반복하여 처분을 한 경우 또는 재결의 취지에 따른 재처분의무에 반하여 거부처분을 한 경우)으로 인해 손해를 발생시킨 경우에 해당 처분은 위법무효이고, 처분을 한 공무원의 고의 또는 과실을 인정할 수 있으므로 국가배상책임이 인정된다.

Ⅲ. 불가변력

재결은 당사자의 참여 아래 심리절차를 거쳐 내려지는 심판행위(준사법적 행위)이므로 성질상 보통의 행정행위와 달리 재결을 한 위원회 자신도 이를 취소·변경할 수 없는 불가변력을 갖는다.

Ⅳ. 재결의 기판력 불인정

재결에는 명문의 규정(예 토지보상법 제86조 제1항)이 없는 한 판결에서와 같은 기판력이 인정되지 않는다. 따라서 재결이 확정된 경우에도 처분의 기초가 된 사실관계나 법률적 판단이 확정되고 당사자들이나 법원이 이에 기속되어 모순되는 주장이나 판단을 할 수 없게 되는 것은 아니다(대판 2015. 11. 27, 2013다6759).

[판례] 〈국가배상사건의 개요〉 원고는 2009. 3. 24. 완주군수에게 허가기간을 허가일부터 7년으로 하는 토석채취허가를 신청 — 2009. 8. 12. 불허가처분 — 2009. 8. 31. 취소심판 청구 — 2010. 1. 22. 취소재결(1차 재결) — 2010. 3. 5. 이 사건 허가처분 — 2010. 4. 14. 행정심판 청구 — '이 사건 허가처분을 취소하고, 완주군수는 이 사건 신청에 대하여 토석채취허가를 하라'는 취지의 이 사건 2차 재결 — 행정심판위원회의 시정명령 — 완주군수는 2011. 6. 2. 이후 3차례에 걸쳐 이 사건 2차 재결에 따른 토석채취허가를 위하여는 환경영향평가법 등에 따른 사전협의절차를 거쳐야 한다는 취지의 토석채취허가에 따른 이행통지를 한 후, 원고가 이러한 사전협의절차를 이행하자 비로소 2011. 10. 21. 원고에게 이 사건 신청에 따른 토석채취허가를 하였다. — 원고는 위법한 허가처분 및 허가처분의 지체를 이유로 국가배상을 청구하였다. 〈판결요지〉 [1] **재결이 확정된 경우, (기판력이 인정되는 것은 아니므로) 처분의 기초가 되는 사실관계나 법률적 판단이 확정되는 것은 아니며 당사자들이나 법원은 이(재결)에 기속되어 모순되는 주장이나 판단을 할 수 없게 되는 것은 아니다:** 재결에 판결에서와 같은 기판력이 인정되는 것은 아니어서 재결이 확정된 경우에도 처분의 기초가 된 사실관계나 법률적 판단이 확정되고 당사자들이나 법원이 이에 기속되어 모순되는 주장이나 판단을 할 수 없게 되는 것은 아니다. 따라서 … 원고가 피고에 대하여 이 사건 허가처분이 위법하다고 주장하면서 이로 인한 손해의 배상을 청구하는 이 사건 소송에서 피고가 원고의 주장을 다투는 것이 이 사건 2차 재결의 기속력에 저촉된다고 할 수 없다. 이 사건 2차 재결의 기속력으로 인하여 피고가 원고에 대하여 이 사건 허가처분의 위법성을 다툴 수 없다는 상고이유의 주장은 받아들일 수 없다. [2] 재결의 기속력은 재결의 주문 및 그 전제가 된 요건사실의 인정과 판단, 즉 처분 등의 구체적 위법사유에 관한 판단에 대하여만 미치고, 종전 처분이 재결에 의하여 취소되었더라도 종전 처분 시와는 다른 사유를 들어 처분을 하는 것은 기속력에 저촉되지 아니한다. 여기서 동일한 사유인지 다른 사유인지는 종전 처분에 관하여 위법한 것으로 재결에서 판단된 사유와 기본적 사실관계에 있어 동일성이 인정되는 사유인지에 따라 판단하여야 한다. [3] ① 이 사건 1차 재결에서 판단한 사유는 이 사건 채석장 자체나 그와 경계를 이루는 토지와의 관계에 관한 것으로서 이 사건 1차 재결의 기속력은 그 주문과 재결에서 판단된 이와 같은 사유에 대하여만 발생하고, 이 사건 허가처분에서 근거로 삼은 사유는 원고가 주진입로로 사용하고 있는 하천부지에 대한 점용허가기간에 관한 것이어서 그 대상이 이 사건 1차 재결에서 판단한 사유와 달라 기본적 사실관계에 있어 동일성이 있다고 할 수 없으므로, 이 사건 허가처분이 이 사건 1차 재결의 기속력에 저촉된다고 할 수 없다. ② 나아가 환경영향평가법 등에 따른 사전협의절차의 이행이라는 사유도 그 대상이 이 사건 2차 재결에서 판단한 사유와 달라 기본적 사실관계에 있어 동일성이 있다고 할 수 없으므로, 원고가 이를 이행하지 아니하였다는 이유로 이 사건 신청에 따른 토석채취허가가 지연되더라도 이 사건 2차 재결의 기속력에 저촉된다고 할 수 없다. [4] **행정청의 처분 여부 결정의 지체로 국가배상책임이 성립하기 위한 요건:** 행정청의 처분을 구하는 신청에 대하여 상당한 기간 처분 여부 결정이 지체되었다고 하여 곧바로 공무원의 고의 또는 과실에 의한 불법행위를 구성한다고 단정할 수는 없고, 행정처분의 담당공무원이 보통 일반의 공무원을 표준으로 하여 볼 때 객관적 주의의무를 결하여 처분 여부 결정을 지체함으로써 객관적 정당성을 상실하였다고 인정될 정도에 이른 경우에 비로소 국가배상법 제2조가 정한 국가배상책임의 요건을 충족한다. [5] (i) **허가처분에서 허가기간의 종기를 단축한 행위의 위법 및 과실 여부:** 완주군수가 이 사건 허가처분을 하면서 주진입로로 사용되고 있는 하천부지의 점용허가기간이라는 새로운 사유를 들어 뒤늦게 허가기간을 2013. 12. 31.까지로 제한한 것에 대하여 '중대한 공익상 필요'가 있음을 인정할 수 없다고 보아 이 사건 허가처분이 재량권을 일탈·남용한 것(위법한 것)에 해당한다고 볼 여지는 있다. 그러나 원

고가 주진입로로 사용하고 있는 하천부지에 대한 점용허가기간이 2013. 12. 31.까지이므로 이러한 점용허가가 연장되지 아니한다면 토석채취허가의 목적을 달성하기 어렵게 되고 하천부지에 대한 점용허가기간을 초과하여 토석채취허가를 하면 하천의 적정한 관리에 지장을 초래될 수 있을 것으로 예상되며, 완주군수가 원고에게 토석채취의 허가기간을 하천부지에 대한 점용허가기간과 동일하게 변경하여 신청하거나 하천부지에 대한 점용허가기간을 토석채취의 허가기간 7년에 맞추어 연장할 것을 권유한 다음 이 사건 허가처분에 이른 점 등을 종합적으로 고려할 때, 완주군수가 이 사건 허가처분을 하면서 허가기간의 종기를 단축한 것이 보통 일반의 공무원을 표준으로 하여 볼 때 객관적 주의의무를 결하여 그 행정처분이 객관적 정당성을 상실하였다고 인정될 정도에 이르렀다고 보기는 어렵다(과실이 있다고 보기 어렵다). **(ii) 이 사건 신청에 따른 토석채취허가를 지연한 행위의 위법 및 과실 여부**: 완주군수가 이 사건 2차 재결이 있음에도 기존의 토석채취허가기간인 2011. 1. 31.을 상당한 기간 도과할 때까지 이 사건 2차 재결에 따른 토석채취허가처분을 미루다가 전라북도 행정심판위원회의 시정명령을 받고서야 비로소 이 사건 2차 재결에 따른 토석채취허가를 위한 이행통지를 한 것은 이 사건 1차 재결과 이 사건 2차 재결을 통하여 완주군수에게 분명히 명하여진 이 사건 신청에 따른 토석채취허가를 거부하고자 하는 의사에 기한 것으로 볼 수 있으므로, 보통 일반의 공무원을 표준으로 할 때 객관적 주의의무를 결하여 객관적 정당성을 상실하였다고 인정될 정도에 이르렀다고 볼 여지가 충분하다(위법 및 과실을 인정할 수 있다). 따라서 완주군수의 위와 같은 위법행위로 인하여 피고에게는 국가배상법 제2조에 따른 손해배상책임이 성립할 수 있다(대판 2015. 11. 27, 2013다6759).

제 5 항 재결에 대한 불복

Ⅰ. 재심판청구의 금지

심판청구에 대한 재결이 있는 경우에는 그 재결 및 같은 처분 또는 부작위에 대하여 다시 행정심판을 청구할 수 없다(제51조). 이와 같이 행정심판법은 처분에 대한 불복으로 원칙상 한번의 행정심판청구만을 인정하고 있다.

Ⅱ. 원고 등의 행정소송[1997 입시 사례형 약술]

원고는 기각재결 또는 일부인용재결의 경우 항고소송을 제기할 수 있다. 이 경우 항고소송의 대상은 후술한다('항고소송의 대상' 참조).

또한, 처분을 취소하는 인용재결로 인하여 비로소 권익침해를 당한 원처분의 상대방은 후술하는 바와 같이 재결을 대상으로 행정소송을 제기할 수 있다.

Ⅲ. 처분청의 불복가능성

인용재결에 대해 처분청이 행정소송을 제기할 수 있는지가 문제된다.

1. 부 정 설

"심판청구를 인용하는 재결은 피청구인과 그 밖의 관계 행정청을 기속(羈束)한다."고 규정하고 있는 행정심판법 제49조 제1항(기속력규정)에 근거하여 처분청은 행정심판의 인용재결에 대해 불복할 수 없다고 본다. 판례도 이러한 입장을 취하고 있다(대판 1998. 5. 8, 97누15432).

[판례] 행정심판법은 행정심판법 제49조 제1항에 따라 피청구인에게 인용재결의 기속력이 미치므로 정보공개청구인이 정보공개와 관련한 공공기관의 결정 등에 대해 행정심판을 청구하여 그 행정심판절차에서 공공기관의 정보공개를 명하는 인용재결이 내려진 경우에는, 행정심판법은 행정심판법 제49조 제1항에 따라 피청구인인 공공기관(국립대학법인 서울대학교)은 인용재결에 기속되고 이에 불복하여 행정소송을 제기할 수 없다(헌재 2023. 3. 23, 2018헌바385).

이 견해에 대해서는 인용재결의 기속력은 확정된 인용재결, 즉 제소기간이 지나 확정된 인용재결에 한하여 인정되는 것이므로 행정심판법 제49조 제1항을 인용재결에 대한 처분청의 행정소송 제기 불가능의 근거로 보는 것은 타당하지 않다는 비판이 가능하다.

2. 제한적 긍정설

행정심판의 자율적 행정통제기능에 비추어 행정심판의 인용재결에 대한 처분청의 행정소송 제기가능성을 원칙상 부정하는 것이 타당하지만, 자치사무에 속하는 처분에 대한 행정심판의 인용재결에 대하여는 지방자치단체의 장이 행정소송을 제기할 수 있다고 보아야 한다고 주장한다. 그 논거는 자치권은 지방자치단체의 주관적 공권이기 때문에 자치권이 침해된 경우 지방자치단체에게 원고적격을 인정하여야 한다는 데 있다.

3. 결 어

다음과 같은 이유에서 제한적 긍정설이 타당하다. 부정설이 그 논거로 재결의 기속력에 관한 규정인 행정심판법 제49조 제1항을 드는 것은 타당하지 않다. 재결의 기속력은 확정재결의 효력이고, 재결의 실효성을 확보하기 위한 효력이지 불복을 금지하기 위한 효력은 아니기 때문이다. 위원회가 처분청과 동일 행정주체에 속하는 경우(예 처분청이 중앙행정기관인 경우, 자치단체의 장이 기관위임사무에 관한 처분을 한 경우)에 행정의사의 통일성에 비추어 명문의 규정이 없는 한 인용재결에 대한 불복을 인정하는 것은 타당하지 않다. 다만, 자치사무에 속하는 처분의 경우 위원회와 처분청은 동일한 법주체에 속하지 않으며 지방자치단체의 자치권을 보장할 필요가 있으므로 행정심판의 인용재결에 대하여 항고소송을 제기할 수 있다고 보아야 한다. 지방자치의 헌법원칙상 자치사무에 대한 국가의 통제는 위법에 한정하여야 하는데, 자치사무에 관한 처분을 부당을 이유로 취소하는 인용재결에 대해서도 처분청이 다툴 수 없게 하는 것은 헌법상 지방자치의 원칙에 반한다. 이에 반하여 기관위임사무에 관한 처분의 경우에는 자치단체의 장이 위임기관(국가기관 또는 시·도의 기관)의 지위에서 처분을 하는 것이므로 처분청인 자치단체의 장의 인용재결에 대한 불복을 인정하지 않더라도 자치권 침해의 문제가 될 수 없고, 처분청은 행정심판위원회와 동일한 행정주체에 속하므로 명문의 규정이 없는 한 인용재결에 대한 처분의 불복을 인정할 수 없다.

Ⅳ. 인용재결에 대한 권한쟁의심판

자치사무에 속하는 처분 또는 부작위에 대한 인용재결로 지방자치단체의 자치사무에 대한 자치권이 침해된 경우에는 해당 지방자치단체는 헌법재판소에 권한쟁의심판을 청구할 수 있다.

[판례 1] [성남시와 경기도간의 권한쟁의: 지방자치단체인 성남시의 고유사무에 관한 국가기관으로서의 재결청인 경기도지사(현행 경기도행정심판위원회)의 구 행정심판법 제37조 제2항에 근거한 직접처분이 인용재결의 범위를 넘어 성남시의 권한을 침해한 것으로서 무효임을 확인한 사례] [1] 지방자치단체는 지방자치단체의 사무에 관하여만 권한쟁의심판을 청구할 수 있고, 기관위임사무에 관하여 권한쟁의심판을 청구할 수 없다. 도시계획사업실시계획인가사무는 건설교통부장관으로부터 시·도지사에게 위임되었고, 다시 시장·군수에게 재위임된 기관위임사무로서 국가사무라고 할 것이므로, 청구인의 이 사건 심판청구 중 도시계획사업실시계획인가처분에 대한 부분은 지방자치단체의 권한에 속하지 아니하는 사무에 관한 것으로서 부적법하다고 할 것이다. [2] 이 사건은 지방자치단체인 청구인(성남시)과 국가기관인 재결청으로서의 피청구인(구 행정심판법상 경기도지사, 현행 행정심판법상으로는 경기도행정심판위원회)사이의 권한쟁의 사건이라고 할 것이다. [3] 피청구인이 행한 두 차례의 인용재결에서 재결의 주문에 포함된 것은 골프연습장에 관한 것뿐으로서, 이 사건 진입도로에 관한 판단은 포함되어 있지 아니함이 명백하고, 재결의 기속력의 객관적 범위는 그 재결의 주문에 포함된 법률적 판단에 한정되는 것이다. 청구인은 인용재결내용에 포함되지 아니한 이 사건 진입도로에 대한 도시계획사업시행자지정처분을 할 의무는 없으므로, 피청구인이 이 사건 진입도로에 대하여까지 청구인의 불이행을 이유로 행정심판법 제37조 제2항에 의하여 도시계획사업시행자지정처분(재결청의 직접처분)을 한 것은 인용재결의 범위를 넘어 청구인의 권한을 침해한 것으로서, 그 처분에 중대하고도 명백한 흠이 있어 무효라고 할 것이다. 〈재판관 이영모의 별개의견〉 피청구인의 제1, 2차 재결에 이 사건 진입도로 부분이 포함된 여부에 상관없이 재결청인 피청구인이 행정심판법 제37조 제2항에 의하여 이 사건 진입도로를 개설한 직접처분은 도시계획법 및 지방자치법의 조항에 의한 청구인의 권한을 침해하고 있음이 분명하므로 당연무효인 피청구인의 위법한 직접처분에 대한 권한쟁의심판으로 이의 시정을 구할 수 있는 것이다(헌재 1999. 7. 22. 98헌라4). 〈해설〉 행정심판은 국가사무이고, 시·도행정심판위원회는 행정심판업무를 수행함에 있어서는 국가기관의 지위를 갖는다. 인용재결의 기속력의 범위에 속하는(기속력에 따른) 직접처분이 법령을 위반하여 청구인의 권한을 침해하는 경우 권한쟁의심판에서 인용될 수 있을지에 관하여 다수견해는 기속력을 고려하여 부정적으로 보지만 별개의견은 긍정적으로 보고 있다.

[판례 2] 헌법재판소법 제61조의 처분은 행정소송법상 처분보다 넓은 개념으로서 행정처분은 물론 법률제정작용, 행정입법과 같은 모든 행정작용 그리고 법원의 재판 및 사법행정작용 등을 포함하는 넓은 의미의 공권력 처분을 의미하는 것이다(헌재 2006. 5. 25. 2005헌라4).

제12절 고지제도

Ⅰ. 고지제도의 의의 및 필요성

행정심판의 **고지제도**(告知制度)라 함은 행정청이 처분을 함에 있어서 상대방에게 그 처분에 대하여 행정심판을 제기할 수 있는지 여부, 심판청구절차, 청구기간 등 행정심판의 제기에 필요한 사항을 미리 알려 주도록 의무지우는 제도를 말한다.

행정심판법은 직권에 의한 고지(제58조 제1항)와 청구에 의한 고지(제58조 제2항)를 규정하고 있다. 그리고, 고지하지 않은 경우와 잘못 고지한 경우의 제재를 규정하고 있다(제23조 제2항, 제27조 제5항, 제6항).

또한, 행정절차법도 처분청의 고지의무를 규정하고 있다(제26조). 행정절차법상의 고지는 행정심판 이외의 불복의 제기가능성도 고지하도록 하고 있다. 그러나, 행정절차법은 고지의무를 이행하지 않은 경우에 대한 제재를 규정하지 않고 있어 행정절차법상의 고지제도는 실효성을 결여하고 있다.

Ⅱ. 고지의 성질

고지는 불복제기의 가능 여부 및 불복청구의 요건 등 불복청구에 필요한 사항을 알려 주는 **비권력적 사실행위**이다. 고지는 그 자체로서는 아무런 법적 효과를 발생시키지 않는다. 다만, 불고지 또는 오고지로 손해가 발생한 경우에는 국가배상청구를 할 수 있을 것이다.

Ⅲ. 직권에 의한 고지

행정청이 처분을 할 때에는 처분의 상대방에게 처분에 대하여 행정심판을 청구할 수 있는지의 여부, 행정심판을 청구하는 경우의 심판청구절차 및 심판청구기간을 알려야 한다(법 제58조 제1항).

1. 고지의 대상

① 행정청의 고지의무는 처분이 서면으로 행해지는 경우에 한하지 않는다.

② 행정청의 고지의무는 처분이 행정심판법상의 행정심판의 대상이 되는 경우뿐만 아니라 다른 개별법령에 의한 심판청구의 대상이 되는 경우에도 인정된다.

③ 수익적 행정행위에 대하여는 상대방의 불복이 있을 수 없으므로 고지를 요하지 않는다. 예를 들면, 신청된 대로 처분이 행해진 경우가 그러하다. 그러나, 신청을 거부한 처분이나 신청된 것과 다른 내용의 처분 및 부관이 붙여진 처분의 경우에는 고지를 하여야 한다.

2. 고지의 상대방

현행법상 고지는 **처분의 직접 상대방**에 대하여만 하면 된다. 처분의 직접 상대방이 아닌 이해관계인은 고지의무의 상대방은 아니지만, 이들에게도 직권으로 고지하는 것은 가능하며 또한 바람직하다.

3. 고지의 내용

① **행정심판을 청구할 수 있는지 여부**

② **심판청구절차**: 심판청구절차 중 중요한 것은 행정심판서를 제출할 행정청, 즉 처분청과 위원회의 명칭을 고지하는 것이다.

③ **심판청구기간**

4. 고지의 방법과 시기

행정심판법은 고지의 방식에 관하여 아무런 규정을 두고 있지 않다. 따라서, 고지는 서면으로도 가능하고 구술로도 가능하다.

고지의 시기에 관하여도 아무런 규정이 없지만 원칙적으로 처분시에 하여야 할 것이다. 다만, 처분시에 고지를 하지 못한 경우에도 처분 후에 고지하면 행정심판의 제기에 큰 지장을 주지 않는 한도 내에서는 그 하자가 치유된다고 보아야 할 것이다.

Ⅳ. 청구에 의한 고지

행정청은 이해관계인이 요구하면 ① 해당 처분이 행정심판의 대상이 되는 처분인지 및 ② 행정심판의 대상이 되는 경우 소관 위원회 및 심판청구 기간을 지체 없이 알려 주어야 한다. 이 경우 서면으로 알려 줄 것을 요구받으면 서면으로 알려 주어야 한다(제58조 제2항).

1. 고지의 청구권자

고지를 청구할 수 있는 자는 **'처분의 이해관계인'**이다. 다만, 여기에서 이해관계인이라 함은 통상은 상대방에게는 이익을 주지만 제3자에게는 불이익을 주는 복효적 행정행위에 있어서 당해 제3자일 것이지만 처분시에 직권고지를 하지 아니한 경우에 당해 처분의 상대방도 포함한다고 보아야 할 것이다.

2. 고지청구의 대상

고지의 대상이 되는 처분은 서면에 의한 처분에 한정되지 않는다. 고지를 청구할 수 있는 대상은 모든 처분이다. 당해 처분이 행정심판의 대상이 되는 처분인지 여부, 서면에 의한 것인지 여부를 묻지 않는다.

3. 고지의 내용

고지의 내용은 행정심판의 제기에 필요한 사항(행정심판의 대상이 되는 처분인지 여부, 소관 위원회 및 청구기간) 중에서 당사자가 고지해 줄 것을 청구한 사항이다. 소관 위원회 및 청구기간은 당해 처분이 행정심판의 대상이 되는 경우에 고지의 대상이 된다.

4. 고지의 방법과 시기

고지는 서면이나 구술로 할 수 있는데, 청구인으로부터 서면으로 알려줄 것을 요구받은 때에는 서면으로 알려야 한다(제58조 제2항 제2문).

고지의 청구를 받은 때에는 지체 없이 고지하여야 한다(제58조 제2항 제1문). '지체 없이'라 함은 행정심판을 제기하는 데 큰 지장을 주지 않을 합리적인 기간 내를 의미한다.

V. 불고지 또는 오고지의 효과 [2022 변시]

행정심판법은 고지의무가 있음에도 고지를 하지 아니하거나(不告知) 잘못 고지(誤告知)한 경우에 처분의 상대방 또는 이해관계인의 권리구제를 위한 규정을 두고 있다.

1. 불고지의 효과

(1) 심판청구서제출기관과 권리구제

처분청이 고지를 하지 아니하여 청구인이 심판청구서를 처분청이나 위원회가 아닌 다른 행정기관에 제출한 때에는 당해 행정기관은 그 심판청구서를 지체 없이 정당한 권한이 있는 피청구인에 송부하고(제23조 제2항), 지체 없이 그 사실을 청구인에게 통지하여야 한다(제23조 제3항). 이 경우에 심판청구기간을 계산할 때에는 제1항에 따른 피청구인이나 위원회 또는 제2항에 따른 행정기관에 심판청구서가 제출되었을 때에 행정심판이 청구된 것으로 본다(제23조 제4항).

(2) 청구기간

처분청이 심판청구기간을 고지하지 아니한 때에는 심판청구기간은 처분이 있음을 안 경우에도 당해 처분이 있은 날로부터 180일이 된다(제27조 제6항). 다른 법률에서 행정심판청구기간을 행정심판법보다 짧게 정한 경우에도 행정청이 처분시에 행정심판청구기간을 알리지 아니한 때에는 당사자는 그 처분이 있은 날로부터 180일 이내에 행정심판을 제기할 수 있다고 보아야 할 것이다(대판 1990. 7. 10, 89누6839).

2. 오고지의 효과

(1) 심판청구서제출기관과 권리구제

처분청이 심판청구서제출기관을 잘못 고지하여 청구인이 심판청구서를 처분청이나 위원회가 아닌 다른 행정기관에 제출한 때의 효과도 위의 불고지의 경우와 같다(제23조 제2항·제3항·제4항).

(2) 청구기간

처분청이 심판청구기간을 '처분이 있음을 안 날로부터 90일 이내'보다 더 긴 기간으로 잘못 알린 경우에 그 잘못 알린 기간 내에 심판청구가 있으면 그 심판청구는 적법한 기간 내에 제기된 것으로 의제된다(제27조 제5항).

3. 불고지 또는 오고지와 처분의 효력 [2022 행시]

불고지나 오고지는 처분 자체의 효력에 직접 영향을 미치지 않는다.

[판례] 고지절차에 관한 규정은 행정처분의 상대방이 그 처분에 대한 행정심판의 절차를 밟는데 있어 편의를 제공하려는데 있으며 처분청이 위 규정에 따른 고지의무를 이행하지 아니하였다고 하더라도 경우에 따라서는 행정심판의 제기기간이 연장될 수 있는 것에 그치고 이로 인하여 심판의 대상이 되는 행정처분에 어떤 하자가 수반된다고 할 수 없다(대판 1987. 11. 24, 87누529[차량면허취소처분취소]).

제13절 특별행정심판

행정심판법상의 행정심판에 대하여 많은 개별 법률에서 특례규정을 두고 있다.

행정심판에 관한 개별 법률의 특례규정은 행정심판법에 대한 특별법적 규정이므로 당해 특례규정이 행정심판법에 우선하여 적용된다. 그리고, 행정심판에 관하여 개별 법률에서 규정하고 있지 않은 사항과 절차는 일반법인 행정심판법이 적용된다(제4조 제2항). 다만 조세심판에 대하여 행정심판법의 일부규정을 준용하는 외에 원칙상 그 적용이 배제된다(국세기본법 제56조 제1항, 지방세기본법 제125조 제1항).

[판례] 구 국세기본법 제61조 제1항은 심사청구는 당해 처분이 있는 것을 안 날(처분의 통지를 받은 때에는 그 받은 날)로부터 60일 내에 하여야 한다고 규정하고 있으니, 과세관청이 조세처분을 하면서 행정심판청구기간을 고지하지 않았다 하더라도 그 심사청구기간은 당해 처분이 있은 것을 안 날(처분의 통지를 받은 때에는 그 받은 날)로부터 60일 내라 할 것이고, 행정심판법 제18조 제6항, 제3항 본문에 의하여 행정청이 행정심판청구기간을 알리지 아니한 때에는 180일 내에 심판청구를 할 수 있다 하더라도, 구 국세기본법 제56조 제1항이 조세처분에 대하여는 행정심판법의 규정을 적용하지 아니한다고 규정하고 있으므로, 그 심판청구기간을 처분이 있은 날로부터 180일 내라고 볼 수는 없다(대판 2001. 11. 13, 2000두536).

사안의 전문성과 특수성을 살리기 위하여 특히 필요한 경우 외에는 이 법에 따른 행정심판을 갈음하는 특별한 행정불복절차(이하 '특별행정심판'이라 한다)나 이 법에 따른 행정심판 절차에 대한 특례를 다른 법률로 정할 수 없다(제4조 제1항).

I. 조세심판

1. 국세에 대한 행정심판

국세부과처분에 대해 행정소송을 제기하기 전에 국세청장에 대한 심사청구 또는 조세심판원에 대한 심판청구를 택일하여 청구하여야 한다(국세기본법 제55조 제1항, 제2항, 제9항, 제56조 제2항). 따라서, 심사청구 또는 심판청구를 중복하여 제기한 경우 나중에 접수된 청구는 부적법한 청구로 보는 것이 타당하다.

심사청구 및 심판청구는 행정심판의 성질을 갖는다. 처분이 국세청장이 조사·결정 또는 처리하거나 하였어야 할 것인 경우를 제외하고는 심사청구 또는 심판청구 전에 이의신청을 할 수 있으나(제55조 제3항) 이 이의신청은 임의적이며 행정심판이 아니다.

2. 지방세에 대한 행정심판

지방세에 대한 행정심판은 국세에 대한 행정심판에 준하여 규율되고 있다(지방세기본법 제117조 내지 제127조).

Ⅱ. 노동행정심판

1. 특별행정심판

(1) 중재재정에 대한 행정심판

지방노동위원회 또는 특별노동위원회의 노동쟁의에 대한 중재재정이 위법이거나 월권에 의한 것이라고 인정하는 경우에는 그 중재재정서의 송달을 받은 날부터 10일 이내에 중앙노동위원회에 그 재심을 신청할 수 있다(노동조합 및 노동관계조정법 제69조 제1항). 중앙노동위원회의 재심은 행정심판의 성질을 갖는다. 관계 당사자는 중앙노동위원회의 중재재정이나 제1항의 규정에 의한 재심결정이 위법이거나 월권에 의한 것이라고 인정하는 경우에는 행정소송법 제20조의 규정에 불구하고 그 중재재정서 또는 재심결정서의 송달을 받은 날부터 15일 이내에 행정소송을 제기할 수 있다(제2항).

(2) 구제결정 등에 대한 행정심판

부당노동행위에 대한 지방노동위원회 또는 특별노동위원회의 구제명령 또는 기각결정에 불복이 있는 관계 당사자는 그 명령서 또는 결정서의 송달을 받은 날부터 10일 이내에 중앙노동위원회에 그 재심을 신청할 수 있다(노동조합 및 노동관계조정법 제85조 제1항). 중앙노동위원회의 재심은 행정심판의 성질을 갖는다.

제1항의 규정에 의한 중앙노동위원회의 재심판정에 대하여 관계 당사자는 그 재심판정서의 송달을 받은 날부터 15일 이내에 행정소송법이 정하는 바에 의하여 소를 제기할 수 있다(제2항). 동조는 항고소송의 대상에 관하여 재결주의를 규정하고 있다.

(3) 노동위원회의 처분에 대한 행정심판

중앙노동위원회는 당사자의 신청이 있는 경우 지방노동위원회 또는 특별노동위원회의 처분을 재심하여 이를 인정·취소 또는 변경할 수 있다(노동위원회법 제26조 제1항).

(4) 보험급여 등에 관한 행정심판

국민건강보험공단의 "보험급여 결정 등"에 불복하는 자는 공단에 심사청구를 할 수 있다(산업재해보상보험법 제103조 제1항). 보험급여 결정 등에 대하여는 행정심판법에 따른 행정심판을 제기할 수 없다(제5항).

제105조 제1항에 따른 심사청구에 대한 결정에 불복하는 자는 제107조에 따른 산업재해보상보험재심사위원회에 재심사청구를 할 수 있다. 다만, 판정위원회의 심의를 거친 보험급여에 관한 결정에 불복하는 자는 제103조에 따른 심사청구를 하지 아니하고 재심사청구를 할 수 있다(제106조 제1항).

재심사의 청구에 대한 재결은 행정소송법 제18조를 적용할 경우 행정심판에 대한 재결로 본다(제104조 제1항). 심사 및 재심사의 청구는 행정심판의 성질을 가지며 그에 관하여 이 법에서 정하고 있지 아니한 사항은 행정심판법의 규정에 따른다(제2항).

2. 일반행정심판

노동관계법상의 처분에 대한 행정심판에 관하여 특별한 규정이 있는 경우를 제외하고는 행정심판법에 따라 행정심판을 제기한다.

Ⅲ. 소청심사(공무원법 참조)

Ⅳ. 수용재결에 대한 이의신청(손실보상 참조)

제6장

행정소송

제 1 절 행정소송의 의의와 종류

Ⅰ. 행정소송의 의의

행정소송(行政訴訟)이라 함은 행정청의 공권력 행사에 대한 불복 및 기타 공법상의 법률관계에 관한 분쟁에 대하여 법원이 정식의 소송절차를 거쳐 행하는 행정쟁송절차를 말한다.

① 행정소송은 행정청의 공권력 행사에 대한 불복 및 기타 행정법상의 법률관계에 관한 분쟁에 관한 쟁송절차이다. 이 점에서 행정소송은 민사소송 및 형사소송과 구별된다.

② 행정소송은 법원이 정식의 소송절차를 거쳐 행하는 행정쟁송절차이다. 이 점에서 행정소송은 행정심판과 구별된다.

Ⅱ. 행정소송의 법원(法源)

행정소송에 관한 일반법으로 행정소송법이 있다. 행정소송법은 행정소송의 특수성(공익성, 전문성 등)을 고려하여 민사소송과 달리 행정소송에 대한 특수한 규율을 규정하고 있다.

다만, 행정소송법은 입법기술상 행정소송에 대한 규율(특수한 규율 포함)을 망라하여 규정하지 않고, 행정소송에 관하여 행정소송법에 특별한 규정이 없는 사항에 대하여는 법원조직법과 민사소송법 및 민사집행법의 규정을 준용하는 것으로 규정하고 있다(제8조). 또한, 행정소송절차에 관하여는 법 및 행정소송규칙에 특별한 규정이 있는 경우를 제외하고는 그 성질에 반하지 않는 한 「민사소송규칙」 및 「민사집행규칙」의 규정을 준용한다(행정소송규칙 제4조).[1)]

따라서, 행정소송법이나 행정소송규칙에 규정되어 있지 않는 사항에 대하여는 성질상 허용되는 한도내에서 민사소송에 관한 규정을 그대로 적용하거나 행정소송의 특수성을 고려하여 수정하여 적용하여야 한다. 행정소송은 권리구제기능뿐만 아니라 행정통제기능도 수행하고 있고, 공익을 위해 특수한 규율을 할 필요가 있는 경우가 있으므로 성질상 민사소송법의 규정을 그대로 준용할 수 없는 경우(예 청구의 인낙, 포기, 화해 등)가 있고 이 경우에는 민사소송법이 준용되지 아니한다. 논란이 있지만, 판례에 따르

1) 준용은 입법기술의 하나인데, 준용되는 규정을 그대로 적용하는 것이 아니라 성질상의 차이를 고려하여 적용한다.

면 민사소송법 제203조의 처분권주의(대판 1987. 11. 10, 86누491), 불고불리의 원칙(대판 1999. 5. 25, 99두1052), 민사소송법상 보조참가(대판 2013. 3. 28, 2011두13729), 소의 취하는 행정소송에 준용가능하다.

Ⅲ. 행정소송의 종류[2011 일반행정 사례 약술형]

행정소송법은 행정소송을 항고소송, 당사자소송, 기관소송, 민중소송으로 구분하고 있다(제 3 조).

Ⅳ. 항고소송

1. 의　　의

항고소송(抗告訴訟)이라 함은 행정청의 우월한 일방적인 행정권 행사 또는 불행사에 불복하여 권익구제를 구하는 소송을 말한다.

항고소송은 행정청의 권력적인 행정작용으로 인하여 조성된 위법상태를 배제함으로써 국민의 권익을 구제하는 것을 목적으로 한다. 따라서 항고소송은 **원상회복적인 권익구제제도**이다.

2. 종　　류

항고소송은 소송의 대상 및 판결의 내용을 기준으로 하여 분류될 수 있다. 현행 행정소송법은 항고소송을 취소소송, 무효등확인소송, 부작위위법확인소송으로 구분하고 있다(제 4 조). 이와 같이 법에 의해 명시적으로 인정되고 있는 항고소송을 **법정항고소송**(法定抗告訴訟)이라 한다.

그런데, 법정항고소송만으로는 공백없는 권리구제의 요구를 충족시킬 수 없기 때문에 행정소송법에서 정한 항고소송 이외에 해석상 의무이행소송, 예방적 부작위소송 등의 항고소송을 인정할 수 있는가 하는 문제가 제기된다. 이와 같이 법에 정해지지는 않았지만 해석에 의해 인정되는 항고소송을 **법정외항고소송**(法定外抗告訴訟) 또는 **무명항고소송**(無名抗告訴訟)이라 한다.

3. 취소소송

(1) 의　　의

취소소송(取消訴訟)이라 함은 '행정청의 **위법**한 처분 등을 **취소 또는 변경**하는 소송'을 말한다(제 4 조 제 1 호). 소송실무상 취소소송이 행정소송의 중심적 지위를 차지하는 것으로 운용되고 있다. 이와 같이 취소소송을 행정소송의 중심으로 하는 것을 **취소소송중심주의**라 한다.

취소소송은 위법한 처분이나 재결을 다투어 위법한 처분이나 재결이 없었던 것과 같은 상태를 만드는 것을 주된 내용으로 한다.

(2) 대 상

취소소송의 대상은 '처분 등'이다.

'처분 등'이라 함은 처분 및 행정심판의 재결을 말한다.

처분에는 거부처분도 포함된다(제19조, 자세한 것은 후술).

취소소송은 원칙상 취소사유인 위법한 처분이나 재결을 대상으로 하지만, 무효인 처분 등에 대하여 제기될 수도 있다. 무효인 처분에 대한 취소소송은 무효선언을 구하는 것일 수도 있고 단순히 취소를 구하는 것일 수도 있다. 전자의 경우에 취소법원은 무효를 선언하는 의미의 취소판결을 하고, 후자의 경우에는 통상의 취소판결을 한다.

(3) 성 질

취소소송의 성질에 관하여 형성소송설(처분의 효력을 소멸시키는 소송으로 보는 견해)과 확인소송설(처분의 위법성을 확인하는 것으로 보는 견해)이 대립하고 있는데, 형성소송설이 통설·판례이다. 행정소송법 제4조 1호가 규정하는 취소소송의 개념상 형성소송설이 타당하다.

(4) 소 송 물

소송물이란 소송에서 심판의 대상이 되는 소송상의 청구를 말한다. 소송물은 소송의 기본단위로서 소의 병합, 처분사유의 추가·변경, 소의 변경을 결정하는 경우와 기판력의 객관적 범위를 정하는 경우 등에 있어서 의미를 갖는다.

취소소송의 소송물을 무엇으로 볼 것인가에 관하여 견해가 대립하고 있는데, 취소소송의 소송물을 처분의 위법성 일반(추상적 위법성)이라고 보는 견해가 다수견해이며 판례의 입장이다.

[판례] 취소판결의 기판력은 소송물로 된 행정처분의 위법성 존부에 관한 판단 그 자체에만 미치는 것이므로 전소와 후소가 그 소송물을 달리하는 경우에는 전소 확정판결의 기판력이 후소에 미치지 아니한다(대판 1996. 4. 26, 95누5820[주택건설사업계획승인처분무효]).

취소소송의 소송물을 분설하면 다음과 같다.

i) 처분의 "위법성 일반"이 심판의 대상이므로 취소판결의 기판력은 처분이 위법하다는 데에 미치게 된다. 취소소송에서 기각판결은 처분이 적법하다는 데에 미친다. 위법사유마다 소송물이 달라지는 것이 아니다. 위법사유는 공격방어방법에 불과하고, 위법사유의 변경은 소의 변경이 되지 않는다.

ii) "처분"의 위법성이 심판의 대상이 된다. 처분이 동일하여야 소송물이 동일하다. 별개의 처분에 대하여는 별개의 소송이 제기되어야 한다. 처분의 동일성은 처분의 상대방의 동일성, 처분의 내용의 동일성과 처분사유의 동일성으로 결정된다. 처분의 상대방이 달라지면 처분도 달라진다. 처분의 내용이 달라지면 처분도 달라진다. 다만, 일부취소(직권취소 또는 행정심판에 의한 취소변경)된 경우에는 처분의 동일성이 유지된다. 처분사유의 변경에 있어서는 기본적 사실관계의 동일성이 있는 한도 내에서 처분사유가 달라도 처분의 내용이 동일하다면 처분의 동일성에 변경이 없지만, 처분사유에 기본적 사실관계의 동일성이 없는 경우 처분사유의 변경은 처분의 내용이 동일하여도 처분의 변경을 가져온다. 처분이 변경된다는 것은 종전 처분이 취소되고 새로운 처분에 의해 대체된다는 것을 말한다. 다만, 처분의 일부 변경의 경우 당초처분은 변경된 부분을 제외한 상태로 존재하고, 변경된 부분은 새로운 처분에 의해 대체된다.

[판례] 전소인 영업정지처분 취소의 소와 소송계속 중 영업정지처분을 직권 변경하여 한 과징금 부과처분에 대한 취소의 소는 소송물이 같다고 볼 수 없다(대판 2023. 3. 16, 2022두58599).

다만, 과세처분에 대한 취소소송과 무효확인소송은 모두 소송물이 객관적인 조세채무의 존부확인으로 동일하다(대판 전원합의체 1992. 3. 31, 91다32053; 대판 2023.6.29, 2020두46073).

(5) 판 결

위법한 처분에 대하여 취소소송이 제기된 경우에 법원은 당해 위법이 무효사유인 위법인지 취소사유인 위법인지 구분할 필요 없이 취소판결을 내리면 된다. 취소소송에 있어서는 당해 처분이 위법한지 아닌지가 문제이고 그 위법이 중대하고 명백한 것인지 여부는 심리대상이 되지 않기 때문이다. 실무도 이렇게 하고 있다(대판 1999. 4. 27, 97누6780[건축물철거대집행계고처분취소]).[2)]

다만, 무효의 선언을 구하는 취소소송이나 무효인 처분에 대한 취소소송이나 모두 불복기간 등 취소소송의 요건을 충족하여야 한다. 따라서, 불복기간 등 취소소송에 고유한 요건을 갖추지 못한 경우에 원고는 취소소송을 무효확인소송으로 변경할 수 있고, 법원도 이를 위하여 석명권을 행사할 수 있다.

취소의 청구에는 무효확인청구가 포함되어 있지 않다. 따라서, 취소소송을 무효확인소송으로 변경하지 않는 한 법원은 계쟁처분이 당연무효라고 하여도 무효확인판결을 할 수는 없다.

4. 무효등확인소송

(1) 의 의

무효등확인소송(無效等確認訴訟)이라 함은 '행정청의 처분이나 재결의 효력 유무 또는 존재 여부의 확인을 구하는 소송'을 말한다. 무효등확인소송에는 처분이나 재결의 존재확인소송, 부존재확인소송, 유효확인소송, 무효확인소송, 실효확인소송이 있다.

(2) 대 상

무효확인소송의 대상도 취소소송과 같이 '처분 등'이다.

(3) 성 질

현행법은 무효등확인소송을 항고소송으로 규정하고 있다. 그런데, 실질에 있어서는 무효등확인소송은 항고소송의 성질과 확인소송의 성질을 아울러 갖는 것으로 보아야 한다.

2) 판결은 취소소송의 대상이 된 계고처분이 당연무효라고 하면서도 당해 계고처분의 취소판결을 내리고 있다(拙稿, "행정법상 신고," 『고시연구』, 1999. 11, 42면 참조).

(4) 법적 규율

취소소송에 관한 행정소송법 제9조, 제10조, 제13조 내지 제17조, 제19조, 제21조, 제22조 내지 제26조, 제29조 내지 제31조 및 제33조의 규정은 무효등 확인소송의 경우에 준용한다(행정소송법 제37조, 제38조 제1항). 그렇지만, 무효등확인소송에는 취소소송에서와 달리 행정심판전치주의, 제소기간, 사정판결, 간접강제 등의 규정이 적용되지 않는다.

행정소송규칙 제5조부터 제13조까지 및 제15조는 무효등 확인소송의 경우에 준용한다(행정소송규칙 제18조 제1항).

(5) 무효확인청구와 취소청구

무효확인청구를 주위적 청구, 취소청구를 예비적 청구로 할 수 있다. 그러나, 취소청구를 주위적 청구, 무효확인청구를 예비적 청구로 할 수는 없다. 왜냐하면, 행정처분의 위법이 인정되지 않아 취소청구가 배척되면 논리상 무효확인은 인정될 수 없기 때문이다. 다만, 취소청구가 출소기간의 경과 등 기타의 이유로 각하되는 경우에 대비하여 취소청구에 대해 본안판결이 행해지는 것을 해제조건으로 무효확인청구를 예비적으로 제기할 수는 있다.

그러나, 행정처분에 대한 무효확인청구와 취소청구는 서로 양립할 수 없는 청구로서 선택적 청구로서의 병합이나 단순 병합은 허용되지 아니한다(대판 1999. 8. 20, 97누6889).

(6) 판　　결[2003 행시 사례]

무효확인소송의 대상이 된 행위의 위법이 심리의 결과 무효라고 판정되는 경우에는 인용판결(무효확인판결)을 내린다.

그런데, **당해 위법이 취소원인에 불과한 경우**에 법원은 어떠한 판결을 내려야 하는가.

① **당해 무효확인소송이 취소소송요건을 갖추지 못한 경우 기각판결**을 내려야 한다.

② **당해 무효확인소송이 취소소송요건을 갖춘 경우**에 어떠한 판결을 내려야 할 것인가에 관하여 견해의 대립이 있다.

i) **소변경필요설**: 판결은 소송상 청구에 대해 내려지는 것이므로 법원은 석명권을 행사하여 무효확인소송을 취소소송으로 변경하도록 한 후 취소소송요건을 충족한 경우 취소판결을 하여야 한다는 견해이다.

ii) **취소소송포함설**: 무효확인청구는 취소청구를 포함한다고 보고, 법원은 취소소송요건을 충족한 경우 **취소판결**을 하여야 한다고 보는 견해이다.

iii) **판　　례**: 판례는 두 번째 입장(취소소송포함설)을 취하고 있는 것으로 보인다.

> **[판례]** 일반적으로 행정처분의 무효확인을 구하는 소에는 원고가 그 처분의 취소를 구하지 아니한다고 밝히지 아니한 이상 그 처분이 만약 당연무효가 아니라면 그 취소를 구하는 취지도 포함되어 있는 것으로 보아야 한다(대판 1994. 12. 23, 94누477; 2005. 12. 23, 2005두3554).

iv) **결　　어**: 소송상 청구는 원고가 하며 법원은 원고의 소송상 청구에 대해서만 심판을 하여야 하므로 법원이 원고의 소송상 청구를 일방적으로 변경할 수는 없다. 따라서, 법원은 석명권을 행사하여 무효확인소송을 취소소송으로 변경하도록 한 후 취소판결을 하여야 하는 것으로 보는 소변경필요설이 타당하다.

③ 재판장은 무효확인소송이 법 제20조에 따른 기간(취소소송 제소기간) 내에 제기된 경우에는 원고에게 처분등의 취소를 구하지 아니하는 취지인지를 명확히 하도록 촉구(석명권의 행사)할 수 있다. 다만, 원고가 처분등의 취소를 구하지 아니함을 밝힌 경우에는 그러하지 아니하다(행정소송규칙 제16조).

5. 부작위위법확인소송

(1) 의 의

부작위위법확인소송(不作爲違法確認訴訟)이라 함은 '행정청의 부작위가 위법하다는 것을 확인하는 소송'을 말한다.

부작위위법확인소송은 행정청이 신청에 따른 가부간의 처분을 하여야 함에도 아무런 응답을 하지 않는 것이 위법하다는 확인을 구하는 것이며 원고의 신청을 인용하지 않고 있는 것이 위법하다는 확인을 구하는 소송이 아니다(판례, 이견 있음).

부작위위법확인소송은 신청에 대한 행정청의 부작위에 대한 권리구제제도로서는 우회적인 구제수단이다. 부작위에 대한 보다 직접적인 구제수단은 의무이행소송이다. 그런데, 현행 행정소송법이 의무이행소송을 명문으로 인정하지 않고 부작위위법확인소송만을 둔 것은 행정권에 대한 사법권의 개입을 제한하기 위한 것이라고 볼 수밖에 없다. 즉, 행정청의 제1차적 판단권을 존중하기 위하여(이의 타당성은 별론으로 하더라도) 부작위에 대하여는 부작위의 위법만을 확인하도록 하고 부작위위법의 확인판결이 내려지면 그 판결의 기속력에 의해 행정청으로 하여금 적극 또는 소극의 처분을 하도록 강제하고[3] 행정청이 소극의 처분(거부처분)을 하면 그 소극의 처분에 대하여 다시 취소소송을 제기하여 권리구제를 받도록 한 것이다.

(2) 대 상

부작위위법확인소송의 대상은 부작위이다. 부작위라 함은 '행정청이 당사자의 신청에 대하여 상당한 기간 내에 일정한 처분을 하여야 할 법률상 의무가 있음에도 불구하고 이를 하지 아니하는 것'을 말한다(행정소송법 제2조 제2호).

거부처분이 있었는지 아니면 부작위인지 애매한 경우가 있다. 이 경우에는 거부처분취소소송과 부작위위법확인소송 중 한 소송을 주위적 청구로 하고 다른 소송을 예비적 청구로 제기할 수 있다.

그리고, 판례는 부작위위법확인소송을 주위적 청구로 하고 거부처분취소소송을 예비적 청구로 한 소송에서 부작위가 거부처분으로 발전된 경우에는 부작위위법확인을 구하는 주위적 청구를 소의 이익의 결여를 이유로 각하하고 거부처분의 취소를 구하는 예비적 청구를 본안에 나아가 심리판단하여야 한다고 보았다(대판 1990. 9. 25, 89누4758[교원임용의무불이행위법확인 등]).

---

3) 행정청이 부작위위법확인판결에도 불구하고 아무런 처분을 하지 않는 경우에는 간접강제제도에 의해 그 이행을 강제할 수 있도록 하고 있다(『행정소송법』 제38조 제2항, 제34조).

또한, 부작위위법확인소송 중 거부처분이 내려진 경우 명문의 규정은 없지만(처분변경으로 인한 소의 변경에 관한 규정을 부작위위법확인소송에는 준용하는 규정이 없지만), 후술하는 바와 같이 당해 부작위위법확인소송의 거부처분취소소송으로의 소변경을 인정하여야 할 것이다(소의 변경 참조).

(3) 성 질

행정소송법은 부작위위법확인소송을 항고소송의 하나로 규정하고 있지만 그 실질은 **확인소송**이라고 보아야 할 것이다.

(4) 부작위위법확인소송의 절차

취소소송에 관한 행정소송법 제9조, 제10조, 제13조 내지 제19조, 제20조, 제21조, 제25조 내지 제27조, 제29조 내지 제31조, 제33조 및 제34조의 규정은 부작위위법확인소송의 경우에 준용한다(행정소송법 제37조, 제38조 제1항).

취소소송에 관한 행정소송규칙 제5조부터 제8조까지, 제11조, 제12조 및 제15조는 부작위위법확인소송의 경우에 준용한다(행정소송규칙 제18조 제2항).

(5) 판 결

부작위위법확인판결이 난 경우에 행정청은 판결의 기속력에 의해 가부간의 어떠한 처분을 하여야 할 의무를 지게 되지만 신청에 따른 처분을 하여야 할 의무를 지게 되지는 않는다. 다만, 이에 대하여는 반대견해가 있다(자세한 것은 후술 판결의 효력 참조).

6. 의무이행소송

(1) 의 의

의무이행소송(義務履行訴訟)은 행정청의 거부처분 또는 부작위에 대하여 법상의 작위의무의 이행을 청구하는 소송을 말한다.

국가가 수익적 처분을 해 주지 않는 것(거부 또는 부작위)에 대한 효과적인 구제수단이 의무이행소송이다.

그런데, 현행 행정소송법은 전술한 바와 같이 우회적인 구제수단인 거부처분의 취소소송과 부작위위법확인소송만을 인정하고 있고 의무이행소송에 대하여는 명시적인 규정을 두고 있지 않다.

(2) 허용 여부

행정소송법의 개정을 통한 의무이행소송의 도입에 대하여는 다수의 견해가 찬동하고 있고 행정소송법 개정안에서도 의무이행소송을 도입하는 것으로 하고 있다(입법론).

현행법의 해석상 의무이행소송이 인정될 수 있는가에 관하여는 견해가 긍정설, 부정설, 절충설로 나뉘어 대립하고 있다.

1) 부 정 설

부정설의 논거는 다음과 같다.

① 권력분립의 원칙상 행정작용에 대한 제1차적 판단권은 행정청에게 있는데, 법원이 행정청에 대하여 어떠한 처분을 명하는 것은 **행정청의 제1차적 판단권을 침해하는** 것으로 권력분립의 원칙에 반한다(입법론, 해석론).

② 현행 행정소송법이 거부처분의 취소소송과 부작위위법확인소송만을 규정하고 있는 점에 비추어 의무이행소송을 인정하지 않으려는 것이 현행 행정소송법상 입법자의 의사이다(해석론).

2) 긍 정 설

긍정설의 논거는 다음과 같다.

① 거부처분이나 부작위를 행정청의 제1차적 판단권의 행사로 볼 수 있으므로 의무이행소송의 인정이 권력분립의 원칙에 반하지 않는다(입법론, 해석론).

② 거부처분취소소송과 부작위위법확인소송은 거부처분 또는 부작위에 대한 권익구제제도로서는 한계가 있으므로 권리구제의 실효성을 위하여 의무이행소송을 인정하는 것이 타당하다(입법론, 해석론).

③ 행정소송법 제4조의 항고소송의 종류는 제한적 열거가 아니라 예시적 열거로 보아야 한다(해석론).

3) 절충설(보충설, 제한적 허용설)

이 견해는 법정항고소송에 의해서는 실효성 있는 권익구제가 기대될 수 없는 경우에만 의무이행소송이 보충적으로 인정될 수 있다는 견해이다(해석론).

이 견해는 현행의 법정항고소송에 의해 실효성 있는 구제가 주어질 수 없는 경우에는 헌법상의 재판을 받을 권리에 비추어 보충적으로 구제수단을 인정하여야 한다는 것을 주된 논거로 들고 있다(박윤흔, 852~853면)(해석론).

4) 판 례

판례는 일관되게 행정청의 부작위에 대하여 일정한 처분을 하도록 하는 의무이행소송은 현행 행정소송법상 허용되지 아니한다고 본다(대판 1986. 8. 19, 86누223; 1995. 3. 10, 94누14018[부작위위법확인]).

[판례] 행정소송법상 행정청의 부작위에 대하여는 부작위위법확인소송만 인정되고 작위의무의 이행이나 확인을 구하는 행정소송은 허용될 수 없다(대판 1992. 11. 10, 92누1629[이주대책제외처분취소]).

5) 결 어

다음과 같은 이유에서 절충설(보충설)이 타당하다.

① 의무이행소송이 행정청의 제1차적 판단권을 침해한다는 부정설의 논거는 타당하지 않다. 거부처분이 행정청의 제1차적 판단권의 행사에 속하는 것은 분명하고 부작위는 처분에 필요한 상당한 기간이 지났음에도 가부간의 처분을 하지 않는 것이므로 부작위도 행정청의 판단권의 행사에 준하는 것으로 볼 수 있다.

② 행정소송법 제4조에서 항고소송의 유형을 규정하면서 의무이행소송을 규정하지 않은 것은 의무이행소

송을 인정하지 않는다는 것으로 해석하여서는 안 된다. 행정소송법 제4조는 항고소송을 제한적으로 열거한 것이 아니라 예시한 것에 불과하다고 보아야 할 것이다(김도창, 747면).

③ 헌법상 국민에게 인정된 재판을 받을 권리를 보장하고 공백 없는 권리구제를 위하여 의무이행소송을 보충적으로 인정하여야 할 것이다.

법무부 행정소송법 개정안은 의무이행소송을 도입하면서도 거부처분취소소송과 부작위위법확인소송을 존치하는 것으로 하고 있다.

(3) 대 상

의무이행소송의 대상은 거부처분 또는 부작위이다.

(4) 성 질

의무이행소송을 **이행소송**으로 보는 것이 일반적 견해이다.

(5) 가 처 분

거부처분이나 부작위에 대한 실효성 있는 권리구제를 위하여는 의무이행소송과 함께 가처분이 인정되어야 한다. 행정소송법 개정안은 임시의 지위를 정하는 가처분을 인정하고 있다.

7. 예방적 부작위청구소송(예방적 금지소송) [2002, 2013 사시 사례, 2012, 2025 변시 사례, 2019 행시]

(1) 의 의

예방적 부작위청구소송(豫防的 不作爲請求訴訟)이란 행정청의 공권력 행사에 의해 국민의 권익이 침해될 것이 예상되는 경우에 미리 그 예상되는 침익적 처분을 저지하는 것을 목적으로 하여 제기되는 소송을 말한다. 예방적 부작위소송은 **예방적 금지소송**(豫防的 禁止訴訟)이라고도 한다.

(2) 예방적 부작위청구소송의 허용 여부

1) 부 정 설

부정설의 논거는 다음과 같다.

① 행정소송의 유형은 법정되어야 하는데, 현행 행정소송법은 행정소송의 유형을 제한적으로 열거하고 있는 것이므로 법정된 항고소송 이외의 소송은 원칙적으로 인정되지 않는다(해석론).

② 현행법상 법정된 소송에 의해서도 침해된 권익의 구제가 불가능하지 않다. 즉, 공권력 행사를 기다려 당해 공권력 행사에 의해 권익이 침해된 경우에 위법한 공권력 행사의 취소를 구하는 소송을 제기하고 집행정지를 신청하면 침해된 권익을 구제받을 수 있다(해석론).

③ 예방적 부작위소송은 침익적인 공권력 행사가 행하여지기 전에 공권력 행사를 막는 소송으로서 **행정청의 제1차적 판단권**이 행하여지지 않은 상태에서의 사전적 통제제도이기 때문에 권력분립주의 내지 사법권의 본질에 반한다(해석론, 입법론).

④ 예방적 금지소송을 인정하면 남소의 우려가 있다(입법론, 해석론).

2) 긍 정 설

긍정설의 논거는 다음과 같다.

① 기존의 법정 항고소송으로는 공권력 행사로 침해된 국민의 권익이 구제되지 못하는 경우가 있다. 예를 들면, 공권력 행사에는 행정강제와 같이 즉시에 완결되어 버리는 경우가 있고 이 경우에는 권익을 침해하는 공권력의 행사가 이미 행하여진 후에는 취소소송을 제기할 소의 이익이 없게 된다(해석론, 입법론). 법정항고소송으로 권리구제가 되지 못하는 경우에는 재판청구권을 보장하기 위해(공백없는 권리구제를 위해) 법정외소송을 인정하여야 한다.

② 또한 특정의 권익침해가 예상되고 또한 임박한 경우에는 행정청의 제1차적 판단권이 행사된 것에 준하는 것으로 볼 수 있고, 이미 분쟁이 현실화되고 있다고 보아 사건의 성숙성도 이루어지고 있다고 볼 수 있다(해석론, 입법론).

③ 현행 행정소송법 제4조의 항고소송의 종류에 관한 규정은 항고소송의 종류를 제한적으로 열거한 것으로 보아서는 안 된다(해석론).

④ 예방적 금지소송의 허용요건을 엄격히 하고, 예방적 금지소송을 보충적으로 인정하면 남소의 우려가 없다(입법론, 해석론).

3) 판 례

판례는 부정설을 취하고 있다.

[판례] 행정소송법상 행정청이 일정한 처분을 하지 못하도록 그 부작위를 구하는 청구는 허용되지 않는 부적법한 소송이다(대판 2006. 5. 25, 2003두11988).

4) 결 어

국민의 권리구제를 위하여 예방적 금지소송이 필요한 경우가 있고, 허용범위를 제한하여 인정하면 행정청의 일차적 판단권을 거의 침해하지 않도록 하는 것이 가능하므로 긍정설이 타당하다. 부정설과 같이 막연히 권력분립의 원칙이나 행정청의 제1차적 판단권을 이유로 예방적 부작위소송을 부정하는 것은 타당하지 않다.

(3) 예방적 부작위소송의 허용범위 및 허용요건

국민의 권리구제의 실효성을 보장하기 위하여 허용될 수 있다 하여도 예방적 부작위소송을 무한정으로 인정할 수는 없다. 예방적 부작위소송의 허용범위에 관하여는 두 견해가 있다.

1) 보충설(절충설, 제한적 허용설)

이 견해는 기본적으로 행정처분의 사후통제제도인 기존의 법정항고소송에 의해 적절한 구제가 이루어지지 않는 경우에 그 범위 안에서만 예방적 부작위소송을 인정하는 견해이다.

예방적 금지소송이 인정되기 위하여는 다음의 두 요건이 충족되어야 한다.

① **보충성 요건:** 예방적 금지소송은 취소소송과 집행정지에 의해서는 권리구제가 불가능하거나 회복하기 어려운 손해를 입을 우려가 있어야 한다. 대법원 행정소송법 개정안도 이를 요건으로 하고 있다.

② **사건의 성숙성:** 행정청에게 1차적 판단권을 행사하게 할 것도 없을 정도로 일정한 내용의 처분이 예상되고 그 처분이 임박하여야 한다.

예를 들면, **일시적으로 완성되는 즉시강제의 경우** 취소소송에 의한 권익구제가 불가능하므로 보충설을 취하는 경우에도 당해 즉시강제의 금지를 구하는 예방적 금지소송이 인정될 수 있다.

2) 독 립 설

이 견해는 예방적 부작위소송으로 다툴 수 있을 정도로 **사건의 성숙성**(成熟性)이 있는 경우(특정의 권익침해가 예상되고 임박한 경우)에는 기존의 구제제도와 별도로 예방적 부작위소송을 인정하는 견해이다.

3) 결 어

처분청의 처분권의 존중 및 남소의 방지와 국민의 권익구제를 조화시키는 **보충설**이 타당하다.

(4) 예방적 금지소송의 대상

예방적 부작위청구소송의 대상은 침익적 처분이다.

(5) 가 처 분

예방적 금지소송은 침익적 처분이 임박한 경우에 제기되는 것이므로 **현상유지를 구하는 가처분**이 인정되어야만 권리구제수단으로서의 실효성을 가질 수 있다.

V. 당사자소송

1. 의 의

당사자소송(當事者訴訟)이라 함은 공법상 법률관계의 주체가 당사자가 되어 다투는 공법상 법률관계에 관한 소송을 말한다.

행정소송법은 공법상 당사자소송을 "행정청의 처분 등을 원인으로 하는 법률관계에 관한 소송, 그 밖에 **공법상의 법률관계에 관한 소송으로서 그 법률관계의 한쪽 당사자를 피고로 하는 소송**"이라고 정의하고 있다(제3조 제2호).

당사자소송은 공법상 법률관계를 다투는 소송인 점에서 공권력의 행사 또는 불행사의 위법을 다투는 **항고소송과 구별**된다. 그리고, 당사자소송은 공법상 법률관계에 관한 소송인 점에서 사법상 법률관계에 관한 소송인 **민사소송과 구별**된다.

2. 당사자소송의 종류

공법상 당사자소송을 실질적 당사자소송과 형식적 당사자소송으로 구별하는 것이 일반적 견해이다.

형식적 당사자소송(形式的 當事者訴訟)은 실질적으로는 행정청의 처분을 다투는 소송이지만, 형식적으로는 당사자소송인 소송을 말한다고 정의하는 것이 일반적이다. 형식적 당사자소송의 예로 토지보상법상의 보상금증감청구소송을 들 수 있다.

이에 대하여 **실질적 당사자소송**(實質的 當事者訴訟)이라 함은 형식적으로나 실질적으로나 공법상 법률관계에 관한 다툼만이 대상인 당사자소송을 말한다. 통상 당사자소송이라 함은 실질적 당사자소송을 말한다. 그 예로 공무원의 지위확인소송, 공법상 보상금청구소송, 공법상 계약에 관한 소송, 공법상 결과제거청구소송 등을 들 수 있다.

3. 당사자소송과 민사소송의 구별

현행 행정소송법상 당사자소송은 민사소송과 다음과 같은 점에서 차이가 있다.

① 당사자소송과 항고소송간에는 소의 변경을 인정하는 명문의 규정이 있지만, 민사소송과 항고소송간에는 소의 변경을 인정하는 명문의 규정이 없으므로 소의 변경을 할 수 없다고 보는 견해가 있다.

② 당사자소송에는 행정청이 참가할 수 있지만, 민사소송에는 불가능하다.

③ 당사자소송에서는 직권탐지주의가 적용되지만, 민사소송에서는 직권탐지주의가 적용되지 않는다.

④ 당사자소송의 판결의 기속력은 당해 행정주체 산하의 행정청에도 미치지만, 민사소송에서는 소송당사자에게만 판결의 효력이 미친다.[4)]

⑤ 당사자소송에 민사소송을 병합하는 것은 인정되지만, 민사소송에 당사자소송을 병합하는 것은 인정되지 않는다.

그렇지만, 당사자소송은 민사소송과 유사하므로 민사소송에 관한 규정이 당사자소송에 널리 적용된다. 예를 들면, 민사집행법상의 가압류, 가처분규정은 당사자소송에 적용된다.

4. 당사자소송의 활용실태

소송실무상(판례상) 당사자소송이 널리 활용되고 있지 못하다.

① 판례는 공법상 당사자소송으로 제기하여야 할 것이라고 학설이 주장하는 소송(국가배상청구소송 등 특히 금전의 지급을 청구하는 소송)도 민사소송으로 보는 경우가 많다. 다만, 최근에는 당사자소송을 다소 확대하는 판례(예 하천구역으로 편입된 토지에 대한 손실보상청구소송을 당사자소송으로 본 판례)가 나타나고 있다. 이에 관하여는 후술하는 바와 같다(소송의 대상 참조).

② 현행 행정소송법이 취소소송중심주의를 취하여 당사자소송이 활성화되지 못하고 있다. 무명당사자소송(법정외당사자소송)으로 독일의 입법례에서와 같이 처분이외의 행정작용(예 사실행위)의 이행을 구하는 **일반이행소송**을 인정하여야 한다는 견해가 적지 않지만, 아직 이를 인정하는 판례는 없다.

---

4) 백윤기, "당사자소송의 대상", 『행정판례연구 Ⅳ』, 1999, 359면.

③ 형식적 당사자소송은 개별법에서 명문으로 인정하고 있는 경우에 한하여 인정된다고 보는 것이 판례 및 다수견해의 입장인데, 개별법에서 형식적 당사자소송을 인정하고 있는 예(예 보상금증감청구소송)는 아주 소수이다.

④ 형성소송을 인정하는 명문의 규정이 없는 한 당사자소송은 이행소송이나 확인소송으로 제기된다.

5. 실질적 당사자소송

실질적 당사자소송(實質的 當事者訴訟)이라 함은 공법상 법률관계에 관한 소송으로서 그 법률관계의 주체를 당사자로 하는 소송을 말한다. 통상 당사자소송이라 하면 실질적 당사자소송을 말한다.

공법상 법률관계 자체가 소송의 대상이 되는 경우에는 당사자소송으로 제기하여야 하는데, 행정소송법 제3조 제2호에서 당사자소송을 이렇게 일반적으로 인정하고 있으므로 당사자소송의 인정에 있어서는 개별법의 근거가 필요하지 않다.

실질적 당사자소송의 대상에 대하여는 후술하는 바와 같다(소송의 대상 참조).

6. 형식적 당사자소송

(1) 의 의

형식적 당사자소송(形式的 當事者訴訟)의 개념 정의는 학자에 따라 다소 다르지만 일반적으로 실질적으로는 처분 등의 효력을 다투는 항고소송의 성질을 가지지만 형식적으로는(소송형태상) 당사자소송의 형식을 취하는 소송이라고 이해한다.

형식적 당사자소송은 기본적으로는 법률관계의 내용을 다투는 점에서 당사자소송이지만 처분의 효력의 부인을 전제로 하는 점에서 실질적 당사자소송과 다르다.

(2) 인정필요성

형식적 당사자소송의 인정이유는 **권리구제의 실효성 제고와 소송경제**에 있다.

형식적 당사자소송은 처분 등을 원인으로 하는 법률관계의 내용(예 토지수용위원회의 재결에 의해 결정된 보상액)에 대하여 불복하는 소송인데, 만일 형식적 당사자소송이 인정되지 않으면 먼저 항고소송으로 처분의 효력을 다투어야 하고, 그 소송의 결과(예 취소판결)에 따라 처분청의 새로운 처분(예 새로운 보상액의 결정)이 있어야 권리구제가 실현된다. 또한 만일 새로운 처분에 의해 형성된 새로운 법률관계 역시 불복한 자에게 만족을 주지 못하면 다시 그 새로운 처분의 효력을 다투는 항고소송을 제기하여야 하므로 권리구제가 지체되고 무용한 소송의 반복을 가져오는 결과가 되기 쉽다.

따라서, 권리구제의 실효성을 제고하고 소송경제를 확보하기 위하여 일정한 처분 등을 원인으로 하는 법률관계의 내용에 불복하는 때에는 직접 그 법률관계의 내용을 다투고 수소법원이 그 법률관계의 내용을 결정하도록 하는 소송을 인정할 필요가 있는 것이다. 형식적 당사자소송은 바로 이러한 필요성에 부응하기 위하여 인정되는 소송형식이다(이상규, 803~804면).

(3) 근 거

행정소송법 제3조 제2호가 형식적 당사자소송의 일반적 근거가 된다는 견해도 있지만, 행정소송법 제3조 제2호는 형식적 당사자소송의 일반적 근거가 될 수 없고, 개별 법률의 명시적 근거가 있어야 형식적 당사자소송이 인정된다는 것이 다수견해이다.

(4) 개별법상의 근거규정

개별법상의 형식적 당사자소송이 인정되고 있는 경우로는 「공익사업을 위한 토지 등의 취득 및 보상에 관한 법률」 제85조 제2항의 손실보상금증감청구소송, 「특허법」상 보상금 또는 대가에 관한 소송(특허법 제191조), 전기통신기본법 등이 있다. 또한 「특허법」 제191조는 「상표법」, 「실용신안법」, 「디자인보호법」 등에 준용되고 있다.

7. 당사자소송의 절차

당사자소송에 대하여 행정소송법은 다음과 같이 규정하고 있다. 당사자소송은 국가·공공단체 그 밖의 권리주체를 피고로 한다(행정소송법 제39조). 제9조(재판관할)의 규정은 당사자소송의 경우에 준용한다. 다만, 국가 또는 공공단체가 피고인 경우에는 관계행정청의 소재지를 피고의 소재지로 본다(제40조). 당사자소송에 관하여 법령에 제소기간이 정하여져 있는 때에는 그 기간은 불변기간으로 한다(제41조). 제21조(소의 변경)의 규정은 당사자소송을 항고소송으로 변경하는 경우에 준용한다(제42조). 그 밖에 제14조(피고경정), 제15조(공동소송), 제16조(제3자의 소송참가), 제17조(행정청의 소송참가), 제22조(처분변경으로 인한 소의 변경), 제25조(행정심판기록의 제출명령), 제26조(직권심리), 제30조(취소판결의 기속력) 제1항, 제32조(소송비용의 부담) 및 제33조(소송비용에 관한 재판의 효력)의 규정은 당사자소송의 경우에 준용한다(제44조 제1항). 제10조(관련청구소송의 이송 및 병합)의 규정은 당사자소송과 관련청구소송이 각각 다른 법원에 계속되고 있는 경우의 이송과 이들 소송의 병합의 경우에 준용한다(제2항).

행정소송규칙 제5조부터 제8조까지, 제12조 및 제13조는 당사자소송의 경우에 준용한다(행정소송규칙 제20조).

당사자소송의 대상, 원고적격, 피고적격, 재판관할, 제소기간, 행정심판전치, 관련청구의 이송·병합, 소의 변경, 심리, 판결에 대하여 자세한 사항은 후술하기로 한다.

행정소송법 제8조 제2항에 의하면 행정소송법에 특별한 규정이 없는 사항에 대하여는 행정소송에는 민사소송법 등의 규정이 일반적으로 준용된다. 그런데, 당사자소송은 민사소송과 유사한 점이 많으므로 행정소송법에 당사자소송에 관한 특별한 규정이 없는 경우에는 민사소송법 등의 규정이 당사자소송에 널리 적용된다.

VI. 민중소송

1. 의 의

민중소송(民衆訴訟)이라 함은 '국가 또는 공공단체의 기관이 법률에 위반되는 행위를 한 때에 직접 자기의 법률상 이익과 관계없이 그 시정을 구하기 위하여 제기하는 소송'을 말한다(행정소송법 제3조 제3호).

민중소송은 국가 또는 공공단체의 기관의 위법행위를 시정하는 것을 목적으로 하는 공익소송이며 개인의 법적 이익의 구제를 목적으로 하는 소송이 아니다. 따라서, 원고적격이 법률상 이익의 침해와 관계없이 국민, 주민 또는 선거인 등 일정범위의 일반 국민에게 인정된다. 따라서 민중소송은 주관적 소송이 아니라 객관적 소송이다.

2. 민중소송의 예

민중소송은 특별히 법률의 규정이 있을 때에 한하여 예외적으로 인정된다(법 제45조, 민중소송 법정주의). 그 예는 다음과 같다.

(1) 선거에 관한 민중소송

대통령선거 또는 국회의원선거의 효력에 관하여 이의가 있는 선거인은 선거일로부터 30일 이내에 당해 선거관리위원장을 피고로 하여 대법원에 소를 제기할 수 있다(공직선거법 제222조 제1항).

지방의회의원 및 지방자치단체의 장의 선거의 효력에 관하여 이의가 있는 선거인은 선거일로부터 14일 이내에 관할선거관리위원회에 소청할 수 있고, 그 소청에 대한 결정에 불복하는 경우에는 당해 선거구선거관리위원회위원장을 피고로 시·도지사선거에 있어서는 대법원에, 지방의회의원 및 자치구·시·군의 장의 선거에 있어서는 그 선거구를 관할하는 고등법원에 소를 제기할 수 있다(공직선거법 제222조 제2항).

(2) 국민투표에 관한 민중소송

국민투표의 효력에 관하여 이의가 있는 투표인은 투표인 10만인 이상의 찬성을 얻어 중앙선거관리위원장을 피고로 투표일로부터 20일 이내에 대법원에 소를 제기할 수 있다(국민투표법 제92조).

(3) 주민소송

지방자치단체의 주민은 일정한 요건하에 지방자치단체의 위법한 재무행위를 시정하기 위하여 법원에 소송을 제기할 수 있다(지방자치법 제17조).

3. 민중소송의 법적 규율

민중소송은 민중소송을 인정하는 개별 법률에서 정한 사항을 제외하고는 행정소송법의 규정을 준용한다.

민중소송으로서 처분 등의 취소를 구하는 소송(취소소송형 민중소송)에는 그 성질에 반하지 아니하는 한 취소소송에 관한 규정을 준용한다(법 제46조 제1항).

민중소송으로서 처분 등의 효력 유무 또는 존재 여부나 부작위의 위법의 확인을 구하는 소송에는 그 성질에 반하지 아니하는 한 각각 무효등확인소송 또는 부작위위법확인소송에 관한 규정을 준용한다(법 제46조 제2항).

민중소송으로서 제1항 및 제2항에 규정된 소송 외의 소송에는 그 성질에 반하지 아니하는 한 당사자소송에 관한 규정을 준용한다(법 제46조 제3항).

Ⅶ. 기관소송

1. 의 의

기관소송(機關訴訟)이라 함은 "국가 또는 공공단체의 기관 상호간에 있어서의 권한의 존부 또는 그 행사에 관한 다툼이 있을 때에 이에 대하여 제기하는 소송"을 말한다(행정소송법 제3조 제4호). 다만, 행정소송법 제3조 제4호 단서는 헌법재판소법 제2조의 규정에 의하여 헌법재판소의 관장사항으로 되어 있는 권한쟁의심판은 행정소송법상 기관소송에서 제외하고 있다.

국가기관 상호간, 국가기관과 지방자치단체간 및 지방자치단체 상호간에 권한의 존부 또는 범위에 관하여 다툼이 있을 때에는 당해 국가기관 또는 지방자치단체는 헌법재판소에 권한쟁의심판을 청구할 수 있다(헌법재판소법 제61조 제1항). 권한쟁의심판의 종류는 다음과 같다: 1. 국가기관 상호간의 권한쟁의심판: 국회, 정부, 법원 및 중앙선거관리위원회 상호간의 권한쟁의심판, 2. 국가기관과 지방자치단체간의 권한쟁의심판: 가. 정부와 특별시 광역시 또는 도간의 권한쟁의심판, 나. 정부와 시·군 또는 지방자치단체인 구(이하 '자치구'라 한다)간의 권한쟁의심판, 3. 지방자치단체 상호간의 권한쟁의심판: 가. 특별시·광역시 또는 도 상호간의 권한쟁의심판, 나. 시·군 또는 자치구 상호간의 권한쟁의심판, 다. 특별시·광역시 또는 도와 시·군 또는 자치구간의 권한쟁의심판(제62조 제1항). 권한쟁의가 지방교육자치에 관한 법률 제2조의 규정에 의한 교육·학예에 관한 지방자치단체의 사무에 관한 것인 때에는 교육감이 제1항 제2호 및 제3호의 당사자가 된다(제62조 제2항).

기관소송을 동일한 행정주체에 속하는 기관 상호간의 소송에 한정하는 견해도 있고(홍정선), 상이한 행정주체 상호간, 상이한 법주체에 속하는 기관간의 소송 등도 행정소송법 제3조 제4호의 기관소송에 해당하는 것으로 보는 견해(이광윤, 한견우)도 있다.

2. 기관소송의 필요성

본래 동일한 행정주체에 속하는 기관 상호간의 권한을 둘러싼 분쟁은 상급청이 해결하는 것이 원칙이다(행정절차법 제6조 제2항, 헌법 제89조 제10호). 그런데, 행정주체 내에 이러한 분쟁을 해결할 수 있는 적당한 기관이 없거나 제3자에 의한 공정한 해결을 할 필요가 있는 경우가 있고, 이러한 경우에 법원에 제소하여 해결하도록 한 제도가 기관소송이다.

3. 기관소송의 예

현행 행정소송법은 기관소송을 법률이 정한 경우에 한하여 제기할 수 있는 것으로 규정하여 **기관소송법정주의**를 취하고 있다(제45조).

현행법상 인정되고 있는 기관소송의 예로는 지방자치단체의 장의 지방의회의 재의결에 대한 무효확인소송(지방자치법 제120조 제3항 및 제192조 제4항) 및 시·도의회 또는 교육위원회의 재의결에 대한 교육감의 소송(지방교육자치에 관한 법률 제28조 제3항)을 들 수 있다.

행정자치부장관 또는 시·도지사의 지방의회의 재의결에 대한 소송(제192조 제4항·제7항) 및 주무부장관이나 시·도지사의 이행명령에 대한 지방자치단체의 장의 소송(지방자치법 제189조 제6항)도 다른 견해가 있으나 행정소송법상의 기관소송이라고 볼 수 있다(판례).

4. 기관소송의 법적 규율

기관소송은 기관소송을 인정하는 개별 법률에서 정한 사항을 제외하고는 행정소송법의 규정을 준용한다.

기관소송으로서 처분 등의 취소를 구하는 소송(취소소송형 기관소송)에는 그 성질에 반하지 아니하는 한 취소소송에 관한 규정을 준용한다(법 제46조 제1항).

기관소송으로서 처분 등의 효력 유무 또는 존재 여부나 부작위의 위법의 확인을 구하는 소송에는 그 성질에 반하지 아니하는 한 각각 무효등확인소송 또는 부작위위법확인소송에 관한 규정을 준용한다(법 제46조 제2항).

기관소송으로서 제1항 및 제2항에 규정된 소송 외의 소송에는 그 성질에 반하지 아니하는 한 당사자소송에 관한 규정을 준용한다(법 제46조 제3항).

제 2 절 행정소송의 한계

행정소송에는 사법의 본질에서 오는 한계와 권력분립의 원칙에서 오는 일정한 한계가 있다.

I. 사법(司法)의 본질에서 오는 한계

행정소송도 사법작용(재판작용)인 점에서 사법의 본질에서 나오는 일정한 한계가 있다.

사법은 "법률상 쟁송(구체적인 권리의무관계에 관한 분쟁) 내지 구체적인 법적 분쟁[5]이 발생한 경우에 당사자의 소송의 제기에 의해 독립적 지위를 가진 법원이 법을 적용하여 당해 법적 분쟁을 해결하는 작용"을 말한다. 법원조직법은 법률적 쟁송만이 법원의 심판대상임을 명시하고 있다(제2조 제1항). 따라서, ① 법적 분쟁이지만 구체적인 법적 분쟁이 아닌 사건(구체적 사건성이 없는 사건)은 사법의 본질상 행정소송의 대상이 될 수 없다. ② 법령을 적용하여 해결할 성질의 것이 아닌 사건(법적 분쟁이 아닌 사건)은 재판의 대상이 될 수 없다.

1. 구체적인 법적 분쟁이 아닌 사건

구체적인 법적 분쟁이 아닌 사건이라 함은 당사자 사이의 구체적인 권리의무에 관한 분쟁이 아닌 사건을 말한다.

(1) 추상적 법령의 효력과 해석에 관한 분쟁

구체적인 법적 분쟁을 전제로 함이 없이 법령의 효력 또는 해석 자체를 직접 다투는 소송(추상적 규범통제)은 원칙상 인정할 수 없다. 이와 같이 원칙상 추상적 규범통제를 인정하지 않은 것은 위헌 또는 위법인 추상적인 법령의 존재만으로는 아직 국민의 권익이 침해되지 않고 있다고 보기 때문이다.

---

5) 법률상 쟁송(구체적인 권리의무관계에 관한 분쟁)을 "구체적 법적 분쟁"보다 다소 좁은 개념으로 보는 견해도 있지만, 법률상 쟁송과 구체적 법적 분쟁을 동의어로 사용하는 경우도 많다.

현행법은 위헌 또는 위법인 법령이 집행되어 국민의 권익이 현실적으로 침해된 경우에 당해 법령을 집행하여 행한 행정청의 처분을 다투고 이 경우에 그 전제문제로서 당해 법령의 위헌·위법을 간접적으로 다툴 수 있도록 하고 있을 뿐이다(헌법 제107조 제2항).

그러나, 법령 그 자체에 의하여 국민의 권익에 직접 영향을 미치는 처분적 법령은 그 자체가 항고소송의 대상이 된다. 사법의 본질론 즉 사법의 개념 요소인 사건의 성숙성은 더 이상 법규명령에 대한 항고소송을 배제하는 논거가 될 수 없다고 보아야 할 것이다. 명령도 행정권의 공권력 행사이므로 명령으로 국민의 권익이 직접 구체적으로 침해된(직접 영향을 받은) 경우에는 그에 대해 행정소송을 통한 권리구제의 길을 열어주는 것이 법치주의의 원칙상 타당하다. 명령도 행정작용이므로 일반 행정작용의 처분 개념과 명령의 처분 개념을 달리 보는 것은 타당하지 않다.

사법의 본질상 추상적 법령 자체를 다투는 소송을 원칙상 인정할 수 없지만, 헌법(특히 권력분립의 원칙)에 반하지 않는 한 법률의 규정에 의해 예외적으로 추상적 법령을 다투는 행정소송을 인정할 수 있다. 우리나라에서도 예외적이기는 하지만 조례에 대한 사전적·추상적 규범통제(조례안재의결무효확인소송)가 인정되고 있다(지방자치법 제120조, 제192조).

(2) 반사적 이익에 관한 분쟁

사법은 구체적인 법적 분쟁을 해결하여 국민의 권익을 구제해 주는 것을 목적으로 하므로 권리 또는 법적 이익이 침해된 경우에 한하여 행정소송이 가능하며 **반사적 이익의 보호를 주장하는 행정소송은 인정될 수 없다.**

현행 행정소송법도 법률상 이익이 있는 자만이 항고소송을 제기할 수 있는 것으로 하고 있다(법 제12조, 제35조, 제36조).

(3) 객관적 소송

객관적 소송이라 함은 행정의 적법성 보장을 주된 목적으로 하는 소송을 말한다.

종래 사법의 본질상 객관소송의 형식을 갖는 행정소송을 인정할 수 없다고 보았으나, 오늘날에는 객관소송의 성격을 갖는 행정소송을 인정할 것인지의 여부는 입법정책의 문제라고 본다.

현행법은 객관적 소송인 민중소송이나 기관소송을 개별 법률에서 인정하는 경우에만 예외적으로 인정하는 것으로 하고 있다(행정소송법 제45조).

2. 법령의 적용으로 해결하는 것이 적절하지 않은 분쟁

사법은 법을 적용하여 법적 분쟁을 해결하는 작용이다. 따라서, 법률을 적용하여 해결될 성질의 것이 아닌 사건은 행정소송의 대상이 될 수 없다.

(1) 통치행위

법원은 통치행위의 관념을 인정하면서 통치행위는 **사법심사의 대상이 되지 않는다**고 보고 있다. 그러나, 헌법재판소는 대통령의 긴급재정·경제명령을 통치행위라고 보면서도 통치행위도 그것이 국민의 기본권 침해와 직접 관련되는 경우에는 헌법소원의 대상이 된다고 보았다(헌재 1996. 2. 29, 93헌마186[긴급재정명령 등 위헌확인]).

(2) 재량행위 및 판단여지

재량행위도 처분성을 갖는 경우 항고소송의 대상이 된다.

다만, 재량행위의 경우에는 재량권의 행사가 한계를 넘지 않는 한(재량권을 일탈·남용하지 않는 한) 재량권 행사에 잘못이 있다고 하더라도 위법은 아니며 부당에 그치는 것이므로 사법적 통제의 대상이 되지 않는다. 그러나, 재량권을 일탈·남용한 경우에는 재량행위가 위법하게 되므로 행정소송을 통한 통제가 가능하다.

고도로 정책적이고 전문·기술적인 사항에 대한 행정청의 판단에는 판단여지가 인정되는 것으로 보는 것이 타당하며 판단여지가 인정되는 사항에 대한 행정청의 판단은 사회통념상 현저히 부당하다고 여겨지지 않는 한 사법심사의 대상이 되지 않는다.

(3) 특별권력관계 내에서의 행위

종래 특별권력관계 내에서의 행위에 대하여는 특별권력주체의 내부행위로 보아 사법심사의 대상이 되지 않는 것으로 보았다. 그러나, 오늘날에는 특별권력관계 내에서의 행위일지라도 그것만으로 사법심사의 대상에서 제외되는 것은 아니며 그것이 권리주체간의 권리의무관계에 직접 영향을 미치는 외부행위인 처분인지 아니면 그렇지 않은 순수한 내부행위인지에 따라 사법심사의 대상이 되는지 여부가 결정된다고 본다.

(4) 내부행위

순수한 내부행위는 원칙상 법적 통제의 대상이 되지 않고, 사법적 통제의 대상이 되지 않는다. 내부행위라도 처분성을 갖는 경우 사법적 통제의 대상이 된다.

Ⅱ. 권력분립에서 오는 한계

권력분립하에서도 행정사건은 사법(재판)의 대상이 된다. 행정법상의 법적 분쟁이 사법권에 의한 재판의 대상이 되는 것은 권력분립에 반하는 것은 아니며 오히려 사법의 본질상 인정되는 것이다.

그러나, 권력분립의 원칙상 행정소송에는 일정한 한계가 있다는 것이 일반적 견해이다. 보다 정확히 말하면 권력분립의 원칙상 행정청의 제1차적 판단권이 존중되어야 하며 이것이 행정소송의 한계가 된다고 본다. 종래 행정권의 예방적 금지, 행정권의 행사를 구하는 소송은 권력분립의 원칙상 인정되지 않는다고 보았으나 오늘날에는 전술한 바와 같이 의무이행소송이나 예방적 금지소송의 인정은 권력분립의 원칙에 반하는 것은 아니며 입법정책의 문제에 속한다고 보는 것이 일반적 견해이다.

제 3 절 소송요건 [2018 변시]

소송요건이라 함은 본안심리를 하기 위하여 갖추어야 하는 요건을 말한다. 소송요건이 충족된 소송을 적법한 소송이라 하고 이 경우 법원은 본안심리로 넘어간다. 소송요건이 결여된 소송을 부적법한 소송이라 하며 이 경우 법원은 각하판결을 내린다. 그리하여 소송요건을 본안심판요건 또는 소의 적법요건이라 한다. 다만, 소송요건의 심사는 본안심리 전에만 하는 것은 아니며 본안심리 중에도 소송요건의 결여가 판명되면 소를 부적법각하하하여야 한다.

소송요건은 불필요한 소송을 배제하여 법원의 부담을 경감하고, 이렇게 함으로써 적법한 소송에 대한 충실한 심판을 도모하기 위하여 요구된다. 소송요건을 너무 엄격히 요구하면 국민의 재판을 받을 권리가 제약되고, 소송요건을 너무 넓게 인정하면 법원의 소송부담이 과중해지고, 권리구제가 절실히 요구되는 사건에 대해 신속하고 실효적인 권리구제를 해 주지 못하는 문제가 생긴다. 국민의 기본권을 보장하고, 재판을 받을 권리를 보장하기 위해 소송요건을 넓게 인정하여 공백없고 실효적인 권리구제가 되도록 하여야 한다.

제 1 항 행정소송의 대상

Ⅰ. 취소소송 및 무효등확인소송의 대상
  1. 직접 취소소송을 제기하는 경우: 행정소송법상 처분
  2. 행정심판의 재결에 불복하여 취소소송을 제기하는 경우: 원칙상 원처분, 예외적으로 재결
Ⅱ. 부작위위법확인소송의 대상: 부작위
  1. 행정청의 처분의무의 존재(달리 말하면 신청인에게 법규상 또는 조리상 신청권의 존재)
  2. 당사자의 처분의 신청
  3. 상당한 기간의 경과
  4. 처분의 부존재
Ⅲ. 당사자소송의 대상
  1. 일반적 고찰
  2. 구체적 사례

Ⅰ. 취소소송 및 무효등확인소송의 대상

취소소송 및 무효확인소송은 '처분 등'(처분 및 행정심판의 재결)을 대상으로 한다(행정소송법 제19조 본문, 제38조 제1항).

행정심판을 거치지 않고 직접 취소소송을 제기하는 경우 처분이 항고소송의 대상이 된다.

행정심판을 거친 후 취소소송을 제기하는 경우 원처분주의에 따라 원칙상 원처분을 대상으로 취소소송을 제기하여야 한다. 다만, 재결 자체에 고유한 위법을 다투는 경우(행정소송법 제19조 단서)와 개별법률에서 재결주의를 규정하고 있는 경우에는 재결이 항고소송의 대상이 된다.

1. 직접 취소소송을 제기하는 경우: 행정소송법상 처분

행정소송법상 처분(處分)이라 함은 "행정청이 행하는 구체적 사실에 관한 법집행으로서의 공권력의 행사 또는 그 거부와 그 밖에 이에 준하는 행정작용"을 말한다(법 제2조 제1항 제1호).

(1) 처분 개념에 관한 학설 및 판례

행정소송법상의 처분 개념이 실체법적 개념인 학문상의 행정행위 개념과 동일한지에 관하여 이를 동일하다고 보는 실체법적 개념설(일원설)과 동일하지 않고 전자가 후자보다 넓다고 보는 견해(이원설)가 대립하고 있다.

1) 실체법적 개념설(일원설)

이 견해는 행정소송법상의 처분 개념을 학문상 **행정행위**와 동일한 것으로 보는 견해이다.

이 설의 논거는 다음과 같다.

① 취소의 대상은 논리적으로 공정력을 가지는 법적 행위인 행정행위에 한정된다. 사실행위는 법적 행위가 아니므로 사실행위의 취소는 불가능하다.

② 행위형식의 다양성을 인정하고 다양한 행위형식에 상응하는 다양한 소송유형을 통한 권리구제를 도모하는 것이 실질적으로 국민의 권리구제의 폭을 넓히는 것이 된다.

2) 이원설(행정행위보다 넓은 개념으로 보는 견해)

행정소송법상 처분 개념을 실체법상 행정행위 개념과 구별하고, 전자를 후자보다 넓게 보는 견해로는 형식적 행정행위론과 쟁송법상 개념설이 있다. 통상 이원설은 취소소송중심주의하에서 취소소송의 대상인 처분 개념을 확대함으로써 권리구제를 확대하기 위해 주장된다.

가. 형식적 행정행위론 **형식적 행정행위론**은 실체법상 행정행위뿐만 아니라 형식적 행정행위를 항고소송의 대상으로 보는 견해이다. 형식적 행정행위론은 항고소송의 대상을 넓히기 위하여 '행정행위가 아니더라도 국민의 권익에 사실상의 지배력을 미치는 행위'(권력적 사실행위 및 국민의 권익에 사실상 지배력을 미치는 비권력적 사실행위 등)를 **형식적 행정행위**로 보아 항고소송의 대상으로 보는 견해이다. 이 견해에서는 행정소송법 제2조상의 처분 중 "그 밖에 이에 준하는 행정작용"은 형식적 행정행위에 해당한다고 본다.

우리나라의 경우 형식적 행정행위라는 개념을 쟁송법상 개념설에서 행정소송법상의 "그 밖에 이에 준하는 행정작용"에 해당하는 것으로 보는 견해가 많지만, 형식적 행정행위라는 개념은 본래 일본에서 온 것으로 항고소송의 대상을 행정행위로 한정하는 견해에서 항고소송의 대상을 확대하기 위하여 형식적 행정행위라는 개념을 도입한 것이다. 따라서, 형식적 행정행위설을 쟁송법상 개념설로 보는 것은 타당하지 않고, 실체법상 개념설의 변형으로 보는 것이 타당하다. 형식적 행정행위론이 행정소송법 제2조상의 처분 중 "그 밖에 이에 준하는 행정작용"을 형식적 행정행위에 해당하는 것으로 본다면, 쟁송법상 처분개념설과 실질적으로 동일하다고 할 수도 있지만, 형식적 행정행위론과 쟁송법상 개념설의 이론적 기초와 그 외연은 다르다고 할 수 있다. 형식적 행정행위론에서 항고소송의 대상은 원칙상 행정행위이고, 형식적 행정행위는 예외적인 것으로서 제한적으로 인정될 수밖에 없을 것이다.

나. 쟁송법적 개념설 이 견해는 행정쟁송법상 처분 개념은 **실체법상의 행정행위 개념보다는 넓은 행정쟁송법상의 독자적인 개념**으로 보는 견해이다. 이 견해는 행정행위뿐만 아니라 권력적 사실행위, 비권력적 행위라도 국민의 권익에 사실상의 지배력을 미치는 행위, 처분적 명령 등을 처분으로 본다. 이 견해가 **다수설**이다.

이 설의 논거는 다음과 같다.

① 행정소송법상 처분개념의 정의규정의 문언 및 항고소송의 대상을 넓힘으로써 항고소송을 통해 국민의 권리구제의 기회를 확대하려는 입법취지에 비추어 행정소송법상의 처분은 행정행위보다는 넓은 개념으로 보아야 한다.

② 현행 행정소송법상 위법한 공행정작용에 의해 침해된 권익에 대한 구제수단은 항고소송(취소소송) 중심으로 되어 있고, 아직 다양한 행위형식에 대응한 다양한 소송유형이 인정되고 있지 못하므로 행정소송법상의 처분개념을 행정행위에 한정하는 것은 권리구제의 범위를 축소하는 것이 된다.

③ 쟁송법상의 취소는 민법상 취소와 다를 수 있다. 행정소송법상 취소는 위법상태를 시정하는 것 또는 위법성을 확인하는 것으로 해석할 수 있다. 이렇게 본다면 사실행위의 취소도 가능하다.

3) 판 례

판례는 행정소송법상 처분을 통상 **'행정청의 공법상 행위로서 국민의 권리의무에 직접적으로 영향을 미치는 행위'**(대판 2007. 10. 11, 2007두1316; 2018. 11. 29, 2015두52395 등) 또는 '행정청의 공법상의 행위로서 국민의 권리의무에 직접 관계가 있는 행위'(대결 2024. 6. 19, 2024무689)로 넓게 정의한다. 판례는 공법상 행위로서 법률관계(국민의 구체적인 권리의무)에 변동을 초래하는 행위를 처분으로 보는데(대판 2019. 2. 14, 2016두41729), 그러한 행위는 행정행위로서 당연히 처분에 해당한다. 그렇지만, 공권력 행사로 법률관계에 변동을 초래하지 않는 행위(행정행위가 아닌 행위)도 국민의 권익에 직접 영향을 미치는 경우(예 권력적 사실행위, 경고등 비권력적 사실행위이지만 일방적 지배력을 미치는 행위)는 처분에 해당하는 것으로 본다. 이와 같이 **판례는 행정쟁송법상의 처분을 행정행위 보다 넓은 개념으로 본다.** 이러한 판례의 입장은 **쟁송법적 개념설**에 입각한 것으로 볼 수 있다.

판례에 따른 처분의 판단기준 중 중요한 것을 보면 다음과 같다.

① 행정청의 행위가 항고소송의 대상이 될 수 있는지는 추상적·일반적으로 결정할 수 없고, 구체적인 경우에 개별적으로 결정하여야 한다(대판 2020. 1. 16, 2019다264700).

[판례] 행정청의 행위가 항고소송의 대상이 될 수 있는지는 추상적·일반적으로 결정할 수 없고, 구체적인 경우에 관련 법령의 내용과 취지, 그 행위의 주체·내용·형식·절차, 그 행위와 상대방 등 이해관계인이 입는 불이익 사이의 실질적 견련성, 법치행정의 원리와 그 행위에 관련된 행정청이나 이해관계인의 태도 등을 고려하여 개별적으로 결정하여야 한다(대판 2023. 2. 2, 2020두48260).

② **행정청의 행위가 '처분'에 해당하는지가 불분명한 경우**에는 그에 대한 불복방법 선택에 중대한 이해관계를 가지는 상대방의 인식가능성과 예측가능성을 중요하게 고려하여 규범적으로 판단하여야 한다. 그러한 고려에 따라 그 불복(쟁송)의 기회를 부여할 필요성이 있다고 보이면 처분성을 인정하여야 한다(대판 2022. 9. 7, 2022두42365; 2020. 4. 9, 2019두61137; 2021. 1. 14, 2020두50324).

[판례 1] [1] 행정청의 행위가 '처분'에 해당하는지가 불분명한 경우에는 그에 대한 불복방법 선택에 중대한 이해관계를 가지는 상대방의 인식가능성과 예측가능성을 중요하게 고려하여 규범적으로 판단하여야 한다. 그러한 고려에 따라 그 불복기회를 부여할 필요성이 있다고 보이면 처분성을 인정하여야 한다. [2] 피고가 2019. 1. 31. 원고에게 「공공감사에 관한 법률」제23조에 따라 감사결과 및 조치사항을 통보한 뒤, 그와 동일한 내용으로 2020. 10. 22. 원고에게 시정명령을 내리면서 그 근거법령으로 유아교육법 제30조를 명시하였다면, 비록 위 시정명령이 원고에게 부과하는 의무의 내용은 같을지라도, 「공공감사에 관한 법률」제23조에 따라 통보된 조치사항을 이행하지 않은 경우와 유아교육법 제30조에 따른 시정명령을 이행하지 않은 경우에 당사자가 입는 불이익이 다르므로, 위 시정명령에 대하여도 처분성을 인정하여 그 불복기회를 부여할 필요성이 있다고 보아 원심 판결을 파기한 사례(대판 2022. 9. 7, 2022두42365).

[판례 2] 금강수계 중 상수원 수질보전을 위하여 필요한 지역의 토지 등의 소유자가 국가에 그 토지 등을 매도하기 위하여 매수신청을 하였으나 유역환경청장 등이 매수거절의 결정을 한 사안에서, 위 매수거절을 항고소송의 대상이 되는 행정처분으로 보지 않는다면 토지 등의 소유자로서는 재산권의 제한에 대하여 달리 다툴 방법이 없게 되는 점 등에 비추어, 그 매수 거부행위가 공권력의 행사 또는 이에 준하는 행정작용으로서 항고소송의 대상이 되는 행정처분에 해당한다고 한 사례(대판 2009. 9. 10, 2007두20638[토지매수신청거부처분취소]).

③ 판례는 처분성의 인정에 법률의 근거는 필요하지 않은 것으로 본다(대판 2012. 9. 27, 2010두3541; 2018. 11. 29, 2015두52395).

[판례 1] [1] 어떠한 처분의 근거가 (법령의 근거 없이) 행정규칙에 규정되어 있다고 하더라도, 그 처분이 상대방에게 권리 설정 또는 의무 부담을 명하거나 기타 법적인 효과를 발생하게 하는 등으로 상대방의 권리의무에 직접 영향을 미치는 행위라면, 이 경우에도 항고소송의 대상이 되는 행정처분에 해당한다고 보아야 한다. [2] 부당한 공동행위 자진신고자 등의 시정조치 또는 과징금 감면신청에 대한 감면불인정 통지는 항고소송의 대상이 되는 행정처분에 해당한다(대판 2012. 9. 27, 2010두3541[감면불인정처분등취소]).

[판례 2] 어떠한 처분에 법령상 근거가 있는지, 행정절차법에서 정한 처분절차를 준수하였는지는 본안에서 당해 처분이 적법한가를 판단하는 단계에서 고려할 요소이지, 소송요건 심사단계에서 고려할 요소가 아니다(대판 2020. 1. 16, 2019다264700).

[판례 3] [1] 공공기관운영법 제39조 제2항과 그 하위법령에 따른 공기업('시장형 공기업'인 한국수력원자력 주식회사), 준정부기관의 입찰참가자격제한 조치는 '구체적 사실에 관한 법집행으로서의 공권력의 행사'로서 행정처분에 해당한다. [2] 한국수력원자력 주식회사가 자신의 '공급자관리지침'(행정규칙)에 근거하여 등록된 공급업체에 대하여 하는 '등록취소 및 그에 따른 일정 기간의 거래제한조치'는 행정청이 행하는 구체적 사실에 관한 법집행으로서의 공권력의 행사인 '처분'에 해당한다고 보아야 한다. [3] 계약당사자 사이에서 계약의 적정한 이행을 위하여 일정한 계약상 의무를 위반하는 경우 계약해지, 위약벌이나 손해배상액 약정, 장래 일정 기간의 거래제한 등의 제재조치를 약정하는 것은 상위법령과 법의 일반원칙에 위배되지 않는 범위에서 허용되며, 그러한 계약에 따른 제재조치는 법령에 근거한 공권력의 행사로서의 제재처분과는 법적 성질을 달리한다(대법원 2014. 12. 24. 선고 2010다83182 판결). 즉, 행정소송법상 처분이 아니다. 그러나 공공기관의 어떤 제재조치가 계약에 따른 제재조치에 해당하려면 일정한 사유가 있을 때 그러한 제재조치를 할 수 있다는 점을 공공기관과 그 거래상대방이 미리 구체적으로 약정하였어야 한다. 공공기관이 여러 거래업체들과의 계약에 적용하기 위하여 거래업체가 일정한 계약상 의무를 위반하는 경우 장래 일정 기간의 거래제한 등의 제재조치를 할 수 있다는 내용을 계약특수조건 등의 일정한 형식으로 미리 마련하였다고 하더라도, 「약관의 규제에 관한 법률」 제3조에서 정한 바와 같이 계약상대방에게 그 중요 내용을 미리 설명하여 계약내용으로 편입하는 절차를 거치지 않았다면 계약의 내용으로 주장할 수 없다. [4] 행정청인 피고가 이미 공공기관운영법 제39조 제2항에 따라 2년의 입찰참가자격제한처분을 받은 원고에 대하여 다시 법률상 근거 없이 자신이 만든 행정규칙에 근거하여 공공기관운영법 제39조 제2항에서 정한 입찰참가자격제한처분의 상한인 2년을 훨

씬 초과하여 10년간 거래제한조치를 추가로 하는 것은 제재처분의 상한을 규정한 공공기관운영법에 정면으로 반하는 것이어서 그 하자가 중대·명백하다(대판 2020. 5. 28, 2017두66541).
[판례 4] 조달청이 계약상대자에 대하여 나라장터(조달청에서 관리하는 전자조달시스템) 종합쇼핑몰에서의 거래를 일정기간 정지하는 조치는 비록 추가특수조건이라는 사법상 계약에 근거한 것이지만 행정청인 조달청이 행하는 구체적 사실에 관한 법집행으로서의 공권력의 행사로서 그 상대방인 갑 회사의 권리·의무에 직접 영향을 미치므로 항고소송의 대상이 되는 행정처분에 해당한다(대판 2018. 11. 29, 2015두52395).

4) 결어(쟁송법적 개념설)

실체법적 개념설은 이론적인 논의 내지 입법론으로라면 몰라도 현행 행정소송법의 해석론으로는 타당하지 않다. 다음과 같은 이유에서 **쟁송법적 개념설**이 타당하다. 즉 행정소송법상 처분은 행정작용법상의 행정행위(협의의 처분)를 포함하는 '**광의의 처분**'이라고 보아야 한다(행정작용법상 행정행위 개념 참조). ① 현행 행정소송법상 처분 개념의 정의규정의 문언이나 입법취지에 비추어 볼 때 현행 행정소송법상 처분을 행정행위보다 넓은 개념으로 보는 쟁송법적 개념설이 타당하다. ② 사실행위나 비권력적 행위에 대한 권리구제제도가 불비한 현재의 상황하에서는 처분 개념을 확대하여 취소소송에 의한 국민의 권리구제의 기회를 확대하여 줄 필요성이 있다.

(2) 행정소송법상 처분 개념규정의 해석론

행정쟁송법상의 처분은 '행정청의 구체적 사실에 대한 법집행으로서의 공권력의 행사 및 그 거부'와 '이에 준하는 행정작용'을 포함한다(행정심판법 제2조 제1항 1호 및 행정소송법 제2조 제1항 1호).

1) 행정청의 구체적 사실에 관한 법집행으로서의 공권력 행사와 그 거부

가. 행정청의 행정작용 **행정소송법상 행정청**은 본래의 행정청(국가 또는 지방자치단체의 행정청 및 공공단체) 뿐만 아니라 본래의 행정청으로부터 "법령에 의하여 행정권한의 위임 또는 위탁을 받은 행정기관·공공단체 및 그 기관 또는 사인"을 포함한다(제2조 제2항). 따라서 공무수탁사인의 공무를 수행하는 공권력 행사도 처분에 해당한다.

[판례] [1] **행정소송의 대상이 되는 행정처분의 의미:** 행정소송의 대상이 되는 행정처분이란 행정청 또는 그 소속기관이나 법령에 의하여 행정권한의 위임 또는 위탁을 받은 공공단체 등이 국민의 권리·의무에 관계되는 사항에 관하여 직접 효력을 미치는 공권력의 발동으로서 하는 공법상의 행위를 말하며, 그것이 상대방의 권리를 제한하는 행위라 하더라도 행정청 또는 그 소속기관이나 권한을 위임받은 공공단체 등의 행위가 아닌 한 이를 행정처분이라고 할 수 없다. [2] **한국마사회의 조교사 및 기수 면허 부여 또는 취소가 행정처분인지 여부(소극):** 한국마사회가 조교사 또는 기수의 면허를 부여하거나 취소하는 것은 경마를 독점적으로 개최할 수 있는 지위에서 우수한 능력을 갖추었다고 인정되는 사람에게 경마에서의 일정한 기능과 역할을 수행할 수 있는 자격을 부여하거나 이를 박탈하는 것에 지나지 아니하므로, 이는 국가 기타 행정기관으로부터 위탁받은 행정권한의 행사가 아니라 일반 사법상의 법률관계에서 이루어지는 단체 내부에서의 징계 내지 제재처분이다(대판 2008. 1. 31, 2005두8269).

권한이 없는 행정기관이나 내부위임만을 받은 행정기관의 공권력 행사라 하더라도 행정기관의 공권력 행사인 한 행정소송법상 처분이다.

사법기관인 법원의 재판작용이나 입법기관인 국회의 입법작용은 행정소송법상 처분이 아니다. 그러나, 법원이나 국회의 기관이 행하는 실질적 의미의 행정에 속하는 구체적인 사실에 관한 법집행으로서의 공권력 행사는 처분에 해당한다.

나. 구체적 사실에 관한 법집행으로서의 행정작용 '구체적 사실에 관한 법집행'으로서의 행정작용이라 함은 법을 집행하여 특정 개인에게 구체적이고 직접적인 영향을 미치는 행정작용을 말한다. 따라서, 일반적·추상적 규범인 행정입법(법규명령, 행정규칙)은 원칙상 처분이 아니다. 그러나, 일반처분은 그 법적 성질이 행정행위로서 구체적인 법적 효과를 가지므로 처분에 해당한다.

다. 공권력 행사와 그 거부 '공권력 행사'(公權力 行使)란 행정청이 우월한 공권력의 주체로서 일방적으로 행하는 행위, 즉 권력적 행위를 의미한다.

권력적인 법적 행위인 행정행위가 처분에 해당한다는 점에는 이의가 없다.

권력적 사실행위가 처분인가에 관하여는 견해가 대립되고 있는데, 이에 관하여는 전술한 바와 같다(행정상 사실행위 참조). 권력적 사실행위를 처분으로 보는 견해 중에도 권력적 사실행위가 "그 밖에 이에 준하는 행정작용"에 속한다고 보는 견해도 있고, "공권력 행사 및 그 거부"에 해당한다고 보는 견해도 있는데, 후자의 견해가 타당하다.

'거부'라 함은 위에서 언급한 공권력 행사의 거부를 말한다. 다만, 행정소송법상 거부처분이 되기 위하여는 신청이 있어야 하고, 공권력 행사를 신청한 개인에게 당해 공권력 행사를 신청할 법규상 또는 조리상의 권리가 있어야 한다는 것이 판례의 입장이다(후술 참조).

2) 그 밖에 이에 준하는 행정작용

'그 밖에 이에 준하는 행정작용'이라 함은 '행정청이 행하는 구체적 사실에 관한 법집행으로서의 공권력의 행사나 그 거부'에 준하는 행정작용으로서 항고소송에 의한 권리구제의 기회를 줄 필요가 있는 행정작용을 말한다.

따라서 비권력적 공행정작용이지만, 실질적으로 개인의 권익에 일방적인 영향(지배력)을 미치는 작용은 처분에 해당한다. 이에는 권력적 성격을 갖는 행정지도 등이 포함될 수 있을 것이다(판례는 원칙상 행정지도의 처분성 부정).

또한, 명령이지만 처분적 성질을 갖는 처분적 명령은 행정소송법상 처분에 해당한다.

(3) 구체적 사례의 유형별 고찰

1) 법규명령[2004년 사시, 2019 변시 사례]

판례는 처분적 명령이 아닌 일반적·추상적인 명령은 행정소송법상의 처분이 아니라고 보고 있다.

[판례 1] [1] 다른 집행행위의 매개 없이 그 자체로 상대방의 구체적인 권리의무나 법률관계에 직접적인 변동을 초래하는 것(처분적 명령)이 아닌 일반적, 추상적인 법령 등은 그 대상이 될 수 없다. [2] 일본국 법률에 따라 설립된 甲 법인이 일본에서 공기압 전송용 밸브를 생산하여 우리나라에 수출하고 있는데, 기획재정부장관이 甲 법인 등이 공급하는 일정 요건을 갖춘 일본산 공기압 전송용 밸브에 대하여 5년간 적용할 덤핑방지관세율을 규정하는 '일본산 공기압 전송용 밸브에 대한 덤핑방지관세의 부과에 관한 규칙'(시행규칙)은 항고소송의 대상이 될 수 없다(대판 2022. 12. 1. 2019두48905).

[판례 2] 대판 2007. 4. 12, 2005두15168[의료법시행규칙 제31조무효확인등]: 의료기관의 명칭표시판에 진료과목을 함께 표시하는 경우 글자 크기를 제한하고 있는 구 의료법 시행규칙 제31조가 그 자체로서 국민의 구체적인 권리의무나 법률관계에 직접적인 변동을 초래하지 아니하므로 항고소송의 대상이 되는 행정처분이라고 할 수 없다고 한 사례.

그러나, 처분적 법규명령과 처분성이 있는 법규명령의 효력이 있는 행정규칙(법령보충적 행정규칙)은 항고소송의 대상이 된다(대판 1954. 8. 19, 4286행상37).

처분적 명령의 인정범위에 관하여는 협의설, 중간설, 광의설이 대립하고 있다. 판례는 **법규명령의 경우** 원칙상 **협의설**을 취하고 있다. 즉, 법규명령이 "그 자체로서 국민의 구체적인 권리의무에 직접적인 변동을 초래하는 것"인 경우에 한하여 항고소송의 대상이 된다고 본다. 그렇지만, 판례는 **법령보충적 고시의 경우 중간설**을 취하고 있다. 즉, 어떠한 고시가 일반적·추상적 성격을 가질 때에는 법규명령 또는 행정규칙에 해당할 것이지만, 다른 집행행위의 매개 없이 그 자체로서 직접 국민의 구체적인 권리의무나 법률관계를 규율하는 성격을 가질 때에는 행정처분에 해당한다고 본다(자세한 것은 전술 행정입법 참조).

[판례 1] 조례가 집행행위의 개입 없이도 그 자체로서 직접 국민의 구체적인 권리의무나 법적 이익에 영향을 미치는 등의 법률상 효과를 발생하는 경우 그 조례는 항고소송의 대상이 되는 행정처분에 해당한다(대판 1996. 9. 20, 95누8003[조례무효확인]: 두밀분교를 폐교하는 경기도의 조례를 항고소송의 대상이 되는 처분으로 본 사례). 〈해설〉 이 경우 피고는 지방자치단체의 장(교육·학예에 관한 조례에 있어서는 시·도교육감)이 된다.

[판례 2] **고시가 항고소송의 대상이 되는 행정처분에 해당하기 위한 요건**: 어떠한 고시가 일반적·추상적 성격을 가질 때에는 법규명령 또는 행정규칙에 해당할 것이지만, 다른 집행행위의 매개 없이 그 자체로서 직접 국민의 구체적인 권리의무나 법률관계를 규율하는 성격을 가질 때에는 항고소송의 대상이 되는 행정처분에 해당한다(대결 2003. 10. 9, 2003무23: 항정신병 치료제의 요양급여에 관한 보건복지부 고시는 다른 집행행위의 매개 없이 그 자체로서 제약회사, 요양기관, 환자 및 국민건강보험공단 사이의 법률관계를 직접 규율하는 성격을 가지므로 항고소송의 대상이 되는 행정처분에 해당한다).

[판례 3] 보건복지부 고시인 약제급여·비급여목록 및 급여상한금액표는 다른 집행행위의 매개 없이 그 자체로서 국민건강보험가입자, 국민건강보험공단, 요양기관 등의 법률관계를 직접 규율하는 성격을 가지므로 항고소송의 대상이 되는 행정처분에 해당한다(대판 2006. 9. 22, 2005두2506[보험약가인하처분취소]).

[판례 4] 국립공주대학교 학칙의 [별표 2] 모집단위별 입학정원을 개정한 학칙개정행위는 처분이다(대판 2009. 1. 30, 2008두19550, 2008두19567(병합)[학칙개정처분취소]).

2) 행정규칙

행정규칙은 그 자체로서는 국민의 법적 지위에 직접적인 영향을 미치지 않는 행정내부조치에 불과하므로 원칙상 취소소송의 대상이 되지 않는다. 다만, 재량준칙의 경우 예외적으로 국민의 권익에 직접 영향을 미치는 경우가 있을 수 있고, 이 경우에는 행정소송법상 처분이 되며 취소소송의 대상이 된다고 보는 것이 타당하다.

[판례] 대판 1994. 9. 10, 94두33: 교육인적자원부장관이 시·도교육감에 통보한 대학입시기본계획 내의 내신성적산정지침이 항고소송의 대상인 처분이 아니라고 본 사례.

3) 행정계획 [2011 행시(재경직) 사례]

행정계획(行政計劃)의 법적 성질은 매우 다양하므로 일률적으로 행정계획의 처분성을 인정할 수는 없다(자세한 것은 제 2 편 제 2 장 행정계획 참조).

[판례 1] 행정계획 중 구 도시계획법 제12조에 의한 도시계획(현재의 도시관리계획)결정은 그 자체로 국민의 권익을 직접 개별적·구체적으로 규제하므로 행정처분이다(대판 1982. 3. 9, 80누105[도시계획변경처분취소]).

[판례 2] 정부의 수도권 소재 공공기관의 지방이전시책을 추진하는 과정에서 도지사가 도 내 특정시를 공공기관이 이전할 혁신도시 최종입지로 선정한 행위는 상대방 또는 기타 관계자들의 법률상 지위에 직접적인 영향을 미치지 않는 행위이므로 항고소송의 대상이 되는 행정처분이 아니라고 본 사례(대판 2007. 11. 15, 2007두10198[혁신도시 입지선정 사건]).

[판례 3] 국토해양부, 환경부, 문화체육관광부, 농림수산부, 식품부가 합동으로 2009. 6. 8. 발표한 '4대강 살리기 마스터플랜' 등은 행정기관 내부에서 사업의 기본방향을 제시하는 계획일 뿐 국민의 권리·의무에 직접 영향을 미치는 것이 아니어서, 행정처분에 해당하지 않는다고 한 사례(대결 전원합의체 2011. 4. 21, 2010무111).

[판례 4] 의대정원 증원처분에 대한 집행정지신청 사건 : 보건복지부장관이 2024. 2. 6. 의대정원을 2025학년도부터 2,000명 증원할 것이라고 발표한 행위(이하 '이 사건 증원발표'라 한다)는 항고소송의 대상이 되는 처분으로 보기 어렵지만, 교육부장관이 2024. 3. 20. 2025학년도 전체 의대정원을 2,000명 증원하여 각 대학별로 배정(이하 '이 사건 증원배정'이라 한다)한 것은 항고소송의 대상이 되는 처분으로 볼 여지가 크다(대결 2024. 6. 19, 2024무689).

판례는 통상 기본계획의 처분성은 부인하지만, 시행계획의 처분성은 인정한다.

[판례] 4대강 정비사업과 그 주변 지역의 관련 사업을 체계적으로 추진하기 위하여 수립한 종합계획이자 '4대강 살리기 사업'(그중 한강 부분을 '이 사건 사업'이라고 한다)의 기본방향을 제시하는 계획인 '4대강 살리기 마스터플랜'('이 사건 정부기본계획')은 행정기관 내부에서 사업의 기본방향을 제시하는 것일 뿐, 국민의 권리·의무에 직접 영향을 미치는 것은 아니라고 할 것이어서 행정처분에 해당하지 아니하지만, 이 사건 정부기본계획을 시행하는 한강하천공사시행계획은 처분이다(대판 2015. 12. 10, 2011두32515).

4) 일반처분

일반처분은 행정행위로서 **행정소송법상 처분**이다.

[판례] 청소년보호법에 따른 청소년유해매체물 결정 및 고시처분은 당해 유해매체물의 소유자 등 특정인만을 대상으로 한 행정처분이 아니라 일반 불특정 다수인을 상대방으로 하여 일률적으로 표시의무, 포장의무, 청소년에 대한 판매·대여 등의 금지의무 등 각종 의무를 발생시키는 행정처분이다(대판 2007. 6. 14, 2004두619[청소년유해매체물결정 및 고시처분무효확인]). 〈해설〉 이 사건에서 처분청인 청소년보호위원회는 합의제행정청으로서 청소년유해매체물결정·고시처분을 하였다. 그런데, 2008년 정부조직법 개정으로 청소년보호위원회는 행정청이 아닌 합의제행정기관(의결기관)으로 되었고, 청소년유해매체물결정·고시처분의 처분청은 여성가족부장관으로 되었다(청소년보호법 참조).

5) 사실행위

가. 권력적 사실행위 **판례**는 권력적 사실행위(權力的 事實行爲)를 행정소송법상의 처분으로 본다.

[판례 1] 교도소장이 수형자 갑을 '접견내용 녹음·녹화 및 접견 시 교도관 참여대상자'로 지정한 사안에서, 위 지정행위(이에 따라 접견 시마다 사생활의 비밀 등 권리에 제한을 가하는 교도관의 참여, 접견내용의 청취·기록·녹음·녹화가 이루어짐)는 권력적 사실행위로서 항고소송의 대상이 되는 '처분'에 해당한다고 본 사례(대판 2014. 2. 13, 2013두20899).
[판례 2] 판례는 권력적 사실행위라고 보여지는 단수처분(대판 1979. 12. 28, 79누218), 교도소재소자의 이송조치(대결 1992. 8. 7, 92두30), 의료원 폐업결정 등에 대하여도 처분성을 인정하였다.

나. 권고 등 비권력적 사실행위 권고 등 비권력적 사실행위는 원칙상 처분이 아니다. 그러나, 행정지도와 같은 비권력적 사실행위도 국민의 권리의무에 사실상 강제력을 미치고 있는 경우에는 처분으로 볼 수 있을 것이다.

이에 관하여 판례는 대체로 다음과 같이 부정적인 입장을 취하고 있다.

[판례] 위법 건축물에 대한 단전 및 전화통화 단절조치 요청행위는 권고적 성격의 행위에 불과한 것으로서 전기·전화공급자나 특정인의 법률상 지위에 직접적인 변동을 가져오는 것은 아니므로 이를 항고소송의 대상이 되는 행정처분이라고 볼 수 없다(대판 1996. 3. 22, 96누433; 1995. 11. 21, 95누9099[전기공급불가처분취소]). 〈해설〉 그러나, 원심판결은 전기·전화공급자에 대하여 전기공급 및 전화통화를 중지할 것을 요청하는 내용의 조치를 한 것을 항고소송의 대상이 되는 행정처분으로 보고 본안에 들어가 판단하였다(부산고법 1995. 11. 17, 93구3974). 구 건축법 제69조 제3항은 위의 요청을 받은 자는 특별한 이유가 없는 한 이에 응하여야 한다고 규정하고 있으므로 위법 건축물에 대한 단전 또는 전화통화 단절조치 요청행위의 처분성을 인정하는 것이 타당하다.

공공기관의 장 또는 사용자에 대한 국가인권위원회의 성희롱결정 및 시정조치권고 등은 처분이다.

[판례 1] **구 남녀차별금지 및 구제에 관한 법률상 국가인권위원회의 성희롱결정 및 시정조치권고는 행정소송의 대상이 되는 행정처분에 해당:** 국가인권위원회의 성희롱결정과 이에 따른 시정조치의 권고는 불가분의 일체로 행하여지는 것인데 국가인권위원회의 이러한 결정과 시정조치의 권고는 성희롱 행위자로 결정된 자의 인격권에 영향을 미침과 동시에 공공기관의 장 또는 사용자에게 일정한 법률상의 의무를 부담시키는 것이므로 국가인권위원회의 성희롱결정 및 시정조치권고는 행정소송의 대상이 되는 행정처분에 해당한다고 보지 않을 수 없다(대판 2005. 7. 8, 2005두487[의결처분취소]).
[판례 2] 피고(국가인권위원회)가 국가인권위원회법 제44조 제1항 제1호에 따라 원고(서울시설공단 이사장)에게 '발달장애를 이유로 장애인 콜택시 보조석 탑승을 제한하지 않도록 이 사건 탑승제한기준을 개선할 것을 권고한다'는 취지의 권고결정(이하 '이 사건 권고결정')이 처분임을 전제로 적법하다고 한 사례(대판 2025. 6. 12, 2025두32972).

그 법적 성질에 관하여 논란이 있을 수 있지만, 비권력적 사실행위인 공설화장장 설치행위의 처분성을 인정한 판례가 있다(대결 1971. 3. 5, 71두2: 공설화장장설치에 대한 집행정지신청사건에서 처분성을 긍정하면서 본안심리를 하여 기각한 사건).

다. 사실행위인 단순한 관념의 통지[2005 사시 약술] 기존의 권리의무관계를 단순히 확인·통지하는 단순한 사실행위는 처분이 아니다.

[판례 1] 부당이득의 반환을 구하는 납세의무자의 국세환급청구권은 오납액의 경우에는 처음부터 법률상 원인이 없으므로 납부 또는 징수시에 이미 확정되어 있고, 초과납부액의 경우에는 신고 또는 부과처분의 취소 또는 경정에 의하여 조세채무의 전부 또는 일부가 소멸한 때에 확정되며, 환급세액의 경우에는 각 개별 세법에서 규정한 환급요건에 따라 확정되는 것이다. 그리고 환급가산금은 위 각국세환급금이 확정되면 그 환급금액에 대하여 국세기본법 제52조 및 같은 법 시행령 제30조 제2항 소정의 기산일과 이율에 따라 당연히 확정되며 국세환급금(가산금 포함)결정에 의하여 비로소 환급청구권이 확정되는 것은 아니므로, 국세환급금결정이나 이 결정을 구하는 신청에 대한 환급거부결정 등은 납세의무자가 갖는 환급청구권의 존부나 범위에 구체적이고 직접적인 영향을 미치는 처분이 아니어서 항고소송의 대상이 되는 처분이라고 볼 수 없다(대판 전원합의체 1989. 6. 15, 88누6436[국세환급거부처분취소]). 〈해설〉 국세환급청구권은 부당이득반환의 법리에 따라 확정되며 환급결정에 의해 확정되는 것이 아니다.

[판례 2] 국가공무원법상 당연퇴직은 결격사유가 있을 때 법률상 당연히 퇴직하는 것이지, 공무원관계를 소멸시키기 위한 별도의 행정처분을 요하는 것이 아니며, 당연퇴직의 인사발령은 법률상 당연히 발생하는 퇴직사유를 공적으로 확인하여 알려 주는 이른바 관념의 통지에 불과하고 공무원의 신분을 상실시키는 새로운 형성적 행위가 아니므로 행정소송의 대상이 되는 독립한 행정처분이라고 할 수 없다(대판 1995. 11. 14, 95누2036[당연퇴직무효확인]).

[판례 3] 공무원에 대한 퇴직급여지급거부처분은 처분이다. 그러나, 퇴직연금 수급자가 법령상 퇴직연금 중 일부 금액의 지급정지대상자가 되었다는 사실을 통보한 경우, 이 통보는 단순한 관념의 통지에 불과하여 항고소송의 대상이 되는 행정처분이 아니며 당사자는 미지급퇴직연금의 지급을 구하는 공법상 당사자소송으로 이를 다투어야 한다(대판 2004. 7. 8, 2004두244[연금지급청구서반려처분취소]: 공무원연금관리공단이 공무원연금법령의 개정사실과 퇴직연금 수급자가 퇴직연금 중 일부 금액의 지급정지대상자가 되었다는 사실을 통보한 것은 단지 위와 같이 법령에서 정한 사유의 발생으로 퇴직연금 중 일부 금액의 지급이 정지된다는 점을 알려주는 관념의 통지에 불과하고, 그로 인하여 비로소 지급이 정지되는 것은 아니므로 항고소송의 대상이 되는 행정처분으로 볼 수 없고, 공무원연금관리공단이 퇴직연금 중 일부 금액에 대하여 지급거부의 의사표시를 한 경우, 그 의사표시가 퇴직연금 청구권을 형성·확정하는 행정처분이 아니라 공법상의 법률관계의 한쪽 당사자로서 그 지급의무의 존부 및 범위에 관하여 나름대로의 사실상·법률상 의견을 밝힌 것일 뿐이어서, 이를 행정처분이라고 볼 수는 없다고 한 사례).

그러나, 국민의 권리의무관계에 변경을 가져오는 등 국민의 권리의무에 직접 영향을 미치는 통지 등은 처분이다.

[판례 1] 과세관청의 소득처분에 따른 소득금액변동통지가 항고소송의 대상이 되는 조세행정처분이라고 한 사례(대판 전원합의체 2006. 4. 20, 2002두1878[경정결정신청거부처분취소]).

[판례 2] 공무원으로 재직하다가 퇴직하여 공무원연금법에 따라 퇴직연금을 지급받고 있던 사람이 사립학교 교직원으로 임용되어 그 기관으로부터 급여를 받게 되는 경우에는 그 재직기간 중에는 구 공무원연금법 제47조, 같은법시행령 제40조 제1항에 의하여 공무원연금관리공단의 지급정지처분 여부에 관계없이 그 사유가 발생한 때로부터 당연히 퇴직연금의 지급이 정지되는 것이므로, 그 지급정지 사유기간 중 퇴직연금 수급자에게 지급된 퇴직연금은 구 공무원연금법 제31조 제1항 제3호에 정하여진 '기타 급여가 과오급된 경우'에 해당하여 구 공무원연금법 제31조 제1항에 따라 환수하여야 하는 것으므로 관련 법령에 따라 당연히 환수금액이 정하여짐에도 이 경우 퇴직연금의 환수결정을 당사자에게 의무를 과하는 처분으로 본 사례(대판 2000. 11. 28, 99두5443[퇴직급여환수금반납고지처분등취소]). 〈해설〉 이 경우 퇴직연금의 환수결정 및 고지를 단순한 관념의 통지로 보면 처분이 아니지만(이 경우 과오납퇴직연금에 대한 부당이득반환청구소송(민사소송)을 제기해야 한다), 행정행위(당사자에게 의무를 과하는 처분)로 보고 행정소송법상 처분으로 본 사례이다.

6) 내부행위

① 국민의 권리의무관계에 직접 영향을 미치지 않는 내부적 의사결정에 불과한 내부행위(예 토지대장상의 소유자명의변경신청 거부, 무허가건물관리대장 등재 삭제행위 등)는 **처분이 아니다.** 그러나, 지목변경신청 반려행위, 건축물용도변경신청 거부, 토지대장 또는 건축물대장 직권 말소행위 등 국민의 권리의무에 영향을 미치는 것은 처분이다.

[판례 1] 한국자산공사가 당해 부동산을 인터넷을 통하여 재공매(입찰)하기로 한 결정 자체는 내부적인 의사결정에 불과하여 항고소송의 대상이 되는 행정처분이라고 볼 수 없고, 또한 한국자산공사의 공매통지는 공매의 요건이 아니라 공매사실 자체를 체납자에게 알려주는 데 불과한 것으로서, 통지의 상대방의 법적 지위나 권리·의무에 직접 영향을 주는 것이 아니라고 할 것이므로 이것 역시 행정처분에 해당한다고 할 수 없다(대판 2007. 7. 27, 2006두8464[공매처분취소]).

[판례 2] 지목은 토지에 대한 공법상의 규제, 개발부담금의 부과대상, 지방세의 과세대상, 공시지가의 산정, 손실보상가액의 산정 등 토지행정의 기초로서 공법상의 법률관계에 영향을 미치고, 토지소유자는 지목 을 토대로 토지의 사용·수익·처분에 일정한 제한을 받게 되는 점 등을 고려하면, 지목은 토지소유권을 제대로 행사하기 위한 전제요건으로서 토지소유자의 실체적 권리관계에 밀접하게 관련되어 있으므로 지적공부 소관청의 지목변경신청 반려행위는 국민의 권리관계에 영향을 미치는 것으로서 항고소송의 대상이 되는 행정처분에 해당한다(대판 전원합의체 2004. 4. 22, 2003두9015[지목변경신청반려처분취소청구각하취소]). 이 전원합의체 판결은 지목변경행위뿐만 아니라 토지대장 등 지적공부에 일정한 사항을 등재하거나 등재된 사항 중 일정한 사항을 변경하는 행위를 처분으로 보는 것으로 종전 판례를 변경하였다. 그러나, 소관청이 토지대장상의 소유자명의변경신청을 거부한 행위는 국민의 권리의무관계에 직접 영향을 미치지 않으므로 이를 항고소송의 대상이 되는 행정처분이라고 할 수 없다(대판 2012. 1. 12, 2010두12354[토지대장정정불가처분취소]). 이에 반하여 토지대장은 토지의 소유권을 제대로 행사하기 위한 전제요건으로서 토지 소유자의 실체적 권리관계에 밀접하게 관련되어 있으므로, 이러한 토지대장을 직권으로 말소한 행위는 국민의 권리관계에 영향을 미치는 것으로서 항고소송의 대상이 되는 행정처분에 해당한다(대판 2013. 10. 24, 2011두13286[토지대장말소처분취소]). 판례는 지적측량성과검사(대판 1997. 3. 28, 96누19000), 측량성과도 등재사항에 대한 정정신청 거부(대판 1993. 12. 14, 93누555)의 처분성을 부인하고 있다.

[판례 3] **행정청이 건축물대장의 작성신청을 거부한 행위는 항고소송의 대상이 되는 행정처분에 해당:** 건축물대장은 건축물에 대한 공법상의 규제, 지방세의 과세대상, 손실보상가액의 산정 등 건축행정의 기초자료로서 공법상의 법률관계에 영향을 미칠 뿐만 아니라, 건축물에 관한 소유권보존등기 또는 소유권이전등기를 신청하려면 이를 등기소에 제출하여야 하는 점 등을 종합해 보면, 건축물대장의 작성은 건축물의 소유권을 제대로 행사하기 위한 전제요건으로서 건축물 소유자의 실체적 권리관계에 밀접하게 관련되어 있으므로 건축물대장 소관청의 작성신청 반려행위는 국민의 권리관계에 영향을 미치는 것으로서 항고소송의 대상이 되는 행정처분에 해당한다(대판 2009. 2. 12, 2007두17359).

[판례 4] 기타 대법원은 건축물대장의 기재와 관련한 다음 행위의 처분성을 인정하였다: 건축물 용도변경신청을 반려한 행위(대판 2009. 1. 30, 2007두7277), 구분소유 건축물을 하나의 건축물로 건축물대장을 합병한 행위(대판 2009. 5. 28, 2007두19775), 건축물대장을 직권 말소한 행위(대판 2010. 5. 27, 2008두22655).

[판례 5] 무허가건물이 지장물 이전 및 철거와 관련한 협의계약을 체결할 당시까지 무허가건물관리대장에 등재되어 있다가 그 후 삭제되었다고 하더라도 이주대책에서 정한 무허가건물 소유자의 법률상 지위에 어떠한 영향도 미치지 않는다고 보아, 무허가건물관리대장 등재 삭제행위의 취소를 구하는 소는 부적법하다고 한 사례(대판 2009. 3. 12, 2008두11525[기존무허가건물등재대장삭제처분취소]).

[판례 6] 시험승진후보자명부에서의 삭제행위는 결국 그 명부에 등재된 자에 대한 승진 여부를 결정하기 위한 행정청 내부의 준비과정에 불과하고, 그 자체가 어떠한 권리나 의무를 설정하거나 법률상 이익에 직접적인 변동을 초래하는 별도의 행정처분이 된다고 할 수 없다(대판 1997. 11. 14, 97누7325[정직처분취소]). 〈해설〉 시험승진후보자명부에서의 삭제행위는 승진대상자에서 제외하는 것이므로 처분이라고 보는 것이 타당하다.

[판례 7] [1] 행정청 내부에서의 행위나 알선, 권유, 사실상의 통지 등과 같이 상대방 또는 기타 관계자들의 법률상 지위에 직접적인 법률적 변동을 일으키지 아니하는 행위는 항고소송의 대상이 아니다. [2] 원고가 뉴스보도 프로그램 내 개별 코너에서 해난구조전문가와 다이빙벨 관련 인터뷰를 하자, 피고가 원고에게 인터뷰 내용이 불명확한 내용을 사실인 것으로 방송하여 시청자를 혼동하게 하였다는 이유로 해당 방송프로그램의 관계자에 대한 징계를 명하는 제재조치명령과 고지방송명령을 한 사안에서, 고지방송명령 부분에 대하여는 행정처분에 해당하지 않는다고 한 사례(대판 2023. 7. 13, 2016두34257).

② 특별권력관계 내에서의 행위는 일반시민법질서에 영향을 미치는 행위인 경우 항고소송의 대상이 되나 그렇지 않은 경우에는 내부행위에 불과하므로 항고소송의 대상이 되지 않는다.

[판례 1] 농지개량조합과 그 직원과의 관계는 사법상의 근로계약관계가 아닌 공법상의 특별권력관계이고, 그 조합의 직원에 대한 징계처분의 취소를 구하는 소송은 행정소송사항에 속한다(대판 1995. 6. 9, 94누10870[파면처분취소]).

[판례 2] 행정규칙에 의한 '불문경고조치'가 비록 법률상의 징계처분은 아니지만 위 처분을 받지 아니하였다면 차후 다른 징계처분이나 경고를 받게 될 경우 징계감경사유로 사용될 수 있었던 표창공적의 사용가능성을 소멸시키는 효과와 1년 동안 인사기록카드에 등재됨으로써 그 동안은 장관표창이나 도지사표창 대상자에서 제외시키는 효과 등이 있다는 이유로 항고소송의 대상이 되는 행정처분에 해당한다고 한 사례(대판 2002. 7. 26, 2001두3532[견책처분취소]).

[판례 3] [1] 각 군 참모총장이 수당지급대상자 결정절차에 대하여 수당지급대상자를 추천하거나 신청자 중 일부를 추천하지 아니하는 행위는 행정기관 상호간의 내부적인 의사결정과정의 하나일 뿐 그 자체만으로는 직접적으로 국민의 권리·의무가 설정, 변경, 박탈되거나 그 범위가 확정되는 등 기존의 권리상태에 어떤 변동을 가져오는 것이 아니므로 이를 항고소송의 대상이 되는 처분이라고 할 수는 없다(대판 2009. 12. 10, 2009두14231[명예전역거부처분취소]).

[판례 4] 검찰총장이 사무검사 및 사건평정을 기초로 대검찰청 자체감사규정 제23조 제3항, 검찰공무원의 범죄 및 비위 처리지침 제4조 제2항 제2호 등에 근거하여 검사에 대하여 하는 '경고조치'는 일정한 서식에 따라 검사에게 개별 통지를 하고 이의신청을 할 수 있으며, 검사가 검찰총장의 경고를 받으면 1년 이상 감찰관리 대상자로 선정되어 특별관리를 받을 수 있고, 경고를 받은 사실이 인사자료로 활용되어 복무평정, 직무성과금 지급, 승진·전보인사에서도 불이익을 받게 될 가능성이 높아지며, 향후 다른 징계사유로 징계처분을 받게 될 경우에 징계양정에서 불이익을 받게 될 가능성이 높아지므로, 검사의 권리 의무에 영향을 미치는 행위로서 항고소송의 대상이 되는 처분이라고 보아야 한다(대판 2021. 2. 10, 2020두47564[경고처분취소]).

③ 처분의 준비를 위한 결정, 처분의 기초자료를 제공하기 위한 결정 등은 원칙상 내부행위이고 처분이 아니다. 벌점부과를 처분으로 보지 않은 사례(벌점부과가 국민의 권리에 직접 영향을 미치지 않는 경우)와 처분으로 본 사례(벌점부과가 국민의 권리에 직접 영향을 미치는 경우)가 있다.

[판례 1] 병역법상 신체등위판정(身體等位判定)은 행정청이라고 볼 수 없는 군의관이 하도록 되어 있으며, 그 자체만으로 바로 병역법상의 권리의무가 정하여지는 것이 아니라 그에 따라 지방병무청장이 병역처분을 함으로써 비로소 병역의무의 종류가 정하여지는 것이므로 항고소송의 대상이 되는 행정처분이라 보기 어렵다(대판 1993. 8. 27, 93누3356[신체등위1급판정취소]).

[판례 2] **운전면허 행정처분처리대장상 벌점의 배점이 행정처분인지 여부(소극)**: 운전면허 행정처분처리대장상 벌점의 배점은 도로교통법규 위반행위를 단속하는 기관이 도로교통법시행규칙 별표 16의 정하는 바에 의하여 도로교통법규 위반의 경중, 피해의 정도 등에 따라 배정하는 점수를 말하는 것으로 자동차운전면허

의 취소, 정지처분의 기초자료로 제공하기 위한 것이고 그 배점 자체만으로는 아직 국민에 대하여 구체적으로 어떤 권리를 제한하거나 의무를 명하는 등 법률적 규제를 하는 효과를 발생하는 요건을 갖춘 것이 아니어서 그 무효확인 또는 취소를 구하는 소송의 대상이 되는 행정처분이라고 할 수 없다(대판 1994. 8. 12, 94누2190[자동차운전면허정지처분취소]). 자동차운전면허대장상 벌점의 배점은 행정처분이라고 할 수 없다(대판 2024. 10. 31, 2024도8903).

[판례 3] 하도급법상 벌점 부과행위는 입찰참가자격의 제한 요청 등의 기초자료로 사용하기 위한 것이고 사업자의 권리·의무에 직접 영향을 미치는 행위라고 볼 수 없으므로 항고소송의 대상이 되는 행정처분에 해당하지 아니한다(대판 2023. 1. 12, 2020두50683).

[판례 4] 건설기술 진흥법 제53조 제1항에서 규정한 벌점부과를 처분으로 본 사례(대판 2024. 4. 25, 2023두54242[벌점부과처분취소]).

④ 그러나, 처분의 준비행위 또는 기초가 되는 행위라고 하더라도 국민의 권익에 직접 영향을 미치고 국민의 권리구제를 위하여 이를 다투도록 할 필요가 있는 경우에는 조기의 권리구제를 위해 처분성을 인정하여야 할 것이다.

[판례 1] 세무조사결정은 납세의무자의 권리·의무에 직접 영향을 미치는 공권력의 행사에 따른 행정작용으로서 항고소송의 대상이 된다(대판 2011. 3. 10, 2009두23617, 23624).

[판례 2] 법령상 요건을 충족하는 경우 공정거래위원회는 구 하도급법(하도급거래 공정화에 관한 법률) 제26조 제2항 후단에 따라 관계 행정기관의 장에게 해당 사업자에 대한 입찰참가자격제한 등 요청 결정을 하게 되며, 이를 요청받은 관계 행정기관의 장은 특별한 사정이 없는 한 그 사업자에 대하여 입찰참가자격제한 등의 처분을 해야 하므로 사업자로서는 입찰참가자격제한 등 요청 결정이 있으면 장차 후속 처분으로 입찰참가자격이 제한되고 영업이 정지될 수 있는 등의 법률상 불이익이 존재한다. 이때 입찰참가자격제한 등 요청 결정이 있음을 알고 있는 사업자로 하여금 입찰참가자격제한처분 등에 대하여만 다툴 수 있도록 하는 것보다는 그에 앞서 직접 입찰참가자격제한 등 요청 결정의 적법성을 다툴 수 있도록 함으로써 분쟁을 조기에 근본적으로 해결하도록 하는 것이 법치행정의 원리에도 부합하므로, 구 하도급법 제26조 제2항에 따른 공정거래위원회의 관계 행정기관의 장에게 한 입찰참가자격제한 등 요청 결정은 항고소송의 대상이 되는 처분에 해당한다(대판 2023. 4. 27, 2020두47892; 2023. 2. 2, 2020두48260).

⑤ 행정기관 상호간의 협의나 동의(ⓔ 소방서장의 동의) 등 행정조직법상 행정기관 상호간의 행위도 내부행위로서 원칙상 처분이 아니다.

[판례] 외환은행장이 수입허가의 유효기간 연장을 승인하고자 할 때에 구 무역거래법시행규칙 제10조 제3항에 의하여 상공부장관과 하는 협의는 행정청의 내부행위로서 항고소송의 대상이 되는 행정처분이라고 할 수 없다(대판 1971. 9. 14, 71누99[수입허가기간연장신청에 대한 협의불응처분취소]).

⑥ 지방자치단체의 장이 기관위임사무를 국가에 대해 처리한 것은 법리상 행정조직 내부행위이므로 위임자인 국가는 기관위임사무의 처리에 관하여 지방자치단체의 장을 상대로 취소소송을 제기할 수 없다.

[판례 1] [1] **국가는 국토이용계획과 관련한 기관위임사무의 처리에 관하여 지방자치단체의 장을 상대로 취소소송을 제기할 수 없다**: 건설교통부장관은 지방자치단체의 장이 기관위임사무인 국토이용계획 사무를 처리함에 있어 자신과 의견이 다를 경우 행정협의조정위원회에 협의·조정 신청을 하여 그 협의·조정 결정에 따

라 의견불일치를 해소할 수 있고, 법원에 의한 판결을 받지 않고서도 행정권한의 위임 및 위탁에 관한 규정이나 구 지방자치법에서 정하고 있는 지도·감독을 통하여 직접 지방자치단체의 장의 사무처리에 대하여 시정명령을 발하고 그 사무처리를 취소 또는 정지할 수 있으며, 지방자치단체의 장에게 기간을 정하여 직무이행명령을 하고 지방자치단체의 장이 이를 이행하지 아니할 때에는 직접 필요한 조치를 할 수도 있으므로, 국가가 국토이용계획과 관련한 지방자치단체의 장의 기관위임사무의 처리에 관하여 지방자치단체의 장을 상대로 취소소송을 제기하는 것은 허용되지 않는다. [2] 주위적 원고 대한민국의 이 사건 소는 부적법하여 각하되어야 할 것이다. 예비적 원고 충북대학교 총장의 소는, 원고 충북대학교 총장이 원고 대한민국이 설치한 충북대학교의 대표자일 뿐 항고소송의 원고가 될 수 있는 당사자능력이 없어 부적법하다(대판 2007. 9. 20, 2005두6935[국토이용계획변경신청거부처분취소]). 〈해설〉 국가의 기관위임사무를 처리하는 경우 지방자치단체 장의 지위는 국가의 하급행정기관에 해당하게 되므로 국가기관인 충북대학교 총장의 국토이용계획변경 신청에 대한 지방자치단체의 장(충청남도 연기군수)의 거부는 내부행위이고, 이에 관한 분쟁은 별개의 법주체 사이의 분쟁이 아니라 국가라는 하나의 법주체 내부의 기관 사이의 분쟁에 해당한다. 국토이용계획변경신청거부에 대해 주위적으로 국가(대한민국)가 취소소송을 제기하고, 예비적으로 충북대학교 총장이 취소소송을 제기한 사건이다.

[판례 2] 시내버스 한정면허를 받은 여객자동차 운송사업자의 보조금 지급신청에 대한 피고 경기도지사의 회신이 항고소송의 대상이 되는지 문제된 사건: 시내버스 한정면허를 받은 여객자동차 운송사업자인 원고의 보조금 지급신청에 대해 주위적 피고 경기도지사가 원고 및 예비적 피고 광명시장에게 그와 같은 보조금 지급이 불가하다는 취지로 통보('甲 회사의 보조금 지급신청을 받아들일 수 없음은 기존에 회신한 바와 같고, 광명시에서는 적의 조치하여 주기 바란다.')하자, 원고가 주위적 피고 경기도지사에 대하여 위와 같은 통보의 취소를, 예비적 피고 광명시장에 대하여 주위적으로는 보조금 지급신청 거부처분의 취소를, 예비적으로는 원고의 보조금 지급신청에 대하여 응답하지 아니한 부작위의 위법확인을 구한 사안에서 원고에 대한 경기도의 보조금 지급 등 사무가 각 시장·군수에게 위임(기관위임)된 이상 주위적 피고 경기도지사의 위와 같은 통보는 예비적 피고 광명시장에 대한 지도·감독권의 행사일 뿐 원고의 권리·의무에 직접적인 영향을 주는 것이라고 할 수 없어 항고소송의 대상이 되는 처분으로 볼 수 없음에도, 이와 달리 주위적 피고 경기도지사에 대한 소에 대하여 본안에 나아가 판단한 원심을 파기하면서, 주위적 피고 경기도지사의 상고에 의하여 예비적 피고 광명시장에 대한 소까지 상고심 심판대상이 되었으므로 원심판결을 전부 파기하되, 주위적 피고 경기도지사에 대한 소는 위와 같은 이유로 각하하고, 예비적 피고 광명시장에 대한 소 중 주위적 청구 부분은 존재하지 아니한 처분을 대상으로 한 것이어서 각하하며, 예비적 청구 부분(부작위 위법확인)은 이유 있다고 보아 이를 인용한 사례(대판 2023. 2. 23, 2021두44548).

7) 중간행위

중간행위가 그 자체로서 일정한 법적 효과를 가져오거나 국민의 권익에 직접 영향을 미치면 당해 행위는 처분이 되고 항고소송의 대상이 되지만, 그렇지 않으면 내부행위에 불과하여 항고소송의 대상이 되지 않으며 이 경우에 중간행위의 위법은 종국처분을 다툼에 있어 종국처분의 위법사유로 주장될 수 있을 뿐이다.

가. 부분허가 부분허가(部分許可)는 그 자체가 규율하는 내용에 대한 종국적인 결정이므로 행정행위의 성질을 가진다. 부분허가가 있게 되면 금지의 해제 등 일정한 법적 효과가 발생한다. 따라서, 부분허가는 항고소송의 대상이 되는 처분이다.

[판례] 판례는 원자력법상의 원자로시설부지사전승인의 법적 성격을 '사전적 부분허가'로 보면서 원자로 및 관계시설의 부지사전승인처분을 그 자체로서 건설부지를 확정하고 사전공사를 허용하는 법률효과를 지닌 독

립한 행정처분이라고 보았다(대판 1998. 9. 4, 97누19588[부지사전승인처분취소]). 〈해설〉 구 원자력법상의 원자로시설부지사전승인은 부지의 적합성을 확인하는 점에서는 사전결정의 성격을 가지며 기초공사 등 일부 제한적인 사전공사를 허용하는 점에서는 부분허가의 성격을 가진다고 보아야 할 것이다.

나. 사전결정 사전결정은 그 자체가 **행정행위**이다.

[판례 1] 판례는 舊 건축법(1995. 1. 5. 법률로 개정되기 이전의 것) 제7조와 제8조 제3항의 규정에 의한 '건축에 관한 계획의 사전결정'은 건축허가 신청 전에 시장 등 허가권자로부터 계획하고 있는 건축물을 해당 대지 위에 건축하는 것이 건축법 등 관련 법규에 의하여 허용되는지 여부에 대한 사전결정(事前決定)을 받는 제도라고 보면서 항고소송의 대상이 되는 처분으로 보았다(대판 1996. 3. 12, 95누658[건축계획사전결정불허가처분취소]). 〈해설〉 2005년 11월 8일 건축법 개정으로 사전결정제도가 다시 도입되었다(건축법 제7조).
[판례 2] 판례는 폐기물관리법령상의 폐기물처리업허가 전의 사업계획에 대한 적정통보 또는 부적정통보를 행정처분으로 보았다(대판 1998. 4. 28, 97누21086 [폐기물처리사업부적정통보취소]).
[판례 3] 운수권배분처분은, 노선배분을 받은 항공사에게 위 협정에 따른 지정항공사로서의 지위를 부여하고, 후속절차를 밟아 중국 항공당국으로부터 운항허가를 받을 수 있게 하며, 추후 당해 노선상의 합의된 업무를 할 수 있게 하는 등, 상대방의 권리의무에 직접 영향을 미치는 행위로 항고소송의 대상이 되는 행정처분에 해당한다(대판 2004. 11. 26, 2003두10251,10268: 정부 간 항공노선의 개설에 관한 잠정협정 및 비밀양해각서와 건설교통부 내부지침에 의한 항공노선에 대한 운수권배분처분(사전결정)이 항고소송의 대상이 되는 행정처분에 해당한다고 한 사례). 〈해설〉 현행 항공법은 운수권배분처분의 법적 근거규정을 두고 있다.

다. 가행정행위(잠정적 행정행위) 가행정행위(假行政行爲)는 본행정행위가 있기까지 잠정적으로 행정법상 권리와 의무를 확정하는 행정의 행위형식이므로 가행정행위는 잠정적이기는 하지만 직접 법적 효력을 발생시키므로 **행정행위**이며 따라서 처분이라고 보아야 할 것이다.

소득액 등이 확정되지 아니한 경우에 과세관청이 상대방의 신고액에 따라 잠정적으로 세액을 결정하는 것 등을 들 수 있다.

라. 확 약 확약(確約)에 관하여 다수설은 확약이 원칙상 행정청에 대하여 구속력을 가지므로 처분이라고 보고 있지만(긍정설), 확약은 사정변경에 의해 바뀔 수 있으므로 종국적 규율성을 갖지 못한다는 점에서 처분이 아니라고 보는 견해(부정설)도 있다. **판례는 부정설**을 취하고 있다.

[판례] 어업권면허에 선행하는 우선순위결정은 강학상 확약이지만 행정처분은 아니다(대판 1995. 1. 20, 94누6529). 〈해설〉 그러나, 최소한 우선순위에서 배제하는 결정은 면허 등의 거부와 같은 법적 효과를 가져오므로 처분으로 보아야 할 것이다. 우선순위에서 배제하는 결정은 면허 등의 요건을 선취하여 결정하는 의미도 가지므로 일종의 사전결정으로 볼 수도 있을 것이다.

마. 공시지가결정 판례는 개별공시지가결정은 항고소송의 대상이 되는 처분이라고 보고 있다(대판 1993. 6. 11, 92누16706; 1993. 1. 15, 92누12407[개별토지가격결정처분취소 등]).

판례는 표준공시지가결정도 항고소송의 대상이 되는 처분이라고 보고 있다(대판 1995. 3. 28, 94누12920; 1994. 3. 8, 93누10828[개별토지가격결정처분취소]).

8) 거부행위의 처분성[2008, 2013 사시, 2008 행시(일반직), 2013, 2020 변시, 2014 행시]

신청에 대한 거부행위가 처분이 되기 위하여는 다음과 같은 **요건**을 충족하여야 한다. ① 처분을 요구할 신청권이 있어야 한다. ② 신청에 대한 거부의 의사표시가 있어야 한다. ③ 신청에 대한 거부가 신청인의 권익에 직접 영향을 미쳐야 한다.

① 그 신청에 따른 행정행위를 해 줄 것을 요구할 수 있는 **법규상 또는 조리상의 신청권**이 있어야 한다(대판 1989. 11. 28, 89누3892). 이에 관하여 학설은 대립하고 있다.

[신청권과 항고소송]

거부처분 취소소송이나 부작위위법확인소송에서 신청권의 존재를 소송요건(訴訟要件)으로 보는 견해(소송요건설)와 본안의 문제로 보는 견해(본안문제설)가 있다.

1. 본안문제설

신청권의 존재를 본안의 문제로 보는 견해는 신청권의 존재를 소송대상의 문제로 보면 행정소송법상의 처분개념을 부당하게 제한함으로써 국민의 권익구제의 길을 부당히 축소시키는 결과를 가져오며 신청권을 소송요건의 문제로 보면 본안문제를 소송요건에서 판단하게 되는 문제가 있다고 한다.

2. 소송요건설

소송요건설에도 신청권을 거부처분의 요건으로 보는 견해와 원고적격의 문제로 보는 견해가 있다.

(1) 거부처분요건설

이 견해는 신청권을 거부처분의 요건으로 보고, 신청권이 있는 자에게는 당연히 거부처분을 다툴 원고적격을 인정하는 견해이다. 이 견해의 논거는 다음과 같다. i) 신청권은 신청에 대한 응답의무에 대응하는 형식적 또는 절차적 권리이다. ii) 현행 행정소송법이 신청권에 대응하는 처분의무(응답의무)를 부작위의 요소로 규정하고 있고(제2조 제1항 제2호), 거부처분 개념은 부작위개념과 연결되어 있으므로 현행 행정소송법하에서는신청권을 거부행위의 요건으로 보는 것이 타당하다. iii) 신청권이 없는 경우에는 본안심리를 함이 없이 각하판결을 할 수 있어 법원의 소송부담을 줄일 수 있다.

(2) 원고적격문제설

이 견해는 신청권을 원고적격의 문제로 보며 거부행위가 처분에 해당하는가의 여부는 '행정소송법 제2조 제1항 제1호에서 정의한 처분'에 해당하는가의 여부에 따라 판단하는 것이 논리적이라고 한다.

3. 판 례

판례는 신청권을 거부처분취소소송의 소송요건으로 본다. 즉, 법규상 또는 조리상 신청권이 없는 경우 거부행위의 처분성을 인정하지 않고, 부작위를 인정하지 않는다.

[판례] 거부처분의 처분성을 인정하기 위한 전제요건이 되는 신청권의 존부는 구체적 사건에서 신청인이 누구인가를 고려하지 않고 관계 법규의 해석에 의하여 일반 국민에게 그러한 신청권을 인정하고 있는가를 살펴 추상적으로 결정되는 것이고, 신청인이 그 신청에 따른 단순한 응답을 받을 권리를 넘어서 신청의 인용이라는 만족적 결과를 얻을 권리를 의미하는 것은 아니므로, 국민이 어떤 신청을 한 경우에 그 신청의 근거가 된 조항의 해석상 행정발동에 대한 개인의 신청권을 인정하고 있다고 보이면 그 거부행위는 항고소송의 대상이 되는 처분으로 보아야 하고, 구체적으로 그 신청이 인용될 수 있는가 하는 점은 본안에서 판단하여야 할 사항이다(대판 2009. 9. 10, 2007두20638). 〈해설〉 국민이 어떤 신청을 한 경우 그에 대한 행정청의 거부행위가 항고소송의 대상이 되는 처분인지 여부를 판단할 때 신청권의 존재 여부를 넘어서 구체적으로 그 신청의 인용 여부까지 판단하여야 하는 것은 아니다.

4. 결어(거부처분요건설)

다음과 같은 이유에서 소송요건설이 타당하다. 현행 행정소송법은 신청권에 대응하는 처분 의무를 부작위의 요소로 규정하고 있고(제2조 제1항 제2호), 거부처분 개념은 부작위개념과 연결되어 있으므로 현행 행정소송법하에서는 신청권을 거부처분의 요건으로 보는 것이 타당하다. 또한, 신청권이 없는 경우 각하판결을 하여 본안심리를 할 필요없이 소송을 조기에 종결하여 법원의 소송부담을 줄일 수 있는 장점이 있다.

신청권은 실정법령의 규정에 의해 인정되기도 하고, 조리상 인정되기도 한다. **일반적으로 말하면 처분신청을 통해 보호받을 법적 이익이 있는 자에게는 명문의 규정이 없는 경우에도 조리상 신청권이 인정된다.**

거부처분의 처분성을 인정하기 위한 전제요건이 되는 신청권의 존부는 구체적 사건에서 신청인이 누구인가를 고려하지 않고 관계 법규의 해석에 의하여 일반 국민에게 그러한 신청권을 인정하고 있는가를 살펴 추상적으로 결정되는 것이고, 신청인이 그 신청에 따른 단순한 응답을 받을 권리를 넘어서 신청의 인용이라는 만족적 결과를 얻을 권리를 의미하는 것은 아니므로, 국민이 어떤 신청을 한 경우에 그 신청의 근거가 된 조항의 해석상 행정발동에 대한 개인의 신청권을 인정하고 있다고 보이면 그 거부행위는 항고소송의 대상이 되는 처분으로 보아야 하고, 구체적으로 그 신청이 인용될 수 있는가 하는 점은 본안에서 판단하여야 할 사항이다(대판 2009. 9. 10, 2007두20638: 금강수계 중 상수원 수질보전을 위하여 필요한 지역의 토지 등의 소유자가 국가에 그 토지 등을 매도하기 위하여 매수신청을 하였으나 유역환경청장 등이 매수거절의 결정을 한 사안에서 그 매수 거부행위가 항고소송의 대상이 되는 행정처분에 해당한다고 한 사례).

조리상 신청권의 인정 여부에 관한 판례는 다음과 같다.

i) 조리상 행정계획 등 변경신청권 인정 여부

일반 지역주민에게 도시관리계획에 대한 변경신청권을 인정할 수는 없지만, 행정계획변경신청을 거부하는 것이 실질적으로 당해 행정처분 자체를 거부하는 결과가 되는 경우, 또는 법률상 이해관계가 있는 주민(예 구속적 행정계획내 토지소유자, 이해관계있는 자로서 법률상 절차적 참가권이 인정되고 있는 자)인 경우에는 도시관리계획 등 구속적 행정계획에 대한 입안신청권 또는 변경신청권을 갖는다고 보아야 하고, 이것이 판례의 입장이다.

[판례 1] 판례는 원칙상 행정계획변경신청권을 인정하지 않는다. 즉, "도시계획과 같이 장기성·종합성이 요구되는 행정계획에 있어서는 그 계획이 일단 확정된 후에 어떤 사정의 변동이 있다고 하여 지역주민에게 일일이 그 계획의 변경을 청구할 권리를 인정해 줄 수도 없는 이치이므로 도시계획시설변경신청을 불허한 행위는 항고소송의 대상이 되는 행정처분이라고 볼 수 없다(대판 1984. 10. 23, 84누227).

[판례 2] 예외적으로 다음과 같은 경우 조리상 행정계획변경을 신청할 권리를 인정한다. ① 일정한 행정처분을 구하는 신청을 할 수 있는 법률상 지위에 있는 자의 행정계획변경신청을 거부하는 것이 실질적으로 당해 행정처분 자체를 거부하는 결과가 되는 경우(대판 2003. 9. 23, 2001두10936). 즉, 폐기물처리업허가를 받기 위해서는 용도지역을 변경하는 국토이용계획변경이 선행되어야 할 경우, 폐기물처리업허가를 신청하고자 하는 자는 국토이용계획변경을 신청할 권리를 갖는다. ② 구속적 행정계획내의 주민에게 조리상 해당 구속적 행정계획의 변경신청권 인정 여부. i) 도시계획구역 내 토지 등을 소유하고 있는 사람과 같이 당해 도시계획시설결정에 이해관계가 있는 주민으로서는 도시시설계획의 입안권자 내지 결정권자에게 도시시설계획의 입

안 내지 변경을 요구할 수 있는 법규상 또는 조리상의 신청권이 있다(대판 2015. 3. 26, 2014두42742[도시계획시설결정폐지신청거부처분취소]). ii) 군수가 도시관리계획 구역 내 토지 등을 소유하고 있는 주민의 납골시설에 관한 도시관리계획의 입안제안을 반려한 처분이, 항고소송의 대상이 되는 행정처분에 해당한다고 본 원심판단을 수긍한 사례(대판 2010. 7. 22, 2010두5745[도시관리계획입안제안신청반려처분취소]), 산업단지개발계획상 산업단지 안의 토지 소유자로서 산업단지개발계획에 적합한 시설을 설치하여 입주하려는 자는 산업단지지정권자 또는 그로부터 권한을 위임받은 기관에 대하여 산업단지개발계획의 변경을 요청할 수 있는 법규상 또는 조리상 신청권이 있고, 이러한 신청에 대한 거부행위는 항고소송의 대상이 되는 행정처분에 해당한다고 보아야 한다(대판 2017. 8. 29, 2016두44186[산업단지개발계획변경신청거부처분취소]). iii) 문화재보호구역 내의 토지소유자가 문화재보호구역의 지정해제를 신청하는 경우(대판 2004. 4. 27, 2003두8821). 〈해설〉 현행 국토계획법은 제26조는 주민(이해관계자를 포함한다.)은 도시·군관리계획을 입안할 수 있는 자에게 도시·군관리계획의 입안을 제안할 수 있고, 도시·군관리계획의 입안을 제안받은 자는 그 처리 결과를 제안자에게 알려야 한다고 규정하고 있는데, 이 경우 주민의 입안제안권은 거부처분의 요소가 되는 입안신청권과는 다르다고 보아야 한다. 대법원 판례에 따라 이해관계인(이해관계있는 주민 포함)에게만 거부처분의 요소가 되는 조리상 입안신청권이 있고, 그 신청에 대한 거부만이 처분성을 갖는 것으로 보아야 한다. 이해관계없는 일반 주민은 거부처분의 요소가 되는 행정계획변경신청권을 갖지 않는다고 보는 것이 타당하다. 일부 고등법원 판례(대구고법 2009. 9. 4, 2008누2126 등)와 같이 국토계획법 제26조의 주민의 입안제안권을 거부처분의 요소가 되는 도시·군관리계획 입안신청권(법령상 신청권)이라고 보더라도 이해관계인만을 원고적격의 요소인 법률상 이익(개인적 이익)이 있는 자로 보아야 하므로 이해관계없는 일반 주민은 입안제안거부처분을 다툴 법률상 이익이 없는 것으로 보는 것이 타당하다. 왜냐하면 공권(법률상 이익)이 인정되기 위해서는 강행법규성과 사익보호성이 있어야 하기 때문이다. 또한, 이해관계없는 주민의 입안제안거부처분에 대한 불복소송은 공익소송으로서 민중소송에 해당하는데, 민중소송이 인정되기 위해서는 개별법령의 근거가 있어야 한다.

ii) 조리상 임용신청권 인정 여부

판례에 따르면 공무원 임용(임명 또는 승진)에 대한 임용신청권을 일반적으로 인정할 수는 없지만, 임용될 것을 상당한 정도로 기대할 수 있는 지위에 있는 임용지원자에게는 조리상 임용신청권이 인정된다.

[판례 1] 판례는 조리상 검사임용신청권을 인정하면서 검사임용신청에 대한 거부의 처분성을 인정하였고(대판 1991. 2. 12, 90누5825), 기간제로 임용된 국·공립대학 교수에 대한 재임용거부의 처분성을 인정하였다(대판 전원합의체 2004. 4. 22, 2000두7735).

[판례 2] 판례는 원칙상 국·공립 대학교원 임용지원자에게 임용 여부에 대한 응답신청권을 인정하지 않지만(대판 2003. 10. 23, 2002두12489[교원임용거부처분취소]), 임용지원자가 당해 대학의 교원임용규정 등에 정한 심사단계 중 중요한 대부분의 단계를 통과하여 다수의 임용지원자 중 유일한 면접심사 대상자로 선정되는 등으로 장차 나머지 일부의 심사단계를 거쳐 대학교원으로 임용될 것을 상당한 정도로 기대할 수 있는 지위에 이르렀다면, 그러한 임용지원자는 임용에 관한 법률상 이익을 가진 자로서 임용권자에 대하여 나머지 심사를 공정하게 진행하여 그 심사에서 통과되면 대학교원으로 임용해 줄 것을 신청할 조리상의 권리가 있다고 보고, 그에 대한 교원신규채용 중단조치는 유일한 면접심사 대상자로서 임용에 관한 법률상 이익을 가지는 임용지원자에 대한 신규임용을 사실상 거부하는 종국적인 조치에 해당하는 것이므로 항고소송의 대상이 되는 행정처분이라고 보았다(대판 2004. 6. 11, 2001두7053[교원신규채용업무중단처분취소]).

[판례 3] 원심이 인정한 사실 및 기록에 의하면, 원고는 피고가 시행한 2001학년도 상반기 경북대학교 전임교원공개채용에서 사회과학대학 정치외교학과에 지원하여 교육공무원법(2000. 1. 28. 법률 제6211호로 개정된 것) 제11조, 교육공무원임용령(1999. 9. 30. 대통령령 제16564호로 개정된 것) 제4조의3 및 그 위임에 따른 경북대학교 교원임용규정 및 전임교원공개채용심사지침(이하 '이 사건 임용규정 등'이라 한다)이 정하

는 바에 따라 서류심사위원회, 학과심사위원회, 대학공채인사위원회의 각 심사를 최고득점자로 통과하였으나, 대학교공채조정위원회의 채용유보건의에 따라 2000. 10. 30. 피고로부터 교원임용을 거부한다는 통보(이하 '이 사건 통보'라 한다)를 받은 경우 원고로서는 피고에게 자신의 임용을 요구할 권리가 없을 뿐 아니라 단순한 임용지원자에 불과하여 임용에 관한 법률상 이익을 가진다고도 볼 수 없어, 임용 여부에 대한 응답을 신청할 법규상 또는 조리상 권리도 없다고 할 것이므로 이 사건 통보는 항고소송의 대상이 되는 행정처분에 해당하지 아니한다고 한 사례(대판 2003. 10. 23, 2002두12489[교원임용거부처분취소]). 〈해설〉 원고가 신규교원으로 임용되기 위하여는 이 사건 임용규정 등이 정하는 바에 따라 대학교공채조정위원회를 통과하여 면접대상자로 결정된 다음, 면접심사에 합격하여 임용예정자로 결정되고, 나아가 교육공무원법 제26조 제2항에 의한 대학인사위원회의 동의를 얻어 임용후보자가 되는 절차를 거쳐야 한다.

[판례 4] 4급 공무원이 당해 지방자치단체 인사위원회의 심의를 거쳐 3급 승진대상자로 결정되고 임용권자가 그 사실을 대내외에 공표까지 하였다면, 그 공무원은 승진임용에 관한 법률상 이익을 가진 자로서 임용권자에 대하여 3급 승진임용 신청을 할 조리상의 권리가 있다(대판 2008. 4. 10, 2007두18611[부작위위법확인의소]).

iii) 조리상 처분의 취소·철회·변경 신청권 인정 여부

판례는 **원칙상** 처분의 취소·철회·변경 신청권을 인정하지 않는다. 제소기간이 이미 도과하여 불가쟁력이 생긴 행정처분에 대하여는 개별 법규에서 그 변경을 요구할 신청권을 규정하고 있거나 관계 법령의 해석상 그러한 신청권이 인정될 수 있는 등 특별한 사정이 없는 한 국민에게 그 행정처분의 변경을 구할 신청권이 있다 할 수 없다(대판 2007. 4. 26, 2005두11104). 다만, **예외적으로** 신청인의 권익보호를 위해 행정청의 응답의무를 인정하여야 하는 경우에는 조리상 취소·철회·변경 신청권을 인정한다.

〈조리상 취소·철회·변경신청권을 인정하지 않은 사례〉

[판례 1] 직권취소를 할 수 있다는 사정만으로 이해관계인에게 처분청에 대하여 그 취소를 요구할 신청권이 부여된 것으로 볼 수는 없으므로 산림 복구설계승인 및 복구준공통보에 대한 이해관계인의 취소신청을 거부한 행위는 항고소송의 대상이 되는 행정처분에 해당하지 않는다(대판 2006. 6. 30, 2004두701).

[판례 2] [1] 공무원연금법은 재직 중인 공무원에 대해서만 재직기간 합산 신청을 허용하고 있는 것으로 해석된다. [2] 제소기간이 이미 도과하여 불가쟁력이 생긴 행정처분에 대하여는 개별 법규에서 변경을 요구할 신청권을 규정하고 있거나 관계 법령의 해석상 그러한 신청권이 인정될 수 있는 등 특별한 사정이 없는 한 국민에게 행정처분의 변경을 구할 신청권이 있다고 할 수 없다. [3] 공무원연금법의 해석상 이미 불가쟁력이 발생한 급여지급결정의 전제가 되는 재직기간의 정정 또는 재산정을 구할 신청권이 인정된다고 볼 수 없으므로, 재직기간의 정정 또는 재산정을 구하는 취지가 포함된 재직기간 합산신청이라 하여 일반적인 재직기간 합산신청과 달리 퇴직 후에도 허용된다고 볼 수는 없다(대판 2017. 2. 9, 2014두43264[공무원재직기간합산불승인처분취소]). 〈해설〉 원고들은 선택적으로, 공무원연금공단이 원고들에 대하여 한 재직기간합산 불승인처분을 각 취소하라는 취소소송과 원고들은 각 공무원재직기간에 상응한 퇴직연금을 받을 권리를 가진 자의 지위에 있음을 확인하라는 당사자소송을 제기하였다. 판례는 취소소송의 대상적격 즉 재직기간합산 불승인처분의 처분성을 인정하였는데, 재직기간합산 불승인은 거부행위이므로 신청권이 없으면 그 처분성을 부인하였어야 하는 것은 아닌지 의문이 든다. 퇴직후에도 조리상 재직기간합산 '신청권'은 있지만, 재직기간합산 '청구권'은 없다고 한다면 재직기간합산 불승인처분의 처분성을 인정하는 것이 논리적이다. 재직기간합산 '신청권'은 소송요건(처분성)의 문제이고, 재직기간합산 '청구권'은 본안문제이다.

[판례 3] 제소기간 경과로 이미 불가쟁력이 생긴 주택건설사사업계획승인상의 부관(처분청 소유의 토지를 유상으로 매입하도록 하는 부관)에 대해 그 변경을 요구하는 신청(위 토지를 무상으로 양도해 달라는 내용으

로 위 부관의 변경을 구하는 신청)을 하였으나 거부한 경우, 관련 법령에서 그러한 변경신청권을 인정하는 아무런 규정도 두고 있지 않을 뿐 아니라, 나아가 관계 법령의 해석상으로도 그러한 신청권이 인정된다고 볼 수 없으므로 원고들에게 이를 구할 법규상 또는 조리상의 신청권이 인정된다 할 수 없고, 그러한 이상 피고가 원고들의 이 사건 신청을 거부하였다 하여도 그 거부로 인해 원고들의 권리나 법적 이익에 어떤 영향을 주는 것은 아니라 할 것이므로 그 거부행위인 이 사건 통지는 항고소송의 대상이 되는 행정처분이 될 수 없다고 한 사례(대판 2007. 4. 26, 2005두11104).

[판례 4] 구 건축법(1999. 2. 8. 법률 제5895호로 개정되기 전의 것) 및 기타 관계 법령에 국민이 행정청에 대하여 제3자에 대한 건축허가의 취소나 준공검사의 취소 또는 제3자 소유의 건축물에 대한 철거 등의 조치를 요구할 수 있다는 취지의 규정이 없고, 같은 법 제69조 제1항 및 제70조 제1항은 각 조항 소정의 사유가 있는 경우에 시장·군수·구청장에게 건축허가 등을 취소하거나 건축물의 철거 등 필요한 조치를 명할 수 있는 권한 내지 권능을 부여한 것에 불과할 뿐, 시장·군수·구청장에게 그러한 의무가 있음을 규정한 것은 아니므로 위 조항들도 그 근거 규정이 될 수 없으며, 그 밖에 조리상 이러한 권리가 인정된다고 볼 수도 없다(대판 1999. 12. 7, 97누17568[건축허가 및 준공검사취소 등에 대한 거부처분취소]: 국민이 행정청에 대하여 제3자에 대한 건축허가와 준공검사의 취소 및 제3자 소유의 건축물에 대한 철거명령을 요구할 수 있는 법규상 또는 조리상 권리가 없다고 한 사례).

〈조리상 취소·철회·변경신청권을 인정한 사례〉

[판례 1] 행정청이 행한 공사중지명령의 상대방은 그 명령 이후에 그 원인사유가 소멸하였음을 들어 행정청에게 공사중지명령의 철회를 요구할 수 있는 조리상의 신청권이 있다 할 것이고, 상대방으로부터 그 신청을 받은 행정청으로서는 상당한 기간 내에 그 신청을 인용하는 적극적 처분을 하거나 각하 또는 기각하는 등의 소극적 처분을 하여야 할 법률상의 응답의무가 있다고 할 것이며, 행정청이 상대방의 신청에 대하여 아무런 적극적 또는 소극적 처분을 하지 않고 있는 이상 행정청의 부작위는 그 자체로 위법하다고 할 것이고, 구체적으로 그 신청이 인용될 수 있는지 여부는 소극적 처분에 대한 항고소송의 본안에서 판단하여야 할 사항이라고 할 것이다(대판 2005. 4. 14, 2003두7590; 2007. 5. 11, 2007두1811; 1997. 12. 26, 96두17745[공사중지명령철회신청거부처분위법확인]).

[판례 2] 건축주가 토지 소유자로부터 토지사용승낙서를 받아 그 토지 위에 건축물을 건축하는 대물적(對物的) 성질의 건축허가를 받았다가 그 착공에 앞서 건축주의 귀책사유로 해당 토지를 사용할 권리를 상실한 경우, (제3자에 대한) 건축허가의 존재로 말미암아 토지에 대한 소유권 행사에 지장을 받을 수 있는 토지 소유자로서는 그 건축허가의 철회를 신청할 수 있다고 보아야 한다. 따라서 토지 소유자의 위와 같은 신청을 거부한 행위는 항고소송의 대상이 된다(대판 2017. 3. 15, 2014두41190[건축허가철회신청거부처분취소의 소]).

[판례 3] 새만금사건에서 대법원은 조리상 공유수면매립면허처분 취소변경신청권을 인정할 것인지의 여부에 관한 논의없이 공유수면매립면허처분 취소변경거부처분의 위법 여부를 판단하고 있는 점에 비추어 인근주민에게 조리상 공유수면매립면허처분 취소변경신청권을 인정한 것으로 보인다(대판 전원합의체 2006. 3. 16, 2006두330〈새만금사건〉: 새만금간척종합개발사업을 위한 공유수면매립면허 및 사업시행인가처분의 취소신청에 대하여 처분청이 구 공유수면매립법 제32조 제3호에 의한 취소권의 행사를 거부한 경우, 그 사업목적상의 사정변경, 농지의 필요성에 대한 사정변경, 경제적 타당성에 대한 사정변경, 수질관리상의 사정변경, 해양환경상의 사정변경이 위 개발사업을 중단하여야 할 정도로 중대한 사정변경이나 공익상 필요가 있다고 인정하기에 부족하다고 본 원심의 판단을 수긍한 사례). 〈평석〉 공유수면매립면허처분 등의 철회·변경에 대한 조리상 신청권이 인정됨을 전제로 취소·변경의무가 있는지 여부(공유수면매립면허처분 등의 철회·변경을 요구할 만한 중대한 사정변경의 발생 여부 또는 공익상 필요 여부)를 논하고 있다. 원심판결에서는 환경영향평가 대상지역 안에 거주하는 주민에게 공유수면매립면허의 처분청에 대하여 공유수면매립법 제32조에서 정한 공유수면매립면허의 취소·변경 등의 사유가 있음을 내세워 그 면허의 취소·변경을 요구할 조리상의 신청권이 인정된다고 명시적으로 판단하고 있다(서울고법 2005. 12. 21, 2005누4412). 〈평석〉 처분의 취소변경을 구할 법적 이익이 있는 자에게는 조리상 처분취소·변경신청권을 인정하여야 할 것이다.

[판례 4] 개발사업시행자가 납부한 개발부담금 중 그 부과처분 후에 납부한 학교용지부담금에 해당하는 금액에 대하여는 조리상 개발부담금 부과처분의 취소나 변경 등 개발부담금의 환급에 필요한 처분을 할 것을 신청할 권리가 인정되므로, 그 부분 환급을 거절한 행위는 행정처분에 해당한다고 판단한 사례(대판 2016. 1. 28, 2013두2938[개발부담금환급거부취소]).

[판례 5] 광업법 제34조 제2항(산업통상자원부장관은 국가중요건설사업지 또는 그 인접 지역의 광업권이나 광물의 채굴이 국가중요건설사업에 지장을 준다고 인정할 때에는 광업권의 취소 또는 그 지역에 있는 광구의 감소처분을 할 수 있다.)이 공공의 이익을 보호하기 위한 규범에 해당함과 동시에 광업권자의 이익을 보호하기 위한 보호규범에도 해당하고, 이 사건 사업으로 인하여 광업권(채굴권)의 행사를 제한받고 있는 원고들은 그러한 제한이 광업법 제44조가 정하는 광업권의 내재적 한계를 초과하여 피고에게 광구감소처분을 신청할 법규상 또는 조리상 신청권이 있다는 이유로, 피고가 원고들의 광업법 제34조 제2항에 따른 광업권 취소처분 또는 광구 감소처분 신청을 거부한 피고의 회신(이하 '이 사건 처분'이라고 한다)을 항고소송의 대상이 되는 처분에 해당한다고 판시한 원심을 인정한 사례(대판 2023. 6. 29, 2022두59592).

② 거부의 의사표시가 있어야 한다. 거부의 의사표시는 묵시적일 수도 있다. 법령상 일정한 기간이 지났음에도 가부간의 처분이 없는 경우 거부가 의제되는 경우도 있다.

[판례 1] 검사 지원자 중 한정된 수의 임용대상자에 대한 임용결정만을 하는 경우 임용대상에서 제외된 자에 대하여 임용거부의 소극적 의사표시를 한 것으로 보아야 한다(대판 1991. 2. 12, 90누5825[검사임용거부처분취소]).

[판례 2] 행정청의 어떠한 조치가 이와 같이 신청에 대한 거부처분에 해당한다고 보기 위해서는 행정청의 종국적이고 실질적인 거부의 의사결정이 권한 있는 기관에 의하여 외부로 표시되어 신청인이 이를 알 수 있는 상태에 다다른 것으로 볼 수 있어야 한다(대법원 1990. 9. 25. 선고 89누4758 판결, 대법원 2005. 8. 19. 선고 2005두425 판결 등 참조). 서울대공원 시설을 기부채납한 사람이 무상사용기간 만료 후 확약 사실에 근거하여 10년 유상사용 등의 허가를 구하는 확정적인 취지의 신청을 한 사안에서, 서울대공원 관리사업소장이 그 신청서를 반려하고 조건부 1년의 임시사용허가처분을 통보한 것은 사실상 거부처분에 해당한다고 한 사례(대판 2008. 10. 23, 2007두6212,6229[유상사용허가거부처분취소]). 〈해설〉 그러나, 원심은 최대 1년의 임시사용허가처분을 한 것은 원고의 위 신청에 대한 검토를 마칠 때까지의 임시적인 작위처분에 불과하여 이를 거부처분으로 볼 수는 없어 이 사건 항고소송으로 취소를 구할 거부처분은 존재하지 아니하고, 다만 원고의 2004. 3. 9.자 신청에 대해 상당한 기간이 지난 원심 변론 종결 시까지 아무런 처분을 하지 아니한 것은 법률상의 응답의무를 위반한 위법한 부작위에 해당하여 원고에게는 그 확인을 구할 이익이 있다고 판단하였다.

③ 거부된 공권력 행사가 처분성을 가져야 한다. 달리 말하면 처분인 공권력 행사의 거부이어야 한다. 따라서, 국유잡종재산의 대부신청의 거부(대판 1998. 9. 22, 98두7602)는 처분이 아니다.

④ 거부행위가 신청인의 권익에 직접적 영향을 미쳐야 한다.

[판례] 건축물대장의 작성은 건축물의 소유권을 제대로 행사하기 위한 전제요건으로서 건축물 소유자의 실체적 권리관계에 밀접하게 관련되어 있으므로 건축물대장 소관청의 작성신청 반려행위는 국민의 권리관계에 영향을 미치는 것으로서 항고소송의 대상이 되는 행정처분에 해당한다(대판 2009. 2. 12, 2007두17359).

9) 부 관

행정행위의 부관(附款)은 부담의 경우를 제외하고는 독립하여 행정소송의 대상이 될 수 없다는 것이 판례의 입장이다(대판 1993. 10. 8, 93누2032[공유수면매립공사준공인가처분취소]).

10) 반복된 행위[2021 변시]

① 침해적 행정처분이 내려진 후에 내려진 동일한 내용의 반복된 침해적 행정처분은 처분이 아니다.

[판례 1] 행정대집행법상의 건물 철거의무는 제1차 철거명령 및 계고처분으로서 발생하였고, 제2차, 제3차의 계고처분은 새로운 철거의무를 부과한 것이 아니고 다만 대집행기한의 연기 통지에 불과하므로 행정처분이 아니다(대판 1994. 10. 28, 94누5144[건축물자진철거계고처분취소]).

[판례 2] 지방병무청장이 보충역 편입처분을 받은 자에 대하여 복무기간을 정하여 공익근무요원 소집통지를 한 이상 그것으로써 공익근무요원으로서의 복무를 명하는 병역법상의 공익근무요원 소집처분이 있었다고 할 것이고, 그 후 지방병무청장이 공익근무요원 소집대상자의 원에 의하여 또는 직권으로 그 기일을 연기한 다음 다시 공익근무요원 소집통지를 하였다고 하더라도 이는 최초의 공익근무요원 소집통지에 관하여 다시 의무이행기일을 정하여 알려 주는 연기통지에 불과한 것이므로, 이는 항고소송의 대상이 되는 독립한 행정처분으로 볼 수 없다(대판 2005. 10. 28, 2003두14550[공익근무요원소집처분취소]).

② 그러나, 수익적 행정처분을 구하는 신청에 대한 거부처분이 있은 후 당사자가 다시 신청을 한 경우에는 신청의 제목 여하에 불구하고 그 내용이 새로운 신청을 하는 취지라면 관할 행정청이 이를 다시 거절하는 것은 새로운 거부처분이라고 보아야 한다. 그리고 거부처분에 대한 이의신청의 내용이 새로운 신청을 하는 취지로 볼 수 있는 경우에는, 그 이의신청에 대한 기각결정(거부결정)의 통보를 새로운 처분으로 볼 수 있다. 이 경우 행정심판 및 행정소송의 제기기간은 각 새로운 거부 처분을 기준으로 진행된다고 보고 있다(대판 1992. 10. 27, 92누1643; 2019. 4. 3, 2017두52764). 따라서, 판례에 의하면 거부처분에 대한 제소기간이 경과한 뒤에도 동일한 내용의 신청을 다시 하여 그에 대하여 행정청의 거부처분이 행해지면 당해 거부처분은 독립된 새로운 처분이므로 그 거부처분에 대하여 소를 제기할 수 있다.

[판례 1] [1] 甲의 공익사업시행자인 한국토지주택공사에 대한 이주자택지 공급대상자 선정 신청에 대한 이주대책 대상에서 제외하는 결정·통보(이하 '1차 결정'이라고 한다)에 대해 갑이 증빙자료를 추가하여 한 이의신청을 새로운 신청으로 보고, 이의신청을 받아들이지 않고 여전히 원고를 이주대책 대상에서 제외한다고 한 이의신청 불수용결정·통보(이하 '2차 결정'이라고 한다)를 1차 결정과 별도로 행정심판 및 취소소송의 대상이 되는 '처분'(거부처분)으로 본 사례. [2] 이 사건에서 피고 공사가 원고에게 2차 결정을 통보하면서 '2차 결정에 대하여 이의가 있는 경우 2차 결정 통보일부터 90일 이내에 행정심판이나 취소소송을 제기할 수 있다.'는 취지의 불복방법 안내를 하였던 점을 보면, 피고 공사 스스로도 2차 결정이 행정절차법과 행정소송법이 적용되는 처분에 해당한다고 인식하고 있었음을 알 수 있고, 그 상대방인 원고로서도 2차 결정이 행정쟁송의 대상인 처분이라고 인식하였을 수밖에 없다고 보인다. 이와 같이 불복방법을 안내한 피고 공사가 이 사건 소가 제기되자 '처분성'이 인정되지 않는다고 본안전항변을 하는 것은 신의성실원칙(행정절차법 제4조)에도 어긋난다(대법원 2020. 4. 9. 선고 2019두61137 판결 참조)(대판 2021. 1. 14, 2020두50324). 〈해설〉 원심은, ① 원고의 이의신청은 당초의 신청과 별개의 새로운 신청으로 보기 어렵고, ② 원고가 1차 결정에 대하여 이의신청을 할 당시에 1차 결정에 대하여 행정심판이나 취소소송을 제기할 수 있었으며, ③ 2차 결정은 1차 결정의 내용을 그대로 유지한다는 취지로서 이는 원고의 권리·의무에 어떠한 새로운 변동을 초래하지 아니할 뿐만 아니라, ④ 이 사건에 신뢰보호의 원칙이 적용된다고 볼 수도 없다는 등의 이유로, 2차 결정을 1차 결정과 별도로 행정쟁송의 대상이 되는 처분으로 볼 수 없다고 판단하였다.

[판례 2] 관계 법령이나 행정청이 사전에 공표한 처분기준에 신청기간을 제한하는 특별한 규정이 없는 이상 재신청을 불허할 법적 근거가 없으며, 설령 신청기간을 제한하는 특별한 규정이 있더라도 **재신청이 신청기간을 도과하였는지는 본안에서 재신청에 대한 거부처분이 적법한가를 판단하는 단계에서 고려할 요소이지, 소송요건 심사단계에서 고려할 요소가 아니다**(대판 2021. 1. 14, 2020두50324).

③ 절차상 또는 형식상 하자로 인하여 무효인 행정처분이 있은 후 행정청이 관계 법령에서 정한 절차 또는 형식을 갖추어 다시 동일한 행정처분을 하였다면 당해 행정처분은 종전의 무효인 행정처분과 관계없이 새로운 행정처분이라고 보아야 한다(대판 2007. 12. 27, 2006두3933; 2014. 3. 13, 2012두1006).

11) 변경처분의 경우

변경처분에는 소극적 변경처분(일부취소)과 적극적 변경처분이 있다.

가. 감액처분의 경우 행정청이 금전부과처분(당초의 처분)을 한 후 감액처분을 한 경우에는 감액처분은 일부취소처분의 성질을 가지므로 감액처분이 항고소송의 대상이 되는 것이 아니며 **처음의 부과처분 중 감액처분에 의하여 취소되지 않고 남은 부분(당초의 처분)**이 항고소송의 대상이 된다.

[판례] [1] 감액처분으로도 아직 취소되지 않고 남아 있는 부분이 위법하다 하여 다투고자 하는 경우, 감액처분을 항고소송의 대상으로 할 수는 없고, 당초 징수결정 중 감액처분에 의하여 취소되지 않고 남은 부분을 항고소송의 대상으로 할 수 있을 뿐이며, 그 결과 제소기간의 준수 여부도 감액처분이 아닌 당초 처분을 기준으로 판단해야 한다. [2] 감액처분은 감액된 징수금 부분에 관해서만 법적 효과가 미치는 것으로서 당초 징수결정과 별개 독립의 징수금 결정처분이 아니라 그 실질은 처음 징수결정의 변경이고, 그에 의하여 징수금의 일부취소라는 징수의무자에게 유리한 결과를 가져오는 처분이므로 징수의무자에게는 그 취소를 구할 소의 이익이 없다(대판 2012. 9. 27, 2011두27247[부당이득금부과처분취소]; 2008. 2. 15, 2006두3957[과징금납부명령무효확인 등]).

감액처분의 경우에도 처분사유가 바뀐 경우에는 감액처분을 새로운 처분으로 보고 당초처분은 취소된 것으로 보아야 한다.

나. 증액처분의 경우 증액처분의 경우에 당초의 처분은 증액처분에 흡수되어 소멸되므로 **증액처분**이 항고소송의 대상이 된다.

[판례 1] 국세기본법 제22조의2의 시행 이후에도 증액경정처분이 있는 경우, 당초 신고나 결정은 증액경정처분에 흡수됨으로써 독립한 존재가치를 잃게 된다고 보아야 하므로, 원칙적으로는 당초 신고나 결정에 대한 불복기간의 경과 여부 등에 관계없이 증액경정처분만이 항고소송의 심판대상이 되고(흡수설), 납세의무자는 그 항고소송에서 당초 신고나 결정에 대한 위법사유도 함께 주장할 수 있다(대판 2009. 5. 14, 2006두17390[종합소득세등부과처분취소]). 〈해설〉 조세부과처분의 경우에는 국세기본법 제22조의2 제1항에서 "세법에 따라 당초 확정된 세액을 증가시키는 경정(更正)은 당초 확정된 세액에 관한 이 법 또는 세법에서 규정하는 권리·의무관계에 영향을 미치지 아니한다."라고 규정하고 있으므로 불가쟁력이 발생하여 확정된 당초 신고나 결정에서의 세액에 관하여는 취소를 구할 수 없고, 증액경정처분에 의해 증액된 세액을 한도로 취소를 구할 수 있을 뿐이다(대판 2011. 4. 14, 2008두22280).

[판례 2] 증액경정처분이 있는 경우 당초처분은 증액경정처분에 흡수되어 소멸하고, 소멸한 당초처분의 절차적 하자는 존속하는 증액경정처분에 승계되지 아니한다(대판 2010. 6. 24, 2007두16493).

다. 적극적 변경처분의 경우[2013, 2025 행시(일반)] 처분청이 **직권으로** 제재처분을 **적극적으로 감경·변경한 경우**(예 허가취소처분을 영업정지처분으로 변경한 경우, 영업정지처분을 과징금부과처분으로 변경한 경우)에는 당초 처분을 전부 변경하는 경우와 당초 처분을 일부만 변경하는 경우가 있다.

당초처분을 **전부 변경**하는 적극적 변경처분의 경우 당초 처분은 효력을 상실하므로 변경처분을 대상으로 항고소송을 제기하여야 한다. 이 경우 변경처분취소소송의 제소기간은 변경처분시를 기준으로 한다.

다만, 선행처분의 내용 중 **일부**만을 소폭 **변경**하는 정도에 불과한 경우(대판 2012. 10. 11, 2010두12224) 또는 당초처분과 동일한 요건과 절차가 요구되지 않는 경미한 사항에 대한 변경처분과 같이 분리가능한(가분적인) 일부변경처분의 경우(대판 2010. 12. 9, 2009두4555)에는 선행처분이 소멸한다고 볼 수 없다(대판 2012. 10. 11, 2010두12224). 이 경우 선행처분과 후행변경처분을 별도로 다툴 수 있고, 후행처분 취소소송의 제소기간 준수여부는 후행변경처분을 기준으로 판단하여야 한다. 선행처분의 취소를 구하는 소를 제기한 후 후행처분의 취소를 구하는 청구를 추가하여 청구를 변경하였다면 후행처분에 관한 제소기간 준수 여부는 청구변경 당시를 기준으로 판단하여야 한다(대판 2012. 12. 13, 2010두20782, 2010두20799(병합)).

[판례 1] [1] **종전 처분을 변경하는 내용의 후속처분이 있는 경우, 항고소송의 대상:** 기존의 행정처분을 변경하는 내용의 행정처분이 뒤따르는 경우(처분 변경의 경우), 후속처분이 종전처분을 완전히 대체하는 것이거나 그 주요 부분을 실질적으로 변경하는 내용인 경우(전부변경의 경우)에는 특별한 사정이 없는 한 종전처분은 그 효력을 상실하고 후속처분만이 항고소송의 대상이 되지만(대법원 2012. 10. 11. 선고 2010두12224 판결 등 참조), 후속처분의 내용이 종전처분의 유효를 전제로 그 내용 중 일부만을 추가·철회·변경하는 것이고 그 추가·철회·변경된 부분이 그 내용과 성질상 나머지 부분과 불가분적인 것이 아닌 경우(일부변경의 경우)에는, 후속처분에도 불구하고 종전처분이 여전히 항고소송의 대상이 된다고 보아야 한다. 따라서 종전처분을 변경하는 내용의 후속처분이 있는 경우 법원으로서는, 후속처분의 내용이 종전처분 전체를 대체하거나 그 주요 부분을 실질적으로 변경하는 것인지, 후속처분에서 추가·철회·변경된 부분의 내용과 성질상 그 나머지 부분과 가분적인지 등을 살펴 항고소송의 대상이 되는 행정처분을 확정하여야 한다. [2] 종전 영업시간 제한(0시부터 8시까지 제한) 및 의무휴업일 지정(매달 둘째, 넷째 주 일요일을 의무휴업일로 지정) 처분의 내용 중 영업시간 제한 부분만을 일부 변경하는 후속처분(영업시간 제한만을 0시부터 8시까지 제한에서 0시부터 10시로 제한하는 후속처분)이 있는 경우, 후속처분에도 불구하고 종전 처분도 여전히 항고소송의 대상이 된다. [3] 후속처분은 종전처분 전체를 대체하거나 그 주요 부분을 실질적으로 변경하는 내용이 아니라, 의무휴업일 지정 부분을 그대로 유지한 채 영업시간 제한 부분만을 일부 변경하는 것으로서, 후속처분에 따라 추가된 영업시간 제한 부분은 그 성질상 종전처분과 가분적인 것으로 여겨지므로 후속처분으로 종전처분이 소멸하였다고 볼 수는 없고, 종전처분과 그 유효를 전제로 한 후속처분이 병존하면서 위 원고들에 대한 규제 내용을 형성한다고 할 것이다. 그러므로 이와 다른 전제에서 2014. 8. 25.자 처분에 따라 종전처분이 소멸하여 그 효력을 다툴 법률상 이익(소의 이익)이 없게 되었다는 취지의 피고 동대문구청장의 이 부분 상고이유 주장은 이유 없다(대판 전원합의체 2015. 11. 19, 2015두295[대형마트영업시간제한등처분취소]).

[판례 2] [1] **선행처분의 내용을 변경하는 후행처분이 있는 경우, 선행처분의 효력 존속 여부:** 선행처분의 주요 부분을 실질적으로 변경하는 내용으로 후행처분을 한 경우에 선행처분은 특별한 사정이 없는 한 그 효력을 상실하지만(전부변경의 경우), 후행처분이 있었다고 하여 일률적으로 선행처분이 존재하지 않게 되는 것은 아니고 선행처분의 내용 중 일부만을 소폭 변경하는 정도에 불과한 경우에는 선행처분이 소멸한다고 볼 수 없다(일부변경의 경우). [2] **선행처분이 후행처분에 의하여 변경되지 아니한 범위 내에서 존속하고 후행처**

분은 선행처분의 내용 중 일부를 변경하는 범위 내에서 효력을 가지는 경우에 있어서 선행처분의 취소를 구하는 소를 제기한 후 후행처분의 취소를 구하는 청구를 추가하여 청구를 변경하는 경우, 후행처분에 관한 제소기간 준수 여부의 판단 기준시기: 선행처분이 후행처분에 의하여 변경되지 아니한 범위 내에서 존속하고 후행처분은 선행처분의 내용 중 일부를 변경하는 범위 내에서 효력을 가지는 경우에, 선행처분의 취소를 구하는 소를 제기한 후 후행처분의 취소를 구하는청구를 추가하여 청구를 변경하였다면 후행처분에 관한 제소기간 준수 여부는 청구변경 당시를 기준으로 판단하여야 하나, 선행처분에만 존재하는 취소사유를 이유로 후행처분의 취소를 청구할 수는 없다(대판 2012. 12. 13, 2010두20782, 20799).

[판례 3] [정부출연금 전액환수 및 참여제한에 관한 2차 통지의 취소를 구하는 사건] [1] 구 중소기업 기술혁신 촉진법 제31조, 제32조에 따른 정부출연금 전액환수 및 참여제한에 관한 1차 통지가 이루어진 뒤, 원고들의 이의신청에 따라 재심의를 거쳐 2차 통지가 이루어진 경우에 원심은 2차 통지가 1차 통지에 대한 원고들의 이의신청을 받아들이지 아니한다는 사실을 안내하는 취지로서, 1차 통지를 그대로 유지함을 전제로 피고의 업무처리 적정 및 원고들의 편의를 위한 조치에 불과하므로 원고들의 권리·의무에 직접적인 변동을 초래하지 않아 행정처분에 해당하지 않는다고 판단하였지만, 대법원은, 이 사건 2차 통지는 선행처분인 이 사건 1차 통지의 주요 부분을 실질적으로 변경한 새로운 처분으로서 항고소송의 대상이 된다고 봄이 타당하다고 하면서 2차 통지의 처분성 인정하고 원심판결을 파기환송한 사례. [2] 그 주요 구체적인 이유는 다음과 같다. 1) 우선 이 사건 1차 통지는 제재적 행정처분이 가지는 외관을 모두 갖춘 것으로 국민의 권리·의무에 직접적으로 영향을 미치는 공권력의 행사로서 처분에 해당한다. 2) 이 사건 2차 통지는 이 사건 1차 통지의 주요 부분을 실질적으로 변경하는 새로운 처분으로 볼 수 있고, 따라서 이 사건 2차 통지로 인하여 선행처분인 이 사건 1차 통지는 소멸하였다고 봄이 타당하다. 2차 통지서에는 제재조치위원회에서 심의한 결과를 통지한다는 취지로 기재되어 있는데, 그 문언상 종전 통지와 별도로 심의·의결하였다는 내용임이 명백하다. 또한 이는 단순히 이의신청을 받아들이지 않는다는 내용에 그치는 것이 아니라, 이의신청의 내용을 기초로 원고들에 대한 제재사유의 존부 및 제재의 내용에 대하여 다시 심의한 결과에 따라 참여제한 및 환수처분을 한다는 내용을 알리는 것이므로, 새로운 제재조치의 통지에 해당한다고 볼 수 있다. 또한 참여제한기간이 '2019. 7. 19.부터 2022. 7. 18.까지'에서 '2019. 11. 8.부터 2022. 11. 7.까지'로, 환수금 납부기한이 '2019. 8. 2.까지'에서 '2019. 11. 18.까지'로 각 변경되었다. 3) 피고는 이 사건 1차 통지일로부터 90일이 지난 시점에 원고들에게 이 사건 2차 통지를 하면서 다시 행정심판 또는 행정소송에 의한 불복방법을 고지하였다. 이에 비추어 보면, 피고도 이 사건 2차 통지가 항고소송의 대상이 되는 처분에 해당한다고 인식하고 있었다고 할 것이다. 4) 또한 위와 같이 이 사건 1차 통지와 이 사건 2차 통지 각각에 대하여 행정소송 등 불복방법에 관한 고지를 받은 당사자로서는 당초의 이 사건 1차 통지에 대해서는 이의신청을 하여 재심의를 받거나 곧바로 행정소송 등을 제기하는 방법 중에서 선택할 수 있다고 이해하게 될 것이고, 그중 이의신청을 한 당사자가 그에 따른 재심의 결과에 대하여 따로 행정소송 등을 제기하여 다툴 수 있을 것으로 기대한다고 하여 이를 잘못이라고 할 수는 없다. 그러므로 피고가 이 사건 2차 통지를 하면서 그에 대한 행정소송 등을 처분이 있음을 알게 된 날부터 90일 내에 제기할 수 있다고 명시적으로 안내한 것은 그 상대가 된 원고들에 대하여 신뢰의 대상이 되는 공적인 견해를 표명한 것에 해당한다 할 것이므로 행정상 법률관계에서의 신뢰보호의 원칙에 비추어 보더라도 이 사건 2차 통지는 항고소송의 대상이 되는 처분이라고 봄이 상당하다(대판 2022. 7. 28, 2021두60748[정부출연금전액환수 등 처분취소청구]).

12) 신고의 수리 또는 수리거부행위 [2011 행시(재경직), 2015 사시]

자기완결적 신고는 신고의 요건을 갖춘 신고만 하면 신고의무를 이행한 것이 되고, 행정청이 신고의 수리(엄밀히 말하면 접수)를 거부하더라도 원칙상 이 수리의 거부는 행정처분이 아닌 사실행위이므로 취소소송으로 다툴 수 없다. 그러나, 자기완결적 신고 중 건축신고 등 신고가 반려될 경우 당해 신고의 대상이 되는 행위를 하면 시정명령, 이행강제금, 벌금의 대상이 되는 등 신고인이 법적 불이익을 받을 위험이 있는 경우에 그 거부는 처분에 해당한다(판례).

'수리를 요하는 신고'의 수리와 그 거부는 학문상 행정행위인 수리행위와 그 거부로서 행정소송법상 처분이다.

법령상 신고사항이 아닌 사항의 신고의 수리는 처분이 아니다(대판 2005. 2. 25, 2004두4031[납골시설등설치신고반려처분취소]).

13) 사법(私法)행위와 처분[2021 변시]

행정청의 일방적 결정이 처분인지 사법행위인지가 다투어지는 경우가 있다. 이는 공법행위와 사법행위의 구별문제이다.

판례는 국유 잡종재산(일반재산)의 매각, 대부행위(대판 1993. 12. 21, 93누13735),[6] 공사도급계약 등은 국가가 사경제주체로서 상대방과 대등한 위치에서 행하는 사법상의 법률행위라고 보고 있다. 그러나, 판례는 국유재산법 제51조 소정의 국유재산 무단점유자에 대한 변상금부과처분은 행정소송의 대상이 되는 행정처분이라고 보았다(대판 1988. 2. 23, 87누1046). 또한, 판례는 행정재산의 사용·수익허가나 그에 따른 사용료부과처분을 행정소송법상의 처분으로 보고 있다(대판 1998. 2. 27, 97누1105[공유재산대부신청반려처분무효확인]).

기부채납이란 지방자치단체 외의 자가 부동산 등의 소유권을 무상으로 지방자치단체에 이전하여 지방자치단체가 이를 취득하는 것으로서, 기부자가 재산을 지방자치단체의 공유재산으로 증여하는 의사표시를 하고 지방자치단체가 이를 승낙하는 채납의 의사표시를 함으로써 성립하는 사법상 증여계약에 해당한다(대판 2022. 4. 28, 2019다272053).

판례는 법령에 근거한 입찰참가자격제한조치, 법령이나 계약의 근거가 없이 내부규정에 근거한 일방적인 입찰참가자격제한조치를 처분으로 보고 있다. 이에 반하여 계약(공법상 계약 또는 사법상 계약)에 근거한 입찰참가자격제한은 처분이 아니고, 계약상의 의사표시(공법상 의사표시 또는 사법상 의사표시)로 본다. 조달계약에서의 낙찰적격자 심사에 있어서 내부규정에 근거한 감점통보조치도 처분이 아니라 계약사무처리상 사법상 통지행위로 본다. 다만, 계약(사법상 계약)에 근거한 것이라도 조달청이 한 나라장터 종합쇼핑몰거래정지조치는 국가, 지방자치단체 및 공공기관 등 여러 기관에 대한 조달 참가를 제한하는 것이므로 처분으로 보았다.

[판례 1] 국가를 당사자로 하는 계약에 관한 법률 제27조 또는 지방자치단체를 당사자로 하는 계약에 관한 법률 제31조에 의하여 국가의 각 중앙관서의 장 또는 지방자치단체의 장이 한 부정당업자의 입찰참가자격제한조치는 제재적 성격의 권력적 행위로서 처분이다(대판 1996. 12. 20, 96누14708; 1999. 3. 9, 98두18565[부정당업자제재처분취소]).

[판례 2] **법령(공공기관의 운영에 관한 법률 제39조 제2항, 제3항)에 근거한 공기업·준정부기관이 행하는 입찰참가자격 제한처분은 처분에 해당**(대판 2014. 11. 27, 2013두18964[부정당업자제재처분취소]: 실제로 법령에 근거한 한국전력공사의 입찰참가자격 제한처분의 처분성을 인정하고, 본안에 들어가 본안판단을 한 사례). 〈해설〉 공공기관의 운영에 관한 법률 제39조 제2항, 제3항은, 공기업·준정부기관은 공정한 경쟁이나

6) 김태우, "국유림 대부료 납입고지가 행정소송의 대상인지 여부", 『대법원판례해설』, 법원행정처 편, 서울 법원행정처, 제20호(1993년 하반기 1994. 5), 220면; 대판 1995. 7. 12, 94누5281; 1993. 12. 7, 91누11612.

계약의 적정한 이행을 해칠 것이 명백하다고 판단되는 사람·법인 또는 단체 등에 대하여 2년의 범위 내에서 일정기간 입찰참가자격을 제한할 수 있고, 그 제한기준 등에 관하여 필요한 사항은 기획재정부령으로 정하도록 하고 있다. 공공기관의 운영에 관한 법률상 '기타 공공기관'은 입찰참가제한처분을 할 법적 근거가 없다.

[판례 3] 공기업인 한국수력원자력 주식회사가 거래상대방인 원고의 입찰담합행위를 이유로 공공기관의 운영에 관한 법률에 따른 2년의 입찰참가자격제한처분을 하였음에도, 이와 별도로 피고의 내부규정(행정규칙)에 근거하여 10년의 거래제한조치를 한 사건 [1] 한국수력원자력 주식회사는 공공기관운영법 제5조 제3항 제1호에 따라 '시장형 공기업'으로 지정·고시된 '공공기관'인데, 공공기관운영업 제39조 제2항에 따라 입찰참가자격제한처분을 할 수 있는 권한을 부여받았으므로 제2조 제2항의 '법령에 따라 행정처분권한을 위임받은 공공기관'으로서 행정청에 해당한다. [2] 공기업인 한국수력원자력 주식회사의 내부규정(공급자관리지침)에 근거한 공급자등록취소 및 거래제한조치는 항고소송의 대상인 '처분'에 해당한다. [3] 계약에 따른 제재조치는 처분이 아니다: 계약당사자 사이에서 계약의 적정한 이행을 위하여 일정한 계약상 의무를 위반하는 경우 계약해지, 위약벌이나 손해배상액 약정, 장래 일정 기간의 거래제한 등의 제재조치를 약정하는 것은 상위법령과 법의 일반원칙에 위배되지 않는 범위에서 허용되며, 그러한 계약에 따른 제재조치는 법령에 근거한 공권력의 행사로서의 제재처분과는 법적 성질을 달리한다(대법원 2014. 12. 24. 선고 2010다83182 판결). 그러나 공공기관의 어떤 제재조치가 계약에 따른 제재조치에 해당하려면 일정한 사유가 있을 때 그러한 제재조치를 할 수 있다는 점을 공공기관과 그 거래상대방이 미리 구체적으로 약정하였어야 한다. 공공기관이 여러 거래업체들과의 계약에 적용하기 위하여 거래업체가 일정한 계약상 의무를 위반하는 경우 장래 일정 기간의 거래제한 등의 제재조치를 할 수 있다는 내용을 계약특수조건 등의 일정한 형식으로 미리 마련하였다고 하더라도, 「약관의 규제에 관한 법률」 제3조에서 정한 바와 같이 계약상대방에게 그 중요 내용을 미리 설명하여 계약내용으로 편입하는 절차를 거치지 않았다면 계약의 내용으로 주장할 수 없다. [4] 피고(한국수력원자력 주식회사)의 내부 규정(행정규칙)에 근거한 10년간의 거래제한조치가 항고소송의 대상인 '처분'에 해당하며, 나아가 행정청인 피고가 이미 「공공기관의 운영에 관한 법률」(이하 '공공기관운영법') 제39조 제2항에 따라 2년의 입찰참가자격제한처분을 받은 원고에 대하여 다시 법률상 근거 없이 자신이 만든 행정규칙에 근거하여 공공기관운영법 제39조 제2항에서 정한 입찰참가자격제한처분의 상한인 2년을 훨씬 초과하여 10년간 거래제한조치를 추가로 하는 것은 제재처분의 상한을 규정한 공공기관운영법에 정면으로 반하는 것이어서 그 하자가 중대·명백하다(대판 2020. 5. 28, 2017두66541).

[판례 4] 행정소송의 대상이 되는 행정처분과 사법상의 효력을 가지는 통지행위의 구별기준: 피고가 조달계약에서의 낙찰적격자 심사에 있어서 원고에 대하여 한 이 사건 감점통보조치는 행정청이나 그 소속 기관 또는 그 위임을 받은 공공단체의 공법상의 행위가 아니라 장차 그 대상자인 원고가 피고가 시행하는 입찰에 참가하는 경우에 그 낙찰적격자 심사 등 계약 사무를 처리함에 있어 피고 내부규정인 이 사건 세부기준에 의하여 종합취득점수의 10/100을 감점하게 된다는 뜻의 사법상의 효력을 가지는 통지행위에 불과하다 할 것이고, 또한 피고의 이와 같은 통지행위가 있다고 하여 원고에게 공공기관의 운영에 관한 법률 제39조 제2항, 제3항, 구 공기업·준정부기관 계약사무규칙 제15조에 의한 국가, 지방자치단체 또는 다른 공공기관에서 시행하는 모든 입찰에의 참가자격을 제한하는 효력이 발생한다고 볼 수도 없으므로, 피고의 이 사건 감점조치는 행정소송의 대상이 되는 행정처분이라고 할 수 없다(대판 2014. 12. 24, 2010두6700[부정당업자제재처분 등]).

[판례 5] 나라장터 종합쇼핑몰 거래정지 조치 취소 사건 갑 주식회사가 조달청과 물품구매계약을 체결하고 국가종합전자조달시스템인 나라장터 종합쇼핑몰 인터넷 홈페이지를 통해 요구받은 제품을 수요기관에 납품하였는데, 조달청이 계약이행내역 점검 결과 일부 제품이 계약 규격과 다르다는 이유로 물품구매계약 추가특수조건 규정에 따라 갑 회사에 대하여 6개월의 나라장터 종합쇼핑몰 거래정지 조치를 한 사안에서, 조달청이 계약상대자에 대하여 나라장터 종합쇼핑몰에서의 거래를 일정기간 정지하는 조치는 전자조달의 이용 및 촉진에 관한 법률, 조달사업에 관한 법률 등에 의하여 보호되는 계약상대자의 직접적이고 구체적인 법률상 이익인 나라장터를 통하여 수요기관의 전자입찰에 참가하거나 나라장터 종합쇼핑몰에서 등록된 물품을 수요기관(국가, 지방자치단체 또는 공공기관 등)에 직접 판매할 수 있는 지위를 직접 제한하거나 침해하는 행위에 해당하는 점

등을 종합하면, 위 거래정지 조치는 비록 추가특수조건이라는 사법상 계약에 근거한 것이지만 행정청인 조달청이 행하는 구체적 사실에 관한 법집행으로서의 공권력의 행사로서 그 상대방인 갑 회사의 권리·의무에 직접 영향을 미치므로 항고소송의 대상이 되는 행정처분에 해당한다(대판 2018. 11. 29, 2015두52395[종합쇼핑몰거래정지처분취소]). 〈해설〉 1심은 위 거래정지 조치가 처분이지만, 법률유보의 원칙 위반으로 위법하다고 판시하였고, 2심인 원심은 위 거래정지 조치가 사법상 계약에 근거한 의사표시에 불과하고 항고소송의 대상이 되는 행정처분으로 볼 수 없다고 판단하여 소를 각하하였다. 대법원은 위 거래정지 조치가 법률에 근거가 없이 사법상 계약에 근거한 것이라도 더라도 처분으로 보아야 한다고 하였다. 법률유보의 원칙 위반 여부는 본안의 문제로 보았는데, 법률유보의 원칙 위반이라고는 하지 않았다. 위 거래정지조치가 사법상 계약에 근거한 것으로서 상대방이 동의한 것이므로 법률의 근거가 없어도 가능한 것으로 본 것은 아닐까라고 추론할 수 있다.

14) 행정소송 이외의 특별불복절차가 마련된 처분

행정청의 과태료부과처분, 통고처분, 검사의 불기소처분, 불기소처분 결과통지(대판 2018. 9. 28, 2017두47465) 또는 공소제기(대판 2000. 3. 28, 99두11264), 형집행정지취소처분은 **다른 불복절차에 의해 다투도록 특별히 규정되어 있으므로** 항고소송의 대상이 되는 처분이 아니라는 것이 일반적 견해이며 판례의 입장이다.

[판례 1] 수도조례 및 하수도사용조례에 기한 과태료의 부과 여부 및 그 당부는 최종적으로 질서위반행위규제법에 의한 절차에 의하여 판단되어야 한다고 할 것이므로, 행정청의 과태료 부과처분은 행정청을 피고로 하는 행정소송의 대상이 되는 행정처분이라고 볼 수 없다(대판 2012. 10. 11, 2011두19369).
[판례 2] 농지법 제62조 제1항에 따른 이행강제금 부과처분에 불복하는 경우에는 비송사건절차법에 따른 재판절차가 적용되어야 하고(농지법 제62조 제6항, 제7항), 행정소송법상 항고소송의 대상은 될 수 없다(건축법상 이행강제금 부과처분에 관한 대법원 2000. 9. 22. 선고 2000두5722 판결 등 참조). 농지법 제62조 제6항, 제7항이 위와 같이 이행강제금 부과처분에 대한 불복절차를 분명하게 규정하고 있으므로, 이와 다른 불복절차를 허용할 수는 없다. 설령 피고가 이행강제금 부과처분을 하면서 재결청에 행정심판을 청구하거나 관할 행정법원에 행정소송을 할 수 있다고 잘못 안내하거나 경기도행정심판위원회가 각하재결이 아닌 기각재결을 하면서 관할 법원에 행정소송을 할 수 있다고 잘못 안내하였다고 하더라도, 그러한 잘못된 안내로 행정법원의 항고소송 재판관할이 생긴다고 볼 수도 없다(대판 2019. 4. 11, 2018두42955).

15) 경 고 [2009 행시(일반행정) 사례]

경고는 상대방의 권리의무에 직접 영향을 미치는 경우 항고소송의 대상이 되는 처분이고, 그렇지 않은 경우에는 처분이 아니다.

[판례 1] 금융감독원장이 종합금융주식회사의 전 대표이사에게 재직 중 위법·부당행위 사례를 첨부하여 금융관련 법규를 위반하고 신용질서를 심히 문란하게 한 사실이 있다는 내용으로 '문책경고장'을 보낸 행위가 항고소송의 대상이 되는 행정처분에 해당하지 아니한다고 한 사례(대판 2005. 2. 17, 2003두10312[문책경고상당처분취소]). 〈해설〉 관련 법령의 개정으로 처분으로 볼 여지가 있게 되었다.
[판례 2] 금융기관의 임원에 대한 금융감독원장의 문책경고는 법률상 근거없이 행해진 경우에도 그 상대방에 대한 직업선택의 자유를 직접 제한하는 효과를 발생하게 하는 등 상대방의 권리의무에 직접 영향을 미치는 행위로서 항고소송의 대상이 되는 행정처분에 해당한다고 한 사례(대판 2005. 2. 17, 2003두14765[대표자문책경고처분취소]).

[판례 3] [1] 어떠한 처분의 근거나 법적인 효과가 행정규칙에 규정되어 있는 경우, 그 처분이 항고소송의 대상이 되는 행정처분에 해당하기 위한 요건: 어떠한 처분의 근거나 법적인 효과가 행정규칙에 규정되어 있다고 하더라도, 그 처분이 행정규칙의 내부적 구속력에 의하여 상대방에게 권리의 설정 또는 의무의 부담을 명하거나 기타 법적인 효과를 발생하게 하는 등으로 그 상대방의 권리의무에 직접 영향을 미치는 행위라면, 이 경우에도 항고소송의 대상이 되는 행정처분에 해당한다. [2] 행정규칙에 의한 '불문경고조치'가 비록 법률상의 징계처분은 아니지만 위 처분을 받지 아니하였다면 차후 다른 징계처분이나 경고를 받게 될 경우 징계감경사유로 사용될 수 있었던 표창공적의 사용가능성을 소멸시키는 효과와 1년 동안 인사기록카드에 등재됨으로써 그 동안은 장관표창이나 도지사표창 대상자에서 제외시키는 효과 등이 있다는 이유로 항고소송의 대상이 되는 행정처분에 해당한다고 한 사례(대판 2002. 7. 26, 2001두3532[견책처분취소]).

16) 기 타

[판례 1] 감사원이 심사청구에 의하여 관계기관에게 통지하는 시정결정이나 이유 없다고 기각하는 결정은 그 자체만으로서 국민의 권리의무 기타 법률관계에 직접적인 관계가 있는 처분이라고는 할 수 없고, 따라서 위와 같은 결정만으로서는 항고소송에 있어서의 소송대상이 될 행정처분에 해당된다고는 할 수 없다(그러므로 감사원의 변상 판정에 대한 재심사 판정과는 다르다). 다만 이해관계인은 위와 같은 감사원의 시정케 하는 결정에 의하여 관계기관장이 한 시정결정 또는 심사청구가 이유없다 하여 기각된 경우에 있어서의 그 심사청구의 대상이 된 본래의 행정처분을 대상으로 하여 항고소송을 제기할 수 있음에 불과하다고 해석하여야 할 것이다(대판 1967. 6. 27, 67누44[법인세부과심사처분취소]).

[판례 2] 甲 시장이 감사원으로부터 감사원법 제32조에 따라 乙에 대하여 징계의 종류를 정직으로 정한 징계 요구를 받게 되자 감사원에 징계 요구에 대한 재심의를 청구하였고, 감사원이 재심의청구를 기각하자 乙이 감사원의 징계 요구와 그에 대한 재심의결정의 취소를 구하고 甲 시장이 감사원의 재심의결정 취소를 구하는 소를 제기한 사안에서, 감사원의 징계 요구와 재심의결정이 항고소송의 대상이 되는 행정처분이라고 할 수 없고, 감사원법 제40조 제2항을 甲 시장에게 감사원을 상대로 한 기관소송을 허용하는 규정으로 볼 수는 없고 그 밖에 행정소송법을 비롯한 어떠한 법률에도 甲 시장에게 '감사원의 재심의 판결'에 대하여 기관소송을 허용하는 규정을 두고 있지 않으므로, 甲 시장이 제기한 소송이 기관소송으로서 감사원법 제40조 제2항에 따라 허용된다고 볼 수 없다고 한 사례(대판 2016. 12. 27, 2014두5637[징계요구취소]).

[판례 3] 건축법상 이행강제금 납부의 최초 독촉이 항고소송의 대상이 되는 행정처분에 해당한다고 한 사례(대판 2009. 12. 24, 2009두14507[이행강제금부과처분취소]).

[판례 4] 교육부장관이 대학에서 추천한 복수의 총장 후보자들 전부 또는 일부를 임용제청에서 제외하는 행위는 제외된 후보자들에 대한 불이익처분으로서 항고소송의 대상이 되는 처분에 해당한다고 보아야 한다. 다만 교육부장관이 특정 후보자를 임용제청에서 제외하고 다른 후보자를 임용제청함으로써 대통령이 임용제청된 다른 후보자를 총장으로 임용한 경우에는, 임용제청에서 제외된 후보자는 대통령이 자신에 대하여 총장 임용 제외처분을 한 것으로 보아 이를 다투어야 한다. 이러한 경우에는 교육부장관의 임용제청 제외처분을 별도로 다툴 소의 이익이 없어진다(대판 2018. 6. 15, 2016두57564). 〈해설〉 대통령의 국가공무원법 제16조 제1항의 처분 또는 부작위의 경우 소속 장관이 행정소송의 피고가 된다(국가공무원법 제16조 제2항).

2. 행정심판의 재결에 불복하여 취소소송을 제기하는 경우: 원칙상 원처분, 예외적으로 재결

(1) 원처분주의와 재결주의[2023 5급 공채]

행정심판의 재결에 불복하여 취소소송을 제기하는 경우에 원처분을 대상으로 하여야 하는가 아니면 재결을 대상으로 하여야 하는가에 관하여 원처분주의와 재결주의가 대립하고 있다.

1) 원처분주의

원처분주의(原處分主義)라 함은 행정심판의 재결의 당부를 다투는 취소소송의 대상을 원처분으로 하고 원처분의 취소소송에서는 원처분의 위법만을 다투고 재결에 고유한 위법은 재결취소소송에서 다투도록 하는 제도를 말한다.

2) 재결주의

재결주의(裁決主義)라 함은 행정심판의 재결에 대하여 불복하는 경우 재결을 대상으로 취소소송을 제기하도록 하는 제도를 말한다.

3) 입법정책의 문제

원처분주의를 채택할 것인가 재결주의를 채택할 것인가는 입법정책의 문제이다.

4) 이론적 근거

이론상 법치행정의 원칙의 실효성확보 및 행정소송의 행정통제적 기능에 비추어 원처분주의가 타당하다. 또한, 행정심판법상 행정심판위원회가 처분청으로부터 독립된 제3자기관이므로 행정심판의 재결이 원처분을 대체하였다고 보기 어렵다는 점에서도 원처분주의가 타당하다. 다만, 행정심판기관이 처분청 자신 또는 처분청의 상급청이거나 행정심판기관이 처분청보다 큰 전문성과 권위를 갖고 있어 재결이 행정내부의 최종적 결정이고, 재결이 원처분을 대체한 것으로 여겨지는 경우에는 재결주의를 취하여 재결을 행정소송의 대상으로 하는 것이 타당할 것이다.

[판례] 위법한 원처분을 소송의 대상으로 하여 다투는 것보다는 행정심판에 대한 재결을 다투는 것이 당사자의 권리구제에 보다 효율적이고, 판결의 적정성을 더욱 보장할 수 있는 경우에는 행정심판에 대한 재결에 대하여만 제소하도록 하는 것이 국민의 재판청구권의 보장이라는 측면에서 더욱 바람직한 경우도 있으므로, 개별법률에서 이러한 취지를 정하는 때에는 원처분주의의 적용은 배제되고 재결에 대해서만 제소를 허용하는 이른바 '재결주의'가 인정된다(헌재 2001. 6. 28, 2000헌바77).

5) 현 행 법

현행 행정소송법은 **원처분주의**를 채택하고 있다.

즉, 행정소송법 제19조는 "취소소송은 처분 등을 대상으로 한다. 다만, 재결취소소송의 경우에는 재결 자체에 고유한 위법이 있음을 이유로 하는 경우에 한한다"라고 규정하고 있다.

다만, 개별법률에서 원처분주의에 대한 예외로서 재결주의를 채택하고 있는 경우가 있다.

(2) 원처분주의에 따라 원처분이 대상이 되는 경우

1) 기각재결의 경우 항고소송의 대상

기각재결(棄却裁決)의 당부를 다투고자 하는 경우 현행 행정소송법이 원처분주의를 취하고 있으므로 원칙상 원처분을 대상으로 다투어야 하고, 기각재결에 대한 취소소송은 재결 자체에 고유한 위법이 있는 경우에 한한다. 기각재결이 재결에 고유한 하자로 인하여 취소된 경우에 행정심판기관은 다시 재결을 하여야 한다.

2) 일부취소재결(예 6개월의 영업정지처분이 행정심판의 재결에서 3개월의 영업정지처분으로 감경된 경우)의 경우 항고소송의 대상

일부취소재결의 경우 **일부 취소되고 남은 원처분**을 취소소송의 대상으로 하여야 한다는 것이 판례 및 학설의 일반적 견해이다.

[판례] 감봉 3월의 징계처분을 소청심사위원회가 감봉 1월로 감경한 경우 원처분청을 피고로 감봉 1월의 처분에 대하여 취소소송을 제기한 사건에서 본안판단을 한 사례(서울고법 1998. 5. 14, 97구36479).

3) 적극적 변경재결의 경우 항고소송의 대상 [2009, 2013 사시, 2020, 2025 행시]

가. 원처분이 대상이 된다는 견해 적극적 변경재결(예 공무원에 대한 파면처분이 소청심사절차에서 해임으로 감경된 경우)이 내려진 경우 원처분주의의 원칙상 재결은 소송의 대상이 되지 못하고 **변경되고 남은 원처분**(해임처분)이 취소소송의 대상이 된다고 하는 견해이다.

나. 적극적 변경재결이 대상이 된다는 견해 적극적 변경재결의 경우에 있어서는 재결이 원처분을 완전히 대체하는 새로운 처분이므로 위원회가 피고가 되고, 적극적 변경재결이 취소소송의 대상이 되어야 한다는 견해가 있는데, 이 견해가 타당하다.

다. 판 례 **판례**는 적극적 변경재결로 인하여 **감경되고 남은 원처분**을 대상으로 **원처분청**을 피고로 하여 소송을 제기하여야 하는 것으로 보고 있다.

[판례 1] 감봉처분을 소청심사위원회가 견책처분으로 변경한 재결에 대한 취소소송에서 소청심사위원회의 재량권의 일탈이나 남용은 재결에 고유한 하자라고 볼 수 없다고 하면서 당해 변경재결에 대한 취소소송을 인정하고 있지 않은 사례(대판 1993. 8. 24, 93누5673[소청결정취소]).
[판례 2] 해임처분을 소청심사위원회가 정직 2월로 변경한 경우 원처분청을 상대로 정직 2월의 처분에 대한 취소소송을 제기한 사건에서 본안판단을 한 사례(대판 1997. 11. 14, 97누7325[정직처분취소]).

4) 적극적 변경명령재결에 따른 변경처분의 경우 [2014, 2017 변시, 2025 행시]

판례는 적극적 변경명령재결에 따라 변경처분이 행해진 경우에 다투고자 하는 경우 **변경되고 남은 원처분**을 취소소송의 대상으로 하여야 한다고 본다.

판례는 처분변경명령재결(3월의 영업정저처분을 2월의 영업정지처분에 갈음하는 과징금부과처분으로 변경하라는 재결)에 따라 당초 처분(3월의 영업정지처분)을 영업자에게 유리하게 변경하는 처분을 한 경우, 그 취소소송의 대상은 **변경된 내용의 당초 처분**(2월의 영업정지처분에 갈음하는 과징금부과처분)이지 변경처분은 아니고, 제소기간의 준수 여부도 변경처분이 아닌 변경된 내용의 당초 처분(재결서 정본의 송달을 받은 날)을 기준으로 판단하여야 한다고 한다.

[판례] 행정청이 식품위생법령에 따라 영업자에게 행정제재처분을 한 후 그 처분을 영업자에게 유리하게 변경하는 처분을 한 경우, 변경처분에 의하여 당초 처분은 소멸하는 것이 아니고 당초부터 유리하게 변경된 내

용의 처분으로 존재하는 것이므로, 변경처분에 의하여 유리하게 변경된 내용의 행정제재가 위법하다 하여 그 취소를 구하는 경우 그 취소소송의 대상은 변경된 내용의 당초 처분이지 변경처분은 아니고, 제소기간의 준수 여부도 변경처분이 아닌 변경된 내용의 당초 처분을 기준으로 판단하여야 한다(대판 2007. 4. 27, 2004두9302[식품위생법위반과징금부과처분취소]: 피고는 2002. 12. 26. 원고에 대하여 3월의 영업정지처분이라는 이 사건 당초처분을 하였고, 이에 대하여 원고가 행정심판청구를 하자 재결청은 2003. 3. 6. "피고가 2002. 12. 26. 원고에 대하여 한 3월의 영업정지처분을 2월의 영업정지에 갈음하는 과징금부과처분으로 변경하라"는 일부기각(일부인용)의 이행재결(변경명령재결)을 하였으며, 2003. 3. 10. 그 재결서 정본이 원고에게 도달한 사실, 피고는 위 재결취지에 따라 2003. 3. 13. "3월의 영업정지처분을 과징금 560만 원으로 변경한다"는 취지의 이 사건 후속 변경처분을 함으로써 이 사건 당초처분을 원고에게 유리하게 변경하는 처분을 하였으며, 원고는 2003. 6. 12. 이 사건 소를 제기하면서 청구취지로써 2003. 3. 13.자 과징금부과처분의 취소를 구하고 있음을 알 수 있다. 앞서 본 법리에 비추어 보면, 이 사건 후속 변경처분에 의하여 유리하게 변경된 내용의 행정제재인 과징금부과가 위법하다 하여 그 취소를 구하는 이 사건 소송에 있어서 위 청구취지는 이 사건 후속 변경 처분에 의하여 당초부터 유리하게 변경되어 존속하는 2002. 12. 26.자 과징금부과처분의 취소를 구하고 있는 것으로 보아야 할 것이고, 일부기각(일부인용)의 이행재결(변경명령재결)에 따른 후속 변경처분에 의하여 변경된 내용의 당초처분의 취소를 구하는 이 사건 소 또한 행정심판재결서 정본을 송달받은 날로부터 90일이내 제기되어야 하는데 원고가 위 재결서의 정본을 송달받은 날로부터 90일이 경과하여 이 사건 소를 제기하였다는 이유로 이 사건 소가 부적법하다고 한 사례). 〈평석〉 이 판결에 대하여는 처분명령재결에 따라 변경하는 처분이 내려진 경우에 당해 변경하는 처분이 새로운 처분이 되고, 항고소송의 대상이 되며 제소기간도 변경하는 처분(과징금부과처분)을 안 날로부터 90일 이내로 하여 제소기간이 도과하지 않은 것으로 보는 것이 타당하다는 비판이 있다. 또한, 원처분을 대상으로 보는 경우 판례는 행정심판재결서 정본을 송달받은 날부터 90일 이내를 제소기간으로 보고 있지만, 변경처분은 처분명령재결을 이행하는 처분으로서 처분명령재결은 변경처분으로 완성되는 것이므로 변경처분을 안 날을 기준으로 하는 것이 타당하다고 보아야 한다.

(3) 재결이 대상이 되는 경우

1) 재결 자체에 고유한 위법이 있는 경우
   - 가. 재결 자체의 고유한 위법의 인정범위
   - 나. 인용재결이 항고소송의 대상이 되는 경우
   - 다. 재결에 고유한 하자를 이유로 한 재결취소판결의 기속력
   - 라. 재결 자체에 고유한 위법이 없음에도 재결에 대해 취소소송을 제기한 경우의 판결

2) 개별법률에 의해 재결이 항고소송의 대상이 되는 경우(재결주의)
   - 가. 감사원의 변상판정에 대한 재심의 판정에 대한 불복(재결주의)
   - 나. 노동위원회의 처분에 대한 중앙노동위원회의 재심 판정에 대한 불복(재결주의)
   - 다. 중앙토지수용위원회의 이의재결에 대한 불복(원처분주의)
   - 라. 교원징계재심위원회의 결정에 대한 불복(원처분주의)
   - 마. 특허심판원의 심결에 대한 불복(재결주의)
   - 바. 재결주의에서의 청구, 심리 및 판결

[문제] 건축허가취소재결이 내려진 경우에 건축허가를 받은 자의 권리구제방법을 논하시오.

재결(裁決)이 항고소송의 대상이 되는 경우는 행정심판의 재결이 행정소송법 제19조에 의해 항고소송의 대상이 되는 경우(재결 자체에 고유한 위법이 있는 경우)와 개별법률에서 재결주의를 취하는 결과 당해 법률상의 재결이 항고소송의 대상이 되는 경우로 나뉜다.

1) 재결 자체에 고유한 위법이 있는 경우

행정심판의 재결은 재결 자체에 고유한 위법이 있는 경우에 한하여 항고소송의 대상이 된다(행정소송법 제19조 단서).

가. 재결 자체의 고유한 위법의 인정범위

(가) 재결의 주체에 관한 위법 권한이 없는 행정심판위원회에 의한 재결의 경우 또는 행정심판위원회의 구성상 하자가 있는 경우를 그 예로 들 수 있다.

(나) 재결의 절차에 관한 위법 행정심판법상의 심판절차를 준수하지 않은 경우를 그 예로 들 수 있다. 다만, 행정심판법 제34조에서 규정하고 있는 재결기간은 훈시규정으로 해석되므로 재결기간을 넘긴 경우에도 그것만으로는 절차의 위법이 있다고 볼 수 없다.

(다) 재결의 형식에 관한 위법 문서에 의하지 아니한 재결, 재결에 주문만 기재되고 이유가 전혀 기재되어 있지 않거나 이유가 불충분한 경우, 재결서에 기명날인을 하지 아니한 경우 등을 그 예로 들 수 있다.

(라) 재결의 내용에 관한 위법 **판례**는 재결 자체에 고유한 위법에는 재결 자체의 주체, 절차, 형식상 위법뿐만 아니라 재결 자체의 내용상 위법이 포함된다고 보고 있고(대판 1993. 8. 24, 93누5673[소청결정취소]), 다수설도 이 입장을 취하고 있다. 이 견해가 타당하다. 이에 대하여 당해 인용재결을 제3자(처분의 상대방)와의 관계에서는 별도의 새로운 처분으로 보아 처분에 대한 취소소송의 문제로 보는 견해[7]가 있다. 이 견해는 인용재결은 제3자에 대하여는 새로운 처분의 성질을 가지므로 행정소송법 제19조 본문에 의해 인용재결이 항고소송의 대상이 되는 것으로 본다.

판례에 의하면 재결 자체에 고유한 내용상 위법이 있는 경우는 인용재결이 부당한 경우와 적법한 심판청구에 대해 각하재결을 한 경우이다.

가) 인용재결이 부당한 경우

① 법적 근거가 될 수 없는 사유(예 국민정서)에 근거하여 원처분을 취소한 재결례를 들 수 있다(대판 1997. 12. 23, 96누 10911[체육시설사업계획승인취소처분취소]).

[판례] 행정심판의 재결에 이유모순의 위법이 있다는 사유는 재결처분 자체에 고유한 하자로서 재결처분의 취소를 구하는 소송에서는 그 위법사유로서 주장할 수 있으나, 원처분의 취소를 구하는 소송에서는 그 취소를 구할 위법사유로서 주장할 수 없다(대판 1996. 2. 13, 95누8027[개별토지가격결정처분취소]).

이 경우 재결 자체에 고유한 재결의 내용에 관한 위법으로 재결이 취소된 경우 행정심판기관은 다시 재결을 하여야 한다.

② 제3자효를 수반하는 행정행위(예 건축허가 또는 건축허가의 거부)에 대한 행정심판청구에 있어서 그 청구를 인용하는 내용의 재결로 인하여 비로소 권리이익을 침해받게 되는 자(건축허가자 또는 인근주민)가 그 인용재결에 대하여 취소를 구하는 경우가 있다.

즉, 처분의 상대방에게 수익적인 처분이 제3자에 의해 제기된 행정심판의 재결에서 취소 또는 불리하게

7) 김용섭, "취소소송의 대상으로서의 행정심판의 재결," 『행정법연구』, 제3호, 1998. 10, 226면.

변경된 경우에 처분의 상대방은 당해 행정심판의 재결의 취소소송을 제기할 수 있다. 또한, 제3자효행정행위의 거부(예 건축허가거부)에 대한 행정심판(의무이행심판 또는 취소심판)의 재결에서 처분재결 또는 취소재결이 내려진 경우 제3자는 당해 처분재결 또는 취소재결의 취소소송을 제기할 수 있다.

판례는 인용재결의 위법판단상의 부당도 원처분에는 없는 하자로서 행정소송법 제19조 단서의 재결에 고유한 하자라고 보고 있다.

[판례] [1] 인용재결은 원처분과 내용을 달리하는 것이므로 그 인용재결의 취소를 구하는 것은 원처분에는 없는 재결에 고유한 하자를 주장하는 셈이어서 당연히 항고소송의 대상이 된다. [2] 인용재결청인 문화체육부장관 스스로가 직접 당해 사업계획승인처분을 취소하는 형성적 재결을 한 경우에는 그 재결 외에 그에 따른 행정청의 별도의 처분이 있지 않기 때문에 재결 자체를 쟁송의 대상으로 할 수밖에 없다고 본 사례(대판 1997. 12. 23, 96누10911[체육시설사업계획승인취소처분취소]).[8)]

③ 판례는 처분이 아닌 자기완결적 신고의 수리에 대한 심판청구와 같이 부적법하여 **각하하여야 함에도 인용재결을 한 것**은 재결 자체에 고유한 하자가 있다고 보았다(대판 2001. 5. 29, 99두10292[재결취소]).

[판례] 이른바 복효적 행정행위, 특히 제3자효를 수반하는 행정행위에 대한 행정심판청구에 있어서 그 청구를 인용하는 내용의 재결로 인하여 비로소 권리이익을 침해받게 되는 자는 그 인용재결에 대하여 다툴 필요가 있고, 그 인용재결은 원처분과 내용을 달리하는 것이므로 그 인용재결의 취소를 구하는 것은 원처분에는 없는 재결에 고유한 하자를 주장하는 셈이어서 당연히 항고소송의 대상이 된다(대판 2001. 5. 29, 99두10292[재결취소]: 행정청이 골프장 사업계획승인을 얻은 자의 사업시설 착공계획서를 수리한 것에 대하여 인근 주민들이 그 수리처분의 취소를 구하는 행정심판을 청구하자 재결청이 그 청구를 인용하여 수리처분을 취소하는 형성적 재결을 한 경우, 그 수리처분 취소 심판청구는 행정심판의 대상이 되지 아니하여 부적법 각하하여야 함에도 위 재결은 그 청구를 인용하여 수리처분을 취소하였으므로 재결 자체에 고유한 하자가 있다고 본 사례). 〈해설〉 현재 판례는 착공신고 수리거부의 처분성을 인정하고 있다.

나) 적법한 심판청구에 대해 각하재결을 한 경우 **판례**는 적법한 행정심판청구를 각하(却下)한 재결은 심판청구인의 실체심리를 받을 권리를 박탈한 것으로서 원처분에 없는 재결 자체에 고유한 위법이 있는 경우에 해당하고 따라서 각하재결은 취소소송의 대상이 된다고 하였다(대판 2001. 7. 27, 99두2970). 각하재결이 취소된 경우 판결의 취지에 따라 다시 행정심판의 재결을 하여야 한다. 그런데, 각하재결의 경우 각하재결에 대한 취소소송을 제기함이 없이 원처분의 위법을 이유로 원처분에 대한 취소소송을 제기할 수 있고, 이렇게 하는 것이 실무의 통례이다.

나. 인용재결이 항고소송의 대상이 되는 경우 [2009 행시(재경 등) 사례, 2011 사시 사례]

(가) 인용재결에 대한 취소소송에서 제3자의 원고적격 인용재결로 인하여 비로소 권리이익을 침해받게 되는 자는 인용재결의 취소를 구하는 소를 제기할 원고적격이 있지만 인용재결로 새로이 어떠한 권리이익도 침해받지 아니하는 자인 경우에는 그 재결의 취소를 구할 원고적격이 없다.

---

8) 인근주민이 체육시설사업계획승인처분에 불복하여 제기한 행정심판에서 인용재결이 난 경우에 위 승인처분을 받은 자가 위 인용재결에 대해 취소소송을 제기한 사건.

[판례] [1] **제3자효를 수반하는 행정행위에 대한 행정심판청구의 인용재결에 대하여 제3자가 재결취소를 구할 소의 이익이 있는지 여부**: 이른바 복효적 행정행위, 특히 제3자효를 수반하는 행정행위에 대한 행정심판청구에 있어서 그 청구를 인용하는 내용의 재결로 인하여 비로소 권리이익을 침해받게 되는 자(예컨대, 제3자가 행정심판청구인인 경우의 행정처분 상대방 또는 행정처분 상대방이 행정심판청구인인 경우의 제 3자)는 재결의 당사자가 아니라고 하더라도 그 인용재결의 취소를 구하는 소를 제기할 수 있으나, 그 인용재결로 인하여 새로이 어떠한 권리이익도 침해받지 아니하는 자인 경우에는 그 재결의 취소를 구할 소의 이익이 없다. [2] **어업면허취소처분에 대한 면허권자의 행정심판청구를 인용한 재결에 대하여 제3자가 재결취소를 구할 소의 이익이 없다고 본 사례**: 처분상대방이 아닌 제3자가 당초의 양식어업면허처분에 대하여는 아무런 불복조치를 취하지 않고 있다가 도지사가 그 어업면허를 취소하여 처분상대방인 면허권자가 그 어업면허취소처분의 취소를 구하는 행정심판을 제기하고 이에 재결기관인 수산청장이 그 심판청구를 인용하는 재결을 하자 비로소 그 제3자가 행정소송으로 그 인용재결을 다투고 있는 경우, 수산청장의 그 인용재결은 도지사의 어업면허취소로 인하여 상실된 면허권자의 어업면허권을 회복하여 주는 것에 불과할 뿐 인용재결로 인하여 제3자의 권리이익이 새로이 침해받는 것은 없고, 가사 그 인용재결로 인하여 그 면허권자의 어업면허가 회복됨으로써 그 제3자에 대하여 사실상 당초의 어업면허에 따른 효과와 같은 결과를 초래한다고 하더라도 이는 간접적이거나 사실적·경제적인 이해관계에 불과하므로, 그 제3자는 인용재결의 취소를 구할 소의 이익이 없다고 본 사례(대판 1995. 6. 13, 94누15592[어업면허취소처분에 대한 취소재결처분취소]). 〈평석〉 이 사안에서 처분상대방이 아닌 제3자는 자신의 권익을 직접 침해하는 원상회복된 양식어업면허처분(원처분)을 다투어야 할 것이다. 다만, 불복제기기간은 원상회복된 양식어업면허처분이 있은 날을 기준으로 기산하여야 한다.

(나) 피　　고　　인용재결에 대한 항고소송의 피고는 인용재결을 한 행정심판위원회이다.

(다) 심판의 범위　　판례는 인용재결에서의 원처분의 위법판단상의 부정당을 이유로 인용재결의 취소를 구하는 소송의 심리·판단의 범위에 관하여 인용재결의 당부는 원처분의 당부(위법·적법의 문제)도 포함하는 것으로 보고 있다.

[판례] 인용재결의 취소를 구하는 당해 소송은 그 인용재결의 당부를 그 심판대상으로 하고 있고, 그 점을 가리기 위하여는 행정심판청구인들의 심판청구원인 사유에 대한 재결청의 판단에 관하여도 그 당부를 심리·판단하여야 할 것이므로, 원심으로서는 재결청이 원처분의 취소 근거로 내세운 판단사유의 당부뿐만 아니라 재결청이 심판청구인의 심판청구원인사유를 배척한 판단 부분이 정당한가도 심리·판단하여야 한다(대판 1997. 12. 23, 96누10911[체육시설사업계획승인취소처분취소]).

(라) 인용재결 취소판결의 효력　　인용재결의 부당(원처분의 적법)을 이유로 인용재결이 취소된 경우 행정심판기관은 다시 재결을 할 필요가 없고, 취소재결로 취소된 원처분은 취소재결의 취소로 원상을 회복한다.

다. 재결에 고유한 하자를 이유로 한 재결취소판결의 기속력　　재결에 고유한 하자를 이유로 재결취소판결이 내려진 경우에 인용재결의 당부가 다투어진 경우를 제외하고 재결기관은 취소판결의 취지에 따라 재결에 고유한 하자 없이 다시 재결을 하여야 한다.

라. 재결 자체에 고유한 위법이 없음에도 재결에 대해 취소소송을 제기한 경우의 판결　　이 경우에 행정소송법 제19조 단서가 소극적 소송요건(소송의 대상)을 정한 것으로 보아 각하하여야 한다는 견해[9]와 위법사유의 주장제한을 정한 것으로 보아 기각하여야 한다는 견해[10]가 대립되고 있다.

9) 김용섭, 전게논문, 224면.
10) 윤영선, "항고소송의 대상으로서의 행정심판 재결,"『특별법연구』, 제4권, 1994, 407면.

판례는 재결취소소송에서 재결에 고유한 하자가 없는 경우 **기각판결**을 하여야 한다는 입장이다.

[판례] [1] **재결취소소송에 있어 재결 자체에 고유한 위법이 없는 경우 법원이 취할 조치:** 행정소송법 제19조는 취소소송은 행정청의 원처분을 대상으로 하되(원처분주의), 다만 "재결 자체에 고유한 위법이 있음을 이유로 하는 경우"에 한하여 행정심판의 재결도 취소소송의 대상으로 삼을 수 있도록 규정하고 있으므로 재결취소소송의 경우 재결 자체에 고유한 위법이 있는지 여부를 심리할 것이고, 재결 자체에 고유한 위법이 없는 경우에는 원처분의 당부와는 상관없이 당해 재결취소소송은 이를 기각하여야 한다. [2] **행정심판청구에 대한 재결에 대하여 전심절차를 거칠 필요가 있는지 여부:** 행정심판법 제39조가 심판청구에 대한 재결에 대하여 다시 심판청구를 제기할 수 없도록 규정하고 있으므로, 이 재결에 대하여는 바로 취소소송을 제기할 수 있다(대판 1994. 1. 25, 93누16901[투전기영업허가거부처분취소]: 의무이행심판청구에 대한 기각재결에 대해 취소소송을 제기하면서 원처분주의에 따라 원처분을 대상으로 하여야 함에도 기각재결을 대상으로 한 사례).

그러나, 재결에 고유한 하자가 아닌 하자를 이유로 재결을 대상으로 항고소송을 제기한 경우에는 소송의 대상을 잘못한 것이므로 각하판결을 하여야 하고, 재결에 고유한 하자를 주장하였지만, 재결에 고유한 하자가 존재하지 아니하는 경우에는 본안심리를 한 후 기각판결을 하여야 한다고 보는 것이 타당하다.

2) 개별법률에 의해 재결이 항고소송의 대상이 되는 경우(재결주의)

개별법률에서 예외적으로 재결주의를 규정하고 있는 경우가 있는데, 이 경우에는 재결주의에 의해 원처분이 아니라 재결이 항고소송의 대상이 된다.

개별법률에서 재결주의를 명시적으로 규정한 경우뿐만 아니라 명시적 규정이 없더라도 개별법상 행정심판기관이 처분청보다 전문성과 권위를 갖고 있는 관계로 재결이 처분을 대체하는 행정의 최종적 결정의 성격을 갖는 경우에는 재결주의를 취한 것으로 해석하는 것이 타당하다.

행정심판전치주의와 재결주의는 별개의 제도이다. 그런데, 재결주의는 행정심판전치주의를 전제로 한다(헌재 2001. 6. 28, 2000헌바77).

가. 감사원의 변상판정에 대한 재심의 판정에 대한 불복(재결주의) 감사원법 제36조는 회계관계직원에 대한 감사원의 변상판정(원처분)에 대하여 감사원에 재심의를 청구할 수 있도록 하고 있고, 감사원법 제40조는 감사원의 재심의 판정(재결)에 대하여는 감사원을 당사자로 하여 행정소송을 제기할 수 있다고 규정하고 있다.

[판례] 판례는 이 규정의 해석에 있어서 "감사원의 변상판정처분에 대하여서는 행정소송을 제기할 수 없고, 재결에 해당하는 재심의 판정에 대하여서만 감사원을 피고로 하여 행정소송을 제기할 수 있다"고 판시하였다(대판 1984. 4. 10, 84누91[변상처분취소]).

나. 노동위원회의 처분에 대한 중앙노동위원회의 재심 판정에 대한 불복(재결주의)

노동위원회법 제26조 제1항은 "중앙노동위원회는 지방노동위원회 또는 특별노동위원회의 처분을 재심하여 이를 승인·취소 또는 변경할 수 있다"고 규정하고 있고, 제27조 제1항은 "중앙노동위원회의 처분에 대한 소는 **중앙노동위원회위원장**을 **피고**로 하여 판정서정본의 송달을 받은 날로부터 15일 이내에 이를 제기하여야 한다"고 규정하고 있다.

판례에 의하면 노동위원회의 처분에 대해 행정소송을 제기하는 경우 중앙노동위원회에 대한 행정심판 전치주의가 적용되고, 중앙노동위원회의 재심판결에 불복하는 취소소송을 제기하는 경우 재결주의에 따라 중앙노동위원회의 재심판정을 대상으로 중앙노동위원장을 피고로 하여 재심판정취소의 소를 제기하여야 한다.

[판례] 판례는 이 규정의 해석에 있어서 "노동위원회법 제19조의2 제1항의 규정은 행정처분의 성질을 가지는 지방노동위원회의 처분에 대하여 중앙노동위원장을 상대로 행정소송을 제기할 경우의 전치요건에 관한 규정이라 할 것이므로 당사자가 지방노동위원회의 처분에 대하여 불복하기 위하여는 처분 송달일로부터 10일 이내에 중앙노동위원회에 재심을 신청하고 중앙노동위원회의 재심판정서 송달일로부터 15일 이내에 중앙노동위원장을 피고로 하여 재심판정취소의 소를 제기하여야 할 것이다"라고 판시하였다(대판 1995. 9. 15, 95누6724[노동쟁의중재회부결정취소]).

다. 중앙토지수용위원회의 이의재결에 대한 불복(원처분주의) 구 토지수용법하에서 판례는 "중앙토지수용위원회의 이의신청에 대한 재결에 불복이 있는 자는 행정소송을 제기할 수 있다"라는 동법 제75조의2가 재결주의를 취하고 있다고 보았다.

그런데, 전술한 바와 같이 **현행 토지보상법**상 재결주의를 포기하고 **원처분주의**를 취한 것으로 해석하는 것이 일반적 견해이며 판례의 입장이다(대판 2010. 1. 28, 2008두1504). 따라서 이의재결에 불복하여 취소소송을 제기하는 경우 원처분인 수용재결을 대상으로 하여야 한다.

[판례] **토지소유자 등이 수용재결에 불복하여 이의신청을 거친 후 취소소송을 제기하는 경우 피고적격(=수용재결을 한 토지수용위원회) 및 소송대상(=수용재결)**: 공익사업을 위한 토지 등의 취득 및 보상에 관한 법률 제85조 제1항 전문의 문언 내용과 같은 법 제83조, 제85조가 중앙토지수용위원회에 대한 이의신청을 임의적 절차로 규정하고 있는 점, 행정소송법 제19조 단서가 행정심판에 대한 재결은 재결 자체에 고유한 위법이 있음을 이유로 하는 경우에 한하여 취소소송의 대상으로 삼을 수 있도록 규정하고 있는 점 등을 종합하여 보면, 수용재결에 불복하여 취소소송을 제기하는 때에는 이의신청을 거친 경우에도 수용재결을 한 중앙토지수용위원회 또는 지방토지수용위원회를 피고로 하여 수용재결의 취소를 구하여야 하고, 다만 이의신청에 대한 재결자체에 고유한 위법이 있음을 이유로 하는 경우에는 그 이의재결을 한 중앙토지수용위원회를 피고로 하여 이의재결의 취소를 구할 수 있다고 보아야 한다(대판 2010. 1. 28, 2008두1504[수용재결취소등]).

라. 교원징계재심위원회의 결정에 대한 불복(원처분주의) 교원지위향상을 위한 특별법상 각급학교 교원(사립학교 교원 포함)은 징계처분 그 밖에 그 의사에 반하는 불리한 처분에 대하여 교육부의 교원소청심사위원회에 소청을 신청할 수 있고(제9조 제1항), 소청심사위원회의 결정에 대해서 교원은 항고소송을 제기할 수 있다(제10조 제3항).

사립학교교원에 대한 사립학교장의 징계처분은 처분이 아니기 때문에 교원소청심사위원회의 결정은 행정심판의 재결이 아니며 행정처분으로서 항고소송의 대상이 된다.

이에 반하여 국공립학교교원에 불리한 처분에 대한 교원소청심사위원회의 결정은 행정심판의 재결이고, 판례는 교원소청심사위원회의 결정에 대한 불복에는 원처분주의가 적용되는 것으로 판시하였다.

[판례] [1] 각급학교 교원이 징계처분을 받은 때에는 소청심사위원회에 소청심사를 청구할 수 있고, 위원회가 그 심사청구를 기각하거나 원 징계처분을 변경하는 처분을 한 때에는 다시 법원에 행정소송을 제기할 수 있다. 또한 위원회가 교원의 심사청구를 인용하거나 원 징계처분을 변경하는 처분을 한 때에는 처분권자는 이에 기속되고 원 징계처분이 국·공립학교 교원에 대한 것이면 처분청은 불복할 수도 없지만, 사립학교 교원에 대한 것이면 그 학교법인 등은 위원회 결정에 불복하여 법원에 행정소송을 제기할 수 있다. [2] 다만 행정청의 처분에 대한 불복소송이라는 행정소송의 본질적 성격상, 위원회의 심사대상인 징계처분이 국·공립학교 교원에 대한 것인지 사립학교 교원에 대한 것인지에 따라, 위와 같이 위원회의 처분에 불복하여 제기되는 행정소송의 소송당사자와 심판대상 및 사후절차 등은 달리 보아야 한다. i) 우선 국·공립학교 교원에 대한 징계처분의 경우에는 원 징계처분 자체가 행정처분이므로 그에 대하여 위원회에 소청심사를 청구하고 위원회의 결정이 있은 후 그에 불복하는 행정소송이 제기되더라도 그 심판대상은 교육감 등에 의한 원 징계처분이 되는 것이 원칙이다. 다만 위원회의 심사절차에 위법사유가 있다는 등 고유의 위법이 있는 경우에 한하여 위원회의 결정이 소송에서의 심판대상이 된다. 따라서 그 행정소송의 피고도 위와 같은 예외적 경우가 아닌 한 원처분을 한 처분청이 되는 것이지 위원회가 되는 것이 아니다. 또한 법원에서도 위원회 결정의 당부가 아니라 원처분의 위법 여부가 판단대상이 되는 것이므로 위원회 결정의 결론과 상관없이 원처분에 적법한 처분사유가 있는지, 그 징계양정이 적정한지가 판단대상이 되고(다만 위원회에서 원처분의 징계양정을 변경한 경우에는 그내용에 따라 원처분이 변경된 것으로 간주되어 그 변경된 처분이 심판대상이 된다), 거기에 위법사유가 있다고 인정되면 위원회의 결정이 아니라 원 징계처분을 취소하게 되고, 그에 따라 후속절차도 원 징계처분을 한 처분청이 판결의 기속력에 따라 징계를 하지 않거나 재징계를 하게 되는 구조로 운영된다. ii) 반면, 사립학교 교원에 대한 징계처분의 경우에는 학교법인 등의 징계처분은 행정처분성이 없는 것이고 그에 대한 소청사청구에 따라 위원회가 한 결정이 행정처분이고 교원이나 학교법인 등은 그 결정에 대하여 행정소송으로 다투는 구조가 되므로, 행정소송에서의 심판대상은 학교법인 등의 원 징계처분이 아니라 위원회의 결정이 되고, 따라서 피고도 행정청인 위원회가 되는 것이며, 법원이 위원회의 결정을 취소한 판결이 확정된다고 하더라도 위원회가 다시 그 소청심사청구사건을 재심사하게 될 뿐 학교법인 등이 곧바로 위 판결의 취지에 따라 재징계 등을 하여야 할 의무를 부담하는 것은 아니다. [3] **교원소청심사위원회 결정의 기속력 범위 및 징계처분을 받은 사립학교 교원의 소청심사청구에 대하여 교원소청심사위원회가 징계사유 자체가 인정되지 않는다는 이유로 징계처분을 취소하는 결정을 하고, 그에 대하여 학교법인 등이 제기한 행정소송 절차에서 심리한 결과 징계사유 중 일부 사유는 인정된다고 판단되는 경우, 법원이 내려야 할 판결의 내용:** 교원소청심사위원회(이하 '위원회'라 한다)의 결정은 처분청에 대하여 기속력을 가지고 이는 그 결정의 주문에 포함된 사항뿐 아니라 그 전제가 된 요건사실의 인정과 판단, 즉 처분 등의 구체적 위법사유에 관한 판단에까지 미친다. 따라서 위원회가 사립학교 교원의 소청심사청구를 인용하여 징계처분을 취소한 데 대하여 행정소송이 제기되지 아니하거나 그에 대하여 학교법인 등이 제기한 행정소송에서 법원이 위원회 결정의 취소를 구하는 청구를 기각하여 위원회 결정이 그대로 확정되면, 위원회 결정의 주문과 그 전제가 되는 이유에 관한 판단만이 학교법인등 처분청을 기속하게 되고, 설령 판결 이유에서 위원회의 결정과 달리 판단된 부분이 있더라도 이는 기속력을 가질 수 없다. 그러므로 사립학교 교원이 어떠한 징계처분(이 사건 해임처분)을 받아 위원회에 소청심사청구를 하였고, 이에 대하여 위원회가 그 징계사유 자체가 인정되지 않는다는 이유로 징계양정의 당부에 대해서는 나아가 판단하지 않은 채 징계처분을 취소하는 결정을 한 경우, 그에 대하여 학교법인 등이 제기한 행정소송 절차에서 심리한 결과 징계사유 중 일부 사유는 인정된다고 판단이 되면 법원으로서는 위원회의 결정을 취소하여야 한다. 이는 설령 인정된 징계사유를 기준으로 볼 때 당초의 징계양정이 과중한 것이어서 그 징계처분을 취소한 위원회 결정이 결론에 있어서는 타당하다고 하더라도 마찬가지이다. 위와 같이 행정소송에 있어 확정판결의 기속력은 처분 등을 취소하는 경우에 그 피고인 행정청에 대해서만 미치는 것이므로, 법원이 위원회 결정의 결론이 타당하다고 하여 학교법인 등의 청구를 기각하게 되면 결국 행정소송의 대상이 된 위원회 결정이 유효한 것으로 확정되어 학교법인 등도 이에 기속되므로, 위원회 결정의 잘못은 바로잡을 길이 없게 되고 학교법인 등도 해당 교원에 대한 적절한 재징계를 할 수 없게 되기 때문이다(대판 2013. 7. 25.

2012두12297[해임처분취소결정취소]). 〈해설〉 피고인 교원소청심사위원회는 이 사건 징계사유 전부가 인정되지 않는다는 이유로 원고의 징계처분(이 사건 해임)을 취소하는 이 사건 처분을 하였는데, 법원에서 그 징계사유 중 일부가 인정된다고 하여 피고의 이 사건 처분을 취소한 경우, 그 판결이 그대로 확정되면 피고로서는 원래의 소청심사청구에 대하여 다시 판단하되 확정판결의 취지에 따라 징계사유의 일부가 인정된다는 전제에서 원래의 징계처분을 취소하거나 적정한 양정을 하는 변경처분 등을 하여야 할 것이다. 확정판결의 기속력은 학교법인 등에는 미치지 않는다.

마. 재결주의에서의 청구, 심리 및 판결 ① 개별법률에서 재결주의를 정하는 경우에는 재결에 대해서만 제소하는 것이 허용되므로 그 논리적인 전제로서 취소소송을 제기하기 전에 행정심판을 필요적으로 경유할 것이 요구된다(헌재 2001. 6. 28, 2000헌바77).

② 재결주의의 경우에는 행정심판의 재결에 불복하여 취소소송을 제기하고자 하는 경우에 행정심판의 재결을 대상으로 취소소송을 제기하여야 한다. 이 경우 재결취소의 소에서는 재결고유의 하자뿐만 아니라 원처분의 하자도 주장할 수 있다(대판 1991. 2. 12, 90누288[토지수용재결처분취소]). 그러나, 원처분이 당연무효인 경우에는 재결취소의 소뿐만 아니라 원처분무효확인소송도 제기할 수 있다(대판 전원합의체 1993. 1. 19, 91누8050[토지수용재결처분취소]).

③ 재결주의에서 기각재결에 대한 취소판결의 경우 판결의 기속력에 의해 원처분청은 원처분을 취소하여야 하고, 인용재결(취소재결)의 취소는 직접 원처분의 소급적 부활을 가져온다.

Ⅱ. 부작위위법확인소송의 대상: 부작위[1999 행시 약술]

부작위위법확인소송의 대상은 부작위(不作爲)이다.

부작위위법확인소송에서의 '부작위'라 함은 행정청이 당사자의 신청에 대하여 상당한 기간 내에 일정한 처분을 하여야 할 법률상 의무가 있음에도 불구하고 이를 하지 아니하는 것을 말한다(법 제2조 제1항 제2호). 즉, 행정청의 모든 부작위가 모두 부작위위법확인소송의 대상이 되는 것이 아니며 다음과 같은 일정한 **요건**을 갖추어야 한다.

1. 행정청의 처분의무의 존재(달리 말하면 신청인에게 법규상 또는 조리상 신청권의 존재)

(1) 신청권필요설

신청인에게 신청권이 있어야 부작위가 성립한다는 것이 판례의 입장이다. 신청인에게 신청권이 없는 경우에 신청에 대하여 행정청이 가부간의 처분을 하지 않고 있어도 부작위위법확인소송의 대상이 되는 부작위가 되지 않는다. 신청권은 실정법규에 의해 인정되거나 조리상 인정될 수 있다.

행정소송법 제2조 제1항 제2호가 부작위의 성립요건으로 '일정한 처분을 하여야 할 법률상 의무가 있을 것'을 요구하고 있고, 이 처분의무에 대응하는 것이 신청권이다. 부작위의 요소인 처분의무는 응답의무이며 신청에 따라 특정한 내용의 처분을 할 의무가 아니다.

(2) 신청권불필요설

이 견해는 부작위의 성립에 있어 신청권이 요건이 되지 않는다는 견해이다. 이 견해는 신청권은 본안의 문제라고 보는 견해(홍준형)와 원고적격의 문제라고 보는 견해(류지태, 홍정선, 785면)로 나뉘어진다. 이 견해는 신청권을 요구하는 명문의 규정이 없음에도 신청권의 존부를 부작위개념 요소로 보는 것은 부작위의 개념을 해석상 제한하는 것으로서 사인의 권리보호의 확대의 이념에 반하는 것이라고 한다(홍정선, 785면).

(3) 판　　례

판례는 부작위가 성립하기 위하여는 법규상 또는 조리상의 신청권이 있어야 한다고 하며 신청권이 없는 경우 부작위가 있다고 할 수 없고 원고적격도 없다고 한다(대판 2000. 2. 25, 99두11455[부작위위법확인]).

[판례] 4급 공무원이 당해 지방자치단체 인사위원회의 심의를 거쳐 3급 승진대상자로 결정되고 임용권자가 그 사실을 대내외에 공표까지 하였다면, 그 공무원은 승진임용에 관한 법률상 이익을 가진 자로서 임용권자에 대하여 3급 승진임용을 신청할 조리상의 권리가 있고, 이러한 공무원으로부터 소청심사청구를 통해 승진임용신청을 받은 행정청으로서는 상당한 기간 내에 그 신청을 인용하는 적극적 처분을 하거나 각하 또는 기각하는 등의 소극적 처분을 하여야 할 법률상의 응답의무가 있다. 그럼에도, 행정청이 위와 같은 권리자의 신청에 대해 아무런 적극적 또는 소극적 처분을 하지 않고 있다면 그러한 행정청의 부작위는 그 자체로 위법하다(대판 2009. 7. 23, 2008두10560[부작위위법확인의소]).

(4) 결어(신청권필요설)

행정소송법 제2조 제1항 제2호가 부작위의 성립요건으로 '일정한 처분을 하여야 할 법률상 의무가 있을 것'을 요구하고 있으므로 **해석론**으로는 신청권을 부작위의 성립요건으로 보는 것이 타당하다.

2. 당사자의 처분의 신청

당사자의 처분의 신청이 있어야 한다. 달리 말하면 신청이 있어야 하며 신청의 대상은 처분이어야 한다.

① **신청**이 있어야 한다. **입법론**으로는 행정처분에 신청을 전제로 하지 않는 경우(예 사립학교 정상화시 정이사 임명)도 있으므로 신청을 부작위의 요건으로 하지 않는 것이 타당하다.

② **처분**에 대한 신청이 아닌 경우에는 부작위위법확인소송의 대상이 되는 부작위가 아니다.

[판례] [1] **부작위 위법확인소송의 대상**: 부작위위법확인소송의 대상이 되는 행정청의 부작위라 함은 행정청이 당사자의 신청에 대하여 상당한 기간 내에 일정한 처분을 할 법률상 의무가 있음에도 불구하고 이를 하지 아니하는 것을 말하고, 이 소송은 처분의 신청을 한 자가 제기하는 것이므로 이를 통하여 원고가 구하는 행정청의 응답행위는 행정소송법 제2조 제1항 제1호 소정의 처분에 관한 것이라야 한다. [2] **폐지된 개간촉진법 제17조의 규정에 의한 국유개간토지의 매각행위가 항고소송의 대상이 되는 행정처분인지 여부(소극)**: 폐지된

> 개간촉진법 제17조의 규정에 따른 국유개간토지의 매각행위는 국가가 국민과 대등한 입장에서 국토개간장려의 방편으로 개간지를 개간한 자에게 일정한 대가로 매각하는 것으로서 사법상의 법률행위나 공법상의 계약관계에 해당한다고 보아야 하므로 이를 항고소송의 대상이 되는 행정처분이라고 할 수 없다(대판1991. 11. 8, 90누9391[부작위위법확인]). 〈해설〉 국유개간토지의 매각신청은 국유개간토지의 매각행위가 처분이 아니므로 처분의 신청이 아니다.

재결부작위는 처분부작위가 아니므로 부작위위법확인소송의 대상이 되는 부작위가 아니다.

재결부작위의 경우 심판청구인은 원처분에 대한 취소소송을 제기하면 된다. 재결주의의 경우에도 원처분에 대한 취소소송을 제기할 수 있는 것으로 보는 것이 타당하다. 재결주의는 재결이 있는 것을 전제로 원처분이 아니라 재결을 대상으로 항고소송을 제기하도록 하는 원칙을 말한다. 재결부작위는 재결이 없는 경우에 해당하므로 행정심판전치주의의 경우에도 행정심판 제기 후 일정기간이 지나면 행정소송을 제기할 수 있다.

③ 신청이 적법할 것(신청요건을 갖출 것)을 요하지 않는다.

신청권자의 신청이 있는 경우 행정청은 신청요건의 충족 여부와 무관하게 응답의무를 지며 신청요건이 충족되지 않은 경우 행정절차법에 따라 보완을 명하여야 하고 보완을 하지 않는 경우 반려처분(거부처분)을 할 수 있기 때문이다.

후술하는 바와 같이 신청의 적법성은 소송요건의 문제가 아니라 본안의 문제라고 보아야 한다. 신청요건의 결여가 중대하여 처분을 할 수 없을 정도인 경우에 행정청의 부작위는 정당하다고 보아야 한다.

3. 상당한 기간의 경과

상당한 기간이라 함은 사회통념상 행정청이 당해 신청에 대한 처분을 하는 데 필요한 합리적인 기간을 말한다.

법령에서 신청에 대한 처리기간을 정하고 있는 경우에 당해 처리기간이 경과하였다고 하여 당연히 부작위가 되지는 않는다. 민원사무처리에 관한 법률 제9조에 근거한 민원사무처리기준표는 민원사무의 처리기간을 규정하고 있다.

그런데, 부작위위법확인소송의 소송요건의 충족 여부는 사실심 변론종결시를 기준으로 판단하므로 사실심의 변론종결시까지 상당한 기간이 경과하였으면 되고, 통상 이때까지는 상당한 기간이 경과할 것이므로 이 요건은 실제에 있어서는 크게 문제되지 않는다.

4. 처분의 부존재

신청에 대하여 가부간에 처분이 행해지지 않았어야 한다. 신청에 대해 거부처분을 한 것도 응답의무를 이행한 것이 되며 행정청의 부작위는 성립하지 않는다.

[판례] 당사자의 신청에 대한 행정청의 거부처분이 있은 경우에 부작위 위법확인소송이 허용되는지 여부(소극): 당사자의 신청에 대한 행정청의 거부처분이 있는 경우에는 행정청이 당사자의 신청에 대하여 상당한 기간 내에 일정한 처분을 하여야 할 법률상의 응답의무를 이행하지 아니함으로써 야기된 부작위라는 위법상태를 제거하기 위하여 제기하는 부작위위법확인소송은 허용되지 아니한다(대판 1991. 11. 8, 90누9391[부작위위법확인]).

법령이 법령에서 정한 일정한 기간이 경과한 경우에는 거부한 것으로 의제하는 규정을 두는 경우가 있는데, 이 경우에 법령에서 정한 기간이 경과하였음에도 실제로 처분이 행해지지 않았으면 거부처분이 있는 것으로 되므로 당해 거부처분에 대하여 취소소송을 제기하여야 하며 부작위위법확인소송을 제기할 수는 없다.

부작위위법확인소송계속중 거부처분이 있게 되면 부작위위법확인소송은 소의 이익이 상실되며 원고는 거부처분취소소송으로 소의 변경을 신청할 수 있다(후술 소의 변경 참조).

Ⅲ. 당사자소송의 대상 [2022 행시]

1. 일반적 고찰

당사자소송의 대상은 '행정청의 처분 등을 원인으로 하는 법률관계와 그 밖의 공법상의 법률관계'이다.[11] 즉, 당사자소송의 대상은 **공법상 법률관계**이다.

① '행정청의 처분 등을 원인으로 하는 법률관계'라 함은 행정청의 처분 등에 의하여 발생·변경·소멸된 공법상의 법률관계를 말한다.

예를 들면, 조세채권존재확인의 소(대판 2020. 3. 2, 2017두41771), 공무원의 지위확인을 구하는 소송 및 미지급퇴직연금지급청구소송은 당사자소송으로 제기하여야 한다.

② '그 밖의 공법상의 법률관계'라 함은 처분 등을 원인으로 하지 않는 공법이 규율하는 법률관계를 말한다.

예를 들면, 광주민주화운동관련 보상금지급청구권은 공권이고, 동 보상금지급청구소송은 당사자소송으로 제기하여야 한다.

③ 공법상 계약 등 일정한 비권력적 법적 행위는 당사자소송의 대상이다.

예를 들면, 공무원채용계약은 공법상 계약이고, 공무원 채용계약의 해지를 다투기 위하여는 그 해지를 처분으로 보아야 할 특별한 사정이 없는 한 동 계약해지의 의사표시의 무효확인을 구하는 당사자소송을 제기하여야 한다.

행정소송규칙 제19조 제4호에 따르면 공법상 계약에 따른 권리·의무의 확인 또는 이행청구 소송은 당사자소송의 대상이 된다.

---

11) 행정소송법 제3조 제2호는 공법상 당사자소송을 "행정청의 처분 등을 원인으로 하는 법률관계에 관한 소송, 그 밖의 공법상의 법률관계에 관한 소송으로서 그 법률관계의 한쪽 당사자를 피고로 하는 소송"이라고 규정하고 있다.

④ 공법상 당사자소송을 비권력적 공행정작용에 대한 일반적 구제수단으로 보거나 사실행위도 공법상 당사자소송의 대상으로 보는 견해도 있다. 그런데, 판례는 이러한 입장을 취하고 있지 않다.

⑤ 행정소송규칙 제19조 제2호에 따르면 그 존부 또는 범위가 구체적으로 확정된 공법상 법률관계 그 자체에 관한 다음 각 목의 소송은 당사자소송의 대상이 된다: 가. 납세의무 존부의 확인, 나. 「부가가치세법」 제59조에 따른 환급청구, 다. 「석탄산업법」 제39조의3 제1항 및 같은 법 시행령 제41조 제4항 제5호에 따른 재해위로금 지급청구, 라. 「5·18민주화운동 관련자 보상 등에 관한 법률」 제5조, 제6조 및 제7조에 따른 관련자 또는 유족의 보상금 등 지급청구, 마. 공무원의 보수·퇴직금·연금 등 지급청구, 바. 공법상 신분·지위의 확인.

⑥ 행정소송규칙 제19조 제3호에 따르면 처분에 이르는 절차적 요건의 존부나 효력 유무에 관한 다음 각 목의 소송은 당사자소송의 대상이 된다: 가. 「도시 및 주거환경정비법」 제35조 제5항에 따른 인가 이전 조합설립변경에 대한 총회결의의 효력 등을 다투는 소송, 나. 「도시 및 주거환경정비법」 제50조 제1항에 따른 인가 이전 사업시행계획에 대한 총회결의의 효력 등을 다투는 소송, 다.「도시 및 주거환경정비법」 제74조 제1항에 따른 인가 이전 관리처분계획에 대한 총회결의의 효력 등을 다투는 소송.

2. 구체적 사례

(1) 항고소송사건인지 당사자소송사건인지가 다투어진 사례

1) 행위의 성질이 기준이 되는 경우 [2015 입시]

계쟁행위가 처분인 경우 항고소송을 제기하여야 하고, 계쟁행위가 비권력적인 공행정작용(예 공법상 계약)인 경우 공법상 당사자소송을 제기하여야 한다.

[판례] **[1] 공기업 · 준정부기관의 계약상대방에 대한 입찰참가자격 제한 조치가 법령에 근거한 행정처분인지 계약에 근거한 권리행사인지 판단하는 방법:** 공기업·준정부기관이 법령 또는 계약에 근거하여 선택적으로 입찰참가자격 제한 조치를 할 수 있는 경우, 계약상대방에 대한 입찰참가자격 제한 조치가 법령에 근거한 행정처분인지 아니면 계약에 근거한 권리행사인지는 원칙적으로 의사표시의 해석 문제이다. 이때에는 공기업·준정부기관이 계약상대방에게 통지한 문서의 내용과 해당 조치에 이르기까지의 과정을 객관적·종합적으로 고찰하여 판단하여야 한다. 그럼에도 불구하고 공기업·준정부기관이 법령에 근거를 둔 행정처분으로서의 입찰참가자격 제한 조치를 한 것인지 아니면 계약에 근거한 권리행사로서의 입찰참가자격 제한 조치를 한 것인지 여부가 여전히 불분명한 경우에는, 그에 대한 불복방법 선택에 중대한 이해관계를 가지는 그 조치 상대방의 인식가능성 내지 예측가능성을 중요하게 고려하여 규범적으로 이를 확정함이 타당하다(대법원 2018. 10. 25. 선고 2016두33537 판결 참조). [2] 다음과 같은 이유에서 입찰참가자격 제한 조치가 계약에 근거한 권리행사가 아니라 공공기관의 운영에 관한 법률(이하 '공공기관운영법'이라 한다) 제39조 제2항에 근거한 행정처분으로 봄이 타당하다고 한 사례: (1) 피고는 입찰참가자격 제한 조치를 하기 전 원고에게 "처분사전통지서(청문실시통지)"라는 제목으로 공기업·준정부기관 계약사무규칙 제16조에 의한 입찰참가자격 제한 처분을 할 계획이라는 취지와 함께 그 법적 근거로 공공기관운영법 제39조와 계약상 근거 규정을 함께 기재한 문서를 교부하였고, 행정절차법에 따른 절차 등을 진행하였다. (2) 피고는 입찰참가자격 제한 조치를 하면서 원고에게 교부한 통지서에, 제재 근거로 "계약규정 제26조 제1항, 계약규정 시행규칙 제97조 제1항 제8호 및 [별

표 2]의 제10호 '나'목"을, 제재 기간을 "6월(한수원 한정)"로 각 기재하였다. 그러나 그 이의신청 방법에 대해서는 공기업·준정부기관 계약사무규칙 제15조 제1항과 계약상 근거 규정을 함께 기재하였다. (3) 또한 피고는 위 통지서에 입찰참가자격 제한 조치에 대한 쟁송 방법으로 "행정심판법 제27조 또는 행정소송법 제20조에 따라 소정의 기간 내에 행정심판을 청구하거나 행정소송을 제기할 수 있음을 알려 드립니다. 행정심판 청구 및 행정소송 제기의 제척기간은 다음과 같습니다. 1) 행정심판: 처분이 있음을 알게 된 날로부터 90일 이내에 청구(단, 처분이 있었던 날로부터 180일이 지나면 청구하지 못함) 2) 행정소송: 처분 등이 있음을 안 날로부터 90일 이내에 제기(단, 처분 등이 있는 날로부터 1년을 경과하면 이를 제기하지 못함)"라고 기재하였다(대판 2019. 2. 14, 2016두33292[부정당업자제재처분취소]).

가. 행정청이 일방적인 의사표시로 자신과 상대방 사이의 법률관계를 종료시킨 경우(항고소송 또는 당사자소송) [2017 사시]

[판례] [1] **행정청이 일방적인 의사표시로 자신과 상대방 사이의 법률관계를 종료시킨 경우, 의사표시가 항고소송의 대상이 되는 행정처분인지 또는 공법상 계약관계의 일방 당사자로서 대등한 지위에서 하는 의사표시인지 판단하는 방법**: 행정청이 자신과 상대방 사이의 법률관계를 일방적인 의사표시로 종료시켰다고 하더라도 곧바로 의사표시가 행정청으로서 공권력을 행사하여 행하는 행정처분이라고 단정할 수는 없고, 관계 법령이 상대방의 법률관계에 관하여 구체적으로 어떻게 규정하고 있는지에 따라 의사표시가 항고소송의 대상이 되는 행정처분에 해당하는지 아니면 공법상 계약관계의 일방 당사자로서 대등한 지위에서 행하는 의사표시인지를 개별적으로 판단하여야 한다. [2] 중소기업기술정보진흥원장이 甲 주식회사와 중소기업 정보화지원사업 지원대상인 사업의 지원에 관한 협약을 체결하였는데, 협약이 甲 회사에 책임이 있는 사업실패로 해지되었다는 이유로 협약에서 정한 대로 지급받은 정부지원금을 반환할 것을 통보한 사안에서, 중소기업 정보화지원사업에 따른 지원금 출연을 위하여 중소기업청장이 체결하는 협약은 공법상 대등한 당사자 사이의 의사표시의 합치로 성립하는 공법상 계약에 해당하는 점, 구 중소기업 기술혁신 촉진법(2010. 3. 31. 법률 제10220호로 개정되기 전의 것) 제32조 제1항은 제10조가 정한 기술혁신사업과 제11조가 정한 산학협력 지원사업에 관하여 출연한 사업비의 환수에 적용될 수 있을 뿐 이와 근거 규정을 달리하는 중소기업 정보화지원사업에 관하여 출연한 지원금에 대하여는 적용될 수 없고 달리 지원금 환수에 관한 구체적인 법령상 근거가 없는 점 등을 종합하면, 협약의 해지 및 그에 따른 환수통보는 공법상 계약에 따라 행정청이 대등한 당사자의 지위에서 하는 의사표시로 보아야 하고, 이를 행정청이 우월한 지위에서 행하는 공권력의 행사로서 행정처분에 해당한다고 볼 수는 없다고 한 사례(대판 2015. 8. 27, 2015두41449[정보화지원사업참여제한처분무효확인]).

나. 전문직공무원 채용계약의 해지에 대한 불복(당사자소송)

[판례] 지방전문직공무원 채용계약의 해지에 대하여는 불이익처분을 받은 지방경력직공무원 등에게 적용되는 소청제도는 물론 행정심판절차에 의한 불복도 허용되지 않고 있는 것으로 해석되고, 이와 같은 법령의 규정 취지와 그 밖에 공무원의 자격, 임용, 보수, 복무, 신분보장, 징계 등에 관한 관계법령의 규정 내용에 미루어보면, 현행 실정법이 지방전문직공무원 채용계약 해지 의사표시를 일반공무원에 대한 징계처분과는 달리 항고소송의 대상이 되는 처분 등의 성격을 가진 것으로 인정하지 않고, 지방자치단체가 채용계약관계의 한쪽 당사자로서 대등한 지위에서 행하는 의사표시로 취급하고 있는 것으로 이해되므로 지방전문직공무원 채용계약 해지 의사표시에 대하여는 항고소송이 아닌 공법상의 당사자소송으로 그 의사표시의 무효확인을 청구할 수 있다(대판 1993. 9. 14, 92누4611[공무원채용계약해지무효확인]). 〈평석〉 징계적 성격의 해촉은 성질상 처분으로 보아야 한다.

다. 시립합창단원의 재위촉거부(공법상 당사자소송)

[판례] 시립합창단원에 대한 재위촉 거부가 항고소송의 대상인 처분에 해당하는지 여부(소극): 지방자치법 제9조 제2항 제5호 (라)목 및 (마)목 등의 규정에 의하면, 광주광역시립합창단의 활동은 지방문화 및 예술을 진흥시키고자 하는 광주광역시의 공공적 업무수행의 일환으로 이루어진다고 해석될 뿐 아니라, … 단원의 지위가 지방공무원과 유사한 면이 있으나, 한편 단원의 위촉기간이 정하여져 있고 재위촉이 보장되지 아니하며, 단원에 대하여는 지방공무원의 보수에 관한 규정을 준용하는 이외에는 지방공무원법 기타 관계 법령상의 지방공무원의 자격, 임용, 복무, 신분보장, 권익의 보장, 징계 기타 불이익처분에 대한 행정심판 등의 불복절차에 관한 규정이 준용되지도 아니하는 점 등을 종합하여 보면, 광주광역시문화예술회관장의 단원 위촉은 광주광역시문화예술회관장이 행정청으로서 공권력을 행사하여 행하는 행정처분이 아니라 공법상의 근무관계의 설정을 목적으로 하여 광주광역시와 단원이 되고자 하는 자 사이에 대등한 지위에서 의사가 합치되어 성립하는 공법상 근로계약에 해당한다고 보아야 할 것이므로, 시립합창단원으로서 위촉기간이 만료되는 자들의 재위촉 신청에 대하여 광주광역시문화예술회관장이 실기와 근무성적에 대한 평정을 실시하여 재위촉을 하지 아니한 것을 항고소송의 대상이 되는 불합격처분이라고 할 수는 없고 공법상 당사자소송을 제기하여야 한다(대판 2001. 12. 11, 2001두7794[합창단재위촉거부처분취소]).

라. 공법상 계약의 체결 여부의 결정 및 제재적 성격의 결정 등(항고소송) 공법상 계약의 체결(재체결 포함) 여부의 결정 및 제재적 성격이 있는 결정 등에 대해서는 처분성을 인정하여야 한다.

[판례 1] 지방계약직공무원에 대한 보수의 삭감: 보수의 삭감은 이를 당하는 공무원의 입장에서는 징계처분의 일종인 감봉과 다를 바 없다(대판 2008. 6. 12, 2006두16328[전임계약직공무원(나급)재계약거부처분및감봉처분취소]). 〈해설〉 공법상 계약 참조.

[판례 2] "사회기반시설에 대한 민간투자법" 제13조 제3항상의 실시협약(동법에 의하여 주무관청과 민간투자사업을 시행하고자 하는 자간에 사업시행의 조건 등에 관하여 체결하는 계약)은 공법상 계약이고, 그 이전에 행해지는 동법 제13조 제2항상의 행정청의 협상대상자(특별한 사정이 없는 한 사업시행자가 된다) 지정행위는 행정행위의 성질을 갖는 것으로 보아야 한다(서울고법 2004. 6. 24, 2003누6483). 〈해설〉 행정청에 의한 공법상 계약의 체결 여부 또는 계약상대방의 결정은 행정소송법상 처분에 해당하는 경우가 있다.

[판례 3] 재활용자원화시설의 민간위탁대상자 선정행위를 처분으로 본 사례(대판 2007. 9. 21, 2006두7973[고양시재활용자원화시설민간위탁대상자선정취소처분취소]).

[판례 4] 한국환경산업기술원장이 구 국가연구개발사업의 관리 등에 관한 규정(대통령령) 및 환경기술개발사업운영규정(환경부훈령)에 따라 주관연구기관에 대하여 한 연구개발 중단 조치와 연구비 집행중지 조치가 항고소송의 대상이 되는 행정처분에 해당한다고 한 사례(대판 2015. 12. 24, 2015두264). 〈해설〉 원심은 법령의 근거 없이 협약 당사자 간의 대등한 지위에서 한 의사표시에 불과하여 항고소송의 대상이 되는 행정처분이 아니라고 판단하였다. 대법원은 환경부훈령인 「환경기술개발사업운영규정」을 적법한 해석규칙 내지는 법령보충적 행정규칙으로 보았다. 법령에 근거한 해지이므로 처분으로 보아야 한다.

[판례 5] [피고와 택시회사들 사이의 감차합의에 근거하여 한 직권감차명령의 '처분성'이 다투어진 사건] [1] 피고 행정청과 관내 11개 택시회사들 사이에서 택시공급 과잉 문제를 해결하고자 3년에 걸쳐 업체별로 일정 대수를 감차하기로 약정한 합의는 여객자동차법 제4조 제3항이 정한 '면허조건'을 원고들의 동의하에 사후적으로 부가한 것(사후부담)이다. [2] 일부 택시회사들이 위와 같은 합의를 이행하지 않는다는 이유로 피고 행정청이 그 택시회사들에 대하여 한 직권감차명령은 피고가 우월적 지위에서 여객자동차법 제85조 제1항 제38호에 따라 원고들에게 일정한 법적 효과를 발생하게 하는 것(사업계획변경처분)이므로 항고소송의 대상이 되는 처분에 해당한다고 보아야 하고, 단순히 대등한 당사자의 지위에서 형성된 공법상 계약에 근거한 의사표시에 불과한 것으로는 볼 수 없다. [3] 익산시의 택시공급 과잉 문제를 해결하기 위하여, 익

산시장이 2012. 9. 19. 관내 11개 택시회사들과 사이에서 법인택시 총 272대(보유대수의 약 40%)를 3년간 순차적으로 감차하고 감차대수에 따라 감차보상금을 지급하기로 합의(감차합의)하였는데, 일부 택시회사들이 3년차인 2014년에 사정변경을 이유로 합의 이행을 거부하자, 익산시장이 그 택시회사들에 대하여 합의 불이행을 이유로 위 합의에서 정한 3년차 감차대수만큼 직권감차명령을 한 사안에서, 원심은 "이 사건 합의(감차합의)가 행정청이 대등한 당사자의 지위에서 체결한 공법상 계약에 해당하므로, 그 합의의 불이행을 이유로 한 직권감차명령도 행정청이 공법상 계약에 따라 대등한 당사자의 지위에서 하는 의사표시에 불과하여 처분에 해당하지 않는다"라고 판단하였으나, 대법원은 공법상 계약에 근거한 의사표시라고 하여 항상 그것이 대등한 당사자 지위에서 행해지는 것은 아니며, 개별 행정작용마다 관련법령이 당해 행정주체와 사인 간의 관계를 어떻게 규정하고 있는지를 행위형식이나 외관이 아니라 당해 행위의 실질을 기준으로 개별적으로 검토하여야 한다는 취지에서, 원심이 처분 및 부관에 관한 법리를 오해하였음을 지적한 사례. [4] 여객자동차 운수사업법(이하 '여객자동차법'이라 한다) 제85조 제1항 제38호에 의하면, 운송사업자에 대한 면허에 붙인 조건을 위반한 경우 감차 등이 따르는 사업계획변경명령(이하 '감차명령'이라 한다)을 할 수 있는데, 감차명령의 사유가 되는 '면허에 붙인 조건을 위반한 경우'에서 '조건'에는 운송사업자가 준수할 일정한 의무를 정하고 이를 위반할 경우 감차명령을 할 수 있다는 내용의 '부관'(사후부관 포함)도 포함된다. 그리고 부관은 면허 발급 당시에 붙이는 것뿐만 아니라 면허 발급 이후에 붙이는 것도 법률에 명문의 규정이 있거나 변경이 미리 유보되어 있는 경우 또는 상대방의 동의가 있는 경우 등에는 특별한 사정이 없는 한 허용된다. 따라서 관할 행정청은 면허 발급 이후에도 운송사업자의 동의하에 운송사업자가 준수할 의무를 정하고 이를 위반할 경우 감차명령을 할 수 있다는 내용의 면허 조건을 붙일 수 있고, 운송사업자가 조건을 위반하였다면 여객자동차법 제85조 제1항 제38호에 따라 감차명령을 할 수 있으며, 감차명령은 행정소송법 제2조 제1항 제1호가 정한 처분으로서 항고소송의 대상이 된다(대판 2016. 11. 24, 2016두45028[감차처분취소]).

〈해설〉 감차합의서의 법적 성격을 부담 및 부담의 불이행에 대한 처분변경유보부관(사후부관)을 정한 것으로 보는 것이 타당하다. 감차통보를 부담의무 불이행에 따른 처분(여객자동차 운수사업법 제85조 제1항 제38호에 따른 사업계획변경명령)으로 보고, 파기환송한 사건이다. 이 사건에서 감차합의의 주요내용은 다음과 같다: i) 익산시장과 택시사업자는 법인택시 총 272대(보유대수의 약 40%)를 2012년부터 3년간 순차적으로 감차하는데 합의한다. ii) 택시사업자는 감차합의에 따라 익산시장에게 감차신청서를 제출하고, 익산시장은 택시사업자가 신청한 감차대수에 따라 감차보상금을 지급하여야 한다. iii) 업체별로 배정된 감차목표대수에 대한 감차신청을 거부하는 업체에 대하여는 기 교부된 감차보상금을 환수하거나 면허권자인 익산시장이 직권으로 감차명령을 할 수 있다. 이 사안에서 여객자동차 운수사업법상 감차신청을 전제로 하지 않는 직권에 의한 감차처분의 명문의 법적 근거는 없고, 대법원은 감차명령의 근거로 「여객자동차운수사업법」 제85조 제1항 제38호(이하 "법"이라 한다)를 들고 있다. 감차신청은 여객자동차 운수사업법 제10조의 사업계획의 변경신청이고, 감차명령은 사업계획의 변경에 대한 인가로서 여객자동차운송사업면허의 변경의 성질을 갖는 것으로 보아야 한다. 사후부담의 불이행을 이유로 감차명령뿐만 아니라 면허를 취소(철회)할 수도 있을 것이다. 법률유보의 원칙상 공법상 계약이 행정행위(감차처분)의 근거는 될 수 없다.

[판례 6] 재단법인 한국연구재단이 갑 대학교 총장에게 연구개발비의 부당집행을 이유로 '해양생물유래 고부가식품·향장·한약 기초소재 개발 인력양성사업에 대한 2단계 두뇌한국(BK)21 사업' 협약을 해지하고 연구팀장 을에 대한 국가연구개발사업의 3년간 참여제한 등을 명하는 통보를 하자 을이 통보 취소를 청구한 사안에서, 그 통보의 처분성을 인정하고 을은 위 협약 해지 통보의 효력을 다툴 법률상 이익이 있다고 한 사례(대판 2014. 12. 11, 2012두28704[2단계BK21사업처분취소]).

[판례 7] [1] 산업단지관리공단이 구 산업집적활성화 및 공장설립에 관한 법률 제38조 제2항에 따른 변경계약을 취소한 것은 항고소송의 대상이 되는 행정처분에 해당한다. [2] 국민에게 일정한 이익과 권리를 취득하게 한 종전 행정처분을 직권으로 취소한 경우 종전 행정처분의 하자나 취소해야 할 필요성에 관한 증명책임은 기존 이익과 권리를 침해하는 처분을 한 행정청에 있다. [3] 신뢰보호와 이익형량의 취지는 구 산업집적활성화 및 공장설립에 관한 법률에 따른 입주계약 또는 변경계약을 취소하는 경우에도 마찬가지로 적용될 수 있다(대판 2017. 6. 15, 2014두46843[입주변경계약취소처분등취소]).

마. 기 타

[판례 1] 읍·면장에 의한 이장의 임명 및 면직이 행정처분이 아니라 공법상 계약 및 그 계약을 해지하는 의사표시라고 본 사례(대판 2012. 10. 25, 2010두18963).
[판례 2] 사회기반시설에 대한 민간투자법 제45조 제1항에 따라 주무관청이 사업시행자에게 한 감독명령은 처분이다(대판 2019. 3. 28, 2016두43176).
[판례 3] 지방자치단체의 장이 공유재산 및 물품관리법에 근거하여 기부채납 및 사용·수익허가 방식으로 민간투자사업을 추진하는 과정에서 사업시행자를 지정하기 위한 전 단계에서 공모제안을 받아 일정한 심사를 거쳐 우선협상대상자를 선정하는 행위와 이미 선정된 우선협상대상자를 그 지위에서 배제하는 행위는 항고소송의 대상이 되는 행정처분이다(대판 2020. 4. 29, 2017두31064).

2) 금전급부 등에 관한 소송 등 [2013, 2024 변시 사례]

외관상 처분으로 볼 수 있는 행정청의 결정이 공법상 금전지급 전에 행해지는 경우에 금전지급이 거부된 경우에 항고소송으로 다투어야 하는지, 당사자소송으로 다투어야 하는지가 문제된다.

이 경우에는 ① 문제된 구체적 권리가 행정청의 결정에 의하여 비로소 창설되거나 구체적으로 확정되는 경우 및 구체적인 권리가 법령에 의해 정해져 있지만, 그 존부 또는 범위에 관하여 다툼이 있고 지급결정 또는 거부결정이 이를 공식적으로 확인하는 성질의 확인행위인 경우에는 항고소송을 제기하여야 한다는 것이 판례의 입장이다. **판례**는 금전지급결정의 처분성이 인정되는 경우 항고소송으로 다투도록 하고, 당사자소송을 인정하지 않는다. ② 금전지급에 관한 구체적 권리가 법령의 규정에 의해 직접 발생하고 그 권리의 존부 및 범위가 명확한 경우(권리의 존부 및 범위가 법령 등에 의하여 바로 구체적으로 명확하게 확정되어 있어 금전지급결정 또는 거부결정이 단순한 사실행위에 불과한 경우)에는 문제된 권리가 공권이면 당사자소송, 사권이면 민사소송을 제기하여야 한다.

[판례 1] [1] 공법상 각종 급부청구권은 행정청의 심사·결정의 개입 없이 법령의 규정에 의하여 직접 구체적인 권리가 발생하는 경우와 관할 행정청의 심사·인용결정에 따라 비로소 구체적인 권리가 발생하는 경우로 나눌 수 있다. 이러한 두 가지 유형 중 어느 것인지는 관계 법령에 구체적인 권리의 존부나 범위가 명확하게 정해져 있는지, 행정청의 거부결정에 대하여 불복절차가 마련되어 있는지 등을 종합하여 정해진다. [2] 그중 사회보장수급권은 법령에서 실체적 요건을 규정하면서 수급권자 여부, 급여액 범위 등에 관하여 행정청이 1차적으로 심사하여 결정하도록 정하고 있는 경우가 일반적이다. 이 사건 육아휴직급여 청구권도 관할 행정청인 직업안정기관의 장이 심사하여 지급결정을 함으로써 비로소 구체적인 수급청구권이 발생하는 경우로 앞서 본 후자의 유형에 해당한다. 대법원 판례도 사회보장수급권에 관하여 구 「광주민주화운동 관련자 보상 등에 관한 법률」(2006. 3. 24. 법률 제7911호로 법률명이 「5·18민주화운동 관련자 보상 등에 관한 법률」로 개정되기 전의 것, 이하 같다)상 보상금(대법원 1992. 12. 24. 선고 92누3335 판결), 석탄산업법상 재해위로금(대법원 1998. 12. 23. 선고 97누5046 판결, 대법원 1999. 1. 26. 선고 98두12598 판결등)과 같은 몇몇 사례를 제외하고는 대부분 후자의 유형으로 보고 있다. 아래에서는 후자의 유형, 즉 일반적인 경우로 한정하여 살펴본다. [3] 사회보장수급권은 법령에서 실체적 요건을 규정하면서 수급권자 여부, 급여액 범위등에 관하여 행정청이 1차적으로 심사하여 결정하도록 정하고 있는 경우가 일반적이다. 육아휴직급여 청구권도 관할 행정청인 직업안정기관의 장이 심사하여 지급결정을 함으로써 비로소 구체적인 수급청구권이 발생하는 경우에 해당한다. 위와 같이 사회보장수급권은 추상적 형태의 권리와 구체적 형태의 권리로 나뉘고, 이들 각각의 권리행사는 그 목적과 방법이 서로 다르다(대판 전원합의체 2021. 3. 18, 2018두47264[육아휴직급여 부지급 등 처분

취소]). 〈해설〉 추상적 형태의 권리는 신청을 하여 지급결정을 받아야 구체적 권리가 된다. 이 경우 지급거부결정은 처분으로서 항고소송의 대상이 된다. 구체적 형태의 권리에 따른 신청에 대한 지급결정이나 거부결정은 단순한 사실행위로서 처분이 아니고, 거부결정의 경우 공권이면 공법상 당사자소송으로, 사권이면 민사소송으로 지급청구소송을 제기하여야 한다.

[판례 2] 사회보장수급권은 관계 법령에서 정한 실체법적 요건을 충족시키는 객관적 사정이 발생하면 추상적인 급부청구권의 형태로 발생하고, 관계 법령에서 정한 절차·방법·기준에 따라 관할 행정청에 지급 신청을 하여 관할 행정청이 지급결정을 하면 그때 비로소 구체적인 수급권으로 전환된다(대법원 2019. 12. 27. 선고 2018두46780 판결 등 참조). 급부를 받으려고 하는 사람은 우선 관계 법령에 따라 행정청에 그 지급을 신청하여 행정청이 거부하거나 일부 금액만 지급하는 결정을 하는 경우 그 결정에 대하여 항고소송을 제기하여 취소 또는 무효확인 판결을 받아 그 기속력에 따른 재처분을 통하여 구체적인 권리를 인정받아야 한다. 따라서 사회보장수급권의 경우 구체적인 권리가 발생하지 않은 상태에서 곧바로 행정청이 속한 국가나 지방자치단체 등을 상대로 한 당사자소송이나 민사소송으로 급부의 지급을 소구하는 것은 허용되지 않는다(대법원 2019. 6. 13. 선고 2017다277986, 277993 판결 등 참조)(대판 전원합의체 2021. 3. 18, 2018두47264).

[판례 3] 관계 법령의 해석상 급부를 받을 권리가 법령의 규정에 의하여 직접 발생하는 것이 아니라 급부를 받으려고 하는 자의 신청에 따라 관할 행정청이 지급결정을 함으로써 구체적인 권리가 발생하는 경우에는, 급부를 받으려고 하는 자는 우선 관계 법령에 따라 행정청에 급부지급을 신청하여 행정청이 이를 거부하거나 일부 금액만 인정하는 지급결정을 하는 경우 그 결정을 대상으로 항고소송을 제기하고, 취소·무효확인판결의 기속력에 따른 재처분을 통하여 구체적인 권리를 인정받은 다음 비로소 공법상 당사자소송으로 급부의 지급을 구하여야 하고, 구체적인 권리가 발생하지 않은 상태에서 곧바로 행정청이 속한 국가나 지방자치단체 등을 상대로 한 당사자소송이나 민사소송으로 급부의 지급을 소구하는 것은 허용되지 않는다(대판 2020. 10. 15, 2020다222382).

[판례 4] 광주민주화운동관련 보상청구(당사자소송): 신청 후 일정기간 내에 지급에 관한 결정을 하지 않는 경우에는 바로 소송을 제기할 수 있도록 하고 있는 점 등에 비추어 볼 때 보상심의위원회의 결정을 거치는 것은 보상금 지급에 관한 소송을 제기하기 위한 전치요건에 불과하다 할 것이므로 보상심의위원회의 결정은 항고소송의 대상이 되는 행정처분이라 볼 수 없고, 위 보상금지급에 관한 권리는 동법이 특별히 인정하고 있는 공법상의 권리라 할 것이므로 그에 관한 소송은 당사자소송에 의하여야 할 것이다(대판 1992. 12. 24, 92누3335[보상금지급결정취소]).

[판례 5] 판례는 민주화관련자보상법상의 민주화운동관련자 또는 그 유족에 대한 민주화운동관련자 명예회복 및 보상심의위원회의 명예회복과 보상금 등의 심의·결정을 처분으로 본다. 즉 대법원은 전원합의체 판결에서 "'민주화운동관련자 명예회복 및 보상 등에 관한 법률' 제2조 제1호, 제2호 본문, 제4조, 제10조, 제11조, 제13조 규정들의 취지와 내용에 비추어 보면, 같은법 제2조 제2호 각 목은 민주화운동과 관련한 피해 유형을 추상적으로 규정한 것에 불과하여 제2조 제1호에서 정의하고 있는 민주화운동의 내용을 함께 고려하더라도 그 규정들만으로는 바로 법상의 보상금 등의 지급 대상자가 확정된다고 볼 수 없고, '민주화운동관련자 명예회복 및 보상 심의위원회'에서 심의 결정을 받아야만 비로소 보상금등의 지급 대상자로 확정될 수 있다. 따라서 그와 같은 심의위원회의 결정은 국민의 권리의무에 직접 영향을 미치는 행정처분에 해당한다"고 하고, "'민주화운동관련자 명예회복 및 보상 등에 관한 법률' 제17조는 보상금 등의 지급에 관한 소송의 형태를 규정하고 있지 않지만, 위 규정 전단에서 말하는 보상금 등의 지급에 관한 소송은 '민주화운동관련자 명예회복 및 보상 심의위원회'의 보상금 등의 지급신청에 관하여 전부 또는 일부를 기각하는 결정에 대한 불복을 구하는 소송이므로 취소소송을 의미한다고 보아야 하며, 후단에서 보상금 등의 지급신청을 한 날부터 90일을 경과한 때에는 그 결정을 거치지 않고 위 소송을 제기할 수 있도록 한 것은 관련자 등에 대한 신속한 권리구제를 위하여 위 기간 내에 보상금 등의 지급 여부 등에 대한 결정을 받지 못한 때에는 지급 거부 결정이 있는 것으로 보아 곧바로 법원에 심의위원회를 상대로 그에 대한 취소소송을 제기할 수 있다고 규정한 취지라고 해석될 뿐, 위 규정이 보상금 등의 지급에 관한 처분의 취소소송을 제한하거나 또는 심의위원회에 의하여 관련

자 등으로 결정되지 아니한 신청인에게 국가를 상대로 보상금 등의 지급을 구하는 이행소송을 직접 제기할 수 있도록 허용하는 취지라고 풀이할 수는 없다"고 하고 있다(이상 다수의견). 이에 대하여 반대의견은 보상금 등의 지급신청을 한 사람이 심의위원회의 보상금 등의 지급에 관한 결정을 다투고자 하는 경우에는 곧바로 보상금 등의 지급을 구하는 소송을 제기하여야 하고, 관련자 등이 갖게 되는 보상금 등에 관한 권리는 위 법이 특별히 인정하고 있는 공법상 권리이므로 그 보상금 등의 지급에 관한 소송은 행정소송법 제3조 제2호에 정한 국가를 상대로 하는 당사자소송에 의하여야 한다"는 의견을 제시하였다(대판 전원합의체 2008. 4. 17, 2005두16185[민주화운동관련자불인정처분취소]).

[판례 6] 구 군인연금법령상 급여를 받으려고 하는 사람은 우선 관계 법령에 따라 국방부장관 등에게 급여지급을 청구하여 국방부장관 등이 이를 거부하거나 일부 금액만 인정하는 급여지급결정을 하는 경우 그 결정을 대상으로 항고소송을 제기하는 등으로 구체적 권리를 인정받은 다음 비로소 당사자소송으로 그 급여의 지급을 구해야 한다. 이러한 구체적인 권리가 발생하지 않은 상태에서 곧바로 국가를 상대로 한 당사자소송으로 급여의 지급을 소구하는 것은 허용되지 않는다(대판 2021. 12. 16, 2019두45944).

[판례 7] 국방부장관의 인정에 의하여 퇴역연금을 지급받아 오던 중 군인보수법 및 공무원보수규정에 의한 호봉이나 봉급액의 개정 등으로 퇴역연금액이 변경된 경우에는 법령의 개정에 따라 당연히 개정규정에 따른 퇴역연금액이 확정되는 것이지 구 군인연금법 제18조 제1항 및 제2항에 정해진 국방부장관의 퇴역연금액 결정과 통지에 의하여 비로소 그 금액이 확정되는 것이 아니므로, 법령의 개정에 따른 국방부장관의 퇴역연금액 감액조치에 대하여 이의가 있는 퇴역연금수급권자는 항고소송을 제기하는 방법으로 감액조치의 효력을 다툴 것이 아니라 직접 국가를 상대로 정당한 퇴역연금액과 결정, 통지된 퇴역연금액과의 차액의 지급을 구하는 공법상 당사자소송을 제기하는 방법으로 다툴 수 있다 할 것이고, 같은 법 제5조 제1조에 그 법에 의한 급여에 관하여 이의가 있는 자는 군인연금급여재심위원회에 그 심사를 청구할 수 있다는 규정이 있다 하여 달리 볼 것은 아니다(대판 2003. 9. 5, 2002두3522).

[판례 8] 공무원연금법령상 급여를 받으려고 하는 자는 우선 관계 법령에 따라 공무원연금공단에 급여지급을 신청하여 공무원연금공단이 이를 거부하거나 일부 금액만 인정하는 급여지급결정을 하는 경우 그 결정을 대상으로 항고소송을 제기하는 등으로 구체적 권리를 인정받아야 하고, 구체적인 권리가 발생하지 않은 상태에서 곧바로 공무원연금공단을 상대로 한 당사자소송으로 권리의 확인이나 급여의 지급을 소구하는 것은 허용되지 아니한다. 이러한 법리는 구체적인 급여를 받을 권리의 확인을 구하기 위하여 소를 제기하는 경우뿐만 아니라, 구체적인 급여수급권의 전제가 되는 지위의 확인을 구하는 경우에도 마찬가지로 적용된다(대판 2017. 2. 9, 2014두43264[공무원재직기간합산불승인처분취소]). 〈해설〉 원고들은 선택적으로, 공무원연금공단이 원고들에 대하여 한 재직기간합산 불승인처분을 각 취소하라는 취소소송과 원고들은 각 공무원재직기간에 상응한 퇴직연금을 받을 권리를 가진 자의 지위에 있음을 확인하라는 당사자소송을 제기하였다. 판례는 취소소송의 대상적격, 즉 재직기간합산 불승인처분의 처분성은 인정하였지만(전술), 당사자소송 부분은 "원고들이 공무원으로 20년 이상 재직한 후 퇴직하였다고 하더라도 원고들의 사법연수생 재직기간을 공무원 재직기간에 합산하는 공무원연금공단의 승인을 받고, 이와 같이 합산된 공무원 재직기간에 해당하는 퇴직연금을 받을 권리를 안전행정부장관으로부터 인정받지 않은 이상 사법연수생 재직기간을 합산한 공무원 재직기간에 상응하는 퇴직연금을 지급받을 구체적인 권리가 발생하지 않으므로, 피고에 대하여 위와 같은 권리의 확인을 구할 소의 이익이 없다. 따라서 원고들의 소 중 각 공무원재직기간에 상응한 퇴직연금을 받을 권리를 가진 자의 지위확인청구 부분은 부적법하다."고 하였다(서울행정법원 2014. 4. 3. 선고 2013구합22598 판결[공무원재직기간합산불승인처분취소]). 그러나, 이 사건에서 확인의 이익이 없음을 이유로 해당 당사자소송을 부적법 각하할 것이 아니라 대상적격이 없음을 이유로 각하하는 것이 타당한 것은 아닌지 의문이 든다.

[판례 9] 미지급퇴직연금 지급청구(당사자소송): 공무원연금관리공단의 인정에 의하여 퇴직연금을 지급받아 오던 중 구 공무원연금법령의 개정 등으로 퇴직연금 중 일부 금액의 지급이 정지된 경우에는 당연히 개정된 법령에 따라 퇴직연금이 확정되는 것이고, 공무원연금관리공단의 퇴직연금 결정과 통지에 의하여 비로소 그 금액이 확정되는 것이 아니므로, 공무원연금관리공단이 퇴직연금 중 일부 금액에 대하여 지급거부의 의사표

시를 하였다고 하더라도 그 의사표시는 행정처분이 아니며, 이 경우 미지급퇴직연금에 대한 지급청구권은 공법상 권리로서 그의 지급을 구하는 소송은 공법상의 법률관계에 관한 소송인 공법상 당사자소송에 해당한다. 퇴직연금 중 일부 금액에 대하여 지급거부의 의사표시에 대한 취소소송이 제기된 경우 그 청구에 미지급 퇴직연금의 직접 지급을 구하는 취지도 포함된 것인지를 석명하여 원고 등으로 하여금 그 취지에 적응한 (공법상 당사자소송으로의)소변경 등의 절차를 할 기회를 주어야 한다(대판 2004. 7. 8, 2004두244[연금지급청구서반려처분취소]).

[판례 10] 요양기관의 국민건강보험공단에 대한 요양급여비용청구권은 요양기관의 청구에 따라 공단이 지급결정을 함으로써 구체적인 권리가 발생하는 것이지, 공단의 결정과 무관하게 국민건강보험법령에 의하여 곧바로 발생한다고 볼 수 없다(대판 2023. 8. 31, 2021다243355).

[판례 11] 판례는『1980년해직공무원보상 등에 관한 특별조치법』소정의 보상금지급거부(대판 1990. 9. 25, 90누592), 국방부장관의 퇴직연금지급거부 또는 청구 중 일부만의 인정(대판 2003. 9. 5, 2002두3522) 및 하천법상 토지수용위원회의 보상재결(대판 2001. 9. 14, 2001다40879), 구 특수임무수행자 보상에 관한 법률상의 보상금지급대상자의 인정결정 및 기각결정(대판 2008. 12. 11, 2008두6554), 부패방지법 제36조 제2항, 제3항에 따른 보상금지급거부(대판 2008. 11. 13, 2008두12726), 산업재해보상보험법상 근로복지공단의 보험급여에 관한 결정(대판 2008. 2. 1, 2005두12091)을 처분으로 보고 이를 다투기 위하여는 항고소송을 제기하여야 하는 것으로 보았다.

[판례 12] 지방소방공무원의 초과근무수당 지급청구권은 법령의 규정에 의하여 직접 그 존부나 범위가 정하여지고 법령에 규정된 수당의 지급요건에 해당하는 경우에는 곧바로 발생한다고 할 것이므로, 지방소방공무원이 자신이 소속된 지방자치단체를 상대로 초과근무수당의 지급을 구하는 청구에 관한 소송은 행정소송법 제3조 제2호에 규정된 당사자소송의 절차에 따라야 한다(대판 2013. 3. 28, 2012다102629).

(2) 당사자소송인지 민사소송인지가 다투어진 사례

1) 당사자소송과 민사소송의 대상 구분

일반적으로 말하면 당사자소송은 공법관계를 대상으로 하고, 민사소송은 사법관계를 대상으로 한다.

2) 구체적 사례

가. 처분 등을 원인으로 하는 법률관계를 대상으로 하는 소송

(가) 소송물 기준설

이 견해는 소송물을 기준으로 그것이 공법관계이면 당사자소송, 사법관계(예 공법상 부당이득반환청구)이면 민사소송으로 보는 견해이다.

(나) 원인된 법률관계 기준설

이 견해는 계쟁 법률관계의 원인이 되는 법률관계를 기준으로 원인이 된 법률관계가 공법관계이면 당사자소송, 사법관계이면 민사소송으로 보는 견해이다. 이 견해는 행정소송법 제3조 제2호의 규정문언에 충실한 견해이다.

이 견해에 의하면 처분 등 공법행위를 원인으로 하는 법률관계(예 공법상 부당이득반환청구)는 모두 당사자소송의 대상으로 본다.

(다) 판 례

판례는 **소송물 기준설**을 취하고 있다.

(라) 결 어

행정소송법은 당사자소송을 공법상 법률관계에 관한 소송으로 규정하고 있으므로 현행 행정소송법상 소송물기준설이 타당하다.

나. 법률관계의 성질이 기준이 되는 경우

공법상 법률관계(공권)**에 관한 소송**은 공법상 당사자소송으로 제기되어야 하며 **사법상 법률관계**(사권)**에 관한 소송**은 민사소송으로 제기되어야 한다.

(가) 금전급부청구소송 공법상 금전급부청구권에 근거한 청구는 공법상 당사자소송으로, 사법상 금전급부청구권에 근거한 청구는 민사소송으로 제기하여야 한다.

판례는 금전급부청구권이 처분 등이 원인이 되어 발생한 경우에도 그 금전급부청구권이 사법상의 금전급부청구권과 성질상 다르지 않다고 보는 경우 사권으로 본다.

그러나, 최근 금전급부청구에 관한 소송에 있어서 당사자소송으로 보는 **판례**가 늘고 있다.

가) 판례가 공법상 당사자소송으로 본 사례

일반적으로 금전급부가 사회보장적 급부의 성격을 가지거나 정책적 지원금의 성격을 가지는 경우에는 공법상 당사자소송의 대상이 되는 것으로 본다.

① 석탄가격안정지원금 청구소송(대판 1997. 5. 30, 96다28960).
② 광주민주화운동관련자보상 등에 관한 법률에 의한 보상금청구소송(대판 1992. 12. 24, 92누3335).
③ 퇴직연금 결정 후의 퇴직연금청구소송(대판 2004. 7. 8, 2004두244), 퇴역연금 결정 후의 퇴역연금청구소송(대판 2003. 9. 5, 2002두3522).
④ 재개발조합은 조합원에 대한 법률관계에서 적어도 특수한 존립목적을 부여받은 특수한 행정주체로서 국가의 감독하에 그 존립 목적인 특정한 공공사무를 행하고 있다고 볼 수 있는 범위 내에서는 공법상의 권리의무 관계에 서 있다. 따라서 조합을 상대로 한 쟁송에 있어서 강제가입제를 특색으로 한 조합원의 자격 인정 여부에 관하여 다툼이 있는 경우에는 그 단계에서는 아직 조합의 어떠한 처분 등이 개입될 여지는 없으므로 공법상의 당사자소송에 의하여 그 조합원 자격의 확인을 구할 수 있다(대판 전원합의체 1996. 2. 15, 94다31235).
⑤ 산업기술혁신 촉진법상 산업기술개발사업에 관하여 체결된 협약에 따라 집행된 사업비 정산금 반환채무의 존부에 대한 분쟁은 공법상 당사자소송의 대상이다(대판 2023. 6. 29, 2021다250025[채무부존재확인의 소]).

나) 판례가 민사소송으로 본 사례 판례는 국가배상청구소송, 공법상 부당이득반환청구소송 등을 민사소송으로 보고 있다. 그러나, 다수설은 공법상 당사자소송으로 보아야 한다고 주장한다.

[판례 1] 부당이득반환청구: 조세부과처분의 당연무효를 전제로 하여 이미 납부한 세금의 반환을 청구하는 것은 민사상의 부당이득반환청구로서 민사소송절차에 따라야 한다(대판 1995. 4. 28, 94다55019[부당이득금]).
[판례 2] 구 도시 및 주거환경정비법상 재개발조합이 공법인이라는 사정만으로 재개발조합과 조합장 또는 조합임원 사이의 선임·해임 등을 둘러싼 법률관계는 사법상의 법률관계로서 그 조합장 또는 조합임원의 지위를 다투는 소송은 민사소송에 의하여야 할 것이다(대결 2009. 9. 24, 2009마168,169).

다만, 판례는 부가가치세 환급세액 지급청구를 당사자소송의 대상으로 본다(대판 전원합의체 2013. 3. 21, 2011다95564).

다) 손실보상금청구소송

① 행정소송규칙 제19조 제1호에 따르면 다음 각 목의 손실보상금에 관한 소송은 당사자소송의 대상이 된다: 가.「공익사업을 위한 토지 등의 취득 및 보상에 관한 법률」제78조 제1항 및 제6항에 따른 이주정착금, 주거이전비 등에 관한 소송. 나. 공익사업을 위한 토지 등의 취득 및 보상에 관한 법률」제85조 제2항에 따른 보상금의 증감(增減)에 관한 소송, 다.「하천편입토지 보상 등에 관한 특별조치법」제2조에 따른 보상금에 관한 소송.

② 판례는 법령에서 보상금액을 행정청이 일방적으로 결정하도록 규정하면서 불복방법에 대하여는 특별한 규정을 두지 않은 경우(도로법 제79조, 제80조, 수산업법 제79조)에 보상금액을 다투기 위하여는 행정청의 보상금결정처분에 대한 취소 또는 무효확인소송을 제기하여야 한다고 본다. 다만, 행정청에 의해 결정된 보상금의 청구는 공법상 당사자소송에 의한다.

③ 법령에서 손실보상을 인정하면서 보상금 결정방법 및 불복절차에 관하여 아무런 규정을 두지 않은 경우에 손실보상청구권이 공권인 경우 손실보상금청구는 공법상 당사자소송에 의하여야 하고, 손실보상청구권이 사권인 경우 민사소송으로 손실보상청구를 하여야 한다(자세한 것은 손실보상 참조).

(나) 공법상 신분 또는 지위 등의 확인소송(당사자소송) 판례는 공법상 신분 또는 지위, 공법상 의무의 부존재 등의 확인소송, 공법상의 의무의 존부를 다투는 소송을 당사자소송으로 보고 있다.

[판례 1] 공무원의 지위확인소송(대판 1998. 10. 23, 98두12932), 재개발조합을 상대로 조합원자격 유무에 관한 확인을 구하는 소송(대판 전원합의체 1996. 2. 15, 94다31235), 훈장종류 확인(대판 1990. 10. 23, 90누4440), 영관생계보조기금권리자 확인(대판 1991. 1. 25, 90누3041), 사업주가 당연가입자가 되는 고용보험 및 산재보험에서 보험료 납부의무 부존재확인(대판 2016. 10. 13, 2016다221658). 그러나, 조합장 또는 조합임원의 지위를 다투는 소송은 민사소송에 의하여야 한다.

[판례 2] 재개발조합과 조합장 또는 조합임원 사이의 선임·해임 등을 둘러싼 법률관계의 성질(=사법상의 법률관계): 재개발조합이 공법인이라는 사정만으로 재개발조합과 조합장 또는 조합임원 사이의 선임·해임 등을 둘러싼 법률관계가 공법상의 법률관계에 해당한다거나 그 조합장 또는 조합임원의 지위를 다투는 소송이 당연히 공법상 당사자소송에 해당한다고 볼 수는 없고, 구 도시 및 주거환경정비법의 규정들이 재개발조합과 조합장 및 조합임원과의 관계를 특별히 공법상의 근무관계로 설정하고 있다고 볼 수도 없으므로, 재개발조합과 조합장 또는 조합임원 사이의 선임·해임 등을 둘러싼 법률관계는 사법상의 법률관계로서 그 조합장 또는 조합임원의 지위를 다투는 소송은 민사소송에 의하여야 할 것이다(대결 2009. 9. 24, 2009마168,169).

[판례 3] 수신료의 법적 성격, 한국방송공사의 수신료 강제징수권의 내용(구 방송법(2008. 2. 29. 법률 제8867호로 개정되기 전의 것) 제66조 제3항) 등에 비추어 보면 수신료 부과행위는 공권력의 행사에 해당하므로, 한국전력공사가 한국방송공사로부터 수신료의 징수업무를 위탁받아 자신의 고유업무와 관련된 고지행위와 결합하여 수신료를 징수할 권한이 있는지 여부를 다투는 이 사건 쟁송은 민사소송이 아니라 공법상의 법률관계를 대상으로 하는 것으로서 행정소송법 제3조 제2호에 규정된 당사자소송에 의하여야 한다(대판 2008. 7. 24, 2007다25261[방송수신료통합징수권한부존재확인]).

다. 행위의 성질이 기준이 되는 경우

그 효력이 다투어지는 비권력적행위가 공법행위이면 당사자소송의 대상이 되고, 사법행위이면 민사소송의 대상이 된다.

① **공법상 계약**에 관한 소송은 원칙상 공법상 당사자소송이다. 사법상 계약에 관한 소송은 민사소송이다.

공법상 계약이란 공법적 효과의 발생을 목적으로 하여 대등한 당사자 사이의 의사표시 합치로 성립하는 공법행위를 말한다. **어떠한 계약이 공법상 계약에 해당하는지는** 계약이 공행정 활동의 수행 과정에서 체결된 것인지, 계약이 관계 법령에서 규정하고 있는 공법상 의무 등의 이행을 위해 체결된 것인지, 계약 체결에 계약 당사자의 이익만이 아니라 공공의 이익 또한 고려된 것인지 또는 계약 체결의 효과가 공공의 이익에도 미치는지, 관계 법령에서의 규정 내지 그 해석 등을 통해 공공의 이익을 이유로 한 계약의 변경이 가능한지, 계약이 당사자들에게 부여한 권리와 의무 및 그 밖의 계약 내용 등을 종합적으로 고려하여 판단하여야 한다(대판 2023. 6. 29, 2021다250025).

공법상 계약의 한쪽 당사자가 다른 당사자를 상대로 그 이행을 청구하는 소송 또는 이행의무의 존부에 관한 확인을 구하는 소송은 공법상 법률관계에 관한 분쟁이므로 분쟁의 실질이 공법상 권리·의무의 존부·범위에 관한 다툼이 아니라 손해배상액의 구체적인 산정방법·금액에 국한되는 등의 특별한 사정이 없는 한 공법상 당사자소송으로 제기하여야 한다(대판 2021. 2. 4, 2019다277133 등 참조).

[판례 1] 시립무용단원의 해촉에 대한 불복(당사자소송): 지방자치법 제9조 제2항 제5호 (라)목 및 (마)목 등의 규정에 의하면, 이 사건 서울특별시립무용단원의 공연 등 활동은 지방문화 및 예술을 진흥시키고자 하는 서울특별시의 공공적 임무수행의 일환으로 이루어진다고 해석될 뿐만 아니라, 원심이 확정한 바와 같이 단원으로 위촉되기 위하여는 일정한 능력요건과 자격요건을 요하고, 계속적인 재위촉이 사실상 보장되며, 공무원연금법에 따르는 연금을 지급받고, 단원의 복무규율이 정해져 있으며, 정년제가 인정되고, 일정한 해촉사유가 있는 경우에만 해촉되는 등 서울특별시립무용단원이 가지는 지위가 공무원과 유사한 것이라면, 서울특별시립무용단원의 위촉은 공법상의 계약이라고 할 것이고, 따라서 그 단원의 해촉에 대하여는 공법상의 당사자소송으로 그 무효확인을 청구할 수 있다(대판 1995. 12. 22, 95누4636[해촉처분취소 등]).

[판례 2] 지방전문직공무원채용계약 해지의 의사표시의 무효확인소송(당사자소송): 전문직공무원인 공중보건의사의 채용계약의 해지가 관할 도지사의 일방적인 의사표시에 의하여 그 신분을 박탈하는 불이익처분이라고 하여 곧바로 그 의사표시가 관할 도지사가 행정청으로서 공권력을 행사하여 행하는 행정처분이라고 단정할 수는 없고, 공무원 및 공중보건의사에 관한 현행 실정법이 공중보건의사의 근무관계에 관하여 구체적으로 어떻게 규정하고 있는가에 따라 그 의사표시가 항고소송의 대상이 되는 처분 등에 해당하는 것인지의 여부를 개별적으로 판단하여야 할 것인바, 농어촌 등 보건의료를 위한 특별조치법 제2조, 제3조, 제5조, 제9조, 제26조와 같은법 시행령 제3조, 제17조, 전문직공무원규정 제5조 제1항, 제7조 및 국가공무원법 제2조 제3항 제3호, 제4항 등 관계 법령의 규정내용에 미루어 보면 현행 실정법이 전문직공무원인 공중보건의사의 채용계약 해지의 의사표시는 일반공무원에 대한 징계처분과는 달라서 항고소송의 대상이 되는 처분 등의 성격을 가진 것으로 인정되지 아니하고, 일정한 사유가 있을 때에 관할 도지사가 채용계약 관계의 한쪽 당사자로서 대등한 지위에서 행하는 의사표시로 취급하고 있는 것으로 이해되므로, 공중보건의사 채용계약 해지의 의사표시에 대하여는 대등한 당사자간의 소송형식인 공법상의 당사자소송으로 그 의사표시의 무효확인을 청구할 수 있는 것이지, 이를 항고소송의 대상이 되는 행정처분이라는 전제하에서 그 취소를 구하는 항고소송을 제기

할 수는 없다(대판 1996. 5. 31, 95누10617[공중보건의사전문직공무원채용계약해지처분취소 등]).

[판례 3] 민간투자사업 실시협약을 체결한 당사자가 공법상 당사자소송에 의하여 그 민간투자사업 실시협약에 따른·재정지원금의 지급을 구하는 경우에, 수소법원은 단순히 주무관청이 재정지원금액을 산정한 절차 등에 위법이 있는지 여부를 심사하는 데 그쳐서는 아니 되고, 실시협약에 따른 적정한 재정지원금액이 얼마인지를 구체적으로 심리·판단하여야 한다(대판 2019. 1. 31, 2017두46455). 〈해설〉 민간투자사업 실시협약을 공법상 계약으로 본 판례이다.

[판례 4] 국립대학 강의전담교수 채용계약은 공법상 계약이고, 국립대학 강의전담교수는 근로자 지위 확인 소송은 공법상 당사자소송으로 행정법원의 관할에 속하고, 해당 소송을 민사소송으로 서울중앙지법에 제기하여 해당 법원이 본안판결은 한 것은 전속관할 위반이라고 하면서 1심을 취소하고 행정법원으로 이송한 사례(서울고법 2018나2046651).

[판례 5] 보조사업자인 원고가 보조금수령자인 피고를 상대로 피고의 부정수급을 이유로 이 사건 청년인턴지원협약에 따라 청년인턴지원금의 반환을 청구한 사건: [1] 고용노동부가 시행한 고용정책기본법 제25조, 고용보험법 제25조 제1항에 근거하여 시행하는 청년 미취업자들에게 중소기업체에서 인턴으로 근무할 경험을 제공하는 '청년취업인턴제' 사업의 시행에 필요한 사항을 정하여 공고한 '청년취업인턴제 시행지침'(이하 '이 사건 지침'이라고 한다)에 따라 고용노동부로부터 청년취업인턴제 사업에 관한 업무를 위탁받은 기관(운영기관)과 실시기업 사이에 체결된 청년인턴지원협약(이하 '이 사건 협약'이라고 한다)은 보조금 지원에 관하여 보조사업자인 원고와 보조금수령자인 피고 사이에 체결한 계약으로서 공법적 요소가 일부 포함되어 있다. 즉 그 부분에 있어서는 공법상 계약으로 볼 수 있다. [2] 원고가 고용노동부의 청년취업인턴제시행지침 또는 구 「보조금 관리에 관한 법률」 제33조의2 제1항 제1호에 따라 보조금수령자에 대하여 거짓 신청이나 그 밖의 부정한 방법으로 지급받은 보조금을 반환하도록 요구하는 의사표시는 우월한 지위에서 하는 공권력의 행사로서의 '반환명령'이 아니라, 대등한 당사자의 지위에서 계약에 근거하여 하는 의사표시라고 보아야 한다. 또한 원고의 피고에 대한 이 사건 협약에 따른 지원금 반환청구는 협약에서 정한 의무의 위반을 이유로 채무불이행 책임을 구하는 것에 불과하고, 그 채무의 존부 및 범위에 관한 다툼이 이 사건 협약에 포함된 공법적 요소에 어떤 영향을 받는다고 볼 수도 없으므로 민사소송의 대상이라고 보아야 한다. [3] 이 사건 협약이 지원금의 심사단계에서 거짓 기타 부정한 방법이 개입되었음이 확인된 경우에는 지원금을 일부라도 지급하지 않아야 한다고 규정한 경우, 부정하게 신청하여 수령한 지원금액 전액이 반환대상이다(대판 2019. 8. 30, 2018다242451) 〈해설〉 이 사건 협약에 의하면 피고가 이 사건 지침 및 협약을 위반하여 부당하게 지원금을 지급받은 경우 지방관서의 반환명령 또는 원고의 요구에 따라 반환해야 한다.

② **공법상 합동행위**의 무효확인을 구하는 소송은 당사자소송이다. [2022 행시]

[판례 1] [1] **도시 및 주거환경정비법상의 주택재건축정비사업조합을 상대로 관리처분계획안에 대한 조합총회결의의 효력을 다투는 소송의 법적 성질(=행정소송법상 당사자소송):** 도시 및 주거환경정비법상 행정주체인 주택재건축정비사업조합을 상대로 관리처분계획안에 대한 조합총회결의의 효력 등을 다투는 소송은 행정처분에 이르는 절차적 요건의 존부나 효력 유무에 관한 소송으로서 그 소송결과에 따라 행정처분의 위법 여부에 직접 영향을 미치는 공법상 법률관계에 관한 것이므로, 이는 행정소송법상의 당사자소송에 해당한다. [2] **도시 및 주거환경정비법상의 주택재건축정비사업조합이 같은 법 제48조에 따라 수립한 관리처분계획에 대하여 관할 행정청의 인가 · 고시가 있은 후에, 그 관리처분계획안에 대한 총회결의의 무효확인을 구할 수 있는지 여부(소극):** 도시 및 주거환경정비법상 주택재건축정비사업조합이 같은법 제48조에 따라 수립한 관리처분계획에 대하여 관할 행정청의 인가·고시까지 있게 되면 관리처분계획은 행정처분으로서 효력이 발생하게 되므로, 총회결의의 하자를 이유로 하여 행정처분의 효력을 다투는 항고소송의 방법으로 관리처분계획의 취소 또는 무효확인을 구하여야 하고, 그와 별도로 행정처분에 이르는 절차적 요건 중 하나에 불과한 총회결의의 부분만을 따로 떼어내어 효력 유무를 다투는 확인의 소를 제기하는 것은 특별한 사정이 없는 한 허용되지 않는

다(대판 전원합의체 2009. 9. 17, 2007다2428[총회결의무효확인]). 〈해설〉 판례는 관리처분계획안에 대한 조합 총회결의의 효력 등을 다투는 소송(조합총회결의무효확인소송)을 당사자소송으로 보면서 당사자소송으로 보는 논거를 다음과 같이 제시하고 있다: ① 피고인 주택재건축정비조합이 행정주체이고, ② "행정처분에 이르는 절차적 요건의 존부나 효력 유무에 관한 소송"이고, ③ 그 소송결과에 따라 행정처분의 위법 여부에 직접 영향을 미치는 공법상 법률관계에 관한 것"이라는 것이다. 그러나, 이 논거는 다소 모호하며 그 효력이 다투어지는 조합총회의 결의가 공법상 합동행위로서 공법상 계약과 같이 비권력적 공행정작용이라는 점을 논거로 드는 것이 타당하다. 행정객체가 제기하는 당사자소송의 피고는 행정주체가 되어야 하므로 총회가 아니라 행정주체인 재건축조합이 조합총회결의무효확인소송의 피고가 되는 것이다. 판례는 관리처분계획에 대하여 관할 행정청의 인가·고시가 있은 후에는 관리처분계획은 행정처분으로서 효력이 발생하게 되고, 관리처분계획안에 대한 조합 총회결의는 행정처분인 관리처분계획에 이르는 절차적 요건 중 하나에 불과하므로, 총회결의의 하자를 다투고자 하는 경우에도 항고소송의 방법으로 관리처분계획의 취소 또는 무효확인을 구하여야 하고, 그와 별도로 관리처분계획안에 대한 조합 총회결의의 효력 등을 다투는 소송(조합총회결의무효확인소송)은 허용되지 않는다고 하였다.

[판례 2] 도시 및 주거환경정비법(이하 '도시정비법'이라 한다)상 행정주체인 주택재건축정비사업조합을 상대로 관리처분계획안에 대한 조합 총회결의의 효력을 다투는 소송은 행정처분에 이르는 절차적 요건의 존부나 효력 유무에 관한 소송으로서 소송결과에 따라 행정처분의 위법 여부에 직접 영향을 미치는 공법상 법률관계에 관한 것이므로, 이는 행정소송법상 당사자소송에 해당한다(대결 2015. 8. 21, 2015무26[관리처분계획안에대한총회결의효력정지가처분]).

제 2 항 원고적격 [2009 행시(일반행정) 사례]

원고적격(原告適格)이란 구체적인 소송에서 원고로서 소송을 수행하여 본안판결을 받을 수 있는 자격을 말한다. **당사자능력**이란 소송의 주체가 될 수 있는 일반적인 능력을 말한다.

원고적격이나 피고적격이 인정되기 위하여는 그 전제로서 당사자능력이 인정되어야 한다. 그런데 행정소송법은 행정소송에서의 당사자능력에 관하여 규정하고 있지 않다. 따라서 행정소송에 있어서의 당사자능력은 민사소송법에 따라야 한다.

권리능력이 있는 자연인 및 법인과 대표자 또는 관리인이 있는 법인이 아닌 사단 또는 재단에게 당사자능력이 인정된다. 공법인인 국가, 지방자치단체, 영조물법인, 공공조합 등에게 당사자능력이 인정된다.

국가 등의 기관은 처분청의 경우 피고능력이 있지만, 권리능력이 없으므로 **원칙상** 당사자능력이 없고 원칙상 행정소송에서 원고가 될 수 있는 능력은 없다. **다만**, 다른 기관의 처분에 의해 국가기관이 권리를 침해받거나 의무를 부과받는 등 중대한 불이익을 받았음에도 그 처분을 다툴 별다른 방법이 없고, 그 처분의 취소를 구하는 항고소송을 제기하는 것이 유효·적절한 권익구제수단인 경우에는 행정기관에게 당사자능력과 원고적격을 인정하여야 한다(**판례**). 이에 대하여 행정기관은 권리능력이 없으므로 소송상 당사자능력이 없고, 기관소송의 당사자는 될 수 있지만 항고소송에서도 당사자능력을 인정할 수 없다는 **비판**이 있다. 그리고, 행정기관이 아닌 자연인인 공무원에게 원고적격을 인정하는 것이 타당하다는 주목할만한 견해(정남철, 법률신문 2018.10.22, 11면)도 있다.

[판례 1] 관악구 보건소장이 서울대학교 보건진료소에 대해 한 직권폐업처분에 대한 무효확인등소송에서 법인격이 있는 국가에게 당사자능력을 인정하고 원고적격을 인정한 사례(서울행정법원 2009. 6. 5, 2009구합6391(대판 2010. 3. 11, 2009두23129로 확정)). 〈해설〉 이 사건 당시 서울대학교는 권리능력이 없으므로 서울대학교에 대한 행위의 효과가 귀속되는 권리능력이 있는 국가에게 당사자능력과 원고적격이 있다고 한 판례이다. 현재 서울대학교는 법인이므로 서울대학교에게 당사자능력과 원고적격이 있다.

[판례 2] [1] 국가기관 등 행정기관(이하 '행정기관 등'이라 한다) 사이에 권한의 존부와 범위에 관하여 다툼이 있는 경우에 이는 통상 내부적 분쟁이라는 성격을 띠고 있어 상급관청의 결정에 따라 해결되거나 법령이 정하는 바에 따라 '기관소송'이나 '권한쟁의심판'으로 다루어진다. 그런데 법령이 특정한 행정기관 등으로 하여금 다른 행정기관을 상대로 제재적 조치를 취할 수 있도록 하면서, 그에 따르지 않으면 그 행정기관에 대하여 과태료를 부과하거나 형사처벌을 할 수 있도록 정하는 경우가 있다. 이러한 경우에는 단순히 국가기관이나 행정기관의 내부적 문제라거나 권한 분장에 관한 분쟁으로만 볼 수 없다. 행정기관의 제재적 조치의 내용에 따라 '구체적 사실에 대한 법집행으로서 공권력의 행사'에 해당할 수 있고, 그러한 조치의 상대방인 행정기관이 입게 될 불이익도 명확하다. 그런데도 그러한 제재적 조치를 기관소송이나 권한쟁의심판을 통하여 다툴 수 없다면, 제재적 조치는 그 성격상 단순히 행정기관 등 내부의 권한 행사에 머무는 것이 아니라 상대방에 대한 공권력 행사로서 항고소송을 통한 주관적 구제대상이 될 수 있다고 보아야 한다. 기관소송 법정주의를 취하면서 제한적으로만 이를 인정하고 있는 현행 법령의 체계에 비추어 보면, 이 경우 항고소송을 통한 구제의 길을 열어주는 것이 법치국가 원리에도 부합한다. 따라서 이러한 권리구제나 권리보호의 필요성이 인정된다면 예외적으로 그 제재적 조치의 상대방인 행정기관 등에게 항고소송 원고로서의 당사자능력과 원고적격을 인정할 수 있다. [2] 국민권익위원회가 소방청장에게 인사와 관련하여 부당한 지시를 한 사실이 인정된다며 이를 취소할 것을 요구하기로 의결하고 그 내용을 통지하자 소방청장이 국민권익위원회 조치요구의 취소를 구하는 소송을 제기한 사안에서, 행정기관인 국민권익위원회가 행정기관의 장에게 일정한 의무를 부과하는 내용의 조치요구를 한 것에 대하여 그 조치요구의 상대방인 행정기관의 장이 다투고자 할 경우에 법률에서 행정기관 사이의 기관소송을 허용하는 규정을 두고 있지 않으므로 이러한 조치요구를 이행할 의무를 부담하는 행정기관의 장으로서는 기관소송으로 조치요구를 다툴 수 없고, 위 조치요구에 관하여 정부 조직 내에서 그 처분의 당부에 대한 심사·조정을 할 수 있는 다른 방도도 없으며, 국민권익위원회는 헌법 제111조 제1항 제4호에서 정한 '헌법에 의하여 설치된 국가기관'이라고 할 수 없으므로 그에 관한 권한쟁의심판도 할 수 없고, 별도의 법인격이 인정되는 국가기관이 아닌 소방청장은 질서위반행위규제법에 따른 구제를 받을 수도 없는 점, 부패방지 및 국민권익위원회의 설치와 운영에 관한 법률은 소방청장에게 국민권익위원회의 조치요구에 따라야 할 의무를 부담시키는 외에 별도로 그 의무를 이행하지 않을 경우 과태료나 형사처벌까지 정하고 있으므로 위와 같은 조치요구에 불복하고자 하는 '소속기관 등의 장'에게는 조치요구를 다툴 수 있는 소송상의 지위를 인정할 필요가 있는 점에 비추어, 처분성이 인정되는 국민권익위원회의 조치요구에 불복하고자 하는 소방청장으로서는 조치요구의 취소를 구하는 항고소송을 제기하는 것이 유효·적절한 수단으로 볼 수 있으므로 소방청장은 예외적으로 당사자능력과 원고적격을 가진다고 한 사례(대판 2018. 8. 1, 2014두35379). 〈해설〉 관련 법령에서 특정 행정기관이 상대방 행정기관을 상대로 제재적 조치를 취할 수 있도록 하면서 상대방 행정기관이 이에 불응하면 과태료 및 형사처벌의 제재까지 가할 수 있도록 함에도, 상대방 행정기관이 기관소송이나 권한쟁의심판 등을 통해 위 제재적 조치를 다투어 구제받을 수 있는 현실적인 방안이 없는 경우에는 해당 행정기관에 대하여 항고소송의 원고적격을 인정하여 그 권리를 구제해 주는 것이 법치주의의 측면에서 타당하다는 법리를 설시한 사례이다.

[판례 3] 갑이 국민권익위원회에 부패방지 및 국민권익위원회의 설치와 운영에 관한 법률(이하 '국민권익위원회법'이라 한다)에 따른 신고와 신분보장조치를 요구하였고, 국민권익위원회가 갑의 소속기관 장인 을 시·도선거관리위원회 위원장에게 '갑에 대한 중징계요구를 취소하고 향후 신고로 인한 신분상 불이익처분 및 근무조건상의 차별을 하지 말 것을 요구'하는 내용의 조치요구를 한 사안에서, 국가기관 일방의 조치요구에 불응한 상대방 국가기관에 국민권익위원회법상의 제재규정과 같은 중대한 불이익을 직접적으로 규

정한 다른 법령의 사례를 찾아보기 어려운 점, 그럼에도 을(경기도선거관리위원회 위원장)이 국민권익위원회의 조치요구를 다툴 별다른 방법이 없는 점 등에 비추어 보면, 처분성이 인정되는 위 조치요구에 불복하고자 하는 을로서는 조치요구의 취소를 구하는 항고소송을 제기하는 것이 유효·적절한 수단이므로 비록 을(경기도선거관리위원회 위원장)이 국가기관이더라도 당사자능력 및 원고적격을 가진다고 보는 것이 타당하고, 을이 위 조치요구 후 갑을 파면하였다고 하더라도 조치요구가 곧바로 실효된다고 할 수 없고 을은 여전히 조치요구를 따라야 할 의무를 부담하므로 을에게는 위 조치요구의 취소를 구할 법률상 이익(협의의 소의 이익)도 있다고 본 원심판단을 정당하다고 한 사례. (가) 부패방지 및 국민권익위원회의 설치와 운영에 관한 법률 (이하 '국민권익위원회법'이라 한다) 제62조, 제90조, 제91조 제1항 제3호, 제62조의 규정에 의하면 피고 위원회의 조치요구의 상대방으로서 조치요구에 따라야 할 의무의 주체는 '소속기관 등의 장'임이 분명하므로, 그러한 조치요구에 불복하고자 하는 '소속기관 등의 장'에게는 조치요구를 다툴 수 있는 소송상의 지위를 인정하여야 할 것이다. (나) 행정소송법은 제45조에서 기관소송 법정주의를 채택하고 있고, 조치요구에 관하여는 국민권익위원회법 등 법률에서 원고에게 기관소송을 허용하는 규정을 두고 있지 아니하므로, 이 사건 조치요구를 이행할 의무를 부담하고 있는 원고로서는 기관소송으로 이 사건 조치요구를 다툴 수는 없다. 또한 이 사건 조치요구는 법률에 근거하여 설립된 행정부 소속의 국무총리 산하 기관인 피고 위원회가 헌법상의 독립기관인 중앙선거관리위원회 산하기관인 원고에 대하여 한 것으로서 정부 조직 내에서 그 처분의 당부에 대한 심사·조정을 할 수 있는 다른 방도가 없을 뿐만 아니라, 피고 위원회는 헌법 제111조 제1항 제4호 소정의 '헌법에 의하여 설치된 국가기관'이라고 할 수 없으므로(헌법재판소 2010. 10. 28. 선고 2009헌라6 전원재판부 결정 참조), 원고와 피고 위원회 사이에 헌법 제111조 및 헌법재판소법 제62조 제1항에서 정한 권한쟁의심판이 가능해 보이지도 아니한다. 결국 앞서 본 바와 같이 국민권익위원회법이 원고에게 피고 위원회의 조치요구에 따라야 할 의무를 부담시키는 외에 별도로 그 의무를 이행하지 아니할 경우 과태료나 형사처벌의 제재까지 규정하고 있는데, 이와 같이 국가기관 일방의 조치요구에 불응한 상대방 국가기관에게 그와 같은 중대한 불이익을 직접적으로 규정한 다른 법령의 사례를 찾기 어려운 점, 그럼에도 원고가 피고 위원회의 조치요구를 다툴 별다른 방법이 없는 점 등에 비추어 보면, 피고 위원회의 이 사건 조치요구의 처분성이 인정되는 이 사건에서 이에 불복하고자 하는 원고로서는 이 사건 조치요구의 취소를 구하는 항고소송을 제기하는 것이 유효·적절한 수단이라고 할 것이므로, 비록 원고(경기도선거관리위원회 위원장)가 국가기관에 불과하더라도 이 사건에서는 당사자능력 및 원고적격을 가진다고 봄이 상당하다. (다) 원고가 피고 위원회(국민권익위원회)의 조치요구(참가인에 대한 중징계요구를 취소하고 향후 신고로 인한 신분상 불이익처분 및 근무조건상의 차별을 하지 말 것을 요구) 후 참가인(갑)에 대하여 파면처분을 하였다고 하더라도 그로 인하여 이 사건 조치요구가 곧바로 실효된다고 할 수 없고, 원고로서는 이 사건 조치요구를 따라야 할 의무를 여전히 부담한다고 할 것이므로, 원고에게는 이 사건 조치요구의 취소를 구할 법률상 이익(협의의 소의 이익)도 있다고 할 것이다(대판 2013. 7. 25, 2011두1214 [불이익처분원상회복등요구처분취소]). 〈해설〉 처분을 따르지 않는 경우 과태료 등 처분을 받을 위험을 제거할 필요가 있다는 점도 고려하였다.

국가나 지방자치단체가 행정처분의 상대방인 경우에는 해당 처분을 다툴 원고적격이 있다(판례).

[판례 1] 지방자치단체에게 다른 지방자치단체장의 건축협의 취소처분을 다툴 원고적격이 인정되는지 여부(긍정) 및 구 건축법상 건축협의 취소처분의 처분성 여부(긍정): 구 건축법(2011. 5. 30. 법률 제10755호로 개정되어 2011. 12. 1. 시행되기 전의 것, 이하 같다) 제29조 제1항, 제2항, 제11조 제1항 등의 규정 내용에 의하면, 건축협의의 실질은 지방자치단체 등에 대한 건축허가와 다르지 아니하므로, 지방자치단체 등이 건축물을 건축하려는 경우 등에는 미리 건축물의 소재지를 관할하는 허가권자인 지방자치단체의 장과 건축협의를 하지 아니하면, 지방자치단체라 하더라도 건축물을 건축할 수 없다. 그리고 구 지방자치법 등 관련 법령을 살펴보아도 지방자치단체의 장이 다른 지방자치단체를 상대로 한 건축협의 취소에 관하여 다툼이 있는 경우에 그 법적 분쟁을 실효적으로 해결할 구제수단을 찾기도 어렵다. 따라서 이 사건 건축협의 취소는 비록 그

상대방이 다른 지방자치단체 등 행정주체라 하더라도 '행정청이 행하는 구체적 사실에 관한 법집행으로서의 공권력 행사'(행정소송법 제2조 제1항 제1호)로서 처분에 해당한다고 볼 수 있고, 지방자치단체인 원고가 이를 다툴 실효적 해결 수단이 없는 이상, 원고는 피고를 상대로 항고소송을 통해 이 사건 건축협의 취소의 취소를 구할 수 있다고 봄이 타당하다(대판 2014. 2. 27, 2012두22980[건축협의 취소처분 취소]). 〈해설〉 행정주체인 지방자치단체 등도 처분의 상대방인 경우에는 행정주체가 아니라 행정객체(행정의 상대방)로 보아야 한다. "이를 다툴 실효적 해결수단이 없는 이상"이라는 문구(조건)는 적절하지 않다. 건축협의를 건축허가와 동일시하고 그 취소를 처분으로 판단한 것은 문제가 있다는 견해도 있다.

[판례 2] 지방자치단체장의 건축협의 거부행위에 대하여 국가가 항고소송을 제기할 수 있다고 한 사례(대판 2014. 3. 13, 2013두15934[건축협의불가처분취소]).

처분의 상대방이 **허무인**(존재하지 않는 사람)이 아니라 위명(가명)을 사용한 사람인 경우에도 처분(난민불인정처분)의 취소를 구할 법률상 이익이 있다(대판 2017. 3. 9, 2013두16852).

[판례] 미얀마 국적의 甲이 위명(僞名)인 '乙' 명의의 여권으로 대한민국에 입국한 뒤 乙 명의로 난민 신청을 하였으나 법무부장관이 乙 명의를 사용한 甲을 직접 면담하여 조사한 후 甲에 대하여 난민불인정 처분을 한 사안에서, 처분의 상대방은 허무인이 아니라 '乙'이라는 위명을 사용한 甲이라는 이유로, 甲이 처분의 취소를 구할 법률상 이익이 있다고 한 사례(대판 2017. 3. 9, 2013두16852).

Ⅰ. 항고소송에서의 원고적격 [2011, 2017 행시, 2025 변시]

1. 의 의

항고소송에서 원고적격의 문제는 구체적인 행정처분에 대하여 누가 원고로서 취소소송 등 항고소송을 제기하여 본안판결을 받을 자격이 있느냐에 관한 문제이다.

행정소송법 제12조는 '원고적격'이라는 표제하에 "취소소송은 처분 등의 취소를 구할 법률상 이익이 있는 자가 제기할 수 있다. 처분 등의 효과가 기간의 경과, 처분 등의 집행 그 밖의 사유로 인하여 소멸된 뒤에도 그 처분 등의 취소로 인하여 회복되는 법률상 이익이 있는 자의 경우에는 또한 같다"라고 규정하고 있다. 그러나, 엄밀히 말하면 동조 전단은 취소소송의 원고적격을 규정하고 있고, 후단은 취소소송의 협의의 소의 이익을 규정하고 있다.

행정소송법 제35조는 다음과 같이 무효등확인소송의 원고적격을 규정하고 있다. "무효등확인소송은 처분 등의 효력 유무 또는 존재 여부의 확인을 구할 법률상 이익이 있는 자가 제기할 수 있다."

행정소송법 제36조는 다음과 같이 부작위위법확인소송의 원고적격을 규정하고 있다. "부작위위법확인소송은 처분의 신청을 한 자로서 부작위의 위법의 확인을 구할 법률상 이익이 있는 자만이 제기할 수 있다."

원고적격은 소송요건의 하나이므로 사실심 변론종결시는 물론 상고심에서도 존속하여야 하고 이를 흠결하면 부적법한 소가 된다(대판 2007. 4. 12, 2004두7924).

2. 원고적격의 요건[2016 변시, 2019 행시]

'원고적격이 있는 자'가 되기 위하여는 자신의 **법률상 이익**이 **침해**되었어야 한다. 여기에서 "침해"라 함은 침해를 당하였거나 침해될 우려가 있는(보다 정확히 말하면 개연성이 있는) 경우를 말한다.

(1) "법률상 이익"에 관한 학설

현행 행정소송법상 '법률상 이익(法律上 利益)'의 개념과 관련하여 '법률상 보호되는 이익구제설'과 '보호할 가치 있는 이익구제설'이 대립하고 있다. 그런데, 종래에는 이론상 항고소송에서의 원고적격의 범위와 관련하여 권리구제설, 법률상 보호되는 이익구제설(법적 이익구제설), 보호할 가치 있는 이익구제설, 적법성보장설이 대립하고 있었다.

1) 권리구제설(권리회복설)

이 견해는 처분 등으로 인하여 권리가 침해된 자만이 항고소송을 제기할 수 있는 원고적격을 갖는다는 견해이다.

이 견해는 항고소송의 목적을 위법한 처분에 의해 침해된 권리의 회복에 있다고 보는 데 **근거**하고 있다.

이 견해에 대하여는 다음과 같은 **비판**이 제기되고 있다. ① 엄격한 의미의 권리가 침해된 자만 항고소송을 제기할 수 있고, 법적으로 보호된 이익을 침해받은 자는 항고소송을 제기할 원고적격이 없다는 것은 재판을 받을 권리가 일반적으로 인정된 오늘날에는 타당하지 않다. ② 권리와 법적 이익을 구별하던 과거에는 이 학설의 존재이유가 있었지만, 오늘날 권리와 법률상 보호된 이익을 동의어로 이해하므로 권리구제설은 법률상 보호된 이익구제설과 동일하다.

2) 법률상 보호된 이익구제설(법적 이익구제설)

이 견해는 처분 등에 의해 '법적으로 보호된 개인적 이익'을 침해당한 자만이 항고소송의 원고적격이 있는 것으로 본다. 이 견해가 **다수견해**이다.

이 견해는 항고소송을 법적 이익의 구제수단으로 보고 법에 의해 보호되고 있는 이익이 침해된 자에게는 소송을 통하여 침해된 법적 이익을 구제할 수 있는 길이 주어져야 한다는 데 **근거**한다.

법적 이익구제설에도 **보호규범과 피보호이익을 어떻게 보는가에 따라** 다양한 견해가 존재한다. **보호규범**을 좁게 보는 견해는 처분의 근거법규에 한정하고(제1설), 보다 넓게 보는 견해는 처분의 근거법규뿐만 아니라 관계법규까지 보호규범으로 본다(제2설). 이보다 더 넓게 보는 견해는 이에 추가하여 헌법규정(자유권 등 구체적 기본권)이 보충적으로 보호규범이 된다고 본다(제3설). 절차규정을 보호규범에 포함시키는 견해도 있다(제4설). 보호규범을 가장 넓게 보는 견해는 이에 추가하여 민법규정도 보호규범에 포함시킨다(제5설). 현재 제2설 내지 제4설이 주로 주장되고 있다.

보호규범에 의해 보호되는 **피보호이익**은 통상 개인(자연인, 법인, 법인격 없는 단체)의 **개인적(사적) 이익**을 말한다.

3) 소송상 보호할 가치 있는 이익구제설

이 견해는 실체법을 준거로 하는 것이 아니라 소송법적 관점에서 재판에 의하여 보호할 만한 가치가 있는 이익이 침해된 자는 항고소송의 원고적격이 있다고 본다.

이 견해는 원고적격의 문제는 소송법상의 문제라는 것에 **근거**하고 있다.

이 견해에 대하여는 다음과 같은 **비판**이 가능하다.

① 보호할 가치 있는 이익구제설은 항고소송을 처분에 의해 침해된 권익의 구제제도로 보면서도 원고적격의 범위를 소송법적으로 결정하는 점에서 논리적이지 못하다.

② 또한, 이 견해에서는 원고적격의 인정에 있어서 객관적 기준이 존재하지 않고 법원이 구체적인 사안에 따라 결정하는 점에 문제가 있다.

4) 적법성보장설

이 견해는 항고소송의 주된 기능을 행정통제에서 찾고, 처분의 위법성을 다툴 적합한 이익을 갖는 자에게 원고적격을 인정하는 견해이다.

이 견해는 항고소송을 행정의 적법성을 통제하는 소송으로 보는 것에 **근거**하고 있다. 이렇게 항고소송을 객관적 소송으로 이해한다면 논리적 귀결로서 누구든지 항고소송을 제기할 수 있도록 하여야 할 것이지만 이렇게 하면 항고소송이 민중소송이 되고 소송이 폭주하여 법원의 재판부담이 과도하게 될 것이기 때문에 원고적격을 일정한 범위로 제한하여야 한다고 본다. 프랑스의 월권소송은 적법성보장설에 **근거**하고 있는데, 취소를 구할 정당한 이익이 있는 자에게 원고적격을 인정하고 있다.

이 견해에 대하여는 다음과 같은 **비판**이 가능하다.

① 재판은 기본적으로 권익구제에 그 목적이 있는 것이므로 항고소송의 주된 기능을 적법성 보장에 있다고 보는 것은 타당하지 않다.

② 적법성보장설에 의하면 원고적격이 과도하게 확대되어 법원의 업무가 과중하게 된다.

5) 판　　례

판례는 원칙상 **'법적 이익구제설'**에 입각하고 있다.

판례는 **처분의 근거법규 및 관련법규**(처분의 근거법규 및 관련법규(예 환경영향평가법, 절차규정)의 **입법취지 포함)에 의해 보호되는 직접적이고 구체적인 개인적 이익**을 법률상 이익으로 보고 있다. 공익보호의 결과로 국민 일반이 공통적으로 가지는 일반적·간접적·추상적 이익과 같이 사실적·경제적 이해관계를 갖는 데 불과한 경우는 여기에 포함되지 아니한다(대판 2024. 3. 12, 2021두58998).

그런데 판례는 법률상 이익의 범위를 점차 넓혀가는 경향이 있다. **당해 처분의 근거 법규 및 관련 법규에 의하여 보호되는 법률상 이익**은 당해 처분의 근거 법규의 명문 규정에 의하여 보호받는 법률상 이익, 당해 처분의 근거 법규에 의하여 보호되지는 아니하나 당해 처분의 행정목적을 달성하기 위한 일련의 단계적인 관련 처분들의 근거 법규에 의하여 명시적으로 보호받는 법률상 이익, 당해 처분의 근거 법규 또는 관련 법규에서 **명시적으로 당해 이익을 보호하는 명문의 규정이 없더라도** 근거 법규 및 관련 법규의 합리적 해석상 그 법규에서 행정청을 제약하는 이유가 순수한 공익의 보호만이 아닌 **개별적·직접적·구체적 이익을 보호하는 취지가 포함되어 있다고 해석되는 경우까지를 말한다**(대판 2024. 3. 12, 2021두58998).

[판례 1] [1] 행정처분의 직접 상대방이 아닌 제3자라 하더라도 당해 행정처분으로 인하여 법률상 보호되는 이익을 침해당한 경우에는 취소소송을 제기하여 그 당부의 판단을 받을 자격이 있다 할 것이나, 여기에서 말하는 법률상 보호되는 이익이라 함은 당해 처분의 근거법규 및 관련법규에 의하여 보호되는 개별적·직접적·구체적 이익이 있는 경우를 말하고, 당해 처분의 근거법규 및 관련법규에 의하여 보호되는 법률상 이익이라 함은 당해 처분의 근거법규(근거법규가 다른 법규를 인용함으로 인하여 근거법규가 된 경우까지를 아울러 포함한다)의 명문규정에 의하여 보호받는 법률상 이익, 당해 처분의 근거법규에 의하여 보호되지는 아니하나 당해 처분의 행정목적을 달성하기 위한 일련의 단계적인 관련처분들의 근거법규에 의하여 명시적으로 보호받는 법률상 이익, 당해 처분의 근거법규 또는 관련법규에서 명시적으로 당해 이익을 보호하는 명문

의 규정이 없더라도 근거법규 및 관련법규의 합리적 해석상 그 법규에서 행정청을 제약하는 이유가 순수한 공익의 보호만이 아닌 개별적·직접적·구체적 이익을 보호하는 취지가 포함되어 있다고 해석되는 경우까지를 말한다. [2] 도시계획변경결정에 관하여는 구 도시계획법이, 교통영향평가에 관하여는 구 도시교통정비촉진법(1999. 12. 31. 법률 제6095호로 개정되어 2001. 1. 1.부터 시행되기 전의 것)이 이 사건 처분의 근거법규에 해당하지만, 이 사건 부지면적이 57,661㎡에 불과하여 25만㎡ 이상의 면적을 대상사업으로 하는 환경영향평가에 관한 구 환경영향평가법(1999. 12. 31. 개정되어 2001. 1. 1. 시행된 법률 제6095호 환경·교통·재해등에관한영향평가법에 의하여 폐지되기 전의 것)은 이 사건 처분(주택건설사업계획승인처분)의 근거법규 또는 관련법규에 해당한다고 할 수 없으며, 한편 구 도시계획법에서 정한 주민의견청취, 공청회, 도시계획위원회의 자문 등 일련의 절차에 관한 규정들이 이 사건 처분의 대상이 된 사업부지에 인접한 토지의 소유자에 불과한 원고에게까지 절차에 대한 직접적인 이익을 보장하고 있다고 보이지 아니하고, 달리 이 사건 사업부지 밖의 토지의 소유자 등의 재산상 이익 등에 대하여 위 근거법규에 이들의 개별적·구체적·직접적 이익으로 보호하려는 내용 및 취지를 가지는 규정들을 두고 있지 아니하며, 나아가 이 사건 처분 전후를 통하여 이 사건 토지는 변함 없이 도시계획시설인 도로로 유지되고 있어 이 사건 처분으로 말미암아 이 사건 토지의 이용에 관하여 새로운 공법상의 제한이 가하여지지 않았음이 분명하여 이 사건 처분으로 인하여 원고 주장과 같은 재산상의 손실이 발생한다고 가정하더라도 이는 사실적·경제적 이익에 불과할 뿐 구 도시계획법에 의하여 보호되는 개별적·구체적·직접적 이익이라고는 할 수 없으므로 원고에게는 위와 같은 이익의 침해를 이유로 이 사건 처분의 취소를 구할 원고적격이 없고, 또한 이 사건 처분의 근거법규인 구 도시교통정비촉진법이 개인의 이익을 구체적으로 고려하도록 하는 아무런 규정을 두고 있지 아니하여 이 사건 사업부지에 인접한 토지의 소유자인 원고의 경제적 이익 내지 교통 편익은 위 근거법규가 보호하는 개별적·구체적·직접적 이익이라고 할 수 없으므로 원고에게는 이 사건 처분의 취소를 구할 원고적격이 없다(대판 2004. 8. 16, 2003두2175[주택건설사업계획승인처분 취소]: 주택건설사업계획승인처분의 대상이 된 사업부지 밖의 토지소유자에게는 그 처분의 취소를 구할 원고적격이 없다고 본 사례; 2013. 9. 12, 2011두33044).

[판례 2] 사립학교 소속 직원의 호봉산정이나 보수에 관하여 규정하고 있는 사립학교법 제70조의2 제1항 및 그에 따른 각 사립학교의 정관 등이, 사립학교법 제43조와 함께 이 사건 각 명령의 근거법규 내지 관련 법규에 해당하고, 구 사립학교법(2020. 12. 22. 법률 제17659호로 개정되기 전의 것) 제70조의2 제1항이 사립학교 직원들의 보수를 정관으로 정하도록 하고, 원고들이 소속된 각 학교법인의 정관이 그 직원들의 보수를 공무원의 예에 따르도록 한 것은, 사립학교 소속 사무직원들의 보수의 안정성 및 예측가능성을 담보하여 사립학교 교육이 공공의 목적에 부합하는 방향으로 원활하게 수행될 수 있도록 하는 한편, 그 사무직원의 경제적 생활안정과 복리향상을 보장하고자 함에 있으므로, 사립학교 사무직원의 이익을 개별적·직접적·구체적으로 보호하고 있는 규정으로 볼 수 있고, 나아가 이 사건 각 명령(호봉정정명령 등)으로 인하여 원고들은 급여가 실질적으로 삭감되거나 기지급된 급여를 반환하여야 하는 직접적이고 구체적인 손해를 입게 되므로, 원고들은 이 사건 각 명령(호봉정정명령 등)을 다툴 개별적·직접적·구체적 이해관계가 있다고 볼 수 있으므로 원고(직원)들이 제3자에 대한 피고 교육감의 학교법인 이사장 및 학교장에 대한 호봉정정 및 급여환수 명령(이 사건 각 명령)으로 인해 법률상 보호되는 이익을 침해당한 자에 해당한다고 한 사례(대판 2023. 1. 12, 2022두56630[호봉정정명령 등 취소]).

[판례 3] 「집합건물의 소유 및 관리에 관한 법률」(이하 '집합건물법'이라 한다)상 집합건물의 공용부분은 구분소유자 전원 또는 일부의 공용에 제공되는 것으로 구분소유자 전원의 각 전유부분 면적비율에 따른 공유에 속하고(집합건물법 제3조, 제10조, 제12조), 각 공유자는 공용부분을 그 용도에 따라 사용할 수 있다(집합건물법 제11조). 건축법은 집합건물의 공용부분을 대수선하려는 자로 하여금 구분소유자 전원을 구성원으로 하는 관리단집회에서 구분소유자 3/4 이상 및 의결권 3/4 이상의 결의로써 그 대수선에 동의하였다는 사정을 증명하여야 대수선에 관한 허가를 받을 수 있도록 규정하고 있다(건축법 제11조 제11항 제5호, 집합건물법 제15조 제1항). 이와 같은 건축법 규정은 구분소유자들이 공유하고 각자 그 용도에 따라 사용할 수 있는 공용부분의 대수선으로 인하여 그 공용부분의 소유·사용에 제한을 받을 수 있는 구분소유자의 개별적 이익을 구체적이고 직접적으로 보호하는 규정으로 볼 수 있다. 따라서 집합건물 공용부분의 대수선과 관련한 행정청

의 허가, 사용승인 등 일련의 처분에 관하여는 그 처분의 직접 상대방 외에 해당 집합건물의 구분소유자에게도 그 취소를 구할 원고적격이 인정된다고 보는 것이 타당하다(대판 2024. 3. 12, 2021두58998).
[판례 4] 이 사건 의대정원 증원배정 처분의 근거가 된 고등교육법령 및 「대학설립·운영 규정」(대통령령)은 의과대학의 학생정원 증원의 한계를 규정함으로써 의과대학에 재학 중인 학생들이 적절하게 교육받을 권리를 개별적·직접적·구체적으로 보호하고 있다고 볼 여지가 충분하다(대결 2024. 6. 19, 2024무689).

판례는 절차규정도 보호규범에 포함시킨다(대판 2020. 4. 9, 2015다34444). **이해관계인**의 **절차적 권리**(**법적 이익**)(예 교수협의회와 학생회의 학교운영참여권)**도 법률상 이익으로 본다**. 이해관계인이 아닌 주민의 절차적 참가권은 법률상 이익이 아니다.

[판례 1] 甲 학교법인의 정상화 과정에서 서울특별시교육감이 임시이사들을 해임하고 정이사를 선임한 사안에서, 사립학교법 제25조의3 제1항이 학교법인을 정상화하기 위하여 임시이사를 해임하고 이사를 선임하는 절차에서 이해관계인에게 어떠한 청구권 또는 의견진술권을 부여하고 있지 않으므로, 乙 학교법인이 임시이사 해임 및 이사 선임에 관하여 사립학교법에 의해 보호받는 법률상 이익이 없다고 본 사례(대판 2014. 1. 23, 2012두6629[임시이사해임처분취소등]). 〈해설〉 반대해석을 하면 의견진술권이 있는 이해관계인은 법적 이익이 있다고 할 수 있다.
[판례 2] 교육부장관이 사학분쟁조정위원회의 심의를 거쳐 甲 대학교를 설치·운영하는 乙 학교법인의 이사 8인과 임시이사 1인을 선임한 데 대하여 甲 대학교 교수협의회와 총학생회 등이 이사선임처분의 취소를 구하는 소송을 제기한 사안에서, 임시이사제도의 취지, 교직원·학생 등의 학교운영에 참여할 기회를 부여하기 위한 개방이사 제도에 관한 법령의 규정 내용과 입법 취지 등을 종합하여 보면, 구 사립학교법과 구 사립학교법 시행령 및 乙 법인 정관 규정(자치법규)은 헌법 제31조 제4항에 정한 교육의 자주성과 대학의 자율성에 근거한 甲 대학교 교수협의회와 총학생회의 **학교운영참여권**을 구체화하여 이를 보호하고 있다고 해석되므로, 甲 대학교 교수협의회와 총학생회는 이사선임처분을 다툴 법률상 이익을 가지지만, 고등교육법령은 교육받을 권리나 학문의 자유를 실현하는 수단으로서 학생회와 교수회와는 달리 학교의 직원으로 구성된 노동조합의 성립을 예정하고 있지 아니하고, 노동조합은 근로자가 주체가 되어 자주적으로 단결하여 근로조건의 유지·개선 기타 근로자의 경제적·사회적 지위의 향상을 도모하기 위하여 조직된 단체인 점 등을 고려할 때, 학교의 직원으로 구성된 노동조합이 교육받을 권리나 학문의 자유를 실현하는 수단으로서 직접 기능한다고 볼 수는 없으므로, 개방이사에 관한 구 사립학교법과 구 사립학교법 시행령 및 乙 법인 정관 규정이 학교직원들로 구성된 전국대학노동조합 乙 대학교지부의 법률상 이익까지 보호하고 있는 것으로 해석할 수는 없다고 한 사례(대판 2015. 7. 23, 2012두19496, 19502[이사선임처분취소]).
[판례 3] 법무사규칙 제37조 제4항이 이의신청 절차를 규정한 것은 채용승인을 신청한 법무사뿐만 아니라 사무원이 되려는 사람의 이익도 보호하려는 취지로 볼 수 있다. 따라서 지방법무사회의 사무원 채용승인 거부처분 또는 채용승인 취소처분에 대해서는 처분 상대방인 법무사뿐만 아니라 그 때문에 사무원이 될 수 없게 된 사람도 이를 다툴 원고적격이 인정되어야 한다(대판 2020. 4. 9, 2015다34444).

헌법상 기본권이 원고적격의 요건인 법률상 이익이 될 수 있는지에 관하여 아직 이를 적극적으로 인정하고 있는 **대법원 판례**는 없고, 추상적 기본권의 침해만으로는 원고적격을 인정할 수 없다는 대법원 판례가 있을 뿐이다.

[판례] 환경영향평가 대상지역 밖에 거주하는 주민에게 헌법상의 환경권 또는 환경정책기본법에 근거하여 공유수면매립면허처분과 농지개량사업 시행인가처분의 무효확인을 구할 원고적격이 없다: 헌법 제35조 제1항에서 정하고 있는 환경권에 관한 규정만으로는 그 권리의 주체·대상·내용·행사방법 등이 구체적으로 정립되어

있다고 볼 수 없고, 환경정책기본법 제6조도 그 규정 내용 등에 비추어 국민에게 구체적인 권리를 부여한 것으로 볼 수 없다는 이유로, 환경영향평가 대상지역 밖에 거주하는 주민에게 헌법상의 환경권 또는 환경정책기본법에 근거하여 공유수면매립면허처분과 농지개량사업 시행인가처분의 무효확인을 구할 원고적격이 없다고 한 사례(대판 전원합의체 2006. 3. 16, 2006두330[정부조치계획취소등] [새만금사건]).

이에 반하여 **헌법재판소**는 **기본권주체의 원고적격**을 **인정**하고 있다.

[판례] 설사 국세청장의 지정행위(납세병마개 제조자지정행위)의 근거규범인 이 사건 조항들이 단지 공익만을 추구할 뿐 청구인 개인의 이익을 보호하려는 것이 아니라는 이유로 청구인에게 취소소송을 제기할 법률상 이익을 부정한다고 하더라도, 청구인의 기본권인 경쟁의 자유가 (보충적으로) 바로 행정청의 지정행위의 취소를 구할 법률상 이익이 된다 할 것이다(헌재 1998. 4. 30, 97헌마141).

6) 결 어

현행 행정소송법의 해석론으로는 **법적 이익구제설**이 타당하다. 현행 행정소송법이 항고소송의 주된 기능을 권익구제로 보고 주관소송으로 규정하고 있기 때문이다.

다음과 같은 이유에서 법적 이익구제설 중 **제5설**이 타당하다.

① 항고소송을 권익구제제도로 본다면 현행 행정소송법상의 '법률상 이익'은 그 이익이 개인적 이익이면 보호규범이 실체법이든 절차법이든 법에 의해 보호되는 이익으로 보는 것이 타당하다.

② 헌법이나 기타 일반법질서(민법 포함)에 의해 보호되는 이익이 침해된 자에게도 항고소송의 원고적격을 인정하여야 할 것이다.

③ 헌법상 구체적 기본권이 침해된 자에게는 원고적격을 인정하여야 한다. 그러나, 법률에 의해 구체화되어야 비로소 구체적 기본권이 되는 추상적 기본권이 침해된 것만으로는 원고적격을 인정할 수 없다.

(2) 판례에서의 원고적격의 요건

판례는 원고적격의 요건으로 **"법률(처분의 근거 법규 및 관련법규)에 의하여 보호되는 개별적·직접적·구체적 이익의 침해"**를 요구하고 있다.

1) 법적 이익(법률상 보호되는 이익)

① 처분의 근거 법규 및 관련법규(예 환경영향평가법)에 의해 보호되는 이익의 침해가 있어야 한다.

[판례 1] 납골당설치허가처분(현행 봉안당설치신고수리처분)의 허가조건을 성취하거나 그 처분의 목적을 달성하기 위한 산림형질변경허가와 환경영향평가의 근거법규는 납골당설치허가처분에 대한 관련 처분들의 근거법규이고, 그 환경영향평가대상지역 안에 거주하는 주민들은 위 처분의 무효확인이나 취소를 구할 원고적격이 있다고 한 사례(대판 2004. 12. 9, 2003두12073[납골당허가처분무효확인]).

[판례 2] [1] 재단법인 한국연구재단이 갑 대학교 총장에게 연구개발비의 부당집행을 이유로 '해양생물유래 고부가식품·향장·한약 기초소재 개발 인력양성사업에 대한 2단계 두뇌한국(BK)21 사업' 협약을 해지하고 연구팀장 을에 대한 국가연구개발사업의 3년간 참여제한 등을 명하는 통보를 하자 을(연구팀장)이 통보의 취소를 청구한 사안에서, 학술진흥 및 학자금대출 신용보증 등에 관한 법률 등의 입법 취지 및 규정 내용 등과 아울러 위 법 등 해석상 국가가 두뇌한국(BK)21 사업의 주관연구기관인 대학에 연구개발비를 출연하는 것은

'연구 중심 대학'의 육성은 물론 그와 별도로 대학에 소속된 연구인력의 역량 강화에도 목적이 있다고 보이는 점, 기본적으로 국가연구개발사업에 대한 연구개발비의 지원은 대학에 소속된 일정한 연구단위별로 신청한 연구개발과제에 대한 것이지, 그 소속 대학을 기준으로 한 것은 아닌 점 등 제반 사정에 비추어 보면, 을(연구팀장)은 위 사업에 관한 협약의 해지 통보의 효력을 다툴 법률상 이익이 있다고 한 사례. [2] 재단법인 한국연구재단이 갑 대학교 총장에게 연구개발비의 부당집행을 이유로 '해양생물유래 고부가식품·향장·한약 기초소재 개발 인력양성사업에 대한 2단계 두뇌한국(BK)21 사업' 협약을 해지하고 연구팀장 을에 대한 대학자체 징계 요구 등을 통보한 사안에서, 재단법인 한국연구재단이 갑 대학교 총장에게 을에 대한 대학 자체징계를 요구한 것은 법률상 구속력이 없는 권유 또는 사실상의 통지로서 을의 권리, 의무 등 법률상 지위에 직접적인 법률적 변동을 일으키지 않는 행위에 해당하므로, 항고소송의 대상인 행정처분에 해당하지 않는다고 본 원심판단을 정당하다고 한 사례(대판 2014. 12. 11, 2012두28704[2단계BK21사업처분취소]).

[판례 3] 구 환경영향평가법 제1조, 제3조, 제9조, 제16조, 제17조, 제27조 등의 규정 취지는 환경영향평가를 실시하여야 할 사업(이하 '대상사업'이라 한다)이 환경을 해치지 아니하는 방법으로 시행되도록 함으로써 당해 사업과 관련된 환경공익을 보호하려는 데 그치는 것이 아니라, 당해 사업으로 인하여 직접적이고 중대한 환경피해를 입으리라고 예상되는 환경영향평가대상지역 안의 주민들이 전과 비교하여 수인한도를 넘는 환경침해를 받지 아니하고 쾌적한 환경에서 생활할 수 있는 개별적 이익까지도 보호하려는 데에 있는 것이다(대판 2006. 6. 30, 2005두14363).

[판례 4] 구 도시계획법상의 공설화장장 설치를 내용으로 하는 도시계획결정에 대한 지역주민의 원고적격 인정: "도시계획법 제12조 제3항의 위임에 따라 제정된 도시계획시설기준에 관한 규칙 제125조 제1항이 화장장의 구조 및 설치에 관하여는 매장 및 묘지 등에 관한 법률이 정하는 바에 의한다고 규정하고 있어, 도시계획의 내용이 화장장의 설치에 관한 것일 때에는 도시계획법 제12조뿐만 아니라 매장 및 묘지 등에 관한 법률 및 같은법 시행령 역시 그 근거법률이 된다고 보아야 할 것 … 공설화장장 설치를 금지함에 의하여 보호되는 부근 주민들의 이익은 위 도시계획결정처분의 근거 법률에 의하여 보호되는 법률상 이익이다"라고 판시하였다(대판 1995. 9. 26, 94누14544[상수원보호구역변경처분 등 취소]). 〈평석〉 계쟁처분의 직접적인 근거법규 이외에 당해 근거법규에서 요건규정으로 원용하고 있는 법규도 당해 계쟁처분의 근거법규로 본 점에 이 판결의 의의가 있다.

② 사실상 이익 내지 반사적 이익의 침해만으로는 원고적격이 인정되지 않는다.

[판례 1] 제주 강정마을 일대가 절대보전지역으로 유지됨으로써 주민들인 원고들이 가지는 주거 및 생활환경상 이익은 그 지역의 경관 등이 보호됨으로써 반사적으로 누리는 것일 뿐 근거 법규 또는 관련 법규에 의하여 보호되는 개별적·직접적·구체적 이익이라고 할 수 없다고 한 사례(대판 2012. 7. 5, 2011두13187, 13914(병합)[절대보전지역변경처분무효확인 등]).

[판례 2] 상수원보호구역 설정의 근거가 되는 수도법 제5조 제1항 및 동 시행령 제7조 제1항이 보호하고자 하는 것은 상수원의 확보와 수질보전일 뿐이고, 그 상수원에서 급수를 받고 있는 지역주민들이 가지는 상수원의 오염을 막아 양질의 급수를 받을 이익은 직접적이고 구체적으로는 보호하고 있지 않음이 명백하여 위 지역주민들이 가지는 이익은 상수원의 확보와 수질보호라는 공공의 이익이 달성됨에 따라 반사적으로 얻게 되는 이익에 불과하므로 지역주민들에 불과한 원고들에게는 위 상수원보호구역변경처분의 취소를 구할 법률상의 이익이 없다(대판 1995. 9. 26, 94누14544[상수원보호구역 변경처분사건]). 〈해설〉 생각건대 상수원보호구역 설정 및 해제의 근거가 되는 수도법규정이 상수원의 수질보호와 함께 물이용자의 개인적 이익도 직접 보호하는 것을 목적으로 하고 있다고 볼 수도 있고, 현재와 같이 한강수계 상수원수질개선 및 주민지원 등에 관한 법률 및 동법 시행령 제19조에 따라 수도사업자가 물이용부담금을 납부하고(이 물이용부담금은 수도요금에 전가될 것이다) 이 재원으로 상수원보호구역에 재정지원을 하고 있는 점 등을 아울러 고려하면 상수원보호구역을 규율하는 수도법규정으로 인하여 수돗물 이용자가 받는 이익은 법적 이익이라고 볼 수도 있다.

[판례 3] 환경부장관이 생태·자연도 1등급으로 지정되었던 지역을 2등급 또는 3등급으로 변경하는 내용의 생태·자연도 수정·보완을 고시하자, 인근 주민 甲이 생태·자연도 등급변경처분의 무효 확인을 청구한 사안에서, 생태·자연도의 작성 및 등급변경의 근거가 되는 구 자연환경보전법(2011. 7. 28. 법률 제10977호로 개정되기 전의 것) 제34조 제1항 및 그 시행령 제27조 제1항, 제2항에 의하면, 생태·자연도는 토지이용 및 개발계획의 수립이나 시행에 활용하여 자연환경을 체계적으로 보전·관리하기 위한 것일 뿐, 1등급 권역의 인근 주민들이 가지는 생활상 이익을 직접적이고 구체적으로 보호하기 위한 것이 아님이 명백하고, 1등급 권역의 인근 주민들이 가지는 이익은 환경보호라는 공공의 이익이 달성됨에 따라 반사적으로 얻게 되는 이익에 불과하므로, 인근 주민에 불과한 甲은 생태·자연도 등급권역을 1등급에서 일부는 2등급으로, 일부는 3등급으로 변경한 결정의 무효 확인을 구할 원고적격이 없다고 본 원심판단을 수긍한 사례(대판 2014. 2. 21, 2011두29052[생태자연도등급조정처분무효확인]).
[판례 4] 주택법상 사용검사처분에 관하여 입주예정자들이 그 취소를 구할 법률상 이익이 없다고 한 사례(대판 2014. 7. 24, 2011두30465[사용승인처분취소]).

2) 개인적 이익(사적 이익) [2025 변시]

법에 의해 보호되는 개인적 이익(사적 이익)이 있는 자만이 항고소송을 제기할 원고적격이 있고, 공익의 침해만으로는 원고적격이 인정될 수 없다.

처분 등으로 법인 또는 단체의 개인적 이익(사적 이익)이 침해된 경우에도 그 법인 또는 단체에게 원고적격이 인정된다. 그러나, 구성원의 법률상 이익의 침해를 이유로 원고적격을 인정받을 수는 없다.

[판례 1] 약제를 제조·공급하는 제약회사가 보건복지부 고시인 '약제급여·비급여 목록 및 급여 상한금액표' 중 약제의 상한금액 인하 부분에 대하여 그 취소를 구할 원고적격이 있다고 한 사례(대판 2006. 12. 21, 2005두16161[보험약가인하처분취소]).
[판례 2] 제약회사가 자신이 공급하는 약제에 관하여 국민건강보험법, 같은법 시행령, 국민건강보험 요양급여의 기준에 관한 규칙 등 약제상한금액고시의 근거 법령에 의하여 보호되는 직접적이고 구체적인 이익을 향유하는데, 보건복지부 고시인 약제급여·비급여목록 및 급여상한금액표로 인하여 자신이 제조·공급하는 약제의 상한금액이 인하됨에 따라 위와 같이 보호되는 법률상 이익이 침해당할 경우, 제약회사는 위 고시의 취소를 구할 원고적격이 있다고 한 사례(대판 2006. 9. 22, 2005두2506[보험약가인하처분취소]).
[판례 3] **환경상 이익은 본질적으로 자연인에게 귀속되는 것으로서 법인은 환경상 이익의 침해를 이유로 행정소송을 제기할 수 없다:** 재단법인 甲 수녀원이, 매립목적을 택지조성에서 조선시설용지로 변경하는 내용의 공유수면매립목적 변경 승인처분으로 인하여 법률상 보호되는 환경상 이익을 침해받았다면서 행정청을 상대로 처분의 무효 확인을 구하는 소송을 제기한 사안에서, 공유수면매립목적 변경 승인처분으로 甲 수녀원에 소속된 수녀 등이 쾌적한 환경에서 생활할 수 있는 환경상 이익을 침해받는다고 하더라도 이를 가리켜 곧바로 甲 수녀원의 법률상 이익이 침해된다고 볼 수 없고, 자연인이 아닌 甲 수녀원은 쾌적한 환경에서 생활할 수 있는 이익을 향수할 수 있는 주체가 아니므로 위 처분으로 위와 같은 생활상의 이익이 직접적으로 침해되는 관계에 있다고 볼 수도 없으며, 위 처분으로 환경에 영향을 주어 甲 수녀원이 운영하는 쨈 공장에 직접적이고 구체적인 재산적 피해가 발생한다거나 甲 수녀원이 폐쇄되고 이전해야 하는 등의 피해를 받거나 받을 우려가 있다는 점 등에 관한 증명도 부족하다는 이유로, 甲 수녀원에 처분의 무효 확인을 구할 원고적격이 없다고 한 사례(대판 2012. 6. 28, 2010두2005[수정지구공유수면매립목적변경승인처분무효]). 〈해설〉 자연인만이 개인적인 환경상 이익만을 향유한다는 대법원 판례에는 찬동할 수 없다. 단체도 자연인과 같이 법주체로서 환경상 이익을 향유할 수 있다고 보아야 한다.

개인의 법적 이익에 개인의 사익뿐만 아니라 **단체(공익단체 포함)의 존립목적이 되는 이익(공익단체의 존립근거(목적)가 되는 공익 포함))**도 포함되는 것으로 보아야 한다는 견해도 있다. 또한 개인의 재산적 이익뿐만 아니라 개인의 인격적 이익, 평온한 생활이익(공익으로서의 평온한 생활이익이 아니라 개인적 이익(사익)으로서의 평온한 생활이익)도 포함되는 것으로 보아야 한다는 견해도 있다. 공익으로서의 평온한 생활이익이 법령에 의해 보호됨으로써 개인이 평온한 생활을 누리는 것은 반사적 이익이다. 평온한 생활이익을 공익으로서 보호할 것인지 아니면 공익뿐만 아니라 개인적 이익(사익)으로서도 보호할 것인지는 입법자의 의사에 따른다(이혜진, 민주주의 발전과 주관적 공권의 확대 경향－일본의 '평온생활권'을 글감으로 하여－, 공법연구 제51집 제3호, 2023.2, 79면 이하 참조).

3) 직접적·구체적 이익[2019 변시 사례]

처분 등에 의해 침해되는 법적 이익은 직접적·구체적 이익이어야 하며 간접적이거나 추상적인 이익이 침해된 자에게는 원고적격이 인정되지 않는다.

[판례 1] [1] 행정소송법 제12조에서 말하는 '법률상 이익'의 의미: 행정소송법 제12조에서 말하는 '법률상 이익'이란 당해 행정처분의 근거법률에 의하여 보호되는 직접적이고 구체적인 이익을 말하고, 당해 행정처분과 관련하여 간접적이거나 사실적·경제적 이해관계를 가지는 데 불과한 경우는 여기에 포함되지 않으나, 행정처분의 직접 상대방이 아닌 제3자라고 하더라도 당해 행정처분으로 인하여 법률상 보호되는 이익을 침해당한 경우에는 취소소송을 제기하여 그 당부의 판단을 받을 자격이 있다. [2] 구 임대주택법상 임차인대표회의도 임대주택 분양전환승인처분에 대하여 취소소송을 제기할 원고적격이 있다(대판 2010. 5. 13, 2009두19168[분양전환승인의취소]).

[판례 2] 법인의 주주가 당해 법인에 대한 행정처분의 취소를 구할 원고적격이 있는 경우: 법인의 주주는 법인에 대한 행정처분에 관하여 사실상이나 간접적인 이해관계를 가질 뿐이어서 스스로 그 처분의 취소를 구할 원고적격이 없는 것이 원칙이라고 할 것이지만, 그 처분으로 인하여 법인이 더 이상 영업 전부를 행할 수 없게 되고, 영업에 대한 인·허가의 취소 등을 거쳐 해산·청산되는 절차 또한 처분 당시 이미 예정되어 있으며, 그 후속절차가 취소되더라도 그 처분의 효력이 유지되는 한 당해 법인이 종전에 행하던 영업을 다시 행할 수 없는 예외적인 경우에는 주주도 그 처분에 관하여 직접적이고 구체적인 법률상 이해관계를 가진다고 보아 그 효력을 다툴 원고적격이 있다(대판 2005. 1. 27, 2002두5313: 부실금융기관의 정비를 목적으로 은행의 영업 관련 자산 중 재산적 가치가 있는 자산 대부분과 부채 등이 타에 이전됨으로써 더 이상 그 영업 전부를 행할 수 없게 되고, 은행업무정지처분 등의 효력이 유지되는 한 은행이 종전에 행하던 영업을 다시 행할 수는 없는 경우, 은행의 주주에게 당해 은행의 업무정지처분 등을 다툴 원고적격이 인정된다고 한 사례).

[판례 3] 법인의 주주가 법인에 대한 행정처분(운송사업양도·양수신고수리처분) 이후의 주식 양수인인 경우에는 특별한 사정이 없는 한 그 처분에 대하여 간접적·경제적 이해관계를 가질 뿐 법률상 직접적·구체적 이익을 가지는 것은 아니므로 그 처분의 취소를 구할 원고적격이 인정되지 않는다(대판 2010. 5. 13, 2010두2043[운송사업양도·양수신고수리처분취소]).

[판례 4] 채석허가를 받은 자에 대한 관할 행정청의 채석허가 취소처분에 대하여 수허가자의 지위를 양수한 양수인에게 그 취소처분의 취소를 구할 법률상 이익이 있다: 산림법 제90조의2 제1항, 제118조 제1항, 같은 법시행규칙 제95조의2 등 산림법령이 수허가자의 명의변경제도를 두고 있는 취지는, 채석허가가 일반적·상대적 금지를 해제하여 줌으로써 채석행위를 자유롭게 할 수 있는 자유를 회복시켜 주는 것일 뿐 권리를 설정하는 것이 아니어서 관할 행정청과의 관계에서 수허가자의 지위의 승계를 직접 주장할 수는 없다 하더라도, 채석허가가 대물적 허가의 성질을 아울러 가지고 있고 수허가자의 지위가 사실상 양도·양수되는 점을 고려하여 수허가자의 지위를 사실상 양수한 양수인의 이익을 보호하고자 하는 데 있는 것으로 해석되므로, 수허

가자의 지위를 양수받아 명의변경신고를 할 수 있는 양수인의 지위는 단순한 반사적 이익이나 사실상의 이익이 아니라 산림법령에 의하여 보호되는 직접적이고 구체적인 이익으로서 법률상 이익이라고 할 것이고, 채석허가가 유효하게 존속하고 있다는 것이 양수인의 명의변경신고의 전제가 된다는 의미에서 관할 행정청이 양도인에 대하여 채석허가를 취소하는 처분을 하였다면 이는 양수인의 지위에 대한 직접적 침해가 된다고 할 것이므로 양수인은 채석허가를 취소하는 처분의 취소를 구할 법률상 이익을 가진다(대판 2003. 7. 11, 2001두6289 [채석허가취소처분취소]).

[판례 5] 학교법인의 임원취임승인신청 반려처분에 대하여, 임원으로 선임된 사람이 이를 다툴 수 있는 원고적격이 있다고 한 사례(대판 2007. 12. 27, 2005두9651[임원취임승인취소처분 등 취소]).

[판례 6] 회원제골프장의 기존 회원은 회원모집계획서에 대한 시·도 지사의 검토결과통보의 취소를 구할 법률상의 이익이 있다고 보아야 한다(대판 2009. 2. 26, 2006두16243[골프장회원권모집계획승인처분취소]). 〈해설〉 원심은 기존 회원은 이 사건 회원모집계획승인처분의 반사적 효과로서 회원이 증가하게 됨에 따라 발생하는 골프장우선이용권의 사용횟수의 감소 등과 같은 간접적이거나 사실상의 불이익을 입을 뿐이므로 이 사건 회원모집계획승인처분의 취소를 구할 원고적격이 없다고 하였다(대전고법 2006. 9. 21, 2006누93).

[판례 7] 도시환경정비사업에 대한 사업시행계획에 당연무효인 하자가 있는 경우에는 도시환경정비사업조합은 그 사업시행계획을 새로이 수립하여 관할관청으로부터 인가를 받은 후 다시 분양신청을 받아 관리처분계획을 수립하여야 할 것인바, 분양신청기간 내에 분양신청을 하지 않거나 분양신청을 철회함으로 인해 도시 및 주거환경정비법 제47조 및 조합 정관 규정에 의하여 조합원의 지위를 상실한 토지 등 소유자도 그때 분양신청을 함으로써 건축물 등을 분양받을 수 있으므로 관리처분계획의 무효확인 또는 취소를 구할 법률상 이익이 있다고 할 것이다(대판 2011. 12. 8, 2008두18342[관리처분계획취소]).

[판례 8] 의사협회의 원고적격을 부정한 사례: 사단법인 대한의사협회는 의료법에 의하여 의사들을 회원으로 하여 설립된 사단법인으로서, 국민건강보험법상 요양급여행위, 요양급여비용의 청구 및 지급과 관련하여 직접적인 법률관계를 갖지 않고 있으므로, 보건복지부 고시인 '건강보험요양급여행위 및 그 상대가치점수 개정'으로 인하여 자신의 법률상 이익을 침해당하였다고 할 수 없다는 이유로 위 고시의 취소를 구할 원고적격이 없다고 한 사례(대판 2006. 5. 25, 2003두11988[건강보험요양급여행위 등 처분취소]).

[판례 9] 농업에너지이용효율화사업에 관한 보조금 집행을 원활하게 하기 위해 보조사업자(농가)의 계약상대방이 될 수 있는 시공업체를 공모절차를 통해 선정하였는데, 선정되지 아니한 원고들이 자신들에 대한 선정제외를 비롯한 선정 및 선정제외 처분 전체의 취소를 구한 사건: 보조금지원사업 시행기관의 장인 피고가 (선정된 시공업체와 계약을 체결한 경우에만 보조금을 교부하기 위하여) 보조사업자(농가)의 계약상대방이 될 수 있는 시공업체를 공모절차를 통하여 선정한 사안에서, 선정제외된 원고들이 선정된 업체들을 포함한 선정 및 선정제외 행위 전체의 취소를 구할 원고적격이 인정되는지 여부(소극): 불이익처분의 상대방은 직접 개인적 이익의 침해를 받은 자로서 원고적격이 인정된다. 처분의 직접 상대방이 아닌 제3자라 하더라도 이른바 '경원자 관계'나 '경업자 관계'와 같이 처분의 근거 법규 또는 관련 법규에 의하여 개별적·직접적·구체적으로 보호되는 이익이 있는 경우에는 처분의 취소를 구할 원고적격이 인정되지만, 제3자가 해당 처분과 간접적·사실적·경제적인 이해관계를 가지는 데 불과한 경우에는 처분의 취소를 구할 원고적격이 인정되지 않는다(대법원 1999. 10. 12. 선고 99두6026 판결, 대법원 2020. 4. 9. 선고 2015다34444 판결 등 참조)(대판 2021. 2. 4, 2020두48772[시공업체선정처분취소]).

4) 법률상 이익이 침해되거나 침해될 우려(개연성)가 있을 것

처분 등에 의해 법률상 이익이 현실적으로 침해된 경우(예 허가취소)뿐만 아니라 침해가 우려되는 경우(예 건축허가)에도 원고적격이 인정된다. 침해가 예상되는 경우에는 그 침해의 발생이 단순히 가능성이 있는 것만으로는 안 되고 확실하거나 개연성이 있어야 한다. 판례는 "침해의 우려"라는 표현을 쓰고 있는데, 우려는 모호한 개념이며 이 경우의 "우려"는 개연성을 의미한다고 보아야 한다.

법률상 이익의 침해 또는 침해의 우려는 **원칙상 원고**가 **입증**하여야 한다. **다만**, 환경영향평가 대상지역 또는 영향권 내의 주민 등에 대하여는 특단의 사정이 없는 한 환경상 이익에 대한 침해 또는 침해 우려가 있는 것으로 사실상 추정되므로 법률상 이익의 침해 또는 침해의 우려 없음을 **피고**가 **입증**하여야 한다.

[판례] [1] **행정처분으로써 이루어지는 사업으로 환경상 침해를 받으리라고 예상되는 영향권의 범위가 그 처분의 근거 법규 등에 구체적으로 규정되어 있는 경우, 영향권 내의 주민에게 행정처분의 취소 등을 구할 원고적격이 인정되는지 여부(원칙적 적극) 및 영향권 밖의 주민에게 원고적격이 인정되기 위한 요건**: 행정처분의 근거 법규 또는 관련 법규에 그 처분으로써 이루어지는 행위 등 사업으로 인하여 환경상 침해를 받으리라고 예상되는 영향권의 범위가 구체적으로 규정되어 있는 경우에는, 그 영향권 내의 주민들에 대하여는 당해 처분으로 인하여 직접적이고 중대한 환경피해를 입으리라고 예상할 수 있고, 이와 같은 환경상의 이익은 주민 개개인에 대하여 개별적으로 보호되는 직접적·구체적 이익으로서 그들에 대하여는 특단의 사정이 없는 한 환경상 이익에 대한 침해 또는 침해 우려가 있는 것으로 사실상 추정되어 법률상 보호되는 이익으로 인정됨으로써 원고적격이 인정되며, 그 영향권 밖의 주민들은 당해 처분으로 인하여 그 처분 전과 비교하여 수인한도를 넘는 환경피해를 받거나 받을 우려가 있다는 자신의 환경상 이익에 대한 침해 또는 침해 우려가 있음을 증명하여야만 법률상 보호되는 이익으로 인정되어 원고적격이 인정된다. [2] 김해시장이 소감천을 통해 낙동강에 합류하는 하천수 주변의 토지에 구 산업집적활성화 및 공장설립에 관한 법률 제13조에 따라 공장설립을 승인하는 처분을 한 사안에서, 상수원인 물금취수장이 소감천이 흘러 내려 낙동강 본류와 합류하는 지점 근처에 위치하고 있는 점, 수돗물은 수도관 등 급수시설에 의해 공급되는 것이어서 거주지역이 물금취수장으로부터 다소 떨어진 곳이라고 하더라도 수돗물의 수질악화 등으로 주민들이 갖게 되는 환경상 이익의 침해나 그 우려는 그 수돗물을 공급하는 취수시설이 입게 되는 수질오염 등의 피해나 그 우려와 동일하게 평가될 수 있는 점 등에 비추어, 공장설립으로 수질오염 등이 발생할 우려가 있는 물금취수장에서 취수된 물을 공급받는 부산광역시 또는 양산시에 거주하는 주민들도 위 처분의 근거 법규 및 관련 법규에 의하여 개별적·구체적·직접적으로 보호되는 환경상 이익, 즉 법률상 보호되는 이익이 침해되거나 침해될 우려가 있는 주민으로서 원고적격이 인정된다고 한 사례(대판 2010. 4. 15, 2007두16127[공장설립승인처분취소]). 〈해설〉 이 사건에서 원고인 수돗물을 공급받는 자는 영향권 밖의 주민이지만, 상수원인 취수장이 영향권 내에 있는 점, 수돗물은 수도관 등 급수시설에 의해 공급되는 것이어서 거주지역이 물금취수장으로부터 다소 떨어진 곳이라고 하더라도 수돗물의 수질악화 등으로 주민들이 갖게 되는 환경상 이익의 침해나 그 우려는 그 수돗물을 공급하는 취수시설이 입게 되는 수질오염 등의 피해나 그 우려와 동일하게 평가될 수 있는 점 등을 고려하여 원고가 갖는 법률상 이익인 환경상 이익의 침해 우려가 있다고 본 사례이다. 이 판례에 의하면 수돗물을 공급받는 자가 영향권 밖에 거주하더라도 취수장이 영향권 내에 있으면 원고적격을 인정받을 수 있다는 결과가 된다.

3. 구체적 사례의 유형별 고찰

(1) 불이익처분의 상대방

불이익처분의 상대방은 직접 개인적 이익의 침해를 받은 자로서 원고적격이 인정된다(대판 2018. 3. 27, 2015두47492).

(2) 제3자의 원고적격[2021 변시]

행정처분의 상대방이 아닌 제3자라 하더라도 그 처분 등으로 인하여 **법률상 보호되는 이익**을 **침해당한 경우**에는 취소소송을 제기하여 그 당부의 판단을 받을 자격이 있다. 위 법률상 보호되는 이익이란 당해 처분의 근거법률에 의하여 보호되는 **직접적이고 구체적인 이익**을 말하고 간접적이거나 사실적, 경제적 이해관계를 가지는데 불과한 경우는 여기에 해당되지 않는다(판례).

[판례 1] 행정처분의 상대방이 아닌 제3자라 하더라도 그 처분 등으로 인하여 법률상 보호되는 이익을 침해당한 경우에는 취소소송을 제기하여 그 당부의 판단을 받을 자격이 있는 것이지만, 위 법률상 보호되는 이익이란 당해 처분의 근거법률에 의하여 보호되는 직접적이고 구체적인 이익을 말하고 간접적이거나 사실적, 경제적 이해관계를 가지는데 불과한 경우는 여기에 해당되지 않는다(대판 1997. 4. 25, 96누14906[시외버스운송사업양도양수인가처분취소]).

[판례 2] 임차인들이 분양전환가격 산정의 위법을 이유로 임대사업자에 대한 분양전환승인처분의 취소를 구하는 사건 [1] 임차인들에게는 분양계약을 체결한 이후 분양대금이 강행규정인 임대주택법령에서 정한 산정기준에 의한 분양전환가격을 초과하였음을 이유로 부당이득반환을 구하는 민사소송을 제기하는 것과 별개로, 분양계약을 체결하기 전 또는 체결한 이후라도 항고소송을 통하여 임대사업자에 대한 분양전환승인의 효력을 다툴 법률상 이익(원고적격)이 있다고 보아야 한다. [2] 우선분양전환권을 가진 임차인들이 분양전환가격 산정의 위법을 이유로 해당 임대주택 전체 세대에 대한 분양전환승인처분의 취소를 구한 사안에서, 원고들에게 항고소송을 통하여 분양전환승인의 효력을 다툴 법률상 이익(원고 적격)이 있으나, 그 취소를 구하는 임차인이 분양전환받을 세대가 아닌 다른 세대에 대한 부분 및 분양전환승인처분 중 임대주택의 매각을 허용하는 부분의 취소를 구할 법률상 이익이 없고, 분양전환승인일로부터 6개월이 경과하도록 분양계약을 체결하지 아니한 채 임대주택에서 퇴거한 임차인은 분양전환승인처분에 관하여 효력정지결정이 이루어져 임대사업자가 제3자에게 해당 임대주택을 매각하지 않았다는 등의 특별한 사정이 없는 한 분양전환승인처분의 취소를 구할 법률상 이익이 인정되지 않는다고 한 사례(대판 2020. 7. 23, 2015두48129).

[판례 3] 보조금 교부조건의 설정을 위한 전제로서 에너지절감시설(다겹 보온커튼)설치 시공업체를 선정한 행위에 대한 취소소송에서 원고들에 대한 선정제외 처분 외에 다른 업체들에 대한 선정 처분 및 선정제외 처분에 대하여는 원고들에게 이를 다툴 법률상 이익이 인정되지 않는다고 한 사례(대판 2021. 2. 4, 2020두48772[시공업체선정처분취소]). 〈해설〉 원심은, 행정청이 보조금 교부조건의 설정을 위하여 에너지절감시설(다겹 보온커튼)설치 시공업체를 미리 선정한 행위에 대하여 선정제외된 원고들이 자신들에 대한 선정제외 처분뿐만 아니라 다른 업체들에 대한 선정 및 선정제외들을 포함한 시공업체 선정행위 전체의 취소를 구할 수 있다고 하였다.

[판례 4] 학술지원사업 과제에 관하여 산학협력단을 상대방으로 한 사업비 환수처분 취소소송에서 해당 과제 연구책임자의 원고적격이 인정된다고 한 사례(대판 2025. 2. 13, 2024두57996).

[판례 5] [신규 약국개설등록처분 취소소송에서 인근 약국개설자의 원고적격이 문제된 사건] [1] 취소소송은 처분 등의 취소를 구할 법률상 이익이 있는 자가 제기할 수 있다(행정소송법 제12조 전문). 행정처분의 직접 상대방이 아닌 제3자라 하더라도 당해 행정처분으로 인하여 '법률상 보호되는 이익'을 침해당한 경우에는 취소소송을 제기하여 그 당부의 판단을 받을 자격이 있고, '법률상 보호되는 이익'은 당해 처분의 근거 법규 및 관련 법규에 의하여 보호되는 개별적·직접적·구체적 이익을 말한다(대법원 2006. 3. 16. 선고 2006두330 전원합의체 판결, 대법원 2025. 2. 13. 선고 2024두57996 판결 등 참조). [2] **다른 약사에 대한 약국개설등록처분으로 인하여 조제 기회를 전부 또는 일부라도 상실하게 된 기존 약국개설자는 해당 약국개설등록처분의 취소를 구할 법률상 이익이 있는지 여부(원칙적 적극)**: 약국개설등록과 관련하여 약사법 제20조 제5항 제2호, 제3호, 제4호는 의료기관과 약국 사이에 일정한 장소적 관련성이 있는 경우 약국을 개설하지 못하도록 하고 있다. 이는 약사법 제23조, 제23조의2, 제24조, 제24조의2, 제26조 등 관련 규정의 체계나 내용 등에 비추어, 의료기관과 담합행위를 할 가능성이 큰 약국의 개설을 금지함으로써 의료기관의 처방전에 대한 인근 약국개설자들의 접근 기회가 공정하게 배분되도록 하고, 나아가 인근 약국개설자가 약사법이 정하는 바에 따라 의료기관으로부터 독립하여 조제업무를 수행할 수 있도록 하는 취지도 있다. 따라서 '의료기관의 처방약 조제 기회를 공정하게 배분받을 기존 약국개설자의 이익'은 약국개설등록처분의 근거 법규 및 관련 법규에 의하여 보호되는 개별적·직접적·구체적 이익이라고 할 수 있다. 그러므로 다른 약사에 대한 약국개설등록처분으

로 인하여 조제 기회를 전부 또는 일부라도 상실하게 된 기존 약국개설자는 특별한 사정이 없는 한 해당 처분(다른 약사에 대한 약국개설등록처분)의 취소를 구할 법률상 이익이 있다. [3] **신규 약국개설등록처분으로 인해 의료기관의 처방약 조제 기회를 공정하게 배분받을 기존 약국개설자의 이익이 침해될 우려가 있는지를 판단하는 기준:** 신규 약국개설등록처분으로 인해 의료기관의 처방약 조제 기회를 공정하게 배분받을 기존 약국개설자의 이익이 침해될 우려가 있는지를 판단함에 있어서는, 약사법 제20조 제5항 제2호, 제3호, 제4호 위반이 문제되는 개별 의료기관을 기준으로 신설 약국 및 기존 약국의 위치·규모·운영형태, 의료기관과 각 약국 사이의 거리·접근 방법, 인근의 약국 분포 등을 종합적으로 고려하여야 한다. 이때 반드시 기존 약국개설자의 주된 매출이 해당 의료기관이 발행한 처방전에 기초하고 있었다거나 해당 의료기관이 발행한 처방전에 관한 기존 약국개설자의 매출 감소가 상당하여야만, 그와 같은 이익이 침해될 우려가 있다고 볼 것은 아니다. 만약 기존 약국개설자가 운영하는 약국이, 약사법 제20조 제5항 제2호, 제3호, 제4호 위반이 문제되는 신규 약국개설등록처분 당시를 전후하여 기준이 되는 개별 의료기관이 발행한 처방전에 따라 의약품을 조제한 적이 있다면, 그 약국은 신규 약국개설등록처분으로 인하여 해당 의료기관이 발행한 처방전에 대한 조제 기회가 감소할 것이라고 충분히 예상할 수 있다. 이러한 경우 기존 약국개설자는 특별한 사정이 없는 한 해당 처분의 취소를 구할 원고적격이 있다(대판 2025. 9. 11, 2024두34276[약국개설등록처분취소] (사) 파기환송).

그런데, 학교폭력예방 및 대책에 관한 법률(약칭: 학교폭력예방법)은 교육장이 학교폭력 가해학생에 내린 조치에 대하여 이의가 있는 가해학생 또는 그 보호자뿐만 아니라(제17조의3 제2항) 이의가 있는 피해학생 또는 그 보호자가 행정소송법」에 따른 행정소송을 제기할 수 있는 것으로 규정하고 있다(제17조의3 제1항).

(3) 경업자소송에서의 원고적격[2009 행시(재경 등) 사례, 1998 사시 사례, 2012 변시 사례]

경업자소송(競業者訴訟)이라 함은 여러 영업자가 경쟁관계에 있는 경우에 경쟁관계에 있는 영업자에 대한 처분 또는 부작위를 경쟁관계에 있는 다른 영업자가 다투는 소송을 말한다.

1) 기존업자의 신규업자에 대한 인허가처분의 취소청구

판례는 신규업자(新規業者)에 대한 인허가처분에 의해 침해되는 기존업자(既存業者)의 영업상 이익이 법률상 이익인지 아니면 단순한 경제적·사실상 이익인지를 기준으로 전자의 경우에는 기존업자에게 원고적격을 인정하고 후자의 경우에는 기존업자에게 원고적격을 인정하지 않고 있다.

그런데, **판례**는 일반적으로 기존업자가 **특허기업**인 경우에는 그 기존업자가 그 특허로 인하여 받은 영업상 이익은 법률상 이익이라고 보아 원고적격을 인정하고, 기존업자가 **허가기업**인 경우에 그 기존업자가 그 허가로 인하여 받는 영업상 이익은 반사적 이익 내지 사실상 이익에 불과한 것으로 보아 원고적격을 부정하는 경향이 있다.

이러한 판례의 태도는 일응 타당하다. 그 이유는 특허는 상대방에게 독점적 경영권 내지 지위를 창설하는 행위이며 허가는 질서유지의 목적상 설정된 금지를 해제하여 자연적 자유를 회복시키는 행위로서 허가를 받은 자의 경제적인 영업상 이익을 보호하는 것을 목적으로 하지 않기 때문이다.

그러나, 이러한 해결은 절대적일 수 없으며 허가의 경우에도 허가요건규정이 공익뿐만 아니라 개인의 이익도 보호하고 있다라고 해석되는 경우에는 기존 허가권자가 당해 허가요건에 위반하는 제3자에 대한 허가를 다툴 원고적격을 가진다고 보아야 한다.

예를 들면, 허가요건 중 거리제한 규정 또는 영업구역규정이 두어지는 경우에는 이 거리제한 규정 또는 영업구역규정에 의해 기존업자가 독점적 이익을 누리고 있는 경우에 그 이익이 법률상 이익에 해당하는 것으로 해석된다.

따라서, 허가와 특허의 구별 없이 처분의 근거 내지 관계법규에 의해 기존업자의 영업상 이익이 직접적·구체적으로 보호되고 있는지 여부, 달리 말하면 기존업자의 영업상 이익이 법적 이익인지 단순한 사실상의 반사적 이익인지 여부를 기준으로 기존업자의 원고적격을 인정하는 것이 타당하다. 이는 오늘날 허가와 특허의 구별이 상대화되고 있는 점에서도 타당하다.

최근 판례는 허가와 특허의 구별 없이 처분의 근거가 되는 법률이 해당 업자들 사이의 과당경쟁으로 인한 경영의 불합리를 방지하는 것도 그 목적으로 하고 있는 경우 취소를 구할 원고적격을 인정하고 있다.

[판례 1] 기존의 업자가 경업자에 대한 면허나 인·허가 등 수익적 행정처분의 취소를 구할 원고적격이 있는 경우: 일반적으로 면허나 인·허가 등의 수익적 행정처분의 근거가 되는 법률이 해당 업자들 사이의 과당경쟁으로 인한 경영의 불합리를 방지하는 것도 그 목적으로 하고 있는 경우, 다른 업자에 대한 면허나 인·허가 등의 수익적 행정처분에 대하여 미리 같은 종류의 면허나 인·허가 등의 수익적 행정처분을 받아 영업을 하고 있는 기존의 업자는 경업자에 대하여 이루어진 면허나 인·허가 등 행정처분의 상대방이 아니라 하더라도 당해 행정처분의 취소를 구할 법률상 이익(원고적격)이 있다(대판 2010. 11. 11, 2010두4179[여객자동차운송사업계획변경인가처분취소]: 기존의 고속형 시외버스운송사업자에게 노선이 일부 중복되는 직행형 시외버스운송사업자에 대한 사업계획변경인가처분의 취소를 구할 법률상의 이익이 있다고 한 사례; 2018. 4. 26, 2015두53824: 한정면허를 받은 시외버스운송사업자가 일반면허를 받은 시외버스운송사업자에 대한 사업계획변경 인가처분으로 수익감소가 예상되는 경우, 일반면허 시외버스운송사업자에 대한 사업계획변경인가처분의 취소를 구할 법률상의 이익이 있다고 한 사례).
[판례 2] 담배 일반소매인으로 지정되어 영업을 하고 있는 기존업자의 신규담배일반소매인에 대한 이익이 '법률상 보호되는 이익'에 해당한다고 하고 신규 담배 구내소매인에 대한 이익은 단순한 사실상의 반사적 이익이라고 한 사례(대판 2008. 3. 27, 2007두23811[담배소매인지정처분취소]).
[판례 3] 구 오수·분뇨 및 축산폐수의 처리에 관한 법률(2002. 12. 26. 법률 제6827호로 개정되기 전의 것)과 같은 법 시행령(2003. 7. 25. 대통령령 제18065호로 개정되기 전의 것)상 업종을 분뇨와 축산폐수 수집·운반업 및 정화조청소업으로 하여 분뇨 등 관련 영업허가를 받아 영업을 하고 있는 기존 업자의 이익이 법률상 보호되는 이익이라고 보아, 기존 업자에게 경업자에 대한 영업허가처분의 취소를 구할 원고적격이 있다고 한 사례(대판 2006. 7. 28, 2004두6716[분뇨 등 관련영업허가처분취소]).

가. 기존업자가 특허기업인 경우 원고적격 인정

[판례 1] 신규노선 연장인가처분에 대한 당해 노선의 기존사업자의 취소청구: 구 자동차운수사업법(현행 여객자동차운수사업법) 제6조 제1호에서 당해 사업계획이 당해노선 또는 사업구역의 수송수요와 수송력공급에 적합할 것을 면허의 기준으로 한 것은 주로 자동차운수사업에 관한 질서를 확립하고 자동차운수의 종합적인 발달을 도모하여 공공복리의 증진을 목적으로 하고 있으며, 동시에, 한편으로는 업자간의 경쟁으로 인한 경영의 불합리를 미리 방지하는 것이 공공의 복리를 위하여 필요하므로 면허조건을 제한하여 기존업자의 경영의 합리화를 보호하자는 데도 그 목적이 있다 할 것이다. 따라서 이러한 기존업자의 이익은 단순한 사실상의 이익이 아니고, 법에 의하여 보호되는 이익이라고 해석된다. 따라서, 자동차운수사업법 제6조 제1호에 의한 자동차운송사업의 면허에 대하여 당해 노선에 관한 기존업자는 노선연장인가처분의 취소를 구할 법률

상의 이익이 있다(대판 1974. 4. 9, 73누173).
[판례 2] 동일한 사업구역 내의 동종의 사업용화물자동차면허 대수를 늘리는 보충인가처분에 대한 기존 개별화물자동차운송사업자의 취소청구(대판 1992. 7. 10, 91누9107[화물자동차증차인가처분취소]).
[판례 3] 甲이 2003. 9. 1. 화물자동차운송사업을 경영하는 운송회사인 乙에게 부산98사3492호 대우트랙터 특수자동차(이하 '이 사건 차량'이라 한다)를 명의신탁하고 乙과의 사이에 화물자동차운송사업 위수탁계약(이하 위 명의신탁약정과 위수탁계약을 합하여 '이 사건 위수탁계약 등'이라 한다)을 체결한 경우 운송회사인 乙은 甲에게 이 사건 차량을 이용한 화물자동차운송사업을 허가하는 처분의 취소를 구할 법률상 이익이 있다. 그 이유는 이 사건 차량에 관하여 甲이 화물자동차운송사업 허가를 받으면 乙은 이 사건 차량에 관하여 대차를 할 수 없어 결국 허가대수가 감소하는 결과가 초래되어 그 감소하는 차량대수만큼 영업권이 침해되기때문이다(대판 2009. 2. 12, 2007두23071[화물자동차운송사업허가수리취소]).
[판례 4] 기존의 시외버스운송사업자인 을 회사에 다른 시외버스운송사업자 갑 회사에 대한 시외버스운송사업계획변경인가 처분의 취소를 구할 법률상 이익이 있다고 한 사례(대판 2010. 6. 10, 2009두10512[여객자동차운송사업계획변경인가처분취소]).

나. 기존업자가 허가기업인 경우 원칙상 원고적격 부인

[판례 1] 석탄가공업에 관한 기존허가업자의 신규허가에 대한 불복: 석탄수급조정에 관한 임시조치법 소정의 석탄 가공업에 관한 허가는 사업 경영의 권리를 설정하는 형성적 행정행위가 아니라 질서유지와 공공복리를 위한 금지를 해제하는 명령적 행정행위여서 그 허가를 받은 자는 영업의 자유를 회복하는 데 불과하고 독점적 영업권을 부여받는 것이 아니기 때문에 기존 허가를 받은 원고들이 신규허가로 인하여 영업상 이익이 감소된다고 하더라도 이는 원고들의 반사적 이익을 침해하는 것에 지나지 아니하므로 원고들은 신규허가 처분에 대하여 행정소송을 제기할 법률상 이익이 없다(대판 1980. 7. 22, 80누33[석탄가공업허가증갱신발급처분무효]).
[판례 2] 기타 동지의 판례: 타인에 대한 양곡가공시설 이설 승인처분 취소처분을 취소한 처분에 대한 기존 양곡가공업자의 불복(대판 1990. 11. 13, 89누756), 물품수입허가에 대한 같은 품종의 제조판매업자의 취소청구(대판 1971. 6. 29, 69누91), 숙박업구조변경허가처분에 대한 기존 숙박업자의 취소청구(대판 1990. 8. 14, 89누7900) 등.

다. 기존업자가 허가기업인 경우 예외적으로 원고적격 인정 **허가요건으로 거리제한 또는 영업허가구역 규정이 있는 경우** 당해 규정은 공익뿐만 아니라 기존허가업자의 영업상 개인적 이익을 보호하고 있는 것으로 볼 수 있으므로 기존허가업자에게 신규허가를 다툴 원고적격이 인정될 수 있다.

[판례] 갑이 적법한 약종상허가를 받아 허가지역 내에서 약종상영업을 경영하고 있음에도 불구하고 행정관청이 구 약사법 시행규칙(1969. 8. 13. 보건사회부령 제344호)을 위배하여 같은 약종상인 을에게 을의 영업허가지역이 아닌 갑의 영업허가지역 내로 영업소를 이전하도록 허가하였다면 갑으로서는 이로 인하여 기존업자로서의 법률상 이익을 침해받았음이 분명하므로 갑에게는 행정관청의 영업소이전허가처분의 취소를 구할 법률상 이익이 있다(대판 1988. 6. 14, 87누873[영업장소이전허가처분취소]).

2) 기존 경업자에 대한 수익처분을 다투는 소송

행정청이 경쟁관계에 있는 기존의 업자에게 보조금의 지급 등 수익적 처분을 하여 다른 경업자에게 불리한 경쟁상황을 야기한 경우에 다른 경업자는 그 수익적 처분을 다툴 원고적격이 있는가.

① 이 경우에 수익적 처분의 요건법규가 공익뿐만 아니라 경쟁관계에 있는 자의 개인적 이익

도 보호하고 있다고 여겨지는 경우에는 경업자에게 원고적격이 인정될 수 있다.

② 그리고, 수익적 처분의 근거법규가 없거나 수익적 처분의 근거법규가 처분의 상대방이 아닌 경업관계에 있는 제3자의 이익까지도 보호하고 있다고 해석되기 어려운 경우에도 수익적 처분으로 기존의 경업자에게 불리한 경쟁상황을 야기하는 경우에는 경쟁의 자유를 침해하는 것이 되고 **경쟁의 자유**는 구체적 기본권인 직업의 자유에 포함되므로 헌법상 기본권을 원고적격의 인정기준이 되는 법률상 이익에 포함되는 것으로 보고 경업자에게 원고적격을 인정하는 것이 타당하다.

3) 기존 경업자에 대한 규제권 발동의 거부 또는 부작위를 다투는 소송

행정청에 대하여 경쟁관계에 있는 경업자의 불공정행위에 대하여 규제권을 발동할 것을 청구하였음에도 당해 행정청이 규제권을 발동하지 않는 경우(거부 또는 부작위의 경우)에 규제권발동을 청구한 경업자는 거부처분의 취소소송 또는 부작위위법확인소송을 제기할 원고적격을 가지는가.

이 경우에 원고적격은 행정청의 규제권의 근거가 되는 법규가 공정한 경쟁질서의 확보라는 공익 이외에 다른 경업자의 개인적 이익도 보호하고 있다고 해석되는 경우에 인정된다. 또한, 헌법상 기본권도 보충적으로 원고적격 인정의 근거가 될 수 있다고 본다면 법률상 이익을 보호하는 처분의 근거 내지 관계법규가 없는 경우 경업자의 불공정행위로 불리한 경쟁관계에 놓이게 된 경업자에게는 **영업의 자유**라는 기본권 침해를 근거로 행정청의 규제권의 불행사를 다툴 원고적격이 있다고 볼 수 있다. 만일 기본권의 침해만으로 항고소송의 원고적격이 인정되지 않는다면 헌법소원이 가능하다.

(4) 경원자소송 [2008 행시(재경직) 사례, 2011 사시 사례, 2014 행시, 2024 행시 사례]

경원자소송(競願者訴訟)이라 함은 수인의 신청을 받아 일부에 대하여만 인·허가 등의 수익적 행정처분을 할 수 있는 경우에 인·허가 등을 받지 못한 자가 인·허가처분에 대하여 제기하는 항고소송을 말한다. **배타적 경쟁자소송**이라고도 한다.

경원자관계에 있는 경우에는 각 경원자에 대한 인·허가 등이 배타적 관계에 있으므로 자신의 권익을 구제하기 위해 타인에 대한 인·허가 등을 취소할 법률상 이익이 있다고 보아야 한다.

판례도 경원관계에 있어서 경원자에 대하여 이루어진 허가 등 처분의 상대방이 아닌 자가 그 처분의 취소를 구할 당사자적격이 있다고 보고 있다. **다만**, 명백한 법적 장애로 인하여 원고 자신의 신청이 인용될 가능성이 처음부터 배제되어 있는 경우에는 당해 처분의 취소를 구할 정당한 이익이 없다(대판 2009. 12. 10, 2009두8359[로스쿨예비인가처분취소청구사건]).

[판례 1] 제3자에게 경원자(競願者)에 대한 수익적 행정처분의 취소를 구할 당사자적격이 있는 경우: 인·허가 등의 수익적 행정처분을 신청한 수인이 서로 경쟁관계에 있어서 일방에 대한 허가 등의 처분이 타방에 대한 불허가 등으로 귀결될 수밖에 없는 때 허가 등의 처분(로스쿨예비인가처분)을 받지 못한 자(대학)는 비록 경원자에 대하여 이루어진 허가 등 처분의 상대방이 아니라 하더라도 당해 처분의 취소를 구할 원고적격이 있다. 다만, 명백한 법적 장애로 인하여 원고 자신의 신청이 인용될 가능성이 처음부터 배제되어 있는 경우에는 당해 처분의 취소를 구할 정당한 이익이 없다(대판 2009. 12. 10, 2009두8359〈로스쿨예비인가처분취소청구사건〉: 법학전문대학원 설치 인가 신청을 한 41개 대학들은 2,000명이라는 총 입학정원을 두고 그 설치인가 여부 및

개별 입학정원의 배정에 관하여 서로 경쟁관계(경원관계)에 있고 이 사건 각 처분이 취소될 경우 원고의 신청이 인용될 가능성도 배제할 수 없으므로, 원고가 이 사건 각 처분의 상대방이 아니라도 그 처분의 취소 등을 구할 당사자적격이 있다고 한 사례).

[판례 2] 인·허가 등의 수익적 행정처분을 신청한 수인이 서로 경쟁관계에 있어서 일방에 대한 허가 등의 처분이 타방에 대한 불허가 등으로 귀결될 수밖에 없는 때(이른바 경원관계(競願關係)에 있는 경우로서 동일대상 지역에 대한 공유수면매립면허나 도로점용허가 혹은 일정지역에 있어서의 영업허가 등에 관하여 거리제한규정이나 업소개수제한규정 등이 있는 경우를 그 예로 들 수 있다) 허가 등의 처분을 받지 못한 자는 비록 경원자에 대하여 이루어진 허가 등 처분의 상대방이 아니라 하더라도 당해 처분의 취소를 구할 당사자적격이 있다 할 것이고, … 액화석유가스충전사업의 허가기준을 정한 전라남도 고시에 의하여 고흥군 내에는 당시 1개소에 한하여 L.P.G. 충전사업의 신규허가가 가능하였는데, 원고가 한 허가신청은 관계법령과 위 고시에서 정한 허가요건을 갖춘 것이고, 피고보조참가인(이하 참가인이라 부른다)들의 그것은 그 요건을 갖추지 못한 것임에도 피고는 이와 반대로 보아 원고의 허가신청을 반려하는 한편 참가인들에 대하여는 이를 허가하는 이 사건 처분을 하였다는 것인바, 그렇다면 원고와 참가인들은 경원관계에 있다 할 것이므로 원고에게는 이 사건 처분의 취소를 구할 당사자적격(원고적격)이 있다고 하여야 함은 물론 나아가 이 사건 처분이 취소된다면 원고가 허가를 받을 수 있는 지위에 있음에 비추어[12] 처분의 취소를 구할 정당한 이익(소의 이익)도 있다고 하여야 할 것이다(대판 1992. 5. 8, 91누13274[엘피지충전소허가처분취소]).

또한, 신청에 대한 거부처분의 상대방은 거부처분의 취소를 구할 원고적격이 있으므로 경원자관계에 있는 자는 타인에 대한 허가처분의 취소를 구하거나 자신에 대한 불허가처분(거부처분)의 취소를 구할 수 있고, 또한 양자를 관련청구소송으로 병합하여 제기할 수도 있다.

(5) 인인소송(인근주민소송)[2002 사시 사례; 2006 입시 사례; 1998 입시 약술, 2014 행시 사례]

인인소송(隣人訴訟)이라 함은 어떠한 시설의 설치를 허가하는 처분에 대하여 당해 시설의 인근주민이 다투는 소송을 말한다.

판례에 의하면 인근주민에게 시설설치허가를 다툴 원고적격이 인정되기 위해서는 다투어진 처분의 근거법규(허가법규) 및 관계법규(예 환경영향평가법, 절차규정)가 공익뿐만 아니라 인근주민의 개인적 이익도 보호하고 있고, 그러한 법률상 이익이 침해되었거나 침해될 우려가 있음을 입증하여야 한다. 인근주민의 이익이 처분의 근거법규 또는 관계법규에 의해 보호되는 이익이 아니거나(달리 말하면 반사적 이익이거나), 법률상 이익이더라도 침해될 우려가 없을 때에는 그 인근주민에게 원고적격이 인정되지 않는다.

1) 처분의 근거법규 또는 관련 법규의 해석에 의해 원고적격의 인정 여부가 결정된 사례

[2003 입시 사례]

가. 원고적격이 인정된 사례

[판례 1] 국방부 민·군 복합형 관광미항(제주해군기지) 사업시행을 위한 해군본부의 요청에 따라 제주특별자치도지사가 절대보존지역이던 서귀포시 강정동 해안변지역에 관하여 절대보존지역을 변경(축소)하고 고시한 사안에서, 절대보존지역의 유지로 지역주민회와 주민들이 가지는 주거 및 생활환경상 이익은 지역의 경

12) 액화석유가스충전사업의 허가기준을 정한 전라남도 고시에 의하여 고흥군 내에는 당시 1개소에 한하여 L.P.G. 충전사업의 신규허가가 가능하기 때문이다.

관 등이 보호됨으로써 반사적으로 누리는 것일 뿐 근거 법규 또는 관련 법규에 의하여 보호되는 개별적·직접적·구체적 이익이라고 할 수 없다는 이유로, 지역주민회 등은 위 처분을 다툴 원고적격이 없다고 본 원심판단을 정당하다고 한 사례(대판 2012. 7. 5, 2011두13187, 13194[절대보전지역변경처분무효확인 · 절대보전지역변경(해제)처분무효확인등]).

[판례 2] 건축허가에 대한 정북방향에 거주하는 주민의 원고적격 인정: 건축법 제53조(일조 등의 확보를 위한 건축물의 높이제한), 동법 시행령 제86조 및 건축물 높이제한에 관한 조례는 공익뿐만 아니라 인근주민의 사권으로서의 일조권을 보호하고 있다고 보아야 하고, 정북방향에 거주하는 주민 등 일조권을 침해받을 개연성이 있는 인근주민은 상기 법령규정의 위반을 주장하며 건축허가에 대한 취소소송을 제기할 원고적격이 있다고 보아야 한다(서울고법 1998. 4. 12, 97구29266; 대판 2000. 7. 6, 98두8292[주택건설사업계획승인처분취소]). 〈해설〉 그러나, 건축허가의 대상이 된 대지의 정남방향에 있는 주민 등 당해 건축허가로 일조권을 침해당할 가능성이 없는 자는 당해 건축허가를 다툴 원고적격이 없다고 보아야 한다.

[판례 3] 구 산업집적활성화 및 공장설립에 관한 법률 제8조 제4호, 구 국토의 계획 및 이용에 관한 법률 시행령 제56조 제1항 [별표 1] 제1호 (라)목 (2) 등의 규정 취지 및 수돗물을 공급받아 마시거나 이용하는 주민들이 (개인적 이익(사익)인) 환경상 이익의 침해를 이유로 공장설립승인처분의 취소 등을 구할 원고적격을 인정받기 위한 요건: 공장설립승인처분의 근거법규 및 관련법규인 구 산업집적활성화 및 공장설립에 관한 법률 제8조 제4호가 산업자원부장관으로 하여금 관계 중앙행정기관의 장과 협의하여 '환경오염을 일으킬 수 있는 공장의 입지제한에 관한 사항'을 정하여 고시하도록 규정하고 있고, 이에 따른 산업자원부 장관의 공장입지기준고시(제2004-98호) 제5조 제1호가 '상수원 등 용수이용에 현저한 영향을 미치는 지역의 상류'를 환경오염을 일으킬 수 있는 공장의 입지제한지역으로 정할 수 있다고 규정하고, 국토의 계획 및 이용에 관한 법률 제58조 제3항의 위임에 따른 구 국토의 계획 및 이용에 관한 법률 시행령 제56조 제1항 [별표 1] 제1호 (라)목 (2)가 '개발행위로 인하여 당해 지역 및 그 주변 지역에 수질오염에 의한 환경오염이 발생할우려가 없을 것'을 개발사업의 허가기준으로 규정하고 있는 취지는, 공장설립승인처분과 그 후속절차에 따라 공장이 설립되어 가동됨으로써 그 배출수 등으로 인한 수질오염 등으로 직접적이고도 중대한 환경상 피해를 입을 것으로 예상되는 주민들이 환경상 침해를 받지 아니한 채 물을 마시거나 용수를 이용하며 쾌적하고 안전하게 생활할 수 있는 개별적 이익까지도 구체적·직접적으로 보호하려는 데 있다. 따라서 수돗물을 공급받아 이를 마시거나 이용하는 주민(환경영향평가대상지역 밖의 주민)들로서는 위 근거법규 및 관련법규가 환경상 이익의 침해를 받지 않은 채 깨끗한 수돗물을 마시거나 이용할 수 있는 자신들의 생활환경상의 개별적 이익을 직접적·구체적으로 보호하고 있음을 증명하여 원고적격을 인정받을 수 있다(대판 2010. 4. 15, 2007두16127[공장설립승인처분취소]: 김해시장이 낙동강에 합류하는 하천수 주변의 토지에 구 산업집적활성화 및 공장설립에 관한 법률 제13조에 따라 공장설립을 승인하는 처분을 한 사안에서, 공장설립으로 수질오염 등이 발생할 우려가 있는 취수장에서 물을 공급받는 부산광역시 또는 양산시에 거주하는 주민들도 위 처분의 근거 법규 및 관련 법규에 의하여 법률상 보호되는 이익이 침해되거나 침해될 우려가 있는 주민으로서 원고적격이 인정된다고 한 사례).

[판례 4] 동지의 판례: LPG자동차충전소설치허가처분에 대한 인근주민의 원고적격 인정(대판 1983. 7. 12, 83누59[엘피지자동차충전소설치허가처분취소]).

[판례 5] 광업권설정허가처분 취소소송에서 주민 등의 원고적격 인정 여부(한정 적극): 광업권설정허가처분의 근거법규 또는 관련법규가 되는 구 광업법(2002. 1. 19. 법률 제6612호로 개정되기 전의 것, 이하 같다) 제10조, 제12조 제2항, 제29조 제1항, 제29조의2, 제39조, 제48조, 제83조 제2항, 제84 내지 제87조, 제88조 제2항, 제91조 제1항, 구 광산보안법(2007. 1. 3. 법률 제8184호로 개정되기 전의 것) 제1조, 제5조 제1항제2호, 제7호 등의 규정을 종합하여 보면, 위 근거법규 또는 관련법규의 취지는 광업권설정허가처분과 그에 따른 광산 개발과 관련된 후속 절차로 인하여 직접적이고 중대한 재산상·환경상 피해가 예상되는 토지나 건축물의 소유자나 점유자 또는 이해관계인 및 주민들이 전과 비교하여 수인한도를 넘는 재산상·환경상 침해를 받지 아니한 채 토지나 건축물 등을 보유하며 쾌적하게 생활할 수 있는 개별적 이익까지도 보호하려는 데에 있다고 할 것이므로, 광업권설정허가처분과 그에 따른 광산 개발로 인하여 재산상·환경상 이익의

침해를 받거나 받을 우려가 있는 토지나 건축물의 소유자와 점유자 또는 이해관계인 및 주민들로서는 그 처분 전과 비교하여 수인한도를 넘는 재산상·환경상 이익의 침해를 받거나 받을 우려가 있다는 것을 증명함으로써 그 처분의 취소를 구할 원고 적격을 인정받을 수 있다(대판 2008. 9. 11, 2006두7577).

[판례 6] 토사채취 허가지의 인근 주민들에게 토사채취허가의 취소를 구할 법률상 이익이 있다: 구 산림법(2002. 12. 30. 법률 제6841호로 개정되기 전의 것) 및 그 시행령, 시행규칙들의 규정 취지는 산림의 보호·육성, 임업생산력의 향상 및 산림의 공익기능의 증진을 도모함으로써 그와 관련된 공익을 보호하려는 데에 그치는 것이 아니라 그로 인하여 직접적이고 중대한 생활환경의 피해를 입으리라고 예상되는 토사채취 허가 등 인근 지역의 주민들이 주거·생활환경을 유지할 수 있는 개별적 이익까지도 보호하고 있다고 할 것이므로, 인근 주민들이 토사채취허가와 관련하여 가지게 되는 이익은 위와 같은 추상적, 평균적, 일반적인 이익에 그치는 것이 아니라 처분의 근거법규 등에 의하여 보호되는 직접적·구체적인 법률상 이익이라고 할 것이다(대판 1995. 9. 26, 94누14544; 2003. 4. 25, 2003두1240 등 참조). 위 법리 및 기록에 비추어 보면, 원심이 이 사건 토사채취 허가지의 인근 주민들 및 사찰인 원고들에게 이 사건 처분의 취소를 구할 법률상의 이익이 있다고 판단한 조치는 정당하다(대판 2007. 6. 15, 2005두9736[사유림내토사채취허가처분취소]).

[판례 7] 乙 등은 농어촌폐기물 종합처리시설로부터 2km 이내에 거주하고 있으므로 위 시설의 입지 결정 절차 등에 대하여 무효 등의 확인을 구할 원고적격이 있다(광주지법 2018. 5. 31. 선고 2015구합912 판결).

[판례 8] 구 환경영향평가법에서 환경영향평가에 관한 협의절차 등이 완료되기 전에 대상사업에 관련되는 공사를 시행하는 것을 금지하고 이를 위반할 경우 승인기관의 장에게 사업자에 대하여 공사중지를 명하도록 의무를 지운 규정의 취지는, 환경영향평가를 실시하여야 할 사업이 환경을 해치지 아니하는 방법으로 시행되도록 함으로써 당해 사업과 관련된 환경공익을 보호하려는 데에 그치는 것이 아니라, 당해 사업으로 인하여 직접적이고 중대한 환경피해를 입으리라고 예상되는 환경영향평가대상지역 안의 주민들이 전과 비교하여 수인한도를 넘는 생활환경침해를 받지 아니하고 쾌적한 환경에서 생활할 수 있는 직접적·개별적인 이익까지도 보호하려는 데에 있다(대법원 2006. 6. 30. 선고 2005두14363 판결; 대법원 2014. 2. 27. 선고 2011두25449 판결 등). 〈해설〉 따라서, 사업자가 환경영향평가 대상사업에 대한 환경영향평가 협의절차를 거치지 아니한 채 그 사업에 관한 공사를 시행함에도 승인기관의 장이 생활환경침해를 받을 우려가 있는 인근주민들의 공사중지명령 신청을 거부한 경우, 해당 거부행위는 처분이고(인근주민에게는 조리상 공사중지명령 신청권)이 있고, 인근주민은 해당 거부처분의 취소를 구할 원고적격이 있다고 할 수 있다. 그리고, 재량권이 영으로 수축하는 경우 인근주민에게는 행정개입청구권이 인정된다고 할 수 있다.

[판례 9] 공유수면법 제12조 및 공유수면법 시행령 제12조 제1항, 제4항의 취지는 공유수면 점용·사용허가로 인하여 인접한 토지를 적정하게 이용할 수 없게 되는 등의 피해를 받을 우려가 있는 인접 토지 소유자 등의 개별적·직접적·구체적 이익까지도 보호하려는 것이라고 할 수 있고, 따라서 공유수면 점용·사용허가로 인하여 인접한 토지를 적정하게 이용할 수 없게 되는 등의 피해를 받을 우려가 있는 인접 토지 소유자 등은 공유수면 점용·사용허가처분의 취소 또는 무효확인을 구할 원고적격이 인정된다(대판 2014. 9. 4, 2014두2164).

나. 인근주민에게 원고적격이 부정된 사례

도로의 일반이용자는 원칙상 도로의 공용폐지처분을 다툴 법률상 이익이 없다. 다만, 공용폐지된 도로가 공로에 이르는 유일한 통로인 경우 등에는 해당 인근 주민에게는 해당 도로의 공용폐지처분을 다툴 법률상 이익이 있다(판례).

[판례 1] 국유도로의 공용폐지처분 및 다른 문화재의 발견을 원천적으로 봉쇄한 피고의 주택건설사업계획승인처분을 다툴 인근주민의 원고적격의 부인: [1] "일반적으로 도로는 국가나 지방자치단체가 직접 공중의 통행에 제공하는 것으로서 일반국민은 이를 자유로이 이용할 수 있는 것이기는 하나, 그렇다고 하여 그 이용관계로부터 당연히 그 도로에 관하여 특정한 권리나 법령에 의하여 보호되는 이익이 개인에게 부여되는 것이라

고까지는 말할 수 없으므로, 일반적인 시민생활에 있어 도로를 이용만하는 사람은 그 용도폐지를 다툴 법률상의 이익이 있다고 말할 수 없지만,[13] 공공용재산이라고 하여도 당해 공공용재산의 성질상 특정 개인의 생활에 개별성이 강한 직접적이고 구체적인 이익을 부여하고 있어서 그에게 그로 인한 이익을 가지게 하는 것이 법률적인 관점으로도 이유가 있다고 인정되는 특별한 사정이 있는 경우에는 그와 같은 이익은 법률상 보호되어야 할 것이고, 따라서 도로의 용도폐지처분에 관하여 이러한 직접적인 이해관계를 가지는 사람이 그와 같은 이익을 현실적으로 침해당한 경우에는 그 취소를 구할 법률상의 이익이 있다. [2] 문화재는 문화재의 지정이나 그 보호구역으로 지정이 있음으로써 유적의 보존 관리 등이 법적으로 확보되어 지역주민이나 국민일반 또는 학술연구자가 이를 활용하고 그로 인한 이익(사실상 이익 또는 반사적 이익)을 얻는 것이지만, 그 지정은 문화재를 보존하여 이를 활용함으로써 국민의 문화적 향상을 도모함과 아울러 인류 문화의 발전에 기여한다고 하는 목적(공익목적)을 위하여 행해지는 것이지, 그 이익이 일반국민이나 인근주민의 문화재를 향유할 구체적이고도 법률적인 이익이라고 할 수는 없다. … 원고가 주장하는 공원경관(公園景觀)에 대한 조망(眺望)의 이익이나 문화재의 매장가능성 문화재 발견에 의한 표창 가능성에 따른 일반 국민으로서의 문화재 보호의 이해관계 역시 직접적이고 구체적인 이익(법률상 이익)이라고 할 수 없어, 원고는 이 사건 민영주택건설사업계획승인처분을 다툴 법률상의 이익이 없다"(대판 1992. 9. 22, 91누13212[국유도로의 공용폐지처분무효확인 등]).[14]

[판례 2] 갑이 을 소유의 도로를 공로에 이르는 유일한 통로로 이용하였으나 갑 소유의 대지에 연접하여 새로운 공로가 개설되어 그 쪽으로 출입문을 내어 바로 새로운 공로에 이를 수 있게 된 경우, 갑이 을 소유의 도로에 대한 도로폐지허가처분의 취소를 구할 법률상 이익이 없다(대판 1999. 12. 7, 97누12556[사도폐지허가처분취소]).

[판례 3] 개발제한구역 중 일부 취락을 개발제한구역에서 해제하는 내용의 도시관리계획변경결정에 대하여, 개발제한구역 해제대상에서 누락된 토지의 소유자는 위 결정의 취소를 구할 법률상 이익이 없다고 한 사례(대판 2008. 7. 10, 2007두10242[도시관리계획변경결정취소의소]).

2) 환경영향평가법령을 근거법규 내지 관계법규로 보고 환경영향평가대상지역 주민에게 원고적격을 인정한 사례

판례는 환경영향평가법을 환경영향평가 대상사업에 대한 허가처분의 근거법률 내지 관계법률로 보고, 환경영향평가법령은 공익으로서의 환경상 이익뿐만 아니라 개인적 이익으로서의 환경상 이익도 보호하고 있다고 본다.

환경영향평가 대상지역 안에 있는 주민에게 당연히 원고적격이 인정되는 것은 아니며 환경영향평가의 대상이 되는 개발사업의 승인으로 환경상의 개인적 이익이 직접 구체적으로 침해될 것이 **사실상 추정되어 원고적격이 있는 것으로 추정될 뿐이다.** 따라서, 환경영향평가 대상지역 안에 있는 주민에게 환경상의 개인적 이익이 직접 구체적으로 침해될 것이 예상되지 않는 경우에는 환경영향평가 대상지역 안에 있는 주민일지라도 원고적격이 인정되지 않는다.

[판례] 환경영향평가 대상지역 안의 주민에게 공유수면매립면허처분과 농지개량사업 시행인가처분의 무효확인을 구할 원고적격이 인정된다: 공유수면매립면허처분과 농지개량사업 시행인가처분의 근거 법규 또는 관련

13) 이 사건에서는 원고가 거주하는 금강빌라의 주민들에 대하여는 그 빌라의 준공 당시부터 30m 대로에 연결되는 폭 6m의 진입로가 별도로 설치되어 있어 통행에 아무런 불편이 없고, 이 사건 도로는 빌라 뒤쪽 사유지 사이에 위치한 매우 좁은 도로로서 거의 일반통행에는 제공이 되지 않고 위 주민들의 산책로 등으로 가끔 이용될 뿐이었다. 이 판결에서 대법원은 원고가 이 사건 도로를 산책로 등으로 가끔 이용하였던 정도의 이해관계만으로는 이 사건 도로의 용도폐지처분을 다툴 법률상의 이익이 있다고 할 수 없다고 보았다.

14) 평석: 백윤기, "도로공용폐지 등을 다툴 원고 적격", 『대법원판례해설』, 제18호 참조.

법규가 되는 구 공유수면매립법, 구 농촌근대화촉진법, 구 환경보전법(폐지), 구 환경보전법 시행령, 구 환경정책기본법, 구 환경정책기본법 시행령의 각 관련규정의 취지는, 공유수면매립과 농지개량사업시행으로 인하여 직접적이고 중대한 환경피해를 입으리라고 예상되는 환경영향평가 대상지역 안의 주민들이 전과 비교하여 수인한도를 넘는 환경침해를 받지 아니하고 쾌적한 환경에서 생활할 수 있는 개별적 이익까지도 이를 보호하려는 데에 있다고 할 것이므로, 위 주민들이 공유수면매립면허처분 등과 관련하여 갖고 있는 위와 같은 환경상의 이익은 주민 개개인에 대하여 개별적으로 보호되는 직접적·구체적 이익으로서 그들에 대하여는 특단의 사정이 없는 한 환경상의 이익에 대한 침해 또는 침해우려가 있는 것으로 사실상 추정되어 공유수면매립면허처분 등의 무효확인을 구할 원고적격이 인정된다(대판 전원합의체 2006. 3. 16, 2006두330[정부조치계획취소 등] [새만금사건]).

3) 환경영향평가 대상지역 밖 주민의 원고적격 인정기준[2010 행시(재경직), 2015 사시]

환경영향평가 대상지역 밖의 주민이라 할지라도 처분 등으로 인하여 그 처분 전과 비교하여 수인한도를 넘는 환경피해를 받거나 받을 우려가 있는(개연성이 있는) 경우에는, 처분 등으로 인하여 환경상 이익에 대한 침해 또는 침해우려가 있다는 것을 입증함으로써 그 처분 등의 취소 또는 무효확인을 구할 원고적격을 인정받을 수 있다(대판 전원합의체 2006. 3. 16, 2006두330[정부조회계획취소 등] [새만금사건]).

다만, 환경영향평가 대상지역 밖의 주민이라도 그 환경영향평가 대상지역 내에서 농작물을 경작하는 등 현실적으로 환경상 이익을 향유하는 자는 환경상 이익에 대한 침해 또는 침해 우려가 있는 것으로 사실상 추정되어 원고적격이 인정되는 자에 포함된다. 그렇지만 단지 그 환경영향평가 대상지역 내의 건물·토지를 소유하거나 환경상 이익을 일시적으로 향유하는 데 그치는 자는 환경상 이익에 대한 침해 또는 침해 우려가 있는 것으로 사실상 추정되어 원고적격이 인정되는 자에 포함되지 않는다고 할 것이다.

4) 영향권이 정해진 경우 영향권 내의 주민과 영향권 밖의 주민의 원고적격 인정기준

실정법령상 영향권이 정해진 경우 영향권 내의 주민과 영향권 밖의 주민의 원고적격 인정기준은 환경영향평가 대상지역 내의 주민과 환경영향평가 대상지역 밖의 주민의 원고적격의 인정기준과 동일하다.

[판례 1] **[1] 행정처분의 근거법규 등에 그 처분으로 환경상 침해를 받으리라고 예상되는 영향권의 범위가 구체적으로 규정된 경우, 행정처분의 직접 당사자가 아닌 그 영향권 내의 주민과 영향권 밖의 주민에게 행정처분의 취소 등을 구할 원고적격이 인정되기 위한 요건:** 행정처분의 직접 상대방이 아닌 자로서 그 처분에 의하여 자신의 환경상 이익이 침해받거나 침해받을 우려가 있다는 이유로 취소나 무효확인을 구하는 제3자는, 자신의 환경상 이익이 그 처분의 근거법규 또는 관련법규에 의하여 개별적·직접적·구체적으로 보호되는 이익, 즉 법률상 보호되는 이익임을 입증하여야 원고적격이 인정된다. 다만, 그 행정처분의 근거법규 또는 관련법규에 그 처분으로써 이루어지는 행위 등 사업으로 인하여 환경상 침해를 받으리라고 예상되는 영향권의 범위가 구체적으로 규정되어 있는 경우에는, 그 영향권 내의 주민들에 대하여는 당해 처분으로 인하여 직접적이고 중대한 환경피해를 입으리라고 예상할 수 있고, 이와 같은 환경상의 이익은 주민 개개인에 대하여 개별적으로 보호되는 직접적·구체적 이익으로서 그들에 대하여는 특단의 사정이 없는 한 환경상 이익에 대한 침해 또는 침해 우려가 있는 것으로 사실상 추정되어 법률상 보호되는 이익으로 인정됨으로써 원고적격이 인정되며, 그 영향

권 밖의 주민들은 당해 처분으로 인하여 그 처분 전과 비교하여 수인한도를 넘는 환경피해를 받거나 받을 우려가 있다는 자신의 환경상 이익에 대한 침해 또는 침해 우려가 있음을 입증하여야만 법률상 보호되는 이익으로 인정되어 원고적격이 인정된다. [2] **행정처분의 근거 법규 등에 의하여 환경상 이익에 대한 침해 또는 침해 우려가 있는 것으로 사실상 추정되어 원고적격이 인정되는 사람의 범위:** 환경상 이익에 대한 침해 또는 침해 우려가 있는 것으로 사실상 추정되어 원고적격이 인정되는 자는 환경상 침해를 받으리라고 예상되는 영향권 내의 주민들을 비롯하여 그 영향권 내에서 농작물을 경작하는 등 현실적으로 환경상 이익을 향유하는 자도 포함된다고 할 것이나, 단지 그 영향권 내의 건물·토지를 소유하거나 환경상 이익을 일시적으로 향유하는 데 그치는 자는 포함되지 않는다고 할 것이다(대판 2009. 9. 24, 2009두2825[개발사업시행승인처분취소]; 2010. 4. 15, 2007두16127).

[판례 2] 구 폐기물처리시설설치촉진및주변지역지원등에관한법률(2002. 2. 4. 법률 제6656호로 개정되기 전의 것) 및 같은법시행령의 관계 규정의 취지는 처리능력이 1일 50t인 소각시설을 설치하는 사업으로 인하여 직접적이고 중대한 환경상의 침해를 받으리라고 예상되는 직접영향권 내에 있는 주민들이나 폐기물소각시설의 부지경계선으로부터 300m 이내의 간접영향권 내에 있는 주민들이 사업 시행 전과 비교하여 수인한도를 넘는 환경피해를 받지 아니하고 쾌적한 환경에서 생활할 수 있는 개별적인 이익까지도 이를 보호하려는 데에 있다 할 것이므로, 위 주민들이 소각시설입지지역결정·고시와 관련하여 갖는 위와 같은 환경상의 이익은 주민 개개인에 대하여 개별적으로 보호되는 직접적·구체적 이익으로서 그들에 대하여는 특단의 사정이 없는 한 환경상의 이익에 대한 침해 또는 침해우려가 있는 것으로 사실상 추정되어 폐기물 소각시설의 입지지역을 결정·고시한 처분의 무효확인을 구할 원고적격이 인정된다고 할 것이고, 한편 폐기물소각시설의 부지경계선으로부터 300m 밖에 거주하는 주민들도 위와 같은 소각시설 설치사업으로 인하여 사업 시행 전과 비교하여 수인한도를 넘는 환경피해를 받거나 받을 우려가 있음에도 폐기물처리시설 설치기관이 주변영향지역으로 지정·고시하지 않는 경우 같은 법 제17조 제3항 제2호 단서 규정에 따라 당해 폐기물처리시설의 설치·운영으로 인하여 환경상 이익에 대한 침해 또는 침해우려가 있다는 것을 입증함으로써 그 처분의 무효확인을 구할 원고적격을 인정받을 수 있다(대판 2005. 3. 11, 2003두13489).

5) 거리제한규정이 있는 경우 인근주민의 원고적격

[판례 1] 납골당(봉안당) 설치장소에서 500m 내에 20호 이상의 인가가 밀집한 지역에 거주하는 주민들의 경우, 납골당이 누구에 의하여 설치되는지와 관계없이 납골당 설치에 대하여 환경 이익 침해 또는 침해 우려가 있는 것으로 사실상 추정되어 원고적격이 인정된다: 구 장사법 제14조 제3항, 구 장사 등에 관한 법률 시행령(2008. 5. 26. 대통령령 제20791호로 전부 개정되기 전의 것, 이하 '구 장사법 시행령'이라고 한다) 제13조 제1항 [별표 3]은, 사설납골시설의 경우 납골묘, 납골탑과 납골당 중 가족 또는 종중·문중 납골당은 모두 사원·묘지·화장장 그 밖에 지방자치단체의 조례가 정하는 장소에 설치하여야 한다고 규정하고 있고, 파주시 장사시설의 설치 및 운영조례(2010. 4. 20. 제880호로 개정되기 전의 것) 제6조 본문은 위와 같은 사설납골시설을 설치할 수 있는 장소로 20호 이상의 인가가 밀집한 지역으로부터 500m 이상 떨어진 곳 등을 규정하고 있다. 이와 같이 구 장사 등에 관한 법률(2007. 5. 25. 법률 제8489호로 전부 개정되기 전의 것) 제14조 제3항, 구 장사 등에 관한 법률 시행령(2008. 5. 26. 대통령령 제20791호로 전부 개정되기 전의 것) 제13조 제1항 [별표 3]에서 납골묘, 납골탑, 가족 또는 종중·문중 납골당 등 사설납골시설의 설치장소에 제한을 둔 것은, 이러한 사설납골시설을 인가가 밀집한 지역 인근에 설치하지 못하게 함으로써 주민들의 쾌적한 주거, 경관, 보건위생 등 생활환경상의 개별적 이익을 직접적·구체적으로 보호하려는 데 취지가 있으므로, 이러한 납골시설 설치장소에서 **500m 내에 20호 이상의 인가가 밀집한 지역에 거주하는 주민**들은 납골당 설치에 대하여 환경상 이익 침해를 받거나 받을 우려(개연성)가 있는 것으로 사실상 추정된다. 다만 사설납골시설 중 종교단체 및 재단법인이 설치하는 납골당에 대하여는 그와 같은 설치 장소를 제한하는 규정을 명시적으로 두고 있지 않지만, 종교단체나 재단법인이 설치한 납골당이라 하여 납골당으로서 성질이 가족 또는 종중, 문중

납골당과 다르다고 할 수 없고, 인근 주민들이 납골당에 대하여 가지는 쾌적한 주거, 경관, 보건위생 등 생활환경상의 이익에 차이가 난다고 볼 수 없다. 따라서 납골당 설치장소에서 500m 내에 20호 이상의 인가가 밀집한 지역에 거주하는 주민들에게는 납골당이 누구에 의하여 설치되는지를 따질 필요 없이 납골당 설치에 대하여 환경 이익 침해 또는 침해 우려가 있는 것으로 사실상 추정되어 원고적격이 인정된다고 보는 것이 타당하다(대판 2011. 9. 8, 2009두6766[납골당설치신고수리처분이행통지취소]).

[판례 2] [1] 주변영향지역 결정의 연장 절차에 대한 명시적 규정은 없으나, 종전 주변영향지역 결정의 유효기간이 만료되고 폐기물처리시설로 인한 환경상 영향에 변동이 있을 경우 최초의 주변영향지역 결정에서와 마찬가지의 법령상 절차를 거쳐야 한다. [2] **폐기물매립시설 경계로부터 2km 이내인 간접영향권 지정 가능 범위 내에 거주하는 원고들에게 주변영향지역 결정을 다툴 원고적격이 인정되는지(적극)**: 「폐기물처리시설 설치촉진 및 주변지역지원 등에 관한 법률 시행령」 제18조 제1항 별표2 제2호 나.목의 취지는, 폐기물매립시설의 부지 경계선으로부터 2킬로미터 이내, 폐기물소각시설의 부지 경계선으로부터 300미터 이내에는 폐기물처리시설의 설치·운영으로 환경상 영향을 미칠 가능성이 있으므로, 그 범위 안에서 거주하는 주민들 중에서 선정한 주민대표로 하여금 지원협의체의 구성원이 되어 환경상 영향조사, 주변영향지역 결정, 주민지원사업의 결정에 참여할 수 있도록 함으로써, 그 주민들이 폐기물처리시설 설치·운영으로 인한 환경상 불이익을 보상받을 수 있도록 하려는 데 있다. 위 범위 안에서 거주하는 주민들이 폐기물처리시설의 주변영향지역 결정과 관련하여 갖는 이익은 주민 개개인에 대하여 개별적으로 보호되는 직접적·구체적 이익으로서 그들에 대하여는 특단의 사정이 없는 한 환경상 이익에 대한 침해 또는 침해 우려가 있는 것으로 사실상 추정되어 원고적격이 인정된다(대판 2018. 8. 1, 2014두42520).

(6) 기본권 주체의 원고적격

개인적 이익을 보호하는 실정법령이 없는 경우 **보충적으로** 자유권 등 **구체적 기본권**에 근거하여 원고적격을 인정할 수 있지만, 기본권이 구체적 권리가 아닌 경우에는 기본권에 근거하여 원고적격을 인정할 수 없다고 보는 것이 타당하다(이에 관한 판례는 전술 참조).

헌법상 기본권을 재판상 주장할 수 있는 행정법상 공권으로 볼 수 있는가 하는 문제는 개인의 이익을 보호하는 관계법률이 존재하지 않는 경우에 **보충적으로** 제기되는 것으로 보아야 한다.

(7) 단체소송 [2010 행시(재경직) 사례]

단체소송(團體訴訟)이라 함은 환경단체나 소비자단체가 당해 단체가 목적으로 하는 일반적 이익(공익) 또는 회원들의 집단적 이익의 보호를 위하여 제기하는 소송을 말한다. 처분에 의해 단체 자체의 법률상 이익이 직접 침해받은 경우 해당 단체는 항고소송을 제기할 수 있는데 이는 단체소송이 아니라 일반 항고소송이다.

선진외국에서는 특별법에 의해(독일) 또는 항고소송에서의 원고적격의 일반법리에 따라(미국, 프랑스) 환경단체나 소비자단체에게 환경이익이나 소비자 이익을 침해하는 공권력 행사를 다툴 수 있는 자격을 인정하고 있다.

우리나라의 다수설은 단체소송은 특별법에 의해 인정되어야 한다고 본다. 즉, 환경단체는 개인적 이익으로서의 환경상 이익이 아니라 공익으로서의 환경상 이익의 보호를 추구하고 있으므로 환경상 이익의 침해를 이유로 항고소송을 제기할 원고적격이 없다고 보고, 환경단체의 원고적격을 인정하기 위해서는 독일의 입법례와 같이 명문으로 환경단체의 단체소송을 인정하는 규정을 두어야 한다는 것이 다수견해이다. 그러나, 환경단체가 보호목적으로 하는 환경상 이익은 환경단체의 개인적 이익이므로 환경단체가 보호목적으로 하는 환경상 이익이 침해되었거나 침해될 우려가 있는 경우에는 프랑스의 판례와 같이 해당 환경단체는 항고소송을 제기할 원고적격을 가진다고 보는 것이 타당하다는 견해도 있다.

판례는 환경상 이익은 본질적으로 자연인에게 귀속되는 것으로서 단체는 환경상 이익의 침해를 이유로 행정소송을 제기할 수 없다고 본다.

[판례 1] 재단법인 갑 수녀원이, 매립목적을 택지조성에서 조선시설용지로 변경하는 내용의 공유수면매립목적 변경 승인처분으로 인하여 법률상 보호되는 환경상 이익을 침해받았다면서 행정청을 상대로 처분의 무효 확인을 구하는 소송을 제기한 사안에서, 공유수면매립목적 변경 승인처분으로 갑 수녀원에 소속된 수녀 등이 쾌적한 환경에서 생활할 수 있는 환경상 이익을 침해받는다고 하더라도 이를 가리켜 곧바로 갑 수녀원의 법률상 이익이 침해된다고 볼 수 없고, 자연인이 아닌 갑 수녀원은 쾌적한 환경에서 생활할 수 있는 이익을 향수할 수 있는 주체가 아니므로 위 처분으로 위와 같은 생활상의 이익이 직접적으로 침해되는 관계에 있다고 볼 수도 없으며, 위 처분으로 환경에 영향을 주어 갑 수녀원이 운영하는 쨈 공장에 직접적이고 구체적인 재산적 피해가 발생한다거나 갑 수녀원이 폐쇄되고 이전해야 하는 등의 피해를 받거나 받을 우려가 있다는 점 등에 관한 증명도 부족하다는 이유로, 갑 수녀원에 처분의 무효 확인을 구할 원고적격이 없다고 한 사례(대판 2012. 6. 28, 2010두2005).

[판례 2] 국토이용개발계획변경결정과 골프장 사업계획변경승인의 직접 상대방이 아닌 지역 어촌계 등의 단체가 위 처분으로 자신의 환경상 이익이 침해되었다는 이유로 취소소송을 제기한 사안에서, 환경상 이익은 주민 개개인에 대하여 개별적·구체적으로 인정되는 것이므로 자연인이 아닌 지역 어촌계 등의 단체는 그 행정처분의 취소를 구할 원고적격이 없다(광주고등법원 2007. 4. 26. 선고 2003누1270 판결).

(8) 부작위위법확인소송과 거부처분취소소송에서의 원고적격

부작위위법확인소송과 거부처분취소소송에서도 원고적격이 인정되기 위하여는 법률상 이익의 침해가 있어야 한다.

다만, 거부처분이나 부작위의 요소로서 신청권을 요구하는지 여부에 따라 원고적격의 판단방식이 다르게 된다. 판례 및 다수설과 같이 거부처분이나 부작위의 요소로서 신청권을 요구하는 입장에 서는 경우 거부처분이나 부작위가 있으면 신청권이 있는 자에게 원고적격이 당연하게 인정된다. 그 이유는 신청권을 갖는 자는 법률상 이익을 당연히 갖고 있고, 거부처분이나 부작위로 당연히 그 법률상 이익이 침해되었기 때문이다. 거부처분이나 부작위의 요소로서 신청권을 요구하지 않는 입장에 서는 경우에는 부작위위법확인소송과 거부처분취소소송에서 원고적격을 인정하기 위하여는 일반원칙에 따라 법률상 이익의 침해가 있어야 한다.

[판례] 사증발급의 법적 성질, 출입국관리법의 입법 목적, 사증발급 신청인의 대한민국과의 실질적 관련성, 상호주의원칙 등을 고려하면, 우리 출입국관리법의 해석상 외국인에게는 사증발급 거부처분의 취소를 구할 법률상 이익이 인정되지 않는다(대판 2018. 5. 15, 2014두42506). 〈해설〉 원심은 대상적격 및 원고적격을 인정하여 본안판단(청구인용)을 하였으나, 대법원은 원고적격을 부정하여 파기자판하면서 소를 각하한 사례.

Ⅱ. 당사자소송에서의 원고적격

당사자소송에서의 원고적격에 관한 특별규정은 존재하지 않고, 민사소송에서의 소의 이익에 관한 법리가 적용된다.

당사자소송에서 원고적격이 있는 자는 당사자소송을 통하여 주장하는 공법상 법률관계의 주체이다.

Ⅲ. 민중소송 및 기관소송에서의 원고적격

민중소송 및 기관소송에서는 법에서 정한 자에게 원고적격이 인정된다.

제 3 항 협의의 소의 이익(권리보호의 필요) [2015 변시 사례]

[문제] 1. 법규 위반으로 영업정지처분을 받았다는 전력이 장래의 법규 위반으로 인한 제재처분의 가중요건으로 규정되어 있는 경우에 당해 법규 위반으로 받은 영업정지처분이 정지기간의 경과로 효력을 상실한 경우에 당해 영업정지처분에 대한 취소소송에서 소의 이익이 있는가. 위 가중요건이 법률로 규정된 경우, 명령으로 규정된 경우와 행정규칙으로 규정된 경우를 나누어 답하시오.
2. 조세부과처분에 대한 무효확인소송의 계속중 부과된 조세를 납부한 경우에 당해 무효확인소송의 소의 이익이 있는가.

Ⅰ. 소의 이익(권리보호의 필요)의 의의

협의의 소(訴)의 이익(利益)이라 함은 원고가 본안판결을 구하는 것을 정당화시킬 수 있는 현실적 이익을 말한다. 소의 이익을 '권리보호의 필요'라고도 한다.

소의 이익을 요하는 이유는 그렇게 함으로써 법원은 본안판결을 필요로 하는 사건에만 그 정력을 집중할 수 있고, 또 불필요한 소송에 응소하지 않으면 안되는 상대방의 불이익을 배제할 수 있다. 그렇지만, 소의 이익을 과도하게 좁히면 원고의 재판을 받을 권리를 부당하게 박탈하게 된다(이시윤, 185면).

Ⅱ. 취소소송에서의 협의의 소의 이익 [2017 행시]

현행 행정소송법 제12조 후문은 "처분 등의 효과가 기간의 경과, 처분 등의 집행 그 밖의 사유로 인하여 소멸된 뒤에도 그 처분 등의 취소로 인하여 회복되는 법률상 이익이 있는 자의 경우에는 또한 같다"라고 취소소송에서의 협의의 소의 이익을 규정하고 있다(원고적격에 관한 규정으로 보는 견해 있음).

1. 소의 이익의 유무의 일반적 판단기준: 현실적인 법률상 이익 [2014 행시 사례]

취소소송(무효확인소송)에서 소의 이익은 **계쟁처분의 취소(무효확인)를 구할 현실적인 법률상 이익이 있는지** 여부를 기준으로 판단된다.

일반적으로 원고적격이 있는 자가 항고소송을 제기한 경우에는 원칙상 협의의 소의 이익(권리보호의 필요)이 있는 것으로 보아야 한다. 그런데, 소송목적이 실현된 경우(처분의 효력이 소멸한 경우, 권익침해가 해소된 경우 등), 원상회복이 불가능한 경우 및 보다 실효적인 권리구제절차가 있는 경우에는 소의 이익이 부정된다. 다만, 이 경우에도 취소를 구할 현실적 이익이 있는 경우에는 소의 이익이 인정된다.

행정소송법 제12조 제2문에서 정한 법률상 이익, 즉 행정처분을 다툴 협의의 소의 이익은 개별·구체적 사정을 고려하여 판단하여야 한다(대판 2020. 12. 24, 2020두30450).

[판례 1] [1] 구체적인 사안에서 권리보호의 필요성 유무를 판단할 때에는 국민의 재판청구권을 보장한 헌법 제27조 제1항의 취지와 행정처분으로 인한 권익침해를 효과적으로 구제하려는 행정소송법의 목적 등에 비추어 행정처분의 존재로 인하여 국민의 권익이 실제로 침해되고 있는 경우는 물론이고 권익침해의 구체적·현실적 위험이 있는 경우에도 이를 구제하는 소송이 허용되어야 한다는 요청을 고려하여야 한다. 따라서 처분이 유효하게 존속하는 경우에는 특별한 사정이 없는 한 그 처분의 존재로 인하여 실제로 침해되고 있거나 침해될 수 있는 현실적인 위험을 제거하기 위해 취소소송을 제기할 권리보호의 필요성이 인정된다고 보아야 한다. [2] 구 산업집적활성화 및 공장설립에 관한 법률 제13조 제1항, 제13조의2 제1항 제16호, 제14조, 제50조, 제13조의5 제4호의 규정을 종합하면, 공장설립승인처분이 있고 난 뒤에 또는 그와 동시에 공장건축허가처분을 하는 것이 허용되므로, 공장설립승인처분이 취소된 경우에는 그 승인처분을 기초로 한 공장건축허가처분 역시 취소되어야 하고, 공장설립승인처분에 근거하여 토지의 형질변경이 이루어진 경우에는 원상회복을 해야 함이 원칙이다. 따라서 개발제한구역 안에서의 공장설립을 승인한 처분이 위법하다는 이유로 쟁송취소되었다고 하더라도 그 승인처분에 기초한 공장건축허가처분이 잔존하는 이상, 공장설립승인처분이 취소되었다는 사정만으로 인근 주민들의 환경상 이익이 침해되는 상태나 침해될 위험이 종료되었다거나 이를 시정할 수 있는 단계가 지나버렸다고 단정할 수는 없고, 인근 주민들은 여전히 공장건축허가처분의 취소를 구할 법률상 이익이 있다고 보아야 한다(대판 2018. 7. 12, 2015두3485).

[판례 2] [1] 비록 취임승인이 취소된 학교법인의 정식이사들에 대하여 (임원승인 취소처분 후) 원래 정해져 있던 임기가 만료되고 구 사립학교법(2005. 12. 29. 법률 제7802호로 개정되기 전의 것) 제22조 제2호 소정의 임원결격사유기간(임원취임승인이 취소된 날부터 5년)마저 경과하였다 하더라도, 그 임원취임승인취소처분이 위법하다고 판명되고 나아가 임시이사들의 지위가 부정되어 (임시이사의) 직무권한이 상실되면, 그 정식이사들은 후임이사 선임시까지 민법 제691조의 유추적용에 의하여 직무수행에 관한 긴급처리권을 가지게 되고 이에 터잡아 후임 정식이사들을 선임할 수 있게 되는바, 이는 감사의 경우에도 마찬가지이다. [2] 제소 당시에는 권리보호의 이익을 갖추었는데 제소 후 취소대상 행정처분이 기간의 경과 등으로 그 효과가 소멸한 때, 동일한 소송 당사자 사이에서 동일한 사유로 위법한 처분이 반복될 위험성이 있어 행정처분의 위법성 확인 내지 불분명한 법률문제에 대한 해명이 필요하다고 판단되는 경우, 그리고 선행처분과 후행처분이 단계적인 일련의 절차로 연속하여 행하여져 후행처분이 선행처분의 적법함을 전제로 이루어짐에 따라 선행처분의 하자가 후행처분에 승계된다고 볼 수 있어 이미 소를 제기하여 다투고 있는 선행처분의 위법성을 확인하여 줄 필요가 있는 경우 등에는 행정의 적법성 확보와 그에 대한 사법통제, 국민의 권리구제의 확대 등의 측면에서 여전히 그 처분의 취소를 구할 법률상 이익(소의 이익)이 있다. [3] 임시이사 선임처분에 대하여 (원래의 정식이사들이 제기한) 취소를 구하는 소송의 계속중 임기만료 등의 사유로 새로운 임시이사들로 교체된 경우, 선행 임시이사 선임처분의 효과가 소멸하였다는 이유로 그 취소를 구할 법률상 이익이 없다고 보게 되면, 원래의 정식이사들로서는 계속중인 소를 취하하고 후행 임시이사 선임처분을 별개의 소로 다툴 수밖에 없게

되며, 그 별소 진행 도중 다시 임시이사가 교체되면 또 새로운 별소를 제기하여야 하는 등 무익한 처분과 소송이 반복될 가능성이 있으므로, 이러한 경우 법원이 선행 임시이사 선임처분의 취소를 구할 법률상 이익을 긍정하여 그 위법성 내지 하자의 존재를 판결로 명확히 해명하고 확인하여 준다면 위와 같은 구체적인 침해의 반복 위험을 방지할 수 있을 뿐 아니라, 후행 임시이사 선임처분의 효력을 다투는 소송에서 기판력에 의하여 최초 내지 선행 임시이사 선임처분의 위법성을 다투지 못하게 함으로써 그 선임처분을 전제로 이루어진 후행 임시이사 선임처분의 효력을 쉽게 배제할 수 있어 국민의 권리구제에 도움이 된다. [4] 그러므로 취임승인이 취소된 학교법인의 정식이사들로서는 그 취임승인취소처분 및 임시이사 선임처분에 대한 각 취소를 구할 법률상 이익이 있고, 나아가 선행 임시이사 선임처분의 취소를 구하는 소송 도중에 선행 임시이사가 후행 임시이사로 교체되었다고 하더라도 여전히 선행 임시이사 선임처분의 취소를 구할 법률상 이익이 있다(대판 전원합의체 2007. 7. 19, 2006두19297[임원취임승인취소처분] 〈경기학원 임시이사 사건〉: 학교법인 임원취임승인의 취소처분 후 그 임원의 임기가 만료되고 구 사립학교법 제22조 제2호 소정의 임원결격사유기간마저 경과한 경우 또는 위 취소처분에 대한 취소소송 제기 후 임시이사가 교체되어 새로운 임시이사가 선임된 경우, 위 취임승인취소처분 및 당초의 임시이사선임처분의 취소를 구할 소의 이익이 있다고 한 사례). 〈해설〉 이 전원합의체 판결은 항고소송에서 소의 이익(권리보호의 필요)을 넓히고 있는 의미 있는 판결이다. 즉, "① 제소 당시에는 권리보호의 이익을 갖추었는데 제소 후 취소대상 행정처분이 기간의 경과 등으로 그 효과가 소멸한 때, ② 동일한 소송 당사자 사이에서 동일한 사유로 위법한 처분이 반복될 위험성이 있어 행정처분의 위법성 확인 내지 불분명한 법률문제에 대한 해명이 필요하다고 판단되는 경우, 그리고 ③ 선행처분과 후행처분이 단계적인 일련의 절차로 연속하여 행하여져 후행처분이 선행처분의 적법함을 전제로 이루어짐에 따라 선행처분의 하자가 후행처분에 승계된다고 볼 수 있어 이미 소를 제기하여 다투고 있는 선행처분의 위법성을 확인하여 줄 필요가 있는 경우" 소의 이익이 인정된다고 하고 있다. 이 중 ①은 취소소송의 목적을 적법성 보장이라고 보는 입장(취소소송을 객관소송으로 보는 견해)에서 주장될 수 있는 견해인 점에서 취소소송을 주관소송으로 규정하고 있는 현행법하에서는 이론상 주장될 수 없는 입장이다.

[판례 3] 동일 항로에서 경쟁관계에 있는 A업체가 기존 노후화된 도선 1척을 신형 선박으로 교체하는 내용의 1차 도선사업변경면허를 받자, 경업자관계에 있는 원고 B업체가 자신의 해운법상 여객선 영업권 침해를 이유로 경업자소송을 제기한 사건 일반적으로 면허나 인허가 등의 수익적 행정처분의 근거가 되는 법률이 해당 업자들 사이의 과당경쟁으로 인한 경영의 불합리를 방지하는 것도 목적으로 하고 있는 경우, 다른 업자에 대한 면허나 인허가 등의 수익적 행정처분에 대하여 미리 같은 종류의 면허나 인허가 등의 수익적 행정처분을 받아 영업을 하고 있는 기존의 업자는 경업자에 대하여 이루어진 면허나 인허가 등 행정처분의 상대방이 아니라고 하더라도 당해 행정처분의 무효확인 또는 취소를 구할 이익이 있다(원고적격이 있다). 그러나 경업자에 대한 행정처분이 경업자에게 불리한 내용이라면 그와 경쟁관계에 있는 기존의 업자에게는 특별한 사정이 없는 한 유리할 것이므로 기존의 업자가 그 행정처분의 무효확인 또는 취소를 구할 (협의의 소의) 이익은 없다고 보아야 한다(대판 2020. 4. 9, 2019두49953). 〈해설〉 A업체에 대한 1차 변경처분에 대한 B업체의 취소소송에서는 원고적격과 협의의 소의 이익이 있다. 그런데, 원고는 원심 계속 중 2차 변경처분(1차 변경처분의 다른 내용은 그대로 유지하면서도 신형 선박의 정원을 종전 504명에서 1차 변경처분이 이루어지기 전의 구형 선박 정원 394명보다 적은 393명으로 감축하는 내용의 도선사업면허 변경처분)에 대하여 주위적으로 무효확인을 예비적으로 취소를 구하는 청구를 추가하였다. 2차 변경처분은 1차 변경처분을 완전히 대체하거나 그 주요 부분을 실질적으로 변경하는 것이 아니라, 다만 신형 선박의 정원 부분만 일부 감축하는 것에 불과하다. 신형 선박의 정원 부분은 성질상 1차 변경처분의 나머지 부분과 불가분적인 것이 아니므로, 1차 변경처분 중 2차 변경처분에 의하여 취소되지 않고 남아 있는 부분은 여전히 항고소송의 대상이 된다. 원심은 원고 B업체가 2차 변경처분을 다툴 소의 이익이 있다는 전제에서, 2차 변경처분에 관하여 본안판단을 하여 청구를 기각하였다. 그러나 대법원은 2차 변경처분은 A업체가 도선으로 운항하려는 신형 선박의 정원을 일부 감축하는 내용(1차 변경처분에서 정한 신형 선박의 정원 504명을 1차 변경처분이 있기 전의 종전 도선의 정원 394명보다 적은 393명으로 감축하는 내용)으로서 A업체에는 불리하고 원고 B업체에게는 유리하므로, 원고 B업체가 2차 변경처분을 다툴

소의 이익이 없다고 판단하여, 파기자판, 소각하하였다. 원심이 2차 변경처분에 대한 예비적 취소 청구 부분을 제소기간을 도과하였다는 이유로 각하한 것은 수긍할 수 있다. 뿐만 아니라, 설령 제소기간을 준수한 경우라고 하더라도 소의 이익이 없어 각하하였어야 하므로 판결 결과에 영향이 없다.

[판례 4] [1] 국민의 정보공개청구권은 법률상 보호되는 구체적인 권리이므로, 공공기관에 대하여 정보의 공개를 청구하였다가 공개거부처분을 받은 청구인은 행정소송을 통하여 그 공개거부처분의 취소를 구할 법률상의 이익이 있고, 그 밖에 추가로 어떤 이익이 있어야 하는 것은 아니다(대법원 2003. 12. 12. 선고 2003두8050 판결, 대법원 2004. 9. 23. 선고 2003두1370 판결 등 참조). 공개청구의 대상이 되는 정보가 이미 공개되어 있다거나 다른 방법으로 손쉽게 알 수 있다는 사정만으로 소의 이익이 없다거나 비공개결정이 정당화될 수 없다(대법원 2007. 7. 13. 선고 2005두8733 판결, 대법원 2010. 12. 23. 선고 2008두13101 판결 등 참조). [2] 감봉 1개월의 징계처분을 받은 원고가 징계위원들의 성명과 직위에 대한 정보공개청구를 하였다가 거부처분을 받은 사안에서, 비록 징계처분에 대한 항고 절차에서 원고가 징계위원회 구성에 절차상 하자가 있다는 점을 알게 되었다거나 징계처분이 취소되었다고 하더라도, 그와 같은 사정들만으로 위 거부처분의 취소를 구할 법률상 이익이 없다고 볼 수 없고, 피고가 원고의 정보공개청구를 거부한 이상 원고로서는 여전히 정보공개거부처분의 취소를 구할 법률상 이익을 갖는다는 이유로 원심판결을 파기한 사례(대판 2022. 5. 26, 2022두34562; 2022. 5. 26, 2022두33439: 견책징계처분 취소사건에서 원고의 청구를 기각하는 판결이 확정된 사례).

행정처분에 있어서 불이익처분의 상대방은 직접 개인적 이익의 침해를 받은 자로서 원고적격이 인정되지만 수익처분의 상대방은 그의 권리나 법률상 보호되는 이익이 침해되었다고 볼 수 없으므로 달리 특별한 사정이 없는 한 취소를 구할 이익이 없다(대판 1995. 8. 22, 94누8129).

[판례] 과세관청이 직권으로 그 상대방에 대한 소득처분을 경정하면서 일부 항목에 대한 증액과 다른 항목에 대한 감액을 동시에 한 결과 전체로서 소득처분금액이 감소된 경우에는 그에 따른 소득금액변동통지가 납세자인 당해 법인에 불이익을 미치는 처분이 아니므로 당해 법인은 그 소득금액변동통지의 취소를 구할 이익이 없다(대판 2012. 4. 13, 2009두5510[소득금액변동통지처분취소]).

그러나, 수익처분의 취소로 구제할 현실적 이익이 있는 경우 수익처분의 상대방에게도 당해 처분의 취소를 구할 이익이 인정될 수 있다. 예를 들면, 부관부 수익적 행정처분의 상대방은 해당 처분의 취소를 구할 이익이 있다.

(1) 소의 이익에서의 법률상 이익

행정소송법 제12조 후문은 소의 이익으로 "법률상 이익"을 요구하고 있다.

판례는 행정소송법 제12조 소정의 '법률상 이익'을 전문(원고적격)의 그것과 후문(협의의 소의 이익)의 그것을 구별하지 않고 모두 "당해 처분의 근거 법률에 의하여 보호되는 직접적이고 구체적인 이익"이라고 해석하고, 간접적이거나 사실적·경제적 이해관계를 가지는 데 불과한 경우는 여기에 해당되지 아니한다고 보고 있다(대판 전원합의체 1995. 10. 17, 94누14148[자동차운행정지가처분취소등]).

다만, 행정소송법 제12조 후문의(협의의 소의 이익에서의) **'법률상 이익'**(法律上 利益)은 취소를 통하여 구제되는 **기본적인 법률상 이익뿐만 아니라 부수적인 법률상 이익도 포함한다**고 보는 점에서 원고적격에서의 법률상 이익보다 넓은 개념이다.

예를 들면, 파면처분을 다투는 중 원고가 정년에 달한 경우 기본적 권리인 공무원의 지위의 회복은 불가능하지만, 봉급청구 등 부수적 이익이 있으므로 당해 파면처분을 취소할 소의 이익이 있다.

국가배상청구권의 행사를 위하여 필요한 경우에도 취소소송의 소의 이익을 인정하여야 한다는 견해가 있다. 그러나, 국가배상청구는 처분이 위법하다는 것만을 확인하면 되는 것이며 처분을 취소할 필요는 없고, 취소소송에서 위법을 확인하지 않아도 국가배상소송에서 위법성을 확인할 수 있으며 위법 이외에 과실이 인정되어야 하므로 **국가배상을 청구하기 위하여 취소판결을 할 이익은 없다**고 보아야 한다(판례).

[판례] 원고가 처분이 위법하다는 점에 대한 판결을 받아 피고에 대한 손해배상청구소송에서 이를 원용할 수 있는 이익은 사실적·경제적 이익에 불과하여 소의 이익에 해당하지 않는다고 본다(대판 2002. 1. 11, 2000두2457[소음진동배출시설허가취소처분 등 취소]).

(2) 소송을 통해 구제될 수 있는 현실적 이익

소송에 의해 보호되는 이익은 **현실적 이익**이어야 한다. 달리 말하면 소송을 통해 구제될 수 있는 현실적 이익이 있어야 한다. 막연한 이익이나 추상적인 이익 또는 과거의 이익만으로는 소의 이익을 인정할 수 없다. 또한, 보다 실효적인 구제수단이 있는 경우에도 소의 이익이 부정된다.

[판례 1] 구 도시 및 주거환경정비법상 조합설립추진위원회 구성승인처분을 다투는 소송 계속 중 조합설립인가처분이 이루어진 경우 조합설립추진위원회 구성승인처분에 대하여 취소 또는 무효확인을 구할 법률상 이익이 있는지 여부(소극): 구 도시 및 주거환경정비법(2009. 2. 6. 법률 제9444호로 개정되기 전의 것, 이하 '구 도시정비법'이라고 한다) 제13조 제1항, 제2항, 제14조 제1항, 제15조 제4항, 제5항 등 관계 법령의 내용, 형식, 체제 등에 비추어 보면, 조합설립추진위원회(이하 '추진위원회'라고 한다) 구성승인처분은 조합의 설립을 위한 주체인 추진위원회의 구성행위를 보충하여 그 효력을 부여하는 처분으로서 조합설립이라는 종국적 목적을 달성하기 위한 중간단계의 처분에 해당하지만, 그 법률요건이나 효과가 조합설립인가처분의 그것과는 다른 독립적인 처분이기 때문에, 추진위원회 구성승인처분에 대한 취소 또는 무효확인 판결의 확정만으로는 이미 조합설립인가를 받은 조합에 의한 정비사업의 진행을 저지할 수 없다. 따라서 추진위원회 구성승인처분을 다투는 소송 계속 중에 조합설립인가처분이 이루어진 경우에는, 추진위원회 구성승인처분에 위법이 존재하여 조합설립인가 신청행위가 무효라는 점 등을 들어 직접 조합설립인가처분을 다툼으로써 정비사업의 진행을 저지하여야 하고, 이와는 별도로 추진위원회 구성승인처분에 대하여 취소 또는 무효확인을 구할 법률상의 이익(소의 이익)은 없다고 보아야 한다(대판 2013. 1. 31, 2011두11112, 2011두11129 [조합설립추진위원회설립승인무효확인 · 조합설립추진위원회설립승인무효확인]).

[판례 2] [1] **경원관계에 있어 경원자에 대한 수익적 처분의 취소를 구하지 아니하고 자신에 대한 거부처분의 취소만을 구하는 소에 협의의 소의 이익이 인정되는지 여부(적극)**: 인가·허가 등 수익적 행정처분을 신청한 여러 사람이 서로 경원관계에 있어서 한 사람에 대한 허가 등 처분이 다른 사람에 대한 불허가 등으로 귀결될 수밖에 없을 때 허가 등 처분을 받지 못한 사람은 그 신청에 대한 거부처분의 직접 상대방으로서 원칙적으로 자신에 대한 거부처분의 취소를 구할 원고적격이 있고, 그 취소판결이 확정되는 경우 그 판결의 직접적인 효과로 경원자에 대한 허가 등 처분이 취소되거나 그 효력이 소멸되는 것은 아니더라도 행정청은 취소판결의 기속력에 따라 그 판결에서 확인된 위법사유를 배제한 상태에서 취소판결의 원고와 경원자의 각 신청에 관하여 처분요건의 구비 여부와 우열을 다시 심사하여야 할 의무가 있으며, 그 재심사 결과 경원자에 대한 수익적 처분이 직권취소되고 취소판결의 원고에게 수익적 처분이 이루어질 가능성을 완전히 배제할 수는 없으므로, 특별

한 사정이 없는 한 경원관계에서 허가 등 처분을 받지 못한 사람은 자신에 대한 거부처분의 취소를 구할 소의 이익이 있다고 보아야 할 것이다. [2] 주유소 운영사업자 선정에 관하여 경원관계에 있는 소외인과 원고 중 소외인에 대하여 사업자 선정처분이, 원고에 대하여 불선정처분이 내려진 사안에서, 원고에 대한 사업자 불선정처분을 취소하는 판결이 선고·확정되더라도, 경원관계에 있는 소외인에 대한 사업자 선정처분이 취소되지 아니하는 이상, 원고가 주유소 운영사업자로 선정될 수 없다는 이유로 원고에게 그 불선정처분의 취소를 구할 소의 이익이 없다고 판단한 원심을 파기한 사례(대판 2015. 10. 29, 2013두27517[주유소운영사업자불선정처분취소]).

2. 구체적 사례(유형별 고찰)

취소소송에서 소의 이익이 있는지의 문제를 ① 처분의 효력이 소멸한 경우, ② 처분 후의 사정변경에 의해 권익침해가 해소된 경우, ③ 원상회복이 불가능한 경우, ④ 보다 실효적인 권리구제절차가 있는 경우 등으로 나누어 다루기로 한다.

(1) 처분의 효력이 소멸한 경우[2013 행시(일반), 2017 사시, 2023 변시]

1) 원　　칙

처분의 효력이 소멸한 경우에는 통상 당해 처분의 취소를 통하여 회복할 법률상 이익이 없다.

예를 들면, 허가취소처분을 정지처분으로 변경하면 당초 허가취소처분은 효력이 상실되어 존재하지 않게 되므로 당초 허가취소처분에 대한 취소소송은 소의 이익이 없게 되고, 인·허가처분의 효력을 일정기간 정지하는 처분에 있어서 효력정지기간이 경과하여 처분의 효력이 소멸되면 당해 효력정지처분을 다툴 소의 이익이 없게 되는 것이 원칙이다. 그러나, 기간을 정한 제재적 처분(예 영업정지처분)에 대해 집행정지결정이 있는 경우에는 제재기간의 진행이 정지되어 집행정지된 기간만큼 제재기간이 순연되는 데 불과하고 제재적 처분의 효력이 소멸된 것이 아니므로 처분시 표시된 제재적 처분의 기간이 경과하였어도 그 처분의 취소를 구할 소의 이익이 있다(대판 1974. 1. 29, 73누202[국유임산물매수자격정지처분취소]).

위법한 영업허가처분의 취소처분이 직권취소되면 취소소송의 원고는 영업허가자의 지위를 회복하므로 소의 이익이 없게 된다.

소송 계속 중 처분청이 다툼의 대상이 되는 행정처분을 직권으로 취소하면 그 처분은 효력을 상실하여 더 이상 존재하지 않는 것이므로, 존재하지 않는 처분을 대상으로 한 **항고소송은 원칙적으로 소의 이익이 소멸**하여 **부적법**하다고 보아야 한다. **다만** 처분청의 직권취소에도 완전한 원상회복이 이루어지지 않아 무효확인 또는 취소로써 회복할 수 있는 다른 권리나 이익이 남아 있거나 또는 동일한 소송 당사자 사이에서 그 행정처분과 동일한 사유로 위법한 처분이 반복될 위험성이 있어 행정처분의 위법성 확인 내지 불분명한 법률문제에 대한 해명이 필요한 경우 행정의 적법성 확보와 그에 대한 사법통제, 국민의 권리구제의 확대 등의 측면에서 예외적으로 그 처분의 취소를 구할 소의 이익을 인정할 수 있다(대판 2020. 4. 9, 2019두49953). 여기에서 '그 행정처분과 동일한 사유로 위법한 처분이 반복될 위험성이 있는 경우'란 불분명한 법률문제에 대한 해명이 필요한 상황에 대한 대표적인 예시일 뿐이며, 반드시 '해당 사건의 동일한 소송 당사자 사이에서' 반복될 위험이 있는 경우만을 의미하는 것은 아니다(대판 2020. 12. 24, 2020두30450).

[판례 1] 피고는 원고에 소속된 감사팀의 부실감사를 이유로 2017. 4. 5. 원고에 대하여 ① 과징금 16억 원 부과처분 및 ② 업무정지 12개월 처분을 하였음. 원고는 2017. 6. 30. 업무정지 처분에 대해서만 취소소송을 제기하였는데, 별도로 집행정지 신청을 하지 않아 그 업무정지기간이 2017. 4. 5.부터 개시되어 2018. 4. 4. 만료되었다. [2] 1심은 이 사건 소가 소송요건을 모두 갖추어 적법함을 전제로 본안판단으로 나아가, 업무정지처분은 처분사유는 인정되나 비례의 원칙을 위반한 과중한 처분이라고 판단하여 업무정지처분을 취소하는 판결을 선고하였다. 반면, 원심은, 원고가 감사팀의 잘못을 인정하고 있어 향후 감사업무를 수행하는 과정에서 같은 잘못을 반복할 가능성은 없어 보이고, 원고가 향후 다시 고의 또는 중대한 과실로 같은 잘못을 반복하지만 않는다면 피고가 원고에 대하여 동일한 사유로 업무정지 처분을 반복할 가능성은 없으므로, 원고와 피고 사이에서 동일한 사유로 위법한 처분이 반복될 위험성이 있어 행정처분의 위법성 확인 내지 불분명한 법률문제에 대한 해명이 필요한 경우로는 볼 수 없고, 따라서 이 사건 업무정지 처분의 취소를 구할 소의 이익이 인정되지 않는다고 판단하여 소 각하 판결을 선고하였다. 그러나, 대법원은 다음과 같은 이유에서 협의의 소의 이익을 인정하고 원심이 본안에 관하여 실체판단을 하여야 한다고 보았다: 먼저 이 사건 감사팀의 회계감사기준 위반행위가 인정되고 원고 또한 이를 다투는 것은 아니라고 하더라도, ① 그것을 이유로 이 사건 감사팀이 속한 회계법인 전체에 대하여 업무정지 처분을 하는 것이 근거 법률인 공인회계사법 제39조 제1항 제5호 및 관련 하위 규정들의 해석상 허용되는지 여부에 관하여는 법원의 분명한 판례가 없고 ② 처분사유가 인정되는 경우에도 이 사건 감사팀이 행한 위반행위의 내용과 정도, 이에 대한 원고의 관여 정도, 이 사건 감사팀이 회계법인 내에서 차지하는 비중 등 여러 사정들을 고려하였을 때 과연 이 사건 업무정지 처분이 비례의 원칙을 위반한 과중한 처분인지 여부 또한 다툼의 여지가 있어 보인다. 따라서 만약 이 사건에서 법원이 본안 판단을 하지 않는다면 피고가 이 사건 업무정지 처분을 하면서 채택·적용한 법령해석에 관한 의견이나 처분의 기준을 앞으로도 그대로 반복·적용할 것이 예상된다. 그렇다면 이 사건 업무정지 처분에 따른 업무정지기간이 만료되었다고 하더라도, 이 사건 업무정지 처분의 위법성 확인 내지 불분명한 법률문제의 해명은 여전히 필요하다고 할 것이므로 이 사건 업무정지 처분의 취소를 구할 소의 이익을 인정하는 것이 앞서 본 법리에 부합하여 타당하다(대판 2020. 12. 24, 2020두30450). 〈해설〉 대법원은, 원심이 업무정지기간이 만료된 경우에도 예외적으로 소의 이익이 인정되는 '불분명한 법률문제에 대한 해명이 필요한 경우'에 관한 법리를 오해하였다고 판단하여 파기환송한 사례로서, 원심이 본안에 관하여 실체판단을 하여야 한다는 취지이다.

[판례 2] 기록에 의하면, 대법원이 이른바 양심적 병역거부가 병역법 제88조 제1항에서 정한 병역의무 불이행의 '정당한 사유'에 해당할 수 있다는 취지로 판례를 변경하자(대법원 2018. 11. 1. 선고 2016도10912 전원합의체 판결 참조), 피고는 위 대법원 판례변경의 취지를 존중하여 이 사건 상고심 계속 중인 2018. 11. 15.경 원고들에 대한 공개결정을 직권으로 취소한 다음, 그 사실을 원고들에게 개별적으로 통보하고 병무청 인터넷 홈페이지에서 게시물을 삭제한 사실을 인정할 수 있다. 따라서 이 사건 소는 이미 소멸하고 없는 처분의 무효확인 또는 취소를 구하는 것으로서 원칙적으로 소의 이익이 소멸하였다고 보아야 한다. 또한, 피고가 양심적 병역거부자인 '여호와의 증인' 신도들에 대하여 대법원의 판례변경의 취지를 존중하여 당초 처분을 직권취소한 것이므로, 동일한 소송 당사자 사이에서 당초 처분과 동일한 사유로 위법한 처분이 반복될 위험성이 있어 행정처분의 위법성 확인이나 불분명한 법률문제에 대한 해명이 필요한 경우도 아니어서, 소의 이익을 예외적으로 인정할 필요도 없다. 결국 이 사건 소는 부적법하다고 판단된다(대판 2019. 6. 27, 2018두49130).

[판례 3] [1] **취소되어 더 이상 존재하지 않는 행정처분을 대상으로 한 취소소송에 소의 이익이 있는지 여부(소극)**: 행정처분이 취소되면 그 처분은 효력을 상실하여 더 이상 존재하지 않는 것이고, 존재하지 않는 행정처분을 대상으로 한 취소소송은 소의 이익이 없어 부적법하다. [2] **절차상 또는 형식상 하자로 무효인 행정처분에 대하여 행정청이 적법한 절차 또는 형식을 갖추어 동일한 행정처분을 한 경우, 종전의 무효인 행정처분에 대하여 무효확인을 구할 법률상 이익이 있는지 여부(소극)**: 절차상 또는 형식상 하자로 무효인 행정처분에 대하여 행정청이 적법한 절차 또는 형식을 갖추어 다시 동일한 행정처분을 하였다면, 종전의 무효인 행정처분에 대한 무효확인 청구는 과거의 법률관계의 효력을 다투는 것에 불과하므로 무효확인을 구할 법률상 이익

이 없다. [3] 지방병무청장이 병역감면요건 구비 여부를 심사하지 않은 채 병역감면신청서 회송처분을 하고 이를 전제로 공익근무요원 소집통지를 하였다가, 병역감면신청을 재검토하기로 하여 신청서를 제출받아 병역감면요건 구비 여부를 심사한 후 다시 병역감면 거부처분을 하고 이를 전제로 다시 공익근무요원 소집통지를 한 경우, 병역감면신청서 회송처분과 종전 공익근무요원 소집처분은 직권으로 취소되었다고 볼 수 있으므로, 그에 대한 무효확인과 취소를 구하는 소는 더 이상 존재하지 않는 행정처분을 대상으로 하거나 과거의 법률관계의 효력을 다투는 것에 불과하므로 소의 이익이 없어 부적법하다고 한 사례(대판 2010. 4. 29, 2009두16879[공익근무요원소집처분취소]).

[판례 4] [1] 처분청이 당초의 운전면허 취소처분을 신뢰보호의 원칙과 형평의 원칙에 반하는 너무 무거운 처분으로 보아 이를 철회하고 새로이 265일간의 운전면허 정지처분을 하였다면, 당초의 처분인 운전면허 취소처분은 철회로 인하여 그 효력이 상실되어 더 이상 존재하지 않는 것이고 그 후의 운전면허 정지처분만이 남아 있는 것이라 할 것이며, 한편 존재하지 않는 행정처분(운전면허취소처분)을 대상으로 한 취소소송은 소의 이익이 없어 부적법하다. [2] 운전면허 정지처분에서 정한 정지기간이 상고심 계속 중에 경과한 이후에는 운전면허자에게 그 운전면허 정지처분의 취소를 구할 법률상의 이익이 없다(대판 1997. 9. 26, 96누1931[자동차운전면허취소처분취소]). 〈평석〉 이 판결문에서의 "철회"가 강학상 철회인지는 의문이며 오히려 강학상 직권취소로 보는 것이 타당하다. 이 사건은 운전면허 취소처분을 취소하고 운전면허정지처분을 한 경우이지만, 운전면허취소처분을 운전면허정지처분으로 변경한 경우에도 변경처분은 당초 처분(운전면허 취소처분)의 취소를 포함하므로 동일하게 보아야 할 것이다. 이 사건에서 원고가 운전면허정지처분도 다투고자 한다면 처분변경으로 인한 소의 변경을 청구할 수 있다.

[판례 5] 입찰참가자격제한에 대한 취소소송계속중 처분청이 납품업자에 대한 입찰참가자격 제한처분을 직권으로 취소하고 제1심판결의 취지(처분사유는 존재하지만 재량권의 일탈·남용이 있다는 것)에 따라 그 제재기간만을 3개월로 감경하여 입찰참가자격을 제한하는 내용의 새로운 처분을 다시 한 경우, 당초의 입찰참가자격 제한처분은 적법하게 취소되었다고 할 것이어서 그 처분의 취소를 구할 소의 이익이 없다고 한 사례(대판 2002. 9. 6, 2001두5200[부정당업자제재등처분취소]).

[판례 6] 행정청이 공무원에 대하여 새로운 직위해제사유에 기한 직위해제처분을 한 경우 그 이전에 한 직위해제처분은 이를 묵시적으로 철회하였다고 봄이 상당하므로, 그 이전 처분의 취소를 구하는 부분은 존재하지 않는 행정처분을 대상으로 한 것으로서 그 소의 이익이 없다(대판 2003. 10. 10, 2003두5945[직위해제처분취소]). 〈해설〉 처분사유가 변경되면 종전 처분과 동일한 내용의 처분도 새로운 처분이고, 종전 처분은 철회된 것으로 보아야 한다.

[판례 7] 보충역편입처분 및 공익근무요원소집처분의 취소를 구하는 소의 계속 중 병역처분변경신청에 따라 제2국민역편입처분으로 병역처분이 변경된 경우, 보충역편입처분은 제2국민역편입처분을 함으로써 취소 또는 철회되어 그 효력이 소멸하였고, 공익근무요원소집처분의 근거가 된 보충역편입처분이 취소 또는 철회되어 그 효력이 소멸한 이상 공익근무요원소집처분 또한 그 효력이 소멸하였다는 이유로, 종전 보충역편입처분 및 공익근무요원소집처분의 취소를 구할 소의 이익이 없다고 한 사례(대판 2005. 12. 9, 2004두6563[공익근무요원소집처분취소]).

[판례 8] 甲, 乙 토지에 대한 개발부담금부과처분 취소소송에서 항소심법원이 개발부담금부과처분 중 甲 토지에 대한 개발부담금을 초과하는 부분을 취소하는 판결을 선고한 후, 지방자치단체의 장이 당초의 개발부담금을 甲 토지에 대한 개발부담금으로 감액하는 경정처분을 하고서도 항소심판결의 패소 부분에 대하여 상고를 제기한 경우, 감액경정처분은 당초 처분의 일부(감액된 부분)를 취소하는 효력을 갖는 것이므로 감액된 부분에 대한 부과처분취소청구는 이미 소멸하고 없는 부분에 대한 것으로서 그 소의 이익이 없어 부적법하다는 이유로, 대법원이 감액된 부분에 대한 개발부담금부과처분 취소청구 부분에 관하여 소를 각하한 사례(대판 2006. 5. 12, 2004두12698[개발부담금부과처분취소]).

[판례 9] 행정청이 영업 허가신청 반려처분의 취소를 구하는 소의 계속 중, 사정변경을 이유로 위 반려처분을 직권취소함과 동시에 위 신청을 재반려하는 내용의 재처분을 한 경우, 당초의 반려처분의 취소를 구하는

소는 취소되어 더 이상 존재하지 않는 행정처분을 대상으로 한 취소소송이 되므로 더 이상 소의 이익이 없게 된다(대판 2006. 9. 28, 2004두5317[분뇨 등 관련영업허가신청반려처분취소]).

[판례 10] 타인의 토석채취허가에 대한 취소소송의 계속중에 토석채취허가기간이 만료하여 동 허가가 실효된 경우에 소의 이익이 상실된다(대판 1993. 7. 27, 93누3899[토지채취허가취소처분취소]).

[판례 11] 행정청이 과징금 부과처분을 한 후 부과처분의 하자를 이유로 감액처분을 한 경우, 감액된 부분에 대한 부과처분 취소청구는 부적법: 행정처분을 한 처분청은 처분에 하자가 있는 경우에는 별도의 법적 근거가 없더라도 스스로 이를 취소하거나 변경할 수 있는바, 과징금 부과처분에서 행정청이 납부의무자에 대하여 부과처분을 한 후 부과처분의 하자를 이유로 과징금의 액수를 감액하는 경우에 감액처분은 감액된 과징금 부분에 관하여만 법적 효과가 미치는 것으로서 당초 부과처분과 별개 독립의 과징금 부과처분이 아니라 실질은 당초 부과처분의 변경이고, 그에 의하여 과징금의 일부취소라는 납부의무자에게 유리한 결과를 가져오는 처분이므로 당초 부과처분이 전부 실효되는 것은 아니다. 따라서 감액처분에 의하여 감액된 부분에 대한 부과처분 취소청구는 이미 소멸하고 없는 부분에 대한 것으로서 소의 이익이 없어 부적법하다(대판 2017. 1. 12, 2015두2352).

일부 직권취소 등으로 처분의 효력이 일부만 소멸한 경우에는 취소되고 남은 처분의 취소를 구할 소의 이익이 있다.

예를 들면, 금전부과처분을 감액하는 처분을 한 경우에는 감액되고 남은 부분에 대한 처분(당초처분)은 효력을 유지하므로 취소를 구할 소의 이익이 존속한다.

당초처분에 대한 취소소송의 계속 중 일부변경처분이 있은 경우 계쟁 당초처분은 일부변경된 채로 효력을 유지하므로 계쟁처분의 취소를 구할 소의 이익이 있다.

[판례] [1] 조합설립인가처분과 동일한 요건과 절차가 요구되지 않는 구 도시 및 주거환경정비법 시행령(2008. 12. 17. 대통령령 제21171호로 개정되기 전의 것) 제27조 각 호에서 정하는 경미한 사항의 변경에 대하여 행정청이 조합설립의 변경인가라는 형식으로 처분을 하였다고 하더라도, 그 성질은 당초의 조합설립인가처분과는 별개로 위 조항에서 정한 경미한 사항의 변경에 대한 신고를 수리하는 의미에 불과한 것으로 보아야 하므로, 경미한 사항의 변경에 대한 신고를 수리하는 의미에 불과한 변경인가처분이 있다고 하더라도 설권적 처분인 조합설립인가처분을 다툴 소의 이익이 소멸된다고 볼 수는 없다. [2] **주택재건축사업조합이 새로이 조합설립인가처분을 받는 것과 동일한 요건과 절차를 거쳐 조합설립변경인가처분을 받는 경우 당초 조합설립인가처분의 무효확인을 구할 소의 이익 여부(한정적 적극):** 주택재건축사업조합이 새로이 조합설립인가처분을 받는 것과 동일한 요건과 절차를 거쳐 조합설립변경인가처분을 받는 경우 당초 조합설립인가처분의 유효를 전제로 당해 주택재건축사업조합이 매도청구권 행사, 시공자 선정에 관한 총회 결의, 사업시행계획의 수립, 관리처분계획의 수립 등과 같은 후속 행위를 하였다면 당초 조합설립인가처분이 무효로 확인되거나 취소될 경우 그것이 유효하게 존재하는 것을 전제로 이루어진 위와 같은 후속 행위 역시 소급하여 효력을 상실하게 되므로, 특별한 사정이 없는 한 위와 같은 형태의 조합설립변경인가가 있다고 하여 당초 조합설립인가처분의 무효확인을 구할 소의 이익이 소멸된다고 볼 수는 없다(대판 2012. 10. 25, 2010두25107[조합설립인가처분무효확인]).

2) 예 외

그러나, 처분의 효력기간의 경과 등으로 그 행정처분의 효력이 상실된 경우에도 당해 처분을 취소할 현실적 이익(권리보호의 필요성)이 있는 경우에는 그 처분의 취소를 구할 소의 이익이 있다.

가. 제재적 처분의 전력(前歷)이 장래의 제재적 처분의 가중요건인 경우

[2000, 2013 행시, 2003, 2013 사시, 2007 입시]

계쟁 제재처분이 효력을 상실한 경우(예 영업정지처분의 정지기간이 지난 경우)에도 법령에서 제재처분의 전력(이력)이 장래의 제재처분의 가중요건 등(가중요건 또는 전제요건)으로 규정되어 있어 가중된 제재처분을 받을 위험(불이익)이 현실적인 경우 가중된 제재처분을 받을 위험(불이익)을 제거하기 위하여 제재기간(예 영업정지기간)이 지난 제재처분(예 영업정지처분)의 취소를 구할 이익이 있지만, 만약 일정기간의 경과 등(예 영업정지처분 후 1년의 경과)으로 실제로 가중된 제재처분을 받을 우려가 없어졌다면 다른 특별한 사정이 없는 한 위 처분에서 정한 제재기간이 경과함으로써 그 처분의 취소를 구할 소의 이익은 소멸된다.

[판례] **건축사 업무정지처분을 받은 후 새로운 업무정지처분을 받음이 없이 1년이 경과하여 실제로 가중된 제재처분을 받을 우려가 없게 된 경우, 업무정지처분에서 정한 정지기간이 경과한 후에 업무정지처분의 취소를 구할 법률상 이익이 없다:** 건축사법 제28조 제1항이 건축사 업무정지처분을 연 2회 이상 받고 그 정지기간이 통산하여 12월 이상이 될 경우에는 가중된 제재처분인 건축사사무소 등록취소처분을 받게 되도록 규정하여 건축사에 대한 제재적인 행정처분인 업무정지명령을 더 무거운 제재처분인 사무소등록취소처분의 기준요건으로 규정하고 있으므로, 건축사 업무정지처분을 받은 건축사로서는 위 처분에서 정한 기간이 경과하였다 하더라도 위 처분을 그대로 방치하여 둠으로써 장래 건축사사무소 등록취소라는 가중된 제재처분을 받을 우려가 있어 건축사로서 업무를 행할 수 있는 법률상 지위에 대한 위험이나 불안을 제거하기 위하여 건축사 업무정지처분의 취소를 구할 이익이 있으나, 업무정지처분을 받은 후 새로운 업무정지처분을 받음이 없이 1년이 경과하여 실제로 가중된 제재처분을 받을 우려가 없어졌다면 위 처분에서 정한 정지기간이 경과한 이상 특별한 사정이 없는 한 그 처분의 취소를 구할 법률상 이익이 없다(대판 2000. 4. 21, 98두10080[건축사업무정지처분취소등]).

문제는 제재처분의 가중요건 등(가중요건 또는 전제요건)이 **행정규칙**으로 정해진 경우도 제재처분을 받을 위험(불이익)이 현실적인 경우에 해당한다고 보아 소의 이익이 있다고 볼 수 있는가이다. 이에 관하여 다음과 같이 견해가 대립하고 있다.

① **부정설(법령설)**: 이 견해는 가중요건 등이 법률 또는 법규명령의 효력을 갖는 행정입법에 의해 규정되어 있는 경우 등 가중요건을 정하는 법령이 법적 구속력을 갖는 경우에는 가중된 제재처분을 받을 위험(불이익)이 현실적이므로 가중된 제재처분을 받을 위험(불이익)을 제거하기 위하여 제재기간이 지난 제재처분의 취소를 구할 이익이 있지만, 가중요건 등이 법적 구속력이 없는 행정규칙으로 규정되어 있는 경우에는 가중된 제재처분을 받을 위험(불이익)이 불확실하므로 제재기간이 지난 제재처분의 취소를 구할 이익이 없다고 본다.

이 견해는 부령형식의 행정규칙은 행정규칙에 불과하고 행정청에 대해 법적 구속력을 미치지 않으므로 소의 이익을 인정할 수 없다는 견해이다. 이 견해는 최초 대법원 판례의 입장이었다.

[판례] 가중요건을 정한 시행규칙이 행정규칙이므로 구속력이 없고 따라서 가중적인 제재처분을 받을 불이익은 직접적·구체적·현실적인 것이 아니고, 가중처벌의 위법 여부는 당해 시행규칙이 아니라 처분의 근거법률에 비추어 판단되는 것이므로 당초의 제재처분의 위법 여부는 당초의 제재처분을 가중사유로 고려한 후의 제재처분의 위법 여부를 다투는 경우에 다툴 수 있다(대판 전원합의체 1995. 10. 17, 94누14148).

② **제한적 긍정설**(법령근거설): 가중요건 등이 부령형식의 행정규칙으로 정해진 경우 또는 제

재적 행정처분의 가중사유나 전제요건에 관한 규정이 행정규칙의 형식으로 되어 있다고 하더라도, 그러한 규칙이 법령에 근거를 두고 있는 경우에는 관할 행정청이나 담당공무원은 이를 준수할 의무가 있으므로 후행 가중된 제재처분의 위험은 구체적이고 현실적인 것이므로 선행 제재처분의 취소를 구하여 후행 가중 제재처분을 막을 이익을 인정하여야 한다고 보는 견해이다. 이 견해는 종전의 대법원 전원합의체 판결에서 다수견해가 취한 견해이다.

[판례] [1] 제재적 행정처분이 그 처분에서 정한 제재기간의 경과로 인하여 그 효과가 소멸되었으나, 부령인 시행규칙 또는 지방자치단체의 규칙(이하 이들을 '규칙'이라고 한다)의 형식으로 정한 처분기준에서 제재적 행정처분(이하 '선행처분'이라고 한다)을 받은 것을 가중사유나 전제요건으로 삼아 장래의 제재적 행정처분(이하 '후행처분'이라고 한다)을 하도록 정하고 있는 경우, 제재적 행정처분의 가중사유나 전제요건에 관한 규정이 법령이 아니라 규칙의 형식으로 되어 있다고 하더라도, 그러한 규칙이 법령에 근거를 두고 있는 이상 그 법적 성질이 대외적·일반적 구속력을 갖는 법규명령인지 여부와는 상관없이, 관할 행정청이나 담당공무원은 이를 준수할 의무가 있으므로 이들이 그 규칙에 정해진 바에 따라 행정작용을 할 것이 당연히 예견되고, 그 결과 행정작용의 상대방인 국민으로서는 그 규칙의 영향을 받을 수밖에 없다. 따라서 그러한 규칙이 정한 바에 따라 선행처분을 받은 상대방이 그 처분의 존재로 인하여 장래에 받을 불이익, 즉 후행처분의 위험은 구체적이고 현실적인 것이므로, 상대방에게는 선행처분의 취소소송을 통하여 그 불이익을 제거할 필요가 있다. 또한, 나중에 후행처분에 대한 취소소송에서 선행처분의 사실관계나 위법 등을 다툴 수 있는 여지가 남아 있다고 하더라도, 이러한 사정은 후행처분이 이루어지기 전에 이를 방지하기 위하여 직접 선행처분의 위법을 다투는 취소소송을 제기할 필요성을 부정할 이유가 되지 못한다. 그러한 쟁송방법을 막는 것은 여러 가지 불합리한 결과를 초래하여 권리구제의 실효성을 저해할 수 있기 때문이다. 오히려 앞서 본 바와 같이 행정청으로서는 선행처분이 적법함을 전제로 후행처분을 할 것이 당연히 예견되므로, 이러한 선행처분으로 인한 불이익을 선행처분 자체에 대한 소송에서 사전에 제거할 수 있도록 해 주는 것이 상대방의 법률상 지위에 대한 불안을 해소하는 데 가장 유효적절한 수단이 된다고 할 것이고, 또한 그 소송을 통하여 선행처분의 사실관계 및 위법 여부가 조속히 확정됨으로써 이와 관련된 장래의 행정작용의 적법성을 보장함과 동시에 국민생활의 안정을 도모할 수 있다. 이상의 여러 사정과 아울러, 국민의 재판청구권을 보장한 헌법 제27조 제1항의 취지와 행정처분으로 인한 권익침해를 효과적으로 구제하려는 행정소송법의 목적 등에 비추어 행정처분의 존재로 인하여 국민의 권익이 실제로 침해되고 있는 경우는 물론이고 권익침해의 구체적·현실적 위험이 있는 경우에도 이를 구제하는 소송이 허용되어야 한다는 요청을 고려하면, 규칙이 정한 바에 따라 선행처분을 가중사유 또는 전제요건으로 하는 후행처분을 받을 우려가 현실적으로 존재하는 경우에는, 선행처분을 받은 상대방은 비록 그 처분에서 정한 제재기간이 경과하였다 하더라도 그 처분의 취소소송을 통하여 그러한 불이익을 제거할 권리보호의 필요성이 충분히 인정된다고 할 것이므로, 선행처분의 취소를 구할 법률상 이익이 있다고 보아야 한다. [2] 환경영향평가대행업무 정지처분을 받은 환경영향평가대행업자가 업무정지처분기간 중 환경영향평가대행계약을 신규로 체결하고 그 대행업무를 한 사안에서, '환경·교통·재해 등에 관한 영향평가법 시행규칙' 제10조 [별표 2] 2. 개별기준 (11)에서 환경영향평가대행업자가 업무정지처분기간 중 신규계약에 의하여 환경영향평가대행업무를 한 경우 1차 위반시 업무정지 6월을, 2차 위반시 등록취소를 각 명하는 것으로 규정하고 있으므로, 업무정지처분기간 경과 후에도 위 시행규칙의 규정에 따른 후행처분을 받지 않기 위하여 위 업무정지처분의 취소를 구할 법률상 이익이 있다고 한 사례(대판 전원합의체 2006. 6. 22, 2003두1684[영업정지처분취소]).

③ **긍정설:** 가중요건 등이 행정규칙으로 정해진 경우에도 행정청은 통상 행정규칙에 따라 가중된 제재처분을 행할 구체적이고 현실적 위험이 있으므로 선행 제재처분을 취소하여 그 위험을 제거할 이익이 있다고 보아야 한다는 견해이다.

④ **판례:** 현재의 판례는 긍정설을 취하고 있다.

[판례] [1] 중앙해양안전심판원의 '해양사고관련자 징계양정 지침'에 의하면, 해양사고와 관련하여 징계를 받은 날로부터 1년 이내에 다시 해양사고를 일으킨 경우 징계량의 2배 범위 내에서 징계량을 가중할 수 있고, 또 해양사고방지를 위하여 특히 필요한 경우에는 면허를 취소할 수 있다고 규정하고 있으며(제8조 제1항 제3호, 제2항), 이 사건 징계집행일로부터 1년이 경과하지 않았는바, 이와 같이 제재적 행정처분의 가중사유나 전제요건에 관한 규정이 법령이 아닌 행정규칙의 형식으로 되어 있다 하더라도 관할 행정청이나 담당 공무원은 이를 준수할 의무가 있으므로, 이 사건 재결의 존재로 인해 적어도 이 사건 징계집행일로부터 1년 이내에는 원고가 가중된 징계량을 받을 수 있는 위험이 구체적이고 현실적인 것이라서 이 사건 재결의 취소를 구할 법률상 이익(소의 이익)이 있다. [2] 예인선단의 운항을 총지휘한 원고에 대한 업무정지 1개월의 징계재결(원처분)이 있었고, 이미 그 집행이 완료되었더라도 징계집행일로부터 1년이 지나지 않았으므로 가중된 징계처분을 받을 수 있는 위험을 제거하기 위하여 징계재결의 취소를 구할 소의 이익을 인정한 사례(대판 2009. 5. 28, 2008추56[중앙해양안전심판원재결취소]).

⑤ **결어(긍정설):** 다음과 같은 이유에서 긍정설이 타당하다. 담당공무원은 법령을 준수하여야 할 뿐만 아니라 법규명령형식의 행정규칙도 준수하여야 하므로 가중요건이 법규명령형식의 행정규칙에 규정된 경우에도 취소소송을 통해 장래의 불이익을 제거할 현실적 필요성이 있다고 보는 것이 타당하다. 가중요건이 행정규칙의 형식으로 제정된 경우에도 행정청은 통상 행정규칙에 따라 가중된 제재처분을 행할 구체적이고 현실적인 위험이 있으므로 선행 제재처분을 취소하여 그 위험을 제거할 이익이 있다고 보아야 한다. 다만, 기간의 경과 등으로 가중요건규정이 적용될 우려가 없게 된 경우에는 선행 제재처분을 취소할 소의 이익이 없다.

나. 당초처분에 대한 취소소송의 계속 중 전부변경처분이 있었지만 소의 이익이 있는 경우
당초처분에 대한 취소소송의 계속 중 전부변경처분이 있어 계쟁처분의 효력이 소멸된 경우 원칙상 소의 이익이 없지만, 당초처분을 기초로 일련의 후속행위가 이루어져 후속행위의 효력을 상실시킬 이익이 있는 경우에는 당초처분의 취소나 무효확인을 구할 소의 이익이 있다(판례).

[판례 1] [1] **조합설립변경인가 후에 다시 변경인가를 받은 경우 당초 조합설립변경인가의 취소를 구할 소의 이익이 있는지 여부:** 주택재개발사업조합이 당초 조합설립변경인가 이후 적법한 절차를 거쳐 당초 변경인가를 받은 내용을 모두 포함하여 이를 (전부)변경하는 취지의 조합설립변경인가를 받은 경우, 당초 조합설립변경인가는 취소·철회되고 변경된 조합설립변경인가가 새로운 조합설립변경인가가 된다. 이 경우 당초 조합설립변경인가는 더 이상 존재하지 않는 처분이거나 과거의 법률관계가 되므로 특별한 사정이 없는 한 그 취소를 구할 소의 이익이 없다. 다만 당해 주택재개발사업조합이 당초 조합설립변경인가에 기초하여 사업시행계획의 수립 등의 후속 행위를 하였다면 당초 조합설립변경인가가 무효로 확인되거나 취소될 경우 그 유효를 전제로 이루어진 후속 행위 역시 소급하여 효력을 상실하게 되므로, 위와 같은 형태의 변경된 조합설립변경인가가 있다고 하여 당초 조합설립변경인가의 취소를 구할 소의 이익이 소멸된다고 볼 수는 없다. [2] **조합설립인가의 변경에서 행정청이 신고사항을 변경하면서 변경인가 형식으로 처분을 한 경우, 그 처분의 성질 및 적법 여부의 판단 방법:** 구 도시 및 주거환경정비법(2011. 9. 16. 법률 제11059호로 개정되기 전의 것) 제16조 제1항은 조합설립인가의 내용을 변경할 때 구 도시 및 주거환경정비법 시행령(2010. 7. 15. 대통령령 제22277호로 개정되기 전의 것) 제27조 각 호에서 정하는 사항의 변경은 신고절차, 그 외 사항의 변경은 변경인가절차를 거치도록 함으로써 '조합설립인가의 변경에 있어서 신고사항'과 '변경인가사항'을 구분하고 있다. 행정청이 위 신고사항을 변경하면서 신고절차가 아닌 변경인가 형식으로 처분을 한 경우, 그 성질은 위 신고사항을 변경하는 내용의 신고를 수리하는 의미에 불과한 것으로 보아야 하므로, 그 적법 여부 역시 변경인가

의 절차 및 요건의 구비 여부가 아니라 신고 수리에 필요한 절차 및 요건을 구비하였는지 여부에 따라 판단해야 한다(대판 2013. 10. 24, 2012두12853[조합설립변경인가처분취소]). 〈해설〉 조합설립변경신고수리처분의 법적 성질을 설권적 처분인 조합설립인가처분의 일부 변경으로서 특허(설권적 처분의 변경)로 보는 견해와 수리를 요하는 신고로 보는 견해가 있다.

[판례 2] 주택재건축사업조합이 새로이 조합설립인가 처분을 받는 것과 동일한 요건과 절차를 거쳐 조합설립(전부)변경인가 처분을 받는 경우 당초 조합설립인가 처분의 유효를 전제로 해당 주택재건축사업조합이 매도청구권 행사, 시공자 선정에 관한 총회 결의, 사업시행계획의 수립, 관리처분계획의 수립 등과 같은 후속행위를 하였다면, 당초 조합설립인가 처분이 무효로 확인되거나 취소될 경우 그것이 유효하게 존재하는 것을 전제로 이루어진 위와 같은 후속행위 역시 소급하여 효력을 상실하게 되므로, 특별한 사정이 없는 한 위와 같은 형태의 조합설립변경인가가 있다고 하여 당초 조합설립인가 처분의 무효확인을 구할 소의 이익이 소멸된다고 볼 수는 없다(대법원 2012. 10. 25. 선고 2010두25107 판결 등 참조)(대판 2014. 5. 16, 2011두27094[주택조합설립인가및주택조합총회결의무효확인등]).

[판례 3] 사업시행계획 인가처분의 유효를 전제로 한 일련의 후속행위가 이루어진 경우, 당초 사업시행계획을 실질적으로 변경하는 내용으로 새로운 사업시행계획을 수립하여 시장 · 군수로부터 인가를 받았다고 하여 당초 사업시행계획의 무효확인을 구할 소의 이익이 소멸하는지 여부(소극) 및 그 소의 이익이 존재하는지 판단하는 기준: 사업시행계획의 경우 그 인가처분의 유효를 전제로 분양공고 및 분양신청 절차, 분양신청을 하지 않은 조합원에 대한 수용절차, 관리처분계획의 수립 및 그에 대한 인가 등 후속 행위가 있었다면, 당초 사업시행계획이 무효로 확인되거나 취소될 경우 그것이 유효하게 존재하는 것을 전제로 이루어진 위와 같은 일련의 후속 행위 역시 소급하여 효력을 상실하게 되므로, 당초 사업시행계획을 실질적으로 변경하는 내용으로 새로운 사업시행계획이 수립되어 시장·군수로부터 인가를 받았다는 사정만으로 일률적으로 당초 사업시행계획의 무효확인을 구할 소의 이익이 소멸된다고 볼 수는 없고, 위와 같은 후속 행위로 토지 등 소유자의 권리·의무에 영향을 미칠 정도의 공법상의 법률관계를 형성시키는 외관이 만들어졌는지 또는 존속되고 있는지 등을 개별적으로 따져 보아야 한다(대판 2013. 11. 28, 2011두30199[관리처분계획취소]).

다. 기 타

[판례] 근로자를 직위해제한 후 동일한 사유를 이유로 징계처분을 한 경우, 직위해제처분이 효력을 상실하는지 여부(적극) 및 근로자가 직위해제처분에 대한 구제를 신청할 이익이 있는지 여부(한정 적극): 직위해제처분은 근로자로서의 지위를 그대로 존속시키면서 다만 그 직위만을 부여하지 아니하는 처분이므로 만일 어떤 사유에 기하여 근로자를 직위해제한 후 그 직위해제 사유와 동일한 사유를 이유로 징계처분을 하였다면 뒤에 이루어진 징계처분에 의하여 그 전에 있었던 직위해제처분은 그 효력을 상실한다. 여기서 직위해제처분이 효력을 상실한다는 것은 직위해제처분이 소급적으로 소멸하여 처음부터 직위해제처분이 없었던 것과 같은 상태로 되는 것이 아니라 사후적으로 그 효력이 소멸한다는 의미이다. 따라서 직위해제처분에 기하여 발생한 효과는 당해 직위해제처분이 실효되더라도 소급하여 소멸하는 것이 아니므로, 인사규정 등에서 직위해제처분에 따른 효과로 승진·승급에 제한을 가하는 등의 법률상 불이익을 규정하고 있는 경우에는 직위해제처분을 받은 근로자는 이러한 법률상 불이익을 제거하기 위하여 그 실효된 직위해제처분에 대한 구제를 신청할 이익이 있다. 〈해설〉 근로자의 직위해제에 관한 판례이지만, 공무원의 직위해제에 대해서도 타당하다고 볼 수 있다(대판 2010. 7. 29, 2007두18406).

(2) 처분 후의 사정변경에 의해 권익침해가 해소된 경우

① 처분 후의 사정에 의하여 권리와 이익의 침해 등이 해소된 경우에는 그 처분의 취소를 구할 소의 이익이 없다.

[판례 1] 치과의사국가시험 합격은 치과의사 면허를 부여받을 수 있는 전제요건이 된다고 할 것이나 국가시험에 합격하였다고 하여 위 면허취득의 요건을 갖추게 되는 이외에 그 자체만으로 합격한 자의 법률상 지위가 달라지게 되는 것은 아니므로 불합격처분 이후 새로 실시된 국가시험에 합격한 자들로서는 더 이상 위 불합격처분의 취소를 구할 소의 이익이 없다(대판 1993. 11. 9, 93누6867[치과의사국가시험불합격처분취소]). 〈해설〉 국가배상청구소송에서 위법성을 주장할 이익을 소의 이익으로 보는 견해에 의하면 소의 이익이 있다고 보아야 한다.

[판례 2] 공익근무요원 소집해제신청을 거부한 후에 원고가 계속하여 공익근무요원으로 복무함에 따라 복무기간 만료를 이유로 소집해제처분을 한 경우, 원고가 입게 되는 권리와 이익의 침해는 소집해제처분으로 해소되었으므로 위 거부처분의 취소를 구할 소의 이익이 없다(대판 2005. 5. 13, 2004두4369[공익근무소집해제신청거부처분취소 등]).

[판례 3] 사법시험 제2차 시험 불합격처분 이후에 새로이 실시된 제2차와 제3차 시험에 합격한 사람이 불합격처분의 취소를 구할 법률상 이익이 없다(대판 2007. 9. 21, 2007두12057[불합격처분취소]).

② 처분 후에 사정변경이 있더라도 권익침해가 해소되지 않은 경우에는 소의 이익이 있다.

[판례 1] 퇴학처분을 받은 후 고등학교졸업학력검정고시에 합격하였다 하더라도 고등학교졸업이 대학입학자격이나 학력인정으로서의 의미밖에 없다고 할 수 없고, 고등학교졸업학력검정고시에 합격하였다 하여 고등학교 학생으로서의 신분과 명예가 회복될 수 없는 것이므로 퇴학처분을 받은 자는 퇴학처분의 위법을 주장하여 퇴학처분의 취소를 구할 소송상의 이익이 있다(대판 1992. 7. 14, 91누4737[퇴학처분취소]).

[판례 2] **징계에 관한 일반사면과 동 징계처분의 취소를 구할 소송상 이익의 유무(적극)**: 징계에 관한 일반사면이 있었다고 할지라도 사면의 효과는 소급하지 아니하므로 파면처분으로 이미 상실된 원고의 공무원지위가 회복될 수 없는 것이니 원고로서는 동 파면처분의 위법을 주장하여 그 취소를 구할 소송상 이익이 있다고 할 것이다(대판 전원합의체 1981. 7. 14, 80누536[파면처분취소]). 〈해설〉 대판 1965. 5. 25, 63누195 판결을 변경한 전원합의체 판결이다.

(3) 원상회복이 불가능한 경우

행정처분의 무효확인 또는 취소를 구하는 소에서, 비록 행정처분의 위법을 이유로 무효확인 또는 취소 판결을 받더라도 처분에 의하여 발생한 위법상태를 원상으로 회복시키는 것이 불가능한 경우에는 원칙적으로 무효확인 또는 취소를 구할 이익이 없다. 다만 원상회복이 불가능하더라도 무효확인 또는 취소로써 회복할 수 있는 다른 권리나 이익(부수적 이익)이 남아 있는 경우 예외적으로 무효확인 또는 취소를 구할 이익이 인정된다(대판 2016. 6. 10, 2013두1638[조례무효확인]). 또한 원상회복이 불가능하게 보이는 경우라 하더라도, 동일한 소송 당사자 사이에서 그 행정처분과 동일한 사유로 위법한 처분이 반복될 위험성이 있어 행정처분의 위법성 확인 내지 불분명한 법률문제에 대한 해명이 필요하다고 판단되는 경우 등에는 행정의 적법성 확보와 그에 대한 사법통제, 국민의 권리구제 확대 등의 측면에서 여전히 그 처분의 취소를 구할 이익이 있다(대판 2019. 5. 10, 2015두46987).

[판례 1] 피고는 원심(항소심) 계속 중 이 사건 처분(세무조정반지정처분(원고 법무법인은 2017. 11. 28. 피고에게 조정반 지정 신청을 하여 2017. 12. 15. 조정반으로 지정(효력기간 2018. 12. 31.)됨)취소처분)과 관련하여 행정절차상 하자가 있음을 이유로 2019. 7. 9. 직권으로 이 사건 처분을 취소하였고 이 사건 처분의

(직권)취소 대상이었던 원고에 대한 조정반 지정의 효력기간이 경과한 사실을 인정할 수 있지만, 피고는 직권으로 이 사건 처분을 취소한 뒤 다시 이 사건 각 시행령 조항을 근거로 원고에 대한 2018년도 조정반 지정처분을 취소하였고, 이후 원고가 2019년과 2020년에도 조정반 지정 신청을 하였으나 피고는 여전히 원고가 이 사건 각 시행령 조항에서 정한 조정반 대상에 해당하지 않는다는 이유로 원고가 조정반 지정에서 제외됨을 통지한 사실을 알 수 있다. 따라서 이 사건 각 시행령 조항이 존재하는 한 세무사 자격을 가지고 세무조정 업무를 수행할 수 있는 변호사가 구성원이거나 소속된 법무법인이 조정반 지정 신청을 하더라도 이 사건 처분과 동일한 사유의 처분이 반복될 위험성이 있어 이 사건 처분의 위법성을 확인할 필요가 있으므로 원고가 이 사건 처분의 취소를 구할 소의 이익이 인정된다고 한 사례(대판 전원합의체 2021. 9. 9, 2019두53464[조정반지정취소처분취소청구]).

[판례 2] 세무사 자격 보유 변호사 甲이 관할 지방국세청장에게 조정반 지정 신청을 하였으나 지방국세청장이 '甲의 경우 세무사등록부에 등록되지 않았기 때문에 2015년도 조정반 구성원으로 지정할 수 없다'는 이유로 거부처분을 하자, 甲이 거부처분의 취소를 구하는 소를 제기한 사안에서, '이미 2015년도 조정반 지정의 효력이 지났기 때문이 거부처분을 취소하더라도 원고가 2015년도 조정반에 지정될 수 없고, 헌법불합치결정에 따른 개선입법이 개정시한까지 이루어지지 않음에 따른 근거법률조항의 2020년도 1월 1일 부터의 효력상실로 동일한 거부사유(해당 변호사가 세무사등록부에 등록되지 않았다는 사유)로 조정반 구성원 지정을 거부하는 처분을 반복할 가능성이 없어졌으므로' 위 소는 소의 이익이 없어 부적법하다고 하면서 원심의 원고승소판결을 취소하고 파기자판해 각하한 사례(대판 2020. 2. 27, 2018두67152). 〈해설〉 개선입법이 이루어지기 전까지는 다른 사유(근거법률조항의 공백)로 원고 변호사는 세무조정반 지정을 받을 수 없다. 헌재의 헌법불합치결정에 따른 개선입법이 이루어져야 국세청은 원고 변호사의 지정신청에 대해 가부간의 처분을 할 수 있다.

재결(조세심판원의 각하재결)취소소송의 계속 중에 해당 재결을 전심절차로 하는 과세처분(해당 재결의 대상이 된 과세처분)에 대한 취소를 구하는 본안소송이 원고 패소로 확정된 경우, 재결취소소송의 소의 이익이 인정될 수 없다(대판 2025. 3. 27, 2024두61018[2021서6905결정취소]파기자판(각하)).

[판례] 甲이 자신의 토지 양도에 관한 양도소득세를 신고·납부한 후 양도차익을 산정할 수 없다는 이유로 양도소득세를 환급해 달라는 경정청구를 하였다가 관할 세무서장에게서 이를 거부한다는 통지를 받고, 조세심판원에 심판청구를 하였으나 각하결정을 받자 그 각하재결의 취소를 구하는 소송을 제기하였는데, 소송 계속 중 관할 세무서장을 상대로 위 거부통지의 취소를 구하는 소송을 별도로 제기하였다가 甲의 청구를 기각하는 판결이 확정된 사안에서, 甲이 조세심판원 각하재결을 전심절차로 하는 본안 소송(거부통지의 취소를 구하는 소송)에서 패소하여 판결이 확정된 이상, 조세심판원 각하재결의 취소를 구할 이익이 없어 그 취소를 구하는 소는 부적법하다고 한 사례(대판 2025. 3. 27, 2024두61018[2021서6905결정취소]파기자판(각하)).

1) 처분의 집행 등으로 원상회복이 불가능한 경우[2002 사시 사례]

[판례 1] 건축허가가 건축법 소정의 이격거리(離隔距離)를 두지 아니하고 건축물을 건축하도록 되어 있어 위법하다 하더라도 건축이 완료된 경우에는 그 건축허가를 받은 대지와 접한 대지의 소유자인 원고가 위 건축허가처분의 취소를 받아 이격거리를 확보할 단계는 지났으며, 민사소송으로 위 건축물등의 철거를 구하는 데 있어서도 위 처분의 취소가 필요한 것이 아니므로 원고로서는 (일조권 또는 조망권의 보호를 위해) 위 건축허가처분의 취소를 구할 법률상의 이익이 없다(대판 1992. 4. 24, 91누11131[건축허가취소]).

[판례 2] 건축법 소정의 이격거리를 두지 아니하고 건축물을 건축한 후 그에 대한 준공검사의 처분이 행해진 경우 준공검사가 취소되어도 위법부분을 시정시키는 효과는 없고 시정명령은 행정청에 의한 별도의 판단에 의해 행해지는 것이므로 인근주민은 일조권의 보호를 위해 준공검사처분의 취소를 구할 소의 이익이 없다

(대판 1994. 1. 14, 93누20481[건축사용검사허가처분취소]). 〈평석〉 이 경우 당사자는 별도의 소송(민사소송)으로 위법부분의 철거 내지 시정을 청구하거나(소유권에 기한 방해배제청구소송을 제기하거나) 손해배상을 청구할 수밖에 없다. 건물의 철거명령에 대한 취소소송이 제기된 경우 당해 건물이 대집행의 실행에 의해 이미 철거되어 버렸다면 철거명령이 취소되어도 원상회복이 불가능하므로 철거명령의 취소소송에 있어서 소의 이익이 없다.

[판례 3] 채석허가취소처분에 대한 취소소송계속중에 원고가 이 사건 채석허가기간의 연장허가신청을 하였으나 반려되자 이에 대하여는 불복하지 않은 상태에서 채석허가기간이 만료된 경우에는 그 채석허가취소처분이 취소되더라도 원상회복이 불가능하기 때문에 원고에게는 그 채석허가취소처분의 취소를 구할 소의 이익이 없게 되었다고 할 것이다(대판 2006. 1. 26, 2004두2196[채석허가취소처분취소]). 〈해설〉 채석허가기간의 연장허가신청거부에 대해 적법하게 불복하고 있는 경우에는 소의 이익이 있다고 보아야 한다.

[판례 4] 보충역편입처분을 취소하고 현역입영대상처분을 한 사건에서 (재신체검사에 따른) 현역병입영대상편입(공익근무요원대상)처분은 보충역편입처분취소처분과는 별개의 법률효과를 발생시키는 독립된 행정처분으로서 제소기간이 경과하여 처분의 위법성을 다툴 수 없게 되었을 뿐 아니라 당연 무효라고 볼 수도 없는 이상, 이 사건 보충역편입처분취소처분이 취소되어 확정된다고 하더라도 원고로서는 현역병입영대상편입처분에 터잡은 현역병입영통지처분에 따라 현역병으로 복무하는 것을 피할 수 없고, 따라서 이 사건 보충역편입처분취소처분의 취소를 구할 법률상의 이익이 있다고 할 수 없다(대판 2004. 12. 10, 2003두12257[병역처분취소처분취소]). 〈평석〉 만일 재신체검사 없이 현역입영대상 편입처분을 하였다면 보충역편입처분취소처분이 취소되면 동 취소판결의 기속력에 의해 행정청에게 이와 모순되는 현역병입영대상편입처분의 위법상태를 제거할 의무가 있다고 볼 수 있으므로 이 사안에서 소의 이익을 인정하는 것이 타당할 것이다.

[판례 5] **['진주의료원 폐업조치'의 효력을 다투는 사건]** [1] 지방의료원의 설립·통합·해산은 지방자치단체의 조례로 결정할 사항이다. [2] 피고 경상남도지사의 이 사건 폐업결정은 행정청이 행하는 구체적 사실에 관한 법집행으로서의 공권력의 행사로서 입원환자들과 소속 직원들의 권리·의무에 직접 영향을 미치는 것이므로 항고소송의 대상에 해당한다. [3] (조례로 결정하여야 함에도 경상남도지사가 권한없이 행한) 이 사건 폐업결정 후 진주의료원을 해산한다는 내용의 이 사건 조례가 제정·시행되었고, 이 사건 조례가 무효라고 볼 사정도 없으므로, 진주의료원을 폐업 전의 상태로 되돌리는 원상회복은 불가능하다고 판단된다. 따라서 법원이 피고 경상남도지사의 이 사건 폐업결정을 취소하더라도 그것은 단지 이 사건 폐업결정이 위법함을 확인하는 의미 밖에 없고, 그것만으로는 원고들이 희망하는 진주의료원 재개원이라는 목적을 달성할 수 없으며, 뒤에서 살펴보는 바와 같이 (발생한 손해가 없으므로) 원고들의 국가배상청구도 이유 없다고 판단되므로, 결국 원고들에게 이 사건 폐업결정의 취소로 회복할 수 있는 다른 권리나 이익이 남아있다고 보기도 어렵다. 따라서 피고 경상남도지사의 이 사건 폐업결정은 법적으로 권한 없는 자에 의하여 이루어진 것으로서 위법하다고 하더라도, 그 취소를 구할 소의 이익을 인정하기는 어렵다(대판 2016. 8. 30, 2015두60617[폐업처분 무효확인 등]).

2) 원상회복이 가능한 경우

[판례 1] 현역입영대상자가 입영한 후에도 현역입영통지처분이 취소되면 원상회복이 가능하므로 동 처분의 취소를 구할 소의 이익이 있다(대판 2003. 12. 26, 2003두1875[병역의무부과처분취소]).

[판례 2] **광업권 존속기간의 경과와 채광목적의 토지형질변경허가거부처분 취소소송의 소의 이익**: 행정청이 토지형질변경허가거부처분을 할 당시는 광업권의 존속기간이 만료되지 아니하였을 뿐만 아니라, 광업권자는 상공자원부장관의 허가를 받아 광업권의 존속기간을 연장할 수도 있는 것이므로, 행정청이 위 거부처분을 한 뒤에 광업권의 존속기간이 만료되었다고 하여 위 거부처분의 취소를 구할 법률상 이익이 없다고 할 수 없다(대판 1994. 4. 12, 93누21088[토지형질변경허가반려처분취소]).

[판례 3] 원고들이 불합격처분의 취소를 구하는 이 사건 소송계속 중 당해년도의 입학시기가 지났더라도 당해 년도의 합격자로 인정되면 다음년도의 입학시기에 입학할 수도 있다고 할 것이고, 피고의 위법한 처분이

있게 됨에 따라 당연히 합격하였어야 할 원고들이 불합격처리되고 불합격되었어야 할 자들이 합격한 결과가 되었다면 원고들은 입학정원에 들어가는 자들이라고 하지 않을 수 없다고 할 것이므로 원고들로서는 피고의 불합격처분의 적법여부를 다툴만한 법률상의 이익이 있다(대판 1990. 8. 28, 89누8255).

[판례 4] 개발제한구역 안에서의 공장설립을 승인한 처분이 위법하다는 이유로 쟁송취소되었다고 하더라도 그 공장설립승인처분에 기초한 공장건축허가처분이 잔존하는 이상, 공장설립승인처분이 취소되었다는 사정만으로 인근 주민들의 환경상 이익이 침해되는 상태나 침해될 위험이 종료되었다거나 이를 시정할 수 있는 단계가 지나버렸다고 단정할 수는 없고, 인근 주민들은 여전히 (환경상 이익의 침해 또는 그 위험을 제거하기 위해) 공장건축허가처분의 취소를 구할 법률상 이익이 있다고 보아야 한다(대판 2018. 7. 12, 2015두3485).

3) 기본적인 권리회복은 불가능하나 부수적 이익이 있는 경우(소의 이익 인정)[2009, 2011, 2020 행시]

기본적인 권리회복은 불가능하다 하더라도 판결의 소급효에 의하여 당해 처분이 소급적으로 취소되게 됨으로써 원고의 법률상 이익에 해당하는 **부수적인 이익**이 구제될 수 있는 경우에는 소의 이익이 인정된다.

[판례 1] 해임처분 무효확인 또는 취소소송 계속 중 임기가 만료되어 해임처분의 무효확인 또는 취소로 지위를 회복할 수는 없다고 할지라도, 그 무효확인 또는 취소로 해임처분일부터 임기만료일까지 기간에 대한 보수 지급을 구할 수 있는 경우에는 해임처분의 무효확인 또는 취소를 구할 법률상 이익이 있다. 해임권자와 보수지급의무자가 다른 경우에도 마찬가지이다(대판 2012. 2. 23, 2011두5001[해임처분무효]).

[판례 2] **지방의회 의원에 대한 제명의결처분 취소소송 계속 중 그 의원의 임기가 만료된 경우 소의 이익이 소멸하는지 여부(소극)**: 지방자치법(2007. 5. 11. 법률 제8423호로 전부 개정되기 전의 것) 제32조 제1항(현행 지방자치법 제33조 제1항 참조)은 지방의회 의원에게 지급하는 비용으로 의정활동비(제1호)와 여비(제2호) 외에 월정수당(제3호)을 규정하고 있는바, 이 규정의 입법연혁과 함께 특히 월정수당(제3호)은 지방의회 의원의 직무활동에 대하여 매월 지급되는 것으로서, 지방의회 의원이 전문성을 가지고 의정활동에 전념할 수 있도록 하는 기틀을 마련하고자 하는 데에 그 입법취지가 있다는 점을 고려해 보면, 지방의회 의원에게 지급되는 비용 중 적어도 월정수당(제3호)은 지방의회 의원의 직무활동에 대한 대가로 지급되는 보수의 일종으로 봄이 상당하다. 따라서 원고가 이 사건 제명의결 취소소송 계속 중 임기가 만료되어 제명의결의 취소로 지방의회 의원으로서의 지위를 회복할 수는 없다 할지라도, 그 취소로 인하여 최소한 제명의결시부터 임기만료일까지의 기간에 대해 월정수당의 지급을 구할 수 있는 등 여전히 그 제명의결의 취소를 구할 법률상 이익은 남아 있다고 보아야 한다(대판 2009. 1. 30, 2007두13487[본회의개의및본회의제명의결처분취소]).

[판례 3] **[1] 공장건물의 멸실 여부에 불구하고 그 공장등록취소처분의 취소를 구할 법률상의 이익이 있는 경우**: 일반적으로 공장등록이 취소된 후 그 공장 시설물이 어떠한 경위로든 철거되어 다시 복구 등을 통하여 공장을 운영할 수 없는 상태라면 이는 공장등록의 대상이 되지 아니하므로 외형상 공장등록취소행위가 잔존하고 있다고 하여도 그 처분의 취소를 구할 법률상의 이익이 없다 할 것이나, 위와 같은 경우에도 유효한 공장등록으로 인하여 공장등록에 관한 당해 법률이나 다른 법률에 의하여 보호되는 직접적·구체적 이익이 있다면, 당사자로서는 공장건물의 멸실 여부에 불구하고 그 공장등록취소처분의 취소를 구할 법률상의 이익이 있다. [2] 공장등록이 취소된 후 그 공장시설물이 철거되었고 관계법령상 다시 복구 등을 통하여 공장을 운영할 수 없는 상태라 하더라도 대도시 안의 공장을 지방으로 이전할 경우 조세특례제한법상의 세액공제 및 소득세 등의 감면혜택이 있고, 공업배치 및 공장설립에 관한 법률상의 간이한 이전절차 및 우선 입주의 혜택이 있는 경우, 그 공장등록취소처분의 취소를 구할 소의 이익이 있다(대판 2002. 1. 11, 2000두3306[공장등록취소 등 처분취소]). 〈해설〉 이 사건에서 공장등록취소처분의 취소로 공장등록이 원상회복되어도 관련 법령상 공장의 복 구는 불가능하지만, 공장의 지방이전에 따른 혜택 등의 부수적 이익이 있으므로 소의 이익이 있는 것이다.

[판례 4] 공공용지의 취득 및 손실보상에 관한 특례법 제8조 제1항 소정의 이주대책업무가 종결되고 그 공공사업을 완료하여 사업지구 내에 더 이상 분양할 이주대책용 단독택지가 없는 경우에도 이주대책대상자 선정신청을 거부한 행정처분의 취소를 구할 법률상 이익이 있는지 여부(적극): 공공용지의 취득 및 손실보상에 관한 특례법 제8조 제1항에 의하면 사업시행자는 이주대책의 수립, 실시의무가 있고, 그 의무이행에 따른 이주대책계획을 수립하여 공고하였다면, 이주대책대상자라고 하면서 선정신청을 한 자에 대해 대상자가 아니라는 이유로 거부한 행정처분에 대하여 그 취소를 구하는 것은 이주대책대상자라는 확인을 받는 의미도 함께 있는 것이며, 사업시행자가 하는 확인, 결정은 이주대책상의 택지분양권이나 아파트 입주권 등을 받을 수 있는 구체적인 권리를 취득하기 위한 요건에 해당하므로 현실적으로 이미 수립, 실시한 이주대책업무가 종결되었고, 그 사업을 완료하여 이 사건 사업지구 내에 더 이상 분양할 이주대책용 단독택지가 없다 하더라도 보상금청구권 등의 권리를 확정하는 법률상의 이익은 여전히 남아 있는 것이므로 그러한 사정만으로 이 거부처분의 취소를 구할 법률상 이익이 없다고 할 것은 아니다(대판 1999. 8. 20, 98두17043[단독주택용지조성원가공급거부처분취소]). 〈해설〉 사례에서 법률상 이익은 협의의 소의 이익을 말한다.

[판례 5] 파면처분취소소송의 사실심변론종결전에 동원고가 허위공문서등작성 죄로 징역 8월에 2년간 집행유예의 형을 선고받아 확정되었다면 원고는 지방공무원법 제61조의 규정에 따라 위 판결이 확정된 날 당연퇴직되어 그 공무원의 신분을 상실하고, 당연퇴직이나 파면이 퇴직급여에 관한 불이익의 점에 있어 동일하다 하더라도 최소한도 이 사건 파면처분이 있은 때부터 위 법규정에 의한 당연퇴직일자까지의 기간에 있어서는 파면처분의 취소를 구하여 그로 인해 박탈당한 이익의 회복을 구할 소의 이익(급여청구의 이익)이 있다 할 것이다(대판 1985. 6. 25. 선고 85누39).

[판례 6] [1] **부당해고구제재심판정의 취소소송 중 정년이 된 경우 소의 이익이 문제 된 사건**: 근로자가 부당해고 구제신청을 하여 해고의 효력을 다투던 중 정년에 이르거나 근로계약기간이 만료하는 등의 사유로 원직에 복직하는 것이 불가능하게 된 경우에도 해고기간 중의 임금 상당액을 지급받을 필요가 있다면 임금 상당액 지급의 구제명령을 받을 이익이 유지되므로 구제신청을 기각한 중앙노동위원회의 재심판정을 다툴 소의 이익이 있다(대판 전원합의체 2020. 2. 20, 2019두52386[부당해고구제재심판정취소]). [2] **[부당해고 구제신청을 하여 해고의 효력을 다투던 중 근로계약기간이 만료한 경우 중앙노동위원회의 재심판정을 다툴 소의 이익이 있는지가 문제된 사안]** 아파트 관리소장으로 근무하던 원고가 공동주택 위수탁관리계약의 상대방이 변경되는 과정에서 고용 승계가 거부되자 아파트입주자대표회의, 변경 전·후의 위수탁관리업체를 상대로 부당해고 구제신청을 제기하고 그 구제신청이 기각되자 중앙노동위원회의 재심판정의 취소를 구하는 소를 제기한 사건에서, 근로계약관계의 종료로 인하여 원직복직이 불가능하게 되었더라도 해고기간 동안의 임금 상당액을 지급받을 필요가 있는 한도에서 재심판정을 다툴 소의 이익이 있다고 하여 파기환송한 사안(대판 2022. 5. 12, 2020두35592[부당해고구제재심판정취소]). 〈참조 판례〉 근로자가 부당해고 구제신청을 할 당시 이미 정년에 이르거나 근로계약기간 만료, 폐업 등의 사유로 근로계약관계가 종료하여 근로자의 지위에서 벗어난 경우에는 노동위원회의 구제명령을 받을 이익이 소멸하였다고 보는 것이 타당하다(대판 2022. 7. 14, 2020두54852[부당해고구제재심판정취소]).

[판례 7] 교원소청심사제도에 관한 '교원의 지위 향상 및 교육활동 보호를 위한 특별법'의 규정 내용과 목적 및 취지 등을 종합적으로 고려하면, 사립학교 교원이 소청심사청구를 하여 해임처분의 효력을 다투던 중 형사판결 확정 등 당연퇴직사유가 발생하여 교원의 지위를 회복할 수 없더라도, 해임처분이 취소되거나 변경되면 해임처분일부터 당연퇴직사유 발생일까지의 기간에 대한 보수 지급을 구할 수 있는 경우에는 소청심사청구를 기각한 교원소청심사위원회 결정(행정소송법상 처분)의 취소를 구할 법률상 이익(협의의 소의 이익)이 있다(대판 2024. 2. 8, 2022두50571).

(4) 보다 실효적인 권리구제절차가 있는 경우

당해 취소소송 보다 실효적인(직접적인) **권리구제절차가 있는 경우에는 소의 이익이 부정된다.** 그렇지만, 다른 권리구제절차가 있는 경우에도 취소를 구할 현실적 이익이 있어 문제의 취소소송이 분쟁해결의 유효적절한 수단이라고 할 수 있는 경우에는 소의 이익이 인정된다.

[판례] 행정청이 한 처분 등의 취소를 구하는 소송은 처분에 의하여 발생한 위법 상태를 배제하여 원래 상태로 회복시키고 처분으로 침해된 권리나 이익을 구제하고자 하는 것이다. 따라서 해당 처분 등의 취소를 구하는 것보다 실효적이고 직접적인 구제수단이 있음에도 처분 등의 취소를 구하는 것은 특별한 사정이 없는 한 분쟁해결의 유효적절한 수단이라고 할 수 없어 법률상 이익이 있다고 할 수 없다(대판 2017. 10. 31, 2015두45045).

1) 인가처분 취소소송에서의 소의 이익 [2022 행시]

기본행위의 하자를 이유로 기본행위를 다투는 소송이 기본행위의 하자를 이유로 인가처분을 다투는 것보다는 더 실효적인 권리구제이므로 기본행위의 하자를 이유로 인가처분의 취소 또는 무효확인을 구할 소의 이익이 없다는 것이 판례의 입장이다.

[판례 1] 인가는 기본행위의 법률상의 효력을 완성시키는 보충행위로서, 그 기본행위에 하자가 있을 때에는 그에 대한 인가가 있었다 하여도 기본행위가 유효한 것으로 될 수 없으므로 기본행위가 적법 유효하고 보충행위인 인가처분 자체에만 하자가 있다면 그 인가처분의 무효나 취소를 주장할 수 있지만, 인가처분에 하자가 없다면 기본행위에 하자가 있다 하더라도 따로 그 기본행위의 하자를 다투는 것은 별론으로 하고 기본행위의 무효를 내세워 바로 그에 대한 행정청의 인가처분의 취소 또는 무효확인을 소구할 법률상의 이익이 없다(대판 1996. 5. 16, 95누4810[법인정관변경허가처분무효확인]). 〈평석〉 기본행위의 하자를 이유로 기본행위를 다투는 소송이 기본행위의 하자를 이유로 인가처분을 다투는 것보다는 더 실효적인 권리구제이다.

[판례 2] 학교법인의 임원선임행위에 하자가 있다는 이유로 감독청의 취임승인처분의 취소 또는 무효확인을 구할 법률상 이익이 없다: 사립학교법 제20조 제2항에 의한 학교법인의 임원에 대한 감독청의 취임승인은 학교법인의 임원선임행위를 보충하여 그 법률상의 효력을 완성케 하는 보충적 행정행위로서 그 자체만으로는 법률상 아무런 효력도 발생할 수 없는 것인바, 기본행위인 사법상의 임원선임행위에 하자가 있다는 이유로 그 선임행위의 효력에 관하여 다툼이 있는 경우에는 민사쟁송으로 그 선임행위의 무효확인을 구하는 등의 방법으로 분쟁을 해결할 것이지 보충적 행위로서 그 자체만으로는 아무런 효력이 없는 승인처분만의 취소 또는 무효확인을 구하는 것은 특단의 사정이 없는 한 분쟁해결의 유효적절한 수단이라 할 수 없어 소구할 법률상의 이익이 없다고 할 것이다(대판 1987. 8. 18, 86누152; 2002. 5. 24, 2000두3641 등 참조)(대판 2005. 12. 23, 2005두4823[학교법인임원취 · 해임승인거부처분취소]).

[판례 3] 재건축조합설립인가를 강학상 인가로 보는 구법하에서 기본행위인 조합설립에 하자가 있는 경우에는 민사쟁송으로써 따로 그 기본행위의 취소 또는 무효확인 등을 구하는 것은 별론으로 하고 기본행위의 불성립 또는 무효를 내세워 바로 그에 대한 감독청의 인가처분의 취소 또는 무효확인을 소구할 법률상 이익이 있다고 할 수 없다(대판 2000. 9. 5, 99두1854[재건축조합설립인가처분무효확인등]). 〈해설〉 기본행위의 하자를 이유로 기본행위를 다투는 소송이 기본행위의 하자를 이유로 인가처분을 다투는 것보다 더 실효적인 권리구제수단이므로 기본행위의 하자를 이유로 인가처분의 취소나 무효확인을 구할 소의 이익이 없다. 그런데, 현행법상 재건축조합의 설립인가처분은 강학상 인가가 아니라 강학상 특허라는 것이 판례의 입장이고, 조합설립인가처분이 있는 경우에는 조합설립결의의 무효확인을 구할 소의 이익이 없고, 조합설립결의의 하자는 인가처분을 다투면서 주장하여야 한다고 본다(대판 2009. 9. 24, 2008다60568; 2010. 4. 8, 2009다27636).

2) 지위승계신고수리처분의 무효확인을 구할 소의 이익(인정) [2005 행시(일반행정직) 사례]

사업양도양수신고의 수리는 강학상 인가가 아니라 사업허가의 수허가자의 명의변경이라는 변경허가의 실질을 갖는다. 그리고, 사업양도행위의 무효확인을 구하는 민사소송을 제기하는 것이 가능하더라도 사업양도양수신고의 수리를 취소하거나 무효확인을 받으면 영업허가자의 지위를 유지하는 현실적 이익이 있으므로 사업양도계약의 무효를 이유로 사업양도양수신고수리처분의 취소나 무효확인을 구할 소의 이익이 있다고 보아야 한다.

[판례] 사업양도·양수에 따른 허가관청의 지위승계신고의 수리는 적법한 사업의 양도·양수가 있었음을 전제로 하는 것이므로 그 수리대상인 사업양도·양수가 존재하지 아니하거나 무효인 때에는 수리를 하였다 하더라도 그 수리는 유효한 대상이 없는 것으로서 당연히 무효라 할 것이고, 사업의 양도행위가 무효라고 주장하는 양도자는 민사쟁송으로 양도·양수행위의 무효를 구함이 없이 막바로 허가관청을 상대로 하여 행정소송으로 사업양도·양수에 따른 허가관청의 지위승계신고수리처분의 무효확인을 구할 법률상 이익이 있다(대판 2005. 12. 23, 2005두3554[채석허가수허가자변경신고수리처분취소]). 〈평석〉 양도인은 사업양도에 따른 지위승계수리처분의 무효확인을 통해 영업자의 지위를 유지할 현실적 이익이 있다.

3) 거부처분 취소재결의 취소를 구하는 소의 이익(부정)

거부처분 취소재결에 따른 후속처분이 아니라 거부처분 취소재결의 취소를 구하는 것은 실효적이고 직접적인 권리구제수단이 될 수 없어 분쟁해결의 유효적절한 수단이라고 할 수 없으므로 소의 이익이 없다(대판 2017. 10. 31, 2015두45045). 거부처분 취소재결에 따라 후속처분이 행해진 경우 후속처분을 다투는 취소소송을 제기할 수 있다.

[판례] [1] 행정청이 한 처분 등의 취소를 구하는 소송은 그 처분에 의하여 발생한 위법 상태를 배제하여 원래 상태로 회복시키고 그 처분으로 침해된 권리나 이익을 구제하고자 하는 것이다. 따라서 해당 처분 등의 취소를 구하는 것보다 실효적이고 직접적인 구제수단이 있음에도 그 처분 등의 취소를 구하는 것은 특별한 사정이 없는 한 분쟁해결의 유효적절한 수단이라고 할 수 없어 법률상 이익이 있다고 할 수 없다. [2] **거부처분을 취소하는 재결이 있는 경우 그 재결 자체의 취소를 구할 법률상 이익이 없다**: 당사자의 신청을 받아들이지 않은 거부처분이 재결에서 취소된 경우에 행정청은 종전 거부처분 또는 재결 후에 발생한 새로운 사유를 내세워 다시 거부처분을 할 수 있다. 그 재결의 취지에 따라 이전의 신청에 대하여 다시 어떠한 처분을 하여야 할지는 처분을 할 때의 법령과 사실을 기준으로 판단하여야 하기 때문이다. 또한 행정청이 재결에 따라 이전의 신청을 받아들이는 후속처분을 하였더라도 그 후속처분이 위법한 경우에는 재결에 대한 취소소송을 제기하지 않고도 곧바로 후속처분에 대한 항고소송을 제기하여 다툴 수 있다. 나아가 거부처분을 취소하는 재결이 있더라도 그에 따른 후속처분이 있기까지는 제3자의 권리나 이익에 변동이 있다고 볼 수 없고 후속처분 시에 비로소 제3자의 권리나 이익에 변동이 발생하며, 재결에 대한 항고소송을 제기하여 재결을 취소하는 판결이 확정되더라도 그와 별도로 후속처분이 취소되지 않는 이상 후속처분으로 인한 제3자의 권리나 이익에 대한 침해 상태는 여전히 유지된다. 이러한 점들을 종합하여 보면, 거부처분이 재결에서 취소된 경우 재결에 따른 후속처분이 아니라 그 재결의 취소를 구하는 것은 실효적이고 직접적인 권리구제수단이 될 수 없어 분쟁해결의 유효적절한 수단이라고 할 수 없으므로 법률상 이익이 없다(대판 2017. 10. 31, 2015두45045[주택건설사업계획변경승인신청반려처분취소재결취소]).

(5) 동일한 사유로 위법한 처분이 반복될 위험성이 있는 경우 소의 이익(인정)

행정처분의 무효확인 또는 취소를 구하는 소가 제소 당시에는 소의 이익이 있어 적법하였는데, 소송계속 중 해당 행정처분이 기간의 경과 등으로 그 효과가 소멸한 때에 처분이 취소되어도 원상회복이 불가능하다고 보이는 경우라도, 그 행정처분과 동일한 사유로 위법한 처분이 반복될 위험성이 있어 행정처분의 위법성 확인 내지 불분명한 법률문제에 대한 해명이 필요한 경우에는 행정의 적법성 확보와 그에 대한 사법통제, 국민의 권리구제 확대 등의 측면에서 **예외적으로 그 처분의 취소를 구할 소의 이익을 인정할 수 있다.** 여기에서 '그 행정처분과 동일한 사유로 위법한 처분이 반복될 위험성이 있는 **경우'란 불분명한 법률문제에 대한 해명이 필요한 상황에 관한 대표적인 예시일 뿐이며, 반드시 '해당 사건의 동일한 소송 당사자 사이에서' 반복될 위험이 있는 경우만을 의미하는 것은 아니다.** 달리 말하면 다른 사건에서도 또는 당사자(처분 상대방)가 달라도 위법한 처분이 반복될 위험성이 있어 행정처분의 위법성 확인 내지 불분명한 법률문제에 대한 해명이 필요한 경우에는 소의 이익이 인정될 수 있다(대판 2020. 12. 24, 2020두30450; 2024. 4. 16, 2022두57138: 이러한 법리는 행정처분의 일종인 중재재정에 대한 무효확인 또는 취소를 구하는 소의 경우에도 마찬가지로 적용된다고 한 사례).

[판례 1] 피고(교도소장)가 제1심판결 선고 이후 원고를 위 '접견내용 녹음·녹화 및 접견 시 교도관 참여대상자'에서 해제하기는 하였지만 앞으로도 원고에게 '접견내용 녹음·녹화 및 접견 시 교도관 참여대상자' 지정행위(이 사건 처분)와 같은 포괄적 접견제한처분을 할 염려가 있는 것으로 예상되므로 이 사건 소는 여전히 법률상 이익(소의 이익)이 있다고 본 원심판단을 정당한 것으로 수긍한 사례(대판 2014. 2. 13, 2013두20899).

[판례 2] **[기간 도과로 소멸한 집회 및 시위 금지통고 취소청구 사건]** 피고가 심각한 교통 불편을 줄 것이 명백하다는 이유로 원고에게 집회 및 시위의 금지 통고를 한 후 기간의 경과로 금지 통고의 효과가 소멸한 경우, 원고와 피고 사이에 위와 같은 사유로 위법한 처분이 반복될 위험성이 있어 그 위법성을 확인하거나 불분명한 법률문제를 해명할 필요가 있다고 보기 어렵다는 이유로 위 금지 통고의 취소를 구하는 이 사건 소가 소의 이익이 없어 부적법하다는 원심 판단을 정당하다고 본 사례(대판 2018. 4. 12, 2017두67834[옥외집회금지통고처분취소]).

[판례 3] 행정처분의 무효확인 또는 취소를 구하는 소가 제소 당시에는 소의 이익이 있어 적법하였더라도, 소송 계속 중 처분청이 다툼의 대상이 되는 행정처분을 직권으로 취소하면 그 처분은 효력을 상실하여 더 이상 존재하지 않는 것이므로, 존재하지 않는 그 처분을 대상으로 한 항고소송은 원칙적으로 소의 이익이 소멸하여 부적법하다. 다만 처분청의 직권취소에도 불구하고 완전한 원상회복이 이루어지지 않아 무효확인 또는 취소로써 회복할 수 있는 다른 권리나 이익이 남아 있거나 또는 동일한 소송 당사자 사이에서 그 행정처분과 동일한 사유로 위법한 처분이 반복될 위험성이 있어 행정처분의 위법성 확인 내지 불분명한 법률문제에 대한 해명이 필요한 경우 행정의 적법성 확보와 그에 대한 사법통제, 국민의 권리구제의 확대 등의 측면에서 예외적으로 그 처분의 취소를 구할 소의 이익을 인정할 수 있다(대판 2019. 6. 27, 2018두49130).

(6) 단계적 행정결정에서의 소의 이익[2017 행시]

선행처분의 효력이 소멸한 경우에도 선행처분과 후행처분이 단계적인 일련의 절차로 연속하여 행하여져 후행처분이 선행처분의 적법함을 전제로 이루어짐에 따라 선행처분의 하자가 후행처분에 승계된다고 볼 수 있어 이미 소를 제기하여 다투고 있는 **선행처분의 위법성을 확인하여 줄 필요가 있는 경우 등**에는 행정의 적법성 확보와 그에 대한 사법통제, 국민의 권리구제의 확대 등의 측면에서 여전히 그 선행처분의 취소를 구할 법률상 이익이 있다(대판 전원합의체 2007. 7. 19, 2006두19297[임원취임승인취소처분] [경기학원 임시이사 사건]).

[판례 1] 원자로 및 관계 시설의 부지사전승인처분은 그 자체로서 건설부지를 확정하고 사전공사를 허용하는 법률효과를 지닌 독립한 행정처분이기는 하지만, 건설허가 전에 신청자의 편의를 위하여 미리 그 건설허

가의 일부 요건을 심사하여 행하는 사전적 부분 건설허가처분의 성격을 갖고 있는 것이어서 나중에 건설허가처분이 있게 되면 그 건설허가처분에 흡수되어 독립된 존재가치를 상실함으로써 그 건설허가처분만이 쟁송의 대상이 되는 것이므로, 부지사전승인처분의 취소를 구하는 소는 소의 이익을 잃게 되고, 따라서 부지사전승인처분의 위법성은 나중에 내려진 건설허가처분의 취소를 구하는 소송에서 이를 다투면 된다(대판 1998. 9. 4, 97누19588[부지사전승인처분취소]). 〈해설〉 부지사전승인처분의 위법사유가 건설허가처분의 위법사유가 되는 경우(예, 부지사전승인처분에 중요한 실체상 하자가 있는 경우 등)에는 부지사전승인처분의 취소를 구할 소의 이익이 있다고 보는 것이 타당하다. 이러한 해결이 경기임시이사사건에서의 대법원 전원합의체판결의 취지에 합치한다.

[판례 2] 구 도시 및 주거환경정비법상 조합설립추진위원회 구성승인처분을 다투는 소송 계속 중 조합설립인가처분이 이루어진 경우 조합설립추진위원회 구성승인처분에 대하여 취소 또는 무효확인을 구할 법률상 이익이 있는지 여부(소극): 구 도시 및 주거환경정비법(2009. 2. 6. 법률 제9444호로 개정되기 전의 것, 이하 '구 도시정비법'이라고 한다) 제13조 제1항, 제2항, 제14조 제1항, 제15조 제4항, 제5항 등 관계 법령의 내용, 형식, 체제 등에 비추어 보면, 조합설립추진위원회(이하 '추진위원회'라고 한다) 구성승인처분은 조합의 설립을 위한 주체인 추진위원회의 구성행위를 보충하여 그 효력을 부여하는 처분으로서 조합설립이라는 종국적 목적을 달성하기 위한 중간단계의 처분에 해당하지만, 그 법률요건이나 효과가 조합설립인가처분의 그것과는 다른 독립적인 처분이기 때문에, 추진위원회 구성승인처분에 대한 취소 또는 무효확인 판결의 확정만으로는 이미 조합설립인가를 받은 조합에 의한 정비사업의 진행을 저지할 수 없다. 따라서 추진위원회 구성승인처분을 다투는 소송 계속 중에 조합설립인가처분이 이루어진 경우에는, 추진위원회 구성승인처분에 위법이 존재하여 조합설립인가 신청행위가 무효라는 점 등을 들어 직접 조합설립인가처분을 다툼으로써 정비사업의 진행을 저지하여야 하고, 이와는 별도로 추진위원회 구성승인처분에 대하여 취소 또는 무효확인을 구할 법률상의 이익은 없다고 보아야 한다(대판 2013. 1. 31, 2011두11112, 2011두11129[조합설립추진위원회설립승인무효확인 · 조합설립추진위원회설립승인무효확인]).

(7) 기 타

[판례] 선행거부처분보다 뒤에 된 동일한 내용의 후행거부처분 때문에 선행거부처분의 취소를 구할 법률상 이익이 없다고 할 수는 없다(대판 1994. 4. 12, 93누21088[토지형질변경허가반려처분취소]).

Ⅲ. 무효확인소송에서의 소의 이익 [2010 입시, 2015 사시]

무효확인소송에서도 취소소송에서 논한 소의 이익이 요구된다. 그런데, 그 이외에 무효확인소송에 있어서 일반 확인소송(민사소송인 확인소송)에서 요구되는 **'확인의 이익'**(즉시확정의 이익)이 요구되는지에 관하여 견해가 대립하고 있다. **판례**는 부정설을 취하고 있다.

확인소송은 현존하는 원고의 권리 또는 법률상 지위에 현존하는 불안이나 위험이 있고, 법적 지위의 불안이나 위험을 제거하기 위하여 확인판결을 받는 것이 유효적절한 권리구제수단일 때 인정되는 것이다(대판 2011. 9. 8, 2009다67115). 달리 말하면 확인소송은 보다 실효적인 구제수단(예 처분의 무효를 전제로 한 이행소송)이 가능하면 인정되지 않는다. 이를 확인소송의 보충성이라 한다. 이행을 청구하는 소를 제기할 수 있는데도 불구하고 확인의 소를 제기하는 것은 분쟁의 종국적인 해결방법이 아니어서 확인의 이익이 없다. 또한 확인의 소에 확인의 이익이 있는지는 직권조사사항이므로 당사자의 주장 여부에 관계없이 법원이 직권으로 판단하여야 한다(대판 2019. 5. 16, 2016다240338).

1. 긍정설(필요설, 즉시확정이익설)

이 견해는 무효확인소송이 실질적으로 확인소송으로서의 성질을 가지고 있으므로 확인소송에 있어서의 일반적 소송요건인 '확인의 이익'이 요구된다고 한다.

이 견해에 의하면 무효를 전제로 하는 현재의 법률관계에 관한 소송으로 구제되지 않을 때에만 무효확인소송이 보충적으로 인정된다.

따라서 무효인 행정처분이 집행되지 않은 경우(예 무효인 조세부과처분에 따라 아직 세금을 납부하지 않은 경우)에는 집행의무를 면하기 위하여 처분의 무효확인을 받을 이익이 있지만, 무효인 행정처분이 이미 집행된 경우(예 무효인 조세부과처분에 따라 세금이 이미납부된 경우)에는 그에 의해 형성된 위법상태의 제거를 위한 직접적인 소송방법(예 납부된 조세의 반환을 위한 부당이득반환청구소송)이 있을 때에는, 그 원인인 처분의 무효확인을 구하고 행정청이 그 무효확인판결을 존중하여 그 위법상태를 제거하여 줄 것을 기대하는 것은 간접적인 방법이므로, 행정처분의 무효확인을 독립한 소송으로 구할 소의 이익이 없다고 본다.

2. 부정설(불요설)

다수학설은 다음과 같은 논거에 의해 무효확인소송에서 취소소송에서와 같이 소의 이익이 요구될 뿐 확인의 이익이 요구되지 않는다고 한다.[15]

① 무효확인판결의 기속력(원상회복의무)에 의해 판결의 실효성을 확보할 수 있으므로 민사소송에서와 같이 분쟁의 궁극적 해결을 위한 확인의 이익 여부를 논할 이유가 없다.

② 무효확인소송은 본질에 있어서 행정청의 처분을 다투는 항고소송인 것이며, 단지 다투는 형식이 확인소송의 형식을 취하고 있을 뿐이다.

3. 판 례

종래 판례는 긍정설(필요설, 즉시확정이익설)을 취하고 있었다.

[판례 1] 행정처분에 대한 무효확인의 소에 있어서 확인의 이익의 의미: 행정처분에 대한 무효확인의 소에 있어서 확인의 이익은 그 대상인 법률관계에 관하여 당사자 사이에 분쟁이 있고, 그로 인하여 원고의 권리 또는 법률상의 지위에 불안·위험이 있어 판결로써 그 법률관계의 존부를 확정하는 것이 위 불안·위험을 제거하는데 필요하고도 적절한 경우에 인정된다(대판 2001. 9. 18, 99두11752: 소유자 아닌 다른 사람이 행정청으로부터 건물에 대한 사용승인의 처분을 받아 이를 사용·수익함으로써 소유자의 권리행사가 방해를 받고 있는 경우 사용승인의 처분이 그러한 침해행위까지 정당화하는 것은 아니므로, 건물의 소유자로서는 사용승인처분에 대한 무효확인의 판결을 받을 필요 없이 직접 민사소송을 제기하여 소유권에 기한 방해의 제거나 예방을 청구함으로써 그 소유물에 대한 권리를 보전하려는 목적을 달성할 수가 있으므로 그 사용승인처분에 대하여 무효확인을 구하는 것은 분쟁해결에 직접적이고도 유효·적절한 수단이라 할 수 없어 소의 이익이 없다고 한 사례).
[판례 2] 확인의 이익이 부정된 사례: 과세처분에 따라 부과세액을 납부한 경우 그 과세처분의 무효확인을 구할 법률상 이익(확인의 이익)이 있는지 여부(소극): 무효임을 주장하는 과세처분에 따라 그 부과세액을 납부하여 이미 그 처분의 집행이 종료된 것과 같이 되어 버렸다면 그 과세처분이 존재하고 있는 것과 같은 외관이 남아 있음으로써 장차 이해관계인에게 다가올 법률상의 불안이나 위험은 전혀 없다 할 것이고, 다만 남아 있는 것은 이미 이루어져 있는 위법상태의 제거, 즉 납부효과가 발생한 세금의 반환을 구하는 문제뿐이라고 할 것인바, 이와 같은 위법상태의 제거방법으로서 그 위법상태를 이룬 원인에 관한 처분의 무효확인을 구하는

15) 최송화, "무효등확인소송에서의 소의 이익", 『고시계』, 1993. 5, 53면 이하.

방법은 과세관청이 그 무효확인판결의 구속력을 존중하여 납부한 세금의 환급을 하여 줄 것을 기대하는 간접적인 방법이라 할 것이므로, 민사소송에 의한 부당이득반환청구의 소로써 직접 그 위법상태의 제거를 구할 수 있는 길이 열려 있는 이상 위와 같은 과세처분의 무효확인의 소는 분쟁해결에 직접적이고도 유효적절한 해결방법이라 할 수 없어 확인을 구할 법률상 이익이 없다(대판 1991. 9. 10, 91누3840[법인세부과처분취소]).

현재 판례는 판례를 변경하여 무효확인소송에서 부정설과 같이 행정처분의 근거 법률에 의해 보호되는 직접적이고 구체적인 이익이 있는 경우 이와 별도로 민사소송(확인소송)에서 요구하는 확인의 이익(무효확인소송의 보충성)을 요구하지 않는 것으로 하였다(부정설).

[판례] 행정소송법 제35조에 규정된 '무효확인을 구할 법률상 이익'이 있는지를 판단할 때 행정처분의 무효를 전제로 한 이행소송 등과 같은 직접적인 구제수단이 있는지를 따져보아야 하는지 여부(소극): 행정소송은 행정청의 위법한 처분 등을 취소·변경하거나 그 효력 유무 또는 존재 여부를 확인함으로써 국민의 권리 또는 이익의 침해를 구제하고, 공법상의 권리관계 또는 법적용에 관한 다툼을 적정하게 해결함을 목적으로 하는 것이므로, 대등한 주체 사이의 사법상 생활관계에 관한 분쟁을 심판대상으로 하는 민사소송과는 그 목적, 취지 및 기능 등을 달리한다. 또한, 행정소송법 제4조에서는 무효확인소송을 항고소송의 일종으로 규정하고 있고, 행정소송법 제38조 제1항에서는 처분 등을 취소하는 확정판결의 기속력 및 행정청의 재처분 의무에 관한 행정소송법 제30조를 무효확인소송에도 준용하고 있으므로 무효확인판결 자체만으로도 실효성을 확보할 수 있다. 그리고 무효확인소송의 보충성을 규정하고 있는 외국의 일부 입법례와는 달리 우리나라 행정소송법에는 명문의 규정이 없어 이로 인한 명시적 제한이 존재하지 않는다. 이와 같은 사정을 비롯하여 행정에 대한 사법통제, 권익구제의 확대와 같은 행정소송의 기능 등을 종합하여 보면, 행정처분의 근거 법률에 의하여 보호되는 직접적이고 구체적인 이익이 있는 경우에는 행정소송법 제35조에 규정된 '무효확인을 구할 법률상 이익'이 있다고 보아야 하고, 이와 별도로 무효확인소송의 보충성이 요구되는 것은 아니므로 행정처분의 무효를 전제로 한 이행소송 등과 같은 직접적인 구제수단이 있는지 여부를 따질 필요가 없다고 해석함이 상당하다(대판 전원합의체 2008. 3. 20, 2007두6342[하수도원인자부담금부과처분취소]; 대판 2019. 2. 14, 2017두62587).

4. 결어(불요설)

무효확인판결에는 기속력으로 원상회복의무(위법상태제거의무)가 인정되므로 취소소송에서 요구되는 소의 이익과 별도로 확인의 이익이 추가로 요구되지 않는다고 보는 부정설이 타당하다.

Ⅳ. 부작위위법확인소송에서의 소의 이익

① 당사자의 신청이 있은 이후 당사자에게 생긴 사정의 변화로 인하여 위 부작위가 위법하다는 확인을 받는다고 하더라도 종국적으로 침해되거나 방해받은 권리와 이익을 보호·구제받는 것이 불가능하게 되었다면 그 부작위가 위법하다는 확인을 구할 이익은 없다(대판 2002. 6. 28, 2000두4750[조례제정부작위위법확인]: 이 판결은 지방자치단체가 조례를 통하여 노동운동이 허용되는 사실상의 노무에 종사하는 공무원의 구체적 범위를 규정하지 않고 있는 것(행정입법부작위)에 대하여 버스전용차로 통행위반 단속업무에 종사하는 자가 부작위위법확인의 소를 제기하였으나 상고심 계속중에 정년퇴직한 경우, 위 조례를 제정하지 아니한 부작위가 위법하다는 확인을 구할 소의 이익이 상실되었다고 한 사례).

② 또한, 변론종결시까지 처분청이 처분(거부처분 포함)을 한 경우에는 부작위상태가 해소되므로 소의 이익이 없게 된다(대판 1990. 9. 25, 89누4758[교원임용의무불이행위법확인 등]).

[판례] **부작위위법확인소송의 변론종결시까지 행정청의 처분으로 부작위 상태가 해소된 경우 소의 이익 유무(소극)**: 부작위위법확인의 소는 행정청이 국민의 법규상 또는 조리상의 권리에 기한 신청에 대하여 상당한 기간내에 그 신청을 인용하는 적극적 처분 또는 각하하거나 기각하는 등의 소극적 처분을 하여야 할 법률상의 응답의무가 있음에도 불구하고 이를 하지 아니하는 경우, 판결(구두변론 종결)시를 기준으로 그 부작위의 위법을 확인함으로써 행정청의 응답을 신속하게 하여 부작위 내지 무응답이라고 하는 소극적인 위법상태를 제거하는 것을 목적으로 하는 것이고, 나아가 당해 판결의 구속력에 의하여 행정청에게 처분 등을 하게 하고 다시 당해 처분 등에 대하여 불복이 있는 때에는 그 처분 등을 다투게 함으로써 최종적으로는 국민의 권리이익을 보호하려는 제도이므로, 소제기의 전후를 통하여 판결시까지 행정청이 그 신청에 대하여 적극 또는 소극의 처분을 함으로써 부작위상태가 해소된 때에는 소의 이익을 상실하게 되어 당해 소는 각하를 면할 수가 없는 것이다(대판 1990. 9. 25, 89누4758[교원임용의무불이행위법확인등]).

V. 공법상 당사자소송에서의 소의 이익

행정소송법은 공법상 당사자소송에 대하여는 원고적격이나 소의 이익에 관한 규정을 두고 있지 않다. 따라서, 공법상 당사자소송의 소의 이익에 관하여는 **민사소송법이 준용**된다(행정소송법 제8조 제2항).

공법상 법률관계의 확인을 구하는 당사자소송의 경우 즉, 공법상 당사자소송인 확인소송의 경우에는 항고소송인 무효확인소송에서와 달리 **확인의 이익**이 요구된다(판례).

[판례 1] 확인의 소에서 확인의 이익은 원고의 (현재의) 권리 또는 법률상 지위에 현존하는 불안·위험이 있고 그 불안·위험을 제거하기 위하여 확인판결을 받는 것이 가장 유효적절한 수단일 때에만 인정된다(대판 2011. 9. 8, 2009다67115; 2018. 3. 15, 2016다275679). 〈해설〉 보다 실효적인 구제수단이 있는 경우 확인의 이익이 없다. 즉, 이행청구를 할 수 있는 경우임에도 별도로 그 이행의무의 존재 확인을 구하거나 손해배상청구를 할 수 있는 경우임에도 별도로 그 침해되는 권리의 존재 확인을 구하는 것은 특별한 사정이 없는 한 불안 제거에 별다른 실효성이 없고 소송경제에 비추어 유효·적절한 수단이라 할 수 없어 분쟁의 종국적인 해결 방법이 아니므로 확인의 이익이 없다(대판 2023. 12. 21, 2023다275424).
[판례 2] **과거의 법률관계에 관하여 확인의 소가 허용되는 경우**: 과거의 법률관계라 할지라도 현재의 권리 또는 법률상 지위에 영향을 미치고 있고 현재의 권리 또는 법률상 지위에 대한 위험이나 불안을 제거하기 위하여 그 법률관계에 관한 확인판결을 받는 것이 유효적절한 수단이라고 인정될 때에는 확인의 이익이 있다(대판 2021. 4. 29, 2016두39856[국회의원지위확인]).
[판례 3] **확인의 이익**: 지방자치단체와 채용계약에 의하여 채용된 계약직공무원이 그 계약기간 만료 이전에 채용계약 해지 등의 불이익을 받은 후 그 계약기간이 만료된 때에는 그 채용계약 해지의 의사표시가 무효라고 하더라도, 지방공무원법이나 지방계약직공무원규정 등에서 계약기간이 만료되는 계약직공무원에 대한 재계약의무를 부여하는 근거 규정이 없으므로 계약기간의 만료로 당연히 계약직공무원의 신분을 상실하고 계약직공무원의 신분을 회복할 수 없는 것이므로, 그 해지의사표시의 무효확인청구는 과거의 법률관계의 확인청구에 지나지 않는다 할 것이고, 한편 과거의 법률관계라 할지라도 현재의 권리 또는 법률상 지위에 영향을 미치고 있고 현재의 권리 또는 법률상 지위에 대한 위험이나 불안을 제거하기 위하여 그 법률관계에 관한 확인판결을 받는 것이 유효 적절한 수단이라고 인정될 때에는 그 법률관계의 확인소송은 즉시확정의 이익이 있

다고 보아야 할 것이나, 계약직공무원에 대한 채용계약이 해지된 경우에는 공무원 등으로 임용되는 데에 있어서 법령상의 아무런 제약사유가 되지 않을 뿐만 아니라, 계약기간 만료 전에 채용계약이 해지된 전력이 있는 사람이 공무원 등으로 임용되는 데에 있어서 그러한 전력이 없는 사람보다 사실상 불이익한 장애사유로 작용한다고 하더라도 그것만으로는 법률상의 이익이 침해되었다고 볼 수는 없으므로 그 무효확인을 구할 이익이 없다(대판 2002. 11. 26, 2002두1496 등 참조). 또한, 이 사건과 같이 이미 채용기간이 만료되어 소송결과에 의해 법률상 그 직위가 회복되지 않는 이상 채용계약 해지의 의사표시의 무효확인만으로는 당해 소송에서 추구하는 권리구제의 기능이 있다고 할 수 없고, 침해된 급료지급청구권이나 사실상의 명예를 회복하는 수단은 바로 급료의 지급을 구하거나 명예훼손을 전제로 한 손해배상을 구하는 등의 이행청구소송으로 직접적인 권리구제방법이 있는 이상 무효확인소송은 적절한 권리구제수단이라 할 수 없어 확인소송의 또 다른 소송요건을 구비하지 못하고 있다 할 것이며, 위와 같이 직접적인 권리구제의 방법이 있는 이상 무효확인 소송을 허용하지 않는다고 해서 당사자의 권리구제를 봉쇄하는 것도 아니다(대판 전원합의체 2000. 5. 18, 95재다199 등 참조). 원심이 같은 취지에서 이 사건 소 중 채용계약 해지의사표시의 무효확인청구부분은 확인의 이익이 없어 부적법하다고 판단한 조치는 수긍이 가고, 거기에 상고이유에서 주장하는 바와 같은 확인의 이익에 관한 법리오해 등의 위법이 없다(대판 2008. 6. 12, 2006두16328[전임계약직공무원(나급)재계약거부처분및감봉처분취소]).

[판례 4] 도시 및 주거환경정비법(이하 '도시정비법'이라고 한다)상 주택재건축정비사업조합이 도시정비법 제48조에 따라 수립한 관리처분계획에 대하여 관할 행정청의 인가·고시가 있게 되면 관리처분계획은 행정처분으로서 효력이 발생하게 되므로, 총회결의의 하자를 이유로 하여 행정처분의 효력을 다투는 항고소송의 방법으로 관리처분계획의 취소 또는 무효확인을 구하여야 하고, 그와 별도로 행정처분에 이르는 절차적 요건 중 하나에 불과한 총회결의 부분만을 따로 떼어내어 효력 유무를 다투는 확인의 소를 제기하는 것은 특별한 사정이 없는 한 허용되지 않는다(대판 전원합의체 2009. 9. 17, 2007다2428; 대판 2012. 3. 29, 2010두7765 [조합결의무효확인]).

Ⅵ. 기관소송·민중소송에서의 소의 이익

민중소송이나 기관소송은 개별법률에 특별한 규정이 있는 경우에 법률에 정한 자에 한하여 제기할 수 있다(행정소송법 제45조). 따라서, 통상 소의 이익은 문제되지 않는다.

다만, 당선인이 사퇴하거나 사망한 때에는 당선무효확인소송을 제기할 소의 이익이 없다.

제 4 항 피고적격이 있는 자를 피고로 할 것 [2007 행시(재경직 및 기타) 약술]

Ⅰ. 항고소송의 피고

행정소송법은 항고소송의 피고를 행정주체로 하지 않고 '처분 등을 행한 행정청'으로 하고 있다(제13조). 이렇게 한 것은 처분을 실제로 한 행정청을 피고로 하는 것이 효율적이고, 행정통제기능을 달성하는데 보다 실효적이기 때문이다.

1. 처분 등을 행한 행정청 [2012, 2013 사시 사례, 2017 변시]

취소소송은 다른 법률에 특별한 규정이 없는 한 그 '처분 등을 행한 행정청'을 피고로 한다. 다만, 처분 등이 있은 뒤에 그 처분 등에 관계되는 권한이 다른 행정청에 승계된 때에는 이를 승계한 행정청을 피고로 한다(법 제13조 제1항). 제1항의 규정에 의한 행정청이 없게 된 때에는 그 처분 등에 관한 사무가 귀속되는 국가 또는 공공단체를 피고로 한다(법 제13조 제2항).

'처분 등을 행한 행정청'이라 함은 실제로 그의 이름으로 처분을 한 행정기관을 말한다. 정당한 권한을 가진 행정청인지 여부는 불문한다. 처분권한이 있는지 여부는 본안의 문제이다.

'행정청'에는 본래의 행정청(국가 또는 지방자치단체의 행정청 및 공공단체) 이외에 법령에 의하여 행정권한의 위임 또는 위탁을 받은 행정기관, 공공단체 및 그 기관 또는 사인이 포함된다(행정소송법 제2조 제2항). 공무수탁사인이 자신의 이름으로 처분을 한 경우에 공무수탁사인이 피고가 된다.

재결이 항고소송의 대상이 되는 경우에는 재결을 한 행정심판위원회가 피고가 된다.

국가공무원법 제75조에 따른 처분(공무원에 대하여 징계처분등, 강임·휴직·직위해제 또는 면직처분) 그 밖에 본인의 의사에 반한 불리한 처분이나 부작위에 관한 행정소송을 제기할 때에는 대통령의 처분 또는 부작위의 경우에는 소속 장관을, 중앙선거관리위원회위원장의 처분 또는 부작위의 경우에는 중앙선거관리위원회사무총장을 각각 피고로 한다(국가공무원법 제16조 제2항).

헌법재판소장이 한 처분에 대한 행정소송의 피고는 헌법재판소 사무처장으로 한다(헌법재판소법 제17조 제4항).

2. 구체적 사례(유형별 고찰)

(1) 처분청과 통지한 자가 다른 경우

처분청과 통지한 자가 다른 경우에는 처분청이 피고가 된다.

[판례 1] 대법원은 인천광역시장으로부터 환경보전법상의 위법시설에 대한 폐쇄 등 명령권한의 사무처리에 관한 내부위임을 받은 인천광역시 북구청장이 무허가배출시설에 대한 인천광역시장 명의의 폐쇄명령서를 발부받아 『환경보전법위반사업장고발 및 폐쇄명령』이란 제목으로 위 폐쇄명령서를 첨부하여 위 무허가배출시설에 대한 폐쇄명령통지를 한 사건에서 "폐쇄명령처분을 한 행정청은 어디까지나 인천광역시장이고, 인천광역시 북구청장은 인천광역시장의 위 폐쇄명령처분에 관한 사무처리를 대행하면서 이를 통지하였음에 지나지 않으므로, 피고 북구청장을 위 폐쇄명령처분을 한 행정청으로 보고 제기한 이 사건 소는 피고적격이 없는 자를 상대로 한 것이어서 부적법하다"라고 판시하였다(대판 1990. 4. 27, 90누233[사업장폐쇄명령처분취소]).

[판례 2] [1] 서훈은 서훈대상자의 특별한 공적에 의하여 수여되는 고도의 일신전속적 성격을 가지는 것이다. 비록 유족이라고 하더라도 제3자는 서훈수여 처분의 상대방이 될 수 없고, 망인에게 수여된 서훈의 취소에서도 유족은 그 처분의 상대방이 되는 것이 아니다. [2] 망인에 대한 서훈취소는 유족에 대한 것이 아니므로 유족에 대한 통지에 의해서만 성립하여 효력이 발생한다고 볼 수 없고, 그 결정이 처분권자의 의사에 따라 상당한 방법으로 대외적으로 표시됨으로써 행정행위로서 성립하여 효력이 발생한다고 봄이 타당하다. [3] 건국훈장 독립장이 수여된 망인에 대하여 사후적으로 친일행적이 확인되었다는 이유로 대통령에 의하여 망인에 대한 서훈취소가 결정된 후에 그 서훈취소에 따라 훈장 등을 환수조치하여 달라는 당시 행정안전부장관의 요청에 의하여 피고 국가보훈처장이 망인의 유족에게 '독립유공자 서훈취소결정 통보'(이하 '이 사건 통보'라고 한다)를 한 사건에서, 피고(국가보훈처장)가 행한 이 사건 통보 행위는 유족으로서 상훈법에 따라 훈장 등을 보관하고 있는 원고들에게 그 반환 요구의 전제로서 대통령의 서훈취소결정이 있었음을 알리는 것에 불과하고, 위 통보로써 피고가 그 명의로 서훈취소의 처분을 하였다고 볼 것은 아님에도, 이를 피고의 서훈취소

의 처분으로 파악하여 그 처분의 적법 여부를 판단한 원심판단에는 서훈취소 처분의 법적 성격 및 관련 행정행위의 해석에 관한 법리와 피고적격에 관한 법리 등을 오해한 위법이 있다고 한 사안. [4] 갑이 서훈취소 처분을 행한 행정청(대통령)이 아니라 국가보훈처장을 상대로 제기한 위 소는 피고를 잘못 지정한 경우에 해당하므로, 법원으로서는 석명권을 행사하여 정당한 피고로 경정하게 하여 소송을 진행해야 한다(대판 2014. 9. 26, 2013두2518[독립유공자서훈취소결정무효확인등]). 〈해설〉 이 사례에서 서훈취소처분은 대통령이 한 것이므로 대통령이 피고가 되어야 하고, 대통령의 처분을 통보한 국가보훈처장을 피고로 한 것은 잘못이다. 유족은 서훈취소처분의 상대방은 아니지만, 서훈취소처분의 취소를 구할 법률상 이익이 있다.

[판례 3] 항고소송은 다른 법률에 특별한 규정이 없는 한 원칙적으로 소송의 대상인 행정처분을 외부적으로 행한 행정청을 피고로 하여야 하고(행정소송법 제13조 제1항 본문), 다만 대리기관이 대리관계를 표시하고 피대리 행정청을 대리하여 행정처분을 한 때에는 피대리 행정청이 피고로 되어야 한다(대법원 2006. 2. 23.자 2005부4 결정 참조). 피고 한국농어촌공사가 '피고 농림축산식품부장관의 대행자' 지위에서 위와 같은 납부통지를 하였음을 분명하게 밝힌 이상, 피고 농림축산식품부장관이 이 사건 농지보전부담금 부과처분을 외부적으로 자신의 명의로 행한 행정청으로서 항고소송의 피고가 되어야 하고, 단순한 대행자에 불과한 피고 한국농어촌공사를 피고로 삼을 수는 없다(대판 2018. 10. 25, 2018두43095).

(2) 권한의 위임(또는 위탁)의 경우

권한의 위임이 있는 경우에는 위임기관은 처분권한을 상실하며 수임기관이 처분권한을 갖게 되므로 수임기관이 처분청이 된다. 이 경우에 수임 행정기관은 행정청일 수도 있고 보조기관일 수도 있다. 권한의 사실상 대행에 불과한 경우에는 피대행기관이 처분청으로서 피고가 된다고 보아야 한다.

[판례] 납세지 관할 세무서장을 상대로 종합소득세 부과처분과 개인지방소득세 부과처분의 취소를 함께 구한 사안: 관련 규정의 문언과 체계, 한시적으로 부칙 조항을 둔 취지 등을 종합해 보면, 피고(납세지 관할 세무서장)가 원고에게 이 사건 종합소득세 부과고지를 하면서 개인지방소득세 부과고지를 함께 한 것은 그에 관한 처분권한을 위임·위탁받아 자기의 권한에 기하여 한 것이 아니라 구 지방세법 부칙 제13조 제2항 등에 따라 단순히 그 부과고지 업무만을 대행한 것에 불과하다. 따라서 이 사건 개인지방소득세 부과처분의 취소를 구하는 항고소송의 피고는 원고의 소득세 납세지를 관할하는 남양주시장이 되어야 할 것이지만, 특별한 사정이 없는 한 원고로서는 피고를 상대로 한 소송에서 종합소득세 부과처분의 취소판결을 받으면 족하고, 이와 별도로 개인지방소득세 부과처분의 취소를 구하는 소를 제기할 필요도 없다. 결국 이 사건 소(납세지 관할 세무서장을 상대로 종합소득세 부과처분과 개인지방소득세 부과처분의 취소를 함께 구한 소) 중 개인지방소득세 부과처분의 취소를 구하는 부분은 피고적격이 없는 자를 상대로 한 것이거나 그 취소를 구할 소의 이익이 없어 부적법하다(대판 2023. 8. 18, 2023두40588).

내부위임의 경우에는 처분권한이 이전되지는 않는다. 따라서 내부위임의 경우에 처분은 위임청의 이름으로 행해져야 한다. 이 경우에 항고소송의 피고는 처분청인 위임청이 된다. 그런데, 내부위임의 경우에 위법한 것이기는 하지만 수임기관이 자신의 이름으로 처분을 행하는 경우가 있다. 이 경우에 항고소송의 대상이 되는 처분청이라 함은 실제로 처분을 한 행정청을 말하므로 내부위임을 받아 실제로 처분을 한 행정청(수임기관)을 피고로 하여야 한다.

[판례 1] 행정처분의 취소 또는 무효확인을 구하는 행정소송은 다른 법률에 특별한 규정이 없는 한 그 처분을 행한 행정청을 피고로 하여야 하며, 행정처분을 행할 적법한 권한 있는 상급행정청으로부터 내부위임을 받은 데 불과한 하급행정청이 권한 없이 행정처분을 한 경우에도 실제로 그 처분을 행한 하급행정청을 피고로 하여야 할 것이지 그 처분을 행할 적법한 권한 있는 상급행정청을 피고로 할 것은 아니다(대판 1994. 8. 12, 94누2763[자동차운전면허정지처분취소 등]: 내부위임을 받은 경찰서장이 한 자동차운전면허정지처분에 대해 지방경찰청장을 피고로 취소소송을 제기한 것은 부적법하다고 한 사례). 〈해설〉 내부위임을 받은 행정청이 권한 없이 행정처분을 했다는 것은 자신의 이름으로 처분을 한 것을 의미한다.

[판례 2] [1] 행정처분의 취소 또는 무효확인을 구하는 행정소송은 다른 법률에 특별한 규정이 없는 한 소송의 대상인 행정처분 등을 외부적으로 그의 명의로 행한 행정청을 피고로 하여야 하는 것으로서 그 행정처분을 하게 된 연유가 상급행정청이나 타행정청의 지시나 통보에 의한 것이라 하여 다르지 않다고 할 것이며, 권한의 위임이나 위탁을 받아 수임행정청이 정당한 권한에 기하여 그 명의로 한 처분에 대하여는 말할 것도 없고, 내부위임이나 대리권을 수여받은 데 불과하여 원행정청 명의나 대리관계를 밝히지 아니하고는 그의 명의로 처분 등을 할 권한이 없는 행정청이 권한 없이 그의 명의로 한 처분에 대하여도 처분명의자인 행정청이 피고가 되어야 할 것이다(대법원 1995. 12. 22. 선고 95누14688 판결 참조). [2] 오산시장은 경기도지사로부터 이 사건 보조금 지급은 물론 그 환수 처분권한을 위임받았다 할 것이고, 오산시장이 한 2015. 2. 9.자 보조금 반환 통지는 오산시장이 경기도지사로부터 통지받은 내역에 따라 오산시 관리조례 제22조에 근거하여 원고에게 보조금 환수 조치를 한 경우 오산시장에게 이 사건 보조금 환수에 관한 정당한 권한이 있는지 여부를 불문하고, 위 보조금 환수 처분의 취소를 구하는 항고소송의 피고적격이 오산시장에게 있다(위 피고 명의의 통지서에 경기도지사의 2015. 2. 6.자 환수 요청 공문이 첨부되어 있기는 하나, 위 공문의 수신인은 피고 및 화성시장으로 되어 있어 이를 원고에 대한 대외적인 행정처분서로 볼 수는 없고, 피고가 원고에게 보조금 반환을 명함에 있어 그 산정 근거로 첨부한 참고자료에 불과한 것으로 보인다)(서울고등법원 2017. 5. 18. 선고 2016누70651 판결[보조금반환처분취소]).

권한의 위탁을 받은 공공단체 또는 사인도 그의 이름으로 처분을 한 경우에 처분청이 된다.

[판례 1] 성업공사가 체납압류된 재산을 공매하는 것은 세무서장의 공매권한 위임에 의한 것으로 보아야 할 것이므로, 성업공사가 한 그 공매처분에 대한 취소 등의 항고소송을 제기함에 있어서는 수임청으로서 실제로 공매를 행한 성업공사(현 한국자산관리공사)를 피고로 하여야 하고, 위임청인 세무서장은 피고적격이 없다(대판 1997. 2. 28, 96누1757[공매처분취소]). 〈평석〉 사례에서 '위임'은 강학상 위탁에 해당한다. 판례는 성업공사를 세무서장의 수탁기관으로 보았으나 압류재산 공매는 권력적 성격이 강한 행위이고, 이러한 성격의 행위의 민간에 대한 위탁은 제한하는 것이 타당하다는 점, 국제징수법 제61조 제5항이 한국자산관리공사의 공매는 세무서장이 한 것으로 본다고 규정하고 있는 점 등에 비추어 성업공사를 세무서장의 수탁청이 아니라 대행기관으로 보아야 하는 것은 아닌지 검토를 요한다. 강학상 대행으로 본다면 피대행기관인 세무서장이 피고가 된다.

[판례 2] **고속국도 통행료 징수권 및 체납통행료 부과를 다투는 소의 피고적격(한국도로공사)**: 피고 공사는 국가로부터 유료도로 통행료 징수권이 포함된 유료도로관리권을 출자받아 위 구간의 통행료 징수권을 행사할 권한을 적법하게 가지게 되었고, 이에 따라 피고 공사가 위 구간 운행에 대한 체납통행료 부과처분을 한 것이지 피고 건설교통부장관이 처분을 하였다고 볼 수 없다고 할 것이다(대판 2005. 6. 24, 2003두6641[통행료부과처분무효확인]).

[판례 3] 에스에이치공사가 택지개발사업 시행자인 서울특별시장으로부터 이주대책 수립권한을 포함한 택지개발사업에 따른 권한을 위임 또는 위탁받은 경우, 이주대책 대상자들이 에스에이치공사 명의로 이루어진 이주대책에 관한 처분에 대한 취소소송을 제기함에 있어 정당한 피고는 에스에이치공사가 된다고 한 사례(대판 2007. 8. 23, 2005두3776[입주권확인]).

(3) 권한의 대리의 경우

대리기관이 대리관계를 표시하고 피대리 행정청을 대리하여 행정처분을 한 때에는 피대리 행정청이 피고로 되어야 한다(대판 2018. 10. 25, 2018두43095).

대리권을 수여받은 행정청이 대리관계를 밝힘이 없이 자신의 명의로 행정처분을 한 경우, 처분명의자인 당해 행정청이 항고소송의 피고가 되어야 하는 것이 **원칙**이다. 다만, 처분명의자가 피대리 행정청 산하의 행정기관으로서 실제로 피대리 행정청으로부터 대리권한을 수여받아 피대리 행정청을 대리한다는 의사로 행정처분을 하였고 처분명의자는 물론 그 상대방도 그 행정처분이 피대리 행정청을 대리하여 한 것임을 알고서 이를 받아들인 **예외**적인 경우에는 피대리 행정청이 피고가 되어야 한다(대결 2006. 2. 23, 2005부4[산재보험료부과처분취소]: 근로복지공단의 이사장으로부터 보험료의 부과 등에 관한 대리권을 수여받은 지역본부장이 대리의 취지를 명시적으로 표시하지 않고서 산재보험료 부과처분을 한 경우, 그러한 관행이 약 10년간 계속되어 왔고, 실무상 근로복지공단을 상대로 산재보험료 부과처분에 대한 항고소송을 제기하여 온 점 등에 비추어 지역본부장은 물론 그 상대방 등도 근로복지공단과 지역본부장의 대리관계를 알고 받아들였다는 이유로, 위 부과처분에 대한 항고소송의 피고적격이 근로복지공단에 있다고 한 사례).

(4) 합의제 행정청

합의제 행정청이 처분청인 경우에는 특별한 규정(예 노동위원회법 제27조)이 없는 한 합의제 행정청이 피고가 된다. 즉, 공정거래위원회, 중앙토지수용위원회, 감사원 등이 피고가 된다.

다만, 노동위원회법은 중앙노동위원회의 처분에 대한 소송의 피고를 중앙노동위원회위원장으로 규정하고 있다(노동위원회법 제27조).

[판례] 저작권 등록처분에 대한 무효확인소송에서 피고적격자(=저작권심의조정위원회)(대판 2009. 7. 9, 2007두16608: '저작권심의조정위원회 위원장'을 피고로 저작권 등록처분의 무효확인을 구하는 소는 피고적격이 없는 자를 상대로 한 부적법한 것이라고 한 사례). 〈해설〉 합의제행정청에 의한 처분의 경우 원칙상 합의제행정기관 자체가 처분청이다. 합의행정기관의 장이 처분청이 되는 것이 아니다.

(5) 지방의회와 지방자치단체의 장

조례에 대한 무효확인소송의 경우 의결기간인 지방의회가 아니라 조례를 공포한 지방자치단체의 장이 피고가 된다. 교육·학예에 관한 조례는 시·도교육감이 피고가 된다(대판 1996. 9. 20, 95누8003[조례무효확인]).

그러나, 지방의회의원에 대한 징계의결이나 지방의회의장선거나 지방의회의장 불신임결의의 처분청은 지방의회이므로 이들 처분에 대한 취소소송의 피고는 지방의회가 된다(대판 1993. 11. 26, 93누7341; 1995. 1. 12, 94누2602[임시총회무효확인]).

Ⅱ. 당사자소송의 피고

당사자소송은 '**국가·공공단체 그 밖의 권리주체**'를 피고로 한다(법 제39조).

당사자소송의 피고는 권리주체를 피고로 하는 점에서 처분청을 피고로 하는 항고소송과 다르다.

사인(私人)을 피고로 하는 당사자소송도 가능하다(대판 2019. 9. 9, 2016다262550: 도시·군계획시설사업의 사업시행자는 사인인 해당 토지의 소유자 등을 상대로 동의의 의사표시를 구하는 소를 제기할 수 있다고 한 사례).

Ⅲ. 피고경정

원고가 피고를 잘못 지정한 때에는 법원은 원고의 신청에 의하여 결정으로써 피고의 경정을 허가할 수 있다(법 제14조 제1항). 법 제14조 제1항에 따른 피고경정은 **사실심 변론을 종결할 때까지** 할 수 있다(행정소송규칙 제6조).

행정소송에서 원고가 처분청이 아닌 행정관청을 피고로 잘못 지정하였다면 법원으로서는 석명권을 행사하여 원고로 하여금 피고를 처분청으로 경정하게 하여 소송을 진행케 하여야 할 것이다(대판 1990. 1. 12, 89누1032[하천부지점용허가처분취소]).

[판례 1] 세무서장의 위임에 의하여 성업공사(현 한국자산관리공사)가 한 공매처분에 대하여 피고 지정을 잘못하여 피고적격이 없는 세무서장을 상대로 그 공매처분의 취소를 구하는 소송이 제기된 경우, 법원으로서는 석명권을 행사하여 피고를 성업공사로 경정하게 하여 소송을 진행하여야 한다(대판 1997. 2. 28, 96누1757[공매처분취소]).
[판례 2] '저작권심의조정위원회 위원장'을 피고로 저작권 등록처분의 무효확인을 구하는 소는 피고적격이 없는 자를 상대로 한 부적법한 것이고, 피고적격에 관하여 석명에 응할 기회를 충분히 제공하였음에도 피고경정을 하지 않은 사정에 비추어, 부적법하여 각하되어야 한다(대판 2009. 7. 9, 2007두16608). 〈해설〉 저작권심의조정위원회가 피고적격을 갖는 사안이다.

피고의 경정결정이 있은 때에는 새로운 피고에 대한 소송은 처음에 소를 제기한 때에 제기된 것으로 보고(법 제14조 제4항), 종전의 피고에 대한 소송은 취하된 것으로 본다(제14조 제5항).

취소소송이 제기된 후에 제13조 제1항 단서(권한의 다른 행정청에의 승계) 또는 제13조 제2항(권한행정청이 없게 된 경우)에 해당하는 사유가 생긴 때에는 법원은 당사자의 신청 또는 직권에 의하여 피고를 경정한다(제14조 제6항).

이 경우에는 제4항 및 제5항의 규정을 준용한다. 행정소송법 제14조는 무효등확인소송, 부작위위법확인소송 및 당사자소송에 준용되고 있다.

행정소송법은 소의 종류의 변경에 따르는 피고의 경정을 인정하고 있다(제21조 제4항).

[판례] 소위 주관적, 예비적 병합은 행정소송법 제28조 제3항과 같은 예외적 규정이 있는 경우를 제외하고는 원칙적으로 허용되지 않는 것이고, 또 행정소송법상 소의 종류의 변경에 따른 당사자(피고)의 변경은 교환적 변경에 한 한다고 봄이 상당하므로 예비적 청구만이 있는 피고의 추가경정신청은 허용되지 않는다(대판 1989. 10. 27, 89두1).

제 5 항 제소기간 [2006 행시 사례]

I. 항고소송의 제소기간 [2003 입시 사례]

항고소송에서 제소기간은 행정의 안정성과 국민의 권리구제를 조화하는 선에서 결정하여야 하며 기본적으로 입법정책에 속하는 문제이다.

취소소송은 처분 등이 있음을 안 날부터 90일 이내에 제기하여야 한다. 다만, 제18조 제1항 단서에 규정한 경우와 그 밖에 행정심판청구를 할 수 있는 경우 또는 행정청이 행정심판청구를 할 수 있다고 잘못 알린 경우에 행정심판청구가 있은 때의 기간은 재결서의 정본을 송달받은 날부터 기산한다(제20조 제1항).

취소소송은 처분 등이 있은 날부터 1년(제1항 단서의 경우는 재결이 있은 날부터 1년)을 경과하면 이를 제기하지 못한다. 다만, 정당한 사유가 있는 때에는 그러하지 아니하다(제20조 제2항).

제1항의 규정에 의한 기간은 불변기간으로 한다(제20조 제3항).

무효등확인소송을 제기하는 경우에는 제소기간(提訴期間)에 제한이 없다(법 제38조 제1항).

행정소송법 제38조 제2항은 부작위위법확인소송에 취소소송의 제소기간에 관한 행정소송법 제20조를 준용하고 있는데, 후술하는 바와 같이 부작위의 특성상 부작위위법확인소송에서의 제소기간에 관하여는 특별한 고찰이 필요하다.

1. 행정심판을 거친 경우 취소소송의 제기기간 [2020 행시]

행정심판을 거쳐 취소소송을 제기하는 경우 취소소송은 재결서의 정본을 송달받은 날부터 90일 이내에 제기하여야 한다(법 제20조 제1항 단서). 제20조 제1항의 규정에 의한 기간은 불변기간이다(법 제20조 제3항).

행정소송법 제20조 제1항의 행정심판은 행정심판법에 따른 일반행정심판과 행정심판법 제4조에서 정하고 있는 특별행정심판을 의미한다(대판 2014. 4. 24, 2013두10809).

여기에서 '행정심판을 거쳐 취소소송을 제기하는 경우'라 함은 행정심판을 거쳐야 하는 경우와 그 밖에 행정심판청구를 할 수 있는 경우 또는 행정청이 행정심판청구를 할 수 있다고 잘못 알린 경우에 행정심판청구를 한 경우를 말한다(법 제20조 제1항 단서).

행정청이 행정심판청구를 할 수 있다고 잘못 알려 행정심판의 청구를 한 경우에 그 제소기간을 행정심판 재결서의 정본을 송달받은 날부터 기산하여야 하는 것은 잘못 알릴 당시 불가쟁력이 발생하지 않았어야 한다(대판 2006. 9. 8, 2004두947).

[판례 1] [1] 행정청이 산업재해보상보험법에 의한 보험급여 수급자에 대하여 부당이득 징수결정을 한 후 그 징수결정의 하자를 이유로 징수금 액수를 감액하는 경우에 그 감액처분은 감액된 징수금 부분에 관하여만 법적 효과가 미치는 것으로서 당초 징수결정과 별개 독립의 징수금 결정처분이 아니라 그 실질은 당초 징수결정의 변경이고, 그에 의하여 징수금의 일부취소라는 징수의무자에게 유리한 결과를 가져오는 처분이므로 징수의무자에게는 그 취소를 구할 소의 이익이 없다. 이에 따라 감액처분으로도 아직 취소되지 않고 남아 있는 부분이 위법하다 하여 다투고자 하는 경우, 감액처분을 항고소송의 대상으로 할 수는 없고, 당초 징수결정 중 감액처분에 의하여 취소되지 않고 남은 부분을 항고소송의 대상으로 할 수 있을 뿐이며, 그 결과 제소기간의 준수 여부도 감액처분이 아닌 당초 처분을 기준으로 판단하여야 한다. [2] 행정소송법 제20조 제1항

의 취지는 불가쟁력이 발생하지 않아 적법하게 불복청구를 할 수 있었던 처분 상대방에 대하여 행정청이 법령상 행정심판청구가 허용되지 않음에도 행정심판청구를 할 수 있다고 잘못 알린 경우에, 잘못된 안내를 신뢰하여 부적법한 행정심판을 거치느라 본래 제소기간 내에 취소소송을 제기하지 못한 자를 구제하려는 데에 있다. [3] 이와 달리 이미 제소기간이 지남으로써 불가쟁력이 발생하여 불복청구를 할 수 없었던 경우라면 그 이후에 행정청이 행정심판청구를 할 수 있다고 잘못 알렸다고 하더라도 그 때문에 처분 상대방이 적법한 제소기간 내에 취소소송을 제기할 수 있는 기회를 상실하게 된 것은 아니므로 이러한 경우에 잘못된 안내에 따라 청구된 행정심판 재결서 정본을 송달받은 날부터 다시 취소소송 의 제소기간이 기산되는 것은 아니다. 불가쟁력이 발생하여 더 이상 불복청구를 할 수 없는 처분에 대하여 행정청의 잘못된 안내가 있었다고 하여 처분 상대방의 불복청구 권리가 새로이 생겨나거나 부활한다고 볼 수는 없기 때문이다(대판 2012. 9. 27, 2011두27247[부당이득금부과처분취소]). 〈해설〉 근로복지공단이 2006. 2. 20. 원고에게 기지급된 휴업급여 및 장해급여액 중 1,080만 원 부분이 부당이득에 해당한다고 판단하여 부당이득금징수결정(이하 '이 사건 징수결정'이라 한다)을 한 후, 이 사건 부당이득금징수처분결정에 대한 국민권익위원회에 대한 민원 제기와 국민권익위원회의 시정권고에 따라 징수처분결정에 대한 불복청구기간이 지난 2009. 11. 2. 부당이득금을 감액하여 부당이득금 납입을 다시 고지하였고(이하 '이 사건 처분' = 감액처분 = 일부 취소(소극적 변경)처분), 그 처분 고지서에는 '이의가 있는 경우 고지서를 받은 날부터 90일 이내에 행정심판법 제17조 및 제19조의 규정에 따라 행정심판을 청구하거나 행정소송법 제19조에 따른 행정소송을 제기할 수 있습니다'라고 기재되어 있었고, 원고는 이에 따라 행정심판을 거쳐 이 사건 부당이득금부과처분 취소의 소를 제기하였다. 1심 및 원심법원은 '행정청이 행정심판청구를 할 수 있다고 잘못 알려 행정심판의 청구를 한 경우 그 제소기간은 재결서의 정본을 송달받은 때로부터 기산한다고 한 규정은 행정청의 잘못된 안내로 행정심판을 제기하느라 본래의 제소기간 내에 취소소송을 제기하지 못하게 된 경우에 행정청의 잘못된 안내를 신뢰한 자의 이익을 보호하려는 데 그 목적이 있다고 할 것이므로 이미 제소기간이 도과하여 취소소송을 제기할 수 없는 경우에는 그 이후에 행정청이 행정심판에 관하여 잘못 알렸다고 하더라도 취소소송의 제소기간이 행정심판 재결서를 송달받은 날부터 다시 기산한다고 할 수 없다.고 하면서 "피고(근로복지공단)가 2009. 11. 2. 감액된 부당이득금 납입 고지를 하면서 행정심판을 제기할 수 있다고 알린 사실은 인정된다. 그러나 이 사건 취소소송의 대상은 변경된 내용의 당초 처분이므로 제소기간의 준수 여부도 당초 처분을 기준으로 결정하여야 할 것이고, 당초 처분을 기준으로 한 제소기간은 피고가 감액된 부당이득금 납입 고지를 하기 이전에 이미 도과하였으므로 피고가 위 납입 고지를 하면서 행정심판에 관하여 잘못 알렸다고 하더라도 이 사건 취소소송의 제소기간이 행정심판 재결서를 송달받은 날부터 다시 기산한다고 할 수 없다."고 판시하였고(서울고등법원 2011. 10. 7. 선고 2011누9944 판결[부당이득금부과처분취소]), 대법원도 이를 인정하였다. 즉 "피고(근로복지공단)가 이 사건 처분에 관하여 행정심판청구를 할 수 있다고 잘못 알려 행정심판청구를 하였으므로 이 사건 취소소송의 제소기간은 재결서를 송달받은 날로부터 기산되어야 한다고 한 원고의 주장은 받아들여지지 않았다. 이 사건에서 감액처분에 대한 취소소송은 소의 이익이 없어 부적법하고, 감액처분에 의해 감액되고 남은 당초 처분(이 사건 처분)에 대한 취소소송은 행정소송법 제21조 제1항 단서에 해당하지 않고, 제소기간을 도과하여 부적법하다. 이 사건 처분은 당초의 처분인 이 사건 징수결정 전부를 취소하고 새로운 처분을 한 것이 아니라, 이 사건 징수 결정 및 이에 따른 납입 고지의 일부 효력을 취소하는 처분(감액처분)으로 수익적 처분이므로 그 취소를 구할 소의 이익이 없고, 그 취소소송의 대상은 변경된 내용의 당초 처분이므로, 제소기간의 준수 여부도 2006. 2. 20. 이 사건 징수결정 및 납입고지(당초 처분)를 기준으로 결정하여야 할 것이다(서울행정법원 2011. 2. 18. 선고 2010구합37674 판결[부당이득금부과처분취소]).

[판례 2] 행정심판제기기간을 넘긴 것을 이유로 한 각하재결이 있은 후 취소소송을 제기하는 경우에는 행정소송법 제20조 제1항 단서가 적용되지 아니한다(대판 2011. 11. 24, 2011두18786[과징금부과처분취소]).

재결서의 정본을 송달받지 못한 경우에는 재결이 있은 날부터 1년이 경과하면 취소소송을 제기하지 못한다. 다만, 정당한 사유가 있는 때에는 그러하지 아니하다(법 제20조 제2항).

2. 행정심판을 거치지 않고 직접 취소소송을 제기하는 경우[2021 변시]

행정심판을 거치지 않고 직접 취소소송을 제기하는 경우 취소소송은 처분 등이 있음을 안 날부터 90일 이내에 제기하여야 하고(법 제20조 제1항 본문), 처분 등이 있은 날부터 1년을 경과하면 이를 제기하지 못한다. 다만, 정당한 사유가 있는 때에는 그러하지 아니하다(법 제20조 제2항).

행정소송법 제20조 제1항에서 말하는 "취소소송은 처분 등이 있음을 안 날부터 90일 이내에 제기하여야 한다"는 제소기간은 불변기간(不變期間)이다(법 제20조 제3항). **불변기간**이라 함은 법정기간으로서 법원 등이 변경할 수 없는 기간을 말한다.

(1) 처분이 있음을 안 경우

1) 처분이 송달된 경우

'처분이 있음을 안 날'이라 함은 '당사자가 통지·공고 기타의 방법에 의하여 **고지받아** 당해 처분이 있었다는 사실을 **현실적으로 안 날**'을 의미한다. 즉, 행정처분은 상대방에게 고지되어야 효력을 발생하게 되므로, 행정처분이 상대방에게 고지되어야 하고, 상대방이 이러한 사실을 인식함으로써 행정처분이 있다는 사실을 현실적으로 알았을 때 행정소송법 제20조 제1항이 정한 제소기간이 진행한다고 보아야 한다(대판 2014. 9. 25, 2014두8254).

[판례 1] 원고의 재심신체검사 신청에 따라 재심 서면판정 신체검사가 실시된 다음 원고를 '전(공)상군경 7급' 국가유공자로 판정하는 '고엽제후유증전환 재심신체검사 무변동처분'(이하 '이 사건 처분'이라 한다)을 하는 내용의 통보서가 2012. 8. 27. 원고에게 송달되었으므로, 비록 원고가 자신의 의무기록에 관한 정보공개를 청구한 2012. 5. 29. 이 사건 처분을 하는 내용의 통보서를 비롯한 일체의 관련 서류들을 교부받음으로써 적어도 그 무렵에는 이 사건 처분이 있음을 알았더라도, 이 사건 처분이 2012. 8. 27. 원고에게 고지되어 원고가 이러한 사실을 인식함으로써 이 사건 처분이 있다는 사실을 현실적으로 알았을 때 행정소송법 제20조 제 1항이 정한 제소기간이 진행한다고 본 사안(대판 2014. 9. 25, 2014두8254).
[판례 2] [1] 취소소송의 제소기간 기산점으로 행정소송법 제20조 제1항이 정한 '처분 등이 있음을 안 날'은 유효한 행정처분이 있음을 안 날을, 같은 조 제2항이 정한 '처분 등이 있은 날'은 그 행정처분의 효력이 발생한 날을 각 의미한다. 이러한 법리는 행정심판의 청구기간에 관해서도 마찬가지로 적용된다. [2] 이 사건 처분은 상대방인 원고에게 고지되어 효력이 발생하였다고 볼 수 없으므로, 이에 관하여 구 공무원연금법 제80조 제2항에서 정한 심사청구기간이나 행정소송법 제20조 제1항, 제2항에서 정한 취소소송의 제소기간이 진행한다고 볼 수 없다. [3] 원심은, 피고가 장해등급 결정서를 작성한 날 및 원고가 피고의 홈페이지에 접속하여 그 결정 내용을 알게 된 날이 각각 '처분 등이 있은 날' 및 '처분 등이 있음을 안 날'에 해당한다고 전제하고, 장해등급 결정의 취소를 구하는 이 사건 소가 제소기간 도과 후 제기되었다고 판단하였지만, 대법원은, 피고가 인터넷 홈페이지에 장해등급 결정 내용을 게시한 것만으로는 원고에게 행정절차법 제14조에서 정한 바에 따라 송달이 이루어졌다고 볼 수 없고, 원고가 그 홈페이지에 접속하여 결정 내용을 알게 되었다 하더라도 마찬가지이며, 달리 장해등급 결정이 원고에게 송달되었다는 점에 관한 주장·증명도 없으므로, 원심판결에는 '행정처분의 효력발생요건' 및 제소기간의 기산점 등에 관한 법리를 오해한 잘못이 있다고 보아 원심판결을 파기하였다(대판 2019. 8. 9, 2019두38656).

처분의 통지가 도달한 때 그 처분이 있음을 알았다고 **추정**한다(판례). 당사자는 실제로는 통지가 도달한 때 도달된 통지를 볼 수 없었다는 반증을 제기할 수 있다.

[판례 1] 처분서가 처분상대방의 주소지에 송달되는 등 사회통념상 처분이 있음을 처분상대방이 알 수 있는 상태에 놓인 때에는 반증이 없는 한 처분상대방이 처분이 있음을 알았다고 추정할 수 있다(대판 2017. 3. 9, 2016두60577).
[판례 2] 아르바이트 직원이 납부고지서를 수령한 경우, 납부의무자는 그 때 부과처분이 있음을 알았다고 추정할 수 있다고 한 사례(대판 1999. 12. 28, 99두9742).

행정심판(취소소송)제기기간의 계산의 예를 들면, 2000년 3월 5일에 처분이 있음을 알았다면 기간계산의 원칙의 하나인 초일은 산입하지 않는다는 원칙에 따라 3월 6일부터 기산하여 90일(26일+30일+31일+3일)째가 되는 날인 6월 3일의 오후 12시까지 행정심판(취소소송)을 제기할 수 있다.

2) 처분이 공고 또는 고시된 경우[2019 변시 사례]

처분이 공고 또는 고시의 방법에 의해 통지되는 경우에는 원고가 실제로 공고 또는 고시를 보았으면 당해 공고 또는 고시를 본 날이 '처분이 있음을 안 날'이 될 것이다.

문제는 **원고가 공고 또는 고시를 보지 못한 경우**인데 이 경우에 취소소송제기기간의 계산은 어떻게 되는가. 이에 관하여 고시 또는 공고의 효력발생일에 알았다고 보아야 한다는 견해와 실제로 안 날을 처분이 있음을 안 날로 보아야 한다는 견해의 대립이 있다.

① **판례**는 고시 또는 공고에 의하여 행정처분을 하는 경우에는 **고시 또는 공고의 효력발생일**에 그 행정처분이 있음을 알았던 것으로 보아 기산하여야 한다고 보고 있다(대판 1995. 8. 22, 94누5694; 2006. 4. 14, 2004두3847). 공고문서는 그 문서에서 효력발생 시기를 구체적으로 밝히고 있지 않으면 그 고시 또는 공고(개별법상 고시공고) 등이 있은 날부터 5일이 경과한 때에 효력이 발생한다(행정업무의 운영 및 혁신에 관한 규정 제6조 제3항).

[판례] 통상 고시 또는 공고에 의하여 행정처분을 하는 경우에는 그 처분의 상대방이 불특정 다수인이고, 그 처분의 효력이 불특정 다수인에게 일률적으로 적용되는 것이므로, 그에 대한 행정심판 청구기간도 그 행정처분에 이해관계를 갖는 자가 고시 또는 공고가 있었다는 사실을 현실적으로 알았는지 여부에 관계없이 고시가 효력을 발생하는 날인 고시 또는 공고가 있은 후 5일이 경과한 날에 행정처분이 있음을 알았다고 보아야 한다(대판 2000. 9. 8, 99두11257[도시계획시설(공공공지)결정처분취소]; 2007. 6. 14, 2004두619[청소년유해매체물 결정 및 고시처분무효확인]: 인터넷 웹사이트에 대하여 구 청소년보호법에 따른 청소년유해매체물 결정 및 고시처분을 한 사안에서, 위 결정은 이해관계인이 고시가 있었음을 알았는지 여부에 관계없이 관보에 고시됨으로써 효력이 발생하고, 그가 위 결정을 통지받지 못하였다는 것이 제소기간을 준수하지 못한 것에 대한 정당한 사유가 될 수 없다고 한 사례; 2013. 3. 14, 2010두2623[도시관리계획결정처분취소]).

② 다만, 개별토지가격결정의 경우에 있어서와 같이 **처분의 효력이 각 상대방에 대해 개별적으로 발생하는 경우**에는 그 처분은 실질에 있어서 개별처분이라고 볼 수 있으므로 공고 또는 고시가 효력을 발생하여도 통지 등으로 실제로 알았거나 알 수 있었던 경우를 제외하고는 처분이 있음을 알았다고 할 수 없고, 처분이 있음을 알지 못한 경우의 불복제기기간(행정심판의 경우 처분이 있은 날로부터 180일 이내, 행정소송의 경우 처분이 있은 날로부터 1년 이내)이 적용되고, 행정심판법 제27조 제3항 단서의 정당한 사유가 적용된다.

[판례 1] 개별 토지가격결정의 효력은 각각의 토지 또는 각각의 소유자에 대하여 각별로 효력을 발생하는 것이므로 개별 토지가격결정의 공고는 공고일로부터 그 효력을 발생하지만 처분 상대방인 토지소유자 및 이해관계인이 공고일에 개별 토지가격결정처분이 있음을 알았다고까지 의제할 수는 없어 특별히 위 처분을 알았다고 볼만한 사정이 없는 한 개별 토지가격결정에 대한 재조사청구 또는 행정심판청구는 행정심판법 제18조 제3항 소정의 처분이 있은 날로부터 180일 이내에 이를 제기하면 된다(대판 1993. 12. 24, 92누17204[개별토지가격결정처분취소]). 〈해설〉 현행 부동산 가격공시에 관한 법률 시행령은 개별공시지가를 개별토지소유자 등에게 통지할 수 있는 것으로 규정하고 있는데, 개별토지소유자에게 통지된 경우에 불복제기기간은 개별공시지가결정이 있음을 안 날로부터 기산한다.

[판례 2] 또한, 개별토지가격결정의 경우에 있어서와 같이 그 처분의 통지가 없는 경우에는 그 개별토지가격결정의 대상토지 소유자가 심판청구기간 내에 심판청구가 가능하였다는 특별한 사정이 없는 한 행정심판법 제18조 제3항 단서 소정의 정당한 사유가 있는 때에 해당한다(대판 1995. 8. 25, 94누13121[개별공시지가결정처분취소 등]).

③ 또한, 특정인에 대한 행정처분을 **주소불명 등의 이유로 송달할 수 없어 관보 등에 공고**(행정절차법상의 공고)한 경우에 상대방이 그 처분이 있음을 안 날은 상대방이 처분 등을 현실적으로 안 날을 말한다.

[판례] 특정인에 대한 행정처분을 주소불명 등의 이유로 송달할 수 없어 관보·공보·게시판·일간신문 등에 공고한 경우에는, 공고가 효력을 발생하는 날에 상대방이 그 행정처분이 있음을 알았다고 볼 수는 없고, 상대방이 당해 처분이 있었다는 사실을 현실적으로 안 날에 그 처분이 있음을 알았다고 보아야 한다(대판 2006. 4. 28, 2005두14851[주민등록직권말소처분무효확인]).

3) 불고지·오고지의 경우 [2022 행시]

행정소송법에는 행정소송의 제기에 필요한 사항의 고지의무 및 불고지·오고지의 효과에 관한 규정이 없다. 입법의 불비이다.

[판례] [1] 행정청이 법정 심판청구기간보다 긴 기간으로 잘못 알린 경우에 그 잘못 알린 기간 내에 심판청구가 있으면 그 심판청구는 법정 심판청구기간 내에 제기된 것으로 본다는 취지의 행정심판법 제18조 제5항의 규정은 행정심판 제기에 관하여 적용되는 규정이고, 행정소송 제기에 적용되는 규정이 아니다. [2] 당사자가 행정처분시나 그 이후 행정청으로부터 행정심판 제기기간에 관하여 법정 심판청구기간보다 긴 기간으로 잘못 통지받아 행정소송법상 법정 제소기간을 도과하였다고 하더라도, 그것이 당사자가 책임질 수 없는 사유로 인한 것이라고 할 수는 없으므로 소송행위의 추완을 인정할 수 없다(대판 2001. 5. 8, 2000두6916[배출부과금부과처분취소]).

행정절차법 제26조는 "행정청이 처분을 할 때에는 당사자에게 그 처분에 관하여 행정심판 및 행정소송을 제기할 수 있는지 여부, 그 밖에 불복을 할 수 있는지 여부, 청구절차 및 청구기간, 그 밖에 필요한 사항을 알려야 한다."고 규정하고 있다. 판례는 이 규정 위반의 하자는 처분의 취소사유가 되지 않는다고 본다.

[판례] 피고가 이 사건 처분을 하면서 원고에게 행정절차법 제26조에 정한 바에 따라 행정심판 및 행정소송을 제기할 수 있는지 여부, 청구절차 및 청구기간을 알렸다고 인정할 증거는 없으나, 원고가 제소기간 내에

이 사건 소를 제기하여 이 사건 처분의 적법 여부를 다투고 있는 이상 그 사정만으로는 이 사건 처분을 취소해야 할 정도의 절차상 하자가 있다고 보기 어렵다(대판 2016. 10. 27, 2016두41811).

(2) 처분이 있음을 알지 못한 경우

처분이 있음을 알지 못한 경우 취소소송은 처분 등이 있은 날부터 1년(제1항 단서의 경우는 재결이 있은 날부터 1년)을 경과하면 이를 제기하지 못한다. 다만, 정당한 사유가 있는 때에는 그러하지 아니하다(제20조 제2항).

1) 원칙(처분 등이 있은 날부터 1년)

처분 등이 있은 날부터 1년 이내에 취소소송을 제기하여야 한다.

'처분이 있은 날'이란 통지가 있는 처분의 경우 통지가 도달하여 처분의 효력이 발생한 날을 말하고(대판 1990. 7. 13, 90누2284), 통지가 없는 처분의 경우(예 권력적 사실행위, 서훈취소 등 처분의 상대방이 없는 경우)에는 외부에 표시되어 효력을 발생한 날을 말한다.

2) 예외(정당한 사유가 있는 경우)

취소소송은 처분이 있은 날부터 1년(제1항 단서의 경우는 재결이 있은 날부터 1년)을 경과하면 이를 제기하지 못하지만, **정당한 사유가 있는 때**에는 1년이 경과하여도 제기할 수 있다. 어떠한 사유가 정당한 사유에 해당하는가는 건전한 사회통념에 의해 판단하여야 한다.

행정처분의 직접 상대방이 아닌 제3자는 일반적으로 처분이 있는 것을 바로 알 수 없는 처지에 있으므로, 행정소송법 제20조 제2항 본문의 취소소송 제기기간 내에 처분이 있음을 알았거나 쉽게 알 수 있었기 때문에 취소소송을 제기할 수 있었다고 볼 만한 특별한 사정이 없는 한, 행정소송법 제20조 제2항 본문의 취소소송 제기기간을 배제할 동조 단서 소정의 정당한 사유가 있는 때에 해당한다(대판 1992. 7. 28, 91누12844[시외버스운송사업계획변경인가처분취소] 참조).

(3) '처분이 있음을 안 경우'와 '알지 못한 경우'의 관계

이 두 경우 중 어느 하나의 제소기간이 도과하면 원칙상 취소소송을 제기할 수 없다. 다만, 처분이 있은 날로부터 1년 이내에 처분이 있음을 안 때에는 그 때부터 90일 이내에 취소소송을 제기할 수 있다고 보아야 한다.

(4) 이의신청을 거쳐 취소소송을 제기하는 경우

행정심판이 아닌 이의신청을 거쳐 취소소송을 제기하는 경우 불복기간은 전술한 바와 같다(이의신청 참조).

판례 중에는 행정기본법이 적용되지 않고, 명시적인 규정이 없음에도 이의신청에 관한 관계 개별법령(정보공개법 제18조 등)과 행정소송법규정을 종합하면, 청구인이 공공기관의 정보 비공개 결정 등에 대한 이의신청을 해 공공기관으로부터 이의신청에 대한 결과(각하결정)를 통지받고 취소소송을 제기하는 경우 그 제소기간의 기산점은 이의신청에 대한 결과를 통지받은 날이라고 한 사례(대판 2023. 7. 27, 2022두52980)가 있다.

3. 제소기간의 기산점

행정심판을 거치지 않은 경우에는 처분이 있음을 안 경우 처분이 있음을 안 날, 처분이 있음을 알지 못한 경우 처분이 있은 날, 행정심판을 거친 경우에는 재결서 정본을 송달받은 날이 제소기간의 기산점이다.

기타 특수한 경우의 제소기간의 기산점은 아래와 같다.

1) 위헌결정으로 취소소송의 제기가 가능하게 된 경우 제소기간의 기산점

처분 당시에는 취소소송의 제기가 법제상 허용되지 않아 소송을 제기할 수 없다가 위헌결정으로 인하여 비로소 취소소송을 제기할 수 있게 된 경우에는 **객관적으로는 '위헌결정이 있은 날', 주관적으로는 '위헌결정이 있음을 안 날'** 비로소 취소소송을 제기할 수 있게 되어 이때를 제소기간의 기산점으로 삼아야 한다(대판 2008. 2. 1, 2007두20997[교원소청심사위원회결정취소]: 헌법재판소의 2006. 2. 23, 2005헌가7 결정 등으로, 교원만이 교원소청심사위원회의 결정에 대하여 소송을 제기할 수 있도록 하였던 구 교원지위법 제10조 제3항이 효력을 상실함에 따라 위 위헌결정 후 개정된 법률이 시행되기 전에라도 학교법인 등 심사위원회의 결정에 대하여 그 취소를 구할 법률상 이익이 있는 자는 교원이 아니더라도 행정소송법 제12조에 의하여 취소소송을 제기할 수 있게 된 사례).

2) 변경명령재결에 따라 변경처분이 있은 경우 제소기간의 기산점

변경명령재결에 따른 변경처분의 경우에 취소소송의 대상은 변경된 내용의 당초 처분이며 제소기간은 **행정심판재결서 정본을 송달받은 날로부터 90일 이내**라는 것이 **판례**의 입장이다.

[판례] 처분청이 2002. 12. 26. 3월의 영업정지처분이라는 당초처분을 하였고, 이에 대하여 행정심판청구를 하자 재결청이 2003. 3. 6. "처분청이 2002. 12. 26. 원고에 대하여 한 3월의 영업정지처분을 2월의 영업정지에 갈음하는 과징금부과처분으로 변경하라"는 일부기각(일부인용)의 이행재결(처분명령재결)을 하였으며, 2003. 3. 10. 그 재결서 정본이 청구인에게 도달하였고, 처분청이 위 재결취지에 따라 2003. 3. 13. "3월의 영업정지처분을 과징금 560만 원으로 변경한다"는 취지의 이 사건 후속 변경처분을 하였고, 청구인은 2003. 6. 12. 2003. 3. 13.자 과징금부과처분의 취소를 구하는 소를 제기하였는데, 대법원은 이 사건 소송에 있어서 위 청구취지는 이 사건 후속 변경처분에 의하여 당초부터 유리하게 변경되어 존속하는 2002. 12. 26.자 과징금부과처분(당초처분)의 취소를 구하고 있는 것으로 보아야 할 것이고, 당초처분의 취소를 구하는 이 사건 소 또한 행정심판재결서 정본을 송달받은 날로부터 90일 이내 제기되어야 하는데 원고가 위 재결서의 정본을 송달받은 날로부터 90일이 경과하여 이 사건 소를 제기하였다는 이유로 이 사건 소가 부적법하다고 판단한 원심판결은 정당하고 한 사례)(대판 2007. 4. 27, 2004두9302[식품위생법위반과징금부과처분취소]). 〈평석〉 이 판결에 대하여는 다음과 같이 비판하는 견해가 있다. 처분명령재결에 따른 변경처분은 새로운 처분이므로 변경처분이 취소소송의 대상이 되며 제소기간도 변경처분을 안 날로부터 90일 이내로 하는 것이 타당하다.

3) 직권변경처분에 대한 취소소송에서 제소기간의 기산점

직권에 의한 변경처분을 다투는 소송의 제소기간은 해당 변경처분이 있음을 안 날 또는 있은 때를 기산점으로 한다.

사후부담 부가처분 또는 변경처분의 취소를 구하는 소를 제기하는 경우, 제소기간은 해당 처분이 있음을 안 날 또는 있은 때를 기산점으로 한다.

[판례] 사업시행자가 사업시행인가처분 및 후속 사후부담 부가처분 또는 변경처분에서 특정한 정비기반시설을 무상양도 대상에서 제외한 부분의 취소를 구하는 소를 제기하는 경우, 제소기간은 무상양도 대상에 관한 행정청의 확정적인 제외 의사가 담긴 처분이 있은 때를 기준으로 한다. 그리고 이는 당해 처분서의 이유 기재 등 문언을 통하여 행정청의 의사가 처분의 상대방에게 명확하게 표명되었는지, 그 결과 처분의 상대방이 처분서에 따라 불복의 대상과 범위를 특정할 수 있는지 등 제반 사정을 종합적으로 고려하여 판단해야 한다(대판 2014. 2. 21, 2011두20871[주택재개발정비사업시행인가일부취소]).

4. 소 제기기간 준수 여부 판단의 기준시점 [2009 사시 사례]

① 소 제기기간 준수 여부는 **원칙상 소제기시**를 기준으로 한다.

② **소의 변경이 있는 경우** 소 제기기간 준수 여부 판단의 기준시점은 다음과 같다.

i) 소의 종류의 변경의 경우에는 새로운 소에 대한 제소기간의 준수는 변경된 처음의 소가 제기된 때를 기준으로 하여야 한다(행정소송법 제21조 제4항).

ii) 청구취지를 **교환적**으로 **변경**하여 종전의 소가 취하되고 새로운 소가 제기된 것으로 보게 되는 경우에 새로운 소에 대한 제소기간의 준수 등은 원칙적으로 **소의 변경이 있은 때**를 기준으로 하여 판단된다(대판 2013. 7. 11, 2011두27544[주택재건축정비사업조합설립인가처분취소]).

③ **소의 추가적 병합의 경우**에 추가적으로 병합된 소의 제소기간 준수 여부의 기준시점은 다음과 같다.

i) 소의 추가적 병합의 경우에 추가적으로 병합된 소의 제소기간은 원칙상 추가병합신청이 있은 때를 기준으로 하여야 한다.

[판례] 보충역편입처분취소처분의 효력을 다투는 소에 공익근무요원복무중단처분, 현역병입영대상편입처분 및 현역병입영통지처분의 취소를 구하는 청구를 추가적으로 병합한 경우, 공익근무요원복무중단처분, 현역병입영대상편입처분 및 현역병입영통지처분의 취소를 구하는 소의 소제기 기간의 준수 여부는 각 그 청구취지의 추가변경신청이 있은 때를 기준으로 개별적으로 판단하여야 한다(대판 2004. 12. 10, 2003두12257[병역처분취소처분취소]).

ii) 동일한 행정처분에 대한 무효확인의 소에 그 처분의 취소를 구하는 소를 추가적으로 병합한 경우, 주된 청구인 무효확인의 소가 적법한 취소소송 제소기간 내에 제기되었다면 추가로 병합된 취소청구의 소도 적법하게 제기된 것으로 보아야 한다.

[판례] 하자 있는 행정처분을 놓고 이를 무효로 볼 것인지 아니면 단순히 취소할 수 있는 처분으로 볼 것인지는 동일한 사실관계를 토대로 한 법률적 평가의 문제에 불과하고, 행정처분의 무효확인을 구하는 소에는 특단의 사정이 없는 한 그 취소를 구하는 취지도 포함되어 있다고 보아야 하는 점 등에 비추어 볼 때, 동일한 행정처분에 대하여 무효확인의 소를 제기하였다가 그 후 그 처분의 취소를 구하는 소를 추가적으로 병합한 경우, 주된 청구인 무효확인의 소가 적법한 제소기간 내에 제기되었다면 추가로 병합된 취소청구의 소도 적법하게 제기된 것으로 봄이 상당하다(대판 2005. 12. 23, 2005두3554[채석허가수허가자변경신고수리처분취소]).

iii) 청구취지를 추가하는 경우, 청구취지가 추가된 때에 새로운 소를 제기한 것으로 보므로, 추가된 청구취지에 대한 제소기간 준수 등은 원칙적으로 청구취지의 추가·변경 신청이 있는 때를 기준으로 판단하여야 한다. 그러나 선행 처분의 취소를 구하는 소를 제기하였다가 이후 후행 처분의 취소를 구하는 청구취지를 추가한 경우에도, 선행 처분이 종국적 처분을 예정하고 있는 일종의 잠정적 처분으로서 후행 처분이 있을 경우 선행 처분은 후행 처분에 흡수되어 소멸되는 관계에 있고, 당초 선행 처분에 존재한다고 주장되는 위법사유가 후행 처분에도 마찬가지로 존재할 수 있는 관계여서 선행 처분의 취소를 구하는 소에 후행 처분의 취소를 구하는 취지도 포함되어 있다고 볼 수 있다면, 후행 처분의 취소를 구하는 소의 제소기간은 선행 처분의 취소를 구하는 최초의 소가 제기된 때를 기준으로 정하여야 한다(대판 2018. 11. 15, 2016두48737).

④ 원고가 민사소송으로 잘못 제기하였다가, 이송결정에 따라 관할법원으로 이송된 뒤 항고소송으로 소 변경한 사안에서 제소기간 준수여부는 처음에 소를 제기한 때(민사소송을 제기한 때)를 기준으로 판단하여야 한다(대판 2022.11.17, 2021두44425).

[판례] 「공익사업을 위한 토지 등의 취득 및 보상에 관한 법률」에 따라 공장이주대책용지의 공급대상자로 선정된 원고는 피고로부터 2019. 1. 16.자로 공장이주대책용지 매매계약을 해제한다는 취지의 행정처분인 이 사건 처분을 통보받았다. 원고는 2019. 2. 26. 피고의 매매계약 해제가 부적법하다고 주장하면서, 피고를 상대로 매매계약에 따른 소유권이전등기절차의 이행을 구하는 소를 민사소송으로 제기하였다. 이 사건 소가 피고의 매매계약 해제(공장이주대책대상자 선정결정처분의 취소) 통지의 효력을 다투는 취지로서 행정소송에 해당한다는 이유로 관할법원으로 이송하는 결정이 확정된 다음, 원고는 주위적으로 이 사건 처분의 무효확인을, 예비적으로 이 사건 처분의 취소를 구하는 항고소송으로 소 변경을 하였다. 대법원은 이와 같이 원고가 행정소송법상 항고소송으로 제기하여야 할 사건을 민사소송으로 잘못 제기하여 사건이 관할법원에 이송된 뒤 항고소송으로 소 변경을 한 경우, 항고소송에 대한 제소기간의 준수 여부는 원칙적으로 처음에 소를 제기한 때를 기준으로 하여야 한다고 보고, 이와 달리 원고의 소 변경 시를 기준으로 제소기간 준수 여부를 판단하여 이 사건 소 중 처분의 취소를 구하는 예비적 청구 부분이 제소기간 도과로 부적법하다고 본 원심판결을 파기·환송하였다(대판 2022. 11. 17, 2021두44425) 〈참고〉 행정소송법 제8조 제2항은 "행정소송에 관하여 이 법에 특별한 규정이 없는 사항에 대하여는 법원조직법과 민사소송법 및 민사집행법의 규정을 준용한다"라고 규정하고 있고, 민사소송법 제40조 제1항은 "이송결정이 확정된 때에는 소송은 처음부터 이송받은 법원에 계속된 것으로 본다"라고 규정하고 있다. 한편 행정소송법 제21조 제1항, 제4항, 제37조, 제42조, 제14조 제4항은 행정소송 사이의 소 변경이 있는 경우 처음 소를 제기한 때에 변경된 청구에 관한 소송이 제기된 것으로 보도록 규정하고 있다.

5. 부작위위법확인의 소의 제소기간

부작위는 특정시점에 성립하여 종결되는 것이 아니라 계속되는 것이므로 부작위위법확인소송은 원칙상 제소기간의 제한을 받지 않는다고 보는 것이 타당하다. 의무이행심판을 거친 경우에도 그렇게 보는 것이 타당하다.

그러나, 판례는 행정심판을 거치지 않은 경우에는 부작위위법확인소송의 특성상 제소기간의 제한을 받지 않는다고 보고, 행정심판을 거친 경우에는 행정소송법 제20조가 정한 제소기간 내(재결서의 정본을 송달받은 날로부터 90일 이내)에 부작위위법확인의 소를 제기하여야 한다고 본다.

[판례] [1] **부작위위법확인의 소의 제소기간**: 부작위위법확인의 소는 부작위상태가 계속되는 한 그 위법의 확인을 구할 이익이 있다고 보아야 하므로 원칙적으로 제소기간의 제한을 받지 않는다. 그러나 행정소송법 제38조 제2항이 제소기간을 규정한 같은 법 제20조를 부작위위법확인소송에 준용하고 있는 점에 비추어 보면, 행정심판 등 전심절차를 거친 경우에는 행정소송법 제20조가 정한 제소기간 내에 부작위위법확인의 소를 제기하여야 한다. [2] **당사자가 적법한 제소기간 내에 부작위위법확인의 소를 제기한 후, 동일한 신청에 대하여 소극적 처분이 있다고 보아 처분취소소송으로 소를 교환적으로 변경한 후 부작위위법확인의 소를 추가적으로 병합한 경우, 제소기간을 준수한 것으로 볼 수 있는지 여부(적극)**: 당사자의 법규상 또는 조리상의 권리에 기한 신청에 대하여 행정청이 부작위의 상태에 있는지 아니면 소극적 처분을 하였는지는 동일한 사실관계를 토대로 한 법률적 평가의 문제가 개입되어 분명하지 않은 경우가 있을 수 있고, 부작위위법확인소송의 계속중 소극적 처분이 있게 되면 부작위위법확인의 소는 소의 이익을 잃어 부적법하게 되고 이 경우 소극적 처분에 대한 취소소송을 제기하여야 하는 등 부작위위법확인의 소는 취소소송의 보충적 성격을 지니고 있으며, 부작위위법확인소송의 이러한 보충적 성격에 비추어 동일한 신청에 대한 거부처분의 취소를 구하는 취소소송에는 특단의 사정이 없는 한 그 신청에 대한 부작위위법의 확인을 구하는 취지도 포함되어 있다고 볼 수 있다. 이러한 사정을 종합하여 보면, 당사자가 동일한 신청에 대하여 부작위위법확인의 소를 제기하였으나 그 후 소극적 처분이 있다고 보아(실제로는 소극적 처분이 없었음) 거부처분취소소송으로 소를 교환적으로 변경한 후 여기에 부작위위법확인의 소를 추가적으로 병합한 경우, 최초의 부작위위법확인의 소가 적법한 제소기간 내에 제기된 이상 그 후 처분취소소송으로의 교환적 변경과 처분취소소송에의 추가적 변경 등의 과정을 거쳤다고 하더라도 여전히 제소기간을 준수한 것으로 봄이 상당하다(대판 2009. 7. 23, 2008두10560[부작위위법확인의소]: 부작위위법확인소송은 제소기간의 제한을 받지 않는다는 취지의 원심 판단에는 부작위위법확인소송의 제소기간에 대한 법리 오해가 있으나 이 사건 부작위위법확인소송이 제소기간을 준수하지 아니하여 부적법하다는 피고의 주장을 배척한 결론에 있어서는 정당하므로 결국 판결 결과에 영향을 미친 위법은 없다고 한 사례). 〈해설〉 거부처분과 부작위는 서로 배타적 관계에 있으므로 판례가 "부작위위법확인의 소는 취소소송의 보충적 성격을 지니고 있으며, 부작위위법확인소송의 이러한 보충적 성격에 비추어 동일한 신청에 대한 거부처분의 취소를 구하는 취소소송에는 특단의 사정이 없는 한 그 신청에 대한 부작위위법의 확인을 구하는 취지도 포함되어 있다고 볼 수 있다"고 본 것에는 문제가 있다. 부작위위법확인소송은 계속적 성질을 갖는 부작위의 특성상 항상(행정심판을 거친 경우에도) 제소기간의 제한이 없는 것으로 보는 것이 타당하다.

6. 제소기간제한의 적용제외

무효등확인소송의 경우에는 제소기간의 제한이 없다.

다만, 무효선언을 구하는 취소소송의 경우에는 취소소송에서와 같이 제소기간의 제한이 있다(대판 1993. 3. 12, 92누11039[토지수용재결처분취소]).

행정심판전치주의하에서 행정심판 제기 후 60일이 지나도 재결이 없는 경우 언제든지 취소소송을 제기할 수 있다(행정소송법 제18조 제2항 제1호).

7. 민사소송법상 소송행위의 추완규정 준용

민사소송법 제173조 제1항의 소송행위의 추완에 관한 규정[16)]은 취소소송에도 준용된다.

---

16) 제173조(소송행위의 추후보완) ① 당사자가 책임질 수 없는 사유로 말미암아 불변기간을 지킬 수 없었던 경우에는 그 사유가 없어진 날부터 2주 이내에 게을리 한 소송행위를 보완할 수 있다. 다만, 그 사유가 없어질 당시 외국에 있던 당사자에 대하여는 이 기간을 30일로 한다.

[판례] 당사자가 책임질 수 없는 사유로 인하여 이를(불변기간을) 준수할 수 없었던 경우에는 같은 법 제8조에 의하여 준용되는 민사소송법 제173조 제1항에 의하여 그 사유가 없어진 후 2주일 내에 해태된 제소행위를 추완할 수 있다고 할 것이며, 여기서 당사자가 책임질 수 없는 사유란 당사자가 그 소송행위를 하기 위하여 일반적으로 하여야 할 주의를 다하였음에도 불구하고 그 기간을 준수할 수 없었던 사유를 말한다(대판 2001. 5. 8, 2000두6916[배출부과금부과처분취소]: 당사자가 행정처분시나 그 이후 행정청으로부터 행정심판제기기간에 관하여 법정 심판청구기간보다 긴 기간으로 잘못 통지받아 행정소송법상 법정 제소기간을 도과하였다고 하더라도, 그것이 당사자가 책임질 수 없는 사유로 인한 것이라고 할 수는 없다고 한 사례).

Ⅱ. 당사자소송의 제소기간

당사자소송에 관하여 법령에 제소기간이 정하여져 있는 경우가 있는데, 이 경우 그 기간은 불변기간으로 한다(법 제41조). 그러나, 행정소송법에는 당사자소송의 제기기간에 관한 제한이 없다. 따라서, 당사자소송의 제기기간에는 **원칙상 제한이 없고**, 이 경우에는 공법상 권리가 시효 등에 의해 소멸되지 않는 한 당사자소송을 제기할 수 있다.

Ⅲ. 제소기간 준수 여부의 판단

제소기간의 준수 여부는 소송요건으로서 법원의 직권조사사항이다(대판 1987. 1. 20, 86누490; 2013. 3. 14, 2010두2623). 소송요건인 제소기간의 준수 여부는 취소소송의 대상이 되는 개개의 처분마다 독립적으로 판단하여야 한다(대판 2023. 8. 31, 2023두39939: 징수처분과 독촉처분 취소소송의 제소기간 경과 여부가 문제된 사안).

제 6 항 행정심판전치주의[2023 변시]

Ⅰ. 행정심판임의주의 — 예외적 행정심판전치주의

행정소송법은 행정심판을 원칙상 임의적인 구제절차로 규정하고 있다. 즉, 취소소송은 법령의 규정에 의하여 당해 처분에 대한 행정심판을 제기할 수 있는 경우에도 이를 거치지 아니하고 제기할 수 있다. 다만, 다른 법률에 당해 처분에 대한 행정심판의 재결을 거치지 아니하면 취소소송을 제기할 수 없다는 규정이 있는 때에는 그러하지 아니하다(행정소송법 제18조 제1항).

[판례] 행정소송법 제18조 제1항은 행정심판과 취소소송과의 관계에 관하여 규정하면서, 1994. 7. 27. 법률 제4770호로 개정되기 이전에는 법령의 규정에 의하여 당해 처분에 대한 행정심판을 제기할 수 있는 경우에는 그에 대한 재결을 거치지 아니하면 취소소송을 제기할 수 없다고 규정하여 이른바 재결전치주의를 택하고 있었으나, 위 개정 후에는 그와 같은 행정심판의 제기에 관한 근거 규정이 있는 경우에도 달리 그 행정심판의 재결을 거치지 아니하면 취소소송을 제기할 수 없다는 규정을 두고 있지 아니하는 한 그러한 행정심판의 재결을 거치지 아니하고도 취소소송을 제기할 수 있는 것으로 규정함으로써 이른바 자유선택주의로 전환하였

으므로, 위 개정조항이 같은법 부칙(1994. 7. 27.) 제1조에 의하여 1998. 3. 1.자로 시행된 이후에는 법령의 규정에서 단지 행정심판의 제기에 관한 근거 규정만을 두고 있는 처분에 있어서는 위 개정조항에 따라 그에 대한 행정심판 절차는 당연히 임의적 절차로 전환되었다(대판 1999. 12. 20, 99무42[시정명령 등 효력정지]).

Ⅱ. 행정심판전치주의의 인정례

행정심판임의주의에 대한 예외로서의 행정심판전치주의(行政審判前置主義)는 개별법의 규정에 의해 인정되고 있다.

예를 들면, 국세기본법 제56조 제2항 및 지방세기본법 제98조 제3항은 조세부과처분에 대하여 행정심판전치주의를 채택하고 있다. 국세기본법상의 행정심판은 임의적 절차인 이의신청, **필요적 전치절차인 심사청구 또는 심판청구**(심사청구와 심판청구 중 하나를 거쳐야 함)의 2심급으로 되어 있다. 다만, 감사원에의 심사청구를 거친 경우에는 국세기본법상의 심사청구나 심판청구를 거친 것으로 본다(국세기본법 제56조 제4항). 따라서, 감사원의 심사청구에 불복하는 경우에는 직접 행정소송을 제기하여야 한다(감사원법 제46조의2).

또한, 공무원의 의사에 반하는 불이익처분이나 부작위에 대한 **소청심사청구** 및 **도로교통법상 처분에 대한 행정심판청구**도 행정소송의 의무적 전치절차이다(국가공무원법 제16조 제2항, 교육공무원법 제53조 제1항, 지방공무원법 제20조의2, 도로교통법 제142조).

국세처분을 받은 자는 감사원에 심사청구를 할 수 있는데 이 경우에는 국세기본법에 의한 심사청구 및 심판청구를 제기할 수 없고, 감사원의 심사청구에 불복하는 자는 행정소송을 제기하여야 한다(국세기본법 제55조 제5항, 제56조 제4항).

필요적 전치절차인 행정심판절차가 2단계 이상인 경우에 명문의 규정으로 당해 절차를 모두 거치도록 규정하고 있는 경우를 제외하고는 그 절차 중 하나만 거치면 행정소송을 제기할 수 있는 것으로 보아야 한다(이상규, 786면).

Ⅲ. 행정심판전치주의의 적용범위

행정심판전치주의는 취소소송과 부작위위법확인소송에서 인정되며(행정소송법 제18조 제1항, 제38조 제2항) 무효확인소송에는 적용되지 않는다(행정소송법 제38조 제1항).

무효선언을 구하는 취소소송은 그 형식이 취소소송이므로 행정심판전치주의가 적용되어야 한다(대판 전원합의체 1976. 2. 24, 75누128; 1987. 6. 9, 87누219).

무효선언을 구하는 취소소송에서 행정심판전치주의의 요건을 충족하지 않은 경우에는 무효확인소송으로 소의 변경을 하면 된다.

주위적 청구가 무효확인소송이라 하더라도 병합 제기된 예비적 청구가 취소소송인 경우 예비적 청구인 취소소송에 필요적 전치주의의 적용이 있다(대판 1994. 4. 29, 93누12626).

Ⅳ. 행정심판전치주의의 예외

행정소송법 제18조는 행정심판전치주의의 적용이 제한 또는 배제되는 경우를 규정하고 있다. 행정심판전치주의의 예외가 되는 사유는 원고가 이를 소명하여야 한다(법 제18조 제4항).

1. 행정심판의 재결 없이 행정소송을 제기할 수 있는 경우

다음과 같은 사유가 있는 때에는 행정심판의 재결을 거치지 아니하고 취소소송을 제기할 수 있다(법 제18조 제2항).

① **행정심판청구가 있은 날로부터 60일이 지나도 재결이 없는 때:** 행정심판청구가 있은 날로부터 60일이 경과하였다는 요건은 원칙상 행정소송을 제기한 날 충족되어야 하지만, 행정소송의 제기시에 이 요건이 충족되지 않았다 하더라도 소송의 변론종결시까지 이 요건이 충족되면 행정심판전치주의에 대한 흠이 치유된다(대판 1986. 7. 8, 86누215[석유판매업허가취소처분취소]).

행정심판청구가 있은 날로부터 60일이 경과하였음에도 재결이 없는 때에는 청구인은 곧 행정소송을 제기할 수도 있고, 재결을 받은 후 행정소송을 제기할 수도 있다.

② 처분의 집행 또는 절차의 속행으로 생길 중대한 손해를 예방하여야 할 긴급한 필요가 있는 때

③ 법령의 규정에 의한 행정심판기관이 의결 또는 재결을 하지 못할 사유가 있는 때

④ 그 밖의 정당한 사유가 있는 때

2. 행정심판의 제기 없이 행정소송을 제기할 수 있는 경우

다음과 같은 사유가 있는 때에는 행정심판을 제기함이 없이 취소소송을 제기할 수 있다(법 제18조 제3항).

① **동종사건에 관하여 이미 행정심판의 기각재결이 있은 때:** 여기에서 동종사건이라 함은 '당해 사건은 물론 당해 사건과 기본적인 점에서 동질성이 인정되는 사건'을 말한다(대판 1993. 9. 28, 93누9132[사업계획변경승인신청거부처분취소 등]; 1992. 11. 24, 92누8972[의사면허정지처분취소]).

예를 들면, 동일한 행정처분에 의하여 여러 사람이 동일한 의무를 부담하는 경우 그 중 한 사람이 행정심판을 제기하여 기각판결을 받은 경우(대판 1988. 2. 23, 87누704)를 들 수 있다.

② **서로 내용상 관련되는 처분 또는 같은 목적을 위하여 단계적으로 진행되는 처분중 어느 하나가 이미 행정심판의 재결을 거친 때:** 여기에서 '서로 내용상 관련되는 처분'이라 함은 각각 별개의 처분이지만 내용적으로 서로 일련의 상관관계가 있는 복수의 처분을 말한다.

예를 들면, 국세의 납세고지처분과 국세징수법상의 가산금 및 중가산금징수처분(대판 1986. 7. 22, 85누297) 등을 들 수 있다. 하천구역의 무단 점용을 이유로 부당이득금 부과처분과 가산금 징수처분을 받은 사람이 가산금 징수처분에 대하여 행정청이 안내한 전심절차를 밟지 않았다 하더라도 부당이득금 부과처분에 대하여 전심절차를 거친 이상 가산금 징수처분에 대하여도 부당이득금 부과처분과 함께 행정소송으로 다툴 수 있다(대판 2006. 9. 8, 2004두947).

[판례] 동일인의 동일내용의 신청에 대한 2개의 행정처분이 있는 경우에 그 중 1개의 행정처분에 대한 전심절차가 행해진 경우에 다른 행정처분에 대한 행정소송을 제기하기 위하여 별도의 전심절차를 밟아야 하는지 여부: [다수의견] 원고가 농지의 보전 및 이용에 관한 법률에 의한 농지 일시전용 허가신청을 하였으나 도지사가 농촌근대화촉진법의 관점에서 이를 불허하자 원고가 소원을 제기하여 그 취소처분의 재결을 받은 후 다시 그 허가신청을 하였으나 도지사가 이번에는 농지의보전 및 이용에 관한법률에 의한 관점에서 불허가하였다면 위 2개의 행정처분은 각 그 내용을 달리하는 것이고 후행정처분이 선행정처분의 필연적 결과로서 행해졌거나 기타 양 행정처분이 상호 일련의 상관관계가 있다고 할 수 없으므로 후의 행정처분에 대하여 행정소송을 제기하려면 선 행정처분에 대한 소원과는 별도의 전치절차를 밟아야 한다(대판 전원합의체 1981. 1. 27, 80누447 [농지일시전용허가불허가처분취소]). 〈해설〉 동일한 내용의 처분이라도 처분사유가 다르면 다른 처분이 된다.

'같은 목적을 위하여 단계적으로 진행되는 처분'이라 함은 동일한 행정 목적을 위하여 행해지는 둘 이상의 서로 연속되는 처분을 말한다.[17]

③ **행정청이 사실심의 변론종결 후 소송의 대상인 처분을 변경하여 당해 변경된 처분에 관하여 소를 제기하는 때**

④ **처분을 행한 행정청이 행정심판을 거칠 필요가 없다고 잘못 알린 때**

Ⅴ. 행정심판전치주의의 이행 여부의 판단

1. 적법한 행정심판청구

행정심판전치주의의 요건을 충족하기 위하여는 행정심판이 적법하여야 한다.

[판례 1] 부적법(不適法)한 행정심판청구가 있었음에도 재결청이 과오로 본안에 대하여 재결한 때에도 행정심판을 거친 것으로 볼 수 없다(대판 1991. 6. 25, 90누8091).
[판례 2] 적법한 심판청구를 재결청이 잘못 각하한 경우에는 행정심판전치의 요건을 충족한 것으로 보아야 한다(대판 1990. 10. 12, 90누2383).

2. 직권조사사항

행정심판의 전치는 항고소송의 소송요건이므로 법원의 직권조사사항(職權調査事項)에 속한다.

3. 판단의 기준시

행정심판전치주의의 요건을 충족하였는지의 여부는 **사실심 변론종결시**를 기준으로 판단하여야 한다(대판 1987. 4. 28, 86누29; 1987. 9. 22, 87누176). 즉, 행정소송 제기시에는 행정심판전치주의의 요건이 충족되지 않았더라도 사실심 변론종결시까지 행정심판전치주의의 요건을 충족하면 된다.

17) 행정심판전치주의의 예외와 하자의 승계는 제도의 취지가 다르므로 행정심판전치주의의 예외가 되는 '같은 목적을 위하여 단계적으로 진행되는 처분'은 하자의 승계가 인정되는 경우와 반드시 일치한다고 볼 수는 없다.

제 7 항 관할법원

Ⅰ. 항고소송의 관할법원

취소소송의 제1심 관할법원(管轄法院)은 피고의 소재지를 관할하는 행정법원으로 한다(제9조 제1항). 다만, ① 중앙행정기관, 중앙행정기관의 부속기관과 합의제행정기관 또는 그 장 또는 ② 국가의 사무를 위임 또는 위탁받은 공공단체 또는 그 장이 피고인 경우 그 피고에 대하여 취소소송을 제기하는 경우에는 해당 중앙행정기관 등의 소재지를 관할하는 행정법원뿐만 아니라 대법원소재지를 관할하는 행정법원에도 제기할 수 있다(제9조 제2항). 국가의 사무를 위임 또는 위탁받은 공공단체 또는 그 장에 대하여 그 지사나 지역본부 등 종된 사무소의 업무와 관련이 있는 소를 제기하는 경우에는 그 종된 사무소의 소재지를 관할하는 행정법원에 제기할 수 있다(행정소송규칙 제5조 제1항).

토지의 수용 기타 부동산 또는 특정의 장소에 관계되는 처분 등에 대한 취소소송은 그 부동산 또는 장소의 소재지를 관할하는 행정법원에 이를 제기할 수 있다(법 제9조 제3항). 법 제9조 제3항의 '기타 부동산 또는 특정의 장소에 관계되는 처분등'이란 부동산에 관한 권리의 설정, 변경 등을 목적으로 하는 처분, 부동산에 관한 권리행사의 강제, 제한, 금지 등을 명령하거나 직접 실현하는 처분, 특정구역에서 일정한 행위를 할 수 있는 권리나 자유를 부여하는 처분, 특정구역을 정하여 일정한 행위의 제한·금지를 하는 처분 등을 말한다(행정소송규칙 제5조 제2항).

행정법원이 설치되지 않은 지역에 있어서의 행정법원의 권한에 속하는 사건은 행정법원이 설치될 때까지 해당 지방법원본원이 관할한다(법원조직법 부칙 제2조). 그런데, 현재 서울에만 행정법원이 설치되었을 뿐이다.

따라서, 행정법원이 설치된 지역(서울지역)에서는 행정법원, 행정법원이 설치되지 않은 지역(서울 이외의 지역)에서는 해당 지방법원 본원이 제1심 관할법원이 된다.

다만, 독점규제 및 공정거래에 관한 법률에 의한 공정거래위원회의 처분에 대한 불복의 소(항고소송)의 제1심은 공정거래위원회의 소재지를 관할하는 서울고등법원의 전속관할이다(독점규제 및 공정거래에 관한 법률 제55조).

특허심판원의 심결(결정)에 불복하는 경우 고등법원급 전문법원인 특허법원에 심결 또는 결정의 취소를 구하는 소를 제기하고, 특허법원의 판결에 불복하고자 하는 자는 대법원에 상고할 수 있다(특허법 제186조).

Ⅱ. 당사자소송의 관할법원

당사자소송의 관할법원은 취소소송의 경우와 같다. 다만, 국가 또는 공공단체가 피고인 경우에는 관계행정청의 소재지를 피고의 소재지로 본다(행정소송법 제40조). 여기에서 '관계행정청'이라 함은 형식적 당사자소송의 경우에는 당해 법률관계의 원인이 되는 처분을 한 행정청을 말하고, 실질적 당사자소송에서는 당해 공법상 법률관계에 대하여 직접적인 관계가 있는 행정청을 말한다.

Ⅲ. 행정소송의 관할의 성격: 전속관할

행정소송의 관할은 행정법원의 전속관할이므로 민사법원은 계쟁사건의 관할이 행정법원인 경우 당해 사건을 행정법원으로 이송하여야 한다. 계쟁행정사건의 관할이 행정법원이 아니라 지방법원인 경우에는 그러하지 아니하다.

Ⅳ. 관할위반의 효력

판례는 민사소송으로 제기할 것을 당사자소송으로 서울행정법원에 제기하여 관할위반이 되었더라도 피고가 관할위반이라고 항변하지 아니하고 본안에 대하여 변론을 한 경우에는 법원에 **변론관할**이 생겼다고 본다(대판 2013. 2. 28, 2010두22368[환매대금증감]).

또한, 행정사건의 심리절차는 행정소송의 특수성을 감안하여 행정소송법이 정하고 있는 특칙이 적용될 수 있는 점을 제외하면 심리절차 면에서 민사소송 절차와 큰 차이가 없으므로, 특별한 사정이 없는 한 민사사건을 행정소송 절차로 진행한 것 자체는 위법하다고 볼 수 없다(대판 2018. 2. 13, 2014두11328).

이에 반하여 행정소송법상 **항고소송으로 제기하여야 할 사건을 민사소송으로 잘못 제기한 경우**에 **수소법원이 그 항고소송에 대한 관할도 동시에 가지고 있다면**, 전심절차를 거치지 않았거나 제소기간을 도과하는 등 항고소송으로서의 소송요건을 갖추지 못했음이 명백하여 항고소송으로 제기되었더라도 어차피 부적법하게 되는 경우가 아닌 이상, 원고로 하여금 항고소송으로 소 변경을 하도록 석명권을 행사하여 행정소송법이 정하는 절차에 따라 심리·판단하여야 한다(대판 2020. 4. 9, 2015다34444). 그리고 항고소송으로 제기하여야 할 사건을 민사소송으로 잘못 제기한 경우에 **수소법원이 행정소송에 대한 관할을 가지고 있지 아니하다면** 당해 소송이 이미 행정소송으로서의 전심절차와 제소기간을 도과하였거나 행정소송의 대상이 되는 처분 등이 존재하지도 아니한 상태에 있는 등 행정소송으로서 소송요건을 결하고 있음이 명백하여 행정소송으로 제기되었더라도 어차피 부적법하게 되는 경우가 아닌 이상 이를 부적법한 소라고 하여 각하할 것이 아니라 관할법원에 이송하여야 한다(대판 2017. 11. 9, 2015다215526; 2018. 7. 26, 2015다221569).

행정소송으로 서울행정법원에 제기할 것을 민사소송으로 지방법원에 제기하여 판결이 난 경우에는 전속관할 위반이고 행정소송절차에 의하여야 할 것을 민사소송절차에 의한 것이므로 관할위반이라고 항변하지 아니하고 본안에 대하여 변론을 하였더라도 법원에 변론관할이 생겼다고 볼 수 없고, 대법원은 원심판결을 파기하고, 제1심판결을 취소하고 사건을 다시 심리·판단하게 하기 위하여 관할법원인 서울행정법원에 이송하여야 한다.

[판례 1] 원고가 고의 또는 중대한 과실 없이 행정소송으로 제기하여야 할 사건을 민사소송으로 잘못 제기하였으나 행정소송으로서의 소송요건을 결하고 있음이 명백한 경우, 수소법원이 취하여야 할 조치(=각하): 원고가 고의 또는 중대한 과실 없이 행정소송으로 제기하여야 할 사건을 민사소송으로 잘못 제기한 경우, 수소법원으로서는 만약 그 행정소송에 대한 관할도 동시에 가지고 있다면 이를 행정소송으로 심리·판단하여야 하고, 그 행정소송에 대한 관할을 가지고 있지 아니하다면 관할법원에 이송하여야 한다(대판 2021. 2. 4, 2019다277133). 다만 해당 소송이 이미 행정소송으로서의 전심절차 및 제소기간을 도과하였거나 행정소송의 대상이 되는 처분 등이 존재하지도 아니한 상태에 있는 등 행정소송으로서의 소송요건을 결하고 있음이 명백하여 행정소송으로 제기되었더라도 어차피 부적법하게 되는 경우에는 이송할 것이 아니라 각하하여야 한다.

1) 제안자가 민간투자사업기본계획 등에서 정한 제안비용보상금 지급대상자에 해당하는지 여부에 관해서는 주무관청의 일정한 사실조사와 판단이 필요하고 제안비용보상금액의 결정에 관하여 주무관청에게 일정 범위의 재량이 부여되어 있으므로, 민간투자사업기본계획 등에 따른 제안비용보상금을 지급받을 권리는 법령의 규정에 의하여 직접 발생하는 것이 아니라 보상금을 지급받으려는 제안자의 신청에 따라 주무관청이 지급대상자인지 여부를 판단하고 구체적인 보상금액을 산정하는 지급결정을 함으로써 비로소 구체적인 권리가 발생한다고 보아야 한다. 제안비용보상금 지급 신청에 대한 주무관청의 결정은 '민간투자법령을 집행하는 행위로서의 공권력의 행사 또는 그 거부'에 해당하므로 항고소송의 대상인 '처분'이라고 보아야 한다. 2) 원고들은 주무관청인 서울특별시장에게 제안비용보상금 지급을 신청하고 서울특별시장이 거부처분을 하면 그에 대하여 항고소송을 제기하는 등의 절차를 밟지 아니한 채, 곧바로 주무관청이 속한 지방자치단체인 피고를 상대로 한 민사소송으로 제안비용보상금 지급을 청구하였다. 따라서 이 사건 소 중 제2 예비적 청구 부분은 부적법하다. 3) 원고들의 제안비용보상금 지급 청구와 관련하여 항고소송의 대상인 처분이 존재하지도 아니한 상태이어서 항고소송의 소송요건을 결하고 있음이 명백하므로, 이 사건 소 중 제2 예비적 청구 부분은 관할 행정법원으로 이송할 것이 아니라 각하하여야 한다. 4) 그런데도 원심은, 이 사건 소 중 제2 예비적 청구 부분이 부적법하다는 점을 간과한 채, 본안판단으로 나아가 피고가 원고들에게 제안비용보상금을 지급할 의무가 있다고 본 제1심의 판단을 그대로 유지하여 이 부분에 관한 피고의 항소를 기각하였다. 이러한 원심판단에는 항고소송의 대상인 처분과 쟁송 방식에 관한 법리 등을 오해한 잘못이 있다. 그러므로 원심판결 중 제2 예비적 청구 부분을 파기하기로 하되, 이 부분 사건은 대법원이 직접 재판하기에 충분하므로 자판하기로 하여, 이 부분에 관한 제1심판결을 취소하고, 이 부분 소를 각하한다(대판 2020. 10. 15, 2020다222382[우선협상대상자지정취소로인한손해배상]).
〈해설〉 원고들은 주위적으로 불법행위 또는 예약채무불이행에 기한 손해배상을 구하고(예약채무불이행에 기한 선택적 청구는 당심에서 추가하였다), 제1예비적으로 실시협약 중도해지의 경우에 준하는 해지시지급금, 제2예비적으로 우선협상대상자 지정취소에 따른 제안비용보상금의 지급을 구한다(원고들은 예산 불편성을 이유로 제2예비적 청구가 기각된다면 이는 불법행위이므로 당심에서 그에 대한 예비적 손해배상청구를 추가하였다](서울고등법원 2020. 2. 6. 선고 2018나2057002 판결). 대법원은 제2예비적 청구를 항고소송으로 보았다.

[판례 2] [1] KAI(한국항공우주산업)와 정부가 체결한 '한국형 헬기 개발사업에 대한 물품·용역협약'은 공법상 계약이다. [2] KAI(한국항공우주산업)이 대한민국에 '한국형 헬기 개발사업'을 하다 발생한 초과비용 126억원을 청구하는 민사소송을 대법원이 민사재판이 아닌 행정재판으로 다시 하도록 서울행정법원에 이송한 사례(대판 2017. 11. 9, 2015다215526). 〈해설〉 1·2심 법원은 사법상 계약으로 보았다. '한국형 헬기 개발사업에 대한 물품·용역협약'을 단순한 물품조달계약으로 보면 사법상 계약으로 볼 수 있지만, 연구개발계약으로 본다면 공법상 계약으로 보는 것이 타당하다.

[판례 3] 국방연구개발용역을 수행한 원고가 연구개발확인서의 발급을 신청하였다가 거부되자, 민사소송으로 연구개발확인서의 발급절차 이행을 청구한 사건 [1] 국방연구개발발전업무훈령에 따른 연구개발확인서 발급 및 그 거부는 행정소송법상 처분(확인적 행정행위)이다. [2] 국방연구개발용역을 수행한 원고는 전력지원체계 개발을 위한 용역계약에 따라 연구개발사업을 수행한 다음, 육군본부 전력지원체계사업단에 국방전력발전업무훈령에 따른 연구개발확인서 발급을 신청하였으나, 육군본부 전력지원체계사업단장은 이 사건 거부회신을 한 경우 그 거부처분을 다투는 항고소송을 제기하여야 함에도 원고는 육군본부 전력지원체계사업단장이 속한 법인격주체인 피고 대한민국을 상대로 이 사건 용역계약에 따른 연구개발확인서 발급절차를 이행하라고 청구는 민사소송을 제기한 사안에서 이 사건 제1심법원 및 원심법원은, 이 사건 거부회신이 항고소송의 대상인 '거부처분'에 해당한다는 점을 간과한 채, 이 사건 소가 용역계약에 따른 의무 이행을 청구하는 민사소송에 해당한다는 전제에서, 본안판단으로 나아가 피고 대한민국에게 연구개발확인서 발급의무가 없다고 판단하였지만, 대법원은, 이 사건 제1심법원인 대전지방법원 합의부와 원심법원인 대전고등법원 합의부는 이 사건 소가 행정소송법상 항고소송일 경우의 제1심, 항소심 재판의 관할도 동시에 가지고 있으므로 관할위반의 문제는 발생하지 아니하지만, 원심으로서는 원고로 하여금 행정소송법상 취소소송으로 소 변경을 하도록 석명권을 행사하여 행정소송법이 정하는 절차에 따라 이 사건 거부회신이 적법한 거부처분인지 여부를 심리·판단하였어야 한다고 보아 파기환송한 사례(대판 2020. 1. 16, 2019다264700).

당사자소송으로 지방법원에 제기할 것을 민사소송으로 지방법원에 제기하여 판결이 난 경우에는 관할위반은 아니지만 행정소송절차에 의하여야 할 것을 민사소송절차에 의한 것이므로 대법원은 원심판결을 파기하고, 제1심판결을 취소하고 사건을 다시 심리·판단하게 하기 위하여 제1심법원인 지방법원에 이송하여야 한다.

제 4 절 행정소송에서의 가구제

[문제] 사법시험 제1차 시험 불합격처분에 대한 집행정지신청 등 가구제를 논하시오.

제 1 항 개 설

가구제라 함은 소송의 실효성을 확보하기 위하여 본안판결 확정 전에 잠정적으로 행해지는 원고의 권리를 보전하기 위한 수단을 말한다.

현행 행정소송법은 가구제로 집행정지만 규정하고 가처분에 관한 규정을 두고 있지 않은데, 민사집행법상의 가처분을 행정소송에도 준용하여 수익적 처분의 신청에 대한 거부처분에 대하여 적극적으로 임시의 지위를 정하는 가처분을 인정할 수 있는지 그리고 예상되는 침해적 처분에 대하여 당해 처분의 잠정적 금지를 구하는 가처분을 인정할 수 있는지에 관하여 논의가 있다. 또한, 당사자소송에 민사집행법상의 가처분이나 가압류가 준용될 수 있는지도 문제된다.

제 2 항 행정소송법상의 집행정지 [2004 입시 약술, 2002 행시 사례, 1998 사시 사례]

행정소송법상 집행정지라 함은 계쟁 처분등의 효력이나 그 집행 또는 절차의 속행을 잠정적으로 정지하는 법원의 결정을 말한다. 집행정지는 권리구제의 실효성을 보장하기 위해 인정되는데, 반면에 집행정지가 되면 처분의 집행으로 인한 행정목적의 달성이 잠정적으로 중지된다. 집행정지제도는 집행정지를 통한 권리구제의 실효성 보장과 계쟁처분의 집행을 통한 행정목적의 달성(계쟁처분의 실효성 보장)을 조화시키는 제도로 입법되고 운용되어야 한다.

I. 집행부정지의 원칙

취소소송의 제기는 처분 등의 효력이나 그 집행 또는 절차의 속행에 영향을 주지 아니한다(법 제23조 제1항). 이와 같이 위법한 처분 등을 다투는 항고소송이 제기된 경우에도 처분 등의 효력을 잠정적으로나마 정지시키지 않고 처분 등의 후속적인 집행을 인정하는 것을 '집행부정지의 원칙'

이라 한다. 이와 같이 현행 행정소송법이 집행부정지의 원칙을 채택한 것은 행정목적의 실효적인 달성을 보장하기 위한 것이다.

Ⅱ. 예외적인 집행정지

집행부정지의 원칙을 엄격히 적용하는 경우에는 행정소송을 제기하여 승소한 경우에도 이미 처분이 집행되는 등의 사정에 의해 회복할 수 없는 손해를 입게 되어 권리구제가 되지 못하는 경우가 있게 되므로 행정소송법은 행정구제의 실효성을 확보하기 위하여 다음과 같이 일정한 요건을 갖춘 경우 예외적으로 집행정지를 인정하고 있다.

> 취소소송이 제기된 경우에 처분 등이나 그 집행 또는 절차의 속행으로 인하여 생길 회복하기 어려운 손해를 예방하기 위하여 긴급한 필요가 있다고 인정할 때에는 본안이 계속되고 있는 법원은 당사자의 신청 또는 직권에 의하여 처분 등의 효력이나 그 집행 또는 절차의 속행의 전부 또는 일부의 정지(이하 '집행정지'라 한다)를 결정할 수 있다. 다만, 처분의 효력정지는 처분 등의 집행 또는 절차의 속행을 정지함으로써 목적을 달성할 수 있는 경우에는 허용되지 아니한다(법 제23조 제2항).

독일 등에서와 같이 항고소송이 제기되며 자동적으로 집행정지효과가 발생하는 것을 원칙으로 하고, 일정한 요건을 갖춘 경우 예외적으로 즉시집행을 인정하는 입법례도 있다.

Ⅲ. 집행정지의 요건

1. 신청요건

집행정지신청이 신청요건을 결여하여 부적법하면 각하된다.

(1) 정지대상인 처분 등의 존재

1) 정지대상인 처분

행정소송법상의 집행정지는 종전의 상태, 즉 원상을 회복하여 유지시키는 소극적인 것이며 종전의 상태를 변경시키는 적극적인 조치로 활용될 수 없다. 따라서 집행정지는 **침해적 처분**을 대상으로 하여 인정되며 ① 처분 前이거나 ② 부작위 또는 ③ 처분 소멸 후에는 회복시킬 대상이 없으므로 허용되지 아니한다.

그리하여 집행정지가 허용될 수 있는 본안소송은 취소소송과 무효등확인소송이며 부작위위법확인소송은 제외된다.

2) 거부처분 [2007 행시(일반행정), 2004 사시, 2011 행시(재경직), 2020 변시]

거부처분에 대하여 집행정지가 가능한지에 관하여 견해의 대립이 있다.

가. 부 정 설 　통설은 침해적 처분만이 행정소송법상의 집행정지의 대상이 된다고 보고, 수익적 행정처분의 신청에 대한 거부처분은 집행정지의 대상이 되지 않는다고 본다. 다만, 부정설

중에는 거부처분에 대해 가처분이 가능하다는 견해도 있다.

그 이유는 거부처분 자체는 국민의 권리의무에 구체적 변동을 가져오는 것은 아니고 집행정지는 신청 전의 상태를 그대로 지속시키는 것에 지나지 않는 것이며, 거부처분에 대하여 설령 집행정지가 행하여진다고 하더라도 그것에 의하여 거부처분이 행하여지지 아니한 상태가 회복될 뿐이며 당해 신청이 허가된 것과 동일한 상태가 실현되거나 행정청이 신청에 따르는 처분을 하여야 할 의무를 부담하는 것이 아니므로(기속력에 관한 행정소송법 제30조 제2항은 집행정지의 결정에 준용되지 아니한다) 거부처분의 집행정지로서는 허가신청이 거부됨으로써 신청인이 입게 될 손해를 피하는 데 아무런 보탬이 되지 않고, 따라서 신청인에게 **집행정지 신청의 이익이 없다**는 것이다.

판례도 이러한 입장을 취하고 있다(대결 1991. 5. 2, 91두15[접견허가거부처분효력정지]).

[판례] 신청에 대한 거부처분의 효력을 정지하더라도 거부처분이 없었던 것과 같은 상태, 즉 거부처분이 있기 전의 신청시의 상태로 되돌아가는 데에 불과하고 행정청에게 신청에 따른 처분을 하여야 할 의무가 생기는 것이 아니므로, 거부처분의 효력정지는 그 거부처분으로 인하여 신청인에게 생길 손해를 방지하는 데 아무런 보탬이 되지 아니하여 그 효력정지를 구할 이익이 없다(대결 1995. 6. 21, 95두26[점검필증교부거부처분효력정지]).

나. 예외적 긍정설 이 견해는 거부처분의 집행정지에 의하여 거부처분이 행하여지지 아니한 상태로 복귀됨에 따라 신청인에게 어떠한 법적 이익이 있다고 인정되는 경우가 있을 수 있고, 그러한 경우에는 **예외적으로** 집행정지신청의 이익이 있다고 할 것이며 따라서 집행정지 신청을 인정하여야 한다는 견해이다(서울고법 1991. 10. 10, 91부450).

다. 긍 정 설 이 견해는 집행정지결정에는 기속력이 인정되므로 거부처분의 집행정지에 따라 행정청에게 잠정적인 재처분의무가 생긴다고 볼 수 있으므로 거부처분의 집행정지의 이익이 있다고 보는 견해이다.

라. 결어(예외적 긍정설) 행정소송법상 집행정지결정에는 기속력에 관한 일반규정인 제30조 제1항만이 준용되고, 재처분의무를 정하고 있는 동법 제30조 제2항은 준용되고 있지 않으므로 긍정설은 타당하지 않다. 예외적 긍정설이 현행 집행정지제도가 갖고 있는 기능적 한계를 집행정지신청의 이익에 관한 해석론에 의해 극복하여 권리구제의 실효성을 확보하고자 하는 것이므로 타당하다고 생각된다.

'제외처분'(예 경원자관계에서 경쟁시험 불합격처분, 임용제외(거부)처분)을 거부처분과 구별하고, 침해적 처분으로 보는 견해에 의하면 제외처분에서는 거부처분에서와 달리 집행정지를 인정할 수 있다.

거부처분이라 하더라도 집행정지의 신청의 이익이 있다고 볼 수 있는 경우로는 ① 연장허가신청에 대한 거부처분이 있을 때까지 권리가 존속한다고 법에 특별한 규정이 있는 경우, ② 특별한 규정이 없는 경우에도 인허가 등에 붙여진 기간이 허가조건의 존속기간이라고 볼 수 있는 경우[18] ③ 1차시험 불합격처분(서울

18) 예를 들면, 투전기업소허가에 있어서 존속기간을 정하고 그것의 갱신허가제를 채택한 것은 그 기간만료로 인허가의 효력을 바로 소멸시키려는 취지라기보다는 그 존속기간이 지날 때마다 허가의 전제요건을 다시 한번 점검하여 보려는 취지라고 할 것이다. 이러한 경우에 허가의 존속기간 내에 갱신허가신청을 제출하지 아니하여 더 이상 그 사업을 계속하지 아니하려는 의사를 분명히 한 경우에는 그 허가의 효력은 기간만료로 종료되는 것으로 보아야 하겠지만, 허가의 종료 전에 갱신의 허가를 신청한 경우에는 허가청에서 기정조건의 존속 여부를 검토하여 판단이 내려지기까지는 비록 원

행법 2003. 1. 14, 2003아957) 또는 응시자격이 없다는 것을 이유로 한 원서반려처분(서울행법 2000. 2. 28, 2000아120), ④ 외국인 체류연장신청거부(이 경우 거부처분이 집행정지되면 강제출국 당하지 않을 이익이 있다) 등이 있다. ③의 경우의 불합격처분을 응시자격을 박탈하는 침익처분으로 볼 수 있다는 견해도 있다(백윤기, 행정판례연구회(2003. 3. 21.) 발표문).

3) 후행처분

취소소송의 대상이 되는 처분의 집행정지를 구하는 것이 원칙이지만, 후행처분(後行處分)이 선행처분의 절차의 속행이라고 여겨지는 경우에는 선행처분의 취소소송을 본안으로 하여 후행처분의 집행정지를 청구할 수 있다. 선행처분과 후행처분이 동일한 법적 효과를 목표로 하는 경우, 즉 위법성이 승계되는 경우(예 대집행의 계고와 대집행영장에 의한 통지) 및 후행처분이 선행처분의 집행의 성질을 가지는 경우(예 과세처분과 체납처분, 철거명령과 대집행의 계고처분)가 이에 해당한다.

4) 부　　관

부관(附款)이 본체인 행정행위에 있어 본질적인 것이 아닌 경우에는 부관만이 집행정지의 대상이 될 수 있다.

(2) 적법한 본안소송의 계속

행정소송법상의 집행정지는 민사소송에서의 가처분과는 달리 본안소송(本案訴訟)이 계속(係屬) 중일 것을 요한다.

집행정지의 신청은 원칙상 본안소송의 제기후 또는 적어도 본안소송의 제기와 동시에 하여야 하지만, 집행정지의 신청이 본안소송보다 먼저 행해진 경우에도 신청에 대한 결정 전에 본안소송이 제기되면 하자가 보완된다. 실무에 있어서는 통상 본안 소송의 제기와 집행정지신청이 동시에 행해진다.

계속된 본안소송은 소송요건(행정심판전치, 제소기간 등)을 갖춘 적법한 것이어야 한다(대결 1999. 11. 26, 99부3[집행정지]; 대결 2010. 11. 26, 2010무137[부정당업자제재처분효력정지]). 본안소송의 요건은 집행정지의 신청에 대한 결정전에 갖추어지면 된다.

(3) 신청인적격

집행정지를 신청할 수 있는 자는 본안소송의 당사자이다. 신청인은 '법률상 이익'이 있는 자이어야 한다. 집행정지신청요건인 법률상 이익은 항고소송의 요건인 '법률상 이익'과 동일하다.

제3자효행정행위에서 소송당사자인 제3자의 집행정지신청도 가능하다는 것이 일반적 견해이며 판례의 입장이다.

래의 허가기간이 경과되었더라도 잠정적으로 허가된 행위를 행할 수 있다고 보는 것이 법령의 취지에 맞는다고 할 것이다. 따라서 이러한 경우에는 비록 불허가처분이 행하여졌다 하더라도 상대방이 이에 불복하는 경우에는 불허가처분의 취소소송과 함께 집행정지 신청을 하여 집행정지에 의하여 잠정적으로 허가된 행위를 행하도록 할 수 있다고 보는 것이 갱신허가제를 채택한 법의 취지에 맞다고 할 것이다. 따라서 이러한 경우에는 집행정지 신청의 이익을 인정할 수 있을 것이다. 현행 게임산업진흥에 관한 법률에 의하면 청소년이용불가게임물을 이용하는 게임장은 3년 단위로 허가하도록 하고 있다.

[판례] [1] 행정처분에 대한 효력정지신청을 구함에 있어서도 이를 구할 법률상 이익이 있어야 하는바, 이 경우 법률상 이익이라 함은 그 행정처분으로 인하여 발생하거나 확대되는 손해가 당해 처분의 근거법률에 의하여 보호되는 직접적이고 구체적인 이익과 관련된 것을 말하는 것이고 단지 간접적이거나 사실적·경제적 이해관계를 가지는 데 불과한 경우는 여기에 포함되지 않는다. [2] 경쟁 항공회사에 대한 국제항공노선면허처분으로 인하여 노선의 점유율이 감소됨으로써 경쟁력과 대내외적 신뢰도가 상대적으로 감소되고 연계노선망개발이나 타항공사와의 전략적 제휴의 기회를 얻지 못하게 되는 손해를 입게 되었다고 하더라도 위 노선에 관한 노선면허를 받지 못하고 있는 한 그러한 손해는 법률상 보호되는 권리나 이익침해로 인한 손해라고는 볼 수 없으므로 처분의 효력정지를 구할 법률상 이익이 될 수 없다. [3] 경쟁 항공회사에 대한 국제항공노선면허처분이 효력정지되면 행정청으로부터 항공법상의 전세운항계획에 관한 인가를 받아 취항할 수 있게 되는 지위를 가지게 된다고 하더라도, 행정청이 위 인가를 하여 줄 법률상 의무가 발생하는 것이 아니고, 다만 경쟁 항공회사와 함께 인가를 신청할 수 있음에 그치는 것이며, 그 인가 여부는 다시 행정청의 별도의 처분에 맡겨져 있으므로 위와 같은 이익은 처분의 효력정지를 구할 수 있는 법률상 이익이라고 할 수 없다(대결 2000. 10. 10, 2000무17[집행정지]). 〈해설〉 이 사건에서 신청인은 경원관계에 있지 않다. 즉 신청인은 노선면허신청을 경합한 자도 아니고, 노선면허의 전제가 된 운수권배분을 신청한 자도 아니다.

(4) 신청이익

신청이익이라 함은 집행정지결정으로 현실적으로 보호될 수 있는 이익을 말한다. 달리 말하면 **집행정지결정의 현실적 필요성**을 말하며 본안소송에서 협의의 소의 이익에 대응하는 것이다.

[판례] 미결수용중 다른 교도소(안양교도소로부터 진주교도소로 이송)로 이송된 피고인이 그 이송처분의 취소를 구하는 행정소송을 제기하고 아울러 그 효력정지를 구하는 신청을 제기한 데 대하여 법원에서 위 이송처분의 효력정지신청을 인용하는 결정을 하였고 이에 따라 신청인이 다시 이송되어 현재 위 이송처분이 있기 전과 같은 교도소(안양교도소)에 수용중이라 하여도 이는 원심의 효력정지 결정에 의한 것이어서 그로 인하여 효력정지신청이 그 신청의 이익이 없는 부적법한 것으로 되는 것은 아니다(대결 1992. 8. 7, 92두30[이송처분효력정지]).

전술한 바와 같이 판례는 거부처분의 경우 집행정지의 이익이 없는 것으로 보고 있지만(부정설), 허가조건의 존속기간이 붙은 허가의 갱신거부처분 등의 경우에는 집행정지신청의 이익이 있는 것으로 보아야 한다(제한적 긍정설).

2. 본안요건

(1) 회복하기 어려운 손해발생의 우려

회복하기 어려운 손해라 함은 특별한 사정이 없는 한 금전으로 보상할 수 없는 손해를 말하는데, **"금전으로 보상할 수 없는 손해"**라 함은 금전보상이 불가능한 경우뿐만 아니라 금전보상으로는 사회관념상 행정처분을 받은 당사자가 참고 견딜 수 없거나 또는 참고 견디기가 현저히 곤란한 경우의 유형·무형의 손해를 말한다(대결 1987. 6. 23, 86두18; 2003. 10. 9, 2003무23).

회복하기 어려운 손해는 신청인의 개인적 손해에 한정되고, 공익상 손해 또는 신청인 외에 제3자가 입은 손해는 포함되지 않는다(서울행법 2010. 3. 12, 2009아3749).

[판례 1] 예산회계법에 의한 부정사업자 입찰자격정지처분으로 본안소송이 종결될 때까지 입찰참가 불능으로 입은 손해는 쉽사리 금전으로 보상할 수 있는 성질의 것이 아니다(대결 1986. 3. 21, 86두5).

[판례 2] 상고심에 계속중인 형사피고인을 안양교도소로부터 진주교도소로 이송하면 회복하기 어려운 손해가 발생할 염려가 있다(대결 1992. 8. 7, 92두30[이송처분효력정지]).

[판례 3] **기업의 손해가 '회복하기 어려운 손해'에 해당하기 위한 요건**: 항정신병 치료제의 요양급여 인정기준에 관한 보건복지부 고시(처분)의 효력이 계속 유지됨으로 인한 제약회사의 경제적 손실, 기업 이미지 및 신용의 훼손으로 인한 손해가 금전으로 보상될 수 없어 회복하기 어려운 손해에 해당한다고 하기 위해서는 그 경제적 손실이나 기업 이미지 및 신용의 훼손으로 인하여 사업자의 자금사정이나 경영전반에 미치는 파급효과가 매우 중대하여 사업 자체를 계속할 수 없거나 중대한 경영상의 위기를 맞게 될 것으로 보이는 등의 사정이 존재하여야 한다(대결 2003. 10. 9, 2003무23: 항정신병 치료제의 요양급여 인정기준에 관한 보건복지부 고시의 효력이 계속 유지됨으로 인한 제약회사의 경제적 손실, 기업 이미지 및 신용의 훼손은 '회복하기 어려운 손해'에 해당하지 않는다고 한 사례).

[판례 4] 국토해양부 등에서 발표한 '4대강 살리기 마스터플랜'에 따른 '한강 살리기 사업' 구간 인근에 거주하는 주민들이 각 공구별 사업실시계획승인처분에 대한 효력정지를 신청한 사안에서, 토지 소유권 수용 등으로 인한 손해는 행정소송법 제23조 제2항에서 정하고 있는 효력정지 요건인 금전으로 보상할 수 없거나 사회관념상 금전보상으로는 참고 견디기 어렵거나 현저히 곤란한 경우의 유·무형 손해에 해당하지 않는다고 본 원심판단을 수긍한 사례(대결 전원합의체 2011. 4. 21, 2010무111[4대강(한강)사건]).

세금부과처분 등 금전부과처분에 따라 부과된 금전을 납부함으로 인하여 받는 손해는 본안소송에서 부과처분이 취소되면 그 반환을 청구할 수 있으므로 통상 '회복하기 어려운 손해'라고 볼 수 없지만, 경우에 따라서는 금전납부로 인하여 받는 손해가 '회복하기 어려운 손해'에 해당할 수 있다.

판례는 금전부과처분이 사업자의 자금사정이나 경영전반에 미치는 파급효과가 매우 중대한 경우 그로 인한 손해는 회복하기 어려운 손해에 해당한다고 보았다(대결 2001. 10. 10, 2001무29).

[판례] 과징금납부명령의 처분이 사업자의 자금사정이나 경영전반에 미치는 파급효과가 매우 중대하다는 이유로 그로 인한 손해는 '회복하기 어려운 손해'에 해당한다고 한 사례(대결 2001. 10. 10, 2001무29[효력정지]: 사업여건의 악화 및 막대한 부채비율로 인하여 외부자금의 신규차입이 사실상 중단된 상황에서 285억 원 규모의 과징금을 납부하기 위하여 무리하게 외부자금을 신규차입하게 되면 주거래은행과의 재무구조개선약정을 지키지 못하게 되어 사업자가 중대한 경영상의 위기를 맞게 될 것으로 보이는 경우, 그 과징금납부명령의 처분으로 인한 손해는 효력정지 내지 집행정지의 적극적 요건인 '회복하기 어려운 손해'에 해당한다고 한 사례).

'회복하기 어려운 손해'의 주장·소명책임은 신청인에게 있다(대결 1999. 12. 20, 99무42[시정명령 등 효력정지]).

(2) 긴급한 필요의 존재

'긴급한 필요'라 함은 회복하기 어려운 손해의 발생이 절박하여 손해를 회피하기 위하여 **본안판결을 기다릴 여유가 없는 것**을 말한다(대결 1994. 1. 17, 93두79).

판례는 **본안청구의 승소가능성**은 집행정지의 요건은 아니지만, **'긴급한 필요'의 판단에 있어서 고려요소의 하나**가 된다고 본다. 이와 관련하여 집행정지가 인용되면 본안판단이 대체되는 결과를 가져오고, 집행정지가 기각되면 본안소송에서 승소하여도 실질적으로 권리구제를 받지 못하는 경우, 즉 이른바 **'종국적 성격의 집행정지(만족적 집행정지)'의 경우**(예 한시적 처분(집회 일시가 임박한 집회 금지통고처분, 계절적 입찰시기에 내려진 부정당업자에 대한 입찰참가자격제한처분)의 집행정지)에는 본안소송에서의 승소가능성을 긴급성 요건의 판단에서 보다 적극적으로 고려하여야 한다는 견해(우미형, 행정소송법상 집행정지 절차의 원칙과 예외, 행정법연구, 2022. 3, 82~88면)가 유력하게 제기되고 있다.

[판례 1] '처분 등이나 그 집행 또는 절차의 속행으로 인하여 생길 회복하기 어려운 손해를 예방하기 위하여 긴급한 필요'가 있는지는 처분의 성질과 태양 및 내용, 처분상대방이 입는 손해의 성질·내용 및 정도, 원상회복·금전배상의 방법 및 난이 등은 물론 본안청구의 승소가능성 정도 등을 종합적으로 고려하여 구체적·개별적으로 판단하여야 한다(대결 전원합의체 2011. 4. 21, 2010무111).

[판례 2] 시장이 도시환경정비구역을 지정하였다가 해당구역 및 주변지역의 역사·문화적 가치 보전이 필요하다는 이유로 정비구역을 해제하고 개발행위를 제한하는 내용을 고시함에 따라 사업시행예정구역에서 설립 및 사업시행인가를 받았던 甲 도시환경정비사업조합에 대하여 구청장이 조합설립인가를 취소하자, 甲 조합이 정비구역 해제 고시의 무효확인과 조합설립인가취소처분의 취소를 구하는 소를 제기하고 판결 선고 시까지 각 처분의 효력 정지를 신청한 사안에서, …… 각 처분의 효력을 정지하지 않을 경우 甲 조합에 특별한 귀책사유가 없는데도 정비사업의 진행이 법적으로 불가능해져 甲 조합에 회복하기 어려운 손해가 발생할 우려가 있으므로 이러한 손해를 예방하기 위하여 각 처분의 효력을 정지할 긴급한 필요가 있다고 한 사례(대결 2018. 7. 12, 2018무600).

(3) 공공복리에 중대한 영향을 미칠 우려가 없을 것

집행정지는 공공복리에 중대한 영향을 미칠 우려가 있을 때에는 허용되지 아니한다(법 제23조 제3항). 이는 구체적인 경우에 있어서 처분의 집행에 의해 신청인이 입을 손해와 처분의 집행정지에 의해 영향을 받을 공공복리를 비교형량하여 정하여야 한다.

[판례] [1] 행정소송법 제23조 제3항이 집행정지의 또 다른 요건으로 '공공복리에 중대한 영향을 미칠 우려가 없을 것'을 규정하고 있는 취지는, 집행정지 여부를 결정함에 있어서 신청인의 손해뿐만 아니라 공공복리에 미칠 영향을 아울러 고려하여야 한다는 데 있고, 따라서 공공복리에 미칠 영향이 중대한지의 여부는 절대적 기준에 의하여 판단할 것이 아니라, 신청인의 '회복하기 어려운 손해'와 '공공복리' 양자를 비교·교량하여, 전자를 희생하더라도 후자를 옹호하여야 할 필요가 있는지 여부에 따라 상대적·개별적으로 판단되어야 한다(대법원 2010. 5. 14. 자 2010무48 결정 등 참조). [2] 의대정원이 증원되지 않음으로써 발생하게 될 사회적 불이익이 적절한 의대교육을 받지 못하게 되는 의대 재학 중 신청인들의 불이익보다 크다고 보아 공공복리를 보다 중시할 필요가 있다고 본 원심판단은 정당하다(대결 2024. 6. 19, 2024무689). 〈해설〉 피신청인 보건복지부장관이 의대정원을 2025년부터 2,000명 증원할 것이라는 이 사건 증원발표를 하고, 이후 피신청인 교육부장관이 2025학년도 전체 의대정원을 2,000명 증원하여 각 대학별로 배정하는 이 사건 증원배정을 하자, 의대 교수, 전공의, 의과대학 재학생 및 의과대학 입학 희망 수험생들로 구성된 신청인들이 이 사건 증원발표 및 증원배정처분에 대한 취소를 청구하는 소를 제기하면서 그 처분의 집행정지를 신청한 사안이다.

'공공복리에 중대한 영향을 미칠 우려'의 주장·소명책임은 행정청에게 있다(대결 1999. 12. 20, 99무42).

(4) 본안청구가 이유 없음이 명백하지 아니할 것

본안청구(本案請求)가 이유 없음이 명백하지 아니할 것이 행정소송법상 명문으로 집행정지의 요건으로 규정되어 있지는 않지만 집행정지의 소극적 요건이 될 것인지에 관하여 학설상 견해의 대립이 있다.

집행정지는 가구제이므로 본안문제인 행정처분 자체의 적법 여부는 그 판단대상이 되지 아니하는 것이 원칙이지만, 집행정지는 인용판결의 실효성을 확보하기 위하여 인정되는 것이며 행정의 원활한 수행(실효성)을 보장하며 집행정지신청의 남용을 방지할 필요도 있으므로 본안청구가 이유 없음이 명백하지 아니할 것을 집행정지의 소극적 요건으로 하는 것이 타당하다는 것이 일반적 견해이다.

판례도 이러한 입장을 취하고 있다.

[판례] 행정처분의 효력정지나 집행정지를 구하는 신청사건에 있어서는 행정처분 자체의 적법 여부는 원칙적으로는 판단할 것이 아니고 그 행정처분의 효력이나 집행을 정지할 것인가에 대한 행정소송법 제23조 제2항 소정의 요건의 존부만이 판단의 대상이 되나 본안소송에서의 처분의 취소가능성이 없음에도 불구하고 처분의 효력정지나 집행정지를 인정한다는 것은 제도의 취지에 반하므로 집행정지사건 자체에 의하여도 신청인의 본안청구가 이유 없음이 명백할 때에는 행정처분의 효력정지나 집행정지를 명할 수 없다(대결 1992. 8. 7, 92두30[이송처분효력정지]).

Ⅳ. 집행정지결정

집행정지의 요건이 충족된 경우에 본안이 계속되고 있는 법원은 당사자의 신청 또는 직권에 의하여 처분 등의 효력이나 그 집행 또는 절차의 속행의 전부 또는 일부의 정지를 결정할 수 있다(법 제23조 제2항).

신청요건을 결여한 경우 각하결정을 내리고, 본안요건이 결여된 경우 기각결정을 내린다.

[판례] 다만, 부적법하여 각하되어야 할 신청을 원심결정이 기각한 경우에도 원심결정이 신청을 배척한 결론에 있어서는 정당하므로, 그 표현상의 잘못을 들어 원심결정을 파기할 것은 아니다(대결 1995. 6. 21, 95두26[점검필증교부거부처분효력정지]).

실무상 집행정지는 심급별로 행해진다. 제1심판결에서 인용판결을 받은 경우 즉시 제1심법원에 집행정지를 신청하고, 이 경우 제1심법원은 집행정지결정을 내려주는 경우가 많다.

Ⅴ. 집행정지결정의 내용

집행정지결정(인용결정)에는 처분의 효력이나 그 집행 또는 절차의 속행의 전부 또는 일부의 정지가 있다(제23조 제2항).

1. 처분의 효력정지

처분의 효력정지(效力停止)라 함은 처분의 효력을 존재하지 않는 상태에 놓이게 하는 것을 말한다.

처분의 효력정지는 처분 등의 집행 또는 절차의 속행을 정지함으로써 목적을 달성할 수 있는 경우에는 허용되지 아니한다(법 제23조 제2항). 따라서, 효력정지는 통상 허가의 취소, 영업정지처분과 같이 별도의 집행행위 없이 처분목적이 달성되는 처분에 대하여 행해진다.

2. 처분의 집행정지

처분의 집행정지(執行停止)라 함은 처분의 집행을 정지하는 것을 말한다.

예를 들면, 출국명령을 다투는 사건에서 강제출국을 위한 행정강제를 할 수 없게 하는 것, 철거명령에 대한 집행정지신청에 대해 대집행을 정지시키는 것이다.

3. 절차속행의 정지

절차속행(節次續行)의 정지라 함은 여러 단계의 절차를 통하여 행정 목적이 달성되는 경우에 절차의 속행을 정지하는 것을 말한다.

예를 들면, 대집행영장에 의한 통지를 다투는 사건에서 대집행의 실행을 정지시키는 것이다.

4. 처분의 일부에 대한 집행정지

행정소송법은 처분의 일부에 대한 집행정지도 가능하다고 규정하고 있다. 그런데, 계쟁처분이 재량행위인 경우에도 처분의 일부에 대한 집행정지가 처분청의 재량권에 비추어 가능한 것인지 문제된다. 생각건대, 집행정지는 계쟁처분의 효력을 종국적으로 정지시키는 것이 아니라 잠정적으로 집행을 정지하는 것에 그치는 것이므로 처분의 일부에 대한 집행정지가 처분청의 재량권을 침해하는 것은 아닌 것으로 보는 것이 타당하다. **판례**도 재량행위인 과징금처분의 일부에 대한 집행정지도 가능한 것으로 보고 있다(대결 2011. 5. 2, 2011무6[19]).

일부효력정지의 하나로 조건부 효력정지(예 집회금지통고의 조건(예, 대통령실 등 보호시설로부터 일정 거리 유지)부 효력정지)를 인정할 수 있다.

일반처분(예 코로나 예방을 위한 집합금지처분)에 대한 집행정지는 집행정지의 취지(권리구제의 실효성 보장) 및 집행정지의 인정기준에 비추어 원칙상 집행정지의 신청자에 따라 개별적으로 인정(일부집행정지)하여야 하는 것으로 보아야 한다.

Ⅵ. 집행정지의 효력

1. 형 성 력

집행정지 중 효력정지는 처분의 효력을 잠정적으로 상실시키는 효력을 갖는다. 효력정지는 장래에 향하여 효력을 가지며 소급효가 없다. 따라서, 국립대학생퇴학처분의 효력이 정지되어도 수업일수는 장래에 향하여서만 계상된다.

---

19) 과징금처분의 일부에 대해 집행정지를 결정한 서울고법 2010. 12. 27, 2010아165 결정에 대한 공정거래위원회의 재항고에 대해 심리불속행 기각결정을 한 사례.

처분의 효력을 정지하는 집행정지결정이 있으면 결정 주문에서 정한 정지기간 중에는 처분이 없었던 원래의 상태와 같은 상태가 된다(대판 2007. 3. 29, 2006두17543; 2020. 9. 3, 2020두34070).

2. 기 속 력

집행정지결정은 취소판결의 기속력에 준하여 당해 사건에 관하여 당사자인 행정청과 관계행정청을 기속한다(법 제23조 제6항).

행정소송법 제23조에 따른 집행정지결정이 있으면 결정 주문에서 정한 정지기간 중에는 처분을 실현하기 위한 조치를 할 수 없다(대판 2003. 7. 11, 2002다48023; 2020. 9. 3, 2020두34070).

[판례] 집행정지결정을 하였다면 행정청에 의하여 과징금부과처분이 집행되거나 행정청·관계행정청 또는 제3자에 의하여 과징금부과처분의 실현을 위한 조치가 행하여져서는 아니되며, 따라서 부수적인 결과인 가산금 등은 발생되지 아니한다(대판 2003. 7. 11, 2002다48023).

처분의 효력을 정지하는 집행정지결정이 있으면 그 정지기간 중에는 처분이 없었던 것과 같은 상태가 되므로, 행정소송법 제23조 제6항, 제30조 제1항이 정한 집행정지결정의 기속력에 따라 처분청은 그 즉시 원상회복이나 결과제거 조치를 취하여야 한다(대결 2025. 9. 9, 2025무565).

[판례] 학교폭력 관련 처분에 대한 집행정지결정에 따라 그 효력이 정지되어 처분이 없는 상태가 되면, 행정청은 그 즉시 학교생활기록부에 기재된 학교폭력 관련 조치사항을 삭제하여야 한다. 학교생활기록부 기재를 유지한 채 '집행정지 중' 등의 문구만을 부기하는 것은 가해자로 기재된 학생에게 실질적인 불이익이 발생할 가능성이 크고 신청인의 재판청구권을 유명무실하게 할 소지가 있어 삭제에 준하는 조치로 볼 수 없다(대결 2025. 9. 9, 2025무565).

3. 집행정지 효력의 시적 범위[2023 변시]

집행정지결정의 효력은 결정 주문에서 정한 기간까지 존속하다가 그 기간이 만료되면 장래에 향하여 당연히 소멸한다(대판 2020. 9. 3, 2020두34070).

효력정지결정이 실효되면 효력정지된 계쟁처분의 효력이 되살아 나고, 효력정지된 계쟁처분이 금전을 계속적으로 지급하는 금전지급처분 취소처분인 경우 본안소송의 기각판결의 확정에 의해 효력정지결정의 효력이 소멸하고, 금전교부결정 취소처분의 효력이 되살아나면 특별한 사정이 없는 한 행정청으로서는 효력정지기간 동안 교부된 금전의 반환을 명하여야 한다(대판 2017. 7. 11, 2013두25498).

[판례 1] **[1] 일정한 납부기한을 정한 과징금부과처분에 대한 집행정지결정이 내려진 경우 그 집행정지기간 동안 납부기간이 진행되는지 여부(소극)**: 일정한 납부기한을 정한 과징금부과처분에 대하여 … 집행정지결정이 내려졌다면 그 집행정지기간 동안은 과징금부과처분에서 정한 과징금의 납부기간은 더 이상 진행되지 아니하고 집행정지결정이 당해 결정의 주문에 표시된 시기의 도래로 인하여 실효되면 그 때부터 당초의 과징금부과처분에서 정한 기간(집행정지결정 당시 이미 일부 진행되었다면 그 나머지 기간)이 다시 진행하는 것으로 보아야 한다. [2] 원고는 1999. 5. 27. 같은 해 8. 3.까지를 납부기한으로 한 이 사건 과징금부과처분을 받고, 같은 해 5. 31. 이를 고지받았으나 서울고등법원으로부터 1999. 7. 2. 이 사건 과징금부과처분에 대하여 본안

소송의 판결선고시까지 집행을 정지한다는 내용의 집행정지결정을 받았으므로 과징금의 납부기간 은 더 이상 진행하지 아니하고, 본안소송에서 패소한 2001. 6. 21. 이 사건 집행정지결정의 효력이 상실되어 그 때부터 이 사건 과징금부과처분에서 정한 기간 중 이미 진행된 기간을 제외한 그 나머지 기간이 다시 진행하므로 같은 해 6. 26.에 한 이 사건 과징금의 납부는 납부기한 내에 납부한 것이 되어 가산금이 발생하지 아니하였으므로 가산금이 발생하였음을 전제로 한 이 사건 징수처분은 그 하자가 중대하고도 명백한 것이어서 무효라 할 것이다(대판 2003. 7. 11, 2002다48023).

[판례 2] 보조금 교부결정의 일부를 취소한 행정청의 처분에 대하여 법원이 효력정지결정을 하면서 주문에서 그 법원에 계속 중인 본안소송의 판결 선고 시까지 처분의 효력을 정지한다고 선언하였을 경우, 본안소송의 판결 선고에 의하여 정지결정의 효력은 소멸하고 이와 동시에 당초의 보조금 교부결정 취소처분의 효력이 당연히 되살아난다. 따라서 효력정지결정의 효력이 소멸하여 보조금 교부결정 취소처분의 효력이 되살아난 경우, 특별한 사정이 없는 한 행정청으로서는 보조금법 제31조 제1항에 따라 취소처분에 의하여 취소된 부분의 보조사업에 대하여 효력정지기간 동안 교부된 보조금의 반환을 명하여야 한다(대판 2017. 7. 11, 2013두25498).

집행정지기간은 법원이 그 시기(始期)와 종기(終期)를 정한다. 법원은 집행정지의 종기를 본안판결 선고일부터 30일 이내의 범위에서 정한다. 다만, 법원은 당사자의 의사, 회복하기 어려운 손해의 내용 및 그 성질, 본안 청구의 승소가능성 등을 고려하여 달리 정할 수 있다(행정소송규칙 제10조). 처분의 효력을 소급하여 정지하는 것은 허용되지 않는다.

종기의 정함이 없으면 본안판결확정시까지 정지의 효력이 존속한다(대결 1962. 3. 9, 62두1). 종기의 결정방식으로는 본안판결선고시, 본안판결확정시 또는 본안판결선고일로부터 30일까지 등의 방식이 있는데, 재판실무에서는 본안판결선고일부터 30일까지를 가장 많이 이용한다.

4. 본안소송과 집행정지결정의 효력

본안에서 계쟁 처분이 최종적으로 **적법한 것으로 확정**되면(기각판결이 확정되면) **집행정지결정이 실효**되고(집행정지결정의 효력이 소급하여 소멸하지 않는다) 처분을 다시 집행할 수 있게 된다. 이 경우 처분청으로서는 당초 집행정지결정이 없었던 경우와 동등한 수준으로 해당 처분이 집행되도록 필요한 조치를 취하여야 한다(대판 2020. 9. 3, 2020두34070). 이렇게 보는 것은 집행정지에 의해 잠정 정지되었던 계쟁처분의 실효적 집행을 통한 행정목적 달성을 보장하기 위해서 필요하다. 또한 집행정지는 인용판결의 실효성을 확보하기 위한 것이므로 기각판결이 확정된 경우에는 집행정지로 인한 직접적 이익을 배제하거나 환수하는 것이 집행정지제도의 본질에 합치한다.

[판례 1] 행정소송법 제23조에 따른 집행정지결정의 효력은 결정 주문에서 정한 종기까지 존속하고, 그 종기가 도래하면 당연히 소멸한다. 따라서 효력기간이 정해져 있는 제재적 행정처분에 대한 취소소송에서 법원이 본안소송의 판결 선고 시까지 집행정지결정을 하면, 처분에서 정해 둔 효력기간(집행정지결정 당시 이미 일부 집행되었다면 그 나머지 기간)은 판결 선고 시까지 진행하지 않다가 판결이 선고되면 그때 집행정지결정의 효력이 소멸함과 동시에 처분의 효력이 당연히 부활하여 처분에서 정한 효력기간이 다시 진행한다. 이는 처분에서 효력기간의 시기(始期)와 종기(終期)를 정해 두었는데, 그 시기와 종기가 집행정지기간 중에 모두 경과한 경우에도 특별한 사정이 없는 한 마찬가지이다. 이러한 법리는 행정심판위원회가 행정심판법 제30조에 따라 집행정지결정을 한 경우에도 그대로 적용된다. 행정심판위원회가 행정심판 청구 사건의 재결이 있을 때까지 처분의 집행을 정지한다고 결정한 경우에는, 재결서 정본이 청구인에게 송달된 때 재결의 효력이

발생하므로(행정심판법 제48조 제2항, 제1항 참조) 그때 집행정지결정의 효력이 소멸함과 동시에 처분의 효력이 부활한다(대판 2022. 2. 11, 2021두40720).

[판례 2] 행정소송법 제23조에 의한 집행정지결정의 효력은 결정주문에서 정한 시기까지 존속하며 그 시기의 도래와 동시에 효력이 당연히 소멸하는 것이므로, 일정기간 동안 영업을 정지할 것을 명한 행정청의 영업정지처분에 대하여 법원이 집행정지결정을 하면서 주문에서 당해 법원에 계속중인 본안소송의 판결선고시까지 처분의 효력을 정지한다고 선언하였을 경우에는 처분에서 정한 영업정지기간의 진행은 그 때까지 저지되는 것이고 본안소송의 판결선고에 의하여 당해 정지결정의 효력은 소멸하고 이와 동시에 당초의 영업정지처분의 효력이 당연히 부활되어 처분에서 정하였던 정지기간(정지결정 당시 이미 일부 진행되었다면 나머지 기간)은 이 때부터 다시 진행한다(대판 1999. 2. 23, 98두14471[영업정지처분취소]).

[판례 3] 보조금 교부결정의 일부를 취소한 행정청의 처분에 대한 효력정지결정의 효력이 소멸하여 보조금 교부결정 취소처분의 효력이 되살아난 경우, 특별한 사정이 없는 한 행정청으로서는 구 보조금의 예산 및 관리에 관한 법률 제31조 제1항에 따라 취소처분에 의하여 취소된 부분의 보조사업에 대하여 효력정지기간 동안 교부된 보조금의 반환을 명하여야 한다(대판 2017. 7. 11, 2013두25498[부당이득금반환결정처분취소]).

[판례 4] [1] 제재처분에 대한 행정쟁송절차에서 처분에 대해 집행정지결정이 이루어졌더라도 본안에서 해당 처분이 최종적으로 적법한 것으로 확정되어 집행정지결정이 실효되고 제재처분을 다시 집행할 수 있게 되면, 처분청으로서는 당초 집행정지결정이 없었던 경우와 동등한 수준으로 해당 제재처분이 집행되도록 필요한 조치를 취하여야 한다. 집행정지는 행정쟁송절차에서 실효적 권리구제를 확보하기 위한 잠정적 조치일 뿐이므로, 본안 확정판결로 해당 제재처분이 적법하다는 점이 확인되었다면 제재처분의 상대방이 잠정적 집행정지를 통해 집행정지가 이루어지지 않은 경우와 비교하여 제재를 덜 받게 되는 결과가 초래되도록 해서는 안 된다. 반대로, 처분상대방이 집행정지결정을 받지 못했으나 본안소송에서 해당 제재처분이 위법하다는 것이 확인되어 취소하는 판결이 확정되면, 처분청은 그 제재처분으로 처분상대방에게 초래된 불이익한 결과를 제거하기 위하여 필요한 조치를 취하여야 한다. [2] 「중소기업제품 구매촉진 및 판로지원에 관한 법률」에 따른 1차 직접생산확인 취소처분에 대하여 중소기업자가 제기한 취소소송절차에서 집행정지결정이 이루어졌다가 본안소송에서 중소기업자의 패소판결이 확정되어 집행정지가 실효되고 취소처분을 집행할 수 있게 되었으나 1차 취소처분 당시 유효기간이 남아 있었던 직접생산확인의 전부 또는 일부가 집행정지기간 중 유효기간이 모두 만료되고 집행정지기간 중 새로 받은 직접생산확인의 유효기간이 남아 있는 경우, 관할 행정청이 직접생산확인 취소 대상을 '1차 취소처분 당시' 유효기간이 남아 있었던 모든 제품에서 '1차 취소처분을 집행할 수 있게 된 시점 또는 그와 가까운 시점'을 기준으로 유효기간이 남아 있는 모든 제품으로 변경하는 처분(2차 취소처분)을 할 수 있다(대판 2020. 9. 3, 2020두34070[직접생산확인취소처분의 취소소송]). 〈해설〉 이 사건 변경처분은 1차 취소처분(제재처분)의 변경처분으로서 1차 취소처분에 대한 효력정지결정에 따라 원고가 제재를 일부 면하여 이익을 얻게 된 것을 그대로 두면 1차 취소처분(제재처분)의 실효성을 확보할 수 없으므로 1차 취소처분(제재처분)의 실효적 집행을 보장하기 위해 1차 취소처분을 변경하는 처분(2차 취소(제재)처분)을 할 수 있다고 판단한 것이다. 통상의 경우에는 동일한 법위반행위에 대해서는 하나의 제재처분만 가능하고, 이중의 제재처분은 인정되지 않는다.

인용판결이 확정되어도 집행정지결정이 실효된다.

집행정지결정을 하려면 이에 대한 본안소송이 법원에 제기되어 계속 중임을 요건으로 하는 것이므로, 집행정지결정을 한 후에라도 본안소송이 취하되어 소송이 계속하지 아니한 것으로 되면 집행정지결정은 당연히 그 효력이 소멸되는 것이고 별도의 취소조치를 필요로 하는 것이 아니다(대결 2007. 6. 28, 2005무75).

Ⅶ. 집행정지결정에 대한 불복과 취소

집행정지의 결정 또는 기각의 결정에 대하여는 즉시항고할 수 있다. 민사소송에서 즉시항고의 경우 결정의 집행을 정지하는 효력이 있으나 이 경우 집행정지의 결정에 대한 즉시항고에는 결정의 집행을 정지하는 효력이 없다(법 제23조 제5항).

행정소송법 제23조 제2항에서 정한 요건을 결여하였다는 이유로 효력정지 신청을 기각한 결정에 대하여, 행정처분 자체의 적법 여부를 가지고 불복사유로 삼을 수 없다(대결 전원합의체 2011. 4. 21, 2010무111[집행정지]).

집행정지의 결정이 확정된 후 집행정지가 공공복리에 중대한 영향을 미치거나 그 정지사유가 없어진 때에는 당사자의 신청 또는 직권에 의하여 결정으로써 집행정지의 결정을 취소할 수 있다(법 제24조 제1항). 집행정지결정의 취소결정에 대하여는 즉시항고할 수 있다. 취소결정에 대한 즉시항고는 결정의 집행을 정지하는 효력이 없다(법 제24조 제2항).

[판례] [1] **집행정지결정 취소사유의 발생시기 및 '집행정지가 공공복리에 중대한 영향을 미치는 때'의 의미:** 행정소송법 제24조 제1항에서 규정하고 있는 집행정지 결정의 취소사유는 특별한 사정이 없는 한 집행정지 결정이 확정된 이후에 발생한 것이어야 하고, 그 중 '집행정지가 공공복리에 중대한 영향을 미치는 때'라 함은 일반적·추상적인 공익에 대한 침해의 가능성이 아니라 당해 집행정지 결정과 관련된 구체적·개별적인 공익에 중대한 해를 입힐 개연성을 말하는 것이다. [2] 이 사건 "학교환경위생정화구역 내 금지행위 및 시설해제 거부처분"의 취소재결의 집행정지결정으로 인하여 이 사건 극장 건립이 중단됨으로써 지역경제에 좋지 않은 영향을 미치게 된다고 하더라도 이는 간접적·반사적인 이해관계에 불과할 뿐 이 사건 집행정지결정과 관련된 구체적·개별적인 공익에 중대한 해를 입힐 개연성이 있는 경우에 해당한다고 보기 어렵다(대결 2005. 7. 15, 2005무16[집행정지취소]; 2004. 5. 17, 2004무6[집행정지]).

제 3 항 가처분의 가부

[문제] 갑은 사행행위영업의 하나인 투전기영업을 3년의 기한으로 허가를 받아 영업을 해 오다가 3년의 허가유효기간이 얼마 남지 아니하여 사행행위등규제법 제7조 제2항에 근거하여 허가갱신신청(재허가신청)을 하였으나 거부당하였다. 이 경우에 원고는 허가갱신거부처분의 취소를 구하는 소송을 제기함과 아울러 가처분(假處分)을 청구할 수 있는가.[20)]

Ⅰ. 행정소송법상 가처분의 인정필요성

현행 집행정지제도는 처분 등을 전제로 그 효력 등을 정지시키는 소극적 형성을 내용으로 하는 것이고, 적극적으로 수익적 처분을 받은 것과 동일한 상태를 창출하는 기능 또는 행하여지려고 하는 침해적 처분을 금지시키는 기능을 수행할 수는 없다. 따라서, 행정소송을 통한 국민의 권리구제의 실효성을 높이기 위하여 행정소송에도 가처분을 인정할 필요가 있다.

20) 허가갱신거부처분에 대하여 집행정지가 인정되지 않는다는 입장을 취하는 경우에 가처분의 인정 여부가 문제된다.

Ⅱ. 항고소송에서의 가처분의 인정 여부[2019 행시]

현행 행정소송법은 가처분에 관한 규정을 두고 있지 않다. 그리하여 현행 행정소송법하에서도 민사집행법상의 가처분을 행정소송에도 준용하여 행정소송에서도 가처분을 인정할 수 있는지에 관하여 견해가 대립하고 있다.

1. 소극설(부정설)

우리나라의 **판례**와 통설은 소극설을 취하고 있다.

그 **논거**는 다음과 같다. ① 행정소송법상 집행정지에 관한 규정은 민사집행법상의 가처분제도에 대한 특별규정이므로 민사집행법상의 가처분을 배제한다는 뜻을 포함하는 것이다. ② 행정소송에서의 가구제는 본안소송의 범위내에서만 인정되는 것으로 보아야 하는데, 우리 행정소송법은 의무이행소송을 인정하고 있지 않으므로 소극설을 취할 수밖에 없다(박윤흔, 954면).

2. 적극설(긍정설)

적극설의 **논거**는 다음과 같다.

① 우리 행정소송법은 가처분을 배제하는 규정을 특별히 두고 있지 않으므로 이 문제는 행정소송법 제8조 제2항에 의해 해결되어야 하고, 따라서 가처분에 관한 민사집행법의 규정이 행정소송에 준용되어야 한다.

② 가처분을 통하여 국민의 권리보호를 실효성 있게 하는 것은 사법권의 범위에 속하는 것이며 헌법 제27조 제1항이 보장하는 재판을 받을 권리에도 포함된다.

③ 거부처분취소소송을 임시의 지위를 정하는 가처분의 본안소송으로 볼 수 있다.

3. 제한적 긍정설

행정소송법이 집행정지제도를 인정하고 있으므로 동 제도를 통해 목적을 달성할 수 있는 한 민사집행법상 가처분규정이 적용될 여지는 없지만, 집행정지제도로는 가구제가 안 되는 경우(예 거부처분)에는 가처분제도를 활용하여 행정처분에 따르는 불이익을 잠정적이나마 배제할 필요가 있다(김남진·김연태).

4. 판　　례

판례는 소극설을 취하고 있다.

[판례] 민사집행법상의 가처분으로 행정청의 행정행위 금지를 구하는 것은 허용될 수 없다(대결 2011. 4. 18, 2010마1576[자동차사업면허처분금지가처분]; 대결 1992. 7. 6, 92마54).

5. 결　　어

해석론으로는 다음과 같은 이유에서 소극설이 타당하다. 행정소송법이 민사집행법의 가처분과는 다른 가구제제도(집행정지제도)를 마련한 것은 공익과의 관련성 때문에 민사집행법의 가처분을 그대로 적용할 수 없다는 입장에서 민사집행법상의 가처분을 배제하고 특별한 규정을 둔 것이므로 가처분에 관한 민사집행법상의 규정은 행정소송에는 적용되지 않는다고 할 것이다.

그러나, **입법론으로는 적극설이 타당하다.** 행정소송이나 이에 따르는 가구제가 우리 헌법상 사법권에 속하는 것은 당연하며 의무이행소송과 예방적 금지소송을 인정하는 경우 권리구제의 실효성을 위하여 가처분을 인정하여야 한다.

법무부 행정소송법 개정안은 의무이행소송을 인정하고 현상유지를 위한 가처분과 임시의 지위를 정하는 가처분을 규정하고 있다.

Ⅲ. 공법상 당사자소송에서의 가구제[2023 5급 공채]

공법상 당사자소송에서는 집행정지는 인정되지 않는다.

공법상 당사자소송에서는 항고소송에서 가처분 인정의 부정적 논거가 되는 가처분의 특례규정인 집행정지 등 가처분에 관한 특례규정이 없고, 당사자소송은 민사소송과 유사하므로 **민사집행법상의 가처분이 준용된다는 것이 판례 및 학설의 일반적 견해**이다.

[판례] 당사자소송에 대하여는 행정소송법 제23조 제2항의 집행정지에 관한 규정이 준용되지 아니하므로(행정소송법 제44조 제1항 참조), 이를 본안으로 하는 가처분에 대하여는 행정소송법 제8조 제2항에 따라 민사집행법상 가처분에 관한 규정이 준용되어야 한다(대결 2015. 8. 21, 2015무26[관리처분계획안에대한총회결의효력정지가처분]).

공법상 당사자소송에서는 **가압류가 인정**된다.

공법상 당사자소송에서 재산권의 청구를 인용하는 판결을 하는 경우, **가집행선고**를 할 수 있다.

[판례] 행정소송법 제8조 제2항에 의하면 행정소송에도 민사소송법의 규정이 일반적으로 준용되므로 법원으로서는 공법상 당사자소송에서 재산권의 청구를 인용하는 판결을 하는 경우 가집행선고를 할 수 있다(대판 2000. 11. 28, 99두3416).

행정소송법 제43조는 "국가를 상대로 하는 당사자소송의 경우에는 가집행선고를 할 수 없다."라고 규정하고 있었는데, 이 규정은 피고가 국가인 경우에만 가집행선고를 제한하는 것은 피고가 공공단체인 경우에 비해 이유없는 차별을 하는 것으로 평등원칙 위반으로 위헌(단순위헌)이라는 결정이 내려졌다(헌재 2022. 2. 24, 2020헌가12).

[판례] 심판대상조항인 행정소송법 제43조은 국가가 당사자소송의 피고인 경우 가집행의 선고를 제한하여, 국가가 아닌 공공단체 그 밖의 권리주체가 피고인 경우에 비하여 합리적인 이유 없이 차별하고 있으므로 평등원칙에 반한다(헌재 2022. 2. 24. 2020헌가12).

제 5 절 행정소송의 심리

제 1 항 개 설

소송의 심리(審理)라 함은 소에 대한 판결을 하기 위하여 그 기초가 될 소송자료를 수집하는 절차를 말한다.

소송의 심리에 관한 원칙으로 당사자주의와 직권주의가 있다.

민사소송은 당사자주의(처분권주의 및 변론주의)를 기본원칙으로 하고 직권주의는 극히 예외적으로 인정되고 있다. 행정소송에도 당사자주의가 기본적인 소송원칙으로 적용되는데, 행정소송은 공익과 관련이 있으므로 행정소송의 공익성에 비추어 직권주의가 민사소송에 비하여 보다 널리 적용되고 있다. 즉, 행정소송법은 제26조에서 직권심리주의를 보충적인 소송원칙으로 인정하고 있다.

제 2 항 심리의 내용

심리는 그 내용에 따라 요건심리와 본안심리로 나눌 수 있다.

I. 요건심리

요건심리(要件審理)라 함은 제기된 소가 소송요건을 갖춘 것인지의 여부를 심리하는 것을 말한다. 요건심리의 결과 소송요건을 갖추지 않은 것으로 인정될 때에는 당해 소는 부적법(不適法)한 소가 되고 각하판결(却下判決)이 내려진다.

소송요건으로는 관할권, 제소기간, 처분성, 원고적격, 소의 이익, 전심절차, 당사자능력, 중복소송이 아닐 것, 기판력에 반하지 않을 것 등이 있다.

소송요건은 직권조사사항이다. 따라서, 당사자의 주장이 없다고 하더라도 법원이 직권으로 조사하여야 한다.

소송요건의 존부는 변론종결시를 기준으로 판단한다. 따라서, 제소 당시 소송요건이 존재하지 않아도 변론종결시까지 이를 갖추면 된다. 그리고, 제소 당시 소송요건을 충족하여도 변론종결시 소송요건이 결여되면 각하판결을 내린다.

소송요건은 사실심변론종결시는 물론 상고심에서도 존속하여야 한다(대판 2007. 4. 12, 2004두7924). 사실심 변론종결 이후에 소송요건이 흠결되거나 그 흠결이 치유된 경우 상고심에서도 이를 참작하여야 한다(대판 2020. 1. 16, 2019다247385).

Ⅱ. 본안심리

본안심리(本案審理)라 함은 요건심리의 결과 당해 소송이 소송요건을 갖춘 것으로 인정되는 경우 사건의 본안, 즉 청구의 이유 유무(예 취소소송에서의 처분의 위법 여부)에 대하여 실체적 심사를 행하는 것을 말한다. 본안심리의 결과 청구가 이유 있다고 인정되면 청구인용판결을 하고, 청구가 이유 없다고 인정되면 청구기각판결을 한다.

제 3 항 심리의 범위

Ⅰ. 불고불리의 원칙

행정소송에도 민사소송에서와 같이 불고불리의 원칙이 적용된다(법 제8조). 불고불리의 원칙이라 함은 법원은 소송의 제기가 없으면 재판할 수 없고, 소송의 제기가 있는 경우에도 당사자가 신청한 사항에 대하여 신청의 범위 내에서 심리·판단하여야 한다는 원칙을 말한다(민사소송법 제203조).

[판례 1] 행정소송에 있어서도 원고의 청구취지, 즉 청구범위·액수 등은 모두 원고가 청구하는 한도를 초월하여 판결할 수 없다(대판 1956. 3. 30, 4289행상18; 1987. 11. 10, 86누491).
[판례 2] 처분권주의에 관한 민사소송법 제203조가 준용되는 행정소송에서 심판 대상은 원고의 의사에 따라 특정되고, 법원은 당사자가 신청한 사항에 대하여 신청 범위 내에서 판단하여야 한다(대판 2022. 2. 10, 2019두50946).

1. 취소소송에서의 심판의 범위

취소소송에서의 소송물(소송상 청구)은 처분의 위법성 일반과 계쟁처분의 취소이다. 처분의 동일성 내에서 개개의 위법사유는 심판의 범위에 속한다. 일부취소를 청구하였음에도 처분의 전부를 취소하는 것은 심판의 범위를 벗어나는 것이지만, 전부취소를 청구한 경우 일부취소하는 것은 심판의 범위에 들어간다. 사정판결을 할 것인지의 여부도 심판의 대상에 포함된다.

2. 무효확인소송에서의 심판의 범위

무효확인소송에서는 처분의 위법 여부와 무효 여부가 심판의 대상이 된다. 무효확인청구에는 취소의 청구가 포함되어 있다고 보는 것이 판례의 입장이며 이러한 입장에 서는 경우 계쟁처분의 취소 여부도 심판의 대상이 된다(이견 있음). 무효확인소송에서는 사정판결을 할 것인지 여부는 심판의 대상이 되지 않는다.

3. 부작위위법확인소송에서의 심판의 범위

부작위위법확인소송에서 심판의 범위가 부작위의 위법 여부만에 그치는 것인지, 아니면 부작위의 위법 여부뿐만 아니라 신청에 따른 처분의무가 있는지에도 미치는지에 관하여 견해가 나뉘고 있다.

(1) 절차적 심리설

이 견해는 부작위의 위법 여부만이 부작위위법확인소송에서의 심판의 범위에 포함된다는 견해이다.

이 견해의 논거는 다음과 같다. 의무이행소송을 도입하지 않고 부작위위법확인소송만을 도입한 입법취지에 비추어 실체적 심리설은 타당하지 않다.

이 견해는 행정소송법 제2조 제1항 제2호의 부작위의 정의규정에 비추어 절차적 심리설이 타당하다. 동규정에서 '일정한 처분을 할 법률상 의무'는 신청에 대한 응답의무라고 해석한다.

(2) 실체적 심리설

이 견해는 부작위의 위법 여부뿐만 아니라 신청에 따른 처분의무가 있는지도 부작위위법확인소송에서의 심판의 범위에 포함된다는 견해이다.

이 견해의 논거는 다음과 같다. i) 무용한 소송의 반복을 피하기 위하여 신청에 따른 처분의무도 심판의 범위에 포함시키는 것이 타당하다. ii) 부작위위법확인소송이 의무이행소송과 같은 기능을 수행하도록 함으로써 국민의 권리구제의 실효성을 도모할 필요가 있다.

이 견해는 행정소송법 제2조 제1항 제2호에서 '일정한 처분을 할 법률상 의무'를 '신청에 따른 처분을 하여 줄 의무'라고 해석한다.

(3) 판　　례

판례는 절차적 심리설을 취하고 있다.

[판례 1] 부작위위법확인의 소는 행정청이 국민의 법규상 또는 조리상의 권리에 기한 신청에 대하여 상당한 기간 내에 그 신청을 인용하는 적극적 처분 또는 각하하거나 기각하는 등의 소극적 처분을 하여야 할 법률상의 응답의무가 있음에도 불구하고 이를 하지 아니하는 경우, 판결(사실심의 구두변론 종결)시를 기준으로 그 부작위의 위법을 확인함으로써 행정청의 응답을 신속하게 하여 부작위 내지 무응답이라고 하는 소극적인 위법상태를 제거하는 것을 목적으로 하는 것이고, 나아가 당해 판결의 구속력에 의하여 행정청에게 처분 등을 하게 하고 다시 당해 처분 등에 대하여 불복이 있는 때에는 그 처분 등을 다투게 함으로써 최종적으로는 국민의 권리이익을 보호하려는 제도이므로, 소제기의 전후를 통하여 판결시까지 행정청이 그 신청에 대하여 적극 또는 소극의 처분을 함으로써 부작위상태가 해소된 때에는 소의 이익을 상실하게 되어 당해 소는 각하를 면할 수가 없는 것이다(대판 1990. 9. 25, 89누4758).

[판례 2] 행정청이 상대방의 신청에 대하여 아무런 적극적 또는 소극적 처분을 하지 않고 있는 이상 행정청의 부작위는 그 자체로 위법하다고 할 것이고, 구체적으로 그 신청이 인용될 수 있는지 여부는 소극적 처분에 대한 항고소송의 본안에서 판단하여야 할 사항이라고 할 것이다(대판 2005. 4. 14, 2003두7590: 행정청이 행한 공사중지명령의 상대방이 그 명령 이후에 그 원인사유가 소멸하였음을 들어 행정청에 대하여 공사중지명령의 철회를 신청하였으나 행정청이 이에 대하여 아무런 응답을 하지 않고 있는 경우, 그러한 행정청의 부작위가 위법하다고 한 사례).

(4) 결어(절차적 심리설)

의무이행소송을 인정하지 않고 부작위위법확인소송만을 인정한 입법취지 및 부작위의 정의규정인 행정소송법 제2조 제1항 제2호에 비추어 부작위의 위법 여부만이 부작위위법확인소송에서의 심판의 범위에 포함된다는 견해(절차적 심리설)가 타당하다.

Ⅱ. 재량문제의 심리

행정청의 재량행위도 행정소송의 대상이 된다.

재량행위도 재량권의 일탈·남용이 있는 경우에는 위법하게 되고, 법원은 재량권의 일탈·남용 여부에 대하여 심리·판단할 수 있다(제27조). 따라서, 법원은 재량행위에 대하여 취소소송이 제기된 경우에는 각하할 것이 아니라 본안심리를 하여 재량권의 일탈·남용 여부를 판단하여 재량권의 일탈·남용이 있으면 인용판결을 하고(행정소송법 제27조) 재량권의 일탈·남용이 없으면 기각판결을 하여야 한다.

그러나, 법원은 재량권 행사가 부당한 것인지 여부는 심리·판단할 수 없다.

Ⅲ. 법률문제·사실문제

법원은 소송의 대상이 된 처분 등의 모든 법률문제 및 사실문제에 대하여 처음부터 새롭게 다시(de novo) 심사할 수 있다.

제 4 항 심리의 일반원칙

Ⅰ. 민사소송법상의 심리절차의 준용

행정소송사건의 심리절차에 관하여 행정소송법에 특별한 규정이 없는 경우에는 법원조직법과 민사소송법 및 민사집행법의 관련규정이 준용되는데(법 제8조 제2항), 행정소송법에 제26조(직권심리) 및 제25조(행정심판기록의 제출명령)를 제외하고는 특별한 규정이 없으므로 민사소송의 심리에 관한 일반원칙인 공개심리주의, 쌍방심리주의, 구술심리주의, 변론주의 등이 행정소송의 심리에도 적용된다.

1. 공개심리주의

공개심리주의(公開審理主義)라 함은 재판의 심리와 판결의 선고를 일반인이 방청할 수 있는 상태에서 행하는 소송원칙을 말한다(법원조직법 제57조 제1항).

2. 쌍방심리주의

쌍방심리주의(雙方審理主義)라 함은 소송의 심리에 있어서 당사자 쌍방에게 평등하게 진술할 기회를 주는 소송원칙을 말하는데, 당사자평등의 원칙 또는 무기대등의 원칙이라고도 한다(이시윤, 413면).

당사자의 평등을 실질적으로 보장하기 위하여는 당사자의 소송상 지위의 실질적 평등의 실현이 요청된다. 그런데, 행정소송에 있어서는 입증자료가 피고인 행정청에게 편재되어 있는 문제가 있다.

3. 구술심리주의

구술심리주의(口述審理主義)라 함은 심리에 있어서 당사자 및 법원의 소송행위, 특히 변론 및 증거조사를 구술로 행하는 원칙으로서 서면심리주의에 대립한다.

현행법은 구술심리주의를 원칙으로 하면서 서면심리주의로써 그 결점을 보완하고 있다(이시윤, 415면).

4. 변론주의

변론주의(辯論主義)라 함은 재판의 기초가 되는 자료(사실 및 증거)의 수집·제출을 당사자의 권능과 책임으로 하는 소송원칙을 말하며 직권탐지주의에 대응하는 것이다.

행정소송에서도 변론주의가 원칙이다. 다만, 행정소송법은 행정소송의 공익관련성을 고려하여 법원의 직권에 의한 증거조사 및 직권탐지를 보충적으로 인정하고 있다.

Ⅱ. 행정소송법상의 특수한 소송절차

1. 직권심리주의

(1) 의 의

직권심리주의라 함은 소송자료의 수집을 법원이 직권으로 할 수 있는 소송심리원칙을 말한다.

행정소송은 공익과 관련이 있으므로 행정소송에 있어서는 당사자의 노력에 의해 실체적 진실이 밝혀지지 않는 경우에는 법원이 적극적으로 개입하여 실체적 진실을 밝혀 내어 적정한 재판이 되도록 하여야 한다. 이를 위하여 행정소송법 제26조는 직권심리주의(職權審理主義)를 인정하고 있다.

> 법원은 필요하다고 인정할 때에는 직권으로 증거조사를 할 수 있고, 당사자가 주장하지 아니한 사실에 대하여도 판단할 수 있다(제26조).

(2) 직권심리의 범위

행정소송법 제26조는 당사자가 주장한 사실에 대하여 법원이 직권으로 증거조사를 할 수 있을 뿐만 아니라, 더 나아가 당사자가 주장하지 않은 사실에 대하여도 직권탐지를 인정하고 있다.

직권탐지는 직권으로 탐지한 사실을 판결의 기초로 삼을 수 있다는 것을 내용으로 한다.

(3) 직권탐지의 범위

1) 학 설

직권탐지의 범위에 관하여 직권탐지주의를 원칙이라고 보고 당사자의 변론을 보충적인 것으로 보는 견해(직권탐지주의원칙설), 변론주의가 원칙이며 직권탐지주의는 변론주의에 대한 예외로서 보충적으로 인정된다고 보는 견해(직권탐지주의보충설) 또는 그 사이에 여러 입장이 있을 수 있는데, 직권탐지주의보충설이 다수의 견해이다.

2) 판 례

판례는 행정소송에서 직권탐지를 극히 예외적으로만 인정하고 있다. 판례가 인정하는 직권탐지주의의 범위는 다음과 같다. ① 당사자주의, 변론주의가 원칙이며 직권탐지주의는 예외이다. ② 직권탐지는 소송기록에 나타난 사실에 한정된다. 예를 들면, 증거신청서류에 나타난 사실에 대하여도 당사자가 주장하지 않은 사실의 직권탐지가 가능하다. ③ 행정소송에 있어서 직권주의가 가미되었다고 하여서 당사자주의와 변론주의를 기본구조로 하는 이상 주장·입증책임이 전도된 것이라고 할 수 없다(대판 1981. 6. 23, 80누510). ④ 청구의 범위 내에서만 직권탐지가 가능하다. ⑤ 기본적 사실관계의 동일성이 없는 사실을 직권으로 심사하는 것은 직권심사주의의 한계를 벗어난 것으로서 위법하다(대판 2013. 8. 22, 2011두26589[국가유공자비해당결정처분취소]). ⑥ 직권탐지는 법원이 필요하다고 인정할 때에 한한다. ⑦ 단순한 법률상의 주장(예 어떤 권리의 소멸시효기간이 얼마나 되는지에 관한 주장)은 변론주의의 적용 대상이 되지 않으므로 법원이 직권으로 판단할 수 있다(대판 2023. 12. 14, 2023다248903).

[판례 1] 행정소송법 제26조가 법원은 필요하다고 인정할 때에는 직권으로 증거조사를 할 수 있고, 당사자가 주장하지 아니한 사실에 대하여도 판단할 수 있다라고 규정하고 있지만, 이는 행정소송의 특수성에 연유하는 당사자주의, 변론주의에 대한 일부예외 규정일 뿐 법원이 아무런 제한 없이 당사자가 주장하지 아니한 사실을 판단할 수 있는 것은 아니고, 일건 기록에 현출되어 있는 사항에 관하여서만 직권으로 증거조사를 하고 이를 기초로 하여 판단할 수 있을 따름이고, 그것도 법원이 필요하다고 인정할 때에 한하여 청구의 범위 내에서 증거조사를 하고 판단할 수 있을 뿐이다(대판 1994. 10. 11, 94누4820; 1985. 2. 13, 84누467).

[판례 2] [1] 직권심리에 관한 행정소송법 제26조의 법의와 법원의 석명권의 한계: 행정소송법 제26조는 법원이 필요하다고 인정할 때에는 직권으로 증거조사를 할 수 있고 당사자가 주장하지 아니한 사실에 대하여 판단할 수 있다고 규정하고 있으나, 이는 행정소송에 있어서 원고의 청구범위를 초월하여 그 이상의 청구를 인용할 수 있다는 뜻이 아니라 원고의 청구범위를 유지하면서 그 범위 내에서 필요에 따라 주장 외의 사실에 관하여 판단할 수 있다는 뜻이고 또 법원의 석명권은 당사자의 진술에 모순, 흠결이 있거나 애매하여 그 진술의 취지를 알 수 없을 때 이를 보완하여 명료하게 하거나 입증책임 있는 당사자에게 입증을 촉구하기 위하여 행사하는 것이지 그 정도를 넘어 당사자에게 새로운 청구를 할 것을 권유하는 것은 석명권의 한계를 넘어서는 것이다. [2] 국세징수법 제24조 제1항에 의한 압류처분에 대한 무효확인청구와 같은 법 제53조에 의한 압류해제신청을 거부한 처분에 대한 취소청구는 각 별개의 독립된 청구이므로, 참가압류처분무효확인청구의 소송에서 심판의 대상이 되지 아니한 참가압류해제신청에 대한 거부처분에 관하여 직권으로 심리판단하지 아니하거나, 석명권을 행사하여 원고에게 예비적으로 위 거부처분의 취소청구로 갱정하도록 권유하지 아니하였다고 하여 행정소송에 있어서의 직권심리조사의 범위에 관한 법리오해나 석명권 불행사의 위법을 저질렀다고 할 수 없다고 한 사례(대판 1992. 3. 10, 91누6030).

[판례 3] 행정소송에 있어서 처분청의 처분권한 유무는 직권조사사항이 아니다(대판 전원합의체 1997. 6. 19, 95누8669).

[판례 4] 같은 국가유공자 비해당결정이라도 그 사유가 공무수행과 상이 사이에 인과관계가 없다는 것과 본인 과실이 경합되어 있어 지원대상자에 해당할 뿐이라는 것은 기본적 사실관계의 동일성이 없다고 보아야 한다. 따라서 처분청이 공무수행과 사이에 인과관계가 없다는 이유로 국가유공자 비해당결정을 한 데 대하여 법원이 그 인과관계의 존재는 인정하면서 직권으로 본인 과실이 경합된 사유가 있다는 이유로 그 처분이 정당하다고 판단하는 것은 행정소송법이 허용하는 직권심사주의의 한계를 벗어난 것으로서 위법하다(대판 2013. 8. 22, 2011두26589[국가유공자비해당결정처분취소]).

[판례 5] 명의신탁등기 과징금과 장기미등기 과징금은 위반행위의 태양, 부과 요건, 근거 조항을 달리하므로, 각 과징금 부과처분의 사유는 상호 간에 기본적 사실관계의 동일성이 있다고 할 수 없다. 그러므로 그중 어느 하나의 처분사유에 의한 과징금 부과처분에 대하여 당해 처분사유가 아닌 다른 처분사유가 존재한다는 이유로 적법하다고 판단하는 것은 특별한 사정이 없는 한 행정소송법상 직권심사주의의 한계를 넘는 것으로서 허용될 수 없다(대판 2017. 5. 17, 2016두53050).

[판례 6] [1] 행정소송에서 기록상 자료가 나타나 있다면 당사자가 주장하지 않더라도 판단할 수 있다. [2] 시외버스운송사업계획변경 인가처분에 대한 취소소송에서, 당사자가 그 처분으로 변경된 여객자동차 운수회사 노선이 고속형 시외버스운송사업에 해당하고, 해당 행정청은 처분권한이 없다고 주장하면서 관련 판결문을 제출한 사안에서, 원심으로서는 당사자가 제출한 소송자료 등 기록에 나타난 자료에 의하여 위 처분으로 변경된 노선이 관련 법령이 규정한 고속형 시외버스운송사업에 해당하는지 등을 중심으로 처분의 위법 여부를 판단했어야 한다는 이유로, 이와 달리 판단한 원심판결에 필요한 심리를 다하지 않고 판단을 누락한 위법이 있다고 한 사례(대판 2011. 2. 10, 2010두20980[여객자동차운송사업계획변경인가처분취소]).

3) 결 어

직권탐지주의를 어느 정도 도입할 것인가는 입법정책의 문제이다. 실체적 진실발견과 재판부담을 조화시켜야 한다. 우리나라의 경우에는 행정소송이 기본적으로 권리구제에 중점이 두어진 주관적 소송의 성질을 가지고 있고, 법원의 전문성 및 인적·재정적 여건이 미비하므로 변론주의를 원칙으로 하고 직권탐지주의를 보충적인 것으로 하는 직권탐지주의보충설이 타당하다.

(4) 직권탐지의 의무

현행 행정소송법 제26조는 "… 할 수 있고, … 할 수 있다"라고 규정하고 있으므로, 이 규정의 해석에 있어 직권탐지가 법원의 재량에 속한다고 보는 견해(이시윤, 434면)도 있으나, 이 규정은 법원의 직권탐지권한을 규정한 것으로 보는 것이 타당하며 직권탐지는 원칙상 법원의 재량에 속하지만 적정한 재판을 위하여 직권탐지가 크게 요청되는 경우에는 직권탐지의무가 있다고 보아야 할 것이다. **판례**는 일정한 요건하에 직권탐지의무를 인정하고 있다.

[판례 1] 원고는 이 사건 토지를 취득일로부터 10년 이상 보유하다가 양도하였음이 명백하므로 비록 그 공제주장을 한 바가 없더라도 이는 법률상 당연히 공제되어야 할 것이므로 원심으로서는 그와 같이 확정한 보유기간에 따라 위 법 소정의 특별공제를 하여 정당한 세액을 산출하여야 할 것이다. 그럼에도 불구하고 원심이 이를 간과한 채 이 사건 부과처분이 적법하다고 하여 원고의 청구를 기각하였으니 이는 위 소득세법 및 행정소송의 직권심리사항에 관한 법리를 오해하여 판결에 영향을 미친 위법을 범한 것이라고 할 것이다(대판 1992. 2. 28, 91누6597). 〈해설〉 직권탐지의무를 인정한 것으로 보인다.

[판례 2] 행정소송에서 기록상 자료가 나타나 있다면 당사자가 주장하지 않더라도 판단할 수 있는지 여부(적극): 행정소송에서 기록상 자료가 나타나 있다면 당사자가 주장하지 않았더라도 판단할 수 있고, 당사자가 제출한 소송자료에 의하여 법원이 처분의 적법 여부에 관한 합리적인 의심을 품을 수 있음에도 단지 구체적 사실에 관한 주장을 하지 아니하였다는 이유만으로 당사자에게 석명을 하거나 직권으로 심리·판단하지 아니함으로써 구체적 타당성이 없는 판결을 하는 것은 행정소송법 제26조의 규정과 행정소송의 특수성에 반하므로 허용될 수 없다(대판 2010. 2. 11, 2009두18035; 2011. 2. 10, 2010두20980).

(5) 당사자소송에의 준용

취소소송의 직권심리주의를 규정하는 행정소송법 제26조는 공법상 당사자소송에 준용된다(법 제44조 제1항).

2. 행정심판기록제출명령

행정소송법 제25조는 원고의 입증방법의 확보를 위하여 행정심판기록제출명령제도를 규정하고 있다.

① 행정심판기록의 제출명령은 당사자의 신청에 의해 법원이 재결을 행한 행정청에 대하여 결정으로써 행한다(법 제25조 제1항).

② 제출명령을 받은 재결청은 지체 없이 당해 행정심판에 관한 기록을 법원에 제출하여야 한다(법 제25조 제2항). 제출명령의 대상이 되는 '행정심판기록'은 당해 행정심판에 관한 모든 기록을 가리킨다. 그러므로, 행정심판청구서와 그에 대한 답변서 및 재결서뿐만 아니라, 행정심판위원회의 회의록, 기타 행정심판위원회의 심리를 위하여 제출된 모든 증거와 기타의 자료를 포괄한다고 보아야 한다(박윤흔, 948면).

행정심판기록제출명령을 규정하는 행정소송법 제25조는 공법상 당사자소송에 준용된다(법 제44조 제1항).

제 5 항 심리과정의 문제

Ⅰ. 관련청구소송의 병합 [2010 입시, 2015 사시, 2016 사시, 2018 변시]

1. 의 의

행정소송법상 관련청구소송의 병합이라 함은 취소소송, 무효등확인소송 또는 당사자소송(이하 '취소소송 등'이라 한다)에 당해 취소소송 등과 관련이 있는 청구소송(관련청구소송)을 병합하여 제기하는 것을 말한다.

취소소송에는 사실심의 변론종결시까지 관련청구소송을 병합하거나 피고 외의 자를 상대로 한 관련청구소송을 취소소송이 계속된 법원에 병합하여 제기할 수 있다(제10조 제2항). 이 규정은 무효등확인소송 및 당사자소송에 준용된다(제38조 제1항, 제44조 제2항). 당사자소송에 관련청구소송인 민사소송을 병합할 수 있다. 민사소송에 당사자소송을 병합할 수 있다는 명문의 규정이 없고, 민사소송법상 청구의 병합은 같은 종류의 소송절차에 의하여 심판될 수 있을 것을 요건으로 하고 있으므로(민사소송법 제253조) 민사소송에 당사자소송을 병합할 수는 없다.

관련청구의 병합을 인정하는 것은 소송경제를 도모하고, 서로 관련 있는 사건 사이에 판결의 모순저촉을 피하기 위한 것이다.

2. 종 류

관련청구소송의 병합에는 계속중인 취소소송 등에 관련청구소송을 병합하는 **후발적 병합**(後發的 併合)과 취소소송 등과 관련청구소송을 함께 제기하는 **원시적 병합**(原始的 併合)이 있다.

3. 요 건

(1) 취소소송 등에 병합할 것

취소소송 등과 취소소송 등이 아닌 관련청구소송의 병합은 취소소송 등에 병합하여야 한다. 취소소송 등이 주된 소송이다. 취소소송 등간의 병합은 어느 쪽에든지 병합할 수 있다.

(2) 각 청구소송이 적법할 것

주된 취소소송 등과 관련청구소송은 각각 소송요건을 갖추어야 한다.

(3) 관련청구소송이 병합될 것

'**관련청구소송**'이라 함은 주된 취소소송 등의 대상인 처분 등과 관련되는 손해배상·부당이득반환·원상회복 등 청구소송 및 취소소송을 말한다(제10조 제1항).

'**처분 등과 관련되는 손해배상·부당이득반환·원상회복 등의 청구**'란 손해배상청구 등의 청구의 내용 또는 발생원인이 행정소송의 대상인 처분 등과 법률상 또는 사실상 공통되거나, 그 처분의 효력이나 존부 유무가 선결문제로 되는 등의 관계에 있는 청구를 말한다(대판 2000. 10. 27, 99두561[토지수용이의재결처분취소 등]).

[판례] [1] **손해배상청구 등의 민사소송이 행정소송에 관련청구로 병합되기 위한 요건**: 행정소송법 제10조 제1항 제1호는 행정소송에 병합될 수 있는 관련청구에 관하여 '당해 처분 등과 관련되는 손해배상·부당이득반환·원상회복 등의 청구'라고 규정함으로써 그 병합요건으로 본래의 행정소송과의 관련성을 요구하고 있는 바, 이는 행정소송에서 계쟁 처분의 효력을 장기간 불확정한 상태에 두는 것은 바람직하지 않다는 관점에서 병합될 수 있는 청구의 범위를 한정함으로써 사건의 심리범위가 확대·복잡화되는 것을 방지하여 그 심판의 신속을 도모하려는 취지라 할 것이므로, 손해배상청구 등의 민사소송이 행정소송에 관련청구로 병합되기 위해서는 그 청구의 내용 또는 발생원인이 행정소송의 대상인 처분 등과 법률상 또는 사실상 공통되거나, 그 처분의 효력이나 존부 유무가 선결문제로 되는 등의 관계에 있어야 함이 원칙이다. [2] **사업인정 전의 사업시행으로 인하여 재산권이 침해되었음을 원인으로 한 손해배상청구가 토지수용사건에 관련청구로서 병합될 수 있는지 여부(적극)**: 공공사업의 시행을 위한 토지수용사건에 있어서 심리의 대상으로 되는 적법한 수용에 따른 손실보상청구권과 당해 공공사업과 관련하여 사업인정 전에 사업을 시행하여 타인의 재산권을 침해하게 됨에 따라 발생하게 된 손해배상청구권은 위 각 권리가 적법한 행위에 의하여 발생한 것인가 아닌가의 차이가 날 뿐 그것들이 하나의 동일한 공공사업의 시행과 관련하여 타인의 재산권을 침해한 사실로 인하여 발생하였다는 점에서 위 각 청구의 발생원인은 법률상 또는 사실상 공통된다 할 것이고, 토지수용사건에 이러한 손해배상청구사건을 병합하여 함께 심리·판단함으로써 얻게 되는 당사자의 소송경제와 편의 등의 효용에 비하여 심리범위를 확대·복잡화함으로써 심판의 신속을 해치는 폐단이 통상의 경우보다 크다고 할 수도 없으므

로, 이와 같은 경우 토지수용사건에 병합된 손해배상청구는 행정소송법 제10조 제2항, 제1항 제1호, 제44조 제2항에 따른 관련청구로서의 병합요건을 갖춘 것으로 보아야 한다(대판 2000. 10. 27, 99두561).

예를 들면, 처분에 대한 취소소송에 당해 처분으로 인한 손해에 대한 국가배상청구소송을, 조세부과처분취소소송에 조세과오납금환급청구소송을, 압류처분취소소송에 압류등기말소청구소송을 병합하는 것이다.

'처분 등과 관련되는 취소소송'이란 당해 처분 등과 관련되는 재결의 취소청구 또는 재결에 관련되는 처분의 취소청구와 같이 당해 항고소송의 대상이 원인적으로 서로 관련되는 경우를 뜻한다고 보아야 할 것이다.[21)]

항고소송에 당사자소송을 병합할 수 있는지 여부도 문제될 수 있으나 양 청구가 상호 관련되는 청구인 경우에는 병합이 가능하다고 보아야 할 것이다(대판 1992. 12. 24, 92누3335[보상금지급결정취소]).

당사자소송에 항고소송을 병합할 수도 있다(행정소송법 제44조 제1항, 제10조).

[판례] [1] 고용보험 및 산업재해보상보험의 보험료징수 등에 관한 법률 제4조, 제16조의2, 제17조, 제19조, 제23조의 각 규정에 의하면, 사업주가 당연가입자가 되는 고용보험 및 산재보험에서 보험료 납부의무 부존재확인의 소는 공법상의 법률관계 자체를 다투는 소송으로서 공법상 당사자소송이다. [2] 갑에게서 주택 등 신축 공사를 수급한 을이 사업주를 갑으로 기재한 갑 명의의 고용보험·산재보험관계성립신고서를 근로복지공단에 작성·제출하여 갑이 고용·산재보험료 일부를 납부하였고, 국민건강보험공단이 갑에게 나머지 보험료를 납부할 것을 독촉하였는데, 갑이 국민건강보험공단을 상대로 이미 납부한 보험료는 부당이득으로서 반환을 구하고 국민건강보험공단이 납부를 독촉하는 보험료채무는 부존재확인을 구하는 소를 제기한 사안에서, 이는 행정소송인 공법상 당사자소송과 행정소송법 제10조 제2항, 제44조 제2항에 규정된 관련청구소송으로서 부당이득반환을 구하는 민사소송이 병합하여 제기된 경우에 해당하므로, 원심법원인 인천지방법원 합의부는 항소심으로서 민사소송법 제34조 제1항, 법원조직법 제28조 제1호에 따라 사건을 관할법원인 서울고등법원에 이송했어야 옳다고 한 사례. [3] 고용보험 및 산업재해보상보험의 보험료징수 등에 관한 법률 제4조는 고용보험법 및 산업재해보상보험법에 따른 보험사업에 관하여 이 법에서 정한 사항은 고용노동부장관으로부터 위탁을 받아 근로복지공단이 수행하되, 보험료의 체납관리 등의 징수업무는 국민건강보험공단이 고용노동부장관으로부터 위탁을 받아 수행한다고 규정하고 있다. 따라서 고용·산재보험료의 귀속주체, 즉 사업주가 각 보험료 납부의무를 부담하는 상대방은 근로복지공단이고, 국민건강보험공단은 단지 각 보험료의 징수업무를 수행하는 데에 불과하므로, 고용·산재보험료 납부의무 부존재확인의 소는 (국민건강보험공단이 아니라) 근로복지공단을 피고로 하여 제기하여야 한다. 그리고 행정소송법상 당사자소송에서 원고가 피고를 잘못 지정한 때에는 법원은 원고의 신청에 의하여 결정으로써 피고의 경정을 허가할 수 있으므로(행정소송법 제44조 제1항, 제14조), 원고가 피고를 잘못 지정한 것으로 보이는 경우 법원으로서는 마땅히 석명권을 행사하여 원고로 하여금 정당한 피고로 경정하게 하여 소송을 진행하도록 하여야 한다. [4] 건설업에서의 고용·산재보험료와 같이 신고납부 방식으로 징수되는 고용·산재보험료에 있어서는 근로복지공단의 보험료 부과처분 없이 납부의무자의 신고행위에 의하여 보험료 납부의무가 확정되므로 원심에서 추가된 청구취지에서 말하는 피고의 부과처분은 보험료 부과처분이 아닌 보험료 징수처분을 의미하는 것으로 보인다. 그런데 최초 제기된 이 사건 소가 당사자소송과 관련청구소송이 병합된 소송임은 앞서 본 바와 같으므로 여기에 항고소송인 보험료 징수처분의 무효확인을 구하는 청구를 추가하는 것은 행정소송법 제44조 제2항, 제10조에 따라 허용된다고 보아야 한다. 그럼에도 불구하고 원심이 이와 달리 원고의 이러한 청구취지 변경을 판결로써 불허한 것은 잘못이다(대판 2016. 10. 13, 2016다221658).

21) 이상규, 『신행정쟁송법』, 346면 참조.

(4) 주된 취소소송이 사실심 계속중일 것(후발적 병합의 경우)

주된 취소소송이 사실심 변론종결 전이어야 한다.

(5) 병합의 형태가 소송법상 허용되어야 한다.

[판례] 행정처분에 대한 무효확인과 취소청구는 서로 양립할 수 없는 청구로서 주위적·예비적 청구로서만 병합이 가능하고 선택적 청구로서의 병합이나 단순 병합은 허용되지 아니한다(대판 1999. 8. 20, 97누6889).

4. 병합요건의 조사

병합요건은 법원의 직권조사사항이다. 병합요건이 충족되지 않은 경우 변론을 분리하여 별도의 소로 분리심판하여야 하는 것이 원칙이다(이시윤, 578~579면).

5. 병합된 관련청구소송에서의 판결

① 취소소송에 관련청구소송을 병합하여 제기한 후 취소소송이 부적법 각하된 경우에 소송경제상 행정법원이 행정사건과 분리하여 독립적으로 스스로 민사사건을 처리할 수 있는 것으로 보아야 한다.[22] 그러나, 판례는 본래의 '취소소송 등'이 부적법하여 각하되면 그에 병합된 관련청구소송도 소송요건을 흠결하여 부적합하다고 보고, 각하되어야 한다고 한다.

[판례 1] [1] 행정행정소송법 제38조, 제10조에 의한 관련청구소송의 병합은 본래의 항고소송이 적법할 것을 요건으로 하는 것이어서 본래의 항고소송이 부적법하여 각하되면 그에 병합된 관련청구도 소송요건을 흠결한 부적합한 것으로 각하되어야 한다. [2] 도로관리청이 원인자부담금 부과처분에 의한 부과금 징수를 위하여 압류처분을 하고 그에 이어 압류등기를 한 경우, 이해관계인은 그 압류처분에 대한 항고소송 외에 그 압류등기의 말소청구소송을 제기할 수 있고, 그 경우 행정소송법 제38조, 제10조에서 말하는 본래의 항고소송은 원인자부담금 부과처분 또는 압류처분에 대한 항고소송을 모두 포함한다(대판 2001. 11. 27, 2000두697[압류처분무효확인등]).

[판례 2] [1] 행정소송법 제44조, 제10조에 의한 관련청구소송 병합은 본래의 당사자소송이 적법할 것을 요건으로 하는 것이어서 본래의 당사자소송이 부적법하여 각하되면 그에 병합된 관련청구소송도 소송요건을 흠결하여 부적합하므로 각하되어야 한다. [2] 택지개발사업지구 내 비닐하우스에서 화훼소매업을 하던 甲과 乙이 재결절차를 거치지 않고 사업시행자를 상대로 주된 청구인 영업손실보상금 청구에 생활대책대상자 선정 관련청구소송을 병합하여 제기한 사안에서, 영업손실보상금청구의 소가 재결절차를 거치지 않아 부적법하여 각하되는 이상, 이에 병합된 생활대책대상자 선정 관련청구소송 역시 소송요건을 흠결하여 부적법하므로 각하되어야 한다고 한 사례(대판 2011. 9. 29, 2009두10963[영업권보상]).

② 행정처분의 취소를 구하는 취소소송에 당해 처분의 취소를 선결문제로 하는 부당이득반환청구가 병합된 경우, 그 청구가 인용되려면 그 소송절차에서 판결에 의해 당해 처분이 취소되면 충분하고 당해 처분의 취소가 확정되어야 하는 것은 아니다.

---

22) 김상균, "행정소송과 민사소송", 『행정소송실무편람』, 한국사법행정학회, 1998, 56~57면.

[판례] 행정처분의 취소를 구하는 취소소송에 당해 처분의 취소를 선결문제로 하는 부당이득반환청구가 병합된 경우, 그 청구가 인용되려면 소송절차에서 당해 처분의 취소가 확정되어야 하는지 여부(소극): 행정소송법 제10조는 처분의 취소를 구하는 취소소송에 당해 처분과 관련되는 부당이득반환소송을 관련 청구로 병합할 수 있다고 규정하고 있는바, 이 조항을 둔 취지에 비추어 보면, 취소소송에 병합할 수 있는 당해 처분과 관련되는 부당이득반환소송에는 당해 처분의 취소를 선결문제로 하는 부당이득반환청구가 포함되고, 이러한 부당이득반환청구가 인용되기 위해서는 그 소송절차에서 판결에 의해 당해 처분이 취소되면 충분하고 그 처분의 취소가 확정되어야 하는 것은 아니라고 보아야 한다(대판 2009. 4. 9, 2008두23153: 보험료부과처분에 대한 취소소송에서 90,946,000원의 보험료부과처분 중 67,194,980원의 보험료부과처분을 취소하면서도, 관련 청구로 병합된 부당이득반환소송에서는 그 처분의 취소를 전제로 인용 여부를 판단하지 않고 처분의 취소가 확정되지 않았다는 이유로 기각한 것은 위법하다고 한 사례).

③ 취소소송 등에 당사사소송을 병합청구한 경우 위 취소소송 등이 부적법하다면 법원은 청구의 기초에 변경이 없는 한 당초의 청구가 부적법하다는 이유로 병합된 청구까지 각하할 것이 아니라 병합청구 당시 유효한 소변경(소의 종류의 변경)청구가 있었던 것으로 받아들여 이를 허가함이 타당하다(대판 1992. 12. 24, 92누3335: 광주민주화운동관련자보상심의위원회의 결정(처분이 아님)에 대하여 취소소송 등이 인정됨을 전제로 하여, 당초에 피고 보상심의위원회를 상대로 보상결정의 취소를 구하였다가 여기에 새로이 대한민국을 피고로 하여 보상금 등의 지급을 구하는 당사자소송을 추가적으로 병합한 사례).

Ⅱ. 소의 변경

1. 의 의

소의 변경(訴의 變更)이라 함은 청구의 변경을 말한다.

청구의 변경에는 종전의 청구를 새로운 청구로 변경하는 교환적 변경과 종전의 청구에 새로운 청구를 추가시키는 추가적 변경이 있다. 소의 변경은 청구의 변경을 말하고 청구의 변경은 소송물의 변경을 말한다. 소송물의 변경은 청구의 취지와 청구의 원인에 의해 특정되는 것이므로 소의 변경은 청구의 취지와 원인의 변경에 의해 이루어진다. 청구취지의 변경은 원칙적으로 소의 변경이 되지만, 청구원인의 변경은 항상 소의 변경이 되는 것은 아니다. 청구원인의 변경이 단순히 공격방어방법의 변경에 불과한 경우에는 소의 변경이 아니다.

행정소송법은 소의 변경에 관하여 특별한 규정을 두고 있다. 즉, 행정소송법은 소의 종류의 변경에 관한 규정(제21조)과 처분변경에 따른 소의 변경에 관한 규정(제22조)을 두고 있다. 그런데, 행정소송법상 명문으로 인정된 소의 종류의 변경과 처분변경으로 인한 소의 변경 이외에도 민사소송법상의 소의 변경에 관한 규정(제262조 및 제263조)이 행정소송에서도 준용될 수 있다.

청구의 변경은 청구취지의 정정과 구별하여야 한다.

2. 행정소송법에 의한 소의 변경

(1) 소의 종류의 변경

1) 의 의

행정소송에는 여러 종류가 있는데 권리구제를 위하여 어떠한 소송의 종류를 선택하여야 하는지 명확하지 않은 경우가 적지 않아 소송 종류의 선택을 잘못할 위험이 있다. 따라서, 행정구제의 실효성을 높이기 위하여 행정소송간의 소의 변경을 인정할 필요가 있다. 그리하여 **행정소송법은 행정소송간의 소의 변경을 인정**하고 있다(제21조, 제37조, 제42조).

> 법원은 취소소송을 당해 처분 등에 관계되는 사무가 귀속하는 국가 또는 공공단체에 대한 당사자소송 또는 취소소송 외의 항고소송으로 변경하는 것이 상당하다고 인정할 때에는 청구의 기초에 변경이 없는 한 사실심의 변론종결시까지 원고의 신청에 의하여 결정으로써 소의 변경을 허가할 수 있다(법 제21조 제1항).
> 제21조의 규정은 무효등확인소송이나 부작위위법확인소송을 취소소송 또는 당사자소송으로 변경하는 경우에 준용한다(제37조).
> 제21조의 규정은 당사자소송을 항고소송으로 변경하는 경우에 준용한다(제42조).

행정소송과 민사소송 사이의 소의 변경(예 무효확인소송을 처분의 무효를 전제로 하는 부당이득반환청구소송으로 변경)은 행정소송법상 명문으로 인정되고 있지는 않으므로 민사소송법상 소의 변경을 행정소송과 민사소송 사이의 소의 변경에 준용하여 행정소송과 민사소송 사이의 소의 변경을 허용할 수 있는지가 문제된다.

2) 종 류

가. 항고소송간의 변경 항고소송간에는 소의 변경이 가능하다. 취소소송을 취소소송 외의 항고소송(무효등확인소송 또는 부작위위법확인소송)으로(제21조 제1항), 무효등확인소송을 취소소송 또는 부작위위법확인소송으로, 부작위위법확인소송을 다른 종류의 항고소송으로 변경하는 것이 가능하다(제37조).

거부처분이 있었음에도 부작위인 줄 알고 부작위위법확인소송을 제기한 경우에 이 규정(제37조)에 의해 부작위위법확인소송을 취소소송으로 변경하는 것이 가능하다.

나. 항고소송과 당사자소송간의 변경 취소소송, 무효등확인소송을 당해 처분 등에 관계되는 사무가 귀속되는 국가 또는 공공단체에 대한 당사자소송으로 변경하거나(제21조 제1항, 제37조) 당사자소송을 항고소송으로 변경하는(제42조) 것이 가능하다.

이 경우의 소의 변경에는 당사자(피고)의 변경이 수반된다. 이 점은 민사소송에서의 소의 변경과 다르다. 행정소송법은 소의 종류의 변경에 따르는 피고의 경정을 인정하고 있다(제21조 제4항).

원고가 고의 또는 중대한 과실 없이 당사자소송으로 제기하여야 할 것을 항고소송으로 잘못 제기한 경우에, 당사자소송으로서의 소송요건을 결하고 있음이 명백하여 당사자소송으로 제기되었더라도 어차피 부적법하게 되는 경우가 아닌 이상, 법원으로서는 원고로 하여금 당사자소송으로 소 변경을 하도록 하여 심리·판단하여야 한다(대판 2016. 5. 24, 2013두14863). 또한, 원고가 고의 또는 중대한 과실 없이 항고소송으로 제기해야 할 것을 당사자소송으로 잘못 제기한 경우에, 항고소송의 소송요건을 갖추지 못했음이 명백하여 항고소송으로 제기되었더라도 어차피 부적법하게 되는 경우가 아닌 이상, 법원으로서는 원고가 항고소송으로 소 변경을 하도록 석명권을 행사하여 행정청의 처분이나 부작위가 적법한지 여부를 심리·판단해야 한다(대판 2021. 12. 16, 2019두45944).

[판례] [1] **공법상 법률관계에 관한 당사자소송의 피고적격 및 원고가 고의 또는 중대한 과실 없이 당사자소송으로 제기하여야 할 것을 항고소송으로 잘못 제기한 경우, 법원이 취할 조치**: 공법상의 법률관계에 관한 당사자소송에서는 그 법률관계의 한쪽 당사자를 피고로 하여 소송을 제기하여야 한다(행정소송법 제3조 제2호, 제39조). 다만 원고가 고의 또는 중대한 과실 없이 당사자소송으로 제기하여야 할 것을 항고소송으로 잘못 제기한 경우에, 당사자소송으로서의 소송요건을 결하고 있음이 명백하여 당사자소송으로 제기되었더라도 어차피 부적법하게 되는 경우가 아닌 이상, 법원으로서는 원고가 당사자소송으로 소 변경을 하도록 하여 심리·판단하여야 한다. [2] **법관이 이미 수령한 명예퇴직수당액이 구 법관 및 법원공무원 명예퇴직수당 등 지급규칙 제4조 [별표 1]에서 정한 정당한 수당액에 미치지 못한다고 주장하며 차액의 지급을 신청한 것에 대하여 법원행정처장이 거부하는 의사를 표시한 경우, 위 의사표시를 행정처분으로 볼 수 있는지 여부(소극) / 명예퇴직한 법관이 미지급 명예퇴직수당액의 지급을 구하는 경우, 소송 형태(=행정소송법의 당사자소송)**: 명예퇴직수당 지급대상자의 결정과 수당액 산정 등에 관한 구 국가공무원법(2012. 10. 22. 법률 제11489호로 개정되기 전의 것) 제74조의2 제1항, 제4항, 구 법관 및 법원공무원 명예퇴직수당 등 지급규칙(2011. 1. 31. 대법원규칙 제2320호로 개정되기 전의 것, 이하 '명예퇴직수당규칙'이라 한다) 제3조 제1항, 제2항, 제7조, 제4조 [별표 1]의 내용과 취지 등에 비추어 보면, 명예퇴직수당은 명예퇴직수당 지급신청자 중에서 일정한 심사를 거쳐 피고가 명예퇴직수당 지급대상자로 결정한 경우에 비로소 지급될 수 있지만, 명예퇴직수당 지급대상자로 결정된 법관에 대하여 지급할 수당액은 명예퇴직수당규칙 제4조 [별표 1]에 산정 기준이 정해져 있으므로, 위 법관은 위 규정에서 정한 정당한 산정 기준에 따라 산정된 명예퇴직수당액을 수령할 구체적인 권리를 가진다. 따라서 위 법관이 이미 수령한 수당액이 위 규정에서 정한 정당한 명예퇴직수당액에 미치지 못한다고 주장하며 차액의 지급을 신청함에 대하여 법원행정처장이 거부하는 의사를 표시했더라도, 그 의사표시는 명예퇴직수당액을 형성·확정하는 행정처분이 아니라 공법상의 법률관계의 한쪽 당사자로서 지급의무의 존부 및 범위에 관하여 자신의 의견을 밝힌 것에 불과하므로 행정처분으로 볼 수 없다. 결국 명예퇴직한 법관이 미지급 명예퇴직수당액에 대하여 가지는 권리는 명예퇴직수당 지급대상자 결정 절차를 거쳐 명예퇴직수당규칙에 의하여 확정된 공법상 법률관계에 관한 권리로서, 그 지급을 구하는 소송은 행정소송법의 당사자소송에 해당하며, 그 법률관계의 당사자인 국가를 상대로 제기하여야 한다(대판 2016. 5. 24, 2013두14863[명예퇴직수당지급거부처분취소]).

3) 요 건

① 청구의 기초에 변경이 없을 것(청구의 기초가 동일할 것).

② 소를 변경하는 것이 상당하다고 인정될 것.

③ 변경의 대상이 되는 소가 사실심에 계속되어 있고, 사실심 변론종결 전일 것.

④ 새로운 소가 적법할 것.

⑤ 원고의 신청이 있을 것.

[판례] 공무원퇴직연금 중 일부 금액에 대한 지급거부의 의사표시를 한 공무원연금관리공단의 회신이 항고소송의 대상인 처분에 해당하는지와 그 처분에 해당되지 않는다고 판단될 경우 그 처분의 취소를 구하는 청구에 미지급 퇴직연금의 직접 지급을 구하는 취지도 포함된 것인지를 석명하여야 한다고 한 사례(대판 2004. 7. 8, 2004두244[연금지급청구서반려처분취소]).

4) 효　과

소의 변경을 허가하는 결정이 확정되면 새로운 소는 제소기간과 관련하여 변경된 소를 제기한 때에 제기된 것으로 본다(제21조 제4항).

예를 들면, 당사자소송을 항고소송으로 변경하는 경우에 당사자소송이 당해 항고소송의 불복기간 내에 제기되었으면 당해 항고소송은 소제기기간을 준수한 것이 된다.

변경된 소는 취하된 것으로 보며(제21조 제4항) 변경된 소의 소송자료는 새로운 소의 소송자료가 된다.

5) 불복방법

소의 변경을 허가하는 결정에 대하여 새로운 소의 피고와 변경된 소의 피고는 즉시항고할 수 있다(제21조 제3항).

불허가결정에 대하여는 독립하여 항고할 수 없고 종국판결에 대한 상소로써만 다툴 수 있다(대판 1992. 9. 25, 92누5096).

(2) 처분변경으로 인한 소의 변경

1) 의　의

처분변경으로 인한 소의 변경이라 함은 행정청이 소송의 대상인 처분을 소가 제기된 후 변경한 때에는 원고의 신청에 의하여 법원의 허가를 받아 소를 변경하는 것을 말한다. 행정소송법 제22조가 이를 규정하고 있다.

처분변경으로 인한 소의 변경은 취소소송, 무효등확인소송 및 당사자소송에서 인정되고 있다(제22조 제1항, 제38조 제1항, 제44조 제1항).

그런데 부작위에 대하여 부작위위법확인소송을 제기한 후 행정청의 거부처분이 있는 경우에 행정소송법 제22조(처분변경으로 인한 소의 변경)가 부작위위법확인소송에 준용되고 있지 않으므로 행정소송법 제37조에 의해 거부처분에 대한 취소소송으로 변경하는 것이 가능한지 논란이 있을 수 있다.

제37조의 취지가 행정소송간에 소송의 종류의 선택을 잘못할 위험이 있어 소의 종류의 변경을 인정한 것이라는 이유로 부작위에서 거부처분으로 발전된 경우에는 부작위위법확인소송을 취소소송으로 변경하는 것을 허용할 수 없다는 견해가 있다(부정설). 그러나, 현행 행정소송법이 처분변경으로 인한 소의 변경을 규정하는 행정소송법 제22조를 부작위위법확인소송에 준용하지 않고 있는 것은 입법의 불비이므로 행정소송법 제37조에 의해 준용되는 소의 종류의 변경을 규정하는 행정소송법 제21조의 문언(文言)에 충실한 해석을 하여 부작위에서 거부처분으로 발전한 경우에도 행정소송법 제21조를 적용하여 부작위위법확인소송을 취소소송으로 변경하는 것이 가능하다고 보아 입법의 불비를 해석을 통해 보완하여야 할 것이다(긍정설).

2) 요　건

가. 처분의 변경이 있을 것 　행정청이 소송의 대상인 처분을 소가 제기된 후 변경하였어야 한다.

처분의 변경은 처분청이나 상급감독청의 직권에 의해 행해지거나 취소소송의 계속중 행정심판의 재결에 의해 소송의 대상인 처분이 일부취소되거나 적극적으로 변경됨으로써 행해질 수 있다.

나. 처분의 변경이 있음을 안 날로부터 60일 이내일 것 원고는 처분의 변경이 있음을 안 날로부터 60일 이내에 소의 변경을 신청하여야 한다(제22조 제2항).

다. 기타 요건 구소(舊訴)가 계속중이고 사실심변론 종결 전이어야 하고, 변경되는 신소(新訴)가 적법하여야 한다. 다만, 변경 전의 처분에 대하여 행정심판전치절차를 거쳤으면 새로운 처분에 대하여 별도의 전심절차를 거치지 않아도 된다(제22조 제3항).

3) 절 차

처분변경으로 인한 소의 변경은 원고의 신청에 의해 법원의 허가결정에 의해 행해진다(제22조 제1항).

4) 효 과

처분변경으로 인한 새로운 청구는 행정심판의 전치가 요구되는 경우에도 행정심판전치요건을 갖춘 것으로 본다(제22조 제3항).

3. 민사소송법에 의한 소의 변경

행정소송법의 소의 변경에 관한 규정은 민사소송법의 소의 변경에 관한 규정에 대한 특칙이라 할 것이고 행정소송법상의 소의 변경에 관한 규정이 민사소송법상의 소의 변경을 배척하는 것이라고 할 수 없으므로 행정소송에 관하여 원칙상 민사소송법에 의한 소의 변경이 가능하다.

(1) 행정소송과 민사소송 사이의 소의 변경

항고소송(특히 무효확인소송)을 처분의 무효를 원인으로 하는 부당이득반환청구소송과 같은 민사소송으로 변경하는 것을 민사소송법의 소의 변경에 관한 규정을 준용하여 인정할 수 있는지 여부에 관하여 검토할 여지가 있다.

1) 부 정 설

민사소송법상의 소의 변경은 법원과 당사자의 동일성을 유지하면서 동종의 절차에서 심리될 수 있는 청구 사이에서만 가능한 것이므로 민사소송을 행정소송으로 변경하는 것이나 행정소송을 민사소송으로 변경하는 것은 허용되지 않는다고 보는 견해이다.

예를 들면, 조세부과처분의 무효확인소송을 제기한 원고는 이 소송을 민사소송인 부당이득반환청구소송(조세과오납금환급소송)으로 변경할 수 없다고 본다.

2) 긍 정 설

항고소송을 처분을 원인으로 하는 민사소송으로 변경하는 경우 피고가 처분청에서 국가 등으로 변경되지만 양당사자는 실질에 있어 동일성을 유지하고 있고, 항고소송과 민사소송은 관할법원을 달리하는 문제가 있지만, 행정법원은 일반 사법법원으로부터 독립된 법원이 아니라 사법법원의 하나로서 전문법원에 불과한 것이므로 행정법원이 당해 민사사건을 심판하는 것도 가능하다. 이 경우 행정법원이 소의 변경으로 인한 민사소송의 관할권이 없다고 하더라도 소의 변경을 거쳐 당해 민사소송의 관할법원으로 이송할 수 있을 것이다.

3) 판 례

판례는 당사자의 권리구제나 소송경제의 측면에서 행정소송과 민사소송 간의 소 변경이 가능하다고 보고 있다.

[판례] [1] 행정소송법 제8조 제2항은 행정소송에 관하여 민사소송법을 준용하도록 하고 있으므로, 행정소송의 성질에 비추어 적절하지 않다고 인정되는 경우가 아닌 이상 공법상 당사자소송의 경우도 민사소송법 제262조에 따라 그 청구의 기초가 바뀌지 아니하는 한도 안에서 변론을 종결할 때까지 청구의 취지를 변경할 수 있다. [2] 한편, 대법원은 여러 차례에 걸쳐 행정소송법상 항고소송으로 제기하여야 할 사건을 민사소송으로 잘못 제기한 경우 수소법원으로서는 원고로 하여금 항고소송으로 소 변경을 하도록 석명권을 행사하여 행정소송법이 정하는 절차에 따라 심리·판단하여야 한다고 판시하여 왔다(대법원 2020. 1. 16. 선고 2019다264700 판결 등 참조). 이처럼 민사소송에서 항고소송으로의 소변경이 허용되는 이상, 공법상 당사자소송과 민사소송이 서로 다른 소송절차에 해당한다는 이유만으로 청구기초의 동일성이 없다고 해석하여 양자 간의 소 변경을 허용하지 않을 이유가 없다. 일반 국민으로서는 공법상 당사자소송의 대상과 민사소송의 대상을 구분하는 것이 쉽지 않고 소송 진행 도중의 사정변경 등으로 인해 공법상 당사자소송으로 제기된 소를 민사소송으로 변경할 필요가 발생하는 경우도 있다. 소 변경 필요성이 인정됨에도, 단지 소 변경에 따라 소송절차가 달라진다는 이유만으로 이미 제기한 소를 취하하고 새로 민사상의 소를 제기하도록 하는 것은 당사자의 권리 구제나 소송경제의 측면에서도 바람직하지 않다. 따라서 공법상 당사자소송에 대하여도 그 청구의 기초가 바뀌지 아니하는 한도 안에서 민사소송으로 소 변경이 가능하다고 해석하는 것이 타당하다. [3] 도시개발사업 시행자인 원고가 피고 소유 토지를 도시개발사업 대상토지로 편입하면서 위 토지가 환지대상에서 제외됨에 따라 피고에게 지급하여야 하는 교부청산금 채무의 금액을 다투는 사안에서 행정소송법 제8조 제2항 및 민사소송법 제262조에 따라 원고의 청구취지 변경으로 인해 공법상 당사자소송으로 제기한 교부청산금(도시개발사업에서의 환지청산금) 일부 부존재확인의 소를 민사소송인 부당이득반환의 소('초과 지급한 차액 4억2377만7047원과 지연손해금의 반환을 구하는 소)로 변경하는 청구취지 변경이 허용된다고 한 사례(대판 2023. 6. 29, 2022두44262). 〈해설〉 이 판결은 민사소송에서 항고소송으로의 소변경을 허용한 이전의 판결에서 나아가 일반적으로 행정소송과 민사소송 사이의 소 변경이 허용될 수 있다고 명시적으로 판시한 최초의 판결이다.

(2) 처분의 변경을 전제로 하지 않고 소의 종류를 변경하지 않는 청구의 변경

청구의 기초에 변경이 없는 범위 내에서 청구의 변경이 인정된다고 보아야 한다.

예를 들면, 청구의 기초에 변경이 없는 범위 내에서 처분의 전부취소소송을 일부취소소송으로 변경하거나 처분의 일부취소소송을 처분의 전부취소소송으로 변경(대판 1999. 11. 26, 99두9407: 하나의 행정처분인 택지초과소유부담금 부과처분 중 일부의 액수에 관하여만 부과처분의 취소를 구하였다가 그 청구취지를 부과처분 전부의 취소를 구하는 것으로 확장할 수 있다고 한 사례)하는 것이 가능하다.

이 경우에 새로운 소의 소제기기간의 준수 여부는 변경된 소송이 제기된 때를 기준으로 판단하여야 한다.

Ⅲ. 소송의 이송

1. 이송의 의의

소송의 이송(移送)이라 함은 어느 법원에 일단 계속된 소송을 그 법원의 결정에 의하여 다른 법원으로 이전하는 것을 말한다.

2. 행정소송법에 의한 이송: 관련청구소송의 이송

취소소송과 관련청구소송(1. 당해 처분 등과 관련되는 손해배상·부당이득반환·원상회복등 청구소송. 2. 당해 처분 등과 관련되는 취소소송)이 각각 다른 법원에 계속되고 있는 경우에 관련청구소송이 계속된 법원이 상당하다고 인정하는 때에는 당사자의 신청 또는 직권에 의하여 관련청구소송을 취소소송이 계속된 법원으로 이송할 수 있다(법 제10조 제1항).

취소소송에 관한 행정소송법 제10조 제1항은 무효등확인소송, 부작위법확인소송(제38조) 및 당사자소송(법 제44조 제2항)에도 준용된다.

이송결정은 이송을 받은 법원을 기속한다. 이송을 받은 법원은 다시 사건을 다른 법원에 이송하지 못한다(민사소송법 제38조).

3. 민사소송법에 의한 이송

(1) 관할 위반을 이유로 한 이송

행정소송법 제7조는 원고의 고의 또는 중대한 과실 없이 행정소송이 심급(審級)을 달리하는 법원에 잘못 제기된 경우에 민사소송법 제34조 제1항을 적용하여 이를 관할 법원에 이송하도록 규정하고 있다.

행정소송법 제7조가 적용되는 경우(행정소송이 심급을 달리하는 법원에 잘못 제기된 경우) 이외에는 민사소송법 제34조에 의한 이송이 준용된다고 보아야 한다(법 제8조 제2항).

판례도 다음과 같이 행정소송과 관련하여 제7조 이외에도 관할위반으로 인한 이송을 **인정**하고 있다.

[판례 1] "관할 위반의 소를 부적법하다고 하여 각하하는 것보다 관할법원에 이송하는 것이 당사자의 권리구제나 소송경제의 측면에서 바람직하므로, 원고가 고의 또는 중대한 과실 없이 행정소송으로 제기하여야 할 사건을 민사소송으로 잘못 제기한 경우, 수소법원으로서는 만약 그 행정소송에 대한 관할도 동시에 가지고 있다면 이를 행정소송으로 심리·판단하여야 하고, 그 행정소송에 대한 관할을 가지고 있지 아니하다면 당해 소송이 이미 행정소송으로서의 전심절차 및 제소기간을 도과하였거나 행정소송의 대상이 되는 처분 등이 존재하지도 아니한 상태에 있는 등 행정소송으로서의 소송요건을 결하고 있음이 명백하여 행정소송으로 제기되었더라도 어차피 부적법하게 되는 경우가 아닌 이상 이를 부적법한 소라고 하여 각하할 것이 아니라 관할 법원에 이송하여야 한다"고 하면서, 원고가 공법상의 당사자소송에 해당하는 이 사건 석탄가격안정지원금 지급청구의 소를 민사소송으로 제기하였으니 부적법하다고 하여, 민사소송으로서의 본안판단을 한 제1심판결을 취소하고, 이 사건 소를 각하한 원심판결(항소심인 서울지법 판결)을 파기하고 제1심판결을 취소하여 사건을 관

할법원인 서울고등법원에 이송하기로 판결하였다(대판 1997. 5. 30, 95다28960[석탄가격안정지원금의 지급]).

[판례 2] 도시 및 주거환경정비법상 주택재건축정비사업조합에 대한 행정청의 조합설립인가처분이 있은 후에 조합설립결의의 하자를 이유로 민사소송으로 그 결의의 무효 등 확인을 구한 사안에서, 그 소가 확인의 이익이 없는 부적법한 소에 해당하다고 볼 여지가 있으나, 재건축조합에 관한 설립인가처분을 보충행위로 보았던 종래의 실무관행 등에 비추어 그 소의 실질이 조합설립인가처분의 효력을 다투는 취지라고 못 볼 바 아니고, 여기에 소의 상대방이 행정주체로서의 지위를 갖는 재건축조합이라는 점을 고려하면, 그 소가 공법상 법률행위에 관한 것으로서 행정소송의 일종인 당사자소송으로 제기된 것으로 봄이 상당하고, 그 소는 이송 후 관할법원의 허가를 얻어 조합설립인가처분에 대한 항고소송으로 변경될 수 있어 관할법원인 행정법원으로 이송함이 마땅하다고 한 사례(대판 2009. 9. 24, 2008다60568[재건축결의부존재확인]).

[판례 3] 주택재건축정비사업조합의 관리처분계획에 대하여 그 관리처분계획안에 대한 총회결의의 무효확인을 구하는 소가 관할을 위반하여 민사소송으로 제기된 후에 관할 행정청의 인가·고시가 있었던 경우 따로 총회결의의 무효확인만을 구할 수는 없게 되었으나, 이송 후 행정법원의 허가를 얻어 관리처분계획에 대한 취소소송 등으로 변경될 수 있음을 고려하면, 그와 같은 사정만으로 이송 후 그 소가 부적법하게 되어 각하될 것이 명백한 경우에 해당한다고 보기 어려우므로, 위 소는 관할법원인 행정법원으로 이송함이 상당하다고 한 사례(대판 전원합의체 2009. 9. 17, 2007다2428[총회결의무효확인]).

[판례 4] 도시 및 주거환경정비법상 주택재건축정비사업조합에 대한 행정청의 조합설립 인가처분이 있은 후에 민사소송으로 조합설립결의에 대한 무효확인을 구한 사안에서, 이미 행정청을 상대로 제기한 조합설립인가처분 무효확인소송의 패소 판결이 확정되었으므로, 이 부분 소를 공법상 법률관계에 관한 것으로서 행정소송의 일종인 당사자소송으로 보고 전속관할 위반을 이유로 서울행정법원에 이송한 후 행정법원의 허가를 받아 항고소송으로 변경한다 하더라도, 서울행정법원으로서는 위 확정판결의 기판력에 의하여 위 판결에 모순·저촉되는 판단을 할 수 없을 것이니, 위 소를 관할법원인 행정법원으로 이송할 것이 아니라 각하함이 상당하다고 한 사례(대판 2010. 2. 25, 2007다73598[창립총회결의무효확인]).

관할 위반으로 인한 이송은 법원이 직권으로 이송하고 당사자의 신청권은 인정되지 않는다. 따라서, 이송신청을 기각하는 결정이 있더라도 이에 대하여 불복할 수 없다(대판 전원합의체 1993. 12. 6, 93마524[소송이송]).

(2) 편의에 의한 이송

행정소송에도 민사소송법 제35조가 준용될 수 있다. 법원은 그 관할에 속한 소송에 관하여 현저한 손해 또는 지연을 피하기 위한 필요가 있는 때에는 직권 또는 당사자의 신청에 의하여 소송의 전부나 일부를 다른 관할법원에 이송할 수 있다. 다만, 전속관할이 있는 소는 그러하지 아니하다.

Ⅳ. 소송참가

소송참가(訴訟參加)라 함은 현재 계속중인 타인간의 소송에 제3자가 자기의 이익을 옹호하기 위하여 참가하는 것을 말한다.

행정소송법은 제3자의 소송참가(법 제16조)와 행정청의 소송참가(법 제17조)를 규정하고 있다. 행정소송법은 취소소송에 관하여 위와 같이 소송참가를 규정하고 이들 규정을 무효등확인소송(법 제38조 제1항), 부작위위법확인소송(법 제38조 제2항), 당사자소송(법 제44조)에 준용(準用)하고 있고, 민중소송 및 기관소송에는 그 성질에 반하지 않는 한 준용되는 것으로 하고 있다(법 제46조 제1항). 다만, 제3자에 의한 재심청구에 관한 제31조는 당사자소송에는 준용되지 않는다.

1. 행정소송법상 제3자의 소송참가 [2011 사시 사례]

(1) 의 의

제3자의 소송참가라 함은 소송의 결과에 의하여 권리 또는 이익의 침해를 받을 제3자가 있는 경우에 당사자 또는 제3자의 신청 또는 직권에 의하여 그 제3자를 소송에 참가시키는 제도를 말한다(법 제16조).

제3자의 소송참가는 제3자의 권익을 보호하기 위하여 인정된 제도이다. 취소소송에 있어서 원고승소판결은 소송당사자가 아닌 제3자에게도 효력을 미친다. 이러한 경우에 제3자를 소송에 참가시켜 제3자에게 공격방어방법을 제출하는 기회를 줌으로써 그의 권익을 보호할 필요가 있다.

제3자의 소송참가가 인정되는 경우는 대체로 제3자효 행정행위에 대한 취소소송의 경우이다.

(2) 참가의 요건

1) 타인간의 적법한 취소소송 등의 계속

소송이 어떠한 심급에 있는가는 묻지 않고 인정되지만, 소가 적법하여야 한다.

2) 소송의 결과에 의해 권리 또는 이익의 침해를 받을 제3자일 것

제3자라 함은 소송당사자 이외의 자를 말한다. 국가 또는 지방자치단체가 제3자가 되는 경우도 있을 수 있다. 침해된 권리 또는 이익에 있어서 이익이라 함은 법률상 이익을 말하고 단순한 사실상 이익 내지 경제상 이익은 포함되지 않는다.

[판례] 행정소송법 제16조에 정한 제3자의 소송참가의 요건: 행정소송법 제16조 소정의 제3자의 소송참가가 허용되기 위하여는 당해 소송의 결과에 따라 제3자의 권리 또는 이익이 침해되어야 하고, 이 때의 이익은 법률상 이익을 말하며 단순한 사실상의 이익이나 경제상의 이익은 포함되지 않는다(대판 2008. 5. 29, 2007두23873: 신설되는 항만의 명칭결정 등의 취소를 구하는 소송에 대하여 지방자치단체들이 제3자 소송참가 신청을 한 사안에서, 그 소송 결과에 따라 침해되는 법률상 이익이 없어 위 신청이 부적법하다고 한 사례).

소송의 결과에 의해 권리 또는 이익을 침해받는다라는 것은 판결의 형성력에 의해 권리 또는 이익을 박탈당하는 경우뿐만 아니라 판결의 행정청에 대한 기속력에 따른 행정청의 새로운 처분에 의해 권리 또는 이익의 침해를 받는 경우를 포함한다.

전자의 예로는 수용된 토지의 소유자가 토지수용위원회를 피고로 수용재결의 취소소송을 제기하여 승소한 때에는 사업시행자도 그 취소의 효과를 받게 되어 당해 토지의 소유권을 상실하게 된다. 따라서 사업시행자는 피고가 패소하지 않도록 소송에 참가하여 자신의 이익을 옹호할 필요가 있다. 후자의 예로는 경원관계(競願關係)에 있는 여러 신청인(예 거리제한이 있는 주유소영업허가 신청인, 경쟁관계에 있는 특허사업허가의 신청인) 가운데서 허가를 받지 못한 자가 자신에 대한 거부처분의 취소소송을 제기하여 승소하면 다른 신청인에 대한 허가처분이 당연히 효력을 상실하게 되지는 않지만 판결의 기속력에 의해 처분청은 다른 신청에 대한 허가처분을 취소할 수 있기 때문에 허가처분을 받은 자는 소송참가를 할 수 있는 제3자가 된다. 만일 이 경우에 허가를 받지 못한 신청인이 허가처분의 취소를 청구한 경우에 이 소송에서 허가처분이 취소되면 허가를 받은 제3자는 판결의 형성력에 의해 허가처분의 효력을 상실하게 되므로 제3자로서 소송참가를 할 수 있는데, 이 경우의 소송참가는 전자의 예에 속한다.

소송의 결과에 대하여 이해관계가 있다는 것만으로는 소송참가가 인정되지 않는다.

(3) 참가의 절차

제3자의 소송참가는 당사자 또는 제3자의 신청 또는 직권에 의하여 결정으로써 행한다(법 제16조 제1항).

법원이 제3자의 소송참가를 결정하고자 할 때에는 미리 당사자 및 제3자의 의견을 들어야 한다(법 제16조 제2항).

소송참가 신청을 한 제3자는 그 신청을 각하한 결정에 대하여 즉시항고할 수 있다(법 제16조 제3항).

(4) 참가인의 지위

소송참가인에 대해서는 민사소송법 제67조의 규정이 준용되므로(법 제16조 제4항) 참가인은 피참가인과의 사이에 필수적 공동소송에 있어서의 공동소송인에 준하는 지위에 서게 되나, 당사자에 대하여 독자적인 청구를 하는 것이 아니므로 강학상 공동소송적 보조참가인의 지위와 유사한 것으로 보는 것이 통설이다. 소송행위 중 참가인과 피참가인에게 유리한 행위는 1인이 하여도 전원에 대하여 효력이 생기는 반면 불리한 행위는 전원이 함께 하지 않는 한 효력이 없다. 참가인 등 공동소송인 1인에 대한 상대방의 소송행위는 이익·불이익을 불문하고 전원에 대하여 효력이 있다(오진환, 주석행소법). 참가인은 집행정지결정의 취소를 청구할 수 있고 독립하여 상소할 수 있으며, 참가인의 상소기간은 피참가인의 그것과 독립하여 기산된다.

참가인은 현실적으로 소송행위를 하였는지 여부에 관계없이 참가한 소송의 판결의 효력을 받는다.

(5) 제3자의 재심청구

처분 등을 취소하는 판결에 의하여 권리 또는 이익의 침해를 받은 제3자는 자기에게 책임없는 사유로 소송에 참가하지 못함으로써 판결의 결과에 영향을 미칠 공격 또는 방어방법을 제출하지 못한 때에는 이를 이유로 확정된 종국판결에 대하여 재심의 청구를 할 수 있다(제31조 제1항). 제3자에 의한 재심청구는 확정판결이 있음을 안 날로부터 30일 이내, 판결이 확정된 날로부터 1년 이내에 제기하여야 한다(제31조 제2항). 재심청구기간은 불변기간이다(제31조 제3항).

행정소송법 제31조의 해석상 소송참가를 한 제3자는 판결 확정 후 행정소송법 제31조에 의한 재심의 소를 제기할 수 없다.

2. 행정청의 소송참가

(1) 의 의

행정청의 소송참가라 함은 관계행정청이 행정소송에 참가하는 것을 말한다.

법원은 다른 행정청을 소송에 참가시킬 필요가 있다고 인정할 때에는 당사자 또는 당해 행정청의 신청 또는 직권에 의하여 결정으로써 그 행정청을 소송에 참가시킬 수 있다(법 제17조 제1항).

(2) 참가의 요건

1) 타인간의 취소소송 등이 계속되고 있을 것

타인간의 소송의 심급은 묻지 않는다. 제1심, 항소심 및 상고심에서도 가능하다.

2) 다른 행정청일 것

'다른 행정청'이라 함은 전술한 제도의 취지에 비추어 피고 행정청 이외의 행정청으로서 계쟁처분이나 재결에 관계 있는 행정청이어야 한다고 보아야 할 것이다.

예를 들면, 처분청의 감독청, 재결이 취소소송의 대상이 되고 있는 경우에 있어서 원처분청 등이 소송참가할 수 있는 행정청이라고 할 수 있다. 계쟁처분 또는 재결에 대해 조사를 담당하거나, 동의 등을 한 협력청이 여기에서의 '다른 행정청'에 해당하는지 논란이 제기될 수 있지만 긍정하는 것이 타당하다.

3) 참가시킬 필요성이 있을 것

'참가시킬 필요가 있을 것'이라는 것은 '제도의 취지에 비추어 적정한 심리·판결을 실현하기 위하여 참가시킬 필요가 있는 것'을 의미한다.

(3) 참가의 절차

법원은 당사자 또는 당해 행정청의 신청 또는 직권에 의하여 결정으로써 그 행정청을 소송에 참가시킬 수 있다(법 제17조 제1항). 행정청의 소송참가를 결정하고자 할 때에는 당사자 및 당해 행정청의 의견을 들어야 한다(법 제17조 제2항).

(4) 참가행정청의 지위

참가행정청에 대하여는 민사소송법 제76조의 규정을 준용하고 있다(법 제17조 제3항). 따라서, 참가행정청은 **보조참가인에 준하는 지위**에서 소송수행을 한다. 따라서, 참가행정청은 소송에 관하여 공격, 방어, 이의, 상소 기타 일체의 소송행위를 할 수 있지만 피참가인의 소송행위와 저촉되는 소송행위를 할 수 없다. 참가인의 소송행위가 피참가인의 소송행위와 어긋나는 때에는 그 효력이 없다(민사소송법 제76조).

3. 민사소송법상 보조참가

행정소송 사건에서 민사소송법상 보조참가의 요건을 갖춘 경우 민사소송법상 보조참가가 허용되고 그 성격은 공동소송적 보조참가이다(대결 2013. 7. 12, 2012무84).

V. 소송중 처분사유의 추가·변경 [2009, 2018, 2025 행시, 2008, 2012 사시 사례, 2023 변시]

1. 의 의

처분사유(處分事由)라 함은 처분의 적법성을 유지하기 위하여 처분청에 의해 주장되는 처분의 사실적·법적 근거를 말한다. 실무상 징계처분과 제재처분의 경우 징계사유와 제재사유만을 처분사유로 보고, 재량고려사항은 처분사유로 보지 않는다. 이에 반하여 거부처분에서는 재량고려사유를 처분사유로 본다(박정훈, 484면 등).

행정청이 다툼의 대상이 되는 처분을 행하면서 처분사유를 밝힌 후 당해 처분에 대한 소송의 계속중 당해 처분의 적법성을 유지하기 위하여 처분 당시 제시된 처분사유를 변경하거나 다른 사유를 추가할 수 있는가 하는 것이 문제되는데, 이를 처분사유의 추가·변경의 문제라고 한다. 추가·변경의 대상이 되는 처분사유는 처분시에 존재하던 사유이어야 한다.

원고의 방어권 보장을 위해서는 처분사유의 추가변경을 인정하지 않는 것이 타당하다. 반면에, 분쟁의 일회적 해결 및 소송경제를 위해서는 처분사유의 추가변경을 가능한 한 넓게 인정하는 것이 타당하다. 왜냐하면 소송에서 처분사유의 추가변경을 부정하더라도 처분청은 직권으로 처분사유를 추가·변경하여 동일한 내용의 처분을 할 수 있으므로 분쟁과 소송이 반복될 우려가 크기 때문이다.

처분사유의 추가·변경이 인정됨에도 불구하고 가능한 처분사유의 추가·변경을 하지 않았고, 계쟁처분에 대한 취소판결이 확정된 경우에는 기속력에 의해 추가·변경이 가능하였던 처분사유를 들어 다시 동일한 내용의 처분을 할 수 없다.

처분사유 자체가 아니라 처분사유의 근거가 되는 기초사실 내지 평가요소에 지나지 않는 사정은 추가로 주장할 수 있다(대판 2018. 12. 13, 2016두31616).

[판례] '처분사유 추가 · 변경 제한 법리'의 적용과 관련하여 '품행 미단정'을 이유로 한 귀화거부처분에서 처분사유의 의미 및 그 판단근거와의 구별: [1] 귀화의 요건인 구 국적법 제5조 각 호 사유 중 일부를 갖추지 못하였다는 이유로 행정청이 귀화 신청을 받아들이지 않는 처분을 한 경우에 '그 각 호 사유 중 일부를 갖추지 못하였다는 판단' 자체가 처분의 사유가 된다고 봄이 타당하다. [2] 피고는 이 사건 처분 당시에 원고의 위와 같은 전력 등을 고려하여 원고가 구 국적법 제5조 제3호의 '품행단정' 요건을 갖추지 못하였다고 판단하여 이 사건 처분을 하였고, 그 처분서에 처분사유로 '품행 미단정'이라고 기재하였으므로, '품행 미단정'이라는 판단 결과를 이 사건 처분의 처분사유로 보아야 한다. 그렇다면 피고가 원심에서 추가로 제시한 불법체류 전력 등의 제반 사정은 이 사건 처분의 처분사유 자체가 아니라 그 근거가 되는 기초사실 내지 평가요소에 지나지 않으므로, 피고는 이러한 사정을 추가로 주장할 수 있다(대판 2018. 12. 13, 2016두31616).

2. 유사제도와의 관계

(1) 이유제시의 하자의 보완과의 구별 및 관계

1) 양자의 구별

처분사유의 추가·변경은 이유제시의 하자의 보완과 구별되어야 한다. ① 이유제시의 하자의 치유는 처분시에 존재하는 하자가 사후에 보완되어 없어지는 것인데 반하여 행정처분사유의 변경과 추가는 처분시에 이미 존재하였지만 처분이유로 기재하지 않았던 사유를 소송계속중에 처분이유로 주장하는 것이다. ② 이유제시의 하자의 치유는 절차의 하자에 관한 문제로서 행정작용법상의 문제라면 처분사유의 추가·변경은 계쟁처분의 실체법상 적법성의 주장에 관한 소송법상 문제이다.

2) 양자의 관계

양자는 위와 같이 상호 구별되지만 서로 밀접한 관계를 갖는다. 처분사유는 처분의 이유를 이루는 것이고, 판례와 같이 처분이유의 사후제시로 인한 처분이유의 하자의 치유를 행정쟁송제기 전으로 제한하는 경우에는 소송계속 중의 처분사유의 추가·변경은 제한적으로 인정될 수밖에 없다. 즉, 이유제시제도는 처분사유의 추가·변경의 제한사유의 하나가 된다.

(2) 하자의 치유와의 구별

하자의 치유와 처분사유의 추가·변경은 처분의 적법성을 인정하는 것과 관련이 있다는 점에서는 유사하지만, 하자의 치유는 처분시의 하자를 사후보완하는 것인 데 반하여 처분사유의 추가·변경은 처분시에 하자 있는 처분을 전제로 하지 않으며 처분시에 이미 존재하던 사실이나 법을 주장하는 것인 점에서 하자의 치유와 구별된다. 또한, 하자의 치유는 처분의 하자론이라는 행정작용법의 문제이고, 처분사유의 추가·변경은 소송의 심리에 관한 소송법상의 문제이다.

(3) 사정판결사유와의 구별

처분사유는 처분의 적법성을 유지하기 위하여 주장되는 사유인데, 사정판결사유는 처분이 위법함에도 취소할 수 없는 사유라는 점에서 구별된다. 사정판결사유는 처분시 존재하던 사유일 수도 있지만, 처분 이후의 사유일 수도 있다.

(4) 위법판단 기준시와의 관계

처분사유의 추가·변경은 위법판단의 기준시에 관하여 처분시설을 취하는 경우에 문제된다. 판결시설 또는 절충설을 취하는 경우에는 피고인 처분청은 소송계속 중 처분 이후의 사실적·법적 상황을 주장할 수 있게 된다. 이것은 엄밀한 의미의 처분사유의 추가·변경은 아니지만, 처분의 정당화사유로 주장된다는 점에서 처분사유의 추가·변경과 유사하다.

(5) 처분청의 직권에 의한 처분사유의 추가·변경

처분청은 언제든지 소송과 무관하게 직권으로 처분의 처분사유를 추가변경할 수 있다. 이 경우 추가변경된 처분사유가 변경전 처분사유와 기본적 사실관계의 동일성이 없으면 처분이 변경된 것이 된다. 이 경우 계쟁처분인 종전 처분은 효력을 상실하므로 법원은 별도의 소의 이익이 없는 한 소 각하판결을 하여야 한다. 처분의 상대방은 처분변경으로 인한 소변경을 신청할 수 있다.

3. 처분사유의 추가·변경의 허용 여부

행정소송법에 소송계속 중의 처분사유의 추가·변경에 관한 **명문의 규정은 없다**. 그러나, 처분사유의 추가·변경으로 소송물의 변경이 없는 한 소송경제 및 분쟁의 일회적 해결을 위해 처분사유의 추가·변경을 인정하는 것이 판례 및 학설의 일반적 견해이다.

다만, 소송중 처분사유의 추가·변경은 원고의 방어권을 침해할 수 있으므로 일정한 한계 내에서 인정되어야 한다.

4. 처분사유의 추가·변경의 허용범위 및 한계

(1) 허용범위에 관한 학설 및 판례

처분사유의 추가·변경의 허용범위(허용의 기준)에 관하여 분쟁의 일회적 해결 및 소송경제의 요청과 원고의 방어권 보장 및 이유제시의무제도의 취지를 조화하는 선에서 제한적으로 인정되어야 한다는 견해(제한적 허용설)가 판례 및 다수견해이다.

제한적 허용설에는 기본적 사실관계 동일설, 소송물기준설, 개별적 결정설이 있다

1) 기본적 사실관계 동일설

기본적 사실관계의 동일성이 유지되는 한도 내에서 처분사유의 추가·변경을 인정한다.

2) 소송물 기준설

심판의 범위는 소송물에 한정되므로 소송물의 변경이 없는 한 처분사유의 추가·변경을 인정하는 견해이다.

3) 개별적 결정설

이 견해는 기속행위, 재량행위, 제재처분, 거부행위 등 행위의 유형 및 취소소송, 의무이행소송 등 소송의 유형에 따라 처분사유의 추가·변경의 허용범위를 달리 정하여야 한다는 견해이다(박정훈, 류지태).

> 처분사유의 추가·변경의 인정필요성과 제한필요성은 행위의 유형 및 소송의 유형에 따라 다르게 보는 개별적 결정설에 따르면 의무이행소송에서는 판결시를 기준으로 처분의 적법 여부에 대하여 판결하므로 처분사유의 추가·변경이 자유롭게 인정되어야 한다. 거부처분취소소송에서는 분쟁의 일회적 해결을 위하여 제재처분취소소송에서 보다 처분사유의 추가·변경이 넓게 인정될 필요가 있다. 법원의 심사권이 넓게 인정되는 기속행위에서도 분쟁의 일회적 해결을 위하여 재량행위에서 보다 처분사유의 추가·변경이 넓게 인정될 필요가 있다.

4) 판 례

판례는 일반 항고소송의 경우 원칙상 **기본적 사실관계의 동일성이 유지되는 한도** 내에서 처분사유의 추가·변경을 인정하고 있다. 행정소송규칙은 행정청은 사실심 변론을 종결할 때까지 당초의 처분사유와 기본적 사실관계가 동일한 범위 내에서 처분사유를 추가 또는 변경할 수 있다(제9조)고 이를 명문화하고 있다.

다만, 판례에 따르면 거부처분에 대한 항고소송절차에서 처분청이 기존 처분사유와 기본적 사실관계의 동일성이 인정되지 않는 내용으로 처분사유를 추가·변경한다고 주장하는 경우, 원고가 그에(그 실체적 당부에 관하여 해당 소송 과정에서 심리·판단하는 것에) **명시적으로 동의한다면** 법원

이 추가·변경된 처분사유의 실체적 당부에 대하여 심리·판단할 수 있고, **법원은 석명권을 행사하여**, 처분상대방이 실체적 당부에 관한 법원의 판단을 구하는지에 대한 의견을 진술할 기회를 주어야 하고, **원고의 명시적인 동의 없이는 이를 처분사유로 심리할 수 없다**(대판 2024. 11. 28, 2023두61349[건축허가신청반려처분취소]). 이러한 판례는 원고의 방어권을 보장하면서도 분쟁을 일회적으로 해결할 수 있는 점에서 타당하다.

[판례] [1] 법원은, 처분상대방의 명시적 동의에 따라 처분사유의 추가·변경을 허용할 경우, 추가·변경된 거부처분사유가 당초 거부처분사유와 기본적 사실관계의 동일성이 인정되지 않더라도 처분사유 추가·변경 제한 법리에 따라 처분청의 주장을 형식적으로 배척할 것이 아니라 추가·변경된 거부처분사유의 실체적 당부에 관하여 심리·판단하여야 한다. 그 결과 추가·변경된 거부처분사유도 실체적으로 위법하여 처분을 취소하는 판결이 선고·확정되는 경우 추가·변경된 거부처분사유에 관한 법원의 판단에 대해서까지 취소판결의 기속력이 미친다고 보아야 한다. 이와 달리 처분상대방의 명시적인 동의가 없다면, 법원으로서는 처분사유 추가·변경 제한 법리의 원칙으로 돌아가 처분청의 거부처분사유 추가·변경을 허용하여서는 아니 된다. 따라서 처분청이 거부처분에 대한 항고소송에서 당초 거부처분사유와 기본적 사실관계의 동일성이 인정되지 않는 다른 거부처분사유를 주장한 것에 대하여 처분상대방이 아무런 의견을 밝히지 않고 있다면 법원은 적절하게 석명권을 행사하여 처분상대방에게 처분사유 추가·변경 제한 법리의 원칙이 그대로 적용될 것을 주장하는지, 아니면 추가·변경된 거부처분사유의 실체적 당부에 관한 법원의 판단을 구하는지에 관하여 의견을 진술할 수 있도록 기회를 주어야 한다. 그리고 법원이 기본적 사실관계가 동일하지 않은 사유의 실체적 당부에 관한 처분상대방의 명시적인 동의 없이 추가·변경된 거부처분사유를 심리·판단하여 이를 근거로 거부처분이 적법하다고 판단하는 것은 행정소송법상 직권심리주의의 한계를 벗어난 것으로 허용될 수 없다(대법원 2013. 8. 22. 선고 2011두26589 판결, 대법원 2017. 5. 17. 선고 2016두53050 판결 참조). [2] 건설폐기물 수집·운반업 허가를 받은 법인인 원고는 피고에게 기존 건축물의 용도를 자원순환관련시설(사무실)로 변경하고, 기존 건축물이 있는 대지에 자원순환관련시설인 임시보관소와 휴게소를 각 신축(이하 3개동을 통틀어 '이 사건 건축물')하겠다는 내용의 건축물용도변경허가 및 건축허가를 신청하였고(이하 통틀어 '이 사건 신청'), 피고는 ① 원고는 건설폐기물 수집·운반업체인데, 원고의 사업계획서에 의하면 이 사건 건축물에서 건설폐기물을 분리·선별·파쇄하는 중간처리업을 하겠다는 것이어서 원고의 업무영역이 아니고, ② 인근에 이미 다수의 건설폐기물 중간처리업체가 존재하여 더 이상의 건설폐기물 중간처리업체가 필요하지 않다는 이유(처분사유)로 이 사건 신청을 거부하는 처분(= 이 사건 거부처분)을 하였고, 이에 대하여 원고는 피고를 상대로 이 사건 거부처분의 취소를 청구하였고, 제1심은 피고가 이 사건 거부처분의 근거로 든 처분사유는 장래의 건설폐기물법상 처분절차에서 거부처분의 근거로 들 수 있는 사유는 될 수 있을지언정 건축법상 건축물용도변경허가 및 건축허가 신청을 거부할 수 있는 정당한 사유는 될 수 없다고 보아 이 사건 거부처분이 위법하다고 판단하였고, 이에 대하여 피고가 항소하였고, 원심에서 원심은 쌍방 당사자에게 대법원 2019두31839 판결의 법리를 검토하여 주장을 정리하라는 내용으로 석명권을 행사하였고, 피고는 건축법상 건축허가절차에서 「국토의 계획 및 이용에 관한 법률」(이하 '국토계획법')상 개발행위허가기준 충족 여부까지 심리·판단하여 만약 국토계획법상 개발행위허가를 발급할 수 없다면 건축법상 건축허가도 발급하여서는 아니 된다는 위 대법원 2019두31839 판결의 법리를 근거로, 여러 사정을 종합하면 원고의 사업계획은 국토계획법상 개발행위허가기준을 충족하지 못한다고 봄이 타당하고, 이를 이유로 이 사건 신청을 거부하는 것은 적법하다고 주장하였는데(이러한 처분사유를 추가하였는데), 원심은 ① 피고가 추가로 주장한 처분사유는 이 사건 거부처분의 근거 법령을 국토계획법 제58조 제1항 제4호로 추가·변경하는 것에 불과하거나 당초 처분사유와 기본적 사실관계가 동일한 사유를 관점만 달리하여 제시하는 것에 불과하므로 허용되는 처분사유의 추가·변경에 해당한다고 판단한 다음, ② 피고가 들고 있는 여러 사정들을 종합하여, 이 사건 건축물이 '주변환경과의 조화'나 '환경오염 발생 우려가 없을 것'이라는 국토계획법상 개발행위허가기준을 충족하였다고 보기 어렵다고 보아, 이 사

건 거부처분에 재량권을 일탈·남용한 위법이 없다고 판단하였는데, 대법원은 위와 같은 법리를 설시하면서, ① 피고가 당초 내세운 거부처분사유와 추가로 주장한 거부처분사유는 그 기초가 되는 사회적 사실관계의 동일성을 인정하기 어렵고, ② 원심이 원고에게 추가로 주장한 거부처분사유의 실체적 당부에 관한 법원의 판단을 구하는지 등 이에 관한 원고의 분명한 의사를 진술하도록 기회를 부여한 것으로 보이지 않으며, ③ 원고가 이 사건 원심 소송절차에서 그 실체적 당부에 관하여 심리·판단하는 데 명시적으로 동의하지 않았다고 볼 여지가 큰 점을 종합하면, 피고가 원심 소송절차에서 이 사건 건축물 인근에는 초·중·고등학교와 대단지 아파트가 존재하여 임시보관장소 설치로 인하여 야기될 수 있는 생활상·환경상 피해가 크다는 내용을 이 사건 거부처분의 사유로 추가하는 것은 원고의 방어권을 침해하는 것으로 처분사유 추가·변경 제한 법리에 따라 허용된다고 보기 어렵다고 본 사례(대판 2024. 11. 28. 2023두61349[건축허가신청반려처분취소]). 〈해설〉 1) 1심 판결은 타당하다. 2) 피고가 당초 내세운 거부처분사유와 원심(항소심)에서 추가로 주장한 거부처분사유는 그 기초가 되는 사회적 사실관계의 동일성을 인정하기 어렵다. 3) 이 사건은 처분사유 추가·변경 제한 법리의 예외에 해당하지 않는다.

5) 결어(소송물기준설)

생각건대, 분쟁의 일회적 해결과 소송경제를 위해 소송물의 변경이 없는 한 처분사유의 추가 변경을 인정하는 **소송물기준설**이 타당하다. 그런데, 일반 항고소송의 경우 소송물을 '처분의 위법성 일반'으로 보고, 처분사유가 변경되면 처분도 변경된다는 견해를 취하면 **'기본적 사실관계의 동일성 기준설'과 '소송물 기준설'은 결과적으로 동일한 결론에 이른다.**

그러나, 조세항고소송에서의 소송물은 처분의 위법성이 아니라 '정당한 세액의 객관적 존부'이므로 조세항고소송에서는 소송물의 범위내에서는 기본적 사실관계의 동일성이라는 제한없이 처분사유의 추가·변경이 인정된다(판례).

[판례] 과세처분의 무효확인소송에서 처분사유의 교환·변경 가부(한정 적극): 과세처분의 무효확인소송에서 소송물은 객관적인 조세채무의 존부확인이므로, 과세관청은 소송 중이라도 사실심 변론종결 시까지 해당 처분에서 인정한 과세표준 또는 세액의 정당성을 뒷받침하기 위하여 처분의 동일성이 유지되는 범위 내에서 처분사유를 교환·변경할 수 있다(대판 2023. 6. 29. 2020두46073).

이렇게 본다면 **판례는 소송물기준설을 택하고 있다고 볼 수도 있다.**

(2) 판례에 따른 허용기준 및 한계의 내용

아래에서는 처분사유의 추가·변경에 대한 허용기준 및 한계를 **판례**를 중심으로 살펴보기로 한다.

1) 일반 항고소송의 경우 기본적 사실관계의 동일성이 유지될 것

판례는 일반 항고소송의 경우 당초의 처분사유와 기본적인 사실관계의 동일성이 인정되는 범위 내에서는 처분사유의 추가 또는 변경이 가능하다고 판시하고 있고(대판 1992. 2. 14. 91누3895[토지형질변경불허가처분취소]), 학설도 대체로 이에 찬동하고 있다.

① 근 거: 처분사유의 추가·변경을 기본적 사실관계에 있어서의 동일성이 유지되는 한도 내에서만 인정하는 것은 행정처분 상대방의 방어권 보장을 위함이다.

[판례] [1] 기본적 사실관계와 동일성이 인정되지 않는 별개의 사실을 들어 처분사유로 주장하는 것이 허용되지 않는다고 해석하는 이유는 행정처분의 상대방의 방어권을 보장함으로써 실질적 법치주의를 구현하고 행정처분의 상대방에 대한 신뢰를 보호하고자 함에 그 취지가 있다. [2] 추가 또는 변경된 사유가 당초의 처분시 그 사유를 명기하지 않았을 뿐 처분시에 이미 존재하고 있었고 당사자도 그 사실을 알고 있었다 하여 당초의 처분사유와 동일성이 있는 것이라 할 수 없다(대판 2003. 12. 11, 2001두8827[정보공개청구거부처분취소]).

② **판단기준:** '기본적인 사실관계의 동일성'은 처분사유를 법률적으로 평가하기 이전의 구체적인 사실에 착안하여 그 기초가 되는 사회적 사실관계가 기본적인 점에서 동일한지 여부에 따라 판단한다(대판 1988. 1. 19, 87누603; 2007. 7. 27, 2006두9641).

③ **법적 근거의 변경의 문제: 처분의 법적 근거가 변경됨으로써 처분의 사실관계가 변경되고,** 사실관계의 기본적 동일성이 인정되지 않는 경우에는 처분의 법적 근거의 변경이 인정될 수 없다(대판 2001. 3. 23, 99두6392: 의료보험요양기관 지정취소처분의 당초의 처분사유인 구 의료보험법 제33조 제1항이 정하는 본인부담금 수납대장을 비치하지 아니한 사실과 항고소송에서 새로 주장한 처분사유인 같은 법 제33조 제2항이 정하는 보건복지부장관의 관계서류 제출명령에 위반하였다는 사실은 기본적 사실관계의 동일성이 없다고 한 사례).

그러나, **처분의 사실관계에 변경이 없는 한** 적용법령(처분의 근거규정)만을 추가하거나 변경하는 것은 항상 가능하고 법원은 추가·변경(追加·變更)된 법령에 기초하여 처분의 적법 여부를 판단할 수 있다. 처분의 법적 근거가 변경됨으로써 처분의 사실관계가 변경되고, 사실관계의 기본적 동일성이 인정되지 않는 경우에는 처분의 법적 근거의 변경이 인정될 수 없다.

[판례 1] 자동차운송사업면허취소처분의 취소를 구하는 소송계속 중 헌법재판소의 위헌결정으로 인하여 처 분의 당초 근거규정인 구 여객자동차운수사업법(2000. 12. 30. 법률 제6335호로 개정되기 전의 것) 제76조 제1항 단서(면허등록·취소를 기속행위로 규정) 중 제8호(명의이용금지 위반)가 그 효력을 상실하자 처분청이 명의이용금지(지입제 경영관행을 근절함으로써 운송사업에 관한 질서를 확립하고, 여객의 원활한 운송과 운송서비스의 개선을 위한 것) 위반의 기본적 사실관계(명의이용)는 변경하지 아니한 채 효력이 유지되고 있는 같은 법 제76조 제1항 본문(면허·등록취소를 재량행위로 규정) 및 제8호로 그 법률상 근거를 적법하게 변경한 경우, 위 처분이 법률의 근거가 없는 위법한 처분이라고 할 수 없다고 한 사례(대판 2005. 3. 10, 2002두9285[자동차운송사업면허취소처분취소]).

[판례 2] 처분청이 처분 당시에 적시한 구체적 사실을 변경하지 아니하는 범위 내에서 단지 그 처분의 근거법령만을 추가·변경하거나 당초의 처분사유를 구체적으로 표시하는 것에 불과한 경우에는 새로운 처분사유를 추가하거나 변경하는 것이라고 볼 수 없다(대판 2008. 2. 28, 2007두13791, 13807[부정당업자제재처분취소]).

[판례 3] [1] **처분청이 처분 당시 적시한 구체적 사실을 변경하지 아니하는 범위 내에서 처분의 근거 법령만을 추가 · 변경하는 것이 허용되는지 여부(원칙적 적극) 및 처분의 근거 법령 변경이 허용되지 아니하는 경우:** 행정처분이 적법한지는 특별한 사정이 없는 한 처분 당시 사유를 기준으로 판단하면 되고, 처분청이 처분 당시 적시한 구체적 사실을 변경하지 아니하는 범위 내에서 단지 처분의 근거 법령만을 추가·변경하는 것은 새로운 처분사유의 추가라고 볼 수 없으므로 이와 같은 경우에는 처분청이 처분 당시 적시한 구체적 사실에 대하여 처분 후 추가·변경한 법령을 적용하여 처분의 적법 여부를 판단하여도 무방하다. 그러나 처분의 근거 법령을 변경하는 것이 종전 처분과 동일성을 인정할 수 없는 별개의 처분을 하는 것과 다름 없는 경우에는 허용될 수 없다. [2] 행정청이 점용허가를 받지 않고 도로를 점용한 사람에 대하여 도로법 제94조에 의한 변상금 부과처분을 하였다가 처분에 대한 취소소송이 제기된 후 해당 도로가 도로법의 적용을 받는 도로에 해당하지 않을 경우

를 대비하여 처분의 근거 법령을 도로의 소유자가 국가인 부분은 구 국유재산법(2009. 1. 30. 법률 제9401호로 전부 개정되기 전의 것, 이하 같다) 제51조와 그 시행령 등으로, 소유자가 서울특별시 종로구인 부분은 구 공유재산 및 물품관리법(2010. 2. 4. 법률 제10006호로 개정되기 전의 것, 이하 같다) 제81조와 그 시행령 등으로 변경하여 주장한 사안에서, 도로법과 구 국유재산법령 및 구 공유재산 및 물품관리법령의 해당 규정은 별개 법령에 규정되어 입법 취지가 다르고, 해당 규정내용을 비교하여 보면 변상금의 징수목적, 산정 기준금액, 징수재량 유무, 징수절차 등이 서로 달라 위와 같이 근거 법령을 변경하는 것은 종전 도로법 제94조에 의한 변상금 부과처분과 동일성을 인정할 수 없는 별개의 처분을 하는 것과 다름 없어 허용될 수 없으므로, 이와 달리 판단한 원심판결에 법리를 오해한 위법이 있다고 한 사례(대판 2011. 5. 26, 2010두28106[변상금부과처분취소]).

[판례 4] [1] 처분사유에 기존 '건축법 제11조 위반'에서 '건축법 제20조 제3항 위반'을 추가하는 것은 당초의 처분사유와 기본적 사실관계가 동일하지 아니한 새로운 처분사유를 추가하는 것으로서 허용되지 않는다. [2] 원고가 부지 지상에 컨테이너를 설치하여 창고임대업을 영위한 것과 관련하여 피고가 '위 컨테이너가 건축법(2019. 4. 23. 법률 제16380호로 개정되기 전의 것) 제2조 제1항 제2호의 건축물에 해당함에도 같은 법 제11조에 따른 건축허가를 받지 아니하고 이를 건축하였다'는 이유로 원상복구 시정명령 및 계고처분을 하였는데, 원심에 이르러 건축법 제20조 제3항 위반을 처분사유로 추가하는 것은 당초의 처분사유와 기본적 사실관계가 동일하지 않아 허용되지 않는다(대판 2021. 7. 29, 2021두34756).

[판례 5] 시외버스(공항버스) 운송사업을 하는 甲 주식회사가 청소년요금 할인에 따른 결손 보조금의 지원대상이 아님에도 청소년 할인 보조금을 지급받음으로써 '부정한 방법으로 보조금을 지급받은 경우'에 해당한다는 이유로, 관할 시장이 보조금을 환수(처분)하고 구 경기도 여객자동차 운수사업 관리 조례 제18조 제4항(기속규정)을 근거로 보조금 지원 대상 제외처분을 하였다가 처분에 대한 취소소송에서 구 지방재정법 제32조의8 제7항(재량규정)을 처분사유로 추가한 사안에서, 시장이 위 처분의 근거 법령을 추가한 것은 근거법령의 추가를 통하여 위 제외처분의 성질이 기속행위에서 재량행위로 변경되는 점, 그로 인하여 원고의 방어권을 침해하는 것으로 볼 수 있는 점 등에 비추어 기본적 사실관계의 동일성이 인정되지 않는 별개의 사실을 들어 주장하는 것으로서 처분사유 추가·변경이 허용되지 않는다고 한 사례(대판 2023. 11. 30, 2019두38465[보조금환수및재정지원제외처분취소]). 〈참고〉 이 사건 소송에 이르러 이 사건 제외처분의 근거 법령을 당초의 기속행위에 관한 규정에서 재량행위에 관한 규정으로 변경하거나 재량행위에 관한 규정을 추가하였다는 사정은 피고 스스로 이 사건 제외처분으로 달성하려는 공익과 그로써 원고가 입게 되는 불이익의 내용과 정도 등을 전혀 비교형량하지 않았다는 것을 의미하고, 이러한 재량권 불행사는 그 자체로 재량권 일탈·남용에 해당하여 해당 처분을 취소하여야 할 위법사유가 된다(대판 2019. 7. 11, 2017두38874 등 참조).

사회적 사실관계의 기본적 동일성이 인정되는 경우라고 하더라도 그에 대한 규범적 평가와 처분의 근거 법령의 변경으로, 예를 들어 **기속행위가 재량행위로 변경되는 경우와 같이, 당초 처분의 내용을 변경할 필요성이 제기되는 경우에는** 해당 처분을 취소한 후 처분청으로 하여금 다시 처분절차를 거쳐 새로운 처분을 하도록 하여야 할 것이지 당초 처분의 내용을 그대로 유지한 채 근**거 법령만 추가·변경하는 것은 허용될 수 없다**(대판 2024. 11. 28, 2023두61349).

④ 단지 처분사유를 구체적으로 표시하거나 설명하는 것은 처분사유의 추가변경이 아니다(판례).

[판례 1] 피고는 처분서에 처분사유로 '과다소각'이라고만 기재하였을 뿐, 어떤 방법으로 과다소각을 한 경우인지를 구체적으로 기재하지는 않았음. 피고가 소송에서 '원고는 무단 증설하여 과다소각한 경우'라고 주장하였는데, 원심은 이것이 허용되지 않는 처분사유의 추가·변경에 해당한다고 판단하여 곧바로 배척하였음. 그러나 대법원은 관련 수사 결과, 이에 따른 피고의 사전통지와 원고가 제출한 의견서의 내용 등을 종합하면, '원고가 무단 증설하여 과다소각하였다'는 위반행위가 '당초 처분사유'이고 원고는 '당초 처분사유'를 알면서도 처분사유 자체는 시인하고 처분양정이 과중하다는 의견만을 제시하였을 뿐이며 그에 불복하여 방어권을 행사하는 데에 지장은 없었으므로, 피고의 소송상 주장은 허용되지 않는 처분사유의 추가·변경이 아니라 '당초 처분사

유'를 구체적으로 설명한 것에 불과하다고 판단하여 파기환송한 사례(대판 2020. 6. 11, 2019두49359).

[판례 2] 행정청이 폐기물처리사업계획서 부적합 통보를 하면서 처분서에 불확정개념으로 규정된 법령상의 허가기준 등을 충족하지 못하였다는 취지만을 간략히 기재하였다면, 부적합 통보에 대한 취소소송절차에서 행정청은 그 처분을 하게 된 판단 근거나 자료 등을 제시하여 구체적 불허가사유를 분명히 하여야 한다. 이러한 경우 재량행위인 폐기물처리사업계획서 부적합 통보의 효력을 다투는 원고로서는 행정청이 제시한 구체적인 불허가사유에 관한 판단과 근거에 재량권 일탈·남용의 위법이 있음을 밝히기 위하여 소송절차에서 추가적인 주장을 하고 자료를 제출할 필요가 있다(대판 2019. 12. 24, 2019두45579).

[판례 3] '원고가 2011. 8. 8.부터 2011. 11. 24.까지 폐수처리에 필요하지 아니한 배관을 설치하여 배출허용기준을 초과한 수질오염물질을 배출하였다'는 사유(이하 '당초 처분사유'라고 한다)로 이 사건 영업정지처분을 한 후 소송절차에서 '원고가 위반행위 기간 중 폭기조에 새로 임시호스와 가지관을 설치하여 폐수를 무단 배출하였다'는 사유(이하 '추가된 처분사유'라고 한다)를 추가로 주장한 사실에서 추가된 처분사유 중 '새로 임시호스와 가지관을 설치하여'라는 부분은 당초 처분사유 중 '폐수처리에 필요하지 아니한 배관을 설치하여'라는 부분을 구체적으로 표시하는 것에 불과하고 당초의 처분사유와 기본적 사실관계와 동일성이 없는 별개의 또는 새로운 처분사유를 추가하는 것이라고 할 수 없다고 한 사례(대판 2015. 6. 11, 2015두752).

2) 추가·변경사유의 기준시

위법판단의 기준시에 관하여 처분시설을 취하는 경우 위법성 판단은 처분시를 기준으로 하므로 추가사유나 변경사유는 **처분시에 객관적으로 존재하던 사유**이어야 한다.

처분 이후에 발생한 새로운 사실적·법적 사유를 추가변경할 수는 없다. 이 경우 처분청은 사정변경을 이유로 계쟁처분을 직권취소하고, 이를 대체하는 처분을 할 수 있고, 이 경우 계쟁처분은 취소된 것이 되므로 당초의 처분에 대한 취소소송은 소의 이익을 상실하고, 원고는 처분변경으로 인한 소변경을 신청할 수 있다.

[판례] 행정청이 영업 허가신청 반려처분의 취소를 구하는 소의 계속 중, 사정변경을 이유로 위 반려처분을 직권취소함과 동시에 위 신청을 재반려하는 내용의 재처분을 한 경우, 당초의 반려처분의 취소를 구하는 소는 취소되어 더 이상 존재하지 않는 행정처분을 대상으로 한 취소소송이 되므로 더 이상 소의 이익이 없게 된다(대판 2006. 9. 28, 2004두5317[분뇨 등 관련영업허가신청반려처분취소]).

위법판단의 기준시에 관하여 판결시설을 취하면 처분청은 소송계속 중 처분 이후에 발생한 새로운 사실적·법적 상황을 주장할 수 있게 된다. 이것은 엄밀한 의미의 처분사유의 추가·변경은 아니지만, 처분의 정당화사유로 주장된다는 점에서 처분사유의 추가·변경과 유사하다.

3) 소송물의 범위 내일 것(처분의 동일성이 유지될 것)

심판의 범위는 소송물에 한정되므로 처분사유의 추가·변경은 취소소송의 소송물의 범위 내에서만 가능하다. 달리 말하면, 처분사유의 추가·변경은 **처분의 동일성**이 유지되는 한도 내에서만 인정된다.

일반 항고소송의 경우 소송물은 '**처분의 위법성 일반**'이다. 그리고, 판례는 기본적 사실관계의 동일성이 유지되는 한 처분사유의 추가·변경으로 처분이 변경되는 것으로 보지 않고, 기본적 사실관계의 동일성이 없는 처분사유의 추가·변경은 처분의 변경으로 본다. 그러므로 일반 항고소송에서의 처분사유의 추가·변경에 있어서 '기본적 사실관계의 동일성 기준설'과 '소송물 기준설'은 결과적으로 동일한 결론에 이른다.

[판례] [1] **처분청이 처분 당시 적시한 구체적 사실을 변경하지 아니하는 범위 내에서 처분의 근거 법령만을 추가·변경하는 것이 허용되는지 여부(원칙적 적극) 및 처분의 근거 법령 변경이 허용되지 아니하는 경우:** 행정처분이 적법한지는 특별한 사정이 없는 한 처분 당시 사유를 기준으로 판단하면 되고, 처분청이 처분 당시 적시한 구체적 사실을 변경하지 아니하는 범위 내에서 단지 처분의 근거 법령만을 추가·변경하는 것은 새로운 처분사유의 추가라고 볼 수 없으므로 이와 같은 경우에는 처분청이 처분 당시 적시한 구체적 사실에 대하여 처분 후 추가·변경한 법령을 적용하여 처분의 적법 여부를 판단하여도 무방하다. 그러나 처분의 근거 법령을 변경하는 것이 종전 처분과 동일성을 인정할 수 없는 별개의 처분을 하는 것과 다름 없는 경우에는 허용될 수 없다. [2] 행정청이 점용허가를 받지 않고 도로를 점용한 사람에 대하여 도로법 제94조에 의한 변상금 부과처분을 하였다가, 처분에 대한 취소소송이 제기된 후 해당 도로가 도로법 적용을 받는 도로에 해당하지 않을 경우를 대비하여 처분의 근거 법령을 구 국유재산법 제51조와 그 시행령 등으로 변경하여 주장한 사안에서, 도로법과 구 국유재산법령 및 구 공유재산 및 물품관리법령의 해당 규정은 별개 법령에 규정되어 입법 취지가 다르고, 해당 규정내용을 비교하여 보면 변상금의 징수목적, 산정 기준금액, 징수 재량 유무, 징수절차 등이 서로 달라 위와 같이 근거 법령을 변경하는 것은 종전 도로법 제94조에 의한 변상금 부과처분과 동일성을 인정할 수 없는 별개의 처분을 하는 것과 다름 없어 허용될 수 없으므로, 이와 달리 판단한 원심판결에 법리오해의 위법이 있다고 한 사례(대판 2011. 5. 26, 2010두28106[변상금부과처분취소]).

4) 사실심변론종결시 이내일 것

행정청의 처분사유의 추가·변경은 **사실심 변론종결시**까지만 허용된다.

[판례] **취소소송에서 행정청의 처분사유의 추가·변경 시한(=사실심 변론종결시):** 행정청은 기본적 사실관계의 동일성이 있다고 인정되는 한도 내에서만 다른 처분사유를 추가, 변경할 수 있다고 할 것이나 이는 사실심 변론종결시까지만 허용된다(대판 1999. 8. 20, 98두17043: 원고가 이주대책신청기간이나 소정의 이주대책실시(시행)기간을 모두 도과하여 실기한 이주대책신청을 하였으므로 원고에게는 이주대책을 신청할 권리가 없고, 사업시행자가 이를 받아들여 택지나 아파트공급을 해 줄 법률상 의무를 부담한다고 볼 수 없다는 피고의 상고이유의 주장은 원심에서는 하지 아니한 새로운 주장일 뿐만 아니라 사업지구 내 가옥 소유자가 아니라는 이 사건 처분사유와 기본적 사실관계의 동일성도 없으므로 적법한 상고이유가 될 수 없다고 한 사례).

5. 구체적 사례

(1) 기본적 사실관계의 동일성을 부정한 사례

1) 거부처분사유의 추가·변경 [2025 행시]

[판례 1] 충전소설치허가신청에 대하여 처분청이 첫째로, 충전소설치 예정지의 인근주민들이 충전소설치를 반대하고, 둘째로 위 전라남도 고시에 자연녹지의 경우 충전소의 외벽으로부터 100미터 내에 있는 건물주의 동의를 받도록 되어 있는데 그 설치예정지로부터 80미터에 위치한 전주 이씨 제각 소유주의 동의가 없다는 이유로 이를 반려하였는데, 처분청이 상고심에서 충전소설치 예정지역 인근도로가 낭떠러지에 접한 S자 커브의 언덕길로 되어 있어서 교통사고로 인한 충전소폭발의 위험이 있어 허가하지 아니하였다는 주장을 하는 것은 피고 처분청이 당초 위 반려처분의 근거로 삼은 사유와는 그 기본적 사실관계에 있어서 동일성이 인정되지 아니하는 별개의 사유라 할 것이므로 이제 와서 이를 들어 원고의 신청이 허가요건을 구비하지 아니하였다고 내세울 수 없다(대판 1992. 5. 8, 91누13274[엘피지충전소허가처분취소]).

[판례 2] 이주대책대상자 선정신청을 한 자에 대하여 사업지구 내 가옥 소유자가 아니라는 이유로 거부처분을 한 후에 이주대책 신청기간이나 소정의 이주대책 실시기간을 모두 도과하여 실기한 이주대책신청을 하였으므로 원고에게는 이주대책을 신청할 권리가 없고, 사업시행자가 이를 받아 들여 택지나 아파트공급을 해 줄 법률상 의무를 부담한다고 볼 수 없다는 피고(처분청)의 상고이유의 주장은 사업지구 내 가옥 소유자가 아니라는 이 사건 처분사유와 기본적 사실관계의 동일성도 없으므로 적법한 상고이유가 될 수 없다(대판 1999. 8. 20, 98두17043[단독주택용지조성원가공급거부처분취소]).

[판례 3] 온천으로서의 이용가치, 기존의 도시계획 및 공공사업에의 지장 여부 등을 고려하여 이 사건 온천발견신고수리를 거부한 것은 적법하다는 취지의 피고의 주장은 … 규정온도가 미달되어 온천에 해당하지 않는다는 당초의 이 사건 처분사유와는 기본적 사실관계를 달리하여 … 이를 거부처분의 사유로 추가할 수는 없다(대판 1992. 11. 24, 92누3052[온천발견신고수리거부처분취소]).

[판례 4] 석유판매업허가신청에 대하여 관할 군부대장의 동의를 얻지 못하였다는 당초의 불허가 이유에다 소송에서 위 토지가 탄약창에 근접한 지점에 있어 공익적인 측면에서 보아 허가신청을 불허한 것은 적법하다는 것을 불허가사유로 추가할 수 없다고 본 사례(대판 1991. 11. 8, 91누70[석유판매업불허가처분취소]).

[판례 5] 처분사유로 추가한 정보공개법 제7조 제1항 제5호의 사유와 당초의 처분사유인 같은 항 제4호 및 제 6 호의 사유는 기본적 사실관계가 동일하지 않다(대판 2003. 12. 11, 2001두8827[정보공개청구거부처분취소]).

[판례 6] 같은 국가유공자 비해당결정이라도 그 사유가 공무수행과 상이 사이에 인과관계가 없다는 것과 본인 과실이 경합되어 있어 지원대상자에 해당할 뿐이라는 것은 기본적 사실관계의 동일성이 없다고 보아야 한다(대판 2013. 8. 22, 2011두26589[국가유공자비해당결정처분취소]).

[판례 7] "공사용 가설건축물이 더 이상 공사용으로 사용되지 않고 있다."라는 사유는 "대지에 관한 일부 공유지분권자의 대지사용승낙서가 제출되지 않았다."라는 당초의 처분(가설건축물연장연장신고 수리거부처분) 사유와 기본적 사실관계에서 동일성이 인정된다고 보기 어렵다. 따라서 피고가 이를 새로운 처분사유로 추가하는 것은 허용되지 않는다(대판 2018. 1. 25, 2015두35116[가설건축물존치기간연장신고반려처분취소등]).

2) 제재처분사유인 법령위반사유의 추가·변경

[판례 1] 의료보험요양기관 지정취소처분의 당초의 처분사유인 구 의료보험법 제33조 제1항이 정하는 본인부담금 수납대장을 비치하지 아니한 사실과 항고소송에서 새로 주장한 처분사유인 같은 법 제33조 제2항이 정하는 보건복지부장관의 관계서류 제출명령에 위반하였다는 사실은 기본적 사실관계의 동일성이 없다(대판 2001. 3. 23, 99두6392[의료보험요양기관지정취소처분취소]). 〈해설〉 처분청은 보건복지부장관의 관계서류 제출명령에 위반하였다는 사실을 처분사유로 하여 별개의 새로운 의료보험요양기관 지정취소(강학상 철회)처분을 할 수 있다.

[판례 2] '용도변경허가를 받지 않고 문화집회시설군에 속하는 위락시설[건축법 시행령 제14조 제5항 제4호 (다)목]의 일종인 무도학원으로 용도변경을 하였다.'는 건축물의 불법용도 변경에 대한 시정명령의 당초 처분사유와 '용도변경허가[일반업무시설(사무실) 부분]를 받거나 신고[교육연구시설(직업훈련소) 부분]하는 절차를 거치지 않고 근린생활시설군에 속하는 제2종 근린생활시설[같은 항 제7호 (나)목]의 일종인 학원으로 용도변경을 하였다.'는 추가된 처분사유는 위반행위의 내용(건축물의 실제 사용 용도)이 다르고 그에 따라 용도변경을 위하여 거쳐야 하는 절차, 변경하려는 용도의 건축기준, 용도변경 허용가능성이 달라지므로 기본적 사실관계의 동일성이 인정되지 않는다고 보아야 한다(대판 2020. 12. 24, 2019두55675[학원등록거부처분등취소청구의소]).

3) 징계사유(제재처분사유)의 추가·변경

징계처분이나 제재처분의 경우에는 징계사유(비위사실)나 제재사유(법위반사실)가 변경되면 원칙상 내용의 변경이 없어도 처분이 변경되는 것으로 보아야 한다. 다만, 징계처분사유와 동일성을 가지는 범위 내에서는 처분사유의 추가가 인정될 수 있다.

징계사유나 제재사유의 변경 없이 재량고려사항만 추가·변경하는 것은 처분의 변경이 아니라고 보아야 한다. 징계사유나 제재사유의 변경 없이 재량고려사항만 추가·변경하는 것은 처분의 기본적 사실관계에 변경을 가져오지 않기 때문이다.

[판례] 구청위생과 직원인 원고가 이 사건 당구장이 정화구역 외인 것처럼 허위표시를 함으로써 정화위원회의심의를 면제하여 허가처분하였다는 당초의 징계사유와 정부문서규정에 위반하여 이미 결제된 당구장허가처분서류의 도면에 상사의 결제를 받음이 없이 거리표시를 기입하였다는 원심인정의 비위사실과는 기본적 사실관계가 동일하지 않다(대판 1983. 10. 25, 83누396[감봉처분취소]).

4) 침해적 처분사유의 추가·변경

[판례] 입찰참가자격을 제한시킨 당초의 처분사유인 정당한 이유 없이 계약을 이행하지 않은 사실과 항고소송에서 새로 주장한 계약의 이행과 관련하여 관계 공무원에게 뇌물을 준 사실은 기본적 사실관계의 동일성이 없다고 한 사례(대판 1999. 3. 9, 98두18565[부정당업자제재처분취소]).

(2) 기본적 사실관계의 동일성을 인정한 사례

1) 처분의 사실관계에 변경 없는 처분의 근거법령만의 추가·변경

[판례] 주취 중 운전으로 교통사고를 내어 개인택시운송사업면허의 기본요건인 원고의 자동차운전면허가 취소되었음을 이유로 원고에 대한 이 사건 개인택시운송사업면허취소처분을 하면서 처음에는 그것이 자동차운수사업법 제31조 제1항 제3호 소정의 면허취소사유(공공복리 위반)에 해당한다고 보아 같은 법조를 적용하였다가 그 후 그 구체적 사실은 변경하지 아니한 채 적용법조로 같은 법 제31조와 같은 법 시행규칙 제15조(개인택시운송사업면허요건규정 불비)를 추가하여 원고에게 통고한 사실이 인정되는바, 사실이 위와 같다면 피고가 이 사건 운송사업면허의 취소사유로 삼은 것은 개인택시운송사업면허의 기본요건인 원고의 자동차운전면허가 취소되었다는 점이고 피고가 처분 후에 적용법조를 추가하여 통고한 것은 단순한 법령적용의 오류를 정정한 것일 뿐 그에 의하여 취소사유를 달리하는 것은 아니라 할 것이므로 원심으로서는 처분당시에 적시한 구체적 사실인 원고의 자동차운전면허가 취소된 점에 관하여 피고가 처분 후에 추가로 통고한 근거법령을 적용하여 이 사건 취소처분의 적법여부를 판단하여야 할 것이다(대판 1988. 1. 19, 87누603[개인택시운송사업면허취소처분취소]).

2) 법령 위반사유의 추가·변경

[판례] 지입제 운영행위에 대하여 자동차운송사업면허를 취소(철회)한 행정처분에 있어서 당초의 취소근거로 삼은 구 자동차운수사업법 제26조(명의의 유용금지)를 위반하였다는 사유와 직영으로 운영하도록 한 면허조건(부관)을 위반하였다는 사유는 기본적 사실관계에 있어서 동일하다(대판 1992. 10. 9, 92누213[운송사업면허일부취소처분취소]). 〈해설〉 명의를 유용했다는 기본적 사실관계는 동일하다.

3) 거부처분사유의 추가·변경

[판례 1] 갑이 '사실상의 도로'로서 인근 주민들의 통행로로 이용되고 있는 토지를 매수한 다음 2층 규모의 주택을 신축하겠다는 내용의 건축신고서를 제출하였으나, 구청장이 '위 토지가 건축법상 도로에 해당하여 건축을 허용할 수 없다'는 사유로 건축신고수리 거부처분을 하자 갑이 처분에 대한 취소를 구하는 소송을 제기하였는데, 1심법원이 위 토지가 건축법상 도로에 해당하지 않는다는 이유로 갑의 청구를 인용하는 판결을 선고하자 구청장이 항소하여 '위 토지가 인근 주민들의 통행에 제공된 사실상의 도로인데, 주택을 건축하여 주민들의 통행을 막는 것은 사회공동체와 인근 주민들의 이익에 반하므로 갑의 주택 건축을 허용할 수 없다'는 주장을 추가한 사안에서, 당초 처분사유와 구청장이 원심에서 추가로 주장한 처분사유는 위 토지상의 사실상 도로의 법적 성질에 관한 평가를 다소 달리하는 것일 뿐, 모두 토지의 이용현황이 '도로'이므로 거기에 주택을 신축하는 것은 허용될 수 없다는 것이므로 기본적 사실관계의 동일성이 인정되고, 위 토지에 건물이 신축됨으로써 인근 주민들의 통행을 막지 않도록 하여야 할 중대한 공익상 필요가 인정되고 이러한 공익적 요청이 갑의 재산권 행사보다 훨씬 중요하므로, 구청장이 원심에서 추가한 처분사유는 정당하여 결과적으로 위 처분이 적법한 것으로 볼 여지가 있음에도 이와 달리 본 원심판단에 법리를 오해한 잘못이 있다고 한 사례(대판 2019. 10. 31, 2017두74320).

[판례 2] 동래구청장은 원고가 제출한 이 사건 허가신청에 대하여 관계법 및 부산시 고시 동래구 허가기준에 의거 검토한 결과 허가기준에 맞지 않아 허가신청을 반려한다고 하였는바 그 취지는 다른 허가기준에는 들어맞으나 소론과 같은 액화석유가스판매업 허가기준 보완시행 안에 정하여진 허가기준에 맞지 아니하여 허가신청을 반려한다는 의미라고 할 수는 없고 위에서 본 모든 허가기준에 의거하여 검토한 결과 그 허가기준(원고에 대하여는 이격거리에 관한 허가기준을 나타내는 것이라 함은 위에서 본 바와 같다)에 맞지 아니하여 반려한다는 것으로 이해되는 바이니 피고가 이 사건에서 이격거리 기준위배를 반려사유로 주장하는 것은 그 처분의 사유를 구체적으로 표시하는 것이지 당초의 처분사유와 기본적 사실관계와 동일성이 없는 별개의 또는 새로운 처분사유를 추가하거나 변경하는 것이라고 할 수는 없다(대판 1989. 7. 25, 88누11926[액화석유가스판매사업불허처분취소]).

[판례 3] 피고가 당초 이 사건 거부처분의 근거와 이유로 삼은 사유는 이 사건 신청이 준농림지역에서의 행위제한사항에 해당한다는 것이고, 피고가 이 사건 소송에서 추가로 주장한 사유는 준농림지역의 경우 원칙적으로 일정 규모 이상의 토지이용행위를 제한하여 환경의 보전을 도모하는 지역으로서 부지면적 30,000㎡ 미만의 개발은 허용된다고 하더라도 환경오염의 우려가 있거나 자연환경의 보전 및 토지의 합리적인 이용이라는 법의 입법 취지에 부합하는 한도 내에서만 허용된다고 할 것인데, 원고들이 추진하고자 하는 사업은 비교적 대규모의 전원주택의 부지조성사업으로서 위와 같은 법의 취지에 반하여 이를 허용할 수 없다는 것이므로, 그 내용이 모두 이 사건 임야가 준농림지역에 위치하고 있다는 점을 공통으로 하고 있을 뿐 아니라 그 취지 또한 자연환경의 보전을 위하여 개발행위를 제한할 필요가 있어서 산림형질변경을 불허한다는 것으로서 기본적 사실관계의 동일성이 인정된다고 할 것이다(대판 2004. 11. 26, 2004두4482[산림형질변경불허가처분취소]: 주택신축을 위한 산림형질변경허가신청에 대하여 행정청이 거부처분을 하면서 당초 거부처분의 근거로 삼은 준농림지역에서의 행위제한이라는 사유와 나중에 거부처분의 근거로 추가한 자연경관 및 생태계의 교란, 국토 및 자연의 유지와 환경보전 등 중대한 공익상의 필요라는 사유는 기본적 사실관계에 있어서 동일성이 인정된다고 한 사례). 〈해설〉 당초의 처분사유와 추가·변경한 사유가 일반적 사유와 구체적 사유의 관계에 있는 경우에는 기본적 사실관계의 동일성이 인정된다고 보아야 한다.

[판례 4] 석유판매업허가신청에 대하여 "주유소 건축 예정 토지에 관하여 도시계획법 제4조 및 구 토지의 형질변경 등 행위허가기준 등에 관한 규칙에 의거하여 행위제한을 추진하고 있다"는 당초의 불허가처분사유와 항고소송에서 주장한 위 신청이 토지형질변경허가의 요건을 갖추지 못하였다는 사유 및 도심의 환경보전의 공익상 필요라는 사유는 기본적 사실관계의 동일성이 있다고 한 사례(대판 1999. 4. 23, 97누14378[석유판매업(주유소)불허가처분취소]).

[판례 5] 행정청이 폐기물처리사업계획 부적정 통보처분을 하면서 그 처분사유로 사업예정지에 폐기물처리시설을 설치할 경우 인근 농지의 농업경영과 농어촌 생활유지에 피해를 줄 것이 예상되어 농지법에 의한 농지전용이 불가능하다는 사유 등을 내세웠다가, 위 행정처분의 취소소송에서 사업예정지에 폐기물처리시설을 설치할 경우 인근 주민의 생활이나 주변 농업활동에 피해를 줄 것이 예상되어 폐기물처리시설 부지로 적절하지 않다는 사유를 주장한 경우에, 두 처분사유는 모두 인근 주민의 생활이나 주변 농업활동의 피해를 문제삼는 것이어서 기본적 사실관계가 동일하므로, 행정청은 위 행정처분의 취소소송에서 후자의 처분사유를 추가로 주장할 수 있다고 한 사례(대판 2006. 6. 30, 2005두364[폐기물처리업사업계획부적정통보처분취소]).

Ⅵ. 화해와 조정

1. 민사소송법상 화해의 준용

행정소송법은 재판상(소송상) 화해(소송계속중 양쪽 당사자가 소송물에 관한 주장을 서로 양보하여 소송을 종료시키기로 하는 재판에서의 합의)에 관한 규정을 두고 있지 않다. 그리하여 항고소송에 민사소송법 제220조의 소송상 화해에 관한 규정(화해, 청구의 포기·인낙을 변론조서·변론준비기일조서에 적은 때에는 그 조서는 확정판결과 같은 효력을 가진다)을 준용할 수 있는지가 문제된다.

종래의 견해는 처분의 일방적 행위의 성질 및 공익목적성에 비추어 사인과의 합의에 의해 처분을 취소·변경할 수는 없고, 항고소송에서 소송상 화해를 인정하면 행정의 법률적합성의 원칙이 침해될 가능성이 있다는 등의 이유로 항고소송에서 소송상 화해를 부정하였다(부정설). 그런데, 최근에는 항고소송에서도 처분권주의가 인정되고, 소송상 화해를 인정하는 것이 소송경제에 기여한다는 점 등을 이유로 항고소송에서 소송상 화해를 인정하는 견해(긍정설)가 늘고 있다.

생각건대, 처분의 일방적 행위의 성질 및 공익목적성에 비추어 사인과의 합의에 의해 처분을 취소·변경하는 것을 허용할 수는 없고, 항고소송에서 소송상 화해를 인정하면 항고소송의 공익성 및 행정통제적 기능을 무력화하므로 명문의 규정이 없는 한 부정하는 것이 타당하다. 또한, 적극적 변경판결을 인정하지 않는 판례의 입장과도 모순된다. 공익소송인 민중소송이나 기관소송에서는 더욱 그러하다.

당사자소송에서는 민사소송법상 화해에 관한 규정이 준용된다는 것이 지배적 견해이다.

2. 민사소송법상 조정의 준용

항고소송의 공익성에 비추어 항고소송에 민사조정법상의 조정에 관한 규정을 준용하지 않는 것이 지배적 견해이다. 그렇지만, 실무상 조정권고에 의한 사실상의 조정이 행해지고 있다. 즉, 재판장은 신속하고 공정한 분쟁 해결과 국민의 권익 구제를 위하여 필요하다고 인정하는 경우에는 소송계속 중인 사건에 대하여 직권으로 소의 취하, 처분등의 취소 또는 변경, 그 밖에 다툼을 적정하게 해결하기 위해 필요한 사항을 서면으로 권고할 수 있다(행정소송규칙 제15조 제1항). 재판장은 제1항의 권고를 할 때에는 권고의 이유나 필요성 등을 기재할 수 있다(제2항). 재판장은 제1항의 권고를 위하여 필요한 경우에는 당사자, 이해관계인, 그 밖의 참고인을 심문할 수 있다(제3항). 예를 들면, 재판장이 행정청에 대하여는 법원이 적절하다고 인정하는 처분으로 변경(예 영업정지처분을 과징금부과처분으로 변경)할 것을, 원고에 대하여는 행정청이 그와 같이 변경처분을 하면 소를 취하할 것을 권고하는 조정권고를 행하고, 행정청이 변경처분을 하면 원고가 소를 취하하는 방식이다.

제 6 항 주장책임과 입증책임

I. 주장책임

1. 의 의

주장책임(主張責任)이라 함은 당사자가 유리한 사실을 주장하지 않으면 그 사실은 없는 것으로 취급되어 불이익한 판단을 받게 되는데, 이 경우에 있어서의 당해 당사자의 불이익을 받는 지위를 말한다.

주장책임은 변론주의하에서는 주요사실(主要事實)은 당사자가 변론에서 주장하지 않으면 판결의 기초로 삼을 수 없다는 점으로부터 나온다.

2. 직권탐지주의와 주장책임

직권탐지주의하에서 주장책임은 완화된다. 다만, 직권탐지의 대상이 되는 사실에 대하여도 직권탐지가 의무가 아닌 한 주장책임이 문제될 수 있다.

[판례] 행정소송에 있어서 특단의 사정이 있는 경우를 제외하면 당해 행정처분의 적법성에 관하여는 당해 처분청이 이를 주장·입증하여야 하고, 행정소송에 있어서 직권주의가 가미되어 있다고 하여도 여전히 당사자주의, 변론주의를 기본구조로 하는 이상 행정처분의 위법을 들어 그 취소를 청구함에 있어서는 직권조사사항을 제외하고는 그 취소를 구하는 자가 위법된 구체적인 사항을 먼저 주장하여야 한다(대판 1995. 7. 28, 94누12807).

3. 주장책임의 내용

주장책임에 관하여는 다음과 같은 점을 지적할 필요가 있다.

① 주장책임은 주요사실에 대하여만 인정되며 간접사실과 보조사실은 주장책임의 대상이 되지 않는다. 왜냐하면 변론주의는 주요사실에 대해서만 인정되고 간접사실과 보조사실은 그 적용이 없기 때문이다. 주요사실이라 함은 법률효과를 발생시키는 법규의 직접 요건사실을 말하고, 간접사실이라 함은 주요사실을 확인하는 데 도움이 됨에 그치는 사실을 말한다. 증거능력이나 증거가치에 관한 사실을 보조사실이라 하는 데 간접사실에 준하여 취급된다(이시윤, 429면).

② 어느 당사자든지 변론에서 주장하였으면 되고 반드시 주장책임을 지는 당사자가 주장하여야 하는 것은 아니다(이시윤, 428면).

③ 어느 당사자가 주장책임을 지는지를 정하는 것을 주장책임의 분배라 하는데, 원칙적으로 주장책임의 분배는 입증책임의 분배와 일치한다고 보는 견해(이상규, 869면)와 취소소송의 특수성을 고려하여 입증책임의 분배는 주장책임의 분배와 별도로 결정되어야 한다는 견해가 있다. 후자의 논거는 다음과 같다. '자기에 유리한 사실이 심리에 현출되지 않는 한에서 불이익을 받는다는 것과 일정 사실의 진위불명시에 받는 불이익은 논리적으로 항상 동일한 분배기준에 의하여 할 것은 아니라고 한다'(김동희, 671면). 그러나, 주장책임은 주요사실에 대하여 입증책임을 지는 자가 부담하는 것이 원칙이므로 주장책임의 분배는 원칙적으로 입증책임의 분배와 일치한다고 보아야 한다.

④ 항고소송에 있어서 원고는 전심절차에서 주장하지 아니한 공격방어방법을 소송절차에서 주장할 수 있다.

[판례 1] 항고소송에 있어서 원고는 전심절차에서 주장하지 아니한 공격방어방법을 소송절차에서 주장할 수 있고 법원은 이를 심리하여 행정처분의 적법 여부를 판단할 수 있는 것이므로, 원고가 전심절차에서 주장하지 아니한 처분의 위법사유를 소송절차에서 새롭게 주장하였다고 하여 다시 그 처분에 대하여 별도의 전심절차를 거쳐야 하는 것은 아니다(대판 1996. 6. 14, 96누754).

[판례 2] 행정소송이 전심절차를 거쳤는지 여부를 판단함에 있어서 전심절차에서의 주장과 행정소송에서의 주장이 전혀 별개의 것이 아닌 한 그 주장이 반드시 일치하여야 하는 것은 아니고, 당사자는 전심절차에서 미처 주장하지 아니한 사유를 공격방어방법으로 제출할 수 있다(대판 1999. 11. 26, 99두9407).

[판례 3] 전심절차에서 주장하지 아니한 공격방어방법이라 할지라도 항고소송절차에서 주장할 수 있는 것이고, 또 소송당사자는 실기한 공격방법에 해당하지 아니하는 한 변론종결시까지 수시로 공격방어방법을 제출할 수 있는 것이므로, 원심이 전심절차에서 주장된 바 없는 원고의 절차상의 위법주장을 심리판단하였다 하여 허물이 될 수 없다(대판 1985. 8. 20, 84누485).

Ⅱ. 입증책임(증명책임)

1. 의 의

입증책임(立證責任)이라 함은 소송상 증명을 요하는 어느 사실의 존부가 확정되지 않은 경우 당해 사실이 존재하지 않는 것으로 취급되어 불리한 법률판단을 받게 되는 당사자 일방의 위험 또는 불이익을 말한다.

입증책임의 문제는 심리의 최종단계에 이르러서도 어떤 사실의 존부에 대하여 법관에게 확신이 서지 않을 때에 누구에게 불이익을 부담하도록 하느냐의 문제이다. 입증책임은 사실에 대한 것이며 법에 대한 것은 아니다. 법에 대한 판단은 법원이 책임을 지고 해야 한다.

직권탐지주의하에서도 어떠한 사실이 입증되지 않는 경우가 있을 수 있으므로 입증책임은 변론주의뿐만 아니라 직권탐지주의에 의한 절차에서도 문제된다.

2. 입증책임의 분배

입증책임의 분배라 함은 어떤 사실의 존부가 확정되지 않은 경우에 당사자중 누구에게 불이익을 돌릴 것인가의 문제이다. 입증책임을 지는 자가 소송상 증명을 요하는 어느 사실이 입증되지 않는 경우에 불이익을 받게 된다.

특히 국가배상법상 과실과 같이 입증이 곤란한 사실에 대하여는 누가 입증책임을 부담하는가에 의해 소송의 승패가 좌우되므로 입증책임의 분배는 매우 중요한 문제이다.

예를 들면, 만일 국가배상법상의 과실의 존재를 원고가 입증하여야 한다면 과실이 입증되지 않는 경우에 국가배상책임이 인정되지 않게 되고, 국가배상법상의 과실의 부존재를 피고가 입증하여야 한다면 과실의 부존재가 입증되지 않은 경우 피고가 국가배상책임을 지게 된다.

3. 행정소송에서의 증명책임

행정소송법은 증명책임에 관한 규정을 두고 있지 않다. 따라서, 민사소송법 규정이 행정소송에서의 증명책임에 준용된다. 그러므로 행정소송에서의 증명책임은 원칙적으로 민사소송의 일반원칙에 따라 당사자 간에 분배되고, 행정소송의 특성을 고려하여야 한다.

[판례] 민사소송법이 준용되는 행정소송에서 증명책임은 원칙적으로 민사소송의 일반원칙에 따라 당사자 간에 분배되고, 항고소송은 그 특성에 따라 해당 처분의 적법성을 주장하는 피고에게 적법사유에 대한 증명책임이 있으나(대법원 2017. 6. 19. 선고 2013두17435 판결 등 참조), 예외적으로 행정처분의 당연 무효를 주장하여 무효 확인을 구하는 행정소송에서는 원고에게 행정처분이 무효인 사유를 주장·증명할 책임이 있고(대법원 2010. 5. 13. 선고 2009두3460 판결 등 참조), 이는 무효 확인을 구하는 뜻에서 행정처분의 취소를 구하는 소송에 있어서도 마찬가지이다(대법원 1976. 1. 13. 선고 75누175 판결 등 참조)(대판 2023. 6. 29. 2020두46073).

(1) 취소소송에 있어서의 입증책임

오늘날의 일반적인 견해는 공정력과 입증책임 사이에는 아무런 관련이 없다고 본다.

오늘날 취소소송에서의 입증책임의 분배에 관하여는 민사소송상의 입증책임의 분배원칙에 의하여야 한다는 견해와 행정소송의 입증책임은 행정소송의 특수성을 고려하여 독자적으로 정하여야 한다는 견해로 나뉜다.

1) 민사소송상 분배설(법률요건분류설 내지 규범수익설)

법률요건분류설(法律要件分類說)은 각 당사자는 자기에게 유리한 법규요건사실의 존부에 대해 입증책임을 지는 것으로 분배시키고 있다.

① 소송요건의 존부는 원고에게 입증책임이 있다. 그 이유는 소송요건이 존재하면 원고에게 유리한 본안판결을 받을 수 있기 때문이다.

② 본안문제에 관하여는 다음과 같이 입증책임을 분배하고 있다.

i) 권리의 존재를 주장하는 자는 권리근거규정의 요건사실(권리발생사실=광의의 청구원인사실)에 대하여 입증책임을 진다.

ii) 권리의 존재를 다투는 상대방은 반대규정(권리장애규정, 권리소멸규정 및 권리저지규정)의 요건사실(항변사실)에 대하여 입증책임을 진다. 권리근거규정과 권리장애규정은 원칙과 예외의 관계에 있다. 즉,

법규가 본문·단서의 형식으로 되어 있는 경우에 본문은 권리근거규정이고 예외는 권리장애규정이 된다.

③ 법률요건분류설을 적용하면 취소소송의 입증책임은 다음과 같이 분배된다.

i) 권한근거규정의 요건사실은 처분권한을 주장하는 자가 입증책임을 부담한다. 적극적 처분(예 허가취소 처분, 시정명령)에 있어서는 피고가 처분권한의 존재를 주장하는 자이므로 권한근거규정의 요건사실의 입증책임을 부담하고, 소극적 처분(거부처분)에 있어서는 원고가 처분권한의 존재를 주장하는 자이므로 원고가 권한근거규정의 요건사실의 입증책임을 부담한다.

ii) 권한장애규정의 요건사실은 권한을 부인하는 자에게 입증책임이 있다. 적극적 처분에 있어서는 원고가 권한을 부인하는 자이므로 원고가 권한장애규정의 요건사실(예 조세부과처분에 있어서 면세자 해당 사실)의 입증책임을 진다. 거부처분에 있어서는 권한을 부인하는 자가 피고이므로 피고가 권한장애규정의 요건사실의 입증책임을 진다. 예를 들면, 정보공개거부처분 취소소송에서 비공개사유의 주장·입증책임은 피고인 국가 등 공공단체에 있다(대판 1999. 9. 21, 97누5114; 1999. 9. 21, 98두3426).

[판례 1] 과세처분취소소송에 있어서의 입증책임 및 입증의 필요: 과세처분의 위법을 이유로 그 취소를 구하는 행정소송에 있어 처분의 적법성 및 과세요건사실의 존재에 관하여는 원칙적으로 과세관청이 그 입증책임을 부담하나, 경험칙상 이례에 속하는 특별한 사정의 존재에 관하여는 납세의무자에게 입증책임 내지는 입증의 필요가 돌아가는 것이다(대판 1996. 4. 26, 96누1627).

[판례 2] 종합토지세 비과세대상 여부에 대한 입증책임의 소재: 과세대상이 된 토지가 비과세 혹은 면제대상이라는 점은 이를 주장하는 납세의무자에게 입증책임이 있는 것이다(대판 1996. 4. 26, 94누12708).

민사소송상의 입증책임분배원칙을 그대로 취소소송에 적용하는 데 대하여 여러 비판이 제기되고 있다.

① 민사소송상의 원칙을 그와는 기반을 달리하는 항고소송에 적용하는 것은 타당하지 않다고 비판하는 견해가 있다.

즉, 사법규정은 대등당사자 사이의 이해조정규정인 동시에 재판규범으로서의 성질을 가지는 것이므로 거기에는 입증책임분배의 원리도 포함되어 있다고 볼 수 있으나, 공법규정은 공·사익의 조정을 내용으로 하고, 행정기관에 대한 행위규범으로서의 성격이 강한 반면, 재판규범으로서의 성격은 상대적으로 약하다고 한다(김동희, 761~762면).

② 행정법관계에서는 자유의 금지, 금지의 해제, 법률행위의 보충효과, 권리의무의 형성 등 성격을 달리하는 여러 행정처분이 있으므로 처분의 성질에 따라 입증책임의 분배도 달라져야 할 것이며 이 점에서도 오직 요건법규의 형식에 따라 입증책임을 정하는 것은 타당하지 않다는 비판도 있다(박윤흔, 954면).

2) 행정법독자분배설(특수성인정설)

행정소송에서의 입증책임의 분배는 행정소송과 민사소송의 목적과 성질의 차이, 행위규범과 재판규범의 차이 등에 비추어 독자적으로 정하여야 한다고 한다.

3) 판 례

판례가 입증책임분배에 관하여 어떠한 입장을 취하고 있는지는 분명하지 않다.

학설 중에는 판례가 취소소송에서의 입증책임의 분배에 있어서 민사소송상의 분배원칙에 입각하고 있다고 보는 견해도 있고(이상규, 872면), 행정소송법독자설에 입각하고 있다고 해석하는 견해도 있다(박윤흔, 954면).

생각건대, 판례는 행정소송에서의 입증책임도 원칙적으로 민사소송의 일반원칙(법률요건분류설)에 따라 당사자간에 분배되어야 한다고 하면서도 항고소송의 특성도 고려하여야 하는 것으로 본다.

판례에 따르면 민사소송법의 규정이 준용되는 행정소송에 있어서 입증책임은 원칙적으로 민사소송의 일반원칙에 따라 당사자간에 분배되고 항고소송의 경우에는 그 특성에 따라 당해 처분의 적법을 주장하는 피고에게 그 적법사유에 대한 입증책임이 있다 할 것이므로 당해 처분의 적법성이 합리적으로 수긍할 수 있는 일응의 입증이 있는 경우에는 그 처분은 정당하다고 할 것이며 이와 상반되는 주장과 입증은 그 상대방인 원고에게 그 책임이 돌아간다(대판 1984. 7. 24, 84누124; 대판 2016. 10. 27, 2015두42817). 다만, 사실이 아닌 법적 판단은 법원이 책임지고 해야 하고, 처분의 적법·위법 판단도 법원의 책임이므로 처분의 적법성 자체는 증명책임의 대상이 아니라고 보아야 한다.

처분사유에 대한 증명책임은 피고 행정청에게 있다. 거부처분 취소소송에서도 그 처분사유에 관한 증명책임은 피고 행정청에 있다(대판 2019. 7. 4, 2018두66869).

4) 사견(공평분배설)

변론주의에 따르면 입증으로 수익을 받는 자에게 증명책임을 지우는 것이 타당하다. 주장책임을 지는 자가 증명책임도 지는 것으로 하는 것도 타당하다. 그런데 행정소송은 실체적 진실을 발견하여 법치주의를 실현하는 것을 중요한 기능으로 하므로 입증자료에 접근하기 쉬운 자에게 증명책임을 지우는 것이 타당하다. 그리고 이것이 공평의 원칙에도 합치한다. 이러한 점들을 종합적으로 고려하여 증명책임을 개별적으로 공정하고 공평하게 정하여야 할 것이다.

4. 구체적 사례

(1) 소송요건

소송요건은 직권조사사항이지만 존부가 불분명한 경우에는 원고가 불이익을 받게 되므로 원고에게 입증책임이 있다.

(2) 권리행사규정의 요건사실(처분사유, 적법사유)

처분의 적법사유에 대한 입증책임은 피고에게 있다(판례). 이는 행정처분의 근거법률은 통상 권한행사규정('… 한 경우에는 … 한 처분을 한다'라는 형식의 규정)으로 규정되어 있고 이 경우에 권한행사규정의 요건사실에 대하여는 행정청이 입증책임을 진다는 것을 의미한다.

[판례 1] 폐기된 서류에 관한 구 국민건강보험법상 서류제출명령 위반을 이유로 한 업무정지처분의 취소를 구하는 사건 : [1] 항고소송에 있어서 해당 처분의 적법성에 대한 증명책임은 원칙적으로 처분의 적법을 주장하는 처분청에 있지만, 처분청이 주장하는 해당 처분의 적법성에 관하여 합리적으로 수긍할 수 있는 정도로 증명이 있는 경우에는 그 처분은 정당하고, 이와 상반되는 예외적인 사정에 대한 주장과 증명은 상대방에게 책

임이 돌아간다(대법원 2012. 6. 18. 선고 2010두27639, 27646 전원합의체 판결 참조). [2] 따라서 급여 관계 서류의 보존행위가 요양기관 등의 지배영역 안에 있고, 요양기관 등이 서류보존의무기간 내에 이를 임의로 폐기하는 것 자체가 이례적이라는 사실에 비추어 볼 때, 요양기관 등이 국민건강보험법상 서류제출명령의 대상인 급여 관계 서류를 생성·작성하였다고 볼 만한 사정에 대해 처분청이 합리적으로 수긍할 수 있는 정도로 증명했다면, 처분청의 서류제출명령과 무관하게 급여 관계 서류가 폐기되었다는 사정(이 경우 처분청이 요양기관 등에 서류제출명령 불이행을 이유로 제재(업무정지처분취소)를 할 수 없음)은 이를 주장하는 측인 요양기관 등이 증명하여야 한다(대판 2023. 12. 21, 2023두42904[업무정지처분 취소]).

[판례 2] 과세처분의 위법을 이유로 그 취소를 구하는 행정소송에 있어 처분의 적법성 및 과세요건사실의 존재에 관하여는 원칙적으로 과세관청이 그 입증책임을 부담하나, 경험칙상 이례에 속하는 특별한 사정의 존재에 관하여는 납세의무자에게 입증책임 내지는 입증의 필요가 돌아가는 것"이다(대판 1996. 4. 26, 96누1627).

[판례 3] 징계처분의 당부를 다투는 행정소송에서 징계사유에 대한 증명책임은 그 처분의 적법성을 주장하는 피고에게 있다(대판 2018. 4. 12, 2017두74702; 2019. 11. 28, 2017두57318 등).

[판례 4] 국민에게 일정한 이득과 권리를 취득하게 한 종전 행정처분을 취소할 수 있는 경우 및 취소해야 할 필요성에 대한 증명책임의 소재(=행정청)(대판 2012. 3. 29, 2011두23375[공상공무원비해당자결정취소]).

[판례 5] 과세소득의 존재 및 그 귀속사업연도에 관한 증명책임의 소재(=과세관청)(대판 2020. 4. 9, 2018두57490).

다만, 경험칙상 요건사실이 추정되는 경우 상대방이 경험칙 적용의 대상이 되지 아니하는 사정을 입증하여야 한다(대판 1992. 7. 10, 92누6761[상속세 등 부과처분취소]).

(3) 권한행사장애규정의 요건사실(처분제외사유)

처분제외사유의 증명책임은 원고에게 있다. 예를 들면, 과세대상이 된 토지가 비과세 혹은 면제대상이라는 점은 이를 주장하는 납세의무자에게 입증책임이 있다(대판 1996. 4. 26, 94누12708[종합토지세 등 부과처분취소]).

(4) 재량행위의 경우

재량권 일탈·남용에 해당하는 사실에 관하여는 행정행위의 효력을 다투는 사람이 주장·증명책임을 부담한다(대판 2017. 10. 12, 2017두48956).

[판례 1] 처분이 재량권을 일탈·남용하였다는 사정은 처분의 효력을 다투는 자가 주장·증명하여야 한다. 행정청이 폐기물처리사업계획서 부적합 통보를 하면서 처분서에 불확정개념으로 규정된 법령상의 허가기준 등을 충족하지 못하였다는 취지만을 간략히 기재하였다면, 부적합 통보에 대한 취소소송절차에서 행정청은 처분을 하게 된 판단 근거나 자료 등을 제시하여 구체적 불허가사유를 분명히 하여야 한다. 이러한 경우 재량행위인 폐기물처리사업계획서 부적합 통보의 효력을 다투는 원고로서는 행정청이 제시한 구체적인 불허가사유에 관한 판단과 근거에 재량권 일탈·남용의 위법이 있음을 밝히기 위하여 소송절차에서 추가적인 주장을 하고 자료를 제출할 필요가 있다(대판 2020. 7. 23, 2020두36007[폐기물처리사업계획부적합통보처분취소]).

[판례 2] **행정청이 처분서에 불확정개념으로 규정된 법령상의 허가기준 등을 충족하지 못하였다는 취지만 간략히 기재하여 폐기물처리사업계획서 반려 통보를 한 경우, 반려 통보에 대한 취소소송절차에서 행정청이 구체적 불허가사유를 분명히 하여야 하는지 여부(적극) 및 이에 대하여 원고가 재량권 일탈·남용의 위법이 있음을 밝히기 위하여 추가적인 주장 및 자료를 제출할 필요가 있는지 여부(적극)**: [1] 처분이 재량권을 일탈·남용하였다는 사정은 그 처분의 효력을 다투는 자가 주장·증명하여야 한다(대법원 2016. 10. 27. 선고 2015두41579 판결 등 참조). 행정청이 폐기물처리사업계획서 반려 내지 부적합 통보를 하면서 그 처분서에 불확정

개념으로 규정된 법령상의 허가기준 등을 충족하지 못하였다는 취지만을 간략히 기재하였다면, 반려 내지 부적합 통보에 대한 취소소송절차에서 행정청은 그 처분을 하게 된 판단 근거나 자료 등을 제시하여 구체적 불허가사유를 분명히 하여야 한다. 이러한 경우 재량행위인 폐기물처리사업계획서 반려 내지 부적합 통보의 효력을 다투는 원고로서는 행정청이 제시한 구체적인 불허가사유에 관한 판단과 근거에 재량권 일탈·남용의 위법이 있음을 밝히기 위하여 소송절차에서 추가적인 주장을 하고 자료를 제출할 필요가 있다(대법원 2018. 12. 27. 선고 2018두49796 판결, 대법원 2019. 12. 24. 선고 2019두45579 판결 참조). [2] 원고가 폐기물관리법 제25조 제1항에 따라 폐기물처리사업계획서를 제출하였는데, 피고가 '폐기물관리법 제25조 제7항 및 「영천시 폐기물처리업 등에 관한 인허가 지침」('이 사건 지침') 제3조에 따른 주민 건강 및 주변 환경 영향 여부를 확인하기 위한 주민동의서 미제출'을 처분사유로 하여 위 계획서를 반려하는 통보를 하자 원고가 위 반려처분의 취소를 구함. 피고는 이 사건 소 계속 중 처분사유로 기재되어 있던 '주민의 건강과 주변 환경에의 영향'이라는 불확정개념을 구체화하였음. 원심은, 피고가 원고의 폐기물처리사업계획서 제출에 따른 '주민건강 및 주변 환경영향 여부'를 검토·확인한 후 그 검토결과를 이유로 한 처분사유를 제시하지 아니한 채, 오로지 '보완서류(인근 주민들의 동의서) 미제출'이라는 절차적 이유만으로 이 사건 반려처분을 한 것은 재량권을 일탈·남용한 것으로서 위법하다고 판단하였음. 대법원은 위 법리에 따라, 폐기물처리사업계획서 반려 처분에 대한 취소소송 절차에서 피고가 구체적인 불허가사유를 분명히 하였다면, 원심으로서는 원고로 하여금 원고가 운영하려는 폐기물처리시설 예정지의 자연환경, 기반시설과 인근의 주거시설, 상업시설, 산업시설, 근린생활시설 등의 위치, 규모 및 현황을 확인할 수 있는 자료 및 그 폐기물처리시설이 주민들의 건강과 주변 환경에 어떠한 영향을 주는지에 관한 주장 및 자료를 제출하게 하여 원고가 운영하려는 폐기물처리시설로 인한 주민들의 건강이나 주변 환경에의 영향의 유무 및 그 정도를 심리하였어야 한다고 보아, 피고의 반려 통보가 단순히 보완서류 미이행(주민동의서 미제출)만을 처분사유로 하였다는 전제에서 재량권 일탈·남용의 위법이 있다고 단정한 원심판결을 파기·환송함(대판 2023. 7. 27, 2023두35661[폐기물처리사업계획신청 반려처분취소]).

(5) 무효확인소송에서의 입증책임의 분배

판례는 무효사유에 대한 주장·입증책임은 취소소송의 경우와는 달리 **원고**가 부담한다고 판시하고 있다.

[판례] 행정처분의 당연무효를 주장하여 그 무효확인을 구하는 행정소송에 있어서는 원고에게 그 행정처분이 무효인 사유를 주장·입증할 책임이 있다(대판 1992. 3. 10, 91누6030; 2010. 5. 13, 2009두3460).

(6) 부작위위법확인소송에서의 입증책임

부작위위법확인소송에서 부작위의 존재(신청사실 및 신청권의 존재, 처분이 없는 사실의 존재)는 부작위를 주장하는 원고에게 입증책임이 있다.

다만, 일정한 처분을 하여야 할 법률상의 의무의 존부 및 상당한 기간의 판단은 법률판단의 문제이므로 입증책임의 대상이 되지 아니한다.

상당한 기간이 경과하였음에도 신청에 따른 처분을 하지 못한 것을 정당화하는 사유에 대하여는 행정청이 주장·입증책임을 진다.

(7) 증명의 정도

판례에 따르면 민사소송이나 행정소송에서 사실의 증명은 추호의 의혹도 없어야 한다는 자연과학적 증명이 아니고, 특별한 사정이 없는 한 경험칙에 비추어 모든 증거를 종합적으로 검토하여 볼 때 어떤 사실이 있었다는 점을 시인할 수 있는 고도의 개연성을 증명하는 것이면 충분하다(대판 2018. 4. 12, 2017두74702).

[판례] 민사소송이나 행정소송에서 사실의 증명은 추호의 의혹도 없어야 한다는 자연과학적 증명이 아니고, 특별한 사정이 없는 한 경험칙에 비추어 모든 증거를 종합적으로 검토하여 볼 때 어떤 사실이 있었다는 점을 시인할 수 있는 고도의 개연성을 증명하는 것이고, 그 판정은 통상인이라면 의심을 품지 않을 정도일 것을 필요로 한다(대판 2019. 11. 28, 2017두57318 등).

5. 사실확인서의 증거가치

행정청이 현장조사를 실시하는 과정에서 조사상대방으로부터 구체적인 위반사실을 자인하는 내용의 확인서를 작성받았다면, 그 확인서가 작성자의 의사에 반하여 강제로 작성되었거나 또는 내용의 미비 등으로 구체적인 사실에 대한 증명자료로 삼기 어렵다는 등의 특별한 사정이 없는 한 그 확인서의 증거가치를 쉽게 부정할 수 없다(대판 2017. 7. 11, 2015두2864).

6. 관련 확정판결에서의 사실인정의 구속력

행정소송의 수소법원이 관련 확정판결의 사실인정에 구속되는 것은 아니지만, 관련 확정판결에서 인정한 사실은 행정소송에서도 유력한 증거자료가 되므로, 행정소송에서 제출된 다른 증거들에 비추어 관련 확정판결의 사실 판단을 채용하기 어렵다고 인정되는 특별한 사정이 없는 한, 이와 반대되는 사실은 인정할 수 없다(대판 2019. 7. 4, 2018두66869).

[판례] '혼인파탄의 주된 귀책사유가 누구에게 있는지'라는 문제는 우리의 사법제도에서 가정법원의 법관들에게 가장 전문적인 판단을 기대할 수 있으므로, 결혼이민[F-6 (다)목] 체류자격 부여에 관하여 출입국관리행정청이나 행정소송의 수소법원은 특별한 사정이 없는 한 가정법원이 이혼확정판결에서 내린 판단을 존중함이 마땅하다. 이혼소송에서 당사자들이 적극적으로 주장·증명하지 않아 이혼확정판결의 사실인정과 책임판단에서 누락된 사정이 일부 있더라도 그러한 사정만으로 이혼확정판결의 판단 내용을 함부로 뒤집으려고 해서는 안 되며, 이혼확정판결과 다른 내용의 판단을 하는 데에는 매우 신중해야 한다(대판 2019. 7. 4, 2018두66869).

제 6 절 행정소송의 판결

[문제] 1. 파면처분이 취소된 경우에 행정청은 파면된 공무원을 복직시킬 의무를 지는가. 이 경우에 당해 공무원을 파면될 당시의 직에 복직시킬 의무를 지는가.

2. 허가신청에 대한 거부처분 후 법령상 허가요건이 보다 엄격하게 변경된 경우에 당해 거부처분에 대한 취소소송에서 법원은 어떠한 판결을 내려야 하는가. 법원이 취소판결을 내린 경우에 처분청은 신청을 인용하는 처분을 하여야 하는가.

제 1 항 판결의 의의

판결(判決)이라 함은 법률상 쟁송을 해결하기 위하여 법원이 소송절차를 거쳐 내리는 결정을 말한다.

제 2 항 판결의 종류

Ⅰ. 소송판결과 본안판결

소송판결(訴訟判決)이라 함은 소송요건 또는 상소요건의 흠결이 있는 경우에 소송을 부적법하다 하여 각하하는 판결을 말한다. 소각하판결은 소송판결이다.

본안판결(本案判決)이라 함은 본안심리의 결과, 청구의 전부 또는 일부를 인용하거나 기각하는 종국판결을 말한다. 본안판결은 내용에 따라 인용판결과 기각판결로 나뉜다.

Ⅱ. 기각판결과 인용판결

1. 기각판결

기각판결(棄却判決)이라 함은 본안심리의 결과, 원고의 주장이 이유 없다고 하여 그 청구를 배척하는 판결을 말한다. 원고의 청구가 이유 있다고 인정하는 경우에도 그 처분을 취소 또는 변경하는 것이 현저히 공공복리에 적합하지 아니하다고 인정하는 때에는 법원은 원고의 청구를 기각할 수 있는데, 이러한 기각판결을 사정판결이라 한다.

2. 인용판결

인용판결(認容判決)이라 함은 본안심리의 결과, 원고의 주장이 이유 있다고 하여 그 청구의 전부 또는 일부를 인용하는 판결을 말한다. 인용판결은 소의 종류에 따라 이행판결, 확인판결, 형성판결로 나뉜다.

Ⅲ. 형성판결, 확인판결과 이행판결

1. 형성판결

형성판결(形成判決)이라 함은 일정한 법률관계를 형성·변경 또는 소멸시키는 것을 내용으로 하는 판결을 말한다. 형성판결의 예로는 취소소송에서의 인용판결(취소판결)을 들 수 있다.

형성판결은 적극적 형성판결과 소극적 형성판결로 나뉜다. 적극적 형성판결은 법률관계를 적극적으로 형성하는 판결을 말하고, 소극적 형성판결은 처분의 전부 또는 일부의 취소와 같이 법률관계를 소극적으로 형성하는 판결을 말한다.

2. 확인판결

확인판결(確認判決)이라 함은 확인의 소에서 일정한 법률관계나 법률사실의 존부를 확인하는 판결을 말한다.

확인판결의 예로는 무효등확인소송에서의 인용판결, 부작위위법확인소송에서의 인용판결(부작위위법확인판결), 법률관계의 확인을 구하는 당사자소송에서의 인용판결을 들 수 있다.

3. 이행판결

이행판결(履行判決)이라 함은 피고에 대하여 일정한 행위를 명하는 판결을 말한다. 항고소송에서의 의무이행소송이 인정되고 있지 않으므로 항고소송에서는 이행판결이 있을 수 없으나 공법상 당사자소송에서는 국가 또는 공공단체에 대하여 일정한 행위를 명하는 이행판결이 있을 수 있다.

제 3 항 취소소송의 판결의 종류

Ⅰ. 각하판결

취소소송의 소송요건을 결여한 부적법한 소에 대하여는 본안심리를 거절하는 각하판결(却下判決)을 내린다. **소송요건의 충족 여부는 변론종결시(판결시)를 기준으로 판단한다.**

통상 소송요건의 심리 후 소송요건이 하나라도 충족되지 않으면 각하판결을 하고, 소송요건이 모두 충족된 경우에는 본안심리로 이행한다. 그런데, 본안심리 중 소송요건의 결여가 확인된 경우(예 소송요건의 충족 여부에 대한 판단이 잘못된 경우 또는 계쟁처분의 효력의 소멸 등으로 소의 이익이 없어지게 된 경우 등)에는 소송요건의 충족 여부에 대한 판단을 다시 하여 소송요건의 충족되지 않는 경우에는 변론을 종결하고 각하판결을 한다.

Ⅱ. 기각판결

본안심리의 결과, 원고의 취소청구가 이유 없다고 판단되는 경우 기각판결을 내린다. 기각판결(棄却判決)은 다음과 같은 경우에 내린다. ① 계쟁처분이 적법하거나 위법하지 아니하고 단순한 부당에 그친 경우, ② 사정판결을 할 경우에도 기각판결을 내린다.

Ⅲ. 인용판결(취소판결)

1. 의 의

취소소송에서 인용판결이라 함은 취소법원이 본안심리의 결과 원고의 취소청구가 이유 있다고 인정하는 경우, 당해 처분의 전부 또는 일부를 취소하는 판결을 말한다.

2. 종 류

취소소송에서의 인용판결에는 처분이나 재결에 대한 취소판결, 무효선언을 하는 취소판결이 있다. 또한, 계쟁처분에 대한 전부취소판결과 일부취소판결이 있다.

3. 적극적 변경의 가능성

취소소송의 인용판결로 처분을 적극적으로 변경하는 것이 가능한지에 대하여 견해가 대립되고 있다. **행정소송법 제4조 제1호**에서 취소소송을 행정청의 위법한 처분 등을 취소 또는 변경하는 소송으로 정의하고 있는데,

여기에서 '**변경**'이 소극적 변경(일부취소)을 의미하는지 아니면 적극적 변경을 의미하는지의 문제로 제기된다.

판례는 이 '변경'은 **소극적 변경**, 즉 **일부취소**를 의미하는 것으로 보고 있다(대판 1964. 5. 19, 63누177).

4. 일부취소의 가능성(일부취소의 인정기준) [2014 변시 사례]

처분의 일부만이 위법한 경우에 위법한 부분만의 일부취소가 가능한지가 문제된다.

처분의 일부취소의 가능성은 일부취소의 대상이 되는 부분의 **분리취소가능성**에 따라 결정된다.

일부취소되는 부분이 분리가능하고, 당사자가 제출한 자료만으로 일부취소되는 부분을 명확히 확정할 수 있는 경우에는 일부취소가 가능하지만, 일부취소되는 부분이 분리가능하지 않거나 당사자가 제출한 자료만으로 일부취소되는 부분을 명확히 확정할 수 없는 경우에는 일부취소를 할 수 없다.

(1) 일부취소가 가능한 경우

① 조세부과처분과 같은 금전부과처분이 기속행위인 경우, 부과금액의 산정에 잘못이 있는 경우 당사자가 제출한 자료에 의해 정당한 부과금액을 산정할 수 있다면 부과처분 전체를 취소할 것이 아니라 정당한 부과금액을 초과하는 부분만 일부취소하여야 한다.

[판례 1] **과세처분취소소송의 심판대상과 자료의 제출시한 및 취소범위**: 과세처분취소소송의 처분의 적법 여부는 과세액이 정당한 세액을 초과하느냐의 여부에 따라 판단되는 것으로서 당사자는 사실심 변론종결시까지 객관적인 조세채무액을 뒷받침하는 주장과 자료를 제출할 수 있고 이러한 자료에 의하여 적법하게 부과될 정당한 세액이 산출되는 때에는 그 정당한 세액을 초과하는 부분만 취소하여야 할 것이고 전부를 취소할 것이 아니다(대판 2000. 6. 13, 98두5811).

[판례 2] 개발부담금부과처분 취소소송에 있어 당사자가 제출한 자료에 의하여 적법하게 부과될 정당한 부과금액을 산출할 수 없을 경우에는 부과처분 전부를 취소할 수밖에 없으나, 그렇지 않은 경우에는 그 정당한 금액을 초과하는 부분만 취소하여야 한다(대판 2004. 7. 22, 2002두868[개발부담금부과처분취소]).

[판례 3] 일반적으로 금전 부과처분 취소소송에서 부과금액 산출과정의 잘못 때문에 부과처분이 위법한 것으로 판단되더라도 사실심 변론종결 시까지 제출된 자료에 의하여 적법하게 부과될 정당한 부과금액이 산출되는 때에는 부과처분 전부를 취소할 것이 아니라 정당한 부과금액을 초과하는 부분만 취소하여야 하지만, 처분청이 처분 시를 기준으로 정당한 부과금액이 얼마인지 주장·증명하지 않고 있는 경우에도 법원이 적극적으로 직권증거조사를 하거나 처분청에게 증명을 촉구하는 등의 방법으로 정당한 부과금액을 산출할 의무까지 부담하는 것은 아니다(대판 2016. 7. 14, 2015두4167[기반시설부담금 부과처분 취소]).

[판례 4] 마을버스 운수업자 갑이 유류사용량을 실제보다 부풀려 유가보조금을 과다 지급받은 데 대하여 관할 시장이 갑에게 부정수급기간 동안 지급된 유가보조금 전액을 회수하는 내용의 처분을 한 사안에서, 구 여객자동차 운수사업법 제51조 제3항에 따라 국토해양부장관 또는 시·도지사는 여객자동차 운수사업자가 '거짓이나 부정한 방법으로 지급받은 보조금'에 대하여 반환할 것을 명하여야 하고, '정상적으로 지급받은 보조금'까지 반환하도록 명한 부분은 위법하여 일부 취소하는 것이 타당하다. 위 환수처분은 국토해양부장관 또는 시·도지사가 지급받은 보조금을 반환할 것을 명하여야 하는 기속행위이다(대판 2013. 12. 12, 2011두3388).

② 여러 개의 운전면허를 가진 사람이 음주운전을 한 경우 취소되는 운전면허는 음주운전 당시 운전한 차량의 종류에 따라 그 범위가 달라진다(대판 2004. 12. 23, 2003두3017; 2004. 12. 24, 2004두10159).

[판례] 한 사람이 취득한 여러 종류의 자동차운전면허는 가분성이 있으므로 한 사람이 여러 종류의 자동차운전면허를 취득하는 경우뿐 아니라 이를 취소 또는 정지함에 있어서도 서로 별개의 것으로 취급하는 것이 원칙이다. 제1종 보통, 대형 및 특수 면허를 가지고 있는 자가 레이카크레인을 음주운전한 행위는 제1종 특수면허의 취소사유에 해당될 뿐 제1종 보통 및 대형 면허의 취소사유는 아니므로, 3종의 면허를 모두 취소한 처분 중 제1종 보통 및 대형 면허에 대한 부분은 위법하므로 이를 이유로 분리하여 취소하면 될 것이며 제1종 특수면허부분은 재량권의 일탈·남용이 있는 경우에 한하여 취소될 수 있다(대판 전원합의체 1995. 11. 16, 95누8850). 〈해설〉 그러나, 승용차를 음주운전한 경우에 제1종 보통면허와 함께 대형면허를 취소한 것은 적법하다. 왜냐하면 제1종 보통면허만 취소하면 대형면허로 승용차를 운전할 수 있으므로 음주운전에 대한 제재로서 운전면허를 취소한 효과가 없기 때문이다. 또한, 음주운전에 대한 면허취소처분은 음주운전을 막아 교통상 위해를 방지한다는 목적을 갖는 경찰조치의 성격도 가지므로 음주운전을 한 자가 보유하는 다른 운전면허도 취소할 필요가 있다. 판례도 이러한 입장을 취하고 있다(대판 1997. 3. 11, 96누15176).

③ 행정청이 여러 개의 위반행위에 대하여 하나의 제재처분을 하였으나, 위반행위별로 제재처분의 내용을 구분하는 것이 가능하고 여러 개의 위반행위 중 일부의 위반행위에 대한 제재처분 부분만이 위법하다면, 법원은 제재처분 중 위법성이 인정되는 부분만 취소하여야 하고 제재처분 전부를 취소하여서는 아니 된다(대판 2020. 5. 14, 2019두63515).

[판례] [1] 여러 처분사유에 관하여 하나의 제재처분을 하였을 때 그중 일부가 인정되지 않는다고 하더라도 나머지 처분사유들만으로도 처분의 정당성이 인정되는 경우에는 그 처분을 위법하다고 보아 취소하여서는 아니 된다. [2] 행정청이 여러 개의 위반행위에 대하여 하나의 제재처분을 하였으나, 위반행위별로 제재처분의 내용을 구분하는 것이 가능하고 여러 개의 위반행위 중 일부의 위반행위에 대한 제재처분 부분만이 위법하다면, 법원은 제재처분 중 위법성이 인정되는 부분만 취소하여야 하고 제재처분 전부를 취소하여서는 아니 된다. [3] 1) 피고는, 폐기물처리업(종합재활용업)체인 원고에 대하여, 원고가 2018년 4월경부터 2018년 5월경까지 A 업체 등에 폐수처리오니로 생산한 '부숙토'를 판매하여 위 업체들로 하여금 그 부숙토로 '비탈면 녹화토'를 생산하게 함으로써 폐기물관리법 제13조 제1항, 제13조의2에서 정한 폐기물 재활용 기준을 위반하였다는 사유(= 제1처분사유)를 비롯하여 총 세 가지 처분사유로 폐기물관리법 제27조 제2항에 따라 3개월의 영업정지 처분을 하였다. 2) 원심은, 제1처분사유와 관련하여, 원고가 폐수처리오니를 이용하여 폐기물관리법령이 재활용 방법으로는 허용하는 '부숙토'를 생산하였을 뿐 그 부숙토를 폐기물관리법령이 허용하지 않는 방식으로 직접 사용한 것은 아니라는 이유만으로 폐기물관리법령에서 정한 폐기물 재활용 기준 위반에 해당하지 않는다고 보고, 피고는 제1처분사유를 제외하고 제2처분사유, 제3처분사유만 고려하여 제재의 유형과 수위를 다시 결정하여야 하며, 세 가지 처분사유가 모두 인정됨을 전제로 한 이 사건 처분은 그 전부가 재량권을 일탈·남용한 것으로서 위법하다고 판단하여 이 사건 처분 전부를 취소하였다. 3) 그러나 대법원은, 폐기물처리업자가 폐수처리오니에 생물학적 처리과정을 거쳐 일단 매립시설 복토재 또는 토양개량제로 사용할 수 있는 부숙토를 생산하였다고 하더라도 이를 다시 제3자에게 제공하여 그로 하여금 부숙토를 원료로 폐수처리오니의 재활용 용도로 허용되지 않은 생산 품목인 비탈면 녹화토를 최종적으로 생산하게 하였다면, 이것 역시 폐기물처리업자가 폐기물관리법령이 정한 재활용 기준을 위반한 것이라고 보아야 한다는 법리를 설시하고, 제1처분사유 중 A 업체 부분이 인정된다고 판단하였다. 또한 대법원은, 피고는 세 가지 처분사유에 관하여 각각 1개월의 영업정지를 결정한 다음 이를 합산하여 원고에 대하여 3개월의 영업정지를 명하는 이 사건 처분을 하였으므로, 설령 원심의 판단처럼 이 사건 처분 중 제2처분사유, 제3처분사유는 인정되는 반면 제1처분사유가 인정되지 않는다고 하더라도, 이 사건 처분 중 제1처분사유에 관한 1개월 영업정지 부분만 취소하여야 한다고 판단하였다(대판 2020. 5. 14, 2019두63515[영업정지처분취소]).

(2) 일부취소가 불가능한 경우

일부취소가 불가능한 경우에는 전부취소를 하여야 하는데, 그 예는 다음과 같다.

① 과징금 부과처분과 같이 **재량행위인 경우**에는 처분청의 재량권을 존중하여야 하고, 법원이 직접 처분을 하는 것은 인정되지 아니하므로 전부취소를 하여 처분청이 재량권을 행사하여 다시 적정한 처분을 하도록 하여야 한다. 재량행위의 일부취소(예 영업정지 6개월 중 영업정지 3개월을 취소하는 것)는 원칙상 행정청의 재량권을 침해하는 것이므로 인정될 수 없다.

[판례 1] 영업정지처분이 적정한 영업정지기간을 초과하여서 위법한 경우 그 초과부분만을 취소할 수 있는지 여부(소극): 행정청이 영업정지 처분을 함에 있어서 그 정지기간을 어느 정도로 할 것인지는 행정청의 재량권에 속하는 사항인 것이며, 다만 그것이 공익의 원칙이나 평등의 원칙 또는 비례의 원칙 등에 위반하여 재량권의 한계를 벗어난 재량권 남용에 해당하는 경우에만 위법한 처분으로서 사법심사의 대상이 되는 것이나, 법원으로서는 영업정지처분이 재량권 남용이라고 판단될 때에는 위법한 처분으로서 그 처분의 취소를 명할 수 있을 뿐이고, 재량권의 한계 내에서 어느 정도가 적정한 영업정지기간인지를 가리는 일은 사법심사의 범위를 벗어난다(대판 1982. 9. 28, 82누2).

[판례 2] 자동차운수사업면허조건 등을 위반한 사업자에 대하여 행정청이 행정제재수단으로 사업정지를 명할 것인지, 과징금을 부과할 것인지, 과징금을 부과키로 한다면 그 금액은 얼마로 할 것인지에 관하여 재량권이 부여되었다 할 것이므로 과징금부과처분이 법이 정한 한도액을 초과하여 위법할 경우 법원으로서는 그 전부를 취소할 수밖에 없고, 그 한도액을 초과한 부분이나 법원이 적정하다고 인정되는 부분을 초과한 부분만을 취소할 수 없다(대판 1998. 4. 10, 98두2270[과징금부과처분취소]: 금 1,000,000원을 부과한 당해 처분 중 금 100,000원을 초과하는 부분은 재량권 일탈·남용으로 위법하다며 그 일부분만을 취소한 원심판결을 파기한 사례).

[판례 3] 재량권을 일탈한 과징금 납부명령에 대하여 법원이 적정한 처분의 정도를 판단하여 그 초과되는 부분만 취소할 수 있는지 여부(소극): 처분을 할 것인지 여부와 처분의 정도에 관하여 재량이 인정되는 과징금 납부명령에 대하여 그 명령이 재량권을 일탈하였을 경우, 법원으로서는 재량권의 일탈 여부만 판단할 수 있을 뿐이지 재량권의 범위 내에서 어느 정도가 적정한 것인지에 관하여는 판단할 수 없어 그 전부를 취소할 수밖에 없고, 법원이 적정하다고 인정하는 부분을 초과한 부분만 취소할 수는 없다(대판 2009. 6. 23, 2007두18062[시정명령등취소]).

그러나, 공정거래위원회가 위반행위에 대한 과징금을 부과하면서 여러 개의 위반행위에 대하여 외형상 하나의 과징금 납부명령을 하였으나 여러 개의 위반행위 중 일부의 위반행위에 대한 과징금 부과만이 위법하고 소송상 그 일부의 위반행위를 기초로 한 과징금액을 산정할 수 있는 자료가 있는 경우에는, 하나의 과징금 납부명령일지라도 그 일부의 위반행위에 대한 과징금액에 해당하는 부분만을 취소하여야 한다(대판 2019. 1. 31, 2013두14726).

② 금전부과처분에서 당사자가 제출한 자료에 의해 적법하게 부과될 부과금액을 산출할 수 없는 경우에는 동 금전부과처분이 기속행위일지라도 법원이 처분청의 역할을 할 수는 없으므로 금전부과처분의 일부취소가 인정되지 않는다.

[판례 1] 개발부담금부과처분 취소소송에 있어 당사자가 제출한 자료에 의하여 적법하게 부과될 정당한 부과금액을 산출할 수 없을 경우에는 부과처분 전부를 취소할 수밖에 없다(대판 2004. 7. 22, 2002두868[개발부담금부과처분취소]).

[판례 2] 수 개의 위반행위에 대하여 하나의 과징금납부명령을 하였으나 수 개의 위반행위 중 일부의 위반

행위만이 위법하지만, 소송상 그 일부의 위반행위를 기초로 한 과징금액을 산정할 수 있는 자료가 없는 경우에는 하나의 과징금납부명령 전부를 취소할 수밖에 없다(대판 2004. 10. 14, 2001두2881[시정명령취소]).

[판례 3] 당사자가 사실심 변론종결 시까지 객관적인 과세표준과 세액을 뒷받침하는 주장과 자료를 제출하지 아니하여 적법하게 부과될 정당한 세액을 산출할 수 없는 경우에는 과세처분 전부를 취소할 수밖에 없고, 그 경우 법원이 직권에 의하여 적극적으로 납세의무자에게 귀속될 세액을 찾아내어 부과될 정당한 세액을 계산할 의무까지 지는 것은 아니다(대판 2020. 6. 25, 2017두72935; 2020. 8. 20, 2017두44084).

5. 일부취소의무

일부취소가 가능한 경우에는 원칙상 전부취소를 하여서는 안 되며 일부취소를 하여야 한다.

[판례 1] 여러 개의 상이에 대한 국가유공자요건비해당처분에 대한 취소소송에서 그 중 일부 상이가 국가유공자요건이 인정되는 상이에 해당하고 나머지 상이는 해당하지 않는 경우, 비해당처분 전부를 취소해야 하는지 여부(소극): 국가유공자 등 예우 및 지원에 관한 법률 제4조 제1항 제6호 등 관련 법령의 내용, 형식 및 입법취지를 비롯하여 국가유공자등록신청 당시 신청인이 여러 개의 상이를 주장함으로써 국가유공자요건의 관련 사실을 확인하는 과정에서 여러 개의 상이가 문제 되는 경우 각각의 상이 별로 국가유공자요건에 해당하는지 여부에 대한 심사가 이루어지는 점, 이에 따라 법의 적용대상자로 될 상이를 입은 것이 아닌 사람 또는 국가유공자요건이 인정되지 않은 상이에 대하여는 상이등급의 판정을 위한 신체검사를 실시하지 아니하는 점, 나아가 여러 개의 상이를 주장하면서 국가유공자등록신청을 한 신청인의 의사는 단지 국가유공자로 등록되는 데 그치는 것이 아니라 교육훈련 또는 직무수행 중 입은 각각의 상이의 정도와 그 상이등급에 상응하는 국가유공자로 등록해 줄 것을 구하는 것이라고 봄이 타당한 점, 외형상 하나의 행정처분이라 하더라도 가분성이 있거나 그 처분대상의 일부가 특정될 수 있다면 그 일부만의 취소도 가능하고 그 일부의 취소는 당해 취소부분에 관하여 효력이 생긴다고 할 것인 점 등을 종합하면, 여러 개의 상이에 대한 국가유공자요건비해당처분에 대한 취소소송에서 그 중 일부 상이가 국가유공자요건이 인정되는 상이에 해당하더라도 나머지 상이에 대하여 위 요건(국가유공자요건)이 인정되지 아니하는 경우에는 국가유공자요건비해당처분 중 위 요건이 인정되는 상이에 대한 부분만을 취소하여야 할 것이고, 그 비해당처분 전부를 취소할 수는 없다고 할 것이다(대판 2012. 3. 29, 2011두9263[국가유공자요건비해당처분취소]).

[판례 2] 전술 대판 2020.5.14, 2019두63515. 동지 판결: ① 폐기물처리업 변경허가를 받지 아니하고 폐기물 보관시설을 증설하여 구 폐기물관리법 제25조 제11항, 구 폐기물관리법 시행규칙(2019. 12. 31. 환경부령 제843호로 개정되기 전의 것, 이하 '구 폐기물관리법 시행규칙'이라 한다) 제29조 제1항 제3호 (아)목을 위반하였다는 이유로 구 폐기물관리법 제27조 제2항 제10호에 따라 영업정지 1개월의 처분을 하고, ② 구 비료관리법(2020. 2. 11. 법률 제16980호로 개정되기 전의 것, 이하 '구 비료관리법'이라 한다) 제11조 제1항에 따라 비료생산업 등록을 하지 아니한 채 2019. 1.경부터 2019. 12.경까지 음식물류 폐기물 처리 잔재물을 비료로 재활용하기 위한 시험·연구를 진행하면서 그 결과물을 농가에 비료 용도로 무상공급하여 구 폐기물관리법 제13조의2 제1항 제5호, 구 폐기물관리법 시행규칙 제14조의3 제1항 [별표 5의3] 제1호 (라)목을 위반하였다는 이유로 구 폐기물관리법 제27조 제2항 제2호에 따라 영업정지 1개월의 처분을 하고, ③ 폐기물분석전문기관의 사전 분석·확인을 받지 않고 액상 음식물류 폐기물 처리 잔재물을 비료로 재활용하여 구 폐기물관리법 제25조 제9항 제4호, 구 폐기물관리법 시행규칙 제32조 [별표 8] 제4호 (거)목, [별표 4의3] 비고 제3항을 위반하였다는 이유로 구 폐기물관리법 제27조 제2항 제8호에 따라 영업정지 1개월의 처분을 하면서(이하 위 순번에 따라 '이 사건 제1, 2, 3 영업정지 처분'이라 한다), 위 처분 내용을 합산하여 하나의 처분서로 영업정지 3개월의 처분을 하였다. 따라서, 그중 이 사건 제2 영업정지처분 부분을 따로 구분할 수 있으므로, 원심판결 중 이 사건 제2 영업정지처분 부분만 파기함이 타당하다(대법원 2020. 5. 14. 선고 2019두63515 판결등 참조)(대판 2022. 1. 14, 2021두37373[영업정지3개월및경고처분취소청구의소]).

[판례 3] 하천관리청이 하천점용허가를 받지 않고 무단으로 하천을 점용·사용한 자에 대하여 변상금을 부과하면서 여러 필지 토지에 대하여 외형상 하나의 변상금부과처분을 하였으나, 여러 필지 토지 중 일부에 대한 변상금 부과만이 위법한 경우에는 변상금부과처분 중 위법한 토지에 대한 부분만을 취소하여야 하고, 그 부과처분 전부를 취소할 수는 없다(대법원 2012. 3. 29. 선고 2011두9263 판결, 대법원 2019. 1. 31. 선고 2013두14726 판결 등 참조)(대판 2024. 7. 25, 2024두38025[원상회복명령 및 변상금부과처분의 취소]).

Ⅳ. 사정판결 [2009 행시(재경 등) 사례]

1. 의 의

사정판결(事情判決)이라 함은 취소소송에 있어서 본안심리 결과, 원고의 청구가 이유 있다고 인정하는 경우(처분이 위법한 것으로 인정되는 경우)에도 공공복리를 위하여 원고의 청구를 기각하는 판결을 말한다.

즉, 행정소송법 제28조 제1항 전단은 "원고의 청구가 이유 있다고 인정되는 경우에도 그 처분이나 재결을 취소·변경하는 것이 현저히 공공복리에 적합하지 아니하다고 인정하는 때에는 법원은 원고의 청구를 기각할 수 있다"고 규정하고 있다.

2. 사정판결의 요건

① 처분이 위법하여야 한다.

② 처분을 취소하는 것이 현저히 공공복리에 적합하지 아니하다고 인정되어야 한다. 이 요건의 인정은 위법한 처분을 취소하여 개인의 권익을 구제할 필요와 그 취소로 인하여 발생할 수 있는 공공복리에 대한 현저한 침해를 비교형량하여 결정하여야 한다.

[판례] 사정판결의 요건인 현저히 공공복리에 적합하지 아니한지 여부는 위법한 행정처분을 취소·변경하여야 할 필요와 그 취소·변경으로 인하여 발생할 수 있는 공공복리에 반하는 사태 등을 비교·교량하여 판단하여야 한다(대판 2006. 9. 22, 2005두2506[보험약가인하처분취소]).

공공복리라는 개념은 매우 모호한 개념인데, 공익과 같은 의미로 해석할 수 있을 것이다.

사정판결은 극히 예외적으로 위법한 처분을 취소하지 않는 제도이므로 사정판결의 적용은 극히 엄격한 요건아래 제한적으로 하여야 한다(대판 1995. 6. 13, 94누4660[환지청산금부과처분취소]).

[판례 1] 기반시설부담계획의 부분적 위법사유를 이유로 그 전부를 취소하는 것은 현저히 공공복리에 적합하지 아니하여 사정판결을 할 사유가 있다고 볼 여지가 있다고 한 사례(대판 2016. 7. 14, 2015두4167[기반시설부담금 부과처분 취소]).

[판례 2] 국립공주대학교 학칙 제122조 제3항은 학칙을 개정하고자 할 때에는 그 내용과 사유를 20일 이상 예고하여 구성원의 의견을 청취하도록 규정하고 있음에도, 피고는 정당한 사유 없이 위 예고절차를 거치지 않은 채 2007. 10. 16. 국립공주대학교 학칙의 [별표 2] 모집단위별 입학정원을 원심판결 별지 도표와 같이 개정하였으므로 피고의 위 학칙개정행위는 위법하다고 판단한 후, 나아가 국립공주대학교는 위 개정학칙

에 근거하여 이미 2008학년도 수시 2차와 정시 모집을 완료함으로써 다수의 구성원들이 새로운 이해관계를 맺게 되어 위 학칙개정행위가 취소될 경우 공주대학교의 장래 학사 운영에 큰 혼란이 야기될 것으로 예상되는 등 위 학칙개정행위를 취소하는 경우 공공복리에 현저히 적합하지 아니한 결과를 초래한다는 이유로 원고들의 청구를 기각하는 사정판결을 한 원심을 인정한 사례(대판 2009. 1. 30, 2008두19550, 2008두19567(병합)[학칙개정처분취소·학칙개정처분]).

[판례 3] 관리처분계획의 수정을 위한 조합원총회의 재결의를 위하여 시간과 비용이 많이 소요된다는 등의 사정만으로는 재결의를 거치지 않음으로써 위법한 관리처분계획을 취소하는 것이 현저히 공공복리에 적합하지 아니하다고 볼 수 없다는 이유로 사정판결의 필요성을 부정하였다(대결 2001. 10. 12, 2000두4279[관리처분계획취소]).

③ 사정판결의 경우 처분 등의 **위법성은 처분시를 기준으로** 판단하고, 처분등을 취소하는 것이 현저히 공공복리에 적합하지 아니한지 여부는 **사실심 변론을 종결할 때를 기준으로** 판단한다(행정소송규칙 제14조).

3. 사정판결의 절차 등

법원이 사정판결을 함에 있어서는 미리 원고가 그로 인하여 입게 될 손해의 정도와 배상방법 그 밖의 사정을 조사하여야 한다(법 제28조 제2항).

당사자의 주장이 없더라도 직권으로 사정판결을 할 수 있다(대판 1992. 2. 14, 90누9032[환지예정지지정처분취소 등]). 물론 사정판결은 **피고인 행정청의 청구**에 의해 행해질 수도 있다.

사정판결을 하는 경우 법원은 그 판결의 **주문**에서 그 처분 등이 **위법함을 명시**하여야 한다.

[판례] 사정판결의 요건을 갖추었다고 판단되는 경우, 법원이 취할 조치: 사정판결은 처분이 위법하나 공익상 필요 등을 고려하여 취소하지 아니하는 것일 뿐 처분이 적법하다고 인정하는 것은 아니므로, 사정판결의 요건을 갖추었다고 판단되는 경우 법원으로서는 행정소송법 제28조 제2항에 따라 원고가 입게 될 손해의 정도와 배상방법, 그 밖의 사정에 관하여 심리하여야 하고, 이 경우 원고는 행정소송법 제28조 제3항에 따라 손해배상, 제해시설의 설치 그 밖에 적당한 구제방법의 청구를 병합하여 제기할 수 있으므로, 당사자가 이를 간과하였음이 분명하다면 적절하게 석명권을 행사하여 그에 관한 의견을 진술할 수 있는 기회를 주어야 한다(대판 2016. 7. 14, 2015두4167[기반시설부담금 부과처분 취소]).

4. 효 과

사정판결은 원고의 청구를 기각하는 판결이므로 취소소송의 대상인 처분 등은 당해 처분이 위법함에도 그 효력이 유지된다.

사정판결이 있는 경우 원고의 청구가 이유 있음에도 불구하고 원고가 패소한 것이므로 소송비용은 승소자인 피고가 부담한다.

5. 원고의 권익구제

사정판결로 해당 처분 등이 적법하게 되는 것은 아니므로 원고가 당해 처분 등으로 손해를 입은 경우 손해배상청구를 할 수 있다.

원고는 피고인 행정청이 속하는 국가 또는 공공단체를 상대로 손해배상, 제해시설(除害施設)의 설치 그 밖에 적당한 구제방법의 청구를 당해 취소소송 등이 계속된 법원에 병합하여 제기할 수 있다(법 제28조 제3항).

6. 적용범위

행정소송법상 사정판결은 취소소송에서만 인정되고, 무효등확인소송과 부작위위법확인소송에는 준용되고 있지 않다(제38조). 사정판결이 무효등확인소송에도 인정될 수 있는지에 관하여 견해가 대립하고 있는데, 판례는 부정설을 취하고 있다.

[판례] 당연무효의 행정처분을 소송목적물로 하는 행정소송에서는 존치시킬 효력이 있는 행정행위가 없기 때문에 행정소송법 제28조 소정의 사정판결을 할 수 없다(대판 1996. 3. 22, 95누5509[토지수용재결처분취소등]).

제 4 항 부작위위법확인소송의 판결의 종류

Ⅰ. 각하판결

부작위위법확인소송의 소송요건을 결여한 부적법한 소에 대하여는 본안심리를 거절하는 각하판결을 내린다. 부작위 자체가 성립하지 않는 경우(예 신청권이 없는 경우(이견 있음), 거부처분이 행해졌음에도 부작위로 알고 소송을 제기한 경우) 및 부작위가 성립하였으나 소송계속 중 처분이 내려져 소의 이익이 상실된 경우 각하판결을 내린다.

부작위위법확인소송 계속 중 행정청이 당사자의 신청에 대하여 상당한 기간이 지난 후 처분등을 한 경우 법원은 각하판결을 하면서 소송비용의 전부 또는 일부를 피고가 부담하게 할 수 있다(행정소송규칙 제17조).

Ⅱ. 기각판결

본안심리의 결과 원고의 부작위위법확인청구가 이유 없다고 판단되는 경우 기각판결을 내린다.

부작위가 존재하는 경우 통상 그 부작위는 위법하므로 인용판결을 한다. 부작위는 그 자체로서 위법하다고 한 판례가 있다(대판 2005. 4. 14, 2003두7590). 그러나, 부작위가 존재하는 경우에도 그 부작위가 정당한(적법한) 경우가 예외적으로 있을 수 있다. 즉, 신청요건이 충족되지 않은 경우 행정청은 행정절차법에 따라 보완을 명하여야 하고 보완을 하지 않는 경우 반려처분(거부처분)을 할 수 있지만, 신청요건의 결여가 중대하여 처분을 할 수 없을 정도인 경우에 행정청의 부작위는 정당(적법)하다고 보고 기각판결을 하여야 한다. 기각판결을 받은 원고는 신청서류를 보완하여 다시 신청을 할 수 있다. 만일 신청요건의 결여가 중대하여 처분을 할 수 없을 정도인 경우에도 부작위가 위법하다고 보고 인용판결을 하면 행정청은 거부처분을 할 수밖에 없고 국민의 권익이 구제되지도 않을뿐더러 무용하게 절차를 반복하게 하는 결과가 된다. 또한, 적법한 신청이라 하더라도 화재 등 재해로 신청서류가 없어진 경우에 그 부작위는 정당(적법)하다고 할 수밖에 없다.

신청권을 소송요건의 문제가 아니라 본안의 문제로 보는 견해에 의하면 신청권이 존재하지 않는 경우 기각판결을 하여야 한다.

실체적 심리설에 따르는 경우 실체법상 신청에 따른 처분을 해 주어야 하는 경우 인용판결을 하고 신청에 따른 처분을 해 줄 의무가 없는 경우 기각판결을 한다.

Ⅲ. 인용판결

본안심리의 결과 원고의 부작위위법확인청구가 이유 있다고 인정하는 경우 인용판결(부작위위법확인판결)을 내린다. 절차적 심리설에 의하면 부작위 상태가 계속되는 경우에, 실체적 심리설에 의하면 신청에 따른 처분의무가 있는 경우에 부작위위법확인판결을 내린다.

제 5 항 무효등확인소송의 판결의 종류

Ⅰ. 각하판결

무효등확인소송이 소송요건을 결여한 경우에는 본안심리를 거절하는 각하판결을 내린다.

Ⅱ. 기각판결

본안심리의 결과 원고의 무효등확인청구가 이유 없다고 판단되는 경우 기각판결을 내린다. 기각판결은 다음과 같은 경우에 내린다.

① 계쟁처분이 적법하거나 위법하지 아니하고 단순한 부당에 그친 경우

② 계쟁처분이 위법하지만 당해 위법이 중대하거나 명백하지 않은 경우

다만, 계쟁처분의 위법이 취소사유에 불과하나 당해 무효확인소송이 취소소송의 요건을 충족하고 있는 경우에 판례는 무효확인청구에는 취소청구가 포함된 것으로 보고 취소판결을 할 수 있다고 본다. 그러나, 법원은 석명권을 행사하여 원고의 의사를 명확히 하여 원고가 취소청구를 의욕하는 경우에는 무효확인소송을 취소소송으로 정정한 후 취소판결을 하고, 만일 원고가 무효확인청구를 고집하는 경우에는 기각판결을 하여야 하는 것으로 보는 것이 타당하다(소송의 종류 참조).

행정소송법은 취소소송에서의 사정판결에 관한 규정을 무효등확인소송에 준용하고 있지 않다. 그런데, 학설상 무효등확인소송에서도 사정판결이 인정될 수 있는지에 관하여 전술한 바와 같이 견해가 대립되고 있다.

Ⅲ. 인용판결

본안심리의 결과 원고의 무효등확인청구가 이유 있다고 인정하는 경우(무효인 경우) 인용판결(무효등확인판결)을 내린다.

제 6 항 공법상 당사자소송의 판결의 종류

Ⅰ. 각하판결

당사자소송이 소송요건을 결여한 경우에는 본안심리를 거절하는 각하판결을 내린다.

Ⅱ. 기각판결

본안심리의 결과 원고의 청구가 이유 없다고 판단되는 경우 기각판결을 내린다.

Ⅲ. 인용판결

본안심리의 결과 원고의 청구가 이유 있다고 인정하는 경우 인용판결을 내리는데, 당사자소송의 소의 종류에 따라 확인판결을 내리기도 하고(예 공무원지위를 확인하는 판결) 이행판결을 내리기도 한다(예 공법상 금전급부의무의 이행을 명하는 판결).

제 7 항 항고소송에서의 위법판단의 기준시 [2022 행시, 2020 변시]

처분은 그 당시의 사실상태 및 법률상태를 기초로 하여 행해지게 된다. 그런데, 처분 후 사실상태 또는 법률상태가 변경되는 경우가 있다. 이 경우에 있어서 법원이 본안심리의 결과 처분의 위법 여부를 판단함에 있어서 어느 시점의 법률상태 및 사실상태를 기준으로 하여야 할 것인가 하는 문제가 제기되는데, 이에 관하여 취소소송의 본질을 무엇으로 볼 것인가에 따라 처분시설과 판결시설이 대립하고 있다.

Ⅰ. 처분시설

처분시설(處分時說)이라 함은 처분의 위법 여부의 판단은 처분시의 사실 및 법률상태를 기준으로 하여 행하여야 한다는 견해를 말한다. 이 설이 통설이다.

처분시설의 주요 논거는 다음과 같다. 취소소송에 있어서 법원의 역할은 처분의 사후심사이며, 법원이 처분 후의 사정에 근거하여 처분의 적법 여부를 판단하는 것(판결시설)은 행정청의 제1차적 판단권을 침해하는 것이 되고 법원이 감독행정청의 역할을 하는 것이 되어 타당하지 않다고 본다.

Ⅱ. 판결시설

판결시설(判決時說)이라 함은 처분의 위법 여부의 판단은 판결시(구두변론종결시)의 사실 및 법률상태를 기준으로 행하여야 한다는 견해이다.

판결시설의 주요 논거는 다음과 같다. 취소소송의 본질은 처분으로 인하여 형성된 위법상태를 배제하는 데 있으므로 원칙적으로 판결시의 법 및 사실상태를 기준으로 판결하여야 한다고 본다.

Ⅲ. 절 충 설

절충설은 원칙상 처분시설이 타당하다고 하면서도 예외적으로 계속적 효력을 가진 처분(예 물건의 압수처분, 통행금지구역의 설정, 공물의 공용개시행위)이나 미집행의 처분(예 집행되지 않은 철거명령)에 대한 소송에 있어서는 판결시설을 취하는 것이 타당한 경우가 있다고 본다(박윤흔, 1013면; 김남진, 705면). 이에 추가하여 거부처분취소소송의 경우에도 실질적으로 의무이행소송과 유사한 성격을 갖는다는 점에서 위법판단시점을 판결시로 보는 것이 타당하다는 견해가 있다(정하중, 810면).

Ⅳ. 판 례

판례는 처분시설을 취하고 있다(대판 1996. 12. 20, 96누9799; 2005. 4. 15, 2004두10883).

즉, 행정처분의 위법 여부는 행정처분이 있을 때의 법령과 사실 상태를 기준으로 판단하여야 한다.

[판례 1] 공정거래위원회가 과징금 산정 시 위반 횟수 가중의 근거로 삼은 위반행위에 대한 시정조치가 그 후 '위반행위 자체가 존재하지 않는다는 이유로 취소판결이 확정된 경우' (구 과징금부과 세부기준 등에 관한 고시(2014. 5. 30. 공정거래위원회 고시 제2014-7호로 개정되기 전의 것, 이하 '구 과징금 고시'라 한다) Ⅳ. 2. 나. (2)항은 과거 시정조치의 횟수 산정 시 시정조치의 무효 또는 취소판결이 확정된 건을 제외하도록 규정하고 있고, 행정청으로부터 행정처분을 받았으나 나중에 그 행정처분이 행정쟁송절차에서 취소되었다면, 그 행정처분은 처분 시에 소급하여 효력을 잃게 되고, 위반 횟수 가중에 잘못이 있으므로) 과징금 부과처분의 상대방은 결과적으로 처분 당시 객관적으로 존재하지 않는 위반행위로 과징금이 가중되므로, 그 처분은 비례·평등원칙 및 책임주의 원칙에 위배될 여지가 있다. 다만 공정거래위원회는 독점규제 및 공정거래에 관한 법령상의 과징금 상한의 범위 내에서 과징금 부과 여부 및 과징금 액수를 정할 재량을 가지고 있다. 또한 재량준칙인 '구 과징금 고시' Ⅳ. 2. 나. (1)항은 위반 횟수와 벌점 누산점수에 따른 과징금 가중비율의 상한만을 규정하고 있다. 따라서 법 위반행위 자체가 존재하지 않아 위반행위에 대한 시정조치에 대하여 취소판결이 확정된 경우에 위반 횟수 가중을 위한 횟수 산정에서 제외하더라도, 그 사유가 과징금 부과처분에 영향을 미치지 아니하여 처분의 정당성이 인정되는 경우에는 그 처분을 위법하다고 할 수 없다(대판 2019. 7. 25, 2017두55077).

[판례 2] 공사중지명령 이후에 발생한 사실상태를 이유로 공사중지명령이 재량권을 일탈·남용한 것이라고 본 원심을, 공사중지명령 이후에 발생한 사실상태를 이유로 공사중지명령의 해제 요구 및 그 요구에 대한 거부처분에 대하여 취소청구를 할 수 있음은 별론으로 하고, 적법하였던 공사중지명령이 위법하게 되는 것은 아니라고 하여 파기한 사례(대판 2007. 5. 11, 2007두1811[공사중지명령처분취소]).

[판례 3] 행정소송에서 행정처분의 위법 여부는 행정처분이 행하여졌을 때의 법령과 사실상태를 기준으로 하여 판단하여야 하고, 처분 후 법령의 개폐나 사실상태의 변동에 의하여 영향을 받지는 않으므로, 난민 인정 거부처분의 취소를 구하는 취소소송에서도 그 거부처분을 한 후 국적국의 정치적 상황이 변화하였다고 하여 처분의 적법 여부가 달라지는 것은 아니다(대판 2008. 7. 24, 2007두3930[난민인정불허가결정취소]).

[판례 4] 행정청이 수익적 행정행위를 하면서 협약의 형식으로 부담을 부가하였는데 부담의 전제가 된 주된 행정처분의 근거법령이 개정되어 부관을 붙일 수 없게 된 경우 협약의 효력이 소멸하는지 여부(소극): 행정청이 재량행위인 수익적 행정처분을 하면서 처분의 상대방에게 일정한 의무를 부과하는 부담을 부가하였다면 이러한 부담은 독립하여 행정소송의 대상이 되는 행정처분이 된다 할 것인데, 행정처분의 위법 여부는 행정처분이 있을 때의 법령과 사실상태를 기준으로 하여 판단하여야 하고, 처분 후 법령의 개폐나 사실상태의 변동에 의하여 영향을 받지 않으므로, 행정청이 수익적 행정처분을 하면서 부가한 부담 역시 처분 당시 법령을 기준으로 위법 여부를 판단하여야 하고, 부담이 처분 당시 법령을 기준으로 적법하다면 처분 후 부담의 전제가 된 주된 행정처분의 근거법령이 개정됨으로써 행정청이 더 이상 부관을 붙일 수 없게 되었다 하더라도 곧바로 위법하게 되거나 그 효력이 소멸하게 되는 것은 아니다(대판 2009. 2. 12, 2005다65500).

[판례 5] 공정거래위원회의 시정명령 및 과징금 납부명령이 재량권 일탈 · 남용으로 위법한지 판단하는 기준 시점: 행정소송에서 행정처분의 위법 여부는 행정처분이 행하여졌을 때의 법령과 사실상태를 기준으로 하여 판단해야 하고, 이는 독점규제 및 공정거래에 관한 법률에 기한 공정거래위원회의 시정명령 및 과징금 납부명령(이하 '과징금 납부명령 등'이라 한다)에서도 마찬가지이다. 따라서 공정거래위원회의 과징금 납부명령 등이 재량권 일탈·남용으로 위법한지는 다른 특별한 사정이 없는 한 과징금 납부명령 등이 행하여진 '의결일' 당시의 사실상태를 기준으로 판단하여야 한다(대판 2015. 5. 28, 2015두36256).

[판례 6] 교원소청심사위원회가 한 결정의 취소를 구하는 소송에서 결정의 적부를 판단하는 기준 시점(=결정시) 및 판단대상: 교원소청심사위원회가 한 결정의 취소를 구하는 소송에서 그 결정의 적부는 결정이 이루어진 시점을 기준으로 판단하여야 하지만, 그렇다고 하여 소청심사 단계에서 이미 주장된 사유만을 행정소송의 판단대상으로 삼을 것은 아니다. 따라서 소청심사 결정 후에 생긴 사유가 아닌 이상 소청심사 단계에서 주장하지 아니한 사유도 행정소송에서 주장할 수 있고, 법원도 이에 대하여 심리·판단할 수 있다(대판 2018. 7. 12, 2017두65821).

이와 같이 행정처분의 위법 여부는 처분시의 법령 및 사실상태를 기준으로 판단하지만, 처분시의 법령 및 사실상태 그리고 사실상태에 대한 법령의 적용에 관한 판단자료는 판결시를 기준으로 한다. 즉, 법원은 행정처분 당시 행정청이 알고 있었던 자료뿐만 아니라 사실심 변론종결 당시까지 제출된 모든 자료를 종합하여 처분 당시 존재하였던 객관적 사실을 확정하고 그 사실에 기초하여 처분의 위법 여부를 판단할 수 있다(대판 2019. 7. 25, 2017두55077).

[판례] 항고소송에서 행정처분의 위법 여부는 행정처분이 있을 때의 법령과 사실 상태를 기준으로 판단하여야 하고, 법원은 행정처분 당시 행정청이 알고 있었던 자료뿐만 아니라 사실심 변론종결 당시까지 제출된 모든 자료를 종합하여 처분 당시 존재하였던 객관적 사실을 확정하고 그 사실에 기초하여 처분의 위법 여부를 판단할 수 있다(대판 전원합의체 2024. 7. 18, 2022두43528).

특히 사실관계(안전, 위험, 인과관계 등 포함)의 판단은 판결시의 과학기술 등 증거자료에 의한다. 법령의 해석도 처분시의 법령해석에 구속되지 않고 언제든 자유롭게 할 수 있다. 예를 들면, 산업재해로 인한 사망자의 유족에 대한 '유족급여및장의비부지급처분'에 대한 취소소송에서 업무와 사망 사이의 상당인과관계의 인정에 있어서 처분시의 고시('개정 전 고시')는 행정규칙으로 대외적 구속력이 없으므로(법령이 아니므로) 처분시의 '개정 전 고시'를 적용할 의무는 없고, 해당 불승인처분이 있은 후 '개정된 고시(개정에 따른 새로운 고시)'(「뇌혈관 질병 또는 심장 질병 및 근골격계 질병의 업무상 질병 인정 여부 결정에 필요한 사항」(2017. 12. 29. 고용노동부 고시 제2017-117호))의 규정 내용과 개정 취지를 참작하여 상당인과관계의 존부를 판단할 수 있다고 한 대법원 판례(대판 2020. 12. 24, 2020두39297)가 있다.

[판례 1] 항고소송에서 처분의 위법 여부는 특별한 사정이 없는 한 그 처분 당시의 법령을 기준으로 판단하여야 한다. 이는 신청에 따른 처분의 경우에도 마찬가지이다(대법원 2020. 1. 16. 선고 2019다264700 판결 등 참조). 그러나 「뇌혈관 질병 또는 심장 질병 및 근골격계 질병의 업무상 질병 인정 여부 결정에 필요한 사항」(2013. 6. 28. 고용노동부 고시 제2013-32호, 이하 '개정 전 고시'라고 한다)은 대외적으로 국민과 법원을 구속하는 효력은 없으므로, 근로복지공단이 처분 당시에 시행된 '개정 전 고시'를 적용하여 산재요양 불승인처분을 한 경우라고 하더라도 해당 불승인처분에 대한 항고소송에서 법원은 '개정 전 고시'를 적용할 의무는 없고, 해당 불승인처분이 있은 후 개정된 「뇌혈관 질병 또는 심장 질병 및 근골격계 질병의 업무상 질병 인정 여부 결정에 필요한 사항」(2017. 12. 29. 고용노동부 고시 제2017-117호, 이하 '개정된 고시'라고 한다)의 규정 내용과 개정 취지를 참작하여 상당인과관계의 존부를 판단할 수 있다. 그 구체적인 이유는 다음과 같다. 1) 산업재해보상보험법 제37조 제1항 제2호, 제5항, 같은 법 시행령 제34조 제3항 [별표 3]의 규정 내용과 형식, 입법 취지를 종합하면, 같은 법 시행령 [별표 3] '업무상 질병에 대한 구체적인 인정 기준'은 같은 법 제37조 제1항 제2호에서 규정하고 있는 '업무상 질병'에 해당하는 경우를 예시적으로 규정한 것이라고 보아야 하고, 그 기준에서 정한 것 외에 업무와 관련하여 발생한 질병을 모두 업무상 질병에서 배제하는 규정으로 볼 수는 없다(대법원 2014. 6. 12. 선고 2012두24214 판결 참조). 2) 산업재해보상보험법 시행령 [별표 3] '업무상 질병에 대한 구체적인 인정 기준'은 '뇌혈관 질병 또는 심장 질병', '근골격계 질병'의 업무상 질병 인정 여부 결정에 필요한 사항은 고용노동부장관이 정하여 고시하도록 위임하고 있다[제1호 (다)목, 제2호 (마)목]. 위임근거인 산업재해보상보험법 시행령 [별표 3] '업무상 질병에 대한 구체적인 인정 기준'이 예시적 규정에 불과한 이상, 그 위임에 따른 고용노동부 고시가 대외적으로 국민과 법원을 구속하는 효력이 있는 규범이라고 볼 수는 없고, 상급행정기관이자 감독기관인 고용노동부장관이 그 지도·감독 아래 있는 근로복지공단에 대하여 행정내부적으로 업무처리지침이나 법령의 해석·적용 기준을 정해주는 '행정규칙'이라고 보아야 한다. 3) 개정 전 고시에 의하더라도, '만성적인 과중한 업무'에 해당하는지 여부는 업무의 양·시간·강도·책임, 휴일·휴가 등 휴무시간, 교대제 및 야간근로 등 근무형태, 정신적 긴장의 정도, 수면시간, 작업 환경, 그 밖에 그 근로자의 연령, 성별, 건강상태 등을 종합하여 판단하여야 하며[I. 1. (다)목 후단], 업무시간은 업무상 과로 여부를 판단하는 데에서 하나의 고려요소일 뿐, 절대적인 판단 기준은 될 수 없다. 4) 개정된 고시는, 개정 전 고시의 규정 내용이 지나치게 엄격하였다는 반성적 고려에서, 재해자의 기초질환을 업무관련성 판단의 고려사항으로 보지 않도록 종전에 규정되어 있던 '건강상태'를 삭제하였을 뿐 아니라[I. 1. (다)목 후단], 발병 전 12주 동안 1주 평균 업무시간이 52시간을 초과하는 경우에는 업무시간이 길어질수록 업무와 질병의 관련성이 증가하는 것으로 평가하고, 특히 근로일정 예측이 어려운 업무, 교대제 업무, 육체적 강도가 높은 업무 등의 경우에는 업무와 질병의 관련성이 강하다고 평가하도록 규정하고 있다[I. 1. (다)목 2)](대판 2020. 12. 24, 2020두39297).
〈해설〉 처분 전 '개정전 고시'가 아니라 처분 후 '개정된 고시'를 적용 내지 참작하여 상당인과관계의 존부를 판단하였지만, 대법원이 '개정된 고시'는 법규명령이 아니라 행정규칙이라고 보고 있으므로 처분 후의 개정된 법령을 적용하는 것이 아니라 처분시의 법령을 적용하는 것이며 사실관계의 일종이라고 할 수 있는 상당인과관계의 판단을 처분 후의 자료라고 볼 수 있는 '개정된 고시'를 참작하여 판단한 것이므로 위법판단의 기준시점을 판결시로 본 것이 아니라 여전히 처분시로 본 것이다. 다만, 상당인과관계의 존부를 개정된 고시를 참작하여 판단할 수 있다는 표현보다는 '상당인과관계의 존부는 판결시의 과학기술정보 및 경험칙에 의해 판단할 수 있다'라고 판시하는 것이 바람직하였다는 비판은 가능하다. 그리고 문제의 고시는 과학기술정보 및 경험칙의

변경에 따라 개정된 것으로 볼 수 있다. 만일 문제의 고시를 법령보충적 고시라고 본다면 '개정된 고시'는 처분 후의 법령이므로 위법판단의 기준시에 관해 처분시설'을 취하면 '개정된 고시'를 적용할 수는 없다.

[판례 2] **[유족급여 및 장의비 부지급 결정에 대한 취소를 구하는 사건]** 근로복지공단이 처분 당시에 시행되고 있던 '개정 전 고시'를 적용하여 유족급여 부지급처분을 한 경우라고 하더라도 이에 대한 취소소송에서 법원은 처분 후 개정된 고시의 규정 내용과 개정 취지(개정 전 고시의 규정 내용이 지나치게 엄격하였다는 반성적 고려에서 유족급여 인정기준을 일부 완화함)를 참작하여 상당인과관계의 존부를 판단할 수 있다(산재요양 불승인처분에 관한 대법원 2020. 12. 24. 선고 2020두39297 판결 등 참조)(대판 2022. 2. 11, 2021두45633[유족급여및장의비부지급처분취소]).

[판례 3] 산업재해보상보험법(이하 '산재보험법'이라 한다) 제37조 제1항 제2호, 제5항, 산업재해보상보험법 시행령(이하 '산재보험법 시행령'이라 한다) 제34조 제3항 [별표 3]의 규정 내용·형식·입법 취지를 종합하면, 산재보험법 시행령 [별표 3] '업무상 질병에 대한 구체적인 인정 기준(이하 '인정 기준'이라 한다)'은 산재보험법 제37조 제1항 제2호에서 정한 '업무상 질병'에 해당하는 경우를 예시적으로 규정한 것이고, 그 기준에서 정한 것 외에는 업무와 관련하여 발생한 질병을 모두 업무상 질병에서 배제하는 규정으로 볼 수 없다. '인정 기준'의 위임에 따른 '뇌혈관 질병 또는 심장 질병 및 근골격계 질병의 업무상 질병 인정 여부 결정에 필요한 사항'(2022. 4. 28. 고용노동부고시 제2022-40호, 이하 '현행 고용노동부고시'라 한다)은 대외적으로 국민과 법원을 구속하는 효력이 있는 규범이라고 볼 수 없고, 근로복지공단에 대한 내부적인 업무처리지침이나 법령의 해석·적용 기준을 정해주는 '행정규칙'이라고 보아야 한다. 따라서 근로복지공단이 처분 당시에 시행된 '고용노동부고시'를 적용하여 산재요양 불승인처분을 하였더라도, 법원은 해당 불승인처분에 대한 항고소송에서 해당 불승인처분이 있은 후 개정된 '현행 고용노동부고시'의 규정 내용과 개정 취지를 참작하여 상당인과관계의 존부를 판단할 수 있다(대판 2023. 4. 13, 2022두47391[요양불승인처분취소]).

부당해고 구제신청에 관한 중앙노동위원회의 명령 또는 결정의 취소를 구하는 소송에서 그 명령 또는 결정이 적법한지는 그 명령 또는 결정이 이루어진 시점을 기준으로 판단하여야 하고, 그 명령 또는 결정 후에 생긴 사유를 들어 적법 여부를 판단할 수는 없으나, 그 명령 또는 결정의 기초가 된 사실이 동일하다면 노동위원회에서 주장하지 아니한 사유도 행정소송에서 주장할 수 있다(대판 2021. 7. 29, 2016두64876[부당해고구제재심판정취소]).

V. 결어(처분시설)

취소소송은 행정청이 내린 처분을 다투어 취소를 구하는 소송이므로 처분의 위법판단의 기준시를 원칙상 처분시로 보아야 한다. 다만, 후술하는 바와 같이 거부처분취소소송에서 위법판단의 기준시는 처분시로 보되 취소판결의 기준시는 판결시로 보는 것이 거부처분취소소송의 문제점을 보완하여 의무이행소송과 유사한 권리구제기능을 수행하게 할 수 있으므로 타당하다.

VI. 행정처분의 위법 여부를 판단하는 기준시점이 처분시라는 의미

행정처분의 위법 여부를 판단하는 기준 시점에 대하여 판결시가 아니라 처분시라고 하는 의미는 **처분시 적용할 법령과 행정처분이 있을 때의 사실상태를 기준으로** 하여 위법 여부를 판단할 것이며, 처분 후 법령의 개폐나 사실상태의 변동에 영향을 받지 않는다는 뜻이지, 처분 당시 보유하였던 처분자료나 행정청에 제출되었던 자료만으로 위법 여부를 판단한다는 의미는 아니다.

처분의 위법판단의 기준시 문제는 **사실심 변론 종결시의 소송자료를 기초로 판결을 내린다**는 것과는 별개의 문제이다. 처분 당시의 사실상태 등에 관한 증명은 사실심 변론종결 당시까지 할 수 있고, 법원은 행정처분 당시 행정청이 알고 있었던 자료뿐만 아니라 사실심 변론종결 당시까지 제출된 모든 자료를 종합하여 처분 당시 존재하였던 객관적 사실을 확정하고 그 사실에 기초하여 처분의 위법 여부를 판단할 수 있다(대판 2014. 10. 30, 2012두25125[조합설립인가처분취소]).

[판례 1] 항고소송에서 행정처분의 적법 여부는 행정처분 당시를 기준으로 판단하여야 하는지 여부(원칙적 적극) 및 이때 행정처분의 위법 여부를 판단하는 기준 시점이 처분시라는 의미: 항고소송에서 행정처분의 적법 여부는 특별한 사정이 없는 한 행정처분 당시를 기준으로 판단하여야 한다. 여기서 행정처분의 위법 여부를 판단하는 기준 시점에 관하여 판결시가 아니라 처분시라고 하는 의미는 행정처분이 있을 때의 법령과 사실상태를 기준으로 하여 위법 여부를 판단하며 처분 후 법령의 개폐나 사실상태의 변동에 영향을 받지 않는다는 뜻이지 처분 당시 존재하였던 자료나 행정청에 제출되었던 자료만으로 위법 여부를 판단한다는 의미는 아니다. 그러므로 처분 당시의 사실상태 등에 관한 증명은 사실심 변론종결 당시까지 할 수 있고, 법원은 행정처분 당시 행정청이 알고 있었던 자료뿐만 아니라 사실심 변론종결 당시까지 제출된 모든 자료를 종합하여 처분 당시 존재하였던 객관적 사실을 확정하고 그 사실에 기초하여 처분의 위법 여부를 판단할 수 있다(대판 2017. 4. 7, 2014두37122; 2018. 6. 28, 2015두58195).

[판례 2] 「재건축초과이익 환수에 관한 법률」에 따른 재건축부담금 산정 시 공제되는 개발비용에 관한 자료 제출시한(= 사실심 변론종결 전까지)(대판 2023. 12. 28, 2020두49553[재건축부담금부과처분취소]).

처분시설을 취하는 경우 처분 후의 법 및 사실관계의 변경은 사정판결사유가 될 수 있다.

Ⅶ. 부작위위법확인소송에서의 위법판단의 기준시

부작위위법확인소송은 아무런 처분을 전제로 하지 않고, 인용판결의 효력(법 제38조 제2항, 법 제30조 제2항)과의 관계에서 볼 때 현재의 법률관계에 있어서의 처분권 행사의 적부에 관한 것이라고 할 수 있기 때문에 **판결시설**이 타당하다는 것이 통설이며(이상규, 876면) **판례**의 입장이다(대판 1990. 9. 25, 89누4758[교원임용의무불이행위법확인 등]).

Ⅷ. 거부처분취소소송에서의 위법판단 및 판결의 기준시[2022 행시, 2010 행시(일반행정) 사례]

거부처분취소소송에서 위법판단 및 판결의 기준시를 처분시로 보는 견해, 판결시로 보는 견해 및 거부처분의 위법판단의 기준시에 관하여 처분시설을 취하면서도 다투어지고 있는 거부처분의 위법판단의 기준시와 거부처분취소판결의 기준시는 구분하여 보는 견해가 있다.

거부처분의 위법판단의 기준시라 함은 거부처분의 위법 여부를 판단하는 기준시이고, 판결의 기준시라 함은 소송상 청구의 인용 여부를 결정하는 기준시이다.

1. 처분시설

처분시설은 취소소송에서의 위법판단의 기준시에 관하여 처분시설을 취하고, 거부처분취소소송에서도 동일한 이유로 처분시설이 타당하다고 보는 견해이다. 이 견해가 **판례**의 입장이다.

처분시설에 의하면 처분시를 기준으로 거부처분의 위법 여부를 판단하고 위법하면 인용판결을, 적법하면 기각판결을 내리는 것이 논리적이라고 본다. 처분시설에 의하면 처분시를 기준으로 거부처분이 위법하면 처분 후 근거법령이 변경되거나 사실관계가 변경된 경우에도 당해 거부처분을 취소하여야 한다.

그런데, 이러한 입장에 서는 경우에 거부처분 후 확정판결 전에 법령이 개정되거나 사실관계에 변동이 생겨 판결시를 기준으로 판결을 내린다면 기각판결을 내려야 하는 경우에는 인용판결이 내려져도 처분청이 처분 후의 사정변경을 이유로 다시 거부처분을 할 수 있게 되어 인용판결이 권리구제에 기여하지 못하고 인용판결 후의 새로운 거부처분에 대하여 다시 소송이 제기되도록 하여 불필요하게 소송이 반복되는 결과를 가져온다. 또한, 판결의 권위를 떨어뜨리며 판결에 대한 국민의 불신을 야기할 수도 있다.

2. 위법판단시·판결시구별설

위법판단시·판결시구별설은 소송경제와 신속한 권리구제를 도모하기 위하여 거부처분취소소송에서 거부처분의 **위법**은 **처분시**를 기준으로 하되 **인용판결**은 **판결시**를 기준으로 하여야 한다는 견해이다.

이 견해에 의하면 거부처분이 당해 거부처분시를 기준으로 적법하면 기각되고, 위법한 경우 사정변경이 없으면 인용판결을 하고, 사정변경이 있으면 판결시를 기준으로 인용하는 것이 타당한 경우 인용을 하고, 판결시를 기준으로 공익을 고려하여 인용하는 것이 타당하지 않은 경우 기각판결을 하게 된다.

3. 판결시설

판결시설은 거부처분취소소송에서 인용판결은 행정소송법 제30조 제2항과 결부하여 행정청에게 신청에 따른 처분의무를 부과한다는 점에서 실질적으로 의무이행소송과 유사한 성격을 가지므로 이행소송의 일반적인 법리에 따라 거부처분의 위법성 판단시점을 판결시로 하는 것이 타당하다는 견해이다(정하중, 810면).

이 견해에 의하면 거부처분시를 기준으로 거부처분이 적법한지 여부를 묻지 않고, 판결시를 기준으로 거부처분이 적법하면 기각판결, 판결시를 기준으로 위법하면 인용판결을 하게 된다. 이 견해에 의하면 거부처분이 거부처분시를 기준으로 적법한 경우에도 사정변경에 의해 판결시를 기준으로 위법하면 인용판결을 하게 된다.

이 견해는 거부처분취소소송이 처분청의 일차적 판단권 행사의 결과인 처분을 사후적으로 취소하는 취소소송이라는 점을 간과하고, 처분권을 대신 행사한다는 점과 거부처분취소소송을 실질적으로 명문의 규정 없이 전형적인 의무이행소송과 같게 보는 점에서 문제가 있다.

4. 결어(위법판단시·판결시구별설)

다음과 같은 이유에서 거부처분취소소송에서 위법판단시와 판결시를 구별하는 견해가 타당하다. ① 항고소송을 통한 위법한 처분의 통제 및 국민의 권리구제라는 항고소송의 기능에 합치한다. ② 행정청의 1차적 판단권의 존중과 분쟁의 일회적 해결의 요청을 조화시키는 견해이다. ③ 의무이행소송이 도입되지 않은 상황하에서 어느 정도 의무이행소송의 권리구제기능을 성취할 수 있다.

5. 의무이행소송에서의 위법판단 및 판결의 기준시

의무이행소송에서 인용판결의 기준시는 판결시가 된다. 다만 의무이행소송에서도 거부처분의 위법 여부를 판단하고 동 거부처분을 취소하여야 하는지, 그리고 거부처분의 위법판단의 기준시를 처분시로 하는 것이 타당한지, 판결시로 하는 것이 타당한지에 관하여 견해의 대립이 있다.

제 8 항 취소판결의 효력

확정된 취소판결의 효력에는 형성력, 기속력 및 기판력이 있는데, **형성력과 기속력은 인용판결에 인정되는 효력**이고, 기판력은 인용판결뿐만 아니라 기각판결 및 각하판결에도 인정되는 효력이다.

I. 형 성 력

1. 의 의

계쟁처분 또는 재결의 취소판결이 확정된 때에는 당해 처분 또는 재결은 처분청 또는 행정심판기관의 취소를 기다릴 것 없이 당연히 효력을 상실하는데, 이를 **형성력**이라 한다.

취소판결은 계쟁처분을 취소하는 것인데, 취소는 형성력을 갖는 행위이다.

처분 개념에 관한 실체법적 개념설에서는 취소를 법적 행위의 효력을 상실시키는 것으로 이해하는데, 쟁송법적 개념설에서는 취소판결에서 취소라 함은 위법상태를 제거한다는 의미를 갖는다. 취소판결에서 취소는 법적 행위에 대하여는 법적 효력을 상실시키는 효력을 갖고(법적 효력을 상실시키는 효력도 위법상태를 배제하는 효력의 하나라고 할 수 있다), 사실행위에 있어서는 위법상태를 배제하는 효력을 갖는다.

2. 형성력의 내용

취소판결의 형성력은 형성효, 소급효 및 대세효로 이루어진다. 즉 취소판결은 계쟁처분의 효력을 소급적으로 상실시키며 제3자에 대하여도 효력이 있다.

(1) 형 성 효

형성효라 함은 계쟁처분의 효력을 상실(배제)시키는 효력을 말한다. 사실행위의 경우에는 그 지배력을 배제하는 의미를 갖는다.

(2) 소 급 효

1) 의 의

취소판결의 취소의 효과는 처분시에 소급하는데, 이를 **취소판결의 소급효**라 한다. 소급효에 관한 명문의 규정은 없지만, 법치행정의 원칙를 실현하기 위하여 계쟁처분에 의해 형성된 위법상태를 배제하여 원상을 회복한다는 취소소송제도의 본질상 인정되는 효력이다.

2) 소급효의 제한

일반적 견해는 취소판결의 소급효에 대한 제한을 두지 않고 취소판결은 항상 소급효를 갖는다고 보고 있다. 그러나, 취소판결의 소급효가 법치주의의 내용을 이루는 법적 안정성을 침해하는 경우에는 명문의 규정 또는 판결에 의해 예외적으로 취소판결의 소급효가 제한될 수도 있다고 보는 것이 타당하다.

판례는 계정처분 취소의 소급효가 원칙이지만, 취소된 계쟁처분을 전제로 행해진 처분은 특별한 사정이 있는 경우(법적 안정성 보장이 크게 요구되는 경우 등) 그 한도내에서 예외적으로 소급효가 제한될 수 있는 것으로 본다.

[판례] [1] 도시 및 주거환경정비법(이하 '도시정비법'이라고 한다)상 주택재개발사업조합의 조합설립인가처분이 법원의 재판에 의하여 취소된 경우 그 조합설립인가처분은 소급하여 효력을 상실하고, 이에 따라 당해 주택재개발사업조합 역시 조합설립인가처분 당시로 소급하여 도시정비법상 주택재개발사업을 시행할 수 있는 행정주체인 공법인으로서의 지위를 상실하므로, 당해 주택재개발사업조합이 조합설립인가처분 취소 전에 도시정비법상 적법한 행정주체 또는 사업시행자로서 한 결의 등 처분은 달리 특별한 사정이 없는 한 소급하여 효력을 상실한다고 보아야 한다. 다만 그 효력 상실로 인한 잔존사무의 처리와 같은 업무는 여전히 수행되어야 하므로, 종전에 결의 등 처분의 법률효과를 다투는 소송에서의 당사자지위까지 함께 소멸한다고 할 수는 없다. [2] 갑 주택재개발정비사업조합설립 추진위원회가 주민총회에서 주택재개발정비사업의 시공자로 을 주식회사를 선정하는 결의를 하였고, 조합설립인가처분 후 갑 주택재개발정비사업조합이 조합총회에서 을 회사를 시공자로 선정(추인)하는 결의를 하였는데, 위 각 결의의 무효확인을 구하는 소송 계속 중에 갑 조합에 대한 조합설립인가처분을 취소하는 내용의 대법원판결이 선고된 사안에서, 갑 조합의 조합설립인가처분 취소 전에 이루어진 결의는 소급하여 효력을 상실하였고, 시공자 선정은 추진위원회 또는 추진위원회가 개최한 주민총회의 권한범위에 속하는 사항이 아니라 조합총회의 고유권한이므로, 추진위원회의 시공자 선정 결의도 무효라고 보아, 원심판결을 파기하고 자판한 사례(대판 2012. 3. 29, 2008다95885[주민총회결의무효확인]).

3) 소급효의 결과

소급효가 미치는 결과 취소된 처분은 소급적으로 효력을 상실한다.

(3) 제3자효(대세적 효력, 대세효)

1) 의　　의

취소판결의 취소의 효력(형성효 및 소급효)은 소송에 관여하지 않은 제3자에 대하여도 미치는데 이를 취소의 대세적 효력(대세효)이라 한다. 행정소송법 제29조 제1항은 이를 명문으로 규정하고 있다.

대세효를 인정한 취지를 승소자의 권리를 확실히 보호하기 위한 것으로 보는 견해가 있는데(홍정선), 대세효를 인정한 취지는 이것보다는 행정상 법률관계를 통일적으로 규율하고자 하는데 그 기본적인 취지가 있다고 보는 것이 타당하다. 취소판결의 효력이 제3자에게도 미침으로 인하여 제3자가 불측의 손해를 입을 수 있으므로 행정소송법은 제3자의 권리를 보호하기 위하여 제3자의 소송참가제도(제16조)와 제3자의 재심청구제도(제31조)를 인정하고 있다.

2) 제3자의 범위

행정상 법률관계를 통일적으로 규율하고자 하는 대세효 인정의 취지에 비추어 취소판결의 효력이 미치는 제3자는 모든 제3자를 의미하는 것으로 보는 것이 타당하며 이것이 일반적 견해이다.

3) 취소판결의 제3자효의 내용

가. 일반원칙 취소판결의 형성력은 제3자에 대하여도 발생하며 제3자는 취소판결의 효력에 대항할 수 없다.

나. 일반처분의 취소의 제3자효 일반처분의 취소의 소급적 효과가 소송을 제기하지 않은 자에게도 미치는지에 관하여 견해가 대립되고 있다.

(가) 상대적 효력설(부정설) 취소소송은 주관적 소송으로서, 그 효력은 원칙적으로 당사자 사이에서만 미치는 것이므로 명시적 규정이 없는 데도 불구하고, 제3자가 그 효력을 적극적으로 향수할 수 있다고 인정하는 데에는 무리가 있다고 본다(김동희, 711면).

(나) 절대적 효력설(긍정설) 일반처분이 불특정 다수인을 대상으로 하는 처분이라는 점, 공법관계의 획일성이 강하게 요청된다는 점 등에 비추어 원칙적으로 제3자의 범위를 한정할 이유는 없다고 한다(김철용, 722면).

(다) 결어(장래효 · 소급효구별설) 일반처분의 취소의 제3자에 대한 효력에 관하여 장래효와 소급효를 구별하는 것이 타당하다.

① 일반처분이 취소되면 일반처분은 장래에 향하여 절대적으로 효력을 상실한다.

② 일반처분의 취소의 소급효는 불가쟁력의 발생 여부에 따라 달라진다고 보는 것이 타당하다. 불가쟁력이 발생한 제3자에 대하여는 법적 안정성을 보장하기 위하여 일반처분의 취소판결이 소급효를 갖지 않는다고 보아야 한다. 달리 말하면 일반처분을 근거로 이미 법률관계가 형성되었고, 취소소송제기기간이 지난 경우에는 일반처분에 근거하여 형성된 기성의 법률관계를 다투면서 일반처분의 취소를 원용할 수 없다.

불가쟁력이 발생하지 않은 제3자에 대해서는 일반처분의 취소의 소급효가 미친다고 보아야 한다.

(4) 취소된 처분을 전제로 형성된 법률관계의 효력 상실

취소판결의 형성효, 소급효와 대세효로 인하여 취소된 처분을 전제로 형성된 법률관계는 소급하여 그 효력을 상실한다. 다만, 이러한 해결은 법적 안정성의 측면에서 문제가 있을 수 있다.

예를 들면, 환지처분이 취소되면 환지취득자는 환지처분에 의해 취득한 소유권을 상실하고 종전의 토지에 대한 소유권을 취득한다. 공매처분이 취소되면 공매처분을 기초로 하여 체결된 사법상 매매계약은 효력을 상실하며 그에 의해 형성된 경락인의 소유권취득도 그 효력을 상실한다. 따라서, 체납자가 경락인을 상대로 한 소유권이전등기말소청구를 인용하여야 한다. 이 경우 경락인은 공무원에게 고의 또는 과실이 있는 경우 국가배상을 청구할 수 있다.

[판례 1] 경매 담당 공무원이 이해관계인에 대한 기일통지를 잘못한 것이 원인이 되어 경락허가결정이 취소된 사안에서, 그 사이 경락대금을 완납하고 소유권이전등기를 마친 경락인에 대하여 국가배상책임을 인정한 사례(대판 2008. 7. 10, 2006다23664[손해배상(기)]).

[판례 2] [1] **도시 및 주거환경정비법상 주택재개발사업조합의 조합설립인가처분이 법원의 재판에 의하여 취소된 경우, 주택재개발사업조합이 조합설립인가처분 취소 전에 도시 및 주거환경정비법상 적법한 행정주체 또는 사업시행자로서 한 결의 등 처분이 소급하여 효력을 상실하는지 여부(원칙적 적극) 및 이때 종전 결의 등 처분의 법률효과를 다투는 소송의 당사자지위까지 함께 소멸하는지 여부(소극)**: 도시 및 주거환경정비법(이하 '도시정비법'이라고 한다)상 주택재개발사업조합의 조합설립인가처분이 법원의 재판에 의하여 취소된 경우 그 조합설립인가처분은 소급하여 효력을 상실하고, 이에 따라 당해 주택재개발사업조합 역시 조합설립인가처분 당시로 소급하여 도시정비법상 주택재개발사업을 시행할 수 있는 행정주체인 공법인으로서의 지위를 상실하므로, 당해 주택재개발사업조합이 조합설립인가처분 취소 전에 도시정비법상 적법한 행정주체 또는 사업시행자로서 한 결의 등 처분은 달리 특별한 사정이 없는 한 소급하여 효력을 상실한다고 보아야 한다. 다만 그 효력 상실로 인한 잔존사무의 처리와 같은 업무는 여전히 수행되어야 하므로, 종전에 결의 등 처분의 법률효과를 다투는 소송에서의 당사자지위까지 함께 소멸한다고 할 수는 없다. [2] 甲 주택재개발정비사업조합설립 추진위원회가 주민총회를 개최하여 주택재개발정비사업의 시공자로 乙 주식회사를 선정하는 결의(이하 '제1 결의'라고 한다)를 하였고, 조합설립인가처분 후 甲 주택재개발정비사업조합이 조합총회를 개최하여 乙 회사를 시공자로 선정(추인)하는 결의(이하 '제2결의'라고 한다)를 하였는데, 위 각 결의의 무효확인을 구하는 소송 계속 중에 甲 조합에 대한 조합설립인가처분을 취소하는 내용의 대법원판결이 선고된 사안에서, 甲 조합에 대한 조합설립인가처분은 법원의 재판에 의한 취소로 소급하여 효력을 상실하였고, 甲 조합 역시 조합설립인가처분 당시로 소급하여 도시 및 주거환경정비법(이하 '도시정비법'이라고 한다)상 주택재개발사업을 시행할 수 있는 행정주체인 공법인으로서 지위를 상실하였으므로, 甲 조합이 조합설립인가처분 취소 전에 도시정비법상 적법한 사업시행자임을 전제로 개최한 조합총회에서 이루어진 제2결의는 소급하여 효력을 상실하였고, 한편 시공자 선정은 추진위원회 또는 추진위원회가 개최한 주민총회의 권한범위에 속하는 사항이 아니라 조합총회의 고유권한이므로, 추진위원회가 개최한 주민총회에서 주택재개발사업의 시공자를 선정한 제1결의도 무효라고 보아, 원심판결을 파기하고 자판한 사례(대판 2012. 3. 29, 2008다95885[주민총회결의무효확인]). 〈해설〉 행정기관을 구성하는 공무원의 지위상실이 아니라 행정주체 자체가 지위를 상실한 경우이므로 사실상 공무원이론의 적용대상으로 볼 수 없다.

[판례 3] 행정처분을 취소하는 확정판결이 제3자에 대하여도 효력이 있다고 하더라도 일반적으로 판결의 효력은 주문에 포함한 것에 한하여 미치는 것이니 그 취소판결 자체의 효력으로써 그 행정처분을 기초로 하여 새로 형성된(새로운 사법상의 매매계약에 의해 형성된) 제3자의 권리까지 당연히 그 행정처분 전의 상태로 환원되는 것이라고는 할 수 없고, 단지 취소판결의 존재와 취소판결에 의하여 형성되는 법률관계를 소송당사자가 아니었던 제3자라 할지라도 이를 용인하지 않으면 아니된다는 것을 의미하는 것에 불과하다 할 것이며, 따라서 취소판결의 확정으로 인하여 당해 행정처분을 기초로 새로 형성된 제3자의 권리관계에 변동을 초래하는 경우가 있다 하더라도 이는 취소판결 자체의 형성력에 기한 것이 아니라 취소판결의 위와 같은 의미에서의 제3자에 대한 효력의 반사적 효과로서 그 취소판결이 제3자의 권리관계에 대하여 그 변동을 초래할 수 있는 새로운 법률요건이 되는 까닭이라 할 것이다(대판 1986. 8. 19, 83다카2022[손해배상]: 환지계획변경처분에 의해 취득한 토지를 제3자에게 양도한 후 동 환지계획변경처분이 취소된 경우 취소소송을 제기한 자가 동 취소판결을 근거로 동 토지를 양수한 제3자에 대한 소유권이전등기말소를 청구한 사건).

[판례 4] 가산세는 세법에서 규정하는 의무의 성실한 이행을 확보하기 위하여 세법에 따라 산출한 본세액에 가산하여 징수하는 독립된 조세이다. 그중 특히 무신고·과소신고·납부불성실가산세 등은 가산세 부과의 근거가 되는 법률 규정에서 본세의 세액이 유효하게 확정되어 있을 것을 전제로 납세의무자가 법정기한까지 과세표준과 세액을 제대로 신고하거나 납부하지 않을 것을 요건으로 하는 것으로서, 신고·납부할 본세의 납세의무가 인정되지 아니하는 경우 이를 따로 부과할 수 없다(대법원 2019. 2. 14. 선고 2015두52616 판결 등 참조). 따라서 본세가 소송 등에 의하여 취소되었다면 이러한 유형의 가산세 역시 처분의 기초를 상실하여 위법하게 된다고 보아야 한다(대판 2025. 8. 14, 2025두33285).

처분의 발령요건 내지 처분사유로 되어 있는 처분이 취소되면 해당 처분은 그 발령요건 내지 처분사유를 상실하게 되어 더 이상 그 효력을 유지할 수 없다.

[판례] **[행정청이 동시에 한 학술진흥법에 따른 사업비 환수처분과 학술지원 대상자 선정제외처분 중 사업비 환수처분만을 취소한 원심판결의 당부가 문제된 사건]** 구 학술진흥법 제20조 제1항은 "구 학술진흥법 제19조 제1항 각 호 또는 제2항 각 호의 어느 하나에 해당하여 사업비 지급이 중지되거나 지급한 사업비의 전부 또는 일부가 환수된 경우에 학술지원 대상자 선정에서 제외하여야 한다"라고 규정하고 있으므로, 학술지원 대상자 선정제외처분은 학술지원 사업비 환수처분의 존재를 그 발령요건 내지 처분사유로 하고 있다고 해석된다. 따라서 행정청이 학술지원 사업비 환수처분과 아울러 학술지원 대상자 선정제외처분을 하였는데, 사후적으로 학술지원 사업비 환수처분만이 취소된 경우, 학술지원 대상자 선정제외처분은 그 발령요건 내지 처분사유를 상실하게 되어 더 이상 그 효력을 유지할 수 없다. [2] 구 학술진흥법상 학술지원 대상자 선정제외처분은 사업비 환수처분의 존재를 그 발령요건 내지 처분사유로 하고 있으므로, 사업비 환수처분을 취소하면서 학술지원 대상자 선정제외처분을 취소하지 않은 원심판결 중 원고 패소 부분에는 구 학술진흥법 제20조 제1항의 학술지원 대상자 선정제외처분의 발령요건 등에 관한 법리오해로 판결에 영향을 미친 잘못이 있다고 보아, 원심판결 중 원고 패소 부분을 파기·자판하여 학술지원 대상자 선정제외처분을 취소한 사례(대판 2025. 2. 13, 2024두57996).

3. 취소판결의 형성력의 준용

행정소송법 제29조 제1항의 취소판결의 형성력은 집행정지결정 또는 집행정지결정의 취소결정에 준용되고(제29조 제2항), 무효확인소송에도 준용된다(제38조 제1항).

Ⅱ. 기 속 력 [2022 행시, 2005 행시(재경직) 약술]

1. 의 의 [2023 변시]

기속력(羈束力)이라 함은 다툼의 대상이 된 사건에 관하여 행정청에 대하여 판결의 취지에 따라 행동하도록 당사자인 행정청과 그 밖의 관계행정청을 구속하는 효력을 말한다. 기속력을 구속력이라 부르기도 한다.

행정소송법은 "처분 등을 취소하는 확정판결은 그 사건에 관하여 당사자인 행정청과 그 밖의 관계행정청을 기속한다"(법 제30조 제1항)고 규정하고 있다.

기속력은 인용판결이 확정된 경우에 한하여 인정되고 기각판결에는 인정되지 않는다. 따라서, 취소소송의 기각판결이 있은 후에도 처분청은 당해 처분을 직권으로 취소할 수 있다.

2. 성 질

구속력의 성질을 무엇으로 볼 것인가에 관하여 기판력설과 특수효력설이 대립하고 있다.

(1) 기판력설

기판력설은 기속력은 취소판결의 기판력이 행정 측에 미치는 것에 지나지 않으며 그 본질은 기판력과 같다고 보는 견해이다. 프랑스법에서는 반복금지효 및 원상회복의무를 기판력(autorité de la chose jugée)의 한 효과로 보고 있다.

(2) 특수효력설

특수효력설은 기속력은 취소판결의 실효성을 확보하기 위하여 행정소송법이 특별히 부여한 효력이며 기판력과는 그 본질을 달리한다고 보는 견해이다(김동희, 774면).

즉, 기판력은 법적 안정성을 위하여 후소의 재판을 구속하여 모순된 판결을 금하는 소송법상의 효력인 데 반하여 기속력은 판결의 실효성을 확보하기 위하여 판결의 취지에 따라 행동하도록 관계행정청을 구속하는 실체법상의 효과를 발생시키는 효력이므로 양자는 본질을 달리 한다고 한다.

통설은 특수효력설을 취하고 있다.

(3) 판 례

판례도 특수효력설을 취하는 것으로 보인다(대판 1957. 2. 6, 4290행상23). 판례는 기속력과 기판력을 아래와 같이 구별하고 있다.

[판례] 행정소송법 제30조 제1항이 규정하는 취소 확정판결의 '기속력'과 같은 법 제8조 제2항에 의하여 행정소송에 준용되는 민사소송법 제216조, 제218조가 규정하는 '기판력'의 의미: 취소 확정판결의 '기속력'은 취소청구가 인용된 판결에서 인정되는 것으로서 당사자인 행정청과 그 밖의 관계행정청에게 확정판결의 취지에 따라 행동하여야 할 의무를 지우는 작용을 한다. 이에 비하여 행정소송법 제8조 제2항에 의하여 행정소송에 준용되는 민사소송법 제216조, 제218조가 규정하고 있는 '기판력'이란 기판력 있는 전소 판결의 소송물과 동일한 후소를 허용하지 않음과 동시에, 후소의 소송물이 전소의 소송물과 동일하지는 않더라도 전소의 소송물에 관한 판단이 후소의 선결문제가 되거나 모순관계에 있을 때에는 후소에서 전소 판결의 판단과 다른 주장을 하는 것을 허용하지 않는 작용을 한다(대판 2016. 3. 24, 2015두48235[감차명령처분취소등]).

(4) 결 어

기판력과 기속력은 그 본질과 기능이 다르다. 그리고, 다음과 같이 그 효력이 다르다. i) 기판력은 소송당사자 및 이와 동일시할 수 있는 자에 미치는데, 기속력은 처분청 및 관계행정청을 구속한다. ii) 기판력은 주문에 포함된 것에 한정되는데, 기속력은 주문 및 이유인 위법사유에 미친다. iii) 기판력은 동일한 처분에 대해서만 미치는데, 기속력은 동일한 처분뿐만 아니라 새로운 처분에도 미친다.

3. 내 용

기속력은 소극적 효력(반복금지효)과 적극적 효력(원상회복의무, 재처분의무)으로 나뉠 수 있다.

[판례] 어떤 행정처분을 위법하다고 판단하여 취소하는 판결이 확정되면 행정청은 취소판결의 기속력에 따라 그 판결에서 확인된 위법사유를 배제한 상태에서 다시 처분을 하거나 그 밖에 위법한 결과를 제거하는 조치를 할 의무가 있다(행정소송법 제30조)(대판 2019. 10. 17, 2018두104[도로점용허가처분무효확인등]).

취소판결의 기속력에 관한 규정인 행정소송법 제30조 중 제1항은 당사자소송에도 준용되므로 취소판결의 기속력 중 반복금지효와 원상회복의무는 당사자소송에서의 확정인용판결에도 준용된다. 재처분의무에 관한 제30조 제2항은 당사자소송에 준용되지 않는다(행정소송법 제44조).

(1) 반복금지효(저촉금지효)[2007·2009 사시 사례, 2012 사시 사례]

취소판결이 확정되면 처분청 및 관계행정청은 취소된 처분에서 행한 과오와 동일한 과오를 반복해서는 안 되는 구속을 받는다. 달리 말하면 처분청 및 관계행정청은 판결의 취지에 저촉되는 처분을 하여서는 안 된다.

저촉금지효(抵觸禁止效, 반복금지효(反復禁止效))는 판결의 취지에 반하는 행위(달리 말하면 동일한 과오를 반복하는 행위)를 금지하는 효력이다.

판결의 취지라 함은 판결의 주문과 판결이유를 말한다. 취소판결의 취지는 취소된 처분이 위법하다는 것과 취소판결의 이유가 된 위법사유를 말한다.

① 동일한 처분의 반복 금지: 동일한 처분을 하는 것은 취소판결의 기속력에 반한다. '동일한 처분'이라 함은 동일 사실관계 아래에서 동일 당사자에 대하여 동일한 내용을 갖는 행위를 말한다.

i) 취소된 처분의 처분사유와는 기본적 사실관계에서 동일성이 없는 다른 처분사유를 들어 동일한 내용의 처분을 하여도 동일한 처분이 아니므로 기속력에 저촉되지 않는다.

[판례] 재결의 기속력은 재결의 주문 및 그 전제가 된 요건사실의 인정과 판단, 즉 처분 등의 구체적 위법사유에 관한 판단에만 미친다고 할 것이고, 종전 처분이 재결에 의하여 취소되었다 하더라도 종전 처분사유와는 다른 사유를 들어서 처분을 하는 것은 기속력에 저촉되지 않는다고 할 것이며, 여기에서 동일 사유인지 다른 사유인지는 종전 처분에 관하여 위법한 것으로 재결에서 판단된 사유와 기본적 사실관계에 있어 동일성이 인정되는 사유인지 여부에 따라 판단되어야 한다(대판 2005. 12. 9, 2003두7705[주택건설사업계획 승인신청서 반려처분 취소]: 새로운 처분의 처분사유와 종전 처분에 관하여 위법한 것으로 재결에서 판단된 사유가 기본적 사실관계에 있어 동일성이 없으므로 새로운 처분이 종전 처분에 대한 재결의 기속력에 저촉되지 않는다고 한 사례).

예를 들면, 어떤 행정법규 위반을 이유로 한 허가취소처분(철회)이 그에 대한 취소판결에 의해 취소되었더라도 행정청은 이제는 다른 행정법규 위반을 이유로 당해 허가를 취소(철회)할 수 있다. 동일한 법규 위반사실에 대하여 법적 근거만을 변경하여 동일 허가 등을 철회할 수는 없다.

또한, 취소된 처분의 징계사유와 다른 징계사유를 내세워 동일한 내용의 징계처분을 할 수 있다.

다만, 법원이 처분상대방의 명시적 동의에 따라 당초 거부처분사유와 기본적 사실관계의 동일성이 인정되지 않는 처분사유의 추가·변경을 허용하였고, 추가·변경된 기본적 사실관계의 동일성이 인정되지 않는 그 거부처분사유도 실체적으로 위법하여 처분을 취소하는 판결이 선고·확정되는 경우 추가·변경된 기본적 사실관계의 동일성이 인정되지 않는 그 거부처분사유에 관한 법원의 판단에 대해서도 취소판결의 기속력이 미친다고 보아야 한다(대판 2024. 11. 28, 2023두61349).

ii) 처분의 기본적 사실관계가 동일하다면 적용법규정을 달리하거나 처분사유를 변경하여 동일한 내용의 처분을 하는 것은 동일한 행위의 반복에 해당하여 취소판결의 기속력에 반한다.

iii) 취소사유가 절차 또는 형식의 흠인 경우에 행정청이 적법한 절차 또는 형식을 갖추어 행한 동일한 내용의 처분은 새로운 처분으로 취소된 처분과 동일한 처분이 아니다.

② **판결의 이유에서 제시된 위법사유의 반복 금지**: 기속력은 판결의 이유에 제시된 위법사유에 대하여 미치므로 판결의 이유에서 제시된 위법사유를 다시 반복하는 것은 동일한 처분이 아닌 경우에도 동일한 과오를 반복하는 것으로서 기속력에 반한다.

i) 취소판결에서 위법으로 판단된 처분사유를 포함하여 동일한 내용의 또는 다른 내용의 처분을 하는 것은 동일한 과오를 반복하는 것으로서 기속력에 반한다.

ii) 법규 위반을 이유로 내린 영업허가취소처분이 비례의 원칙 위반으로 취소된 경우에 동일한 법규 위반을 이유로 영업정지처분을 내리는 것은 기속력에 반하지 않지만, 법규 위반사실이 없는 것을 이유로 영업허가취소처분이 취소된 경우에 동일한 법규 위반을 이유로 영업정지처분을 내리는 것은 기속력에 반한다.

iii) 또한, 여러 법규 위반을 이유로 한 영업허가취소처분이 처분의 이유로 된 법규 위반 중 일부가 인정되지 않고 나머지 법규 위반으로는 영업허가취소처분이 비례의 원칙에 위반된다고 취소된 경우에 판결에서 인정되지 않은 법규 위반사실을 포함하여 다시 영업정지처분을 내리는 것은 동일한 행위의 반복은 아니지만 판결의 취지에 반한다.

[판례] 공무원에 대한 파면처분이 재량권의 범위를 벗어나 위법한 처분이라고 하여 법원에 의해 취소판결이 확정되었음에도 불구하고, 행정청이 다시 징계위원회의 의결을 거쳐 동일한 사유로 해임처분을 한 경우에 확정판결의 기판력(기속력)에 저촉된다고는 볼 수 없다(대판 1985. 4. 9, 84누747).

③ **취소된 행위를 기초로 한 처분의 금지**: 행정청은 취소된 행위를 기초로 하는 일체의 처분을 하여서는 안 된다.

(2) 원상회복의무(위법상태제거의무) [2010 입시 사례]

취소판결이 확정되면 행정청은 취소된 처분에 의해 초래된 위법상태를 제거하여 원상회복할 의무를 진다.

예를 들면, 재산의 압류처분이 취소되면 행정청은 당해 재산을 반환해야 할 의무를 진다. 또한, 파면처분이 취소되면 파면되었던 원고를 복직시켜야 한다. 또한, 병역의무 기피자의 명단공표가 취소되면 그 명단공표를 중단하고, 그 공표된 명단을 삭제하여야 한다.

예를 들면, 도로점용허가처분의 취소가 확정되면 처분청은 취소판결의 기속력에 따라 참가인에 대하여 이 사건 도로의 점용을 중지하고 원상회복할 것을 명령하고, 이를 이행하지 않을 경우 행정대집행이나 이행강제금 부과 조치를 하는 등 이 사건 도로점용허가로 인한 위법상태를 제거하여야 한다. 또한, 처분청은 수익적 행정행위의 직권취소 제한에 관한 법리를 준수하는 범위 내에서 일정한 요건 하에 직권으로 이 사건 건축허가의 일부를 취소하거나 변경하는 등의 조치를 할 의무가 있다. 그 이유는 도로점용허가 취소판결의 직접적인 효과로 이 사건 건축허가가 취소되거나 그 효력이 소멸되는 것은 아니지만, 이 사건 도로점용허가가 유효하게 존재함을 전제로 이루어진 이 사건 건축허가는 그 법적·사실적 기초를 일부 상실하게 되기 때문이다.

취소판결의 기속력에 원상회복의무(위법상태제거의무)가 포함되는지에 관하여 명문의 규정은 없지만, 취소소송제도의 본질 및 행정소송법 제30조에 근거하여 이를 긍정하는 것이 타당하다. 판례도 이를 긍정하고 있다.

[판례 1] 어떤 행정처분을 위법하다고 판단하여 취소하는 판결이 확정되면 행정청은 행정소송법 제30조의 취소판결의 기속력에 따라 그 판결에서 확인된 위법사유를 배제한 상태에서 다시 처분을 하거나 그 밖에 위법한 결과를 제거하는 조치를 할 의무가 있다(대판 2019. 10. 17, 2018두104).

[판례 2] [1] 이 사건 원심판결 중 '1차 변경처분(기존 노후화된 도선 1척을 신형 선박(세종9호)으로 교체하는 내용의 1차 도선사업변경면허) 중 2차 변경처분(세종9호의 정원 부분만을 규율하는 처분)에 의하여 취소되지 않고 남아 있는 부분'을 취소하는 부분이 확정되면 이 사건 항로에서 세종9호를 도선으로서 운항할 법적 근거가 사라진다. 따라서 세종9호의 정원 부분만을 규율하는 2차 변경처분은 그 기초를 상실하여 실효되는 것이라고 보아야 한다. 〈해설〉 피고는, 원심이 2차 변경처분에 대한 청구를 기각함으로써 2차 변경처분은 유효하게 존속하는 것이므로, A업체가 2차 변경처분에 근거하여 신형 선박을 도선으로서 계속 운항할 수 있다고 주장하였다. 그러나 대법원은, '1차 변경처분 중 2차 변경처분에 의하여 취소되지 않고 남아 있는 부분'이 쟁송대상이 되고, 이것을 취소하는 판결이 확정되면 A업체가 신형 선박을 도선으로서 운항할 법적 근거가 사라지며, 피고는 취소판결의 기속력에 따라 필요한 조치를 취하여야 한다고 판단하였다. [2] 피고는 취소판결의 기속력에 따라 위법한 결과를 제거하기 위하여「유선 및 도선사업법」제9조 제1항에 의하여 A업체에 대하여 이 사건 항로에서 세종9호의 운항을 중단할 것을 명령하는 등의 필요한 조치를 취하여야 한다(대판 2020. 4. 9, 2019두49953[도선사업면허변경처분 취소]).

취소된 위법한 처분이 없었을 것을 전제로 원상회복을 행하여야 한다. 따라서, 파면처분의 취소에 따른 원상회복은 동일 직급으로 복직시키는 것도 원상회복으로 보는 견해도 있으나 원직에의 복직을 말하며, 경우에 따라서는 승급, 승진도 해 주어야 한다.

처분상대방이 집행정지결정을 받지 못했으나 본안소송에서 해당 제재처분이 위법하다는 것이 확인되어 취소하는 판결이 확정되면, 처분청은 그 제재처분으로 처분상대방에게 초래된 불이익한 결과를 제거하기 위하여 필요한 조치를 취하여야 한다(대판 2020. 9. 3, 2020두34070).

건축물의 불법용도 변경에 대한 시정명령이 위법하고 이를 기초로 이루어진 이행강제금 부과처분 역시 위법하다는 이유로, 이행강제금 부과처분을 취소하는 판결이 선고·확정된 경우에 처분청은 시정명령의 위법한 결과를 제거하는 조치, 즉 시정명령을 직권으로 취소하는 처분을 할 의무가 있다(대판 2020. 12. 24, 2019두55675[학원등록거부처분등취소청구의소]).

(3) 재처분의무 [2003 사시, 2008 입시, 2014 행시, 2020 변시]

1) 거부처분취소에 따른 재처분의무

판결에 의하여 취소 또는 변경되는 처분이 당사자의 신청을 거부하는 것을 내용으로 하는 경우에는 그 처분을 행한 행정청은 판결의 취지에 따라 다시 이전의 신청에 대한 가부간의 처분을 하여야 한다(법 제30조 제2항).

당사자가 처분을 받기 위해 신청을 다시 할 필요는 없다.

행정청의 재처분의 내용은 '판결의 취지'를 존중하는 것이면 된다. 반드시 원고가 신청한 내용대로 처분해야 하는 것은 아니다.

[판례] **계획재량 영역에서의 취소판결 기속력 범위에 관한 사건** [1] 취소 확정판결의 기속력의 범위에 관한 법리 및 도시관리계획의 입안·결정에 관하여 행정청에게 부여된 재량을 고려하면, 주민 등의 도시관리계획 입안 제안을 거부한 처분을 이익형량에 하자가 있어 위법하다고 판단하여 취소하는 판결이 확정되었더라도 행정청에게 그 입안 제안을 그대로 수용하는 내용의 도시관리계획을 수립할 의무가 있다고는 볼 수 없고, 행정청이 다시 새로운 이익형량을 하여 적극적으로 도시관리계획을 수립하였다면 취소판결의 기속력에 따른 재처분의무를 이행한 것이라고 보아야 한다. [2] 원고가 학교시설로 도시계획시설이 결정되어 있는 부지를 취득한 후 그 지상에 가설건축물 건축허가를 받고 옥외골프연습장을 축조하여 이를 운영하여 오고 있던 중, 피고에게 위 부지에 관하여 도시계획시설(학교)결정을 폐지하고 가설건축물의 건축용도를 유지하는 내용의 지구단위계획안을 입안 제안함. 이에 대하여 피고가 이를 거부하는 처분을 하자, 원고는 피고를 상대로 한 항고소송을 제기하여 위 거부처분의 취소판결을 확정받음. 이후 피고가 새로운 재량고려사유를 들어 도시계획시설(학교)결정을 폐지하고, 위 부지를 특별계획구역으로 지정하는 내용의 도시관리계획결정을 하였는바, 이러한 새로운 내용의 도시관리계획결정이 피고가 원고의 입안 제안을 그대로 수용하지 않은 것이더라도 기존 취소판결의 기속력에 반하지 않는다고 보아, 이를 취소판결의 기속력에 반한다고 판단하여 원고의 청구를 인용한 원심판결을 파기한 사례(대판 2020. 6. 25, 2019두56135).

재처분의무(再處分義務)의 내용은 당해 거부처분의 취소사유에 따라 다르다.

① **거부처분이 형식상 위법**(무권한, 형식의 하자, 절차의 하자)**을 이유로 취소된 경우**: 이 경우에는 적법한 절차를 거치는 등 적법한 형식을 갖추어 신청에 따른 가부간의 처분을 하여야 한다. 행정청은 실체적 요건을 심사하여 신청된 대로 처분을 할 수도 있고 다시 거부처분을 할 수도 있다.

② **거부처분이 실체상 위법을 이유로 취소된 경우**: i) 이 경우에 위법판단기준시에 관하여 판례와 같이 처분시설을 취하는 경우 거부처분 이후의 사유(법령의 변경 또는 사실상황의 변경)를 이유로 다시 거부처분을 하는 것은 재처분의무를 이행한 것이다.

[판례] **거부처분 취소의 확정판결을 받은 행정청이 거부처분 후에 법령이 개정 · 시행된 경우, 새로운 사유로 내세워 다시 거부처분을 한 경우도 행정소송법 제30조 제 2 항 소정의 재처분에 해당하는지 여부(적극)**: 행정처분의 적법 여부는 그 행정처분이 행하여 진 때의 법령과 사실을 기준으로 하여 판단하는 것이므로 거부처분 후에 법령이 개정·시행된 경우에는 개정된 법령 및 허가기준을 새로운 사유로 들어 다시 이전의 신청에 대한 거부처분을 할 수 있으며 그러한 처분도 행정소송법 제30조 제2항에 규정된 재처분에 해당된다(대결 1998. 1. 7, 97두22[간접강제]: 건축불허가처분을 취소하는 판결이 확정된 후 국토이용관리법 시행령이 준농림지역 안에서의 행위제한에 관하여 지방자치단체의 조례로써 일정 지역에서 숙박업을 영위하기 위한 시설의 설치를 제한할 수 있도록 개정된 경우, 당해 지방자치 단체장이 위 처분 후에 개정된 신법령에서 정한 사유를 들어 새로운 거부처분을 한 것이 행정소송법 제30조 제2항 소정의 확정판결의 취지에 따라 이전의 신청에 대한 처분을 한 경우에 해당한다고 한 사례).

ii) 위법판단의 기준시에 관하여 **판결시설**(또는 위법판단시·판결시구별설)**을 취하면** 사실심 변론종결시 이전의 사유를 내세워 다시 거부처분을 할 수 없다.

iii) 위법판단기준시 및 판결기준시에 관하여 어느 견해를 취하든지 사실심 변론종결 이후에 발생한 새로운 사유를 근거로 다시 이전의 신청에 대한 거부처분을 할 수 있다.

[판례] 행정소송법 제30조 제2항에 의하면, 행정청의 거부처분을 취소하는 판결이 확정된 경우에는 그 처분을 행한 행정청은 판결의 취지에 따라 이전의 신청에 대하여 재처분할 의무가 있고, 이 경우 확정판결의 당

사자인 처분 행정청은 그 행정소송의 사실심 변론종결 이후 발생한 새로운 사유를 내세워 다시 이전의 신청에 대하여 거부처분을 할 수 있으며, 그러한 처분도 이 조항에 규정된 재처분에 해당한다(대판 1999. 12. 28, 98두1895[토지형질변경불허가처분취소]).

iv) 거부처분시 이전에 존재하던 다른 사유를 근거로 다시 거부처분을 할 수 있는지가 문제된다. 거부처분사유가 달라지면 거부처분의 동일성이 달라지며 거부처분사유도 기본적 사실관계의 동일성이 인정되는 한도 내에서만 처분사유의 추가변경이 인정된다는 **판례**의 입장을 취하면 거부처분 이전에 존재하던 사유 중 **처분사유와 다른 사유**(기본적 사실관계에 동일성이 없는 사유)를 근거로 다시 거부처분을 하는 것이 **가능**하다. 이 경우 동 거부처분은 새로운 처분이 되며 재처분의무를 이행한 것이 된다.

[판례] 종전 확정판결의 행정소송 과정에서 한 주장 중 처분사유가 되지 아니하여 판결의 판단대상에서 제외된 부분을 행정청이 그 후 새로이 행한 처분의 적법성과 관련하여 새로운 소송에서 다시 주장하는 것이 위 확정판결의 기판력에 저촉되는지 여부(소극): 기히 원고의 승소로 확정된 판결은 원고 출원의 광구 내에서의 불석채굴이 공익을 해한다는 이유로 한 피고의 불허가처분에 대하여 그것이 공익을 해한다고는 보기 어렵다는 이유로 이를 취소한 내용으로서 이 소송과정에서 피고가 원고 출원의 위 불석광은 광업권이 기히 설정된 고령토광과 동일광상에 부존하고 있어 불허가대상이라는 주장도 하였으나 이 주장 부분은 처분사유로 볼 수 없다는 점이 확정되어 판결의 판단대상에서 제외되었다면, 피고가 그 후 새로이 행한 처분의 적법성과 관련하여 다시 위 주장을 하더라도 위 확정판결의 기판력에 저촉된다고 할 수 없다(대판 1991. 8. 9, 90누7326[광업권출원각하처분취소]). 〈평석〉 이 판결에서 기판력은 기속력이라 보아야 한다.

2) 절차상의 위법을 이유로 신청에 따른 인용처분(예, 건축허가)이 취소된 경우의 재처분의무

① **기속력 일반**에 따르면 절차상 위법(넓은 의미의 형식상 위법)을 이유로 처분이 취소된 경우에 재처분의무를 규정한 법령이 있는 경우에는 재처분을 하여야 하고, 재처분의무를 규정한 법령이 없고 처분청이 결정재량권을 갖는 경우에는 재처분을 할 것인지는 처분청의 재량에 속한다. 처분청이 선택재량권을 갖는 경우에는 원래의 처분과 다른 처분을 할 수도 있다. 기속행위의 경우에는 처분요건에 해당하면 재처분의무를 규정한 법령이 없더라도 당연히 법에 따른 재처분을 하여야 한다.

② 행정소송법 제30조 제3항은 **신청에 따른 처분이 절차의 위법을 이유로 취소된 경우**에는 거부처분취소판결에 있어서의 재처분의무에 관한 제30조 제2항의 규정을 준용하는 것으로 규정하고 있다. 여기에서 '**신청에 따른 처분**'이라 함은 '신청에 대한 인용처분'을 말한다.

입법취지는 신청에 따른 인용처분에 의해 권익을 침해당한 제3자의 제소에 따라 절차에 위법이 있음을 이유로 취소된 경우에는 판결의 취지에 따른 적법한 절차에 의하여 신청에 대한 가부간의 처분을 다시 하도록 하여 신청인의 권익을 보호하기 위한 것이다.

여기에서 '**절차의 위법**'은 실체법상(내용상)의 위법에 대응하는 **넓은 의미의 형식상의 위법**을 말하며 협의의 절차의 위법뿐만 아니라 권한·형식의 위법을 포함하는 것으로 해석하여야 한다.

③ 국가공무원법 제78조의3 제1항 제2호에 따르면 징계처분권자(대통령이 처분권자인 경우에는

처분 제청권자)는 절차상의 흠을 이유로 소청심사위원회 또는 법원에서 **징계처분등의 무효 또는 취소(취소명령 포함)의 결정이나 판결을 받은 경우**에는 다시 징계 의결 또는 징계부가금 부과 의결(이하 "징계의결등"이라 한다)을 요구하여야 한다.

④ 확정판결에 따라 절차의 하자를 시정하여 한 처분은 취소되거나 무효확인된 종전 처분과 다른 내용의 처분인 경우뿐만 아니라 동일한 내용의 처분이라도 그 종전 처분과 다른 새로운 처분이다.

3) 종전 거부처분 이후 법령 등의 변경과 재처분내용의 문제 [2022 행시, 2010 행시(일반), 2013 변시]

가. 거부처분 가능 여부 i) 재처분은 새로운 처분이므로 재처분시의 법령 및 사실상태를 기초로 하여 행해져야 한다. 따라서, 종전의 거부처분 후 법령 및 사실상태에 변경이 있는 경우에 위법판단의 기준시에 관하여 처분시설에 의하면 처분청은 종전 처분 후 발생한 새로운 사유가 기본적 사실관계의 동일성이 없는 사유인 경우 그 새로운 사유를 내세워 재처분으로 다시 거부처분을 할 수 있고 이 거부처분이 기속력인 재처분의무에 반하지 않지만, 판결시설에 의하면 사실심 변론종결 이전의 법령 및 사실상태의 변경을 이유로 다시 거부처분을 할 수 없다.

[판례 1] 종전 처분 후 발생한 새로운 사유를 내세워 다시 거부처분을 하는 것이 처분 등을 취소하는 확정판결의 기속력에 위배되는지 여부(소극): [1] 행정처분의 적법 여부는 그 행정처분이 행하여진 때의 법령과 사실을 기준으로 하여 판단하는 것이므로 확정판결의 당사자인 처분 행정청은 종전 처분 후에 발생한 새로운 사유를 내세워 다시 거부처분을 할 수 있고, 그러한 처분도 행정소송법 제30조 제2항 소정의 재처분에 해당한다. 여기에서 새로운 사유인지는, 종전 처분에 관하여 위법한 것으로 판결에서 판단된 사유와, 기본적 사실관계의 동일성이 인정되는 사유인지 여부에 따라 판단되어야 한다. [2] 원고가 아파트 건설사업계획승인 신청을 하였으나 미디어밸리의 시가화 예정 지역이라는 이유로 거부되자 그 취소소송에서 처분 사유가 구체적이고 합리적이지 못하여 재량권 남용이라는 이유로 그 처분의 취소판결이 확정된 후 피고가 종전 처분 후이지만 종전 소송의 사실심 변론종결 이전에 발생한 개발제한지역 지정의 새로운 사실을 이유로 한 거부처분이 종전 거부처분 사유와 기본적 사실관계가 동일하지 않은 새로운 사실을 이유로 한 것이므로 위 취소 확정판결의 기속력에 반하지 않는다는 원심을 수긍한 사례(대판 2011. 10. 27, 2011두14401[건축불허가처분취소])

[판례 2] 판례는 "사실심 변론종결 이전의 사유를 내세워 다시 거부처분하는 것은 확정판결의 기속력에 저촉되어 허용되지 아니한다"라고 판시하고 있는데(대판 1990. 12. 11, 90누3560[토지형질변경허가신청불허가처분취소] 2001. 3. 23, 99두5238), 그 의미는 사실심 변론종결 이전에 유효하게 주장할 수 있었던 사유를 내세워 다시 이전의 신청에 대한 거부처분을 할 수 없다는 것일 뿐, 거부처분 후 법령이 개정된 경우에도 개정된 법령에 따른 새로운 거부처분을 할 수 없다는 취지는 아니다(대판 1998. 1. 7, 97두22[간접강제]).

다만, 처분청이 취소판결 이후에 재처분을 부당하게 늦추면서 인위적으로 새로운 사유를 만든 경우 그 새로운 사유를 들어 다시 거부처분을 하는 것은 신의성실의 원칙에 반하고 판결의 기속력을 무력화시키는 행위이므로 인정될 수 없다.

나. 원고의 신뢰의 보호: 새로운 거부처분의 위법 여부

처분시의 개정 전 법령의 존속에 대한 국민의 신뢰이익, 인용판결에 대한 신뢰이익과 거부처분 후 개정된 법령의 적용에 관한 공익 사이의 이익형량의 결과 전자가 후자보다 더 보호가치가 있다고 인정되는 경우에는 그러한 국민의 신뢰를 보호하기 위하여 처분 후의 개정 법령을 적용하

지 말고 개정 전 법령을 적용하여야 한다.

4) 거부처분취소에 따른 재처분의무의 실효성 확보: 간접강제[2013 변시, 2014 행시 사례]

가. 의 의 행정소송법은 거부처분취소에 따른 재처분의무의 실효성을 확보하기 위하여 간접강제제도(間接强制制度)를 두고 있다.

즉, 행정청이 거부처분의 취소판결의 취지에 따라 처분을 하지 아니하는 때에는 1심 수소법원은 당사자의 신청에 의하여 결정으로서 상당한 기간을 정하고 행정청이 그 기간 내에 이행하지 아니하는 때에는 그 지연기간에 따라 일정한 배상을 할 것을 명하거나 즉시 손해배상할 것을 명할 수 있다(법 제34조 제1항). 이를 **간접강제결정**이라고 한다.

나. 인정범위 간접강제제도는 거부처분취소소송에 인정되고 있는데, 부작위위법확인소송에 준용되고 있으나(법 제38조 제2항) 무효확인판결에는 준용되고 있지 않은데, 이는 입법의 불비이다. 행정소송법개정안은 간접강제제도를 무효확인판결에도 준용하는 것으로 하고 있다.

[판례] 거부처분의 무효확인판결에 간접강제제도가 허용될지에 관하여 논란이 있을 수 있는데, 판례는 무효확인판결에는 간접강제가 허용되지 않는다고 보고 있다. 그리고, 그 논거로 취소소송에 관한 규정을 무효확인소송의 경우에 준용하는 행정소송법 제38조가 간접강제를 규정하는 행정소송법 제34조를 준용하고 있지 않다는 것을 들고 있다(대결 1998. 12. 24, 98무37[건축허가무효확인판결에 기한 간접강제]).

다. 요 건 처분청이 거부처분의 취소판결의 취지에 따라 재처분을 하지 않았어야 한다(재처분의무의 불이행). 재처분을 하지 않았다는 것은 아무런 재처분을 하지 않은 것뿐만 아니라 재처분이 기속력에 반하여 당연무효가 된 것을 포함한다.

[판례] 거부처분에 대한 취소의 확정판결이 있음에도 행정청이 아무런 재처분을 하지 아니하거나, 재처분을 하였다 하더라도 그것이 종전 거부처분에 대한 취소의 확정판결의 기속력에 반하는 등으로 당연무효라면(예 종전 거부처분 후 아무런 사정변경이 없음에도 다시 거부처분을 한 경우) 이는 아무런 재처분을 하지 아니하는 때와 마찬가지라 할 것이므로 이러한 경우에는 간접강제신청에 필요한 요건을 갖춘 것으로 보아야 한다(대결 2002. 12. 11, 2002무22[간접강제]).

위법판단의 기준시에 관하여 처분시설을 취하는 경우 종전 거부처분 후 발생한 새로운 사유(판결시설을 취하는 경우에는 사실심 변론종결 후의 법령 또는 사실관계의 변경)를 내세워 다시 이전의 신청에 대한 거부처분을 할 수 있고(대결 1998. 1. 7, 97두22[간접강제]), 그러한 처분을 하면 재처분의무를 이행한 것에 해당된다. 거부처분 후의 새로운 사유에 기초하여 내려진 재처분이 무효인 경우에도 그러하다.

그러나, '사실심 변론종결 이전에 주장할 수 있었던 사유'를 내세워 다시 거부처분을 할 수는 없다. 예를 들면, 종전 거부처분 당시에 이미 존재하던 사유로서 종전의 거부처분과 동일성이 있는 범위 내의 사유는 종전의 거부처분 취소소송에서 유효하게 주장할 수 있는 사유이므로 재처분에서 거부사유가 될 수 없고, 그러한 사유를 근거로 한 재처분으로서의 거부처분은 기속력에 저촉되어 무효가 된다.

라. 절 차 당사자는 **제1심수소법원**에 간접강제결정을 신청하고, 제1심수소법원이 간접강제결정을 한다.

마. 간접강제결정 제1심수소법원은 재처분의무의 이행을 위한 상당한 기간을 정하고 행

정청이 그 기간내에 이행하지 아니하는 때에는 그 지연기간에 따라 일정한 배상을 할 것을 명하거나 즉시 손해배상할 것을 명할 수 있다.

이 경우 행정소송법 제33조(소송비용에 관한 재판의 효력)와 민사집행법 제262조(채무자의 심문)가 준용되는 것으로 되어 있다(법 제34조 제2항). 따라서, 간접강제결정은 피고 또는 참가인이었던 행정청이 속하는 국가 또는 공공단체에 그 효력을 미친다.

바. 이행강제금의 강제집행 간접강제결정에서 정한 상당한 기간이 지났음에도 당해 행정청이 판결의 취지에 따른 처분을 아니하는 경우에 신청인은 그 간접강제결정을 집행권원으로 하여 집행문(執行文)을 부여받아 이행강제금을 강제집행할 수 있다.

간접강제결정에 기한 배상금은 거부처분취소판결이 확정된 경우 그 처분을 행한 행정청으로 하여금 확정판결의 취지에 따른 재처분의무의 이행을 확실히 담보하기 위한 것으로서, 확정판결의 취지에 따른 재처분의 지연에 대한 제재나 손해배상이 아니고 **재처분의 이행에 관한 심리적 강제수단에 불과한 것이다**. 따라서, 간접강제결정에서 정한 의무이행기한이 지나 배상금이 발생한 후에라도 **확정판결의 취지에 따른 재처분의 이행이 있으면** 특별한 사정이 없는 한 배상금을 추심함으로써 심리적 강제를 꾀할 목적이 상실되어 처분상대방이 **더 이상 배상금을 추심하는 것은 허용되지 않는다**(대판 2004. 1. 15, 2002두2444[청구이의]; 2010. 12. 23, 2009다37725).

사. 민사소송법상 청구이의의 소 실무상 이행강제금 결정에 대해 민사소송법상의 청구이의의 소가 허용되고 있고, 이 청구이의의 소가 제기되면 이행강제금 결정의 집행이 정지되게 되어 있어 실무상 간접강제의 실효성이 크게 제약을 받고 있다. 따라서, 이행강제금결정에는 청구이의의 소를 인정하지 않는 것이 타당하다.

(4) 판결의 기속력의 취지에 따른 그 밖의 구제조치

행정청의 계쟁처분에 의해 신청의 기회가 박탈된 경우에 계쟁처분이 소급적으로 취소되면 그 수익적 행정처분의 신청의 기회를 인정하는 것이 취소판결의 기속력의 취지와 법치행정의 원리에 부합하며 그 신청에 대해 취소된 계쟁처분의 효력을 주장하여 거부하는 것은 신의성실의 원칙에 반한다(대판 2019. 1. 31, 2016두52019).

[판례] [1] **직업능력개발훈련과정 인정제한처분에 대한 쟁송절차에서 해당 제한처분이 위법한 것으로 판단되어 취소되거나 당연무효로 확인된 경우, 사업주가 해당 제한처분 때문에 관계 법령이 정한 기한 내에 하지 못했던 훈련과정 인정신청과 훈련비용 지원신청을 사후적으로 할 수 있는 기회를 주어야 하는지 여부(적극)**: 직업능력개발훈련과정 인정을 받은 사업주가 거짓이나 그 밖의 부정한 방법으로 훈련비용을 지원받은 경우에는 해당 훈련과정의 인정을 취소할 수 있고, 인정이 취소된 사업주에 대하여는 인정취소일부터 5년의 범위에서 구 근로자직업능력 개발법(2012. 2. 1. 법률 제11272호로 개정되기 전의 것, 이하 '직업능력개발법'이라 한다) 제24조 제1항에 의한 직업능력개발훈련과정 인정을 하지 않을 수 있으며, 1년간 직업능력개발훈련 비용을 지원하지 않을 수 있다(직업능력개발법 제24조 제2항 제2호, 제3항,제55조 제2항 제1호,구 근로자직업능력 개발법 시행규칙(2011. 3. 11. 고용노동부령 제20호로 개정되기 전의 것) 제22조[별표 6의2]). 관할관청이 직업능력개발훈련과정 인정을 받은 사업주에 대하여 거짓이나 그 밖의 부정한 방법으로 훈련비용을 지원받았다고 판단하여 위 규정들에 따라 일정 기간의 훈련과정 인정제한처분과 훈련비용 지원제한처분을 하였다

면, 사업주는 제한처분 때문에 해당 제한 기간에는 실시예정인 훈련과정의 인정을 신청할 수 없고, 이미 실시한 훈련과정의 비용지원도 신청할 수 없게 된다(설령 사업주가 신청을 하더라도, 관할관청은 제한처분이 있음을 이유로 훈련과정 인정이나 훈련비용 지원을 거부할 것임이 분명하다). 그런데 그 제한처분에 대한 쟁송절차에서 해당 제한처분이 위법한 것으로 판단되어 취소되거나 당연무효로 확인된 경우에는, 예외적으로 사업주가 해당 제한처분 때문에 관계 법령이 정한 기한 내에 하지 못했던 훈련과정 인정신청과 훈련비용 지원신청을 사후적으로 할 수 있는 기회를 주는 것이 취소판결과 무효확인판결의 기속력을 규정한 행정소송법 제30조 제1항, 제2항, 제38조 제1항의 입법 취지와 법치행정 원리에 부합한다. [2] 관할관청이 위법한 직업능력개발훈련과정 인정제한처분을 하여 사업주로 하여금 제때 훈련과정 인정신청을 할 수 없도록 하였음에도, 인정제한처분에 대한 취소판결 확정 후 사업주가 인정제한 기간 내에 실제로 실시하였던 훈련에 관하여 비용지원신청을 한 경우에, 관할관청은 단지 해당 훈련과정에 관하여 사전에 훈련과정 인정을 받지 않았다는 이유만을 들어 훈련비용 지원을 거부할 수는 없음이 원칙이다. 이러한 거부행위는 위법한 훈련과정 인정제한처분을 함으로써 사업주로 하여금 제때 훈련과정 인정신청을 할 수 없게 한 장애사유를 만든 행정청이 사업주에 대하여 사전에 훈련과정 인정신청을 하지 않았음을 탓하는 것과 다름없으므로 신의성실의 원칙에 반하여 허용될 수 없다. [3] 따라서 사업주에 대한 훈련과정 인정제한처분과 훈련비용 지원제한처분이 쟁송절차에서 위법한 것으로 판단되어 취소되거나 당연무효로 확인된 후에 사업주가 인정제한 기간에 실제로 실시한 직업능력개발훈련과정의 비용에 대하여 사후적으로 지원신청을 하는 경우, 관할관청으로서는 사업주가 해당 훈련과정에 대하여 미리 훈련과정 인정을 받아 두지 않았다는 형식적인 이유만으로 훈련비용 지원을 거부하여서는 아니 된다. 관할관청은 사업주가 인정제한 기간에 실제로 실시한 직업능력개발훈련과정이 구 근로자직업능력 개발법 시행령(2011. 12. 30. 대통령령 제23467호로 개정되기 전의 것) 제22조 제1항에서 정한 훈련과정 인정의 실체적 요건들을 모두 충족하였는지, 각 훈련생이 구 사업주에 대한 직업능력개발훈련 지원규정(2011. 12. 30. 고용노동부고시 제2011-73호로 개정되기 전의 것) 제8조 제1항에서 정한 지원금 지급을 위한 수료기준을 충족하였는지 등을 심사하여 훈련비용 지원 여부와 지원금액의 규모를 결정하여야 한다. 나아가 관할관청은 사업주가 사후적인 훈련비용 지원신청서에 위와 같은 심사에 필요한 서류를 제대로 첨부하지 아니한 경우에는 사업주에게 상당한 기간을 정하여 보완을 요구하여야 한다(행정절차법 제17조 제5항)(대판 2019. 1. 31, 2016두52019). 〈해설〉 원심판결(서울고등법원 2016. 8. 30. 선고 2016누40957 판결)은 원고가 취소된 처분인 제1처분에 대해 적절한 시기에 처분의 효력정지 내지 집행정지 결정을 받아 훈련비용 지원을 위한 훈련과정 인정신청을 하고 행정청으로부터 훈련과정 인정을 받아 훈련과정 실시 등을 진행할 수 있었으므로 훈련과정 인정신청 자체가 아예 불가능한 것은 아니었다고 할 것임에도 이러한 조치를 취함이 없이 훈련과정의 인정 없이 자체적으로 훈련과정을 실시하였는바, 훈련과정의 인정신청을 하지 못한 것에 대해 공사측에 아무런 책임이 없다고 볼 수만은 없다는 등의 이유로 해당 거부처분이 적법하다고 하였다.

4. 범　　위

(1) 주관적 범위

기속력은 당사자인 행정청과 그 밖의 관계행정청을 기속한다(법 제30조 제1항). 여기에서 '관계행정청'이라 함은 당해 판결에 의하여 취소된 처분 등에 관계되는 무엇인지의 처분권한을 가지는 행정청, 즉 취소된 처분 등을 기초로 하여 그와 관련되는 처분이나 부수되는 행위를 할 수 있는 행정청을 총칭하는 것이라고 할 것이다(이상규, 886면).

(2) 객관적 범위

기속력은 판결의 실효성을 확보하기 위하여 인정되는 효력이므로 다툼의 대상이 된 사건에 관하여서만 효력을 미친다(제30조 제1항).

기속력은 동일한 사건(기본적 사실관계가 동일한 사건)에 관해서만 미친다. 즉, 당사자가 동일하고, 기본적 사실관계가 동일한 한도내에서만 미친다.

기속력은 '판결의 취지'에 따라 행정청을 구속하는 효력인데, 판결의 취지는 처분이 위법이라는 것을 인정하는 **판결의 주문(主文)과 판결이유 중에 설시된 개개의 위법사유를 포함한다**(대판 2001. 3. 23, 99두5238[손실보상재결처분취소]). 그러나, 판결의 결론과 직접 관계없는 방론(傍論)이나 간접사실에는 미치지 아니한다.

기판력은 후소법원을 구속하는 효력으로서 판결의 주문에 포함된 것에 한하지만, 기속력은 행정청을 구속하는 효력으로서 판결에 설시된 개개의 위법사유를 포함한다.

[판례] 원심판결의 이유는 위법하지만 결론이 정당하다는 이유로 상고기각판결이 선고되어 원심판결이 확정된 경우 '판결의 취지'는 상고심판결의 이유와 원심판결의 결론을 의미한다(대판 2004. 1. 15, 2002두2444[청구이의]).

취소판결의 기속력은 원칙상 처분에 명시된 처분사유에 한정된다(쟁점주의). 따라서, 행정청은 **다른 처분사유**(처분의 기본적 사실관계의 동일성이 없는 사유)를 내세워 동일한 내용의 처분을 할 수 있다.

[판례] [1] 종전 처분이 재결에 의하여 취소되었다 하더라도 종전 처분시와는 다른 사유를 들어서 처분을 하는 것은 기속력에 저촉되지 않는다고 할 것이며, 여기에서 동일 사유인지 다른 사유인지는 종전 처분에 관하여 위법한 것으로 재결에서 판단된 사유와 기본적 사실관계에 있어 동일성이 인정되는 사유인지 여부에 따라 판단되어야 한다. [2] 이 사건 종전 처분(주택건설사업계획승인신청서반려처분)의 처분사유는 이 사건 사업(주택건설사업)이 주변의 환경, 풍치, 미관 등을 해할 우려가 있다는 것이고, 그에 대한 재결은 이 사건 사업이 환경, 풍치, 미관 등을 정한 1994. 7. 5. 고시와 군산시건축조례에 위반되지 않고, 환경·풍치·미관 등을 유지하여야 하는 공익보다는 이 사건 사업으로 인한 지역경제 승수효과와 도시서민들을 위한 임대주택 공급이라는 또 다른 공익과 재산권행사의 보장이라는 사익까지 더해 보면 결국 종전 처분은 비례의 원칙에 위배되어 재량권을 남용하였다는 것이므로 종전 처분에 대한 재결의 기속력은 그 주문과 재결에서 판단된 이와 같은 사유에 대해서만 생긴다고 할 것이고, 한편 이 사건 처분(새로운 주택건설사업계획승인신청서반려처분)의 처분사유는 공단대로 및 교통여건상 예정 진입도로계획이 불합리하여 대체 진입도로를 확보하도록 한 보완요구를 이행하지 아니하였다는 것 등인 사실을 알 수 있는바, 그렇다면 이 사건 처분의 처분사유와 종전 처분에 관하여 위법한 것으로 재결에서 판단된 사유와는 기본적 사실관계에 있어 동일성이 없다고 할 것이므로 이 사건 처분이 종전 처분에 대한 재결의 기속력에 저촉되는 처분이라고 할 수 없다(대판 2005. 12. 9, 2003두7705: 새로운 처분의 처분사유와 종전 처분에 관하여 위법한 것으로 재결에서 판단된 사유가 기본적 사실관계에 있어 동일성이 없으므로 새로운 처분이 종전 처분에 대한 재결의 기속력에 저촉되지 않는다고 한 사례). 〈해설〉 이 판례는 재결의 기속력에 관한 판례이지만, 판결의 기속력도 이와 동일하다.

(3) 시간적 범위 [2013 변시]

처분의 위법 여부의 판단시점은 처분시이기 때문에 기속력은 처분 당시까지 존재하던 사유에 대하여만 미치고 그 이후에 생긴 사유에는 미치지 아니한다. 따라서, 취소된 처분 후 새로운 처분사유가 생긴 경우(법 또는 사실상태가 변경된 경우)에는 기본적 사실관계에 동일성이 없는 한 행정청은 동일한 내용의 처분을 다시 할 수 있다.

[판례 1] [1] 행정소송법 제30조 제2항의 규정에 의하면 행정청의 거부처분을 취소하는 판결이 확정된 때에는 그 처분을 행한 행정청이 판결의 취지에 따라 이전의 신청에 대하여 재처분할 의무가 있으나, 이 때 확정판결의 당사자인 처분 행정청은 그 확정판결에서 적시된 위법사유를 보완하여 새로운 처분을 할 수 있다. [2] 행정처분의 적법 여부는 그 행정처분이 행하여진 때의 법령과 사실을 기준으로 하여 판단하는 것이므로 거부처분 후에 법령이 개정·시행된 경우에는 개정된 법령 및 허가기준을 새로운 사유로 들어 다시 이전의 신청에 대한 거부처분을 할 수 있으며 그러한 처분도 행정소송법 제30조 제2항에 규정된 재처분에 해당된다. [3] 건축불허가처분을 취소하는 판결이 확정된 후 국토이용관리법시행령이 준농림지역 안에서의 행위제한에 관하여 지방자치단체의 조례로써 일정 지역에서 숙박업을 영위하기 위한 시설의 설치를 제한할 수 있도록 개정된 경우, 당해 지방자치 단체장이 위 처분 후에 개정된 신법령에서 정한 사유를 들어 새로운 거부처분을 한 것이 행정소송법 제30조 제2항 소정의 확정판결의 취지에 따라 이전의 신청에 대한 처분을 한 경우에 해당한다(대판 1998. 1. 7, 97두22[간접강제]).

[판례 2] 취소 확정판결의 기속력은 판결의 주문 및 전제가 되는 처분 등의 구체적 위법사유에 관한 판단에도 미치나, 종전 처분이 판결에 의하여 취소되었더라도 종전 처분과 다른 사유를 들어서 새로이 처분을 하는 것은 기속력에 저촉되지 않는다. 여기에서 동일 사유인지 다른 사유인지는 확정판결에서 위법한 것으로 판단된 종전 처분사유와 기본적 사실관계에서 동일성이 인정되는지 여부에 따라 판단되어야 하고, 기본적 사실관계의 동일성 유무는 처분사유를 법률적으로 평가하기 이전의 구체적인 사실에 착안하여 그 기초인 사회적 사실관계가 기본적인 점에서 동일한지에 따라 결정된다. 또한 행정처분의 위법 여부는 행정처분이 행하여진 때의 법령과 사실을 기준으로 판단하므로, 확정판결의 당사자인 처분 행정청은 종전 처분 후에 발생한 새로운 사유를 내세워 다시 처분을 할 수 있고, 새로운 처분의 처분사유가 종전 처분의 처분사유와 기본적 사실관계에서 동일하지 않은 다른 사유에 해당하는 이상, 처분사유가 종전 처분 당시 이미 존재하고 있었고 당사자가 이를 알고 있었더라도 이를 내세워 새로이 처분을 하는 것은 확정판결의 기속력에 저촉되지 않는다(대판 2016. 3. 24, 2015두48235[감차명령처분취소등]). 〈해설〉 감차명령은 자동차운수사업면허의 일부 변경처분으로서 재량행위로 보아야 한다. 사건의 개요는 다음과 같다. [1] 원고 신미운수 주식회사(이하 '원고 신미운수'라고 한다)는 별지 1 목록 기재 차량 70대를 포함하여 101대의 택시를, 원고 주호교통 주식회사(이하 '원고 주호교통'이라고 한다)는 별지 2 목록 기재 차량 23대를 포함하여 101대의 택시를 각 보유하여 일반택시운송사업을 하고 있다. [2] 피고는 2008. 5. 22. '원고들이 2007. 11. 합계 48대(원고 신미운수 25대, 원고 주호교통 23대)의 택시를 도급제 형태로 운영하여 다른 사람으로 하여금 여객자동차 운송사업을 경영하게 하였다'는 사유로, 원고들에게 구 여객자동차 운수사업법(2008. 3. 21. 법률 제8980호로 전부 개정되기 전의 것) 제13조 제1항, 제76조 제1항 제13호 등에 의해 위 각 택시에 대하여 감차명령(이하 '종전 처분'이라고 한다)을 하였다. [3] 원고들은 서울행정법원 2008구합22549호로 종전 처분의 취소를 구하는 소를 제기하였고, 위 법원은 2009. 7. 9. 원고들의 택시 48대 운영행위가 명의이용행위에 해당한다고 보기 어렵다는 사유로 종전 처분을 취소하는 내용의 원고들 승소판결을 선고하였다. 이에 피고가 불복하여 서울고등법원 2009누22623호로 항소하였으나, 항소심 법원은 2010. 1. 27. 그 변론을 종결하여 같은 해 2. 10. 항소기각 판결을 선고하였다. 피고가 이에 상고하였으나 2010. 5. 27. 상고기각되어 그 무렵 위 원고들 승소판결이 확정되었다(이하 확정된 위 원고들 승소판결을 '이 사건 확정판결'이라고 한다). [4] 그 후 피고는 2013. 3. 22. 원고들에 대하여 "원고들이 2006. 7. 3.부터 2010. 9. 14.까지 소외 1에게 차량 1대당 일정 임대료를 매월 지급받는 방법으로 총 263회에 걸쳐 원고들의 차량을 임대하고, 원고 신미운수는 같은 방법으로 2007. 3.경부터 2010. 9. 30.까지 소외 2에게 총 233회, 2007. 4.경부터 2010. 9. 30.까지 소외 3에게 총 294회, 2007. 7.경부터 2008. 12. 31.까지 소외 4에게 79회에 걸쳐 원고 신미운수의 차량을 임대하여 소외 1과 소외 2, 소외 3, 소외 4(이하 '소외 2 등'이라고 한다)로 하여금 여객자동차 운송사업을 경영하게 하였다"는 이유로, 여객자동차 운수사업법 제12조 제1항, 제85조 제1항 제13호 등에 의하여 별지 1, 2 목록 기재 각 차량에 대하여 감차명령(이하 '이 사건 처

분'이라고 한다.)을 하였다. [5] 대법원은 원심과 달리 다음과 같이 판시하였다. 1) 피고는 이 사건 처분 당시 이 사건 중복차량에 관하여 별지 3 목록 제1, 2항의 해당 차량별 '명의이용기간'란 기재와 같이 위반행위 기간을 특정하였다. 그런데 해당 차량 중 별지 3 목록 제1항 순번 2, 4, 7, 9번 및 제2항 순번 3, 5, 6, 7번 기재 차량의 경우 그 처분의 대상인 위반행위에 종전 처분의 대상인 2007. 11.에 있었던 명의이용행위도 포함되어 있고, 이 사건 처분사유 가운데 종전 처분의 대상이었던 이 사건 중복차량 중 일부 차량의 위 기간 동안의 명의이용행위 부분은 종전 처분사유와 그 기본적 사실관계가 동일하다고 보아야 하므로, 피고가 이 사건 처분을 하면서 이 부분까지도 위반행위에 포함시킨 것은 이 사건 확정판결의 기속력에 저촉된다 할 것이다. 2) 그러나 이 사건 처분사유 가운데 종전 처분의 대상이었던 위 기간 동안의 명의이용행위를 제외한 나머지 부분은 법률적으로 평가하기 이전의 구체적인 사실에 착안하여 볼 때, 종전 처분사유와 그 기간을 달리함으로써 기본적 사실관계에 있어 동일성이 인정되지 않는다고 봄이 타당하므로, 피고가 위 부분 위반행위를 이 사건 처분의 처분사유로 삼았다 하더라도 이 사건 확정판결의 기속력에 저촉되는 것은 아니다. 3) 그리고 이 사건 확정판결의 기판력은 그 소송물이었던 종전 처분의 위법성 존부에 관한 판단 그 자체에만 미치는 것이고, 이 사건 처분을 대상으로 하여 그 소송물을 달리하는 이 사건 소에는 미치지 않는다. 4) 그럼에도 원심은 이와 달리, 여객자동차 운수사업법 제12조 제1항에서 금지된 명의이용행위의 경우 그 행위의 반복이 예상된다는 법률적·규범적 요소를 위주로 기본적 사실관계에 있어 동일성 여부를 판단하여야 한다는 등 그 판시와 같은 이유로 이 사건 처분 중 이 사건 중복차량에 관한 부분 전부가 이 사건 확정판결의 기속력 내지 기판력에 위배되어 위법하다고 판단하였다. 이러한 원심판결에는 확정판결의 기속력 내지 기판력에 관한 법리를 오해하여 판결 결과에 영향을 미친 잘못이 있다.

다만, 전술한 바와 같이 거부처분취소판결이 판결시의 법 및 사실상태를 기준으로 내려진다면 행정청은 판결 이전의 사유를 들어 다시 거부처분을 할 수는 없다.

5. 기속력 위반의 효과

기속력에 위반하여 한 행정청의 행위는 **당연무효**가 된다(대판 1990. 12. 11, 90누3560[토지형질변경허가신청불허가처분취소]).

기속력에 반하는 공권력의 행사 또는 불행사로 손해를 받은 경우 **국가배상**을 **청구**할 수 있다.

제 9 항 무효등확인판결의 효력

무효등확인판결에는 취소판결의 제3자효와 기속력에 관한 규정(제29조, 제30조)이 준용된다(제38조 제1항).

무효등확인판결에는 간접강제에 관한 규정이 준용되지 않는다.

제10항 부작위위법확인판결의 효력

[문제] 부작위위법확인소송이 신청에 대한 행정청의 부작위에 대한 구제제도로서는 우회적인 구제수단이라고 하는 의미는 무엇인가.

부작위위법확인판결에는 취소판결의 제3자효와 기속력에 관한 규정(제29조, 제30조) 및 거부처분취소판결의 간접강제에 관한 규정(제34조)이 준용된다(제38조 제2항).

[판례] 갑의 을에 대한 부작위위법확인소송의 판결이 확정된 후, 을이 그 취지에 따른 처분을 하였으므로 갑의 간접강제신청은 그에 필요한 요건을 갖추지 못한 것이라고 한 원심을 수긍한 사례(대결 2010. 2. 5, 2009무153[간접강제신청]).

부작위위법확인판결의 기속력은 행정청의 판결의 취지에 따른 재처분의무이다. 그런데, 부작위법확인소송에서 인용판결의 기속력으로서의 재처분의무는 행정청의 응답의무인가 아니면 신청에 따른 특정한 내용의 처분의무인가에 관하여 견해가 대립하고 있다.

Ⅰ. 응답의무설

부작위위법확인판결의 기속력으로서의 재처분의무는 행정청의 응답의무라고 보는 견해로 다수견해이며 이 견해가 타당하다. 이 견해에 의하면 행정청은 신청의 대상이 기속행위인 경우에 거부처분을 하여도, 판결의 기속력의 내용인 (재)처분의무를 이행하는 것이 된다(김동희, 710면).

이 견해의 논거는 다음과 같다.

i) 부작위위법확인판결은 부작위가 위법하다는 것을 확인하는 것에 불과하므로 이 재처분의무의 내용은 행정청의 가부(可否)간의 응답의무이며 신청에 따른 적극적인 처분을 하여야 할 의무는 아니다.

ii) 부작위의 성립요건으로서의 법령상, 조리상 신청권은 행정청의 응답을 구하는 권리에 불과하다. 행정소송법 제2조 제1항 제2호는 부작위의 성립요건으로 '일정한 처분을 하여야 할 법률상 의무'를 요구하고 있는데, 여기에서 '일정한 처분'이라 함은 특정내용의 처분을 의미하는 것은 아니며 신청에 대한 가부의 응답을 말한다고 보아야 한다. 따라서, 행정청이 거부하는 것도 기속력에 반하지 않는다.

iii) 특정처분의무설을 취하는 경우 부작위위법확인소송은 실질적으로 의무이행소송과 같은 것이 되는데, 이는 부작위위법확인소송만 인정하고 의무이행소송을 인정하지 않은 현행 행정소송법의 입법취지에 반한다.

판례도 이 입장을 취하고 있다(대판 1990. 9. 25, 89누4758[교원임용의무불이행위법확인 등]).

Ⅱ. 특정처분의무설

부작위위법확인소송 인용판결의 기속력의 내용으로서의 처분의무는 당초 신청된 특정한 처분을 뜻하는 것으로 보는 견해를 말한다. 이 견해의 논거는 다음과 같다.

i) 부작위위법확인소송의 본안에서 부작위의 위법성을 판단하기 위하여 행정청의 처분을 구할 실체법적 권리(청구권)의 유무가 다투어지지 않을 수 없다.

ii) 행정소송법 제2조 제1항 제2호의 '일정한 처분을 하여 줄 의무'란 '신청에 따른 처분을 하여 줄 의무'라고 보아야 한다.

iii) 행정소송법 제30조 제2항이 부작위위법확인소송에 준용된다(홍준형, 724~725면).

iv) 부작위위법확인소송의 기속력을 응답의무로 이해하면 처분청이 다시 거부처분을 하는 것이 가능하다는 결론이 되며 권리구제를 위하여는 그 거부처분에 대하여 다시 취소소송을 제기하여야 하므로 비효율적이고 경제적이지 못하므로 무용한 소송의 계속을 방지하기 위하여 부작위위법확인소송 인용판결에 실질적 기속력을 인정하는 것이 타당하다(김성수, 920면).

입법론으로는 실효성 있는 권리구제를 위하여 의무이행소송을 도입하여야 할 것이다.

제11항 기각판결의 효력

기각판결에는 대세효가 인정되지 않고 당사자 사이에 상대적인 기판력만이 발생한다. 그리고, 처분이 위법하지 않아 기각판결이 난 경우 처분이 적법하다는 것에 기판력이 발생한다는 것이 통설 및 판례의 입장이다.

사정판결의 경우에는 처분의 위법에 대하여 기판력이 발생한다.

제12항 기 판 력 [2023 변시]

Ⅰ. 의 의

기판력(旣判力)은 일단 재판이 확정된 때에는 소송당사자는 동일한 소송물에 대하여는 다시 소를 제기할 수 없고 설령 제기되어도 상대방은 기판사항이라는 항변을 할 수 있으며 법원도 일사부재리의 원칙(一事不再理의 原則)에 따라 확정판결과 내용적으로 모순되는 판단을 하지 못하는 효력을 말한다.

기판력은 확정판결의 주문에 포함된 법률적 판단의 내용은 이후 그 소송당사자의 관계를 규율하는 새로운 기준이 되는 것이므로 동일한 사항이 소송상 문제가 되었을 때 소송당사자는 이에 저촉되는 주장을 할 수 없고 법원도 이에 저촉되는 판단을 할 수 없는 구속력을 의미하는 것이다.

기판력제도는 국가의 재판기관이 당사자간의 분쟁을 공권적으로 판단한 것에 기초한 법적 안정성에서 유래된 것이다. 달리 말하면 기판력은 분쟁의 종국적인 해결을 위하여 확정판결에 의해 이미 해결된 법적 분쟁에 대하여 다시 소송으로 다투는 것을 막기 위하여 인정된 판결의 효력이다.

행정소송법은 기판력에 관한 명문의 규정을 두고 있지 않다. 행정소송에서의 판결의 기판력은 행정소송법 제8조 제2항에 따라 민사소송법상 기판력규정이 준용되어 인정되는 것이다.

기판력은 **확정된 종국판결**에 인정된다. 인용판결뿐만 아니라 기각판결, 소송판결(각하판결)에도 인정된다.

Ⅱ. 범 위

기판력이 미치는 범위에는 주관적, 객관적, 시간적 범위가 있다.

1. 주관적 범위

취소소송의 기판력은 **당사자 및 이와 동일시할 수 있는 자**(예 승계인)에게만 미치며 제3자에게는 미치지 않는다. 소송참가를 한 제3자에게도 기판력이 미치지 않는다.

취소소송의 기판력은 당해 처분이 귀속하는 국가 또는 공공단체에도 미친다. 본래 소송의 대상은 법주체이어야 하며 따라서 취소소송의 피고는 처분의 효과가 귀속되는 국가 또는 공공단체이어야 하는데 소송편의상 처분청을 피고로 한 것이기 때문이다. 따라서, 기판력은 처분청 이외의 다른 행정청에도 미친다고 보아야 한다.

판례는 기판력이 관계 행정청에도 미치는 것으로 보고 있다(대판 1992. 12. 8, 92누6891[면직처분무효확인]).

2. 객관적 범위

일반적으로 기판력은 **판결의 주문**에 포함된 것에 한하여 인정된다(민사소송법 제216조 제1항). 이유부분은 민사소송에서와 같이 행정소송에서도 판결주문을 해석하기 위한 수단으로서의 의미를 가질 뿐 기판력에 있어서는 의미를 갖지 못한다.

① 판결의 주문에는 소송물에 관한 판단의 결론이 적시된다. 취소소송의 소송물은 위법성 일반이라고 본다면 취소소송의 기판력은 **인용판결의 경우**에는 당해 처분이 위법하다는 점에 미친다.

[판례] 취소판결의 기판력은 소송물로 된 행정처분의 위법성 존부에 관한 판단 그 자체에만 미치는 것이므로 전소와 후소가 그 소송물을 달리하는 경우에는 전소 확정판결의 기판력이 후소에 미치지 아니한다(대판 1996. 4. 26, 95누5820[주택건설사업계획승인처분무효]).

기각판결의 경우에는 당해 처분이 적법하다는 점에 미친다. 다만, 사정판결의 경우에는 당해 처분이 위법하다는 점에 기판력이 미친다. 기각판결이 난 경우에는 원고는 다른 위법사유를 들어 당해 처분의 효력을 다툴 수 없다. 취소소송의 소송물이 개개의 위법사유라고 본다면 개개의 위법사유에 관한 판단에 한하여 기판력이 미친다.

무효확인소송의 기판력은 인용판결의 경우에는 당해 처분이 위법하다는 점과 당해 처분이 무효라는 점에 대하여 미치고, 기각판결의 경우에는 당해 처분이 무효가 아니라는 점에 미친다. 따라서, 무효확인소송에서 기각판결이 난 경우에도 취소소송의 요건이 갖추어진 경우에는 취소소송을 제기할 수 있고, 국가배상청구소송도 제기할 수 있다.

소송판결의 기판력은 그 판결에서 확정한 소송요건의 흠결에 관하여 미친다(대판 1996. 11. 15, 96다31406; 2015. 10. 29, 2015두44288).

[판례] 확정된 종국판결의 사실심 변론종결 이전에 발생하고 제출할 수 있었던 사유에 기인한 주장이나 항변은 확정판결의 기판력에 의하여 차단되므로 당사자가 그와 같은 사유를 원인으로 확정판결의 내용에 반하는 주장을 새로이 하는 것은 허용되지 아니한다(대판 2015. 10. 29, 2015두44288[부작위위법확인의소등]). 〈해설〉 〈사건의 개요〉 ① 원고는 2005. 4. 7. '원고가 1970. 1.경 베트남에서 군인으로서 직무수행 중 부비트랩이 폭발하여 오른쪽 눈 안구에 화상을 입었고, 이로 인하여 오른쪽 눈 중심성 망막염 및 황반변성의 장애와 왼쪽 눈 시력저하의 장애를 입었다'고 주장하면서 위 각 장애를 국가유공자의 상이로 추가인정해 줄 것을 피고에게 신청(이하 '이 사건 신청'이라 한다)한 사실, ② 피고는 2005. 8. 23. 이 사건 신청을 거부(이하 '이 사건 거부처분'이라 한다)하였고, 이에 원고는 2005. 11. 11. 국가보훈처장에게 이 사건 거부처분의 취소를 구하는 행정심판을 청구한 사실, ③ 국가보훈처장은 2006. 7. 6. 이 사건 거부처분 전체를 취소하는 재결을 하면서 재결 이유에서 오른쪽 눈 중심성 망막염 및 황반변성의 장애가 군인으로서 직무수행 중 발생한 장애로 인정된다는 점만을 판단하였을 뿐 왼쪽 눈 시력저하에 대해서는 명시적인 판단을 하지 않은 사실, ④ 그 후 피고는 위 재결 취지에 따라 오른쪽 눈의 장애에 대하여 국가유공자 상이로 추가 인정하였으나 왼쪽 눈에 대해서는 아무런 처분을 하지 아니하였고, 이에 원고는 2012. 10. 15. 피고를 상대로 서울행정법원 2012구단24606호로 이 사건 신청 중 '왼쪽 눈 시력저하의 상이 추가인정 신청'에 대하여 피고가 아무런 처분을 하지 아니한 부작위가 위법하다는 확인을 구하는 소송(이하 '종전 소송'이라 한다)을 제기한 사실, ⑤ 서울행정법원은 피고가 이 사건 거부처분을 하였으므로 부작위 자체가 존재하지 않는다는 이유로 2013. 3. 8. 원고의 소를 각하하는 판결(종전 판결)을 선고하였고 그 무렵 위 판결이 확정된 사실(잘못된 판결이 확정됨), ⑥ 원고는 2013. 11. 15. 다시 피고를 상대로 서울행정법원에 이 사건 신청 중 '왼쪽 눈 시력저하의 상이 추가인정 신청'에 대하여 피고가 아무런 처분을 하지 아니한 부작위가 위법함의 확인을 구하는 이 사건 소송을 제기한 사실 등을 알 수 있다. 〈원심 판결〉 원심은 이 사건 소송이 종전 소송에 관한 확정판결의 기판력에 저촉된다는 피고의 주장을 배척한 후 원고의 주위적 청구를 인용하였다(기판력에 반하는 판결). 〈대법원 판결〉 대법원은 다음과 같이 원심과 달리 판단하였다. ① 종전 소송과 이 사건 소송은 당사자가 서로 동일하고, 종전 소송의 청구취지와 이 사건 소송의 주위적 청구취지도 '원고의 2005. 4. 7.자 왼쪽 눈에 관한 상이 추가인정 신청에 대한 피고의 부작위가 위법함을 확인한다'는 것으로서 서로 동일할 뿐 아니라, 원고가 이 사건 소송에서 피고의 위법한 부작위의 원인으로 주장하는 '2006. 7. 6.자 행정심판 취소 재결에 의하여 이 사건 거부처분이 취소되었다'는 사정은 이미 종전 소송의 변론종결 이전에 발생한 사정으로서 당시 위 소송에서 현출되었음에도 위와 같은 이유로 각하 판결이 선고되었고, 이에 대하여 원고 스스로 항소하지 않아 소 각하 판결이 그대로 확정된 이상, 위 소송에서 판단이 이루어진 '소송요건의 흠결', 즉 '원고의 이 사건 신청에 대한 피고의 부작위가 존재하지 않는다'는 점에 관하여 종전 소송 확정판결의 기판력은 이 사건 소송에 미친다고 할 것이므로, 원고가 이 사건 거부처분이 취소되었다는 동일한 사유를 원인으로 하여 종전 소송 확정판결의 내용에 반하는 주장을 새로이 하는 것은 허용되지 아니한다고 보아야 한다. 따라서 원고의 이 사건 주위적 청구가 종전 소송 확정판결의 기판력에 저촉되지 아니한다는 원심의 판단에는 소송판결의 기판력에 관한 법리를 오해하여 판결에 영향을 미친 위법이 있다. 그러므로 원심판결을 파기하고, 사건을 다시 심리·판단하게 하기 위하여 원심법원에 환송하는 판결을 하였다. 〈평석〉 부작위위법확인소송에서 부작위 여부는 판결시를 기준으로 판단된다. 따라서, 서울행정법원의 종전 판결은 잘못된 판결이다. 즉, 서울행정법원은 피고가 이 사건 거부처분을 하였으므로 부작위 자체가 존재하지 않는다는 이유로 부작위위법확인의 소를 각하하는 판결을 선고하였는데, 이 사건 거부처분이 행정심판의 재결에 의해 소급적으로 취소되었으므로 서울행정법원이 한 판결시에는 거부처분이 존재하지 않고 부작위 상태인 것으로 보는 것이 타당하다.

② 기판력은 **해당 처분**에 한하여 미치므로 동일한 처분에는 미치나 새로운 처분에 대하여는 미치지 않는다. 이에 대하여 기속력은 동일한 처분뿐만 아니라 새로운 처분에도 미친다.

기판력이라 함은 기판력 있는 전소판결의 소송물과 동일한 후소를 허용하지 않는 것임은 물론, 후소의 소송물이 전소의 소송물과 동일하지 않다고 하더라도 전소의 소송물에 관한 판단이 후

소의 선결문제가 되거나 모순관계에 있을 때에는 후소에서 전소판결의 판단과 다른 주장을 하는 것을 허용하지 않는 작용을 하는 것이다(대판 2001. 1. 16, 2000다41349).

3. 시간적 범위

기판력은 사실심 변론의 종결시를 기준으로 하여 발생한다. 처분청은 당해 사건의 사실심 변론종결 이전에 주장할 수 있었던 사유를 내세워 확정판결과 저촉되는 처분을 할 수 없고 하여도 무효이다.

확정판결의 기판력은 그 변론종결 후에 새로 발생한 사유가 있을 경우에는 효력이 차단되는데, 여기서 말하는 변론종결 후에 발생한 새로운 사유란 법률관계 사실 자체를 말하는 것이지 기존의 법률관계에 대한 새로운 증거자료를 의미하는 것이 아니다(대판 2001. 1. 16, 2000다41349).

Ⅲ. 기판력의 적용

기판력은 전소에서 확정된 법적 문제가 후소에서 다시 문제되는 때에 작용하는데 구체적으로는 다음의 세 경우이다. ① 후소의 소송물이 전소의 소송물과 동일하거나(㉠ 동일한 처분에 대하여 절차의 하자를 이유로 취소소송을 제기하여 기각당한 후 내용상 위법을 이유로 다시 취소소송을 제기한 경우), ② 후소가 기판력에 의하여 확정된 법률효과와 정면으로 모순되는 반대관계를 소송물로 하거나(취소소송에서 기각판결이 확정된 후 무효확인소송을 제기한 경우), ③ 전소의 소송물(또는 소송물과 기판력의 대상이 일치하지 않는다는 견해에 의하면, 기판력의 대상)이 후소의 선결문제로 되는 때(㉠ 처분에 대한 취소판결 후 동 처분으로 인한 손해에 대해 국가배상청구소송을 제기한 경우, 처분에 대한 무효확인판결 또는 기각판결을 받은 후 부당이득반환청구소송을 제기한 경우)이다.

당사자는 기판력에 저촉되는 주장을 할 수 없고 법원도 기판력에 저촉되는 판단을 할 수 없다.

[판례] 행정청의 공사중지명령에 대한 취소소송에서 명령이 적법한 것으로 확정된 경우, 이후 그 명령의 상대방이 명령의 해제신청을 거부한 처분의 취소를 구하는 소송에서 명령의 적법성을 다툴 수 있는지 여부(소극): 행정청이 관련 법령에 근거하여 행한 공사중지명령의 상대방이 명령의 취소를 구한 소송에서 패소함으로써 그 명령이 적법한 것으로 이미 확정되었다면, 이후 이러한 공사중지명령의 상대방은 그 명령의 해제신청을 거부한 처분의 취소를 구하는 소송에서 그 명령의 적법성을 다툴 수 없다(대판 2014. 11. 27, 2014두37665[공사중지명령해제신청거부처분취소등]). 〈해설〉 행정청의 공사중지명령에 대한 취소소송에서 기각판결이 확정된 경우(명령이 적법한 것으로 확정된 경우) 그 기각판결의 기판력은 당해 처분이 적법하다는 것에 미치며 그 명령의 상대방이 제기한 명령의 해제신청을 거부한 처분의 취소를 구하는 소송에서 명령의 적법성 판단에 미친다.

1. 취소소송에서의 기각판결의 무효확인소송에 대한 기판력

처분의 취소소송에서 청구가 기각된 확정판결의 기판력은 다시 그 처분의 무효확인을 구하는 소송에도 미치고, 처분의 무효확인청구가 기판력에 저촉되는 경우에는 당사자의 주장이 없더라도 직권으로 이를 심리판단하여 청구를 기각하여야 한다(대판 1992. 12. 8, 92누6891; 1993. 4. 27, 92누9777).

이에 반하여 무효확인소송에서 기각판결이 확정되어도 무효확인소송의 대상이 된 처분의 위법을 주장하면서 취소소송이나 국가배상소송을 제기할 수 있다.

2. 취소판결의 국가배상청구소송에 대한 기판력 [2010 사시 사례]

취소소송의 판결의 기판력이 국가배상소송에 대하여 미치는 것은 취소소송의 소송물(위법성)이 후소인 국가배상소송의 선결문제로 되는 경우이다. 취소소송의 소송물(또는 기판력의 대상 즉 위법성)이 국가배상소송에서 선결문제로 되지 않는 무과실책임(위법·적법 여부를 묻지 않는 엄격한 의미의 무과실책임)의 경우에는 취소소송판결의 기판력이 국가배상소송에 미치지 않는다. 과실책임의 경우에는 위법성이 선결문제가 되므로 취소소송의 판결의 기판력이 국가배상소송에 미치는지 여부가 문제된다.

취소판결의 국가배상소송에 대한 기판력의 문제는 취소소송의 소송물을 무엇으로 볼 것인가 하는 것과 취소소송에서의 위법과 국가배상소송에서의 위법을 어떻게 볼 것인가에 따라 다르다.

(1) 취소소송의 소송물을 처분의 위법성 일반으로 보는 견해

1) 긍 정 설

취소소송에서의 위법과 국가배상소송에서의 위법이 동일한 개념이라고 보는 행위위법설에 의하면 취소판결 및 기각판결의 기판력은 국가배상소송에 미친다.

청구기각판결의 경우에는 후소(국가배상소송)에서 그 처분의 위법성을 주장할 수 없게 되고, 청구인용판결의 경우에는 국가배상청구소송 수소법원은 처분의 위법성을 인정하여야 한다(홍정선).

2) 부 정 설

국가배상청구소송의 위법을 취소소송의 위법과 다른 개념으로 보는 견해(상대적 위법성설 또는 결과위법설)에 의하면 취소판결의 기판력은 국가배상청구소송에 미치지 않는다고 보아야 할 것이다.

3) 인용판결·기각판결구별설

국가배상청구소송의 위법 개념을 취소소송의 위법 개념보다 넓은 개념으로 본다면 인용판결의 기판력은 국가배상소송에 미치지만, 기각판결의 기판력은 국가배상소송에 미치지 않는다고 보아야 한다.

4) 결어(개별결정설)

행위위법설에 따르면 동일한 처분의 위법이 문제되면 취소판결의 기판력은 국가배상청구소송에 미친다고 보는 것이 논리적이다. 즉 국가배상소송에서 취소된 처분 자체가 가해행위가 되는 경우 취소소송의 인용판결의 기판력은 국가배상소송에 미친다. 그러나, 취소된 처분 자체가 가해행위가 아니라 처분에 수반되는 손해방지의무 위반이 손해의 원인이 되는 경우에는 위법의 대상이 다르므로 처분의 취소판결의 기판력은 처분에 수반되는 손해방지의무 위반으로 인한 손해에 대한 국가배상청구소송에 미치지 않는다.

또한 국가배상법상 위법 개념에 관하여 상대적 위법성설을 취하면 항고소송에서의 위법과 국가배상청구소송에서의 위법 개념이 다르므로 취소판결의 기판력은 국가배상소송에 미치지 않는다.

(2) 처분의 위법사유마다 취소소송의 소송물이 다르다고 보고 취소소송의 판결의 기판력은 개개의 위법사유에 한정된다는 견해

처분의 개개의 위법사유가 취소소송의 소송물이라고 보는 견해에 의하면 취소소송의 판결의 기판력은 개개의 위법사유에 한정된다. 따라서 청구기각판결의 경우에 원고는 후소인 국가배상청구소송에서 전소인 취소소송에서 주장한 것과 다른 위법사유를 주장할 수 있게 된다. 이 견해에 의하면, 취소소송에서 기각판결을 받은 경우에 불복제기기간이 지나 다른 위법사유를 들어 취소소송을 제기할 수 없는 경우에는 다른 위법사유를 들어 국가배상청구소송을 제기할 수 있게 된다.

3. 국가배상판결의 취소소송에 대한 기판력

국가배상소송에서의 처분의 위법 또는 적법의 판단은 취소소송에 기판력을 미치지 않는다. 왜냐하면 국가배상소송에서의 위법 또는 적법은 기판력이 미치는 소송물이 아니기 때문이다.

제7장

행정구제수단으로서의 헌법소송

헌법소송에는 위헌법률심판, 헌법소원, 탄핵심판, 정당해산심판, 권한쟁의심판이 있는데, 행정구제수단으로서 중요한 것은 헌법소원 및 권한쟁의심판이다.

Ⅰ. 헌법소원

헌법소원(憲法訴願)에는 두 종류가 있다. 하나는 공권력의 행사 또는 불행사로 인하여 기본권이 침해된 경우에 기본권을 침해받은 자가 제기하는 **권리구제형 헌법소원**(헌법재판소법 제68조 제1항에 의한 헌법소원)이고, 다른 하나는 법원에 위헌법률심판의 제청신청을 하였으나 기각된 경우에 제청신청을 한 당사자가 헌법재판소에 제기하는 **위헌심사형 헌법소원**(헌법재판소법 제68조 제2항에 의한 헌법소원)이다. 이 중 행정구제수단으로서 중요한 것은 권리구제형 헌법소원이다. 헌법소원에서는 공권력의 행사 또는 불행사가 다투어지는데, 여기에서의 공권력에는 행정권도 포함된다.

권리구제형 헌법소원의 소송요건은 다음과 같다. ① 공권력의 행사 또는 불행사로 자신의 기본권이 침해된 자가 제기할 것. 따라서 기본권의 주체만이 헌법소원을 제기할 수 있다. ② 공권력 작용에 의해 자신의 기본권이 현재 그리고 직접 침해를 당했어야 한다. 즉 자기관련성, 현재성 및 직접성이 있어야 한다. ③ 헌법소원은 다른 법률에 구제절차가 있는 경우에는 그 절차를 모두 거친 후에 심판청구를 하여야 한다(헌법재판소법 제68조 제1항 단서). 이를 헌법소원의 보충성 내지 보충성의 원칙이라 한다. ④ 헌법소원심판은 법이 정한 청구기간내에 제기하여야 한다(헌법재판소법 제69조). ⑤ 권리보호이익 내지 심판의 이익이 있어야 한다.

'다른 법률에 의한 구제절차'라 함은 공권력의 행사 또는 불행사를 직접 대상으로 하여 그 효력을 다툴 수 있는 권리구제절차(예 항고소송)를 의미하고, 사후적·보충적 구제수단(예 손해배상청구, 손실보상청구)을 뜻하는 것은 아니다(헌재 1989. 4. 17, 88헌마3). 따라서, 항고소송이 가능한 경우(처분인 경우)에는 원칙상 헌법소원이 인정되지 않는다(헌재 2009. 2. 26, 2008헌마370[법학전문대학원 설치 예비인가 배제결정취소]).

[판례 1] **법학전문대학원 설치 예비인가 거부결정에 대한 헌법소원 심판청구가 보충성 요건을 충족하는지 여부(소극)**: 이 사건 예비인가 거부결정은 법학전문대학원 설치인가 이전에 청구인들의 법적 지위에 영향을 주는 것으로 항고소송의 대상이 되는 행정처분에 해당한다고 할 것인데, 학교법인 명지학원은 위 결정에 대한 행정소송을 제기하지 아니하였고 청구인 국민학원은 이 사건 예비인가 거부결정의 취소를 구하는 행정소송을 제기하였다가 2008. 8. 29. 교육과학기술부장관의 법학전문대학원 설치에 관한 본인가결정이 내려지자 그 청구취지를 '법학전문대학원 설치인가 거부처분의 취소'를 구하는 것으로 교환적으로 변경하여 현재 소송 계속 중이다. 결국 학교법인 국민학원과 학교법인 명지학원의 이 사건 예비인가 거부결정에 관한 헌법소원 심판청구는 행정소송에 의한 권리구제절차를 모두 거치지 아니한 것으로 보충성 원칙에 반하여 부적법하다(헌재 2009. 2. 26, 2008헌마370).

[판례 2] [1] 청구인(국립 강원대학교)은 이 사건 모집정지(강원대학교 법학전문대학원의 2015학년도 및 2016학년도 신입생 각 1명의 모집을 정지한 행위)에 대하여 행정소송을 제기하지 아니한 채 바로 헌법소원심판을 청구하였으나, 법인화되지 않는 국립대학 및 국립대총장은 행정소송의 당사자능력이 인정되지 않는다는 것이 법원의 확립된 판례이므로, 이 사건 심판청구는 보충성의 예외에 해당된다(헌재 1995. 12. 28, 91헌마80 등 참조). 〈해설〉 이 사건 모집정지의 처분성이 문제된다. 교육부장관의 지휘감독조치로 본다면 내부행위로 볼 수도 있지만, 대학의 기본권인 자율권을 침해하는 것이고, 법학전문대학원 지원자에 대해서도 영향을 미치는 것이므로 처분으로 보는 것이 타당할 것이다. [2] 교육부장관의 지도·감독권에 기하여 이루어진 이 사건 모집정지(강원대학교 법학전문대학원의 2015학년도 및 2016학년도 신입생 각 1명의 모집을 정지한 행위)가 법률유보원칙에 반하여 청구인의 대학의 자율권을 침해한다고 보기는 어렵다. [3] 국립대학도 헌법상 학문의 자유 및 대학의 자율권으로 보호되는 영역에서는 독립된 기본권의 주체가 되므로, 교육부장관의 공권력 행사가 국립대학의 대학의 자율권을 침해하는 경우에는 해당 기본권이 형해화(形骸化)되는 것을 막기 위하여 헌법소원심판의 청구인능력이 인정된다(헌재 2015. 12. 23, 2014헌마1149[강원대학교 법학전문대학원 2015학년 모집정지처분 등 취소]).

[판례 3] [1] 코로나바이러스감염증-19의 예방을 위하여 음식점 및 PC방 운영자 등에게 영업시간을 제한하거나 이용자 간 거리를 둘 의무를 부여하는 심판대상고시는 관내 음식점 및 PC방의 관리자·운영자들에게 일정한 방역수칙을 준수할 의무를 부과하는 것으로서 항고소송의 대상인 행정처분에 해당한다. 대법원도 심판대상고시와 동일한 규정 형식을 가진 피청구인의 대면예배 제한 고시(서울특별시고시 제2021-414호)가 항고소송의 대상인 행정처분에 해당함을 전제로 판단한 바 있다(대법원 2022. 10. 27.자 2022두48646 판결). [2] 심판대상고시의 효력기간이 경과하여 그 효력이 소멸하였으므로, 이를 취소하더라도 그 원상회복은 불가능하다. 그러나 피청구인은 심판대상고시의 효력이 소멸한 이후에도 2022. 4.경 코로나19 방역조치가 종료될 때까지 심판대상고시와 동일·유사한 방역조치를 시행하여 왔고, 향후 다른 종류의 감염병이 발생할 경우 피청구인은 그 감염병의 확산을 방지하기 위하여 심판대상고시와 동일·유사한 방역조치를 취할 가능성도 있다. 그렇다면 심판대상고시와 동일·유사한 방역조치가 앞으로도 반복될 가능성이 있고 이에 대한 법률적 해명이 필요한 경우에 해당하므로 예외적으로 그 처분의 취소를 구할 소의 이익이 인정되는 경우에 해당한다. 대법원도 피청구인의 대면예배 제한 고시(서울특별시고시 제2021-414호)에 대한 위 항고소송에서 소의 이익이 인정됨을 전제로 심리불속행으로 상고를 기각한 바 있다(대법원 2022. 10. 27.자 2022두48646 판결). [3] 그렇다면 심판대상고시는 항고소송의 대상이 되는 행정처분에 해당하고 그 취소를 구할 소의 이익이 인정된다. 따라서 이에 대한 다툼은 우선 행정심판이나 행정소송이라는 구제절차를 거쳤어야 함에도, 이 사건 심판청구는 이러한 구제절차를 거치지 아니하고 제기된 것이므로 보충성 요건을 충족하지 못하였다. 그러므로 이 사건 헌법소원심판청구를 모두 각하한다(헌재 2023. 5. 25, 2021헌마21[코로나바이러스감염증-19의 예방을 위한 방역조치를 명하는 서울특별시고시에 관한 사건]).

다만, 헌법재판소는 이 보충성 요건을 완화하여 해석하면서 헌법소원을 널리 인정하고 있다.

[판례] 즉, 헌법소원은 기존의 구제절차가 없는 경우뿐만 아니라 '헌법소원심판청구인이 그의 불이익으로 돌릴 수 없는 정당한 이유 있는 착오로 전심절차를 밟지 않은 경우 또는 전심절차로 권리가 구제될 가능성이 거의 없거나 권리구제절차가 허용되는지의 여부가 객관적으로 불확실하여 전심절차이행의 기대가능성이 없을 때'에도 예외적으로 헌법재판소법 제68조 제1항 단서 소정의 전심절차 이행요건은 배제된다(헌재 1989. 9. 4. 88헌마22).

Ⅱ. 권한쟁의심판

1. 의 의

권한쟁의심판이라 함은 국가기관 상호간, 국가기관과 지방자치단체간 및 지방자치단체 상호간에 권한의 존부 또는 범위에 관하여 다툼이 있을 때 당해 국가기관 또는 지방자치단체가 헌법재판소에 제기하는 권한쟁의에 관한 심판을 말한다(헌법재판소법 제2조 4호, 제61조 제1항).

2. 종 류

권한쟁의심판의 종류는 다음과 같다. ① 국가기관 상호간의 권한쟁의심판(국회, 정부, 법원 및 중앙선거관리위원회 상호간의 권한쟁의심판), ② 국가기관과 지방자치단체간의 권한쟁의심판(가. 정부와 특별시·광역시 또는 도간의 권한쟁의심판, 나. 정부와 시·군 또는 지방자치단체인 구(이하 "자치구"라 한다)간의 권한쟁의심판), ③ 지방자치단체 상호간의 권한쟁의심판(가. 특별시·광역시 또는 도 상호간의 권한쟁의심판, 나. 시·군 또는 자치구 상호간의 권한쟁의심판, 다. 특별시·광역시 또는 도와 시·군 또는 자치구간의 권한쟁의심판).

3. 청구요건

권한쟁의심판청구는 피청구인의 처분 또는 부작위가 헌법 또는 법률에 의하여 부여받은 청구인의 권한을 침해하였거나 침해할 현저한 위험이 있는 때에 한하여 이를 할 수 있다(제61조 제2항).

헌법재판소법 제61조의 처분은 행정소송법상 처분보다 넓은 개념으로서 행정처분은 물론 법률제정작용, 행정입법과 같은 모든 행정작용 그리고 법원의 재판 및 사법행정작용 등을 포함하는 넓은 의미의 공권력 처분을 의미하는 것이다(헌재 2006. 5. 25. 2005헌라4). 청구인의 법적 지위에 구체적으로 영향을 미칠 가능성이 없는 행위는 '처분'이라 할 수 없지만(헌재 2006. 3. 30. 2005헌라1), 지방자치단체의 권한에 부정적인 영향을 주어서 법적으로 문제되는 경우에는 사실행위나 내부적인 행위도 권한쟁의심판의 대상이 되는 처분에 해당한다(헌재 2006. 3. 30. 2003헌라2: 건설교통부장관이 경부고속철도 제4-1공구 역의 이름을 "천안아산역(온양온천)"으로 결정한 것이 권한쟁의심판의 대상이 되는 처분에 해당한다고 한 사례).

[판례 1] 헌법재판소법 제61조 제2항에서의 처분은 입법행위와 같은 법률의 제정과 관련된 권한의 존부 및 행사상의 다툼, 행정처분은 물론 행정입법과 같은 모든 행정작용 그리고 법원의 재판 및 사법행정작용 등을 포함하는 넓은 의미의 공권력 처분을 의미하는 것으로 보아야 할 것이므로, 법률에 대한 권한쟁의심판도 허용된다고 봄이 일반적이나 다만, '법률 그 자체'가 아니라 '법률제정행위'를 그 심판대상으로 하여야 할 것이다(헌재 2006. 5. 25. 2005헌라4).

[판례 2] 행정심판법 제37조 제2항에 근거한 직접처분을 헌법재판소법 제61조의 처분으로 본 사례(헌재 1999. 7. 22. 98헌라4).

[판례 3] 행정자치부장관이 '행정부시장·부지사 회의'를 개최하여 행정자치부에서 작성한 표준안대로 복무조례를 개정할 것을 울산광역시 동구 및 북구에 요청한 것은 각 지방자치단체가 참고할 수 있도록 표준안을 제시한 것에 불과하여 단순한 업무협조 요청에 불과하고, 「징계업무처리지침」 및 「병·연가불허지시」를 통보한 것도 상호 협력의 차원에서 조언·권고한 것이거나 단순히 '업무연락'을 한 것이지, 각 지방자치단체를 법적으로 규제하는 강제적·명령적 조치를 취한 것이라 보기 어려우며, 기자회견을 통해 '총파업가담자에 대한 처벌과 정부의 방침에 소극적으로 대처하는 지방자치단체에 대하여 특별교부세 지원중단 등의 행정적·재정적 불이익 조치를 취할 것'이라는 것을 주된 내용으로 하는 담화문을 발표한 것 또한 단지 파업의 대응방침을 천명한 것으로 단순한 견해의 표명에 지나지 않는다 할 것이다. 이러한 행위들은 권한쟁의심판의 대상이 되는 처분이라 할 수 없다(헌재 2006. 3. 30. 2005헌라1).

[판례 4] 낙동강의 유지·보수는 원래 국가사무로서 경상남도지사에게 기관위임된 사무에 불과하므로 '청구인의 권한'이라고 할 수 없고, 따라서 피청구인의 이 사건 처분으로 인하여 '청구인의 권한'이 침해될 개연성이 없다. 이 사건 청구는 '권한의 존부와 범위'에 관한 다툼에도 해당하지 않는다(헌재 2011. 8. 30. 2011헌라1[경상남도와 정부 간의 권한쟁의]).

Ⅲ. 위헌법률심판

법률의 위헌결정은 법원과 그 밖의 국가기관 및 지방자치단체를 기속(羈束)한다(헌법재판소법 제47조 제1항).

헌법재판소가 법률의 위헌 여부를 판단하기 위하여 한 법률해석에 법원은 구속되지 않는다는 것이 대법원 판례의 입장이다(대판 2009. 2. 12, 2004두10289).

위헌결정은 원칙상 장래효를 갖지만(헌법재판소법 제47조 제2항), 위헌결정을 위한 계기를 부여한 사건(당해 사건), 위헌결정이 있기 전에 이와 동종의 위헌 여부에 관하여 헌법재판소에 위헌제청을 하였거나 법원에 위헌제청신청을 한 사건(동종사건), 따로 위헌제청신청을 아니하였지만 당해 법률조항이 재판의 전제가 되어 법원에 계속 중인 사건(병행사건)에 대하여 **예외적으로 소급효가 인정**되고, 위헌결정 이후에 제소된 사건(일반사건)이라도 구체적 타당성의 요청이 현저하고 소급효의 부인이 정의와 형평에 반하는 경우에는 예외적으로 소급효를 인정할 수 있다(헌재 2013. 6. 27. 2010헌마535).

제8장

대체적 분쟁해결수단

Ⅰ. 의　　의

대체적 분쟁해결수단(Alternative Dispute Resolution, ADR)이라 함은 재판에 의하지 않는 분쟁해결수단을 말한다. 분쟁조정제도(紛爭調整制度)라고도 하는데, 알선, 조정, 재정 등이 있다.

Ⅱ. 종류와 그 효력

1. 알선(斡旋)

알선이란 알선위원이 분쟁당사자의 의견을 듣고 사건이 공정하게 해결되도록 주선하여 분쟁당사자간의 화해(합의)를 유도함으로써 분쟁을 해결하는 절차를 말한다(환경분쟁조정법 제27조~제28조).

2. 조정(調停)

조정은 조정기관이 분쟁당사자의 의견을 들어 직권으로 분쟁해결을 위한 타협방안(조정안)을 마련하여 분쟁당사자에게 수락을 권고하고, 분쟁당사자들이 이를 받아들임으로써 분쟁을 해결하는 방식이다.

3. 재정(裁定)

재정은 재정기관이 준사법적 절차에 따라 일방적으로 분쟁해결을 위한 결정을 내리는 것을 말한다.

4. 중　　재

중재라 함은 당사자의 합의에 의해 선출된 중재인의 중재판정에 의해 분쟁을 해결하는 절차를 말한다. 중재판정은 확정판결과 같은 효력을 갖는다.

5. 재판상 화해와 재판외 화해의 효력

재판상 화해(裁判上 和解)는 재판상 강제력이 있는데, 재판외 화해(裁判外 和解)는 민법상 계약의 구속력이 있지만, 재판상 강제력이 없다. 재판상 화해에는 기판력(민사소송법 제220조)과 강제집행력이 인정되는 것이 보통이지만, 기판력은 인정되지 않고(소송제기를 인정하지 않고), 강제집행력만을 인정하는 것도 이론상 가능하다.

Ⅲ. 행정분쟁에서의 화해·조정

2018년 5월 1일 시행되는 개정 **행정심판법**은 양 당사자 간의 합의가 가능한 사건의 경우 행정심판위원회가 개입·조정하는 절차를 통하여 갈등을 조기에 해결할 수 있도록 행정심판에 조정을 도입하였다. 행정심판위원회는 당사자의 권리 및 권한의 범위에서 **당사자의 동의를 받아** 심판청구의 신속하고 공정한 해결을 위하여 **조정**을 할 수 있다. 다만, 그 조정이 공공복리에 적합하지 아니하거나 해당 처분의 성질에 반하는 경우에는 그러하지 아니하다(제43조의2 제1항). 조정은 당사자가 합의한 사항을 조정서에 기재한 후 당사자가 서명 또는 날인하고 위원회가 이를 확인함으로써 **성립**한다(제43조의2 제3항). 제3항에 따라 성립한 조정에 대하여는 행정심판법 제48조(재결의 송달과 효력 발생), 제49조(재결의 기속력 등), 제50조(위원회의 직접 처분), 제50조의2(위원회의 간접강제), 제51조(행정심판 재청구의 금지)의 규정을 준용한다(제43조의2 제4항).

「**부패방지 및 국민권익위원회의 설치와 운영에 관한 법률**」(약칭: 부패방지권익위법)에 따르면 국민권익위원회는 다수인이 관련되거나 사회적 파급효과가 크다고 인정되는 고충민원의 신속하고 공정한 해결을 위하여 필요하다고 인정하는 경우에는 당사자의 신청 또는 직권에 의하여 **조정**을 할 수 있다(제45조 제1항). 조정은 당사자가 합의한 사항을 조정서에 기재한 후 당사자가 기명날인하거나 서명하고 권익위원회가 이를 **확인**함으로써 성립한다(제2항). 제2항에 따른 조정은 「**민법**」 **상의 화해와 같은 효력**이 있다.

행정소송법은 조정이나 화해를 인정하는 규정을 두고 있지 않다. **항고소송**에는 **항고소송의 공익성에 비추어 민사소송법상 화해**(제225조 이하, 제385조 이하)**나 민사조정법상 조정을 준용할 수 없다**. 그렇지만, 실무상 제재적 행정처분사건과 조세사건에서 **사실상의 조정**이 행해지고 있다. 즉, 법원이 행정청에 대하여는 법원이 적절하다고 인정하는 처분으로 변경(예를 들면, 영업허가취소처분을 영업정지처분으로 변경)할 것을, 원고에 대하여는 행정청이 그와 같이 변경처분을 하면 소를 취하할 것을 권고하는 조정권고를 행하고, 행정청이 변경처분을 하면 원고가 소를 취하하는 방식이 그것이다. **당사자소송**에는 민사소송법상 화해나 민사조정법상 조정이 준용될 수 있다.

제4편

행정조직법

行 政 組 織 法

제 4 편 행정조직법

제1장

행정조직법 개설

Ⅰ. 행정조직법의 의의

행정조직법은 행정주체의 조직에 관한 법을 말한다. 보다 구체적으로 정의하면 행정조직법은 행정기관의 설치, 폐지, 구성, 권한 및 행정기관 상호간의 관계를 정한 법이다.

Ⅱ. 행정조직법정주의

행정조직에 관한 사항은 기본적으로 법률로 정하여야 한다는 원칙을 **행정조직법정주의**(行政組織法定主義)라고 한다. 행정조직법정주의는 후술하는 행정권한법정주의를 포함한다.

현행 헌법 제96조는 "행정각부의 설치·조직과 직무범위는 법률로 정한다"고 규정하여 행정조직법정주의를 채택하고 있다. 이에 근거하여 정부조직법이 제정되었다. 정부조직법은 **중앙행정기관**(부·처·청)의 설치와 직무범위는 **법률**로 정하도록 하고 있다(동법 제2조). 정부조직법은 **특별지방행정기관**, 보조기관(차관, 차장, 실장, 국장, 실장·국장의 명칭을 본부장·단장·부장·팀장 등으로 달리 정할 수 있다.), 부속기관(시험연구기관, 교육훈련기관, 문화기관, 의료기관, 제조기관, 자문기관 등)은 **법률**이 정한 경우를 제외하고 **대통령령**으로 설치할 수 있도록 하고 있다(동법 제2조, 제3조, 제4조). 다만, 대통령령이 정하는(실장, 국장 밑의) 보조기관(과, 팀, 반 등)의 설치와 사무분장은 총리령 또는 부령으로 정할 수 있고, 대통령령이 정하는 보조기관에 상당하는 보좌기관은 **총리령 또는 부령**으로 둘 수 있다(제2조 제4항 단서, 제2조 제5항 단서).

법령에서 정한 행정조직보다 세부적인 행정조직에 관한 사항은 행정규칙에 의해 정하여질 수도 있다. 행정조직에 관한 사항을 정하는 행정규칙을 '**조직규칙**'이라 한다.

제2장

행정기관

I. 행정기관의 개념

[문제] 행정조직법적 행정기관 개념(사무배분적 관점에서의 행정기관 개념)과 행정작용법적 행정기관 개념을 비교하시오.

행정기관이라 함은 행정권한을 행사하는 행정조직의 구성단위를 말한다. 행정기관은 행정기관의 구성자인 공무원과는 구별된다. 행정기관은 그를 구성하는 공무원의 변경과 관계없이 통일적인 일체로서 존속한다.

행정기관의 개념은 크게 나누어 행정작용법적 관점과 행정조직법적 관점에서 논해진다.

1. 행정작용법적 행정기관 개념

행정작용법적 관점에서는 대외적으로 행정권한을 행사하는 행정기관을 중심으로 행정기관 개념을 구성한다.

(1) 행 정 청

행정관청이라 함은 국가의사를 결정하여 이를 자기의 이름으로 외부에 표시하는 권한을 가진 행정기관을 말한다. 행정청이라 함은 국가뿐만 아니라 지방자치단체의 의사를 결정하여 자신의 이름으로 외부에 표시할 수 있는 권한을 가진 행정기관을 말한다.

행정청(行政廳)의 예로는 독임제(獨任制) 행정청으로 장관, 처장, 청장 및 외국(外局)의 장(경찰서장, 소방서장 등), 지방자치단체의 장(특별시장, 광역시장, 도지사, 시장, 군수), 권한의 위임을 받은 행정기관이 있다. 합의제(合議制) 행정청으로 행정심판위원회, 토지수용위원회, 중앙선거관리위원회, 감사원, 배상심의회, 노동위원회, 소청심사위원회, 금융통화위원회가 있다. 위원회 중 의사를 결정하여 그 결정된 의사를 자기의 이름으로 대외적으로 표시할 수 있는 권한을 가진 위원회만 행정청이다. 대외적인 표시권이 없이 심리권이나 의결권만 갖고 있는 위원회는 행정청이 아니다.

행정작용법상 행정청은 위와 같은 국가와 지방자치단체의 행정청뿐만 아니라 공공단체(이들을 본래의 행정청이라 한다) 그리고 이들 본래의 행정청으로부터 행정권한의 위임 또는 위탁을 받은 행정기관·공공단체 및 그 기관 또는 사인을 포함한다.

행정기본법에서 "행정청"이란 다음 각 목의 자를 말한다. 가. 행정에 관한 의사를 결정하여 표시하는 국가 또는 지방자치단체의 기관, 나. 그 밖에 법령등에 따라 행정에 관한 의사를 결정하여 표시하는 권한을 가지고 있거나 그 권한을 위임 또는 위탁받은 공공단체 또는 그 기관이나 사인(私人)(행정기본법 제2조 제2호). 행정소송법 제2조 제2항은 "이 법을 적용함에 있어서 행정청에는 법령에 의하여 행정권한의 위임 또는 위탁을 받은 행정기관, 공공단체 및 그 기관 또는 사인이 포함된다"라고 규정하고 행정심판법 제2조 제4호는 "'행정청'이란 행정에 관한 의사를 결정하여 표시하는 국가 또는 지방자치단체의 기관, 그 밖에 법령 또는 자치법규에 따라 행정권한을 가지고 있거나 위탁을 받은 공공단체나 그 기관 또는 사인(私人)을 말한다"라고 규정하고 있는데, 행정기본법, 행정소송법 및 행정심판법상 행정청은 행정작용법상의 행정청의 개념을 말한다.

(2) 보조기관

보조기관(補助機關)이라 함은 국가와 지방자치단체의 행정청에 소속되어 행정청의 권한행사를 보조하는 것을 임무로 하는 기관을 말한다.

행정 각부의 차관, 차장, 실장, 국장, 과장, 팀장, 반장, 계장 및 지방자치단체의 부지사, 부시장, 국장, 과장 등이 이에 해당한다.

보조기관은 독자적으로 의사를 결정하고 외부에 대하여 표시하는 권한을 갖지 못한다. 다만, 예외적으로 보조기관이 대외적으로 행정작용을 행하는 경우가 있다.

① 보조기관이 행정청의 위임을 받아 대외적으로 행정권한을 행사하는 경우에는 행정청이 된다.

② 보조기관이 보조기관의 지위에서 대외적으로 국민에 대하여 일정한 행정권한을 행사하는 경우가 있다. i) 국민에 대하여 행정지도를 행하는 권한을 갖는다. ii) 행정청이 아닌 보조기관이 한 언동도 신뢰보호원칙의 적용대상이 될 수 있다.

③ 보조기관에 대한 위임전결의 경우 보조기관은 내부적으로 최종적인 의사를 결정하는 권한을 가지지만, 그 결정에 따라 대외적으로 처분을 할 때에는 행정청의 서명날인으로 처분을 하여야 한다.

(3) 보좌기관

보좌기관(補佐機關)이라 함은 국가와 지방자치단체의 행정청 또는 그 보조기관을 보좌하는 기관을 말한다. 보좌기관은 참모기관 또는 막료기관이라고도 한다.

대통령실, 국무총리실, 행정 각부의 차관보, 담당관 등이 이에 해당한다.

(4) 의결기관

의결기관이라 함은 행정주체의 의사를 결정하는 권한만을 가지고 이를 외부에 표시할 권한은 가지지 못하는 기관을 말한다. 의결기관(議決機關)은 외부에 표시할 권한이 없는 점에서 그러한 권한이 있는 합의제 행정청과 구별된다.

각종 징계위원회, 지방의회, 교육위원회, 광업조정위원회 등이 이에 해당한다.

의결기관의 결정은 행정청을 구속한다. 행정청은 의결기관의 결정에 구속되며 그 결정에 따라 처분을 행한다.

의결기관의 의결을 거치지 않은 처분은 무권한의 처분으로 당연무효이고, 의결기관의 의결에 반하는 처분도 원칙상 무효이다.

(5) 심의기관

심의기관은 심의·의결을 하는데, 그 의결은 법적 구속력이 없다. 다만, 행정청은 심의기관의 의결을 존중하는 것이 바람직하다. 그리고, 명칭이 심의기관이지만, 실질은 의결기관인 경우도 있다. 심의기관의 예로는 교육환경법상 지역교육환경보호위원회를 들 수 있다.

(6) 자문기관

자문기관이라 함은 행정청에 의견(자문)을 제시하는 것을 임무로 하는 기관을 말한다. 자문기관(諮問機關)은 합의제인 것이 보통이나 독임제인 것도 있다.

행정청은 자문기관의 의견에 구속되지 않는다. 그러나, 적어도 자문절차가 법령에 의해 규정되어 있는 경우에 자문절차를 거치지 않고 한 처분은 절차의 하자가 있는 위법한 행위이며 원칙적으로 취소할 수 있는 행위이다. 자문절차를 거쳤지만 충실히 거치지 않고 형식에 그친 것도 취소사유인 절차의 하자로 보아야 한다.

(7) 집행기관

집행기관이라 함은 실력을 행사하여 행정청의 의사를 집행하는 기관을 말한다. 경찰공무원, 소방공무원, 세무공무원 등이 이에 해당한다.

2. 행정조직법적 행정기관 개념

행정조직법적 행정기관은 행정조직법상 권한인 행정사무를 수행하는 단위가 되는 행정주체의 기관을 말한다.

행정조직법상 권한(행정사무)은 수평적으로 또한 수직적으로 배분된다.

(1) 수평적 권한배분

국가행정조직의 예를 들면 행정 각부별로 권한(업무)이 수평적으로 배분되어 있다. 정부조직법은 행정 각부의 업무를 정하고 있다.

행정기관은 상호 타기관의 권한을 존중하여야 한다. 그리고, 행정기관은 업무의 처리에 있어 상호 협력하여야 한다.

(2) 수직적 권한배분

행정업무는 상하행정기관 사이에 수직적으로 배분된다. 행정기관의 장-국-과-계에 업무가 배분되는 것이 전형적인 예이다.

상급기관은 하급기관에 대한 지휘감독권을 갖고, 하급기관은 상급기관의 지휘명령에 복종하여야 한다.

3. 현행 실정법

정부조직법은 국가기관의 행정조직에 대하여 규율하고 있다. 정부조직법은 기본적으로 행정조직법적 행정기관 개념을 채택하고 있다. 지방자치단체의 행정조직에 대하여는 지방자치법이 규율하고 있다.

행정절차법(제2조 제1항), 행정심판법(제2조 제4항)과 행정소송법(제2조 제2항)은 행정작용법적 행정기관 개념을 채용하고 있다.

4. 독임제 행정기관과 합의제 행정기관

행정기관은 그 구성원의 수에 따라 독임제 행정기관과 합의제 행정기관으로 나누어진다.

(1) 독임제 행정기관

독임제 행정기관(獨任制 行政機關)이라 함은 그 구성원이 1명인 행정기관을 말한다. 독임제 행정기관은 행정기관의 책임을 분명히 하고 신속한 행정을 할 수 있도록 하는 장점을 가지고 있다. 이러한 점 때문에 행정기관은 독임제가 원칙이다.

(2) 합의제 행정기관

1) 의　　의

합의제 행정기관(合議制 行政機關)이라 함은 그 구성원이 2명 이상이며 행정기관의 의사결정이 복수인 구성원의 합의에 의해 이루어지는 행정기관을 말한다. 합의제행정기관은 **위원회**라고도 한다.

행정기관 소속 위원회의 설치·운영에 관한 법률(약칭 '행정기관위원회법'이라 한다)은 합의제행정기관을 위원회로 부른다. 행정기관위원회법에 따르면 위원회를 "위원회, 심의회, 협의회 등 명칭을 불문하고 행정기관의 소관 사무에 관하여 자문에 응하거나 조정, 협의, 심의 또는 의결 등을 하기 위한 복수의 구성원으로 이루어진 합의제 기관"을 말하는 것으로 규정하고 있다(제2조).

2) 필 요 성

합의제 행정기관은 행정기관의 독립성과 행정결정의 공정성이 요구되는 경우 또는 대립되는 이해의 공평한 조정이 요구되는 경우 등에 설치된다.

3) 설치근거 및 적용법령

설치근거가 헌법인 경우, 법률인 경우, 대통령령인 경우, 조례인 경우, 행정규칙인 경우가 있다.

중앙행정기관인 위원회(예 공정거래위원회)의 설치와 직무범위는 법률로 정한다(정부조직법 제2조 제1항, 제2항).

행정기관 소관사무의 일부를 독립하여 수행할 필요가 있는 때에 설치하는 행정위원회 등 합의제행정기관은 법률로 정하는 바에 따른다(정부조직법 제5조). 지방자치단체는 그 소관 사무의 일부를 독립하여 수행할 필요가 있으면 법령이나 그 지방자치단체의 조례로 정하는 바에 따라 합의제행정기관을 설치할 수 있다(지방자치법 제116조 제1항). 그러나, 이론상 행정수반인 대통령으로부터 독립된 합의제행정기관(예 중앙선거관리 위원회 등)의 설치는 권력분립의 문제이므로 헌법으로 정하여야 한다.

자문기관의 성질을 갖는 합의제행정기관은 대통령령에 근거하여 설치할 수 있다(정부조직법 제4조). 지방자치단체는 그 소관 사무의 범위에서 법령이나 그 지방자치단체의 조례로 정하는 바에 따라 심의회·위원회 등의 자문기관을 설치·운영할 수 있다(지방자치법 제116조의2 제1항).

행정기관위원회법(「행정기관 소속 위원회의 설치·운영에 관한 법률」)은 행정기관(대통령과 그 소속 기관, 국무총리와 그 소속 기관, 「정부조직법」 제2조제2항에 따른 중앙행정기관과 그 소속 기관) 소속 위원회의 설치 및 운영에 필요한 사항을 규정하고 있다(제1조, 제3조 제2항). 다만, 「헌법」에 따라 설치되는 위원회 및 「정부조직법」 제2조 제2항에 따라 다른 법률에 의하여 중앙행정기관으로 설치되는 위원회에 대하여는 이 법을 적용하지 아니한다(제3조 제2항).

4) 종 류

합의제 행정기관에는 보유권한의 내용에 따라 의결권과 함께 대외적인 표시권을 갖는 행정청인 경우(예 공정거래위원회, 노동위원회, 금융위원회, 소청심사위원회), 의결권만을 갖는 의결기관인 경우(예 징계위원회), 동의기관인 경우(예 인사위원회 등), 심의권만을 갖는 심의기관(예 정보 공개심의회)인 경우와 자문권만을 갖는 자문기관인 경우가 있다.

[판례] 법학교육위원회는 피고의 심의기관에 해당할 뿐 의결기관의 지위를 가진다고 할 수는 없다(대판 2009. 12. 10, 2009두8359[로스쿨예비인가처분취소]).

정부조직법 및 행정기관위원회법에 따르면 합의제행정기관은 다음과 같이 구별된다. ① 헌법에 따라 설치된 위원회(예 중앙선거관리위원회). ② 정부조직법 제2조 제2항에 따라 설치된 중앙행정기관인 위원회(예 공정거래위원회, 국민권익위원회, 국가인권위원회 등). ③ 「정부조직법」 제5조 및 행정기관위원회법에 따라 행정기관 소관사무의 일부를 독립하여 수행할 필요가 있는 때 행정기관위원회법 등 법률로 정하는 바에 따라 설치된 합의제행정기관(행정기관위원회법 제5조 제1항은 "행정위원회"라 부르는 것으로 규정하고 있다). 의결기관, 동의기관, 심의의결기관인 위원회가 이에 해당한다. ④ 정부조직법 제4조 및 행정기관위원회법에 따라 자문기관으로 설치된 위원회(합의제행정기관).

5) 결정의 구속력 등

의결기관의 결정은 구속력을 갖는다. 행정청이 의결기관의 결정과 다른 결정을 내리면 그 결정은 원칙상 무권한의 하자로 무효이다. 동의기관의 동의 없이 한 결정도 그러하다.

재량처분이 의결기관의 결정에 따른 것이라 하더라도 사회통념상 현저히 타당성을 잃었다고 볼 만한 특별한 사정이 있는 경우에는 재량권의 일탈·남용이 인정될 수 있다고 할 수 있다. 동의기관에 있어서도 그러하다.

[판례] 대학교수의 임용 여부는 임용권자가 교육법상 대학교수 등에게 요구되는 고도의 전문적인 학식과 교수능력 및 인격 등을 고려하여 합목적적으로 판단할 자유재량에 속하고, 대학의 장이 대학 인사위원회에서 임용동의안이 부결되었음을 이유로 하여 교수의 임용 또는 임용제청을 거부하는 행위는 그것이 사회통념상 현저히 타당성을 잃었다고 볼 만한 특별한 사정이 없는 이상 재량권을 일탈·남용하였다고 볼 수 없다(대판 2006. 9. 28, 2004두7818[교수임용거부처분]).

심의기관과 자문기관의 결정은 법적 구속력은 없다. 다만, 심의기관의 결정은 구속력은 없지만, 행정청에 의해 존중되어야 한다. 자문기관인 합의제행정기관에서는 통상 결정이 내려지지 않지만, 결정이 있는 경우에도 행정청은 그 결정으로부터 전적으로 자유롭다.

6) 결정절차의 하자 [2011 행시(재경직) 사례]

의결기관의 의결은 의무적 절차이고, 심의기관의 심의(심의의결)는 통상 의무적인 절차인 반면에 자문기관의 자문은 의무적 절차인 경우도 있지만, 임의절차인 경우도 있다.

의결기관 또는 동의기관의 의결을 거치지 않은 행정청의 결정은 무효이고, 심의기관의 심의를 거치지 않은 행정청의 결정도 원칙상 무효라고 보아야 한다. 그러나, **판례**는 심의기관의 심의를 거치지 않은 하자를 취소사유에 불과한 것으로 본다. 의무적인 절차인 자문절차를 거치지 않은 행위는 원칙상 취소할 수 있는 행위로 보는 것이 타당하다.

[판례] 금지행위 및 시설의 해제 여부에 관한 행정처분을 하면서 절차상 위와 같은 학교환경위생정화위원회의 심의를 누락한 흠이 있다면 그와 같은 흠을 가리켜 위 행정처분의 효력에 아무런 영향을 주지 않는다거나 경미한 정도에 불과하다고 볼 수는 없으므로, 특별한 사정이 없는 한 이는 행정처분을 위법하게 하는 취소사유가 된다(대판 2007. 3. 15, 2006두15806[학교환경위생정화구역내 금지행위 및 시설해제 신청거부처분취소]). 〈평석〉 판례는 심의기관의 심의를 거치지 않은 처분을 항상 취소할 수 있는 처분으로 보는 것으로 보이는데, 중대명백설에 비추어 볼 때 경우에 따라서는 무효라고 할 수 있는 경우도 있다고 보는 것이 타당하다.

5. 행정주체와 행정기관

행정주체(行政主體)는 행정을 담당하는 법적 주체이며 행정법상 국민과의 관계에서 권리의무의 주체가 된다. 행정주체에는 국가, 지방자치단체와 공공단체 및 공무수탁사인이 있다.

행정주체 중 **국가**와 **지방자치단체**는 스스로 행정작용을 하는 것이 아니라 행정기관을 통하여 행정작용을 행한다. 국가와 지방자치단체의 경우 국민과의 관계에서 행위를 하는 것은 행정기관이며 행정기관의 행위의 효과는 행정기관이 아니라 행정주체에게 귀속된다.

행정주체 중 **공공단체**도 실제에 있어서는 그 기관을 통하여 행정작용을 하지만 공공단체의 기관은 행정기관이 아니며 그 기관구성은 행정조직의 문제가 아니다. 공공단체는 독립된 공법인이며 대외적인 행정작용을 할 때 공공단체 자체가 행정청이 된다. **공무수탁사인**은 법인인 경우와 자연인인 경우가 있는데, 공무수탁사인이 행정작용을 행함에 있어서도 공무수탁사인 자체가 행정청이 된다. 즉, 공공단체와 공무수탁사인은 그 자신이 행정주체이면서 행정청이 된다.

Ⅱ. 국가행정기관과 지방행정기관

행정기관의 소속을 기준으로 국가행정기관과 지방행정기관으로 분류된다.

1. 국가행정기관

국가에 속하여 국가사무를 수행하는 행정기관을 국가행정기관이라 한다.

국가행정기관은 관할에 따라 중앙행정기관과 국가지방행정기관으로 구분된다. **중앙행정기관**은 전국을 관할하는 행정기관이며 **국가지방행정기관**은 지방에 설치된 국가행정기관으로서 일정한 지역에 한하여 관할이 미치는 기관을 말한다. 정부조직법 제2조 제2항에 따르면 **중앙행정기관**은 정부조직법에 따라 설치된 부·처·청과 다음의 행정기관으로 한다. 방송통신위원회, 공정거래위원회, 국민권익위원회, 금융위원회, 원자력안전위원회, 개인정보보호위원회, 행정중심복합도시건설청, 새만금개발청.

국가지방행정기관은 국가의 보통지방행정기관과 국가의 특별지방행정기관으로 나눈다.

국가의 보통지방행정기관이라 함은 관할구역 내에서 수행되는 국가의 행정사무를 일반적으로 관장하는 지방행정기관을 말한다. 우리나라에서는 국가의 보통지방행정기관을 별도로 설치하지 않고 지방자치단체의 장에게 국가사무를 기관위임하여 처리하도록 하고 있다(지방자치법 제102조). 지방자치단체의 장은 국가의 기관위임사무를 처리하는 한도 내에서는 국가기관, 즉 국가의 보통지방행정기관의 지위를 갖는다.

국가의 특별지방행정기관이라 함은 특정 국가사무를 시행하기 위하여 지방에 설치된 국가행정기관을 말한다. 지방국토관리청, 지방환경관리청, 지방경찰청, 경찰서, 세관 등이 이에 해당한다.

2. 지방행정기관

지방행정기관이라 함은 지방자치단체에 속하여 지방자치단체의 사무를 수행하는 행정기관을 말한다. 지방자치단체의 집행기관(예 지방자치단체의 장, 교육감), 지방의회, 시·도경찰위원회 등이 이에 해당한다.

제3장

행정청의 권한

제 1 절 권한의 의의

행정청의 권한(權限)이라 함은 행정청이 행정주체를 대표하여 의사를 결정하고 표시할 수 있는 범위를 말한다.

행정청의 권한에는 일반적 권한과 개별적인 작용법적 권한이 있다. 행정청의 일반적 권한이라 함은 행정청이 가지는 일반적인 사항적, 지역적, 대인적 권한을 말하며 행정조직법상의 권한이다. 개별적 작용법적 권한이라 함은 행정청이 국민에 대하여 행사할 수 있는 개별적인 권한을 의미한다.

제 2 절 행정권한법정주의

행정청의 권한은 원칙상 법률에 의해 정해져야 한다. 이를 행정권한법정주의(行政權限法定主義)라 한다. 행정청의 권한에 관한 사항은 국민의 권익에 중대한 영향을 미치므로 특히 법률로 정하여야 할 필요가 있다. 다만, 권한에 관한 세부적인 사항은 명령에 위임할 수 있다.

행정청은 조직규범에서 정한 소관사무의 범위 내에서 일반적인 권한을 갖는다. 소관사무의 범위는 국가에 있어서는 정부조직법에서 정하고, 지방자치단체의 경우에는 지방자치법에서 정하고 있다.

법률유보의 원칙에 따라 다른 법주체에 대한 특정한 권한의 행사에 있어서는 작용법적인 법률의 근거가 있어야 한다. 작용법상 권한은 각 개별법에 의해 정해진다.

권한의 위임에는 법률의 근거가 있어야 한다.

제 3 절 권한의 한계

행정청의 권한에는 사항, 지역, 상대방, 형식에 따른 일정한 한계가 있다.

Ⅰ. 사항적 한계

행정권은 사무의 내용에 따라 각 행정청에게 분배된다. 따라서 행정청은 법령에 의해 정해진 일정한 사무에 관한 권한만을 갖는다. 이를 행정청의 권한의 **사항적(事項的) 한계**라 한다.

행정청의 권한의 사항적 한계 중 일반적·포괄적 권한의 한계, 즉 소관사무의 범위는 국가에 있어서는 정부조직법에 의해 정해지고 지방자치단체의 경우에는 지방자치법에 의해 정해진다.

행정청의 권한 중 대외적인 개별적 권한은 개별작용법에 의해 정해진다. 행정법규 위반에 대한 허가의 취소권, 영업정지권 등이 그 예이다.

행정청은 법률유보의 원칙이 적용되는 경우 작용법에서 정한 권한의 범위 내에서 권한을 행사하여야 하고, 행정지도와 같이 작용법적 법률의 근거가 필요 없는 경우에 행정청은 조직규범에 의해 정해진 사항적 한계(소관사무의 범위) 내에서 권한을 행사하여야 한다.

[판례] 보조금 교부결정을 취소하고 보조금을 반환받는 업무도 교부기관의 업무에 포함된다고 볼 수 있다(대판 2018. 8. 30, 2017두56193; 2023. 8. 18, 2021두41495).

Ⅱ. 지역적 한계

행정청의 권한은 지역적으로 미치는 범위가 한정되어 있다. 국가의 중앙행정관청의 권한은 전국적으로 미치지만 국가의 특별지방행정관청 및 지방자치단체의 행정청의 권한은 일정한 지역에 한정된다.

다만, 행정청에 의한 처분의 효과가 처분행정청의 관할구역을 넘어 미치는 경우도 있다. 예를 들면, A지방경찰청장이 부여한 운전면허는 전국적으로 효력을 갖는다.

Ⅲ. 대인적 한계

행정청의 권한이 미치는 인적 범위가 한정되는 경우가 있다. 지방자치단체의 장의 권한은 원칙상 지방자치단체의 주민에 한정되고, 국공립대학교 총장의 권한은 그 소속직원과 학생에게만 행사될 수 있다.

Ⅳ. 형식적 한계

행정청의 권한에 권한행사의 형식에 따른 한계가 정해져 있는 경우가 있다.

예를 들면, 행정 각부 장관과 총리에 한하여 법규명령제정권이 있기 때문에 행정 각부 장관이 아닌 청장이나 처장은 법규명령제정권이 없고 소관사무에 관한 법규명령을 제정하고자 하는 경우에는 소속 총리나 장관의 법규명령의 형식으로 제정할 수밖에 없다. 다만, 법령의 구체적 위임을 받은 경우에는 행정규칙의 형식으로 새로운 법규사항을 정할 수 있다(법령보충적 행정규칙).

제 4 절 권한의 효과

Ⅰ. 외부적 효과

행정청은 독립된 법인격을 갖지 않고 행정주체를 대표하는 기관이므로 행정청의 대외적인 권한행사의 법적 효과는 행정청 자신이 아니라 행정주체에 귀속된다.

법령에서 정해진 행정권한의 한계를 벗어난 행정권 행사는 주체의 하자(무권한의 하자)가 있는 위법한 행위가 되며 무권한의 하자는 원칙상 무효사유가 된다.

Ⅱ. 내부적 효과

행정청의 권한은 행정청 상호간에 있어서 활동범위의 한계를 정한다. 즉, 행정청은 권한의 범위 내에서 활동할 수 있고, 다른 행정청의 권한에 속하는 행위를 할 수 없다.

이러한 제한은 대등한 행정청 사이에서뿐만 아니라 상하관계의 행정청 사이에서도 타당하다. 즉, 상급관청이라 하여도 법령의 명시적인 규정이 없는 한 하급관청의 권한 내에 속하는 행위를 할 수 없다.

제 5 절 권한의 대리 [2000 사시 약술]

[문제] 법정대리와 지정대리를 비교하시오.

제 1 항 권한의 대리의 의의

Ⅰ. 개 념

권한의 대리(代理)라 함은 행정청의 권한의 전부 또는 일부를 다른 행정기관(다른 행정청 또는 보조기관)이 대신 행사하고 그 행위가 피대리행정청의 행위로서 효력을 발생하는 것을 말한다.

Ⅱ. 유사개념과의 구별

권한의 대리는 다음과 같은 개념과 구별된다.

1. 대표(代表)와의 구별

대리와 대표는 모두 대외적인 권한행사를 대신하며 그 행위의 효과가 대표 또는 대리되는 기관의 행위로서 효력이 있는 행위인 점에서는 동일하지만, 다음과 같이 구별된다. **대표는** 대표기관(예 지방자치단체의 장, 대통령 등)의 행위가 직접 대표되는 기관(행정주체)의 행위가 되는 것인 반면에, **대리는** 피대리기관과 구별되는 기관의 행위로서 그 효과가 피대리기관에 귀속될 뿐인 점에서 구별된다. 국가를 당사자로 하는 소송에 관한 법률 제2조에서 "법무부장관이 국가를 대표한다"는 규정의 "대표"도 대리가 아니라 대표에 해당한다.

2. 권한의 위임과의 구별

권한의 대리와 권한의 위임은 양자 모두 행정청의 행위를 다른 행정기관이 대신하여 행사한다는 점에서 **공통점**을 가지지만, 다음과 같이 **구별**된다.

① 권한의 위임에 있어서는 위임청의 권한이 수임 행정기관에 이전되는 데 반하여 권한의 대리는 행정청이 그의 권한을 일시적으로 대리기관으로 하여금 대신하여 행사하게 하는 것에 지나지 않으며 권한 자체가 이전되는 것은 아니다.

② 권한의 위임은 법령상 정해진 권한분배를 변경하는 것이므로 법적 근거를 요하지만, 권한의 대리 중 수권대리는 통설에 의하면 법적 근거를 요하지 않는다.

③ 권한의 위임에 있어서 수임자는 보통 하급행정기관(특히 하급행정청)이지만, 권한의 대리에 있어서 대리자는 보통 보조기관이다.

3. 위임전결, 내부위임과의 구별

대리와 위임전결(委任專決) 및 내부위임에 있어서 모두 권한이 이전되지 않고, 다른 행정기관이 행정청을 대신하여 권한행사를 위한 최종적인 결정을 내린다는 점에서는 공통점을 가지지만, 다음과 같이 구별된다.

대리는 대외적인 권한행사에 관한 것이고, 수권대리의 경우 법적 근거의 필요성에 관하여 견해의 대립이 있다. 이에 반하여 위임전결 및 내부위임은 기본적으로 행정조직 내부의 권한분배에 관한 것이며 법률의 근거를 요하지 않는다. 또한, 대외적인 권한행사에 있어서 위임전결이나 내부위임의 경우 전결권자나 수임기관은 대외적으로 권한 있는 행정청과의 관계를 명시함이 없이 권한 있는 행정청의 이름으로 행위를 하지만, 대리의 경우에는 원칙상 대리행위임을 표시하고 행정청의 권한을 자신의 명의로 행한다. 다만, 대리의 경우에도 대리관계를 표시함이 없이 피대리청의 이름으로 행정권을 행사하는 것도 가능하다.

4. 대결(代決)과의 구별

대리와 대결은 모두 권한의 이전이 없고, 다른 행정기관이 행정기관을 대신하여 권한행사를 한다는 점에서는 공통점을 가지지만, 다음과 같이 구별된다. 대결은 결재권자의 부재시 및 사고가 있는 경우 등에 권한있는 기관이 대신 결재하는 것인 행정조직상 내부행위인 반면에 대리는 행정권한의 대외적인 권한행사를 대신하는 것이다.

제 2 항 종 류

대리는 발생원인에 따라 수권대리(임의대리)와 법정대리로 구분된다.

Ⅰ. 수권대리(임의대리)

1. 의 의 2. 근 거 (1) 적 극 설 (2) 소 극 설	(3) 결 어 3. 수권의 범위 및 한계 4. 수권행정청(피대리행정청)과 대리기관과의 관계

1. 의 의

수권대리(授權代理)라 함은 피대리관청의 수권에 의해 대리관계가 발생하는 경우를 말한다. 임의대리(任意代理)라고도 한다.

2. 근 거

수권대리를 인정하는 법적 근거가 없는 경우에도 수권대리가 허용될 것인지가 문제된다. 이에 관하여 적극설과 소극설이 대립하고 있다.

(1) 적 극 설

권한의 대리는 권한의 이전을 가져오는 것은 아니므로 권한의 위임과는 달리 반드시 법적 근거를 요하는 것은 아니다.

(2) 소 극 설

대리도 법령에 의해 정해진 행정기관 상호간의 권한분배에 변경을 가져오는 것이므로 법령에 의한 명시적인 근거가 있어야 한다.

(3) 결 어

권한의 대리에 있어서는 권한의 이전이 있는 것이 아니고 권한의 대리는 행정청의 권한행사의 한 방법이라고 할 수 있으며 대리권을 행사함에 있어 대리관계가 표시되므로 적극설이 타당하다.

3. 수권의 범위 및 한계

대리권의 수권은 권한분배를 정한 법령의 취지에 반하는 것이 되어서는 안 되므로 다음과 같은 한계 내에서만 인정된다.

① 수권은 일반적·포괄적 권한에 한하여서만 인정된다. 행정청의 권한이 법령에서 개별적으로 특정되어 부여된 경우(◎ 부령을 발하는 권한)에는 당해 행정청이 스스로 행할 것이 요구되고 있다고 해석되므로 그 수권은 허용되지 않는다.

② 수권은 권한의 일부에 한하여 인정되며 권한의 전부를 대리시킬 수는 없다. 그 이유는 권한 전부의 대리를 허용하는 것은 그 권한을 당해 행정청에 준 입법취지에 반하는 것이 되며 수권한 행정청의 권한이 전혀 없게 되어 수권행정청의 존재이유가 없어지기 때문이다.

4. 수권행정청(피대리행정청)과 대리기관과의 관계

수권행정청과 대리기관 사이에는 대리관계가 형성된다. 대리기관은 수권받은 권한을 수권행정청에 대신하여 행사하되 대리관계를 표시하여야 하며 대리행위는 피대리행정청의 행위로서 효력을 발생한다.

수권행정청은 대리기관을 지휘감독하는 권한을 가지며 대리기관의 권한행사에 대하여 책임을 진다.

Ⅱ. 법정대리

1. 의 의

법정대리(法定代理)는 일정한 법정사실이 발생한 경우에 수권행위 없이 법령의 규정에 의하여 대리관계가 발생하는 경우를 말한다.

직무대리규정(대통령령)은 직무대리(기관장, 부기관장이나 그 밖의 공무원에게 사고가 발생한 경우에는 직무상의 공백이 생기지 아니하도록 해당 공무원의 직무를 대신 수행하는 것)를 규율하고 있는데(제2조 제1호), 동규정상의 직무대리는 법정대리이다.

2. 종 류

법정대리에는 대리자의 결정방법에 따라 지정대리, 서리와 협의의 법정대리가 있다.

(1) 지정대리

지정대리(指定代理)라 함은 일정한 법정사실이 발생한 경우(◎ 피대리행정청에 사고가 발생하여 피대리행정청이 그 권한을 행사할 수 없는 경우)에 일정한 자가 대리자를 지정함으로써 법상 정해진 대리관계가 발생하는 경우를 말한다.

지정대리는 원래 행정청의 구성자가 존재하고 다만 그에게 사고가 있는 경우에 행하여지는 것이다.

(2) 서 리

행정청구성자가 사망·면직 등 사유로 궐위된 경우 정식으로 후임자를 임명하기 전에 임시로 대리자를 임명하는 경우가 있는데, 이를 서리(署理)라 한다.

서리와 지정대리의 비교: 서리와 본래의 지정대리는 법정사실이 발생하여 행정청이 그 권한을 행사할 수 없게 된 경우에 법령의 규정에 따라 대리자가 지정되고, 대리자는 피대리행정청의 권한 전부를 행사한다는 점에서는 동일하나, 피대리행정청의 지위에 있는 자가 본래의 지정대리에 있어서는 존재하고, 서리에 있어서는 존재하지 않는다는 점에서는 차이가 있다.

서리는 잠정적으로 행정청의 지위를 갖는다. 서리는 서리라는 지위를 표시하여 자기의 이름과 책임으로 당해 행정청에 부여되는 모든 권한을 행사한다.

(3) 협의의 법정대리

협의(狹義)의 법정대리라 함은 법정사실이 발생한 경우 법률상 당연히 대리관계가 발생하는 경우를 말한다. 대리자가 법령에 의해 정해져 있어 지정행위가 요구되지 않는다.

예를 들면, 국무총리가 사고로 인하여 직무를 수행할 수 없고 대통령의 지명이 없는 경우에는 정부조직법 제22조 제1항에 규정된 순서에 따라 국무위원이 총리의 직무를 대행한다(정부조직법 제19조).

3. 근 거

법정대리는 본질상 당연히 법령에 근거가 명시되어 있다. 법정대리의 일반법으로는 직무대리 규정(대통령령)이 있다. 그리고, 각 개별법에서 법정대리를 규정하고 있는 경우가 있다(헌법 제71조, 정부조직법 제19조 등).

4. 대리권의 범위

법정대리는 특별한 규정이 없는 한 피대리행정청의 권한 전부에 미친다.

5. 피대리관청과 대리기관의 관계

법정대리의 경우 원칙상 피대리행정청은 대리자를 지휘감독할 수 없고, 대리자는 자기의 책임으로 그 권한을 행사한다. 그러나, 피대리행정청의 국외여행 등으로 인한 법정대리에 있어서는 오늘날 통신기술의 발달로 피대리행정청이 대리자에 대하여 지휘감독권을 행사할 수 있을 것이며 피대리행정청은 그 한도 내에서 책임을 진다.

제 3 항 대리권의 행사방식

권한의 대리에는 민법 제114조의 현명주의(顯名主義) 및 제125조 및 제126조의 표현대리(表見代理)에 관한 규정이 유추적용된다.

① 현명주의: 대리자는 피대리관청과의 대리관계를 표시하여 대리권을 행사하여야 한다. 이

와 같은 현명을 하지 않고 대리자 자신의 이름으로 행정권을 행사한 경우에는 대리자의 행위는 대리자 자신의 무권한의 행위로 보면 무효라고 볼 수 있지만, 대리권 행사방식에 하자가 있는 행위로서 형식의 하자가 있는 행위로 보는 것이 타당하므로 취소할 수 있는 행위로 보는 것이 타당하다.

② **표현대리:** 대리자가 자신의 이름으로 행정권을 행사한 경우에도 이해관계인이 피대리행정청의 행위로 믿을 만한 사정이 있을 때에는 민법상 표현대리에 관한 규정을 유추적용하여 적법한 대리행위로 볼 수 있을 것이다.

③ 또한, 대리자가 피대리행정청의 이름으로 대리권을 행사한 경우에도 적법하다고 보아야 할 것이다.

제 4 항 대리권 행사의 효과

법상 권한은 여전히 수권행정청이 가지며 대리권 행사의 법적 효과는 피대리행정청이 속한 행정주체에 귀속된다.

처분청은 피대리관청이며 대리행위에 대한 항고소송은 피대리관청을 피고로 하여 제기하여야 한다.

제 5 항 대리권 없는 대리자의 행위의 효력

대리권이 없는 자가 대리자로서 행한 행위는 무권한의 행위로 원칙상 무효이다(대판 1967. 1. 29, 67다1694). 다만, 상대방이 행위자에게 대리권이 있다고 믿을 만한 상당한 이유가 있을 때에는 표현대리가 성립되어 당해 행정행위가 유효하게 된다(대판 1963. 12. 5, 63다519[수납기관(농업은행)이 아닌 군청 직원에 의한 양곡대금수납행위]).

제 6 항 대리기관의 처분에 대한 권리구제

대리기관이 대리관계를 밝히고 처분을 한 경우 피대리관청이 처분청으로 피고가 된다.

대리권을 수여받은 행정기관이 대리관계를 밝힘이 없이 자신의 명의로 행정처분을 한 경우, 처분명의자인 당해 행정기관(대리기관)이 항고소송의 피고가 되어야 하는 것이 원칙이다. 다만, 비록 대리관계를 명시적으로 밝히지는 아니하였다 하더라도 처분명의자가 피대리행정청 산하의 행정기관으로서 실제로 피대리행정청으로부터 대리권한을 수여받아 피대리 행정청을 대리한다는 의사로 행정처분을 하였고 처분명의자는 물론 그 상대방도 그 행정처분이 피대리행정청을 대리하여 한 것임을 알고서 이를 받아들인 예외적인 경우에는 피대리행정청이 피고가 되어야 한다(대결 2006. 2. 23, 2005부4: 근로복지공단의 이사장으로부터 보험료의 부과 등에 관한 대리권을 수여받은 지역본부장이 대리의 취지를 명시적으로 표시하지 않고서 산재보험료 부과처분을 한 경우, 그러한 관행이 약 10년간 계속되어 왔고, 실무상 근로복지공단을 상대로 산재보험료 부과처분에 대한 항고소송을 제기하여 온 점 등에 비추어 지역본부장은 물론 그 상대방 등도 근로복지공단과 지역본부장의 대리관계를 알고 받아들였다는 이유로, 위 부과처분에 대한 항고소송의 피고적격이 피대리행정청인 근로복지공단에 있다고 한 사례).

제 6 절 권한의 위임 [2000 사시 약술]

[문제] 1. 권한의 위임(또는 위탁)과 권한의 대행을 비교하시오.
2. 내부위임과 위임전결을 비교하시오.
3. 내부위임을 받은 기관이 자신의 이름으로 처분을 한 경우 당해 처분의 효력을 논하시오.
4. 지방자치단체의 장의 규칙으로 재위임을 하여야 하는데 조례로 재위임한 경우 수임자의 처분의 효력을 논하시오.

제 1 항 권한의 위임의 의의

Ⅰ. 개 념

권한의 위임(委任)이란 광의로는 행정청이 그의 권한의 일부를 다른 행정기관에 위양(委讓)하여 수임기관의 권한으로 행사하게 하는 것을 말한다. 광의의 권한의 위임 중 지휘감독하에 있는 행정기관에 대한 위임을 협의의 권한의 위임이라 하고, 지휘감독하에 있지 않는 행정기관이나 단체에 대한 위임을 권한의 위탁이라 한다. 촉탁이란 권한의 위탁 중에서 등기, 소송에 관한 사무를 위탁하는 것을 말한다.

이론적으로는 권한의 위탁의 경우에 위탁기관은 하급기관이 아닌 수탁기관에 대해 감독권만 가지며 지휘권은 없다고 보아야 할 것이지만, 『행정권한의 위임 및 위탁에 관한 규정』은 권한의 위탁의 경우에도 권한의 위임에서와 같이 위탁기관이 수탁기관을 지휘감독할 수 있다고 규정하고 있다.

Ⅱ. 유사개념과의 구분

권한의 위임은 다음과 같은 개념과 구별된다.

1. 권한의 대리와의 구별

이에 관하여는 전술한 바와 같다.

2. 내부위임과의 구별

내부위임(內部委任)이란 행정청이 보조기관 또는 하급행정기관에게 내부적으로 일정한 사항의 결정권을 위임하여 수임기관이 위임청의 이름으로 그의 권한을 사실상 대리행사하도록 하는 것을 말한다. 내부위임에서는 대외적으로 권한의 이전이 없는 점에서 권한의 위임과 구별된다. 따라서, 내부위임은 법률의 근거가 없이도 가능하나 위임은 법률의 근거를 요한다(대판 1995. 11. 28, 94누6475).

[판례] 권한위임과 내부위임의 차이점: 행정권한의 위임은 위임관청이 법률에 따라 하는 특정권한에 대한 법정귀속의 변경임에 대하여 내부위임은 행정관청의 내부적인 사무처리의 편의를 도모하기 위하여 그 보조기관 또는 하급행정관청으로 하여금 그 권한을 사실상 행하게 하는데 그치는 것이므로 권한위임의 경우에는 수임자가 자기의 명의로 권한을 행사할 수 있으나 내부위임의 경우에는 수임자는 위임관청의 명의로 이를 할 수 있을 뿐이다(대판 1989. 3. 14, 88누10985[석유판매업허가취소처분취소]).

권한위임의 경우에는 수임자가 자기의 이름으로 그 권한을 행사할 수 있다 할 것이나 내부위임의 경우에는 수임자는 위임관청의 이름으로 이를 할 수 있을 뿐 자기의 이름으로는 할 수 없다.

[판례] 위임과 내부위임에서의 권한행사의 방식: [1] 행정권한의 위임은 위임관청이 법률에 따라 특정한 권한을 수임관청에 이전하는 권한에 대한 법적귀속의 변경임에 대하여 그 내부위임은 행정관청의 내부적인 사무처리의 편의를 도모하기 위하여 그 보조기관 또는 하급행정관청으로 하여금 그 권한을 사실상 행하게 하는데 그치는 것이므로 권한위임의 경우에는 수임자가 자기의 이름으로 그 권한을 행사할 수 있다 할 것이나 내부위임의 경우에는 수임자는 위임관청의 이름으로 이를 할 수 있을 뿐 자기의 이름으로는 할 수 없다. [2] 내부위임을 받은 자가 자기의 이름으로 한 처분은 권한 없는 자에 의하여 행하여진 위법무효의 처분이다(대판 1986. 12. 9, 86누569; 1995. 11. 28, 94누6475[건축허가무효확인 등]). 〈해설〉 내부위임을 받은 자가 자신의 이름으로 처분을 한 경우 무권한으로 무효라는 것이 판례의 입장이나 내부위임을 받은 자가 행정청의 지위를 갖는 경우 형식의 하자로 취소할 수 있는 행위로 보는 견해도 있다. 후자의 견해가 타당하다. 다만, 위임전결의 경우 전결권자는 보조기관이므로 자신의 이름으로 처분을 하면 무효라고 보아야 할 것이다.

3. 위임전결과의 구별

위임전결(委任專決)이라 함은 행정청 내의 의사결정권을 보조기관에 위임하여 당해 보조기관의 결재로써 행정청의 내부적인 의사결정이 확정되도록 하는 것을 말한다. 위임전결에서는 대외적으로 권한의 이전이 없는 점에서 권한의 위임과 구별된다.

위임전결과 내부위임의 구별

위임전결과 내부위임을 동일하게 보는 견해와 이를 구별하는 견해가 있는데, 양자는 동일한 개념은 아닌 것으로 보아야 한다.

① **동일한 점:** i) 위임전결과 내부위임은 모두 행정청의 권한이 내부적으로만 이전되고 대외적으로는 위임행정청이 여전히 권한을 가지고 있으며 따라서 외부적으로 권한행사를 함에 있어서는 위임행정청의 이름으로 하여야 하는 점에서는 동일하다.

ii) 내부위임과 위임전결에는 법적 근거를 요하지 않는다. 그 이유는 내부위임과 위임전결의 경우 권한이 대외적으로 이전되는 것은 아니며 내부적으로만 이전되기 때문이다.

[판례] 권한의 내부위임에 있어서는 권한이 내부적으로만 이전되며 법률에서 정한 권한분배에 변경이 가해지는 것이 아니므로 법률의 근거가 없어도 가능하다(대판 1998. 2. 27, 97누1105[공유재산대부신청반려처분무효확인]).

위임전결과 내부위임에 관한 사항은 행정규칙으로 정할 수 있다. 행정업무의 운영 및 혁신에 관한 규정은 위임전결사항은 해당 기관의 장이 훈령 또는 지방자치단체의 규칙으로 정한다고 규정하고 있다(제10조 제2항).

[판례] [1] 전결과 같은 행정권한의 내부위임은 법률이 위임을 허용하지 않는 경우에도 인정되는 것이고, 따라서 설사 행정관청 내부의 사무처리규정에 불과한 전결규정에 위반하여 원래의 전결권자 아닌 보조기관 등이 처분권자인 행정관청의 이름으로 행정처분을 하였다고 하더라도 그 처분이 위법할지라도 권한 없는 자에 의하여 행하여진 무효의 처분이라고는 할 수 없다. [2] 이 사건에서 태안군사무전결처리규칙상 공유재산의 사용허가는 원래 부군수의 전결사항으로 규정되어 있으나 이 사건 거부처분 당시 부군수에게 직무를 담당할 수 없는 사정이 발생하여 재무과장이 태안군직무대리규칙에 의하여 직무대행자로 지정되어 이에 따라 보조기관인 재무과장이 전결권자로서 처분권자인 피고 이름으로 이 사건 거부처분을 한 것임이 명백하므로, 처분을 한 재무과장은 정당한 전결권자라 할 것이다(대판 1998. 2. 27, 97누1105).

② **차 이 점:** 위임전결과 내부위임은 다음과 같이 구별된다.

i) 우선 양자는 제도의 의의가 다르다. 위임전결은 행정청의 의사를 전결권을 부여받은 보조기관의 결재로 최종적으로 결정하도록 하여 행정청의 업무부담을 경감시킬 목적으로 행해지는 것이며 일종의 결재권의 위양에 그 핵심이 있다고 할 수 있다. 다만, 위임전결의 결과 권한도 내부적으로 전결권자에게 위양된다. 즉, 위임전결에는 당연히 내부위임이 수반된다.

이에 반하여 내부위임은 행정청관(예 도지사)의 권한을 행정청의 보조기관(예 과장, 국장 등) 또는 하급행정기관(예 자치구청장)에게 내부적으로지만 이전하는 데 그 제도의 목적이 있다. 내부위임 중 하급행정청에 대한 위임은 위임청의 행정부담의 경감보다는 행정의 효율적이고 적정한 수행에 그 취지가 있다.

ii) 위임전결은 원칙상 결재단계에 있는 행정청의 보조기관에 대하여 부여되지만, 내부위임은 행정청의 보조기관뿐만 아니라 하급행정청에 대하여도 행하여진다. 그 결과 위임전결은 내부위임에 포함되지만 내부위임이 항상 위임전결인 것은 아니다.

4. 대결과의 구별

대결(代決)이라 함은 결재권자가 휴가·출장 기타의 사유로 결재할 수 없는 때에 그 직무를 대리하는 자가 그에 갈음하여 외부에 표시함이 없이 대신 결재하는 것을 말한다. 내용이 중요한 문서에 대하여는 결재권자에게 사후 보고하여야 한다(행정업무의 운영 및 혁신에 관한 규정 제10조 제3항). 대결에서는 권한의 이전이 없는 점에서 권한의 위임과 구별된다. 대결에 관한 사항은 행정규칙으로 정한다.

대결은 권한을 내부적으로 대신 행사한다는 점에서는 위임전결이나 내부위임과 동일하지만, 대결의 경우에는 내부적으로라도 권한의 이전이 없고 결재를 대리하는 것이고, 또한 대결은 일시적으로만 행하여진다는 점에서 계속적으로 권한이 내부적으로 이전되는 위임전결 및 내부위임과 구별된다.

5. 권한의 이양과의 구별

권한의 위임이나 권한의 이양(移讓)이나 대외적으로 권한의 이전이 있는 점에서는 같지만, 권한의 위임의 경우에는 권한을 정하는 법령의 규정은 그대로 둔 채 별도의 위임규정에 근거하여 권한이 위임되는 경우를 말하고, 권한의 이양이란 수권규범(권한을 정하는 법령) 자체를 개정하여 권한을 다른 행정기관의 고유한 권한으로 이관시키는 것을 말한다.

예를 들면, 국가의 권한을 지방자치단체에 이전함에 있어서 국가의 권한을 지방자치단체의 장에게 이전하는 것은 협의의 권한의 위임이고, 지방자치단체에게 위임하는 것은 권한의 위탁이며 법령을 개정하여 국가사무를 지방자치단체의 고유사무(자치사무)로 변경하는 것은 권한의 이양이다.

권한의 위임의 경우에 위임기관은 수임기관의 권한행사를 지휘감독할 수 있으나, 권한의 이양의 경우에는 지휘감독관계가 성립하지 않는다.

제 2 항 위임의 근거 [2003 행시 사례, 2017 변시 사례]

[문제] 1. 정부조직법 제6조 제1항과 『행정권한의 위임 및 위탁에 관한 규정』 제3조 제1항은 위임의 일반적 근거가 될 수 있는가.
2. 정부조직법 제6조 제1항과 『행정권한의 위임 및 위탁에 관한 규정』 제4조는 재위임의 일반적 근거가 될 수 있는가.

권한의 위임은 법률이 정한 권한분배를 대외적으로 변경하는 것이므로 법률의 명시적 근거를 필요로 한다.

[판례] "행정권한의 위임은 행정관청이 법률에 따라 특정한 권한을 다른 행정관청에 이전하여 수임관청의 권한으로 행사하도록 하는 것이어서 권한의 법적인 귀속을 변경하는 것이므로 법률이 위임을 허용하고 있는 경우에 한하여 인정된다 할 것"이다(대판 1992. 4. 24, 91누5792[관광숙박사업사업계획승인신청반려처분취소]).

위임의 근거는 당해 권한을 부여하는 개별법률 자체에서 정하여 하는 것이 원칙이지만, 권한의 위임에 관한 사항을 정하는 다른 특별법률로 정하는 것도 가능하다.

위임의 근거법령으로는 일반적인 위임근거법령으로서 정부조직법 제6조와 이에 근거를 둔 『행정권한의 위임 및 위탁에 관한 규정』이 있는 외에 지방자치단체의 장에 대한 국가사무의 위임에 관한 지방자치법 제102조와 지방자치단체의 장의 권한의 위임의 근거규정인 지방자치법 제104조가 있고, 개별적인 위임근거법령으로 여러 개별 법령의 규정(예 민방위기본법 제28조)이 있다.

문제는 포괄적 위임 및 재위임의 근거를 정하고 있는 **정부조직법 제6조 제1항과 행정권한의 위임 및 위탁에 관한 규정**(이하 '권한위임규정'이라 한다) **제3조 또는 제4조가 위임 또는 재위임의 일반적 근거가 될 수 있는가** 하는 것이다.[1)]

이에 관하여 긍정설과 부정설이 대립하고 있다.

I. 긍 정 설

정부조직법 제6조 제1항과 권한위임규정이 권한의 위임 및 재위임의 근거가 될 수 있다고 해석하는 견해의 논거는 다음과 같다: 국민의 권리 또는 의무에 직접적으로는 관계없는 행정조직에 있어서는 어느 정도 포괄적인 위임도 가능하다.

II. 부 정 설

부정설은 정부조직법 제6조 제1항 및 권한위임규정 제3조 및 제4조는 권한의 위임이나 수임권한의 재위임에 관한 근거규정이 되지 아니한다고 본다.[2)]

그 논거는 다음과 같다. 만일 정부조직법 제6조 제1항이 대통령령인 행정권한의 위임 및 위탁에 관한 규정에 대한 위임규정이라고 한다면 **행정권한법정주의에 반하는** 포괄적 위임을 한 것이므로 위헌·위법인 법률규정이라고 보아야 한다. 따라서 행정권한의 위임 및 위탁에 관한 규정은 법률에 근거가 없는 무효인 명령이라고 보아야 한다.

III. 판 례

판례는 **긍정설**을 취하고 있다(대판 전원합의체 1995. 7. 11, 94누4615[건설업영업정지처분무효확인]).

---

1) 정부조직법 제6조 제1항은 "행정기관은 법령이 정하는 바에 의하여 그 소관사무의 일부를 보조기관 또는 하급행정기관에 위임하거나 다른 행정기관, 지방자치단체 또는 그 기관에 위탁 또는 위임할 수 있다. 이 경우 위임 또는 위탁을 받은 기관은 특히 필요한 때에는 법령이 정하는 바에 의하여 위임 또는 위탁받은 사무의 일부를 보조기관 또는 하급기관에 재위임할 수 있다"라고 규정하고 있다. 행정권한의 위임 및 위탁에 관한 규정 제3조 제1항은 "행정기관의 장은 허가·인가·등록 등 민원에 관한 사무, 정책의 구체화에 따른 집행사무와 일상적으로 반복되는 상규적 사무로서 그가 직접 시행하여야 할 사무를 제외하고는 그 권한의 일부(이하 '행정권한'이라 한다)를 그 보조기관이나 하급행정기관의 장, 다른 행정기관의 장, 지방자치단체의 장에게 위임 또는 위탁한다"라고 규정하고 있고, 동규정 제4조는 "특별시장·광역시장·도지사(특별시·광역시 및 도의 교육감을 포함한다) 또는 시장·군수·구청장(자치구의 구청장을 말한다. 이하 같다)은 행정의 능률향상과 주민의 편의를 위하여 필요하다고 인정되는 때에는 수임사무의 일부를 그 위임기관의 장의 승인을 얻어 규칙이 정하는 바에 따라 시장·군수·구청장(교육장을 포함한다) 또는 읍·면·동장 기타 소속기관의 장에게 다시 위임할 수 있다"라고 규정하고 있다.

2) 박균하, "행정권한의 위임·재위임," 『행정판례연구』, 제1집, 207면 이하.

Ⅳ. 결 어

행정권한법정주의에 비추어 부정설이 타당하다. 법률로 위임에 관한 사항을 명령에 위임하는 것은 가능하지만 법률에 의한 위임은 행정권한법정주의를 침해하는 정도의 포괄적인 위임이 되어서는 안 된다.

제 3 항 위임의 방식[2017 변시 사례]

권한의 위임은 권한을 대외적으로 변경하는 것이므로 권한을 위임함에 있어서는 그것을 국민에게 주지시킬 수 있는 방식에 의하여야 한다. 권한의 위임은 수임행정기관과 위임사항을 직접 법령으로 정하거나, 법령에 근거한 위임관청의 의사결정으로 행하여진다.

법령에 정해진 위임방식을 위반한 위임은 위법하다.

[판례] '가'항의 영업정지 등 처분에 관한 사무는 국가사무로서 지방자치단체의 장에게 위임된 이른바 기관위임사무에 해당하므로 시·도지사가 지방자치단체의 조례에 의하여 이를 구청장 등에게 재위임할 수는 없고 행정권한의 위임 및 위탁에 관한 규정 제4조에 의하여 위임기관의 장의 승인을 얻은 후 지방자치단체의 장이 제정한 규칙이 정하는 바에 따라 재위임하는 것만이 가능하다(대판 전원합의체 1995. 7. 11, 94누4615[건설업영업정지처분무효확인]).

법령상 규칙으로 위임하여야 함에도 조례로 한 위법한 위임에 따라 행해진 수임기관의 처분을 판례는 위법하다고 하면서 중대명백설에 따를 때 취소할 수 있는 행위로 본다.

[판례] 조례 제정권의 범위를 벗어나 국가사무를 대상으로 한 무효인 서울특별시행정권한위임조례의 규정(법령상 시·도지사의 규칙으로 위임을 하여야 하는데 조례로 위임한 경우의 당해 위임조례규정)에 근거하여 구청장이 건설업영업정지처분을 한 경우, 그 처분은 결과적으로 적법한 위임 없이 권한 없는 자에 의하여 행하여진 것과 마찬가지가 되어 그 하자가 중대하나, 지방자치단체의 사무에 관한 조례와 규칙은 조례가 보다 상위규범이라고 할 수 있고, 또한 헌법 제107조 제2항의 "규칙"에는 지방자치단체의 조례와 규칙이 모두 포함되는 등 이른바 규칙의 개념이 경우에 따라 상이하게 해석되는 점 등에 비추어 보면 위 처분의 위임 과정의 하자가 객관적으로 명백한 것이라고 할 수 없으므로 이로 인한 하자는 결국 당연무효사유는 아니라고 봄이 상당하다(대판 전원합의체 1995. 7. 11, 94누4615[건설업영업정지처분무효확인]).

자치권한의 위임은 조례로 하여야 하는데 규칙으로 위임한 경우 해당 규칙은 무효이고, 그에 근거하여 행한 처분은 그 하자가 중대하나 명백하지는 않아 당연무효는 아니라고 한 판례도 있다.

[판례] [1] 사립학교법 제4조 제1항, 제20조의2 제1항에 규정된 교육감의 학교법인 임원취임의 승인취소권은 교육감이 지방자치단체의 교육·학예에 관한 사무의 특별집행기관으로서 가지는 권한(자치권한)이고 정부조직법상의 국가행정기관의 일부로서 가지는 권한이라고 할 수 없으므로 국가행정기관의 사무나 지방자치단체의 기관위임사무 등에 관한 권한위임의 근거규정인 정부조직법 제5조 제1항, 행정권한의위임및위탁에관한규정 제4조에 의하여 교육장에게 권한위임을 할 수 없고, 구 지방교육자치에관한법률 제36조 제1항, 제44조에 의하여 조례에 의하여서만 교육장에게 권한위임이 가능하다 할 것이므로, 행정권한의위임및위탁에관한

규정 제4조에 근거하여 교육감의 학교법인 임원취임의 승인취소권을 교육장에게 위임함을 규정한 대전직할시교육감소관행정권한의위임에관한규칙 제6조 제4호는 조례로 정하여야 할 사항을 규칙으로 정한 것이어서 무효이다. [2] 위 [1]항의 규칙 제6조 제4호에 근거하여 한 교육장의 임원취임의 승인취소처분은 결과적으로 적법한 위임 없이 권한 없는 자에 의하여 행하여진 것과 마찬가지가 되어 그 하자가 중대하다 할 것이나, 현행법상 교육감은 지방자치단체의 교육·학예에 관한 사무의 특별집행기관임과 동시에 국가의 기관위임사무를 처리하는 범위 내에서 국가행정기관으로서의 지위를 아울러 가지고 지방자치단체의 사무와 기관위임사무를 함께 관장하고 있어 행위의 외관상 양자의 구분이 쉽지 아니하고, 사립학교법 제4조에 사립학교를 설치·운영하는 학교법인 등에 대한 관할청으로서 교육부장관이 교육감과 함께 규정되어 있을 뿐만 아니라 학교법인 임원취임의 승인 및 그 취소권은 교육감의 관장사무를 규정한 지방교육자치에관한법률 제27조에 규정되어 있지 아니하고 사립학교법 제20조, 제20조의2에서 '관할청'의 권한으로 규정되어 있는 관계로 교육감의 학교법인 임원취임의 승인 및 그 취소권은 본래 교육부장관의 권한으로서 교육감에게 기관위임된 것으로 오인할 여지가 없지 아니하며, 또한 헌법 제107조 제2항의 '규칙'에는 지방자치단체의 조례와 규칙이 모두 포함되는 등 이른바 규칙의 개념이 경우에 따라 상이하게 해석되는 점 등에 비추어, 임원취임의 승인취소처분에 관한 권한위임 과정의 하자가 객관적으로 명백하다고 할 수는 없으므로 당연무효인 처분은 아니다. [3] 행정소송에 있어서 처분청의 처분권한 유무는 직권조사사항이 아니다(대판 전원합의체 1997. 6. 19, 95누8669).

제 4 항 위임의 한계

위임은 위임청의 권한의 일부에 한하여 인정되며 권한의 전부 또는 위임청의 존립근거를 위태롭게 하는 주요부분의 위임은 인정되지 않는다.

법령에 의해 특정적·개별적으로 정하여진 권한을 위임하는 것은 당해 권한을 정하는 법률을 사실상 폐지하는 결과를 가져오므로 인정될 수 없다.

제 5 항 위임의 형태

Ⅰ. 보조기관 및 하급행정청에 대한 위임

보조기관이나 하급행정청에 대한 위임은 위임에 있어 수임기관의 동의를 요하지 않는다. 위임청은 이들 수임기관에 대한 상급기관이므로 상급기관으로서 이들 수임기관에 대하여 지휘감독권을 가지며 수임사무에 대하여도 상급기관으로서 지휘감독할 수 있다.

Ⅱ. 지방자치단체 등의 기관에 대한 위임

행정기관의 권한의 일부를 다른 행정주체의 행정기관에 위임하는 것을 기관위임이라 하며 기관위임된 사무를 기관위임사무(機關委任事務)라 한다.

예를 들면, 국가사무가 지방자치단체의 장에게 위임된 경우, 광역자치단체의 사무가 기초자치단체의 장에게 위임된 경우, 지방자치단체의 사무가 국가기관에게 위임된 경우(예 신호등의 관리가 지방경찰청장에게 위임된 경우) 기관위임에 해당한다.

기관위임의 경우 수임기관은 위임청이 속한 행정주체의 기관의 지위를 가지며 수임기관의 기관위임사무 처리의 법적 효과는 관리주체인 위임청이 속한 행정주체에 귀속된다.

지방자치단체의 기관은 국가의 기관위임사무를 수행함에 있어서는 국가기관의 지위에 서고 위임청의 지휘감독을 받는 하급행정기관이 된다고 보는 것이 일반적 견해이다. 따라서, 위임청은 기관위임사무의 수행에 대하여 지방자치단체의 기관을 지휘감독할 수 있다.

제 6 항 수임사무처리비용의 부담

수임사무의 처리에 드는 비용은 위임기관이 부담하는 것이 원칙이다.

제 7 항 위임의 효과

Ⅰ. 권한의 이전과 권한행사방식

1. 권한의 위임의 경우

권한이 위임되면 위임기관은 그 사무를 처리할 권한을 잃고 그 권한은 수임기관의 권한이 된다. 수임기관은 자기의 이름과 책임 아래 그 권한을 행사한다. 즉 권한이 위임기관으로부터 수임기관으로 이전된다.

2. 내부위임의 경우

내부위임의 경우에 권한이 대내적으로 이전될 뿐이며 대외적으로는 이전되지 않는다. 따라서 수임기관은 수임사무의 처리를 위해 처분을 할 때에는 위임청의 이름으로 하거나 내부위임관계를 명시하여야 한다.

3. 내부위임을 받은 자가 자신의 이름으로 처분을 한 경우 [2007 사시 사례]

만일 내부위임의 경우 수임기관이 자신의 이름으로 처분을 한 경우 당해 처분은 위법하다. 문제는 이 위법이 무효사유인가 아니면 취소사유에 불과한 것인가 하는 것이다.

(1) 무 효 설

판례는 내부위임의 경우 수임기관이 자신의 이름으로 한 처분을 무권한의 행위로 보고 무효인 행위가 된다고 한다(대판 1995. 11. 28, 94누6475등).

(2) 취 소 설

수임기관은 처분권한을 내부적으로는 위임받고 있으므로 무권한은 아니고 권한행사의 형식에 하자가 있는 것에 불과한 것으로 보아야 할 것이며 따라서 당해 처분은 중대하고 명백한 위법이 있는 행위로 볼 수 없고 취소할 수 있는 행위에 불과하다고 보아야 한다(김남진, 『행정법의 기본문제』, 889~895면).

(3) 예외적 취소설

내부위임을 받은 수임기관이 보조기관인 경우 보조기관의 이름으로 처분을 하였다면 그 위법이 중대하고 명백하므로 무효이지만, 행정청의 지위를 갖는 기관(예 지방경찰청장)인 경우에는 수임행정기관의 이름으로 처분을 하였다면 그 위법이 중대하고 명백한 위법이 있는 것으로 볼 수 없으므로 취소할 수 있는 행위라고 보아야 한다는 견해이다. 이 견해가 타당하다.

4. 항고소송의 피고

처분을 함에 있어 실제로 처분청으로 표시된 자가 행정소송법상 항고소송의 피고가 되는 처분청이 된다. 따라서, 내부위임의 경우 수임기관이 자기의 이름으로 처분을 한 경우 항고소송의 피고는 실제로 처분을 한 기관인 수임기관이 되고(대판 1991. 10. 8, 91누520[파면처분 등 무효확인]), 수임기관이 위임청의 이름으로 처분을 한 경우에는 위임청이 항고소송의 피고가 된다.

Ⅱ. 위임기관의 지휘감독

위임청이 위임된 사무의 처리에 관하여 수임기관을 지휘감독할 수 있는지가 문제된다.

1. 이론(理論)

이론상 이를 긍정하는 견해도 있지만, 권한이 위임되면 위임청은 권한을 잃고 그 권한이 수임기관에 이전되므로 위임기관은 위임기관의 지위에서 수임기관의 위임된 사무의 처리에 관하여 지휘감독할 수 없다는 부정설이 오늘날의 일반적 견해이다.

부정설이 타당하다. 다만, 수임기관이 위임기관의 보조기관이나 지휘감독하에 있는 하급행정기관인 경우에는 이러한 행정조직법상의 상급기관의 지휘감독권에 의해 수임기관의 위임된 사무의 처리에 관하여 지휘감독할 수 있다. 따라서, 수임기관이 행정조직법상 위임기관의 지휘감독하에 있지 않는 기관인 경우에는 이론상 위임기관에게 수임기관을 지휘감독할 권한이 없다.

2. 실정법규정

그러나, **행정권한의 위임 및 위탁에 관한 규정** 제6조는 이러한 두 경우를 구분하지 않고 모든 경우에 있어서 "위임 및 위탁기관은 수임 및 수탁기관의 수임 및 수탁사무 처리에 대하여 지휘·감독하고, 그 처리가 위법하거나 부당하다고 인정될 때에는 이를 취소하거나 정지시킬 수 있다"라고 규정하고 있다. 그러나, "수임 및 수탁사무의 처리에 관하여 위임 및 위탁기관은 수임 및 수탁기관에 대하여 사전승인을 받거나 협의를 할 것을 요구할 수 없다(행정권한의 위임 및 위탁에 관한 규정 제7조).

제 8 항 위임의 종료

위임은 위임의 해제 또는 기간의 도래 등에 의하여 종료되고 당해 권한은 위임청의 권한으로 환원된다. 위임의 해제에는 법령의 근거가 필요하지 않다고 보아야 할 것이다.

위임의 해제는 위임과 동일한 방식에 의해 행해진다. 위임이 법령의 형식으로 행하여진 경우에는 법령의 형식으로 행해지고, 위임이 법령에 근거한 위임청의 의사에 의하여 행해진 경우에는 위임청의 의사에 의하여 행하여야 하고 그 해제를 공시하여야 한다.

[문제의 해결] 1. 권한의 위임(또는 위탁)은 권한이 수임기관에 전부 이전되는 것이지만, 권한의 대행은 권한이 이전되지는 않고, 권한의 실제상 행사권이 이전되는 것을 말한다. 권한의 대행의 효과는 피대행기관이 속한 행정주체에 귀속되지만, 권한의 위임(또는 위탁)의 효과는 수임(또는 수탁)기관이 속한 행정주체에 귀속된다. 권한의 위임(또는 위탁)이나 권한의 대행에는 법적 근거가 있어야 한다.

2. 본문 참조
3. 내부위임을 받은 자가 자기의 이름으로 처분을 한 경우 무권한으로 무효로 보는 견해와 형식의 하자로 보고 취소할 수 있는 처분으로 보는 견해가 대립하고 있다.
4. 규칙으로 정할 사항을 조례로 정한 것은 그 위법이 명백하므로 수임자의 처분을 무효로 보는 견해와 규칙으로 정할 사항을 조례로 정한 것이 위법한지는 명백하지 않으므로 수임자의 처분을 취소할 수 있는 처분으로 보는 견해가 있다. 취소할 수 있는 처분으로 본 판례가 있다.

제 7 절 권한의 위탁

제 1 항 권한의 위탁의 의의

권한의 위탁이라 함은 국가 또는 지방자치단체가 행정권한을 독립적 지위에 있는 자(예 공공단체 또는 사인 등)에게 위탁하는 것을 말한다. 공무를 수탁받는 자(공무수탁자)는 단체(예 사단 또는 재단, 공공단체 또는 사법인)인 경우도 있고, 개인인 경우도 있다.

오늘날 행정의 효율성을 위하여 행정권한을 민간 등에 위탁하는 경우가 늘고 있다.

제 2 항 법적 근거

권한의 위탁은 법률이 정한 권한을 이전하는 것이므로 법률의 근거가 있어야 한다.

정부조직법 제6조 제3항과 대통령령인 행정권한의 위임 및 위탁에 관한 규정(이하 '위임·위탁 규정'이라 한다) 제11조 제1항, 지방자치법 제104조 제3항은 국민의 권리·의무와 직접 관계되지 아니하는 사무의 위탁의 일반적 근거를 규정하고 있다. 국민 또는 주민의 권리·의무와 직접 관련되는 사무의 위탁에는 개별법령의 근거가 필요하다.

위임·위탁규정은 민간위탁의 규율에 관한 일반법의 지위를 갖는다.

제 3 항 위탁의 유형

위탁은 위탁기관과 수탁사인 사이의 관계를 기준으로 위탁, 대행, 보조위탁으로 구분할 수 있다. 실정법률상 대행이라는 용어를 사용하는 경우에도 실질에 있어서는 권한의 대행이 아니라 권한의 위탁인 경우도 있고(예 고속국도법 제6조상의 한국도로공사에 의한 고속국도에 관한 국토해양부장관의 권한의 대행), 행정보조에 불과한 경우도 있다.

도로교통법 제36조의 차의 견인 및 보관업무 등의 대행이 위탁인지 대행인지가 문제된다. 도로교통법 제35조 제2항은 주·정차위반차량의 견인조치의 결정은 경찰서장 또는 시장등이 행하는 것으로 규정하고 있다. 다만, 견인하는 것으로 결정한 차의 사실상의 견인·보관 및 반환업무는 스스로 할 수도 있고, 그 업무의 전부 또는 일부를 필요한 인력·시설·장비 등 자격요건을 갖춘 대행업자(법인·단체 또는 개인)로 하여금 대행하게 할 수 있다(제36조, 제1항). 이러한 점에 비추어 대행업자의 견인조치는 강학상 대행이라고 보는 것이 타당하다. 도로법 제112조 제1항은 "국토교통부장관은 이 법과 그 밖에 도로에 관한 법률에 규정된 고속국도에 관한 그의 권한의 일부를 대통령령으로 정하는 바에 따라 한국도로공사로 하여금 대행하게 할 수 있다"라고 규정하고 있는데, 동조 제2항에서 "한국도로공사는 제1항에 따라 고속국도에 관한 국토교통부장관의 권한을 대행하는 경우에 그 대행하는 범위에서 이 법과 그 밖에 도로에 관한 법률을 적용할 때에는 해당 고속국도의 도로관리청으로 본다"라고 규정하고 있는 점에 비추어 강학상 위탁으로 보는 것이 타당하다.

정부조직법 제6조 제3항, 지방자치법 제104조 제3항, 행정권한의 위임 및 위탁에 관한 규정은 협의의 위탁, 대행위탁과 보조위탁을 구분함이 없이 광의의 위탁 개념을 사용하고 있다.

대행을 위탁의 독자적인 유형으로 보지 않고, 실정법상 대행 중 권한의 이전이 있는 것은 협의의 위탁, 그리고 권한의 이전이 없는 것은 보조위탁으로 보는 견해도 있는데, 대행은 아래에서 보는 바와 같이 협의의 위탁과 구별하고, 보조위탁과도 구별하는 것이 타당하므로 대행을 위탁의 독자적인 유형으로 분류하는 것이 타당하다. 이에 반하여 권한의 대행을 독자적인 유형으로 분류하지 않는 견해에서는 위탁을 협의의 위탁과 보조위탁으로 2분하고, 권한의 대행에 해당하는 경우를 '독립적인 행정보조자'로 분류하는 견해도 있다.

I. 협의의 위탁

협의의 위탁이라 함은 행정기관의 권한이 위탁에 의해 공공단체 또는 사인에게 법적으로 이전하는 경우를 말한다. 협의의 위탁의 경우 행정권한이 독립된 법주체인 공무수탁자에게 법적으로 이전되는 것이므로 공무수탁자는 자율적으로 의사를 결정하여 자신의 이름으로 행정권한을 행사할 수 있고, 그 행정권 행사의 법적 효과는 공무수탁자에게 귀속된다.

[판례] 구 한국철도시설공단(현 국가철도공단)이 甲 구청에 철도부지로 사용하던 국유재산인 토지에 도로를 설치하여 사용허가 없이 점용·사용하고 있다는 이유로 변상금을 부과한 사안에서, 행정재산인 위 토지에 관한 관리청인 국토해양부장관의 변상금 부과권한이 한국철도시설공단에 위탁되어 이전되었다고 보아야 하므로, 한국철도시설공단의 변상금부과처분은 권한이 있는 자에 의한 처분으로서 적법하다고 한 사례(대판 2014. 7. 10, 2012두23358).

행정권한의 위임 및 위탁에 관한 규정 제14조 제1항은 "위탁기관은 민간위탁사무의 처리에 대하여 민간수탁기관을 지휘·감독하며, 필요하다고 인정될 때에는 민간수탁기관에 민간위탁사무에 관하여 필요한 지시를 하거나 조치를 명할 수 있다"라고 협의의 위탁의 경우에도 위탁기관이 민간수탁기관에 대해 일반적인 지휘·감독권을 갖는 것으로 규정하고 있다.

Ⅱ. 권한의 대행(대행위탁)

행정권한의 **대행**이라 함은 대행자에게 행정권 행사를 사실상 독립적으로 행하는 권한이 주어지지만, 위탁기관(피대행기관)의 권한이 법적으로는 이전되지 않는 경우를 말한다.[3)]

민간위탁에서 대행은 **권한의 대리와 유사**한 것으로 볼 수 있다. 대행의 경우 대행자가 대신 권한을 행사하고, 법적으로 그 권한행사는 피대행기관(위탁기관)이 한 것으로 보게 되고 그 행위의 직접적인 법적 효과가 피대행기관이 속한 행정주체에 귀속된다는 점에서 대리와 동일하나 통상 대행권이 법령에 규정되어 있고, 통상 대행을 함에 있어 피대행기관과의 관계를 명시하지는 않고 자신의 이름으로 권한을 행사하는 점에서 대리와 구별된다.

대행의 경우 대행권한을 대행기관이 독립적으로 행사한다는 점에서 위탁기관의 지시에 따라 행정권한을 행사하는 행정보조자와 구별된다. 피대행기관은 감독권한을 갖지만, 원칙상 대행기관의 권한행사를 지시하지는 않는다.

권한의 대행에서는 권한의 행사가 사실상 대행기관으로 이전되지만, 법상의 처분권이 이전되는 것은 아닌 점에서 **협의의 위탁과 구별**된다. 권한의 위탁의 경우에는 수탁자가 자신의 이름으로 권한을 행사하고, 그 권한행사의 효과는 수탁자에게 귀속된다. 이에 반하여 권한의 대행에 있어서 대행기관은 자신의 이름으로 권한을 행사하지만, 대행의 법적 효과는 피대행기관이 속한 행정주체에 귀속된다.

Ⅲ. 보조위탁

보조위탁이라 함은 위탁에 의해 행정기관의 권한이 수탁자에게 이전되지 않고, 수탁자는 위탁기관의 행정보조자로서 활동하는 경우(예 사인에 대한 대집행의 위탁)를 말한다. 보조수탁자는 권한행사를 독립적으로 할 수 없고, 위탁기관의 지시를 받아 권한을 행사한다. 보조수탁자는 위탁기관을 보조하는 지위를

3) 동지: 최철호, "행정권한의 민간위탁에 관한 법적 기준의 설정과 한계," 『법학논총』 제20집, 숭실대학교 법학연구소, 2008. 8, 273면.

가지며 위탁기관의 도구에 불과하다. 보조위탁의 경우 행정권한 행사의 법적 효과는 위탁기관이 속한 행정주체에 귀속되며 공무수탁자는 행정권한의 상대방 및 제3자와의 관계에서 권리의무의 주체가 되지 않는다.

보조위탁은 법률의 근거 없이도 가능하다.

제 4 항 법적 통제

I. 민간위탁의 한계

민간위탁할 수 있는 권한에는 헌법상 또는 조리상 한계가 있다. 헌법상 행정권이 행정부 및 지방자치단체에 부여되고 있는 점에 비추어 행정권 중 공권력적 성격이 강한 권한 등 핵심적인 권한은 민간(공공단체 또는 사인)에 위탁(협의의 위탁 및 대행)될 수 없다고 보아야 한다. 예를 들면, 대집행권의 협의의 위탁은 공공단체에 대해서는 가능하지만, 사인에 대해서는 가능하지 않다.

Ⅱ. 행정절차법

행정절차법은 수탁자의 행정권 행사에도 행정절차법이 적용되는 것으로 규정하고 있다(제2조 제1항 등).

"행정청"이라 함은 행정에 관한 의사를 결정하여 표시하는 국가 또는 지방자치단체의 기관 기타 법령 또는 자치법규(이하 '법령 등'이라 한다)에 의하여 행정권한을 가지고 있거나 위임 또는 위탁받은 공공단체나 그 기관 또는 사인을 말한다(행정절차법 제2조 제1호).

Ⅲ. 행정실체법

수탁자가 수탁받은 권한을 행사함에 있어서는 수탁받은 권한의 행사에 관한 법령의 구속을 그대로 받는다.

제 5 항 수탁자의 권한행사에 대한 권리구제

I. 민사소송

수탁자의 행정권한의 행사가 사법적 형식으로 행해지는 경우에 그에 관한 법적 분쟁은 민사소송의 대상이 된다.

Ⅱ. 항고소송

수탁자의 행위가 처분의 성질을 갖는 경우에는 항고소송으로 이를 다툴 수 있다. 이 경우에 위탁의 경우에는 공무수탁자가 처분청이므로(행정소송법 제2조 제2항, 행정심판법 제2조 제4호) 공무수탁자를 피고로, 대행과 보조의 경우에는 위탁기관이 처분청이므로 위탁기관을 피고로 하여야 한다.

Ⅲ. 국가배상

1. 협의의 위탁의 경우

수탁기관의 공행정작용으로 손해를 발생시킨 경우, 협의의 위탁의 경우 공무수탁자는 행정주체이므로 공무수탁자가 배상책임자가 된다. 그 손해가 위탁기관의 감독과실로 인한 경우에는 위탁기관이 속한 행정주체도 배상책임자가 된다. 공무수탁자의 행정주체성을 부정하는 견해에 의하면 위탁기관이 속한 행정주체가 배상책임자가 된다.

판례는 협의의 위탁의 경우 행정주체인 수탁자를 일차적 배상책임자로 보고 있다.

[판례] 대법원은 대집행권한을 위탁받은 한국토지공사의 대집행상의 불법행위로 인한 손해에 대해 배상책임의 주체를 행정주체인 한국토지공사로 보고 있다(대판 2010. 1. 28, 2007다82950, 82967).

공무수탁자인 공공단체 또는 공무수탁사인이 배상책임자가 되는 경우 민법에 따라 손해배상을 청구하여야 하는지 국가배상법을 유추적용하여 국가배상청구를 하여야 하는지에 관하여 견해가 대립되고 있다(자세한 것은 국가배상, 공무수탁사인 참조).

2. 대행의 경우

대행의 경우 대행자의 행위는 피대행기관(위탁기관)의 행위로 간주되므로 피대행기관(위탁기관)이 속한 행정주체가 배상책임자가 된다고 보는 견해가 있다. 그러나, 강학상 대행의 경우 행정주체는 위탁기관이 속한 국가나 지방자치단체이고, 공무수탁자는 행정주체가 아니지만, 공무대행자는 원칙상 독립적으로 대행권한을 행사한다. 따라서, 대행의 경우에는 위탁기관이 속한 행정주체는 행정주체로서 배상책임을 지고, 공무대행자는 독립적으로 불법행위를 한 자로서 배상책임을 지는 것으로 보는 것이 타당하다. 따라서, 위탁자와 공무대행자는 일종의 공동불법행위책임을 지는 것으로 볼 수 있다. 공무수탁자가 위탁기관과 공무를 공동으로 수행하는 경우에는 당연히 공동불법행위책임을 지는 것으로 보아야 한다.

대행자가 배상책임을 지는 경우에 민법에 따라 손해배상을 청구하여야 하는지 국가배상법을 유추적용하여 국가배상청구를 하여야 하는지에 관한 것은 위탁의 경우와 동일하다.

대행기관이 본래의 행정기관이고, 대행기관이 속한 행정주체가 피대행기관이 속한 행정주체와 다른 경우 대행기관이 속한 국가 또는 지방자치단체는 비용부담주체(형식적 비용부담주체)로서 배상책임을 진다.

[판례] 구 하천법 제28조 제1항에 따라 국토해양부장관이 지방하천의 공사를 대행하는 경우 하천관리청이 속한 지방자치단체는 국가배상법 제5조 제1항에 따라 지방하천의 관리자로서 손해배상책임을 부담한다: 구 하천법(2012. 1. 17. 법률 제11194호로 개정되기 전의 것) 제28조 제1항에 따라 국토해양부장관이 하천공사를 대행하더라도 이는 국토해양부장관이 하천관리에 관한 일부 권한을 일시적으로 행사하는 것으로 볼 수 있을 뿐 하천관리청이 국토해양부장관으로 변경되는 것은 아니므로, 국토해양부장관이 하천공사를 대행하던 중 지방하천의 관리상 하자로 인하여 손해가 발생하였다면 하천관리청이 속한 지방자치단체는 국가와 함께 국가배상법 제5조 제1항에 따라 지방하천의 관리자로서 손해배상책임을 부담한다(대판 2014. 6. 26, 2011다85413). 〈해설〉 강학상 대행의 경우 법상 권한이 이전되는 것은 아니다. 국토해양부장관이 하천공사를 대행하더라도 하천관리권한은 하천관리청인 시·도지사가 갖는다. 지방하천은 지방의 공공이해와 밀접한 관계가 있는 하천으로서 시·도지사가 그 명칭과 구간을 지정하는 하천을 말한다(하천법 제7조 제3항). 지방하천은 그 관할 구역의 시·도지사가 관리한다(제8조 제2항). 하천관리청이 속한 지방자치단체는 하천의 관리자로서 손해배상책임을 부담하고, 국가는 비용부담주체로서 배상책임을 부담한다.

3. 보조위탁의 경우

보조자의 공행정작용으로 인한 손해에 대해서는 위탁기관이 속한 행정주체가 배상책임자가 되며 피해자는 국가배상을 청구하여야 한다. 이 경우 보조자는 국가배상법상 공무원이다.

[판례] 지방자치단체가 '교통할아버지 봉사활동 계획'을 수립한 후 관할 동장으로 하여금 '교통할아버지'를 선정하게 하여 어린이 보호, 교통안내, 거리질서 확립 등의 공무를 위탁하여 집행하게 하던 중 '교통할아버지'로 선정된 노인이 위탁받은 업무범위를 넘어 교차로 중앙에서 교통정리를 하다가 교통사고를 발생시킨 경우, 지방자치단체가 국가배상법 제2조 소정의 배상책임을 부담한다고 인정한 원심의 판단을 수긍한 사례(대판 2001. 1. 5, 98다39060).

제4장

행정기관 상호간의 관계

제 1 절 상하행정관청간의 관계

상급관청은 하급관청 또는 보조기관(이하 '하급기관'이라 한다)을 지휘감독하는 관계에 있다. 상급관청의 지휘감독권의 내용으로는 감시권, 지휘권(훈령권), 인가·승인권, 취소·정지권, 주관쟁의 결정권 등이 있다.

제 1 항 감 시 권

상급관청은 하급기관의 업무처리에 관하여 조사할 수 있다. 상급관청은 하급기관의 업무처리상황을 파악하기 위하여 보고를 받고, 서류·장부를 검사하고, 사무감사를 행할 수 있다.

감시권(監視權)의 발동에는 개별적인 법적 근거를 요하지 않으나 관계법령(행정업무의 효율적 운영에 관한 규정, 행정감사규정)의 구속을 받는다.

제 2 항 훈 령 권

[문제] 훈령과 직무명령을 비교하시오.

I. 훈령의 의의

훈령(訓令)이라 함은 상급청이 하급기관의 권한행사를 지휘하기 위하여 발하는 명령을 말한다. 훈령은 개별적·구체적 처분에 대하여 발령되기도 하고, 동종의 처분에 대하여 일반적·추상적 규범의 형식으로 발령되기도 한다.

훈령과 직무명령(職務命令)의 구별

① 개　　념: 훈령은 상급청이 하급기관에 대하여 그 소관사무에 관하여 발하는 명령인 반면에 직무명령은 상관이 부하인 공무원 개인에 대하여 그 직무에 관하여 발하는 명령이다.

② 효　　력: 훈령은 행정기관에 대하여 발령된 것이기 때문에 행정기관을 구성하는 공무원이 변경된 경우에도 계속 효력을 갖지만, 직무명령은 직무명령을 받은 공무원 개인에 대하여서만 효력을 갖기 때문에 공무원이 그 지위에서 물러나면 효력을 상실한다.

③ 대　　상: 훈령은 하급기관의 소관사무에 관한 권한행사를 대상으로 하는 반면에 직무명령은 공무원의 직무를 대상으로 한다. 따라서, 직무명령은 공무원의 소관사무에 관한 권한행사뿐만 아니라 공무원의 직무수행과 관련한 활동(예 출장명령, 제복착용명령, 직무태도 등)도 대상으로 한다.

④ 훈령의 직무명령성: 이와 같이 훈령과 직무명령은 구별되지만, 훈령은 하급기관을 구성하는 공무원에 대하여는 동시에 직무명령으로서의 성질도 갖는다.

[판례] 공증인이 직무수행을 하면서 공증인의 감독기관인 법무부장관이 제정한 '집행증서 작성사무 지침'을 위반한 경우, 공증인법 제79조 제1호에 근거한 직무상 명령을 위반한 것인지 여부(적극): 공증인의 감독기관인 법무부장관이 제정한 '집행증서 작성사무 지침'은 공증인의 감독기관인 법무부장관이 상위법령의 구체적인 위임 없이 공증인이 직무수행에서 준수하여야 할 세부적인 사항을 규정한 '행정규칙'이라고 보아야 한다. 따라서 공증인이 직무수행에서 위 지침을 위반한 경우에는 공증인법 제79조 제1호에 근거한 직무상 명령을 위반한 것이다(대판 2020. 11. 26, 2020두42262).

Ⅱ. 훈령의 근거

상급기관의 훈령권은 특별한 법적 근거를 요하지 아니하고 감독권의 당연한 결과로서 인정된다.

[판례] 일반적으로 상급행정기관은 소속 공무원이나 하급행정기관에 대하여 업무처리지침이나 법령의 해석·적용 기준을 정해주는 '행정규칙'을 제정할 수 있다. 공증인은 직무에 관하여 공무원의 지위를 가지고, 법무부장관은 공증인에 대한 감독기관이므로 공증인법 제79조 제1호에 근거한 직무상 명령을 개별·구체적인 지시의 형식으로 할 수도 있으나, 행정규칙의 형식으로 일반적인 기준을 제시하거나 의무를 부과할 수도 있다(대판 2020. 11. 26, 2020두42262).

Ⅲ. 훈령의 종류

훈령에는 행정규칙의 성질을 갖는 것도 있고 그렇지 않은 것도 있다. 훈령중 일반적·추상적 규범의 형식으로 발령되는 것은 행정규칙에 해당한다.

행정업무운영규정 제7조에서 규정하고 있는 지시문서(훈령·지시·예규 및 일일명령 등 행정기관이 그 하급기관 또는 소속공무원에 대하여 일정한 사항을 지시하는 문서) 중 행정기관에 발령되는 것은 훈령에 속한다고 할 수 있고 소속공무원에 발령되는 것은 직무명령이라 할 수 있다.

Ⅳ. 훈령의 요건

훈령은 다음과 같은 형식적·실질적 요건을 갖추어야 적법한 훈령이 된다.

1. 형식적 요건

① 훈령권이 있는 상급관청이 발령하여야 한다.
② 하급기관의 권한에 속하는 사항에 대하여 발령하여야 한다.
③ 권한행사의 독립성이 보장되는 하급관청(예 감사원)에 대한 것이 아니어야 한다.

2. 실질적 요건

① 적법·타당한 것이어야 한다.
② 가능하고 명백한 것이어야 한다.

Ⅴ. 훈령의 형식·절차

훈령은 문서 또는 구술로 발할 수 있다.

관보규정은 일정한 훈령을 관보에 게재하도록 하고 있으나, 관보에의 게재나 공표는 훈령의 효력요건은 아니다.

처분의 기준이 되는 훈령은 공표하여야 한다(행정절차법 제20조).

Ⅵ. 훈령의 성질 및 구속력

1. 훈령의 성질과 대내적 구속력

훈령은 하급기관에 대한 지시 내지 명령의 성질을 가지며 하급기관은 훈령에 구속된다. 훈령위반은 명령복종의무 위반이 되므로 훈령위반자는 징계의 대상이 된다.

2. 훈령에 대한 하급기관의 심사권

하급기관이 훈령의 형식적 요건에 대한 심사권을 가진다고 보는 것이 일반적 견해이나 실질적 요건에 대하여 심사권을 가지는가에 관하여는 다음과 같이 견해가 대립되고 있다.

(1) 부 정 설

하급행정기관은 훈령의 실질적 요건에 대한 심사권을 가지지 않으며 훈령이 실질적 요건을 충족하지 못하여 위법하더라도 그에 복종하여야 한다.

(2) 중대명백설

훈령의 하자가 중대하고 명백한 경우에는 무효이고 이 경우에 하급기관은 복종을 거부하여야 한다(김동희, 27면).

(3) 명 백 설

법치주의의 원칙에 비추어 훈령의 위법이 명백한 경우에는 복종하여서는 아니 된다.

(4) 판 례

판례는 **명백설**을 취하고 있다.

> **[판례]** **상관의 위법 내지 불법한 명령과 하관의 복종의무:** 공무원이 그 직무를 수행함에 있어 상관은 하관에 대하여 범죄행위 등 위법한 행위를 하도록 명령할 직권이 없는 것이고, 하관은 소속상관의 적법한 명령에 복종할 의무는 있으나 그 명령이 참고인으로 소환된 사람에게 가혹행위를 가하라는 등과 같이 명백한 위법 내지 불법한 명령인 때에는 이는 벌써 직무상의 지시명령이라 할 수 없으므로 이에 따라야 할 의무는 없다(대판 1988. 2. 23, 87도2358).

(5) 결 어

다음과 같은 이유에서 **명백설**이 타당하다. 공무원의 법령준수의무와 복종의무의 조정의 문제라고 보아야 한다. 훈령의 위법이 명백하지 않은 경우에는 복종의무를 우선시키고, 훈령의 위법이 명백한 경우에는 법령준수의무를 복종의무에 우선시키는 것이 타당하다.

3. 훈령의 대외적 구속력

훈령은 대내적 구속력은 있으나 원칙상 대외적 구속력은 없다. 따라서, 훈령에 위반하여 행한 행위가 훈령에 위반하였다는 사실만으로 위법하게 되지 않는다.

> **[판례]** [1] 이 사건 법무부장관의 입국금지결정(법무부장관이 출입국관리법 제11조 제1항 제3호, 제4호, 제8호에 따라 원고의 입국을 금지하는 결정을 하고, 그 정보를 내부전산망인 '출입국관리정보시스템'에 입력하였으나, 원고에게 통보를 하지는 않은 것)은 행정기관 내부에서 사증발급이나 입국허가에 대한 지시로서의 성격이 있다. [2] 상급행정기관의 지시는 일반적으로 행정조직 내부에서만 효력을 가질 뿐 대외적으로 국민이나 법원을 구속하는 효력이 없다. 대외적으로 처분권한이 있는 처분청이 상급행정기관의 지시를 위반하는 처분을 하였다고 해서 그러한 사정만으로 처분이 곧바로 위법하게 되는 것은 아니고, 처분이 상급행정기관의 지시를 따른 것이라고 해서 적법성이 보장되는 것도 아니다. 처분이 적법한지는 상급행정기관의 지시를 따른 것인지 여부가 아니라, 헌법과 법률, 대외적으로 구속력 있는 법령의 규정과 입법 목적, 비례·평등원칙과 같은 법의 일반원칙에 적합한지 여부에 따라 판단해야 한다(대판 2019.7.11, 2017두38874).

훈령 중 일반적이고 추상적인 규범의 형식을 취하는 것은 행정규칙의 성질을 가지며 행정규칙의 유형(예 해석규칙, 재량준칙 등)에 따른 구속력을 갖는다(행정규칙의 대외적 구속력 참조).

Ⅶ. 훈령의 경합

둘 이상의 상급관청의 훈령이 상호 모순되는 경우에 하급기관은 주관상급관청의 훈령을 따라야 한다.

상호 모순되는 훈령을 발한 상급관청이 서로 상하의 관계에 있는 경우에는 행정조직의 계층적 질서를 보장하기 위하여 직근 상급관청의 훈령에 따라야 한다.

제 3 항 승 인 권

Ⅰ. 의 의

행정청이 일정한 권한행사를 하는 경우에 상급관청 또는 감독관청의 인가 또는 승인(이하 '승인'이라 한다)을 받도록 하고 있는 경우가 있다. 이 승인은 사전적인 감독수단의 하나이다.

Ⅱ. 승인요건 결여의 효력

법령에 의해 하급관청이 어떠한 행위를 하기 전에 승인을 받도록 규정되어 있는 경우에 승인을 받지 않고 행위를 하면 당해 행위는 위법·무효가 된다.

Ⅲ. 승인받은 행위의 효력

승인을 받은 행위가 하자가 있는 경우에는 승인이 있다 하더라도 그 하자가 치유되는 것은 아니며 그 행위는 무효가 되거나 또는 취소될 수 있다.

Ⅳ. 승인의 성질

승인은 **행정조직법상의 내부행위**이며 행정행위인 승인과는 성질이 다르다. 따라서, 승인이 거부되었다고 하더라도 승인을 받지 못한 하급관청은 승인의 거부에 대해 항고소송을 제기할 수 없다.

[판례] [1] **상급행정기관의 하급행정기관에 대한 승인 · 동의 · 지시 등은 행정처분에 해당하지 않는다:** 상급행정기관의 하급행정기관에 대한 승인·동의·지시 등은 행정기관 상호간의 내부행위로서 국민의 권리 의무에 직접 영향을 미치는 것이 아니므로 항고소송의 대상이 되는 행정처분에 해당한다고 볼 수 없다. [2] 지방자치단체장이 개발제한구역 안에서의 혐오시설 설치허가에 앞서 건설부훈령인 "개발제한구역관리규정"에 의하여 사전승인신청을 함에 따라 건설교통부장관이 한 승인행위는 건설교통부장관이 위 "개발제한구역관리규정"에 따라 허가권자인 지방자치단체장에 대한 지도·감독작용으로서 행한 것으로서 행정기관 내부의 행위에 불과하여 국민의 구체적인 권리·의무에 직접적인 변동을 초래하는 것이 아닐 뿐 아니라, 건설교통부장관의 승인행위에 의하여 직접적으로 도시계획이 변경되는 효력이 발생하는 것이 아니므로 결국 건설교통부장관의 위 승인행위는 항고소송의 대상이 되는 행정처분에 해당한다고 볼 수 없다(대판 1997. 9. 26, 97누8540[개발제한구역내행위허가승인처분취소등]).

제 4 항 주관쟁의결정권

Ⅰ. 의 의

상급행정청은 하급행정청 상호간에 권한에 관한 다툼이 있을 때에 권한 있는 기관을 결정하는 권한을 갖는다. 이 권한을 주관쟁의결정권(主管爭議決定權)이라 한다.

Ⅱ. 주관쟁의결정방법

행정청 사이의 권한쟁의는 행정조직 내부의 문제이므로 원칙상 소송의 대상이 되지 않는다. 행정청 간에 권한에 관한 다툼이 있는 경우에는 당해 행정청을 공통으로 감독하는 상급행정청이 그 관할을 결정하며, 공통으로 감독하는 상급행정청이 없는 경우에는 각 상급행정청의 협의로 그 관할을 결정한다(행정절차법 제6조). 공통의 상급관청 사이에 협의가 이루어지지 않을 때에는 최종적으로는 행정 각부간의 주관쟁의(主管爭議)가 되어 국무회의의 심의를 거쳐 대통령이 결정한다(헌법 제89조 제10호).

주관쟁의를 결정할 상급기관이 없는 경우 중 일정한 경우에는 기관소송 또는 권한쟁의심판에 의해 해결된다.

제 5 항 취소·정지권

상급행정청은 법적 근거가 없는 경우에도 지휘감독권에 근거하여 하급행정청의 위법 또는 부당한 행위를 취소 또는 정지할 수 있는가에 관하여 이를 긍정하는 적극설과 이를 부정하는 소극설이 대립하고 있다.

Ⅰ. 적 극 설

적극설은 위법 또는 부당한 하급행정청의 행위를 상급행정청이 취소하거나 정지시키는 것은 법적 근거 없이도 가능하다고 본다.

그 논거는 다음과 같다. 하급행정청의 행위가 위법 또는 부당한 경우에 당해 행위를 취소하거나 정지시키는 것은 상급행정청의 지휘감독권에 당연히 포함된다.

Ⅱ. 소 극 설

소극설은 상급행정청이 법적 근거 없이 위법 또는 부당한 하급행정청의 행위를 취소하거나 정지시키는 것은 인정될 수 없으며 단지 취소 또는 정지를 명령할 수 있을 뿐이라고 본다.

그 논거는 다음과 같다. 상급행정청에 의한 하급행정청의 행위의 취소 또는 정지는 실질적으로 하급행정청의 권한을 대행하는 것이므로 법령에 명시적인 근거가 있어야 한다(박윤흔, 55~56면).

Ⅲ. 결 어

권한법정주의의 원칙상 소극설이 타당하다. 상급행정청은 하급행정청에 대하여 취소·정지명령권만을 갖는다고 보아야 한다.

다만, 정부조직법은 대통령과 국무총리의 일반적인 취소·정지권을 인정하고 있다(정부조직법 제11조 제2항, 제19조 제2항). 행정권한의 위임 및 위탁에 관한 규정 제6조는 위임 및 위탁기관은 수임 및 수탁기관의 수임 및 수탁사무 처리가 위법하거나 부당하다고 인정될 때에는 이를 취소하거나 정지시킬 수 있다고 규정하고 있다.

[판례] 수임 및 수탁사무의 처리가 부당한지 여부의 판단은 위법성 판단과 달리 합목적적·정책적 고려도 포함되므로, 위임 및 위탁기관이 그 사무처리에 관하여 일반적인 지휘·감독을 하는 경우는 물론이고 나아가 수임 및 수탁사무의 처리가 부당하다는 이유로 그 사무처리를 취소하는 경우에도 광범위한 재량이 허용된다고 보아야 한다. 다만 그 사무처리로 인하여 이해관계 있는 제3자나 이미 형성된 법률관계가 존재하는 경우에는 위임 및 위탁기관이 일반적인 지휘·감독을 하는 경우와 비교하여 그 사무처리가 부당하다는 이유로 이를 취소할 때 상대적으로 엄격한 재량통제의 필요성이 인정된다(대판 2017. 9. 21, 2016두55629).

제 6 항 대집행권

법령의 근거가 없는 한 상급행정청에게 하급행정청의 권한을 대집행(代執行)할 권한은 없다고 보는 데 이론이 없다.

지방자치법 제170조는 일정한 요건하에 감독청(주무부장관 또는 시·도지사)에 의한 지방자치단체의 장의 기관위임사무의 대집행을 인정하고 있다.

제 2 절 대등행정관청간의 관계

제 1 항 권한의 상호 존중

대등한 행정청은 서로 다른 행정청의 권한을 존중하여야 하며 그를 침범하여서는 아니 된다. 그리고, 행정청의 행위는 무효가 아닌 한 구성요건적 효력(또는 공정력)을 가지므로 다른 행정청은 이에 구속된다. 대등 행정청 사이의 권한존중의 원칙은 행정법상 법의 일반원칙이라고 할 수 있다.

대등행정청 사이의 권한쟁의는 전술한 바와 같이 상급행정청의 주관쟁의결정권에 의해 해결된다.

제 2 항 상호 협력관계

행정청은 행정의 원활한 수행을 위하여 서로 협조하여야 한다(행정절차법 제7조 제1항). 행정청은 업무의 효율성을 높이고 행정서비스에 대한 국민의 만족도를 높이기 위하여 필요한 경우 행정협업(다른 행정청과 공동의 목표를 설정하고 행정청 상호 간의 기능을 연계하거나 시설·장비 및 정보 등을 공동으로 활용하는 것을 말한다)의 방식으로 적극적으로 협조하여야 한다(제2항). 대통령령인 「행정효율과 협업 촉진에 관한 규정」은 제41조 이하에서 행정협업의 촉진에 관한 사항을 규정하고 있다.

I. 협의·동의·공동결정

1. 협 의

(1) 의 의

협의라 함은 행정업무가 둘 이상의 행정기관의 권한에 속하는 경우에 그 행정업무의 처리에 관하여 의견을 교환하는 것을 말한다. 예를 들면, 행정업무가 여러 행정청의 권한과 관련된 경우에 하나의 행정청이 주된 지위에 있고 다른 행정청은 부차적인 지위에 있는 경우에 주된 지위에 있는 행정청이 주무행정청이 되고 부차적인 지위에 있는 행정청은 관계행정청이 된다. 이 경우에 주무행정청이 업무처리에 관한 결정권을 갖게 되며 관계행정청은 협의권을 갖게 된다.

(2) 협의의견의 구속력

관계기관의 협의의견은 원칙상 주무행정청을 구속하지 않는다. 다만, 법령상 "협의"로 규정되어 있다 하더라도 해석상 동의라고 보아야 하는 경우에 그 '협의'의견은 실질적으로는 동의의견으로서 법적 구속력을 갖는다(대판 1995. 3. 10, 94누12739).

[판례 1] 구 택지개발촉진법 제3조에서 건설부장관이 택지개발예정지구를 지정함에 있어 미리 관계중앙행정기관의 장과 협의를 하라고 규정한 의미는 그의 자문을 구하라는 것이지 그 의견을 따라 처분을 하라는 의미는 아니라 할 것이므로 이러한 협의를 거치지 아니하였다고 하더라도 이는 위 지정처분을 취소할 수 있는 원인이 되는 하자 정도에 불과하고 위 지정처분이 당연무효가 되는 하자에 해당하는 것은 아니다(대판 2000. 10. 13, 99두653).

[판례 2] 환경영향평가에 대한 환경부장관(현 기후에너지환경부장관)의 협의의견의 승인기관의 장에 대한 구속력을 부인한 사례(대판 2001. 7. 27, 99두2970).

[판례 3] 건설공사시 문화재보존의 영향 검토에 관한 문화재보호법 제74조 제2항 및 같은 법 시행령 제43조의2 제1항에서 정한 '문화재청장과 협의'가 '문화재청장의 동의'를 말한다고 한 사례(대판 2006. 3. 10, 2004추119).

[판례 4] 군사기지 및 군사시설 보호구역내에서의 건축 및 토지형질의 변경에 대한 국방부장관 및 관할부대장의 협의를 동의로 본 사례(대판 1995. 3. 10, 94누12739; 2020. 7. 9, 2017두39785).

(3) 협의절차의 하자

법상 명시적으로 규정된 협의절차를 이행하지 않고 처분을 한 경우 당해 처분은 협의의 중요성에 따라 무효 또는 취소할 수 있는 행위로 보아야 할 것이다. 판례는 협의를 거치지 않은 처분을 원칙상 취소할 수 있는 행위로 본다.

협의절차가 법령에 의해 정해진 것이 아닌 경우에는 협의절차를 이행하지 않고 처분을 하여도 그것만으로 당해 처분이 위법하다고 할 수 없다.

2. 동 의 [2006 행시 사례]

(1) 의 의

행정업무가 둘 이상의 행정청의 권한과 관련되어 있고 관계행정청 모두 주된 지위에 있는 경우에 업무처리의 편의를 위하여 보다 업무와 깊은 관계가 있는 행정청을 주무행정청으로 하는 경우가 있다. 이 경우에 다른 행정청은 관계행정청이 된다. 이러한 경우에 주무행정청은 업무처리에 관한 결정을 함에 있어 주된 지위에 있는 다른 행정청의 동의를 받아야 한다.

예를 들면, 건축허가는 시장·군수가 권한을 갖지만 소방서장의 동의를 얻어야 한다.

(2) 동의의견의 구속력

처분청은 동의기관의 동의의견 또는 부동의의견에 구속된다.

(3) 동의 없는 처분의 효력

동의를 받아야 함에도 동의 없이 한 처분은 무권한의 하자로 원칙상 무효로 보아야 한다.

(4) 부동의에 대한 권리구제

부동의는 내부행위로 처분이 아니므로 그 자체를 다투는 항고소송을 제기할 수 없고, 처분청이 동의기관의 부동의의견을 이유로 거부처분을 한 경우에 당해 거부처분의 취소를 구하면서 처분사유가 된 부동의를 다투어야 한다.

[판례] 건축허가권자가 건축불허가처분을 하면서 그 처분사유로 건축불허가 사유뿐만 아니라 구 소방법(2003. 5. 29. 법률 제6916호로 개정되기 전의 것) 제8조 제1항에 따른 소방서장의 건축부동의 사유를 들고 있다고 하여 그 건축불허가처분 외에 별개로 건축부동의처분이 존재하는 것이 아니므로, 그 건축불허가처분을 받은 사람은 그 건축불허가처분에 관한 쟁송에서 건축법상의 건축불허가 사유뿐만 아니라 소방서장의 부동의 사유에 관하여도 다툴 수 있다(대판 2004. 10. 15, 2003두6573[건축물허가처분취소]). 〈해설〉 건축부동의의 위법을 다투고자 하는 경우에도 건축불허가처분에 대한 항고소송을 제기하여야 한다.

3. 공동결정

행정업무가 둘 이상의 행정청의 권한과 관련되어 있고 관계행정청 모두 주된 지위에 있으며 동일하게 업무와 깊은 관계가 있는 경우에는 모든 관계행정청이 주무행정청이 되며 이 경우에 업무처리는 공동의 결정에 의해 공동의 명의로 하게 된다.

우리나라에는 그 예가 적지만 선진외국에는 이러한 협력방식이 적지 않게 사용되고 있다.

Ⅱ. 행정응원

1. 의 의

행정응원이라 함은 대등한 행정청 상호간의 협력의 요청과 이에 따른 협력의 제공을 말한다.

2. 법적 근거

행정응원에는 법적 근거가 필요 없다. 그러나, 명문의 규정이 있는 경우가 있는데, 행정응원의 법적 근거로는 개별법상의 근거와 행정응원의 일반적 근거조항을 두고 있는 행정절차법(제8조)이 있다. 개별법상 규정된 행정응원으로는 경찰응원(경찰직무응원법 제1조), 소방응원(소방기본법 제11조), 군사응원(위수령 제7조, 제8조, 제12조, 제18조) 등이 있다.

제5편

지방자치법
地 方 自 治 法

제 5 편 지방자치법

제1장

지방자치법 총설

[문제] 지방자치단체 상호간에 분쟁이 발생하는 경우에 현행법상 분쟁해결수단 및 그 문제점을 설명하시오(행시 제43회).

제 1 절 지방자치의 의의

세계의 입법례를 보면 지방자치의 관념에 있어 주민자치와 단체자치라는 두 흐름이 있다.

주민자치는 일정한 지역사회에 고유한 공적 사무는 그 지역사회의 주민이 참가하여 자율적으로 처리하여야 한다는 관념을 말한다. 주민자치의 관념은 영국에서 형성되어 미국에서도 수용되었다.

단체자치는 지역공동체에 기반을 둔 국가로부터 독립된 단체를 인정하고, 지역공동체에 고유한 공적 사무가 이 단체에 의해 자율적으로 처리되도록 하는 것을 말한다. 단체자치의 관념은 프랑스, 독일 등 대륙법계 국가에서 형성되고 수용되었다.

우리나라의 지방자치의 관념에는 **주민자치와 단체자치가 혼합되어 있다.** 지방자치단체가 존재하고 지방자치단체가 자치권을 향유하는 점 등은 단체자치의 관념에 근거한 것이며 주민이 지방의원 및 지방자치단체의 장을 선출하고, 조례의 제정·개폐의 청구, 주민투표 등을 통하여 자치행정에 직접 참여하는 점 등은 주민자치의 관념에 근거한 것이다.

제 2 절 지방자치의 보장

Ⅰ. 지방자치권의 본질

지방자치단체의 자치권이 국가로부터 전래된 것인가 아니면 국가 이전에 존재하는 지방자치단체에 고유한 것인가에 관하여 견해가 대립하고 있다.

고유권설(固有權說)은 지방자치단체의 자치권은 국가 이전부터 인정되고 있는 지방자치단체에 고유한 권리라고 한다.

전래권설(傳來權說, 자치위임설)은 지방자치단체의 자치권은 국가의 통치권의 일부가 지방자치단체에 부여된 것이라고 한다.

생각건대, 우리나라의 경우에는 오랜 중앙집권의 전통을 가지고 있어 고유권설이 성립할 기반이 거의 존재하지 않으며 국가의 통일성을 보장하기 위하여는 지방자치단체의 자치권은 국가에 의해 부여된 것으로 보는 것이 타당하다.

Ⅱ. 지방자치의 헌법적 보장과 지방자치의 기본원리

헌법은 제117조 이하에서 지방자치를 보장하고 있다. 이 헌법에 의한 지방자치의 보장을 제도적 보장으로 이해하는 것이 일반적 견해이고 판례의 입장(헌재 2006. 2. 23, 2005헌마403 등)이다. 헌법에 의한 지방자치의 제도적 보장은 '지방자치의 본질적 내용'의 헌법적 보장을 의미한다. 따라서, 입법권은 지방자치제도의 형성에 있어 재량을 갖지만 헌법이 보장한 지방자치의 본질적인 내용을 침해하여서는 아니 된다.

헌법 제117조 및 제118조가 보장하고 있는 지방자치의 본질적 내용은 자치단체의 존재의 보장, 자치기능의 보장 및 자치사무의 보장을 말한다(헌재 2001. 6. 28, 00헌마735[입법부작위위헌확인]).

지방자치의 본질 및 유형에 관하여는 주민에 의한 자치로 보는 주민자치설과 지방자치단체에 의한 자치로 보는 단체자치설이 있는데, 헌법재판소는 우리 헌법상 자치단체의 보장은 단체자치와 주민자치를 포괄하는 것으로 본다(헌재 2006. 2. 23, 2005헌마403). 지방자치법은 단체자치로 출발하여 단체자치를 기본으로 하면서도 주민자치를 확대·강화해가고 있다.

Ⅲ. 실정법상 보장

지방자치는 헌법에 반하지 않는 한도 내에서 입법권에 의해 보장된다.

지방자치에 관한 법률로는 지방자치에 관한 기본법인 지방자치법과 지방공무원법, 주민투표법, 주민소환에 관한 법률, 지방재정법, 지방공기업법, 지방자치단체 출자·출연 기관의 운영에 관한 법률, 지방세법, 지방교부세법, 지방자치단체 기금관리기본법, 주민등록법, 서울특별시행정특례에 관한 법률, 제주도행정체제 등에 관한 특별법, 지방교육자치에 관한 법률, 지방교육재정교부금법, 지방자치분권과 지역균형발전에 관한 특별법(약칭: 지방분권균형발전법) 등이 있다. 이외에 도로법, 하천법 등에도 지방자치에 관한 규정이 있다.

Ⅳ. 대표제와 주민참여

헌법은 대표제(代表制) 지방자치를 보장하고 있다(헌재 2001. 6. 28, 2000헌마735). 지방자치법도 의회대표제를 채택하고 있다(제30조).

그러나, 헌법상 대표제 지방자치에 있어서 주민참여가 금지되는 것은 아니다. 대표제의 본질을 침해하지 않는 한 법률에 의해 주민참여가 인정될 수 있다. 지방자치법은 주민투표, 주민의 조례제정개폐청구, 감사청구, 주민소송, 주민소환 등을 인정하고 있다.

[판례] 대법원은 현행 지방자치법이 의회대표제를 채택하고 있다고 보면서 주민이 본회의 또는 위원회의 안건심의 도중 안건에 관하여 발언하는 것은 현행법상 대표제 원리에 위반되는 것으로 보고, 의회대표제의 본질을 해하지 않고 의회의 기능수행을 저해하지 아니하는 범위 내에서 주민이 의회의 기능에 참여하는 것(예 공청회에서 발언하거나 또는 본회의·위원회에서 참고인, 증인, 청원인의 자격으로 발언하는 것)은 허용된다고 보았다(대판 1993. 2. 26, 92추109[완주군의회 회의규칙 중 개정규칙 재의결취소 등]).

제 3 절 지방자치단체의 의의, 종류, 법적 지위

Ⅰ. 지방자치단체의 의의

지방자치단체(地方自治團體)는 국가로부터 독립하여 자치권을 행사하는 법인격이 부여된 지역적 단체를 말한다. 지방자치단체는 구역, 주민, 자치권 및 법인격을 본질적 구성요소로 한다.

Ⅱ. 지방자치단체의 종류

지방자치단체는 그 조직 및 권한의 일반성 또는 특수성에 따라 보통지방자치단체와 특별지방자치단체로 나누어진다. 이에 대하여 특별지방자치단체를 권한의 한정성, 의회의 구성, 자치재정권의 불인정, 관할구역의 성격 등에 비추어 **지방자치단체가 아닌** 지방자치단체간 강화된 협력체인 **공공단체로 보는 견해**(김지영, 특별지방자치단체에 대한 공법적 고찰, 공법연구, 2022.10, 339면 이하)도 있다.

1. 보통지방자치단체

보통지방자치단체로는 광역자치단체인 특별시, 광역시, 특별자치시, 도 및 특별자치도와 기초자치단체인 시·군 및 자치구가 있다(제2조 제1항). 지방자치단체인 구(자치구)는 특별시와 광역시의 관할 구역 안의 구만을 말하며, 자치구의 자치권의 범위는 법령으로 정하는 바에 따라 시·군과 다르게 할 수 있다(제2조 제2항).

제주특별자치도 내에는 자치단체인 시·군을 두지 않는다(제주도행정체제 등에 관한 특별법 제3조).

강원특별자치도는 「강원특별자치도 설치 등에 관한 특별법」(약칭: 강원특별법)에 따라 특례를 부여받고, 강원자치도의 시·군은 특례를 부여받을 수 있다(제22조).

2. 특별지방자치단체

2개 이상의 지방자치단체가 공동으로 특정한 목적을 위하여 광역적으로 사무를 처리할 필요가 있을 때에는 특별지방자치단체를 설치할 수 있다. 이 경우 특별지방자치단체를 구성하는 지방자치단체(이하 "구성 지방자치단체"라 한다)는 상호 협의에 따른 규약을 정하여 구성 지방자치단체의 지방의회 의결을 거쳐 행정안전부장관의 승인을 받아야 한다(제199조 제1항). 특별지방자치단체는 **법인**으로 한다(제3항).

특별지방자치단체는 특별한 목적을 위하여 설립되며 하나 또는 그 이상의 일정한 분야에 한정된 권한만을 갖는다.

지방자치단체조합은 특별지방자치단체로 볼 수 없다(문상덕, 특별행정법(김철용 편), 43-44면).

Ⅲ. 지방자치단체의 성질과 법적 지위

1. 행정조직, 자치조직

지방자치단체는 넓게 보면 국가의 행정조직이다. 그러나, 지방자치단체는 단순한 행정조직에 불과한 것이 아니라 통치권을 갖는 자치조직이다.

2. 법 인

지방자치단체는 법인으로서(제3조 제1항) 국가로부터 조직적으로 독립되어 있을 뿐만 아니라 실질적으로도 국가로부터 독립되어 있다.

지방자치단체는 법인으로서 권리의무의 주체가 된다.

[판례] 지방자치단체가 양벌규정의 적용대상인 법인에 해당하는지 여부(한정적극): 국가가 본래 그의 사무의 일부를 지방자치단체의 장에게 위임하여 처리하게 하는 기관위임사무의 경우 지방자치단체는 국가기관의 일부로 볼 수 있고, 지방자치단체가 그 고유의 자치사무를 처리하는 경우에는 지방자치단체는 국가기관의 일부가 아니라 국가기관과는 별도의 독립한 공법인이므로, 지방자치단체 소속 공무원이 지방자치단체 고유의 자치사무를 수행하던 중 도로법 제81조 내지 제85조의 규정에 의한 위반행위를 한 경우에는 지방자치단체는 도로법 제86조의 양벌규정에 따라 처벌대상이 되는 법인에 해당한다고 할 것이다(대판 2005. 11. 10, 2004도2657[도로법위반]: 지방자치단체 소속 공무원이 압축트럭 청소차를 운전하여 고속도로를 운행하던 중 제한축중을 초과 적재 운행함으로써 도로관리청의 차량운행제한을 위반한 사안에서, 해당 지방자치단체가 도로법 제86조의 양벌규정에 따른 처벌대상이 된다고 한 사례). 〈해설〉 판례에 따르면 공무원이 국가의 기관위임사무를 처리하는 경우 국가기관의 일부이므로 벌금이나 과태료를 부과할 수 없지만, 자치사무를 처리하는 경우에는 지방자치단체에 대해서도 벌금이나 과태료를 부과할 수 있다. 또한, 기초자치단체의 공무원이 도의 기관위임사무를 처리하는 경우 도에 대해서도 벌금이나 과태료를 부과할 수 있고, 국가공무원이 지방자치단체의 기관위임사무를 처리하는 경우 지방자치단체에 대해서 벌금이나 과태료를 부과할 수 있다.

3. 소송당사자

지방자치단체는 독립된 법주체이므로 소송의 당사자가 될 수 있다.

[판례] 읍·면은 지방자치단체의 하부 행정구역에 불과하여 민사소송에 있어 당사자능력을 인정할 수 없다(대판 2002. 3. 29, 2001다83258).

지방자치단체가 일반 사인과 같이 처분의 상대방이고, 지방자치단체에게 항고소송을 제기할 법률상 이익이 있는 경우 항고소송의 원고적격이 인정된다.

[판례] 구 건축법(2011. 5. 30. 법률 제10755호로 개정되기 전의 것) 제29조 제1항, 제2항, 제11조 제1항 등의 규정 내용에 의하면, 건축협의의 실질은 지방자치단체 등에 대한 건축허가와 다르지 않으므로, 지방자치단체 등이 건축물을 건축하려는 경우 등에는 미리 건축물의 소재지를 관할하는 허가권자인 지방자치단체의 장과 건축협의를 하지 않으면, 지방자치단체라 하더라도 건축물을 건축할 수 없다. ...... 따라서 건축협의 취소는 상대방이 다른 지방자치단체 등 행정주체라 하더라도 '행정청이 행하는 구체적 사실에 관한 법집

행으로서의 공권력 행사'(행정소송법 제2조 제1항 제1호)로서 처분에 해당한다고 볼 수 있고, 지방자치단체인 원고가 이를 다툴 실효적 해결 수단이 없는 이상, 원고는 건축물 소재지 관할 허가권자인 (다른) 지방자치단체의 장을 상대로 항고소송을 통해 건축협의 취소의 취소를 구할 수 있다(대판 2014. 2. 27, 2012두22980).

지방자치단체의 자치권이 주관적 공권으로서 지방자치단체의 항고소송제기권의 근거가 될 수 있는지에 관하여 견해가 대립하고 있다. 지방자치단체의 자치권을 행정소송법상의 법률상 이익으로 보지 않고(지방자치단체의 자치권을 주관적 공권이 아니라 행정기관의 권한으로 보고), 항고소송제기권을 부정하는 견해(부정설)와 지방자치단체의 헌법 및 법률상 자치권을 지방자치단체의 주관적 공권으로 보고 국가 등의 공권력 행사에 의해 이 자치권이 침해된 경우에는 당해 공권력 행사를 다투는 항고소송을 제기할 원고적격을 갖는다고 보는 견해(긍정설: 조성규, 판례를 통해서 본 지방자치단체의 항고소송의 법적 쟁점, 행정법연구 제66호, 2021.11, 35면 이하 등)가 있다.

생각건대, 법률상 이익(주관적 공권)을 법에 의해 보호된 사익으로 한정하면 지방자치단체의 자치권은 사익을 위한 것이 아니므로 법률상 이익(주관적 공권)아니고, 따라서 지방자치단체의 자치권 침해를 이유로 항고소송을 제기할 원고적격을 인정하지 않는 것이 논리적이고, 법률상 이익(주관적 공권)을 법에 의해 보호된 개인적 이익으로 보고, 법인의 존재근거가 되는 이익(법인의 존재근거가 되는 이익이 공익을 추구하는 것인 경우도 포함)도 포함하는 것으로 본다면 지방자치단체의 자치권은 법률상 이익(주관적 공권)으로 볼 수 있으므로 지방자치단체의 자치권 침해를 이유로 항고소송을 제기할 원고적격을 인정하는 것이 논리적으로 타당하다. 후자의 견해(긍정설)가 타당하다. 부정설에 따르면 지방자치단체의 자치권 침해에 대해서는 기관소송이나 권한쟁의심판을 제기하여야 한다.

4. 기본권주체성

지방자치단체의 기본권주체성을 인정하지 않고, 따라서 헌법소원제기권을 인정하지 않는 것이 헌법재판소의 입장이다(헌재 1998. 3. 26, 96헌마345).

Ⅳ. 지방자치단체의 관할 및 구성

특별시, 광역시, 특별자치시, 도, 특별자치도(이하 '시·도'라 한다)는 정부의 직할로 두고, 시는 도 또는 특별자치도의 관할구역 안에, 군은 광역시·도 또는 특별자치도의 관할구역 안에 두며, 자치구는 특별시와 광역시의 관할구역 안에 둔다. 다만, 특별자치도의 경우에는 법률이 정하는 바에 따라 관할 구역 안에 시 또는 군을 두지 아니할 수 있다(법 제3조 제2항). 특례시는 기초자치단체이지만, 광역자치단체에 준하는 행·재정 특례를 부여받는 대도시이다(법 제198조).

특별시, 광역시 및 특별자치시가 아닌 인구 50만 이상의 시에는 자치구가 아닌 구를 둘 수 있고, 군에는 읍·면을 두며, 시와 구(자치구를 포함한다)에는 동을, 읍·면에는 리를 둔다(법 제3조 제3항).

제10조 제2항에 따라 설치된 시(도농복합형태의 시)에는 도시의 형태를 갖춘 지역에는 동을, 그 밖의 지역에는 읍·면을 두되, 자치구가 아닌 구를 둘 경우에는 그 구에 읍·면·동을 둘 수 있다(법 제3조 제4항).

시는 그 대부분이 도시의 형태를 갖추고 인구 5만 이상이 되어야 한다(법 제10조 제1항).

다음의 1에 해당하는 지역은 이를 도농복합형태의 시로 할 수 있다(법 제10조 제2항): ① 제1항에 따라 설치된 시와 군을 통합한 지역, ② 인구 5만 이상의 도시형태를 갖춘 지역이 있는 군, ③ 인구 2만 이상의 도시형태를 갖춘 2개 이상의 지역의 인구가 5만 이상인 군. 이 경우 군의 인구가 15만 이상으로서 대통령령이 정하는 요건을 갖추어야 한다, ④ 국가의 정책으로 인하여 도시가 형성되고, 제128조에 따라 도의 출장소가 설치된 지역으로서 그 지역의 인구가 3만 이상이며, 인구 15만 이상의 도농복합형태의 시의 일부인 지역.

읍은 그 대부분이 도시의 형태를 갖추고 인구 2만 이상이 되어야 한다. 다만, 다음 각 호의 어느 하나에 해당하면 인구 2만 미만인 경우에도 읍으로 할 수 있다(법 제10조 제3항): ① 군사무소 소재지의 면, ② 읍이 없는 도농복합형태의 시에서 그 시에 있는 면 중 1개면.

리의 구역은 자연 촌락을 기준으로 하되, 그 명칭과 구역은 종전과 같이하고, 명칭과 구역을 변경하거나 리를 폐지하거나 설치하거나 나누거나 합칠 때에는 그 지방자치단체의 조례로 정한다(법 제7조 제2항).

Ⅴ. 기초자치단체와 광역자치단체의 관계

기초자치단체(基礎自治團體)와 광역자치단체(廣域自治團體)는 법적으로는 대등한 지위를 갖는다. 광역자치단체는 기초자치단체의 상급기관은 아니며 광역자치단체의 지위에서 기초자치단체를 지휘감독하는 권한을 갖지 않는다.

그러나, 현행 지방자치법은 다음과 같은 제도를 규정함으로써 광역자치단체가 사실상 부분적으로 기초자치단체의 상급기관의 지위를 갖는 결과를 가져오고 있다.

① 지방자치법은 광역자치단체의 장을 기초자치단체의 감독기관으로 규정하고 있다. 이 경우 광역자치단체의 장은 국가기관의 지위에서 기초자치단체를 감독하는 것이지만 이를 통하여 광역자치단체의 장이 기초자치단체의 상급기관인 것으로 잘못 인식될 수 있다.

② 지방자치법은 광역자치단체의 조례와 규칙은 기초자치단체의 조례와 규칙보다 우월한 효력을 갖는 것으로 규정하고 있다. 이 규정이 두어진 것은 국가법질서의 통일성을 보장하기 위한 것인데, 그 결과 광역자치단체의 조례와 규칙을 통하여 기초자치단체를 통제할 수 있는 여지가 있다.

③ 지방자치법은 광역자치단체의 장의 업무를 기초자치단체의 장에게 기관위임할 수 있는 것으로 규정하고 있다(법 제107조 제2항). 기초자치단체의 장이 광역자치단체의 사무를 기관위임받아 처리하는 경우에는 광역자치단체의 장의 일반적 지휘감독을 받는다(법 제185조 제2항).

④ 지방자치법상 광역자치단체의 장은 기초자치단체 상호간 또는 기초자치단체의 장 상호간의 분쟁을 조정하는 권한을 가진다(법 제165조, 제166조).

Ⅵ. 지방자치단체 상호간의 협력 및 분쟁해결

1. 지방자치단체 상호간의 협력

지방자치단체는 다른 지방자치단체로부터 사무의 공동처리에 관한 요청이나 사무처리에 관한 협의·조정·승인 또는 지원의 요청을 받으면 법령의 범위에서 협력하여야 한다(제164조 제1항).

(1) 사무의 위탁

지방자치단체나 그 장은 소관사무의 일부를 다른 지방자치단체나 그 장에게 위탁하여 처리하게 할 수 있다(제168조 제1항).

사무가 위탁된 경우 위탁된 사무의 관리와 처리에 관한 조례나 규칙은 규약에 다르게 정하여진 경우 외에는 사무를 위탁받은 지방자치단체에 대하여도 적용한다(제5항).

(2) 행정협의회

지방자치단체는 2개 이상의 지방자치단체에 관련된 사무의 일부를 공동으로 처리하기 위하여 관계지방자치단체간의 행정협의회(이하 '협의회'라 한다)를 구성할 수 있다(제169조).

협의회를 구성한 관계 지방자치단체는 협의회가 결정한 사항이 있으면 그 결정에 따라 사무를 처리하여야 한다(제174조 제1항).

협의회가 관계지방자치단체나 그 장의 명의로 한 사무의 처리는 관계지방자치단체나 그 장이 한 것으로 본다(제3항).

(3) 지방자치단체조합

2개 이상의 지방자치단체가 하나 또는 둘 이상의 사무를 공동으로 처리할 필요가 있을 때에는 규약을 정하여 그 지방의회의 의결을 거쳐 시·도는 행정안전부장관의, 시·군 및 자치구는 시·도지사의 승인을 받아 지방자치단체조합을 설립할 수 있다. 다만, 조합의 구성원인 시·군 및 자치구가 2개 이상의 시·도에 걸쳐 있는 지방자치단체조합은 행정안전부장관의 승인을 받아야 한다(제176조 제1항).

조합은 법인으로 한다(제2항).

(4) 지방자치단체의 장 등의 협의체

지방자치단체의 장이나 지방의회의 의장은 상호간의 교류와 협력을 증진하고, 공동의 문제를 협의하기 위하여 다음의 구분에 따라 각각 전국적 협의체를 설립할 수 있다: ① 시·도지사, ② 시·도의회의 의장, ③ 시장·군수·자치구의 구청장, ④ 시·군·자치구의회의 의장(제182조 제1항) 제1항 각 호의 전국적 협의체는 그들 모두 참가하는 지방자치단체 연합체를 설립할 수 있다(제2항).

2. 지방자치단체 상호간의 분쟁조정

(1) 행정안전부장관 또는 시·도지사의 분쟁조정

지방자치단체 상호간 또는 지방자치단체의 장 상호 간에 사무를 처리할 때 의견이 달라 다툼(이하 '분쟁'이라 한다)이 생기면 다른 법률에 특별한 규정이 없으면 행정안전부장관이나 시·도지사가 당사자의 신청을 받아 조정할 수 있다. 다만, 그 분쟁이 공익을 현저히 해쳐 조속한 조정이 필요하다고 인정되면 당사자의 신청이 없어도 직권으로 조정할 수 있다(제165조 제1항).

[판례] [1] 지방자치법 제148조 제1항, 제3항, 제4항의 내용 및 체계에다가 지방자치법이 분쟁조정절차를 둔 입법 취지가 지방자치단체 상호 간이나 지방자치단체의 장 상호 간 사무처리 과정에서 분쟁이 발생하는 경우 당사자의 신청 또는 직권으로 구속력 있는 조정절차를 진행하여 이를 해결하고자 하는 데 있는 점, 분쟁조정 대상에서 자치사무를 배제하고 있지 않은 점 등을 종합하면, 지방자치단체의 자치사무라도 당해 지방자치단체에 내부적인 효과만을 발생시키는 것이 아니라 그 사무로 인하여 다른 지방자치단체나 그 주민의 보호할 만한 가치가 있는 이익을 침해하는 경우에는 지방자치법 제148조에서 정한 분쟁조정 대상 사무가 될 수

있다. [2] 영주시가 2012. 3. 15. 지방자치법 제4조의2 제1항 단서에 따라 영주시 '단산면'의 명칭을 '소백산면'으로 바꾸는 내용으로 '영주시 읍·면·동 명칭과 구역에 관한 조례'를 개정·공포한 것에 대해 영주시가 그 관할구역 안의 면의 명칭을 변경하는 것이 자치사무라고 하더라도, '단산면'의 명칭을 '소백산면'으로 변경하는 것은 지방자치법 제148조에서 정한 분쟁조정 대상 사무에 해당하고, '단양군수가 영주시에서 단산면을 소백산면으로 사용하지 않도록 조정하여 줄 것을 요구한 분쟁조정신청을 인용한다'고 한 분쟁조정결정의 내용 또한 위법하다고 볼 수 없다고 한 사례. [3] 영주시에서 명칭변경 시행을 중단하고 관계기관에 명칭변경 시행중단을 통보하여 사실상 '소백산면'의 명칭을 사용하지 않고 있음에도 지방자치단체의 장인 영주시장에 대하여 위 조례를 개정하도록 한 2012. 6. 26.자 직무이행명령이 적법하다고 한 사례(대판 2016. 7. 22. 2012추121).

행정안전부장관이나 시·도지사가 제1항의 분쟁을 조정하려는 경우에는 관계 중앙행정기관의 장과의 협의를 거쳐 제166조에 따른 지방자치단체중앙분쟁조정위원회나 지방자치단체지방분쟁조정위원회의 의결에 따라 조정을 결정하여야 한다(제3항).

행정안전부장관이나 시·도지사는 제3항에 따라 조정을 결정하면 서면으로 지체 없이 관계 지방자치단체의 장에게 통보하여야 하며, **통보를 받은 지방자치단체의 장은 그 조정 결정 사항을 이행하여야 한다**(제4항).

제3항에 따른 조정 결정 사항 중 예산이 필요한 사항에 대해서는 관계 지방자치단체는 필요한 예산을 우선적으로 편성하여야 한다. 이 경우 연차적으로 추진하여야 할 사항은 연도별 추진계획을 행정안전부장관이나 시·도지사에게 보고하여야 한다(제5항).

행정안전부장관이나 시·도지사는 제3항의 조정 결정에 따른 시설의 설치 또는 서비스의 제공으로 이익을 받거나 그 원인을 일으켰다고 인정되는 지방자치단체에 대해서는 그 시설비나 운영비 등의 전부나 일부를 행정안전부장관이 정하는 기준에 따라 부담하게 할 수 있다(제6항).

행정안전부장관이나 시·도지사는 제4항부터 제6항까지의 규정에 따른 조정 결정 사항이 성실히 이행되지 아니하면 그 지방자치단체에 대하여 제189조(직무이행명령)를 준용하여 이행하게 할 수 있다(제7항).

[판례] 지방자치법 제148조 제7항, 제170조 제1항에 의하면, 지방자치법 제148조에서 정한 분쟁조정 대상 사무가 될 수 있는 자치사무에 관하여 분쟁조정결정이 있었음에도 조정결정사항을 성실히 이행하지 않은 지방자치단체에 대하여는 제148조 제7항에 따라 제170조를 준용하여 지방자치단체를 대표하는 지방자치단체의 장에 대하여 조정결정사항의 이행을 위하여 직무이행명령을 할 수 있다(대판 2016. 7. 22. 2012추121).

행정안전부장관 등의 분쟁조정결정은 그 상대방이나 내용 등에 비추어 행정소송법상 항고소송의 대상이 되는 처분에 해당한다고 보기 어려우므로, 통상의 항고소송의 대상이 되지 않는다(대판 2015. 9. 24. 2014추613[충남 남포지구 부사공구 매립지 귀속 지방자치단체 결정 취소]).

[판례] [1] **지방자치법상 분쟁조정결정은 지방자치법 제170조 제3항에 따른 대법원 직접 제소사항에 해당하거나 통상의 항고소송의 대상이 되지 않는다**: 지방자치법 제148조는 제4항에서 분쟁조정결정의 통보를 받은 지방자치단체장은 조정결정사항을 이행하여야 한다고 규정하고, 제7항에서 행정자치부장관 등은 조정결정

사항이 성실히 이행되지 아니하면 국가위임사무 등의 직무이행명령에 관한 지방자치법 제170조를 준용하여 해당 지방자치단체의 장으로 하여금 이를 이행하게 할 수 있도록 규정하고 있다. 한편, 지방자치법은 제170조 제3항에서 이행명령에 이의가 있는 지방자치단체의 장은 이행명령서를 접수한 날부터 15일 이내에 대법원에 소를 제기할 수 있다고 규정하고 있으나, 분쟁조정결정에 대한 불복방법은 별도로 규정하고 있지 아니하다. 이러한 지방자치법 규정의 내용과 체계, 분쟁조정결정의 법적 성격 및 분쟁조정결정과 이행명령 사이의 관계 등에 비추어 보면, 행정자치부장관 등의 분쟁조정결정에 대하여는 그 후속의 이행명령을 기다려 대법원에 이행명령을 다투는 소를 제기한 후 그 사건에서 이행의무의 존부와 관련하여 분쟁조정결정의 위법까지 함께 다투는 것이 가능할 뿐, 별도로 분쟁조정결정 자체의 취소를 구하는 소송을 대법원에 제기하는 것은 지방자치법상 허용되지 아니한다고 보아야 한다. 나아가 분쟁조정결정은 그 상대방이나 내용 등에 비추어 행정소송법상 항고소송의 대상이 되는 처분에 해당한다고 보기 어려우므로, 통상의 항고소송을 통한 불복의 여지도 없다. [2] 원고가 피고(행정자치부장관)의 분쟁조정결정의 취소를 구한 데 대하여, 분쟁조정결정에 대하여는 그 후속의 이행명령을 기다려 그 이행명령을 다투는 소를 대법원에 제기하는 것이 가능할 뿐, 분쟁조정결정 자체의 취소를 구하는 소를 대법원에 제기하거나 통상의 항고소송을 통한 불복의 여지가 없음을 전제로, 이 사건 분쟁조정결정 취소청구 부분의 소를 부적법 각하한 사안(대판 2015. 9. 24, 2014추613[충남 남포지구 부사공구 매립지 귀속 지방자치단체 결정 취소]).

(2) 권한쟁의심판

지방자치단체 상호간에 권한의 존부 또는 범위에 관하여 다툼이 있을 때에는 당해 지방자치단체는 헌법재판소에 권한쟁의심판을 청구할 수 있다(헌법재판소법 제61조 제1항). 제1항의 심판청구는 피청구인의 처분 또는 부작위가 헌법 또는 법률에 의하여 부여받은 청구인의 권한을 침해하였거나 침해할 현저한 위험이 있는 때에 한하여 이를 할 수 있다(제2항).

지방자치단체 상호간의 권한쟁의심판의 종류는 다음과 같다: ① 특별시·광역시 또는 도 상호간의 권한쟁의심판, ② 시·군 또는 자치구 상호간의 권한쟁의심판, ③ 특별시·광역시 또는 도와 시·군 또는 자치구간의 권한쟁의심판(동법 제62조 제1항 3호).

권한쟁의가 지방교육자치에 관한 법률 제2조의 규정에 의한 교육·학예에 관한 지방자치단체의 사무에 관한 것인 때에는 교육감이 제1항 제3호의 당사자가 된다(제62조 제2항).

[판례] 경기도가 2020. 6. 4. 남양주시를 경기도형 재난기본소득(지급일로부터 3개월이 지나면 소멸하는 지역화폐) 사업에 동참하는 시·군을 대상으로 한 특별조정교부금 배분에서 제외한 행위가 헌법 및 지방자치법에 의하여 부여된 남양주시의 지방자치권(지방재정권)을 침해하지 않는다는 사례(헌재 2022. 12. 22. 2020헌라3)

제 4 절 지방자치단체의 구역

I. 의 의

지방자치단체의 구역(區域)이라 함은 지방자치단체의 권한이 미치는 공간적 범위를 말한다. 지방자치단체의 구역은 지방자치단체의 구성요소이다. 지방자치단체는 구역을 갖고 있는 점에서 구역을 갖지 않는 다른 공공단체와 구별된다.

그 구역에 주소를 가지는 자가 주민이 되고 그 구역 내에서 지방자치단체의 권한이 미친다.

Ⅱ. 구역의 획정

지방자치단체의 구역은 그 획정이 어려우므로 종전의 구역을 그대로 받아 들이는 것으로 하였다(법 제5조 제1항). 종전의 구역이란 원칙상 1948. 8. 15 당시 관습법상 정해진 구역을 말한다.

[판례] [1] 기선권현망어업의 조업구역의 경계가 되는 '경상남도와 전라남도의 도 경계선'은 지방자치법 제4조 제1항에 따라 결정되는 경상남도와 전라남도의 관할구역의 경계선을 의미한다고 보아야 한다. [2] 지방자치법 제4조 제1항은 지방자치단체의 관할구역 경계를 결정함에 있어서 '종전'에 의하도록 하고 있고, 지방자치법 제4조 제1항 등의 개정연혁에 비추어 보면 그 '종전'이라는 기준은 최초로 제정된 법률조항까지 순차 거슬러 올라가게 되므로, 1948. 8. 15. 당시 존재하던 관할구역의 경계가 원천적인 기준이 된다고 할 수 있으며, 공유수면에 대한 지방자치단체의 관할구역 경계 역시 위와 같은 기준에 따라 1948. 8. 15. 당시 존재하던 경계가 먼저 확인되어야 할 것인데, 이는 결국 당시 해상경계선의 존재와 형태를 확인하는 사실인정의 문제라고 할 수 있다(헌법재판소 2011. 9. 29. 선고 2009헌라5 전원재판부 결정 등 참조). [3] 피고인들이 허가된 조업구역의 서쪽 경계인 '경상남도와 전라남도의 도 경계선'을 넘어가 전라남도 해역에서 멸치를 포획하다가 수산업법위반으로 기소된 사건에서, 국토지리정보원이 발행한 국가기본도(지형도) 중 1948. 8. 15.에 가장 근접한 1973년 지형도상의 해상경계선이 이 사건 허가 조업구역의 경계선인 '경상남도와 전라남도의 도 경계선(해상경계선)'이 되고 피고인들은 직접 또는 그 사용인이 모두 위 해상경계선을 넘어가 조업을 하였으므로 이 사건 공소사실은 모두 유죄라고 한 원심의 판단을 수긍한 사례(대판 2015. 6. 11, 2013도14334). 〈해설〉 이러한 국가기본도(지형도)상의 해상경계선의 구속력을 인정하는 대법원의 견해는 헌법재판소의 새로운 견해와 배치된다.

지방자치단체의 구역은 육지와 그 지하 및 상공을 포함한다. 해면도 포함하는가에 관하여는 견해가 대립되고 있는데, 판례는 이를 긍정하고 있다.

[판례] 지방자치단체의 구역은 주민·자치권과 함께 자치단체의 구성요소이며, 자치권이 미치는 관할 구역의 범위에는 육지는 물론 바다도 포함되므로, 공유수면에 대한 지방자치단체의 자치권한이 존재한다(헌재 2004. 9. 23, 2000헌라2[당진군과 평택시간의 권항쟁의]).

권한쟁의심판에서 지방자치단체 사이의 해상경계는 **① 성문법상 해상경계 확인, ② 불문법상 해상경계 확인, ③ 형평의 원칙상 해상경계 획정의 순서로 결정된다**(헌재 2015. 7. 30, 2010헌라2; 2019. 4. 11, 2016헌라8, 2018헌라2(병합) 참조).

[판례 1] [1] **공유수면에 대한 지방자치단체의 관할구역 경계획정 원리:** 공유수면에 대한 지방자치단체의 관할구역 경계획정은 명시적인 법령상의 규정이 존재한다면 그에 따르고, 명시적인 법령상의 규정이 존재하지 않는다면 불문법상 해상경계에 따라야 한다. 불문법상 해상경계마저 존재하지 않는다면, 주민·구역·자치권을 구성요소로 하는 지방자치단체의 본질에 비추어 지방자치단체의 관할구역에 경계가 없는 부분이 있다는 것은 상정할 수 없으므로, 권한쟁의심판권을 가지고 있는 헌법재판소가 형평의 원칙에 따라 합리적이고 공평하게 해상경계선을 획정하여야 한다. [2] **불문법상 해상경계의 성립 기준:** 지방자치단체 사이의 불문법상 해상경계가 성립하기 위해서는 관계 지방자치단체·주민들 사이에 해상경계에 관한 일정한 관행이 존재하고, 그 해상경계에 관한 관행이 장기간 반복되어야 하며, 그 해상경계에 관한 관행을 법규범이라고 인식하는 관

계 지방자치단체·주민들의 법적 확신이 있어야 한다. [3] 국가기본도에 표시된 해상경계선은 그 자체로 불문법상 해상경계선으로 인정되는 것은 아니나, 관할 행정청이 국가기본도에 표시된 해상경계선을 기준으로 하여 과거부터 현재에 이르기까지 반복적으로 처분을 내리고, 지방자치단체가 허가, 면허 및 단속 등의 업무를 지속적으로 수행하여 왔다면 국가기본도상의 해상경계선은 여전히 지방자치단체 관할 경계에 관하여 불문법으로서 그 기준이 될 수 있다. [4] **불문법상 해상경계의 성립을 인정한 사례**: 쟁송해역에 대하여 1948. 8. 15. 당시 존재하던 불문법상 해상경계를 확인할 수 있는 주요한 근거가 되는 조선총독부 육지측량부 간행의 1918년 지형도에 표시된 경계선은 국립지리원 발행의 1956년 국가기본도를 거쳐 1973년 국가기본도에 이르기까지 대체로 일관되게 표시되어 있고, 피청구인들은 1973년 국가기본도상 해상경계선을 기준으로 관할권한을 행사하여 왔으며, 해양수산부장관 역시 피청구인들의 관할권한 행사를 승인하여 왔다. 또한 수산업법 위반행위에 대한 단속 역시 1973년 국가기본도상 해상경계선을 기준으로 이루어졌음이 인정되는바, 이 사건 쟁송해역이 피청구인들의 관할구역에 속한다는 점을 전제로 장기간 반복된 관행이 존재하는 것으로 보이고, 그에 대한 각 지방자치단체와 주민들의 법적 확신이 존재한다는 점 역시 인정된다. 이상의 사정들을 종합하여 보면 쟁송해역에 대한 관할권한이 청구인들에게 귀속된다고 볼 수 없고, 따라서 피청구인들이 이 사건 쟁송해역에서 행사할 장래처분으로 인하여 헌법상 및 법률상 부여받은 청구인들의 자치권한이 침해될 현저한 위험성이 존재한다고 볼 수 없다(헌재 2021.2.25, 2015헌라7). 〈해설〉 이 사건은 헌법재판소가 2010헌라2 결정에서 공유수면에서의 해상경계 획정기준에 관한 새로운 법리를 설시한 이후, 등거리 중간선 등 형평의 원칙에 따라 해상경계선을 획정하지 아니하고 불문법상 해상경계를 확인한 최초의 결정이다.

[판례 2] [1] 종래 선례는 도서 등의 소속을 명시하기 위한 표시에 불과한 국가기본도상 해상경계선을 공유수면에 대한 불문법상 해상경계선으로 보아왔지만, 본 결정에서는 국가기본도상 해상경계선에 대하여 규범적 효력을 더 이상 인정하지 않기로 하는바, 이 사건에서 달리 해상경계선에 관한 불문법이 성립되어 있다고 볼 사정이 보이지 않는다. 그렇다면, 이 사건에서는 양 지방자치단체의 이익을 동등하게 다루고자 하는 규범적 관념에 기초한 등거리 중간선 원칙, 안면도와 황도, 죽도와 같이 이 사건 공유수면에 위치한 도서들의 존재, 서산군에 편제되어 있던 죽도리가 홍성군 소속으로 변경되는 것을 내용으로 하는 관련 행정구역의 관할 변경, 행정권한의 행사 연혁이나 사무 처리의 실상, 죽도와 이 사건 쟁송해역이 지리적으로나 생활적으로 긴밀히 연계되어 있는 상황 등을 고려하여 형평의 원칙에 따라서 해상경계선을 획정해야 한다. [2] 이 사건에서 문제되는 어업면허사무는 자치사무이므로, 만약 태안군수의 어업면허처분 중 청구인의 관할구역에 대하여 이루어진 부분이 있다면 이로 인해 청구인의 권한이 침해될 가능성이 있다. 따라서 이 사건 심판청구는 청구인의 권한에 속하는 사무에 관한 권한쟁의심판청구로서 적법하다. [3] 천수만 내에 있는 일부 해역(이하 '이 사건 쟁송해역')에 대하여 홍성군이 태안군을 상대로 자치권한이 침해되었음을 이유로 관할권한의 확인 및 어업면허처분의 무효 확인을 구한 권한쟁의 심판사건에서 지방자치단체의 해상경계에 관한 명시적인 법의 관할이 종래 서산군에서 홍성군으로 변경된 점 등을 고려하여 이 사건 공유수면의 해상경계선을 획정하고 어업면허처분 중 청구인의 관할구역에 대해서 이루어진 부분이 청구인의 지방자치권을 침해한 것이므로 무효임을 확인하는 결정을 선고한 사례(헌재 2015. 7. 30, 2010헌라2[해상경계획정 사건]).

Ⅲ. 경계에 관한 분쟁

지방자치단체의 경계에 관한 분쟁의 해결에 관하여 명문의 규정이 존재하지 않는데, 구역의 경계가 불명확한 경우에는 우선 관계 지방자치단체, 상급지방자치단체 및 행정안전부 사이의 협의에 의해 그 구역이 정해져야 한다.

구역의 경계에 관한 협의가 이루어지지 않는 경우에는 경계에 관한 분쟁도 지방자치단체 상호간의 분쟁의 하나이므로 지방자치법 제165조에 따라 시·도가 분쟁당사자가 되는 경우에는 행정안전부장관이, 시·군 및 자치구가 분쟁당사자가 되는 경우에는 시·도지사가 당사자의 신청에 의하여 이를 조정한다.

그리고, 경계에 관한 분쟁은 일종의 지방자치단체 상호간의 권한쟁의라고 할 수도 있으므로 조정에 의해 경계에 관한 분쟁이 해결되지 못하는 경우에 권한쟁의심판이 제기될 수 있다.

Ⅳ. 구역의 변경, 폐치·분합 및 경계변경

1. 결정권자 및 결정형식

지방자치단체의 명칭과 구역을 바꾸거나 지방자치단체를 폐지하거나 설치하거나 나누거나 합칠 때에는 법률로 정한다(법 제5조 제1항). 제1항에도 불구하고 지방자치단체의 구역변경 중 관할구역 **경계변경**과 지방자치단체의 한자 명칭의 변경은 **대통령령**으로 정한다. 이 경우 경계변경의 절차는 제6조에서 정한 절차에 따른다(법 제5조 제2항).

지방자치단체의 구역을 변경할 때 "법률로 정한다"는 것이 법률로 정하는 바에 의한다는 것인지 아니면 법률 자체로 그 변경을 결정한다는 것인지 명확하지 않으나 후자 즉, 법률 자체로 결정한다는 의미로 해석하는 것이 타당하다.

지방자치단체를 폐지하거나 설치하거나 나누거나 합칠 때 또는 그 명칭(한자 명칭 변경 포함)이나 구역을 변경(경계변경 제외)할 때에는 관계 지방의회의 의견을 들어야 한다. 다만, 주민투표법 제8조에 따라 주민투표를 한 경우에는 그러하지 아니하다(제5조 제3항).

매립지와 지적공부에 등록이 누락되어 있는 토지가 속할 지방자치단체는 후술하는 바와 같이 제5항부터 제8항까지의 규정에 따라 **행정안전부장관**이 결정한다(제5조 제4항).

[판례] [1] 2009. 개정 전 구 지방자치법 하에서 공유수면 매립지의 경계 획정이 문제된 경우 종래에는 헌법재판소가 위 '종전'이 무엇인지 살펴본 후 공유수면 해상경계선을 기준으로 매립지가 속할 지방자치단체를 결정하여 왔다. 그러나 2009년 개정 지방자치법에서는 제4조 제3항을 신설하여 공유수면 매립지가 속할 지방자치단체를 행정안전부장관이 결정하도록 하고, 이러한 결정을 위한 신청을 의무로 규정하며, 개정 지방자치법 시행 전에 이미 준공검사를 받은 매립지라 하더라도 법 시행 후에 지적공부에 등록하려면 그 전에 행정안전부장관에의 신청 및 결정 절차를 반드시 거치도록 하였다. [2] 신생 매립지는 개정 지방자치법 제4조 제3항에 따라 같은 조 제1항이 처음부터 배제되어 종전의 관할구역과의 연관성이 단절되고, 행정안전부장관의 결정이 확정됨으로써 비로소 관할 지방자치단체가 정해지며, 그 전까지 해당 매립지는 어느 지방자치단체에도 속하지 않는다 할 것이다. 그렇다면 이 사건 매립지의 매립 전 공유수면에 대한 관할권을 가졌을 뿐인 청구인들이, 그 후 새로이 형성된 이 사건 매립지에 대해서까지 어떠한 권한을 보유하고 있다고 볼 수 없으므로, 이 사건에서 청구인들의 자치권한이 침해되거나 침해될 현저한 위험이 있다고 보기는 어렵다. [3] 충남과 당진시가 행정안전부장관과 평택시 등을 상대로 낸 권한쟁의심판에서 각하한 사례(헌재 2020. 7. 16, 2015헌라3).

2. 법적 효과

지방자치단체의 구역을 변경하거나 지방자치단체를 폐지하거나 설치하거나 나누거나 합칠 때에는 새로 그 지역을 관할하게 된 지방자치단체가 그 사무와 재산을 승계한다(제8조 제1항). 이 경우에 지역에 의하여 지방자치단체의 사무와 재산을 구분하기 곤란하면 시·도에서는 행정안전부장관이, 시·군 및 자치구에서는 시·도지사가 그 사무와 재산의 한계 및 승계할 지방자치단체를 지정한다(제2항).

[판례 1] 지방자치단체의 구역변경이나 폐치·분합에 따라 새로 그 지역을 관할하게 된 지방자치단체가 승계하게 되는 '재산'이라 함은 현금 외의 모든 재산적 가치가 있는 물건 및 권리만을 의미하고, 채무는 이에 포함되지 않는다(대판 2008. 2. 1, 2007다8914).
[판례 2] 종전의 두 지방자치단체가 완전히 폐지되고 그 지방자치단체들이 관할하는 전 구역을 그 관할구역으로 하여 새로운 지방자치단체가 설치되는 흡수합병 내지 합체의 경우에는, 그 채무를 부담할 주체인 기존의 지방자치단체는 소멸되었으므로 그 기존의 지방자치단체가 부담하고 있던 채무는 새로운 지방자치단체가 이를 승계한다(대판 1995. 12. 8, 95다36053).

3. 주민의 헌법소원

지방자치단체의 폐치·분합에 관한 것은 지방자치단체의 자치행정권 중 지역고권의 보장문제이나, 기본권과도 관련이 있어 주민은 헌법소원을 제기할 수 있다(헌재 1994. 12. 29, 94헌마201[경기도 남양주시 등 33개 도농복합형태의 시설치 등에 관한 법률 제4조 위헌확인]).

4. 지방자치단체의 폐치·분합과 지방자치단체의 장의 직무대행자의 지정

지방자치단체를 폐지하거나 설치하거나 나누거나 합쳐 새로 지방자치단체의 장을 선출하여야 하는 경우에는 그 지방자치단체의 장이 선출될 때까지 시·도지사는 행정안전부장관이, 시장·군수 및 자치구의 구청장은 시·도지사가 각각 그 직무를 대행할 사람을 지정하여야 한다. 다만, 둘 이상의 동격의 지방자치단체를 통·폐합하여 새로운 지방자치단체를 설치하는 경우에는 종전의 지방자치단체의 장 중에서 해당 지방자치단체의 장의 직무를 대행할 사람을 지정한다(제110조).

V. 공유수면매립지 등의 구역결정

1. 공유수면매립지의 구역결정기준

공유수면매립 후 형성된 육지에 대한 지방자치단체의 구역을 어떻게 결정할 것인지에 관하여 다음과 같이 견해가 대립하고 있다.

(1) 바다에 대한 지방자치단체의 구역에 따라 매립 후의 육지에 대한 구역을 결정하는 것이 타당하다는 견해(제1설)

이 견해는 바다에 지방자치단체의 구역이 설정되어 있는 경우에는 바다의 구역에 따라 공유수면매립지의 관할 구역을 결정하고, 바다의 구역설정이 명확하지 않은 경우 바다의 구역획정기준에 따라 바다의 구역을 결정하고 그 바다의 구역에 따라 공유수면매립지의 관할구역을 정하는 것이 타당하다고 한다. 과거 헌법재판소가 취한 견해이다(헌재 2006. 8. 31, 2003헌라1: 해상경계선에 따라야 한다고 한 사례).

이 견해의 문제점은 바다와 육지의 성질상 차이에 따라 바다의 구역결정기준과 육지의 구역결정기준은 다를 수밖에 없는데, 바다의 구역결정기준에 의해 새롭게 형성된 육지의 구역을 결정하는 것은 타당하지 않다는 점이다.

(2) 육지의 구역결정기준에 따라 새롭게 구역을 결정하여야 한다는 견해(제2설)

이 견해는 매립된 토지는 전혀 새롭게 형성된 토지이므로 주민의 편의 및 행정의 효율성을 가장 중요한 구역결정기준으로 하여 육지의 구역결정기준에 따라 그 구역을 새롭게 결정하는 것이 타당하다는 것에 근거한다.

이 견해에 대하여는 바다의 구역을 전혀 무시하고 바다를 매립하여 조성된 매립지의 구역을 정하는 것은 지방자치단체의 영토고권을 침해하는 것이라는 비판이 제기된다.

(3) 절 충 설

이 견해는 바다의 구역과 함께 육지인 행정구역의 일반적 설정기준을 고려하여 공유수면매립지가 속한 지방자치단체의 구역을 판단하여야 한다는 견해이다. 왜냐하면 바다를 매립하여 조성된 토지는 바다의 구역을 소멸시키면서 그 위에 조성된 것이며 다른 한편으로 조성된 매립지는 이제 바다는 아니며 육지이므로 기존의 육지와의 연결 등이 중요한 요소라고 보아야 하기 때문이다.

(4) 판 례

대법원 판례는 기본적으로 절충설을 취한 것으로 보인다. 즉, 종래 매립지 등 관할 결정의 준칙으로 적용되어 온 지형도상 해상경계선 기준이 가지던 관습법적 효력은 2009. 4. 1. 지방자치법의 개정에 의하여 변경 내지 제한되었다고 보고, 여러 가지 공익과 사익 및 관련 지방자치단체의 이익을 종합적으로 고려하여 매립지가 속할 지방자치단체를 결정해야 한다고 본다.

[판례 1] 「공간정보의 구축 및 관리 등에 관한 법률」(이하 '공간정보관리법'이라고 한다) 제67조, 같은 법 시행령 제58조 제17호, 제18호, 제19호에 의하면, 육상의 공유수면은 물권의 객체인 '토지' 위에 존재하는 수면(水面) 또는 수류(水流)로서 그 토지를 기준으로 관할 지방자치단체가 결정된다. 그러나 해상의 공유수면의 밑바닥(海底, sea bed)은 물권의 객체인 '토지'로 보지 않으므로 여기에 매립공사를 시행하여 매립지를 조성하면 종전에 존재하지 않았던 토지가 새로 생겨난 경우에 해당하며, 새로 생겨난 토지는 종전에 어느 지방자치단체에도 속하지 않았으므로 국가가 지방자치법 제4조 제1항 본문에 의하여 법률의 형식으로 또는 지방자치법 제4조 제3항에 의하여 행정안전부장관의 결정의 형식으로 관할 지방자치단체를 정하여야 하며, 그 전까지는 어느 지방자치단체에도 속하지 않는다. 따라서 '해상 공유수면'과 그 '매립지'는 법적 성질을 전혀 달리하는 것이며, 공유수면의 이용과 매립지의 이용은 그 방법과 내용을 달리하므로, 공유수면의 해상경계기준을 매립지의 관할 귀속 결정에까지 그대로 적용할 수는 없다(헌재 2020. 7. 16, 2015헌라3 등 참조).

[판례 2] [1] **하나의 계획으로 전체적인 매립사업계획이 수립되고 그 구도하에서 사업내용이나 지구별로 단계적, 순차적으로 진행되는 매립 사업에서 매립이 완료된 일부 지역에 대한 관할귀속 결정을 먼저 하는 경우 고려해야 할 사항:** 하나의 계획으로 전체적인 매립사업계획이 수립되고 그 구도하에서 사업내용이나 지구별로 단계적, 순차적으로 진행되는 매립 사업에서 매립이 완료된 부분에 대한 행정적 지원의 필요 등 때문에 전체 매

립 대상 지역이 아니라 매립이 완료된 일부 지역에 대한 관할귀속 결정을 먼저 할 수밖에 없는 경우에도 그 부분의 관할 결정은 나머지 매립 예정 지역의 관할 결정에도 상당한 영향을 미칠 수 있다. 따라서 일부 구역에 대해서만 관할 결정을 할 경우에도 당해 매립사업의 총체적 추진계획, 매립지의 구역별 토지이용계획 및 용도, 항만의 조성과 이용계획 등을 종합적으로 고려하여 매립 예정 지역의 전체적인 관할 구도의 틀을 감안한 관할 결정이 이루어지도록 하는 것이 합리적이다. … 이와 같은 제반 사정에 비추어 매립 대상 지역 중 완공이 된 일부 지역에 대하여 관할 결정을 할 경우에도 전체 매립 대상 지역의 관할 구분 구도에 어긋나지 아니하는 관할 결정이 이루어져야 한다. 〈해설〉 매립이 완료된 일부 지역에 대한 관할귀속 결정은 부분허가에 준하는 '부분결정'의 성질을 갖는다고 볼 수 있다. [2] **종래 매립지 등 관할 결정의 준칙으로 적용되어 온 지형도상 해상경계선 기준이 가지던 관습법적 효력이 2009. 4. 1. 개정된 지방자치법에 의하여 변경 내지 제한되는지 여부(적극) 및 행정자치부장관이 매립지가 속할 지방자치단체를 정할 때에 가지는 재량권의 한계**: 지방자치법 제4조 제3항, 제5항, 제6항, 제7항, 제8항, 제9항 등 관계 법령의 내용, 형식, 취지 및 개정 경과 등에 비추어 보면, 2009. 4. 1. 법률 제9577호로 지방자치법이 개정되기 전까지 종래 매립지 등 관할 결정의 준칙으로 적용되어 온 지형도상 해상경계선 기준이 가지던 관습법적 효력은 위 지방자치법의 개정에 의하여 변경 내지 제한되었다고 보는 것이 타당하고, 행정자치부장관은 매립지가 속할 지방자치단체를 정할 때에 상당한(폭넓은) 형성의 자유를 가지게 되었다. 다만 그 관할 결정은 계획재량적 성격을 지니는 점에 비추어 위와 같은 형성의 자유는 무제한의 재량이 허용되는 것이 아니라 여러 가지 공익과 사익 및 관련 지방자치단체의 이익을 종합적으로 고려하여 비교·교량해야 하는 제한이 있다. 따라서 행정자치부장관이 위와 같은 이익형량을 전혀 행하지 않거나 이익형량의 고려 대상에 마땅히 포함시켜야 할 사항을 누락한 경우 또는 이익형량을 하였으나 정당성·객관성이 결여된 경우에는 그 매립지가 속할 지방자치단체 결정은 재량권을 일탈·남용한 것으로서 위법하다고 보아야 한다. 〈해설〉 과거 구 지방자치법하에서 헌법재판소는 제1설을 취하였다(헌재 2004. 9. 23, 2000헌라2). [3] **매립지가 속할 지방자치단체를 결정할 때 고려해야 할 관련 이익의 범위**: 매립지가 속할 지방자치단체를 정할 때 고려해야 할 관련 이익의 범위 등은 2009. 4. 1. 법률 제9577호 지방자치법 개정의 취지 등에 비추어 일반적으로 다음과 같은 사항이 포함되어야 한다. ① 매립지 내 각 지역의 세부 토지이용계획 및 인접 지역과의 유기적 이용관계 등을 고려하여 관할구역을 결정함으로써 효율적인 신규 토지의 이용이 가능하도록 해야 한다. ② 공유수면이 매립에 의하여 육지화된 이상 더는 해상경계선만을 기준으로 관할 결정을 할 것은 아니고, 매립지와 인근 지방자치단체 관할구역의 연결 형상, 연접관계 및 거리, 관할의 경계로 쉽게 인식될 수 있는 도로, 하천, 운하 등 자연지형 및 인공구조물의 위치 등을 고려하여 매립지가 토지로 이용되는 상황을 전제로 합리적인 관할구역 경계를 설정하여야 한다. ③ 매립지와 인근 지방자치단체의 연접관계 및 거리, 도로, 항만, 전기, 수도, 통신 등 기반시설의 설치·관리, 행정서비스의 신속한 제공, 긴급상황 시 대처능력 등 여러 요소를 고려하여 행정의 효율성이 현저히 저해되지 않아야 한다. ④ 매립지와 인근 지방자치단체의 교통관계, 외부로부터의 접근성 등을 고려하여 매립지 거주 주민들의 입장에서 어느 지방자치단체의 관할구역에 편입되는 것이 주거생활 및 생업에 편리할 것인지를 고려해야 한다. ⑤ 매립으로 인근 지방자치단체들 및 그 주민들은 그 인접 공유수면을 상실하게 되므로 이로 말미암아 잃게 되는 지방자치단체들의 해양 접근성에 대한 연혁적·현실적 이익 및 그 주민들의 생활기반 내지 경제적 이익을 감안해야 한다(대결 2013. 11. 14, 2010추73[새만금방조제일부구간귀속지방자치단체결정취소]).

헌법재판소 결정례는 이미 소멸되어 사라진 종전 공유수면의 해상경계선을 매립지의 관할경계선으로 인정해 온 헌재 2011. 9. 29, 2009헌라5 결정 등을 변경하여 "공유수면의 매립 목적, 그 사업목적의 효과적 달성, 매립지와 인근 지방자치단체의 교통관계나 외부로부터의 접근성 등 지리상의 조건, 행정권한의 행사 내용, 사무 처리의 실상, 매립 전 공유수면에 대한 행정권한의 행사 연혁이나 주민들의 사회적·경제적 편익 등을 모두 종합하여 **형평의 원칙**에 따라 합리적이고 공평하게 그 경계를 획정할 수밖에 없다."고 한다(헌재 2019. 4. 11, 2015헌라2).

[판례] 피청구인(고성군)이 행할 장래처분이 매립지 등에 대한 청구인(사천시)의 자치권한을 침해할 위험이 있다고 주장하면서 청구한 권한쟁의 심판사건에서 형평의 원칙에 비추어 쟁송매립지에 대한 관할권한이 청구인에게 귀속된다고 볼 수 없고, 따라서 피청구인이 이 사건 쟁송매립지에서 행사할 장래처분으로 인하여 헌법상 및 법률상 부여받은 청구인의 자치권한이 침해될 현저한 위험성이 존재한다고 볼 수 없다고 기각한 사례(헌재 2019. 4. 11, 2015헌라2).

(5) 결 어

종전의 구역획정을 무시할 수 없으나 바다의 구역결정기준과 육지의 구역결정기준은 달라야 하므로 이 양자의 요청을 조화시키는 절충설이 타당하다.

2. 공유수면매립지 등의 구역결정절차

2009. 4. 1. 구 지방자치법 제4조(현행 제5조) 개정 전에는 공유수면 매립지의 관할 귀속이 주로 '기초 지방자치단체들 상호 간'의 권한쟁의심판 절차를 통해 결정되었고, 그에 따른 문제점을 해소하기 위하여 2009. 4. 1. 지방자치법 제4조가 개정되어 행정안전부장관의 매립지 관할 귀속 결정 절차가 신설되었다(대판 2021. 2. 4, 2015추528). 개정된 구 지방자치법 제4조가 시행된 이후로는 공유수면 매립지의 관할 귀속 문제는 헌법재판소가 관장하는 권한쟁의심판의 대상에 속하지 않는다(헌재 2020. 7. 16, 2015헌라3). 따라서 개정된 구 지방자치법 제4조가 헌법재판소의 권한쟁의심판 권한을 침해한다고 볼 수 없다(대판 2021. 2. 4, 2015추528).

(1) 공유수면매립지 등의 관할구역 결정권자

『공유수면관리 및 매립에 관한 법률』에 따른 **매립지** 및 **지적공부에 등록이 누락되어 있는 토지**의 지역이 속할 지방자치단체는 제4항부터 제7항까지의 규정에 따라 **행정안전부장관**이 결정한다(제5조 제4항).

[판례] 해상 공유수면에 매립공사를 시행하여 조성한 매립지의 경우 새로 생겨난 토지로서 국가가 지방자치법 제4조 제1항 본문에 의하여 법률의 형식으로 또는 구 지방자치법 제4조 제3항에 의하여 행정안전부장관의 결정의 형식으로 관할 지방자치단체를 정하는 것이 필요하며, 그 전까지는 어느 지방자치단체에도 속하지 않는 것이므로 토지 신규등록을 하여 지적공부를 관리할 '지적소관청'(공간정보관리법 제2조 제18호)도 존재하지 않는다. 따라서 국가가 매립지가 속할 지방자치단체를 결정하지 않은 상태에서, 토지소유자 또는 매립면허취득자가 임의로 특정 지방자치단체의 장에게 토지 신규등록을 신청하여 지적공부 등록을 마쳤더라도 이는 권한 없는 행정청에 의한 처분으로서 당연무효라고 보아야 한다(대판 2021. 2. 4, 2015추528).

(2) 지방자치단체의 결정 신청

공유수면매립지의 경우에는 공유수면매립법 제28조에 따른 매립면허관청 또는 관련 지방자치단체의 장이 같은 법 제45조에 따른 준공검사 전에, 지적공부에 등록이 누락되어 있는 토지의 경우에는 「공간정보의 구축 및 관리 등에 관한 법률」 제2조 제18호에 따른 지적소관청(이하 '지적소관청'이라 한다)이 지적공부에 등록하기 전에 각각 해당 지역의 위치, 귀속희망 지방자치단체(복수인 경우를 포함한다) 등을 명시하여 행정안전부장관에게 그 지역이 속할 지방자치단체의 결정을 신청하여야 한다. 이 경우 제4항 제1호에 따른 매립지의 매립면허를 받은 자는 면허관청에 해당 매립지가 속할 지방자치단체의 결정 신청을 요구할 수 있다(제5조 제5항).

구 지방자치법 제4조 제4항(현행 제5조 제5항)에서 정한 신청기간을 도과하여 신청이 이루어진 경우에도 행정안전부장관의 매립지에 대한 관할 귀속 결정은 위법하지 않다(대판 2021. 2. 4, 2015추528).

어떤 매립지가 특정 기초 지방자치단체의 관할구역으로 결정되면 그와 동시에 그 기초 지방자치단체가 속한 광역 지방자치단체의 관할구역에도 포함되는 것으로 보아야 하는 점 등을 고려하면, 지방자치법 제4조 제4항에서 매립지 관할 귀속 결정의 신청권자로 규정한 '관련 지방자치단체의 장'에는 해당 매립지와 인접해 있어 그 매립지를 관할하는 지방자치단체로 결정될 가능성이 있는 '기초 및 광역 지방자치단체의 장'을 모두 포함한다(대판 2021. 2. 4, 2015추528).

[판례] [1] 해상 공유수면 매립지의 경우 구 지방자치법 제4조 제1항 본문에 의하여 법률의 형식으로 관할 지방자치단체를 정하지 않는 이상 구 지방자치법 제4조 제3항에 의하여 행정안전부장관의 관할 귀속 결정이 반드시 있어야 하므로, 구 지방자치법 제4조 제4항이 정한 대로 신청이 이루어지지 않았다고 하더라도 해당 매립지에 관하여 관할 귀속 결정을 하여야 할 행정안전부장관의 권한·의무에 어떤 영향을 미친다고 볼 수 없다. 매립면허관청이나 관련 지방자치단체의 장이 준공검사 전까지 관할 귀속 결정을 신청하지 않았다고 하더라도 그것이 행정안전부장관의 관할 귀속 결정을 취소하여야 할 위법사유는 아니라고 보아야 한다. [2] 원고들이 피고(행정안전부장관)가 지방자치법 제4조에 근거하여 평택·당진항 매립지 중 대부분을 평택시 관할로 결정한 것에 관하여 이 사건 결정의 취소를 구한 사안에서, 지방자치법 제4조 제3항이 위헌이 아니고 평택시장이 지방자치법 제4조 제4항에서 정한 신청기간을 도과하여 신청하였더라도 이 사건 결정이 위법하다고 볼 수 없으며, 신청권자에 기초 지방자치단체의 장도 포함되고, 이 사건 결정에 이를 취소하여야 할 정도의 절차적 하자가 있다고 볼 수 없으며, 위 결정에 재량권 일탈·남용의 위법이 있다고 볼 수 없다고 판단하여 청구를 기각한 사례(대판 2021. 2. 4, 2015추528).

(3) 공지 및 의견제출 등

행정안전부장관은 제5항에 따른 신청을 받은 후 지체 없이 제5항에 따른 신청내용을 20일 이상 관보나 인터넷 등의 방법으로 널리 알려야 한다. 이 경우 알리는 방법, 의견의 제출 등에 관하여는 행정절차법 제42조·제44조 및 제45조를 준용한다(제5조 제6항).

(4) 행정안전부장관의 결정 및 공고

행정안전부장관은 제6항에 따른 기간이 끝나면 제6항에 따른 기간 내에 신청내용에 대하여 이의가 제기된 경우 제166조에 따른 지방자치단체중앙분쟁조정위원회(이하 이 조에서 '위원회'라 한다)의 심의·의결에 따라 제4항 각 호의 지역이 속할 지방자치단체를 결정하고, 제6항에 따른 기간 내에 신청내용에 대하여 이의가 제기되지 아니한 경우 위원회의 심의·의결을 거치지 아니하고 신청내용에 따라 제4항 각 호의 지역이 속할 지방자치단체를 결정하고, 그 결과를 면허관청이나 지적소관청, 관계 지방자치단체의 장 등에게 통보하고 공고하여야 한다(제5조 제7항).

위원회의 위원장은 제7항 제1호에 따른 심의과정에서 필요하다고 인정되면 관계 중앙행정기관 및 지방자치단체의 공무원 또는 관련 전문가를 출석시켜 의견을 듣거나 관계 기관이나 단체에 자료 및 의견 제출 등을 요구할 수 있다. 이 경우 관계 지방자치단체의 장에게는 의견을 진술할 기회를 주어야 한다(제5조 제8항).

지방자치법 제5조 제5항, 공유수면 관리 및 매립에 관한 법률 제45조에 따르면 행정안전부장관은 매립공사가 완료된 토지에 대해서만 준공검사 전에 그 귀속 지방자치단체를 결정할 수 있고, 매립이 예정되어 있기는 하지만 매립공사가 완료되지 않은 토지에 대해서는 귀속 지방자치단체를 결정할 수 없다(대판 2013. 11. 14, 2010추73[새만금방조제일부구간귀속지방자치단체결정취소]).

(5) 행정안전부장관의 결정에 대한 불복

관계 지방자치단체의 장은 제4항부터 제9항까지의 규정에 따른 행정안전부장관의 결정에 이의가 있으면 그 결과를 통보받은 날부터 15일 이내에 **대법원에** 소송을 제기할 수 있다(제5조 제9항). 행정안전부장관은 제9항에 따른 소송결과 대법원의 인용결정이 있으면 그 취지에 따라 다시 결정하여야 한다(제10항).

[판례] [1] **매립지가 속할 지방자치단체를 정하는 결정에 대하여 대법원에 소송을 제기할 수 있는 주체(=지방자치단체장)**: 지방자치단체의 구역에 관하여 지방자치법은, 공유수면 관리 및 매립에 관한 법률에 따른 매립지가 속할 지방자치단체는 행정자치부장관이 결정한다고 규정하면서(제4조 제3항), 관계 지방자치단체의 장은 그 결정에 이의가 있으면 결과를 통보받은 날로부터 15일 이내에 대법원에 소송을 제기할 수 있다고 규정하고 있다(제4조 제8항). 따라서 매립지가 속할 지방자치단체를 정하는 결정에 대하여 대법원에 소송을 제기할 수 있는 주체는 관계 지방자치단체의 장일 뿐 지방자치단체가 아니다. [2] **행정자치부장관이 매립지가 속할 지방자치단체를 결정할 때 관계 지방의회의 의견청취 절차를 거쳐야 하는지 여부(소극)**: 지방자치법 제4조 제2항, 제3항, 제7항에 따르면, 행정자치부장관은 공유수면 관리 및 매립에 관한 법률에 따른 매립지가 속할 지방자치단체를 지방자치법 제4조 제4항부터 제7항까지의 규정 및 절차에 따라 결정하면 되고, 관계 지방의회의 의견청취 절차를 반드시 거칠 필요는 없다. [3] **행정자치부장관이 매립공사가 완료되지 않은 토지에 대하여 귀속 지방자치단체를 결정할 수 있는지 여부(소극)**: 지방자치법 제4조 제4항, 공유수면 관리 및 매립에 관한 법률 제45조에 따르면 행정자치부장관은 매립공사가 완료된 토지에 대해서만 준공검사 전에 그 귀속 지방자치단체를 결정할 수 있고, 매립이 예정되어 있기는 하지만 매립공사가 완료되지 않은 토지에 대해서는 귀속 지방자치단체를 결정할 수 없다고 보아야 한다(대결 2013.11.14, 2010추73).

제 5 절 주 민

제 1 항 주민의 의의

지방자치단체의 구역 안에 주소를 가진 자는 그 지방자치단체의 주민(住民)이 된다(지방자치법 제16조).

지방자치단체의 관할구역 내에 주민등록지를 갖고 있는 **자연인**(주민등록법 제23조 제1항) 및 그 주된 사무소 또는 본점의 소재지가 있는 **법인**(민법 제36조, 상법 제171조)은 지방자치단체의 주민이 된다. 여기에서 자연인에 있어서 '주소'는 **'주민등록지'를 의미한다는 견해**, **'객관적으로 생활의 근거가 되는 것'을 의미한다고 보는 견해** 등이 대립하고 있다(이진수, 지방자치법상 '주민'(住民)의 개념－지방자치법 제138조의 분담금 부과·징수대상이 되는 주민 개념과 관련하여－, 행정법연구 제56호, 2019.2 참조). 후자는 '주민등록법에 의한 주민등록은 주민이 되는 요건이 아니고, 주민의 거주관계를 파악하고 인구동태를 명확히 함으로써 적정한 행정사무를 수행할 수 있도록 하기 위한 절차에 그친다고 보면서 객관적으로 생활의 본거로 인정되는 주소를 가진 사실에 의하여 등록과 같은 공증행위를 요하지 않고 당연히 주민의 지위가 인정된다.'고 보는 견해이다(김동희, 행정법 II, 60면). 그러나, 주민등록법은 주민등록지를 공법관계의 주소로 간주하는 것으로 규정하고 있으므로 자연인의 경우 전자와 같이 **주민등록지를 주민의 요건이 되는 주소로 보는 것이 타당하다.**

[판례] 구 주민등록법 17조의 7에 의하여 주민등록지를 공법관계에 있어서의 주소로 볼 것이다(대판 1974. 11. 12, 74도2676).

외국인도 일정한 조건하에 지방자치단체의 주민이 된다. 다만, 외국인에게는 참정권 등의 권리가 제한되기도 한다.

제 2 항 주민의 권리 [2022 변시 사례]

I. 재산·공공시설을 이용할 권리와 행정의 혜택을 받을 권리

주민은 법령으로 정하는 바에 따라 소속 지방자치단체의 재산과 공공시설을 이용할 권리와 그 지방자치단체로부터 균등하게 행정의 혜택을 받을 권리를 가진다(제17조 제2항).

1. 재산·공공시설을 이용할 권리 [2007 행시(재경직 및 기타) 사례, 2011 행시(재경직) 사례형 약술]

주민은 법령으로 정하는 바에 따라 소속지방자치단체의 재산과 공공시설을 이용할 권리를 가진다(제17조 제2항).

(1) 이용권의 의의

주민의 재산·공공시설이용권이라 함은 주민이 지방자치단체의 재산 및 공공시설을 이용할 수 있는 권리를 말한다.

(2) 이용권의 대상: 지방자치단체의 재산(財産) 및 공공시설(公共施設)

지방자치법상 '재산'이란 현금 외의 모든 재산적 가치가 있는 물건과 권리를 말한다(법 제159조 제1항).

지방자치법상 '공공시설'이란 지방자치단체가 주민의 복지를 증진하기 위하여 설치한 시설을 말한다(제161조 제1항).

이용권의 대상이 되는 재산이나 공공시설에는 지방자치단체의 소유에 속하는 것뿐만 아니라 지방자치단체가 사용권 등 권원(權原)을 가지고 있는 것이면 모두 포함된다. 재산은 물적인 것인데 공적 목적에 제공된 것에 국한하지 않는다. 이에 반하여 공공시설은 일반 주민의 이용에 제공된 시설로서 물적인 것인 공물, 인적·물적 종합시설인 영조물, 공익사업을 제공하는 공기업을 포함한다.

(3) 이용권의 주체

1) 주　　민

이용권의 주체는 모든 주민이다. 자연인인 주민뿐만 아니라 법인인 주민도 이용권을 향유한다.

2) 주민이 아닌 자

주민이 아닌 자도 지방자치단체의 재산이나 공공시설을 이용하는 것이 금지되지는 않지만 지방자치법 제17조의 이용권을 향유하지는 못한다. 주민이 아닌 자의 지방자치단체의 재산이나 공공시설의 이용은 지방자치법 제17조에 근거한 이용이 아니라 지방재정법, 사법상 계약 등 별도의 근거에 의한 것이다.

3) 이용의 조정

주민은 공공시설 등의 이용에 있어 균등한 권리를 갖는다.

주민의 이용과 주민이 아닌 자의 이용이 경합되는 경우에 그 이용의 조정은 이용의 대상이 되는 재산이나 공공시설의 종류에 따라 다르다. 시립복지관, 시립유치원 등 특별히 주민의 복리증진을 위해 제공된 재산이나 공공시설은 우선적으로 주민의 이용에 제공되어야 하지만, 도로 등 일반공중의 이용에 제공된 것은 주민과 주민이 아닌 자 사이에 그 이용에 우선순위가 두어져서는 안 된다. 다만, 이용료를 징수하는 경우에 이용료에 차등을 둘 수 있다.

(4) 이용관계의 성질 및 내용

이용관계의 성질은 이용관계의 설정행위의 성질에 따라 다르다. 이용관계가 허가 또는 특허 등 행정행위에 의해 형성된 경우에는 공법관계이며 사법상 계약에 의해 설정된 경우에는 사법관계가 된다.

예를 들면, 행정재산의 사용허가는 강학상 특허의 성질을 가지며(대판 1998. 2. 27, 97누1105) 그에 의해 형성된 이용관계는 공법관계이고, 잡종재산(일반재산)의 대부행위는 사법상 계약이며 그에 의해 형성되는 이용관계는 사법관계이다.

이용관계의 내용은 이용관계의 설정행위에 의해 정해진다.

(5) 이용권의 한계

주민의 이용권은 법령으로 정하는 바에 따라 인정된다(제17조 제2항). 법령에는 국가의 법률과 명령뿐만 아니라 지방자치단체의 조례와 규칙도 포함된다.

주민의 이용권은 재산 및 공공시설에 부여된 공적 목적에 지장을 주지 않는 한도 내에서 가능하다.

또한, 주민의 이용권은 공공시설 등의 수용능력의 한계에 의해 사실상 제한될 수 있다.

주민의 이용권은 공공시설 등의 관리목적 및 경찰행정목적상 제한될 수 있다.

(6) 이용수수료의 징수

당해 공공시설 등의 이용으로 일반 주민에 비하여 특별한 혜택을 주는 경우에는 이용수수료를 징수할 수 있다. 예를 들면, 일정한 요건하에 도로의 통행료 징수가 가능하다.

이용시설의 수수료는 이용시설의 설치 및 관리비용의 한도 내에서 징수되어야 한다. 이용시설의 설치 및 관리가 이용수수료 등 시설운영수입으로만 충당되지 않고 지방자치단체가 그 경비를 분담하는 경우에는 주민과 주민이 아닌 자 사이에 이용수수료에 차등을 둘 수 있다.

2. 균등하게 행정의 혜택을 받을 권리

주민은 지방자치단체로부터 균등하게 행정의 혜택을 받을 권리를 가진다(제17조 제2항). 이 권리는 구체적인 권리가 아니다(대판 2009. 10. 15, 2008추32).

[판례] 지방자치법 제13조 제1항은 주민은 지방자치단체로부터 균등하게 행정의 혜택을 받을 권리를 가진다고 규정하고 있는데, 이 규정은 주민이 지방자치단체로부터 행정적 혜택을 균등하게 받을 수 있다는 권리를 추상적이고 선언적으로 규정한 것으로서 위 규정에 의하여 주민에게 구체적이고 특정한 권리가 발생하는 것이 아닐 뿐만 아니라, 지방자치단체가 주민에 대하여 균등한 행정적 혜택을 부여할 구체적인 법적 의무가 발생하는 것도 아니므로(대법원 2008. 6. 12. 선고 2007추42 판결 참조) 이 사건 조례안 규정으로 인하여 주민들 가운데 일정 조건에 해당하는 일부 주민이 지원을 받는 일이 발생하였다 하더라도 이것이 지방자치법 제13조 제1항을 위반한 것이라고 볼 수 없다. 따라서 이 사건 조례안 제6조 제2호가 혁신·기업도시 주민에게 임대아파트의 임대 보증금을 2천만 원의 한도에서 지원하도록 하고 있는 것은 지방자치법 제13조 제1항에 위반된다는 원고의 위 주장은 이유 없다(대판 2009. 10. 15, 2008추32[조례안재의결무효확인]).

자치행정의 혜택을 받을 권리는 주민에 한정된다. 주민이 아닌 자도 자치행정의 혜택을 받을 수 있지만 이에 대한 권리를 갖는 것은 아니다.

Ⅱ. 정치·행정에 참가하는 권리 [2005 입시 약술: 주민의 직접 참여수단]

지방자치의 본질상 주민이 지방자치단체 차원에서의 정치 및 행정에 참여하는 것을 최대한 보장하여야 한다. 이를 위하여 선거권, 피선거권, 주민투표권, 조례의 제정·개폐청구권, 청원권 등이 보장되고 있다.

1. 정책의 결정 및 집행 과정에 참여할 권리

주민은 법령으로 정하는 바에 따라 주민생활에 영향을 미치는 지방자치단체의 정책의 결정 및 집행 과정에 참여할 권리를 가진다(제17조 제1항).

2. 선 거 권

19세 이상의 국민으로서 선거인명부작성기준일 현재 당해 지방자치단체의 관할구역 안에 주민등록이 되어 있는 자 및 영주의 체류자격 취득일 후 3년이 경과한 19세 이상의 외국인으로서 선거인명부작성기준일 현재 당해 지방자치단체의 외국인등록대장에 등재된 자는 그 구역에서 선거하는 지방의회의원 및 지방자치단체의 장의 선거권이 있다(공직선거법 제15조 제2항).

3. 피선거권

선거일 현재 계속하여 60일 이상(공무로 외국에 파견되어 선거일 전 60일 후에 귀국한 자는 선거인명부작성기준일부터 계속하여 선거일까지) 당해 지방자치단체의 관할구역 안에 주민등록이 되어 있는 주민으로서 25세 이상의 국민은 그 지방의회 의원 및 지방자치단체의 장의 피선거권(被選擧權)이 있다(동법 제16조 제3항).

4. 주민투표권

(1) 주민투표의 의의

지방자치법 제18조 및 주민투표법은 주민투표에 대하여 규정하고 있다.

주민투표권은 그 성질상 선거권, 공무담임권, 국민투표권과 전혀 다른 것이어서 이를 법률이 보장하는 참정권이라고 할 수 있을지언정 헌법이 보장하는 참정권이라고 할 수는 없다(헌재 2001. 6. 28, 2000헌마735).

(2) 투표권자

주민투표권자는 18세 이상의 주민으로 하고, 외국인도 일정한 자격을 갖춘 때에는 지방자치단체의 조례가 정하는 바에 따라 주민투표권을 부여할 수 있도록 규정하고 있다(동법 제5조). **18세 이상의 주민 중 투표인명부 작성기준일 현재** ① 그 지방자치단체의 관할 구역에 **주민등록이 되어 있는 사람** 또는 『재외동포의 출입국과 법적 지위에 관한 법률』 제6조에 따라 국내거소신고가 되어 있는 **재외국민** 또는 ② 출입국관리 관계 법령에 따라 대한민국에 계속 거주할 수 있는 자격(체류자격변경허가 또는 체류기간연장허가를 통하여 계속 거주할 수 있는 경우를 포함한다)을 갖춘 **외국인**으로서 지방자치단체의 조례로 정한 사람에 해당하는 사람에게는 주민투표권이 있다. 다만, 『공직선거법』 제18조에 따라 선거권이 없는 사람에게는 주민투표권이 없다.

(3) 주민투표의 대상

① 지방자치단체의 주요결정사항에 관한 주민투표의 대상은 주민에게 과도한 부담을 주거나 중대한 영향을 미치는 **지방자치단체의 주요 결정사항** 중에서 조례로 정하도록 하되, 주민투표에 부치기에 부적합한 다음 사항은 대상에서 제외된다:

① 법령에 위반되거나 재판중인 사항, ② 국가 또는 다른 지방자치단체의 권한 또는 사무에 속하는 사항, ③ 지방자치단체의 예산·회계·계약 및 재산관리에 관한 사항과 지방세·사용료·수수료·분담금 등 각종 공과금의 부과 또는 감면에 관한 사항, ④ 행정기구의 설치·변경에 관한 사항과 공무원의 인사·정원 등 신분과 보수에 관한 사항, ⑤ 다른 법률에 의하여 주민대표가 직접 의사결정주체로서 참여할 수 있는 공공시설의 설치에 관한 사항. 다만, 제9조 제5항의 규정에 의하여 지방의회가 주민투표의 실시를 청구하는 경우에

는 그러하지 아니하다. ⑥ 동일한 사항(그 사항과 취지가 동일한 경우를 포함한다)에 대하여 주민투표가 실시된 후 2년이 경과되지 아니한 사항(동법 제7조).

[판례] [1] **지방자치법 제18조의 규정 취지:** 지방자치법 제13조의2(현행 지방자치법 제18조)의 규정의 취지는 지방자치단체의 장이 권한을 가지고 결정할 수 있는 사항에 대하여 주민투표에 붙여 주민의 의사를 물어 행정에 반영하려는 데에 있다. [2] 미군부대 이전은 지방자치단체의 장의 권한에 의하여 결정할 수 있는 사항이 아님이 명백하므로 지방자치법 제13조의2(현행 지방자치법 제14조) 소정의 주민투표의 대상이 될 수 없다고 한 사례(대판 2002. 4. 26, 2002추23[조례안재의결무효확인]).

② 중앙행정기관의 장은 지방자치단체를 폐지하거나 설치하거나 나누거나 합치는 경우 또는 지방자치단체의 구역을 변경하거나 주요시설(예 방사성폐기물 처분장)을 설치하는 등 **국가정책의 수립에 대한 주민의 의견을 듣기 위하여 필요하다고 인정하는 때**에는 주민투표의 실시구역을 정하여 지방자치단체의 장에게 주민투표의 실시를 요구할 수 있다. 이 경우 중앙행정기관의 장은 미리 행정안전부장관과 협의하여야 한다(제8조).

(4) 주민투표의 청구, 실시요건 및 실시결정

주민투표의 실시 여부는 지방자치단체의 장이 결정한다.

1) 주민 또는 지방의회의 청구에 의한 주민투표, 지방자치단체의 장의 직권에 의한 주민투표

지방자치단체의 장은 주민 또는 지방의회의 청구에 의하거나 직권에 의하여 주민투표를 실시할 수 있다(제9조 제1항). 이는 지방자치단체의 주요결정사항에 관한 주민투표이다.

i) **청구에 의한 주민투표**의 경우 청구권자는 일정수 이상의 주민 또는 지방의회이다.

18세 이상 주민 중 제5조 제1항 각 호의 어느 하나에 해당하는 사람(같은 항 각 호 외의 부분 단서에 따라 주민투표권이 없는 사람은 제외한다. 이하 "주민투표청구권자"라 한다)은 주민투표청구권자 총수의 20분의 1 이상 5분의 1 이하의 범위 안에서 지방자치단체의 조례로 정하는 수 이상의 서명으로 그 지방자치단체의 장에게 주민투표의 실시를 청구할 수 있다. 지방의회는 재적의원 과반수의 출석과 출석의원 3분의 2 이상의 찬성으로 그 지방자치단체의 장에게 주민투표의 실시를 청구할 수 있다(제9조 제5항).

ii) **지방자치단체의 장의 직권에 의한 주민투표**의 경우 지방자치단체의 장은 그 지방의회 재적의원 과반수의 출석과 출석의원 과반수의 동의를 얻어야 한다(제9조 제6항).

2) 중앙행정기관의 요구에 의한 주민투표

중앙행정기관의 요구에 의한 주민투표는 국가정책에 관한 주민투표이다. 중앙행정기관의 장은 지방자치단체를 폐지하거나 설치하거나 나누거나 합치는 경우 또는 지방자치단체의 구역을 변경하거나 주요시설을 설치하는 등 국가정책의 수립에 관하여 주민의 의견을 듣기 위하여 필요하다고 인정하는 때에는 주민투표의 실시구역을 정하여 관계 지방자치단체의 장에게 주민투표의 실시를 요구할 수 있다. 이 경우 중앙행정기관의 장은 미리 행정자치부장관과 협의하여야 한다(제8조 제1항). 지방자치단체의 장은 제1항의 규정에 의하여 주민투표의 실시를 요구받은 때에는 지체 없이 이를 공표하여야 하며, 공포일로부터 30일 이내에 그 지방의회의 의견을 들어야 한다(제8조 제2항). 제1항의 규정에 의한 주민투표에 관하여는 제7조(주민투표의 대상), 제16조(주민투표실시구역), 제24조(주민투표결과의 확정) 제1항·제5항·제6항, 제25조(주민투표소송 등) 및 제26조(재투표 및 투표연기)의 규정을 적용하지 아니한다(제8조 제4항).

3) 실시결정의 재량성

단체장의 주민투표의 실시 여부의 결정은 재량행위이다(법 제14조).

[판례] 지방자치단체의 장의 재량으로서 투표실시 여부를 결정할 수 있도록 한 법규정에 반하여 지방의회가 조례로 정한 특정한 사항에 관하여는 일정한 기간 내에 반드시 투표를 실시하도록 규정한 조례안은 지방자치단체의 장의 고유권한을 침해하는 규정이다(대판 2002. 4. 26, 2002추23[조례안재의결무효확인]).

(5) 주민투표실시구역

주민투표는 그 지방자치단체의 관할구역 전체를 대상으로 실시한다. 다만, 특정한 지역 또는 주민에게만 이해관계가 있는 사항인 경우 지방자치단체의 장이 지방의회의 동의를 얻은 때에는 그 지방자치단체의 관할구역 중 일부를 대상으로 주민투표를 실시할 수 있다(제16조).

(6) 주민투표결과의 확정 및 효력

1) 지방자치단체의 주요결정사항에 관한 주민투표의 경우

가. 확 정 주민투표에 부쳐진 사항은 주민투표권자 총수의 4분의 1 이상의 투표와 유효투표수 과반수의 득표로 확정된다(제24조 제1항).

나. 효 력 지방자치단체의 장 및 지방의회는 주민투표 결과 확정된 내용대로 행정·재정상의 필요한 조치를 하여야 한다(제24조 제5항). 이와 같이 주민투표의 결과에 법적 구속력을 부여한 것은 타당하지 않다.

다만, 주민투표 후 중대한 사정의 변경이 있는 경우에는 해석상 지방의회나 지방자치단체의 장은 주민투표의 결과에 구속되지 않는다고 보아야 한다.

2) 국가정책에 관한 주민투표의 경우

국가정책에 관한 주민투표의 결과에는 법적 구속력이 부여되지 않는다(주민투표법 제8조 제4항).

5. 조례의 제정·개폐청구권 등

(1) 의 의

주민은 지방자치단체의 조례를 제정하거나 개정하거나 폐지할 것을 청구할 수 있다(지방자치법 제19조 제1항).

조례의 제정·개폐청구(制定·改廢請求)는 주민발의(住民發議)의 일종이다.

조례의 제정·개정 또는 폐지 청구의 청구권자·청구대상·청구요건 및 절차 등에 관한 사항은 「주민조례발안에 관한 법률」(약칭: 주민조례발안법)로 정하고 있다.

(2) 주민조례청구권자

18세 이상의 주민으로서 다음 각 호의 어느 하나에 해당하는 사람(「공직선거법」 제18조에 따른 선거권이 없는 사람은 제외한다. 이하 "청구권자"라 한다)은 해당 지방자치단체의 의회(이하 "지방의회"라 한다)에 조례를 제정하거나 개정 또는 폐지할 것을 청구(이하 "주민조례청구"라 한다)할 수 있다. 1. 해당 지방자치단체의 관할 구역에 주민등록이 되어 있는 사람, 2. 「출입국관리법」 제10조에 따른 영주(永住)할 수 있는 체류자격 취득일 후 3년이 지난 외국인으로서 같은 법 제34조에 따라 해당 지방자치단체의 외국인등록대장에 올라 있는 사람(주민조례발안법 제2조).

(3) 주민조례청구의 대상

조례의 제정·개폐청구의 대상이 되는 사항은 조례제정권에 속하는 사항이다. 다만, 다음 각 호의 사항은 주민조례청구 대상에서 제외한다. 1. 법령을 위반하는 사항, 2. 지방세·사용료·수수료·부담금을 부과·징수 또는 감면하는 사항, 3. 행정기구를 설치하거나 변경하는 사항, 4. 공공시설의 설치를 반대하는 사항(제4조)

(4) 규칙의 제정, 개정 또는 폐지와 관련된 의견제출권

주민은 제29조에 따른 지방자치단체의 장의 규칙(권리·의무와 직접 관련되는 사항으로 한정한다)의 제정, 개정 또는 폐지와 관련된 의견을 해당 지방자치단체의 장에게 제출할 수 있다(지방자치법 제20조 제1항). 법령이나 조례를 위반하거나 법령이나 조례에서 위임한 범위를 벗어나는 사항은 제1항에 따른 의견 제출 대상에서 제외한다(제2항).

6. 청 원 권

주민은 권리구제를 위하여 청원을 할 수도 있지만 정책건의를 위하여 청원을 할 수도 있다.

Ⅲ. 지방행정의 통제·감시를 위한 권리 [2006 행시 사례형 약술]

주민이 지방행정을 통제하고 감시하도록 하기 위하여 주민감사청구권, 주민소송제기권, 방청 및 감시권, 정보공개청구권, 주민소환권이 인정되고 있다.

1. 주민감사청구권

(1) 의 의

지방자치단체의 18세 이상의 주민(선거권이 없는 자 제외)으로서 ① 해당 지방자치단체의 관할 구역에 주민등록이 되어 있는 사람 및 ② 「출입국관리법」 제10조에 따른 영주(永住)할 수 있는 체류자격 취득일 후 3년이 경과한 외국인으로서 같은 법 제34조에 따라 해당 지방자치단체의 외국인등록대장에 올라 있는 사람은 시·도는 300명, 제198조에 따른 인구 50만 이상 대도시는 200명, 그 밖의 시·군 및 자치구는 150명 이내에서 그 지방자치단체의 조례로 정하는 수 이상의 18세 이상의 주민이 연대 서명하여 그 지방자치단체와 그 장의 권한에 속하는 사무의 처리가 법령에 위반되거나 공익을 현저히 해친다고 인정되면 시·도에서는 주무부장관에게, 시·군 및 자치구에서는 시·도지사에게 감사(監査)를 청구할 수 있다(제21조 제1항).

(2) 요 건

주민감사청구를 위하여는 다음의 요건을 충족하여야 한다.

① 시·도는 300명, 제198조에 따른 50만 이상 대도시는 200명, 그 밖의 시·군 및 자치구는 150명을 초과하지 아니하는 범위 안에서 당해 지방자치단체의 조례로 정하는 18세 이상의 주민수 이상의 연서가 있어야 한다. 감사청구에 필요한 주민수를 정하는 조례가 없으면 주민감사청구가 불가능한 것이 아니라 법률에서 정한 최고기준인 18세 이상 주민의 연서가 있으면 된다고 해석하여야 한다.

② 주민들이 주민감사를 청구를 할 때에는 '해당 사무의 처리가 법령에 반하거나 공익을 현저히 해친다고 인정될 **가능성**'을 **주장**하는 것으로 족하다. '해당 사무의 처리가 법령에 반하거나 공익을 현저히 해친다고 인정될 것'은 주민감사청구 또는 주민소송의 적법요건이라고 볼 수 없다(대판 2020. 6. 25, 2018두67251).

[판례] 구 지방자치법 제16조 제1항에서 규정한 '해당 사무의 처리가 법령에 위반되거나 공익을 현저히 해친다고 인정되면'이란 감사기관이 감사를 실시한 결과 피감기관에 대하여 시정요구 등의 조치를 하기 위한 요건 및 주민소송에서 법원이 본안에서 청구를 인용하기 위한 요건일 뿐이고, 주민들이 주민감사를 청구하거나 주민소송을 제기하는 단계에서는 '해당 사무의 처리가 법령에 반하거나 공익을 현저히 해친다고 인정될 가능성'을 주장하는 것으로 족하며, '해당 사무의 처리가 법령에 반하거나 공익을 현저히 해친다고 인정될 것'이 주민감사청구 또는 주민소송의 적법요건이라고 볼 수는 없다(대판 2020. 6. 25, 2018두67251).

(3) 범위와 한계

1) 대상사무

주민감사청구의 대상이 되는 사무는 **지방자치단체 또는 지방자치단체의 장에 의해 행해지는 모든 사무**이다. 따라서, 자치사무, 단체위임사무, 기관위임사무가 모두 주민감사청구의 대상이 된다.

2) 감사청구의 제외사항

다음의 1에 해당하는 사항은 감사청구의 대상에서 제외한다. ① 수사나 재판에 관여하게 되는 사항, ② 개인의 사생활을 침해할 우려가 있는 사항, ③ 다른 기관에서 감사하였거나 감사중인 사항. 다만, 다른 기관에서 감사한 사항이라도 새로운 사항이 발견되거나 중요사항이 감사에서 누락된 경우와 주민소송의 대상이 되는 경우에는 그러하지 아니하다. ④ 동일한 사항에 대하여 제22조 제2항 각 호의 어느 하나에 해당하는 소송이 진행중이거나 그 판결이 확정된 사항(제21조 제2항).

3) 감사청구기간

감사청구는 사무처리가 있었던 날이나 끝난 날부터 3년이 지나면 제기할 수 없다(제21조 제3항).

(4) 감사기관

감사기관은 시·군·자치구에 대하여는 **시·도지사**가, 시·도에 대하여는 **주무부장관**이 된다.

(5) 감사결과의 이행

감사기관이 감사를 실시한 결과 '해당 사무의 처리가 법령에 위반되거나 공익을 현저히 해친다고 인정되면' 해당 지방자치단체의 장에게 시정요구 등의 필요한 조치를 요구할 수 있다. 이 경우 그 지방자치단체의 장은 이를 성실히 이행하여야 하고 그 조치결과를 지방의회와 주무부장관 또는 시·도지사에게 보고하여야 한다(제21조 제12항).

주무부장관이나 시·도지사는 제12항에 따른 조치 요구 내용과 지방자치단체의 장의 조치 결과를 청구인의 대표자에게 서면으로 알리고, 공표하여야 한다(제21조 제13항).

2. 주민소송 [2010 사시 사례, 2012, 2017 행시, 2021 변시]

(1) 의 의 (2) 성 질 (3) 종 류 1) 중지청구소송(제1호 소송) 2) 처분취소·무효 등 확인소송(제2호 소송) 3) 해태사실위법확인소송(제3호 소송) 4) 손해배상청구 등 이행소송(제4호 소송) (4) 요 건 1) 감사청구전치주의 2) 주민소송의 제기요건 (5) 원고적격 (6) 대 상 (7) 피고적격 (8) 출소기간	(9) 관 할 (10) 소송절차 1) 원고의 사망 또는 주민자격의 상실 2) 이해관계 있는 제3자의 권익보호 3) 소송참가 4) 소의 취하, 소송의 화해 또는 청구의 포기 (11) 소송비용 (12) 판결의 효력 1) 중지명령판결의 효력 2) 취소·무효확인판결의 효력 3) 해태사실위법확인판결의 효력 4) 이행판결의 효력 (13) 법적 규율

(1) 의 의

주민소송이라 함은 주민이 지방자치단체의 위법한 재무회계행위를 시정하기 위하여 법원에 제기하는 소송을 말한다.

주민소송은 미국, 프랑스 등의 납세자소송에 비교되는 소송이다.

주민소송 제도는 지방자치단체 주민이 지방자치단체의 위법한 재무회계행위의 방지 또는 시정을 구하거나 그로 인한 손해의 회복 청구를 요구할 수 있도록 함으로써 지방자치단체의 재무행정의 적법성과 지방재정의 건전하고 적정한 운영을 확보하려는 데 목적이 있다(대판 2016. 5. 27, 2014두8490[도로점용허가처분무효확인등]).

(2) 성 질

주민소송은 지방자치단체의 위법한 재무회계행위를 시정하고자 하는 공익목적을 가지고 제기되는 소송으로서 **민중소송**(공익소송)이며 구체적인 권익의 침해 없이도 제기되고 적법성 통제를 목적으로 하는 소송으로서 **객관소송**이다.

주민소송은 행정소송법상 민중소송에 해당한다. 주민소송은 민사소송 등인지법 제2조 제4항에 따른 비재산권을 목적으로 하는 소송으로 본다(제22조 제16항).

(3) 종 류

주민이 제기할 수 있는 소송은 다음과 같다(제22조 제2항).

1) 중지청구소송(제1호 소송)

해당 행위를 계속하면 회복하기 곤란한 손해를 발생시킬 우려가 있는 경우에 그 행위의 전부나 일부를 중지할 것을 요구하는 소송.

이 중지청구소송은 해당 행위를 중지할 경우 생명이나 신체에 중대한 위해가 생길 우려가 있거나 그 밖에 공공복리를 현저하게 해칠 우려가 있으면 제기할 수 없다(제22조 제3항).

제1호 소송은 행위의 중지를 내용을 하는 가처분이 인정되지 않아 그 실효성이 낮다.

2) 처분취소·무효 등 확인소송(제2호 소송)

행정처분인 해당 행위의 취소 또는 변경을 요구하거나 그 행위의 효력유무 또는 존재 여부의 확인을 요구하는 소송.

주민소송에 대해서는 일반 취소소송의 제소기간이 적용되지 않는다(대판 2019. 10. 17, 2018두104).

주민소송에서 다툼의 대상이 된 처분의 위법성은 행정소송법상 항고소송에서와 마찬가지로 헌법, 법률, 그 하위의 법규명령, 법의 일반원칙 등 객관적 법질서를 구성하는 모든 법규범에 위반되는지 여부를 기준으로 판단하여야 하는 것이지, 해당 처분으로 인하여 지방자치단체의 재정에 손실이 발생하였는지만을 기준으로 판단할 것은 아니다(대판 2019. 10. 17, 2018두104).

[판례] [서울특별시 서초구청장의 '사랑의 교회'에 대한 도로점용허가처분에 대하여 서초구 주민들이 도로점용허가에 관하여 주위적으로 무효확인을 구하고, 예비적으로 그 취소를 구하는 주민소송을 제기한 사건] [1] 예배당, 성가대실, 방송실과 같은 지하구조물 설치를 위한 도로점용허가는 그 유지·관리에 상당한 책임이 수반될 뿐 아니라 점용기간 만료 후 원상회복이 어려운 사정이 있고, 향후 도로 주변의 상황 변화에 탄력적·능동적으로 대처하기 곤란해진다는 이유로 비례의 원칙을 위반하였다고 판단한 원심을 수긍한 사례. [2] 이 사건 주민소송에서 이 사건 도로점용허가를 취소하는 판결이 확정되면, 피고는 취소판결의 기속력에 따라 위법한 결과를 제거하는 조치의 일환으로서 피고 보조참가인에 대하여 도로법 제73조, 제96조, 제100조등에 의하여 이 사건 도로의 점용을 중지하고 원상회복(불법점유상태인 교회 일부의 철거·복토조치등)할 것을 명령하고, 이를 이행하지 않을 경우 행정대집행이나 이행강제금 부과 조치를 하는 등 이 사건 도로점용허가로 인한 위법상태를 제거하는 것이 가능하게 된다. 또한, 취소판결의 직접적인 효과로 이 사건 건축허가가 취소되거나 그 효력이 소멸되는 것은 아니지만, 이 사건 도로점용허가가 유효하게 존재함을 전제로 이루어진 이 사건 건축허가는 그 법적·사실적 기초를 일부 상실하게 되므로, 피고는 수익적 행정행위의 직권취소 제한에 관한 법리를 준수하는 범위 내에서 일정한 요건하에 직권으로 그(건축허가) 일부를 취소하거나 변경하는 등의 조치를 할 의무가 있다. 따라서 이 사건 주민소송에서 원고들이 이 사건 건축허가의 효력을 직접 다툴 수 없다고 하더라도, 건축허가의 불가쟁력이 원고들이 이 사건 도로점용허가의 취소를 구할 소의 이익을 부정하는 근거는 될 수 없다(대판 2019. 10. 17, 2018두104). 〈해설〉 동일 사건의 파기환송판결인 대판 2016. 5. 27, 2014두8490 참조.

3) 해태사실위법확인소송(제3호 소송)

계을리한 사실의 위법확인을 요구하는 소송.

제3호 소송은 공금의 부과·징수, 변상금부과처분 등 재정보호조치를 게을리한 사실의 위법확인을 요구하는 소송이다.

4) 손해배상청구 등 이행소송(제4호 소송)

지방자치단체의 장에게 해당 지방자치단체의 장 및 직원, 지방의회 의원, 해당 행위와 관련이 있는 상대방에게 손해배상청구 또는 부당이득반환청구를 할 것을 요구하는 소송. 다만, 그 지방자치단체의 직원이 「회계관계직원 등의 책임에 관한 법률」 제4조에 따른 변상책임을 져야 하는 경우에는 변상명령을 할 것을 요구하는 소송을 말한다.

[판례] 의정활동비 등에 관한 조례가 위법·무효라고 주장하면서 의원들이 위 조례에 따라 2008. 1.부터 2008. 12.까지 피고(서울특별시 성동구청장)로부터 지급받은 월정수당 중 이 사건 조례로 개정되기 전의 서울특별시 성동구의회 의원의 의정활동비 등 지급에 관한 조례(2007. 2. 1. 조례 제737호로 개정된 것, 이하, '이 사건 구 조례'라고 한다) 소정의 월 1,521,660원의 비율에 의한 월정수당을 초과하는 금액 24,040,080원 =(3,525,000원−1,521,660원)×12을 부당이득으로 반환할 의무가 있으므로, 피고(서울특별시 성동구청장)는 이 사건 의원들에 위 금액 상당의 부당이득반환을 청구하여야 할 의무가 있다고 제기한 주민소송에서 1심 법원인 서울행정법원은 인용판결을 하였지만(서울행법 2009. 6. 10, 2008구합50445), 원심판결인 서울고등법원은 원고들의 청구는 이유 없다고 하면서 제1심 판결을 취소하고, 원고들의 청구를 기각하는 판결을 하였다(서울고법 2011. 2. 15, 2009누20597). 대법원은 원심판결을 지지하며 상고를 기각하였다(대판 2014. 2. 27, 2011두7489[주민소송(부당이득반환)]).

(4) 요 건

1) 감사청구전치주의

주민소송을 제기하기 위하여는 주민감사청구를 하였어야 하고, 주민감사청구를 한 주민이 제기할 수 있다(제22조 제1항). 주민감사청구를 한 주민이면 1인이라도 가능하다.

제21조 제1항에 따라 공금의 지출에 관한 사항, 재산의 취득·관리·처분에 관한 사항, 해당 지방자치단체를 당사자로 하는 매매·임차·도급 계약이나 그 밖의 계약의 체결·이행에 관한 사항 또는 지방세·사용료·수수료·과태료 등 공금의 부과·징수를 게을리한 사항을 감사청구하였어야 한다.

감사전치주의는 주민소송의 소송요건이다. 따라서, 감사청구를 하지 않고 주민소송을 제기한 경우 또는 감사청구된 사항과 무관한 사항에 대하여 주민소송을 제기한 경우에는 각하판결을 하여야 한다. 다만, 사실심 변론종결일까지 적법한 감사청구가 통지되거나 60일 이내에 감사결과가 통지되지 않는 경우에는 하자가 치유된다는 것이 일반적 견해이다.

감사청구가 감사청구전치주의의 요건을 충족하기 위해서는 감사청구가 적법한 감사청구이어야 한다.

주민감사청구가 적법함에도 감사기관이 부적법하다고 오인하여 위법한 각하결정을 내린 경우에는 '주민감사청구 전치 요건'을 충족한 것으로 보아야 한다(대판 2020. 6. 25, 2018두67251). 이 경우 감사청구한 주민은 위법한 각하결정 자체를 별도의 항고소송으로 다툴 필요 없이, 지방자치법이 규정한 다음 단계의 권리구제절차인 주민소송을 제기할 수 있다.

[판례] 감사기관이 감사 청구를 각하했음에도 시민들이 주민소송을 낼 수 있는지 여부가 쟁점 [1] '주민감사청구 전치'를 주민소송의 소송요건으로 규정하고 있으므로, 주민감사청구 전치 요건을 충족하였는지 여부는 주민소송의 수소법원이 직권으로 조사하여 판단하여야 한다. [2] 주민소송이 주민감사청구 전치 요건을 충족하였다고 하려면 주민감사청구가 지방자치법 제16조에서 정한 적법요건을 모두 갖추고, 나아가 지방자치법 제17조 제1항 각 호에서 정한 사유에도 해당하여야 한다. [3] 지방자치법 제17조 1항에 따른 주민소송은 주민들이 해당 지자체의 장을 상대로 감사청구한 사항과 관련이 있는 조치나 부작위의 당부를 다투어 위법한 조치나 부작위를 시정하거나 또는 해당 지자체에 손해를 야기한 행위자들을 상대로 손해배상청구 등을 할 것을 요구하는 소송이고, 감사기관이 한 감사결과의 당부를 다투는 소송이 아니다. [4] 지방자치법 제17조 제1항 제2호에 정한 '감사결과'에는 감사기관이 주민감사청구를 수리하여 일정한 조사를 거친 후 주민감사청구사항의 실체에 관하여 본안판단을 하는 내용의 결정을 하는 경우뿐만 아니라, 감사기관이 주민감사청구가 부적법하다고 오인하여 위법한 각하결정을 하는 경우까지 포함한다. 따라서, 주민감사청구가 지방자치법에서 정한 적법요건을 모두 갖추었음에도, 감사기관이 해당 주민감사청구가 부적법하다고 오인하여 더 나아가 구체적인 조사·판단을 하지 않은 채 각하하는 결정을 한 경우에는, 감사청구한 주민은 위법한 각하결정 자체를 별도의 항고소송으로 다툴 필요 없이, 지방자치법이 규정한 다음 단계의 권리구제절차인 주민소송을 제기할 수 있다고 보아야 한다. [5] 감사기관이 지방자치법 제16조 제1항의 '해당 사무의 처리가 법령에 위반되거나 공익을 현저히 해친다고 인정되면'이 주민감사청구의 적법요건에 해당한다고 오인하여 이 사건 감사청구가 주민감사청구의 적법요건을 모두 갖추고 있음에도 불구하고 동법 제16조 제1항을 근거로 이 사건 각하결정을 한 사안(문체부는 "인천시의 지원행위는 국제대회지원법령에 위반되지 않는다"며 감사 청구를 각하했다)에서, 1,2심 법원은 감사기관이 주민감사청구를 수리해 실제 감사가 진행된 경우에 한해 '주민감사청구 전치 요건'을 충족한 것으로 보아야 한다고 보았다. 대법원은 해당 사무의 처리가 법령에 위반되거나 공익을 현저히 해친다고 인정되는지 여부'는 감사기관이 본안 전 단계에서 검토·판단하여야 할 주민감사청구의 적법요건이 아니라 주민감사청구사항의 실체에 관하여 본안에서 판단하여야 할 사항이므로, 이 사건 각하결정은 위법하고, 원고들은 위법한 이 사건 각하결정에도 불구하고 곧바로 주민소송을 제기할 수 있다고 한 사례(대판 2020. 6. 25, 2018두67251). 〈해설〉 이 사건에서 주민감사청구는 인천시가 2014 인천아시안게임을 준비하면서 완산마리나 요트경기장 조성사업을 위해 왕산레저개발에 지원한 지원금 반환을 요구하는 것이고, 주민소송은 인천광역시장을 상대로 낸 손해배상청구소송이다.

2) 주민소송의 제기요건

다음의 어느 하나에 해당하여야 한다. ① 주무부장관이나 시·도지사가 감사 청구를 수리한 날부터 60일(제21조 제9항 단서에 따라 감사기간이 연장된 경우에는 연장된 기간이 끝난 날을 말한다)이 지나도 감사를 끝내지 아니한 경우, ② 제21조 제9항 및 제10항에 따른 감사 결과 또는 제21조 제12항에 따른 조치 요구에 불복하는 경우, ③ 제21조 제12항에 따른 주무부장관이나 시·도지사의 조치 요구를 지방자치단체의 장이 이행하지 아니한 경우, ④ 제21조 제12항에 따른 지방자치단체의 장의 이행 조치에 불복하는 경우(제22조 제1항).

제2항 제1호의 중지청구소송은 해당 행위를 중지할 경우 생명이나 신체에 중대한 위해가 생길 우려가 있거나 그 밖에 공공복리를 현저하게 저해할 우려가 있으면 제기할 수 없다(제3항). 제2항 각 호의 소송이 진행 중이면 다른 주민은 같은 사항에 대하여 별도의 소송을 제기할 수 없다(제5항).

[판례] [1] 지방자치법 제17조 제2항 제1호부터 제3호까지의 주민소송은 해당 지방자치단체의 장을 상대방으로 하여 위법한 재무회계행위의 방지, 시정 또는 확인 등을 직접적으로 구하는 것인데 반하여, 제4호 주민소송은 감사청구한 사항과 관련이 있는 위법한 행위나 업무를 게을리 한 사실에 대하여 지방자치단체의 장 및 직원, 지방의회의원, 해당 행위와 관련이 있는 상대방(이하 '상대방'이라고 통칭한다)에게 손해배상청구, 부당이득반환청구, 변상명령 등을 할 것을 요구하는 소송이다. 따라서 제4호 주민소송 판결이 확정되면 지방자치단체의 장인 피고는 상대방에 대하여 그 판결에 따라 결정된 손해배상금이나 부당이득반환금의 지불 등을 청구할 의무가 있으므로, 제4호 주민소송을 제기하는 자는 상대방, 재무회계행위의 내용, 감사청구와의 관련성, 상대방에게 요구할 손해배상금 내지 부당이득금 등을 특정하여야 한다. [2] 주민소송의 상대방인 지방자치단체의 장이나 공무원은 국가배상법 제2조 제2항, 회계직원책임법 제4조 제1항의 각 규정 내용 및 취지 등에 비추어 볼 때, 그 위법행위에 대하여 고의 또는 중대한 과실이 있는 경우에 한하여 제4호 주민소송의 손해배상책임을 부담하는 것으로 보아야 한다. [3] 용인시 주민들로 구성된 원고들이 민간투자사업(BTO 방식)인 용인경전철 사업의 추진·실시 과정에서 용인시장 등 용인시 공무원, 민간투자사업 관련자들의 불법행위로 인하여 용인시에 손해가 발생하였다면서, 피고에게 그 관련자들을 상대로 손해배상청구 등을 할 것을 요구하는 주민소송을 제기한 사안에서, ① 원고들이 주장한 사유들을 전체적으로 포괄하여 하나의 위법한 재무회계행위로서 민사상 불법행위책임 등을 지는 행위로 볼 수 있다면 이는 주민소송의 대상에 해당하는 것으로 법원으로서는 그 위법 여부를 판단하여야 하고, ② 용인시가 한국교통연구원 등으로부터 수요예측 등의 용역보고서를 제출받는 행위가 재무회계행위에 해당하고, 그 용역업무 수행이 민사상 채무불이행이나 불법행위에 해당할 때에는 그 상대방인 한국교통연구원이나 그 연구원들에게 손해배상청구 등을 하여야 한다고 보아, 원고들이 주장한 사유들을 개별적으로 나누어 주민소송의 대상 해당 여부 등을 판단하여 그 중 일부를 부적법하다고 보거나, 한국교통연구원 등의 수요예측행위 자체를 재무회계행위에 해당하지 않는다고 본 원심판결을 파기(일부)하되, 제4호 주민소송에서의 상대방인 공무원의 주관적 책임요건으로 고의·중과실로 한정하는 것으로 본 원심의 판단은 정당하다고 본 사례(대판 2020. 7. 29, 2017두63467[용인경전철사건]).

(5) 원고적격

감사청구한 주민이 주민소송을 제기할 수 있다.

전술한 바와 같이 감사청구를 할 수 있는 주민은 선거권이 있는 자에 한정되므로 외국인, 법인 등 단체는 주민소송을 제기할 당사자적격이 없다.

(6) 대　상[2016 행시, 2017 행시]

① 주민소송의 대상은 감사청구한 일정한 재무회계사항(공금의 지출에 관한 사항, 재산의 취득·관리·처분에 관한 사항, 해당 지방자치단체를 당사자로 하는 매매·임차·도급계약이나 그 밖의 계약의 체결·이행에 관한 사항 또는 지방세·사용료·수수료·과태료 등 공금의 부과·징수를 게을리한 사항)과 관련이 있는 위법한 행위나 업무를 게을리한 사실이다(제22조 제1항).

[판례] 주민소송은 원칙적으로 지방자치단체의 재무회계에 관한 사항의 처리를 직접 목적으로 하는 행위에 대하여 제기할 수 있고, 지방자치법 제17조 제1항에서 주민소송의 대상으로 규정한 '재산의 취득·관리·처분에 관한 사항', '해당 지방자치단체를 당사자로 하는 계약의 체결·이행에 관한 사항' 등에 해당하는지 여부도 그 기준에 의하여 판단하여야 한다(대판 2020. 7. 29, 2017두63467[용인경전철사건]).

주민소송의 대상이 되는 위법한 행위나 해태사실은 감사청구한 사항과 동일할 필요는 없고 관련성이 있으면 된다(대판 2020. 7. 29, 2017두63467).

주민감사를 청구한 사항과 관련성이 있는지 여부는 주민감사청구사항의 기초인 사회적 사실관계와 기본적인 점에서 동일한지 여부에 따라 결정되는 것이며 그로부터 파생되거나 후속하여 발생하는 행위나 사실은 주민감사청구사항과 관련이 있다고 보아야 한다(대판 2020. 7. 29, 2017두63467).

주민소송은 지방자치법 제22조 제1항에서 정한 재무회계사항에 한정된다. 지방자치법 제22조 제1항에서 정한 재무회계사항이 아닌 사항을 대상으로 하여 제기된 주민소송은 부적법하고, 각하되어야 한다(대판 2015. 9. 10, 2013두16746).

[판례 1] [1] **구 지방자치법 제13조의5 제1항에서 주민소송 대상으로 정한 '공금의 지출에 관한 사항'의 의미 및 여기에 지출원인행위 등에 선행하는 지방자치단체의 장 및 직원, 지방의회 의원의 결정 등이 포함되는지 여부(원칙적 소극)**: 구 지방자치법(2007. 5. 11. 법률 제8423호로 전부 개정되기 전의 것, 이하 '구 지방자치법'이라 한다) 제13조의4 제1항, 제13조의5 제1항, 제2항 제4호, 구 지방재정법(2006. 10. 4. 법률 제8050호로 개정되기 전의 것) 제67조 제1항, 제69조, 제70조의 내용, 형식 및 취지 등을 종합해 보면, 구 지방자치법 제13조의5(현행 제17조) 제1항에 규정된 주민소송의 대상으로서 '공금의 지출에 관한 사항'이란 지출원인행위, 즉 지방자치단체의 지출원인이 되는 계약 그 밖의 행위로서 당해 행위에 의하여 지방자치단체가 지출의무를 부담하는 예산집행의 최초 행위와 그에 따른 지급명령 및 지출 등에 한정되고, 특별한 사정이 없는 한 이러한 지출원인행위 등에 선행하여 그러한 지출원인행위를 수반하게 하는 당해 지방자치단체의 장 및 직원, 지방의회 의원의 결정 등과 같은 행위는 포함되지 않는다고 보아야 한다. [2] **구 지방자치법 제13조의5 제1항에서 주민소송 대상으로 정한 '공금의 지출에 관한 사항'에 해당하는지 판단할 때 지출원인행위의 선행행위에 위법사유가 존재하는지 심사할 수 있는 경우 및 이때 위법사유가 존재하는지 판단하는 방법**: 구 지방자치법(2007. 5. 11. 법률 제8423호로 전부 개정되기 전의 것) 제13조의5 제1항에 규정된 주민소송의 대상인 '공금의 지출에 관한 사항'에는 지출원인행위에 선행하는 당해 지방자치단체의 장 및 직원, 지방의회 의원의 결정 등과 같은 행위가 포함되지 않으므로 선행행위에 위법사유가 존재하더라도 이는 주민소송의 대상이 되지 않는다. 그러나 지출원인행위 등을 하는 행정기관이 선행행위의 행정기관과 동일하거나 선행행위에 대한 취소·정지권을 갖는 경우 지출원인행위 등을 하는 행정기관은 지방자치단체에 직접적으로 지출의무를 부담하게 하는 지출원인행위 단계에서 선행행위의 타당성 또는 재정상 합리성을 다시 심사할 의무가 있는 점 등에 비추어 보면, 선행행위가 현저하게 합리성을 결하여 그 때문에 지방재정의 적정성 확보라는 관점에서 지나칠 수 없는 하자가 존재하는 경우에는 지출원인행위 단계에서 선행행위를 심사하여 이를 시정해야 할 회계관계 법규상 의무가 있다고 보아야 한다. 따라서 이러한 하자를 간과하여 그대로 지출원인행위 및 그에 따른 지급명령·지출 등 행위에 나아간 경우에는 그러한 지출원인행위 등 자체가 회계관계 법규에 반하여 위법하다고 보아야 한다. [3] 시장 갑이 도시개발에 따른 교통난을 해소하기 위해 도로확장공사계획(선행행위)을 수립하고, 건설회사와 공사도급계약(지출원인행위)을 체결하여 공정을 마무리하였으나 해당 도로가 군용항공기지법 제8조에 반하여 비행안전구역에 개설되었다는 이유로 개통이 취소되자, 주민 을 등이 갑을 비롯한 시청 소속 공무원들이 도로 개설 사업을 강행함으로써 예산을 낭비하였다며 구 지방자치법(2007. 5. 11. 법률 제8423호로 전부 개정되기 전의 것, 이하 '구 지방자치법'이라 한다) 제13조의4에 따른 주민감사청구를 한 후 시장을 상대로 구 지방자치법 제13조의5 제2항 제4호에 따라 갑에게 손해배상청구를 할 것을 요구하는 소송을 제기한 사안에서, 선행행위인 도로확장계획 등에 일부 위법사유가 존재하더라도 현저하게 합리성을 결하여 지출원인행위인 공사도급계약 체결에 지나칠 수 없는 하자가 있다고 보기 어렵고, 공사도급계약 체결 단계에서 선행행위를 다시 심사하여 이를 시정해야 할 회계관계 법규상 의무를 위반하여 그대로 지출원인행위 등으로 나아간 경우에 해당한다고 보기 어렵다고 한 사례(대판 2011. 12. 22, 2009두14309[손해배상청구]). 〈해설〉 판례는 선행행위의 위법은 주민소송의 대상이 되지 않는다고 본다. 다만, 예외적으로 선행행위가 현저하게 합리성을 결하여 그 때문에 지방재정의 적정성 확보라는 관점에서 지나칠 수 없는 하자가 존

재하는 경우에는 지출원인행위 단계에서 선행행위를 심사하여 이를 시정해야 할 회계관계 법규상 의무가 있다고 본다. 자세한 것은 함인선, 주민소송에 있어서 이른바 '위법성의 승계'에 관한 검토, 공법연구 제42집 제4호, 2014. 6, 343면 이하 참조.

[판례 2] [1] **지방자치법 제17조 제1항, 제2항에서 정한 주민소송의 대상인 '재산의 관리·처분에 관한 사항' 및 '공금의 부과·징수를 게을리 한 사항'의 의미(=재무회계행위)**: 주민소송의 대상이 되는 '재산의 관리·처분에 관한 사항'이나 '공금의 부과·징수를 게을리 한 사항'이라 함은, 지방자치단체의 소유에 속하는 재산의 가치를 유지·보전 또는 실현함을 직접 목적으로 하는 행위 또는 그와 관련된 공금의 부과·징수를 게을리한 행위를 말하고, 그 밖에 재무회계와 관련이 없는 행위는 설령 그것이 지방자치단체의 재정에 어떤 영향을 미친다고 하더라도, 주민소송의 대상이 되는 '재산의 관리·처분에 관한 사항' 또는 '공금의 부과·징수를 게을리 한 사항'에 해당하지 않는다. [2] **이행강제금의 부과가 주민소송의 대상이 되는 '공금의 부과·징수를 게을리 한 사항'에 해당하는지 여부(적극)**: 이행강제금은 지방자치단체의 재정수입을 구성하는 재원 중 하나로서 '지방세외수입금의 징수 등에 관한 법률'에서 이행강제금의 효율적인 징수 등에 필요한 사항을 특별히 규정하는 등 그 부과·징수를 재무회계 관점에서도 규율하고 있으므로, 이행강제금의 부과·징수를 게을리 한 행위는 주민소송의 대상이 되는 공금의 부과·징수를 게을리 한 사항에 해당한다. [3] 지방자치법 제17조 제1항, 제2항 제3호의 주민소송 요건인 위법하게 공금의 부과·징수를 게을리 한 사실이 인정되기 위해서는 전제로서, 관련 법령상의 요건이 갖추어져 지방자치단체의 집행기관 등의 공금에 대한 부과·징수가 가능하여야 한다. [4] 원고가 부설주차장 설치에 관한 위법 등을 이유로 피고의 소외 회사에 대한 건축법상의 사용승인처분의 취소 또는 무효확인(지방자치법 제17조 제2항 제2호), 사용승인의 취소 또는 시정명령, 건축물대장에의 위반내용 기재 처분, 원상회복, 대집행, 시정조치 건축법상의 이행강제금의 부과·징수를 게을리 한 사실에 대한 위법확인(지방자치법 제17조 제2항 제3호)을 구하는 주민소송을 제기한 사안에서, 이행강제금의 부과를 게을리 한 사실은 주민소송의 대상에 해당하나, 이를 제외한 나머지 처분이나 조치 등은 주민소송의 대상이 되는 재무회계행위에 해당하지 아니하므로 그 부분 소가 부적법하다고 판단한 사례(불이익변경금지 원칙에 의하여 상고기각)(대판 2015. 9. 10, 2013두16746〈행정부작위위법〉).

[판례 3] **〈피고(서초구청장)는 도로점용허가처분에 관여한 서초구청 공무원들 및 참가인(사랑의교회)에 대하여 손해배상청구의 소제기를 이행하라는 주민소송을 제기한 사건〉** [1] 도로 등 공물이나 공공용물의 점용허가가 도로 등의 본래 기능 및 목적과 무관하게 그 사용가치를 실현·활용하기 위한 것으로 평가되는 경우에는 주민소송의 대상이 되는 재산의 관리·처분에 해당한다. [2] 이 사건 도로점용허가(도로 지하 부분을 2010. 4. 9.부터 2019. 12. 31.까지 참가인이 점용할 수 있도록 하는 내용의 도로점용허가처분)는 실질적으로 위 도로 지하부분의 사용가치를 제3자로 하여금 활용하도록 하는 임대 유사한 행위로서, 이는 앞서 본 법리에 비추어 볼 때, 지방자치단체의 재산인 도로부지의 재산적 가치에 영향을 미치는 지방자치법 제17조 제1항의 '재산의 관리·처분에 관한 사항'에 해당한다(대판 2016. 5. 27, 2014두8490[도로점용허가처분무효확인등]). 〈해설〉 공물관리행위와 재산관리행위는 구별되고, 공물의 점용허가는 공물관리행위의 하나이지만, 주로 재산관리행위의 성질을 가질 경우에는 주민소송의 대상이 된다고 한 사례이다.

[판례 4] 지방의회의원의 의정활동비를 인상한 조례의 위법·무효를 전제로 그 조례에 따라 지급된 의정활동비를 부당이득으로 보고 부당이득의 반환을 구하는 주민소송을 제기한 것에 대해 지방의회의원에게 지급할 의정활동비 등의 지급기준을 정한 조례를 공금의 지출에 관한 사항 즉 지출원인행위로 보고, 본안 판단을 한 사례(대판 2014. 2. 27, 2011두7489).

② 감사청구전치주의를 취하는 결과 전술한 감사청구의 제외대상(지방자치법 제21조 제2항)은 주민소송의 대상이 될 수 없다.

③ 주민소송이 계속중인 경우 다른 주민은 같은 사항에 대하여 별도의 소송을 제기할 수 없다(제22조 제5항).

(7) 피고적격

주민소송의 피고는 해당 지방자치단체의 장(당해 사항의 사무처리에 관한 권한을 소속기관의 장에게 위임한 경우에는 그 소속기관의 장)이다(제22조 제1항).

(8) 출소기간

주민소송은 다음의 어느 하나에 해당하는 날부터 90일 이내에 제기하여야 한다(제22조 제4항).

① 제1항 제1호의 경우: 해당 60일이 끝난 날(제21조 제9항 단서에 따라 감사기간이 연장된 경우에는 연장기간이 끝난 날을 말한다)
② 제1항 제2호의 경우: 해당 감사 결과나 조치 요구 내용에 대한 통지를 받은 날
③ 제1항 제3호의 경우: 해당 조치를 요구할 때에 지정한 처리기간이 끝난 날
④ 제1항 제4호의 경우: 해당 이행 조치 결과에 대한 통지를 받은 날

(9) 관 할

주민소송은 해당 지방자치단체의 사무소 소재지를 관할하는 행정법원(행정법원이 설치되지 아니한 지역에서는 행정법원의 권한에 속하는 사건을 관할하는 지방법원 본원을 말한다)의 관할로 한다(제22조 제9항).

(10) 판결의 효력

1) 중지명령판결의 효력

제22조 제2항 제1호의 중지청구소송의 인용판결인 중지명령판결이 있으면 기속력에 의해 관계 행정청은 당해 행위를 중지할 부작위의무를 진다.

2) 취소·무효확인판결의 효력

동조 제2항 제2호의 취소소송 또는 무효등확인소송의 인용판결은 행정소송법상의 취소판결 또는 무효등확인판결과 같은 효력을 갖는다.

3) 해태사실위법확인판결의 효력

동조 제2항 제3호의 해태사실위법확인소송에서 해태사실위법확인판결이 있으면 기속력에 의해 관계행정청에게 판결의 취지에 따른 작위의무가 생긴다.

4) 이행판결의 효력

동조 제2항 제4호의 소송에서 이행판결이 내려지면 다음과 같은 효력이 발생한다.

① 지방자치단체의 장(해당 사항의 사무처리에 관한 권한을 소속 기관의 장에게 위임한 경우에는 그 소속 기관의 장을 말한다. 이하 이 조에서 같다)은 제22조 제2항 제4호 본문에 따른 소송에 대하여 손해배상청구나 부당이득반환청구를 명하는 판결이 확정되면 그 판결이 확정된 날부터 60일 이내를 기한으로 하여 당사자에게 그 판결에 따라 결정된 손해배상금이나 부당이득반환금의 지급을 청구하여야 한다. 다만, 손해배상금이나 부당이득반환금을 지급하여야 할 당사자가 지방자치단체

의 장이면 지방의회 의장이 지급을 청구하여야 한다(제23조 제1항). 지방자치단체는 제1항에 따라 지급청구를 받은 자가 같은 항의 기한까지 손해배상금이나 부당이득반환금을 지급하지 아니하면 손해배상·부당이득반환의 청구를 목적으로 하는 소송을 제기하여야 한다. 이 경우 그 소송의 상대방이 지방자치단체의 장이면 그 지방의회 의장이 그 지방자치단체를 대표한다(동조 제2항). 이 때 상대방인 지방자치단체의 장이나 공무원은 국가배상법 제2조 제2항, 회계직원책임법 제4조 제1항의 각 규정 내용 및 취지 등에 비추어 볼 때, 그 위법행위에 대하여 고의 또는 중대한 과실이 있는 경우에 제4호 주민소송의 손해배상책임을 부담하는 것으로 보아야 한다(대판 2020. 7. 29, 2017두63467).

② 지방자치단체의 장은 제22조 제2항 제4호 단서에 따른 소송에 대하여 변상할 것을 명하는 판결이 확정되면 그 판결이 확정된 날부터 60일 이내를 기한으로 하여 당사자에게 그 판결에 따라 결정된 금액을 변상할 것을 명령하여야 한다(제24조 제1항). 제1항에 따라 변상할 것을 명령 받은 자가 같은 항의 기한까지 변상금을 지급하지 아니하면 지방세 체납처분의 예에 따라 징수할 수 있다(동조 제2항). 제1항에 따라 변상할 것을 명령 받은 자는 이에 불복하는 경우 행정소송을 제기할 수 있다. 다만, 행정심판법에 따른 행정심판청구는 제기할 수 없다(동조 제3항).

(11) 법적 규율

주민소송에 관하여는 지방자치법에 규정된 것 외에는 행정소송법에 따른다(제22조 제18항). 주민소송에 대한 행정소송법의 적용에 있어서는 주민소송의 종류별로 그 성질에 따라 그 적용규정이 다르다.

① 제1호의 중지청구소송은 현행 행정소송법상 인정하고 있지 않은 소송유형이다. 중지의 대상이 처분인 경우에는 항고소송의 규정이 준용되고, 중지의 대상이 비권력적 행위인 경우에는 당사자소송을 준용하는 것으로 하여야 할 것이다.

② 제2호의 행정처분에 대한 취소 또는 무효확인소송은 항고소송인 취소소송 또는 무효확인소송과 유사한 성질을 갖는다. 따라서, 제2호의 행정처분에 대한 취소 또는 무효확인소송에는 취소소송 또는 무효확인소송에 관한 규정이 준용된다.

③ 제3호의 해태사실의 위법확인소송은 부작위위법확인소송과 유사한 성질을 가지므로 제 3 호의 해태사실의 위법확인소송에는 부작위위법확인소송에 관한 규정이 준용된다.

④ 제4호의 손해배상청구소송 등의 소송은 공법상 당사자소송과 유사하므로 제4호의 소송에는 공법상 당사자소송에 관한 규정이 준용된다.

3. 정보공개청구권

공공기관의 정보공개에 관한 법률로 국민의 정보공개청구권이 인정되고 있는데, 이 법률의 적용대상에 지방자치단체도 포함된다(정보공개법 제2조 제3호 등, 지방자치법 제26조 제1항). 그리고 조례로 이 법률보다 주민의 정보공개청구권을 강화하는 조례를 제정할 수 있다. 정보공개청구조례는 국민의 권리를 제한하거나 의무를 부과하는 조례가 아니고 알권리를 구체적으로 보장하는 조례이므로 법률의 위임이 없어도 가능하다.

4. 주민소환권

(1) 주민소환의 의의

주민소환이라 함은 주민이 투표를 통하여 선출직 지방공직자의 직을 상실시키는 것을 말한다.

주민은 그 지방자치단체의 장 및 지방의회의원(비례대표 지방의회의원은 제외한다)을 소환할 권리를 가진다(지방자치법 제25조 제1항). 주민소환의 투표 청구권자·청구요건·절차 및 효력 등에 관한 사항은 따로 법률로 정한다(제2항). 주민소환은 「주민소환에 관한 법률」에 의해 규율된다. 제주특별자치도에서의 주민소환은 『제주특별자치도 설치 및 국제자유도시 조성을 위한 특별법』에 의해 규율된다.

(2) 주민소환의 대상

주민소환투표의 대상은 선출직 지방공직자인 해당 지방자치단체의 장 및 지방의회의원을 대상으로 한다. 다만, 비례대표선거구시·도의회의원 및 비례대표선거구자치구·시·군의회의원은 제외한다(법 제7조).

(3) 주민소환청구의 요건

주민소환법은 주민소환사유를 제한하지 않고 있다. 헌법재판소는 주민소환의 청구사유에 관하여 아무런 규정을 두지 아니한 것이 과잉금지원칙을 위반하여 소환대상자의 공무담임권을 침해하는 것이 되지 않는다고 보고 있다(헌재 2009. 3. 26, 2007헌마843).

주민소환투표의 청구 서명인 수는 시·도지사는 당해 지방자치단체의 주민소환투표청구권자 총수의 100분의 10 이상, 시장·군수·자치구의 구청장은 당해 지방자치단체의 주민소환투표청구권자 총수의 100분의 15 이상, 지역구시·도의원 및 지역구자치구·시·군의원은 당해 지방의회의원의 선거구 안의 주민소환투표청구권자 총수의 100분의 20 이상으로 한다(법 제7조 제1항).

시·도지사에 대한 주민소환투표를 청구함에 있어서는 당해 지방자치단체 관할구역 안의 시·군·자치구 전체의 수가 3개 이상인 경우에는 3분의 1 이상의 시·군·자치구에서 각각 주민소환투표청구권자 총수의 10000분의 5 이상 1000분의 10 이하의 범위 안에서 대통령령이 정하는 수 이상의 서명을 받도록 하여야 한다. 다만, 당해 지방자치단체 관할구역 안의 시·군·자치구 전체의 수가 2개인 경우에는 각각 주민소환투표청구권자 총수의 100분의 1 이상의 서명을 받아야 한다(동조 제2항).

시장·군수·자치구의 구청장 및 지역구지방의회의원에 대하여는 당해 시장·군수·자치구의 구청장 및 당해 지역구지방의회의원 선거구 안의 읍·면·동에서 시·도지사의 경우와 동일한 기준으로 서명을 받아야 한다(동조 제3항).

주민소환투표권자는 주민소환투표인명부작성기준일 현재 ① 19세 이상의 주민으로서 당해 지방자치단체 관할구역에 주민등록이 되어 있는 자(「공직선거법」 제18조의 규정에 의하여 선거권이 없는 자를 제외한다) 및 ② 19세 이상의 외국인으로서 「출입국관리법」 제10조의 규정에 따른 영주의 체류자격 취득일 후 3년이 경과한 자 중 같은 법 제34조의 규정에 따라 당해 지방자치단체 관할구역의 외국인등록대장에 등재된 자로 한다(법 제3조).

(4) 주민소환투표의 청구기간제한

선출직 지방공직자가 임기개시일부터 1년이 경과하지 아니한 때, 선출직 지방공직자의 임기만료일부터 1년 미만인 때, 해당 선출직 지방공직자에 대한 주민소환투표를 실시한 날부터 1년 이내인 때에는 주민소환투표의 실시를 청구할 수 없다(법 제8조).

(5) 권한행사의 정지 및 권한대행

주민소환투표대상자는 주민소환투표안을 공고한 때부터 주민소환투표결과를 공표할 때까지 그 권한행사가 정지되며, 지방자치단체의 장의 권한이 정지된 경우에는 부자치단체장(副自治團體長)이 그 권한을 대행하고, 부단체장이 권한을 대행할 수 없는 경우에는 「지방자치법」 제124조 제5항의 규정을 준용하여 그 권한을 대행한다(법 제21조).

(6) 주민소환투표결과의 확정

주민소환투표권자 총수의 3분의 1 이상의 투표와 유효투표 총수 과반수의 찬성으로 확정된다(법 제22조 제1항).

(7) 주민소환투표의 효력

주민소환이 확정된 때에는 주민소환투표대상자는 그 결과가 공표된 시점부터 그 직을 상실한다(제23조 제1항). 제1항의 규정에 의하여 그 직을 상실한 자는 그로 인하여 실시하는 이 법 또는 『공직선거법』에 의한 해당보궐선거에 후보자로 등록할 수 없다(동조 제2항).

(8) 주민소환투표소송 등

주민소환투표의 효력에 관하여 이의가 있는 해당 주민소환투표대상자 또는 주민소환투표권자(주민소환투표권자 총수의 100분의 1 이상의 서명을 받아야 한다)는 지역구시·도의원, 지역구자치구·시·군의원 또는 시장·군수·자치구의 구청장을 대상으로 한 주민소환투표에 있어서는 특별시·광역시·도선거관리위원회에, 시·도지사를 대상으로 한 주민소환투표에 있어서는 중앙선거관리위원회에 소청할 수 있다(법 제24조 제1항).

제1항의 규정에 따른 소청에 대한 결정에 관하여 불복이 있는 소청인은 관할선거관리위원회 위원장을 피고로 하여 지역구시·도의원, 지역구자치구·시·군의원 또는 시장·군수·자치구의 구청장을 대상으로 한 주민소환투표에 있어서는 그 선거구를 관할하는 고등법원에, 시·도지사를 대상으로 한 주민소환투표에 있어서는 대법원에 소를 제기할 수 있다(동조 제2항).

제 3 항 주민의 의무

I. 비용분담의무

1. 의 의

주민은 법령으로 정하는 바에 따라 소속 지방자치단체의 비용을 분담하여야 하는 의무를 진다(제27조). 주민의 비용분담의무는 자치권 인정에 대응하여 당연히 요구되는 의무이다.

2. 종 류

주민의 비용분담의 내용으로는 지방세의 납부, 사용료, 수수료 및 분담금의 납부 등이 있다(제152조 내지 제155조).

3. 법적 근거

주민의 비용분담의무는 법률에 근거하여야 한다.

4. 법적 통제 및 한계

지방세도 세금이므로 조세법의 기본원칙, 지방세법 등 조세에 대한 법적 통제와 한계에 따른다.

본래 지방자치단체의 재산 또는 공공시설의 사용 및 행정서비스의 제공은 무료임이 원칙이다. 다만, 재산 또는 공공시설의 사용 및 행정시비스의 제공으로 특정인이 특별한 이익을 얻는 경우에 수익자부담의 원칙 및 공평의 원칙상 그 실비를 징수하는 것이다. 사용료와 수수료는 행정에 필요한 실제비용을 초과하여 부과될 수 없다.

5. 부과징수와 권리구제

지방세, 사용료·수수료 또는 분담금의 부과행위는 부담적 행정행위이다.

지방자치단체의 장은 사용료·수수료 또는 분담금을 내야 할 자가 납부기한까지 그 사용료·수수료 또는 분담금을 내지 아니하면 지방세 체납처분의 예에 따라 징수할 수 있다(제156조 제7항).

사용료·수수료 또는 분담금의 부과나 징수에 대하여 이의가 있는 자는 그 처분을 통지받은 날로부터 90일 이내에 그 지방자치단체의 장에게 이의신청할 수 있다(제156조 제2항). 지방자치단체의 장은 제2항의 이의신청을 받은 날부터 60일 이내에 이를 결정하여 알려야 한다(제3항). 제2항과 제3항에 따른 이의신청의 방법과 절차 등에 관하여는 「지방세기본법」 제90조와 제94조부터 제100조까지의 규정을 준용한다(제6항).

사용료·수수료 또는 분담금의 부과나 징수에 대하여 행정소송을 제기하려면 제3항에 따른 결정을 통지 받은 날부터 90일 이내에 처분청을 당사자로 하여 소를 제기하여야 한다(제156조 제4항). 제3항에 따른 결정기간 내에 결정의 통지를 받지 못하면 제4항에도 불구하고 그 결정기간이 지난 날부터 90일 이내에 소를 제기할 수 있다(제5항).

판례는 이 이의신청을 행정심판법상 행정심판이 아니라고 본다(대판 2012. 3. 29, 2011두26886).

Ⅱ. 이용강제의무

1. 의 의

공적인 필요가 있는 경우에 주민에게 하수도 등 일정한 시설의 이용이 강제될 수 있다. 공공시설의 이용강제는 위생, 환경 등의 공익목적과 함께 공공시설의 설치 및 이용의 경제성 보장을 위한 것이다.

2. 법적 근거

이용강제의 일반적 법적 근거는 없고, 개별법에서 이용강제를 규정하는 경우가 있다. 하수도

법은 공공하수도의 이용강제와 사용료 징수를 규정하고 있다(제27조 제 1 항, 제65조).

3. 이용관계의 성질

이용강제에 의한 공공시설의 이용관계는 그 권력성 및 공익성에 비추어 공법관계로 보아야 할 것이다.

제2장

지방자치단체의 조직

제 1 절 개 설

지방자치단체의 기관에는 의결기관과 집행기관이 있다. 그런데, 비교법적 고찰을 하면 의결기관과 집행기관이 통합되어 있는 입법례도 있고, 의결기관과 집행기관이 상호 독립되어 있는 경우도 있다. 전자를 기관통합형이라 하고, 후자를 기관대립형이라 할 수 있다.

우리나라는 기관대립형을 취하고 있다. 의결기관으로서의 지방의회와 집행기관으로서의 지방자치단체의 장이 상호 독립되어 있고 지방의회의원과 지방자치단체의 장을 주민이 직접 선출하고 있다. 지방의회와 지방자치단체의 장은 상호 대등한 지위에서 견제와 균형을 유지하고 있다.

지방자치단체의 의회(지방의회)와 집행기관에 관한 지방자치법의 규정에도 불구하고 따로 법률로 정하는 바에 따라 지방자치단체의 장의 선임방법을 포함한 지방자치단체의 기관구성 형태를 달리 할 수 있다(제4조 제1항). 제1항에 따라 지방의회와 집행기관의 구성을 달리하려는 경우에는 「주민투표법」에 따른 주민투표를 거쳐야 한다(제2항).

제 2 절 지방의회

제 1 항 지방의회의 지위

Ⅰ. 헌법기관

지방의회(地方議會)는 헌법에서 인정한 헌법기관이다(헌법 제118조). 따라서, 법률에 의해 지방의회를 두지 않거나 이를 다른 조직으로 대체하는 것은 가능하지 않다.

Ⅱ. 주민의 대표기관

지방자치법은 지방의회를 주민의 대의기관이라고 규정하고 있다(제37조).

Ⅲ. 의결기관

지방의회는 조례, 예산, 결산 등 지방자치단체의 중요한 문제에 관하여 의결권을 갖는다(제47조 제1항). 지방자치단체는 지방자치법 제47조 제1항 각 호의 사항 외에 조례로 정하는 바에 따라 지방의회에서 의결되어야 할 사항을 따로 정할 수 있다(제47조 제2항). 지방의회의 의결은 지방자치단체의 장이나 기타 기관을 구속한다.

지방의회의 의결사항을 의결없이 한 행위는 무효이다(대판 2024. 7. 11, 2024다211762: 지방의회 의결을 받아야 하는 중요 재산의 취득·처분에 해당함에도 지방의회의 의결을 받지 아니한 채 중요 재산에 관한 매매계약을 체결하였다면 이는 강행규정인 지방자치법령에 위반된 계약으로서 무효가 된다고 한 사례).

Ⅳ. 자치입법기관

지방의회는 지방자치단체의 사무에 관한 조례를 제정하고 개폐하는 권한을 가진다(제47조 제1항 제1호).

Ⅴ. 집행기관의 감시·통제기관

지방의회는 집행기관을 감시하고 통제하는 권한을 갖는다. 지방의회의 집행기관에 대한 감시통제권으로는 서류제출요구권(제48조), 행정사무감사 및 조사권(제49조), 지방자치단체의 장 또는 관계공무원의 출석·답변요구권(제51조), 예산·결산의 승인 등 중요사항 의결권(제47조)이 규정되어 있다.

Ⅵ. 행정기관

지방자치단체는 행정조직의 하나라고 할 수 있는데, 지방의회는 지방자치단체의 구성부분이므로 행정기관으로서의 지위를 갖는다.

제 2 항 지방의회의 구성과 운영

지방의회는 지방의회의원으로 구성되는데, 지방의회의원은 주민의 보통·평등·직접·비밀선거에 의하여 선출한다(제38조). 지방의회의원의 수와 선거에 관한 것은 공직선거 및 선거부정방지법 제20조 이하에서 규정하고 있다.

Ⅰ. 지방의회의 회의

1. 정 례 회

정례회(定例會)는 매년 2회 개최한다(제53조 제1항).

2. 임 시 회

지방의회의장은 지방자치단체의 장이나 조례로 정하는 수 이상의 지방의회의원이 요구하면 15일 이내에 임시회를 소집하여야 한다(제45조 제2항).

3. 의 결

의결은 지방의회의 최종적 의사이다. 그런데, 의결은 내부적인 효력만 가지므로 처분이 아니고 항고소송의 대상이 되지 않는다.

그러나, 지방의회 의장의 불신임결의, 지방의원징계의결 등은 행정행위로서 항고소송의 대상이 된다.

[판례 1] 판례는 지방의회에 의한 지방의회 의장의 불신임결의는 의장으로서의 권한을 박탈하는 행정처분의 일종으로서 항고소송의 대상이 된다(대결 1994. 10. 11, 94두23[행정처분효력정지]). 〈해설〉 지방의회는 불신임결의를 하는 경우 행정기관의 지위를 갖는다.

[판례 2] 지방의회의 의원징계의결은 그로 인해 의원의 권리에 직접 법률효과를 미치는 행정처분의 일종으로서 행정소송의 대상이 된다(대판 1993. 11. 26, 93누7341[의원제명취소무효확인등]).

Ⅱ. 의장과 부의장

1. 의장의 직무상 지위

(1) 회의의 주재자

의장은 회의의 주재자로서 의사를 정리하고, 회의장내의 질서를 유지하며(제58조), 회의의 중지 또는 산회를 선포한다(제72조 제2항).

(2) 지방의회의 대표자

지방의회의 의장은 의회를 대표한다(제58조).

(3) 행 정 청

의장은 의회의 사무를 감독하고(제58조), 지방의회 소속의 공무원에 대하여 지휘감독권을 갖는데, 이 권한의 행사에 있어서 의장은 행정청의 지위를 갖는다(홍정선, 881면).

2. 의장불신임의 의결

지방의회의 의장 또는 부의장이 법령을 위반하거나 정당한 이유 없이 직무를 수행하지 아니한 때에는 지방의회는 불신임(不信任)을 의결할 수 있다(제62조 제1항).

3. 의장과 부의장의 권한

의장은 다음과 같은 권한을 갖는다. 의결된 조례안의 지방자치단체의 장에게의 이송권(제32조 제1항), 확정된 조례의 예외적인 공포권(제32조 제6항), 정례회·임시회소집공고권(제54조), 지방의회대표권(제58조), 회의의 중지·산회선포권(제72조 제2항), 폐회중 의원의 사직허가권(제89조), 회의장내 질서유지권(제94조), 의회사무지휘·감독권(제103조 제1항).

부의장은 의장이 부득이한 사유로 직무를 수행할 수 없을 때에는 그 직무를 대리한다(제59조).

제 3 항 지방의회의원의 권리와 의무

Ⅰ. 지방의회의원의 권리

1. 직무상 권리

지방의회의원(地方議會議員)은 질문권, 의안발의권(제76조 제1항), 회의에서의 발언 및 표결권, 의장·부의장 및 위원회 위원의 선거권과 피선거권 등을 갖는다.

지방의회의원에 대하여 유급 보좌 인력을 두는 것은 입법사항이므로 수권이 없음에도 유급보좌관을 두도록 하는 조례는 위법하다는 것이 판례의 입장이다(대판 2017. 3. 30, 2016추5087 등).

2. 재산상 권리

지방의회의원은 일종의 보수를 지급받는다. 즉, 직무활동에 대해 대통령령으로 정하는 기준을 고려하여 해당 지방자치단체의 의정비심의위원회에서 결정하는 금액 이내에서 조례로 정하는 월정수당을 지급받는다(제40조 제1항 제2호, 제2항). 그런데, 지방의회 의원에게 지급되는 비용 중 적어도 월정수당(제2호)은 지방의회 의원의 직무활동에 대한 대가로 지급되는 보수의 일종이다(대판 2009. 1. 30, 2007두13487[본회의개의및본회의제명의결처분취소]). 따라서, 지방의회의원은 명예직이 아니라 유급직으로 보아야 한다.

또한, 지방의회의원은 직무수행상 발생한 실비(實費)에 대한 지급청구권을 갖는다 즉, 지방의회의원에게는 다음의 비용이 지급된다(제40조 제1항).

① 의정자료를 수집하고 연구하거나 이를 위한 보조활동에 사용되는 비용을 보전하기 위하여 매월 지급하는 의정활동비(의정자료수집·연구비 및 보조활동비).
② 본회의 의결, 위원회의 의결 또는 의장의 명에 따라 공무로 여행할 때 지급하는 여비.
③ 지방의회의원의 직무활동에 대하여 지급하는 월정수당.

지방의회의원이 회기중 직무로 인하여 신체에 상해를 입거나 사망한 때와 그 상해 또는 직무로 인한 질병으로 사망한 때에는 보상금을 지급할 수 있다(제42조 제1항).

Ⅱ. 지방의회의원의 의무

지방의회의원은 겸직등 금지 등 일정한 의무를 진다(제43조, 제44조).

Ⅲ. 지방의회의원의 신분보장

지방의회의원에게는 면책특권이나 불체포특권이 인정되지 않는다.

다만, 수사기관의 장은 체포되거나 구금된 지방의회의원이 있으면 지체 없이 해당 의장에게 영장의 사본을 첨부하여 그 사실을 알려야 한다(제45조 제1항).

제 4 항 지방의회의 권한

[문제] 기관위임사무에 대한 지방의회의 관여(행시 제45회).

지방의회(地方議會)는 의결권, 조례제정권, 집행기관에 대한 감시·통제권, 자율권 등의 권리를 갖는다.

Ⅰ. 의 결 권(제47조)

지방의회의 의결사항을 의결 없이 한 행위는 무효가 된다.

Ⅱ. 조례제정권

지방의회는 조례안을 확정하는 권한을 갖는다.

Ⅲ. 감시·통제권

1. 출석·답변 및 서류제출요구권(제51조 제2항, 제48조)

2. 사무감사 및 조사권

(1) 의 의

지방의회의 행정사무감사 및 조사권은 지방의회의 집행기관에 대한 중요한 통제수단이다. 행정사무감사·조사권은 지방의회 자체의 권한이고 의원 개개인의 권한은 아니다.

[판례] 따라서, 의원은 의회의 본회의 및 위원회의 활동과 아무런 관련 없이 의원 개인의 자격에서 집행기관의 사무집행에 간섭할 권한이 없으며, 이러한 권한은 법이 규정하는 의회의 권한 밖의 일로서 집행기관과의 권한한계를 침해하는 것이어서 허용될 수 없다(대판 1992. 7. 28, 92추31[지방의회조례안의결취소]).

사무감사(事務監査)는 지방자치단체의 사무 전반에 대하여 실시되는 것이고, 사무조사(事務調査)는 특정한 사안에 대하여 실시되는 것이다.

(2) 사무감사

1) 자치사무에 대한 연례감사

자치사무는 지방의회의 연례감사의 대상이 된다. 즉, 지방의회는 매년 1회 그 지방자치단체의 사무에 대하여 시·도에 있어서는 14일, 시·군 및 자치구에 있어서는 9일의 각 범위에서 감사를 실시하고, 지방자치단체의 사무 중 특정 사안에 관하여 본회의 의결로 본회의나 위원회에서 조사하게 할 수 있다(제49조 제1항).

2) 위임사무에 대한 감사

국가 또는 시·도로부터 위임받은 **단체위임사무와 기관위임사무에 대한 지방의회의 감사는 국회와 시·도의회가 직접 감사하기로 하지 않은 경우에 한하여** 그 감사를 각각 당해 시·도의회와 시·군 및 자치구의회가 행할 수 있다. 이 경우 국회와 시·도의회는 그 감사결과에 대하여 그 지방의회에 필요한 자료를 요구할 수 있다(제49조 제3항).

기관위임사무는 그 실질이 국가사무이므로 국회와 시·도의회의 감사의 대상이 된다. 그런데, 기관위임사무에 대하여도 지방의회의 감사의 대상이 될 수 있는 것으로 하고 있는 이유는 기관위임사무가 지방자치단체의 예산에 의해 행해진다는 점, 기관위임사무가 주민의 이해와 관련이 있고, 그 집행이 지방자치단체의 조직에 의해 행해진다는 것에 근거한다.

(3) 사무조사

사무조사는 지방자치단체의 사무 중 특정 사안에 대하여 행해진다(제49조 제1항). 여기에서 지방자치단체의 사무는 자치사무와 단체위임사무를 말한다. 사무조사는 특정사안에 관하여 본회의의 의결로 본회의 또는 위원회로 하여금 행하도록 한다. 조사를 발의하고자 할 때에는 이유를 명시한 서면으로 하여야 하며, 재적의원 3분의 1 이상의 찬성이 있어야 한다(제49조 제2항).

(4) 감사 및 조사의 방법(제49조 제4항, 제5항, 제6항, 제7항)

(5) 행정사무 감사 또는 조사 보고에 대한 처리

지방의회는 본회의의 의결로 감사 또는 조사 결과를 처리한다(제50조 제1항). 지방의회는 감사 또는 조사 결과 해당 지방자치단체나 기관의 시정이 필요한 사유가 있을 때에는 그 시정을 요구하고, 그 지방자치단체나 기관에서 처리함이 타당하다고 인정되는 사항은 그 지방자치단체나 기관으로 이송한다(제2항). 지방자치단체나 기관은 제2항에 따라 시정 요구를 받거나 이송받은 사항을 지체 없이 처리하고 그 결과를 지방의회에 보고하여야 한다(제3항).

Ⅳ. 승 인 권

지방자치단체의 장은 출납 폐쇄 후 80일 이내에 결산서 및 증빙서류를 작성하고 지방의회가 선임한 검사위원의 검사의견서를 첨부하여 다음 해 지방의회의 승인을 얻어야 한다(제150조 제1항).

지방자치단체의 장의 선결처분은 지체없이 지방의회에 보고하여 승인을 얻어야 한다(제122조 제2항).

V. 선 거 권

지방의회는 의장, 부의장, 임시의장을 선출하고(지자법 제57조, 제60조), 위원회의 위원을 선임하고(제64조 제3항), 결산검사위원을 선임한다(제150조 제1항).

VI. 청원의 심사·처리권(제87조, 제88조)

VII. 자 율 권

지방의회는 지방의회의 조직과 운영에 관하여 자율권(自律權)을 갖는다.

1. 운영에 관한 자율권

지방의회는 회의의 운영에 관하여 이 법에 정한 것을 제외하고 필요한 사항은 회의규칙으로 정한다(제83조).

2. 조직에 관한 자율권

지방의회는 지방의회의 조직에 관하여 자율권을 갖는다. 지방의회는 의장, 부의장, 임시의장을 선출하고(제57조 제1항, 제60조), 의장이나 부의장을 불신임할 수 있다(제62조 제1항). 지방의회는 위원회를 둘 수 있고, 위원회의 위원을 선임한다(제64조). 조례가 정하는 바에 의하여 사무기구를 설치할 수 있다(제102조).

사무직원의 임면·교육·훈련·복무·징계 등에 관한 사항은 지방의회의 의장이 법령과 조례·의회규칙으로 정하는 바에 따라 처리한다(제103조 제2항).

3. 내부질서유지에 관한 자율권

의장 또는 위원장은 회의의 질서유지를 위한 권한을 갖는다. 의장 또는 위원장은 의원에 대하여 발언금지명령, 퇴장명령 등을 발하고, 회의를 중지하거나 산회를 선포하는 권한 등을 갖는다(제94조). 의장은 회의장 안의 질서를 방해하는 방청인에 대하여 퇴장을 명하는 권한 등을 갖는다(제97조).

4. 의원신분과 관련된 자율권 [2009 행시(재경 등) 사례]

지방의회는 의원의 자격을 심사하고, 자격상실을 의결하는 권한을 갖는다(제91조, 제92조). 의원의 징계에 관한 결정은 지방의회가 행하며 제명에는 재적의원 3분의 2 이상의 찬성이 있어야 한다(제100조).

지방의회의 징계결정은 처분이므로 항고소송의 대상이 된다(대판 1993. 11. 26, 93누7341[의원제명취소무효확인]). 지방의회에서 의원에 대한 징계에 관하여도 일반 징계처분에서의 재량권의 한계법리가 적용된다(대판 2015. 1. 29, 2014두40616[제명의결처분무효확인]).

제 3 절 지방자치단체의 집행기관

지방자치단체의 집행기관(執行機關)이라 함은 지방자치단체의 의사를 외부에 표시하고 그 의사를 집행하는 기관을 말한다. 지방자치단체의 집행기관에는 지방자치단체의 장, 교육감, 그 보조기관, 소속기관 및 각종 위원회가 있다.

제 1 항 지방자치단체의 장의 법적 지위 및 권한[1998 행시 약술]

Ⅰ. 지방자치단체의 최고집행기관으로서의 권한

1. 지방자치단체의 대표기관으로서의 권한

지방자치단체의 장은 지방자치단체를 대표한다. 따라서, 지방자치단체의 모든 대외적 행위는 지방자치단체의 장이 대표하여 행하며 그 행위의 효과는 지방자치단체에 귀속된다.

2. 지방자치단체사무의 통할·관리·집행기관으로서의 권한

(1) 사무의 통할권

지방자치단체의 장은 지방자치단체의 사무를 통할한다. 이를 위하여 하급행정기관에 대한 지휘감독권을 갖는다.

(2) 사무의 관리집행권

지방자치단체의 장은 지방자치단체의 사무(자치사무와 단체위임사무)를 관리하고 집행하는 최고기관이다.

(3) 소속직원의 임명 및 감독권(제118조)

(4) 규칙제정권

지방자치단체의 장은 법령 또는 조례가 위임한 범위 안에서 그 권한에 속하는 사무에 관하여 규칙을 제정할 수 있다(제29조).

(5) 주민투표부의권(제18조)

Ⅱ. 국가 등의 행정기관으로서의 권한

지방자치단체의 장이 국가 또는 시·도의 사무를 위임받아 처리하는 경우에는 국가 또는 시·도의 기관으로서의 지위를 갖는다. 따라서, 기관위임사무를 처리함에 있어 지방자치단체의 장은 주무부장관 또는 시·도지사의 하급기관으로서 이들의 지도·감독을 받는다(제185조). 다만, 지방자치단체의 장이 지방자치단체의 기관이라는 점을 고려하여 일부 특별한 규정(제189조 등)이 두어지고 있다.

Ⅲ. 광역자치단체의 장의 기초자치단체에 대한 감독기관으로서의 권한

시·도지사는 기초자치단체에 대한 감독을 행한다(제185조 이하). 이 감독권은 광역자치단체의 장의 자격으로서 행하는 것이 아니라 법률의 규정에 의해 그 권한이 인정된 것이다. 기초자치단체에 대한 감독권을 행사함에 있어서 시·도지사는 **일종의 국가기관의 지위**에 선다고 보아야 한다.

시·군 및 자치구 또는 그 장이 위임받아 처리하는 시·도의 사무에 관하여는 시·도지사의 지도·감독을 받는다(제185조 제2항). 이 경우 시·도지사는 **사무의 위임기관**으로서 시·군 및 자치구 또는 그 장에 대하여 지휘·감독권을 행사하는 것이다.

Ⅳ. 지방의회의 견제기관

지방자치단체의 장은 지방의회의 견제기관으로서 재의요구 및 소송제기권과 선결처분권을 갖는다.

1. 재의요구 및 소송제기권[2004 사시 사례]

① 지방자치단체의 장은 지방의회의 의결이 월권 또는 법령에 위반되거나 공익을 현저히 해친다고 인정되면 그 의결사항을 이송받은 날부터 20일 이내에 이유를 붙여 재의를 요구할 수 있다(제120조 제1항).

제1항의 요구에 대하여 재의한 결과 재적의원 과반수의 출석과 출석의원 3분의 2 이상의 찬성으로 전과 같은 의결을 하면 그 의결사항은 확정된다(제120조 제2항). 지방자치단체의 장은 제2항에 따라 재의결된 사항이 법령에 위반된다고 인정되면 대법원에 소를 제기할 수 있다. 이 경우에는 제192조 제4항의 규정을 준용한다(제120조 제3항). 지방자치단체의 장은 법령에 위반된다고 인정되는 재의결에 대하여 대법원에 지방의회를 상대로 재의결의 무효확인을 구하는 기관소송을 제기한다.

지방자치단체의 장은 지방의회의 의결이 예산상 집행할 수 없는 경비가 포함되어 있다고 인정되는 때 및 지방의회가 일정한 경비(법령에 따라 지방자치단체에서 의무적으로 부담하여야 할 경비 또는 비상재해로 인한 시설의 응급복구를 위하여 필요한 경비)를 삭감하는 의결을 한 때에는 그 의결사항을 이송받은 날부터 20일 이내에 이유를 붙여 재의를 요구할 수 있다(제121조 제1항, 제2항). 제1항 및 제2항의 경우에 있어서는 제120조 제2항의 규정을 준용한다(제121조 제3항).

지방자치법 제120조 및 제121조의 재의요구 및 소송제기권은 지방자치단체의 장의 지방의회에 대한 견제권의 성질을 갖는다.

② 감독기관의 요구 또는 지시에 따른 재의요구(제192조 제1항) 및 제소권(제192조 제3항, 제6항)은 견제권이라기보다는 국가기관의 감독권의 대행이라고 보아야 한다.

2. 선결처분권 [2004 행시 약술]

(1) 선결처분권의 의의

지방자치단체의 장이 처분을 함에 있어 지방의회의 의결을 요하는 경우에 지방의회가 의결정족수에 미달되거나 긴급한 경우 지방자치단체의 장은 예외적으로 지방의회의 의결없이 처분을 할 권한을 갖는데, 이를 지방자치단체의 장의 선결처분권(先決處分權)이라 한다.

이 제도는 지방자치단체의 장의 집행권을 보장해 주기 위한 제도로 지방의회에 대한 견제의 기능을 갖는 것이다. 특히 긴급한 상황하에서 지방자치단체의 장에 의한 주민의 생명과 재산의 보호를 보장하기 위하여 인정된 것이다.

(2) 선결처분의 요건

지방자치단체의 장의 선결처분의 요건은 지방의회가 의결정족수에 미달될 경우와 긴급한 경우로 나누어 보아야 한다.

1) 지방의회가 의결정족수에 미달될 경우

지방의회가 지방의회의원이 구속되는 등의 사유로 제73조에 따른 의결정족수에 미달될 때(제122조 제1항). 의원의 수가 의결정족수에 미달한 때에는 그것만으로 지방의회 의결사항의 선결처분이 가능하다.

2) 긴급한 경우

이 경우에는 다음의 네 요건을 충족하여야 한다. ① 지방의회의 의결사항이어야 한다. ② 주민의 생명과 재산의 보호를 위하여 필요하여야 한다. ③ 시간적으로 긴급하여야 한다. 선결처분권은 지방의회의 권한을 제한하고 예외적으로 인정되는 것이므로 긴급성의 요건은 엄격히 해석되어야 한다. ④ 지방의회를 소집할 시간적 여유가 없거나 지방의회에서 의결이 지체되어 의결되지 아니할 때이어야 한다(제122조 제1항).

(3) 선결처분권의 대상(범위)

1) '선결처분'에서 '처분'의 의미

선결처분의 대상이 되는 처분은 행정소송법이나 행정절차법상의 처분이 아니라 지방자치단체의 장의 결정을 의미한다.

2) 지방의회가 의결정족수에 미달될 경우

이 경우에 선결처분은 지방자치단체의 장의 결정을 요하는 사항 중 지방의회의 의결사항이면 가능하다.

3) 긴급한 경우

이 경우에 선결처분은 "지방의회의 의결사항 중 주민의 생명과 재산보호를 위하여 긴급하게 필요한 사항"에 한한다(제122조 제1항).

(4) 선결처분에 대한 통제 및 불복

1) 지방의회의 승인

선결처분은 지체 없이 지방의회에 보고하여 승인을 얻어야 한다(제122조 제2항). 지방의회에서 승인을 얻지 못한 때에는 그 선결처분은 그때부터 효력을 상실한다(제122조 제3항).

2) 선결처분에 대한 기타 통제수단

선결처분은 지방자치단체의 장의 결정이므로 지방자치법상의 지방자치단체의 장의 처분에 대한 감독기관, 주민 등의 통제를 받는다. 그 이외에 선결처분이 행정소송법상 처분에 해당하는 경우에 권익을 침해받은 자는 선결처분에 대하여 항고소송을 제기할 수 있다.

(5) 승인거부에 대한 불복 및 통제

1) 항고소송

선결처분이 수익적 행정행위이거나 제3자효행정행위인 경우에 지방의회의 승인거부는 이들 행위의 효력을 상실시키므로 행정소송법상 처분이라고 볼 수 있다. 따라서, 수익적 행정행위의 상대방이거나 제3자효행정행위로 인하여 이익을 받은 자는 지방의회의 승인거부에 대하여 항고소송을 제기할 수 있다.

2) 지방자치단체의 장 및 감독기관 등의 통제

지방의회의 승인거부는 지방의회의 의결에 해당한다. 따라서, 지방의회의 의결에 대해 지방자치법상의 지방자치단체의 장의 재의요구 및 감독기관의 재의요구지시, 제소지시, 직접제소가 가능하다고 보아야 한다.

제 2 항 사무의 위임 또는 위탁

Ⅰ. 하급행정기관에의 위임

지방자치단체의 장은 조례나 규칙으로 정하는 바에 따라 그 권한에 속하는 사무의 일부를 보조기관, 소속 행정기관 또는 하부행정기관에 위임할 수 있다(제117조 제1항).

[판례] [1] 구 지방자치법 제95조(현행 지방자치법 제117조) 제1항에 따른 권한위임의 의미: 구 지방자치법 제95조 제1항에 따른 권한의 위임은 내부적으로 집행사무만을 위임한 것이라기보다는 이른바 외부적 권한위임에 해당한다. [2] 군수가 군사무위임조례의 규정에 따라 무허가 건축물에 대한 철거대집행사무를 하부행정기관인 읍·면에 위임하였다면, 읍·면장에게는 관할구역 내의 무허가 건축물에 대하여 그 철거대집행을 위한 계고처분을 할 권한이 있다(대판 1997. 2. 14, 96누15428).

Ⅱ. 관할지방자치단체 또는 공공단체 등에의 위임 또는 위탁

지방자치단체의 장은 조례나 규칙으로 정하는 바에 따라 그 권한에 속하는 사무의 일부를 관할 지방자치단체나 공공단체 또는 그 기관(사업소·출장소를 포함한다)에 위임 또는 위탁할 수 있다(제117조 제2항).

[판례] 도지사가 하천구역에서의 점용료나 부당이득금 등의 징수권을 행사하는 것은 국가기관의 지위에서 수행하는 사무가 아니라 지방자치단체 자체의 사무이므로, 구 지방자치법 제95조(현행 지방자치법 제117조) 제2항에 따라 조례 또는 규칙에 의하여 시장·군수에게 그 권한의 위임이 가능하다(대판 2006. 9. 8, 2004두947).

Ⅲ. 민간위탁

지방자치단체의 장은 조례나 규칙으로 정하는 바에 따라 그 권한에 속하는 사무 중 조사·검사·검정·관리업무 등 주민의 권리·의무와 직접 관련되지 아니하는 사무를 법인·단체 또는 그 기관이나 개인에게 위탁할 수 있다(제3항). 주민의 권리·의무와 직접 관련되는 사무를 민간위탁함에 있어서는 별도의 법률의 근거가 있어야 한다.

[판례] [1] 지방자치단체장이 민간위탁 수탁기관의 사업비 집행이 적정하였는지 여부를 검토하는 업무는 지방자치단체장이 그 사무를 민간위탁한 후 이를 관리·감독하는 업무로서, 지방자치법 제13조 제2항 제1호 다목에서 규정한 '산하 행정기관 및 단체의 지도·감독'에 해당하는 사무, 즉 '자치사무'이다. 따라서 지방의회는 법률에 특별한 규정이 없는 한 수탁기관의 사업비 집행에 관한 관리·감독에 관하여 조례를 제정할 수 있다. [2] 지방자치단체장의 권한 중 일부를 민간위탁하는 경우 수탁기관은 자신의 책임으로 사무를 처리하며, 그 효과는 지방자치단체장에게 귀속된다. 이 경우 지방자치단체장의 수탁기관에 대한 관리·감독에는 위법성 판단은 물론 합목적적·정책적 고려도 포함된다(대판 2024. 10. 25, 2022추5125).

Ⅳ. 재위임·위탁시의 승인

지방자치단체의 장이 위임 받거나 위탁받은 사무의 일부를 제1항부터 제3항까지의 규정에 따라 다시 위임하거나 위탁하려면 미리 그 사무를 위임하거나 위탁한 기관의 장의 승인을 받아야 한다(제117조 제4항).

특별시장·광역시장·도지사(특별시·광역시 및 도의 교육감을 포함한다) 또는 시장·군수·구청장(자치구의 구청장을 말한다. 이하 같다)은 행정의 능률향상과 주민의 편의를 위하여 필요하다고 인정되는 때에는 수임사무의 일부를 그 위임기관의 장의 승인을 얻어 규칙이 정하는 바에 따라 시장·군수·구청장(교육장을 포함한다) 또는 읍·면·동장 기타 소속기관의 장에게 다시 위임할 수 있다(행정권한의 위임 및 위탁에 관한 규정 제4조).

[판례] '가'항의 영업정지 등 처분에 관한 사무는 국가사무로서 지방자치단체의 장에게 위임된 이른바 기관위임사무에 해당하므로 시·도지사가 지방자치단체의 조례에 의하여 이를 구청장 등에게 재위임할 수는 없고 행정권한의 위임 및 위탁에 관한 규정 제4조에 의하여 위임기관의 장의 승인을 얻은 후 지방자치단체의 장이 제정한 규칙이 정하는 바에 따라 재위임하는 것만이 가능하다(대판 1995. 7. 11, 94누4615[건설업영업정지처분무효확인]).

제 4 절 지방의회와 지방자치단체의 장의 관계

지방의회(地方議會)와 지방자치단체의 장(長)은 상호 독립되어 있으며 견제와 균형을 도모하는 관계에 있다.

또한 지방의회와 지방자치단체의 장은 모두 지방자치단체의 기관으로서 지방자치행정의 수행을 위하여 상호 협력하여야 한다.

제 1 항 상호 독립

지방의회를 구성하는 지방의회의원과 지방자치단체의 장은 모두 주민에 의해 선출된다. 그리고, 지방의회는 의결기관이고 지방자치단체의 장은 집행기관으로서 그 권한이 독립(獨立)되어 있고, 상호 감독을 받지 않는다.

제 2 항 상호 견제와 균형

Ⅰ. 일반적 고찰

지방의회와 지방자치단체장은 상호 독립되어 있고, 상호 견제와 균형을 이루는 관계에 있다. 따라서 법률에 특별한 규정이 없는 한 조례로써 견제의 범위를 넘어서 상대방의 고유권한을 침해하는 규정을 제정할 수 없다.

① 법령에 규정이 없는 새로운 견제장치를 만드는 것은 집행기관의 고유권한을 침해하는 것이 되어 허용할 수 없다(대판 2012. 11. 29, 2011추87).

[판례] 당해 지방자치단체의 주민을 상대로 한 모든 행정기관의 행정처분에 대한 행정심판청구를 지원하는 것을 내용으로 하는 조례안은 … 그 조례안이 당해 지방자치단체의 행정처분에 대한 행정심판청구만을 지원한다는 의미로 이해한다고 하더라도, 그 지원 여부를 결정하기 위한 전제로서 당해 행정처분의 정당성 여부

를 지방의회에서 판단하도록 규정하고 있다면 이는 결국 지방의회가 스스로 행정처분의 정당성 판단을 함으로써 자치단체의 장을 견제하려는 것으로서 이는 법률에 규정이 없는 새로운 견제장치를 만드는 것이 되어 지방자치단체의 장의 고유권한을 침해하는 것이 되어 효력이 없다(대판 1997. 3. 11, 96추60[행정심판청구지원조례안재의결무효확인]).

② 지방의회는 집행기관의 고유권한에 속하는 사항의 행사에 관하여는 견제의 범위 내에서 소극적 또는 사후적으로 개입하는 것은 허용되지만, 지방의회가 사전에 적극적으로 개입하는 내용을 지방자치단체의 조례로 정하는 것은 허용되지 않는다.

[판례 1] 지방의회가 합의제 행정기관의 설치에 관한 조례안을 발의하여 이를 의결, 재의결하는 것은 허용되지 않는다: 지방자치단체의 장은 합의제 행정기관을 설치할 고유의 권한을 가지며 이러한 고유권한에는 그 설치를 위한 조례안의 제안권이 포함된다고 봄이 상당하므로, 지방의회가 합의제 행정기관의 설치에 관한 조례안을 발의하여 이를 그대로 의결, 재의결하는 것은 지방자치단체장의 고유권한에 속하는 사항의 행사에 관하여 지방의회가 사전에 적극적으로 개입하는 것으로서 관련 법령에 위반되어 허용되지 않는다(대판 2009. 9. 24, 2009추53[조례안재의결무효확인]).

[판례 2] 지방자치단체의 장이 재단법인 광주비엔날레의 업무수행을 지원하기 위하여 소속공무원을 위 재단법인에 파견함에 있어 그 파견기관과 인원을 정하여 지방의회의 동의를 얻도록 하고, 이미 위 재단법인에 파견된 소속 지방공무원에 대하여는 조례안이 조례로서 시행된 후 최초로 개회되는 지방의회에서 동의를 얻도록 규정한 조례안은 지방자치단체의 장의 고유권한에 속하는 소속 지방공무원에 대한 임용권 행사에 대하여 지방의회가 동의 절차를 통하여 단순한 견제의 범위를 넘어 적극적으로 관여하는 것을 허용하고 있으므로 법령에 위반된다(대판 2001. 2. 23, 2000추67[재단법인광주비엔날레지원조례 중 개정조례안재의결무효확인]).

③ 지방자치단체장의 고유권한이 아닌 사항에 대하여도 지방의회가 그 사무집행에 관한 집행권을 본질적으로 침해하는 것은 지방자치법의 관련 규정에 위반되어 허용될 수 없다(대판 2001. 11. 27, 2001추57). 시장의 집행권을 본질적으로 침해하지 않는 조례안은 법령에 위배되지 않는다(대판 2001. 11. 27, 2001추57[조례안의결무효확인청구]).

[판례] '순천시 지방공기업단지 조성 및 분양에 관한 조례 일부개정 조례안' 등이 지방자치단체 사무의 민간위탁에 관하여 지방의회의 사전 동의를 받도록 한 것은 지방자치단체장의 민간위탁에 대한 일방적인 독주를 제어하여 민간위탁의 남용을 방지하고 그 효율성과 공정성을 담보하기 위한 장치에 불과하고, 민간위탁 권한을 지방자치단체장으로부터 박탈하려는 것이 아니므로, 지방자치단체장의 집행권한을 본질적으로 침해하는 것으로 볼 수 없다고 한 사례(대판 2009. 12. 24, 2009추121).

Ⅱ. 판례 검토

1. 지방의회 권한의 제한에 관한 판례

[판례] 지방자치단체의 집행기관의 사무집행에 관한 감시·통제기능은 지방의회의 고유권한이므로 이러한 지방의회의 권한을 제한·박탈하거나 제3의 기관 또는 집행기관 소속의 어느 특정 행정기관에 일임하는 내용의 조례를 제정한다면 이는 지방의회의 권한을 본질적으로 침해하거나 그 권한을 스스로 저버리는 내용의 것으로

서 지방자치법령에 위반되어 무효이다. 그러나, 이 사건 조례안은 이와 같은 지방의회의 행정 감시·통제기능을 옴부즈맨에게 일임하도록 정하고 있지 아니할 뿐 아니라 지방의회에 관한 사항은 옴부즈맨의 관할로 하지 않고 있으므로, 집행기관 내에 독립성을 갖는 옴부즈맨이라는 합의제 행정기관을 설치하여 행정 감시·통제기능을 수행하도록 하는 것은 지방의회의 감시·통제기능과는 별도로 집행기관 스스로 사무집행의 공평·정확성을 확보하려는 것으로서 지방의회의 감시·통제기능을 보완하는 것일 뿐 지방의회의 감시·통제권한을 제한·박탈하거나 그 권한을 옴부즈맨에게 일임하는 것이 아니라 할 것이어서, 이 사건 조례안이 지방의회의 감시·통제기능을 스스로 저버리는 위법한 것이라고 할 수 없다(대판 1997. 4. 11, 96추138[옴부즈만조례안재의결무효확인]).

2. 지방자치단체의 장의 권한의 제한에 관한 판례

(1) 지방의회에 의한 지방자치단체의 장의 인사권 제한

① **상위법령에서 단체장에게 기관구성원의 임명위촉의 권한을 부여한 경우**에는 특별한 규정이 없는 한 그 임명위촉권은 단체장에게 전속적으로 부여된 것이라고 보아야 하며 하위법규인 조례로서 위 단체장의 임명위촉권을 제한할 수 없고(대판 1992. 2. 9, 92추93; 2002. 3. 15, 2001추95[조례안재의결무효확인]), 지방의회의 지방자치단체 사무에 대한 비판, 감시, 통제를 위한 행정사무감사 및 조사권의 행사의 일환으로 위와 같은 제약을 규정하는 조례를 제정할 수도 없다(대판 2017. 12. 13, 2014추644; 2023. 3. 9, 2022추5118).

[판례] '부산광역시 공공기관 인사검증 운영에 관한 조례안 중 인사검증에 관한 규정들은 법령에 의하여 지방자치단체의 장에게 부여된 임명·위촉권을 상위법령의 근거 없이 제약하여 위법하다고 한 사례(대판 2023. 3. 9, 2022추5118).

② 의회와 단체장의 권한의 분리 및 배분의 취지에 비추어 **단체장의 기관구성원의 임명·위촉권한이 조례에 의해 비로소 부여되는 경우**는 조례에 의하여 단체장의 임명권한에 견제나 제한을 가하는 규정을 둘 수 있다고 할 것이나, 이 경우 지방의회는 견제의 범위 내에서 소극적 또는 사후적으로 개입할 수 있을 뿐 집행기관의 인사권을 독자적으로 행사하거나 동등한 지위에서 합의하여 행사할 수 없고, 사전에 적극적(積極的)으로 개입하는 것은 허용되지 아니한다(대판 2000. 11. 14, 2000추36[인천광역시 동구 주민자치센터 설치 및 운영조례안 재의결무효확인청구]).

[판례] [1] 단체장의 임명·위촉권이 조례에 의해 비로소 부여되는 경우에도 집행기관의 구성원의 전부 또는 일부를 지방의회가 임면하도록 하는 것은 지방의회가 집행기관의 인사권에 사전에 적극적으로 개입하는 것이어서 원칙적으로 허용되지 않는다. 다만, 지방자치단체의 집행기관의 구성원을 집행기관의 장이 임면하되 다만 그 임면에 지방의회의 동의를 얻도록 하는 것은 지방의회가 집행기관의 인사권에 소극적(消極的)으로 개입하는 것으로서 지방자치법이 정하고 있는 지방의회의 집행기관에 대한 견제권의 범위 안에 드는 적법한 것이다. [2] 지방의회가 조례로써 옴부즈맨의 위촉(임명)·해촉시에 지방의회의 동의를 얻도록 정하였다고 해서 집행기관의 인사권을 침해한 것이라 할 수 없다(대판 1997. 4. 11, 96추138[옴부즈만조례안재의결무효확인]). 〈해설〉 그러나, 이 사건에서 조례안이 집행기관의 하나인 옴부즈맨에 4급 이상의 지방공무원 1명을 상임 옴부즈맨으로 임명하도록 하고 있고, 그 조례안이 당해 지방자치단체에 두는 지방공무원의 현 정원이 지방자치법령상의 산식에 의한 총정원을 초과하고 있는 상태에서 의결됨으로써 지방자치단체에 두는 지방공무

원의 총정원을 결과적으로 늘리는 것을 내용으로 하고 있으므로 그 의결시 내무부장관의 사전승인을 얻어야 하는데 얻지 아니하여 무효라고 보았다.

(2) 지방의회의원에 의한 집행기관의 인사권 제한

집행기관을 비판·감시·견제하기 위한 의결권·승인권·동의권 등의 권한은 지방자치법상 의결기관인 지방의회에 있는 것이지 의원 개인에게 있는 것이 아니므로, 지방의회의원 개인이 구청장의 고유권한인 인사권 행사에 사전에 관여할 수 있도록 규정하고 있는 것은 지방자치법상 허용되지 아니한다(대판 2000. 11. 14, 2000추36[인천광역시 동구 주민자치센터설치 및 운영조례안 재의결무효확인청구]).

[판례] 동정자문위원의 위촉과 해촉의 권한을 동장에게 부여하면서 이 권한의 행사에 있어서 의회의 구성원이 아닌 개인자격의 당해 지역구 의원과 협의하도록 한 규정은 집행기관과의 권한한계를 침해하는 것이어서 허용될 수 없다(대판 1992. 7. 28, 92추31[광주시 서구 동정자문위원회조례안을 위법하다고 본 사례]).

그러나, 의원의 자격이라기보다는 전체 주민대표의 자격으로 지방의회의원을 행정정보공개심의위원회의 위원이 되게 할 수 있다(대판 1992. 6. 23, 92추17[청주시정보공개조례]).

(3) 지방의회에 의한 집행권 제한

[판례] '서울특별시 중구 사무의 민간위탁에 관한 조례안' 제4조 제3항 등이 지방자치단체 사무의 민간위탁에 관하여 지방의회의 사전 동의를 받도록 한 것(대판 2009. 12. 24, 2009추121결[조례안재의결무효확인])과 지방자치단체장이 동일 수탁자에게 위탁사무를 재위탁하거나 기간연장 등 기존 위탁계약의 중요한 사항을 변경하고자 할 때 지방의회의 동의를 받도록 한 것은, 지방자치단체장의 집행권한을 본질적으로 침해하는 것으로 볼 수 없다고 한 사례(대판 2011. 2. 10, 2010추11[조례안재의결무효확인]).

Ⅲ. 지방의회의 지방자치단체의 장에 대한 견제

1. 출석답변요구권

지방자치단체의 장 또는 관계공무원은 지방의회나 그 위원회가 요구하면 출석·답변하여야 한다. 다만, 특별한 이유가 있으면 지방자치단체의 장은 관계 공무원으로 하여금 출석·답변하게 할 수 있다(제51조 제2항).

2. 행정사무감사·조사권(전술 참조)

3. 지방의회의장의 조례공포권

지방자치단체의 장은 지방자치법 제32조 제4항 또는 제5항에 따라 확정된 조례를 지체없이 공포하여야 한다. 이 경우 동조 제5항에 따라 조례가 확정된 후 또는 동조 제4항에 따라 확정된 조례가 지방자치단체의 장에게 이송된 후 5일 이내에 지방자치단체의 장이 공포하지 아니하면 지방의회의 의장이 이를 공포한다(제32조 제6항).

Ⅳ. 지방자치단체의 장의 지방의회에 대한 견제

지방자치단체의 장은 지방의회에 대한 견제수단으로 조례공포권(제32조 제1항, 제2항, 제6항)과 전술한 재의요구 및 제소권과 선결처분권을 가진다.

제 3 항 협력관계

Ⅰ. 서류제출요구권

본회의 또는 위원회는 그 의결로 안건의 심의와 직접 관련된 서류의 제출을 당해 지방자치단체의 장에 대하여 요구할 수 있다(제48조 제1항). 위원회가 제1항의 요구를 할 때에는 의장에게 그 사실을 보고하여야 한다(제48조 제2항). 제1항에도 불구하고 폐회 중에는 지방의회의 의장이 서류의 제출을 해당 지방자치단체의 장에게 요구할 수 있다(제3항).

Ⅱ. 행정사무처리상황의 보고와 질문응답

지방자치단체의 장 또는 관계공무원은 지방의회나 그 위원회에 출석하여 행정사무의 처리상황을 보고하거나 의견을 진술하고 질문에 답변할 수 있다(제51조 제1항).

Ⅲ. 임시회소집요구권

지방자치단체의 장은 임시회소집요구권을 갖는다. 지방의회의장은 지방자치단체의 장의 요구가 있는 때에는 15일 이내에 임시회를 소집하여야 한다(제54조 제3항).

Ⅳ. 의안발의권

지방자치단체의 장은 의안발의권(議案發議權)을 갖는다(제76조).

제 5 절 지방교육자치

제 1 항 개 설

지방교육자치에 관한 법률(이하 '지방교육자치법'이라 한다)은 시·도 단위에서 지방교육자치(教育自治)를 실시하는 것으로 하고 있다.

그런데, 현재의 지방교육자치는 특별교육자치단체의 설립에까지는 이르고 있지 않다. 지방교육·학예사무를 시·도의 사무로 보고(동법 제2조), 교육의원을 폐지하고 지방의회가 교육에 관한 중요한 사항을 의결하는 것으로 하면서, 다만 교육사무를 담당하는 집행기관인 교육감을 별도로 설치하고 교육위원회를 시·도의회의 상임위원회로 두고 있다.

그리고 지방교육자치는 초·중등교육에서 인정되고 있으며 고등교육은 국가교육으로 하고 있다.

제 2 항 교 육 감

Ⅰ. 집행기관의 지위와 권한

교육감(教育監)은 시·도의 교육행정에 관한 집행기관이며 당해 자치단체의 교육·학예에 관한 사무를 관리·집행한다.

교육감은 주민의 보통·평등·직접·비밀선거에 따라 선출한다(제43조). 교육감은 법령 또는 조례의 범위 안에서 그 권한에 속하는 사무에 관하여 교육규칙을 제정할 수 있다(제25조 제 1 항).

Ⅱ. 지방자치단체의 대표기관의 지위와 권한

교육감은 교육·학예에 관한 소관사무로 인한 소송이나 재산의 등기 등에 대하여 당해 시·도를 대표한다(지방교육자치법 제18조 제 2 항). 그러나, 이는 예시적인 것에 불과하다.

Ⅲ. 조례에 관한 권한

교육감은 교육·학예에 관한 조례에 관한 작성·제출권, 재의요구권 및 공포권을 갖는다(제20조, 제28조). 교육학예에 관한 조례(예 두밀분교 폐교조례)에 대한 취소소송의 피고는 당해 조례를 공포한 교육감이 된다.

Ⅳ. 국가기관의 지위

국가행정사무 중 시·도에 위임하여 시행하는 사무로서 교육·학예에 관한 사무는 교육감에게 위임하여 행한다. 다만 법령에 다른 규정이 있는 경우에는 그러하지 아니하다(제19조). 이 규정에 의해 국가사무를 위임받은 교육감은 국가기관의 지위에서 당해 사무를 수행한다.

제 6 절 자치경찰

Ⅰ. 개 설

「국가경찰과 자치경찰의 조직 및 운영에 관한 법률」(약칭: 경찰법)의 전부 개정으로 2021년 7월 1일부터 자치경찰이 전국적으로 시행되었다.

자치경찰은 경찰권한의 분권화와 함께 지역특성에 적합한 치안서비스의 제공을 목적으로 도입되었다. 또한, 검찰과 경찰의 수사권 조정 시행에 따라 비대해진 경찰권을 효율적으로 분산하여야 한다는 것도 자치경찰제의 도입의 현실적인 이유이었다.

자치경찰 도입의 주요 내용은 다음과 같다. ① 경찰사무를 국가경찰사무와 자치경찰사무로 나눈다. ② 자치경찰조직으로 시·도지사 소속 시·도자치경찰위원회와 시·도경찰청을 둔다. ③ 시·도자치경찰위원회가 자치경찰사무를 지휘·감독하도록 하는 등 자치경찰의 독립성을 보장하되 각 사무별로 지휘·감독권자를 분산하여 규정한다.

세종특별자치시 자치경찰과 제주특별자치도 자치경찰에 대해서는 일부 특례가 인정되고 있다(경찰법 제36조 제1항, 제주특별법 제88조 제1항, 제90조 등).

Ⅱ. 경찰법상 국가경찰사무와 자치경찰사무의 구분

경찰법상 국가경찰사무와 자치경찰사무는 다음과 같이 구분한다(경찰법 제4조 제1항).

경찰법

제4조(경찰의 사무) ① 경찰의 사무는 다음 각 호와 같이 구분한다.

1. 국가경찰사무: 제3조에서 정한 경찰의 임무를 수행하기 위한 사무. 다만, 제2호의 자치경찰사무는 제외한다.
2. 자치경찰사무: 제3조에서 정한 경찰의 임무 범위에서 관할 지역의 생활안전·교통·경비·수사 등에 관한 다음 각 목의 사무
   가. 지역 내 주민의 생활안전 활동에 관한 사무
      1) 생활안전을 위한 순찰 및 시설의 운영
      2) 주민참여 방범활동의 지원 및 지도
      3) 안전사고 및 재해·재난 시 긴급구조지원
      4) 아동·청소년·노인·여성·장애인 등 사회적 보호가 필요한 사람에 대한 보호업무 및 가정폭력·학교폭력·성폭력 등의 예방
      5) 주민의 일상생활과 관련된 사회질서의 유지 및 그 위반행위의 지도·단속. 다만, 지방자치단체 등 다른 행정청의 사무는 제외한다.
      6) 그 밖에 지역주민의 생활안전에 관한 사무
   나. 지역 내 교통활동에 관한 사무
      1) 교통법규 위반에 대한 지도·단속
      2) 교통안전시설 및 무인 교통단속용 장비의 심의·설치·관리
      3) 교통안전에 대한 교육 및 홍보
      4) 주민참여 지역 교통활동의 지원 및 지도
      5) 통행 허가, 어린이 통학버스의 신고, 긴급자동차의 지정 신청 등 각종 허가 및 신고에 관한 사무
      6) 그 밖에 지역 내의 교통안전 및 소통에 관한 사무
   다. 지역 내 다중운집 행사 관련 혼잡 교통 및 안전 관리
   라. 다음의 어느 하나에 해당하는 수사사무
      1) 학교폭력 등 소년범죄
      2) 가정폭력, 아동학대 범죄
      3) 교통사고 및 교통 관련 범죄

4) 「형법」 제245조에 따른 공연음란 및 「성폭력범죄의 처벌 등에 관한 특례법」 제12조에 따른 성적 목적을 위한 다중이용장소 침입행위에 관한 범죄
5) 경범죄 및 기초질서 관련 범죄
6) 가출인 및 「실종아동등의 보호 및 지원에 관한 법률」 제2조제2호에 따른 실종아동등 관련 수색 및 범죄

② 제1항 제2호 가목부터 다목까지의 자치경찰사무에 관한 구체적인 사항 및 범위 등은 대통령령으로 정하는 기준에 따라 시·도조례로 정한다.
③ 제1항 제2호 라목의 자치경찰사무에 관한 구체적인 사항 및 범위 등은 대통령령으로 정한다.

제4조 제2호 '가'목부터 '다'목까지의 사무는 행정경찰사무이고, '라'목은 사법경찰사무이다.

자치경찰사무는 자치사무로서 자치경찰사무의 귀속주체는 시·도이고, 국가경찰사무는 국가사무로서 국가경찰사무의 귀속주체는 국가이다.

Ⅲ. 자치경찰행정조직

1. 시·도자치경찰위원회

시·도자치경찰위원회는 특별시장·광역시장·특별자치시장·도지사·특별자치도지사(이하 "시·도지사"라 한다) 소속 합의제 행정기관으로서 그 권한에 속하는 업무를 독립적으로 수행한다(경찰법 제18조).

(1) 시·도자치경찰위원회의 소관 사무

시·도자치경찰위원회의 소관 사무는 다음과 같다(경찰법 제24조)

경찰법

제24조(시·도자치경찰위원회의 소관 사무) ① 시·도자치경찰위원회의 소관 사무는 다음 각 호로 한다.

1. 자치경찰사무에 관한 목표의 수립 및 평가
2. 자치경찰사무에 관한 인사, 예산, 장비, 통신 등에 관한 주요정책 및 그 운영지원
3. 자치경찰사무 담당 공무원의 임용, 평가 및 인사위원회 운영
4. 자치경찰사무 담당 공무원의 부패 방지와 청렴도 향상에 관한 주요 정책 및 인권침해 또는 권한남용 소지가 있는 규칙, 제도, 정책, 관행 등의 개선
5. 제2조에 따른 시책 수립
6. 제28조 제2항에 따른 시·도경찰청장의 임용과 관련한 경찰청장과의 협의, 제30조제4항에 따른 평가 및 결과 통보
7. 자치경찰사무 감사 및 감사의뢰
8. 자치경찰사무 담당 공무원의 주요 비위사건에 대한 감찰요구
9. 자치경찰사무 담당 공무원에 대한 징계요구
10. 자치경찰사무 담당 공무원의 고충심사 및 사기진작
11. 자치경찰사무와 관련된 중요사건·사고 및 현안의 점검
12. 자치경찰사무에 관한 규칙의 제정·개정 또는 폐지

13. 지방행정과 치안행정의 업무조정과 그 밖에 필요한 협의·조정
14. 제32조에 따른 비상사태 등 전국적 치안유지를 위한 경찰청장의 지휘·명령에 관한 사무
15. 국가경찰사무·자치경찰사무의 협력·조정과 관련하여 경찰청장과 협의
16. 국가경찰위원회에 대한 심의·조정 요청
17. 그 밖에 시·도지사, 시·도경찰청장이 중요하다고 인정하여 시·도자치경찰위원회의 회의에 부친 사항에 대한 심의·의결

② 시·도자치경찰위원회의 업무와 관련하여 시·도지사는 정치적 목적이나 개인적 이익을 위해 관여하여서는 아니 된다.

(2) 심의·의결권

시·도자치경찰위원회는 제24조의 사무에 대하여 심의·의결한다(경찰법 제25조 제1항).

(3) 시·도 경찰청장 지휘감독권

시·도자치경찰위원회는 자치경찰사무에 대해 심의·의결을 통하여 시·도경찰청장을 지휘·감독한다(경찰법 제28조 제3항, 제4항). 다만, 시·도자치경찰위원회가 심의·의결할 시간적 여유가 없거나 심의·의결이 곤란한 경우 대통령령으로 정하는 바에 따라 시·도자치경찰위원회의 지휘·감독권을 시·도경찰청장에게 위임한 것으로 본다(제4항).

시·도경찰청장은 국가경찰사무에 대해서는 경찰청장의 지휘·감독을 받는데, 수사에 관한 사무에 대해서는 국가수사본부장의 지휘·감독을 받는다(경찰법 제28조 제3항).

2. 집행기관: 시·도 경찰청장과 경찰서장 등

(1) 시·도 경찰청과 시·도 경찰청장

시·도 경찰청은 국가기관인 경찰청 소속의 국가기관(국가의 지방행정기관기관)이다.

시·도 경찰청장은 경찰사무(국가경찰사무와 지방경찰사무)의 집행기관이다. 시·도 경찰청장은 기본적으로 국가기관이지만, 자치경찰사무를 수행하는 경우에는 지방자치단체의 집행기관의 지위를 갖는다. 시·도 경찰청장은 자치경찰사무에 대해 시·도자치경찰위원회의 지휘·감독을 받는다.

시·도 경찰청장은 관할구역의 소관 사무를 관장하고 소속 공무원 및 소속 경찰기관의 장을 지휘·감독한다(제28조 제3항).

(2) 경찰서장

경찰서장은 시·도경찰청장의 지휘·감독을 받아 관할구역의 소관 사무를 관장하고 소속 공무원을 지휘·감독한다(경찰법 제30조 제2항). 경찰서장 소속으로 지구대 또는 파출소를 두고, 그 설치기준은 치안수요·교통·지리 등 관할구역의 특성을 고려하여 행정안전부령으로 정한다. 다만, 필요한 경우에는 출장소를 둘 수 있다(제3항).

(3) 시·도경찰공무원

시·도경찰공무원은 자치경찰집행기관이다.

자치경찰사무를 수행하는 경찰공무원의 신분은 국가공무원 신분을 그대로 유지한다(경찰법, 경찰공무원임용령 참조).

3. 시 · 도지사의 권한

시·도지사는 일부 인사권 외에도 시도자치경찰위원회 위원 1명 지명권 및 위원장·상임위원 포함 위원 임명권, 위원추천위원회 설치·구성권, 사무기구 조직권, 회의 안건 제안권, 재의요구권, 개최 요구권, 자치경찰사무 수행 예산 수립권 등의 권한을 갖게 된다.

4. 시 · 도의회의 권한

시·도의회는 관련 예산의 효율적인 관리를 위하여 의결로써 자치경찰사무에 대해 시·도자치경찰위원장의 출석 및 자료 제출을 요구할 수 있다(경찰법 제35조 제3항).

5. 비상사태 등 전국적 치안유지를 위한 경찰청장의 지휘 · 명령

경찰청장은 비상사태 등의 경우에는 제2항에 따라 자치경찰사무를 수행하는 경찰공무원(제주특별자치도의 자치경찰공무원을 포함한다)을 직접 지휘 · 명령할 수 있다(경찰법 제32조).

제3장

지방자치단체의 사무

제 1 절 지방자치단체 사무배분의 기본원칙

Ⅰ. 지방자치단체의 사무의 의의

지방자치단체의 사무라 함은 지방자치단체가 사무의 관리주체가 되는 사무를 말한다. 지방자치단체의 사무에 대하여 지방의회가 원칙적으로 개입할 수 있으며 사무처리의 효과는 지방자치단체에 귀속된다.

지방자치단체의 사무에는 자치사무와 단체위임사무가 있다. 기관위임사무는 지방자치단체의 장이 처리하지만 그 성질은 위임기관이 속한 행정주체(국가 또는 시·도(이하 '국가 등'이라 한다))의 사무이며 지방자치단체의 사무는 아니다.

지방자치법 제13조 제1항은 "지방자치단체는 관할 구역의 자치사무와 법령에 따라 지방자치단체에 속하는 사무를 처리한다"고 규정하고 있는데, '법령에 따라 지방자치단체에 속하는 사무'라 함은 단체위임사무를 말한다.

Ⅱ. 국가와 지방자치단체 사이 사무배분의 기본원칙

① 중복회피의 원칙: 국가는 지방자치단체가 사무를 종합적·자율적으로 수행할 수 있도록 국가와 지방자치단체 간 또는 지방자치단체 상호 간의 사무를 주민의 편익증진, 집행의 효과 등을 고려하여 서로 중복되지 아니하도록 배분하여야 한다(지방자치법 제11조 제1항, 지방분권법 제9조 제1항).

② 보충성의 원칙: 국가는 제1항에 따라 사무를 배분하는 경우 지역주민생활과 밀접한 관련이 있는 사무는 원칙적으로 시·군 및 자치구의 사무로, 시·군 및 자치구가 처리하기 어려운 사무는 시·도의 사무로, 시·도가 처리하기 어려운 사무는 국가의 사무로 각각 배분하여야 한다(지방자치법 제11조 제2항, 지방분권법 제9조 제2항). 국가 및 지방자치단체는 제1항부터 제3항까지의 규정에 따라 사무를 배분하는 때에는 민간부문의 자율성을 존중하여 국가 또는 지방자치단체의 관여

를 최소화하여야 하며, 민간의 행정참여기회를 확대하여야 한다(지방분권법 제9조 제4항).

③ **전권한성의 원칙**: 국가가 지방자치단체에 사무를 배분하거나 지방자치단체가 사무를 다른 지방자치단체에 재배분할 때에는 사무를 배분받거나 재배분받는 지방자치단체가 그 사무를 자기의 책임하에 종합적으로 처리할 수 있도록 관련 사무를 포괄적으로 배분하여야 한다(지방자치법 제11조 제3항, 지방분권법 제9조 제3항).

Ⅲ. 지방자치단체 사무규정의 입법방식

현행 지방자치법은 자치사무를 포괄적으로 수권하면서도(제13조 제1항) 지방자치단체의 사무(자치사무와 단체위임사무)를 예시하고 있는(제13조 제2항) 절충적 입법방식을 취하고 있다.

지방자치법 제15조는 특별한 규정이 없는 한 지방자치단체가 처리할 수 없는 국가사무를 예시열거하고 있다.

제 2 절 자치사무

제 1 항 자치사무의 의의

자치사무(自治事務)는 지역적 이해관계가 있는 지역에 고유한 사무를 말한다. 그러므로 자치사무는 고유사무라고도 불린다.

헌법은 자치사무를 주민의 복리에 관한 사무와 재산관리사무라고 규정하고 있다(제117조 제1항).

현행 지방자치법은 자치사무를 예시적으로 열거함에 그치고, 자치사무를 포괄적으로 규정하면서도 예시된 자치사무도 다른 법률에 규정이 있으면 국가사무가 된다고 규정하고 있으므로 구체적인 사무가 국가사무인지 고유사무인지 애매한 경우가 있을 수 있다.

제 2 항 자치사무의 범위

Ⅰ. 전권한성의 원칙

자치사무는 실정법령에 의해 명시적으로 규정된 경우도 있다. 그러나, 명문의 규정이 없더라도 지역적 이해관계가 있는 지역에 고유한 사무는 자치사무로서 지방자치단체의 권한에 속한다. 이를 전권한성(全權限性)의 원칙이라 한다.

헌법 제117조에 따라 지방자치단체의 주민복리사무 및 재산관리 사무에 대해서는 전권한성과 자기책임성 보장이 필요하다.

Ⅱ. 자치사무와 국가사무의 구별

1. 자치사무와 국가 등의 기관위임사무의 구별실익

(1) 사무의 관리주체 및 귀속주체의 결정

지방자치단체와 국가 또는 지방자치단체 사이에 권한쟁의가 있는 경우에 그 계쟁사무의 관리주체(管理主體)를 정하기 위하여 자치사무와 국가 등의 기관위임사무를 구분할 필요가 있다.

자치사무의 관리주체는 지방자치단체이며 국가등의 기관위임사무의 관리주체는 국가등이다.

(2) 지방의회의 관여

자치사무는 지방자치단체의 사무이므로 지방의회의 사무감사 및 조사, 회계감사 등의 대상이 된다.

이에 대하여 기관위임사무는 국가등의 사무이며 그 사무를 집행하는 지방자치단체의 집행기관은 기관위임사무를 수행하는 경우에는 지방자치단체의 기관이 아니라 국가등의 기관의 지위를 가지므로 지방의회는 원칙상 기관위임사무에 관여할 수 없다. 다만, 지방자치단체에서 기관위임사무의 비용을 부담하는 경우에 그 비용의 통제에 관하여 지방의회가 관여할 수 있다. 그리고, 국가 또는 시·도의 기관위임사무에 대하여 국회와 시·도의회가 직접 감사하기로 한 사무를 제외하고는 그 감사를 각각 당해 시·도의회와 시·군 및 자치구의회가 행할 수 있다(제49조 제3항).

(3) 조례제정

자치사무는 지방자치단체의 사무로서 법률의 수권 없이도 조례제정의 대상이 된다. 다만, 국민의 권리를 제한하거나 의무를 부과하거나 벌칙을 정하는 조례는 법령의 위임이 있어야 한다. 다만, 그 위임은 포괄적 위임도 가능하다. 자치사무에 관한 조례는 자치조례로서 법률에 준하는 성질을 갖는다.

이에 반하여 기관위임사무는 지방자치단체의 사무가 아니라 국가등의 사무이므로 명문의 규정이 없는 한 조례제정의 대상이 되지 않는다(대판 2014. 2. 27, 2012추145[조례안재의결무효확인청구의소]). 법령의 수권이 있는 경우에 기관위임사무에 대하여도 조례가 제정될 수 있다. 기관위임사무에 관한 조례는 위임조례이며 행정입법의 성질을 갖는다.

(4) 비용부담

자치사무의 수행에 필요한 경비는 지방자치단체가 그 전액을 부담하는 것이 원칙이다(지자법 제141조, 지방재정법 제17조).

이에 대하여 기관위임사무는 본래 국가등의 사무이므로 위임자인 국가등이 사무처리비용을 부담하여야 한다(지자법 제158조 단서). 다만, 도로법 등 개별법에서 예외규정을 둔 경우가 있다.

(5) 사무수행의 자율성과 국가의 감독

자치사무의 수행에 있어 지방자치단체에게 자율권이 인정되고, 따라서 자치사무에 대한 국가의 감독은 후술하는 바와 같이 적법성 통제에 그친다.

이에 대하여 기관위임사무는 국가등의 사무이므로 지방자치단체의 장에게 자율권이 인정될 수 없고, 기관위임사무에 대하여는 국가등의 적법성 통제뿐만 아니라 합목적성의 통제도 행해진다.

(6) 감독기관의 감사

자치사무 일반에 대한 감독기관의 포괄감사는 인정되지 않지만, 기관위임사무에 대해서는 감독기관의 포괄감사가 인정된다.

(7) 국가배상법상 피해자에 대한 배상책임자 및 종국적 배상책임자[2004 사시 약술]

자치사무의 경우 사무의 관리주체와 비용부담주체 모두 지방자치단체이므로 피해자에 대하여는 지방자치단체가 배상책임을 진다.

이에 대하여 기관위임사무에 있어서는 사무의 관리주체(귀속주체)인 국가등은 관리주체로서 피해자에 대하여 배상책임을 지고, 지방자치단체는 형식적 비용부담자이므로 피해자에 대하여 배상책임을 진다. 기관위임사무의 경우 관리주체도 국가등이고 실질적 비용부담자도 특별한 규정(예 도로법 제67조)이 없는 한 국가등이므로 국가가 최종적 배상책임자가 되고 따라서 국가배상을 한 지방자치단체는 국가에 대하여 구상할 수 있다.

(8) 권한쟁의심판청구의 당사자

지방자치단체는 자치사무의 집행에 관한 권한의 존부 및 범위에 관한 권한분쟁을 이유로 국가기관 또는 다른 지방자치단체를 상대로 권한쟁의심판을 청구할 수 있다. 이에 반하여 지방자치단체의사무 중 국가가 지방자치단체의 장등에게 위임한 기관위임사무는 그 처리의 효과가 국가에 귀속되는 국가의 사무로서 지방자치단체의사무라 할 수 없고, 지방자치단체의 장등은 기관위임사무의 집행권한과 관련된 범위에서는 그 사무를 위임한 국가기관의 지위에 서게 될 뿐 지방자치단체의 기관이 아니므로, 지방자치단체는 기관위임사무의 집행에 관한 권한의 존부 및 범위에 관한 권한분쟁을 이유로 기관위임사무를 집행하는 국가기관 또는 다른 지방자치단체의 장을 상대로 권한쟁의심판을 청구할 수 없다(헌재 2004. 9. 23. 2000헌라2; 2008. 12. 26. 2005헌라11).

지방자치단체의 장은 원칙적으로 권한쟁의 심판청구의 당사자가 될 수 없다. 다만 지방자치단체의 장이 국가위임 사무에 대해 국가기관의 지위에서 처분을 행한 경우에는 권한쟁의 심판청구의 당사자가 될 수 있다(헌재 2006. 8. 31, 2003헌라1).

2. 자치사무와 국가의 기관위임사무의 구별기준[2018 변시]

법령에서 자치사무인가 국가사무인가를 명확히 정한 경우에는 그에 따른다. 이에 관한 명문의 규정이 없는 경우에는 권한규정, 비용부담규정, 감독규정, 사무귀속주체 및 책임귀속주체와 함께 사무의 성질 등을 종합적으로 고려하여 해당 사무가 자치사무인가 국가의 기관위임사무인가를 결정하여야 한다.

사무의 성질을 보아 문제의 사무가 주로 지역적 이익에 관한 사무이며 지역의 특성에 따라 다르게 처리되는 것이 타당한 사무인 경우에는 자치사무로 보아야 하고, 문제의 사무가 국가적 이익에 관한 사무이고 국가적으로 통일적으로 처리될 사무이면 국가의 기관위임사무라고 보아야 한다. 이와 함께 **비용부담, 최종적인 책임귀속의 주체, 지휘감독 등에 관한 관련법 규정**을 고려하여 개별사무별로 판단하여야 한다.

[판례 1] **법령상 지방자치단체의 장이 처리하도록 규정하고 있는 사무가 자치사무 또는 기관위임사무에 해당하는지 여부의 판단방법:** 법령상 지방자치단체의 장이 처리하도록 규정하고 있는 사무가 자치사무인지 아니면 기관위임사무인지를 판단함에 있어서는 그에 관한 법령의 규정 형식과 취지를 우선 고려하여야 하지만 그 외에도 그 사무의 성질이 전국적으로 통일적인 처리가 요구되는 사무인지 여부나 그에 관한 경비부담과 최종적인 책임귀속의 주체 등도 아울러 고려하여야 한다(대판 2003. 4. 22, 2002두10483[해임처분취소]: 서울신용보증재단의 사무 중 특히, 업무감독과 감독상 필요한 명령에 관한 사무는 중소기업청장의 위임에 의하여 국가사무가 지방자치단체의 장에게 위임된 기관위임사무에 해당한다고 한 사례; 2010. 12. 9, 2008다71575; 2017. 12. 5, 2016추5162).

[판례 2] 국가하천에 관한 사무는 다른 법령에 특별한 정함이 없는 한 국가사무로 보아야 한다. 지방자치단체가 비용 일부를 부담한다고 해서 국가사무의 성격이 자치사무로 바뀌는 것은 아니다(대판 2020. 12. 30, 2020두37406).

[판례 3] [1] **구 약사법(2011. 3. 30. 법률 제10512호로 개정되기 전의 것, 이하 같다)에 따른 시장 등의 약국 개설자에 대한 업무정지 및 이를 갈음하는 과징금부과 사무는 지방자치단체 고유의 자치사무이다:** 구 약사법(2011. 3. 30. 법률 제10512호로 개정되기 전의 것, 이하 같다) 제76조 제1항 제3호, 제81조 제1 항에 의하면, 시장·군수 또는 구청장(이하 '시장 등'이라고 한다)은 약국 개설자가 구 약사법을 위반한 경우 업무의 정지를 명하거나 그 업무정지처분을 갈음하여 과징금을 부과할 수 있는바, 이러한 시장 등의 사무는 ① 구 지방자치법(2011. 7. 14. 법률 제10827호로 개정되기 전의 것, 이하 같다) 제9조 제2항 제2호 (가)목의 '주민복지에 관한 사업'으로서 주민의 복지증진에 관한 사무에 해당한다고 볼 수 있는 점, ② 그 사무의 성질이 반드시 전국적으로 통일적인 처리가 요구되는 사무라고 볼 수 없는 점, ③ 과징금을 내야 할 자가 납부하지 아니하는 경우 지방세 체납처분의 예에 따라 징수하고(구 약사법 제81조 제4항) 징수한 과징금은 징수한 시장 등이 속한 지방자치단체에 귀속되는 점(구 약사법 제81조 제5항) 등을 고려하면, 지방자치단체 고유의 자치사무라고 봄이 타당하다. [2] 구청장의 약국 개설자에 대한 업무정지 및 이를 갈음하는 과징금의 부과 등의 사무를 보건소장에게 위임한다고 규정하고 있는 조례조항이 적법하고, 따라서 피고에게 과징금 부과처분을 할 권한이 있다고 보아 같은 취지의 원심판결에 대한 상고를 기각한 사안(대판 2014. 10. 27, 2012두15920[약사법위반업소행정처분무효확인등청구]).

[판례 4] 인천광역시의회가 의결한 '인천광역시 공항고속도로 통행료지원 조례안'이 규정하고 있는 인천국제공항고속도로를 이용하는 지역주민에게 통행료를 지원하는 내용의 사무는, 주민복지에 관한 사업으로서 지방자치사무이다(대판 2008. 6. 12, 2007추42[조례안재의결무효확인]).

[판례 5] 건축허가 사무에 관한 근거 규정의 형식·체제, 내용 및 입법 취지와 아울러 실제의 경비 부담, 수수료의 납부 및 귀속 등에 관한 사정들을 종합하여 보면 건축허가에 관한 사무는 물론이고 건축허가를 의제하는 건축협의에 관한 사무도 지방자치단체의 자치사무이다(대판 2014. 3. 13, 2013두15934[건축협의불가처분취소]).

[판례 6] 교권보호와 교육활동 지원에 필요한 제반 사항을 정한 조례안에 대하여 교육부장관의 재의요구지시에 따라 교육감이 재의를 요구하였으나 시의회가 원안대로 재의결한 사안에서, 교원의 지위에 관한 사항은 법률로 정하여 전국적으로 통일적인 규율이 필요한 것이고 국가가 이를 위하여 상당한 경비를 부담하고 있으므로, 이에 관한 사무는 국가사무로 보아야 하는데, 위 조례안 제5조가 교원의 지위에 관한 사항에 속하는 교원의 차별 및 불이익 금지 등에 관하여 규정하고, 제6조, 제9조, 제10조가 교원의 지위 보호를 위하여 교

권보호위원회 및 교권보호지원센터의 설치·구성·운영에 관한 사항 등을 규정한 것은 국가사무에 관하여 법령의 위임 없이 조례로 정한 것으로 조례제정권의 한계를 벗어나 위법하다고 한 사례(대판 2014. 2. 27, 2012추145[조례안재의결무효확인청구의소]).

[기타 판례] 판례가 자치사무로 본 것은 다음과 같다. 종중 등이 설치하는 묘지 등의 허가사무(도의 자치사무)(대판 1995. 12. 22, 95추32), 지방자치단체가 설립·경영하는 학교의 부지 확보, 부지의 사용료 지급 등의 사무(대판 2014. 12. 24, 2010다69704), 지방자치단체의 자치사무 및 단체위임사무와 관련된 행정정보의 공개사무(대판 1992. 6. 23, 92추17), 학교급식시설의 지원에 관한 사무(시·군·구의 자치사무)(대판 1996. 11. 29, 96추84), 지방자치단체의 세 자녀 이상 세대 양육비등 지원에 관한 사무(대판 2006. 10. 12, 2006추38), 수업료, 입학금의 지원에 관한 사무(대판 2013. 4. 11, 2012추22), 전기요금, 수도요금 등 공공요금 일부지원 사무(대판 2016. 5. 12, 2013추531). 사립 초등학교·중학교·고등학교 및 이에 준하는 각종 학교를 설치·경영하는 학교법인의 임시이사선임에 관한 교육감의 사무(대판 2020. 9. 3, 2019두58650)

판례가 기관위임사무로 본 것은 다음과 같다. 종중 등이 설치하는 묘지 등의 시장·군수의 허가 사무(대판 1995. 12. 22, 95추32), 읍·면·동·출장소가 주택임대차계약서에 확정일자를 부여하는 업무 및 읍·면·동·출장소의 주민등록 담당공무원이 전입신고 수리시 주택임대차계약서의 확정일자에 관하여 고지, 안내, 확정일자부여 청구 여부를 확인하는 업무(대판 1999. 4. 13, 98추40), 주택건설촉진법 제33조의 규정에 의한 사업계획승인(대판 1992. 7. 28, 92추31), 부랑인선도시설 및 정신질환자요양시설에 대한 지방자치단체장의 지도·감독사무(대판 2006. 7. 28, 2004다759), 구 사립학교법 제54조 제3항에서 정한 사립 초등·중·고등학교 교사의 징계에 관한 교육감의 징계요구 사무(대판 2013. 6. 27, 2009추206[직무이행명령취소]), 교육감의 소속 교육공무원에 대한 징계사무(대판 2015. 9. 10, 2013추524[직무이행명령(2013.4.18.)취소]), 교육감의 담당 교육청 소속 국가공무원인 도교육청 교육국장 및 그 하급자들에 대한 징계의결요구 신청 사무 및 학교의 장이 행하는 학교생활기록의 작성에 관한 사무(대판 2015. 9. 10, 2013추517[직무이행명령(2013.4.10)취소]), 지방자치단체 소속 공무원의 지정항만순찰 등의 업무(대판 2009. 6. 11, 2008도6530), 도로교통법상 주정차위반행위에 대한 과태료 부과 관련 사무(대판 2022. 4. 28, 2021추5036).

Ⅲ. 광역자치단체와 기초자치단체간 사무의 배분기준

현행 지방자치법은 사무의 종류에 따르기보다는 사무가 미치는 영향의 범위를 기본적인 기준으로 하여 구분하고 있다. 따라서, 동일한 종류의 사무가 중첩적으로 광역자치단체의 사무이면서 동시에 기초자치단체의 사무가 될 수 있다. 광역자치단체와 기초자치단체에 배타적으로 속하는 사무도 있다.

지방자치법은 다음과 같이 광역자치단체와 기초자치단체의 사무를 배분하고 있다.

1. 각 지방자치단체에 공통된 사무

제13조 제2항 제1호의 사무(지방자치단체의 구역, 조직, 행정관리 등에 관한 사무)는 각 지방자치단체에 공통된 사무로 한다(지자법 제14조 제1항 단서).

2. 광역자치단체의 사무

다음의 사무는 시·도의 사무로 한다(지자법 제14조 제1항 제1호).

가. 행정처리 결과가 2개 이상의 시·군 및 자치구에 미치는 광역적 사무
나. 시·도 단위로 동일한 기준에 따라 처리되어야 할 성질의 사무

다. 지역적 특성을 살리면서 시·도 단위로 통일성을 유지할 필요가 있는 사무
라. 국가와 시·군 및 자치구간의 연락·조정 등의 사무
마. 시·군 및 자치구가 독자적으로 처리하기 어려운 사무
바. 2개 이상의 시·군 및 자치구가 공동으로 설치하는 것이 적당하다고 인정되는 규모의 시설을 설치하고 관리하는 사무

3. 기초자치단체의 사무

자치사무 중 시·도가 처리하는 것으로 되어 있는 사무를 제외한 사무는 시·군 및 자치구의 사무로 한다. 다만, 인구 50만 이상의 시에 대하여는 도가 처리하는 사무의 일부를 직접 처리하게 할 수 있다(지자법 제14조 제1항 제2 호).

4. 사무의 경합시 해결기준

시·도와 시·군 및 자치구는 그 사무를 처리할 때 서로 겹치지 아니하도록 하여야 하며(불경합의 원칙), 그 사무가 서로 겹치면 시·군 및 자치구에서 먼저 처리한다(보충성의 원칙, 제14조 제3항).

보충성의 원칙에 따라 기초자치단체 차원의 이익과 관련이 있고 기초자치단체에서 수행할 수 있는 사무는 기초자치단체의 사무로 하고, 그렇지 않은 사무를 보충적으로 광역자치단체가 담당하도록 하여야 한다.

제 3 항 중앙행정권한의 지방이양

법령에 의한 자치사무와 국가사무의 배분을 보면 자치사무로 하여야 할 것을 국가사무로 하고 있는 경우가 적지 않다. 그리고, 국가사무가 지방자치단체의 장에게 위임되어 행해지는 사무, 즉 기관위임사무 중에는 자치사무로 하는 것이 적당한 사무도 있다.

지방분권균형발전법은 국가에게 그 권한 및 사무를 적극적으로 지방자치단체에 이양하고 기관위임사무를 원칙적으로 폐지할 책무를 부과하고 있다(제33조).

제 3 절 위임사무

[문제] 시지역을 통과하는 국도의 관리사무는 단체위임사무인가 기관위임사무인가.

위임사무(委任事務)라 함은 국가 또는 지방자치단체 등으로부터 지방자치단체 또는 지방자치단체의 장에게 위임된 사무를 말한다. 위임사무중 지방자치단체에 위임된 사무가 **단체위임사무**이고, 지방자치단체의 장에게 위임된 사무가 **기관위임사무**이다.

제 1 항 단체위임사무

Ⅰ. 의 의

단체위임사무(團體委任事務)라 함은 국가 또는 지방자치단체 등으로부터 지방자치단체에게 위임된 사무를 말한다. 지방자치법 제13조 제1항의 "법령에 따라 지방자치단체에 속하는 사무"는 단체위임사무를 말한다.

Ⅱ. 성 질

단체위임사무는 본질적으로는(실질은) 위임자인 국가 또는 지방자치단체의 사무이지만 위임자인 국가 또는 지방자치단체 등과 수임자인 지방자치단체가 함께 이해관계를 가지는 사무인 경우도 적지 않다.

그러나, 단체위임사무는 법적으로는 지방자치단체가 책임을 지고 처리하며 그 효과도 지방자치단체에 귀속되는 지방자치단체의 사무이다.

Ⅲ. 법적 근거

단체위임사무의 위임의 일반적 근거를 정하는 법률은 없다. 정부조직법 제6조 제6항 및 지방자치법 제117조 제2항은 지방자치단체에 대한 위임을 정하고 있지만, 지나치게 포괄적이고 일반적으로 규정하고 있어 단체위임의 일반원칙을 정한 것일 뿐 단체위임의 법적 근거로 볼 수는 없다. 단체위임사무를 위임함에 있어서는 개별법률의 근거가 필요하다.

단체위임사무의 예는 많지 않은데, 다음과 같은 사무를 단체위임사무로 볼 수 있다. 시·도의 국가하천의 점용료의 징수(하천법 제38조 제2항), 시·군의 도세징수사무(지방세기본법 제53조) 등.

제 2 항 기관위임사무 [1996 사시 약술]

Ⅰ. 의 의

기관위임사무(機關委任事務)라 함은 국가 또는 지방자치단체 등으로부터 지방자치단체의 장에게 위임된 사무를 말한다.

Ⅱ. 성 질

기관위임사무는 지방자치단체의 집행기관에 의해 행해지지만 그 사무의 성질은 국가 등의 사무이며 그 사무를 집행하는 지방자치단체의 집행기관은 기관위임사무를 수행하는 경우에는 지방자치단체의 기관이 아니라 위임자인 국가 또는 지방자치단체의 기관의 지위를 가진다.

Ⅲ. 법적 근거

기관위임사무는 개별법령에 의해 그 위임이 정해지는 경우도 있지만 정부조직법 제6조 제1항과 행정권한의 위임 및 위탁에 관한 규정은 기관위임에 관한 일반적 근거를 규정하고 있다.

제 3 항 단체위임사무와 기관위임사무의 구분

Ⅰ. 단체위임사무와 기관위임사무의 구별실익

1. 사무의 관리주체 및 귀속주체

단체위임사무는 지방자치단체의 사무로서 지방자치단체가 관리주체이고, 그 사무처리의 법적 효과도 지방자치단체에 귀속된다. 이에 대하여 단체위임사무의 관리주체는 국가이고, 그 사무처리의 법적 효과가 국가에 귀속된다는 견해도 있다.

이에 반하여 **기관위임사무**는 국가등의 사무로서 국가등이 관리주체이고, 그 사무처리의 법적 효과도 국가등에 귀속된다.

[판례] 구 공공용지의 취득 및 손실보상에 관한 특례법에 의하여 이주대책을 수립실시하여야 할 건설부장관이 그 사무를 관할 지방자치단체의 장에게 위탁하고, 그 자치단체의 장이 다시 관할 하위 자치단체의 장에게 재위탁한 경우, 이주대책의 수립실시사무의 귀속주체: 정부조직법 제6조 제1항, 구 공공용지의 취득 및 손실보상에 관한 특례법(2002. 2. 4. 법률 제6656호로 폐지) 제8조 제4항, 구 공공용지의 취득 및 손실보상에 관한 특례법 시행령(2002. 12. 30. 대통령령 제17854호로 폐지) 제6조의 관련 규정을 종합하여 보면, 이주자를 위한 토지 등의 매수 및 이주대책의 수립실시사무(이하 '이주대책사무'라고 한다)의 위탁과 재위탁은 그 수탁자가 관할 지방자치단체나 관할 하위 자치단체가 아닌 관할 지방자치단체의 장과 관할 하위 자치단체의 장으로서 기관위탁에 해당한다고 할 것이고, 따라서 이주대책사무의 실시에 있어서 수탁기관인 관할 지방자치단체의 장이나 관할 하위 자치단체의 장은 위탁자인 교통부장관이 속한 대한민국의 산하 행정기관의 지위에서 그 사무를 처리하는 것이고 그 위탁으로 인하여 사무귀속의 주체가 달라진다고 할 수 없으므로, 지방자치단체는 이주대책사무에 따른 권리의무의 귀속주체가 될 수 없고, 이주대책대상자들과의 이주대책사무와 관련된 택지의 공급가액을 둘러싼 분쟁의 당사자가 될 수도 없다(대판 2003. 7. 25, 2001다57778[분양행위무효확인]).

2. 지방의회의 관여 [2001 행시 약술]

단체위임사무는 지방자치단체의 사무이므로 지방의회가 사무감사 및 사무조사 등으로 관여할 수 있다. 단체위임사무는 국가사무의 실질을 가지므로 국회도 관여할 수 있어 이중 관여의 문제가 있다.

이에 대하여 **기관위임사무**는 그 사무의 성질이 국가 등의 사무이므로 국회 또는 시·도의회의 사무감사 및 조사의 대상이 될 수 있다. 그런데, 기관위임사무는 실제에 있어 지방자치단체의 집행기관에 의해 행해지므로 지방의회의 관여 필요성도 있다.

지방자치법은 이중관여 문제에 대한 해결책으로 국가 또는 시·도의 단체위임사무 및 기관위임 사무에 대하여 국회와 시·도의회가 직접 감사하기로 한 사무를 제외하고는 그 감사를 각각 해당 시·도의회와 시·군 및 자치구의회가 행할 수 있다고 규정하고 있다(제49조 제3항).

3. 조례제정

단체위임사무는 지방자치단체의 사무로서 법률의 수권 없이도 조례제정의 대상이 된다. 다만, 국민의 권리를 제한하거나 의무를 부과하거나 벌칙을 정하는 조례는 법령의 위임이 있어야 한다. 다만, 그 위임은 포괄적 위임도 가능하다. 단체위임사무에 관한 조례는 자치조례로서 법률에 준하는 성질을 갖는다.

이에 반하여 **기관위임사무**는 지방자치단체의 사무가 아니라 국가의 사무이므로 명문의 규정이 없는 한 조례제정의 대상이 되지 않는다. 법령의 수권이 있는 경우에 기관위임사무에 대하여도 조례가 제정될 수 있다. 기관위임사무에 관한 조례는 위임조례이며 행정입법의 성질을 갖는다.

4. 비용부담

(1) 기관위임사무

기관위임사무는 본래 국가등의 사무이므로 위임자인 국가등이 사무처리비용을 부담하여야 한다(지자법 제158조 단서). 다만, 예외적으로 개별법에서 기관위임사무의 비용을 일부 수임기관이 속한 지방자치단체가 부담하는 것으로 규정하고 있는 경우(예 도로법 제85조)가 있다.

(2) 단체위임사무

단체위임사무에 있어서의 비용부담에 관하여는 견해가 갈리고 있다.

1) 국가부담설

단체위임사무를 실질적으로는 국가사무로 보고 국가가 그 비용 전부를 부담하는 것이 타당하다고 보는 견해이다(홍정선, 938면; 류지태, 658면).

2) 분 담 설

단체위임사무를 자치사무와 기관위임사무의 중간적인 성질의 사무로 보고 이해관계의 정도에 따라 국가와 지방자치단체가 그 경비를 분담하는 것이 타당하다고 보는 견해(유상현, 96면)이다. 그 논거는 단체위임사무는 국가와 지방자치단체가 함께 이해관계를 가지는 사무라는 점에 두고, 실정법적 근거를 지방재정법 제21조 제1항에 두고 있다.

3) 결어(국가부담원칙설)

단체위임사무의 경비부담은 원칙상 국가가 부담하여야 하지만, 위임사무에 관하여 지방자치단체가 이해관계를 가지는 경우에는 개별법에서 이해관계의 정도에 따라 지방자치단체가 일부 부담하는 것으로 규정할 수 있다.

(3) 현행법규정

단체위임사무와 기관위임사무에서의 경비부담에 관한 현행법에는 불명확한 점이 없지 않다.

1) 지방자치법

지방자치법 제158조는 단체위임사무와 기관위임사무를 모두 포함하여 위임자인 국가등이 비용부담을 하여야 한다는 원칙을 규정하고 있다고 해석하여야 한다. 그러나, 개별법에서 지방자치단체의 비용부담을 규정하고 있는 경우에는 그 개별법이 우선한다.

지방자치법 제206조 제3항은 국가 또는 시·도가 특별지방자치단체에 사무를 위임하는 경우에도 사무를 위임한 국가 또는 시·도가 그 사무를 수행하는 데 필요한 경비를 부담하여야 한다고 규정하고 있다.

2) 지방재정법

지방재정법 제20조(자치사무에 관한 경비) 지방자치단체의 관할 구역의 자치사무에 관하여 필요한 경비는 당해 지방자치단체가 그 전액을 부담한다.

제21조(부담금과 교부금) ① 지방자치단체 또는 그 기관이 법령에 의하여 처리하여야 할 사무로서 국가와 지방자치단체 상호간에 이해관계가 있는 경우에, 그 원활한 사무처리를 위하여 국가에서 부담하지 아니하면 아니되는 경비는 국가가 그 전부 또는 일부를 부담한다.

② 국가가 스스로 행하여야 할 사무를 지방자치단체 또는 그 기관에 위임하여 수행하는 경우에, 그 소요되는 경비는 국가가 그 전부를 당해 지방자치단체에 교부하여야 한다.

지방재정법 제21조의 해석에 관하여 아래와 같이 견해가 대립하고 있는데, 지방재정법은 위임이 법정위임인가 아니면 임의위임인가에 따라 단체위임사무와 기관위임사무의 구분 없이 위임사무의 비용부담을 규정하고 있다고 해석하는 견해가 타당하다.

① 생각건대, 지방재정법 제21조 제1항은 지방자치단체 또는 그 기관이 법령에 의하여 처리하여야 할 사무(법정위임사무)로서 국가와 지방자치단체 상호간에 이해관계가 있는 경우에, 그 원활한 사무처리를 위하여 국가에서 부담하지 아니하면 아니되는 경비는 국가가 그 전부 또는 일부를 부담하는 것으로 규정하고 있고, 동법 제21조 제2항은 국가가 스스로 행하여야 할 사무를 지방자치단체 또는 그 기관에 위임하여 수행하는 경우(임의위임사무)에 있어서는 그 소요되는 경비는 국가가 그 전부를 당해 지방자치단체에 교부하여야 한다고 규정하고 있다고 보아야 한다.

② 이에 반하여 지방재정법 제21조 제2항을 단체위임사무를 포함하여 위임사무의 경우에는 국가가 비용을 전부 부담하여야 하는 것을 규정한 것으로 해석하는 견해가 있다(홍정선, 933면). 그러나, 이 견해는 동법 제21조 제1항을 간과하고 있다.

③ 일부 견해는 동법 제21조 제1항은 단체위임사무에 관한 것으로 보고 따라서 국가와 지방자치단체가 비용을 분담하는 것으로 규정한 것으로 해석하고, 동법 제21조 제2항은 기관위임사무에 있어서 국가가 비용의 전부를 부담하여야 하는 것을 규정한 것으로 해석하고 있는데 법규정상 피위임자가 '지방자치단체 또는 그 기관'이라고 명시하고 있는 것을 간과한 것으로 이 견해도 타당하지 않다.

3) 문제점 및 해결방안

이와 같이 지방자치법(제158조), 지방재정법(제21조) 및 개별법(도로법 제85조)의 규정이 위임사무의 비용부담에 관하여 불일치하고 있는 문제가 있다. 이는 지방자치의 실시에 따라 관련법이 정비되어야 하는데 그렇게 되지 못한 것에 연유한다고 보여진다. 앞으로 관련법의 개정을 통하여 법 상호간의 모순을 제거하여야 할 것이다(입법론). 현행법하에서는 **지방재정법이 지방자치법에 대하여 특별법이라고 할 수 있으므로 지방재정법이 우선 적용된다고 해석하는 것이 타당하다**(해석론).

5. 국가의 감독

단체위임사무와 기관위임사무는 국가의 적법성 통제뿐만 아니라 합목적성의 통제도 받는다는 점에서는 같지만, 감독의 법적 근거와 감독의 범위에 관하여는 약간의 차이가 있다.

① **국가의 일반적 지휘감독**: 지방자치법 제185조는 단체위임사무와 기관위임사무에 대한 국가의 일반적 감독권을 규정하고 있는데, 단체위임사무에 대하여 국가의 일반적 감독권을 인정하는 것은 타당하지 않다.

② **취소·정지**: 지방자치법 제188조 제1항은 단체위임사무에 관한 처분이 법령에 위반되거나 현저히 부당하여 공익을 해하는 경우에 국가의 시정명령과 취소 또는 정지권을 규정하고 있다. 기관위임사무의 경우 행정권한의 위임 및 위탁에 관한 규정 제6조는 위임기관의 수임기관에 대한 지휘감독권과 수임사무의 처리가 위법 또는 부당하다고 인정되는 경우의 취소·정지권을 인정하고 있다.

③ **직무이행명령 및 대집행**: 지방자치법 제189조는 지방자치단체에 대한 직무이행명령제도와 대집행제도를 규정하고 있는데 이 규정이 기관위임사무에 대하여만 적용된다는 견해가 일반적 견해이고 판례의 입장이다(후술).

6. 국가배상법상 피해자에 대한 배상책임자 및 종국적 배상책임자

(1) 피해자에 대한 배상책임자

단체위임사무의 경우 지방자치단체는 사무의 관리주체 및 형식적 비용부담자로서 피해자에 대하여 배상책임을 진다. 또한 단체위임사무에 있어서 국가등이 비용을 전부 또는 일부 부담하는 경우에 국가등은 실질적 비용부담자로서 피해자에 대하여 배상책임을 진다. 이에 반하여 단체위임사무에서 국가등이 사무귀속주체로서 책임을 지고, 지방자치단체는 비용부담주체로서 책임을 진다는 견해(홍정선, 938면)도 있다.

이에 대하여 **기관위임사무**에 있어서는 사무의 관리주체(귀속주체)인 국가등은 관리주체로서 피해자에 대하여 배상책임을 지고, 지방자치단체는 형식적 비용부담자이므로 피해자에 대하여 배상책임을 진다.

(2) 종국적 배상책임자

종국적 배상책임과 관련하여 **관리주체설**에 의하면 단체위임사무의 경우 종국적 배상책임자는 지방자치단체이고, 기관위임사무의 경우 국가 등이 된다. **비용부담자설**에 의하면 단체위임사무의 경우 국가등과 지방자치단체 사이의 실질적 비용부담에 비례하여 책임을 분담한다. 기관위임사무의 경우 원칙상 국가등이 종국적 배상책임자가 된다.

Ⅱ. 단체위임사무와 기관위임사무의 구별기준

일반적으로 단체위임사무와 기관위임사무의 구별기준을 **수임자가 지방자치단체인가 아니면 지방자치단체의 집행기관인가**에 두고 있다. 단체위임사무는 지방자치단체에게 위임된 사무이고, 기관위임사무는 지방자치단체가 아닌 지방자치단체의 기관에 위임된 사무라고 본다.

그런데 법령에서 지방자치단체의 장에게 위임하고 있는 경우에도 사무의 성질, 비용부담, 위임기관의 감독 등에 관한 관련규정들을 고려하면 실제에 있어서는 지방자치단체에 위임된 단체위임사무라고 해석하는 것이 타당한 경우도 있다.

예를 들면, 도로법 제23조 제2항에 의한 시 관할구역 내의 국도에 대한 관리사무의 법적 성격이 단체위임사무인가 기관위임사무인가에 관하여 견해의 대립이 있다.

관리대상이 국도인 점 및 관리청을 지방자치단체의 장으로 규정하고 있는 점에서는 기관위임사무로 볼 수 있지만(**기관위임사무설**), 시를 통과하는 국도는 국가보다 시에게 이해관계가 더 크다는 점, 도로법 제85조가 관리비용을 원칙상 지방자치단체가 부담하는 것으로 규정되어 있는 점, 법률 자체에서 국토교통부장관을 관리청으로 규정하지 않고 직접 시장을 관리청으로 규정하고 있고, 이는 시에 위임된 것으로 해석할 수 있다는 점 등을 고려하면 단체위임사무로 볼 수 있다(**단체위임사무설**).

도로법 제20조 제2항은 권한의 위임규정이 아니라 국가와 지방자치단체 사이의 권한배분에 관한 규정으로 보면서 자치사무로 보는 견해(홍정선)도 있다.

판례는 시 관할구역 내의 국도의 관리사무를 기관위임사무로 보고 있다.

생각건대, 판례 및 다수견해는 기관위임사무로 보고 있지만 단체위임사무로 보는 것이 타당하다.

[판례 1] 도로법 제22조 제2항에 의하여 지방자치단체의 장인 시장(서귀포시장)이 국도의 관리청이 되었다 하더라도 이는 시장이 국가로부터 관리업무를 위임받아 국가행정기관의 지위에서 집행하는 것(기관위임사무)이므로 국가는 도로관리상 하자로 인한 손해배상책임을 면할 수 없다(대판 1993. 1. 26, 92다2684).
[판례 2] **단체위임사무로 본 사례**: 시·도지사의 지역별 가스공급시설의 공사계획 수립·공고나 도시가스의 공급조건에 관한 공급규정의 승인에 관한 업무(대판 2001. 11. 27, 2001추57).

제4장

지방자치단체의 자치권

자치권은 자치조직권, 자치행정권, 자치입법권 및 자치재정권을 내용으로 한다.

제 1 절 자치권의 종류

제 1 항 자치조직권

지방자치단체는 헌법과 법률의 범위 내에서 자기의 조직을 자주적으로 정할 수 있는데, 이러한 권능을 지방자치단체의 자치조직권(自治組織權)이라 한다.

지방자치단체의 행정사무를 분장하기 위하여 필요한 행정기구를 두되, 이는 대통령령이 정하는 기준에 따라 당해 지방자치단체의 조례로 정한다(법 제125조).

제 2 항 자치행정권

지방자치단체는 지방자치단체의 사무를 처리함에 있어서 국가의 후견적 감독 없이 자율적으로 처리할 수 있는데, 이를 자치행정권(自治行政權)이라 한다. 그러나, 지방자치단체의 행정은 국가법질서를 위반하여서는 안 된다.

지방자치단체에 대한 후견적 감독은 인정될 수 없으며 지방자치단체의 행정에 대한 국가의 감독은 원칙상 적법성통제에 한정되어야 한다(후술 지방자치단체에 대한 국가의 통제 및 관여 참조).

제 3 항 자치입법권

자치입법권(自治立法權)이라 함은 지방자치단체가 자치행정에 관하여 법령의 수권 없이 자율적으로 법규를 제정하는 권한을 말한다. 자치입법권에는 조례제정권과 규칙제정권이 있다(후술 조례 참조).

제 4 항 자치재정권

Ⅰ. 의 의

지방자치가 이루어지기 위하여는 지방자치단체가 자주적으로 재원을 취득하고, 재산을 관리하고, 재원을 지출할 권한이 인정되어야 하는데, 이 권한을 자치재정권(自治財政權)이라 한다.

Ⅱ. 예 산

예산이라 함은 1회계년도에 있어서의 수입과 지출의 계획을 말한다. 예산안은 지방자치단체의 장이 편성하고 지방의회의 의결을 받아야 한다(제142조).

Ⅲ. 지방자치단체의 수입

지방자치단체의 수입(收入)으로는 지방세, 사용료, 수수료, 지방교부세, 지방양여금, 보조금, 지방채와 일시차입금 등이 있다.

1. 지 방 세

지방세(地方稅)는 지방자치단체의 수입 중 가장 중요한 자주적 재원이다.

지방자치단체는 법률이 정하는 바에 따라 지방세를 부과·징수할 수 있다(지방자치법 제152조).

2. 사용료·수수료·분담금

사용료(使用料)는 공공시설의 이용 또는 재산의 사용의 대가로 부과·징수하는 것을 말한다(제153조). 수수료(手數料)는 특정인에 대하여 제공되는 행정서비스에 대한 대가로서 징수되는 것을 말한다(제154조 제1항). 분담금(分擔金)이라 함은 지방자치단체의 재산 또는 공공시설의 설치로 인하여 주민의 일부가 특히 이익을 받는 경우에는 이익을 받는 자로부터 그 이익의 범위 안에서 징수하는 것을 말한다(제155조). 이 분담금은 강학상 부담금에 해당한다.

사용료·수수료 또는 분담금의 징수에 관한 사항은 조례로 정한다. 다만, 국가가 지방자치단체나 그 기관에 위임한 사무와 자치사무의 수수료 중 전국적으로 통일할 필요가 있는 수수료에 관한 사항은 다른 법령의 규정에도 불구하고 대통령령으로 정하는 표준금액으로 징수하되, 지방자치단체가 다른 금액으로 징수하고자 하는 경우에는 표준금액의 50퍼센트의 범위에서 조례로 가감 조정하여 징수할 수 있다(제156조 제1항).

3. 지방교부세

지방교부세(地方交付稅)라 함은 지방재정의 지역간 불균형을 시정하기 위해 국가가 내국세의 일부를 재정적 결함이 있는 자치단체에 교부하는 금액을 말한다. 지방교부금이라고도 한다. 지방교부세는 지방자치단체의 자주재원(自主財源)으로서 그 사용에 대하여 국가의 감독을 받지 않는다.

지방교부세에는 보통교부세, 특별교부세, 분권교부세 및 부동산교부세가 있다(지방교부세법 제3조).

4. 지방재정법상 조정교부금

조정교부금이라 함은 지방자치단체간의 재정력의 격차를 조정하기 위해 광역자치단체가 기초자치단체에 교부하는 금액을 말한다. 시·도지사(특별시장은 제외한다. 이하 이 조에서 같다)가 교부하는 시·군 조정교부금(지방재정법 제29조)과 특별시장 및 광역시장이 교부하는 자치구 조정교부금(제29조의2)이 있다. 제29조 및 제29조의2에 따른 조정교부금은 일반적 재정수요에 충당하기 위한 일반조정교부금과 특정한 재정수요에 충당하기 위한 특별조정교부금으로 구분하여 운영하되, 특별조정교부금은 보조사업의 재원으로 사용할 수 없다(지방재정법 제29조의3).

5. 보 조 금

보조금(補助金)은 국가나 시·도가 시책상 필요하다고 인정할 때 또는 지방자치단체의 재정사정상 특히 필요하다고 인정할 때에는 예산의 범위 안에서 지방자치단체에 교부하는 금액을 말한다(지방재정법 제23조).

보조금예산의 편성·교부신청·교부결정 및 사용 등은 보조금의 예산 및 관리에 관한 법률에 의하여 규율되고 있다. 보조금의 교부결정, 교부결정의 취소 등에 있어 보조금을 제공하는 국가기관 등에 일정한 재량이 인정되고 있고(동법 제17조~제21조), 보조금의 사용에 대한 검사권이 부여되고 있다(동법 제36조).

6. 지방채(地方債)

지방자치단체의 장이나 지방자치단체조합은 따로 법률로 정하는 바에 따라 지방채를 발행할 수 있는데(지방자치법 제139조 제1항), 지방재정법 제11조 이하의 규정에 따라야 한다.

Ⅳ. 재산의 관리

지방자치단체의 재산의 관리에 관하여는 지방자치법(제159조 이하)과 공유재산 및 물품관리법이 규율하고 있다.

제 2 절 조 례 [2003 입시 약술]

[문제] 지방자치단체는 정보공개조례를 제정할 수 있는가. 그 한계는 무엇인가.

제 1 항 조례의 의의와 성질

조례(條例)는 지방자치단체가 지방의회의 의결로 제정하는 법규이다.

조례는 넓게 보면 행정기관인 지방의회에 의해 제정되는 법이므로 행정입법에 속한다. 자치조례는 지방자치단체의 자치법이며 법률에 준하는 성질을 갖는다.

제 2 항 조례의 종류

Ⅰ. 위임조례와 직권조례, 자치조례

위임조례(委任條例)는 법령의 위임에 의해 제정되는 조례를 말하고, 직권조례(職權條例)는 법령의 위임 없이 제정되는 조례를 말한다.

기관위임사무에 관한 조례 및 지방자치단체의 사무에 관한 조례 중 주민의 권리를 제한하거나 의무를 부과하거나 벌칙을 정하는 조례는 법령의 위임이 있어야 한다.

자치조례는 지방자치단체의 사무에 관한 조례를 말한다. 자치조례에는 직권조례와 지방자치단체의 사무에 관한 위임조례가 있다.

Ⅱ. 필요적 조례와 임의적 조례

필요적 조례(必要的 條例)는 법령에 의해 조례로 정하도록 규정한 사항에 대하여 제정된 조례를 말하고, 임의적 조례(任意的 條例)는 지방의회의 재량에 의해 임의적으로 제정된 조례를 말한다.

제 3 항 조례제정권의 범위와 한계 [2010 사시, 2009 입시, 2007, 2009, 2023 행시(재경 등)]

지방자치법 제28조 제1항은 "지방자치단체는 법령의 범위에서 그 사무에 관하여 조례를 제정할 수 있다. 다만, 주민의 권리 제한 또는 의무 부과에 관한 사항이나 벌칙을 정할 때에는 법률의 위임이 있어야 한다"고 규정하고 있다.

[판례] 구 지방자치법 제15조에 의하면 지방자치단체는 그 내용이 주민의 권리의 제한 또는 의무의 부과에 관한 사항이거나 벌칙에 관한 사항이 아닌 한 법률의 위임이 없더라도 그의 사무에 관하여 조례를 제정할 수 있는바, 지방자치단체의 세 자녀 이상 세대 양육비 등 지원에 관한 조례안은 저출산 문제의 국가적·사회적 심각성을 십분 감안하여 향후 지방자치단체의 출산을 적극 장려토록 하여 인구정책을 보다 전향적으로 실효성 있게 추진하고자 세 자녀 이상 세대 중 세 번째 이후 자녀에게 양육비 등을 지원할 수 있도록 하는 것으로서, 위와 같은 사무는 지방자치단체 고유의 자치사무 중 주민의 복지증진에 관한 사무를 규정한 지방자치법 제9조 제2항 제2호 (라)목에서 예시하고 있는 아동·청소년 및 부녀의 보호와 복지증진에 해당되는 사무이고, 또한 위 조례안에는 주민의 편의 및 복리증진에 관한 내용을 담고 있어 그 제정에 있어서 반드시 법률의 개별적 위임이 따로 필요한 것은 아니다(대판 2006. 10. 12, 2006추38[지방의회조례안재의결무효확인청구]).

법령에서 조례로 정하도록 위임한 사항은 그 법령의 하위 법령에서 그 위임의 내용과 범위를 제한하거나 직접 규정할 수 없다(제28조 제2항).

지방자치단체는 조례를 위반한 행위에 대하여 조례로써 1천만원 이하의 과태료를 정할 수 있다(제34조 제1항). 제1항에 따른 과태료는 해당 지방자치단체의 장이나 그 관할구역의 지방자치단체의 장이 부과·징수한다(제2항). 사기나 그 밖의 부정한 방법으로 사용료·수수료 또는 분담금의 징수를 면한 자에게는 그 징수를 면한 금액의 5배 이내의 과태료를, 공공시설을 부정사용한 자에게는 50만원 이하의 과태료를 부과하는 규정을 조례로 정할 수 있다(제156조 제2항).

Ⅰ. 조례제정사무[2014 행시 사례]

조례는 지방자치단체의 사무(고유사무와 단체위임사무)에 관하여는 법령의 위임 없이도 제정될 수 있다. 그러나, 기관위임사무는 국가사무이므로 법령의 위임이 있는 경우에 한하여 조례가 제정될 수 있다(대판 1995. 12. 22, 95추32[조례안재의결무효확인]).

[판례] **지방자치단체가 기관위임사무에 관한 사항을 조례로 제정할 수 있는지 여부(원칙적 소극):** 지방자치법 제22조, 제9조에 따르면, 지방자치단체가 조례를 제정할 수 있는 사항은 지방자치단체의 고유사무인 자치사무와 개별 법령에 따라 지방자치단체에 위임된 단체위임사무에 한정된다. 국가사무가 지방자치단체의 장에게 위임되거나 상위 지방자치단체의 사무가 하위 지방자치단체의 장에게 위임된 기관위임사무에 관한 사항은 원칙적으로 조례의 제정범위에 속하지 않는다(대판 2017. 12. 5, 2016추5162).

Ⅱ. 법률유보의 문제[2006 행시 사례]

[문제] 시·군·구는 법령의 위임없는 경우에도 지역적 사정을 고려하여 국가법령에 정해진 공해물질의 배출허용기준을 강화하는 조례를 제정할 수 있는가.

1. 법률유보의 범위

조례는 원칙상 법령의 위임 없이 제정될 수 있다. 지방자치법 제28조 본문에서 '법령의 범위 안에서'란 '법령에 위반되지 않는 범위 내에서'를 가리킨다.

주민의 권리제한 또는 의무부과에 관한 사항이나 벌칙을 정하는 조례는 그 조례의 성질을 묻지 아니하고 법률의 위임이 있어야 하고(제28조 단서) 그러한 위임 없이 주민의 권리제한 또는 의무부과에 관한 사항을 정한 조례는 위법하여 효력이 없다(대판 2018. 11. 29, 2016두35229).

[판례 1] [1] 학기당 2시간 정도의 인권교육의 편성·실시는 지방자치법 제9조 제2항 제5호가 지방자치단체의 사무로 예시한 교육에 관한 사무로서 초등학교·중학교·고등학교 등의 운영·지도에 관한 사무에 속한다. [2] 교육부장관이 관할 교육감에게, 甲 지방의회가 의결한 학생인권조례안에 대하여 재의요구를 하도록 요청하였으나 교육감이 이를 거절하고 학생인권조례를 공포하자, 조례안 의결에 대한 효력 배제를 구하는 소를 제기한 사안에서, 위 조례안은 … 학교운영자나 학교의 장, 교사 등에게 새로운 의무를 부과하고 있는 것이 아니고, 정규교과 시간 외 교육활동의 강요 금지, 학생인권 교육의 실시 등의 규정 역시 교육의 주체인 학교의 장이나 교사에게 학생의 인권이 학교 교육과정에서 존중되어야 함을 강조하고 그에 필요한 조치를 권고

하고 있는 데 지나지 아니하여, 그 규정들이 교사나 학생의 권리를 새롭게 제한하는 것이라고 볼 수 없으므로, 국민의 기본권이나 주민의 권리 제한에서 요구되는 법률유보원칙에 위배된다고 할 수 없고, 내용이 법령의 규정과 모순·저촉되어 법률우위원칙에 어긋난다고 볼 수 없다고 한 사례(대판 2015. 5. 14, 2013추98[조례안의결무효확인]).

[판례 2] 교육부장관이 전자파 취약계층의 보호를 위해 경기도 내 유치원 및 초등학교 등을 전자파 안심지대로 지정하고 그곳에서는 누구든지 기지국을 설치할 수 없도록 하는 내용의 '경기도교육청 전자파 취약계층 보호 조례안'에 대하여 법령에 반한다는 이유로 재의결을 요구하였으나 경기도의회가 원안대로 재의결한 사안에서, 위 조례안 중 지방자치단체의 공유재산이 아니고 초·중등교육법의 적용대상도 아닌 '사립유치원과 개인이 소유하거나 관리하는 복합 건물'에 관한 부분은 기지국 설치와 관련하여 기지국 설치자가 가지는 영업의 자유와 그 상대방이 가지는 계약의 자유를 제한할 수 있도록 조례에 위임하는 법령 규정이 존재하지 않으므로, 사립유치원과 복합 건물에 관하여 법률의 위임 없이 주민의 권리 제한에 관한 사항을 규정하고 있다는 이유로 효력을 인정할 수 없다고 한 사례(대판 2017. 12. 5, 2016추5162). 〈해설〉 공유재산인 초등학교내에 기지국을 설치할 수 없도록 하는 조례는 주민의 권리를 제한하거나 의무를 부과하는 조례가 아니므로 법령의 수권 없이도 제정할 수 있다.

[판례 3] '부산광역시 공공기관 인사검증 운영에 관한 조례안 중 증인·참고인에게 출석의무 및 자료제출요구를 인정한 규정들은 법률의 위임 없이 주민의 의무 부과에 관한 사항을 조례로 규정하여 위법하다고 한 사례 (대판 2023. 3. 9, 2022추5118).

이와 같이 조례제정권을 제한하고 있는 지방자치법 제28조 단서에 대하여 위헌이라는 주장이 제기되고 있지만, 판례는 합헌으로 보고 있다.

※ 주민의 권리제한 또는 의무부과에 관한 사항에 관한 조례제정에 법률의 위임을 요하는 규정의 위헌성

(1) 위 헌 설

지방자치법 제28조 단서를 위헌이라고 하는 견해는 다음과 같은 논거를 가지고 있다.

즉, 헌법 제117조 제1항은 지방자치단체의 사무에 관하여는 '법령의 범위 안에서' 즉, 법령에 위반되지 않는 한 조례를 제정할 수 있는 것으로 자치입법권을 보장하고 있는데, 지방자치법 제28조 단서는 지방자치단체의 사무에 있어서도 주민의 권리제한 등에 관한 사항에 관하여는 법률의 위임이 있어야 조례가 제정될 수 있는 것으로 헌법에서 정하지 아니한 추가적 제한을 규정하고 있으므로 헌법 제117조 제1항에 반한다(박윤흔, 131면).

(2) 합 헌 설

지방자치법 제28조 단서가 합헌이라는 견해는 다음과 같은 논거를 가지고 있다.

① 기본권 기타 국민의 자유나 권리의 제한적 규율은 전국민적인 민주적 정당성이 있는 법률에 의하여만 이를 할 수 있고, 조례에 의한 이들 사항의 규율은 법률의 위임이 있는 경우에만 가능하다고 보아야 한다.

② 헌법 제37조 제2항이 "국민의 모든 자유와 권리는 … 법률로써 제한할 수 있으며"라고 규정하여, 기본권의 제한에 대한 법률유보의 원칙을 명시하고 있는바, 여기서의 법률은 국회가 제정한 형식적 의미의 법률이다(김동희, 73면).

(3) 판 례

대법원은 지방자치법 제28조 단서는 기본권 제한에 대하여 법률유보원칙을 선언한 헌법 제37조 제2항의 취지에 부합한다고 판시하여 합헌설을 취하고 있다(대판 1995. 5. 12, 94추28; 1997. 4. 25, 96추251[조례안재의결

무효확인]).

헌법재판소도 지방자치법 제28조 단서가 합헌이라고 보고 있다(헌재 1995. 4. 20, 92헌마264[부천시 담배자동판매기설치금지조례 제4조 등 위헌확인, 강남구 담배자동판매기설치]).

[판례 1] 정보공개조례는 권리를 제한하거나 의무를 부과하는 조례가 아니므로 법률의 위임이 필요없다(대판 1992. 6. 23, 92추17[청주시 정보공개조례사건]).
[판례 2] 담배자판기설치금지조례는 권리를 제한하는 조례이므로 법률의 위임이 필요한 조례이다(헌재 1995. 4. 20, 92헌마264[부천시 담배자동판매기설치금지조례 제4조 등 위헌확인, 강남구 담배자동판매기설치]).
[판례 3] 법률의 위임 없이 보육시설 종사자의 정년을 규정한 '서울특별시 중구 영유아 보육조례 일부개정조례안' 제17조 제3항은, 법률의 위임 없이 헌법이 보장하는 직업을 선택하여 수행할 권리의 제한에 관한 사항을 정한 것이어서 그 효력을 인정할 수 없으므로, 위 조례안에 대한 재의결은 무효라고 한 사례(대판 2009. 5. 28, 2007추134[조례안재의결무효확인청구]).

※ 조례로 벌칙을 정함에 있어 법률의 위임을 요하는 규정의 위헌성

벌칙의 제정에 법률의 위임이 있어야 한다는 제28조 단서의 규정이 위헌인지 여부를 논함에 있어서는 형벌과 형사벌칙이 아닌 과태료를 구별하여 논하여야 한다.

벌칙 중 형벌(형사벌칙)을 정하는 것은 국가사무이며 또한 죄형법정주의에 비추어 법률의 개별적·구체적 위임이 없이는 형벌을 조례로 정할 수는 없다(박윤흔, 132면).

벌칙 중 형사벌칙이 아닌 과태료를 조례로 정하기 위하여 법률의 위임이 있어야 한다고 규정한 지방자치법 제22조 단서가 위헌인지의 여부의 문제는 과태료의 부과는 의무를 부과하는 조례이므로 의무를 부과하는 조례와 같게 보아야 한다.

2. 위임의 정도

조례의 제정권자인 지방의회는 선거를 통해서 지역적인 민주적 정당성을 지니고 있는 주민의 대표기관이고, 헌법 제117조 제1항은 지방자치단체에 포괄적인 자치권을 보장하고 있으므로 법률의 조례에 대한 위임은 법규명령에 대한 법률의 위임과 같이 반드시 구체적으로 범위를 정하여 할 필요가 없고, 포괄적 위임도 가능하다(대판 2017. 12. 5, 2016추5162; 2019. 10. 17, 2018두40744).

따라서, 현행 지방자치법 제33조 제1항은 "지방자치단체는 조례로써 조례위반 행위에 대하여 1천만원 이하의 과태료를 정할 수 있다"라고 조례에 의한 과태료의 제정을 일반적으로 위임하고 있는데 이 규정은 헌법에 반하지 않는다고 본다.

3. 법률의 위임 없이 제정된 권익침해조례의 효력

판례에 의하면 법률의 위임 없이 주민의 권리제한 또는 의무부과에 관한 사항을 정한 조례는 법률유보의 원칙에 위배되고 지방자치법 제28조 단서 위반으로 효력이 없다. 즉 무효이다(대판 전원합의체 2012. 11. 22, 2010두19270[건축허가신청불허가처분취소]).

Ⅲ. 법률우위의 문제

1. 의 의

조례는 국가의 법령(헌법, 법률, 명령 등 국가가 정립하는 법)에 위반할 수 없다. 지방자치법 제28조 본문은 "지방자치단체는 법령의 범위 안에서 그 사무에 관하여 조례를 제정할 수 있다"라고 규정하고 있는데, **'법령의 범위 안에서'라 함은 '법령에 위반되지 아니하는 범위 내에서'라고 해석된다**(대판 2009. 4. 9, 2007추103).

국가 법령의 조례에 대한 우위는 통일적인 국가법질서를 유지하기 위하여 요구된다.

2. 법률우위의 원칙의 내용

법률의 우위는 **국가법령의 자치법규에 대한 우위**를 의미한다. 국가법령에는 법률뿐만 아니라 헌법, 법의 일반원칙, 명령이 포함된다.

조례가 법령에 위반되면 위법인 조례가 되며 법원 및 헌법재판소에 의한 직접적 통제 및 간접적 통제의 대상이 된다(후술 참조).

위법한 조례는 효력이 없다(무효이다).

[판례] 지방자치단체가 제정한 조례가 법령을 위반하는 경우에는 효력이 없다(무효이다)(대판 2008. 6. 12, 2007추42[조례안재의결무효확인] 〈공항고속도로통행료사건〉; 2009. 10. 15, 2008추32). 〈평석〉 이 경우 조례의 무효가 행정행위의 무효와 동일한 것인지는 의문이다.

3. 조례의 위법(법률우위의 원칙 위반)의 판단기준

(1) 일반적 판단기준

조례가 법령을 위반하는지 여부는 법령과 조례 각각의 규정 취지, 규정의 목적과 내용 및 효과 등을 비교하여 둘 사이에 모순·저촉이 있는지의 여부에 따라서 개별적·구체적으로 결정하여야 한다(대판 2008. 6. 12, 2007추42〈공항고속도로통행료사건〉; 2009. 10. 15, 2008추32). 조례가 위임의 한계를 준수하고 있는지 여부를 판단할 때는 당해 법령 규정의 입법 목적과 규정 내용, 규정의 체계, 다른 규정과의 관계 등을 종합적으로 살펴야 하고, 수권 규정에서 사용하고 있는 용어의 의미를 넘어 그 범위를 확장하거나 축소하여 위임 내용을 구체화하는 단계를 벗어나 새로운 입법을 하였는지 등도 아울러 고려하여야 한다(대판 2019. 1. 31, 2018두43996). 조례 규정이 상위법령의 가능한 해석범위를 넘어 이를 확장함으로써 위임의 한계를 벗어난 새로운 입법을 한 것과 다름없으면 효력이 없다(대판 2018. 11. 29, 2016두35229).

엄격한 법률선점론(국가법령이 이미 정한 사항에 대하여 조례로 정하는 것은 위법하다고 보는 견해)은 타당하지 않고, 완화된 법률선점론(지역의 실정에 맞는 공해규제 등 지방자치단체의 자치입법권을 보장하기 위하여 국가법령이 정한 사항이라도 지역의 특수성을 고려하여 조례로 달리 정할 수 있다는 견해)이 오늘날 다수견해이다.

[판례] [1] 지방자치단체가 세 자녀 이상 세대 양육비 등 지원에 관한 조례안은 지방자치단체 고유의 자치사무에 관한 것이고 그 내용이 주민의 권리의 제한 또는 의무의 부과에 관한 사항이거나 벌칙에 관한 사항이 아니므로 법률의 개별적 위임이 따로 필요하지 않다. [2] **조례로 정하고자 하는 특정사항에 관하여 이미 법령이 존재하는 경우, 조례의 적법 요건**: 조례가 규율하는 특정사항에 관하여 그것을 규율하는 국가의 법령이 이미 존재하는 경우에도 조례가 법령과 별도의 목적에 기하여 규율함을 의도하는 것으로서 그 적용에 의하여 법령의 규정이 의도하는 목적과 효과를 전혀 저해하는 바가 없는 때, 또는 양자가 동일한 목적에서 출발한 것이라고 할지라도 국가의 법령이 반드시 그 규정에 의하여 전국에 걸쳐 일률적으로 동일한 내용을 규율하려는 취지가 아니고 각 지방자치단체가 그 지방의 실정에 맞게 별도로 규율하는 것을 용인하는 취지라고 해석되는 때에는 그 조례가 국가의 법령에 위반되는 것은 아니다. [3] 군민의 출산을 적극 장려하기 위하여 세 자녀 이상의 세대 중 세 번째 이후 자녀에게 양육비 등을 지원할 수 있도록 하는 내용의 '정선군세자녀이상세대양육비등지원에관한조례안'이 법령에 위반되지 않는다고 한 사례(대판 2006. 10. 12, 2006추38[지방의회조례안재의결무효확인청구]).

(2) 조례의 유형(조례와 법률의 관계)에 따른 구체적 검토

1) 조례에 의한 지방의회 또는 지방자치단체의 장의 권한의 제한의 위법 여부

이에 관하여는 전술한 바와 같다(지방의회와 지방자치단체의 장의 관계 참조).

2) 추가조례

국가의 법령과 규율대상 내지 규율사항을 달리하는 조례(이를 '추가조례'(追加條例)라 한다)는 원칙상 당해 국가법령에 위반하는 것으로 볼 수 없다.

그런데, 현행 지방자치법은 일본의 지방자치법과 달리 권리를 제한하거나 의무를 부과하거나 벌칙을 정하는 조례는 법률의 근거가 있어야 하므로 조례가 주민의 권리를 제한하거나 의무를 부과하거나 벌칙을 정하는 내용인 경우에는 법령의 위임이 없는 한 당해 조례는 국가법령에의 위반 여부를 판단할 것도 없이 지방자치법 제28조 단서에 위반하여 위법하다.

[판례] 甲 지방자치단체 내 대중교통 소외지역에 거주하는 주민들의 사전요청에 따른 택시 운행과 해당 주민에 대한 운행요금의 보조 등에 관한 사항을 정한 '甲 지방자치단체 대중교통 소외지역 주민 교통복지 증진에 관한 조례안'에 대하여 甲 지방자치단체장이 법령에 위배된다는 등의 이유로 재의를 요구하였으나 甲 지방의회가 재의결한 사안에서, 위 조례안의 보조금 지급사무는 지방자치법 제9조 제2항 제2호 (가)목에서 정한 '주민복지에 관한 사업'에 속하는 것으로 지방자치단체가 법령의 위임 없이도 조례로 규율할 수 있는 자치사무에 해당하고, 합승을 허용하거나 권장한다고 볼 만한 규정을 두고 있지 않고 택시 운송사업자의 합승금지를 전제로 한 것이며, 마을택시란 '운행계통을 정하지 않고' 운행되는 것임을 명문으로 규정하고 있는 점 등을 종합하면, 위 조례안이 마을택시를 '운행계통을 정하여' 운행하도록 규정하였다고 볼 수 없으므로, 여객자동차 운수사업법상 합승금지 조항 및 여객자동차 운수사업법 시행령상 구역 여객자동차운송사업의 사업형태에 관한 규정에 위배되지 않는다고 한 사례(대판 2015. 6. 24, 2014추545[조례안재의결무효확인]).

3) 규율목적이 상이한 조례

조례가 국가의 법령과 동일한 사항을 정하고 있는 경우에도 법령과 규율목적이 다르고 조례의 규정이 국가법령의 입법목적을 저해하지 않는 경우에도 조례는 당해 법령에 위반하는 것으로 볼 수 없다.

[판례] 조례가 규율하는 특정사항에 관하여 그것을 규율하는 국가의 법령이 이미 존재하는 경우에도 조례가 법령과 별도의 목적에 기하여 규율함을 의도하는 것으로서 그 적용에 의하여 법령의 규정이 의도하는 목적과 효과를 전혀 저해하는 바가 없는 때에는 그 조례가 국가의 법령에 위반되는 것은 아니다(대판 1997. 4. 25, 96추244[조례안재의결무효확인]).

4) 초과조례[2006 행시 사례, 2015 변시 사례, 2016 사시 사례]

문제가 되는 것은 **법령과 조례가 동일한 사항을 동일한 규율목적으로 규정하고 있는 경우**에, 법령이 정한 기준을 초과하여 보다 강화되거나 보다 약화된 기준을 정한 조례(이를 '초과조례'(超過條例)라 한다)가 법률우위의 원칙에 반하는가 하는 것이다.

초과조례에는 법령보다 강하게 국민의 권익을 보장하는 조례(이를 '수익초과조례'(授益超過條例)라 한다)와 법령보다 강하게 국민의 권익을 제한하는 조례(이를 '침익초과조례'(侵益超過條例)라 한다)가 있고, 기타 침익조례도 아니고 수익조례도 아닌 것(예 공유재산의 관리행위를 규율하는 조례)도 있다.

조례가 법령이 이미 정하고 있는 사항에 대하여 법령과 동일한 목적으로 규율하고 있는 경우에도 **명문의 규정으로 또는 해석상 국가법령이 조례로 지방의 실정에 맞게 별도로 규율하는 것을 용인하는 경우**에는 그 조례가 국가의 법령에 위반되는 것은 아니다(대판 1997. 4. 25, 96추244; 2006. 10. 12, 2006추38[지방의회조례안재의결 무효확인청구]).

가. 침익초과조례 i) 현행 지방자치법 제28조 단서로 인하여 법령에 근거가 없는 한 침익초과조례는 인정될 수 없다.

ii) 당해 초과조례가 법령에 근거가 있는 경우에는 법령에 위반하여서는 안 된다(대판 1997. 4. 25, 96추251: 차고지확보제도를 규정한 조례안이 법률의 위임근거는 있으나, 그 내용이 자동차 등록기준 및 차고지 확보기준에 관한 상위법령의 제한범위를 초과하여 무효라고 한 사례).

[판례] [1] 차고지확보제도 조례안이 자동차·건설기계의 보유자에게 차고지확보의무를 부과하는 한편 자동차관리법에 의한 자동차등록(신규·변경·이전) 및 건설기계관리법에 의한 건설기계등록·변경신고를 하려는 자동차·건설기계의 보유자에게 차고지확보 입증서류의 제출의무를 부과하고 그 입증서류의 미제출을 위 등록 및 신고수리의 거부사유로 정함으로써 결국 등록·변경신고를 하여 자동차·건설기계를 운행하려는 보유자로 하여금 차고지를 확보하지 아니하면 자동차·건설기계를 운행할 수 없도록 하는 것을 그 내용으로 하고 있다면, 이는 주민의 권리를 제한하고 주민에게 의무를 부과하는 것임이 분명하므로 지방자치법 제15조 단서의 규정에 따라 그에 관한 법률의 위임이 있어야만 적법하다. [2] 도시교통정비촉진법 제19조의10 제3항에서 교통수요관리에 관하여 법에 정한 사항을 제외하고는 조례로 정하도록 규정하고 있고, 차고지확보제도는 차고지를 확보하지 아니한 자동차·건설기계의 보유자로 하여금 그 자동차·건설기계를 운행할 수 없도록 하는 것으로서 결과적으로 자동차 등의 통행량을 감소시키는 교통수요관리(그 중 주차수요관리) 방안의 하나에 해당하므로, 같은 법 제19조의10 제3항의 규정은 비록 포괄적이고 일반적인 것이기는 하지만 차고지확보제도를 규정한 조례안의 법률적 위임근거가 된다. 〈해설〉 차고지확보사무가 자치사무이므로 그에 관하여 포괄적 위임이 가능하다. [3] 차고지확보 대상을 자가용자동차 중 승차정원 16인 미만의 승합자동차와 적재정량 2.5t 미만의 화물자동차까지로 정하여 자동차운수사업법령이 정한 기준보다 확대하고, 차고지확보 입증서류의 미제출을 자동차등록 거부사유로 정하여 자동차관리법령이 정한 자동차 등록기준보다 더 높은 수준의 기준을 부가하고 있는 차고지확보제도에 관한 조례안은 비록 그 법률적 위임근거는 있지만 그 내용이 차고지 확보기준 및 자동차등록기준에 관한 상위법령의 제한범위를 초과하여 무효라고 한 사례(대판 1997. 4. 25, 96추251[조례안재의결 무효확인]).

지역의 실정에 맞게 규제를 강화할 필요가 있는 사항에 관하여는 법령은 전국적으로 규율할 사항 또는 전국적으로 적용되는 최소한의 규제기준만을 정하고 조례로 지역의 특성에 맞게 법령에서 정한 사항을 초과하여 정할 수 있도록 그 사항에 관한 규율을 조례에 위임한 것으로 보여지는 경우 초과조례는 법령에 반하지 않는다.

나. 수익초과조례 수익초과조례는 법령의 위임 없이 제정될 수 있는데, 법령이 최소한의 기준을 정하고 있고, 조례로 지방의 실정에 맞게 별도로 급부를 강화하는 규율을 허용하고 있다고 해석되는 경우에는 당해 조례는 법령에 반하지 않는다고 보아야 한다.

[판례 1] "조례안의 내용은 생활보호법과 그 목적 및 취지를 같이 하는 것이나, 보호대상자 선정의 기준 및 방법, 보호의 내용을 생활보호법의 그것과는 다르게 규정함과 동시에 생활보호법 소정의 자활보호대상자 중에서 사실상 생계유지가 어려운 자에게 생활보호법과는 별도로 생계비를 지원하는 것을 그 내용으로 하는 것이라는 점에서 생활보호법과는 다른 점이 있고, 당해 조례안에 의하여 생활보호법 소정의 자활보호대상자 중 일부에 대하여 생계비를 지원한다고 하여 생활보호법이 의도하는 목적과 효과를 저해할 우려는 없다고 보여지며, 비록 생활보호법이 자활보호대상자에게는 생계비를 지원하지 아니하도록 규정하고 있다고 할지라도 그 규정에 의한 자활보호대상자에게는 전국에 걸쳐 일률적으로 동일한 내용의 보호만을 실시하여야 한다는 취지로는 보이지 아니하고, 각 지방자치단체가 그 지방의 실정에 맞게 별도의 생활보호를 실시하는 것을 용인하는 취지라고 보아야 할 것이므로, 당해 조례안의 내용이 생활보호법의 규정과 모순·저촉되는 것이라고 할 수 없다"(대판 1997. 4. 25, 96추244[생활보호법과는 별도로 생활곤궁자를 보다 보호하는 내용의 조례]).

[판례 2] 군민의 출산을 적극 장려하기 위하여 세 자녀 이상의 세대 중 세 번째 이후 자녀에게 양육비 등을 지원할 수 있도록 하는 내용의 '정선군 세 자녀 이상 세대 양육비 등 지원에 관한 조례안'이 법령에 위반되지 않는다고 한 사례(대판 2006. 10. 12, 2006추38[지방의회조례안재의결무효확인청구]).

다. 기 타 초과조례 중 수익조례도 아니고 침익조례도 아닌 경우에는 지방자치법 제28조 단서에의 위반 여부는 문제되지 않는다. 이 경우 수익초과조례와 같이 당해 초과조례가 법령이 정한 기준을 초과하여 양자가 동일한 규율목적을 가지고 있는 경우에도 국가의 법령의 규정이 전국에 걸쳐 일률적으로 동일한 내용을 규율하려는 취지가 아니고 각 지방자치단체가 그 지방의 실정에 맞게 별도로 규율하는 것을 용인하는 취지라고 해석되는 경우에는 당해 조례는 법령에 반하는 것이 아니라고 본다(대판 2000. 11. 24, 2000추29[단양군 공유재산관리조례 중 개정조례안에 대한 재의결]). 이 판결의 요지는 다음과 같다.

[판례] [1] 지방자치법과 구 지방재정법(현행 공유재산 및 물품관리법) 등의 국가 법령에서 위와 같이 중요재산의 취득과 처분에 관하여 지방의회의 의결을 받도록 규정하면서 공유재산의 관리행위에 관하여는 별도의 규정을 두고 있지 아니하더라도 이는 공유재산의 관리행위를 지방의회의 의결사항으로 하는 것을 일률적으로 배제하고자 하는 취지는 아니고 각각의 지방자치단체에서 그에 관하여 조례로써 별도로 정할 것을 용인하고 있는 것이라고 보아야 한다. [2] 지방자치법 제9조 제2항 제1호 (자)목 등의 규정에 의하면 조례안에서 규정하고 있는 공유재산의 관리는 지방자치단체의 자치사무에 해당하는 것임이 분명하고, 조례안에서 그 소정의 공유재산 관리행위를 지방의회의 의결사항으로 규정하고 있는 것은 지방자치법 제35조 제2항의 규정에 기한 것으로서 같은 법 제15조에서 정하고 있는 법령의 범위 안이라는 자치조례의 사항적 한계 내의 규정이라고 할 것이므로, 이를 들어 법령에 위반된 조례 규정이라고 할 수가 없다(대판 2000. 11. 24, 2000추29[개정조례안에 대한 재의결]).

Ⅳ. 지방자치단체의 입법권의 보장

법령에서 조례로 정하도록 위임한 사항은 그 법령의 하위 법령에서 그 위임의 내용과 범위를 제한하거나 직접 규정할 수 없다(제28조 제2항).

Ⅴ. 기초자치단체의 조례와 광역자치단체의 조례의 관계

"시·군 및 자치구의 조례나 규칙은 시·도의 조례나 규칙을 위반하여서는 아니된다"(제30조).

[판례] [1] **시·군 및 자치구의 조례나 규칙이 시·도의 조례나 규칙에 위반되는지 여부를 판단하는 기준:** 시·군 및 자치구의 조례 등이 규율하는 특정사항에 관하여 그것을 규율하는 시·도의 조례 등이 이미 존재하는 경우에도 시·군 및 자치구의 조례 등이 시·도의 조례 등과 별도의 목적에 기하여 규율함을 의도하는 것으로서 그 규정을 적용하더라도 시·도의 조례 등의 규정이 의도하는 목적과 효과를 저해하는 바가 없는 때에는 그 조례 등이 시·도의 조례 등에 위반된다고 볼 것은 아니다(대법원 2007. 12. 13. 선고 2006추52 판결, 대법원 2014. 2. 27. 선고 2012두15005 판결 등 참조). [2] 보은군이 충청북도의 이 사건 충북조례 제정 후 충청북도에 재원분담 동의서를 제출하지 않아 충청북도로부터 농업인 공익수당을 지급받을 수 없게 될 것으로 예상되자, 보은군 자체적으로 농업인 공익수당 지원사업을 시행하도록 하기 위하여 피고(보은군의회)가 이 사건 조례안을 의결, 재의결하였고, 이에 원고(보은군수)가 피고를 상대로 이 사건 조례안 의결의 무효확인을 청구한 사안에서 이 사건 보은군조례안은 보은군 자체적으로 농업인 공익수당 지원사업을 시행하기 위하여 마련된 것으로서, 현실적으로 예산 확보 및 보건복지부장관과의 협의 및 조정절차를 거쳐야 하므로 사업의 실제

집행 가능성은 별론으로 하더라도, 이 사건 충북조례와 구별되는 별개의 독자적인 농업인 공익수당 사업을 목적으로 하는 것이므로, 비록 이 사건 조례안 제8조에서 이 사건 충북조례보다 그 지급대상 요건을 완화하고 있더라도, 이는 보은군 자체의 농업인 공익수당 지원사업을 시행할 때 적용되는 것으로서 이 사건 충북조례에 따른 농업인 공익수당의 지급 여부에는 영향을 미치지 아니하므로, 이 사건 조례안을 적용하더라도 이 사건 충북조례가 의도하는 목적과 효과를 저해하는 바가 없다고 본 사례(대판 2024. 6. 27, 2022추5132[조례안재의결무효확인]).

제 4 항 조례제정절차

Ⅰ. 제 안

조례안을 제안(提案)할 수 있는 자는 다음과 같다. ① 지방자치단체의 장, ② 조례로 정하는 수 이상의 지방의회의원의 찬성(지방자치법 제76조), ③ 교육·학예에 관한 조례안에 있어서는 시·도교육감(지방교육자치법 제29조 제1항).

교육감이 시·도의회에 조례안을 제출할 때에는 교육위원회의 의결을 거쳐 제출하여야 한다(지방교육자치법 제13조 제1항).

Ⅱ. 의 결

조례는 지방의회의 의결로써 제정된다.

Ⅲ. 이 송

조례안이 지방의회에서 의결되면 의장은 의결된 날로부터 5일 이내에 그 지방자치단체의 장에게 이를 이송하여야 한다(제32조 제1항).

Ⅳ. 조례안 거부

지방자치단체의 장은 이송받은 조례안에 대하여 이의가 있으면 20일 이내에 이유를 붙여 지방의회로 환부하고 그 재의를 요구할 수 있다. 이 경우 지방자치단체의 장은 조례안의 일부에 대하여 또는 조례안을 수정하여 재의를 요구할 수 없다(제32조 제3항).

재의 요구를 받으면 지방의회는 조례안을 재의에 부치고 재적의원 과반수의 출석과 출석의원 3분의 2 이상의 찬성으로 전과 같은 의결을 하면 그 조례안은 조례로서 확정된다(제32조 제4항).

지방자치단체장의 조례안 거부는 지방의회에 대한 통제수단이 아니라 지방의회에 대한 견제수단이다.

Ⅴ. 보 고

조례나 규칙을 제정하거나 개정하거나 폐지할 경우 조례는 지방의회에서 이송된 날부터 5일 이내에, 규칙은 공포예정 15일 전에 시·도지사는 행정안전부장관에게, 시장·군수 및 자치구의 구청장은 시·도지사에게 그 전문을 첨부하여 각각 보고하여야 하며, 보고를 받은 행정안전부장관은 이를 관계 중앙행정기관의 장에게 통보하여야 한다(제35조).

Ⅵ. 공 포

지방자치단체의 장(교육조례의 경우 교육감)은 조례안을 이송받으면 20일 이내에 이를 공포하여야 한다(제32조 제2항, 교자법 제14조 제5항). 지방자치단체의 장이 제2항의 기간 내에 공포나 재의의 요구를 하지 아니한 때에도 그 조례안은 조례로서 확정된다(제32조 제5항).

지방자치단체의 장은 제4항과 제5항의 규정에 의하여 확정된 조례를 지체없이 공포하여야 한다. 제5항에 따라 조례가 확정된 후 또는 제4항에 따라 확정된 조례가 지방자치단체의 장에게 이송된 후 5일 이내에 지방자치단체의 장이 공포하지 아니하면 지방의회의 의장이 이를 공포한다(제32조 제6항).

Ⅶ. 조례의 효력발생

조례는 특별한 규정이 없으면 공포한 날로부터 20일이 지나면 효력을 발생한다(제32조 제8항).

제 5 항 조례의 통제[2004 사시 사례, 2016 사시 사례]

위법 또는 부당한 조례에 대한 통제에는 여러 방법이 있다. 조례의 공포 전 통제와 공포 후의 통제가 있고, 행정적 통제와 사법적 통제가 있으며 여러 통제기관이 존재한다.

Ⅰ. 지방자치단체의 장에 의한 통제[2014 행시 사례]

지방자치단체의 장은 지방의회의 의결이 월권이거나 법령에 위반되거나 공익을 현저히 해친다고 인정되면 그 의결사항을 이송받은 날부터 20일이내에 이유를 붙여 재의를 요구할 수 있는데(제120조 제1항), 지방자치법 제120조 제1항의 지방의회의 의결에는 조례안의 의결도 포함된다.

제1항의 요구에 대하여 재의의 결과 재적의원 과반수의 출석과 출석의원 3분의 2 이상의 찬성으로 전과 같은 의결을 하면 그 의결사항은 확정된다(제120조 제2항).

지방자치단체의 장은 제2항에 따라 재의결된 사항이 법령에 위반된다고 인정되면 대법원에 소를 제기할 수 있다. 이 경우에는 제192조 제4항의 규정을 준용한다(제120조 제3항).

현행법상 조례안의 재의결에 대한 무효확인소송은 조례가 공포된 경우에도 소의 이익이 있으므로 제소기간 내이면 제기될 수 있다.

지방자치단체의 장이 제기하는 소송은 기관소송의 성질을 갖는다.

Ⅱ. 국가 등의 감독기관에 의한 통제[2023 5급 공채]

국가 등 감독기관의 재의요구지시, 제소지시 및 직접제소(제192조)는 후술하기로 한다(지방자치단체에 대한 국가의 통제 참조).

Ⅲ. 법원에 의한 통제

1. 조례안재의결에 대한 무효확인 소송[2009 입시 사례]

지방자치단체의 장, 주부부장관 또는 시·도지사에 의해 제기되는 위법한 조례안의 재의결에 대한 무효확인 소송은 대법원에 제기된다.

조례안재의결 무효확인 소송에서의 심리대상은 지방의회에 재의를 요구할 당시 이의사항으로 지적되어 재의결에서 심의의 대상이 된 것에 국한된다(대판 2007. 12. 13, 2006추52[조례안의결무효확인청구]).

조례안은 그 일부가 위법한 경우에 위법한 부분만의 일부무효확인은 불가능하며 그 경우에 조례안에 대한 재의결은 전부 효력이 부인되어야 한다(대판 1996. 10. 25, 96추107[조례안재의결무효확인]; 2022. 4. 28, 2021추5036).

조례안재의결 무효확인 소송은 조례에 대한 사전적·추상적 규범통제의 성질을 갖고, 그 취지는 전체 법질서의 통일성을 확보하기 위한 것이므로 조례안이 법령에 위반되는지 여부에 대한 판단은 변론종결 당시 규범적 효력을 갖는 법령을 기준으로 하여야 한다.

그리고, 이 소송은 객관적 소송이므로 판단대상이 된 조례안이 개정되었다 하더라도 소의 이익이 넓게 인정된다.

[판례 1] 판단대상이 되었던 조례안이 개정되거나 폐지된 경우 해당 조례안에 대한 소의 이익을 판단하는 기준: 판단대상이 되었던 조례안이 개정되거나 폐지되었다고 하더라도 개정 또는 폐지되기 전의 조례안의 내용이 사실상 변경된 바 없이 동일하게 유지되고 있을 경우에는 해당 조례안에 대한 소의 이익은 소멸되지 아니한다. 나아가 조례안의 개정 등으로 법률우위의 원칙 등에 따라 조례안의 위법성을 직접적으로 논할 여지가 소멸하게 되었더라도, 개정 또는 폐지되기 전의 조례안에 의하여 형성된 법률관계가 남아 있거나 또는 다른 지방자치단체에서 해당 조례안과 유사한 내용으로의 조례로 제·개정될 가능성이 있거나 실제 그러한 조례가 여러 지방의회에서 의결된 바 있어 해당 조례안의 위법성 확인에 대한 해명이 필요한 경우에는 예외적으로 소의 이익을 인정할 수 있다(대판 2024. 7. 25, 2023추5177; 2025. 11. 6, 2023추5160: 이 사건 조례가 폐지되었더라도 동종의 조례안 의결 또는 재의결 무효소송이 계속될 위험이 있는 점, 이 사건 조례안 의결에 대한 무효 선언을 통해 궁극적으로 이 사건 현행 조례의 재개정에 영향을 미칠 수 있는 점 등을 고려하면 이 사건 조례안에 대한 의결의 무효를 구할 소의 이익을 예외적으로 인정할 수 있다고 보고, 이 사건 조례안이 법령우위원칙에 위반되지 않는다고 보아 청구(주위적 청구)를 기각한 사례, 예비적 청구인 현행 조례안에 대한 무효확인 청구는 각하).

[판례 2] [1] 조례안무효확인의 소 제기 후 변론종결 전 관련 법령이 개정된 경우 판단기준이 되어야 할 법령(= 개정법령): 지방자치법 제192조 제8항에 근거한 이 사건 소송은, 조례가 헌법 및 법률 등 상위법규와의 관계에서 효력을 갖는지 여부를 다툴 수 있도록 마련된 것으로 일종의 추상적 규범통제의 성격을 가진다. 그리고 그 취지는 '조례에 대한 관계에서 법령의 우위' 내지 '조례의 적법성'을 관철함으로써 헌법이 상정하고 있는 전체 법질서의 통일성을 확보하기 위한 것으로 볼 수 있다. 따라서 가령 조례안이 그 의결 당시의 법령

에 위배된다고 보더라도 이후 법 개정으로 법령 위반의 여지가 사라지면 그런 이유를 들어 조례안의 유효를 선언하고, 반대로 의결 당시의 법령에 부합하는 조례안이더라도 이후 법 개정으로 법령에 위반된다고 평가되면 조례안의 무효를 선언하는 것이 이 사건 소송 유형을 제도적으로 마련한 지방자치법 제192조 제8항의 취지에 부합한다. 결국 지방자치법 제192조 제8항에 의해 조례안이 법령에 위반되는지 여부가 문제된 소송에서 그에 관한 심사는 변론종결 당시 규범적 효력을 갖는 법령을 기준으로 하여야 한다. [2] 정당 현수막의 설치·표시에 관하여 옥외광고물법령 보다 엄격하게 별도의 기준을 정한 조례(초과조례)안 규정이 법령의 위임 없이도 조례로 규율할 수 있는 사항으로 평가하기 어렵고, 개정 옥외광고물법령에 위반되어 위법하여 이 사건 조례안에 대한 의결은 그 효력이 전부 부인된다는 이유로, 이 사건 조례안에 대한 의결의 효력 배제를 구하는 원고의 청구를 인용한 사례(대판 2024. 7. 25, 2023추5177[조례안의결무효확인]).

2. 조례에 대한 간접적(부수적) 통제

조례는 헌법 제107조 제2항에 의한 간접적 규범통제의 대상이 된다. 즉, 위법한 조례에 근거하여 내려진 처분에 의해 권익을 침해받은 경우에 권익을 침해받은 주민은 그 처분에 대하여 항고소송을 제기하여 당해 항고소송에서 당해 처분의 위법사유로서 그 근거법규인 조례의 위법을 주장할 수 있고, 항고소송의 수소법원은 전제문제가 된 조례의 위법을 확인할 수 있다.

3. 항고소송

조례가 처분성을 갖는 경우에는 항고소송의 대상이 된다. 이 경우에 피고는 조례를 공포한 집행기관인 지방자치단체의 장(교육·학예에 관한 조례에 있어서는 시·도 교육감)이 된다(대판 1996. 9. 20, 95누8003[조례무효확인]: 두밀분교폐교조례를 처분으로 보고 피고를 교육감으로 본 사례).

조례에 대한 항고소송은 조례의 직접적·구체적 통제이다(이견 있음).

항고소송의 대상은 조례 전체가 아니라 그 위법성이 다투어지는 개별조항이다. 다투어진 개별조항이 위법하고 가분적인 경우 당해 개별조항만 무효확인되지만, 불가분의 경우에는 불가분관계에 있는 규정 전체가 무효확인된다.

Ⅳ. 헌법재판소에 의한 통제(헌법소원)

조례 자체에 의해 직접 기본권을 침해받은 자는 조례 자체에 대하여 헌법소원을 제기할 수 있다(헌재 1994. 12. 29, 92헌마216[학원의 설립 · 운영에 관한 법률 제8조 등 위헌확인]).

조례에 대한 헌법소원은 조례의 직접적·구체적 통제이다(이견 있음).

[문제의 해결] 정보공개조례는 국민의 권리를 제한하거나 의무를 부과하거나 벌칙을 정하는 조례가 아니라 오히려 국민의 권리(알권리)를 구체적으로 보장하는 조례이므로 법률 근거가 없더라도 제정될 수 있다. 지방자치단체에도 적용되는 국가법률인 『공공기관의 정보공개에 관한 법률』이 존재하지만, 동 법률, 동법 시행령 및 동법 시행규칙에 반하지 않는 한도 내에서 정보공개조례로 지방자치단체의 정보공개에 관한 새로운 사항을 정할 수 있다.

제 3 절 규 칙

Ⅰ. 의 의

규칙(規則)은 지방자치단체의 장이 법령 또는 조례가 위임한 범위 안에서 그 권한에 속하는 사무에 관하여 제정한 법을 말한다(제29조).

규칙은 조례와 같이 **자치법규**에 속하지만 그 성질은 조례와 달리 **행정입법**과 같다.

규칙은 대외적인 구속력을 갖는 법규사항을 정하는 것도 있고 행정조직 내부에서만 구속력을 갖는 것도 있다. 후자는 형식은 규칙이지만 그 효력은 행정규칙과 유사하다.

Ⅱ. 근 거

규칙으로 새로운 법규사항을 정하기 위하여는 법령 또는 조례의 개별적이고 구체적인 위임이 있어야 한다.

규칙이 새로운 법규사항을 정하지 않고 단지 법령이나 조례를 시행하기 위하여 제정되는 경우에는 법령의 위임 없이 직권으로 제정될 수 있다.

Ⅲ. 규칙제정의 범위와 한계

1. 규칙제정사항

교육규칙의 대상이 되는 교육·학예에 관한 사항을 제외하고 지방자치단체의 장의 권한에 속하는 모든 사무에 관하여 제정될 수 있다. **자치사무** 및 **단체위임사무**는 물론 **기관위임사무**에 관하여도 제정될 수 있다.

새로운 법규사항을 정하기 위하여는 법령이나 조례의 개별적이고 **구체적인 위임**이 있어야 한다.

2. 상위법령에 위반하지 않을 것

규칙은 법령이나 조례에 위반할 수 없고(제29조), 시·군 및 자치구의 규칙은 시·도의 조례나 규칙을 위반해서는 아니 된다(제30조).

Ⅳ. 공포 및 효력발생

규칙은 특별한 규정이 없는 한 공포한 날로부터 20일을 경과함으로써 효력을 발생한다(제32조 제8항).

제5장

지방자치단체에 대한 국가의 통제, 관여 및 상호협력

제 1 절 개 설

지방자치단체에 대한 국가의 후견적 감독은 지방자치와는 양립하지 않는다. 현행 지방자치법에서도 자치사무의 경우 국가의 후견적 감독은 배제되고 있다. 지방자치의 실시 후에 있어서는 지방자치단체와 국가는 상하의 관계에 있는 것이 아니다.

다만, 다음과 같은 이유에서 국가기관의 관여가 인정될 수 있다.

① 지방자치단체의 자치행정은 국가통치질서 내에서 인정되는 것이다. 따라서 지방자치는 국가법질서의 한계 내에서 인정되어야 하며 최소한 지방자치행정의 국가법질서에 대한 위반은 통제되어야 한다.

② 지방자치행정은 다른 지방자치단체의 자치행정 및 국가행정과 조화를 이루고 협력관계를 유지하여야 한다.

③ 지방자치단체의 행정이 적정하게 행해지기 위하여는 지방자치단체의 행정에 대한 국가의 행정적·재정적·기술적 지원이 필요하다.

제 2 절 국회에 의한 통제

국회(國會)는 법률의 제·개정, 예산의결, 국정감사 및 국정조사를 통하여 지방자치단체를 통제할 수 있다.

① 지방자치단체의 조직, 권한 및 운영에 관한 중요한 사항은 법률로 정해진다. 지방자치제도의 본질을 침해하지 않는 한 지방자치단체에 관한 사항은 국회의 입법정책에 속한다.

② 지방자치단체에 대한 국가의 재정지원에 관한 사항은 국회의 예산의결권에 의해 통제된다.

③ 국회는 일정한 한계 내에서 지방자치단체의 사무에 관하여 국정감사권과 국정조사권을 갖는다.

i) 국회는 지방자치단체 중 특별시·광역시·도에 대하여는 국가위임사무(단체위임사무와 기관위임사무)와 고유사무 중 국가가 보조금 등 예산을 지원하는 사업에 대하여 국정감사를 할 수 있다(국정감사 및 조사에 관한 법률 제7조 제2호).

ii) 기초지방자치단체에 대해서는 동법 제7조 제4호가 본회의가 특히 필요하다고 의결한 경우에만 국회의 감사의 대상으로 할 수 있다고 규정하고 있다. 명문의 규정은 없지만 자치사무에 대하여는 아래와 같은 이유에서 국가가 보조금 등 예산을 지원하는 사업에 대하여만 국회의 감사가 가능한 것으로 해석하는 것이 타당하다.

국정감사 및 조사에 관한 법률 제7조 제2호의 규정은 광역지방자치단체의 자치사무에는 국정감사권이 미치지 않는 것으로 규정하고 있는데, 보다 하위의 자치단체인 기초자치단체의 자치사무에 대하여 국정감사권을 인정하는 것은 논리적으로 타당하지 않다. 또한, 자치사무에 대하여 지방의회의 감사가 인정되는데, 이에 더하여 국회의 감사를 인정하는 것은 지방자치의 기본원리의 하나인 보충성의 원칙 및 자치의 원칙에 반한다. 그리고, 국회는 지방자치단체에 지원한 국가의 예산이 어떻게 쓰여졌는지를 감사할 수 있다고 보아야 한다.

따라서, 결론적으로 말하면 기초자치단체에 대하여는 국가위임사무(단체위임사무와 기관위임사무)와 고유사무(자치사무) 중 국가가 보조금 등 예산을 지원하는 사업에 대하여 본회의가 특히 필요하다고 의결한 경우에 한하여 국정감사권을 갖는다(동법 제7조 제4호, 지자법 제41조 제3항).

iii) 지방자치단체에 대한 국정조사에 관하여는 특별한 명문의 규정이 없다. 국정조사는 국정의 특정한 사안에 대하여 행하는 것이므로 지방자치단체의 사무 중 단체위임사무와 기관위임사무 및 국가가 보조금 등 예산을 지원하는 사업(고유사무에 속하는 사업 포함)에 대하여 행할 수 있다.

제 3 절 행정적 통제

지방자치단체에 대한 국가의 행정적 통제에는 승인, 보고요구 등 사전적인 것과 시정명령 등 사후적인 것이 있다.

지방자치단체에 대한 국가의 행정적 통제는 합법성에 대한 통제와 합목적성에 대한 통제가 있다. 합목적성에 대한 통제의 가능 여부 및 정도는 지방자치단체의 사무의 종류에 따라 다르다.

그리고, 국가의 행정기관은 지방자치단체에 대하여 소극적으로 감독하고 통제하는 임무만을 수행하는 것이 아니라 지방자치단체에 대하여 행정적·재정적·기술적 지원을 해주고 있다.

제 1 항 감독기관

감독기관은 지방자치법 등에서 정하고 있다. 일반적으로 지방자치법은 시·도에 대하여는 주무부장관을 감독기관으로 정하고 있고, 시·군 및 자치구에 대하여는 1차로 시·도지사를 2차로 주무부장관을 감독기관으로 정하고 있다(제185조 제1항, 제188조 제1항). 이 경우 시·도지사는 국가기관의 지위에서 감독을 행한다.

시·군 및 자치구 또는 그 장이 위임받아 처리하는 시·도의 사무에 관하여는 시·도지사가 감독기관이 된다(제185조 제2항). 이 경우 시·도지사는 지방자치단체를 대표하여 감독을 행한다.

교육감에 대한 감독기관은 교육부장관이다.

감사원은 지방자치단체의 회계검사와 지방자치단체의 사무와 그에 소속한 지방공무원의 직무의 감찰에 관한 권한을 가진다(감사원법 제22조, 제24조).

제 2 항 일반적 감독

I. 일반적·후견적 감독의 인정여부

지방자치단체 또는 그 장이 위임받아 처리하는 국가사무, 즉 **단체위임사무와 기관위임사무**에 한하여 국가기관의 일반적·후견적(後見的) 감독이 **인정**되고 있다.

즉, 지방자치법 제185조 제1항은 "지방자치단체나 그 장이 위임받아 처리하는 국가사무에 관하여 시·도에서는 주무부장관의, 시·군 및 자치구에서는 1차로 시·도지사, 2차로 주무부장관의 지도·감독을 받는다"라고 규정하고 있다. 주무부장관이라 함은 정부조직법상의 권한 있는 장관을 말한다. 예를 들면, 환경행정에 대하여는 환경부장관, 문화행정에 대하여는 문화체육관광부장관이 주무부장관이 되고, 행정안전부장관은 자치행정에 대한 주무부장관으로서 지방자치단체에 대한 일반적인 감독권을 갖는다.

시·군 및 자치구 또는 그 장이 위임받아 처리하는 시·도의 사무에 관하여는 시·도지사의 지도·감독을 받는다(제185조 제2항).

교육감은 국가의 사무로서 위임된 사무에 관하여는 교육부장관의 일반적인 지휘·감독을 받는다(지방교육자치에 관한 법률 제3조, 지방자치법 제185조 제1항).

그러나, 지방자치단체의 **고유사무**에 대하여는 지방자치를 보장하기 위하여 국가의 일반적·후견적 감독은 **인정되지 않는다**.

단체위임사무와 기관위임사무에 대한 국가기관의 일반적·후견적 감독은 원칙상 감독기관의 일반적인 지휘감독권을 내용으로 하지만 위임사무의 주체가 지방자치단체의 기관인 점에서 후술하는 바와 같이 시정명령과 직무이행명령 등에 관하여는 특별한 제한을 가하고 있다.

[판례] 건설교통부장관은 지방자치단체의 장이 기관위임사무인 국토이용계획 사무를 처리함에 있어 자신과 의견이 다를 경우 행정협의조정위원회에 협의·조정 신청을 하여 그 협의·조정 결정에 따라 의견불일치를 해소할 수 있고, 법원에 의한 판결을 받지 않고서도 행정권한의 위임 및 위탁에 관한 규정이나 구 지방자치법에서 정하고 있는 지도·감독을 통하여 직접 지방자치단체의 장의 사무처리에 대하여 시정명령을 발하고 그 사무처리를 취소 또는 정지할 수 있으며, 지방자치단체의 장에게 기간을 정하여 직무이행명령을 하고 지방자치단체의 장이 이를 이행하지 아니할 때에는 직접 필요한 조치를 할 수도 있으므로, 국가가 국토이용계획과 관련한 지방자치단체의 장의 기관위임사무의 처리에 관하여 지방자치단체의 장을 상대로 취소소송을 제기하는 것은 허용되지 않는다(대판 2007. 9. 20, 2005두6935[국토이용계획변경신청거부처분취소]).

Ⅱ. 지방자치단체의 사무에 대한 지도

중앙행정기관의 장 또는 시·도지사는 지방자치단체의 사무에 관하여 조언 또는 권고하거나 지도할 수 있으며, 이를 위하여 필요하면 지방자치단체에 대하여 자료의 제출을 요구할 수 있다(지자법 제184조 제1항). 즉, 이 규정은 지방자치단체의 사무, 즉 고유사무와 단체위임사무에 대한 중앙행정기관의 장 또는 시·도지사의 비권력적인 일반적인 감독권한을 인정하고 있다.

[판례] [1] 행정안전부장관이 이 사건 총투표와 관련하여 공무원 복무관리 지침을 정한 취지는 공무원의 복무에 관한 사무를 관장하는 기관으로서 이 사건 총투표 과정에서 발생할 수 있는 복무규정 등 위반 사태를 미연에 방지하려는 데에 있는바, 위 지침을 각 지방자치단체에 통보한 행위는 지방자치법 제166조 제1항의 지방자치단체의 사무에 관한 권고 또는 지도에 해당하는 것으로 행정안전부장관의 권한 범위 내에 속하는 행위라고 봄이 타당하다. [2] 그리고 행정안전부장관이 위 복무관리 지침을 통해 각 지방자치단체에 권고 또는 지도한 사항이 제대로 이행되는지를 확인하기 위하여 그 소속 공무원들을 각 지방자치단체에 파견하여 복무규정의 위반 사례 등이 있는지 점검하도록 한 것은, 그것이 지방공무원에 대한 직접적인 지휘·감독을 의미하는 것이 아닌 이상 위와 같은 권한에 수반되는 행위로 보아야 할 것이다. 따라서 A가 행정안전부장관의 지시에 따라 이 사건 점검행위를 한 것은 적법한 공무집행에 해당한다고 볼 수 있다(대판 2013. 2. 15, 2010도11281).

제 3 항 개별적 감독

Ⅰ. 명령·처분의 시정명령 및 취소·정지 [2022 행시 사례, 2010 행시(재경직) 사례, 2000 행시 약술, 2007 행시 (재경직 및 기타) 사례]

1. 지방자치법 제188조의 의의 2. 통제(시정)의 대상 3. 통제(시정)의 범위 4. 통제(시정)의 절차 (1) 시정명령 (2) 취소·정지처분 (3) 시정명령 및 취소 또는 정지처분의 주체	5. 시정에 대한 불복: 감독청의 직권취소에 대한 이의의 소 (1) 소송의 대상 (2) 소송의 성질 (3) 집행정지신청 6. 문제점 및 개선방안

1. 지방자치법 제188조의 의의

지방자치법 제188조는 국가법질서의 통일 및 공익의 보호를 위하여 국가기관에 의한 지방자치단체의 장의 명령이나 처분에 대한 행정적 통제를 규정하는 한편, 지방자치단체의 자치행정권을 보장하기 위하여 국가기관의 통제의 한계 및 위법한 통제에 대한 불복을 규정하고 있다.

지방자치단체의 사무에 관한 지방자치단체의 장(제103조 제2항에 따른 사무의 경우에는 지방의회의 의장을 말한다. 이하 이 조에서 같다)의 명령이나 처분이 법령에 위반되거나 현저히 부당하여 공익을 해친다고 인정되면 시·도에 대해서는 주무부장관이, 시·군 및 자치구에 대해서는 시·도지사가 기간을 정하여 서면으로 시정할 것을 명하고 그 기간 내에 이행하지 아니하면 이를 취소하거나 정지할 수 있다(제188조 제1항). 이 경우 자치사무에 관한 명령이나 처분에 있어서는 법령에 위반하는 것에 한한다(제188조 제5항).

2. 통제(시정)의 대상

① **지방자치단체의 사무**(자치사무와 단체위임사무)가 제188조에 의한 통제의 대상이 된다(판례).

지방자치법 제188조 제1항의 '지방자치단체의 사무'에 기관위임사무가 포함되는지에 관하여 이를 긍정하는 견해가 있지만, '지방자치단체의 사무'는 자치사무와 단체위임사무를 지칭하는 개념이므로 이를 부정하는 것이 타당하다.

[판례] [1] 구 교원 등의 연수에 관한 규정(2011. 10. 25. 대통령령 제23246호로 개정되기 전의 것) 제18조에 따른 교원능력개발평가 사무와 관련된 법령의 규정 내용과 취지, 그 사무의 내용 및 성격 등에 비추어 보면, 교원능력개발평가는 국가사무로서 각 시·도 교육감에게 위임된 기관위임사무라고 보는 것이 타당하다. [2] 교육부장관이 '2011년 교원능력개발평가제 시행 기본계획(이하 '2011년 기본계획'이라 한다)'을 수립한 후 각 시·도에 대하여 교원능력개발평가제 추진계획을 제출하게 하자 전라북도교육감이 '2011년 교원능력개발평가제 추진계획(이하 '전북추진계획'이라 한다)'을 제출하였으나 교육부장관이 전북추진계획이 교원 등의 연수에 관한 규정(이하 '교원연수규정'이라고 한다) 등에 위반된다는 이유로 위 추진계획을 취소하고 시정하여 새로 제출하라는 시정명령과 2011년 전북교육청 교원능력개발평가 추진계획에 대한 직무이행명령을 한 사안에서, 위 시정명령은 기관위임사무에 관하여 행하여진 것이어서, 구 지방자치법 제169조 제2항(현행 제188조 제6항) 소정의 소를 제기할 수 있는 대상에 해당하지 않으므로, 시정명령에 대한 취소청구 부분은 부적법하고, 전북추진계획이 여러 항목에서 교원연수규정과 이에 따른 2011년 기본계획에 반하므로, 전라북도교육감으로서는 교원연수규정 및 2011년 기본계획을 준수한 2011년 교원능력개발평가 추진계획을 제출하지 않았다고 볼 수 있고 전라북도교육감이 교육부장관으로부터 교원연수규정 등을 준수한 추진계획을 제출하라는 취지의 시정명령을 받았으나 이를 제대로 이행하지 않았으므로, 전라북도교육감은 기관위임사무인 교원능력개발평가 사무의 관리와 집행을 명백히 게을리하였다고 인정할 수 있어 직무이행명령은 구 지방자치법 제170조(현행 제189조) 제1항에 정해진 요건을 충족한 것으로서 적법하다고 한 사례(대판 2013. 5. 23, 2011추56[취소처분등취소]). 〈해설〉 구 지방자치법 제169조 제2항 소정의 소를 제기할 수 있는 대상은 자치사무에 관한 명령이나 처분의 취소 또는 정지에 한정된다.

기관위임사무는 지방자치법 제185조 및 행정권한의 위임 및 위탁에 관한 규정 제6조에 의해 국가기관의 일반적인 지휘감독을 받으므로 명문의 규정이 없더라도 감독기관은 기관위임사무가 위법하거나 부당한 경우 시정명령을 발하고 취소 또는 정지할 수 있다고 해석하여야 한다.

② **'장의 명령이나 처분'**이 시정명령과 취소·정지의 대상이 되는데, '장의 명령'은 장의 규칙을 말한다.

시정명령과 취소·정지의 대상이 되는 '장의 처분'은 행정소송법상의 처분보다는 넓은 개념이다(대판 2017. 3. 30, 2016추5087).

[판례] [행정자치부장관이 서울특별시장의 채용공고를 직권으로 취소한 사건] [1] 이 사건 (지방의회의원의 유급 보좌 인력) 채용공고는 지방공무원의 임용을 위한 것으로서 지방자치법 제9조 제2항 제1호 마목에 정한 지방자치단체의 사무에 속한다. [2] 지방자치법 제188조에 따른 자치사무에 관한 명령이나 처분에 대한 취소 또는 정지의 적용대상은 항고소송의 대상이 되는 행정처분으로 제한되지 않는다: 행정소송법상 항고소송은 행정청이 행하는 구체적 사실에 관한 법집행으로서의 공권력의 행사 또는 거부와 그 밖에 이에 준하는 행정작용을 대상으로 하여 위법상태를 배제함으로써 국민의 권익을 구제함을 목적으로 하는 것과 달리,

구 지방자치법 제169조(현행 제188조) 제1항은 지방자치단체의 자치행정 사무처리가 법령 및 공익의 범위 내에서 행해지도록 감독하기 위한 규정이므로 적용대상을 항고소송의 대상이 되는 행정처분으로 제한할 이유가 없다. 그렇다면 이 사건 채용공고는 구 지방자치법 제169조(현행 제188조) 제1항의 직권취소의 대상이 될 수 있는 지방자치단체의 사무에 관한 '처분'에 해당한다고 봄이 타당하다. [3] 지방의회의원에 대하여 유급 보좌 인력을 두는 것은 지방의회의원의 신분·지위 및 처우에 관한 현행 법령상의 제도에 중대한 변경을 초래하는 것으로서 국회의 법률로 규정하여야 할 입법사항이다. [4] 지방자치단체 인사위원회위원장이 시간선택제임기제공무원 40명을 '정책지원요원'으로 임용하여 지방의회 사무처에 소속시킨 후 상임위원회별 입법지원요원(입법조사관)에 대한 업무지원 업무를 담당하도록 한다는 내용의 채용공고를 하자, 행정자치부장관이 위 채용공고가 법령에 위반된다며 지방자치단체장에게 채용공고를 취소하라는 내용의 시정명령을 하였으나 이에 응하지 않자 채용공고를 직권으로 취소한 사안에서, 위 공무원의 담당업무, 채용규모, 전문위원을 비롯한 다른 사무직원들과의 업무 관계와 채용공고의 경위 등을 종합하면, 지방의회에 위 공무원을 두어 의정활동을 지원하게 하는 것은 지방의회의원에 대하여 전문위원이 아닌 유급 보좌 인력을 두는 것과 마찬가지로 보아야 하므로, 위 공무원의 임용은 개별 지방의회에서 정할 사항이 아니라 국회의 법률로써 규정하여야 할 입법사항에 해당하는데, 지방자치법은 물론 다른 법령에서도 위 공무원을 지방의회에 둘 수 있는 법적 근거를 찾을 수 없으므로, 위 공무원의 임용을 위한 채용공고는 위법하고, 이에 대한 직권취소처분이 적법하다고 한 사례(대판 2017. 3. 30, 2016추5087).

3. 통제(시정)의 범위

① **자치사무**에 대한 시정명령이나 취소 또는 정지는 당해 자치사무가 **위법한 경우에 한한다**. 이와 같이 자치사무에 대하여는 적법성통제만을 하도록 한 것은 지방자치단체의 자치권을 보장하기 위한 것이다.

② 이에 대하여 **단체위임사무**는 지방자치단체의 사무이면서도 국가사무로서의 성질도 가지므로 **위법**한 경우뿐만 아니라 **합목적성**(부당성)도 통제하도록 하되 다만 현저히 부당하여 공익을 해하는 경우에 한하여 통제하도록 하였다.

③ 지방자치법 제188조 제1항에서 정한 지방자치단체장의 명령·처분의 취소요건인 '법령 위반'에는 '재량권의 일탈·남용'이 포함된다(판례).

[판례] 전원합의체 판결(대판 전원합의체 2007. 3. 22, 2005추62〈울산 북구청 승진처분취소 사건〉: 전국공무원노조의 불법파업에 참가한 울산광역시 북구 공무원들의 행위는 임용권자의 징계의결요구 의무가 인정될 정도의 징계사유에 해당함이 명백함에도 울산광역시 북구청장(=원고)이 위 공무원들에 대하여 관할 인사위원회에 징계의결의 요구를 하지도 않고 오히려 그들을 승진임용시키자, 울산광역시장(=피고)이 위 공무원들에 대한 승진처분을 취소한 사안에서, 원고가 행한 이 사건 승진처분은 법률이 임용권자에게 부여한 승진임용에 관한 재량권의 범위를 현저하게 일탈한 것으로서 위법한 처분이므로, 피고가 이 사건 승진처분을 취소한 것은 적법하다고 한 사례)에서 긍정설(다수의견)과 부정설(반대의견)이 대립하였다. i) 긍정설(다수의견): 지방자치법 제169조 제1항 전문 및 후문에서 규정하고 있는 지방자치단체의 사무에 관한 그 장의 명령이나 처분이 법령에 위반되는 경우라 함은 명령이나 처분이 현저히 부당하여 공익을 해하는 경우, 즉 합목적성을 현저히 결하는 경우와 대비되는 개념으로, 시·군·구의 장의 사무의 집행이 명시적인 법령의 규정을 구체적으로 위반한 경우뿐만 아니라 그러한 사무의 집행이 재량권을 일탈·남용하여 위법하게 되는 경우를 포함한다고 할 것이다(대판 2018. 7. 12, 2014추33).

ii) 부정설(소수의견): 헌법이 보장하는 지방자치제도의 본질상 재량판단의 영역에서는 국가나 상급 지방자치단체가 하급 지방자치단체의 자치사무 처리에 개입하는 것을 엄격히 금지하여야 할 필요성이 있으므로, 지방자치법 제169조 제1항 후문은 지방자치제도의 본질적 내용이 침해되지 않도록 헌법합치적으로 조화롭게 해석하여야 하는바, 일반적으로 '법령위반'의 개념에 '재량권의 일탈·남용'도 포함된다고 보고 있기는 하나, 지방자치법 제169조 제1항에서 정한 취소권의 행사요건은 위임사무에 관하여는 '법령에 위반되거나 현저히 부당하여 공익을 해한다고 인정될 때', 자치사무에 관하여는 '법령에 위반하는 때'라고 규정되어 있어, 여기에서의 '법령 위반'이라는 문구는 '현저히 부당하여 공익을 해한다고 인정될 때'와 대비적으로 쓰이고 있고, 재량권의 한계 위반 여부를 판단할 때에 통상적으로는 '현저히 부당하여 공익을 해하는' 경우를 바로 '재량권이 일탈·남용된 경우'로 보는 견해가 일반적이므로, 위 법조항에서 '현저히 부당하여 공익을 해하는 경우'와 대비되어 규정된 '법령에 위반하는 때'의 개념 속에는 일반적인 '법령위반'의 개념과는 다르게 '재량권의 일탈·남용'은 포함되지 않는 것으로 해석하여야 한다(소수의견).

4. 통제(시정)의 절차

위법·부당한 명령·처분의 시정은 시정명령과 취소 또는 정지처분에 의한다.

(1) 시정명령

지방자치단체의 사무에 관한 그 장의 명령이나 처분이 법령에 위반되거나 현저히 부당하여 공익을 해친다고 인정되면(자치사무에 관한 명령이나 처분에 있어서는 법령에 위반하는 것에 한한다) 기간을 정하여 서면으로 시정을 명할 수 있다(제188조 제 1 항).

(2) 취소·정지처분

지방자치단체의 장이 시정의 기간 내에 시정명령을 이행하지 아니할 때에는 시·도에 대하여는 주무부장관이, 시·군 및 자치구에 대하여는 시·도지사가 이를 취소하거나 정지할 수 있다(제188조 제1항).

[판례] 상급지방자치단체장의 행정처분에 대하여 하급지방자치단체장이 지방자치법상의 기관소송을 제기한 경우, 행정처분의 직접 상대방이 아닌 제3자가 위 기관소송과 별도로 항고소송의 형태로 당해 행정처분의 취소를 구할 소의 이익이 있다: 지방자치법상의 기관소송과 행정소송법상의 항고소송은 제도의 취지·성격·절차를 달리하는 점, 당해 행정처분의 취소를 구하는 행정처분의 직접 상대방이 아닌 제3자들의 소가 기관소송이 제기되었는지 여부에 따라 소의 이익이 인정되기도 하고 인정되지 않기도 한다는 것은 행정처분의 취소를 구할 법률상의 이익이 있는 위 제3자들의 소송상의 지위를 불안정하게 하는 점, 기관소송이 제기된 경우에는 위 기관소송과 별도로 항고소송을 제기할 수 없다고 하면 위 제3자들로서는 기관소송에 있어서의 지방자치단체장의 소송수행의 결과에 따라 자신들의 지위가 정하여져서 재판을 받을 권리를 빼앗기는 결과를 초래하는 점 등을 종합하면, 하급지방자치단체의 장에 의하여 이미 기관소송이 제기되었다고 하더라도 행정처분의 직접 상대방이 아닌 제3자들은 위 기관소송과 별도로 항고소송의 형태로 행정처분의 취소를 구하는 소를 제기할 이익이 있다(부산고법 2006. 11. 10, 2006누3001).

(3) 시정명령 및 취소 또는 정지처분의 주체

일차적으로 시·도에 대해서는 주무부장관이, 시·군 및 자치구에 대해서는 시·도지사가 시정할 것을 명하고, 그 기간에 이행하지 아니하면 이를 취소하거나 정지할 수 있다(제188조 제1항).

주무부장관은 최종적인 시정명령 및 취소 또는 정지처분의 권한을 갖는다. 즉, 주무부장관은 지방자치단체의 사무에 관한 시장·군수 및 자치구의 구청장의 명령이나 처분이 법령에 위반되거나 현저히 부당하여 공익을 해침에도 불구하고 시·도지사가 제1항에 따른 시정명령을 하지 아니하면 시·도지사에게 기간을 정하여 시정명령을 하도록 명할 수 있다(제188조 제2항). 주무부장관은 시·도지사가 제2항에 따른 기간에 시정명령을 하지 아니하면 제2항에 따른 기간이 지난 날부터 7일 이내에 직접 시장·군수 및 자치구의 구청장에게 기간을 정하여 서면으로 시정할 것을 명하고, 그 기간에 이행하지 아니하면 주무부장관이 시장·군수 및 자치구의 구청장의 명령이나 처분을 취소하거나 정지할 수 있다(제3항). 주무부장관은 시·도지사가 시장·군수 및 자치구의 구청장에게 제1항에 따라 시정명령을 하였으나 이를 이행하지 아니한 데 따른 취소·정지를 하지 아니하는 경우에는 시·도지사에게 기간을 정하여 시장·군수 및 자치구의 구청장의 명령이나 처분을 취소하거나 정지할 것을 명하고, 그 기간에 이행하지 아니하면 주무부장관이 이를 직접 취소하거나 정지할 수 있다(제4항).

5. 시정에 대한 불복: 감독청의 직권취소에 대한 이의의 소 [2009 입시 사례]

지방자치단체의 장은 제1항부터 제4항까지의 규정에 따른 자치사무에 관한 명령이나 처분의 취소 또는 정지에 대하여 이의가 있으면 그 취소처분 또는 정지처분을 통보받은 날부터 15일 이내에 대법원에 소를 제기할 수 있다(지자법 제188조 제6항).

[판례] 광역자치단체장이 지방자치법 제157조 제1항 소정의 기간을 정하여 기초자치단체장의 위법한 승진임용(지방자치단체장이 지방공무원법 위반 등으로 처벌된바 있는 산하 공무원에 대하여 징계의결요구를 하지 않고 오히려 행한 승진임용)의 시정을 명하고 기초자치단체장이 그 기간 내에 이를 이행하지 아니하자 그 승진임용을 취소한 것이 적법하다고 본 사례(대판 1998. 7. 10, 97추67[승진임용취소처분취소]).

(1) 소송의 대상

자치사무에 관한 취소 또는 정지처분에 한하여 지방자치단체의 장이 대법원에 그에 불복하는 소송을 제기할 수 있는 것으로 규정하고 있다.

단체위임사무에 관한 명령이나 처분의 취소 또는 정지에 대하여는 취소소송을 인정하고 있지 않다.

지방자치법 제188조 제6항은 시정명령에 대하여는 취소소송의 제기를 규정하고 있지 않다.

판례는 명문의 규정이 없으므로 시정명령의 취소를 구하는 소송은 허용되지 않는다고 본다(대판 2017. 10. 12, 2016추5148[시정명령취소청구의소]).

[판례] [1] **지방자치법 제188조에 따른 시정명령에 대하여 같은 법 제188조 제6항에 따른 취소청구를 할 수 없다:** 「지방교육자치에 관한 법률」 제3조에 의하여 준용되는 구 지방자치법 제169조 제2항(현행 제188조 제6항)은 자치사무에 관한 명령이나 처분의 취소 또는 정지에 대하여서만 소를 제기할 수 있다고 규정하고, 주무부장관이 구 지방자치법 제169조 제1항에 따라 시·도에 대하여 행한 시정명령에 관하여도 대법원에 소를 제기할 수 있다는 규정을 두고 있지 않으므로, 이러한 시정명령의 취소를 구하는 소송은 허용되지 않는다고 보아야 한다(대법원 2011. 1. 27. 선고 2010추42 판결 참조). [2] 공립·사립 학교의 장이 행하는 학교생활기록부 작성에 관한 교육감의 지도·감독 사무는 국가사무로서 교육감에 위임된 사무라고 해석함이 타당하다. [3] 학교생활기록부에 학교폭력 가해사실 기록을 보류하도록 한 경기도 교육감의 지시를 교육부장관이 직권으로 취소한 처분은 기관위임된 국가사무에 관하여 행하여진 것이라는 이유로 경기도 교육감이 지방자치법 제169조에 따라 취소청구의 소를 제기할 수 없다는 보아 소를 각하한 사례(대판 2014. 2. 27, 2012추183〈시정명령및직권취소처분취소청구〉). 〈해설〉 지방자치단체의 자치권을 보다 실효적으로 보장하기 위하여는 시정명령의 처분성을 인정하여 명문의 규정이 없는 경우에도 지방자치단체의 자치권 침해에 근거하여 시정명령에 대해 항고소송을 제기할 수 있는 것으로 해석하여야 할 것이다. 다만, 시정명령의 처분성을 부정하거나 지방자치단체의 자치권에 근거한 항고소송을 인정하지 않는 견해 또는 시행명령에 대한 소송을 기관소송으로 보는 견해에 의하면 해석을 통하여서는 시정명령에 대한 취소소송을 인정할 수 없을 것이다.

(2) 소송의 성질

판례는 지방자치법 제188조의 소송의 성질을 **기관소송**으로 보고 있는 것으로 보인다. 판례가 시정명령에 대하여 소를 제기할 수 있다는 규정을 두고 있지 않으므로 시정명령의 취소를 구하는 소송은 허용되지 않는다고 판시하고 있는 것(전술 대판 2014. 2. 27, 2012추183〈시정명령및직권취소처분취소청구〉)은 대법원이 지방자치법 제188조의 소송의 성질을 기관소송으로 보고 있기 때문이다.

판례와 같이 취소·정지에 대한 지방자치단체의 장의 소송의 성질을 기관소송으로 보는 견해도 있지만, 다음과 같은 이유에서 항고소송으로 보는 것이 타당하다는 견해도 있다. 즉 자치사무에 관한 명령이나 처분의 취소 또는 정지는 지방자치단체의 자치권을 침해하는 행정소송법상의 처분에 해당한다고 볼 수 있고, 지방자치단체의 장이 원고가 되지만 이 때의 지방자치단체의 장은 지방자치단체를 대표하여 소송을 제기하는 것이며 지방자치단체는 자치권을 갖는 독립된 법주체이므로 항고소송을 제기할 수 있는 원고적격이 있다고 볼 수 있기 때문이다.

(3) 집행정지신청

현행법하에서 지방자치단체의 장은 **명문의 규정은 없지만, 감독기관의 취소·정지에 대한 집행정지를 신청할 수 있다고 보아야** 할 것이다. 왜냐하면, 위의 소송을 항고소송으로 보면 행정소송법상의 집행정지에 관한 규정이 이 소송에도 적용되는 것으로 볼 수 있을 것이기 때문이다. 또한, 위의 소송을 기관소송으로 보더라도 처분 등의 취소를 구하는 기관소송에는 그 성질에 반하지 않는 한 취소소송에 관한 규정을 준용하도록 하고 있으므로(행정소송법 제46조 제1항) 행정소송법의 집행정지에 관한 규정을 이 소송에 준용할 수 있을 것이다.

Ⅱ. 지방자치단체의 장에 대한 직무이행명령 및 대집행 [2019 행시]

1. 의　　의

지방자치법 제189조는 지방자치단체의 장에 대한 감독기관의 직무이행명령(職務履行命令)을 규정하고 있다. 지방자치단체의 장이 **기관위임사무**의 관리 및 집행을 명백히 해태하고 있다고 인정되는 때에는 감독기관은 이행명령을 내릴 수 있고, 이에 따르지 않는 경우 대집행하거나 행정·재정상 필요한 조치를 취할 수 있다.

이 규정이 두어진 **이유**는 기관위임사무를 수행함에 있어 지방자치단체의 장은 국가의 하급행정기관이지만 민선기관으로서 국가의 상급기관에 의한 징계의 대상이 되지 않기 때문에 기관위임사무의 집행을 태만히 할 수도 있고 이 경우에는 당해 기관위임사무의 집행을 실현시킬 방법이 없기 때문에 **기관위임사무의 집행의 실효성을 확보하기 위한 것**이다.

[판례] 직무이행명령 및 이에 대한 이의소송 제도의 취지는 국가위임사무나 시·도위임사무의 관리·집행에서 위임기관과 수임기관 사이의 지위와 권한, 상호 관계 등을 고려하여, 수임기관인 지방자치단체의 장이 해당 사무에 관한 사실관계의 인식이나 법령의 해석·적용에서 위임기관과 견해를 달리하여 해당 사무의 관리·집행을 하지 아니할 때, 위임기관에는 사무집행의 실효성을 확보하기 위하여 수임기관인 지방자치단체의 장에 대한 직무이행명령과 그 불이행에 따른 후속 조치를 할 권한을 부여하는 한편, 해당 지방자치단체의 장에게는 직무이행명령에 대한 이의의 소를 제기할 수 있도록 함으로써, 기관위임사무의 관리·집행에 관한 양 기관 사이의 분쟁을 대법원의 재판을 통하여 합리적으로 해결하고 사무집행의 적법성과 실효성을 보장하려는 데 있다(대판 2020. 3. 27, 2017추5060[직무이행명령취소청구]).

2. 직무이행명령의 대상 사무

직무이행명령의 대상은 '법령의 규정에 의하여 지방자치단체의 장의 의무에 속하는 국가위임사무 또는 시·도위임사무'이다. 이 사무를 단체위임사무까지 포함하는 것으로 해석하는 견해도 있으나 입법취지에 비추어 기관위임사무로 보는 것이 타당하다(홍정선, 968면). **판례도 기관위임사무로 본다.**

[판례] [1] **교육부장관이 교육감에 대하여 할 수 있는 직무이행명령의 대상사무인 '국가위임사무'의 의미:** 지방교육자치에 관한 법률 제3조, 지방자치법 제170조 제1항에서의 국가위임사무란 교육감 등에 위임된 국가사무, 즉 기관위임 국가사무를 뜻한다고 보는 것이 타당하다. [2] 교육공무원 징계사무의 성격, 그 권한의 위

임에 관한 교육공무원법령의 규정 형식과 내용 등에 비추어 보면, 국가공무원인 교사에 대한 징계는 국가사무이고, 그 일부인 징계의결요구 역시 국가사무에 해당한다고 보는 것이 타당하다. 따라서 교육감이 담당 교육청 소속 국가공무원인 교사에 대하여 하는 징계의결요구 사무는 국가위임사무라고 보아야 한다. [3] 사립학교 교원의 복무나 징계 등은 국·공립학교 교원과 같이 전국적으로 통일하여 규율되어야 한다. 이를 고려할 때, 구 사립학교법(2012. 1. 26. 법률 제11216호로 개정되기 전의 것) 제54조 제3항이 사립 초등·중·고등학교 교사의 징계에 관하여 규정한 교육감의 징계요구 권한은 위 사립학교 교사의 자질과 복무태도 등을 국·공립학교 교사와 같이 일정 수준 이상 유지하기 위한 것으로서 국·공립학교 교사에 대한 징계와 균형 있게 처리되어야 할 국가사무로서 시·도 교육감에 위임된 사무라고 보아야 한다(대판 2013. 6. 27, 2009추206[직무이행명령취소]).

3. 직무이행명령의 요건

지방자치단체의 장이 법령의 규정에 따라 그 의무에 속하는 국가위임사무나 시·도위임사무의 관리와 집행을 명백히 게을리하고 있다고 인정되어야 한다(제189조 제1항).

① 법령의 규정에 따라 지방자치단체의 장에게 특정 기관위임사무를 관리·집행할 의무가 있어야 한다.

판례에 의하면 '법령의 규정에 따라 지방자치단체의 장에게 특정 국가위임사무를 관리·집행할 의무가 있는지' 여부의 판단대상은 문언대로 그 법령상 의무의 존부이지, 지방자치단체의 장이 그 사무의 관리·집행을 하지 아니한 데 합리적 이유가 있는지 여부가 아니다. 그 법령상 의무의 존부는 원칙적으로 직무이행명령 당시의 사실관계에 관련 법령을 해석·적용하여 판단하되, 직무이행명령 이후의 정황도 고려할 수 있다(대판 2013. 6. 27, 2009추206[직무이행명령취소]; 2020. 3. 27, 2017추5060).

[판례] [1] 교육공무원법령이 규율하는 교육공무원의 징계 사무의 성격(국가사무), 국가공무원인 '교육장, 시·도교육청 교육국장 및 그 하급자들'에 대한 교육감의 징계의결요구의 신청 사무의 성격(기관위임 국가사무). 〈해설〉 교육공무원은 국가공무원이다. [2] 교육감의 학교생활기록의 작성에 관한 지도·감독 사무의 법적 성질(기관위임 국가사무). [3] 구 초·중등교육법(2013. 3. 23. 법률 제11690호로 개정되기 전의 것) 등 관계 법령의 해석에 의하면 교육감의 학교생활기록의 작성에 관한 사무에 대한 지도·감독 사무는 기관위임 국가사무에 해당하지만, 지방자치법 제169조에 규정된 취소처분에 대한 이의소송의 입법 취지 등을 고려할 때, 교육감이 위와 같은 지도·감독 사무의 성격에 관한 선례나 학설, 판례 등이 확립되지 않은 상황에서 이를 자치사무라고 보아 사무를 집행하였는데, 사후적으로 사법절차에서 그 사무가 기관위임 국가사무임이 밝혀졌다는 이유만으로 곧바로 기존에 행한 사무의 구체적인 집행행위가 위법하다고 보아 징계사유에 해당한다고 볼 수는 없다. [4] 교육과학기술부장관이 교육감에게 담당 교육청 소속 교육공무원들이 교육과학기술부 방침에 반하여 학교폭력 가해학생 학교생활기록부 기재 관련 업무 처리를 부당하게 하고 학교폭력 조치사항의 학교생활기록부 기재 반대 등을 요구하는 호소문을 담당 교육청 홈페이지에 발표한 행위에 대하여 징계의결 요구를 신청하도록 요청하였으나 이에 응하지 않자 징계의결 요구를 신청할 것을 내용으로 하는 직무이행명령을 한 사안에서, 징계대상자들이 학교생활기록의 작성에 관한 지도·감독 사무를 집행하면서 사무의 법적 성질을 자치사무라고 보고 직무상 상관인 교육감의 방침에 따라 교육부장관의 '학교생활기록 작성 및 관리지침'의 시행을 보류하는 내용으로 직무를 수행하였으나 그 행위가 결과적으로 법령을 위반한 것이라는 평가를 받게 되더라도, 그러한 사정만으로 징계대상자들의 직무집행 행위가 징계사유를 구성한다고 보기는 어렵고, 호

소문 발표행위가 국가공무원법 제66조 제1항에서 금지하는 '공무 외의 일을 위한 집단행위'에 해당하거나 국가공무원 복무규정 제3조 제2항 또는 공무원의 성실의무를 규정한 국가공무원법 제56조를 위반한 것으로 볼 수 없어, 징계대상자들에 대한 징계사유가 성립되지 않으므로 교육감에게 징계의결요구를 신청할 의무가 없고 직무이행명령도 위법하다고 한 사례(대판 2014. 2. 27, 2012추213〈직무이행명령취소청구〉). 〈해설〉 공무원은 직근 상급기관의 명령에 복종하여야 한다. 또한, 상관의 명령이 명백히 위법하지 않는 한 상관의 명령에 따른 행위는 위법하더라도 징계사유가 되지 않는다.

② 그 의무에 속하는 기관위임사무의 관리와 집행을 명백히 게을리하고 있다고 인정되어야 한다.

판례에 의하면 지방자치단체의 장은 그 의무에 속한 국가위임사무를 이행하는 것이 원칙이므로, 지방자치단체의 장이 특별한 사정이 없이 그 의무를 이행하지 아니한 때에는 '국가위임사무의 관리와 집행을 명백히 게을리하고 있다'는 요건을 충족한다고 해석하여야 한다. 여기서 **특별한 사정**이란, 국가위임사무를 관리·집행할 수 없는 **법령상 장애사유** 또는 지방자치단체의 재정상 능력이나 여건의 미비, 인력의 부족 등 **사실상의 장애사유**를 뜻한다고 보아야 하고, 지방자치단체의 장이 특정 국가위임사무를 관리·집행할 의무가 있는지 여부에 관하여 주무부장관과 다른 견해를 취하여 이를 이행하고 있지 아니한 사정은 이에 해당한다고 볼 것이 아니다. 왜냐하면, 직무이행명령에 대한 이의소송은 그와 같은 견해의 대립을 전제로 지방자치단체의 장에게 제소권을 부여하여 성립하는 것이므로, 그 소송의 본안판단에서 그 사정은 더는 고려할 필요가 없기 때문이다(대판 2013. 6. 27, 2009추206[직무이행명령취소]).

[판례] [1] 교육기관·교육행정기관·지방자치단체 또는 교육연구기관의 장이 징계위원회에서 징계의결서를 통보받은 경우에는 징계의결을 집행할 수 없는 법률상·사실상의 장애가 있는 등 특별한 사정이 없는 이상 법정 시한 내에 이를 집행할 의무가 있다. [2] 교육부장관은 교육감의 신청이 있어야만 교육장 및 시·도 교육청에 근무하는 국장 이상인 장학관 등에 대하여 징계의결을 요구할 수 있고, 이러한 교육감의 (징계의결요구)신청 없이 교육부장관이 한 징계의결요구는 그 효력이 없다고 보아야 한다. 그렇다면 원고(교육감)의 징계의결요구신청 없이 피고가 한 징계의결요구는 절차상 흠으로 인하여 무효이고, 이에 기초하여 이루어진 특별징계위원회의 징계의결은 이를 집행할 수 없는 법률상의 장애가 있다고 보아야 한다. 따라서 원고가 위 징계의결을 집행하지 않았다고 하더라도 법령의 규정에 따라 그 의무에 속하는 국가위임사무의 관리와 집행을 명백히 게을리하고 있다고 볼 수 없다. [3] 지방교육자치에 관한 법률 제3조, 지방자치법 제170조 제2항에 따르면, 교육부장관은 교육감이 직무이행명령을 이행하지 아니하면 지방자치단체의 비용부담으로 대집행하거나 행정상·재정상 필요한 조치를 할 수 있지만, 교육감의 징계의결요구신청은 의사의 진술에 해당하고 이러한 의사의 진술을 명하는 직무이행명령을 이행하지 않았다고 하여 법령의 근거 없이 의사의 진술이 있는 것으로 의제할 수는 없는 점을 고려할 때, 교육부장관이 할 수 있는 (지방자치법 제170조 제2항의) 행정상 필요한 조치에 교육감의 징계의결요구신청 없이 곧바로 징계의결요구를 하는 것이 포함된다고 볼 수 없다(대판 2015. 9. 10, 2013추524〈직무이행명령(2013. 4. 18.)취소〉). 〈해설〉 교육부장관은 교육감의 신청이 있어야만 교육장 및 시·도 교육청에 근무하는 국장 이상인 장학관 등에 대하여 징계의결을 요구할 수 있고, 이러한 교육감의 신청 없이 교육부장관이 한 징계의결요구는 그 효력이 없다고 판단한 최초의 사안.

4. 직무이행명령의 주체 및 내용

일차적으로 시·도에 대하여는 주무부장관이, 시·군 및 자치구에 대하여는 시·도지사가 명령을 내린다.

주무부장관은 최종적으로 이행명령권을 갖는다. 즉, 주무부장관은 시장·군수 및 자치구의 구청장이 법령에 따라 그 의무에 속하는 국가위임사무의 관리와 집행을 명백히 게을리하고 있다고 인정됨에도 불구하고 시·도지사가 제1항에 따른 이행명령을 하지 아니하는 경우 시·도지사에게 기간을 정하여 이행명령을 하도록 명할 수 있다(제189조 제3항). 주무부장관은 시·도지사가 제3항에 따른 기간에 이행명령을 하지 아니하면 제3항에 따른 기간이 지난 날부터 7일 이내에 직접 시장·군수 및 자치구의 구청장에게 기간을 정하여 이행명령을 하고, 그 기간에 이행하지 아니하면 주무부장관이 직접 대집행등을 할 수 있다(제4항). 주무부장관은 시·도지사가 시장·군수 및 자치구의 구청장에게 제1항에 따라 이행명령을 하였으나 이를 이행하지 아니한 데 따른 대집행등을 하지 아니하는 경우에는 시·도지사에게 기간을 정하여 대집행등을 하도록 명하고, 그 기간에 대집행등을 하지 아니하면 주무부장관이 직접 대집행등을 할 수 있다(제5항).

명령의 내용은 지방자치단체의 장이 기관위임사무의 관리 및 집행을 적극적으로 행하기 위하여 이행할 사항 및 이행기간이다. 감독기관은 당해 지방자치단체의 장이 이행기간 내에 이행명령을 이행하지 아니하면 그 지방자치단체의 비용부담으로 대집행하거나 행정·재정상 필요한 조치(대집행등)를 할 수 있다(제2항). 대집행과 기타 행정상·재정상 필요한 조치를 병행할 수 있는지에 관하여는 다툼이 있다.

5. 직무이행명령에 대한 이의소송 [2005 사시 약술]

지방자치단체의 장은 제1항 또는 제4항에 따른 이행명령에 이의가 있으면 이행명령서를 접수한 날부터 15일 이내에 대법원에 소를 제기할 수 있다. 이 경우 지방자치단체의 장은 이행명령의 집행을 정지하게 하는 집행정지결정을 신청할 수 있다(제189조 제3항).

이 소송의 성질에 관하여 견해가 대립하고 있다.

(1) 특수소송설

직무이행명령은 행정내부의 행위이므로 이 소송을 항고소송으로 볼 수 없고, 동일한 행정주체 내의 기관 상호간의 소송이 아니므로 기관소송으로도 볼 수 없고, 지방자치법이 특별히 인정한 특수한 소송이라고 보는 견해이다(홍정선, 969면).

(2) 항고소송설

직무이행명령을 처분으로 보고, 직무이행명령에 대한 소송을 항고소송의 일종으로 보는 견해이다(지방자치법주해, 729-730면).

(3) 기관소송설

직무이행명령은 내부행위이고, 행정기관 상호간의 권한의 존부 및 그 행사에 관한 다툼이고, 더욱이 기관위임사무를 수행함에 있어 지방자치단체의 장은 국가기관(또는 위임시·도의 기관)의 지위를 가지므로 실질상 동일한 행정주체 내부의 기관 상호간의 다툼을 대상으로 하는 소송이기 때문에 기관소송으로 본다.

(4) 권한쟁의심판설

지방자치법 제189조 제6항의 소송은 행정소송의 문제로 이해하기 보다는 권한쟁의심판의 문제로 이해하는 것이 타당하고, 따라서 입법론상 삭제하여 권한쟁의심판이 제기될 수 있도록 하여야 한다는 견해이다(류지태). 이에 대하여 지방자치법 제189조 제6항의 소송의 대상은 헌법재판소의 권한쟁의의 대상으로 할만한 헌법적 사항은 아니므로 지방자치법 제189조 제6항의 소송을 권한쟁의심판의 대상으로 하여야 한다는 주장은 타당하지 않다는 견해가 있다(홍정선, 969면).

(5) 결어(기관소송설)

다음과 같은 이유에서 **기관소송설**이 타당하다. 기관위임사무를 수행함에 있어 지방자치단체의 장은 국가기관의 지위를 가지므로 기관위임사무에 관한 지방자치단체의 장과 국가기관(또는 위임시·도의 기관) 사이의 다툼은 실질상 동일한 행정주체 내부의 기관 상호간의 다툼이라고 할 수 있으므로 기관소송으로 보는 것이 타당하다. 또한 직무이행명령은 내부행위이므로 항고소송의 대상이 될 수 없다.

6. 대집행 등

주무부장관 또는 시·도지사는 해당 지방자치단체의 장이 제1항의 기간 내에 이행명령을 이행하지 아니하면, 그 지방자치단체의 비용부담으로 **대집행**하거나 **행정·재정상 필요한 조치**를 할 수 있다. 이 경우 행정대집행에 관하여는『행정대집행법』을 준용한다(제189조 제2항).

[판례] 교육부장관이 직무이행명령을 이행하지 않는 경우에 할 수 있는 행정상 필요한 조치에 교육감의 징계의결요구신청 없이 곧바로 징계의결요구를 하는 것이 포함된다고 볼 수 없다(대판 2015. 9. 10, 2013추524).

대집행과 행정·재정상 필요한 조치를 병과할 수 있다는 견해(홍정선)가 있으나 법률문언상 병과할 수 없는 것으로 보는 것이 타당하다. 대집행에 대한 불복소송을 기관소송으로 본다면 명문의 규정이 없으므로 대집행에 불복하는 소송은 불가능하다.

Ⅲ. 감독청의 재의요구 지시, 제소 지시 및 직접 제소 [2004 사시 사례, 2008, 2023 행시 사례, 2018 변시]

1. 재의요구 지시

(1) 의 의

지방의회의 의결이 **법령에 위반되거나 공익을 현저히 해친다고 판단되면** 시·도에 대해서 주무부장관이, 시·군 및 자치구에 대해서는 시·도지사가 **재의를 요구**하게 할 수 있다(지자법 제192조 제1항). 시·군 및 자치구의회의 의결이 **법령에 위반**된다고 판단됨에도 불구하고 시·도지사가

제1항에 따라 재의를 요구하게 하지 아니한 경우 주무부장관이 직접 시장·군수 및 자치구의 구청장에게 재의를 요구하게 할 수 있고, 재의 요구 지시를 받은 시장·군수 및 자치구의 구청장은 의결사항을 이송받은 날부터 20일 이내에 지방의회에 이유를 붙여 재의를 요구하여야 한다(제2항).

이 재의요구지시(再議要求指示)는 지방의회에 대한 국가기관의 통제이며 동시에 지방자치단체의 장의 재의요구에 대한 감독의 성질을 갖는다. 이 재의요구지시는 지방자치단체의 장에 의한 재의요구에 대하여 보충적인 것이다.

(2) 재의요구사유

지방의회의 의결이 법령에 위반되거나 공익을 현저히 해친다고 판단될 때에 재의요구가 가능하다. 다만, 자치사무에 관한 의결은 법령에 위반한 경우에 한하는 것으로 해석하여야 한다(김남진, 183면).

(3) 재의요구 지시의 주체와 상대방

시·도에 대하여는 주무부장관이, 시·군 및 자치구에 대하여는 시·도지사가 지방자치단체의 장에게 재의를 요구하게 할 수 있고, 재의의 요구를 받은 지방자치단체의 장은 지방의회에 이유를 붙여 재의를 요구하여야 한다. 시·도지사가 제1항에 따라 재의를 요구하게 하지 아니한 경우 주무부장관이 직접 시장·군수 및 자치구의 구청장에게 재의를 요구하게 할 수 있다(제192조 제1항, 제2항).

(4) 재의요구 지시의 성질

재의요구 지시를 행정처분으로 보는 견해(홍정선, 『지방자치법학』, 514면)도 있으나, 내부적 감독작용으로 보는 것이 타당하다.

(5) 재의요구 지시의 기간

재의요구 지시가 가능한 기간에 대하여 **명문의 규정을 두고 있지 않다. 판례**는 감독청의 재의요구 지시 또는 요청이 있는 경우 지방자치단체의 장이나 교육감이 그 지시 또는 요청에 따라 재의요구를 할 수 있어야 하므로, 감독청의 재의요구 지시 또는 요청기간은 지방자치단체의 장이나 교육감의 재의요구기간과 마찬가지로 **지방의회의 의결사항을 이송받은 날부터 20일 이내**라고 보아야 한다고 보고 있다.

[판례] **교육·학예에 관한 시·도의회의 의결사항에 대한 교육부장관의 재의요구 요청 권한이 교육감의 재의요구 권한과 별개의 독립된 권한인지 여부(적극)와 재의요구 요청기간(=시·도의회의 의결사항을 이송받은 날부터 20일 이내) 및 교육부장관이 시·도의회의 의결사항에 대하여 대법원에 직접 제소하기 위한 요건:** 구 지방교육자치에 관한 법률(2013. 3. 23. 법률 제11690호로 개정되기 전의 것) 제28조 제1항, 제3조, 지방자치법 제172조 제1항, 제7항의 내용, 형식, 체제 및 취지와 헌법이 지방자치를 보장하는 취지 등을 함께 종합해 보면, 교육·학예에 관한 시·도의회의 의결사항에 대한 교육감의 재의요구 권한과 교육부장관의 재의요구 요청 권한은 별개의 독립된 권한이다. 한편 교육부장관의 재의요구 요청이 있는 경우 교육감이 그 요청에 따라 재의요구를 할 수 있어야 하므로, 교육부장관의 재의요구 요청기간은 교육감의 재의요구기간과 마찬가지

로 시·도의회의 의결사항을 이송받은 날부터 20일 이내라고 보아야 한다. 따라서 교육부장관이 시·도의회의 의결사항에 대하여 대법원에 직접 제소하기 위해서는 교육감이 그 의결사항을 이송받은 날부터 20일 이내에 시·도의회에 재의를 요구할 것을 교육감에게 요청하였음에도 교육감이 원고의 재의요구 요청을 이행하지 아니한 경우이어야 한다(대판 2013. 11. 28, 2012추15[제정조례안의결무효확인청구의소]).

(6) 재의요구 지시의 효과

1) 재의요구

재의의 요구를 받은 **지방자치단체의 장**은 지방의회에 이유를 붙여 재의를 요구하여야 한다(지자법 제192조 제1항).

2) 불응시 대응조치(직접 제소)

지방자치단체의 장이 재의요구를 하지 않는 경우에 재의요구를 지시한 감독기관은 직접 재의요구를 할 수 없고, 제1항 또는 제2항에 따라 지방의회의 의결이 **법령에 위반**된다고 판단되어 주무부장관 또는 시·도지사로부터 재의요구지시를 받은 지방자치단체의 장이 재의를 요구하지 아니하는 경우(법령에 위반되는 지방의회의 의결사항이 조례안인 경우로서 재의요구지시를 받기 전에 그 조례안을 공포한 경우를 포함한다)에는 **주무부장관 또는 시·도지사는** 제1항 또는 제2항에 따른 기간이 지난 날부터 7일 이내에 대법원에 직접 제소 및 집행정지결정을 신청할 수 있다(제8항).

3) 재 의 결

재의 결과 재적의원 과반수의 출석과 출석의원 3분의 2 이상의 찬성으로 전과 같은 의결을 하면 그 의결사항은 확정된다(지자법 제192조 제3항).

4) 단체장의 제소

지방자치단체의 장은 제3항의 규정에 따라 재의결된 사항이 법령에 위반된다고 판단되면 재의결된 날부터 20일 이내에 대법원에 지방의회를 상대로 소(재의결 무효확인의 소)를 제기할 수 있다. 이 경우 필요하다고 인정되면 그 의결의 집행을 정지하게 하는 집행정지결정을 신청할 수 있다(지자법 제192조 제4항).

2. 감독청의 제소 지시와 직접 제소 [2008 행시(일반행정직) 사례]

(1) 의 의

① 지방의회의 의결이 법령에 위반된다고 판단되어 주무부장관 또는 시·도지사로부터 재의요구지시를 받은 지방자치단체의 장이 재의를 요구하지 아니하는 경우(법령에 위반되는 지방의회의 의결사항이 조례안인 경우로서 재의요구지시를 받기 전에 당해 조례안을 공포한 경우를 포함한다)에는 **주무부장관이나 시·도지사는** 제1항 또는 제2항에 따른 기간이 지난 날부터 7일 이내에 대법원에 직접 제소 및 집행정지결정을 신청할 수 있다(제192조 제8항).

② 또한, 주무부장관이나 시·도지사는 재의결된 사항이 법령에 위반된다고 판단됨에도 해당

지방자치단체의 장이 소를 제기하지 아니하면 시·도에 대해서는 주무부장관이, 시·군 및 자치구에 대해서는 시·도지사(제2항에 따라 주무부장관이 직접 재의 요구 지시를 한 경우에는 주무부장관을 말한다. 이하 이 조에서 같다)가 그 지방자치단체의 장에게 제소(提訴)를 지시하거나 직접 제소 및 집행정지결정을 신청할 수 있다(지자법 제192조 제5항).

[판례] [1] 학기당 2시간 정도의 인권교육의 편성·실시는 지방자치법 제9조 제2항 제5호가 지방자치단체의 사무로 예시한 교육에 관한 사무로서 초등학교·중학교·고등학교 등의 운영·지도에 관한 사무에 속한다. [2] 교육부장관이 관할 교육감에게, 甲 지방의회가 의결한 학생인권조례안에 대하여 재의요구를 하도록 요청하였으나 교육감이 이를 거절하고 학생인권조례를 공포하자, 조례안 의결에 대한 효력 배제를 구하는 소를 제기한 사안에서, 위 조례안은 … 학교운영자나 학교의 장, 교사 등에게 새로운 의무를 부과하고 있는 것이 아니고, 정규교과 시간 외 교육활동의 강요 금지, 학생인권 교육의 실시 등의 규정 역시 교육의 주체인 학교의 장이나 교사에게 학생의 인권이 학교 교육과정에서 존중되어야 함을 강조하고 그에 필요한 조치를 권고하고 있는 데 지나지 아니하여, 그 규정들이 교사나 학생의 권리를 새롭게 제한하는 것이라고 볼 수 없으므로, 국민의 기본권이나 주민의 권리 제한에서 요구되는 법률유보원칙에 위배된다고 할 수 없고, 내용이 법령의 규정과 모순·저촉되어 법률우위원칙에 어긋난다고 볼 수 없다고 한 사례. [3] 조례안재의결 무효확인소송에서의 심리대상은 지방자치단체의 장이 지방의회에 재의를 요구할 당시 이의사항으로 지적하여 재의결에서 심의의 대상이 된 것에 국한된다. 이러한 법리는 주무부장관이 지방자치법 제172조 제7항에 따라 지방의회의 의결에 대하여 직접 제소함에 따른 조례안의결 무효확인소송에도 마찬가지로 적용되므로, 조례안의결 무효확인소송의 심리대상은 주무부장관이 재의요구 요청에서 이의사항으로 지적한 것에 한정된다(2015. 5. 14. 선고 2013추98 판결[조례안의결무효확인]).

이 제소지시 및 직접 제소는 지방의회에 대한 국가기관의 통제권이며 동시에 지방자치단체의 장의 제소에 대한 감독권의 성질을 갖는다. 제192조의 권한을 행사함에 있어서 시·도지사는 국가기관의 지위를 갖는다고 보아야 한다.

이 제소지시 및 직접 제소는 지방자치단체의 장에 의한 제소에 대하여 보충적인 것이다.

(2) 제192조 제8항에 따른 제소권자

지방자치법 제192조 제8항에서 지방의회 의결에 대하여 직접 제소할 수 있는 주체로 규정된 **'주무부장관이나 시·도지사'는 시·도에 대하여는 주무부장관을, 시·군 및 자치구에 대하여는 재의요구를 지시한 시·도지사 또는 주무부장관을 각 의미한다**고 해석하는 것이 다음과 같은 이유에서 타당하다. 1) 주무부장관 또는 시·도지사의 직접 제소는 주무부장관과 시·도지사의 재의요구 지시에 따라 재의요구가 이루어지지 않은 것을 전제로 하는 후속절차에 관한 규정이므로 재의요구를 지시한 감독기관이 제소권한을 갖는 것으로 보는 것이 지방자치법 제192조 제8항의 취지(법령을 위반한 지방의회의 의결에 대한 감독청 통제의 실효성 확보) 및 제192조 제1항, 제2항 및 제8항의 체계에 부합한다. 2) 주무부장관과 시·도지사 모두 시·군 및 자치구의회의 의결에 대하여 제소할 수 있다고 본다면, 주무부장관과 시·도지사의 제소권한이 중복되므로 제소기간, 중복제소 문제, 권한의 선후관계 등 여러 가지 복잡한 문제가 발생하게 되는데, 지방자치법은 그에 대하여 아무런 규정을 두고 있지 않아 소송상 법률관계를 불안정하게 만들 우려가 있다(대판 전원합의체 2016.

9. 22, 2014추521[조례안재의결무효확인] 참조). 3) 주무부장관의 지방의회의 의결에 대한 직접 제소는 기관소송인데, 지방자치법은 주무부장관이 지방자치단체의 장에 대한 재의 요구 지시를 거치지 않고도 직접 지방의회를 상대로 조례 그 자체의 효력을 다투는 소를 제기할 수 있는 것으로 규정하고 있지 아니하고, 달리 지방자치법상 이러한 소의 제기를 허용하고 있는 근거 규정을 찾아볼 수 없으므로 주무부장관이 조례의 의결에 대하여 재의 요구 지시를 거치지 않고 조례 그 자체의 무효를 구하는 것은 지방자치법상 허용되지 아니한다(대판 2025. 11. 6, 2023추5160).

[참조 판례] 행정자치부장관이 원고가 되어 강화군의회를 상대로 '강화군 도서지역 주민들에게 정주지원금을 지급하기로 하는 강화군의 조례안이 지방재정법 등에 위배된다'고 주장하면서 조례안재의결의 무효확인을 청구한 사건에서, 구 지방자치법 제172조(현행 제192조)에 따라 군의회를 상대로 조례안재의결 무효확인의 소를 제기할 수 있는 원고적격은 시·도지사에게 있을 뿐이고 행정자치부장관은 군의회를 상대로 한 소의 원고가 될 수 없다고 보아 소를 각하한 사안(대판 전원합의체 2016. 9. 22, 2014추521[조례안재의결무효확인]). 〈해설〉 이 사건은 강화군의회의 조례안에 대하여 재의요구지시는 인천광역시장이 하였던 반면, 제소는 행정자치부장관이 직접 한 사례이다. 주무부장관에게도 기초자치단체 의회의 재의결에 대하여 직접 제소할 수 있는 권한이 있다고 보아야 한다는 반대의견(대법관 김창석, 대법관 권순일)은 이 사건 법률조항이 문언상 지방의회의 재의결에 대한 제소권자를 주무부장관 또는 시·도지사로 병렬적으로 규정하고 있고, 이 사건 법률조항의 취지는 국가가 지방자치행정의 합법성을 감독하고 국가법질서의 통일성을 유지하려는 데 있다는 점, 주무부장관에게 '시·군 및 자치구' 의회의 조례안 재의결에 대하여 제소할 권한이 없다고 해석한다면, 주무부장관은 조례안 재의결이 법령에 위반된다고 판단하는 경우에도 시·도지사가 제소하지 아니하면 그 위법한 상태를 용인할 수밖에 없게 된다는 점을 그 논거로 들고 있다. 관련 법령이 개정되어 이 판결을 참조할 수는 있지만, 그대로 적용할 수는 없다.

(3) 제소 지시 및 직접 제소의 요건

① 법 제192조 제5항의 제소지시 또는 직접제소가 가능하기 위하여는 재의결된 사항이 법령에 위반된다고 판단되어야 하고, 해당 지방자치단체의 장이 소를 제기하지 아니하였어야 한다.

② 법 제192조 제8항의 직접 제소가 가능하기 위하여는 i) 지방의회의 의결이 법령에 위반된다고 판단되어 주무부장관 또는 시·도지사로부터 재의요구지시를 받은 지방자치단체의 장이 재의를 요구하지 아니하였거나, ii) 또는 법령에 위반되는 지방의회의 의결사항이 조례안인 경우로서 재의요구지시를 받기 전에 당해 조례안을 공포하였어야 한다.

(4) 기간의 제한

지방자치단체의 장에 대한 제소의 지시는 제4항의 기간(재의결된 날부터 20일)이 경과한 날부터 7일 이내에 하고, 해당 지방자치단체의 장은 제소지시를 받은 날부터 7일 이내에 제소하여야 한다(제192조 제6항). 감독기관의 직접 제소는 제6항의 기간(제소지시 후 7일)부터 7일 이내에 하여야 한다(지자법 제192조 제7항). 지방자치법 제192조 제8항의 감독기관의 직접 제소는 지방자치단체의 장이 의결사항을 이송받은 날부터 20일이 경과한 날부터 7일 이내에 하여야 한다.

[판례] 지방자치단체의 장이 지방의회의 재의결된 사항에 관하여 행정자치부장관 또는 시·도지사의 제소지시를 받고 제소를 하였다가 시·도지사 등의 동의 없이 이를 취하한 경우, 소취하의 소급효에 의하여 처음부터 소가 제기되지 아니한 셈이므로, 이는 결국 구 지방자치법 제159조 제4항(현행 제192조 제5항)의 '당해 지방자치단체의 장이 소를 제기하지 아니하는 때'에 준하는 경우로 볼 수 있고, 따라서 시·도지사 등은 직접 제소할 수 있다 할 것인데, 이 경우의 시·도지사의 직접 제소기간은 구 지방자치법 제159조 제6항(현행 지방자치법 제192조 제7항)에서 시·도지사 등의 독자적인 제소기간을 당해 지방자치단체의 장의 제소기간 경과일부터 7일로 규정한 취지에 비추어 지방자치단체의 장에 의한 소취하의 효력 발생을 안 날로부터 7일 이내로 봄이 상당하다(대판 2002. 5. 31, 2001추88[조례안재의결무효]).

(5) 소송의 성질

주무부장관 또는 시·도지사가 제기하는 소송은 지방의회를 상대로 제기하는데, 그의 성질은 기관소송을 어떻게 이해하는가에 따라 다르게 된다. 기관소송을 동일한 법주체 내의 기관간의 분쟁으로 이해하면 기관소송이 아닌 특수한 소송으로 보게 되고(홍정선), 상이한 법주체 사이에서도 기관소송이 가능하다고 보면 기관소송으로 보게 된다. 후자의 견해(기관소송설)가 타당하다.

(6) 법적 규율

지방의회의 재의결은 행정소송법상 처분이 아니므로 행정소송법 제46조 제3항에 따라 조례안재의결의 무효확인소송에는 공법상 당사자소송에 관한 규정을 준용하여야 한다(행정소송법 제46조 제3항)는 견해가 있다(공법상 당사자소송규정준용설). 그러나, 지방의회의 조례안재의결은 행정소송법상 처분은 아니지만 공권력 행사이고, 조례안재의결의 무효확인소송은 공법상 당사자소송보다는 무효확인소송과 유사한 구조를 가지고 있으므로 조례안재의결의 무효확인소송에는 공법상 당사자소송보다는 무효확인소송에 관한 규정을 준용하는 것이 보다 타당하다(무효확인소송규정준용설).

(7) 일부무효판결 불인정

재의결은 가분적이 아니므로 일부가 위법한 경우에도 전부무효판결을 내려야 한다(일부무효부정설).

[판례] 의결의 일부에 대한 효력배제는 결과적으로 전체적인 의결의 내용을 변경하는 것에 다름 아니어서 의결기관인 지방의회의 고유권한을 침해하는 것이 될 뿐 아니라, 그 일부만의 효력배제는 자칫 전체적인 의결내용을 지방의회의 당초의 의도와는 다른 내용으로 변질시킬 우려가 있으며, 또 재의요구가 있는 때에는 재의요구에서 지적한 이의사항이 의결의 일부에 관한 것이라고 하여도 의결 전체가 실효되고 재의결만이 의결로서 효력을 발생하는 것이어서 의결의 일부에 대한 재의요구나 수정재의 요구가 허용되지 않는 점에 비추어 보아도 재의결의 내용 전부가 아니라 그 일부만이 위법한 경우에도 대법원은 의결 전부의 효력을 부인할 수밖에 없다(대판 1992. 7. 28, 92추31[지방의회조례안재의결취소]; 2017. 12. 5, 2016추5162).

이에 대하여 의결 중 일부만의 효력배제가 조례의 전체적인 의미를 변질시키는 것이 아닌 한 일부무효를 인정하는 것이 새로운 조례제정을 위한 지방의회절차의 무용한 반복을 피할 수 있다는 점에서, 그리고 만약 법원에 의한 일부만의 효력배제가 조례의 전체적인 의미를 변질시켰다고 당해 지방의회가 판단하는 경우에는 조례의 개정을 통해 지방의회의사를 바로잡을 수 있다는 점에서 볼 때, 일부무효를 부인하는 판례의 태도는 정당하지 않다는 견해가 있다(일부무효긍정설).

(8) 집행정지신청

감독기관은 직접 제소하는 경우 당해 재의결의 집행정지를 신청할 수 있다(지자법 제192조 제5항, 제8항).

(9) 재의결 무효확인판결의 효력

재의결 무효확인판결이 내려지면 재의결은 처음부터 효력이 없었던 것이 되고, 공포·시행되고 있는 조례도 효력을 상실한다.

3. 재의요구 지시 및 제소권자에 관한 특칙

제1항의 규정에 의한 지방의회의 의결 또는 제2항의 규정에 의하여 재의결된 사항이 2 이상의 부처와 관련되거나 주무부장관이 불분명한 때에는 행정안전부장관이 재의요구 또는 제소를 지시하거나 직접 제소 및 집행정지결정을 신청할 수 있다(제9항).

[판례] 지방의회에 의하여 재의결된 사항이 둘 이상의 부처와 관련되거나 주무부장관이 불분명하면 행정안전부장관이 재의요구 또는 제소를 지시하거나 직접 제소와 집행정지결정을 신청할 수 있도록 한 지방자치법 제172조 제8항의 규정 취지는 주무부처가 중복되거나 주무부장관이 불분명한 경우에 행정안전부장관이 소송상의 필요에 따라 재량으로 주무부장관의 권한을 대신 행사할 수 있다는 것일 뿐이고, 언제나 주무부장관의 권한행사를 배제하고 오로지 행정안전부장관만이 그러한 권한을 전속적으로 행사하도록 하려는 취지가 아니다(대판 2017. 12. 5, 2016추5162[조례안재의결무효확인]).

Ⅳ. 승 인

지방자치법 및 각 개별법 규정에서 지방자치단체의 개별적 행위에 대하여 사전에 감독기관의 승인 또는 동의를 받도록 규정하고 있는 경우가 있다. 예를 들면, 지방자치단체조합 설립승인(지자법 제176조), 지방자치단체의 외채 및 일정규모 이상의 지방채의 발행(지방재정법 제11조) 등이 있다.

1. 승인의 근거

승인은 지방자치단체의 자치권을 제한하는 것이기 때문에 법률의 근거가 있어야 한다.

2. 승인의 법적 성질과 권리구제

(1) 행정절차법 적용 여부

지방자치단체의 자치사무와 관련하여 발령되는 감독기관의 승인행위는 형성적 행정행위인 처분이라고 보고 그 절차에는 개별법률상 특별한 규정이 없는 한 행정절차법이 적용된다는 견해(긍정설)와 자치사무에 대한 감독기관의 승인은 넓은 의미에서 **조직법상의 문제이며 처분이 아니므로** 그에 행정절차법이 적용되지 않는다는 견해(부정설)가 대립되고 있다. 전자의 견해가 타당하다.

(2) 항고소송 가능 여부

국가감독관청의 승인 거부를 처분으로 보지 않고 조직법상의 내부조치로 보는 견해에 의하면 당해 승인의 거부를 다툴 수 있는 길은 기관소송이 될 것인데, 현행 행정소송법상 기관소송은 개별 법률에서 인정한 경우에만 인정되는 것으로 되어 있어 명문의 규정이 없는 한 국가감독청의 승인거부에 대하여 기관소송을 제기할 수 없다.

그러나, 지방자치단체의 자치권 행사에 대한 감독기관의 승인은 행정주체간의 관계에서 행해지는 행위인 점에 비추어 승인거부를 처분으로 보는 것이 타당하므로 행정소송법에 근거하여 항고소송을 제기할 수 있다.

3. 승인에 의한 통제의 범위

감독기관의 승인 여부를 결정함에 있어 승인의 대상이 되는 행위의 적법성 심사뿐만 아니라 합목적성도 심사할 수 있는가하는 것이 문제된다.

이에 관하여 특별한 제한이 없는 한 적법성 여부 뿐만 아니라 타당성 여부도 검토할 수 있다는 견해(박윤흔, 193면; 김남진, 188면)도 있고, 일률적으로 말할 수 없고 승인의 유형에 따라 적법성 심사에 한정되는 경우도 있고, 합목적성까지 심사할 수 있는 경우(예 지방자치단체의 기채에 대한 승인과 같이 국가와 지방자치단체가 공동결정의 의미를 갖는 경우)도 있다고 보는 견해(홍정선, 955면)도 있다. 생각건대, 승인은 자치권에 대한 중대한 제한이므로 자치사무에 대한 승인은 특별한 규정이 없는 한 합법성의 통제에 한정된다고 보아야 한다.

4. 승인 없는 행위의 효력

지방자치단체의 공법적 행위(예 지방자치 단체조합 설립)에 승인이 없는 경우에는 그 공법적 행위는 무효이지만, 지방채발행과 같은 사법상 법률행위에 있어서는 승인이 없더라도 반드시 무효가 되는 것은 아니다(박윤흔, 193면; 홍정선, 955면).

Ⅴ. 감사 등

1. 감사원의 감사

감사원은 지방자치단체의 회계를 검사하고, 지방자치단체의 사무와 그에 소속한 지방공무원의 직무를 감찰한다(감사원법 제22조, 제24조). 감사원의 감사의 결과에 따라 변상책임의 판정(제31조), 징계의 요구(제32조), 시정 등의 요구(제33조), 개선 등의 요구(제34조), 권고 등(제34조의2), 고발(제35조)을 행할 수 있다. 다만, 지방자치단체의 장에 대하여는 어떠한 징계도 할 수 없다.

감사원법은 지방자치단체의 위임사무나 자치사무의 구별 없이 **합법성 감사뿐만 아니라 합목적성 감사도 허용하고 있다**(헌재 2008. 5. 29, 2005헌라3[강남구청 등과 감사원 간의 권한쟁의]).

2. 감독기관의 감사

지방자치법 제190조는 행정안전부장관 또는 시·도지사에게 자치사무에 대한 감사권을 부여하고 있다. 그러나 **자치사무에 대한 감사권은 법령위반사항**(합법성 감사)에 **한한다**(제190조 제1항).

[판례] [1] 지방자치단체의 자치권 보장을 위하여 자치사무에 대한 감사는 합법성 감사로 제한되어야 하는바, 포괄적·사전적 일반감사나 법령위반사항을 적발하기 위한 감사는 합목적성 감사에 해당하므로 구 지방자치법 제171조 제1항 후문 상 허용되지 않는다(헌재 2009. 5. 28, 2006헌라6). [2] 경기도가 2021. 4. 1. 남양주시에 통보한 종합감사 실시계획에 따른 자료제출요구 중, 자치사무에 관한 부분(이 사건 자료제출요구)은 헌법재판소가 위 결정에서 허용될 수 없다고 확인한 자치사무에 대한 포괄적·사전적 감사나 법령위반사항을 적발하기 위한 감사 절차와 그 양태나 효과가 동일하고, 감사자료가 아닌 사전조사자료 명목으로 해당 자료를 요청하였다고 하여 그 성질이 달라진다고 볼 수 없다. 따라서, 이 사건 자료제출요구는 합법성 감사로 제한되는 자치사무에 대한 감사의 한계를 벗어난 것으로서 헌법상 청구인에게 보장된 지방자치권을 침해한다(헌재 2022. 8. 31, 2021헌라1).

행정안전부장관 또는 시·도지사는 제1항에 따라 감사를 실시하기 전에 해당 사무의 처리가 법령에 위반되는지 여부 등을 확인하여야 한다(제190조 제2항).

지방자치단체의 자치사무에 대한 감독기관의 감사권은 사전적·포괄적인 감사권이 아니라 특정한 법령위반행위에 대한 **사후적·개별적 감사권**이다. 따라서, 감독기관이 감사에 착수하기 위해서는 자치사무에 관하여 특정한 법령위반행위가 확인되었거나 위법행위가 있었으리라는 합리적 의심이 가능한 경우이어야 하고, 또한 그 감사대상을 특정해야 하며, 위법사항을 특정하지 않고 개시하는 감사 또는 법령위반사항을 적발하기 위한 감사는 허용될 수 없다(헌재 2023. 3. 23, 2020헌라5).

당초 특정된 감사대상과 관련성이 인정되는 것으로서 감사대상 지방자치단체가 절차적인 불이익을 받을 우려가 없는 등의 사항에 대하여는 감사대상의 확장 내지 추가가 허용된다(헌재 2023. 3. 23, 2020헌라5).

[판례 1] [1] **중앙행정기관의 지방자치단체의 자치사무에 대한 감사를 법령위반사항으로 한정하는 구 지방자치법 제158조 단서 규정이 사전적 · 일반적인 포괄감사권을 규정한 것은 아니다:** 지방자치제 실시를 유보하던 개정전 헌법 부칙 제10조를 삭제한 현행헌법 및 이에 따라 자치사무에 관한 감사규정은 존치하되 '위법성 감사'라는 단서를 추가하여 자치사무에 대한 감사를 축소한 구 지방자치법 제158조 신설경위, 자치사무에 관한 한 중앙행정기관과 지방자치단체의 관계가 상하의 감독관계에서 상호보완적 지도·지원의 관계로 변화된 지방자치법의 취지, 중앙행정기관의 감독권 발동은 지방자치단체의 구체적 법위반을 전제로 하여 작동되도록 제한되어 있는 점, 그리고 국가감독권 행사로서 지방자치단체의 자치사무에 대한 감사원의 사전적·포괄적 합목적성 감사가 인정되므로 국가의 중복감사의 필요성이 없는 점 등을 종합하여 보면, 중앙행정기관의 지방자치단체의 자치사무에 대한 구 지방자치법 제158조(현행 제190조 제1항) 단서 규정의 감사권은 사전적·일반적인 포괄감사권이 아니라 그 대상과 범위가 한정적인 제한된 감사권이라 해석함이 마땅하다. [2] **구 지방자치법 제158조 단서 규정이 중앙행정기관의 지방자치단체의 자치사무에 대한 감사개시요건을 규정한 것인지 여부(적극):** 중앙행정기관이 구 지방자치법 제158조 단서 규정상의 감사에 착수하기 위해서는 자치사무에 관하여 특정한 법령위반행위가 확인되었거나 위법행위가 있었으리라는 합리적 의심이 가능한 경우이어야 하고, 또한 그 감사대상을 특정해야 한다. 따라서 전반기 또는 후반기 감사와 같은 포괄적·사전적 일반감사나 위법사항을 특정하지 않고 개시하는 감사 또는 법령위반사항을 적발하기 위한 감사는 모두 허용될 수 없다. [3] 서울특별시의 거의 모든 자치사무를 감사대상으로 하고 구체적으로 어떠한 자치사무가 어떤 법령에 위반되는지 여부를 밝히지 아니한 채 개시한 행정안전부장관 등의 합동감사는 구 지방자치법 제158조 단서 규정상의 감사개시요건을 전혀 충족하지 못하였다 할 것이므로 헌법 및 지방자치법에 의하여 부여된 서울특별시

의 지방자치권을 침해한 것이다(헌재 2009. 5. 28, 2006헌라6).

[판례 2] 남양주시 자치사무 감사에 관한 권한쟁의 사건: [1] 지방자치단체의 자치권 보장을 위하여 자치사무에 대한 감사는 합법성 감사로 제한되어야 하는바, 포괄적·사전적 일반감사나 법령위반사항을 적발하기 위한 감사는 합목적성 감사에 해당하므로 구 지방자치법 제171조 제1항 후문 상 허용되지 않는다. [2] 경기도가 2021. 4. 1. 남양주시에 통보한 종합감사 실시계획에 따른 자료요구서식에 의한 자료제출요구 중, 자치사무에 관한 부분은 피청구인의 청구인에 대한 감사 절차의 일환으로서 청구인의 자치사무 전반에 대한 사전적·일반적 자료제출요청이고, 피청구인은 이를 통하여 청구인의 자치사무 처리와 관련된 문제점을 발견하거나 취약 분야를 확인하여 감사대상을 발굴할 목적이 있었음을 인정할 수 있으므로 이 사건 자료제출요구는 그 목적이나 범위에서 감독관청의 일상적인 감독권 행사를 벗어난 것으로 구 지방자치법 제171조(현행 제190조) 제1항 전문 전단에서 예정하고 있는 보고수령 권한의 한계를 준수하였다고 볼 수 없으며, 사전조사 업무에 대한 수권조항인 구 '지방자치단체에 대한 행정감사규정' 제7조 제2항 제3호를 근거로 적법하다고 볼 여지도 없다. 따라서, 이 사건 자치사무에 대한 자료제출요구는 헌법 및 지방자치법에 의하여 부여된 남양주시의 지방자치권을 침해한다는 인용결정을 선고한 사례(헌재 2022. 8. 31, 2021헌라1).

[판례 3] [1] 광역지방자치단체가 자치사무에 대한 감사에 착수하기 위해서는 감사대상을 특정하여야 하나, 특정된 감사대상을 사전에 통보할 것까지 요구된다고 볼 수는 없다. [2] 감사항목 9에 대한 감사, 즉 '기타 언론보도, 현장제보 사항 등'은 감사대상이 특정되었다고 볼 수 없다. [3] 위법성의 확인 정도에 관하여 보면, 시·도지사 등이 제보나 언론보도 등을 통해 자치사무의 위법성에 관한 정보를 수집하고, 객관적인 자료에 근거하여 해당 정보가 믿을만하다고 판단함으로써 위법행위가 있었으리라는 합리적 의심이 가능한 경우라면, 감사를 개시할 수 있을 정도의 위법성 확인은 있었다고 봄이 타당하다. [4] 경기도의 남양주시에 대한 감사에서 감사항목 1 내지 8에 대한 감사는 감사 착수 시에 감사대상이 특정되고 감사 개시에 필요한 정도의 법령위반 여부 확인도 있어 감사 개시의 요건을 갖추었으나, 감사항목 9 내지 14에 대한 감사는 감사대상이 특정되지 않거나 당초 특정된 감사대상과의 관련성이 인정되지 않아 감사 개시의 요건을 갖추지 못하였다는 이유로, 이 사건 감사 중 감사항목 9 내지 14에 대한 감사는 청구인의 지방자치권을 침해한 것이라고 판단한 사례(헌재 2023. 3. 23, 2020헌라5).

위임사무에 대한 감사권의 소재를 직접 밝히는 규정은 지방자치법에 존재하지 않는다. 그러나 **감사권은 감독권에 포함**되는 것이기 때문에 위임사무에 대한 일반적인 사무감독권을 규정하고 있는 지방자치법 제185조의 규정이 동시에 위임사무에 대한 감사권에 대한 근거규정이 된다.

주무부장관, 행정안전부장관 또는 시·도지사는 이미 감사원 감사 등이 실시된 사안에 대해서는 새로운 사실이 발견되거나 중요한 사항이 누락된 경우 등 대통령령으로 정하는 경우를 제외하고는 감사대상에서 제외하고 종전의 감사결과를 활용하여야 한다(제191조 제1항).

주무부장관과 행정안전부장관은 제185조에 따른 주무부장관의 위임사무 감사 또는 제190조에 따른 행정안전부장관의 자치사무 감사의 어느 하나에 해당하는 감사를 하려고 할 때에는 지방자치단체의 수감부담을 줄이고 감사의 효율성을 높이기 위하여 같은 기간 동안 함께 감사를 실시할 수 있다(제191조 제2항).

제 4 항 지 원

국가 또는 시·도는 지방자치단체가 그 지방자치단체의 사무를 처리함에 있어서 필요하다고 인정할 경우 재정지원 또는 기술지원을 할 수 있다(제184조 제2항).

제 4 절 사법적(司法的) 통제

Ⅰ. 행정심판

지방자치단체의 장의 위법 또는 부당한 처분 또는 부작위에 대하여 행정심판이 제기된 경우에 행정심판의 재결에 의해 지방자치단체의 자치사무, 단체위임사무 및 기관위임사무의 집행에 있어서의 처분 또는 부작위에 대한 합법성 및 합목적성의 통제가 행해진다.

지방자치단체의 자치사무에 관한 처분이 행정심판의 인용재결에 의해 취소된 경우에 당해 처분을 한 지방자치단체의 장은 당해 인용재결에 대하여 취소소송을 제기할 수 있다고 보아야 한다(판례 및 다수설은 부정). 지방자치단체는 자치사무의 집행에 관하여 자치권을 가지며 인용재결이 위법한 경우에 이 자치권이 침해되는 것으로 볼 수 있기 때문이다.

Ⅱ. 행정소송

1. 항고소송

지방자치단체의 장의 처분 또는 부작위에 대하여 취소소송, 무효등확인소송 또는 부작위위법확인소송이 제기된 경우에 법원은 지방자치단체의 장의 처분 또는 부작위에 대하여 적법성 통제를 행한다.

2. 기관소송

지방자치단체의 장의 명령 또는 처분에 대한 주무부장관 또는 시·도지사의 취소 또는 정지에 대한 지방자치단체의 장의 소송이 제기된 경우에 대법원은 지방자치단체의 장의 자치사무에 관한 처분의 적법성 여부에 대하여 최종적인 판단을 내린다.

지방의회의 재의결에 대하여 지방자치단체의 장 또는 감독기관에 의해 소송이 제기된 경우에 법원은 지방의회의 재의결의 적법성에 대하여 통제하게 된다.

감독기관이 지방의회의 재의결에 대하여 제기하는 소송은 기관소송이 아니라 일종의 항고소송이라는 견해도 있지만 전술한 바와 같이 기관소송으로 보는 것이 타당하다.

기관위임사무에 관한 주무부장관의 직무이행명령에 대하여 지방자치단체의 장이 소송을 제기한 경우(제189조 제6항)에 대법원은 지방자치단체의 장의 기관위임사무의 집행해태의 적법 여부를 통제한다.

3. 민중소송

지방자치법상 주민소송은 미국, 프랑스 등의 납세자소송에 비교되는 소송이다. 주민소송은 민중소송에 속한다.

공직선거법상 지방의회의원 및 지방자치단체의 장의 선거에 관하여 선거인이 제기하는 선거소송(제222조 제2항)은 민중소송에 속한다.

Ⅲ. 헌법소송

1. 권한쟁의심판

국가기관과 지방자치단체간 및 지방자치단체 상호간에 권한의 존부 또는 범위에 관하여 다툼이 있을 때에는 당해 국가기관 또는 지방자치단체는 헌법재판소에 권한쟁의심판(權限爭議審判)을 청구할 수 있다(헌법재판소법 제61조 제1항). 이 심판청구는 피청구인의 처분 또는 부작위가 헌법 또는 법률에 의하여 부여받은 청구인의 권한을 침해하였거나 침해할 현저한 위험이 있는 때에 한하여 이를 할 수 있다(제61조 제2항).

2. 헌법소원

지방자치단체에 의한 공권력 행사로 직접 기본권을 침해받은 자는 헌법재판소에 헌법소원을 제기할 수 있다. 헌법재판소는 헌법소원의 심판을 통하여 지방자치단체의 장 및 지방의회의 공권력 행사의 적법 여부를 통제할 수 있다. 헌법재판소에 의해 헌법소원에 대한 인용결정이 내려지면 다투어진 지방자치단체의 공권력행사는 효력을 상실하거나 배제된다.

헌법재판소는 지방자치단체는 기본권 주체가 될 수 없으므로 헌법소원을 제기할 수 없다고 보고 있다(헌재 1998. 3. 26, 96헌마345).

제 5 절 국가와 지방자치단체의 협력

자치사무에 관한 한 국가와 지방자치단체는 상하의 관계가 아니라 상호 대등한 관계이다. 국가와 지방자치단체는 필요한 경우 상호 협력하여야 한다. 국가와 지방자치단체는 주민에 대한 균형적인 공공서비스 제공과 지역 간 균형발전을 위하여 협력하여야 한다(제183조).

국가와 지방자치단체 간의 협력을 도모하고 지방자치 발전과 지역 간 균형발전에 관련되는 중요 정책을 심의하기 위하여 **중앙지방협력회의**를 둔다(제186조 제1항). 제1항에 따른 중앙지방협력회의의 구성과 운영에 관한 사항은 따로 법률(중앙지방협력회의의 구성 및 운영에 관한 법률(약칭: 중앙지방협력회의법))로 정한다(제2항).

제 6 절 국가와 지방자치단체간의 분쟁해결

Ⅰ. 중앙행정기관과 지방자치단체간 협의조정

중앙행정기관의 장과 지방자치단체의 장이 사무를 처리할 때 의견을 달리하는 경우 이를 협의·조정하기 위하여 국무총리소속으로 행정협의조정위원회를 둔다(제187조 제1항).

Ⅱ. 권한쟁의심판

국가기관과 지방자치단체간에 권한의 존부 또는 범위에 관하여 다툼이 있을 때에는 당해 지방자치단체는 헌법재판소에 권한쟁의심판을 청구할 수 있다(헌법재판소법 제61조 제1항). 제1항의 심판청구는 피청구인의 처분 또는 부작위가 헌법 또는 법률에 의하여 부여받은 청구인의 권한을 침해하였거나 침해할 현저한 위험이 있는 때에 한하여 이를 할 수 있다(제2항).

국가기관과 지방자치단체간의 권한쟁의심판의 종류는 다음과 같다: ① 정부와 특별시·광역시 또는 도간의 권한쟁의심판, ② 정부와 시·군 또는 지방자치단체인 구(이하 '자치구'라 한다)간의 권한쟁의심판(동법 제62조 제1항 2호).

권한쟁의가 지방교육자치에 관한 법률 제2조의 규정에 의한 교육·학예에 관한 지방자치단체의 사무에 관한 것인 때에는 교육감이 제1항 제2호의 당사자가 된다(제62조 제2항).

제6편

공무원법
公 務 員 法

제6편 공무원법

제1장

공무원법 총설

제 1 절 공무원의 개념과 지위

Ⅰ. 공무원의 개념

공무원(公務員)의 개념은 법령마다 상이하다. 공무원법상의 공무원은 국가배상법상 공무원 또는 형법상의 공무원과 그 개념이 다르게 규정되어 있다.

1. 광의의 공무원 개념

공무원은 **광의로는 공무를 수행하는 자**를 말한다. 공무원관계법령상 신분이 공무원인 자에 한정되지 않는다. 공무(공적인 업무)를 수탁받아 공무를 수행하는 자도 광의의 공무원에 포함된다.

헌법 제7조 제1항의 공무원(국민 전체에 대한 봉사자로서의 공무원)은 일체의 공무수행자(신분이 공무원인 자 및 공무수행 공공단체 및 사인)를 말한다.

국가배상법상의 공무원은 공무원법상의 공무원뿐만 아니라 널리 '실질적으로 공무를 수행하는 자'를 말한다.

2. 협의의 공무원

공무원은 **협의로는 공무원법상 신분이 공무원인 자**를 말한다.

공무원법상 공무원이라 함은 행정조직의 인적 구성요소로서 사법상 근로자와는 다른 공무원법상의 특별한 특권을 갖고 특별한 의무를 부담하는 자를 말한다.

공무원법상의 공무원은 국가공무원법이나 지방공무원법상의 공무원에 한정되지 않는다.

[판례 1] 국가나 지방자치단체에 근무하는 청원경찰은 국가공무원법이나 지방공무원법상의 공무원은 아니지만, 다른 청원경찰과는 달리 그 임용권자가 행정기관의 장이고, 국가나 지방자치단체로부터 보수를 받으며, 산업재해보상보험법이나 근로기준법이 아닌 공무원연금법에 따른 재해보상과 퇴직급여를 지급받고, 직무상의 불법행위에 대하여도 민법이 아닌 국가배상법이 적용되는 등의 특질이 있으며 그외 임용자격, 직무, 복무의무 내

용 등을 종합하여 볼때, 그 근무관계를 사법상의 고용계약관계로 보기는 어려우므로 그에 대한 징계처분의 시정을 구하는 소는 행정소송의 대상이지 민사소송의 대상이 아니다(대판 1993. 7. 13, 92다47564[파면처분취소]).

[판례 2] 교육부장관(당시 문교부장관)의 권한을 재위임 받은 공립교육기관의 장에 의하여 공립유치원의 임용기간을 정한 전임강사로 임용되어 지방자치단체로부터 보수를 지급받으면서 공무원복무규정을 적용받고 사실상 유치원 교사의 업무를 담당하여 온 유치원 교사의 자격이 있는 자는 교육공무원에 준하여 신분보장을 받는 정원 외의 임시직 공무원으로 봄이 상당하므로 그에 대한 해임처분의 시정 및 수령지체된 보수의 지급을 구하는 소송은 행정소송의 대상이지 민사소송의 대상이 아니다(대판 1991. 5. 10, 90다10766[해임처분무효확인등]).

행정조직을 구성하고 행정을 수행하지만 그 신분이 사법상 근로자인 자(직원)는 공법 및 공무원법의 적용대상이 되는 공무원이 아니다. 이른바 행정조직내의 '무기계약직(공무직)'은 공무원법상의 공무원이 아니라 사법상 계약에 근거한 근로자이다.

행정의 사법상 근로자는 사법 및 일반 노동관계법의 적용을 받고 그에 관한 소송은 민사소송의 대상이 된다. 그런데 실제에 있어서 행정의 사법상 근로자와 공무원 특히 계약직공무원과의 구별은 쉽지 않다. 그 구별기준은 채용계약의 성질과 담당 업무의 성질 등이다. 임명에 의해 채용된 경우 및 채용계약이 공법상 계약인 경우 공무원이고, 채용계약이 사법상 계약인 경우 사법상 근로자이다. 당사자가 공무를 직접 수행하면 공무원으로, 당사자가 행정에 특유한 업무를 수행하지 않는 경우에는 사법상 근로자로 판단될 수 있다. 지방자치단체와 근로계약을 체결하고 지방자치단체의 관할구역 내에 있는 각급 학교에서 근무한 학교회계직원을 공무원이 아닌 사법상 근로자로 본 사례(대판 2018. 5. 11, 2015다237748)가 있다.

공무수탁사인, 행정보조인, 공법상 사무관리를 행하는 자, 화재진압에 동원된 사인 등 사인으로서 공무수행에 협력하는 공무협력자는 공무원법상의 공무원이 아니다. 그러나, 계약에 의해 계속적으로 공무를 수행하는 자(계약공무원)는 공무원법상의 공무원에 속한다.

집행관(구 집달리)과 같이 공무를 수행하지만 행정조직을 구성하지 않는 자는 공무원법상 공무원이 아니다.

Ⅱ. 공무원의 3중적 지위

① **공무수행자:** 공무원은 공무를 수행하는 지위를 갖는다. 따라서, 공무원은 사법상의 피용자와는 다른 특별한 법적 규율을 받는다. 공무원은 특수한 권리를 가지고 반면에 특수한 의무를 부담한다.

[판례] **공무원 지위의 특수성:** 공무원은 국민 전체에 대한 봉사자로서 헌법이 정한 직업공무원제도에 따라 국가 또는 지방자치단체와 공법상 신분관계를 형성하고, 청렴의무, 종교중립의 의무 등 여러 법률상 의무를 부담하며, 정치운동이나 집단행위도 금지되는 등 일반 근로자보다 무거운 책임과 윤리성을 요구받는 지위에 있다(대판 전원합의체 2023. 9. 21, 2016다255941).

② **근 로 자:** 공무원도 근로자이므로 성질에 반하지 않는 한 근로기준법 등 노동관계법의 적용을 받는다.

③ **인　　간:** 공무원은 동시에 인간으로서의 지위를 가지고 이러한 지위에서 사생활을 가지며

인간으로서의 권리를 향유한다. 공무원의 사생활 및 인간으로서의 권리는 존중되고 보장되어야 한다. 다만, 공무원의 공무수행을 보장하기 위하여 공무원의 사생활과 인간으로서의 권리는 일정한 제한을 받을 수 있다.

[판례] 공무원은 공직자인 동시에 국민의 한 사람이기도 하므로 국민전체에 대한 봉사자로서의 지위와 기본권을 향유하는 기본권주체로서의 지위라는 이중적 지위를 가지는바, 공무원이라고 하여 기본권이 무시되거나 경시되어서는 안 되지만, 공무원의 신분과 지위의 특수성상 공무원에 대해서는 일반 국민에 비해 보다 넓고 강한 기본권 제한이 가능하게 된다(헌재 2012. 3. 29. 2010헌마97).

제 2 절 공무원법의 법원(法源)

법률로는 국가공무원법, 지방공무원법, 공무원연금법, 공무원재해보상법, 임용결격공무원 등에 대한 퇴직보상금지급 등에 관한 특례법, 1980년 해직공무원의 보상등에 관한 특별조치법, 공무원인재개발법, 공직자윤리법, 부정청탁 및 금품 등 수수의 금지에 관한 법률, 공직자의 이해충돌방지법, 공무원직장협의회의 설립·운영에 관한 법률, 교원의 노동조합 설립 및 운영등에 관한 법률(약칭: 교원노조법), 공무원의 노동조합 설립 및 운영등에 관한 법률(약칭: 공무원노조법), 공무원 노동조합 관련 해직공무원등의 복직 등에 관한 특별법, 교육공무원법, 경찰공무원법, 소방공무원법, 외무공무원법, 군인사법, 군무원인사법, 법원조직법, 대통령경호실법, 검찰청법, 국가정보원직원법 등이 있다. **대통령령**으로는 국가공무원 복무규정, 공무원 임용령, 공무원 징계령, 공무원보수규정, 공무원 수당등에 관한 규정, 개방형직위 및 공모직위의 운영 등에 관한 규정(약칭: 개방형공모직위규정), 공무원 성과평가 등에 관한 규정 등이 있다. 기타 법령에 대해서는 인사혁신처(mpm.go.kr) 법령정보 참조.

제 3 절 공무원의 종류

공무원은 그 출신이나 법적 지위에 있어서 매우 다양하다.

Ⅰ. 국가공무원과 지방공무원

국가공무원(國家公務員)은 국가에 의해 임명되는 공무원을 말하고, 지방공무원(地方公務員)은 지방자치단체에 의해 임명되는 공무원을 말한다.

국가공무원에 대하여는 국가공무원법, 공무원임용령, 국가공무원복무규정, 공무원보수규정, 공무원수당 등에 관한 규정 등이 적용되고, 지방공무원에 대하여는 지방공무원법, 지방공무원임용령 등이 적용된다.

Ⅱ. 경력직공무원과 특수경력직공무원

국가공무원법 및 지방공무원법은 공무원을 경력직공무원과 특수경력직공무원으로 구분하고 있다. 구분기준은 임용조건, 신분보장 등이다.

경력직공무원과 특수경력직공무원에 대하여는 그 적용법규가 다른 경우가 있다.

2013년 12월 12일부터 기능직 및 계약직은 폐지되고, 기능직은 일반직에, 계약직은 일반직 또는 별정직에 통합되었다(제2조 및 부칙 제3조). 계약직공무원은 폐지되고, 임기제공무원에 의해 대체되었다. 그렇지만, 계약에 의해 공무원을 채용하는 것이 금지되는 것은 아니라고 보아야 한다.

1. 경력직공무원

'경력직공무원'이라 함은 실적과 자격에 따라 임용되고 그 신분이 보장되며 평생 동안(근무기간을 정하여 임용하는 공무원의 경우에는 그 기간 동안을 말한다) 공무원으로 근무할 것이 예정되는 공무원을 말한다(국공법 제2조 제2항, 지공법 제2조 제2항). 경력직공무원은 다시 일반직공무원, 특정직공무원으로 구분된다.

임용권자는 전문지식·기술이 요구되거나 임용관리에 특수성이 요구되는 업무를 담당하게 하기 위하여 경력직공무원을 임용할 때에 일정기간을 정하여 근무하는 공무원(이하 "임기제공무원"이라 한다)을 임용할 수 있다(제26조의5 제1항).

2. 특수경력직공무원

특수경력직공무원이라 함은 경력직공무원 외의 공무원을 말한다(국공법 제2조 제3항, 지공법 제2조 제3항). 특수경력직공무원은 정무직공무원, 별정직공무원으로 구분된다.

국가공무원법의 규정은 제33조, 제43조 제1항, 제44조, 제45조, 제45조의2, 제45조의3, 제46조부터 제50조까지, 제50조의2, 제51조부터 제59조까지, 제59조의2, 제60조부터 제67조까지, 제69조 및 제84조 외에는 이 법이나 그 밖의 법률에 특별한 규정이 없으면 특수경력직공무원에게 적용하지 아니한다(제3조 제1항). 제33조와 제69조는 제2조 제3항 제1호의 정무직공무원에게 적용하지 아니하고, 제65조와 제66조는 제1항에도 불구하고 대통령령으로 정하는 특수경력직공무원에게 적용하지 아니한다(제2항).

제 4 절 공무원의 근무관계

[문제] 공무원의 근무관계에 근로기준법이 적용될 수 있는가.

I. 공무원의 근무관계의 성질

1. 공법관계

학설은 일반적으로 공무원의 근무관계를 공법관계 또는 행정법관계로 보고 있다

판례도 공무원의 근무관계를 공법관계로 보면서(대판 전원합의체 2023. 9. 21, 2016다255941)도

공무원에 대한 근로기준법의 적용가능성을 인정하고 있다.

> **[판례]** 국가공무원 또는 지방공무원도 근로기준법 제14조에 정한 근로자이므로, 원칙적으로 근로기준법 제28조(퇴직금규정)의 적용대상이 되며, 공무원연금법상의 퇴직금제도는 위 규정의 취지를 구체화 한 것이다(대판 1979. 3. 27, 78다163; 2019. 10. 31, 2013두20011).

생각건대 현행 공무원관계법은 공무원의 근무관계를 공법상(公法上)의 법정(法定)된 법률관계(法律關係)로 보고 있다고 보는 것이 타당하다.

2. 특별권력관계설과 특별행정법관계설

종래 공무원의 근무관계를 특별권력관계(特別權力關係)로 보는 것이 통설이었다. 공무원의 근무관계를 특별권력관계로 보는 견해에 의하면 공무원의 기본권에 대한 제한이 법률의 근거 없이도 가능하게 되고, 공무원의 근무관계에 있어서의 징계처분 등 불이익처분에 대하여도 사법적 통제가 배제되거나 제한되는 것으로 보게 된다.

그러나, **오늘날** 특별권력관계이론은 부정되고 있고 종래 특별권력관계로 보았던 것은 특별행정법관계(特別行政法關係)로 보는 것이 타당하다. 공무원은 공무원이기 이전에 인간으로서 기본권을 가진 독립된 주체이므로 공무원의 근무관계에도 법치주의가 적용되어야 한다. 다만, 행정목적을 달성하기 위한 공무의 적정한 수행을 보장하기 위하여 공무원의 근무관계에 대하여 특수한 법적 규율을 할 필요가 있다. 따라서, 공무원의 근무관계는 행정주체와 국민간의 일반행정법관계와는 다른 **특별행정법관계**로 구성되어 있다. 즉, 후술하는 바와 같이 국가공무원법 및 지방공무원법에서 공무원에 대하여 특별한 신분보장이 주어지고 있고 반면에 특수한 법적 의무가 부담되는 등 특수한 법적 규율이 행해지고 있다.

제2장

공무원관계의 변동

[문제] 공무원관계의 소멸사유를 설명하고 공무원의 신분상 불이익처분에 대한 권익구제를 논하시오(사시 제41회).

제 1 절 개 설

공무원관계의 변동이라 함은 공무원관계의 발생, 변경, 소멸을 말하는데, 공무원관계를 발생, 변경, 소멸시키는 행위를 통틀어 **임용**이라 한다.

임용(任用)은 공무원관계를 발생시키는 임명행위 등 신규채용행위, 공무원관계를 변경시키는 승진임용·전직·전보·겸임·파견·강임·휴직·직위해제·정직·복직 등 및 공무원관계를 소멸시키는 면직·해임 및 파면 등을 말한다(공무원임용령 제2조 제1호 참조).

제 2 절 공무원관계의 발생

공무원의 신분을 부여하여 공무원관계를 발생시키는 행위를 **임명**(任命)이라고 한다. 임명은 임명행위, 선거, 법률의 규정, 채용계약의 형식에 의해 행해진다. 이 중에서 가장 대표적인 임명형식은 임명행위이다.

통상 공무원에게는 하나의 직위를 부여한다. 휴직의 경우에는 공무원에게 직위가 부여되지 않는다. 겸임의 경우에는 2개 이상의 직위가 부여된다.

I. 임명행위

1. 성 질

통설은 임명행위를 공무원이 되고자 하는 자의 신청이나 동의를 요하는 **행정행위**(쌍방적 행정행위)로 본다.

임명행위는 쌍방적 행정행위이므로 당사자의 신청이나 동의가 결여된 임명행위는 당연무효라고 보아야 한다.

2. 임명의 요건

공무원으로 임명되기 위하여는 일정한 자격요건과 성적요건을 갖추어야 한다. 그리고, 결격사유에 해당하는 자는 공무원으로 임명될 수 없다.

[문제] 1. 결격사유있는 자에 대한 임명행위의 효력을 논하고, 당연퇴직통보에 대하여 취소소송으로 다투어야 하는지 공무원의 지위확인을 구하는 공법상 당사자소송으로 다투어야 하는지 논하시오. 공무원연금관리공단의 연금급여거부결정이 있는 경우의 권리구제방법을 논하시오.
2. 학력사항을 허위로 기재한 것에 기초하여 행해진 임명행위의 효력을 논하시오.
3. 결격사유있는 자가 별정직공무원으로 임용된 후 별정직공무원으로서의 경력을 고려하여 특별임용의 방식으로 일반직공무원으로 임용된 경우 당해 임용의 효력을 논하시오(일반직공무원 임용 당시에는 결격사유가 없다).

(1) 결격사유

공무원임용의 결격사유는 공무원으로 임용되기 위한 절대적·소극적 요건이다. 결격사유가 없을 것을 능력요건으로 보는 견해가 많다.

다음의 결격사유(缺格事由) 중 하나에 해당하는 자는 공무원으로 임명될 수 없다(국공법 제33조):

① 피성년후견인 또는 피한정후견인, ② 파산선고를 받고 복권되지 아니한 자, ③ 금고 이상의 실형을 선고받고 그 집행이 끝나거나(집행이 끝난 것으로 보는 경우를 포함한다) 집행이 면제된 날부터 5년이 지나지 아니한 자, ④ 금고 이상의 형의 집행유예를 선고받고 그 유예기간이 끝난 날부터 2년이 지나지 아니한 자, ⑤ 금고 이상의 형의 선고유예를 받은 경우에 그 선고 유예 기간 중에 있는 자, ⑥ 법원의 판결 또는 다른 법률에 따라 자격이 상실되거나 정지된 자, ⑦ 공무원으로 재직기간 중 직무와 관련하여 「형법」 제355조 및 제356조에 규정된 죄를 범한 자로서 300만원 이상의 벌금형을 선고받고 그 형이 확정된 후 2년이 지나지 아니한 자, ⑧ 「성폭력범죄의 처벌 등에 관한 특례법」 제2조에 규정된 죄를 범한 사람으로서 100만원 이상의 벌금형을 선고받고 그 형이 확정된 후 3년이 지나지 아니한 사람, ⑨ 법에서 정한 미성년자에 대한 성폭력범죄 또는 아동·청소년 대상 성범죄를 범한 사람으로서 법에서 정한 날부터 20년이 지나지 아니한 사람, ⑩ 징계로 파면처분을 받은 때부터 5년이 지나지 아니한 자, ⑪ 징계로 해임처분을 받은 때부터 3년이 지나지 아니한 자(제33조).

재직중에 위의 결격사유에 해당하게 되면 당연퇴직사유가 된다(국공법 제69조). 다만, 같은 조 제5호(금고 이상의 형의 선고유예를 받은 경우에 그 선고유예 기간 중에 있는 자)는 「형법」 제129조부터 제132조까지 및 직무와 관련하여 「형법」 제355조 및 제356조에 규정된 죄를 범한 사람으로서 금고 이상의 형의 선고유예를 받은 경우만 해당한다.

[판례] [1] 국가공무원이 금고 이상의 형의 집행유예를 받아 당연퇴직한 후 형법 제65조에 따라 형의 선고가 효력을 잃게 된 경우, 이미 발생한 당연퇴직의 효력에 영향이 없다. [2] 철도청 공무원으로 근무하던 중 집행유예의 확정판결을 받고도 사실상 계속 근무해 온 사람을 철도청 공무원 신분을 가지고 있음을 전제로 한국철도공사 직원으로 임용한 것은 무효라고 한 사례(대판 2011. 3. 24, 2008다92022[직원신규임용취소행위무효확인]).

(2) 자격요건

공무원의 임명에 학력 또는 경력을 요구하는 경우가 있는데, 이 경우 학력 또는 경력이 자격요건(能力要件)이다.

(3) 성적요건

공무원의 임용은 원칙상 시험성적·근무성적 그 밖의 능력의 실증에 따라 행한다(제26조).

공무원의 채용은 공개경쟁 채용시험을 원칙으로 한다(국공법 제28조 제1항). 다만, 일정한 경우에는 경력경쟁채용시험에 의할 수 있다(제28조 제2항).

3. 요건결여의 효과

(1) 결격사유의 효과 [2011 사시 사례, 2018 행시]

1) 무 효 설

결격사유에 해당하는 자(능력요건이 결여된 자)를 공무원에 임명하는 행위는 당연무효라고 보는 견해이다. 이 견해가 통설이다.

2) 취소사유설

이에 대하여 임용결격사유를 간과한 임용행위의 흠을 명백하다고 볼 수 있는지 의문이라고 보면서 위와 같은 흠은 취소사유에 해당한다고 보아야 한다는 견해이다(홍준형, 『판례행정법』, 1110면 이하).

3) 판　　례

판례는 결격사유가 있는 자를 임명하는 행위의 효력에 관하여 다음과 같이 판시하고 있다.

① 공무원임용결격사유가 있는지의 여부는 채용후보자 명부에 등록한 때가 아닌 공무원관계가 설정되는 임용 당시에 시행되던 법률을 기준으로 하여 판단하여야 한다.

② 임용 당시 공무원임용 결격사유가 있었다면 비록 국가의 과실에 의하여 임용 결격자임을 밝혀내지 못하였다 하더라도 그 임용행위는 당연무효로 보아야 한다(대판 1987. 4. 14, 86누459; 1996. 2. 27, 95누9617).

[판례 1] [1] 공무원관계설정시점 및 공무원임용결격사유가 있는지 여부의 판단기준: 국가공무원법에 규정되어 있는 공무원임용결격사유는 공무원으로 임용되기 위한 절대적인 소극적 요건으로서 공무원관계는 국가공무원법 제38조, 공무원임용령 제11조의 규정에 의한 채용후보자 명부에 등록한 때가 아니라 국가의 임용

이 있는 때에 설정되는 것이므로 공무원임용결격사유가 있는지의 여부는 채용후보자 명부에 등록한 때가 아닌 임용당시에 시행되던 법률을 기준으로 하여 판단하여야 한다. [2] **국가의 과실에 의한 공무원임용결격자의 임용행위의 효력**: 임용당시 공무원임용결격사유가 있었다면 비록 국가의 과실에 의하여 임용결격자임을 밝혀내지 못하였다 하더라도 그 임용행위는 당연무효로 보아야 한다. [3] **공무원임용결격자에 대한 임용행위의 취소의 법적 성질 및 신의칙의 적용과 취소권의 시효소멸여부**: 국가가 공무원임용결격사유가 있는 자에 대하여 결격사유가 있는 것을 알지 못하고 공무원으로 임용하였다가 사후에 결격사유가 있는 자임을 발견하고 공무원 임용행위를 취소하는 것은 당사자에게 원래의 임용행위가 당초부터 당연무효이었음을 통지하여 (단순히) 확인시켜 주는 행위에 지나지 아니하는 것이므로, 그러한 의미에서 당초의 임용처분을 취소함에 있어서는 신의칙 내지 신뢰의 원칙을 적용할 수 없고 또 그러한 의미의 취소권은 시효로 소멸하는 것도 아니다. [4] 원고가 1972년도 교정직 9급 공개채용시험에 합격하여 같은 해 8. 17 공무원채용후보자등록을 하고, 1973. 8. 1 전남교도소 교도보로 임명된 후 1984. 8. 16 교사로 승진하여 청송교도소 보안과 공무원으로 재직하여 왔다. 그런데, 원고가 위 임용 전인 1970. 3. 5 광주지방법원 항소부에서 반공법위반으로 징역 8월에 집행유예 2년과 자격정지 1년을 선고받고 1970. 3. 13 그 형이 확정된 사실이 발견되었다. 이에 피고 행정청은 원고가 위 임용당시 시행되던 구 국가공무원법(1973. 2. 5 개정 법률 제2460호) 제33조 제1항 제4호 소정의 공무원임용결격자인 "금고 이상의 형을 받고 그 집행유예기간이 완료된 날로부터 2년을 경과하지 아니한 자"에 해당한다고 보고 1985. 8. 10자로 위 임용처분을 취소하였던 사례이다(대판 1987. 4. 14, 86누459[임용행위취소처분취소]).

[판례 2] 원고는 경찰공무원으로 임용된 후 정년시까지 30년 3개월 동안 경찰공무원으로 근무하였다. 그런데 원고는 임용 당시 형의 선고를 받고 복권되기 이전이었다. 그러나, 임용 후 70여 일만에 사면되어 형의 효력이 실효, 복권되었다. 그런데, 1982.경에 원고가 임용 당시 결격자였다는 사실이 밝혀졌다. 그럼에도 불구하고 서울특별시 경찰국장이 일반사면령 등의 공포로 현재 결격사유에 해당하지 아니한다는 이유로 원고의 당연퇴직은 불가하다는 조치를 내렸고, 그 후 원고는 정년퇴직시까지 계속 근무하였던 경우인데도 임용 당시 결격사유가 있었던 임용행위를 당연무효라고 한 사례이다(대판 1996. 2. 27, 95누9617[퇴직급여청구반려처분취소]).

다만, 결격사유가 있는 공무원에 대하여 경력을 고려하여 별도의 특별임용행위가 있었고 별도의 임용행위시에는 결격사유가 해소된 경우에는 별도의 임용행위는 그 자체가 새로운 임용행위이므로 결격사유가 있는 임용이 아니라 경력요건이 결여된 취소할 수 있는 행위라고 보고 있다(판례).

[판례 1] 당초 임용 당시 공무원 결격사유가 있었던 자를 그 후의 공무원 경력을 바탕으로 특별임용하였으나 특별임용 당시에는 공무원 결격사유가 없는 경우, 위 특별임용은 취소할 수 있는 행위에 불과하다(대판 1998. 10. 23, 98두12932[공무원지위확인의 소]): 당초 임용 이래 고용직공무원(특수경력직공무원)으로 근무하여 온 경력에 바탕을 두고 구 지방공무원법(1991. 5. 31. 법률 제4370호로 개정되기 전의 것) 제27조 제2항 제3호 등을 근거로 하여 특별임용 방식으로 기능직공무원(경력직공무원)에 임용이 이루어졌다면 이는 당초 임용과는 별도로 그 자체가 하나의 신규임용이라고 할 것이므로, 그 효력도 특별임용이 이루어질 당시를 기준으로 판단하여야 할 것인데, 당초 임용 당시에는 집행유예 기간중에 있었으나 특별임용 당시 이미 집행유예 기간 만료일로부터 2년이 경과하였다면 같은 법 제31조 제4호에서 정하는 공무원 결격사유에 해당할 수 없고, 다만 당초 임용과의 관계에서는 공무원 결격사유에 해당하여 당초 처분 이후 공무원으로 근무하였다고 하더라도 그것이 적법한 공무원 경력으로 되지 아니하는 점에서 특별임용의 효력에 영향을 미친다고 할 수 있으나, 위 특별임용의 하자는 결국 소정의 경력을 갖추지 못한 자에 대하여 특별임용시험의 방식으로 신규임용을 한 하자에 불과하여 취소사유가 된다고 함은 별론으로 하고, 그 하자가 중대·명백하여 특별임용이 당연무효로 된다고 할 수는 없다. 〈해설〉 기능직공무원(기능적인 업무를 담당하며 그 기능별로 분류되는 공무원)

은 2012년 12월 11일 폐지되고, 일반직에 통합되었다. 고용직공무원(단순한 노무에 종사하는 공무원)은 2011년 5월 23일에 폐지되었다.

[판례 2] [1] 징역 10월에 집행유예 2년의 형에 처하는 판결을 선고받아 위 판결이 2001. 9. 21. 확정된 후 결격사유가 있는 상태에서 지방조무원시보로 임용되었고(이하 '이 사건 시보임용처분'이라 한다), 그로부터 6개월 후인 2005. 11. 1. 결격사유가 해소된 상태에서 정규공무원으로 임용(이하 '이 사건 정규임용처분'이라 한다)한 후 시보임용처분 당시 공무원임용 결격사유인 이 사건 전력이 있었음을 확인하고는 2007. 6. 21. 지방공무원법 제31조 제4호에 따라 이 사건 시보임용처분을 취소하고, 그에 따라 2007. 7. 30. 이 사건 정규임용처분을 취소한 사안에서 이 사건 정규임용처분을 취소할 수 있는 처분으로 보고, 원고가 시보로 임용될 당시 지방공무원법 제31조 각 호의 결격사유가 있는 자는 공무원이 될 수 없다는 사정을 잘 알고 있었던 점, 원고가 정규공무원 임용 하자의 전제가 되는 시보임용 결격사유에 해당하는지의 여부가 법령에 명시적으로 규정되어 있는 점 등에 비추어 볼 때, 이 사건 처분이 비례의 원칙에 반하여 재량권을 일탈·남용하였다고 볼 수 없다고 판단한 원심을 정당하다고 한 사례. [2] 정규공무원으로 임용된 사람에게 시보임용처분 당시 지방공무원법 제31조 제4호에 정한 공무원임용 결격사유가 있어 시보임용처분을 취소하고 그에 따라 정규임용처분을 취소한 사안에서, 정규임용처분을 취소하는 처분은 성질상 행정절차를 거치는 것이 불필요하여 행정절차법의 적용이 배제되는 경우에 해당하지 않으므로, 그 처분을 하면서 사전통지를 하거나 의견제출의 기회를 부여하지 않은 것은 위법하다고 한 사례(대판 2009. 1. 30, 2008두16155[정규임용취소처분취소]). 〈해설〉 이 사건 시보임용처분은 결격사유가 있는 자에 대한 임용처분이므로 무효이고, 따라서 이 사건 시보임용처분을 취소하는 행위는 아무런 법적 효력이 없는 단순한 사실행위라고 보아야 한다.

4) 결어(신뢰보호고려설)

결격사유 있는 자를 공무원으로 임용하는 행위는 원칙상 무효이지만, 95누9617 사건에서 임용권자가 아닌 서울특별시 경찰국장이 일반사면령 등의 공포로 현재 결격사유에 해당하지 아니한다는 이유로 원고의 당연퇴직은 불가하다는 조치를 내렸던 것과 같이 결격사유가 치유된 것으로 믿을 만한 신뢰를 준 행정청의 적극적 행위가 있었던 경우 등 기타 신뢰를 보호할 필요가 현저하고, 상당히 오랜 기간 정상적으로 근무하여 온 경우에는 신뢰보호 및 법적 안정성을 위하여 그 때부터 공무원의 결격사유의 하자가 치유된다고 보는 것이 타당하다. 다만, 판례는 무효인 행정행위의 치유를 인정하지 않는다. 그러나, 신뢰를 주는 행정청의 적극적인 조치가 없었던 경우에는 결격자인 공무원은 신뢰보호의 원칙을 주장할 수 없다고 보아야 한다. 왜냐하면, 당해 공무원이 공무원임용의 결격사유를 알았거나 알지 못한 경우에도 알지 못한데 과실이 있어, 당해 공무원에게 귀책사유가 있다고 보아야 하기 때문이다.

무효인 임용행위를 임용권자가 추인하였거나 새로운 임용행위가 있으면 그 때부터는 결격사유 없는 임용이 된다.

(2) 자격요건 또는 성적요건의 결여

자격요건(能力要件) 또는 성적요건(成績要件)을 결여한 자에 대한 임명행위는 원칙상 취소할 수 있는 행위이며 취소도 원칙상 장래에 향하여 효력이 있는 것으로 보아야 한다.

다만, 당사자에게 귀책사유가 있을 때에는 소급하여 취소할 수 있다. 능력요건이나 성적요건을 결여한 자에 대한 임명행위를 취소함에 있어서는 그 임용행위를 취소하여야 할 공익상의 필요와 그 취소로 인하여 당사자가 입게 될 불이익을 비교형량한 후 공익상 필요가 당사자가 입을 불이익을 정당화할 만큼 강한 경우에 취소할 수 있다.

[판례] 임용처분의 하자(학력요건의 결여)가 당사자의 사실은폐나 기타 사위의 방법에 의한 것이라면 당사자는 그 처분에 의한 이익이 위법하게 취득되었음을 알아 그 취소가능성도 예상하고 있었다고 할 것이므로 임용 후 33년이 경과한 후에 한 임용취소처분을 다툼에 있어 당사자는 신뢰의 이익을 주장할 수 없다(대판 2002. 2. 5, 2001두5286: 허위의 고등학교 졸업증명서를 제출하는 사위의 방법에 의한 하사관지원의 하자(학력요건의 결여)를 이유로 하사관 임용일로부터 33년이 경과한 후에 행정청이 행한 하사관 및 준사관 임용취소처분이 적법하다고 한 사례).

(3) 봉급의 반환 여부

결격사유가 있는 공무원이라도 사실상 근무를 한 것이므로 당해 공무원이 받은 봉급은 이미 제공된 근로에 대한 대가라고 볼 수 있고 그가 받은 봉급을 부당이득이라고 할 수는 없으므로 그 봉급을 반환할 의무가 없다고 보아야 한다.

(4) 연금 및 퇴직금의 지급 [2011 사시 사례, 2013 변시 사례]

공무원연금법에 의한 퇴직급여 등은 적법한 공무원으로서의 신분을 취득하여 근무하다가 퇴직하는 경우에 지급되는 것이고, **임용 당시 공무원임용결격사유가 있었다면 그 임용행위는 당연무효**이며, 당연무효인 임용행위에 의하여 공무원의 신분을 취득할 수는 없으므로 임용결격자가 공무원으로 임용되어 사실상 근무하여 왔다고 하더라도 적법한 공무원으로서의 신분을 취득하지 못한 자로서는 **공무원연금법 소정의 퇴직급여 등(연금 등)을 청구할 수 없고**, 또 당연퇴직사유에 해당되어 공무원으로서의 신분을 상실한 자가 그 이후 사실상 공무원으로 계속 근무하여 왔다고 하더라도 당연퇴직 후의 사실상의 근무기간은 공무원연금법상의 재직기간에 합산될 수 없다(대판 2003. 5. 16, 2001다61012).

다만, 공무원이 납부한 기여금은 봉급(근로의 대가)의 성격을 가지므로 **공무원이 납부한 기여금은 지급하여야 할 것이다**. 실무에서도 기여금을 반환해주고 있다.

그리고, 그 임용이 무효인 공무원도 사실상 근로를 제공한 것이므로 **근로기준법상의 퇴직금은** 지급하여야 한다.

[판례 1] [1] 공무원연금법이나 근로자퇴직급여 보장법에서 정한 퇴직급여는 적법한 공무원으로서의 신분을 취득하거나 근로고용관계가 성립하여 근무하다가 퇴직하는 경우에 지급되는 것이다. [2] 임용 당시 공무원 임용결격사유가 있었다면, 비록 국가의 과실에 의하여 임용결격자임을 밝혀내지 못하였다 하더라도 임용행위는 당연무효로 보아야 하고, 당연무효인 임용행위에 의하여 공무원의 신분을 취득한다거나 근로고용관계가 성립할 수는 없다. 따라서 임용결격자가 공무원으로 임용되어 사실상 근무하여 왔다 하더라도 적법한 공무원으로서의 신분을 취득하지 못한 자로서는 공무원연금법이나 근로자퇴직급여 보장법에서 정한 퇴직급여를 청구할 수 없다. 나아가 이와 같은 법리는 임용결격사유로 인하여 임용행위가 당연무효인 경우뿐만 아니라 임용행위의 하자로 임용행위가 취소되어 소급적으로 지위를 상실한 경우에도 마찬가지로 적용된다. [3] **임용행위가 당연무효이거나 취소된 공무원의 임용 시부터 퇴직 시까지의 사실상의 근로에 대하여 국가 또는 지**

방자치단체는 부당이득반환의무를 진다: 임용행위가 당연무효이거나 취소된 공무원(이하 이를 통칭하여 '임용결격공무원 등'이라 한다)의 공무원 임용 시부터 퇴직 시까지의 사실상의 근로(이하 '이 사건 근로'라 한다)는 법률상 원인 없이 제공된 것으로서, 국가 및 지방자치단체는 이 사건 근로를 제공받아 이득을 얻은 반면 임용결격공무원 등은 이 사건 근로를 제공하는 손해를 입었다 할 것이므로, 손해의 범위 내에서 국가 및 지방자치단체는 위 이득을 민법 제741조에 의한 부당이득으로 반환할 의무가 있다. [4] **이때 국가 또는 지방자치단체의 이득액과 임용결격공무원 등이 입은 손해의 내용:** 이때 국가 또는 지방자치단체는 공무원연금법이 적용될 수 있었던 임용결격공무원 등의 이 사건 근로 제공과 관련하여 매월 지급한 월 급여 외에 공무원연금법상 퇴직급여의 지급을 면하는 이익을 얻는다. 임용결격공무원 등은 근로의 대가에 해당하는 '퇴직급여 가운데 임용결격공무원 등이 스스로 적립한 기여금 관련 금액', 기여금을 제외한 나머지 금액 중 순수한 근로에 대한 대가로서 지급되는 부분(공무원의 지위에 대한 공로보상적, 사회보장적 차원에서 지급되는 부분을 제외하는 취지이다) 상당액, 근로자퇴직급여 보장법 제8조에서 정한 퇴직금액 상당의 손해를 입는다고 할 수 있다. [5] 부당이득은 손해액과 이득액 중 적은 범위 내에서 반환의무를 지므로, 위와 같이 임용결격공무원 등이 입은 손해, 즉 임용기간 중 이 사건 근로의 대가로서의 손해액에 해당하는 공무원연금법상 기여금 관련 금액 및 퇴직에 따라 지급받을 수 있는 이 사건 근로의 대가로서의 손해액에 해당하는 근로자퇴직급여 보장법상 퇴직금 상당액의 합계가 국가 또는 지방자치단체의 이득액에 해당하는 공무원연금법상 퇴직급여 상당액을 넘는 경우에, 국가 또는 지방자치단체가 반환하여야 할 부당이득액은 공무원연금법상 퇴직급여 상당액으로 제한된다(대판 2017. 5. 11, 2012다200486).

[판례 2] 임용행위가 구 국가공무원법에 위배되어 당연무효임에도 계속 근무하여 온 경우, 임용시부터 퇴직시까지의 근로는 법률상 원인 없이 제공된 부당이득이므로 임금을 목적으로 계속하여 근로를 제공하여 온 퇴직자에 대하여 퇴직급여 중 적어도 근로기준법상 퇴직금에 상당하는 금액은 그가 재직기간 중 제공한 근로에 대한 대가로서 지급되어야 한다고 한 사례(대판 2004. 7. 22, 2004다10350(부당이득금)).

(5) 공무원의 행위의 효과

임용요건이 결여된 공무원이 사실상 공무원으로 보여지는 경우에는 당해 공무원의 행위는 사실상 공무원이론(事實上 公務員理論)에 의해 유효한 것으로 보아야 한다.

[문제의 해결](행정법 연습 제 3 판 제4장 제2절 3, 4 참조)

1. 결격사유 있는 자에 대한 임명행위는 무효이다. 당연퇴직의 통보는 처분이 아니므로 공무원지위확인을 구하는 공법상 당사자소송으로 다투어야 한다. 공무원연금관리공단의 연금급여거부결정은 처분으로 볼 수 있으므로 항고소송으로 다투어야 한다.
2. 학력사항이 공무원임명의 요건인 경우 임명의 자격(경력)요건이다. 학력사항을 허위로 기재한 것에 기초한 임명행위는 취소할 수 있는 행위이다.
3. 결격사유의 존재 여부는 임명행위시를 기준으로 한다. 일반직공무원 임명당시 결격사유는 존재하지 않았으므로 결격사유 있는 임명행위는 아니다. 별정직공무원의 경력이 일반직공무원 임명의 자격(경력)요건인데, 별정직공무원 임명에 결격사유가 있어 별정직공무원의 경력이 없는 자에 대한 따라서 자격(경력)요건이 결여된 임명행위이므로 취소할 수 있는 행위이다.

Ⅱ. 채용계약

공무원을 채용하는 계약은 공법상 계약이다. 행정의 사법상 근로자를 채용하는 계약은 사법상 계약이다.

Ⅲ. 임명형식 및 효력발생시기

1. 임명형식

공무원의 임명 등 임용은 통상 임용장 또는 임용통지서의 교부에 의해 행해진다. 그러나, 임용행위는 요식행위는 아니며 임용장 또는 임용통지서의 교부는 임용의 유효요건은 아니다.

2. 임명의 효력발생시기

공무원은 임용장이나 임용통지서에 적힌 날짜에 임용된 것으로 본다(공무원임용령 제6조 제1항).

지방공무원은 임용장에 적힌 날짜에 임용된 것으로 본다. 다만, 특수한 사정으로 말미암아 임용장에 적힌 날짜까지 임용장을 받지 못하였을 때에는 임용장을 실제 받은 날에 임용된 것으로 본다(지방공무원임용령 제5조 제1항).

제 3 절 공무원관계의 변경

Ⅰ. 의 의

공무원관계(公務員關係)의 변경이라 함은 공무원으로서의 신분은 유지하면서 공무원관계의 내용을 변경하는 것을 말한다.

공무원관계의 변경으로는 승진, 전직, 전보, 파견, 휴직, 정직, 직위해제, 강임, 감봉, 복직 등이 있다.

Ⅱ. 승 진

1. 의 의

승진(昇進)이라 함은 하위직급에서 상위직급으로 임용되는 것을 말한다. 직급의 변경없이 고위공무원단에 임용되는 것(국가공무원법 제40조의2 제1항)도 승진에 해당한다.

2. 승진과 권리구제

승진은 공무원의 법적 지위에 변경을 가져오는 행위이므로 처분이며 행정쟁송의 대상이 된다. 승진탈락자는 승진자와 경원관계에 있으므로 당해 승진의 취소를 구할 수도 있고, 자신에 대한 승진거부의 취소를 구하는 소송을 제기할 수도 있고 두 소송을 함께 제기할 수도 있다.

그런데, 판례는 공무원의 조리상 승진임용신청권을 원칙상 부정하고, 일정한 경우에 한하여 조리상 승진임용신청권을 인정하고 있다.

[판례] 4급 공무원이 당해 지방자치단체 인사위원회의 심의를 거쳐 3급 승진대상자로 결정되고 임용권자가 그 사실을 대내외에 공표한 경우, 그 공무원에게 승진임용 신청권이 있다: 지방공무원법 제8조, 제38조 제1항, 지방공무원임용령 제38조의3의 각 규정을 종합하면, 2급 내지 4급 공무원의 승진임용은 임용권자가 행정실적·능력·경력·전공분야·인품 및 적성 등을 고려하여 하되 인사위원회의 사전심의를 거치도록 하고 있는바, 4급 공무원이 당해 지방자치단체 인사위원회의 심의를 거쳐 3급 승진대상자로 결정되고 임용권자가 그 사실을 대내외에 공표까지 하였다면, 그 공무원은 승진임용에 관한 법률상 이익을 가진 자로서 임용권자에 대하여 3급 승진임용 신청을 할 조리상의 권리가 있다(대판 2008. 4. 10, 2007두18611).

교육공무원법상 **승진후보자 명부에 의한 승진심사 방식으로 행해지는 승진임용에서 승진후보자 명부에 포함되어 있던 후보자를 승진임용인사발령에서 제외하는 행위는 불이익처분으로서** 항고소송의 대상인 **처분에 해당**한다고 보아야 한다(대판 2018. 3. 27, 2015두47492).

이론상 승진후보자 및 순위의 결정도 처분으로 보아야 한다. 그러나, 승진후보자명부에의 등재를 강학상 확약으로 보면 강학상 확약의 처분성을 부인하는 판례의 입장에 서는 한 시험승진후보자명부에서의 삭제행위의 처분성을 인정할 수 없다. 또한 승진후보자명부에의 등재 및 삭제를 내부행위로 보고 그 처분성을 부인하는 견해도 있다.

판례는 "시험승진후보자명부에 등재되어 있던 자가 그 명부에서 삭제됨으로써 승진임용의 대상에서 제외되었다 하더라도, 그와 같은 **시험승진후보자명부에서의 삭제행위**는 결국 그 명부에 등재된 자에 대한 승진 여부를 결정하기 위한 행정청 내부의 준비과정에 불과하고, 그 자체가 어떠한 권리나 의무를 설정하거나 법률상 이익에 직접적인 변동을 초래하는 별도의 **행정처분이 된다고 할 수 없다**"고 하였다(대판 1997. 11. 14, 97누7325).

승진임용에 관해서는 임용권자에게 광범위한 재량이 인정된다(대판 2022. 2. 11, 2021도13197). 임용권자는 결원 보충의 방법과 승진임용의 범위에 관한 사항을 선택하여 결정할 수 있는 재량이 있다(대판 2022. 2. 11, 2021도13197). 임용권자는 가급적 인사위원회의 심의·의결 결과를 존중하여야 하지만, 인사위원회의 심의·의결 결과와는 다른 내용으로 승진대상자를 결정하여 승진임용을 할 수 있다(대판 2022. 2. 11, 2021도13197).

[판례] 피고인이 3명의 결원이 발생한 행정직렬 4급에 관하여는 1명의 승진임용 사전심의를, 1명의 결원이 발생한 시설직렬 4급에 관하여는 승진임용이 아닌 직무대리 임명의 사전심의를 인사위원회에 요청하도록 하고, 나머지 결원에 대하여 직무대리 발령을 한 것만으로는 임용에 관하여 부당한 영향을 미친 행위에 해당하지 않는다고 본 사례(대판 2022. 2. 11, 2021도13197).

Ⅲ. 전직·전보·전입·파견

1. 전 직

전직(轉職)이라 함은 직렬을 달리하는 임명을 말한다(국공법 제5조 제5호, 지공법 제5조 제5호). 그 예로 기술사무관을 행정사무관으로 임명하는 것 등을 들 수 있다. "직렬"이라 함은 직무의 종류가 유사하고 그 책임과 곤란성의 정도가 상이한 직급의 군을 말한다.

전직은 직위분류제[1]의 원칙에 대한 예외가 된다. 그러므로 공무원을 전직임용하고자 할 때에는 전직시험을 거쳐야 한다. 다만, 대통령령 등으로 정하는 전직의 경우에는 시험의 일부 또는 전부를 면제할 수 있다(국공법 제28조의3, 지공법 제29조의2).

2. 전 보

전보(轉補)라 함은 같은 직급 내에서의 보직변경 또는 고위공무원단 직위 간의 보직변경(제4조 제2항에 따라 같은 조 제1항의 계급 구분을 적용하지 아니하는 공무원은 고위공무원단 직위와 대통령령으로 정하는 직위 간의 보직 변경을 포함한다)을 말한다(국공법 제5조 제6호, 지공법 제5조 제5호). 예를 들면, 서기관 갑을 A과장에서 B과장으로 이동시키는 것을 말한다.

전보명령의 처분성에 관하여는 논란이 있다. 전보명령은 원칙상 내부행위로서 처분이 아니지만, 부당하게 해당 공무원의 직무집행권을 침해하는 경우에는 처분이라고 보아야 한다.

공무원에 대한 전보인사는 인사재량권을 일탈·남용하는 등 특별한 사정이 없는 한 적법하다(대판 2009. 5. 28, 2006다16215; 대판 전원합의체 2023. 9. 21, 2016다255941).

3. 전입 또는 전출

전입(轉入)이라 함은 임명권자를 달리하는 국회·법원·헌법재판소·선거관리위원회 및 행정부 상호 간에 다른 소속 공무원을 받아들이는 것을 말한다. 전입하고자 할 때에는 시험을 거쳐 임용하여야 한다.

지방자치단체간의 지방공무원의 전입·전출은 한 지방자치단체의 전출명령과 다른 지방자치단체의 전입명령으로 행해진다. 공무원에 대한 전출명령과 전입명령은 행정소송법상 처분이다.

지방공무원법 제29조의3은 "지방자치단체의 장은 다른 지방자치단체의 장의 동의를 받아 그 소속공무원을 전입할 수 있다"라고 규정하고 있다.

판례는 명문의 규정은 없지만 동의를 한 지방자치단체의 장이 소속공무원을 전출하는 것은 임명권자를 달리하는 지방자치단체로의 이동인 점에 비추어 이 경우에 반드시 **당해 공무원의 동의를 전제로 한다**고 보는 것이 타당하다고 하면서 당해 공무원의 동의 없는 전출명령을 취소할 수 있는 행위로 보았는데(대판 2001. 12. 11, 99두1823), 당사자인 지방공무원의 동의 없는 전출명령이나 전입명령은 중대하고 명백한 위법이므로 무효라고 보는 것이 타당하다.

---

1) 직위분류제라 함은 직무의 차이를 기준으로 직위를 분류하고, 직위를 기준으로 공무원을 임용하는 제도를 말한다. 직위라 함은 한 사람의 공무원에게 부여할 수 있는 직무와 책임을 말한다(오석홍, 70~71면).

4. 파 견(국공법 제32조의4)

5. 겸 임(국공법 제32조의3)

겸임이라 함은 직위를 부여받은 공무원에게 다른 직위를 추가로 부여하는 것을 말한다.

Ⅳ. 휴직·정직·직위해제

1. 휴 직

(1) 의 의

휴직(休職)이라 함은 공무원의 신분은 보유하면서 일시적으로 직무에 종사하지 못하게 하는 것을 말한다.

휴직에는 공무원의 의사와 관계없이 임용권자가 직권으로 행하는 직권휴직과 공무원 본인의 원에 응하여 임용권자가 행하는 의원휴직이 있다.

(2) 효 력

휴직중인 공무원은 신분은 보유하나 직무에 종사하지 못한다(국공법 제73조 제1항).

2. 정 직

정직(停職)은 공무원의 신분은 보유하나 정직기간중 직무에 종사하지 못하게 하는 것을 말한다. 정직은 징계처분의 하나이며 이에 관하여는 후술한다.

3. 직위해제 [2011 일반행정 사례형 약술]

(1) 의 의

직위해제라 함은 공무원 본인에게 직위를 계속 보유하는데 장애가 되는 사유가 있는 경우에 공무원의 신분을 보유하게 하면서 직무를 잠정적으로 박탈하는 행위를 말한다.

직위해제는 **징계처분이 아니다**(대판 1983. 10. 25, 83누184).

[판례] 직위해제처분의 법적 성질: 구 국가공무원법상 직위해제는 일반적으로 공무원이 직무수행능력이 부족하거나 근무성적이 극히 불량한 경우, 공무원에 대한 징계절차가 진행중인 경우, 공무원이 형사사건으로 기소된 경우 등에 있어서 당해 공무원이 장래에 있어서 계속 직무를 담당하게 될 경우 예상되는 업무상의 장애 등을 예방하기 위하여 일시적으로 당해 공무원에게 직위를 부여하지 아니함으로써 직무에 종사하지 못하도록 하는 잠정적인 조치로서의 보직의 해제(박탈)를 의미하므로 과거의 공무원의 비위행위에 대하여 기업질서 유지를 목적으로 행하여지는 징벌적 제재로서의 징계와는 그 성질이 다르다(대판 2003. 10. 10, 2003두5945[직위해제처분취소]).

(2) 직위해제사유

임용권자는 다음 사유 중 1에 해당하는 공무원에 대하여는 직위를 부여하지 아니할 수 있다: ① 직무수행능력이 부족하거나 근무성적이 극히 나쁜 자, ② 파면·해임·강등 또는 정직에 해당하는 징계의결(중징계의결)이 요구중인 자, ③ 형사사건으로 기소된 자(약식명령이 청구된 자는 제외한다), ④ 고위공무원단에 속하는 일반직공무원으로서 제70조의2 제1항 제2호부터 제5호까지의 사유로 적격심사를 요구받은 자, ⑤ 금품비위, 성범죄 등 대통령령으로 정하는 비위행위로 인하여 감사원 및 검찰·경찰 등 수사기관에서 조사나 수사 중인 자로서 비위의 정도가 중대하고 이로 인하여 정상적인 업무수행을 기대하기 현저히 어려운 자(국공법 제73조의3 제1항).

[판례] [국가공무원법이 정한 직위해제처분의 종기의 해석에 대한 사건] [1] 국가공무원법 제73조의3 제1항에서 정한 직위해제는 해당 공무원에게 보수·승진·승급 등 다양한 측면에서 직·간접적으로 불리한 효력을 발생시키는 침익적 처분이라는 점에서 그것이 부당하게 장기화될 경우에는 결과적으로 해임과 유사한 수준의 불이익을 초래할 가능성까지 내재되어 있으므로, 직위해제의 요건 및 효력 상실·소멸시점 등은 문언에 따라 엄격하게 해석하여야 하고, 특히 헌법 제7조 제2항 및 국가공무원법 제68조에 따른 공무원에 대한 신분보장의 관점은 물론 헌법상 비례원칙에 비추어 보더라도 직위해제처분의 대상자에게 불리한 방향으로 유추·확장해석을 하여서는 아니 된다. [2] **국가공무원법 제73조의3 제1항 제3호의 의미(중징계의결 요구와 동시에 이루어진 직위해제처분의 효력이 유지되는 기간)**: 1) 국가공무원법 제73조의3 제1항 제3호는 파면·해임·강등 또는 정직에 해당하는 징계의결(이하 '중징계의결'이라 한다)이 요구 중인 자에 대하여 직위해제처분을 할 수 있음을 규정하였다. 이는 중징계의결 요구를 받은 공무원이 계속 직위를 보유하고 직무를 수행한다면 공무집행의 공정성과 그에 대한 국민의 신뢰를 저해할 구체적인 위험이 생길 우려가 있으므로 이를 사전에 방지하고자 하는 데 목적이 있다. 이러한 직위해제제도의 목적 및 취지와 함께 그로 인한 불이익의 정도 등 침익적 처분의 성질을 종합하여 보면, 단순히 '중징계의결 요구'가 있었다는 형식적 이유만으로 직위해제처분을 하는 것이 정당화될 수는 없고, 직위해제처분의 대상자가 중징계처분을 받을 고도의 개연성이 인정되는 경우임을 전제로 하여, 대상자의 직위·보직·업무의 성격상 그가 계속 직무를 수행함으로 인하여 공정한 공무집행에 구체적인 위험을 초래하는지 여부 등에 관한 제반 사정을 면밀히 고려하여 그 요건의 충족 여부 등을 판단하여야 한다. 2) 한편, 국가공무원법 제73조의3 제2항은 직위해제처분을 한 경우에도 그 사유가 소멸되면 지체 없이 직위를 부여하여야 함을 명시하였다. 이는 같은 조 제1항 제3호의 요건 중 하나인 '중징계의결이 요구 중인 자'의 의미 및 '중징계의결 요구'의 종기에 관한 해석과 관계된다. 국가공무원법은 '징계의결 요구(제78조), 징계의결(제82조 제1항), 징계의결 통보(공무원 징계령 제18조), 징계처분(제78조 및 공무원 징계령 제19조) 또는 심사·재심사 청구(제82조 제2항 및 공무원 징계령 제24조)' 등 징계절차와 그 각 단계를 명확히 구분하여 규정하는 한편, '재징계의결 요구(제78조의3)'는 징계처분이 무효·취소된 경우에 한하는 것으로 명시함으로써 '심사·재심사 청구'가 이에 포함되지 않는다는 점이 문언상 분명하다. 이러한 관련 규정의 문언 내용·체계에 비추어 보면, **직위해제사유인 '중징계의결이 요구 중인 자'는 국가공무원법 제82조 제1항 및 공무원 징계령 제12조에 따른 징계의결이 이루어질 때까지로 한정된다**고 봄이 타당하다. 만일 징계의결에 따라 곧바로 징계처분이 이루어진 경우와 달리 징계의결에 대하여 징계의결 요구권자가 심사·재심사를 청구한 경우에는 직위해제의 효력이 심사·재심사 청구에 관한 결정 시까지 지속된다고 본다면, 국가공무원법 및 공무원 징계령의 문언 내용·체계의 해석에 반할 뿐만 아니라 징계의결 요구권자의 심사·재심사 청구 여부에 관한 일방적인 의사·판단에 상당한 수준의 불이익한 처분에 해당하는 직위해제의 종기를 결부시키는 것이 되고, 이로 인하여 공무원을 장기간 동안 불안정한 신분 상태에 놓이게 하여 헌법과 국가공무원법이 정한 공무원의 신분보장에 반할 우려가 커짐은 물론 직위해제처분의 대상자에게 불리한 방향의 유추·확장해석을 하는 것이 되어 허용할 수 없다. 더욱이 '중징계의결이 요구 중인 자'에 해당하여 직위해제처분을 받은 대상자에 대하여 적법한 절차에 따라 '경징계의결'이 이루어진 경우에는, 비록 재심사 청구에 의한 변경 가능성을 고려하더라도 '중징계처분을 받을 고도의 개연성'이 있다고 쉽게 인정하기 어려운 상태가 되었다고 봄이 타당하다. 잠정적 조치인 직위해제처분의 특성상 그 사유·목적에 부합하는 적정한 범위 내에서 필요 최소한으로 운용되어야만 한다는 점에서 보더라도, 당초 직위해제를 한 시점에는 적법한 처분에 해당하였더라도 그 사유의 소멸·상실일에 해당하는 징계의결이 있은 다음 날부터는 직위해제처분이 효력을 상실하게 된다고 볼 수

밖에 없다. [3] 국토교통부장관은 원고에 대하여 중징계의결 요구와 동시에 직위해제처분을 하였으나, 경징계(감봉 2개월)가 의결되자 재심사 청구를 하였음에도 기각 결정이 내려졌고 그에 따라 경징계처분을 하자, 원고가 경징계의결이 이루어진 시점에 직위해제처분의 효력이 상실됨에도 경징계처분을 할 때까지 직위해제처분을 유지한 것이 위법하다고 주장하면서 그 기간 동안의 급여 등의 차액을 구한 사안에서, **원고에 대한 직위해제처분의 효력은 경징계의결이 된 때에 소멸**하였다고 보아, 이와 달리 국토교통부장관의 재심사 청구에 대한 기각 결정이 내려진 날까지 직위해제처분이 유효하다고 보아 원고의 청구를 일부 인용한 원심의 판단에 직위해제 효력의 종기에 관한 법리오해의 잘못이 있다고 보아 파기·환송한 사례(대판 2022. 10. 14, 2022두45623[공무원 보수지급]).

(3) 직위해제처분

직위해제 여부는 임용권자의 재량에 속한다. 다만, 공무원에 대하여 ①의 사유와 ②의 사유가 경합하는 경우에는 ②의 사유로, ①의 사유와 ③의 사유가 경합하는 경우에는 ③의 사유로 직위해제처분을 하여야 한다(국공법 제73조의3 제5항).

판례는 형사사건으로 기소되었다는 이유만으로 직위해제처분을 하는 것은 재량권의 범위를 일탈·남용한 것이라고 보고,[2] 형사사건에 기소된 것을 사유로 한 직위해제처분의 위법 여부의 판단기준에 관하여 다음과 같이 판시하고 있다.

[판례] 헌법 제27조 제4항은 형사피고인은 유죄의 판결이 확정될 때까지는 무죄로 추정된다고 규정하고 있고, 구 국가공무원법(1994. 12. 22, 법률 제4829호로 개정되기 전의 것) 제73조의2 제1항 제4호에 의한 직위해제 제도는 유죄의 확정판결을 받아 당연퇴직되기 전단계에서 형사소추를 받은 공무원이 계속 직위를 보유하고 직무를 수행한다면 공무집행의 공정성과 그에 대한 국민의 신뢰를 저해할 구체적인 위험이 생길 우려가 있으므로 이를 사전에 방지하고자 하는 데 그 목적이 있는바, 헌법상의 무죄추정의 원칙이나 위와 같은 직위해제제도의 목적에 비추어 볼 때, 형사사건으로 기소되었다는 이유만으로 직위해제처분을 하는 것은 정당화될 수 없고, 당사자가 당연퇴직 사유인 국가공무원법 제33조 제1항 제3호 내지 제6호에 해당하는 유죄판결을 받을 고도의 개연성이 있는지 여부, 당사자가 계속 직무를 수행함으로 인하여 공정한 공무집행에 위험을 초래하는지 여부 등 구체적인 사정을 고려하여 그 위법 여부를 판단하여야 할 것이다(대판 1999. 9. 17, 98두15412[직위해제처분취소]).

임용권자는 ①의 사유로 직위해제된 자에게 3개월의 범위에서 대기를 명한다(제73조의3 제3항). 그리고 대기명령을 받은 자에 대하여는 임용권자 또는 임용제청권자는 능력회복이나 근무성적의 향상을 위한 교육훈련 또는 특별한 연구과제의 부여 등 필요한 조치를 하여야 한다(제73조의3 제4항).

국가공무원법상 직위해제처분은 행정절차법 제3조 제2항 제9호, 동법 시행령 제2조 제3호에 의하여 당해 행정작용의 성질상 행정절차를 거치기 곤란하거나 불필요하다고 인정되는 사항 또는 행정절차에 준하는 절차를 거친 사항에 해당하므로, 처분의 사전통지 및 의견청취 등에 관한 행정절차법의 규정이 별도로 적용되지 않는다(대판 2014. 5. 16, 2012두26180[직위해제처분취소]).

---

2) 징계처분 당시의 구 국가공무원법 제73조의2 제1항 단서에서는 형사사건으로 기소된 자를 직위해제하여야 하는 것으로 규정하고 있었으나 이 판결이 나기전에 이 단서규정이 위헌결정(헌재 1998. 5. 28, 96헌가12)을 받았으므로 문제가 된 직위해제처분은 재량행위로 되었다.

(4) 효 력

직위해제된 공무원은 직무에 종사하지 못하며 따라서 출근을 할 수도 없다. 직위해제된 공무원에 대하여는 공무원보수규정 제29조에 따라 봉급의 일부만 지급한다.

(5) 직위해제 후의 조치

직위해제사유가 소멸되면 임용권자는 지체 없이 직위를 부여하여야 한다(제73조의3 제2항).

①의 사유로 직위해제를 받은 후 대기명령을 받은 자가 그 기간에 능력 또는 근무성적의 향상을 기대하기 어렵다고 인정된 때에는 징계위원회(지방공무원의 경우 인사위원회)의 동의를 얻어 임용권자는 직권에 의하여 면직시킬 수 있다(국공법 제70조 제1항, 제2항).

공무원에게 한 징계처분, 면직처분 또는 직위해제처분(징계의결 요구에 따른 직위해제처분은 제외한다)이 무효·취소 또는 변경된 경우에는 복귀일 또는 발령일에 공무원보수규정 제30조에 따라 보수의 전액 또는 차액을 소급하여 지급한다.

(6) 직위해제처분과 후속조치의 관계

1) 일사부재리의 원칙 위배 여부

직위해제처분은 직권면직 또는 징계와 그 목적·성질 등이 다른 별개의 독립된 처분이므로 직위해제처분후 동일한 사유로 다시 직권면직처분 또는 징계처분을 하여도 일사부재리의 원칙에 반하지 않는다(판례).

[판례 1] 직권면직처분과 이보다 앞서 행하여진 직위해제처분은 그 목적을 달리한 각 별개의 독립된 처분이라 할 것이므로 본건 직권면직처분이 직위해제처분을 사유로 하였다 하더라도 일사부재리원칙에 위배되지 않는다(대판 1983. 10. 25, 83누340[직권면직처분취소]).

[판례 2] 직위해제처분이 공무원에 대하여 불이익한 처분이기는 하나 징계처분과 같은 성질의 처분이라고는 볼 수 없으므로 동일한 사유에 대한 직위해제처분이 있은 후 다시 해임처분이 있었다 하여 일사부재리의 법리에 어긋난다고 볼 수도 없다(대판 1984. 2. 28, 83누489[해임처분취소]).

2) 하자의 승계

판례는 직위해제처분의 위법은 직권면직처분에 승계되지 않는다고 본다(대판 1970. 1. 27, 68누10[면직처분취소]). 구속력이론에 입각하여 예측가능성과 수인가능성이 없음을 이유로 구속력의 예외를 인정하는 견해도 있다(김남진).

(7) 직위해제처분 소멸 후의 소의 이익 [2011, 2020 행시]

직위해제기간 만료 등으로 직위해제처분의 효력이 소멸한 경우에도 직위해제처분의 소급적 취소로 구제될 봉급청구, 승진소요연수의 산입 등 부수적 이익이 있는 경우 당해 직위해제처분의 취소를 구할 소의 이익이 있는 것으로 보는 것이 타당하다.

판례도 이러한 입장을 취하고 있다.

[판례] 직위해제처분은 근로자로서의 지위를 그대로 존속시키면서 다만 그 직위만을 부여하지 아니하는 처분이므로 만일 어떤 사유에 기하여 근로자를 직위해제한 후 그 직위해제 사유와 동일한 사유를 이유로 징계처분을 하였다면 뒤에 이루어진 징계처분에 의하여 그 전에 있었던 직위해제처분은 그 효력을 상실한다. 여기서 직위해제처분이 효력을 상실한다는 것은 직위해제처분이 소급적으로 소멸하여 처음부터 직위해제처분이 없었던 것과 같은 상태로 되는 것이 아니라 사후적으로 그 효력이 소멸한다는 의미이다. 따라서 직위해제처분에 기하여 발생한 효과는 당해 직위해제처분이 실효되더라도 소급하여 소멸하는 것이 아니므로, 인사규정 등에서 직위해제처분에 따른 효과로 승진·승급에 제한을 가하는 등의 법률상 불이익을 규정하고 있는 경우에는 직위해제처분을 받은 근로자는 이러한 법률상 불이익을 제거하기 위하여 그 실효된 직위해제처분에 대한 구제를 신청할 이익이 있다(대판 2010. 7. 29, 2007두18406). 〈해설〉 이 판례는 근로자에 대한 직위해제에 대한 것이지만, 공무원에 대한 직위해제에 대하여도 적용된다고 볼 수 있다.

V. 강 임

강임(降任)이라 함은 동일한 직렬 내에서의 하위의 직급에 임명하거나 하위직급이 없어 다른 직렬의 하위직급으로 임명하거나 고위공무원단에 속하는 일반직공무원(제4조 제2항에 따라 같은 조 제1항의 계급 구분을 적용하지 아니하는 공무원은 제외한다)을 고위공무원단 직위가 아닌 하위 직위에 임명하는 것을 말한다. 강임은 징계처분이 아닌 점에서 징계처분인 강등과 구별된다.

임용권자는 직제 또는 정원의 변경이나 예산의 감소 등으로 직위가 폐지되거나 하위의 직위로 변경되어 과원(過員)이 된 경우 또는 본인이 동의한 경우에는 소속공무원을 강임할 수 있다(국공법 제73조의4 제1항).

VI. 감 봉

감봉(減俸)이라 함은 징계의 대상이 되는 공무원에 대하여 직무담임을 계속하게 하면서 보수만을 감하는 행위이다. 감봉은 징계처분의 하나이다.

VII. 복 직

복직(復職)이라 함은 휴직·직위해제, 정직중이거나 강등으로 직무에 종사하지 못한 공무원을 직위에 복귀시키는 임용을 말한다(공무원임용령 제2조 제3호).

제 4 절 공무원관계의 소멸

공무원관계의 소멸원인으로는 당연퇴직과 면직이 있다.

I. 당연퇴직

1. 의 의

당연퇴직(當然退職)이라 함은 임용권자의 처분 없이 일정한 사유의 발생에 의하여 공무원관계가 당연히 소멸되는 것을 말한다.

예를 들면 정년으로 인한 퇴직의 경우에 정년퇴직일이 도래하면 당연히 공무원관계가 소멸되는 것이며 임용권자의 퇴직결정을 요하지 않는다.

2. 사　　유

당연퇴직의 사유는 다음과 같다.

① 공무원이 국가공무원법이나 지방공무원법상의 결격사유의 하나에 해당할 때(피성년후견인, 피한정후견인 등 및 법에서 정한 사람 제외)(국공법 제69조, 지공법 제61조).

② 공무원이 사망한 때.

③ 공무원의 임기가 만료된 때. 임기제공무원의 근무기간이 만료된 경우도 그러하다.

④ 공무원이 정년에 달한 때. 공무원은 그 정년에 이른 날이 1월부터 6월 사이에 있으면 6월 30일에, 7월부터 12월 사이에 있으면 12월 31일에 각각 당연히 퇴직된다(국가공무원법 제74조 제4항).

3. 효　　과

당연퇴직사유가 발생하면 당연퇴직된 자는 그 시점부터 더 이상 공무원이 아니다. 따라서, 당연퇴직된 자가 행한 행위는 원칙상 무권한으로 무효이다. 그러나, 그 행위가 사실상 공무원이론에 의해 유효한 행위가 될 수 있다.

[판례] 당연퇴직의 효력이 생긴 후에 당연퇴직사유가 소멸한다는 것은 있을 수 없으므로, 지방공무원이 형의 선고유예를 받은 경우에는 그 이후 형법 제60조에 따라 면소된 것으로 간주되었다 하더라도 이미 발생한 당연퇴직의 효력에는 영향이 없다(대판 2002. 7. 26, 2001두205).

4. 권리구제 [2011 사시 사례 약술형]

당연퇴직의 경우에 통상 퇴직발령통지서가 발부되는데, 당연퇴직은 퇴직사유에 의해 당연히 발생하는 것이고 당연퇴직발령에 의해 발생하는 것이 아니므로 **퇴직발령통지는 단순한 사실상의 통지에 불과하고** 행정소송법상 처분이 아니다(대판 1995. 11. 14, 95누2036). 당연퇴직을 다투기 위하여는 공무원 지위의 확인을 구하는 공법상 당사자소송을 제기하여야 한다.

파면 등 처분에 대한 취소소송의 계속 중 정년에 달해 당연퇴직한 경우 기본적인 권리회복은 불가능하나 봉급 등을 받을 부수적 이익이 있으므로 파면 등 처분의 취소를 구할 소의 이익이 있다(행정구제편 소의 이익 참조).

Ⅱ. 면　　직

면직(免職)이라 함은 임용권자의 결정에 의하여 공무원의 지위를 상실시키는 것을 말한다. 면직에는 의원면직과 일방적 면직이 있다.

1. 의원면직 [2022 행시 사례]

(1) 의 의

의원면직(依願免職)이라 함은 공무원 자신의 사직의사표시에 의거하여 임용권자가 당해 공무원의 공무원관계를 소멸시키는 처분을 말한다. 권고사직, 명예퇴직은 의원면직에 속한다.

의원면직은 사직원의 제출과 임용권자의 제출된 사직원의 수리에 의해 행해지는 쌍방적 행정행위이다.

사직원의 제출만으로 공무원관계가 소멸되는 것은 아니며 임용권자의 면직행위(사직원의 수리)가 있을 때까지 공무원관계는 존속한다. 따라서, 사직원을 제출한 공무원도 사직원이 수리될 때까지는 출근하여 직무를 수행하는 등 공무원으로서의 모든 의무를 다하여야 한다. 그러하지 않으면 징계책임 등 그에 따른 책임을 져야 한다. 판례도 이러한 입장을 취하고 있다(대판 1991. 11. 22, 91누3666[파면처분취소]).

(2) 사직원의 제출

사직원의 제출은 행위요건적 사인의 공법행위이고, 사직원의 제출에는 사인의 공법행위의 법리가 적용된다. 따라서, 사직원의 제출에 관하여 명문의 규정이 없는 사항에 대하여는 민법의 법원칙, 의사표시나 법률행위에 관한 규정을 원칙상 적용할 수 있지만, 사직원 제출에 고유한 특성이 고려되어야 하는 한도 내에서는 사법규정을 적용할 수 없거나 수정하여 적용하여야 할 것이다.

1) 강요에 의한 사직원 제출

사직원(辭職願)의 제출은 공무원 자신의 자유로운 의사에 의한 것이어야 한다. 사직원의 제출이 강요에 의해 의사결정의 자유가 박탈된 상태하에서 행해진 경우에는 사직원 제출은 무효이며 그에 의거한 면직처분도 무효이다.

[판례] 감사담당 직원이 공무원에 대한 비리를 조사하는 과정에서 사직하지 아니하면 징계파면이 될 것이고 또한 그렇게 되면 퇴직금 지급상의 불이익을 당하게 될 것이라는 등의 강경한 태도를 취하였다고 할지라도 그 취지가 단지 비리에 따른 객관적 상황을 고지하면서 사직을 권고·종용한 것에 지나지 않고 그 공무원이 그 비리로 인하여 징계파면이 될 경우 퇴직금 지급상의 불이익을 당하게 될 것 등 여러 사정을 고려하여 사직서를 제출한 경우라면 그 의사결정이 의원면직처분의 효력에 영향을 미칠 하자가 있었다고는 볼 수 없다(대판 1997. 12. 12, 97누13962[의원면적처분취소]). 〈해설〉 실무상 행해지는 권고사직(勸告辭職)은 법적으로는 의원면직에 해당한다. 권고사직의 형식을 취하고 있는 경우에도 사직의 권고가 공무원의 의사결정의 자유를 박탈할 정도의 강요에 해당하는 경우에는 당해 권고사직은 무효이다.

2) 비진의의사표시

사인의 공법행위인 공무원의 사직의 의사표시에는 그 법률관계의 특수성에 비추어 외부적·객관적으로 표시된 바를 존중하여야 하므로 비진의의사표시(非眞意意思表示)에 관한 민법 제107조는 적용되지 아니한다(판례). 비진의의사표시의 예로는 일괄사직서의 제출을 들 수 있다. 권고사직은 비진의의사표시가 아니다.

[판례 1] 공무원이 사직의 의사표시를 하여 의원면직처분을 하는 경우 그 사직의 의사표시는 그 법률관계의 특수성에 비추어 외부적·객관적으로 표시된 바를 존중하여야 할 것이므로, 비록 사직원제출자의 내심의 의사가 사직할 뜻이 아니었다고 하더라도 진의 아닌 의사표시에 관한 민법 제107조는 그 성질상 사직의 의사표시와 같은 사인의 공법행위에는 준용되지 아니하므로 그 의사가 외부에 표시된 이상 그 의사는 표시된 대로 효력을 발한다(대판 1992. 8. 14, 92누909; 1997. 12. 12, 97누13962; 2001. 11. 14, 99두5481[면직무효확인 등]).

[판례 2] 근로자가 사직의 효과를 진정으로 마음 속에서 바라지는 않았다 하더라도 당시의 상황에서 그것이 최선이라고 생각하여 사직서를 제출한 이상 이를 비진의 의사표시라고 할 수 없다(대판 2000. 4. 25, 99다34475[징계면직처분무효확인 등]).

[판례 3] 국가보위비상대책위원회와 사회정화위원회의 초법규적 강요에 의해 일괄사표의 제출과 선별수리의 형식으로 이루어진 공무원에 대한 의원면직처분에 있어서 사직원의 제출이 비진의 의사표시일 수 있다(대판 1992. 8. 14, 92누909; 2001. 8. 24, 99두9971[면직무효확인 등]).

3) 대 리

사직원의 제출 또는 그 철회는 대리(代理)에 친하지 않은 행위이므로 사직원의 제출 또는 그 철회에는 대리가 허용되지 않는다고 보아야 한다.

4) 사직원의 철회

공무원에 의해 제출된 사직원은 그에 터잡은 의원면직처분(사직원의 수리)이 있을 때까지는 철회될 수 있고, 일단 면직처분이 있고 난 후에는 철회나 취소할 여지가 없다(대판 2001. 8. 24, 99두9971[면직무효확인 등]).

(3) 사직원의 수리

사직원의 수리(受理)는 사직의 의사표시를 요하는 쌍방적 행정행위이며 준법률행위적 행정행위로서의 수리행위이다. 사직원이 제출된 경우에 임용권자에게 수리의무가 있는가하는 문제가 제기된다. 공무담임은 권리이지만 의무는 아니며 공무원의 직업선택의 자유 등을 고려할 때 특별한 경우(예 병역의무 등 법률상 복무의무가 있는 경우)를 제외하고는 임용권자에게 수리의무가 있다고 보아야 한다(이상규, 200면; 홍정선, 992면). 다만, 사직원을 제출한 공무원의 담당직무가 중요한 것이며 적절한 후임자가 없어 공무수행에 심히 지장을 초래할 우려가 있는 경우에는 후임자가 결정될 때까지 사직원의 수리가 유보될 수 있다고 보아야 한다.

퇴직을 희망하는 공무원이 파면, 해임, 강등 또는 정직에 해당하는 징계사유가 있거나 다음의 어느 하나에 해당하는 경우(제1호·제3호 및 제4호의 경우에는 해당 공무원이 파면·해임·강등 또는 정직의 징계에 해당한다고 판단되는 경우에 한정한다) 제78조 제4항에 따른 소속 장관 등은 지체 없이 징계의결등을 요구하여야 하고, 퇴직을 허용하여서는 아니 된다. 1. 비위(非違)와 관련하여 형사사건으로 기소된 때, 2. 징계위원회에 파면·해임·강등 또는 정직에 해당하는 징계 의결이 요구 중인 때, 3. 조사 및 수사기관에서 비위와 관련하여 조사 또는 수사 중인 때, 4. 각급 행정기관의 감사부서 등에서 비위와 관련하여 내부 감사 또는 조사 중인 때(제78조의4).

사직의 의사표시의 위법을 이유로 의원면직처분의 취소를 구할 수 있다(사인의 공법행위 참조).

(4) 명예퇴직 등

명예퇴직이라 함은 공무원으로서 20년 이상 근속한 자가 정년 전에 자진하여 퇴직하는 것을 말한다. 명예퇴직은 의원면직의 하나이다.

2. 일방적 면직

일방적 면직(一方的 免職)이라 함은 공무원 본인의 의사와 관계없이 임용권자가 일방적인 의사결정에 의하여 공무원관계를 소멸시키는 처분을 말한다. 강제면직이라고도 한다. 일방적 면직에는 징계면직과 직권면직이 있다.

(1) 징계면직

징계면직(懲戒免職)이라 함은 공무원의 공무원법상의 의무위반에 대한 징계로서 내려지는 파면과 해임을 말한다.

파면과 해임은 모두 공무원의 신분을 박탈하는 징계처분인 점에서는 동일하지만 공직에의 취임제한, 퇴직급여 및 퇴직수당급여의 제한 등 그 부수적인 효과가 다르다.

즉, 파면의 경우에는 파면처분을 받은 때부터 5년이 지나지 아니한 경우 공무원에 임용될 수 없고, 퇴직급여 및 급여수당이 감액되는 데 반하여 해임의 경우에는 해임의 처분을 받은 때부터 3년이 지나지 아니한 경우 공무원에 임용될 수 없지만 퇴직급여의 감액이 없다(국공법 제33조, 공무원연금법 제64조 제1항).

(2) 직권면직

직권면직(職權免職)이라 함은 법령으로 정해진 일정한 사유(국공법 제70조 제1항)가 있는 경우에 본인의 의사와 관계 없이 임용권자가 직권으로 공무원의 신분을 박탈하는 것을 내용으로 하는 처분을 말한다. 직권면직은 징계면직과 달리 징계처분이 아니다.

(3) 면직처분의 효력발생

임용중 면직의 경우(공무원임용령 제2조 제1호 참조)에는 면직발령장 또는 면직통지서에 기재된 일자에 면직의 효과가 발생하여 그날 영시(00:00)부터 공무원의 신분을 상실한다(대판 1985. 12. 24, 85누531[퇴직급여추가지급청구부결처분취소]). 면직통지서의 수령이 면직통지서에 기재된 일자보다 뒤인 경우에는 면직통지서를 수령한 날 면직처분의 효력이 발생한다.

국가공무원법 제70조 제1항 제4호에 따른 직권 면직일은 휴직 기간이 끝난 날 또는 휴직 사유가 소멸한 날로 한다(국공법 제70조 제6항).

제 5 절 불이익처분에 대한 구제 [1999 사시 논술, 2008 사시 사례]

행정기관소속 공무원의 징계처분, 그 밖에 그 의사에 반한 불리한 처분이나 부작위에 대한 구제수단으로 소청과 행정소송이 있다.

I. 소 청

1. 의 의

소청(訴請)이라 함은 행정기관소속 공무원의 징계처분, 그 밖에 그 의사에 반하는 불리한 처분이나 부작위에 대하여 소청심사위원회에 제기하는 불복신청을 말한다. 소청은 행정심판의 일종(특별행정심판)이다.

소청은 국가공무원뿐만 아니라 지방공무원에도 적용된다(국공법 제9조 내지 제16조, 지공법 제13조 내지 제21조 및 지방공무원징계 및 소청규정 제16조).

교육공무원의 소청에 관하여는 교육공무원법과 교원지위향상을 위한 특별법이 규정하고 있다.

2. 소청사항

징계처분, 그 밖에 공무원의 의사에 반하는 불리한 처분이나 부작위가 소청의 대상이 된다(국공법 제9조 제1항). "그 밖에 공무원의 의사에 반하는 불리한 처분"에는 면직처분(의원면직 포함), 강임, 휴직, 복직거부 등이 포함된다. 퇴직금 지급청구에 대한 거부는 이에 포함되지 않는다고 본다. 승진시험불합격처분이 소청의 대상이 되는지 일반행정심판의 대상이 되는지에 관하여는 견해의 대립이 있다.

3. 소청심사위원회 [2009 사시 약술]

소청심사위원회는 소청에 대한 심사결정권을 갖는다. 소청심사위원회는 합의제 행정청이다.

행정기관소속 공무원의 소청을 심사결정하는 소청심사위원회는 인사혁신처에(국공법 제9조 제1항), 국회·법원·헌법재판소 및 선거관리위원회소속 공무원의 소청에 관한 사항을 심사결정하는 소청심사위원회는 각각 국회사무처·법원행정처·헌법재판소사무처 및 중앙선거관리위원회사무처에 둔다(국공법 제9조 제2항).

국가공무원법 제6조 제1항에 따라 설치된 소청심사위원회(인사혁신처 소속 소청심사위원회는 다른 법률로 정하는 바에 따라 특정직공무원의 소청을 심사·결정할 수 있다(제6조 제4항). 인사혁신처 소속 소청심사위원회는 일반직공무원과 다른 법률에서 정한 특정직공무원의 소청에 대한 관할권을 갖는다.

각급학교 교원의 소청은 교육부에 설치된 교원소청심사위원회(이하 "심사위원회"라 한다)에 한다(교육공무원법 제53조 제1항, 교원지위향상을 위한 특별법 제7조 제1항).

경찰공무원(경찰공무원법 제1조, 제36조)이나 소방공무원(소방공무원법 제26조)은 인사혁신처 소속 소청심사위원회에 소청을 제기한다. 그런데, 경찰공무원에 대해서는 국가공무원법 제76조 제2항부터 제5항까지의 규정을 적용하지 아니한다(경찰공무원법 제36조 제1항). 경찰공무원법에는 인사혁신처 소속 소청심사위원회에 소청을 제기할 수 있다는 명문의 규정이 없지만, 경찰공무원법은 국가공무원법에 대한 특례를 정하는 법이고(제1조), 국가공무원법상 소청에 관한 규정 중 일부규정을 적용하지 않는 것으로 규장하고 있는 점(제36조)에 비추어 경찰공무원은 인사혁신처 소속 소청심사위원회에 소청을 제기할 수 있는 것으로 해석할 수 있다.

4. 소청절차

(1) 소청의 제기

제75조에 따른 처분사유 설명서를 받은 공무원이 그 처분에 불복할 때에는 그 설명서를 받은 날부터, 공무원이 제75조에서 정한 처분 외에 본인의 의사에 반한 불리한 처분을 받았을 때에는 그 처분이 있은 것을 안 날부터 각각 30일 이내에 소청심사위원회에 이에 대한 심사를 청구할 수 있다(제76조 제1항).

소청에는 처분의 취소 또는 변경을 구하는 심사청구, 처분의 효력 유무 또는 존재 여부에 대한 확인을 구하는 심사청구, 의무이행을 구하는 심사청구가 있다(제14조 제5항).

(2) 심　사

소청심사위원회는 제1항에 따른 심사를 할 때 필요하면 검증(檢證)·감정(鑑定), 그 밖의 사실조사를 하거나 증인을 소환하여 질문하거나 관계 서류를 제출하도록 명할 수 있다(국가공무원법 제12조 제2항). 소청심사위원회가 소청 사건을 심사하기 위하여 징계 요구 기관이나 관계 기관의 소속 공무원을 증인으로 소환하면 해당 기관의 장은 이에 따라야 한다(제3항). 소청심사위원회는 필요하다고 인정하면 소속 직원에게 사실조사를 하게 하거나 특별한 학식·경험이 있는 자에게 검증이나 감정을 의뢰할 수 있다(제4항).

소청인에게 진술권이 부여되고 있다(제13조 제1항). 진술의 기회를 부여하지 아니한 결정은 무효가 된다(제13조 제2항).

실무상 구술심리가 원칙이다.

(3) 결　정

소청심사청구가 파면 또는 해임이나 국가공무원법 제70조 제1항 제5호에 따른 면직처분으로 인한 경우에는 소청심사위원회는 그 청구를 접수한 날로부터 5일 이내에 해당 사건의 최종결정이 있을 때까지 후임자의 보충발령을 유예하게 하는 **임시결정**을 행할 수 있다(제76조 제3항). 이 임시결정제도는 소청인의 원직복귀를 실질적으로 보장하기 위한 제도이다.

소청심사위원회는 심사결과 다음과 같은 결정을 내린다(제14조 제6항). 이 결정은 행정심판의 재결에 해당한다.

① 심사청구가 이 법이나 다른 법률에 적합하지 아니한 것이면 그 청구를 각하한다.

② 심사청구가 이유 없다고 인정되면 그 청구를 기각한다.

③ 처분의 취소 또는 변경을 구하는 심사청구가 이유 있다고 인정되면 처분을 취소 또는 변경하거나 처분 행정청에게 취소 또는 변경할 것을 명한다.

④ 처분의 효력 유무 또는 존재 여부에 대한 확인을 구하는 심사 청구가 이유 있다고 인정되면 처분의 효력 유무 또는 존재 여부를 확인한다.

⑤ 위법 또는 부당한 거부처분이나 부작위에 대하여 의무이행을 구하는 심사 청구가 이유 있다고 인정되면 지체 없이 청구에 따른 처분을 하거나 이를 할 것을 명한다.

소청 사건의 결정은 재적 위원 3분의 2 이상의 출석과 출석 위원 과반수의 합의에 따르되, 의견이 나뉘어 출석 위원 과반수의 합의에 이르지 못하였을 때에는 과반수에 이를 때까지 소청인에게 가장 불리한 의견에 차례로 유리한 의견을 더하여 그 중 가장 유리한 의견을 합의된 의견으로 본다(제14조 제1항). 다만, 파면·해임·강등 또는 정직에 해당하는 징계처분(중징계)을 취소 또는 변경하려는 경우와 효력 유무 또는 존재 여부에 대한 확인을 하려는 경우에는 재적 위원 3분의 2 이상의 출석과 출석 위원 3분의 2 이상의 합의가 있어야 한다. 이 경우 구체적인 결정의 내용은 출석 위원 과반수의 합의에 따르되, 의견이 나뉘어 출석 위원 과반수의 합의에 이르지 못하였을 때에는 과반수에 이를 때까지 소청인에게 가장 불리한 의견에 차례로 유리한 의견을 더하여 그 중 가장 유리한 의견을 합의된 의견으로 본다(제2항). 제14조 제2항의 규정은 중징계를 쉽게 감경하지 못하도록 하기 위해 2021. 6. 8. 신설된 규정이다.

징계처분 또는 징계부가금 부과처분에 대한 소청에 대하여는 불이익변경금지의 원칙이 적용된다(제14조 제8항).

소청심사위원회의 결정은 그 이유를 구체적으로 밝힌 결정서로 하여야 한다(제14조 제7항).

(4) 결정의 효력

소청심사위원회의 결정은 처분행정청을 기속한다(국공법 제15조). 이 소청결정의 기속력은 행정심판 재결의 기속력과 동일하다. 다만, 국가공무원법은 다음과 같은 특별규정을 두고 있다.

> 소청심사위원회의 취소명령 또는 변경명령 결정은 그에 따른 징계나 그 밖의 처분이 있을 때까지는 종전에 행한 징계처분 또는 징계부가금 부과처분에 영향을 미치지 아니한다(국공법 제14조 제7항).
>
> 공무원에게 행한 파면처분·해임처분·면직처분 또는 강등처분에 대하여 소청심사위원회 또는 법원에서 무효나 취소의 결정 또는 판결을 하면 그 파면처분·해임처분·면직처분 또는 강등처분에 따라 결원을 보충하였던 때부터 파면처분·해임처분·면직처분 또는 강등처분을 받은 사람의 처분 전 직급·직위에 해당하는 정원이 따로 있는 것으로 본다(국공법 제43조 제3항). 이렇게 함으로써 후임자가 임명된 경우에도 파면처분·해임처분·면직처분 또는 강등처분을 당한 공무원의 원직에의 복귀가 가능하게 된다.

(5) 감사원의 재심요구

감사원으로부터 파면 요구를 받아 집행한 파면에 대한 소청 제기로 소청심사위원회 등에서 심사 결정을 한 경우에는 해당 소청심사위원회의 위원장 등은 그 결정 결과를 그 결정이 있은 날부터 15일 이내에 감사원에 통보하여야 한다(감사원법 제32조 제5항). 감사원은 제5항의 통보를 받은 날부터 1개월 이내에 그 소청심사위원회 등이 설치된 기관의 장을 거쳐 소청심사위원회 등에 그 재심을 요구할 수 있다(제6항). 이 경우 제5항 및 제6항의 규정에 따른 기간에는 그 징계 의결이나 소청 결정은 집행이 정지된다(제7항).

Ⅱ. 소청에 대한 불복(행정소송)

1. 소청전치주의[2016 행시]

공무원이 그에 대한 불리한 처분을 다투는 경우에는 소청전치주의가 적용된다. 즉, 소청심사위원회(예 교육공무원의 경우 교원소청심사위원회)의 심사·결정을 거치지 아니하면 행정소송을 제기할 수 없다(국공법 제16조 제1항).

소청전치주의는 특수경력직공무원에게는 적용되지 않고(국가공무원법 제3조), 경력직공무원(일반직공무원 및 특정직공무원)에 한하여 적용된다.

그런데, 특정직공무원 중 검사(검찰총장 포함)는 소청을 제기할 소청심사위원회가 없기 때문에 소청전치주의의 적용을 받지 못할뿐만 아니라 소청을 제기할 수 없다는 것이 소청심사위원회 유권해석이다. 즉, 국가공무원법에 따르면 특정직공무원에도 국가공무원법 제16조 제1항이 적용되지만, 국가공무원법 제6조 제4항은 "제1항에 따라 설치된 소청심사위원회(인사혁신처 소속 소청심사위원회는 다른 법률로 정하는 바에 따라 특정직공무원의 소청을 심사·결정할 수 있다."고 규정하고 있다. 그런데, 검찰청법 및 검사징계법은 별도의 소청심사위원회의 설치에 관한 규정을 두고 있지 않을 뿐만아니라 인사혁신처 소송 소청심사위원회에 소청을 할 수 있다는 규정도 두고 있지 않기 때문이다. 검사가 소청을 제기할 수 없다면 행정심판법에 따른 일반행정심판을 제기할 수 있다고 보아야 한다.

2. 항고소송의 대상

소청심사위원회의 결정에 불복하여 행정소송을 제기하는 경우 행정소송은 원징계처분과 소청결정 중 어느 것을 대상으로 하여야 하는가.

이에 관하여 특별한 규정이 없으므로 행정소송법 제19조에 따라 원처분(불이익처분)을 대상으로 하여야 하고 다만 소청심사위원회의 결정에 고유한 위법이 있는 경우에는 위원회의 결정을 대상으로 하여야 한다(원처분주의).

원처분주의를 취하는 한 소청심사위원회의 결정이 기각결정인 경우에는 원불이익처분을 대상으로 하여야 한다는 데 이견이 있을 수 없다.

그런데, 일부취소결정(예 감봉 6개월을 감봉 1개월로 감경하는 결정)이나 적극적 변경결정(예 공무원에 대한 파면 처분이 소청심사절차에서 해임으로 감경된 경우)에 대한 행정소송의 대상은 재결에 의해 감경된 원처분인가 아니면 재결처분인가하는 것이 문제된다.

① 원처분설: 원처분청을 상대로 일부취소되고 남은 원처분이나 변경결정으로 변경된 원처분(해임처분)을 다투어야 한다는 견해이다(법원실무제요, 112면).

② 소청결정설: 소청심사위원회의 결정은 원처분을 대체하는 새로운 처분이므로 소청심사위원회의 결정을 대상으로 취소소송을 제기하여야 한다고 보는 견해이다.

③ 일부취소결정·변경결정구별설: 일부취소결정의 경우 취소되고 남은 원처분을 대상으로 하여야 하지만, 적극적 변경결정의 경우에 있어서는 변경결정이 원처분을 완전히 대체하는 새로운

처분이고 당초의 원처분이 존재하지 않으므로 변경결정을 대상으로 소청심사위원회를 피고로 하여 행정소송을 제기하여야 한다고 보는 견해이다. 이 견해가 타당하다.

④ 판　　례: 판례는 원처분주의를 취하면서 일부취소 또는 변경재결로 인하여 감경되고 남은 원처분을 상대로 원처분청을 피고로 하여 소송을 제기하여야 하는 것으로 보고 있다.

[판례] 판례는 감봉처분을 소청심사위원회가 견책처분으로 변경한 결정에 대한 취소소송에서 소청심사위원회의 재량권의 일탈이나 남용은 재결에 고유한 하자라고 볼 수 없다고 하면서 당해 변경결정에 대한 취소소송을 인정하고 있지 않다(대판 1993. 8. 24, 93누5673[소청결정취소]). 또한, 해임처분을 소청심사위원회가 정직 2월로 변경한 경우 원처분청을 상대로 정직 2월의 처분에 대한 취소소송을 제기한 사건에서 본안판단을 한 판결이 있다(대판 1997. 11. 14, 97누7325[정직처분취소]). 감봉 3월의 징계처분을 소청심사위원회가 감봉 1월로 감경한 경우 원처분청을 피고로 감봉 1월의 처분에 대하여 취소소송을 제기한 사건에서 본안판단을 한 판결이 있다(서울고법 1998. 5. 14, 97구36479).

3. 교육공무원의 경우

교육공무원의 경우 교원소청심사위원회의 소청결정을 거쳐 행정소송을 제기한다. 행정소송(항고소송)의 대상은 일반공무원의 경우와 동일하다.

사립학교교원의 경우 교원소청심사위원회의 결정에 불복하는 경우 교원소청심사위원회를 피고로 동 위원회의 결정(원처분)을 대상으로 항고소송을 제기할 수 있으며 이외에도 학교법인을 피고로 징계를 다투는 민사소송을 제기할 수 있다. 학교법인 또는 사립학교 경영자는 그 결정서를 송달받은 날부터 90일 이내에 행정소송법으로 정하는 바에 따라 교원소청심사위원회의 결정에 대해 취소소송 또는 무효확인소송을 제기할 수 있다(교원지위향상을 위한 특별법 제10조).

제3장

공무원의 권리와 의무

공무원의 근무관계도 법률관계이므로 기본적으로 권리의무관계이다. 전술한 바와 같이 공무원의 근무관계는 공법관계이며 사법상의 근로관계와는 다른 것이므로 공무원에게는 일반 근로자의 권리와는 다른 권리와 의무가 인정된다.

공무원의 권리의무의 내용은 기본적으로 법령에 의해 정해진다. 즉, 근무조건법정주의가 적용된다.

제 1 절 공무원의 권리

공무원의 권리는 매우 다양하며 여러 기준에 의해 분류될 수 있다. 공무원의 권리를 그 내용을 기준으로 신분상의 권리와 재산상의 권리로 구분하는 것이 일반적인데, 이 두 권리 이외에 공무원의 기본적 인권을 추가하여 고찰하는 것이 타당하다.[1] 공무원의 권리는 공권이므로 그에 대하여는 공권으로서의 특수한 법적 규율이 행해진다.

I. 신분상의 권리

신분상의 권리는 신분보장에 관한 권리, 직무수행에 관한 권리 및 이 두 실체적 권리를 보장하는 절차적 권리(보장청구권)로 구분할 수 있다.

1. 신분보장권

(1) 의 의

공무원은 신분을 보장받을 권리가 있는데 이를 신분보장권(身分保障權)이라 한다. 신분보유권

1) 그 이외에 그 보유지위를 기준으로 공무원으로서 가지는 권리, 근로자로서 가지는 권리, 국민 또는 인간으로서 가지는 권리로 구분될 수 있고, 그 성격 및 효력을 기준으로 구체적 권리와 추상적 권리로 구분될 수 있고, 그 근거에 따라 헌법상 근거를 갖는 것과 법령상 근거를 갖는 것으로 구분될 수 있고, 실체적 권리와 절차적 권리로 구분될 수 있으며 기본권인 것과 기본권이 아닌 것으로 분류할 수 있다.

이라고도 한다.

신분보장권은 그 자체가 독자적 의미를 갖는다고 보기보다는 공무원의 직무수행권을 보장하기 위하여 인정되는 것으로 이해하여야 한다.

(2) 인정범위

신분보장권은 원칙상 직업공무원(경력직공무원(일반직공무원, 특정직공무원))에 한하여 보장된다. 다만, 1급 공무원(국공법 제68조 단서)과 시보임용중에 있는 공무원(국공법 제29조 제3항)은 신분보장을 받지 못한다.

직업공무원이 아닌 특수경력직공무원은 원칙상 신분보장권을 보장받지 못한다. 다만, 특수경력직공무원도 법령이 정한 바에 따라 일정한 신분보장을 받는 경우가 있다.

2. 직무수행권

공무원의 직무수행권(職務遂行權)은 헌법상 보장되고 있는 공무담임권으로부터 도출되는 권리이다.

(1) 직위보유권

공무원의 직위보유권(職位保有權)은 일정한 직위를 부여받을 권리와 부여받은 직위를 부당하게 박탈당하지 않을 권리를 내용으로 한다.

1) 일정한 직위를 부여받을 권리

공무원에 임용된 이상 공무원에게는 일정한 직위가 부여되어야 한다. 공무원을 임용하고도 일정한 직위를 부여하지 않는 것은 위법하다.

다만, 공무원에게 어떠한 직위를 부여할 것인지는 임용권자의 재량에 속하며 공무원에게 특정한 직위를 부여하여 달라고 청구할 권리는 없다. 공무원이 자신에게 적합한 일정한 직위를 부여받을 권리를 직위보유권의 하나로 인정하는 견해(홍정선, 994면; 김성수, 572면)도 있으나, 인력의 배치는 임용권자의 전권에 속하는 것이므로 공무원에게 자신에게 적합한 직위를 부여하여 달라는 청구권은 인정되지 않는다고 보아야 한다(동지: 류지태, 621면).

2) 직위를 부당하게 박탈당하지 않을 권리

공무원에게 부여된 직위를 부당하게 박탈하여 직위를 부여하지 않는 것은 공무원의 공무담임권을 침해하는 것으로 위법하다. 위법·부당한 직위해제에 대하여는 소청 등 불복수단이 인정되고 있다.

(2) 직무집행권

공무원은 부여된 직무를 집행할 권리를 갖는다. 임용권자나 상급자라 하여도 공무원의 직무집행권(職務執行權)을 부당하게 침해하여서는 안 된다.

예를 들면, 통상의 전보명령 등 단순히 직위를 변경하는 인사조치는 공무원의 직위보유권을 침해하는 것은 아니다. 그러나, 전보명령이 공무원의 특정한 업무처리를 방해하기 위하여 행하여졌다면 당해 전보명령(예 공무원의 소신 있는 업무처리를 방해하는 전보명령)은 처분이며 위법하다.

3. 보장청구권

(1) 소청제기권

징계처분 등 공무원의 신분에 관하여 불이익처분을 받은 공무원은 소청을 제기할 권리가 있다(국공법 제76조 제1항).

(2) 고충심사청구권

공무원은 누구나 인사·조직·처우 등 각종 직무 조건과 기타 신상 문제에 대하여 인사 상담이나 고충 심사를 청구할 수 있으며, 이를 이유로 불이익한 처분이나 대우를 받지 아니한다(국공법 제76조의2 제1항).

4. 노동기본권

공무원도 근로자이므로 노동기본권을 갖는다. 다만, 공무원은 공무를 수행하는 자이므로 공무의 원활하고 계속적인 제공을 보장하기 위하여 공무원의 노동기본권에는 일정한 제한이 가해진다.

헌법 제33조 제2항은 "공무원인 근로자는 법률이 정하는 자에 한하여 단결권·단체교섭권 및 단체행동권을 갖는다"라고 규정하고 있다.

공무원의 노동조합설립 및 운영 등에 관한 법률(이하 '공노법'이라 한다)은 원칙상 6급 이하 공무원에게 단결권(노동조합결성권), 단체교섭권 및 노동쟁의조정신청권을 인정하고 있고, 교원의 노동조합설립 및 운영 등에 관한 법률(이하 '교노법'이라 한다)은 초·중등학교 교원의 단결권, 단체교섭권 및 노동쟁의조정신청권을 인정하고 있다.

Ⅱ. 재산상의 권리

공무원의 재산상의 권리로는 보수청구권, 연금권, 실비변상청구권, 공무재해보상청구권 등이 있다.

1. 보수청구권

공무원은 보수청구권을 갖는다. 공무원의 보수는 계약에 의해 정해지는 것이 아니라 원칙상 법령에 의해 정해진다(제47조). 공무원보수규정과 지방공무원보수규정이 공무원의 보수에 관하여 구체적인 규정을 두고 있다.

국가공무원법은 공무원의 보수 등에 관하여 이른바 '**근무조건 법정주의**'를 규정하고 있다(국가공무원법 제46조 제5항, 대판 전원합의체 2023. 9. 21, 2016다255941). 따라서, 공무원이 국가를 상대로 실질이 보수에 해당하는 금원의 지급을 구하려면 공무원의 '근무조건 법정주의'에 따라 국가공무원법령 등 공무원의 보수에 관한 법률에 지급근거가 되는 명시적 규정이 존재하여야 한다(대판 2016. 8. 25,

2013두14610[보육수당지급]: 명시적인 법령의 근거없이 국가를 상대로 보육수당의 지급을 구할 수 없다고 한 사례). 나아가 해당 보수 항목이 국가예산에도 계상되어 있어야만 한다(대판 2018. 2. 28, 2017두64606).

(1) 보수의 의의 및 내용

보수(報酬)라 함은 봉급과 그 밖의 각종 수당을 합산한 금액을 말한다. 다만, 연봉제 적용대상 공무원은 연봉과 그 밖의 각종 수당을 합산한 금액을 말한다(공무원보수규정 제4조 제1호).

(2) 보수의 성격

현행법상 공무원의 보수는 **노동의 대가로서의 성질과 생활보장적 성질**(생활자료로서의 성질)을 아울러 가진다고 보아야 한다.

공무원의 보수는 직무의 곤란성 및 책임의 정도에 적응하도록 계급별 또는 직위별로 정하는 것을 원칙으로 하고 있는 점(국공법 제46조 제1항 본문)과 결근기간, 휴직기간, 직위해제기간에 따라 봉급을 감액하도록 하고 있는 점(공무원보수규정 제27조, 제28조, 제29조) 등은 공무원 보수의 노동대가적 성격(勞動對價的 性格)을 보여 주는 것이다.

이에 대하여 공무원 보수의 결정에 있어 일반의 표준생계비·민간의 임금 기타 사정을 고려하도록 하고 있는 점(국공법 제46조 제2항), 보수의 압류를 제한하고 있는 점(민사소송법 제579조, 국세징수법 제33조), 가계보전수당(가족수당, 자녀학비보조수당, 주택수당)을 지급하는 점(공무원수당규정) 등은 보수의 생활보장적 성격(生活保障的 性格)을 보여 주는 것이다.

[판례] 공무원 보수의 성격: (1) 공무원에게 지급되는 보수는 근로의 대가로서의 성격만 가지는 것이 아니라 안정적인 직업공무원 제도의 유지를 위한 목적도 포함되어 있다. (2) 공무원에게 지급되는 각 수당은 공무원 조직의 특수성을 반영하거나 공무원의 생활 보장 등 정책적 목적을 함께 가지고 있다(대판 전원합의체 2023. 9. 21, 2016다255941).

(3) 보수청구권의 성질

보수청구권은 공법관계인 공무원관계를 이루는 것이므로 **공권**으로 보아야 한다. 따라서, 보수지급청구소송이나 보수청구권확인소송은 공법상 당사자소송에 의하여야 한다.

보수청구권은 생활보장적 성격을 가지므로 포기나 양도가 금지되고, 압류가 제한된다.

2. 연 금 권

(1) 의의 및 성질

연금(年金)이라 함은 본래 일정한 기간 근무하고 퇴직(사망으로 인한 퇴직 포함)한 경우에 공무원 또는 그 유족에게 지급되는 급여를 말한다.

본래의 연금(퇴직금)은 공무원이 기여금을 납부하는 점에서 **후불임금적 성격**을 가지며 또한 기여금 이상으로 국가와 지방자치단체가 부담하는 부담금이 포함되어 지급되는 점(공무원연금법 제65조 제1항)에서 **사회보장적 성격**을 가진다.

[판례] 판례는 공무원연금법에 의한 퇴직금은 적법한 공무원으로서의 신분을 취득하여 근무하다가 퇴직하는 경우에 지급되는 것으로 보고, 따라서 당연퇴직사유에 해당되어 공무원으로서의 신분을 상실한 자가 그 이후 사실상 공무원으로 계속 근무하여 왔다고 하더라도 당연퇴직 후의 사실상의 근무기간은 공무원연금법상의 재직기간에 합산될 수 없다고 보고 있다(대판 2002. 7. 26, 2001두205[퇴직급여지급처분취소]). 〈해설〉 다만, 당해 공무원의 기여금은 임금후불적 성격이 있으므로 지급하여야 한다.

(2) 공무원연금법상 연금의 종류

공무원연금법상의 급여에는 단기급여와 장기급여가 있다(동법 제25조).

(3) 연금청구권의 성질

연금청구권은 공권이다. 따라서 지급결정된 연금의 지급청구소송은 공법상 당사자소송에 의하여야 한다(대판 2004. 7. 8, 2004두244[연금지급청구서반려처분취소]).

공무원연금법에 의한 퇴직연금수급권은 급부의무자의 일회성 이행행위에 의하여 만족되는 것이 아니고 일정기간 계속적으로 이행기가 도래하는 계속적 급부를 목적으로 하는 것이다(대판 2014. 4. 24, 2013두26552[급여제한및환수처분취소]).

(4) 연금지급에 관한 결정과 쟁송방법

공무원연금법 소정의 급여는 법령의 규정에 의하여 직접 발생하는 것이 아니라 급여를 받을 권리를 가진 자가 당해 공무원이 소속하였던 기관장의 확인을 얻어 신청하는 바에 따라 공무원연금공단이 그 지급결정을 함으로써 그 구체적인 권리가 발생하는 것이므로, 공무원연금공단의 급여에 관한 결정은 국민의 권리에 직접 영향을 미치는 것이어서 행정처분에 해당한다. 따라서, 공무원연금공단의 급여결정에 불복하는 자는 공무원연금공단의 급여결정을 대상으로 취소소송을 제기하여야 한다(대판 1996. 12. 6, 96누6417[퇴직급여지급처분취소]).

지급결정된 연금의 일부 지급거부에 대하여는 연금지급청구소송(공법상 당사자소송)을 제기하여야 한다(행정구제법 소송의 종류 참조).

[판례 1] **공무원연금법령상 급여를 받으려고 하는 자는 우선 관계 법령에 따라 공단에 급여지급을 신청하여 공단이 이를 거부하거나 일부 금액만 인정하는 급여지급결정을 하는 경우 그 결정을 대상으로 항고소송을 제기하는 등으로 구체적 권리를 인정받은 다음 비로소 당사자소송으로 그 급여의 지급을 구하여야 한다:** 구 공무원연금법(2008. 2. 29. 법률 제8852호로 개정되기 이전의 것) 제26조 제1항, 제3항, 제83조 제1항, 구 공무원연금법 시행령(2008. 2. 29. 대통령령 제20741호로 개정되기 이전의 것) 제19조의3 등의 각 규정을 종합하면, 구 공무원연금법에 의한 퇴직수당 등의 급여를 받을 권리는 법령의 규정에 의하여 직접 발생하는 것이 아니라 위와 같은 급여를 받으려고 하는 자가 소속하였던 기관장의 확인을 얻어 신청함에 따라 공무원연금관리공단이 그 지급결정을 함으로써 구체적인 권리가 발생한다. 여기서 공단이 하는 급여지급결정의 의미는 단순히 급여수급 대상자를 확인·결정하는 것에 그치는 것이 아니라 구체적인 급여수급액을 확인·결정하는 것까지 포함한다. 따라서 구 공무원연금법령상 급여를 받으려고 하는 자는 우선 관계 법령에 따라 공단에 급여지급을 신청하여 공단이 이를 거부하거나 일부 금액만 인정하는 급여지급결정을 하는 경우 그 결정을 대상으로 항고소송을 제기하는 등으로 구체적 권리를 인정받은 다음 비로소 당사자소송으로 그 급여의 지급을 구

하여야 할 것이고, 구체적인 권리가 발생하지 않은 상태에서 곧바로 공단 등을 상대로 한 당사자소송으로 급여의 지급을 소구하는 것은 허용되지 아니한다(대판 2010. 5. 27, 2008두5636[퇴직수당청구]).

[판례 2] [1] 공무원연금관리공단이 공무원연금법령의 개정사실과 퇴직연금 수급자가 퇴직연금 중 일부 금액의 지급정지대상자가 되었다는 사실을 통보한 경우, 위 통보는 항고소송의 대상이 되는 행정처분이 아니다: 공무원으로 재직하다가 퇴직하여 구 공무원연금법(2000. 12. 30. 법률 제6328호로 개정되기 전의 것)에 따라 퇴직연금을 받고 있던 사람이 철차산업 직원으로 다시 임용되어 철차산업으로부터는 급여를 받고 공무원연금관리공단으로부터는 여전히 퇴직연금을 지급받고 있다가, 구 공무원연금법시행규칙(2001. 2. 28. 행정자치부령 제126호로 개정되기 전의 것)이 개정되면서 철차산업이 구 공무원연금법 제47조 제2호 소정의 퇴직연금 중 일부의 금액에 대한 지급정지기관으로 지정된 경우, 공무원연금관리공단의 지급정지처분 여부에 관계없이 개정된 구 공무원연금법시행규칙이 시행된 때로부터 그 법 규정에 의하여 당연히 퇴직연금 중 일부 금액의 지급이 정지되는 것이므로, 공무원연금관리공단이 위와 같은 법령의 개정사실과 퇴직연금 수급자가 퇴직연금 중 일부 금액의 지급정지대상자가 되었다는 사실을 통보한 것은 단지 위와 같이 법령에서 정한 사유의 발생으로 퇴직연금 중 일부 금액의 지급이 정지된다는 점을 알려주는 관념의 통지에 불과하고, 그로 인하여 비로소 지급이 정지되는 것은 아니므로 항고소송의 대상이 되는 행정처분으로 볼 수 없다. **[2] 공무원연금관리공단이 퇴직연금 중 일부 금액에 대하여 지급거부의 의사표시를 한 경우, 그 의사표시가 항고소송의 대상이 되는 행정처분이 아니다. 이 경우 미지급퇴직연금의 지급을 구하는 소송의 성격(=공법상 당사자소송):** 구 공무원연금법(2000. 12. 30. 법률 제6328호로 개정되기 전의 것) 소정의 퇴직연금 등의 급여는 급여를 받을 권리를 가진 자가 당해 공무원이 소속하였던 기관장의 확인을 얻어 신청하는 바에 따라 공무원연금관리공단이 그 지급결정을 함으로써 그 구체적인 권리가 발생하는 것이므로, 공무원연금관리공단의 급여에 관한 결정은 국민의 권리에 직접 영향을 미치는 것이어서 행정처분에 해당할 것이지만, 공무원연금관리공단의 인정에 의하여 퇴직연금을 지급받아 오던 중 구 공무원연금법령의 개정 등으로 퇴직연금 중 일부 금액의 지급이 정지된 경우에는 당연히 개정된 법령에 따라 퇴직연금이 확정되는 것이지 같은 법 제26조 제1항에 정해진 공무원연금관리공단의 퇴직연금 결정과 통지에 의하여 비로소 그 금액이 확정되는 것이 아니므로, 공무원연금관리공단이 퇴직연금 중 일부 금액에 대하여 지급거부의 의사표시를 하였다고 하더라도 그 의사표시는 퇴직연금 청구권을 형성·확정하는 행정처분이 아니라 공법상의 법률관계의 한쪽 당사자로서 그 지급의무의 존부 및 범위에 관하여 나름대로의 사실상·법률상 의견을 밝힌 것일 뿐이어서, 이를 행정처분이라고 볼 수는 없고, 이 경우 미지급퇴직연금에 대한 지급청구권은 공법상 권리로서 그의 지급을 구하는 소송은 공법상의 법률관계에 관한 소송인 공법상 당사자소송에 해당한다. [3] 공무원퇴직연금 중 일부 금액에 대한 지급거부의 의사표시를 한 공무원연금관리공단의 회신이 항고소송의 대상인 처분에 해당하는지와 그 처분에 해당되지 않는다고 판단될 경우 그 처분의 취소를 구하는 청구에 미지급 퇴직연금의 직접 지급을 구하는 취지도 포함된 것인지를 석명하여야 한다고 한 사례(대판 2004. 7. 8, 2004두244[연금지급청구서반려처분취소]).

3. 실비변상청구권

공무원은 보수 외에 대통령령등으로 정하는 바에 따라 직무 수행에 필요한 실비변상을 받을 수 있다(국공법 제48조 제1항). 공무원은 국내여비규정과 국외여비규정에 의해 운임, 일비, 숙박료, 식비 등을 지급받는다.

제 2 절 공무원의 의무

공무원의 의무로는 선서의무, 성실의무, 법령준수의무, 복종의무, 직무전념의무, 친절공정의무, 비밀엄수의무, 품위유지의무 및 청렴의무가 있다. 이들 공무원의 의무는 직무와 직접 관련되지 않고 일반적으로 공무원으로서 부담하는 의무와 직무와 직접 관련되는 의무로 구분할 수 있다.

Ⅰ. 공무원의 일반적 의무

1. 선서의무

공무원은 취임할 때에 소속기관장 앞에서 선서(宣誓)를 하여야 한다. 다만, 불가피한 사유가 있을 때에는 취임 후에 선서하게 할 수 있다(국공법 第55조).

2. 성실의무

모든 공무원은 성실히 직무를 수행하여야 한다(국공법 第56조). 성실의무는 공무원에게 부과된 가장 기본적인 중요한 의무로서 최대한으로 공공의 이익을 도모하고 그 불이익을 방지하기 위하여 전인격과 양심을 바쳐서 성실히 직무를 수행하여야 하는 것을 그 내용으로 한다(대판 1989. 5. 23, 88누3161[견책처분취소]).

성실의무는 법적 의무이므로 성실의무에 위반하면 징계의 대상이 된다.

[판례] 예를 들면, 상습적인 지각이나 음주 후 근무는 성실의무 위반이 될 수 있다. 공무원이 직무와 관련하여 뇌물을 받은 것은 성실의무, 청렴의무에 위반된다(대판 1983. 9. 27, 83누356; 1990. 3. 13, 89누5034).

성실의무는 경우에 따라서는 근무시간 외에 근무지 밖까지 미칠 수도 있다(대판 1997. 2. 11, 96누2125[파면처분취소]).

「적극행정 운영규정」 제2조 제2호에 따른 소극행정은 성실의무 위반의 하나로 규정되어 있다(공무원 징계령 시행규칙 별표 1).

3. 품위유지의무

공무원은 직무의 내외를 불문하고 그 품위를 손상하는 행위를 하여서는 아니 된다(국공법 第63조).

[판례] [1] 국민에게 보장된 기본권행사행위라도 품위유지의무위반행위에 해당될 수 있다: 품위라 함은 주권자인 국민의 수임자로서의 직책을 맡아 수행해 나가기에 손색이 없는 인품을 말하는 것이므로 공무원이 모든 국민에게 보장된 기본권을 행사하는 행위를 하였다 할지라도 그 권리행사의 정도가 권리를 인정한 사회적 의의를 벗어날 정도로 지나쳐 주권자인 국민의 입장에서 보아 바람직스럽지 못한 행위라고 판단되는 경우라면 공무원의 그와 같은 행위는 그 품위를 손상하는 행위에 해당한다 할 것이다. [2] 부산직할시 남구청에 재직 중 1975. 4. 15.자로 파면처분을 당한 바 있던 공무원이 위 파면처분의 취소를 구하는 행정소송을 제기하여 그 패소의 판결이 확정되었음에도 불구하고 이에 승복함이 없이 동일한 사안에 관한 쟁송을 그치지 아니하다

가 1981. 7. 5. 충주시 지방공무원으로 다시 임용된 이후에도 1985. 말경까지 부질없는 소송을 되풀이 하여 전후 7차례에 걸친 소송에서 모두 패소의 판결을 선고받은 사실을 확정한 후 원고의 위와 같은 행위는 공무원으로서의 품위를 손상한 것으로 보기에 충분하다고 판단한 사례(대판 1987. 12. 8, 87누657).

품위손상행위라 함은 공직의 위신, 체면, 신용에 손상을 가하는 행위를 말한다. 품위손상행위의 예로는 도박, 마약복용, 축첩행위, 알콜중독 등을 들 수 있다.

품위유지의무(品位維持義務)는 직무 내에서뿐만 아니라 직무외 사생활에 있어서도 적용된다. 공무원의 사생활이라 하여도 스캔들을 일으키거나 심한 비행을 저질러 공직의 위신, 체면, 신용에 손상을 가하면 품위유지의무 위반이 된다.

예를 들면, 공무원이 직무수행과 양립하지 않는 곳에 자주 드나드는 것은 품위유지의무 위반이 된다. 공무원의 배우자가 공직의 신용에 손상을 가하는 행위를 한 경우에도 공무원의 품위유지의무 위반이 인정될 수 있다.

다만, 공직의 위신, 체면, 신용에 손상을 가하지 않는 공무원의 단순한 사생활의 문제(예 단순한 방탕, 단순히 무절제한 행위 등)는 품위를 손상하는 행위라고 할 수 없다.

4. 청렴의무 [1997 행시 약술]

공무원은 직무와 관련하여 직접 또는 간접을 불문하고 사례·증여 또는 향응을 수수할 수 없으며 직무상의 관계 여하를 불문하고 그 소속상관에 증여하거나 소속공무원으로부터 증여를 받아서는 아니 된다(국공법 제61조).

5. 병역사항신고의무

『공직자 등의 병역사항신고 및 공개에 관한 법률』은 일정한 공직자와 공직후보자로 하여금 본인과 본인의 18세 이상의 직계비속의 병역사항을 신고하도록 하고 신고된 사항을 공개하도록 하고 있다.

Ⅱ. 공무원의 직무상 의무

1. 법령준수의무

모든 공무원은 법령을 준수하여야 한다(국공법 제56조, 지공법 제48조). 법령준수의무(法令遵守義務)는 법치주의의 실효성을 보장하기 위하여 인정되는 의무이다.

법령준수의무 위반은 징계사유가 된다. 다만, 공무원의 위법행위가 상관의 명령에 따라 행해진 경우에는 상관의 명령이 명백히 위법하지 않는 한 공무원의 배상책임이나 징계책임이 면제될 수 있다.

2. 복종의무

[문제] 공무원은 상관의 위법한 명령에 복종하여야 하는가.

(1) 의　　의

공무원은 직무를 수행함에 있어서 소속 상관의 직무상 명령에 복종하여야 한다(국공법 제57조). 공무원의 복종의무(服從義務)는 행정의 계층질서의 보장, 행정의 통일성과 효율성을 보장하기 위하여 인정되는 의무이다.

(2) 소속 상관

소속상관(所屬上官)에는 공무원의 직무를 지휘·감독할 권한을 가진 상관인 **직무상 소속 상관**과 공무원의 신분에 관한 권한을 가진 상관인 신분상 소속 상관이 있는데, 여기에서 상관이라 함은 직무상 소속 상관을 말한다.

공무원은 행정청의 지위를 갖는 상관뿐만 아니라 보조기관인 상관의 명령에도 복종하여야 한다.

서로 상하의 관계에 있는 상관이 상호 모순되는 명령을 발한 경우에는 행정조직의 계층적 질서를 보장하기 위하여 직근(直近) 상관의 명령에 따라야 한다.

(3) 직무상 명령

또한, 복종의무의 대상은 상관의 **직무상 명령**이다. 직무상 명령이 아니면 복종의무를 지지 않는다.

[판례] 상급자가 하급자에게 발하는 직무상의 명령이 유효하게 성립하기 위하여는 상급자가 하급자의 직무범위 내에 속하는 사항에 대하여 발하는 명령이어야 하는 것인바, 검찰총장이 검사에 대한 비리혐의를 내사하는 과정에서 해당 검사에게 참고인과 대질신문을 받도록 담당부서에 출석할 것을 지시한 경우, … 위 출석명령은 그 검사의 직무범위 내에 속하지 아니하는 사항을 대상으로 한 것이므로 그 검사에게 복종의무를 발생시키는 직무상의 명령이라고 볼 수는 없다(대판 2001. 8. 24, 2000두7704[면직처분취소]).

직무명령(職務命令)은 상관이 부하인 공무원 개인에 대하여 그 직무에 관하여 발하는 명령이다. 훈령(訓令)은 상급관청이 하급기관에 대하여 발하는 명령으로서 직무명령과 구별되지만(양자의 구별에 관하여는 전술한 행정조직법의 관련부분 참조), 훈령은 하급기관을 구성하는 공무원에 대하여는 동시에 직무명령으로서의 성질도 갖는다. 따라서 공무원은 상관의 훈령에도 복종하여야 한다(대판 2001. 8. 24, 2000두7704[면직처분취소]).

[판례] 군인이 상관의 지시나 명령에 대하여 재판청구권을 행사하는 경우에 그것이 위법·위헌인 지시와 명령을 시정하려는 데 목적이 있을 뿐, 군 내부의 상명하복관계를 파괴하고 명령불복종 수단으로서 재판청구권의 외형만을 빌리거나 그 밖에 다른 불순한 의도가 있지 않다면, 정당한 기본권의 행사이므로 군인의 복종의무를 위반하였다고 볼 수 없다(대판 전원합의체 2018. 3. 22, 2012두26401[전역처분등취소]).

(4) 복종의무의 한계

공무원의 복종의무에는 일정한 한계가 있다.

1) 복종의무를 지지 않는 공무원

법관은 적어도 재판상 지휘·감독을 받지 않으며 따라서 재판행위에 관하여는 복종의무가 없다. 대학교수도 그의 교육내용에 관하여는 복종의무를 지지 않는다.

2) 법령준수의무와의 조정

직무상 명령이 위법한 경우에 공무원은 명령에 따르는 것을 거부할 수 있는가 나아가 거부하여야 할 의무가 있는가하는 것이 문제된다.

직무상 명령에는 형식적 요건과 실질적 요건이 있다. 학설은 직무상 명령의 형식적 요건이 결여된 경우에는 이를 심사할 수 있고 복종을 거부할 수 있다고 보는 것이 일반적 견해이다.

상관이 발한 직무상 명령의 실질적 요건의 결여로 인한 직무상 명령의 위법 여부를 공무원이 심사하여 위법한 경우 복종을 거부할 수 있는지에 관하여 직무상 명령의 위법성이 명백하지 않는 한 위법(단순위법)한 직무상 명령에 대하여는 행정의 계층적 질서를 보장하기 위하여 복종하여야 하며 직무상 명령의 위법이 명백한 경우에는 복종하지 않을 수 있으며 또한 복종하여서는 안 된다고 보는 것이 일반적 견해이다. 판례도 그러하다.

[판례] 상관의 위법 내지 불법한 명령과 하관의 복종의무: 공무원이 그 직무를 수행함에 있어 상관은 하관에 대하여 범죄행위 등 위법한 행위를 하도록 명령할 직권이 없는 것이고 하관은 소속상관의 적법한 명령에 복종할 의무는 있으나 그 명령이 참고인으로 소환된 사람에게 가혹행위를 가하라는 등과 같이 명백한 위법내지 불법한 명령인 때에는 이는 벌써 직무상의 지시명령이라 할 수 없으므로 이에 따라야 할 의무는 없다(대판 1988. 2. 23, 87도2358).

공무원은 상관의 명령이 위법하다고 보이는 경우에는 명문의 규정이 없는 한 단순한 위법의 경우에도 그 명령에 복종하기 전에 상관에게 그 직무상 명령의 위법성에 관한 의견을 제출할 수 있다고 보아야 한다. 다만, 이 공무원의 의견진술은 의무는 아니라고 보아야 할 것이다.[2] 상관의 명령이 명백히 위법한 경우에는 그 위법성에 대한 의견진술을 하였다고 하더라도 징계책임이 면제되는 것은 아니다.

지방공무원법은 "공무원은 직무를 수행함에 있어 소속 상사의 직무상 명령에 복종하여야 한다. 다만, 이에 대한 의견을 진술할 수 있다"라고 규정하고 있는데(제49조), 지방공무원법에서와 같이 명문의 규정이 없더라도 공무원은 직무상 명령이 위법하다는 의견을 상관에게 진술할 수 있다고 해석된다.

입법론으로는 공무원의 의견진술권을 보다 구체적으로 규정하여야 할 것이다. 의견진술을 받은 상관은 그에 대한 상관의 입장을 제시하도록 하는 규정을 두어야 할 것이다.

---

2) 이에 대하여 입법론으로 법령준수의무를 강화하기 위하여 만일 공무원이 통상의 주의를 기울였다면 직무명령이 위법하다는 것을 알 수 있었음에도 그러한 주의를 기울이지 않아 직무명령이 위법하다는 것을 알지 못하였거나 직무명령이 위법하다는 생각을 하면서도 이에 관하여 상관에게 의견을 제출함이 없이 직무명령에 복종한 경우에는 법령준수의무 위반으로 징계의 대상이 된다고 보아야 한다는 견해가 있을 수 있다.

(5) 복종의무 위반에 대한 징계

단순위법한 직무명령에 복종하지 않은 것은 복종의무 위반으로 징계의 대상이 된다. 다만, 직무상 명령이 위법하다는 이유로 복종하지 않은 경우에는 구체적인 사안에 따라 징계의 감경사유가 된다고 보아야 할 것이다.

위법한 명령을 발한 상관은 법령준수의무 위반으로 징계의 대상이 된다.

[문제의 해결] 상관의 명령의 위법이 명백한 경우 상관의 명령에 따르지 않을 수 있고, 상관의 명령의 위법이 명백함에도 복종한 경우에는 법령준수의무 위반이 된다.
상관의 명령의 위법이 명백하지 않은 경우에는 상관의 명령에 복종하여야 한다. 다만, 상관에게 상관의 명령이 위법하다는 의견을 제시할 수 있다.

3. 직무전념의무

직무전념의무(職務專念義務)는 공무원은 근무시간 및 그의 능력과 주의력 전부를 그 직무수행을 위하여 사용하여야 한다는 것을 내용으로 한다. 직무전념의무는 원칙상 근무시간중에만 적용된다.

직무전념의무로부터 다음과 같은 제한 내지 의무가 도출된다.

(1) 직장이탈금지

공무원은 소속 상사의 허가 없이 또는 정당한 이유 없이 직장을 이탈하지 못한다(국공법 제58조 제1항). 이는 근무(시간외 근무 포함)시간 중에 한하여 적용된다. 휴가중, 휴직중, 직위해제중에는 직장이탈금지가 적용되지 않지만, 휴가나 휴직의 신청, 사직원의 제출만으로는 이 의무를 면하지 못한다.

[판례] 공무원의 법정연가일수의 범위 내에서의 연가신청에 대한 허가가 있기 전에 근무지를 이탈한 행위(대판 1987. 12. 8, 87누657; 87누658; 1996. 6. 14, 96누2521), 사직원이 수리되지 아니한 상태에서 출근하지 아니한 것(대판 1991. 11. 22, 91누3666)은 직장이탈금지의무에 위반하는 행위이다.

(2) 영리업무 및 겸직의 금지

공무원은 공무 외에 영리를 목적으로 하는 업무에 종사하지 못하며 소속 기관장의 허가 없이 다른 직무를 겸할 수 없다(제64조 제1항).

4. 영예제한

공무원이 외국 정부로부터 영예 또는 증여를 받을 경우에는 대통령의 허가를 얻어야 한다(국공법 제62조).

5. 정치운동금지 등: 정치적 중립의무

(1) 의 의

공무원의 정치적 중립의무를 규정하는 법령은 없지만 이 의무는 공무원의 국민 전체의 봉사자라는 지위로부터 도출되는 의무이며 직업공무원제도를 보장하기 위하여 요구되는 의무이다. 공무원은 국민 전체의 봉사자이며 공무원의 지위에서 특정한 정파를 지지하여서는 안 된다.

국가공무원법, 지방공무원법 등은 특히 아래에서와 같이 공무원의 정치운동을 금지하고 있다. 다만, 대통령령으로 정하는 공무원(대통령 등)에 대하여는 정치운동의 금지에 관한 국가공무원법 제65조가 적용되지 아니한다(국공법 제3조 제2항, 국가공무원법 제3조 제3항의 공무원의 범위에 관한 규정).

(2) 정당 등 결성 등 금지

공무원은 정당 그 밖의 정치단체의 결성에 관여하거나 이에 가입할 수 없다(국공법 제65조 제1항). 이와 같이 공무원의 정당 등 결성이나 정당 등에의 가입을 획일적으로 금지하고 있는 것이 비례의 원칙 등에 비추어 정당한 것인지에 관하여 견해가 대립되고 있다.

(3) 선거운동금지

공무원은 선거에서 특정정당 또는 특정인을 지지 또는 반대하기 위한 법정의 행위를 하여서는 아니 된다(국공법 제65조 제2항).

(4) 다른 공무원에 대한 정치적 행위의 금지

공무원은 다른 공무원에게 국가공무원법 제65조 제1항과 제2항에 위배되는 행위를 하도록 요구하거나, 정치적 행위에 대한 보상 또는 보복으로서 이익 또는 불이익을 약속하여서는 아니 된다(국공법 제65조 제3항).

(5) 기타 정치적 행위의 금지

국가공무원법 제65조 제4항은 "제3항 외에 정치적 행위의 금지에 관한 한계는 대통령령등으로 정한다"라고 규정하고 있는데, 이는 포괄적 위임이라고 볼 여지가 있다.

(6) 공무원 개인의 기본권과의 조화

공무원은 공무원임과 동시에 시민이며 시민으로서 정치적 기본권을 갖는다. 정치적 중립의무는 공무원의 직무상 의무이므로 법상 금지되지 않는 한 공무원의 정치적 중립성을 훼손하지 않는 한도 내에서 공무원이 개인으로서 정치활동을 하는 것은 금지되지 않는다고 보아야 한다.

6. 노동운동 등 집단행위의 금지

국가공무원법은 노동운동과 그 밖의 집단행위의 금지를 함께 규정하고 있다. 즉, 공무원은 노동운동이나 그 밖에 공무 외의 일을 위한 집단 행위를 하여서는 아니 된다. 다만, 대통령령으로 정하는 사실상 노무에 종사하는 공무원은 예외로 한다(국가공무원법 제66조). 그러나, 공무원의 노동조합 설립 및 운영 등에 관한 법률(약칭: 공무원노조법) 제6조에서 정하는 공무원과 「교원의 노동조합 설립 및 운영등에 관한 법률」(약칭: 교원노조법)에서 정하는 교원은 노동조합에 가입할 수 있고, 공무원의 노동조합의 조직, 가입 및 노동조합과 관련된 정당한 활동에 대하여는 「국가공무원법」 제66조 제1항 본문 및 「지방공무원법」 제58조 제1항 본문을 적용하지 아니한다(공무원노조법 제3조 제1항). 이로써 교원, 주로 6급 이하의 공무원, 대통령령으로 정하는 사실상 노무에 종사하는 공무원의 노동운동이 인정되고 있다.

공무원의 집단행위를 금지하는 취지는 공무원은 국민 전체에 대한 봉사자로서 공무에 전념하여야 하므로 공무 이외의 일을 위한 집단행동을 금지하는 데 있다.

[판례 1] [1] 국가공무원법 제66조 제1항 본문에 규정된 '공무 외의 일을 위한 집단행위'란 '공익에 반하는 목적을 위한 행위로서 직무전념의무를 해태하는 등의 영향을 가져오는 집단적 행위'라고 제한하여 해석하여야 한다. [2] 여럿이 같은 시간에 한 장소에 모여 집단의 위세를 과시하는 방법으로 의사를 표현하거나 여럿이 단체를 결성하여 그 단체 명의로 의사를 표현하는 경우, 실제 여럿이 모이는 형태로 의사표현을 하는 것은 아니지만 발표문에 서명날인을 하는 등의 수단으로 여럿이 가담한 행위임을 표명하는 경우 또는 일제 휴가나 집단적인 조퇴, 초과근무 거부 등과 같이 정부활동의 능률을 저해하기 위한 집단적 태업 행위로 볼 수 있는 경우에 속하거나 이에 준할 정도로 행위의 집단성이 인정되어야 국가공무원법 제66조 제1항에 해당한다고 볼 수 있다(헌법재판소 2014. 8. 28. 선고 2011헌바32 결정 참조). [3] 공무원들의 릴레이 1인 시위, 언론기고, 내부 전산망 게시, 피켓전시 등이 국가공무원법 제66조 제1항 본문이 금지하는 '공무 외의 일을 위한 집단행위'에 해당하지 않는다. [4] 위와 같은 행위는 국가공무원법 제63조의 품위유지의무를 위반한 것이다. [5] 국가인권위원회의 일반계약직공무원인 강○○에 대한 계약연장 거부결정에 대하여 비난하면서 릴레이 1인 시위 등을 한 원고들의 행위가 '공무 외의 일을 위한 집단행위'와 '품위유지의무 위반'에 해당한다고 보아 이들에 대한 징계처분이 정당하다고 본 원심의 판단 중 '공무 외의 일을 위한 집단행위' 부분은 파기하고 '품위유지의무 위반'은 수긍한 사안(대판 2017. 4. 13, 2014두8469[인권위 1인 시위 징계사건]).

[판례 2] 지방공무원법 제58조 제1항이 금지하는 '공무 외의 일을 위한 집단행위'라 함은 공무원으로서 직무에 관한 기강을 저해하거나 기타 그 본분에 배치되는 등 공무의 본질을 해치는 특정목적을 위한 다수인의 행위로서 단체의 결성단계에는 이르지 아니한 상태에서의 행위를 말한다(대판 1998. 5. 12, 98도662).

7. 친절공정의무

공무원은 국민 전체의 봉사자로서 친절하고 공정하게 직무를 수행하여야 한다(국공법 제59조).

8. 비밀엄수의무

[문제] 1. 공무원이 직무상 취득한 기업정보는 정보공개의 대상이 되는가.
2. 공무원이 정보관리수칙(행정규칙)에 의해 대외비로 분류된 정보를 공개하는 것이 국가의 이익에 기여한다고 생각하며 언론기관에 제공한 경우 당해 공무원에 대한 징계가 가능한지 논하시오.

(1) 의 의

공무원은 재직 중은 물론 퇴직 후에도 직무상 알게 된 비밀을 엄수하여야 한다(국공법 제60조).

국가공무원법상의 비밀엄수의무(秘密嚴守義務)를 규정한 것은 직무상 취득한 비밀의 누설을 금지함으로써 공익을 보호하는 것을 입법취지로 하고 있다. 공무원이 직무상 취득한 비밀 중에는 공개됨으로써 국가의 안전보장 등 공익이 침해되는 경우도 있고, 공무원이 직무상 취득한 개인정보나 기업비밀은 국가가 보호할 의무가 있고 또한 이들 정보를 보호하지 않으면 개인이나 기업으로부터 정보를 수집하는 것이 어렵게 될 것이기 때문이다.

다만, 공무원의 비밀엄수의무와 공무원이 알게 된 정보의 공개의 요구가 충돌하는 경우에 양 요구를 조절할 필요가 있다.

(2) 직무상 지득한 비밀

1) 직무상 지득한 비밀의 범위

직무상 지득(知得)한 비밀에는 직무와 직접 관계되는 비밀뿐만 아니라 직무와 관련하여 알게 된 비밀(개인의 프라이버시에 관한 비밀과 기업의 비밀 등)도 포함된다.

2) 비밀의 의의

공무원의 비밀엄수의무의 대상이 되는 비밀(秘密)의 의의에 관하여 형식비설(행정기관이 법적 절차에 따라 비밀로 지정한 것을 국가공무원법상의 누설이 금지되는 직무상 비밀로 보는 견해)과 실질비설(비밀로 지정되어 있는지 여부와 관계없이 객관적·실질적으로 비밀에 해당하는 것만을 비밀엄수의무의 대상이 되는 비밀로 보는 견해)이 대립하고 있다.

판례는 실질비설을 취하고 있다.

[판례] 국가공무원법상 직무상 비밀이라 함은 국가 공무의 민주적, 능률적 운영을 확보하여야 한다는 이념에 비추어 볼 때 당해 사실이 일반에 알려질 경우 그러한 행정의 목적을 해할 우려가 있는지 여부를 기준으로 판단하여야 하며, 구체적으로는 행정기관이 비밀이라고 형식적으로 정한 것에 따를 것이 아니라 실질적으로 비밀로서 보호할 가치가 있는지, 즉 그것이 통상의 지식과 경험을 가진 다수인에게 알려지지 아니한 비밀성을 가졌는지, 또한 정부나 국민의 이익 또는 행정목적 달성을 위하여 비밀로서 보호할 필요성이 있는지 등이 객관적으로 검토되어야 한다(대판 1996. 10. 11, 94누7171[파면처분취소]〈이문옥감사관사건〉: 기업의 비업무용 부동산 보유실태에 관한 감사원의 감사보고서의 내용이 '직무상 비밀'에 해당하지 않는다고 본 사례).

라. 결 어 공무원의 비밀엄수의무를 규정한 입법취지 및 정보공개의 요청에 비추어 볼 때 실질비설이 타당하다.

공지의 사실이 된 것은 비밀이라고 할 수 없다.

3) 정보관리수칙 위반과 징계

실질상 비밀이 아니지만 훈령에 의해 비밀로 되어 있거나 직무명령에 의해 비밀로 되어 있는 경우에 이에 위반하여도 비밀엄수의무 위반이 되지 않는다.

다만, 이 경우에 직무명령에 위반한 것이 되므로 복종의무 위반으로 징계의 대상이 될 수 있다고 볼 수 있다. 그러나 당해 직무명령이 위법하며 그 위법성이 명백하다면 복종의무 위반이 되지 않으므로 징계사유가 되지 않는다.

또한, 직무명령의 위법성이 명백하지 않은 경우에도 직무명령 위반이 내부비리고발 등 공익을 위한 것이었다면 징계시에 이를 고려하여 징계책임을 감면하여야 할 것이다(대판 1996. 10. 11, 94누7171).[3]

(3) 비밀엄수의무를 지는 공무원

직무상 비밀을 취득한 공무원은 재직중뿐만 아니라 퇴직 후에도 비밀을 엄수할 의무를 진다.

---

3) 감사관이 직무상 비밀이 아닌 감사보고서의 내용을 그대로 신문에 게재되게 함으로써 내부수칙 등 직무상 의무를 위반한 데 대하여 가장 중한 파면처분을 한 것은, 재량권을 일탈한 것이라고 본 사례(이문옥 감사관 사건).

(4) 비밀엄수의무의 한계

법률이 정하는 바에 따라 정보를 공개해야 하는 경우에 공무원이 직무상 알게 된 비밀을 공개하는 것은 비밀엄수의무 위반이 되지 않는다.

1) 정보공개제도와 비밀엄수의무

비밀엄수의무를 정하고 있는 국가공무원법 제60조가 정보공개법 제9조 제1항 제1호 소정의 비밀이나 비공개사항을 정한 "다른 법률"에 해당하는지가 문제된다.

가. 부 정 설 국가공무원법 제60조는 공무원의 비밀엄수의무를 규정하는 규정이고, 정보공개법은 공공기관의 정보공개 여부에 관한 법으로서 규율목적과 규율대상을 달리하므로 국가공무원법 제60조는 정보공개법 제9조 제1항 제1호 소정의 '다른 법률'에 해당하지 않는다.[4] 따라서, 공무원이 지득한 직무상 비밀이라는 이유만으로 정보공개를 거부할 수 없다. 이 견해가 타당하다.

공무원이 직무상 알게 된 비밀도 정보공개법 제9조에서 비공개정보로 규정하고 있는 국가안전보장에 관한 정보, 개인정보와 기업비밀 등 비공개사유를 근거로 정보공개를 거부할 수 있을 뿐이다.

나. 긍 정 설 공무원의 비밀엄수의무를 정한 국가공무원법 제60조는 정보공개법 제7조 제1항 제1호 소정의 '다른 법률'에 해당하고 따라서 공무원이 직무상 취득한 비밀은 정보공개법상 비공개정보라고 보는 견해이다.

2) 직무상 비밀에 관한 증언의 거부

가. 직무상 비밀에 관한 재판상 증언 공무원 또는 공무원이었던 자가 그 직무에 관하여 알게 된 사실에 관하여 본인 또는 당해 공무소가 직무상 비밀에 속한 사항임을 신고한 때에는 그 소속공무소 또는 감독관공서의 승낙 없이는 증인으로 신문하지 못한다(형사소송법 제147조 제1항). 그 소속공무소 또는 당해 감독관공서는 국가에 중대한 이익을 해하는 경우를 제외하고는 승낙을 거부하지 못한다(동조 제2항).

나. 직무상 비밀에 관한 국회에서의 증언 및 서류의 제출 국회로부터 공무원 또는 공무원이었던 자가 증언의 요구를 받거나, 국가기관이 서류제출을 요구받은 경우에 증언할 사실이나 제출할 서류의 내용이 직무상 비밀에 속한다는 이유로 증언이나 서류제출을 거부할 수 없다. 다만, 군사·외교·대북관계의 국가기밀에 관한 사항으로서 그 발표로 말미암아 국가안위에 중대한 영향을 미칠 수 있음이 명백하다고 주무부장관(대통령 및 국무총리의 소속기관에서는 해당 관서의 장)이 증언 등의 요구를 받은 날로부터 5일 이내에 소명하는 경우에는 그러하지 아니하다(국회에서의 증언·감정 등에 관한 법률 제4조 제1항). 국회가 제1항 단서의 소명을 수락하지 아니할 경우에는 본회의의 의결로, 폐회중에는 해당위원회의 의결로 국회가 요구한 증언 또는 서류의 제출이 국가의 중대한 이익을 해친다는 취지의 국무총리의 성명을 요구할 수 있다(동조 제2항). 국무총리가 제2항의 성명 요구를 받은 날부터 7일 이내에 그 성명을 발표하지 아니하는 경우에는 증언이나 서류제출을 거부할 수 없다(동조 제3항).

---

4) 변현철, "정보공개법의 실무적 연구," 재판자료 제89집, 622~624면; 행정재판실무편람(2)-자료집, 서울행정법원, 496~497면.

3) 내부비리고발을 위한 직무상 비밀의 공개

내부비리(內部非理)를 고발하기 위하여 부득이 직무상 비밀을 제출한 것이 비밀엄수의무 위반이 되는지 문제된다. 부패방지법에 의해 국민권익위원회에 신고하는 행위는 비밀엄수의무 위반이 되지 않는다고 보는 것이 타당하다. 그러나, 이러한 비리고발절차를 밟지 않고 내부비리를 고발하기 위하여 직무상 비밀을 공개하는 것은 비밀엄수의무 위반이 된다고 보아야 한다.

[문제의 해결] **1.** 공무원은 직무상 취득한 비밀을 엄수할 의무가 있는데(국가공무원법 제60조), 비밀엄수의무를 규정하는 국가공무원법 제60조는 공공기관의 정보공개에 관한 법률 제9조 제1항 제1호의 비밀 또는 비공개정보를 규정하는 법률이 아니므로 국가공무원법 제60조가 공무원이 직무상 취득한 기업정보의 공개거부사유가 될 수 없다.

공무원이 취득한 기업정보가 공공기관의 정보공개에 관한 법률 제9조 제1항 제7호의 비공개정보(경영·영업상 비밀정보)인 경우 공개대상에서 제외되지만, 공개할 공익이 있는 경우에는 이익형량을 하여야 한다.

2. 정보관리수칙(행정규칙)에 의해 대외비로 분류된 정보의 공개는 형식비설에 의하면 비밀엄수의무 위반이 되지 않고, 실질비설에 따르면 실질상 비밀인 경우 비밀엄수의무 위반이 되고, 실질상 비밀이 아닌 경우 비밀엄수의무 위반이 되지 않는다.

정보관리수칙(행정규칙)에 의해 대외비로 분류된 정보의 공개는 당해 정보관리수칙이 명백하게 위법하지 않는 한 복종의무 위반이 된다.

비밀엄수의무 위반 또는 복종의무 위반이 되는 경우 당해 공무원은 징계의 대상이 되는데, 공익을 위한 공개이면 그 사실이 징계의 감면사유가 된다. 즉, 징계시 이익형량의 고려사항이 된다.

Ⅲ. 「공직자의 이해충돌방지법」상 공직자의 의무

공직자의 직무수행과 관련한 사적 이익추구를 금지함으로써 공직자의 직무수행 중 발생할 수 있는 이해충돌을 방지하여 공정한 직무수행을 보장하고 공공기관에 대한 국민의 신뢰를 확보하는 것을 목적(제1조)으로 공직자의 이해충돌방지법(약칭: 이해충돌방지법)이 2021. 5. 18. 제정되어 2022년 5월 19일부터 시행되었다.

이해충돌방지법상 공직자"란 다음 각 목의 어느 하나에 해당하는 사람을 말한다. 가. 「국가공무원법」 또는 「지방공무원법」에 따른 공무원과 그 밖에 다른 법률에 따라 그 자격·임용·교육훈련·복무·보수·신분보장 등에 있어서 공무원으로 인정된 사람, 나. 제1호라목 또는 마목에 해당하는 공공기관의 장과 그 임직원, 다. 제1호 바목에 해당하는 각급 국립·공립 학교의 장과 교직원(제2조 제2호).

이해충돌방지법은 공공기관 직무 관련 부동산 보유·매수 신고의무(제6조), 고위공직자의 민간 부문 업무활동 내역 제출의무(제8조), 직무관련자와의 거래 신고의무(제9조), 직무 관련 외부활동의 제한(제10조), 가족 채용 제한(제11조), 수의계약 체결 제한(제12조), 공공기관 물품의 사적 사용·수익 금지(제13조), 직무상 비밀 등 이용 금지(제14조), 퇴직공직자 사적 접촉 신고(제15조) 등을 규정하고 있다.

공공기관의 장은 소속 공직자가 이 법 또는 이 법에 따른 명령을 위반한 경우에는 징계처분을 하여야 한다(제26조).

제4장

공무원의 책임

제 1 절 징계책임

Ⅰ. 의 의

징계라 함은 공무원이 공무원으로서 부담하는 의무를 위반한 경우에 공무원관계의 질서를 유지하기 위하여 행정적 제재를 가하는 것을 말한다. 징계책임이라 함은 징계를 받을 지위를 말한다. 그리고, 징계를 위하여 가하는 행정적 제재를 징계벌이라 한다.

Ⅱ. 징계벌과 형벌의 관계

징계벌(懲戒罰)은 원칙상 형벌과 구별되는 독자적인 제재이다. 그러나, 동일한 공무원의 의무위반행위가 징계벌의 대상이 됨과 동시에 형벌의 대상이 될 수 있으므로 징계벌과 형벌은 일정한 관계를 갖고 있다.

1. 징계벌과 형벌의 차이

(1) 권력적 기초 및 행사목적

징계벌은 특별행정법관계에서 특별권력주체에게 부여되는 특별권력(징계권)에 기초하여 부과되는 것으로서 공무원관계의 내부질서유지를 목적으로 하는데, 형벌은 일반통치권에 기초하여 부과되는 것으로 국가의 일반적인 법질서유지를 목적으로 한다.

(2) 대 상

징계벌은 공무원의 공무원법상의 의무위반을 대상으로 하나 형벌은 형법위반을 대상으로 한다.

따라서, 징계벌과 형벌은 상이한 기준에 의해 부과된다. 그 결과 형사법원에 의해 무죄로 선고된 공무원이 징계벌의 대상이 될 수 있고, 징계벌의 대상이 되지 않으면서 형벌의 대상이 되는 경우도 있을 수 있다. 그리고 명문의 규정이 없는 한 형벌이 사면되어도 징계벌이 당연히 소멸되는 것은 아니다.

[판례] 민사책임과 형사책임은 지도이념과 증명책임, 증명의 정도 등에서 서로 다른 원리가 적용되므로, 징계사유인 성희롱 관련 형사재판에서 성희롱 행위가 있었다는 점을 합리적 의심을 배제할 정도로 확신하기 어렵다는 이유로 공소사실에 관하여 무죄가 선고되었다고 하여 그러한 사정만으로 행정소송에서 징계사유의 존재를 부정할 것은 아니다(대판 2018. 4. 12, 2017두74702).

또한, 징계벌은 공무원의 신분을 전제로 하여 부과되므로 공무원이 퇴직 등으로 공무원의 신분을 상실한 경우에는 문제되지 않으나 형벌은 공무원의 신분을 전제로 하지 않으므로 공무원의 퇴직 여하와 관계없이 부과된다.

(3) 내 용

징계벌은 공무원의 신분 또는 신분상 이익의 전부 또는 일부를 박탈하는 것을 내용으로 하는데, 형벌은 생명, 신체적 자유 또는 재산상 이익의 박탈 또는 제한을 그 내용으로 한다.

(4) 성질과 부과절차

징계벌은 행정적 제재인 반면에 형벌은 형사적 제재이다. 따라서, 징계벌의 결정권자 즉 징계권자는 행정기관이며 징계절차라는 행정절차에 의해 부과되는데, 형벌은 형사법원에 의해 형사소송절차에 의해 부과된다.

징계절차와 형사절차는 원칙상 상호 독립된 절차로 별개로 진행될 수 있다.

2. 징계벌과 형벌의 관계

징계벌과 형벌은 공무원의 법규 위반에 대한 제재인 점에서는 동일하고, 공무원의 동일한 행위가 징계벌과 형벌의 대상이 될 수 있으므로 양자는 상호 일정한 관계를 갖고 상호 영향을 미친다.

(1) 형사절차와 징계절차의 관계

1) 상호 독립

형사절차와 징계절차는 상호 독립된 절차이므로 공무원의 동일한 행위에 대한 형사절차의 진행이 징계절차에 영향을 미치지 않는 것이 원칙이다. 공무원에게 징계사유가 인정되는 이상 관련된 형사사건이 아직 유죄로 확정되지 아니하였다고 하더라도 징계처분을 할 수 있다(대판 2001. 11. 9, 2001두4184[파면처분취소]).

[참조 판례] [1] 형사소송과 민사소송의 증명책임 정도가 다르다는 이유에서 같은 대학교 학생을 성추행한 혐의를 받은 대학원생이 검찰에서 증거불충분으로 무혐의 처분을 받았더라도, 학칙에 따라 정학 처분을 내린 것은 문제가 없다. [2] 민사소송이나 행정소송에서 사실의 증명은 추호의 의혹도 없어야 한다는 자연과학적 증명이 아니고, 특별한 사정이 없는 한 경험칙에 비추어 모든 증거를 종합적으로 검토해 볼 때 어떤 사실이 있었다는 점을 시인할 수 있는 고도의 개연성을 증명하는 것이면 충분하다. [3] A씨가 서울대를 상대로 낸 정학처분 무효 확인소송(민사소송)에서 원고패소 판결한 원심을 확정한 사례(2020다281367).

2) 임의적 징계절차 중지

검찰·경찰 기타 수사기관에서 수사중인 사건에 대하여는 수사개시의 통보를 받은 날로부터 징계의결의 요구 기타 징계절차를 진행하지 아니할 수 있다(국공법 제83조 제2항). 이와 같은 징계절차의 중지는 의무적인 것은 아니며 징계권자의 **재량**에 속하는 것이다.

(2) 형사소추시의 직위해제

공무원이 형사소송으로 기소중인 경우(약식명령이 청구된 자는 제외)에 형사법원의 최종판결이 날 때까지 기소된 공무원의 직위를 해제할 수 있다(국가공무원법 제73조의3 제1항, 직위해제 참조).

(3) 형사법원 판결의 구속력

형사법원이 사실의 존재 또는 부존재에 대하여 내린 판단은 원칙상 징계권자를 구속한다고 보아야 한다.

> **[판례]** 공무원인 갑이 그 직무에 관하여 뇌물을 받았음을 징계사유로 하여 파면처분을 받은 후 그에 대한 형사사건이 항소심까지 유죄로 인정되었고 그 형사사건에서 갑이 수사기관과 법정에서 금품수수사실을 자인하였으나 그 후 대법원의 파기환송판결에 따라 무죄의 확정판결이 있었다면 위 징계처분은 근거 없는 사실을 징계사유로 삼은 것이 되어 위법하다고 할 수는 있을지언정 그것이 객관적으로 명백하다고는 할 수 없으므로 위 징계처분이 당연무효인 것은 아니다(대판 1989. 9. 26, 89누4963[파면처분무효확인]).

그러나, 이에는 다음과 같은 한계가 있다.

① 공무원이 면소판결을 받은 경우에는 이 판결은 징계권자를 구속하지 않는다.

② 무죄임이 명확히 입증된 것이 아니라 무죄추정의 원칙에 따라 공무원이 무죄판결을 받은 경우에 이 판결은 징계권자를 구속하지 않는다. 행정소송과 형사소송에서 증명의 정도가 다르므로(행정소송에서의 고도의 개연성의 입증, 형사소송에서는 합리적 의심의 여지가 없는 입증) 징계사유가 되는 범죄사실(예 성희롱 행위)의 인정에 있어서 합리적 의심을 배제할 정도로 확신하기 어렵다는 이유로 무죄가 선고되었다고 하여도 그러한 사정만으로 행정소송에서 징계사유의 존재를 부정할 것은 아니다.

> **[판례]** 징계사유인 성희롱 관련 형사재판에서 성희롱 행위가 있었다는 점을 합리적 의심을 배제할 정도로 확신하기 어렵다는 이유로 공소사실에 관하여 무죄가 선고되었다고 하여 그러한 사정만으로 행정소송에서 징계사유의 존재를 부정할 것은 아니다(대판 2018. 4. 12, 2017두74702).

③ 무죄판결이 사실의 존재 여부에 기인한 것이 아니라 사실의 범죄구성요건 해당성이 없음을 이유로 한 경우에 당해 무죄판결은 징계권자를 구속하지 않는다.

④ 피고공무원의 정신상태에 대한 형사법원의 판단도 징계권자를 구속하지 않는다.

(4) 형사판결에 근거한 징계처분

징계사유의 존재를 전제로 내려진 유죄판결이 확정된 경우에 징계권자는 이 유죄판결에 근거하여 징계처분을 내릴 수 있다.

형사법원의 판결이 공무원의 새로운 직무의무 위반 사실을 드러낸 경우에 징계권자는 그 새로운 직무의무 위반에 대하여 징계절차를 개시할 수 있다.

(5) 징계벌과 형벌의 병과

징계벌과 형벌은 그 권력적 기초 및 행사목적이 다르므로 형벌과 징계벌을 병과할 수 있다. 즉, 형벌과 징계벌 사이에는 일사부재리의 원칙이 적용되지 않는다.

Ⅲ. 징계사유

1. 징계사유의 내용

공무원의 공무원법상의 의무 위반이 징계사유(懲戒事由)가 된다. 국가공무원법은 징계사유를 다음과 같이 규정하고 있다.

① 국가공무원법 및 국가공무원법에 따른 명령을 위반한 경우

[판례] 공무원이 상급행정기관이나 감독권자의 직무상 명령을 위반하였다는 점을 징계사유로 삼으려면 직무상 명령이 상위법령에 반하지 않는 적법·유효한 것이어야 한다(대판 2020. 11. 26, 2020두42262). 〈해설〉 여기에서 "적법·유효"는 적법하거나 유효한 것으로 해석하여야 한다. 그리고 판례에 따르면 법령에 반하는 행정규칙은 무효이다.

② 직무상의 의무(국가공무원법 이외의 다른 법령에서 공무원의 신분으로 인하여 부과된 의무를 포함한다)에 위반하거나 직무를 태만한 때

③ 직무의 내외를 불문하고 그 체면 또는 위신을 손상하는 행위를 한 때(제78조 제1항).

징계에 있어서는 징계벌의 성질상 공무원의 의무 위반에 고의나 과실을 요하지 않는다(판례).

[판례] 세관원이 입국자의 휴대품 검사시 감시소홀로 인하여 불과 1주일 사이에 2회에 걸쳐 밀수품이 다른 곳으로 빼돌려진 경우, 그 세관원의 부주의는 국가공무원법 제78조 제2호의 징계사유에 해당할 것이나 파면처분한 것은 재량권의 남용이다(대판 1972. 2. 22, 71누200).

2. 징계사유의 발생시점

징계사유는 원칙상 공무원의 재직중 발생하여야 한다.

명문의 규정이 있는 경우(국공법 제78조 제2항, 제3항)를 제외하고는 공무원의 임용 전의 행위는 원칙적으로 공무원의 징계사유가 될 수 없다. 다만, 임용 전의 행위라 하더라도 이로 인하여 임용 후의 공무원의 체면 또는 위신을 손상하게 된 경우에는 국가공무원법 제78조 제1항 제3호의 징계사유로 삼을 수 있다고 보아야 한다(대판 1990. 5. 22, 89누7368).[1] 그리고 임용 전의 행위가 재

---

1) 원고가 장학사 또는 공립학교 교사로 임용해 달라는 등의 인사청탁과 함께 금 1,000만 원을 제3자를 통하여 서울시 교육감에게 전달함으로써 뇌물을 공여하였고, 그 후 공립학교 교사로 임용되어 재직중 검찰에 의하여 위 뇌물공여죄로 수사를 받다가 기소되기에 이르렀으며 그와 같은 사실이 언론기관을 통하여 널리 알려진 사례이다. 이 사건에서 판례

직을 허용하지 못할 중대한 것인 경우에는 임용행위를 취소 또는 철회할 수 있다(박윤흔, 269면).

3. 징계 및 징계부가금 부과 사유의 시효

징계의결등의 요구는 징계 등 사유가 발생한 날부터 다음 각 호의 구분에 따른 기간이 지나면 하지 못한다(제83조의2 제1항).

1. 징계 등 사유가 다음 각 목의 어느 하나에 해당하는 경우: 10년
   가. 「성매매알선 등 행위의 처벌에 관한 법률」 제4조에 따른 금지행위
   나. 「성폭력범죄의 처벌 등에 관한 특례법」 제2조에 따른 성폭력범죄
   다. 「아동·청소년의 성보호에 관한 법률」 제2조 제2호에 따른 아동·청소년대상 성범죄
   라. 「양성평등기본법」 제3조 제2호에 따른 성희롱
2. 징계 등 사유가 제78조의2 제1항 각 호의 어느 하나에 해당하는 경우: 5년
3. 그 밖의 징계 등 사유에 해당하는 경우: 3년

제83조 제1항 및 제2항에 따라 징계 절차를 진행하지 못하여 제1항의 기간이 지나거나 그 남은 기간이 1개월 미만인 경우에는 제1항의 기간은 제83조 제3항에 따른 조사나 수사의 종료 통보를 받은 날부터 1개월이 지난 날에 끝나는 것으로 본다(제2항).

징계위원회의 구성·징계의결등, 그 밖에 절차상의 흠이나 징계양정 및 징계부가금의 과다(過多)를 이유로 소청심사위원회 또는 법원에서 징계처분등의 무효 또는 취소의 결정이나 판결을 한 경우에는 제1항의 기간이 지나거나 그 남은 기간이 3개월 미만인 경우에도 그 결정 또는 판결이 확정된 날부터 3개월 이내에는 다시 징계의결등을 요구할 수 있다(제3항).

Ⅳ. 징계권자

징계권에는 **징계요구권**, **징계의결권**과 **징계처분권**이 있다. 징계요구권만 있는 자가 있고, 징계요구권과 징계처분권이 있는 자도 있고, 징계처분권만 있는 자도 있다.

1. 징계요구권자

징계의결요구는 5급 이상 공무원 및 고위공무원단에 속하는 일반직공무원은 소속 장관이, 6급 이하의 공무원은 소속 기관의 장 또는 소속 상급기관의 장이 한다. 다만, 국무총리·인사혁신처장 및 대통령령등으로 정하는 각급 기관의 장은 다른 기관 소속 공무원이 징계 사유가 있다고 인정하면 관계 공무원에 대하여 관할 징계위원회에 직접 징계를 요구할 수 있다(국공법 제78조 제4항).

감사원은 국가공무원법과 그 밖의 법령에 규정된 징계 사유에 해당하거나 정당한 사유 없이 이 법에 따른 감사를 거부하거나 자료의 제출을 게을리한 공무원에 대하여 그 소속 장관 또는 임용권자에게 징계를 요구할 수 있다(감사원법 제32조 제1항).

는 "비록 위와 같은 뇌물을 공여한 행위는 공립학교 교사로 임용되기 전이었더라도 그 때문에 임용 후의 공립학교 교사로서의 체면과 위신이 크게 손상되었다고 하지 않을 수 없으므로 이를 징계사유로 삼은 것은 정당하다"고 보았다.

2. 징계의결권자

징계의 의결은 징계위원회가 행한다(국공법 제82조 제1항).

3. 징계처분권자

임용권에는 징계권이 포함되므로 명문의 규정이 없는 한 임용권자가 징계처분권자가 된다. 그런데, 국가공무원법에 의하면 징계처분권자는 다음과 같다.

파면과 해임은 각 임용권자 또는 임용권을 위임한 상급 감독기관의 장이 이를 행한다. 파면과 해임 이외의 징계에 있어서는 원칙상 징계위원회가 설치된 소속기관의 장이 징계처분권자이지만, 국무총리 소속으로 설치된 징계위원회(국회·법원·헌법재판소 및 선거관리위원회에 있어서는 해당 중앙인사관장기관에 설치된 상급 징계위원회를 말한다)에서 행한 징계의결 등에 대하여는 중앙행정기관의 장이 행한다(제82조 제1항).

V. 징계절차

징계처분은 공무원의 신분상 이익에 대하여 중대한 영향을 미치는 처분이다. 따라서 징계처분에 있어서는 공무원의 권익을 보호하기 위하여 공무원에게 절차적 권리가 보장되어야 한다.

1. 징계조사

징계조사는 징계를 위한 행정조사의 성질을 갖는다. 징계요구권자는 징계요구의 전제로서 징계조사권을 갖는다고 보아야 한다. 그런데, 실무에서는 징계조사가 감사기관에 위한 직무감찰의 하나로 행해지는 경우가 많다(이충호, 우리나라 공무원 징계조사의 특수성에 관한 고찰, 457면 이하 참조).

2. 징계의결의 요구[2016 행시]

공무원이 국가공무원법 제78조 제1항 각 호의 징계사유에 해당하는 때에는 징계의결의 요구를 하여야 한다(제78조 제1항). **판례**는 징계사유에 해당하는 것이 명백한 경우에는 징계권자에게 징계를 요구할 의무가 있지만, 징계권자는 징계사유에 해당하는지 여부에 관하여 판단할 재량이 있다고 보고 있다. 그러나, 징계사유에 해당하는지 여부의 판단에 재량을 인정하는 것은 타당하지 않다.

[판례] 지방공무원의 징계와 관련된 규정을 종합해 보면, 징계권자이자 임용권자인 지방자치단체장은 소속 공무원의 구체적인 행위가 과연 지방공무원법 제69조 제1항에 규정된 징계사유에 해당하는지 여부에 관하여 판단할 재량은 있지만, 징계사유에 해당하는 것이 명백한 경우에는 관할 인사위원회에 징계를 요구할 의무가 있다(대판 2007. 7. 12, 2006도1390: 소속 공무원들이 전국공무원노동조합이 주도한 파업에 참가한 행위가 지방공무원법 제48조 내지 제50조, 제58조 등이 규정하는 집단행위금지의무, 직장이탈금지의무 등의 직무상 의무에 위반되는 것이어서 임용권자인 소속 지방자치단체장의 징계의결요구 의무가 인정될 정도의 징계사유에 해당한다고 한 사례).

징계의결 등의 요구는 징계 등의 사유가 발생한 날부터 3년(제78조의2 제1항 각 호의 어느 하나에 해당하는 경우에는 5년)이 지나면 하지 못한다(제83조의2 제1항).

3. 징계위원회의 의결절차 및 징계혐의자의 절차적 권리

공무원의 징계는 징계위원회(지방공무원의 경우 인사위원회)의 의결에 따라 행해진다(국공법 제82조 제1항; 지공법 제72조 제1항).

징계위원회에서의 의결절차는 징계대상자에게 충분한 절차적 권리를 보장하는 등 재판절차에 준하는 절차가 보장되는 것이 타당하다. 특히 징계대상자에게 **방어권**(변호사의 조력을 받을 권리, 징계사유(징계혐의사실 포함)을 알 권리, 방어권의 행사 수단 및 기회를 부여받을 권리)을 실질적으로 보장하여야 한다. 징계절차상 징계대상자의 방어권 행사에 실질적인 지장이 초래된 경우에 징계처분은 특별한 사정이 없는 한 위법하게 된다.

[판례 1] 공무원징계의결요구서 사본의 송부 없이 진행된 징계절차의 효력(원칙상 위법): 공무원징계령 제7조 제7항에 의하면 징계의결요구권자는 징계위원회에 징계의결을 요구함과 동시에 징계사유와 요구하는 징계종류 등을 기재한 공무원징계의결요구서 사본을 징계혐의자에게 송부하도록 되어 있는바, 이 규정의 취지는 징계혐의자로 하여금 어떠한 사유로 징계에 회부되었는가를 사전에 알게 함으로써 징계위원회에서 그에 대한 방어 준비를 하게 하려는 것으로 징계위원회에 출석하여 진술할 수 있는 권리와 함께 징계혐의자의 방어권 보장을 위한 주요규정으로서 강행규정이므로 징계의결요구서 사본의 송부 없이 진행된 징계절차는 징계혐의자의 방어권 준비 및 행사에 지장이 없었다거나 징계혐의자가 이의 없이 징계위원회에 출석하여 변명하였다는 등의 특단의 사정이 인정되지 않는 이상 위법하다(대판 1993. 6. 25, 92누17426).

[판례 2] [1] **행정청이 징계와 같은 불이익처분절차에서 징계심의대상자가 선임한 변호사가 징계위원회에 출석하여 징계심의대상자를 위하여 필요한 의견을 진술하는 것을 거부할 수 있는지 여부(원칙적 소극)**: 행정절차법 제12조 제1항 제3호, 제2항, 제11조 제4항 본문에 따르면, 당사자 등은 변호사를 대리인으로 선임할 수 있고, 대리인으로 선임된 변호사는 당사자 등을 위하여 행정절차에 관한 모든 행위를 할 수 있다고 규정되어 있다. 위와 같은 행정절차법령의 규정과 취지, 헌법상 법치국가원리와 적법절차원칙에 비추어 징계와 같은 불이익처분절차에서 징계심의대상자에게 변호사를 통한 방어권의 행사를 보장하는 것이 필요하고, 징계심의대상자가 선임한 변호사가 징계위원회에 출석하여 징계심의대상자를 위하여 필요한 의견을 진술하는 것은 방어권 행사의 본질적 내용에 해당하므로, 행정청은 특별한 사정이 없는 한 이를 거부할 수 없다. [2] 육군3사관학교의 사관생도에 대한 징계절차에서 징계심의대상자가 대리인으로 선임한 변호사가 징계위원회 심의에 출석하여 진술하려고 하였음에도, 징계권자나 그 소속 직원이 변호사가 징계위원회의 심의에 출석하는 것을 막았다면 징계위원회 심의·의결의 절차적 정당성이 상실되어 그 징계의결에 따른 징계처분은 위법하여 원칙적으로 취소되어야 한다. 다만 징계심의대상자의 대리인이 관련된 행정절차나 소송절차에서 이미 실질적인 증거조사를 하고 의견을 진술하는 절차를 거쳐서 징계심의대상자의 방어권 행사에 실질적으로 지장이 초래되었다고 볼 수 없는 특별한 사정이 있는 경우에는, 징계권자가 징계심의대상자의 대리인에게 징계위원회에 출석하여 의견을 진술할 기회를 주지 아니하였더라도 그로 인하여 징계위원회 심의에 절차적 정당성이 상실되었다고 볼 수 없으므로 징계처분을 취소할 것은 아니다(대판 2018. 3. 13, 2016두33339).

[판례 3] 징계위원회의 심의과정에 반드시 제출되어야 하는 공적(功績) 사항이 제시되지 않은 상태에서 결정한 징계처분은 징계양정이 결과적으로 적정한지 그렇지 않은지와 상관없이 법령이 정한 징계절차를 지키지 않은 것으로서 위법하다(대판 2012. 6. 28, 2011두20505[징계처분취소]).

[판례 4] 피고가 검찰청 직원인 원고에 대하여 직장 동료인 검찰청 여직원 다수를 상대로 수차례 성희롱이나 언어폭력 등을 가하였다는 징계혐의로 해임처분을 하자, 원고가 '피고로부터 통지받은 징계혐의 사실에 피해

자의 인적사항 등이 특정되지 않았고 그 정보도 제공되지 않아 방어권에 실질적인 제한을 받아 징계절차에 하자가 있다'는 취지로 해임처분의 취소를 구한 사안에서 성비위행위 관련 징계에서 징계대상자에게 피해자의 '실명' 등 구체적인 인적사항이 공개되지 않았으나 징계혐의사실이 서로 구별될 수 있을 정도로 특정되어 있고 징계대상자가 징계사유의 구체적인 내용과 피해자를 충분히 알 수 있다고 인정되는 경우, 징계절차상 방어권 행사에 실질적인 지장이 초래된다고 볼 수 없다고 한 사례(대판 2022. 7. 14, 2022두33323[해임처분취소]).

(1) 징계혐의자의 출석(공무원징계령 제10조)

(2) 심문과 진술권(공무원징계령 제11조)

(3) 사실조사 및 감정(공무원징계령 제12조)

(4) 회의의 비공개(공무원징계령 제20조)

(5) 징계위원회의 의결(공무원징계령 제12조 제1항)

(6) 심사 또는 재심사청구

징계의결을 요구한 기관의 장은 징계위원회의 의결이 가볍다고 인정하면 그 처분을 하기 전에 직근상급기관에 설치된 징계위원회(직근상급기관이 없는 징계위원회의 의결에 대하여는 그 징계위원회)에 심사 또는 재심사를 청구할 수 있다(국공법 제82조 제2항; 지공법 제72조 제3항).

Ⅵ. 징계처분

1. 징계처분권자

공무원의 징계처분 등은 징계위원회의 의결을 거쳐 징계위원회가 설치된 소속 기관의 장이 하되, 국무총리 소속으로 설치된 징계위원회(국회·법원·헌법재판소·선거관리위원회에 있어서는 해당 중앙인사관장기관에 설치된 상급 징계위원회를 말한다. 이하 같다)에서 한 징계의결 등에 대하여는 중앙행정기관의 장이 한다. 다만, 파면과 해임은 징계위원회의 의결을 거쳐 각 임용권자 또는 임용권을 위임한 상급 감독기관의 장이 한다(국공법 제82조 제1항).

2. 징계처분의 성질

징계처분(懲戒處分)은 **행정처분**의 성질을 갖는다. 따라서 징계처분은 행정심판(소청) 및 행정소송의 대상이 된다. 소청 및 그에 대한 불복으로서의 행정소송에 관하여는 전술한 바와 같다.

국가공무원법은 징계권자는 징계의결의 결과에 따라 징계처분을 행하여야 한다고 규정하고 있다(제78조 제1항). 즉, 징계처분권자는 **징계위원회의 의결에 구속**된다. 다만, 징계의결등을 요구한 기관의 장은 징계위원회의 의결이 가볍다고 인정하면 그 처분을 하기 전에 다음 각 호의 구분에 따라 심사나 재심사를 청구할 수 있다(제82조 제2항).

공무원의 징계는 고도의 정책적 성격을 갖는 재량행위이다. 공무원의 징계사유의 경중 및 경위와 함께 공무원의 평소의 근무성적 및 근무태도를 고려하여 결정하여야 한다. 따라서 징계처분은 재량행위이다. 그런데, 징계처분은 징계위원회의 의결에 따라 행해지므로 징계처분에서 재량은 주로 징계위원회의 의결에 부여되어 있다. 즉, 징계위원회의 징계여부의 결정 및 징계의 종류의 선택에는 재량이 인정된다.

3. 처분사유설명서의 교부

공무원에 대하여 징계처분 등을 할 때나 강임·휴직·직위해제 또는 면직처분을 할 때에는 그 처분권자 또는 처분제청권자는 처분사유를 적은 설명서를 교부(交付)하여야 한다. 다만, 본인의 원(願)에 따른 강임·휴직 또는 면직처분은 그러하지 아니하다(국공법 제75조).

처분사유설명서를 교부하지 않은 것은 처분의 절차상 하자로서 취소사유가 된다고 보아야 한다.

[판례] 처분사유설명서의 교부를 처분의 효력발생요건이라 할 수 없고 그 처분의 통지가 피처분자가 볼 수 있는 상태에 놓여질 때에는 처분설명서의 교부가 없다 하더라도 그 행정처분은 유효하다(대판 1970. 1. 27, 68누10[면직처분취소]).

4. 징계처분과 일사부재리의 원칙 및 복수의 징계사유

동일한 징계사유로 징계처분을 받은 자를 다시 징계를 할 수는 없다. 그러나, 다른 징계사유를 근거로 다시 징계하는 것은 가능하며 징계받은 후 동일한 징계사유가 다시 발생하였거나 징계사유가 계속된 경우에 다시 징계처분하는 것이 가능하다.

징계처분이 취소된 후에 동징계처분의 징계사유가 되지 않은 기존의 다른 징계사유를 들어 동일한 징계처분을 하여도 취소판결의 기속력에 반하지 않는다.

수 개의 징계사유 중 그 일부가 인정되지 않는다 하더라도 인정되는 타의 일부 징계사유만으로도 당해 징계처분이 정당하다고 인정되는 경우에는 그 징계처분을 유지한다고 하여 위법하다고 할 수 없다(대판 1997. 5. 9, 96누1184; 2002. 9. 24, 2002두6620; 2010. 2. 25, 2009두19144).

5. 적극행정 공무원에 대한 징계 면제

공무원이 적극행정을 추진한 결과에 대하여 해당 공무원의 행위에 고의 또는 중대한 과실이 없다고 인정되는 경우에는 대통령령등으로 정하는 바에 따라 국가공무원법 또는 다른 공무원 인사 관계 법령에 따른 징계 또는 징계부가금 부과 의결을 하지 아니한다(제50조의2 제3항).

6. 징계시효

징계시효의 기산점은 원칙적으로 징계사유가 발생한 때이고, 징계권자가 징계사유의 존재를 알게 되었을 때로 볼 수 없다(대판 2021. 12. 16, 2021두48083).

Ⅶ. 징계처분의 종류와 징계의 효력

징계 중 파면·해임·강등 또는 정직을 중징계라 하고, 감봉 또는 견책을 경징계라 한다(공무원징계령 제1조의3).

실무상 경고가 징계의 하나로 행해지고 있다.

1. 파면과 해임

파면(罷免)과 해임(解任)은 모두 공무원의 신분을 박탈하는 징계처분인 점에서는 동일하지만 공직에의 취임제한(파면은 5년간, 해임은 3년간), 퇴직급여 및 퇴직수당급여의 제한(파면은 2분의1 감액, 해임은 전액 지급) 등 그 부수적인 효과가 다르다.

2. 강 등

강등은 1계급 아래로 직급을 내리고(고위공무원단에 속하는 공무원은 3급으로 임용하고, 연구관 및 지도관은 연구사 및 지도사로 한다) 공무원신분은 보유하나 3개월간 직무에 종사하지 못하며 그 기간 중 보수는 전액을 감한다. 다만, 제4조 제2항에 따라 계급을 구분하지 아니하는 공무원과 임기제공무원에 대해서는 강등을 적용하지 아니한다(국가공무원법 제80조 제1항). 또한 동조 제2항은 국가공무원법의 적용을 받는 특정직공무원 중 외무공무원과 교육공무원의 강등의 효력을 달리 규정하고 있다.

3. 정 직

정직(停職)은 공무원의 신분은 유지하나 일정기간 직무에 종사하지 못하도록 하는 징계벌이다.

정직은 1개월 이상 3개월 이하의 기간으로 하고, 정직처분을 받은 자는 정직기간 동안 직무에 종사하지 못하며 정직기간중 보수의 전액이 감해진다(국공법 제80조 제3항). 정직을 받은 자는 승진·승급이 18개월 동안 제한된다(국공법 제80조 제6항, 공무원보수규정 제14조, 공무원임용령 제32조).

4. 감 봉

감봉(減俸)이라 함은 징계의 대상이 되는 공무원에 대하여 직무담임을 계속하게 하면서 보수만을 감하는 징계벌이다.

감봉은 1개월 이상 3개월 이하의 기간으로 행해지며 감봉을 받은 자는 감봉기간 동안 보수의 3분의 1이 감해진다(국공법 제80조 제4항). 감봉을 받은 자는 승진·승급이 12개월간 제한된다(공무원보수규정 제14조, 공무원임용령 제32조).

5. 견 책

견책(譴責)은 전과에 대하여 훈계하고 회개하게 하는 징계벌이다(국공법 제80조 제5항). 견책을 받은 자는 6개월간 승진·승급이 제한된다(공무원보수규정 제14조, 공무원임용령 제32조). 따라서, 견책도 처분으로서 소청의 대상이 된다.

6. 경　　고[2009 행시(일반행정) 사례]

경고는 법령상 정해진 징계의 종류는 아니지만, 실무상 가장 가벼운 징계로 행해지고 있다.

경고는 원칙상 공무원의 신분에 법적 효과를 미치지 않으므로 처분이 아니지만, 실제상 공무원의 신분에 영향을 미치는 경우에는 처분으로 볼 수 있다.

경고 특히 서면경고가 징계의 일종인지, 따라서 징계사유가 있어야 경고가 가능한 것인지에 대해서는 견해의 대립이 있는데, 판례는 경고를 법률상의 징계처분이 아닌 것으로 본다.

[판례 1] 검찰청법 제7조 제1항,제12조 제2항,검사징계법 제2조,제3조 제1항,제7조 제1항, 대검찰청 자체감사규정 제23조 제2항, 제3항, 사건평정기준 제2조 제1항 제2호, 제5조, 검찰공무원의 범죄 및 비위 처리지침 제4조 제2항 제2호, 제3항 [별표 1] 징계양정기준, 제4항, 제5항 등 관련 규정들의 내용과 체계 등을 종합하여 보면, 검찰총장의 경고처분은 검사징계법에 따른 징계처분이 아니라 검찰청법 제7조 제1항, 제12조 제2항에 근거하여 검사에 대한 직무감독권을 행사하는 작용에 해당하므로, 검사의 직무상 의무 위반의 정도가 중하지 않아 검사징계법에 따른 '징계사유'에는 해당하지 않더라도 징계처분보다 낮은 수준의 감독조치로서 '경고처분'을 할 수 있고, 법원은 그것이 직무감독권자에게 주어진 재량권을 일탈·남용한 것이라는 특별한 사정이 없는 한 이를 존중하는 것이 바람직하다(대판 2021. 2. 10, 2020두47564[경고처분취소]). 〈해설〉 이 사건 경고의 근거로 제시된 검찰청법 제7조 제1항 및 제12조 제2항은 검찰총장의 직무범위를 규정한 조직규범에 불과하여 이 사건 경고에 대한 법률유보원칙에서 말하는 법률상 근거가 될 수 없다는 견해(이철진, 경고의 항고소송 대상적격과 법률유보원칙, 행정법연구, 2023.8, 177면)가 있다.

[판례 2] 공무원이 소속 장관으로부터 받은 "직상급자와 다투고 폭언하는 행위 등에 대하여 엄중 경고하니 차후 이러한 사례가 없도록 각별히 유념하기 바람"이라는 내용의 서면에 의한 경고가 공무원의 신분에 영향을 미치는 국가공무원법상의 징계의 종류에 해당하지 아니하고, 근무충실에 관한 권고행위 내지 지도행위로서 그 때문에 공무원으로서의 신분에 불이익을 초래하는 법률상의 효과가 발생하는 것도 아니므로, 경고가 국가공무원법상의 징계처분이나 행정소송의 대상이 되는 행정처분이라고 할 수 없어 그 취소를 구할 법률상의 이익이 없다(대판 1991. 11. 12, 91누2700[경고처분취소]).

[판례 3] 행정규칙에 의한 '불문경고조치'가 비록 법률상의 징계처분은 아니지만 위 처분을 받지 아니하였다면 차후 다른 징계처분이나 경고를 받게 될 경우 징계감경사유로 사용될 수 있었던 표창공적의 사용가능성을 소멸시키는 효과와 1년 동안 인사기록카드에 등재됨으로써 그동안은 장관표창이나 도지사표창 대상자에서 제외시키는 효과 등이 있다는 이유로 항고소송의 대상이 되는 행정처분에 해당한다고 한 사례(대판 2002. 7. 26, 2001두3532[견책처분취소]).

7. 징계처분에 따른 승진 또는 승급의 제한

공무원으로서 징계처분을 받은 자에 대하여는 그 처분을 받은 날 또는 그 집행이 끝난 날부터 대통령령 등으로 정하는 기간 동안 승진임용 또는 승급할 수 없다. 다만, 징계처분을 받은 후 직무수행상의 공적으로 포상 등을 받은 공무원에 대하여는 대통령령 등으로 정하는 바에 따라 승진임용이나 승급을 제한하는 기간을 단축하거나 면제할 수 있다(국공법 제80조 제7항). 공무원임용령이 징계처분을 받은 자의 승진임용의 제한을 규정하고 있고, 공무원보수규정이 승급의 제한에 관하여 규정하고 있다.

8. 징계부가금

공무원의 징계 사유가 금품 및 향응 등 수수, 공금의 횡령·배임·유용 등인 경우에는 해당 징계

외에 그 행위로 취득하거나 제공한 금전 또는 재산상 이득의 5배 내의 징계부가금을 부과하여야 한다(국가공무원법 제78조의2).

9. 징계의 집행정지

강등(3개월간 직무에 종사하지 못하는 효력 및 그 기간 중 보수는 전액을 감하는 효력으로 한정한다), 정직 및 감봉의 징계처분은 휴직기간 중에는 그 집행을 정지한다(제80조 제6항).

Ⅷ. 재징계 등 의결의 요구

처분권자(대통령이 처분권자인 경우에는 처분 제청권자)는 다음에 해당하는 사유로 소청심사위원회 또는 법원에서 징계처분등의 무효 또는 취소(취소명령 포함)의 결정이나 판결을 받은 경우에는 다시 징계 의결 또는 징계부가금 부과 의결(이하 '징계의결등'이라 한다)을 **요구하여야 한다.** ① 법령의 적용, 증거 및 사실 조사에 명백한 흠이 있는 경우, ② 징계위원회의 구성 또는 징계의결 등, 그 밖에 절차상의 흠이 있는 경우, ③ 징계양정 및 징계부가금이 과다(過多)한 경우(국공법 제78조의3 제1항 본문). 다만, 제3호의 사유로 무효 또는 취소(취소명령 포함)의 결정이나 판결을 받은 감봉·견책처분에 대하여는 징계재의결을 요구하지 아니할 수 있다(동조 동항 단서).

제 2 절 변상책임

Ⅰ. 의 의

공무원의 변상책임(辨償責任)이란 공무원이 직무상 의무에 위반하여 국가 또는 지방자치단체에게 재산상의 손해를 끼친 경우에 그 손해를 배상하여야 하는 책임을 말한다.

통상 변상책임이라 하면 공무원이 국가 등에 직접 손해를 발생시킨 경우를 말하며 이 점에서 공무원이 불법행위로 국민에게 가한 손해를 국가가 배상한 후에 구상하는 공무원의 구상책임과 구별된다.

현행법은 일반 공무원의 변상책임은 인정하지 않고 회계관계직원, 물품·재산관리공무원 등의 변상책임만을 인정하고 있다.

Ⅱ. 법적 근거

『회계관계직원 등의 책임에 관한 법률』은 '회계관계직원'의 변상책임에 관한 일반법이다. 동법률은 "회계관계직원"의 변상책임의 요건, 변상책임의 추급 등에 관하여 규정하고 있다.

국유재산법 제79조 및 지방재정법 제94조는 재산관리공무원의 변상책임을 규정하고 있다. 군수품관리법 제28조 및 제29조는 물품관리공무원, 물품사용공무원 등의 변상책임을 규정하고 있다.

Ⅲ. 변상책임의 성질

변상책임은 공법상의 책임이다.

[판례] 공무원의 변상책임은 공법상의 특별한 책임이므로 공무원의 직무상 행위로 국가 등에 손해를 가한 경우에 회계관계직원 등의 변상책임에 관한 법률에 의한 변상책임은 감사원의 변상판정에 의하지 아니하고는 민사상 소구하여 그 책임을 물을 수 없다(대판 1975. 12. 9, 75다385).

Ⅳ. 변상책임의 성립요건

회계관계직원 등의 책임에 관한 법률에 의한 회계관계직원(동법 제2조)의 변상책임의 요건은 다음과 같다.

1. 직무상 의무 위반

회계관계직원의 직무상 의무란 법령 그 밖의 관계규정 및 예산에 정하여진 바에 따라 성실하게 그 직무를 수행하여야 할 의무를 말한다(동법 제3조, 제4조 제1항).

2. 주관적 책임요건

회계관계 공무원에게 고의 또는 중대한 과실이 있어야 한다(동법 제4조 제1항). 다만, 현금 또는 물품을 출납·보관하는 회계관계 직원은 선량한 관리자로서의 주의를 게을리한 경우에 변상책임을 진다(동법 제4조 제2항).

3. 국가 등의 재산에 대한 손해의 발생

회계관계 직원의 변상책임에 있어서는 국가·지방자치단체 그 밖에 감사원의 감사를 받는 단체 등의 재산에 대하여 손해를 가했어야 한다(동법 제4조 제1항).

현금 또는 물품을 출납·보관하는 회계관계 직원의 경우에는 그가 보관하는 현금 또는 물품이 망실되거나 훼손되었어야 한다(동법 제4조 제2항).

Ⅴ. 변상책임의 추급(追及)

1. 변상책임의 결정

(1) 행정기관의 장의 변상명령

중앙관서의 장(「국가재정법」 제6조에 따른 중앙관서의 장을 말한다), 지방자치단체의 장, 감독기관(국가기관이나 지방자치단체의 기관이 아닌 경우에 한한다)의 장 또는 해당 기관(국가기관이나 지방자치단체의 기관이 아닌 경우로서 감독기관이 없거나 분명하지 아니한 경우만 해당한다)의 장은 회계관계직원이 제4조에 따른 변상책임이 있다고 인정되는 경우에는 감사원이 판정하기 전이라도 해당 회계관계직원에 대하여 변상을 명할 수 있다(동법 제6조 제1항).

변상명령(辨償命令)은 **내부행위**(직무명령)의 성질을 갖는다. 변상명령에 따르지 않는 경우에 대한 강제집행규정도 없다. 변상명령을 받은 회계관계직원은 이의가 있으면 감사원장이 정하는 판정청구서에 의하여 감사원에 판정을 청구할 수 있을 뿐이며(제3항) 행정심판이나 항고소송을 제기할 수 없다.

(2) 감사원의 변상판정

감사원은 감사의 결과에 따라 따로 법률이 정하는 바에 의하여 회계관계직원등에 대한 변상책임의 유무를 심리·판정한다(감사원법 제31조 제1항).

감사원의 변상판정(辨償判定)은 변상책임의 유무, 변상책임자 및 변상액을 결정하는 **행정행위**(확인행위)이다.

감사원은 「감사원법」 제31조에 따라 변상금액을 정할 때 일정한 경우에는 그 금액의 전부 또는 일부를 **감면**할 수 있다. 다만, 그 손해가 고의에 의하여 발생한 경우에는 감면하지 아니한다(회계관계 직원 등의 책임에 관한 법률 제5조).

(3) 변상판정에 따른 변상명령

감사원이 변상책임이 있다고 판정하면 변상책임자의 소속장관 또는 감독기관의 장은 변상책임자에게 변상판정서를 교부하고 변상명령을 내린다(감사원법 제31조 제3항).

이 변상명령은 그 자체 하나의 독립한 **행정행위**이며, 변상명령 자체의 위법을 이유로 하는 경우 변상명령에 대하여 항고소송을 제기할 수 있다.

[판례] 감사원의 변상판정의 위법과는 별개로 소속장관 등의 변상명령 자체에 위법사유가 있을 수 있어 변상명령을 별도로 행정소송 대상으로 인정할 필요성도 있고, 또한 감사원법 제31조 제2항, 제3항, 제5항, 제36조 제1항, 변상판정집행절차에 관한 규칙 제4조 제1항, 제9조 제1항 등의 규정을 종합하여 보면, 회계관계 직원 등의 변상책임에 관하여 감사원은 추상적인 변상의무의 유무 및 범위 등을 확정할 뿐이고 그 변상판정의 내용에 따른 구체적인 변상금 납부의무는 소속장관 등이 감사원의 변상판정서를 첨부한 변상명령 처분을 함으로써 비로소 발생한다 할 것이어서, 감사원의 변상판정에 따른 변상명령은 감사원의 변상판정에 의해 성립한 기존의 의무 이상으로 새로운 의무를 부담시키는 것은 아닐지라도 변상책임자의 권리의무에 아무런 영향을 미치지 않는 단순한 변상판정의 한 단계로서의 표시행위에 불과한 것으로 볼 수는 없을 것이고 그 자체 독립한 행정행위의 하나로 보아야 할 것이다(대판 1994. 12. 2, 93누623[변상명령무효확인]).

2. 변상책임의 강제집행

감사원의 변상판정 전의 소속 행정기관의 장의 변상명령에 대하여는 강제집행에 관한 규정이 존재하지 않는다. 또한, 그 변상명령은 변상의무를 발생시키는 법적 행위는 아니다. 따라서 상대방이 이행하지 않더라도 **강제집행을 할 수 없고** 소속기관의 장 등은 감사원에 변상판정을 청구하는 수밖에 없다.

[판례] 판례도 회계관계 직원의 직무상 의무위반으로 인한 변상책임은 감사원의 변상판정에 의하지 않고 민사상 소구하여 그 책임을 물을 수는 없다고 보고 있다(대판 1988. 10. 24, 87다카1751; 2002. 9. 24, 2001다56386).

감사원의 **변상판정후** 감사원의 변상판정에 따른 변상의 책임을 변상책임자가 감사원이 정한 날까지 이행하지 아니하였을 때에는 소속장관 또는 감독기관의 장은 관계 세무서장에게 위탁하여 국세징수법 중 체납처분의 규정을 준용하여 이를 **강제집행**한다(감사원법 제31조 제5항).

Ⅵ. 해당 공무원의 불복절차

소속행정기관의 장의 변상명령에 불복하는 해당 공무원은 감사원장이 정하는 판정청구서에 의하여 감사원에 판정을 청구할 수 있다(회계관계직원 등의 책임에 관한 법률 제6조 제3항).

감사원의 변상판정에 대하여 위법 또는 부당하다고 인정하는 본인·소속장관·감독기관의 장 또는 해당 기관의 장은 변상판정서가 도달한 날부터 3개월 이내에 **감사원에 재심의를 청구할 수 있다**(감사원법 제36조 제1항).

감사원의 재심의판정에 대하여는 감사원을 당사자로 하여 행정소송을 제기할 수 있다. 다만, 그 효력을 정지하는 가처분결정은 할 수 없다(제40조 제2항).

감사원의 재심의는 행정심판의 성질을 갖는다. **재심의판정은 행정심판의 재결에 해당**한다.

감사원법상의 **감사원의 재심의는 필요적 전치절차**이며 감사원법은 재심의판정에 대한 불복에 있어 원처분인 변상판정이 아니라 행정심판의 재결인 재심의판정을 대상으로 행정소송을 제기하도록 하여 **재결주의**를 취하고 있다.

[판례] "감사원의 변상판정처분에 대하여서는 행정소송을 제기할 수 없고, 재결에 해당하는 재심의 판정에 대하여서만 감사원을 피고로 하여 행정소송을 제기할 수 있다"(대판 1984. 4. 10, 84누91[변상판정처분취소]).

제 3 절 공무원의 배상책임

공무원이 직무를 수행함에 당하여 고의 또는 중과실로 국민에게 손해를 발생시킨 경우에는 피해자에 대하여 직접 배상책임을 지고, 공무원에게 고의 또는 중과실이 있는 경우에는 국가 또는 지방자치단체에 대하여 구상책임을 진다(행정법론(상) 참조).

공무원이 직무과 무관하게 불법행위를 하여 손해를 발생시킨 경우에는 민법 제750조에 근거하여 배상책임을 진다.

제7편

공적 시설법
公的施設法

제 7 편 공적 시설법

제1장

공 물 법

제 1 절 공물의 개념

공물(公物)이라 함은 **행정주체에 의해 직접 공적 목적에 제공된 물건**을 말한다. 공물은 실정법상의 용어가 아니라 학문상 개념이다.

공물의 개념을 나누어 고찰하면 다음과 같다.

① 공물은 직접 공적 목적(公的 目的)에 제공된 물건이다.

직접 공적 목적에 제공되지 않고 행정주체가 재산으로 보유하고 있는 물건은 공물이 아니고 사물이다. 예를 들면, 국가 또는 지방자치단체가 보유하는 잡종재산(일반재산)은 공물이 아니다.

② 공물은 물건(物件)이다.

공물은 물건인 점에서 영조물과 구별된다. 영조물은 행정주체에 의해 공적 목적에 제공된 인적·물적 종합시설이다. 영조물 중 물적 시설은 공물이다.

공물은 개개의 유체물에 한정하지 않고, 관리할 수 있는 무체물이나 집합물도 포함한다.

공공시설이라는 개념은 공공의 이용에 제공되는 공적 시설을 말한다. 공공시설 중 물적시설은 공물이다.

③ 공물은 행정주체(行政主體)에 의해 제공된 물건이다.

공물의 관리주체는 국가, 지방자치단체, 공공단체 등 행정주체에 한한다.

행정주체에게는 공물의 관리권만 있으면 되고 행정주체에게 공물의 소유권이 있을 필요는 없다. 사인의 소유에 속하는 물건이라도 정당한 권원(權原)(공용사용, 임차 등)에 의해 공적 목적에 제공되면 공물이 된다. 이러한 공물을 사유공물(私有公物)이라 한다.

제 2 절 공물법의 체계

I. 공물법의 의의

공물법은 공물에 관한 공법을 말한다. 공물에 대하여는 공물이 제공된 공적 목적을 달성할 수 있도록 하기 위하여 사물에 비하여 특수한 법적 규율이 행하여진다. 이러한 공물에 관한 특수한 법적 규율의 총체가 공물법이다.

Ⅱ. 공물법의 법원

공물에 관한 일반법률은 존재하지 않으며 공물법은 여러 개별법으로 구성되어 있다.

국유의 공물인 행정재산은 국유재산법에 의해, 지방자치단체가 소유하는 공물인 행정재산은 공유재산 및 물품관리법(이하 '공유재산법'이라 한다)에 의해 어느 정도 일반적으로 규율되고 있다. 그러나, 국유재산법이나 공유재산법은 행정재산뿐만 아니라 일반재산도 함께 규율하고 있고, 공물의 공적 목적에의 제공을 규율하기보다는 국유나 공유의 재산의 관리에 중점을 두어 규율하고 있는 점에 공물법으로서의 그 한계가 있다. 국유재산이나 공유재산 중 행정재산은 공물법(행정법)의 규율대상이지만, 일반재산은 사법에 의해 규율된다.

공물 중 공공용물은 개별 공물마다 개별법에 의해 규율되고 있다. 도로법, 하천법, 소하천정비법, 도시공원법 등이 그 예이다.

도로법은 국유재산법 또는 공유재산법보다 우선적으로 적용되는 특별법에 해당한다.

제 3 절 공물의 분류

공물은 여러 기준에 의해 분류되는데, 다음과 같은 분류가 중요하다.

I. 공물의 목적에 의한 분류

1. 공공용물

공공용물(公共用物)은 일반 공중의 사용에 제공된 공물을 말한다. 도로·하천·공원·해안 등이 그 예이다. 국유재산법이나 공유재산법상의 공공용재산은 공공용물이다.

2. 공 용 물

공용물(公用物)은 직접 행정주체 자신의 사용에 제공된 공물을 말한다. 관공서의 청사, 국영철도시설 등이 그 예이다. 국유재산법이나 공유재산법상 공용재산은 공용물이다.

3. 공적 보존물

공적 보존물(公的 保存物)은 보존공물이라고도 하는데, 공공목적을 위하여 그 물건의 보존이 강제되는 공물을 말한다. 문화재보호법상 문화재, 산림법상의 보안림이 그 예이다.

공적 보존물에는 공물주체에게 공물관리권이 존재하지 않는다.

Ⅱ. 공물의 소유권자에 따른 분류

1. 국유공물

국유공물(國有公物)은 국가가 소유권자인 공물을 말한다. 국유재산법상의 행정재산이 이에 해당한다.

2. 공유공물

공유공물(公有公物)이라 함은 지방자치단체가 소유권자인 공물을 말한다. 공유재산법상 행정재산이 이에 해당한다.

3. 사유공물

사유공물(私有公物)은 사인이 소유권자인 공물을 말한다. 사인의 물건에 공물이 지정된 경우 및 사인이 소유하는 공적 보존물의 경우 사유공물이 된다.

Ⅲ. 공물의 소유주체와 관리주체의 일치 여부에 따른 분류

1. 자유공물

자유공물(自有公物)이라 함은 공물의 귀속주체와 관리주체가 일치하는 공물을 말한다.

2. 타유공물

타유공물(他有公物)이라 함은 공물의 관리주체와 공물의 귀속주체가 다른 공물을 말한다.

예를 들면, 철도의 소유자는 국가인데(철도의 건설 및 철도시설 유지관리에 관한 법률(약칭 '철도건설관리법') 제17조 제1항), 철도의 관리자(관리주체)는 국가철도공단이다(국가철도공단법 제7조).

Ⅳ. 공물의 성립과정의 차이에 의한 분류

1. 자연공물

자연공물(自然公物)이라 함은 인공이 가해짐이 없이 자연상태대로 공적 목적에 제공되는 공물을 말한다. 하천, 해안, 해변 등이 그 예이다.

그런데 오늘날 하천에 제방공사나 수로공사 등 일정한 공사가 행해지는 경우가 있다. 따라서 하천에 사람의 손이 가해진 한도 내에서는 당해 하천은 인공공물로 보아야 한다.

2. 인공공물

인공공물(人工公物)이라 함은 인공을 가하여 공적 목적에 적합하도록 가공한 후 공적 목적에 제공되는 공물을 말한다. 도로, 공원 등이 그 예이다.

V. 공물인 물건의 성질에 따른 분류

1. 부동산공물

공물인 물건이 부동산(不動産)인 공물을 말한다.

2. 동산공물

공물인 물건이 동산(動産)인 공물을 말한다. 국립도서관의 도서, 경찰견 등이 그 예이다.

VI. 규율법률의 존재 여부에 의한 분류

1. 법정공물

법정공물(法定公物)이라 함은 하천법이나 도로법 등 공물관계법률에 의해 규율되고 있는 공물을 말한다.

하천법 제2조 제1항 제1호의 하천, 도로법 제11조에 열거된 도로(고속국도, 일반국도, 특별시도·광역시도, 지방도, 시도, 군도, 구도와 제10조의 준용도로)가 그 예이다.

2. 법정외공물

법정외공물(法定外公物)이라 함은 공물관계법률에 의해 규율되고 있지 않는 공물을 말한다. 리도(里道), 소규모 광장과 같이 공물이기는 하지만, 도로법이나 도시공원법 등 공물관계법률에 의해 규율되고 있지 않는 공물을 말한다. 법정외공물은 공물법이론 및 관계법률의 유추적용에 의해 규율된다.

VII. 예정공물

예정공물(豫定公物)이라 함은 장래 공물이 될 것이 예정되어 있는 물건을 말한다. 공원예정지 등이 그 예이다.

예정공물은 **공물이 아니므로 공물법의 적용대상이 되지 않는다**. 그러나, 장래에 있어서의 공적목적에의 제공을 보장하기 위하여 공물법의 일부규정을 준용하고 있는 것이 보통이다.

제 4 절 공물의 성립과 소멸 [2008 행시(재경직) 사례형 약술]

[문제] 행정주체가 사인 갑 소유의 토지 위에 권원 없이 도로를 개설한 경우 갑의 권리구제를 논하시오.

I. 공물의 성립

1. 공공용물의 성립

(1) 인공공물의 성립

인공공물인 공공용물이 성립하기 위하여는 당해 물건이 일반 공중의 사용에 제공될 수 있는 형체적 요소를 갖추어야 하고(형체적 요건), 그 물건을 공공용물로서 일반 공중의 사용에 제공한다는 의사를 표시하는 공용개시행위를 요한다(의사적 요건).

1) 형체적 요건

인공공공용물의 성립에는 우선 인공을 가하여 일반 공중의 사용에 제공될 수 있는 구조 내지 실체(형체적(形體的) 요소)를 갖춘 물건을 만들어야 한다.

공물의 관리주체는 공공용물로 제공되는 물건에 대한 일정한 권원(權原)을 취득하여야 한다.

아무런 권원 없이 공용개시행위를 하고 공공용에 제공한 경우 당해 공용개시행위의 효력은 어떻게 되는가 또는 토지소유자는 소유권에 기하여 당해 물건의 반환 또는 방해배제를 청구할 수 있는가 하는 문제가 제기된다.

① 무 효 설: 권원 없는 공용개시행위는 무효라고 보는 견해이다. 이 견해에 의하면 소유권자는 소유권에 근거하여 물건의 반환을 청구할 수 있게 된다.

② 취 소 설: 권원이 없는 것은 공용개시행위에 있어서는 중요한 하자는 아니라고 할 것이므로 권원 없는 공용개시행위는 위법하나 취소할 수 있는 행위에 불과한 것으로 보아야 한다는 견해인데, 이 견해가 타당하다. 이 경우에 당해 토지(물건)의 반환을 청구하기 위하여는 공용개시행위를 취소하여야 하는데, 공용개시행위를 취소함이 심히 공익을 해하는 경우에는 사정재결 또는 사정판결을 하여야 할 것이다.

③ 판　　례: 판례는 무효설을 취하고 있는 것으로 보인다.

2) 의사적 요건

인공공용물이 성립하기 위하여는 형체적 요소를 갖춘 것만으로는 충분하지 않고 공용개시행위가 필요하다. **공용개시행위**(公用開始行爲)라 함은 행정주체가 공공용물의 형체적 요소를 갖춘 물건을 일반 공중의 사용에 제공한다는 의사를 표시하는 행위이다.

인공적 공공용재산은 법령에 의하여 지정되거나 행정처분으로써 공공용으로 사용하기로 결정한 경우, 또는 행정재산으로 실제로 사용하는 경우의 어느 하나에 해당하면 행정재산이 된다(대판 2014. 11. 27, 2014두10769).

[판례 1] 1980. 1. 4. 법률 제3256호로 제정된 도시공원법이 시행되기 이전에 구 도시계획법상 공원으로 결정·고시된 국유토지라는 사정만으로는 행정처분으로써 공공용으로 사용하기로 결정한 것으로 보기는 부족하나, 서울특별시장이 구 공원법, 구 도시계획법에 따라 사업실시계획의 인가내용을 고시함으로써 공원시설의 종류, 위치 및 범위 등이 구체적으로 확정되거나 도시계획사업의 시행으로 도시공원이 실제로 설치된 토지라면 공공용물로서 행정재산에 해당한다(대판 2014. 11. 27, 2014두10769[변상금부과처분무효확인]).

[판례 2] 도로는 도로로서의 형태를 갖추고, 도로법에 따른 노선의 지정 또는 인정의 공고 및 도로구역 결정·고시를 한 때 또는 도시계획법 또는 도시재개발법 소정의 절차를 거쳐 도로를 설치하였을 때에 공공용물로서 공용개시행위가 있다고 할 것이므로, 토지의 지목이 도로이고 국유재산대장에 등재되어 있다는 사정만으로 바로 그 토지가 도로로서 행정재산에 해당한다고 할 수는 없다(대판 2000. 2. 25, 99다54332).

[판례 3] 이 사건 토지에 관하여 도로구역의 결정, 고시 등의 공물지정행위는 있었지만 아직 도로의 형태를 갖추지 못하여 완전한 공공용물이 성립되었다고는 할 수 없으므로 일종의 예정공물이라고 볼 수 있다(대판 1994. 5. 10, 93다23442).

공용개시행위로 공물의 법적 지위가 형성되고, 사권의 행사를 제한하는 효과를 가져오므로 공용개시행위는 행정행위이며 물적 행정행위에 해당한다.

(2) 자연공물의 성립

자연공물의 성립에 공용개시행위가 필요한지에 관하여 견해가 대립하고 있다.

1) 공용개시행위불필요설

자연 공공용물은 그것이 자연의 상태에 있어서 일반 공중의 사용에 제공될 수 있는 실체를 갖추고 있으면 공용개시행위를 요함이 없이 그 자체로서 공물로 성립한다. 이것이 **통설 및 판례**이며 타당하다.

[판례] 국유 하천부지는 자연의 상태 그대로 공공용에 제공될 수 있는 실체를 갖추고 있는 이른바 자연공물로서 별도의 공용개시행위가 없더라도 행정재산이 되고 그 후 본래의 용도에 공여되지 않는 상태에 놓여 있더라도 국유재산법령에 의한 용도폐지를 하지 않은 이상 당연히 잡종재산으로 된다고는 할 수 없다(대판 2007. 6. 1, 2005도7523).

현행 하천법은 하천관리청이 하천구역을 결정·변경·폐지하도록 하고 있다(제10조). 그러나, 하천은 하천의 실체를 갖춤으로써 성립되고, 하천의 지정(제7조)이나 하천구역의 결정으로 비로소 성립되는 것은 아니다. 하천의 지정이나 하천구역의 결정·고시는 행정행위(확인행위)의 성질을 갖는다.

하천의 성립에는 공용개시행위가 필요하지 않고 자연의 상태로 인하여 성립하므로 **하천의 성립에는 권원의 취득을 요하지 않는다.**

구 하천법은 하천의 국유제를 채택하였었는데, 현행 하천법은 하천의 국유제를 폐지하였다. 그 이유는 하천으로 편입되는 토지의 국유화에 따라 발생하는 사유재산권 침해의 논란을 해소하고 국가의 재정부담을 완화하기 위한 것이다.

2) 공용개시행위필요설(소수설)

자연공물의 경우에도 명시적 또는 묵시적 공용지정이 필요하다고 보고, 이 경우 법규 및 관습법에 의한 공용지정도 가능하다고 본다. 또한, 하천법에 의한 하천구역의 지정을 법규에 의한 공용지정으로 보고, 해변의 공공사용을 관습법에 의한 공용지정으로 본다(홍정선, 1077면).

개정 하천법하에서는 하천지정행위가 있어야 하천이 공물로서 성립한다고 하는 견해도 있다(김향기).

2. 공용물의 성립

공용물(公用物)은 일정한 물건이 공용(행정주체 자신의 사용)에 제공될 수 있는 실체를 갖추고 사실상 사용됨으로써 성립되고 그 성립에 **공용개시행위가 필요하지 않다고** 보는 것이 **통설**이다. 이에 대하여 공용물의 경우에도 명시적 또는 묵시적 공용지정이 필요하다고 보는 견해도 있다(홍정선, 1077면).

다만, 행정주체는 당해 물건에 대하여 정당한 권원을 가져야 한다. 공용물에 정당한 권원이 없는 경우 원칙상 소유권에 기한 반환청구 또는 방해배제의 대상이 될 수 있지만, 반환으로 심히 공익을 해하는 경우에는 당해 반환청구 또는 방해배제는 권리남용으로 인정되지 않고, 부당이득반환이나 손해배상만이 인정된다고 보아야 한다.

3. 공적 보존물의 성립

공적 보존물(公的 保存物)의 성립에는 공적 보존물로 지정하는 법령의 규정에 의한 지정 또는 지정하는 의사표시가 필요하다.

공적 보존물을 지정함에 있어서는 그 물건에 대하여 일정한 권원을 가지거나 본인의 동의를 받을 필요는 없다.

Ⅱ. 공물의 소멸

공물의 소멸이라 함은 공물이 공물로서의 성질을 상실하는 것을 말한다. 공물의 소멸원인은 공물의 종류에 따라 다르다.

1. 공공용물의 소멸

(1) 인공공물

1) 공용폐지행위[2012 사시 사례]

인공공물(人工公物)은 공용폐지행위에 의해 소멸한다. **공용폐지행위**(公用廢止行爲)라 함은 공공용물을 일반 공중의 이용에 제공하는 것을 폐지하고자 하는 취지의 의사적 행위를 말한다.

공용폐지행위는 명시적 의사표시에 의하는 것이 원칙이지만 묵시적 공용폐지도 인정된다. 판례도 행정재산의 묵시적 공용폐지를 인정하고 있다.

[판례 1] 학교 교장이 학교 밖에 위치한 관사를 용도폐지한 후 재무부로 귀속시키라는 국가의 지시를 어기고 사친회 이사회의 의결을 거쳐 개인에게 매각한 경우, 이와 같이 교장이 국가의 지시대로 위 부동산을 용도폐지한 다음 비록 재무부에 귀속시키지 않고 바로 매각하였다고 하더라도 위 용도폐지 자체는 국가의 지시에 의한 것으로 유효하다고 아니할 수 없고, 그 후 오랫동안 국가가 위 매각절차상의 문제를 제기하지도 않고, 위 부동산이 관사 등 공공의 용도에 전혀 사용된 바가 없다면, 이로써 위 부동산은 적어도 묵시적으로 공용폐지 되어 시효취득의 대상이 되었다고 봄이 상당하다고 본 사례(대판 1999. 7. 23, 99다15924).

[판례 2] [1] 행정재산이 기능을 상실하여 본래의 용도에 제공되지 않는 상태에 있다 하더라도 관계 법령에 의하여 용도폐지가 되지 아니한 이상 당연히 취득시효의 대상이 되는 잡종재산이 되는 것은 아니다. [2] 공용폐지의 의사표시는 묵시적인 방법으로도 가능하나 행정재산이 본래의 용도에 제공되지 않는 상태에 있다는 사정만으로는 묵시적인 공용폐지의 의사표시가 있다고 볼 수 없으며, 또한 공용폐지의 의사표시는 적법한 것이어야 하는바, 행정재산은 공용폐지가 되지 아니한 상태에서는 사법상 거래의 대상이 될 수 없으므로 관재당국이 착오로 행정재산을 다른 재산과 교환하였다 하여 그러한 사정만으로 적법한 공용폐지의 의사표시가 있다고 볼 수도 없다(대판 1998. 11. 10, 98다42974).

2) 형체적 요소의 소멸

형체적 요소(形體的 要素)의 소멸만으로 공물로서의 성질을 상실하는 것인가.

자연력 또는 인공에 의해 그 형체적 요소가 파괴되었어도 그 회복이 가능하고, 일시적으로 공물로서의 목적을 달성하기 어려운 것에 불과한 경우에는 공물이 소멸되지 않는다.

형체적 요소의 소멸이 사회통념상 회복되기 불가능한 경우에 인공공공용물이 공용폐지행위 없이 소멸하는가에 관하여 견해의 대립이 있다.

① 부 정 설: 공물의 구조가 영구확정적으로 멸실하여 그 회복이 사회관념상 불가능하게 되었다고 할지라도, 그것은 공용폐지사유가 되지만은 그것만으로 공물소멸사유는 되지 않는다는 견해이다(김도창, 414면).

② 긍 정 설: 공물의 형체적 요소가 영구히 소멸되어 그 회복이 불가능한 경우에는 그 사실로써 공물은 소멸되었다고 보는 견해이다(홍정선, 1081면).

③ 결　　어: 다음과 같은 이유에서 **긍정설**이 타당하다. 공물의 형체적 요소는 공물의 성립요소 중의 하나이므로 공물의 형체적 요소가 소멸되어 사회통념상 회복되기 불가능한 경우에는 당해 공물은 소멸되었다고 보아야 할 것이다.

(2) 자연공물

자연공물(自然公物)이 자연상태에 있어서 공물로서의 실체를 확정적으로 잃은 경우 달리 말하면 사회통념상 회복불가능한 상태로 잃은 경우에는 공물로서의 성질을 상실한다고 보는 것이 타당하다.

하천의 흐름이 인공적으로 또는 자연력에 의해 변경됨으로써 하천으로서의 실체를 잃은 구하천부지는 공물로서의 성질을 상실한다.

그러나, **판례**는 자연공물도 공용폐지가 없는 한 공물로서의 성질을 유지한다고 본다.

[판례 1] 국유 하천부지는 공공용 재산이므로 그 일부가 사실상 대지화되어 그 본래의 용도에 공여되지 않는 상태에 놓여 있더라도 국유재산법령에 의한 용도폐지를 하지 않은 이상 당연히 잡종재산으로 된다고는 할 수 없다(대판 1997. 8. 22, 96다10737[소유권이전등기]; 2007. 6. 1, 2005도7523[국유재산법위반]).

[판례 2] 공유수면의 일부가 사실상 매립되어 대지화된 경우, 법률상 공유수면의 성질을 보유하고 있는지 여부(원칙적 적극): 공유수면은 소위 자연공물로서 그 자체가 직접 공공의 사용에 제공되는 것이므로 공유수면의 일부가 사실상 매립되어 대지화되었다고 하더라도 국가가 공유수면으로서의 공용폐지를 하지 아니하는 이상 법률상으로는 여전히 공유수면으로서의 성질을 보유하고 있다(대판 2013. 6. 13, 2012두2764[변상금부과처분취소]).

[판례 3] 빈지(바닷가)는 만조수위선으로부터 지적공부에 등록된 지역까지의 사이를 말하는 것으로서 자연의 상태 그대로 공공용에 제공될 수 있는 실체를 갖추고 있는 이른바 자연공물이고, 성토 등을 통하여 사실상 빈지로서의 성질을 상실하였더라도 국유재산법령에 의한 용도폐지를 하지 않은 이상 당연히 시효취득의 대상인 잡종재산으로 된다고 할 수 없다(대판 1999. 4. 9, 98다34003).

2. 공용물의 소멸

공용물은 그 성립에 있어서 공용개시행위를 필요로 하지 않으므로 그 소멸에 있어서도 별도의 공용폐지행위를 필요로 하지 않는다.

공용물은 행정주체가 사실상 그 사용을 폐지함으로써 공물로서의 성질을 상실한다.

그러나, 판례는 공용물도 공용폐지가 없는 한 공물로서의 성질을 유지한다고 본다.

[판례] 행정재산에 대한 공용폐지의 의사표시는 명시적이든 묵시적이든 상관이 없으나 적법한 의사표시가 있어야 하고, 행정재산이 사실상 본래의 용도에 사용되지 않고 있다는 사실만으로 용도폐지의 의사표시가 있었다고 볼 수는 없으므로 행정청이 행정재산에 속하는 1필지 토지(교육청사 부지) 중 일부를 그 필지에 속하는 토지인줄 모르고 본래의 용도에 사용하지 않는다는 사실만으로 묵시적으로나마 그 부분에 대한 용도폐지의 의사표시가 있었다고 할 수 없다(대판 1997. 3. 14, 96다43508).

3. 공적 보존물의 소멸

공적 보존물은 지정해제의 의사표시로 소멸된다. 형체적 요소의 멸실은 지정의 실효에 의한 공적 보존물의 소멸사유가 된다는 견해가 있으나 지정해제사유만 된다고 보아야 할 것이다. 그 이유는 형체적 요소의 소멸 후 공적 보존물이 복원될 수도 있고(㉥ 남대문의 소실 후 복원), 복원여부 결정시까지 공물법상의 제한을 유지할 필요가 있기 때문이다.

4. 공용폐지의 효과

공용폐지(公用廢止)가 되면 공물로서의 성질을 상실하고 그에 대한 공물법상의 제한이 소멸된다. 즉, 공용폐지된 물건은 私物이 되며 사물과 같이 규율된다.

[문제의 해결] 도로법 제5조에 의해 도로를 구성하는 부지는 소유권이나 저당권의 대상은 되지만, 기타 사권행사의 대상이 되지 않는다. 따라서, 토지소유자인 甲은 소유권에 기하여 도로부지의 반환을 청구할 수 없다. 토지소유자 甲은 공물주체가 임차료 상당의 부당이득을 얻고 있으므로 부당이득반환청구를 하거나 공물주체가 불법점유를 하고 있으므로 국가배상을 청구할 수 있다.

제 5 절 공물의 법률적 특색

공물은 직접 공적 목적에 제공된 물건이므로 그 공적 목적을 제대로 달성할 수 있도록 하기 위하여 필요한 한도 내에서 사법적 규율이 배제되고 공법적 규율의 대상이 되고 있다.

공물에 대한 법적 규율의 특수성의 문제는 초실정법적 문제가 아니라 각 국가의 입법정책의 문제이다. 따라서, 공물 일반에 대해 일반적으로 논할 문제는 아니며 공물의 종류에 따라 공물에 대한 특수한 법적 규율의 정도가 다를 수 있다.

I. 공물과 소유권

공물에 존재하는 권리가 어떠한 성질의 권리인가에 대하여 공소유권설과 사소유권설이 대립하고 있다.

1. 공소유권설

공소유권설(公所有權說)은 공물에 대하여는 사법의 적용을 전적으로 배제하고 공법의 적용대상으로 보며 따라서 공물이 사소유권의 대상이 되는 것을 부정하고 사소유권과 다른 성질의 공소유권의 대상이 된다고 보는 견해이다. 공소유권을 통상 공물에 대한 물권적 지배권으로 보고, 공물관리권을 의미하는 것으로 본다.

2. 사소유권설

사소유권설(私所有權說)은 공물도 공물로서의 목적달성에 장애가 되지 않는 한 사소유권 및 사권의 대상이 되는 것으로 보아야 한다는 견해이다. 이 견해가 오늘날의 일반적 견해이다.

사소유권설은 소유권과 공물관리권을 구분하고, 공물에 대하여도 사소유권이 인정되지만, 공물의 목적달성을 위하여 공물주체에게 공물관리권을 인정하고 그 한도 내에서 사법의 적용이 배제되고 사권이 제한된다고 본다.

3. 현행 공물법에서의 공물상 권리의 성질

공물이 소유권 등 사권의 대상이 될 수 있는가하는 것은 각 국가의 실정법에서 정해질 입법정책의 문제이다.

현행 하천법 및 도로법은 사소유권설에 입각하고 있는 것으로 해석된다.

즉, 도로법 제3조는 "도로를 구성하는 부지, 옹벽 기타의 물건에 대하여는 사권을 행사할 수 없다. 다만, 소유권을 이전하거나 저당권을 설정하는 것은 그러하지 아니하다"라고 규정하고 있다. 이 규정은 도로에 대한 사권의 행사를 원칙상 부정하면서도 도로에 소유권이 인정되는 것을 전제로 동 소유권의 이전을 인정하고 도로에 대하여 저당권을 설정할 수 있음을 규정하고 있다. 하천법도 유사하게 규정하고 있다(제4조 제2항).

II. 공물에 대한 사권행사의 제한(공물제한)

1. 의 의

공물에 대한 사권의 행사를 제한하는 것은 공물의 목적 달성을 위하여 필요하기 때문이다.

2. 종 류

공물에 대한 사권행사의 제한으로는 공물의 사적 거래(융통성)의 제한과 공물의 사용·수익의 제한이 있다.

(1) 공물의 융통성(사적 거래)의 제한

공물은 통상 법률에 의해 사적 거래가 전적으로 금지되거나 사적 거래가 일부 제한된다. 이를 공물의 불융통성이라 한다.

행정재산은 원칙상 처분하지 못한다(국유재산법 제27조 제1항). 따라서 국유재산을 처분하기 위해서는 용도폐지를 통해 일반재산으로의 전환이 선행되어야 한다.

(2) 공물의 사용·수익의 제한

공물의 사적 거래는 허용되면서 사용 또는 수익이 제한되는 경우도 있고, 공물의 사적 거래와 함께 사용·수익이 제한되는 경우도 있다.

3. 사권행사의 제한의 내용과 한계

공물은 공물의 목적을 달성시키기 위하여 필요한 한도 내에서만 그 사권행사가 제한되거나 부정된다.

공물의 사권행사의 제한은 실정법률에 의해 규정되며 공물의 종류에 따라 그 제한의 내용이나 정도가 다르다.

도로법 제3조는 "도로를 구성하는 부지, 옹벽 기타의 물건에 대하여는 사권을 행사할 수 없다. 다만, 소유권을 이전하거나 저당권을 설정하는 것은 그러하지 아니하다"라고 규정하고 있다. 이 규정은 도로에 대한 사권의 행사를 원칙상 부정하고, 도로의 목적 달성에 지장이 없는 소유권의 이전이나 저당권 설정만을 인정하고 있다.

하천법 제4조 제2항은 "하천을 구성하는 토지와 그 밖의 하천시설에 대하여는 사권(私權)을 행사할 수 없다. 다만, 다음 각 호의 어느 하나에 해당하는 경우에는 그러하지 아니하다. 1. 소유권을 이전하는 경우, 2. 저당권을 설정하는 경우, 3. 제33조에 따른 하천점용허가(소유권자 외의 자는 소유권자의 동의를 얻은 경우에 한한다)를 받아 그 허가받은 목적대로 사용하는 경우"라고 규정하고 있다.

국유재산법은 다음과 같이 행정재산의 처분과 사용허가를 제한하고 있다. 즉, 행정재산은 원칙상 처분하지 못한다. 다만, ① 공유 또는 사유재산과 교환하여 그 교환받은 재산을 행정재산으로 관리하려는 경우 및 ② 직접 공용이나 공공용으로 사용하기 위하여 필요로 하는 지방자치단체에 양여하는 경우에 해당하는 경우에만 관리계획에 따라 교환하거나 양여할 수 있다(제27조 제1항). 중앙관서의 장은 공용·공공용·기업용 재산의 경우에는 그 용도나 목적에 장애가 되지 아니하는 범위에서만, 보존용재산의 경우에는 보존목적의 수행에 필요한 범위에서만 행정재산의 사용허가를 할 수 있다(제30조 제1항).

지정문화재는 문화재의 지정목적에 장애가 되지 않는 한 소유권 이전 등 사적 거래의 대상이 된다.

4. 사권행사의 제한과 권리구제

공물에 대한 사권행사의 제한이 특별희생에 해당하는 경우에 손실보상이 주어져야 한다.

도로법 제92조 제1항은 "이 법에 따른 처분이나 제한으로 손실을 입은 자가 있으면 국토교통부장관이 한 처분이나 제한으로 인한 손실은 국고에서 보상하고, 그 밖의 행정청이 한 처분이나 제한으로 인한 손실은 그 행정청이 속하여 있는 지방자치단체에서 보상하여야 한다"라고 규정하고 있다.

보상규정이 없는 경우도 있는데, 이 경우는 보상규정 흠결시의 권리구제의 문제가 된다.

행정주체가 사인 소유의 토지를 권원 없이 도로로 점유하고 있는 경우 도로법 제3조의 규정상 토지소유자는 토지소유권에 기하여 도로부지의 반환을 청구할 수 없다. 이 경우 토지소유자는 공물주체가 그로 인하여 부당이득을 얻고 있는 것이므로 부당이득반환청구권을 행사하거나(대판 1989. 1. 24, 88다카6006[부당이득금반환]), 공물주체가 불법점유를 하고 있으므로 손해배상을 청구할 수 있다(대판 1968. 10. 22, 68다1317[대지인도]).

5. 사권행사 제한규정 위반의 효과

[판례] 행정재산은 사법상 거래의 대상이 되지 아니하는 불융통물이므로 비록 관재 당국이 이를 모르고 매각하였다 하더라도 그 매매는 당연무효라 아니할 수 없으며, 사인간의 매매계약 역시 불융통물에 대한 매매로서 무효임을 면할 수 없다(대판 1995. 11. 14, 94다50922).

Ⅲ. 공물에 대한 강제집행의 제한

실정법상 공물에 대한 강제집행의 인정 여부는 당해 공물에 실정법률상 융통성이 인정되는지 여부에 따라 좌우된다.

도로 및 하천에 대한 강제집행은 도로법 제3조 및 하천법 제4조 제2항이 소유권의 이전 및 저당권의 설정을 인정하므로 인정된다고 볼 수도 있으나 민사소송법이 국가에 대한 강제집행은 국고금의 압류에 의한다고 규정하고 있으므로 국유의 도로 및 하천에 대하여는 강제집행이 인정되지 않고, 국유재산법이나 공유재산법에 의하면 국유·공유공물에 대하여는 사권설정이 인정되지 않으므로 국·공유공물은 강제집행의 대상이 될 수 없고, 사유공물만이 강제집행의 대상이 된다(김동희, 279면; 박윤흔, 480면).

공물에 대한 강제집행이 허용되어 강제집행으로 공물에 대한 소유권을 취득한 후에도 그 물건에 대한 공물제한은 여전히 존속한다.

Ⅳ. 공물의 시효취득의 제한[2001 사시 약술]

민법은 사물에 소유권의 시효취득(時效取得)을 인정하고 있다.

부동산은 20년간 소유의 의사로 평온·공연하게 점유를 계속한 경우는 등기함으로써, 부동산의 소유자로 등기를 한 자인 경우에는 10년간 소유의 의사로 평온·공연하게 선의이며 과실 없이 그 부동산을 점유한 때 소유권의 시효취득이 인정된다(민법 제245조). 동산은 10년간(점유가 선의이며 과실 없이 개시된 경우에는 5년간) 소유의 의사로 평온·공연하게 점유를 계속한 경우 소유권의 시효취득이 인정된다(민법 제246조).

일반재산(잡종재산)은 사물이므로 시효취득의 대상이 된다(헌재 1991. 5. 13, 89헌가97).

행정재산 등 공물에도 민법의 시효취득에 관한 규정이 적용되어 공물이 시효취득의 대상이 될 것인가에 관하여 부정설(묵시적 공용폐지설), 제한적 긍정설, 긍정설(완전시효취득설)이 대립하고 있다.

1. 부정설 내지 묵시적 공용폐지설

이 견해는 공물이 공용폐지되어 사물이 되지 않는 한 시효취득될 수 없다는 견해이다. 이 설은 공물의 시효취득을 인정하는 것은 공물의 공적 목적에 배치된다는 것을 논거로 한다. 묵시적 공용폐지가 있는 경우에는 공물의 지위를 상실하므로 그 때부터는 시효취득의 대상이 된다(홍정선, 1085면).

2. 제한적 긍정설(제한적 시효취득설)

이 설은 공물은 공물로서의 공적 목적에 방해가 되지 않는 한 원칙상 시효취득의 대상이 된다고 본다. 그리하여 도로와 같이 공물에 사법상의 소유권이 인정되는 경우에는 시효취득이 성립한다고 본다. 다만, 공물의 공적 목적을 달성하도록 하기 위하여 그것이 시효취득된 후에도 그것을 공물로서 공적 목적에 제공하여야 하는 공법상의 제한을 받는다고 한다(김도창, 436면).

학설은 이 설을 긍정설로 분류하는 것이 보통이나 공물제한이 가해진 상태에서 시효취득된다고 보는 점에 비추어 제한적 긍정설이나 제한적 시효취득설로 부르는 것이 타당하다.

3. 긍정설(완전시효취득설)

이 설은 공물의 평온·공연한 점유가 계속되고 관리자도 그대로 방치한 경우에는 공물에 대한 묵시적 공용폐지가 있었던 것으로 보고, 공물에 대한 공법상 제한 없는 완전시효취득을 인정하여야 한다고 본다(박윤흔, 481면).

이 견해는 공물이 공물로서는 시효취득의 목적으로 될 수 없다는 점에서는 부정설과 유사하지만, 시효취득의 요건이 충족되고 관리자도 그대로 방치한 경우 통상 묵시적 공용폐지가 있었던 것으로 보고 시효취득을 인정하는 점에서 부정설과 다르다.

4. 판 례

판례는 다음과 같이 부정설을 취하고 있다.

[판례 1] 행정목적을 위하여 공용되는 행정재산은 공용폐지가 되지 않는 한 사법상 거래의 대상이 될 수 없으므로 취득시효의 대상도 될 수 없다. 공물의 용도폐지 의사표시는 명시적이든 묵시적이든 불문하나 적법한 의사표시이어야 하고 단지 사실상 공물로서의 용도에 사용되지 아니하고 있다는 사실이나 무효인 매도행위를 가지고 용도폐지의 의사표시가 있다고 볼 수 없다(대판 1983. 6. 14, 83다카181; 1994. 9. 13, 94다12579).
[판례 2] 공유재산에 대한 취득시효가 완성되기 위하여는 그 공유재산이 취득시효기간 동안 계속하여 시효취득의 대상이 될 수 있는 잡종재산(일반재산)이어야 하고, 이러한 점에 대한 증명책임은 시효취득을 주장하는 자에게 있다(대판 2009. 12. 10, 2006다19177).

5. 실정법상 공물의 시효취득

실정법상 공물의 시효취득을 인정하는 규정은 없다. 그런데, 국유재산법 및 공유재산법은 행정재산의 시효취득을 명문으로 부정하고 있다(국유재산법 제7조 제2항, 공유재산법 제5조 제6항의 동일한 취지의 규정 참조). 따라서, 결국 현행법상 공물의 시효취득의 문제는 사유공물에 한하여 제기된다.

사유공물이 시효취득의 대상이 되는지 여부는 위의 학설 및 판례에 따라 결정될 것이다.

V. 공물의 공용수용의 제한

공물이 수용(收用)의 대상이 될 수 있는가에 관하여 견해의 대립이 있다.

1. 부 정 설

이 설은 공물은 먼저 공용폐지가 되지 않는 한 수용의 대상이 될 수 없다고 한다(홍정선, 1138면). 그 이유는 수용은 수용의 대상이 되는 물건을 공적 목적에 제공하는 것을 목적으로 하므로 공물의 수용은 이미 공적 목적에 제공되고 있는 공물의 목적에 반하기 때문이다.

이 견해는 공익사업을 위한 토지 등의 취득 및 보상에 관한 법률(이하 '토지보상법'이라 한다) 제19조 제2항은 "공익사업에 수용 또는 사용되고 있는 토지 등은 특별히 필요한 경우가 아니면 다른 공익사업을 위하여 수용 또는 사용할 수 없다"고 규정하고 있는데, "특별히 필요한 경우"라 함은 수용 또는 사용할 수 있다는 특별한 명문의 규정이 있는 경우를 의미하는 것으로 해석한다.

2. 긍 정 설

이 설은 토지보상법 제19조 제2항(구 토지수용법 제5조)은 특별히 필요한 경우에는 공물에 대한 수용 또는 사용을 인정하고 있는 것으로 해석하여야 한다고 한다.

즉, 토지보상법 제19조 제2항은 "공익사업에 수용 또는 사용되고 있는 토지 등"은 원칙상 수용의 목적물이 될 수 없지만, '특별히 필요한 경우', 즉 '현재 당해 토지를 사용하고 있는 공익사업보다 당해 토지를 수용하고자 하는 사업이 보다 더 공익상 필요가 큰 경우'에는 예외로 공익사업에 사용되고 있는 토지도 수용의 대상이 될 수 있도록 규정한 것으로 해석한다. 그리고, "공익사업에 수용 또는 사용되고 있는 토지 등"에는 공물도 포함된다고 한다.

이 설에 의하면 공물을 사용하고 있는 기존의 사업의 공익성보다 당해 공물을 수용하고자하는 사업의 공익성이 큰 경우에 당해 공물에 대한 수용이 가능하다.

3. 판 례

판례가 긍정설을 취하고 있다고 보는 것이 일반적 견해이다.

[판례 1] 지방문화재로 지정된 토지도 수용대상이 될 수 있다: "토지수용법은 제5조의 규정에 의한 제한 이외에는 수용의 대상이 되는 토지에 관하여 아무런 제한을 하지 아니하고 있을 뿐만 아니라, 토지수용법 제5조, 문화재보호법 제20조 제4호, 제58조 제1항, 부칙 제3조 제2항 등의 규정을 종합하면 구 문화재보호법(1982. 12. 31, 법률 제3644호로 전문 개정되기 전의 것) 제54조의2 제1항에 의하여 지방문화재로 지정된 토지가 수용의 대상이 될 수 없다고 볼 수는 없다"(대판 1996. 4. 26, 95누13241). 〈해설〉 이 판례를 긍정설을 취한 것으로 해석하는 것이 일반적 견해이나 이 판례는 공적 보존물의 수용을 인정한 것이며 공익사업에 수용 또는 사용되고 있는 토지의 수용에 관한 판례는 아니다. 그리고, 전술한 바와 같이 공적 보존물은 공물이라기보다는 공용제한의 일종으로 보아야 하므로 이 견해에 의하면 위 대법원 판결이 공물의 수용을 인정한 것으로 해석할 수는 없다.

[판례 2] 국가지정문화재에 대하여 관리단체로 지정된 지방자치단체의 장은 문화재보호법 제83조 제1항 및 토지보상법에 따라 국가지정문화재(풍납토성)나 그 보호구역에 있는 토지 등을 수용할 수 있다(대판 2019. 2. 28, 2017두71031).

4. 결 어

현행 토지보상법 제19조 제2항의 해석상 부정설이 타당하다. 토지보상법 제19조 제2항의 '특별히 필요한 경우'라 함은 법령에 명문의 규정이 있는 경우를 말한다고 보아야 한다.

Ⅵ. 공물의 범위결정과 경계확정

공물의 범위결정이나 경계확정은 공물법의 적용대상이 되는 공물의 범위를 확정하는 행정행위이다. 따라서, 이에 불복하는 자는 행정심판이나 행정소송을 통하여 다투어야 한다.

그리고, 공물의 범위결정이나 경계확정에는 법률의 근거가 있어야 한다. 실제에 있어서 공물을 규율하는 실정법률은 대부분 공물의 관리자인 행정청(관리청)에게 공물의 범위를 결정할 수 있는 권한을 부여하고 있다. 도로법 제24조는 도로의 관리청이 도로구역을 결정하도록 하고 있다.

현행 하천법은 하천관리청이 하천구역을 결정·변경·폐지하도록 하고 있다(제10조).

Ⅶ. 행정재산의 불법점유와 강제철거

정당한 사유 없이 국유재산을 점유하거나 이에 시설물을 설치한 경우에는 중앙관서의 장등은 **행정대집행법을 준용하여** 철거하거나 그 밖에 필요한 조치를 할 수 있다(국유재산법 제74조). 지방자치단체의 장은 정당한 사유 없이 공유재산을 점유하거나 공유재산에 시설물을 설치한 경우에는 원상복구 또는 시설물의 철거 등을 명하거나 이에 필요한 조치를 할 수 있다(공유재산법 제83조 제1항). 제1항에 따른 명령을 받은 자가 그 명령을 이행하지 아니할 때에는 **행정대집행법에 따라** 원상복구 또는 시설물의 철거 등을 하고 그 비용을 징수할 수 있다(제2항).

Ⅷ. 기 타

공물에도 민법의 상린관계에 관한 규정이 적용된다는 것이 통설이다.

공물의 설치·관리상 하자로 손해가 발생한 경우 배상책임자가 국가나 지방자치단체인 경우에는 국가배상법 제5조에 의해 배상책임이 인정되고, 배상책임자가 공무수탁사인인 경우에는 전술한 바와 같이 견해가 대립된다(공무수탁사인, 국가배상 참조).

대법원은 국가나 지방자치단체가 관리주체인 공물로부터의 소음 등 공해로 인근주민이 수인할 수 없는 손해를 입은 경우 국가배상법 제5조 책임을 인정하고 있다(국가배상 참조).

제 6 절 공물의 관리

Ⅰ. 공물관리의 의의

공물의 관리(管理)라 함은 공물의 관리자가 공물이 공물로서의 본래의 기능을 발휘할 수 있도록 행하는 일체의 작용을 말한다.

공물관리의 핵심은 공물의 재산적 관리에 있지 않고, 공물의 기능을 제대로 발휘시키는 것에 있다. 따라서, 공물관리는 공물의 순수한 재산적 관리와는 구별되어야 한다.

공물관리는 공물경찰과 구별되어야 한다(후술).

Ⅱ. 공물관리권

1. 의 의

공물관리권(公物管理權)이라 함은 공물의 관리자가 공물관리를 행하는 권능을 말한다.

공물관리권은 공물관리를 행할 수 있는 포괄적 권능이며 공물관리자의 구체적인 공물관리는 공물관리권의 구체적인 행사인 것이다.

2. 내 용

공물관리권의 구체적 내용은 공물관계 법령(자치법규 포함)에 의해 정해지므로 공물마다 다르다. 공물에 공통된 것만을 보면 다음과 같다.

(1) 공물의 범위결정

공물의 범위결정은 공물법의 적용대상이 되는 공물의 범위를 확정하는 행정행위이다. 도로구역의 결정(도로법 제25조) 등이 그 예이다. 이에 관하여는 전술한 바와 같다.

(2) 공물의 유지·수선·보존

공물의 유지·수선·보존은 주로 사실행위를 통하여 행해진다. 도로의 신설·개축 및 수선에 관한 공사와 유지(도로법 제31조)가 이에 해당한다.

(3) 공용부담

공물관리자에게 공용부담특권이 부여되는 경우가 있다. 타인의 토지에의 출입 및 일시사용, 장애물의 변경 또는 제거(도로법 제81조) 등이 이에 해당한다.

(4) 장해의 방지·제거

공물법은 공물의 목적에 대한 장해의 방지·제거를 위하여 공물관리자에게 여러 권한과 의무를 부여하고 있다.

도로의 구조를 보전하고 운행의 위험을 방지하기 위한 차량의 운행제한(도로법 제77조), 통행이 위험하다고 인정할 때의 도로통행의 금지 또는 제한(제76조) 등이 이에 해당한다.

(5) 공물인접구역에 대한 규제

공물법은 공물의 목적을 달성시키기 위하여 공물의 인접구역을 지정하여 그 구역 내에서의 일정한 행위를 제한하는 규정을 두는 경우가 보통이다. 도로법상 접도구역(제40조) 등이 그 예이다. 이에 관하여는 전술하였다.

(6) 공적 목적에의 제공

공물은 본래 공적 목적에 제공된 것이므로 공물을 공적 목적에 제공하는 작용은 공물관리의 주된 내용이다. 도로점용허가(제61조), 점용료부과처분(제66조) 등이 이에 해당한다. 이에 관하여는 공물의 사용관계와 관련하여 후술하기로 한다.

(7) 공물의 점유

공물의 관리상 필요한 경우 공물관리자는 공물을 점유할 수 있다. 그렇지만, 공물관리권에 해당 공물에 대한 점유가 당연히 포함되는 것은 아니다.

3. 범위와 한계

① 공물관리권은 공물의 공적 목적 달성에 필요한 한도 내에서 인정된다.

② 공물관리권은 원칙상 공물에 대하여 인정되지만 공물의 목적 달성을 위하여 필요한 경우 공물의 인접구역에 대하여도 인정된다. 그러나, 인접구역의 지정에는 법률의 근거가 있어야 하며 비례의 원칙상 인접구역의 지정은 필요한 최소한도의 구역에 그쳐야 한다.

③ 공물관리권이 미치는 공물의 상하의 범위에 관하여는 공물의 목적 달성에 필요한 한도 내에 공물관리권이 미친다고 보아야 한다. 따라서, 공물관리권이 미치는 공물의 상하의 범위는 사소유권이 미치는 상하의 범위와 다르다.

④ 공물관리권은 민법상 상린관계의 적용을 통하여 인근지역에 영향을 미친다. 이와 반대로 공물관리가 인근지역에 영향을 미치는 경우(특히 공해를 야기하는 경우) 민법상의 상린관계에 관한 규정의 적용에 의해 공물관리가 제한될 수 있다.

⑤ 공물관리상 하자로 인근지역주민에게 손해를 발생시킨 경우에는 공물관리주체에게 국가배상법 제5조의 책임이 인정된다.

Ⅲ. 공물관리자와 공물관리청

공물관리자(公物管理者, 공물관리주체)는 공물관리의 효과가 귀속되는 행정주체를 말한다.

공물관리청(公物管理廳)은 권한과 의무를 가지고 실제로 공물을 관리하는 기관을 의미한다.

예를 들면, 국유공물에 있어서 공물주체는 국가이지만 관리청은 법상의 관리청, 수임받은 기관, 대행기관 등이다. 공유공물에 있어서 공물주체는 지방자치단체이지만 관리청은 원칙상 지방자치단체의 장이다. 공공단체 소유의 공물에 있어서 당해 공공단체가 공물주체이면서 동시에 공물관리청이다.

공물의 관리는 공물주체가 소속기관을 통하여 스스로 행하는 것(직접관리)이 원칙이지만 위임, 위탁, 대리, 대행 등을 통하여 다른 기관으로 하여금 관리하도록 하는 경우가 있다.

1. 직접관리의 경우의 관리청

공물의 관리청은 공물에 관한 개별 법률에서 정하고 있다.

도로의 관리청은 국도에 있어서는 국토교통부장관, 국가지원지방도에 있어서는 도지사·특별자치도지사(특별시·광역시 안의 구간은 당해 시장), 그 밖의 도로에 있어서는 그 노선을 지정한 행정청이 된다(도로법 제23조 제1항). 다만, 특별시·광역시·특별자치도 또는 시가 관할하는 구역의 상급도로(고속국도, 읍·면 지역의 국도 및 지방도는 제외한다)는 특별시장·광역시장·특별자치도지사 또는 시장이 관리청이 된다(제2항).

국가하천은 환경부장관이 관리청이 된다(하천법 제8조 제1항). 지방하천은 그 관할구역의 시·도지사가 관리청이다(제8조 제2항).

2. 관리의 위임

공물의 관리가 위임되는 경우 공물의 관리권한이 수임기관에게 이전된다. 수임기관은 자기의 권한으로서 자신의 책임하에 자기의 이름으로 관리한다. 공물의 관리권은 법령 자체에 의해 위임되는 경우(법정위임)와 법령에 근거하여 관리자의 결정에 의해 위임하는 경우가 있다.

(1) 법정위임

특별시·광역시·특별자치시·특별자치도 또는 시관할구역 안의 일반국도(우회국도 및 지정국도는 제외한다)와 지방도는 시·도지사 또는 시장이 관리청으로 된다(도로법 제23조 제2항). 시지역을 통과하는 국도의 관리청인 특별시장·광역시장 또는 시장은 국가기관의 지위에 서고, 그 관리사무는 국가의 기관위임사무라고 보는 것이 다수 견해이지만, 사견에 의하면 단체위임사무라고 보는 것이 타당하다.

(2) 위 임

공물의 관리는 법령의 근거에 따라 위임(예 도로법 제110조 제1항) 또는 재위임(예 도로법 제110조 제2항)될 수 있다.

3. 관리의 위탁

공물관리는 법령의 근거(예 도로법 제110조 제3항)에 따라 위탁될 수 있다.

4. 관리의 대행

대행은 위임과 달리 권한이 피대행자로부터 대행자에게 이전되는 것은 아니다. 대행자의 권한행사는 피대행관청의 행위로서 효력을 발생한다.

그러나, 대행이라는 용어를 사용하지만 실질에 있어서는 위탁이나 위임의 성질을 갖는 경우도 있다. 한국도로공사가 행하는 고속국도의 관리의 대행은 그 성질이 위탁이라고 보아야 한다(도로법 제112조).

Ⅳ. 공물관리와 비용부담

공물관리에 요하는 비용은 이론상 공물의 관리주체가 부담하는 것이 원칙이다. 그런데, 도로법, 하천법과 같은 공물에 관한 개별법 등에서는 공물의 관리청이 속한 행정주체에게 관리비용을 부담시키는 경우가 적지 않다.

예를 들면, 도로법은 도로에 관한 비용은 국토교통부장관이 관리하는 도로에 관한 것은 국고의, 기타의 도로에 관한 것은 관리청이 속하는 지방자치단체의 부담으로 하는 것을 원칙으로 하고 있다. 다만, 제31조 제2항 단서의 경우에 필요한 비용은 국고의 부담으로 한다(도로법 제85조). 하천법도 도로법과 유사하게 하천의 관리비용을 규율하고 있다(하천법 제58조 이하).

Ⅴ. 공물관리와 공물경찰

1. 공물경찰의 의의

공물경찰(公物警察)이라 함은 공물상에서의 사회공공의 안녕과 질서에 대한 위해를 예방·제거하기 위하여 경찰주체가 행하는 일반경찰권의 작용을 말한다. 공물경찰의 성질은 일반 경찰작용과 다르지 않다. 즉, 공물경찰은 공물상에서 행하여지는 경찰작용이다.

예를 들면, 도로공사를 위한 도로통행의 제한(도로법 제76조)은 공물관리에 속하고, 교통사고를 예방하기 위한 도로통행의 제한(도로교통법 제6조)은 공물경찰에 속한다.

이하에서 공물관리와 공물경찰의 구분과 양자의 관계를 살펴보기로 한다.

2. 공물관리와 공물경찰의 구별

공물관리(公物管理)와 공물경찰(公物警察)은 목적, 권력적 기초, 작용주체, 발동범위 및 위반행위에 대한 제재 및 강제방법에서 구별된다.

(1) 목　　적

공물의 관리라 함은 공물이 공물로서의 본래의 기능을 발휘할 수 있도록 행하는 작용을 말한다.

이에 반하여 공물경찰은 공물상에서의 사회공공의 안녕과 질서에 대한 위해를 예방·제거하기 위하여 행하여지는 작용이다.

(2) 권력적 기초

공물관리는 공물관리권에 기초하여 행하여지는 데 반하여 공물경찰은 경찰권에 기초하여 행하여진다.

(3) 행정기관

공물관리는 공물관리청이 행하지만 공물경찰은 경찰행정기관이 행한다. 다만, 공물에 대한 행정의 효율성을 위하여 공물관리권과 공물경찰권을 한 기관이 통합적으로 행사할 필요가 있는 경우가 있다. 이 경우에는 공물관리자에게 공물경찰권이 위탁되기도 하고 공물경찰기관에게 공물관리권이 위탁되는 경우(예 지방경찰청장에 대한 시·도의 신호등관리의 위탁)도 있다. 그 위탁은 법률에 의해 직접 부여되기도 하고(도로교통법 제3조), 법률의 근거에 의한 위탁결정에 의해 행해지기도 한다.

(4) 발동범위

공물관리에 있어서는 공물의 계속적인 독점적 사용권을 설정할 수 있지만, 공물경찰에 있어서는 독점적 사용권을 설정하는 것이 인정되지 않는다. 공물경찰에 있어서는 공물의 일시적인 사용을 허가할 수 있을 뿐이다.

공물관리는 원칙상 비권력작용이며 법률상 특별한 규정이 있는 경우에만 권력적 조치가 가능한 반면에 공물경찰은 원칙상 권력작용이다.

(5) 위반행위에 대한 제재 및 강제방법

공물관리에 있어서 의무위반자에 대한 제재는 그 위반자를 사용관계로부터 배제하는 것에 그치고 법률에 특별한 규정이 없는 한 제재를 과하거나 행정상 강제집행을 할 수 없다.

이에 반하여 공물경찰에 있어서는 의무위반자에 대하여 통상 행정벌을 부과하거나 경찰상 강제집행을 행한다. 물론 공물경찰상의 행정벌의 부과와 강제집행에는 별도의 법률의 근거가 있어야 한다.

위에서 고찰한 바와 같이 공물관리와 공물경찰은 구별되지만, 실제에 있어서 공물관리와 공물경찰의 구별이 애매한 경우가 있다.

예를 들면, 붕괴위험이 있는 다리 위로의 차량통행의 제한은 공물관리권에 의해서도 가능하고 공물경찰권에 의해서도 가능하다. 또한, 도로교통법 제3조의 규정에 의한 신호기 및 안전표지의 설치가 공물관리작용인지 공물경찰작용인지 애매하다. 신호기 및 안전표지판의 설치는 공물관리작용으로서의 성질과 공물경찰로서의 성질을 아울러 가진다고 보는 것이 타당하다.

3. 공물관리와 공물경찰의 관계

공물관리와 공물경찰은 원칙상 상호 독립적으로 행하여진다. 그런데, 동일한 상대방에 대하여 동일한 규제가 행하여질 수 있는 경우 등 양 작용이 경합하는 경우가 있다. 그 예는 도로와 같이 공중의 자유사용이 인정되는 공물에서 많이 나타난다.

예를 들면, 도로상의 교통통제와 도로점용허가의 경우를 들 수 있다. 도로법 제76조 제1항은 도로관리청은 도로에 관련된 공사로 인하여 부득이한 경우 또는 도로의 손궤, 그 밖의 사유로 인하여 통행이 위험하다고 인정되는 경우에는 구간을 정하여 도로의 통행을 금지하거나 제한할 수 있는 것으로 규정하고 있는데, 이에 근거한 차량운행의 제한조치는 공물관리작용에 속하고, 도로교통법 제6조는 지방경찰청장은 도로에서의 위험을 방지하고 교통의 안전과 원활한 소통을 위하여 필요하다고 인정되는 때에는 구간을 정하여 차마의 통행을 금지하거나 제한할 수 있다고 규정하고 있는데, 이에 근거한 차마의 통행금지나 제한은 공물경찰작용에 속한다. 도로법 제77조에 근거한 차량운행의 제한조치와 도로교통법 제6조에 근거한 차마의 통행금지나 제한은 규제목적이나 요건은 다르지만 동일한 내용의 규제이며 양 조치가 동시에 행해질 수 있는 경우가 있을 수 있다.

또한, 도로에서 집회를 하거나 또는 시가행진을 하기 위하여는 도로법 제61조의 도로점용허가를 받아야 하는데, 집회 및 시위에 관한 법률 제12조는 관할경찰서장은 주요도시의 주요도로에서의 집회 또는 시위에 대하여 교통소통을 위하여 필요하다고 인정할 때에는 그 집회 또는 시위를 금지하거나 교통질서유지를 위한 조건을 붙여 제한할 수 있다.

이와 같이 공물관리권과 공물경찰권이 경합하는 경우에 이론상으로는 공물관리권과 공물경찰권은 법적 근거도 다르고, 그 목적도 다르므로 상호 독립하여 독자적으로 행사될 수 있다. 그러나, 이 경우 이용자의 입장에서는 이중의 규제가 될 수 있고 경우에 따라서는 양 규제가 모순될 수 있으므로 양 권한행사에 있어 협력과 조정이 필요하다.

도로교통법 제6조 제2항은 경찰서장이 도로의 통행을 금지하거나 제한할 때에는 도로관리자와 협의하도록 규정하고 있고, 동조 제4항은 지방경찰청장이 차마의 통행을 금지하거나 제한한 때에는 그 도로의 관리청에게 그 사실을 통지하도록 규정하고 있다. 도로교통법 제70조는 도로관리청의 도로의 점용허가 및 도로의 통행금지나 제한의 경우에는 경찰청장 또는 관할경찰서장에 통보하고, 통보를 받은 경찰청장 또는 관할 경찰서장은 교통의 안전과 원활한 소통을 확보하기 위하여 필요하다고 인정하는 때에는 도로관리청에 필요한 조치를 요구할 수 있으며 이 경우 도로관리청은 정당한 사유가 없는 한 이에 응하여야 한다고 규정하고 있다.

제 7 절 공물의 사용관계

Ⅰ. 의 의

공물의 사용관계(使用關係)라 함은 공물의 사용과 관련하여 공물관리자와 사용자 사이에 형성되는 법률관계(권리의무관계)를 말한다.

Ⅱ. 일반사용

1. 의 의 2. 내 용 (1) 공물의 용법에 따른 사용 (2) 인접주민의 고양된 일반사용 1) 의 의 2) 고양된 일반사용의 내용 3) 고양된 일반사용의 범위와 한계 4) 권리구제	3. 법적 성질 (1) 공 권 (2) 자 유 권 (3) 일반사용자의 원고적격 (4) 私法上 방해배제청구권 및 손해배상청구권 4. 범위 및 한계 5. 사용료의 징수

1. 의　　의

일반사용(一般使用)이라 함은 공물을 특별한 요건을 충족할 필요 없이(공물관리자의 특별한 의사표시 없이) 자유로이 그 본래의 용법에 따라 사용하는 것을 말한다.

일반사용은 특별한 요건을 충족함이 없이 자유로이 사용한다는 점에서 자유사용(自由使用)이라고도 한다.

도로에서의 통행, 공원에서의 산책, 하천에서의 수영 등이 일반사용의 예이다.

2. 내　　용

(1) 공물의 용법에 따른 사용

일반사용은 공물의 본래의 용법에 따른 사용을 내용으로 한다. '공물의 용법(用法)에 따른 사용'이 무엇인지는 공물마다 다르다.

예를 들면, 차도에서의 자동차의 통행과 보도에서의 보행자의 통행 등이 도로의 용법에 따른 사용이다. 하천에서의 세탁 등과 같이 공물의 용법에 따른 사용인지 아닌지가 애매한 경우도 있다.

(2) 인접주민의 고양된 일반사용 [2003 사시 약술]

1) 의　　의

인접주민은 생활이나 경제활동에 있어서 당해 공물을 사용할 필요성이 크기 때문에 인접주민의 생활이나 경제활동을 위하여 필요한 한도 내에서 인접주민에게는 일반인의 일반사용보다 양적이나 질적으로 고양된 사용이 인정된다.

2) 고양된 일반사용의 내용

① 양적(量的)으로 고양된 사용이라는 것은 일반사용자에 비해 더욱 강화된 사용이 가능하다는 것이다.

예를 들면, 일반사용자도 법상 금지되지 않는 한 도로에 일시 주차할 수 있지만 도로변에서 상점을 운영하는 자는 상품을 싣거나 내리기 위해 차량을 일시 주차시키는 것도 가능하다.

② 질적(質的)으로 고양된 사용이라는 것은 일반사용에서는 인정되지 않는 사용도 인접주민의 일반사용으로는 인정될 수 있다는 것이다.

예를 들면, 도로의 일반사용은 도로의 본래의 용법에 따른 사용만이 가능하므로 도로를 점용하는 것은 일반사용의 범위에 들어가지 않지만, 도로의 인접주민은 건물공사를 위하여 불가피한 경우 일시 건축자재를 쌓아 두거나 이사를 위하여 이삿짐을 일시 쌓아 둘 수 있고, 인접상점주는 일시 물품을 쌓아 둘 수 있다. 다만, 일반인의 일반사용을 심히 제한하는 경우에는 점용허가를 받아야 한다.

3) 고양된 일반사용의 범위와 한계

인접주민의 고양된 일반사용에는 일정한 한계가 있다.

① 인접주민의 공물사용은 일상생활이나 경제활동에 필요한 한도 내에서만 인정된다.

② 인접주민의 고양된 일반사용이 일반인의 일반사용을 심히 제한하여서는 안 된다. 따라서, 도로상에 입간판을 설치하거나 영업을 위하여 상품을 진열하는 것은 이견이 없는 것은 아니지만 원칙상 인정되지 않는다고 보아야 한다.

③ 구체적으로 공물을 사용하지 않고 있는 이상 그 공물의 인접주민이라는 사정만으로는 공물에 대한 고양된 일반사용권이 인정될 수 없다(판례).

[판례] 인접주민의 고양된 일반사용권리도 공물의 일반사용의 범위 안에서 인정되는 것이므로, 특정인에게 어느 범위에서 이른바 고양된 일반사용권으로서의 권리가 인정될 수 있는지의 여부는 당해 공물의 목적과 효용, 일반사용관계, 고양된 일반사용권을 주장하는 사람의 법률상의 지위와 당해 공물의 사용관계의 인접성, 특수성 등을 종합적으로 고려하여 판단하여야 한다. 따라서 구체적으로 공물을 사용하지 않고 있는 이상 그 공물의 인접주민이라는 사정만으로는 공물에 대한 고양된 일반사용권이 인정될 수 없다(대판 2006. 12. 22, 2004다68311, 68328: 재래시장 내 점포의 소유자가 점포 앞의 도로에 대하여 일반사용을 넘어 특별한 이해관계를 인정할 만한 사용을 하고 있었다는 사정을 인정할 수 없다는 이유로 위 소유자는 도로에 좌판을 설치·이용할 수 있는 권리가 없다고 본 사례).

4) 권리구제

인접주민의 고양된 일반사용권이 침해된 경우 후술하는 바와 같이 공법상 및 사법상 방해배제청구권 및 손해배상청구권이 인정될 수 있다.

또한 공용폐지를 다툴 원고적격이 인정될 가능성이 일반사용자보다 높다.

3. 법적 성질 [2011 행시(재경직) 사례형 약술]

(1) 공 권

자유사용의 법적 성질에 관하여 반사적 이익설과 공권설이 대립하고 있는데, 공권설이 통설이다.

(2) 자 유 권

공물의 일반사용권은 공물의 존재를 전제로 하여 당해 공물을 자유로이 사용할 수 있는 것을 내용으로 하는 '자유권(自由權)'으로 보아야 할 것이다. 따라서, 공물의 신설이나 구조변경을 요구하는 적극적 권리를 내용으로 하지 않는다. 그러나, 공공용물의 존재를 전제로 하여 일반사용권을 침해하는 행정주체의 공권력행사에 대하여는 공법상 방해배제청구권이나 국가배상청구권이 행사될 수 있을 것이다.

(3) 일반사용자의 원고적격

공물주체의 공용폐지에 대하여 일반사용자에게 이 공용폐지를 다툴 원고적격(原告適格)이 있는가하는 문제가 제기된다.

판례는 다음과 같이 예외적으로 일반사용자에게 공용폐지를 다툴 원고적격을 인정한다.

[판례] 일반적으로 도로는 국가나 지방자치단체가 직접 공중의 통행에 제공하는 것으로서 일반국민은 이를 자유로이 이용할 수 있는 것이기는 하나, 그렇다고 하여 그 이용관계로부터 당연히 그 도로에 관하여 특정한 권리나 법령에 의하여 보호되는 이익이 개인에게 부여되는 것이라고까지는 말할 수 없으므로, 일반적인 시민생활에 있어 도로를 이용만 하는 사람은 그 용도폐지를 다툴 법률상의 이익이 있다고 말할 수 없지만, 공공용재산이라고 하여도 당해 공공용재산의 성질상 특정개인의 생활에 개별성이 강한 직접적이고 구체적인 이익을 부여하고 있어서 그에게 그로 인한 이익을 가지게 하는 것이 법률적인 관점으로도 이유가 있다고 인정되는 특별한 사정이 있는 경우에는 그와 같은 이익은 법률상 보호되어야 할 것이고, 따라서 도로의 용도폐지처분에 관하여 이러한 직접적인 이해관계를 가지는 사람이 그와 같은 이익을 현실적으로 침해당한 경우에는 그 취소를 구할 법률상의 이익이 있다(대판 1992. 9. 22, 91누13212[국유도로의 공용폐지처분무효확인 등]). 〈해설〉 이 사건에서 대법원은 "원고가 거주하는 금강빌라의 주민들에 대하여는 그 빌라의 준공 당시부터 30m 대로에 연결되는 폭 6m의 진입로가 별도로 설치되어 있어 통행에 아무런 불편이 없고, 이 사건 도로는 빌라 뒤쪽 사유지 사이에 위치한 매우 좁은 도로로서 거의 일반통행에는 제공이 되지 않고 위 주민들의 산책로 등으로 가끔 이용될 뿐이어서 원고가 이 사건 도로를 산책로 등으로 가끔 이용하였던 정도의 이해관계만으로는 이 사건 도로의 용도폐지처분을 다툴 법률상의 이익이 있다고 할 수 없다"고 판시한 원심판결을 정당하다고 하였다.

원고적격이 인정되기 위하여는 공권력행사(공용폐지행위등)에 의해 개인의 중요하고 구체적인 이익이 직접 침해되었거나 그 침해가 예상되어야 한다.

인접주민의 고양된 일반사용이 침해된 경우에는 원고적격이 인정될 가능성이 크다.

예를 들면, 도로가 폐지되어도 대체도로가 있고, 그 대체도로를 이용하여도 종래의 일상생활이나 직업활동상 큰 불편이 없는 경우에는 당해 도로의 공용폐지를 다툴 원고적격은 없다고 보아야 하지만, 폐지된 도로가 일반사용자의 유일한 통로이었거나 대체도로가 있기는 하지만 대체도로를 사용하면 특정 일반사용자의 종래의 일상생활이나 직업활동을 수행함에 있어 심히 큰 어려움을 겪게 되는 경우에는 당해 일반사용자의 원고적격을 인정하여야 할 것이다.

다만, 공용폐지를 다툴 원고적격을 인정한다고 하여도 공용폐지의 재량적 내지 정책적 성격으로 인하여 본안에서 원고의 주장은 쉽게 인용되지 않을 것이다. 또한, 공용폐지행위가 위법한 경우에도 사정판결을 하여야 할 경우도 있을 것이다.

(4) 사법상(私法上) 방해배제청구권 및 손해배상청구권

일반사용자의 공물이용이 다른 개인에 의해 방해받는 경우 사법상 방해배제청구권이나 손해배상청구권이 인정될 수 있다.

[판례] 공물의 인접주민은 다른 일반인보다 그 인접공물의 일반사용에 있어서 특별한 이해관계를 가지는 경우가 있고, 그러한 의미에서 다른 사람에게 인정되지 아니하는 이른바 고양된 일반사용권이 보장될 수 있으며, 이러한 고양된 일반사용권이 침해된 경우 다른 개인과의 관계에서 민법상으로도 보호될 수 있으나, 그러한 권리도 공물의 일반사용의 범위 안에서 인정되는 것이므로, 특정인에게 어느 범위에서 이른바 고양된 일반사용권으로서의 권리가 인정될 수 있는지의 여부는 당해 공물의 목적과 효용, 일반사용관계, 고양된 일반사용권을 주장하는 자의 법률상의 지위와 당해 공물의 사용관계의 인접성, 특수성 등을 종합적으로 고려하여 판단하여야 할 것이지만, 구체적으로 그 공물을 사용하지 않고 있는 이상 그 공물의 인접주민이라는 사정만으로는 그러한 권리관계가 인정될 수 없다(대판 2006. 12. 22, 2004다68311).

4. 범위 및 한계

① **공용물**의 경우에도 예외적으로 그 본래의 목적을 방해하지 않는 한도에서 일정한 조건 아래 일반사용이 허용된다고 보는 것이 다수견해이다. 공용물의 자유사용의 예로 국공립학교 구내의 자유통행 또는 국공립학교 운동장의 자유사용을 들 수 있다. 이에 대하여 공용물은 직접 행정주체 자신의 사용에 제공함을 목적으로 하기 때문에 일반사용의 대상이 되지 않는다는 견해도 있다. 이 견해는 위의 공용물의 사용은 공물주체의 묵시적 허가에 의한 사용이라고 한다(정하중, 1201~1202면).

② 일반사용에 대하여는 공물에 관한 법령에 의해 관리의 필요상 또는 경찰목적상 일정한 금지 또는 제한이 가해진다.

예를 들면 도로관리의 필요상 도로법 제75조는 도로에 관한 금지행위를 규정하고 있고, 도로법 제76조는 통행의 금지 또는 제한을, 제77조는 차량의 운행제한을 규정하고 있다. 또한, 도로교통법은 경찰목적상 필요한 경우에 있어서 도로의 사용을 금지 또는 제한하고 있다. 즉, 도로교통법 제68조는 도로상에서의 금지행위를, 제6조는 도로에서의 통행의 금지 및 제한을 규정하고 있다.

③ 공공용물의 일반사용은 조리상 타인의 일반사용을 심히 방해하지 않는 범위 내에서 또한 그러한 방법으로만 가능하다는 한계를 가진다.

[판례] 공공용물에 대한 일반사용이 적법한 개발행위로 제한됨으로 인한 불이익이 손실보상의 대상이 되는 특별한 손실인지 여부(소극): 일반 공중의 이용에 제공되는 공공용물에 대하여 특허 또는 허가를 받지 않고 하는 일반사용은 다른 개인의 자유이용과 국가 또는 지방자치단체 등의 공공목적을 위한 개발 또는 관리·보존행위를 방해하지 않는 범위 내에서만 허용된다 할 것이므로, 공공용물에 관하여 적법한 개발행위 등이 이루어짐으로 말미암아 이에 대한 일정범위의 사람들의 일반사용이 종전에 비하여 제한받게 되었다 하더라도 특별한 사정이 없는 한 그로 인한 불이익은 손실보상의 대상이 되는 특별한 손실에 해당한다고 할 수 없다(대판 2002. 2. 26, 99다35300).

5. 사용료의 징수

공물의 일반사용은 원칙상 무료이다. 다만, 일정한 경우 법률의 근거가 있는 경우에 한하여 일반사용에 대하여도 예외적으로 사용료를 징수할 수 있다.

Ⅲ. 허가사용

1. 의 의

허가사용(許可使用)이라 함은 공물관리목적상 또는 경찰목적상 일정한 공물의 사용을 일반적으로 금지하고 특정한 경우에 해제하여 그 일시적 사용을 허용하는 행위(사용허가)에 의해 공물을 사용하는 것을 말한다.

허가사용에는 공물경찰권에 근거한 허가사용과 공물관리권에 근거한 허가사용이 있다.

허가사용은 계속적인 사용을 포함할 수 없고 일시적 사용에 국한된다.

허가사용은 공물사용의 권리를 창설하여 주는 것이 아니며 공물 본래의 기능을 방해하지 않는 한도 내에서의 일시적 사용에 그친다는 점에서 후술하는 특허사용과 구별된다.

2. 허가사용의 종류

(1) 공물관리권에 근거한 허가사용

공물관리권(公物管理權)에 근거한 허가사용은 공공용물의 일반사용이 공물의 관리에 장해를 초래할 우려가 있는 경우에 그 장해를 제거하기 위하여 또는 타인의 일반사용에 지장을 초래할 우려가 있는 경우에 그 사용관계를 조정하기 위하여 일정한 내용의 공물사용을 일반적으로 금지한 후 특정한 요건을 갖춘 경우에 그 금지를 해제하여 그 공물의 사용을 허용하는 것이다.

도로의 보호를 위하여 일정한 차량의 통행을 금지하고 일정한 조건을 갖출 것을 조건으로 그 금지를 해제하는 것, 도로상에서의 집회를 위한 허가(다만, 집회 및 시위에 관한 법률은 집회를 함에 있어서 경찰 목적상 허가는 요하지 않고 신고만 하면 된다고 규정하고 있다.) 등이 그 예에 속한다.

(2) 공물경찰권에 근거한 허가사용

공물경찰권(公物警察權)에 근거한 허가사용은 공공용물의 일반사용이 사회공공의 안녕과 질서에 위해(예 타인의 생명과 재산에 대한 위해)를 가할 우려가 있는 경우에 일정한 내용의 공물사용을 일반적으로 금지한 후 일정한 요건을 갖춘 경우에 그 금지를 해제하여 그 공물의 사용을 허용하는 것이다.

현행 실정법상 공물경찰권에 근거한 허가사용의 예는 거의 없다.

3. 성　질

(1) 허　가

허가사용 중 공물경찰권에 근거한 사용허가는 강학상 허가의 성질을 가지며 공물관리권에 근거한 사용허가는 강학상 허가에 준하는 성질을 갖는다.

허가사용은 본래 자유로운 사용에 속하는 행위를 공익목적상(경찰목적상 또는 공물관리목적상) 금지하고 일정한 요건을 갖춘 경우에 그 금지를 해제하여 주는 것이며 새로운 권리를 창설하여 주는 것이 아니라는 점에 그 본질이 있다.

(2) 기속행위

사용허가는 본래 자유로운 사용을 경찰목적 또는 공물관리목적상 금지하고 이를 해제하는 행위로서 강학상 허가의 성질을 가지므로 기속행위로 보아야 한다. 이렇게 보고 사용특허를 재량행위로 본다면 이점에서 허가사용과 특허사용의 구별실익이 있다.

4. 사 용 료

허가사용의 경우 사용료를 징수할 수도 있지만 징수하지 않는 경우가 많다.

Ⅳ. 특허사용 [2008 사시 사례형 약술]

[문제] 甲이 점용허가없이 도로의 인도(人道)에 상품을 진열하는 가판대를 설치하여 이용하고 있는 경우 공물관리기관이 취할 수 있는 조치로는 무엇이 있는가.

1. 의 의

공물의 특허사용(特許使用)이라 함은 공물사용권의 특허에 의한 공물의 사용을 말한다. 공물사용권의 특허라 함은 일반인에게는 인정되지 않는 특별한 사용권을 특정인에게 창설하여 주는 행위를 말한다.

도로에 전기·수도·가스관 등을 매설하는 것이 특허사용의 예인데, 이 특허사용을 위하여는 공물사용권의 특허(이 경우 도로점용의 허가)를 받아야 한다. 하천에 댐을 건설하는 것도 특허사용의 예인데, 이 경우에 공물사용권의 특허인 하천점용허가를 받아야 한다.

특허사용은 일반사용의 범위를 넘어 공물을 배타적으로 계속적으로 사용하는 권리를 새로이 창설하여 주는 점에서 일반적 금지를 해제하여 일시적으로 본래 일반사용에 속하는 유형의 사용을 할 수 있도록 하는 허가사용과 구별된다.

2. 특허사용의 대상: 특별사용 [2017 행시]

(1) 의 의

공물의 특별사용(特別使用)이라 함은 공물의 일반사용과는 별도로 공물의 특정 부분을 특정한 목적을 위하여 어느 정도 배타적으로 그리고, 계속적으로 사용하는 것을 말한다. 특별사용은 공물사용권의 특허를 받아야 한다.

[판례] 구 도로법 제40조(현행 도로법 제38조)에 규정된 점용허가의 대상이 되는 도로의 점용은 특별사용의 대표적인 예이다(대판 1998. 9. 22, 96누7342[도로점용료부과처분취소]).

(2) 판단기준

판례는 "도로의 특별사용은 반드시 독점적, 배타적인 것이 아니라 그 사용목적에 따라서는 도로의 일반사용과 병존이 가능한 경우도 있고, 이러한 경우에는 도로점용 부분이 동시에 일반공중의 교통에 공용되고 있다고 하여 도로점용이 아니라고 말할 수 없는 것이며, 한편 당해 도로의 점용을 위와 같은 특별사용으로 볼 것인지 아니면 일반사용으로 볼 것인지는 그 도로점용의 주된 용도와 기능이 무엇인지에 따라 가려져야 한다"라고 도로의 특별사용의 판단기준을 제시하고 있다(대판 1995. 2. 14, 94누5830[도로점용료부과처분취소]).

[판례 1] [1] **도로법 제80조의2의 규정에 의한 도로점용료상당의 부당이득금의 징수요건으로서의 도로점용의 의미(=특별사용)**: 도로법 제40조에 규정된 도로의 점용이라 함은 일반공중의 교통에 공용되는 도로에 대하여 이러한 일반사용과는 별도로 도로의 특정부분을 유형적, 고정적으로 특정한 목적을 위하여 사용하는 이른바 특별사용을 뜻하는 것이므로, 허가 없이 도로를 점용하는 행위의 내용이 위와 같은 특별사용에 해당할 경우에 한하여 도로법 제80조의2의 규정에 따라 도로점용료상당의 부당이득금을 징수할 수 있다. [2] 지하철역과 원고의 사옥 사이의 지하연결통로의 용도와 기능이 주로 일반시민의 교통편익을 위한 것이고 이에 곁들여 위 건물에 출입하는 사람들의 통행로로도 이용되고 있는 정도라면 위 지하연결통로는 도로의 일반사용을 위한 것이고, 만일 이와 반대로 위 지하연결통로의 주된 용도와 기능이 원고 소유 건물에 출입하는 사람들의 통행로로 사용하기 위한 것이고 다만 이에 곁들여 일반인이 통행함을 제한하지 않은 것에 불과하다면 위 지하연결통로는 특별사용에 제공된 것이므로 이를 설치사용하는 행위는 도로의 점용이라고 보아야 할 것이며, 위 지하연결통로의 설치 사용이 위의 경우 중 어느 경우에 해당하는지는 위 지하연결통로의 위치와 구조, 원고 소유 건물 및 일반 도로와의 연결관계 및 일반인의 이용상황 등 제반사정을 구체적으로 심리하여 판단하여야 한다(대판 1991. 4. 9, 90누8855[도로점용료부과처분취소]).

[판례 2] [1] 구 공유수면관리법(2010. 4. 15. 법률 제10272호로 폐지되기 전의 것)에 규정된 공유수면의 점용이라 함은 공유수면에 대하여 일반사용과는 별도로 공유수면의 특정 부분을 유형적·고정적으로 특정한 목적을 위하여 사용하는 이른바 특별사용을 의미하는 것이다. [2] 피고인이 4륜스쿠터 임대업을 하면서 관할관청의 허가를 받지 아니하고 4륜스쿠터 10대를 불특정 관광객들에게 임대하여 해수욕장의 백사장에서 운행하라고 한 것만으로는 피고인이 공유수면의 특정부분인 백사장을 일반사용과는 별도로 특정한 목적을 위하여 유형적·고정적으로 사용함으로써 이를 점용하였다고 볼 수 없다고 한 사례(대판 2010. 11. 25, 2010도12529[공유수면관리법위반]).

(3) 특별사용의 예

판례가 특별사용이므로 공물의 사용특허인 도로점용허가를 받아야 한다고 본 예는 다음과 같다.

[판례 1] 지하 1층, 지상 17층의 상가아파트 건물(서울 낙원상가아파트 건물)이 도로 상하의 공간에 설치되어 있고, 지상 1층 공간에는 일정 간격으로 지주가 배열되어 있으며, 그 사이로 형성된 터널형 공간 부분의 중앙으로 차도가 설치되어 있고, 양쪽에 주차장 및 옥외출입계단이 설치되어 있는 경우(대판 1998. 9. 22, 96누7342[도로점용료부과처분취소]).

[판례 2] 차도와 인도 사이의 경계턱을 없애고 인도 부분을 차도에서부터 완만한 오르막 경사를 이루도록 시공하는 방법으로 건물 앞 인도 부분에 차량진출입통로를 개설한 경우, 도로의 특별사용에 해당한다고 한 사례(대판 1999. 5. 14, 98두17906[부당이득금부과처분취소]).

(4) 특별사용이라고 보지 않은 예

[판례 1] 지하연결통로 완공 후의 지하도 전체 중 확장부분은 지하 전철역에서 지상의 대로로 나가는 일반시민들이 주로 이용하고 이에 곁들여 건물에 출입하는 사람들이 이를 이용하고 있으며, 그 건물에 출입하는 사람들로 인하여 일반시민들이 본래의 사용보다 불편함을 감수하면서 이를 이용하는 것으로는 보이지 아니하고 그 구조 또한 주로 일반인의 이용을 위한 것으로 보이므로 건물소유자가 이를 특별사용하는 것으로 볼 수 없다(대판 1995. 2. 3, 94누3766[도로점용료부과처분취소]).

[판례 2] 인근 롯데백화점에서 서울특별시로부터 허가를 받고 지하철공사와의 협약을 거친 후 을지로입구 전철역과 위 백화점 지하 1층을 연결하는 지하 연결통로를 설치하는 것과 병행하여 통행의 편의를 증진시키

기 위하여 그 지하 연결통로쪽으로 올라가는 기존의 전철역 출입계단에 상행선 에스컬레이터를 설치하는 공사를 시행함으로써 종래 일반시민이 이용하던 전철역 출입계단이 위 지하연결통로의 설치와 동시에 위 백화점에 출입하는 사람들의 통행로로도 곁들여 이용된 경우, 위 에스컬레이터는 지하도로의 일반사용을 위한 것이고 특별사용을 위한 것이라고 보기 어려워 도로를 점용하였다고 볼 수 없다고 한 사례(대판 1992. 9. 8, 91누12622[도로점용료부과처분취소]).

3. 특허사용허가의 성질

(1) 쌍방적 행정행위

공물사용권의 특허의 성질을 공법상 계약으로 보는 견해도 있으나 쌍방적 행정행위(雙方的 行政行爲)로 보는 것이 일반적 견해이다.

(2) 형성적 행위

공물사용권의 특허는 특정인에게 일반인에게는 인정되지 않는 **특별한 사용권을 창설**하여 주는 행위인 점에서 형성적 행위(形成的 行爲)이다.

(3) 재량행위

어떠한 행정행위가 기속행위인가 재량행위인가는 실정법규를 기준으로 판단하여야 한다. 그런데, 실정법규에서 재량권의 부여에 관한 명시적인 규정이 없는 경우에 행위의 성질이 판단기준이 된다.

공물사용권의 특허는 다음과 같은 점에 비추어 실정법규에서 달리 규정하지 않는 한 **원칙상 재량행위**(裁量行爲)로 보는 것이 타당하다. ① 공물사용권의 특허는 특별한 사용권을 새로이 창설하여 주는 형성적 행위이다. ② 공물사용권의 특허는 공물에 대하여 어느 정도 독점적이고 배타적인 사용권을 설정하고 따라서 어느 정도 공물의 목적을 저해할 가능성이 있으므로 특허사용의 사익 또는 공익(공익사업을 위한 특허사용의 경우)과 공물관리상의 공익을 이익형량할 필요가 있다. ③ 특허사용은 공물의 본래의 목적에 속하는 것은 아니고 공물의 목적을 저해할 가능성이 있으므로 특허사용은 원칙적으로는 금지되고 예외적으로 허용되는 것으로 보아야 한다.

[판례 1] 도로점용의 허가는 특정인에게 일정한 내용의 공물사용권을 설정하는 설권행위로서 공물관리자가 신청인의 적격성, 사용목적 및 공익상의 영향 등을 참작하여 허가를 할 것인지의 여부를 결정하는 재량행위이다(대판 2007. 5. 31, 2005두1329[도로점용허가거부처분취소 등]).
[판례 2] [1] **공유수면관리법상 공유수면의 점 · 사용허가의 법적 성질(=재량행위)**: 구 공유수면관리법에 따른 공유수면의 점·사용허가는 특정인에게 공유수면 이용권이라는 독점적 권리를 설정하여 주는 처분으로서 그 처분의 여부 및 내용의 결정은 원칙적으로 행정청의 재량에 속한다고 할 것이다. [2] 공유수면 사용권은 공유수면 점용·사용허가로 발생하는 권리로서 공물사용권 내지 공물이용권으로 볼 수 있다(대판 2014. 9. 4, 2014두2164).

4. 특허사용관계의 내용

공물사용의 특허를 받은 자는 특허의 내용에 따라 일정한 내용의 공물사용권을 취득하고, 법령 및 조건(특허명령서)에 따라 일정한 의무를 부담한다.

(1) 공물사용권

1) 공물사용권의 성질

공물사용권(公物使用權)의 성질(예 공권인가 사권인가, 채권인가 물권인가, 재산권성)에 관하여 견해가 대립되고 있다.

가. 공 권 특허에 의한 공물사용권의 성질에 관하여 공권설, 사권설, 절충설이 대립하고 있는데, 공권설(公權說)이 일반적 견해이다. 공권설은 공물사용권은 공물관리자에 대한 공권의 성질을 갖는다고 한다.

나. 채 권 공물사용권은 법률이 물권으로 규율하고 있는 경우(예 수산업법상 어업권, 댐건설 및 주변지역지원 등에 관한 법률상 댐사용권)를 제외하고는 원칙상 공물관리자에 대한 채권적 성질을 갖는다.

공물사용권을 채권(債權)으로 보면 공물사용권을 이유로 공용폐지를 배제할 수 없다.

[판례] 하천의 점용허가권은 특허에 의한 공물사용권의 일종으로서 하천의 관리주체에 대하여 일정한 특별사용을 청구할 수 있는 채권에 지나지 아니하고 대세적 효력이 있는 물권이라 할 수 없다(대판 1990. 2. 13, 89다카23022; 2015. 1. 29, 2012두27404).

공물사용권은 기본적으로 채권이지만 제3자에 대한 관계에서는 어느 정도 배타적인 사용과 점용을 내용으로 하므로 제3자에 대한 관계에서는 일부 물권에 유사한 성질도 갖는다.

다. 재산권성 공물사용권은 공권이라고 하여도 그 실질은 그 물건을 사용하고 점용하는 것을 내용으로 하므로 재산권적 성질을 가진다. 공물사용권은 이 점에서 사권과 유사한 성질을 가지며 이 한도 내에서는 사법이 적용된다. 그리하여 공물사용권은 사권에 준하여 양도가 가능하고, 제3자가 이 사용권을 침해한 경우에는 민사상 방해배제나 손해배상청구가 가능하다.

[판례] 하천법 제50조에 의한 하천수 사용권은 하천법 제33조에 의한 하천점용허가권과 마찬가지로 특허에 의한 공물사용권의 일종으로서, 양도가 가능하고 이에 대한 민사집행법상의 집행 역시 가능한 독립된 재산적 가치가 있는 구체적인 권리라고 보아야 한다(대판 2018. 12. 27, 2014두11601).

2) 내용과 한계[2012 사시 사례]

공물의 특허사용은 공물의 특정부분을 특정한 목적을 위하여 사용하는 특별사용(特別使用)을 뜻한다. 따라서 공물사용권의 내용은 그 사용목적에 의해 정해진다. 공물사용권은 그 사용목적을 달성하는 데 필요한 한도 내에서 공물을 배타적으로 사용할 수 있는 것을 내용으로 한다.

그리고 특허에 의한 공물사용은 계속적 성질을 갖는다.

그러나, 공공용물의 공공용에의 제공이라는 목적을 본질적으로 침해하여서는 안 된다. 즉, 특허에 의한 공물사용권은 예외적인 것으로 보아야 하므로 공물사용권은 그 사용목적 달성에 필요한 최소한도 내에서 인정되며 일반공중의 일반사용과 조화를 이루어야 한다.

(2) 공물사용권자의 의무

공물사용의 특허를 받은 자는 법령 및 사용특허의 조건(특허명령서)에 따라 일정한 의무를 부담한다.

1) 사용료납부의무

공물사용권의 특허는 특정인의 이익을 위하여 일정한 특권을 부여하는 것이므로 그 특허사용의 대가로 사용료를 징수할 수 있다.

[판례] 국유재산 점용·사용허가를 받지 아니한 채 국유재산을 사용한 자에 대하여 국유재산법에 따른 사용료를 부과할 수 없다(대판 2017. 4. 27, 2017두31248). 〈해설〉 변상금을 부과하거나 부당이득반환청구를 하여야 한다.

2) 손실보상의무

하천점용허가로 손실을 받은 기득하천사용자가 있는 때에는 그 하천점용허가를 받은 자가 그 손실을 보상하여야 한다(제35조 제1항).

5. 특허사용관계의 소멸 [2009 감평 사례]

공물의 특허사용관계는 공물의 소멸, 특허사용권의 포기, 특허사용권에 의한 시설 또는 사업의 소멸, 사용특허의 종기의 도래 또는 해제조건의 성취, 특허의 취소 또는 철회에 의해 종료된다.

6. 사용특허 없는 특별사용에 대한 변상금 부과 [2008 사시 사례형 약술]

사용특허 없는 특별사용에 대해 **변상금 등의 부과에 관한 특별규정이 있는 경우**에는 변상금을 부과하고, **변상금 부과에 관한 특별규정이 없는 경우**에는 부당이득반환의 법리에 따라 점용료 상당액을 부당이득금으로 징수할 수 있다.

도로법 제72조는 "제38조의 규정에 의한 도로점용허가를 받지 아니하고 도로를 점용한 자에 대하여는 그 점용기간에 대한 점용료의 100분의 120에 상당하는 금액을 변상금으로 징수할 수 있고, 이 경우에 그 징수방법은 도로점용료징수의 예에 의한다"라고 규정하고 있다.

[판례] 공유수면 점·사용 허가 등을 받아 적법하게 사용하는 경우에는 사용료 부과처분을, 허가를 받지 않고 무단으로 사용하는 경우에는 변상금 부과처분을 하는 것이 적법하다. 그러나 적법한 사용이든 무단 사용이든 그 공유수면 점·사용으로 인한 대가를 부과할 수 있다는 점은 공통된 것이라 할 것이고, 적법한 사용인지 무단 사용인지의 여부에 관한 판단은 사용관계에 관한 사실인정과 법적 판단을 수반하는 것으로 반드시 명료하다고 할 수 없으므로, 그러한 판단을 그르쳐 변상금 부과처분을 할 것을 사용료 부과처분을 하거나 반대로 사용료 부과처분을 할 것을 변상금 부과처분을 하였다 하여 그와 같은 부과처분의 하자를 중대한 하자라고 할 수는 없다(대판 2013. 4. 26, 2012두20663).

[문제의 해결] 갑은 불법으로 도로를 점용하고 있는 것이다. 공물관리청은 불법가판대의 철거를 명하고 이에 따르지 않는 경우에 대집행을 할 수 있고, 변상금부과처분을 할 수 있으며 갑의 도로법 위반에 대하여 검찰에 고발할 수 있다.

① 관리청은 도로법 제96조에 근거하여 불법가판대의 철거를 명할 수 있다. 갑이 철거의무를 이행하지 않는 경우에 행정대집행법에 근거하여 대집행을 할 수 있다. 도로법 제74조는 대집행에 관한 특례를 규정하고 있다.

② 관리청은 불법 점용기간에 대한 점용료의 100분의 120에 상당하는 금액을 변상금으로 징수할 수 있다(도로법 제72조). 변상금부과처분은 행정행위이다.

③ 관리청은 갑의 도로법 위반에 대하여 검찰에 고발할 수 있다(제96조).

V. 관습상의 특별사용

1. 관습상 공물사용권의 인정

공물사용권이 관습법에 의하여 성립되는 경우가 있다.

예를 들면, 관습상 관개용수권(대판 1972. 3. 31, 72다78), 관습상 유수권, 관습상 음용용수권, 관습상 관행어업권(입어권) 등이 있다.

2. 관습상 공물사용권의 성질과 효력

관습상 공물사용권(慣習上 公物使用權)은 특허사용권과 유사한 성질과 효력을 갖는다. 다만, 관습상 공물사용권은 공물관리주체의 사용특허행위 없이 성립된 것이므로 공물의 관리주체에 대한 채권이라고 할 수 없으며 물권의 성질을 갖는다.

관습상 공물사용권은 일반사용의 범위를 넘는 특별사용을 내용으로 한다. 타인에 의해 관습상 공물사용권이 침해된 경우에는 그 침해의 배제를 청구할 수 있고, 손해배상을 청구할 수 있다.

3. 관습상 공물사용권의 한계

관습상 공물사용권은 절대로 배타적인 권리는 아니다. 관습상 공물사용권은 공물의 정상적인 사용에 따른 제약을 받는다. 따라서, 공물에 대한 자유사용이나 신규의 특허사용에 의해 관습상 공물사용권이 제약을 받는다고 하더라도 그 제약이 관습상 공물사용권에 대한 중대한 침해가 되지 않는 한 이를 권리침해라고 할 수 없다.

VI. 행정재산의 목적외 사용 [2007 사시, 2020 행시]

[문제] A시는 청사의 일부를 매점을 운영하도록 甲에게 사용허가한 후 사용기간중에 철회를 하였다. 이 경우에 甲의 권리구제를 논하시오. 甲이 매점으로 사용하는 공간을 인도하지 않는 경우에 A시는 어떠한 조치를 취할 수 있는가.

1. 의 의

행정재산(行政財産)은 그 목적에 장해가 되지 않는 한 행정재산의 목적외(目的外)로 사용 또는 수익되는 것으로 할 수 있는데, 이를 **행정재산의 목적외 사용**이라 한다. 그 예로 관공서 청사의 일부를 사인에게 식당이나 매점을 경영하도록 사용허가하는 것을 들 수 있다.

2. 근 거

국유재산법은 다음과 같이 국유의 행정재산의 목적외 사용을 허용하고 있다.

> 중앙관서의 장은 공용·공공용·기업용 재산의 경우 그 용도나 목적에 장애가 되지 아니하는 범위 내에서, 보존용재산의 경우 보존목적의 수행에 필요한 범위 내에서만 행정재산의 사용허가를 할 수 있다(제30조 제1항).

지방자치단체 소유 행정재산의 목적외 사용에 대하여는 **공유재산법**이 규정하고 있다(제20조 이하).

행정재산 중에서도 하천, 도로, 공원, 공유수면 등의 목적외 사용에 대하여는 각각 하천법, 도로법, 도시공원법, 공유수면관리법 등이 특별히 규정하고 있다.

행정재산의 목적외 사용은 법률의 근거가 없는 경우에도 계약에 의해 행해질 수 있다. 이 경우 행정재산의 목적외 사용관계는 당해 계약이 공법상 계약인가 아니면 사법상 계약인가에 따라 공법관계 또는 사법관계이다.

3. 목적외 사용허가의 성질

행정재산의 목적외 사용허가가 행정처분인가 아니면 사법상 계약인가에 관하여 견해가 대립하고 있다.

(1) 사법관계설(사법상 계약설)

이 견해는 행정재산의 목적외 사용허가를 사법상 계약(私法上 契約)으로 본다. 소수견해인 이 견해의 논거는 다음과 같다.

① 사용·수익의 허가라는 용어만으로 행정재산의 목적외 사용허가의 성질을 속단할 수 없고, 행정재산의 목적외 사용·수익의 내용은 오로지 사용·수익자의 사적 이익을 도모하는 데 있는 것이다(이상규, 472면).

② 국유재산법 제24조 제3항에 의한 사용이 '원래의 목적외 사용'이라는 점, 관리청과 사인 사이에 우열관계 내지 상하관계가 존재한다고 보기 어렵다는 점, 조세체납절차에 의한 강제징수가 가능하다는 것이 반드시 법관계를 공법관계로 보아야 한다는 것은 아니라는 점, 국유재산법상 사용허가는 승낙으로, 사용허가의 취소·철회는 계약의 해제 등으로 볼 수 있다는 점 등을 논거로 든다(홍정선, 1100면).

(2) 공법관계설(행정처분설)

이 견해는 행정재산의 목적외 사용허가를 행정처분(行政處分)으로 보며 사용관계를 공법관계로 본다. 이 견해가 다수견해인데 그 논거는 다음과 같다.

① 현행 국유재산법은 구국유재산법과는 달리 행정재산의 사용·수익은 관리청의 허가에 의하도록 되어 있고, 또한 관리청은 상대방의 귀책사유나 공공목적과의 관련에서는 그 허가를 일방적으로 취소·철회할 수 있도록 규정하고 있다(김동희, 299면).

② 현행법은 사용료의 징수를 조세체납처분절차에 의하도록 정하고 있고(제25조 제3항), '사용허가에 관한 규정(제24조)과 사용허가의 취소·철회에 관한 규정'을 독립시켜 놓고 있다(김남진, 388면).

(3) 판 례

판례는 행정재산의 목적외 사용·수익허가를 **행정처분**(특허)으로 보고 있다.

[판례 1] 공유재산의 관리청이 행정재산의 사용·수익에 대한 허가는 순전히 사경제주체로서 행하는 사법상의 행위가 아니라 관리청이 공권력을 가진 우월적 지위에서 행하는 행정처분으로서 특정인에게 행정재산을 사용할 수 있는 권리를 설정하여 주는 강학상 특허에 해당한다(대판 1998. 2. 27, 97누1105).
[판례 2] 구 지방재정법 제75조의 규정에 따라 기부채납받은 행정재산에 대한 공유재산 관리청의 사용·수익허가의 법적 성질을 행정처분이라고 한 사례(대판 2001. 6. 15, 99두509[무상사용허가일부거부처분취소]).
[판례 3] 국립의료원 부설 주차장에 관한 위탁관리용역운영계약의 실질은 행정재산에 대한 국유재산법 제24조 제1항의 사용·수익 허가임을 이유로, 민사소송으로 제기된 위 계약에 따른 가산금지급채무의 부존재확인청구에 관하여 본안 판단을 한 원심판결을 파기하고, 소를 각하한 사례(대판 2006. 3. 9, 2004다31074[채무부존재확인]).

또한 판례는 국유재산의 관리청이 행정재산의 사용·수익을 허가한 다음 그 사용·수익하는 자에 대하여 하는 **사용료 부과**도 항고소송의 대상이 되는 **행정처분**이라 보고 있다(대판 1996. 2. 13, 95누11023[국유재산사용료부과처분취소]).

행정청이 행정재산에 대한 사용허가를 할 것인지는 **재량행위**이다(대판 2025. 2. 27, 2024두47890).

(4) 결 어

행정재산의 목적외 사용·수익허가의 성질을 사법상 계약으로 볼 것인가, 행정행위로 볼 것인가는 공법행위(공법관계)와 사법행위(사법관계)의 구별의 문제이다.

생각건대, 관련법규정 및 공법행위(공법관계)와 사법행위(사법관계)의 구별기준에 관한 통설인 복수기준설에 의할 때 행정재산의 목적외 사용·수익허가는 다음과 같은 이유에서 **행정행위**라고 보는 것이 타당하다.

우선 행정재산의 목적외 사용·수익허가에 있어서는 행정재산의 본래의 목적달성의 보장이라는 공익이 달성되어야 한다. 이를 위하여 국유재산법은 중앙관서의 장은 사용·수익을 허가한 행정재산 등을 국가 또는 지방자치단체가 직접 공용 또는 공공용으로 사용하기 위하여 필요로 하게 된 때에는 사용·수익자의 귀책사유와 관계없이 일방적으로 그 허가를 철회할 수 있는 것으로 규정하고 있다. 이러한 법규정에 비추어 볼 때 국유재산법은 행정재산의 관리청에 대하여 우월적인 공권력적 지위를 부여하고 있다고 볼 수 있다. 또한, 국유재산법은 행정재산의 본래의 목적달성의 보장을 위하여 사용·수익자에게 여러 의무를 부과하고 있다. 이러한 점에 비추어 행정재산의 목적외 사용·수익허가는 행정행위라고 보는 것이 타당하다.

국민에게는 행정재산의 사용·수익허가를 신청할 법규상 또는 조리상의 권리가 있다고 할 것이므로 공유재산의 관리청이 행정재산의 사용·수익에 대한 허가 신청을 거부한 행위는 행정처분에 해당한다(대판 1998. 2. 27, 97누1105).

이에 반하여 잡종재산(일반재산)의 대부행위는 사법상(私法上) 임대차계약이고, 국유잡종재산에 관한 대부료의 납부고지 역시 사법상의 이행청구에 해당하고, 이를 행정처분이라고 할 수 없다(대판 2000. 2. 11, 99다61675).

[판례] 국유임야를 대부하거나 매각하는 행위는 사경제적 주체로서 상대방과 대등한 입장에서 하는 사법상 계약이지 행정청이 공권력의 주체로서 상대방의 의사 여하에 불구하고 일방적으로 행하는 행정처분이라고 볼 수 없으며 이 대부계약에 의한 대부료부과 조치 역시 사법상 채무이행을 구하는 것으로 보아야지 이를 행정처분이라고 할 수 없다(대판 1993. 12. 7, 91누11612).

4. 사용·수익자의 권리와 의무

행정재산의 사용·수익자의 권리와 의무는 사용허가에 의해 결정될 것이지만, 국유재산법은 행정재산의 본래의 목적달성을 보장하기 위하여 사용수익자의 의무에 관하여 특별한 규정을 두고 있다.

(1) 사용·수익자의 권리

사용·수익자는 사용허가에 의해 결정된 바에 따라 당해 행정재산을 사용·수익할 수 있는 권리를 갖는다. 사용허가로 발생하는 사용권은 공익관련성이 크므로 공권이라고 보는 것이 타당하다.

(2) 사용·수익자의 의무

사용·수익자는 사용허가된 행정재산의 본래의 목적에의 제공에 장애가 되는 행위를 해서는 안 된다. 이를 위하여 국유재산법은 다음과 같은 규정을 두고 있다.

① 사용허가를 받은 자는 그 재산을 다른 사람에게 사용·수익하게 하여서는 아니 된다. 다만, 다음 각 호의 어느 하나에 해당하는 경우에는 중앙관서의 장의 승인을 받아 다른 사람에게 사용·수익하게 할 수 있다. 1. 기부를 받은 재산에 대하여 사용허가를 받은 자가 그 재산의 기부자이거나 그 상속인, 그 밖의 포괄승계인인 경우, 2. 지방자치단체나 지방공기업이 행정재산에 대하여 제18조제1항제3호에 따른 사회기반시설로 사용·수익하기 위한 사용허가를 받은 후 이를 지방공기업 등 대통령령으로 정하는 기관으로 하여금 사용·수익하게 하는 경우(국유재산법 제30조 제2항). 중앙관서의 장은 제2항 단서에 따른 사용·수익이 그 용도나 목적에 장애가 되거나 원상회복이 어렵다고 인정되면 승인하여서는 아니 된다(제3항).

② 행정재산을 사용허가한 때에는 대통령령으로 정하는 요율(料率)과 산출방법에 따라 매년 사용료를 징수한다(국유재산법 제32조 제1항).

[판례] 한국공항공단이 정부로부터 무상사용허가를 받은 행정재산을 구 한국공항공단법(2002. 1. 4. 법률 제6607호로 폐지) 제17조에서 정한 바에 따라 전대하는 경우에 미리 그 계획을 작성하여 건설교통부장관에게 제출하고 승인을 얻어야 하는 등 일부 공법적 규율을 받고 있다고 하더라도, 한국공항공단이 그 행정재산의 관리청으로부터 국유재산관리사무의 위임을 받거나 국유재산관리의 위탁을 받지 않은 이상, 한국공항공단이 무상사용허가를 받은 행정재산에 대하여 하는 전대행위는 통상의 사인간의 임대차와 다를 바가 없고, 그 임

대차계약이 임차인의 사용승인신청과 임대인의 사용승인의 형식으로 이루어졌다고 하여 달리 볼 것은 아니다(대판 2004. 1. 15, 2001다12638).

5. 사용·수익허가기간

행정재산 등의 사용·수익허가기간은 원칙상 5년 이내로 한다(제35조 제1항). 사용허가기간은 이를 갱신할 수 있다. 이 경우 갱신기간은 5년을 초과할 수 없다(국재법 제35조 제2항).

6. 사용·수익허가의 철회와 손실보상

중앙관서의 장은 사용허가한 행정재산을 국가나 지방자치단체가 직접 공용이나 공공용으로 사용하기 위하여 필요하게 된 경우에는 그 허가를 철회할 수 있다(국재법 제36조 제2항). 다만, 그 철회로 인하여 당해 허가를 받은 자에게 손해가 발생한 때에는 그 재산을 사용할 기관은 대통령령이 정하는 바에 의하여 이를 보상한다(국재법 제36조 제3항).

7. 허가철회와 원상회복

(1) 원상회복의무

국유재산법 제38조는 "사용허가를 받은 자는 허가기간이 끝나거나 제36조에 따라 사용허가가 취소 또는 철회된 경우에는 당해 재산을 원래상태로 반환하여야 한다. 다만, 중앙관서의 장이 미리 상태의 변경을 승인한 경우에는 변경된 상태로 반환할 수 있다"라고 원상회복의무를 규정하고 있다.

(2) 대 집 행 [2011 일반행정 사례, 2016 사시 사례]

사용·수익허가를 철회한 경우 상대방이 행정재산을 반환하지 않는 경우에 행정대집행법상의 행정대집행이 가능한가하는 문제가 제기된다.

국유재산법 제74조는 "정당한 사유 없이 국유재산을 점유하거나 이에 시설물을 설치한 경우에는 중앙관서의 장등은 행정대집행법을 준용하여 철거하거나 그 밖에 필요한 조치를 할 수 있다"라고 규정하고 있고, 공유재산법 제83조에 의하면 지방자치단체의 장은 정당한 사유 없이 공유재산을 점유하거나 공유재산에 시설물을 설치한 경우에는 원상복구 또는 시설물의 철거 등을 명할 수 있고(제1항), 그 명령을 받은 자가 그 명령을 이행하지 아니할 때에는 행정대집행법에 따라 원상복구 또는 시설물의 철거 등을 하고 그 비용을 징수할 수 있다(제2항).

1) 대집행의 인정범위

국유재산법 제74조 및 공유재산법 제83조 규정은 시설물의 강제철거 등 대체적 작위의무에 해당하는 것은 대집행이 가능하다는 것이며 대체적 작위의무가 아닌 것도 이들 규정에 의해 대집행이 가능하다고 규정하고 있는 것은 아니다(대판 1998. 10. 23, 97누157[도시공원시설 점유자의 퇴거 및 명도가 대집행의 대상이 되는지가 다투어진 사례]).

2) 정당한 사유 없는 점유의 의미

국유재산법 제74조와 공유재산법 제83조의 **'정당한 사유없는 점유'**는 애초부터 불법으로 점유한 경우뿐만 아니라 사용수익허가의 철회와 같이 처음에는 점유의 권원이 있었으나 권원이 없게 된 경우를 포함한다고 보아야 한다. 따라서, 국·공유재산의 사용수익허가가 철회된 경우 사용수익자의 국·공유재산에 대한 점유는 '정당한 이유(사유) 없는 점유'가 된다(대판 2001. 10. 12, 2001두4078).

3) 철거의 대집행

철거의무는 대체적 작위의무이다. 따라서, 시설물의 철거에 대하여는 대집행이 가능하다고 할 수 있다.

현행 국유재산법은 모든 국유재산(잡종재산 포함)에 대하여 행정대집행법을 준용할 수 있도록 규정하였으므로, 행정청은 당해 재산이 행정재산 등 공용재산인지 여부나 그 철거의무가 공법상의 의무인지 여부에 관계 없이 대집행을 할 수 있다(대판 1992. 9. 8, 91누13090[계고처분 등 취소]).

[판례] 공유재산 대부계약의 해지에 따른 원상회복으로 행정대집행의 방법에 의하여 그 지상물을 철거시킬 수 있는지 여부(적극): 공유재산의 점유자가 그 공유재산에 관하여 대부계약 외 달리 정당한 권원이 있다는 자료가 없는 경우 그 대부계약이 적법하게 해지된 이상 그 점유자의 공유재산에 대한 점유는 정당한 이유 없는 점유라 할 것이고, 따라서 지방자치단체의 장은 구 지방재정법 제85조(현행 공유재산법 제83조)에 의하여 행정대집행의 방법으로 그 지상물을 철거시킬 수 있다(대판 2001. 10. 12, 2001두4078[대집행계고처분·무효확인]).

4) 점유이전의 대집행

부동산인 행정재산의 점유이전은 대체성이 없으므로 **대집행의 대상이 될 수 없고**, 특별한 규정이 있는 경우 직접강제의 대상이 되고, 명문의 규정이 없는 경우에는 민사상 강제집행의 대상이 된다.

[판례] [1] **도시공원시설 점유자의 퇴거 및 명도의무는 행정대집행법에 의한 대집행의 대상이 아니다**: 도시공원시설인 매점의 관리청이 그 공동점유자 중의 1인에 대하여 소정의 기간 내에 위 매점으로부터 퇴거하고 이에 부수하여 그 판매시설물 및 상품을 반출하지 아니할 때에는 이를 대집행하겠다는 내용의 계고처분은 그 주된 목적이 매점의 원형을 보존하기 위하여 점유자가 설치한 불법 시설물을 철거하고자 하는 것이 아니라, 매점에 대한 점유자의 점유를 배제하고 그 점유이전을 받는 데 있다고 할 것인데, 이러한 의무는 그것을 강제적으로 실현함에 있어 직접적인 실력행사가 필요한 것이지 대체적 작위의무에 해당하는 것은 아니어서 직접강제의 방법에 의하는 것은 별론으로 하고 행정대집행법에 의한 대집행의 대상이 되는 것은 아니다. [2] **구 지방재정법 제85조(현행 공유재산법 제83조)는 대체적 작위의무가 아닌 의무에 대하여도 대집행을 허용하는 취지는 아니다**: 구 지방재정법 제85조(현행 공유재산법 제83조)는 철거 대집행에 관한 개별적인 근거규정을 마련함과 동시에 행정대집행법상의 대집행 요건 및 절차에 관한 일부 규정만을 준용한다는 취지에 그치는 것이고, 그것이 대체적 작위의무에 속하지 아니하여 원칙적으로 대집행의 대상이 될 수 없는 다른 종류의 의무에 대하여서까지 강제집행을 허용하는 취지는 아니다(대판 1998. 10. 23, 97누157[시설물철거대집행계고처분취소]).

입법론으로는 사용허가 철회 후 부동산인 행정재산의 점유이전을 직접강제할 수 있도록 명문의 규정을 두어야 할 것이다.

8. 변상금부과처분 [2008 사시 사례형 약술]

(1) 변상금의 의의

변상금이란 사용허가나 대부계약 없이 국유재산 또는 공유재산을 사용·수익하거나 점유한 자(사용허가나 대부계약 기간이 끝난 후 다시 사용허가나 대부계약 없이 국유재산을 계속 사용·수익하거나 점유한 자를 포함한다. 이하 '무단점유자'라 한다)에게 부과하는 금액을 말한다(국유재산법 제2조 제9호).

(2) 부과대상: 무단점유자

변상금은 **무단점유자**(사용허가나 대부계약 없이 국유재산 또는 공유재산을 사용·수익하거나 점유한 자(사용허가나 대부계약 기간이 끝난 후 다시 사용허가나 대부계약 없이 국유재산을 계속 사용·수익하거나 점유한 자를 포함한다))에게 부과된다. 다만, 다음의 1에 해당하는 경우에는 변상금을 징수하지 아니한다: ① 등기사항증명서나 그 밖의 공부상의 명의인을 정당한 소유자로 믿고 적절한 대가를 지급하고 권리를 취득한 자(취득자의 상속인 또는 승계인을 포함한다)의 재산이 취득 후에 국유재산 또는 공유재산으로 판명되어 국가나 지방자치단체에 귀속된 경우, ② 국가 또는 지방자치단체가 재해대책 등 불가피한 사유로 일정기간 국유재산 또는 공유재산을 점유하게 하거나 사용·수익하게 한 경우(국유재산법 제72조 제1항, 공유재산법 제81조 제1항).

판례에 따르면 국유재산법 제72조 제1항 본문, 제2조 제9호의 변상금 징수규정은 사용허가나 대부계약이 없더라도 점유나 사용·수익을 정당화할 법적 지위에 있는 자에 대하여는 적용되지 아니하고, 그럼에도 위와 같은 법적 지위에 있는 자에 대하여 이루어진 변상금 부과처분은 당연무효에 해당한다(대판 2023. 10. 18, 2023두42584: 원고 향교재단에게는 이 사건 향교건물을 포함한 ○○향교의 관리·운용을 위하여 이 사건 각 토지(향교부지)의 점유나 사용·수익을 정당화할 법적 지위가 있다고 볼 수 있다고 한 사례; 2024. 10. 8, 2023다210991: 사업시행계획상 정비구역에 포함된 일반재산이 사업시행자에게 양도되는 것으로 예정되어 있다면, 그 일반재산의 사용관계에 관하여 달리 정해진 내용이 있다는 등의 특별한 사정이 없는 한 사업시행자는 사업시행인가가 이루어진 때부터 그 일반재산의 소유권을 취득하기에 상당한 기간 동안 자신의 사용·수익을 정당화할 법적 지위에 있다고 보아야 한다고 한 사례).

[판례 1] 사용·수익허가 없이 행정재산을 유형적·고정적으로 특정한 목적을 위하여 사용·수익하거나 점유하는 경우 공유재산 및 물품관리법(이하 '공유재산법'이라 한다) 제81조 제1항에서 정한 변상금 부과대상인 '무단점유'에 해당한다고 봄이 타당하고, 반드시 그 사용이 독점적·배타적일 필요는 없으며, 점유 부분이 동시에 일반 공중의 이용에 제공되고 있다고 하여 점유가 아니라고 할 수는 없다(대판 2019. 9. 9, 2018두48298).

[판례 2] 적법한 대부사용자로부터 국유 행정재산인 철도용지의 점유를 양수한 자에 대한 변상금부과처분의 적부(적극): 적법한 대부사용자로부터 국유 행정재산인 철도용지의 점유를 양수한 자는 그 토지의 사용허가를 받은 자가 아니라 관리청의 승인 없이 그 사용수익권자로부터 그 점유를 양수하였음에 불과한 이른바 무단점유사용자이므로 그 점유사용은 구 국유재산법 제51조 제1항의 변상금 부과대상이 된다(대판 2000. 3. 10, 98두7831[국유재산무단사용변상금추가징수처분취소]).

[판례 3] 행정청이 도시환경정비사업 시행자에게 '무상양도되지 않는 구역 내 국유지를 착공신고 전까지 매입'하도록 한 부관을 붙여 사업시행인가를 하였으나 시행자가 국유지를 매수하지 않고 점용한 사안에서, 그 부관은 국유지에 관해 사업시행인가의 효력을 저지하는 조건이 아니라 작위의무를 부과하는 부담이므로, 사업시

행인가를 받은 때에 국유지에 대해 국유재산법 제24조의 규정에 의한 사용·수익허가를 받은 것이어서 같은 법 제51조에 따른 변상금 부과처분은 위법하다고 한 사례(대판 2008. 11. 27, 2007두24289[변상금부과처분취소]).

[판례 4] [1] 건물 등의 소유자가 아닌 이로서는 실제로 그 건물 등을 점유·사용하고 있다고 하더라도 그 건물 등의 부지를 점용하는 것으로 볼 수 없고, 건물 등의 부지는 건물 등의 소유자가 이를 점용하고 있다고 보아야 할 것이다(대법원 2009. 9. 10. 선고 2009다28462 판결 등 참조). [2] 국유지의 사용허가를 받아 그 지상에 건물 등을 설치한 자로부터 그 건물을 임차하여 점유·사용하는 자는 그 건물의 부지를 점유·사용하는 것으로 볼 수는 없으므로(건물 등의 부지는 건물 등의 소유자가 이를 점용하고 있다고 보아야 한다) 국유재산법 제72조 제1항 본문의 무단점유자에 해당하지 않는다고 한 사례(대판 2024. 6. 27, 2024두31284).

(3) 부과권자

변상금부과처분은 소유자가 아니라 국유재산의 경우 중앙관서의 장 등이 부과하고(제72조 제1항), 공유재산의 경우 지방자치단체의 장이 부과한다(제81조 제1항).

[판례] 변상금 부과권한은 적정한 도로관리를 위하여 도로의 관리청에게 부여된 권한이라 할 것이지 도로부지의 소유권에 기한 권한이라고 할 수 없으므로, 도로의 관리청은 도로부지에 대한 소유권을 취득하였는지 여부와는 관계없이 도로를 무단점용하는 자에 대하여 변상금을 부과할 수 있다(대판 2005. 11. 25, 2003두7194[도로사용변상금부과처분취소]).

(4) 변상금부과처분[2017, 2024 행시]

무단점유사용의 대상이 된 재산에 대하여는 대부료 또는 사용료의 100분의 120에 상당하는 변상금을 징수한다(국유재산법 제72조 제1항).

국유재산법 제72조 소정의 국유재산 무단점유자에 대한 변상금부과처분은 행정소송의 대상이 되는 **행정처분**이다(대판 1988. 2. 23, 87누1046[국유재산변상금부과처분취소]).

국유재산의 무단점유 등에 대한 변상금의 징수는 기속행위이다(대판 1998. 9. 22, 98두7602).

판례에 의하면 변상금 부과·징수권은 민사상 부당이득반환청구권과 법적 성질을 달리하므로, 국가는 무단점유자를 상대로 변상금 부과·징수권의 행사와 별도로 국유재산의 소유자로서 민사상 부당이득반환청구의 소를 제기할 수 있다(대판 전원합의체 2014. 7. 16, 2011다76402[부당이득금반환]).[1]

변상금 부과·징수권이 민사상 부당이득반환청구권과 법적 성질을 달리하는 별개의 권리인 이상 원고가 변상금 부과·징수권을 행사하였다 하더라도 이로써 민사상 부당이득반환청구권의 소멸시효가 중단된다고 할 수 없다(대판 2014. 9. 4, 2013다3576[부당이득금]).

변상금 부과·징수권과 민사상 부당이득반환청구권은 동일한 금액 범위 내에서 경합하여 병존하게 되고, 민사상 부당이득반환청구권이 만족을 얻어 소멸하면 그 범위 내에서 변상금 부과·징수권도 소멸하는 관계에 있다(대판 2014. 9. 4, 2012두5688[채무부존재확인]).

---

1) 이에 대하여 변상금 부과·징수권과 민사상 부당이득반환청구권은 본질이 다르지 아니하고, 국유재산의 무단점유와 관련하여 구 국유재산법 제51조에 의한 변상금 부과·징수가 가능한 경우에는 변상금 부과·징수의 방법에 의해서만 국유재산의 무단점유·사용으로 인한 이익을 환수할 수 있으며, 그와 별도로 민사소송의 방법으로 부당이득반환청구를 하는 것을 허용하여서는 아니 된다는 반대견해가 있었다.

무단점유자에 대한 변상금부과규정이 없는 경우 무단점유자에 대해 부당이득반환을 청구할 수 있다. 국가나 지방자치단체도 부당이득반환의무를 진다.

[판례] 지방자치단체가 관할하는 공립학교가 국가 소유의 땅을 무단으로(법률상 원인 없이) (학교 부지로) 사용한 때에는 해당 지방자치단체가 국가에 부당이득을 반환해야 한다(대판 2014. 12. 24, 2010다69704 판결[부당이득금반환]).

[문제의 해결] 사용허가의 철회는 강학상 철회행위이다. 철회가 적법한 경우 갑에게 손실보상을 해 주어야 한다. 철회가 위법한 경우 갑은 취소소송을 제기하여 구제를 받을 수 있다. 사용허가가 철회된 경우에 갑은 법상 반환의무를 지는데, 매점 공간의 반환의무는 대체적 작위의무가 아니므로 대집행이 가능하지 않다. A시는 민사상 강제집행을 하여야 한다.

Ⅶ. 기부채납받은 국공유재산의 사용허가

1. 의 의

사인이 공공시설을 건설하여 국가 등에 기부채납하여 공물로 지정하고, 그 대신 건설비용 및 일정한 이윤을 회수할 수 있도록 하기 위하여 기부채납을 한 자에게 일정기간 동안 무상으로 사용하도록 허가하는 경우가 있는데, 이를 **기부채납받은 국공유재산의 사용허가**라고 한다.

2. 법적 성질

판례는 기부채납받은 국유재산의 사용허가도 일반 사용·수익허가와 동일하게 **행정행위**(특허)로 본다(대판 2001. 6. 15, 99두509).

Ⅷ. 계약에 의한 사용

명문의 규정이 없는 경우에도 공법상 계약 또는 사법상 계약에 의해 사인에게 공물의 사용권을 설정하는 것이 불가능한 것은 아니다(김남진, 387면; 김동희, 251면). 다만, 공물의 공적 목적에의 제공을 보장하기 위하여 필요한 경우 사용계약을 철회할 수 있다는 조항을 사용계약에 두어야 할 것이다.

제2장

영조물법

제 1 절 영조물의 개념 [1994 사시 사례]

영조물(營造物)은 **광의**(廣義)로는 국가 등 행정주체가 행정목적을 달성하기 위하여 제공한 인적·물적 종합시설을 말한다.

광의의 영조물 중 행정적 목적, 정신적·문화적 목적의 비영리적 사업을 행하는 것(예 국공립학교)만을 **협의(狹義)의 영조물**(행정적 영조물)이라 한다.

광의의 영조물 중 행정목적의 달성에 제공된 것이기는 하지만 영리적인 사업의 형태를 취하는 것은 **상업적 영조물**(商業的 營造物)이라 할 수 있다. 국공립병원, 대학병원이 협의의 영조물인지 아니면 상업적 영조물(공기업)인지에 관하여 견해의 대립이 있는데, 일률적으로 말할 수는 없고 개별적으로 검토하여야 한다.

영조물은 기본적으로 조직법적 개념이지만 영조물의 이용관계를 포함하므로 작용법적 개념이기도 하다(영조물과 공기업의 관계에 관하여는 후술 참조, 공물 및 공공시설과의 관계에 관하여는 전술 참조).

제 2 절 영조물의 종류

① 영조물은 영조물의 주체에 따라 국영영조물, 공영영조물, 특수법인영조물로 구분된다.

② 영조물의 독립성 여부에 따라 독립된 법인격을 갖는 영조물법인(예 한국은행 등)과 독립된 법인격을 갖지 못하고 국가나 지방자치단체가 직접 경영하는 직영영조물(예 국립대학교 등)로 구분된다.

③ 영조물의 운영방식의 영리성 여부에 따라 행정적 목적의 비영리적 사업인 행정적 영조물(예 국공립학교, 교도소)과 영리적 사업인 상업적 영조물로 구분된다.

제 3 절 영조물의 이용관계

Ⅰ. 이용관계의 법적 성질

1. 특별권력관계 여부

종래 영조물이용관계를 특별권력관계의 하나로 보았다. 그러나, 특별권력관계를 부정하는 견해에 의하면 영조물이용관계가 공법관계인 경우에 특별한 행정법관계로 본다.

2. 이용관계의 법적 규율

영조물이용관계가 공법관계인가 사법관계인가. 이 문제의 해결은 공법관계와 사법관계의 구별에 관한 일반이론에 따른다.

일반적으로 말하면 행정적 목적, 정신적·문화적 목적의 비영리적 사업을 행하는 것인 **협의의 영조물(행정적 영조물) 이용관계**는 그 공익성에 비추어 **원칙상 공법관계**로 보는 것이 타당할 것이다. 실정법령에서 사법관계로 규정한 경우에도 당해 법률관계는 행정사법관계라고 보아야 할 것이다.

이에 반하여 광의의 영조물 중 영리적인 사업의 형태를 취하는 **상업적 영조물의 이용관계는 원칙상 사법관계**로 보아야 할 것이다. 다만, 이 경우의 사법관계도 **행정사법관계**로 보아야 할 것이다.

3. 이용관계의 성립

영조물이용관계는 공법상 계약, 사법상 계약 또는 행정행위(예 학교에의 입학허가)에 의해 성립된다.

Ⅱ. 영조물이용자의 법적 지위

영조물이용자는 영조물이용권을 가지며 이용질서를 준수할 의무, 이용료납부의무 등을 진다.

> **[판례]** 국립대학 등록금(기성회비 포함)은 국립대학이 학생에게 강의, 실습, 실험 등 교육활동을 실시하는 방법으로 대학의 목적에 부합하는 교육역무를 제공하고 이러한 교육역무에 필요한 교육시설 등을 이용하게 하는 것에 대한 대가, 즉 영조물인 국립대학의 이용에 대한 사용료를 의미하는 것이다(대판 전원합의체 2015. 6. 25, 2014다5531).

영조물이용관계가 행정행위에 의해 성립되는 경우에 영조물이용자의 권리와 의무는 관계 법령이나 영조물규칙이 정하는 바에 따른다.

영조물이용관계가 계약에 의해 성립되는 경우에 영조물이용자의 권리와 의무는 계약에 의해 정해진다.

Ⅲ. 영조물주체의 권능·의무와 영조물규칙

1. 영조물주체의 권능과 의무

종래 영조물이용관계를 특별권력관계로 보는 견해가 있었는데, 이에 의하면 영조물주체는 특별권력주체가 갖는 권능을 갖는다. 그러나, 오늘날 특별권력관계가 부인되고 있다. 영조물이용관계를 특별행정법관계로 보는 견해가 있는데, 이 견해에 의하면 영조물주체의 권능은 관계법령에 의해 정해진다.

생각건대, 영조물주체의 권능과 의무는 기본적으로 관계법령에 의해 정해진다고 본다.

영조물주체의 권능으로는 영조물이용규칙의 제정권, 영조물이용질서유지권 등이 있고, 그 의무로는 영조물이용의 중단 없는 계속적 제공의무, 이용자를 평등하게 대우할 의무 등이 있다.

2. 영조물규칙

영조물규칙(營造物規則) 중 이용자의 권리·의무에 관한 사항은 법률의 근거하에 제정되어야 하며 법규로서의 성질을 갖는다고 보아야 한다. 이에 대하여 영조물주체에게는 이용관계에 관한 법규를 정할 고유한 법규명령제정권이 있다는 견해도 있다. 특별명령이론도 이 견해 중 하나이다.

[판례] [1] 학칙은 대학의 자치규범으로서 당연히 구속력을 갖는다. [2] 총장 후보자 선정방식은 국립대학의 조직에 관한 기본적 사항의 하나로서 학칙으로 정할 수 있다. [3] 대학자치의 주체를 교원만으로 볼 수는 없다(대판 2015. 6. 24, 2013두26408[학칙개정처분무효확인]). 〈해설〉 학칙의 처분성을 인정하였다.

영조물규칙 중 조직규칙과 영조물 이용기준 등 영조물주체 내부에서의 사무처리기준을 정하는 부분(해석규칙 또는 재량준칙)은 행정규칙으로서의 성질을 갖는다고 보아야 한다.

Ⅳ. 영조물 이용관계의 종료

영조물 이용관계는 이용목적의 달성(예 국공립학교의 졸업), 이용관계로부터의 임의탈퇴(예 재학중 자퇴), 영조물주체로부터의 배제(예 퇴학처분), 영조물의 폐지(예 폐교) 등의 사유로 종료한다.

제3장

공기업법

제 1 절 공기업의 개념

Ⅰ. 공기업개념에 관한 견해의 대립

현재 공기업개념에 관하여는 주체와 목적을 개념요소로 파악하는 견해와 주체·목적 및 수익성을 개념요소로 파악하는 견해가 대립되고 있다. 이하 전자를 광의설, 후자를 협의설이라고 부르기로 한다.

1. 광의설(주체와 목적을 개념요소로 보는 견해)

주체(主體) 및 목적(目的)을 개념요소로 하여 공기업을 정의하는 견해는 공기업을 "국가 또는 지방자치단체가 직접으로 사회적 공공복리를 위하여 경영하는 비권력적 사업"이라고 정의한다(김도창, 369면). 이 견해가 종래 통설이었다.

2. 협의설(주체·목적 및 영리성을 개념요소로 보는 견해)

주체·목적 및 영리성(營利性)을 개념요소로 하여 공기업을 정의하는 견해는 공기업을 "국가 또는 지방자치단체나 이들이 설립한 법인이 직접적으로 사회적 공공복리를 위하여 경영하는 기업"(박윤흔, 375면 등)이라고 정의한다. 이 견해가 현재 일반적으로 채택되고 있는 공기업개념이다. 이하에서는 협의의 공기업의 개념요소를 고찰하기로 한다.

Ⅱ. 공기업의 개념요소

1. 공기업의 주체

공기업의 주체는 국가 또는 지방자치단체나 이들이 설립한 법인(정부투자기관이나 지방공사)이다.

2. 공기업의 목적(공익성)

공기업은 사회적 공공복리를 위하여 경영되는 사업이다. 달리 말하면 국민 또는 주민의 생활에 필요한 재화나 서비스를 제공하는 사업이다.

공기업의 공익성(公益性)으로 인하여 후술하는 바와 같이 공기업에게는 사기업에서와는 다른 특수한 법적 규율이 행해지고 있다.

3. 공기업의 영리성

공기업은 영리적 활동이다. 이러한 점에서 비영리적 사업인 협의의 영조물과 구별된다. 그러나, 공기업이 영리성(營利性)을 기본으로 하지만 공익성도 갖기 때문에 일정한 한도 내에서는 공법적 규율이 행해진다.

4. 공기업의 독점성

독점성(獨占性)은 공기업의 요소는 아니다.

Ⅲ. 공기업과 영조물의 구분

1. 유 사 점

공기업(公企業)과 영조물(營造物)은 국가 또는 공공단체가 공공복리를 위하여 경영하는 비권력적인 사업인 점에는 유사하다.

공기업과 영조물이 공공복리(공익)의 실현을 목적으로 하는 점에서 영조물과 공기업에는 이용자의 보호를 위해 일정한 공법적 규율이 행해진다.

2. 차 이 점

① 오늘날의 일반적 견해인 협의의 영조물 및 협의의 공기업 개념을 채택하는 경우에 공기업은 영리성을 기본으로 하는 사업인 반면에 영조물은 비영리적인 사업을 행하는 점에서 구별되고, 이에 따라 공기업이용관계는 통상 행정사법관계 내지 사법관계이지만(수도이용관계와 같이 예외적으로 공법관계인 경우도 있다), 영조물이용관계는 공법관계(관리관계)이다.

② 공기업은 기업활동에 중점이 두어진 동적인 개념인 반면에 영조물은 시설이 중심개념이 되는 조직법적·정적인 개념이다.

③ 국가나 지방자치단체가 직접 경영하는 공기업의 물적 시설은 공물이나 특수법인공기업 소유의 물적 시설은 공물이 아니다.

영조물의 물적 요소는 공물이다. 영조물법인의 물적 요소도 공물이다.

제 2 절 공기업의 법적 규율

공기업은 기본적으로 사법 또는 사법원리에 의해 규율된다. 그러나, 공기업의 조직, 개설, 경영관리, 예산회계, 이용관계 등에서 사기업에서와는 다른 특수한 법적 규율이 행해진다. 그리고, 이 특수한 법적 규율에는 특수한 사법적 규율도 있지만 공법적 규율도 있다. 공기업에 대한 공법적 규율은 법령에 의해 인정되는 것이 원칙이지만 공기업의 공익성으로부터 해석에 의해 도출될 수도 있다.

Ⅰ. 공기업의 조직

국가나 지방자치단체가 직접 경영하는 공기업(예 수도사업)의 조직은 행정조직이다. 따라서 행정조직에 관한 법적 규율을 받는다. 공기업을 경영하는 직원은 공무원이며 공기업을 위한 물적 시설은 공물이다.

특수법인공기업(예 한국철도공사, 한국수자원공사)의 직원은 공무원이 아니고, 특수법인공기업 소유의 물적 시설은 공물이 아니다. 그러나, 국가 또는 지방자치단체로부터 특수법인공기업에 그 관리가 위탁된 국가 또는 지방자치단체 소유의 공기업시설(예 철도시설, 수도시설)은 공물이다.

Ⅱ. 공기업의 보호

공기업의 공익성에 비추어 공기업에 대하여는 일반 사기업에 비하여 여러 특권 및 혜택이 부여되고 있다. 이러한 공기업의 보호는 법률에 근거가 있어야 하며 공기업에 따라 그 내용이 다르다. 그러나, 공기업이 독점기업이 아닌 경우에는 공정한 경쟁에 반하는 공기업의 보호는 헌법상 인정될 수 없다.

1. 독점권의 인정

법률에 의해 공기업이 운영하는 사업이 독점사업으로 규정되어 있는 경우가 있다. 우편사업 등이 그 예이다(우편법 제2조).

2. 공용부담특권

공기업에게 부담금의 징수권, 토지 등의 수용권이 부여되는 경우가 있다.

3. 경제상 보호

오늘날 공기업의 효율적 경영을 위하여 공기업을 일반 사기업의 경영원리에 따라 규율하여야 한다는 관념과 공기업이 경영하는 사업도 원칙상 일반시장경제의 공정한 경쟁의 원리에 따르도록 하여야 한다는 관념이 강조되면서 공기업에 대한 경제상의 보호는 축소되는 경향이 있다. 공기업에 대하여는 다음과 같은 경제상의 보호가 주어지는 경우가 있다.

(1) 조세감면

행정청형기업은 비과세이며 특수법인공기업에 대하여는 조세가 감면되는 것으로 규정되어 있는 경우가 많다.

(2) 보조금의 교부

공기업에 대하여 보조금이 교부되는 경우가 있다(한국도로공사법 제16조, 수도법 제56조).

(3) 국·공유재산의 무상대부 등

공기업을 위하여 국·공유재산을 무상으로 대부하거나 양여할 수 있다(국유재산법 제34조, 제47조, 공유재산법 제34조).

(4) 자금의 융자 등

공기업에 대하여 국가가 자금의 융자, 사채의 인수(한국도로공사법 제16조 제1항), 외국차관 또는 사채의 상환보증(동법 제15조 제2항)을 행하는 경우가 있다.

(5) 기타 보호

공기업을 위하여 손해배상책임의 제한 또는 면제(우편법 제38조 내지 제44조, 철도법 제72조 내지 제74조), 공기업용 물건에 대한 압류금지·제세공과금의 면제 및 해손(海損)부담의 면제(우편법 제7조) 등이 인정된다.

4. 강제징수권

공기업의 재화나 서비스의 공급대가인 수수료 또는 사용료의 체납에 대하여는 강제징수권이 인정되는 경우가 많다(우편법 제24조, 수도법 제51조 등). 다만, 공기업주체가 국가나 지방자치단체가 아니라 독립된 법인인 경우에는 시장·군수 등 행정청에 위탁하여 강제징수하는 것으로 규정하는 것이 보통이다(주택법 제89조).

5. 경찰권의 부여

공기업의 경영에 대한 위해를 방지하고 질서를 유지하도록 하기 위하여 공기업의 관리기관에게 경찰권을 부여하는 경우가 있다(사법경찰관리의 직무를 행할 자와 그 직무범위에 관한 법률 제5조 제13호, 제6조 제9호).

6. 형사상 보호

공기업의 경영에 대한 침해에 대하여 행정벌이 부과되는 경우가 있다. 이 행정벌을 공기업벌이라 하는데, 그 내용에 따라 다음과 같이 세 가지로 분류된다.

① 공기업을 보호할 목적으로 공기업의 경영을 침해하거나 공기업법상의 의무를 불이행한 일반인에게 과하여지는 행정벌(예 기업독점권의 침해·공기업을 위한 공용부담의 거부 또는 불이행·공기업물건의 손괴에 대한 벌 등(우편법제46조 이하)),

② 기업자 자신이 의무를 위반한 경우에 기업자에 대하여 과하여지는 벌(예 정당한 사유가 없는 이용거부·기업경영상의 의무 위반에 대한 벌(우편법 법 제50조, 수도법 제63조)),

③ 이용자의 의무위반에 대하여 과하여지는 벌(예 공기업의 부정한 이용에 대한 벌(우편법 제52조)).

Ⅲ. 공기업의 감독

공기업은 국민의 생존에 필요한 재화와 서비스를 제공하는 공익성이 강한 사업이다. 따라서, 공익을 보호하기 위하여 공기업에 대한 국가 또는 지방자치단체의 감독이 필요하다. 또한, 공기업에는 국가의 자금이 투자되므로 투자된 자금이 적정하게 운용되는지에 관하여 감독할 필요가 있다.

반면에 공기업의 자율성을 보장하여야 하므로 공기업에 대한 감독은 필요한 최소한도에 그쳐야 한다.

공기업에 대한 국가의 감독은 행정청형기업과 독립법인에 의한 공기업을 나누어 고찰하여야 한다.

1. 행정청형기업의 감독

행정청형기업(行政廳型企業)에 대한 감독은 **행정조직상 감독의 문제**가 된다. 다만, 공기업의 자율적인 운영을 보장하기 위하여 공기업에 대한 감독을 제한하는 경우가 있다(지방공기업법 제10조).

2. 독립법인공기업의 감독

(1) 감독청에 의한 감독

감독청에는 주무기관의 장과 재정경제부장관이 있다.

공기업에 대한 감독권에는 일반적 감독권과 개별적 감독권이 있다.

일반적 감독권은 공기업의 경영목표의 달성을 위하여 일반적인 사항을 지시·지도하는 권한을 말한다. 일반적인 감독권에 근거하여서는 개별적인 사항에 대한 지시·명령을 할 수 없다.

개별적 감독권은 개별적 사항에 대하여 지휘·감독하는 권한을 말한다.

(2) 감사원에 의한 감독

감사원은 감사원법에 따라 공기업·준정부기관의 업무와 회계에 관하여 감사를 실시할 수 있다(공공기관의 운영에 관한 법률 제52조 제1항). 감사원은 제1항의 규정에 따른 감사를 관계 행정기관의 장 등에게 위탁하거나 대행하게 할 수 있다(제2항).

(3) 국회에 의한 감독

공기업에는 정부가 출자하고 있으므로 국회의 감독·통제가 필요하다. 공기업에 대한 국회의 감독·통제로는 국정감사·조사, 대정부질문, 정부의 예산심의 또는 결산보고, 공기업관련 법률의 제정이나 개폐 등이 있다.

제 3 절 공기업의 이용관계

I. 의 의

공기업으로부터 개인이 재화 또는 서비스를 제공받거나 그 설비를 이용하는 법률관계를 공기업이용관계(公企業利用關係)라고 한다.

공기업이용관계에는 그 이용이 일시적인가 계속적인가에 따라 일시적 이용관계(예 우편발송, 철도의 이용)와 계속적 이용관계(예 수도·전기·가스의 공급)로 나누어진다.

II. 공기업이용관계의 성질

공기업이용관계의 성질을 논하는 이유는 그 성질에 따라 적용법규 및 적용법원리와 소송형식이 달라지게 되기 때문이다.

공기업이용관계의 성질에 관하여는 공법관계설, 사법관계설, 행정사법설 및 혼합법률관계설(개별적 구별설)이 있다.

혼합법률관계설(개별적 구별설)이 **오늘날의 통설**인데, 통설에 의하면 공기업이용관계는 원칙상 사법관계 또는 행정사법관계이지만 예외적으로 명문의 법령의 규정 또는 실정법구조 전체의 합리적 해석에 의해 개별적인 법률관계를 공법관계로 보아야 하는 경우에는 공법관계로 보아야 한다고 한다. 이 견해가 타당하다.

1. 원칙상 행정사법관계

공기업은 그 수단면에서 영리적인 활동방식에 의해 행해지므로 공기업이용관계는 원칙상 사법관계이다. **판례**도 이러한 입장을 취하고 있다(대판 1982. 12. 28, 82누441). 다만, 공기업은 공익적 성격을 가지므로 이 한도 내에서는 공법적 규율을 받는다. 즉, 공기업이용관계에는 평등원칙, 생존권의 보장의무, 계속적인 이용제공의무 등의 공법적 규율이 행해진다.

따라서, 공기업이용관계는 순수한 사법관계라기보다는 일정한 공법적 규율이 행해지는 **행정사법관계**(行政私法關係)라고 보는 것이 타당하다. 다만, 행정사법관계도 기본적으로는 사법관계이므로 이에 관한 분쟁은 민사소송의 대상이 된다.

[판례] [1] 전기의 공급은 전형적인 생존배려행정의 영역이라 할 것이다. [2] 한국전력공사는 전기소비자와 체결한 전기공급계약에 따라 전기를 공급하고 그에 대한 대가를 지불받아 사업을 영위하는 사경제주체로서, 전기의 공급에 실제 소요된 비용을 적정 수준에서 회수할 수 있을 때에만 안정적으로 전기를 공급할 수 있다(헌재 2021.4.29, 2017헌가25).

2. 예외적인 공법관계

공기업이용관계는 원칙상 사법관계 또는 행정사법관계이지만 명문의 법령의 규정 또는 실정법구조 전체의 합리적 해석에 의해 개별적인 법률관계를 공법관계로 보아야 하는 경우에는 공법관계로 보아야 한다.

공기업의 이용대가에 대해 강제징수가 인정되는 경우 이용료 납부의무는 사법상 의무인 경우에도 당해 이용료의 강제징수행위는 공법행위가 된다. 그리고, 이용대가의 부과에 대해 항고쟁송이 인정되는 경우 당해 이용대가부과행위는 행정행위가 되며 이용료납부의무는 공법상 의무가 된다.

공기업의 공익성이 특별히 강하고 공기업에 관한 법령이 당해 공익의 보호를 위하여 특별한 규정을 두고 있는 경우 당해 공기업이용관계는 공법관계로 보아야 할 것이다(예 수도이용관계).

판례는 수돗물 공급관계를 사법관계로 보고 있는 것으로 보인다. 즉, 판례는 일반상수도사업자인 구미시가 2011. 5. 8.부터 2011. 5. 11.까지 광역상수도 사업자인 한국수자원공사로부터 정수를 공급받지 못하였기 때문에 원고들에게 수돗물공급의무를 이행하지 못한 것에 대해 민법 제

758조에 따른 손해배상청구를 한 사안에서, 국가배상책임의 문제가 아니라 민법에 따른 손해배상책임(민법 제758조의 공작물의 설치·보존상의 하자로 인한 배상책임)의 문제로 보았는데(대판 2018. 7. 12, 2015다68348), 관련 법령 및 수돗물공급의 공익성에 비추어 수돗물 공급관계는 공법관계로 보고, 수돗물 공급상의 불법행위로 인한 손해배상책임은 국가배상책임으로 보는 것이 타당하다.

[판례] 수도법에 의하여 지방자치단체인 수도사업자가 수도물의 공급을 받는 자에 대하여 하는 수도료의 부과징수와 이에 따른 수도료의 납부관계는 공법상의 권리의무관계라 할 것이므로 이에 관한 소송은 행정소송절차에 의하여야 한다(대판 1977. 2. 22, 76다2517).

Ⅲ. 공기업이용관계의 성립

공기업이용관계는 원칙상 계약에 의해 성립되며 이 경우 당해 계약은 원칙상 사법상 계약이다. 다만, 하수도이용관계와 같이 법률상 당연히 성립하는 경우도 있다.

공기업주체는 원칙상 공기업이용관계의 성립을 위한 계약의 체결을 거부할 수 없다. 즉, 공기업주체에게는 공기업이용제공의무가 있다.

Ⅳ. 공기업이용관계의 내용

1. 이용자의 권리

(1) 공기업이용권

① 공기업이용관계가 성립되면 이용자는 공기업주체에 대하여 재화나 서비스의 제공을 청구하는 권리를 가지는데, 이를 공기업이용권(公企業利用權)이라 한다.

② 공기업이용권은 채권의 성질을 가진다. 공기업주체는 이용자에게 이용을 제공할 의무를 진다.

③ 공기업이용권은 공기업이용관계가 공법관계인 경우에는 공권이 되고, 공기업이용관계가 사법관계인 경우에는 사권이 된다.

④ 공기업이용관계에는 **평등의 원칙**이 적용되므로 공기업이용권은 합리적인 이유가 없는 한 평등한 것이어야 한다.

(2) 부수적인 권리

1) 손해배상청구권

① **행정청형공기업**의 경우 공기업에 제공된 물건은 공물이므로 당해 공물의 설치·관리상의 하자로 인하여 손해가 발생한 경우 국가배상법 제5조의 책임이 인정된다.

이에 반하여 공기업활동을 행하는 공무원의 불법행위로 손해가 발생한 경우에는 손해를 발생시킨 직무행위가 사법행위인 경우에는 국가배상법이 적용되지 않고 민법 제756조의 사용자책임이 적용되지만, 손해를 발생시킨 직무행위가 공법행위인 경우에는 국가배상법 제2조에 의해 국가배상책임이 인정된다.

② **특별법인이 공기업주체인 경우**에는 현행 국가배상법이 국가와 지방자치단체의 배상책임만을 정하고 있으므로 가해행위가 공법행위인 경우에도 국가배상법 제2조가 적용되지 않고 민법 제756조에 따라 민법상 사용자책임이 인정된다(이견 있음). 공기업의 시설은 공물이 아니므로 공기업시설의 설치·관리상의 하자로 인한 손해에 대하여는 민법 제758조의 공작물책임이 인정된다.

③ 공기업이용관계에서의 손해배상책임을 제한하거나 부인하는 경우가 있다(우편법 제38조 내지 제44조).

2) 소송제기권

공기업주체의 행위로 권익을 침해당한 자는 소송을 통하여 권익을 구제받을 수 있다.

가. 항고소송제기권　　**권익침해행위가 처분인 경우**에는 항고소송에 의해 당해 처분을 다툴 수 있다. 판례는 단수처분을 처분으로 보고 있다(대판 1979. 12. 28, 79누218). 이 경우에 피고는 공기업주체가 행정청인 경우에는 처분청이 피고가 되고, 공기업주체가 법인인 경우에는 당해 공기업주체가 피고가 된다.

이용자는 행정청에 의해 인가된 공급규정의 내용이 이용자의 이용조건에 직접 구체적으로 불리한 영향을 미치는 경우에는 공급규정의 인가처분에 대하여 취소소송을 제기할 원고적격을 갖는다고 보는 것이 타당하다.

나. 공법상 당사자소송제기권　　**공기업이용관계가 공법관계인 경우** 공기업이용관계에서의 권리의무에 관한 소송은 공법상 당사자소송에 의한다.

다. 민사소송제기권　　**공기업이용관계가 사법관계인 경우**에는 민사소송에 의한다.

2. 공기업주체의 권리

(1) 이용조건설정권

이용요금 등 공기업의 이용조건에 관한 기본적이거나 중요한 사항은 법령이나 조례에 의해 정해지고 구체적인 사항은 법령보충적 고시 또는 공기업주체에 의해 결정되는 것이 보통이다.

공기업주체에 의한 이용조건의 설정은 통상 그 성질이 공기업규칙인 공급규정에 의해 결정되며 그 공급규정에 대해 주무행정기관의 승인(인가)을 받도록 하는 경우가 많다.

[판례] ① 공급규정은 법규로서의 효력이 없고, 공기업이용계약 체결시 계약조건으로 계약내용에 포함된 경우나 그 규정의 적용에 이용자가 동의한 경우에만 그 이용자에 한하여 구속력을 갖는다(대판 1988. 4. 12, 88다2; 1992. 12. 24, 92다16669[부당이득금]).
② 구 전기사업법 제16조에 따라 전기판매사업자가 작성한 기본공급약관은 전기판매사업자와 계약을 체결한 전기사용자에게만 적용되는 것이므로 일반적 구속력을 가지는 법규로서의 효력은 없고, 보통계약 약관으로서의 성질을 가진다(대판 2023. 3. 30, 2018다207076).

(2) 이용대가징수권

공기업주체는 이용대가를 징수할 권리를 갖는다. 공기업의 이용이 이용자의 자유로운 의사에 의하는 경우에는 이용대가의 징수에 관한 법적 근거가 필요없지만, 그 이용이 강제되는 경우에는 이용자의 동의나 법적 근거가 필요하다.

이용요금징수권은 **원칙상 사법상 채권의 성질**을 갖는다. 따라서, 그 징수절차도 원칙상 민사상 강제집행절차에 의한다. 그러나, 관계법률이 그 징수를 행정상 강제징수절차에 의하도록 규정하고 있는 경우(우편법 제24조 등)가 있다. 이 경우에도 **이용요금징수권의 사법상 채권으로서의 성질에는 변함이 없다. 그런데, 이용요금의 부과에 대해 불복하는 경우 행정쟁송을 제기하도록 규정하고 있는 경우**가 있는데(지방자치법 제131조 등), 이 경우 이용요금부과행위는 **행정처분**이며 **이용요금청구권은 공권의 성질**을 가진다.

[판례] 수도법에 의하여 지방자치단체인 수도사업자가 수도물의 공급을 받는 자에 대하여 하는 수도료의 부과징수와 이에 따른 수도료의 납부관계는 공법상의 권리의무관계라 할 것이므로 이에 관한 소송은 행정소송절차에 의하여야 한다(대판 1977. 2. 22, 76다2517).

(3) 제 재 권

이용자가 관계법령에 위반하거나 이용조건 등을 위반하는 경우 등에는 이용자의 이용관계를 해지하거나 정지할 수 있다(수도법 제24조 등).

공기업 관계법령에서 관계법률을 위반한 이용자를 처벌(예 형벌 또는 과태료)할 수 있는 것으로 규정하는 경우가 있다. 이러한 처벌은 공기업주체에 의해 행해지는 것은 아니며 일반공권력에 의해 가해지는 행정벌이다.

V. 공기업이용관계의 종료

공기업이용관계는 이용목적의 종료, 이용자의 이용관계로부터의 탈퇴, 공기업주체에 의한 이용자의 이용관계로부터의 배제, 공기업의 폐지에 의해 종료된다.

제8편

공용부담법
公 用 負 擔 法

제 8 편 공용부담법

제 1 장 공용부담법 총설

제 2 장 인적 공용부담

제 3 장 물적 공용부담

제 1 절 공용제한

제 2 절 공용사용

제 3 절 공용수용

제 4 절 공용환지·공용환권

제1장

공용부담법 총설

Ⅰ. 공용부담의 개념

공용부담(公用負擔)이라 함은 국가, 지방자치단체 등 공익사업자가 일정한 공공복리를 적극적으로 증진하기 위하여 개인에게 부과되는 공법상의 경제적 부담을 말한다.

Ⅱ. 공용부담의 법적 근거

공용부담을 부과할 수 있는 권한을 공용부담특권이라 한다. 공용부담특권의 부여에는 법률의 근거가 있어야 한다.

헌법 제23조 제3항은 공공필요에 의한 재산권의 수용·사용 또는 제한은 법률로 정하도록 규정하고 있다. 이에 따라 공익사업을 위한 토지 등의 취득 및 보상에 관한 법률(이하 '토지보상법'이라 한다. '공익사업법'이라고 부르기도 한다), 지방자치법, 국토의 계획 및 이용에 관한 법률, 도시 및 주거환경정비법, 도시개발법, 도로법, 하천법, 철도법, 광업법 등이 공용부담에 관하여 규정하고 있다.

제2장

인적 공용부담

인적 공용부담은 사람에 대하여 일정한 공공복리를 증진하기 위하여 일정한 작위, 부작위 또는 급부의무를 부과하는 것을 말한다.

인적 공용부담은 대인적인 성질을 가지므로 원칙상 타인에게 이전되지 않는다.

인적 공용부담은 그 내용에 따라 금전급부의무인 부담금, 노역 또는 물품과 금전의 선택적 급부의무인 부역·현품부담, 노역 또는 물품의 급부의무인 노역·물품부담, 일정한 공사·시설을 완성할 의무인 시설부담, 부작위의무인 부작위부담이 있다.

인적 공용부담은 그 부과방법에 따라 개별부담과 연합부담으로 분류된다.

인적 공용부담은 부담의 근거에 따라 일반부담, 특별부담, 우발부담으로 분류된다.

I. 부 담 금

1. 의 의

(1) 강학상 개념

1) 협의의 부담금(전통적 부담금)

부담금(負擔金)이라 함은 특정 공익사업에 충당하기 위하여 당해 공익사업과 특별한 관계에 있는 자에 대하여 부과하는 공법상의 금전급부의무를 말한다. 분담금이라 부르기도 한다.

2) 광의의 부담금(오늘날의 부담금)

오늘날 부담금은 특정 공익사업을 위하여만 부과되지 않고, 일정한 행정목적을 달성하기 위하여도 부과된다. 따라서 오늘날 부담금은 다음과 같이 정의되는 것이 타당하다. 부담금이라 함은 "특정한 공익사업 등 일정한 행정목적을 위하여 특정 또는 불특정의 관계인에게 부과하는 금전급부의무"를 말한다. 특정공익사업에 대한 재정충당을 목적으로 하는 전통적인 부담금 이외에도 행정목적 달성을 위해 부과대상자의 행위를 일정한 방향으로 유도하기 위하여 부과하는 유도적 부담금(예 수도권정비계획법에 의해 설치된 과밀부담금), 의무이행확보를 위한 부담금(예 장애인고용촉진 및 직업재활법상 장애인고용부담금) 등이 있다. 하나의 부담금이 유도적 기능과 의무이행확보기능을 함께 갖는 경우(예 환경법상의 배출부과금)도 있고, 유도적 부담금과 의무이행확보를 위한 부담금은 또한 재정충당기능도 갖는다.

(2) 실정법상 개념

부담금관리기본법은 부담금을 "중앙행정기관의 장, 지방자치단체의 장, 행정권한을 위탁받은 공공단체 또는 법인의 장 등 법률에 따라 금전적 부담의 부과권한이 부여된 자가 분담금, 부과금, 예치금, 기여금 그 밖의 명칭에 불구하고 재화 또는 용역의 제공과 관계 없이 특정 공익사업과 관련하여 법률이 정하는 바에 따라 부과하는 조세외의 금전지급의무(특정한 의무이행을 담보하기 위한 예치금 또는 보증금의 성격을 가진 것은 제외한다)"라고 정의하고 있고(제2조), 별표에서 그 설치가 인정되는 부담금을 열거하고 있다(제3조).

동법상 부담금 개념은 강학상 전통적 부담금 개념보다 넓다. 즉, 강학상 전통적 부담금 이외에도 행정목적 달성을 위해 대상자의 행위를 일정한 방향으로 유도하는 유도적 부담금, 특정한 공법상 의무를 이행한 자와 이행하지 않은 자 사이의 형평성을 보장하기 위하여 부과하는 조정적 부담금, 의무이행확보를 위한 부담금 등을 포함한다.

[판례] 어떤 공과금이 부담금에 해당하는지 여부는 명칭이 아니라 실질적인 내용을 기준으로 판단하여야 한다. 부담금 부과에 관한 명확한 법률 규정이 존재한다면 반드시 별도로 부담금관리 기본법 별표에 그 부담금이 포함되어야만 부담금 부과가 유효하게 되는 것은 아니다. 총포·도검·화약류 등의 안전관리에 관한 법률 제58조 제1항 제3호에 따른 총포·화약안전기술협회 회원의 회비는 부담금관리 기본법 별표에 포함되어 있지는 않으나, 공법상 재단법인으로서 총포·화약안전기술협회의 법적 성질과 회비의 조성방법과 사용용도 등을 위 법리에 비추어 살펴보면, 국가 또는 공공단체가 일정한 공행정활동과 특별한 관계에 있는 자에 대하여 그 활동에 필요한 경비를 조달하기 위하여 부담시키는 조세 외의 금전지급의무로서 공법상 부담금에 해당한다고 보아야 한다(대판 2021. 12. 30, 2018다241458).

2. 유사개념과의 구별

전통적(협의의) 부담금은 공법상의 금전급부의무인 점에서 조세 및 수수료·사용료와 동일하지만 부과목적, 부과대상자, 부과내용 등에서 조세 및 수수료·사용료와 구별하여야 한다.

3. 종 류

부담금은 사업의 종류에 따라 도시계획부담금, 환경부담금, 도로부담금, 하천부담금 등이 있고, 부담자의 공익사업과의 관계의 내용에 따라 수익자부담금, 원인자부담금, 손궤자부담금이 있다.

4. 법적 근거

부담금의 부과에는 법률의 근거가 필요하다. 통상 개별법률에서 각 부담금의 근거를 개별적으로 규정하고 있는데, 지방자치법 제138조는 재산 또는 공공시설의 설치를 위한 수익자부담금(분담금)의 일반적인 근거를 규정하고 있다.

5. 부담금의 한계

부담금은 본질상 해당 공익사업과 특별한 관계에 있는 자에 대하여 특별한 관계가 있는 범위 내에서 부과하여야 한다.

부담금은 조세에 대한 관계에서 어디까지나 예외적으로만 인정되어야 하고, 국가나 지방자치단체의 일반적 과제를 수행하는 데 부담금의 형식을 남용해서는 안 된다(대판 2022. 8. 25, 2019두58773[하수도원인자부담금부과처분취소]).

[판례] 하수도법 제61조 제2항이 규정한 원인자부담금 제도의 취지는 타 행위로 인하여 발생할 것이 예상되는 하수 등의 유출, 처리에 필요한 공공하수도의 설치 등에 소요되는 비용에 대하여는 그 원인을 조성한 자로 하여금 이를 부담하게 하려는 데에 있다. 그런데 주민친화시설은 타 행위로 인하여 발생할 것이 예상되는 하수 등의 유출, 처리와는 관련이 없고, 타 행위자가 공공하수도의 설치 등에 대한 원인을 조성한 데에서 더 나아가 주민친화시설의 설치에 대한 원인까지 제공한 것이라고 보기는 어렵다. 그러므로 타 행위자에게 주민친화시설 설치비용을 부담시키는 것은 하수도법 제61조 제2항의 원인자부담금 제도의 취지에 부합하지 않는다(대판 2022. 8. 25, 2019두58773[하수도원인자부담금부과처분취소]).

6. 부과·징수 및 권리구제

부담금부과처분은 행정처분이므로 이의가 있는 자는 행정쟁송절차에 의해 다툴 수 있다.

부담금은 공법상의 금전급부이므로 의무불이행의 경우 행정상 강제징수를 할 수 있는 것으로 규정하는 것이 보통이다.

Ⅱ. 부역·현품부담

부역·현품부담(夫役·現品負擔)이라 함은 특정 공익사업의 수요를 충족시키기 위하여 부과하는 노역 또는 물품과 금전의 선택적 급부의무를 말한다.

부역은 노역과 금전의 선택적 급부의무를 말한다. 따라서, 부역의 내용이 되는 노역은 특별한 지식이나 기술을 요하지 않고 누구나 제공할 수 있는 단순노무이어야 한다.

현품은 물품과 금전의 선택적 급부의무를 말한다. 현품의 내용이 되는 물품은 특수한 가치나 예술적 가치를 갖지 않고 대체성을 갖는 것이어야 한다.

Ⅲ. 노역·물품부담

노역·물품부담(勞役·物品負擔)이라 함은 특정한 공익사업의 수요를 충족시키기 위하여 부과하는 노역 또는 물품 그 자체의 급부의무를 말한다. 노역·물품부담은 금전급부에 의한 대체가 인정되지 않는 점에서 부역·현품부담과 다르다.

노역·물품부담은 재해 등 급박한 상황하에서 공익사업의 수요를 다른 방법에 의하여 충족시키는 것이 곤란한 경우에 한하여 예외적으로 부과된다(도로법 제83조, 수도법 제61조).

물품부담은 우발부담이므로 그로 인한 손실에 대하여는 보상을 해 주어야 한다.

Ⅳ. 시설부담

시설부담(施設負擔)이라 함은 특정한 공익사업의 수요를 충족시키기 위하여 부과하는 일정한 공사·시설을 완성할 공법상 의무를 말한다(도로법 제33조, 제35조).

Ⅴ. 부작위부담

부작위부담(不作爲負擔)이라 함은 특정한 공익사업의 수요를 충족시키기 위하여 부과하는 부작위의무를 말한다(우편법 제7조).

제3장

물적 공용부담

물적 공용부담은 권리(재산권)에 대하여 일정한 공공복리를 증진하기 위하여 일정한 제한, 수용 또는 교환의 제약을 가하는 것을 말한다. 물적 공용부담은 특정의 권리에 대하여 부과되는 부담으로서 대물적 성질을 가지므로 권리의 이전과 함께 이전된다.

물적 공용부담으로는 공용제한, 공용사용, 공용수용, 공용환지·공용환권이 있다.

제 1 절 공용제한

Ⅰ. 공용제한의 의의

공용제한(公用制限)이라 함은 공공필요를 위하여 재산권에 대하여 가해지는 공법상의 제한을 말한다.

물적 공용부담으로서의 공용제한은 경계이론에 따르면 헌법 제23조 제3항의 공용침해로서의 공용제한(공익사업을 위한 공용제한)과 동일한 개념이지만, 분리이론에 따르면 헌법 제23조 제3항의 공용침해로서의 공용제한을 포함하는 보다 넓은 개념이다. 공용제한 중 공익사업 자체를 위한 것은 헌법 제23조 제3항의 공용제한에 해당하지만, 그 이외는 헌법 제23조 제3항의 공용제한에 해당하지 않고, 헌법 제23조 제1항 및 제2항의 재산권 제한에 해당한다.

공용제한은 재산권자가 재산권을 박탈당하지 않는 점에서 공용수용과 구별된다.

공용제한은 공공필요를 적극적으로 실현하기 위하여 가해지는 제한인 점에서 소극적인 질서유지를 위하여 가해지는 제한인 경찰상의 제한(예 위험건축물의 사용금지 등)이나 재정목적을 위한 재정상의 제한(예 강제징수를 위한 재산압류로 인한 처분제한 등)과 구별된다.

Ⅱ. 공용제한의 근거

공용제한은 재산권에 대한 제한을 내용으로 하므로 법률의 근거가 있어야 한다. 당해 제한이 보상을 요하지 않는 재산권에 내재하는 사회적 제약에 그치는 경우에도 그러하다.

특별한 희생을 야기하는 공용제한의 경우에는 공용제한을 규율하는 법률에서 보상에 관하여도 규율하여야 하는데, 보상규정을 두지 않는 경우가 적지 않다. 이 경우에 당해 공용제한행위가 위법한 행위인지 아니면 당해 공용제한행위는 적법하며 보상 등 구제를 해 주어야 하는 것으로 볼 것인지 문제된다(손실보상 참조).

Ⅲ. 공용제한의 종류

공용제한은 그 제한을 필요로 하는 공공필요의 내용에 따라 계획제한(計劃制限), 사업제한(事業制限), 보전제한(保全制限), 공물제한(公物制限)으로 나누어진다.

1. 계획제한

도시관리계획, 수도권정비계획 등 행정계획이 수립된 경우에 당해 행정계획에 배치되는 재산권 행사가 제한된다.

지역·지구 내에서 당해 지역·지구의 지정목적을 달성하기 위하여 재산권 행사에 가해지는 제한(예 주거지역에서의 일정한 건축의 제한, 개발제한구역 내에서의 건축 등 토지이용의 제한 등)이 대표적인 예이다.

2. 사업제한

공익사업을 원활히 수행하기 위하여 사업지(예 산업단지 등), 사업인접지(예 접도구역 등) 또는 사업예정지(예 도로예정지 등) 내의 재산권에 가해지는 제한을 말한다.

사업제한은 그 내용에 따라 부작위의무(예 토지의 형질변경의 금지 등), 작위의무(예 시설설치의무 또는 공작물개축의무 등) 및 수인의무(예 형질변경, 공작물의 제거 등을 수인하여야 할 의무)로 나누어진다.

분리이론에 따르면, 사업제한도 공익사업 자체를 위한 제한이 아닌 것은 헌법 제23조 제3항의 공용침해에 해당하지 않고, 헌법 제23조 제1항 및 제2항의 재산권 제한에 해당하는 것으로 본다. 특히 접도구역제한의 경우에 논란이 제기되는데, 실무에서는 이를 헌법 제23조 제3항의 공용제한이 아닌 공용제한으로 보고 있다.

3. 보전제한

환경, 문화재, 자원, 농지 등의 보전을 위하여 재산권에 가해지는 제한을 말한다. 공원 내에서의 토지 등의 사용제한(자연공원법 제23조), 문화재 등 공적 보존물에 대한 제한(문화재보호법 제37조) 등이 이에 해당한다.

4. 공물제한

사적 소유의 물건에 공물이 설정된 경우에 공물의 목적달성에 필요한 한도내에서 당해 물건에 가해지는 제한을 말한다.

Ⅳ. 공용제한에 대한 권리구제

1. 특별희생

공용제한이 재산권에 내재하는 사회적 제약에 불과한 경우에는 재산권자가 이를 감수하여야 하지만 특별희생에 해당하는 경우 그에 대한 보상이 주어져야 한다(공용제한으로 인한 특별희생의 존재 여부에 관하여는 행정구제편 참조).

시가화조정구역의 지정과 같이 공용제한으로 인하여 재산권 행사에 제한을 받음과 동시에 장래에 향하여 이익을 받을 것이 예상되는 경우에는 제한되는 재산권 행사와 함께 공용제한으로 인한 공익 및 재산권자가 받는 장래의 이익을 고려하여 특별희생인지 여부를 결정하여야 한다.

[판례] 헌법재판소는 사인의 토지가 도로, 공원, 학교 등 도시계획시설로 지정된 후 당해 도시계획시설의 시행지연으로 인하여 발생하는 보상의 문제에 관하여 "토지재산권의 강화된 사회적 의무와 도시계획의 필요성이란 공익에 비추어 일정한 기간까지는 토지소유자가 도시계획시설결정의 집행지연으로 인한 재산권의 제한을 수인해야 하지만, 일정 기간이 지난 뒤에는 입법자가 보상규정의 제정을 통하여 과도한 부담에 대한 보상을 하도록 함으로써 도시계획시설결정에 관한 집행계획은 비로소 헌법상의 재산권 보장과 조화될 수 있다"고 보고, "그러나 어떠한 경우라도 토지의 사적 이용권이 배제된 상태에서 토지소유자로 하여금 10년 이상을 아무런 보상 없이 수인하도록 하는 것은 공익실현의 관점에서도 정당화될 수 없는 과도한 제한으로서 헌법상의 재산권보장에 위배된다고 보아야 한다"고 결정하였다(헌재 1999. 10. 21, 97헌바26[도시계획법 제6조 위헌소원]).

2. 권리구제

공용제한이 특별희생에 해당하는 경우 분리이론에 따르면 공용제한 중 공익목적을 위한 일반적 제한의 경우에는 헌법 제23조 제1항 및 제2항의 문제로서 입법자의 조정조치(매수청구, 손실보상 등)를 통해 권리구제를 도모하고, 특정한 공익사업을 위한 제한의 경우에는 헌법 제23조 제3항의 문제로서 손실보상을 해주어야 한다. 경계이론에 따르면 공용제한이 특별한 희생에 해당하는 경우 모든 경우에 있어서 헌법 제23조 제3항의 문제로서 손실보상을 해주어야 한다(자세한 것은 손실보상 참조).

그런데, 문제는 공용제한으로 인한 손실에 대한 보상을 정하는 법률이 거의 없다는 것이다. 이 경우에 보상규정이 흠결된 경우의 손실보상의 문제가 된다(자세한 것은 손실보상 참조).

제 2 절 공용사용

Ⅰ. 공용사용의 의의

공용사용(公用使用)이라 함은 공공필요를 위하여 특정인의 토지 등 재산을 강제로 사용하는 것을 말한다. 토지 등의 소유자는 공용사용을 수인할 의무를 진다. 공용사용에는 일시적 사용과 계속적 사용(예 전선설치를 위한 토지위 공중의 사용)이 있다.

Ⅱ. 공용사용의 근거

공용사용도 재산권에 대한 제한이므로 법률의 근거가 있어야 한다. 토지보상법은 공익사업을 위한 공용사용의 일반적 근거규정을 두고 있고(제19조, 제38조), 기타 개별법에서 공용사용을 규정하는 경우가 있다(예 도로법 제48조 등).

Ⅲ. 공용사용과 손실보상

공용사용이 특별한 희생에 해당하는 경우 보상이 주어져야 한다. 공용사용은 토지 등에 대한 강제적 사용을 내용으로 하므로 경미한 일시적 사용을 제외하고는 통상 특별한 희생에 해당한다.

토지보상법은 공용사용으로 인한 보상기준을 규정하고 있다(제71조, 제72조).

도시철도건설자가 도시철도의 건설을 위하여 타인 토지의 지하부분을 사용하고자 할 때에는 당해 토지의 이용가치, 지하의 깊이 및 토지이용이 방해되는 정도 등을 참작하여 보상한다(도시철도법 제4조의6 제1항).

제 3 절 공용수용

[문제] 사인(私人)을 위한 수용을 논하시오.

제 1 항 공용수용의 의의와 협의취득

Ⅰ. 의 의

공용수용(公用收用)이라 함은 공익사업을 시행하기 위하여 공익사업의 주체가 타인의 토지 등을 강제적으로 취득하고 그로 인한 손실을 보상하는 물적 공용부담제도를 말한다.

공용수용은 공공의 필요가 있는 경우에 한하여 인정되며 법률의 근거가 있어야 한다. 또한, 공용수용에 대하여는 보상이 주어져야 한다.

[판례] 헌법 제23조의 공용수용은 헌법 제23조 제3항에 명시되어 있는 대로 국민의 재산권을 그 의사에 반하여 강제적으로라도 취득해야 할 공익적 필요성이 있을 것, 법률에 의거할 것, 정당한 보상을 지급할 것의 요건을 모두 갖추어야 한다(헌재 1995. 2. 23, 92헌바14 참조).

Ⅱ. 공용수용과 협의취득

1. 협의취득의 의의

공익사업을 위한 토지의 취득에는 토지 등의 소유자의 의사에 반하는 강제취득인 공용수용 이외에 공용수용의 주체와 토지 등의 소유자 사이의 협의에 의한 취득이 가능하다. 『공익사업을 위한 토지 등의 취득 및 보상에 관한 법률』(이하 '토지보상법'이라 한다. 공익사업법이라고도 부른다)은 협의취득(協議取得)을 공식적인 법제도로 규정하고 있다.

사업인정 이전의 협의취득절차는 의무적인 절차는 아니며 공익사업의 주체가 이 절차를 거칠 것인지 여부를 결정한다. 공익사업의 주체는 협의에 의해 취득되지 못한 토지 등에 한하여 공용수용절차를 개시할 수 있다. 그리고, 협의절차를 거친 경우에는 공용수용절차에서 의무적인 공용수용절차로 되어 있는 협의절차를 거치지 않아도 된다.

2. 협의취득절차

(1) 토지조서 및 물건조서의 작성(제14조 제 1 항)

(2) 보상계획의 열람 등(제15조)

공고되거나 통지된 토지조서와 물건조서의 내용에 대하여 이의가 있는 토지소유자 또는 관계인은 사업시행자에게 서면으로 이의를 제기할 수 있다(제15조 제3항).

사업시행자는 해당 토지조서 및 물건조서에 제기된 이의를 부기하고 그 이의가 이유있다고 인정할 때에는 적절한 조치를 하여야 한다(제15조 제4항).

(3) 협　　의

사업시행자는 토지 등에 대한 보상에 관하여 토지소유자 및 관계인과 성실하게 협의하여야 한다(제16조).

(4) 계약의 체결

사업시행자는 협의가 성립된 경우 토지소유자 및 관계인과 계약을 체결하여야 한다. 판례는 토지보상법상의 협의취득계약을 사법상 계약으로 보고(대판 2012. 2. 23, 2010다91206), 위 협의취득에 기한 손실보상금의 환수통보 역시 사법상의 이행청구에 해당하는 것으로 본다(대판 2010. 11. 11, 2010두14367).

제 2 항　공용수용의 근거

공용수용은 재산권을 침해하는 행위이므로 법률의 근거가 있어야 한다.

엄밀히 말하면 공용수용의 일반법은 없지만, 공익사업을 위한 공용수용과 사용의 일반법은 있다. 토지보상법이 그것이다. 토지보상법은 공익사업을 위한 토지수용을 망라하여 한정적으로 규정하고 있으므로 토지보상법은 공익사업을 위한 토지수용에 관한 일반법의 성격을 가지고 있다. 즉, **토지보상법 제4조 및 별표**는 토지등을 취득하거나 사용할 수 있는 사업을 열거하여 규정하고 있는데, **동법 제4조의2**는 토지보상법에 따라 토지등을 수용하거나 사용할 수 있는 사업은 제4조 또는 별표에 규정된 법률에 따르지 아니하고는 정할 수 없고, 별표는 토지보상법 외의 다른 법률로 개정할 수 없다고 규정하고 있다. **동법 제19조**는 사업시행자는 공익사업의 수행을 위하여 필요하면 토지보상법에서 정하는 바에 따라 토지등을 수용하거나 사용할 수 있다고 공익사업을 위한 수용 또는 사용의 근거를 규정하고 있다.

제 3 항 공용수용의 당사자

공용수용의 당사자(當事者)라 함은 공용수용의 주체인 수용권자와 수용권의 객체인 피수용자를 말한다.

Ⅰ. 공용수용의 주체

공용수용의 주체(主體)라 함은 토지 등에 대하여 수용권을 가지는 자를 말한다. 사업시행자[1] (공익사업을 시행하는 자)가 국가인 경우에는 국가가 공용수용의 주체(수용권자)라는 것에 대하여는 이견이 없으나 **사업시행자가 국가가 아닌 공공단체 또는 사인인 경우**에 수용권자가 국가인가 아니면 사업시행자인가에 관하여 공용수용의 주체를 국가로 보는 국가수용권설과 공용수용의 주체를 사업시행자로 보는 사업시행자수용권설이 대립하고 있다.

다음과 같은 이유에서 통설인 **사업시행자수용권설이 타당**하다. 수용의 본질은 공익사업을 시행하기 위하여 보상을 전제로 재산권을 강제로 취득하는 데 있으므로 공익사업의 주체이며 보상을 행하고 재산권을 취득하는 사업시행자를 수용권자로 보는 견해가 타당하다.

사인(私人)인 사업시행자는 보상업무를 수행함에 있어서는 공무수탁사인의 지위를 갖는다.

Ⅱ. 공용수용의 상대방(피수용자)

피수용자(被收用者)라 함은 수용의 목적물인 재산권의 주체를 말한다. 피수용자는 수용할 토지 또는 물건의 소유자와 그 토지 또는 물건에 대하여 소유권 이외의 권리를 가진 자(관계인)를 포함한다.

토지보상법상 **토지소유자 및 관계인**이 피수용자가 된다.

동법상 '**토지소유자**'라 함은 공익사업에 필요한 토지의 소유자를 말하고(제2조 제4호), '**관계인**'이라 함은 사업시행자가 취득하거나 사용할 토지에 관하여 지상권·지역권·전세권·저당권·사용대차 또는 임대차에 따른 권리 또는 그 밖에 토지에 관한 소유권 외의 권리를 가진 자나 그 토지에 있는 물건에 관하여 소유권이

1) 구 토지수용법은 공익사업의 주체를 기업자라 하였는데, 토지보상법은 사업시행자라는 용어를 사용하고 있다.

나 그 밖의 권리를 가진 자를 말한다. 다만, 사업인정의 고시가 된 후에 권리를 취득한 자는 기존의 권리를 승계한 자를 제외하고는 관계인에 포함되지 아니한다(제2조 제5호).

제 4 항 공용수용의 목적물(대상)

토지보상법상 토지의 수용 또는 사용의 대상이 되는 것은 다음과 같다. ① 토지 및 이에 관한 소유권 외의 권리, ② 토지와 함께 공익사업을 위하여 필요한 입목, 건물 그 밖에 토지에 정착된 물건 및 이에 관한 소유권 외의 권리, ③ 광업권·어업권 또는 물의 사용에 관한 권리, ④ 토지에 속한 흙·돌·모래 또는 자갈에 관한 권리(제3조).

수용할 목적물(目的物)의 범위는 비례의 원칙상 사업을 위하여 **필요한 최소한도**에 그쳐야 한다(대판 1987. 9. 8, 87누395[토지수용재결처분취소]). 공익사업에 필요하지 않은 토지 등을 수용하는 것은 원칙상 인정되지 않는다.

그러나, **예외적으로** 토지 등의 소유자 또는 사업시행자의 이익을 위하여 공익사업에 필요한 토지 이외의 토지가 수용의 대상이 될 수 있다. 이와 같이 일정한 사유로 인하여 공익사업에 필요한 토지 이외의 토지를 수용하는 것을 확장수용이라 한다. 확장수용에는 잔여지수용, 공용사용에 대한 수용청구, 이전대상 물건의 수용이 있다(행정법론(상) 참조).

토지보상법 제19조 제2항은 "공익사업에 수용되거나 사용되고 있는 토지 등은 특별히 필요한 경우가 아니면 다른 공익사업을 위하여 수용하거나 사용할 수 없다"라고 규정하고 있는데, 이 규정과 관련하여 **공물이 수용의 대상이 될 수 있는가**에 관하여 견해의 대립이 있다. **판례는 긍정설**을 취하고 있다고 보는 것이 일반적 견해이다. 이에 관하여는 이미 공물편에서 고찰하였다(전술 공물편 참조).

제 5 항 공용수용의 절차

토지수용의 보통절차는 사업인정-토지조서·물건조서의 작성-협의-재결·화해의 단계를 거쳐 진행된다.

I. 사업인정 [2005 행시(일반행정) 약술]

1. 의 의

사업인정이란 공익사업을 토지 등을 수용 또는 사용할 사업으로 결정하는 것으로서 공익사업의 시행자에게 그 후 일정한 절차를 거칠 것을 조건으로 일정한 내용의 수용권을 설정하여 주는 형성행위이다(대판 2019. 2. 28, 2017두71031).

토지보상법 제2조 제7호는 '사업인정'을 "공익사업을 토지 등을 수용하거나 사용할 사업으로 결정하는 것"이라고 정의하고 있다.

사업시행자는 공익사업의 수행을 위하여 필요하면 토지 등을 수용하거나 사용할 수 있는데(토지보상법 제19조 제1항), 사업시행자는 토지 등을 수용하거나 사용하고자 하는 때에는 국토교통부장관의 사업인정을 받아야 한다(제20조 제1항).

사업인정은 특정사업이 그 사업에 필요한 토지를 수용 또는 사용할 수 있는 공익사업이라는 것을 인정하는 것과 토지를 수용 또는 사용하고자 하는 당해 특정사업의 공공필요성의 인정을 주된 내용으로 한다.

또한, 토지보상법 이외의 개별법에 의해 토지보상법의 사업인정이 의제되는 경우가 많다. 토지보상법 〈별표〉는 토지보상법 제20조에 따른 사업인정이 의제되는 사업을 열거하고 있다. 예를 들면, 택지개발촉진법 제3조에 따른 택지개발지구의 지정·고시가 있으면 사업인정이 의제된다(제12조 제2항). 이 경우에는 사업인정을 별도로 받지 않아도 된다.

사업인정을 의제하는 것은 인허가의제사업의 촉진 등 효율적 수행을 위한 것이므로 사업인정의 의제를 받지 않고, 토지보상법상 사업인정을 받는 것도 가능하다고 보아야 한다.

[판례] 구 전원개발에 관한 특례법(현행 전원개발촉진법)상 실시계획의 승인 및 고시가 있으면 사업인정 등 인허가가 의제되는 것으로 되어 있는데(제6조의2 제3항), 이는 효율적인 전원개발사업의 수행을 위한 것이고, 전원개발사업이 구 토지수용법(현 토지보상법)에 의한 공익사업에 해당하는 것이므로 이러한 특례법상 수용절차가 있다 하여 일반 토지수용절차에 따른 토지수용을 배제하는 것이라고 할 수는 없다(서울행법 1999. 1. 27, 98구26633).

2. 법적 성격

(1) 처분성(행정행위)

사업인정으로 사업시행자 및 토지소유자 등에게 일정한 구체적인 법적 효과가 발생한다. 즉, 사업인정으로 사업시행자에게는 토지수용 등을 위한 절차를 개시할 권리 및 이들 절차의 이행을 조건으로 토지 등을 수용 또는 사용할 권리가 창설되고, 토지소유자 등에게는 사업인정의 고시가 있은 후에는 고시된 토지에 대하여 사업에 지장이 될 우려가 있는 형질의 변경이나 법에 규정된 물건의 손괴 또는 수거를 하지 못하는 의무가 생기는 등(제25조 제1항) 일정한 의무가 부과되고, 손실보상청구권이 주어진다. 따라서, 사업인정은 행정행위이며 항고소송의 대상이 된다.

사업인정이 의제되는 경우 의제된 인·허가의 위법을 다투기 위하여는 의제된 인·허가처분을 다투어야 한다는 것이 판례의 입장이므로 판례에 따르면 의제된 사업인정의 위법을 다투기 위하여는 의제된 사업인정처분을 다투어야 한다(인·허가의제 참조).

(2) 형성행위

사업인정은 공익사업의 시행자에게 그 후 일정한 절차를 거칠 것을 조건으로 일정한 내용의 수용권을 설정하여 주는 **형성행위**이다(대판 2019. 2. 28, 2017두71031).

(3) 재량행위

사업인정에 있어서 토지보상법 제4조 각 호의 공익사업에의 해당 여부는 단순한 불확정개념의 판단문제이므로 법에 기속된다고 보아야 한다.

그러나, 공공필요성의 판단에 있어서는 관련이익의 형량을 포함하는 전문기술적이고 정책적인 판단이 행해지므로 행정청에게 재량권이 인정된다고 보아야 한다.

[판례] 구 토지수용법 제14조에 의한 토지수용을 위한 사업인정은 단순한 확인행위가 아니라 형성행위이고 당해 사업이 비록 토지를 수용할 수 있는 사업에 해당된다 하더라도 행정청으로서는 그 사업이 공용수용을 할 만한 공익성이 있는지의 여부를 모든 사정을 참작하여 구체적으로 판단하여야 하는 것이므로 사업인정의 여부는 행정청의 재량에 속한다(대판 1992. 11. 13, 92누596[토지수용을 위한 사업인정거부처분취소 등]).

3. 사업인정의 요건

(1) 사업인정의 대상이 되는 공익사업 (2) 공공필요성 1) 공익사업의 공공성(공익성) 2) 최소침해성 3) 비례성(정당한 이익형량) 가. 이익형량의 요소인 공익과 사익	(가) 공 익 (나) 침해되는 사익 (다) 침해되는 공익 나. 비례성(상당성, 협의의 비례원칙) (3) 공익사업을 수행할 의사와 능력

토지보상법상의 사업인정처분이 행해지기 위하여는 공익사업이어야 하고(제4조, 제19조 제3항), 그 사업의 공공필요성이 인정되어야 하며(헌법 제23조 제3항, 토지보상법 제19조 제1항) 사업시행자에게 해당 공익사업을 수행할 의사와 능력이 있어야 한다(대판 2011. 1. 27, 2009두1051).

[판례] **사업인정의 요건:** 사업인정이란 공익사업을 토지 등을 수용 또는 사용할 사업으로 결정하는 것으로서 공익사업의 시행자에게 그 후 일정한 절차를 거칠 것을 조건으로 일정한 내용의 수용권을 설정하여 주는 형성행위이므로, 해당 사업이 외형상 토지 등을 수용 또는 사용할 수 있는 사업에 해당한다고 하더라도 사업인정기관으로서는 그 사업이 공용수용을 할 만한 공익성이 있는지의 여부와 공익성이 있는 경우에도 그 사업의 내용과 방법에 관하여 사업인정에 관련된 자들의 이익을 공익과 사익 사이에서는 물론, 공익 상호간 및 사익 상호간에도 정당하게 비교·교량하여야 하고, 그 비교·교량은 비례의 원칙에 적합하도록 하여야 한다. 그뿐만 아니라 해당 공익사업을 수행하여 공익을 실현할 의사나 능력이 없는 자에게 타인의 재산권을 공권력적·강제적으로 박탈할 수 있는 수용권을 설정하여 줄 수는 없으므로, 사업시행자에게 해당 공익사업을 수행할 의사와 능력이 있어야 한다는 것도 사업인정의 한 요건이라고 보아야 한다(대판 2011. 1. 27, 2009두1051[토지수용재결처분취소]).

(1) 사업인정의 대상이 되는 공익사업

토지보상법은 사업인정의 대상이 되는 공익사업(公益事業)을 한정적으로 열거하고 있다(제4조, 제4조의2).

토지보상법 제4조 각 호에 해당하는 공익사업인지 여부의 판단에는 재량권이나 판단여지가 인정되지 않는다.

공공필요성이 있는 사업이라도 '공익사업'으로 실정법에 열거되어 있지 않으면 공용수용이 허용될 수 없다.

[판례] 공용수용이 허용될 수 있는 공익성을 가진 사업, 즉 공익사업의 범위는 사업시행자와 토지소유자 등의 이해가 상반되는 중요한 사항으로서, 공용수용에 대한 법률유보의 원칙에 따라 법률에서 명확히 규정되어야 한다. 공공의 이익에 도움이 되는 사업이라도 '공익사업'으로 실정법에 열거되어 있지 않은 사업은 공용수용이 허용될 수 없다(헌재 2014. 10. 30, 2011헌바172 등).

(2) 공공필요성[2007 사시 사례]

토지보상법 제4조 각 호에 해당하는 사업이 자동적으로 토지수용을 할 수 있는 사업이 되는 것은 아니며 공공필요성을 인정받아 사업인정을 받아야 한다(대판 1992. 11. 13, 92누596).

토지보상법은 "공익사업의 수행을 위하여 필요한 때"에는 토지 등을 수용 또는 사용할 수 있다고 규정하고 있는데, "공익사업의 수행을 위하여 필요한 때"라 함은 장래에 시행할 공익사업을 위하여 필요한 때뿐만 아니라 이미 시행된 공익사업의 유지를 위하여 필요한 때를 포함한다고 보아야 한다(대판 2005. 4. 29, 2004두14670: 이미 설치된 송전선로를 유지하기 위하여 선로 아래의 다른 사람의 토지 위의 공중의 사용을 대상으로 사업인정을 할 수 있다고 한 사례).

공공필요성은 수용의 정당화사유인데, 비례의 원칙의 적용례이다. 공공필요성이 인정되기 위하여는 사업의 공공성(공익성)과 필요성이 인정되어야 한다. 사업의 필요성은 최소침해성과 비례성을 포함한다.

[판례] 헌법 제23조 제3항에서 규정하고 있는 '공공필요'는 "국민의 재산권을 그 의사에 반하여 강제적으로라도 취득해야 할 공익적 필요성"으로서, '공공필요'의 개념은 '공익성'과 '필요성'이라는 요소로 구성되어 있다(헌재 2014. 10. 30, 2011헌바172 등).

1) 공익사업의 공공성(공익성)

법률에서 수용할 수 있는 공익사업으로 규정된 사업이라고 하여 당연히 공공성(공익성)이 인정되는 것은 아니다. 사업의 공공성은 개별적으로 판단되어야 한다.

공익사업의 공공성은 국가안전보장, 질서유지, 공공복리와 함께 국가 또는 지역 경제상의 이익도 포함한다.

공익사업의 공익성은 재산권의 존속보장을 위해 기본권 일반의 제한사유인 '공공복리'보다 좁게 보아야 한다는 것이 헌법재판소의 입장이다.

[판례] 법이 공용수용 할 수 있는 공익사업을 열거하고 있더라도, 이는 공공성 유무를 판단하는 일응의 기준을 제시한 것에 불과하므로, 사업인정의 단계에서 개별적·구체적으로 공공성에 관한 심사를 하여야 한다. 즉 공공성의 확보는 1차적으로 입법자가 입법을 행할 때 일반적으로 당해 사업이 수용이 가능할 만큼 공공성을 갖는가를 판단하고, 2차적으로는 사업인정권자가 개별적·구체적으로 당해 사업에 대한 사업인정을 행할

때 공공성을 판단하는 것이다. 오늘날 공익사업의 범위가 확대되는 경향에 대응하여 재산권의 존속보장과의 조화를 위해서는, '공공필요'의 요건에 관하여, 공익성은 추상적인 공익 일반 또는 국가의 이익 이상의 중대한 공익을 요구하므로 기본권 일반의 제한사유인 '공공복리'보다 좁게 보는 것이 타당하며, 공익성의 정도를 판단함에 있어서는 공용수용을 허용하고 있는 개별법의 입법목적, 사업내용, 사업이 입법목적에 이바지 하는 정도는 물론, 특히 그 사업이 대중을 상대로 하는 영업인 경우에는 그 사업 시설에 대한 대중의 이용·접근가능성도 아울러 고려하여야 한다(헌재 2014. 10. 30, 2011헌바172 등). 〈해설〉 공용수용의 경우 정당한 보상을 하므로 공익사업의 공익성을 헌법재판소의 견해와 달리 기본권 일반의 제한사유인 '공공복리'보다 넓게 보는 것이 타당하다는 견해가 타당하다.

[사인을 위한 수용] [2008 감평 약술]

① 의의: '사인을 위한 수용'이라 함은 협의로는 사업시행자가 사인인 경우를 말하는데, 이를 '공공적 사용수용' 또는 '사용수용(私用收用)'이라고도 한다.

② 부대사업을 위한 수용: 민간인이 사회간접자본시설사업을 수행하는 경우에 수익보장을 위하여 부대사업을 허용하는 경우에 부대사업을 위하여도 수용권을 인정할 수 있는지에 관하여는 논란의 여지가 있다.

③ 영리사업자를 위한 수용: 사업인정의 대상이 되는 사업의 직접적인 수행목적이 공익의 실현인 경우(예 공업단지를 조성하여 사기업에 분양하는 경우, 택지를 개발하여 분양하는 경우) 뿐만 아니라 그 직접목적은 영리목적이지만 간접적·부수적으로 공익의 실현에 기여하는 경우에도 공공필요가 인정될 수 있는 경우(예 지역경제가 파탄되고 실업문제가 심각한 지역에 공장을 설치하는 경우)가 있다.

④ 공익보장책: 사인을 위한 수용의 경우에는 사인에게 부당한 특혜가 되지 않도록 공익사업의 계속적 실행의 담보책이 법령상 또는 사업인정의 부관등으로 마련되어야 한다.

[판례] 헌법 제23조 제3항은 정당한 보상을 전제로 하여 재산권의 수용 등에 관한 가능성을 규정하고 있지만, 재산권 수용의 주체를 한정하지 않고 있다. 위 헌법조항의 핵심은 당해 수용이 공공필요에 부합하는가, 정당한 보상이 지급되고 있는가 여부 등에 있는 것이지, 그 수용의 주체가 국가인지 민간기업인지 여부에 달려 있다고 볼 수 없다. 또한 국가 등의 공적 기관이 직접 수용의 주체가 되는 것이든 그러한 공적 기관의 최종적인 허부판단과 승인결정하에 민간기업이 수용의 주체가 되는 것이든, 양자 사이에 공공필요에 대한 판단과 수용의 범위에 있어서 본질적인 차이를 가져올 것으로 보이지 않는다(헌재 2009. 9. 24, 2007헌바114).

2) 최소침해성

공익사업을 위한 방안이 수개인 경우에 국민의 권익과 공익을 가장 적게 침해하는 방안을 채택하여야 한다(대판 2005. 11. 10, 2003두7507).

3) 비례성(정당한 이익형량)

공공필요성이 인정되기 위하여는 공익사업으로 인하여 달성되는 공익과 당해 사업으로 인해 침해되는 이익(공익 및 사익) 사이에 비례성이 유지되어야 한다. 달리 말하면 공익사업으로 인하여 달성되는 공익이 공익사업으로 인하여 침해되는 이익(공익사업의 불이익)보다 우월하여야 한다.

가. 이익형량의 요소인 공익과 사익 사업의 공공필요성을 판단하기 위하여는 '사업으로 인하여 달성되는 공익'과 '당해 사업으로 인하여 침해되는 공익 및 사익'을 비교형량(比較衡量)하여야 한다.

(가) 공 익 공익사업으로 인하여 달성되는 공익은 전술한 바와 같다.

(나) 침해되는 사익 '사업으로 인하여 침해되는 사익'은 사업으로 인하여 침해되는 토지소유자의 소유권뿐만 아니라 토지의 이용으로 인한 거주의 이익, 경제적 이익(예 영업, 영농, 산림경영 등의 이익), 종교적 이익 등 사업으로 인하여 침해되는 일체의 사적 이익을 말한다. 사업시행지 내의 토지소유자 등이 상실하는 이익뿐만 아니라 사업시행지 밖의 토지소유자 등이 상실하는 이익도 포함된다고 보아야 한다.

(다) 침해되는 공익 '사업으로 인하여 침해되는 공익'에는 환경상 이익과 문화적 가치 등이 포함된다.

나. 비례성(상당성, 협의의 비례원칙) 공익사업으로 인하여 달성되는 공익과 당해 사업으로 인해 침해되는 이익(공익 및 사익)이 심히 균형을 잃으면 사업인정은 위법하다. 즉, 사업으로 인하여 침해되는 중대한 공익 또는 사익을 고려하지 않았거나, 당해 공익 또는 사익의 가치를 심히 가볍게 평가하였거나, 고려하여서는 아니 되는 이익을 사업으로 인하여 달성되는 공익으로 판단하였거나 사업으로 인하여 달성되는 공익을 지나치게 과도하게 평가하여 이익형량이 심히 균형을 잃은 경우에는 사업인정은 위법하다고 보아야 한다.

[판례 1] 공용수용에 있어서 공익사업을 위한 필요와 그에 대한 증명책임의 소재(=사업시행자): 공용수용은 공익사업을 위하여 특정의 재산권을 법률에 의하여 강제적으로 취득하는 것을 내용으로 하므로 그 공익사업을 위한 필요가 있어야 하고, 그 필요가 있는지에 대하여는 수용에 따른 상대방의 재산권침해를 정당화할 만한 공익의 존재가 쌍방의 이익의 비교형량의 결과로 입증되어야 하며, 그 입증책임은 사업시행자에게 있다(대판 2005. 11. 10, 2003두7507).

[판례 2] [1] '필요성'이 인정되기 위해서는 공용수용을 통하여 달성하려는 공익과 그로 인하여 재산권을 침해당하는 사인의 이익 사이의 형량에서 사인의 재산권침해를 정당화할 정도의 공익의 우월성이 인정되어야 하며, 사업시행자가 사인인 경우에는 그 사업 시행으로 획득할 수 있는 공익이 현저히 해태되지 않도록 보장하는 제도적 규율도 갖추어져 있어야 한다. [2] 고급골프장 등의 사업에 있어서는 그 사업 시행으로 획득할 수 있는 공익이 현저히 해태되지 않도록 보장하는 제도적 규율이 갖추어졌는지에 관하여는 살펴볼 필요도 없이, 타인의 재산을 그 의사에 반하여 강제적으로라도 취득할 수 있게 해야 할 필요성은 인정되지 아니한다. [3] 헌법재판소가 이 사건 법률조항에 대하여 위헌결정을 선고하면, 공공필요성이 있는 지구개발사업 시행을 위한 민간개발자의 공공수용까지 허용되지 않는 결과가 되어 입법목적을 달성하기 어려운 법적 공백과 혼란이 예상되므로, 헌법불합치결정을 하되 이 사건 법률조항은 입법자가 개정할 때까지 계속 적용하기로 한다(헌재 2014. 10. 30, 2011헌바172 등). 〈해설〉 골프장 건설을 위한 토지수용이 항상 공공필요성이 없는 것은 아니다.

(3) 공익사업을 수행할 의사와 능력

해당 공익사업을 수행하여 공익을 실현할 의사나 능력이 없는 자에게 타인의 재산권을 공권력적 · 강제적으로 박탈할 수 있는 수용권을 설정하여 줄 수는 없으므로, 사업시행자에게 해당 공익사업을 수행할 의사와 능력이 있어야 한다는 것도 사업인정의 한 요건이라고 보아야 한다(대판 2011. 1. 27, 2009두1051[토지수용재결처분취소]).

[판례] 참가인 송파구청장이 이 사건 사업비를 송파구의 자체 예산으로 조달하지 않는다는 사정만으로 참가인 송파구청장에게 사업 수행 의사나 능력이 없다고 볼 수 없다고 한 사례(대판 2019. 2. 28, 2017두71031).

4. 사업인정절차

(1) 사업인정의 신청

사업시행자는 토지 등을 수용하고자 하는 때에는 국토교통부장관에게 사업인정을 신청하여야 한다(제20조).

(2) 협의 및 의견청취

국토교통부장관은 사업인정을 하려면 관계 중앙행정기관의 장 및 특별시장·광역시장·도지사·특별자치도지사(이하 "시·도지사"라 한다) 및 제49조에 따른 중앙토지수용위원회와 협의하여야 하며, 미리 사업인정에 이해관계가 있는 자의 의견을 들어야 한다(제21조 제1항). 별표에 규정된 법률에 따라 사업인정이 있는 것으로 의제되는 공익사업의 허가·인가·승인권자 등은 사업인정이 의제되는 지구지정·사업계획승인 등을 하려는 경우 제1항에 따라 제49조에 따른 중앙토지수용위원회와 협의하여야 하며, 대통령령으로 정하는 바에 따라 사업인정에 이해관계가 있는 자의 의견을 청취하여야 한다(제21조 제2항).

중앙토지수용위원회의 협의사항은 주로 사업인정의 적법성과 적정성이다. 즉, 중앙토지수용위원회는 제1항 또는 제2항에 따라 협의를 요청받은 경우 사업인정에 이해관계가 있는 자에 대한 의견 수렴 절차 이행 여부, 허가·인가·승인대상 사업의 공공성, 수용의 필요성, 그 밖에 대통령령으로 정하는 사항(1. 해당 공익사업이 근거 법률의 목적, 상위 계획 및 시행 절차 등에 부합하는지 여부, 2. 사업시행자의 재원 및 해당 공익사업의 근거 법률에 따른 법적 지위 확보 등 사업수행능력 여부)을 검토하여야 한다(법 제21조 제3항, 시행령 제11조의2).

종래 중앙토지수용위원회의 의견청취에서 중앙토지수용위원회의 협의로 변경한 법률개정의 입법취지 및 동법 시행령 제12조 제2항 제5호에 따라 수용재결을 신청할 때 중앙토지수용위원회의 협의의견서를 첨부하게 하여 토지수용재결에서 협의절차 이행여부 등을 확인할 수 있도록 하고 있고, 동법 시행규칙 제9조의3에서는 중앙토지수용위원회가 동의(조건부 동의 포함)하지 않은 사업인정 등은 공익성을 보완하여 재협의를 거칠 수 있다고 규정하고 있는 점 등에 비추어 보면 중앙토지수용위원회의 협의는 단순한 자문이 아니라 '합의' 또는 '동의'에 준하는 것으로 보아야 한다. 행정실무도 이렇게 운용되고 있다.

(3) 사업인정의 고시

국토교통부장관은 사업인정을 하였을 때에는 지체없이 그 뜻을 사업시행자, 토지소유자 및 관계인, 관계 시·도지사에게 통지하고, 사업시행자의 성명이나 명칭·사업의 종류·사업지역 및 수용할 토지의 세목을 관보에 고시(告示)하여야 한다(제22조 제1항). 이를 사업인정의 고시라 한다.

토지의 세목의 공고는 사업인정에 의하여 지정된 범위 내에서 구체적으로 수용할 수 있는 목적물을 임시로 결정하는 행위이며, 이로써 목적물에 대하여 막연한 효력밖에 없었던 사업인정이 현실화하고 구체화된다(즉 이로써 피수용자가 특정되고 수용, 사용의 대상이 되는 토지 등이 일응 특정되게 되는 것이나 종국적으로는 재결에 의하여 그 특정이 확정된다)(대판 1988. 12. 27, 87누1141[토지수용재결처분취소 등]). 토지세목의 공고는 처분이 아니라 사업인정절차의 하나이다.

[판례 1] 건설교통부장관이 토지수용사업승인을 한 후 그 뜻을 토지소유자 등에게 통지하지 아니하였다는 하자는 절차상 위법으로서 재결의 취소를 구할 수 있는 사유가 될지언정 당연무효의 사유라고 할 수는 없다(대판 1993. 8. 13, 93누2148[토지수용재결처분취소 등]).

[판례 2] 도시계획사업허가의 공고시에 토지세목의 고시를 누락한 것은 절차상의 위법으로서 취소사유에 해당한다(대판 1988. 12. 27, 87누1141; 1993. 8. 13, 93누2148).

5. 사업인정의 효과

사업인정은 사업인정이 고시된 날로부터 효력을 발생한다(제22조 제3항).

[판례] 사업인정은 수용권을 설정해 주는 행정처분으로서, 이에 따라 수용할 목적물의 범위가 확정되고, 수용권자가 목적물에 대한 현재 및 장래의 권리자에게 대항할 수 있는 공법상 권한이 생긴다(대판 2019. 12. 12, 2019두47629).

(1) 수용권의 발생

사업인정은 일정한 수용절차를 거칠 것을 조건으로 수용권(收用權)을 설정한다.

사업시행자는 수용권을 실현하기 위하여 우선 토지소유자 및 관계인과 협의하여야 하고(제26조 제1항), 협의가 성립되지 아니하거나 협의를 할 수 없을 때에는 사업인정의 고시가 된 날부터 1년 이내에 관할 토지수용위원회에 재결을 신청할 수 있다(제28조 제2항).

사업시행자는 재결신청을 위하여 토지조서·물건조서를 작성하여야 하고, 조서작성을 위하여 토지 또는 공작물에의 출입·조사권을 갖는다(제27조).

(2) 수용목적물의 확정

사업인정의 고시에 토지의 세목이 포함되므로 사업인정이 고시되면 수용목적물(收用目的物)이 확정된다.

수용목적물은 공익사업을 위해 필요한 토지 등인데, 공익사업의 원활한 수행을 위해 공익사업 자체에 직접 필요하지 않은 토지나 물건 등도 공익사업과 관련이 있고 비례의 원칙에 합치하는 한도내에 수용, 사용 또는 제한의 대상이 될 수 있다(예 대토보상을 위한 토지의 수용, 확장수용 등).

(3) 관계인의 범위확정

토지보상법 제2조 제5호의 관계인에 한하여 보상금이 주어진다.

(4) 토지 등의 보전의무

사업인정이 고시된 후에는 토지 등에 변경을 가하여 사업에 지장이 되도록 하는 행위가 금지된다(제25조).

토지 등의 보전의무는 토지소유자 및 관계인에 한정되지 않고 누구에게나 부과된다. 금지되는 행위는 사업에 지장이 될 우려가 있는 형질변경이므로 사업에 지장을 줄 우려가 없는 형질변경은 가능하다.

(5) 사업시행자의 수용절차상 권리와 의무

사업인정의 고시가 있으면 사업시행자에게 수용절차상 일정한 권리와 의무가 부여된다.

사업인정고시가 있은 후에는 사업시행자는 사업의 준비나 토지조서 및 물건조서를 작성하기 위하여 필요한 경우 해당 토지 또는 물건에 출입하여 이를 측량하거나 조사할 수 있다(제27조

제1항). 사업시행자는 위와 같이 타인이 점유하는 토지에 출입하여 측량·조사함으로써 발생하는 손실을 보상하여야 한다(제27조 제3항).

6. 사업인정의 실효

사업인정은 사업시행자가 일정한 기간 내에 재결을 신청하지 아니하거나 당해 사업의 폐지 및 변경으로 그 효력을 상실한다(제23조, 제24조).

7. 사업인정에 대한 권리구제

사업인정은 전술한 바와 같이 의제되는 경우를 제외하고 처분이므로 항고소송의 대상이 된다. 사업인정에 대한 항고소송에서 특히 문제가 되는 것은 원고적격 및 불복기간의 문제이다.

(1) 원고적격

사업인정에 대한 항고소송의 원고적격이 있는 자는 당해 수용절차에 의하여 토지 등이 수용 또는 사용될 염려가 있는 자 및 그 관계인과 간접손실을 받는 자에 한정된다.

그러나, **사업계획**(예 택지개발 사업계획)**의 승인처분에 대해서는** 사업계획승인처분의 근거 내지 관계법규가 공익뿐만 아니라 인근주민의 개인의 개별적 이익도 보호하고 있는 경우에는 인근주민에게 당해 사업계획승인처분의 취소를 구할 원고적격이 인정된다.

사업계획승인이 환경영향평가의 대상이 되는 경우에 환경영향평가 대상지역에 거주하는 주민은 당해 사업계획승인처분을 다툴 원고적격이 있는 것으로 추정되고, 환경영향평가 대상지역의 밖의 주민이라도 그 처분 전과 비교하여 수인한도를 넘는 환경피해를 받거나 받을 우려가 있다는 것이 입증되면 그 처분을 다툴 원고적격을 인정받을 수 있다(자세한 것은 행정구제법 원고적격 참조).

[판례] 토지수용법상의 사업인정의 고시가 있으면 그 이해관계인은 그 위법을 다툴 법률상 이익이 있어 그 취소를 구할 소송요건을 구비하고 있다(대판 1973. 7. 30, 72누137).

(2) 불복기간

사업인정에 대한 불복기간에 관하여 두 견해가 대립된다.

1) 제1설(판례)

사업인정 고시일(사업인정의 효력발생일)에 사업인정이 있었음을 알았다고 보고, 불복기간을 산정하여야 한다는 견해이다. 사업인정의 조속한 확정을 위하여 이러한 해석이 타당하다고 한다.

2) 제2설

토지보상법 제22조 제1항은 토지소유자 및 관계인에게 사업인정을 통지하도록 하고 있는 점에 비추어 통지를 받아 실제로 안 날로부터 불복기간을 산정하여야 한다고 보는 견해이다. 통지를 받지 못한 자에 대하여는 사업인정의 고시일로부터 행정심판의 경우에는 180일 이내, 행정소송의 경우에는 1년 이내에 불복을 제기하여야 한다.

3) 결 어

다음과 같은 이유에서 제1설이 타당하다. 고시는 고시의 효력발생일에 이해관계인이 고시된 내용을 알았던 것으로 보는 통지방법이고, 사업인정을 조속히 확정할 필요가 있기 때문이다.

(3) 사업인정 취소재결에 대한 사업시행자의 불복

행정심판의 재결에 의해 사업인정이 취소된 경우에 사업인정을 받았던 사업자는 당해 행정심판의 재결을 다투는 행정소송을 제기할 수 있다.

Ⅱ. 토지조서·물건조서의 작성

토지조서(土地調書)와 물건조서(物件調書)는 공익사업을 위해 수용 또는 사용할 필요가 있는 토지 및 그 토지 위에 있는 물건의 내용을 기재하는 사업시행자가 작성하는 문서이다.

적법하게 작성된 토지조서와 물건조서는 이의가 부기된 사항을 제외하고 거기에 기재된 사항이 진실에 합치하는 것으로 추정된다. 이의를 부기하지 않은 사항에 대하여 후일 이의를 제기하기 위하여는 조서의 기재가 진실이 아니라는 것을 입증하여야 한다. 이의가 부기된 사항에 대하여는 토지수용위원회가 수용재결시 결정을 내린다.

판례는 토지조서 작성상 하자만으로는 수용재결의 취소사유가 되지 않는다고 한다(대판 1993. 9. 10, 93누5543[토지수용재결처분취소 등]).

Ⅲ. 협 의

1. 협의제도의 의의

토지보상법상 협의(協議)라 함은 수용재결신청 전에 사업시행자로 하여금 수용대상 토지에 관하여 권리를 취득하거나 소멸시키기 위하여 토지소유자 및 관계인과 교섭하도록 하는 절차이다.

토지보상법은 협의절차를 필요적 절차로 하고 있다(제26조 제1항). 그러나, 사업인정 이전에 협의절차를 거쳤으나 협의가 성립되지 아니하여 사업인정을 받은 사업으로서 토지조서 및 물건조서의 내용에 변동이 없는 때에는 협의절차를 거치지 아니할 수 있다. 다만, 사업시행자나 토지소유자 및 관계인이 협의를 요구할 때에는 협의하여야 한다(제26조 제2항).

협의 후 토지소유자 및 관계인과 합의에 도달하여야 하는 것은 아니다(제28조 제1항).

[판례] [1] 토지수용위원회의 수용재결이 있은 후라고 하더라도 토지소유자 등과 사업시행자가 다시 협의하여 토지 등의 취득이나 사용 및 그에 대한 보상에 관하여 임의로 계약을 체결할 수 있다. [2] 중앙토지수용위원회가 지방국토관리청장이 시행하는 공익사업을 위하여 甲 소유의 토지에 대하여 수용재결을 한 후, 甲과 사업시행자가 '공공용지의 취득협의서'를 작성하고 협의취득을 원인으로 소유권이전등기를 마쳤는데, 甲이 '사업시행자가 수용개시일까지 수용재결보상금 전액을 지급·공탁하지 않아 수용재결이 실효되었다'고 주장

하며 수용재결의 무효확인을 구하는 소송을 제기한 사안에서, 만약 이러한 별도의 협의취득 절차에 따라 토지에 관하여 소유권이전등기가 마쳐진 것이라면 설령 甲이 수용재결의 무효확인 판결을 받더라도 토지의 소유권을 회복시키는 것이 불가능하고, 나아가 무효확인으로써 회복할 수 있는 다른 권리나 이익이 남아 있다고도 볼 수 없다고 한 사례(대판 2017. 4. 13, 2016두64241).

2. 협의에 의한 합의의 성립

사업시행자와 토지소유자 및 관계인 사이의 협의 결과 합의(合意)에 도달하는 경우가 있다. 이 합의의 법적 성질에 관하여 공법상 계약설과 사법상 계약설이 대립하고 있다.

(1) 공법상 계약설

이 견해는 협의는 사업시행자가 국가적 공권의 주체로서 토지소유자 및 관계인에 대하여 기득의 수용권을 실행하는 방법의 하나이며 합의가 성립되지 않으면 재결에 의해 수용을 하게 되므로 협의의 결과 성립하는 합의는 수용계약이라고도 할 수 있는 공법상 계약으로 보아야 한다고 한다(박윤흔, 605면). 이 견해는 사업시행자수용권설의 입장에서 주장되며 우리나라의 통설이다.

(2) 사법상 계약설

이 견해는 협의의 결과 성립하는 합의는 사업시행자와 토지소유자 및 관계인 사이에 대등한 관계에서의 협의의 결과 맺어진 임의적인 합의이므로 사법상 매매계약으로 보아야 한다고 본다.

(3) 판 례

판례는 공익사업법령에 의한 협의취득(제16조, 제17조)을 **사법상의 법률행위**(계약)로 본다(대판 2012. 2. 23, 2010다91206[토지보상금]).

(4) 결 어

협의는 수용권을 실행하는 방법의 하나이므로 **공법상 계약설**이 타당하다.

다만, 협의성립에 대한 토지수용위원회의 확인이 있으면 그 확인은 토지보상법상 재결로 간주되므로 토지수용위원회의 **확인을 받은 합의**에 관하여는 협의의 결과 성립하는 합의를 공법상 계약으로 볼 것인가 사법상 계약으로 볼 것인가라는 논의의 실익이 없다. 합의의 법적 성질에 대한 논의는 **확인을 받지 않은 합의**에 관한 것이다(박윤흔, 605면).

토지보상법상 '협의취득'의 성격은 사법상 매매계약이므로 그 이행으로 인한 사업시행자의 소유권 취득도 **승계취득**이다(대판 2018. 12. 13, 2016두51719).

3. 협의의 확인

사업시행자와 토지소유자 및 관계인간에 협의가 성립되었을 때에는 사업시행자는 재결의 신청기간 이내에 해당 토지소유자 및 관계인의 동의를 받아 관할 토지수용위원회에 협의성립의 확인을 신청할 수 있고, 토지수용위원회는 협의성립을 확인하고, 이 확인으로 협의성립이 확인된다(제

29조 제1항, 제2항). 다만, 사업시행자가 협의가 성립된 토지의 소재지·지번·지목 및 면적 등 대통령령으로 정하는 사항에 대하여 공증인법에 따른 공증을 받아 제1항에 따른 협의성립의 확인을 신청하였을 때에는 관할 토지수용위원회가 이를 수리함으로써 협의성립이 확인된 것으로 본다(제3항). 토지보상법 제29조 제3항에 따른 협의 성립의 확인 신청에 필요한 동의의 주체인 토지소유자는 협의 대상이 되는 '토지의 진정한 소유자'를 의미한다(대판 2018. 12. 13, 2016두51719).

제1항 및 제3항에 따른 협의성립의 확인은 토지수용위원회의 재결로 보며, 사업시행자·토지소유자 및 관계인은 그 확인된 협의의 성립이나 내용을 다툴 수 없다(제29조 제4항).

토지보상법 제29조 제3항에 따른 신청이 수리됨으로써 협의 성립의 확인이 있었던 것으로 간주되면, 토지보상법 제29조 제4항에 따라 그에 관한 재결이 있었던 것으로 재차 의제되고, 그에 따라 사업시행자는 확인대상 토지를 수용재결의 경우와 동일하게 원시취득하는 효과를 누리게 된다(대판 2018. 12. 13, 2016두51719).

[판례] [사업시행자가 협의대상 토지의 등기부상 소유명의자의 동의만을 받아 협의성립 확인신청을 한 것에 대한 수리처분의 취소를 구하는 사건] [1] 이러한 협의 성립 확인제도는 수용과 손실보상을 신속하게 실현시키기 위하여 도입되었다. [2] 토지보상법상 수용은 일정한 요건 하에 그 소유권을 사업시행자에게 귀속시키는 행정처분으로서 이로 인한 효과는 소유자가 누구인지와 무관하게 사업시행자가 그 소유권을 취득하게 하는 원시취득이다. 반면, 토지보상법상 '협의취득'의 성격은 사법상 매매계약이므로 그 이행으로 인한 사업시행자의 소유권 취득도 승계취득이다(대법원 2012. 2. 23. 선고 2010다96164 판결 등 참조). 그런데 토지보상법 제29조 제3항에 따른 신청이 수리됨으로써 협의 성립의 확인이 있었던 것으로 간주되면, 토지보상법 제29조 제4항에 따라 그에 관한 재결이 있었던 것으로 재차 의제되고, 그에 따라 사업시행자는 사법상 매매의 효력만을 갖는 협의취득과는 달리 그 확인대상 토지를 수용재결의 경우와 동일하게 원시취득하는 효과를 누리게 된다. [3] 토지보상법 제29조 제3항에 따른 협의 성립의 확인 신청에 필요한 동의의 주체인 토지소유자는 협의 대상이 되는 '토지의 진정한 소유자'를 의미한다고 보아야 한다. [4] 진정한 토지소유자의 동의가 없었던 이상, 진정한 토지소유자를 확정하는 데 사업시행자의 과실이 있었는지 여부와 무관하게 그 동의의 흠결은 위 수리 행위의 위법사유가 된다. 이에 따라 진정한 토지소유자는 그 수리 행위가 위법함을 주장하여 항고소송으로 취소를 구할 수 있다. [5] 사업시행자가 토지보상법 제29조 제3항에 따라 협의성립 확인 신청을 함에 있어 사업대상지인 토지의 진정한 소유자인 원고의 동의를 받지 아니한 채 등기명의자의 동의만을 받아 신청을 하고 피고가 이를 수리하자 원고가 그 수리처분의 취소를 구한 사안에서, 협의성립확인제도의 취지 등을 고려할 때, 협의성립확인신청에 필요한 토지소유자의 동의는 진정한 토지소유자의 동의일 것을 요하고 사업시행자나 피고가 진정한 소유자를 확정함에 과실이 있는지를 불문하는데도 그와 달리 보아 피고의 처분을 적법하다고 판단한 원심판결을 파기한 사례(대판 2018. 12. 13, 2016두51719[협의성립확인신청수리처분취소청구]).

Ⅳ. 재결·화해의 단계

1. 재결의 의의와 성질

토지수용위원회의 재결(裁決)(수용재결)은 사업시행자로 하여금 토지 또는 토지의 사용권을 취득하도록 하고 사업시행자가 지급하여야 하는 손실보상액을 정하는 결정을 말한다.

재결은 일정한 법적 효과를 가져오는 처분으로서 행정행위의 성질을 가진다. 수용재결은 행정심판의 재결과는 구별되며 원행정행위에 속한다. 재결은 행정행위이지만 준사법적인 절차에 의해 행해지는 준사법적인 행정행위이다. 따라서, 재결에는 불가변력이 인정된다.

2. 신 청

토지수용위원회에 재결을 신청할 수 있는 자는 원칙상 사업시행자에 한정된다(제28조 제1항, 제30조).

(1) 직권에 의한 신청

제26조에 따른 협의가 성립되지 아니하거나 협의를 할 수 없을 때(제26조제2항 단서에 따른 협의의 요구가 없을 때를 포함한다)에는 사업시행자는 사업인정고시가 된 날부터 1년 이내에 대통령령으로 정하는 바에 따라 관할 토지수용위원회에 재결을 신청할 수 있다(제28조 제1항).

(2) 청구에 의한 신청

사업인정고시가 된 후 협의가 성립되지 아니하였을 때에는 토지소유자와 관계인은 대통령령으로 정하는 바에 따라 서면으로 사업시행자에게 재결을 신청할 것을 청구할 수 있다(제30조 제1항). 사업시행자는 제1항에 따른 청구를 받았을 때에는 그 청구를 받은 날부터 60일 이내에 대통령령으로 정하는 바에 따라 관할 토지수용위원회에 재결을 신청하여야 한다(제2항).

[판례] [1] **토지수용사건에서 사업시행자가 손실보상의 대상이 아니라고 보아 지장물에 대한 보상협의절차를 진행하지 아니하거나 거부하는 경우, 토지소유자 등이 공익사업을 위한 토지 등의 취득 및 보상에 관한 법률 제30조에 의하여 사업시행자를 상대로 관할 토지수용위원회에 재결신청을 하도록 청구할 수 있다**: 공익사업법 제30조 제1항에서의 '협의가 성립되지 아니한 때'라 함은 사업시행자가 토지소유자 등과 사이에 공익사업법 제26조 소정의 협의절차는 거쳤으나 그 보상액 등에 관하여 협의가 성립하지 아니한 경우는 물론 토지소유자 등이 손실보상대상에 해당한다고 주장하며 보상을 요구함에도 불구하고 사업시행자가 손실보상대상에 해당하지 아니한다고 보아 보상대상에서 이를 제외하고 협의를 거치지 않아 결국 협의가 성립하지 않은 경우도 포함한다고 보아야 한다. [2] 지장물에 대한 수용재결신청을 거부하거나 보상협의를 하지 않으면서도 아무런 조치를 취하지 않은 것을 처분(보상제외처분)으로 보고 공익사업법상 재결신청청구제도의 취지에 반하는 것으로서 위법하다고 판단한 사례(대판 2011. 7. 14, 2011두2309[보상제외처분취소 등]).

사업시행자가 제2항에 따른 기간을 넘겨서 재결을 신청하였을 때에는 그 지연된 기간에 대하여 「소송촉진 등에 관한 특례법」 제3조에 따른 법정이율을 적용하여 산정한 금액을 관할 토지수용위원회에서 재결한 보상금에 가산(加算)하여 지급하여야 한다(동조 제3항).

3. 재결기관

국가 또는 시·도가 사업시행자인 사업 및 수용 또는 사용할 토지가 둘 이상의 시·도에 걸쳐 있는 사업에 관한 재결은 중앙토지수용위원회의 관할에 속하고, 그 외의 사업에 관한 재결은 지방토지수용위원회의 관할에 속한다(제51조).

중앙토지수용위원회와 지방토지수용위원회는 독립된 합의제행정청이다.

4. 재결의 절차

(1) 공고·열람 및 의견진술(제31조)

(2) 심　　리(제32조)

(3) 화해의 권고(제33조)

화해조서에 서명 또는 날인이 된 경우에는 당사자간에 화해조서와 동일한 내용의 합의가 성립된 것으로 본다(제33조 제3항).

(4) 재　　결

토지수용위원회의 재결사항은 다음과 같다. ① 수용하거나 사용할 토지의 구역 및 사용방법, ② 손실의 보상, ③ 수용 또는 사용의 개시일과 기간, ④ 그 밖에 토지보상법 및 다른 법률에서 규정한 사항(제50조).

① 수용하거나 사용할 토지의 구역 및 사용방법: '수용하거나 사용할 토지의 구역'이라 함은 공익사업을 위하여 수용하거나 사용할 토지의 면적을 말한다. '수용하거나 사용할 토지의 구역'의 재결에 의해 '수용하거나 사용할 토지의 구역'이 명확히 특정된다. '수용하거나 사용할 토지의 구역'이 명확히 특정되지 않으면 재결은 위법하다.

특별한 규정이 없는 한 공익사업에 필요한 토지만 수용하여야 한다. 다만, 공익사업을 위해 필요한 부대토지를 사업시행지로 포함하는 것을 허용하는 특별규정을 두는 것은 가능하다.

[사례] 공원녹지법은 특별시장·광역시장·특별자치시장·특별자치도지사·시장 또는 군수가 아닌 자(이하 '민간공원추진자'라 한다)가 일정한 경우 국토계획법상의 도시·군계획시설사업 시행자 지정과 실시계획 인가를 받아 도시공원이나 공원시설을 설치·관리할 수 있되, 도시공원 부지에 주거시설이나 상업시설 등 비공원시설을 설치할 수 있다는 특례를 두고 있다(제16조, 제21조, 제21조의2, 이하 이에 따라 민간공원추진자가 시행하는 도시공원 또는 공원시설 설치·운영사업을 '민간특례사업'이라 한다).

② 손실의 보상: '손실의 보상'에 있어서는 수용할 토지 및 토지에 관한 소유권 이외의 권리에 대한 보상액, 잔여지수용보상, 공용사용에 대한 수용보상, 사용하는 토지 및 그 토지에 관한 소유권 이외의 권리에 대한 보상금, 이주대책 등이 포함된다.

③ 수용 또는 사용의 시기와 기간: '수용의 시기'라 함은 보상금의 지급을 조건으로 권리의 취득·소멸(권리변동)이 일어나는 시기를 말한다. 수용의 시기는 보상금 지불기한이기도 하기 때문에 확정일로 정하여야 한다.

'사용의 기간'이라 함은 공용사용할 기간을 말한다.

④ 그 밖에 토지보상법 및 다른 법률에서 규정한 사항.

토지수용위원회는 사업시행자, 토지소유자 또는 관계인이 신청한 범위에서 재결하여야 한다. 다만, 손실의 보상에 있어서는 증액재결을 할 수 있다(제50조 제2항).

토지수용위원회가 신청의 일부에 대한 재결을 빠뜨린 경우에 그 빠뜨린 부분의 신청은 계속하여 당해 토지수용위원회에 계속된다(제37조).

5. 수용권의 남용과 수용재결의 효력

수용재결의 요건을 갖춘 경우에도 수용권 남용에 해당하는 경우 수용재결은 위법하다. 사업인정 후 해당 사업이 공익성을 상실하거나 관련 이익이 현저히 비례원칙에 어긋나게 된 경우 또는 사업시행자가 해당 사업을 수행할 의사나 능력을 상실한 경우 그 사업인정에 기하여 수용권을 행사하는 것(수용재결을 하는 것)은 수용권의 남용에 해당하여 위법하다.

[판례] [1] **수용권 남용**: 공용수용은 헌법상의 재산권 보장의 요청상 불가피한 최소한에 그쳐야 한다는 헌법 제23조의 근본취지에 비추어 볼 때, 사업시행자가 사업인정을 받은 후 그 사업이 공용수용을 할 만한 공익성을 상실하거나 사업인정에 관련된 자들의 이익이 현저히 비례의 원칙에 어긋나게 된 경우 또는 사업시행자가 해당 공익사업을 수행할 의사나 능력을 상실하였음에도 여전히 그 사업인정에 기하여 수용권을 행사하는 것은 수용권의 공익 목적에 반하는 수용권의 남용에 해당하여 허용되지 않는다. [2] 사업인정을 받은 이후 재정상황의 악화 등의 사유로 수용재결 당시 사업을 수행할 능력을 상실한 상태에 있었다고 볼 여지가 있고, 그럼에도 불구하고 수용재결을 신청하여 그 재결을 받은 것은 수용권의 남용에 해당한다고 볼 여지가 있다고 한 사례(대판 2011. 1. 27, 2009두1051[토지수용재결처분취소]). 〈해설〉 사업시행자가 사업인정을 받은 후 그 사업이 공용수용을 할 만한 공익성을 상실하거나 사업인정에 관련된 자들의 이익이 현저히 비례의 원칙에 어긋나게 된 것 또는 사업시행자가 해당 공익사업을 수행할 의사나 능력을 상실한 것은 사업인정의 철회사유가 되기도 한다. 판례는 사업인정의 하자(위법)의 수용재결에 대한 승계를 여전히 인정하지 않고 있다.

6. 재결의 실효

사업시행자가 수용 또는 사용의 개시일까지 관할 토지수용위원회가 재결한 보상금을 지급하거나 공탁하지 아니하였을 때에는 해당 토지수용위원회의 재결은 그 효력을 상실한다(제42조 제1항). 이 경우 재결의 실효로 토지소유자 또는 관계인이 손실을 입은 경우 사업시행자는 그 손실을 보상하여야 한다(제42조 제2항).

7. 재결의 효과

(1) 수용의 효과(권리취득)

재결의 효과로서 일정한 조건하에 사업시행자의 권리취득(權利取得)의 효과가 발생한다. 즉, 사업시행자는 수용의 개시일에 토지나 물건의 소유권을 취득하며, 그 토지나 물건에 관한 다른 권리는 이와 동시에 소멸한다(제45조 제1항). 수용의 개시일이라 함은 토지수용위원회가 재결로 정한 수용의 효과가 발생하는 날이다. 수용의 개시일까지 보상을 지급하거나 공탁하지 않으면 재결은 실효되므로 보상금의 지급 또는 공탁이 있어야 한다. 수용에 의한 사업시행자의 권리취득은 토지소유자와 사업시행자 사이의 법률행위에 의한 승계취득이 아니라, 법률의 규정에 의한 원시취득이다.

사업시행자는 사용의 개시일에 토지나 물건의 사용권을 취득하며, 그 토지나 물건에 관한 다른 권리는 사용 기간중에는 행사하지 못한다(제45조 제2항). 다만, 토지수용위원회의 재결로 인정된 권리는 제1항 및 제2항에도 불구하고 소멸되거나 그 행사가 정지되지 아니한다(제45조 제3항).

현행 토지보상법은 수용하는 토지 위의 건축물 등 물건은 그 물건이 공익사업에 필요하여 수용하는 경우(㉥ 토지보상법 제75조 제1항 단서 제3호)를 제외하고는 수용하지 않는 것, 달리 말하면 그 물건을 지장물(공익사업에 필요하지 않은 물건)로 보고 그 물건에 대한 권리취득의 효과가 발생하지 않는 것으로 규정하고 있다.

(2) 손실보상청구권

토지보상법상 명문의 규정은 없지만 **재결의 효과**로서 피수용자인 토지소유자 및 관계인은 손실보상청구권(損失補償請求權)을 취득한다.

사업시행자는 천재·지변시의 토지의 사용 또는 시급을 요하는 토지의 사용의 경우를 제외하고는 **수용 또는 사용의 개시일**(토지수용위원회가 재결로써 결정한 수용 또는 사용을 개시하는 날을 말한다.)**까지** 관할 토지수용위원회가 재결한 **보상금을 지급**하여야 한다(제40조 제1항).

그러나, 사업시행자는 다음에 해당할 때에는 수용 또는 사용의 개시일까지 수용 또는 사용하려 는 토지 등의 소재지의 공탁소에 보상금을 공탁할 수 있다. ① 보상금을 받을 자가 그 수령을 거부하거나 보상금을 수령할 수 없을 때, ② 사업시행자의 과실 없이 보상금을 받을 자를 알 수 없을 때, ③ 관할 토지수용위원회가 재결한 보상금에 대하여 사업시행자가 불복할 때, ④ 압류 또는 가압류에 의하여 보상금의 지급이 금지되었을 때(제40조 제2항). 다만, 사업시행자는 위 ③의 경우 보상금을 받을 자에게 자기가 산정한 보상금을 지급하고 그 금액과 토지수용위원회가 재결한 보상금과의 차액을 공탁하여야 한다. 이 경우 보상금을 받을 자는 그 불복의 절차가 종결될 때까지 공탁된 보상금을 수령할 수 없다(제40조 제4항).

사업인정고시가 된 후 권리의 변동이 있을 때에는 그 권리를 승계한 자가 보상금 또는 공탁금을 받는다(제40조 제3항).

(3) 수용목적물의 인도·이전의무

토지소유자 및 관계인 그 밖에 토지소유자나 관계인에 포함되지 아니하는 자로서 수용하거나 사용할 토지나 그 토지에 있는 물건에 관한 권리를 가진 자는 수용 또는 사용의 개시일까지 그 토지나 물건을 사업시행자에게 인도하거나 이전하여야 한다(제43조).

피수용자는 수용목적물의 인도·이전의무가 있을 뿐 토지상의 건물 등 물건을 철거하여 할 의무는 없다.

[판례] 수용재결의 효과로서 수용에 의한 사업시행자의 토지소유권취득은 원시취득이므로 토지소유자가 구 토지수용법 제63조(현행 토지보상법 제43조)의 규정에 의하여 부담하는 토지의 인도의무에는 수용목적물에 숨은 하자가 있는 경우에도 하자담보책임이 포함되지 아니하여 토지소유자는 수용시기까지 수용대상 토지를 현존 상태 그대로 사업시행자에게 인도할 의무가 있을 뿐이다(대판 2001. 1. 16, 98다58511[손해배상(기)]).

점유이전은 보상금 지급과 동시이행의 관계에 있다.

[판례 1] 재결신청에 포함되어 심리·판단된 영업보상 항목에 관하여 수용재결에서 정한 손실보상금을 수용개시일까지 모두 지급하거나 공탁하였다면 이로써 토지보상법에 따른 영업보상 관련 손실보상은 완료되었다고 보아야 하므로, 사업시행자의 부동산 인도청구에 대하여 세입자 등은 영업손실보상금 일부 미지급을 이유로 이를 거절할 수는 없다 할 것이다(대판 2021. 6. 30, 2019다207813; 2021.11.11, 2020다217083).

[판례 2] 토지보상법에 따른 재결을 거쳐 보상금이 지급 또는 공탁됨으로써 손실보상이 완료되었는지 여부는 보상항목별로 판단하여야 한다(대판 2021.11.11, 2020다217083).

(4) 지장물의 인도 및 철거

지장물은 공익사업상 필요하지 않은 물건으로서 공익사업을 위해 제거되어야 하는데, 지장물에 대한 소유자 등이 이전하거나 소유자 등 또는 지장물을 인도받은 사업시행자가 철거하여야 한다(토지보상법 제43조 참조).

[판례 1] 사업시행자가 지장물(공익사업시행지구내의 토지에 정착한 건축물·공작물·시설·입목·죽목 및 농작물 그 밖의 물건 중에서 당해 공익사업의 수행을 위하여 직접 필요하지 아니한 물건)에 관하여 토지보상법 제75조 제1항 단서 제2호에 따라 지장물의 가격으로 보상한 경우(이전비보상이 아니라 가격보상을 한 경우) 수용의 절차를 거치지 아니한 이상 사업시행자가 그 보상만으로 당해 물건의 소유권까지 취득한다고 보기는 어렵지만(대판 2022. 11. 17, 2022다253243), 특별한 사정이 없는 한 지장물의 소유자는 사업시행자에게 지장물을 인도할 의무가 있다(대판 2022. 11. 17, 2022다242342).
[판례 2] 사업시행자는 그 지장물의 소유자가 같은 법 시행규칙 제33조 제4항 단서에 따라 스스로의 비용으로 철거하겠다고 하는 등의 특별한 사정이 없는 한 지장물의 소유자에 대하여 그 철거 및 토지의 인도를 요구할 수 없고 자신의 비용으로 직접 이를 제거할 수 있을 뿐이며, 이러한 경우 지장물의 소유자로서도 사업시행에 방해가 되지 않는 상당한 기한 내에 위 시행규칙 제33조 제4항 단서에 따라 스스로 위 지장물 또는 그 구성부분을 이전해 가지 않은 이상 사업시행자의 지장물 제거와 그 과정에서 발생하는 물건의 가치 상실을 수인하여야 할 지위에 있다(대판 2019. 4. 11, 2018다277419).

(5) 위험부담의 이전

토지수용위원회의 재결이 있은 후 수용 또는 사용할 토지나 물건이 토지소유자 또는 관계인의 고의나 과실 없이 멸실되거나 훼손된 경우 그로 인한 손실은 사업시행자가 부담한다(제46조).

(6) 환매권의 발생

후술하는 바와 같이 수용시에 환매권(還買權)이 발생한다.

(7) 수용목적물의 인도·이전의 대행 및 대집행

피수용자인 토지소유자 및 관계인이 토지나 물건의 인도·이전의무를 이행하지 않는 경우 그 이행을 확보하기 위하여 대행 및 대집행제도를 두고 있다.

1) 대 행

특별자치도지사, 시장·군수 또는 구청장은 다음의 1에 해당하는 때에는 사업시행자의 청구에 의하여 토지나 물건의 인도 또는 이전을 대행하여야 한다: ① 토지나 물건을 인도 하거나 이전하여야 할 자가 고의나 과실 없이 그 의무를 이행할 수 없을 때, ② 사업시행자가 과실없이 토지나 물건을 인도 또는 이전하여야 할 의무가 있는 자를 알 수 없을 때(제44조 제1항). 제1항에 따라 특별자치도지사, 시장·군수 또는 구청장이 토지나 물건의 인도 또는 이전을 대행하는 경우 그로 인한 비용은 그 의무자가 부담한다(제44조 제2항).

2) 대 집 행[2010 사시 사례]

토지보상법 또는 동법에 의한 처분으로 인한 의무를 이행하여야 할 자가 그 정하여진 기간 이내에 의무를 이행하지 아니하거나 완료하기 어려운 경우 또는 그로 하여금 그 의무를 이행하게 하는 것이 현저히 공익을 해친다고 인정되는 사유가 있는 경우에는 사업시행자는 시·도지사나 시장·군수 또는 구청장에게 행정대집행법에서 정하는 바에 따라 대집행을 신청할 수 있다. 이 경우 신청을 받은 시·도지사나 시장·군수 또는 구청장은 정당한 사유가 없으면 이에 따라야 한다(제89조 제1항).

사업시행자가 국가 또는 지방자치단체인 경우에는 행정대집행법에서 정하는 바에 따라 직접 대집행을 할 수 있다(제89조 제2항).

가. 대집행권자 토지보상법은 토지수용에 따른 대집행의 권한을 원칙상 시·도지사나 시장·군수 또는 구청장에게 부여하고(제89조 제1항), 사업시행자가 국가 또는 지방자치단체인 경우에는 직접 대집행을 할 수 있는 것으로 규정하고 있다(제2항). 대집행은 원칙상 국가사무이며 토지보상법 제89조 제1항에 의해 대집행권한이 시·도지사나 시장·군수 또는 구청장에게 기관위임된 것으로 보아야 한다.

나. 수용 목적물인 토지나 물건의 인도 또는 이전의무 불이행에 대한 대집행 토지보상법 제89조는 수용 목적물인 토지나 물건의 인도 또는 이전에 관한 대집행을 규정하고 있는데, 토지보상법상 인도·이전의무의 불이행에 대하여 대집행이 가능한지에 관하여 견해가 대립하고 있다.

(가) 부 정 설 이 견해는 토지나 물건의 인도·이전의무는 원칙상 비대체적 작위의무이므로 행정대집행법상의 대집행의 대상이 되지 않고, 따라서 토지나 물건의 인도나 이전의무의 불이행에 토지보상법 제89조에 의한 대집행이 불가능하다고 해석하여야 한다고 보는 견해이다. 그러나, 이 견해에 대해서는 토지나 물건의 인도·이전의무가 모두 비대체적 작위의무인 것은 아니라는 비판이 가능하고, 부정설은 토지보상법 제89조를 유명무실하게 만드는 것이고, 공익사업의 지체를 초래하는 문제가 있다.

(나) 긍 정 설 이 견해는 토지 및 건물의 이전의무는 대체적 작위의무로서 대집행의 대상이 되고, 토지 및 건물의 인도의무는 비대체적인 작위의무로서 원칙상 토지나 가옥의 인도의무 불이행은 대집행의 대상에 해당하지 않으나 토지보상법 제89조 제1항은 예외적으로 대집행을 인정한 규정이라는 견해(김용섭, 대집행에 관한 법적 고찰, 행정법연구 제4호, 1999, 132면; 서울행정법원, 행정재판실무편람(II), 414면 이하)이다. 이 견해에 대해서는 비대체적 작위의무에 대해서는 직접강제를 인정해야 하고 대집행을 인정해서는 안 된다는 행정법의 일반법리와 모순되는 문제가 있다.

또한, 보상금의 지급 등에 의해 사업자가 토지 등의 소유권을 취득한 경우에는 토지 위의 건축물 등을 철거함으로써 인도가 된 것으로 파악할 수 있으므로 대집행이 가능하다고 볼 수 있다는 견해도 있다.[2] 다만, 이에 대하여는 건축물의 철거를 위해서는 건축물 내에 있는 물건을 치워야 하는 등 건축물 안에 거주하는 자의 점유를 배제하는 것을 포함하므로 대집행이 가능한 것으로 볼 수 없다는 비판이 가능하다.

(다) 부분 긍정설 이 견해는 인도의 대상인 토지·물건을 신체로써 점유하고 있는가, 존치물건으로 점유하고 있는가를 기준으로 전자의 경우에는 직접강제에 속하고 대집행을 할 수 없

2) 이상덕, 행정대집행과 민사소송의 관계에 대한 평석, 재판실무연구, 2009. 1, 472면.

지만, 후자의 경우에는 대집행을 할 수 있는 것으로 규정한 것이라는 견해이다(박윤흔, 508~509면). 이 견해에 대하여는 물건을 반출하는 것도 물건에 대한 점유를 배제하는 것이고, 그 점유를 배제하는 것은 점유자에게 물리력을 행사하는 것이므로 존치물건으로 점유하는 경우에도 이론상 대집행의 대상이 될 수 없다고 보아야 한다는 비판이 가능하다.

또한, 피수용자는 수용목적물의 인도·이전의무가 있는데, 건물의 인도 즉 명도는 비대체적 작위의무인 반면에 건물이나 지장물의 이전의무는 실질적으로는 철거의무 또는 퇴거의무로서 대체적인 작위의무이므로 건물이나 지장물의 이전의무의 불이행에 대해서는 대집행이 가능하다는 견해도 있다.

(라) 판 례 판례는 인도의무불이행에 대한 대집행을 부정하고, 민사상 명도단행가처분을 인정하고 있다.

[판례] 토지보상법 제43조, 제44조 및 89조 규정에서의 '인도'에는 명도도 포함되는 것으로 보아야 하고, 이러한 명도의무는 그것을 강제적으로 실현하면서 직접적인 실력행사가 필요한 것이지 대체적 작위의무라고 볼 수 없으므로 특별한 사정이 없는 한 행정대집행법에 의한 대집행의 대상이 될 수 있는 것이 아니다(대판 1998. 10. 23, 97누157 참조). 그리고 구 토지수용법 제63조의 규정에 따라 피수용자 등이 기업자에 대하여 부담하는 수용대상토지의 인도 또는 그 지장물의 명도의무 등이 비록 공법상의 법률관계라고 하더라도, 그 권리(구 토지수용법 제63조(현행 토지보상법 제43조)에 의하여 발생한 수용목적물 명도청구권)를 피보전권리로 하는 명도단행가처분은 그 권리에 끼칠 현저한 손해를 피하거나 급박한 위험을 방지하기 위하여 또는 그 밖의 필요한 이유가 있을 경우에는 허용될 수 있다고 보아야 한다(대판 2005. 8. 19, 2004다2809[가처분이의]).

(마) 결어(긍정설) 토지보상법 제43조의 수용 목적물인 토지나 물건의 인도 또는 이전의무는 관련 법령상 특수성에 비추어 통상의 부동산 명도의무와 달리 실질적으로는 대체적 작위의무이므로 토지나 물건의 인도 또는 이전의무의 불이행에 대하여 대집행이 가능한 것으로 보는 것이 타당하다. 그 구체적 이유는 다음과 같다. ① 통상 부동산의 명도는 점유의 이전을 포함하는 비대체적 작위의무이지만, 수용 목적물인 토지등의 인도이전의무는 점유의 이전의무를 포함하지 않고 퇴거의무와 이전의무만을 내용으로 하는 의무이므로 통상의 부동산 명도의무가 아니다. 즉 피수용자는 수용개시일에 수용된 토지나 물건의 소유권을 상실하고, 그에 따라 그 소유권에 근거한 점유권도 소멸하므로 수용개시일이 지나면 사업시행자에 대한 토지나 물건의 인도의무에는 점유이전의무가 포함되지 않는다. 그리고 최근 대법원은 대체적 작위의무인 철거의무에는 퇴거의무가 포함된다고 보고 대집행시 불법점유자에 대한 퇴거조치(철거에 따른 퇴거조치에 대한 저항을 실력으로 배제하는 것)가 가능하다고 본다(대판 2017. 4. 28, 2016다213916). 그러므로 사업시행자에 대한 토지나 물건의 인도의무는 비대체적 작위의무인 부동산의 명도의무가 아니고, 대체적 작위의무인 인도의무(퇴거의무 및 이전의무)이다. ② 수용개시일 이후 수용 목적물인 토지등에 대한 피수용자의 점유권은 소멸하므로 수용 목적물인 토지등에 대한 피수용자의 점유는 불법점유가 되므로 토지보상법상 토지등의 인도의무는 적법한 점유 종료 후의 부동산의 명도의무와는 달리 그 불이행에 대해 대집행을 인정하는 것이 타당하다. 대법원 판례도 적법한 건물에서 처분상대방의 점유를 배제

하고 그 점유이전을 받기 위하여 행정대집행을 실시하는 경우 그 처분의 주된 목적이 건물의 인도라는 비대체적 작위의무의 이행을 실현하고자 하는 경우이어서 행정대집행의 대상이 될 수 없다고 판단하였지만(대판 1998. 10. 23, 97누157), 위법한 건물에 대한 철거 대집행의 과정에서 부수적으로 점유자에 대한 퇴거조치를 실현하는 경우에는 철거에 따른 퇴거조치에 대한 저항을 실력으로 배제하는 것은 대집행권한에 포함된다고 보았다. ③ 지장물의 이전은 물건의 이전(공익사업지 밖으로의 이전)이고, 점유의 이전이 아니며 지장물의 이전의무의 불이행에 대한 대집행시 지장물에 대한 점유를 제한하지 않는 방식으로 이전하는 것이 가능하므로 그러한 방식으로 하면 지장물의 이전의무의 불이행에 대한 대집행이 가능한 것으로 보아야 한다. ④ 토지보상법 제89조는 명문으로 토지나 물건의 인도도 대집행의 대상이 되는 것으로 규정하고 있으므로 가능한 한 토지나 물건의 인도의무의 불이행에 대해 대집행이 가능한 것으로 해석하는 것이 입법자의 의사에 합치하는 해석이다. ⑤ 토지나 물건의 인도에 대한 대집행을 인정하지 않고 현행 판례 및 실물에 따라 명도단행가처분에 따라 토지나 물건의 인도를 받도록 하면 공익사업이 크게 지체될 수 있고, 불필요한 비용을 초래한다.

V. 사업인정과 수용재결의 관계

사업인정(事業認定)과 수용재결(收用裁決)은 한편으로 상호 독립된 별개의 행위이면서 다른 한편으로는 공익사업에 필요한 토지를 취득하는 것을 목적으로 하는 일련의 수용절차를 이룬다. 그리하여 사업인정과 수용재결 사이에는 다음과 같은 문제가 제기된다.

1. 사업인정의 구속력

사업인정의 판단, 즉 사업의 공공필요성에 대한 판단은 토지수용위원회를 구속한다. 따라서, 토지수용위원회는 사업인정에 반하는 재결을 할 수 없다.

또한, 토지수용위원회는 행정쟁송에 의하여 사업인정이 취소되지 않는 한 그 기능상 사업인정 자체를 무의미하게 하는, 즉 사업의 시행이 불가능하게 되는 것과 같은 재결을 행할 수는 없다.

[판례] 구 토지수용법은 수용·사용의 일차 단계인 사업인정에 속하는 부분은 사업의 공익성 판단으로 사업인정기관에 일임하고, 그 이후의 구체적인 수용·사용의 결정은 토지수용위원회에 맡기고 있는바, 이와 같은 토지수용절차의 2분화 및 사업인정의 성격과 토지수용위원회의 재결사항을 열거하고 있는 같은 법 제29조 제2항의 규정 내용에 비추어 볼 때, 토지수용위원회는 행정쟁송에 의하여 사업인정이 취소되지 않는 한 그 기능상 사업인정 자체를 무의미하게 하는, 즉 사업의 시행이 불가능하게 되는 것과 같은 재결을 행할 수는 없다(대판 1994. 11. 11, 93누19375[토지수용재결처분취소]; 2007. 1. 11, 2004두8538[토지수용이의재결처분취소]: 지방토지수용위원회로서는 이 사건 도시계획시설사업 실시계획인가(이 인가로 사업인정이 의제됨)를 무의미하게 하고 이 사건 수용목적사업인 폐기물처리시설의 집단화를 불가능하게 하는 처분, 즉 원고의 이 사건 토지수용신청 자체를 기각하는 내용의 재결은 할 수 없다고 한 사례).

2. 수용재결에 대한 취소쟁송의 제기와 사업인정에 대한 취소소송의 소의 이익

사업인정과 수용재결은 행위의 요건과 효과가 다르므로 각 소송에서 주장되는 위법사유가 다를 것이므로 수용재결에 대한 취소소송이 제기되었다고 하더라도 사업인정의 취소를 구할 소의 이익은 소멸하지 않는다.

3. 하자의 승계 [2005 행시(일반행정), 2015 5급공채, 2020 변시]

사업인정의 하자가 수용재결에 승계되는가. 달리 말하면 수용재결에 대한 취소소송에서 사업인정의 위법을 취소사유로 주장할 수 있는가.

(1) 부 정 설

이 견해는 사업인정과 수용재결은 별개의 법적 효과를 가져오는 별개의 행위이므로 사업인정의 위법은 수용재결에 승계되지 않는다고 한다. 이 견해가 **판례**의 입장이다(대판 1993. 6. 29, 91누2342[토지수용재결처분취소 등]).

[판례] 도시계획사업허가의 공고시에 토지세목의 고시를 누락하거나 사업인정을 함에 있어 수용 또는 사용할 토지의 세목을 공시하는 절차를 누락한 경우, 이는 절차상의 위법으로서 수용재결 단계 전의 사업인정 단계에서 다툴 수 있는 취소사유에 해당하기는 하나 더 나아가 그 사업인정 자체를 무효로 할 중대하고 명백한 하자라고 보기는 어렵고, 따라서 이러한 위법을 들어 수용재결처분의 취소를 구하거나 무효확인을 구할 수는 없다(대판 2009. 11. 26, 2009두11607[재결취소처분]).

(2) 긍 정 설

수용재결은 사업인정이 있음을 전제로 하고 이와 결합하여 구체적인 법적 효과를 발생시키므로 사업인정의 위법을 수용재결에 대한 쟁송에서 주장할 수 있다고 본다(유해웅, 『신수용보상법론』, 295면). 긍정설이 타당하다.

4. 기 타

사업인정이 취소되면 수용재결은 효력을 상실한다. 그러나, 수용재결이 취소되었다고 하여 사업인정이 취소되어야 하는 것은 아니다.

사업인정에 대한 취소소송과 수용재결에 대한 취소소송은 관련청구소송으로 병합할 수 있다(행소법 제10조).

제 6 항 환 매 권

Ⅰ. 환매권의 의의

환매권(還買權)이라 함은 공익사업을 위해 취득(협의취득 또는 수용)된 토지가 해당 사업에 필요 없게 되거나 일정기간 동안 당해 사업에 이용되지 않는 경우에 원소유자 등이 일정한 요건하에 당해 토지를 회복할 수 있는 권리를 말한다.

Ⅱ. 환매권의 근거

1. 이론적 근거

오늘날 환매권의 이론적 근거를 재산권보장, 보다 정확히 말하면 재산권의 존속보장[3]에서 찾는 것이 유력한 견해이다.

2. 실정법상 근거

(1) 헌법적 근거

환매권은 헌법상 재산권보장에 근거하고 있다.

그런데, 문제는 환매권이 헌법상 재산권보장 규정으로부터 직접 도출되는가 아니면 실정법률의 근거가 있어야 하는가 하는 것이다. 대법원은 환매권을 법률의 규정에 의하여서만 인정되는 권리로 보고 있다

3) 재산권의 존속보장이론이라 함은 재산권이 인간의 생존 및 정신적 자유의 기초가 된다는 점에 비추어 재산권을 재산적 가치 있는 권리 이상의 것으로 보면서 재산권의 금전가치보다 재산권의 존속을 중시하여 재산권의 존속보장을 가치보장에 우선시켜야 한다는 이론이다.

(대판 1993. 6. 29, 91다43480).[4] 그러나, 헌법재판소는 "공용수용된 토지 등에 대한 환매권은 헌법상의 재산권 보장으로부터 도출되는 것으로서 헌법이 보장하는 재산권의 내용에 포함되는 권리"라고 하고 있다(헌재 1995. 10. 26, 95헌바22).

(2) 법률상의 근거

환매권은 토지보상법(제91조, 제92조), 택지개발촉진법 제13조 등에 의해 인정되고 있다.

제91조(환매권) ① 공익사업의 폐지·변경 또는 그 밖의 사유로 취득한 토지의 전부 또는 일부가 필요 없게 된 경우토지의 협의취득일 또는 수용의 개시일(이하 이 조에서 "취득일"이라 한다) 당시의 토지소유자 또는 그 포괄승계인(이하 "환매권자"라 한다)은 다음 각 호의 구분에 따른 날부터 10년 이내에 그 토지에 대하여 받은 보상금에 상당하는 금액을 사업시행자에게 지급하고 그 토지를 환매할 수 있다.

1. 사업의 폐지·변경으로 취득한 토지의 전부 또는 일부가 필요 없게 된 경우: 관계 법률에 따라 사업이 폐지·변경된 날 또는 제24조에 따른 사업의 폐지·변경 고시가 있는 날
2. 그 밖의 사유로 취득한 토지의 전부 또는 일부가 필요 없게 된 경우: 사업완료일

② 취득일부터 5년 이내에 취득한 토지의 전부를 해당 사업에 이용하지 아니하였을 때에는 제1항을 준용한다. 이 경우 환매권은 취득일부터 6년 이내에 행사하여야 한다.

③ 제74조 제1항에 따라 매수하거나 수용한 잔여지는 그 잔여지에 접한 일단의 토지가 필요 없게 된 경우가 아니면 환매할 수 없다.

④ 토지의 가격이 취득일 당시에 비하여 현저히 변동된 경우 사업시행자와 환매권자는 환매금액에 대하여 서로 협의하되, 협의가 성립되지 아니하면 그 금액의 증감을 법원에 청구할 수 있다.

⑤ 제1항부터 제3항까지의 규정에 따른 환매권은 「부동산등기법」에서 정하는 바에 따라 공익사업에 필요한 토지의 협의취득 또는 수용의 등기가 되었을 때에는 제3자에게 대항할 수 있다.

⑥ 국가, 지방자치단체 또는 「공공기관의 운영에 관한 법률」 제4조에 따른 공공기관 중 대통령령으로 정하는 공공기관이 사업인정을 받아 공익사업에 필요한 토지를 협의취득하거나 수용한 후 해당 공익사업이 제4조 제1호부터 제5호까지에 규정된 다른 공익사업(별표에 따른 사업이 제4조 제1호부터 제5호까지에 규정된 공익사업에 해당하는 경우를 포함한다)으로 변경된 경우 제1항 및 제2항에 따른 환매권 행사기간은 관보에 해당 공익사업의 변경을 고시한 날부터 기산(起算)한다. 이 경우 국가, 지방자치단체 또는 「공공기관의 운영에 관한 법률」 제4조에 따른 공공기관 중 대통령령으로 정하는 공공기관은 공익사업이 변경된 사실을 대통령령으로 정하는 바에 따라 환매권자에게 통지하여야 한다.

Ⅲ. 환매권의 법적 성질

환매권은 공권인가 사권인가. 환매권을 공권으로 보는 경우에 환매권에 관한 소송은 행정소송(공법상 당사자소송)으로 제기하고, 사권으로 보는 경우에 환매권에 관한 소송은 민사소송으로 제기하여야 하는 점에 논의의 실익이 있다.

---

4) "환매권은 공공의 목적을 위하여 수용 또는 협의취득된 토지의 원소유자 또는 그 포괄승계인에게 재산권보장과 관련하여 공평의 원칙상 인정하고 있는 권리로서 민법상의 환매권과는 달리 법률의 규정에 의하여서만 인정되고 있으며, 그 행사요건, 기간 및 방법 등이 세밀하게 규정되어 있는 점에 비추어 다른 경우에까지 이를 유추적용할 수 없고, 환지처분에 의하여 공공용지로서 지방자치단체에 귀속되게 된 토지에 관하여는 토지구획정리사업법상 환매권을 인정하고 있는 규정이 없고, 이를 공공용지의 취득 및 손실보상에 관한 특례법상의 협의취득이라고도 볼 수 없으므로 같은 특례법상의 환매권에 관한 규정을 적용할 수 없다."

1. 공 권 설

환매권은 공익사업을 위해 공권력을 배경으로 취득한 토지의 환매와 관련이 있는 점에서 환매권은 행정청의 고권적 행정작용이 그 원인을 이루고 있고, 공공필요가 없는지 여부의 판단 등 공익판단의 문제를 포함하고 있으므로 환매권을 공권(公權)으로 보는 것이 타당하다(김유환, 590~591면).

2. 사 권 설

이 견해는 환매권은 개인이 행정청에 대하여 청구를 하고 이에 따라 행정청이 수용을 해제하는 것이 아니고, 환매권자인 토지소유자와 포괄승계인이 자신의 개인적 이익을 위하여 행사하는 권리이므로 사권(私權)이라고 본다(박윤흔, 681면; 유해웅, 370면).

3. 판 례

재판실무상 환매에 관한 사건이 민사사건으로 다루어지고 있는 점에서 판례는 원칙상 환매권을 사권으로 보고 있는 것으로 보인다.

[판례] 징발재산환매권의 법적 성질 및 그 존속기간: 징발재산정리에 관한 특별 조치법 제20조 소정의 환매권은 일종의 형성권으로서 그 존속기간은 제척기간으로 보아야 할 것이며, 위 환매권은 재판상이든 재판외이든 그 기간 내에 행사하면 이로써 매매의 효력이 생기고, 위 매매는 같은 조 제1항에 적힌 환매권자와 국가간의 사법상의 매매라 할 것이다(대판 1992. 4. 24, 92다4673).

Ⅳ. 환매권자

토지보상법상 환매권자(還買權者)는 '협의취득일 또는 수용의 개시일 당시의 토지소유자 또는 그 포괄승계인'이다(제91조 제1항).

Ⅴ. 환매의 목적물

토지보상법상 환매의 목적물(目的物)은 '취득한 토지의 전부 또는 일부'에 한정된다(제91조 제1항). 건물 등 토지 이외의 권리 및 물건에 대해서는 환매권이 인정되지 않는다.

Ⅵ. 환매권의 성립시기

1. 수용시설

수용시설(收用時說)은 수용시 또는 임의매수시에 환매권이 성립한다는 견해이다. 이 견해에 의하면 환매의 요건은 성립요건이 아니라 행사요건이다. 이 견해가 다수설이며 타당하다.

2. 요건성립시설

요건성립시설(要件成立時說)은 환매의 요건이 충족된 때에 비로소 성립한다고 한다. 이 견해에 의하면 환매의 요건은 환매권의 성립요건이다(유해웅, 375면).

Ⅶ. 환매권의 통지·공고

사업시행자는 환매할 토지가 생겼을 때에는 지체 없이 이를 환매권자에게 통지하여야 한다. 다만, 사업시행자가 과실 없이 환매권자를 알 수 없을 때에는 이를 공고하여야 한다(제92조 제1항).

사업시행자의 통지는 환매의 청약도 아니고 환매권 행사의 요건도 아니며 단순한 최고에 불과하다. 그러나, 사업시행자가 환매통지를 하지 않아 환매권을 상실하는 손해를 입게 한 경우 손해배상책임이 인정된다(대판 2006. 11. 23, 2006다35124).

[판례] [산업단지 지정 해제 후 환매권 발생 통지의무를 해태하였음을 원인으로 손해배상을 구하는 사건] 이 사건(산업단지 조성 사업) 진입도로 개설 사업이 이 사건 산업단지 조성 사업의 일부로서 이 사건 산업단지 지정 해제에 따라 구 「공익사업을 위한 토지 등의 취득 및 보상에 관한 법률」 제91조 제1항의 "해당 사업"의 폐지에 해당되어 환매권이 발생한다. 그럼에도 피고는 고의 또는 과실로 원고들에 대하여 구 토지보상법 제92조 제1항에서 정한 환매권 발생에 관한 통지 또는 공고를 하지 아니하였고, 그로 인하여 원고들은 이 사건 토지가 이 사건 사업에 필요 없게 된 때부터 1년 및 피고의 이 사건 토지에 관한 각 협의취득일부터 10년이 모두 경과되어 환매권을 상실하는 손해를 입었다. 그러므로 피고는 이를 배상하여야 한다(대판 2021.7.21, 2016다226516).

Ⅷ. 환매권의 행사

1. 행사요건

환매권자는 **다음 둘 중 하나**에 해당할 때 환매권을 행사할 수 있다(대판 1995. 2. 10, 94다31310[소유권이전등기]). ① 공익사업의 폐지·변경 또는 그 밖의 사유로 취득한 토지의 전부 또는 일부가 필요 없게 된 경우(제91조 제1항), ② 취득일부터 5년 이내에 취득한 토지의 전부를 해당 사업에 이용하지 아니하였을 때(제91조 제2항).

① 공익사업의 폐지·변경 또는 그 밖의 사유로 취득한 토지의 **전부 또는 일부가 필요 없게 된 경우**(제91조 제1항).

구 토지보상법 제91조 제1항에서 정하는 '당해 사업'이란 협의취득 또는 수용의 목적이 된 구체적인 특정의 공익사업을 말하고, **'취득한 토지가 필요 없게 된 때'**라 함은 협의취득 또는 수용의 목적이 된 구체적인 특정의 공익사업이 폐지되거나 변경되는 등의 사유로 인하여 당해 토지가 더 이상 그 공익사업에 직접 이용될 필요가 없어졌다고 볼 만한 객관적인 사정이 발생한 때를 말한다(대판 2021.9.30, 2018다282183).

협의취득이 당연무효인 경우, 협의취득일 당시의 토지소유자가 소유권에 근거하여 등기 명의를 회복하는 방식 등으로 권리를 구제받는 것은 별론으로 하더라도 토지보상법 제91조 제1항에서 정하고 있는 환매권을 행사할 수는 없다. 토지보상법 제91조 제1항은 당초에는 적법하게 공익사업이 시행되었으나, 후발적인 사정으로 사업이 폐지되어 해당 토지가 필요 없게 된 경우를 규율하기 위한 규정이다(대판 2021.4.29, 2020다280890).

② 취득일부터 5년 이내에 취득한 토지의 **전부**를 **해당 사업에 이용하지 아니하였을 때**(제91조 제2항). 따라서, 취득한 토지의 일부라도 공익사업을 위해 사용한 경우에는 환매권을 행사할 수 없다.

[판례] "취득한 토지 전부"가 공공사업에 이용되지 아니한 경우에 한하여 환매권을 행사할 수 있고 그 중 일부라도 공공사업에 이용되고 있으면 나머지 부분에 대하여도 장차 공공사업이 시행될 가능성이 있는 것으로 보아 환매권의 행사를 허용하지 않는다는 취지이므로, 이용하지 아니하였는지 여부도 그 취득한 토지 전부를 기준으로 판단할 것이고, 필지별로 판단할 것은 아니라 할 것이다(대판 1995. 2. 10, 94다31310[소유권이전등기]).

2. 행사기간

위 행사요건 ①의 경우 다음 각 호의 구분에 따른 날(1. 사업의 폐지·변경으로 취득한 토지의 전부 또는 일부가 필요 없게 된 경우: 관계 법률에 따라 사업이 폐지·변경된 날 또는 제24조에 따른 사업의 폐지·변경 고시가 있는 날, 2. 그 밖의 사유로 취득한 토지의 전부 또는 일부가 필요 없게 된 경우: 사업완료일)부터 10년 이내에 그 토지에 대하여 지급받은 보상금에 상당하는 금액을 사업시행자에게 지급하고 그 토지를 환매할 수 있다(제91조 제1항).

위 행사요건 ②의 경우 취득일부터 6년 이내에 환매권을 행사하여야 한다(제91조 제2항).

환매권자는 사업시행자로부터 환매할 토지가 생겼다는 통지를 받은 날 또는 공고를 한 날부터 6개월이 지난 후에는 제91조 제1항 및 제2항에도 불구하고 환매권을 행사하지 못한다(제92조 제2항).

3. 환매권 행사의 방법

환매기간 내에 환매의 요건이 발생하면 환매권자는 **수령한 보상금에 상당하는 금액을 사업시행자에게 미리 지급**하고 **일방적으로 의사표시**를 행하고, 이로써 사업시행자의 의사와 관계 없이 환매가 성립되는 것이다. 토지의 가격이 취득 당시에 비하여 현저히 변경되었더라도 당사자 간에 금액에 대하여 협의가 성립되거나 법원에 소송으로 다투어 그 금액이 결정되지 않는 한, 그 가격이 현저히 등귀된 경우이거나 하락한 경우이거나를 묻지 않고 환매권을 행사하기 위하여는 수령한 보상금의 상당금액을 미리 지급하여야 하고 또한 이로써 족하다(대판 1995. 2. 10, 94다31310; 2000. 11. 28, 99두3416).

[판례] **환매권 행사에 대하여 사업시행자는 환매대금증액청구권을 내세워 선이행 또는 동시이행의 항변을 할 수 없다**: 공익사업을 위한 토지 등의 취득 및 보상에 관한 법률 제91조에 의한 환매는 환매기간 내에 환매의 요건이 발생하면 환매권자가 지급받은 보상금에 상당한 금액을 사업시행자에게 미리 지급하고 일방적으로 의사표시를 함으로써 사업시행자의 의사와 관계 없이 환매가 성립되는 것이고, 토지 등의 가격이 취득 당시에 비하여 현저히 변경되었더라도 공익사업법 제91조 제4항에 의하여 당사자 간에 금액에 대하여 협의가 성

립되거나 사업시행자 또는 환매권자가 그 금액의 증감을 법원에 청구하여 법원에서 그 금액이 확정되지 않는 한, 그 가격이 현저히 등귀한 경우이거나 하락한 경우이거나를 묻지 않고 환매권을 행사하기 위하여는 지급받은 보상금의 상당금액을 미리 지급하여야 하고 또한 이로써 족한 것이며, 사업시행자는 소로써 법원에 환매대금의 증액을 청구할 수 있을 뿐 환매권 행사로 인한 소유권이전등기청구소송에서 환매대금 증액청구권을 내세워 증액된 환매대금과 보상금 상당액의 차액을 지급할 것을 선이행 또는 동시이행의 항변으로 주장할 수는 없다(대판 2006. 12. 21, 2006다49277[소유권이전등기]).

4. 환매권 행사의 효과

환매권자의 일방적인 의사표시에 의해 사업시행자의 의사와 관계없이 법률효과(환매)가 발생한다. 즉, 환매권은 청구권이 아니라 **형성권**이다. 판례도 **환매권 행사의 결과 사법상 매매계약의 효력이 발생한다**고 본다(대판 1992. 4. 24, 92다4673).

환매권의 행사에 의해 그것만으로 소유권의 변동이 일어나는 것은 아니며 소유권이전등기청구권이라는 청구권만이 발생한다.

5. 환매대금

환매대금은 **지급받은 보상금에 상당하는 금액**으로 한다(제91조 제1항). 다만, 토지의 가격이 취득일 당시에 비하여 현저히 변동된 경우(환매권 행사 당시 토지의 가격이 지급한 보상금에 환매 당시까지의 당해 사업과 관계 없는 인근 유사토지의 지가변동률을 곱한 금액보다 초과되는 경우(동법 시행령 제47조)) 사업시행자 및 환매권자는 환매금액에 대하여 서로 협의하되, 협의가 성립되지 아니한 때에는 그 금액의 증감을 법원에 청구할 수 있다(제91조 제4항).

판례는 환매금액의 증감을 구하는 소송을 **민사소송**에 해당한다고 본다.

[판례] 환매권은 상대방에 대한 의사표시를 요하는 형성권의 일종으로서 재판상이든 재판 외이든 위 규정에 따른 기간 내에 행사하면 매매의 효력이 생기는 바(대법원 2008. 6. 26. 선고 2007다24893 판결 참조), 이러한 환매권의 존부에 관한 확인을 구하는 소송 및 구 공익사업법 제91조 제4항에 따라 환매금액의 증감을 구하는 소송 역시 민사소송에 해당한다(대판 2010. 9. 30, 2010다30782 참조).

Ⅸ. 제3자에 대한 대항력

환매권은 부동산등기법이 정하는 바에 의하여 공익사업에 필요한 토지의 협의취득 또는 수용의 등기가 되었을 때에는 제3자에게 대항(對抗)할 수 있다(제91조 제5항).

[판례] [1] **구 공익사업을 위한 토지 등의 취득 및 보상에 관한 법률 제91조 제5항에서 정한 '환매권은 부동산등기법이 정하는 바에 의하여 공익사업에 필요한 토지의 협의취득 또는 수용의 등기가 된 때에는 제3자에게 대항할 수 있다'의 의미**: 이는 협의취득 또는 수용의 목적물이 제3자에게 이전되더라도 협의취득 또는 수용의 등기가 되어 있으면 환매권자의 지위가 그대로 유지되어 환매권자는 환매권을 행사할 수 있고, 제3자에 대해서도 이를 주장할 수 있다는 의미이다. [2] 甲 지방자치단체가 도로사업 부지를 취득하기 위하여 乙 등으

로부터 토지를 협의취득하여 소유권이전등기를 마쳤는데, 위 토지가 택지개발예정지구에 포함되자 이를 택지개발사업 시행자인 丙 공사에 무상으로 양도하였고, 그 후 택지개발예정지구 변경지정과 개발계획 변경승인 및 실시계획 승인이 고시되어 위 토지가 택지개발사업의 공동주택용지 등으로 사용된 사안에서, 택지개발사업의 개발계획 변경승인 및 실시계획 승인이 고시됨으로써 토지가 도로사업에 더 이상 필요 없게 되어 협의취득일 당시 토지소유자였던 乙 등에게 환매권이 발생하였고, 그 후 택지개발사업에 토지가 필요하게 된 사정은 환매권의 성립이나 소멸에 아무런 영향을 미치지 않으며, 위 토지에 관하여 甲 지방자치단체 앞으로 공공용지 협의취득을 원인으로 한 소유권이전등기가 마쳐졌으므로, 乙 등은 환매권이 발생한 때부터 제척기간 도과로 소멸할 때까지 사이에 언제라도 환매권을 행사하고, 이로써 제3자에게 대항할 수 있다고 한 사례(대판 2017. 3. 15, 2015다238963).

X. 공익사업의 변환

1. 의 의

공익사업(公益事業)의 변환(變換)이라 함은 공익사업을 위하여 토지를 협의취득 또는 수용한 후 토지를 **협의취득 또는 수용한 공익사업이 다른 공익사업으로 변경된 경우** 별도의 협의취득 또는 수용 없이 당해 협의취득 또는 수용된 토지를 변경된 다른 공익사업에 이용하도록 하는 제도를 말한다.

공익사업의 변환이 인정된 이유는 협의취득 또는 수용한 토지의 전부나 일부를 환매권자에게 돌려 주었다가 다른 공익사업을 위하여 다시 협의취득 또는 수용하도록 하는 것은 무용한 절차의 반복이 되어 비경제적이라는 데 있다.

2. 법적 근거

토지보상법 제91조 제6항은 공익성이 강한 공익사업으로 변경된 경우에 한하여 예외적으로 공익사업의 변환을 인정하고 있다.

3. 공익사업의 변환의 요건

① 수용주체가 국가·지방자치단체 또는『공공기관의 운영에 관한 법률』제4조에 따른 공공기관 중 대통령령으로 정하는 공공기관(이하 '공공기관'이라 한다)인 경우에 한한다. 그렇지만, 변경된 공익사업의 시행자가 민간기업인 경우(예 경수고속도로 주식회사)에도 공익사업을 위한 토지 등의 취득 및 보상에 관한 법률 제91조 제6항에 정한 '공익사업의 변환'에 해당한다. 변경된 공익사업의 시행자가 국가·지방자치단체 또는 일정한 공공기관일 필요까지는 없다(대판 2015. 8. 19, 2014다201391: 변경된 공익사업의 시행자가 민간기업이라는 이유로 공익사업의 변환을 인정하지 아니한 원심판결을 파기한 사안).

② 사업인정을 받은 공익사업이 공익성의 정도가 높은 제4조 제1호 내지 제5호에 규정된 다른 공익사업으로 변경된 경우에 한한다.

[판례 1] [1] 사업인정을 받은 당해 공익사업의 폐지·변경으로 인하여 수용한 토지가 필요 없게 된 때에는, 같은 법 조항에 의하여 공익사업의 변환이 허용되는 같은법 제3조 제1호 내지 제4호에 규정된 다른 공익사업으로 변경되는 경우가 아닌 이상, 환매권자가 그 토지를 환매할 수 있는 것이라고 보지 않을 수 없다. [2] 계쟁토지의 취득목적인 공원조성사업이 완료되어 공중에 제공되었다가, 그 후 위 토지와 그 일대의 토지들에 대한 택지개발계획이 승인되어 공원시설을 철거하고 그 지상에 아파트건축공사를 시행하고 있다면, 토지의 원소유자가 공공용지의 취득 및 손실보상에 관한 특례법에 따라 위 토지를 환매할 수 있다고 한 사례(대판 1992. 4. 28, 91다29927).
[판례 2] 甲 지방자치단체가 협의취득한 후 설치한 공영주차장을 폐지하기로 하는 내용이 포함된 재정비 촉진계획이 고시되거나 위 토지 등에 관한 재개발 사업의 사업시행인가가 고시되었다고 하더라도, 공영주차장이 여전히 종래의 주차장 용도로 사용되는 동안은 주차장으로서의 효용이나 공익상 필요가 현실적으로 소멸되었다고 볼 수 없으므로, 재정비 촉진계획의 고시나 재개발 사업의 사업시행인가 고시만으로 위 토지가 객관적으로 주차장 사업에 필요가 없게 되었다고 단정하기 어렵고, 나아가 위 재개발 사업은 구 공익사업을 위한 토지 등의 취득 및 보상에 관한 법률 제4조 제5호의 공익사업으로서 '지방자치단체가 지정한 자가 임대나 양도의 목적으로 시행하는 주택의 건설 또는 택지의 조성에 관한 사업'에 해당한다고 볼 수 있으므로, 2010. 4. 5. 개정·시행된 같은 법 제91조 제6항이 적용되어 공익사업의 변환에 따라 乙 등의 환매권 행사가 제한되는지 여부를 살폈어야 하는데도, 공영주차장을 폐지하기로 하는 내용이 포함된 재정비 촉진계획의 고시만으로 위 토지가 주차장 사업에 필요 없게 되었고, 그 무렵 乙 등이 위 토지에 관한 환매권을 행사할 수 있었다고 본 원심판결에 심리미진 등의 잘못이 있다고 한 사례(대판 2019. 10. 31, 2018다233242).

③ 새로운 공익사업에 관해서도 사업인정을 받거나 사업인정을 받은 것으로 의제되어야 한다.

[판례] 「공익사업을 위한 토지 등의 취득 및 보상에 관한 법률」 제91조 제6항에 정한 공익사업의 변환은 같은 법 제20조 제1항의 규정에 의한 사업인정을 받은 공익사업이 일정한 범위 내의 공익성이 높은 다른 공익사업으로 변경된 경우에 한하여 환매권의 행사를 제한하는 것이므로, 적어도 새로운 공익사업에 관해서도 같은 법 제20조 제1항의 규정에 의해 사업인정을 받거나 또는 위 규정에 따른 사업인정을 받은 것으로 의제하는 다른 법률의 규정에 의해 사업인정을 받은 것으로 볼 수 있는 경우에만 공익사업의 변환에 의한 환매권 행사의 제한을 인정할 수 있다(대판 2010. 9. 30, 2010다30782).

④ 공익사업의 변환을 인정하기 위해서는 적어도 변경된 사업의 사업시행자가 당해 토지를 소유하고 있어야 한다. 나아가 공익사업을 위해 협의취득하거나 수용한 토지가 제3자에게 처분된 경우에는 특별한 사정이 없는 한 그 토지는 당해 공익사업에는 필요 없게 된 것이라고 보아야 한다(대판 2010. 9. 30, 2010다30782).

⑤ 사업시행자와 다른 공익사업의 사업시행자가 동일할 것은 요건이 아니다(대판 1994. 1. 25, 93다11760).

⑥ 토지보상법은 사업인정을 받아 공익사업에 필요한 토지를 협의취득 또는 수용한 경우에 한하여 공익사업의 변환에 관한 규정을 두고 있고, 사업인정 전의 협의취득의 경우에 대하여는 공익사업의 변환에 관한 규정을 두고 있지 않다(제91조 제6항).

4. 공익사업의 변환의 효과

공익사업의 변환이 인정되는 경우에는 원래의 공익사업의 폐지·변경으로 협의취득 또는 수용한 토지가 원래의 공익사업에 필요 없게 된 때에도 **환매권을 행사할 수 없다**.

당해 토지에 대한 환매권 행사를 위한 기간은 당해 공익사업의 변경을 관보에 고시한 날로부터 다시 기산한다(대판 2010. 9. 30, 2010다30782).

국가·지방자치단체 또는 공공기관은 공익사업이 변경된 사실을 환매권자에게 통지하여야 한다(제91조 제6항).

제 4 절 공용환지·공용환권

제 1 항 공용환지

Ⅰ. 공용환지의 의의

공용환지(公用換地)라 함은 일정한 지역 안에서 토지의 이용가치를 증진시키기 위한 사업을 실시하기 위하여 토지의 소유권 및 기타의 권리를 권리자의 의사와 관계없이 강제적으로 교환·분합하는 것을 말한다.

공용환지를 공용수용과 구분하는 것이 전통적 견해인데(김동희, 540면, 419면), 이에 대하여 공용환지를 공용수용의 하나로 보는 견해가 유력하게 제기되고 있다(박건우, 환지처분의 본질과 소유권 변동의 공시, 행정법연구 제74호, 2024.8, 288~289면). 공용환지를 공용수용의 하나로 보면 헌법 제23조 제3항의 공공필요성의 통제가 가능하다(주동진, 공용환지 이론의 재검토, 453면). 다만, 공용환지를 공용수용의 하나로 보지 않더라도 헌법원칙인 비례원칙의 통제를 받는다는 사실은 인정하여야 한다.

도시개발법상 도시개발사업 및 농어촌정비법상의 농업기반 등 정비사업을 위하여 공용환지방식이 이용될 수 있다. 이하에서는 도시개발법상 공용환지를 중심으로 공용환지를 고찰하기로 한다.

Ⅱ. 도시개발법상 공용환지

1. 환지계획

환지계획(換地計劃)이라 함은 도시개발사업이 완료된 후에 행하는 환지처분에 관한 계획을 말한다. 환지처분은 환지계획에 따라 행해져야 한다.

[판례] 환지계획은 환지예정지 지정이나 환지처분의 근거가 될 뿐 그 자체가 직접 토지소유자 등의 법률상의 지위를 변동시키거나 또는 환지예정지 지정이나 환지처분과는 다른 고유한 법률효과를 수반하는 것이 아니어서 이를 항고소송의 대상이 되는 처분에 해당한다고 할 수가 없다(대판 1999. 8. 20, 97누6889[환지계획 등 무효확인 및 취소]).

2. 환지예정지의 지정

(1) 의 의

환지예정지(換地豫定地)라 함은 환지처분이 행해지기 전에 종전의 토지 대신에 사용하거나 수익하도록 지정된 토지를 말한다.

도시개발사업의 시행에는 상당히 오랜 시일이 걸리므로 도시개발사업의 시행중에도 도시개발사업에 지장이 없는 한도 내에서 종전의 토지에 갈음하여 환지로 예정된 토지를 사용 또는 수익하게 해 줄 필요가 있다. 이것이 환지예정지지정제도의 취지이다.

(2) 환지예정지 지정의 성질 및 효과

환지예정지 지정이 있게 되면 종전 토지와 환지예정지에 대한 사용 또는 수익권에 변동이 일어나므로 환지예정지 지정행위는 **행정처분**이다.

환지예정지가 지정된 경우에는 종전의 토지의 소유자와 임차권자 등은 환지예정지 지정의 효력발생일부터 환지처분이 공고되는 날까지 환지예정지나 해당 부분에 대하여 종전과 동일한 내용의 권리를 행사할 수 있으며 종전의 토지는 이를 사용하거나 수익할 수 없다(제36조 제1항).

(3) 환지예정지 지정처분에 대한 불복

환지예정지 지정처분은 처분으로서 항고소송의 대상이 되나 **환지처분이 일단 공고되어 효력을 발생하게 되면** 환지예정지 지정처분은 그 효력이 소멸되는 것이므로, 환지처분이 공고된 후에는 환지예정지 지정처분에 대하여 **그 취소를 구할 법률상 이익은 없다**(대판 1999. 10. 8, 99두6873[환지예정지 등 지정처분취소]).

3. 환지처분

(1) 의 의

환지처분(換地處分)은 사업시행자가 환지계획구역의 전부 또는 그 구역 내의 일부 공구에 대하여 공사를 완료한 후 환지계획에 따라 환지교부 등을 하는 처분이다.

(2) 환지처분의 효과

1) 소유권 등의 변동

환지처분으로 환지계획에서 정한 내용에 따른 권리변동이 발생한다(대판 2020. 5. 28, 2016다233729).

환지계획에서 정하여진 환지는 그 환지처분이 공고된 날의 다음 날부터 종전의 토지로 보며, 환지계획에서 환지를 정하지 아니한 종전의 토지에 있던 권리는 그 환지처분이 공고된 날이 끝나는 때에 소멸한다(제42조 제1항).

[판례] 종전 토지 중 환지계획에서 환지를 정한 경우 종전 토지와 환지 사이에 동일성이 유지되므로 종전 토지의 권리제한은 환지에 설정된 것으로 보게 되고, 환지를 정하지 않은 종전 토지의 권리제한은 환지처분으로 소멸하게 된다. 이에 따라 체비지 또는 보류지는 그에 상응하는 종전 토지에 아무런 권리제한이 없는 상태로 구 도시개발법 제41조 제5항에서 정한 바에 따라 소유권을 취득한다(대판 2020. 5. 28, 2016다233729)

2) 청 산 금

환지를 정하거나 그 대상에서 제외한 경우에 그 과부족분은 종전의 토지 및 환지의 위치·지목·면적·토질·수리·이용상황·환경 그 밖의 사항을 종합적으로 고려하여 금전으로 청산하여야 한다(제41조 제1항).

(3) 환지처분에 대한 불복

환지처분은 그에 의하여 직접 토지소유자 등의 권리의무가 변동되므로 이를 항고소송의 대상이 되는 처분이라고 볼 수 있다(대판 1999. 8. 20, 97누6889).

판례는 환지확정처분의 일부취소를 구하는 소송의 소의 이익을 인정하지 않는다(대판 1985. 4. 23, 84누446[환지변경처분취소]).

환지처분에 대한 전부취소의 소는 가능하나 사정판결의 대상이 될 수 있다.

(4) 환지처분의 변경

환지처분이 일단 확정되어 효력을 발생한 후에는 이를 소급하여 시정하는 뜻의 환지변경처분은 이를 할 수 없고, 그러한 환지변경의 절차가 필요할 때에는 그를 위하여 환지 전체의 절차를 처음부터 다시 밟아야 하며 그 일부만을 따로 떼어 환지처분을 변경할 수 없음은 물론, 그러한 절차를 밟지 아니하고 한 환지변경처분은 무효이다(대판 1998. 2. 13, 97다49459).

4. 체비지(替費地) 및 보류지(保留地)(제44조)

5. 감가보상금(제45조)

6. 임대료 등의 증감청구(제48조)

제 2 항 공용환권

I. 공용환권의 의의

공용환권(公用換權)이라 함은 일정한 지역 안에서 토지와 건축물 등 도시공간의 효용을 증대시키기 위한 사업을 실시하기 위하여 토지 및 건축물의 소유권 및 기타의 권리를 권리자의 의사와 관계 없이 강제적으로 교환·분합하는 것을 말한다.

공용환권은 공익개발사업을 토지의 수용에 의해 행하지 않고 권리의 교환·분합에 의해 행하는 점에서 공용환지와 동일하나, 공용환지가 원칙상 토지에 대한 권리의 교환·분합에 한정되는 데 반하여 공용환권은 토지뿐만 아니라 건축물에 대한 권리도 포함하여 교환·분합하는 점에서 공용환지와 구별된다.

『도시 및 주거환경정비법』(이하 '도시정비법'이라 한다)은 재개발사업, 재건축사업 및 주거환경개선사업(이하 '정비사업' 이라 한다)에 공용환권의 방식을 도입하고 있다. 이하 재개발조합 및 재건축조합에 의한 재개발사업 및 재건축사업에서의 공용환권을 고찰하기로 한다.

정비사업은 대부분 다음과 같은 과정으로 진행된다: 조합설립추진위원회 구성 및 승인－정비계획 수립과 정비구역 지정－재건축사업의 경우 재건축진단(사업시행계획인가 전까지 가능)－추진위원회 구성 및 승인－조합설립 및 인가－시공사의 선정과 재건축조합의 매도청구－사업시행계획인가－정비조합(재개발사업의 경우)의 토지수용－관리처분계획 및 인가－이전고시－청산금 부과 및 조합의 해산.

Ⅱ. 추진위원회의 구성 및 승인[2017 행시]

조합을 설립하고자 하는 경우에는 위원장을 포함한 5명 이상의 위원 및 제34조 제1항에 따른 운영규정에 대한 토지등소유자 과반수의 동의를 받아 조합설립을 위한 추진위원회를 구성하여 국토교통부령으로 정하는 방법과 절차에 따라 시장·군수의 승인을 받아야 한다(도시정비법 제31조 제1항).

추진위원회설립 승인을 강학상 인가로 보는 견해와 허가 또는 특허로 보는 견해가 대립하고 있는데, **판례**는 추진위원회승인처분에 대해 **인가**의 논지로 판시하였다(대판 2014. 2. 27, 2011두2248).

[판례] 조합설립추진위원회(이하 '추진위원회'라 한다) 구성승인은 조합의 설립을 위한 주체인 추진위원회의 구성행위를 보충하여 효력을 부여하는 처분이므로, 시장·군수로부터 추진위원회 구성승인을 받은 추진위원회는 유효하게 설립된 비법인사단으로서 조합설립에 필요한 법률행위 등을 할 수 있다. 따라서 추진위원회가 구성승인을 받을 당시의 정비예정구역보다 정비구역이 확대되어 지정된 경우, 추진위원회가 구성 변경승인을 받기 전에 확대된 정비구역 전체에서 조합설립을 추진하여 조합설립인가신청을 하였다 하더라도 이는 유효하게 설립된 비법인사단의 법률행위이므로, 당초의 추진위원회 구성승인이 실효되었다는 등의 특별한 사정이 없는 한 변경승인 전의 행위라는 사정만으로 조합설립인가신청 자체가 무효라고 할 수는 없다(대판 2014. 2. 27, 2011두2248).

추진위원회가 행한 업무와 관련된 권리와 의무는 조합설립인가처분을 받아 법인으로 설립된 조합에 모두 포괄승계되므로, 원칙적으로 조합설립인가처분을 받은 조합이 설립등기를 마쳐 법인으로 성립하게 되면 추진위원회는 그 목적을 달성하여 소멸한다(대판 2012. 4. 12, 2009다26787; 대판 2016. 12. 15, 2013두17473 등).

조합설립인가처분이 법원의 판결에 의하여 취소된 경우에는 추진위원회가 그 지위를 회복하여 다시 조합설립인가신청을 하는 등 조합설립추진 업무를 계속 수행할 수 있다(대판 2016. 12. 15, 2013두17473).

Ⅲ. 조　　합

시장·군수등, 토지주택공사등 또는 지정개발자가 아닌 자가 정비사업을 시행하려는 경우에는 토지등소유자로 구성된 조합을 설립하여야 한다. 다만, 제25조 제1항 제2호에 따라 토지등소유자가 재개발사업을 시행하려는 경우에는 그러하지 아니하다(제35조 제1항).

1. 조합의 설립인가[2017 행시]

재개발조합 및 재건축조합(이하 '정비조합'이라 한다)을 설립하기 위하여는 시장·군수의 인가를 받아야 한다(제35조 제2항, 제3항).

판례는 정비조합설립인가는 강학상 인가가 아니라 **강학상 특허의 성질**을 갖는다고 본다. 즉 행정청의 조합설립인가처분은 조합에 정비사업을 시행할 수 있는 권한을 갖는 행정주체(공법인)로서의 지위를 부여하는 일종의 **설권적 처분의 성격**을 가진다. 따라서 토지등소유자로 구성되는 조합이 그 설립과정에서 조합설립인가처분을 받지 아니하였거나 설령 이를 받았다 하더라도 처음부터 조합설립인가처분으로서 효력이 없는 경우에는, 정비사업을 시행할 수 있는 권한을 가지는 행정주체인 공법인으로서의 조합이 성립되었다 할 수 없다(판례).

[판례] 행정청의 조합설립인가처분은 조합에 정비사업을 시행할 수 있는 권한을 갖는 행정주체(공법인)로서의 지위를 부여하는 일종의 설권적 처분의 성격을 가진다(대법원 2009. 9. 24. 선고 2008다60568 판결, 대법원 2010. 1. 28. 선고 2009두4845 판결 등 참조). 따라서 토지등소유자로 구성되는 조합이 그 설립과정에서 조합설립인가처분을 받지 아니하였거나 설령 이를 받았다 하더라도 처음부터 조합설립인가처분으로서 효력이 없는 경우에는, 구 도시정비법 제13조에 의하여 정비사업을 시행할 수 있는 권한을 가지는 행정주체인 공법인으로서의 조합이 성립되었다 할 수 없고(대법원 2012. 3. 29. 선고 2008다95885 판결, 대법원 2012. 11. 29. 선고 2011두518 판결 등 참조), 또한 이러한 조합의 조합장, 이사, 감사로 선임된 자 역시 구 도시정비법에서 정한 조합의 임원이라 할 수 없다(대판 전원합의체 2014. 5. 22, 2012도7190).

정비조합설립인가처분은 강학상 인가가 아니고 강학상 특허이며 조합설립결의는 조합설립인가처분에 필요한 요건 중의 하나에 불과하므로 재개발조합설립인가신청에 대하여 행정청의 조합설립인가처분이 있은 이후에는, 조합설립결의에 하자가 있음을 이유로 재개발조합 설립의 효력을 부정하려면 항고소송으로 조합설립인가처분의 효력을 다투어야 한다(판례).

[판례 1] 재개발조합설립인가신청에 대하여 행정청의 재개발조합설립인가처분이 있은 후 조합설립동의에 하자가 있음을 이유로 재개발조합 설립의 효력을 다투기 위한 소송(=항고소송): 재개발조합설립인가신청에 대한 행정청의 조합설립인가처분은 단순히 사인(사인)들의 조합설립행위에 대한 보충행위로서의 성질을 가지는 것이 아니라 법령상 일정한 요건을 갖추는 경우 행정주체(공법인)의 지위를 부여하는 일종의 설권적 처분의 성질을 가진다고 보아야 한다. 그러므로 구 도시 및 주거환경정비법(2007. 12. 21. 법률 제8785호로 개정되기 전의 것)상 재개발조합설립인가신청에 대하여 행정청의 조합설립인가처분이 있은 이후에는, 조합설립동의에 하자가 있음을 이유로 재개발조합 설립의 효력을 부정하려면 항고소송으로 조합설립인가처분의 효력을 다투어야 한다(대판 2010. 1. 28, 2009두4845[재개발정비사업조합설립인가처분무효확인]). 〈해설〉 이러한 판례의 태도는 기본행위의 하자를 이유로 강학상 인가를 다툴 소의 이익이 없다고 보는 다음 판례와 비교할 필요가 있다. 즉, "강학상의 '인가'에 속하는 행정처분에 있어서 인가처분 자체에 하자가 있다고 다투는 것이 아니라 기본행위에 하자가 있다 하여 그 기본행위의 효력에 관하여 다투는 경우에는 따로 그 기본행위의 취소 또는 무효확인 등을 구하는 것은 별론으로 하고 기본행위의 불성립 또는 무효를 내세워 바로 그에 대한 감독청의 인가처분의 취소를 구하는 것은 특단의 사정이 없는 한 소구할 법률상의 이익이 있다고 할 수 없다"(대판 1995. 12. 12, 95누7338[재건축조합장등명의변경신청거부처분취소]; 2005. 10. 14, 2005두1046).

[판례 2] [1] **행정청이 도시 및 주거환경정비법 등 관련 법령에 의하여 행하는 조합설립인가처분의 법적 성격 및 조합설립인가처분이 있은 후에 조합설립결의의 하자를 이유로 그 결의 부분만을 따로 떼어내어 무효 등 확**

인의 소를 제기하는 것이 허용되는지 여부(소극): 행정청이 도시 및 주거환경정비법 등 관련 법령에 근거하여 행하는 조합설립인가처분은 단순히 사인들의 조합설립행위에 대한 보충행위(인가)로서의 성질을 갖는 것에 그치는 것이 아니라 법령상 요건을 갖출 경우 도시 및 주거환경정비법상 주택재건축사업을 시행할 수 있는 권한을 갖는 행정주체(공법인)로서의 지위를 부여하는 일종의 설권적 처분(특허)의 성격을 갖는다고 보아야 한다. 그리고 그와 같이 보는 이상 조합설립결의는 조합설립인가처분이라는 행정처분을 하는 데 필요한 요건 중 하나에 불과한 것이어서, 조합설립결의에 하자가 있다면 그 하자를 이유로 직접 항고소송의 방법으로 조합설립인가처분의 취소 또는 무효확인을 구하여야 하고, 이와는 별도로 조합설립결의 부분만을 따로 떼어내어 그 효력 유무를 다투는 확인의 소를 제기하는 것은 원고의 권리 또는 법률상의 지위에 현존하는 불안·위험을 제거하는데 가장 유효·적절한 수단이라 할 수 없어 특별한 사정이 없는 한 확인의 이익은 인정되지 아니한다. [2] 도시 및 주거환경정비법상 주택재건축정비사업조합에 대한 행정청의 조합설립인가처분이 있은 후에 조합설립결의의 하자를 이유로 민사소송으로 그 결의의 무효 등 확인을 구한 사안에서, 그 소가 확인의 이익이 없는 부적법한 소에 해당하다고 볼 여지가 있으나, 재건축조합에 관한 설립인가처분을 보충행위로 보았던 종래의 실무관행 등에 비추어 그 소의 실질이 조합설립인가처분의 효력을 다투는 취지라고 못 볼 바 아니고, 여기에 소의 상대방이 행정주체로서의 지위를 갖는 재건축조합이라는 점을 고려하면, 그 소가 공법상 법률행위에 관한 것으로서 행정소송의 일종인 당사자소송으로 제기된 것으로 봄이 상당하고, 그 소는 이송 후 관할법원의 허가를 얻어 조합설립인가처분에 대한 항고소송으로 변경될 수 있어 관할법원인 행정법원으로 이송함이 마땅하다고 한 사례(대판 2009. 9. 24, 2008다60568[재건축결의부존재확인]). 〈해설〉 이 판례는 조합설립인가처분은 강학상 인가의 성질과 함께 강학상 특허의 성질을 함께 갖는 것으로 보았다. 또한, 이 판결은 도시환경정비사업조합에 대한 행정청의 조합설립 인가처분이 있은 후에 그 설립 인가처분의 요건에 불과한 조합설립행위에 대한 무효확인을 구하는 소를 민사소송으로 제기한 사안에서, 그 소는 행정소송의 일종인 당사자소송에 해당하고, 이송 후 관할법원의 허가를 얻어 조합설립 인가처분에 대한 항고소송으로 변경될 수 있어 관할법원인 행정법원으로 이송함이 마땅하다고 한 사례이다(대판 2010. 4. 8, 2009다27636[조합설립부존재확인]). 조합설립인가처분 전에는 조합설립결의의 무효확인을 구하는 소송을 제기할 소의 이익이 있다.

재개발조합설립에 요구되는 동의율의 충족 여부를 판단하는 기준일은 '조합설립인가신청일'이고 '조합설립인가처분일'이 아니다(대판 2014. 4. 24, 2012두21437[조합설립인가처분무효확인등]).

재개발사업의 추진위원회(제31조 제4항에 따라 추진위원회를 구성하지 아니하는 경우에는 토지등소유자를 말한다)가 조합을 설립하려면 토지등소유자의 4분의 3 이상 및 토지면적의 2분의 1 이상의 토지소유자의 동의를 받아 다음 각 호의 사항을 첨부하여 제16조에 따른 정비구역 지정·고시 후 시장·군수등의 인가를 받아야 한다. 1. 정관, 2. 정비사업비와 관련된 자료 등 국토교통부령으로 정하는 서류, 3. 그 밖에 시·도조례로 정하는 서류(제35조 제2항).

재건축사업의 추진위원회(제31조 제4항에 따라 추진위원회를 구성하지 아니하는 경우에는 토지등소유자를 말한다)가 조합을 설립하려는 때에는 주택단지의 공동주택의 각 동(복리시설의 경우에는 주택단지의 복리시설 전체를 하나의 동으로 본다)별 구분소유자의 과반수 동의(공동주택의 각 동별 구분소유자가 5 이하인 경우는 제외한다)와 주택단지의 전체 구분소유자의 4분의 3 이상 및 토지면적의 4분의 3 이상의 토지소유자의 동의를 받아 제2항 각 호의 사항을 첨부하여 제16조에 따른 정비구역 지정·고시 후 시장·군수등의 인가를 받아야 한다(제35조 제3항). 제3항에도 불구하고 주택단지가 아닌 지역이 정비구역에 포함된 때에는 주택단지가 아닌 지역의 토지 또는 건축물 소유자의 4분의 3 이상 및 토지면적의 3분의 2 이상의 토지소유자의 동의를 받아야 한다. 이 경우 인가받은 사항을 변경하려는 때에도 또한 같다(제35조 제4항).

토지등소유자의 서면에 의한 동의요건이 결여된 하자는 원칙상 중대하고 명백한 하자이므로 조합설립인가처분의 무효사유이다. 다만, 조합설립 동의에 흠이 있다 하더라도 그 흠이 중대·명백하지 않다면 조합설립인가처분이 당연 무효라고 할 수 없다.

[판례 1] 조합설립인가 처분은 토지면적의 3분의 2 이상의 면적요건을 충족하지 못하였음이 분명하다고 보아 당연무효라고 판단한 사안(대판 2014. 5. 16, 2011두27094[주택조합설립인가및주택조합총회결의무효확인등]).
[판례 2] 관할 행정청이 구 도시 및 주거환경정비법(2007. 12. 21. 법률 제8785호로 개정되기 전의 것, 이하 '개정 전 도시정비법'이라고 한다) 제16조 제3항에서 정한 동의요건 중 '토지 또는 건축물 소유자의 5분의 4 이상'을 '토지 소유자의 5분의 4 이상' 또는 '건축물 소유자의 5분의 4 이상' 중 어느 하나의 요건만 충족하면 된다고 잘못 해석하여 요건을 충족하지 못한 주택재건축사업 추진위원회의 조합설립인가신청에 대하여 조합설립인가처분을 한 사안에서, 위 처분은 개정 전 도시정비법 제16조 제3항에서 정한 동의요건을 충족하지 못하여 위법할 뿐만 아니라 하자가 중대하다고 볼 수 있으나, '토지 또는 건축물 소유자의 5분의 4 이상'의 문언적 의미가 명확한 것은 아니고 다의적으로 해석될 여지가 충분히 있는 점 등을 종합하면, 조합설립인가처분 당시 주택단지가 전혀 포함되어 있지 않은 정비구역에 대한 재건축사업조합의 설립인가처분을 하기 위해서는 '토지 및 건축물 소유자, 토지 소유자, 건축물 소유자' 모두의 5분의 4 이상의 동의를 얻어야 한다는 점이 객관적으로 명백하였다고 할 수 없어 위 조합설립인가처분이 당연무효라고 볼 수는 없다는 이유로, 이와 달리 본 원심판결에 법리오해의 위법이 있다고 한 사례(대판 2012. 10. 25, 2010두25107[조합설립인가처분무효확인]).

2. 조합의 법적 지위

조합은 공공조합으로서 공법인이다. 조합은 재개발사업이나 재건축사업이라는 공행정목적을 수행함에 있어서 행정주체의 지위에 서며(대판 2009. 11. 2, 2009다596) 재개발사업이나 재건축사업이라는 공행정목적을 직접적으로 달성하기 위하여 행하는 조합의 행위는 원칙상 공법행위라고 보아야 한다.

조합에 관하여는 이 법에 규정된 것을 제외하고는 민법 중 사단법인에 관한 규정을 준용한다(제49조).

도시 및 주거환경정비법에 의한 주택재개발 정비사업조합의 정관은 해당 조합의 조직, 기관, 활동, 조합원의 권리의무관계 등 단체법적 법률관계를 규율하는 것으로서 공법인인 조합과 조합원에 대하여 구속력을 가지는 자치법규로서 원칙적으로 조합 외부의 제3자를 보호하거나 제3자를 위한 규정이라고 볼 것은 아니다(대판 2019. 10. 31, 2017다282438).

[판례] 주택재개발 정비사업조합의 이사회 의장인 乙이 조합의 정관을 위반하였다는 것만으로 다른 합리적인 이유의 설시 없이 乙에게 불법행위에 따른 손해배상책임이 있다고 본 원심판단에는 주택재개발 정비사업조합 정관의 법적 성질 등에 관한 법리오해 등의 잘못이 있다고 한 사례(대판 2019. 10. 31, 2017다282438).

3. 조합과 조합원의 관계

① 조합과 조합원의 관계는 도시정비법에서 공법관계로 규정한 경우 또는 성질상 공법관계로 인정되는 경우에는 공법관계에 속한다. 이 경우에 조합이 한 조치가 행정쟁송법상 처분에 해당하는 경우에는 항고소송으로 다툴 수 있고, 조합과 조합원 사이의 공법상 법률관계에 관한 분쟁은 공법상 당사자소송의 대상이 된다.

[판례] 재개발조합은 조합원에 대한 법률관계에서 적어도 특수한 존립목적을 부여받은 특수한 행정주체로서 국가의 감독하에 그 존립 목적인 특정한 공공사무를 행하고 있다고 볼 수 있는 범위 내에서는 공법상의 권리의무 관계에 서 있다. 따라서 조합을 상대로 한 쟁송에 있어서 강제가입제를 특색으로 한 조합원의 자격 인정 여부에 관하여 다툼이 있는 경우에는 그 단계에서는 아직 조합의 어떠한 처분 등이 개입될 여지는 없으므로 공법상의 당사자소송에 의하여 그 조합원 자격의 확인을 구할 수 있다(대판 전원합의체 1996. 2. 15, 94다31235[수분양권존재확인 등]).

② 그러나, 그렇지 않고 조합과 조합원의 관계가 일반 사단법인에서의 법인과 그 구성원(사원) 사이의 관계와 동일한 성질을 가지는 경우에는 그 관계는 **민법상 사단과 사원의 관계**가 된다. 이 경우 조합과 조합원 사이의 분쟁은 민사소송의 대상이 된다.

4. 조합과 조합임원의 관계

재개발조합과 조합장 또는 조합임원 사이의 선임·해임 등을 둘러싼 법률관계는 **사법상의 법률관계**로서 그 조합장 또는 조합임원의 지위를 다투는 소송은 민사소송에 의하여야 할 것이다(대결 2009. 9. 24, 2009마168, 169[가처분이의 · 직무집행정지가처분]).

5. 조합설립인가처분 취소판결의 효력

주택재건축사업조합 설립인가처분이 판결에 의하여 취소되거나 무효로 확인된 경우에는 조합설립인가처분은 처분 당시로 소급하여 효력을 상실하고, 이에 따라 당해 주택재건축사업조합 역시 조합설립인가처분 당시로 소급하여 도시정비법상 주택재건축사업을 시행할 수 있는 행정주체인 공법인으로서의 지위를 상실한다(대판 2012. 11. 29, 2011두518). 따라서, 주택재개발사업조합이 조합설립인가처분 취소 전에 도시 및 주거환경정비법상 적법한 행정주체 또는 사업시행자로서 한 결의 등 처분도 원칙상 소급하여 효력을 상실한다(대판 2012. 3. 29, 2008다95885).

다만 그 효력 상실로 인한 잔존사무의 처리와 같은 업무는 여전히 수행되어야 하므로 주택재건축사업조합은 청산사무가 종료될 때까지 청산의 목적범위 내에서 권리·의무의 주체가 되고, 조합원 역시 청산의 목적범위 내에서 종전 지위를 유지하며, 정관 등도 그 범위 내에서 효력을 가진다(대판 2012. 11. 29, 2011두518). 또한, 종전에 결의 등 처분의 법률효과를 다투는 소송에서의 당사자지위까지 함께 소멸한다고 할 수는 없다(대판 2012. 3. 29, 2008다95885[주민총회결의무효확인]).

6. 선행 조합설립변경인가처분의 취소 또는 무효의 효력

[판례] [1] 선행 조합설립변경인가처분이 취소되거나 무효로 확정된 경우 후행 조합설립변경인가처분의 효력 유무: 정비사업조합(이하 '조합'이라고만 한다)에 관한 조합설립변경인가처분은 당초 조합설립인가처분에서 이미 인가받은 사항의 일부를 수정 또는 취소·철회하거나 새로운 사항을 추가하는 것(일부변경)으로서 유효한 당초 조합설립인가처분에 근거하여 설권적 효력의 내용이나 범위를 (일부) 변경하는 성질을 가지므로, 당초 조합설립인가처분이 쟁송에 의하여 취소되거나 무효로 확정된 경우에는 이에 기초하여 이루어진 조합설

립변경인가처분도 원칙적으로 그 효력을 상실하거나 무효라고 해석함이 타당하다. 마찬가지로 당초 조합설립인가처분 이후 여러 차례 조합설립변경인가처분이 있었다가 중간에 행하여진 선행 조합설립변경인가처분이 쟁송에 의하여 취소되거나 무효로 확정된 경우에 후행 조합설립변경인가처분도 그 효력을 상실하거나 무효라고 새겨야 한다. 다만, 조합설립변경인가처분도 조합에 정비사업 시행에 관한 권한을 설정하여 주는 처분인 점에서는 당초 조합설립인가처분과 다를 바 없으므로, 선행 조합설립변경인가처분이 쟁송에 의하여 취소되거나 무효로 확정된 경우라도 후행 조합설립변경인가처분이 선행 조합설립변경인가처분에 의해 변경된 사항을 포함하여 새로운 조합설립변경(전부변경)인가처분의 요건을 갖춘 경우에는 그에 따른 효력이 인정될 수 있다. 이러한 경우 조합은 당초 조합설립인가처분과 새로운 조합설립변경인가처분의 요건을 갖춘 후행 조합설립변경인가처분의 효력에 의하여 정비사업을 계속 진행할 수 있으므로, 그 후행 조합설립변경인가처분을 무효라고 할 수는 없다. [2] 조합설립인가처분 후 여러 차례 조합설립변경인가처분이 있었다가 중간에 행하여진 선행 조합설립변경인가처분이 쟁송에 의하여 무효로 확정된 사례에서, 후행 조합설립변경인가처분은 선행 변경인가처분이 유효함을 전제로 하여 이 사건 편입구역을 추가로 편입하고 이 사건 편입구역 내 조합원을 추가하는 내용의 선행 변경인가처분에 대한 (일부) 변경 처분으로서는 유효하다고 보기 어렵지만, 당초 조합설립인가처분에 따른 최초 사업구역을 선행 변경인가처분에 의하여 편입된 지역과 이 사건 편입지역이 모두 추가된 사업구역으로 확대하는 조합설립변경(전부변경)인가로서의 요건을 갖추었으므로 그에 따른 효력이 인정된다고 보아 후행 조합설립변경인가처분에 대한 무효확인 청구를 배척한 원심을 유지한 사안(대판 2014. 5. 29, 2011두25876〈조합설립변경인가처분무효확인〉).

Ⅳ. 사업시행계획인가

사업시행자(제25조 제1항 및 제2항에 따른 공동시행의 경우를 포함하되, 사업시행자가 시장·군수인 경우를 제외한다)는 정비사업을 시행하려는 경우에는 사업시행계획인가를 받아야 한다(제50조 제1항). 도시정비법상의 사업시행자는 일정한 행정작용을 행하는 행정주체로서의 지위를 갖는다(헌재 2012. 4. 24, 2010헌바1).

사업시행계획의 인가의 법적 성질에 관하여는 강학상 인가로 보는 견해와 강학상 특허로 보는 견해가 대립되고 있다. 생각건대, 사업시행계획의 인가는 사업시행계획의 효력을 완성시켜 사업시행계획이 조합원에 대하여 구속력을 가지도록 하는 점에서는 강학상 인가이고, 사업시행자의 지위를 창설하는 점에서는 강학상 특허라고 보는 것이 타당하다.

판례는 구 도시환경정비사업조합이 수립한 사업시행계획의 인가를 구 도시환경정비사업조합의 사업시행계획에 대한 강학상 인가로 보는 반면에 토지 등 소유자들이 조합을 따로 설립하지 않고 직접 시행하는 도시환경정비사업에서 사업시행인가처분은 일종의 설권적 처분(특허)의 성격을 가진다고 본다.

[판례 1] 기본행위인 주택재개발정비사업조합이 수립한 사업시행계획에 하자가 있는데 보충행위인 관할 행정청의 사업시행계획 인가처분에는 고유한 하자가 없는 경우, 사업시행계획의 무효를 주장하면서 곧바로 그에 대한 인가처분의 무효확인이나 취소를 구할 수 있는지 여부(소극): 구 도시 및 주거환경정비법에 기초하여 주택재개발정비사업조합이 수립한 사업시행계획은 관할 행정청의 인가·고시가 이루어지면 이해관계인들에게 구속력이 발생하는 독립된 행정처분(구속적 행정계획)에 해당하고, 관할 행정청의 사업시행계획 인가처분은 사업시행계획의 법률상 효력을 완성시키는 보충행위(학문상 인가)에 해당한다. 따라서 기본행위인 사업시행계

획에는 하자가 없는데 보충행위인 인가처분에 고유한 하자가 있다면 그 인가처분의 무효확인이나 취소를 구하여야 할 것이지만, 인가처분에는 고유한 하자가 없는데 사업시행계획에 하자가 있다면 사업시행계획의 무효확인이나 취소를 구하여야 할 것이지 사업시행계획의 무효를 주장하면서 곧바로 그에 대한 인가처분의 무효확인이나 취소를 구하여서는 아니 된다(대판 2021.2.10, 2020두48031).

[판례 2] 도시환경정비사업조합이 사업시행계획을 변경하면서 도시 및 주거환경정비법상의 동의요건을 갖추지 않았다는 흠을 이유로 사업시행인가처분의 취소를 구하는 경우, 법원이 위 정비사업조합을 새로운 피고로 하여 사업시행계획 자체의 취소를 구하는 소송으로의 경정 여부에 대한 석명권을 행사하여 적법한 소송형태를 갖추도록 했어야 함에도, 위 사업시행인가처분이 위법하다고 판단한 원심판결에 법리를 오해한 위법이 있다고 한 사례(대판 2010. 12. 9, 2010두1248[사업시행인가처분취소]). 〈해설〉 이 사건 동의요건은 기본행위인 사업시행계획 변경의 요건이므로 이 동의요건의 결여를 다투기 위해서는 보충행위(학문상 인가)인 사업시행계획 인가처분을 다투어서는 안되고 (구속적 행정계획으로서 처분인) 사업시행계획의 취소를 구하는 소송을 제기하여야 하므로 수소법원은 잘못 제기된 사업시행계획 인가처분 취소소송을 사업시행계획의 취소를 구하는 소송으로 경정하도록 석명권을 행사해야 한다고 한 판례이다. 사업시행계획에 대한 인가 전에는 사업시행계획의 무효확인을 구하는 당사자소송을 제기하여야 한다.

[판례 3] [1] 토지 등 소유자들이 조합을 따로 설립하지 않고 직접 시행하는 도시환경정비사업에서 사업시행인가처분은 단순히 사업시행계획에 대한 보충행위로서의 성질을 가지는 것이 아니라 구 도시정비법상 정비사업을 시행할 수 있는 권한을 가지는 행정주체로서의 지위를 부여하는 일종의 설권적 처분의 성격을 가진다. [2] 도시환경정비사업을 직접 시행하려는 토지 등 소유자들은 시장·군수로부터 사업시행인가를 받기 전에는 행정주체로서의 지위를 가지지 못한다. 따라서 그가 작성한 사업시행계획은 인가처분의 요건 중 하나에 불과하고 항고소송의 대상이 되는 독립된 행정처분에 해당하지 아니한다고 할 것이다(대판 2013. 6. 13, 2011두19994[관리처분계획취소]).

[판례 4] 도시환경정비사업을 직접 시행하려는 토지 등 소유자가 작성한 사업시행계획에 대한 정비구역 내 토지 등 소유자 4분의 3 이상의 동의는 이러한 설권적 처분의 절차적 요건에 해당한다(대판 2015. 6. 11, 2013두15262[사업시행인가무효확인]).

[판례 5] 행정청이 구 도시정비법 제8조 제3항, 제28조 제1항 본문에 근거하여 행하는 사업시행계획 변경인가처분 중 '사업시행자를 조합 단독에서 조합과 주택공사 등 공동으로 변경하는 결정 부분' 또는 '사업시행자를 조합과 주택공사 등 공동에서 조합 단독으로 변경하는 결정 부분'은 주택공사 등에 대하여 도시정비법상 도시환경정비사업을 시행할 수 있는 권한을 갖는 행정주체로서의 지위를 부여하거나 상실시키는 일종의 설권적 처분의 성격을 가지므로, 조합이 조합원 총회를 거쳐 주택공사 등을 공동사업시행자에서 제외하는 내용의 결의를 한 후 관할 행정청의 인가를 받은 경우에는 설권적 처분의 요건인 조합원 총회의 효력 또는 그 총회 결의의 하자 등을 이유로 사업시행계획 변경인가처분 중 공동사업시행자 지위 상실 부분의 취소 또는 무효 확인을 구하는 것은 별론으로 하고, 그러한 설권적 처분의 요건에 불과한 조합원 총회의 효력 또는 그 총회 결의에 따른 조합의 후속 집행행위의 효력을 다투는 확인의 소를 제기하는 것은 특별한 사정이 없는 한 허용되지 아니한다(대판 2023. 12. 21, 2023다275424[공동사업시행자지위확인등청구의소]).

재건축사업시행의 인가는 행정청의 재량행위에 속한다(대판 2007. 7. 12, 2007두6663[사업시행인가처분일부취소]).

사업시행계획에 대한 인가처분이 난 후에는 사업시행계획안에 대한 조합총회의 결의는 처분인 사업시행계획의 절차적 요건에 불과하여 독립하여 소송의 대상이 될 수 없고 조합청회의 결의를 다투고자 하는 경우에도 사업시행계획을 다투는 항고소송을 제기해야 하므로 관할 구청장의 인가 등에 의해 확정된 사업시행계획에 관한 조합총회의 결의의 효력을 정지하기 위해서는 행정소송법상 집행정지를 신청하여야 하며 민사소송법상 가처분을 신청할 수 없다. 다만, 사업시행계획이 확정되기 전에는 공법상 당사자소송으로 총회결의의 무효확인을 구하는 소송을 제기할 수 있고, 민사소송법상 가처분을 신청할 수 있다.

[판례] **관할 구청장의 인가 등에 의해 확정된 재건축사업시행계획에 관한 총회결의의 효력 정지를 구하는 방법(=행정소송법상 집행정지신청)**: 이 사건 사업시행계획은 인가·고시를 통해 확정되면 이해관계인에 대한 구속적 행정계획으로서 독립된 행정처분에 해당하고, 이와 같은 사업시행계획안에 대한 조합 총회결의는 그 행정처분에 이르는 절차적 요건 중 하나에 불과한 것으로서, 그 계획이 확정된 후에는 항고소송의 방법으로 사업시행계획의 취소 또는 무효확인을 구할 수 있을 뿐, 절차적 요건에 불과한 총회결의 부분만을 대상으로 그 효력 유무를 다투는 확인의 소를 제기하는 것은 허용되지 아니하고, 한편 이러한 항고소송의 대상이 되는 행정처분의 효력이나 집행 혹은 절차속행 등의 정지를 구하는 신청은 행정소송법상 집행정지신청의 방법으로서만 가능할 뿐 민사소송법상 가처분의 방법으로는 허용될 수 없다(대결 2009. 11. 2, 2009마596). 〈해설〉 이 판례는 이미 관할 구청장의 인가 등에 의해 확정된 사업시행계획에 관한 총회결의의 효력을 그 내용상 하자를 이유로 별도의 본안소송으로 다툴 수 있음을 전제로 그 결의 및 사업시행인가 등에 따른 후속절차의 진행에 대하여 민사소송법상 가처분의 방법으로 그 정지를 구할 수 있다고 본 원심을 파기한 사례이다. 사업시행계획인가후 사업시행계획에 대한 취소 또는 무효확인소송의 피고는 행정주체이며 행정청의 지위를 갖는 사업시행자이다.

사업시행계획에서 정한 사업시행기간은 사업시행계획의 효력기간을 정한 것이 아니므로 사업시행기간이 만료되었다는 것만으로 사업시행계획이 실효되었다고 볼 수 없다(대판 2016. 12. 1, 2016두34905; 2017. 6. 19, 2015다70679).

시장·군수가 아닌 사업시행자는 정비사업에 관한 공사를 완료한 때에는 시장·군수의 준공인가를 받아야 한다(제83조 제1항).

V. 공용환권의 시행

도시정비법상 공용환권은 분양신청과 관리처분계획에 따른 환권처분에 의해 행해진다.

1. 분양신청

대지 또는 건축물에 대한 분양을 받고자 하는 토지등소유자는 분양신청기간 이내에 사업시행자에게 대지 또는 건축물에 대한 분양신청(分讓申請)을 하여야 한다(제72조 제3항).

2. 관리처분계획(공용환권계획) [2022 행시 사례]

(1) 관리처분계획의 의의

관리처분계획(管理處分計劃)이라 함은 재개발사업 등의 공사가 완료된 후 행하는 분양처분 및 청산 등에 관한 계획을 말한다. 도시정비법상 관리처분계획은 공용환권계획(公用換權計劃)에 해당한다.

분양처분 및 청산은 관리처분계획에서 정한 바에 따라 행하여져야 하므로 관리처분계획은 재개발사업의 조합원에게는 매우 중요한 의미를 갖는다.

(2) 관리처분계획의 성립과 효력발생

사업시행자가 시장·군수 외의 자인 경우에는 분양신청기간이 종료된 때에는 관리처분계획을 수립하여 시장·군수의 인가를 받아야 하고(제74조 제1항), 시장·군수등이 관리처분계획을 인가하는 때에는 그 내용을 해당 지방자치단체의 공보에 고시하여야 한다(제78조 제4항).

1) 조합총회의 의결

사업시행자가 조합인 경우 관리처분계획은 조합 총회의 의결을 거쳐야 한다(제45조 제1항 제10호). 조합 총회의 결의에 의해 관리처분계획안이 성립한다.

조합 총회의 의결은 처분이 아니므로 항고소송의 대상이 되지 않는다. 관리처분계획안에 대한 조합 총회결의는 비권력적 공법행위(공법상 합동행위)이므로 조합원은 관리처분계획에 대한 인가 이전에는 조합총회의 의결에 대하여 조합을 상대로 민사소송이 아니라 공법상 당사자소송으로 다투어야 한다.

[판례] 행정주체인 재건축조합을 상대로 관리처분계획안에 대한 조합 총회결의의 효력 등을 다투는 소송은 행정처분에 이르는 절차적 요건의 존부나 효력 유무에 관한 소송으로서 그 소송결과에 따라 행정처분의 위법 여부에 직접 영향을 미치는 공법상 법률관계에 관한 것이므로, 이는 행정소송법상의 당사자소송에 해당한다(대판 2009. 9. 17, 2007다2428[총회결의무효확인]).

관리처분계획에 대한 인가·고시 이후 관리처분계획 결의의 하자를 다투고자 하는 경우 관리처분계획이 처분이고, 조합총회의 결의는 관리처분계획처분의 절차적 요건에 불과하므로 관리처분계획을 항고소송으로 다투어야 하며 결의의 하자를 다툴 수 없다(대판 전원합의체 2009. 9. 17, 2007다2428[총회결의무효확인]).

2) 시장·군수의 인가

시장·군수의 인가(認可)는 사업시행자의 관리처분계획의 효력을 완성시키는 보충행위로서 강학상 인가에 해당한다. 따라서, 조합의 의결의 내용상의 하자를 들어 인가의 취소 또는 무효의 확인을 청구하는 소송을 제기할 소의 이익이 없다(대판 2001. 12. 11, 2001두7541). 조합은 시장·군수의 인가의 거부에 대하여는 항고소송을 제기할 수 있다.

(3) 관리처분계획의 내용

관리처분계획에는 다음 각 호의 사항을 정하여야 한다. ① 분양설계, ② 분양대상자의 주소 및 성명, ③ 분양대상자별 분양예정인 대지 또는 건축물의 추산액(임대관리 위탁주택에 관한 내용을 포함한다), ④ 보류지 등의 명세와 추산액 및 처분방법, ⑤ 분양대상자별 종전의 토지 또는 건축물 명세 및 사업시행계획인가 고시가 있은 날을 기준으로 한 가격(사업시행계획인가 전에 제81조 제3항에 따라 철거된 건축물은 시장·군수등에게 허가를 받은 날을 기준으로 한 가격), ⑥ 정비사업비의 추산액(재건축사업의 경우에는 「재건축초과이익 환수에 관한 법률」에 따른 재건축부담금에 관한 사항을 포함한다) 및 그에 따른 조합원 분담규모 및 분담시기, ⑦ 분양대상자의 종전 토지 또는 건축물에 관한 소유권 외의 권리명세, ⑧ 세입자별 손실보상을 위한 권리명세 및 그 평가액, ⑨ 그 밖에 정비사업과 관련한 권리 등에 관하여 대통령령으로 정하는 사항(제74조 제1항).

(4) 관리처분계획의 성질과 효력

1) 구속적 행정계획

관리처분계획은 환권처분의 기준을 제시하고 환권처분은 관리처분계획에 구속되어 행해진다. 따라서, 관리처분계획을 구속적 행정계획으로 볼 수 있다.

2) 처 분

관리처분계획의 고시가 있는 때에는 소유권자 등의 종전의 토지에 대한 재산권 행사가 제한되고, 환권처분을 구속하는 효력을 가지므로 관리처분계획은 항고소송의 대상이 되는 처분이라고 보아야 한다. 판례는 관리처분계획을 구속적 행정계획으로서 조합이 행한 처분으로 보고 있다(대판 전원합의체 1996. 2. 15, 94다31235; 대판 2009. 9. 17, 2007다2428[총회결의무효확인]). 따라서, 관리처분계획을 다투고자 하는 자는 조합을 피고로 하여야 한다.

(5) 관리처분계획에 대한 불복

관리처분계획은 처분이므로 항고소송의 대상이 된다(판례).

이전고시가 효력을 발생하게 된 이후에는 관리처분계획의 취소 또는 무효확인을 구할 소의 이익이 없다는 것이 판례의 입장이다.

[판례] [1] **도시 및 주거환경정비법상 이전고시가 효력을 발생한 이후에는 조합원 등이 관리처분계획의 취소 또는 무효확인을 구할 법률상 이익이 없다:** [다수의견] 이전고시의 효력 발생으로 이미 대다수 조합원 등에 대하여 획일적·일률적으로 처리된 권리귀속 관계를 모두 무효화하고 다시 처음부터 관리처분계획을 수립하여 이전고시 절차를 거치도록 하는 것은 정비사업의 공익적·단체법적 성격에 배치되므로, 이전고시가 효력을 발생하게 된 이후에는 조합원 등이 관리처분계획의 취소 또는 무효확인을 구할 법률상 이익이 없다고 봄이 타당하고, 이는 관리처분계획에 대한 인가처분의 취소 또는 무효확인을 구하는 경우에도 마찬가지이다. [대법관 김능환, 대법관 이인복, 대법관 김용덕, 대법관 박보영의 별개의견] 관리처분계획의 무효확인이나 취소를 구하는 소송이 적법하게 제기되어 계속 중인 상태에서 이전고시가 효력을 발생하였다고 하더라도, 이전고시에서 정하고 있는 대지 또는 건축물의 소유권 이전에 관한 사항 외에 관리처분계획에서 정하고 있는 다른 사항들에 관하여서는 물론이고, 이전고시에서 정하고 있는 사항에 관하여서도 여전히 관리처분계획의 취소 또는 무효확인을 구할 법률상 이익이 있다고 보는 것이 이전고시의 기본적인 성격 및 효력에 들어맞을 뿐 아니라, 행정처분의 적법성을 확보하고 이해관계인의 권리·이익을 보호하려는 행정소송의 목적 달성 및 소송경제 등의 측면에서도 타당하며, 항고소송에서 소의 이익을 확대하고 있는 종전의 대법원판례에도 들어맞는 합리적인 해석이다. [2] **관리처분계획의 주요 부분을 실질적으로 변경하는 내용으로 새로운 관리처분계획을 수립하여 시장 · 군수의 인가를 받은 경우, 당초 관리처분계획은 효력을 상실하는지 여부(원칙적 적극):** 도시 및 주거환경정비법 관련 규정의 내용, 형식 및 취지 등에 비추어 보면, 당초 관리처분계획의 경미한 사항을 변경하는 경우와 달리 관리처분계획의 주요 부분을 실질적으로 변경하는 내용으로 새로운 관리처분계획을 수립하여 시장·군수의 인가를 받은 경우에는, 당초 관리처분계획은 달리 특별한 사정이 없는 한 효력을 상실한다(대판 전원합의체 2012. 3. 22, 2011두6400).

3. 환권처분(관리처분)

(1) 환권처분의 의의 및 성질

환권처분(換權處分)이라 함은 환권계획에 따라 권리의 변환을 행하는 것을 말한다. 도시정비법상 환권처분은 이전고시 및 청산에 의해 행하여진다.

환권처분은 권리의 변환을 가져오는 형성적 행정행위이다.

[판례] 구 도시재개발법에 의한 재개발사업에 있어서의 분양처분은 "재개발구역 안의 종전의 토지 또는 건축물에 대하여 재개발사업에 의하여 조성되거나 축조되는 대지 또는 건축 시설의 위치 및 범위 등을 정하고 그 가격의 차액에 상당하는 금액을 청산하거나, 대지 또는 건축시설을 정하지 않고 금전으로 청산하는 공법상 처분"이다(대판 1995. 6. 30, 95다10570).

(2) 이전고시

1) 이전고시의 의의

이전고시(移轉告示)는 준공인가의 고시로 사업시행이 완료된 이후에 관리처분계획에서 정한 바에 따라 종전의 토지 또는 건축물에 대하여 정비사업으로 조성된 대지 또는 건축물의 위치 및 범위 등을 정하여 소유권을 분양받을 자에게 이전하고 가격의 차액에 상당하는 금액을 청산하거나 대지 또는 건축물을 정하지 않고 금전적으로 청산하는 공법상 처분이다(대판 2016. 12. 29, 2013다73551).

2) 이전고시의 효과

이전고시가 있으면 공용환권이 행해진다. 즉, 이전고시로 관리처분계획에 따른 권리변동이 발생한다(대판 2020. 5. 28, 2016다233729). 대지 또는 건축물을 분양받은 자는 이전고시가 효력을 발생한 날 종전의 소유권을 상실하고, 그 대지 또는 건축물에 대한 소유권을 취득한다. 전소유권과 후소유권 사이에는 동일성이 유지된다.

[판례] 재건축조합이 관리처분계획 인가와 이에 따른 이전고시 등의 절차를 거쳐 신 주택이나 대지를 조합원에게 분양한 경우 구 주택이나 대지에 관한 권리가 권리자의 의사와 관계없이 신 주택이나 대지에 관한 권리로 강제적으로 교환·변경되어 공용환권된 것으로 볼 수 있다. 그러나 이러한 절차를 거치지 않은 채 조합원에게 신 주택이나 대지가 분양된 경우 아파트에 관한 소유권이 이 사건 아파트에 관한 소유권으로 공용환권된 것으로 볼 수 없어 양자 간의 동일성이 인정되지 않는다(대판 2020. 9. 3, 2019다272343).

주택재건축사업에서 조합원이 분양신청을 하지 않거나 분양계약을 체결하지 않음으로써 청산금 지급 대상이 되는 대지·건축물의 경우에는, 특별한 사정이 없는 한 그에 관하여 설정되어 있던 기존의 권리제한은 이전고시로 소멸하게 된다(대판 2018. 9. 28, 2016다246800).

3) 이전고시에 대한 불복

가. 이전고시의 처분성 이전고시는 행정처분이므로 이전고시에 대해 항고소송의 제기가 가능하다.

나. 이전고시의 취소 또는 무효확인소송의 가능성

이전고시가 효력을 발생한 후에는 정비사업의 공익적·단체법적 성격과 이전고시에 따라 형성된 법률관계에 대한 법적 안정성을 보장할 필요를 고려하여 이전고시의 취소 또는 무효확인소송을 인정하지 않는 것이 판례의 입장이다.

[판례] 정비사업의 공익적·단체법적 성격과 이전고시에 따라 이미 형성된 법률관계를 유지하여 법적 안정성을 보호할 필요성이 현저한 점 등을 고려할 때, 이전고시의 효력 발생으로 대다수 조합원 등에 대하여 권리귀속 관계가 획일적·일률적으로 처리되는 이상 그 후 일부 내용만을 분리하여 변경할 수 없고, 그렇다고 하여 전체 이전고시를 모두 무효화시켜 처음부터 다시 관리처분계획을 수립하여 이전고시 절차를 거치도록 하는 것도 정비사업의 공익적·단체법적 성격에 배치되어 허용될 수 없다. 그리고 이전고시의 효력이 발생한 이후에는 조합원 등이 해당 정비사업을 위하여 이루어진 수용재결이나 이의재결의 취소 또는 무효확인을 구할 법률상 이익이 없다고 해석함이 타당하다(대판 2017. 3. 16, 2013두11536). 〈해설〉 이전고시의 취소 또는 무효확인소송은 부적법하여 각하판결되어야 한다는 것이 판례의 입장인데, 어는 소송요건이 결여된 것으로 보아야 하는지는 명시하고 있지 않다. 생각건대, 이전고시는 공용환권의 효력을 발생하므로 이전고시의 효력이 소멸되면 다수 조합원의 공용환권의 효력을 소멸시키는 것이 되어 원고이외의 이전고시의 다수 상대방의 기득의 지위를 박탈하는 것이 되므로 법치주의원칙의 하나인 법적 안정성을 침해하는 것이고, 비례원칙에 반하는 것이 될 수도 있다. 그러므로 이전고시의 취소나 무효확인을 구할 소의 이익이 없는 것으로 보는 것이 타당하다. 따라서, 다만 이전고시의 효력을 소멸시켜서 이전고시를 변경하더라도 그것이 법적 안정성이나 비례의 원칙에 위반되지 않는 경우에는 이전고시에 대한 취소 또는 무효확인소송의 소의 이익이 있다고 보아야 할 것이다.

다. 소유권 등의 귀속의 다툼 판례는 구 도시재개발법상의 분양처분은 대인적 처분이 아닌 대물적 처분이라 할 것이므로, 재개발사업 시행자가 소유자를 오인하여 종전의 토지 또는 건축물의 소유자가 아닌 다른 사람에게 분양처분을 한 경우 그러한 분양처분이 있었다고 하여 그 다른 사람이 권리를 취득하게 되는 것은 아니며, 종전의 토지 또는 건축물의 진정한 소유자가 분양된 대지 또는 건축시설의 소유권을 취득하고 이를 행사할 수 있다고 보고 있다(대판 1995. 6. 30, 95다10570). 따라서, 소유권 등의 귀속을 다투는 경우에는 분양처분을 다툴 수는 없고, 오인된 소유자 개인을 상대로 등기말소나 이전등기를 구하는 민사소송을 제기하여야 한다.

(3) 청 산

청산금을 확정하는 처분은 행정처분이므로 이를 대상으로 항고소송을 제기할 수 있다.

행정법강의

제9편

개별 행정작용법

個 別 行 政 作 用 法

제 1 장 개별 행정작용법의 체계

제 2 장 경찰행정법

제 3 장 경제행정법

제 4 장 개발행정법

제 5 장 환경행정법

제 6 장 조세행정법

제9편 개별 행정작용법

제1장

개별 행정작용법의 체계

제 1 절 개별 행정작용법 체계론

개별 행정작용법이라 함은 일정 분야에서 행해지는 개별 행정작용에 관한 법을 말한다. 개별 행정작용법은 행정법의 專門化라는 관점에서 보면 행정분야마다 성립할 수 있다. 경찰행정법, 토지규제행정법, 환경행정법, 경제행정법, 사회보장행정법, 문화행정법, 교육행정법, 재무행정법, 군사행정법….

법적 관점에서는 개별 행정법을 행정작용의 목적·성질의 상이 및 그에 따른 적용법원리의 상이에 따라 구분하는 것이 의미가 있는데, 이러한 관점에서 질서행정법(경찰행정법), 급부행정법, 규제행정법, 재무행정법의 분류가 의미있다.

질서행정(경찰행정)은 사회공공의 안녕과 질서의 유지라는 소극적인 질서유지목적을 갖는 행정으로서 특수한 법적 규율의 대상이 될 수 있다.

급부행정은 국가가 사회복지국가의 이념하에 국민의 생활에 필수적인 재화와 서비스를 적극적으로 제공하는 행정이라는 점에서 특수한 법적 규율의 대상이 될 수 있다.

규제행정은 국가가 공익목적을 위해 사적 활동에 개입하는 행정이라는 점에서 특수한 법적 규율의 대상이 될 수 있다.

질서행정법에 관하여는 경찰행정법에서 자세히 논해질 것이므로 이하에서는 급부행정법과 규제행정법의 법리를 간단히 논하는 것으로 한다.

제 2 절 급부행정법

Ⅰ. 급부행정의 의의

급부행정이라 함은 사회복지국가의 이념하에 국민의 생활에 필수적인 재화와 서비스를 적극적으로 제공하는 행정을 말한다.

종래 급부행정에는 공공시설 및 공기업에 의한 역무 및 재화를 제공하는 공급행정, 공공부조, 사회보험 등 사회보장행정, 자금지원 등 조성행정이 포함되는 것으로 보는 것이 일반적이다.

Ⅱ. 급부행정의 기본원리

1. 사회복지국가원리

급부행정은 사회복지국가원리에 기초하고 있다. 사회복지국가는 국가가 사회정의의 실현을 위하여 경제적 약자의 인간다운 생활을 보장하는 국가이다.

2. 보충성의 원칙

보충성의 원칙이라 함은 국가에 의한 국민의 생존배려를 위한 급부행정은 보충적인 것이어야 한다는 원칙을 말한다. 국민의 생활은 일차적으로 개인 또는 사적 부문에 의해 보장되어야 하고, 사기업에 의해 국민의 생활이 충족되지 못하고, 공익상 필요한 경우에 한하여 급부행정이 행해져야 한다.

3. 법률적합성의 원칙

급부행정에 법률유보의 원칙이 적용될 것인지에 관하여는 견해의 대립이 있다.

(1) 원칙상 소극설

급부행정에 있어서는 원칙상 법률유보의 원칙이 적용되지 않고, 예외적으로 ① 급부받을 권리를 공권으로 보호할 필요가 있는 경우(국민기초생활보장·의료급여 등), ② 이용자의 이용강제 또는 제공자의 급부제공의무를 규정할 필요가 있는 경우(수도공급), ③ 급부와 함께 상대방에 부담을 과하는 경우, ④ 급부의 형식 또는 급부주체의 조직을 공법적으로 규율할 필요가 있는 경우 등에는 법률유보의 원칙이 적용된다는 견해이다. 이 견해는 급부행정에 있어서는 행정의 창의성이나 독자성을 존중할 필요가 있고, 또한 적극설을 관철하는 것이 오히려 국민에게 부정적인 효과를 야기할 수 있다는 것에 근거한다(김동희, 262면).

(2) 적 극 설

현대국가에서 급부행정의 중요성에 비추어 급부행정에도 법률의 근거가 있어야 한다고 보는 견해이다(급부행정유보설). 이 견해는 오늘날 사회복지국가에서는 급부가 자유와 재산과 같은 중요성을 갖는다는 것에 근거한다.

(3) 중요사항유보설

급부행정 중 공동체나 시민에게 중요한 행정권의 조치는 법률의 근거가 있어야 한다는 견해이다.

(4) 결 어

급부행정 중 중요한 조치는 법률의 근거가 있어야 한다고 보는 것이 타당하다. 또한, 급부행정이 권력적 수단으로 행해질 때에도 법률의 근거를 요한다고 보아야 한다.

4. 평등원칙

급부는 평등원칙에 입각하여야 한다. 급부에 있어서 합리적인 이유없이 차별취급을 하여서는 안 된다.

5. 과잉급부금지의 원칙

과잉급부금지의 원칙이라 함은 급부는 급부의 목적과 비례관계를 유지하여야 하며 과잉급부가 되어서는 안 된다는 원칙을 말한다. 이는 비례의 원칙이 급부행정에 적용된 것이다.

① 급부는 그 목적 달성에 적합한 것이어야 한다(적합성의 원칙).

② 급부는 그 목적 달성에 적합한 급부 중에서 조세납부자인 일반국민에게 가장 적은 부담을 지우는 급부이어야 한다(필요성의 원칙).

③ 급부의 목적과 그로 인한 일반 국민의 부담 사이에는 적정한 비례관계가 유지되어야 한다(협의의 비례원칙).

6. 신뢰보호의 원칙

급부는 수익적 행정작용이다. 급부에 대한 상대방의 신뢰는 보호되어야 한다. 급부조치의 철회제한 및 소급효의 제한이 요구된다.

Ⅲ. 급부행정의 행위형식

급부행정은 비권력행정이 원칙이다. 그런데, 획일적이고 평등한 급부조치를 위해 권력행위인 행정행위의 형식으로 급부를 행하는 경우가 적지 않다.

제 3 절 규제행정법

Ⅰ. 규제와 행정규제의 의의

광의(廣義)의 규제라 함은 공권력주체가 공익목적을 위하여 사적 활동에 개입하는 것을 말한다. 따라서, 광의의 행정규제(行政規制)라 함은 행정목적을 달성하기 위하여 행정기관이 사적 활동에 개입하는 것을 말한다.

협의(狹義)의 규제라 함은 개인의 활동에 대한 제한(통제, 권리 제한 및 의무 부과)을 의미한다. 민간에 대한 조정과 지원은 배제된다. 협의의 행정규제는 질서행정에 가까운 개념으로 급부행정은 여기에서 제외된다.

행정규제기본법은 규율대상인 "행정규제"를 "국가 또는 지방자치단체가 특정한 행정목적을 실현하기 위하여 국민(국내법을 적용받는 외국인을 포함)의 권리를 제한하거나 의무를 부과하는 것으로서 법령 등이나 조례·규칙에 규정되는 사항"이라고 협의의 개념으로 정의하고 있다(제2조 제1항 제1호).

Ⅱ. 규제법정주의

행정기관은 법률(법규의 효력을 갖는 법령등을 말한다)에 근거하지 아니한 규제로 국민의 권리를 제한하거나 의무를 부과할 수 없다(행정규제기본법 제5조 제3항). "법령등"이란 법률·대통령령·총리령·부령과 그 위임을 받는 고시(告示) 등을 말한다(행정규제기본법 제2조 제2호). "행정기관"이란 법령등 또는 조례·규칙에 따라 행정 권한을 가지는 기관과 그 권한을 위임받거나 위탁받은 법인·단체 또는 그 기관이나 개인을 말한다(제2조 제4호).

규제는 법률에 직접 규정하되, 규제의 세부적인 내용은 법률 또는 상위법령(上位法令)에서 구체적으로 범위를 정하여 위임한 바에 따라 대통령령·총리령·부령 또는 조례·규칙으로 정할 수 있다. 다만, 법령에서 전문적·기술적 사항이나 경미한 사항으로서 업무의 성질상 위임이 불가피한 사항에 관하여 구체적으로 범위를 정하여 위임한 경우에는 고시 등으로 정할 수 있다(제 2 항).

Ⅲ. 규제의 종류

1. 사전규제와 사후규제

사전규제라 함은 사적 활동을 하기 위해 사전에 충족해야 하는 규제를 말한다. 사전규제는 진입 전에 갖추어야 하는 진입규제이다. 사전규제를 충족하지 않고 하는 사적 활동은 위법한 것이 되고 행정적 제재와 형사적 제재의 대상이 된다. 인·허가, 등록, 신고 등이 이에 해당한다

사후규제는 사전절차 없이 사적 활동을 할 수 있지만, 사적 활동을 함에 있어서 법령에서 정한 사항을 준수하도록 하고, 이를 위반하면 행정적·형사적 제재를 가하는 규제를 말한다. 사적 활동의 준수사항의 규정, 규정위반에 대해 영업정지, 시설폐쇄 등 행정적 제재, 형벌 또는 과태료를 부과하는 형사적 제재(처벌)가 이에 해당한다.

규제학에서의 사전규제는 사업시행 전에 규제를 설정하는 것, 즉 선규제를 말하고, 사후규제라 함은 사업시행 후 사후에 규제를 마련하는 것, 즉 후규제를 말하는 것으로 사용한다.

2. 경제적 규제와 사회적 규제

경제적 규제라 함은 경제에 대한 규제를 말하고, 사회적 규제라 함은 인간의 사회생활에 대한 규제를 말한다.

경제적 규제의 예로는 공정경쟁규제, 하도급규제, 외환규제, 금융규제, 물가규제 등이 있다. 사회적 규제의 예로는 안전규제, 위생·보건규제, 환경보호규제, 소비자보호규제 등이 있다.

경제적 규제와 사회적 규제를 구별하는 실익은 규제완화의 문제에 대한 대응에 있다. 경제적 규제에 있어서는 시장의 자율을 보장하기 위해 규제완화가 강하게 요구되지만,[1] 사회적 규제에 있어서는 규제완화가 능사가 아니며 그동안 소홀히 다루어진 안전, 환경보호, 소비자보호를 강화하기 위해 규제의 강화가 요구되거나 규제의 적정성(합리성)이 요구된다.

---

1) 경제는 시장에 맡기는 것이 원칙이고, 시장의 실패를 시정하는 정부의 경제적 규제는 최소한·보충적으로 행해지는 것이 바람직하다.

제2장

경찰행정법

제 1 절 경찰행정법 개설

제 1 항 경찰의 개념

Ⅰ. 형식적 의미의 경찰(제도적 의미의 경찰)

형식적 의미의 경찰(警察)이라 함은 실정법상 보통경찰기관의 권한으로 되어 있는 모든 작용을 말한다. 제도적 의미의 경찰이라고도 한다.

형식적 의미의 경찰에는 실질적 의미의 경찰 외에 사법경찰(범죄를 수사하고 범인을 체포하는 권력작용)이 포함되어 있다.

Ⅱ. 실질적 의미의 경찰(행정경찰)

실질적 의미의 경찰이라 함은 직접 사회공공의 안녕질서를 유지하기 위하여 일반통치권에 의거하여 개인에게 명령·강제하는 작용을 말한다. 실질적 의미의 경찰은 행정경찰(行政警察)이라고도 한다. 경찰행정법에서의 경찰은 행정경찰을 의미한다.

이러한 의미의 행정경찰을 광의의 행정경찰이라 하며 광의의 행정경찰을 보안경찰과 협의의 행정경찰로 구분하는 것이 일반적 견해이다.

① 보안경찰: 보안경찰(保安警察)은 보통경찰기관이 수행하는 행정경찰과 같이 다른 종류의 행정작용에 부수하지 아니하고 독립적으로 행하여지는 행정경찰을 말한다. 교통경찰, 정보경찰, 소방경찰, 해양경찰, 풍속경찰 등이 이에 해당한다.

② 협의의 행정경찰: 협의(狹義)의 행정경찰(行政警察)은 다른 행정작용을 수행하는 행정기관에 의해 부수적으로 수행되는 행정경찰을 말한다. 위생경찰, 건축경찰, 철도경찰 등이 이에 해당한다.

보안경찰과 협의의 행정경찰은 작용의 성질은 동일하므로 기본적으로 동일한 법리(경찰행정의 법리)에 구속된다. 다만, 수행기관의 차이 및 협의의 행정경찰의 다른 행정작용과의 융합경향에 비추어 보안경찰과 다른 규율을 할 필요가 있는 경우가 있다.

1. 행정경찰과 사법경찰의 구별

동일한 기관 또는 공무원이 종종 행정경찰업무와 사법경찰업무를 동시에 담당하는 경우가 있고, 이 경우에는 양자의 구분이 쉽지 않다.

예를 들면, 현행법상 경찰기관은 행정경찰(行政警察)과 사법경찰(司法警察)을 함께 관장하고 있다(경찰관 직무집행법 제2조, 경찰청과 그 소속기관 등 직제 제11조, 형사소송법 제196조).

경찰기관이 아닌 행정기관에 사법경찰권이 부여되는 경우가 있다. 이를 특별사법경찰권이라 한다.

예를 들면, 환경공무원에게 일정한 요건하에서 환경범죄에 대한 사법경찰권이 부여되고 있다.

(1) 개념상 구별

행정경찰은 사법경찰과 그 목적 및 성질이 다르다.

① 사법경찰은 범죄자를 재판에 넘기기 위하여 범죄자를 추적, 체포하는 것을 목적으로 하는 반면에, 행정경찰은 공공질서에 대한 모든 혼란의 억제와 예방조치를 취하는 것을 목적으로 한다.

② 사법경찰은 그 성질이 사법작용인 데 반하여 행정경찰은 그 성질이 행정작용이다.

③ 사법경찰은 사후적·제재적 작용인 반면에 행정경찰은 사전적·예방적 작용이다.

(2) 구별실익

행정경찰과 사법경찰의 구별실익은 적용할 법 및 소송절차의 결정에 있다. 행정경찰활동에 대하여는 행정법원리가 적용되고 행정소송의 대상이 되지만, 사법경찰은 소송법에 의해 규율되고 사법경찰에 대한 불복은 소송법상 특별한 절차의 대상이 된다.

(3) 구별기준

양자의 구별은 행위의 성격과 함께 업무수행자의 의도를 기준으로 행하여야 할 것이다.

행위의 성격상 양자가 구별되는 예를 들면, 경찰관이 교통정리를 할 때에는 행정경찰의 임무를 수행하는 것이고, 범칙금을 부과할 때에는 사법경찰의 임무를 수행하는 것이 된다.

그런데, 조치를 취하는 자의 의도가 기준이 될 때에는 양자의 구분은 쉽지 않다. 예를 들면, 질서에 대한 침해를 피하기 위하여 음란물의 압수를 명령할 때 그것은 행정경찰에 속하고, 그 음란물의 압수가 범죄를 확인하여 범죄자를 재판에 회부하기 위한 것일 때에는 사법경찰이 된다.

[판례] 국가경찰공무원이 도로교통법 규정에 따라 호흡측정 또는 혈액 검사 등의 방법으로 운전자가 술에 취한 상태에서 운전하였는지를 조사하는 것은, 수사기관과 경찰행정조사자의 지위를 겸하는 주체가 형사소송에서 사용될 증거를 수집하기 위한 수사로서의 성격을 가짐과 아울러 교통상 위험의 방지를 목적으로 하는 운전면허 정지·취소의 행정처분을 위한 자료를 수집하는 행정조사의 성격을 동시에 가지고 있다고 볼 수 있다(대판 2016. 12. 27, 2014두46850).

2. 행정경찰의 개념상 특징

실질적 의미의 경찰은 목적, 수단 및 권력적 기초의 세 가지 점에서 다른 행정작용과는 다른 특징을 가지고 있다.

(1) 경찰의 목적

경찰은 사회공공의 안녕과 질서를 유지하고 그에 대한 위해를 예방 또는 제거하는 것(안전보장)을 목적으로 한다.

(2) 경찰의 수단

경찰은 권력으로 개인에게 명령하고 강제하는 것을 그 주된 수단으로 한다. 그렇다고 하더라도 비권력적 수단이 전혀 사용되지 않는 것은 아니며 예외적으로 비권력적인 수단도 사용될 수 있다.

(3) 경찰권의 기초

경찰은 국가의 일반통치권에 그 권력의 기초를 둔 작용이다.

Ⅲ. 국가경찰과 자치경찰

조직법상 국가경찰(國家警察)은 국가에 속해 있는 경찰을 말하고, 조직법상 자치경찰(自治警察)은 지방자치단체에 속한 경찰을 말한다.

작용법상 국가경찰은 국가경찰사무를 수행하는 경찰을 말하고, 작용법상 자치경찰은 자치경찰사무를 수행하는 경찰을 말한다.

현행 「국가경찰 및 자치경찰의 운영에 관한 법률」(약칭 '경찰법')은 조직법상 자치경찰(자치경찰조직)로 의결기관과 감독기관인 시·도경찰위원회를 설치하는 것으로 하고 조직법상 자치경찰집행조직은 별도로 설치하지 않고 자치경찰사무를 국가경찰조직인 시·도경찰청과 경찰서장 및 경찰공무원이 수행하는 것으로 규정하고 있다(지방자치법 참조).

국가경찰사무는 경찰법 제3조에서 정한 경찰의 임무를 수행하기 위한 사무 중 제2호의 자치경찰사무는 제외한다(경찰법 제4조 제1항 제1호).

자치경찰사무는 경찰법 제3조에서 정한 경찰의 임무 범위 내에서 관할 지역의 생활안전·교통·경비·수사 등에 관한 다음 각 목의 사무를 말한다. 가. 지역 내 주민의 생활안전 활동에 관한 사무, 나. 지역 내 교통활동에 관한 사무, 다. 지역 내 다중운집 행사 관련 혼잡 교통 및 안전 관리, 라. 다음의 어느 하나에 해당하는 수사사무: 1) 학교폭력 등 소년범죄, 2) 가정폭력, 아동학대 범죄, 3) 교통사고 및 교통 관련 범죄, 4) 「형법」 제245조에 따른 공연음란 및 「성폭력범죄의 처벌 등에 관한 특례법」 제12조에 따른 성적 목적을 위한 다중이용장소 침입행위에 관한 범죄, 5) 경범죄 및 기초질서 관련 범죄, 6) 가출인 및 「실종아동등의 보호 및 지원에 관한 법률」 제2조 제2호에 따른 실종아동등 관련 수색 및 범죄(경찰법 제4조 제1항 제2호).

자치경찰사무를 관장(감독 등)하게 하기 위하여 시·도지사 소속으로 시·도자치경찰위원회를 둔다(경찰법 제18조 제1항). 시·도자치경찰위원회는 합의제 행정기관으로서 그 권한에 속하는 업무를 독립적으로 수행한다(제2항).

제 2 항 경찰행정법의 법원(法源)

경찰의 조직에 관한 법률로는 「국가경찰 및 자치경찰의 운영에 관한 법률」(약칭 '경찰법'), 경찰공무원법, 의무경찰대 설치 및 운영에 관한 법률이 있다.

경찰작용에 관한 일반법으로 경찰관직무집행법이 있다. 다만, 경찰관직무집행법을 경찰작용에 관한 일반법이라고 하기에는 다소 미흡한 점이 없지 않다. 또한, 경찰관직무집행법을 경찰작용에 관한 일반법이라고 할 수 있는가에 관하여 견해의 대립이 있다.

보안경찰작용에 관한 개별법률로는 경찰관직무응원법, 집회 및 시위에 관한 법률, 용역경비업법, 청원경찰법, 도로교통법이 있고, 협의의 행정경찰에 관한 법률로는 건축법, 환경관련 법률, 식품위생법, 청소년보호법, 철도법, 출입국관리법 등이 있다.

제 3 항 행정경찰기관의 종류

Ⅰ. 보통경찰기관

보통경찰기관(普通警察機關)이라 함은 경찰작용을 주된 업무로 수행하는 행정기관을 말한다. 보통경찰기관에는 행정관청의 지위를 갖는 보통경찰관청, 의결 및 협의기관인 경찰위원회, 그리고 집행기관인 경찰집행기관이 있다.

보통경찰관청으로는 경찰청장, 지방경찰청장, 경찰서장 등이 있다.

지방경찰청장은 형식적으로는 시장 또는 도지사 소속하에 설치되나(경찰법 제2조 제2항) 시장 또는 도지사의 지휘·감독을 받는 것이 아니라 경찰청장의 지휘·감독을 받는다(경찰법 제14조 제2항).

경찰위원회는 경찰행정에 관한 중요사항을 심의·의결한다(제5조 제1항).

경찰공무원은 그 자체가 하나의 집행기관이 된다. 경찰공무원은 사법경찰에 관한 사무도 수행하는데(형사소송법 제196조), 이 경우의 경찰공무원을 사법경찰관리라고 한다.

Ⅱ. 협의의 행정경찰기관

협의(狹義)의 행정경찰기관이라 함은 협의의 행정경찰을 수행하는 행정기관을 말한다.

협의의 행정경찰관청은 협의의 행정경찰을 담당하는 중앙행정기관장(예 환경경찰에 관하여는 환경부장관, 지방환경청장)이 된다. 중앙행정기관의 행정경찰사무가 지방자치단체의 장에게 기관위임된 경우에는 당해 지방자치단체의 장이 협의의 행정경찰관청이 된다.

협의의 행정경찰집행기관은 협의의 행정경찰관청의 집행권한 있는 소속공무원이 된다. 협의의 행정경찰집행기관이 당해 행정작용과 관련하여 발생하는 범죄를 수사하고 범인을 체포하는 특별사법경찰관리가 되는 경우가 있다(형사소송법(제197조), 사법경찰관리의 직무를 행할 자와 그 직무범위에 관한 법률 참조(예 환경공무원)).

제 2 절 행정경찰권의 근거 [1996 입시 약술]

법률유보의 원칙에 의하면 일정한 행정권의 행사(중요사항유보설에 의하면 중요한 행정권의 행사)에는 법률의 수권(授權)이 있어야 한다. 법률유보의 원칙상의 수권이란 원칙상 조직법상의 권한규정이 아니라 작용법상의 수권을 말한다. 그리고, 행정권의 수권이란 원칙적으로 개별적 수권을 말한다.

그런데, 경찰행정에 있어서는 경찰행정의 특수성에 비추어 일반적 또는 개괄적 수권도 가능하다는 견해가 제기되고 있다.

Ⅰ. 경찰법상 일반수권조항 [2009 입시 사례, 2006 행시 사례, 2003 행시 사례형 약술]

1. 일반적 수권조항의 인정문제
   (1) 일반적 수권조항의 합헌성
      1) 일반적 수권조항 합헌설
      2) 일반적 수권조항 위헌설
      3) 결 어
   (2) 현행법상 일반적 수권조항의 존재 여부
      1) 긍 정 설
      2) 유추적용설
      3) 부 정 설(입법필요설)
      4) 판 례
      5) 결 어
2. 경찰권발동의 요건
   (1) 공공의 안녕 또는 질서에 위해 또는 장애가 존재하여 이를 예방하거나 제거할 필요가 있을 것
      1) 공공의 안녕과 질서
         가. 공공의 안녕
         나. 공공의 질서
      2) 위해 또는 장애의 존재
         가. 위 해
         나. 장 애
      3) 위해나 장애를 예방하거나 제거할 필요
   (2) 개별조항에 의한 수권의 불비(보충성의 원칙)
   (3) 경찰재량

[문제] 경찰관은 경찰관직무집행법을 근거로 이른바 '호스트바(남자 접대부를 고용한 술집)'를 단속할 수 있는가?

1. 일반적 수권조항의 인정문제

개별적인 수권규정이 없는 경우에 일반적인 수권규정(一般的 授權條項)이 경찰권 발동의 근거가 될 수 있는지에 대하여 견해가 대립되고 있다.

일반적 수권조항을 규정하는 것이 우리 헌법질서상 가능한지와 경찰관직무집행법 제2조 제7호와 제5조 제1항 제3호가 경찰권행사의 일반적 수권조항이 되는 것으로 해석될 수 있는지가 문제된다.

(1) 일반적 수권조항의 합헌성

1) 일반적 수권조항 합헌설

경찰법분야에서는 경찰행정의 특성상 일반적 수권도 인정하여야 한다는 견해이다.

① 경찰권 발동상황의 다양성과 경찰권 발동이 필요한 상황의 예측불가능성에 비추어 경찰분야에서는 일반적 수권조항이 필요하다는 것이다.

② 일반적 수권조항도 법률에 의해 규정되는 것이므로 헌법 제37조 제2항(법률유보의 원칙)에 정면으로 위배되는 것은 아니라고 본다.

2) 일반적 수권조항 위헌설

일반적 수권조항은 현행 헌법상 위헌이라는 견해이다.

① 이 견해는 우리 헌법상의 법률유보의 원칙은 행정권의 발동에 있어서의 법률의 수권은 개별적 수권이어야 한다고 보는데 근거하고 있다(박윤흔, 322~323면).

② 또한 이 견해는 일반적 수권조항을 인정하게 되면 경찰권의 행사에 관하여 백지의 포괄적 재량권을 부여하는 것이 되어 경찰권의 남용으로 국민의 기본권이 침해될 우려가 크다는 데에도 근거하고 있다.

3) 결 어

경찰행정의 특성에 비추어 합헌설이 타당하다.

(2) 현행법상 일반적 수권조항의 존재 여부

경찰관직무집행법 제2조 제7호는 '그 밖에 공공의 안녕과 질서'를 경찰관의 직무범위에 속하는 것으로 규정하고 있다.[1] 이 규정은 기본적으로 경찰관의 직무규정(임무규정) 또는 일반적 권한규정이라고 보는 데에 견해는 일치하고 있다.

그런데, 이 규정이 아울러 일반적 수권조항의 성격을 가지는 것인가에 대하여 견해가 대립되고 있다.

1) 긍 정 설

이 견해는 일반적 수권조항이 명문으로 규정되는 것이 바람직하지만, 일반적 수권조항의 필요성 및 현재에 있어서의 일반적 수권조항의 흠결에 비추어 일반적 수권조항이 입법되기 전까지는

---

1) 경찰관직무집행법 제2조는 '직무의 범위'라는 제하에 다음과 같이 규정하고 있다. "경찰관은 다음 각호의 직무를 행한다. ① 국민의 생명·신체 및 재산의 보호, ② 범죄의 예방·진압 및 수사, ③ 범죄피해자 보호, ④ 경비·주요인사경호 및 대간첩·대테러작전수행, ⑤ 공공안녕에 대한 위험의 예방과 대응을 위한 정보의 수집·작성 및 배포, ⑥ 교통 단속과 교통 위해의 방지, ⑦ 외국 정부기관 및 국제기구와의 국제협력, ⑧ 그 밖에 공공의 안녕과 질서유지."

직무규범속에 포함되어 있는 경찰관직무집행법 제2조 제7호를 권한규범(수권규범)[2]으로서의 일반조항으로 인정하여 경찰권의 발동을 가능하게 하여야 한다고 본다(류지태, 759면).[3]

2) 유추적용설

이 견해는 일반적 수권조항을 경찰관직무집행법 제2조 제7호와 제5조[4] 제1항 제3호의 유추해석에 의해 인정하는 견해이다.

제5조 제1항 제3호는 개인적 법익에 대한 일반적 수권조항이라고 보면서 공동체적 법익·법질서전체·공공의 질서에 대한 위험방지에 대하여는 일반적 수권조항이 결여되어 있는데 이는 법의 흠결이며 이를 입법자가 알았더라면 방치하지 않았을 것이라고 보고, 경찰관직무집행법 제2조 제7호와 제5조 제1항 제3호의 유추해석에 의하여 일반적 수권조항을 인정할 수 있다고 본다.[5]

3) 부정설(입법필요설)

이 견해는 경찰관직무집행법 제2조 제7호는 경찰의 직무범위 내지 조직법상의 일반적 권한을 정한 것이며 경찰권 발동의 작용법적 근거를 정한 것은 아니라고 보는 데 근거하고 있다(홍정선, 1044면).

4) 판　　례

아직 판례가 확립된 것이라고 볼 수는 없지만 경찰관직무집행법 제2조에 근거하여 경찰권이 발동될 수 있다고 본 대법원 판결(긍정설)이 있다.

[판례 1] 청원경찰법 제3조는 청원경찰은 청원주와 배치된 기관, 시설 또는 사업장 등의 구역을 관할하는 경찰서장의 감독을 받아 그 경비구역 내에 한하여 경찰관직무집행법에 의한 직무를 행한다고 정하고 있고, 한편 경찰관직무집행법 제2조에 의하면 경찰관은 범죄의 예방·진압 및 수사, 경비요인·경호 및 대간첩작전 수행, 치안정보의 수집작성 및 배포, 교통의 단속과 위해의 방지, 기타공공의 안녕과 질서유지 등을 그 직무로 하고 있는 터이므로 경상남도 양산군 도시과 단속계 요원으로 근무하고 있는 청원경찰관인 공소외 김○○ 및 이○○가 피고인의 집에서 피고인의 형 공소 외 박○○가 허가 없이 창고를 주택으로 개축하는 것을 단속한 것은 그들의 정당한 공무집행에 속한다고 할 것이므로 이를 폭력으로 방해한 피고인의 판시 소위를 공무집행방해죄로 다스린 원심조치는 정당하고 이에 소론과 같은 위법이 있다고 할 수 없다(대판 1986. 1. 28, 85도2448).

[판례 2] 헌법재판소는 경찰법 제3조와 경찰관직무집행법 제2조를 경찰권 발동의 일반적 수권조항으로 본다(헌재 2005. 5. 26, 99헌마513: 경찰청장이 명문의 규정이 없이 지문정보를 보관하는 행위가 법률유보의 원칙에 위배되는 것이라고 볼 수 없다고 한 사례).

---

2) 권한규범이라는 용어는 부적절하며 수권규범이라고 하는 것이 타당하다. 왜냐하면 일반적으로 행정법에서 권한이라 하면 행정기관의 조직법상 권한을 말하기 때문이다. 행정기관의 조직법상의 권한은 행정기관의 대외적 활동의 일반적인 한계를 의미한다.

3) 同旨: 남승길, "경찰관직무집행법,"『공법연구』, 제25집 제3호, 1997. 6, 99면.

4) 경찰관직무집행법 제5조는 위험발생의 방지에 관한 규정인데, 동조 제1항은 다음과 같이 규정하고 있다. "경찰관은 인명 또는 신체에 위해를 미치거나 재산에 중대한 손해를 끼칠 우려가 있는 천재, 사변, 공작물의 손괴, 교통사고, 위험물의 폭발, 광견·분마류 등의 출현, 극단한 혼잡 기타 위험한 사태가 있을 때에는 다음의 조치를 할 수 있다. ① 그 장소에 집합한 자, 사물의 관리자 기타 관계인에게 필요한 경고를 발하는 것, ② 특히 긴급을 요할 때에는 위해를 받을 우려가 있는 자를 필요한 한도 내에서 억류하거나 피난시키는 것, ③ 그 장소에 있는 자, 사물의 관리자 기타 관계인에게 위해방지상 필요하다고 인정되는 조치를 하게 하거나 스스로 그 조치를 하는 것."

5) 이기우, "경찰작용법의 체계,"『수사연구』, 1990. 2, 98면.

5) 결　어

경찰관 직무집행법 제2조 제7호는 경찰의 임무규정일 뿐이며 수권규정이라고 할 수 없으므로 **부정설**이 타당하다.

다만, 대국민에 대한 경찰권발동이 아닌 경찰활동(예 국민의 프라이버시를 침해하지 않는 일반적인 정보의 수집)이나 대국민에 대한 경찰권의 발동이라도 법률유보의 원칙이 적용되지 않는 사항인 경우(예 경찰상 지도)에는 법률의 수권 없이도 경찰작용이 가능하다(동지: 홍정선, 1044면).

2. 경찰권발동의 요건

일반조항에 의해 경찰권이 발동되기 위하여는 일정한 요건을 갖추어야 한다. ① 공공의 안녕 또는 질서에 위해 또는 장애가 존재하여 이를 예방하거나 제거할 필요가 있어야 한다. ② 일반조항에 의한 경찰권의 발동은 개별 조항에 의한 경찰권 발동이 불가능한 경우에 보충적으로 인정된다. ③ 경찰권 발동은 원칙상 재량에 속한다. 이를 나누어 고찰하면 다음과 같다.

(1) 공공의 안녕 또는 질서에 위해 또는 장애가 존재하여 이를 예방하거나 제거할 필요가 있을 것

1) 공공의 안녕과 질서

공공의 안녕과 질서라 함은 **안전(safety)을 의미**한다. 안전이라 함은 위험이 없는 평온공연한 상태를 말한다.

안전을 협의의 안전(safety)과 안보(security)로 구분하는 경우도 있다. 이 경우 협의의 안전은 전통적인 경찰행정의 목적이 되는 국내에서의 공공의 안녕과 질서를 말하고, 안보는 전쟁, 테러 등 외부로부터의 위협으로부터 안전을 보장하는 것을 의미하는 것으로 본다.

가. 공공의 안녕　공공(公共)의 안녕(安寧)이라 함은 개인의 생명·건강·자유 및 재산의 안전과 국가와 그 기관의 온전성을 말한다. 따라서 개인의 법익뿐만 아니라 공동체의 법익도 경찰상 보호의 대상이 된다.

(가) 개인적 법익의 보호　개인의 생명·건강·자유 및 재산 등 개인적 법익(個人的 法益)도 경찰상 보호의 대상이 된다. 그러나, 이에는 다음과 같은 제한이 존재한다.

① 개인의 법익이 타인에 의해 침해된 경우에 법원에 의해 구제될 수 없거나 법원에 의한 구제가 현저히 곤란한 경우에 한하여 보충적으로 경찰에 의한 보호의 대상이 된다. 또한, 경찰권에 의한 개인의 권익의 보호는 잠정적인 것이어야 한다. 이를 **경찰권 행사의 보충성의 원칙**이라 한다.

② 개인적 법익의 보호가 공익을 위하여 필요한 경우이어야 한다. 경찰권은 순수하게 사익의 보호만을 위하여는 행사될 수 없다.

예를 들면, 낭비벽이 있는 알콜중독자의 경우 그 가족이나 알콜중독자의 재산을 보호하기 위하여는 경찰권이 행사될 수 없으나, 알콜중독자가 판단력을 상실하고 알콜중독자 자신의 생명 또는 신체에 큰 위해가 발생한 경우에는 일시적으로 보호조치를 취할 수 있다. 이 경우에도 경찰관 직무집행법 제4조 제1항 제1호의 요건에 해당하는 경우에는 개괄적 수권조항의 보충성의 원칙에 비추어 당해 개별 조항에 의한 경찰권이 발동되어야 하며 일반조항에 의한 경찰권의 발동은 인정되지 않는다.

(나) 공동체 법익의 보호 　경찰권은 국가와 그 기관의 온전성을 보호하기 위하여 행사될 수 있다. 보호의 대상이 되는 기관에는 의회, 정부, 법원, 국가의 행정청, 지방자치단체 및 공공시설(영조물)이 포함된다.

공동체 법질서(객관적 법질서)의 보호도 경찰권의 대상이 될 수 있다는 것이 일반적 견해이다. 즉, 공법규정의 위반은 공공의 안녕에 대한 위해가 된다고 본다.

나. 공공의 질서 　공공(公共)의 질서(秩序)라 함은 공동체생활을 위하여 불가결한 것으로 인식되는 윤리질서 및 가치질서를 말한다. 성문의 법규범은 공공의 질서에 포함되지 않고, 공공의 안녕 개념에 포함된다.

도덕적 질서는 공공질서의 유지와 관계있는 한에서만 경찰권 발동의 대상이 된다.

다원사회에서 개인의 윤리관과 가치관은 최대한 존중되어야 하므로 공공의 질서는 매우 엄격하게 최소한도로 인정되어야 한다. 동성애나 이성간의 동거는 공공의 질서에 반하는 것으로 보기 어렵지만, 성매매, 스트리킹은 공공의 질서에 반하는 것으로 볼 수 있다.

공공질서의 유지를 위한 경찰권의 발동은 개별적 수권조항에 근거한 경우와 개괄적 수권조항에 근거한 경우가 있다. 스와핑, 키스방 등에서과 같이 개별적 수권조항이 없는 상황하에서 공공의 질서를 유지하기 위해 개괄적 수권조항에 근거하여 경찰권을 발동하는 것은 인정할 수 없다는 견해(이성용)가 있지만, 인정하되 극히 제한적으로만 인정하는 것이 타당하다.

2) 위해 또는 장애의 존재

가. 위　해 　공공의 안녕이나 공공의 질서에 대한 위해(危害)라 함은 공공의 안녕이나 공공의 질서를 침해할 위험을 말한다.

경찰권의 발동요건이 되는 공공의 안녕이나 공공의 질서에 대한 위험은 구체적인 위험이어야 하고, 개연성(상당한 정도의 가능성)이 있는 위험(실정법령상 '침해 우려'라는 문구를 사용한다)이어야 한다. 막연히 가능성있는 위험(리스크, Risiko)은 고권적인 경찰권 발동의 대상이 될 수 없고, 위험관리(risk management)의 대상이 될 뿐이다. 경찰권의 행사에 의해 중대한 기본권이 제한되는 경우에는 영미법상의 '명백하고 현존하는 위험(clear and present danger)'이 있어야 한다.

[판례 1] 집회 및 시위에 관한 법률상 집회의 사전 금지 또는 제한이 허용될 수 있는 경우 및 실제 이루어진 집회가 당초 신고 내용과 달리 타인의 법익이나 공공의 안녕질서에 직접적이고 명백한 위험을 초래하지 않은 경우, 사전에 금지통고된 집회라는 이유만으로 해산을 명하고 이에 불응하였다고 하여 처벌할 수 있는지 여부(소극): 집회 및 시위에 관한 법률(이하 '집시법'이라 한다)상 일정한 경우 집회의 자유가 사전 금지 또는 제한된다 하더라도 이는 다른 중요한 법익의 보호를 위하여 반드시 필요한 경우에 한하여 정당화되는 것이며, 특히 집회의 금지와 해산은 원칙적으로 공공의 안녕질서에 대한 직접적인 위협이 명백하게 존재하는 경우에 한하여 허용될 수 있고, 집회의 자유를 보다 적게 제한하는 다른 수단, 예컨대 시위 참가자수의 제한, 시위 대상과의 거리 제한, 시위 방법, 시기, 소요시간의 제한 등 조건을 붙여 집회를 허용하는 가능성을 모두 소진한 후에 비로소 고려될 수 있는 최종적인 수단이다. 따라서 사전 금지 또는 제한된 집회라 하더라도 실제 이루어진 집회가 당초 신고 내용과 달리 평화롭게 개최되거나 집회 규모를 축소하여 이루어지는 등 타인의 법익 침해나 기타 공공의 안녕질서에 대하여 직접적이고 명백한 위험을 초래하지 않은 경우에는 이에 대하여 사전

금지 또는 제한을 위반하여 집회를 한 점을 들어 처벌하는 것 이외에 더 나아가 이에 대한 해산을 명하고 이에 불응하였다 하여 처벌할 수는 없다(대판 2011. 10. 13, 2009도13846[집회및시위에관한법률위반]; 대판 전원합의체 2012. 4. 19, 2010도6388: 미신고 집회에 대한 해산명령은, 그 집회로 인하여 타인의 법익이나 기타 공공의 안녕질서에 대한 위험이 개연성만으로는 안되고 직접적이고 명백하며 현존하는 구체적인 것이어야만 허용되어야 한다고 한 사례).

[판례 2] 원고들이 집회에 참가하였다가 경찰에 의한 직사살수 방식에 의해 물대포를 맞고 상해를 입었다는 이유로 국가를 상대로 위자료를 청구한 사건 [1] 위해성 경찰장비인 살수차와 물포는 필요한 최소한의 범위에서만 사용되어야 하고, 특히 인명 또는 신체에 위해를 가할 가능성이 더욱 커지는 직사살수는 타인의 법익이나 공공의 안녕질서에 직접적이고 명백한 위험이 현존하는 경우에 한해서만 사용이 가능하다고 보아야 한다. [2] 경찰관이 직사살수의 방법으로 집회나 시위 참가자들을 해산시키려면, 적법절차의 원칙에 따라 먼저 집회 및 시위에 관한 법률 제20조 제1항 각 호에서 정한 해산 사유를 구체적으로 고지하는 적법한 절차에 따른 해산명령을 시행한 후에 직사살수의 방법을 사용할 수 있다고 보아야 한다(대판 2019. 1. 17, 2015다236196).

오상위험(경찰공무원이 어떤 상황을 '주관적으로' 위험하다고 판단하였으나, 그 상황판단이 잘못되어 그런 판단에 상응하는 '객관적인' 위험은 실제로 존재하지 않는 경우), 잠재적 위험(처음에는 구체적인 위험이 존재하지 않고 장래에 외부적 사정이 부가됨으로써 비로소 경찰상의 보호이익에 대한 구체적인 위험이 발생하는 경우)에 있어서는 원칙상 경찰권이 발동될 수 없고, 외관상 위험(표현위험)(행정청이 개입하는 시점에서의 합리적인 판단에 의할 때 위험을 인정할 객관적인 근거는 존재하지만, 사후에 위험이 실제로는 존재하지 않았다는 것이 밝혀질 경우)에 있어서는 경찰권의 개입이 가능하다(박상희·서정범, 46~48면).

예를 들면, 길거리에서 어떤 사람이 칼을 들고 다른 사람을 쫓고 있는 장면의 영화촬영에 있어서 행정경찰기관이 영화촬영이라는 것을 쉽게 알 수 있는 경우에는 오상위험이고, 경찰기관이 위험이 있다고 판단하는데 합리적인 이유가 있는 경우에는 외관상 위험(표현위험)이다.

다만, 사전배려의 원칙(사전예방의 원칙)상 불확실한 위험(잠재적 위험)의 경우에도 그 위험이 중대하고 회복할 수 없는 손해를 발생시킬 수 있는 위험인 경우에는 예외적으로 경찰권이 발동될 수 있다.

그리고, 위험의 개연성은 없지만 위험에 대한 (합리적) 의심이 있는 경우에 위험여부확인조치 등 위험관리조치를 취할 수 있도록 법적 근거를 두는 것이 필요하다(김성태, 위험에 대한 의심과 위험 여부의 확인, 행정법연구 2017.12, 157면 이하).

나. 장 애 공공의 안녕이나 공공의 질서에 대한 장애(障碍)라 함은 공공의 안녕이나 공공의 질서에 대한 위험이 실현되어 손해가 이미 발생하여 계속되고 있는 상태를 말한다.

공공의 안녕이나 공공의 질서에 대한 장애가 경찰권 발동의 대상이 되는 것은 장래의 위해를 제거하기 위한 것이다. 그러므로 공공의 안녕이나 공공의 질서에 대한 장애에 대한 경찰권 발동도 이미 발생한 손해를 제거하는 것을 내용으로 하지만 실질적으로는 예방적인 성격을 갖는다고 할 수 있다.

공공의 안녕에 대한 위해와 공공의 질서에 대한 위해는 둘 중의 하나만 존재하면 족하다. 위해나 장애의 경우에도 하나만 존재하면 된다.

3) 위해나 장애를 예방하거나 제거할 필요

공공의 안녕, 공공의 질서, 위해 및 장애라는 불확정개념은 원칙상 법개념이며 경찰권 발동기관에게 판단여지가 인정되지 않는다.

그러나, '위해나 장애를 예방하거나 제거할 필요'의 판단에는 경찰권 발동기관에게 판단여지 내지 재량권이 인정된다고 보아야 한다. 경찰재량은 통상 위해나 장애를 예방하거나 제거할 필요(경찰권 발동의 필요) 여부의 결정시에 인정된다.

(2) 개별조항에 의한 수권의 불비(보충성의 원칙)

공공의 안녕 또는 질서에 위해 또는 장애가 존재하여 이를 예방하거나 제거할 필요가 있는 경우에도 이에 관하여 개별조항에 의해 경찰권 발동의 근거가 규정되어 있는 경우에는 일반조항에 근거한 경찰권 발동이 인정될 수 없다.

(3) 경찰재량

경찰권의 발동은 원칙상 재량권에 속한다. 다만, 재량권의 영으로의 수축이론에 의해 재량권 발동에 있어 재량권이 인정되지 않는 경우가 있다.

Ⅱ. 개별적 수권조항

경찰관직무집행법 및 여러 개별법에서 경찰권 발동에 대한 개별적인 수권규정을 두고 있다.

경찰관직무집행법상 개별적 수권조항으로는 경찰관직무집행법 제3조(불심검문), 동법 제4조(보호조치 등), 동법 제5조(위험발생의 방지조치), 동법 제6조(범죄의 예방과 제지조치), 동법 제7조(위험방지를 위한 출입)가 있다.

[문제의 해결] 호스트바의 단속은 영업의 자유를 침해하는 행위이므로 법률유보의 원칙상 법률의 근거가 있어야 하고, 법률의 근거가 있는 경우에도 단속요건을 충족하여야 한다.

① **법률의 근거**: 호스트바를 단속하는 개별법규정은 없다. 또한, 경찰관직무집행법상 호스트바를 단속할 수 있다는 명문의 규정이 없다. 경찰관직무집행법 제7조 제2항에 근거하여 그 요건을 충족하는 경우 호스트바에 출입할 수는 있지만, 동 규정이 호스트바 단속의 근거규정은 아니다.

마지막으로 경찰관직무집행법상 개괄적 수권조항이 존재하는가하는 것이 문제된다. 이에 관하여는 긍정설, 유추적용설, 부정설이 대립된다. 부정설이 타당하다(전술 참조).

② **단속요건**: 경찰관직무집행법상 개괄적 수권조항을 인정하는 견해에 서는 경우에도 호스트바를 단속하기 위하여는 호스트바가 공공의 안녕과 질서에 위해를 야기하여야 한다. 호스트바 그 자체만으로는 공공의 안녕과 질서를 위해하는 것으로 볼 수 없다(이견이 있을 수 있다). 호스트바의 운영형태를 보고 공공의 안녕과 질서의 위해 여부를 판단하여야 한다.

결론적으로 말하면 개괄적 수권조항을 인정하고, 호스트바가 공공의 안녕과 질서에 위해를 야기한다고 보는 견해에 의하면 호스트바 단속이 가능하지만, 일반적 수권조항을 부정하거나 호스트바 그 자체만으로는 공공의 안녕과 질서를 위해하는 것으로 볼 수 없다고 보는 견해에 의하면 호스트바를 단속할 수 없다.

제 3 절 경찰권의 행사(발동)

I. 경찰재량

1. 의 의

경찰재량(警察裁量)이라 함은 경찰행정분야에서 인정되는 재량을 말한다.

경찰상 위해는 매우 다양하므로 구체적인 상황에 즉응하여 경찰권이 탄력적으로 대응할 수 있도록 하기 위하여 경찰권의 발동은 통상 재량행위로 규정되고 있다. 그러므로, 경찰권의 발동은 법령에서 특별하게 기속행위로 규정한 경우를 제외하고는 원칙적으로 재량행위로 해석하여야 한다.

경찰재량은 경찰권의 발동 여부에서 인정될 뿐만 아니라 경찰권의 수단 및 행사방법의 선택에서도 인정된다. 즉, 경찰권의 행사에는 결정재량과 선택재량이 인정된다.

경찰재량의 한계에 관하여는 일반 행정재량의 한계의 법리가 그대로 적용되는 점에서는 일반 행정재량의 한계와 다르지 않지만 이 이외에도 경찰의 본질에서 오는 일정한 한계, 즉 소극목적의 원칙, 공공의 원칙, 책임의 원칙이 있다.

2. 경찰재량과 무하자재량행사청구권 및 행정개입청구권 [2006 행시, 2001 입시 사례]

경찰권의 행사에 재량권이 인정되는 경우에도 그 재량권은 하자 없이 행사되어야 한다. 이에 대응하여 법률상 이익이 있는 개인은 무하자재량행사청구권을 갖는다.

그리고 일정한 요건하에서 경찰재량권이 영으로 수축하는 경우가 있다. 이 경우에는 경찰권의 발동 여부에 관하여 재량이 없어지며 경찰기관은 경찰권을 발동할 의무를 지게 된다.

[판례] 경찰관직무집행법 제5조는 경찰관은 인명 또는 신체에 위해를 미치거나 재산에 중대한 손해를 끼칠 우려가 있는 위험한 사태가 있을 때에는 그 각 호의 조치를 취할 수 있다고 규정하여 형식상 경찰관에게 재량에 의한 직무수행권한을 부여한 것처럼 되어 있으나, 경찰관에게 그러한 권한을 부여한 취지와 목적에 비추어 볼 때 구체적인 사정에 따라 경찰관이 그 권한을 행사하여 필요한 조치를 취하지 아니하는 것이 현저하게 불합리하다고 인정되는 경우에는 그러한 권한의 불행사는 직무상의 의무를 위반한 것이 되어 위법하게 된다(대판 1998. 8. 25, 98다16890[손해배상(자)]).[6]

무하자재량행사청구권(無瑕疵裁量行使請求權), 재량권의 영으로의 수축 및 행정개입청구권(行政介入請求權)의 요건 및 이에 근거한 국민의 권익구제방법에 관하여는 전술한 바와 같다(행정법론(상) 공권 참조).

6) 경찰관이 농민들의 시위를 진압하고 시위과정에 도로상에 방치된 트랙터 1대에 대하여 이를 도로 밖으로 옮기거나 후방에 안전표지판을 설치하는 것과 같은 위험발생방지조치를 취하지 아니한 채 그대로 방치하고 철수하여 버린 결과, 야간에 그 도로를 진행하던 운전자가 위 방치된 트랙터를 피하려다가 다른 트랙터에 부딪혀 상해를 입은 사안에서 국가배상책임을 인정한 사례이다.

경찰권의 행사가 있었던 경우에는 그것이 객관적 정당성을 상실하여 현저하게 불합리하다고 인정되지 않는다면 그 경찰권 행사가 부적절하였다거나 그와 다른 보다 완벽한 조치를 취하지 않았다거나 하는 이유로 경찰권 행사가 위법하게 되지 않는다(판례).

[판례] 국가(경찰)가 인질범을 체포, 검거하는 과정에서, 인질범의 요구에 응하여 인질범에게 돈을 전달하여야 하는 인질의 부(父)의 생명 · 신체상의 안전을 위하여 취하여야 할 조치: 범죄의 예방·진압 및 수사는 경찰관의 직무에 해당하며(경찰관직무집행법 제2조 제1호 참조), 그 직무행위의 구체적 내용이나 방법 등이 경찰관의 전문적 판단에 기한 합리적인 재량에 위임되어 있으므로, 경찰관이 구체적 상황하에서 그 인적·물적 능력의 범위 내에서의 적절한 조치라는 판단에 따라 범죄의 진압 및 수사에 관한 직무를 수행한 경우, 경찰관에게 그와 같은 권한을 부여한 취지와 목적, 경찰관이 다른 조치를 취하지 아니함으로 인하여 침해된 국민의 법익 또는 국민에게 발생한 손해의 심각성 내지 그 절박한 정도, 경찰관이 그와 같은 결과를 예견하여 그 결과를 회피하기 위한 조치를 취할 수 있는 가능성이 있는지 여부 등을 종합적으로 고려하여 볼 때, 그것이 객관적 정당성을 상실하여 현저하게 불합리하다고 인정되지 않는다면 그와 다른 조치를 취하지 아니한 부작위를 내세워 국가배상책임의 요건인 법령 위반에 해당한다고 할 수 없다(대판 2007. 10. 25, 2005다23438: 사건의 발생 및 전개가 급박하고 가변적인 인질강도 사건의 특성과 그와 같은 범죄의 태양 및 수법, 경위 등에서 예측되는 피해 발생의 구체적 위험성의 내용 등에 비추어, 이 사건 경찰관들은 구체적·개별적 상황하에서 인질 구출 및 납치범 검거를 위한 최선의 조치를 취하였다고 볼 수 있으며, 그 추적의 개시 및 방법 등 직무의 수행이 합리성 내지 상당성을 현저히 결여하였다거나 합리적인 판단 기준에서 현저히 잘못된 것이라고 볼 수 없으므로, 경찰권의 행사가 부적절하였다거나 완벽한 조치를 취하지 아니한 부작위가 있다는 등의 이유를 내세워 이 사건 인질 구출 및 납치범 검거에 관한 직무수행 행위가 법령에 위반하는 행위에 해당한다고 할 수 없다고 본 사례).

Ⅱ. 경찰관직무집행법상 경찰권의 발동

1. 불심검문(경찰관직무집행법 제3조)

(1) 불심검문의 의의	다. 강제조사설
(2) 불심검문의 대상과 법적 성질	라. 즉시강제설
(3) 불심검문의 방법	마. 결어(권력적 행정조사설)
1) 질 문	(4) 불심검문의 절차
2) 동행요구	1) 사전절차(제3조 제4항, 제7항)
3) 흉기소지 여부 조사	2) 사후절차(제3조 제5항, 제6항)
가. 수 색 설	(5) 권리구제
나. 수색부정설	

(1) 불심검문의 의의

불심검문(不審檢問)이라 함은 경찰관이 거동이 수상한 자를 정지시켜 조사하는 행위를 말한다.

경찰관직무집행법 제3조 제1항은 "경찰관은 수상한 행동이나 그 밖의 주위 사정을 합리적으로 판단하여 볼 때 어떠한 죄를 범하였거나 범하려 하고 있다고 의심할 만한 상당한 이유가 있는 사람 또는 이미 행하여진 범죄나 행하여지려고 하는 범죄행위에 관한 사실을 안다고 인정되는 사람을 정지시켜 질문할 수 있다"라고 규정하고 있다.

(2) 불심검문의 대상과 법적 성질

경찰관직무집행법이 정하는 불심검문은 어떠한 죄를 범하였다고 의심되는 자뿐만 아니라 어떠한 죄를 범하려 하고 있다고 의심되는 자를 그 대상으로 하고 있다.

[판례] 경찰관이 불심검문 대상자 해당 여부를 판단하는 기준 및 불심검문의 적법 요건과 내용: 경찰관직무집행법(이하 '법'이라고 한다)의 목적, 법 제1조 제1항, 제2항, 제3조 제1항, 제2항, 제3항, 제7항의 내용 및 체계 등을 종합하면, 경찰관이 법 제3조 제1항에 규정된 대상자(이하 '불심검문 대상자'라 한다) 해당 여부를 판단할 때에는 불심검문 당시의 구체적 상황은 물론 사전에 얻은 정보나 전문적 지식 등에 기초하여 불심검문 대상자인지를 객관적·합리적인 기준에 따라 판단하여야 하나, 반드시 불심검문 대상자에게 형사소송법상 체포나 구속에 이를 정도의 혐의가 있을 것을 요한다고 할 수는 없다. 그리고 경찰관은 불심검문 대상자에게 질문을 하기 위하여 범행의 경중, 범행과의 관련성, 상황의 긴박성, 혐의의 정도, 질문의 필요성 등에 비추어 목적 달성에 필요한 최소한의 범위 내에서 사회통념상 용인될 수 있는 상당한 방법으로 대상자를 정지시킬 수 있고 질문에 수반하여 흉기의 소지 여부도 조사할 수 있다(대판 2014. 2. 27, 2011도13999).

어떠한 죄를 범하려 하고 있다고 의심되는 자에 대한 불심검문은 범죄의 예방을 목적으로 하는 불심검문으로 행정경찰에 속하지만, 어떠한 죄를 범하였다고 의심되는 자에 대한 불심검문은 사법경찰에 속한다.

'이미 행하여진 범죄에 관하여 그 사실을 안다고 인정되는 자'에 대한 불심검문은 범죄수사의 차원에서 행해지는 사법경찰작용인 반면에, '행하여지려고 하는 범죄행위에 관하여 안다고 인정되는 자'에 대한 불심검문은 범죄예방을 목적으로 하는 것으로 행정경찰작용이다.

(3) 불심검문의 방법

경찰관직무집행법상의 불심검문의 방법으로는 질문, 동행요구(임의동행)와 흉기소지 여부 조사가 있다.

1) 질 문

① 질문(質問)은 거동이 수상한 자에게 신분증을 통하여 성명, 주소, 연령 등 신원을 확인하고, 행선지, 용건, 소지품 등을 물어보는 조사행위이다.

② 질문을 권력적 사실행위로 보는 견해(김성수, 475면)도 있으나 불심검문을 당한 자는 그 의사에 반하여 답변을 강요당하지 아니하므로(제3조 제7항) 질문은 비권력적인 사실행위라고 보는 것이 타당하다.

③ 상대방이 경찰관의 질문을 위한 정지요구에 응하지 않거나 질문 도중 현장을 떠나려고 하는 경우 경찰관은 물리력을 행사하여 이를 저지할 수 있는가 하는 것이 문제된다. 상대방의 의사를 제압하지 않는 정도의 물리력의 행사(예 정지를 위하여 길을 막아서거나 추적하거나 팔을 가볍게 붙잡는 행위)는 허용된다고 보는 것이 일반적 견해이다.

[판례] [1] 경찰관직무집행법의 목적, 규정 내용 및 체계 등을 종합하면, 경찰관은 법 제3조 제1항에 규정된 대상자(수상한 거동 기타 주위의 사정을 합리적으로 판단하여 어떠한 죄를 범하였거나 범하려 하고 있다고 의심할 만한 상당한 이유가 있는 자 또는 이미 행하여진 범죄나 행하여지려고 하는 범죄행위에 관하여 그 사실을 안다고 인정되는 자)에게 질문을 하기 위하여 범행의 경중, 범행과의 관련성, 상황의 긴박성, 혐의의 정도, 질문의 필요성 등에 비추어 그 목적 달성에 필요한 최소한의 범위 내에서 사회통념상 용인될 수 있는 상당한 방법으로 그 대상자를 정지시킬 수 있고 질문에 수반하여 흉기의 소지 여부도 조사할 수 있다 할 것이다. [2] 이 사건 범행 장소 인근에서 자전거를 이용한 날치기 사건이 발생한 직후 검문을 실시 중이던 경찰관들이 위 날치기 사건의 범인과 흡사한 인상착의의 피고인을 발견하고 앞을 가로막으며 진행을 제지한 행위는 그 범행의 경중, 범행과의 관련성, 상황의 긴박성, 혐의의 정도, 질문의 필요성 등에 비추어 그 목적 달성에 필요한 최소한의 범위 내에서 사회통념상 용인될 수 있는 상당한 방법으로 법 제3조 제1항에 규정된 자에 대하여 의심되는 사항에 관한 질문을 하기 위하여 정지시킨 것으로 보아야 한다(대판 2012. 9. 13, 2010도6203).

2) 동행요구

경찰관은 불심검문 장소(사람을 정지시킨 장소)에서 질문을 하는 것이 그 사람에게 불리하거나 교통에 방해가 된다고 인정될 때에는 질문하기 위하여 가까운 경찰관서(경찰서·지구대·파출소 또는 출장소, 지방해양경찰관서를 포함)로 동행할 것을 요구할 수 있다. 이 경우 동행을 요구받은 사람은 그 요구를 거절할 수 있다(제3조 제2항). 경찰관 직무집행법 제3조 제2항에 따른 임의동행은 행정경찰 목적의 경찰활동으로 행하여지는 것인데, 형사소송법 제199조 제1항에 따른 범죄 수사를 위한 임의동행과 구별하여야 한다(대판 2020.5.14, 2020도398).

당해인이 동행요구(同行要求)를 거절했음에도 강제로 연행하려고 하는 경우에 이 강제연행은 위법한 공무집행이므로 이에 저항하여도 공무집행방해가 되지 않는다.

[판례 1] 경찰관이 임의동행요구에 응하지 않는다 하여 강제연행하려고 대상자의 양팔을 잡아 끈 행위는 적법한 공무집행이라고 할 수 없으므로 그 대상자가 이러한 불법연행으로부터 벗어나기 위하여 저항한 행위는 정당한 행위라고 할 것이고 이러한 행위에 무슨 과실이 있다고 할 수 없다(대판 1992. 5. 26, 91다38334).
[판례 2] 임의동행에 있어서의 임의성의 판단은 동행의 시간과 장소, 동행의 방법과 동행거부의사의 유무, 동행 이후의 조사 방법과 퇴거의사의 유무 등 여러 사정을 종합하여 객관적인 상황을 기준으로 하여야 한다(대판 1993. 11. 23, 93다35155).
[판례 3] 임의동행은 상대방의 동의 또는 승낙을 그 요건으로 하는 것이므로 경찰관으로부터 임의동행 요구를 받은 경우 상대방은 이를 거절할 수 있을 뿐만 아니라 임의동행 후 언제든지 경찰관서에서 퇴거할 자유가 있다 할 것이고, 경찰관직무집행법 제3조 제6항이 임의동행한 경우 당해인을 6시간을 초과하여 경찰관서에 머물게 할 수 없다고 규정하고 있다고 하여 그 규정이 임의동행한 자를 6시간 동안 경찰관서에 구금하는 것을 허용하는 것은 아니라고 할 것이다(대판 1997. 8. 22, 97도1240).

3) 흉기소지 여부 조사

경찰관은 질문을 할 때에 흉기의 소지 여부를 조사할 수 있다(제3조 제3항). 경찰관직무집행법 제3조의 흉기소지 여부 조사권에 근거하여 강제적으로 소지품을 검사하는 것은 가능하지 않다. 외부에서 의복이나 휴대품에 손을 대서 흉기소지 여부를 조사하는 데 그쳐야 한다.

경찰관직무집행법상의 불심검문시 행해지는 흉기소지 여부 조사의 성질 및 영장요구 여부에 관하여는 견해가 다음과 같이 대립되고 있다.

가. 수 색 설 이 견해는 불심검문은 거동이 수상한 자의 의복이나 휴대품을 가볍게 손으로 만지면서 행해지므로 그 실질이 수색에 해당한다고 보고, 수색을 법관의 영장 없이 행하도록 한 경찰관직무집행법은 문제가 있다는 견해이다(이상규, 92면).

나. 수색부정설 이 견해는 흉기소지 여부 조사는 장래의 위해발생을 예방하기 위하여 행하여지며 상대방에게 미치는 피해는 일시적이며 비교적 경미하다는 점을 감안할 때 헌법 제12조 제3항의 수색에 해당하지 않는다는 견해이다(박윤흔, 361면).

다. 강제조사설 이 견해는 흉기조사는 영장 없이 이루어지는 강제조사의 성격을 갖는다는 견해이다(홍정선, 1038면).

라. 즉시강제설 이 견해는 흉기소지 여부 조사는 주로 경찰상 위해방지의 차원에서 행해지고 시간적으로 급박한 상황하에서 행해지므로 경찰상 즉시강제로서의 성질을 가지며 수색에 요구되는 영장은 요구되지 않는다는 견해이다(류지태, 758면).

마. 결어(권력적 행정조사설) 흉기소지 여부 조사는 어느 정도의 강제력이 수반되는 권력적 행정조사로 보는 것이 타당하다.

(4) 불심검문의 절차

불심검문은 적법절차의 원칙에 따라 행해져야 한다.

1) 사전절차(제3조 제4항, 제7항)

2) 사후절차(제3조 제5항, 제6항)

(5) 권리구제

질문·동행요구는 비권력적 사실행위이므로 당사자는 그에 응하지 않을 수 있다. 질문·동행요구에 불응했음에도 강제력을 행사하는 것은 위법하므로 실력으로 저항하여도 공무집행방해가 되지 않는다.

흉기소지 여부 조사가 위법한 때에는 실력으로 저항할 수 있다. 흉기소지 여부의 조사는 권력적 사실행위로서 처분이지만, 일시에 완성되어 버리므로 원칙상 취소소송의 소의 이익이 없다. 위법한 행위의 반복가능성이 있는 경우에 헌법소원이 인정될 수 있고, 이러한 경우에 취소소송의 소의 이익을 인정할 수 있다는 견해도 있다.

위법한 불심검문으로 손해를 입은 경우에는 국가배상을 청구할 수 있다.

2. 보호조치 등(경찰관직무집행법 제4조) [2001 입시 사례]

(1) 보호조치의 의의

보호조치(保護措置)는 자기 또는 다른 사람의 생명·신체와 재산에 위해를 끼칠 우려가 있는 사람에 대해 그 위해를 방지하기 위하여 잠정적으로 신체의 자유를 제한하여 보호하는 조치를 말한다(제4조 제1항 제1호).

(2) 보호조치의 대상 및 요건

보호조치의 대상은 다음과 같다. ① 정신착란을 일으키거나 술에 취하여 자신 또는 다른 사람의 생명·신체·재산에 위해를 끼칠 우려가 있는 사람, ② 자살을 시도하는 사람, ③ 미아, 병자, 부상자 등으로서 적당한 보호자가 없으며 응급구호가 필요하다고 인정되는 사람(다만, 본인이 구호를 거절하는 경우는 제외).

보호조치가 행해지기 위하여는 위의 ① 또는 ② 또는 ③에 해당하는 것이 명백하고 응급구호가 필요하다고 믿을 만한 상당한 이유가 있어야 한다. ① 또는 ②에 해당하는 자는 당사자의 의사와 무관하게 보호조치가 행해질 수 있지만, ③에 해당하는 자에 대해서는 그 의사를 물어 당해인이 보호조치를 거부하면 보호조치가 행해질 수 없다.

(3) 보호조치의 절차

보호조치는 일단 경찰관의 판단에 의해 행한다. 경찰관직무집행법은 제4조 제4항 이하에서 가족 등에의 통지절차 등 보호조치절차를 규정하고 있다.

(4) 보호조치의 방법(제4조 제1항, 제3항)

3. 위험발생의 방지조치(경찰관직무집행법 제5조)

(1) 의　　의

위험발생(危險發生)의 방지조치(防止措置)라 함은 인명 또는 신체에 위해를 미치거나 재산에 중대한 손해를 끼칠 우려가 있는 위험한 사태가 있을 때에 그 위험을 방지하기 위하여 취하는 조치를 말한다.

경찰관직무집행법 제5조는 일반적 수권조항(개괄적 수권조항)의 성격을 갖는다. 다만, 개인적 법익의 보호만이 그 대상이 되며 공동체적 법익의 보호는 그 대상이 되지 않는다는 점에서 그 한계가 있다.

(2) 요　　건

경찰관직무집행법 제5조는 위험발생의 방지조치가 취해질 수 있는 위험한 사태로 천재, 사변, 인공구조물의 파손이나 붕괴, 교통사고, 위험물의 폭발, 위험한 동물 등의 출현, 극도의 혼잡을 예시하고 있고, 그 밖의 '사람의 생명 또는 신체에 위해를 끼치거나 재산에 중대한 손해를 끼칠 우려가 있는 위험한 사태가 있을 때'에는 필요한 경우 언제든지 위험방지조치가 취해질 수 있다.

(3) 내　　용

경찰관직무집행법 제5조는 위험발생방지조치의 내용으로 경고, 억류조치 또는 피난조치를 예시하고 있고, 그 이외에 위해방지상 필요한 조치를 개괄적으로 수권하고 있다(제5조 제1항 제1호, 제2호, 제3호).

1) 경　　고

경찰관은 위험한 사태가 발생한 장소에 모인 사람, 사물의 관리자 그 밖의 관계인에게 필요한 경고를 발할 수 있다(제5조 제1항 제1호).

예를 들면, 경찰관은 통행인에게 붕괴위험이 있는 건물의 존재를 알려 건물 근처로 통행하지 말도록 주의를 줄 수 있다.

2) 이동제한조치 또는 대피조치

경찰관은 긴급한 경우에는 위해를 입을 우려가 있는 사람을 필요한 한도에서 이동을 제한하거나 대피시킬 수 있다(제5조 제1항 제2호). 이동제한조치나 대피조치는 당사자의 의사에 반하여 강제로 행해질 수 있다.

이동제한조치의 예로는 화재가 난 건물에 들어가려는 건물주인을 들어가지 못하도록 제지하는 것을 들 수 있고, 대피조치의 예로는 하천이 범람하여 주민의 생명에 위험이 될 때 주민의 생명을 보호하기 위하여 주민을 대피시키는 것을 들 수 있다.

3) 원인제공자의 퇴거 및 접근 금지

경찰관은 위험한 상황의 원인을 제공한 사람을 그 장소에서 퇴거시키거나 그 장소의 접근을 금지시킬 수 있다(제5조 제1항 제3호).

4) 위해방지조치 [2013 행시(일반)]

경찰관은 위험한 사태가 발생한 장소에 있는 사람, 사물의 관리자 그 밖의 관계인에게 위해를 방지하기 위하여 필요하다고 인정되는 조치를 하게 하거나 직접 그 조치를 할 수 있다(제5조 제1항 제4호).

경찰관직무집행법의 이 조항(제5조 제1항 제4호)은 위해방지조치(危害防止措置)의 내용을 특정하지 않고 개괄적으로 규정하고 있다.

[판례] 경찰관직무집행법 제5조는 경찰관은 인명 또는 신체에 위해를 미치거나 재산에 중대한 손해를 끼칠 우려가 있는 위험한 사태가 있을 때에는 그 각 호의 조치를 취할 수 있다고 규정하여 형식상 경찰관에게 재량에 의한 직무수행권한을 부여한 것처럼 되어 있으나, 경찰관에게 그러한 권한을 부여한 취지와 목적에 비추어 볼 때 구체적인 사정에 따라 경찰관이 그 권한을 행사하여 필요한 조치를 취하지 아니하는 것이 현저하게 불합리하다고 인정되는 경우에는 그러한 권한의 불행사는 직무상의 의무를 위반한 것이 되어 위법하게 된다(대판 1998. 8. 25, 98다16890: 경찰관이 농민들의 시위를 진압하고 시위과정에 도로상에 방치된 트랙터 1대에 대하여 이를 도로 밖으로 옮기거나 후방에 안전표지판을 설치하는 것과 같은 위험발생방지조치를 취하지 아니한 채 그대로 방치하고 트랙터를 피하려다가 다른 트랙터에 부딪혀 상해를 입었으므로 국가배상책임이 인정된다고 한 사례). 〈해설〉 이 위해방지조치는 원칙상 재량행위이나 구체적인 상황하에서는 재량권이 영으로 수축하여 그 권한의 불행사는 위법하게 된다.

5) 대간첩작전수행 또는 소요사태의 진압(제5조 제2항)

(4) 절 차(제5조 제3항, 제4항)

4. 범죄의 예방과 제지조치(경찰관직무집행법 제6조)

경찰관직무집행법 제6조 중 경찰관의 제지에 관한 부분은 범죄의 예방을 위한 경찰 행정상 즉시강제에 관한 근거 조항이다(대판 2021. 10. 28, 2017다219218). 또한, 판례에 따르면 예상되는 법익침해의 중대성, 제지조치의 절박성이 경직법 제6조에 따른 제지조치의 요건으로 요구되고, 그 요건에의 해당 여부는 사후적으로가 아니라 제지조치 당시의 경찰관의 인식상황을 기초로 판단하여야 한다.

경찰관 직무집행법 제6조 제1항에 근거한 범죄를 예방하기 위한 경찰관의 제지 조치가 적법한 직무집행으로 평가될 수 있기 위해서는 형사처벌의 대상이 되는 행위가 눈앞에서 막 이루어지려고 하는 것이 객관적으로 인정될 수 있는 상황이고, 그 행위를 당장 제지하지 않으면 곧 생명·신체에 위해를 미치거나 재산에 중대한 손해를 끼칠 우려가 있는 상황이어서, 직접 제지하는 방법 외에는 위와 같은 결과를 막을 수 없는 절박한 사태가 있어야 한다(대판 2017. 3. 15, 2013도2168). 다만, 경찰관의 제지 조치가 적법한지는 제지 조치 당시의 구체적 상황을 기초로 판단하여야 하고 사후적으로 순수한 객관적 기준에서 판단할 것은 아니다(대판 2013. 6. 13, 2012도9937; 2018. 12. 13, 2016도19417). 〈해설〉 국가배상에서 제지조치의 위법성은 손해배상의 관점에서 사후적으로 판단된다. 그리고, 제지조치의 위법성은 제지조치 자체의 위법성이 아니라 제지조치과정에서의 손해방지의무 위반으로서의 위법성(객관적 정당성 상실로서의 상대적 위법성)이 문제된다.

5. 위험방지를 위한 출입(경찰관직무집행법 제7조)

(1) 의 의

경찰관은 경찰상 위해의 예방을 위하여 타인의 토지·건물·배 또는 차 등 장소에 출입하여 조사할 필요가 있다. 그러나, 이는 주거의 자유를 제한하는 것이므로 엄격한 요건하에서 인정되어야 한다.

경찰관직무집행법 제7조는 동조 제1항에서 위험방지를 위한 출입에 관한 일반적 규정을 두고, 동조 제2항은 다수인이 출입하는 장소에의 출입의 요건을 다소 완화하고 있으며 동조 제3항은 대간첩작전수행을 위한 검색을 인정하고 있다.

(2) 위험방지를 위한 출입

1) 일반 출입

출입은 "제5조 제1항·제2항 및 제6조에 따른 위험한 사태가 발생하여 사람의 생명·신체 또는 재산에 대한 위해가 임박한 때에 그 위해를 방지하거나 피해자를 구조하기 위하여 부득이 하다고 인정하면 합리적으로 판단하여 필요한 한도에서" 가능한데(제7조 제1항), 이 요건이 충족된 경우에는 경찰관은 소유자나 관계인의 동의 없이 출입할 수 있다.

이 경우 경찰관은 그 장소를 수색할 수는 없고 그 장소에 들어가 장소의 내부를 둘러볼 수 있을 뿐이다.

2) 다수인이 출입하는 장소에의 출입

다수인이 출입하는 장소에의 출입요건은 그 영업 또는 공개시간 내에는 제7조 제1항에 의한 출입요건보다 다소 완화되어 있다(제7조 제2항). 즉, 다수인이 출입하는 장소의 관리자 또는 그에 준하는 관계인은 그 영업 또는 공개시간 내에 경찰관이 "범죄나 사람의 생명·신체·재산에 대한 위해를 예방하기 위하여 그 장소에 출입하겠다고 요구하면" 정당한 이유 없이 그 요구를 거절할 수 없다. 출입요건이 갖추어지면 관리자 등이 출입을 거절한 경우에도 그 장소에 출입할 수 있다.

(3) 대간첩작전수행을 위한 검색(제7조 제3항)

(4) 절 차(제7조 제4항)

6. 사실의 확인 등(경찰관직무집행법 제8조)

7. 정보의 수집 등

경찰관은 범죄·재난·공공갈등 등 공공안녕에 대한 위험의 예방과 대응을 위한 정보의 수집·작성·배포와 이에 수반되는 사실의 확인을 할 수 있다(제8조의2 제1항).

8. 경찰장구, 경찰장비, 무기의 사용 등(경찰관직무집행법 제10조, 제10조의2, 제10조의3, 제10조의4, 제10조의5)

[판례 1] [1] 구 경찰관 직무집행법 제10조 제3항에서 말하는 경찰장비는 '인명 또는 신체에 위해를 가할 수 있는 경찰장비(이하 '위해성 경찰장비'라 한다)'를 뜻한다(위 규정 제2조 참조). 위해성 경찰장비는 그 사용의 위험성과 기본권 보호 필요성에 비추어 볼 때 본래의 사용방법에 따라 지정된 용도로 사용되어야 하며 다른 용도나 방법으로 사용하기 위해서는 반드시 법령에 근거가 있어야 한다. [2] 불법적인 농성을 진압하는 방법 및 그 과정에서 어떤 경찰장비를 사용할 것인지는 구체적 상황과 예측되는 피해 발생의 구체적 위험성의 내용 등에 비추어 경찰관이 재량의 범위 내에서 정할 수 있다. 그러나 그 직무수행 중 특정한 경찰장비를 필요한 최소한의 범위를 넘어 관계 법령에서 정한 통상의 용법과 달리 사용함으로써 타인의 생명·신체에 위해를 가하였다면, 불법적인 농성의 진압을 위하여 그러한 방법으로라도 해당 경찰장비를 사용할 필요가 있고 그로 인하여 발생할 우려가 있는 타인의 생명·신체에 대한 위해의 정도가 통상적으로 예견되는 범위 내에 있다는 등의 특별한 사정이 없는 한 그 직무수행은 위법하다고 보아야 한다. [3] 경찰이 점거파업을 진압하기 위하여 헬기에서 공장 옥상으로부터 30~100m 고도로 제자리 비행을 하여 조합원들을 헬기 하강풍에 노출되게 하는 방법으로 헬기를 사용하여 불법적인 농성을 진압하는 것은 경찰장비를 위법하게 사용함으로써 적법한 직무수행의 범위를 벗어났다고 볼 여지가 있다고 한 사례(대판 2022. 11. 30, 2016다26662, 26679, 26686).

[판례 2] [1] 직사살수는 타인의 법익이나 공공의 안녕질서에 대한 직접적인 위험이 명백히 초래되었고, 다른 방법으로는 그 위험을 제거할 수 없는 경우에 한하여 이루어져야 한다. 부득이 직사살수를 하는 경우에도, 구체적인 현장 상황을 면밀히 살펴보아 거리, 수압 및 물줄기의 방향 등을 필요한 최소한의 범위 내로 조절하여야 한다. [2] 피청구인들이 2015. 11. 14. 19:00경 종로구청입구 사거리에서 살수차를 이용하여 물줄기가 일직선 형태로 청구인 백○○에게 도달되도록 살수한 행위는 과잉금지원칙에 반하여 청구인 백○○의 생명권 및 집회의 자유를 침해한 것으로서 헌법에 위반됨을 확인한다(헌재 2020. 4. 23, 2015헌마1149).

제 4 절 경찰권 행사의 한계 [2008, 2013 행시(일반행정직) 사례]

경찰권 행사는 성문의 법규정에 구속될 뿐만 아니라 불문법인 법의 일반원칙에도 구속된다. 경찰행정분야에서는 법의 일반원칙 중 특히 비례의 원칙이 중요하다.

그리고, 경찰권의 행사에는 경찰의 본질에서 오는 일정한 한계가 있다. 소극목적의 원칙, 공공의 원칙, 국민의 생명·신체 및 재산의 보호의무, 경찰책임의 원칙이 이에 해당한다. 다만, 이러한 경찰의 본질에서 오는 경찰권의 한계는 경찰권의 한계에 관한 경찰행정법상의 독자적인 의의를 갖는 측면이 없지 않지만, 경찰권 발동의 독자적인 위법근거로 볼 수는 없고, 권한남용금지의 원칙, 사생활보호의 원칙, 비례의 원칙 등 헌법원칙이나 법의 일반원칙 등을 통하여 법적 구속력을 갖는다고 보는 것이 타당하다.

Ⅰ. 경찰비례의 원칙

1. 의 의

비례의 원칙은 헌법적 효력을 갖는 법의 일반원칙으로서 경찰권의 발동에도 적용된다. 경찰행정에 관련된 법률규정에서 비례의 원칙을 규정하고 있는 경우도 있지만(경찰관직무집행법 제1조 제2항, 제7조 제1항, 제10조의2 제1항 등), 비례의 원칙은 실정법률의 규정과 관계없이 경찰권 행사를 구속하는 헌법적 효력을 갖는 법원칙이다.

그리하여 경찰권의 행사에 있어서는 공공의 안녕과 질서에 대한 위해를 예방하고 제거할 필요성과 경찰권의 발동으로 인하여 경찰권의 발동대상이 되는 당사자에게 가해지는 기본권 등 권익에 대한 제한 사이에 합리적인 비례관계가 유지되어야 한다.

비례의 원칙은 적합성의 원칙, 필요성의 원칙(최소침해의 원칙) 및 협의의 비례원칙(상당성의 원칙)을 그 내용으로 한다.

2. 적합성의 원칙

경찰권은 공공의 안녕과 질서에 대한 위해를 예방하고 제거하기 위하여 필요한 경우에 한하여 또한 공공의 안녕과 질서에 대한 위해를 예방하고 제거하기에 적합한 수단을 행사하여야 한다. 공공의 안녕과 질서에 대한 위해를 예방하고 제거하기에 적합하지 않은 경찰권 발동은 비례의 원칙 위반으로 위법하다.

법률상으로나 사실상으로 불가능한 것을 요구하는 조치(예 사회통념상 경찰책임자의 조치, 임차인에 대한 위법건축물의 철거명령)도 적합성의 원칙에 반한다.

3. 필요성의 원칙

필요성의 원칙은 최소침해의 원칙이라고도 한다. 공공의 안녕과 질서에 대한 위해를 예방하고 제거하기에 적합한 수단이 여러 가지인 경우에 당사자의 권익을 가장 적게 침해하는 수단을 선택하여야 한다.

> 예를 들면, 붕괴위험이 있는 건물에 대하여 개수명령을 통하여도 붕괴위험을 제거할 수 있음에도 철거명령을 내리는 것은 통상 필요성의 원칙에 반하여 위법하다.

최소침해의 여부는 원칙적으로 객관적인 침해의 정도를 기준으로 판단하여야 한다. 그러나, 상대방이 권익침해의 정도가 더 큰 수단을 대체수단으로 신청하는 경우에 그 신청된 수단이 경찰기관이 취하고자 하는 조치 이상으로 효과적이며 공중에게 더 많은 부담을 과하지 않는다면 신청자의 의사를 존중하여야 한다(박상희·서정범, 95면).

> 예를 들면, 붕괴위험이 있는 건물의 소유자가 건물을 수선하기보다는 철거하여 버리거나 차제에 철거하고 신축하기를 원하는 경우 경찰기관은 철거명령을 내려야 할 것이다.

4. 협의의 비례원칙

경찰권의 발동으로 인하여 달성되는 공익보다 당사자에게 가해지는 불이익이 심히 큰 경우에는 당해 경찰권의 발동은 비례의 원칙 위반으로 위법하다.

불법주차의 단속과 관련하여 협의의 비례의 원칙 위반 여부가 특히 문제되는 것은 불법주차된 차량의 견인이다. 불법주차된 도로의 상황, 불법주차의 빈도에 따른 불법주차 단속의 필요성, 불법주차시간 및 자발적 제거가능성, 견인으로 인한 불법주차한 차량소유자의 불이익 등을 고려하여 이익형량을 하여야 한다.

불법주차로 인하여 다른 차량의 운행이나 보행자의 통행에 지장을 주는 등 구체적으로 교통상의 위해를 야기하지 않는다는 것은 이익형량에서 고려사항은 되겠지만, 그것만으로 불법주차의 견인이 비례의 원칙에 반하는 것은 아니다. 왜냐하면 불법주차의 견인은 교통상의 위해를 제거하기 위한 것만을 목적으로 하는 것이 아니라 단속을 통하여 불법주차를 예방하는 것과 도로시설의 정상적인 기능을 보장하는 것도 목적으로 하기 때문이다.

Ⅱ. 소극목적(경찰목적)의 원칙: 권한남용금지의 원칙

경찰은 공공의 안녕과 질서를 유지하기 위하여 공공의 안녕과 질서에 대한 위해를 방지하고 제거하는 것을 목적으로 하는 소극적인 행정작용이다. 따라서, 경찰기관은 법령에 특별한 규정이 없는 한 이러한 소극적인 경찰목적을 넘어 공공의 복리를 증진시키거나 사회경제질서를 유도할 목적으로 경찰권을 행사할 수 없다.

소극적인 경찰목적을 넘는 경찰권의 행사는 권한남용금지의 원칙 위반으로 위법하다. 예를 들면, 과당경쟁을 막기 위하여 식품위생법규 위반행위를 단속하는 것은 위법하다. 다만, 경찰권 행사에 의해 달성하려는 행정목적이 경찰목적과 실체적으로 관련이 있는 경우에는 적법하다고 할 수 있을 것이다.

Ⅲ. 공공의 원칙: 권한남용금지의 원칙 및 비례의 원칙

1. 의 의

경찰은 공공(公共)의 안녕과 질서의 유지를 목적으로 하는 작용이다. 따라서, 개인의 활동에 대하여는 원칙상 개입할 수 없고, 예외적으로 그 개인의 활동이 공공의 안녕과 질서에 위해를 가하는 경우에 한하여 경찰권을 발동할 수 있다. 이를 경찰공공의 원칙 또는 사생활자유의 원칙이라 한다.

2. 인정 근거

사생활·사주소불가침의 원칙은 헌법상 원칙인 거주의 자유와 사생활의 비밀과 자유(헌법 제14조·제17조)의 경찰법에의 적용이며, 민사관계불간섭의 원칙은 권력분립의 원칙상 당연히 인정되고(박윤흔, 307면), 공공의 원칙은 비례의 원칙의 한 내용이다(김성수, 493면; 류지태, 771면).

3. 내 용

(1) 사생활불가침의 원칙

사생활불가침(私生活不可侵)의 원칙은 경찰기관은 사회공공의 안녕 및 질서와 관계 없는 개인의 생활이나 행동에 간섭하여서는 안 된다는 원칙을 말한다.

사회공공의 안녕 및 질서와 관계 없음에도 경찰이 사생활에 개입하는 것은 헌법상의 프라이버시권리를 침해하고 권한남용이 되어 위법하다. 또한, 비례의 원칙(특히 적합성의 원칙)에도 반한다.

그러나, 사생활이라도 공공의 안녕 및 질서에 위해를 야기하는 경우에는 경찰권이 발동될 수 있다. 다만, 이 경우에도 비례의 원칙(특히 협의의 비례원칙) 등에 반하여서는 안 된다.

예를 들면, 음주는 사생활에 속하는 것이지만, 술에 취하여 자신 또는 타인의 생명·신체 또는 재산에 위해를 야기하는 경우에는 경찰상 보호조치가 가능하다(경찰관직무집행법 제4조 제1항 제1호). 또한, 가정문제는 사생활이지만, 가정 내에서 폭력이 있는 경우에 폭력의 제지, 피해자의 보호 등을 위하여 경찰권이 발동될 수 있다(가정폭력범죄의 처벌 등에 관한 특례법 제4조 제1항).

(2) 사주소불가침의 원칙 [2009 입시 사례]

사주소불가침(私住所不可侵)의 원칙은 경찰기관은 사회공공의 안녕 및 질서와 관계없이 개인의 사주소를 침해해서는 안 된다는 원칙을 말한다.

사주소라 함은 일반 공중의 통행으로부터 차단된 장소를 말한다. 주택뿐만 아니라 비거주건물이나 공간(예 공장, 사무실, 창고 등)도 사주소에 해당한다.

사회공공의 안녕 및 질서와 관계 없음에도 경찰이 사주소에 들어가는 것은 헌법상의 프라이버시권리, 주거의 자유를 침해하고, 권한남용이 되어 위법하다. 또한, 비례의 원칙(특히 적합성의 원칙)에도 반한다.

그러나, 사주소 내의 행위라도 공공의 안녕 및 질서에 위해를 야기하는 경우에는 경찰권이 발동될 수 있다. 다만, 이 경우에도 비례의 원칙(특히 협의의 비례원칙) 등에 반하여서는 안 된다. 예를 들면, 사주소 내에서의 소음이 이웃의 생활의 평온을 해하는 경우에는 경찰권이 발동될 수 있다.

(3) 민사관계불간섭의 원칙

민사관계불간섭(民事關係不干涉)의 원칙이라 함은 경찰기관은 사회공공의 안녕 및 질서와 관계 없이 민사관계에 개입해서는 안 된다는 원칙을 말한다.

사회공공의 안녕 및 질서와 관계 없음에도 경찰이 민사문제에 개입하는 것은 헌법상의 사경제자유의 원칙을 침해하고, 권한남용이 되어 위법하다. 또한, 비례의 원칙(특히 적합성의 원칙)에도 반한다.

그러나, 민사문제라도 공공의 안녕 및 질서에 위해를 야기하는 경우에는 경찰권이 발동될 수 있다. 예를 들면, 경찰기관은 암표매매행위를 단속할 수 있다(경범죄처벌법 제1조 제47호).

Ⅳ. 국민의 생명, 신체 및 재산의 보호의무

경찰기관은 직무상 국민의 생명, 신체 및 재산을 보호하기 위하여 노력하여야 할 일반적인 직무상 의무를 진다.

경찰권의 발동에는 재량권이 인정되고, 경찰력에는 일정한 한계가 있으므로 경찰권이 발동되지 않았거나 경찰권이 잘못 행사되었다고 하여 그것만으로 경찰권의 행사나 불행사가 위법하다고 할 수는 없다.

그러나, 재량권이 영(零)으로 수축하는 경우 경찰권의 불행사는 위법하게 되며 경찰권의 행사가 직무상 손해방지의무에 위반하는 경우에는 위법하고 과실이 있어 국가배상책임을 인정할 수 있다(전술한 대판 1998. 8. 25, 98다16890 참조).

Ⅴ. 경찰책임의 원칙[2002 입시 약술]

1. 경찰책임의 의의

경찰책임(警察責任)이란 경찰상 위해의 발생에 대한 책임을 말한다.

발생된 위해를 제거하기 위한 경찰권의 행사는 원칙상 경찰책임이 있는 자에게 행하여져야 한다. 이를 경찰책임의 원칙이라 한다. 그러나, 경찰책임자에 대한 경찰권의 발동이 어려운 경우에는 예외적으로 경찰책임이 없는 자에게도 경찰권이 발동될 수 있다.

법률유보의 원칙에 따라 경찰책임을 지우는 경찰권 발동은 법률로 규정되어야 한다.

경찰책임의 이론은 경찰권 발동의 대상자를 법률로 정하는 경우에 그 입법의 기준이 된다. 그런데, 경찰권 발동의 대상을 규정하는 법률의 규정이 추상적으로 규정되어 있거나, 일반적 수권조항의 경우 또는 개별적 수권조항의 경우에도 경찰권 발동의 대상자를 백지로 규정하고 있는 경우가 있을 수 있고, 이 경우에는 해석에 의해 경찰권 발동의 대상자를 정하여야 하고 이 해석에 있어서 경찰책임의 이론이 해석기준이 된다.

경찰책임에는 행위책임과 상태책임이 있다. 행위책임과 상태책임에는 1명의 책임자가 있는 경우도 있지만 책임자가 여러 명인 경우도 있다. 후자의 경우를 다수자책임의 문제라고 한다. 또한 행위책임과 상태책임이 경합하는 경우도 있다. 이와 같이 경찰책임자가 여러 명인 경우에 누가 우선적으로 경찰권 발동의 대상이 되는가하는 문제가 제기된다. 그리고, 경찰책임이 타인에게 승계되는가하는 문제와 행정기관이 경찰책임자인 경우에 경찰권 발동의 대상이 될 수 있는가 하는 것이 또한 문제가 된다.

2. 경찰책임의 주체

자연인과 사법인이 경찰책임의 주체가 될 수 있다고 보는 것에는 이견이 없지만 공법인이나 국가기관이 경찰책임의 주체가 될 수 있는가에 관하여는 견해가 대립되고 있다.

(1) 자연인 및 사법인

경찰책임은 경찰책임자의 고의 또는 과실을 요하지 않으므로 행위능력이나 불법행위능력이 없는 자연인(自然人)도 경찰책임자가 될 수 있다. 다만, 행위능력이 없는 경찰책임자에 대한 경찰권의 발동으로 인한 의무부과처분은 법정대리인에게 송달되어야 한다.

사법인(私法人)뿐만 아니라 권리능력 없는 사단도 경찰책임자가 될 수 있다.

(2) 공법인 및 행정기관[2013 행시(일반)]

공법인이나 행정기관이 경찰상 위해의 제거를 위한 경찰권 발동의 대상이 될 수 있는가에 관하여 부정설, 긍정설(제한적 긍정설)이 대립하고 있다.

1) 부 정 설

이 견해는 다른 국가기관에 대한 경찰권 발동을 부정하는 견해이다(홍정선, 1052면). 그 이유는 조직법상 이러한 형식적 경찰책임이 인정된다면 이는 국가나 지방자치단체 또는 다른 공법인에 대한 경찰행정관청의 우위를 인정하는 결과가 되기 때문이라고 한다(김성수, 498면).

2) 긍정설(제한적 긍정설)

이 견해는 경찰기관의 경찰권 발동은 원칙적으로 다른 국가기관에 대해서도 인정되어야 한다고 본다. 다만, 다른 국가기관의 적법한 임무수행을 방해하지 않는 범위 안에서만 경찰기관의 경찰권 발동이 가능하다고 한다(박윤흔, 314~315면). 엄밀히 말하면 이 견해는 제한적 긍정설이라 하는 것이 타당하다. 이 견해의 논거는 모든 국가기관의 활동이 다 동일한 것은 아니므로 개별적인 경우에 있어서 무엇을 우선해야 할 것인가에 대해서는 비교형량의 필요성이 존재하며 이에 따라 경찰행정기관에 의한 목적수행이 우선시되어야 할 필요가 인정될 수 있다는 것이다(류지태, 776면).

3) 결 어

제한적 긍정설이 타당하다. 즉, 경찰권의 발동으로 달성되는 공익이 다른 국가기관의 업무수행으로 인한 공익보다 훨씬 큰 경우에는 국가기관 등에 대한 경찰책임을 인정하는 것이 타당하다.

예를 들어 시에서 운영하는 쓰레기처리장으로부터 심한 악취가 나서 인근주민의 생활과 건강에 침해를 가하고 있는 경우 시의 경찰책임이 인정된다. 인근주민은 민사상 방해배제청구, 공법상 결과제거청구 및 국가배상청구를 통하여 권리구제를 받을 수 있을 것이다.

3. 행위책임[2010 행시(일반행정) 사례]

(1) 행위책임의 개념	(5) 인과관계
(2) 행 위	1) 학 설
(3) 타인의 행위에 대한 책임 여부	2) 직접원인의 판단기준
(4) 주관적 책임요건(고의·과실)의 불요	

(1) 행위책임의 개념

행위책임(行爲責任)이라 함은 자기 또는 자기의 보호·감독하에 있는 사람의 행위로 인하여 질서위반의 상태가 발생한 경우에 지는 경찰상의 책임을 말한다.

경찰상 행위책임은 민사책임이나 형사책임과는 다른 내용을 갖는다. ① 경찰상 행위책임은 민사책임이나 형사책임과 달리 행위자의 의사능력, 행위능력 및 과실 여부를 묻지 않고 인정되는 책임이다. ② 경찰상 행위책임에 있어서의 인과관계는 민사책임에서의 상당인과관계와는 다르다.

(2) 행 위

경찰상 위해의 상태를 발생시킨 행위는 작위뿐만 아니라 부작위도 포함한다.

(3) 타인의 행위에 대한 책임 여부

타인(他人)을 보호 또는 감독하는 자(지배자)는 피보호자 또는 피감독자(피지배자)의 행위로 인하여 생긴 질서위반의 상태에 대하여 경찰상 책임을 진다.

예컨대, 자녀의 행위에 대하여 보호자가, 그리고 사용인의 행위에 대하여 사업주가 책임을 지도록 규정된 경우가 있다.

타인의 행위에 대하여 경찰책임이 인정되는 경우에도 행위자의 경찰책임이 면제되는 것은 아니다. 즉, 실제의 행위자와 감독자가 동시에 경찰책임을 진다.

예컨대, 주유소의 종업원이 부정휘발유를 판매한 경우에 종업원은 행정벌을 받게 되고, 사업자도 행정벌과 함께 영업정지처분을 받도록 규정되어 있는 경우가 있다.

경찰책임자는 법률로 정하여야 한다. 따라서 타인의 행위에 대하여 책임을 지도록 하는 경우에는 법률에 근거가 있어야 한다.

(4) 주관적 책임요건(고의·과실)의 불요

경찰책임의 경우 행위자인 피감독자나 감독자의 고의 또는 과실은 원칙상 그 요건이 되지 않는다.

타인의 행위에 대한 보호자 또는 감독자의 경찰책임은 민사상의 사용자나 후견인의 책임과 달리 보호자 또는 감독자의 감독과실을 요하지 않는다. 피감독자의 고의나 과실을 요하지도 않는다.

(5) 인과관계

경찰책임이 인정되기 위하여는 발생된 경찰상의 위해와 책임자의 행위(타인의 행위로 인한 책임의 경우에는 피감독자의 행위) 사이에 인과관계(因果關係)가 존재하여야 한다.

1) 학 설

경찰책임상의 인과관계에 관한 학설로 직접원인설, 조건설, 상당인과관계설 등이 있는데, 현재의 일반적 견해는 직접원인설이다.

직접원인설(直接原因說)이란 원칙적으로 경찰위반상태를 직접 야기한 행위자만이 경찰책임을 지고 간접적인 원인제공자는 경찰책임을 지지 않는다는 견해이다.

2) 직접원인의 판단기준

직접원인의 판단기준은 책임의 일반이론, 관계 기본권의 보장 및 경찰행정 목적의 달성을 고려하여 결정되어야 할 것이다.

① 경찰 위반상태에 대한 행위자의 원인의 중대성이 고려되어야 한다. 경찰위반상태에 대하여 단순히 조건을 제공하거나 원인을 제공한 자를 경찰책임자로 보아서는 안 될 것이다.

② 발생된 경찰 위반의 상태의 중대성 및 긴급성과 행위자에게 경찰행정목적을 달성하기 위하여 위해의 제거의무를 부과하는 것의 타당성이 고려되어야 한다.

예컨대, 쇼윈도에 통행인의 주의를 크게 끄는 진열을 한 것이 원인이 되어 많은 사람이 몰려듦으로써 인근 도로의 교통에 장해가 초래된 경우에 교통장해가 그다지 중대하지 않거나 교통의 장해를 예방하기 위하여 점포주에게 경찰책임을 지우지 않고도 교통의 장해를 예방할 수 있는 경우에는 점포주의 영업의 자유를 고려하여 점포주를 경찰책임자로 보아서는 안 될 것이다.

③ 경찰권 발동으로 인한 기본권의 제한 여부 및 정도를 고려하여 경찰권의 발동으로 그 상대방의 기본권이 지나치게 침해되어서는 안 될 것이다.

예를 들면, 난동이 일어날 가능성이 있는 프로축구시합을 개최한 자에게 경찰책임을 지우는 것은 개최자의 영업의 자유를 지나치게 침해하는 결과를 가져올 수 있다. 그리하여 중대한 난동이 일어날 가능성이 농후하였고, 개최자가 난동을 방지하기 위하여 필요한 조치를 소홀히 한 극히 예외적인 경우를 제외하고는 난동이 일어났다고 하여 개최자에게 경찰책임을 지우는 것은 타당하지 않다.

4. 상태책임

(1) 상태책임의 의의	2) 소유권자
(2) 상태책임의 주체	(3) 상태책임의 요건 및 한계
1) 사실상 지배력을 미치고 있는 자	

(1) 상태책임의 의의

상태책임(狀態責任)이라 함은 물건의 소유자 및 물건을 사실상 지배하는 자가 그의 지배범위 안에서 그 물건으로부터 경찰 위반의 상태가 발생한 경우에 지게 되는 책임을 말한다.

(2) 상태책임의 주체

상태책임의 주체는 경찰상 위해를 야기하고 있는 물건의 소유자, 당해 물건에 대하여 **사실상 지배력을 미치고 있는 자**이다.

1) 사실상 지배력을 미치고 있는 자

점유자뿐만 아니라 물건에 대한 권원의 유무와 관계 없이 물건을 현실적으로 지배하고 있는 자에게도 상태책임이 인정된다.

2) 소유권자

물건의 소유권자는 통상 2차적인 책임자가 된다. 다만, 물건이 도난된 경우와 같이 사실상 지배력을 미치고 있는 자가 소유자의 의사와 관계 없이 지배력을 행사하고 있는 경우에는 소유권자는 상태책임을 지지 않는다고 보아야 한다.

소유권을 포기한 경우 원칙상 경찰책임에서 배제되지만 예외적으로 그 포기가 경찰책임을 면하기 위한 것인 경우에는 소유권자의 상태책임이 배제되지 않는다. 그러나, 경찰책임을 면하기 위한 경우뿐만 아니라 소유권의 포기 당시 경찰상 위해가 이미 발생하고 있었던 때에도 소유권자의 경찰책임은 면제되지 않는다고 보아야 한다. 그 이유는 경찰책임은 공법상 책임이므로 명문의 근거없이 경찰책임자의 일방적 의사에 의해 그 책임이 면제될 수는 없다고 보아야 하기 때문이다.

(3) 상태책임의 요건 및 한계

① 상태책임이 인정되기 위하여는 물건의 상태가 경찰상 위해를 야기하고 있어야 한다.

② 원칙상 경찰상 위해의 발생원인에 관계 없이 상태책임이 인정된다. 그 이유는 당해 물건의 이용으로부터 일정한 이익을 얻은 때에는 이러한 이용과 연계되어 있는 불이익에 대해서도 책임을 져야 하기 때문이다(류지태, 781면).

③ 그러나, 소유권자 등이 감당하여야 할 위험영역을 넘는 비정형적인(소유권자 등에게 전혀 책임이 없는) 사건에 의하여 당해 물건이 경찰상 위해를 야기하고 있는 경우에는 소유권자 등의 상태책임이 배제되는 것으로 보아야 한다.

> 자연재해 등 불가항력에 의한 경우, 제3자의 행위에 의한 경우 등이 이에 해당할 수 있다. 예를 들면, 유조차의 전복으로 인근토지가 오염되고 지하수의 수질오염의 위험을 야기하고 있는 경우 당해 토지의 소유자는 상태책임을 지지 않는다. 소유권자 등이 감당하여야 할 위험영역을 넘는 비정상적인(소유권자 등에게 전혀 책임이 없는) 사건에 의하여 당해 물건이 경찰상 위해를 야기하고 있는 경우에는 소유권자 등의 상태책임이 배제되는 것으로 보아야 하므로 소유권자 등의 책임없이 제3자에 의해 오염된 토지를 정화할(오염을 제거할) 경찰책임은 없다고 볼 수 있다. 그렇지만, 자신의 오염된 토지를 사실상 지배하는 자로서 최소한 인근 토지나 지하수에 대한 오염을 방지할 경찰책임(상태책임)은 진다고 보는 것이 타당하다. 그리고, 후술하는 바와 같이 긴급한 경우에는 전혀 책임이 없는 경우에도 경찰책임을 인정할 수 있는데, 인근 지하수를 오염시키는 것은 긴급한 경우라고 볼 수도 있다. 이 경우 법적 근거가 있으면 토지의 정화책임도 부과할 수 있다(정남철, 경찰작용과 손실보상, 행정법연구 제41호(2015.2.), 147면 이하 참조).

다만, 후술하는 바와 같이 경찰상 긴급한 경우에 예외가 인정될 수 있다.

④ 애초에는 물건의 상태가 경찰상 위해를 야기하지 않았으나 물건의 소유자나 점유자의 귀책사유 없는 사정변경에 의해 공공의 안녕과 질서에 위해를 가하게 된 경우에 당해 물건의 소유자나 점유자는 상태책임을 지는가하는 것이 문제된다. 이것이 바로 잠재적 위험의 실현에 대한 경찰책임의 문제이다.

> 예를 들면, 주거지로부터 멀리 떨어진 곳에서 양돈업을 운영하고 있었는데, 인근에 택지가 개발되면서 주택들이 들어서게 되어 인근 주민의 위생에 위해를 가하게 된 경우 등에 기존 양돈업자에 대하여 조업중단명

령을 내릴 수 있는가 하는 것이 문제된다.

이 경우에도 경찰책임을 인정하는 것이 타당하다. 왜냐하면, 상태책임은 지배권자의 귀책사유와 관계 없이 현재의 물건의 상태로 인하여 경찰상 위해가 발생된 경우에 인정되는 것이어야 하기 때문이다.

5. 다수자책임(복합적 책임)

경찰책임자가 다수인 경우에 누구에게 경찰권을 발동할 것인가 하는 문제(다수자 책임의 문제)가 제기된다.

다수자책임(多數者責任)의 문제는 경찰상 위해가 다수인의 행위에 의해 야기되거나 행위책임과 상태책임이 경합되는 경우 등에 제기된다.

(1) 경찰권발동 대상자의 결정

경찰책임자가 다수인 경우에는 경찰상 위해제거의 효율성과 비례의 원칙을 고려하여 경찰권 발동의 대상자를 결정하여야 한다.

① 일차적으로는 경찰상 위해제거의 효율성을 고려하여야 한다. 따라서, 경찰권 발동을 누구에게 할 것인가는 원칙적으로 경찰권 발동자의 재량에 속한다.

② 이차적으로 경찰상 위해에 보다 중요한 원인을 제공한 자에게 우선적으로 경찰권이 행사되어야 한다.

이러한 측면에서 행위책임과 상태책임이 경합하는 경우에는 우선적으로 행위책임자에 대하여 경찰권이 발동되어야 하고, 동일인이 복합적인 책임을 지는 경우에는 하나의 책임을 지는 자보다는 복합적 책임을 지는 자가 우선적으로 경찰권 발동의 대상이 되어야 한다.

(2) 다수책임자 사이의 비용부담: 비용상환청구권

다수책임자의 경우에 경찰권발동이 적법한 경우에 경찰책임의 이행에 드는 비용의 부담을 어떻게 할 것인가, 달리 말하면 민법상의 사무관리규정이나 연대채무에 기한 비용상환청구권이 인정될 것인가하는 문제가 제기된다.

이에 관하여는 긍정설, 부정설과 절충설이 대립되고 있다.[7)]

생각건대, 긍정설이 타당하며 그 논거는 다음과 같다. 다수책임자 사이의 비용부담의 문제는 책임분담의 원리에 따라 결정되는 것이 정의의 원칙에 비추어 타당하다. 즉, 다수책임자 사이의 비용부담은 민법상의 연대채무자 사이의 책임분담의 법리를 유추적용하여 원인행위의 중대성과 경찰상 위해의 발생에 대한 기여의 정도에 비례하여 분배하고 원인행위의 중대성과 경찰상 위해의 발생에 대한 기여의 정도에 대한 입증이 어려운 경우에는 동일하게 비용을 분담하여야 할 것이다.

---

7) 긍정설 및 부정설의 논거에 관하여는 박상희·서정범, 73~75면 참조.

6. 긴급시 경찰비책임자에 대한 경찰권 발동

(1) 의 의

경찰상 위해나 장애에 직접 책임이 없는 제3자(경찰비책임자)에 대하여 경찰권이 발동될 수 있는가 하는 문제가 제기된다. 경찰목적의 달성과 제3자인 국민의 권익의 보호를 모두 고려하여야 하므로 경찰상 긴급성이 있어야 하고, 비례의 원칙에 따라 법률의 근거하에 인정하여야 할 것이며 경찰권 발동으로 제3자에게 특별한 손실이 발생한 경우에는 손실보상을 해 주어야 한다.

(2) 요 건

1) 경찰상 긴급상태

경찰상 긴급상태(緊急狀態)의 경우에 한하여 행위책임이나 상태책임이 없는 제3자의 경찰책임을 인정하여야 할 것이다.

2) 비례의 원칙

제3자에게 경찰권을 발동하는 경우에는 비례의 원칙에 따라야 한다. 따라서, 경찰행정기관 및 경찰책임자에 의해 경찰상 위해나 장애를 제거할 수 없어야 하고, 경찰상 위해나 장애를 제거할 필요성이 경찰권의 발동으로 제3자가 입게 되는 불이익보다 커야 한다.

3) 법률의 근거

제3자에 대한 경찰권의 발동에는 **법률의 근거가 있어야 한다.** 원칙상 개별법에 근거가 있어야 하지만, 예외적으로 일반조항에 근거하여서도 인정될 수 있을 것이다.

이에 대하여 가장 전형적인 권력작용인 경찰권은 개괄조항에 의하여서는 비책임자인 제3자에 대하여 발동할 수 없다고 보아야 한다는 반대견해가 있다(박윤흔, 314면).

(3) 손실보상

제3자에 대한 경찰권의 발동으로 제3자가 특별한 손실을 입은 경우에 그 손실을 보상해 주어야 한다.

7. 경찰책임(경찰의무)의 승계[2000 사시 사례]

경찰책임자가 사망하거나 영업 또는 물건을 양도한 경우에 경찰상 책임이 상속인이나 양수인에게 이전되는가 하는 문제가 제기된다.

(1) 행위책임의 승계문제

행위책임은 인적 성질의 책임이고 공법상 책임이므로 원칙상 양수인에게 양도가 인정되지 않는다고 보아야 한다. 부정설이 다수설이며 타당하다. 다만, 상속은 포괄적인 승계이므로 행위책임도 원칙상 상속인에게 승계된다고 보아야 할 것이다.

이에 대하여 경찰상 의무가 대체가능한 경우에는 법률의 근거가 있는 경우에 승계가 가능하다고 보는 견해가 있다(정하중, 1147면).

행정법규 위반이 제재처분의 대상이 되거나 가중요건이 되는 경우에 이러한 행정법규 위반이라는 사실이 영업의 양수인에게 이전되는가하는 문제도 경찰책임(경찰의무)의 승계문제로 보는 견해가 많으나, 이는 행정법규 위반효과의 이전이라는 별도의 문제로 보는 것이 타당하다(전술 영업허가의 양도와 제재사유의 승계 참조).

(2) 상태책임의 승계문제

1) 긍 정 설

소유권을 양도하거나 포기한 자는 원칙상 상태책임을 면하고, 양수인이 상태책임을 진다는 견해이다. 이 견해가 다수견해이다(류지태, 홍정선, 1059면).

그 논거는 상태책임은 물적 책임의 성질을 가지므로 물건의 이전과 함께 경찰책임도 이전된다는 데 두고 있다.

2) 승계규범필요설

일반적인 승계가능성 외에 승계요건을 정한 승계규범이 있어야 상태책임이 승계된다는 견해이다. 승계가능성에 있어서 상태책임은 승계가 가능하고, 행위책임은 경찰하명에 의해 부과된 의무가 대체적 성격이 있으면 승계가능성이 인정되고, 일신전속적인 성격이 있으면 승계가능성이 부인된다고 본다. 그리고, 경찰책임의 승계에는 법률의 근거가 있어야 하고, 법률이 정한 승계요건을 충족하여야 한다고 본다. 다만, 포괄승계의 경우에는 상속에 관한 민법 제997조, 제1005조를 일반적 법사상의 표현으로 유추적용할 수 있다고 본다(정하중, 1148면).

3) 개별적 결정설

포괄승계와 특별승계, 구체적 책임(경찰책임이 경찰처분에 의해 구체화되어 있는 경우)의 승계와 추상적 책임(경찰처분에 의해 구체화되지 않은 법령상의 책임)의 승계를 구별하여 개별적으로 판단하여야 한다는 견해이다. 추상적 책임은 승계되지 않는다고 한다(김남진, 275면).

4) 사견(신규책임설)

상태책임은 물적 책임이므로 양수인은 양수 후에 경찰상 위해가 계속되는 한 상태책임을 진다고 보아야 한다. 그러나, 이 경우에 양수인이 상태책임을 지는 것은 양도인의 상태책임을 승계하여 지는 것이 아니라 경찰상 위해가 발생하고 있는 현재 당해 물건을 소유하고 지배하고 있기 때문에 새로이 상태책임을 지는 것이다.

그리고, 양수인이 상태책임을 지는 경우에도 양도인이 상태책임을 면한다고 보는 것은 타당하지 않다. 양도인은 양도 후에도 그가 소유하고 지배하는 동안 발생한 경찰상 위해에 대하여는 여전히 경찰책임을 진다고 보아야 한다. 그 이유는 경찰책임은 공법상 책임이므로 명문의 근거 없이 사인의 의사에 의해 그 책임이 면책적으로 양도될 수는 없다고 보는 것이 타당하기 때문이다.

(3) 법률의 근거 필요 여부

경찰책임(경찰의무)의 승계에는 법률의 근거가 있어야 된다고 보는 견해가 있으나(정하중, 1147~1148면), 행위책임의 승계에는 법률의 근거가 있어야 하나 상태책임은 물적 책임이므로 상태책임의 승계에는 법률의 근거가 없어도 된다고 보는 견해가 타당하다.

8. 경찰권의 발동과 손실보상[2016 사시]

경찰책임이 있는 자에 대한 적법한 경찰권의 발동으로 경찰책임자가 손실을 입어도 원칙상 손실보상을 해 줄 필요가 없다. 왜냐하면, 경찰책임자는 경찰권 발동의 원인을 제공한 자로서 책임을 지는 것이기 때문이다. 다만, 사회통념상 수인한도를 넘는 손실에 대하여는 손실보상을 해 주어야 한다.

경찰책임이 없는 제3자(경찰비책임자)에 대한 경찰권 발동으로 당해 제3자가 특별한 손해를 입은 경우 손실보상을 해 주어야 한다.

> 경찰관직무집행법은 경찰관의 적법한 직무집행으로 인하여 손실발생의 원인에 대하여 책임이 없는 자(비책임자)가 생명·신체 또는 재산상의 손실을 입은 경우(손실발생의 원인에 대하여 책임이 없는 자가 경찰관의 직무집행에 자발적으로 협조하거나 물건을 제공하여 재산상의 손실을 입은 경우를 포함한다) 및 손실발생의 원인에 대하여 책임이 있는 자(경찰책임자)가 자신의 책임에 상응하는 정도를 초과하는 생명·신체 또는 재산상의 손실을 입은 경우에 국가는 정당한 보상을 하여야 한다고 규정하고 있다(제11조의2 제1항). 제1항에 따른 보상을 청구할 수 있는 권리는 손실이 있음을 안 날부터 3년, 손실이 발생한 날부터 5년간 행사하지 아니하면 시효의 완성으로 소멸한다(제2항). 경찰청장, 해양경찰청장, 시·도경찰청장 또는 지방해양경찰청장은 손실보상심의위원회의 심의·의결에 따라 보상금을 지급하고, 거짓 또는 부정한 방법으로 보상금을 받은 사람에 대하여는 해당 보상금을 환수하여야 한다(제4항).

표현위험(외관상 위험)의 경우 표현책임자(표현위험을 야기한 자)는 경찰책임자는 아니다. 표현위험의 경우 표현위험을 고의 또는 과실로 야기한 경우가 아닌 한 경찰권 발동으로 표현책임자가 손해를 입은 경우에는 특별한 희생이므로 손실보상을 해주어야 한다.

비책임자를 보호하기 위하여 행해진 경찰조치로 당해 비책임자에게 손해가 발생한 경우(예 경찰책임없는 자의 주택의 화재를 진압하기 위하여 울타리를 파괴한 경우) 특별한 희생이라고 볼 수 없으므로 손실보상의 대상이 되지 않는다(김병기, 2008. 10. 10, 한국경찰법학회 학술회의 발표문, 17~18면). 손해를 입은 비책임자가 경찰권 발동의 대상이 아닌 제3자의 경우에는 특별한 희생에 해당하는 경우(예 화재시 전선을 끊음으로 인하여 제3자가 입은 특별한 손해) 손실보상의 대상이 된다.

경찰권 발동으로 인한 특별한 희생에 대한 보상규정이 없는 경우에는 보상규정 없는 권리침해의 문제가 된다.

제3장

경제행정법

제 1 절 경제행정법의 의의

경제행정법(經濟行政法)이란 사경제활동에 대한 행정권의 규제와 행정주체가 경제활동을 수행하는 것에 관한 법규정 및 행정권의 행사에 의해 침해된 국민의 권익에 대한 구제제도에 관한 법체계를 의미한다.

제 2 절 자금지원

[문제] A기업과 B기업은 경쟁관계에 있는 기업이다. A기업과 B기업은 국가에 보조금을 신청하였는데 A기업에는 보조금이 지급되고, B기업에는 보조금이 지급되지 않는 것으로 결정되었다. 이 경우에 B기업의 권리구제를 논하시오.

Ⅰ. 의의와 종류

자금지원(資金支援)이란 국가 또는 공공단체 등 행정주체가 공익을 위하여 보조금을 지급하는 등 일정한 금전상 이익을 주는 것을 말한다. 자금지원에는 보조금, 특별융자, 일반자금지원 등이 있다.

보조금이라 함은 국가가 공익 목적을 위하여 사인에게 반대급부 없이 부여하는 금전급부를 말한다.

특별융자는 통상 금융기관을 통하여 행하여진다. 이 경우에 당해 금융기관은 공무를 수탁받아 특별융자를 행하는 것이며 이 경우에는 행정주체의 지위에 선다.

행정실무상 행정지도에 의해 일반은행을 통하여 일반 시중금리에 의해 자금이 지원되는 경우가 있는데 이는 행정법상의 자금지원은 아니며, 이는 전적으로 사법에 의해 규율된다. 이와 같은 행정지도는 아무런 법적 근거도 없는 위법한 행정관행이다.

Ⅱ. 법률유보의 원칙과 자금지원

자금지원에 법률에 근거가 있어야 하느냐, 즉 법률유보(法律留保)의 원칙이 적용되느냐에 관하여 견해가 대립된다.

1. 법률근거필요설

급부의 거부는 자유와 재산의 침해보다 관련 대상자에게 보다 심각한 영향을 줄 수 있으므로 보조금의 지급에도 원칙상 법률의 근거가 있어야 한다고 본다. 다만, 침해행정처럼 구체적이고 세부적인 규율은 필요하지 않다. 그리고, 갑자기 발생하는 재해나 국가전반에 걸친 경제적 위기에 대하여는 행정부의 긴급권을 인정하여 법률의 근거없이 보조금 지급이 가능하다(정하중, 34면).

2. 예산근거설

자금지원에 있어서는 예산상 그 관계항목이 규정되어 있는 한도 내에서는 반드시 개별법의 명시적 근거가 없어도 그에 기한 보조금 기타 자금지원행정은 가능하다고 보는 견해이다(김동희, 617면; 홍정선, 1183면).

3. 개별적 결정설(제한적 법률근거필요설)

적어도 수급자 또는 경쟁자에게 침해적 효과를 가져온다거나 사회형성적 조치에 해당하는 내용의 자금조성에는 법률의 수권이 필요하다고 보는 견해이다(김남진·김연태, 458면).

4. 결 어

오늘날 급부의 중요성에 비추어 **법률근거필요설**이 타당하다. 다만, **다소 포괄적인 근거도 가능**하다고 본다.

「보조금 관리에 관한 법률」(이하 '보조금법'이라 한다)은 지방자치단체에 대한 보조금과 기타 법인 또는 개인의 시설자금이나 운영자금에 대한 보조금을 일반적으로 규율하고 있다.

「지방자치단체 보조금 관리에 관한 법률」(약칭: 지방보조금법)은 지방보조금(지방자치단체가 법령 또는 조례에 따라 다른 지방자치단체, 법인·단체 또는 개인 등이 수행하는 사무 또는 사업 등을 조성하거나 이를 지원하기 위하여 교부하는 보조금 등을 말한다. 다만, 출자금 및 출연금과 국고보조재원에 의한 것으로서 지방자치단체가 교부하는 보조금은 제외한다)을 일반적으로 규율하고 있다.

Ⅲ. 자금지원의 법적 형식

자금지원은 행정행위, 공법상계약, 사법상계약 등 다양한 형식을 통하여 행하여진다. 특정한 경우에 있어서의 자금지원의 법적 성질은 당해 자금지원의 근거법령의 해석 및 자금지원행위의 성질을 고려하여 개별적으로 판단하여야 할 것이다(개별적 결정설).

자금지원의 법적 성질을 논함에 있어서는 보조금과 융자·보증을 구분하여 고찰하는 것이 타당하다.

1. 보조금 지원의 법적 근거 및 성질

『보조금 관리에 관한 법률』의 적용을 받는 보조금은 국가가 교부하는 보조금에 한정된다(제2조 제1호). 따라서 지방자치단체가 교부하는 보조금에 관하여는 위 법의 적용이 없고, 지방재정법 및 지방재정법 시행령 그리고 당해 지방자치단체의 보조금관리조례가 적용될 뿐이다(대판 2011. 6. 9, 2011다2951[대여금]).

보조금법상의 자금지원의 법적 성질에 관하여 견해가 대립하고 있다. 공법상 증여계약이라고 보는 견해(이상규, 460면), 협력을 요하는 쌍방적 행정행위라고 보는 견해(홍정선, 1183면), 공법상 계약이라고 보는 견해(변재옥, 1990면; 강구철, 512면) 및 교부결정은 행정행위이고 보조금의 교부에 관한 구체적 내용은 공법상 계약(예 민자 유치계약) 또는 사법상 계약에 의해 결정된다는 견해(2단계설) 등이 있다.

생각건대, 보조금법상의 보조금(補助金)의 교부행위는 공법행위로 보아야 한다. 보조금법에 의하면 보조금의 교부는 보조금의 신청을 받아 행정청이 결정하는 방식으로 규정하고 있다(제16조, 제17조). 또한, 보조금의 교부 후 사정의 변경으로 특히 필요하다고 인정할 때에는 보조금의 교부결정의 내용을 변경하거나 그 교부결정의 전부 또는 일부를 일방적으로 취소할 수 있는 것으로 규정하고 있다(제21조 제1항). 이러한 규정에 비추어 보조금법상 보조금의 지급결정은 행정행위라고 보는 것이 타당하다. 그리고, 보조금의 지급에 관한 구체적인 사항은 공법상 계약이나 행정행위에 대한 부관으로 정해질 수 있다고 본다. 다만, 보조금법상 보조금의 지급을 행정행위 대신 공법상 계약의 방식에 의해 행하는 것도 법적으로 가능하다고 보아야 한다.

[판례] [1] 지방자치단체의 보조금관리조례 규정과 위 보조금 지급결정이 행정청 재량이 인정되는 수익적 행정행위의 성격을 지니고 있다. [2] 지방자치단체가 보조금 지급결정을 하면서 일정 기한 내에 보조금을 반환하도록 하는 교부조건을 부가한 사안에서, 보조사업자의 지방자치단체에 대한 보조금 반환의무는 행정처분인 위 보조금 지급결정에 부가된 부관상 의무이고, 이러한 부관상 의무는 보조사업자가 지방자치단체에 부담하는 공법상 의무이므로, 보조사업자에 대한 지방자치단체의 보조금반환청구는 공법상 권리관계의 일방 당사자를 상대로 하여 공법상 의무이행을 구하는 청구로서 행정소송법 제3조 제2호에 규정한 당사자소송의 대상이라고 한 사례(대판 2011. 6. 9, 2011다2951[대여금]).

2. 융자와 보증

(1) 사법상 계약설

융자(融資)와 보증(保證)은 사법상 계약에 의해 처리하는 것이 우리의 실무이다.

(2) 공법행위설

공익목적상 주어지는 국가 및 금융기관의 특별융자 및 보증을 행정행위 또는 공법상 계약으로 보는 것이 타당하다는 견해가 있다.[1)]

---

1) 정하중, "자금조성행정의 법적 성격과 행위형식,"『공법연구』, 제28집 제1호, 147면.

이 견해의 논거는 다음과 같다. 융자나 보증의 법률관계를 사법적으로 구성할 경우에는 자금조성에 대한 공법적 통제가 결여되며 특히 신청자는 위법한 거부에 대하여 거의 방어할 수단이 없게 되어 신청자의 권리구제가 어렵게 되므로 융자나 보증의 법률관계를 공법관계로 구성하여 행정주체의 자의를 방지하고 신청자의 권리보호를 도모할 필요가 있다는 것이다.

(3) 결어(개별적 결정설)

특별융자나 보증을 일률적으로 공법관계로 구성하는 것은 타당하지 않다. 특별융자나 보증행위의 법적 성질은 공법행위와 사법행위의 구별이론에 따라 구체적인 경우마다 개별적으로 결정되어야 한다.

일반적으로 말하면 국가가 직접 행하는 특별융자나 보증은 공법행위(행정행위 또는 공법상 계약)로 볼 수 있는 여지가 크고, 금융기관 등 사인이 수탁하여 행하는 특별융자와 보증은 사법상 계약으로 볼 수 있는 여지가 있다.

다만, 특별융자나 보증을 사법상 계약으로 보는 경우에도 당해 사법상 계약은 행정사법행위로 보아야 하고, 따라서 평등원칙 등 일정한 공법원리의 제한을 받는다고 보아야 한다. 이렇게 봄으로써 자의적인 융자나 보증의 거부에 대하여 신청자의 권리가 어느 정도 보호될 수 있다.

Ⅳ. 자금지원의 재량행위성

자금지원이 행정행위의 형식으로 행하여지는 경우 정책적 자금지원 등과 같이 재량행위인 경우도 있으나, 법령상 보조금의 지급조건이 일의적으로 규정된 경우에는 기속행위가 된다. 보조금의 지급이 재량행위인 경우에 재량권의 한계에 관한 일반이론이 적용되는 것은 물론이다.

[판례 1] 보조금 교부조건의 설정을 위한 전제로서 시공업체를 선정한 행위에 법령의 근거가 있어야 하는것은 아니다: 재량행위에는 법령상 근거가 없더라도 부관을 붙일 수 있다(대법원 2002. 1. 25. 선고 2001두3600 판결 등 참조). 피고가 이 사건 사업을 시행하는 과정에서 위와 같은 보조금 교부조건을 설정하고 일정한 심사기준에 따라 시공업체를 선정하는 것은 보조금 교부와 관련하여 행정청에게 주어진 재량을 정당하게 행사하는 행정활동이라고 보아야 한다. 이때 피고가 적용한 심사기준이 객관적으로 불합리하다는 등의 특별한 사정이 없는 이상 그에 따른 선정결정 또는 선정제외결정이 위법하다고 보기는 어렵다. 그런데도 원심은, 피고의 위와 같은 행정활동이 법률의 근거 없이 원고들을 포함한 업체들의 자유로운 계약체결권을 제한하는 조치이어서 위법하다고 판단하였다. 이러한 원심 판단에는 보조금 교부행정에 관한 법리를 오해한 잘못이 있다. 원심은, 행정청이 보조금 교부조건의 설정을 위하여 에너지절감시설(다겹 보온커튼)설치 시공업체를 미리 선정한 행위에 대하여 선정제외된 원고들이 자신들에 대한 선정제외 처분뿐만 아니라 다른 업체들에 대한 선정 및 선정제외들을 포함한 시공업체 선정행위 전체의 취소를 구할 수 있고, 위와 같은 선정행위는 법률의 근거 없이 원고들의 자유로운 계약체결권을 제한하는 것이어서 위법하다고 판단하였다. 대법원은 원고들에 대한 선정제외 처분 외에 다른 업체들에 대한 선정 처분 및 선정제외 처분에 대하여는 원고들에게 이를 다툴 법률상 이익이 인정되지 않고, 보조금 교부조건의 설정을 위하여 시공업체를 미리 선정하는 행위는 행정청의 재량 범위 내에 있는 것이어서 별도로 법률의 근거를 요하지 않는다고 판시하였다(대판 2021.2.4, 2020두48772[시공업체선정처분취소]).

[판례 2] [시내버스 준공영제(수입금 공동관리형)를 시행하면서 버스운송사업자의 운송수입금 부족액의 보전을 위하여 보조금을 지급하고 있는 대구광역시가 버스운송사업자인 원고의 대표이사 등이 업무상 횡령죄 등으로 형사판결을 선고받았다는 이유로, 「대구광역시 시내버스 준공영제 운영지침」 제34조 제2항 제7호의 '경영활동과 관련하여 위법, 부정, 탈루 등의 행위를 한 경우'에 해당한다고 보아 성과이윤 1년분의 지급제한을 통보한 사건] [1] **지방보조금의 교부관청이 보조금의 지급기준과 범위 등에 관한 재량을 행사하기 위해 행정입법 형식으로 세부기준을 정할 수 있는지 여부(적극) 및 그 세부기준에 대한 심사방식:** 보조금의 지급기준과 범위 등을 정함에 관하여는 교부관청인 시장에게 폭넓은 재량이 부여되어 있다고 할 것이다. 피고는 그 재량을 행사하기 위한 준칙으로 조례 시행규칙이나 내부 지침 등 행정입법 형식으로 보조금 교부에 관한 세부기준을 정할 수 있고, 그와 같은 기준은 (재량준칙으로서) 상위법령이나 조례에 반한다거나 객관적으로 합리적이지 않다고 볼 만한 특별한 사정이 없는 한 가급적 존중되어야 한다. [2] 성과이윤은 수혜적 성격이 보다 강한 보조금 항목에 해당할 뿐 아니라 정책목표를 효율적으로 달성하기 위하여 탄력적인 규율을 할 필요도 있다고 할 것이어서, 이에 관한 규정을 해석함에 있어서는 운송비용이나 기본이윤 등에 관한 규정에 비하여 구체성 내지 명확성의 요구가 상대적으로 완화된다고 할 것이다. [3] 성과이윤 지급제한 사유를 정하고 있는 이 사건 운영지침 제34조 제2항 제7호(이하 '이 사건 쟁점조항'이라고 한다)는 성과이윤의 지급기준으로서 지방보조금 교부에 관한 재량행사의 준칙에 해당하므로, 피고는 법령이나 조례의 개별, 구체적인 위임이 없더라도 이를 정할 수 있다고 보아야 한다(대판 2021.11.25, 2020두43449[성과이윤제한처분취소]).

V. 자금지원에 대한 권리

법령에 근거가 있는 자금지원의 경우에는 지급요건을 갖춘 국민은 자금지원을 청구할 권리를 갖는다.

법령에 근거가 없는 자금지원에 있어서는 행정객체인 국민은 자금지원을 청구할 권리는 없지만, 국가의 자의적인 차별취급에 대하여는 불법행위책임을 묻는 등의 법적 구제를 받을 수 있다.

VI. 자금지원에 대한 법적 통제

재량권이 인정되는 자금지원에 있어서 재량통제의 문제가 중요한 과제이다.

자금지원도 법의 일반원칙에 종속된다. 그 중에서도 가장 문제가 되는 것은 평등원칙의 위반 여부 및 경쟁의 자유 침해 여부이다. 경쟁관계에 있는 둘 이상의 기업에 대하여 특정 기업에 대하여 다른 기업과 합리적 이유 없이 차별하여 자금지원을 하지 않는 것은 평등원칙에 반한다. 그리고 이는 자유로운 경쟁원칙에도 반한다. 다만, 경제행정분야에서는 특정 기업의 경제상의 이익이 공익이 되는 경우가 있으므로 합리적 차별인지의 여부의 판단은 다른 분야보다도 어려울 것이다.

VII. 자금지원에 대한 재판적 통제

자금지원에 대한 재판적 통제(裁判的 統制)는 자금지원의 거부에 대한 항고소송의 제기와 자금지원에 대하여 경쟁관계에 있는 자가 제기하는 경쟁자소송이 있다.

1. 자금지원거부의 처분성

자금지원신청권이 있는 자는 자금지원의 거부에 대하여 항고소송을 제기할 수 있다. 그러나, 신청에 대한 거부가 처분이 되기 위하여는 신청자에게 신청권이 있어야 한다는 것이 판례의 입장이므로 판례에 의하면 자금지원신청권이 있는 경우에 한하여 자금지원의 거부에 대하여 항고소송을 제기할 수 있다.

2. 경쟁자의 원고적격

자금지원에 대하여 경쟁관계에 있는 자가 항고소송을 제기할 수 있는가. 판례에 의하면 자금지원의 근거 내지 관계법률이 경쟁관계에 있는 제3자의 개인적인 이익도 보호하는 것을 목적으로 하는 경우에 당해 경쟁관계에 있는 자는 타인에 대한 자금지원에 대하여 항고소송을 제기할 수 있다.

그러나, 처분에 의해 기본권이 침해된 자에게도 당해 처분을 다툴 원고적격이 있다고 보아야 하므로 자금지원이 경쟁의 원칙에 반하고 경쟁관계에 있는 자의 영업에 침해를 가할 개연성이 있는 경우에는 보조금교부에 관한 법률의 보호목적과 관계없이 당해 경쟁관계에 있는 자에게는 당해 자금지원을 다툴 원고적격이 있다고 보아야 한다.

Ⅷ. 보조금 교부결정의 취소와 보조금의 반환

[판례] '보조금의 예산 및 관리에 관한 법률'(이하 '보조금관리법'이라 한다) 제30조 제1항, 제31조 제1항에 의한 보조금 교부결정취소 및 보조금 반환명령은 행정처분이고 그 처분이 있어야 반환의무가 발생하므로, 반환받을 보조금에 대한 징수권은 공법상 권리로서 사법상 채권과는 성질을 달리한다. 따라서 보조금관리법 제33조에서 '반환하여야 할 보조금에 대하여는 국세징수의 예에 따라 이를 징수할 수 있다'고 규정한 것은 보조금의 반환에 대하여는 국세체납처분의 예에 따라 강제징수할 수 있도록 한 것뿐이고, 이를 민사집행법에 의한 강제집행과 국세체납처분에 의한 강제징수 중에서 선택할 수 있도록 허용한 규정이 아니다(대판 2012. 4. 26, 2010도5693).

[문제의 해결] 보조금지급결정이나 거부결정은 처분으로 볼 수 있다.

B기업은 보조금지급거부처분의 취소소송을 제기할 수 있고, 평등원칙 위반을 주장할 수 있다.

B기업이 A기업에 대한 보조금지급결정의 취소를 구할 원고적격이 있는지가 문제된다. 보조금지급의 근거법령이 경쟁관계에 있는 기업의 영업의 자유를 보호법익으로 하고 있으면 B기업에게 A기업에 대한 보조금지급결정의 취소를 구할 원고적격이 있고, 이것이 인정되지 않는 경우에도 B기업은 영업의 자유(경쟁의 자유)라는 기본권이 침해될 개연성이 있는 경우에는 A기업에 대한 보조금지급결정의 취소를 구할 원고적격이 있다.

보조금지급결정은 통상 재량행위이므로 재량권의 일탈·남용이 있어야 위법하다.

제4장

개발행정법

제 1 절 도시계획과 법

제 1 항 도시계획의 의의

도시계획(都市計劃)은 도시에서의 공간의 정비에 관한 계획을 말한다.

군계획은 군(郡)에서의 공간의 정비에 관한 계획을 말한다.

『국토의 계획 및 이용에 관한 법률』(이하 '국토계획법'이라 한다)은 '도시·군계획'을 "특별시·광역시·특별자치시·특별자치도·시 또는 군(광역시의 관할구역 안에 있는 군은 제외한다. 이하 같다)의 관할구역에 대하여 수립하는 공간구조와 발전방향에 대한 계획"이라고 정의하고 있다(제2조 제2호).

법이론상 도시계획과 군계획 사이에 본질적인 차이는 있는 것은 아니다. 따라서 이하에서는 도시계획을 중심으로 논하기로 한다.

제 2 항 도시계획에 관한 법원(法源)

Ⅰ. 일 반 법

도시계획의 수립 및 시행에 관한 사항, 토지이용규제에 관한 사항, 그리고 도시계획시설사업의 시행에 관한 사항 등과 같이 도시계획에 있어 일반적이면서도 기본적인 내용에 대해 규율하고 있는 국토계획법 중의 도시계획에 관한 규정이 도시계획의 일반법이라고 할 수 있다.

Ⅱ. 특 별 법

국토계획법 이외에도 건전한 도시공간의 형성에 영향을 미치는 각종의 특수목적에 의한 특별법이 다수에 이르는데, 토지이용규제기본법, 도시개발법, 주택법, 택지개발촉진법, 도시 및 주거환경정비법, 산업입지 및 개발에 관한 법률, 장사 등에 관한 법률, 개발제한구역의 지정 및 관리에 관한 특별조치법, 공익사업을 위한 토지 등의 취득 및 보상에 관한 법률, 농지법, 산림법, 자연공원법, 도로법, 하천법 등이 있다.

Ⅲ. 기 타

그 밖에 간접적으로 도시계획과 밀접한 관련성을 지니는 법률로는 국토기본법과 수도권정비계획법, 그리고 건축법을 들 수 있다.

『국토기본법』은 국토의 이용·개발·보전에 관한 최상위의 국토기본계획을 규율하고 있다.

『수도권정비계획법』은 수도권정비계획권역 내에서는 동법에서 규정한 권역별 행위제한에 저촉되는 행위를 하여서는 안 되도록 규정되어 있어(제3조, 제7조, 제8조, 제9조), 이 범위에서 국토계획법상의 도시계획에 우선하는 계획법이다.

그리고 『건축법』은 기본적으로 건축물의 안전성을 보장하는 것을 목적으로 하지만, 건축법에 규정된 건축물의 용도분류는 국토계획법상의 지역·지구제의 전제가 된다. 그리고 국토계획법상의 도시계획사항은 건축에 의하여 구체화되므로 건축법은 도시계획과 매우 밀접한 관련성을 지니고 있다. 건축은 건축법뿐만 아니라 국토계획법에 합치하여야 한다.

제 3 항 도시계획의 종류

도시계획은 도시기본계획과 도시관리계획으로 구분하고, 군계획은 군기본계획과 군관리계획으로 구분한다(제2조 제2호).

Ⅰ. 광역도시계획

광역도시계획(廣域都市計劃)이라 함은 광역계획권의 장기발전방향을 제시하는 계획을 말한다. 광역도시계획은 인접한 지방자치단체 상호간의 연계된 공간정비를 가능하게 하기 위하여 인정되었다(제2조 제1호, 제10조).

이 계획은 1개 도시의 차원에서는 해결하기 곤란한 광역교통·환경 등의 광역도시문제를 해결하는 데 그 의의가 있다.

Ⅱ. 도시기본계획

도시·군기본계획(都市基本計劃)이라 함은 특별시·광역시·특별자치시·특별자치도·시 또는 군의 관할구역에 대하여 기본적인 공간구조와 장기발전방향을 제시하는 종합계획으로서 도시·군관리계획 수립의 지침이 되는 계획을 말한다(제2조 제3호).

도시기본계획은 도시관리계획을 입안하는 기관을 구속한다.

그러나, 도시기본계획은 일반 국민에 대하여는 직접적인 구속력을 갖지 않는다. 따라서, 도시기본계획은 항고소송의 대상이 되지 않는다.

[판례 1] 도시기본계획은 도시계획(도시관리계획)입안의 지침이 되는 것에 불과하여 일반 국민에 대한 직접적인 구속력은 없는 것이다(대판 2002. 10. 11, 2000두8226[민영주택사업계획승인신청반려처분취소]).

[판례 2] 구 도시계획법 제19조 제1항 및 도시계획시설결정 당시의 지방자치단체의 도시계획조례에서는, 도시계획(도시관리계획)이 도시기본계획에 부합되어야 한다고 규정하고 있으나, 도시기본계획은 도시의 장기적 개발방향과 미래상을 제시하는 도시계획 입안의 지침이 되는 장기적·종합적인 개발계획으로서 행정청에 대한 직접적인 구속력은 없다(대판 2007. 4. 12, 2005두1893[도시계획시설결정취소]〈원지동 추모공원 사

건〉). 〈평석〉 도시기본계획은 처분을 하는 행정청을 구속하지 않는다는 취지의 판결이다. 달리 말하면 도시기본계획에 위반하였다는 것만으로 처분(처분성 있는 도시관리계획 포함)이 위법하지 않다는 것이다. 그러나, 도시기본계획에 명백히 배치되는 도시관리계획은 위법한 것으로 보는 것이 타당하다. 다만, 도시기본계획은 국민에 대하여는 직접적인 구속력은 갖지 않는다. 예를 들면, 행정청은 도시기본계획에 반한다는 이유로 건축허가를 거부할 수는 없다고 보아야 한다.

Ⅲ. 도시관리계획

1. 의의 및 성질

도시·군관리계획(都市管理計劃)이라 함은 특별시·광역시·특별자치시·특별자치도·시 또는 군의 개발·정비 및 보전을 위하여 수립하는 토지이용, 교통, 환경, 경관, 안전, 산업, 정보통신, 보건, 후생, 안보, 문화 등에 관한 계획을 말한다(제2조 제4호).

도시관리계획에는 ① 용도지역·용도지구의 지정 또는 변경에 관한 계획, ② 개발제한구역, 도시자연공원구역, 시가화조정구역(市街化調整區域), 수산자원보호구역의 지정 또는 변경에 관한 계획, ③ 기반시설의 설치·정비 또는 개량에 관한 계획, ④ 도시개발사업이나 정비사업에 관한 계획, ⑤ 지구단위계획구역의 지정 또는 변경에 관한 계획과 지구단위계획 ⑥ 복합용도구역의 지정 또는 변경에 관한 계획과 복합용도계획, ⑦ 도시·군계획시설입체복합구역의 지정 또는 변경에 관한 계획이 있다(국토계획법 제2조 제4호). "지구단위계획"이란 도시계획 수립 대상지역의 일부에 대하여 토지 이용을 합리화하고 그 기능을 증진시키며 미관을 개선하고 양호한 환경을 확보하며, 그 지역을 체계적·계획적으로 관리하기 위하여 수립하는 도시관리계획을 말한다(제2조 제5호).

도시관리계획은 종전의 도시계획법상 도시계획에 해당하는 것으로 국민에 대하여 직접 구속력을 갖는 구속적 행정계획이다. 도시관리계획은 구속적 행정계획이므로 특별한 규정이 없는 한 건축 등 개발행위허가는 도시관리계획에 합치해야 허용된다. 따라서, 도시관리계획은 항고소송의 대상이 되는 처분이다(행정계획 참조).

도시관리계획은 행정계획으로서 재량행위이다.

[판례] 용도지역지정행위나 용도지역변경행위는 전문적·기술적 판단에 기초하여 행하여지는 일종의 행정계획으로서 재량행위라 할 것이다(대판 2005. 3. 10, 2002두5474[도시계획변경결정취소청구]).

도시관리계획구역 안에서의 토지의 개발 및 이용행위는 도시관리계획에 적합하여야 한다. 즉, 건축 등 토지의 개발 및 이용행위가 허가를 받아야 하는 경우 도시관리계획에 합치할 것이 요건이 된다.

2. 도시관리계획의 입안권자 및 결정권자

(1) 입안권자

도시관리계획의 입안권자는 특별시장·광역시장·특별자치시장·특별자치도지사·시장 또는 군수이다(제24조 제1항).

이와 같이 현행 국토계획법에서는 도시계획분야에서의 자치단체의 자치권을 보장하기 위하여 원칙적으로 자치단체의 장(시장·군수)에게 도시관리계획입안권을 부여하고 있다. 다만, 일정한 경우 예외적으로 국토교통부장관 또는 도지사에게 도시관리계획입안권을 부여하고 있다(제24조 제5항, 제6항).

(2) 결정권자

도시·군관리계획은 원칙상 시·도지사가 직접 또는 시장·군수의 신청에 따라 결정한다. 다만, 「지방자치법」 제175조에 따른 서울특별시와 광역시 및 특별자치시를 제외한 인구 50만 이상의 대도시(이하 "대도시"라 한다)의 경우에는 해당 시장(이하 '대도시 시장'이라 한다)이 직접 결정하고, 시장 또는 군수가 입안한 지구단위계획구역의 지정·변경과 지구단위계획의 수립·변경에 관한 도시·군관리계획은 해당 시장 또는 군수가 직접 결정한다(제29조 제1항).

다만, 국가계획과 관련되어 국토교통부장관이 입안한 도시·군관리계획, 개발제한구역, 시가화조정구역의 지정 또는 변경에 관한 도시·군관리계획은 **국토교통부장관**이 결정한다. 수산자원보호구역의 지정 및 변경에 관한 도시·군관리계획은 **해양수산부장관**이 결정한다(제29조 제2항).

[판례] 후행 도시계획의 결정을 하는 행정청이 선행 도시계획의 결정·변경 등에 관한 권한을 가지고 있지 아니한 경우, 선행 도시계획과 양립할 수 없는 내용이 포함된 후행 도시계획결정의 효력(=무효): 도시계획의 결정·변경 등에 관한 권한을 가진 행정청은 이미 도시계획이 결정·고시된 지역에 대하여도 다른 내용의 도시계획을 결정·고시할 수 있고, 이 때에 후행 도시계획에 선행 도시계획과 서로 양립할 수 없는 내용이 포함되어 있다면, 특별한 사정이 없는 한 선행 도시계획은 후행 도시계획과 같은 내용으로 변경되는 것이나, 후행 도시계획의 결정을 하는 행정청이 선행 도시계획의 결정·변경 등에 관한 권한을 가지고 있지 아니한 경우에 선행 도시계획과 서로 양립할 수 없는 내용이 포함된 후행 도시계획결정을 하는 것은 아무런 권한 없이 선행 도시계획결정을 폐지하고, 양립할 수 없는 새로운 내용이 포함된 후행 도시계획결정을 하는 것으로서, 선행 도시계획결정의 폐지 부분은 권한 없는 자에 의하여 행해진 것으로서 무효이고, 같은 대상지역에 대하여 선행 도시계획결정이 적법하게 폐지되지 아니한 상태에서 그 위에 다시 한 후행 도시계획결정 역시 위법하고, 그 하자는 중대하고도 명백하여 다른 특별한 사정이 없는 한 무효라고 보아야 한다(대판 2000. 9. 8, 99두11257).

3. 도시관리계획결정의 의제

다른 법률에서 일정한 인·허가가 있는 경우에는 도시관리계획의 결정이 있는 것으로 보는 것으로 규정하고 있는 경우가 있다. ① 주택건설사업 또는 대지조성사업의 사업계획승인을 얻은 경우(주택법 제17조 제1항), ② 택지개발사업실시계획승인을 얻은 경우(택지개발촉진법 제11조 제1항) 등.

이와 같이 의제되는 도시관리계획의 결정에는 새로운 도시관리계획의 결정뿐만 아니라 기존의 도시관리계획을 변경하는 결정도 포함된다. 따라서, 그 인·허가의 내용이 기존의 도시관리계획의 내용과 다른 경우에는 기존의 도시관리계획은 그 인·허가의 내용대로 적법하게 변경된 것으로 보아야 한다(대판 1995. 5. 12, 93누19047).

4. 도시관리계획결정의 효력 [2022 행시]

도시·군관리계획 결정의 효력은 지형도면을 고시한 날부터 발생한다(제31조 제1항).

[판례] 가축분뇨법에 따라 가축의 사육을 제한하기 위해서는 원칙적으로 시장·군수·구청장이 조례가 정하는 바에 따라 일정한 구역을 가축사육 제한구역으로 지정하여 토지이용규제 기본법에서 정한 바에 따라 지형도면을 작성·고시하여야 하고, 이러한 지형도면 작성·고시 전에는 가축사육 제한구역 지정의 효력이 발생하지 아니한다(대판 2020. 12. 24, 2020두46769).

도시관리계획이 결정되면 그에 따라 토지이용에 대하여 여러 제한이 가해진다.

개발행위를 행함에 있어 개발행위허가를 받아야 하는 경우에 당해 개발행위가 도시관리계획의 내용에 어긋나지 아니할 것이 개발행위허가의 하나의 요건이 되고 있다(제58조 제1항 제2호). 그 이외에도 도시관리계획은 개발행위허가의 고려사항이 된다.

도시관리계획 중 지역·지구·구역의 지정목적에 따라 지역·지구·구역 안에서의 건축 등의 토지이용행위에 대하여 후술하는 바와 같이 제한이 가해진다(제76조).

특별시장·광역시장·시장 또는 군수는 도시계획시설의 설치장소로 결정된 지상·수상·공중·수중 또는 지하에 대하여는 당해 도시계획시설이 아닌 건축물의 건축이나 공작물의 설치를 허가하여서는 아니 된다. 다만, 대통령령이 정하는 경우에는 그러하지 아니하다(제64조 제1항).

이와 같이 도시관리계획이 수립되면 국민의 권리가 직접 제한되므로 도시관리계획은 항고소송의 대상이 되는 처분이라고 보아야 한다. 판례도 도시관리계획을 처분으로 보고 있다(대판 1982. 3. 9, 80누105[도시계획변경처분취소]).

제 4 항 도시계획의 지위

도시·군계획은 특별시·광역시·특별자치시·특별자치도·시 또는 군의 관할구역에서 수립되는 다른 법률에 따른 토지의 이용·개발 및 보전에 관한 계획의 기본이 된다(제4조 제1항).

특별시장·광역시장·특별자치시장·특별자치도지사·시장 또는 군수(광역시의 관할구역에 있는 군의 군수는 제외한다. 이하 같다. 다만, 제113조, 제117조부터 제124조까지, 제124조의2, 제125조, 제126조, 제133조, 제136조, 제138조 제1항, 제139조 제1항 및 제2항에서는 광역시의 관할구역에 있는 군의 군수를 포함한다)가 관할구역에 대하여 다른 법률에 따른 환경·교통·수도·하수도·주택 등에 관한 부문별 계획을 수립할 때에는 도시·군기본계획의 내용에 부합되게 하여야 한다(제4항).

중앙행정기관의 장이나 지방자치단체의 장은 다른 법률에 따라 토지 이용에 관한 지역·지구·구역 또는 구획 등(이하 이 조에서 '구역 등'이라 한다)을 지정하려면 그 구역 등의 지정목적이 이 법에 따른 용도지역·용도지구 및 용도구역의 지정목적에 부합되도록 하여야 한다(제8조 제1항).

광역도시계획이 수립되어 있는 지역에 대하여 수립하는 도시·군기본계획은 그 광역도시계획에 부합되어야 하며, 도시·군기본계획의 내용이 광역도시계획의 내용과 다를 때에는 광역도시계획의 내용이 우선한다(제4조 제3항).

국가계획의 내용이 도시·군계획의 내용과 다른 경우에는 국가계획의 내용이 우선한다(제4조 제2항).

도시관리계획은 광역도시계획과 도시·군기본계획에 부합되어야 한다(제25조 제1항).

제 5 항 지역·지구·구역제

Ⅰ. 지역지구구역제의 의의

지역지구구역제(地域地區區域制, 이하 '지역지구제'라 한다)라 함은 도시지역을 공간적으로 구분하여 토지의 용도와 형태를 규제하는 제도를 말한다.

토지의 용도 중에는 상호 양립이 어려운 것도 있고, 도시의 공간을 조화롭고 균형 있게 개발할 필요가 있기 때문에 지역지구제가 도입되고 있다.

지역지구제(zoning)에는 용도지역, 용도지구, 용도구역이 있다.

용도지역, 용도지구, 용도구역은 원칙상 국토계획법에 따라 도시관리계획으로 결정된다. 다른 법률에 의하여 토지이용에 관한 지역·지구·구역 또는 구획 등이 지정되는 경우가 있는데, 이 경우에는 당해 구역 등의 지정목적이 국토계획법에 의한 용도지역·용도지구 및 용도구역의 지정목적에 부합되도록 하여야 한다(제8조 제1항).

Ⅱ. 국토계획법에 의한 용도지역

1. 용도지역의 의의

'용도지역(用途地域)'이라 함은 토지의 이용 및 건축물의 용도·건폐율(건축법 제55조의 건폐율)·용적률(건축법 제56조의 용적률)·높이 등을 제한함으로써 토지를 경제적·효율적으로 이용하고 공공복리의 증진을 도모하기 위하여 서로 중복되지 아니하게 도시·군관리계획으로 결정하는 지역을 말한다(제2조 제15호).

용도지역은 도시계획구역 전체를 대상으로 하며 도시계획구역의 한 지역은 반드시 하나의 용도지역에 속하여야 하며 용도지역은 중복되어 지정될 수 없다.

2. 용도지역의 종류

도시관리계획에 의해 획정되는 용도지역으로는 도시지역, 관리지역, 농림지역, 자연환경보전지역이 있다. 이들 용도지역은 토지의 이용실태 및 특성, 장래의 토지이용방향 등을 고려하여 구분된다(제6조).

(1) 도시지역

도시지역(都市地域)은 인구와 산업이 밀집되어 있거나 밀집이 예상되어 당해 지역에 대하여 체계적인 개발·정비·관리·보전 등이 필요한 지역을 말한다(제6조 제1호). 도시지역은 주거지역, 상업지역, 공업지역, 녹지지역으로 구분된다(제36조 제1항 제1호).

[판례] 도시계획구역 안에서의 녹지지역은 보건위생·공해방지, 보안과 도시의 무질서한 확산을 방지하기 위하여 녹지의 보전이 필요한 때에 지정되고, 그 중 보전녹지지역은 도시의 자연환경·경관·수림 및 녹지를 보전할 필요가 있을 때에, 자연녹지지역은 녹지공간의 보전을 해하지 아니하는 범위 안에서 제한적 개발이 불가피할 때 각 지정되는 것이다(대판 2005. 3. 10, 2002두5474[도시계획변경결정취소청구]).

(2) 관리지역

관리지역(管理地域)이라 함은 도시지역의 인구와 산업을 수용하기 위하여 도시지역에 준하여 체계적으로 관리하거나 농림업의 진흥, 자연환경 또는 산림의 보전을 위하여 농림지역 또는 자연환경보전지역에 준하여 관리가 필요한 지역을 말한다(제6조 제2호). 관리지역은 보전관리지역, 생산관리지역, 계획관리지역으로 구분된다(제36조 제1항 제2호).

(3) 농림지역

농림지역(農林地域)이라 함은 도시지역에 속하지 아니하는 농지법에 따른 농업진흥지역 또는 산지관리법에 따른 보전산지 등으로서 농림업을 진흥시키고 산림을 보전하기 위하여 필요한 지역을 말한다(제6조 제3호).

(4) 자연환경보전지역

자연환경보전지역(自然環境保全地域)이라 함은 자연환경·수자원·해안·생태계·상수원 및 문화재의 보전과 수산자원의 보호·육성 등을 위하여 필요한 지역을 말한다(제6조 제4호).

3. 용도지역 안에서의 건축 등 행위제한

각 용도지역에서는 원칙상 용도지역의 지정목적에 합치하는 개발행위만이 허용되며 그 지정목적에 반하는 건축 등 행위는 제한된다(제76조). 용도지역 안에서의 행위제한에의 해당 여부의 판단에는 원칙상 행정청에게 재량이나 판단여지가 인정되지 않는다.

용도지역 안에서의 행위제한(行爲制限)에는 용도제한과 형태제한이 있다.

우리나라의 용도지역에서의 용도제한은 복수의 용도가 혼재하는 것을 다소 널리 허용하고 있다. 예를 들면, 제1종 전용주거지역에 점포가 딸린 주택이나 아파트가 건축될 수 있다.

형태제한에는 건폐율, 용적률, 높이제한 등이 있다(제77조, 제78조 등).

Ⅲ. 용도지구

1. 의 의

'용도지구(用途地區)'라 함은 토지의 이용 및 건축물의 용도·건폐율·용적률·높이 등에 대한 용도지역의 제한을 강화하거나 완화하여 적용함으로써 용도지역의 기능을 증진시키고 미관·경관·안전 등을 도모하기 위하여 도시·군관리계획으로 결정하는 지역을 말한다(제2조 제16호).

용도지구는 용도지역과 달리 도시계획구역 전체에 대하여 지정되어야 하는 것은 아니며 지정이 필요한 지역에 한하여 지정되며 동일지역에 서로 양립할 수 없는 지구가 아닌 한 둘 이상의 용도지구가 지정될 수 있다.

2. 종　　류

용도지구의 지정·변경도 도시관리계획의 한 종류로서 그 결정권자인 국토교통부장관 또는 시·도지사, 대도시 시장이 결정한다.

현행 국토계획법에서 정하고 있는 용도지구로는 경관지구, 고도지구, 방화지구, 방재지구, 보호지구, 취락지구, 개발진흥지구, 특정용도제한지구, 복합용도지구, 그 밖에 대통령령으로 정하는 지구가 있다(제37조 제1항).

3. 용도지구에서의 건축제한

용도지구에서는 건축물의 용도, 용적률, 건폐율, 높이에 대한 제한뿐만 아니라 용도지구의 종류에 따라 건축물의 형태, 색채, 대지의 최소너비, 대지 안의 공지, 대지 안의 조경 등에 대하여도 제한이 가해진다. 용도지구 내에서의 행위제한의 내용은 용도지구의 지정목적에 적합하여야 한다(제76조).

Ⅳ. 용도구역

'용도구역(用途區域)'이라 함은 토지의 이용 및 건축물의 용도·건폐율·용적률·높이 등에 대한 용도지역 및 용도지구의 제한을 강화하거나 완화하여 따로 정함으로써 시가지의 무질서한 확산방지, 계획적이고 단계적인 토지이용의 도모, 혁신적이고 복합적인 토지활용의 촉진, 토지이용의 종합적 조정·관리 등을 위하여 도시·군관리계획으로 결정하는 지역을 말한다(제2조 제17호).

용도구역은 용도지구와 같이 지정이 필요한 지역에 한하여 지정되지만, 각 구역의 지정목적이 전혀 다르므로 용도지구와 달리 동일한 지역에 구역이 중복지정될 수는 없다.

현행법상 용도구역에는 개발제한구역, 도시자연공원구역, 시가화조정구역 및 수산자원보호구역, 도시혁신구역, 복합용도구역, 입체복합구역이 있다.

1. 개발제한구역

[문제] 1. 개발제한구역의 지정으로 갑이 소유하고 있는 나대지(대지이지만 건축이 되어 있지 않은 빈 땅)가 개발제한구역에 들어간 경우 갑의 권리구제수단을 논하시오(매수청구제도가 도입되어 있다).
2. 갑 등의 개발제한구역해제신청으로 개발제한구역이 해제된 경우에 인근주민은 이 해제조치를 다툴 수 있는가.

(1) 개발제한구역의 의의

개발제한구역(開發制限區域)이라 함은 도시의 무질서한 확산을 막고, 도시민의 건전한 생활환경을 확보하기 위하여 도시주변에 지정되는 개발이 제한되는 지역을 말한다.

(2) 개발제한구역의 법적 근거

개발제한구역의 근거는 국토계획법에 있지만(제2조 제4호, 제38조), 국토계획법은 개발제한구역에 관한 규율을 별도의 법률로 정하도록 하고 있고(제38조 제2항), 이에 따라 제정된 『개발제한구역의 지정 및 관리에 관한 특별조치법』(이하 '개발제한구역법'이라 한다)이 개발제한구역의 지정 및 해제와 개발제한구역에서의 행위제한, 주민에 대한 지원, 토지의 매수 기타 개발제한구역의 관리를 위하여 필요한 사항을 규정하고 있다.

개발제한구역에 관하여는 우선 개발제한구역법이 적용되며 개발제한구역은 도시관리계획의 하나이므로 개발제한구역법이 적용되지 않는 사항에 관하여는 국토계획법이 적용된다.

[판례] 국토계획법과 개발제한구역법 규정의 체계와 내용, 위 법률들의 입법취지와 목적 등을 종합하여 보면, 개발제한구역에서의 행위 제한에 관하여는 개발제한구역법이 국토계획법에 대하여 특별법의 관계에 있다고 할 것이므로, 개발제한구역에 설치하려는 이 사건 폐기물처리시설은 특별법인 개발제한구역법령의 규정에 따라 이를 도시계획시설로 설치할 필요가 없고 시장·군수·구청장의 허가를 받으면 설치가 가능하다고 볼 것이다(대판 2014. 5. 16, 2013두4590[건축허가취소처분취소]).

(3) 개발제한구역의 법적 성질

개발제한구역은 **도시관리계획의 하나**이다(국토계획법 제2조 제4호, 개발제한구역법 제3조 제1항). 개발제한구역지정행위는 행정계획이므로 행정계획의 법리에 의해 규율된다. 개발제한구역은 구속적 행정계획이며 **처분**이다.

(4) 개발제한구역에서의 행위제한 및 개발행위

1) 행위제한

개발제한구역에서는 개발이 원칙적으로 금지되며 예외적으로 엄격한 요건하에 허가를 받아 개발이 인정되고 있다(제12조 제1항).

2) 개발행위의 허가 또는 신고

개발제한구역 내에서의 개발행위에는 건축(예 신축, 개축, 증축, 재축, 이축 등), 용도변경 등이 있다.

개발제한구역에서의 개발행위(예 건축, 용도변경 등)는 **원칙적으로 금지**되고 예외적으로 구체적인 경우에 당해 개발행위가 개발제한구역의 지정목적에 위배되지 않는 경우에 **예외적으로 허가**될 수 있는 것이다. 이와 같이 개발제한구역에서의 개발행위의 허가는 학문상의 예외적 허가에 해당하고 따라서, 재량행위로 보는 것이 타당하다.

[판례] "개발제한구역 내에서는 구역 지정의 목적상 건축물의 건축이나 그 용도변경은 원칙적으로 금지되고, 다만 구체적인 경우에 위와 같은 구역 지정의 목적에 위배되지 아니할 경우 예외적으로 허가에 의하여 그러한 행위를 할 수 있게 되어 있음이 위와 같은 관련 규정의 체제와 문언상 분명한 한편, 이러한 건축물의 용도변경에 대한 예외적인 허가는 그 상대방에게 수익적인 것에 틀림이 없으므로, 이는 그 법률적 성질이 재량행위 내지 자유재량행위에 속하는 것이라고 할 것"이다(대판 2001. 2. 9, 98두17593[건축물용도변경신청거부처분취소]).

(5) 개발제한구역의 해제

개발제한구역이 개발제한구역 지정기준에 부합되지 아니하게 된 경우에는 이를 조정 또는 해제할 수 있다(동법 시행령 제2조 제3항).

개발제한구역에 관한 법은 이와 같이 행정청에게 개발제한구역의 조정 또는 해제의 권한만을 규정하고 있고, 지역주민에게 개발제한구역의 조정이나 해제에 대한 신청권을 명문으로 인정하고 있지 않다. 그러나, 개발제한구역계획은 국민의 재산권의 행사를 제한하는 것이므로 개발제한구역의 지정필요성이 없는 경우 **개발제한구역 내의 토지소유자**에게는 **조리상 그 재산권의 회복을 위한 개발제한구역해제신청권**이 인정된다고 보아야 할 것이다.

(6) 개발제한구역 관리지침

개발제한구역에서의 개발행위허가는 재량행위이므로 개발제한구역의 개발행위허가의 기준이 되는 규칙은 **재량준칙**으로 보아야 하며 평등원칙을 매개로 하여 대외적 구속력이 있다고 보아야 한다.

[판례] 판례 중에는 개발제한구역에서의 개발행위의 허가를 재량행위라고 보면서 그 허가기준이 되는 구도시계획법상의 개발제한구역관리규정(1995. 11. 11, 건설교통부 훈령 제126호로 개정된 것) 제7조 제2항 및 안산시의 "개발제한구역 내 음식점허가관련처리지침"에 관하여 그 설정된 기준이 객관적으로 합리적이 아니라거나 타당하지 않다고 볼 만한 특별한 사정이 없는 이상 행정청의 의사는 가능한 한 존중되어야 한다라고 본 판례가 있다(대판 1998. 9. 8, 98두8759[건축물허가처분취소]).

(7) 개발제한구역과 권리구제

1) 개발제한구역의 지정, 지정해제 또는 지정해제거부에 대한 항고소송

① 개발제한구역의 지정이나 지정해제행위는 직접 국민의 재산권 행사를 제한하거나 제한을 해제하는 효과를 가져오므로 항고소송의 대상이 되는 처분이다.

② 개발제한구역의 지정으로 인하여 개발제한구역 내에 있는 토지소유자 등 재산권 행사에 제한을 받는 자는 개발제한구역의 지정을 다툴 원고적격이 있다.

③ 개발제한구역해제에 있어서는 개발제한구역제도는 공익의 보호만을 목적으로 하며 개발제한구역 내에 있는 자나 개발제한구역의 주변에 있는 자의 개인적인 이익을 보호하는 것을 목적으로 하지 않는다고 해석되므로 개발제한구역으로 인하여 개발제한구역 내에 있는 자나 개발제한구역의 주변에 있는 자가 받는 이익은 반사적 이익에 불과하므로 개발제한구역 내에 있는 자나 개발

제한구역의 주변에 있는 자는 개발제한구역의 해제를 다툴 원고적격이 없다고 보는 것이 일반적인 견해이다.

[판례] 개발제한구역 중 일부 취락을 개발제한구역에서 해제하는 내용의 도시관리계획변경결정에 대하여, 개발제한구역 해제대상에서 누락된 토지의 소유자는 위 결정의 취소를 구할 법률상 이익이 없다고 한 사례(대판 2008. 7. 10, 2007두10242[도시관리계획변경결정취소의 소]). 〈해설〉 그 이유는 다음과 같다. 원고 소유의 토지가 속한 취락 부분이 개발제한구역으로 지정되어 있다가 원고 소유 토지를 제외한 나머지 취락 지역을 개발제한구역에서 해제하기로 하는 도시관리계획변경결정이 이루어지자, 원고가 그 도시관리계획변경결정이 위법하다며 취소를 구하는 사안에서, 원고 소유 토지는 도시관리계획변경결정 전후를 통하여 개발제한구역으로 지정된 상태에 있으므로 이 사건 도시관리계획변경결정(개발제한구역해제결정)으로 인하여 그 소유자인 원고가 위 토지를 사용·수익·처분하는 데 새로운 공법상의 제한을 받거나 종전과 비교하여 더 불이익한 지위에 있게 되는 것은 아니고, 원고의 청구취지와 같이 이 사건 도시관리계획변경결정이 취소된다 하더라도 그 결과 이 사건 도시관리계획변경결정으로 개발제한구역에서 해제된 제3자 소유의 토지들이 종전과 같이 개발제한구역으로 남게 되는 결과가 될 뿐, 원고 소유의 이 사건 토지가 개발제한구역에서 해제되는 것도 아니므로, 원고에게는 제3자 소유의 토지에 관한 이 사건 도시관리계획변경결정의 취소를 구할 직접적이고 구체적인 이익이 있다고 할 수 없다.

④ 개발제한구역 내의 토지소유자는 개발제한구역의 해제를 신청할 권리가 있고, 따라서 그 해제의 거부는 처분이며 그 처분을 다툴 원고적격이 있다고 보아야 한다.

2) 개발제한구역과 손실보상

개발제한구역의 지정으로 인하여 특별한 희생을 받은 자에 대하여는 경계이론에 따르는 경우 손실보상이 주어져야 한다.

헌법재판소는 분리이론에 입각하여 토지매수청구권의 인정으로 개발제한구역의 지정으로 인한 특별한 희생에 대한 구제가 행해진 것으로 본다.

그러나, 경계이론에 의하면 토지매수청구권과 별도로 손실보상이 선택적으로 인정되어야 한다. 토지매수를 실질적 손실보상으로 보는 견해도 있지만, 이는 타당하지 않다. 또한, 토지매수를 실질적인 손실보상이라고 보더라도 공용제한(개발제한구역의 지정)으로 이미 발생한 손해에 대한 보상이 행해지지 않는 것은 문제이다.

어느 경우에 특별한 희생을 받은 것으로 볼 것인가 및 손실보상에 관한 규정이 없는 현행법하에서 손실보상이 가능한지 및 기타 어떠한 구제방법이 있는지 등의 문제가 제기된다(이에 관하여는 손실보상 참조).

3) 토지매수청구권

개발제한구역법은 "개발제한구역의 지정으로 인하여 개발제한구역 안의 토지를 종래의 용도로 사용할 수 없어 그 효용이 현저히 감소된 토지 또는 당해 토지의 사용 및 수익이 사실상 불가능한 토지(이하 '매수대상토지'라 한다)의 소유자" 즉, 개발제한구역의 지정으로 인하여 특별한 희생을 받는 자에 대하여 손실보상 대신 토지매수청구권(土地買受請求權)을 보장하고 있다(제17조).

매수신청에 대한 거부는 처분이므로 그 거부에 대하여는 항고소송을 제기하여야 한다.

[참조 판례] 상수원 수질보전을 위하여 필요한 지역 내 토지의 매수신청에 대한 거부를 처분으로 본 사례(대판 2009. 9. 10, 2007두20638[토지매수신청거부처분취소]).

[문제의 해결] 1. 갑은 개발제한구역의 지정으로 특별한 희생을 입었다. 경계이론에 따르면 보상규정이 흠결된 공용침해의 문제가 된다. 이에 반하여 매수청구권이 손실보상의 성질을 갖는다는 견해에 의하면 갑은 매수청구로 권리구제를 받아야 한다. 분리이론에 따르면 갑에게 매수청구권이 인정되므로 갑의 토지에 대한 개발제한구역의 지정은 적법하고, 갑은 토지매수를 청구할 수 있다.

2. 개발제한구역의 해제는 처분이다. 인근주민에게 개발제한구역 해제처분을 다툴 원고적격이 있는지가 문제된다. 개발제한구역의 지정 및 해제에 관한 법이 인근주민의 개인적인 이익도 보호하고 있다고 해석되는지에 따라 인근주민에게 취소소송을 제기할 원고적격이 있는지 여부가 결정된다(행정법연습 제4장 제5절 7 참조).

2. 도시자연공원구역의 지정

시·도지사 또는 대도시 시장은 도시의 자연환경 및 경관을 보호하고 도시민에게 건전한 여가·휴식공간을 제공하기 위하여 도시지역 안의 식생이 양호한 산지의 개발을 제한할 필요가 있다고 인정하면 도시자연공원구역의 지정 또는 변경을 도시·군관리계획으로 결정할 수 있다(제38조의2 제1항).

V. 지역지구제하에서의 건축제한과 건축법상의 건축제한

용도지역·지구·구역에서 건축하기 위하여는 건축법에 합치하여야 할 뿐만 아니라 국토계획법이 용도지역·지구·구역의 지정목적을 실현하기 위하여 제76조 이하에서 규정하는 건축제한을 받는다. 지역·지구제에서의 건축제한을 적용할 때에 사용하는 건축물의 용도는 건축법시행령에 규정된 용도구분에 의한다(정태용, 308면).

개발제한구역 안에서의 행위제한 그 밖에 개발제한구역의 관리에 관하여 필요한 사항은 개발제한구역법에서 정하여지고 있다.

지구단위계획구역에서 건축물을 건축하거나 건축물의 용도를 변경하려면 그 지구단위계획에 맞게 건축하거나 용도를 변경하여야 한다. 다만, 지구단위계획이 수립되어 있지 아니한 경우와 지구단위계획의 범위에서 시차를 두어 단계적으로 건축물을 건축하는 경우에는 그러하지 아니하다(제54조).

제 6 항 기타 도시관리계획

I. 도시계획시설에 관한 도시관리계획

도시가 도시의 기본적 수요를 충족시키기 위해서는 도로, 공원, 학교, 수도, 하수도 등 여러 기반시설(제2조 제6호)이 필요하다. 원칙적으로 도시기반시설의 설치는 도시관리계획결정에 의한다.

'도시계획시설'이라 함은 도시기반시설 가운데 도시관리계획으로 결정된 시설을 말한다(제2조 제7호).

도시·군계획시설사업은 도시 형성이나 주민 생활에 필수적인 기반시설 중 도시관리계획으로 체계적인 배치가 결정된 시설을 설치하는 사업이다(대판 2017. 7. 11, 2016두35120).

도시·군계획시설사업은 행정청이나 공공단체가 시행하는 때도 있고, 사인이 시행하는 때도 있다(제86조). 국토계획법상 도시계획시설사업에서 **사업시행자 지정**은 특정인에게 도시계획시설사업을 시행할 수 있는 권한을 부여하는 처분이고, 사업시행자 지정 내용의 고시는 사업시행자 지정처분을 전제로 하여 그 내용을 불특정 다수인에게 알리는 행위이다. **위 사업시행자 지정과 그 고시는 명확하게 구분되는 것으로**, 사업시행자 지정 처분이 '고시'의 방법으로 행하여질 수 있음은 별론으로 하고 그 처분이 반드시 '고시'의 방법으로만 성립하거나 효력이 생긴다고 볼 수 없다(대판 2017. 7. 11, 2016두35120).

도시·군계획시설사업의 시행자는 대통령령으로 정하는 바에 따라 그 도시·군계획시설사업에 관한 **실시계획**(이하 "실시계획"이라 한다)을 작성하여야 한다(제88조 제1항). 도시·군계획시설사업의 시행자(국토교통부장관, 시·도지사와 대도시 시장은 제외한다. 이하 제3항에서 같다)는 제1항에 따라 실시계획을 작성하면 대통령령으로 정하는 바에 따라 국토교통부장관, 시·도지사 또는 대도시 시장의 **인가**를 받아야 한다. 다만, 제98조에 따른 준공검사를 받은 후에 해당 도시·군계획시설사업에 대하여 국토교통부령으로 정하는 경미한 사항을 변경하기 위하여 실시계획을 작성하는 경우에는 국토교통부장관, 시·도지사 또는 대도시 시장의 인가를 받지 아니한다(제2항).

[판례 1] **[도시·군계획시설인 청소년수련시설 설치사업의 실시계획인가처분 취소사건]** [1] 도시·군계획시설은 도시·군관리계획결정에 따라 설치되는데, 도시·군계획시설결정이 이루어지면 도시·군계획시설의 종류에 따른 사업대상지의 위치와 면적이 확정되고, 그 사업대상지에서는 원칙적으로 도시·군계획시설이 아닌 건축물 등의 허가가 금지된다(제64조). 반면 실시계획인가는 도시·군계획시설결정에 따른 특정 사업을 구체화하여 이를 실현하는 것으로서, 이러한 실시계획인가를 통해 사업시행자에게 도시·군계획시설사업을 실시할 수 있는 권한과 사업에 필요한 토지 등을 수용할 수 있는 권한이 부여된다. [2] 도시·군계획시설결정과 실시계획인가는 도시·군계획시설사업을 위하여 이루어지는 단계적 행정절차에서 별도의 요건과 절차에 따라 별개의 법률효과를 발생시키는 독립적인 행정처분이라고 할 수 있다. 그러므로 선행처분인 도시·군계획시설결정에 하자가 있더라도 그것이 당연무효가 아닌 한 원칙적으로 후행처분인 실시계획인가에 승계되지 않는다. [3] 청소년수련관을 신설하는 이 사건 군계획시설결정에 원고 주장과 같은 하자가 인정된다고 보기 어렵고, 설령 그러한 하자가 인정된다고 하더라도 당연무효에 해당한다고 볼 수 없으므로, 선행처분인 이 사건 군계획시설결정에 존재하는 하자가 후행처분인 이 사건 처분에 승계되지 않는다고 판단한 원심을 수긍한 사안(대판 2017. 7. 18, 2016두49938).

[판례 2] 도시·군계획시설(이하 '도시계획시설'이라 한다)사업에 관한 실시계획인가처분은 해당 사업을 구체화하여 현실적으로 실현하기 위한 형성행위로서 이에 따라 토지수용권 등이 구체적으로 발생하게 된다. 따라서 행정청이 실시계획인가처분을 하기 위해서는 그 실시계획이 법령이 정한 도시계획시설의 결정·구조 및 설치기준에 적합하여야 함은 물론이고 사업의 내용과 방법에 대하여 인가처분에 관련된 자들의 이익을 공익과 사익 간에서는 물론, 공익 상호 간 및 사익 상호 간에도 정당하게 비교·교량하여야 하며, 그 비교·교량은 비례의 원칙에 적합하도록 하여야 한다(대판 2018. 7. 24, 2016두48416).

장기미집행 도시계획시설에 대해서 국토계획법은 도시·군계획시설결정의 고시일부터 10년이 지났음에도 해당 도시계획시설사업이 시행되지 아니한 경우 지목(地目)이 대(垈)인 도시·군계획시설 부지의 매수청구, 20년이 지난 도시·군계획시설결정의 실효, 도시·군계획시설결정의 해제 신청 등을 규정하고 있다(제47조, 제48조, 제48조의2, 제88조). 도시공원 및 녹지 등에 관한 법률(약칭: 공원녹지법)은 이에 관한 특별규정을 두고 있다(제17조).

Ⅱ. 지구단위계획

지구단위계획구역 및 지구단위계획은 도시·군관리계획으로 결정한다(제50조).

'지구단위계획'이라 함은 도시·군계획 수립 대상지역의 일부에 대하여 토지 이용을 합리화하고 그 기능을 증진시키며 미관을 개선하고 양호한 환경을 확보하며, 그 지역을 체계적·계획적으로 관리하기 위하여 수립하는 도시·군관리계획을 말한다(제2조 제5호).

지구단위계획은 지역지구의 지정에 관한 도시계획만으로는 토지의 합리적 이용, 도시기반시설의 확보 및 양호한 환경의 보호 등을 달성할 수 없기 때문에 지역지구 안의 일정한 소규모 지역에 대하여 보다 구체적인 토지이용계획을 수립하여 보다 체계적이고 구체적인 개발을 도모하기 위하여 수립된다.

지구단위계획구역에서 건축물(일정 기간 내 철거가 예상되는 경우 등 대통령령으로 정하는 가설건축물은 제외한다)을 건축 또는 용도변경하거나 공작물을 설치하려면 그 지구단위계획에 맞게 하여야 한다. 다만, 지구단위계획이 수립되어 있지 아니한 경우에는 그러하지 아니하다(제54조).

제 2 절 개발행위허가제

Ⅰ. 개발행위허가제의 의의

개발행위허가제(開發行爲許可制)는 난개발을 방지하기 위하여 일정한 개발행위에 대하여 사전에 허가를 받도록 하는 제도를 말한다. 이 제도는 난개발의 소지가 있는 개발행위를 제한하기 위하여 종전의 토지형질변경 등에 관한 행위허가제를 개편한 것이다(정태용, 266면).

Ⅱ. 개발행위허가의 대상인 개발행위

대통령령(국토계획법 시행령 제51조)이 정하는 다음 개발행위는 원칙상 사전에 허가를 받아야 한다(제56조 제1항).

① 건축물의 건축, ② 공작물의 설치, ③ 토지의 형질변경(경작을 위한 토지의 형질변경을 제외한다). 토지형질변경이라 함은 통상 절토, 성토, 정지, 포장 등의 방법으로 토지의 형상을 변경하는 행위 및 공유수면의 매립행위를 말한다(영 제51조 제3호). ④ 토석의 채취, ⑤ 토지 분할(건축물이 있는 대지의 분할은 제외한다), ⑥ 녹지지역·관리지역 또는 자연환경보전지역에 물건을 1개월 이상 쌓아 놓는 행위.

[판례] 토지의 형질변경이란 절토, 성토, 정지 또는 포장 등으로 토지의 형상을 변경하는 행위와 공유수면의 매립을 뜻하는 것으로서, 토지의 형질을 외형상으로 사실상 변경시킬 것과 그 변경으로 인하여 원상회복이 어려운 상태에 있을 것을 요하지만, 형질변경허가에 관한 준공검사를 받거나 토지의 지목까지 변경시킬 필요는 없다(대판 2013. 6. 13, 2012두300).

개발행위허가의 대상이 되는 개발행위는 도시지역에서의 개발행위만에 한정되지 않으며(비도시지역 포함) 전국의 모든 지역의 개발행위이다.

다만, 도시·군계획사업(다른 법률에 따라 도시·군계획사업을 의제한 사업을 포함한다)에 의한 행위는 개발행위허가를 받지 않아도 된다(제56조 제1항 단서). 국토계획법에 따르면 "도시·군계획사업"이란 도시·군관리계획을 시행하기 위한 도시·군계획시설사업, 「도시개발법」에 따른 도시개발사업, 「도시 및 주거환경정비법」에 따른 정비사업을 말한다(제2조 제11호).

Ⅲ. 허가권자

개발행위허가권자는 특별시장·광역시장·특별자치시장·특별자치도지사·시장 또는 군수이다(제56조 제1항).

Ⅳ. 개발행위허가의 기준

특별시장·광역시장·특별자치시장·특별자치도지사·시장 또는 군수는 개발행위허가의 신청내용이 다음 각호의 기준에 맞는 경우에만 개발행위허가 또는 변경허가를 하여야 한다(제58조 제1항).

① 용도지역별 특성을 고려하여 대통령령으로 정하는 개발행위의 규모에 적합할 것, ② 도시·군관리계획 및 성장관리방안의 내용에 어긋나지 아니할 것, ③ 도시·군계획사업의 시행에 지장이 없을 것, ④ 주변지역의 토지이용실태 또는 토지이용계획, 건축물의 높이, 토지의 경사도, 수목의 상태, 물의 배수, 하천·호소·습지의 배수 등 주변환경 또는 경관과 조화를 이룰 것, ⑤ 해당 개발행위에 따른 기반시설의 설치나 그에 필요한 용지의 확보계획이 적절할 것.

개발행위허가의 기준 등에 관하여 필요한 세부사항은 대통령령으로 정한다(제58조 제3항).

국토계획법 시행령 제56조 제1항 [별표 1의2] '개발행위허가기준'은 국토계획법 제58조 제3항의 위임에 따라 제정된 대외적으로 구속력 있는 **법규명령**에 해당한다. 그러나 국토계획법 시행령 제56조 제4항은 국토교통부장관이 제1항의 개발행위허가기준에 대한 '세부적인 검토기준'을 정할 수 있다고 규정하였을 뿐이므로, 그에 따라 **국토교통부장관이 국토교통부 훈령으로 정한 '개발행위허가운영지침'**은 **행정규칙**에 불과하여 대외적 구속력이 없다(판례).

[판례] 〈개발행위허가운영지침에서 정한 진입도로 요건을 갖추지 못하였다는 등의 이유로 건축허가신청을 불허가한 처분의 위법 여부가 문제된 사건〉 **개발행위허가운영지침의 법적 성격 및 개발행위허가기준 충족 여부에 관한 법원의 심사방식:** [1] 국토계획법 시행령 제56조 제1항 [별표 1의2] '개발행위허가기준'은 국토계획법 제58조 제3항의 위임에 따라 제정된 대외적으로 구속력 있는 법규명령에 해당한다. 그러나 국토계획법 시행령 제56조 제4항은 국토교통부장관이 제1항의 개발행위허가기준에 대한 '세부적인 검토기준'을 정할 수 있다고 규정하였을 뿐이므로, 그에 따라 국토교통부장관이 국토교통부 훈령으로 정한 '개발행위허가운영지침'은 국토계획법 시행령 제56조 제4항에 따라 정한 개발행위허가기준에 대한 세부적인 검토기준으로, 상급행정기관인 국토교통부장관이 소속 공무원이나 하급행정기관에 대하여 개발행위허가업무와 관련하여 국토계

획법령에 규정된 개발행위허가기준의 해석·적용에 관한 세부 기준을 정하여 둔 행정규칙에 불과하여 대외적 구속력이 없다. 따라서 행정처분이 위 지침에 따라 이루어졌다고 하더라도, 해당 처분이 적법한지는 국토계획법령에서 정한 개발행위허가기준과 비례·평등원칙과 같은 법의 일반원칙에 적합한지 여부에 따라 판단해야 한다(대법원 2019. 7. 11. 선고 2017두38874 판결, 대법원 2020. 8. 27. 선고 2019두60776 판결 등 참조). [2] 원심이 위 지침의 법적 성격을 법규명령으로 전제한 다음, 그 내용을 처분사유가 적법한지에 대한 판단기준으로 설시한 것은 적절하지 않다고 한 사례. [3] 국토계획법 제56조 제1항에 따른 개발행위허가요건에 해당하는지 여부는 행정청의 재량판단의 영역에 속하므로, 그에 대한 사법심사는 행정청의 공익판단에 관한 재량의 여지를 감안하여 원칙적으로 재량권의 일탈이나 남용이 있는지 여부만을 대상으로 하고, 사실오인과 비례·평등의 원칙 위반 여부 등이 그 판단 기준이 된다(대법원 2017. 3. 15. 선고 2016두55490 판결 등 참조). 또한, 행정규칙이 이를 정한 행정기관의 재량에 속하는 사항에 관한 것인 때(재량준칙인 경우)에는 그 규정 내용이 객관적 합리성을 결여하였다는 등의 특별한 사정이 없는 한 법원은 이를 존중하는 것이 바람직하다(대법원 2019. 1. 10. 선고 2017두43319 판결 및 앞서 본 대법원 2020. 8. 27. 선고 2019두60776 판결 참조). [4] 개발행위허가운영지침은 행정규칙에 불과하므로, 원심의 설시에 적절치 않은 점이 있지만, 원심의 판단은 결국 이 사건 건축허가신청이 법규명령인 국토계획법 시행령 제56조 제1항 [별표1의2] 개발행위허가기준에 부합하지 않는다는 취지로 볼 수 있어 이 사건 처분이 위법하지 않다는 원심의 결론을 수긍할 수 있다고 한 사례(대판 2023. 2. 2, 2020두43722).

V. 개발행위허가의 제한

국토교통부장관, 시·도지사, 시장 또는 군수는 다음의 1에 해당되는 지역으로서 도시·군관리계획상 특히 필요하다고 인정되는 지역에 대해서는 대통령령으로 정하는 바에 따라 중앙도시계획위원회나 지방도시계획위원회의 심의를 거쳐 한 차례만 3년 이내의 기간 동안 개발행위허가를 제한할 수 있다:

① 녹지지역 또는 계획관리지역으로서 수목이 집단적으로 자라고 있거나 조수류 등이 집단적으로 서식하고 있는 지역 또는 우량농지 등으로 보전할 필요가 있는 지역

② 개발행위로 인하여 주변의 환경·경관·미관·문화재 등이 크게 오염되거나 손상될 우려가 있는 지역

③ 도시·군기본계획 또는 도시·군관리계획을 수립하고 있는 지역으로서 당해 도시·군기본계획 또는 도시·군관리계획이 결정될 경우 용도지역·용도지구 또는 용도구역의 변경이 예상되고 그에 따라 개발행위허가의 기준이 크게 달라질 것으로 예상되는 지역

④ 지구단위계획구역으로 지정된 지역

⑤ 기반시설부담구역으로 지정된 지역

다만, ③ 내지 ⑤에 해당하는 지역에 대하여는 1회에 한하여 2년 이내의 기간 동안 개발행위허가의 제한을 연장할 수 있다(제63조 제1항).

Ⅵ. 개발행위허가의 결정

1. 재량행위 여부 [2013 사시]

(1) 기속행위설

기속행위로 보는 견해는 개발행위허가를 자연적 자유에 속하는 개발행위를 공공의 안녕과 질서의 유지를 위하여 제한하고 일정한 요건이 갖추어진 경우에 해제하는 경찰상 허가로 보아야 하므로 개발행위허가는 기속행위로 보아야 한다고 본다(서울고법 1990. 6. 27, 89구14009).

(2) 기속재량행위설

기속재량행위로 보는 견해는 구도시계획법 제46조, 제49조 및 제50조의 법문의 규정방식에 비추어 볼 때 법문에의 기속이 요망되지만 일정한 사유를 들어 허가하지 아니할 수 있는 예외의 가능성을 인정하고 있으므로 기속재량행위로 보아야 한다고 본다.[1]

(3) 재량행위설

재량행위로 보는 견해는 개발행위허가에는 고전적 허가와는 달리 토지이용의 합리화라는 도시계획의 목적을 달성하기 위하여 본래 법이 금지하는 바를 예외적으로 허용하는 억제적 금지의 해제라는 측면이 있는바, 허가기준에 해당되는지 여부를 판단함에 있어서 행정청의 재량이 개입할 여지가 많다고 본다(정태용, 273면).

(4) 판　　례

판례에 따르면 국토계획법상의 개발행위허가는 **재량행위**이다.

[판례] 국토의 계획 및 이용에 관한 법률이 정한 용도지역 안에서의 건축허가 요건에 해당하는지 여부는 행정청의 재량판단의 영역에 속한다고 한 사례: 건축법 제11조 제1항, 제5항 제3호, 국토의 계획 및 이용에 관한 법률(이하 '국토계획법'이라 한다) 제56조 제1항 제1호, 제2호, 제58조 제1항 제4호, 제3항, 국토의 계획 및 이용에 관한 법률 시행령 제56조 제1항 [별표 1의2] '개발행위허가기준' 제1호 (라)목 (2)를 종합하면, 국토계획법이 정한 용도지역 안에서의 건축허가는 건축법 제11조 제1항에 의한 건축허가와 국토계획법 제56조 제1항의 개발행위허가의 성질을 아울러 갖는데, 개발행위허가는 허가기준 및 금지요건이 불확정개념으로 규정된 부분이 많아 그 요건에 해당하는지 여부는 행정청의 재량판단의 영역에 속한다(대판 2017. 3. 15, 2016두55490; 2017. 6. 19, 2016두30866). 〈해설〉 개발행위허가의 허가기준 및 금지요건이 불확정개념으로 규정되었다는 것만으로 그 요건 판단을 행정청의 재량판단의 영역에 속한다고 한 것은 문제가 있다.

2. 부　　관

개발행위허가에는 다음과 같이 부관(附款)을 붙일 수 있는 것으로 명문으로 규정하고 있다.

특별시장·광역시장·특별자치시장·특별자치도지사·시장 또는 군수는 개발행위허가를 하는 경우에는 대통령령으로 정하는 바에 따라 그 개발행위에 따른 기반시설의 설치 또는 그에 필요한 용지의 확보, 위해

---

1) 김용섭, "개발허가의 법적 성질," 한국토지공법학회 학술발표회, 2001. 9. 22, 39면.

방지, 환경오염방지, 경관, 조경 등에 관한 조치를 할 것을 조건으로 개발행위허가를 할 수 있다(제57조 제4항). 이 법령상의 조건(학문상으로는 부관)은 원칙상 부담으로 해석하여야 한다.

3. 개발행위허가의 의제

다른 법률에서 일정한 인·허가를 받으면 개발행위허가를 받은 것으로 의제하는 규정을 두고 있는 경우가 있다(정태용, 288면 참조). 예를 들면, 건축허가를 받으면 개발행위허가가 의제(擬制)된다(건축법 제11조 제5항). 건축법상 건축허가와 국토계획법상 개발행위허가중 건축물의 건축허가는 반드시 함께 신청되고 허가 또는 의제되어야 하지만, 건축법상 건축허가와 국토계획법상 개발행위허가중 토지형질변경허가는 반드시 함께 신청되어야 하는 것이 아니고, 따로 신청할 수도 있다(김종보, 건설법의 이해, 도서출판 피데스, 2018, 129면).

다만, 건축신고를 하면서 의제되는 토지형질변경허가에 대한 일괄신청(인허가의제신청)을 하지 않은 경우에 그것만으로 건축신고가 위법하다고 할 수는 없지만(인허가의제 참조), 건축주가 '부지 확보' 요건을 완비하지 못한 상태에서 건축신고 수리처분이 이루어졌음에도 그 처분 당시 건축주가 장래에도 토지형질변경허가를 받지 않거나 받지 못할 것이 명백하였다면, 그 건축신고 수리처분은 '부지 확보'라는 수리요건이 갖추어지지 않았음이 확정된 상태에서 이루어진 처분으로서 위법하다고 보아야 한다는 것이 대법원의 판례이다(대판 2023.9.21, 2022두31143[건축신고수리처분취소]).

[판례] **〈건축법상 건축허가와 국토계획법상 개발행위(토지형질변경) 허가의 관계, 건축법상 건축허가와 국토계획법상 개발행위(건축물의 건축) 허가의 관계 및 환경영향평가법령상 사업계획 면적의 개념이 쟁점이 된 사건〉** [1] 건축물의 건축은 건축주가 그 부지를 적법하게 확보한 경우에만 허용될 수 있다. 여기에서 '부지 확보'란 건축주가 건축물을 건축할 토지의 소유권이나 그 밖의 사용권원을 확보하여야 한다는 점 외에도 해당 토지가 관계 법령상 건축물의 건축이 허용되는 법적 성질을 지니고 있어야 한다는 점을 포함한다. [2] 토지는 그 토지의 용도(지목)에 적합하게 이용되어야 한다. 어떤 토지를 그 지목과 달리 이용하기 위해서는 해당 토지의 용도를 적법하게 변경하기 위하여 국토의 계획 및 이용에 관한 법률 제56조 제1항에 따른 개발행위(토지형질변경) 허가를 받아야 한다. 그 토지의 실제 현황이 어느 시점에 공부상의 지목과 달라졌거나 또는 토지의 물리적인 형상을 변경하기 위한 공사가 필요하지 않더라도 마찬가지이다. 개발행위(토지형질변경) 허가를 통해 먼저 해당 토지의 용도(법적으로 허용된 이용가능성)를 적법하게 변경한 다음, 공간정보의 구축 및 관리 등에 관한 법률 제81조에 따라 지적소관청에 지목변경을 신청하여야 한다. [3] **행정청은 건축주의 건축계획이 마땅히 갖추어야 할 '부지 확보' 요건을 충족하지 못하였음을 이유로 이미 발급한 건축허가를 직권으로 취소할 수 있는지(적극)**: 만약 건축주가 '부지 확보' 요건을 완비하지는 못한 상태이더라도 가까운 장래에 '부지 확보' 요건을 갖출 가능성이 높다면, 건축행정청이 추후 별도로 국토의 계획 및 이용에 관한 법률(이하 '국토계획법'이라 한다)상 개발행위(토지형질변경) 허가를 받을 것을 명시적 조건으로 하거나 또는 당연히 요청되는 사항이므로 묵시적인 전제로 하여 건축주에 대하여 건축법상 건축허가를 발급하는 것이 위법하다고 볼 수는 없다. 그러나 건축주가 건축법상 건축허가를 발급받은 후에 국토계획법상 개발행위(토지형질변경) 허가절차를 이행하기를 거부하거나, 그 밖의 사정변경으로 해당 건축부지에 대하여 국토계획법상 개발행위(토지형질변경) 허가를 발급할 가능성이 사라졌다면, 건축행정청은 건축주의 건축계획이 마땅히 갖추어야 할 '부지 확보' 요건을 충족하지 못하였음을 이유로 이미 발급한 건축허가를 직권으로 취소·철회하는 방법으로 회수하는 것이 필요하다. [4] **건축주가 건축물을 건축하기 위해서는 건축법상 건축허가와 국토계획법상 개발행위(건축물의 건축) 허가를 각각 별도로 신청하여야 하는 것이 아니라, 건축법상 건축허가절차에서 관련 인·허가 의제 제도를 통해 두 허가의 발급 여부가 동시에 심사·결정되도록 하여야 하는지(적극)**: 건축법 제11조 제1항, 제5항

제3호, 국토의 계획 및 이용에 관한 법률(이하 '국토계획법'이라 한다) 제56조 제1항 제1호, 제57조 제1항의 내용과 체계, 입법 취지를 종합하면, 건축주가 건축물을 건축하기 위해서는 건축법상 건축허가와 국토계획법상 개발행위(건축물의 건축) 허가를 각각 별도로 신청하여야 하는 것이 아니라, 건축법상 건축허가절차에서 관련 인허가 의제 제도를 통해 두 허가의 발급 여부가 동시에 심사·결정되도록 하여야 한다. 즉, 건축주는 건축행정청에 건축법상 건축허가를 신청하면서 국토계획법상 개발행위(건축물의 건축) 허가 심사에도 필요한 자료를 첨부하여 제출하여야 하고, 건축행정청은 개발행위허가권자와 사전 협의절차를 거침으로써 건축법상 건축허가를 발급할 때 국토계획법상 개발행위(건축물의 건축) 허가가 의제되도록 하여야 한다. 이를 통해 건축법상 건축허가절차에서 건축주의 건축계획이 국토계획법상 개발행위 허가기준을 충족하였는지가 함께 심사되어야 한다. 건축주의 건축계획이 건축법상 건축허가기준을 충족하더라도 국토계획법상 개발행위 허가기준을 충족하지 못한 경우에는 해당 건축물의 건축은 법질서상 허용되지 않는 것이므로, 건축행정청은 건축법상 건축허가를 발급하면서 국토계획법상 개발행위(건축물의 건축) 허가가 의제되지 않은 것으로 처리하여서는 안 되고, 건축법상 건축허가의 발급을 거부하여야 한다. 건축법상 건축허가절차에서 국토계획법상 개발행위 허가기준 충족 여부에 관한 심사가 누락된 채 건축법상 건축허가가 발급된 경우에는 그 건축법상 건축허가는 위법하므로 취소할 수 있다. 이때 건축허가를 취소한 경우 건축행정청은 개발행위허가권자와의 사전 협의를 통해 국토계획법상 개발행위 허가기준 충족 여부를 심사한 후 건축법상 건축허가 발급 여부를 다시 결정하여야 한다. [5] 甲이 국토의 계획 및 이용에 관한 법률(이하 '국토계획법'이라 한다)에 따라 농림지역 및 농업진흥구역으로 지정된 지목이 '답'인 토지 중 7,457㎡ 부분에서 돼지 축사 10개 동을 건축하기 위하여 건축허가를 신청하였고, 관할 건축행정청이 甲의 의뢰에 따라 축사를 설계한 건축사 乙이 제출한 '건축허가조사 및 검사조서'의 기재를 그대로 믿고 건축허가를 발급하였는데, 이후 건축허가에 대한 민원이 제기되자 건축허가를 직권으로 취소한 사안에서, 지목이 '답'인 토지에서 축사를 건축하기 위해서는 건축법상 건축허가 외에도 국토계획법상 개발행위(토지형질변경) 허가를 받아야 하는데, 甲이 위 허가를 받지 않음으로써 축사의 '부지 확보' 요건을 충족하지 못하였을 뿐만 아니라, 건축허가 절차에서 국토계획법상 개발행위(건축물의 건축) 허가기준 충족 여부에 관한 심사가 누락되었으므로, 이는 건축행정청이 건축허가를 직권으로 취소할 수 있는 사유에 해당하고, 위 토지 중 '부지 제외지'(345㎡)와 '목적 외 사용승인허가 예정지'(135㎡)도 축사 자체의 부지는 아니지만 축사의 부속시설이나 진입도로의 부지에 해당하므로, 축사를 건축하는 개발사업은 그 '사업계획 면적'이 적어도 7,937㎡(=7,457㎡+345㎡+135㎡)가 되므로 환경영향평가법 시행령 제59조 [별표 4] 제1호 (다)목에서 정한 소규모 환경영향평가의 대상인 '농림지역에서 사업계획 면적이 7,500㎡ 이상인 개발사업'에 해당하는 것으로 보아야 함에도 이를 간과한 채 이루어진 건축허가는 환경영향평가법을 위반한 것이어서 위법하므로 이는 건축행정청이 건축허가를 직권으로 취소할 수 있는 사유에 해당하며, 위 건축허가는 건축행정청의 착오로 발급된 것이지만 건축사 乙은 甲의 이익을 위하여 부정확한 내용으로 조서를 작성·제출하였고, 甲에게도 위 개발사업이 소규모 환경영향평가 대상이 아닌 것처럼 보이게 하려는 의도가 있었다고 인정할 수 있어, 건축행정청의 착오는 甲이 유발한 것이거나 甲에게도 책임이 있으므로, 건축허가의 존속에 대한 甲의 신뢰는 보호가치가 없는 점, 건축허가가 취소될 경우에 甲에게 발생하는 불이익 또는 회수할 수 없는 금전적 손해가 크다고 보기도 어려운 점 등에 비추어, 위 직권취소 처분이 수익적 행정처분 직권취소 제한 법리(이익형량의 원칙 등)에 위배되지 않았다고 한 사례(대판 2020. 7. 23, 2019두31839).

Ⅶ. 관련 인·허가 등의 의제

개발행위허가 또는 변경허가를 할 때에 특별시장·광역시장·특별자치시장·특별자치도지사·시장 또는 군수가 미리 관계 행정기관의 장과 협의한 사항에 대하여는 다른 법률의 일정한 인·허가가 의제된다(제61조 제1항). 다만, 이 경우 미리 관계 행정기관의 장과 협의하여야 한다(제61조 제3항).

제 3 절 토지등 부동산규제

제 1 항 토지거래허가제

Ⅰ. 의 의

토지거래는 본래 사적자치의 원칙에 따라 토지소유자의 자유에 속한다. 그러나, 토지의 지가가 급격히 상승하는 지역에 토지투기가 행해짐으로써 당해 지역뿐만 아니라 그 이외의 지역에서도 토지거래질서가 왜곡되는 문제가 발생하므로 「부동산 거래신고 등에 관한 법률」은 예외적으로 토지거래허가제(土地去來許可制)를 도입하고 있다.

Ⅱ. 토지거래허가제가 실시되는 지역(허가구역)

토지거래에 있어 허가를 받도록 하는 것은 허가구역으로 지정된 지역에 한한다.

국토의 계획 및 이용에 관한 법률 소정의 토지거래허가구역의 지정은 행정처분에 해당한다(대판 2006. 12. 22, 2006두12883).

Ⅲ. 토지거래허가의 법적 성질

1. 인가인지 허가인지 여부

토지거래허가가 인가인지 허가인지에 관하여 견해의 대립이 있는데, 판례는 다음과 같이 토지거래허가를 인가로 보고 있다.

[판례] 토지거래허가가 규제지역 내의 모든 국민에게 전반적으로 토지거래의 자유를 금지하고 일정한 요건을 갖춘 경우에만 금지를 해제하여 계약체결의 자유를 회복시켜 주는 성질의 것이라고 보는 것은 위 법의 입법취지를 넘어선 지나친 해석이라고 할 것이고, 규제지역 내에서도 토지거래의 자유가 인정되나 다만 위 허가를 허가 전의 유동적 무효상태에 있는 법률행위의 효력을 완성시켜 주는 인가적 성질을 띤 것이라고 보는 것이 타당하다(대판 전원합의체 1991. 12. 24, 90다12243).

2. 기속행위

토지거래는 자유가 원칙이고, 토지거래허가의 거부는 토지거래의 자유라는 중대한 기본권을 제한하는 것이므로 토지거래허가는 기속행위로 보아야 한다(대판 1997. 6. 27, 96누9362).

Ⅳ. 허가를 받지 아니한 토지거래에 대한 제재

1. 무허가토지거래계약의 효력

허가구역에서 허가를 받지 아니하고 체결한 토지거래계약은 그 효력을 발생하지 아니한다(부동산 거래신고에 관한 법률 제11조 제6항).

판례는 허가를 받지 아니하고 체결된 토지거래계약이 처음부터 허가를 배제하거나 잠탈하는 내용의 계약이면 확정적 무효이고, 허가를 받을 것을 전제로 한 거래계약(허가를 배제하거나 잠탈하는 내용의 계약이 아닌 계약)이면 유동적 무효(流動的 無效)라고 보고 있다.

[판례 1] 구 국토계획법(현 부동산 거래신고에 관한 법률)상 허가를 받지 아니하고 체결된 토지거래계약은 물권적 효력은 물론 채권적 효력도 발생하지 아니하여 무효라고 보아야 할 것이다. 다만, 허가를 받기 전의 거래계약이 처음부터 허가를 배제하거나 잠탈하는 내용의 계약일 경우에는 확정적으로 무효로서 유효화될 여지가 없으나 이와 달리 허가받을 것을 전제로 한 거래계약(허가를 배제하거나 잠탈하는 내용의 계약이 아닌 계약은 여기에 해당하는 것으로 본다)일 경우에는 허가를 받으면 그 계약은 소급하여 유효한 계약이 되고 이와 달리 불허가가 된 때에는 무효로 확정되므로 허가를 받기까지는 유동적 무효의 상태에 있다고 보는 것이 타당하므로 일단 허가를 받으면 그 계약은 소급해서 유효화된다(대판 1991. 12. 24, 90다12243).

[판례 2] [1] 국토이용관리법상 토지거래계약 허가구역으로 지정된 구역 내의 토지에 관하여 허가받을 것을 전제로 체결한 거래계약의 효력(유동적 무효). [2] 국토이용관리법상 토지거래허가구역으로 지정된 토지에 대한 거래계약이 유동적 무효인 상태에서 그 토지에 대한 토지거래허가구역 지정이 해제되거나 허가구역 지정기간이 만료되었음에도 허가구역 재지정을 하지 아니한 경우, 그 토지거래계약은 확정적으로 유효로 되는지 여부(적극)(대판 전원합의체 1999. 6. 17, 98다40459).

[판례 3] 계약체결 후 허가구역 지정이 해제되거나 허가구역 지정기간 만료 이후 재지정을 하지 아니한 경우라 하더라도 이미 확정적으로 무효로 된 계약이 유효로 되는 것이 아니다(대판 2019. 1. 31, 2017다228618).

2. 형사처벌

제11조 제1항의 규정에 의한 허가 또는 변경허가를 받지 아니하고 토지거래계약을 체결하거나, 속임수나 그 밖의 부정한 방법으로 토지거래계약 허가를 받은 자는 2년 이하의 징역 또는 계약체결 당시의 개별공시지가에 따른 해당 토지가격의 100분의 30에 해당하는 금액 이하의 벌금에 처한다(제26조 제2항).

Ⅴ. 토지거래허가거부에 대한 권익구제

토지거래허가신청에 대한 시장 등의 처분에 대하여 이의가 있는 자는 그 처분을 받은 날부터 1개월 이내에 시장·군수 또는 구청장에게 이의를 신청하거나(제13조 제1항) 행정소송을 제기할 수 있다.

토지거래허가신청을 한 경우에 있어서 불허가의 처분을 받은 자는 불허가처분의 통지를 받은 날부터 1개월 이내에 시장·군수 또는 구청장에게 해당 토지에 관한 권리의 매수를 청구할 수 있다(제16조 제1항).

제 2 항 부동산가격공시제

부동산가격공시제도라 함은 공시지가제도와 주택가격공시제도를 말한다. 『부동산가격공시에 관한 법률』(이하 '부공법'이라 한다)이 이를 규정하고 있다.

I. 공시지가제

공시지가제(公示地價制)라 함은 토지의 적정가격을 국가가 공시하고, 토지의 가격을 기초로 하여 행하는 행정에서 공시된 지가를 지가산정의 기준이 되도록 하는 제도를 말한다.

공시지가라 함은 국가에 의해 공시된 토지의 가격을 말한다. 공시지가를 넓은 의미로 사용할 때에는 **표준공시지가**와 **개별공시지가**를 포함하지만, 좁은 의미로 사용할 때에는 표준공시지가를 의미한다. 통상 공시지가라 하면 표준공시지가를 말한다.

1. 표준지공시지가

(1) 의 의

표준지공시지가(標準公示地價)라 함은 부공법의 규정에 의한 절차에 따라 **국토교통부장관**이 조사·평가하여 공시한 표준지의 단위면적당 가격을 말한다(제3조). 즉, 표준지공시지가는 표준지의 매년 공시기준일(원칙상 1월 1일) 현재의 적정가격을 말하는데(제4조 제1항), '적정가격'이라 함은 해당 토지에 대하여 통상적인 시장에서 정상적인 거래가 이루어지는 경우 성립될 가능성이 가장 높다고 인정되는 가격을 말한다(제2조 제6호).

표준지는 국토교통부장관이 토지이용상황이나 주변환경 그 밖의 자연적·사회적 조건이 일반적으로 유사하다고 인정되는 일단의 토지 중에서 선정하는 해당 일단의 토지를 대표할 수 있는 필지의 토지를 말한다(제3조 제1항).

(2) 표준지공시지가의 법적 성질

표준지공시지가의 성질에 관하여 다음과 같이 견해가 대립되고 있다.

1) 행정계획설

행정계획설은 표준지공시지가를 **내부적 효력만을 갖는 구속력 없는 행정계획**으로 보는 견해이다. 이 견해의 논거는 다음과 같다. ① 표준지공시지가는 개별공시지가결정에 있어서 그대로 적용되는 것이 아니라 그 목적에 따라 가감하여 적용가능한 것이므로 그 구속력을 인정할 수 없다. ② 표준지공시지가결정에 의해 바로 당사자의 권리, 의무에 영향을 미치지 않는다(류지태).

2) 행정규칙설

표준지공시지가를 행정규칙의 성질을 가지는 것으로 보는 견해의 논거는 다음과 같다. 공시지가는 개별공시지가의 산정기준이 되는데, 기준이라는 것은 일반성과 추상성(여러 경우에 적용됨)을 가지는 것을 의미하므로 개별적·구체적 규율로서의 성질을 가지는 **처분이라고 할 수 없다**(김남진·김연태).

3) 행정행위설

표준지공시지가를 행정행위의 성질을 가진 것으로 보는 견해의 논거는 다음과 같다. ① 표준지공시지가는 개발부담금 등의 산정기준이 되므로 국민의 구체적인 권익·의무에 직접 영향을 미친다. ② 부공법이 표준지공시지가에 대하여 이의신청(행정심판의 제기)을 할 수 있다고 규정하고 있다.[2)]

4) 판 례

판례는 표준지공시지가의 **처분성**을 인정하고 있다.

> **[판례]** 표준지로 선정된 토지의 공시지가에 불복하기 위하여는 … 그 표준지공시지가결정의 취소를 구하는 행정소송을 제기하여야 하는 것이고, 그러한 절차를 밟지 아니한 채 개별토지 가격결정의 효력을 다투는 소송에서 그 개별토지 가격산정의 기초가 된 표준지 공시지가의 위법성을 다툴 수 없다(대판 1998. 3. 24, 96누6851[개별토지가격결정취소]).

5) 결어(법규명령의 성질을 갖는 고시설)

표준지공시지가는 법률의 수권에 의해 정해지며 개별공시지가결정 등 행정처분의 구속력 있는 기준이 되고 표준지공시지가가 위법한 경우 당해 표준지공시지가를 기준으로 행해진 처분도 위법하다고 보아야 하므로 법규명령의 성질을 가지는 고시에 준하는 것으로 보아야 한다.

표준지공시지가는 국민의 권익에 직접 영향을 미치므로 처분으로 보는 것이 타당하다. 또한, 표준지공시지가는 **표준지에 대한 관계에서는 동시에 개별공시지가**이므로 처분으로 보아야 한다.

(3) 표준지공시지가의 효력

공시지가는 토지시장에 지가정보를 제공하고 일반적인 토지거래의 지표가 되며, 국가·지방자치단체 등이 그 업무와 관련하여 지가를 산정하거나 감정평가업자가 개별적으로 토지를 감정평가하는 경우에 기준이 된다(제9조).

표준지공시지가는 특히 다음의 목적을 위한 토지가격산정의 기준이 된다. ① 공공용지의 매수 및 토지의 수용·사용에 대한 보상, ② 국·공유토지의 취득 또는 처분, ③ 그 밖에 대통령령으로 정하는 지가의 산정(국토계획법 그 밖의 법령에 따라 조성된 용지 등의 공급 또는 분양, 도시개발사업·정비사업 또는 농업생산기반정비사업을 위한 환지·체비지의 매각 또는 환지신청, 토지의 관리·매입·매각·경매·재평가(제8조)).

2. 개별공시지가

(1) 의 의

개별공시지가(個別公示地價)라 함은 **시장·군수 또는 구청장**이 『개발이익환수에 관한 법률』에

2) 조용호, "개별토지가격결정의 행정처분성과 이에 관한 쟁송," 『인권과 정의』, 1993. 11, 84면.

의한 개발부담금의 부과 그밖에 다른 법령이 정하는 목적을 위한 지가산정에 사용하도록 하기 위하여 매년 공시지가의 공시기준일 현재를 기준으로 결정·공시한 관할구역 안의 개별토지의 단위면적당 가격을 말한다(제10조 제1항).

(2) 산정기준

시장·군수 또는 구청장이 개별공시지가를 결정·공시하는 경우에는 해당 토지와 유사한 이용가치를 지닌다고 인정되는 하나 또는 둘 이상의 표준지의 공시지가를 기준으로 토지가격비준표를 사용하여 지가를 산정하되, 해당 토지의 가격과 표준지의 공시지가가 균형을 유지하도록 하여야 한다(제10조 제4항).

표준지로 선정된 토지에 개별공시지가를 결정·공시하지 아니한 경우 표준지로 선정된 토지에 대하여는 해당 토지의 공시지가를 개별공시지가로 본다(제10조 제2항).

(3) 산정절차

시장·군수 또는 구청장은 개별공시지가를 결정·공시하기 위하여 개별토지의 가격을 산정할 때에는 그 타당성에 대하여 감정평가법인등의 검증을 받고 토지소유자 그 밖의 이해관계인의 의견을 들어야 한다. 다만, 시장·군수 또는 구청장은 감정평가법인등의 검증이 필요 없다고 인정되는 때에는 지가의 변동상황 등 대통령령(영 제18조)으로 정하는 사항을 고려하여 감정평가법인등의 검증을 생략할 수 있다(제10조 제5항). 토지 소유자 그 밖의 이해관계인의 **의견청취에 관한 절차**를 **재조사결정절차**라고도 한다. 이 재조사결정절차는 개별공시지가결정의 사전절차로서 개별공시지가결정공고 후에 실무상 행하는 재조사신청과 구별하여야 한다. 개별공시지가결정공고 후에 실무상 행하는 **재조사신청**은 실정법상으로는 **이의신청**에 해당한다.

(4) 개별공시지가의 결정 및 공시

시장·군수 또는 구청장은 원칙상 매년 5월 31일까지 개별공시지가를 결정·**공시**하여야 한다(시행령 제21조 제1항). 제1항의 규정에 의하여 개별공시지가를 공시하는 시장·군수 또는 구청장은 해당 시·군 또는 구의 게시판 또는 인터넷 홈페이지에 개별공시지가의 결정에 관한 사항과 이의신청에 관한 사항을 게시하여야 한다(제2항).

시장·군수 또는 구청장은 개별공시지가를 관계행정기관 등에 제공하여야 한다(법 제10조 제1항).

(5) 개별공시지가의 법적 성질

개별공시지가의 법적 성질을 논하는 실익은 특히 개별공시지가가 항고소송의 대상이 되는 행정소송법상의 처분인가에 있다.

1) 학 설

가. 행정행위설 개별공시지가는 과세처분 등 행정행위의 구속력있는 기준이 되는 등 구체적인 법적 효과를 가지므로 행정행위로 보는 것이 타당하다.

행정행위설 중에는 개별공시지가를 물적 행정행위로서 일반처분이라고 보는 견해도 있다(류지태).

나. 행정규칙설 개별공시지가는 표준지공시지가와 같이 과세처분 등 행정행위의 기준으로서의 성질을 가지므로 행정규칙으로 보는 것이 타당하다.

다. 사실행위설 개별공시지가는 직접 법적 효과를 가져오지 않고 정보의 제공에 불과하므로 사실행위로 보는 것이 타당하다. 이 견해에 따르면 개별공시지가의 처분성은 부정된다.

라. 행정계획설 개별공시지가는 행정의 지침이 되고, 구속력이 있는 것이므로 구속적 행정계획으로 보는 것이 타당하다.

마. 처분설 개별공시지가는 직접 법적 효과를 가져오지 않지만, 과세처분 등 행정행위의 구속력있는 기준이 되는 등 국민의 권익에 직접 영향을 미치므로 행정소송법상 처분으로 보는 것이 타당하다.

2) 판 례

판례는 다음과 같이 개별공시지가의 **처분성**을 인정하고 있다.

> **[판례]** 시장, 군수 또는 구청장의 개별토지가격결정은 관계법령에 의한 토지초과이득세, 택지초과소유부담금 또는 개발부담금 산정의 기준이 되어 국민의 권리나 의무 또는 법률상 이익에 직접적으로 관계되는 것으로서 행정소송법 제2조 제1항 제1호 소정의 행정청이 행하는 구체적 사실에 관한 법집행으로서 공권력행사이므로 항고소송의 대상이 되는 행정처분에 해당한다(대판 1993. 6. 11, 92누16706[개별토지가격결정처분취소]).

3) 결어(법령보충적 고시설)

개별공시지가는 법령에 근거하여 결정되며 여러 행정처분의 기준이 되는 것이므로 법규명령의 성질을 갖는 고시(법령보충적 고시)의 성질을 갖는 것으로 보아야 한다. 그런데, 개별공시지가는 국민의 권익에 직접 영향을 미치므로 조기의 권리구제를 위하여 개별공시지가를 항고소송의 대상이 되는 **처분**으로 보는 것이 타당하다. 그러나, 개별공시지가의 법적 성질을 행정행위로 보는 것은 타당하지 않다. 왜냐하면 개별공시지가의 결정으로 국민의 권리의무에 직접 영향이 미치지만 어떠한 구체적인 법적 효과(권리의무관계의 변동)가 발생하지 않기 때문이다.

(6) 개별공시지가의 효력

개별공시지가는 『개발이익환수에 관한 법률』에 의한 개발부담금의 부과(제11조 제1항), 농지법에 의한 농지보전부담금의 부과(동법 제41조), 재산세, 양도소득세부과처분 등 과세처분(소득세법 제99조)시 사용된다.

3. 공시지가결정에 대한 권리구제

(1) 표준지공시지가의 경우

표준지공시지가가 잘못 산정된 경우에 표준지공시지가를 항고소송에 의해 직접 다툴 수 있는가. 이는 표준지공시지가의 처분성을 인정하는 견해에 의하면 가능하며 처분성을 부정하는 견해에 의하면 부정된다. 표준지공시지가를 다툴 원고적격이 있는 자는 표준지공시지가로 법률상 이익을 침해받을 개연성이 있는 자이다.

현행 부공법은 표준지공시지가에 대한 이의신청제도를 두고 있다(제7조 제1항).

(2) 개별공시지가의 경우

개별공시지가의 처분성을 인정하는 견해에 의하면 개별공시지가가 잘못 산정된 경우에 개별공시지가를 항고소송에 의해 직접 다툴 수 있다. 그러나, 개별공시지가의 처분성을 부정하는 견해에 의하면 개별공시지가의 위법은 직접 다투어질 수 없고, 잘못 산정된 개별공시지가가 기초가 되어 내려진 처분을 다투면서 개별공시지가의 위법을 간접적으로 다툴 수 있다. 이 경우 개별공시지가의 위법은 이를 기초로 한 처분의 위법사유가 된다.

현행 부공법은 개별공시지가에 대한 **이의신청제도**를 두고 있다(제11조 제1항). 이 이의신청은 준사법적 절차라고 보기 어려우므로 **행정심판의 성질을 갖지 않는다.**

[판례] 개별공시지가에 대하여 이의가 있는 자가 행정심판을 거쳐 행정소송을 제기하는 경우 제소기간의 기산점: 부동산 가격공시 및 감정평가에 관한 법률 제12조, 행정소송법 제20조 제1항, 행정심판법 제3조 제1항의 규정내용 및 취지와 아울러 부동산 가격공시 및 감정평가에 관한 법률에 행정심판의 제기를 배제하는 명시적인 규정이 없고 부동산 가격공시 및 감정평가에 관한 법률에 따른 이의신청과 행정심판은 그 절차 및 담당 기관에 차이가 있는 점을 종합하면, 부동산 가격공시 및 감정평가에 관한 법률이 이의신청에 관하여 규정하고 있다고 하여 이를 행정심판법 제3조 제1항에서 행정심판의 제기를 배제하는 '다른 법률에 특별한 규정이 있는 경우'에 해당한다고 볼 수 없으므로, 개별공시지가에 대하여 이의가 있는 자는 곧바로 행정소송을 제기하거나 부동산 가격공시 및 감정평가에 관한 법률에 따른 이의신청과 행정심판법에 따른 행정심판청구 중 어느 하나만을 거쳐 행정소송을 제기할 수 있을 뿐 아니라, 이의신청을 하여 그 결과 통지를 받은 후 다시 행정심판을 거쳐 행정소송을 제기할 수도 있다고 보아야 하고, 이 경우 행정소송의 제소기간은 그 행정심판 재결서 정본을 송달받은 날부터 기산한다(대판 2010. 1. 28, 2008두19987[개별공시지가결정처분취소]).

위법하고 과실있는 개별공시지가의 결정으로 국민 개인에게 손해를 발생시킨 경우에는 지방자치단체의 국가배상책임이 인정된다(대판 2010. 7. 22, 2010다13527[손해배상(기)]).

(3) 하자의 승계

1) 표준지공시지가의 하자의 승계[2023 5급 공채]

판례는 표준지공시지가와 개별공시지가 사이에 하자의 승계를 인정하지 않고 있다(대판 1998. 3. 24, 96누6851).

판례에 따르면 표준지로 선정된 토지의 표준지공시지가를 다투기 위해서는 처분청인 국토교통부장관에게 이의를 신청하거나 국토교통부장관을 상대로 공시지가결정의 취소를 구하는 행정심판이나 행정소송을 제기해야 하고, 그러한 절차를 밟지 않은 채 토지 등에 관한 **재산세 등 부과처분의 취소를 구하는 소송에서 표준지공시지가결정의 위법성을 다투는 것은 원칙적으로 허용되지 않는다.** 다만, 표준지 인근 토지의 소유자가 토지 등의 수용 경과 등에 비추어 표준지공시지가의 확정 전에 이를 다투는 것이 불가능하였던 사정 등이 있는 경우에는 사업시행자를 상대로 수용보상금의 증액을 구하는 소송에서 비교표준지공시지가결정의 위법을 독립된 사유로 주장할 수 있다(대판 2008. 8. 21, 2007두13845; 2022. 5. 13, 2018두50147).

[판례] 표준지 소유자인 원고가 표준지 등에 관한 재산세부과처분의 취소를 구하면서 재산세 과세표준 산정의 기초가 되는 표준지공시지가의 위법성을 주장한 사안에서, 원심은 재산세부과처분 취소소송에서 선결문제인 표준지공시지가결정의 위법성을 다툴 수 있다고 보았으나, 이러한 원심의 판단이 선행 대법원 판례의 법리에 반한다는 이유로 파기환송한 사례(대판 2022. 5. 13, 2018두50147[재산세부과처분취소]).

이러한 판례의 태도는 타당하지 않다. 개별공시지가와 후행처분 사이에서 하자의 승계를 인정하면서 개별공시지가 보다 더 예측가능성이나 수인가능성이 없는 표준지공시지가와 후행처분 사이에서 하자의 승계를 인정하지 않는 것은 타당하지 않다.

표준지공시지가의 처분성을 인정하지 않는 견해에 의하면 표준지공시지가의 하자를 후행처분에서 다툴 수 있다.

2) 개별공시지가의 하자의 승계

판례는 개별공시지가결정의 처분성을 인정하면서도 이를 기초로 한 후행처분을 다투는 소송에서 원칙상 개별공시지가결정의 위법을 주장할 수 있다고 보고 있다(하자의 승계 참조).

Ⅱ. 주택가격공시제

1. 표준주택가격의 공시

(1) 의　　의

표준주택가격이라 함은 국토교통부장관이 부공법의 규정에 의한 절차에 따라 조사·평가하여 공시한 표준주택의 매년 공시기준일(원칙상 1월 1일) 현재의 적정가격을 말한다(제16조 제1항).

(2) 표준주택가격의 법적 성질

표준주택가격은 표준지공시지가와 유사한 성질을 갖는다.

2. 개별주택가격

(1) 의　　의

개별주택가격이라 함은 시장·군수 또는 구청장이 매년 표준주택가격의 공시기준일 현재를 기준으로 결정·공시한 관할구역 안의 개별주택의 가격을 말한다(제17조 제1항).

(2) 개별주택가격의 법적 성질

개별주택가격은 개별공시지가와 유사한 법적 성질을 갖는다.

3. 공동주택가격의 공시

(1) 의 의

국토교통부장관은 공동주택에 대하여 매년 공시기준일(원칙상 1월 1일) 현재의 적정가격(이하 '공동주택가격'이라 한다)을 조사·산정하고, 중앙부동산가격공시위원회의 심의를 거쳐 이를 공시하여야 한다. 다만, 국세청장이 국토교통부장관과 협의하여 공동주택가격을 별도로 결정·고시하는 경우를 제외한다(제18조 제1항).

(2) 공동주택가격의 법적 성질

공동주택가격은 개별주택가격과 그 법적 성질이 동일하다.

Ⅲ. 비주거용부동산가격의 공시

1. 비주거용 표준부동산가격의 조사·산정 및 공시

국토교통부장관은 용도지역, 이용상황, 건물구조 등이 일반적으로 유사하다고 인정되는 일단의 비주거용 일반부동산 중에서 선정한 비주거용 표준부동산에 대하여 매년 공시기준일 현재의 적정가격(이하 "비주거용 표준부동산가격"이라 한다)을 조사·산정하고, 제24조에 따른 중앙부동산가격공시위원회의 심의를 거쳐 이를 공시할 수 있다(제20조 제1항).

2. 비주거용 개별부동산가격의 결정·공시

시장·군수 또는 구청장은 제25조에 따른 시·군·구부동산가격공시위원회의 심의를 거쳐 매년 비주거용 표준부동산가격의 공시기준일 현재 관할 구역 안의 비주거용 개별부동산의 가격(이하 "비주거용 개별부동산가격"이라 한다)을 결정·공시할 수 있다. 다만, 대통령령으로 정하는 바에 따라 행정안전부장관 또는 국세청장이 국토교통부장관과 협의하여 비주거용 개별부동산의 가격을 별도로 결정·고시하는 경우는 제외한다(제21조 제1항). 제1항에도 불구하고 비주거용 표준부동산으로 선정된 비주거용 일반부동산 등 대통령령으로 정하는 비주거용 일반부동산에 대하여는 비주거용 개별부동산가격을 결정·공시하지 아니할 수 있다. 이 경우 비주거용 표준부동산으로 선정된 비주거용 일반부동산에 대하여는 해당 비주거용 표준부동산가격을 비주거용 개별부동산가격으로 본다(제2항).

3. 비주거용 집합부동산가격의 조사·산정 및 공시

국토교통부장관은 비주거용 집합부동산에 대하여 매년 공시기준일 현재의 적정가격(이하 "비주거용 집합부동산가격"이라 한다)을 조사·산정하여 제24조에 따른 중앙부동산가격공시위원회의 심의를 거쳐 공시할 수 있다. 이 경우 시장·군수 또는 구청장은 비주거용 집합부동산가격을 결정·공시한 경우에는 이를 관계 행정기관 등에 제공하여야 한다(제22조 제1항). 제1항에도 불구하고 대통령령으로 정하는 바에 따라 행정안전부장관 또는 국세청장이 국토교통부장관과 협의하여 비주거용 집합부동산의 가격을 별도로 결정·고시하는 경우에는 해당 비주거용 집합부동산의 비주거용 개별부동산가격을 결정·공시하지 아니한다(제2항).

제5장

환경행정법

제 1 절　환경법의 기본원칙 [2001 입시 약술]

Ⅰ. 예방의 원칙(preventive principle)

예방(豫防)의 원칙이라 함은 환경에 대한 오염이 발생한 후 그 오염을 제거하기보다는 환경오염이 발생하지 않도록 예방하여야 한다는 원칙을 말한다.

환경정책기본법 제7조의2 제1항은 예방의 원칙을 선언하고 있다. 예방의 원칙을 실현하는 제도로는 환경계획, 환경영향평가제도 등이 있다.

Ⅱ. 오염자부담의 원칙(The polluter pays principle)과 수익자부담의 원칙

오염자부담(汚染者負擔)의 원칙이라 함은 환경에 대한 오염을 방지하는 비용과 발생한 오염에 대한 책임과 제거비용을 오염자가 부담하여야 한다는 원칙을 말한다.

환경정책기본법 제7조는 오염원인자 책임원칙을 선언하고 있다.

현행법상 오염자부담의 원칙이 적용된 제도로는 다음과 같은 것이 있다. 배출부과금, 환경개선비용부담금 또는 환경오염방지사업비용부담금, 예치금 또는 부담금, 사후관리이행보증금 또는 사전적립금 등.

Ⅲ. 협동의 원칙

협동(協同)의 원칙이란 환경보전의 과제를 달성하기 위하여 국가, 지방자치단체 및 사회가 협동하여야 한다는 원칙을 말한다. 환경보전은 국가의 힘만으로는 달성될 수 없으며 국가와 국민, 사업자 등의 협력을 통해서만 달성될 수 있다. 환경정책기본법 제5조 및 제6조는 사업자와 국민이 국가·지방자치단체의 환경보전시책에 협력하여야 한다고 규정함으로써 이 원칙을 명시적으로 표명하고 있다.

Ⅳ. 기　　타

1. 사전배려의 원칙(precautionary principle)

사전배려의 원칙은 위험이 불확실한 경우에도 그 위험으로 인한 손해가 중대하고 회복할 수 없는 경우에는 그 위험이 확실하게 되기 이전에도 그 위험을 방지하거나 축소하는 사전배려조치를 취할 수 있다는 법원칙을 말한다. 사전배려의 원칙이라는 용어보다는 사전예방의 원칙이라는 용어를 사용하는 경우가 많다.

사전배려원칙은 우선 환경분야에 적용되었는데, 이산화탄소 등에 의한 지구온난화에 대한 대응이 대표적인 예이다. 오늘날 사전배려원칙은 보건 및 식품안전분야로 확대되고 있다. 유전자재조합식품에 대한 규제는 환경의 보호를 위한 것이기도 하지만 건강의 보호가 특히 고려되고 있는 대표적인 예이다. 광우병에 대한 규제, 휴대전화의 전자기파에 대한 규제, 살충제에 대한 규제도 사전배려원칙이 적용될 수 있는 분야로 들어지고 있다.

2. 지속가능한 개발의 원칙(sustainable development principle)

지속가능한 개발의 원칙은 개발을 함에 있어서 환경을 고려하여 환경적으로 건전한 개발을 하여야 한다는 원칙을 말한다.

지속가능한 개발의 원칙은 환경의 향유 또는 자원이용에 있어서 세대간의 형평성의 보장, 현 세대에 있어서 개발과 환경의 조화를 내용으로 한다.

지속가능한 개발의 원칙을 실현하기 위하여 「지속가능발전법」과 「저탄소 녹색성장 기본법」이 제정되어 있다.

지속가능한 개발의 원칙은 환경영향평가제도, 개발규제에 대한 환경규제의 통합 등의 환경정책수단 등을 통하여 구체적으로 실현되고 있다.

3. 정보공개 및 참여의 원칙

환경정보공개 및 주민참여의 원칙은 환경상 조치에 관한 정보의 공개, 환경오염시설의 설치에 대한 의견진술이나 협의, 환경오염시설의 감시, 환경계획의 수립에 대한 주민의 참여를 내용으로 한다.

4. 존속보장의 원칙(악화금지의 원칙)

존속보장의 원칙이라 함은 환경을 현재상태 그대로 보전하여야 한다는 원칙이다. 환경은 상호간의 조화를 이루고 있고, 환경은 침해되면 회복하기 어렵기 때문에 현재상태를 보전하는 것이 중요하다.

존속보장의 원칙은 현재상태를 악화시키지 않을 것을 요구하는 악화금지의 원칙으로도 이해된다.

제 2 절 환경규제수단

Ⅰ. 배출허용기준(emission standards)

1. 의 의

배출허용기준(排出許容基準)이라 함은 오염물질배출시설에서 배출되는 오염물질의 배출농도 또는 배출량의 한계기준(최대허용기준)을 말한다.

생물화학적산소요구량(BOD), 화학적산소요구량(COD), 부유물질량(SS) 및 수질오염물질별로 배출허용기준이 설정되어 있는데, 수역이용상황, 오염원분포 등을 감안하여 지역별(청정지역, 가지역, 나지역, 특례지역)로 차등을 두어 설정되어 있다.

2. 배출허용기준의 법적 성격과 기준 위반에 대한 제재

배출허용기준은 그 준수가 요구되는 법적 구속력 있는 기준이다. 이 기준을 위반하면 법상 각종 제재(초과배출부과금의 부과, 배출시설가동중지명령, 배출시설의 개선 또는 대체명령(대기환경보전법 제35조), 배출시설이전명령, 배출시설설치허가취소, 배출시설폐쇄명령 등)가 가해진다.

Ⅱ. 배출부과금

배출부과금(排出賦課金)이란 일반적으로 일정한 배출허용기준을 초과하는 공해배출량이나 잔류량에 대하여 일정단위당 부과금을 곱하여 산정되는 금전적 급부의무를 부과함으로써 환경오염을 방지하기 위한 수단을 말한다. 배출부과금은 대기환경보전법(제35조), 수질 및 수생태계 보전에 관한 법률 제41조 등에서 규정하고 있다.

제 3 절 환경영향평가제도

Ⅰ. 환경영향평가의 의의와 기능

환경영향평가제도(環境影響評價制度)는 환경에 대하여 중대한 영향을 미칠 가능성이 있는 사업을 실시하기 전에 환경에 대한 영향을 조사하여 환경에 대한 영향을 최소화하는 방안으로 사업을 실시하도록 하고, 환경에 대한 영향이 심히 중대한 경우에는 환경의 보호를 위하여 사업을 실시하지 않도록 하는 것을 취지로 하는 제도이다.

환경영향평가는『환경영향평가법』에 의해 규율되고 있다.

광의의 "환경영향평가"에는 전략환경영향평가, 협의의 환경영향평가 및 소규모 환경영향평가가 있다(환경영향평가법 제2조 제4호). **"전략환경영향평가"**란 환경에 영향을 미치는 상위계획을 수립할 때에 환경보전계획과의 부합 여부 확인 및 대안의 설정·분석 등을 통하여 환경적 측면에서 해당 계획의 적정성 및 입지의 타당성 등을 검토하여 국토의 지속가능한 발전을 도모하는 것을 말한다(제2조 제1호). **협의의 "환경영향평가"**란 환경에 영향을 미치는 실시계획·시행계획 등의 허가·인가·승인·면허 또는 결정 등(이하 "승인등"이라 한다)을 할 때에 해당 사업이 환경에 미치는 영향을 미리 조사·예측·평가하여 해로운 환경영향을 피하거나 제거 또는 감소시킬 수 있는 방안을 마련하는 것을 말한다(제2조 제2호). **"소규모 환경영향평가"**란 환경보전이 필요한 지역이나 난개발(亂開發)이 우려되어 계획적 개발이 필요한 지역에서 개발사업을 시행할 때에 입지의 타당성과 환경에 미치는 영향을 미리 조사·예측·평가하여 환경보전방안을 마련하는 것을 말한다(제2조 제3호).

이하에서는 협의의 환경영향평가를 중심으로 고찰한다.

Ⅱ. 환경영향평가서의 제출

1. 평가서의 작성주체

평가서의 작성주체(作成主體)는 환경영향평가대상사업을 하고자 하는 사업자이다(제24조). 사업자는 스스로 작성할 수도 있고, 환경영향평가서, 환경영향평가서초안의 작성을 영향평가대행자로 하여금 대행하게 할 수도 있다(제53조).

2. 환경영향평가의 대상

환경영향평가의 대상사업은 환경에 중대한 영향을 미치는 대규모 개발사업으로 환경영향평가 법령에 한정적으로 열거되어 있다.

3. 의견수렴절차

사업자는 평가서를 작성함에 있어서 설명회 또는 공청회 등을 개최하여 대상사업의 시행으로 인하여 영향을 받게 되는 지역 안의 주민의 의견을 듣고 이를 평가서의 내용에 포함시켜야 한다(제25조).

4. 평가서의 제출

승인 등을 받아야 하는 사업자는 사업계획 등에 대한 승인 등을 받기 전에 승인기관의 장에게 평가서를 제출하여야 한다(제27조 제1항).

Ⅲ. 환경부장관의 협의

승인기관의 장 및 승인 등을 받지 아니하여도 되는 사업자(이하 '승인기관장 등'이라 한다)는 기후에너지환경부장관(이하 '환경부장관'이라 한다)에게 평가서를 제출하고, 그 평가서에 대하여 협의를 요청하여야 한다. 이 경우 승인기관의 장은 평가서에 대한 의견을 첨부할 수 있다(제27조).

사업자나 승인기관의 장은 환경부장관으로부터 협의 내용을 통보받았을 때에는 그 내용을 해당 사업계획 등에 반영하기 위하여 필요한 조치를 하여야 한다(제30조 제1항).

사업자나 승인기관의 장은 제29조에 따라 통보받은 협의 내용에 대하여 이의가 있으면 환경부장관에게 협의 내용을 조정하여 줄 것을 요청할 수 있다. 이 경우 승인등을 받아야 하는 사업자는 승인기관의 장을 거쳐 조정을 요청하여야 한다(제31조 제1항). 환경부장관은 제1항에 따른 조정 요청을 받았을 때에는 대통령령으로 정하는 기간 이내에 환경영향평가협의회의 심의를 거쳐 조정 여부를 결정하고 그 결과를 사업자나 승인기관의 장에게 통보하여야 한다(제2항). 사업자의 조정 요청은 일종의 이의신청이라고 할 수 있다.

Ⅳ. 사업계획의 승인과 환경부장관의 협의내용의 반영

승인기관의 장은 사업계획 등에 대하여 승인등을 하려면 협의 내용이 사업계획 등에 반영되었는지를 확인하여야 한다. 이 경우 협의 내용이 사업계획 등에 반영되지 아니한 경우에는 이를 반영하게 하여야 한다(제30조 제2항). 협의내용이 사업계획 등에 반영되지 않은 경우에 승인기관의 장이 이를 반영하도록 하는 방법으로는 사업계획을 변경하도록 하거나 사업계획을 승인함에 있어 조건(부관)을 붙이는 것 등이 있다.

문제는 **환경부장관의 협의의견이 승인기관의 장을 구속하는가** 하는 점이다.

대법원은 승인기관의 장이 환경부장관과의 협의를 거친 이상 승인기관의 장이 환경부장관의 환경영향평가에 대한 의견에 반하는 처분을 하였다고 하여 그 처분이 위법하다고 할 수는 없다고 보고 있다(대판 2001. 7. 27, 99두2970[용화집단시설지구기본설계변경승인처분취소]). 즉, 환경부장관의 협의의견은 **승인기관장에 대하여 구속력이 없다고 보고 있다.** 이와 같은 대법원의 입장은 환경부장관의 협의가 동의는 아니며 협의이므로 일응 타당하다고 할 수 있다.

그러나, 현행 환경영향평가법의 관련규정을 고려한다면 사업승인기관의 장은 환경부장관의 협의의견이 부정적인 경우에 있어서 환경부장관의 의견과 다른 입장을 취하여 사업계획승인처분을 함에 있어서는 환경부장관과 다시 협의를 거친 후 신중하게 사업계획승인처분을 내려야 하며 그렇지 않은 경우에는 사업승인기관의 장은 환경부장관과 환경영향평가에 관하여 충분한 협의를 거친 것이라고 할 수 없고 협의절차상 중대한 하자가 있는 것으로 보아야 한다. 왜냐하면 협의라는 용어를 사용하고 있지만 환경영향평가법은 환경영향평가상의 협의에 관하여 통상의 협의와는 다른 특별한 규율을 하고 있기 때문이다(제31조).

Ⅴ. 환경영향평가의 하자와 사업계획승인처분의 효력 [2006 입시, 2015 사시]

1. 환경영향평가의 하자의 종류와 성질

(1) 종 류

환경영향평가의 하자에는 ① 법령상 환경영향평가가 행해져야 함에도 환경영향평가가 행해지지 않고 대상사업계획승인처분이 내려진 경우, ② 환경영향평가가 내용상 부실한 실체상의 하자, ③ 환경영향평가절차상 위법이 있는 절차상 하자가 있다.

환경영향평가의 실체상 하자라 함은 환경영향평가서가 부실하게 작성되어 제출되고 그 부실이 환경부장관의 협의과정에서 보완되지 않은 것을 말한다.

환경영향평가의 절차상 하자라 함은 환경영향평가에 있어 의견수렴절차가 행해지지 않은 것, 의견수렴이 부실한 것, 의견수렴절차상 하자, 환경부장관과의 협의가 없었던 것, 환경부장관과의 협의상 하자 등을 말한다.

(2) 성 질

환경영향평가는 환경영향평가의 대상이 되는 사업의 실시를 위한 사업계획승인처분의 절차로서의 성질을 갖는다. 따라서, 환경영향평가의 하자는 실체상 하자이든 절차상 하자이든 사업계획승인처분의 절차상 하자로서의 성질을 갖는다.

2. 환경영향평가 결여의 하자와 사업계획승인처분의 효력

법상 요구되는 환경영향평가절차를 거치지 않았음에도 사업계획승인처분을 한 하자는 환경영향평가의 중요성에 비추어 중대한 하자이고, 환경영향평가가 요구되는 사업이 명확히 열거되고 있는 점에서 객관적으로도 명백한 것이므로 이와 같은 행정처분은 당연무효이다(대판 2006. 6. 30, 2005두14363[국방군사시설사업실시계획승인처분무효확인]).

3. 환경영향평가의 실체상 하자와 사업계획승인처분의 효력

환경영향평가의 하자, 특히 그 중에서 실체상(實體上)의 하자가 환경영향평가대상사업의 실시계획에 대한 승인처분의 효력에 어떠한 영향을 미치는가하는 것이 특히 다투어지고 있다.

환경영향평가가 내용상 부실하다는 것은 환경에 대한 영향을 조사·평가하여야 할 사항을 누락하였거나 조사·평가하기는 하였으나 그 내용이 부실한 것을 말한다. 문제는 환경영향평가의 부실이 어느 정도인 경우에 사업계획승인처분의 위법사유가 되는가 하는 것이다.

(1) 일반적 기준

1) 판 례

대법원은 환경영향평가의 부실을 ① "그 부실의 정도가 환경영향평가제도를 둔 입법 취지를 달성할 수 없을 정도이어서 환경영향평가를 하지 아니한 것과 다를 바 없는 정도의 것인 경우"에는 그것만으로 사업계획승인처분의 위법사유가 된다고 보고, ② "그 부실의 정도가 환경영향평가제도를 둔 입법취지를 달성할 수 없을 정도이어서 환경영향평가를 하지 아니한 것과 다를 바 없는 정도의 부실이 아닌 경우"에는 그 부실은 당해 승인 등 처분에 재량권 일탈·남용의 위법이 있는지 여부를 판단하는 하나의 요소로 됨에 그칠 뿐, 그 부실로 인하여 당연히 당해 승인 등 처분이 위법하게 되는 것이 아니다라고 보고 있다(대판 2001. 6. 29, 99두9902[경부고속철도서울차량기지정비창건설사업실시계획승인처분취소]).

[판례 1] 환경영향평가법령에서 정한 환경영향평가를 거쳐야 할 대상사업에 대하여 그러한 환경영향평가절차를 거쳤다면, 비록 그 환경영향평가의 내용이 다소 부실하다 하더라도, 그 부실의 정도가 환경영향평가제도를 둔 입법취지를 달성할 수 없을 정도이어서 환경영향평가를 하지 아니한 것과 다를 바 없는 정도의 것이 아닌 이상, 그 부실은 당해 승인 등 처분에 재량권 일탈·남용의 위법이 있는지 여부를 판단하는 하나의 요소로 됨에 그칠 뿐, 그 부실로 인하여 당연히 당해 승인 등 처분이 위법하게 되는 것이 아니다(대판 전원합의체 2006. 3. 16, 2006두330[새만금사건]).

[판례 2] 비록 구 사전환경성검토 단계에서 사업입지 관련 대안을 자세히 검토하지 않았고, 계획 적정성에 관한 내용이 누락되었으며, 환경영향평가단계에서 멸종위기종의 존재를 누락하는 등 환경영향평가에 다소 미흡한 부분이 있었다고 하더라도, 그 부실의 정도가 환경영향평가제도를 둔 입법 취지를 달성할 수 없을 만큼 심하여 환경영향평가를 하지 아니한 것과 다를 바 없는 정도라고 볼 수는 없다(대판 전원합의체 2012. 7. 5, 2011두19239[국방 · 군사시설사업실시계획승인처분등무효확인등]〈제주해군기지사건〉).

2) 판례의 비판

① 판례의 입장은 환경영향평가의 실체상 하자로 인한 사업계획승인처분의 하자의 인정에 있어서 너무 엄격한 입장이다.

환경영향평가의 부실이 경미하지 않고, 그 부실의 정도가 중대한 경우 환경영향평가의 하자가 있다고 보아야 한다. 그런데, 환경영향평가의 하자는 사업계획승인처분의 절차의 하자이고, 판례는 절차의 하자를 독자적 위법사유로 보므로 환경영향평가의 부실이 경미하지 않고 중대한 한 이는 사업계획승인처분의 하자가 된다고 보아야 논리적이다.

만일 절차의 하자의 독립취소가능성에 관하여 절충설을 취하면 환경영향평가의 내용상 부실이 신청된 사업계획의 승인 여부의 결정에 중대한 영향을 미치는 정도의 것인지 여부를 기준으로 승인처분의 위법사유가 되는지 여부를 판단하여야 한다. 환경영향평가가 부실하게 됨으로써 승인기관이 사업계획승인 여부의 판단에 있어 중요한 고려사항을 고려하지 못하게 된 경우에는 당해 환경영향평가의 부실은 사업계획승인처분의 위법사유가 된다고 보아야 한다.

② 판례 중 "그 부실의 정도가 환경영향평가제도를 둔 입법취지를 달성할 수 없을 정도이어서 환경영향평가를 하지 아니한 것과 다를 바 없는 정도의 것이 아닌 이상, 그 부실은 당해 승인 등 처분에 재량권 일탈·남용의 위법이 있는지 여부를 판단하는 하나의 요소로 됨에 그칠 뿐"의 의미가 모호하다.

(2) 실체상 하자의 유형별 고찰

실체상의 하자를 논함에 있어서는 실체상 하자의 유형별로 구체적인 검토를 하여야 할 것이다. 환경영향평가서에 포함될 중요한 사항으로는 환경현황에 대한 조사, 환경에 대한 영향의 예측 및 평가, 대안의 제시와 평가, 환경영향저감방안, 사후환경영향조사계획 등이 있다. 환경영향평가를 함에 있어서는 원칙상 개발사업으로 인하여 야기될 수 있는 환경에 대한 중대한 영향이 모두 고려되어야 하는 것은 아니지만 합리적으로 예견될 수 있는 악영향은 모두 검토되어야 한다. 현장조사를 하여야 할 것인지 여부 및 어느 정도로 현장조사를 하여야 할 것인지는 현장조사의 필요성, 기존의 과학적인 연구자료의 존재 여부, 현장조사의 어려움 및 비용 등을 고려하여 결정하여야 한다.

그리고, 환경영향평가에서 가장 중요한 것이 대안(alternatives) 평가이다. 대안이 합리적인(reasonable) 것인 경우에는 실행가능한 한도 내에서는 모두 검토되어야 하고, 그 대안에 대한 검토는 적정하게(adequately) 행해져야 한다.

사업입지 대안평가는 환경영향평가의 핵심적 내용으로서 환경영향평가의 내용에 포함되는 것으로 보아야 한다.

그리고 환경저감방안이 충분히 검토되어야 한다. 환경저감방안을 전혀 행하지 않은 환경영향평가는 부적절한 것으로 취소사유가 된다고 보아야 한다. 환경오염저감방안을 나열할 뿐이며 환경오염저감방안을 전혀 설명하고 있지 않은 경우, 환경오염저감방안이 심히 모호한 경우, 오염저감방안이 기초한 정보가 부적절하거나 부실한 경우에도 오염저감방안은 부적절한 것으로 보아야 한다. 그리고, 환경저감방안에는 실현가능성이 있어야 하므로 실현가능성이 없는 환경오염저감방안으로 인하여 환경에 대한 오염이 완화된다는 사업자의 주장은 사업계획승인처분시 고려하여서는 안 될 것이다.

4. 환경영향평가의 절차상 하자와 사업계획승인처분의 효력

의견수렴절차나 환경부장관의 협의절차 등 환경영향평가절차의 일정절차가 행해지지 않은 경우 환경영향평가에 절차상 하자가 있고, 사업계획승인처분도 절차상(節次上) 위법한 처분이 된다고 보는데, 큰 어려움이 없을 것이다.

의견수렴절차 등 환경영향평가절차가 행해졌지만 그 절차에 하자가 있거나 의견수렴이 부실하였던 경우에는 그 절차상 하자가 경미한 경우에는 당해 하자는 환경영향평가절차가 절차상 위법하게 되지 않고, 따라서 사업계획승인처분의 취소사유가 되지 않고, 그 절차상 하자가 중요한 경우에 한하여 환경영향평가의 절차상 위법이 인정되고, 사업계획승인처분의 독립된 취소사유가 된다고 보아야 할 것이다. 아직 이에 관한 판례는 없다.

다만, 환경영향평가의 실체상 하자로 인한 사업계획승인처분의 위법의 인정에서 제한적이었던 판례의 태도에 비추어 판례가 환경영향평가의 절차상 하자로 인한 사업계획승인처분의 위법의 인정을 제한적으로 할 것이라고 예상된다.

5. 환경영향평가의 하자로 인한 사업계획승인처분의 무효확인판결 또는 취소판결의 효력

환경영향평가의 하자는 사업계획승인처분의 절차의 하자이다. 따라서, 환경영향평가의 하자(환경영향평가의 결여, 실체상 하자, 절차상 하자)로 사업계획승인처분에 대해 무효확인판결이 나거나 취소판결이 나면 처분청은 이제 환경영향평가의 하자를 보완하여 환경영향평가절차를 적법하게 다시 거쳐 사업계획승인처분을 다시 하여야 한다.

제6장

조세행정법

제 1 절 조세의 개념

조세(租稅)란 국가 또는 지방자치단체가 특별급부에 대한 반대급부로서가 아니라 그 경비에 충당할 재정조달 목적으로 법률에 규정된 과세요건을 충족한 모든 자에 대하여 부과하는 금전급부라고 정의할 수 있다.

제 2 절 조세의 부과

Ⅰ. 과세요건

과세요건(課稅要件)이란 조세를 부과할 수 있는 요건을 말한다. 과세요건은 조세실체법에서 구체적으로 정하여지며, 법률이 정한 과세요건에 해당하는 구체적인 사실이 존재하면 그에 의하여 과세권이 발생하고 납세의무가 성립한다.

과세요건에 포함되는 요소의 범위에 대하여는 7분설(과세권자, 납세의무자, 과세물건, 과세표준, 세율, 귀속관계, 조세소속관계), 5분설(납세의무자, 과세물건, 과세물건의 귀속, 과세표준, 세율), 4분설(납세의무자, 과세물건, 과세표준, 세율)의 대립이 있다.

Ⅱ. 납세의무의 성립

납세의무는 법률이 정한 과세요건이 충족되면 과세관청의 특별한 행위를 기다리지 아니하고 당연히 성립한다.

Ⅲ. 납세의무의 확정

1. 의 의

납세의무의 확정(確定)이란 과세요건을 이루는 사실을 인정하고 관계법령을 해석·적용하여 구체적으로 세액을 확정하는 것을 말한다. 과세요건이 충족되면 납세의무는 당연히 성립되지만 실제로 납세의무자로부터 조세를 징수하기 위하여는 납세의무의 확정이 필요한 것이다.

납세의무의 확정은 이미 발생되어 있는 조세채권을 확정하는 것이므로 그 성질은 **확인행위**이다.

2. 확정의 방식

납세의무의 확정방식에는 자동확정방식, 신고납세방식 및 부과과세방식의 세 가지가 있다.

(1) 자동확정방식

과세요건을 이루는 사실이나 납부하여야 할 세액이 객관적으로 명확한 경우에는 특별한 확정절차를 거치지 아니하고 납세의무의 성립과 동시에 자동으로 법률에 의하여 납세의무가 확정되는 경우가 있다.

이러한 방식의 조세로는 인지세, 원천징수하는 소득세 또는 법인세, 납세조합이 징수하는 소득세, 중간예납하는 법인세(세법에 따라 정부가 조사·결정하는 경우는 제외)가 있다(국세기본법 제22조).

(2) 신고납세방식

신고납세방식(申告納稅方式)이란 원칙적으로 납세의무자가 과세표준과 세액을 과세관청에 신고함으로써 납세의무를 확정하는 방식을 말한다.

신고납세방식을 채택하고 있는 조세로는 양도소득세 이외의 소득세, 법인세, 부가가치세, 특별소비세, 주세 등이 있다.

납세신고는 자기완결적 공법행위이다. 신고행위에 의해 납세의무자의 납세의무가 구체적으로 확정된다. 신고를 수리하는 행위가 조세부과처분이 되는 것이 아니다. 과세관청이 납세의무자의 신고에 따라 세액을 수령하는 것은 사실행위이며 부과처분이 아니다(대판 1997. 7. 22, 96누8321[관세부과처분취소]).

과세관청은 납세의무자로부터 신고가 없는 경우에 부과처분에 의하여 납세의무를 확정한다.

(3) 부과과세방식

부과과세방식(賦課課稅方式)이란 과세관청이 처분(결정)의 형식으로 납세의무를 확정하는 방식을 말한다.

부과과세방식을 채택하고 있는 조세로는 양도소득세, 상속세, 증여세, 부당이득세, 재평가세 등이 있다.

제 3 절 조세의 부과 및 징수에 대한 권리구제

Ⅰ. 과세전 적부심사제

과세전 적부심사제(課稅前適否審査制)는 일종의 사전구제제도로서 세무조사결과에 따른 과세처분 등을 하기 전에 앞으로 과세할 내용을 미리 납세자에게 통지하여 그 내용에 대하여 이의가 있는 경우에 과세의 적법여부심사를 청구할 수 있도록 하는 것이다(국세기본법 제81조의15).

Ⅱ. 행정쟁송

위법한 조세의 부과·징수에 대한 불복수단으로서의 행정쟁송은 행정쟁송 일반과 마찬가지로 행정심판과 행정소송으로 나눌 수 있으며, 이 외에도 감사원에 심사청구가 인정되고 있다.

1. 행정심판

(1) 국세에 대한 행정심판

국세기본법은 조세사건의 특수성을 고려하여 원칙적으로 행정심판법의 적용을 배제하고 있으며(동법 제56조), 국세의 부과·징수에 대한 행정심판(심사청구 또는 심판청구)에 대하여는 국세기본법이 정하는 바에 의하도록 하고 있다(동법 제55조 제1항).

1) 대 상

국세에 대한 행정심판의 대상은 국세기본법 또는 각 세법에 따른 처분으로서 위법 또는 부당한 처분과 필요한 처분을 받지 못함으로써 권리 또는 이익을 침해당한 경우이다. 다만, ① 이의신청·심사청구 또는 심판청구에 대한 처분(당초 처분의 적법성에 관하여 재조사하여 그 결과에 따라 과세표준과 세액을 경정하거나 당초 처분을 유지하는 등의 처분을 하도록 하는 결정에 따른 처분을 포함. 다만, 이의신청에 대한 처분에 대하여 심사청구 또는 심판청구를 하는 경우는 제외), ② 조세범처벌절차법에 따른 통고처분, ③ 감사원법에 따라 심사청구를 한 처분이나 그 심사청구에 대한 처분은 제외된다(국세기본법 제55조 제5항).

2) 형 태

행정소송 제기 전에 국세청장에 대한 심사청구 또는 조세심판원에 대한 심판청구를 택일하여 청구하여야 한다(행정심판전치주의)(동법 제55조 제1항, 제2항, 제9항, 제56조 제2항). 다만, 심사청구 또는 심판청구에 앞서 이의신청을 할 수 있으나(제55조 제3항), 이 이의신청은 행정심판이 아니며 임의적 절차이다.

(2) 지방세에 대한 행정심판

지방세에 대한 행정심판은 국세에 대한 행정심판에 준하여 규율되고 있다(지방세기본법 제117조 내지 제127조).

2. 감사원에 대한 심사청구

감사원법은 감사원의 감사를 받는 자의 직무에 관한 처분, 그 밖의 행위에 관하여 이해관계가 있는 자는 감사원에 심사청구를 할 수 있도록 하고 있으므로(제43조 제1항), 조세에 관한 처분에 대하여도 감사원에 심사청구를 할 수 있다.

감사원은 심리결과 심사청구의 이유가 있다고 인정할 때에는 관계기관의 장에게 시정이나 그 밖에 필요한 조치를 요구할 수 있을 뿐(감사원법 제46조 제2항), 처분을 직접 취소·변경할 수 없기 때문에 심사청구의 법적 성질은 행정심판과는 달리 진정에 불과한 것이다.

그러나 감사원의 심사청구를 거친 처분에 대하여는 조세심판전치주의에 대한 예외를 인정하여 심사청구에 대한 감사원의 결정통지를 받은 날로부터 90일 이내에 처분청을 피고로 하여 행정소송을 제기할 수 있다(감사원법 제46조의2; 국세기본법 제55조 제7항).

3. 행정소송

(1) 행정소송법에 대한 특칙규정

조세의 부과·징수에 관한 위법한 처분에 대하여 행정소송을 제기할 수 있음은 물론이다. 조세의 부과·징수와 관련된 행정소송의 경우에도 특별한 규정이 없으면 일반 행정소송의 경우와 마찬가지로 일반법인 행정소송법이 적용된다. 다만 조세법은 행정심판전치주의와 제소기간에 대하여는 행정소송법과 다른 특별한 규정을 두고 있는데, 이를 살펴보면 다음과 같다.

첫째, 조세법은 **행정심판전치주의**를 채택하고 있다. 즉 조세행정사건에 관하여 행정소송을 제기하기 위하여는 원칙적으로 국세기본법 또는 관세법에 의한 심사청구 또는 심판청구와 그에 대한 결정을 거쳐야 한다(국세기본법 제56조 제2항, 지방세기본법 제127조, 관세법 제120조 제2항). 동일한 처분에 대해서는 심사청구와 심판청구를 중복하여 제기할 수 없다(국세기본법 제55조 제9항).

둘째, 조세법은 제소기간에 대하여도 특칙을 두고 있다. 즉, 행정소송의 제소기간은 심사청구 또는 심판청구에 대한 결정의 통지를 받은 날로부터 90일 이내로 하되, 법정의 결정기간(심사청구의 경우에는 60일, 심판청구의 경우에는 90일) 내에 결정의 통지를 받지 못한 경우에는 결정의 통지를 받기 전이라도 그 결정기간이 경과한 날로부터 행정소송을 제기할 수 있도록 하고 있다(국세기본법 제56조 제3항). 관세법의 경우에도 동일한 규정을 두고 있다(관세법 제120조 제3항).

(2) 조세행정소송의 소송물

조세행정소송에 있어서 소송물(訴訟物), 즉 법원의 심판의 대상·범위에 관하여는 총액주의와 쟁점주의의 대립이 있다.[1]

1) 총액주의

총액주의(總額主義)는 과세처분에 의하여 확정된 세액이 조세실체법에 의하여 객관적으로 존재

---

1) 김동희, 『행정법Ⅱ』, 669면; 조인호, "조세행정소송사건의 현황과 쟁점," 2001년도 특별실무 법관연수 자료, 1~2면 참조.

하는 세액을 초과하는지 여부가 심판의 대상 및 범위가 된다는 것이다. 이 설에 의하면, 과세처분 중 일부분의 불복청구가 있는 경우에도 과세처분의 대상이 된 세액 전부에 대하여 실체법상 정당한 세액을 기준으로 심판하게 되고, 과세관청은 처분 당시의 처분사유와 다른 사유를 내세워 과세처분을 유지할 수 있게 된다.

2) 쟁점주의

쟁점주의(爭點主義)는 심판의 대상 및 범위를 과세관청의 처분사유와 관계되는 세액의 적부로 한정하는 것으로, 과세처분취소소송은 과세관청이 처분시에 인정한 처분사유의 당부만을 심판의 대상으로 하고, 과세관청이 처분시에 인정한 처분사유가 다르면 별개의 처분으로서 소송물도 동일하지 않게 되는 것으로 본다. 이 설에 의하면, 과세처분에 대한 불복청구가 있는 경우 실체적 세액 전부가 아니라 불복청구부분의 사유에 한정하여 심판의 대상이 되고, 처분사유의 추가·변경도 원칙적으로 허용되지 않는다.

3) 판　　례

판례는 **총액주의**의 입장을 취하고 있다(대판 1989. 3. 28, 88누6504; 1992. 7. 28, 91누10695 등[법인세등 부과처분취소]).

(3) 경정처분과 소의 대상

과세관청은 과세처분에 잘못이 있는 경우에 당초처분을 시정하기 위한 경정처분(更正處分)을 할 수 있다. 경정처분은 부과과세방식과 신고납세방식 양자 모두에 인정된다. 이와 같이 과세관청이 당초처분을 시정하기 위하여 경정처분을 한 경우 소송의 대상은 무엇인가가 문제된다. 2002년 개정 국세기본법은 당초처분과 경정처분과의 관계에 대한 명문의 규정을 두고 있다.

> 즉 "① 세법에 따라 당초 확정된 세액을 증가시키는 경정은 당초 확정된 세액에 관한 이 법 또는 세법에서 규정하는 권리·의무관계에 영향을 미치지 아니한다. ② 세법에 따라 당초 확정된 세액을 감소시키는 경정은 그 경정으로 감소되는 세액 외의 세액에 관한 이 법 또는 세법에서 규정하는 권리·의무관계에 영향을 미치지 아니한다"(동법 제22조의2).

국세기본법 제22조의2 제1항의 주된 입법 취지는 증액경정처분이 있더라도 불복기간의 경과 등으로 확정된 당초 신고 또는 결정에서의 세액만큼은 그 불복을 제한하려는 데 있다(대판 2009. 5. 14, 2006두17390[종합소득세등부과처분취소]).

1) 감액경정처분의 경우

감액경정처분의 경우에는 종전의 판례(대판 1991. 9. 13, 91누391)와 같이 감액된 당초처분(당초처분 중 경정처분에 의해 취소되지 아니하고 남은 부분)이 취소소송의 대상이 되며 제소기간 준수 여부도 당초처분을 기준으로 판단하여야 한다(역흡수설). 그 이유는 감액경정처분은 당초처분과 별개의 독립된 처분이 아니라 당초처분의 일부를 취소하는 데 불과한 처분이기 때문이다.

[판례] 과세관청이 조세부과처분을 한 뒤에 그 불복절차과정에서 국세청장이나 국세심판소장으로부터 그 일부를 취소하도록 하는 결정을 받고 이에 따라 당초 부과처분의 일부를 취소, 감액하는 내용의 경정결정을 한 경우 위 경정처분은 당초 부과처분과 별개 독립의 과세처분이 아니라 그 실질은 당초 부과처분의 변경이고, 그에 의하여 세액의 일부 취소라는 납세자에게 유리한 효과를 가져오는 처분이라 할 것이므로 그 경정결정으로도 아직 취소되지 않고 남아 있는 부분이 위법하다고 하여 다투는 경우에는 항고소송의 대상이 되는 것은 당초의 부과처분 중 경정결정에 의하여 취소되지 않고 남은 부분이 된다 할 것이고, 경정결정이 항고소송의 대상이 되는 것은 아니라 할 것이므로, 이 경우 제소기간을 준수하였는지 여부도 당초처분을 기준으로 하여 판단하여야 할 것이다(대판 1991. 9. 13, 91누391[양도소득세등부과처분취소]).

2) 증액경정처분의 경우

국세기본법 제22조의2의 시행 이후에도 증액경정처분이 있는 경우, 당초 신고나 결정은 증액경정처분에 흡수됨으로써 독립한 존재가치를 잃게 된다고 보아야 하므로, 원칙적으로는 당초 신고나 결정에 대한 불복기간의 경과 여부 등에 관계없이 증액경정처분만이 항고소송의 심판대상이 되고(흡수설), 납세의무자는 그 항고소송에서 당초 신고나 결정에 대한 위법사유도 함께 주장할 수 있다(대판 2009. 5. 14, 2006두17390[종합소득세등부과처분취소]).

[판례] 증액경정처분이 있는 경우 당초처분은 증액경정처분에 흡수되어 소멸하고, 소멸한 당초처분의 절차적 하자는 존속하는 증액경정처분에 승계되지 아니한다(대판 2010. 6. 24, 2007두16493[상속세부과처분취소]).

Ⅲ. 조세과오납금환급소송

1. 과오납금환급청구의 의의

납세자는 과오납(過誤納)으로 법률상 원인 없이 납부한 세액에 대하여 조세주체에게 그 세액의 반환을 청구할 수 있는 권리를 가지는데, 이를 **과오납금환급청구권**이라 한다. 이러한 과오납금환급청구권은 부당이득반환청구권의 성질을 가진다.

[판례 1] 조세의 과오납이 부당이득이 되기 위하여는 납세 또는 조세의 징수가 실체법적으로나 절차법적으로 전혀 법률상의 근거가 없거나 과세처분의 하자가 중대하고 명백하여 당연무효이어야 하고, 과세처분의 하자가 단지 취소할 수 있는 정도에 불과할 때에는 과세관청이 이를 스스로 취소하거나 항고소송절차에 의하여 취소되지 않는 한 그로 인한 조세의 납부가 부당이득이 된다고 할 수 없다(대판 1994. 11. 11, 94다28000[부당이득금]).
[판례 2] **국세의 오납 · 초과 납부 · 환급 등으로 인한 국세환급금채권의 확정 시기:** 부당이득의 반환을 구하는 납세의무자의 국세환급금채권은 오납액의 경우에는 처음부터 법률상 원인이 없으므로 납부 또는 징수시에 이미 확정되어 있고, 초과납부액의 경우에는 신고 또는 부과처분의 취소 또는 경정에 의하여 조세채무의 전부 또는 일부가 소멸한 때에 확정되며, 환급세액의 경우에는 각 개별 세법에서 규정한 환급요건에 따라 확정되는 것이다(대판 2009. 3. 26, 2008다31768).
[판례 3] [1] **취득세와 같은 신고납부방식의 조세에서 납세의무자가 신고 · 납부한 세액이 지방자치단체의 부당이득에 해당하는 경우 및 판단 방법:** 취득세와 같은 신고납부방식의 조세의 경우에는 원칙적으로 납세의무자가 스스로 과세표준과 세액을 정하여 신고하는 행위에 의하여 납세의무가 구체적으로 확정되고, 납부행위

는 신고에 의하여 확정된 구체적 납세의무의 이행으로 하는 것이며, 지방자치단체는 그와 같이 확정된 조세채권에 기하여 납부된 세액을 보유한다. 따라서 납세의무자의 신고행위가 중대하고 명백한 하자로 인하여 당연무효로 되지 아니하는 한 그것이 바로 부당이득에 해당한다고 할 수 없고, 여기에서 신고행위의 하자가 중대하고 명백하여 당연무효에 해당하는지에 대하여는 신고행위의 근거가 되는 법규의 목적, 의미, 기능 및 하자 있는 신고행위에 대한 법적 구제수단 등을 목적론적으로 고찰함과 동시에 신고행위에 이르게 된 구체적 사정을 개별적으로 파악하여 합리적으로 판단하여야 한다. [2] 甲이 乙 등에게 금전을 대여하면서 체결한 대물변제약정에 따라 乙 등 소유 부동산에 관하여 매매예약을 원인으로 가등기를 마쳤다가 그 후 매매를 원인으로 소유권이전등기를 하여 관할 지방자치단체에 취득세를 신고·납부하였는데, 乙 등이 제기한 소송에서 가등기담보 등에 관한 법률상 청산절차를 거치지 않았다는 이유로 소유권이전등기의 말소를 명하는 판결이 선고되어 확정되자, 甲이 지방자치단체를 상대로 취득세 상당액의 부당이득 반환을 구한 사안에서, 소유권이전등기가 위와 같은 사유로 효력이 없어 취득세 신고행위에 과세요건을 갖추지 못한 중대한 하자가 있다는 사정과 신고행위를 무효로 보지 않을 경우 甲에게 발생될 수 있는 불이익 등을 고려하더라도, 하자가 객관적으로 명백하다고 볼 수 없는 등 위 취득세 신고행위를 당연무효라고 할 수 없다고 한 사례(대판 2014. 4. 10, 2011다15476[부당이득금반환]).

2. 과오납금환급청구소송

세무서장이 과오납금을 환급하지 아니할 경우 납세자는 소송을 제기하여 그 환급을 청구할 수 있다. 이 소송의 성질에 대하여는 민사소송설과 공법상 당사자소송설로 견해가 나누어진다. 양자의 차이는 과오납금환급청구권의 법적 성질을 사권으로 볼 것인가 공권으로 볼 것인가 하는 데에서 비롯된다.

(1) 민사소송설

민사소송설은 과오납금환급청구권의 법적 성질이 사권이라는 데 그 근거를 둔다. 즉 과오납금반환청구권은 공법상의 원인에 의하여 발생되었다고 하더라도 부당이득의 문제는 그 원인이 당연무효이거나 취소됨으로써 이미 아무런 법률상 원인이 없는 경우에 성립하기 때문에 그 성질은 사권으로 보아야 하고, 그에 관한 소송은 민사소송에 의하여야 한다고 한다(이상규, 760면).

(2) 공법상 당사자소송설

공법상 당사자소송설은 과오납금환급청구권의 법적 성질이 공권이라는 데 그 근거를 둔다. 과오납금반환청구권은 공법상의 원인에 의하여 발생된 것이고 그 반환범위도 오로지 사인 상호간의 경제적 이해조정을 위한 사법상의 부당이득과는 다른 특질을 가지고 있기 때문에 공권으로 보아야 하며, 그에 관한 소송도 공법상의 당사자소송에 의하여야 한다고 한다.

공법상 당사자소송설이 다수설의 입장이다.

(3) 판　　례

판례는 일관되게 민사소송설의 입장을 취하고 있다.

[판례] 예를 들어 조세부과처분의 당연무효를 전제로 하여 이미 납부한 세금의 반환을 청구하는 것은 민사상의 부당이득반환청구로서 민사소송절차에 따라야 한다는 것이 법원의 입장이다(대판 1995. 4. 28, 94다55019[부당이득금]).

3. 환급거부 또는 부작위에 대한 권리구제

납세자가 세무서장에게 국세환급금지급청구를 한 경우에 세무서장이 이를 거부하거나 아무런 조치를 취하지 아니할 때, 납세자가 거부처분취소송이나 부작위위법확인소송을 제기할 수 있는지 여부가 문제된다. 이에 대하여 판례는 환급거부결정을 항고소송의 대상이 되는 처분이 아니라고 본다.

[판례] 국세기본법 제51조 및 제52조의 국세환급금 및 국세가산금결정에 관한 규정은 이미 납세의무자의 환급청구권이 확정된 국세환급금 및 가산금에 대하여 내부적 사무처리절차로서 과세관청의 환급절차를 규정한 것에 지나지 않고 그 규정에 의한 국세환급금(가산금 포함)결정에 의하여 비로소 환급청구권이 확정되는 것은 아니므로, 국세환급금결정이나 이 결정을 구하는 신청에 대한 환급거부결정 등은 납세의무자가 갖는 환급청구권의 존부나 범위에 구체적이고 직접적인 영향을 미치는 처분이 아니어서 항고소송의 대상이 되는 처분이라고 볼 수 없다(대판 전원합의체 1989. 6. 15, 88누6436).

그러나, 이에 대하여 국민의 권리구제를 위하여 환급거부결정에 대한 항고소송을 인정하여야 한다는 견해가 있다.

[판례] [상기 전원합의체 판결에서의 소수의견] 납세자의 신청에 대한 세무서장의 환급거부결정이 직접 환급청구권을 발생하게 하는 형성적 효과가 있는 것이 아니고 확인적 의미밖에 없다고 하더라도 국세기본법 제51조의 규정을 위반하여 납세자에게 환급할 돈을 환급하지 아니하므로 손해를 끼치고 있는 것이라면 납세자가 행정소송으로 그 결정이 부당하다는 것을 다툴 수 있다(대판 전원합의체 1989. 6. 15, 88누6436[국세환급거부처분취소]).

Ⅳ. 국가배상청구소송

위법한 조세부과처분에 근거하여 조세를 납부한 후 국가배상청구소송을 제기할 수 있는가 하는 문제가 제기된다. 또는 위법한 조세부과처분에 근거하여 조세를 납부한 후 국가배상청구소송을 제기한 경우 인용판결을 하는 것이 공정력(또는 구성요건적 효력)에 반하는가 하는 것이 문제된다.

이는 조세부과처분이 무효인 경우에는 문제가 되지 않고, 조세부과처분에 취소할 수 있는 위법이 있는 경우에 한하여 문제가 된다. 그 이유는 무효인 행정행위에는 공정력(또는 구성요건적 효력)이 미치지 않고, 따라서 무효인 조세부과처분에 따라 세금을 납부한 자는 부당이득반환청구를 통하여 세금을 반환받을 수 있기 때문이다. 다만, 조세부과처분에 취소할 수 있는 위법이 있는 경우에 국가배상청구를 인정하는 견해를 취하면 무효인 위법과 취소사유인 위법의 구별이 분명한 것만은 아니므로 조세부과처분이 무효인 경우에도 국가배상청구를 부정할 이유는 없다고 본다.

1. 부 정 설

국가배상청구소송에서 인용판결을 하는 것은 과세처분을 취소하는 것과 같은 결과를 가져오므로 국가배상청구가 인정되지 않는다는 견해가 있다(구성요건적 효력과 선결문제에서의 절충설, 부정설).

2. 제한적 긍정설

국가배상청구소송에서 인용판결을 하면 과세처분을 취소한 것과 같은 결과가 되어 과세처분의 목적이 방해를 받게 되고 실질적으로는 취소소송의 배타적 관할의 존재의의를 상실하게 되므로 단순과실의 경우에는 인용판결을 할 수 없고, 고의 또는 중과실이 있을 때에만 인용판결을 할 수 있다는 견해도 있다(김철용, 251면).

3. 긍 정 설

국가배상청구를 인정하는 긍정설의 논거는 다음과 같다. i) 국가배상청구를 인정하는 것이 과세처분의 효력을 직접 부인하는 것이 아니므로 공정력(또는 구성요건적 효력)에 반하지 않는다(구성요건적 효력과 선결문제에서의 긍정설). ii) 또한, 국가배상청구를 제한하는 법령의 규정이 없다(이전오, 납세자를 위한 사법적 구제에 관한 연구, 경희대 박사논문, 1999. 8).

4. 판 례

판례는 긍정설을 취하고 있다. 다만, 과실을 통상의 경우보다 엄격히 인정하는 것으로 보인다.

[판례 1] 물품세 과세대상이 아닌 것을 세무공무원이 직무상 과실로 과세대상으로 오인하여 과세처분을 행함으로 인하여 손해가 발생된 경우에는, 동 과세처분이 취소되지 아니하였다 하더라도, 국가는 이로 인한 손해를 배상할 책임이 있다(대판 1979. 4. 10, 79다262[부당이득금반환]).

[판례 2] 세무서장이 한국감정원의 상속재산 가액감정결과가 잘못된 것임을 알았거나 알 수 있었다면 세무서장 등 담당공무원들이 그 직무를 집행함에 당하여 고의 또는 과실로 부실 감정에 기초한 상속재산 평가액에 따라 상속세납세고지처분을 함으로써 손해를 가한 것이 되므로 정당한 감정결과를 기초로 계산되는 세금을 초과하는 차액 상당의 금액을 배상하여야 한다(대판 1991. 1. 25, 87다카2569[부당이득금반환]).

5. 결 어

다음과 같은 이유에서 긍정설이 타당하다. 즉, 취소소송과 국가배상청구소송은 다른 목적과 요건을 가지므로 과세처분의 경우에도 취소소송과 별도로 국가배상청구소송을 제기할 수 있다. 국가배상에서는 위법뿐만 아니라 과실도 요구되므로 조세부과처분이 위법하다고 자동적으로 국가배상청구가 인정되는 것이 아니다.

참고문헌

국민권익위원회 중앙행정심판위원회, 행정심판의 이론과 실무, 2022.
김기표, 『신행정심판법론』, 한국법제연구원, 2003.
김도창, 『일반행정법론(상)』, 청운사, 1993.
김남진·김연태, 『행정법 Ⅰ』, 『행정법 Ⅱ』, 법문사, 2012.
김남철, 행정법강론, 박영사, 2022.
김대인, 『행정계약법의 이해』, 경인문화사, 2007.
김동희, 『행정법 Ⅰ』, 『행정법 Ⅱ』, 박영사, 2020.
김동희·최계영, 행정법 I, 박영사, 2024.
김민호, 『국유재산법』, 박영사, 2022.
김성수, 『일반행정법』, 법문사, 2021.
김성수, 『개별행정법』, 법문사, 2004.
김용섭, 행정법이론과 판례평석, 박영사, 2020.
김유환, 『현대 행정법』, 박영사, 2024.
김재광, 『경찰관직무집행법』, 도서출판 학림, 2012.
김재광, 『전자정부법』, 한국법제연구원, 2010.
김종보, 『건설법의 이해』, 피데스, 2018.
김중권, 『김중권의 행정법』, 법문사, 2019.
김중권, 『행정법 기본연구 Ⅰ』, 법문사, 2008.
김중권, 『행정법 기본연구 Ⅱ』, 법문사, 2009.
김중권, 『행정법 기본연구 Ⅲ』, 법문사, 2010.
김중권, 『행정법 기본연구 Ⅳ』, 법문사, 2013.
김철용, 『행정법』, 박영사, 2011.
김철용 편, 『특별행정법』, 박영사, 2022.
김향기, 『행정법개론』, 삼영사, 2005.
김형규, 『경찰관직무집행법의 이론과 실제』, 박영사, 2022.
류지태·박종수, 『행정법신론』, 박영사, 2011.
류해웅·허강무, 『신수용보상법론』, 부연사, 2016.
박균성, 『행정법론(상)』, 박영사, 2025.

박균성,『행정법론(하)』, 박영사, 2025.
박균성,『행정법연습』, 삼조사, 2015.
박균성·김재광, 경찰행정법, 박영사, 2024.
박균성·도승하, 토지보상행정법, 박영사, 2024.
박균성·함태성,『환경법』, 박영사, 2023.
박수혁 역,『독일행정법』, 사법발전재단, 2010.
박윤흔·정형근,『최신행정법강의(상)』, 박영사, 2009.
박윤흔·정형근,『최신행정법강의(하)』, 박영사, 2009.
박재윤, 행정법의 이론과 실무-행정구제법, 진원사, 2016.
박정훈,『행정법의 체계와 방법론』, 박영사, 2005.
박정훈,『행정소송의 구조와 기능』, 박영사, 2006.
배병호, 일반행정법강의, 동방문화사, 2019.
법무법인(유한) 태평양 건설부동산팀, 국토계획법의 제문제, 박영사, 2020.
법제처,『행정기본법 해설서』, 2021. 12.
법원행정처,『법원실무제요(행정)』, 2003.
국민권익위원회 중앙행정심판위원회,『행정심판의 이론과 실무』, 2022.
서울고등법원 재판실무개선위원회,『행정소송실무편람』, 한국사법행정학회, 1998.
서울행정법원 실무연구회, 행정소송의 이론과 실무, 사법발전재단, 2013.
석종현,『일반행정법(하)』, 삼영사, 2005.
선정원, 행정법의 작용형식, 경인문화사, 2019.
성낙인,『헌법학』, 법문사, 2005.
송동수·석종현,『일반행정법(상)』, 삼영사, 2009.
오준근,『행정절차법』, 삼지원, 1998.
유명건,『실무행정소송법』, 박영사, 1998.
유진식, 행정조직법의 이론과 실제, 전북대학교 출판문화원, 2020.
유해웅,『신수용보상법론』, 부연사, 2009.
유해웅,『부동산제도』, 부연사, 2006.
유해웅,『부동산공법론』, 탑북스, 2011.
이기우·하승수,『지방자치법』, 대영문화사, 2007.
이석선,『판례행정소송론』, 한국사법행정학회, 1986.
이시윤,『신민사소송법』, 박영사, 2015.
이원, 주해 행정심판법, 예손, 2020.10.
이일세, 행정법총론, 법문사, 2020.
이철환,『행정구제법 강의』, fides, 2018.
이철환·김현철,『로스쿨 공법실무』, 전남대학교출판부, 2015.

전재우, 도시 및 주거환경정비법, 박영사, 2020.
장경원, 행정법의 기본쟁점, 신조사, 2018.
정남철, 한국행정법론, 법문사, 2020.
정남철, 행정법의 특수문제, 법문사, 2018.
정태용, 『국토계획법』, 한국법제연구원, 2013.
정태용, 『건축법해설』, 한국법제연구원, 2006.
정하중·김광수, 『행정법개론』, 법문사, 2024.
정형근, 『행정법』, 피앤씨미디어, 2015.
최봉석, 행정법총론, 삼원사, 2018.
최봉석, 『지방자치법론』, 삼원사, 2018.
최우용, 『지방자치법 강의』, 동아대학교 출판부, 2008.
최정일, 『행정법의 정석 Ⅰ』, 박영사, 2009.
최정일, 『행정법의 정석 Ⅱ』, 박영사, 2009.
하명호, 행정법, 박영사, 2024.
한견우, 『현대행정법 Ⅰ』, 인터벡, 1999.
한견우, 『행정법 Ⅱ』, 홍문사, 1994.
함인선, 『주민소송』, 전남대학교출판부, 2008.
홍정선, 『신지방자치법』, 박영사, 2009.
홍정선, 『행정법특강』, 박영사, 2024.
홍정선, 행정기본법 해설, 박영사, 2021.
홍준형, 『행정법총론』, 한울아카데미, 2001.

부 록

판례색인

대법원

헌법재판소

기타(고법·지법·행법)

사항색인

부록 3 사례형 및 논술형의 답안작성방법

I. 사례형 답안작성방법

사례형문제의 경우 관련법조문을 제시하여 주는 경우가 있다. 통상 시험용법전에 나오지 않는 법조문을 관련법조문으로 제시해 준다. 관련법조문이라도 시험용법전에 포함된 법률규정은 제시되지 않는 경우가 많다.

관련법조문은 사례형문제의 해결에서 그 조문의 해석에 관한 학설과 함께 적절하게 근거로 제시되어야 한다.

사례형문제는 판례를 기초로 만들어지는 경우가 많으므로 평소에 판례를 잘 보아 두어야 한다. 그런데, 사례형문제는 판례에 기초하여 출제되지만 논점을 변형하기도 하고 추가하기도 하므로 선입견을 버리고 사례형문제를 잘 읽고 답하여야 한다.

1. 답안작성의 순서

사례문제의 답안구성은 "논점의 정리"라는 제목하에 사례의 법적 논점을 개괄적으로 제시하고, 각 논점별로 제목을 달아 관련 법조문의 해석 및 관련 행정법이론을 논하고 사례문제에 적용하여 각 논점별로 해결을 제시하고, 마지막으로 종합적인 문제해결을 제시하는 순서로 행한다. 논점별 해결에 앞서 사례문제의 해결에서 공통되는 중요한 논점(행위의 성질 등 중요한 이론적 문제)은 개별 논점의 검토에 앞서 미리 논하는 것이 적절한 경우도 있다.

2. 논점의 정리

50점의 사례문제에서 논점의 정리에 대한 배점은 3점 내지 5점인 것이 보통이다. 논점의 정리에서는 사례문제에서 법적으로 논점이 되는 것을 제시하여야 한다. 관련되는 법조문 및 이론과 사례를 관련지어 중요하다고 판단되는 논점을 제시하여야 한다.

3. 논점의 검토(본론)

관련 법령의 해석이나 행정법이론에 있어 학설의 대립이 있는 경우에는 중요한 학설의 주요내용과 함께 그 논거 및 그에 대한 비판을 논하며 자신의 입장을 표명하는 것이 좋다. 행정법에서는 다른 법에 비하여 이론이 상대적으로 중요하므로 관련 학설을 검토하는 것이 중요하다. 관련 학설의 내용만 간단히 쓰는 경우가 많은데, 이렇게 하면 좋은 점수를 받을 수 없을 것이다. 판례의 입장을 제시하는 것도 필요한데, 사례를 판례 위주로만 풀어서는 안 된다. 학설과 판례는 사례문제의 해결에 필요한 한도 내에서 논하면 충분하다.

논점 및 관련 학설은 시간의 제약을 고려하여 가능한 한 자세히 논하는 것이 좋고, 중요도를 고려하여 균형있게 서술하여야 한다. 또한 최근 채점에서 답안의 논리적 일관성을 중시하는 경향이 있으므로 논리적인 서술이 되도록 하여야 한다.

사례의 해결은 자신이 택한 학설에 따른 해결을 제시하되, 다른 견해에 서는 경우의 해결도 제시해 주는 것이 좋다. 행정법 사례문제에서는 사례의 해결이 특정되지 못하는 경우가 많다. 이 경우에는 경우(예를 들면, 국민의 권익을 침해한 공권력 행사가 위법한 경우와 적법한 경우 또는 조례가 처분인 경우와 처분이 아닌 경우)를 나누어 해결을 제시하여야 한다.

4. 결　　론

각 논점별로 해결을 제시하되 결론에서 종합하여 최종적인 해결을 제시하여야 한다. 이 부분을 쓰지 않는 답안이 있는데, 종합해결(결론)에 3점 내지 5점의 배점이 주어지는 것이 보통이므로 종합해결을 반드시 제시하여야 한다. 종합해결에서는 수험생이 지지하는 입장에 서서 일관된 해결이 되도록 하여야 한다.

5. 쟁점제시형(논점제시형) 사례문제

최근 사례형 문제의 출제에 있어서 지문을 나누고, 각 지문에서 쟁점을 좁혀서 묻거나 구체적인 논점을 제시하고 그에 대한 답을 묻는 문제를 출제하며 지문별로 배점을 부여하는 문제가 출제되는 경향이 있다. 지문 중에는 사례해결을 묻는 경우가 많지만, 약술형 문제를 출제하는 경우도 있다. 이 경우에는 채점이 지문별로 행해지므로 지문별로 답안을 작성하여야 한다.

사례형인 경우에는 ① 문제의 소재(쟁점의 정리), ② 쟁점별 이론 및 판례의 검토 및 소결, ③ 사안에의 적용, ④ 사례의 해결 순으로 답안을 작성하면 될 것이다.

6. 권리구제를 묻는 문제의 답안작성

"권리구제"를 묻는 문제에서는 권리구제수단(행정심판, 행정소송, 헌법소원(간단히), 국가배상, 손실보상, 공법상 결과제거청구 등)을 망라하되 중요도에 따라 논의의 정도를 정하여야 하며 논리적 일관성을 유지하여야 한다. 예를 들면, 손해의 원인이 되는 행위가 위법하다고 결론을 내리면서 손실보상을 구제수단으로 열거하는 것은 논리적인 일관성이 없는 답안으로 감점사유가 된다. 손해의 원인이 되는 행위가 위법한지 적법한지가 명확하지 않은 경우에는 위법한 경우와 적법한 경우로 나누어서 구제수단을 제시하여야 하며 그러한 구별없이 손해배상과 손실보상을 구제수단으로 함께 열거하는 것도 타당하지 않다. 따라서, 권리구제수단 상호 간의 관계를 잘 공부해 두어야 할 것이다.

"권리구제수단"이나 "권리구제방법"을 묻는 문제도 많이 출제되는데 이 경우에도 권리구제수단만을 논해서는 안 되며 소송법 및 실체법상 권리구제가 가능한지도 함께 논하여야 한다.

또한, 권리구제를 묻는 문제에서는 집행정지 등 가구제도 함께 논해 주어야 한다.

Ⅱ. 논술형 답안작성방법

논술형은 50점 논술형, 30점 또는 20점 약술형 또는 사례약술형, 20점 근거제시형, 10점 단답형으로 출제될 수 있다. 통상은 30점 및 20점의 약술형으로 출제된다.

논술형에서는 중요한 학설의 내용, 논거 및 그에 대한 비판을 가능한 한 자세히 서술하여야 할 것이다. 최소한 주요한 논거 및 그에 대한 비판은 반드시 서술하여야 한다.

논점별로 배점이 주어져 채점되기 때문에 주요한 논점을 모두 제시하고 논점별로 서술하여야 할 것이며 논점별로 균형있는 답안을 작성하여야 한다.

판례의 입장을 밝히는 것이 필요하나 정확히 소개해야 할 것이다. 그리고, 판례의 문제점을 지적하면 더욱 좋을 것이다.

결론에서는 논술의 요약과 함께 현행제도의 문제점을 지적하고 해결방안(입법론, 발전방향 등)을 제시하면 가점이 될 것이다.

근거제시형에서는 특히 주요 학설 및 판례의 논거와 그에 대한 비판을 자세히 서술하여야 할 것이다.

단답형은 문제에 충실하게 논하여야 할 것이다.

근거제시형이나 단답형은 문제가 특정 주제에 한정되는 경우가 보통인데, 이 경우에도 주제의 의의 등 기초적인 이론을 답의 전제로서 서술하여야 할 것이다.

사례약술형의 경우에는 사례의 해결에 필요한 기초적인 이론을 서술한 후 사례의 해결을 제시하여야 할 것이다.

부록 4 대법원 행정소송법 개정안(2006년 개정의견)의 주요 내용

1) 항고소송의 대상 확대(안 제2조, 제3조, 제4조): 협의의 처분뿐만 아니라 권력적 사실행위나 법규명령·규칙을 모두 항고소송(취소소송·무효등확인소송·의무이행소송·예방적 금지소송)의 대상으로 포착함으로써 국민의 권리 구제의 폭을 확대하고 행정의 적법성 보장을 강화함.

2) 의무이행소송의 신설(안 제4조 제3호, 제51조): 당사자의 신청에 대한 행정청의 처분이나 명령 등의 거부(거부처분 등) 또는 부작위에 대하여 처분이나 명령 등을 하도록 하는 소송인 의무이행소송을 도입함.

3) 예방적 금지소송의 신설(안 제4조 제4호, 제55조, 제57조): 행정청이 장래에 일정한 처분이나 명령 등을 할 것이 임박한 경우에, 사후에 그 처분이나 명령 등의 효력을 다투는 방법으로는 회복하기 어려운 손해를 입을 우려가 있는 때에 그 처분이나 명령 등을 금지하는 예방적 금지소송을 도입함.

4) 항고소송의 원고적격 확대(안 제12조): 항고소송의 원고적격의 범위를 확대하기 위하여 현행법의 '법률상의 이익' 대신 '법적으로 정당한 이익'이라는 개념을 도입함.

처분 등의 효과가 소멸한 뒤에도 취소소송의 원고적격의 기준을 그 효과가 소멸하지 않은 경우와 동일하게 설정함.

5) 효과가 소멸한 처분 등에 대한 취소판결 인정(안 제30조): 처분 등의 법적 효과가 소멸한 뒤에도 취소판결을 할 수 있다고 규정함.

6) 행정소송과 민사소송 사이의 소의 변경 및 이송제도 보완(안 제22조): 현행법에는 행정소송 내에서의 소의 변경에 관하여만 규정하고 있으나, 개정안에서는 민사소송을 행정소송으로, 행정소송을 민사소송으로 변경할 수 있도록 하고, 사건의 이송에 관한 현행법의 특칙(제7조)을 삭제하여 민사소송법의 준용에 의한 사건의 이송이 가능하도록 함.

7) 집행정지제도의 보완(안 제24조): '처분 등이 위법하다는 현저한 의심이 있는 경우'를 집행정지 사유의 하나로 추가하고, 이른바 담보제공부 집행정지제도를 도입함.

8) 항고소송에서의 가처분에 관한 규정 신설(안 제26조): 행정상의 임시구제제도로서 현행법의 집행정지 이외에 가처분제도를 도입함.

9) 자료제출요구에 관한 규정 신설(안 제28조): 사건심리를 위하여 필요하다고 인정하는 경우 법원이 직권으로 당사자 또는 관계행정청이 보관 중인 자료의 제출을 요구할 수 있다는 규정을 신설함.

10) 항고소송에서의 화해권고결정에 관한 규정 신설(안 제35조): 직권에 의한 화해권고결정제도를 도입하고, 화해에 의하여 직접 권리 또는 이익의 침해를 받을 제3자 또는 화해의 대상인 처분 등에 관하여 동의·승인·협의 등의 법령상 권한을 가진 행정청이 있는 경우에는 그 제3자 또는 행정청의 동의 등을 받도록 하되, 만약 그러한 동의 등이 없는 경우에는 제3자 또는 행정청이 재심청구를 할 수 있도록 함.

11) 취소판결의 기속력으로서의 결과제거의무규정 등의 신설(안 제34조): 취소판결의 대상이 된 처분 등이 이미 집행되었더라도 행정청은 그 집행으로 인한 위법한 결과를 제거할 의무를 부담하고, 법원은 원고의 신청에 따라 결과제거의무를 취소판결 등과 함께 선고할 수 있다는 조항을 신설함.

12) 명령 등을 대상으로 한 항고소송에 관한 특례 신설(안 제36조 내지 제40조): 명령 등은 항고소송의 대상이 되므로 명령 등에 대하여 취소소송·무효등확인소송·의무이행소송·예방적 금지소송에 관한 조항들이 원칙적으로 그대로 적용되지만, 명령 등의 특성을 감안하여 제2장 제6절에서 특례를 다음과 같이 규정함.

명령 등에 대한 취소소송의 제1심 관할법원은 피고의 소재지를 관할하는 고등법원으로 함.

명령 등의 취소소송과 그 명령 등을 집행하는 처분에 대한 취소소송이 모두 제기된 경우 명령 등의 취소소송의 종결을 기다려 처분에 대한 취소소송의 결론을 도출할 수 있도록 처분의 취소소송이 계속중인 법원은 소송절차를 중지할 수 있음.

명령 등에 대한 취소소송과 그 명령 등의 헌법 또는 법률 위반 여부가 선결문제로 되어 있는 민사소송, 형사소송 등이 법원에 동시에 계속중인 경우에도 위와 마찬가지임.

명령 등에 대한 취소소송은 그 취소를 구할 법적으로 정당한 이익이 있음을 안 날부터 90일 이내에, 그 이익이 생긴 날부터 1년 이내에 제기하여야 함.

명령 등에 대한 취소판결은 제3자에게도 효력이 있고, 원칙적으로 소급효가 있으나, 그 명령 등에 근거한 재판 또는 처분이 이미 확정된 경우에는 그 효력에 영향을 미치지 아니하고, 다만 그 명령 등에 근거한 유죄판결에 대하여는 재심을 청구할 수 있음.

13) 당사자소송의 구체화(안 제3조 제2호): 당사자소송의 구체적인 소송형태를 예시함으로써 당사자소송이 활성화되도록 함.

행정상 손실보상, 처분 등의 위법으로 인한 손해배상·부당이득반환청구 소송 등이 당사자소송으로 취급되어야 한다는 점을 명백히 함.

14) 기관소송 법정주의 일부 폐지(안 제65조, 제66조): 기관소송 중 권한쟁의와 중첩되지 않는 '동일한 공공단체의 기관 상호간에 있어서의 권한분쟁'에 대하여는 법정주의를 폐지하고, 기관소송의 제1심 관할법원을 고등법원으로 규정함.

15) 그 밖의 개정 내용

가. 부작위에 대한 정의(안 제2조 제1항 제4호): 현행법의 부작위에 대한 정의 규정에서 "처분을 하여야 할 법률상 의무가 있음에도 불구하고"라고 하는 부분을 삭제함.

나. 행정소송 및 항고소송의 종류(안 제3조, 제4조): 현행법 제3조의 "행정소송은 다음의 네가지로 구분한다"는 부분과 현행법 제4조의 "항고소송은 다음과 같이 구분한다"는 부분을 "행정소송의 종류는 다음과 같다," "항고소송의 종류는 다음과 같다"라는 개방적 표현을 사용하는 것으로 개정함.

다. 명령 등의 위헌판결 등의 공고(안 제6조): 행정자치부장관 등에게 그 사유를 통보하여 관보 등의 게재대상이 되는 명령 등의 위헌판결의 범위를 확대함.

명령 등에 대한 취소소송 또는 무효등확인소송이 제기되어 취소판결 또는 무효등확인판결이 확정된 경우에는 그 확정판결을 한 법원이 직접 통보하도록 함.

라. 지방법원과 행정법원 사이의 관할의 지정(안 제9조): 사건이 행정법원과 지방법원 중 어느 법원의 관할에 속하는지 명백하지 않은 때에는 관계된 법원과 공통되는 고등법원이 관계법원 또는 당사자의 신청

에 따라 결정으로 관할법원을 정하도록 함.

마. 재결취소소송에 처분 등 취소소송의 추가적 병합(안 제10조 제3항): 처분 등에 대한 행정심판청구를 기각한 재결의 취소소송에 당해 처분 등의 취소소송을 추가하여 병합하는 경우에는 그 처분 등의 취소소송은 재결취소소송을 제기한 때에 제기된 것으로 간주하는 조항을 신설함.

바. 소제기 사실의 통지(안 제17조): 법원은 피고가 아닌 다른 행정청 및 이해관계 있는 제3자에게 소제기 사실을 통지할 수 있고, 그 통지를 받은 행정청 및 제3자는 법원에 의견서를 제출할 수 있다는 조항을 신설함.

사. 행정청이 제소기간을 잘못 고지한 경우 제소기간의 특례(안 제21조 제3항): 행정청이 제소기간을 법정기간인 90일보다 긴 기간으로 잘못 알린 경우에는 그 잘못 알린 기간 내에 소 제기가 있으면 법정제소기간 내에 소가 제기된 것으로 간주하는 조항을 신설함.

아. 처분 등의 변경으로 인한 소 변경 기간의 연장(안 제23조 제2항): 항고소송 제기 후 행정청이 소송대상인 처분 등을 변경한 경우, 소 변경기간을 현행법의 60일 이내에서 90일 이내로 연장함.

자. 사정판결에서의 중간판결(안 제32조 제3항, 제4항): 법원은 상당하다고 인정하는 때에는 종국판결 전에 중간판결로써 처분 등이 위법함을 선언할 수 있고, 이 경우 종국판결에 사실 및 이유를 기재함에 있어 중간판결을 인용할 수 있도록 하는 조항을 신설함.

차. 당사자소송에서의 가집행제한 조항의 삭제: 국가를 상대로 하는 당사자소송의 경우에 가집행선고를 할 수 없도록 한 현행법 제43조를 삭제함.

부록 5 2013년 법무부 행정소송법 전부개정법률안의 주요 내용

2013년 법무부 행정소송법 개정법률안의 특징은 학설의 대립이 있는 부분에 대하여는 어느 하나의 입장을 취하지 않고 주요 학설에 따른 해석이 가능하도록 입법하여 문제의 해결을 학설의 발전 및 판례에 맡겼다는 점이다.

1) **의무이행소송의 도입(안 제4조, 제41조 내지 제47조):** 거부처분취소소송이나 부작위위법확인소송의 불완전성을 해소하기 위하여 의무이행소송을 도입함. 다만, 국민의 소송유형 선택의 자유 보장를 보장하고 행정청의 처분권을 보장하기 위하여 거부처분취소소송과 부작위위법확인소송을 존치하는 것으로 함.

2) **원고적격에 관한 개정(안 제12조):** 현행법상 '법률상 이익'은 원고적격 범위를 제한하고 있으므로 국민의 실질적 권익구제 가능성을 넓히기 위해 원고적격을 '법적 이익'으로 변경함.

3) **집행정지 요건의 완화 및 담보부 집행정지제도의 신설(안 제24조):** 집행정지의 요건 중 "회복하기 어려운 손해"를 "중대한 손해"로 완화함. 수익적 행정처분의 취소를 구하는 소송의 경우 수익적 행정처분의 상대방을 보호하고 법원의 집행정지인용결정을 용이하게 하기 위하여 원고에게 담보를 제공하게 할 수 있도록 하는 규정을 신설함. 판례에 의해 인정된 집행정지결정의 소극적 요건인 "본안 청구가 이유없음이 명백한 경우"를 명문화함.

4) **가처분제도의 도입(안 제26조):** 항고소송에서의 가구제로서의 집행정지제도의 흠결를 보완하기 위하여 다툼의 대상에 관한 현상을 유지하는 가처분과 임시의 지위를 정하는 가처분을 도입함.

5) **소의 변경의 허용범위 확대(안 제22조, 제39조, 제43조, 제51조 및 현행 행정소송법 제7조):** 일반 국민의 입장에서 민사소송과 행정소송의 구분이 어려워 잘못 제소하는 경우가 적지 않고, 이 경우 제소기간 도과, 소각하 등 불이익이 발생할 우려가 있으므로 민사소송과 행정소송 사이의 소의 변경을 허용함.

6) **결과제거의무 규정 신설(안 제32조 제4항):** 판결에 따라 취소되는 처분등이 이미 집행된 경우 당사자인 행정청과 그 밖의 관계행정청은 그 집행으로 인하여 직접 원고에게 발생한 위법한 결과를 제거하기 위하여 필요한 조치를 하도록 규정함.

7) **당사자소송의 활성화(안 제3조, 제48조 내지 제52조, 부칙 제1조):** 성질상 행정소송의 대상이지만 실무상 민사소송으로 다루어지던 행정상 손해배상청구소송과 공법상 부당이득반환청구소송을 당사자소송의 대상으로 명시함.

8) **기타 사항**

가. 제3자 소제기 사실 통지제도 신설(안 제16조): 법원이 피고 외의 다른 행정청 및 이해관계가 있는 제3자에게 소제기 사실을 통지할 수 있도록 하는 규정을 신설함.

나. 처분변경으로 인한 소의 변경 기간 연장(안 제23조 제2항): 처분변경으로 인한 소의 변경 기간을 현행 60일에서 90일로 기간을 연장하여, 제소기간과의 균형을 맞추고 국민의 권익 구제를 확대함.

다. 국가를 상대로 한 가집행금지조항 삭제(현행 행정소송법 제43조): 국가를 상대로 한 가집행금지조항은 재산권과 신속한 재판을 받을 권리에서 합리적 이유 없이 소송당사자를 차별하는 규정이므로 국민의 신속한 권익구제를 위하여 동 규정 삭제함.

라. '민중소송'의 명칭을 '공익소송'으로 표현 변경(안 제3조, 제53조, 제54조).

부록 6 행시·사시·입시·변시 행정법 기출문제(2025~2016)

2025년도 국가공무원 5급(행정)

제 1 문

甲은 A시에서 Y어린이집을 설치·운영하고 있다. A시 소속 공무원 B는 甲이 자신의 자녀를 Y어린이집의 보육교사로 근무한 것처럼 허위로 보고하여 보조금을 부정하게 교부받았다는 신고를 받고, Y어린이집을 방문하여 운영 상황 등을 조사하였다. 조사 당시 B는 그 권한을 표시하는 증표를 휴대하지 아니하였다. 그 후 A시장은「영유아보육법」제40조 제3호 및 제45조 제1항 제1호에 근거하여 甲에게 보조금 반환 및 어린이집 3개월 운영정지를 명하는 처분을 하였다.(총 50점)

1) 甲은 B가 Y어린이집 방문 조사 시 증표를 휴대하여 제시하지 않은 위법이 있으므로 방문 조사 결과를 근거로 한 보조금 반환 명령 및 운영정지 명령은 위법하다고 주장한다. B의 방문 조사의 법적 성격을 검토하고, 甲의 주장의 당부를 검토하시오. (20점)
2) 甲이 보조금을 부정하게 교부받은 당시의「영유아보육법」및 같은 법 시행령에서는 해당 행위에 대한 처분기준으로 3개월 운영정지 명령을 규정하고 있었다. 그러나 위 조사 이후 같은 법 시행령이 개정되어 처분기준이 1개월 운영정지 명령으로 변경되었고, 별도의 경과규정은 없었다. 甲은 A시장이 개정된 법령이 아닌 보조금 교부 당시의 법령에 따라 3개월 운영정지 명령을 한 것은 위법하다고 주장한다. 甲의 주장의 당부를 검토하시오. (10점)
3) 한편, A시장은 Y어린이집 인근에서 발생한 대규모 산불에 따른 피해로 정상적인 보육이 어렵다고 판단하여 Y어린이집에 대하여「영유아보육법」제43조의2 제1항에 따라 2개월간의 휴원을 명하였다. 그로 인해 Y어린이집의 원생 대부분이 다른 유치원으로 옮겼고, 甲은 등록 인원의 감소에 따른 상당한 재산상 손실을 입었다.「영유아보육법」에서는 이에 대한 손실보상에 관한 규정을 두고 있지 않다. 이 경우 甲이 손실보상을 청구할 수 있는지 검토하시오. (단, A시장의 휴원명령은 적법한 것으로 봄) (20점)

[참조조문] **현행 법령을 사례해결에 적합하도록 수정하였음**

「영유아보육법」

제40조(비용 및 보조금의 반환명령) 국가나 지방자치단체는 어린이집의 설치·운영자 등이 다음 각 호의 어느 하나에 해당하는 경우에는 이미 교부한 비용과 보조금의 전부 또는 일부의 반환을 명할 수 있다.
1.-2. 생략
3. 거짓이나 그 밖의 부정한 방법으로 보조금을 교부받은 경우

제42조(보고와 검사) ① 교육부장관, 시·도지사 또는 시장·군수·구청장은 어린이집을 설치·운영하는 자로 하여금 그 어린이집에 관하여 필요한 보고를 하게 하거나 관계 공무원으로 하여금 그 어린이집의 운영 상황을 조사하게 하거나 장부와 그 밖의 서류를 검사하게 할 수 있다.
② 제1항에 따라 관계 공무원이 그 직무를 수행할 때에는 그 권한을 표시하는 증표를 지니고 이를 관계인에게 내보여야 한다.

제43조의2(어린이집에 대한 휴원명령) ① 교육부장관, 시·도지사 또는 시장·군수·구청장은 천재지변이나 감염병 발생 등 긴급한 사유로 정상적인 보육이 어렵다고 인정하는 경우 어린이집의 원장에게 휴원을 명할 수 있다.

제44조(시정 또는 변경 명령) 교육부장관, 시·도지사 또는 시장·군수·구청장은 어린이집이 다음 각 호의 어느 하나에 해당하면 어린이집의 원장 또는 그 설치·운영자에게 기간을 정하여 그 시정 또는 변경을 명할 수 있다.
1.-5. 생략
6. 제42조에 따른 보고를 하지 아니하거나 거짓으로 보고한 경우 또는 조사·검사를 거부하거나 기피한 경우

제45조(어린이집의 폐쇄 등) ① 교육부장관, 시·도지사 및 시장·군수·구청장은 어린이집을 설치·운영하는 자가 다음 각 호의 어느 하나에 해당하면 1년 이내의 어린이집 운영정지를 명하거나 어린이집의 폐쇄를 명할 수 있다.

1. 거짓이나 그 밖의 부정한 방법으로 보조금을 교부받은 경우
2. 제44조에 따른 시정 또는 변경 명령을 위반한 경우

「영유아보육법 시행령」
(이하 생략)

제 2 문

언론감시를 위한 시민단체인 甲은 언론사 간부 A에 대한 형사사건의 수사기록 및 재판기록에 대해 S지방검찰청 검사장 乙에게 정보공개를 청구하였다. 이에 대해 乙은 "「공공기관의 정보공개에 관한 법률」 제9조 제1항 제4호의 '진행 중인 재판에 관련된 정보'에 해당한다."라는 이유로 정보공개를 거부하였다(이하 '이 사건 처분'이라 한다). 甲은 乙을 상대로 이 사건 처분에 대한 취소소송을 제기하였다. (총 25점)

1) 이 사건 처분의 이유로 제시된 '진행 중인 재판에 관련된 정보'의 의미를 설명하고 乙의 비공개 결정이 타당한지 검토하시오. (10점)
2) 이 사건 처분에 대한 취소소송의 계속 중 "A에 대한 형사사건의 수사기록 및 재판기록은 「공공기관의 정보공개에 관한 법률」 제9조 제1항 제6호 본문의 비공개 대상 정보에 해당된다."는 사유를 乙이 추가할 수 있는지 검토하시오. (15점)

제 3 문

K도(道) 경찰청 소속 경찰공무원 A는 운전 중인 甲에 대해 음주측정을 하였고, 그 결과 甲의 혈중알콜농도는 운전면허 취소기준을 넘은 0.091퍼센트였다. 이에 K도 경찰청장 乙은 甲에 대하여 「도로교통법」 제93조 제1항에 따라 운전면허의 취소를 결정하였고, 같은 법 시행규칙 제93조 제3항에 따라 甲의 주소지로 위 결정 통지서를 발송하였다. (총 25점)

1) 위 사례에서 운전면허 취소의 절차를 규정한 「도로교통법 시행규칙」 제93조 제3항의 법적 성질을 검토하시오. (10점)
2) 甲은 乙의 운전면허 취소처분에 대해 관할 행정심판위원회에 취소심판을 청구하였고, 관할 행정심판위원회는 甲의 경제사정을 고려하여 일부취소재결을 하였다. 이에 따라 甲에 대한 운전면허취소는 운전면허정지 3월로 변경되었다. 甲이 이에 불복하여 행정법원에 취소소송을 제기할 경우 그 대상적격과 피고적격을 검토하시오. (15점)

[참조조문] **현행 관계 법령 등을 사례해결에 적합하도록 수정하였음**

「도로교통법 시행규칙」
제93조(운전면허의 정지·취소처분 절차) ③ 시·도경찰청장 또는 경찰서장은 법 제93조에 따라 운전면허의 정지 또는 취소처분을 결정한 때에는 다음 각 호의 구분에 따른 결정통지서를 그 처분의 대상자에게 발송하여야 한다.
1. 법 제93조 제1항(같은 항 제20호는 제외한다)부터 제3항까지에 해당하는 경우: 별지 제82호서식의 운전면허 정지·취소처분 결정통지서

제14회 변호사시험 공법사례

제 1 문

속칭 '인형뽑기방'이 청소년들에게 인기있는 놀이장소가 되면서 그 놀이문화로 인한 부작용이 사회문제화되고 규제의 필요성도 대두되고 있다. 그런데 '놀이형인형뽑기'가 「게임산업진흥에관한법률」(이하'게임산업법'이라 한다)에 따른 게임물로 규정되어 있고, 동시에 「관광진흥법」에 따른 '안전성검사 대상이 아닌 유기시설 또는 유기기구'의 하나로도 규정되어 있어, 관할 관청들이 게임산업법에 따른 게임제공업과 「관광진흥법」에 따른 기타 유원시설업중 어느 업종으로 관리해야 하는지에 대해 혼선이 계속되어 왔다. 인형뽑기방이 게임산업법상의 업

종이 되면 영업시간 제한이나 청소년 보호와 관련된 준수사항 이행등 엄격한 규제를 받게 된다. 그러한 이유로 대부분의 놀이형인형뽑기 영업자들은 주된 고객이 청소년임에도 불구하고, 게임산업법에 따른 엄격한 규제를 회피하기 위하여 「관광진흥법」상의 기타유원시설업으로 영업을 해왔다. 그 와중에 영업시간 및 청소년출입시간 등의 제한없는 영업행태, 확률조작에 따른 사행성조장, 게임과몰입 및 중독성으로 인한 청소년의 피해등 다양한 문제들이 발생하게 되었다. 이에 대한 해결책으로 문화체육관광부는 2024.9.26. 「관광진흥법시행규칙」을 개정하였다. 개정시행규칙은 놀이형인형뽑기를 '안전성검사대상이 아닌 유기시설 또는 유기기구'에서 삭제하고, 놀이형인형뽑기를 설치·운영하는 유원시설업자에 대하여 2024.12.31.까지 게임산업법 제26조에 따른 게임제공업 등의 허가등을 받거나 해당기구를 폐쇄하도록 규정하고 있다.

甲은 2018.1.1.부터 A시내 초·중·고등학교 밀집지역에서 놀이형인형뽑기기구 총50대가 설치된 '왕짱뽑기방'을 운영하며 고수익을 얻고 있다. 그러던 중 甲은 2024.10.1. 위 개정시행규칙의 시행을 알게 되었는데, 이로 인하여 자신의 사업이 더 엄격한 게임산업법의 규율을 받게 되었을뿐만 아니라 경과조치기간도 짧아서 자신의 기본권이 침해되었다고 생각하였다.

乙은 임차료가 저렴한 B시에서 인형뽑기방 개업을 준비하고 있다. 乙은 최신 놀이형인형뽑기 기구 100대를 구입·설치한 후, 개정 시행규칙에 따라 게임산업법상의 요건을 갖추어 2024.12.16. 관할 행정청에 게임제공업 허가 신청을 하였다. B시는 그 동안 게임산업법상의 허가기준을 충족하는 게임제공업자에게는 허가를 발급해왔다. 그런데 B시는 인형뽑기방이 청소년에게 미치는 악영향을 근본적으로 해결하기 위하여 2024.12.24. 「B시인형뽑기기구설치금지조례」를 제정·공포하였고, 2025년 1월중 시행을 앞두고 있다.

이에 甲과 乙은 자신들의 기본권 침해를 주장하며, 2024.12.26. 헌법소원심판을 청구하였다.

1. – 2. (생략)

3. 「교육환경보호에관한법률」(이하 '교육환경법'이라 한다)은 교육환경보호구역내에서 게임산업법에 따른 게임제공업에 해당하는 행위 및 시설을 하는 것을 원칙적으로 금지하되, 학교경계등으로부터 직선거리로 200m내인 상대보호구역에서는 예외를 인정하고 있다. 甲의 인형뽑기방은 A시 소재 꿈나무초등학교 경계로부터 직선거리로 약100m 떨어진 상대보호구역에 자리잡고 있다. 이에 甲은 헌법소원심판청구 이후 교육환경법에 따라 교육소관청에 금지행위 및 시설의 해제를 구하는 신청을 하였다.(아래 각 설문은 서로 독립적임)

    (1) 교육 소관청은 지역위원회의 심의를 거쳐 甲의 인형뽑기방이 꿈나무초등학교 학생들의 주된 통학로가 아닌 장소에 위치하고 있어 교육환경에 나쁜 영향을 줄 가능성이 크지 않다는 이유로 금지행위 및 시설해제결정을 하였다. 교육 소관청의 해제결정의 법적 성질을 검토하시오.(10점)

    (2) 甲의 영업장소 인근에서 유사영업을 하고 있는 丙은 甲이 금지해제를 신청한 사실을 알게 된 직후, "교육 소관청은 甲에게 금지해제를 하여서는 아니된다."라는 취지의 청구를 하고자 한다. 「행정심판법」 및 「행정소송법」상 丙의 청구가 허용되는 유형의 청구인지 검토하시오.(20점)

[참조조문]

※유의사항
아래 법령은 가상의 것으로, 이와 다른 내용의 현행 법령이 있다면 제시된 법령이 현행 법령에 우선함

「게임산업진흥에관한법률」(법률 제221호, 2017.2.21. 일부 개정)

제2조(정의) 이 법에서 사용하는 용어의 정의는 다음과 같다.

1. "게임물"이라 함은 컴퓨터프로그램등 정보처리기술이나 기계장치를 이용하여 오락을 할 수 있게 하거나 이에 부수하여 여가선용, 학습 및 운동효과등을 높일 수 있도록 제작된 기기 및 장치를 말한다. 다만, 다음 각 목의 어느 하나에 해당하는 것을 제외한다.

나. 「관광진흥법」 제3조의 규정에 의한 관광사업의 규율대상이 되는 것. 다만, 게임물의 성격이 섞여 있는 유기시설 또는 유기기구는 제외한다.

2. "게임제공업"이라 함은 공중이 게임물을 이용할 수 있도록 이를 제공하는 영업을 말한다.

제26조(게임제공업등의 허가등) ② 게임제공업을 영위하고자 하는 자는 문화체육관광부령이 정하는 시설을 갖추어 특별자치도지사·시장·군수·구청장의 허가를 받아 영업을 할 수 있다. 다만, 지방자치단체는 청소년 보호를 위하여 게임물 설치 장소의 제한에 관하여 시·도 조례로 정할 수 있다.

「관광진흥법」(법률 제745호, 2017.4.5. 일부 개정)
제3조(관광사업의 종류) ② 관광사업의 종류는 다음 각 호와 같다.
6. 유원시설업: 유기시설이나 유기기구를 갖추어 이를 관광객에게 이용하게 하는 업
다. 기타 유원시설업: 유원시설업으로서 제33조에 따른 안전성 검사 대상이 아닌 유기시설 또는 유기기구를 설치하여 운영하는 업
제33조(안전성 검사) ① 유원시설업자 및 유원시설업의 허가 또는 변경허가를 받으려는 자는 문화체육관광부령으로 정하는 안전성 검사 대상 유기시설 또는 유기기구에 대하여 문화체육관광부령에서 정하는 바에 따라 특별자치도지사·시장·군수·구청장이 실시하는 안전성 검사를 받아야 하고 안전성 검사 대상이 아닌 유기시설 또는 유기기구에 대하여는 안전성 검사 대상에 해당되지 아니함을 확인하는 검사를 받아야 한다.

구「관광진흥법시행규칙」(문화체육관광부령 제636호, 2016.3.6. 일부 개정)
제40조(유기시설 또는 유기기구의 안전성 검사등) ① 법 제33조 제1항에 따른 안전성 검사대상 유기시설 또는 유기기구와 안전성 검사대상이 아닌 유기시설 또는 유기기구는 [별표11]과 같다.

[별표11] 안전성 검사대상 유기시설 또는 유기기구와 안전성 검사대상이 아닌 유기시설 또는 유기기구(제40조 제1항 관련)
2. 안전성 검사대상이 아닌 유기시설 또는 유기기구
나. 구분
1) 안전성 검사대상이 아닌 유기시설 또는 유기기구는 다음과 같이 구분한다.

유형	내용	유기시설또는유기기구
라) 놀이형	일정한 시설(기계·기구·공간등)내에서 보조기구 또는 장치를 이용하거나 기구에 포함된 구성물을 작동하여 이용자 스스로가 이용하거나 체험할 수 있는 기구로서 누구나 이용할 수 있고 사행성이 없는 유기시설 또는 유기기구	물쏘기, 미니볼링, 미니농구, 공던지기, 공차기, 에어하키, 망치치기, 펀치, 미니야구, 오토바이타기, 자동차경주, 자전거타기, 보트타기, 말타기, 건슈팅, 인형뽑기등

「관광진흥법시행규칙」[시행 2024.9.26.](문화체육관광부령 제926호, 2024.9.26. 일부 개정)
제40조(유기시설 또는 유기기구의 안전성 검사등)① 〈구 시행규칙과 동일〉
[별표11] 2. 나. 1) 〈구 시행규칙과 동일〉

유형	내용	유기시설 또는 유기기구
라) 놀이형	〈구 시행규칙과 동일〉	물쏘기, 미니볼링, 미니농구, 공던지기, 공차기, 에어하키, 망치치기, 펀치, 미니야구, 오토바이타기, 자동차경주, 자전거타기, 보트타기, 말타기, 건슈팅등

부칙
제3조(유기시설 또는 유기기구에 관한 경과조치) ③ 이 규칙 시행전에 종전의 규정에 따라 안전성 검사대상이 아님을 확인하는 검사를 받은 종전의 [별표11] 제2호나목 1) 라)에 따른 놀이형인형뽑기를 설치·운영하는 유원시설업자는 2024년 12월 31일까지 「게임산업진흥에관한법률」 제26조에 따른 게임제공업등의 허가등을 받거나 해당기구를 폐쇄하여야 한다.

「B시 인형뽑기기구 설치금지 조례」(B시 조례 제1126호, 2024.12.24. 제정)
제3조(설치의 제한) 인형뽑기기구는 B시 전 지역에 설치할 수 없다.

부칙
제2조(경과조치) 이 조례의 시행전에 설치된 인형뽑기기구는 시행일로부터 6개월 이내에 폐쇄하여야 한다.

「교육환경보호에관한법률」
제8조(교육환경보호구역의 설정등) ① 교육감은 학교경계 또는 학교설립예정지 경계(이하 "학교경계등"이라 한다)로부터 직선거리 200미터의 범위안의 지역을 다음 각 호의 구분에 따라 교육환경보호구역으로 설정·고시하여야 한다.
1. 절대보호구역: 학교출입문으로부터 직선거리로 50미터까지인 지역(학교설립 예정지의 경우 학교경계로부터 직선거리 50미터까지인 지역)
2. 상대보호구역: 학교경계등으로부터 직선거리로 200미터까지인 지역중 절대보호구역을 제외한 지역
제9조(교육환경보호구역에서의 금지행위등) 누구든지 학생의 보건·위생, 안전, 학습과 교육환경 보호를 위하여 교육환경보호구역에서는 다음 각 호의 어느 하나에 해당하는 행위 및 시설을 하여서는 아니된다. 다만, 상대보호구역에서는 제14호부터 제27호까지 및 제29호부터 제32호까지에 규정된 행위 및 시설중 교육감이나 교육감이 위임한 자가 지역위원회의 심의를 거쳐 학습과 교육환경에 나쁜 영향을 주지 아니한다고 인정하는 행위 및 시설은 제외한다.
19. 「게임산업진흥에관한법률」 제2조 제2호, 제7호 또는 제8호에 따른 게임제공업, 인터넷컴퓨터게임시설제공업 및 복합유통게임제공업

제 2 문

A도 B시의 시장 X는「산업입지및개발에관한법률」(이하 '산업입지법'이라한다)에 따라 관내 토지 10만여㎡에 도시첨단산업단지를 개발하기 위하여 A도 도지사 Y에게 산업단지개발계획서를 첨부하여 도시첨단산업단지의 지정을 신청하였다. Y는 관계 법령의 절차에 따라 산업단지의 위치 및 면적, 수용·사용할 토지·건축물의 세부목록등이 포함된 산업단지개발계획을 수립하여 위 대상 토지를 도시첨단산업단지로 지정·고시하였다. 산업입지법상 도시첨단산업단지는「환경영향평가법」상 환경영향평가의 대상이다.(아래 각 설문은 서로 독립적임)

1. 甲은 B시에 소재한 자신 소유 토지의 90%가 도시첨단산업단지의 범위에 포함되어 수용대상이 되자 자신의 토지를 도시첨단산업단지 사업구역에서 제외해 달라는 내용으로 산업단지개발계획의 변경을 신청하고자 한다. 한편 B시에서 위 도시첨단산업단지 개발사업으로 인한 환경상 피해에 대한 우려가 제기되자, B시에 주소를 두고 있는 乙 수도원은 도시첨단산업단지 지정·고시의 취소를 구하고자 한다.
   (1) 위 도시첨단산업단지 개발과 관련하여 산업단지개발계획의 법적 성질을 설명하고, 甲에게 당해 계획의 변경을 요청할 수 있는 청구권이 인정되는지를 검토하시오.(10점)
   (2) 乙수도원은 수도원 설치 운영 및 수도자 양성등을 목적으로 설립된 재단법인으로 환경영향평가 대상지역내에 소재하고 있다. 乙수도원은위 도시첨단산업단지 개발사업으로 인하여 소속 수도사들이 쾌적한 환경에서 생활할 수 있는 환경상 이익을 침해받는다고 주장하며, 도시첨단산업단지 지정·고시의 취소를 구하는 소를 제기하였다. 원고적격과 관련하여 취소소송의 적법성을 검토하시오.(20점)
2. B시는 도시첨단산업단지 지정·고시에 따라 甲 소유의 토지를 취득하기 위하여 甲과 협의하였으나 협의의 성립에 이르지 못하자, 관할 지방토지수용위원회에 재결을 신청하여 금10억원을 보상금액으로 하는 수용재결이 이루어졌다. B시는 수용재결에 따라 甲 소유 토지에 대한 소유권을 취득한 후 소유권 이전등기를 마쳤다. 甲은 수용재결이 있은 지 1년이 경과한 후 당해 수용재결에 취소사유에 해당하는 하자가 있음을 알게 되었다.
   甲이 자신의 토지에 대한 소유권을 회복하기 위하여 소유권이전등기말소등기 청구소송을 제기할 경우, 수소법원이 수용재결의 하자에 대해서 심리·판단할 수 있는지 검토하시오.(25점)
3. 甲은 B시에 소재한 자신 소유 토지의 90%가 수용되어 나머지 토지를 종래의 목적에 사용하는 것이 현저히 곤란하게 되었음을 이유로「공익사업을위한토지등의취득및보상에관한법률」제74조에 따라 나머지 10%의 토지까지 전부 수용해 줄 것을 청구하고자 한다.
   甲의 잔여지수용청구권의 법적 성질에 대해서 설명하고, 관할 지방토지수용위원회가 甲의 수용 청구를 거부하는 재결을 하였을 경우 甲의 소송상 권리구제방법에 대해서 검토하시오.(15점)
4. (생략)

[참조조문]

※유의사항
아래 법령은 가상의 것으로, 이와 다른 내용의 현행 법령이 있다면 제시된 법령이 현행 법령에 우선함

「산업입지및개발에관한법률」

제7조의2(도시첨단산업단지의지정) ① 도시첨단산업단지는 국토교통부장관, 시·도지사 또는 대도시시장이 지정하며, 시·도지사가 지정하는 경우에는 시장·군수 또는 구청장의 신청을 받아 지정한다. 다만, 대통령령으로 정하는 면적 미만인 경우에는 시장·군수 또는 구청장이 직접 지정할 수 있다.
③ 시장·군수 또는 구청장은 제1항 본문에 따라 시·도지사에게 도시첨단산업단지의 지정을 신청하려는 경우에는 산업단지개발계획을 작성하여 제출하여야 한다.
④ 제1항에 따른 도시첨단산업단지의 지정권자는 도시첨단산업단지를 지정하려는 경우에는 산업단지개발계획에 대하여 관계 행정기관의 장과 협의하여야 한다. 산업단지개발계획을 변경하려는 경우에도 또한 같다.
제7조의4(산업단지지정의 고시등) ① 산업단지 지정권자는 산업단지를 지정할 때에는 대통령령으로 정하는 사항을 관보 또는 공보에 고시하여야 하며, 산업단지를 지정하는 국토교통부장관 또는 시·도지사는 관계 서류의 사본을 관할 시장·군수 또는 구청장에게 보내야 한다.
제10조(산업단지개발계획 입안등의 제안) ① 주민(이해관계자를 포함한다)은 산업단지 지정권자에게 산업단지개발계획의 입안 및 변경을 제안할 수 있다.

제22조(토지수용) ① 사업시행자는 산업단지개발사업에 필요한 토지·건물 또는 토지에 정착한 물건과 이에 관한 소유권외의 권리, 광업권, 어업권, 양식업권, 물의 사용에 관한 권리(이하"토지등"이라한다)를 수용하거나 사용할 수 있다.
② 제1항을 적용할 때 제7조의4 제1항에 따른 산업단지의 지정·고시가 있는 때에는 「공익사업을위한토지등의취득및보상에관한법률」 제20조 제1항 및 같은 법 제22조에 따른 사업인정 및 사업인정의 고시가 있는 것으로 본다.
③ 국토교통부장관이 지정한 산업단지의 토지등에 대한 재결은 중앙토지수용위원회가 관장하고, 국토교통부장관외의 자가 지정한 산업단지의 토지등에 대한 재결은 지방토지수용위원회가 관장하되, 재결의 신청은 「공익사업을위한토지등의취득및보상에관한법률」 제23조 제1항 및 같은 법 제28조 제1항에도 불구하고 산업단지개발계획에서 정하는 사업기간내에 할 수 있다.
⑤ 제1항에 따른 수용 또는 사용에 관하여는 이 법에 특별한 규정이 있는 경우를 제외하고는 「공익사업을위한토지등의취득및보상에관한법률」을 준용한다.

「산업입지및개발에관한법률시행령」
제9조(산업단지지정 또는 개발계획의 고시등) ② 산업단지 지정권자는 법 제6조 제3항, 법 제7조 제2항 또는 법 제7조의2 제4항에 따른 산업단지개발계획을 변경한 경우에는 제1항 제1호 내지 제4호와 그 변경된 사항을 고시하여야 한다.

2024년도 국가공무원 5급(행정)

제 1 문

A도 B시에 위치한 X산과 Y호수 일대는 수려한 자연경관을 자랑하고 있어 많은 사람들이 방문하는 명소이다. 甲은 X산과 Y호수의 자연경관을 누릴 목적으로 그 인근으로 최근 이주한 주민으로서 이 일대를 공원으로 조성할 것을 내용으로 하는 도시관리계획의 입안을, 乙은 사업자로서 관광사업 진흥을 위하여 이 일대에 궤도시설을 설치할 것을 내용으로 하는 도시관리계획의 입안을 각각 B시장에게 제안하였다. B시장은 甲의 제안을 거부한다는 통보를 하는 한편, 乙의 제안대로 도시관리계획을 입안하여 그 결정을 A도지사에게 신청하였고 A도지사도 이를 그대로 받아들여 도시관리계획을 결정하였다. 그 후 乙과 丙이 관련 법령에 따라 X산과 Y호수 일대의 동일 구간을 운행하는 궤도사업허가를 신청하였는데, B시장은 乙이 약 6개월 전에 다른 지역에서 궤도사업을 운영하던 중 궤도사업허가가 취소되었음을 확인하고, 乙이 아닌 丙에게 궤도사업허가를 하였다. (각 문항은 상호 독립적임)(총 50점)

1) 甲이 도시관리계획 입안 제안에 대한 B시장의 거부처분의 취소를 구하는 행정심판을 청구하였고, 이익형량의 하자가 있어 위법하다고 판단하여 취소하는 인용재결이 내려졌다. 이에 따라 B시장이 甲의 제안대로 도시관리계획을 입안하여야 하는지 검토하시오. (20점)
2) B시장은 乙의 제안대로 위 도시관리계획을 입안함에 있어서 주민의 의견을 청취하지 않았다. 甲이 이를 이유로 위 도시관리계획 결정이 위법·무효라고 주장할 경우, 그 주장의 당부에 관하여 검토하시오. (15점)
3) 乙이 丙에 대한 궤도사업허가의 취소를 구하는 행정소송을 제기할 수 있는지 검토하시오. (15점)

[참조조문] **(현행 법령을 사례 해결에 적합하도록 수정하였으며, 이와 다른 내용의 현행 법령이 있다면 제시된 법령이 현행 법령에 우선하는 것으로 할 것)**

「국토의 계획 및 이용에 관한 법률」
제24조(도시·군관리계획의 입안권자) 시장 또는 군수는 관할구역에 대하여 도시·군관리계획을 입안하여야 한다.
제26조(도시·군관리계획 입안의 제안) ① 주민(이해관계자를 포함한다. 이하 같다)은 제24조에 따라 도시·군관리계획을 입안할 수 있는 자에게 도시·군관리계획의 입안을 제안할 수 있다. 이 경우 제안서에는 도시·군관리계획도서와 계획설명서를 첨부하여야 한다.
② 제1항에 따라 도시·군관리계획의 입안을 제안받은 자는 그 처리 결과를 제안자에게 알려야 한다.
제28조(주민과 지방의회의 의견 청취) ① 시장 또는 군수는 제24조에 따라 도시·군관리계획을 입안할 때에는 주민의 의견을 들어야 하며, 그 의견이 타당하다고 인정되면 도시·군관리계획안에 반영하여야 한다.
② 시장 또는 군수는 도시·군관리계획을 입안하려면 대통령령으로 정하는 사항에 대하여 해당 지방의회의 의견을 들어야 한다.
제29조(도시·군관리계획의 결정권자) 도시·군관리계획은 시·도지사가 직접 또는 시장·군수의 신청에 따라 결정한다.
제30조(도시·군관리계획의 결정) ① 시·도지사는 도시·군관리계획을 결정하려면 관계 행정기관의 장과 미리 협의하여야 한다. 이 경우 협의 요청을 받은 기관의 장은 특별한 사유가 없으면 그 요청을 받은 날부터 30일 이내에 의견을 제시하여야 한다.
② 시·도지사가 도시·군관리계획을 결정하려면 시·도도시계획위원회의 심의를 거쳐야 한다.

③ 시·도지사는 도시·군관리계획을 결정하면 대통령령으로 정하는 바에 따라 그 결정을 고시하고, 시장 또는 군수에게 송부하여 일반이 열람할 수 있도록 하여야 한다.

「궤도운송법」

제4조(궤도사업의 허가) ① 궤도사업을 경영하려는 자는 시장·군수·구청장의 허가를 받아야 한다.

② 제1항에 따른 궤도사업의 허가기준은 다음 각 호와 같다.

1. 궤도시설의 건설 및 설비가 제15조에 따른 궤도시설의 건설·설비기준에 적합할 것
2. 도로·하천·농지·산림·공원·문화재보호구역 등을 점용하는 경우에는 관할 행정기관의 장 또는 관리자의 허가나 승인 등을 받을 것

제6조(결격사유) 다음 각 호의 어느 하나에 해당하는 자는 궤도사업의 허가를 받을 수 없다.

1. 피성년후견인 또는 피한정후견인
2. 파산선고를 받고 복권되지 아니한 사람
3. 이 법에 따라 궤도사업의 허가가 취소된 후 2년이 지나지 아니한 사람

제 2 문

甲은 A도 K시에 있는 본인 소유의 토지에서 과수원을 운영하고 있다. 사업시행자 乙은 국토교통부장관으로부터 사업인정을 받았고, A도 지방토지수용위원회의 수용재결을 거쳐 甲의 토지 및 지장물이 수용되었다. 그러나 甲은 수용재결에 불응하여 토지를 계속 점유하고 있다. K시의 시장은「공익사업을 위한 토지 등의 취득 및 보상에 관한 법률」,「한국토지주택공사법」 및 같은 법 시행령에 따라 한국토지주택공사에 대집행권한을 위탁하였다. 이에 한국토지주택공사는 대집행절차에 착수하여 甲에게 계고처분을 하였지만, 甲은 수용목적물에 대한 인도·이전 의무를 불이행하였고, 한국토지주택공사는 甲을 상대로 대집행을 실행하였다. (총 30점)

1) 한국토지주택공사는 대집행 과정에서 甲에게 경과실로 손해를 입혔다. 甲이 한국토지주택공사를 상대로 손해배상청구를 하는 경우 한국토지주택공사가 경과실 면책을 주장할 수 있는지 검토하시오. (10점)
2) 甲이 A도 지방토지수용위원회를 피고로 하여 제기한 수용재결무효확인소송에서 인용판결이 확정되었다. 그 후 甲이 수용재결의 위법을 이유로 국가배상청구소송을 제기한다면 수소법원은 수용재결이 적법하다고 판단할 수 있는지 검토하시오. (20점)

[참조조문]

「한국토지주택공사법」

제2조(법인격) 한국토지주택공사(이하 "공사"라 한다)는 법인으로 한다.

제15조(토지의 매매 등의 수탁) ① 공사는 국가·지방자치단체·공공기관·기업 또는 개인이 토지를 매매·관리하고자 하는 경우 그 매매·관리를 수탁할 수 있다.

② 제1항에 따른 수탁의 기준과 수탁수수료의 요율은 대통령령으로 정한다.

제 3 문

甲은「국유재산법」제6조에 따른 행정재산인 A토지를 사용허가를 받지 아니한 채 무단으로 점유하여 사용하고 있다. 이에 A토지의 관리청 X는 甲에게 A토지를 무단점유하였음을 이유로「국유재산법」제72조제1항에 따른 변상금을 부과하는 처분을 하였으나, 甲은 부과받은 변상금을 납부하지 않았다.

이 경우 변상금 부과와는 별도로 甲에게 부당이득의 반환을 청구할 수 있는가? 만약 부당이득반환청구가 가능하다면 부당이득의 반환을 구하는 소송형식은? (20점)

제13회 변호사시험 공법사례

제 1 문

국회는 연금 재정의 건전성 확보를 위하여 2019. 10. 4.「공무원연금법」일부개정법률안(이하 '개정 법률안'이라 한다)을 의결하였다. 개정 법률안에는 퇴직연금수급자가 선출직 지방공무원에 취임한 경우 그 재직기간 동

안 퇴직연금 전부의 지급을 정지하는 규정과 이 법 시행 전에 급여의 사유가 발생한 사람에 대하여도 이를 적용하도록 하는 부칙 조항이 포함되어 있다. 대통령 甲은 개정 법률안이 자신의 정책과 반대된다는 이유로 2019. 10. 15. 국회에 법률안 재의를 요구하였다. 국회는 2019. 10. 30. 재적의원 과반수의 출석과 출석의원 3분의 2의 찬성으로 개정 법률안을 재의결하였다.

「공무원연금법」상 퇴직연금수급자였던 乙과 丙은 2018. 6. 전국동시지방선거에서 각각 지방의회의원으로 당선되어, 2018. 7. 취임하였다. 공무원연금공단은 2020. 1. 20. 乙과 丙에게 개정된 법률에 따라 퇴직연금지급정지대상자가 되었다는 사실을 통보하여 연금지급 거부의사를 표시하였다.

乙은 2020. 3. 30. 공무원연금공단을 상대로 퇴직연금지급거부에 대하여 취소소송(이하 '이 사건 취소소송'이라 한다)을 관할 법원에 제기하였다. 乙은 이 사건 취소소송 계속 중 위 법률조항이 자신의 기본권을 침해한다고 주장하면서 변호사 丁을 선임하여 「공무원연금법」 제47조 제1항 제2호 및 부칙 제2조 제1항에 대하여 위헌법률심판제청신청을 하였으나, 2021. 4. 29. 그 신청은 기각되었다. 乙은 2021. 5. 6. 위 기각결정문을 통지받고 부칙 제1조를 추가하여 2021. 6. 1. 「공무원연금법」 제47조 제1항 제2호, 부칙 제1조 및 제2조 제1항에 대하여 「헌법재판소법」 제68조 제2항에 따른 헌법소원심판을 청구하였다.

1. - 3. (생략)

4. (1) 乙이 제기한 이 사건 취소소송의 대상적격을 검토하시오. (15점)

(2) 2024. 1. 9. 丙이 지방의회의원 재직기간 중 지급정지된 퇴직연금을 받기 위하여 제기할 수 있는 소송유형을 검토하시오(단, 헌법재판소에서 2023. 11. 30. 심판대상조문에 대하여 단순위헌결정을 내린 것으로 전제함). (15점)

[참조조문]

※ 유의 사항

아래 법령은 가상의 것으로, 이와 다른 내용의 현행 법령이 있다면 제시된 법령이 현행 법령에 우선하는 것으로 할 것

「공무원연금법」

제47조(퇴직연금 또는 조기퇴직연금의 지급정지) ① 퇴직연금 또는 조기퇴직연금의 수급자가 다음 각 호의 어느 하나에 해당하는 경우에는 그 재직기간 중 해당 연금 전부의 지급을 정지한다.

2. 선거에 의한 선출직 지방공무원에 취임한 경우

부칙

제1조(시행일) 이 법은 2020. 1. 1.부터 시행한다.

제2조(급여지급에 관한 경과조치) ① 이 법 시행 전에 지급사유가 발생한 급여의 지급은 종전의 규정에 따른다. 다만, 제47조의 개정규정은 이 법 시행 전에 급여의 사유가 발생한 사람에 대하여도 적용한다.

제 2 문

甲은 A도 B군에 있는 자기 소유 임야(이하 '이 사건 사업부지'라 한다)에 태양광 발전시설을 설치하기 위하여 B군수에게 「국토의 계획 및 이용에 관한 법률」(이하 '국토계획법'이라 한다)에 따른 개발행위(토지형질변경) 허가를 신청하였다. 이 사건 사업부지는 B군을 지나는 고속국도(왕복 2차로 이상의 포장된 도로임)로부터 100m 이내에 입지하고 있다.

국토교통부장관이 정한 「개발행위허가 운영지침」(국토교통부 훈령)은 "허가권자가 국토계획법령 및 이 지침에서 정한 범위 안에서 별도의 지침을 마련하여 개발행위허가제를 운영할 수 있고, 개발행위허가기준을 적용함에 있어 지역 특성을 감안하여 지방도시계획위원회의 자문을 거쳐 높이·거리·배치·범위 등에 관한 구체적인 기준을 정할 수 있다."라고 규정하고 있다. 이에 따라 B군수가 정한 「B군 개발행위허가 운영지침」(B군 예규)에는 태양광 발전시설의 세부허가기준으로 "왕복 2차로 이상의 포장된 도로로부터 100m 이내에 입지하지 아니할 것"을 규정하고 있다.

B군수는 "1. 토지형질변경을 허가할 경우 주변 환경이나 경관과 조화를 이루지 못하기 때문에 개발행위허가기준을 충족하지 못한다(이하 '제1거부사유'라 한다).", "2. 이 사건 사업부지가 왕복 2차로 이상의 포장된 도로로부터 100m 이내에 입지하여 「B군 개발행위허가 운영지침」에 저촉된다(이하 '제2거부사유'라 한다)."라는 이

유로 거부처분(이하 '이 사건 거부처분'이라 한다)을 하였다. 이에 甲은 이 사건 거부처분을 다투는 취소소송(이하 '이 사건 소송'이라 한다)을 제기하였다.

1. 이 사건 거부처분의 제1거부사유에 대한 법원의 사법심사 방식과 그 한계에 관하여 설명하시오. (20점)
2. 이 사건 거부처분의 제2거부사유의 당부에 관하여 검토하시오. (20점)
3. (생략)
4. B군수는 이 사건 소송 중 이 사건 거부처분을 직권취소하고 甲에게 개발행위허가처분을 하였다. 이에 A도지사는 B군수의 개발행위허가처분을 취소하기 위하여 필요한 조치를 하려 한다. A도지사가 취할 수 있는 「지방자치법」상 조치를 검토하고(20점), 그에 대한 B군수의 「지방자치법」상 불복수단을 설명하시오(10점). (총 30점)

[참조조문]

※ 유의 사항

아래 법령은 가상의 것으로, 이와 다른 내용의 현행 법령이 있다면 제시된 법령이 현행 법령에 우선하는 것으로 할 것

「국토의 계획 및 이용에 관한 법률」

제56조(개발행위의 허가) ① 다음 각 호의 어느 하나에 해당하는 행위로서 대통령령으로 정하는 행위(이하 "개발행위"라 한다)를 하려는 자는 특별시장·광역시장·특별자치시장·특별자치도지사·시장 또는 군수의 허가(이하 "개발행위허가"라 한다)를 받아야 한다.

1. 건축물의 건축 또는 공작물의 설치
2. 토지의 형질 변경

④ 다음 각 호의 어느 하나에 해당하는 행위는 제1항에도 불구하고 개발행위허가를 받지 아니하고 할 수 있다. 다만, 제1호의 응급조치를 한 경우에는 1개월 이내에 특별시장·광역시장·특별자치시장·특별자치도지사·시장 또는 군수에게 신고하여야 한다.

1. 재해복구나 재난수습을 위한 응급조치
2. 「건축법」에 따라 신고하고 설치할 수 있는 건축물의 개축·증축 또는 재축과 이에 필요한 범위에서의 토지의 형질 변경(도시·군계획시설사업이 시행되지 아니하고 있는 도시·군계획시설의 부지인 경우만 가능하다)
3. 그 밖에 대통령령으로 정하는 경미한 행위

제58조(개발행위허가의 기준) ① 특별시장·광역시장·특별자치시장·특별자치도지사·시장 또는 군수는 개발행위허가의 신청 내용이 다음 각 호의 기준에 맞는 경우에만 개발행위허가 또는 변경허가를 하여야 한다.

4. 주변지역의 토지이용실태 또는 토지이용계획, 건축물의 높이, 토지의 경사도, 수목의 상태, 물의 배수, 하천·호소·습지의 배수 등 주변환경이나 경관과 조화를 이룰 것

③ 제1항에 따라 허가할 수 있는 경우 그 허가의 기준은 지역의 특성, 지역의 개발상황, 기반시설의 현황 등을 고려하여 대통령령으로 정한다.

「국토의 계획 및 이용에 관한 법률 시행령」

제51조(개발행위허가의 대상) ① 법 제56조제1항에 따라 개발행위허가를 받아야 하는 행위는 다음 각 호와 같다.

1. 건축물의 건축 : 「건축법」 제2조제1항제2호에 따른 건축물의 건축
2. 공작물의 설치 : 인공을 가하여 제작한 시설물(「건축법」 제2조제1항제2호에 따른 건축물을 제외한다)의 설치
3. 토지의 형질변경 : 절토(땅깎기)·성토(흙쌓기)·정지(땅고르기)·포장 등의 방법으로 토지의 형상을 변경하는 행위와 공유수면의 매립(경작을 위한 토지의 형질변경을 제외한다)

제53조(허가를 받지 아니하여도 되는 경미한 행위) 법 제56조제4항제3호에서 "대통령령으로 정하는 경미한 행위"란 다음 각 호의 행위를 말한다. 다만, 다음 각 호에 규정된 범위에서 특별시·광역시·특별자치시·특별자치도·시 또는 군의 도시·군계획조례로 따로 정하는 경우에는 그에 따른다.

3. 토지의 형질변경

가. 높이 50센티미터 이내 또는 깊이 50센티미터 이내의 절토·성토·정지 등(포장을 제외하며, 주거지역·상업지역 및 공업지역 외의 지역에서는 지목변경을 수반하지 아니하는 경우에 한한다)

나. 도시지역·자연환경보전지역 및 지구단위계획구역 외의 지역에서 면적이 660제곱미터 이하인 토지에 대한 지목변경을 수반하지 아니하는 절토·성토·정지·포장 등(토지의 형질변경 면적은 형질변경이 이루어지는 당해 필지의 총면적을 말한다. 이하 같다)

다. 조성이 완료된 기존 대지에 건축물이나 그 밖의 공작물을 설치하기 위한 토지의 형질변경(절토 및 성토는 제외한다)

라. 국가 또는 지방자치단체가 공익상의 필요에 의하여 직접 시행하는 사업을 위한 토지의 형질변경

제56조(개발행위허가의 기준) ① 법 제58조제3항에 따른 개발행위허가의 기준은 별표 1의2와 같다.

④ 국토교통부장관은 제1항의 개발행위허가기준에 대한 세부적인 검토기준을 정할 수 있다.

〈별표 1의2〉 생략

2023년도 국가공무원 5급(행정)

제 1 문

A 시는 A 시에 소재한 甲 소유 임야 10,620 m^2(이하 '이 사건 토지'라 한다)가 포함된 일대의 토지에 대해 「공익사업을 위한 토지 등의 취득 및 보상에 관한 법률」(이하 '토지보상법'이라 한다)상 공익사업인 공원조성사업을 시행하기로 하였다. 공원조성사업의 시행자인 A 시의 시장은 甲과의 협의가 성립되지 아니하자 관할 X 지방토지수용위원회에 수용재결을 신청하였고, X 지방토지수용위원회는 이 사건 토지를 토지보상법에 따라 금 7억원의 보상금으로 수용하는 재결(이하 '수용재결'이라 한다)을 하였다. 그러나 甲은 "이 사건 토지는 공원용지로서 부적합하며, 인접 토지와의 사이에 경계, 위치, 면적, 형상 등을 확정할 수 없어 정당한 보상액의 산정은 물론 수용대상 토지 자체의 특정이 어려워 토지수용 자체가 불가능하므로 수용재결이 위법하다"는 이유로 토지보상법 제83조에 따라 X 지방토지수용위원회를 거쳐 중앙토지수용위원회에 이의를 신청하였다. 이에 중앙토지수용위원회는 이 사건 토지에 대한 수용 자체는 적법하다고 인정하면서 이 사건 토지에 대한 보상금을 금 8억원으로 하는 재결(이하 '이의재결'이라 한다)을 하였다. (각 문항은 상호 독립적임)(총 50점)

1) 甲은 자신의 토지는 수용대상 토지를 특정할 수 없어 수용 자체가 불가능하므로 수용재결과 이의재결은 위법하다고 주장하며 이의재결취소소송을 제기하였다. 이의재결이 취소소송의 대상이 될 수 있는지 검토하시오. (25점)
2) 토지보상금이 적음을 이유로 甲이 보상금의 증액을 청구하는 행정소송을 제기하는 경우, 본안판결 이전에 고려할 수 있는 「행정소송법」상 잠정적인 권리구제수단에 대하여 검토하시오. (10점)
3) 甲은 보상금 산정의 전제가 된 표준지공시지가결정의 비교표준지 선정에 오류가 있고, 평가액 산정의 평가요인별 참작 내용의 정도 등이 불명확하여 적정성과 객관성이 담보되지 않았다는 이유로 표준지공시지가결정이 위법하다고 주장한다. 甲이 보상금증액청구소송에서 이를 주장할 수 있는지 검토하시오. (단, 표준지공시지가결정에 대해서는 제소기간이 도과하였음) (15점)

[참조조문]

「공익사업을 위한 토지 등의 취득 및 보상에 관한 법률」

제4조(공익사업) 이 법에 따라 토지등을 취득하거나 사용할 수 있는 사업은 다음 각 호의 어느 하나에 해당하는 사업이어야 한다.

1. 국방·군사에 관한 사업
2. 관계 법률에 따라 허가·인가·승인·지정 등을 받아 공익을 목적으로 시행하는 철도·도로·공항·항만·주차장·공영차고지·화물터미널·궤도(軌道)·하천 … (중략) … 전기통신·방송·가스 및 기상 관측에 관한 사업
3. 국가나 지방자치단체가 설치하는 청사·공장·연구소·시험소·보건시설·문화시설·공원·수목원·광장·운동장·시장·묘지·화장장·도축장 또는 그 밖의 공공용 시설에 관한 사업

[이하 생략]

제34조(재결) ① 토지수용위원회의 재결은 서면으로 한다.

제83조(이의의 신청) ① 중앙토지수용위원회의 제34조에 따른 재결에 이의가 있는 자는 중앙토지수용위원회에 이의를 신청할 수 있다.

② 지방토지수용위원회의 제34조에 따른 재결에 이의가 있는 자는 해당 지방토지수용위원회를 거쳐 중앙토지수용위원회에 이의를 신청할 수 있다.

제84조(이의신청에 대한 재결) ① 중앙토지수용위원회는 제83조에 따른 이의신청을 받은 경우 제34조에 따른 재결이 위법하거나 부당하다고 인정할 때에는 그 재결의 전부 또는 일부를 취소하거나 보상액을 변경할 수 있다.

제85조(행정소송의 제기) ① 사업시행자, 토지소유자 또는 관계인은 제34조에 따른 재결에 불복할 때에는 재결서를 받은 날부터 90일 이내에, 이의신청을 거쳤을 때에는 이의신청에 대한 재결서를 받은 날부터 60일 이내에 각각 행정소송을 제기할 수 있다. 이 경우 사업시행자는 행정소송을 제기하기 전에 제84조에 따라 늘어난 보상금을 공탁하여야 하며, 보상금을 받을 자는 공탁된 보상금을 소송이 종결될 때까지 수령할 수 없다.

② 제1항에 따라 제기하려는 행정소송이 보상금의 증감(增減)에 관한 소송인 경우 그 소송을 제기하는 자가 토지소유자 또는 관계인일 때에는 사업시행자를, 사업시행자일 때에는 토지소유자 또는 관계인을 각각 피고로 한다.

제 2 문

甲은 X 토지에 액화석유가스 충전시설을 설치하기 위하여 2023. 1. 5. A 군 군수에게 「국토의 계획 및 이용에 관한 법률」에 따른 개발행위허가를 신청하였다. A 군 군수는 2023. 2. 9. 甲에게 "X 토지 대부분이 마을로부터 100 m 이내에 위치하여 「A 군 개발행위허가 운영지침」 (이하 '이 사건 지침'이라 한다) 제6조 제1항 제1호에 저촉된다"는 이유로 거부처분을 하였다. 이 사건 지침 제6조 제1항 제1호는 액화석유가스 충전시설의 세부허가기준으로 "마을로부터 100 m 이내에 입지하지 아니할 것"을 규정하고 있다. 甲은 2023. 4. 12. A 군 군수의 거부처분이 위법하다고 주장하며 그 취소를 구하는 소송을 제기하였다.(총 25점)

1) A 군 군수가 甲에게 거부처분을 하기 전에 사전통지를 하지 않았다면 위법한지 검토하시오. (10점)

2) A 군 군수는 위 소송에서 "이 사건 지침 조항에 따라 거부처분을 한 것이므로 적법하다"고 주장한다. 그 주장의 당부에 관하여 검토하시오. (15점)

(단, 제시된 참조조문 외 다른 법령을 고려하지 말 것)

[참조조문] **(현행법령을 사례해결에 적합하도록 수정하였음)**

「국토의 계획 및 이용에 관한 법률」

제58조(개발행위허가의 기준) ① 특별시장·광역시장·특별자치시장·특별자치도지사·시장 또는 군수는 개발행위허가의 신청 내용이 다음 각 호의 기준에 맞는 경우에만 개발행위허가 또는 변경허가를 하여야 한다.

1. 용도지역별 특성을 고려하여 대통령령으로 정하는 개발행위의 규모에 적합할 것. 다만, 개발행위가 「농어촌정비법」 제2조제4호에 따른 농어촌정비사업으로 이루어지는 경우 등 대통령령으로 정하는 경우에는 개발행위 규모의 제한을 받지 아니한다.
2. 도시·군관리계획 및 성장관리계획의 내용에 어긋나지 아니할 것
3. 도시·군계획사업의 시행에 지장이 없을 것
4. 주변지역의 토지이용실태 또는 토지이용계획, 건축물의 높이, 토지의 경사도, 수목의 상태, 물의 배수, 하천·호소·습지의 배수 등 주변환경이나 경관과 조화를 이룰 것
5. 해당 개발행위에 따른 기반시설의 설치나 그에 필요한 용지의 확보계획이 적절할 것

③ 제1항에 따라 허가할 수 있는 경우 그 허가의 기준은 지역의 특성, 지역의 개발상황, 기반시설의 현황 등을 고려하여 다음 각 호의 구분에 따라 대통령령으로 정한다.

「국토의 계획 및 이용에 관한 법률 시행령」

제56조(개발행위허가의 기준) ① 법 제58조 제3항에 따른 개발행위허가의 기준은 별표 1의2와 같다.

④ 국토교통부장관은 제1항의 개발행위허가기준에 대한 세부적인 검토기준을 정할 수 있다.

「개발행위허가 운영지침」 (국토교통부훈령 제1017호)

제1장 총칙

제1절 개발행위허가지침의 목적

1-1-1. 이 지침은 「국토의 계획 및 이용에 관한 법률 시행령」 제56조 제4항에 따라 개발행위허가의 대상·절차·기준 등에 대한 사항을 제시하여 개발행위허가제의 원활한 운영을 도모함을 목적으로 한다.

제2절 개발행위허가의 의의 및 운영원칙

2-2-2. 특별시장·광역시장·특별자치시장·특별자치도지사·시장 또는 군수(이하 '허가권자'라 한다)는 「국토의 계획 및 이용에 관한 법률」, 「국토의 계획 및 이용에 관한 법률 시행령」에서 위임하거나 정한 범위 안에서 도시·군계획조례를 마련하거나 법령 및 이 지침에서 정한 범위안에서 별도의 지침을 마련하여 개발행위허가제를 운영할 수 있다.

제3장 개발행위허가기준

제2절 분야별 검토사항

3-2-6. 그 밖의 사항

(3) 허가권자는 제3장 및 제4장의 개발행위허가기준을 적용함에 있어 지역특성을 감안하여 지방도시계획위원회의 자문을 거쳐 높이·거리·배치·범위 등에 관한 구체적인 기준을 정할 수 있다.

제 3 문

기초지방자치단체 A 시 의회는 '합의제행정기관'인 A 시 시정연구위원회를 설치하기 위하여 'A 시 시정연구위원회 설치 및 운영에 관한 조례안'(이하 '이 사건 조례안'이라 한다)을 독자적으로 발의하고, 의결한 후 A 시 시장에게 이송하였다. 이 사건 조례안의 주된 내용은 다음과 같다. (총 25점)

(1) 시정연구위원회는 A 시 의회 소속 하에 두되 그 직무에 있어서는 독립된 지위를 가진다.

(2) A 시의 위상 강화 방안, 의결기관과 집행기관의 통합형과 대립형 구조에 관한 검토, 주민참여제도의 활성화 방안 수립 등을 그 업무범위로 한다.

1) 이 사건 조례안은 적법한지 검토하시오. (15점)
2) 만약 이 사건 조례안이 법령에 위반됨에도 불구하고 A 시 시장이 재의요구를 하지 않고 있다면, 행정안전부장관은 「지방자치법」상 어떤 조치를 강구할 수 있는지 검토하시오. (10점)

제12회 변호사시험 공법사례

제 1 문

변호사 甲과 국회의원 乙은 전동킥보드 동호회 회원들이다. 甲과 乙은 전동킥보드 신제품을 구매하려 하였으나, 「전기용품 및 생활용품 안전관리법」 제15조 제3항에 근거한 「안전확인대상생활용품의 안전기준」 제4조 제1호(이하'이 사건 고시조항'이라 한다)에서 전동킥보드의 최고속도를 시속 25킬로미터로 제한함에 따라 종전과 달리 이러한 제한을 준수한 전동킥보드만 제조·수입되고 있어서, 신제품 전동킥보드는 최고속도를 초과하여 주행할 수 없음을 알게 되었다. 甲과 乙은 이러한 속도 제한으로 말미암아 전동킥보드 구매·이용을 통해서 기대되는 즐거움이나 효용의 핵심인 속도감과 민첩한 이동을 누릴 수 없게 되었고, 이로써 자신들의 신체의 자유, 거주·이전의 자유가 침해되고 있다고 주장하면서 이 사건 고시조항에 대하여 헌법소원심판을 청구하였다.

이후 甲과 乙은 동호회 모임에 참석하였다가 만취한 상태로 각자 전동킥보드를 타고 가던 중, 횡단보도를 건너던 보행자를 순차적으로 치어 크게 다치게 한 후 도주하였다. 甲과 乙은 각각 「도로교통법」에 따른 운전면허 취소처분을 받음과 아울러 특정범죄가중처벌등에관한법률위반(도주치상)죄로 공소제기되었다.

법무부장관은 甲에 대하여 위 공소제기를 이유로 「변호사법」 제102조 제1항 본문 및 제2항(이하'이 사건 법률조항'이라 한다)에 의거하여 업무정지명령을 하였다. 甲은 업무정지명령에 대하여 취소소송을 제기하면서 그 근거조항인 이 사건 법률조항의 위헌성을 다투고 있다. 한편, 국회는 그간 乙이 여러 차례 본회의에서 다른 사람의 사생활에 대한 폭로성 발언을 하였을 뿐만 아니라 위와 같이 공소제기됨으로써 국회의원의 품위를 손상시켰음을 사유로 하여, 윤리특별위원회의 심사를 거쳐 乙을 제명하였다. 乙은 국회의 제명처분에 대하여 헌법재판소에 제소하고자 한다.

〈문제〉

1. - 4. (생략)

5. 乙은 운전면허 취소처분에 대하여 그 취소를 구하는 행정심판을 적법하게 제기하였으나 기각재결을 받고 이어서 취소소송을 제기하였다. 한편 甲은 '「도로교통법」 제142조에도 불구하고 자신에 대한 운전면허 취소처분은 乙의 사건과 동종사건이므로 행정심판을 거칠 필요가 없다'고 판단하고 곧바로 취소소송을 제기하였는데, 결국 그 소송 계속 중에 행정심판 청구기간이 도과하였다. 행정심판전치주의와 관련하여 甲의 취소소송이 적법한지 판단하시오. (15점)
6. 한편, 법무부장관이 甲에 대하여 업무정지명령을 할 당시 甲은 위 특정범죄가중처벌등에관한법률위반(도주치상)죄뿐만 아니라 무고죄로도 공소제기되어 있었는데, 위 업무정지명령 처분서에는 특정범죄가중처벌등에관한법률위반(도주치상)죄로 공소제기된 사실만 적시되어 있었다. 법무부장관은 甲이 제기한 업무정지명령에 대한 취소소송이 진행되던 중에 위 처분사유만으로는 부족하다고 판단하고, '甲이 현재 무고죄로 공소제기되어 있다'는 처분사유를 추가하고자 한다. 이러한 처분사유의 추가가 허용되는지 판단하시오. (15점)

제 2 문

甲은 30년간의 공직생활을 마치고 정년퇴직을 한 뒤, 노후자금 및 대출금을 모아 A시에서 「공중위생관리법」에 의한 목욕장업을 시작하였다. 甲은 영업을 시작한지 며칠되지 않아 야간에 음주로 의심되는 손님 丙을 입장시켰는데 丙은 목욕장내 발한실에서 심장마비로 사망하였다. 丙은 입장 당시 약간의 술냄새를 풍기기는 하였으나 입장료를 지불하고 목욕용품을 구입하였으며 입장과정에서도 정상적으로 보행을 하고 거스름돈을 확인하는 등 우려할만한 특별한 문제점을 보이지 않았다. 丙은 무연고자로 판명되었으며, 부검결과 사망 당일 소주 1병 상당의 음주를 한 것으로 확인되었다.

丙이 甲의 목욕장에서 사망한 사고가 다수의 언론에 보도되자 A시장은 甲에게 「공중위생관리법」 제4조 제1항, 제7항 및 같은 법 시행규칙 제7조 [별표4] 제2호 라목의 (1) (다) 위반을이유로, 같은 법 제11조 제1항 및 같은 법 시행규칙 제19조 [별표7] Ⅱ. 제2호 라목의 라)에서 정하는 기준(이하'이 사건 규정들'이라 한다)에 따라 2021.1.11. 영업정지 1월(2021.1.18.~2021.2.16.)의 제재처분(이하'이 사건 처분'이라 한다)을 하였고, 같은 날 甲은이를 통지받았다. 甲은 음주로 의심되는 丙을 입장시킨 점은 인정하나, 丙이 같은 법 시행규칙 제7조 [별표4]의'음주등으로 목욕장의 정상적인 이용이 곤란하다고 인정되는 사람'으로 보이지는 않아 입장을 허용한 것이므로 이 사건 처분은 위법·부당하다고 생각한다. 이와 관련하여 아래 각 질문에 답하시오(단, 아래 각 문제는 독립적임).

〈문제〉

1. 甲은 이 사건 처분에 대한 취소소송을 제기하였다. 甲은 A시장이 이 사건 처분을 할 때 이 사건 규정들 중 시행규칙 제19조 [별표7]에서 정하고 있는 감경사유를 전혀 고려하지 않고 처분을 한 것은 위법하다고 주장하고 있다.
   (1) 甲의 주장은 타당한가?
   (2) 만약 이 취소소송이 기각되어 판결이 확정되었다면, 이후 A시장은 자신의 처분이 부당하였음을 이유로 이 사건 처분을 직권취소할 수 있는가? (30점)
2. 甲은 이 사건 처분에 대한 취소소송을 제기하면서 그 효력정지신청을 하여 수소법원으로부터 이 사건의 제1심 본안판결 선고시까지 이 사건 처분의 효력을 정지한다는 결정을 2021.1.15. 받았다. 이후 2022.1.18. 승소판결이 선고되어 A시장이 이에 불복, 항소하였으나 추가로 이 사건 처분의 집행이나 효력이 정지된 바 없다. 2022.2.24. 현재 기준 소송이 계속중이다. 甲은 취소소송을 계속할 수 있는가? (15점)
3. 甲은 이 사건 처분으로 인해 영업손실이 심대하여 대출금 및 이자상환, 종업원 및 가족의 생계에 큰 지장을 겪고 있어 국가배상청구소송을 제기하고자 한다. 甲이 제기한 취소소송에서 인용판결이 확정된 후 甲이 국가배상청구소송을 제기한 경우 수소법원은 국가배상법상'법령에 위반하여'에 대해 취소소송의 수소법원에서 판단한 위법성과 다른 판단을 내릴 수 있는가? 만약 甲이 취소소송과 국가배상청구소송을 동시에 제기하였는데 국가배상청구소송에서 인용판결이 먼저 나왔을 경우 취소소송의 수소법원은 이 사건 처분의 위법성에 대하여 국가배상청구소송의 수소법원과 다른 판단을 내릴 수 있는가? (25점)

4.-5. (생략)

[참조조문]

※유의사항

아래 법령은 가상의 것으로, 이와 다른 내용의 현행 법령이 있다면 제시된 법령이 현행 법령에 우선하는 것으로 할 것

「공중위생관리법」

제1조(목적) 이 법은 공중이 이용하는 영업의 위생관리등에 관한 사항을 규정함으로써 위생수준을 향상시켜 국민의 건강증진에 기여함을 목적으로 한다.

제2조(정의) ① 이 법에서 사용하는 용어의 정의는 다음과 같다.

1. "공중위생영업"이라 함은 다수인을 대상으로 위생관리서비스를 제공하는 영업으로서 숙박업·목욕장업·이용업·미용업·세탁업·건물위생관리업을 말한다.

3. "목욕장업"이라 함은 다음 각목의 어느 하나에 해당하는 서비스를 손님에게 제공하는 영업을 말한다.

가. 물로 목욕을 할 수 있는 시설 및 설비등의 서비스

나. 맥반석·황토·옥등을 직접 또는 간접 가열하여 발생되는 열기 또는 원적외선등을 이용하여 땀을 낼 수 있는 시설 및 설비등의 서비스

제4조(공중위생영업자의 위생관리의무등) ① 공중위생영업자는 그 이용자에게 건강상 위해요인이 발생하지 아니하도록 영업관련시설 및 설비를 위생적이고 안전하게 관리하여야 한다.

⑦ 제1항 내지 제6항의 규정에 의하여 공중위생영업자가 준수하여야 할 위생관리기준 기타 위생관리서비스의 제공에 관하여 필요한 사항으로서 그 각항에 규정된 사항외의 사항 및 출입시켜서는 아니되는 자의 범위와 목욕장내에 둘 수 있는 종사자의 범위등 건전한 영업질서 유지를 위하여 영업자가 준수하여야 할 사항은 보건복지부령으로 정한다.
제11조(공중위생영업소의 폐쇄등) ① 시장·군수·구청장은 공중위생영업자가 다음 각호의 어느 하나에 해당하면 6월 이내의 기간을 정하여 영업의 정지 또는 일부 시설의 사용중지를 명하거나 영업소폐쇄등을 명할 수 있다.
4. 제4조에 따른 공중위생영업자의 위생관리의무등을 지키지 아니한 경우

「공중위생관리법시행규칙」(보건복지부령)
제7조(공중위생영업자가 준수하여야 하는 위생관리기준등)법 제4조 제7항의 규정에 의하여공중위생영업자가 건전한 영업질서유지를 위하여 준수하여야 하는 위생관리기준등은 [별표4]와 같다.
제19조(행정처분기준)법 제11조 제1항의 규정에 따른 행정처분의 기준은 [별표7]과 같다.

[별표4] 공중위생영업자가 준수하여야 하는 위생관리기준등(제7조관련)
2.목욕장업자
라. 그 밖의 준수사항
(1) 다음에 해당되는 자를 출입시켜서는 아니된다.
(다) 음주등으로 목욕장의 정상적인 이용이 곤란하다고 인정되는 사람

[별표7] 행정처분기준(제19조관련)
Ⅰ.일반기준
3. 위반행위의 차수에 따른 행정처분기준은 최근 1년간 같은 위반행위로 행정처분을 받은 경우에 이를 적용한다. 이 경우 기간의 계산은 위반행위에 대하여 행정처분을 받은 날과 그 처분 후 다시 같은 위반행위를 하여 적발된 날을 기준으로 한다.
5. 행정처분권자는 위반사항의 내용으로 보아 그 위반 정도가 경미하거나 해당 위반사항에 관하여 검사로부터 기소유예의 처분을 받거나 법원으로부터 선고유예의 판결을 받은 때에는 Ⅱ.개별기준에 불구하고 그 처분기준을 다음을 고려하여 경감할 수 있다.
가) 위반행위가 고의나 중대한 과실이 아닌 사소한 부주의나 오류로 인한 것으로 인정되는 경우
나) 위반행위자가 처음 해당 위반행위를 한 경우로서, 관련 법령상 기타 의무위반을 한 전력이 없는 경우

Ⅱ.개별기준
2.목욕장업

위반행위	근거법조문	행정처분기준			
		1차위반	2차위반	3차위반	4차이상위반
라.법 제4조에 따른 공중위생영업자의 위생관리의무등을지키지 않은 경우	법 제11조 제1항 제4호				
라) 음주등으로 목욕장의 정상적인 이용이 곤란하다고 인정되는 사람을 출입시킨 경우		영업정지 1월	영업정지 2월	영업정지 3월	영업장 폐쇄명령

「시체해부및보존에관한법률」(약칭'시체해부법')
제12조(인수자가 없는 시체의 제공등) ① 특별자치시장·특별자치도지사·시장·군수·구청장은 인수자가 없는 시체가 발생하였을 때에는 지체없이 그 시체의 부패방지를 위하여필요한 조치를 하고 의과대학의 장에게 통지하여야 하며, 의과대학의 장이 의학의 교육 또는 연구를 위하여 시체를 제공할 것을 요청할 때에는 특별한 사유가 없으면 그 요청에 따라야 한다.
제1조(목적) 이 법은 사인(死因)의 조사와 병리학적·해부학적 연구를 적정하게 함으로써국민보건을 향상시키고 의학(치과의학과 한의학을 포함한다. 이하같다)의교육 및 연구에 기여하기 위하여 시체(임신 4개월이후에 죽은 태아를 포함한다. 이하같다)의 해부 및 보존에 관한 사항을 정함을 목적으로 한다.
제4조(유족의 승낙) ① 시체를 해부하려면 그 유족의 승낙을 받아야 한다. 다만, 다음 각호의어느 하나에 해당할 때에는 그러하지 아니하다.
1. 시체의 해부에 관하여 「민법」 제1060조에 따른 유언이 있을 때
1의2. 본인의 시체 해부에 동의한다는 의사표시, 성명 및 연월일을 자서·날인한 문서에 의한 동의가 있을 때
2.사망을 확인한 후 60일이 지나도 그 시체의 인수자가 없을 때. 다만, 사회복지시설 수용자는 제외한다.

「장기등이식에관한법률」(약칭'장기이식법')
제12조(장기등의 기증에 관한 동의) ① 이 법에 따른 장기등 기증자·장기등기증희망자 본인 및 가족·유족의 장기등의 기증에 관한 동의는 다음 각호에 따른 것이어야 한다.
1. 본인의 동의: 본인이 서명한 문서에 의한 동의 또는 「민법」의 유언에 관한 규정에 따른 유언의 방식으로 한 동의
2. 가족 또는 유족의 동의: 제4조 제6호 각목에 따른 가족 또는 유족의 순서에 따른 선순위자 1명의 서면동의

2022년 행시

제 1 문

甲은 X 시의 시장 乙에게 X 시에 소재한 자신의 토지에 공동주택의 건설사업을 위한 개발행위허가 신청을 하였다. 乙은 "甲의 신청지는 X 시 도시기본계획상 도시의 자연환경 및 경관을 보호하기 위하여 도시자연공원구역으로 지정이 예정되어 있어 전체적인 개발계획이 수립되지 않은 상태에서 개별적인 공동주택 입지를 위한 개발행위허가는 불합리하다."라는 이유로, 2020. 10. 9. 甲의 신청을 거부하였다(이하 '제1차 거부처분'). 이에 甲은 乙을 상대로 제1차 거부처분의 취소를 구하는 소를 제기하였고, 법원은 제1차 거부처분이 구체적이고 합리적인 근거 없이 甲의 신청을 불허한 것으로 재량권의 일탈·남용이라고 보아 甲의 청구를 인용하는 판결을 하였다. 이 취소판결은 확정되었고, 사실심 변론종결일은 2021. 11. 16.이다. 甲은 위 판결 확정 이후인 2021. 12. 17. 乙에게 위 확정판결에 따른 후속조치의 이행을 촉구하는 내용의 민원을 제기하였는데, 당시 X 시의 담당과장은 민원을 접수하면서 甲에게 "법적으로 가능하다면 개발행위를 허가해 주겠다."라고 구두로 답변하였다. 그러나 乙은 2021. 12. 28. 甲에게 "甲이 신청한 토지는 국토교통부에서 확정 발표한 도시자연공원 확대사업이 반영된 대상지로서 우리 시에서는 체계적인 도시개발 및 난개발 방지를 위해 「국토의 계획 및 이용에 관한 법률」에 따라 2021. 10. 26. 개발행위허가 제한지역으로 고시하여 현재 신규 개발행위허가는 불가능하다."라는 사유로 甲의 개발행위를 불허하는 통지를 하였다(이하 '제2차 거부처분'). 다음 물음에 답하시오. (총 50점)

1) 甲은 제2차 거부처분이 확정된 취소판결의 취지에 따르지 아니한 것으로 보아 「행정소송법」상 간접강제를 신청하였다. 그 신청의 인용 가능성을 검토하시오. (30점)
2) 甲은 X 시의 담당과장이 "법적으로 가능하다면 개발행위를 허가해 주겠다."라고 답변한 것을 들어, 제2차 거부처분이 위법하다고 주장한다. 甲의 주장이 타당한지 검토하시오. (10점)
3) 乙은 제2차 거부처분을 하면서 행정심판 및 행정소송의 제기 여부 등 불복절차에 대하여 아무런 고지를 하지 않았다. 甲은 이를 이유로 제2차 거부처분은 절차적 하자가 있는 위법한 처분이라고 주장한다. 甲의 주장이 타당한지 검토하시오. (10점)

[참조조문] **(현행 법령을 사례해결에 적합하도록 수정하였음)**

「국토의 계획 및 이용에 관한 법률」
제56조(개발행위의 허가) ① 다음 각 호의 어느 하나에 해당하는 행위로서 대통령령으로 정하는 행위(이하 "개발행위"라 한다)를 하려는 자는 특별시장·광역시장·특별자치시장·특별자치도지사·시장 또는 군수의 허가(이하 "개발행위허가"라 한다)를 받아야 한다.
1. 건축물의 건축 또는 공작물의 설치
제58조(개발행위허가의 기준) ① 특별시장·광역시장·특별자치시장·특별자치도지사·시장 또는 군수는 개발행위허가의 신청 내용이 다음 각 호의 기준에 맞는 경우에만 개발행위허가 또는 변경허가를 하여야 한다.
1. 용도지역별 특성을 고려하여 대통령령으로 정하는 개발행위의 규모에 적합할 것
2. 도시·군관리계획 및 성장관리계획의 내용에 어긋나지 아니할 것
3. 도시·군계획사업의 시행에 지장이 없을 것
4. 주변지역의 토지이용실태 또는 토지이용계획, 건축물의 높이, 토지의 경사도, 수목의 상태, 물의 배수, 하천·호소·습지의 배수 등 주변환경이나 경관과 조화를 이룰 것
5. 해당 개발행위에 따른 기반시설의 설치나 그에 필요한 용지의 확보계획이 적절할 것
제63조(개발행위허가의 제한) ① 국토교통부장관, 시·도지사, 시장 또는 군수는 다음 각 호의 어느 하나에 해당되는 지역으로서 도시·군관리계획상 특히 필요하다고 인정되는 지역에 대해서는 대통령령으로 정하는 바에 따라 중앙도시계획위원회나 지방도시계획위원회의 심의를 거쳐 한 차례만 3년 이내의 기간 동안 개발행위허가를 제한할 수 있다.
3. 도시·군기본계획이나 도시·군관리계획을 수립하고 있는 지역으로서 그 도시·군기본계획이나 도시·군관리계획이 결정될 경우 용도지역·용도지구 또는 용도구역의 변경이 예상되고 그에 따라 개발행위허가의 기준이 크게 달라질 것으로 예상되는 지역
② 국토교통부장관, 시·도지사, 시장 또는 군수는 제1항에 따라 개발행위허가를 제한하려면 대통령령으로 정하는 바에 따라 제한지역·제한사유·제한대상행위 및 제한기간을 미리 고시하여야 한다.

제 2 문

A 도(道) B 시(市) 인사과장 乙은 신임 시장의 취임 직후 B 시에 소속된 모든 4급 이상 공무원에게 사직서 제출을 요청하였다. 다음 물음에 답하시오. (총 30점)

1) B 시 4급 공무원 甲은 사직서를 제출하면서 자신은 사직 의사가 전혀 없다는 점을 乙에게 분명히 전달하였으나 사직서가 수리되어 의원면직(依願免職)되었다. 甲에 대한 의원면직처분이 적법한지 검토하시오. (10점)
2) 乙의 일괄 사직서 제출 요청행위는 「지방공무원법」상 징계의결요구를 하여야 할 징계사유에 해당함에도 불구하고, B 시 시장은 오히려 乙을 4급에서 3급으로 승진임용하였다. 행정안전부장관이 B 시 시장의 乙에 대한 승진임용처분을 취소할 수 있는지 검토하시오. (20점)

[참조조문] **(현행 법령을 사례해결에 적합하도록 수정하였음)**

「지방공무원법」
제38조(승진) ① 계급 간의 승진임용은 근무성적평정, 경력평정, 그 밖의 능력의 실증에 따라 한다. 다만, 1급부터 3급까지의 공무원으로의 승진임용은 능력과 경력 등을 고려하여 임용한다.

「지방공무원 임용령」
제34조(승진임용의 제한) ① 공무원이 다음 각 호의 어느 하나에 해당하는 경우에는 승진임용될 수 없다.
1. 징계의결요구 또는 관계 행정기관의 장의 징계처분요구가 있거나, 징계처분, 직위해제, 휴직 또는 시보임용기간 중에 있는 경우

「민법」
제107조(진의 아닌 의사표시) ① 의사표시는 표의자가 진의아님을 알고 한 것이라도 그 효력이 있다. 그러나 상대방이 표의자의 진의아님을 알았거나 이를 알 수 있었을 경우에는 무효로 한다.

제 3 문

A 주택재건축정비사업조합(이하 'A 조합')은 B 시(市) 소재 아파트의 재건축사업을 시행할 목적으로 관계 법령에 따라 조합설립의 인가 및 등기를 마쳤다. A 조합은 조합총회에서 관리처분계획안을 의결하고, B 시 시장에게 관리처분계획의 인가를 신청하였다. 다음 물음에 답하시오. (총 20점)

1) B 시 시장은 위 관리처분계획에 대한 인가를 하였다. 이에 조합원 甲은 위 관리처분계획이 위법하다는 이유로 위 인가처분의 취소를 구하는 소송을 제기하였다. 협의의 소의 이익에 대하여 검토하시오. (10점)
2) B 시 시장의 관리처분계획에 대한 인가 전에 조합원 乙이 위 관리처분계획안에 대한 조합 총회결의의 효력을 다투고자 한다면 어떠한 소송에 의하여야 하는지 검토하시오. (10점)

[참조조문] **(현행 법령을 사례해결에 적합하도록 수정하였음)**

「도시 및 주거환경정비법」
제74조(관리처분계획의 인가 등) ① 사업시행자는 제72조에 따른 분양신청기간이 종료된 때에는 분양신청의 현황을 기초로 다음 각 호의 사항이 포함된 관리처분계획을 수립하여 시장·군수등의 인가를 받아야 하며, 관리처분계획을 변경·중지 또는 폐지하려는 경우에도 또한 같다.
1. 분양설계
2. 분양대상자의 주소 및 성명
3. 분양대상자별 분양예정인 대지 또는 건축물의 추산액
4. 분양대상자별 종전의 토지 또는 건축물 명세 및 사업시행계획인가 고시가 있은 날을 기준으로 한 가격
5. 정비사업비의 추산액 및 그에 따른 조합원 분담규모 및 분담시기
6. 그 밖에 정비사업과 관련한 권리 등에 관하여 대통령령으로 정하는 사항

2022년 제11회 변호사시험 공법 사례

제 2 문

甲은 A군 소재 농지에서 농업경영을 하던 중 양돈업을 시작하고자 한다. A군의 군수 乙은 2021.5.경 「가축분뇨의 관리 및 이용에 관한 법률」 제8조 제1항 및 「A군 가축사육 제한에 관한 조례」(이하'이 사건 조례'라 한다) 제3조 제2항에 의거하여 「A군 가축사육 제한구역 지정 고시」(이하'이 사건 고시'라 한다)를 발령하였다. 이 사건 고시 제4조 제3호에 의하면,"도로(고속국도, 일반국도, 지방도, 군도)나 철도, 농어촌도로 경계선으로부터 가축 사육 시설 건축물 외벽까지 직선거리 200m 이내 지역"을 가축사육 제한구역의 하나로 정하고 있다.

축사 예정지로 삼고 있는 甲의 토지는 주거 밀집지역인 농가에서 1km 이상 벗어나 있는데 甲이 짓고자 하는 축사의 외벽은 지방도 경계선으로부터 직선거리 200m 이내에 소재하고 있어 가축사육 제한구역에 편입되게 되었다.

甲은 2021.11.30. 돼지를 사육하려고 乙에게 축사 건축허가를 신청하였다. 그러나 乙은 2021.12.15. 이 사건 조례 제3조 및 이 사건 고시 제4조 제3호에 의거하면 축사 예정지가 가축사육 제한구역에 해당하여 여기에 축사를 건축할 수 없다는 이유로 허가를 거부하는 처분(이하 '이 사건 처분'이라고 한다)을 하였다.

乙은 이 사건 처분을 함에 있어서 「행정절차법」에 따른 사전통지를 하지 않았고, 「행정심판법」상 처분의 상대방에게 알려야 하는 행정심판 청구가능성, 그 절차 및 청구기간도 알리지 않았다.

1. 甲은 이 사건 고시 제4조 제3호가 법령의 위임 한계를 벗어났다고 주장한다. 이와 관련하여 이 사건 고시의 법적 성격을 논하시오.(단, 고시의 처분성 논의는 제외함) (25점)
2. 乙이 「행정절차법」상 사전통지를 하지 않았음에 따른 이 사건 처분의 적법 여부를 검토하고, 나아가 「행정심판법」상 요구되는 행정심판 청구가능성, 그 절차 및 청구기간을 알리지 않았음에 따른 이 사건 처분의 적법 여부와 「행정심판법」상 효과를 설명하시오. (25점)
3. 甲을 비롯한 A군의 주민 과반수는 이 사건 조례가 가축사육 제한구역을 지나치게 광범위하게 규정하여 농업경영인의 경제활동을 너무 많이 제약한다는 이유에서 이를 보다 완화하는 내용으로 개정되어야 한다고 생각하고 있다. 甲을 비롯한 A군의 위 주민들이 행사할 수 있는 「지방자치법」상 권리를 모두 검토하시오.(단, 주민감사청구권과 주민소환권은 논의에서 제외함) (20점)

[참조조문]

※ 유의사항

아래 법령은 가상의 것으로, 이와 다른 내용의 현행 법령이 있다면 제시된 법령이 현행 법령에 우선하는 것으로 할 것

「가축분뇨의 관리 및 이용에 관한 법률」

제1조(목적) 이 법은 가축분뇨를 자원화하거나 적정하게 처리하여 환경오염을 방지함으로써 환경과 조화되는 지속가능한 축산업의 발전 및 국민건강의 향상에 이바지함을 목적으로 한다.

제8조(가축사육의 제한등) ①시장·군수·구청장은 지역주민의 생활환경보전 또는 상수원의 수질보전을 위하여 다음 각호의 어느 하나에 해당하는 지역 중 가축사육의 제한이 필요하다고 인정되는 지역에 대하여는 해당 지방자치단체의 조례로 정하는 바에 따라 일정한 구역을 지정·고시하여 가축의 사육을 제한할 수 있다. 다만, 지방자치단체 간 경계지역에서 인접 지방자치단체의 요청이 있으면 환경부령으로 정하는 바에 따라 해당 지방자치단체와 협의를 거쳐 일정한 구역을 지정·고시하여 가축의 사육을 제한할 수 있다.

1. 주거 밀집지역으로 생활환경의 보호가 필요한 지역
2. 「수도법」제7조에 따른 상수원 보호구역,「환경정책기본법」제38조에 따른 특별대책지역, 그 밖에 이에 준하는 수질환경 보전이 필요한 지역
3. 「한강수계 상수원 수질개선 및 주민지원 등에 관한 법률」제4조 제1항, 「낙동강수계 물관리 및 주민지원 등에 관한 법률」제4조 제1항, 「금강수계 물관리 및 주민지원 등에 관한 법률」 제4조 제1항,「영산강·섬진강수계 물관리 및 주민지원 등에 관한 법률」제4조 제1항에 따라 지정·고시된 수변구역
4. 「환경정책기본법」 제12조에 따른 환경기준을 초과한 지역

「A군 가축사육 제한에 관한 조례」

제1조(목적) 이 조례는 「가축분뇨의 관리 및 이용에 관한 법률」 제8조에 따라 일정한 지역안에서 가축사육을 제한함으로써 주민의 생활환경 보전과 상수원의 수질보전에 기여함을 목적으로 한다.

제2조(정의) 이 조례에서 사용하는 용어의 뜻은 다음과 같다.
1. "가축"이란「가축분뇨의 관리 및 이용에 관한 법률」(이하"법"이라한다) 제2조 제1호에 따른 소·젖소·돼지·말·양(염소 등 산양을 포함한다)·사슴·개·닭·오리·메추리를 말한다.
2. "가축사육 제한구역"이란 가축사육의 일부 또는 전부를 제한하는 구역을 말한다.
3. "주거 밀집지역"이란 주택과 주택사이 직선거리가 50미터 이내로 10가구 이상 모여 있는 지역을 말한다.
제3조(가축사육의 제한등) ① 법 제8조에 따른 가축사육 제한구역은 다음 각호와 같다.
1.「국토의 계획 및 이용에 관한 법률」에 따른 도시지역의 주거지역, 상업지역, 공업지역, 녹지지역안의 취락지구
2.「수도법」에 따른 상수원 보호구역
3.「환경정책기본법」에 따른 환경기준을 초과한 지역
4.「수산자원관리법」에 따른 수산자원 보호구역
5.「교육환경보호에 관한 법률」에 따른 교육환경 보호구역
6. 주거밀집지역 최근접 인가 부지경계에서 가축을 사육하는 부지경계까지 직선거리로 개는 1,000미터 이내, 닭·오리·메추리·돼지는 600미터 이내, 말·양(염소등 산양을 포함한다)·사슴은 300미터 이내, 젖소·소는 200미터 이내의 지역
② 군수는 가축사육 제한구역을 지정할 경우에 이를 고시하여야 한다.

「A군 가축사육 제한구역 지정 고시」
제4조(가축사육 제한구역)
3. 도로(고속국도, 일반국도, 지방도, 군도)나 철도, 농어촌도로 경계선으로부터 가축사육시설 건축물 외벽까지 직선거리 200미터 이내 지역

2021년 행시

제 1 문

A군의 군수(이하 'A군수')는 甲주식회사에게「중소기업창업 지원법」제33조 및 제35조에 따라 관할행정청과의 협의를 거쳐 산지전용허가 등이 의제되는 사업계획을 승인하였다. 산지전용허가가 의제되는 부지 인근에 거주하고 있는 주민乙은 해당 사업이 실시될 경우 산에서 내려오는 물의 흐름이 막혀 지반이 약한 부분에서 토사유출 및 산사태 위험이 있다며 해당 산지전용허가에 반대하고 있다. 관할행정청은 이후「산지관리법」제37조에 따라 재해위험지역 일제점검을 하던 중 甲의 시설공사장에서 토사유출로 인한 산사태 위험을 확인하고, 甲에게 시설물철거 등 재해의 방지에 필요한 조치를 할 것을 명하였다. 다만, 甲에게 통지된 관할행정청의 처분서에는 甲이 충분히 알 수 있도록 처분의 사유와 근거가 구체적으로 명시되지는 않았다. (총 50점)

1) 甲의 신청이 산지전용허가요건을 완비하지 못한 경우에도, A군수가 사업계획승인을 할 수 있는지를 검토하시오. (15점)
2) 이해관계인 乙이 산지전용허가를 대상으로 취소소송을 제기할 수 있는지를 검토하시오. (원고적격은 논하지 않는다) (10점)
3) 甲은 관할행정청의 조치명령을 이행하지 아니하여「산지관리법」위반으로 형사법원에 기소되었으나 해당 조치명령이 위법하므로 자신이 무죄라고 주장한다. 甲의 주장이 타당한지를 검토하시오. (25점)

[참조조문] **(현행 법령을 사례해결에 적합하도록 수정하였음)**

「중소기업창업 지원법」
제33조(사업계획의 승인) ① 제조업을 영위하고자 하는 창업자는 대통령령으로 정하는 바에 따라 사업계획을 작성하고, 이에 대한 시장·군수 또는 구청장(자치구의 구청장만을 말한다. 이하 같다)의 승인을 받아 사업을 할 수 있다. 사업자 또는 공장용지의 면적 등 대통령령으로 정하는 중요 사항을 변경하려는 경우에도 또한 같다.
제35조(다른 법률과의 관계) ① 제33조제1항에 따라 사업계획을 승인할 때 다음 각 호의 허가, 인가, 면허, 승인, 지정, 결정, 신고, 해제 또는 용도폐지(이하 이 조에서 "허가등"이라 한다)에 관하여 시장·군수 또는 구청장이 제4항에 따라 다른 행정기관의 장과 협의를 한 사항에 대하여는 그 허가등을 받은 것으로 본다.
6.「산지관리법」제14조 및 제15조에 따른 산지전용허가, 산지전용신고, 같은 법 제15조의2에 따른 산지일시사용허가·신고 및 같은 법 제21조에 따라 산지전용된 토지의 용도변경 승인과「산림자원의 조성 및 관리에 관한 법률」제36조제1항 및 제4항에 따른 입목벌채 등의 허가와 신고
④ 시장·군수 또는 구청장이 제33조에 따른 사업계획의 승인 또는「건축법」제11조제1항 및 같은 법 제22조제1항에 따른 건축허가와 사용승인을 할 때 그 내용 중 제1항부터 제3항까지에 해당하는 사항이 다른 행정기관의 권한에 속하는 경우에는 그 행정

기관의 장과 협의하여야 하며, 협의를 요청받은 행정기관의 장은 대통령령으로 정하는 기간에 의견을 제출하여야 한다. 이 경우 다른 행정기관의 장이 그 기간에 의견을 제출하지 아니하면 의견이 없는 것으로 본다.

「산지관리법」

제14조(산지전용허가) ① 산지전용을 하려는 자는 그 용도를 정하여 대통령령으로 정하는 산지의 종류 및 면적 등의 구분에 따라 산림청장등의 허가를 받아야 하며, 허가받은 사항을 변경하려는 경우에도 같다. 다만, 농림축산식품부령으로 정하는 사항으로서 경미한 사항을 변경하려는 경우에는 산림청장등에게 신고로 갈음할 수 있다.

④ 관계 행정기관의 장이 다른 법률에 따라 산지전용허가가 의제되는 행정처분을 하기 위하여 산림청장등에게 협의를 요청하는 경우에는 대통령령으로 정하는 바에 따라 제18조에 따른 산지전용허가기준에 맞는지를 검토하는 데에 필요한 서류를 산림청장등에게 제출하여야 한다.

제37조(재해의 방지 등) ① 산림청장등은 다음 각 호의 어느 하나에 해당하는 허가 등에 따라 산지전용, 산지일시사용, 토석채취 또는 복구를 하고 있는 산지에 대하여 대통령령으로 정하는 바에 따라 토사유출, 산사태 또는 인근지역의 피해 등 재해 방지나 산지경관 유지 등에 필요한 조사·점검·검사 등을 할 수 있다.

1. 제14조에 따른 산지전용허가

8. 다른 법률에 따라 제1호부터 제5호까지의 허가 또는 신고가 의제되거나 배제되는 행정처분

⑥ 산림청장등은 제1항 및 제2항에 따른 조사·점검·검사 등을 한 결과에 따라 필요하다고 인정하면 대통령령으로 정하는 바에 따라 제1항 각 호의 어느 하나에 해당하는 허가 등의 처분을 받거나 신고 등을 한 자에게 다음 각 호 중 필요한 조치를 하도록 명령할 수 있다.

1. 산지전용, 산지일시사용, 토석채취 또는 복구의 일시중단
2. 산지전용지, 산지일시사용지, 토석채취지, 복구지에 대한 녹화피복(綠化被覆) 등 토사유출 방지조치
3. 시설물 설치, 조림(造林), 사방(砂防) 등 재해의 방지에 필요한 조치
4. 그 밖에 산지경관 유지에 필요한 조치

제55조(벌칙) 보전산지에 대하여 다음 각 호의 어느 하나에 해당하는 자는 2년 이하의 징역 또는 2천만원 이하의 벌금에 처하고, 보전산지 외의 산지에 대하여 다음 각 호의 어느 하나에 해당하는 자는 1년 이하의 징역 또는 1천만원 이하의 벌금에 처한다.

7. 제37조제6항 각 호에 따른 조치명령을 위반한 자

제 2 문

甲은 만취한 상태로 운전하다가 경찰 검문소 앞에서 음주운전 일제단속에 적발되었다. 당시 근무 경찰관A는 甲의 차량을 도로변에 정차시킨 다음 운전면허증과 차량 열쇠를 甲으로부터 임의제출 받아 검문소 사무실 서랍에 보관한 후 음주측정을 한 바 혈중알콜농도 0.15%가 측정되었다. 甲이 경찰관A에게 다른 차들의 교통에 방해가 되지 않도록 도로 밖으로 차량을 이동시키겠다고 말하면서 열쇠의 반환을 요구하자, 경찰관A는 그 상태에서 운전을 해서는 안 되니 일단 귀가하였다가 술이 깬 후 다음날 오거나 대리운전자를 데리고 와 차를 가져가라고 말한 후 열쇠를 甲에게 주었다. 甲은 단속 경찰관들의 동태를 살피다가 몰래 차량을 운전하여 집으로 가던 중 보행자 乙을 충격하는 사고를 일으켜 乙이 사망하였다. 사고 당시 甲은 제한속도를 시속 30킬로미터나 초과하여 운행하였다. 이 사고로 인해 사망한 乙의 유족은 경찰관 A의 직무상 의무 위반을 이유로 「국가배상법」상 손해배상을 청구할 수 있는지를 검토하시오. (25점)

제 3 문

건설업을 운영하는 甲주식회사는 「국가를 당사자로 하는 계약에 관한 법률」에 근거하여 국방부장관이 주관하는 전투지휘훈련센터 시설공사의 기본설계 기술제안 도급계약을 체결한 후 기본설계를 진행하였다. 그 과정에서 甲의 직원인 乙은 입찰 관련 서류를 입찰에 유리하도록 변조하여 제출하였고, 이후 乙은 이와 같은 사실로 인하여 법원에서 사문서변조죄의 유죄판결을 선고받아 이 판결은 그대로 확정되었다. 국방부장관은 즉시 그 계약을 해지하는 한편 甲에게 입찰 관련 서류를 변조하였다는 사유로 「국가를 당사자로 하는 계약에 관한 법률」, 같은 법 시행령·시행규칙에 근거하여 1년간 입찰참가자격을 제한하는 부정당업자 제재통보를 하였다. (총 25점)

1) 국가와 甲사이에 체결된 도급계약의 법적 성격을 검토하시오. (10점)
2) 국방부장관은 甲의 직원 乙의 사문서변조죄에 대하여 유죄의 확정판결이 있었다는 이유로 사전통지와 의견제출의 기회를 부여하지 않고 입찰참가자격 제한을 하였다. 그 적법 여부를 검토하시오. (15점)

[참조조문] **(현행 법령을 사례해결에 적합하도록 수정하였음)**

「국가를 당사자로 하는 계약에 관한 법률」
제27조(부정당업자의 입찰 참가자격 제한 등) ① 각 중앙관서의 장은 다음 각 호의 어느 하나에 해당하는 자(이하 "부정당업자"라 한다)에게는 2년 이내의 범위에서 대통령령으로 정하는 바에 따라 입찰 참가자격을 제한하여야 하며, 그 제한사실을 즉시 다른 중앙관서의 장에게 통보하여야 한다. 이 경우 통보를 받은 다른 중앙관서의 장은 대통령령으로 정하는 바에 따라 해당 부정당업자의 입찰 참가자격을 제한하여야 한다.
9.그 밖에 다음 각 목의 어느 하나에 해당하는 자로서 대통령령으로 정하는 자
가.입찰·계약 관련 서류를 위조 또는 변조하거나 입찰·계약을 방해하는 등 경쟁의 공정한 집행을 저해할 염려가 있는 자

「국가를 당사자로 하는 계약에 관한 법률 시행령」
제76조(부정당업자의 입찰참가자격 제한) ④ 입찰참가자격 제한의 기간에 관한 사항은 법 제27조제1항 각 호에 해당하는 행위별로 부실벌점, 하자비율, 부정행위 유형, 고의·과실 여부, 뇌물 액수 및 국가에 손해를 끼친 정도 등을 고려하여 기획재정부령으로 정한다.

「국가를 당사자로 하는 계약에 관한 법률 시행규칙」
제76조(부정당업자의 입찰참가자격 제한기준 등) 영 제76조제4항에 따른 부정당업자의 입찰참가자격 제한의 세부기준은 별표 2와 같다.
[별표 2] 부정당업자의 입찰참가자격 제한기준(제76조 관련)
1.일반기준
다.각 중앙관서의 장은 부정당업자에 대한 입찰참가자격을 제한하는 경우 자격제한 기간을 그 위반행위의 동기·내용 및 횟수 등을 고려해 제2호에서 정한 기간의 2분의 1의 범위에서 줄일 수 있으며, 이 경우 감경 후의 제한기간은 1개월 이상이어야 한다.
2.개별기준

입찰참가자격 제한사유	제재기간
입찰 관련 서류를 위조·변조하거나 부정하게 행사하여 낙찰을 받은 자 또는 허위서류를 제출하여 낙찰을 받은 자	1년

「행정절차법 시행령」
제13조(처분의 사전 통지 생략사유) 법 제21조제4항 및 제5항에 따라 사전 통지를 하지 아니할 수 있는 경우는 다음 각 호의 어느 하나에 해당하는 경우로 한다.
2.법원의 재판 또는 준사법적 절차를 거치는 행정기관의 결정 등에 따라 처분의 전제가 되는 사실이 객관적으로 증명되어 처분에 따른 의견청취가 불필요하다고 인정되는 경우

2021년 제10회 변호사시험 공법 사례

제 1 문의 2

甲은 2010. 6. 실시된 지방선거에서부터 2018. 6. 실시된 지방선거에서까지 세 차례 연속하여 A시의 시장으로 당선되어 2022. 6.까지 12년간 연임하게 되었다. 그런데 甲은 시장 재임 중 지역개발사업 추진과 관련한 직권남용 혐의로 불구속 기소되었다. 甲은 자신의 결백을 주장하며 2022. 6.에 실시될 지방선거에 A시장 후보로 출마하여 지역 유권자로부터 평가를 받으려고 한다. 하지만 지방자치단체장의 계속 재임을 3기로 제한하고 있는 「지방자치법」 제95조 후단(이하 '이 사건 연임제한규정'이라 한다)에 따르면 甲은 지방선거에 출마할 수가 없다. 이에 甲은 이 사건 연임제한규정이 자신의 기본권을 침해한다고 주장하며 2021. 1. 4. 이 사건 연임제한규정에 대해 「헌법재판소법」 제68조 제1항에 의한 헌법소원심판을 청구하였다.

한편, 甲의 후원회 회장은 자신이 운영하는 주유소 확장 공사를 위하여 보도의 상당 부분을 점하는 도로점용허가를 신청하였고, 甲은 이를 허가하였다. A시의 주민 丙은 甲이 도로 본래의 기능과 목적을 침해하는 과도한 범위의 도로점용을 허가하였다고 주장하며, 이 도로점용허가(이하 '이 사건 허가'라 한다)에 대하여 다투고자 한다.

1. 위 헌법소원심판 청구의 적법요건 중 기본권침해의 직접성 및 현재성에 대하여 검토하시오. (10점)
2. 甲은 이 사건 연임제한규정이 지방의회의원 등과 달리 지방자치단체의 장에 대하여서만 계속 재임을 제한하여 자신의 평등권을 침해한다고 주장한다. 이 사건 연임제한규정이 甲의 평등권을 침해하는지 검토하시오. (25점)

3. 丙은 이 사건 허가에 대하여 취소소송을 제기하고자 한다. 丙의 원고적격을 검토하시오. (15점)
4. 丙은 위 3.의 취소소송과는 별도로 주민소송을 제기하고자 한다. 이때 주민소송이 가능한 요건을 검토하고, 주민소송이 가능하다면 어떤 종류의 주민소송을 제기하여야 하는지 검토하시오. (15점)

[참조조문]

「지방자치법」

(2007. 5. 11. 법률 제8423호로 개정되고, 같은 날부터 시행된 것)

제95조 (지방자치단체의 장의 임기)

지방자치단체의 장의 임기는 4년으로 하며, 지방자치단체의 장의 계속 재임(在任)은 3기에 한한다.

「도로법」

제61조 (도로의 점용 허가)

① 공작물·물건, 그 밖의 시설을 신설·개축·변경 또는 제거하거나 그 밖의 사유로 도로(도로구역을 포함한다. 이하 이 장에서 같다)를 점용하려는 자는 도로관리청의 허가를 받아야 한다. 허가받은 기간을 연장하거나 허가받은 사항을 변경(허가받은 사항 외에 도로 구조나 교통안전에 위험이 되는 물건을 새로 설치하는 행위를 포함한다)하려는 때에도 같다.

② 제1항에 따라 허가를 받아 도로를 점용할 수 있는 공작물·물건, 그 밖의 시설의 종류와 허가의 기준 등에 관하여 필요한 사항은 대통령령으로 정한다.

③ 도로관리청은 같은 도로(토지를 점용하는 경우로 한정하며, 입체적 도로구역을 포함한다)에 제1항에 따른 허가를 신청한 자가 둘 이상인 경우에는 일반경쟁에 부치는 방식으로 도로의 점용 허가를 받을 자를 선정할 수 있다.

④ 제3항에 따라 일반경쟁에 부치는 방식으로 도로점용허가를 받을 자를 선정할 수 있는 경우의 기준, 도로의 점용 허가를 받을 자의 선정 절차 등에 관하여 필요한 사항은 대통령령으로 정한다.

제 2 문

甲은 A시 보건소에서 의사 乙로부터 폐렴구균 예방접종을 받았는데, 예방접종을 받은 당일 저녁부터 발열 증상과 함께 안면부의 마비증상을 느껴 병원에서 입원 치료를 받았다. 이에 甲은 「감염병의 예방 및 관리에 관한 법률」(이하 '감염병예방법') 제71조에 따라 진료비와 간병비에 대한 예방접종 피해보상을 청구하였는데, 질병관리청장 B는 2020. 9. 15. 이 사건 예방접종과 甲의 증상 사이에 인과관계가 불분명하다는 이유로 예방접종 피해보상 거부처분(이하 '제1처분')을 하였다. 그러나 甲은 이 사건 예방접종을 받기 이전에는 안면마비 증상이 없었는데 예방접종 당일 바로 발열과 함께 안면마비 증상이 나타났으며 위 증상은 乙의 과실에 따른 이 사건 예방접종에 의하여 발생한 것이라고 주장하면서 피해보상을 재신청하였고, B는 2020. 11. 10. 재신청에 대하여서도 거부처분을 하였다(이하 '제2처분'). 그리고 위 각 처분은 처분 다음날 甲에게 적법하게 송달되었다.

한편 A시 보건소는 丙회사로부터 폐렴예방접종에 사용되는 의약품을 조달받아 왔다. 그런데 A시장은 丙회사가 위 의약품을 관리·조달하면서 조달계약을 부실하게 이행하였음을 이유로 丙회사에 의약품조달계약 해지를 통보하였다.

1. 甲이 2020. 12. 30. B가 행한 처분의 취소를 구하는 취소소송을 제기하는 경우, 취소소송의 대상과 제소기간의 준수 여부를 검토하시오. (20점)
2. 甲은 자신의 예방접종 피해가 예방접종에 사용되는 의약품의 관리 소홀과 乙의 부주의에 기한 것이라고 주장하고, B는 예방접종과 甲이 주장하는 증상 사이에 인과관계가 명확하지 않다고 주장한다. 행정상 손해전보제도로서 감염병예방법 제71조 '예방접종 등에 따른 피해의 국가보상'의 의의와 법적 성질을 설명하고, 위 규정에 기초하여 甲과 B의 각 주장을 검토하시오. (20점)
3. 丙회사는 A시장이 의약품조달계약을 해지하면서 「행정절차법」상의 사전 통지 및 의견청취를 하지 않았음을 이유로 당해 통보가 위법하다고 주장한다. 丙회사 주장의 타당성을 검토하시오. (20점)
4. B는 A시에 제1급감염병이 급속하게 확산되자 이를 저지하기 위한 조치의 일환으로 감염병예방법 제46조 제2호에 근거하여 감염병 발생지역에 출입하는 사람으로서 감염병에 감염되었을 것으로 의심되는 사람이라는 이유로 丁에게 감염병 예방에 필요한 건강진단과 예방접종을 받도록 명하였다. 그러나 丁은 예방접종으로 인한 부작용을 우려하여 건강진단과 예방접종을 받기를 거부하고 있다. 이에 대하여 B는 일부 부작용이 있을 수도 있으나, 관계 법률이 정하는 절차에 따라 효과가 검증된 예방접종을 행하는 것은 감염병 확산을 막기 위하여 반드시 필요하며, 건강진단을 거부할 경우 감염병예방법에 의하여 형사처벌을 받

을 수 있다고 하면서 그 불가피성을 주장한다. 丁은 B의 건강진단 및 예방접종명령에 대해서 취소소송을 제기하고 소송 중에 건강진단 및 예방접종명령의 근거가 되는 감염병예방법 제46조와 처벌규정인 제81조 각 해당 조항에 대하여 위헌법률심판제청을 신청하고자 한다.

(1) B가 丁에게 행한 건강진단 및 예방접종명령의 법적 성질을 검토하시오. (10점)

(2) 감염병예방법 제46조 제2호 및 제81조 제10호가 丁의 헌법상 기본권을 침해하는지 여부를 검토하시오. (30점)

※ 감염병예방법의 관련 규정은 배부된 법전을 참조할 것

2020년 행시

제 1 문

甲과 乙은 각각 「여객자동차 운수사업법」상 운송사업등록을 하여 전세버스운송사업에 종사하는 자이다. 관할 도지사 A는 甲과 乙에게 2020. 3. 2. 같은 법 제23조제1항제5호에 따라 자동차에 대한 개선명령을 발령하여 그 처분서가 다음 날 송달되었으나, 甲과 乙은 이를 이행하지 아니하였다. 도지사 A는 이를 이유로 같은 법 제85조제1항 및 제88조제1항에 따라 2020. 7. 10. 甲과 乙에게 사업정지에 갈음하는 과징금부과처분을 각각 행하였다. 한편, 乙은 아직 과징금을 납부하지 않은 상태에서 丙에게 자신의 전세버스운송사업을 양도하였고, 관련 지위승계신고가 수리되었다.(총 50점)

1) 甲은 과징금부과처분에 대해 취소소송을 제기하고자 한다. 도지사 A의 甲에 대한 개선명령에 「행정절차법」상 요구되는 의견제출절차를 거치지 않은 위법이 있는 경우 甲이 과징금부과처분취소소송에서 승소할 수 있는지를 검토하시오.(20점)

2) 甲이 과징금부과처분취소소송을 제기하지 않고 과징금부과처분의 법령위반을 들어 국가배상청구소송을 제기할 경우 수소법원은 과징금부과처분의 위법 여부를 판단할 수 있는지를 설명하시오. 또한, 만약 이 사안에서 국가배상책임이 성립할 경우 도지사 A 개인도 손해배상책임을 지는지를 검토하시오.(20점)

3) 丙이 乙에게 부과된 과징금을 납부하여야 할 의무가 있는지를 검토하시오.(10점)

[참조조문] **(현행 법령을 사례해결에 적합하도록 수정하였음)**

「여객자동차 운수사업법」

제4조(면허 등) ①여객자동차운송사업을 경영하려는 자는 사업계획을 작성하여 국토교통부령으로 정하는 바에 따라 국토교통부장관의 면허를 받아야 한다. 다만, 대통령령으로 정하는 여객자동차운송사업을 경영하려는 자는 사업계획을 작성하여 국토교통부령으로 정하는 바에 따라 특별시장·광역시장·특별자치시장·도지사·특별자치도지사(이하 "시·도지사"라 한다)의 면허를 받거나 시·도지사에게 등록하여야 한다.

제23조(여객자동차운송사업의 개선명령 등) ①국토교통부장관 또는 시·도지사는 여객을 원활히 운송하고 서비스를 개선하기 위하여 필요하다고 인정하면 운송사업자에게 다음 각 호의 사항을 명할 수 있다.

5. 자동차 또는 운송시설의 개선

제85조(면허취소 등) ①국토교통부장관 또는 시·도지사는 여객자동차 운수사업자가 다음 각 호의 어느 하나에 해당하면 면허·허가·인가 또는 등록을 취소하거나 6개월 이내의 기간을 정하여 사업의 전부 또는 일부를 정지하도록 명하거나 노선폐지 또는 감차 등이 따르는 사업계획 변경을 명할 수 있다.

22. 제23조에 따른 개선명령을 이행하지 아니한 경우

제88조(과징금 처분) ①국토교통부장관 또는 시·도지사는 여객자동차 운수사업자가 제85조제1항 각 호의 어느 하나에 해당하여 사업정지 처분을 하여야 하는 경우에 그 사업정지 처분이 그 여객자동차 운수사업을 이용하는 사람들에게 심한 불편을 주거나 공익을 해칠 우려가 있는 때에는 그 사업정지 처분을 갈음하여 5천만원 이하의 과징금을 부과·징수할 수 있다.

「여객자동차 운수사업법 시행령」

제4조(시·도지사의 면허 또는 등록 대상인 여객자동차운송사업) ②법 제4조제1항 단서에 따라 시·도지사에게 등록하여야 하는 등록대상 여객자동차운송사업은 마을버스운송사업·전세버스운송사업 및 특수여객자동차운송사업으로 한다.

제 2 문

중앙행정기관의 5급 공무원 甲은 무단결근으로 경고처분을 받았다. 乙장관은 위 경고처분에도 불구하고 甲의 근무태도가 개선되지 아니하자, 「국가공무원법」 제73조의3제1항제2호에 따라 甲에 대하여 2020. 3. 5. 제1차 직위해제처분을 하였다. 이후 甲은 감독 대상 업체들로부터 상품권 등을 수수하고 감독업무를 부실하게 한 혐의로 관할 수사기관에서 수사를 받았다. 乙은 수사기관으로부터 甲에 대한 수사상황을 통보받고, 중앙징계위원회에 뇌물수수 및 직무유기 등의 사유로 甲에 대한 징계 의결을 요구하면서, 그 사실을 甲에게 문서로 통지하였다. 이후 乙은 2020. 5. 19. 「국가공무원법」 제73조의3제1항제3호의 사유로 甲에게 제2차 직위해제처분을 하였다. 제2차 직위해제기간 중 중앙징계위원회는 같은 사유로 甲에 대한 해임을 의결하였고, 乙은 2020. 6. 24. 甲을 해임하였다. 이에 甲은 해임에 불복하는 소청을 제기하였고, 소청심사위원회는 2020. 8. 11. 甲에 대한 해임을 정직 3월로 변경하였다. 甲은 소청심사위원회의 변경재결서를 2020. 8. 12. 송달받았다.(총 25점)

1) 甲이 소청심사위원회의 결정에 불복하여 취소소송을 제기하고자 할 경우, 그 소송의 대상과 제소기간을 검토하시오.(15점)
2) 甲이 제1차 직위해제 및 제2차 직위해제 처분의 취소를 구하는 소송을 제기할 경우 각각 소의 이익이 있는지를 검토하시오.(10점)

[참조조문] **(현행 관계 법령 등을 사례해결에 적합하도록 수정하였음)**

「국가공무원법」
제73조의3(직위해제) ①임용권자는 다음 각 호의 어느 하나에 해당하는 자에게는 직위를 부여하지 아니할 수 있다.
2. 직무수행 능력이 부족하거나 근무성적이 극히 나쁜 자
3. 파면·해임·강등 또는 정직에 해당하는 징계 의결이 요구 중인 자

「공무원보수규정」
제14조(승급의 제한) ①다음 각 호의 어느 하나에 해당하는 사람은 해당 기간 동안 승급시킬 수 없다.
1. 징계처분, 직위해제 또는 휴직(공무상 질병 또는 부상으로 인한 휴직은 제외한다) 중인 사람
제29조(직위해제기간 중의 봉급 감액) 직위해제된 사람에게는 다음 각 호의 구분에 따라 봉급(외무공무원의 경우에는 직위해제 직전의 봉급을 말한다. 이하 이 조에서 같다)의 일부를 지급한다.
1. 「국가공무원법」 제73조의3제1항제2호에 따라 직위해제된 사람: 봉급의 80퍼센트
3. 「국가공무원법」 제73조의3제1항제3호·제4호 또는 제6호에 따라 직위해제된 사람: 봉급의 50퍼센트. 다만, 직위해제일부터 3개월이 지나도 직위를 부여받지 못한 경우에는 그 3개월이 지난 후의 기간 중에는 봉급의 30퍼센트를 지급한다.

제 3 문

甲은 A시가 주민들의 복리를 위하여 설치한 시립체육문화회관 내 2층에서 종합스포츠용품판매점을 운영하고자 「공유재산 및 물품 관리법」 제20조제1항에 따라 사용허가를 신청하였다. 이에 A시의 乙시장은 甲에게 사용허가를 하면서, 스포츠용품 구매고객의 증가로 인해 회관 내 주차공간이 부족해질 것을 우려하여 회관 인근에 소재한 甲의 소유 토지 중 일부에 주차대수 규모가 5대인 주차장의 설치를 내용으로 하는 조건을 붙였다.(총 25점)

1) 乙시장이 甲에게 발급한 시립체육문화회관 사용허가의 법적 성질을 검토하시오.(10점)
2) 위 조건의 적법 여부를 검토하시오.(15점)

2020년 제9회 변호사시험 공법 사례

제 2 문

경기도지사 乙은 2018. 5. 3. 관할 A군에 소재한 분묘가 조선 초 유명 화가의 묘로 구전되어 오는데다가 그 양식이 학술상 원형보존의 가치가 있다는 이유로 「문화재보호법」 제70조, 「경기도 문화재 보호 조례」 제11조에 따라 이를 도지정문화재로 지정·고시하였다. 또한 乙은 2018. 6. 8. 해당 분묘를 보호하기 위하여 분묘경계선 바깥쪽 10m까지의 총 5필지 5,122㎡를 문화재보호구역으로 지정·고시하였다. 이에 해당 화가의 후손들로 이루

어진 종중 B는 해당 화가의 진묘가 따로 존재한다고 주장하면서 乙에게 문화재지정처분을 취소 또는 해제하여 줄 것을 요청하는 청원서를 제출하였다. 이에 대해 乙은 문화재지정처분은 정당하여 그 취소 또는 해제가 불가하다는 회신을 하였다(이하 '불가회신'이라고 한다). 한편, 위 문화재보호구역 내에 위치한 일부 토지를 소유하고 있는 甲은 2019. 3. 14. 재산권 행사의 제한 등을 이유로 乙에게 자신의 소유토지를 대상으로 한 문화재보호구역 지정을 해제해 달라는 신청을 하였다. 그러나 乙은 2019. 6. 5. 甲이 해제를 요구한 지역은 역사적·문화적으로 보존가치가 있을 뿐만 아니라 분묘의 보호를 위하여 문화재보호구역 지정해제가 불가함을 이유로 甲의 신청을 거부하는 회신을 하였다(이하 '거부회신'이라고 한다).

1. 乙의 불가회신에 대하여 종중 B가 항고소송을 제기하고자 하며, 乙의 거부회신에 대하여 甲이 항고소송을 제기하고자 한다. 항고소송의 대상적격 여부를 각각 검토하시오. (15점)
2. 乙의 거부회신에 대하여 甲이 제기한 항고소송에서 甲이 승소하여 판결이 확정되었음에도 乙이 재차 문화재보호구역해제 신청을 거부할 수 있을지 검토하시오. (15점)
3. 甲은 자신의 토지가 문화재보호구역으로 지정됨으로써 수인할 수 없는 재산상의 손실이 발생하였다고 주장한다(관계법령에는 이에 관한 손실보상규정이 없다). 헌법상 재산권이 침해되었다는 甲의 주장의 당부를 판단하시오. (30점)
4. 한편, 위 문화재보호구역 인근에서 관광단지 개발을 위해 2018. 5. 30. 관광진흥법상 사업인정을 받은 사업시행자 C건설은 2019. 8. 5. 문화재보호구역 인근에 소재한 丙 소유 토지의 일부를 수용하기 위해 재결신청을 하였고, 이에 대해 관할 경기도 토지수용위원회는 2019. 11. 20. 위 丙 소유 토지에 대한 수용재결을 하였다.
   1) 丙이 수용재결에 대하여 불복하고자 하는 경우 불복방법을 논하시오. (12점)
   2) 丙이 수용재결에 대한 불복과정에서 사업인정의 하자를 주장할 수 있는지 검토하시오. (15점)
   3) 丙이 토지수용위원회가 결정한 보상금액이 너무 적다는 이유로 다투고자 하는 경우 그 구제수단을 논하시오. (13점)

[참조조문]

「문화재보호법」

제27조(보호물 또는 보호구역의 지정) ① 문화재청장은 제23조·제25조 또는 제26조에 따른 지정을 할 때 문화재 보호를 위하여 특히 필요하면 이를 위한 보호물 또는 보호구역을 지정할 수 있다.

② (삭제)

③ 문화재청장은 제1항 및 제2항에 따라 보호물 또는 보호구역을 지정하거나 조정한 때에는 지정 또는 조정 후 매 10년이 되는 날 이전에 다음 각 호의 사항을 고려하여 그 지정 및 조정의 적정성을 검토하여야 한다. 다만, 특별한 사정으로 인하여 적정성을 검토하여야 할 시기에 이를 할 수 없는 경우에는 대통령령으로 정하는 기간까지 그 검토시기를 연기할 수 있다.

1. 해당 문화재의 보존가치
2. 보호물 또는 보호구역의 지정이 재산권 행사에 미치는 영향
3. 보호물 또는 보호구역의 주변 환경

제35조(허가사항) ① 국가지정문화재(국가무형문화재는 제외한다. 이하 이 조에서 같다)에 대하여 다음 각 호의 어느 하나에 해당하는 행위를 하려는 자는 대통령령으로 정하는 바에 따라 문화재청장의 허가를 받아야 하며, 허가사항을 변경하려는 경우에도 문화재청장의 허가를 받아야 한다. 다만, 국가지정문화재 보호구역에 안내판 및 경고판을 설치하는 행위 등 대통령령으로 정하는 경미한 행위에 대해서는 특별자치시장, 특별자치도지사, 시장·군수 또는 구청장의 허가(변경허가를 포함한다)를 받아야 한다.

1. 국가지정문화재(보호물·보호구역과 천연기념물 중 죽은 것 및 제41조제1항에 따라 수입·반입 신고된 것을 포함한다)의 현상을 변경하는 행위로서 대통령령으로 정하는 행위

제70조(시·도지정문화재의 지정 및 시·도등록문화재의 등록 등) ① 시·도지사는 그 관할구역에 있는 문화재로서 국가지정문화재로 지정되지 아니한 문화재 중 보존가치가 있다고 인정되는 것을 시·도지정문화재로 지정할 수 있다.

②~⑤ 〈생략〉

⑥ 시·도지정문화재와 문화재자료의 지정 및 해제절차, 시·도등록문화재의 등록 및 말소절차, 시·도지정문화재, 문화재자료 및 시·도등록문화재의 관리, 보호·육성, 공개 등에 필요한 사항은 해당 지방자치단체의 조례로 정한다.

제74조(준용규정) ① 〈생략〉

② 시·도지정문화재와 문화재자료의 지정과 지정해제 및 관리 등에 관하여는 제27조, 제31조제1항·제4항, 제32조부터 제34조까지, 제35조제1항, 제36조, 제37조, 제40조, 제42조부터 제45조까지, 제48조, 제49조 및 제81조를 준용한다. 이 경우 "문화재청장"은 "시·도지사"로, "대통령령"은 "시·도조례"로, "국가"는 "지방자치단체"로 본다.

「문화재보호법 시행령」
제21조의2(국가지정문화재 등의 현상변경 등의 행위) ① 법 제35조제1항제1호에서 "대통령령으로 정하는 행위"란 다음 각 호의 행위를 말한다.
1.~2. 〈생략〉
3. 국가지정문화재, 보호물 또는 보호구역 안에서 하는 다음 각 목의 행위
가. 건축물 또는 도로·관로·전선·공작물·지하구조물 등 각종 시설물을 신축, 증축, 개축, 이축(移築) 또는 용도변경(지목변경의 경우는 제외한다)하는 행위
나. 〈생략〉
다. 토지 및 수면의 매립·간척·땅파기·구멍뚫기, 땅깎기, 흙쌓기 등 지형이나 지질의 변경을 가져오는 행위
「경기도 문화재 보호 조례」
제11조(도지정문화재) ① 도지사는 법 제70조제1항에 따라 도지정문화재(무형문화재를 제외한다. 이하 제3장에서 같다)를 지정하는 경우 유형문화재·기념물·민속문화재로 구분하여 문화재위원회의 심의를 거쳐 지정한다.
② ~ ③ 〈생략〉
④ 도지정문화재의 지정에 필요한 기준 및 절차는 규칙으로 정한다.
제17조(지정의 해제) ① 도지사는 법 제74조 및 법 제31조제1항에 따라 도지정문화재 및 문화재자료가 지정문화재로서의 가치를 상실하거나 가치평가를 통하여 지정을 해제할 필요가 있는 때에는 문화재위원회의 심의를 거쳐 그 지정을 해제할 수 있다. 다만, 도지정문화재가 국가지정문화재로 지정된 때에는 그 지정된 날에 도지정문화재에서 해제된 것으로 본다.
② ~ ④ 〈생략〉
⑤ 도지사는 제1항에 따라 문화재의 지정을 해제한 때에는 그 취지를 도보에 고시하고, 해당 문화재의 소유자에게 통지하여야 한다. 이 경우 그 해제의 효력은 도보에 고시한 날로부터 발생한다.
⑥ 도가 지정한 문화재의 소유자가 제1항에 따른 해제 통지를 받으면 그 통지를 받은 날부터 30일 이내에 지정서를 도지사에게 반납하여야 한다.
⑦ 도지사는 제13조제3항에 따른 검토 결과 보호물 또는 보호구역의 지정이 적정하지 아니하거나 그 밖에 특별한 사유가 있는 때에는 보호물 또는 보호구역의 지정을 해제하거나 그 지정 범위를 조정하여야 한다.
⑧ 도지사는 도지정문화재의 지정이 해제된 때에는 지체 없이 해당 문화재의 보호물 또는 보호구역의 지정을 해제하여야 한다.

「관광진흥법」
제61조(수용 및 사용) ① 사업시행자는 제55조에 따른 조성사업의 시행에 필요한 토지와 다음 각 호의 물건 또는 권리를 수용하거나 사용할 수 있다. 다만, 농업 용수권(用水權)이나 그 밖의 농지개량 시설을 수용 또는 사용하려는 경우에는 미리 농림축산식품부장관의 승인을 받아야 한다.
1. 토지에 관한 소유권 외의 권리
2. 토지에 정착한 입목이나 건물, 그 밖의 물건과 이에 관한 소유권 외의 권리
3. 물의 사용에 관한 권리
4. 토지에 속한 토석 또는 모래와 조약돌
② 제1항에 따른 수용 또는 사용에 관한 협의가 성립되지 아니하거나 협의를 할 수 없는 경우에는 사업시행자는 「공익사업을 위한 토지 등의 취득 및 보상에 관한 법률」 제28조제1항에도 불구하고 조성사업 시행 기간에 재결(裁決)을 신청할 수 있다.
③ 제1항에 따른 수용 또는 사용의 절차, 그 보상 및 재결 신청에 관하여는 이 법에 규정되어 있는 것 외에는 「공익사업을 위한 토지 등의 취득 및 보상에 관한 법률」을 적용한다.

2019년 행시

제 1 문

甲은 국립 K대학교의 교수로 재직 중이다. K대학교는 「교육공무원법」 제24조 등 관계 법령 및 「K대학교 학칙」에 근거한 「K대학교 총장임용후보자 선정에 관한 규정」에 따라 총장임용후보자 선정관리위원회 구성, 총장임용후보자 공모, 정책토론회 등의 절차를 거쳐 총장임용추천위원회 투표 결과 가장 많은 득표를 한 甲을 1순위 총장임용후보자로, 그 다음으로 많은 득표를 한 乙을 2순위로 선정하였다. 이에 따라 K대학교는 교육부장관에게 총장임용후보자로 甲을 1순위, 乙을 2순위로 추천하였는데, 장관은 대통령에게 乙만을 총장임용후보자로 제청하였다. 甲은 1순위 임용후보자인 자신이 아닌 2순위 후보자인 乙을 총장으로 임용하는 것은 위법하다고 주장한다.(총 50점)

1) 임용제청을 받은 대통령은 乙을 총장으로 임용하려 한다. 대통령의 임용행위를 저지하기 위해 甲이 취할 수 있는 행정소송상의 수단을 검토하시오. (15점)
2) 대통령은 교육부장관의 임용 제청에 따라 乙을 K대학교 총장으로 임용하였다. 대통령의 임용행위의 위법 여부를 검토하시오. (단, 절차적 하자는 제외함) (20점)

3) 대통령이 乙을 총장으로 임용한 것에 대하여 총장임용추천위원회 위원으로 학생위원을 추천한 총학생회가 취소소송을 제기한 경우, 총학생회의 원고적격 인정 여부를 검토하시오. (15점)

[참조조문] **(현행 관계 법령 등을 사례해결에 적합하도록 수정하였음)**

「교육공무원법」
제24조(대학의 장의 임용) ①대학(「고등교육법」 제2조 각 호의 학교를 말하되, 공립대학은 제외한다)의 장은 해당 대학의 추천을 받아 교육부장관의 제청으로 대통령이 임용한다.
②제1항 본문에 따른 대학의 장의 임용추천을 위하여 대학에 대학의 장 임용추천위원회(이하 "추천위원회"라 한다)를 둔다.
③추천위원회는 해당 대학에서 정하는 바에 따라 다음 각 호의 어느 하나의 방법에 따라 대학의 장 후보자를 선정하여야 한다.
1. 추천위원회에서의 선정
④대학의 장 후보자는 대학의 장으로서 요구되는 학식과 덕망을 갖추고 통솔력과 행정능력을 고루 갖춘 사람으로 다음 각 호의 자격을 모두 충족하여야 한다.
1. 법 제10조의4 각 호의 교육공무원 결격 사유가 없는 사람
⑤추천위원회의 구성·운영 등에 필요한 사항은 대통령령으로 정한다.

「교육공무원임용령」
제12조의2(대학의 장의 추천) 대학은 법 제24조제1항 또는 제55조제1항의 규정에 의하여 대학의 장의 임용추천을 할 때에는 2인 이상의 후보자를 대학의 장의 임기만료일 30일전까지 교육부장관에게 추천하여야 한다.
제12조의3(대학의 장 임용추천위원회의 구성 및 운영) ①법 제24조제2항에 따른 대학의 장 임용추천위원회(이하 "추천위원회"라 한다)는 다음 각 호의 사람 중에서 해당 대학의 학칙으로 정하는 바에 따라 10명 이상 50명 이하의 위원으로 구성한다.
3. 해당 대학의 재학생
②추천위원회의 위원에는 제1항 각 호에 해당하는 위원이 각 1명 이상 포함되어야 한다.
③추천위원회의 운영 등에 필요한 세부사항은 해당 대학의 학칙으로 정한다.

「고등교육법」
제6조(학교규칙) ①학교의 장은 법령의 범위에서 학교규칙(이하 "학칙"이라 한다)을 제정하거나 개정할 수 있다.
②학칙의 기재사항, 제정 및 개정 절차 등 필요한 사항은 대통령령으로 정한다.
제12조(학생자치활동) 학생의 자치활동은 권장·보호되며, 그 조직과 운영에 관한 기본적인 사항은 학칙으로 정한다.

「고등교육법 시행령」
제4조(학칙) ①법 제6조에 따른 학교규칙(이하 "학칙"이라 한다)에는 다음 각 호의 사항을 기재하여야 한다.
10. 학생회 등 학생자치활동

「K대학교 학칙」
제12조(총장) ③총장후보자는 공모에 의한 방법으로 선정하되, 총장임용추천위원회를 두어 추천하며 세부사항은 따로 정한다.
제92조(학생활동) ①학생은 학생회구성 등 자치활동을 할 수 있다.

「K대학교 총장임용후보자 선정에 관한 규정」
제4조(추천위원회의 구성) ③추천위원회는 다음 각 호에 해당하는 총 30인의 위원으로 구성한다.
3. 학생위원 2인
제5조(추천위원회 위원의 선정) ③제4조제3항제3호의 학생위원 2인은 총학생회가 추천한다.

제 2 문

A광역시는 2010. 5. 10. 시도인 X도로를 개설하였고, 도로의 관리권한을 B구청장에게 위임하였다. X도로는 빈번한 차량 통행으로 인해 환경법령상 기준을 현저히 초과하는 소음이 상시적으로 발생되고 있다. 甲은 2005. 1. 1.부터 X도로와 인접한 지역에서 거주하고 있고, 乙은 2014. 5. 1.부터 X도로와 인접한 지역으로 이주하여 거주하고 있다. 甲과 乙은 X도로의 도로소음으로 인하여 정상적인 생활이 곤란할 정도로 생활상 및 정신적 피해가 크다는 이유로 「국가배상법」에 따른 손해배상청구소송을 제기하였다. (총 30점)

1) 위 사안에서 「국가배상법」에 따른 손해배상책임의 주체에 대하여 논하시오. (15점)
2) 피고는 甲에 대한 배상책임은 인정하면서도 乙에 대해서는 X도로의 개통 이후 이주하였음을 이유로 배상책임을 부인하고 있다. 피고 주장의 당부를 판단하시오. (15점)

제 3 문

A광역시 시장은 A광역시의 B구와 C구의 일대를 포함하는 P지역을 국제교류복합지구로 지정하였고, 「토지이용규제 기본법」 제8조제2항에 따라 B구의 구청장과 C구의 구청장에게 지구단위계획 결정, 지형도면 고시에

관한 사항 및 고시예정일 등을 통보하였다. B구의 구청장은 통보받은 사항을 같은 조 제3항에 따라 국토이용정보체계에 등재하여 일반 국민이 볼 수 있도록 조치하였다. 그러나 C구의 구청장은 국토이용정보체계 등재를 보류·지연하고 있다. 이 경우 A광역시 시장이 C구 구청장의 등재 보류·지연에 대하여 「지방자치법」상 취할 수 있는 행정적 통제수단을 검토하시오.(20점)

[참조조문] **(현행 법령을 사례해결에 적합하도록 수정하였음)**

「토지이용규제 기본법」
제8조(지역·지구등의 지정 등) ①특별시장, 광역시장, 도지사가 지역·지구등을 지정하는 경우에는 지형도면을 작성하여 그 지방자치단체의 공보에 고시하여야 한다.
②특별시장, 광역시장, 도지사는 제1항에 따라 지형도면등의 고시를 하려면 관계 시장·군수 또는 구청장에게 관련 서류와 고시예정일 등 대통령령으로 정하는 사항을 미리 통보하여야 한다.
③제2항에 따라 통보를 받은 시장·군수 또는 구청장은 그 내용을 국토이용정보체계에 등재하여 지역·지구등의 지정 효력이 발생한 날부터 일반 국민이 볼 수 있도록 하여야 한다.
제12조(국토이용정보체계의 구축·운영 및 활용) ①국토교통부장관, 특별시장, 광역시장, 도지사는 국토의 이용 및 관리 업무를 효율적으로 추진하기 위하여 국토이용정보체계를 구축하여 운영할 수 있다.
②국토교통부장관, 특별시장, 광역시장, 도지사는 국토이용정보체계를 통하여 지역·지구등의 지정에 관한 사항을 일반 국민에게 제공할 수 있다.
제23조(권한의 위임) 국토교통부장관, 특별시장, 광역시장, 도지사는 제12조제1항의 국토이용정보체계의 구축·운영 및 활용에 관한 권한의 일부를 시장·군수·구청장에게 위임할 수 있다.

2019년 제8회 변호사시험 공법 사례

제 2 문

2017. 12. 20. 보건복지부령 제377호로 개정된 「국민건강보험 요양급여의 기준에 관한 규칙」(이하 '요양급여규칙'이라 함)은 비용 대비 효과가 우수한 것으로 인정된 약제에 대해서만 보험급여를 인정해서 보험재정의 안정을 꾀하고 의약품의 적정한 사용을 유도하고자 기존의 보험 적용 약제 중 청구실적이 없는 미청구약제에 대한 삭제제도를 도입하였다. 개정 전의 요양급여규칙은 품목허가를 받은 모든 약제에 대하여 보험급여를 인정하였으나, 개정된 요양급여규칙에 따르면 최근 2년간 보험급여 청구실적이 없는 약제에 대하여 요양급여대상 여부에 대한 조정을 할 수 있다.

보건복지부장관은 위와 같이 개정된 요양급여규칙의 위임에 따라 사단법인 대한제약회사협회 등 의약관련 단체의 의견을 받아 보건복지부 고시인 '약제급여목록 및 급여상한금액표'를 개정하여 2018. 9. 23. 고시하면서, 기존에 요양급여대상으로 등재되어 있던 제약회사 甲(이하 '甲'이라 함)의 A약품(1998. 2. 1. 등재)이 2016. 1. 1.부터 2017. 12. 31.까지의 2년간 보험급여 청구실적이 없는 약제에 해당한다는 이유로 위 고시 별지4 '약제급여목록 및 급여상한금액표 중 삭제품목'란(이하 '이 사건 고시'라 함)에 아래와 같이 A약품을 등재하였다. 요양급여대상에서 삭제되면 국민건강보험의 요양급여를 받을 수 없어 해당 약제를 구입할 경우 전액 자기부담으로 구입하여야 하고 해당 약제에 대해 요양급여를 청구하여도 요양급여청구가 거부되므로 해당 약제의 판매 저하가 우려된다.

보건복지부 고시 제2018-○○호(2018. 9. 23.)

약제급여목록 및 급여상한금액표

제1조 (목적) 이 표는 국민건강보험법 …… 및 국민건강보험요양급여의 기준에 관한 규칙 ……의 규정에 의하여 약제의 요양급여대상기준 및 상한금액을 정함을 목적으로 한다.

제2조 (약제급여목록 및 상한금액 등) 약제급여목록 및 상한금액은 [별표1]과 같다.

[별표1]

별지4 삭제품목

연번 17. 제조사 甲, 품목 A약품, 상한액 120원/1정

제약회사들을 회원으로 하여 설립된 사단법인 대한제약회사협회와 甲은 이 사건 고시가 있은지 1개월 후에야 고시가 있었음을 알았다고 주장하며 이 사건 고시가 있은 날로부터 94일째인 2018. 12. 26. 이 사건 고시에 대한 취소소송을 제기하였다.

1. 보건복지부 고시인 '약제급여목록 및 급여상한금액표'의 법적 성질과 이 사건 고시의 취소소송의 대상 여부를 논하시오. (30점)
2. 사단법인 대한제약회사협회와 甲에게 원고적격이 있는지 여부를 논하시오. (20점)
3. 사단법인 대한제약회사협회와 甲이 제기한 이 사건 소가 제소기간을 준수하였는지를 검토하시오. (20점)
4. 甲은 "개정 전 요양급여규칙이 아니라 개정된 요양급여규칙에 따라 A약품을 요양급여대상에서 삭제한 것은 위법하다."라고 주장한다. 이러한 甲의 주장을 검토하시오. (30점)

[참조조문] **(아래 법령은 현행 법령과 다를 수 있음)**

「국민건강보험법」

제41조 (요양급여) ① 가입자와 피부양자의 질병, 부상, 출산 등에 대하여 다음 각 호의 요양급여를 실시한다.
1. 진찰·검사
2. 약제·치료재료의 지급
3. 〈이하 생략〉
② 제1항에 따른 요양급여의 방법·절차·범위·상한 등의 기준은 보건복지부령으로 정한다.

「국민건강보험 요양급여의 기준에 관한 규칙」(보건복지부령 제377호, 2017. 12. 20. 공포)

제8조 (요양급여의 범위 등) ① 법 제41조 제2항에 따른 요양급여의 범위는 다음 각 호와 같다.
1. 법 제41조 제1항의 각 호의 요양급여(약제를 제외한다) : 제9조에 따른 비급여대상을 제외한 것
2. 법 제41조 제1항의 2호의 요양급여(약제에 한한다) : 제11조의2, 제12조 및 제13조에 따라 요양급여대상으로 결정 또는 조정되어 고시된 것
② 보건복지부장관은 제1항의 규정에 의한 요양급여대상을 급여목록표로 정하여 고시하되, 법 제41조 제1항의 각 호에 규정된 요양급여행위, 약제 및 치료재료(법 제41조 제1항의 2호의 규정에 의하여 지급되는 약제 및 치료재료를 말한다)로 구분하여 고시한다.
제13조(직권결정 및 조정) ④ 보건복지부장관은 다음 각 호에 해당하면 이미 고시된 약제의 요양급여대상여부 및 상한금액을 조정하여 고시할 수 있다.
1. ~ 5. 〈생략〉
6. 최근 2년간 보험급여 청구실적이 없는 약제 또는 약사법령에 따른 생산실적 또는 수입실적이 2년간 보고되지 아니한 약제
부 칙
이 규칙은 공포한 날로부터 시행한다.

2018년 행시

제 1 문

가구제조업을 운영하는 甲은 사업상 필요에 의해 자신이 소유하는 산림 50,000m^2 일대에서 입목을 벌채하고자 「산림자원의 조성 및 관리에 관한 법률」 제36조 및 같은 법 시행규칙 제44조의 규정에 따라 관할 행정청 乙시장에게 입목벌채허가를 신청하였다. 이에 대해서 인근 A사찰의 신도들은 해당 산림의 입목벌채로 인하여 사찰의 고적하고 엄숙한 분위기가 저해될 것을 우려하여 乙시장에게 당해 허가를 내주지 말라는 민원을 강력히 제기하였다. 그러나 乙시장은 甲의 입목벌채허가신청이 관계 법령이 정하는 허가요건을 모두 갖추었음을 이유로 입목벌채허가를 하였다. 다음 물음에 답하시오. (각 문항들은 상호 독립적임) (총 50점)

1) 乙시장은 A사찰 신도들의 민원이 계속되자 甲에게 벌채허가구역 중 A사찰의 반대쪽 사면(斜面)에서만 벌채를 하도록 서면으로 권고하였다. 乙시장의 이러한 권고에 상당한 압박감을 느낀 甲은 乙시장의 서면 권고행위의 취소를 구하는 소를 제기하였다. 이 소는 적법한가? (15점)
2) A사찰 신도들의 민원이 계속되자 乙시장은 민원을 이유로 甲에 대한 입목벌채허가를 취소하였고, 이에 대해 甲은 입목벌채허가취소처분 취소소송을 제기하였다. 乙시장은 취소소송 계속 중에 A사찰이 유서가 깊은 사찰로 보존가치가 높고 사찰 인근의 산림이 수려하여 보호의 필요가 있다는 처분사유를 추가하였다. 이러한 처분사유의 추가가 허용되는가? (15점)

3) 만약, 위 사례에서 乙시장이 A사찰 신도들의 민원을 이유로 甲에 대한 입목벌채허가를 거부하였다면, 乙시장의 불허가처분은 적법한가? (20점)

[참조조문] **(현행 법령을 사례해결에 적합하도록 단순화하였음)**

「산림자원의 조성 및 관리에 관한 법률」

제36조(입목벌채등의 허가 및 신고 등) ① 산림 안에서 입목의 벌채, 임산물의 굴취·채취를 하려는 자는 농림축산식품부령으로 정하는 바에 따라 특별자치시장·특별자치도지사·시장·군수·구청장이나 지방산림청장의 허가를 받아야 한다.

② 특별자치시장·특별자치도지사·시장·군수·구청장이나 지방산림청장은 국토와 자연의 보전, 문화재와 국가 중요 시설의 보호, 그 밖의 공익을 위하여 산림의 보호가 필요한 지역으로서 대통령령으로 정하는 지역에서는 제1항에 따른 입목벌채등의 허가를 하여서는 아니 된다. 다만, 병해충의 예방·구제 등 대통령령으로 정하는 사유로 입목벌채등을 하려는 경우에는 이를 허가할 수 있다.

③ 특별자치시장·특별자치도지사·시장·군수·구청장이나 지방산림청장은 제1항에 따른 입목벌채등의 허가신청을 받은 경우 벌채 목적과 벌채 대상의 적정성 등 농림축산식품부령으로 정하는 사항을 고려하여 그 타당성이 인정되면 입목벌채등을 허가하여야 한다.

「산림자원의 조성 및 관리에 관한 법률 시행규칙」

제44조(입목벌채의 허가) ② 특별자치시장·특별자치도지사·시장·군수·구청장 또는 지방산림청국유림관리소장은 제1항에 따른 신청을 받은 경우에는 다음 각 호의 사항을 조사·확인하여 허가를 하는 것이 타당하다고 인정되는 때에는 별지 제35호서식에 따른 허가증을 발급하여야 한다.

1. 벌채구역의 경계표시의 적정성 여부
2. 대상목의 선정 및 표시의 적정성 여부
3. 잔존시킬 입목의 선정 및 표시의 적정성 여부(모수작업만 해당한다)
4. 별표 3에 따른 기준벌기령, 벌채·굴취기준 및 임도 등의 설치기준에 적합한지 여부

제 2 문

A시에서 농사를 짓고 있는 甲 등 주민들은 최근 들어 하천에서 악취가 나고 그 하천수를 농업용수로 사용하는 경작지 작물들이 생육이 늦어지거나 고사하는 문제를 발견하였다. 이에 甲 등 주민들이 인근 대학교에 의뢰하여 해당 하천의 수질을 검사한 결과 「물환경보전법」상 배출허용기준을 초과하는 오염물질이 다량 검출되었다. 현재 甲 등 주민 다수에게는 심각한 소화기계통의 질환과 회복할 수 없는 후유증이 발생하였다. 오염물질이 검출된 곳으로부터 2km 상류 지점에는 큰 규모의 제련소가 위치하고 있다. 甲은 물환경보전법령에 따라 개선명령 권한을 위임받은 A시장 乙에게 위 제련소에 대한 개선명령을 요청하였다. 乙이 위 제련소에 대한 정밀조사를 실시한 결과, 위 제련소가 오염물질의 배출원으로 밝혀졌다. 그러나 乙은 그 제련소가 지역경제에서 차지하는 비중을 고려하여 상당한 기간 동안 별다른 조치를 하지 않고 있다. 甲이 취할 수 있는 「행정심판법」상의 구제수단을 검토하시오. (30점)

[참조조문]

「물환경보전법」

제1조(목적) 이 법은 수질오염으로 인한 국민건강 및 환경상의 위해(危害)를 예방하고 하천·호소(湖沼) 등 공공수역의 물환경을 적정하게 관리·보전함으로써 국민이 그 혜택을 널리 향유할 수 있도록 함과 동시에 미래의 세대에게 물려줄 수 있도록 함을 목적으로 한다.

제3조(책무) ① 국가와 지방자치단체는 물환경의 오염이나 훼손을 사전에 억제하고 오염되거나 훼손된 물환경을 적정하게 보전할 수 있는 시책을 마련하여 하천·호소 등 공공수역의 물환경을 적정하게 관리·보전함으로써 모든 국민이 건강하고 쾌적한 환경에서 생활할 수 있도록 하여야 한다.

② 모든 국민은 일상생활이나 사업활동에서 수질오염물질의 발생을 줄이고, 국가 또는 지방자치단체가 추진하는 물환경 보전을 위한 시책에 적극 참여하고 협력하여야 한다.

제39조(배출허용기준을 초과한 사업자에 대한 개선명령) 환경부장관은 제37조제1항에 따른 신고를 한 후 조업 중인 배출시설(폐수무방류배출시설은 제외한다)에서 배출되는 수질오염물질의 정도가 제32조에 따른 배출허용기준을 초과한다고 인정할 때에는 대통령령으로 정하는 바에 따라 기간을 정하여 사업자(제35조제5항에 따른 공동방지시설 운영기구의 대표자를 포함한다)에게 그 수질오염물질의 정도가 배출허용기준 이하로 내려가도록 필요한 조치를 할 것(이하 "개선명령"이라 한다)을 명할 수 있다.

제 3 문

甲은 2009. 9. 1. 징역 10월에 집행유예 2년을 선고받아 그 형이 확정되었다. 행정청 乙은 甲이 임용결격자임을 밝혀내지 못한 채 2013. 5. 1. 7급 국가공무원 시보로 임용하였고, 그로부터 6개월 후인 2013. 11. 1. 정규

공무원으로 임용하였다. 다음 물음에 답하시오. (총 20점)

1) 위 시보임용처분의 법적 효력에 대해 설명하시오. (10점)

2) 그 후 乙은 시보임용처분 당시 甲에게 공무원임용 결격사유가 있었음을 확인하고는 甲에 대하여 시보임용처분을 취소하고, 그에 따라 정규임용처분도 취소하였다. 甲은 시보임용시에는 임용결격자였지만, 정규임용시에는 임용결격사유가 해소되었다. 乙이 정규임용처분의 취소처분시 甲에게 사전통지를 하지 않거나 의견제출의 기회를 주지 아니하였다면, 위 정규임용처분의 취소처분은 적법한지에 대해 설명하시오. (10점)

2018년 제7회 변호사시험 공법 사례

제 2 문

법무법인 甲, 乙 및 丙은 2015. 3. 3. 정기세무조사의 대상이 되어 2014 사업연도의 법인세 신고 및 납부내역에 대한 세무조사를 받았다. 정기세무조사는 매년 무작위로 대상자를 추출하여 조사하는 것으로 세무조사로 인한 부담을 덜어주기 위하여 동일한 과세기간에 대해서는 원칙적으로 재조사를 금지하고 있다. 그러나 관할 세무서장은 甲, 乙 및 丙의 같은 세목 및 같은 과세기간에 대하여 재조사 결정 및 이에 따른 통지 후 2016. 5. 20. 재조사를 실시하면서, 재조사 이유에 대해 과거 위 각 법인에서 근무하던 직원들의 제보를 받아 법인세 탈루혐의를 입증할 자료가 확보되었기 때문이라고 밝혔다. 관할 세무서장은 재조사 결과 甲, 乙 및 丙의 법인세 탈루사실이 인정된다고 보아 甲과 乙에 대해서는 2017. 1. 10., 丙에 대해서는 2017. 11. 3. 증액경정된 조세부과처분을 각각 발령하였다. 한편, 甲, 乙 및 丙은 세무조사로서의 재조사에 대하여 제소기간 내에 취소소송을 제기하였다.

1. 甲의 취소소송의 대상적격은 인정되는가? (15점)
2. 甲은 연이은 세무조사로 인하여 법무법인으로서의 이미지가 실추되었다고 생각하고 국가배상청구소송을 제기하고자 한다. 위 1.에 의한 취소소송에서 甲의 소송상 청구가 인용되어 그 판결이 확정된 것을 전제로 할 때 국가배상청구소송에서의 위법성 인정 여부를 설명하시오. (20점)
3. 위 乙의 취소소송 계속 중, 乙은 재조사의 법적 근거인 「국세기본법」 제81조의4 제2항 제1호가 '조세탈루의 혐의가 인정되거나 의심되는 자료가 있는 경우'라고만 규정하여, 위법하게 수집된 자료 또는 명백히 혐의를 인정하기 부족한 자료가 있는 경우에도 재조사를 허용하는 것은 위헌이라고 주장하며 위헌법률심판제청을 신청하였다. 이에 헌법재판소는 2017. 12. 29. 동 조항에 대하여 위헌결정을 내렸다. 甲은 위 헌법재판소의 위헌결정의 효력을 자신의 취소소송에서 주장할 수 있는가? (20점)
4. 위 재조사에 근거하여 발령된 甲에 대한 2017. 1. 10.자 조세부과처분은 적법한가? (단, 하자승계 논의는 제외함) (20점)
5. 丙은 위 조세부과처분에 따라 부과금액을 납부하였다. 丙이 재조사의 근거 조항에 대한 헌법재판소의 2017. 12. 29. 위헌결정 이후 이미 납부한 금액을 돌려받기 위하여 제기할 수 있는 소송에 관하여 논하시오. (단, 제소시점은 2018. 1. 4.로 하며, 국가배상청구소송과 헌법소송은 제외함) (25점)

[참조조문]

※ 아래의 법령은 가상의 것임을 전제로 하며, 헌법재판소에서 해당 조항의 위헌 여부에 대하여 판단한 바 없다.

「국세기본법」

제81조의4(세무조사권 남용 금지)

① 세무공무원은 적정하고 공평한 과세를 실현하기 위하여 필요한 최소한의 범위에서 세무조사를 하여야 하며, 다른 목적 등을 위하여 조사권을 남용해서는 아니 된다.

② 세무공무원은 다음 각 호의 어느 하나에 해당하는 경우가 아니면 같은 세목 및 같은 과세기간에 대하여 재조사를 할 수 없다.

1. 조세탈루의 혐의가 인정되거나 의심되는 자료가 있는 경우
2. ~ 6. 〈생략〉

7. 그 밖에 제1호부터 제6호까지와 유사한 경우로서 대통령령으로 정하는 경우
제81조의7(세무조사의 통지와 연기신청)
② 사전통지를 받은 납세자가 천재지변이나 그 밖에 대통령령으로 정하는 사유로 조사를 받기 곤란한 경우에는 대통령령으로 정하는 바에 따라 관할 세무관서의 장에게 조사를 연기해 줄 것을 신청할 수 있다.
제81조의17(납세자의 협력의무) 납세자는 세무공무원의 적법한 질문·조사, 제출명령에 대하여 성실하게 협력하여야 한다.

「조세범 처벌법」
제17조(명령사항위반 등에 대한 과태료 부과) 관할 세무서장은 다음 각 호의 어느 하나에 해당하는 자에게는 2,000만원 이하의 과태료를 부과한다.
1. ~ 4. 〈생략〉
5. 「소득세법」·「법인세법」 등 세법의 질문·조사권 규정에 따른 세무공무원의 질문에 대하여 거짓으로 진술을 하거나 그 직무집행을 거부 또는 기피한 자

2017년 행시

제 1 문

甲 등은 노후·불량건축물에 해당하는 공동주택이 밀집한 지역에 거주하고 있는데, 그 지역이 「도시 및 주거환경정비법」에 따라 정비구역으로 지정되어서 재개발사업을 추진하기 위해 재개발조합을 설립하기로 하였다. 그리하여 甲 등은 우선 그 정비구역에 위치한 건축물 및 그 부속토지의 소유자 과반수의 동의를 얻어 조합설립추진위원회를 구성하여 A시장의 승인을 받은 다음, 이 조합설립추진위원회가 상기 소유자 4분의 3 이상의 동의를 받아 A시장으로부터 조합설립인가를 받았다. 그 후 이 재개발조합은 A시장으로부터 재개발사업 시행인가를 받았는데, A시장은 인가조건으로 '지역발전협력기금 10억 원을 기부할 것'을 부가하였다. 다음 물음에 답하시오. (총 45점)

1) 조합설립추진위원회구성 승인의 법적 성질을 검토하시오. (10점)
2) 조합설립인가의 법적 성질을 검토하시오. (15점)
3) 재개발사업시행인가에 부가된 지역발전협력기금 기부조건은 어떤 부관에 해당하는가? 이 기부조건은 적법한가? (20점)

[참조조문] **(현행 법령을 사례 해결에 적합하도록 수정하였음)**

「도시 및 주거환경정비법」
제8조(주택재개발사업 등의 시행자) ① 주택재개발사업은 조합이 이를 시행하거나 조합이 조합원 과반수의 동의를 얻어 시장·군수, 주택공사등, 건설업자, 등록사업자 또는 대통령령이 정하는 요건을 갖춘 자와 공동으로 이를 시행할 수 있다.
제13조(조합의 설립 및 추진위원회의 구성) ① 시장·군수, 지정개발자 또는 주택공사등이 아닌 자가 정비사업을 시행하고자 하는 경우에는 토지등소유자로 구성된 조합을 설립하여야 한다.
② 제1항에 따라 조합을 설립하고자 하는 경우에는 정비구역지정 고시 후 위원장을 포함한 5인 이상의 위원 및 운영규정에 대한 토지등소유자 과반수의 동의를 받아 조합설립을 위한 추진위원회를 구성하여 시장·군수의 승인을 받아야 한다.
제16조(조합의 설립인가 등) ① 주택재개발사업 및 도시환경정비사업의 추진위원회가 조합을 설립하려면 토지등소유자 4분의 3 이상의 동의를 얻어 다음 각 호의 사항을 첨부하여 시장·군수의 인가를 받아야 한다.
1. 정관
2. (이하 생략)
제28조(사업시행인가) ① 사업시행자는 정비사업을 시행하고자 하는 경우에는 사업시행계획서에 정관등과 그 밖에 국토교통부령이 정하는 서류를 첨부하여 시장·군수에게 제출하고 사업시행인가를 받아야 한다.

제 2 문

교육부장관은 A학교법인의 이사 甲에게 고등교육법 위반사유가 있음을 이유로, A학교법인에 대하여 甲의 임원취임승인을 취소하면서 乙을 임시이사로 선임하는 처분을 하였다. 甲은 교육부장관을 상대로 본인에 대한 임원취임승인 취소처분과 乙에 대한 임시이사선임처분의 취소를 구하는 소송을 제기하였다. 소송 진행 중 임시이사 乙의 임기가 만료되어 임시이사는 丙으로 변경되었고, 甲의 원래 임기가 만료되었을 뿐만 아니라 甲에 대한 사립학교법 제22조제2호 소정의 임원결격사유기간도 경과하였다. 甲이 제기한 취소소송에 대하여 다음 물

음에 답하시오. (총 25점)

1) 甲에게는 원고적격이 인정되는가? (10점)

2) 甲이 제기한 취소소송은 '협의의 소의 이익'이 있는가? (15점)

[참조조문]

「사립학교법」

제20조의2(임원취임의 승인취소) ① 임원이 다음 각호의 1에 해당하는 행위를 하였을 때에는 관할청은 그 취임승인을 취소할 수 있다.

1. 이 법, 초·중등교육법 또는 고등교육법 의 규정을 위반하거나 이에 의한 명령을 이행하지 아니한 때

2. (이하 생략)

② 제1항의 규정에 의한 취임승인의 취소는 관할청이 당해 학교법인에게 그 사유를 들어 시정을 요구한 날로부터 15일이 경과하여도 이에 응하지 아니한 경우에 한한다. 다만, 시정을 요구하여도 시정할 수 없는 것이 명백하거나 회계부정, 횡령, 뇌물수수 등 비리의 정도가 중대한 경우에는 시정요구 없이 임원취임의 승인을 취소할 수 있으며, 그 세부적 기준은 대통령령이 정한다.

제22조(임원의 결격사유) 다음 각호의 1에 해당하는 자는 학교법인의 임원이 될 수 없다.

1. (생략)

2. 제20조의2의 규정에 의하여 임원취임의 승인이 취소된 자로서 5년이 경과하지 아니한 자

3. (이하 생략)

제25조(임시이사의 선임) ① 관할청은 다음 각 호의 어느 하나에 해당되는 경우에는 이해 관계인의 청구 또는 직권으로 조정위원회의 심의를 거쳐 임시이사를 선임하여야 한다.

1. (생략)

2. 제20조의2에 따라 학교법인의 임원취임 승인을 취소한 때. 다만, 제18조제1항에 따른 이사회 의결정족수를 초과하는 이사에 대하여 임원취임 승인이 취소된 때에 한한다.

3. (이하 생략)

제 3 문

A시에서 B백화점을 경영하고 있는 甲은 A시의 乙시장에게 A시 소유 지하도에서 B백화점으로 연결하는 연결통로 및 에스컬레이터 설치를 위한 도로점용허가를 신청하였고, 乙시장은 위 시설물을 건설하여 이를 A시에 기부채납할 것을 조건으로 20년간 도로점용을 허가하였다. 甲은 위 시설물을 건설하여 A시에 기부채납하였고, 그 시설물은 일반 공중의 교통에도 일부 이용되었지만 주로 백화점 고객들이 이용하고 있다. 그 후 새로 A시 시장으로 취임한 丙은 A시 관할의 도로점용허가 실태에 대하여 조사를 실시한 결과 甲이 원래 허가받은 것보다 3분의 1 정도 더 넓은 면적의 도로를 점용하고 있을 뿐만 아니라 연결통로의 절반에 해당하는 면적에 B백화점의 매장을 설치하여 이용하고 있음을 확인하고 甲에게 도로법 제72조에 근거하여 변상금을 부과하였다. 다음 물음에 답하시오. (총 30점)

1) 甲은 위 시설물이 백화점 고객 외 일반 공중의 교통에도 사용되고 있으므로 처음부터 도로점용허가를 받을 필요가 없었다고 하면서 丙시장의 변상금부과처분이 위법하다고 주장한다. 甲의 주장은 타당한가? (15점)

2) 한편 주민 丁은 A시 乙시장의 甲에 대한 도로점용허가가 사실상 도로의 영구점용을 허용하는 것이므로 도로점용허가 자체가 위법하다고 주장하면서 A시를 관할하는 도지사에게 감사청구를 하였으나, 그 주장은 받아들여지지 아니하였다. 丁은 지방자치법 상의 주민소송을 제기할 수 있는가? (15점)

2017년 사시

제 1 문

A도 B군의 군수 乙은 대형마트를 유치하기 위하여 대규모점포를 개설등록하면 법률상 재량을 행사하여 일체의 영업시간 제한이나 의무휴업일 지정을 하지 않겠다고 甲에게 약속하였다. 이 말을 믿은 甲은 乙에게 대규모점포의 개설등록을 신청하였고, 개설등록이 되었다. 그런데 개설등록 이후 乙은 오전 0시부터 오전 8시까지 영업시간을 제한하고 매월 둘째 주와 넷째 주 일요일을 의무휴업일로 지정하는 내용의 처분(이하 '제1차 처분'이라 한다)을 하였다. 이에 甲은 이 처분에 대해 취소소송을 제기하였다. 그런데 취소소송의 계속 중에 乙이 영

업제한시간을 오전 0시부터 오전 10시까지로 변경하되, 의무휴업일은 종전과 동일하게 유지하는 것을 내용으로 하는 처분(이하 '제2차 처분'이라 한다)을 하였다.

1. 「유통산업발전법」상 대규모점포 개설등록의 법적 성격을 검토하시오. (10점)
2. 乙이 사전약속을 위반하였으므로 제1차 처분이 위법하다는 甲 주장의 당부를 검토하시오. (15점)
3. 제2차 처분으로 제1차 처분은 소멸되었으므로 甲이 제기한 취소소송은 부적법하다는 乙 주장의 당부를 검토하시오. (10점)
4. 甲은 2017. 5. 3. 영업제한시간을 위반하고, 의무휴업일인 2017. 5. 14. 영업을 한 후, 이런 위반사실을 숨긴 채 2017. 5. 30. 해당 대규모점포를 丙에게 양도하였다. 이런 사실을 모르는 丙이 의무휴업일인 2017. 6. 11. 영업을 한 이후, 乙이 丙에게 10일의 영업정지처분을 하였다. 자신은 한 차례만 위반하였음을 들어 영업정지처분이 위법하다는 丙 주장의 당부를 검토하시오. (15점)

[참조조문]

「유통산업발전법」 (※ 가상의 법률임)

제8조(대규모점포의 개설등록 및 변경등록) ① 대규모점포를 개설하려는 자는 영업을 시작하기 전에 산업통상자원부령으로 정하는 바에 따라 상권영향평가서 및 지역협력계획서를 첨부하여 특별자치시장·시장·군수·구청장에게 등록하여야 한다.

제13조(대규모점포개설자의 지위승계) ① 다음 각 호의 어느 하나에 해당하는 자는 종전의 대규모점포개설자의 지위를 승계한다.

1. 대규모점포개설자가 대규모점포를 양도한 경우 그 양수인

제13조의4(영업정지) 특별자치시장·시장·군수·구청장은 다음 각 호의 어느 하나에 해당하는 경우에는 1개월 이내의 기간을 정하여 영업의 정지를 명할 수 있다.

1. 영업시간제한명령을 1년 이내에 3회 이상 위반하여 영업제한시간에 영업을 한 자 또는 의무휴업명령을 1년 이내에 3회 이상 위반하여 의무휴업일에 영업을 한 자. 이 경우 영업시간제한명령 위반과 의무휴업명령 위반의 횟수는 합산한다.

제 2 문

[제2문의 1] 앱 개발회사 甲과 중소기업정보진흥원장 乙은 "乙은 甲에게 정보화 지원금을 지원하고, 甲이 '사업실패' 평가를 받으면 乙은 협약해지·지원금환수·사업참여제한을 할 수 있다."라는 내용의 협약(이하 '이 사건 협약'이라 한다)을 체결하였다. 甲이 지원금을 받아 사업진행 중 '사업실패' 평가를 받자, 乙은 이 사건 협약을 해지하면서 甲에게 '지원금환수 및 3년간 정보화 지원사업 참여자격 제한' 통보(이하 '이 사건 통보'라 한다)를 하였다. 한편, 「중소기업 기술혁신 촉진법」은 법 제18조의 사업에 관한 협약해지·지원금환수·사업참여제한 등은 규정하지 않았다.

1. 이 사건 협약의 법적 성격을 검토하고, 이 사건 협약과 같은 형식과 내용으로 '중소기업 정보화 지원사업'을 수행하는 것이 허용될 수 있는지 설명하시오. (20점)
2. 乙의 이 사건 통보가 취소소송의 대상적격이 있는지 검토하시오. (10점)

[참조조문]

「중소기업 기술혁신 촉진법」 (※ 가상의 법률임)

제18조(중소기업 정보화 지원사업) 중소기업청장은 중소기업 정보화 지원사업을 추진할 수 있고, 중소기업의 신청이 있는 경우 기술능력 등을 고려하여 지원금 지급여부를 결정할 수 있다.

제31조(지원사업 참여제한 및 출연금 환수 등) 중소기업청장은 제10조의 기술혁신사업, 제11조의 산학협력사업에 참여한 중소기업자가 사업실패로 평가된 경우 5년의 범위에서 기술혁신 촉진 지원사업 참여제한을 할 수 있고, 이미 출연한 사업비를 환수할 수 있다.

제45조(권한의 위탁) 이 법 제18조 및 제31조에 따른 중소기업청장의 권한은 중소기업정보진흥원장에게 위탁한다.

[제2문의 2] A시는 도로사업 부지를 취득하기 위하여 「공익사업을 위한 토지 등의 취득 및 보상에 관한 법률」(이하 '토지보상법'이라 한다)에 따라 2013. 11. 15. 甲으로부터 토지를 협의취득하여 2013. 11. 22. A시 앞으로 소유권이전등기를 마쳤다. 그 후 A시의 시장은 甲의 토지를 포함한 이 사건 도로사업 부지를 택지개발사업에 이용하기 위해 2016. 4. 25. 도로사업을 토지보상법상 사업인정이 의제되는 택지개발사업으로 변경·고시하였다. 甲은 자신의 토지가 도로사업에 필요 없게 되었다고 판단하여 보상금에 상당하는 금액을 공탁한 후, 2017. 3. 24. A시에게 환매의사표시를 하고 소유권이전등기청구소송을 제기하였다. 이 청구는 인용될 수 있겠는가? (20점)

2017년 제6회 변호사시험 공법 사례

제 2 문

「석유 및 석유대체연료 사업법」상 석유정제업에 대한 등록 및 등록취소 등의 권한은 산업통상자원부장관의 권한이나, 산업통상자원부장관은 같은 법 제43조 및 같은 법 시행령 제45조에 의해 위 권한을 시·도지사에게 위임하였다. 석유정제업 등록 및 등록취소 등의 권한을 위임받은 A도지사는 위임받은 권한 중 석유정제업의 사업정지에 관한 권한을 A도 조례에 의하여 군수에게 위임하였다.

사업정지권한을 위임받은 B군수는, A도 내 B군에서 석유정제업에 종사하는 甲이 같은 법 제27조를 위반하였다는 이유로 같은 법 제13조 제1항 제11호에 따라 6개월의 사업정지처분을 하였다.

甲은 위 사업정지처분에 대해 따로 불복하지 않은 채, 사업정지처분서를 송달받은 후 4개월이 넘도록 위 정지기간 중 석유정제업을 계속하였다. 이에 A도지사는 같은 법 제13조 제5항에 따라 甲의 석유정제업 등록을 취소하였다.

1. B군수에 대한 A도지사의 권한 재위임은 적법한가? (30점)
2. B군수가 甲에 대하여 한 사업정지처분의 효력에 대하여 검토하시오. (30점)
3. 사업정지처분에 대하여 다투지 않은 甲은, A도지사가 한 석유정제업 등록취소처분에 대하여 항고소송을 통해 권리구제를 받을 수 있는가? (20점)
4. 乙은 甲에게 석유정제업 시설을 임대하여 왔다. 乙은, 「석유 및 석유대체연료 사업법」 제11조의2에 따라 같은 법 제13조 제5항에 해당하여 甲의 석유정제업 등록이 취소된 경우 2년이 지나기 전에는 그 석유정제업 영업에 사용하였던 시설을 이용하여 석유정제업에 대한 등록을 할 수 없도록 하는 것이 자신의 직업의 자유를 침해한다고 주장하고 있다. 乙의 주장에 대하여 검토하시오. (20점)

[참조조문]

「석유 및 석유대체연료 사업법」

제5조(석유정제업의 등록 등) ① 석유정제업을 하려는 자는 산업통상자원부령으로 정하는 바에 따라 산업통상자원부장관에게 등록하여야 한다.

제11조의2(석유사업 등록 등의 제한) 제5조, 제9조 및 제10조에 따라 다음 각 호의 석유사업의 등록 또는 신고를 하려는 자는 해당 호의 각 목의 사유가 있은 후 2년이 지나기 전에는 그 영업에 사용하였던 시설의 전부 또는 대통령령으로 정하는 중요 시설을 이용하여 해당 호의 석유사업에 대한 등록 또는 신고를 할 수 없다.

1. 석유정제업

나. 제13조 제5항에 해당하여 석유정제업의 등록이 취소되거나 그 영업장이 폐쇄된 경우

제13조(등록의 취소 등) ① 산업통상자원부장관은 석유정제업자가 다음 각 호의 어느 하나에 해당하면 그 석유정제업의 등록을 취소하거나 그 석유정제업자에게 영업장 폐쇄(신고한 사업자에 한한다. 이하 이 조에서 같다) 또는 6개월 이내의 기간을 정하여 그 사업의 전부 또는 일부의 정지를 명할 수 있다. 다만, 제1호 또는 제3호부터 제5호까지의 어느 하나에 해당하는 경우에는 그 등록을 취소하거나 영업장 폐쇄를 명하여야 한다.

11. 제27조에 따른 품질기준에 맞지 아니한 석유제품의 판매 금지 등을 위반한 경우

⑤ 산업통상자원부장관은 제1항부터 제3항까지의 규정에 따라 사업의 정지명령을 받은 자가 그 정지기간 중 사업을 계속하는 경우에는 그 석유정제업·석유수출입업 또는 석유판매업의 등록을 취소하거나 영업장 폐쇄를 명하여야 한다.

제27조(품질기준에 맞지 아니한 석유제품의 판매 금지 등) 석유정제업자등은 제24조 제1항의 품질기준에 맞지 아니한 석유제품 또는 제25조 제1항·제2항에 따른 품질검사 결과 불합격 판정을 받은 석유제품(품질보정행위에 의하여 품질기준에 맞게 된 제품은 제외한다)을 판매 또는 인도하거나 판매 또는 인도할 목적으로 저장·운송 또는 보관하여서는 아니 된다.

제43조(권한의 위임·위탁) ① 산업통상자원부장관은 이 법에 따른 권한의 일부를 대통령령으로 정하는 바에 따라 시·도지사 또는 시장·군수·구청장에게 위임할 수 있다.

「석유 및 석유대체연료 사업법 시행령」

제45조(권한의 위임·위탁) ① 산업통상자원부장관은 법 제43조 제1항에 따라 석유정제업자등에 관한 다음의 각 호의 권한을 시·도지사에게 위임한다.

1. 법 제13조 제1항 및 제5항의 규정에 의한 석유정제업 등록취소, 영업장 폐쇄 또는 사업정지

「행정권한의 위임 및 위탁에 관한 규정」

제4조(재위임) 특별시장·광역시장·특별자치시장·도지사 또는 특별자치도지사(특별시·광역시·특별자치시·도 또는 특별자치도

의 교육감을 포함한다. 이하 같다)나 시장·군수 또는 구청장(자치구의 구청장을 말한다. 이하 같다)은 행정의 능률향상과 주민의 편의를 위하여 필요하다고 인정될 때에는 수임사무의 일부를 그 위임기관의 장의 승인을 받아 규칙으로 정하는 바에 따라 시장·군수·구청장(교육장을 포함한다) 또는 읍·면·동장, 그 밖의 소속기관의 장에게 다시 위임할 수 있다.
※ 이상의 법령 조항은 현행법과 불일치할 수 있으며 현재 시행 중임을 전제로 할 것

2016년 행시

제 1 문

甲은 2001. 1. A광역시장으로부터 여객자동차 운수사업법 상 개인택시운송사업면허를 취득하여 영업을 하던 중 2010. 5. 음주운전을 한 사실이 적발되어 관할 지방경찰청장으로부터 2010. 6. 도로교통법 상 운전면허의 취소처분을 받았다. 그러나 위 운전면허취소의 사실이 A광역시장에게는 통지되지 않아 개인택시운송사업면허의 취소나 정지는 별도로 없었다. 甲은 2011. 7. 운전면허를 다시 취득하여 영업을 하다가 2014. 8. 乙에게 개인택시운송사업을 양도하는 계약을 체결하였고, 이에 대해 2014. 9. A광역시장의 인가처분이 있었다. A광역시장은 인가심사 당시에는 위 운전면허취소의 사실을 모르고 있다가 2016. 5. 관할 지방경찰청장으로부터 통지를 받아 알게 되었고, 2016. 6. 乙에게 위 운전면허취소의 사실을 이유로 개인택시운송사업면허의 취소처분을 하였다(이하 '이 사건 처분'이라 한다). 乙은 이 사건 처분에 대해서 취소소송을 제기하였다. 다음 물음에 답하시오. (총 50점)

1) 乙은 양도·양수 계약 당시에 甲의 운전면허취소 사실을 전혀 알지 못하였으므로 이 사건 처분은 위법이라고 주장한다. 그 주장의 당부에 관하여 설명하시오. (10점)
2) 乙은 개인택시운송사업면허 취소사유가 발생한 날로부터 6년이나 경과한 시점에서 그 취소를 처분하는 것은 신뢰에 반하는 점, A광역시장으로서는 인가심사 당시에 음주운전으로 운전면허가 취소된 사실이 있는지 여부를 조사해서 그 사실이 확인되었을 때에는 인가처분을 해서는 안 되는 것인데 이를 게을리 한 잘못이 있는 점, 甲이 개인택시운송사업면허를 취득하여 그 사업을 양도하기까지 약 15년 동안 당해 음주운전을 제외하고는 교통 법규를 위반한 적 없는 점까지 종합적으로 고려한다면 이 사건 처분은 위법하다고 주장한다. 그 주장의 당부에 관하여 설명하시오. (20점)
3) 만약 A광역시장이 "양도자 및 양수자가 운전면허가 취소되었거나 취소사유가 있는 것으로 확인되었을 때에는 본 인가처분을 취소한다."는 부관을 붙여서 양도·양수 인가처분을 하였다면, 그 부관의 적법성 여부를 부관의 가능성 측면에서 설명하시오. (20점)

[참조조문] **(현행 법령을 사례해결에 적합하도록 수정하였음)**

「여객자동차 운수사업법」
제 4 조(면허 등) ① 개인택시운송사업을 경영하려는 자는 사업계획을 작성하여 국토교통부령으로 정하는 바에 따라 특별시장·광역시장·특별자치시장·도지사·특별자치도지사(이하 "시·도지사"라 한다)의 면허를 받아야 한다.
② 시·도지사는 제1항에 따라 면허하는 경우에 필요하다고 인정하면 국토교통부령으로 정하는 바에 따라 운송할 여객 등에 관한 업무의 범위나 기간을 한정하여 면허를 하거나 여객자동차운송사업의 질서를 확립하기 위하여 필요한 조건을 붙일 수 있다.
제14조(사업의 양도·양수 등) ① 개인택시운송사업은 사업구역별로 사업면허의 수요·공급 등을 고려하여 관할 지방자치단체의 조례에서 정하는 바에 따라 시·도지사의 인가를 받아 양도할 수 있다.
② 제 1 항에 따른 인가를 받은 경우 개인택시운송사업을 양수한 자는 양도한 자의 운송사업자로서의 지위를 승계한다.
제85조(면허취소 등) ① 시·도지사는 개인택시운송사업자가 다음 각 호의 어느 하나에 해당하면 면허를 취소하거나 6개월 이내의 기간을 정하여 사업의 전부 또는 일부를 정지하도록 명할 수 있다.
1.~36. (생략)
37. 개인택시운송사업자의 운전면허가 취소된 경우

「여객자동차 운수사업법 시행령」
제43조(사업면허·등록취소 및 사업정지의 처분기준 및 그 적용) ① 처분관할관청은 법 제85조에 따른 개인택시운송사업자에 대한 면허취소 등의 처분을 다음 각 호의 구분에 따라 별표 3의 기준에 의하여 하여야 한다.
1. 사업면허취소: 사업면허의 취소
[별표 3] 사업면허취소·사업등록취소 및 사업정지 등의 처분기준(제43조제 1 항 관련)
1. 일반기준

가. 처분관할관청은 다음의 어느 하나에 해당하는 경우에는 제 2 호의 개별기준에 따른 처분을 가중하거나 감경할 수 있다.
1) 감경 사유
가) 위반 행위자가 처음 해당 위반행위를 한 경우로서, 5년 이상 여객자동차운수사업을 모범적으로 해 온 사실이 인정되는 경우
나. 처분관할관청은 가목에 따라 처분을 가중 또는 감경하는 경우에는 다음의 구분에 따른다.
1) 개인택시운송사업자의 사업면허취소를 감경하는 경우에는 90일 이상의 사업정지로 한다.
2. 개별기준
가. 여객자동차운송사업 및 자동차대여사업

위반내용	근거 법조문	처분내용		
		1차위반	2차위반	3차 이상 위반
35. 개인택시운송사업자의 운전면허가 취소된 경우	법 제85조 제1항 제37호	사업면허취소		

「여객자동차 운수사업법 시행규칙」
제35조(사업의 양도·양수신고 등) ① 관할관청은 개인택시운송사업의 양도·양수 인가신청을 받으면 관계기관에 양도자 및 양수자의 운전면허의 효력 유무를 조회·확인하여야 한다.
② 관할관청은 제1항에 따른 조회·확인 결과 양도자 및 양수자가 음주운전 등 도로교통법 위반으로 운전면허가 취소되었거나 취소사유가 있는 것으로 확인되었을 때에는 양도·양수인가를 하여서는 아니 된다.

제 2 문

甲은 B광역시장의 허가를 받지 아니하고 B광역시에 공장 건물을 증축하여 사용하고 있다. 이에 B광역시장은 甲에 대하여 증축한 부분을 철거하라는 시정명령을 내렸으나 甲은 이를 이행하지 아니하고 있다. 다음 물음에 답하시오. (총 30점)

1) B광역시장은 상당한 기간이 경과하였음에도 甲에 대하여 이행강제금을 부과·징수하지 않고 있다. 이에 대하여 B광역시 주민 乙은 부작위위법확인소송을 통하여, 주민 丙은 적법한 절차를 거쳐 주민소송을 통하여 다투려고 한다. B광역시장이 甲에 대하여 이행강제금을 부과·징수하지 않고 있는 행위는 부작위위법확인소송 및 주민소송의 대상이 되는가? (20점)
2) B광역시장이 甲에 대하여 일정기간까지 이행강제금을 납부할 것을 명하였으나, 甲은 이에 불응하였다. B광역시장은 지방세외수입금의 징수 등에 관한 법률 제8조에 따라 다시 甲에게 일정기간까지 위 이행강제금을 납부할 것을 독촉하였다. 위 독촉행위는 항고소송의 대상이 되는가? (10점)

[참조조문]

「건축법」
제80조(이행강제금) ① 허가권자는 제79조제 1 항에 따라 시정명령을 받은 후 시정기간 내에 시정명령을 이행하지 아니한 건축주등에 대하여는 그 시정명령의 이행에 필요한 상당한 이행기한을 정하여 그 기한까지 시정명령을 이행하지 아니하면 다음 각 호의 이행강제금을 부과한다.
1.~2. (생략)
⑦ 허가권자는 제 4 항에 따라 이행강제금 부과처분을 받은 자가 이행강제금을 납부기한까지 내지 아니하면 「지방세외수입금의 징수 등에 관한 법률」에 따라 징수한다.

「지방세외수입금의 징수 등에 관한 법률」
제 2 조(정의) 이 법에서 사용하는 용어의 뜻은 다음과 같다.
1. "지방세외수입금"이란 지방자치단체의 장이 행정목적을 달성하기 위하여 법률에 따라 부과·징수하는 조세 외의 금전으로서 과징금, 이행강제금, 부담금 등 대통령령으로 정하는 것을 말한다.
제 8 조(독촉) ① 납부의무자가 지방세외수입금을 납부기한까지 완납하지 아니한 경우에는 지방자치단체의 장은 납부기한이 지난 날부터 50일 이내에 독촉장을 발급하여야 한다.
② 제 1 항에 따라 독촉장을 발급할 때에는 납부기한을 발급일부터 10일 이내로 한다.
제 9 조(압류의 요건 등) ① 지방자치단체의 장은 체납자가 제 8 조에 따라 독촉장을 받고 지정된 기한까지 지방세외수입금과 가산금을 완납하지 아니한 경우에는 체납자의 재산을 압류한다.

제 3 문

A중앙행정기관 소속 6급 공무원인 甲은 업무수행 중 근무지를 이탈하고 금품을 수수하는 등의 직무의무 위반행위를 하였다. 다음 물음에 답하시오. (총 20점)

1) A중앙행정기관의 장은 甲의 행위가 국가공무원법 상 징계사유에 해당한다고 판단됨에도 불구하고 징계위원회에 징계 의결을 요구하지 아니할 수 있는가? (10점)
2) 甲의 행위에 대하여 징계위원회가 감봉 1월의 징계를 의결하였고 그에 따라 동일한 내용의 징계처분이 내려졌다. 甲은 그 징계처분에 대하여 취소소송을 제기하고자 한다. 이 경우 반드시 행정심판절차를 거쳐야 하는가? (10점)

2016년 사시

제 1 문

甲은 A시 시청 민원실 주차장 부지 일부와 그에 붙어 있는 A시 소유의 유휴 토지 위에 창고건물을 건축하여 사용하고 있다. A시 소속 재산 관리 담당 공무원은 A시 공유재산에 대한 정기 실태조사를 하는 과정에서 甲이 사용하고 있는 주차장 부지 일부 및 유휴 토지(이하 '이 사건 토지'라 한다)에 관하여 대부계약 등 어떠한 甲의 사용권원도 발견하지 못하자 甲이 이 사건 토지를 정당한 권원 없이 점유하고 있다고 판단하여 관리청인 A시 시장 乙에게 이러한 사실을 보고하였다. 이에 乙은 무단점유자인 甲에 대하여 ①「공유재산 및 물품 관리법」 제81조 제 1 항에 따라 변상금을 부과하였고(이하 '변상금 부과 조치'라 한다), ② 같은 법 제83조 제 1 항에 따라 이 사건 토지 위의 건물을 철거하고 이 사건 토지를 반환할 것을 명령하였다(이하 '건물 철거 및 토지 반환 명령'이라 한다).

1. 乙이 이 사건 토지를 관리하는 행위의 법적 성질을 검토하시오. (10점)
2. 甲이 건물 철거 및 토지 반환 명령에 따른 의무를 이행하지 않는 경우 이에 대한 행정상 강제집행이 가능한가? (15점)
3. 甲이 이미 변상금을 납부하였으나, 乙의 변상금 부과 조치에 하자가 있어 변상금을 돌려받으려 한다. 甲은 어떠한 소송을 제기하여야 하는가? (25점)

[참조조문]

「공유재산 및 물품 관리법」
제 2 조(정의) 이 법에서 사용하는 용어의 뜻은 다음과 같다.
1. "공유재산"이란 지방자치단체의 부담, 기부채납(寄附採納)이나 법령에 따라 지방자치단체 소유로 된 제 4 조 제 1 항 각 호의 재산을 말한다.
제 5 조(공유재산의 구분과 종류)
① 공유재산은 그 용도에 따라 행정재산과 일반재산으로 구분한다.
② "행정재산"이란 다음 각 호의 재산을 말한다.
1. 공용재산
지방자치단체가 직접 사무용·사업용 또는 공무원의 거주용으로 사용하거나 사용하기로 결정한 재산과 사용을 목적으로 건설 중인 재산
2. 공공용재산
지방자치단체가 직접 공공용으로 사용하거나 사용하기로 결정한 재산과 사용을 목적으로 건설 중인 재산
3. 기업용재산
지방자치단체가 경영하는 기업용 또는 그 기업에 종사하는 직원의 거주용으로 사용하거나 사용하기로 결정한 재산과 사용을 목적으로 건설 중인 재산
4. 보존용재산
법령·조례·규칙에 따라 또는 필요에 의하여 지방자치단체가 보존하고 있거나 보존하기로 결정한 재산
③ "일반재산"이란 행정재산 외의 모든 공유재산을 말한다.
제81조(변상금의 징수)
① 지방자치단체의 장은 사용·수익허가나 대부계약 없이 공유재산 또는 물품을 사용·수익하거나 점유(사용·수익허가나 대부계약 기간이 끝난 후 다시 사용·수익허가나 대부계약 없이 공유재산 또는 물품을 계속 사용·수익하거나 점유하는 경우를 포함하며, 이하 "무단점유"라 한다)를 한 자에 대하여 대통령령으로 정하는 바에 따라 공유재산 또는 물품에 대한 사용료 또는 대부료의 100분의 120에 해당하는 금액(이하 "변상금"이라 한다)을 징수한다. 다만, 다음 각 호의 어느 하나에 해당하는 경우에는 변상금을 징수하지 아니한다(각 호 생략).

제83조(원상복구명령 등)
① 지방자치단체의 장은 정당한 사유 없이 공유재산을 점유하거나 공유재산에 시설물을 설치한 경우에는 원상복구 또는 시설물의 철거 등을 명하거나 이에 필요한 조치를 할 수 있다.
② 제1항에 따른 명령을 받은 자가 그 명령을 이행하지 아니할 때에는 「행정대집행법」에 따라 원상복구 또는 시설물의 철거 등을 하고 그 비용을 징수할 수 있다.

제 2 문

[제2문의 1] 「사설묘지 등의 설치에 관한 법률」은 국가사무인 사설묘지 등의 설치허가를 시·도지사에게 위임하면서, 설치허가를 받기 위해서는 사설묘지 등의 설치예정지역 인근주민 2분의 1 이상의 찬성을 얻도록 규정하고 있다. X도의 도지사 甲은 「X도 사무위임조례」에 따라 사설묘지 등의 설치에 관한 사무의 집행을 관할 Y군의 군수 乙에게 위임하였다. Y군의 군의회는 乙이 사설묘지 등의 설치를 허가하기 위해서는 사설묘지 설치예정지역 인근주민 3분의 2 이상의 찬성을 얻도록 하는 내용의 「Y군 사설묘지 등 설치허가 시 주민동의에 관한 조례안(이하 '이 사건 조례안'이라 한다)」을 의결하였다. 이에 乙은 이 사건 조례안이 위법하다는 이유로 Y군 군의회에 재의를 요구하였으나, Y군 군의회는 원안대로 이를 재의결하였다.

1. 이 사건 조례안은 적법한가? (15점)
2. 재의결된 이 사건 조례안에 대하여 甲과 乙이 취할 수 있는 통제방법은 각각 무엇인가? (10점)

※ 「사설묘지 등의 설치에 관한 법률」과 「Y군 사설묘지 등 설치허가 시 주민동의에 관한 조례안」은 가상의 것임

[제2문의 2] 甲과 乙은 丙 소유의 집에 동거 중이다. 甲은 乙의 외도를 의심하여 식칼로 乙을 수차례 위협하였다. 이를 말리던 乙의 모(母) 丁이 112에 긴급신고함에 따라 출동한 경찰관 X는 신고현장에 진입하고자 대문개방을 요구하였다. 甲이 대문개방을 거절하자 경찰관 X가 시건장치를 강제적으로 해제하고 집 안으로 진입하였고, 그 순간에 甲은 乙의 왼팔을 칼로 찔러 경미한 상처를 입혔다. 경찰관 X는 현행범으로 체포된 甲이 경찰관 X의 요구에 순순히 응하였기 때문에, 甲에게 수갑을 채우지 않았고 신체나 소지품에 대한 수색도 제대로 하지 않은 채 지구대로 연행하였다. 그 후 乙이 피해자 진술을 하기 위해 지구대에 도착하자마자 甲은 경찰관 X의 감시소홀을 틈타 가지고 있던 접이식 칼로 乙의 가슴부위를 찔러 사망하게 하였다.

1. 경찰관 X의 강제적 시건장치 해제의 법적 성격은 무엇인가? 또한 대문의 파손에 대한 丙의 행정법상 권익구제방법은 무엇인가? (10점)
2. 사망한 乙의 유일한 유가족인 丁은 국가배상을 청구할 수 있는가? 경찰관 X가 배상금 전액을 丁에게 지급한 경우 경찰관 X는 국가에게 구상할 수 있는가? (15점)

※ 丙은 甲, 乙과 가족관계에 있지 않음

2016년 제5회 변호사시험 공법 사례

제 1 문

4. PC방 영업을 하는 丙은 청소년 출입시간을 준수하지 않았다는 이유로 관할 시장으로부터 영업정지 1월의 처분을 받았다. 그런데 관할 시장은 이 처분을 하기 전에 丙에게 처분의 원인이 되는 사실과 의견제출의 방법 등에 관한 「행정절차법」상 사전통지를 하지 아니하였다. 이에 丙은 사전통지 없는 영업정지처분이 위법하다고 주장하며 영업정지명령에 불응하여 계속하여 영업을 하였고, 관할 시장은 「게임산업진흥에 관한 법률」상 영업정지명령위반을 이유로 丙을 고발하였다. 이 사건을 심리하는 형사 법원은 丙에 대해 유죄 판결을 할 수 있겠는가? (20점)

[참조조문]

※ 아래 법령은 각 처분당시 적용된 것으로 가상의 것이다.

「게임산업진흥에 관한 법률」

제28조(게임물 관련사업자의 준수사항) 게임물 관련사업자는 다음 각 호의 사항을 지켜야 한다.

7. 대통령령이 정하는 영업시간 및 청소년의 출입시간을 준수할 것

제35조(허가취소 등) ② 시장·군수·구청장은 제26조의 규정에 의하여 게임제공업·인터넷컴퓨터게임시설제공업 또는 복합유통게임제공업의 허가를 받거나 등록 또는 신고를 한 자가 다음 각 호의 어느 하나에 해당하는 때에는 6월 이내의 기간을 정하여 영업정지를 명하거나 허가·등록취소 또는 영업폐쇄를 명할 수 있다.

5. 제28조의 규정에 따른 준수사항을 위반한 때

제45조(벌칙) 다음 각호의 어느 하나에 해당하는 자는 2년 이하의 징역 또는 2천만 원 이하의 벌금에 처한다.

9. 제35조제 2 항제 2 호의 규정에 의한 영업정지명령을 위반하여 영업한 자

제 2 문

甲은 서울에서 주유소를 운영하는 자로, 기존 주유소 진입도로 외에 주유소 인근 구미대교 남단 도로(이하 '이 사건 본선도로'라 한다.)에 인접한 도로부지(이하 '이 사건 도로'라 한다.)를 주유소 진·출입을 위한 가·감속차로 용도로 사용하고자 관할구청장 乙에게 도로점용허가를 신청하였다. 이 사건 본선도로는 편도 6차로 도로이고, 주행제한속도는 시속 70km이며, 이 사건 도로는 이 사건 본선도로의 바깥쪽을 포함하는 부분으로 완만한 곡선구간의 중간 부분에 해당한다. 이 사건 본선도로 중 1, 2, 3차로는 구미대교 방향으로 가는 차량이, 4, 5차로는 월드컵대로 방향으로 가는 차량이 이용하도록 되어 있다. 4, 5차로를 이용하던 차량이 이 사건 본선도로 중 6차로 및 이 사건 도로부분을 가·감속차로로 하여 주유소에 진입하였다가 월드컵대로로 진입하는 데 별다른 어려움은 없다.

한편, 丙은 이 사건 도로상에서 적법한 도로점용허가를 받지 않고 수년 전부터 포장마차를 설치하여 영업을 하고 있었다.

(이 사안과 장소는 모두 가상이며, 아래 지문은 각각 독립적이다.)

1. 乙이 이 사건 본선도로를 주행하는 차량과의 교통사고 발생위험성 등을 들어 甲의 도로점용허가신청을 거부한 경우, 甲이 乙을 상대로 도로점용허가거부처분 취소소송을 제기한다면, 그 인용가능성에 대해 논하시오. (30점)
2. 乙이 甲에게 도로점용허가를 한 경우, 丙이 甲에 대한 乙의 도로점용허가를 다툴 수 있는 원고적격이 있는지를 논하시오. (20점)
3. 乙은 법령에 명시적인 근거가 없음에도 "甲은 丙이 이 사건 도로 지상에 설치한 지상물 철거를 위한 비용을 부담한다."라는 조건을 붙여 甲에게 도로점용기간을 3년으로 하여 도로점용허가를 하였다.
   가. 위 조건의 법적 성질 및 적법성 여부를 논하시오. (15점)
   나. 乙이 아무런 조건 없이 도로점용허가를 하였다가 3개월 후 위와 같은 조건을 부가한 경우, 이러한 조건 부가행위가 적법한지 여부에 대하여 논하시오. (5점)
   다. 乙이 도로점용허가 당시 "민원이 심각할 경우 위 허가를 취소할 수 있다."는 내용의 조건을 부가하였다가, 교통정체 및 교통사고 발생위험성 등을 이유로 한 이 사건 본선도로 이용자들의 민원이 다수 제기되자, 1년 후 甲에 대한 이 사건 도로점용허가를 취소하였다. 甲이 도로점용허가 취소처분의 취소소송을 제기한 경우 그 인용가능성에 대해 논하시오. (10점)

[참조조문]

※ 아래 법령은 각 처분당시 적용된 것으로 가상의 것이다.

「도로법」

제 1 조(목적) 이 법은 도로망의 계획수립, 도로 노선의 지정, 도로공사의 시행과 도로의 시설 기준, 도로의 관리·보전 및 비용 부담 등에 관한 사항을 규정하여 국민이 안전하고 편리하게 이용할 수 있는 도로의 건설과 공공복리의 향상에 이바지함을 목적으로 한다.

제 2 조(정의) 이 법에서 사용하는 용어의 뜻은 다음과 같다.

1. "도로"란 차도, 보도, 자전거도로, 측도, 터널, 교량, 육교 등 대통령령으로 정하는 시설로 구성된 것으로서 제10조에 열거된 것을 말하며, 도로의 부속물을 포함한다.
제40조(도로의 점용) ① 도로의 구역안에서 공작물·물건 기타의 시설을 신설·개축·변경 또는 제거하거나 기타의 목적으로 도로를 점용하고자 하는 자는 관리청의 허가를 받아야 한다.
② 제 1 항의 규정에 따라 허가를 받을 수 있는 공작물·물건 그 밖의 시설의 종류와 도로점용허가의 기준 등에 관하여 필요한 사항은 대통령령으로 정한다.

「도로법 시행령」

제24조(점용의 허가신청) ⑤ 법 제40조 제 2 항의 규정에 의하여 도로의 점용허가(법 제 8 조의 규정에 의하여 다른 국가사업에 관계되는 점용인 경우에는 협의 또는 승인을 말한다)를 받을 수 있는 공작물·물건 기타의 시설의 종류는 다음 각호와 같다.
4. 주유소·주차장·여객자동차터미널·화물터미널·자동차수리소·휴게소 기타 이와 유사한 것
11. 제 1 호 내지 제10호 외에 관리청이 도로구조의 안전과 교통에 지장이 없다고 인정한 공작물·물건(식물을 포함한다) 및 시설로서 건설교통부령 또는 당해 관리청의 조례로 정한 것

저자약력

서울대학교 법과대학 졸업
서울대학교 법과대학 법학석사
프랑스 액스-마르세이유 제3대학 법학박사
프랑스 액스-마르세이유 제3대학 초청교수(Professeur invité)
단국대학교 법학대학 교수, 서울대학교·사법연수원 강사
한국공법학회 학술장려상 수상(1996. 6), 세계인명사전 마르퀴즈 후즈후 등재(2007. 11)
2018년 법의 날 황조근정훈장 수훈, 한국법학교수회 회장, 사법행정자문회의 위원
경제인문사회연구회 기획평가위원, 입법이론실무학회 회장
민주화운동관련자 명예회복 및 보상위원회 위원(대법원장 추천), 사학분쟁조정위원회 위원(대법원장 추천)
법무부 정책위원회 위원, 경희대학교 법학전문대학원 원장, 국민권익위원회 자체평가위원
국무총리 행정심판위원회 위원, 중앙행정심판위원회 위원, 법원행정처 행정소송법개정위원회 위원
한국법제연구원 자문위원, 행정심판법개정심의위원회 위원, 감사원 정책자문위원
한국공법학회 회장, 한국인터넷법학회 회장, 헌법재판소법 개정위원회 자문위원
한국토지보상법연구회 회장, 한국토지공법학회 부회장, 중앙토지수용위원회 위원
사법시험, 행정고시, 입법고시, 변호사시험, 승진시험, 외무고시, 변리사, 기술고시,
감정평가사, 관세사, 세무사, 서울시·경기도 등 공무원시험 등 시험위원
현, 경희대학교 법학전문대학원 고황명예교수
한국공법학회 고문, 한국행정법학회 법정이사
국가행정법제위원회 민간위원장

저 서

『행정법연습』(제5판), 삼조사, 2015; 『행정법입문』(제12판), 박영사, 2025.
『환경법』(제11판, 공저), 박영사, 2023; 『행정법론(상), (하)』, 박영사, 2026.
『행정법기본강의』(제18판), 박영사, 2026; 『경찰행정법』(제7판, 공저), 박영사, 2024.
『경찰행정법입문』(제9판, 공저), 박영사, 2025; 『정책, 규제와 입법』(제2판), 박영사, 2025.

제23판
행정법강의

초판발행 2004년 8월 25일
제23판발행 2026년 1월 20일

지은이 박균성
펴낸이 안종만·안상준

편 집 장유나
기획/마케팅 박세기
표지디자인 이영경
제 작 고철민·김원표

펴낸곳 (주) 박영사
서울특별시 금천구 가산디지털2로 53, 210호(가산동, 한라시그마밸리)
등록 1959. 3. 11. 제300-1959-1호(倫)
전 화 02)733-6771
f a x 02)736-4818
e-mail pys@pybook.co.kr
homepage www.pybook.co.kr
ISBN 979-11-303-9896-9 93360

정 가 70,000원